Reinhard Greger
Haftungsrecht des Straßenverkehrs

Reinhard Greger

Haftungsrecht des Straßenverkehrs

Handbuch und Kommentar

4., völlig neu bearbeitete Auflage

De Gruyter Recht · Berlin

Dr. *Reinhard Greger*, Universitätsprofessor an der Universität Erlangen-Nürnberg, Richter am BGH a.D.

♾ Gedruckt auf säurefreiem Papier,
das die US-ANSI-Norm über Haltbarkeit erfüllt

ISBN 978-3-89949-053-4

Bibliografische Information der Deutschen Nationalbibliothek

Die Deutsche Nationalbibliothek verzeichnet diese Publikation in der Deutschen Nationalbibliografie; detaillierte bibliografische Daten sind im Internet über http://dnb.d-nb.de abrufbar.

© Copyright 2007 by De Gruyter Rechtswissenschaften Verlags-GmbH, D-10785 Berlin

Dieses Werk einschließlich aller seiner Teile ist urheberrechtlich geschützt. Jede Verwertung außerhalb der engen Grenzen des Urheberrechtsgesetzes ist ohne Zustimmung des Verlages unzulässig und strafbar. Das gilt insbesondere für Vervielfältigungen, Übersetzungen, Mikroverfilmungen und die Einspeicherung und Verarbeitung in elektronischen Systemen.

Printed in Germany

Umschlaggestaltung: Christopher Schneider, Berlin
Datenkonvertierung/Satz: Fotosatz-Service Köhler GmbH, Würzburg
Druck und Bindung: Strauss GmbH, Mörlenbach

Vorwort

Das Recht der Verkehrsunfallhaftung entzieht sich einer Kommentierung herkömmlichen Stils. Es gründet sich auf Vorschriften, die zwar gering an der Zahl, aber über verschiedene Gesetze verstreut sind. Ineinander übergehende Regelungen über Haftungsgrund und Haftungsfolgen werden überlagert von Ausstrahlungen des Versicherungs- und des Sozialrechts. Die Rechtsprechung hat nicht nur eine kaum zu überblickende Kasuistik, sondern zu zentralen Fragen, etwa der Schadensbemessung, ein Sonderrecht der Unfallregulierung entstehen lassen, die Assekuranz hat eigene Regulierungsinstrumente hinzugefügt und auch der Haftpflichtprozess folgt speziellen, nicht gesetzlich fixierten Regeln.

Mit der vorliegenden Auflage wird das aus der Reihe „Großkommentare der Praxis" hervorgegangene Werk daher in einer völlig neuen Systematik präsentiert. Nicht mehr nach Gesetzesnormen, sondern nach Regelungsmaterien gegliedert will es einerseits das rasche Auffinden gesuchter Informationen, andererseits das Erkennen von Zusammenhängen erleichtern. Es versucht, die Vorzüge eines Handbuchs mit der Funktionalität eines Kommentars zu verbinden.

Im Mittelpunkt steht die Rechtsprechung; diese wird umfassend referiert, aber auch reflektiert. Mit der Schadensrechtsreform von 2002 hat der Gesetzgeber manch neues Zeichen gesetzt, aber auch viele Zweifelsfragen aufgeworfen und zentrale Probleme, etwa bei der fiktiven Schadensberechnung, explizit der Lösung durch die Gerichte überlassen. Der BGH hat, dank Rechtsmittelreform mit Fällen aus der Regulierungspraxis reichlich eingedeckt, den Ball aufgenommen und Bewegung in das früher eher verkrustet wirkende Schadensersatzrecht gebracht. Diese Entwicklung soll kritisch und konstruktiv begleitet werden.

Ausführlicher als bisher wird der Regress der Sozialleistungsträger kommentiert, der in vielfältiger Weise den Schadensausgleich nach Verkehrsunfällen beeinflusst. Die grundlegenden Sozialrechtsreformen der letzten Jahre haben hier zu zahlreichen Änderungen geführt.

Die Neuauflage geht auf intensive Vorarbeiten an meinem Lehrstuhl zurück. Allen Mitarbeiterinnen und Mitarbeitern, die über die Jahre hinweg hierzu beigetragen haben, gilt mein herzlicher Dank, ebenso dem Verlag für die reibungslose Zusammenarbeit. Diese hat es ermöglicht, dass das Werk mit kaum zu überbietender Aktualität erscheinen kann: Bis in den Februar 2007 hinein wurde die – zum Teil noch unveröffentlichte – Rechtsprechung des BGH eingearbeitet.

Ganz besonders bedanken möchte ich mich aber bei allen, die mit Hinweisen, Anregungen und Kritik zur Verbesserung des Buchs beigetragen haben – und hoffentlich weiter beitragen werden.

Erlangen, im Februar 2007   Reinhard Greger

Inhalt

Vorwort V
Abkürzungsverzeichnis IX

Einleitung 1
§ 1 Grundlagen der Verkehrsunfallhaftung 1
§ 2 Internationales Haftungsrecht 19

Erster Teil
Haftung ohne Verschuldensnachweis 33
§ 3 Haftung des Kfz-Halters 33
§ 4 Haftung des Kfz-Führers 155
§ 5 Haftung für Bahnen, Luftfahrzeuge und gefährliche Anlagen 165
§ 6 Haftung für Produktmängel 185
§ 7 Haftung für Verrichtungsgehilfen 193
§ 8 Haftung für Aufsichtsbedürftige 203
§ 9 Haftung für Tiere 209

Zweiter Teil
Haftung aus unerlaubter Handlung 219
§ 10 Haftung wegen Rechtsgutsverletzung 219
§ 11 Haftung wegen Verstoßes gegen ein Schutzgesetz 243
§ 12 Haftung wegen Amtspflichtverletzung 257
§ 13 Haftung wegen Verletzung der Verkehrssicherungspflicht 287
§ 14 Verkehrspflichten im Straßenverkehr 340

Dritter Teil
Sonstige Haftungstatbestände 423
§ 15 Haftung des Haftpflichtversicherers 423
§ 16 Rechtsgeschäftliche Haftung 451
§ 17 Notstand, Geschäftsführung ohne Auftrag 473
§ 18 Öffentlich-rechtliche Ausgleichsansprüche 479

Inhalt

Vierter Teil
Ausschluss und Beschränkung der Haftung, Verjährung 483

§ 19 Haftungsausschlüsse 483
§ 20 Höhenbegrenzung der Gefährdungshaftung 535
§ 21 Verjährung 545
§ 22 Mitverantwortung des Geschädigten 577

Fünfter Teil
Ersatz des Sachschadens 655

§ 23 Totalschaden 655
§ 24 Reparabler Sachschaden 663
§ 25 Beeinträchtigung der Nutzungsmöglichkeit 689
§ 26 Kosten der Rechtsverfolgung 716
§ 27 Sonstige Vermögensnachteile, Zinsen 726

Sechster Teil
Ersatz des Personenschadens 731

§ 28 Tötung 731
§ 29 Körperverletzung 783
§ 30 Immaterieller Schaden 841
§ 31 Rentenleistungen 859

Siebter Teil
Schadensregress 869

§ 32 Regress der Sozialversicherungsträger 870
§ 33 Regress der Träger Sozialer Fürsorge 917
§ 34 Regress der Versorgungsträger und öffentlich-rechtlichen Dienstherren .. 933
§ 35 Regress der Privatversicherer 945
§ 36 Regress zwischen mehreren Haftpflichtigen 952

Achter Teil
Verkehrshaftpflichtprozess 961

§ 37 Verfahrensrecht 961
§ 38 Sachverhaltsfeststellung im Prozess 970

Literaturverzeichnis 1003

Sachregister 1005

Abkürzungsverzeichnis

1. EheRG	Erstes Gesetz zur Reform des Ehe- und Familienrechts
2. SchRÄndG	Zweites Gesetz zur Änderung schadensersatzrechtlicher Vorschriften vom 19. 7. 2002
aA	anderer Ansicht
aaO	am angegebenen Ort
abgedr	abgedruckt
abl	ablehnend
Abs	Absatz
Abschn	Abschnitt
abw	abweichend
AcP	Archiv für die civilistische Praxis
ADAC	Allgemeiner Deutscher Automobilclub
ADSp	Allgemeine Deutsche Spediteurbedingungen
aE	am Ende
AEG	Allgemeines Eisenbahngesetz
aF	alte Fassung
AFG	Arbeitsförderungsgesetz
AG	Amtsgericht
AHB	Allgemeine Haftpflichtversicherungsbedingungen
AK	Arbeitskreis
AKB	Allgemeine Bedingungen für die Kraftfahrversicherung
allgem	allgemein
allgM	allgemeine Meinung
Alt	Alternative
aM	anderer Meinung
amtl	amtliche
and	anders
Änd	Änderung
ÄndG	Änderungsgesetz, Gesetz zur Änderung (von)
Anh	Anhang
Anl	Anlage
Anm	Anmerkung
Ans	Ansicht
AnwBl	Anwaltsblatt
AO	Abgabenordnung
AOK	Allgemeine Ortskrankenkasse

Abkürzungsverzeichnis

AP	Nachschlagewerk des Bundesarbeitsgerichts (Arbeitsrechtliche Praxis)
AR	Automobil-Rundschau
ArbG	Arbeitsgericht
ArbR	Arbeitsrecht
ArchivPF	Archiv für das Post- und Fernmeldewesen
arg	Argument
Art	Artikel
AsylbLG	Asylbewerberleistungsgesetz
AT	Allgemeiner Teil
AtomG	Atomgesetz
AUB	Allgemeine Unfallversicherungsbedingungen
AufhV	Vertrag zwischen der Bundesrepublik Deutschland und der Union der Sozialistischen Sowjetrepubliken über die Bedingungen des befristeten Aufenthalts und die Modalitäten des planmäßigen Abzugs der sowjetischen Truppen aus dem Gebiet der Bundesrepublik Deutschland vom 12. 10. 1990 (BGBl II 1256; 1991 II 258)
Aufl	Auflage
AuR	Arbeit und Recht, Zeitschrift für Arbeitsrechtspraxis
ausf	ausführlich
AuslPflVG	Gesetz über die Haftpflichtversicherung für ausländische Kraftfahrzeuge und Kraftfahrzeuganhänger
AVK	Allgemeine Versicherungsbedingungen der privaten Krankenversicherung
Az	Aktenzeichen
b	bei
BAB	Bundesautobahn
BAG	Bundesarbeitsgericht
BAGE	Sammlung der Entscheidungen des Bundesarbeitsgerichts
BAnz	Bundesanzeiger
BAT	Bundesangestelltentarifvertrag
BayBgm	Der Bayerische Bürgermeister (Zeitschrift)
BayFwG	Bayerisches Feuerwehrgesetz
BayGemZ	Bayerische Gemeindezeitung
BayObLG	Bayerisches Oberstes Landesgericht
BayObLGSt	Entscheidungen des Bayerischen Obersten Landesgerichts in Strafsachen
BayObLGZ	Entscheidungen des Bayerischen Obersten Landesgerichts in Zivilsachen
BayPAG	Bayerisches Polizeiaufgabengesetz
BayStrWG	Bayerisches Straßen- und Wegegesetz
BayVGH	Bayerischer Verwaltungsgerichtshof
BayZ	Zeitschrift für Rechtspflege in Bayern
BB	Der Betriebsberater (Zeitschrift)
BBahn	Die Bundesbahn (Zeitschrift)
BBahnG	Bundesbahngesetz

BBG	Bundesbeamtengesetz
Bd, Bde	Band, Bände
BeamtVG	Beamtenversorgungsgesetz
BefBedV	Verordnung über die Allgemeinen Beförderungsbedingungen für den Straßenbahn- und Obusverkehr sowie den Linienverkehr mit Kraftfahrzeugen
Begr, begr	Begründung, begründet
Beil	Beilage
Bek	Bekanntmachung
Bem	Bemerkung
ber	berichtigt
bes	besonders, besonderer
betr	betreffend
Betrieb	Der Betrieb (Zeitschrift)
BFH	Bundesfinanzhof
BFHE	Sammlung der Entscheidungen und Gutachten des Bundesfinanzhofs
BFStrG	Bundesfernstraßengesetz
BG	Berufsgenossenschaft (Zeitschrift)
BGB	Bürgerliches Gesetzbuch
BGBl	Bundesgesetzblatt, Teil I, II oder III
BGH	Bundesgerichtshof
BGHR	BGH-Rechtsprechung, Zivilsachen
BGHReport	BGHReport, Schnelldienst zur Zivilrechtsprechung des BGH
BGHSt	Sammlung der Entscheidungen des Bundesgerichtshofs in Strafsachen
BGHWarn	Rechtsprechung des Bundesgerichtshofs in Zivilsachen, soweit nicht in BGHZ enthalten, Fortsetzung von WarnR (seit 1961)
BGHZ	Sammlung der Entscheidungen des Bundesgerichtshofs in Zivilsachen
BhV	Beihilfevorschriften
bish	bisher(ige)
BKartA	Bundeskartellamt
BKGG	Bundeskindergeldgesetz
Blutalkohol	Blutalkohol (Zeitschrift)
BOKraft	Verordnung über den Betrieb von Kraftfahrunternehmen im Personenverkehr
BOStrab	Straßenbahn-Bau- und Betriebsordnung
BR-Drs	Bundesrats-Drucksache
BRRG	Beamtenrechtsrahmengesetz
BSG	Bundessozialgericht
BSGE	Entscheidungen des Bundessozialgerichts
BSHG	Bundessozialhilfegesetz
Bsp	Beispiel
BStBl	Bundessteuerblatt, Teil I, II oder III
BT-Drs	Bundestags-Drucksache

XI

Abkürzungsverzeichnis

BtPrax	Betreuungsrechtliche Praxis
BVerfG	Bundesverfassungsgericht
BVerfGE	Entscheidungen des Bundesverfassungsgerichts
BVerwG	Bundesverwaltungsgericht
BVerwGE	Entscheidungen des Bundesverwaltungsgerichts
BVG	Bundesversorgungsgesetz
bzgl	bezüglich
bzw	beziehungsweise
CMR	Übereinkommen über den Beförderungsvertrag im internationalen Straßengüterverkehr vom 19. 5. 1956 (BGBl 1961 II 1120)
DAR	Deutsches Autorecht (Zeitschrift)
ders	derselbe
dgl	dergleichen
dh	das heißt
dies	dieselben
DIN	Deutsche Industrienorm
DJ	Deutsche Justiz (Zeitschrift)
DJT	Deutscher Juristentag
DJZ	Deutsche Juristenzeitung
DNotZ	Deutsche Notar-Zeitschrift
DÖV	Die öffentliche Verwaltung (Zeitschrift)
DR	Deutsches Recht (Zeitschrift)
DRiZ	Deutsche Richterzeitung
DRiZRspr	Rechtsprechung (Beilage zur DRiZ)
DRZ	Deutsche Rechts-Zeitschrift
DtZ	Deutsch-Deutsche Rechts-Zeitschrift
DVBl	Deutsches Verwaltungsblatt
E	Entwurf
ebd	ebenda
EBO	Eisenbahn-Bau- und Betriebsordnung
EE	Eisenbahn- und verkehrsrechtliche Entscheidungen und Abhandlungen (1885–1935)
EFZG	Entgeltfortzahlungsgesetz
EGBGB	Einführungsgesetz zum BGB
EGZPO	Gesetz betreffend die Einführung der Zivilprozessordnung
Einf	Einführung
Einl	Einleitung
EKHG	österr. Eisenbahn- und Kraftfahrzeughaftpflichtgesetz
EKMR	Europäische Kommission für Menschenrechte
engl	englisch
Entsch	Entscheidung
entspr	entsprechend
Entw	Entwurf
ErgBd	Ergänzungsband
Erl	Erläuterung(en)

Abkürzungsverzeichnis

ErwG	Gesetz über die erweiterte Zulassung von Schadenersatzansprüchen bei Dienst- und Arbeitsunfällen vom 7. 12. 1943
EStG	Einkommensteuergesetz
EuGH	Europäischer Gerichtshof
EuGVÜ	Übereinkommen der Europäischen Gemeinschaft über die gerichtliche Zuständigkeit und die Vollstreckung gerichtlicher Entscheidungen in Zivil- und Handelssachen (BGBl 1972 II 774)
EuGVVO	Verordnung über die gerichtliche Zuständigkeit und die Anerkennung und Vollstreckung von Entscheidungen in Zivil- und Handelssachen vom 22. 12. 2000 (Amtsblatt EG 2001 Nr L 12, S 1)
EurGRZ	Europäische Grundrechte-Zeitschrift
EvBl	Evidenzblatt der Rechtsmittelentscheidungen (Wien, seit 1934)
EVO	Eisenbahn-Verkehrsordnung
EWiR	Entscheidungen zum Wirtschaftsrecht
f, ff	folgende(r)
FahrschAusbO	Fahrschüler-Ausbildungsordnung
FamRZ	Zeitschrift für das gesamte Familienrecht
FeV	Fahrerlaubnis-Verordnung
FEVS	Fürsorgerechtliche Entscheidungen der Verwaltungs- und Sozialgerichte
Fn	Fußnote
FS	Festschrift
GBl	Gesetzblatt
gem	gemäß
Ges	Gesetz
GewArch	Gewerbearchiv (Zeitschrift)
GG	Grundgesetz für die Bundesrepublik Deutschland
ggf	gegebenenfalls
GKG	Gerichtskostengesetz
GPR	Zeitschrift für Gemeinschaftsprivatrecht
GrS	Großer Senat
GS	Preußische Gesetzessammlung
GS Schl-H	Gesetzessammlung Schleswig-Holstein
GüKG	Güterkraftverkehrsgesetz
GV	Gemeinsame Verfügung (mehrerer Ministerien)
GVBl	Gesetz- und Verordnungsblatt
GVG	Gerichtsverfassungsgesetz
HaftpflG	Haftpflichtgesetz
Halbs	Halbsatz
HansGZ	Hanseatische Gerichtszeitung
HansRGZ	Hanseatische Rechts- und Gerichtszeitschrift
HansRZ	Hanseatische Rechtszeitschrift
Hdb	Handbuch
HessVGH	Verwaltungsgerichtshof des Landes Hessen
HESt	Höchstrichterliche Entscheidungen in Strafsachen
HEZ	Höchstrichterliche Entscheidungen in Zivilsachen

XIII

Abkürzungsverzeichnis

HGB	Handelsgesetzbuch
HGrG	Haushaltsgrundsätzegesetz
HHG	Häftlingshilfegesetz
Hinw	Hinweis
hL	herrschende Lehre
hM	herrschende Meinung
HRR	Höchstrichterliche Rechtsprechung
Hrsg, hrsg	Herausgeber, herausgegeben
Hs	Halbsatz
idF	in der Fassung
idR	in der Regel
idS	in diesem Sinne
iE, iErg	im Ergebnis
ieS	in engerem Sinne
IfSG	Infektionsschutzgesetz
insb	insbesondere
insg	insgesamt
IPR	Internationales Privatrecht
IPRax	Praxis des internationalen Privat- und Verfahrensrechts (Zeitschrift)
IPRspr	Die deutsche Rechtsprechung auf dem Gebiete des internationalen Privatrechts (Zeitschrift)
iS	im Sinne
iSd	im Sinne der/des
iSv	im Sinne von
IVH	Info-Letter Versicherungs- und Haftungsrecht
iVm	in Verbindung mit
iwS	in weiterem Sinne
iZw	im Zweifel
JherJb	Jherings Jahrbücher der Dogmatik des bürgerlichen Rechts (1857–1942)
JP	Juristische Praxis (Zeitschrift)
JR	Juristische Rundschau
JRPrV	Juristische Rundschau für die Privatversicherung
Jura	Juristische Ausbildung
JurBüro	Das juristische Büro (Zeitschrift)
JurZentr	Mitteilungen der juristischen Zentrale des ADAC
JuS	Juristische Schulung
Justiz	Die Justiz: Amtsblatt des Justizministeriums Baden-Württemberg
JW	Juristische Wochenschrift
JZ	Juristenzeitung
Kap	Kapitel
KF	Karlsruher Forum
KFG	Kraftfahrzeuggesetz (Gesetz über den Verkehr mit Kraftfahrzeugen vom 3. 5. 1909, RGBl 437)
KFürsV	Verordnung zur Kriegsopferfürsorge

Abkürzungsverzeichnis

Kfz	Kraftfahrzeug
KfzPflVV	Kraftfahrzeug-Pflichtversicherungsverordnung
KG	Kammergericht
KGR	KG-Report Berlin (Zeitschrift)
Komm	Kommentar
krit	kritisch
KVO	Kraftverkehrsordnung für den Güterfernverkehr mit Kraftfahrzeugen vom 23. 12. 1958 (BAnz 1958, Nr 249)
LAG	Landesarbeitsgericht
lfd	laufend
LFZG	Lohnfortzahlungsgesetz
LG	Landgericht
lit	Buchstabe
Lit	Literatur
Lkw	Lastkraftwagen
LM	Nachschlagewerk des Bundesgerichtshofs, Loseblattsammlung herausgegeben von Lindenmaier, Möhring ua
LS	Leitsatz
LSG	Landessozialgericht
lt	laut
LuftVG	Luftverkehrsgesetz
LuK	Luft- und Kraftfahrt (Zeitschrift)
LZ	Leipziger Zeitschrift für Deutsches Recht
m	mit
m Anm	mit Anmerkung
maW	mit anderen Worten
MdE	Minderung der Erwerbsfähigkeit
MDR	Monatsschrift für Deutsches Recht
mE	meines Erachtens
MedR	Medizinrecht (Zeitschrift)
Mio	Million(en)
Mrd	Milliarde(n)
mwN	mit weiteren Nachweisen
Nachw	Nachweis(e)
NATO	North Atlantic Treaty Organization
NdsRpfl	Niedersächsische Rechtspflege (Zeitschrift)
NDV	Nachrichtendienst des Deutschen Vereins für öffentliche und private Fürsorge
NeuBek	Neubekanntmachung
nF	neue Fassung
NF	Neue Folge
NJ	Neue Justiz (Zeitschrift)
NJW	Neue Juristische Wochenschrift
NJWE-VHR	NJW-Entscheidungsdienst Versicherungs-/Haftungsrecht
NJW-RR	Neue Juristische Wochenschrift – Rechtsprechungsreport
Nov	Novelle

Abkürzungsverzeichnis

Nr	Nummer
NTS	NATO-Truppenstatut vom 19. 6. 1951 (BGBl 1961 II 1190)
NTS-AG	Ausführungsgesetz zum NATO-Truppenstatut vom 18. 8. 1961
NuR	Natur und Recht (Zeitschrift)
NVwZ	Neue Zeitschrift für Verwaltungsrecht
NZA	Neue Zeitschrift für Arbeitsrecht
NZS	Neue Zeitschrift für Sozialrecht
NZV	Neue Zeitschrift für Verkehrsrecht
o	oben
O	Ordnung
oa	oben angegeben
oä	oder ähnlich
OEG	Opferentschädigungsgesetz
og	oben genannt
OG	Oberstes Gericht (DDR)
OGH	Oberster Gerichtshof für die britische Zone (vgl. auch österr OGH)
OGHSt	Entscheidungen des OGH in Strafsachen
OGHZ	Entscheidungen des OGH in Zivilsachen
OHG	Offene Handelsgesellschaft
oJ	ohne Jahr
ÖJZ	Österreichische Juristenzeitung
OLG	Oberlandesgericht
OLG-NL	OLG-Rechtsprechung Neue Länder
OLGR	OLG-Report
OLGSt	Entscheidungen der Oberlandesgerichte zum Straf- und Strafverfahrensrecht
OLGZ	Entscheidungen der Oberlandesgerichte in Zivilsachen
ÖRZ	Österreichische Richterzeitung
österr	österreichisch
österr OGH	Oberster Gerichtshof für Österreich
OVG	Oberverwaltungsgericht
OWiG	Gesetz über Ordnungswidrigkeiten
PBefG	Personenbeförderungsgesetz
PersVerk	Personenverkehr
PflVG	Pflichtversicherungsgesetz
phG	persönlich haftender Gesellschafter
Pkw	Personenkraftwagen
Pr allg LR	Allgemeines Landrecht für die preußischen Staaten von 1794
ProdHaftG	Produkthaftungsgesetz
Prot	Protokoll(e)
PrOVG	Preußisches Oberverwaltungsgericht
PrStHG	Preußisches Staatshaftungsgesetz vom 1. 8. 1909 (GS 691)
r+s	Recht und Schaden (Zeitschrift)
RA	Rechtsanwalt
RAussch	Rechtsausschuss
RBerG	Rechtsberatungsgesetz

RBHG	Gesetz über die Haftung des Reichs für seine Beamten vom 22. 5. 1910 (RGBl I 798)
RdA	Recht der Arbeit (Zeitschrift)
RdK	Das Recht des Kraftfahrers (Zeitschrift)
RdL	Recht des Landwirtschaft (Zeitschrift)
Rdschr	Rundschreiben
Recht	Das Recht (Zeitschrift)
Reg	Regierung
RG	Reichsgericht
RGBl	Reichsgesetzblatt
RGRspr	Rechtsprechung des Deutschen Reichsgerichts in Strafsachen, hrsg von den Mitgliedern der Reichsanwaltschaft (1879–1888)
RGSt	Sammlung der Entscheidungen des Reichsgerichts in Strafsachen, zitiert nach Band und Seite
RGWarn	Rechtsprechung des Reichsgerichts, hrsg von Warneyer
RGZ	Sammlung der Entscheidungen des Reichsgerichts in Zivilsachen
RHaftpflG	Reichshaftpflichtgesetz vom 7. 6. 1871 (RGBl 207)
RIW	Recht der internationalen Wirtschaft
Rn	Randnummer
ROHG	Reichsoberhandelsgericht
Rpfleger	Der deutsche Rechtspfleger (Zeitschrift)
RRG	Rentenreformgesetz
Rspr	Rechtsprechung
RVG	Rechtsanwaltsvergütungsgesetz
RVO	Reichsversicherungsordnung
s	siehe
S	Seite, Satz
s a	siehe auch
s o	siehe oben
s u	siehe unten
SchlHA	Schleswig-Holsteinische Anzeigen
SchwbG	Schwerbehindertengesetz
SchwJZ	Schweizerische Juristenzeitung
schwSVG	Schweizerisches Straßenverkehrsgesetz
SeuffA	J. A. Seufferts Archiv für Entscheidungen der obersten Gerichte in den deutschen Staaten
SG	Soldatengesetz
SGB	Sozialgesetzbuch (mit Angabe des Buches in römischer Ziffer)
SGb	Die Sozialgerichtsbarkeit (Zeitschrift)
SGG	Sozialgerichtsgesetz
SJZ	Süddeutsche Juristenzeitung
Slg	Sammlung
sog	sogenannte(r)
Sp	Spalte
st	ständige
StGB	Strafgesetzbuch

Abkürzungsverzeichnis

StPO	Strafprozessordnung
str	streitig
StrG	Straßengesetz (Ländergesetze)
StrRehaG	Strafrechtliches Rehabilitierungsgesetz
stRspr	ständige Rechtsprechung
StVG	Straßenverkehrsgesetz
StVO	Straßenverkehrs-Ordnung
StVZO	Straßenverkehrs-Zulassungs-Ordnung
SVG	Soldatenversorgungsgesetz
SVR	Straßenverkehrsrecht (Zeitschrift)
SZ	Entscheidungen des österreichischen Obersten Gerichtshofs in Zivil- und Justizverwaltungssachen
ThürPAG	(Thüringer) Polizeiaufgabengesetz
TÜV	Technischer Überwachungsverein
u	unten / und
uä	und ähnliche
ua	unter anderem, und andere
uam	und anderes mehr
Übk	Übereinkommen
üM	überwiegende Meinung
umstr	umstritten
unstr	unstrittig
unv	unveröffentlicht
unzutr	unzutreffend
UP	Unterzeichnungsprotokoll zum Zusatzabkommen zum Nato-Truppenstatut vom 3. 8. 1959 in der Fassung vom 18. 5. 1981 (BGBl 1961 II 1313; 1982 II 531)
Urt	Urteil
UStG	Umsatzsteuergesetz
uU	unter Umständen
v	von, vom
VAE	Verkehrsrechtliche Abhandlungen und Entscheidungen
Vers	Versicherung
VersR	Versicherungsrecht (Zeitschrift)
VersRAI	Versicherungsrecht Beilage Ausland
VerwArch	Verwaltungsarchiv
VerwRspr	Verwaltungsrechtsprechung
VG	Verwaltungsgericht
VGH	Verwaltungsgerichtshof
vgl	vergleiche
VGT	Deutscher Verkehrsgerichtstag (auch: Veröffentlichung der gehaltenen Referate und erarbeiteten Empfehlungen durch die Deutsche Akademie für Verkehrswissenschaft)
vH	vom Hundert
VkBl	Verkehrsblatt
VkRdsch	Verkehrsrundschau

VM	Verkehrsrechtliche Mitteilungen
VN	Der Versicherungsnehmer (Zeitschrift)
VO	Verordnung
Voraufl	Vorauflage
Vorbem	Vorbemerkung
VP	Die Versicherungspraxis (Zeitschrift)
VR	Verkehrsrechtliche Rundschau
VRS	Verkehrsrechtssammlung, zitiert nach Band und Seite
VV	Verwaltungsvorschrift
VV RVG	Vergütungsverzeichnis (Anlage 1) zum Rechtsanwaltsvergütungsgesetz
VVG	Gesetz über den Versicherungsvertrag
VW	Versicherungswirtschaft (Zeitschrift)
VwGO	Verwaltungsgerichtsordnung
VwRehaG	Verwaltungsrechtliches Rehabilitierungsgesetz
VwV-StVO	Allgemeine Verwaltungsvorschrift zur Straßenverkehrsordnung
WarnJ	Jahrbuch der Entscheidungen zum BGB und den Nebengesetzen, begr von Warneyer (1900–1938)
WarnRspr	siehe RGWarn
WHG	Wasserhaushaltsgesetz
WJ	Informationen zum Versicherungs- und Haftpflichtrecht, hrsg von Wussow
WM	Wertpapiermitteilungen (Zeitschrift)
WzS	Wege zur Sozialversicherung (Zeitschrift)
ZA	Zusatzabkommen zu dem Abkommen zwischen den Parteien des Nordatlantikvertrages über die Rechtsstellung ihrer Truppen hinsichtlich der in der Bundesrepublik Deutschland stationierten ausländischen Truppen vom 3. 8. 1959 in der Fassung vom 18. 3. 1993 (BGBl 1961 II 1218; 1973 II 1021; 1982 II 530; 1994 II 2594)
ZAkDR	Zeitschrift der Akademie für Deutsches Recht
zB	zum Beispiel
ZBlSozVers	Zentralblatt für Sozialversicherung
ZBR	Zeitschrift für Beamtenrecht
ZDG	Zivildienstgesetz
ZEuP	Zeitschrift für Europäisches Privatrecht
ZfF	Zeitschrift für das Fürsorgewesen
ZfS	Zeitschrift für Schadensrecht
ZfSH	Zeitschrift für Sozialhilfe
ZfV	Zeitschrift für Versicherungswesen
ZGS	Zeitschrift für das gesamte Schuldrecht
Ziff	Ziffer
zit	zitiert
ZMR	Zeitschrift für Miet- und Raumrecht
ZPO	Zivilprozessordnung
ZRP	Zeitschrift für Rechtspolitik
zT	zum Teil

Abkürzungsverzeichnis

zust	zustimmend
zutr	zutreffend
ZVersWiss	Zeitschrift für die gesamte Versicherungswissenschaft
ZVglRWiss	Zeitschrift für vergleichende Rechtswissenschaft
ZVR	Zeitschrift für Verkehrsrecht (Österreich)
zw	zweifelhaft
ZWE	Zeitschrift für Wohnungseigentum
zZ	zur Zeit
ZZP	Zeitschrift für Zivilprozess

Zu abgekürzt zitierter Literatur s Literaturverzeichnis S 1003.

Einleitung

§ 1 Grundlagen der Verkehrsunfallhaftung

Literatur

v Caemmerer Reform der Gefährdungshaftung (1971); *Esser* Grundlagen und Entwicklung der Gefährdungshaftung (1941); *Frommhold* Grenzen der Haftung (2006); *Güllemann* Ausgleich von Verkehrsunfallschäden im Licht internationaler Reformprojekte (1969); *v Hippel* Schadensausgleich bei Verkehrsunfällen (1968); *Ch Huber* Fragen der Schadensberechnung² (1995); *Lenz* Haftung ohne Verschulden in deutscher Gesetzgebung und Rechtswissenschaft des 19. Jahrhunderts (1995); *Looschelders* Die Mitverantwortlichkeit des Geschädigten im Privatrecht (1999); *Roussos* Schaden und Folgeschaden (1992); *Schiemann* Argumente und Prinzipien bei der Fortbildung des Schadensrechts (1981); *Stoll* Haftungsfolgen im bürgerlichen Recht (1993); *Wagner* Grundstrukturen des Europäischen Deliktsrechts, in: *Zimmermann* Grundstrukturen des Europäischen Deliktsrechts (2003), S 189 ff; *Weyers* Unfallschäden (1971).

Übersicht

	Rn
I. Bedeutung und Funktion des Verkehrshaftungsrechts	1
II. Zwecke und Prinzipien des Haftungsrechts	6
1. Risikoabwälzung als Hauptzweck	6
2. Prävention als Nebenzweck	14
3. Versorgungszweck	15
4. Ausgleichsprinzip	16
5. Prinzip der Totalreparation	18
6. Dispositionsfreiheit des Geschädigten	20
7. Bereicherungsverbot	21
8. Mitverantwortung	22
III. Systematik des Verkehrshaftungsrechts	23
1. Haftung nach dem StVG	23
2. Verhältnis zum sonstigen Haftungsrecht	28
3. Zusammenhang mit dem Privat- und Sozialversicherungsrecht	30
4. Zusammenhang mit dem Beweisrecht	35
IV. Entwicklungslinien	36
1. Von der Verschuldens- zur Gefährdungshaftung	36
2. Ausweitung der Gefährdungshaftung	40
3. Weiterentwicklung zur no fault-Haftung	43
4. Systemverbesserungen unter Beibehaltung der individuellen Verantwortung	45

Einleitung

I. Bedeutung und Funktion des Verkehrshaftungsrechts

1 Jedes Jahr ereignen sich in der Bundesrepublik Deutschland mehrere Millionen Straßenverkehrsunfälle.[1] Jeder dieser Unfälle ist für den einzelnen Betroffenen ein Ereignis von einschneidender Bedeutung. Auch wenn nur Sachschäden entstanden sind, erreichen diese zumeist eine Höhe, die das im Rahmen der privaten Lebensführung ohne Weiteres Verkraftbare deutlich übersteigt. Ist es zu Personenschäden gekommen,[2] so führen diese nicht selten zu schwerwiegenden Folgen für die gesamte Lebensführung des Opfers und seiner Angehörigen. Schon aus diesem Grund weist das Verkehrsunfallgeschehen ein hohes Konfliktpotential auf. Menschliche Wesenszüge, wie zB das Bedürfnis nach Genugtuung für die erlittene Unbill, das Verdrängen eigener Schuld, die gegenüber einem anonymen und potenten Schuldner (Haftpflichtversicherer) besonders ausgeprägten Begehrlichkeiten schaffen zusätzliche Konflikte; ihnen stehen Organisationsstrukturen gegenüber, deren Repräsentanten bei der Vornahme der Schadensregulierung auch Kollektivinteressen (etwa der Versichertengemeinschaft oder der öffentlichen Hand) zu wahren haben und schon von daher den Einzelfall aus einer mehr generalisierenden Sicht betrachten.

2 All dies trägt dazu bei, dass der Verkehrsunfall sich trotz seiner Alltäglichkeit und Allgegenwärtigkeit als Ereignis von hoher Rechtsrelevanz darstellt. Aus diesem Grund wird bei der Schadensregulierung regelmäßig ein Rechtsanwalt in Anspruch genommen und hat die Rechtsschutzversicherung im Verkehrsbereich einen besonders hohen Verbreitungsgrad. Bei den Amtsgerichten sind etwa 9%, bei den Landgerichten etwa 3,6% aller erstinstanzlichen, gewöhnlichen Zivilprozesse Verkehrsunfallsachen.[3]

3 Das Verkehrshaftungsrecht hat aber nicht nur einen gewichtigen Stellenwert im Rechtsleben, sondern vor allem auch eine immense wirtschaftliche Bedeutung. Die deutschen Kraftfahrt-Haftpflichtversicherer erbringen zur Zeit Schadensleistungen von ca. € 13 Milliarden im Jahr,[4] die zum großen Teil den Institutionen der Gesundheitsfürsorge zufließen,[5] aber auch für wichtige Wirtschaftszweige (Reparaturgewerbe, Autovermieter, Kraftfahrzeugsachverständige usw) einen erheblichen Teil des Umsatzes darstellen. Hinter dem einzelnen Verkehrsunfall verbirgt sich somit ein Massenphänomen von bedeutender ökonomischer Relevanz, und der Umstand, dass dies den einzelnen Geschädigten (naturgemäß) nicht interessiert, vom Schadensrecht und seinen Anwendern aber in Rechnung gestellt werden muss, schafft beim Interessenausgleich zusätzliche Konfliktpunkte.

---

1 2004 betrug allein die Zahl der polizeilich erfassten Unfälle 2,262 Mio (*Vorndran* in: Statistisches Bundesamt, Wirtschaft und Statistik 6/2005, S 612). Die deutschen Kfz-Haftpflichtversicherer haben 2004 4,117 Mio Schadensfälle bearbeitet (Gesamtverband der Deutschen Versicherungswirtschaft e.V., Statistisches Taschenbuch 2004 Tab 43).

2 2004: 440 126 Verletzte, 5842 Getötete (*Vorndran* aaO).

3 Statistisches Bundesamt, Justizstatistik der Zivilgerichte, Fachserie 10 Reihe 2.1 2003, Tab 2.1.1, 5.1.1. Die Quote war in den neuen Bundesländern zunächst wesentlich niedriger als in den alten (vgl *Greger* NZV 2001, 1), gleicht sich aber zunehmend an.

4 Im Jahre 2003 € 12,8 Mrd (Gesamtverband der Deutschen Versicherungswirtschaft e.V., Statistisches Taschenbuch 2004 Tab 42).

5 Ca 11% entfallen auf Regressleistungen für Personenschäden; vgl *Kötz/Wagner*[9] Rn 511.

Das Verkehrshaftungsrecht muss also nicht nur den gerechten Ausgleich des einzelnen **4** Schadensfalles bewirken, sondern zugleich ein Massenphänomen von erheblicher wirtschaftlicher Relevanz bewältigen. Dies macht es bei aller Sympathie für eine möglichst umfassende Schadlosstellung des Unfallgeschädigten unabdingbar, dieser auch gewisse Grenzen zu setzen. Hält man sich zB vor Augen, dass die deutschen Kraftfahrt-Haftpflichtversicherer im Jahre 1999 mehr als DM 1,4 Milliarden nur für Mietwagenkosten aufzuwenden hatten,[6] so erscheint die Forderung, die Erforderlichkeit dieser Kosten im Einzelfall strenger zu prüfen, in einem anderen Licht, als wenn sie nur aus der Sicht des Unfallgeschädigten betrachtet wird.

Da es sich bei der Unfallschadensregulierung um die Bewältigung eines Massenphäno- **5** mens handelt, muss sie sich nach Regeln vollziehen, die eine möglichst einfache und zügige Abwicklung gestatten. Eine gewisse Pauschalierung ist hierbei unabdingbar; ohne Verzicht auf manche Besonderheit des Einzelfalles lässt sich das Schadensvolumen nicht vernünftig bewältigen.[7] Leider trägt das Schadensrecht in seiner gegenwärtigen Ausgestaltung diesem Erfordernis nur bedingt Rechnung; auch mit dem am 1.8.2002 in Kraft getretenen 2. SchRÄndG hat der Gesetzgeber nur Einzelfragen geregelt, die entscheidenden Probleme aber „für eine umfassendere Reform des Sachschadensrechts zurückgestellt" und es „der Rechtsprechung ... überlassen, das Sachschadensrecht zu konkretisieren und weiterzuentwickeln".[8] In der Praxis hat dies zur Folge, dass Instanzgerichte in tausendfach immer wiederkehrenden Fragen der Schadensregulierung jahrelang unterschiedlich judizieren können. Eine Rechtsvereinheitlichung durch den BGH war nach dem früheren Revisionsrecht nahezu ausgeschlossen. Mit dem seit der ZPO-Reform von 2002 nicht mehr streitwertabhängigen Zugang zur dritten Instanz hat sich dies zwar etwas gebessert, und der VI. Zivilsenat des BGH hat seither auch in mancher Frage schon die Gelegenheit ergriffen, der weiteren Vergeudung an Rechtspflegeressourcen durch ein klärendes Wort ein Ende zu setzen. Dennoch werden viele Einzelfragen noch auf lange Zeit streitig bleiben. Daher sollte die Praxis selbst die Initiative ergreifen. Durch freiwillige Selbstbindung an bestimmte Richtlinien, die zB auf Verbandsebene[9] oder – wie im Unterhaltsrecht seit langem praktiziert[10] – von den Gerichten erstellt werden, könnte mehr zur Rechtsverwirklichung und zum Rechtsfrieden bei der Schadensregulierung beigetragen werden als durch den Versuch, jeden Einzelfall nach individuellen Gerechtigkeitsvorstellungen zu entscheiden.

II. Zwecke und Prinzipien des Haftungsrechts

1. Risikoabwälzung als Hauptzweck

Jeder Wert trägt das Risiko der Entwertung in sich: Das Leben kann vernichtet, die **6** Gesundheit beschädigt, das Eigentum entzogen werden. Mit dem Risiko dieser Entwer-

---

6 *Kötz/Wagner*[9] Rn 511. Vgl auch *Küppersbusch* VGT 1994, 166; *Geier* VersR 1996, 1458.
7 *Steffen* NJW 1995, 2059.
8 BT-Drs 14/7752 S 14.
9 *Greger* NZV 1994, 14.
10 „Düsseldorfer Tabelle" usw.

tung befasst sich das Haftungsrecht. Seine Normen bestimmen, ob der Inhaber des Wertes auch das Integritätsrisiko zu tragen hat oder ob er dieses – in der Form eines Wiederherstellungs- oder Wertersatzanspruchs – auf einen anderen abwälzen kann. Der Hauptzweck des Haftungsrechts besteht also in der Regelung der Risikozuständigkeit.[11] Seine Aufgabe ist es, die „Rechtskreise der Einzelnen", ihre Freiheits- und Interessensphären, voneinander abzugrenzen.[12]

7 **a) Die grundsätzliche Risikozuständigkeit des Rechtsträgers** ist im Grunde eine Selbstverständlichkeit,[13] die in dem überkommenen Grundsatz „casum sentit dominus"[14] Ausdruck und in manchen ausländischen Rechtsordnungen sogar Eingang in das Gesetz gefunden hat.[15] Dem deutschen Haftungsrecht liegt er als ungeschriebenes Prinzip zugrunde. Da für erlittenen Schaden ein anderer nur in Anspruch genommen werden kann, wenn hierfür eine gesetzliche Grundlage besteht und deren Voraussetzungen im Einzelfall erfüllt sind, verbleibt der Schaden in allen anderen Fällen automatisch beim Geschädigten. Dies wird, obgleich im Grunde banal und selbstverständlich, in der Praxis nicht immer beachtet. Wenn auch noch nicht so auf die Spitze getrieben wie zB in den USA, besteht auch hierzulande eine Tendenz, für jeden Schadensfall einen möglichst leistungsfähigen Ersatzpflichtigen zu finden, auf den der Schaden abgewälzt werden kann. Überzogene Sicherungspflichten[16] und Sorgfaltsanforderungen sowie exzessive Beweiserleichterungen sind Ausdruck eines die eigene Risikozuständigkeit verdrängenden Anspruchs- oder Versorgungsdenkens, welches von der unzutreffenden Prämisse ausgeht, dass es für jeden Schadensfall einen Ersatzpflichtigen geben muss. In das allgemeine Lebensrisiko[17] fällt nicht nur die sog höhere Gewalt, sondern auch die Gefahr, durch einen Unfall betroffen zu werden, für den ein Verantwortlicher überhaupt nicht oder nicht mit der erforderlichen Sicherheit oder nicht mit der erwünschten Zahlungsfähigkeit haftbar gemacht werden kann.

8 Im Straßenverkehrsrecht besteht für übergesetzliche Risikoverschiebungen im Übrigen umso weniger Anlass, als bereits das geschriebene Recht die Schadenszuständigkeit des Geschädigten weiter als in anderen Bereichen reduziert, etwa durch die verschuldensunabhängige Gefährdungshaftung des Kraftfahrzeughalters, den Direktanspruch gegen den Haftpflichtversicherer und den Entschädigungsfonds für Unfallopfer nach § 12 PflVG. Wenn ein weitergehender Schutz von Unfallopfern erwünscht oder geboten sein sollte, wäre es Sache des Gesetzgebers, einen solchen – etwa durch eine allgemeine Unfallversicherung – zu schaffen. Für die Anwendung des geltenden Haftungsrechts ist und bleibt dagegen die gesetzliche Risikoverteilung maßgeblich, die die grundsätzliche Schadenszuständigkeit dem Träger des Rechtsguts zuweist und die Verlagerung dieses Risikos von normativen Voraussetzungen abhängig macht.

---

11 *Esser* (Lit vor Rn 1) S 69 ff; *Frommhold* (Lit vor Rn 1) S 65 f; *Deutsch* JZ 1971, 244 f.
12 So Prot II, 567.
13 *Larenz/Canaris* § 75 I 2 a.
14 *Deutsch* Rn 1 f.
15 ZB § 1311 österr ABGB.
16 Vgl hierzu *Larenz/Canaris* § 76 III 7 b; *Esser* JZ 1953, 129 ff; *Foerste* NJW 1995, 2605; *Lieb* MDR 1995, 992.
17 Vgl hierzu *Deutsch* VersR 1993, 1041.

b) Formen der Risikoverlagerung

aa) Die **Unrechtshaftung** ist der wichtigste und älteste Fall einer gesetzlich angeordneten Schadensabnahme.[18] Sie geht von dem Gedanken aus, dass es der Billigkeit entspricht, denjenigen, der durch unerlaubtes Verhalten schuldhaft einen Schaden an fremden Rechtsgütern verursacht hat, hierfür haftbar zu machen. Welches Verhalten unerlaubt, dh „rechtswidrig" oder „widerrechtlich" ist, bestimmt die Rechtsordnung.[19] Entscheidender Anknüpfungspunkt für die Haftung aber ist das Verschulden. Der Geschädigte wird von seinem Schaden also nur dann entlastet, wenn er dem anderen wenigstens Fahrlässigkeit, dh Nichtbeachtung der im Verkehr erforderlichen Sorgfalt (§ 276 Abs 1 BGB) zur Last legen kann. Auch bei der Haftung für fremdes Fehlverhalten kommen Vorwerfbarkeitselemente zum Tragen (vgl zB § 831 BGB).

9

bb) Ein anderer Zurechnungsgedanke liegt der **Gefährdungshaftung** zugrunde, die im Zuge der Entwicklung immer schwerer beherrschbarer Gefahrenpotentiale durch den technischen Fortschritt zunehmende Bedeutung erlangt hat. Er besteht darin, dass die Rechtsgemeinschaft von dem, der erlaubtermaßen ein solches Gefahrenpotential (Eisenbahn, Kraftfahrzeug, Pipeline, Kernkraftwerk) schafft, die Übernahme des Schadensrisikos unabhängig von einem Verschulden soll fordern können.[20] Die Gefährdungshaftung muss (fallgruppenbezogene) Ausnahme bleiben, darf nicht zur Überwälzung des allgemeinen Lebensrisikos führen.[21] Die angemessene Risikoverteilung kann auch eine Einschränkung, etwa durch den Ausschluss „höherer Gewalt" oder durch eine summenmäßige Haftungsbegrenzung, erfordern.

10

cc) Die **Aufopferungshaftung** hat demgegenüber vergleichsweise geringe Bedeutung. Sie geht davon aus, dass dann, wenn jemand aufgrund übergeordneter Einzel- oder Allgemeininteressen einen Eingriff in geschützte Rechtsgüter hinnehmen muss, eine Schadloshaltung geboten ist.[22]

11

dd) Bisher kaum als eigenständiger Zurechnungsgrund erkannt ist die **Anscheinshaftung**, die in kasuistischer Weise durch Rechtsfortbildung für die Fälle entwickelt worden ist, in denen es dem Geschädigten wegen undurchschaubarer Geschehensabläufe praktisch unmöglich ist, den Beweis einer schuldhaften Schädigung zu führen. Instrument der Risikoverlagerung ist in diesen Fällen das Beweisrecht: Dem Geschädigten werden unter im Einzelnen geregelten Voraussetzungen, die zumeist auf das Wahrscheinlichmachen einer schuldhaften Schädigung hinauslaufen, Beweiserleichterungen gewährt (Beweislastumkehr, Anscheinsbeweis, Beweis auf erste Sicht), als deren Folge nicht mehr ein erwiesener Sachverhalt, sondern bereits dessen Anschein die Haftung begründet. Das Beweisrecht ist jedoch nur Instrument dieser Risikoverlagerung, ihre Rechtfertigung muss sie in materiellrechtlichen Wertungen finden (zB dass es unbillig wäre, einem Unfallopfer deliktische Ansprüche zu versagen, weil nicht geklärt werden kann, warum ein Kraftfahrzeug auf den Gehweg geriet, oder weil es mit Sinn

12

---

18 *Deutsch* Rn 5 ff.
19 *Larenz/Canaris* § 75 I 2 b.
20 *Esser/Schmidt* § 8 II 3; *Larenz/Canaris* § 84 I 2; *Esser* (Lit vor Rn 1) S 111 ff; *Deutsch* Rn 9 ff; *ders* KF 1967, 2 ff; *Rohe* AcP 201 (2001) 137 ff.
21 Vgl *Rohe* AcP 201 (2001) 148 f mwN.
22 Näher *Frommhold* (Lit vor Rn 1) S 139 ff mwN.

und Zweck einer Kaskoversicherung nicht vereinbar wäre, vom Versicherungsnehmer den vollen Beweis des Autodiebstahls zu verlangen).[23]

13 ee) **Versicherungsschutz** ist (ebenso wie andere Möglichkeiten der Schadensweitergabe, zB Kostenumlage auf den Endverbraucher) kein Haftungszurechnungsgrund. Haftung knüpft an die Schadensentstehung an, nicht an die Möglichkeit der Schadensbewältigung. Die Möglichkeit der Schadenskollektivierung fließt lediglich mittelbar in die Ausgestaltung fehlverhaltensunabhängiger Haftungsnormen ein, allenfalls noch in die Ausfüllung von Haftungstatbeständen, die für Zumutbarkeitserwägungen offen sind (zB § 829 BGB). Ansonsten ist die Haftungsbegründung vom Versicherungsschutz strikt zu trennen (Trennungsprinzip; s a Rn 33).[24]

2. Prävention als Nebenzweck

14 Dem Haftungsrecht geht es also in erster Linie um die Verteilung von Schadensrisiken. Der Ausgleich des Schadens, nicht seine Verhinderung ist sein primäres Ziel.[25] Dass die drohende Schadensersatzverpflichtung daneben auch präventive Wirkung entfaltet (bei versicherten Risiken wenigstens rudimentär in Form von Regressgefahren und Prämiennachteilen) ist ein bloßer, freilich erwünschter, beim primär durch Straf- und Ordnungswidrigkeitenrecht bewehrten Verkehrsverhalten eher unbedeutender Nebeneffekt.[26] Der Schadensersatz mag aufgrund seiner mittelbar verhaltenssteuernden Wirkung pönale Elemente aufweisen; zu einer strafähnlichen Sanktion wird er dadurch nach dem modernen deutschen Rechtsverständnis, zu dem das Strafmonopol des Staates gehört, nicht;[27] daran ändert auch die vom BGH anerkannte Genugtuungsfunktion des Schmerzensgeldes[28] nichts.[29]

3. Versorgungszweck

15 Verschiedene gesetzliche oder richterrechtliche Regelungen des Schadensrechts lassen sich nicht vollständig mit der Abnahme eines Integritätsrisikos erklären, sondern scheinen von dem Gedanken mitbestimmt zu sein, dass die durch den Schadensfall gefährdete Daseinsvorsorge des Opfers (oder seiner Angehörigen) durch den Schädiger sichergestellt werden soll.[30] Dies gilt zB für die Ansprüche auf Ersatz vermehrter Bedürfnisse (§ 11 StVG, § 843 BGB), entgangenen Unterhalts (§ 10 StVG, § 844 Abs 2 BGB) oder des Wertes der Haushaltsführung. Auch der Versorgungszweck ist aber letztlich nur ein

---

23 Näher hierzu § 38 Rn 57 ff.
24 Zum Ganzen *Frommhold* (Lit vor Rn 1) S 143 ff mwN.
25 *Frommhold* (Lit vor Rn 1) S 75.
26 *Deutsch* Rn 18; *Lange/Schiemann* Einl III 2 b; *Frommhold* (Lit vor Rn 1) S 68 ff. Stärker betont wird der präventive Effekt von der ökonomischen Analyse des Rechts; vgl *Kötz/Wagner* Rn 59 ff; *Thüsing* ZEuP 2003, 746 ff mwN; ebenso *Katzenmeier* VersR 2002, 1455 f.
27 Ganz anders das US-amerikanische Recht, welches in der Form der punitive or exemplary damages eine Art Strafgewalt des privaten Geschädigten kennt. Vgl zur Unvereinbarkeit solcher Urteile mit dem deutschen ordre public BGHZ 118, 312.
28 BGHZ 18, 149. S dazu *Rohe* AcP 201 (2001) 130 f.
29 BVerfGE 34, 269, 293; BGH NJW 2005, 215, 216.
30 Eingehend zu diesem Versorgungsprinzip *Schiemann* (Lit vor Rn 1) 234 ff; krit *Roussos* (Lit vor Rn 1) 13 ff.

Nebeneffekt der Risikoverlagerung. Das sonst vom Verletzten und seinen Angehörigen zu tragende Risiko, die materielle Lebensgrundlage durch ein zufälliges Ereignis zu verlieren, wird dem Schädiger auferlegt. Die Versorgung Bedürftiger wird im Sozialstaat auf andere Weise sichergestellt. Dem entspricht es, dass Schadensersatzleistungen der bezeichneten Art kaum jemals dem Verletzten zufließen, sondern im Regressweg auf Sozialleistungsträger übergeleitet werden. Auf diesem Weg vollzieht sich dann gleichfalls eine Risikozuweisung: das Regressrecht entscheidet darüber, ob der Schaden letztlich vom Kollektiv der Sozialversicherten, von der Staatskasse, vom Arbeitgeber usw zu tragen ist, oder ob er beim Schädiger bzw der für ihn eintretenden Gemeinschaft der versicherten Kraftfahrer verbleibt.

4. Ausgleichsprinzip

Der Ausgleich des Schadens ist weniger Zweck als vielmehr Methode des Haftungsrechts. Die von ihm bezweckte Risikoabwälzung vollzieht sich in der Form des Schadensersatzes: Der Schadensersatzanspruch tritt bei Vorliegen seiner Voraussetzungen an die Stelle des beeinträchtigten Rechtsguts. Dabei kann sich der Schadensersatz in zwei Grundformen vollziehen, nämlich im Wege der Naturalrestitution (Wiederherstellung des früheren Zustands, § 249 BGB) oder im Wege der Kompensation (Wertersatz, § 251 BGB). Welcher dieser Wege im Einzelfall zum Tragen kommt, ist weitgehend vom Gesetz vorgezeichnet. Schuldet der Schädiger, wie idR, Naturalrestitution, gibt das Gesetz dem Geschädigten aber die Wahl zwischen Herstellung in Natur (Reparation) und Zahlung des hierfür erforderlichen Geldbetrages (sog Ersetzungsbefugnis, § 249 S 2 BGB), sodass sich also letztlich drei Formen des Schadensausgleichs unterscheiden lassen:

Reparation ist die Wiederherstellung des ursprünglichen Zustandes durch den Schädiger (der Unfallfahrer richtet zB den umgefahrenen Gartenzaun wieder auf);

Restitution geschieht dadurch, dass der Geschädigte durch Zahlung eines Geldbetrages in den Stand gesetzt wird, den Schaden beseitigen zu lassen (zB der Haftpflichtversicherer des Unfallfahrers bezahlt die Kosten der Autoreparatur);

Kompensation soll einen Ausgleich für den nicht mehr (voll) behebbaren Schaden verschaffen (zB das Unfallopfer erhält eine Entschädigung für die nicht mehr behebbare Erwerbsminderung).

Bei welchen Vermögensnachteilen es sich um **ausgleichspflichtige Schadenspositionen** handelt, sagt das Gesetz – von punktuellen Regelungen wie in §§ 252, 843 ff BGB abgesehen – nicht. Der Begriff des Schadens wird von ihm vorausgesetzt. Die Wissenschaft versucht seit jeher, diesen Begriff zu bestimmen und abzugrenzen; das Schrifttum hierzu ist kaum noch zu überblicken.[31] Die Rspr hat auf die Herausarbeitung allgemeingültiger Kriterien verzichtet und wendet stattdessen einen normativen Schadensbegriff an, der mit Hilfe rechtlicher Wertungen über die Ersatzfähigkeit jeder einzelnen Position entscheiden soll.[32] Damit hat das Schadensersatzrecht zwar den Anschluss an den Stan-

---

31 Grundlegend *Mommsen* Beiträge zum Obligationenrecht II: Zur Lehre vom Interesse (1855). Aus jüngerer Zeit *Schiemann, Roussos, Ch Huber* (jeweils Lit vor Rn 1), rechtsvergleichend *Stoll* (Lit vor Rn 1).
32 Zusammenfassend *Steffen* NJW 1995, 2057.

dard der Wertungsjurisprudenz gewonnen;[33] da sich über Wertung aber trefflich streiten lässt, bietet es ein Bild der Uneinheitlichkeit und Unberechenbarkeit,[34] wie es in anderen Rechtsgebieten kaum bekannt ist. Gefördert wird dies durch einen schier unerschöpflichen Einfallsreichtum beim Finden neuer Schadenspositionen und dadurch, dass die anzustellenden Wertungen auch von Seitenblicken auf die Praktikabilität und Finanzierbarkeit der Schadensregulierung beeinflusst werden.

5. Prinzip der Totalreparation

18 § 249 BGB liegt die Vorstellung von einem **vollständigen** Ausgleich zwischen Schädiger und Geschädigtem zugrunde. Ob der Geschädigte auf die Ersatzleistung überhaupt angewiesen ist, ist dabei ebenso unerheblich wie die etwaige Gefährdung der wirtschaftlichen Existenz des Schädigers durch die Höhe der Schadensersatzverbindlichkeit. Von den Fällen der Mitverantwortung des Geschädigten (Mitverschulden, mitwirkende Betriebsgefahr) abgesehen, gibt das Gesetz auch keine Möglichkeit, aus Billigkeitsgründen zu sog vermittelnden Entscheidungen zu gelangen; es folgt unerbittlich dem Alles-oder-nichts-Prinzip.[35] Nur die Beteiligten selbst haben es in der Hand (und machen hiervon im Haftungsrecht weithin Gebrauch), dessen Härte durch eine vergleichsweise Regelung zu entgehen.

19 Wirtschaftliche Erwägungen haben in das Schadensersatzrecht jedoch insoweit Eingang gefunden, als nach § 251 Abs 2 BGB kein Ersatz für unverhältnismäßige Aufwendungen zu leisten ist. „Unverhältnismäßig" bezieht sich hierbei nicht etwa auf die Relation zwischen der Schadensersatzverbindlichkeit und dem Schuldnervermögen, sondern ausschließlich auf die Relation zwischen Herstellungsaufwand und Herstellungserfolg, wobei die „berechtigten" Belange des Gläubigers den Maßstab für die Verhältnismäßigkeit liefern.

6. Dispositionsfreiheit des Geschädigten

20 Man könnte aus dem Ausgleichsprinzip ableiten, dass Schadensersatz nur insoweit geschuldet wird, als der Geschädigte an einem Ausgleich des eingetretenen Schadens, also an einer Wiederherstellung, überhaupt interessiert ist. Die Rechtsprechung[36] versteht § 249 S 2 BGB, der auf den zur Herstellung **erforderlichen** Geldbetrag abstellt, jedoch dahin, dass der Schadensersatzanspruch auch dann in voller Höhe besteht, wenn der Geschädigte sich im Einzelfall mit einer nur teilweisen oder behelfsmäßigen Schadensbeseitigung abfindet oder von einer solchen ganz absieht, also etwa das Unfallfahrzeug im beschädigten Zustand weiter benutzt. Die damit anerkannte Dispositionsfreiheit des Geschädigten[37] führt dazu, dass der Schadensausgleich in der Praxis weithin fiktiv, dh ohne tatsächliche Reparation, abgewickelt wird.[38]

---

33 *Deutsch* Rn 786.
34 *Schiemann* NZV 1996, 2.
35 Krit *Rohe* AcP 201 (2001) 154.
36 Vgl zB BGHZ 61, 58; 61, 347 ff; 63, 184; 66, 241; BGH NZV 1989, 465 m Anm *Hofmann*.
37 *Steffen* NZV 1991, 2; NJW 1995, 2059.
38 Vgl hierzu § 3 Rn 228 ff, auch zu den Schranken dieser Restitutionsform.

7. Bereicherungsverbot

In negativer Abgrenzung ergibt sich aus der Zweckbestimmung des Haftungsrechts, Verluste abzunehmen und auszugleichen, dass der Schadensersatz nicht zu einer Besserstellung des Geschädigten führen soll.[39] Eine über die Restitutionsverpflichtung hinausgehende Inanspruchnahme des Schädigers findet im Gesetz keine Stütze und hat daher zu unterbleiben. Die in der Praxis weithin anzutreffende Großzügigkeit bei der Zubilligung von Schadenspositionen (etwa für entgangene Nutzungsvorteile, für pauschalierte Auslagen oder für fiktive Aufwendungen) widerspricht diesem Bereicherungsverbot.[40] Wie die Praxis lehrt, hat die verbreitete Geringschätzung dieses Prinzips mittlerweile zu überzogenen Begehrlichkeiten geführt. Häufig ist zu beobachten, dass Anspruchsteller mit großem Einfallsreichtum versuchen, so viel wie irgend möglich aus einem Unfall „herauszuschlagen" – von den Anreizen dieser Regulierungspraxis für Versicherungsbetrüger ganz zu schweigen. Durch stärkere Betonung des Bereicherungsverbots sollte dieser Entwicklung entgegengetreten werden. Wer so argumentiert, handelt sich zwar leicht den Vorwurf einer „Versicherungsfreundlichkeit" ein, allerdings schwerlich zu Recht. Da die Versicherer sich über die Prämien refinanzieren, geht die Aufblähung der Schadensersatzleistungen in erster Linie zu Lasten der Versichertengemeinschaft, dh auch der an dem Schadensfall überhaupt nicht beteiligten Kraftfahrer; zudem führt sie zu Verzerrungen im internationalen Vergleich.[41] Es sollte zu denken geben, dass (insbesondere beim Sachschadensersatz) in keinem anderen Land Europas so hohe Leistungen gewährt werden wie bei uns.[42]

21

8. Mitverantwortung

Während das gemeine Recht und das englische common law dem mitwirkenden Verschulden eine haftungsausschließende Wirkung beilegten, hat der Gesetzgeber des BGB dem Richter in bewusster Abkehr von diesem starren Prinzip der Kulpakompensation eine Abwägung im Einzelfalle aufgetragen.[43] Dieser Rechtsgedanke, der in der Praxis häufig zu einer prozentualen Herabsetzung des Ersatzanspruchs führt, kommt auch im Bereich der Gefährdungshaftung zum Tragen (vgl § 9 StVG, § 4 HaftpflG), und zwar auch in der Weise, dass gegenüber einer Haftung aus Verschulden die mitwirkende Betriebsgefahr angerechnet wird (vgl § 22 Rn 85 ff). Teilweise auf Treu und Glauben, teilweise auf den Gleichbehandlungsgrundsatz zurückgeführt, ist die Schadensquotelung über den gesetzlich geregelten Bereich hinaus zu einem selbstverständlichen Element unseres Haftungsrechts geworden. Vereinzelt wird allerdings nicht ohne Berechtigung und mit Verweis auf ausländische Vorbilder geltend gemacht, dass die Gleichbehandlung von Schädiger und Geschädigtem durch dieses System häufig nur formal realisiert und das Ziel eines billigen Schadensausgleichs verfehlt wird.[44] Während nämlich das Unfallopfer

22

---

39 Vgl *Lange/Schiemann* Einl III 2 a mwN.
40 Nicht damit zu verwechseln ist die Frage, ob es im *Versicherungsrecht* ein allgemeines Bereicherungsverbot gibt (verneinend BGHZ 131, 157, 161; 147, 212).
41 *Gas* VersR 1999, 261.
42 Vgl *Wezel* DAR 1991, 133.
43 Eingehend dazu *Looschelders* (Lit vor Rn 1) S 20 ff.
44 *Deutsch* ZRP 1983, 138.

Einleitung

zusätzlich zu den (uU lebenslang spürbaren) persönlichen Unfallfolgen auch noch finanzielle Lasten tragen muss, führt die Anrechnung seiner Mitverantwortung auf der Schädigerseite idR nur zu einer Entlastung der Versichertengemeinschaft. Solange keine generelle Unfallversicherung eingeführt ist, werden sich solche Ungleichgewichtigkeiten zwar nicht ganz vermeiden lassen. Sie sollten bei der Haftungsabwägung aber bewusst gemacht werden und, von Fällen grober Eigengefährdung abgesehen, zu einer eher gemäßigten Belastung nichtmotorisierter Verkehrsteilnehmer führen. Wo es nur um die Schadensabwehr oder -beseitigung geht, sollte der, der die eigentliche Schadensursache gesetzt hat, deutlich stärker belastet werden.[45]

III. Systematik des Verkehrshaftungsrechts

1. Haftung nach dem StVG

a) Überblick

23 Wegen der zunehmenden Gefährlichkeit des Straßenverkehrs hat der Gesetzgeber schon zu Beginn des 20. Jahrhunderts eine verschärfte Haftung derjenigen begründet, die die wesentlichste Gefahrenquelle in diesem Bereich, nämlich die mit Motorkraft angetriebenen Fahrzeuge, beherrschen.[46] Diese verschärfte Haftung des Kfz-Halters und -führers ist in den §§ 7 bis 20 StVG geregelt, wobei § 7 die Grundlage für die Halterhaftung, § 18 die Grundlage für die Führerhaftung ist. Die weiteren Vorschriften befassen sich im Wesentlichen mit der näheren Ausgestaltung dieser Haftung.

24 Bei Unfällen mit Kraftfahrzeugen wird der Geschädigte sich in aller Regel primär auf die genannten Vorschriften stützen, da sie den für ihn einfachsten Weg zur Entschädigung bieten. Um den Halter nach § 7 StVG in Anspruch nehmen zu können, braucht er nur nachzuweisen, dass der Unfall sich beim Betrieb dessen Kraftfahrzeugs ereignet hat; daneben kann er sich ohne weitere Beweisbelastung nach § 18 StVG an denjenigen halten, der das Kraftfahrzeug zum Unfallzeitpunkt geführt hat. In beiden Fällen ist es dann Sache des in Anspruch Genommenen, sich zu entlasten, wobei dieser Entlastungsbeweis unterschiedlich ausgestaltet ist:

der **Halter** kommt gegenüber nicht motorisierten Verkehrsteilnehmern nur frei, wenn er höhere Gewalt, im Übrigen nur, wenn er die Unabwendbarkeit des Unfalls beweist (§ 7 Abs 2, § 17 Abs 3 StVG),

der **Führer** nur, wenn er seine Schuldlosigkeit erfolgreich unter Beweis stellt (§ 18 StVG).

25 Beide Beweise sind typischerweise schwer zu führen. Dies liegt zum einen daran, dass der Beweis eines Negativums (zB Unabwendbarkeit, Nichtverschulden) immer besondere Schwierigkeiten bereitet, weil er die Widerlegung aller denkbaren Abläufe, aus denen sich ein Vorwurf ergeben könnte, bedingt. Zudem sind Verkehrsunfälle wegen ihres plötzlichen Eintritts und ihres dynamischen Ablaufs sehr häufig nicht exakt aufklärbar, sodass es zu der gegen den Halter oder Führer wirkenden non-liquet-Situation kommt. Schließlich trifft den Halter die zusätzliche Erschwernis, nicht nur das Auf-

---

45 *Medicus* 17. VGT S 65; einschr *Staudinger/Schiemann* § 254 Rn 115.
46 Zur geschichtlichen Entwicklung s Rn 36 ff.

wenden der erforderlichen Sorgfalt, sondern zumindest die Unabwendbarkeit des Unfallereignisses (§ 17 Abs 3 StVG) nachweisen zu müssen, was noch höhere Anforderungen an den Grad der Sorgfalt stellt und kraft Gesetzes bei manchen Abläufen, etwa technischen Defekten des Kraftfahrzeugs, zum Ausschluss jeglicher Entlastungsmöglichkeit führt.

Ist der Geschädigte ebenfalls Halter oder Führer eines Kraftfahrzeugs, so wirkt diese Haftungs- und Beweisregelung aber zugleich – quasi spiegelbildlich – auch gegen ihn: er muss sich die Betriebsgefahr seines Kraftfahrzeugs anspruchsmindernd zurechnen lassen. § 17 StVG trifft nähere Anordnungen darüber, wie in einem solchen Fall die Haftungsabwägung vorzunehmen ist. 26

Bei Schädigung anderer Verkehrsteilnehmer steht dem Halter oder Führer selbstverständlich auch der Einwand des Mitverschuldens zu Gebote (§ 9 StVG). Auch insoweit trifft die Beweislast ihn. Hat er hierbei Erfolg, kommt es gleichfalls zu einer Abwägung der Haftungsanteile. 27

2. Verhältnis zum sonstigen Haftungsrecht

Der bei einem Kraftfahrtunfall Geschädigte ist aber nicht auf die Ansprüche nach §§ 7, 18 StVG beschränkt. Er kann sich vielmehr, was § 16 StVG ausdrücklich klarstellt, auch auf das gesamte sonstige Haftungsrecht, insbesondere § 823 Abs 1 und 2 BGB, stützen. Zwar trifft ihn dann die Beweislast für die weitergehenden Haftungsvoraussetzungen der betreffenden Vorschrift, insbesondere für das Verschuldenserfordernis, aber diesen Beweis zu führen kann für ihn von der Rechtsfolgenseite her von Interesse sein, da das Deliktsrecht der §§ 823 ff BGB weitere Ansprüche gewährt und keine Höhenbegrenzung der Haftung nach Art von § 12 StVG kennt. 28

Üblicherweise legt der Geschädigte folglich die Voraussetzungen der Gefährdungshaftung nach §§ 7 ff StVG und jene der Haftung aus §§ 823 ff BGB nebeneinander dar. Je nach Lage des Falles kommen auch weitere Anspruchsgrundlagen in Betracht, zB, 29

- § 839 BGB iVm Art 34 GG (bei Schädigung durch einen Amtsträger bei Ausübung eines öffentlichen Amtes);
- § 829 oder § 832 BGB (bei von einem Kind verursachten Unfall);
- §§ 833, 834 BGB (bei von einem Tier verursachten Unfall);
- § 1 ProdHaftG (wenn der Unfall auf einem Herstellungsmangel des Fahrzeugs beruht);
- § 781 BGB (wenn ein konstitutives Schuldanerkenntnis abgegeben wurde);
- § 904 S 2 BGB (wenn der Unfall auf die Abwehr einer Notlage zurückzuführen ist);
- § 22 Abs 2 S 1 WHG (bei Gewässerverunreinigung);
- § 280 Abs 1 BGB (wenn der Unfallschaden im Rahmen eines Vertragsverhältnisses erlitten wird).

3. Zusammenhang mit dem Privat- und Sozialversicherungsrecht

In kaum einem anderen Gebiet wird das Haftungsrecht so stark von Regelungen der privaten und kollektiven Daseinsvorsorge überlagert wie bei der Regulierung von Verkehrsunfallschäden. 30

Auf Seiten des **Schädigers** ist es vor allem die für Kraftfahrzeughalter obligatorische Haftpflichtversicherung, die – wirtschaftlich gesehen – zu einer Schadensverlagerung 31 führt und – rechtlich gesehen – dem Geschädigten via Direktanspruch einen solventen Haftpflichtschuldner verschafft. Den versicherten Kraftfahrzeughalter und den (mitversicherten) Kraftfahrzeugführer trifft eine wirtschaftliche Belastung durch den Schadensfall nur dann, wenn es (zB wegen Obliegenheitsverletzung) zu einem Versichererregress kommt, wenn er durch Zurückstufung in der Schadensfreiheitsklasse einen Prämiennachteil erleidet oder wenn der Schaden die Deckungssumme der Haftpflichtversicherung übersteigt.

32 Aber auch auf der Seite des **Geschädigten** findet häufig eine Schadensverlagerung statt. Bei Bestehen einer Kaskoversicherung kann er seinen Fahrzeugschaden von dieser ersetzt verlangen. Personenschäden werden weitgehend durch die Träger der gesetzlichen Kranken-, Unfall- oder Rentenversicherung, durch einen privaten Krankenversicherer, durch den Dienstherrn des verletzten Beamten oder (in Form der Entgeltfortzahlung) durch den Arbeitgeber aufgefangen. Da diese Vorsorgesysteme aber im Regelfall nicht zur Entlastung des Schädigers gedacht sind, findet weithin ein **Forderungsübergang** auf den Eintretenden statt. Dem Geschädigten verbleiben dann nur die nicht durch deren Leistungen gedeckten („inkongruenten") Bestandteile seines Schadensersatzanspruchs. Im Arbeits- und Dienstunfallrecht findet uU sogar ein völliger Haftungsausschluss (mit Ausschluss auch des Regresses des Unfallversicherungsträgers) statt.

33 Als Konsequenz dieser Haftungsverlagerungen finden Haftpflichtprozesse oftmals nicht zwischen Geschädigtem und Schädiger, sondern zwischen Leistungsträgern und Haftpflichtversicherern statt. Dieser Schadensausgleich wird zudem durch Teilungs- oder andere **Regressabkommen** in deutlicher Abkehr von den zivilrechtlichen Schadensersatzregelungen modifiziert.[47] Aus alledem erhellt, dass eine Regulierung von Straßenverkehrsunfällen allein nach den BGB-Vorschriften nicht möglich ist, sondern die Regelungen des Privat- und Sozialversicherungsrechts mit zu berücksichtigen sind. Dies kann allerdings nicht bedeuten, dass dem Bestehen von Versicherungsschutz eine haftungsbegründende Wirkung beigelegt wird. Hier gilt vielmehr das sog **Trennungsprinzip**.[48] Ob eine Haftung besteht, ist unabhängig von der versicherungsrechtlichen Lage nach den haftungsrechtlichen Normen zu bestimmen; das Versicherungsrecht entscheidet nur darüber, in welchem Umfang und wem gegenüber ein Versicherer für die daraus sich ergebenden Ansprüche einstehen muss.

34 Dass es in der Praxis gleichwohl – mehr oder weniger unterschwellige – Beeinflussungen des Haftungsrechts durch das Bestehen von Versicherungsschutz gibt, ist allerdings nicht zu leugnen. So ist *Lange/Schiemann*[49] uneingeschränkt darin beizupflichten, dass die retardierenden Momente gegenüber einer extensiven Schadensbemessung im Recht des Kraftfahrzeugverkehrs sehr viel stärker gewesen wären, wenn die neu erarbeiteten Grundsätze in den eigenen Geldbeutel des Ersatzpflichtigen gegriffen hätten, und dass auch die zT sehr hohen Anforderungen an Verkehrssicherungspflichten, elterliche Aufsichtspflichten usw von einem Seitenblick auf die Versicherungssituation mitbestimmt sein mögen.

---

47 S dazu *Katzenmeier* VersR 2002, 1454 mwN u unten § 15 Rn 50 ff).
48 Zu dessen Durchbrechung bei der Billigkeitshaftung nach § 829 BGB s § 10 Rn 75 ff.
49 Einl II 3. Ähnlich *Lieb* MDR 1995, 992; *Katzenmeier* VersR 2002, 1451 f mwN, auch zu den Kritikern dieses Phänomens.

4. Zusammenhang mit dem Beweisrecht

Das Beweisrecht regelt die gerichtliche Feststellung des Sachverhalts, der der Rechtsanwendung zugrunde zu legen ist. Dies bedeutet jedoch nicht, dass dem Beweisrecht etwa eine rein verfahrensrechtliche Bedeutung im Prozess zukäme. Nicht nur die Regeln über die Beweislast, sondern auch die mannigfachen Beweiserleichterungen, die die Rspr im Bereich des Haftungs- und Versicherungsrechts geschaffen hat – allen voran der Anscheinsbeweis – bewirken eine Verlagerung haftungsrechtlicher Risiken, die sich auch bei der außergerichtlichen Schadensregulierung auswirkt. Schon dies macht den engen Zusammenhang zwischen Haftungsrecht und Beweisrecht deutlich. Wird weiter bedacht, dass das gerichtliche Verfahren darauf gerichtet ist, die materielle Rechtslage zu erkennen, nicht etwa unabhängig vom materiellen Recht Ansprüche zu schaffen, so erweist sich, dass viele beweisrechtliche Instrumentarien in Wirklichkeit materiellrechtliche Risikozuweisungen darstellen, also Modifizierungen des materiellen Haftungsrechts bewirken.[50]

IV. Entwicklungslinien

1. Von der Verschuldens- zur Gefährdungshaftung

a) Grundgedanken. Der Gesetzgeber des StVG ist, indem er die Schadensersatzpflicht nicht an Vorsatz oder Fahrlässigkeit des Schädigers anknüpfte, sondern an bestimmte Betätigungen, die per se, dh auch ohne Verschulden, in besonderem Maße gefahren- und damit schadensträchtig sind, einer modernen Rechtsidee gefolgt, für welche die Bezeichnung „Gefährdungshaftung"[51] gebräuchlich geworden ist.

Wenn auch das römische Recht gewisse Formen einer verschuldensunabhängigen Haftung (zB des Tierhalters) kannte, kam es zur Entwicklung der modernen Gefährdungshaftung doch erst dadurch, dass die herkömmliche, an Rechtswidrigkeit und Verschulden orientierte Deliktshaftung den Besonderheiten des technischen Fortschritts nicht gewachsen war. Die Erfindung der Dampflokomotive ermöglichte es, Bewegungsenergien freizusetzen, die nur noch begrenzt beherrschbar waren. War der Betrieb einer Eisenbahn deshalb rechtswidrig? Verletzte er die im Verkehr erforderliche Sorgfalt? Da an der Ausnutzung der mit der technischen Entwicklung einhergehenden Vorteile (zB Wirtschaftsbelebung, Massenverkehr, Mobilität, Energieversorgung) auch ein überragendes Allgemeininteresse bestand, konnten diese Segnungen des modernen Zeitalters trotz ihrer Risiken nicht verboten und musste ein Ausgleich für deren Zulassung gefunden werden. Die Kategorien der Rechtswidrigkeit und der Fahrlässigkeit erwiesen sich als unpassend.[52] Die Haftung für die Verwirklichung der Gefahr musste vielmehr allein an die betreffende Betätigung angeknüpft werden, oder anders ausgedrückt: Die Zulassung der Gefahr wurde davon abhängig gemacht, dass ihre Verwirklichung durch

---

50 Näher hierzu § 38 Rn 59.
51 Geprägt von *Rümelin* Die Gründe der Schadenszurechnung und die Stellung des deutschen BGB zur objektiven Schadensersatzpflicht (1896) 45. Weitere Nachw oben Rn 10.
52 *Deutsch* Rn 9.

Einleitung

Entschädigung ausgeglichen wird.[53] Auch wenn die Entstehung der ersten Haftungsgesetze für technische Anlagen wenig zielgerichtet verlief und von unterschiedlichen Erwägungen getragen war,[54] lässt sie sich letztlich wohl auf diese Grundgedanken zurückführen.[55] Hand in Hand mit der weiteren Verbreitung der Gefährdungshaftung ging die Entwicklung, durch Versicherung der technischen Risiken den Schaden auf die Allgemeinheit weiterzuverlagern, deren Interessen letztlich (auch) hinter der Zulassung der Gefahr stehen.

37 b) **Gesetzgebung.** Der Gedanke, dass für besonders gefährliche Unternehmungen eine von Verschulden unabhängige, gesetzliche Haftpflicht zu begründen sei, kam erstmals in § 25 des preußischen Gesetzes über die Eisenbahnunternehmungen vom 3.11.1838 (GS S 505) zum Ausdruck, wonach die Gesellschaft zum Ersatz allen Schadens an beförderten Personen und Sachen und an anderen Personen und deren Sachen verpflichtet wurde; eine Entlastungsmöglichkeit bestand nur bei eigener Schuld des Beschädigten und bei unabwendbarem äußeren Zufall.[56] Durch das Gesetz betr die Verbindlichkeit zum Schadenersatz für die bei dem Betriebe von Eisenbahnen, Bergwerken etc herbeigeführten Tötungen und Körperverletzungen vom 7.6.1871 (RGBl S 207; RHaftpflG) wurde die Haftung des Eisenbahnunternehmers für Personenschäden reichseinheitlich geregelt und dem Landesrecht entzogen. Nach § 1 dieses Gesetzes haftete der Unternehmer für bei dem Betrieb der Eisenbahn entstandene Personenschäden, sofern er nicht beweisen konnte, dass der Unfall durch höhere Gewalt oder eigenes Verschulden des Verletzten verursacht wurde. Die Haftung für Sachschäden blieb zunächst noch der landesrechtlichen Regelung vorbehalten (vgl Art 105, 3 EGBGB), soweit nicht (bei beförderten Sachen) Vertragsrecht eingriff.[57]

38 In enger Anlehnung an § 1 RHaftpflG lautete § 1 des **Regierungsentwurfs von 1906** für ein Gesetz über die Haftpflicht für den bei dem Betriebe von Kraftfahrzeugen entstehenden Schaden:[58]

> „Wird bei dem Betrieb eines Kraftfahrzeugs ein Mensch getötet oder körperlich verletzt oder eine Sache beschädigt, so ist der Betriebsunternehmer verpflichtet, dem Verletzten den daraus entstehenden Schaden zu ersetzen …
>
> Die Ersatzpflicht ist ausgeschlossen, wenn der Unfall durch höhere Gewalt oder durch eigenes Verschulden des Verletzten verursacht worden ist. Im Falle der Beschädigung einer Sache steht das Verschulden desjenigen, welcher die tatsächliche Gewalt über die Sache ausübt, dem Verschulden des Verletzten gleich."

Es sollte also nach dem Entwurf 1906 gehaftet werden bis zur höheren Gewalt, und die Haftpflicht sollte den Betriebsunternehmer treffen.

---

53 *Deutsch* Rn 24; *v Caemmerer* (Lit vor Rn 1) 15.
54 Eingehende Nachweise bei *Lenz* (Lit vor Rn 1) 57 ff.
55 Vgl zB die von *Lenz* (Lit vor Rn 1) 67 wiedergegebene Begr der Haftungsregelung im preußischen Eisenbahngesetz.
56 Ausf zur Entstehungsgeschichte *Lenz* (Lit vor Rn 1) 57 ff.
57 Erst das Ges über die Haftpflicht der Eisen- und Straßenbahnen für Sachschaden v 29.4.1940 (RGBl I S 691) brachte auch insoweit die Rechtseinheit. Die beiden Reichsgesetze wurden 1978 durch das HaftpflG v 4.1.1978 (BGBl I 145) ersetzt.
58 Stenographische Berichte über die Verhandlungen des Reichstags, 11. Legislaturperiode II. Session erster Sessionsabschnitt, 4. Anlagenband Nr 264 S 3245 ff. Die Begr ist wiedergegeben in der Vorauſl, Vorbem 6.

Dieser Entwurf wurde nicht Gesetz. Der nicht mehr lediglich die Haftpflicht regelnde, sondern zu einem „Gesetz für den Verkehr mit Kraftfahrzeugen" erweiterte **Entwurf 1908**[59] wich hiervon ab, indem die Haftung nur für Verschulden (eigenes oder das des Personals) und für Fehler des Materials – mit Auferlegung der Beweislast an den Haftpflichtigen – vorgeschlagen und als Haftpflichtiger der Halter des Fahrzeugs bezeichnet wurde. Sein § 1 lautete:

39

> „Wird durch ein im Betriebe befindliches Fahrzeug ein Mensch getötet, der Körper oder die Gesundheit eines Menschen verletzt oder eine Sache beschädigt, so ist der Halter des Kraftfahrzeugs verpflichtet, dem Verletzten den daraus entstehenden Schaden zu ersetzen.
>
> Die Ersatzpflicht ist ausgeschlossen, wenn der Schaden weder durch ein Verschulden des Fahrzeughalters oder einer von ihm zur Führung des Fahrzeugs bestellten oder ermächtigten Person noch durch fehlerhafte Beschaffenheit des Fahrzeugs oder Versagen seiner Verrichtungen verursacht worden ist."

In **erster Lesung** erhielt die Vorschrift folgende Fassung:

> „Wird bei dem Betrieb eines Kraftfahrzeugs ein Mensch getötet, der Körper oder die Gesundheit eines Menschen verletzt oder eine Sache beschädigt, so ist der Halter des Kraftfahrzeugs verpflichtet, dem Verletzten den daraus entstehenden Schaden zu ersetzen, es sei denn, dass der Unfall durch ein unabwendbares äußeres Ereignis oder durch eigenes Verschulden des Verletzten verursacht worden ist. Im Falle …" (wie Entwurf von 1906).

Damit war der Begriff des „unabwendbaren äußeren Ereignisses" eingeführt worden,

> „weil die Judikatur des RG über den Begriff ‚höhere Gewalt' teilweise als abwegig bezeichnet werden müsse. Das österreichische Gesetz und die Materialien dazu führten übrigens ausführlich aus, was unter unabwendbarem Ereignis zu verstehen sei: die höhere Gewalt im Sinne der herrschenden Theorie und Judikatur und ferner ein äußeres unabwendbares Ereignis. Der Begriff gehe also weiter als höhere Gewalt".[60]

In zweiter Lesung erhielt die Entlastungsregelung dann die Gesetz[61] gewordene, bis 31.7.2002 gültige Fassung. Damit sollte vermieden werden, dass die Judikatur des Reichsgerichts, die bei Anwendung des Begriffs „höhere Gewalt" in einzelnen Fällen bedenklich weit gegangen sei, dennoch, obgleich dies die Absicht der Kommission nicht sei, hierher übernommen werden könnte. Deshalb habe man sich entschlossen, den Begriff des unabwendbaren Ereignisses noch näher zu umgrenzen.

Durch das 2. SchRÄndG v 19.7.2002 (BGBl I 2674), in Kraft getreten am 1.8.2002, wurde der Entlastungsgrund des „unabwendbaren Ereignisses" dann doch durch den der „höheren Gewalt" ersetzt (§ 7 Abs 2 StVG nF); für Unfälle mit anderen Kfz, einem Tier oder einer Eisenbahn aber beibehalten (§ 17 Abs 3, 4 StVG).

---

59 Verhandlungen des Reichstags XII. Legislaturperiode I. Session Bd 248 Nr 988 S 5593.
60 Bericht der 29. Kommission, Verhandlungen des Reichstags XII. Legislaturperiode I. Session Bd 253 S 7582 f.
61 KFG v 3.5.1909 (RGBl 439). Dieses Ges wurde mit verschiedenen Änderungen, aber unveränderten Bestimmungen über die Haftpflicht, unter der neuen Bezeichnung „Straßenverkehrsgesetz" aufgrund Art 8 des Gesetzes zur Sicherung des Straßenverkehrs v 19.12.1952 (BGBl I 832) neu bekannt gemacht.

2. Ausweitung der Gefährdungshaftung

40 Als Ersatz für das dem Grundeigentümer durch § 905 BGB entzogene Verbietungsrecht billigte ihm das RG[62] einen Anspruch auf Ersatz des Schadens zu, der durch die Betriebsgefahr des Luftverkehrs angerichtet worden ist, ohne dass etwa ein Verschulden des Unternehmers nachgewiesen zu werden brauchte. Dieser Rechtsentwicklung folgte dann auch der Gesetzgeber, indem er im Luftverkehrsgesetz vom 1.8.1922 (RGBl I S 681) – noch weit über das RHaftpflG hinaus – dem beim Betrieb eines Luftfahrzeugs durch Unfall Geschädigten einen Anspruch auf Schadensersatz auch dann gab, wenn höhere Gewalt vorliegt; lediglich für die beförderten Personen und Sachen wurde die Gefährdungshaftung durch die Möglichkeit eines Entlastungsbeweises eingeschränkt (vgl §§ 33, 44, 45 LuftVG).

41 Weitere Gefährdungshaftungstatbestände wurden geschaffen für die Haftung des Inhabers von Kernenergieanlagen (§ 25 iVm § 7 AtomG), die Haftung für die Verursachung von Schäden, die einem anderen durch eine nachteilige Veränderung des Wassers entstehen (§ 22 WHG), die Produzentenhaftung (§ 1 ProdHaftG; s § 6 Rn 2 ff), die Umwelthaftung (§ 1 UmweltHG), die Arzneimittelhaftung (§ 84 AMG) und die Haftung für gentechnische Anlagen (§ 32 GenTG).

42 Eine Ausdehnung der verschuldensunabhängigen Haftung auf andere Bereiche ist angesichts der fortschreitenden technischen Entwicklung diskutierbar und wird vielfach gefordert.[63] Sie erfordert jedoch ein Tätigwerden des Gesetzgebers.[64] Eine Gefährdungshaftung ohne gesetzliche Grundlage ist abzulehnen,[65] ebenso die Schaffung einer Generalklausel für verschuldensunabhängige Haftung.[66] Zu einer Quasi-Gefährdungshaftung gelangt die Rspr allerdings insoweit, als sie eine Beweislastumkehr oder einen Anscheinsbeweis für das Verschulden zulässt (vgl § 38 Rn 59).

3. Weiterentwicklung zur no fault-Haftung

43 Nach dem geltenden Recht der Gefährdungshaftung erhält das Unfallopfer zwar in vielen Fällen, aber keineswegs stets eine volle Entschädigung. Dem Unfallgegner steht der (unterschiedlich ausgeprägte) Entlastungsbeweis offen, zudem muss sich der Geschädigte eigenes Mitverschulden, ja sogar die eigene Betriebsgefahr anrechnen lassen (vgl § 22 Rn 85). Besonders bei schwerwiegenden Personenschäden wird es jedoch teilweise als unbillig empfunden, das Risiko der kollektiven Gefahreröffnung durch Kfz dem Geschädigten aufzuerlegen, statt es parallel dazu kollektiv und effektiv abzusichern: Während für den Schädiger idR der Haftpflichtversicherer eintritt, wird der Verletzte durch seinen eigenen Haftungsanteil uU lebenslang belastet. Es besteht daher eine Tendenz, zumindest im Verhältnis von motorisierten zu „schwachen" Verkehrsteil-

---

62 RGZ 100, 69; 101, 102.
63 v *Caemmerer* (Lit vor Rn 1) 18 f; *Deutsch* VersR 1971, 2; *Kötz* AcP 170 (1970) 19 ff; *Weitnauer* VersR 1970, 598.
64 Wie zB in § 2 Abs 1 S 3 des aus formellen Gründen vom BVerfG für nichtig erklärten Staatshaftungsgesetzes v 26.6.1981, BGBl I 553, für das Versagen technischer Einrichtungen.
65 Vgl BGHZ 54, 332; BGH NJW 1975, 685: kein Anspruch aus Gefährdungshaftung bei Versagen einer Lichtsignalanlage.
66 *Rohe* AcP 201 (2001) 149.

nehmern die Möglichkeit der Entlastung von der Gefährdungshaftung abzuschaffen oder einzuschränken.[67] Eine uneingeschränkte Kausalhaftung stößt indessen an verfassungsrechtliche Schranken: Freiheitsgrundrecht und Willkürverbot sind verletzt, wenn der von einem Individuum erlittene Schaden ohne sachlichen Grund einem anderen auferlegt oder der Mitverschuldenseinwand gegenüber einer verschuldensunabhängigen Haftung völlig abgeschnitten wird.[68]

Die Möglichkeit, diesen Einwänden durch eine Kollektivierung des Schadensausgleichs zu begegnen, die hohe Belastung der Gerichte mit Verkehrsunfallprozessen[69] (bei geringer Einzelfallgerechtigkeit in der Masse der Unfälle) sowie die hohen Kosten und Reibungsverluste in der Schadensregulierung führten zu weitergehenden Überlegungen, die individuelle Haftung im Straßenverkehr zugunsten einer Versicherungslösung zurückzudrängen.[70] Nach diesem Prinzip einer **Haftungsersetzung durch Versicherung** wird der Geschädigte unabhängig von der (Mit-)Verschuldensfrage (daher auch „no fault-Prinzip") von einem Unfallversicherer entschädigt (nach Art der Gesetzlichen Unfallversicherung bei Arbeitsunfällen; vgl § 19 Rn 77). Es ist – mit unterschiedlicher Ausprägung – in einigen Staaten der USA, Kanadas und Australiens, in Neuseeland, Finnland, Norwegen, Schweden und Polen verwirklicht.[71] In Deutschland wird eine Einführung – nach Ansätzen Ende der 60er Jahre[72] – gegenwärtig nicht verfolgt.[73]

44

4. Systemverbesserungen unter Beibehaltung der individuellen Verantwortung

Aufgrund der Erkenntnis, dass das Haftungsrecht als Mittel einer sachgerechten Zuordnung von Schadensrisiken beizubehalten, eine erwünschte Ausweitung des Schutzes vor (uU existenzbedrohenden) Folgen aber von ihm nicht zu leisten ist, richtet sich der Blick verstärkt auf Möglichkeiten zur Eigenabsicherung von Schäden und auf Verbesserungen

45

---

67 So zB in Frankreich (Art 1382 ff Code Civil iVm Art 1 – 6 des Gesetzes Nr. 85–677 v 5.7.1985 (loi Badinter); s dazu *Ludovisy/Neidhart* Teil 11 Rn 162; *Schwarz* NJW 1991, 2058, 2065; *v Bar* VersR 1986, 620 ff) und Belgien (Art 1382 ff Code Civil iVm Art 29 bis des Gesetzes v 21.11.1989; s dazu *Ludovisy/Neidhart* aaO Rn 28 f). Auch die Erschwerung des Entlastungsbeweises nach § 7 Abs 2 StVG durch das 2. SchRÄndG (s Rn 39 aE) geht in diese Richtung. Zu entspr Tendenzen auf EU-Ebene s *Ch Huber* 40. VGT (2002) S 214 ff.
68 *Frommhold* (Lit vor Rn 1) S 217 ff.
69 *Greger* NZV 2001, 1 f.
70 Nachw bei *Deutsch* Rn 751; *Katzenmeier* VersR 2002, 1455. In diese Richtung auch *Rohe* AcP 201 (2001) 164.
71 Vgl *Cane* in: *Atiyah's* Accidents, Compensation and the Law S 395 ff; *Pfenningstorf* Rechtsschutz in Europa 1984 S 9 ff; *Bäumer* Hat das deutsche Kraftfahrzeug-Haftpflichtversicherungssystem eine Zukunft? (1982); *Fleming/Hellner/v Hippel* Haftungsersetzung durch Versicherungsschutz (1980); *v Hippel* NZV 1999, 314. Weitere Nachw bei *Frommhold* (Lit vor Rn 1) S 63.
72 *v Hippel* (Lit vor Rn 1) u NJW 1967, 1729; *Güllemann* (Lit vor Rn 1); *Weyers* (Lit vor Rn 1) u ZRP 1977, 292 ff. Weitere Nachw bei *Frommhold* (Lit vor Rn 1) S 64.
73 Vgl aber *v Hippel* NZV 1999, 313. Eingehend *Frommhold* (Lit vor Rn 1) S 102 ff (m abl Tendenz u Befürwortung von Verbesserungen innerhalb des bestehenden Systems); krit auch *Wagner* (Lit vor Rn 1) S 324 ff; *Katzenmeier* VersR 2002, 1455 f unter Hinweis auf die damit gänzlich verloren gehende Präventivfunktion des Haftungsrechts.

Einleitung

der Schadensregulierung. Der Schutz des Opfers vor Schäden, für die er selbst oder ein nicht bekannter oder nicht solventer Schädiger (mit)verantwortlich ist, lässt sich durch Ausbau der sozialversicherungsrechtlichen Systeme oder Förderung der privaten Vorsorge in Form von Kasko-, Lebens-, Unfall- und Berufsunfähigkeitsversicherungen („**first party insurance**") erreichen.[74] Das im Grunde sachgerechte System der Haftpflichtversicherung für die – nach den Maßgaben des Haftungsrechts – der Fremdverantwortung zugewiesenen Schäden könnte durch Erleichterungen bei der Schadensregulierung verbessert werden.[75] Insofern werden – allerdings zT kontrovers – diskutiert: die **Direktregulierung** durch den eigenen Haftpflichtversicherer,[76] das **Schadensmanagement** durch den (fremden) Haftpflichtversicherer,[77] die **Intensivierung des Schadensregresses**[78] und die Einrichtung von **Schiedsstellen** zur Beilegung von Streitigkeiten über die Regulierung von Unfallschäden.[79]

---

74 *Looschelders* (Lit vor Rn 1) S 176 f; *Frommhold* (Lit vor Rn 1) S 283 f.
75 Aufschlussreich die vergleichende Untersuchung von *Simsa* Die gerichtliche und außergerichtliche Regulierung von Verkehrsunfällen in Deutschland und den Niederlanden (1995).
76 Sie wird bereits praktiziert in Belgien, Frankreich, Griechenland, Italien, Portugal, Spanien, Schweden. Eingehend *Schirmer* VersR 2003, 401 ff; abl *Diehl* DAR 2001, 552 ff u Beschl des 41. VGT (AK VI) VersR 2003, 308; dafür *Küppersbusch* Neue Regulierungsverfahren in der Kfz-Haftpflichtversicherung (1998) u *Greger* NZV 2001, 3.
77 Dafür *Engelke* NZV 1999, 225 ff; dagegen *Kuhn* NZV 1999, 229 u Beschl des 41. VGT (AK IV) NZV 1999, 119; zurückhaltend *Graf v Westphalen* DAR 1999, 295 ff.
78 S *Wagner* (Lit vor Rn 1) S 328 ff m Hinw auf Erfahrungen in England.
79 Dafür *Simsa* (o Fn 75) S 273; *Greger* NZV 2001, 3 f. Zu den Schiedsstellen der Innungen des Kfz-Handwerks, die mit ihrer paritätischen Besetzung Vorbildfunktion haben könnten, s *Gottwald/Reichenberger/Wagner* NZV 2000, 6.

§ 2 Internationales Haftungsrecht

Art 40 EGBGB

(1) Ansprüche aus unerlaubter Handlung unterliegen dem Recht des Staates, in dem der Ersatzpflichtige gehandelt hat. Der Verletzte kann verlangen, daß anstelle dieses Rechts das Recht des Staates angewandt wird, in dem der Erfolg eingetreten ist. Das Bestimmungsrecht kann nur im ersten Rechtszug bis zum Ende des frühen ersten Termins oder dem Ende des schriftlichen Vorverfahrens ausgeübt werden.

(2) Hatten der Ersatzpflichtige und der Verletzte zur Zeit des Haftungsereignisses ihren gewöhnlichen Aufenthalt in demselben Staat, so ist das Recht dieses Staates anzuwenden. Handelt es sich um Gesellschaften, Vereine oder juristische Personen, so steht dem gewöhnlichen Aufenthalt der Ort gleich, an dem sich die Hauptverwaltung oder, wenn eine Niederlassung beteiligt ist, an dem sich diese befindet.

(3) Ansprüche, die dem Recht eines anderen Staates unterliegen, können nicht geltend gemacht werden, soweit sie

1. wesentlich weiter gehen als zur angemessenen Entschädigung des Verletzten erforderlich,
2. offensichtlich anderen Zwecken als einer angemessenen Entschädigung des Verletzten dienen oder
3. haftungsrechtlichen Regelungen eines für die Bundesrepublik Deutschland verbindlichen Übereinkommens widersprechen.

(4) Der Verletzte kann seinen Anspruch unmittelbar gegen einen Versicherer des Ersatzpflichtigen geltend machen, wenn das auf die unerlaubte Handlung anzuwendende Recht oder das Recht, dem der Versicherungsvertrag unterliegt, dies vorsieht.

Art 41 EGBGB

(1) Besteht mit dem Recht eines Staates eine wesentlich engere Verbindung als mit dem Recht, das nach den Artikeln 38 bis 40 Abs. 2 maßgebend wäre, so ist jenes Recht anzuwenden.

(2) Eine wesentlich engere Verbindung kann sich insbesondere ergeben

1. aus einer besonderen rechtlichen oder tatsächlichen Beziehung zwischen den Beteiligten im Zusammenhang mit dem Schuldverhältnis oder
2. in den Fällen des Artikels 38 Abs. 2 und 3 und des Artikels 39 aus dem gewöhnlichen Aufenthalt der Beteiligten in demselben Staat im Zeitpunkt des rechtserheblichen Geschehens; Artikel 40 Abs. 2 Satz 2 gilt entsprechend.

Art 42 EGBGB

Nach Eintritt des Ereignisses, durch das ein außervertragliches Schuldverhältnis entstanden ist, können die Parteien das Recht wählen, dem es unterliegen soll. Rechte Dritter bleiben unberührt.

Einleitung

Literatur
Sieghörtner Internationales Straßenverkehrsunfallrecht (2002).

Übersicht Rn
I. Überblick 1
   1. Entstehungsgeschichte und Kodifizierung des Internationalen Deliktsrechts. ... 4
   2. Grundzüge der Neuregelung 9
II. Anwendbares Recht 10
   1. Rechtswahl, Art 42 EGBGB 11
   2. Wesentlich engere Verbindung, Art 41 EGBGB 15
   3. Gemeinsamer gewöhnlicher Aufenthalt, Art 40 Abs 2 EGBGB 19
   4. Tatortprinzip, Art 40 Abs 1 EGBGB 23
   5. Renvoi 30
III. Umfang der Rechtsanwendung 31
   1. Anwendungsbereich des Deliktsstatuts 31
   2. Beschränkung der Anwendung ausländischen Rechts, Art 40 Abs 3 EGBGB ... 35
   3. Direktanspruch gegen den Versicherer, Art 40 Abs 4 EGBGB 37
IV. Hinweise zu ausländischen Rechtsordnungen 39

I. Überblick

1 Die Freizügigkeit des Straßenverkehrs bringt es mit sich, dass Unfälle zwischen Angehörigen verschiedener Staaten keine Seltenheit sind.[1] Angesichts der erheblichen Unterschiede in den nationalen Haftungssystemen ist die **Bestimmung des anzuwendenden Rechts** in solchen Fällen von erheblicher Bedeutung. Die in dieser Frage bisher bestehende Rechtsunsicherheit ist durch das Inkrafttreten des Gesetzes zum Internationalen Privatrecht für außervertragliche Schuldverhältnisse und Sachen am 1.6.1999 beseitigt worden. Die nunmehr geltenden Grundsätze werden in den Rn 9 ff dargestellt. Zur Inanspruchnahme ausländischer Haftpflichtversicherer s § 15 Rn 64 ff, zur internationalen Zuständigkeit § 37 Rn 5.

2 Für **Unfälle vor dem 1.6.1999** bleibt es bei der Gültigkeit des bisherigen Kollisionsrechts.[2]

3 Vor der Herstellung der Einheit Deutschlands am 3.10.1990 galten auch im **Verhältnis zwischen der Bundesrepublik und der DDR** unterschiedliche Haftungssysteme. Wegen der hierbei auftretenden Fragen wird auf die ausführliche Darstellung in Vorbem 28 ff der 3. Aufl verwiesen. Für Schadensfälle ab 3.10.1990 gelten unabhängig vom Unfallort nur noch die Bestimmungen des BGB und der anderen bundesrechtlichen Haftungsnormen. Besonderheiten können sich bei Unfällen in der ehemaligen DDR noch ergeben, soweit Staatshaftung eingreift (s hierzu § 12 Rn 3 ff) oder soweit übergangsweise fortbestehende Besonderheiten der Verkehrsvorschriften oder ermäßigte Anforderungen an die Straßenverkehrssicherungspflicht (§ 13 Rn 41) zu beachten waren.[3]

---

1 Lt *Hirsch* DAR 2000, 504 jährlich etwa 500 000 Auslandsunfälle in Europa.
2 Insoweit wird auf die 3. Aufl (Vorbem Rn 16 ff) verwiesen.
3 Vgl die Maßgaben zur StVO in Anl 1 Kap XI Sachgeb B Abschn III Nr 14 zum Einigungsvertrag.

1. Entstehungsgeschichte und Kodifizierung des Internationalen Deliktsrechts

Das Internationale Straßenverkehrshaftungsrecht war, wie das Internationale Deliktsrecht insgesamt, von Beginn an in Art 38 EGBGB aF nur rudimentär geregelt. Diese älteste Norm[4] des deutschen IPR überhaupt hat als europarechtswidriges[5] „Fossil"[6] und „skandalöses Kuriosum"[7] das richterrechtlich ausgestaltete Deliktskollisionsrecht kaum beeinflusst.

Weitaus größere Bedeutung hat die **VO über die Rechtsanwendung bei Schädigungen deutscher Staatsangehöriger außerhalb des Reichsgebietes** v 7.12.1942 (RGBl I 706) erlangt, deren Ausgestaltung zur allseitigen Kollisionsnorm die Auflockerung des Deliktsstatuts durch die Rspr einleitete.[8] Das **Haager Übereinkommen über das auf Straßenverkehrsunfälle anzuwendende Recht** v 4.5.1971 ist von der Bundesrepublik Deutschland nicht gezeichnet worden,[9] kann aber durchaus im Falle eines *renvoi* (Rn 30) zur Anwendung gelangen.[10]

Die europäische Rechtsvereinheitlichung des außervertraglichen Schuldrechts ist derzeit – trotz erweiterter Kompetenz der EG auf diesem Gebiet[11] und dem Vorliegen eines Kommissionsentwurfs zu einer **Rom-II-Verordnung** vom 22.7.2003[12] – noch nicht abzusehen. Der Verordnungsentwurf knüpft anders als das deutsche Recht ausschließlich an den **Erfolgsort** an (Art 3 Abs 1). Wie im deutschen Recht sind der **gemeinsame gewöhnliche Aufenthalt** (Art 3 Abs 2) und eine **wesentlich engere Verbindung** (Art 3 Abs 3) vorrangige Anknüpfungspunkte. Eine nachträgliche **Rechtswahl** ist ebenfalls möglich (Art 10). Anders als im deutschen Recht sieht der Verordnungsentwurf Sonderanknüpfungen für bestimmte Falltypen (Art 4–8), nicht jedoch für Straßenverkehrsunfälle, vor. Ausführlich geregelt ist der Anwendungsbereich des maßgeblichen Sachrechts (Art 11 ff), insbesondere der **Vorrang örtlicher Sicherheits- und Verhaltensregeln** (Art 13), der Ausschluss eines *renvoi* (Art 20) und die Anerkennung des *ordre public* (Art 22, 24).

Mit dem am 1.6.1999 in Kraft getretenen Ges zum IPR für außervertragliche Schuldverhältnisse und Sachen hat auch das Internationale Deliktsrecht seinen Standort im

---

4 *Schlosshauer-Selbach* IPR (1989) Rn 331.
5 *Vogelsang* NZV 1999, 498; *Spickhoff* NJW 1999, 2213.
6 *Palandt/Heldrich*[56] (1997) Vor Art 38 EGBGB Rn 1.
7 *Ferid* IPR[3] (1986) Rn 6–205.
8 BGHZ 34, 222, 224 f; 57, 265, 268; ausf *Staudinger/v Hoffmann* (1998) Art 38 EGBGB Rn 126 ff; mit Text der VO u Rn 299 ff.
9 *Looschelders* VersR 1999, 1316; Text des Übereink abgedr bei *Staudinger/v Hoffmann* (2001) Art 40 EGBGB Rn 178.
10 LG Nürnberg-Fürth VersR 1980, 955; MünchKomm/*Junker* Art 40 EGBGB Rn 78; *Looschelders* VersR 1999, 1323 f; *Rehm* DAR 2001, 535; *Spickhoff* NJW 1999, 2212; aA *Staudinger/v Hoffmann* Art 40 Rn 178.
11 Vgl Art 65 b EGV; *Vogelsang* NZV 1999, 498; *Sieghörtner* (Lit vor Rn 1) S 17.
12 Vorschlag für eine VO des Europäischen Parlaments und des Rates über das auf außervertragliche Schuldverhältnisse anzuwendende Recht, KOM 2003, 427 endg; vgl hierzu *Leible/Engel* EuZW 2004, 7; *Benecke* RIW 2003, 830; *Fuchs* GPR 2004, 100.

Einleitung

EGBGB gefunden, weshalb die durch Art 40 Abs 2 EGBGB überflüssig gewordene VO aufgehoben werden konnte.[13]

8 Das Internationale Straßenverkehrshaftungsrecht ist auch nach der Verabschiedung des Ges zum IPR für außervertragliche Schuldverhältnisse und für Sachen dem allgemeinen Deliktsstatut zu entnehmen. Der Gesetzgeber hat ausdrücklich auf die Kodifizierung von Sondernormen für Straßenverkehrsunfälle, insbesondere auch iS des Haager Übereinkommens verzichtet.[14] Angesichts der flexiblen Ausgleichsklauseln ist diese Entscheidung jedoch zu begrüßen.[15]

2. Grundzüge der Neuregelung

9 Die Neuregelung fasst im Wesentlichen die durch die Rspr entwickelten Regeln zusammen und ergänzt diese durch einige Klarstellungen.[16] Die überkommene Tatortregel (Rn 23 ff) bildet weiterhin die Grundanknüpfung, das Ubiquitätsprinzip erfährt allerdings erhebliche Modifikationen, das Günstigkeitsprinzip wurde ausdrücklich aufgegeben. Die von der Rspr zaghaft aufgegriffenen Auflockerungen des Deliktsstatuts sind jetzt normiert und gestatten mit den Anknüpfungspunkten des gemeinsamen gewöhnlichen Aufenthalts (Rn 19 ff) und der wesentlich engeren Verbindung (Rn 15 ff) eine flexible Berücksichtigung näherer und passenderer Umstände zur Ermittlung des richtigen Sachrechts. Die Möglichkeit einer Rechtswahl wurde begrenzt (Rn 11), der Direktanspruch gegen den Versicherer (Rn 37) zusätzlich dem Vertragsstatut unterstellt. Die höchst umstrittene Frage eines *renvoi* im Internationalen Deliktsrecht hat der Gesetzgeber dagegen der Klärung durch Rspr und Wissenschaft offen gehalten (Rn 30).

II. Anwendbares Recht

10 Zur Ermittlung des anwendbaren Sachrechts ist das Gesetz „gewissermaßen von hinten"[17] zu lesen: Zuerst ist zu ermitteln, ob eine (nachträgliche) Rechtswahl (Rn 11) vorliegt. Anderenfalls muss zunächst die Ausweichklausel der wesentlich engeren Verbindung (Rn 15), ansonsten der gemeinsame gewöhnliche Aufenthalt (Rn 19) der Beteiligten berücksichtigt werden. Erst bei Nichteingreifen dieser beiden Auflockerungsnormen ist die Tatortregel (Rn 23) maßgeblich, wobei vorrangig zu prüfen ist, ob für den Erfolgsort optiert worden ist (Rn 25).

1. Rechtswahl, Art 42 EGBGB

11 Die Parteien können durch vertragliche Vereinbarung das Haftungsrecht einer beliebigen[18] Rechtsordnung als Rechtsgrundlage wählen, allerdings erst **nach Entstehung**

---

13 Vgl Art 4 des Ges zum IPR für außervertragliche Schuldverhältnisse und für Sachen v 21.5.1999 (BGBl I 1026); BT-Drs 14/343, S 19.
14 BT-Drs 14/343, S 10 f.
15 *Looschelders* VersR 1999, 1316.
16 *Vogelsang* NZV 1999, 500.
17 *Spickhoff* NJW 1999, 2213; **aA** *Rehm* DAR 2001, 534 Fn 40 mwN.
18 So *v Hein* RabelsZ 64 (2000), 603; *Vogelsang* NZV 1999, 500.

des gesetzlichen Schuldverhältnisses. Eine antizipierte (vorherige) Rechtswahl, die durchaus auch im Straßenverkehr Relevanz besitzt,[19] ist nach dem eindeutigen Wortlaut und der Gesetzesbegründung ausgeschlossen,[20] kann allerdings als akzessorische Anknüpfung im Rahmen des Art 41 Abs 2 Nr 1 EGBGB Bedeutung erlangen.[21]

Die Rechtswahlvereinbarung selbst unterliegt nicht der *lex fori*, sondern dem gewählten Recht, Art 27 Abs 4, 31 EGBGB analog.[22] Einer besonderen **Form** bedarf die Vereinbarung nicht, sie kann **auch stillschweigend**[23] getroffen werden, zB durch übereinstimmende Berufung auf die *lex fori* im Prozess.[24] Sie darf aber nicht vorschnell unter Berufung auf einen hypothetischen Parteiwillen fingiert werden.[25] Der im Prozess geschlossene Rechtswahlvertrag besitzt eine **Doppelnatur**, sodass sowohl die materiell-rechtlichen[26] als auch die prozessualen Wirksamkeitsvoraussetzungen erfüllt sein müssen.[27] Die Wahl kann **nur einheitlich erfolgen** und nicht auf Teilbereiche beschränkt werden.[28] Die Geltung der **örtlichen Verkehrsvorschriften** ist der Dispositionsbefugnis der Parteien in jedem Fall entzogen (Rn 33). Die Rechtswahl unterliegt keiner **zeitlichen Begrenzung** und kann daher über den in Art 40 Abs 1 S 3 EGBGB bestimmten Zeitpunkt hinaus bis zum Ende der letzten mündlichen Verhandlung getroffen werden[29] und, da die Anwendung von Rechtsnormen **keiner Präklusion** unterliegen, auch noch in der Revisionsinstanz erfolgen.[30]

12

Rechte Dritter werden durch die Vereinbarung nicht beeinträchtigt, was insbesondere für den Haftpflichtversicherer (Rn 38), aber auch für mittelbar Geschädigte (zB Unterhaltsberechtigte, Arbeitgeber, Sozialversicherungsträger), andere Schädiger und den Kfz-Halter gilt.[31]

13

Eine **Rückverweisung** ist gem Art 4 Abs 2 EGBGB unbeachtlich (Rn 30).

14

---

19 ZB zwischen Fahrer und Fahrgast, vgl *Hohloch* NZV 1988, 163; *Looschelders* VersR 1999, 1322.
20 BT-Drs 14/343, S 14; *Vogelsang* NZV 1999, 500 f; *Looschelders* VersR 1999, 1322; abl *v Hein* RabelsZ 64 (2000), 611 (europarechtswidrig).
21 *Bamberger/Roth/Spickhoff* Art 42 EGBGB Rn 3.
22 *Bamberger/Roth/Spickhoff* Art 42 EGBGB Rn 7; *St Lorenz* NJW 1999, 2117 Fn 24; *Vogelsang* NZV 1999, 500 f.
23 BT-Drs 14/343, S 14; *Spickhoff* NJW 1999, 2213.
24 BGHZ 119, 137; BGH NJW-RR 1988, 534, 535; BGHZ 98, 263, 274; *Dörner* JR 1994, 12; krit zu dieser Rspr *Sieghörtner* (Lit vor Rn 1) S 459 ff mwN.
25 AnwK-BGB/*Wagner* Art 42 EGBGB Rn 7; *St Lorenz* NJW 1999, 2216; *Sieghörtner* (Lit vor Rn 1) S 461.
26 Vgl hierzu *Erman/Hohloch* Art 42 Rn 8.
27 Vgl hierzu AnwK-BGB/*Wagner* Art 42 EGBGB Rn 9.
28 *Vogelsang* NZV 1999, 502, Fn 73; **aA** *Bamberger/Roth/Spickhoff* Art 42 EGBGB Rn 4; AnwK-BGB/*Wagner* Art 42 EGBGB Rn 11.
29 *St Lorenz* NJW 1999, 2217.
30 *Bamberger/Roth/Spickhoff* Art 42 EGBGB Rn 6; *Erman/Hohloch* Art 42 Rn 8; unklar AnwK-BGB/*Wagner* Art 42 EGBGB Rn 6.
31 *Sieghörtner* (Lit vor Rn 1) S 467 f.

Einleitung

2. Wesentlich engere Verbindung, Art 41 EGBGB

15 Art 41 EGBGB gestattet eine abweichende Anknüpfung des nach Art 40 Abs 1 oder 2 EGBGB[32] ermittelten Deliktsstatuts, wenn der Sachverhalt nach den gesamten Umständen eine wesentlich stärkere Beziehung zu einer anderen Rechtsordnung hat.[33] Art 41 Abs 2 Nr 1 EGBGB bietet dafür als eine Art Regelbeispiel[34] die Möglichkeit der akzessorischen Anknüpfung an **bereits bestehende rechtliche oder tatsächliche Beziehungen** der Beteiligten. Diese von der Rechtsprechung[35] bislang abgelehnte Anknüpfung spielt im Haftungsrecht des Straßenverkehrs wohl nur eine untergeordnete Rolle: Vor allem das Bestehen eines **Beförderungs- oder Transportvertrags**[36] kann als Anknüpfungsmoment einer rechtlichen Sonderbeziehung dienen. Dagegen werden **familienrechtliche Beziehungen** (Verlöbnis, Ehe, Verwandtschaft, eingetragene Lebenspartnerschaft, nichteheliche Lebensgemeinschaft) wenigstens im Straßenverkehr unberücksichtigt bleiben müssen.[37] Eine tatsächliche Sonderbeziehung könnte aus einer **gemeinsamen Gefälligkeits-**[38] oder **Ausflugsfahrt**[39] hergeleitet werden, die auf den Ausgangspunkt der Reise als anzuwendendes Sachrecht hindeutet.[40]

16 Keine wesentlich engere Verbindung stellt die **gemeinsame Versicherung und Zulassung von zwei beteiligten Fahrzeugen im selben Staat** dar, anders soll es jedoch bei mehr als zwei derart beteiligten Fahrzeugen liegen.[41] Da es sich in einem solchen Fall regelmäßig um einen **Massenunfall**[42] handelt, muss jedoch berücksichtigt werden, dass der Gesetzgeber ausdrücklich auf die Normierung eines Sondertatbestandes verzichtet hat[43] und dem Richter eine flexible Entscheidung über Art 41 EGBGB eröffnen wollte. Auch im Schrifttum wird eine einheitliche Anknüpfung bei Massenunfällen nicht für zwingend erforderlich angesehen, so dass allein die Beteiligung von drei oder mehr im selben Staat versicherten und zugelassenen Fahrzeugen nicht die Anwendung des Art 41 EGBGB nach sich ziehen muss.[44]

---

32 Nicht jedoch von einer durch die Parteien getroffenen Rechtswahl gem Art 42 EGBGB, *Palandt/Heldrich* Art 41 EGBGB Rn 1.
33 BT-Drs 14/343, S 13.
34 *Spickhoff* NJW 1999, 2213.
35 BGHZ 119, 137; *Sieghörtner* (Lit vor Rn 1) S 354 ff.
36 *Vogelsang* NZV 1999, 500; *Looschelders* VersR 1999, 1321; AnwK-BGB/*Wagner* Art 41 EGBGB Rn 12; *Palandt/Heldrich* Art 40 EGBGB Rn 6.
37 BGHZ 119, 137, 144 ff; *Looschelders* VersR 1999, 1321; *Sieghörtner* (Lit vor Rn 1) S 393; *Bamberger/Roth/Spickhoff* Art 40 EGBGB Rn 32; AnwK-BGB/*Wagner* Art 40 EGBGB Rn 51.
38 *Looschelders* VersR 1999, 1321; *Bamberger/Roth/Spickhoff* Art 40 EGBGB Rn 32, Art 41 EGBGB Rn 11; abl *Junker* JZ 2000, 484; *Sieghörtner* (Lit vor Rn 1) S 372 f; AnwK-BGB/*Wagner* Art 41 EGBGB Rn 14.
39 *Spickhoff* IPrax 2000, 2.
40 *Looschelders* VersR 1999, 1321.
41 BT-Drs 14/343, S 12; *Vogelsang* NZV 1999, 500; *Spickhoff* IPrax 2000, 2 f; *Bamberger/Roth/Spickhoff* Art 40 EGBGB Rn 33; Art 41 EGBGB Rn 6.
42 Ausf zum Massenunfall *Sieghörtner* (Lit vor Rn 1) S 417 ff.
43 BT-Drs 14/343, S 20 (Stellungnahme BR) und S 22 (Gegenäußerung BReg).
44 *Looschelders* VersR 1999, 1322.

Befürwortet wird eine wesentlich engere Verbindung, wenn beide Fahrzeuge in 17
Deutschland versichert und zugelassen sind und der Geschädigte in Deutschland seinen
gewöhnlichen Aufenthalt hat.[45] Ausreichend soll auch sein, wenn nur das schädigende
Fahrzeug im Staat des Geschädigten versichert und zugelassen ist[46] oder wenn Tatort,
Zulassungs- und Versicherungsort sowie Staatsangehörigkeit zusammenfallen, wegen
Art 40 Abs 2 EGBGB aber der gemeinsame gewöhnliche Aufenthalt zu berücksichtigen
wäre.[47] Insgesamt empfiehlt sich aber im Rahmen des deliktischen Straßenverkehrsrechts eine zurückhaltende Anwendung von Art 41 EGBGB.[48]

Eine **Rückverweisung** ist weder für Art 41 Abs 1 noch Abs 2 EGBGB zu beachten 18
(Rn 30).

3. Gemeinsamer gewöhnlicher Aufenthalt, Art 40 Abs 2 EGBGB

Das Tatortprinzip wird **generell**[49] (also immer, sofern nicht Art 41, 42 EGBGB eingrei- 19
fen) durch den gemeinsamen gewöhnlichen Aufenthalt der Beteiligten verdrängt, Art 40
Abs 2 EGBGB. Der Gesetzgeber übertrifft damit sogar die bisher auf Grundlage der
VO vom 7.12.1942 entwickelten Anknüpfungsregeln der Rspr, die den gemeinsamen
Aufenthaltsort nur im Zusammenspiel mit weiteren Indizien (gemeinsame Staatsange-
hörigkeit, gleicher Zulassungs- und Versicherungsort) berücksichtigte.[50] Diese interes-
sengerechte Praktikabilitätsregel ermöglicht die Anwendung der im Vergleich zum
Tatortrecht näheren und passenderen Rechtsordnung.[51]

Gewöhnlicher Aufenthaltsort ist der objektive Lebensmittelpunkt, wo sich das 20
Schwergewicht der beruflichen und familiären Bindungen befindet.[52] Der Aufenthaltsort muss im Zeitpunkt des Schadensereignisses, nicht erst zur Zeit der Schadensregulierung der gemeinsame sein.[53] Eine Anknüpfung an andere Gemeinsamkeiten (Staatsangehörigkeit, Zulassungs- und Versicherungsort) erübrigt sich und eignet sich nicht für
die Anwendbarkeit des Art 40 Abs 2 EGBGB,[54] sondern findet allenfalls im Rahmen
des Art 41 EGBGB Berücksichtigung.

Bei **Gesellschaften** (auch der Außen-GbR[55]), und **juristischen Personen** tritt an die 21
Stelle des gewöhnlichen Aufenthalts der Ort, an dem sich die Hauptverwaltung (im

---

45 LG Berlin NJW-RR 2002, 1107.
46 *Looschelders* VersR 1999, 1322.
47 *Vogelsang* NZV 1999, 500.
48 *Rehm* DAR 2001, 535; **aA** *Sieghörtner* (Lit vor Rn 1), S 334 ff. Zu Mietwagenunfällen *Sieghörtner* NZV 2003, 105 ff.
49 *Vogelsang* NZV 1999, 500.
50 BGHZ 90, 294, 299 ff; BGH NJW 2000, 1190; weitergehend OLG Hamburg VersR 2001, 996, 997; *Looschelders* VersR 1999, 1320.
51 BT-Drs 14/343, S 12.
52 BGHZ 78, 293, 295 = NJW 1981, 520 ff; AnwK-BGB/*Wagner* Art 40 EGBGB Rn 34; ausf *Karczewski* VersR 2001, 1206 ff, auch zum gewöhnlichen Aufenthalt von (ausländischen) Soldaten (s a OLG Hamburg VersR 2001, 996).
53 *Palandt/Heldrich* Art 40 EGBGB Rn 5; AnwK-BGB/*Wagner* Art 40 EGBGB Rn 35.
54 *Rehm* DAR 2001, 533.
55 Vgl BGH NJW 2001, 1056.

Einleitung

Regelfall der Sitz der Gesellschaft/des Vereins, § 106 Abs 1 HGB, § 4a GmbHG, § 5 AktG, § 24 BGB) bzw die Niederlassung (§§ 13 ff HGB) befinden.

22 Eine **Rückverweisung** ist beachtlich (Rn 30).

4. Tatortprinzip, Art 40 Abs 1 EGBGB

23 Der Gesetzgeber hat in Art 40 Abs 1 EGBGB die *lex loci delicti* als Regelanknüpfungspunkt der Rspr bestätigt,[56] das **Ubiquitäts- oder Günstigkeitsprinzip** jedoch **erheblich eingeschränkt**.

24 Grundsätzlich wird nur noch vom **Handlungsort**, also dem Ort, an dem das schädigende Ereignis stattgefunden hat,[57] ausgegangen. Bei einem Unterlassen soll folglich der Ort maßgeblich sein, an dem hätte gehandelt werden müssen.[58]

25 Den **Erfolgsort**, also den Ort, an dem der schädigende Erfolg, die Rechtsgutsverletzung, eingetreten ist,[59] muss der Richter **nicht mehr von Amts wegen** berücksichtigen, sondern nur dann, wenn der Verletzte dessen Anwendung verlangt hat (näher Rn 26 ff). Im Verkehrshaftpflichtrecht werden beide Orte zwar **regelmäßig zusammenfallen**, dennoch obliegt die Prüfung, ob nicht der Erfolgsort im Einzelfall für den Verletzten günstiger sein möge, nunmehr allein der Partei bzw ihrem (anwaltlichen) Vertreter.[60] Weder zum Handlungs- noch zum Erfolgsort zählen bei **Dauerverkehrsordnungswidrigkeiten** (zB Fahren mit defekter Bremse) die jeweiligen Transitländer[61] oder die Orte, an denen weitere Schadensfolgen, zB Unterhaltsersatzansprüche, entstehen.[62]

26 Das **Bestimmungsrecht** des Art 40 Abs 1 S 2, 3 EGBGB dient der Prozessökonomie.[63] Seine Ausübung stellt daher eine **ausschließlich prozessuale Verfahrenshandlung**[64] dar, die gegenüber dem Gericht zu erfolgen hat und daher unbeachtlich ist, wenn sie nur vor- oder außerprozessual vorgenommen wird. Allein aus dieser Rechtsnatur lässt sich die Unwiderruflichkeit plausibel begründen.[65] Die Ausübung der Option entfaltet außerhalb der prozessualen Rechtskraft **keine Bindungswirkung** für Folgeprozesse.[66]

27 Das Bestimmungsrecht kann nur im ersten Rechtszug bis zum Ende des frühen ersten Termins (§ 275 ZPO; Ende der Güteverhandlung ist nicht maßgeblich, vgl § 279 Abs 1 ZPO) oder dem Ende des schriftlichen Vorverfahrens (§ 276 ZPO) ausgeübt werden. Im

---

56 BT-Drs 14/343, S 11.
57 BGHZ 25, 65; abl zu dieser Grundentscheidung des Gesetzgebers *Looschelders* VersR 1999, 1318.
58 *Spickhoff* IPrax 2000, 4; *Palandt/Heldrich* Art 40 EGBGB Rn 3.
59 BGHZ 52, 108.
60 *St Lorenz* NJW 1999, 2217 f.
61 *Dörner* Jura 1990, 60.
62 BGHZ 52, 108; BGH NJW 1977, 1590; BGH VersR 1978, 231.
63 BT-Drs 14/343, S 11.
64 Ausf *Bamberger/Roth/Spickhoff* Art 40 EGBGB Rn 24; AnwK-BGB/*Wagner* Art 40 EGBGB Rn 30; *Erman/Hohloch* Art 40 EGBGB Rn 28; *St Lorenz* NJW 1999, 2217; *Spickhoff* IPrax 2000, 5 f; **aA** *v Hein* NJW 1999, 3175; *Palandt/Heldrich* Art 40 EGBGB Rn 4 (materiell-rechtliche Willenserklärung).
65 *St Lorenz* NJW 1999, 2217.
66 *St Lorenz* NJW 1999, 2217; AnwK-BGB/*Wagner* Art 40 EGBGB Rn 30; **aA** *Spickhoff* IPrax 2000, 6.

Fall des mit Zustimmung der Parteien schriftlich durchgeführten Verfahrens bestimmt sich das Ende der **Ausübungsfrist** nach der gerichtlich festgesetzten Schriftsatzfrist, § 128 Abs 2 S 2 ZPO.[67]

Für eine **teleologische Reduktion** des Art 40 Abs 1 S 2, 3 EGBGB tritt *Looschelders*[68] **28**
ein: Danach soll die Präklusionswirkung nur dann gelten, wenn der Verletzte zu diesem Zeitpunkt auch weiß, dass Handlungs- und Erfolgsort auseinanderfallen. Eine über §§ 139, 278 Abs 2, 279 Abs 3 ZPO hinausgehende Hinweispflicht des Gerichts auf das Bestehen des Optionsrechts kann auch nach der ZPO-Reform nicht angenommen werden,[69] sonst liefe der beabsichtigte Prozessbeschleunigungseffekt leer.[70]

Eine **Rückverweisung** ist zu beachten (Rn 30). **29**

5. Renvoi

Der Gesetzgeber hat auf die Entscheidung der umstrittenen Frage zur Zulässigkeit eines **30**
renvoi im Deliktsrecht bewusst verzichtet,[71] sodass die allgemeine Regel des Art 4 EGBGB heranzuziehen ist. Eine grundsätzlich beachtenswerte Rückverweisung durch das ausländische IPR ist für Art 40 Abs 1 und Art 40 Abs 2 EGBGB zu bejahen.[72] Dagegen würde dem Sinn der Verweisung (akzessorische Anknüpfung) eine Rückverweisung im Rahmen des Art 40 Abs 4 EGBGB (Direktanspruch gegen Versicherer) und des Art 41 Abs 2 Nr 1 EGBGB (Sonderbeziehung) widersprechen.[73] Für die Rechtswahl gem Art 42 EGBGB ergibt sich der Ausschluss eines *renvoi* aus Art 4 Abs 2 EGBGB. Auch Art 41 Abs 1 EGBGB steht einer Rückverweisung entgegen, da aufgrund einer umfassenden Würdigung aller Umstände das sachnächste Recht berufen wurde.[74]

III. Umfang der Rechtsanwendung

1. Anwendungsbereich des Deliktsstatuts

Das nach den vorstehenden Grundsätzen ermittelte Deliktsstatut entscheidet über alle **31**
die **Haftungsbegründung** und den **Haftungsumfang** betreffenden Fragen der Delikts- und Gefährdungshaftung[75], insbesondere Haltereigenschaft[76], Deliktsfähigkeit[77],

---

67 *St Lorenz* NJW 1999, 2217; *Spickhoff* IPrax 2000, 6; *Freitag/Leible* ZVglRWiss 2000, 132.
68 VersR 1999, 1318.
69 BT-Drs 14/343, S 11 f.
70 *St Lorenz* NJW 1999, 2217; AnwK-BGB/*Wagner* Art 40 EGBGB Rn 30; differenzierend *Bamberger/Roth/Spickhoff* Art 40 EGBGB Rn 24; **aA** *Palandt/Heldrich* Art 40 EGBGB Rn 4.
71 BT-Drs 14/343, S 8.
72 *Looschelders* VersR 1999, 1324; *Sieghörtner* (Lit vor Rn 1) S 478 f; *Timme* NJW 2000, 3260.
73 *Palandt/Heldrich* Art 40 EGBGB Rn 22; Art 41 EGBGB Rn 2; AnwK-BGB/*Wagner* Art 40 EGBGB Rn 8; *Looschelders* VersR 1999, 1324.
74 *Palandt/Heldrich* Art 41 EGBGB Rn 2; AnwK-BGB/*Wagner* Art 41 EGBGB Rn 5; **aA** *Rehm* DAR 2001, 535; *Vogelsang* NZV 1999, 501; *Sieghörtner* (Lit vor Rn 1) S 479 f; *Bamberger/Roth/Spickhoff* Art 41 EGBGB Rn 14.
75 *Palandt/Heldrich* Art 40 EGBGB Rn 16.
76 Hierzu *Mansel* VersR 1984, 102.
77 *Staudinger/v Hoffmann* vor Art 40 EGBGB Rn 23 mwN.

Einleitung

Rechtswidrigkeit[78], Kausalität[79], Verschulden[80] und Verschuldensgrad[81], Mitverschulden des Geschädigten[82], die Art und Weise der Schadensersatzpflicht[83] sowie die Schadensbemessung[84] und einen eventuellen Schadensausgleich[85]. Das Deliktsstatut bestimmt auch darüber, ob und wann immaterielle Schäden[86] auszugleichen sind, die Übertragbarkeit und Vererblichkeit von Schadensersatzansprüchen[87] und die Verjährung[88] derselben.

32 Auch die **Beweislast**[89] regelt sich nach dem ermittelten Sachrecht, entsprechendes muss – entgegen der hM[90] – auch für die Anwendbarkeit eines Anscheinsbeweises[91] und einer § 287 ZPO vergleichbaren Schadensschätzung[92] gelten. Die im Rahmen von § 10 Abs 2 StVG und § 844 Abs 2 BGB relevante Vorfrage, ob der Getötete einem Dritten gegenüber unterhaltspflichtig war, wird selbständig nach dem Unterhaltsstatut angeknüpft.[93] Zum Direktanspruch gegen den Versicherer s u Rn 37.

33 Die für den Unfallort geltenden „**örtlichen Verkehrsregeln und Sicherheitsvorschriften**" sind unabhängig von der Anknüpfung des Deliktsstatuts „selbstverständlich"[94] stets dem Recht des Unfallorts zu entnehmen.[95] Auch bei einem Autounfall von zwei Deutschen in England bleibt also das **Linksfahrgebot** erhalten.[96] Nach ihnen ist bei der Haftungsabwägung auch die Schwere des Verkehrsverstoßes zu beurteilen,[97] während ansonsten für die Frage, ob ein Verstoß grob fahrlässig war, jedenfalls bei Bestehen von Beziehungen zwischen den Beteiligten das abweichende Deliktsstatut maßgeblich ist.[98] Unklar ist die Linie innerhalb der Rspr, ob sich ein deutscher Beifahrer bei einem Verstoß gegen die **Gurtanlegepflicht** ein Mitverschulden anrechnen lassen muss[99], wenn im Unfallstaat keine Gurtanlegepflicht besteht.[100]

---

78 BGHZ 14, 286, 291 f; BGH NJW 1964, 650.
79 BGHZ 8, 288, 293 f.
80 BGHZ 14, 286, 291 f.
81 *Staudinger/v Hoffmann* vor Art 40 EGBGB Rn 26 mwN.
82 *Staudinger/v Hoffmann* vor Art 40 EGBGB Rn 34 mwN.
83 BGHZ 14, 212, 217 ff; 87, 95, 97.
84 BGH NZV 1989, 106 = VersR 1989, 54 m Anm *Wandt* 266 (zur Vorteilsausgleichung).
85 Str; ausf *Staudinger/v Hoffmann* vor Art 40 EGBGB Rn 40 ff mwN.
86 BGH RIW 1987, 545.
87 *Staudinger/v Hoffmann* vor Art 40 EGBGB Rn 43 mwN.
88 BGHZ 71, 175, 176 f; BGH IPrax 1981, 99.
89 BGHZ 3, 342, 346; 42, 385, 388 f.
90 MünchKomm/*Kreuzer* Art 38 EGBGB Rn 297; *Eisner* ZZP 80 (1967), 87.
91 *Greger* VersR 1980, 1091 ff; *Staudinger/v Hoffmann* vor Art 40 EGBGB Rn 49 mwN; idS wohl auch Art 17 Abs 1 Rom-II-VO-Entw, abgedr in IPRax 2005, 174.
92 *Staudinger/v Hoffmann* vor Art 40 EGBGB Rn 50 mwN.
93 BGH VersR 1978, 346.
94 BT-Drs 14/343, S 11.
95 Ausf hierzu *Sieghörtner* in: *Vieweg*, Spektrum des Technikrechts (2002) S 115 ff, insbes zur Geltung der Gurtanlegepflicht, S 110 f.
96 LG Mainz NJW-RR 2000, 31; vgl auch LG Nürnberg-Fürth VersR 1980, 955.
97 BGHZ 57, 265; BGH NZV 1996, 272.
98 BGH VersR 1978, 541; vgl auch BGH NZV 1996, 273.
99 Ausf *Sieghörtner* (o Fn 95) S 110 f.
100 So OLG Karlsruhe VersR 1985, 788; KG VersR 1982, 1199; offen lassend OLG Hamm VersR 1998, 1040; vgl auch *Freyberger* MDR 2001, 971.

Für das **unfallversicherungsrechtliche Haftungsprivileg** (§ 104 SGB VII) besteht eine Sonderanknüpfung nach §§ 3 ff SGB IV (vgl § 19 Rn 154); zur Anknüpfung hinsichtlich des Forderungsübergangs auf Sozialversicherungsträger § 32 Rn 94 ff, auf öffentlichrechtliche Leistungsträger § 34 Rn 43.

34

2. Beschränkung der Anwendung ausländischen Rechts, Art 40 Abs 3 EGBGB

Art 40 Abs 3 EGBGB ist als besondere Vorbehaltsklausel an die Stelle des Art 38, den „Schandfleck des EGBGB"[101] getreten. Diese im Hinblick auf Art 12 EGV bedenkliche Begrenzung deliktischer Ansprüche gegenüber deutschen Staatsbürgern ist durch eine europarechtlich unverdächtige[102] spezielle *ordre public*-Klausel ersetzt worden. Die Vorschrift ist jedoch (zumindest im Rahmen von Nr 1 und 2) **nicht als abschließend** anzusehen, da Nr 1 und Nr 2 allein die Haftungsausfüllung betreffen. Im Rahmen der Haftungsbegründung bleibt ein Rückgriff auf Art 6 EGBGB möglich.[103]

35

Art 40 Abs 3 Nr 1 EGBGB bezweckt in erster Linie den **Ausschluss mehrfachen Schadensersatzes** („multiple damages")[104], Art 40 Abs 3 Nr 2 EGBGB den Ausschluss von **Strafschadensersatzansprüchen** („punitive damages")[105], wie sie insbesondere das US-amerikanische Recht kennt. Nicht verkannt werden darf in diesem Zusammenhang aber, dass auch der BGH[106] dem Schmerzensgeld gem § 847 BGB eine gewisse Präventionsfunktion beimisst, sodass Art 40 Abs 3 Nr 1 und 2 EGBGB „nur bei gravierenden Widersprüchen zu den Grundvorstellungen unseres Rechts Anwendung finden"[107] und eine besondere Inlandsbeziehung des Falls voraussetzen.[108] Art 40 Abs 3 Nr 3 EGBGB läuft mangels bindender Staatsverträge auf dem Gebiet des Verkehrsunfallrechts leer.[109]

36

3. Direktanspruch gegen den Versicherer, Art 40 Abs 4 EGBGB

Art 40 Abs 4 EGBGB gestattet eine **alternative Anknüpfung** für das Bestehen eines direkt gegen den Versicherer gerichteten Anspruchs (wie nach § 3 Nr 1 PflVG). Neben die von der Rspr entwickelte Anknüpfung an das Deliktsstatut[110] tritt wahlweise (und nicht erst subsidiär)[111] die Anknüpfung an das gemäß Art 7 ff EGVVG bzw Art 27 ff EGBGB zu ermittelnde Versicherungsvertragsstatut.[112] Der Geschädigte kann also dann den Haftpflichtversicherer unmittelbar in Anspruch nehmen, wenn entweder das

37

---

101 *v Hoffmann* IPrax 1996, 7.
102 *Vogelsang* NZV 1999, 501.
103 *Spickhoff* NJW 1999, 2213; *Vogelsang* NZV 1999, 501; **aA** *Looschelders* VersR 1999, 1323.
104 BT-Drs 14/343, S 12; *Palandt/Heldrich* Art 40 EGBGB Rn 20; hierzu zählt auch die Einbeziehung der Anwaltshonorare in die Ersatzleistung.
105 BT-Drs 14/343, S 12; BGHZ 118, 312; *Looschelders* VersR 1999, 1323.
106 BGHZ 131, 332 = NJW 1996, 1128.
107 BT-Drs 14/343, S 12.
108 *Palandt/Heldrich* Art 40 EGBGB Rn 19; *Spickhoff* NJW 1999, 2213.
109 *Looschelders* VersR 1999, 1323.
110 BGHZ 57, 265, 269 f; 108, 200, 202.
111 *Gruber* VersR 2001, 18; *Sieghörtner* (Lit vor Rn 1) S 109; **aA** *Vogelsang* NZV 1999, 502.
112 Ausf zur Ermittlung des Versicherungsvertragsstatuts *Gruber* VersR 2001, 21 f.

Einleitung

anzuwendende Deliktsrecht oder das anzuwendende Versicherungsrecht einen Direktanspruch gewährt. Zur **Geltendmachung** des Direktanspruchs gegen ausländische Versicherer s § 15 Rn 64 ff.

38 Durch eine **Rechtswahl** können die Parteien nicht eine dem Versicherer nachteilige Rechtsordnung wählen, Art 42 S 2 EGBGB (Rn 13). Eine **Rechtswahlvereinbarung zwischen dem Geschädigten und dem Versicherer** über das Versicherungsvertragsstatut ist hingegen wirksam.[113] Das Bestimmungsrecht des Art 40 Abs 1 S 2, 3 EGBGB kann ebenfalls zu einem Auseinanderfallen des jeweiligen Deliktsstatuts führen, sofern keine Rechtskrafterstreckung oder Bindungswirkung für den Folgeprozess besteht.[114] Eine **Rückverweisung** scheidet aus (Rn 30).

IV. Hinweise zu ausländischen Rechtsordnungen

39 Auf Einzelheiten der Haftpflichtbestimmungen in anderen Ländern, die zT sehr voneinander abweichen und deren Vereinheitlichung auch innerhalb Europas bisher ohne greifbare Erfolgsaussicht geblieben ist,[115] kann hier nicht eingegangen werden. Nachfolgende Hinweise auf Literatur und Entscheidungen zu den Regelungen einzelner Länder (alphabetisch geordnet) können jedoch weiterführen.

40 **Gesamtübersichten:** *Neidhart* Unfall im Ausland[4] (1995); *Lemor/Becker* Road Accidents – The Victim's Guide to Europe (2004); *Nissen* DAR 2005, 417 (außergerichtliche Anwaltskosten).

Osteuropa: *Neidhart* Unfall im Ausland Bd 1 Osteuropa[5] (2005).

Skandinavien: *Neidhart* DAR 2003, 357.

Belgien: *Lentz* DAR 2003, 347 u SVR 2005, 201; *Hering* SVR 2005, 224.

Frankreich: *Backu/Wendenburg* DAR 2006, 541; *Schwarz* NJW 1991, 2058; *v Bar* VersR 1986, 620; *Wilmes* VersR 1986, 224; *Storp* DAR 1986, 311; *Backu* DAR 2001, 587 (Schmerzensgeld).

Griechenland: *Neidhart* DAR 2004, 187 ff.

Großbritannien: *Resch* DAR 2003, 368 (Personenschaden).

Israel: OLG Köln NJW-RR 1988, 30 (Personenschaden, Verjährung).

Italien: *Pichler* DAR 2006, 549; *Backu* DAR 2003, 337; *Scarabello* DAR 2001, 581 (Schmerzensgeld) OLG Wien ZVR 1992, 306 (sehr ausf zum Schadensersatz bei Körperverletzung).

Österreich: *Hering* SVR 2004, 182; *Neidhart* DAR 2000, 341; *Danzl* DAR 2004, 181 ff (Schmerzensgeld); *Ludovisy/Neidhart* Teil 11, Rn 418 ff.

Polen: *Backu* DAR 2005, 378 ff.

Portugal: *Backu* DAR 2001, 587 (Schmerzensgeld).

Russland: *Neidhart* DAR 2005, 391 ff.

Schweiz: *Neidhart* DAR 1991, 50; 2000, 341, 343; Schweiz BG, VersR AI 2003, 15 (Haushaltsschaden), *Ludovisy/Neidhart* Teil 11, Rn 418 ff.

---

113 *Gruber* VersR 2001, 21; AnwK-BGB/*Wagner* Art 41 EGBGB Rn 5.
114 *Gruber* VersR 2001, 21; *St Lorenz* NJW 1999, 2217; **aA** *Pfeiffer* NJW 1999, 3676.
115 Vgl *Renger* VersR 1992, 653.

Spanien: *Backu/Naumann* VersR 2006, 760; *Backu* DAR 2001, 587 (Schmerzensgeld).
Tschechien: *Backu* DAR 2005, 382 ff.
Türkei: *Havutçu* VersR 2006, 176 ff; *Özsunay* VersR 1993, 798.
Ungarn: *Backu* DAR 2005, 386 ff.

Erster Teil
Haftung ohne Verschuldensnachweis

§ 3 Haftung des Kfz-Halters

§ 7 StVG

(1) Wird bei dem Betrieb eines Kraftfahrzeugs oder eines Anhängers, der dazu bestimmt ist, von einem Kraftfahrzeug mitgeführt zu werden, ein Mensch getötet, der Körper oder die Gesundheit eines Menschen verletzt oder eine Sache beschädigt, so ist der Halter verpflichtet, dem Verletzten den daraus entstehenden Schaden zu ersetzen.

(2) Die Ersatzpflicht ist ausgeschlossen, wenn der Unfall durch höhere Gewalt verursacht wird.

(3) Benutzt jemand das Fahrzeug ohne Wissen und Willen des Fahrzeughalters, so ist er anstelle des Halters zum Ersatz des Schadens verpflichtet; daneben bleibt der Halter zum Ersatz des Schadens verpflichtet, wenn die Benutzung des Fahrzeugs durch sein Verschulden ermöglicht worden ist. S 1 findet keine Anwendung, wenn der Benutzer vom Fahrzeughalter für den Betrieb des Kraftfahrzeugs angestellt ist oder wenn ihm das Fahrzeug vom Halter überlassen worden ist. Die Sätze 1 und 2 sind auf die Benutzung eines Anhängers entsprechend anzuwenden.

Übersicht

	Rn
I. Überblick	1
1. Die Betriebsgefahr als Grundlage der Haftung	1
2. Die gesetzliche Regelung	5
3. Verhältnis zu anderen Haftungsnormen	10
II. Erfasste Fahrzeuge	11
1. Kfz	11
2. Anhänger	21
III. Unfall mit Personen- oder Sachschaden als konkreter Haftungsgrund	24
1. Allgemeines	24
2. Unfall	26
3. Personenschaden	33
4. Sachschaden	44
IV. Das Merkmal „bei dem Betrieb"	49
1. Allgemeines	49
2. Ungeeignete Abgrenzungskriterien	53
3. Begriffsbestimmung	60
4. Zurechnungszusammenhang	66
5. Spezielle Kausalitätsprobleme	78
6. Einzelprobleme (alphabetisch geordnet)	106
7. Beweisfragen	164

Erster Teil. Haftung ohne Verschuldensnachweis

V. Haftungsumfang 167
   1. Überblick 167
   2. Allgemeine Zurechnungskriterien 172
   3. Mittelbar verursachte Schäden beim Unfallbeteiligten 175
   4. Mittelbar verursachte Schäden bei Dritten 185
   5. Selbständige Weiterentwicklung von Unfallfolgen 196
   6. Schadensbegünstigende Konstitution 201
   7. Der Schaden als Bemessungsgrundlage des Schadensersatzes 205
   8. Art des Schadensersatzes 224
VI. Anspruchsberechtigung 239
   1. Der Verletzte als Anspruchsberechtigter 239
   2. Ausschlüsse 246
   3. Gesetzlicher Forderungsübergang 254
   4. Abtretung 255
VII. Der Halter als Ersatzpflichtiger 257
   1. Bedeutung des Halterbegriffs 257
   2. Inhalt des Begriffs 258
   3. Vertretung des Halters 267
   4. Mehrheit von Haltern 270
   5. Fehlen eines Halters 274
   6. Anzeichen für das Vorliegen der Haltereigenschaft 275
   7. Einzelfälle 279
VIII. Die Ersatzpflicht bei unbefugter Kfz-Benutzung 304
   1. Überblick 304
   2. Anwendungsbereich des § 7 Abs 3 StVG 308
   3. Die Haftung des unbefugten Benutzers 313
   4. Die Haftung des Halters 327
   5. Die Haftung des früheren Halters 345
   6. Beweislast 346
IX. Entlastungsbeweis 348
   1. Überblick 348
   2. Entlastung wegen höherer Gewalt (§ 7 Abs 2 StVG) 354
   3. Entlastung wegen unabwendbaren Ereignisses (§ 17 Abs 3 StVG) 359
   4. Entlastung bei Unfällen vor 1.8.2002 412
   5. Rechtsprechungsüberblick zur Unabwendbarkeit in bestimmten
      Verkehrssituationen 424

I. Überblick

1. Die Betriebsgefahr als Grundlage der Haftung

1   **a)** Die Haftung des Kfz-Halters ist in § 7 StVG als **Gefährdungshaftung** ausgestaltet.[1] Sie knüpft an die vom Betrieb eines Kfz ausgehende Gefahr an; auf ein Verschulden oder auch nur objektiv verkehrswidriges Verhalten kommt es nicht an.[2] Ganz rein ist das Prinzip der Gefährdungshaftung allerdings nicht durchgehalten. Der Halter kann sich vielmehr (in bestimmten Grenzen) durch den Nachweis einer Verursachung durch höhere Gewalt von der Haftung befreien (vgl Rn 354 ff).

2   **b)** Die Haftung knüpft an die **abstrakte Betriebsgefahr** an, dh die besondere Gefahr, die das Kfz schlechthin, also jedes Kfz ohne Rücksicht auf die Begleitumstände des

---
1 S hierzu und zur Entstehungsgeschichte § 1 Rn 36 ff.
2 BGH NJW 1972, 1808.

Einzelfalls, für andere Verkehrsteilnehmer mit sich bringt. Dem Geschädigten wird zivilrechtlich (im Rahmen des § 12 StVG) Schutz vor allen Gefahren gewährt, die mit dem Betrieb des Kfz verbunden sind. Das Gesetz löst allerdings die Haftung des Halters vom konkreten Vorliegen einer für Kfz typischen Gefahr und knüpft sie schlicht an den Betrieb des Kfz. Der Halter ist für alle Schäden verantwortlich, die in ursächlichem Zusammenhang mit dem Betrieb des Kfz stehen, auch wenn die Tatsache, dass es sich um ein Kfz handelt, nach menschlicher Erfahrung ohne Bedeutung für Entstehung und Höhe des Schadens war.

c) Auf die im Einzelfall manifest gewordene **konkrete Betriebsgefahr** kommt es hingegen bei der Abwägung nach §§ 9, 17 StVG an (vgl § 22 Rn 129 ff). Die abstrakte Betriebsgefahr kann nämlich durch besondere Umstände (zB besonders gefahrträchtiges Fahrzeug, risikobehafteter Verkehrsvorgang, Verschulden des Führers) vergrößert sein („**erhöhte Betriebsgefahr**"), was bei der Bemessung der Haftungsquoten zu Buche schlägt. 3

Der Grad der Gefährlichkeit des Fahrzeugs für den Insassen oder Fahrer hat außer Betracht zu bleiben. Der Umstand, dass das Fahren auf einem Motorrad, Kleinkraftrad oder Fahrrad mit Hilfsmotor bei Zusammenstößen mit schwereren Fahrzeugen idR zu schwereren Verletzungen führt als das Fahren im Kraftwagen, stellt keine Erhöhung der Betriebsgefahr dar und bleibt bei der Abwägung außer Betracht. Maßgebend allein ist die Gefährlichkeit für den anderen Verkehrsteilnehmer.[3] 4

2. Die gesetzliche Regelung

a) **Grundschema.** Abs 1 enthält die vom Geschädigten zu beweisenden haftungsbegründenden Merkmale, Abs 2 den vom Kfz-Halter zu beweisenden Haftungsausschluss wegen höherer Gewalt (sog „Entlastungsbeweis"). Für den besonderen Fall einer unbefugten Nutzung des Kfz regelt Abs 3 die haftungsrechtliche Verantwortlichkeit. 5

b) **Die haftungsbegründenden Merkmale.** Die Haftung nach § 7 Abs 1 StVG trifft den **Halter** (zum Begriff Rn 258 ff), eines **Kfz** (Rn 11 ff) oder Kfz-Anhängers (Rn 22 f), bei dessen **Betrieb** (Rn 60 ff) es zu einem **Unfall** (Rn 26 ff) gekommen ist, der entweder zu einem **Personenschaden** (Rn 33 ff) oder zu einem **Sachschaden** (Rn 44 ff) geführt hat. Diese Merkmale hat der Geschädigte zu beweisen. 6

c) **Haftungsausschlüsse.** Abgesehen von dem praktisch schwer zu führenden **Entlastungsbeweis** nach § 7 Abs 2 und § 17 Abs 3 (dazu Rn 348 ff) kommen nach dem StVG folgende (gleichfalls in die Beweislast des Halters fallende) **Einwendungen** gegen die Haftung des Kfz-Halters in Betracht: 7

- Geschwindigkeit des Kfz nicht höher als 20 km/h auf ebener Bahn (§ 8 Nr 1 StVG; s § 19 Rn 4 ff);
- Tätigsein des Verletzten beim Betrieb des Kfz (§ 8 Nr 2 StVG; s § 19 Rn 9 ff);
- Beförderung der beschädigten Sache durch das Kfz (§ 8 Nr 3 StVG; s § 19 Rn 13 ff);
- erheblich überwiegendes Mitverschulden des Verletzten (§ 9 StVG; s § 22 Rn 127 f);
- Verjährung (§ 14 StVG; s § 21 Rn 3 ff);
- nicht rechtzeitige Anzeige des Unfalls (§ 15 StVG; s § 19 Rn 18 ff);
- erhebliches Überwiegen der mitwirkenden Betriebsgefahr des anderen unfallbeteiligten Kfz (§ 17 Abs 1, 2 StVG; s § 22 Rn 153).

---

3 BGH VersR 1971, 1043.

8 Zu weiteren Haftungsausschlussgründen (zB Freistellungsvereinbarungen, Begrenzung der Arbeitnehmerhaftung, Unfallversicherungsschutz) s § 19 Rn 29 ff.

9 **f) Rechtsfolge** der Haftung nach § 7 StVG ist die Verpflichtung zum Ersatz des aus der Körperverletzung oder Sachbeschädigung entstehenden **Schadens**. Was darunter zu verstehen ist, wird im StVG ebensowenig wie im BGB oder anderen deutschen Haftungsgesetzen definiert.[4] Die Begriffsbestimmungen in der Rechtslehre sind mannigfaltig und hier nicht im Einzelnen zu referieren (vgl § 1 Rn 17). Zu folgen ist der Ansicht, dass der Schadensbegriff an ein vorrechtliches Verständnis (iS eines als nachteilig empfundenen Zustandes) anknüpft, dass aber die Frage, welche Nachteile für die Rechtsanwendung relevant sein sollen, nach rechtlichen, normativen Kriterien zu entscheiden ist.[5] Der richtige Schadensbegriff ist somit zugleich naturalistisch als auch normativ.[6] Dem Geschädigten ist Ausgleich für die Unfallfolgen zu leisten, die sich nach normativer Wertung als Nachteile für seine vermögensrechtliche Situation darstellen. Die Form des Ausgleichs richtet sich nach §§ 249 ff BGB (wegen der Einzelheiten hierzu s Rn 224 ff). Für Unfälle, die sich nach dem Inkrafttreten von § 11 S 2 StVG am 1.8.2002 ereignet haben, kann auch eine **immaterielle Entschädigung** beansprucht werden (s u § 30).

3. Verhältnis zu anderen Haftungsnormen

10 Eine etwaige Haftung aus unerlaubter Handlung (§ 823 BGB) oder aufgrund anderer Anspruchsgrundlagen steht völlig unabhängig neben der Haftung nach § 7 StVG (§ 16 StVG).

II. Erfasste Fahrzeuge

1. Kfz

11 Nach § 1 Abs 2 StVG gelten als Kfz – auch iS der Haftungsbestimmungen des StVG – Landfahrzeuge, die durch Maschinenkraft bewegt werden, ohne an Bahngleise gebunden zu sein.

12 **a) Fahrzeuge** sind Einrichtungen zur Fortbewegung ohne Rücksicht auf deren Art (Räder, Ketten, Kufen) und den Zweck der Ortsveränderung. Die Beförderung von Personen oder Lasten ist kein Begriffsmerkmal; auch fahrende Arbeitsmaschinen können Kfz sein, zB Pistenraupen[7] oder Aufsitzrasenmäher,[8] desgleichen Spiel- oder Kleinstfahrzeuge wie zB Go Carts[9] oder motorgetriebene Skateboards.[10] Es muss sich aber um

---

[4] Anders § 1293 österr ABGB: „Schaden heißt jeder Nachteil, welcher jemandem an Vermögen, Rechten oder seiner Person zugefügt worden ist." S hierzu *Schwimann/Harrer* Praxiskommentar zum ABGB (1987) § 1293, 4 ff.
[5] *Lange/Schiemann* § 1 III 1.
[6] Vgl auch *Larenz* I § 27 II a; *Deutsch* Rn 781 ff; *Staudinger/Schiemann* vor § 249 Rn 41; *Steffen* NJW 1995, 2057.
[7] LG Waldshut-Tiengen VersR 1985, 1173.
[8] LG Osnabrück VersR 1984, 254.
[9] LG Karlsruhe VersR 1976, 252.
[10] *Grams* NZV 1994, 172.

selbständige Fahrgeräte handeln. Daher stellt zB eine Seil- oder Schwebebahn ebensowenig ein Fahrzeug dar wie der Schlittschuhläufer, der sich von einem auf dem Rücken getragenen Propeller treiben lässt, oder der an einer Deichsel geführte Elektrowagen.[11] Die erreichbare Geschwindigkeit ist für die Eigenschaft als Fahrzeug ohne Belang (uU jedoch für den Haftungsausschluss nach § 8 Nr 1 StVG).

b) Landfahrzeuge sind solche, die zur Fortbewegung von einem Punkt der Erdoberfläche zu einem anderen durch Bewegung auf der Erdoberfläche geeignet und bestimmt sind. Damit scheiden Wasser- und Luftfahrzeuge grundsätzlich aus. Sind sie aber ihrer technischen Einrichtung nach geeignet, auch als Kfz auf den Straßen zu verkehren, so gelten sie für die Dauer solchen Verkehrs als Kfz. Die mit Abflug und Landung notwendig verbundenen Bewegungen eines Luftfahrzeugs auf dem Erdboden machen dieses jedoch nicht zum Kfz; dies gilt auch für den Fall einer Notlandung auf einer Straße. **13**

c) Nur die durch **Maschinenkraft** bewegten Landfahrzeuge sind Kfz. Darunter sind vor allem die durch Umsetzung von Wärme oder Elektrizität in Bewegungsenergie gewonnenen Antriebskräfte (im Gegensatz zu Naturkräften, menschlicher oder tierischer Kraft) zu verstehen. Aber auch der Gyrobus, bei dem die Bewegungsenergie durch einen auf dem Fahrzeug angebrachten, schnell rotierenden Kreisel gespeichert wird, ist Kfz. **14**

Die Maschine muss Bestandteil des Fahrzeugs sein. Keine Kfz sind daher die mit Hilfe einer Seilwinde von einem stationären Motor oder von einem anderen Kfz aus in Bewegung gesetzten Geräte, ebenso Anhänger[12] oder durch Anstoßen in Bewegung gesetzte Wagen. Auch das Fahrrad, das mit Hilfe eines auf den Rücken des Fahrers geschnallten Propellermotors fortbewegt wird, ist kein Kfz.[13] Ob das Fahrzeug auch die zur Energiespeicherung benötigten Einrichtungen oder Materialien (Treibstoff, Akkumulatoren) mit sich führt, ist ohne Belang. Daher ist zB auch der Obus, dem die elektrische Kraft von außen durch Stromleitungen und Stromabnehmer zugeführt wird, Kfz.[14] Wird der Motor außer Betrieb gesetzt, so verliert das Fahrzeug hierdurch noch nicht seine Eigenschaft als Kfz. Erst wenn die bestimmungsgemäße Verwendung des Fahrzeugs geändert wird (zB Umbau zum Anhänger, Verschrottung), hört es auf, Kfz zu sein;[15] andernfalls bleibt auch ein geschleppter Pkw Kfz,[16] desgleichen ein im Pedalbetrieb fortbewegtes Moped. **15**

d) Keine Bindung an Bahngleise darf vorliegen. Bahngleis ist hierbei jede durch Schienen gebildete Fahrbahn, nicht nur die einer Eisenbahn im engeren Sinne. Gleichgültig ist, aus welchem Stoff das Gleis besteht. Die vom Kfz selbst mitgeführten Gleisketten sind jedoch keine Gleise. Auch Fahrrinnen auf der Straße, die sich zB durch starke Beanspruchung gebildet haben und ein seitliches Abweichen erschweren oder unmöglich machen, erfüllen dieses Merkmal nicht. **Gebunden** an das Gleis ist das Fahrzeug, wenn es zwangsläufig der Schienenfahrbahn folgen muss, also zB der spurgeführte Omnibus, nicht aber der Obus. Unerheblich ist, ob das Fahrzeug mit allen Wagenrädern an Schienen gebunden ist oder nur mit einigen. **16**

---

11 OLG Hamm VersR 1984, 883.
12 BGHZ 20, 385 vgl hierzu Rn 115 ff. Für Unfälle ab 1.8.2002 trifft den Halter eines Kfz-Anhängers aber eine eigene Gefährdungshaftung.
13 **AA** OLG Oldenburg NZV 1999, 390 m abl Anm *Grunewald* NZV 2000, 384.
14 *Filthaut* NZV 1995, 53.
15 BayObLG VRS 11, 155.
16 **AA** OLG Frankfurt NJW 1985, 2961.

17 Ist nur der **Anhänger gleisgebunden**, nicht aber das ziehende Fahrzeug (zB Zugmaschine rangiert einen Güterwagen), so wird die Eigenschaft des Zugfahrzeugs als Kfz nicht aufgehoben. Es muss in diesem Fall zwar einen durch das Gleis vorgezeichneten Weg einhalten, ist aber nicht an das Gleis gebunden, sondern hat einen gewissen Spielraum zu seitlicher Abweichung.

18 **Dauernde Bindung** ans Gleis ist nicht erforderlich. Das gleiche Fahrzeug kann vielmehr zeitweilig Schienenfahrzeug und zeitweilig Straßenfahrzeug sein.[17] In diesen Fällen ist das Fahrzeug für die Dauer der Verwendung auf den Schienen nicht Kfz iS des StVG; für die Haftung gilt das HaftpflG (vgl § 5 Rn 7). Mit Aufhebung der Schienengebundenheit wird das Fahrzeug wieder zum Kfz. Bloßes Entgleisen macht ein Schienenfahrzeug jedoch nicht zum Kfz.

19 Die Beförderung von Schienenfahrzeugen auf der Straße mittels **Straßenroller** (vgl § 49 a Abs 9 Nr 2 StVZO) unterfällt dem StVG, denn das Schienenfahrzeug steht in diesem Fall zwar auf den Schienen des Untersatzes, ist aber nur Gegenstand einer mit Straßenfahrzeugen auf der Straße durchgeführten Beförderung.

20 e) Die **Zulassung** des Fahrzeugs (§ 1 Abs 1 StVG) ist für die Haftpflicht grundsätzlich bedeutungslos. Auch etwa vorschriftswidrig nicht zugelassene oder vom Zulassungszwang freigestellte Fahrzeuge stehen in der Haftpflicht den zugelassenen gleich. Zulassung ist die Ermächtigung zum Betrieb; die gesetzliche Haftpflicht gründet sich aber auf die Tatsache des Betriebs unabhängig von der Frage der Ermächtigung. Zur Frage, ob die Benutzung eines nicht zugelassenen Kfz neben der Haftung nach § 7 StVG auch eine solche nach § 823 BGB begründen kann, vgl § 11 Rn 44.

2. Anhänger

21 Bis 31.7.2002 wurde die durch einen Anhänger hervorgerufene Betriebsgefahr dem ziehenden Kfz zugerechnet (s dazu Rn 115 ff). War dieses unbekannt, konnte die Gefährdungshaftung nicht realisiert werden. Durch die ab 1.8.2002 wirksame Ergänzung des § 7 Abs 1 StVG wurde daher eine eigenständige Haftung des Halters eines Kfz-Anhängers begründet. Sie tritt neben die des Halters des Zugfahrzeugs. Zu den dadurch hervorgerufenen Fragen der Zurechnung, der Bemessung der Haftungshöchstsumme und des Innenausgleichs s Rn 117 u 119, § 20 Rn 4 sowie § 36 Rn 5.

22 a) **Anhänger** sind Fahrzeuge, die zum Anhängen an ein Kfz bestimmt und geeignet sind (vgl für das Zulassungsrecht § 18 Abs 1 StVZO, ab 1.3.2007 § 2 Nr 2 FZV). Darunter fallen auch Sattelauflieger, nicht aber abgeschleppte Kfz. Auf die **Zulassungspflicht** kommt es (wie bei Kfz) nicht an. Erfasst werden daher auch die in § 18 Abs 2 Nr 6 StVZO, § 3 Abs 2 Nr 2 FZV aufgeführten Anhänger, zB solche für landwirtschaftliche Zwecke oder angehängte Arbeitsmaschinen. Da bei fehlender Zulassungspflicht auch keine Versicherungspflicht besteht (§ 2 Abs 1 Nr 6 c PflVG), kann es hier zu Deckungslücken kommen.[18] Durch § 8 Nr 1 StVG und eine teleologische Reduktion des Betriebsbegriffs bei Anhängern (s Rn 119) wird dieses Risiko aber minimiert.

23 b) Nur zur **Verbindung mit einem Kfz** bestimmte Anhänger fallen unter § 7 Abs 1 StVG. Da der Anhänger keine höhere Betriebsgefahr hat als das Zugfahrzeug, sind –

---

17 ZB der sog DUO-Bus, s *Filthaut* NZV 1995, 53.
18 S hierzu *Ch Huber* § 4 Rn 92 ff; *Lang/Stahl/Suchomel* NZV 2003, 443; *Lemcke* ZfS 2002, 318 f. Verfassungsrechtliche Bedenken bei *Frommhold* (§ 1 Lit vor Rn 1) S 224.

über den Wortlaut des § 8 Nr 1 StVG hinaus – auch solche Anhänger auszunehmen, die für langsame Kfz iS dieser Vorschrift bestimmt sind, also insbesondere Anhänger von Arbeitsfahrzeugen.

III. Unfall mit Personen- oder Sachschaden als konkreter Haftungsgrund

1. Allgemeines

Die Haftung nach § 7 StVG greift nur ein, wenn ein Mensch getötet, der Körper oder die Gesundheit eines Menschen verletzt oder eine Sache beschädigt wurde. Zusätzlich ist, wie sich aus § 7 Abs 2, § 14 ursprünglicher Fassung und § 15 StVG, insbesondere aber aus dem Schutzzweck der Gefährdungshaftung herleiten lässt, erforderlich, dass der Personen- oder Sachschaden durch einen **Unfall** entstanden ist; in der dem § 7 StVG entsprechenden Norm des österreichischen Rechts (§ 1 EKHG) ist dies auch ausdrücklich ausgesprochen. Dieses Merkmal tritt an die Stelle der Widerrechtlichkeit, die bei der deliktischen Haftung vorliegen muss (s § 10 Rn 42), jedoch nicht in das System der Betriebshaftung nach § 7 StVG passt.[19]

24

Das Vorliegen eines Unfalls ist also Anspruchsvoraussetzung des § 7 StVG,[20] **andere Einwirkungen** durch den Betrieb eines Kfz werden von dieser Vorschrift nicht erfasst. Erst recht können nicht die Folgen allmählicher Einwirkungen einer Vielzahl von Kfz über § 7 StVG abgewickelt werden. Zu Unrecht hat OLG Frankfurt DAR 1987, 82 Mauerwerkschäden, die durch wiederholt am Haus vorbeifahrende Panzerkolonnen entstanden sind, der Halterhaftung nach § 7 StVG zugerechnet. Der Unfall bildet den sog **konkreten Haftungsgrund**,[21] das Verbindungsglied zwischen der Haftungsbegründung und der Haftungsausfüllung: Zwischen dem Betrieb des Kfz und dem Unfall besteht der sog haftungsbegründende, zwischen dem Unfall und dem geltend gemachten Schaden der sog haftungsausfüllende Kausalzusammenhang. Das Auseinanderhalten der beiden Zurechnungsrelationen ist schon aus beweisrechtlichen Gründen unerlässlich (§ 38 Rn 39). Zudem stellen sich für den haftungsbegründenden Zusammenhang (Betrieb – Unfall) spezifische Zurechnungsfragen aufgrund der Besonderheiten der Gefährdungshaftung, während die Zuordnung des Schadens zum konkreten Schadensereignis den allgemeinen schadensrechtlichen Grundsätzen folgt. Vor allem bei mittelbar verursachten Schäden, zB Folgeunfällen, kommt dieser Differenzierung erhebliche Bedeutung zu.

25

---

19 BGHZ 24, 21, 26; 34, 355, 361; 105, 65, 68; *Esser* (§ 1 Lit vor Rn 1) S 91; *Larenz/Canaris* § 84 I 3 a; *Deutsch* Rn 9, 644; *Jansen* ZEuP 2001, 44 f; *Kötz/Wagner* Rn 7, 333; **aA** BGHZ 57, 170, 176 (zu § 22 Abs 1 WHG); 117, 110, 111 (zu § 833 BGB); OLG Celle OLGR 2001, 118, 119; *v Bar* (§ 10 Lit vor Rn 1) S 131 ff; *Geigel/Kunschert* Kap 25 Rn 4 ff; *E Schneider/ H Schneider* MDR 1986, 991 ff; *Bälz* JZ 1992, 62; *Stark* FS Deutsch (1999) S 359 f.
20 Zweifelnd BGHZ 37, 313; offengelassen in BGHZ 71, 339; **aA** *Schneider/Schneider* MDR 1986, 991; wohl wie hier *Geigel/Kunschert* Kap 25 Rn 6; zweifelnd *Hentschel* § 7 StVG Rn 1.
21 Zu diesem Begriff vgl *Arens* ZZP 88 (1975), 1; *Stoll* AcP 176 (1976), 145.

2. Unfall

26 Ein Unfall idS ist ein plötzlich eintretendes Ereignis, das Schaden an Menschen oder Sachen verursacht.[22]

27 a) Keine **Plötzlichkeit des Schadensereignisses** und damit keine Haftung nach § 7 StVG ist zB gegeben, wenn eine Straße durch häufiges Befahren mit dem Kfz abgenützt oder zerstört wird, wenn angrenzende Gebäude durch fortgesetzte Erschütterungen seitens des Kfz beschädigt werden,[23] wenn durch dauernde Einwirkung von Motorenlärm die Nutzbarkeit eines Nachbargrundstücks beeinträchtigt wird, wenn durch Lärm, Erschütterungen und Abgase von Manöverfahrzeugen Bienenvölker zugrunde gehen[24] oder wenn sich ein Lkw-Fahrer durch monatelange Einwirkung des Motorengeräusches eine Ohrenkrankheit zuzieht. Führt der plötzliche Verlust von Öl, Kraftstoff o dgl zu einer verkehrsgefährdenden Verschmutzung der Fahrbahn, so ist ein Unfall zu bejahen, nicht dagegen bei allmählicher Verschlechterung der Straßenbeschaffenheit durch derartige Stoffe.[25]

28 b) Die **Beschränkung auf Personen- und Sachschäden** ergibt sich aus dem Unfallbegriff, aber auch ausdrücklich aus § 7 Abs 1 StVG. Reine Vermögensschäden[26] können daher eine Haftung nach dieser Vorschrift nicht begründen, wie etwa ein infolge eines Verkehrsstaus entgangener Verdienst. Liegt aber ein Unfall mit Personen- oder Sachschaden vor, so sind auch dessen vermögensrechtliche Auswirkungen auf den Geschädigten – nach Maßgabe der für die Haftungsausfüllung geltenden Regeln (vgl Rn 169) – zu ersetzen. Auch Personen- oder Sachschäden nicht am Unfall selbst Beteiligter, also nur mittelbar Geschädigter, sowie die vermögensrechtlichen Auswirkungen dieser Schädigungen werden von § 7 StVG erfasst, nicht dagegen reine Vermögensbeeinträchtigungen bei mittelbar Geschädigten. Daher sind zB zu ersetzen Schäden eines Angehörigen des Unfallopfers infolge des beim Übermitteln der Unfallnachricht erlittenen Nervenzusammenbruchs, nicht dagegen Verdienstausfälle des Arbeitgebers des Unfallopfers wegen dessen Arbeitsunfähigkeit. Näher zu den Begriffen Personen- und Sachschaden Rn 33 ff.

29 c) **Absichtlich herbeigeführte Schadensfälle** sind, wenn sie die vorstehenden Merkmale erfüllen, ebenfalls Unfälle iS des § 7 StVG,[27] denn der Schutzzweck dieser Vorschrift umfasst auch solche Gefahren, die der Benutzer eines Kfz bewusst und gewollt gegen einen anderen ausspielt, etwa beim absichtlichen Zufahren auf den Geschädigten in Verletzungs- oder Tötungsabsicht.[28] Für den Beweis der absichtlichen Herbeiführung eines Unfalls (zB bei den aus betrügerischen Motiven provozierten Kollisionen) gelten die zu den einvernehmlich gestellten Unfällen entwickelten Grundsätze des Indizienbeweises (s § 38 Rn 40) entsprechend.[29]

---

22 BGHZ 37, 313.
23 Übersehen von OLG Frankfurt DAR 1987, 82.
24 Österr OGH ZVR 1989, 151 m Anm *Karollus*.
25 OLG Köln VersR 1983, 289.
26 Vgl hierzu *Schirmer* DAR 1992, 11.
27 BGHZ 37, 311, 313; *Filthaut* NZV 1998, 90.
28 BGHZ 37, 311, 316.
29 BGH NZV 1989, 468; OLG Hamm NZV 1994, 227.

d) Mit Willen des Geschädigten herbeigeführte Schadensfälle sind dagegen keine **30**
Unfälle.[30] In diesen Fällen entsteht zwar ein Schaden, der Träger des beschädigten Rechtsguts wird aber nicht von einem Schadensereignis betroffen, weil er die Beeinträchtigung selbst gewollt hat. Deshalb liegt zB kein eine Haftung nach § 7 StVG begründender „Unfall" vor, wenn ein Polizeifahrzeug zum Stoppen eines Flüchtenden gezielt in dessen Fahrspur gelenkt und gerammt wird[31] oder wenn ein Zusammenstoß gemäß Verabredung zwischen den Beteiligten zum Zweck eines Versicherungsbetrugs absichtlich herbeigeführt wird[32] (allenfalls wenn es hierbei über den verabredeten Sachschaden hinaus zu einem unbeabsichtigten Personenschaden kommt, kann insoweit wieder von einem Unfall die Rede sein; desgleichen dann, wenn die Manipulation nur mit dem Fahrer, nicht auch mit dem Eigentümer des geschädigten Fahrzeugs verabredet ist; vgl § 10 Rn 45).

Die **Beweislast** für das Vorliegen eines Unfalls, ein den Anspruch nach § 7 StVG begründendes Merkmal, trifft den Geschädigten. IdR bereitet dieser Beweis auch keine Schwierigkeiten, weil schon das äußere Bild des Schadensereignisses eindeutig auf einen Unfall in vorstehendem Sinne hindeutet. Seit sich die Fälle häufen, in denen Schadensfälle zum Zweck des Versicherungsbetruges fingiert werden, wird jedoch vom beklagten Haftpflichtversicherer nicht selten die Unfreiwilligkeit des Unfalls bestritten. Der dem Kläger damit aufgebürdete Beweis der Unfreiwilligkeit aber ist, wie jeder Beweis subjektiver Merkmale, uU schwierig. Dem Geschädigten werden oftmals keine Beweismittel zur Verfügung stehen, um nachzuweisen, dass er den Unfall nicht mit dem Gegner verabredet hatte. Der BGH hat daher entschieden, es sei nicht Sache des aus § 7 StVG klagenden Geschädigten, den Beweis eines unfreiwillig erlittenen Unfalls zu führen; vielmehr müsse der in Anspruch genommene Beklagte beweisen, dass der Kläger mit diesem „Unfall" einverstanden gewesen war.[33] Den Beweisschwierigkeiten des Beklagten (idR der Haftpflichtversicherer des „Unfallgegners") trägt die Rspr weithin dadurch Rechnung, dass sie bei besonders auffallenden Umständen des Unfallablaufs einen Anscheinsbeweis[34] oder – was eher zutrifft (s § 38 Rn 54) – einen Indizienbeweis eingreifen lässt. **31**

Diese Beweisregelung vermag jedoch nicht zu überzeugen. Sie verstößt gegen den allgemeinen Beweislastgrundsatz, dass der Kläger die anspruchsbegründenden Merkmale zu beweisen hat, ohne dass dies durch übergeordnete Gesichtspunkte gerechtfertigt wäre. Es sollte nicht übersehen werden, dass die Beweisproblematik für den Kläger erst akut wird, wenn der Beklagte hinreichend verdächtige Umstände[35] vorträgt, die entgegen dem äußeren Bild für eine gewollte Selbstschädigung sprechen.[36] In diesem Fall **32**

---

30 BGHZ 71, 339, 346; BGH VersR 1979, 514; OLG München NZV 1991, 427; **aA** OLG Frankfurt VersR 1978, 260; OLG Hamm NZV 1993, 69.
31 OLG München OLGR 1997, 162.
32 BGHZ 71, 339, 346.
33 BGHZ 71, 345; BGH VersR 1978, 865; 1979, 281; 1979, 514; OLG Köln VersR 1977, 938; OLG Frankfurt VersR 1987, 756; 1988, 275; OLG Hamm NJW-RR 1987, 1239; OLG Karlsruhe VersR 1988, 1287; **aA** OLG Köln VersR 1975, 959; 1975, 1128.
34 BGH VersR 1979, 514; OLG Celle NZV 1988, 182; OLG Hamm VersR 1993, 1418.
35 Vgl hierzu § 38 Rn 40 m Nachw.
36 Vgl für die entsprechende Problematik bei der Unfallversicherung RGZ 156, 118; BGH VersR 1972, 244.

aber kann dem Kläger durchaus angesonnen werden, die Verdachtsmomente auszuräumen bzw, wenn ihm dies nicht gelingt, auf die Vorteile der Gefährdungshaftung zu verzichten und den Beklagten aus unerlaubter Handlung in Anspruch zu nehmen.[37] Er muss ihm dann zwar ein Verschulden nachweisen, braucht aber nicht den Beweis eines „Unfalls" zu führen, sondern kann es dem Beklagten überlassen, sein (des Klägers) Einverständnis mit der Schädigung als Rechtfertigungsgrund[38] zu beweisen (vgl § 10 Rn 44, § 38 Rn 40). Auf die vom BGH für den Bereich der Kaskoversicherung entwickelten Beweisgrundsätze kann hier wegen der gänzlich anderen Rechtsnatur auch insoweit nicht abgestellt werden, als es um den Direktanspruch gegen den Haftpflichtversicherer geht.[39] Im Übrigen kann die Frage der Unfreiwilligkeit bzw der Einwilligung oftmals dahingestellt bleiben, weil dem Kläger wegen nicht zusammenpassender Schadensbilder schon der Nachweis nicht gelingt, dass der geltend gemachte Schaden bei dem behaupteten Unfallereignis entstanden ist.[40]

3. Personenschaden

33 Ein Personenschaden kann liegen in der Tötung eines Menschen oder der Verletzung des Körpers oder der Gesundheit eines Menschen.

34 a) Die **Tötung**, dh die Vernichtung eines Menschenlebens, kann unmittelbar durch das Unfallereignis verursacht sein. Häufig wird durch den Unfall aber zunächst nur eine Körperverletzung hervorgerufen, die dann, ggf infolge hinzutretender Umstände, zum Tode führt. Ist bei einer solchen mittelbaren Tötung der Zurechnungszusammenhang zu bejahen (Einzelheiten hierzu in Rn 179 ff), so treten die gleichen Haftungsfolgen ein wie bei sofortiger Tötung; zusätzlich sind die Kosten einer versuchten Heilung zu ersetzen (vgl § 10 Abs 1 StVG, § 28 Rn 4). Auch wenn zunächst eine Verletzung gar nicht erkennbar war, der Betroffene jedoch später nachweislich infolge des Unfalls verstarb, ist die Haftung gegeben, da dann eben doch eine (verborgene) Gesundheitsschädigung vorlag. Für die Todesfolge ist auch zu haften, wenn es zu ihr nur wegen einer besonderen Konstitution des Verletzten kommen konnte (vgl auch Rn 201 ff).

35 Keine Tötung ist das unfallbedingte **Absterben einer Leibesfrucht**; hier ist lediglich eine Körperverletzung in der Person der Mutter gegeben (s Rn 37). Dies gilt auch, wenn das Kind infolge der Unfallschädigung bei der Geburt stirbt.[41]

36 b) **Körperverletzung** ist die Beeinträchtigung der körperlichen Unversehrtheit, der „Eingriff in die Integrität der körperlichen Befindlichkeit",[42] **Gesundheitsverletzung** das Hervorrufen oder Steigern eines von den normalen körperlichen Funktionen nach-

---

37 Die Beweislage bei Gefährdungs- und Deliktshaftung ist keineswegs gleich, wie *Geyer* VersR 1989, 885 meint: Bei § 823 BGB spielt der Unfallbegriff, bei § 7 StVG die Rechtswidrigkeit keine Rolle (vgl Rn 24).
38 BGHZ 24, 27.
39 So aber OLG München VersR 1987, 672; vgl dagegen BGHZ 71, 343.
40 OLG Frankfurt VersR 1992, 717; OLG Köln NJW-RR 1995, 546; OLG Hamm NZV 1994, 483.
41 BGHZ 58, 48.
42 BGH VersR 1980, 558, 559.

teilig abweichenden Zustandes⁴³ durch Störung der inneren Lebensvorgänge,⁴⁴ gleich ob somatischer oder psychischer Art (s aber Rn 41) und unabhängig davon, ob Schmerzzustände auftreten oder bereits eine tiefgreifende Veränderung der Befindlichkeit eingetreten ist.⁴⁵ Auch diese Veränderungen brauchen nicht unmittelbar nach dem schädigenden Ereignis in Erscheinung zu treten, wenn sie nur die adäquate Folge des Unfalls sind.

Wird eine **Leibesfrucht** geschädigt und infolgedessen ein Mensch mit gesundheitlichen Beeinträchtigungen geboren, so kann dieser hierfür Schadensersatz nach § 7 StVG verlangen.⁴⁶ Dies wird konsequenterweise auch dann zu gelten haben, wenn die Mutter selbst die haftpflichtige Kfz-Halterin ist.⁴⁷ Wird die Leibesfrucht getötet, so liegt in der dadurch bedingten Störung der physiologischen Abläufe zugleich eine Gesundheitsbeeinträchtigung der Mutter.⁴⁸ **37**

Bereits vorhandene Leiden schließen den Eintritt einer Körper- oder Gesundheitsverletzung nicht aus. Wird das bestehende Leiden durch den Unfall **verschlimmert**, so erfasst die Haftung die dem Verletzten hierdurch entstehenden Mehraufwendungen bzw -beeinträchtigungen.⁴⁹ Das Gleiche gilt bei der durch den Unfall verursachten Beschleunigung des Verlaufs eines beim Unfall vorhandenen Leidens.⁵⁰ **38**

Kommt es zu der Verletzung nur infolge einer **krankhaften Anlage** bei dem Verletzten, so berührt dies die Haftung nicht. § 7 StVG greift daher auch ein, wenn ein latenter Krankheitszustand durch den Unfall in ein akutes Stadium übergeführt wird,⁵¹ zB wenn ein herzleidender Kfz-Führer durch den Unfallschock ein Herzversagen erleidet⁵² (vgl auch Rn 201 ff). Die Grenze der Zurechnung wird auch insoweit durch das Merkmal der Adäquanz gezogen.⁵³ **39**

Gesundheitsschäden, die durch **psychische Einwirkung** des Unfalls verursacht sind, müssen in gleicher Weise ersetzt werden, wie die durch körperliche Berührung entstandenen Schäden.⁵⁴ Eine Haftung kommt also grundsätzlich auch bei Fehlen einer organischen Primärverletzung in Betracht (zu psychischen *Folgewirkungen* von Unfallverletzungen s Rn 197). **40**

Allerdings ist der Begriff der Gesundheitsverletzung wegen der individuell sehr unterschiedlichen Anfälligkeit gegenüber psychischen Einwirkungen und zur Vermeidung **41**

---

43 BGH NJW 1991, 1948, 1949.
44 BGHZ 8, 243, 248.
45 BGH NJW 1991, 1948, 1949.
46 BGHZ 58, 48; BGH NJW 1985, 1390 m Anm *Deubner* = MedR 1985, 275 m Anm *Dunz*; OLG Celle OLGR 2001, 104; *Stoll* JZ 1972, 365.
47 Vgl die in NZV 1992, 435 referierte Entsch des Supreme Court of New South Wales.
48 OLG Oldenburg NJW 1991, 2355; **aA** OLG Düsseldorf NJW 1988, 777.
49 BGH VersR 1968, 648.
50 BGH VersR 1966, 162.
51 BGH VersR 1966, 637; 1968, 804; 1969, 802.
52 BGH VersR 1974, 1030.
53 Sehr eng aber OLG Hamm MDR 2002, 334: keine Zurechnung, wenn HWS so weit vorgeschädigt war, dass Beschwerden auch ohne den Unfall alsbald durch beliebiges Alltagsereignis ausgelöst worden wären.
54 BGH VersR 1986, 240, 448 m Anm *Dunz*; NJW 1991, 2347; NZV 2004, 344; OLG München VersR 1991, 354.

uferloser Haftung hier **enger** zu definieren:[55] Leichtere Nachteile für das psychische Allgemeinempfinden, die erfahrungsgemäß mit negativen Erlebnissen bei der Teilnahme am Verkehrsgeschehen verbunden sind und nach allgemeiner Anschauung nicht als Gesundheitsverletzung betrachtet werden, begründen keinen Ersatzanspruch. Darunter fallen Reaktionen wie Erregung, Erschütterung oder Erschrecken, auch wenn sie mit vorübergehenden körperlichen Symptomen (wie Zittern, Weinen, Kreislaufbeschwerden) einhergehen.[56] Dagegen kann eine psychisch vermittelte Gesundheitsschädigung bejaht werden bei bleibenden organischen Schäden oder bei psychopathologischen Auswirkungen in Form einer Neurose oder Psychose.[57] Dies gilt (in den Grenzen der Adäquanz) auch dann, wenn es zu dem krankhaften Zustand durch Fehlverarbeitung infolge einer **abnormen psychischen Disposition** gekommen ist.[58] Handelt es sich bei der Primärverletzung jedoch um eine Bagatelle, die üblicherweise nicht zu einer nachhaltigen Beeindruckung führt, ist die Zurechenbarkeit zu verneinen,[59] wie zB bei einer schweren Psychose, die durch einen leichten Auffahrunfall ohne organische Schädigung ausgelöst wurde.[60] Zum Ausschluss der Haftung für sog Renten- oder Begehrensneurosen s Rn 198, zur Zurechnung von Schockschäden nicht unmittelbar Unfallbeteiligter Rn 186.

42 Typische **Beweisprobleme** ergeben sich beim Personenschaden daraus, dass gewisse Erkrankungen schwer objektivierbar sind (insbesondere psychische Krankheiten, HWS-Schleudertrauma, Tinnitus[61]). Außerdem ist eine gesicherte Kausalitätsfeststellung oft unmöglich, weil medizinische Abläufe dem Einblick entzogen und Vorschäden oder schicksalhafte Entwicklungen nicht immer ausschließbar sind. Sowohl für den Beweis der Verletzung als auch für den der Kausalität ist der Geschädigte beweispflichtig. Im Bestreben, berechtigte Ansprüche nicht an den geschilderten Beweisschwierigkeiten scheitern zu lassen ohne unberechtigten Forderungen zum Erfolg zu verhelfen, versucht die Praxis, mit naturwissenschaftlich abgesicherten Beweisregeln zu operieren. Letztlich hilft aber nur die verantwortungsvolle Ausübung der freien Beweiswürdigung bzw (im Bereich der Haftungsausfüllung) des richterlichen Ermessens nach § 287 ZPO im Einzelfall. Näher hierzu § 38 Rn 37.

43 Ein **Verletzungsverdacht**, der nach dem Unfallhergang oder Symptomen beim Unfallbeteiligten begründet erscheint, kann (ähnlich wie bei der Eigentumsverletzung; § 10 Rn 14) bereits eine Schädigung darstellen, die einen Anspruch auf Ersatz von Untersuchungskosten rechtfertigt.[62]

---

55 BGHZ 56, 163; BGH NJW 1984, 1405; NZV 1989, 309; OLG Karlsruhe OLGR 1998, 308; *Deutsch* 25 Jahre KF 95; *Bick* Haftung für psychisch verursachte Körperverletzungen, Diss Freiburg 1970; *Heß* NZV 2001, 290 f; *Deutsch/Schramm* VersR 1990, 715.
56 BGH NJW 1989, 2317; OLG Hamm NZV 2002, 234.
57 BGHZ 56, 163, 167.
58 BGHZ 56, 163; NZV 1999, 201; 2004, 344; OLG Hamm NZV 1998, 413; 2002, 37.
59 BGH NZV 2004, 344.
60 OLG Nürnberg VersR 1999, 1117.
61 Hierzu *Hugemann* NZV 2003, 406 ff.
62 Ebenso i Erg KG NZV 2003, 281.

4. Sachschaden

a) In den Schutz der Gefährdungshaftung einbezogen sind grundsätzlich nur **Sachen außerhalb des Kfz**. Für beförderte Sachen gilt sie nur unter den Voraussetzungen des § 8 Nr 3 Halbs 2 StVG. 44

b) Nach § 7 StVG ist – anders als bei § 823 Abs 1 BGB – nicht für jede Verletzung des Eigentums zu haften, sondern nur für die **Beschädigung**, dh die nachteilige Veränderung einer Sache. Die völlige **Vernichtung** und der unwiederbringliche **Besitzverlust** sind ihr gleichzustellen.[63] Ist eine Sache (zB Ladegut) zwar von dem Unfall betroffen worden, eine Substanzschädigung aber nicht feststellbar, besteht keine Haftung nach § 7 StVG für einen Wertverlust (zB wegen des Verdachts eines verborgenen Schadens) oder für Untersuchungskosten.[64] Ob es sich um bewegliche oder unbewegliche Sachen handelt, ist unerheblich. Auch die verkehrsgefährdende Verunreinigung der Straßenoberfläche, zB durch auslaufende Betriebsstoffe oder Chemikalien, ist eine Sachbeschädigung iSd § 7 StVG.[65] Auch Tiere sind Sachen iS dieser Bestimmung (§ 90 a S 3 BGB). Sachschaden und nicht Personenschaden liegt ferner vor bei der Beschädigung eines künstlichen Glieds oder einer Zahnprothese.[66] 45

c) Die bloße **Beeinträchtigung der Nutzbarkeit** ist keine Beschädigung iS des § 7 StVG.[67] Der Haftungstatbestand ist enger als bei § 823 Abs 1 BGB: Während dort geschütztes Rechtsgut das Eigentum ist und dieses auch durch die Beeinträchtigung der Nutzbarkeit verletzt wird,[68] knüpft § 7 StVG an die Beschädigung einer Sache an. Hierunter lässt sich zwar noch die völlige, endgültige Besitzentziehung, nicht aber die bloße Nutzungsbeeinträchtigung subsumieren. Wird daher zB durch ein Unfallfahrzeug der Eingang zu einem Ladengeschäft – ohne Entstehung eines realen Schadens – blockiert, so sind hieraus erwachsende Beeinträchtigungen nicht nach § 7 StVG (wohl aber ggf nach § 823 Abs 1 BGB; vgl § 10 Rn 12) zu ersetzen. 46

d) Die **Beeinträchtigung eines Besitzrechts** an der Sache kann ebenso wie in § 823 Abs 1 BGB eine Haftung begründen. Zwar sind anders als dort die „sonstigen Rechte" nicht als Schutzobjekte genannt, die Erstreckung der Haftung auf Besitzrechte (zB des Mieters, Pächters, Nießbrauchers, Leasingnehmers) folgt aber daraus, dass § 7 StVG nicht auf das Eigentum, sondern auf die Beschädigung einer Sache abstellt. Liegt eine solche vor, so kann auch der Besitzberechtigte Ersatz eines ihm entstandenen Schadens, welcher freilich nicht Substanz-, sondern nur Nutzungs- oder Haftungsschaden sein kann, verlangen.[69] 47

e) Ebenso zu beurteilen ist die **Beeinträchtigung eines Aneignungsrechts**. Wird daher zB ein jagdbares Tier durch die Kollision mit einem Kfz getötet, kann der Jagdberechtigte Ersatz für die Vereitelung seines Aneignungsrechts nach § 1 Abs 1 BJagdG 48

---

63 Für den Fall der Ausplünderung vgl RG VAE 1939, 278.
64 Anders zur vertraglichen Haftung BGH NJW-RR 2001, 322 u TranspR 2002, 440. Zur deliktischen Haftung s § 10 Rn 14.
65 OLG Köln VersR 1983, 289; LG Köln VersR 1983, 287.
66 RG JW 1924, 1870.
67 Ebenso *Schirmer* DAR 1992, 17; aA *Geigel/Rixecker* Kap 1 Rn 12.
68 BGHZ 55, 159; 67, 382; BGH VersR 1977, 965.
69 BGH VersR 1981, 161; OLG Kiel HRR 1938, Nr 673.

verlangen. Darauf, dass das Tier zum Zeitpunkt des Unfalls noch herrenlos war (§ 960 Abs 1 BGB), kommt es nicht an, da § 7 StVG nicht auf das Eigentum abstellt.[70] Der Wert des Aneignungsrechts ist nach § 287 ZPO zu schätzen.

IV. Das Merkmal „bei dem Betrieb"

1. Allgemeines

49 Da die Haftung nach § 7 StVG nicht an ein nachgewiesenes Verschulden, sondern an die Verwirklichung einer zugelassenen Gefahr anknüpft, bedarf es einer objektiven Umschreibung des haftungsbegründenden Tatbestandes. Der Gesetzgeber wollte nicht, dass *jede* Gefahr, die von einem Kfz ausgeht, zu einer Haftung oder Mithaftung führen kann, sondern eine Verantwortlichkeit des Halters nur für die Gefahren des Kfz-Betriebs begründen. Dabei lehnte er sich an die Formulierung des § 1 RHaftpflG („bei dem Betriebe einer Eisenbahn") an, ohne zu verkennen, dass das Halten eines einzelnen Kfz mit dem Betrieb eines Eisenbahnunternehmens haftungsrechtlich nicht gleichgesetzt werden kann: Der Betrieb einer Eisenbahn ist die Gesamtheit der mit dem Bahnverkehr zusammenhängenden Vorgänge (§ 5 Rn 10); einem solchen Betrieb kann der eines Fahrzeugs tatsächlich und rechtlich nicht gleichgestellt werden. Der zweite Entwurf von 1908 schlug die Fassung „durch ein im Betriebe befindliches Kfz" vor (vgl § 1 Rn 39); bei den Kommissionsberatungen kehrte man aber zur Formulierung des Entwurfs von 1906, die dann auch Gesetz wurde, zurück.[71] Es besteht jedoch Einigkeit, dass das Merkmal „bei dem Betrieb" in den beiden Gesetzen unterschiedlich ausgelegt werden muss, weil bei § 7 StVG auf das einzelne Kfz abzustellen ist.[72]

50 Das Tatbestandsmerkmal enthält ein deskriptives und ein kausales Element. Die Präposition „bei" bringt das Erfordernis eines ursächlichen Zusammenhangs zwischen Betrieb und Unfall zum Ausdruck und wirft damit die von der Verschuldenshaftung her bekannte Frage auf, ob jeder Kausalzusammenhang (iS der Äquivalenztheorie) ausreicht oder ob es einer Selektion nach bestimmten Zurechnungskriterien bedarf (dazu Rn 66 ff). Aber auch das deskriptive Merkmal „Betrieb eines Kfz" bereitet gravierende Abgrenzungsprobleme. Seine Auslegung hat sich selbst in der höchstrichterlichen Rspr grundlegend gewandelt und ist bis heute nicht eindeutig geklärt.

51 Die in der Rspr zunächst vertretene **maschinentechnische Auffassung** verstand unter dem Betrieb des Fahrzeugs nur das Einwirkenlassen der motorischen Kräfte auf das Fahrzeug zum Zweck bestimmungsgemäßer Bewegung,[73] also den Zeitraum vom Anlassen bis zum Stillstand. Das RG hat jedoch angesichts des zunehmenden Gefahrenpotentials des Kraftverkehrs einer **verkehrstechnischen Auffassung** den Vorzug gegeben und einen Unfall auch dann dem Betrieb eines Kfz zugerechnet, wenn er in einem nahen örtlichen und zeitlichen Zusammenhang mit einem bestimmten Betriebsvorgang oder

---

70 **AA** *Weimar* WM 1981, 636.
71 Als Begr wird im Kommissionsbericht nur ausgeführt, die vorgelegte Fassung lasse die Auslegung zu, dass nur unmittelbarer Schaden, nicht aber auch der mittelbare zu ersetzen sei (Verhandlungen des Reichstags, XII. Legislaturperiode I. Session Bd 253 Nr 1250 S 7582).
72 RGZ 122, 270.
73 OLG Köln DAR 1932, 121.

einer bestimmten Betriebseinrichtung stand, ohne dass es darauf ankommen sollte, ob der Motor als Kraftquelle auf das Fahrzeug gewirkt hat. Nach dieser Ansicht wurde der Betrieb eines Kfz idR nicht unterbrochen, wenn das Fahrzeug mit abgestelltem Motor für kürzere Zeit auf der Fahrbahn anhielt. Eine Beendigung des Betriebes wurde jedoch dann angenommen, wenn das Kfz wegen eines Motorschadens oder Treibstoffmangels für mehr als kurze Zeit aus eigener Kraft nicht mehr fortbewegt werden konnte.[74] Auch der BGH[75] stellte bei einem zur Nachtruhe des Fahrers auf der Straße geparkten Lkw zunächst noch darauf ab, ob eine baldige Fortsetzung der Fahrt beabsichtigt war. Später ging er zu einer an Sinn und Zweck des Gesetzes orientierten, weiten Auslegung über: Der Schutz der Verkehrsteilnehmer vor den Gefahren des Kfzverkehrs erfordere es, die Verantwortlichkeit des Halters auch auf die Gefahren zu erstrecken, die bei den heutigen Verkehrsverhältnissen von stillstehenden Fahrzeugen ausgehen, ohne dass es auf Grund oder Dauer des Stillstands ankommen könne.[76]

Nach heutiger Rspr ist somit der Begriff „bei dem Betrieb eines Kfz" weit zu fassen. Er ist **normativ**, nach Sinn und Zweck der Halterhaftung auszulegen. Die Vorstellungen des Gesetzgebers von 1908 können in Anbetracht der grundlegenden Veränderung der Verkehrsverhältnisse nicht mehr maßgeblich sein. Diese (zutreffende) Sichtweise ruft allerdings auch erhebliche Abgrenzungsprobleme hervor. **52**

2. Ungeeignete Abgrenzungskriterien

a) Der **Zeitfaktor** kann – entgegen der älteren Rspr – für die Zurechnungsfrage keine Rolle spielen. Wie lange ein Kfz sich, fahrend oder ruhend, im Verkehrsraum befindet, ob es kurzzeitig oder für längere Zeit abgestellt wurde, ist für seine Eigenschaft als Gefahrenquelle unerheblich.[77] Auch auf einen nahen zeitlichen Zusammenhang zwischen Betrieb und Unfall kann es nicht ankommen. Verursacht ein vom Kfz verlorenes Teil erst Stunden später einen Unfall, ist dieser selbstverständlich dem Betrieb zuzurechnen. Hier können sich allenfalls Kausalitätsprobleme stellen (dazu Rn 76). **53**

b) **Räumliche Gegebenheiten** sind für sich allein betrachtet ebenfalls irrelevant. § 7 StVG gilt auch für den Kfz-Betrieb außerhalb öffentlicher Straßen, denn er enthält (anders als § 1 Abs 1 StVG) keine Beschränkung seiner Geltung auf öffentliche Verkehrsflächen. Auch sein Schutzzweck gebietet die Anwendung auf Schäden, die durch den auf Privatgrund durchgeführten Betrieb eines Kfz verursacht worden sind.[78] **54**

Die Halterhaftung für außerhalb jeglichen Verkehrsraums (etwa in der Garage, im Garten oder auf einer Wiese) abgestellte Kfz ist aber idR deswegen zu verneinen, weil in solchen Fällen jeder Bezug zum Schutz vor den Gefahren des Kfzverkehrs fehlen wird. Etwas anderes mag gelten, wenn das Kfz von dort aus (zB durch auslaufendes Öl, blendende Scheinwerfer) auf andere Verkehrsteilnehmer eingewirkt haben kann. **55**

---

74 Vgl RGZ 122, 270; 126, 333; 132, 262.
75 NJW 1957, 1878.
76 BGHZ 29, 163 = LM § 7 StVG Nr 22 m Anm *Hauss*.
77 BGHZ 29, 163, 169.
78 BGHZ 5, 320; BGH VersR 1960, 635; 1981, 252; NZV 1995, 19, 20; BAG VersR 1990, 546; OLG Karlsruhe VersR 1990, 1405; LG Stuttgart VersR 1988, 1192 (Verkehrsübungsplatz); *Grüneberg* NZV 2001, 110.

56 Soweit es in BGHZ 29,163, 169 heißt, der Betrieb werde „erst unterbrochen, wenn das Fahrzeug von der Fahrbahn gezogen und an einem Ort außerhalb des allgemeinen Verkehrs aufgestellt wird", ist dies nach dem Kontext der Entscheidungsgründe iS von „frühestens" zu verstehen. In BGH NZV 1995, 19, 20 wurde dementsprechend für einen auf dem privaten Gelände einer Trabrennbahn abgestellten Unimog die Haftung nach § 7 StVG bejaht.

57 c) Ob sich eine **kraftfahrzeugspezifische Gefahr** verwirklicht hat, ist unerheblich.[79] Daher kann zB der für einen unfallbeteiligten Kfz-Anhänger Verantwortliche gegenüber dem Schadensersatzanspruch des Verletzten nicht einwenden, der Unfall hätte sich genau so ereignen können, wenn der Anhänger nicht von einer Zugmaschine, sondern von Pferden gezogen worden wäre.[80] Die unter diesem Aspekt etwas willkürlich erscheinende Beschränkung der Gefährdungshaftung auf Kfz lässt sich damit rechtfertigen, dass ihre typischerweise höhere Betriebsgefahr für das Gefahrenpotential des modernen Straßenverkehrs verantwortlich ist. Zudem kann auf die Pflichtversicherung für Kfz verwiesen werden, deren Erstreckung auf alle potentiellen Gefahrenquellen schwerlich realisierbar erscheint.

58 dd) Auf ein **verkehrswidriges Verhalten** des für das Kfz Verantwortlichen kommt es nach dem Grundgedanken der Gefährdungshaftung nicht an.[81]

59 ee) Unerheblich ist auch, ob es zu einer **Berührung** mit dem Kfz gekommen ist. Die Halterhaftung kann auch dann eingreifen, wenn der Unfall mittelbar durch das andere Kfz verursacht worden ist, zB durch eine Abwehr- oder Ausweichreaktion des Geschädigten oder eines Dritten. Das Kfz muss lediglich in verkehrsbeeinflussender Weise zu der Entstehung des Schadens beigetragen haben.[82]

3. Begriffsbestimmung

60 Nach der normativen, am Schutzzweck des § 7 StVG orientierten Auslegung des Merkmals „bei dem Betrieb" (Rn 51) ist es dann erfüllt, wenn sich in dem Unfall eine Gefahr realisiert hat, die von dem Kfz in seiner Eigenschaft als **Verkehrsmittel** ausgeht. Jede andere Abgrenzung des Anwendungsbereichs der Haftungsnorm führt zu Differenzierungen, die sachlich nicht zu rechtfertigen und damit letztlich willkürlich sind. Die Gefährdungshaftung, bei der unabhängig von Rechtswidrigkeit und Verschulden nicht für ein bestimmtes Tun oder Unterlassen, sondern für das Betreiben einer gefährlichen Vorrichtung einzustehen ist, empfängt ihre Rechtfertigung allein aus dem Hervorrufen bestimmter Betriebsgefahren (bei § 7 StVG: Verkehrsgefahren). Bereits der die Haftung auslösende Umstand muss deshalb im Lichte dieses Normzwecks definiert werden.

61 § 7 StVG greift deshalb nicht schon dann ein, wenn der Unfall auf einer Verwendung des Kfz als **Arbeitsmaschine** beruht, bei der die Fortbewegungs- und Transportfunktion keine Rolle spielt.

62 Zutreffend hat der BGH es bei Schäden, die beim Entladen von Tankwagen entstanden waren, als entscheidend angesehen, ob die Gefahr wenigstens vom Vorhandensein des Kfz im Verkehr ausgegangen ist, ob also jemand vor den Gefahren eines im Verkehr befindlichen Fahrzeugs,

---

79 RGZ 126, 333.
80 Vgl OLG Dresden VAE 1943, 30.
81 BGH VersR 1972, 1074; 1988, 641.
82 BGH VersR 1988, 641; KG NZV 2002, 229.

und sei es beim Entladen, geschützt werden muss. Daher gehöre es zwar zum Betrieb des Kfz, wenn Öl aus einem undichten Schlauch auf die Straße laufe oder jemand über den Schlauch stolpere, nicht dagegen, wenn der Öltank im Hause beim Ladevorgang wegen Überfüllung überlaufe[83] oder wegen eines defekten Einfüllstutzens am Haus Öl ins Erdreich gelange.[84] Bei einer auf der Autobahn eingesetzten Arbeitsmaschine, die ihre Funktion (Durchführung oder Sicherung von Mäharbeiten) während langsamer Fahrt verrichtet, hat der BGH den Zusammenhang mit der Eigenschaft als Verkehrsmittel bejaht.[85]

Die Gefahr muss auch einen **unmittelbaren Zusammenhang mit der Verkehrsverwendung** des Kfz haben, diese darf nicht nur eine bloße, gesonderter Betrachtung zugängliche Vorstufe des Gefährdungsvorgangs sein. **63**

Deshalb ist zB ein Schadensereignis, welches dadurch ermöglicht wurde, dass eine Person per Kfz an einen bestimmten Ort gelangt ist, nicht deswegen dem Betrieb dieses Kfz zuzurechnen. Ebenso fehlt es an der notwendigen Verknüpfung, wenn allein die Tatsache eines Verkehrsunfalls (nicht dessen reale Auswirkungen wie Fahrbahnverschmutzung oder Hindernisbereitung) Auslöser für ein weiteres, eigenständiges Schadensereignis war, zB das Verunglücken eines zur Unfallstelle fahrenden Einsatzfahrzeugs oder die Schädigung eines Dritten durch einen Selbsttötungsversuch eines verunglückten Kraftfahrers.[86] Der Sturz eines Fußgängers auf einem mangelhaft geräumten Gehweg kann aus demselben Grund nicht dem Betrieb der Zugmaschine zugerechnet werden, mit deren Hilfe die Räumung vorgenommen wurde.[87] Auch Schäden infolge des Brandes eines außerhalb des Verkehrsraums abgestellten Kfz sind nicht mehr dessen Betrieb zuzurechnen.[88] Ein besonderer räumlicher oder zeitlicher Zusammenhang zwischen Betrieb und Schadensereignis braucht jedoch nicht zu bestehen (vgl Rn 53 ff; zum Ursachenzusammenhang Rn 66 ff). **64**

Wegen der Abgrenzung im Einzelnen vgl die Übersicht in Rn 106 ff. **65**

4. Zurechnungszusammenhang

a) Allgemeines. Die Formulierung „bei dem Betrieb" bringt den selbstverständlichen Umstand zum Ausdruck, dass zwischen dem Betrieb des Kfz und der Verletzung bzw Schädigung des Anspruchsberechtigten ein Zusammenhang bestehen muss. Eine Haftung des Kfz-Halters wird nicht allein dadurch begründet, dass sich sein Fahrzeug zum Zeitpunkt eines Unfalls (zufällig) in unmittelbarer Nähe befand; der Betrieb dieses Fahrzeugs muss vielmehr zum Entstehen des Unfalls beigetragen haben.[89] Auch die Verwicklung in denselben Serienunfall begründet für sich allein noch keine Haftung.[90] Erforderlich ist vielmehr eine kausale Verknüpfung zwischen dem Betrieb und dem Unfall, die sog haftungsbegründende[91] Kausalität. **66**

Nach dem naturwissenschaftlichen Kausalitätsbegriff (Äquivalenzlehre) sind alle Bedingungen als (äquivalente) Ursachen anzusehen, die zur Entstehung eines bestimmten **67**

---

83 BGHZ 71, 212; 75, 48.
84 BGH VersR 1993, 1155.
85 NZV 1991, 185; 2005, 305, 306.
86 OLG Frankfurt [Kassel] NZV 1990, 395.
87 Österr OGH ZVR 1989, 155.
88 OLG München NZV 2004, 205.
89 BGH VersR 1968, 176; 1969, 58; 1973, 83; 1976, 927; 1988, 641.
90 OLG Frankfurt VRS 75, 258.
91 Zur haftungsausfüllenden Kausalität zwischen Unfall und Schaden s Rn 172.

Zustandes beigetragen haben. Für den Bereich der deliktischen Haftung ist anerkannt, dass die Anwendung dieses Kausalitätsbegriffs zu einem Ausufern der zivilrechtlichen Haftung und zu einer Überwälzung allgemeiner Lebensrisiken vom Betroffenen auf andere führen würde. Die Zurechenbarkeit von Handlungsfolgen wird deshalb anhand der ungeschriebenen Kriterien der Adäquanz und des Normzwecks überprüft (s dazu § 10 Rn 19 ff). Im Bereich des § 7 StVG ergibt sich die Lösung der Zurechnungsproblematik aus dem Haftungstatbestand selbst.

68 **b) Zurechnungskriterien bei § 7 StVG.** Die teleologische Interpretation des Merkmals „bei dem Betrieb" (vgl Rn 49 ff) ergibt, dass nur die **aus der spezifischen Betriebsgefahr erwachsene** Schädigung dem Kfz-Halter zugerechnet wird, dh der Unfall, der auf der Verwendung des Kfz als Verkehrsmittel beruht. Anders als bei Haftungstatbeständen, hinter denen bestimmte Verhaltensgebote stehen, steht bei der Gefährdungshaftung die Relation zwischen Pflichtenverstoß, der dadurch geschaffenen Gefahrenlage und dem eingetretenen Erfolg nicht zur Diskussion.[92] Der Gesichtspunkt des Normzwecks fließt hier vielmehr bereits in die Definition des die Zurechnung auslösenden Umstands ein. Ist eine Schädigung auf die Teilnahme eines Kfz am Verkehr zurückzuführen, so ist sie auch vom Schutzzweck des § 7 StVG umfasst.

69 Dass der Betrieb des Kfz (iS der Äquivalenzlehre, Rn 67) zum Unfall beigetragen, dieser sich nicht unabhängig von der Anwesenheit des Kfz ereignet hat, muss allerdings feststehen. Von dem Kfz muss ein Einfluss auf den Geschehensablauf ausgegangen sein.[93] Ist es nicht zu einer Kollision gekommen, bereitet dieser Beweis dem Geschädigten uU erhebliche Schwierigkeiten (wegen Beweiserleichterungen s Rn 164). Zu speziellen Kausalitätsproblemen s Rn 78 ff.

70 Ob das Korrektiv der **Adäquanz** auch im Bereich der Gefährdungshaftung eingesetzt werden kann, ist streitig.[94] Zwar werden Schädigungen, zu denen es nur bei ganz ungewöhnlichem Verlauf der Dinge kommen kann, meist nicht mehr auf die Verwendung eines Kfz als Verkehrsmittel zurückzuführen sein und damit von vornherein außerhalb des Schutzbereichs des § 7 StVG liegen. Da aber nicht ausgeschlossen werden kann, dass von § 7 StVG umfasste Betriebsgefahren in Einzelfällen außerhalb jeder Erfahrung liegende Unfallereignisse hervorrufen (zB bei mittelbarer Kausalität, Rn 81 ff), sollte das Kriterium der Adäquanz zur Selektion derartiger Kausalabläufe auch hier zur Verfügung stehen.[95] Da es sich bei der Adäquanz um ein objektives Zurechnungskriterium handelt, bestehen keine dogmatischen Hindernisse für ihre Heranziehung bei der Gefährdungshaftung. In Österreich ist für die dem § 7 StVG entsprechende Vorschrift des § 1 EKHG in Rspr und Lehre anerkannt, dass zwischen Betrieb und Unfall ein adäquater Zusammenhang bestehen muss.[96]

---

92 *Lange/Schiemann* § 3 IX 9; *Lange* JZ 1976, 204 f; vgl auch *Esser/Schmidt* § 33 III 1 b; *Deutsch* Rn 689 ff; *Larenz* § 27 III b 1.
93 BGH VersR 1988, 641.
94 Dafür *Stoll* 25 Jahre KF (1983) 184 ff; dagegen *Lange/Schiemann* § 3 VII 2; *Deutsch* Rn 148.
95 Ähnlich *Schünemann* NJW 1981, 2796, jedoch unter Vermengung mit beweisrechtlichen Erwägungen; aA *Lange* NZV 1990, 427.
96 Österr OGH ZVR 1995, 310 mwN.

In der Rspr des BGH sind die Zurechnungsgrenzen bei der Gefährdungshaftung dagegen bisher nicht klar definiert: **71**

In VersR 1975, 945 schien er davon auszugehen, dass die Zurechnung bei § 7 StVG **72** durch Schutzzweck **und** Adäquanz begrenzt wird. In BGHZ 79, 259 hat er dann die Adäquanzgrenze bei reiner Gefährdungshaftung[97] bereits dort gesetzt, wo es sich bei dem Schadensereignis nicht mehr um eine spezifische Auswirkung derjenigen Gefahren handelt, hinsichtlich derer die Haftungsvorschrift (dort § 33 LuftVG) den Verkehr schadlos stellen will, und damit das Merkmal der Adäquanz für diese Fälle jeder eigenen Bedeutung als Zurechnungskriterium entkleidet. Weitergehend hat er dann in VersR 1982, 977 in einer die Haftung nach § 7 StVG betreffenden Sache ausgeführt, auf eine „Voraussehbarkeit des Ursachenzusammenhangs iS der sogenannten Adäquanz" komme es nicht an. Auf die Kritik von *Stoll*,[98] dadurch seien unterschiedliche Zurechnungstheorien für die Verschuldens- und für die Gefährdungshaftung begründet worden, erwiderte *Dunz*[99] (Mitglied des erkennenden Senats), eigentlich habe die Adäquanzlehre insgesamt aufgegeben werden sollen.

In letzter Zeit arbeitet der BGH zudem mit dem Kriterium des „eigenständigen Gefah- **73** renkreises" des Geschädigten. So hat er zB in einem Fall,[100] in dem sich die unfallbedingte Erregung eines Beteiligten durch das Verhalten des Schädigers bei der Unfallaufnahme zu einer Gehirnblutung mit Schlaganfall steigerte, zunächst bejaht, dass die Gesundheitsverletzung bei dem Betrieb des Kfz erfolgt ist, dann aber die Zurechnung deswegen verneint, weil sich nicht die „von dem Kfz als solchem ausgehenden Gefahren aktualisiert haben", sondern ein eigenständiger, dem allgemeinen Lebensrisiko zuzurechnender Gefahrenkreis. Wenn es im konkreten Fall möglich sein sollte, die zu dem Schlaganfall führende Gesundheitsbeeinträchtigung von dem Verkehrsgeschehen als solchem abzukoppeln und allein den Vorkommnissen nach dem Unfall zuzuordnen, dann fehlt es bereits am Merkmal „bei dem Betrieb". Ist dagegen der Schlaganfall durch eine durchgängige Kausalkette mit dem Verkehrsvorgang verknüpft, was in dem entschiedenen Fall zu bejahen sein dürfte,[101] so steht die Zurechenbarkeit grundsätzlich fest und es ist nur noch die Frage der Adäquanz (hier mE ebenfalls mit positivem Ergebnis) zu prüfen.

In dem bekannten Schweinepanik-Fall[102] hat der BGH den Gedanken eines die Zurechen- **74** barkeit hindernden „eigenständigen Gefahrenkreises" des Geschädigten weiterentwickelt. In diesem Fall war einem Schweinezüchter dadurch Schaden entstanden, dass seine Tiere durch das Geräusch eines Verkehrsunfalles in Panik geraten waren. Der BGH ging zwar davon aus, dass sich in diesem Lärm Gefahren des Kfz-Verkehrs verwirklichten und dass die Reaktion der Tiere mit dieser Lärmentwicklung und damit mit dem Betrieb des unfallverursachenden Kfz ursächlich zusammenhing, verneinte aber

---

97 Dh ohne gesetzlich vorgesehene Entlastungsmöglichkeit; vgl *Weber* DAR 1982, 169 Fn 1.
98 25 Jahre KF (1983) 185.
99 VersR 1984, 600. Vgl hierzu die Erwiderung von *Stoll* VersR 1984, 1133.
100 BGHZ 107, 359 = JZ 1989, 1069 m Anm *v Bar* = JR 1990, 112 m Anm *Dunz*. Abl zu dieser Entsch auch *Börgers* NJW 1990, 2535.
101 Ebenso *Börgers* NJW 1990, 2537; **aA** *v Bar* JZ 1990, 1072.
102 BGHZ 115, 84 = NZV 1991, 387.

gleichwohl die Zurechenbarkeit mit der Begründung, in dem Schadensfall habe sich „in erster Linie ein Risiko verwirklicht, das der Kläger dadurch selbst geschaffen hat, dass er seine Schweine unter Bedingungen aufgezogen hat, die sie für Geräusche, wie sie der Straßenverkehr mit sich bringt, besonders anfällig macht". Der Kläger habe dadurch für seinen Betrieb einen gegenüber der Kfz-Betriebsgefahr eigenständigen Gefahrenkreis geschaffen, dessen Risiken er selbst tragen müsse; eine Haftung für derartige Schäden werde vom Schutzzweck des § 7 StVG nicht mehr erfasst. Auch gegenüber dieser Entscheidung ist einzuwenden, dass sie die an sich klaren Grenzen des Schutzbereichs von § 7 StVG (s o Rn 68) mit Überlegungen verwässert, die richtigerweise bei der Prüfung der Adäquanz oder einer Mithaftung aus mitwirkender Tiergefahr anzusiedeln wären.[103]

75 c) Die **allgemeinen Zurechnungsregeln**, also insbesondere auch die Schutzzwecklehre (§ 10 Rn 27), können bei der Haftung nach § 7 StVG allenfalls insoweit zum Tragen kommen, als es um den **Entlastungsbeweis** des Halters (Abs 2) oder die mitwirkende Betriebsgefahr (§ 17 Abs 3 StVG) geht (vgl hierzu Rn 369 f, § 22 Rn 130).

76 d) Ein **zeitlicher und örtlicher Zusammenhang** ist, auch wenn einige Entscheidungen des BGH[104] so verstanden werden könnten, kein zusätzliches Zurechnungskriterium für die Haftung nach § 7 StVG. Bei dem Betrieb eines Kfz ist vielmehr auch der Unfall entstanden, der durch verlorene Ladungs- oder Fahrzeugteile zu einem Zeitpunkt hervorgerufen wird, als sich das betreffende Kfz schon lange von der späteren Unfallstelle entfernt hat (sog Nachwirkungen des Betriebs). Das Kfz braucht zum Zeitpunkt des Unfalls nicht einmal mehr in Betrieb zu sein.[105] Auch das RG hat die Ansicht vertreten, dass die Haftung nach § 7 StVG unabhängig vom nahen örtlichen und zeitlichen Zusammenhang dann eintritt, wenn der Unfall im inneren Zusammenhang mit einer dem Kraftfahrbetrieb eigentümlichen Gefahr steht.[106]

77 Bedeutung hat das Bestehen eines nahen zeitlichen und örtlichen Zusammenhangs jedoch insofern, als es dem Geschädigten den **Beweis** für das Vorliegen eines Kausalzusammenhangs zwischen Betrieb und Unfall erleichtern kann. Dieser Beweis ist insbesondere in den Fällen problematisch, in denen es zu dem Unfall ohne eine Berührung zwischen den beteiligten Kfz bzw zwischen Kfz und Geschädigtem gekommen ist. In diesen Fällen wird von dem in Anspruch genommenen Halter häufig behauptet, sein Kfz habe sich rein zufällig und ohne Einfluss auf den Unfallablauf in der Nähe der Unfallstelle befunden; der Geschädigte sei zB allein durch eigenes Fehlverhalten und ohne hierzu, sei es auch nur durch psychische Einwirkung, veranlasst worden zu sein,

---

103 Kritisch zu der Entsch auch *Kötz* NZV 1992, 218, dessen ökonomischem, auf die Ortsüblichkeit der schadensbegünstigenden Tätigkeit abstellendem Lösungsansatz aber ebenfalls nicht zugestimmt werden kann. *Deutsch* (JZ 1992, 97) begrüßt die Entsch hingegen als Beginn einer Neuordnung der haftungsrechtlichen Zuordnung, die sich von den herkömmlichen Instrumentarien löst.
104 BGHZ 58, 165; BGH VersR 1956, 420; 1966, 934; 1969, 668; 1970, 61; 1972, 1074; 1973, 83; NZV 2004, 243, 244.
105 Vgl RGZ 170, 16; OLG Braunschweig VRS 3, 377; OLG Celle VRS 7, 172; OLG Hamburg MDR 1961, 321 (in diesen Fällen wäre allerdings nach heutiger Rspr das Kfz noch in Betrieb).
106 RGZ 132, 265; 160, 130.

von der Fahrbahn abgekommen. Diese Behauptung zu widerlegen wird dem Geschädigten – er trägt die Beweislast für die haftungsbegründende Kausalität[107] – oftmals schwerfallen. Da er aber nach den allgemeinen Grundsätzen über den Kausalitätsbeweis nur die nach der Lebenserfahrung anzunehmende, wahrscheinliche Ursächlichkeit zu beweisen hat (sog Anscheinsbeweis) kann er uU – nämlich bei typischen Geschehensabläufen – seiner Beweispflicht genügen, wenn er einen unmittelbaren zeitlichen und örtlichen Zusammenhang zwischen Betrieb und Unfall nachweist und der in Anspruch Genommene nicht den Beweis für Umstände erbringt, aus denen sich die Möglichkeit eines nicht ihm zuzurechnenden Unfallablaufs ergibt (s Rn 164 f).

5. Spezielle Kausalitätsprobleme

a) Die **überholende Kausalität**, auch hypothetischer Ursachenzusammenhang genannt, ist kein in den Fragenkreis der Verursachung fallendes Problem.[108] Die Kausalität des Betriebs eines Kfz für einen Unfall wird nicht dadurch aufgehoben, dass der nämliche Schaden durch eine andere Ursache herbeigeführt worden wäre, wenn es nicht zu dem betriebsursächlichen Unfall gekommen wäre.[109] **78**

Ist zB bei einem Serienauffahrunfall auf der Autobahn bewiesen, dass das Kfz des Geschädigten mit einem in seinen Fahrstreifen ragenden Unfallfahrzeug kollidiert ist, so kommt es für den Kausalzusammenhang zwischen dem Betrieb dieses Fahrzeugs und dem Schaden nicht darauf an, ob der Geschädigte in anderer Weise in den Auffahrunfall verwickelt worden wäre, wenn das genannte Fahrzeug ihm nicht im Weg gewesen wäre.[110] **79**

Die hypothetische Schadensursache kann aber für die Schadensberechnung Bedeutung haben. Nach BGHZ 29, 215 ist sie zwar für den unmittelbaren Schaden am Objekt unerheblich, weil mit der Schädigung sogleich der Anspruch auf Schadensersatz entstanden war und dem späteren Ereignis nach dem Gesetz keine schuldtilgende Kraft zukommt; bei der Berechnung entgangenen Gewinns, bei der Ermittlung des Schadens aus fortwirkenden Erwerbsminderungen oder ähnlichen über längere Zeit sich erstreckenden Einbußen seien dagegen spätere Ereignisse und ihre hypothetische Einwirkung auf den Ablauf der Dinge uU zu berücksichtigen (arg §§ 249, 252, 844 BGB; vgl hierzu Rn 210). Von Bedeutung können hypothetische Abläufe auch in den Fällen sein, in denen bereits bei der Schädigung vorliegende Anlagen in dem betroffenen Gut binnen kurzem denselben Schaden verursacht hätten (vgl Rn 212). **80**

b) Mittelbare Verursachung. Im Gegensatz zu zahlreichen ausländischen Rechtssystemen kommt es nach deutschem Recht nicht darauf an, ob der Unfall unmittelbar oder nur mittelbar durch das Ereignis (hier: den Betrieb des Kfz) verursacht worden ist, ob also erst Zwischenglieder die schädigende Wirkung unmittelbar ausgelöst haben. Der Schaden kann nach deutschem Recht auch dann durch den Führer des Kfz verursacht sein, wenn eine körperliche Einwirkung auf den Verletzten oder auf die beschä- **81**

---

107 BGH VersR 1976, 927.
108 MünchKomm/*Oetker* § 249 Rn 202; *Larenz* § 30 I; *Lange/Schiemann* § 4 III; *Deutsch* Rn 175 ff; *v Caemmerer* Das Problem der überholenden Kausalität im Schadensersatzrecht (1962) 4.
109 Vgl BGH NJW 1982, 292.
110 BGH VersR 1975, 1026.

digte (oder zerstörte) Sache fehlt. Eine Einwirkung kann sich vielmehr auch dadurch vollziehen, dass entweder der Betroffene selbst oder eine dritte Person von dem auf Schadensersatz in Anspruch Genommenen zu einem selbstgefährdenden bzw schädigenden Verhalten veranlasst worden ist. Zwingt zB die Fahrweise eines Kfz ein anderes zur Fahrt in den Straßengraben und entsteht hierdurch ein Schaden, so hat sich der Unfall beim Betrieb des diese Abwehrmaßnahme verursachenden Kfz ereignet.

82 Für den Kausalzusammenhang kommt es nicht darauf an, ob die zu einem schädigenden Verhalten veranlasste Person den Schaden schuldlos, fahrlässig oder vorsätzlich herbeigeführt hat. Die früher gelegentlich vertretene Ansicht, dass ein vorsätzliches Handeln des Verletzten oder eines Dritten „den Kausalzusammenhang unterbreche", ist längst als irrig erkannt.[111] Nur wenn das erste Ereignis für das zweite Ereignis völlig unerheblich war, kann der Kausalzusammenhang als unterbrochen angesehen werden.[112] Folgende Fälle sind zu unterscheiden:

83 aa) Führt ein **eigenes Verhalten des Geschädigten** zu dem Unfall, so kann dieser dem Halter eines anderen Kfz jedenfalls zugerechnet werden, wenn der Geschädigte durch dessen Betrieb zu seinem selbstgefährdenden Verhalten nicht nur veranlasst wurde, sondern sich geradezu „herausgefordert" fühlen konnte (sog psychische Kausalität),[113] und wenn sich in dem Unfall die gesteigerte Gefahrenlage ausgewirkt hat.[114] Die Umstände, aus denen sich ergibt, dass er sich herausgefordert fühlen durfte, hat der Geschädigte zu beweisen;[115] ein Anscheinsbeweis kommt hier mangels Typizität des Geschehensablaufs idR nicht in Betracht.[116]

84 Eine „Herausforderung" ist zB zu bejahen,
– wenn ein Kfz durch plötzliches Anhalten oder Abbiegen ein hinter ihm fahrendes Kfz zum scharfen Abbremsen oder Ausweichen zwingt, wobei es verunglückt;[117]
– wenn ein Kfz auf schmaler Straße ein entgegenkommendes Fahrzeug zum Ausweichen an den äußersten Straßenrand zwingt, sodass es in den Straßengraben gerät;[118]
– wenn ein Kraftfahrer auf der Überholspur einer Autobahn seinen Vordermann durch Blinken und dichtes Auffahren dazu drängt, nach rechts in eine zu enge Lücke einzubiegen, wodurch es zu einem Unfall kommt;[119]
– wenn ein Kfz den Führer eines entgegenkommenden Fahrzeugs blendet und dieser beim Versuch, anzuhalten, verunglückt;
– wenn ein Fußgänger vor einem schleudernden Kfz wegläuft und dabei stürzt;[120]
– wenn ein Kraftfahrer eine Vorfahrtverletzung begeht, weil er von einem anderen bedroht, verfolgt und zur Flucht genötigt wird.[121]

---

111 Vgl BGHZ 12, 211; 17, 159; 24, 266; 58, 165.
112 BGHZ 58, 165.
113 Vgl BGHZ 57, 31; 63, 191.
114 BGH VersR 1993, 843.
115 BGH NJW 1981, 570.
116 KG NZV 2000, 43.
117 OLG Dresden VAE 1942, 49.
118 OLG Schleswig VersR 1998, 473.
119 BGH VersR 1968, 670.
120 OLG Hamm NZV 1997, 78.
121 LG Lüneburg NZV 1999, 384.

Dagegen besteht zB kein Zurechnungszusammenhang, wenn ein Fahrzeug durch ein stehendes Kfz zum Ausweichen auf die Überholspur veranlasst wird und dabei auf den Mittelstreifen gerät[122] oder wenn ein Lkw auf die Überholspur gelenkt wird, weil vor ihm ein Pkw auf die Autobahn einfährt, ohne dass eine Kollisionsgefahr besteht.[123]

85

Bei einer – möglicherweise fehlerhaften – Abwehr- oder **Schreckreaktion** ist adäquate Kausalität dann zu bejahen, wenn ein Betriebsvorgang des anderen Kfz zu einer solchen bei verständiger Betrachtung Anlass geben konnte;[124] war das Verhalten des Verletzten dagegen ganz ungewöhnlich und nach der Lebenserfahrung nicht zu erwarten, so entfällt der adäquate Zusammenhang.[125]

86

Adäquate Kausalität ist daher zB zu bejahen,

87

– wenn ein auf dem rechten Fahrstreifen der Autobahn fahrendes Kfz unmotiviert plötzlich bremst und ein im selben Moment überholender Pkw infolgedessen ebenfalls scharf abgebremst wird und ins Schleudern kommt;[126]
– wenn ein auf dem linken Fahrstreifen der BAB langsam mit Blaulicht fahrendes Polizeifahrzeug auf den Mittelstreifen fährt und ein nachfolgendes Kfz über den Mittelstreifen auf die Gegenfahrbahn gerät;[127]
– wenn ein Vorfahrtberechtigter durch das rasche Heranfahren des Wartepflichtigen an die Kreuzung zu übermäßigem Bremsen veranlasst wird und ins Schleudern kommt;[128]
– wenn ein Kfz mit mäßiger Geschwindigkeit an einem Unfallfahrzeug vorbeifährt und ein entgegenkommendes Fahrzeug eine Notbremsung vornimmt, obwohl genügend Platz für ein ungehindertes Begegnen vorhanden war;[129]
– wenn ein Kraftfahrer kurz vor der Kollision mit einem schleudernden Kfz ein Bein hochreißt und sich dabei eine Knieverletzung zuzieht;[130]
– wenn sich ein Kraftfahrer beim hastigen Hupen, das ein anderer veranlasst hat, verletzt;[131]
– wenn ein Rad- oder Mofafahrer durch ein überholendes Kfz unsicher wird und stürzt;[132] dass der Überholvorgang zum Zeitpunkt des Sturzes bereits beendet war, steht der Adäquanz jedenfalls dann nicht entgegen, wenn es sich um ein außergewöhnliches, auch durch sein Betriebsgeräusch bedrohlich wirkendes Fahrzeug (zB Radlader) handelt;[133]
– wenn ein Fußgänger oder Radfahrer durch die Fahrweise eines Kfz verunsichert wird und stürzt[134] oder wenn der Radfahrer deswegen einen Schlenker nach rechts macht, den ein wartepflichtiger Kraftfahrer als Rechtsabbiegen missdeutet, wodurch es erst zum Unfall kommt;[135]

---

122 BGH VersR 1960, 1140.
123 KG NZV 2000, 43.
124 BGH NZV 2005, 455, 456.
125 BGH VersR 1968, 765; NJW 1971, 134; vgl auch RG DAR 1933, 23; OLG Hamburg DAR 1929, 112.
126 **AA** OLG München VRS 29, 446.
127 **AA** KG VersR 1998, 778.
128 **AA** BGH VersR 1969, 58.
129 **AA** BGH VersR 1965, 999.
130 OLG Frankfurt NZV 1997, 37.
131 LG Traunstein NJW 1978, 2590.
132 OGH VRS 1, 108; BGH VersR 1972, 1074; vgl auch RG VAE 1939, 28 für den Fall des gleichzeitigen Überholens durch zwei Kfz.
133 **AA** Österr OGH ZVR 1995, 310.
134 BGH VersR 1973, 83; NZV 1988, 63.
135 OLG Hamm NZV 1989, 274.

Erster Teil. Haftung ohne Verschuldensnachweis

- wenn ein Fußgänger, durch plötzliches Auftauchen des Kfz erschreckt, zu nahe ans Gleis tritt und von der Straßenbahn erfasst wird;[136]
- wenn ein Kfz-Führer durch einen Schlenker des an einer engen Stelle entgegenkommenden Kfz nach rechts ausweicht und gegen eine Wand fährt.[137]

88 Dagegen findet keine Zurechnung statt, wenn ein anderer das verkehrsrichtige Verhalten des Kfz-Führers falsch deutet und infolgedessen zu Schaden kommt.[138]

89 **Bewusste Selbstgefährdung** des Verletzten ist dann als vom Betrieb des anderen Kfz „herausgefordert" anzusehen, wenn dieser bei dem Verletzten eine wenigstens im Ansatz billigenswerte Motivation hierzu gesetzt hatte, die zB auf Pflichterfüllung, Abwehr oder Nothilfe beruhen kann. Der Unfall muss auch auf die falltypische Risikoerhöhung zurückzuführen sein,[139] da es sonst an der Adäquanz fehlt.

90 Der BGH hat dies für Fälle vorwerfbaren Verhaltens des Schädigers, insbesondere Unfallflucht, die zu gefährlicher **Verfolgung** herausfordert, mehrfach entschieden,[140] für die Gefährdungshaftung kann aber nichts anderes gelten. Bemerkt zB ein Verkehrsteilnehmer, dass ein anderes Kfz Ladung zu verlieren droht, und verunglückt er infolge des Versuchs, dieses zu stoppen, so ist der Unfall kausal mit dem Betrieb des anderen Kfz verknüpft.

91 Demgegenüber hat der BGH[141] die Zurechenbarkeit in einem Fall verneint, in dem ein Polizeifahrzeug ein anderes Kfz wegen starker Geräuschentwicklung und eines defekten Rücklichts verfolgte (was dessen Fahrer möglicherweise nicht erkannte) und infolge Straßenglätte und hoher Geschwindigkeit von der Fahrbahn abkam. Dieser Unfall ist nicht durch das bloße Vorhandensein des anderen Kfz, sondern dadurch hervorgerufen worden, dass ein verkehrswidriger Zustand dieses Fahrzeugs die Polizeibeamten zu einem gefahrerhöhenden Einschreiten unmittelbar veranlasst hat. Damit hat sich in dem Unfall eine Gefahr aus dem Risikopotential niedergeschlagen, mit welchem der Betrieb des verfolgten Kfz den Straßenverkehr belastete.

92 Die Zurechenbarkeit endet, sobald die typische Verfolgungssituation aufhört, also zB wenn der Verfolger das andere Fahrzeug an einer Abzweigung aus den Augen verliert.[142] Ob der Verfolgte dies erkannt hat, spielt dagegen keine Rolle.[143]

93 Begibt sich ein Dritter in Gefahr, um **Unfallhilfe** zu leisten oder eine Gefahr abzuwehren (zB verlorene Ladung von der Straße zu schaffen), und kommt es hierbei zu einem (weiteren) Unfall, so ist dieser dem Betrieb des die Kausalkette auslösenden Fahrzeugs zuzurechnen.[144] Hierbei ist unerheblich, ob der Dritte aus freien Stücken oder aus beruflicher Verpflichtung (Sanitäter, Feuerwehr) eingesprungen ist und ob die Hilfeleistung dem Ersatzpflichtigen selbst oder einem anderen Unfallopfer galt.

---

136 OLG Hamburg DAR 1929, 112.
137 BGH NZV 2005, 455.
138 OLG Stuttgart VersR 1964, 78.
139 Krit *Strauch* VersR 1992, 936.
140 BGHZ 57, 31; 63, 191; 70, 376; BGH NJW 1964, 1363; 1978, 421; VersR 1981, 161; 1996, 715 (auch zur Frage des Mitverschuldens). S a OLG München DAR 2004, 150.
141 NZV 1990, 425 m zust Anm *Lange*; s a *Strauch* VersR 1992, 932 u *Kunschert* NZV 1996, 486 f.
142 *Kunschert* NZV 1996, 486.
143 *Kunschert* NZV 1996, 487; **aA** OLG Nürnberg NZV 1996, 411.
144 Offengelassen in BGH VersR 1981, 260.

94 Ein erkennbar besonders riskanter Rettungsversuch ist jedenfalls dann zurechenbar, wenn sich der andere durch leichtfertiges Verhalten in eine hilflose Lage gebracht hat[145] oder wenn in einer extrem bedrohlichen Situation der Retter seine Hilfsmöglichkeiten überschätzt.[146] Dagegen ist es zB dem die Hilfeleistung auslösenden Ereignis nicht mehr zuzurechnen, wenn sich ein Feuerwehrmann beim Schlauchaufrollen nach dem Einsatz den Fuß verstaucht.[147]

95 Wegen der Zurechnung von **Folgeschäden und -unfällen** vgl Rn 175 ff, 194 f.

96 **bb)** Kam es zu dem Unfall durch das **Verhalten eines Dritten**, so reicht es aus, dass dessen Tun durch dem Kfz-Halter unmittelbar zurechenbare Umstände lediglich **begünstigt** worden ist;[148] eine „Herausforderung" wird nicht verlangt.[149]

97 Dem Betrieb zurechenbar ist daher zB ein Unfall, der darauf zurückzuführen ist, dass der Insasse eines auf der Standspur der BAB liegen gebliebenen Kfz auf die Fahrbahn tritt, um andere Fahrzeuge anzuhalten.[150] Greift ein Dritter aber in völlig ungewöhnlicher Weise in das Geschehen ein, kann die Zurechenbarkeit entfallen.[151] Zur mittelbaren Verursachung im Bereich der haftungsausfüllenden Kausalität Rn 175 ff.

98 **cc)** Unter die Haftung des Kfz-Halters fallen auch Schäden, die ein **Tier** angerichtet hat, wenn nur die Bedingungskette adäquat ist.

99 Das ist zB der Fall, wenn ein Pferd, erschreckt durch das dem Kfz weseneigene Betriebsgeräusch, im Durchgehen einen Menschen verletzt oder wenn ein Hund infolge eines Unfallereignisses in Panik aus dem Unfallwagen auf die Straße springt und dadurch einen weiteren Unfall verursacht.[152]

100 **dd)** Auch **leblose Sachen** können Zwischenglied eines mittelbaren Ursachenzusammenhangs sein.

101 Wirft zB ein Kfz einen Baum oder einen Zaun um, wodurch ein Mensch verletzt wird, so ist dieser Schaden ebenso beim Betrieb entstanden, wie wenn das Fahrzeug den Menschen durch unmittelbare Einwirkung verletzt hätte.[153] Bei dem Betrieb eines Lkw ereignet sich auch dann ein Unfall, wenn er auf einer Baustelle einen Gegenstand an einem Seil hinter sich herzieht, der einen anderen Arbeiter verletzt.[154]

102 **ee)** Kommt es infolge einer **Sichtbeeinträchtigung** durch ein Kfz zum objektiv fehlerhaften Verhalten des Geschädigten oder eines Dritten, so ist der hierauf beruhende Unfall durch den Betrieb des Kfz verursacht.[155]

103 Die Verursachung ist deshalb zB zu bejahen, wenn ein Kfz mit Abblendlicht auf freier Strecke hält, ein entgegenkommendes Fahrzeug sich deshalb rechts hält und auf ein dort unbeleuchtet stehendes Fuhrwerk auffährt,[156] oder wenn infolge der vom Scheinwerfer eines haltenden Kfz

---

145 OLG Karlsruhe NZV 1990, 230.
146 OLG Düsseldorf NZV 1995, 280: versuchte Rettung eines auf Bahngleis steckengebliebenen Kraftfahrers trotz herannahenden Zuges.
147 BGH VersR 1993, 843.
148 BGHZ 58, 166; 59, 144; BGH NJW 1979, 712.
149 BGH VersR 1980, 87.
150 OLG Frankfurt NZV 2004, 262.
151 OLG Düsseldorf NZV 1989, 114.
152 BGH NZV 1988, 17.
153 RG VAE 1939, 166; KG VAE 1938, 461.
154 BAG VersR 1966, 571.
155 KG VersR 1981, 485; **aA** OLG Frankfurt NJW 1965, 1334 m Anm *Rother*.
156 OLG München VersR 1966, 1167.

Erster Teil. Haftung ohne Verschuldensnachweis

ausgehenden Blendwirkung ein Radfahrer unter die Räder eines ihm entgegenkommenden, am Kfz vorbeifahrenden Fuhrwerks gerät.

104 **ff)** Wegen **mittelbarer Schädigung Dritter**, dh nicht am Unfall selbst beteiligter Personen, s Rn 185 ff.

105 **c) Alternative Kausalität.** Nach § 830 Abs 1 S 2 BGB ist bei einer von mehreren begangenen unerlaubten Handlung jeder der Beteiligten für den Schaden verantwortlich, wenn sich nicht ermitteln lässt, wer von ihnen den Schaden durch seine Handlung verursacht hat. Dies gilt (zumindest entsprechend) auch für die Haftung aus §§ 7, 18 StVG, da der Gesetzeszweck (Überwindung von Beweisschwierigkeiten) auch dann zutrifft, wenn der Geschädigte den mehreren (potentiellen) Schädigern kein schuldhaftes Handeln nachweisen kann, er aber nachweislich durch die Betriebsgefahr mehrerer Kfz betroffen worden ist.[157] Ein solches Betroffensein muss aber feststehen, um die Gefährdungshaftung nicht ins Uferlose, etwa auf jeden den Ort eines unaufklärbaren Unfalls passierenden Kraftfahrer auszudehnen.[158] In Betracht kommt eine Anwendung des § 830 Abs 1 S 2 BGB zB, wenn eine auf der Straße liegende Person von mehreren Kfz überrollt wurde, aber ungeklärt ist, welches von ihnen das erste war, wenn ein Fußgänger durch das Motorengeräusch mehrerer vorbeifahrender Krafträder erschreckt wird und stürzt oder wenn die Fahrzeuge eines Hochzeitskonvois durch gemeinsame Lärmerzeugung das Durchgehen eines Pferdes auslösen.[159] Es darf aber nicht feststehen, dass einer der Beteiligten, zB nach den Grundsätzen der mittelbaren Verursachung (Rn 81 ff), für den vollen Schaden haftet. Im Einzelnen s § 10 Rn 33 ff.

6. Einzelprobleme (alphabetisch geordnet)

Abschleppen

106 Beim Abschleppen eines betriebsunfähigen Kfz bleibt dieses „in Betrieb", solange von ihm eigene Verkehrsgefahren ausgehen. Dies ist jedenfalls dann der Fall, wenn es noch gesteuert und anderweitig bedient werden muss.[160] Wird das abzuschleppende Fahrzeug dagegen (teilweise) aufgeladen oder „auf den Haken genommen", kommt während dieses Zustands nur die Betriebsgefahr des Schleppfahrzeugs zum Tragen.[161] Von diesem Fall abgesehen ist auch eine Beschädigung des Zugfahrzeugs durch das abgeschleppte Kfz dessen Betriebsgefahr zuzurechnen, und zwar unabhängig davon, ob der Unfall vom Fahrer des Schleppfahrzeugs verschuldet wurde;[162] Letzteres ist nur für die Abwägung nach § 17 Abs 1 S 2 StVG von Bedeutung. Zum Schleppen eines betriebsfähigen Kfz s Rn 150. Zur Haftung des Zugfahrzeughalters für Schäden am (ab)geschleppten Kfz Rn 252.

---
157 BGHZ 55, 96; BGH VersR 1969, 1023; *Weimar* MDR 1960, 464; *Bauer* JZ 1971, 10; *Schantl* VersR 1981, 106; **aA** *Adam* VersR 1995, 1291.
158 Dadurch dürften sich die Bedenken von *Adam* VersR 1995, 1292 erledigen.
159 LG Köln MDR 1997, 935 m Anm *Siller*.
160 OLG Schleswig VersR 1976, 163; OLG Köln DAR 1986, 321; OLG Koblenz VersR 1987, 708; LG Hannover NJW 1978, 430 u 2202 m zust Anm *Darkow;* LG Nürnberg-Fürth DAR 1993, 232; *Böhmer* VersR 1972, 328; *Hamann* NJW 1970, 1452; *Tschernitschek* VersR 1978, 1001; *Jung* DAR 1983, 154; **aA** BGH VersR 1963, 47; 1971, 611; offen lassend BGH VersR 1978, 1070.
161 Offen lassend BGH VersR 1978, 1070.
162 So aber BGH VersR 1978, 1070.

Abstellen
Bei dem Betrieb eines Kfz entstanden ist der Unfall eines anderen Verkehrsteilnehmers auch dann, wenn das Kfz sich in Ruhe befand, aber in seiner Eigenschaft als Verkehrsmittel einen Kausalbeitrag zu dem Unfall geleistet hat (etwa durch Fahrbahnverengung oder Sichtbehinderung). **107**

Ob das Kfz im Rechtssinne hält oder parkt ist hierbei ebenso unerheblich wie die **Dauer** des Abstellens.[163] Dies folgt daraus, dass auch das stehende Kfz im heutigen Straßenverkehr eine erhebliche Gefahrenquelle darstellt (vgl Rn 51). **108**

Nicht entscheidend ist auch der **Ort** des Abstellens. Auch dem auf einem Parkplatz oder Parkstreifen abgestellten Kfz kann – unter der eingangs genannten Voraussetzung – eine Betriebsgefahr zuzurechnen sein.[164] Ob es „ordnungsgemäß" abgestellt war,[165] kann allenfalls für den Entlastungsbeweis nach § 17 Abs 3 StVG eine Rolle spielen. Zu verallgemeinernd ist auch die (beiläufige) Formulierung des BGH,[166] erst das von der Fahrbahn gezogene und außerhalb des allgemeinen Verkehrs abgestellte Kfz sei nicht mehr in Betrieb. Entscheidend für die Zurechnungsfrage ist, welche Art von Gefahr sich verwirklicht hat. In einer späteren Entscheidung[167] hat der BGH daher auch ein im Ausfahrbereich einer Trabrennbahn abgestelltes Arbeitsfahrzeug, gegen das ein durchgehendes Pferd gerannt war, als im Betrieb befindlich angesehen. Umgekehrt ist ein Unfall, der keinen Bezug zum Verkehrsgeschehen hat, auch dann nicht dem Betrieb des Kfz zuzurechnen, wenn dieses sich auf öffentlichem Verkehrsgrund befand (vgl die Stichworte Arbeitsmaschine, Brand, Explosion). **109**

Unerheblich ist des Weiteren der **Zweck** des Abstellens. Ob das Kfz im Unfallzeitpunkt zur (späteren) Benutzung als Verkehrsmittel oder aus anderen Gründen (zB Verkauf, Reparatur, Lichtquelle[168]) auf der Straße stand, ist ohne Bedeutung. Auch ein in Arbeit befindlicher, auf Stützen abgestellter Autokran kann iS des § 7 StVG in Betrieb sein.[169] Selbst ein geradezu verkehrsfeindliches Abstellen des Kfz auf der Straße – etwa als Hindernis – würde die Haftung nach § 7 StVG begründen. **110**

Stets muss sich aber eine Gefahr ausgewirkt haben, die **von dem abgestellten Kfz selbst** ausgeht. Der Halter braucht sich daher zB keine mitwirkende Betriebsgefahr anrechnen zu lassen, wenn sein geparktes Kfz durch eine Dachlawine beschädigt wird,[170] und er haftet nicht nach § 7 StVG für den Schaden, der durch das Ausfahren einer Markise oder das Betätigen eines Garagentors entsteht[171] oder den ein Passant dadurch erleidet, dass er, vom Fahrer des stehenden Kfz angesprochen, unachtsam auf die Fahrbahn tritt.[172] Ebenso ist es nicht mehr dem Betrieb des Kfz zuzurechnen, wenn ein Autofahrer als Fußgänger zur Entstehung eines Verkehrsunfalls beiträgt, nachdem er sein Kfz auf dem **111**

---

163 BGHZ 29, 163, 167; BGH NZV 1995, 20. Die gegenteilige ältere Rspr ist überholt.
164 **AA** *Hentschel* § 7 StVG Rn 5; *Schneider* MDR 1984, 907.
165 Darauf abstellend *Hentschel* aaO.
166 BGHZ 29, 163, 169.
167 BGH NZV 1995, 19, 20 (sehr weit gehend).
168 **AA** BGH VersR 1961, 263 m abl Anm *Böhmer* VersR 1961, 369.
169 OLG Düsseldorf NZV 1989, 114.
170 BGH VersR 1980, 740.
171 OLG Karlsruhe NZV 2005, 474; **aA** LG Hannover VersR 1986, 130.
172 OLG Düsseldorf VersR 1990, 1403.

Seitenstreifen der BAB abgestellt hat und 200 m zurückgegangen ist, um einen von ihm verursachten Unfallschaden in Augenschein zu nehmen,[173] oder wenn sich der Fahrer nach Abstellen des Kfz vorsätzlich vor einen herannahenden Lkw wirft.[174]

112 Schließlich muss es sich um eine **Verkehrsgefahr** handeln. Das Umkippen eines abgestellten Motorrads fällt unter § 7 StVG, wenn dadurch ein anderer Verkehrsteilnehmer zu Schaden kommt, nicht wenn nur eine Hauswand oder ein daneben abgestelltes Fahrzeug beschädigt wird.[175] Nicht der Kfz-Betriebsgefahr zurechenbar ist es, wenn ein abgestellter Anhänger durch eine Orkanbö über die Fahrbahn geschleudert wird,[176] wenn ein Pferd von dem durch einen abgestellten Pkw reflektierten Sonnenlicht geblendet wird und scheut,[177] wenn ein Kaufinteressent sich bei der Besichtigung des Kfz verletzt[178] oder ein Polizeibeamter bei der Unfallaufnahme über die Ladeschiene eines Abschleppwagens stolpert.[179] Wird ein abgestelltes Kfz durch Brandstiftung in Brand gesetzt und dabei ein danebenstehendes Fahrzeug beschädigt, greift die Haftung nach § 7 StVG ebenfalls nicht ein;[180] anders jedoch, wenn sich das Kfz infolge der Inbrandsetzung in Bewegung setzt und dabei Schäden verursacht[181] (s a „Brand").

113 Für den **Kausalzusammenhang** reicht es nicht aus, dass sich der Unfall im räumlichen Zusammenhang mit dem abgestellten Kfz ereignet hat. Dieses muss den zum Unfall führenden Verkehrsvorgang beeinflusst haben, was zB dann zu bejahen ist, wenn es einen anderen Verkehrsteilnehmer zum Ausscheren auf die andere Fahrbahnhälfte veranlasst hat.[182]

114 Setzt sich ein abgestelltes Kfz selbsttätig in Bewegung, ist der dadurch herbeigeführte Unfall seinem Betrieb zuzurechnen,[183] ohne dass es auf den Ort der Abstellung ankommt.[184]

Anhänger

115 Der Anhänger eines Kfz ist selbst kein Kfz (vgl Rn 15). Gleichwohl kann für Schäden, die durch einen Anhänger hervorgerufen werden, die Haftung nach § 7 StVG eingreifen.

116 **aa) Angekuppelter Anhänger.** Zum Betrieb eines Kfz gehören auch die durch den Anhänger des Kfz herbeigeführten Schäden, die während einer Fahrt oder in Nachwirkung einer auf der Fahrt entstandenen Gefahrenlage verursacht sind. Bei dem Betrieb eines Kfz ist ein Schaden daher auch dann verursacht, wenn die Berührung des geschädigten Verkehrsteilnehmers nicht mit dem Kfz, sondern mit dessen Anhänger stattgefunden hat.[185] Die Betriebsgefahr des Anhängers ist ein Teil der Betriebsgefahr des

---

173 OLG Frankfurt VersR 1995, 599.
174 LG Münster NZV 1996, 154.
175 **AA** LG Nürnberg-Fürth NZV 1990, 396; LG Bochum NZV 2004, 366.
176 LG Nürnberg-Fürth NZV 1991, 476.
177 IErg ebenso LG Oldenburg ZfS 1991, 367.
178 OLG Hamm VersR 1999, 882.
179 OLG Karlsruhe NZV 2000, 86.
180 OLG Hamburg VersR 1994, 1441.
181 OLG Düsseldorf NZV 1996, 113; OLG Saarbrücken NZV 1998, 327.
182 Bedenklich daher OLG Düsseldorf VersR 1982, 1200.
183 OLG Köln VersR 1994, 1442; OLG Saarbrücken NZV 1998, 327.
184 *Grüneberg* NZV 2001, 110.
185 OLG Kiel HRR 1931, Nr 665.

ziehenden Kfz.[186] Der Halter und der Führer des ziehenden Kfz haben im Rahmen der Haftung nach dem StVG für vom Anhänger verursachte Schäden in gleicher Weise einzustehen, wie für vom Kfz unmittelbar verursachte.[187]

117 Für Unfälle nach dem Inkrafttreten der Neufassung von § 7 Abs 1 StVG am 1.8.2002 besteht eine Gefährdungshaftung auch zu Lasten des Anhängerhalters. Ist das Gespann an einem Unfall beteiligt, haften der Halter des Zugfahrzeugs und der des Anhängers als Gesamtschuldner, unabhängig davon, ob das Vorhandensein des Anhängers einen Unfallbeitrag geleistet hat; für den Ausgleich im Innenverhältnis gilt § 17 StVG entsprechend (§ 17 Abs 4 StVG). Nach altem Recht brauchte sich dagegen der Anhängerhalter auch nicht im Verhältnis zum Halter des ziehenden Fahrzeugs eine Betriebsgefahr anrechnen zu lassen.[188] Unverändert gilt, dass den Anhängerhalter keine Gefährdungshaftung für Schäden am Zugfahrzeug trifft; § 7 Abs 1 StVG wirkt nur im Verhältnis zu Dritten. Zur Haftung des Kfz-Halters für Schäden am Anhänger s Rn 252.

118 **bb) Abgekuppelter Anhänger.** Bei dem Betrieb des (letzten) Zugfahrzeugs ist ein Schaden auch dann entstanden, wenn sich der Unfall durch Auffahren auf einen abgekuppelten Anhänger ereignet hat oder ein solcher Anhänger auf abschüssigem Gelände ins Rollen geraten ist,[189] nach dem Abkuppeln per Hand rangiert wird[190] oder in ähnlicher Weise in Zusammenhang mit dem vorangegangenen Bewegungsvorgang einen Unfall verursacht. Die Betriebsgefahr des abgekuppelten Anhängers wird also der des letzten Zugfahrzeugs zugerechnet (zur Mithaftung des Anhängerhalters s Rn 119). Der Zugfahrzeughalter wird von der Haftpflicht nach § 7 StVG – wie beim Abstellen des Kfz selbst – lediglich dann nicht erfasst, wenn sich eine außerhalb des Schutzzwecks von § 7 StVG liegende Gefahr verwirklicht hat, zB wenn der Anhänger außerhalb von Verkehrsflächen abgestellt wurde[191] oder wenn sich der Schaden infolge einer Verwendung als Arbeitsmaschine ereignet hat (vgl Rn 61). Ohne Bedeutung sind dagegen – entgegen einem Teil der Rspr[192] – der Grund und die Dauer des Abstellens des Anhängers. Auch der betriebsunfähig auf der Straße abgestellte oder nach Abkuppeln vom Zugfahrzeug dort geparkte Anhänger kann folglich noch eine Gefährdungshaftung des Halters des Zugfahrzeugs begründen.[193] Ob das Zugfahrzeug selbst zum Zeitpunkt des Unfalls noch in Betrieb ist, ist ohne Belang. Die normative Auslegung des Betriebsbegriffs (vgl Rn 51 f) ermöglicht es zwanglos, die durch den abgestellten Anhänger hervorgerufenen Verkehrsgefahren dem Zugfahrzeug, welches den Anhänger in die betreffende Lage gebracht hat, auch dann noch zuzurechnen, wenn dieses schon längst in seiner Garage steht. Etwas anderes mag gelten, wenn der Anhänger von Hand in den Verkehrsraum geschoben oder gezogen wird.[194] Wird der vom

---

186 BGHZ 20, 385.
187 BGH VersR 1961, 473; OLG Bamberg VersR 1960, 762.
188 **AA** OLG Düsseldorf MDR 1983, 59.
189 KG NZV 1992, 113.
190 OLG Koblenz VRS 87, 326.
191 Vgl KG NZV 1992, 113; LG Heilbronn VersR 1966, 96.
192 RGZ 159, 150; RG JW 1934, 2334; OLG Hamm JW 1938, 2280; OLG Celle NJW 1953, 1512; OLG Stuttgart RdK 1954, 6; OLG Bremen VersR 1984, 1084.
193 BGH VersR 1961, 473; 1971, 256; OLG Stuttgart VersR 1960, 87; **aA** BGH VRS 4, 165; OLG Stuttgart RdK 1954, 6; OLG Nürnberg VRS 10, 418.
194 Zu weitgehend österr OGH VersR 1982, 910.

Erster Teil. Haftung ohne Verschuldensnachweis

Zugfahrzeug auf Verkehrsgrund abgestellte Anhänger von einem Unbefugten in Bewegung gesetzt, so besteht mit dem Betrieb des ursprünglichen Zugfahrzeugs kein Zurechnungszusammenhang mehr.[195]

119 Den *Halter des abgekuppelten Anhängers* trifft auch nach der Neufassung des § 7 Abs 1 StVG durch das 2. SchadRÄndG nur dann eine verschuldensunabhängige Haftung,[196] wenn sich im Unfall noch die Betriebsgefahr des Zugfahrzeugs ausgewirkt hat. Wurde der Anhänger mit Tier- oder Menschenkraft auf die Straße verbracht, fehlt der Bezug zur straßenverkehrsrechtlichen Gefährdungshaftung. Außerdem entstünden gefährliche Haftungslücken bei fehlender Versicherungspflicht für den Anhänger (so Rn 22). Bei der Anknüpfung an die Haftung des Zugfahrzeughalters kann er dagegen im Innenverhältnis bei diesem Ausgleich suchen. Der Zweck der Anhängerhalterhaftung, dem Geschädigten auch dann einen Haftpflichtigen zu gewähren, wenn der Zugfahrzeughalter ihm nicht bekannt ist, bleibt auch bei dieser teleologischen Reduktion gewahrt.[197] Für eine Akzessorietät der Anhängerhalterhaftung in dem hier befürworteten Sinn spricht im Übrigen auch § 8 Nr 1 Alt 2 StVG.

Arbeitsmaschine

120 § 7 StVG greift aufgrund seiner Zweckbestimmung nicht ein, wenn der Unfall nicht in Zusammenhang mit der Bestimmung des Kfz als Beförderungsmittel im Verkehr steht, sondern auf einem anderweitigen Einsatz seiner Betriebseinrichtungen beruht. Dies ist zB der Fall,

– wenn sich ein Arbeiter an einer auf dem Lkw angebrachten Arbeitsmaschine (zB Kreissäge, Teerkocher) verletzt,
– wenn durch einen vom Motor des Kfz betriebenen Kompressor Futter in einen Silo eingeblasen und dabei dessen Wand durchschlagen wird, wodurch weiterer Sachschaden entsteht,[198]
– oder wenn beim Einpumpen von Öl der Tank im Haus überläuft.[199]

121 Dagegen wäre das Eingreifen der Gefährdungshaftung zu bejahen, wenn bei dem Entladevorgang der Verkehr auf der Straße betroffen würde, zB durch auf die Fahrbahn gelangendes Öl (s a Rn 124 ff). Ein auf der Autobahn eingesetzter Lkw mit Warntafel zur Absicherung von Mäharbeiten ist an einem Auffahrunfall in seiner Eigenschaft als Verkehrsmittel beteiligt.[200] Ebenso verhält es sich, wenn ein Räumfahrzeug einen Schneewall in die Fahrbahn eines anderen Fahrzeugs schiebt,[201] wenn durch den von einem Streufahrzeug ausgeworfenen Splitt Schäden an anderen Kfz verursacht werden[202] oder wenn eine fahrbare Mähmaschine Steine vom Randstreifen auf die Fahrbahn schleudert.[203]

---

195 KG NZV 1992, 114.
196 Zum Zusammentreffen mit deliktischer Haftung s OLG München NZV 1999, 124.
197 Zur Subsidiarität der Anhängerversicherung nach § 10a AKB *Lang/Stahl/Suchomel* NZV 2003, 443.
198 BGH VersR 1975, 945.
199 BGHZ 71, 212; 75, 48; vgl a BGH VersR 1993, 1155.
200 NZV 1991, 185.
201 OLG Düsseldorf VersR 1993, 1417.
202 BGHZ 105, 65 = NZV 1989, 18 m Anm *Kuckuk*.
203 BGH NZV 2005, 305, 306; OLG Stuttgart VersR 2003, 1275; OLG Rostock DAR 1998, 474; LG Karlsruhe MDR 1995, 1217.

Aussteigen s Ein- und Aussteigen **122**

Begegnung **123**
Die Haftung nach § 7 StVG setzt nicht voraus, dass sich das Kfz mit dem verunglückten Fahrzeug berührt hat. Kommt ein Fahrzeug während eines Begegnungsvorgangs von der Fahrbahn ab, so haftet der Halter des anderen aber nur, wenn ein Ursachenzusammenhang mit dem Betrieb seines Kfz festgestellt werden kann (zur Beweisfrage s Rn 164). Der Unfall muss also eine adäquat kausale Folge des Begegnungsvorgangs sein. Dies kann bejaht werden, wenn der Geschädigte durch das Entgegenkommen eines großen Fahrzeugs auf schmaler Fahrbahn zum Ausweichen an den äußersten rechten Fahrbahnrand veranlasst wird, selbst wenn ein Überschreiten der Fahrbahnmitte nicht feststellbar ist.

Be- und Entladen **124**
Bei dem Betrieb des Kfz entstanden ist ein Unfall stets dann, wenn ein anderes Fahrzeug auf das zum Zweck des Be- oder Entladens abgestellte Kfz auffährt oder wenn sonst die Anwesenheit des Kfz auf der Straße zu einem Unfall führt (vgl Rn 107 ff). Auswirkungen, die vom Ladegeschäft als solchem ausgehen, sind aber ebenfalls dem Betrieb des Kfz zuzurechnen, sofern sich in ihnen eine von dem Kfz als Verkehrsmittel ausgehende Betriebsgefahr verwirklicht hat (vgl Rn 60). Schäden, die in keinem Zusammenhang mit Verkehrsvorgängen stehen, werden deshalb von § 7 StVG nicht erfasst. Ob bei dem Ladevorgang die Motorkraft des Kfz mitgewirkt hat, ist ohne Bedeutung.

Beim Betrieb des Kfz entstanden ist daher zB ein Unfall, zu dem es dadurch kommt, dass **125**
- beim Entladen eines Tankwagens Öl auf die Straße läuft;[204]
- ein Fußgänger über den Abfüllschlauch eines Tankfahrzeugs stolpert;[205]
- ein Fahrzeug gegen einen Stein prallt, der beim Beladen eines Lkw auf die Straße gefallen ist;[206]
- ein Fußgänger von einem Sprengring getroffen wird, der beim Abladen eines Reserverads von diesem abspringt.[207]

Nicht dem Betrieb des Kfz zuzurechnen ist es dagegen zB, wenn **126**
- der Öltank im Haus überläuft, weil ihm die Pumpe des Tankfahrzeugs zuviel Öl zuführt;[208]
- beim Einblasen von Futter in einen Silo durch einen vom Motor des Lkw angetriebenen Kompressor der Silo und weitere Sachen des Empfängers beschädigt werden;[209]
- durch herabstürzendes Ladegut beim Kippen eines Lkw ein Arbeiter verletzt wird;[210]
- beim Abheben eines Containers von einem Lkw das Container-Chassis mit angehoben wird;[211]

---

204 BGHZ 71, 212, 215.
205 BGHZ 71, 212, 215.
206 OLG Stuttgart VkBl 1960, 40.
207 OLG Kassel VersR 1952, 435.
208 BGHZ 71, 212; 75, 48; **aA** OLG München OLGZ 1971, 168; OLG Nürnberg VersR 1971, 915; KG VersR 1973, 665.
209 BGH VersR 1975, 945.
210 **AA** BGH VersR 1956, 422; dem könnte lediglich für den Fall der Verletzung eines anderen Verkehrsteilnehmers gefolgt werden.
211 **AA** LG Duisburg VersR 1988, 1250.

Erster Teil. Haftung ohne Verschuldensnachweis

- beim Ausbringen von Pflanzen- und Bodenbehandlungsmitteln durch landwirtschaftliche Fahrzeuge Schäden auf Nachbargrundstücken entstehen;[212]
- beim Beladen eines Lkw ein Fass mit Roststaub zu Bruch geht und durch den verwehten Staub Schaden entsteht.[213]

127 Zu Schäden durch Einwirkungen der Ladung s a Rn 140.

Brand

128 Gerät ein Kfz (zB durch einen Kurzschluss) in Brand, so sind nur die daraus erwachsenden Schadensfolgen, die sich auf die Verwendung des Kfz als Verkehrsmittel beziehen, von § 7 StVG umfasst. Darunter fallen zB solche Folgen, die sich aus der Fortbewegung des Kfz (Ausbreitung des Feuers auf angrenzende Grundstücke) ergeben, auch bei selbsttätigem Ingangsetzen des Fahrzeugs.[214] Greift dagegen der Brand von einem abgestellten Kfz auf ein daneben stehendes oder auf die Halle, in der es abgestellt ist, über oder wird durch ihn eine Brücke beschädigt, verwirklicht sich keine Verkehrsgefahr.[215] Ob das Kfz auf öffentlichem oder privatem Grund abgestellt war, ist unerheblich,[216] desgleichen ob Selbstentzündung oder Brandstiftung vorliegt.[217]

Ein- und Aussteigen

129 Ein zur Begründung der Haftung ausreichender Zusammenhang mit dem Kfz als Verkehrsmittel, also mit Verkehrsvorgängen, besteht zB

- bei Unfällen infolge unachtsamen Öffnens der Tür;[218]
- wenn eine an der Haltestelle wartende Person durch das Öffnen der Tür des Omnibusses verletzt wird;[219]
- wenn der Kfzführer beim Aussteigen mit einem vorbeifahrenden Radfahrer zusammenprallt;[220]
- wenn jemand bei dem Versuch, in Unruhe geratenen Fahrgästen aus einem mit Vergaserbrand liegengebliebenen Bus zu helfen, zu Boden gestoßen wird.[221]

130 Unfälle **vor oder nach** dem eigentlichen Ein- oder Aussteigevorgang sind dagegen nicht dem Betrieb des Kfz zuzurechnen, so zB

- ein Unfall beim Überschreiten der Fahrbahn durch einen ausgestiegenen Insassen;[222]
- der Versuch eines Lkw-Fahrers, einen von seinem Fahrzeug weggeschleuderten Pfosten von der Fahrbahn zu räumen;[223]

---

212 OLG Hamm NZV 1996, 234; *Schimikowski* VersR 1992, 930 f.
213 **AA** OLG Hamm NZV 2001, 84.
214 OLG Düsseldorf NZV 1996, 113; OLG Saarbrücken NZV 1998, 327.
215 OLG Hamburg VersR 1994, 1441; OLG Nürnberg NZV 1997, 482; OLG Düsseldorf VersR 1996, 1549; OLG Oldenburg r+s 2001, 107; OLG Brandenburg DAR 2005, 27; **aA** AG Ulm NZV 2005, 475.
216 OLG Oldenburg r+s 2001, 107; *Grüneberg* NZV 2001, 111.
217 OLG Saarbrücken NZV 1998, 327; OLG Brandenburg DAR 2005, 27; **aA** *Grüneberg* NZV 2001, 112.
218 RG DAR 1932, 122; OLG Celle DAR 1951, 13 m Anm *Brüggemann*; OLG Stuttgart VkBl 1955, 420.
219 OLG München VersR 1952, 293.
220 RGZ 126, 333.
221 RG VAE 1940, 170.
222 BayObLG NJW 1955, 105; OLG Hamm DAR 1984, 20; KG VM 1986, 20; **aA** LG Osnabrück NJW-RR 1987, 152.
223 **AA** OLG Köln NJW-RR 1987, 857.

- die Verletzungen, die ein Schulkind dadurch erleidet, dass es inmitten einer Schar an der Haltestelle wartender Kinder infolge des beim Anhalten des Busses entstehenden Gedrängels zu Fall kommt;[224]
- wenn ein gehbehinderter Fahrgast nach dem Aussteigen ausrutscht und durch das Anfahren des Busses die Möglichkeit verliert, sich festzuhalten.[225]

Fraglich ist die Zuordnung in den Fällen, in denen ein Fahrgast beim Ein- oder Aussteigen am Fahrzeug selbst verletzt wird, zB weil er an der Tür oder auf dem Trittbrett zu Sturz kommt. Wenngleich sich hier nicht eigentlich Verkehrsgefahren verwirklichen, ist der Zusammenhang des Unfalls mit der Nutzung des Kfz als Verkehrsmittel doch so eng, dass er als „bei dem Betrieb" geschehen anzusehen ist.[226] **131**

Explosion s Brand **132**

Fahrleitung
Die Rspr, die Stromschäden aus Fahrleitungen dem Betrieb der Eisenbahn zurechnet, kann wegen des weiteren Betriebsbegriffs nach § 1 HaftpflG auf den Obus-Betrieb nicht übertragen werden.[227] In solchen Fällen kann aber § 2 HaftpflG eingreifen. **133**

Fahrzeugteile
Schäden durch Ablösen von Teilen des Kfz sind beim Betrieb des Kfz entstanden, wenn sie in Zusammenhang mit einem Verkehrsvorgang stehen,[228] also zB beim Verlust eines Reifens, Auspuffs oder sonstigen Teils während der Fahrt. Unerheblich ist, ob das verlorene Teil sogleich zu einem Unfall führt oder ob erst geraume Zeit später ein anderes Kfz auf dieses auffährt. **134**

Fehlreaktionen s Rn 86 f. **135**

Geräusche
Ein Unfall, der durch das **Betriebsgeräusch** eines Kfz hervorgerufen wird (etwa durch Verunsicherung eines anderen Verkehrsteilnehmers), ist grundsätzlich dessen Betrieb zuzurechnen. Für überempfindliche Reaktionen ist aber die Adäquanz zu verneinen.[229] Aus demselben Grund sind Panikreaktionen von Tieren auf übliche Kfz-Betriebsgeräusche nicht zuzurechnen,[230] wohl aber bei außergewöhnlicher Geräuschentwicklung.[231] **136**

Zur Zurechenbarkeit tierischer Reaktionen auf ein **Unfallgeräusch** s Rn 74. **137**

Hochschleudern
Das Hochschleudern von Gegenständen, insbesondere Steinen durch die Räder, ist dem Betrieb des Kfz zuzurechen.[232] Zu Mähfahrzeugen s Rn 121. **138**

---

224 LG Freiburg VersR 1982, 1083.
225 OLG Köln NZV 1989, 237.
226 BGH VersR 1956, 765; OLG Oldenburg VRS 10, 421; vgl auch österr OGH ZVR 1992, 218 (Handverletzung an scharfkantigem Fahrzeugteil).
227 **AA** *Filthaut* NZV 1995, 53 f.
228 Ähnlich RGZ 160, 129.
229 Vgl österr OGH ZVR 1995, 310, wo sie wohl zu Unrecht verneint wurde.
230 OLG Hamm DAR 1997, 275 (Hühner).
231 LG Köln MDR 1997, 935 m Anm *Siller* (Hupen und Blechbüchsen eines Hochzeitskonvois).
232 Vgl OLG Frankfurt VM 1958, 34; LG Lüneburg MDR 1961, 1014; LG München I VersR 1967, 914.

Erster Teil. Haftung ohne Verschuldensnachweis

139 **Laden** s Be- und Entladen

Ladung

140 Beim Herabfallen von Ladung gilt dasselbe wie bei Fahrzeugteilen,[233] auch wenn es auf dem Auffahren eines Dritten beruht.[234] Auch hier entfällt die Zurechnung nicht dadurch, dass es erst Stunden nach dem Verlust der Ladung zum Unfall kommt.[235] § 7 StVG greift auch ein, wenn beim Bremsen eines Omnibusses ein Koffer aus dem Gepäcknetz auf einen Fahrgast stürzt.[236]

141 Gerät während der Fahrt die Ladung in Brand, so sind Schäden durch Übergreifen des Feuers auf ein Anliegergrundstück gleichfalls dem Betrieb des Kfz zuzurechnen.[237]

Liegenbleiben

142 Kommt es durch ein Kfz, welches infolge eines Defekts oder wegen Treibstoffmangels innerhalb des Verkehrsraums liegengeblieben ist, zu einem Unfall, so ist dieser „bei dem Betrieb" des Kfz entstanden. Das oben für abgestellte Fahrzeuge Ausgeführte gilt für diese Fälle entsprechend. Es kommt demnach (entgegen der älteren Rspr[238]) nicht darauf an, wie lange das Liegenbleiben währt[239] und ob das Kfz wieder in Betrieb gesetzt werden kann.

143 **Mähfahrzeug** s Arbeitsmaschine

144 **Panne** s Liegenbleiben

145 **Parken** s Abstellen

146 **Pedalbetrieb**

Betrieb iS des § 7 StVG ist auch bei einem Moped oder Mofa gegeben, welches nur durch Treten der Pedale vorwärts bewegt wird.

Rennen

147 Unfälle bei Sportveranstaltungen (zB Rennen, Rallye) werden den beteiligten Kfz nach § 7 StVG zugerechnet; ob das Rennen auf öffentlichen Straßen oder auf Privatgrund ausgetragen wurde, ist ohne Bedeutung.[240] Dies gilt insbesondere, wenn bei dem Rennen Zuschauer verletzt wurden.[241] Teilnehmer an dem Rennen können sich dagegen untereinander nicht nach § 7 StVG verantwortlich machen, da sie die mit der Eigenart solcher Veranstaltungen verbundenen Gefahren bewusst auf sich nehmen;[242] etwas anderes gilt lediglich für schuldhaft verursachte Schäden, die auch bei einem Rennen vermeidbar gewesen wären.[243]

148 **Reparatur** s Wartung

---

233 Vgl RG RdK 1940, 166.
234 LG Flensburg NZV 1989, 397.
235 **AA** LG Berlin VersR 1974, 274.
236 OLG Oldenburg DAR 1954, 206.
237 OLG Köln NZV 1991, 391.
238 Vgl zB RGZ 122, 270.
239 BGHZ 29, 163.
240 Vgl BGH VersR 1960, 635; BayObLG DAR 1929, 284; OLG Königsberg JRPrV 1938, 381; LG Hamburg VersR 1953, 488.
241 RGZ 150, 73; BGHZ 5, 318; OLG Hamburg DAR 1942, 46.
242 OLG Hamburg DAR 1942, 46.
243 OLG Koblenz JurZentr 1952, 110.

Rollen, Schieben
Da es auf den Einsatz der Motorkraft nicht ankommt (Rn 51), ist ein Kfz auch dann in **149**
Betrieb iS des § 7 StVG, wenn es auf abschüssiger Straße rollt oder auf Verkehrsgrund
geschoben wird. Dies gilt nicht nur für das Anschieben eines Kfz[244] sowie dann, wenn
ein betriebsunfähiges Kfz geschoben[245] oder vorwärts gestoßen wird,[246] sondern auch
dann, wenn ein an sich betriebsfähiges Kfz geschoben wird.

Schleppen
Beim Schleppen eines betriebsfähigen Kfz gilt dieses gem § 33 StVZO als Anhänger. **150**
Haftungsrechtlich muss das Schleppen aber dem Abschleppen (Rn 106) gleichgestellt
werden; hier liegt es sogar noch näher, vom Fortbestand der Betriebsgefahr auszugehen.

Schreckreaktionen s Rn 86. **151**

Steine s Hochschleudern **152**

Streufahrzeug s Arbeitsmaschine **153**

Tanken s Wartung **154**

Unfall
Ereignet sich infolge eines Kfz-Unfalls ein weiterer Unfall, so kann sich die Zurech- **155**
nung einmal aus der Verursachung durch den früheren, zu dem Erstunfall führenden
Betrieb ergeben (s dazu Rn 175 ff, 194 f). Darüber hinaus ereignet sich der Zweitunfall
aber auch „bei dem Betrieb" des unfallbedingt liegengebliebenen Kfz, solange es sich
innerhalb des Verkehrsraums befindet[247] (s o „Liegenbleiben"). Diese Zurechnung kann
insbesondere dann Bedeutung erlangen, wenn der Kfz-Halter zwar hinsichtlich der
Beteiligung des Kfz an dem Erstunfall, nicht aber hinsichtlich der Absicherung der
Unfallstelle den Unabwendbarkeitsbeweis nach § 17 Abs 3 StVG führen kann. Kommt
es zu dem Zweitunfall nur deshalb, weil ein Verkehrsteilnehmer durch ein außerhalb
des Verkehrsraums[248] zum Liegen gekommenes Unfallfahrzeug oder das Winken dessen ausgestiegenen Fahrers[249] abgelenkt wurde oder weil er infolge grober Unaufmerksamkeit in die ordnungsgemäße Unfallabsperrung fuhr,[250] scheidet eine Zurechnung
auf dem letztgenannten Weg aus; im Übrigen wäre die Adäquanz fraglich.

Beim **Serienunfall** ist der Betrieb der früher verunglückten Fahrzeuge ursächlich für **156**
die Schäden der später hinzukommenden.[251] In umgekehrter Richtung ist eine Zurechnung nur möglich, wenn sich feststellen lässt, dass der bereits Verunglückte durch den
nachfolgenden Unfallbeitrag nochmals betroffen worden ist.

---

244 OLG Stuttgart VersR 1956, 523.
245 BGH VersR 1960, 804; 1977, 624.
246 **AA** OLG Hamm VRS 13, 450.
247 BGHZ 58, 164.
248 LG Schweinfurt NJW-RR 1993, 220 rechnet den Straßengraben noch zum Verkehrsraum
 (zw).
249 Vgl OLG Hamm NZV 1999, 469.
250 BGH NZV 2004, 243, 244. S aber Rn 195.
251 OLG Celle VersR 1977, 258.

157 Ein Unfall im Zusammenhang mit der **Bergung** eines verunglückten Kfz kann ebenfalls bei dessen Betrieb verursacht sein, so zB wenn es zu einem Unfall kommt, weil Fahrgäste eines verunglückten Busses einen auf dessen Verdeck gefallenen Laternenmasten herabwerfen.[252]

158 Auch das mit einer Kollision verbundene **Unfallgeräusch** ist eine Ausprägung der spezifischen Betriebsgefahr.[253]

Verschmutzung

159 Führt die Verschmutzung der Straße durch die Reifen oder Gleisketten eines Kfz zu einem Unfall, so ist dieser bei dem Betrieb des Kfz verursacht.[254] Welche Zeitspanne zwischen der Verschmutzung und dem Unfall liegt, ist ohne Bedeutung.[255]

Vorsatz

160 Auch vorsätzliche Schädigungen mittels des Kfz fallen, sofern es im Verkehr eingesetzt wird, unter das Merkmal „bei dem Betrieb" und begründen eine Haftung nach § 7 StVG.[256] Dessen Schutzzweck umfasst auch solche Gefahren, die der Benutzer des Kfz bewusst und gewollt gegen einen anderen ausspielt, zB beim Zufahren auf den anderen in Tötungsabsicht. Das Gleiche gilt, wenn von einem fahrenden Kfz aus Gegenstände auf andere Verkehrsteilnehmer geworfen werden.[257] In solchen Fällen haftet (neben dem selbstverständlich aus unerlaubter Handlung verantwortlichen Täter) also auch der Halter.

Wartung

161 Bei Schädigungen im Zusammenhang mit Wartungsarbeiten oder dem Auftanken des Kfz realisieren sich im Regelfall keine Verkehrsgefahren. Kommt etwa ein Mechaniker beim Hantieren an dem Kfz in der Werkstatt durch das Kfz zu Schaden, so liegt kein Anwendungsfall des § 7 StVG vor.[258] Anders ist es hingegen, wenn sich eine mit dem Kfz als Verkehrsmittel verbundene Betriebsgefahr während des Aufenthalts an einer Tankstelle oder in einem Reparaturbetrieb realisiert (zB das Kfz rollt während des Tankens zurück; vergossenes Öl führt zum Sturz eines Kradfahrers; bei der Einfahrt in die Werkstatt wird ein Mitarbeiter angefahren). Kommt es während des Aufenthalts an der Tankstelle zur Explosion des Treibstoffbehälters des Kfz, so scheidet eine Zurechnung idR aus[259] (s a „Brand").

Waschanlage

162 Nicht bei dem Betrieb des Kfz entstanden ist ein Unfall in einer Waschanlage, in der das Kfz ausschließlich durch eine Transportkette fortbewegt wird.[260] Das muss auch

---

252 RG JW 1912, 650.
253 BGH NZV 1991, 387, wo allerdings die Zurechenbarkeit einer Panikreaktion von Zuchtschweinen nicht überzeugend verneint wurde; vgl hierzu Rn 74.
254 BGH VersR 1982, 977; OLG Schleswig NJW 1966, 1269; **aA** OLG Stuttgart NJW 1959, 2065 und 1960, 139 m abl Anm *Fritze.*
255 OLG Schleswig IVH 2004, 45; **aA** *Dopfer* Justiz 1966, 335.
256 BGHZ 37, 311; OLG München NZV 2001, 220; AG Mainz VersR 1997, 1117 m Anm *Lorenz; Filthaut* NZV 1998, 90.
257 *Weimar* MDR 1958, 746; LG Bayreuth NJW 1988, 1152.
258 Vgl österr OGH ZVR 1999, 166.
259 **AA** LG Aachen MDR 1955, 162.
260 KG VersR 1977, 626.

gelten, wenn sich das Kfz während des Schleppvorgangs selbsttätig in Bewegung setzt, weil die Zündung eingeschaltet war.[261]

Zugvorrichtung
Schäden durch den Absturz eines Drachenfliegers, der von einem Kfz angeschleppt wurde, sind nicht dessen Betrieb zuzurechnen.[262]

163

7. Beweisfragen

Der Kläger hat zu beweisen, dass der Unfall „bei dem Betrieb" des Kfz des Beklagten entstanden ist. Dies umfasst den (adäquaten) Kausalzusammenhang zwischen Betrieb und Unfall (Rn 68 ff). Es genügt nicht, dass das Kfz des Beklagten zur Unfallzeit an der Unfallstelle war, vielmehr muss der Kläger beweisen, dass der Betrieb dieses Fahrzeugs zum Entstehen des Unfalls beigetragen hat, dh dass es ohne den betreffenden Betriebsvorgang nicht zu dem Unfall gekommen wäre. Dieser Beweis ist oftmals schwierig, weil sich hypothetische Geschehensabläufe (was wäre geschehen, wenn das Kfz nicht dort gefahren wäre?) menschlicher Erkenntnis und damit auch einem gesicherten Nachweis entziehen.[263] Vom Kläger kann daher – wie dies in Form des sog Anscheinsbeweises auch sonst für den Beweis der Kausalität anerkannt ist (§ 38 Rn 58) – kein hundertprozentiger Beweis der Betriebsursächlichkeit verlangt werden. Es muss vielmehr genügen, wenn der Kläger soviel beibringt, dass nach allgemeiner Erfahrung von der Ursächlichkeit des Betriebs für den Unfall auszugehen ist, also eine erhebliche Wahrscheinlichkeit für die Kausalität besteht. Dies wird ihm insbesondere bei Bestehen eines engen räumlichen und zeitlichen Zusammenhangs zwischen Betrieb und Unfall (s Rn 77) und bei Vorliegen eines typischen Unfallhergangs, dh eines Betriebsvorgangs, der nach allgemeiner Erfahrung geeignet war, die eingetretenen Schäden herbeizuführen, ohne allzu große Schwierigkeiten möglich sein.

164

Fliegt zB ein Stein gegen die Windschutzscheibe eines Pkw, während ein Lkw in einem Baustellenbereich mit erheblicher Geschwindigkeit entgegenkommt, so ist der ursächliche Zusammenhang mit dem Betrieb des Lkw prima facie als erwiesen anzusehen.[264] Auf die Feststellung eines typischen Geschehensablaufs kann jedoch nicht verzichtet werden; bloße Vermutungen (wie zB in dem von BGH VersR 1982, 274 aufgehobenen Urteil) genügen nicht.[265] Die Vollbremsung eines an unübersichtlicher Stelle überholenden Kraftfahrers begründet zB keinen Anscheinsbeweis für eine Unfallursächlichkeit der Fahrweise des Überholten.[266]

165

Durch den Nachweis von Tatsachen, aus denen sich die ernsthafte Möglichkeit eines nicht vom Betrieb eines Kfz abhängigen Unfallhergangs ergibt, kann der Beklagte den Anscheinsbeweis erschüttern, sodass der Kläger beweisfällig bleibt.

166

---

261 **AA** OLG Celle DAR 1976, 72.
262 BGH VersR 1981, 988.
263 Vgl KG NZV 2002, 229 mwN.
264 BGH VersR 1974, 1030.
265 Vgl auch österr OGH ZVR 1989, 180.
266 OLG München VersR 1983, 468.

Erster Teil. Haftung ohne Verschuldensnachweis

V. Haftungsumfang

1. Überblick

167 **a) Unfall und Schaden.** Als Rechtsfolge ordnet § 7 StVG an, dass der aus dem Unfall (dh der Schädigung einer Person oder einer Sache beim Betrieb des Kfz) entstehende Schaden zu ersetzen ist. Schaden iS dieser Rechtsfolgenbestimmung ist die mittelbare Auswirkung des Unfalls auf den Vermögensbestand, dh die Differenz zwischen dem jetzigen Wert des Vermögens und jenem, der ohne die Schädigung bestehen würde.[267]

168 **b) Haftungsgrund und Haftungsausfüllung.** Für jede Schadensersatzverpflichtung muss zunächst der konkrete Haftungsgrund gegeben sein. Dies ist bei § 7 StVG der dort näher definierte Unfall (s Rn 26 ff). Nur wenn eine derartige Personen- oder Sachbeschädigung eingetreten (und im Prozessfall gem § 286 ZPO zur Überzeugung des Gerichts nachgewiesen) ist, können Ansprüche aus dem StVG hergeleitet werden.

169 Welchen **Umfang** solche Ansprüche haben, ergibt sich aus den allgemeinen Grundsätzen über die Haftungsausfüllung. Hier stellen sich primär Zurechnungsfragen, die mit Hilfe von normativ überformten Kausalitätsbetrachtungen zu beantworten sind (Rn 172 ff). Sodann ist – gleichfalls mit normativen Erwägungen – zu klären, welche Beeinträchtigungen überhaupt in den Vermögensvergleich iS obiger Schadensdefinition einzustellen sind (Rn 205 ff); das StVG enthält dazu in den §§ 10 und 11 einige Vorgaben für den Personenschaden; außerdem ist die Höhenbegrenzung nach § 12 StVG zu beachten. Anhand der auch hier maßgeblichen §§ 249 ff BGB ist weiter zu klären, in welcher Form der Ersatz dieses Schadens begehrt werden kann (Rn 224 ff), und schließlich sind im Bereich der Haftungsausfüllung noch spezielle Beweisregelungen (§ 287 ZPO) zu beachten (§ 38 Rn 38).

170 **c) Folge- und Zweitunfälle.** Kommt es als Folge des Unfalls zu einer weiteren Schädigung, kann zweifelhaft sein, ob diese als neuer Haftungsgrund zu behandeln ist oder ob sie sich nur auf den Haftungsumfang auswirkt. Die Frage ist vor allem wegen der unterschiedlichen Beweisanforderungen (§ 286 oder § 287 ZPO) von Bedeutung. Richtigerweise sollten die Fälle, in denen es nur um vermögensrechtliche Auswirkungen *einer* sich fortentwickelnden Rechtsbeeinträchtigung geht (zB erhöhte Heilungskosten wegen Verschlimmerung des beim Unfall erworbenen Leidens), allein unter dem Gesichtspunkt der Haftungsausfüllung betrachtet werden, während in den Fällen, in denen es zu einer *weiteren* Rechtsbeeinträchtigung gekommen sein soll (zB Sturz infolge einer früheren Verletzung), dieselbe als neuer „konkreter Haftungsgrund" anzusehen ist.[268] Der Tod eines Unfallverletzten ist allerdings als *eine* Verletzung anzusehen, sodass für den Zusammenhang zwischen Verletzung und Tod die Regeln der Haftungsausfüllung gelten.[269] Wegen weiterer Einzelheiten s Rn 175 ff. Zur Anrechnung von Mitverschulden und Betriebsgefahr hinsichtlich des Zweitunfalls s § 22 Rn 5.

171 **d) Drittschäden.** Personen, die nicht unmittelbar von dem Verkehrsunfall betroffen wurden, können sich auf § 7 StVG nur berufen, wenn sie infolge eines unter diese Vor-

---

267 Vgl *Larenz* 349; *Mertens* 195 ff; *Lange/Schiemann* § 1 I.
268 *Arens* ZZP 88 (1975), 43; *Stoll* JZ 1972, 367 f u AcP 176 (1976), 193.
269 BGH NJW 1992, 3298.

schrift fallenden Unfalls mittelbar einen eigenen Körper- oder Sachschaden erlitten haben (näher Rn 185 ff). Sind sie dagegen ausschließlich in ihrem Vermögen betroffen, scheidet ein Ersatzanspruch nach § 7 StVG prinzipiell aus. Im Falle der Tötung gewährt § 10 Abs 2 StVG den Angehörigen jedoch einen eigenen Ersatzanspruch.

2. Allgemeine Zurechnungskriterien

Die Schadensfolge, für die Ersatz begehrt wird, muss **kausal** auf den Unfall zurückzuführen sein (sog haftungsausfüllende Kausalität).[270] Die Beschränkung auf **adäquate** Kausalverläufe (Rn 70) gilt auch (und gerade) hier: Schadensfolgen, die nur aufgrund eines ganz unwahrscheinlichen Geschehensablaufs durch den Unfall entstehen konnten, werden dem Schädiger nicht zugerechnet. Dies ist insbesondere in den Fällen mittelbarer Verursachung von Bedeutung (vgl Rn 175 ff).   **172**

Ob der **Schutzzweck der Haftungsnorm** neben der Adäquanz als weiteres Korrektiv zur Ausscheidung billigerweise nicht zurechenbarer Schadensfolgen heranzuziehen ist, ist streitig.[271] Anders als im Bereich der Haftungsbegründung, wo eine solche Begrenzung dem Merkmal „bei dem Betrieb" entnommen werden kann, ordnet § 7 Abs 1 StVG als Rechtsfolge des Unfalls den Ersatz des „daraus entstehenden Schadens" an. Die aus der Tötung, Körperverletzung oder Sachbeschädigung entstehenden Schadensfolgen vermögensrechtlicher Art sind somit ohne bereits in der Haftungsnorm angelegte Begrenzungen zu ersetzen. Die in der Rspr vorgenommenen Grenzziehungen sind stark einzelfallbezogen.   **173**

Generell gilt aber, dass nur Folgen, die auf der Verletzung eines der in § 7 StVG **geschützten Rechtsgüter** beruhen, zugerechnet werden können. Zu Recht hat BGHZ 27, 137 daher den Ersatz von Strafverteidigerkosten abgelehnt, die der bei einem Unfall Verletzte nach einem Freispruch mangels Beweises bzgl seiner eigenen Unfallbeteiligung von dem Unfallgegner begehrte: allerdings nicht, wie der BGH argumentierte, weil diese Kosten außerhalb des Schutzbereichs des Gesetzes lägen, sondern weil es sich nicht um eine Folge der Verletzung des Anspruchstellers handelte (vgl § 26 Rn 22).   **174**

3. Mittelbar verursachte Schäden beim Unfallbeteiligten

a) Folge- und Zweitunfälle. Kommt es als Folge des Unfalls zu einem weiteren Unfall iSv § 7 StVG, so handelt es sich bei diesem um einen neuen Haftungsgrund (vgl Rn 155). Gleichwohl kann der Geschädigte für ihn auch den Verursacher des Erstunfalls haftbar machen, sofern es sich nicht nach dem Maßstab der Adäquanz um einen davon gelöst zu betrachtenden Geschehensablauf handelt.   **175**

Zurechenbarkeit ist zu bejahen bei einem **Folgeunfall**, den der Geschädigte im unmittelbaren Anschluss an den Erstunfall deswegen erleidet, weil er zur Ermittlung des sich entfernenden Gegners aussteigt und aus Schrecken und Zeitdruck unaufmerksam die Fahrbahn überquert.[272] Ebenso ist es zu beurteilen, wenn ein Fußgänger infolge des bei einem Unfall erlittenen Schocks   **176**

---

270 *Palandt/Heinrichs* vor § 249 Rn 56; BGHZ 4, 196; BGH NJW 1969, 1708.
271 Bejahend zB *Palandt/Heinrichs* vor § 249 Rn 62, BGHZ 27, 137 = JZ 1958, 742 m Anm *Boehmer*, BGHZ 57, 137 = JZ 1972, 438 m Anm *Lieb*; abl zB *Larenz* § 27 III b 2; *Stoll* Kausalzusammenhang und Normzweck im Deliktsrecht (1968) 27 f.
272 BGH VersR 1977, 430.

in ein anderes Kfz rennt, während eine Zurechnung dann nicht stattfindet, wenn dieses Verhalten nicht auf einem Schock, sondern auf Trunkenheit oder grober Unachtsamkeit beruht.[273]

177 Wird ein Unfallverletzter, der sich neben der Fahrbahn aufhält, dort von einem Fahrzeug erfasst, dessen Fahrer aus Irritation über die Unfallstelle die Herrschaft über sein Fahrzeug verliert, so sind auch die dabei erlittenen schwereren Verletzungen dem Erstunfall zuzurechnen.[274]

178 Zurechenbar ist ein **Zweitunfall**, den der Verletzte beim Transport ins Krankenhaus erleidet, weil der Rettungswagen wegen hoher Geschwindigkeit und Ausübung seiner Sonderrechte besonderen Gefahren ausgesetzt ist, nicht aber der Unfall, der ihm beim Heimweg vom Krankenhaus zustößt. Der Gesichtspunkt der Gefahrerhöhung ist entscheidend auch bei Unfällen, die in einem inneren Zusammenhang mit der Reparatur des Unfallfahrzeugs stehen. Daher sind zB Unfälle, die bei der die Unfallreparatur abschließenden Testfahrt infolge eines übersehenen Defekts geschehen, in den Grenzen der Adäquanz zurechenbar, nicht aber ein Unfall, den der Überbringer des reparierten Fahrzeugs bei einer unerlaubten „Spritztour" verursacht.[275]

179 b) **Verschlimmerung der Unfallfolgen.** Wird durch ein sonstiges neues Ereignis die durch den Unfall herbeigeführte Schädigung vergrößert, so besteht – wie im Bereich der Haftungsbegründung (vgl Rn 83) – ein adäquater Zurechnungszusammenhang jedenfalls dann, wenn die Verschlimmerung durch ein „herausgefordertes" Verhalten des Geschädigten selbst oder ein „begünstigtes" Tätigwerden eines Dritten hervorgerufen wurde.

180 Dem Unfall **zuzurechnen** sind daher zB auch
 – die durch unsachgemäße Hilfeleistung Dritter am Unfallort hervorgerufene Verschlimmerung der Verletzungen;
 – der durch die Unfallverletzung bedingte Selbstmord des Verletzten[276] (bei grobem Missverhältnis zwischen dieser Reaktion und dem erlittenen Schaden wird die Bedingtheit allerdings zu verneinen sein);
 – ein Schlaganfall, den der Geschädigte dadurch erleidet, dass eine durch den Unfall hervorgerufene Erregung, die ihrerseits bereits den Grad einer (psychischen) Gesundheitsverletzung erreicht, durch das Verhalten des Schädigers bei der Unfallaufnahme infolge Bluthochdrucks zu einer Gehirnblutung führt;[277]
 – die Folgen unrichtiger ärztlicher Behandlung des Verletzten, außer bei besonders grobem Kunstfehler des Arztes;[278]
 – die Erblindung des Verletzten, wenn bei ihm durch eine Kopfverletzung eine schizophrene Psychose ausgelöst wurde und er sich in diesem Zustand die Augen verletzt hat;[279]
 – die Verschlimmerung des unfallbedingten Nervenleidens durch die Erregung über den hartnäckigen Widerstand des Ersatzpflichtigen gegen die begründeten Schadensersatzforde-

---

273 BGH VersR 1970, 61.
274 OLG Saarbrücken NZV 1999, 510.
275 OLG Düsseldorf NZV 1995, 20.
276 Vgl RG VAE 1937, 182; BGH NJW 1958, 1579; OLG Hamm r+s 1997, 65 (10 Jahre nach dem Unfall).
277 Anders BGHZ 107, 359 = JZ 1989, 1069 m Anm *v Bar* = JR 1990, 112 m Anm *Dunz*, wo allerdings nach der etwas unklaren Begr der Gesundheitsschaden „erst eigentlich" durch die Vorkommnisse nach dem Unfall ausgelöst worden ist (näher hierzu Rn 73).
278 RGZ 102, 230; 140, 9; RG JW 1937, 990; BGH NJW 1963, 1672; 1965, 1177; OLG Celle VM 1957, 71; OLG Hamm VersR 1996, 585 (auch zur Frage des Innenausgleichs).
279 BGH VersR 1969, 160.

rungen (anders, wenn die lange Dauer des Verfahrens vom Verletzten selbst durch seine maßlosen Forderungen verursacht war);[280]
- die Verletzung bei einem Sturz, der auf die unfallbedingte Beinamputation zurückzuführen ist;[281]
- Verletzungen, die der Geschädigte bei einem zweiten Unfall nur deshalb erleidet, weil die Primärverletzungen noch nicht voll verheilt waren;[282]
- die Zeugungsunfähigkeit infolge Schädigung eines Hodens und späterer Verletzung des anderen;[283]
- der Tod des Verletzten durch Artilleriebeschuss, weil er infolge der unfallbedingten Beinamputation den Bunker nicht schnell genug erreichte.[284]

Nicht zuzurechnen ist dagegen zB **181**
- der Tod des Verletzten, wenn er durch eine nicht unfallbedingte Operation verursacht wurde, die gelegentlich der Behandlung der Unfallverletzung durchgeführt wurde;[285]
- der Tod des Verletzten infolge einer Grippeinfektion in der Klinik;[286]
- der Vermögensnachteil, den der Geschädigte dadurch erleidet, dass er bei einem Unfall mit dem Ersatzwagen infolge falscher Beratung durch den Autovermieter geringere Leistungen aus der Unfallversicherung erhält als er bei einem Unfall mit dem eigenen Wagen erhalten hätte;[287]
- die Sturzverletzung, die sich der vom Unfall selbst nicht körperlich betroffene Eigentümer des beschädigten Fahrzeugs bei der Schadensbesichtigung zuzieht.[288]

Der Erstschädiger haftet aber auch dann, wenn noch bestehende Verletzungsfolgen **182** möglicherweise erst durch einen **späteren selbständigen Unfall** zum Dauerschaden verstärkt worden sind; kann die Mitursächlichkeit des zweiten Unfalls gem § 287 ZPO erwiesen werden, haftet der Zweitschädiger nach schwer begründbarer Rspr des BGH gesamtschuldnerisch mit.[289] Besteht allerdings der Beitrag des Erstunfalls zum endgültigen Schadensbild nur darin, dass eine anlagebedingte Neigung des Geschädigten zu psychischer Fehlverarbeitung geringfügig verstärkt wird, reicht das nicht aus, um eine Haftung des Erstschädigers für die Folgen des Zweitunfalls zu begründen.[290]

c) Rechtswidrige Eingriffe. Auch **rechtswidriges Verhalten**, zu dem sich Dritte auf- **183** grund der durch den Unfall geschaffenen Lage verleiten lassen, kann in adäquat kausalem Zusammenhang mit dem Betrieb des Kfz stehen.

Der Halter haftet daher zB wenn Teile der Ladung aus einem nach Verkehrsunfall ungesichert **184** liegengebliebenen Lkw entwendet werden[291] oder wenn Tiere gestohlen werden, die nach der

---

280 RG LuK 1926, 110.
281 RGZ 119, 204; BGH VersR 1971, 443; vgl auch österr OGH ZVR 1989, 223 (Knieverletzung).
282 OLG Hamm NZV 1995, 282: Refraktur des Unterschenkels.
283 OLG München VersR 1997, 577.
284 **AA** BGH NJW 1952, 1010; wie hier *U Huber* JZ 1969, 682; *Kramer* JZ 1976, 344.
285 BGHZ 25, 86; BGH VersR 1968, 773; OLG Düsseldorf DAR 1991, 147.
286 **AA** RGZ 105, 264.
287 OLG Frankfurt NZV 1995, 354.
288 LG Aachen VersR 1985, 1097 LS.
289 BGH NJW 2002, 504. Krit auch *T Müller* NJW 2002, 2841 f, der aber unter unzutr Heranziehung von § 830 Abs 1 S 2 BGB zum selben Ergebnis kommt.
290 BGH NJW 2004, 1945.
291 BGHZ 58, 166; NJW 1997, 865.

Erster Teil. Haftung ohne Verschuldensnachweis

unfallbedingten Schädigung des Weidezauns entlaufen sind.[292] Das Abhandenkommen von Wertsachen aus dem verschlossenen Handschuhfach,[293] aus polizeilichem Gewahrsam[294] oder während des Krankenhausaufenthalts[295] ist dagegen nicht mehr zurechenbar.

4. Mittelbar verursachte Schäden bei Dritten

185 **a) Allgemeines.** Der Kfz-Halter haftet nach § 7 StVG auch für Schäden, die infolge des Unfalls – in adäquater Weise – bei unbeteiligten Personen entstanden sind. Voraussetzung ist allerdings, dass der Dritte nicht nur in seinem Vermögen, sondern in einem der in § 7 StVG genannten Schutzgüter betroffen ist (vgl Rn 28). Dagegen braucht seine Schädigung nicht die Merkmale eines Unfalls iS obiger Begriffsbestimmung (Rn 26) zu erfüllen; sie muss lediglich von einem solchen ausgehen. Unerheblich ist auch, ob die Schädigung dem Schutzzweck des § 7 StVG zuzurechnen ist:[296] diese Frage ist lediglich für den Erstunfall von Belang. Die Zurechnung mittelbar verursachter Schäden bei Dritten ist folglich im Prinzip nicht anders abzugrenzen als die von Folgeschäden beim Unfallbeteiligten (Rn 175 ff); zusätzlich erforderlich ist lediglich die – beweisrechtlich zum konkreten Haftungsgrund zu rechnende – eigene Rechtsgutverletzung beim Dritten. Sie liegt zB vor, wenn bei einem Unfall ein Schaltkasten zerstört wird und es infolge einer von den Stadtwerken fehlerhaft durchgeführten Notreparatur zu Störungen bei der Stromversorgung einer Gärtnerei und dadurch zu Schäden an Geräten und Pflanzen kommt.[297]

b) Einzelfälle

186 **aa) Schockschäden.** Bejaht wird die Zurechnung von der Rspr insbesondere, wenn ein naher Angehöriger eines schwer Verunglückten eine gesundheitliche (nervliche) Schädigung erleidet, weil er den Unfall mitansehen muss[298] oder durch die Nachricht von dem Unfall erschüttert wird.[299] Die ursprüngliche Beschränkung dieser Rspr auf tödliche Unfälle hat der BGH[300] zu Recht aufgegeben; die Nachricht von einem Unfall mit schweren Verletzungsfolgen ist in gleichem Maße geeignet, einen nahen Angehörigen erheblich zu schockieren. Für den Fall des unmittelbaren Miterlebens eines Unfalls sollte auch die Beschränkung auf nahe Angehörige aufgegeben werden, denn auch völlig fremde Personen können durch das Miterleben eines besonders schockierenden Unfalls einen Gesundheitsschaden erleiden.[301] Stets erforderlich ist, dass es sich um

---

292 BGH NJW 1979, 712.
293 KG NZV 2002, 41.
294 BGH NJW 1997, 865.
295 **AA** LG Mainz VersR 1999, 863.
296 **AA** BGHZ 58, 167; OLG Hamburg NJW 1991, 849.
297 Vgl OLG Hamburg NJW 1991, 849.
298 RG JW 1934, 2974; RG VAE 1938, 148; OLG München NJW 1959, 819 m Anm *Scherbauer*; LG Frankfurt NJW 1969, 2286.
299 RGZ 133, 271; BGHZ 56, 163; BGH NJW 1985, 1390 m Anm *Deubner* = MedR 1985, 275 m Anm *Dunz*; OLG Köln JW 1931, 1502.
300 NJW 1985, 1390 m Anm *Deubner* = MedR 1985, 275 m Anm *Dunz*.
301 MünchKomm/*Oetker* § 249 Rn 147; **aA** *Dunz* VersR 1986, 449; offengelassen von BGH VersR 1986, 242.

eine echte Gesundheitsschädigung handelt (vgl Rn 36 ff); Beeinträchtigungen ohne Krankheitswert, wie sie nahe Angehörige erfahrungsgemäß bei Todesnachrichten erleiden, reichen nicht aus.[302]

Bei der psychischen Beeinträchtigung einer Schwangeren, die zur Schädigung des Ungeborenen führt, kommt es nicht auf den Grad ihrer persönlichen Beeinträchtigung an, sondern darauf, ob der Gesundheitsschaden, der das Ungeborene getroffen hat, den Rahmen dessen übersteigt, was ein Kind im Mutterleib durch die Teilnahme am Lebensschicksal und der jeweiligen Befindlichkeit der Mutter erleidet.[303] War der Unfallbeteiligte nur geringfügig verletzt worden, so liegt kein adäquater Kausalzusammenhang zwischen dem Unfall und dem Tod eines nahen Angehörigen vor, der sich über die Körperverletzung unnötig und unvorhersehbar erregt hat.[304] **187**

bb) Bei **Beschädigung von Anliegergrundstücken** (Gehweg, Radweg, Grünstreifen, Vorgarten oä) durch Fahrzeuge, die durch den Unfall an der Durchfahrt gehindert werden und die Unfallstelle unter Benützung angrenzender Flächen umfahren, ist die Zurechnung ebenfalls zu bejahen. Der BGH lehnt sie allerdings unter Berufung auf eine „wertende Betrachtung", der zufolge diese Schäden nicht vom Schutzzweck des § 7 StVG und des § 823 BGB umfasst seien, ab.[305] **Straßenschäden**, die der zur Bergung eines Unfallfahrzeugs eingesetzte Kranwagen hervorruft, sind in gleicher Weise zuzurechnen.[306] **188**

cc) Hilfeleistung. Die Schädigung eines Unfallhelfers oder Hilfswilligen aus Anlass seiner (beabsichtigten) Hilfeleistung (zB er verletzt sich beim Hinzueilen oder beim Bergen von Unfallopfern, seine Kleidung wird verschmutzt) ist dem für den Unfall Haftpflichtigen zuzurechnen.[307] Ob die Hilfeleistung erfolgreich oder auch nur erfolgversprechend war, ist ohne Belang; für völlig sinnlose Überreaktionen, mit denen vernünftigerweise nicht gerechnet werden kann, ist allerdings mangels Adäquanz nicht einzustehen. Ebenso besteht keine Zurechenbarkeit, wenn der Schaden nur zufällig bei Gelegenheit der Hilfeleistung eintritt, also nicht auf einem durch sie gesteigerten Risiko beruht.[308] Ein Missverhältnis zwischen dem ursprünglichen und dem durch die Hilfeleistung hervorgerufenen Schaden tangiert die Ersatzpflicht nur dann, wenn es voraussehbar und die Hilfeleistung damit unsinnig und inadäquat war. **189**

Springt eine Mutter aus dem im Hochparterre gelegenen Küchenfenster, weil sie beobachtet, wie ihr spielendes Kind von einem rückwärts fahrenden Pkw mitgeschleift wird, soll die beim Sprung erlittene Verletzung aber zurechenbar sein.[309] **190**

---

302 BGHZ 56, 163; BGH VersR 1984, 439; OLG Frankfurt NZV 1991, 270; KG NZV 2005, 315.
303 RGZ 133, 271; BGHZ 56, 163; BGH NJW 1985, 1390 m Anm *Deubner* = MedR 1985, 275 m Anm *Dunz*; OLG Köln JW 1931, 1502.
304 OLG Dresden VAE 1942, 51.
305 BGHZ 58, 162; ihm folgend *Larenz* § 27 III b 5, *Esser/Schmidt* § 33 II 2 b; iErg auch MünchKomm/*Oetker* § 249 Rn 154; wie hier OLG Bremen VersR 1970, 424; LG Düsseldorf NJW 1955, 1031; *Palandt/Heinrichs* vor § 249 Rn 76.
306 LG Oldenburg NZV 1993, 156.
307 RGZ 50, 223; 164, 125; OLG Stuttgart NJW 1965, 112; OLG Karlsruhe VersR 1991, 353.
308 OLG Köln NJW-RR 1990, 669: Stolpern auf dem Weg zur Notrufsäule.
309 OLGR München 1993, 243.

191 Entsteht durch das Eingreifen des Helfers einem Unbeteiligten ein Schaden (zB der Helfer nimmt Decken von einer Wäscheleine, um Flammen zu ersticken), so umfasst die Haftpflicht auch diesen. Auch der Schaden, der dadurch entsteht, dass ein Rettungshubschrauber Weidetiere in Panik versetzt, ist daher dem Unfallverursacher zuzurechnen.[310]

192 Zur Verantwortlichkeit für einen Zweitunfall aus Anlass der Rettung vgl Rn 93, zur Haftung bei Verfolgung von Unfallflüchtigen Rn 90.

193 **dd) Organspende.** Spendet eine Mutter zur Rettung ihres verletzten Kindes eine Niere, so hat sie einen eigenen Schadensersatzanspruch gegen den Verletzten,[311] denn ihr Opfer wurde durch die Verletzung des Kindes „herausgefordert" (vgl Rn 89).

194 **ee) Folgeunfälle**, die sich wegen des Erstunfalls ereignen, sind – abgesehen von ganz außergewöhnlichen Abläufen – dem die Kettenreaktion Auslösenden zuzurechnen.

195 Dies gilt zB für Kollisionen mit verunglückten Fahrzeugen,[312] für Unfälle durch verständliche Fehlreaktionen auf das Gewahrwerden der Unfallstelle,[313] für Auffahrunfälle im unfallbedingten Stau, für Unfälle durch Ausweichen vor einem wegen unfallbedingter Straßensperre anhaltenden Fahrzeug[314] oder wenn durch den Erstunfall ein Weidezaun beschädigt wurde und durch entlaufende Tiere weiterer Schaden entsteht.[315] Gerät durch einen Unfall auf der BAB ein Hindernis (Fahrzeugteil, Leitplanke) auf die Gegenfahrbahn und kommt es dadurch dort zu einem Auffahrunfall, so ist dieser dem Erstunfall zurechenbar.[316] Für einen durch Ablenkung oder Schaulust verursachten Unfall auf der Gegenfahrbahn ist die Zurechenbarkeit dagegen zu verneinen. Zu weiteren Einzelfällen s Rn 155 ff.

5. Selbständige Weiterentwicklung von Unfallfolgen

196 Für die selbständig, dh nicht durch Vermittlung eines neuen Ereignisses hervorgerufene Erweiterung des Schadensumfangs ist die Zurechnung, in den Grenzen der Adäquanz, zu bejahen. Dies gilt zB, wenn eine Augenverletzung allmählich zur Erblindung führt, wenn ein durch Nervenverletzung gelähmtes Bein atrophisch wird oder ein Gelenk mangels Benutzbarkeit versteift. Auch für die Folgen einer den Verletzten wegen der Verletzung befallenden Infektionskrankheit (zB Grasbrand, Wundstarrkrampf, Wundrose) hat der Ersatzpflichtige einzustehen.[317]

197 Führen die Unfallverletzungen zu **psychischen Folgeschäden**, so sind auch deren Auswirkungen dem Unfallhaftpflichtigen zuzurechnen, soweit sie nicht (was idR sachverständiger Beurteilung bedarf)[318] auf einer unangemessenen Erlebnisverarbeitung beruhen.[319] Dies kommt insbesondere bei ganz geringfügigen Primärverletzungen in

---

310 AA LG Hannover VersR 1986, 48.
311 BGH VersR 1987, 1040 = JZ 1988, 152 m Anm *Stoll* = JR 1988, 199 m Anm *Giesen*; OLG Schleswig VersR 1987, 915.
312 BGH VersR 1975, 1026; OLG Düsseldorf SP 1999, 117.
313 OLG Saarbrücken NZV 1999, 510.
314 BGH NZV 2004, 243, 244. Zu eng OLG Karlsruhe NZV 1991, 269.
315 BGH NJW 1979, 712; OLG Celle VersR 1965, 903.
316 OLG Koblenz NZV 1999, 129.
317 RG DAR 1931, 281.
318 BGH VersR 1997, 752; NZV 2000, 121.
319 BGH VersR 1963, 261; 1968, 396; 1970, 272; aus medizinischer Sicht *Dahlmann* DAR 1992, 325; zu psychischen Veränderungen nach HWS-Verletzung BGH NZV 1998, 110, 111; OLGR Hamm 1995, 210; *Ritter* DAR 1992, 47.

Betracht,[320] dh solchen, die üblicherweise den Verletzten nicht nachhaltig beeindrucken, weil er schon aufgrund des Zusammenlebens mit anderen Menschen daran gewöhnt ist, vergleichbaren Störungen seiner Befindlichkeit ausgesetzt zu sein.[321] Dass sich die Neurose nur infolge einer besonderen seelischen Labilität entwickelt hat, schließt den Ersatzanspruch nicht aus,[322] kann sich aber bei der Bemessung des Schmerzensgelds anspruchsmindernd auswirken[323] (s a Rn 204).

Für die sog **Begehrensneurose** (Rentenneurose), dh die Neurose, die ausschließlich[324] durch die Aussicht auf Entschädigung und Rentenzahlung hervorgerufen wird, ist nach der Rspr des BGH unabhängig davon, ob dem Geschädigten eine Überwindung seiner Fehlhaltung möglich wäre, kein Ersatz zu leisten, weil es dem Sinn des Schadensersatzanspruchs widerspräche, wenn gerade durch die Tatsache seines Bestehens die Wiedereinführung in den sozialen Lebens- und Pflichtenkreis erschwert oder gar unmöglich gemacht würde.[325] **198**

Dagegen kann bei einer **Konversionsneurose** (Umwandlung eines seelischen Konflikts in körperliche Störungen), bei der das Unfallgeschehen unbewusst zum Anlass genommen wird, latente innere Konflikte zu kompensieren, eine Zurechnung nicht wegen Zweckwidrigkeit des Schadensersatzes verneint werden.[326] Eine die Zurechenbarkeit ausschließende „unangemessene Fehlverarbeitung" liegt aber vor, wenn der Unfall nur zufälliger, auswechselbarer Anlaß war, sich letztlich also nur das allgemeine Lebensrisiko verwirklicht hat.[327] **199**

Zuzurechnen ist auch eine **Drogensucht**, die sich aus den schwerwiegenden Dauerfolgen einer Unfallverletzung entwickelt.[328] Dagegen ist eine Zurechnung zu verneinen, wenn sich die Alkoholabhängigkeit einer Frau nach dem Unfalltod ihres Ehemannes nur deshalb verschlimmert, weil dieser nicht mehr stabilisierend auf sie einwirken kann.[329] **200**

6. Schadensbegünstigende Konstitution

Die Zurechenbarkeit wird nicht dadurch ausgeschlossen, dass es zu einer bestimmten Schadensfolge oder zu dem gegebenen Ausmaß des Schadens nur infolge einer beson- **201**

---

320 BGHZ 132, 341, 346; 137, 142.
321 BGHZ 137, 142, 147 (Schädelprellung mit HWS-Schleudertrauma fällt nicht darunter).
322 BGHZ 132, 341, 345; VersR 1986, 241; NZV 1993, 225; 1998, 110, 111; OLG Hamm NZV 1997, 272; 2002, 171.
323 OLG Braunschweig VersR 1999, 201.
324 Nach BGHZ 137, 142, 150 ff (m Nachw aus dem medizinischen Schrifttum) kann diese Feststellung nur mittels sachkundiger Erfassung der neurotischen Störung getroffen werden.
325 BGHZ 20, 142; 132, 341, 346; BGH NJW 1965, 2293; VersR 1968, 373; 1968, 396; 1979, 719; 1997, 752, 753; NZV 1997, 302; einschr *Lange/Schiemann* § 3 X 2 d; abw *Stürner* JZ 1984, 416.
326 BGHZ 137, 142, 150.
327 BGH VersR 1986, 240, 242, 448 m Anm *Dunz*; NZV 1993, 225; OLG Hamm ZfS 1996, 51.
328 OLG Koblenz NZV 2005, 317; österr OGH ZVR 1995, 181.
329 BGH VersR 1984, 439; krit hierzu *Grunsky* JZ 1986, 172.

deren Schadensanfälligkeit der Person oder Sache gekommen ist.[330] Der Kfz-Halter, der das haftungsbegründende Risiko geschaffen hat, kann sich nicht mit dem Hinweis auf die besondere Konstitution des verletzten Rechtsguts entlasten. Er hat es auch sonst so zu nehmen wie es ist, also zB je nach dem Wert der Sache oder dem Einkommen des Verletzten mehr oder weniger Schadensersatz zu leisten. Die Grenze der Zurechnung wird auch hier durch das Merkmal der Adäquanz gezogen.[331] Eine „richtunggebende Verschlechterung" (iSd sozialgerichtlichen Rspr) wird für die haftungsrechtliche Zurechnung nicht gefordert; die Mitverursachung der Verschlimmerung reicht aus.[332]

202 Die Haftung erstreckt sich daher zB
- auf die Minderung der Erwerbsfähigkeit, die sich daraus ergibt, dass der Verletzte infolge eines bereits vorhandenen – bis dahin die Erwerbsfähigkeit nicht beeinträchtigenden – Leidens die unmittelbaren Unfallfolgen nicht auszugleichen vermag;[333]
- auf die Dauerfolgen eines Verrenkungsbruchs, die nur wegen einer früheren Beinverletzung aufgetreten sind;[334]
- auf die Auswirkungen einer beim Unfall erlittenen Gehirnerschütterung, wenn diese außergewöhnlich schwer sind, weil der Verletzte früher einmal einen Schädelbruch erlitten hatte;[335]
- auf die Erwerbsunfähigkeit, die darauf zurückzuführen ist, dass sich eine (bei älteren Menschen häufig vorhandene) geringfügige Arteriosklerose, die bis dahin keine Behinderung im Erwerbsleben darstellte, durch die unfallbedingte Bettruhe und Verabreichung schmerzlindernder Medikamente so verschlimmert, dass schwere Ausfallserscheinungen (Hirnleistungsschwäche) die Folge sind;[336]
- auf die Zeugungsunfähigkeit wegen Verletzung des nach früherer Verletzung einzigen Hodens.[337]

203 Für Auswirkungen **psychischer Konstitutionsmängel** gilt Vorstehendes in gleicher Weise.[338] Zuzurechnen sind daher grundsätzlich auch Verletzungsfolgen, die auf einer psychischen Anfälligkeit beruhen (s Rn 197).

204 Für die **Höhe des Schadensersatzes** kann die Schadensanlage aber eine Rolle spielen. Die auf der besonderen Anfälligkeit beruhenden Risiken können bei der Bemessung des Schmerzensgeldes,[339] sowie bei der Ermittlung künftigen Verdienstausfalls,[340] ggf in Form prozentualer Abschläge.[341] Berücksichtigung finden. Ihre Grundlage findet

---

330 RGZ 155, 41; 159, 260; 169, 120; BGHZ 20, 139; 56, 165; BGH VersR 1959, 811; 1962, 351; 1966, 737; NJW 1974, 1510; NZV 2005, 461, 463; OLG Celle VersR 1981, 1057 m Anm *Schulze*.
331 Vgl zu einem Fall ganz außergewöhnlicher Schadensanlagen OLGR Frankfurt 1994, 242, wo allerdings mit dem Schutzzweck argumentiert wird.
332 BGH NZV 2005, 461.
333 BGH VersR 1959, 811; 1966, 737.
334 BGH VersR 1964, 49.
335 BGH VersR 1969, 802.
336 BGH VersR 1969, 802.
337 OLG München VersR 1997, 577, 579.
338 RGZ 75, 19; BGHZ 132, 341; BGH NZV 2005, 461, 463; OLG Frankfurt JZ 1982, 201 m Anm *Stoll*; *Lange/Schiemann* § 3 X 1 a; **aA** *Stoll* Gutachten zum 45. DJT (1964) 20.
339 BGH NJW 1997, 455.
340 BGHZ 137, 142 = JZ 1998, 680 m Anm *Schiemann*.
341 Krit *Heß* NZV 1998, 403.

diese Kürzung im Ermessen nach § 847 BGB bzw in der Prognoseentscheidung nach § 252 BGB.[342]

7. Der Schaden als Bemessungsgrundlage des Schadensersatzes

a) Allgemeines. Unter dem zu ersetzenden Schaden ist die aus der Beschädigung von Körper oder Sache folgende Einbuße auf Seiten des Geschädigten zu verstehen. Dabei geht es, sofern nicht ausnahmsweise die Ersatzfähigkeit immaterieller Einbußen gesetzlich angeordnet ist (vgl § 253 Abs 2 BGB, § 11 S 2 StVG), um Einbußen im Vermögensbestand, im Grundsatz also um die Differenz zwischen dem jetzigen Wert des Vermögens und jenem, der ohne die Schädigung bestehen würde (so Rn 167). **205**

Diese Differenz kann nicht rein rechnerisch ermittelt werden. Ob eine Beeinträchtigung des Verletzten überhaupt als Vermögenseinbuße zu werten ist, erfordert oftmals wertende Entscheidungen. So lässt sich etwa die Frage, ob der vorübergehende Entzug der Gebrauchsmöglichkeit einer Sache einen „Schaden" darstellt, allein aufgrund natürlicher Betrachtungsweise nicht beantworten. Es ist deshalb im Prinzip allgemein anerkannt, dass bei der Abgrenzung des Schadensbegriffs auch rechtliche Wertungen zu berücksichtigen sind.[343] **206**

Wenn insoweit von einem „normativen" Schadensbegriff die Rede ist, sollte dieser allerdings nicht in einem Gegensatz zum Schadensbegriff iS der Differenzhypothese gesehen werden.[344] Auch für die Lehre vom normativen Schadensbegriff ist Grundlage der hypothetische Vermögensvergleich; sie beeinflusst diesen lediglich insoweit, als sie bestimmt, welche Positionen in den Vergleich einzubeziehen sind. Es handelt sich somit weniger um eine Korrektur als um eine Überformung oder Ergänzung der Differenzhypothese durch normative Wertungen.[345] **207**

Die wichtigsten Fragestellungen aus diesem Bereich betreffen die Berücksichtigung subjektiver Wertschätzungen (sog Affektionsinteresse, Rn 209), hypothetischer Schadensverläufe (Rn 210 ff), nutzloser Aufwendungen (Rn 216 f), Vorsorgeaufwendungen (Rn 218 ff) sowie den Ausgleich von Vorteilen (Rn 221 ff). Aber auch bei einer Reihe von einzelnen Schadenspositionen bedarf es normativer Wertungen (vgl zB zum Entzug von Gebrauchsvorteilen § 25 Rn 50 ff, zur Einbuße von Freizeit und Urlaub § 29 Rn 175, zum Aufwand für die Abwicklung des Schadens § 26 Rn 26 ff, zum Verdienstausfall bei Lohnfortzahlung § 29 Rn 67 ff, zur Berücksichtigung überpflichtmäßiger Anstrengungen § 28 Rn 87 u § 29 Rn 104, zum Ersatzanspruch bei Hinderung an der Haushaltsführung § 29 Rn 145 ff). **208**

b) Affektionsinteresse. Ein besonderer Liebhaber- oder Erinnerungswert der Sache für den Geschädigten ist immaterieller Schaden und damit nach § 253 Abs 1 BGB nicht zu ersetzen. Wo aber die Grenze zum erstattungsfähigen Vermögensschaden liegt, kann im Einzelfall, zB bei der Beeinträchtigung von Annehmlichkeiten, Genüssen oder der Gebrauchsmöglichkeit einer Sache, fraglich sein (vgl § 26 Rn 50 ff). Auch bei der Be- **209**

---

342 BGHZ 137, 142 = JZ 1998, 680 m insoweit abl Anm *Schiemann*, der auf § 254 BGB rekurriert.
343 BGHZ 43, 381; 50, 305 (GrS); 51, 111; 54, 47; 71, 240; 74, 231; 75, 366; *Palandt/Heinrichs* vor § 249 Rn 13; *Honsell/Harrer* JuS 1991, 442.
344 S a MünchKomm/*Oetker* § 249 Rn 23.
345 *Deutsch* Rn 785; *Selb* KF 1964, 3; *Steffen* NJW 1995, 2057.

urteilung der Verhältnismäßigkeit von Wiederherstellungskosten können immaterielle Werte eine Rolle spielen,[346] so zB bei Verletzung eines Tieres (vgl § 24 Rn 33).

210 c) **Überholende Kausalität.** Wäre derselbe Schaden, der durch den Unfall entstanden ist, durch ein späteres Ereignis ebenfalls verursacht worden, so berührt dies die Ersatzpflicht dem Grunde nach nicht (vgl Rn 78). Es kann sich aber auf die Bemessung solcher Ersatzleistungen auswirken, bei denen der Zeitfaktor eine Rolle spielt, wie bei Erwerbsminderungen, entgangenen Gebrauchsvorteilen, Rentenzahlungen usw.[347] Für den unmittelbaren Schaden an dem betroffenen Rechtsgut bleibt der Schädiger ersatzpflichtig[348] (zum Ausnahmefall der sog Schadensanlagen s Rn 212). Es würde eine unangemessene Begünstigung des Schädigers darstellen, wenn die Einstandspflicht für den tatsächlich entstandenen Schaden durch das spätere Ereignis wieder entfiele.

211 Ist also zB das bei einem Verkehrsunfall beschädigte und teilweise unbenutzbar gewordene Haus wenige Tage später durch eine (nicht unfallkausale) Explosion vollends zerstört worden, so haftet der Halter des Unfallfahrzeugs gleichwohl für den von ihm angerichteten Gebäudeschaden, für etwaige Mietausfälle aber nur bis zum Zeitpunkt der Explosion.

212 d) **Schadensanlagen.** Wäre der durch den Unfall verursachte Schadenserfolg aufgrund eines bereits im Unfallzeitpunkt in dem betroffenen Rechtsgut angelegten Umstandes auch ohne den Unfall alsbald eingetreten, so ist dies zwar nicht bei der Schadenszurechnung (s Rn 78 ff), wohl aber bei der Schadensbemessung zu berücksichtigen.[349] War also der überfahrene Hund ohnehin kurz vor dem Verenden, die zum Einsturz gebrachte Mauer bereits baufällig oder der beschädigte Pkw schon vorher schrottreif, so ist der Ersatzanspruch des Geschädigten entsprechend geringer oder gänzlich ausgeschlossen. Dies folgt aus dem nach der Differenzhypothese anzustellenden Vermögensvergleich, in den das bereits mit einer Schadensanlage versehene Rechtsgut mit einem entsprechend verringerten Wert eingeht.

213 Bei **Körper- und Gesundheitsverletzungen** ist eine solche Betrachtungsweise nur begrenzt möglich. Trug der Verletzte bereits die Anlage einer künftigen Krankheit in sich, die dann infolge des Unfalls lediglich früher ausbrach, so sind ihm gleichwohl die Heilbehandlungskosten und sonstigen Einbußen bis zu dem Zeitpunkt zu ersetzen, zu dem die Krankheit ohnehin ausgebrochen wäre.[350]

214 Die Schadensanlage kann nur berücksichtigt werden, wenn **feststeht**, dass sie nach aller Erfahrung den nämlichen Erfolg wie der Unfall herbeigeführt hätte; die bloße Möglichkeit genügt nicht.[351] Die (nach § 287 ZPO gemilderte) Beweislast hierfür trägt somit der Schädiger.[352]

---

346 *Grunsky* 25 Jahre KF 101.
347 BGHZ 10, 6; 29, 215; 125, 56; *Larenz* § 30 I; *Deutsch* Rn 183 f; *Palandt/Heinrichs* vor § 249 Rn 103.
348 BGHZ 29, 215; 125, 56; BGH VersR 1969, 803; *Larenz* § 30 I; *Deutsch* Rn 183 f; *Palandt/Heinrichs* vor § 249 Rn 102; **aA** MünchKomm/*Oetker* § 249 Rn 207; *Esser/Schmidt* § 33 IV 1.
349 RGZ 129, 321; 156, 191; 169, 120; BGHZ 20, 280; 29, 215; *Larenz* § 30 I; *Esser/Schmidt* § 33 IV 2.
350 **AA** OLG Frankfurt NJW 1984, 1409 mit dem geradezu makabren Ergebnis, dass die Heilkosten bei einer Vorverlagerung der Krankheit um ein Jahr und lebenslanger Behandlung nur für das letzte Jahr vor dem Ableben des Verletzten zu ersetzen sind.
351 BGH VersR 1968, 804; 1969, 43; OLG Stuttgart VersR 1989, 643.
352 OLG Hamm NZV 2002, 171, 172.

Von den Fällen der Schadensanlage (dadurch gekennzeichnet, dass die Schadensfolge später ohnehin eingetreten wäre) sind die Fälle der **schadensbegünstigenden Konstitution** zu unterscheiden, in denen es zu einer Schadensfolge oder zu einer Erhöhung des Schadensumfangs nur deshalb kommt, weil der Unfall eine besonders veranlagte Person oder eine besonders beschaffene Sache betroffen hat. Hier geht es nicht um die Bewertung des beeinträchtigten Rechtsguts, sondern um die Frage, ob Schadensfolgen, zu denen es nur aufgrund einer diese begünstigenden Konstitution der unfallbetroffenen Person oder Sache kommen konnte, dem Schädiger zugerechnet werden können. Diese Frage ist, nach Maßgabe der durch das Adäquanzerfordernis gezogenen Grenzen, zu bejahen (vgl Rn 201 ff). Im Einzelfall können freilich auch beide Gesichtspunkte zusammentreffen.[353] **215**

e) **Nutzlos gewordene Aufwendungen** sind nach der sog Frustrationslehre[354] als Schaden anzusehen und zu ersetzen, dh solche Ausgaben, die der Geschädigte vor dem Schadensfall getätigt oder für die er den Rechtsgrund vor dem Schadensfall gesetzt hat, die sich dann aber infolge des Schadensfalls als nutzlos erweisen, wie zB Vorhaltekosten für das beschädigte Fahrzeug; Vorbereitungen für eine vereitelte Reise; Eintrittskosten für einen vereitelten Theaterbesuch; der Lohn für den infolge Beschädigung einer Maschine beschäftigungslosen Arbeiter. Diese Lehre ist – mit der Rspr – abzulehnen.[355] Da die Aufwendungen nicht durch den Unfall bedingt sind, können sie schon mangels Kausalität nicht als Vermögensfolgeschaden definiert werden. Als ein solcher sind allenfalls die mit den Aufwendungen erkauften und infolge des Unfalls verlorenen Äquivalente anzusehen,[356] also zB die Möglichkeit der Nutzung des Kfz, die Leistung des Reiseveranstalters, die Berechtigung zum Besuch der Vorstellung, die Möglichkeit zur Gewinnerzielung durch Einsatz des Arbeiters. Soweit diese Vorteile kommerzialisiert sind, ist der Geschädigte durch Ersatzleistung in den Stand zu setzen, sie sich erneut zu verschaffen; eine Abrechnung auf der Basis seiner (früheren) Aufwendungen hingegen ist abzulehnen. **216**

Wer also durch Beschädigung seines Kfz eine Theatervorstellung versäumt, kann den Preis für eine andere, gleichwertige Vorstellung ersetzt verlangen (selbst dann, wenn er eine Freikarte hatte). Ebenso sind die Kosten für einen Ersatzurlaub erstattungsfähig.[357] Für die Vereitelung der (durch Aufwendungen erkauften) Nutzbarkeit eines Kfz ist nur in Form der Kosten eines Ersatzfahrzeugs bzw – wenn man mit der hM bereits die abstrakte Gebrauchsmöglichkeit kommerzialisiert – in Form einer Nutzungsausfallentschädigung Ersatz zu leisten (vgl § 25 Rn 50 ff), für die Verhinderung der Produktivität eines Arbeiters durch Erstattung des entgangenen Gewinns.[358] Nicht ersatzfähig sind somit die Aufwendungen, die ein Rennfahrer tätigt, um an einem Rennen teilnehmen zu können, wenn er durch unfallbedingte Verletzungen an der Teilnahme verhindert wird.[359] **217**

---

353 Vgl OLG Frankfurt NJW 1984, 1409: Durch einen vom Schädiger veranlassten Sprung kommt es zur Verschlimmerung eines bereits vorhandenen Sanduhrneurinoms – Konstitutionsmangel –; dieses hätte ein Jahr später zu denselben Krankheitsfolgen geführt – Schadensanlage.
354 Vgl *Mertens* 159; *Deutsch* Rn 826 ff; *Löwe* VersR 1963, 307 u NJW 1964, 701.
355 BGHZ 55, 151; 65, 174; 66, 280; 71, 237; BGH VersR 1977, 967; 1978, 838; *Lange/Schiemann* § 6 IV; *Stoll* JZ 1971, 593 u 1976, 281; *Küppers* VersR 1976, 604; *Honsell/Harrer* JuS 1991, 448.
356 So auch *Esser/Schmidt* § 31 III 2.
357 BGHZ 63, 98; OLG Bremen VersR 1969, 929.
358 BGH VersR 1977, 965.
359 OLG Hamm MDR 1998, 535.

218 f) **Aufwendungen zur Schadensvorsorge** können entgegen der Rspr (s Rn 219) ebenso wie die nutzlos gewordenen Aufwendungen deswegen nicht als Schaden begriffen werden, weil sie nicht durch das schädigende Ereignis verursacht wurden.[360] Hatte der Geschädigte zB ein Reservefahrzeug für den Schadensfall bereitgestellt, so kann er die Aufwendungen hierfür nicht, auch nicht anteilig, ersetzt verlangen. Die Schadensvorsorge gehört in die Sphäre des Geschädigten, gleich ob er sie im eigenen Interesse an einem ungestörten Betriebsablauf oder – wie bei Verkehrsbetrieben – aufgrund gesetzlicher Verpflichtung zur Aufrechterhaltung des Betriebs (§ 21 Abs 1 PBefG) getätigt hat. Dass der Ersatzpflichtige, der sich einem derart vorsorgenden Gläubiger gegenüber sieht, hierdurch begünstigt wird – er braucht auch keinen Nutzungs- oder Gewinnausfall zu ersetzen, da ein solcher nicht entstanden ist[361] – vermag eine andere Beurteilung nicht zu rechtfertigen, denn der Grundsatz, dass der Schädiger den Geschädigten so zu nehmen hat, wie er ist, muss auch zugunsten des Schädigers gelten.[362]

219 Die Rspr erkennt demgegenüber seit BGHZ 32, 280 den auf die Einsatzzeit eines Reservefahrzeugs entfallenden Kapitalaufwand als Maßnahme zur Schadensminderung und damit als erstattungspflichtigen Schaden an, und zwar auch dann, wenn das Reservefahrzeug nicht nur für fremdverschuldete Ausfälle bereitgehalten wird.[363] Der Geschädigte wird nach dieser Rspr – entgegen einem Grundprinzip des Schadensersatzrechts – besser gestellt, als er ohne das schädigende Ereignis stünde.

220 In jedem Fall zu ersetzen sind jedoch Aufwendungen, die **nach dem Schadensereignis** zur Abwehr eines größeren Schadens getätigt wurden und die der Geschädigte oder ein Dritter, der ihn haftbar macht, nach Sachlage für erforderlich halten durfte[364] (zB für die Bewachung eines Unfallwracks mit wertvoller Ladung; Erdaushub nach Tankwagenunfall). Dies ergibt sich schon daraus, dass der Geschädigte nach § 254 Abs 2 BGB zur Schadensminderung verpflichtet ist, entsprechende Aufwendungen also in zurechenbarer Weise durch die Schädigung verursacht sind. Ob die Aufwendungen sich rückblickend als unnötig erweisen, ist ohne Bedeutung; entscheidend ist, ob sie aus der Sicht des Geschädigten für erforderlich gehalten werden durften.

221 g) **Vorteilsausgleichung.** Aus der für die Schadensberechnung anzustellenden Differenzrechnung (Vermögensstand mit und ohne schädigendes Ereignis) folgt auch, dass Vermögensvorteile, die der Geschädigte durch das Schadensereignis erlangt – sie können auch in ersparten Aufwendungen bestehen[365] – in Anrechnung zu bringen sind.

---

360 *Lange/Schiemann* § 6 VIII 4; *Larenz* § 29 II f; *Esser/Schmidt* § 32 III 2 b; *Deutsch* Rn 831 ff; *Niederländer* JZ 1960, 617; *Klimke* NJW 1974, 81; aA MünchKomm/*Oetker* § 249 Rn 194; *Palandt/Heinrichs* vor § 249 Rn 43; *Mertens* 190; *Beuthien* NJW 1966, 1996. Vgl auch *J Schmidt* JZ 1974, 73.
361 BGHZ 70, 199; BGH VersR 1978, 375; LG Offenburg VersR 1967, 243; *Lange/Schiemann* § 6 VIII 4 a.
362 *Lange/Schiemann* § 6 VIII 4 a.
363 BGHZ 70, 199; BGH NJW 1976, 286; vgl auch OLG Düsseldorf VersR 1961, 1024; OLG Bremen VersR 1981, 860; OLG Hamm NZV 1994, 227; ebenso österr OGH ZVR 1995, 304. Zur Berechnung der Vorhaltekosten BGH VersR 1978, 375; AG Bonn NZV 1998, 118 (Straßenbahnwagen); *Klimke* VersR 1982, 1024 u 1985, 720; *Danner/Echtler* VersR 1978, 99; 1984, 820; 1986, 717; 1988, 335; 1990, 1066.
364 *Palandt/Heinrichs* vor § 249 Rn 83; *v Caemmerer* VersR 1971, 973.
365 BGH VersR 1963, 931; KG VersR 1969, 190; MünchKomm/*Oetker* § 249 Rn 234 ff.

Der Vorteil muss gerade durch die Verletzung des Anspruchstellers verursacht worden sein. Daher ist es zB auf den Schadensersatzanspruch des Verletzten ohne Einfluss, dass bei demselben Unfall sein Bruder getötet wurde und er daher Alleinerbe seiner Mutter wird.[366]

Bloßer Kausalzusammenhang zwischen Unfall und Vorteil genügt allerdings nicht, um die Anrechenbarkeit zu begründen. Die Rspr verlangt neben dem Merkmal der Adäquanz,[367] welches hier nicht allein den Ausschlag geben kann,[368] zu Recht eine an Sinn und Zweck der Ersatzpflicht orientierte **Interessenabwägung**.[369] Diese kann im Einzelfall eine Kürzung des Ersatzanspruchs wegen eines zugleich erlangten Vorteils ungerechtfertigt erscheinen lassen, nämlich dann, wenn es mit dem Wesen des betreffenden Vorteils nicht vereinbar wäre, dass er eine Entlastung des Schädigers von seiner Ersatzpflicht bewirkt. Zumutbar soll die Kürzung des Anspruchs nur sein, wenn ein Zusammenhang zwischen Vorteil und Nachteil besteht, der beide zu einer Rechnungseinheit verbindet.[370] **222**

Die **Beweislast** für den auszugleichenden Vorteil trägt der Ersatzpflichtige.[371] **223**

8. Art des Schadensersatzes

a) Allgemeines. Steht fest, für welche Einbußen Schadensersatz zu leisten ist, so bleibt noch zu klären, in welcher Form dies zu geschehen hat. In Betracht kommt ein Wertausgleich in Geld (Kompensation, s Rn 234 ff) oder eine tatsächliche Wiederherstellung des vorherigen Zustands (Restitution, s Rn 225 ff). **224**

b) Naturalrestitution. Nach § 249 BGB ist Schadensersatz grundsätzlich durch Naturalrestitution zu leisten, dh es ist der Zustand herzustellen, der ohne das schädigende Ereignis bestünde. **225**

aa) Durchführung. Das Gesetz geht (in § 249 Abs 1 BGB) von der Wiederherstellung in natura als Regelfall aus. Bei Beschädigung vertretbarer, insbesondere fabrikneuer Sachen, kommt jedoch auch die Beschaffung einer entsprechenden Ersatzsache als Naturalrestitution in Betracht;[372] der BGH rechnet sogar die „Wiederbeschaffung" von Gebrauchtfahrzeugen hierher[373] (näher hierzu u zur Kritik an dieser Rspr § 24 Rn 9). **226**

Nach § 249 Abs 1 BGB ist die Wiederherstellung Sache des Schädigers. Abs 2 S 1 begründet jedoch eine **Ersetzungsbefugnis des Gläubigers**: Er kann bei den – hier allein interessierenden – Personen- und Sachschäden statt der Naturalherstellung den dazu **227**

---

366 Vgl BGH NJW 1976, 747.
367 BGHZ 8, 328; 10, 108; 49, 61; BGH NJW 1976, 747.
368 MünchKomm/*Oetker* § 249 Rn 95; *Lange/Schiemann* § 9 III 2; *Deutsch* Rn 842 ff; *Esser/Schmidt* § 33 V 3; *Cantzler* AcP 156 (1957), 51 ff.
369 BGHZ 8, 325, 328 f; 10, 108; 30, 33; 49, 62; 74, 113; 77, 151; BGH VersR 1979, 323. Zusammenfassend *Boelsen* BB 1988, 2187.
370 BGH NZV 2005, 39.
371 RG JW 1909, 455 Nr 8; BGH NJW 1983, 1053; *Lange/Schiemann* § 9 XIII.
372 Vgl *Lange/Schiemann* § 5 II 1.
373 BGH VersR 1972, 1024, 1025; BGH NZV 1992, 67 m krit Anm *Lipp*.

erforderlichen Geldbetrag verlangen, die Herstellung also, statt sie dem Ersatzpflichtigen zu überlassen, selbst in die Hand nehmen. Geldersatz kann er ferner verlangen nach Ablauf der zur Naturalherstellung gesetzten Frist (§ 250 BGB).

228 bb) Fiktive Abrechnung. Aus der Regelung des § 249 Abs 2 S 1 BGB, wonach der Geschädigte den zur Schadensbeseitigung „erforderlichen" Geldbetrag verlangen kann, leitet die hM[374] die (begrenzte) Zulässigkeit einer fiktiven Abrechnung ab: Auch solche Aufwendungen sind demnach grundsätzlich zu ersetzen, die der Geschädigte hätte machen dürfen, tatsächlich aber nicht gemacht hat, weil er auf eine (vollständige) Restitution verzichtet oder andere Formen des Schadensausgleichs gewählt hat. Diese mit erheblichen Abgrenzungs- und Abwicklungsproblemen behaftete Abrechnungsweise stößt vielfach auf Kritik.[375] Bei der Beratung des 2. SchRÄndG hat sich der Rechtsausschuss des Bundestags das Ziel einer Eindämmung der fiktiven Schadensabrechnung zwar ausdrücklich zu eigen gemacht, mit der Einfügung des § 249 Abs 2 S 2 BGB aber nur eine Minimallösung verwirklicht.[376] Weitergehende Regelungen wurden einer umfassenderen Reform des Schadensersatzrechts vorbehalten.[377]

229 In der Tat ist die der fiktiven Schadensabrechnung zugrunde liegende Auslegung des Tatbestandsmerkmals „erforderlich" nicht zwingend.[378] Mit den Materialien zu § 249 BGB aF lässt sich nur die Dispositionsfreiheit des Geschädigten, die beschädigte Sache nicht zu reparieren, sondern durch eine neue zu ersetzen,[379] nicht aber der Anspruch auf fiktive Reparaturkosten belegen.[380] Richtig ist auch, dass die von der realen Schadensbeseitigung losgelöste Schadensabrechnung mit dem schadensersatzrechtlichen Grundsatz des Bereicherungsverbots (§ 1 Rn 21) in Konflikt geraten kann: Das Schadensersatzrecht soll ausgleichen, nicht aber Gewinnchancen eröffnen,[381] nicht zu einer Überkompensation führen.[382] Der Dispositionsfreiheit des Geschädigten ist dadurch Rechnung getragen, dass er bei Verzicht auf die Wiederherstellung nicht etwa entschädigungslos bleibt, sondern die Minderung des Verkehrswerts seines beschädigten Gutes ersetzt bekommt.[383] Zu Recht wird darauf hingewiesen, dass die

---

374 BGHZ 54, 85; 61, 58; 61, 347; 63, 184; 66, 241; MünchKomm/*Oetker* § 249 Rn 348 ff; *Grunsky* NJW 1983, 2465 ff; *Karakatsanes* AcP 189 (1989), 19 ff; *Weber* VersR 1990, 934 ff u 1992, 527 ff; *Steffen* NZV 1991, 2 f; abw in der Begr *Lange/Schiemann* § 5 IV 2.
375 Vgl *Staudinger/Schiemann* § 249 Rn 224 ff; *Larenz* § 28 I; *Esser/Schmidt* § 32 I 2 a; *Picker* 9 ff; *Köhler* FS Larenz 349 ff; *Honsell/Harrer* JuS 1985, 162 ff u 1991, 443 ff; *Schiemann/Haug* VersR 2006, 160 ff; *Schiemann* in *Heß* (Hrsg) Wandel der Rechtsordnung (2003) 103, 111; *Otto* NZV 2001, 336 f; *Knütel* ZGS 2003, 17 f; *Greger* NZV 2000, 1 ff m Vorschlägen de lege ferenda.
376 BT-Drs 14/8780 S 19.
377 BT-Drs 14/7752 S 14.
378 Vgl hierzu eingehend *Picker* 22 ff; *Honsell/Harrer* JuS 1985, 163 ff.
379 So Prot I 296.
380 *Schiemann* in *Heß* (Hrsg) Wandel der Rechtsordnung (2003) 111; *Ch Huber* DAR 2000, 22; *Greger* NZV 2000, 2; *Otto* NZV 1998, 436; aA *Weber* VersR 1992, 534.
381 *Honsell/Harrer* JuS 1991, 445. Zum Bereicherungsverbot s auch *Esser/Schmidt* § 30 II 3 c; *Lange/Schiemann* Einl III 2 a; *Picker* 58 ff.
382 Diese Gefahr ist nach der Begr des Entwurfs des 2. SchRÄndG, BT-Drs 14/7752, S 13, aufgrund der bish Rspr gegeben.
383 *Köhler* FS Larenz 368 f; *Honsell/Harrer* JuS 1991, 445. Zu dem in der Rspr des BGH anzutreffenden Fehlgebrauch des Aspekts der Dispositionsfreiheit s *Haug* VersR 2000, 1471 ff.

fiktive Abrechnung zu einer Aufblähung der Schadensersatzleistungen[384] führt, die weithin zu Lasten der Versichertengemeinschaft geht, dass sie Schwarzarbeit und sicherheitsgefährdende Billigreparatur begünstigt und eine wesentliche Ursache für das Ausufern des Versicherungsbetrugs darstellt.[385]

Im Übrigen führt die hM das Prinzip, dass der erforderliche Geldbetrag unabhängig vom tatsächlich gewählten Weg der Restitution zu ersetzen ist, nicht konsequent durch (was ihre Überzeugungskraft nicht eben erhöht). So ist anerkannt, dass die fiktive Schadensabrechnung nicht zu ungerechtfertigten Begünstigungen des Geschädigten führen darf, wie sie sich ergeben können, wenn für den Fall realer Restitution entwickelte Grundsätze (zB die Toleranzgrenze für über dem Wiederbeschaffungswert liegende Reparaturkosten, der abstrakte Nutzungsausfall) unkritisch übertragen werden (vgl § 24 Rn 21 ff, § 25 Rn 50 ff). Auch sei zu beachten, dass die Grenze zum Ersatz immaterieller Schäden nicht überschritten wird, weshalb fiktive Heilungskosten zB nicht beansprucht werden können (§ 29 Rn 22). Für Sachschäden schließt der mit dem 2. SchRÄndG eingefügte § 249 Abs 2 S 2 BGB bei Unfällen ab 1.8.2002 den Ersatz fiktiver Umsatzsteuer aus. All dies hat zu einer beklagenswerten Uneinheitlichkeit des Schadensersatzrechts, zu Reibungsverlusten in der Schadensabwicklung und zur Zunahme von Rechtsstreitigkeiten geführt.[386] **230**

Einzelheiten zur fiktiven Schadensabrechnung werden bei den jeweiligen Schadensarten (§§ 23–29) behandelt. **231**

cc) **Bindung.** An die Wahl des Geldersatzanspruchs nach § 249 Abs 2 S 1 BGB ist der Geschädigte **gebunden**, dh er kann nicht mehr auf die Wiederherstellung durch den Schädiger zurückgreifen.[387] Hat er vom Schädiger Wiederherstellung verlangt, so kann er jedenfalls dann nicht mehr zum Geldersatzanspruch übergehen, wenn der Ersatzpflichtige bereits Dispositionen zur Herstellung getroffen hat.[388] **232**

dd) **Reichweite.** Ein **gesetzlicher Forderungsübergang** erfasst den Restitutionsanspruch im Ganzen, sodass nicht etwa die Ersetzungsbefugnis beim Geschädigten verbleibt.[389] Ebenso erfasst die **Rechtskraft** eines den Anspruch nach § 249 Abs 1 BGB abweisenden Urteils auch den Anspruch nach Abs 2 S 1, es sei denn die Abweisung gründe sich gerade auf die Form der Naturalherstellung.[390] **233**

c) **Kompensation.** Ausnahmsweise – nicht wahlweise[391] – kann der Geschädigte statt der Wiederherstellung eine Entschädigung für die in seinem Vermögen entstandene Wertdifferenz (zu deren Bestimmung § 23 Rn 8 ff) verlangen, wenn einer der in § 251 BGB geregelten Fälle vorliegt: **234**

aa) **Unmöglichkeit der Naturalherstellung** (§ 251 Abs 1 1. Alt BGB). Es ist gleich, ob sie auf rechtlichen oder tatsächlichen Gründen beruht, ob sie von Anfang an bestand oder erst nachträglich eingetreten ist und von wem sie zu vertreten ist (bei vorwerfbarer **235**

---

384 Vgl die Berechnungen bei *Geier* 34. VGT (1996), 181 u *Dornwald* 38. VGT (2000), 108 ff sowie *Ch Huber* DAR 2000, 23.
385 *Dornwald* 38. VGT (2000), 108; *Bollweg* NZV 2000, 188.
386 Sehr krit *Schiemann/Haug* VersR 2006, 166. Positive Aspekte dagegen bei *Wagner* NJW 2002, 2057 f.
387 BGHZ 121, 26; 66, 246; RG JW 1937, 1145; OLG Stuttgart VersR 1978, 189; Münch-Komm/*Oetker* § 249 Rn 342; einschr *Lange/Schiemann* § 5 IV 5.
388 OLG Düsseldorf ZfS 1995, 456.
389 BGHZ 5, 110; *Lange/Schiemann* § 5 IV 3.
390 *Lange/Schiemann* § 5 IV 3.
391 BGH NZV 1997, 117, 118.

Erster Teil. Haftung ohne Verschuldensnachweis

Herbeiführung durch den Geschädigten kommt allerdings uU § 254 Abs 2 BGB in Betracht).[392] Sie ist zB gegeben bei reinen Vermögensschäden (Verdienstausfall) und bei Zerstörung einer nicht vertretbaren Sache, zB eines einmaligen Bastlerstücks,[393] nach umstr Ansicht auch dann, wenn der Geschädigte auf eine Restitution verzichtet, zB durch ersatzlose Veräußerung der beschädigten Sache (dazu § 24 Rn 9).

236 Auch **subjektive Unmöglichkeit** (Unvermögen zur Wiederherstellung) kann zum Anspruch nach § 251 Abs 1 BGB führen, doch kann der Geschädigte hier auch nach § 249 Abs 2 S 1 BGB vorgehen.[394]

237 bb) **Unzulänglichkeit der Naturalherstellung** (§ 251 Abs 1 2. Alt BGB) ist insbesondere gegeben bei Unzumutbarkeit der Reparatur, zB wegen des erheblichen Ausmaßes der Schäden (vgl § 24 Rn 15 ff) oder zu langer Dauer.[395]

238 cc) Wenn die Herstellung nur mit **unverhältnismäßigen Aufwendungen** möglich ist, kann der Ersatzpflichtige den Geschädigten wahlweise in Geld entschädigen (§ 251 Abs 2 BGB). Unverhältnismäßig sind Aufwendungen dann, wenn sie unter Berücksichtigung berechtigter Belange des Gläubigers in keinem vernünftigen Verhältnis zum Herstellungserfolg stehen.[396] Bei dieser Abwägung können auch immaterielle Interessen des Geschädigten zu Buche schlagen.[397] Lehnt der Ersatzpflichtige den Herstellungsanspruch (berechtigt) ab, so kann der Geschädigte nur noch die Entschädigung, nicht etwa die Wiederherstellungskosten bis zur Grenze der Verhältnismäßigkeit beanspruchen.[398]

VI. Anspruchsberechtigung

1. Der Verletzte als Anspruchsberechtigter

239 a) **Begriff der Verletzten.** Verletzter iS des § 7 StVG ist derjenige, dessen Sache beschädigt oder dessen Körper oder Gesundheit verletzt worden ist. Nur den in dieser Weise Geschädigten steht ein Schadensersatzanspruch zu (Ausnahme: § 10 StVG für den Fall der Tötung).

240 Bei der Sachbeschädigung ist auch der berechtigte **Besitzer** (zB Mieter, Pächter, Nießbraucher, Leasingnehmer) „Verletzter", da § 7 StVG nicht auf das Eigentum abstellt,[399] vgl Rn 47. Der Leasingnehmer kann insbesondere Ersatz für den Ausfall der Nutzungsmöglichkeit (vgl § 25 Rn 48, 54) sowie für seinen Haftungsschaden (§ 27 Rn 7) beanspruchen. Entsprechendes muss für den Sicherungsgeber bei der Sicherungsübereignung gelten.[400] Zur Rechtslage bei Totalschaden vgl § 23 Rn 28.

---

392 *Lange/Schiemann* § 5 VI 1.
393 BGHZ 92, 85 = JZ 1985, 39 m Anm *Medicus*.
394 *Lange/Schiemann* § 5 VI 1.
395 *Lange/Schiemann* § 5 VI 2.
396 *Lange/Schiemann* § 5 VII 1.
397 MünchKomm/*Oetker* § 251 Rn 40.
398 BGH NJW 1972, 1800; *Lange/Schiemann* § 5 VII 6.
399 BGH VersR 1981, 161; OLG Kiel HRR 1938, Nr 673.
400 Vgl LG München I NZV 1999, 516 m Anm *Kunschert*.

Gesundheitsverletzung kann auch die Schädigung eines **Ungeborenen** sein; daher hat **241** das Kind einen Entschädigungsanspruch, welches infolge eines von der Mutter während der Schwangerschaft erlittenen Verkehrsunfalls oder Schockschadens geschädigt zur Welt kommt (s Rn 37).

Die Beeinträchtigung **sonstiger Rechte** (iS des § 823 Abs 1 BGB) führt nicht zur Er- **242** satzpflicht nach § 7 StVG; ebensowenig die Beeinträchtigung des Vermögens.

b) Mittelbar Geschädigte. Personen, die durch den Unfall nicht unmittelbar, sondern **243** nur vermittels der Schädigung eines anderen betroffen werden, sind nur dann anspruchsberechtigt nach § 7 StVG, wenn auch in ihrer eigenen Person eine Verletzung im vorstehenden Sinne eingetreten ist. Haben sie ausschließlich Vermögensnachteile erlitten, besteht keine Anspruchsberechtigung.

Der Unterschied zeigt sich zB bei der Beschädigung einer Stromleitung, die zu einem Strom- **244** ausfall führt. Entsteht hierdurch einem Dritten ein Vermögensschaden, etwa weil sein Betrieb zeitweise nicht produzieren kann, so hat er keinen Ersatzanspruch;[401] kommt es hingegen zu einem adäquat verursachten Sachschaden (zB Schädigung von Bruteiern in einer Geflügelfarm), kann er diesen ersetzt verlangen.[402] Keinen eigenen Ersatzanspruch hat auch der Arbeitgeber des Verletzten wegen der für diesen vergeblich aufgewendeten Lohnkosten (vgl aber § 29 Rn 69) oder eines Verdienstausfalles, der Angehörige des Verletzten wegen der Ausgaben, die er zu dessen Betreuung getätigt hat (vgl aber § 29 Rn 9 ff) oder der Vertragspartner des Geschädigten, der wegen der unfallbedingten Verspätung einer Lieferung eine Einbuße erleidet. Diesen mittelbar am Vermögen Geschädigten mutet § 7 StVG zu, den Verlust – auch soweit er materieller Verlust ist – als Schicksalsschlag selbst zu tragen. Der Angehörige, der infolge des Miterlebens des Unfalls oder infolge der Unfallnachricht einen Nervenschock erleidet, hat dagegen, da in seiner Gesundheit verletzt, selbst einen Anspruch auf Entschädigung (vgl Rn 186).

c) Anspruchsberechtigung ohne rechnerischen Schaden. Die Verletzteneigenschaft **245** (und damit die Anspruchsberechtigung nach § 7 StVG) hängt lediglich davon ab, ob eine reale Verletzung eines der in § 7 StVG genannten Güter eingetreten ist; ob auch ein rechnerischer Schaden (Vermögensdifferenz) gegeben ist, ist hierfür dagegen unerheblich. „Verletzter" ist daher auch, wer seinen Schaden durch Versicherungsleistungen oder freiwillige Leistungen Dritter ausgleichen konnte (vgl zu dieser Einschränkung der Pflicht zur Vorteilsausgleichung Rn 222). Ebenso verhält es sich mit dem Verdienstausfall von Arbeitnehmern, die Anspruch auf Lohn- oder Gehaltfortzahlung haben; hier gilt allerdings die Besonderheit, dass der Ersatzanspruch kraft Gesetzes oder kraft Abtretung auf den Arbeitgeber übergeht (vgl § 29 Rn 176 ff). Hat der Eigentümer einer beschädigten Sache deswegen keinen rechnerischen Schaden, weil er die Sache bereits an einen anderen verkauft hat und wegen vorzeitigen Gefahrübergangs (insbesondere bei Versendungskauf nach § 447 BGB) auch bei deren Untergang oder Beschädigung seinen Kaufpreisanspruch behält, so kann er nach hM den in Wirklichkeit beim Käufer eingetretenen Schaden geltend machen; die Ersatzleistung hat er an den Käufer herauszugeben, sofern er ihm nicht den Schadensersatzanspruch abtritt (sog Drittschadensliquidation).[403] Hinsichtlich der Ansprüche aus dem meist zugrunde liegenden Fracht-

---

401 BGHZ 29, 65.
402 BGHZ 41, 123.
403 BGH NJW 1968, 1567; VersR 1972, 1138; OLG Nürnberg NZV 1996, 194; *Lange/Schiemann* § 8 III 6.

führervertrag besteht nunmehr eine gesetzliche Verankerung dieser Grundsätze in § 421 Abs 1 S 2, 3 HGB.

2. Ausschlüsse

246 a) Ist der **Halter** durch sein eigenes Kfz verletzt oder sonst geschädigt worden, so hat er keinen Schadensersatzanspruch aus § 7 StVG (was wegen des Versicherungsschutzes[404] sowie beim Vorhandensein eines weiteren Halters von Interesse sein könnte), denn Eigenschädigung ist kein Haftpflichttatbestand.[405] Er muss sich vielmehr uU sogar die Betriebsgefahr seines Kfz nach § 17 Abs 1 S 2 StVG auf seine Schadensersatzansprüche gegen andere Unfallbeteiligte anrechnen lassen (vgl hierzu § 22 Rn 85 ff).

247 Bei Schädigung durch einen **unbefugten Benutzer** seines Kfz (§ 7 Abs 3 StVG, Rn 304 ff) ist zu unterscheiden:

248 Hat der Halter durch die unbefugte Benutzung seine **Haltereigenschaft verloren** (Rn 304), so steht er dem Kfz in haftungsrechtlicher Hinsicht grundsätzlich wie ein Unbeteiligter gegenüber; er hat daher Ersatzansprüche nach § 7 StVG, wenn er beim Betrieb des Kfz geschädigt wird. Dies gilt aber dann nicht, wenn er die unbefugte Benutzung schuldhaft ermöglicht hat. Da seine Halterhaftung in diesem Fall erhalten bleibt (vgl Rn 328), kann er nicht seinerseits Ansprüche aus der Gefährdungshaftung haben.

249 Ist die **Haltereigenschaft nicht** auf den unbefugten Benutzer **übergegangen**, sondern beim bisherigen Halter verblieben, so greift § 7 StVG nicht ein, und zwar auch dann nicht, wenn der Fall des Abs 3 S 1 Halbs 2 nicht vorliegt, also die Benutzung nicht durch Schuld des Halters ermöglicht worden ist. Der Übergang der Ersatzpflicht auf den Benutzer („an Stelle des Halters") nach Abs 3 S 1 Halbs 1 hat zur Voraussetzung, dass eine grundsätzliche Haftpflicht des Halters gegeben wäre; das ist aber bei Eigenschädigung des Halters nicht der Fall.

250 Hat der Halter sein Kfz mit einem von ihm geführten **fremden Kfz** beschädigt, kann er dessen Halter nicht aus § 7 StVG in Anspruch nehmen. Dies ergibt sich im Anwendungsbereich des Haftungsausschlusses nach § 8 Nr 2 StVG (s § 19 Rn 9 ff) aus diesem, ansonsten aus § 18 Abs 3 iVm § 17 Abs 1 S 2 StVG.[406]

251 b) Der **Fahrer** und andere **bei dem Betrieb des Kfz tätige Personen** stehen zwar nicht von vornherein außerhalb des Schutzbereichs des § 7 StVG,[407] haben aber wegen des Haftungsausschlusses nach § 8 Nr 2 StVG idR keine Ansprüche aus Gefährdungshaftung gegen den Halter (s aber auch § 19 Rn 10). Sonstige **Insassen** hatten einen solchen Anspruch bei Unfällen vor dem 1.8.2002 nur bei entgeltlicher Beförderung (§ 8a StVG aF). Diese Einschränkung hat das 2. SchRÄndG beseitigt; dies gilt auch für mitfahrende Angehörige oder Mitgesellschafter des Halters.[408]

252 c) Der (vom Halter verschiedene) **Eigentümer des Kfz**, zB der Leasinggeber, kann den Halter (Leasingnehmer) nicht aus § 7 StVG wegen der Beschädigung des Kfz in Anspruch nehmen, weil hier das schädigende Fahrzeug zugleich die beschädigte Sache

---

404 Zur Frage des Bestehens eines Direktanspruchs des geschädigten Halters s § 15 Rn 10.
405 *Kunschert* NZV 1999, 516.
406 *Greger* NZV 1988, 108; *Kunschert* NZV 1999, 517. Ebenso, aber gestützt auf § 9 StVG, AG Darmstadt NZV 2002, 568.
407 *Hohloch* VersR 1978, 19; **aA** LG Freiburg VersR 1977, 749.
408 Ebenso iErg *Kunschert* NJW 2003, 950 f.

ist.[409] Der Zweck der Gefährdungshaftung, andere Verkehrsteilnehmer vor von dem Kfz ausgehenden Gefahren zu schützen, kann hier nicht eingreifen (anders wenn der Eigentümer durch das Kfz körperlich geschädigt wird). Für den Eigentümer eines mit dem Kfz verbundenen **Anhängers** sollte wegen der haftungsrechtlichen Betriebseinheit (Rn 116) dasselbe gelten.[410] Dagegen müsste dem Eigentümer eines (ab)geschleppten Kfz gegenüber, sofern es selbständig gelenkt wurde und damit Träger einer eigenen Betriebsgefahr ist, der Schutz des § 7 StVG wirken (s dazu Rn 106, 150).

d) Der **Mieter** kann gegen den Vermieter keine Ansprüche aus der Halterhaftung wegen eines Schadens geltend machen, der ihm selbst oder einem Rechtsvorgänger durch ein vertragswidriges Verhalten beim Gebrauch des Kfz entstanden ist. Da er hierfür dem Vermieter gegenüber selbst aus positiver Vertragsverletzung auf Schadensersatz oder Freistellung von den Ansprüchen Dritter haftet, stellt die Berufung auf die Halterhaftung eine unzulässige Rechtsausübung (§ 242 BGB) dar.[411]   253

3. Gesetzlicher Forderungsübergang

Die Anspruchsberechtigung entfällt in vielen Fällen dadurch, dass die Schadensersatzforderung kraft besonderer gesetzlicher Vorschrift auf einen anderen übergeleitet wird. Der Übergang vollzieht sich teilweise bereits im Zeitpunkt des Schadensereignisses, teilweise mit dem Erbringen von Leistungen des Zessionars. Im Wesentlichen ist ein solcher Forderungsübergang vorgesehen zugunsten von: 254

– Sozialversicherungsträgern (s u § 32)
– Trägern der Sozialen Fürsorge (s u § 33)
– Versorgungsträgern (s u § 34 Rn 6 ff)
– Dienstherren von Beamten (s u § 34 Rn 23 ff)
– Arbeitgebern (s u § 29 Rn 176 ff)
– Privatversicherern (insb Fahrzeug- und Krankenversicherern, s u § 35).

4. Abtretung

Schadensersatzansprüche können nach den allgemeinen Regeln (§§ 398 ff BGB) durch Vertrag abgetreten werden und stehen dann ausschließlich dem neuen Gläubiger zu. Im Bereich der Unfallschadensregulierung sind Abtretungen jedoch häufig wegen Verstoßes gegen das Verbot der **Besorgung fremder Rechtsangelegenheiten** gem Art 1 § 1 Abs 1 RBerG, § 134 BGB nichtig. Dies ist dann der Fall, wenn sich Reparaturwerkstätten, Autovermieter, Unfallhilfefirmen, Finanzierungsinstitute oder Sachverständige, ohne im Besitze einer Erlaubnis nach dem RBerG zu sein, die Forderungen des Geschädigten zum Zwecke der Schadensregulierung abtreten lassen.[412] Dass die Ansprüche   255

---

409 *Hohloch* NZV 1992, 5; *Schmitz* NJW 1994, 301; *Lemcke* ZfS 2002, 327; **aA** BGH VersR 1983, 656, 658; Voraufl.
410 Offen lassend OLG Hamm NZV 1999, 243, 244. Zur versicherungsrechtlichen Problematik *Stiefel/Hofmann* § 10a AKB Rn 4; OLG Saarbrücken OLGR 1998, 144.
411 BGHZ 116, 200; krit *Gärtner* BB 1993, 1454 ff; s a § 16 Rn 26.
412 BGH NJW 2003, 1938 u NZV 1994, 353 m eingehenden Nachw aus der BGH-Rspr; ausf *Prütting/Nerlich* NZV 1995, 1. Zur Frage, unter welchen Voraussetzungen die Mandatierung eines mit einem Unfallhelferring zusammenwirkenden Rechtsanwalts nichtig sein kann, s BGH NJW 2006, 2910.

nach dem Wortlaut des Abtretungsvertrages zur Sicherung der Ansprüche des Zessionars gegen den Geschädigten übertragen werden, steht der Nichtigkeit nicht entgegen, wenn es sich nach den Gesamtumständen bei wirtschaftlicher Betrachtungsweise um eine Abtretung zur Verfolgung und Durchsetzung der Ansprüche des Geschädigten handelt.[413] Dasselbe gilt, wenn die Ansprüche auf Veranlassung des Mietwagenunternehmens an ein zugelassenes Inkassobüro[414] oder zunächst an ein solches und von diesem an das Mietwagenunternehmen abgetreten werden.[415] In diesen Fällen ist der Unternehmer auch nicht wegen „unmittelbaren Zusammenhangs" mit dem eigenen Gewerbebetrieb nach Art 1 § 5 Nr 1 RBerG von der Erlaubnispflicht freigestellt.[416]

256 Eine zulässige Besorgung **eigener Angelegenheiten** liegt dagegen vor, wenn der Unternehmer im Wesentlichen die ihm eingeräumte Sicherheit verwirklicht, dh die abgetretene Schadensersatzforderung des Geschädigten einzieht, weil seine Forderung gegen diesen fällig und notleidend geworden ist.[417] Weitergehend hält es der BGH für unbedenklich, wenn sich ein Mietwagenunternehmer von seinen unfallgeschädigten Kunden, die ihm ihre Ansprüche auf Ersatz der Mietwagenkosten sicherungshalber abgetreten haben, einen Unfallbericht fertigen lässt und diesen zusammen mit der Aufforderung, die Mietwagenkosten zu begleichen, an den Haftpflichtversicherer des Schädigers weiterleitet, sofern zweifelsfrei klargestellt ist, dass die Kunden für die Verfolgung und Durchsetzung ihrer Schadensersatzansprüche selber tätig werden müssen.[418] Dabei soll es unschädlich sein, wenn das Mietwagenunternehmen vor einer Inanspruchnahme des Kunden dem Haftpflichtversicherer *Gelegenheit* gibt, die Kosten zu begleichen,[419] während die *Einziehung* der abgetretenen Schadensersatzforderungen vor Inanspruchnahme des Kunden für eine Besorgung fremder Rechtsangelegenheiten spricht.[420]

VII. Der Halter als Ersatzpflichtiger

1. Bedeutung des Halterbegriffs

257 Die Pflicht zum Ersatz des beim Betrieb eines Kfz entstandenen Schadens trifft diejenige Person, die im Augenblick des Unfalls Halter des Kfz war. Darauf, ob sie auch noch Halter war, als der Schaden entstand (zB der Tod des Verletzten eintrat), kommt es nicht an. Entscheidend ist die tatsächliche Situation, nicht ein etwaiger Rechtsschein.[421] Aus dem Aufbau des Gesetzes ergibt sich, dass jedes Kfz mindestens einen

---

413 BGH NJW 2004, 2516; NZV 1994, 353; OLG Schleswig NZV 1994, 74; OLG Nürnberg NZV 1992, 366; *Chemnitz* ZfS 1993, 325.
414 BGH NJW 2004, 2516.
415 BGH NJW 2003, 1938.
416 BGH NZV 1994, 354 f; *Chemnitz* ZfS 1993, 327.
417 BGH NJW 2005, 3570 mwN; *Prütting/Nerlich* NZV 1995, 3 ff. Zu Kfz-Sachverständigen s *Wortmann* NZV 1999, 414 ff.
418 BGH NZV 1994, 353; ebenso für Kfz-Sachverständigen AG Kassel NZV 1995, 155; **aA** *Prütting/Nerlich* NZV 1995, 4.
419 BGH NJW 2006, 1726, 1727; NZV 2005, 34.
420 BGH NJW 2003, 1938.
421 LG München I VersR 1984, 95.

Halter hat,⁴²² und zwar von dem Augenblick an, in dem es erstmals in Betrieb gesetzt wird, bis zu dem Zeitpunkt, in dem der letzte Betrieb endet (zum Begriff „Betrieb" vgl Rn 49 ff). Der Begriff „Halter" hat im ganzen StVG dieselbe Bedeutung,⁴²³ es wäre daher verfehlt, ihn aus haftungsrechtlichen Billigkeitserwägungen zu extensiv auszulegen und damit ungerechtfertigte Verantwortlichkeiten in straf- und bußgeldrechtlicher Hinsicht zu schaffen. Der Halterbegriff des StVG ist mit keinem anderen im bürgerlichen Recht gebräuchlichen Begriff identisch (auch nicht mit dem des Tierhalters in § 833 BGB) und mit keinem solchen Begriff verknüpft. Es kommt mithin nicht entscheidend darauf an, ob die in Frage kommende Person Eigentümer, Eigenbesitzer, unmittelbarer Besitzer, fehlerhafter Besitzer oder Besitzdiener ist. Hieraus ist der Schluss gezogen worden, das Halterverhältnis sei ein wirtschaftliches und tatsächliches, kein rechtliches.⁴²⁴ Dem kann nicht beigepflichtet werden. Der Begriff „Halter" umreißt ebenso eine Rechtsposition wie der des „Besitzers" oder „Eigentümers". Die Halterstellung ist vererblich, aber nicht geständnisfähig⁴²⁵ und kein Rechtsverhältnis iS des § 256 ZPO.⁴²⁶

2. Inhalt des Begriffs

Nach der in ständiger Rspr vertretenen Definition ist Halter, wer das Fahrzeug nicht nur ganz vorübergehend für eigene Rechnung in Gebrauch hat und die Verfügungsgewalt darüber besitzt, die ein solcher Gebrauch voraussetzt.⁴²⁷ **258**

a) **Ein Kfz in Gebrauch haben** bedeutet soviel wie Nutzen aus ihm ziehen. Insbesondere macht Gebrauch vom Kfz, wer an dem Betrieb ein wirtschaftliches Interesse hat.⁴²⁸ Das ist nicht nur diejenige Person, die ihren Wagen aus beruflichen Gründen oder zu ihrem Vergnügen selbst fährt, sondern auch jeder, der seinen Wagen einem anderen zum Gebrauch überlässt, sofern er nur von der Überlassung irgendeinen Vorteil hat. Dieser Vorteil wird häufig in dem Anspruch auf ein laufendes Entgelt (Mietzins) liegen,⁴²⁹ kann aber auch in etwas weniger Greifbarem bestehen. **259**

So ist zB Halter auch der Geschäftsmann, der einem Beamten einen „Leihwagen" als Erkenntlichkeit für dessen „Unterstützung des Geschäfts" unentgeltlich zur Verfügung stellt,⁴³⁰ ebenso der Verlag, der einem Mitarbeiter einen Wagen für dessen Leistungen zur Verfügung stellt,⁴³¹ der Inhaber einer Reparaturwerkstatt, der aus Entgegenkommen einem Kunden für die Reparaturzeit einen anderen Wagen unentgeltlich zur Verfügung stellt⁴³² oder der Verleiher, der **260**

---

422 RGZ 170, 182; OLG Hamburg HansRZ 1932, 380.
423 RG JW 1930, 2861; BayObLG JW 1932, 3223; OLG Hamm NJW VersR 1956, 326; OLG Bremen NJW 1955, 1163 m Anm *Bruns*. Anders wohl österr OGH ZVR 1990, 239 für § 5 Abs 1 EKHG.
424 RGZ 127, 176; BayObLGSt 1926, 157; österr OGH ZVR 1990, 239.
425 RG DAR 1933, 139.
426 RG HRR 1935, 380.
427 BGHZ 13, 351; 116, 200, 205; BGH NZV 1997, 116.
428 RGZ 141, 403; OLG Hamm VersR 1956, 131.
429 BGHZ 5, 270; OLG Köln DAR 1935, 57.
430 OLG Dresden DAR 1942, 134.
431 RGZ 170, 182.
432 RG VAE 1936, 52.

seinen Wagen der Militärverwaltung unentgeltlich überlässt.[433] Eine räumliche Beziehung des Halters zum Betrieb des Kfz ist nicht erforderlich. Halter kann daher auch sein, wer ohne das Kfz auf eine längere Reise geht oder es für eine größere Fahrt einem anderen überlässt.[434]

261 b) Das Merkmal „**für eigene Rechnung**" bedeutet, dass Halter nur derjenige sein kann, der die Kosten des Betriebes bestreitet. Es ist schon dann erfüllt, wenn wenigstens ein Teil der Kosten bestritten wird.[435] Beim Eigentümer liegt es stets vor, weil ihn die durch den Betrieb des Kfz und den Zeitablauf entstehende Wertminderung des Kfz trifft. Die vom RG wiederholt gebrauchte Wendung, das Eigentum sei kein sicherer Hinweis auf die Haltereigenschaft, hat mithin nur den Inhalt, dass auch ein anderer neben dem Eigentümer Halter sein kann.

262 c) Der Gebrauch darf **nicht nur ganz vorübergehend** sein. Halten ist nicht eine augenblickliche Benutzung, sondern ein Vorgang von einiger Dauer. Wer ein Kfz für einige Fahrten oder einen eng begrenzten Zeitraum (zB einen Tag) mietet oder leiht, wird deshalb nicht zum Halter[436] (näher hierzu Rn 283 ff).

263 d) Mit **Verfügungsgewalt** ist nicht die Befugnis, das Eigentum oder den Besitz am Kfz zu übertragen gemeint, sondern die tatsächliche Möglichkeit, den Einsatz des Kfz zu bestimmen. Da eine rechtsgeschäftliche Verfügungsbefugnis nicht erforderlich ist, kann auch ein Minderjähriger Halter sein.[437] Halter ist mithin nur, wer – wenigstens in groben Umrissen – tatsächlich bestimmen kann, wann, wo, durch welchen Führer und zu welchem Zweck das Kfz in Betrieb gesetzt werden soll. Wer daher zB für ein Kfz Steuer und Versicherung bezahlt und es auch für sein Geschäft angemeldet hat, ist nicht Halter, wenn er das Kfz einem Angehörigen zur ständigen Nutzung überlässt.[438]

264 Halter ist auch, wer sich zur Ausübung seines Bestimmungsrechts eines **Vertreters** bedient. Das Gesetz fordert nicht, dass der Halter die für den Einsatz des Kfz erforderlichen Anweisungen selbst erteilt. Vor allem bei größeren Unternehmen wäre es lebensfremd, wollte man verlangen, dass der Inhaber des Unternehmens alle Anweisungen – auch bei einem größeren Kfz-Park – selbst gibt. Bei juristischen Personen ist eine solche Konstruktion schon begrifflich nicht möglich. Da aber der Begriff „Halter" einen einheitlichen Inhalt haben muss, muss die Übertragung der Ausübung der „Verfügungsmacht" an einen „Vertreter" auch in Fällen zulässig sein, in denen eine Person nur ein Kfz besitzt. Näheres zur Vertretung des Halters vgl Rn 267 ff.

265 Halter ist auch, wer nur **beschränkte Verfügungsgewalt** über ein Kfz hat. Auch wer nicht alle Einzelheiten der durchzuführenden Fahrten kennt, kann Halter sein, sofern er in der Lage ist, Einfluss auf die Durchführung der Fahrten zu nehmen. Wird das Kfz jedoch einem anderen auf Dauer zur völlig freien Benutzung überlassen, geht die Haltereigenschaft verloren; dies gilt auch dann, wenn der Eigentümer weiterhin die Betriebskosten trägt und die Gebrauchsüberlassung das Entgelt für vertragliche Leistungen darstellt.[439]

---

433 RGZ 91, 271.
434 RG VAE 1936, 522.
435 RGZ 91, 271; OLG Celle VersR 1960, 764.
436 BGH VersR 1978, 233.
437 *Geigel/Kunschert* Kap 25 Rn 47; *Weimar* VP 1965, 76; *Wussow* ZfV 1965, 177. Für analoge Anwendung von § 828 BGB *Fischinger/Seibl* NJW 2005, 2888; ein halterloses Kfz darf es aber nicht geben.
438 OLG Zweibrücken VRS 45, 400; österr OGH ZVR 1996, 332 in Abweichung von ZVR 1990, 239.
439 Anders RGZ 170, 184.

Verlust der Verfügungsgewalt führt nicht in jedem Falle zum Verlust der Haltereigenschaft. Da dem Begriff „Halter" eine gewisse Dauerhaftigkeit innewohnt (Rn 262) und jedes betriebsbereite Kfz einen Halter haben muss (Rn 274), verbietet es sich, ein Ende der Haltereigenschaft anzunehmen, wenn das Kfz nur für eine Fahrt oder für einige Stunden nicht mehr der Verfügungsgewalt des bisherigen Halters untersteht.[440] Näher zu den Fällen des Diebstahls und der Gebrauchsentziehung Rn 301.

266

3. Vertretung des Halters

Der Halter kann sich bei der Ausübung seiner Rechte und Pflichten durch eine andere Person vertreten lassen (Rn 264). Handelt der Vertreter im Rahmen einer solchen Ermächtigung, so übt er die Verfügungsgewalt für den anderen aus und nur der andere ist – sofern die übrigen Merkmale vorliegen – Halter. Dies gilt nicht nur für Organe juristischer Personen,[441] auch solche des öffentlichen Rechts,[442] und für die persönlich haftenden Gesellschafter von Personengesellschaften des Handelsrechts, sondern auch für Vormund und Pfleger, ja sogar unter Umständen für die Eltern.

267

Zu weit dürfte freilich die Ansicht des OLG Düsseldorf gehen,[443] Halter eines Kfz, das im Betrieb einer Tochtergesellschaft eingesetzt ist, sei die Dachgesellschaft, wenn sie Eigentümerin sei, die Steuern und Versicherungsprämien sowie die Unterhaltskosten trage. Die Tochtergesellschaft ist eigenes Rechtssubjekt und handelt nicht in Vertretung der Dachgesellschaft, wenn sie Weisungen für den Einsatz des Kfz gibt; sie ist daher unter Ausschluss der Dachgesellschaft Halterin des Kfz. Das Aufsichtsrecht der Gemeinde über ein von ihr betriebenes wirtschaftliches Unternehmen macht die Gemeinde nicht zur Halterin der Kfz jenes Unternehmens.[444]

268

Dieselbe Person kann zugleich als Vertreter einem anderen die Halterstellung vermitteln und selbst Halter sein. Entscheidend für die Haltereigenschaft des Vertretenen ist, ob auch in seiner Person die vorstehend (Rn 258 ff) aufgeführten Merkmale gegeben sind. Dies ist zB der Fall, wenn er zeitweise das Kfz im eigenen Interesse und auf eigene Rechnung gebraucht.

269

4. Mehrheit von Haltern

Die vorstehend geschilderten Merkmale (nicht nur vorübergehender Gebrauch, auf eigene Rechnung, Verfügungsgewalt) können bzgl eines Fahrzeugs auf **mehrere Personen** zutreffen.[445] Jede von diesen Personen ist dann Halter. Zu beachten ist bei der Prüfung solcher Sachverhalte allerdings, dass derjenige nicht Halter ist, der von einem anderen – dem alleinigen Halter – beauftragt ist, das Kfz als sein Vertreter zu fahren, und der das Kfz nur im Rahmen dieser Ermächtigung – „für fremde Rechnung" – in Betrieb nimmt.[446]

270

---

440 RG WarnR 1927, Nr 17 (Probefahrt); BGHZ 37, 311 (Leihe); BGH VersR 1960, 650 (Miete).
441 Vgl RG HRR 1932, Nr 1872; OLG Celle JW 1937, 1074 m Anm *Müller*.
442 OLG Kiel HRR 1931, Nr 329; OLG Dresden DAR 1936, 318.
443 VersR 1961, 286.
444 KG VR 1924, 646; OLG Dresden RdK 1927, 221.
445 RGZ 120, 160; 127, 176; 141, 405; 170, 186; BGHZ 13, 355; BGH VersR 1958, 646; KG VRS 45, 220.
446 OLG Bamberg DAR 1953, 35.

271 Sind dagegen mehrere Personen Halter („Mithalter"), so können sie ihre Befugnisse folgendermaßen verteilen: Entweder erteilen sie die zum Betriebe des Kfz erforderlichen Anordnungen gemeinsam (und ein „Vertreter" fährt das Kfz), oder einer der „Mithalter" verfügt unmittelbar über das Kfz und der andere beschränkt sich darauf, in gewissen Fällen regelmäßig Einfluss zu nehmen,[447] oder die Personen sind sich einig, dass jeder das Kfz für sich in dem Zeitraum benutzen darf, in dem der andere es nicht benötigt, und dass man Überschneidungen durch Vereinbarung oder durch gütliche Absprache im Einzelfall vermeidet.[448] In letzterem Falle, der häufig bei Ehegatten vorkommen wird, ist also nicht etwa abwechselnd der eine und der andere Verfügungsbefugte stunden- oder tageweise Halter; denn ein solch „geradezu schaukelhafter Wechsel" widerspräche dem Halterbegriff, dem eine gewisse Dauerhaftigkeit innewohnt.[449] Mithalterschaft liegt daher zB auch dann vor, wenn die städtische Feuerwehr einen der Knappschaft gehörenden Krankenwagen für diese gegen Kilometergeld benutzt, ihn im Notfall aber auch zu knappschaftsfremden Zwecken einsetzen darf[450] oder wenn ein Angestellter oder Beamter sein Kfz im Interesse des Arbeitgebers (Dienstherrn) fährt, aber das Recht hat, es auch zu Privatfahrten zu verwenden, und beide einen Teil der Betriebskosten (sei es auch nur die Wertminderung) tragen.[451]

272 Mehrere Halter hat das Kfz ferner, wenn es im Eigentum einer **nicht rechtsfähigen Personenmehrheit** steht (zB Erbengemeinschaft, Gütergemeinschaft) und der Betrieb des Kfz im gemeinsamen Interesse („auf Rechnung der Personenmehrheit") und auf Grund einer von allen Beteiligten erteilten Vertretungsmacht durchgeführt wird.[452]

273 Mehrere Halter haften als **Gesamtschuldner**.[453] Sie können nicht nach außen wirksam vereinbaren, dass nur einer von ihnen bürgerlich-rechtlich haften solle. Zum Ausgleich im Innenverhältnis vgl § 36 Rn 2.

5. Fehlen eines Halters

274 Es sind Fälle denkbar, in denen sich keine Person feststellen lässt, auf die alle oben bezeichneten Begriffsmerkmale zutreffen, so zB bei dem von seinem Eigentümer betriebsbereit aufgegebenen Kfz oder bei einer Kfz-Nutzung, bei welcher derjenige, der die Kosten ausschließlich trägt, sich jeglicher Verfügungsgewalt über das Kfz begeben hat. Da aber jedes Kfz vom ersten bis zum letzten Betrieb einen Halter haben muss, ist die Verantwortlichkeit des letzten Halters in solchen Fällen als fortbestehend anzusehen. Der letzte Halter des aufgegebenen Kfz haftet also zB, wenn durch das abgestellte Kfz ein Unfall entsteht. Verteilen sich die Haltermerkmale auf mehrere, so trifft die Verantwortlichkeit denjenigen, auf dessen Verfügungsgewalt dieses Auseinanderfallen zurückzuführen ist, also den, der trotz Tragens der Aufwendungen die Verfügungsgewalt einem anderen übertragen hat. Auf denjenigen abzustellen, bei dem die „Eigenschaften des Halters in größerem Umfang" vorhanden sind als bei den anderen,[454] erscheint unzutreffend.

---

447 BGH VersR 1958, 646.
448 BGHZ 13, 351; RG DAR 1935, 38.
449 RGZ 127, 176; BGHZ 13, 359; **aA** *Louis* JW 1934, 3128.
450 OLG Breslau DAR 1930, 248.
451 BGHZ 13, 351; OLG Hamm VRS 17, 382; OLG Celle VersR 1960, 764.
452 Vgl RG DAR 1931, 312, wonach alle Erben Halter seien, wenn ein Nachlassverwalter den zum Nachlass gehörenden Wagen allein benutze.
453 OLG Hamm VersR 1956, 131.
454 So RGZ 170, 185; OLG München VkBl 1957, 308.

6. Anzeichen für das Vorliegen der Haltereigenschaft

a) Eigentum. Da idR der Eigentümer die Macht hat, den Einsatz eines Kfz zu bestimmen und ihn mindestens in Form der durch Nutzung und Zeitablauf hervorgerufenen Wertminderung stets auch „Kosten" treffen, ist das Eigentum ein gewichtiges Indiz für die Haltereigenschaft;[455] von einem Anscheinsbeweis (vgl hierzu § 38 Rn 43) sollte hierbei allerdings nicht gesprochen werden.[456] Hat der Eigentümer jede Verfügungsgewalt über das Fahrzeug auf Dauer aufgegeben oder verloren, ist er nicht mehr Halter (vgl aber Rn 274: Fortwirken der Halterstellung, wenn betriebsbereites Kfz sonst halterlos würde).

275

b) Zulassung und Haftpflichtversicherung. Da das StVG zwar vorschreibt, dass das Kfz zum Verkehr auf öffentlichen Straßen einer Zulassung bedarf (§ 1 Abs 1 S 1), nicht aber, dass die Zulassung nur eine bestimmte Person berechtige, Halter des Kfz zu sein, kommt dem Eintrag im Kfz-Brief und im Kfz-Schein keine wesentliche Bedeutung zu. Noch weniger ist maßgebend, wer den Vertrag hinsichtlich der Kfz-Haftpflichtversicherung abgeschlossen hat.[457] Die häufig vertretene Ansicht, ein Eigentümer, für den ausweislich des Kfz-Briefes die Zulassung erteilt sei und der den Vertrag über die Haftpflichtversicherung abgeschlossen habe, müsse im Zweifel als Halter angesehen werden,[458] ist mithin nicht berechtigt. Zulassung und Haftpflichtversicherung besagen nichts über die tatsächlichen Möglichkeiten, Anordnungen über den Einsatz des Kfz zu treffen, und nur wenig über die Frage, wer das Kfz tatsächlich gebraucht und auf wessen Rechnung es läuft.[459] Immerhin lassen sich gewisse Schlüsse dann ziehen, wenn Zulassung und Haftpflichtversicherung auf einen anderen als den Eigentümer des Kfz lauten.[460]

276

c) Tatsächlicher Gebrauch. Guten Aufschluss darüber, wer der Halter ist, kann idR die Feststellung geben, wer das Kfz tatsächlich in Gebrauch hat, dh mit dem Kfz selbst fährt, mitfährt oder zumindest Güter befördert. Ist eine solche Person Eigentümer des Kfz, so wird man wohl – soweit nicht gewichtige Anzeichen dagegen sprechen – davon ausgehen können, dass sie Halter des Kfz ist. Zu beachten ist aber, dass zum tatsächlichen Gebrauch die übrigen Haltermerkmale (insbesondere „für eigene Rechnung" und Verfügungsgewalt) hinzukommen müssen und dass umgekehrt ein tatsächlicher Gebrauch iS körperlicher Anwesenheit nicht *Voraussetzung* für die Halterstellung ist.

277

d) Tragen der Aufwendungen. Auch die Beantwortung der Frage, wer die laufenden Unkosten für das Kfz bezahlt, kann Aufschluss darüber geben, wer der Halter ist. Es handelt sich vor allem um die Aufwendungen für die Kfz-Steuer, Haftpflichtversicherung, Kaskoversicherung, Wagenpflege, Reifen, Reparaturen, Kosten der Untersuchung nach § 29 StVZO, Garage. Hat ein anderer als der Eigentümer den Erwerb des Kfz bezahlt

278

---

455 RGZ 91, 269; 93, 222; 120, 160; 127, 174; 170, 182; OLG Stuttgart VersR 1958, 891; OLG Köln VersR 1968, 154.
456 So aber RG JW 1931, 862.
457 BGHZ 13, 351.
458 RGZ 170, 182; RG DAR 1933, 173; BGH VersR 1958, 646; OLG Dresden VAE 1942, 134.
459 OLG Hamm NZV 1990, 363.
460 OLG Hamburg HansRZ 1932, 380.

und entsteht daher bei ihm der Buchführungsposten „Abschreibung", so kann dies darauf deuten, dass der Bezahlende und nicht der Eigentümer Halter ist. Weniger von Bedeutung ist, wer das Benzin und das Öl für die einzelne Fahrt bezahlt. Bei entsprechender Verfügungsgewalt kann allerdings Halter auch derjenige sein, der nur die Treibstoffkosten eines Kfz trägt.[461]

7. Einzelfälle

279 Kauf eines Kfz
Maßgebender Zeitpunkt für den Übergang der Haltereigenschaft auf den Erwerber ist weder der Abschluss des Kaufvertrags noch der Eigentumsübergang oder die Zulassung auf den Käufer;[462] entscheidend ist vielmehr der Zeitpunkt, zu dem für den Erwerber der Gebrauch auf eigene Rechnung und die Verfügungsgewalt beginnen. Ohne Bedeutung ist daher ein vereinbarter Eigentumsvorbehalt,[463] während die Übergabe des Fahrzeugs, der Schlüssel und Papiere ausschlaggebend sein kann.[464] Verkauft ein Taxiunternehmer ein Taxi unter Eigentumsvorbehalt und beschäftigt er zunächst den Käufer im Rahmen der ihm verbliebenen Genehmigung weiter, bis der Käufer eine eigene Genehmigung erhält, so fährt der Käufer in Vertretung des Verkäufers und letzterer bleibt Halter.[465] Für die Inzahlungnahme des Altwagens des Erwerbers gelten vorstehende Grundsätze gleichermaßen.[466]

280 Während der **Überführungsfahrt** zum Käufer ist dieser Halter,[467] außer wenn der Verkäufer die Überführung selbst oder durch eine von ihm beauftrage Person durchführt.[468] Fährt zwar der Fahrer des Verkäufers, aber nur auf Bitte des neben ihm sitzenden Fahrers des Käufers, der den Wagen abholte, so ist Halter der Käufer.[469] Nimmt eine Person, welche den Kauf lediglich vermittelt hat, die Überführung vor, so kommt es darauf an, als wessen Vertreter sie handelt; sie selbst wird nicht Halter.[470]

281 Probefahrt
Wer das Kfz einer Person, die es vielleicht kaufen will, für kürzere Zeit zur Probe überlässt, bleibt Halter, denn „Halten" ist nicht schon die vorübergehende Benutzung, sondern ein Vorgang von einiger Dauer.[471] Eine starre zeitliche Grenze lässt sich nicht angeben. Unzweifelhaft hat die einmalige Probefahrt keinen Einfluss auf die Halterstellung.[472] Ob dies auch bei einer Überlassung für 3 Wochen noch gesagt werden kann,[473] erscheint allerdings fraglich. Neben der Zeitdauer wird insbesondere auch die Intensität und die Selbständigkeit der Benutzung ein wesentliches Kriterium für die Zuordnung der Haltereigenschaft sein.

---

461 OLG Hamm VRS 29, 378.
462 BGH VersR 1969, 907.
463 RGZ 87, 141; RG HRR 1933, Nr 1022; VAE 1941, 136; OLG Bamberg DAR 1953, 35.
464 BGH VersR 1969, 907; OLG Köln DAR 1995, 485.
465 RGZ 87, 141.
466 Vgl hierzu BayObLGSt 1958, 207.
467 RGZ 78, 179; RG VAE 1939, 291; *Haberkorn* DAR 1960, 4.
468 KG DAR 1939, 235.
469 RG WarnR 1927, Nr 17.
470 **AA** KG DAR 1939, 235.
471 BGH VersR 1978, 233; RG Recht 1913, Nr 584; 1914, Nr 1747.
472 RG WarnR 1927, Nr 17.
473 So RG Recht 1913, Nr 584.

Sicherungsübereignung, Verpfändung 282

Durch die Sicherungsübereignung des Kfz tritt in der Person des Halters regelmäßig ebensowenig eine Änderung ein wie durch die Verpfändung, denn der Pfandnehmer erhält zwar den Besitz (der Sicherungsnehmer das Eigentum), nicht aber das Recht, das Kfz in Betrieb zu nehmen. Wer sein Kfz einem anderen zur Sicherheit übereignet, fährt idR nicht im Namen und für Rechnung des neuen Eigentümers weiter, sondern in eigener Verfügungsgewalt.[474] Anders verhält es sich jedoch, wenn der Sicherungsnehmer das Kfz für seine eigenen Zwecke einsetzt, von eigenen Leuten fahren lässt und für die Betriebskosten aufkommt; dann wird er – ggf neben dem Sicherungsgeber – Halter, und zwar auch dann, wenn nicht das Volleigentum, sondern nur eine Anwartschaft auf das Eigentum auf ihn überging.[475] Zu dem Sonderfall, dass der Sicherungsgeber Handelsvertreter des Sicherungsnehmers ist, vgl Rn 292.

Leihe, Miete 283

Der Vermieter oder Verleiher eines Kfz bleibt Halter, wenn es sich nur um eine *ganz vorübergehende Gebrauchsüberlassung* handelt. In diesem Fall verliert er zwar die Verfügungsgewalt, doch steht das dem Halterbegriff innewohnende Merkmal einer „gewissen Dauerhaftigkeit" (Rn 262) dem Verlust der Haltereigenschaft entgegen.[476] Es ist nicht möglich, eine scharfe zeitliche Grenze zu setzen, bei deren Überschreitung die Haltereigenschaft erlischt (vgl Rn 286).

Der Vermieter oder Verleiher bleibt allerdings auch bei *längerer Gebrauchsüberlassung* dann Halter, wenn er sich einen Einfluss auf die Gestaltung der Fahrten vorbehält (und ausübt) oder wenn er sich das Recht vorbehält, entweder nach einem vorher abgestimmten Plan, nach einer im Einzelfall zu treffenden Vereinbarung oder auf einseitige Anforderung hin das Kfz selbst benutzen oder für eigene Zwecke einsetzen zu dürfen. So bleibt zB der Vater Halter, der sein Fahrzeug dem Sohn zum Gebrauch überlässt, aber jederzeit noch darüber verfügen kann,[477] nicht aber der Bruder, der das Fahrzeug seiner Schwester für längere Zeit zu alleiniger Benützung zur Verfügung stellt.[478] Der Vermieter bleibt insbesondere dann Halter, wenn er den Fahrer stellt und dieser den Wünschen des Entleihers zwar entsprechen darf, dessen Weisungen aber nicht unterworfen ist.[479] Der Vermieter bleibt aber nicht schon deshalb Halter, weil ihn die durch Zeitablauf verursachte Wertminderung des Kfz trifft und er andererseits den Mietzins kassiert und die hierfür erforderliche Verfügungsmacht besitzt; hat er keinerlei Möglichkeit mehr, auf das Kfz einzuwirken, ist er nicht mehr Halter.[480] Wer seinen zum Verkauf bestimmten stillgelegten Wagen der Polizei zum Gebrauch übergibt, ohne sich eine Einwirkungsmöglichkeit vorzubehalten, ist nicht mehr Halter.[481] 284

Bei *unbefugtem Gebrauch* durch den Mieter oder Entleiher bleibt der Vermieter (Verleiher) im Rahmen der soeben gezogenen Grenzen (Rn 283 f) Halter; also zB auch 285

---

[474] RGZ 141, 400, 404; BGH VersR 1953, 283, 284; NJW 1965, 1273, 1274.
[475] OLG Hamm VersR 1956, 131.
[476] RGZ 127, 176; BGHZ 5, 270; 37, 311; 116, 202.
[477] OLG Koblenz VRS 65, 475.
[478] OLG Hamm DAR 1976, 25.
[479] RGZ 120, 160; BGH VersR 1960, 635.
[480] Zu weitgehend daher RGZ 93, 224; BGHZ 5, 269; wie hier OLG Zweibrücken VRS 57, 375.
[481] RG JW 1938, 2354.

dann, wenn der Mieter die ihm vertraglich auferlegten Beschränkungen nicht einhält, zB den vereinbarten Führer entlässt und den Wagen selbst fährt[482] oder vertragswidrig nicht selbst fährt, sondern einem anderen das Kfz zur Benutzung überlässt[483] oder den Wagen zu anderen als den vereinbarten Zwecken verwendet.[484]

286 Der Mieter oder Entleiher wird in zahlreichen Fällen Halter, ohne dass die Haltereigenschaft des Vermieters oder Verleihers untergeht, so wenn er die Macht erhält zu bestimmen, welche Fahrten mit dem Kfz ausgeführt werden,[485] oder – wie der BGH dies formuliert[486] – sobald er „die tatsächliche Verfügung über das Kfz frei ausüben kann". Hinzukommen muss allerdings, dass er das Kfz auf eigene Rechnung gebraucht – hieran kann es fehlen, wenn dem Entleiher keinerlei Unkosten aus den Fahrten erwachsen[487] – und dass der Gebrauch nicht nur ganz vorübergehend ist. Ist ihm das Kfz nur zu einer Fahrt überlassen, so wird er nicht Halter;[488] bei einer Überlassung für wenige Tage wird es an der erforderlichen Dauerhaftigkeit fehlen. Im Übrigen ist die Frage von Fall zu Fall auch unter Berücksichtigung der Intensität und der Selbständigkeit der Nutzung zu beantworten[489] (vgl Rn 283 f).

287 Nießbrauch
Der Nießbraucher ist Halter, wenn er das Kfz für eigene Rechnung gebraucht und die umfassende Verfügungsgewalt hierüber besitzt.[490]

288 Leasing
Der Leasingnehmer wird Halter, während der Leasinggeber die Halterstellung idR verliert.[491] Ausnahmsweise bleibt er Mithalter, wenn ihm Weisungsbefugnisse hinsichtlich des Einsatzes des Fahrzeugs und der einzelnen Fahrten vertraglich zugestanden wurden und er in der Lage war, diese auszuüben.[492]

289 Reparatur, Aufbewahrung
Während des Aufenthalts in der Werkstatt ändert sich an der Halterstellung nichts. Probefahrten, die mit dem Kfz durchgeführt werden, werden in Vertretung des Bestellers ausgeführt. Weder der Angestellte oder Arbeiter, der die Fahrt ausführt, ist Halter, noch der Inhaber der Werkstatt.[493] Dies gilt auch für Sammelgaragen, in denen das Personal ermächtigt ist, den abgestellten Wagen des Kunden zu rangieren.[494] Leiht oder vermietet der Inhaber der Werkstatt dem Kunden während der Reparaturzeit ein Kfz, so gelten die für Leihe und Miete (Rn 283 ff) aufgestellten Grundsätze.

---

482 BGHZ 5, 269.
483 BGH VersR 1957, 719.
484 OLG Köln DAR 1935, 57.
485 OLG Hamburg Recht 1919, Nr 822.
486 BGHZ 32, 333.
487 OLG Zweibrücken VAE 1943, 100.
488 BGHZ 32, 334; 37, 311; OLG Rostock JW 1933, 855; OLG Karlsruhe DAR 1934, 41.
489 Bsp aus der Rspr: RGZ 127, 177; BGHZ 5, 269; 32, 331; BGH VersR 1978, 233; OLG Hamm VersR 1991, 220.
490 RGZ 78, 182.
491 BGH VersR 1983, 656.
492 BayObLG DAR 1985, 227.
493 RGZ 79, 312; 91, 272; 91, 304; 150, 137; KG JW 1929, 2063; *Greiff* DAR 1936, 71.
494 OLG Hamburg VersR 1960, 330.

§ 3 Haftung des Kfz-Halters

Dienstwagen 290
Angestellte oder Arbeiter fahren die dem Unternehmen gehörenden Kfz in Vertretung des Unternehmers. Mithin ist allein dieser Halter (Rn 264). Das gilt auch für leitende Angestellte.[495] Ob der Unternehmer eine natürliche oder juristische Person ist, macht keinen Unterschied (vgl Rn 294).

Hat der Angestellte oder Arbeiter das Recht, das dem Unternehmen gehörende Kfz 291 auch zu *Privatfahrten* zu benutzen, so ist er neben dem Unternehmer Halter des Kfz.[496] Dasselbe gilt, wenn der Arbeitnehmer ein ihm gehörendes Kfz mit Billigung des Unternehmers teilweise für Zwecke des Unternehmers (insoweit also in Vertretung des Unternehmers) fährt.[497]

Handelsvertreter sind idR unter Ausschluss des Geschäftsherrn Halter der von ihnen 292 beruflich benutzten Kfz auch dann, wenn diese im Eigentum des Geschäftsherrn stehen.[498] Dieser ist nur dann neben dem Handelsvertreter Halter, wenn er ein Weisungsrecht des Inhalts hat, dass er Einfluss auf die Durchführung einzelner Fahrten nehmen kann,[499] oder wenn er das Kfz gelegentlich auch für eigene geschäftliche Zwecke oder für Privatfahrten benutzt.[500] Wegen ihrer relativ selbständigen Stellung können Handelsvertreter idR nicht als „Vertreter" des Geschäftsherrn angesehen werden. Abzulehnen ist die Ansicht des RG, der Geschäftsherr sei dann Halter, wenn der Handelsvertreter ihm sein Fahrzeug sicherungsübereignet habe.[501] Die vom RG gegebene Begründung, der Geschäftsherr habe einen wirtschaftlichen Vorteil davon, dass der Handelsvertreter ein Kfz benutze, reicht für die Begründung der Haltereigenschaft nicht aus.[502]

Für *Beamte* gelten dieselben Grundsätze wie für Angestellte und Arbeiter. Verwendet 293 ein Beamter sein Dienstfahrzeug nur für Dienstfahrten, so ist ausschließlich die Behörde Halter;[503] verwendet er es auch für Privatfahrten, so wird er hierdurch neben seinem Dienstherrn Halter,[504] auch wenn das Kfz seinem Dienstherrn gehört. Dasselbe gilt für ein „beamteneigenes" Kfz und für ein „anerkannt privateigenes" Kfz. In diesen beiden Fällen handelt es sich um ein Kfz, das der Beamte zwar vorwiegend für dienstliche Zwecke benützt, aber auch – wenn auch nur in geringem Umfang – zu Privatfahrten verwenden kann.[505] Benützt der Beamte ein ihm gehörendes Kfz mit Zustimmung des Dienstherrn für eine bestimmte Dienstfahrt, so wird hierdurch der Dienstherr nicht Halter, auch wenn er Kilometergeld bezahlt. Der Beamte bleibt vielmehr allein Halter.[506]

---

495 OLG Hamm NJW 1955, 1162 m Anm *Bruns*; OLG Bremen NJW 1955, 1163.
496 OLG Hamm VRS 17, 382; VGH Mannheim NJW 1987, 3030.
497 BGHZ 13, 358; OLG Köln DAR 1941, 17.
498 RG VAE 1937, 172; **aA** RG DAR 1933, 173.
499 RG VAE 1939, 31.
500 OLG Zweibrücken DAR 1933, 56.
501 RGZ 141, 404; ebenso OLG Karlsruhe HRR 1935, Nr 1151.
502 Vgl auch *Weigelt* DAR 1936, 103.
503 OLG Schleswig VkBl 1951, 171.
504 OLG Celle VersR 1960, 764.
505 RGZ 165, 372; OLG Celle VersR 1960, 764; *Voss* VersR 1955, 201.
506 BGHZ 29, 43.

294 Juristische Personen, Gesellschaften
Auch eine juristische Person kann Halter sein.[507] Fährt der Alleingesellschafter einer Einmann-GmbH einen Wagen nur für Zwecke des Unternehmens, so ist nicht der Gesellschafter, sondern die Gesellschaft Halter.[508] Da die offene Handelsgesellschaft und die Kommanditgesellschaft selbständig Rechte und Pflichten haben können (§ 124 HGB), können sie Halter eines Kfz sein, ebenso seit Zuerkennung der Rechtsfähigkeit durch den BGH[509] die Gesellschaft des bürgerlichen Rechts. Die Gesellschafter sind – ebenso wie bei der GmbH oder AG – nicht (Mit-)Halter, außer wenn sie ein Kfz der Gesellschaft auch für Privatfahrten benutzen (vgl Rn 271). Gleiches gilt für den stillen Gesellschafter.[510] Auch eine politische Partei kann Halter sein.[511]

Öffentlich-rechtliche Körperschaften
295 Leitet das Land im Rahmen der Auftragsverwaltung den Einsatz der dem Bund gehörenden Kfz, so liegt die Verfügungsgewalt ausschließlich beim Land und nur dieses ist Halter.[512]

296 Ein durch Verwaltungsakt in Anspruch genommenes oder beschlagnahmtes Kfz wechselt den Halter nicht, solange es von der Behörde nicht in Betrieb genommen wird. Geschieht dies, so wird diejenige Person oder öffentliche Körperschaft allein Halter, deren Verwaltungsaufgaben durch den Betrieb des Kfz erfüllt werden.[513] Dies gilt auch, wenn die Inanspruchnahme nur einige Tage dauert. Wird das beschlagnahmte Kfz einem anderen zum Gebrauch zugewiesen, so wird dieser in dem Augenblick Halter, in dem er das Kfz in Gebrauch nimmt. Gleichzeitig erlischt die Haltereigenschaft des Eigentümers.[514] Die Polizei, die einen verkehrswidrig geparkten Wagen abschleppen lässt, wird nicht Halter; denn sie handelt nur in Vertretung des Halters. Gleiches gilt, wenn die Polizei einen Wagen wegen Trunkenheit des Fahrers sicherstellt.[515]

Zwangsvollstreckung
297 Die Pfändung eines Kfz durch den Gerichtsvollzieher macht weder diesen oder den Staat noch den Vollstreckungsgläubiger zum Halter. Die bisherige Halterstellung bleibt vielmehr erhalten, auch wenn das Kfz nicht mehr benutzt werden kann, denn einen halterlosen Zustand darf es nicht geben. Mit der Übergabe an den Ersteigerer geht dann auch die Halterstellung auf diesen über.

Testamentsvollstrecker
298 Der Testamentsvollstrecker, der ein Handelsgeschäft treuhänderisch für den Erben betreibt, wird Mithalter des zur Betriebseinrichtung gehörenden Kfz.[516]

---

507 BGH VersR 1958, 646.
508 KG DAR 1939, 177, zw OLG Celle JW 1937, 1074 m Anm *Müller*.
509 BGHZ 146, 341.
510 BGH VersR 1962, 509.
511 RG VAE 1942, 33.
512 OLG München VkBl 1957, 308.
513 RGZ 167, 12; OLG Frankfurt VRS 1, 110. Auf § 7 Abs 3 StVG abstellend dagegen LG Mühlhausen NVwZ 2001, 1325.
514 OLG Dresden VAE 1941, 182; OLG Frankfurt VRS 1, 110.
515 BGH VersR 1956, 219.
516 BGH Betrieb 1974, 2197.

Ehegatten

Ob einer von ihnen Halter ist oder ob sie Mithalter sind, hängt von der jeweiligen Ausgestaltung des Benutzungsverhältnisses ab. Trägt zB der Ehemann allein die Kosten des Kfz und stellt er es seiner Frau nur zu gelegentlichen Fahrten zu Verfügung, so ist nur er Halter. Anders ist es hingegen, wenn beide für die Kosten aufkommen und das Kfz abwechselnd nutzen; es sind dann beide Halter, und zwar durchgehend, dh nicht nur während der von ihnen ausgeführten Fahrten. Wird ein Kfz nur im Geschäftsbetrieb der Ehefrau genutzt, so ist diese allein Halter auch dann, wenn das Kfz vom Ehemann gefahren wird.[517] Ist dagegen das auf Namen und Rechnung des einen Ehegatten laufende Kfz dem anderen zu völlig freier Verfügung überlassen, so ist letzterer Halter (vgl Rn 263). Bei Getrenntleben ist Halter, wem das Kfz gem § 1361a BGB zugewiesen wurde.[518]

299

Anhänger

Der Eigentümer eines Kfz-Anhängers wird nicht dadurch zum Halter des Zugfahrzeugs, dass der Anhänger zusammen mit diesem in Betrieb genommen wird.[519] § 7 Abs 1 StVG nF begründet jedoch eine neben die Haftung des Kfz-Halters tretende Haftung des Anhängerhalters (s dazu Rn 21, 115 ff).

300

Unbefugter Gebrauch

Halter wird auch, wer ein fremdes Kfz, ohne hierzu befugt zu sein, für eigene Zwecke und nicht nur ganz vorübergehend in Betrieb setzt. Der Dieb wird mithin in dem Augenblick Halter, in dem er dem bisherigen Halter mit Zueignungsabsicht die Verfügungsgewalt entzieht.[520] Dagegen wird derjenige, der sich ohne Zueignungsabsicht nur vorübergehend den Gebrauch eines Kfz anmaßt oder der das Fahrzeug nur zum Zweck des Ausschlachtens entwendet,[521] nicht Halter. Dementsprechend erlischt die Haltereigenschaft des bisherigen Halters nicht, wenn sich eine unbefugte Person nur vorübergehend in den Besitz des Kfz setzt (für einen Tag oder einige Tage), um das Kfz dem bisherigen Halter nach Gebrauch wieder zukommen zu lassen (Rn 266), während bei einer auf Dauer angelegten Entziehung durch einen Dieb die Halterstellung verloren geht.[522]

301

Zur Frage des Fortbestands der Halterhaftung, wenn der Halter den Diebstahl durch sein Verschulden ermöglicht hat, vgl Rn 345.

302

Motorsportveranstaltung

Der Veranstalter wird nicht zum Halter der teilnehmenden Fahrzeuge.[523]

303

---

517 KG VRS 45, 220.
518 OLG Koblenz NJW 1991, 3224.
519 BGHZ 20, 385; OLG München NZV 1999, 124.
520 RGZ 138, 320; aA *Geigel/Kunschert* Kap 25 Rn 221; *Clauß* VersR 2002, 1075.
521 KG NZV 1989, 273.
522 RGZ 138, 320, 321; BGH NZV 1997, 116; OLG Hamm NZV 1995, 320. IE ebenso *Clauß* VersR 2002, 1075.
523 Vgl österr OGH ZVR 1989, 231 unter Aufgabe der früheren Rspr u Darstellung der abweichenden Rechtslage in der Schweiz.

Erster Teil. Haftung ohne Verschuldensnachweis

VIII. Die Ersatzpflicht bei unbefugter Kfz-Benutzung

1. Überblick

304 Wird durch eine ohne Wissen und Willen des Halters erfolgende Kfz-Benutzung ein Wechsel der Halterstellung herbeigeführt, weil sie mit einem **länger dauernden Entzug der Verfügungsmacht** verbunden ist (Rn 301) oder weil es sich um eine öffentlich-rechtliche Beschlagnahme handelt (Rn 296), so ist für einen danach geschehenen Unfall ausschließlich der neue Halter verantwortlich. Dies ergibt sich bereits aus § 7 Abs 1 StVG.

305 Für die Fälle einer **vorübergehenden Gebrauchsanmaßung** (für die sich der Begriff „Schwarzfahrt" eingebürgert hat) trifft § 7 Abs 3 StVG dagegen eine differenzierende Sonderregelung. Sie ist schwer verständlich und lückenhaft, was sich aus der wechselvollen Entwicklungsgeschichte erklärt.[524] Das Gesetz unterscheidet drei Fallgruppen:
– die Schwarzfahrt geschah ohne Zutun des Halters: dann trifft die Haftung aus § 7 Abs 1 StVG nur den Schwarzfahrer (§ 7 Abs 3 S 1 Halbs 1 StVG);
– der Halter hat die Schwarzfahrt schuldhaft ermöglicht: dann haftet er neben dem unbefugten Benutzer (§ 7 Abs 3 S 1 Halbs 2 StVG);
– das Kfz war vom Halter einem anderen anvertraut worden, der es dann in unberechtigter Weise benutzt hat: in diesem Fall haftet nur der Halter (§ 7 Abs 3 S 2 StVG).

306 Die Begrenzung des Anwendungsbereichs von § 7 Abs 3 StVG auf die Fälle, in denen **kein Halterwechsel** eingetreten ist, folgt daraus, dass die Vorschrift in allen Alternativen den Halter dem unbefugten Benutzer gegenüber stellt, dh von einer Personenverschiedenheit im Zeitpunkt des Unfalls ausgeht. Wer seine Halterstellung durch andauernden Entzug der Verfügungsgewalt verloren hat, ist damit auch dann nicht haftbar, wenn er das Kfz einem anderen überlassen hatte; dies gilt auch, wenn der neue Halter unbekannt ist.[525] Zur Frage einer fortbestehenden Haftung des früheren Halters in den Fällen, in denen er die dauernde Gebrauchsentziehung schuldhaft ermöglicht hat (Fall des § 7 Abs 3 S 1 Halbs 2 StVG) s Rn 345.

307 Neben der Haftung aus § 7 Abs 3 StVG kommt die Haftung des Fahrers gem § 18 StVG und § 823 BGB sowie die deliktische Haftung desjenigen in Betracht, der durch fahrlässiges Unterlassen der vorgeschriebenen Sicherungsmaßnahmen die unbefugte Benutzung verursacht hat; zwischen diesem Unterlassen und dem Unfall muss allerdings ein Kausalzusammenhang bestehen (s Rn 331 und § 10 Rn 19 ff). Der (nicht selbst steuernde) Teilnehmer an einer Schwarzfahrt kann nach § 7 Abs 3 S 1 StVG haftbar sein, wenn er (wegen seines Eigeninteresses) als Benutzer anzusehen ist (s Rn 309), ansonsten ggf nach § 823 iVm § 830 Abs 2 BGB.

2. Anwendungsbereich des § 7 Abs 3 StVG

308 a) Zur **Beschränkung auf die vorübergehende Gebrauchsanmaßung**, die nicht zu einem Wechsel der Halterstellung führt, s o Rn 304 f.

---

524 S dazu Voraufl § 7 Rn 278. Die Amtl Begr der letzten Änderung ist abgedr in DJ 1939, 1771.
525 BGH NZV 1997, 116.

b) Benutzung des Kfz. Eine solche liegt vor, wenn das Kfz im eigenen Interesse fortbewegt wird. Eine anderweitige Verwendung, etwa zum Nächtigen oder Ausschlachten, reicht nicht aus.[526] Auf die Länge der Fahrtstrecke kommt es nicht an; es muss aber die Motorkraft zum Einsatz kommen.[527] Auch das Inbrandsetzen eines Kfz fällt nicht darunter, selbst wenn dieses dazu führt, dass sich das Fahrzeug selbsttätig in Bewegung setzt.[528] **309**

c) Ohne Wissen und Willen. Entscheidendes Merkmal ist der Wille.[529] An der Anwendbarkeit des Abs 3 S 1 ändert sich daher – entgegen wortgetreuer Auslegung – nichts, wenn der Halter zufällig von der gegen seinen Willen erfolgenden Benutzung weiß (zB weil das Kfz vor seinen Augen entwendet wird). Wenn das Kfz willentlich überlassen, dann aber abweichend vom Willen des Halters benutzt wird, trifft die Haftung nach § 7 StVG gemäß dessen Abs 3 S 2 allein den Halter. **310**

Nachträgliches Einverständnis des Halters mit der Benutzung durch den Unbefugten macht diesen zum befugten Benutzer. Darauf, ob der Halter sein Einverständnis mit der Unfallfahrt vor oder nach dem Unfall erklärt, kommt es nicht an.[530] Eine Genehmigung der Benutzung des Kfz durch den Unbefugten für die Zukunft kann darin gesehen werden, dass der Halter von der Benutzung erfährt und, obwohl ihm dies möglich wäre, nichts unternimmt, sie für die Zukunft zu verhindern. Im Übrigen kommt ein stillschweigendes Einverständnis des Halters mit der Fahrt nur in Frage, wenn er von der Absicht des Benutzers Kenntnis hatte.[531] **311**

Bei Mithalterschaft genügt das Einverständnis eines der Halter, um eine unbefugte Benutzung auszuschließen. Auch ein Vertreter des Halters kann das Einverständnis erklären.[532] Bei langfristiger Gebrauchsüberlassung, etwa eines Mietfahrzeugs, kann die Halterstellung übergegangen sein, sodass dann das Einverständnis des neuen Halters, zB des Mieters, entscheidet (vgl Rn 283 ff). **312**

3. Die Haftung des unbefugten Benutzers

a) Überblick. Bei Übergang der Halterstellung (vgl Rn 266) ergibt sich die Haftung unmittelbar aus § 7 Abs 1 StVG. Wird der unbefugte Benutzer dagegen nicht zum Halter (insbesondere bei nur vorübergehender Benutzung), so greift Abs 3 S 1 Halbs 1 ein, der den Benutzer haftungsrechtlich einem Halter gleichstellt. Ausgeschlossen ist die Gefährdungshaftung des unbefugten Benutzers aber nach Abs 3 S 2, wenn er für den Betrieb des Kfz angestellt ist oder wenn ihm das Kfz vom Halter überlassen worden ist („Exzess des befugten Benutzers"; vgl Rn 341 ff). **313**

b) Passivlegitimation. Die Haftung trifft denjenigen, in dessen Interesse die unbefugte Benutzung (so Rn 309 ff) geschieht. Wer ausschließlich im Interesse eines anderen fährt, ist nicht Benutzer. **314**

---

526 *Geigel/Kunschert* Kap 25 Rn 224.
527 BGH NJW 1954, 392; 1957, 700.
528 OLG Saarbrücken NZV 1998, 327.
529 § 6 Abs 1 österr EKHG stellt allein auf diesen ab.
530 RG RdK 1928, 332.
531 RG VAE 1939, 33.
532 RG DAR 1932, 284; BGH DAR 1955, 87.

Erster Teil. Haftung ohne Verschuldensnachweis

315 Keine unbefugte Benutzung liegt mithin zB dann vor, wenn der vom Halter mit der Durchführung einer Fahrt beauftragte Fahrer einem anderen ohne Erlaubnis des Halters die Lenkung des Kfz überlässt, ohne dass der Zweck der Fahrt geändert würde.[533] Umgekehrt ist Benutzer, wer es einem anderen überlässt, das Kfz für sich zu führen.[534] Wer nur bei einem anderen mitfährt, ohne entscheidenden Einfluss auf die Gestaltung der Fahrt auszuüben, ist nicht Benutzer des Kfz.[535] Hat der Fahrgast allerdings den anderen erst dazu bestimmt, das Kfz unbefugt zu benutzen, so ist idR auch der Fahrgast unbefugter Benutzer geworden. Es kann deshalb sogar der Fall eintreten, dass ein unbefugter Benutzer (unter Vorspiegelung eines in Wirklichkeit nicht bestehenden Einverständnisses des Halters) den vom Halter für den Betrieb des Kfz Angestellten beauftragt, eine Fahrt auszuführen.[536]

316 **Bei Zusammenwirken mehrerer** zum Zweck der unbefugten Benutzung eines fremden Kfz sind diese sämtlich unbefugte Benutzer und haften als Gesamtschuldner.

c) Haftungsausschluss bei Exzess des befugten Benutzers (Abs 3 S 2)

317 **aa) Allgemeines.** S 2 des Abs 3 hat nicht nur die Funktion, die Haftung des Halters bei Schwarzfahrten von Angestellten und sonstigen berechtigten Benutzern entgegen S 1 aufrechtzuerhalten (dazu Rn 341 ff), sondern er bewirkt zugleich, dass die bezeichneten Benutzer von der haltergleichen Gefährdungshaftung freigestellt werden.[537]

318 Dies ergibt sich eindeutig aus dem Wortlaut der Vorschrift, die einer Korrektur durch restriktive Interpretation insoweit nicht bedarf. Es ist kein Grund ersichtlich, der es erfordern würde, den Benutzer neben dem Halter der strengen Haftung nach § 7 StVG zu unterwerfen. Sinn des S 2 ist, bei gewollter Gebrauchsüberlassung den Halter nicht aus seiner Gefährdungshaftung zu entlassen, weil er durch Auswahl seiner Vertrauensperson das Risiko zu beeinflussen vermag, während bei der von vornherein unberechtigten und nicht schuldhaft ermöglichten Gebrauchsanmaßung der Halter von dieser Haftung nach S 1 frei werden soll. Im letzteren Fall bedarf es, um gleichwohl einen nach § 7 StVG Verantwortlichen zu schaffen, der Konstituierung der haltergleichen Haftung des Benutzers nach S 1, im Fall des S 2 hingegen besteht ein solches Bedürfnis nicht.

319 **bb) Anstellung für den Betrieb des Kfz** liegt bei jedem vor, der vom Halter oder seinem Vertreter beauftragt ist, entweder das Kfz selbst zu lenken oder den Einsatz des Kfz im einzelnen zu bestimmen. Auf den arbeitsrechtlichen Charakter der „Anstellung" kommt es nicht an.

320 Dagegen gehört zu diesem Personenkreis nicht ohne weiteres jede Person, die vom Halter oder seinem Vertreter beauftragt ist, sonstige zum Betrieb des Kfz gehörende Verrichtungen (zB Beladen, Abladen, Abkuppeln des Anhängers) vorzunehmen, insbesondere nicht der Beifahrer. Dieser ist für den Betrieb des Kfz nur dann angestellt, wenn er den Fahrer abzulösen[538] oder ihm Weisungen für den Einsatz des Kfz zu geben hat.[539] Wer vom Halter nicht beauftragt ist, das Kfz regelmäßig, aushilfsweise oder unter besonderen Umständen (zB nach Reparaturarbeiten) zu fahren, ist nicht „für den Betrieb angestellt" (wie zB der Wagenwäscher, Garagen-

---

533 RG DAR 1931, 379; OLG Bamberg VRS 7, 334; österr OGH ZVR 1997, 191; unentschieden RG JW 1932, 2013.
534 BGH VRS 12, 89; VersR 1961, 348.
535 Vgl *Geigel/Kunschert* Kap 25 Rn 163.
536 Vgl OLG Dresden VAE 1938, 151.
537 *Krumme* 39.
538 BGH VersR 1954, 84.
539 OLG Celle DAR 1951, 159.

wächter, Schaffner), denn der Begriff des „für den Betrieb Angestellten" deckt sich nicht mit dem Begriff des „bei dem Betrieb Beschäftigten" iSv § 7 Abs 2 StVG aF (Rn 419).[540] Der Wagenwäscher ist aber zB dann „angestellt", wenn er die Autoschlüssel erhält, um den Wagen zum Waschen zu fahren.

Ein für den Betrieb Angestellter behält diese Eigenschaft auch dann, wenn er die Lenkung des Kfz einem anderen überlässt, der in seinem Interesse oder im Interesse des Halters die Fahrt fortsetzt oder eine weitere Fahrt unternimmt. Sind für einen Halter mehrere Kfz im Einsatz, so ist jeder für den Betrieb eines dieser Kfz Angestellte auch für den Betrieb der anderen angestellt, selbst wenn es ihm verboten ist, sie zu fahren.[541] 321

cc) **Überlassung des Kfz** bedeutet, dass der Halter einer anderen Person die tatsächliche Benutzungsmöglichkeit eingeräumt hat, ohne dass der andere Halter wird. Es handelt sich vor allem um manche Fälle der Leihe und Miete und diejenigen, in denen der Arbeitgeber einem Arbeitnehmer die Befugnis einräumt, ein Kfz des Halters für sich zu benutzen. Schließlich gehören hierher auch alle Fälle, in denen sich der Halter eines „Vertreters" (Rn 267) bedient; auch diesem ist das Kfz „überlassen". Hat der Halter bei der Überlassung Anordnungen dahin getroffen, dass der Berechtigte das Kfz nur benutzen dürfe, wenn es von einem bestimmten Fahrer gelenkt werde, so ist dies in diesem Zusammenhang ohne Bedeutung.[542] Dasselbe gilt, wenn der Halter die Benutzung des Kfz nur auf einer bestimmten Strecke gestattet hat. „Überlassung" liegt nur vor, wenn sie zur Benutzung geschehen ist. Auf den Umfang und die Dauer der gestatteten Benutzung kommt es dagegen nicht an, auch nicht darauf, ob sie entgeltlich oder unentgeltlich erfolgt. 322

Keine Überlassung liegt vor, wenn der Halter eine befreundete Person beauftragt, einen Gegenstand aus dem Wagen zu holen oder den Wagen zu öffnen, damit er, mit einem Kleinkind nachkommend, sofort einsteigen kann.[543] Die Überlassung eines Kfz an eine Reparaturwerkstatt in Kenntnis des Umstands, dass eine Probefahrt ausgeführt werden wird, ist Überlassung an den Inhaber der Werkstatt und die von diesem mit der Probefahrt Beauftragten.[544] Wer dem Betreiber einer Sammelgarage oder Werkstatt oder einem Gastwirt die Autoschlüssel zum Rangieren des Wagens aushändigt, überlässt das Kfz.[545] 323

dd) Bei **Weiterüberlassung des Kfz an einen Dritten** verbleibt es bei der Haftungsbefreiung der Vertrauensperson. Begeht der Dritte seinerseits einen Exzess, ist nunmehr er unbefugter Benutzer iS des § 7 Abs 3 StVG. Da ihm das Kfz aber von der Vertrauensperson des Halters überlassen wurde, gilt das Haftungsprivileg des S 2 für ihn als Vertrauensperson zweiten Grades, ohne dass es darauf ankommt, ob der andere zu der Weiterüberlassung berechtigt war oder nicht. 324

ee) Bei **ungewollter Benutzung des Kfz durch einen Dritten** ist die Vertrauensperson nicht, der Benutzer aber nach Abs 3 S 1 verantwortlich; S 2 ist auf diesen Fall nicht anwendbar. 325

---

540 BGH VRS 10, 2.
541 OLG Köln VersR 1958, 112.
542 BGHZ 5, 273.
543 BGH VersR 1970, 66.
544 BGH VersR 1967, 659.
545 OLG Karlsruhe VersR 1960, 565.

326 **ff) Ende der Überlassung** ist erst die Beseitigung der tatsächlichen Möglichkeit, das Kfz zu benutzen. Die bloße Weisung des Halters, die Benutzung zu beenden, hat ebenso wenig Wirkung wie der Ablauf des Vertragsverhältnisses zwischen Halter und Benutzer.[546]

4. Die Haftung des Halters

327 **a) Überblick.** Ist die Halterstellung trotz der unbefugten Benutzung bei Bestand geblieben (s o Rn 305), so kommt eine Haftung des Halters für einen während der Schwarzfahrt geschehenen Unfall in Betracht

– neben dem Schwarzfahrer, wenn der Halter die Schwarzfahrt schuldhaft ermöglicht hat (Abs 3 S 1 Halbs 2; Rn 328 ff);

– anstelle des Schwarzfahrers, wenn er diesen zum Betrieb des Kfz angestellt oder ihm das Kfz überlassen hatte (Abs 3 S 2, der S 1 ausschließt und damit § 7 Abs 1 StVG zur Anwendung bringt; Rn 341 ff).

328 **b) Schuldhaftes Ermöglichen der unbefugten Benutzung (§ 7 Abs 3 S 1 Halbs 2 StVG)**

aa) Grundlagen. Sinn der Regelung ist es, die Haftungsbefreiung des Halters dann nicht eintreten zu lassen, wenn er die unbefugte Benutzung durch sein Verschulden ermöglicht hat. Er haftet dann für den bei der Schwarzfahrt eingetretenen Unfall neben dem Benutzer, dh als Gesamtschuldner.

329 **bb) Verschuldensmaßstab.** Dem Halter muss mindestens Fahrlässigkeit anzulasten sein, dh Außerachtlassen der im Verkehr erforderlichen Sorgfalt in Bezug auf die Sicherung des Kfz vor unbefugter Benutzung (vgl hierzu § 14 StVO, § 38a StVZO). Ein höheres Maß von Sorgfalt wird von ihm aber nicht gefordert[547] (s zur Beweislast auch Rn 347). Hinsichtlich des Verschuldenserfordernisses deckt sich § 7 Abs 3 S 1 Halbs 2 StVG also mit dem in diesen Fällen ebenfalls einschlägigen § 823 Abs 1 und 2 BGB. Er geht aber über die deliktische Haftung insoweit hinaus, als er die Haftung des Halters für jeden Unfall begründet, der nicht auf höherer Gewalt beruht (Abs 2), während im Anwendungsbereich des § 823 BGB der Geschädigte nachweisen muss, dass der Unfall durch das Verschulden des Halters adäquat verursacht wurde[548] (vgl § 14 Rn 7). Dies wird häufig etwas ungenau so ausgedrückt, dass die deliktische Haftung einen „über das Ermöglichen einer Schwarzfahrt hinausgehenden Verstoß" des Halters voraussetzt.[549]

330 **cc)** Nur **eigenes Verschulden** begründet die Haftung des Halters nach § 7 Abs 3 S 1 StVG; das Verschulden eines Angestellten oder einer sonstigen Hilfsperson wird ihm mangels einer einschlägigen Zurechnungsnorm nicht angelastet.[550] § 278 BGB greift

---

546 OLG Düsseldorf VRS 3, 96.
547 Vgl RGZ 119, 353; 135, 158; 136, 9; BGHZ 1, 390; BGH VersR 1960, 736; 1970, 66; zumindest missverständlich OLG Oldenburg NZV 1999, 294, 295 („bis zur Grenze des unabwendbaren Zufalls").
548 BGH VersR 1960, 736; 1966, 79; 1966, 166.
549 RGZ 136, 17; BGHZ 1, 390.
550 BGH NJW 1954, 392; KG VRS 61, 245. § 6 Abs 1 österr EKHG stellt dagegen das Verschulden von Personen, die mit Willen des Halters beim Betrieb tätig sind, dem Halterverschulden gleich.

nicht ein, weil zwischen Halter und späterem Geschädigten noch kein Schuldverhältnis besteht.

dd) Kausalzusammenhang muss zwischen dem Verschulden und der unbefugten Benutzung bestehen. Daher haftet der Halter nicht nach § 7 Abs 3 StVG, der sein Kfz mit einer unversperrten Tür auf der Fahrbahn stehen ließ, wenn der Benutzer eine andere Tür aufgebrochen hat.[551] Dagegen kann mit der Behauptung, der Schwarzfahrer hätte auch bei ordnungsgemäßer Sicherung Mittel gefunden, um das Fahrzeug in Betrieb zu setzen, die Kausalität nicht ausgeräumt werden: Es genügt, wenn die Mängel der Fahrzeugsicherung die unbefugte Benutzung jedenfalls nicht unerheblich erleichtert haben.[552]

331

ee) Einzelfragen

Abstellen des Kfz

Grundsätzlich sind alle vorgeschriebenen Sicherungen gegen unbefugte Benutzung (vgl §14 Abs 2 S 2 StVO, § 38a StVZO) zu betätigen,[553] auch bei kurzzeitigem Verlassen.[554]

332

Es sind also Türen und Fenster zu verschließen, der Zündschlüssel abzuziehen und aus dem Fahrzeug zu entfernen sowie die vorhandenen Wegfahrsperren zu aktivieren. Ein Schwenkfenster muss verschließbar sein; andernfalls haftet der Halter, auch wenn die Türen versperrt waren.[555] Türen und Fenster sind auch dann zu verschließen, wenn eine versteckt angebrachte Zündunterbrechung betätigt wird.[556] Bei Wagen ohne abschließbares Führerhaus genügt es, wenn sie ohne Benutzung spezieller Schlüssel nicht in Gang gesetzt werden können.[557] Ob Pkw, die ohne Verdeck benutzt werden dürfen (zB Kabrioletts), auch so abgestellt werden dürfen, hängt von Dauer und Örtlichkeit ab.[558] Die Türen müssen aber auch bei offenem Fahrzeug verschlossen werden, weil die unbefugte Benutzung sonst erheblich erleichtert würde.[559] Bei Krafträdern und Mopeds müssen Zündung und Lenkung abgeschlossen sein;[560] das Abziehen des Zündkabels reicht nicht.[561] Besondere Maßnahmen, wie zB Ausbau der Batterie, müssen nur dann ergriffen werden, wenn das Tür- oder das Lenkradschloss gebrauchsunfähig ist.[562] Das Zurücklassen von Zweitschlüsseln im Wagen ist nicht nur objektiv pflichtwidrig, sondern in aller Regel auch fahrlässig.[563]

333

Bleibt eine zuverlässige Person beim Fahrzeug, können sich derartige Vorkehrungen erübrigen.[564] Dagegen genügt es nicht, dass der Halter in der Nähe bleibt und das Kfz im Auge behält; in solchen Fällen ist zumindest der Zündschlüssel abzuziehen.[565] Dies gilt zB auch während des Bezahlens an einer Tankstelle. Schuldhaft handelt ferner, wer sich angetrunken im

334

---

551 OLG Köln VersR 1959, 652.
552 BGH VersR 1981, 40.
553 BGH VM 1970, 15.
554 OLG Hamm NZV 1991, 195.
555 Österr OGH ZVR 1969, 240.
556 AG Offenbach NJW-RR 1988, 472.
557 OLG Frankfurt VersR 1983, 464.
558 Vgl LG Aachen ZfS 1992, 126; LG Bonn VersR 1991, 221; AG Münster VersR 1991, 994.
559 **AA** OLG Düsseldorf VersR 1987, 798.
560 BGH NJW 1959, 629.
561 OLG Köln MDR 1995, 1121.
562 RGZ 138, 320; RG JW 1933, 828, 1404 m Anm *Peters*; KG VAE 1937, 320; LG Ulm VersR 1960, 94.
563 BGH VersR 1981, 40.
564 OLG Stuttgart VkBl 1959, 275; zur Zuverlässigkeit s OLG Bamberg VM 1975, Nr 7.
565 Vgl BGH VersR 1961, 42.

verschlossenen Fahrzeug schlafen legt, den Schlüssel aber sichtbar im Fahrzeug hängen lässt.[566]

335 Beim Abstellen auf Privatgrundstücken sind grundsätzlich die gleichen Anforderungen zu stellen.[567] Je nach den Umständen des Einzelfalls können aber geringere Vorkehrungen als ausreichend erachtet werden,[568] zB bei geschlossenem Tor und regelmäßigen Kontrollgängen.[569] In der verschlossenen Garage sind zumindest das Lenkradschloss einzurasten und der Zündschlüssel abzuziehen;[570] ist aber die Batterie ausgebaut, braucht bei einem in einem verschlossenen Schuppen abgestellten Kfz nicht zusätzlich der Zündschlüssel abgezogen und das Fahrzeug abgeschlossen zu werden.[571] Auf einem Betriebs- oder Baustellengelände kann, wenn ein Kfz zB wechselweise von verschiedenen Mitarbeitern gefahren wird, ein großzügigerer Maßstab angelegt werden.[572] Fahrlässig ist es jedoch, wenn der Zündschlüssel über das Wochenende in einem Fahrzeug belassen wird, das in einer ungenügend gesicherten Halle steht.[573] Dagegen dürfte die Aufbewahrung des Schlüssels im verschlossenen Wandschrank eines verschlossenen Bauwagens auf einem eingefriedeten Betriebsgelände auch dann den Anforderungen genügen, wenn das Betriebsgelände nicht bewacht wird.[574] Das ungesicherte Abstellen eines Kfz an einer Reparaturwerkstätte oder in einer Sammelgarage (zum Zwecke des Rangierens durch das Personal) dürfte, sofern dortiger Übung entsprechend, nicht schuldhaft sein,[575] fällt aber, da das Kfz überlassen wird, unter Abs 3 S 2.

Verwahren der Kfz-Schlüssel

336 Auf die Gefahr unbefugter Benutzung ist Bedacht zu nehmen. Die Schlüssel (ggf auch zur Garage) sind also so aufzubewahren, dass sie unzuverlässigen Personen nicht zugänglich sind. Dies können auch Familienangehörige oder sonstige Mitbewohner sein (auch minderjährige), jedoch nur, wenn Anhaltspunkte dafür bestehen, dass sie zu unbefugter Benutzung des Kfz neigen.[576]

337 Mit der Wegnahme der in der Wohnung abgelegten Schlüssel durch einen vorher nie entsprechend auffällig gewordenen Bekannten braucht der Halter nicht zu rechnen,[577] wohl aber bei Teilnahme eines bekanntermaßen suizidgefährdeten Bekannten an einer privaten Feier mit erheblichem Alkoholkonsum.[578] Während des Aufenthalts in einer Gaststätte dürfen die Schlüssel nicht in der Tasche des Mantels bleiben, der frei zugänglich aufgehängt wird,[579] wohl aber bei Abgabe an der Garderobe.[580] Auch wer die ausgezogene Jacke mit Schlüsseln und Papieren

---

566 OLG Hamburg VersR 1971, 165.
567 OLG Düsseldorf NJW 1955, 1757 m Anm *Hartung.*
568 BGH VersR 1960, 1091; OLG Nürnberg VersR 1955, 767; OLG Celle DAR 1956, 138; OLG Köln VersR 1968, 561.
569 KG VersR 1982, 45.
570 Vgl BGH VersR 1958, 413; OLG Hamburg VersR 1961, 14.
571 OLG Karlsruhe NZV 1992, 485.
572 BGH VersR 1971, 1019; s a OLG Frankfurt VersR 1983, 497: Vorführwagen auf nicht allgem zugänglichem Betriebsgrundstück; LG Berlin VersR 1994, 1060 (strenger).
573 OLG Nürnberg VersR 1984, 948.
574 **AA** KG VM 1992, Nr 102.
575 OLG Düsseldorf DAR 1975, 328; **aA** KG VersR 1968, 440.
576 Vgl BGH VRS 8, 251; VersR 1961, 417; 1968, 575; OLG Köln DAR 1959, 297; OLG München VersR 1960, 862; 1960, 1055; OLG Oldenburg VRS 34, 241; OLG Düsseldorf VersR 1984, 895; OLG Hamm VersR 1987, 205; OLG Frankfurt VersR 1987, 54; zu restriktiv in einer Strafsache BayObLG NJW 1983, 637.
577 OLG Hamm VersR 1978, 949.
578 OLG Oldenburg NZV 1999, 294.
579 OLG Düsseldorf VersR 1989, 638.
580 **AA** LG Berlin VersR 1967, 788.

im Lokal vergisst, ermöglicht die unbefugte Benutzung schuldhaft.[581] Vor einem Beifahrer ist der Kfz-Schlüssel auch bei nur kurzzeitiger Abwesenheit in Obhut zu nehmen, wenn Anhaltspunkte für Unzuverlässigkeit bestehen, zB bei Trunkenheit[582] oder einem gänzlich Unbekannten (Anhalter). Ob der Lkw-Fahrer bei einer Fahrtunterbrechung die Schlüssel vor dem Beifahrer in Verwahrung nehmen muss, wenn er diesen nicht näher kennt,[583] wird von den Umständen des Einzelfalls abhängen. Grob fahrlässig ist es, die Schlüssel des auf dem unbewachten Geländes eines Autohauses abgestellten Fahrzeugs in den ungesicherten Briefkasten zu werfen.[584] Zu Fahrzeugen auf Privatgrundstücken s a Rn 313.

Überlassen der Schlüssel
an eine andere Person begründet nur dann kein Verschulden, wenn der Halter an der Zuverlässigkeit keine Zweifel zu haben braucht.[585] Bei jungen Frauen andere Maßstäbe anzulegen als bei jungen Männern[586] erscheint nicht mehr zeitgemäß. Ein ausdrückliches Verbot, das Kfz zu benutzen, ist bei zuverlässigen Personen nicht erforderlich,[587] während es bei unzuverlässigen idR nutzlos sein wird und den Halter daher auch nicht entlastet. Werden die Schlüssel zum Zwecke der Benutzung des Kfz überlassen, greift S 2 ein.

338

Nicht schuldhaft wird es idR sein, wenn der Halter seine nicht fahrkundige Braut mit dem Schlüssel vorausschickt, damit diese für ihn und die Kinder aufschließe.[588] Gibt der Halter die Schlüssel einer zuverlässigen Person mit dem Auftrag, sie an eine bestimmte Person weiterzugeben, so trifft ihn kein Verschulden an der unbefugten Benutzung durch einen Boten, den der Beauftragte ohne sein Wissen eingeschaltet hat.[589]

339

Abhandenkommen der Schlüssel
Sind die Schlüssel unter Umständen abhanden gekommen, die die Gefahr einer unbefugten Benutzung nahelegen, so ist der Halter zu besonderen Schutzvorkehrungen, zB Austausch des Zündschlosses, verpflichtet.[590]

340

c) Exzess des befugten Benutzers (§ 7 Abs 3 S 2 StVG)
aa) Grundlagen. Für die Schwarzfahrt einer Person, die er für den Betrieb des Kfz angestellt oder der er das Kfz überlassen hat (Vertrauensperson) greift die Gefährdungshaftung des Halters ein, weil § 7 Abs 3 S 2 StVG den durch S 1 bewirkten Ausschluss von der Verantwortlichkeit nach Abs 1 aufhebt. Dies gilt allerdings nur, solange der Halter nicht durch den Exzess des befugten Benutzers seine Halterstellung verliert[591] (vgl Rn 266).

341

bb) Zu den Begriffen der **Anstellung und Überlassung** vgl Rn 319 ff.

342

cc) Bei **Überlassung des Kfz durch die Vertrauensperson an einen Dritten** bleibt die Haftung des Halters für eine Schwarzfahrt nach § 7 Abs 3 S 2 StVG unabhängig davon bestehen, ob die Fahrt im Interesse der Vertrauensperson[592] oder im Interesse des

343

---

581 OLG Saarbrücken ZfS 1993, 295 m Anm *Diehl*.
582 BGH VRS 14, 197; OLG Hamm NJW 1983, 2456.
583 So BGH VersR 1960, 736.
584 OLG Köln MDR 2001, 449.
585 Vgl BGH VersR 1961, 417; 1970, 66; OLG Köln DAR 1957, 83.
586 So BGH VersR 1970, 66.
587 Vgl OLG Karlsruhe VersR 1978, 262.
588 BGH VersR 1970, 66.
589 OLG Celle VersR 1961, 739.
590 OLG Hamm NZV 1990, 470.
591 BGH NZV 1997, 116.
592 BGH VersR 1957, 719; 1961, 348.

Dritten[593] durchgeführt wurde. Die Überlassung des Fahrzeugs an den Dritten zu dessen eigener Benutzung stellt nicht anders als die persönliche Schwarzfahrt einen Exzess der Vertrauensperson dar, für den der Halter, der durch die Bestellung der unzuverlässigen Vertrauensperson das Risiko der Schwarzfahrt geschaffen hat, einstehen muss (vgl auch Rn 324).

344 dd) Bei **eigenmächtiger Benutzung des einer Vertrauensperson überlassenen Kfz durch einen Dritten** greift § 7 Abs 3 S 2 StVG nicht ein (s Rn 325). Es gilt vielmehr allein S 1, wonach der Halter nicht haftet, es sei denn er hätte die unbefugte Benutzung schuldhaft ermöglicht, zB durch eine Weisung an die Vertrauensperson, das Kfz beim Abstellen nicht vollständig zu sichern, oder durch das Unterlassen der Reparatur einer defekten Sicherungsvorrichtung. Auch wenn die Vertrauensperson das Fahrzeug einem Dritten überlassen hatte, der dann fahrlässig die unbefugte Benutzung durch einen anderen ermöglichte, haftet der Halter nicht.[594]

5. Die Haftung des früheren Halters

345 Ist es infolge der unbefugten Benutzung (wie idR beim Diebstahl) zur Beendigung der bisherigen Halterstellung gekommen, so haftet der frühere Halter für einen späteren Unfall nicht (s Rn 304). Dies muss auch im Fall des schuldhaften Ermöglichens der Entwendung gelten.[595] § 7 Abs 3 S 1 Halbs 2 StVG im Gegensatz zum sonstigen Inhalt dieser Norm auch auf den Fall des Halterwechsels anzuwenden, ist systemwidrig. Allerdings ergibt sich ein gewisser Wertungswiderspruch daraus, dass der Halter, der die unbefugte Benutzung seines Kfz schuldhaft ermöglicht hat, für einen dabei geschehenen Unfall verschuldensunabhängig haftet, wenn es nur zur Gebrauchsanmaßung, nicht aber, wenn es zum Diebstahl gekommen ist. Darin schlägt sich aber nur die gesetzgeberische Grundentscheidung nieder, den Halter, solange er Halter ist, der Haftung aus § 7 StVG auch für Unfälle bei schuldhaft herbeigeführten Schwarzfahrten einstehen zu lassen, ihm also die Haftungsbefreiung nach dem ersten Halbs des Abs 3 vorzuenthalten. Wer nicht (mehr) Halter des Unfallfahrzeugs ist, haftet allenfalls deliktisch (vgl dazu § 14 Rn 6). Die nur für den Halter geltende Sondervorschrift des § 7 StVG kann auf ihn nicht angewendet werden. Es besteht deshalb auch kein Anlass für eine erweiternde Auslegung[596] oder entsprechende Anwendung des § 7 Abs 3 S 1 Halbs 2 StVG iS einer Gefährdungshaftung des früheren Halters.

6. Beweislast

346 a) Für die Inanspruchnahme des **unbefugten Benutzers** hat der Verletzte die Voraussetzungen der Halterhaftung (so Rn 6) mit der Maßgabe zu beweisen, dass an die Stelle der Haltereigenschaft des Beklagten die Eigenschaft als unbefugter Benutzer iSd § 7 Abs 3 S 1 StVG tritt. Der **Beklagte** ist beweisrechtlich in derselben Situation wie ein

---

593 **AA** OLG Karlsruhe VersR 1960, 565; offengelassen in BGH VersR 1961, 348.
594 **AA** OLG Hamm VersR 1984, 1051.
595 *Geigel/Kunschert* Kap 25 Rn 233; **aA** RGZ 138, 320; OLG Nürnberg VersR 1958, 202; *Clauß* VersR 2002, 1076.
596 Dafür noch Voraufl § 7 StVG Rn 303; offen lassend BGH NZV 1997, 116.

Halter nach Rn 7. Will er geltend machen, dass er wegen Anstellung zum Betrieb des Kfz oder Überlassung des Kfz durch den Halter nicht haftet (Rn 317 ff), so hat er diese Umstände zu beweisen.

b) Ist der **Halter** verklagt, so obliegt ihm, wenn er sich auf die Haftungsbefreiung wegen unbefugter Benutzung (§ 7 Abs 3 S 1 Halbs 1 StVG) berufen will, der Beweis, dass das Kfz ohne sein Wissen und Wollen benutzt wurde. Gelingt ihm dieser Beweis, so muss der Anspruchsteller neben den allgemeinen Voraussetzungen der Halterhaftung (Rn 6) die schuldhafte Ermöglichung der Schwarzfahrt (Rn 328 ff) beweisen.[597] Dabei können den Halter gesteigerte Darlegungspflichten treffen; weitere Erleichterungen iS eines Anscheinsbeweises kommen mangels typischen Geschehensablaufs nicht in Betracht.[598] Beruft sich der Verletzte auf den Wegfall der Haftungsbefreiung des Halters nach § 7 Abs 3 S 2 StVG (vgl Rn 341 ff), so hat er für die dort genannten Voraussetzungen (Anstellung des Benutzers zum Betrieb des Kfz bzw Überlassung des Kfz) Beweis zu erbringen.[599] **347**

IX. Entlastungsbeweis

1. Überblick

a) Gesetzgeberische Intention. Die Entlastung von der Gefährdungshaftung des Kfz-Halters ist durch das 2. SchRÄndG mit Wirkung vom 1.8.2002 neu geregelt worden. Bis dahin galt die Grundentscheidung des Gesetzgebers des KFG,[600] der es nicht für vertretbar gehalten hatte, den Halter ohne jede Einschränkung für die vom Betrieb seines Kfz ausgehenden Gefahren haften zu lassen, und daher in § 7 Abs 2 StVG vorsah, dass sich der Halter durch den **Nachweis eines unabwendbaren Ereignisses** als Unfallursache von der Haftung befreien kann. Insbesondere das Bestreben, schwache Verkehrsteilnehmer haftungsrechtlich besser zu schützen, gab Anlass, die Anforderungen an den Entlastungsbeweis durch Einführung des Merkmals der **höheren Gewalt** zu verschärfen.[601] Während nämlich Unabwendbarkeit schon bei größtmöglicher Sorgfalt des Kraftfahrers angenommen werden konnte, stellt das Merkmal der höheren Gewalt nur solche Unfälle haftungsfrei, die auf ganz außergewöhnliche äußere Einflüsse zurückzuführen sind. **348**

Für die Haftung zwischen den Haltern oder Führern mehrerer unfallbeteiligter Kfz verblieb es jedoch nach § 17 Abs 3, § 18 Abs 3 StVG bei der Möglichkeit, den Unabwendbarkeitsbeweis zu führen, ebenso für Unfälle, an denen neben dem Kfz ein Anhänger, ein Tier oder eine Eisenbahn beteiligt ist (§ 17 Abs 4, § 18 Abs 3 StVG). § 17 Abs 3 S 3, Abs 4 StVG erstrecken diese Regelung auf Ansprüche der (vom Halter ver- **349**

---

597 RGZ 119, 58, 60; 135, 149, 158; BGH NJW 1954, 392; VersR 1970, 66, 67; eine Beweislastumkehr entspr § 7 Abs 2 StVG erwägend BGH NJW 1981, 113, 114.
598 BGH NJW 1981, 113, 114.
599 *Koffka* VAE 1939, 413.
600 Vgl zur Entstehungsgeschichte § 1 Rn 38 f.
601 BT-Drs 14/7752 S 30.

Erster Teil. Haftung ohne Verschuldensnachweis

schiedenen) Eigentümer von Kfz, Anhängern und Tieren.[602] Durch diese erst im Laufe des Gesetzgebungsverfahrens eingeführte, wenig systemgerechte **Aufspaltung des Entlastungsbeweises** sollte vermieden werden, dass es häufiger als bisher zu einer Anspruchskürzung wegen mitwirkender Betriebsgefahr kommt.[603] Allerdings wurde die **Definition der Unabwendbarkeit** modifiziert: Nach § 17 Abs 3 S 2 StVG gilt ein Ereignis nur dann als unabwendbar, wenn sowohl der Halter als auch der Führer jede nach den Umständen des Falles gebotene Sorgfalt beobachtet hat; § 7 Abs 2 aF enthielt dagegen nur eine beispielhafte Regelung, die auch darauf abstellte, dass ein Verhalten des Verletzten, eines bei dem Betrieb beschäftigten Dritten oder eines Tieres zu dem Unfall geführt hat. Beruht der Unfall auf einem technischen Versagen des Kfz, scheidet eine Berufung auf Unabwendbarkeit – wie bisher – aus (Rn 384 ff).

350 An der Möglichkeit, die **mitwirkende Betriebsgefahr** des Kfz bei grobem Eigenverschulden des Verletzten zurücktreten zu lassen, hat die Neufassung des § 7 Abs 2 StVG nichts geändert.[604]

351 b) **Anzuwendendes Recht.** Für Unfälle, die sich **vor dem 1.8.2002** ereignet haben, ist nach Art 229 § 8 Abs 1 EGBGB weiterhin § 7 Abs 2 StVG aF maßgeblich (s dazu Rn 412 ff). Auf den Zeitpunkt des Eintritts einzelner Schadensfolgen kommt es hierbei nicht an.

352 Bei der Haftung für Unfälle **ab 1.8.2002** ist zu differenzieren: Gegenüber Kfz-Haltern und -Führern, Tierhaltern und Eisenbahnunternehmern kann sich der Halter mittels des Unabwendbarkeitsbeweises nach § 17 Abs 3, 4 StVG nF entlasten, gegenüber anderen Geschädigten nur durch den Nachweis höherer Gewalt gemäß § 7 Abs 2 StVG nF.

353 Im Folgenden wird nur die neue Rechtslage kommentiert. Hinweise zur Abwicklung von Altfällen finden sich in Rn 412 ff.

2. Entlastung wegen höherer Gewalt (§ 7 Abs 2 StVG)

354 a) **Allgemeines.** Wenn der Unfall auf höherer Gewalt beruht, ist der Kfz-Halter in jedem Fall haftungsfrei (§ 7 Abs 2 StVG). Gegenüber den Ansprüchen von anderen Kfz-Haltern und -Führern, Tierhaltern und Eisenbahnunternehmern kann er sich aber auch durch den weniger strengen Beweis der Unabwendbarkeit nach § 17 Abs 3, 4 StVG entlasten (s Rn 359 ff). Der Anwendungsbereich von § 7 Abs 2 StVG beschränkt sich daher im Wesentlichen auf die Haftung gegenüber nicht motorisierten Verkehrsteilnehmern. – Die Regelung enthält eine *materiellrechtliche* und eine *beweisrechtliche* Komponente. In materieller Hinsicht wird angeordnet, dass der Kfz-Halter (anders als der Kfz-Führer nach § 18 Abs 1 S 2 StVG) bis zur Grenze der höheren Gewalt auch bei fehlendem Verschulden eintreten muss. Will er sich aber auf Haftungsfreiheit wegen höherer Gewalt berufen, trägt er die Beweislast für deren Unfallsächlichkeit. Insgesamt ergibt sich damit eine fast unbegrenzte Gefährdungshaftung.

---

602 Zu dieser vor allem für das Kfz-Leasing wichtigen Regelung s *Ch Huber* § 4 Rn 68 ff.
603 BT-Drs 14/8780 S 22. Zur Fragwürdigkeit dieser Regelung *Ch Huber* § 4 Rn 58 ff, 75 ff; ihr zust *Wagner* NJW 2002, 2061.
604 BT-Drs 14/7752 S 30; OLG Nürnberg NZV 2005, 422; OLG Celle OLGR 2004, 269; LG Bielefeld NJW 2004, 2245.

b) Begriff der höheren Gewalt. Nach den Materialien zum 2. SchRÄndG sollte der Begriff mit der aus der Rspr zu § 1 HaftpflG bekannten Bedeutung (s § 5 Rn 24 ff) übernommen werden.⁶⁰⁵ Höhere Gewalt ist demnach ein von außen (durch Naturereignisse oder durch Handlungen betriebsfremder Personen) auf den Betrieb einwirkendes Ereignis, das so außergewöhnlich ist, dass der Haftpflichtige mit seinem Eintritt nicht zu rechnen braucht, und das weder durch wirtschaftlich tragbare Einrichtungen noch durch die äußerste nach der Sachlage vernünftigerweise zu erwartende Sorgfalt verhütet oder unschädlich gemacht werden kann.⁶⁰⁶ **355**

aa) Einwirkung von außen. Nur ein betriebsfremdes, außerhalb des Kfz-Betriebs liegendes Ereignis kann die Haftung ausschließen. In Betracht kommen insbesondere Naturereignisse (zB Blitzschlag, Erdrutsch, Lawine), technische Katastrophen (zB Explosion, Flugzeugabsturz), tierisches Verhalten, aber auch menschliche Handlungen, die von außen in den Verkehrsablauf eingreifen (zB nicht verhinderbare Sabotageakte,⁶⁰⁷ Steinewerfen, wohl auch Gewalteinwirkung gegen den Fahrer⁶⁰⁸). Es kann sich dabei auch um Handlungen des Geschädigten selbst handeln.⁶⁰⁹ Dagegen scheiden Handlungen der beim Betrieb des Kfz tätigen Personen ebenso aus wie technische Mängel des Kfz. Auch das plötzliche körperliche oder geistige Versagen des Kfz-Führers begründet daher keine höhere Gewalt,⁶¹⁰ sofern es nicht seinerseits durch ein äußeres Ereignis hervorgerufen wurde. **356**

bb) Außergewöhnlichkeit. Auch äußere Ereignisse schließen die Haftung nicht aus, wenn sie im Kfz-Verkehr nicht ungewöhnlich sind (zB starker Regen, Glatteis, Ölspur, Wildwechsel, entlaufenes Weidevieh, unvorsichtiges Betreten der Fahrbahn). Höhere Gewalt liegt nicht vor, wenn es sich um ein Ereignis handelt, welches häufiger vorkommt und auf welches sich der Verkehrsteilnehmer daher einrichten kann.⁶¹¹ Das Ereignis muss vielmehr so ungewöhnlich sein, dass es in seinem Ausnahmecharakter einem elementaren Ereignis gleichkommt.⁶¹² Auch ein von vielen Zufälligkeiten geprägter Unfallablauf beruht folglich nicht auf höherer Gewalt, wenn sich in ihm letztlich ein verkehrstypisches Risiko verwirklicht hat.⁶¹³ **357**

cc) Unabwendbarkeit. Liegt ein Ereignis der vorstehend beschriebenen Art vor, etwa eine außergewöhnliche Witterungseinwirkung, muss zusätzlich die Aufbietung der äußersten Sorgfalt zur Abwehr des Schadens nachgewiesen werden. Dies ist zB nicht **358**

---

605 BT-Drs 14/7752 S 30.
606 RGZ 64, 404; 101, 94; 104, 150; 109, 172; RG JW 1911, 595; 1920, 710 m Anm *v der Leyen*; 1931, 865 m Anm *Seligsohn*; BGHZ 7, 338, 339; BGH VersR 1955, 346; 1967, 139; 1976, 963; NZV 1988, 100. Zu § 7 Abs 2 StVG ebenso OLG Celle ZGS 2005, 278.
607 BGHZ 105, 135, 136 f; RG JW 1904, 577 (Sprengstoff, nicht aber Hindernis).
608 So *Ch Huber* § 4 Rn 34.
609 RGZ 21, 13; 54, 404.
610 RGZ 114, 12 = JW 1927, 2201 m zust Anm *Matthiessen*; BGH NJW 1957, 674; OLG Stuttgart VersR 1977, 383.
611 BGH VersR 1953, 27; 1957, 433; 1987, 781; OLG Stuttgart VersR 1959, 117; OLG Hamburg VersR 1979, 549; OLG Schleswig VersR 1983, 163.
612 *Filthaut* § 1 Rn 174.
613 Vgl OLG Celle ZGS 2005, 278: Bus überrollt Radfahrerin, die durch Anrempeln eines Kindes zu Fall gebracht wurde.

der Fall, wenn eine vorübergehende Einstellung des Kfz-Betriebs möglich und geboten gewesen wäre.[614]

3. Entlastung wegen unabwendbaren Ereignisses (§ 17 Abs 3 StVG)

359 **a) Allgemeines.** Eine weiter gehende Entlastungsmöglichkeit besteht gegenüber den Ansprüchen von anderen Kfz- oder Anhänger-Haltern, -Führern und -Eigentümern, Tierhaltern und Bahnunternehmern (§ 17 Abs 3, 4, § 18 Abs 3 StVG). Für diese Fälle sollte es nach dem Willen des Gesetzgebers ungeachtet der Haftungsverschärfung durch das 2. SchRÄndG bei der bisherigen Rechtslage verbleiben, dh der Halter sich durch den Nachweis eines unabwendbaren Ereignisses, das nicht auf einem Versagen des Kfz beruht, entlasten können. Die dadurch bewirkte Aufspaltung des Entlastungsbeweises (vgl Rn 349) erschwert die Rechtsanwendung und führt zu ungereimten Ergebnissen, wenn bei einem Unfall sowohl motorisierte als auch andere Verkehrsteilnehmer geschädigt werden. So kann sich uU ein Kfz-Halter dem Fahrer des anderen Unfall-Kfz gegenüber entlasten, nicht aber gegenüber einem mitgeschädigten Fußgänger oder Beifahrer; ein Regress wegen der an den Mitgeschädigten erbrachten Leistungen ist dann ausgeschlossen; es muss also derjenige endgültig den Schaden tragen, den der Mitgeschädigte in Anspruch genommen hat. Ch *Huber*[615] möchte dieses „absurde Ergebnis" durch eine teleologische Reduktion des § 17 Abs 3 StVG vermeiden. Dem ist zuzustimmen (vgl § 36 Rn 20), nicht aber der aaO ebenfalls vertretenen Ansicht, wonach die Entlastung nach § 17 Abs 3 StVG auch dann ausgeschlossen sein soll, wenn Sachschäden an beiden beteiligten Kfz zu regulieren sind und beide Halter sich auf Unabwendbarkeit berufen können. Dass in diesem Fall jeder Halter seinen eigenen Schaden tragen muss, ist auch bei unterschiedlicher Schadenshöhe nicht offenkundig ungerecht und noch vom Regelungszweck des § 17 Abs 3 StVG gedeckt.

b) Begriff des unabwendbaren Ereignisses

360 **aa) Ereignis** ist ein mit dem Betrieb des Kfz in Zusammenhang stehender äußerer Vorgang, der einen „Personenschaden" (Rn 33 ff) oder einen „Sachschaden" (Rn 44 ff) durch einen Unfall (Rn 26 ff) hervorgerufen hat.[616] Das „Ereignis" kann verschiedener Art sein. Zwar muss das Kfz im Augenblick des „Ereignisses" (nicht im Augenblick des Unfalls) in Betrieb gewesen sein, wenn § 7 StVG zur Anwendung kommen soll; andererseits können aber auch solche Vorgänge darunter fallen, die nicht mit der eigentlichen Fortbewegung in Zusammenhang stehen.

361 **bb) Kausalität.** Das Ereignis iSd § 17 Abs 3 StVG, dh der Vorgang, dessen Unabwendbarkeit zu beweisen ist, muss für den Unfall ursächlich geworden sein. Da es hier nicht um haftungsbegründende Zurechnung geht, wird man insoweit von einem naturwissenschaftlichen Kausalitätsbegriff (Rn 67) ausgehen können. Es kommt daher nicht darauf an, ob der Unfall unmittelbar oder ob er mittelbar durch das Ereignis verursacht worden ist (vgl Rn 81 ff).

---

614 Vgl RGZ 101, 94; RG JW 1905, 321; 1921, 343.
615 § 4 Rn 83.
616 BGH NJW 1957, 1477 für den gleichlautenden Begriff in § 1 Nr 1 AHB.

Die Haftungsbefreiung setzt lediglich voraus, dass der **Unfall** durch ein unabwendbares **362** Ereignis verursacht wurde. Liegt diese Voraussetzung vor, so ist der Halter von der Haftung nach § 7 StVG auch dann frei, wenn er die Entstehung einer bestimmten **Schadensfolge**, die sich (nachträglich) aus dem Unfall ergeben hat, nicht abgewendet hat. In solchen Fällen haftet allerdings der Halter unter Umständen nach BGB (vor allem § 823) für schuldhafte Unterlassungen.

War der Unfall als solcher zwar unabwendbar, wäre er aber bei gesteigerter Sorgfalt **363** möglicherweise **weniger folgenschwer** gewesen, so ist der Halter gleichwohl von der Gefährdungshaftung entlastet (zur deliktischen Haftung in diesen Fällen s § 10 Rn 29). Der Entlastungsbeweis bezieht sich auf das unabwendbare *Ereignis*, nicht auf die Schadensfolge. Hat der Halter bewiesen, dass es auch bei Beachtung der größtmöglichen Sorgfalt zu dem Unfall gekommen wäre, so ist er haftungsfrei. Er darf nicht für einzelne Unfallfolgen deswegen haftbar gemacht werden, weil er nicht beweisen kann, dass er auch diese nicht hätte vermeiden können, dh dass der Unfall bei idealem Verhalten dieselben Folgen gehabt hätte. Ein solcher Beweis wäre praktisch kaum zu führen. Es käme iErg zu einer nahezu uneingeschränkten Erfolgshaftung des Kfz-Halters. Da diese im Gesetz keine Stütze findet, bestehen Bedenken gegen die in der Rspr anzutreffende Formulierung, der Halter müsse nachweisen, dass es auch bei idealer Fahrweise zu dem Unfall „mit vergleichbar schweren Folgen" gekommen wäre.[617]

cc) Der Begriff **„unabwendbar"** wird nunmehr in § 17 Abs 3 S 2 StVG definiert **364** (anders als in der lediglich exemplarischen Bestimmung des § 7 Abs 2 StVG aF). Auch wenn § 7 Abs 2 nach dem Bericht des BT-Rechtsausschusses[618] „soweit als möglich wortgleich" übernommen werden sollte, sind damit die zum früheren Recht bestehenden Auslegungszweifel (s dazu Rn 414) beseitigt worden. Als unabwendbar gilt ein Ereignis nach der jetzigen Regelung nur noch dann, wenn sowohl der Halter als auch der Führer jede nach den Umständen des Falles gebotene Sorgfalt beobachtet hat. Mit dieser abschließenden Regelung ist allen Überlegungen hinsichtlich einer analogen oder einschränkenden Anwendung des Ausschlusstatbestandes die Grundlage entzogen. Ein plötzliches **körperliches oder geistiges Versagen des Kfz-Führers** zB ist nur dann nicht als unabwendbares Ereignis zu werten, wenn es (für Halter oder Führer) *vorhersehbar*[619] war, etwa bei einer bekannten Krankheit oder Behinderung des Führers. War es auch bei größter Sorgfalt nicht vorhersehbar, ist der Halter haftungsfrei.[620] Die Sorgfaltspflichtverletzung eines **Dritten** hindert auch dann den Haftungsausschluss nicht, wenn der Dritte **beim Betrieb des Kfz beschäftigt** war, es sei denn auch den Halter oder Führer treffe ein Vorwurf, zB hinsichtlich Auswahl oder Überwachung.[621] Näher zum **Sorgfaltsmaßstab** beim Unabwendbarkeitsbeweis Rn 366 ff, zum **Zurechnungszusammenhang** zwischen der Sorgfaltswidrigkeit und dem Unfallereignis Rn 369 ff, zum Ausschluss des Unabwendbarkeitseinwands bei **technischen Mängeln des Kfz** Rn 384 ff.

---

617 Vgl BGHZ 117, 337; BGH VersR 1982, 441; OLG Köln VersR 1992, 1366.
618 BT-Drs 14/8780 S 22.
619 OLG Hamm VkBl 1950, 280. Zu den Anforderungen an die Selbstprüfung älterer Kraftfahrer s BGH VersR 1988, 388.
620 **AA** zu § 7 Abs 2 StVG aF BGHZ 23, 90.
621 Nachw zu der uneinheitlichen Rspr zum früheren Recht in Rn 420 f.

365 **dd)** Ein (im deliktsrechtlichen Sinne) „**rechtmäßiges**" **Schädigerverhalten**, etwa zur Abwehr der Gefahr eines größeren Schadens, begründet bei der (von der Rechtswidrigkeit unabhängigen) Gefährdungshaftung (vgl Rn 24) Unabwendbarkeit.[622] Der Halter eines Streufahrzeugs, durch dessen Auswurf andere Kfz beschädigt wurden, kann seine Haftung aber nicht allein unter Berufung auf die im Allgemeininteresse liegende Erfüllung seiner Streupflicht ausschließen; er haftet nur für solche Schäden nicht, die sich auch bei vorsichtigem Streuen nicht vermeiden lassen.[623]

c) Sorgfaltsmaßstab beim Unabwendbarkeitsbeweis

366 Mit dem **Begriff „jede nach den Umständen des Falles gebotene Sorgfalt"** soll zum Ausdruck gebracht werden, dass der Grad von Sorgfalt, der nach § 276 Abs 2 BGB die Bejahung von Fahrlässigkeit ausschließt, für den Wegfall der Gefährdungshaftung des Kfz-Halters nicht ausreicht, dh dass auch für ein Verhalten gehaftet wird, welches im Anwendungsbereich des BGB nicht als fahrlässig gilt.[624] Der Unterschied liegt darin, dass § 276 Abs 2 BGB auf **die im Verkehr erforderliche** Sorgfalt abstellt, dh das Maß an Sorgfalt, das nach dem Urteil besonnener und gewissenhafter Angehöriger des betreffenden Verkehrskreises von den in seinem Rahmen Handelnden zu verlangen ist,[625] während § 7 Abs 2 StVG die im konkreten Fall **größtmögliche** Sorgfalt fordert.[626]

367 Eine generelle Umschreibung dieses Sorgfaltsmaßstabs ist schwierig.[627] Hilfreich ist die Vorstellung von einem idealen, denkbar besten Halter bzw Führer,[628] der mit der Gabe ausgestattet ist, alle erkennbaren Gefahrenmomente überblicken und das nach der Gesamtlage beste Verhalten geistesgegenwärtig wählen zu können. Dabei darf sich die Prüfung nicht auf die Frage beschränken, ob der Fahrer in der konkreten Situation wie ein „Idealfahrer" reagiert hat, sondern es ist auch zu fragen, ob ein „Idealfahrer" überhaupt in eine solche Gefahrenlage gekommen wäre.[629] Von diesem idealen Verkehrsteilnehmer darf allerdings nicht gefordert werden, was ein Mensch nicht zu leisten vermag: „Unabwendbar" bedeutet nicht, dass das schadensstiftende Ereignis absolut unvermeidbar war.[630] Da ein objektiver, idealtypischer Maßstab anzulegen ist, kommt es auf besondere persönliche Eigenschaften nicht an: für den Fahranfänger ist die Unabwend-

---

622 OLG Hamm NJW 1988, 1096, OLGR 1998, 62 u OLG Koblenz NZV 1997, 180: Kollision eines Polizeifahrzeugs mit verfolgtem Fluchtfahrzeug; iErg ebenso, jedoch m abw Begr OLG München OLGR 1997, 162; OLG Celle OLGR 2001, 118, 119.
623 BGHZ 105, 65 = NZV 1989, 19 m Anm *Kuckuk* = JZ 1988, 1136 m Anm *Baumgärtel*.
624 RG JW 1931, 863; DAR 1939, 66; BGHZ 117, 337; BGH DAR 1951, 79; 1952, 149; VRS 4, 175; VersR 1959, 789; 1987, 159; **aA** *Böhmer* DAR 1956, 288.
625 BGH NJW 1972, 151.
626 BGH VersR 1966, 62.
627 Vgl aus der älteren Rspr die Formulierungen in RGZ 86, 151; 96, 131; 159, 312; 164, 280; RG JW 1928, 797; 1936, 3391 m Anm *Müller*; OGH VRS 1, 108; BGHZ 20, 259; BGH VersR 1953, 242; 1955, 764; 1956, 255; 1957, 587; 1959, 298; 1959, 789; 1959, 804; 1960, 35; 1960, 183; 1962, 164; 1966, 1076.
628 BGHZ 117, 337 = VersR 1992, 714 m Anm *Reiff* = DAR 1992, 257 m Anm *Ludovisy* 278 u *Gebhardt* 295 = LM § 7 StVG Nr 68 m Anm *Berz*; BGH VersR 1985, 864; 1987, 1035.
629 BGHZ 117, 337 (s vorstehend); BGH NZV 2006, 191, 193.
630 BGH VersR 1959, 804; 1962, 164; 1965, 81; 1966, 1076.

barkeit genauso zu beurteilen wie für den Berufskraftfahrer. Auch für das Verhältnis zwischen Fahrlehrer und (auf dem Krad nachfahrendem) Fahrschüler kann nicht etwa wegen der speziellen Pflichtenstellung des Lehrers ein noch strengerer Sorgfaltsmaßstab zugrunde gelegt werden.[631] Wegen der näheren Einzelheiten vgl hinsichtlich des Halters Rn 372 ff, hinsichtlich des Führers Rn 375 ff sowie den Rechtsprechungsüberblick in Rn 424 ff.

Das Maß des Gebotenen bestimmt sich nach der **Sicht zum Zeitpunkt des Unfalls.** Ein unabwendbares Ereignis liegt daher auch dann vor, wenn der Unfall durch ein Verhalten des Kraftfahrers hätte vermieden werden können, ein solches vor dem Unfall aber nicht geboten war (s Rn 376). 368

d) Zurechnungszusammenhang zwischen Sorgfaltsverletzung und Ereignis

aa) Kausalität. Bei der Prüfung der Unabwendbarkeit ist zu beachten, dass sie nur durch eine für das Ereignis (und damit den Unfall) kausale Sorgfaltsverletzung ausgeschlossen wird[632] (zur Beweislast s Rn 409). Unterlässt zB der Führer ein akustisches Warnsignal und stellt sich heraus, dass der zu Warnende taub war, so war das Unterlassen für den Unfall nicht ursächlich.[633] Zur Frage der zeitlichen und räumlichen Vermeidbarkeit bei Kollisionsunfällen s § 10 Rn 21. 369

bb) Schutzzweck. Es reicht aber andererseits nicht jeder Kausalzusammenhang aus, um Unabwendbarkeit zu verneinen. Unabwendbar im Rechtssinn kann ein Ereignis vielmehr auch dann sein, wenn ein besonders sorgfältiger Fahrer zwar nicht in der für den Unfall ursächlich gewordenen Weise gefahren wäre, dies aber nur im Hinblick auf eine andere Gefahr als die, die sich verwirklicht hat.[634] Hat der Kraftfahrer nur gegenüber einem anderen Verkehrsteilnehmer, nicht aber gegenüber demjenigen, bei dem sich die Gefahr verwirklicht hat, die Pflichten eines Idealkraftfahrers verletzt, kann sich der Geschädigte (als gewissermaßen zufällig Begünstigter) hierauf nicht berufen.[635] Es kommt also auch hier auf den Schutzzweck der betreffenden Sorgfaltsanforderung an; das in § 11 Rn 5 zum Schutzzweck der Verkehrsvorschriften Ausgeführte gilt entsprechend. 370

Deshalb ist der Halter nicht schon deswegen an der Geltendmachung von Unabwendbarkeit gehindert, weil sein Kfz nur wegen einer vorangegangenen Geschwindigkeitsüberschreitung zur Unfallsekunde am Kollisionsort war, weil es verbotswidrig eine nur für Anlieger freigegebene Straße befuhr,[636] weil der vorfahrtberechtigte Fahrer das Rechtsfahrgebot verletzte[637] oder weil er wegen einer anderen als der sich realisierenden Gefahr langsamer hätte fahren müssen.[638] Steht fest, dass sich die durch den Verkehrsverstoß geschaffene Gefahrerhöhung im Augenblick des Unfalls bereits wieder neutralisiert hatte und deshalb nicht im Unfall wirksam geworden ist, dann hindert der Verkehrsverstoß nicht die Feststellung, dass der Unfall für den 371

---

631 *Kunschert* NZV 1989, 53.
632 BGH VersR 1968, 51; OLG München VersR 1967, 67.
633 RG Recht 1913, Nr 2185.
634 BGH VersR 1976, 927; 1985, 637, 639; OLG Düsseldorf VRS 72, 31.
635 BGH VersR 1985, 864, 865.
636 OLG Köln VersR 1989, 1059 LS.
637 BGH VersR 1963, 163; **aA** OLG Köln NZV 1989, 437; 1991, 429.
638 BGH VersR 1985, 637, 639; 1985, 864, 865.

Erster Teil. Haftung ohne Verschuldensnachweis

Kraftfahrer unabwendbar gewesen ist.[639] Im Falle BGH VersR 1976, 927 (ein Pkw hatte in sorgfaltswidriger Weise einen Bus überholt und hierbei ein entgegenkommendes, von einem Betrunkenen geführtes Kfz berührt, welches sich querstellte und mit dem klägerischen Kfz kollidierte) erscheint dieser Grundsatz allerdings zu Unrecht angewandt, weil der klagegegenständliche Unfall Folge des – nicht unabwendbaren – Erstunfalls war und der Haftungsausschluss daher auch dann versagen muss, wenn bzgl des Folgeunfalls als solchen dem Überholenden kein Sorgfaltsverstoß anzulasten ist.

e) Das für den Halter unabwendbare Ereignis

372 Wird das Kfz von einer anderen Person als dem Halter gefahren, so sind die dem Halter zur Verfügung stehenden Möglichkeiten, den Unfall abzuwenden, gering. Im Wesentlichen beschränkt sich seine Sorgfaltspflicht auf die Auswahl eines zuverlässigen Fahrers, dessen Aufklärung über für die Verkehrssicherheit wichtige Besonderheiten des Kfz, zB nicht allgemein übliche Fahrerassistenzsysteme,[640] uU auch die Beaufsichtigung des Fahrers,[641] auf die Überwachung der Instandhaltung des Kfz sowie auf die Sicherung des Kfz gegen Diebstahl und unbefugte Benutzung. Während für den letztgenannten Fall wegen § 7 Abs 3 StVG besondere Regeln gelten (vgl Rn 328 ff), ist für die übrigen Fälle zu beachten, dass der Halter ein gesteigertes Maß an Sorgfalt, nämlich jede nach den Umständen des Falles gebotene (und nicht nur die im Verkehr erforderliche), beobachten muss, um sich entlasten zu können (vgl zu dem Sorgfaltsmaßstab Rn 366 f).

373 Entsprechende Sorgfaltsverstöße des Halters haben jedoch kaum praktische Bedeutung. Hat der Halter nämlich eine ungeeignete Person mit dem Betrieb des Kfz betraut (oder eine geeignete Person nicht genügend beaufsichtigt) und war der Unfall für diese Person auch bei Anlegung des vom Gesetz vorgeschriebenen strengen Maßstabes unabwendbar, so war die Pflichtverletzung des Halters für den Unfall nicht ursächlich und seine Haftung ist ausgeschlossen.[642] Hätte der Fahrer den Unfall bei Anwendung der äußersten Sorgfalt abwenden können, so tritt die Gefährdungshaftung des Halters schon aus diesem Grunde ein, ohne dass es auf dessen Pflichtverletzung bei der Auswahl des Fahrers noch ankommt. Bedeutung kann jedoch erlangen, dass der Halter bei Auswahl eines beim Betrieb des Kfz beschäftigten Dritten (zB eines Beifahrers, Schaffners, eines zum Beladen oder Entladen eingesetzten Arbeiters) oder bei dessen Beaufsichtigung die äußerste nach den Umständen gebotene Sorgfalt nicht beobachtet hat. Außerdem kann die Verantwortlichkeit des Halters dann ins Gewicht fallen, wenn bei Wartung und Pflege des Kfz Versäumnisse unterlaufen sind. Dann wird es allerdings idR zu einem Versagen von Vorrichtungen des Kfz kommen, bei dem der Entlastungsbeweis durch § 17 Abs 3 S 1 ohnehin ausgeschlossen wird.

374 War der Halter zugleich Führer des Kfz, so ist auf die von einem Führer zu erwartende Sorgfalt (Rn 375 ff) abzustellen.

---

639 BGH VersR 1987, 822.
640 *Vogt* NZV 2003, 156.
641 BGH VersR 1964, 1241.
642 BGH VRS 9, 109.

f) Das für den Führer unabwendbare Ereignis

aa) Grundsätze. Die Haftung des Halters, der beim Unfall das Kfz nicht selbst **375** gefahren hat, entfällt – abgesehen vom Fall der Schwarzfahrt nach § 7 Abs 3 StVG (Rn 327 ff) – nur, wenn das Ereignis auch für den Führer des Kfz unabwendbar war. Zum Begriff des Führers s § 4 Rn 9 ff, zum Sorgfaltsmaßstab des „Idealfahrers" vgl Rn 366 ff sowie den Rechtsprechungsüberblick in Rn 424 ff. Allein die **Beachtung der Verkehrsvorschriften** (StVO, StVZO usw) besagt noch nichts über die Unabwendbarkeit. Der Entlastungsbeweis kann wegen der gesteigerten Sorgfaltsanforderungen vielmehr auch in Fällen versagen, in denen sich weder der Fahrer noch der Halter verkehrswidrig verhalten hat.[643] Umgekehrt schließt ein **Verstoß gegen Verkehrsvorschriften** die Annahme eines unabwendbaren Ereignisses aus, wenn der Verstoß für den Unfall ursächlich war[644] (s dazu Rn 369 ff). Dies gilt nicht, wenn für den Verstoß ein Rechtfertigungsgrund bestand (Rn 365). Auch die Beachtung der Grundregel des § 1 StVO kann uU den formalen Verstoß gegen andere Verkehrsvorschriften rechtfertigen. So dürfen zB größere Kfz einen größeren Sicherheitsabstand zum rechten Fahrbahnrand einhalten, ohne gegen die äußerste Sorgfalt zu verstoßen.[645]

bb) Entscheidender Zeitpunkt. Ein unabwendbares Ereignis wird nicht schon durch **376** die (rückschauende) Feststellung ausgeschlossen, der Unfall wäre bei einem anderen Verhalten des Führers möglicherweise vermieden worden, vielmehr ist von der Sachlage vor dem Unfall auszugehen und zu prüfen, ob der Kraftfahrer in dieser Lage die äußerste nach den Umständen zumutbare Verkehrssorgfalt beobachtet hat.[646] Hat der Fahrer die Gefahrenlage dadurch verursacht, dass er sich nicht selbst wie der denkbar beste Fahrer verhalten hat, so ist das Ereignis für ihn auch dann nicht unabwendbar, wenn in der nunmehr entstandenen Gefahrenlage der Unfall unvermeidbar geworden war.[647]

cc) Plötzliche Gefahrenlage. Bei unerwartet auftretenden Ereignissen ist auch im **377** Rahmen der Anforderungen des § 7 Abs 2 StVG dem Fahrer eine **Schreckzeit** zuzubilligen, sofern ihm daraus, dass ihn das Ereignis unerwartet trifft, kein Vorwurf zu machen ist.[648] Die Dauer der zuzugestehenden Schreckzeit hängt von den Umständen des Einzelfalles ab (konkrete Verkehrssituation, Erfordernis einer Blickzuwendung, Notwendigkeit einer Wahlentscheidung, Sichtbehinderung uva).[649] IdR wird es sich um Bruchteile einer Sekunde handeln; die vielfach gebrauchte Bezeichnung „Schrecksekunde" ist also irreführend. Die Zubilligung einer Schreckzeit führt zu einer entsprechenden Verlängerung der Vorbremszeit (Reaktionszeit plus Bremsansprechzeit), die üblicherweise, also beim reaktionsbereiten Fahrer, mit 0,7 bis 0,8 Sek angesetzt wird.[650] Bei Annahme einer Reaktions- und Bremsansprechzeit von 1 Sek soll nach BGH VersR

---

643 BGH NJW 1972, 1808; 1973, 44; OLG Stuttgart/Karlsruhe DAR 1952, 27.
644 RG HRR 1930, Nr 1504; OLG Neustadt VRS 8, 93; OLG München VersR 1967, 67.
645 BGH VRS 20, 257; VersR 1966, 1076.
646 BGH VersR 1959, 804; 1966, 1076; VRS 22, 425; österr OGH ZVR 1995, 139.
647 BGH VRS 22, 425.
648 BGH VersR 1958, 61; 1959, 455; 1962, 165; 1969, 162; VRS 23, 375.
649 Vgl hierzu *Engels* DAR 1982, 360; *Spiegel* DAR 1982, 366.
650 BGH VRS 6, 436; 38, 44; VersR 1966, 830; 1974, 138; OLG Köln OLGR 1999, 154; vgl auch *Förste* DAR 1967, 204.

1974, 138 die Zubilligung einer zusätzlichen Schreckzeit nicht mehr in Betracht kommen. Aus den konkreten Umständen (zB bei Notwendigkeit einer Blickzuwendung) können sich jedoch auch höhere Werte ergeben.[651] Da der Beweis der Unabwendbarkeit vom Halter zu führen ist, kann – anders als etwa im Strafverfahren – nicht im Zweifel zugunsten des Fahrers von einer längeren Vorbremszeit ausgegangen werden.

378 Ist **sachwidriges Handeln** in plötzlicher Gefahrenlage nicht immer als Verschulden iS des § 276 Abs 2 BGB anzusehen, so wird es dem Führer doch häufig als Mangel der ihm nach § 17 Abs 3 StVG obliegenden Sorgfalt auszulegen sein; allerdings kann auch dem denkbar besten Fahrer kein Vorwurf daraus gemacht werden, dass er bei einer ohne sein Verschulden plötzlich auftretenden erheblichen Gefahr, zu schnellem Handeln gezwungen, verwirrt oder kopflos eine (rückblickend betrachtet) falsche Maßnahme trifft, um der Gefahr zu entgehen.[652] Wohl aber ist er verantwortlich, wenn er zwar nicht in der Gefahr sachwidrig gehandelt, aber die Gefahrenlage fahrlässig herbeigeführt hat.[653] Diese Fahrlässigkeit kann uU schon darin gesehen werden, dass er ein Kfz geführt hat, obwohl er dem nicht (mehr) gewachsen ist.[654] An Geistesgegenwart und Aufmerksamkeit eines Kraftradfahrers sind dieselben Anforderungen zu stellen wie an einen Kraftwagenführer.[655] Auf das Eingreifen eines **Fahrerassistenzsystems** (zB automatische Bremsung, Blockierverhinderung, elektronische Stabilisation) muss der Fahrer, ggf vom Halter, vorbereitet sein; es kann auch gegen das Gebot größtmöglicher Sorgfalt verstoßen, ein vorhandenes Assistenzsystem nicht zu aktivieren[656] oder dessen Warnmeldungen zu ignorieren[657] (zum Kausalitäts- und Schutzzweckerfordernis s aber Rn 369 f).

379 dd) **Ungünstige Straßen- und Witterungsverhältnisse.** Das Auftreten gefährlicher Naturereignisse ist notwendig mit dem Straßenverkehr verbunden. Allein der Umstand, dass jemand trotz erhöhter Gefahr am Verkehr teilnimmt, stellt mithin noch keinen Verstoß gegen die „äußerste" Sorgfalt dar. Dies gilt vor allem bei ungünstigen Sicht- und Straßenverhältnissen, die durch das Wetter hervorgerufen werden, zB bei Nebel, Schneegestöber, Schneewehen, Glatteis, Gewitterregen, regennasser oder durch Schneewälle eingeengter Fahrbahn, Steinschlag- oder Lawinengefahr. Auch der Umstand, dass eine Straße noch nicht modern ausgebaut (zB sehr schmal oder vom Regen aufgeweicht) ist, braucht keinen Kraftfahrer von der Benutzung abzuhalten, solange nicht Verkehrszeichen das Befahren verbieten. Eine Ausnahme gilt nur, wenn für den Kraftfahrer ohne weiteres vom fahrenden Kfz aus erkennbar ist, dass eine Straße oder ein bestimmtes Straßenstück für das von ihm gelenkte Fahrzeug durch eine Naturkatastrophe (Überschwemmung, Lawine, Mure) unbefahrbar geworden oder aus anderem Grund völlig ungeeignet ist. In allen übrigen Fällen verpflichten der Straßenzustand und die erkennbar durch die Natur drohenden Gefahren nicht zur Umkehr, sondern nur zu besonderen Maßnahmen (zB Anlegen von Schneeketten) und zu entsprechend vorsichtigem Fahren.

---

651 Vgl OLG Hamm NZV 1995, 357; *Engels* DAR 1982, 360.
652 RGZ 86, 149; 92, 38; 96, 130; BGH VRS 10, 12; 10, 172; 10, 214; VersR 1959, 298; 1960, 907; 1962, 165; 1964, 754; 1966, 143; 1967, 883; 1987, 159.
653 RG JW 1931, 3365.
654 RG JW 1932, 2040.
655 RGZ 120, 159; RG DRZ 1929, 181.
656 *Vogt* NZV 2003, 156 f.
657 *Berz/Dedy/Granich* DAR 2000, 546.

Nichtberücksichtigen der Straßen- oder Witterungsverhältnisse schließt die Annahme eines unabwendbaren Ereignisses – Kausalität für den Unfall vorausgesetzt – idR aus. Ein Fahrer, der, vor allem nachts, einen offenen Gully oder ein Schlagloch übersieht, weil es mit Wasser gefüllt ist, oder das Kfz in eine Wiese, einen Acker oder einen Fluss fährt, weil die Straße – ohne dass dies angezeigt oder rechtzeitig erkennbar ist – plötzlich endet, kann allerdings die äußerste nach den Umständen gebotene Sorgfalt beobachtet haben. Nicht zu entschuldigen ist freilich idR, wenn der Fahrer die Straße für breiter oder die Höhe der Äste über der Straße für größer hält, als sie in Wirklichkeit ist. Zwar kann er sich bei Unterführungen und Tunnels darauf verlassen, dass Verkehrszeichen die Durchfahrt verbieten, wenn sie nicht für alle Kfz möglich ist, die die allgemein vorgeschriebenen Maße einhalten; dies gilt aber nicht für die Äste von Bäumen und für vorspringende Stockwerke alter Häuser in Ortschaften. Auch wenn ein Straßenstück besonders eng oder kurvenreich ist oder eine außergewöhnliche Steigung (oder ein Gefälle) aufweist, liegt darin, dass der Führer die Schwierigkeiten trotz guter Fahrkenntnis und Übung nicht zu meistern vermag, kein unabwendbares Ereignis, solange es dem „denkbar besten Fahrer" überhaupt möglich ist, die Strecke ohne Unfall zurückzulegen.[658] Der „denkbar beste Fahrer" erkennt auch sofort, wenn infolge starker Wölbung der Straße das Kfz nicht mehr senkrecht steht, seine Aufbauten daher über die Bordsteinkante ragen und ein Vordach oder eine Markise herunterreißen.[659] Ist dem Fahrer bekannt, dass auf der von ihm befahrenen Straße eine Zuverlässigkeitsfahrt stattfindet oder vor kurzem stattfand, so gehört zur äußersten Sorgfalt, dass er in einer unübersichtlichen Kurve besonders sorgfältig fährt, wenn die nur schlecht befestigte Fahrbahn durch die anderen Fahrzeuge schmierig geworden ist.[660]

ee) Verkehrswidriges Verhalten des Verletzten oder eines Dritten. Auch im Rahmen des § 17 Abs 3 StVG gilt der sog Vertrauensgrundsatz (vgl § 14 Rn 12). Der Führer eines Kfz kann – solange die Umstände keinen konkreten Anlass zu der Befürchtung geben, dass sich ein anderer Verkehrsteilnehmer verkehrswidrig verhalten wird – darauf vertrauen, dass alle anderen sich verkehrsgerecht verhalten und die Bestimmungen der StVO und der StVZO beachten.[661] Vor allem besteht keine Pflicht, auf eine Häufung von Verkehrsordnungswidrigkeiten und ausgesprochene Verkehrstorheiten anderer gefasst zu sein.[662] Handelt ein anderer Verkehrsteilnehmer wider Erwarten verkehrswidrig, so kommt es nicht darauf an, ob dieser schuldhaft gehandelt hat oder nicht.[663]

Legen die Umstände die Möglichkeit nahe, dass sich andere Verkehrsteilnehmer unrichtig oder ungeschickt verhalten, so gehört zur äußersten Sorgfalt auch, dass der Fahrer hierauf Rücksicht nimmt.[664] Mit unbedachtem oder ungeschicktem Verhalten muss zB gerechnet werden, wenn alte Leute oder Kinder sich auf der Fahrbahn befinden oder sich anschicken, diese zu betreten. In allen Fällen muss damit gerechnet werden, dass ein durch den Führer des Kfz in Gefahr gebrachter Verkehrsteilnehmer sich aus Angst oder Schrecken unzweckmäßig und kopflos verhält. Ein gewisses Maß an Geistesgegenwart darf aber vorausgesetzt werden.[665]

---

658 KG DAR 1939, 103.
659 OLG Celle RdK 1940, 141.
660 BGH DAR 1955, 194.
661 BGH VersR 1953, 65; 1956, 255; 1967, 779; 1985, 864; VRS 10, 327; KG VM 1987, Nr 21; Schoreit NJW 1966, 919; **aA** – ohne Begr – OLG Bremen VersR 1960, 814.
662 KG DAR 1986, 323.
663 RGZ 92, 38.
664 BGH DAR 1955, 194; VersR 1973, 765.
665 RG JW 1931, 854.

383 Verhält sich ein anderer Verkehrsteilnehmer wider Erwarten unvorsichtig oder verkehrswidrig, so liegen Reflexhandlungen in der menschlichen Natur und können auch dem „denkbar besten Fahrer" nicht zum Vorwurf gemacht werden. Hierzu gehören vor allem plötzliches scharfes Bremsen und scharfes Einschlagen der Lenkung in Richtung von der Gefahrenquelle weg. Auch wenn nach dem Unfall rückblickend kein Zweifel bestehen kann, dass sich der Fahrer unzweckmäßig verhalten hat und dass der Unfall vermieden worden wäre, wenn er sich anders verhalten hätte, kann für einen unvorhergesehen und unverschuldet in die Gefahrenlage geratenen Führer ein unabwendbares Ereignis vorliegen.[666]

384 **g) Fehler in der Beschaffenheit des Fahrzeugs und Versagen seiner Vorrichtungen**
aa) Bedeutung der Regelung. Ein Fehler in der Beschaffenheit des Fahrzeugs oder ein Versagen seiner Vorrichtungen (technisches Versagen) schließt, wenn hierauf der Unfall beruht, die Haftungsbefreiung des Halters auch dann aus, wenn er und der Führer des Kfz die äußerste, nach den Umständen gebotene Sorgfalt beobachtet haben (§ 17 Abs 3 Halbs 2 StVG). Dies gilt auch, wenn der „Fehler" oder das „Versagen" nur beiläufig bei der Entstehung des Unfalls mitgewirkt hat, die „Hauptursache" aber eine andere (ein Tier, ein unbeteiligter Dritter usw) gewesen ist. Hat der „Fehler" oder das „Versagen" zwar den Umfang des Schadens vergrößert, hätte sich aber der Unfall auch ohne den „Fehler" oder das „Versagen" – wenn auch nicht in so schwerer Form – ereignet, so bleibt der „Fehler" oder das „Versagen" ganz außer Betracht, da § 7 Abs 2 StVG mit Vorbedacht nur auf die Verursachung des Unfalls, nicht aber auf die Verursachung des Schadens abstellt (vgl Rn 362 f). Den Beweis, dass der Unfall nicht auf einem Fehler in der Beschaffenheit des Fahrzeugs und nicht auf einem Versagen der Vorrichtungen beruht, muss der Schädiger führen (Rn 410).

385 **bb) Fehler in der Beschaffenheit** sind die auf der Konstruktion und auf der Bauausführung, aber auch mangelhafter Unterhaltung des Fahrzeugs und seiner Teile beruhenden Mängel. Eigenschaften, die bei einem Kfz der betreffenden Art dem Stand der Technik entsprechen, fallen nicht darunter.

386 **cc) Versagen einer Vorrichtung** ist gegeben, wenn ein Fahrzeugteil die Funktion, die ihm im Zusammenwirken aller Teile zukommt, nicht oder nicht ordnungsmäßig erfüllt,[667] ohne dass dies auf Konstruktions-, Bau- und Unterhaltungsmängel zurückzuführen ist.[668]

387 **dd) Maßgeblicher Zeitpunkt.** Der für die „Fehlerhaftigkeit" oder das „Versagen" maßgebende Zeitpunkt liegt nicht während des Unfallverlaufs, sondern an seinem Beginn, also unmittelbar vor dem Unfall. Die Haftungsbefreiung des Halters entfällt mithin nur, wenn das Kfz schon vor dem Unfall nicht mehr in allen Teilen einwandfrei war oder arbeitete. Entsteht also der Unfall nur deshalb, weil infolge einer durch die Verkehrslage bedingten Überbeanspruchung, etwa der Bremsen, ein Defekt eintritt, und konnte sich dies nur ereignen, weil das betreffende Fahrzeugteil nicht mehr einwandfrei war, so ist der Unfall durch Fehler in der Beschaffenheit des Fahrzeugs oder durch

---

666 BGH VersR 1959, 298; 1960, 907.
667 BGH VRS 15, 14; OLG Celle DAR 1949, 44; *Weitnauer* NJW 1968, 194.
668 Zust österr OGH VRS 9, 73.

Versagen seiner Vorrichtungen verursacht. Werden aber erst durch den Unfall oder durch Naturereignisse Teile des Kfz (Lenkung, Bremsen, Räder) beschädigt und ruft das Kfz wegen dieser Beschädigung weitere Schadensfolgen hervor (zB indem es Fußgänger auf dem Bürgersteig überfährt), so ist der Unfall nicht durch Fehler in der Beschaffenheit des Kfz oder durch Versagen seiner Vorrichtungen verursacht, auch wenn die beschädigten Teile nicht mehr einwandfrei waren.

ee) Äußere Einwirkungen. Wird das technische Versagen durch eine äußere Einwirkung hervorgerufen (zB der Reifen verliert wegen eines überfahrenen Nagels Luft), so greift der Ausschluss des Entlastungsbeweises nicht ein. Sein Sinn und Zweck liegt darin, den Halter für solche Unfälle uneingeschränkt einstehen zu lassen, die auf einen technischen Defekt seines Kfz zurückgehen. In den genannten Fällen ist Auslöser des Unfalls jedoch nicht die Technik des Fahrzeugs, sondern die betreffende äußere Einwirkung. Es kann keinen Unterschied machen, ob es zu dem Unfall dadurch kommt, dass der Führer einem im letzten Moment sichtbar werdenden Metallteil auf der Straße reflexhaft auszuweichen versucht, oder dadurch, dass er dieses Metallteil überfährt und das Fahrzeug wegen Luftloswerdens eines Reifens aus der Spur gerät. In solchen Fällen handelt es sich also nicht um ein Versagen einer Vorrichtung; der Entlastungsbeweis steht dem Halter offen.[669] Dies gilt auch, wenn zwischen der Beschädigung des Fahrzeugteils und dem Unfall ein zeitlicher Abstand besteht (zB ein durch ein Schadensereignis in Mitleidenschaft gezogener Reifen wird erst anlässlich einer besonderen Beanspruchung luftlos). Fährt der Fahrer allerdings trotz einer Beschädigung, die er kannte oder bei Anwendung größtmöglicher Sorgfalt kennen musste, weiter, kann der Halter den Entlastungsbeweis nicht mehr führen. 388

ff) Verschulden Dritter. Ob das Versagen der Vorrichtung auf einem schuldhaften Verhalten einer anderen Person (zB Hersteller, Monteur, Wartungspersonal) beruht, ist für den Ausschluss der Entlastungsmöglichkeit ohne Belang. Der Halter haftet rein objektiv für den technischen Zustand seines Fahrzeugs. 389

gg) Natürliche Abnützung und Materialermüdung sind zwar keine „Fehler", führen aber zum Versagen der betreffenden Vorrichtungen und schließen damit die Haftungsbefreiung des Halters aus, wenn sie einen Unfall verursachen.[670] 390

hh) Kausalität. Trotz Vorliegens eines technischen Defekts wird der Halter von der Entlastungsmöglichkeit dann nicht ausgeschlossen, wenn der Defekt für den Unfall nicht ursächlich war. Da der Halter beweisen muss, dass der Unfall nicht auf einem technischen Versagen beruht (vgl Rn 410), gehen diesbezügliche Unklarheiten zu seinen Lasten. Wie auch in anderen Bereichen der Haftungszurechnung genügt nicht jeder (natürliche) Kausalzusammenhang; die Unfallgefahr muss vielmehr gerade durch das technische Versagen erhöht, der Schadenseintritt begünstigt worden sein. Daher ist Kausalität zB zu verneinen, wenn ein Kfz wegen einer Motorpanne innerhalb einer geschlossenen Ortschaft ordnungsgemäß am Straßenrand abgestellt und dort sodann in einen Unfall verwickelt wird. Zu bejahen ist sie hingegen, wenn das Kfz auf der Überholspur der Autobahn liegenbleibt und ein anderes auffährt. Aber auch das Liegenbleiben auf der Standspur der Autobahn ist noch derart gefahrerhöhend, dass die Kausalität 391

---

669 OLG Naumburg JW 1933, 2159.
670 OLG Naumburg JW 1933, 2159; OLG Düsseldorf VersR 1959, 912.

zwischen dem Versagen und einem Auffahrunfall zu bejahen ist. Ein Unfall, der auf den besonderen Gefahren des Abschleppens beruht, ist nicht mehr dem technischen Versagen zuzurechnen.

392 ii) **Einzelfälle** (alphabetisch geordnet).

393 **Anhänger.** Zu den Teilen des Kfz, deren Versagen die Haftungsbefreiung ausschließt, gehören auch alle Teile des Anhängers und der Kupplung zwischen Zugmaschine und Anhänger.[671]

394 Das **Ausspuren** des Anhängers ist als solches kein Versagen einer Vorrichtung; die Haftungsbefreiung kann jedoch dann entfallen, wenn es auf einem Konstruktionsmangel oder auf dem Versagen der Bremsen beruht. Dagegen kann ein unabwendbares Ereignis vorliegen, wenn das Ausspuren auf anderen Ursachen beruht, zB wenn der Straßenrand einbricht.[672] Kein Versagen der Vorrichtungen liegt auch vor, wenn sich der Anhänger auf einer Gefällstrecke wegen Glatteis querstellt;[673] hier wird vielmehr regelmäßig eine Sorgfaltsverletzung des Führers gegeben sein (vgl Rn 445 f).

395 **Automatische Regelungssysteme.** Das Versagen eines Regelungssystems zur automatischen Geschwindigkeits- oder Abstandsregulierung schließt die Haftungsbefreiung nach § 17 Abs 3 S 1 StVG aus.[674] Hat das System ordnungsgemäß gewirkt, der Fahrer aber darauf unsachgemäß reagiert, versagt der Entlastungsbeweis aus diesem Grund oder wegen der mangelhaften Einweisung des Fahrers durch den Halter.

396 **Bremsleuchte.** Das Versagen einer Bremsleuchte ist Versagen einer Vorrichtung.[675]

397 **Fahrtrichtungsanzeiger.** Der Ausfall eines Fahrtrichtungsanzeigers ist Versagen einer Vorrichtung; darauf, ob seine Aufgabe in anderer Weise, zB durch Herausstrecken des Arms, erfüllt werden kann, kommt es nicht an.[676]

398 **Fenster** (s a Windschutzscheibe). Löst sich ein Fenster eines Omnibusses schon bei geringem Druck aus seiner Verankerung und stürzt ein Fahrgast infolgedessen aus dem Bus, so beruht dieser Unfall auf einem Fehler in der Beschaffenheit des Kfz.[677]

399 **Kraftstoffzufuhr.** Aussetzen der Kraftstoffzufuhr kann ein unabwendbares Ereignis sein, beruht aber dann stets auf einem Versagen der Vorrichtungen.[678]

400 **Ölspur.** Für das Hinterlassen einer Ölspur kann sich der Halter in keinem Fall entlasten, da sie immer auf einem technischen Defekt beruht.[679]

401 **Reifen.** Das Zerplatzen oder allmähliche Luftloswerden eines Reifens stellt ein Versagen einer Vorrichtung dar.[680] Beruht das Luftloswerden jedoch auf einer äußeren Einwirkung (zB Überfahren eines Nagels, Steines oä), so kann sich der Halter bei einem

---

671 OLG Naumburg JW 1938, 3053.
672 BGH VRS 15, 17.
673 OLG Naumburg RdK 1939, 9; **aA** OLG Braunschweig NJW 1953, 1513; beiläufig auch BGH VRS 15, 17.
674 *Janker* DAR 1995, 477; *Berz/Dedy/Granich* DAR 2000, 546; *Vogt* NZV 2003, 156.
675 OLG Dresden VAE 1939, 328.
676 **AA** OLG Kiel HRR 1935, 123.
677 Österr OGH ZVR 1991, 116.
678 OLG Bamberg DAR 1951, 80.
679 OLG Bamberg VRS 72, 88.
680 Österr OGH ZVR 1990, 241.

durch den Reifenschaden verursachten Unfall uU auf Unabwendbarkeit berufen[681] (vgl Rn 388). Diese Möglichkeit scheidet selbstverständlich aus, wenn es zu der Beschädigung des Reifens nur deshalb kommen konnte, weil er unzulässig stark abgefahren war.[682]

Hat ein Reifen weniger als die vorgeschriebene Profiltiefe,[683] so liegt ein Fehler in der Beschaffenheit vor. Er wird für einen Unfall auf trockener, griffiger Fahrbahn allerdings idR nicht ursächlich sein,[684] ebenso wenn Wasser mehr als 2 mm hoch auf der Fahrbahn steht.[685] **402**

Schleudern (s a Anhänger). Schleudern des Kfz ist als solches kein Versagen seiner Vorrichtungen.[686] Es kann zwar auf einem solchen Versagen (etwa der Lenkung oder der Bremsen) beruhen, ebenso gut aber auf einem Fehler des Fahrers. Der Ausschluss der Entlastungsmöglichkeit greift daher nur ein, wenn ein zugrundeliegender technischer Defekt feststeht; andernfalls kommt es auf den dem Halter obliegenden Nachweis einer Beobachtung der erforderlichen Sorgfalt an.[687] **403**

Schlussleuchte. Erlischt die Schlussleuchte oder eine Petroleumlampe, die als Schlussleuchte angebracht war, so versagt eine Vorrichtung des Kfz.[688] **404**

Tür. Deckt die Tür in einem Omnibus in geschlossenem Zustand die Einstiegsöffnung im Fußboden durch eine Platte ab, so ist dies kein Konstruktionsfehler, auch wenn hierdurch für einen auf der Platte stehenden Fahrgast beim Öffnen der Tür die Gefahr des Hinausfallens entsteht; allerdings wird der denkbar sorgfältigste Halter (durch Anbringen eines Hinweises) oder Fahrer (durch Warnung) dieser Gefahr vorbauen.[689] Die automatische Bremsung eines Omnibusses beim Öffnen der Tür während der Fahrt ist kein Versagen iS des § 17 Abs 3 S 1 StVG.[690] **405**

Stromabnehmer. Nicht fehlerhaft ist die plötzliche elektrische Entladung mit blendendem Feuerschein der Stichflamme an der Oberleitung der Straßenbahn.[691] **406**

Warndreieck, Warnleuchte. Versagen die beim Halten in der Nacht hinter dem Fahrzeug aufgestellten Warnleuchten oder Fackeln oder fällt ein wegen einer Panne aufgestelltes Warndreieck um, so handelt es sich nicht um ein Versagen von Vorrichtungen, da keine Teile des Kfz betroffen sind (anders dagegen bei Ausfall der eingebauten Warnblinkanlage). **407**

Windschutzscheibe. Zersplittert die Windschutzscheibe wegen eines herabgefallenen Astes oder eines hochgeschleuderten Steins und kommt es durch die Sichtbeeinträch- **408**

---

681 OLG Celle RdK 1949, 44.
682 KG VAE 1937, 463.
683 IdR 1,6 mm (zu Einzelheiten s § 36 StVZO).
684 BGH VersR 1968, 785; OLG München VersR 1966, 945; OLG Zweibrücken DAR 1967, 300.
685 OLG Zweibrücken DAR 1967, 300.
686 OLG Naumburg RdK 1939, 9; aA *Weitnauer* NJW 1968, 194.
687 BGH VersR 1960, 403; KG DAR 1928, 443; OLG Bremen VersR 1956, 198.
688 OLG Kiel HRR 1931, Nr 665.
689 OLG Oldenburg DAR 1956, 245.
690 LG Regensburg VRS 71, 169.
691 KG JW 1932, 807.

tigung zu einem Unfall, so liegt kein Versagen von Vorrichtungen vor, da Ursache des Unfalls eine Einwirkung von außen ist.[692]

h) Beweisführung

409 Die Beweislast für die Unabwendbarkeit des Unfalls trägt, da § 17 Abs 3 StVG sie ebenso wie § 7 Abs 2 StVG aF als haftungsausschließendes Merkmal ausgestaltet, der Halter. Er wird daher verurteilt, wenn der Kläger bewiesen hat, dass er durch einen Unfall beim Betrieb des Kfz des Beklagten geschädigt wurde (Rn 164 ff), und sich der Unfallhergang durch die Beweisaufnahme nicht völlig klären lässt, sodass die Möglichkeit einer Abwendbarkeit offen bleibt.[693] Der Halter muss zB beweisen, dass der Führer des Kfz alle Möglichkeiten zur Verhinderung des Unfalls erschöpft hat, oder dass, soweit Möglichkeiten ungenutzt geblieben sind, diese auch für einen äußerst gewandten Fahrer trotz äußerster Sorgfalt nicht erkennbar waren. Hat der Führer den Unfall durch fahrtechnische Maßnahmen verursacht, so obliegt es dem Halter, zu beweisen, dass sie notwendig waren.[694] Sind Pflichtwidrigkeiten erwiesen, die für den Unfall ursächlich sein können, zB Trunkenheit des Fahrers, so hat der Halter zu beweisen, dass keine Ursächlichkeit vorliegt.[695] Der Halter ist daher zB nicht entlastet, wenn der Führer unter Alkoholeinfluss gefahren ist und die, wenn auch entfernte, Möglichkeit offen bleibt, dass er infolgedessen Handlungen unterlassen hat, die den Unfall verhindert hätten.[696] Die bloße Behauptung einer Pflichtverletzung ist aber, wenn der Sachverhalt hierfür keinen Anhalt gibt, nicht geeignet, dem Halter die Beweislast dafür aufzuerlegen, dass die Pflichtwidrigkeit nicht begangen worden sei.[697]

410 Es ist zunächst Sache des Halters, darzulegen und unter Beweis zu stellen, dass der Unfall auf einem bestimmten unabwendbaren Ereignis beruht. Der Kläger kann sodann bestreiten, dass dieses Ereignis unabwendbar war. Er kann aber auch behaupten, dass ein anderes, von ihm zu benennendes und nicht unabwendbares Ereignis Ursache des Unfalls war. Der Halter ist sodann gezwungen, diesen Vortrag zu widerlegen.[698] Dem Halter ungünstige Möglichkeiten des Geschehensablaufs, deren Vorliegen der Verletzte nicht behauptet hat, bleiben nach dem Beibringungsgrundsatz der ZPO aber außer Betracht. Der Halter ist darüber hinaus auch nicht gezwungen zu beweisen, dass alle vom Verletzten als möglich bezeichneten Geschehensabläufe nicht in Betracht kommen; Geschehensabläufe, die der Verletzte nur als möglich bezeichnet und für deren Vorliegen er keine Anhaltspunkte angeben kann, darf das Gericht außer Betracht lassen.[699] Diese Grundsätze gelten auch, wenn der Verletzte behauptet, Vorrichtungen des Kfz hätten versagt (vgl Rn 384 ff).

---

692 Vgl LG Kiel DAR 1952, 119.
693 RGZ 162, 3; 164, 273; OGH VRS 1, 291; BGH VRS 4, 565; VersR 1957, 340; 1959, 789; 1960, 907.
694 OGH VRS 1, 108; BGH NJW 1954, 185; OLG Köln VersR 1960, 644.
695 BGH VersR 1982, 442; OLG Hamm RdK 1933, 64.
696 OLG Oldenburg VRS 8, 260.
697 RGZ 162, 3.
698 Vgl BGH VersR 1959, 804.
699 RGZ 162, 3.

Von einem **Anscheinsbeweis** sollte im Zusammenhang mit dem Entlastungsbeweis nicht gesprochen werden.[700] Der Anwendungsbereich des sog Anscheinsbeweises ist auf die Feststellung von Kausalität und Verschulden zu beschränken (vgl § 38 Rn 45 ff). Ob ein Unfall wirklich unabwendbar war, hängt von den konkreten Umständen des Einzelfalles ab. Sind diese festgestellt, bedarf es des Anscheinsbeweises nicht, sind sie es nicht, so kann auch die Heranziehung typischer Geschehensabläufe nicht weiterhelfen. Es kann auch nicht etwa daraus, dass für ein Verschulden des einen Unfallbeteiligten ein Anscheinsbeweis spricht, auf die Unabwendbarkeit des Unfalls für den anderen geschlossen werden.[701]

411

4. Entlastung bei Unfällen vor 1.8.2002

a) Allgemeines

412

Vor dem Inkrafttreten der Änderung des § 7 Abs 2 StVG durch das 2. SchRÄndG konnte sich der Halter nicht nur gegenüber anderen motorisierten Verkehrsteilnehmern (jetziger § 17 Abs 3 StVG), sondern allgemein auf die Unabwendbarkeit des Unfallereignisses berufen. Diese Regelung gilt für Altfälle weiter (Art 229 § 8 EGBGB). Wegen des Begriffs „unabwendbares Ereignis" kann im Wesentlichen auf Rn 360 ff und den Rechtsprechungsüberblick in Rn 424 ff Bezug genommen werden. Besonderheiten ergeben sich jedoch daraus, dass § 7 Abs 2 StVG aF die Unabwendbarkeit nicht abschließend definiert, sondern durch das Wort „insbesondere" auch den Beweis anderer, nicht ausdrücklich angeführter Entlastungsgründe zugelassen hat.

Grundvoraussetzung jedes Entlastungsbeweises nach § 7 Abs 2 StVG aF ist, dass der Halter in Bezug auf das Unfallereignis die Beachtung jeder gebotenen Sorgfalt (also eines besonders hohen Sorgfaltsgrades; s Rn 366 ff) durch sich selbst und seinen Führer nachweist. Das Wort „insbesondere" darf hierauf nicht bezogen werden. Kann der Halter die gesteigerte Sorgfalt nicht beweisen, ist der Entlastungsbeweis bereits gescheitert, ohne dass es auf Weiteres ankäme.

413

Für den Fall eines gelungenen Sorgfaltsbeweises wird als **zusätzliche Voraussetzung** der Unabwendbarkeit angeführt, dass der Unfall durch ein Verhalten des Verletzten, eines nicht beim Betrieb des Kfz beschäftigten Dritten oder eines Tieres ausgelöst wurde (zum Kausalzusammenhang vgl Rn 361). Diese Aufzählung ist aber nicht abschließend („insbesondere"). Als weitere Ursachen, die nicht dem Risikobereich des Halters zuzurechnen sind, kommen in Betracht:

414

– höhere Gewalt (insbesondere Naturereignisse wie Erdrutsch, Überschwemmung, Blitzschlag usw),
– Mängel der Straße oder von Verkehrseinrichtungen,
– technische Mängel eines anderen Kfz.

Technische Mängel des eigenen Kfz stehen einer Entlastung stets entgegen, wie sich aus dem Vorbehalt in § 7 Abs 2 S 1 Halbs 2 StVG aF ergibt (näher hierzu Rn 384 ff). Fraglich bleibt somit die Einordnung folgender Unfallursachen:
– körperliches oder geistiges Versagen des Kfz-Führers (s Rn 415 f),
– Verhalten einer Person, die beim Betrieb des Kfz beschäftigt ist (s Rn 417 ff).

---

700 So aber zB OLG Zweibrücken NZV 1988, 22.
701 OLG Naumburg NZV 1995, 73.

Erster Teil. Haftung ohne Verschuldensnachweis

415 **b) Körperliches oder geistiges Versagen des Kfz-Führers**
War das Versagen (für Halter oder Führer) **vorhersehbar**[702] (zB bei Krankheit oder einem Gebrechen des Führers), so kann schon wegen des dann vorliegenden Sorgfaltsverstoßes kein Haftungsausschluss eingreifen (Rn 413).

416 Für die Fälle, in denen das Versagen in **unvorhersehbarer** und auch für den sorgfältigsten Führer nicht mehr ausgleichbarer Weise eintritt, ist eine Haftungsbefreiung zu verneinen.[703] In diesen Fällen verwirklicht sich ein mit dem Betrieb des eigenen Kfz verbundenes Risiko, sodass eine Gleichstellung mit den in Abs 2 S 2 aufgeführten Unfallursachen nicht gerechtfertigt ist.

417 **c) Unfallverursachung durch eine beim Betrieb des Kfz beschäftigte Person**
aa) Allgemeines. Es ist denkbar, dass eine Person, die zwar nicht Führer des Kfz, aber gleichwohl bei dessen Betrieb beschäftigt ist (zB Beifahrer, Ladearbeiter), eine Ursache zu dem Unfall gesetzt hat. In diesem Fall würde, käme es nur auf die Beachtung der äußersten Sorgfalt durch Führer und Halter an, der Haftungsausschluss eingreifen, wenn diesen in keiner Hinsicht, auch nicht hinsichtlich der Auswahl der Beschäftigten, ein Vorwurf gemacht werden könnte. Auch mit der ersten Hälfte des Satzes 2 von § 7 Abs 2 StVG aF wäre dieses Ergebnis vereinbar, da sie nur eine beispielhafte Aufzählung enthält (Rn 414). Unverständlich bliebe hierbei allerdings, weshalb in dieser Aufzählung nicht einfach vom Verhalten eines Dritten, sondern ausdrücklich vom Verhalten eines „nicht beim Betrieb beschäftigten" Dritten die Rede ist. Diese Einschränkung wird man dahin zu verstehen haben, dass für das Verhalten eines beim Betrieb beschäftigten Dritten eigene Regeln gelten, Abs 2 S 2 also nicht unmittelbar anwendbar ist. Was für diesen Fall aber gelten soll, ist dem Wortlaut des Gesetzes nicht zu entnehmen. Drei Möglichkeiten kommen in Betracht:

(1) der Halter haftet für jedes Verhalten eines beim Betrieb beschäftigten Dritten, auch rechtmäßiges;[704]
(2) der Halter haftet, wenn der Dritte die äußerste nach den Umständen erforderliche Sorgfalt nicht beachtet hat;[705]
(3) der Halter haftet, wenn der Dritte schuldhaft (§ 276 BGB) den Unfall verursacht hat.[706]

418 Die erstgenannte Ansicht ist abzulehnen, denn es gibt keinen Anhalt und keine innere Rechtfertigung dafür, dass das Gesetz den Halter bei Handlungen „Dritter" strenger haften lassen will als bei Handlungen des Führers des Kfz. Aber auch für die Ansicht, dass es auf ein Verschulden des Dritten ankommen soll, lässt sich keinerlei Anknüpfungspunkt finden; für den gesamten Abs 2 kommt es vielmehr auf ein Verschulden nicht an, sodass diese Auslegung systemwidrig erscheint. Zuzustimmen ist daher der zweiten Ansicht, dh dass die Haftung des Halters für ein Verhalten eines beim Betrieb des Kfz beschäftigten Dritten nur entfällt, wenn dieser, der Führer und der Halter die

---

702 OLG Hamm VkBl 1950, 280. Zu den Anforderungen an die Selbstprüfung älterer Kraftfahrer s BGH VersR 1988, 388.
703 BGHZ 23, 90; *Geigel/Kunschert* Kap 25 Rn 161.
704 So wohl RG JW 1912, 650; 1935, 424; BGHZ 23, 95.
705 So OLG Kiel HRR 1940, Nr 658; OLG Oldenburg DAR 1954, 206; *Lechner* JW 1935, 424.
706 *Walter* 87, 90.

äußerste nach den Umständen gebotene Sorgfalt beachtet haben und trotzdem den Unfall nicht vermeiden konnten. Einzelheiten vgl Rn 420 ff.

bb) Bei dem Betrieb beschäftigt ist jeder, der mit Willen des Halters, seines Vertreters (Rn 267) oder des Führers des Kfz eine Handlung vornimmt, die zum „Betrieb" (Rn 60 ff) gehört.[707] Er muss nicht ein „für den Betrieb angestellter" Benutzer (§ 7 Abs 3 StVG) sein.[708] Stillschweigende Einwilligung genügt. Sinn und Zweck der Vorschrift ist, den Halter nicht von dem Einstehen für diejenigen zu befreien, denen er die Möglichkeit einer Einflussnahme auf den Betrieb des Kfz eingeräumt hat. Die Einwilligung des Halters oder einer der anderen in Frage kommenden Personen liegt daher auch vor, wenn der Betreffende die Handlung widerspruchslos duldet, obwohl er davon Kenntnis hat. Sie braucht sich nicht auf die mit dem Betrieb zusammenhängende Handlung zu erstrecken, durch die der Unfall verursacht wurde; es genügt, dass sie sich auf eine andere zum Betrieb gehörende Beschäftigung bezieht. Darauf, ob der Dritte in sozialer **Abhängigkeit** (Arbeitsvertrag, elterliche Gewalt) von einer der in Frage stehenden Personen steht, kommt es ebenso wenig an, wie auf die **Dauer** der Beschäftigung.[709]

419

cc) Einzelfälle

Insassen. Da das Einsteigen und Aussteigen einschließlich des Öffnens und Schließens der Wagentür zum Betrieb des Kfz gehört (Rn 129) und da zumindest der Führer des Kfz damit einverstanden ist, dass diese mitfahrenden Personen ein- und aussteigen, ist jeder Insasse eine beim Betrieb des Kfz beschäftigte Person.[710] Mithin ist die Haftungsbefreiung des Halters bei jedem Unfall ausgeschlossen, der dadurch verursacht wird, dass ein Insasse (oder eine als Insasse vorgesehene Person) beim Ein- oder Aussteigen oder beim Öffnen oder Schließen der Türen die äußerste nach den Umständen gebotene Sorgfalt außer Acht lässt.[711] Das gilt auch für die Fahrgäste eines Omnibusses und auch bei unbefugtem Öffnen der Tür mittels Nothahn.[712] Ohnehin ist die Halterhaftung nicht auf die vom Einverständnis umfassten Betriebsvorgänge beschränkt (Rn 419). Sie greift zB auch ein, wenn der Insasse den Fahrer stört, seinen Arm aus dem geöffneten Fenster streckt oder etwas aus dem Fenster wirft.

420

Hilfs- oder Aufsichtspersonen. Beim Betrieb beschäftigt ist jede Person, die mit Willen des Halters, seines Vertreters oder des Führers des Kfz das Kfz belädt oder entlädt, einen Anhänger ankuppelt oder abkuppelt, während einer Fahrt Treibstoff, Öl oder Wasser nachfüllt (auch an Tankstellen), einen abgeschleppten Kraftwagen lenkt, auf dem Anhänger als Bremser sitzt, das Kfz nach Ausfall des Anlassers anschiebt, auf einem Parkplatz beim Verschieben des Kfz (auch ohne Motorkraft) hilft, das Kfz in eine Parklücke oder eine Einfahrt einweist, Hindernisse beseitigt, die das Kfz an der

421

---

707 BGH VRS 10, 2; ähnlich, aber wohl zu weitgehend *Bezold* DAR 1933, 97, der jeden zu dieser Kategorie rechnet, der eine im unmittelbaren Zusammenhang mit dem in Betrieb befindlichen Kfz stehende Beschäftigung ausübt.
708 BGH VRS 10, 2.
709 RG JW 1935, 424.
710 RG JW 1935, 424; **aA** *Walter* 87.
711 RG JW 1935, 424; OLG Celle DAR 1951, 13; **aA** offenbar KG VAE 1939, 112.
712 **AA** LG Regensburg VRS 71, 169.

Weiterfahrt hindern,[713] bei der Fahrt durch eine Menschenmenge dem Kfz als Wegbereiter vorausgeht oder zu diesem Zweck auf dem Trittbrett mitfährt,[714] oder dem Führer bei der Ausfahrt aus Grundstücken oder Parkplätzen durch Einwinken behilflich ist, sich wieder in den fließenden Verkehr einzuordnen. Lotsen, Schaffner, Omnibuskontrolleure und mitfahrende Angestellte und Mechaniker sind schon wegen ihrer Eigenschaft als Insassen beim Betrieb beschäftigt; dasselbe gilt für den Fahrlehrer, den Fahrschüler, den Betreuer eines dem Führer nur zur Probe überlassenen Kfz. Aufsichtsbeamte, deren Aufgabe es ist, den Betrieb gerade dieses Kfz im Auge zu behalten, sind „beim Betrieb beschäftigt", auch wenn sie nicht mitfahren.[715] Dasselbe gilt für denjenigen, der eine Kfz-Kolonne führt und in einem nicht am Unfall beteiligten Kfz sitzt.[716]

422 dd) **Haftung des Halters gegenüber dem beim Betrieb Beschäftigten.** Es sind Fälle denkbar, in denen der beim Betrieb Beschäftigte durch den auf seinen Sorgfaltsverstoß zurückzuführenden Unfall selbst verletzt wurde. In diesen Fällen stellt sich die Frage, ob es gerechtfertigt ist, dass der Verletzte einen Anspruch gegen den Halter hat, obwohl der Haftungsgrund von ihm selbst gesetzt wurde. Zumeist wird das Problem freilich deswegen nicht zum Tragen kommen, weil der Haftungsausschluss nach § 8 StVG aF (gegenüber beim Betrieb des Kfz tätigen Personen) eingreift. Der Begriff des beim Betrieb „Tätigen" ist jedoch nicht mit dem des beim Betrieb „Beschäftigten" deckungsgleich; zudem wird für § 8 StVG ein unmittelbarer zeitlicher Zusammenhang zwischen Tätigsein und Unfall gefordert (§ 19 Rn 10). Unter bestimmten Voraussetzungen sind somit Konfliktsfälle der geschilderten Art denkbar (Beispiel: ein Fahrgast in einem Linienbus irritiert den Fahrer in vorwerfbarer Weise und kommt bei dem hierdurch entstehenden Unfall zu Schaden). Die Rspr versagt dem Verletzten in solchen Fällen ohne nähere Begründung einen Anspruch gegen den Halter.[717] Richtiger erscheint es jedoch, einen Anspruch nach § 7 StVG zu bejahen (vgl Rn 251) und ihm lediglich den Einwand des Eigenverschuldens nach § 9 StVG entgegenzuhalten.

423 d) **Rechtmäßiges Schädigerverhalten**

Kommt es zum Unfall durch eine vorschriftswidrige, aber zur Abwehr der Gefahr eines größeren Schadens gerechtfertigte Handlung, so begründet dies Unabwendbarkeit.[718] Der Halter eines Streufahrzeugs, durch dessen Auswurf andere Kfz beschädigt wurden, kann seine Haftung aber nicht allein unter Berufung auf die im Allgemeininteresse liegende Erfüllung seiner Streupflicht ausschließen; er haftet nur für solche Schäden nicht, die sich auch bei vorsichtigem Streuen nicht vermeiden lassen.[719]

---

713 RG JW 1912, 650.
714 BGH VRS 10, 2.
715 BGH DAR 1952, 117.
716 OLG Celle v 18.4.55, 5 U 12/55.
717 BGH VersR 1957, 363; OLG Oldenburg DAR 1956, 245.
718 OLG Hamm NJW 1988, 1096: Rammen eines flüchtigen Kfz durch Polizeifahrzeug.
719 BGHZ 105, 65 = NZV 1989, 19 m Anm *Kuckuk* = JZ 1988, 1136 m Anm *Baumgärtel*.

5. Rechtsprechungsüberblick zur Unabwendbarkeit in bestimmten Verkehrssituationen

Die Judikatur behält trotz der Abkehr vom Merkmal des unabwendbaren Ereignisses in § 7 Abs 2 StVG ihre Bedeutung, zum einen für Altfälle (s Rn 412), zum anderen für die Haftung zwischen motorisierten Verkehrsteilnehmern nach § 17 Abs 3 StVG (Rn 359). **424**

Ergänzend zu der nachstehenden, alphabetisch geordneten, Rechtsprechungsübersicht können die Nachweise in § 14 herangezogen werden, da bei schuldhafter Verletzung von Verkehrspflichten Unabwendbarkeit selbstverständlich ausscheidet. Umgekehrt bedeutet die Anführung in nachstehender Übersicht nicht, dass in diesen Fällen nicht auch Verschulden bejaht werden kann.

Abbiegen s Rechtsabbiegen, Linksabbiegen, Grundstückseinfahrt. **425**

Abstand vom vorausfahrenden Fahrzeug s Auffahrunfall. **426**

Alkohol. Dass das Fahren unter Alkoholeinfluss mit den Anforderungen an einen gewissenhaften Kraftfahrer unvereinbar ist, liegt auf der Hand. Problematisch ist in diesen Fällen nur die Kausalitätsfrage. War die Fahruntüchtigkeit (mit) unfallsächlich, so scheidet unabhängig von der Höhe der Blutalkoholkonzentration die Annahme von Unabwendbarkeit aus.[720] Fehlt es jedoch an der Kausalität, weil der Unfall auch für den nüchternen Fahrer unvermeidbar gewesen wäre, so begründet selbst die (ab 1,1‰ als bewiesen anzusehende) absolute Fahruntauglichkeit (vgl hierzu § 38 Rn 64) keine Haftung nach § 17 StVG.[721] Eine solche lässt sich nicht etwa daraus herleiten, dass der Fahrer in seinem Zustand überhaupt nicht hätte fahren dürfen, denn diese Pflichtwidrigkeit steht mit dem Unfall nicht in dem in Rn 370 dargelegten Zusammenhang. Da der Halter die Unabwendbarkeit beweisen muss, gehen Zweifel hinsichtlich der Feststellung, dass ein nüchterner Fahrer den Unfall hätte abwenden können, zu seinen Lasten.[722] Wegen der Schwierigkeit dieses Beweises ist die Trunkenheitsfahrt mit einem gesteigerten Haftungsrisiko verbunden, was wegen der besonderen Gefährlichkeit derartiger Fahrten aber auch gerechtfertigt erscheint. **427**

Ampel s Lichtzeichen. **428**

Anfahren. Unabwendbar ist es für den Kraftfahrer, wenn er beim Anfahren einen soeben ausgestiegenen Mitfahrer überrollt, der von ihm unbemerkt vor dem Fahrzeug zu Fall gekommen und für ihn nicht wahrnehmbar ist.[723] **429**

Anhänger. Das Ausbrechen eines Anhängers infolge zu scharfen Bremsens ist nicht unabwendbar.[724] **430**

Anhalten. Plötzliches oder unnötiges Anhalten vermeidet der mit äußerster Sorgfalt fahrende Führer eines Kfz nach Möglichkeit, außer wenn er sich vergewissert hat, dass kein anderes Fahrzeug nachfolgt. Dies gilt ganz besonders bei schwierigen Verkehrsbedingungen, zB Schneetreiben und Schneematsch.[725] Nicht vorwerfbar ist es, wenn er **431**

---

720 Vgl OLG Köln VersR 1960, 644: 0,99‰; OLG Braunschweig VersR 1967, 813: 0,44‰; *Hentschel/Born*[7] Rn 551.
721 *Hentschel/Born*[7] Rn 552.
722 OLG Bamberg VersR 1987, 909.
723 OLG Saarbrücken NZV 1992, 75.
724 BGH VersR 1973, 941.
725 BGH VersR 1986, 489.

vor einer Kreuzung wegen eines nahenden Sonderrechtsfahrzeugs anhält, obwohl nach der von diesem angezeigten Abbiegeabsicht ein Zusammenstoß nicht zu befürchten ist.[726] Schaltet eine Ampel so kurz vor ihm von grün auf gelb um, dass er nur durch eine scharfe, den Hintermann gefährdende Bremsung vor der Ampel zum Stehen kommen kann, während er die Ampel noch bei gelb passieren könnte, so sieht er vom Anhalten ab.[727] Im Übrigen wird er vor dem Anhalten, außer wenn es durch eine Verkehrsstauung hervorgerufen wird, stets rechts heranfahren[728] und durch Betätigen des Fahrtrichtungsanzeigers auf sein Vorhaben aufmerksam machen. Anhalten auf der Autobahn wegen einer Verkehrsstauung ist unvermeidbar;[729] es kann jedoch eine Warnung der Nachfolgenden durch Warnblinken oder wiederholtes Aufleuchtenlassen der Bremslichter geboten sein.[730] Zu den Sicherungsmaßnahmen im Falle einer Panne s „Liegengebliebene Fahrzeuge".

432 **Auffahrunfall** (s a Hindernisse). Der „denkbar beste Fahrer" hält von seinem Vordermann so großen Abstand, dass er nicht auffährt, wenn der Vordermann plötzlich scharf bremsen muss. Er braucht sich jedoch grundsätzlich nicht darauf einzustellen, dass der Vordermann auf ein Hindernis auffährt, das ihm (dem Hinterherfahrenden) nicht sichtbar war, und dadurch plötzlich zum Halten kommt.[731] Etwas anderes kann allerdings gelten, wenn aufgrund der Fahrweise des Vordermannes mit einem solchen Zwischenfall gerechnet werden muss, zB weil er zu geringen Abstand zu seinem Vordermann hält oder weil er für die Sichtverhältnisse zu schnell fährt. Grundsätzlich muss der Abstand zu einem vorausfahrenden Fahrzeug die Strecke deutlich übersteigen, die der Nachfolgende in der Reaktions- und Bremsansprechzeit zurücklegt.[732] Ereignet sich der Unfall zwar nicht durch Auffahren auf den Vordermann, aber dadurch, dass der Fahrer – um ein Auffahren zu vermeiden – ohne Rücksicht auf den übrigen Verkehr am haltenden Fahrzeug vorbeizufahren versucht, so liegt kein unabwendbares Ereignis vor.[733] Bremst der Vordermann, so bremst der „denkbar beste Fahrer" so vorsichtig, wie es ohne Auffahren auf den Vordermann möglich ist. Fährt trotzdem sein Hintermann auf, so liegt ein unabwendbares Ereignis vor, das auch den Schaden umfasst, der dadurch entsteht, dass das eigene Kfz auf den Vordermann geschleudert wird; dass der Fahrer mit einem nur sehr geringen Abstand vom Vordermann gehalten hat, als sein Hintermann auffuhr, stellt keine Pflichtwidrigkeit dar, da es beim Halten keinen Sicherheitsabstand gibt.[734] Unabwendbar ist das Auffahren auch, wenn das Fahrzeug beim Abbremsen auf einer nicht rechtzeitig erkennbaren Ölspur ins Rutschen gerät.[735] Im Großstadtverkehr darf ein mit 30 km/h fahrender Omnibus auf 7 m an seinen Vordermann heranfahren, ohne die äußerste Sorgfalt zu verletzen. Hält der Vordermann überraschend, weil sich ein anderer Wagen vor ihm in eine Lücke drängt, so ist das Auffahren für den Omnibusfah-

---

726 AG Kulmbach VersR 1983, 741.
727 **AA** OLG Karlsruhe VRS 72, 168.
728 OLG Hamburg VkBl 1950, 327.
729 OLG Köln VRS 15, 325; OLG Düsseldorf VersR 1962, 455.
730 BGH VersR 1986, 490.
731 OLG Hamm VRS 71, 212.
732 BGH VersR 1968, 51.
733 BGH VersR 1960, 35.
734 OLG Köln VRS 15, 325.
735 OLG Hamm VersR 1985, 1095 LS.

rer ein unabwendbares Ereignis.[736] Dasselbe soll für eine Straßenbahn gelten, wenn der vor ihr fahrende Kraftwagen wegen eines betrunkenen Fußgängers überraschend bremsen muss.[737] Nach Ansicht des OLG Frankfurt[738] kann der Fahrer einer Straßenbahn seinen Abstand von einem vor ihm fahrenden Pkw verringern, wenn andernfalls eine zügige Abwicklung des Verkehrs nicht mehr möglich ist.

Unabwendbar kann das Auffahren insbesondere im Falle eines **Spurwechsels** des Vordermannes mit anschließendem abrupten Anhalten sein, weil sich hierdurch der Bremsweg ohne Zutun des Auffahrenden verkürzt. So ist zB für den Fahrer einer Straßenbahn das Auffahren auf einen Kraftwagen unabwendbar, der sich unmittelbar vor der Straßenbahn nach links auf das Gleis einordnet und dort anhält.[739] Für den Fahrer eines überholenden Kfz ist ein Unfall unabwendbar, der sich dadurch ereignet, dass das überholte Fahrzeug ohne Ankündigung nach links einschwenkt;[740] dies gilt freilich nur, wenn kein besonderer Anlass zum Einschwenken erkennbar war.[741] **433**

Für den **Vorausfahrenden** ist ein Auffahrunfall dann nicht unabwendbar, wenn wegen besonderer Umstände (Schwer-Lkw mit nur 25 km/h bei Dämmerung an Steigungsstrecke der BAB) mit Auffahren gerechnet werden muss und nicht ausgeschlossen werden kann, dass dieses durch Warnblinken oder Ausweichen auf Seitenstreifen vermieden worden wäre.[742]

Aussteigen. Mangelnde Sorgfalt, insbesondere beim Türöffnen, schließt die Annahme eines unabwendbaren Ereignisses aus. Der Fahrer hat vor allem nach rückwärts Ausschau zu halten, ehe er von innen die Tür des Kfz öffnet oder ein Öffnen durch einen Mitfahrer duldet.[743] Er muss sich aber auch vergewissern, dass sich nicht von vorne ein Fahrzeug mit geringem Seitenabstand nähert.[744] Eine Belehrung zurückgelassener Fahrgäste über die gebotene Sorgfalt beim Öffnen der Tür ist nur geboten, wenn mit Fehlverhalten nach den Umständen zu rechnen ist.[745] **434**

Ausweichen (s a Gegenverkehr). Wer auf ein Bankett, einen Parkstreifen oder eine Busparkbucht ausweicht, muss berücksichtigen, dass andere Verkehrsteilnehmer dort nicht mit fließendem Verkehr rechnen.[746] Bei reflexartigem Ausweichen wegen eines plötzlich die Fahrbahn betretenden Kindes ist die Berührung mit einem daneben fahrenden Fahrzeug unabwendbar.[747] **435**

Bewusstseinsstörung. S hierzu Rn 364. **436**

Engstelle. Nähern sich zwei Kfz einer Engstelle von entgegengesetzter Richtung, so kann derjenige Fahrer, der die Engstelle deutlich eher erreicht, sich darauf verlassen, **437**

---

736 BGH VersR 1968, 51 (zw).
737 OLG Bamberg VersR 1966, 786.
738 VersR 1967, 851.
739 BGH DAR 1962, 53.
740 BGH VersR 1962, 566.
741 BGH VersR 1965, 82.
742 OLG Frankfurt VersR 1999, 771.
743 KG VAE 1939, 112; OLG Hamburg DAR 1940, 54.
744 BGH VersR 1981, 533.
745 Vgl OLG Celle DAR 1951, 13.
746 OLG Düsseldorf VersR 1984, 1153.
747 KG VRS 72, 250; s a Kinder.

dass der andere vor der Engstelle anhält.[748] Dagegen fährt bei etwa gleichzeitigem Erreichen der Engstelle der besonders sorgfältige Kraftfahrer auch dann, wenn in seiner Fahrtrichtung das Zeichen 308 der StVO („Vorrang vor dem Gegenverkehr") angebracht ist, erst in die Engstelle ein, wenn er sicher sein kann, dass der andere seinen Vorrang beachtet. Kommt dem Fahrer eines Lkw auf schmaler, mit Schneematsch bedeckter Straße ein anderer Lkw entgegen, so hat er sofort zu bremsen.[749] Nicht optimal verhält sich der Fahrer eines Lastzugs, der auf einer engen und unübersichtlichen Straße an einem haltenden Lkw so langsam vorbeifährt, dass ein entgegenkommender Pkw, dessen Führer die Situation erst auf 65 m erkennen kann, frontal auffährt; der Lkw-Fahrer hätte einen Warnposten aufstellen müssen.[750] Auch der Fahrer eines überbreiten Ackerschleppers darf nicht ohne deutliche Warnung des Gegenverkehrs auf eine unübersichtliche, enge Kurve zufahren.[751]

438 **Fahrtrichtungsanzeiger.** Bei der Wahl des Zeitpunkts zum Betätigen des Fahrtrichtungsanzeigers bemüht sich der äußerst sorgfältige Fahrer, naheliegende Missverständnisse anderer Verkehrsteilnehmer (zB bei kurz aufeinanderfolgenden Einmündungen) zu vermeiden. Auch bei Vorhandensein einer automatischen Rückstelleinrichtung vergewissert er sich, dass der Anzeiger unmittelbar nach Beendigung des Abbiegens zurückgenommen wird. Ein Kraftfahrer, der an einer Kreuzung, an der die von ihm benutzte Vorfahrtstraße nach links abknickt, geradeaus fahren will und deshalb seinen rechten Blinker einschaltet, kann sich nicht auf ein unabwendbares Ereignis berufen, wenn durch das Blinken ein anderer Kraftfahrer irritiert wird und es dadurch zu einem Unfall kommt.[752] Zum Vertrauen auf den gesetzten Fahrtrichtungsanzeiger s § 14 Rn 159.

439 **Fußgänger** (s a Kinder; Haltestelle). Die Reaktion auf verkehrswidriges Verhalten von Fußgängern kann für den Führer eines Kfz dann ein unabwendbares Ereignis sein, wenn er nach den konkreten Umständen damit nicht zu rechnen brauchte. Ein solches unvorhersehbares Verhalten liegt zB vor, wenn ein Fußgänger im Laufschritt nachts eine Straße überquert, obwohl von beiden Seiten Kfz herannahen;[753] wenn er trotz roter Fußgängerampel auf die Fahrbahn tritt;[754] wenn nachts Fußgänger nebeneinander auf der Fahrbahn gehen und durch eine Bewegung nach rechts zu erkennen geben, das Kfz solle sie links überholen, im letzten Augenblick aber wieder nach links springen;[755] wenn ein Fußgänger nachts vor einem herannahenden Motorrad die Straße überquert, plötzlich in der Mitte der Straße stehen bleibt und zurück in die Bahn des Motorrads läuft.[756] Außerhalb von geschlossenen Ortschaften braucht auch der vorsichtigste Fahrer nicht damit zu rechnen, dass eine alte Frau langsam die Straße überquert[757] oder ein

---

748 OLG Neustadt VRS 7, 174.
749 OLG Stuttgart VersR 1965, 1110 LS.
750 BGH VersR 1968, 847.
751 OLG Köln NZV 1989, 113.
752 OLG Frankfurt MDR 1977, 671.
753 BGH VersR 1959, 199; 1960, 183.
754 KG VM 1987, Nr 21.
755 OLG Düsseldorf DAR 1954, 108.
756 AG Essen MDR 1959, 660.
757 OLG Hamm VersR 1967, 1056.

rechts gehender Fußgänger trotz großen Sicherheitsabstands in seine Fahrspur gerät.[758] Ebenso liegt ein unabwendbares Ereignis vor, wenn eine Person, die neben einem Pkw auf dem Seitenstreifen der BAB steht, sich plötzlich vor ein herannahendes Fahrzeug wirft[759] oder wenn ein Arbeiter an der BAB-Baustelle während der zwangsläufig sehr dichten Vorbeifahrt eines Lkw stürzt.[760]

Dagegen muss, wer bei Dunkelheit oder regennasser Straße durch Wohngebiet fährt, damit rechnen, dass Fußgänger, die er wegen der schlechten Lichtverhältnisse und der Blendwirkung entgegenkommender Fahrzeuge nur schwer erkennen kann, die Fahrbahn überqueren; eine Geschwindigkeit von 45 km/h kann unter solchen Umständen zu hoch sein.[761] Der Fahrer muss die gesamte Fahrbahn, auch den für die Gegenrichtung vorgesehenen Teil, beobachten,[762] ebenso den Bereich unmittelbar neben der Fahrbahn. Zu weit geht jedoch die vom BGH[763] vertretene Ansicht, der Kraftfahrer dürfe „ganz allgemein" nicht darauf vertrauen, dass ein auf dem Bankett gehender Fußgänger dort bleiben und nicht auf die Fahrbahn treten werde: Dem ist nur zuzustimmen, wenn der Vertrauensgrundsatz durch besondere Umstände (wie sie dort wegen der Nähe eines Weinfestes vorgelegen haben mögen) aufgehoben ist.[764] Der „denkbar beste Fahrer" gibt bei der Annäherung an einen die Fahrbahn überquerenden Fußgänger nie ein unnötiges Warnsignal, das diesen verwirren kann.[765] Im Übrigen gibt er aber in jedem Fall ein Warnzeichen, in dem Anhaltspunkte dafür gegeben sind, ein Fußgänger wolle mit der Überquerung der Fahrbahn vor dem Kfz beginnen. Das gilt vor allem, wenn er nachts bemerkt, dass mehrere Fußgänger von links her die Fahrbahn zu überqueren beginnen. Er darf nicht davon ausgehen, sie würden in der Straßenmitte stehen bleiben.[766] Überquert ein von rechts kommender Fußgänger vor dem Kfz die Fahrbahn, so darf dessen Fahrer nicht nach links ausweichen; er muss vielmehr versuchen, hinter dem Fußgänger vorbeizukommen.[767] Am Neujahrsmorgen ist wegen des gehäuften Auftretens betrunkener oder übermüdeter Fußgänger besondere Vorsicht geboten,[768] ebenso in der Nähe von Volksfesten[769] sowie an Stellen, an denen sich erfahrungsgemäß Fußgänger auf der Fahrbahn befinden.[770] Gesteigerte Sorgfaltsanforderungen bestehen gegenüber Kindern, Hilfsbedürftigen und älteren Menschen (vgl § 3 Abs 2a StVO und Rn 382).

440

Gegenstände auf der Fahrbahn s Hindernisse auf der Fahrbahn.

441

Gegenverkehr (s a Engstelle). Der Kraftfahrer kann, solange keine Anhaltspunkte für das Gegenteil bestehen, darauf vertrauen, dass ein entgegenkommendes Fahrzeug seine

442

---

758 OLG Hamm NZV 1999, 374.
759 OLG Hamm VersR 1993, 1168 LS.
760 OLG Celle NZV 1996, 31.
761 BGH bei *Bode-Weber* DAR 1969, 116.
762 BGH NJW 1987, 2377.
763 NZV 1989, 265.
764 Ebenso *Kääb* NZV 1989, 266.
765 Vgl BGH VersR 1962, 360 und zur Lichthupe BGH VersR 1977, 434.
766 BGH VersR 1968, 848; OLG Karlsruhe NJW-RR 1987, 1249.
767 BGH VersR 1965, 1054; 1970, 818; 1980, 868.
768 BGH VersR 1968, 897.
769 Vgl BGH NZV 1989, 265 m Anm *Kääb*.
770 ZB Autobahntankstellen, OLG Frankfurt VersR 1982, 1204.

rechte Seite einhält und genügend nach rechts ausweicht.[771] Kommt ein Kfz auf der ihm gebührenden Straßenseite mit Fahrlicht in ruhiger Bewegung einem Fahrer entgegen, so braucht dieser nicht damit zu rechnen, dass das Kfz in die eigene Fahrbahn geraten wird.[772] Auch der denkbar beste Fahrer braucht nicht damit zu rechnen, dass die Bremsen eines entgegenkommenden Kfz versagen,[773] dass es, durch Verschulden Dritter abgedrängt, plötzlich seine Fahrlinie versperrt,[774] dass der Führer eines in unübersichtlicher Kurve entgegenkommenden Kfz sich grob verkehrswidrig verhält, insbesondere überholt[775] oder dass ein entgegenkommender Wagen ins Schleudern gerät.[776] Unabwendbar ist es, wenn der Fahrer infolge des plötzlich auf seine Fahrbahnseite geratenen Fahrzeugs bremst anstatt ungebremst auf die Gegenfahrbahn auszuweichen, wo mit Schleudergefahr zu rechnen ist,[777] oder wenn es ihm nicht gelingt, einen Frontalzusammenstoß zu vermeiden, weil das auf seiner Fahrbahnhälfte entgegenkommende Kfz ihm nur noch einen Abstand von 7 cm zum Fahrbahnrand belässt.[778]

443 Auf voll ausgebauter Autobahnstrecke braucht auch der gewissenhafteste Fahrer nicht mit Gegenverkehr zu rechnen.[779]

444 **Geschwindigkeit** (s a Hindernisse auf der Fahrbahn). Die Einhaltung einer den jeweiligen Verkehrs-, Wetter- und Sichtverhältnissen angepassten Geschwindigkeit ist fundamentale Pflicht jedes Fahrzeugführers (§ 3 Abs 1 StVO). Er kann sich deshalb nicht auf Unabwendbarkeit berufen, wenn er infolge nicht angepasster Geschwindigkeit auf verkehrswidriges Verhalten eines anderen nicht sicher reagieren konnte.[780] Der denkbar beste Kraftfahrer beachtet darüber hinaus und neben den ausdrücklich angeordneten Geschwindigkeitsbeschränkungen aber auch die lediglich empfohlene **Richtgeschwindigkeit** auf den Autobahnen von 130 km/h (VO v 21.11.1978, BGBl I 1824).[781] Unabwendbar ist ein Autobahnunfall deshalb nur dann, wenn der Halter beweist, dass keine Überschreitung dieser Geschwindigkeit zu ihm beigetragen hat, etwa weil der Unfall sich auch bei deren Einhaltung ereignet hätte.[782]

---

771 BGH VRS 11, 107.
772 BGH VRS 10, 172.
773 OLG Celle VersR 1961, 813 LS.
774 OLG Koblenz VersR 1984, 896 LS. Anders wenn nicht auszuschließen ist, dass die Gefahrenlage für ihn rechtzeitig erkennbar war: OLG Frankfurt VersR 1999, 770.
775 BGH VersR 1961, 809; 1974, 997; zum Erfordernis des Fahrens auf Sicht vgl BGH VersR 1983, 153 und OLG Karlsruhe VersR 1987, 695.
776 OLG Nürnberg VersR 1968, 78; OLG Celle VersR 1979, 264; SP 1999, 156.
777 OLG Frankfurt VersR 1987, 469.
778 OLG Zweibrücken NZV 1988, 22.
779 LG Darmstadt VersR 1966, 1144.
780 OLG Frankfurt VersR 1981, 238.
781 BGHZ 117, 337 = VersR 1992, 714 m Anm *Reiff* = DAR 1992, 257 m Anm *Ludovisy* 278 u *Gebhardt* 295 = LM § 7 StVG Nr 68 m Anm *Berz* = EWiR § 7 StVG 1/92, 597 m Anm *v Bar/Grothe*; OLG Schleswig NZV 1993, 152; *Reiff* VersR 1992, 291 f; *Greger* NZV 1990, 270; **aA** OLG Celle ZfS 1991, 150; wohl auch *Hentschel* § 3 StVO Rn 55 c. IErg (aber ohne Bezugnahme auf die RichtgeschwindigkeitsVO) ebenso OLG Köln NZV 1992, 34 u OLG Hamm NZV 1992, 33; anders OLG Hamm NZV 1990, 269.
782 BGHZ 117, 337 (s vorstehend); OLG Köln VersR 1992, 1366 m Anm *Reiff*; OLG Hamm NZV 2000, 42; LG Gießen DAR 1998, 197.

Glatteis. Das nur stellenweise **Auftreten von Glatteis** ist lediglich an Stellen, an denen hiermit im Allgemeinen nicht zu rechnen und auch kein Warnzeichen aufgestellt ist, ein unabwendbares Ereignis, nicht jedoch bei Temperaturen um den Gefrierpunkt oder darunter an Stellen, die erfahrungsgemäß zur Eisbildung neigen,[783] wie zB Brücken, Brückenrampen, Unterführungen, Waldstücken, überhöhten Kurven, bei denen an der Außenseite Schnee angehäuft ist (gefrierendes Tauwasser). Ist eine Brücke (vor allem bei Nacht oder Nebel oder im Stadtverkehr) für den Fahrer als solche nicht erkennbar, so kann das durch unvermutetes Glatteis auf der Brücke und ihren Rampen verursachte Schleudern ein unabwendbares Ereignis sein.[784] Aus dem eisfreien Zustand eines Teils der Straße darf allerdings nicht ohne weiteres darauf geschlossen werden, dass die folgenden Strecken den gleich guten Zustand aufweisen.[785]   **445**

Das **Fahren** auf geschlossener Glatteisdecke oder auf den erkennbar mit Glatteis überzogenen Stellen der Straße erfordert insofern besondere Sorgfalt, als jedes plötzliche Gasgeben oder scharfe Bremsen ebenso zum Schleudern führen kann wie ruckweises oder zu starkes Betätigen der Lenkung. Der „denkbar beste Fahrer" erkennt, wenn sich die nicht angetriebenen Räder oder sämtliche Räder infolge zu starker Betätigung der Bremse nicht mehr drehen, und lockert sofort die Bremse.[786] Das Rutschen des Kfz kann er vermeiden.[787] Ein Verstoß gegen die besonderen Fahrregeln bei Glatteis (dasselbe gilt für glattgefahrenen Schnee) schließt die Annahme eines unabwendbaren Ereignisses stets aus, wenn die Möglichkeit nicht auszuschließen ist, dass der Unfall hierauf beruht.[788]   **446**

Die einzuhaltende **Geschwindigkeit** richtet sich nach den jeweiligen Gegebenheiten. Wenn keine besondere Gefahrenquelle erkennbar ist, muss nicht so langsam gefahren werden, dass im Fall einer unvermutet entstehenden Gefahrenlage ein Anhalten „auf kürzeste Entfernung" möglich ist, also zB nicht langsamer als 20 km/h in geschlossenen Ortschaften und 40 km/h auf freier Strecke. Bei besonderen Gefahrenlagen (zB Gefälle, Annäherung an Engstelle, scharfe Kurve, Spiegeleis) ist aber langsamer zu fahren.[789] Unfälle, die sich trotz dieser mäßigen Geschwindigkeiten und trotz sachgemäßer Betätigung der Bremsen ereignen, sind unabwendbar. Wird ein Kraftfahrer durch das unvorhersehbare, verkehrswidrige Verhalten eines anderen Verkehrsteilnehmers auf das Glatteis am Straßenrand gedrängt oder auf glatter Straße zu plötzlichem Bremsen gezwungen, so ist das hierdurch verursachte Schleudern des Kfz unabwendbar.[790] Mit dem Sturz eines entgegenkommenden Kraftradfahrers muss der denkbar beste Fahrer auch bei glatter Straße nicht rechnen.[791]   **447**

Grundstücksausfahrt. Bei fehlender Sicht auf die Straße hat sich der Ausfahrende einweisen zu lassen, zB bei Rückwärtsausfahren.[792] Beansprucht ein Lkw beim Einbie-   **448**

---

783 BGH VersR 1979, 1055.
784 OLG Hamburg VersR 1956, 352; zu weitgehend LG Bonn MDR 1957, 163.
785 BGH VersR 1979, 1055.
786 OLG Oldenburg DAR 1956, 75.
787 OLG Dresden RdK 1940, 103.
788 OLG Kiel HRR 1931, Nr 1450; OLG Naumburg RdK 1939, 9; OLG Dresden RdK 1940, 103; 1940, 104; OLG Bremen VersR 1956, 198; LG Bonn MDR 1957, 163.
789 OLG Hamm OLGR 1997, 118 (15 km/h).
790 BGH VersR 1960, 403.
791 BGH VersR 1959, 455.
792 KG VM 1987, Nr 53.

gen in die Fahrbahn deren gesamte Breite, so müssen bei Unübersichtlichkeit Warnposten aufgestellt werden.[793] Dies generell bei Sichtbehinderung an der Ausfahrt zu fordern[794] erscheint als zu weitgehend; auch hier muss ein vorsichtiges Hineintasten zugelassen werden.[795] Bei der Annäherung an eine Ausfahrt darf sich der Kraftfahrer darauf verlassen, dass niemand herausfahren wird, ohne nach § 10 StVO den fließenden Verkehr zu beachten.[796]

449 **Grundstückseinfahrt.** Wenn der Kraftfahrer wegen zu geringer Breite der Fahrbahn nicht in einem Bogen in das Grundstück einfahren kann, sondern unter völligem Blockieren der Fahrbahn nochmals zurückstoßen muss, muss er, wenn er nur so eine Gefährdung des fließenden Verkehrs ausschließen kann, eine Hilfsperson zuziehen, die ihn einweist und die Straße absichert; auf einen völlig unaufmerksamen Verkehrsteilnehmer, der das Verkehrsgeschehen überhaupt nicht verfolgt und trotz des rechtzeitig und deutlich sichtbaren Hindernisses nicht anhält, braucht sich der Abbieger jedoch nicht einzustellen.[797]

450 **Haltestelle.** Der Fahrer eines Omnibusses, der an einer Haltestelle gehalten hat, darf nur mit größter Rücksicht auf den fließenden Verkehr wieder anfahren;[798] die Pflicht der anderen Verkehrsteilnehmer, ihm das Abfahren von der Haltestelle zu ermöglichen (§ 20 Abs 5 StVO, Abs 2 aF), ändert hieran nichts. Beim Vorbeifahren an einem haltenden Linien- oder Schulbus sind die besonderen Anforderungen des § 20 Abs 4 StVO zu beachten.[799]

451 Zum Schutz der Aussteigenden muss der Fahrer eines Linienbusses nahe an die Bordsteinkante heranfahren, insbesondere bei Glatteis.[800] Zumindest muss er warnen.[801]

452 Der Fahrer eines Schulbusses muss bei der Annäherung an die Haltestelle damit rechnen, dass die wartenden Schüler an den Bus herandrängen. Er muss den Bus daher mit weniger als Schrittgeschwindigkeit ausrollen lassen, und die Schüler, auch mit Hilfe des Außenspiegels, im Auge behalten, um ggf sofort anhalten zu können. Mehr – etwa Anhalten schon vor der Haltestelle – ist von ihm aber nicht zu verlangen.[802]

453 **Hindernisse auf der Fahrbahn.** Mit Hindernissen auf der Fahrbahn (abgesprungene Radkappen oder Zwillingsräder, heruntergefallene Ski, Koffer, Ladung) rechnet der „denkbar beste Kraftfahrer" auch in der Nacht.[803] Er rechnet auch mit unbeleuchtet liegengebliebenen Kfz[804] und fährt daher immer „auf Sicht", dh nur so schnell, dass er noch anhalten oder ausweichen kann, wenn er bei den gegebenen Sichtverhältnissen (eigenes Abblendlicht, Mondlicht, Licht entgegenkommender oder in gleicher Richtung

---

793 BGH VersR 1968, 1162.
794 So LG Düsseldorf VersR 1981, 290.
795 Vgl BayObLG VRS 61, 386; NZV 1990, 81.
796 BGH VersR 1970, 159; OLG Karlsruhe VersR 1983, 567 LS.
797 BGH VersR 1979, 532.
798 BGH VRS 11, 246.
799 Vgl BGH VersR 1968, 702; 1969, 860 (vor Inkrafttreten des § 20 Abs 4 StVO).
800 BGH VersR 1969, 518.
801 OLG Karlsruhe VersR 1981, 266.
802 BGH VersR 1982, 270.
803 OLG Frankfurt NZV 1991, 270.
804 BGH VersR 1965, 88; 1987, 1241 (Panzer mit Tarnanstrich!); NZV 1988, 57.

fahrender Fahrzeuge, Kurve, Kuppe) das Hindernis erkennen kann.[805] Auch auf der Autobahn ist stets „auf Sicht" zu fahren.[806] Auf ein durch den Vordermann verdecktes und erst durch dessen plötzliches Ausweichen sichtbar werdendes Hindernis braucht man sich nur dann einzustellen, wenn aufgrund der Fahrweise des Vordermanns (zB unangepasste Geschwindigkeit) eine solche Reaktion nicht außerhalb des Erwartbaren liegt. Im Schnellverkehr, insbesondere auf Autobahnen, kann es unvermeidbar sein, über einen auf der Fahrbahn liegenden Gegenstand hinwegzufahren, weil ein Brems- oder Ausweichversuch noch größere Gefahren hervorrufen kann; wird durch das Hochschleudern dieses Gegenstands ein anderer Verkehrsteilnehmer geschädigt, handelt es sich um ein unabwendbares Ereignis.[807] Einer Unfallstelle darf man sich nur mit verringerter Geschwindigkeit nähern.[808] Bei eingeschaltetem Warnblinklicht muss man auch mit Gefahren rechnen, die nicht von dem blinkenden Fahrzeug ausgehen, und die Geschwindigkeit so herabsetzen, dass man auch vor einem plötzlich auftauchenden Hindernis (zB Unfallfahrzeug) anhalten kann.[809]

Hochschleudern von Gegenständen s Hindernisse auf der Fahrbahn, Steine. **454**

Kinder. Befinden sich Kinder auf dem Gehsteig oder am Straßenrand, so rechnet der sorgfältige Kraftfahrer damit, dass sie unbedacht in die Fahrbahn laufen, und stellt seine Fahrweise darauf ein. Das gilt unabhängig von einer starren Altersgrenze stets dann, wenn nach den erkennbaren Umständen (Körpergröße, Verhalten) mit einer unbedachten Handlungsweise gerechnet werden muss.[810] Solange bei einem ca 10-jährigen keine Anzeichen für ein Betreten der Fahrbahn bestehen, genügt Bremsbereitschaft.[811] Kann der Fahrer nicht sicher sein, dass ein für ihn **sichtbares** Kind sein Fahrzeug wahrgenommen hat, gibt er ein Warnzeichen oder fährt mit einer Geschwindigkeit oder einer Distanz an dem Kind vorbei, die eine Gefährdung ausschließt.[812] Setzt ein Kind vor dem herannahenden Kfz zum Überqueren der Fahrbahn an, so kann es je nach den Umständen geboten sein, ein Warnzeichen zu unterlassen und stattdessen abzubremsen.[813] Dass ein auf der Fahrbahn befindliches Kleinkind stehen bleiben und ihn durchfahren lassen würde, darf der ideale Kraftfahrer nicht erwarten,[814] auch dann nicht, wenn sich das Kleinkind unter unmittelbarer Aufsicht eines Erwachsenen befindet.[815] Fährt ein Kind in einer von rechts einmündenden steilen Seitenstraße schnell mit dem Roller herab, so muss der Kraftfahrer davon ausgehen, es werde nicht rechtzeitig anhalten.[816] **455**

---

805 BGH DAR 1960, 16; VersR 1974, 997.
806 Vgl hierzu BGH NJW 1984, 2412.
807 LG Hof NZV 2002, 133 (Kantholz auf der BAB); AG Frankfurt/M NJWE-VHR 1997, 132 (Holzbrett).
808 BGH bei *Bode* DAR 1975, 95.
809 OLG Köln VRS 68, 354; einschr bei fließendem Autobahnverkehr und blinkendem Fahrzeug auf der Standspur BayObLG NJW-RR 1986, 773 und LG Bielefeld NZV 1991, 235.
810 OLG Schleswig VersR 1987, 825; **aA** OLG München VersR 1984, 395: bis zur Vollendung des 14. Lebensjahres.
811 OLG Celle NZV 2005, 261.
812 BGH VersR 1953, 85; 1960, 1114; 1968, 475; OLG Hamm VM 1986, Nr 26.
813 Vgl BGH VersR 1962, 360.
814 OLG Frankfurt VersR 1985, 71 LS.
815 OLG Karlsruhe VersR 1982, 450.
816 BGH VersR 1969, 79.

456 **Radfahrenden** Kindern gegenüber ist der Vertrauensgrundsatz ebenfalls eingeschränkt. So muss zB mit einer Gefährdung gerechnet werden, wenn Kinder auf der linken Fahrbahnseite[817] oder auf schmalem Gehweg mit Rädern entgegenkommen[818] oder nebeneinanderfahren;[819] ebenso bei knapp schulpflichtigen Kindern, die mit Kinderfahrrädern auf einer Kreisstraße entgegenkommen, wenn auf der gegenüberliegenden Straßenseite Grundstückseinfahrten zu sehen sind.[820] Fährt ein Kind mit dem Fahrrad auf einem nur 80 cm breiten Gehweg, noch dazu mit einem Eis in einer Hand, so muss ein nachfolgender Busfahrer von einem Vorbeifahren absehen, wenn er wegen geringer Breite der Straße keinen vergrößerten Sicherheitsabstand einhalten kann.[821]

457 Der Kraftfahrer muss auch den an die Straße **angrenzenden Bereich** daraufhin beobachten, ob ein Kind auf die Straße laufen oder fahren könnte.[822] Das Nichtwahrnehmen wahrnehmbarer Kinder schließt ein unabwendbares Ereignis aus.[823]

458 War ein Kind zu dem Zeitpunkt, zu dem ein rechtzeitiges Anhalten unter Berücksichtigung der Schreckzeit (Rn 377) noch möglich war, für den Fahrer **nicht sichtbar**, so liegt ein unabwendbares Ereignis vor, wenn das Kind plötzlich vor sein Fahrzeug läuft.[824] Auch unter der Geltung des § 3 Abs 2a StVO braucht sich der Kraftfahrer nicht darauf einzustellen, dass jederzeit, zB zwischen geparkten Autos, ein Kind auftauchen kann,[825] es sei denn, er hätte bei gehöriger Beobachtung schon vor der Sichtbehinderung durch das geparkte Fahrzeug erkennen können, dass das Kind sich auf die Fahrbahn zu bewegt.[826] Er braucht auch nicht damit zu rechnen, dass aus einer privaten Grundstücksausfahrt hinter einem radfahrenden Kind ein weiteres, für ihn nicht erkennbares herausfahren würde.[827]

459 Wenn jedoch konkrete Anhaltspunkte für das mögliche Auftauchen eines Kindes bestehen, kann der sich hierauf nicht einstellende Kraftfahrer den Unabwendbarkeitsbeweis nicht führen, zB wenn eine junge Frau so an einem haltenden Wagen hantiert, als helfe sie einem Kind heraus,[828] wenn sich auf einer bekanntermaßen zum Spielen benutzten Straße andere Kinder auf der gegenüberliegenden Seite befinden,[829] wenn gerade Kindergarten- oder Schulschluss ist[830] oder wenn ein Schulbus soeben anfährt.[831] Dasselbe gilt, wenn zwischen den parkenden Fahrzeugen zwar nicht das Kind, aber das Vorderrad eines Kleinkinderfahrrades sichtbar war; der Kraftfahrer darf nicht darauf

---

817 OLG München NZV 1988, 66.
818 BGH VersR 1985, 1088; OLG Stuttgart VRS 74, 401; OLG Hamm NZV 1991, 152.
819 BGH VersR 1967, 659.
820 OLG Oldenburg VersR 1980, 340.
821 BGH NJW 1987, 2375.
822 BGH VersR 1965, 501; 1970, 820.
823 BGH VersR 1961, 837; 1982, 441; OLG Köln NZV 1992, 233.
824 BGH VersR 1985, 639; KG VRS 61, 241; NZV 1988, 104; OLG Karlsruhe DAR 1984, 19; OLG Köln VersR 1980, 338; OLG Hamm VersR 1993, 711.
825 *Scheffen* VersR 1987, 122.
826 OLG Hamm NZV 1991, 194.
827 BGH VersR 1985, 864; **aA** *Scheffen* DAR 1991, 122 u MDR 1992, 225.
828 BGH VersR 1985, 639.
829 BGH VersR 1967, 607.
830 OLG Karlsruhe NZV 1989, 188.
831 OLG Oldenburg NZV 1988, 104.

vertrauen, dass das Rad von einem Erwachsenen geschoben wird.[832] Das Warnzeichen „Kinder" kann je nach den örtlichen und zeitlichen Gegebenheiten Anlass geben, mit dem Auftauchen vorher nicht zu sehender Kinder zu rechnen,[833] nicht aber bei Dunkelheit außerhalb üblicher Schul- und Spielzeit.[834] Der (ohnehin schwer erkennbare) Umstand, dass es sich um eine kinderreiche Gegend handelt, reicht nicht aus, konkrete Anhaltspunkte für das plötzliche Auftauchen von Kindern zu begründen,[835] ebenso wenig das Befahren eines Wohngebiets mit am Straßenrand geparkten Autos.[836] Ist von zwei Kindern am Straßenrand nur eines sichtbar und läuft dann das andere vor das herannahende Kfz, so ist der Unfall entgegen OLG Düsseldorf VRS 72, 31 unabwendbar, weil sich nicht die die gesteigerte Sorgfaltspflicht auslösende Gefahr verwirklicht hat (vgl Rn 370). Anders liegt es jedoch, wenn das Verhalten des sichtbaren Kindes auf das mögliche Auftauchen eines weiteren hindeutete.[837]

Ladung (s a Überladen). Die Ladung muss so verstaut und befestigt sein, dass sie auch bei ungünstigsten Verhältnissen (Sturm, unebenes Gelände, scharfes Bremsen) weder ihre Lage gefahrbringend verändern noch herabstürzen kann.[838] **460**

Lichtzeichen (s a Fußgänger, Linksabbiegen, Radfahrer). Einer ampelgeregelten Kreuzung darf sich auch der denkbar beste Fahrer mit der vollen zugelassenen Geschwindigkeit nähern, wenn die Kreuzung frei ist und die Ampel für ihn Grün zeigt. Kann er beim Umschalten auf Gelb nicht mehr vor der Kreuzung anhalten, so verhält er sich nicht sorgfaltswidrig, wenn er noch über die Kreuzung fährt;[839] dies kann zur Vermeidung eines gefährlichen scharfen Abbremsens sogar geboten sein (s a Anhalten). Der Zusammenstoß mit einem aus der Querstraße schon bei Gelb in die Kreuzung einfahrenden Fahrzeug ist für ihn unabwendbares Ereignis, es sei denn ein besonders umsichtiger und geistesgegenwärtiger Fahrer hätte infolge besonderer Umstände die Verkehrswidrigkeit des anderen noch so rechtzeitig bemerken können, dass ein Anhalten vor dem Anprall geglückt wäre.[840] Der Zusammenstoß mit einem bei Rot einfahrenden Sonderrechtsfahrzeug kann unabwendbar sein, wenn dieses nur das Blaulicht, nicht auch das Martinshorn eingeschaltet hatte.[841] **461**

Nach dem Umschalten der Ampel auf Grün fährt der sorgfältige Fahrer erst in die Kreuzung ein, wenn er sich vergewissert hat, dass sie von Nachzüglern des Querverkehrs (zB aufgehaltenen Abbiegern, langsamen Fußgängern) frei ist.[842] **462**

Ist für den Fahrer erkennbar, dass es wegen Ausfalls einer Lichtzeichenanlage zu gefährlichen Situationen auf einer Kreuzung kommt, so ist er nicht entlastet, wenn er **463**

---

832 BGH VersR 1981, 1054.
833 BGH VRS 33, 350; 42, 362; OLG Koblenz VRS 48, 465; 62, 335; KG VRS 56, 131; OLG Köln VersR 1989, 206.
834 OLG Frankfurt VersR 1982, 152.
835 Strenger OLG Hamm NZV 2001, 302; AG Köln VRS 63, 9.
836 **AA** OLG Hamm NZV 1990, 474.
837 OLG Hamm NJWE-VHR 1997, 108 (Spielsituation).
838 RG RdK 1940, 166; OLG Düsseldorf MDR 1984, 945.
839 OLG Köln VersR 1965, 906.
840 BGH VersR 1966, 829.
841 KG VersR 1987, 823.
842 KG VersR 1970, 164.

sich nicht auf das plötzliche Abbremsen seines Vordermanns einstellt. Zeigt eine Ampel wegen eines Defekts Dauerrot, so darf auch der denkbar beste Fahrer nach gehöriger Wartezeit das Signal missachten; er hat sich beim Einfahren in die Kreuzung aber so umsichtig zu verhalten, dass eine Gefährdung des Querverkehrs ausgeschlossen ist.

464 **Liegenbleiben des Fahrzeugs.** Fällt die Antriebskraft aus oder wird das Kfz aus anderen Gründen bewegungsunfähig, so benützt der denkbar beste Fahrer die letzte Bewegungsenergie, um es nach Möglichkeit außerhalb der Fahrbahn oder jedenfalls außerhalb besonderer Gefahrenzonen (zB in Kurve, hinter Kuppe, auf Überholspur), abzustellen. Gelingt dies nicht mehr, so ist das Fahrzeug im Rahmen des Möglichen nachträglich, zB durch Schieben, in die nach den Umständen am wenigsten gefahrenträchtige Position zu verbringen. Bei einem Reifenschaden auf der Autobahn darf der Kraftfahrer nicht sofort anhalten, wenn sich an der betreffenden Stelle kein ausreichend breiter Randstreifen, in ca 130 m Entfernung aber eine Ausbuchtung befindet; er muss sein Fahrzeug vielmehr dorthin ausrollen lassen, auch wenn dabei Reifen und Felge Schaden nehmen.[843] Kann der Kraftfahrer nicht umhin, auf einer Autobahn ohne Randstreifen anzuhalten, so muss er sein Kfz nach Möglichkeit von der Fahrbahn herunter bis unmittelbar an die Leitplanke heranfahren und darf dort nicht, um seinen Mitfahrern das Aussteigen nach rechts zu ermöglichen, einen Abstand lassen, wenn das Kfz dann noch in die Fahrbahn ragt.[844]

465 Kann das Pannenfahrzeug nicht vollständig von der Fahrbahn gebracht werden, so ist es unverzüglich durch **Warnmittel** abzusichern; sind solche nicht verfügbar und ist die Stelle unübersichtlich, auch durch Warnposten.

466 **Linksabbiegen.** Vor dem Linksabbiegen hat der Kraftfahrer auch darauf Bedacht zu nehmen, dass er nicht durch Radfahrer oder Fußgänger oder einen Stau in der Seitenstraße gehindert wird, die Fahrspur des Gegenverkehrs rechtzeitig vor einem herannahenden Fahrzeug freizumachen. Halten an einer durch Lichtzeichen geregelten Kreuzung Fahrzeuge des Gegenverkehrs an, so biegt der äußerst sorgfältige Fahrer gleichwohl noch nicht nach links ab, wenn sich ein Fahrzeug des Gegenverkehrs nähert, welches offensichtlich keine Anstalten zum Anhalten macht.[845] Er rechnet auch mit der Möglichkeit, dass für einzelne Fahrspuren oder Fahrzeugarten (zB Radfahrer, Bus, Straßenbahn) gesonderte Signale vorhanden sind. Wenn dem Linksabbieger durch einen Grünpfeil die Sperrung des Gegenverkehrs angezeigt wird, darf er grundsätzlich darauf vertrauen, dass er gefahrlos abbiegen kann.[846] Die vom KG in einer anderen Entscheidung[847] vertretene Auffassung, der ordentliche Kraftfahrer überquere auch in einem solchen Fall die Gegenfahrbahn erst, wenn der Gegenverkehr auf allen Fahrstreifen zum Stehen gekommen sei, erscheint für den Regelfall als zu weitgehend; etwas anderes gilt aber dann, wenn der Linksabbieger erkennen musste, dass ein entgegenkommendes Fahrzeug noch in die Kreuzung einfahren würde.

---

843 BGH VersR 1979, 323.
844 BGH aaO.
845 Vgl BayObLG VRS 48, 227, 229; OLG Hamm VersR 1972, 1016.
846 BGH NZV 1992, 108; KG VersR 1975, 427.
847 Bei *Darkow* DAR 1972, 146.

Auch ein besonders sorgfältiger Fahrer darf davon ausgehen, dass ein entgegenkommender Wagen, der links blinkt und sich nach links einordnet, auf der Kreuzung anhält, bis diese freigeworden ist.[848] **467**

Lücke in Kolonne s Vorbeifahren an stehender Kolonne. **468**

Nebel. Ist für den Kraftfahrer erkennbar, dass er in eine Nebelbank einfahren muss, so reduziert er seine Geschwindigkeit so rechtzeitig, dass er bereits bei Erreichen des Nebels auf Sicht fährt. Nicht zu billigen ist die Ansicht des OLG Düsseldorf,[849] der denkbar beste Fahrer fahre bei Nebel auf den Straßenbahngleisen, um sich besser orientieren zu können. Besonders gefährliche Fahrmanöver nimmt der äußerst sorgfältige Fahrer bei Nebel, wenn überhaupt, so nur unter größten Sicherheitsvorkehrungen vor. Will er zB mit einem Lastzug bei starkem Nebel und Glatteis aus einem Nebenweg in eine Hauptstraße einbiegen, so stellt er Warnleuchten an der Hauptstraße auf.[850] **469**

Ölspur. Allein das Vorhandensein einer Ölspur macht das Abkommen auf die Gegenfahrbahn nicht zu einem unabwendbaren Ereignis; der Halter muss vielmehr alle in Betracht kommenden Fahrfehler (grundloses Bremsen, überhöhte Geschwindigkeit, Übersehen der Ölspur) ausschließen.[851] **470**

Omnibus (s a Haltestelle). Der denkbar beste Fahrer nimmt bei seiner Fahrweise besondere Rücksicht auch auf die Fahrgäste und vermeidet daher ruckhaftes Anfahren und Bremsen. Ein leichter Ruck beim Anfahren von einer Haltestelle wird allerdings unvermeidbar sein,[852] insbesondere wenn sich der Fahrer in eine Lücke des fließenden Verkehrs einfädeln muss. Unabwendbar für den Fahrer ist es auch, wenn ein Fahrgast infolge einer automatischen Bremsung stürzt, die ein anderer durch missbräuchliche Betätigung des Nottüröffners ausgelöst hat[853] (s aber Rn 420), oder wenn er über das selbsttätige Schließen der Tür erschrickt und stürzt.[854] Fällt durch einen vermeidbaren Ruck ein Koffer aus dem Gepäcknetz, so ist die hierdurch verursachte Verletzung eines Fahrgastes nicht unabwendbar.[855] Bringt ein Fahrer die Fahrgäste durch verkehrswidriges Verhalten in Gefahr, so muss er damit rechnen, dass sie in der Angst unbedacht und unzweckmäßig handeln.[856] **471**

Parkplatz. Auf der Fahrspur zwischen den Parkboxen eines Parkplatzes sind ständige Bremsbereitschaft und Schrittgeschwindigkeit einzuhalten, weil immer mit rangierenden Fahrzeugen zu rechnen ist.[857] Im Parkhaus ist so zu fahren, dass jederzeit auf kürzeste Distanz angehalten werden kann.[858] **472**

Pferdefuhrwerk. Nehmen Pferdefuhrwerke am Straßenverkehr teil, so braucht auch der „denkbar beste Führer eines Kfz" nicht damit zu rechnen, dass die Pferde scheuen, **473**

---

848 BGH VersR 1969, 75.
849 VRS 1, 71 m abl Anm *Carl.*
850 OLG Oldenburg DAR 1961, 310.
851 OLG Köln NZV 1994, 230.
852 LG Bielefeld MDR 1957, 292 LS.
853 LG Regensburg VRS 71, 169.
854 OLG Nürnberg NZV 1989, 354.
855 Vgl OLG Oldenburg DAR 1954, 206.
856 RG VAE 1939, 221 LS.
857 OLG Oldenburg VersR 1983, 1043.
858 KG VRS 64, 103.

es sei denn, dass hierfür durch besondere Umstände Anlass besteht (Hupen des Kfz, Lautsprecher, sehr große Annäherung an die Pferde). Werden die Pferde allein dadurch scheu, dass der Führer 25 m von ihnen entfernt den Anlasser des Kfz betätigt, so liegt ein unabwendbares Ereignis vor.[859]

474 **Polizeibeamter** (s a Sonderrechtsfahrzeuge). Weisungen oder Zeichen eines Polizeibeamten befreien den „denkbar besten Fahrer" nicht von der Rücksichtnahme auf andere Verkehrsteilnehmer. Wird die Fahrtrichtung durch Handzeichen freigegeben und ereignet sich ein Unfall, weil sich ein anderer Verkehrsteilnehmer noch in der Kreuzung befindet oder verkehrswidrig in diese einfährt, so liegt kein unabwendbares Ereignis vor, wenn das verkehrswidrige Verhalten rechtzeitig zu erkennen war.[860]

475 **Radfahrer** (s a Kinder, Rechtsabbiegen, Seitenabstand). Unabwendbar ist für einen Kraftfahrer der Zusammenstoß mit einem Radfahrer, der ohne ein Zeichen zu geben zwei Sekunden vor dem in gleicher Richtung fahrenden Kfz den Radweg nach links verlässt, um die Straße zu überqueren,[861] oder der an einer Fußgängerampel trotz Rotlichts die Fahrbahn quert.[862] Der denkbar beste Kraftfahrer versucht, wenn er bei ausreichender Straßenbreite trotz Gegenverkehr einen Radfahrer überholt und dieser kurz vor Beginn des Überholvorgangs nach links fährt, rechts am Radfahrer vorbeizukommen, oder er gibt, wenn er nach links lenkt, gleichzeitig Hupzeichen.[863] Beim Heranfahren an eine Vorfahrtstraße mit Radweg muss der Wartepflichtige damit rechnen, dass Radfahrer den Radweg auch in verbotener Richtung (zB entgegen der Einbahnstraße) benützen.[864]

476 **Rechtsabbiegen.** Beim Abbiegen nach rechts gerät der „denkbar beste Fahrer" nur dann über die Mitte der Straße, in die er einbiegt, hinaus, wenn sich dies wegen der geringen Breite dieser Straße und der Ausmaße seines Kfz nicht vermeiden lässt.[865] Bei großen Kfz (vor allem Lastzügen und Omnibussen) lässt es sich beim Einbiegen in enge Straßen häufig nicht vermeiden, dass der Führer des Kfz vor dem Einschlagen der Lenkung zunächst nach links ausholt und sich bis zur Straßenmitte oder über diese hinaus begibt. Durch dieses Verhalten kann bei nachfolgenden Fahrern leicht der Eindruck entstehen, das große Fahrzeug wolle nach links abbiegen. Dessen Fahrer ist daher gehalten, sich vor dem Einschlagen der Lenkung nach rechts zu vergewissern, dass kein nachfolgendes Kfz rechts zum Vorfahren angesetzt hat. Will ein Lkw-Fahrer nach dem Aufenthalt an einer Ampel nach rechts abbiegen, so muss er damit rechnen, dass in dem für ihn nicht einsehbaren Raum rechts von seinem Fahrzeug ein Radfahrer Aufstellung genommen haben könnte, der nach Freigabe des Verkehrs geradeaus weiterfährt.[866] Dies gilt ganz besonders, wenn rechts ein Radweg angelegt ist, aber auch sonst bei ausreichendem Raum für ein – in § 5 Abs 8 StVO ausdrücklich zugelassenes – Rechtsvorbeifahren von Radfahrern. Um sich die nötige Gewissheit zu verschaffen, dass kein

---

859 OLG Braunschweig OLGZ 43, 94.
860 OLG Köln JW 1931, 893.
861 BGH VersR 1966, 692; OLG Oldenburg DAR 1957, 99.
862 KG VM 1987, Nr 21.
863 BGH VersR 1966, 62.
864 BGH VersR 1982, 94; **aA** österr OGH ZVR 1992, 327; hierzu *Greger* NZV 1993, 382.
865 KG VAE 1938, 241.
866 OLG Hamm VRS 73, 280; BayObLG DAR 1988, 99.

Radfahrer in den „toten Winkel" eingefahren ist, muss der Lkw-Fahrer während des Aufenthalts an der Ampel ständig den rechten Außenspiegel im Blick behalten.

Rechtsfahrgebot (s a Gegenverkehr). Auch auf einer breiten Fernstraße ist möglichst weit rechts, dh idR mit maximal 1 m Abstand vom rechten Fahrbahnrand zu fahren. Verstößt ein Kraftfahrer hiergegen, so ist er auch dann nicht entlastet, wenn er einen Abstand von 1 m zur Mittellinie eingehalten hat, aber mit einem entgegenkommenden Überholer zusammenstößt.[867] Der Fahrer eines größeren Kfz (zB Omnibus) darf einen Sicherheitsabstand zum rechten Fahrbahnrand einhalten.[868] Zum Schutzzweck des Rechtsfahrgebots bei Vorfahrtsverletzungen s Rn 371. **477**

Regen. Fahren auf regennasser Fahrbahn erfordert bei entsprechend gefährlichem Untergrund (insbesondere Blaubasalt, Kleinpflaster[869]) ähnliche Sorgfalt wie Glatteis (s dort). Auf die Gefahr von Aquaplaning stellt sich der sorgfältige Kraftfahrer bei der Wahl seiner Geschwindigkeit ein. **478**

Reifenschaden (zur Abgrenzung vom technischen Fehler bzw Versagen vgl Rn 401). Auch der denkbar beste Fahrer braucht grundsätzlich nicht damit zu rechnen, dass ein Nagel oder Steinsplitter einen Reifen beschädigen wird.[870] **479**

Schnee. Für Schneeglätte gilt das unter Glatteis Gesagte entsprechend. Bei Schneematsch fährt der denkbar beste Fahrer besonders sorgfältig. Er beachtet vor allem, dass ein Kfz, das in einer ausgefahrenen Spurrille fährt, nur schwer aus dieser herausgelenkt werden kann, ferner dass in überhöhten Kurven das Kfz dazu neigt, in Richtung zum Kurvenmittelpunkt zu rutschen.[871] Kommt dem Fahrer eines Lkw auf schmaler, mit Schneematsch bedeckter Straße ein anderer Lkw entgegen, so hat er sofort zu bremsen.[872] **480**

Die Verwendung von Schneeketten wird auch beim denkbar besten Fahrer nur in extremen Situationen, insbesondere bei Bergstrecken, vorausgesetzt. Kommt der Anhänger eines Lkw auf einer Gefällstrecke ins Rutschen und stellt sich der Lastzug quer, so liegt ein unabwendbares Ereignis nur vor, wenn auch das Anlegen von Schneeketten das Verhalten des Anhängers nicht hätte beeinflussen können.[873] **481**

Schulbus s Haltestelle. **482**

Seitenabstand. Soweit die Verkehrslage es erlaubt, hält der denkbar beste Fahrer einen seitlichen Sicherheitsabstand von dem neben ihm in gleicher Richtung fahrenden Kfz. Mehr als 1 m Abstand zu halten, ist nur bei besonders schlechter Straße, Glatteis und Sturm erforderlich, außerdem auch beim Vorbeifahren an Radfahrern. Solange ein genügender Sicherheitsabstand nicht gewahrt oder beibehalten werden kann, nimmt der „denkbar beste Fahrer" vom Überholen Abstand. Dies gilt vor allem, wenn sich ein Radfahrer oder Motorradfahrer zwischen zwei Kfz oder zwischen ein Kfz und den Straßenrand gezwängt hat. Der „denkbar beste Fahrer" nimmt auf solch verkehrswidriges Verhalten **483**

---

867 BGH VersR 1979, 528.
868 BGH VRS 20, 257; VersR 1966, 1076.
869 Vgl OLG Hamm VRS 3, 106.
870 OLG Celle RdK 1950, 44 m Anm *Brüggemann.*
871 BGH VersR 1958, 646.
872 OLG Stuttgart VersR 1965, 1110 LS.
873 OLG München VersR 1961, 119.

anderer Rücksicht und bemüht sich, von sich aus den nötigen Sicherheitsabstand wiederherzustellen. Dieser beträgt für den „denkbar besten Fahrer", der einen Radfahrer überholt, 1,50 bis 2 m; ein Abstand zwischen Bordsteinkante und Kfz von 1,30 m ist zu gering bemessen.[874] Handelt es sich bei den Radfahrern um Kinder oder um unsicher fahrende alte Leute, so vergrößert der Kraftfahrer den Sicherheitsabstand oder unterlässt das Überholen, wenn ein der Gefahr entsprechender Abstand nicht eingehalten werden kann. Dies gilt vor allem dann, wenn der kindliche oder unsichere Radfahrer (zB ein mit schwerer Last beladenes Rad) während des Überholvorgangs auf einen Teil der Fahrbahn oder des Banketts ausweicht, der wegen seiner Beschaffenheit (grobe Steine, Schlaglöcher) die Unsicherheit des Radfahrers verstärken muss. In solchen Fällen kann uU sogar ein Sicherheitsabstand von 2 m noch zu gering sein, jedenfalls dann, wenn ohne weiteres eine günstigere Stelle zur Überholung des Radfahrers hätte abgewartet werden können.[875] Während eines Sturmes berücksichtigt der denkbar beste Fahrer, dass ein überholter Radfahrer oder Motorradfahrer während des Überholvorgangs in den Windschatten und damit aus seiner bisherigen Fahrtrichtung gerät. Er hält deshalb auch bei Radfahrern, die nicht unsicher wirken, einen seitlichen Abstand von mehr als 1,50 m.[876] Wer einen Lkw mit Anhänger überholen will, muss damit rechnen, dass der Anhänger ein wenig schleudert, und daher auf ausreichenden Seitenabstand achten.[877] Der Überholende muss darauf achten, dass ein angemessener Seitenabstand auch bei sich ändernder Verkehrssituation gewahrt bleibt.[878] Beim Vorbeifahren an einem stehenden Müllfahrzeug muss der Kraftfahrer ein unachtsames Verhalten der Müllwerker einkalkulieren und mindestens 2 m Abstand halten oder mit Schrittgeschwindigkeit fahren.[879]

484 **Sonderrechtsfahrzeuge** (s a Lichtzeichen). Bei Annähern eines Sonderrechtsfahrzeugs ist die Fahrweise nicht nur auf dieses, sondern auch auf zu befürchtende anomale Fahrmanöver anderer Verkehrsteilnehmer, die sofort freie Bahn schaffen wollen, einzustellen,[880] desgleichen auf Schreckreaktionen von Fußgängern.[881]

485 Auch der Halter des Sonderrechtsfahrzeugs selbst kann sich nur durch den Nachweis größtmöglicher Sorgfalt seines Fahrers entlasten. Der Sorgfaltsmaßstab ist nach den speziellen Umständen des Einsatzes des Fahrzeugs und der Verkehrssituation zu bestimmen.[882] Bei einer rechtmäßigen Verfolgungsfahrt kann die Kollision zwischen Polizei- und Fluchtfahrzeug auch bei riskanter Fahrweise des Polizeibeamten für diesen unabwendbar sein.[883] An die Absicherung eines Mähfahrzeugs auf der Autobahn sind hohe Anforderungen zu stellen.[884]

---

874 BGH VersR 1955, 764.
875 BGH VersR 1957, 587.
876 BGH RdK 1953, 29 m Anm *Pohle*; *Gaisbauer* VersR 1967, 1034.
877 BGH VersR 1979, 841.
878 BGH DAR 1975, 73.
879 OLG Hamm NJW-RR 1988, 866.
880 OLG Düsseldorf VersR 1987, 1140 LS.
881 OLG Hamm OLGR 1998, 129.
882 Nach OLG Hamm OLGR 1998, 129 darf trotz Martinshorn nicht mit 100 km/h an einem haltenden Bus vorbeigefahren werden.
883 OLG Hamm NJW 1988, 1096; OLG Koblenz NZV 1997, 180.
884 BGHZ 113, 164 = NZV 1991, 185 m Anm *Kunschert* u abl Bespr *Lippold* NZV 1992, 63.

Steine. Von den Rädern weggeschleuderte Steine können ein unabwendbares Unfallereignis begründen.[885] Liegt diese Gefahr aber aufgrund besonderer Umstände nahe (unbefestigte Straße, Baustelle) so ist die Geschwindigkeit zu ermäßigen.[886] Langsamer als 30 km/h braucht aber außerhalb geschlossener Ortschaften auch der „denkbar beste Fahrer" nicht zu fahren.[887] Hat ein Fahrzeug **Zwillingsreifen**, so können sich Steine zwischen die beiden Reifen klemmen und später weggeschleudert werden. Auf schlechten Straßen lässt sich dies nicht vermeiden. Der Führer des Kfz muss aber seine Zwillingsreifen in dieser Hinsicht überprüfen, wenn er die schlechte Straße verlässt und sich auf eine Straße mit festem Belag begibt, auf der er mit wesentlich höherer Geschwindigkeit weiterzufahren gedenkt. Dies gilt vor allem beim Verlassen von Kiesgruben, von Baugelände und von anderem nichtbefestigten Gelände.[888] Ohne einen solchen konkreten Anlass besteht jedoch keine Verpflichtung zu einer Untersuchung vor Fahrtbeginn.[889]   **486**

Das Hochschleudern von Steinen durch eine **Mähmaschine** ist unabwendbar, wenn alle zumutbaren Schutzvorkehrungen[890] getroffen worden sind.[891]   **487**

Steinschlag. Auch wenn erkennbare Steinschlaggefahr besteht (weil schon frisch heruntergefallene Steine auf der Fahrbahn liegen) oder ein entsprechendes Warnzeichen aufgestellt ist, darf der Führer des Kfz weiterfahren. In diesem Fall liegt ein unabwendbares Ereignis vor, wenn ein Stein in solcher Nähe vor dem Kfz herabrollt, dass ein Ausweichen oder rechtzeitiges Anhalten nicht möglich ist, vorausgesetzt, dass die Geschwindigkeit des Kfz schon vorher dieser Gefahr entsprechend herabgesetzt worden war.   **488**

Straßenglätte s Glatteis, Regen, Schnee, Verschmutzung der Straße.   **489**

Streufahrzeug. Die Ladefläche eines Streufahrzeugs muss so abgesichert sein, dass weder Erschütterungen noch Luftzug zu Gefährdungen anderer Verkehrsteilnehmer durch herabfallenden Sand oder Splitt führen können. Unvermeidbar dagegen ist es, wenn ein im ordnungsgemäßen Streuvorgang weggeschleuderter Stein oder Sandklumpen die Windschutzscheibe eines anderen Kfz zerschlägt.[892] Bei Lackschäden kann nicht in jedem Fall Unabwendbarkeit bejaht werden, insbesondere nicht beim Entstehen schrotschussähnlicher Schäden.[893]   **490**

Sturm. Bei Sturm und starkem Wind nimmt der denkbar beste Fahrer darauf Rücksicht, dass beim Verlassen von Waldungen und beim Befahren von Dämmen und Brücken häufig starker Seitenwind einsetzt, der das Kfz aus der Bahn tragen kann oder   **491**

---

885 LG Lüneburg MDR 1961, 1014; AG Lahr VersR 1961, 334; LG Münster VersR 1982, 1012 LS.
886 BGH VersR 1974, 1030.
887 **AA** OLG Koblenz VersR 1955, 237.
888 OLG Frankfurt VM 1958, 34.
889 AG Halle-Saalekreis VersR 1996, 211; **aA** LG München I VersR 1967, 914.
890 S dazu (differenzierend) BGH NZV 2003, 125 (Parkplatz) u 2005, 305, 306 (BAB); OLG Celle OLGR 2004, 325, 327.
891 OLG Stuttgart VersR 2003, 1275.
892 LG Lübeck DAR 1955, 136.
893 BGHZ 105, 65 = NZV 1989, 18 m Anm *Kuckuk* = JZ 1988, 1136 m Anm *Baumgärtel*; OLG Nürnberg VM 1987, 77; OLG Braunschweig VersR 1989, 95.

jedenfalls die Lenkung beeinflusst. Umgekehrt berücksichtigt er beim Einfahren in Waldungen und Unterführungen (auch unter Brücken), dass das Kfz durch den plötzlichen Wegfall des Seitenwindes aus seiner bisherigen Fahrtrichtung gerät, wenn die Lenkung nicht sofort hierauf eingestellt wird. Gleiches gilt, wenn das Kfz in den Windschatten eines vorbeifahrenden, überholenden oder überholten Kfz gerät. Beim Überholen eines Radfahrers nimmt der sorgfältige Fahrer darauf Rücksicht, dass der Radfahrer unsicher werden kann, wenn er in den Windschatten gerät; er hält deshalb einen seitlichen Abstand von mehr als 1,50 m.[894]

492 Der denkbar beste Fahrer berücksichtigt auch, dass bei Sturm Zweige und Äste von den Bäumen gerissen werden, ja sogar ganze Bäume auf die Straße stürzen können. Anzuhalten braucht er deshalb allerdings nicht. Wird ein herabfallender Ast auf die Windschutzscheibe geschleudert, so liegt ein unabwendbares Ereignis selbst dann vor, wenn schon andere Äste auf der Straße liegen.[895] Kein unabwendbares Ereignis ist dagegen im Allgemeinen das Hineinfahren in einen umgestürzten Baum oder liegenden Ast. Besondere Sorgfalt erfordern die bei Sturm oft in wenigen Sekunden entstehenden Schneewehen. Denn hier ist ein allzustarkes Herabmindern der Geschwindigkeit nicht möglich, weil sonst das Kfz in der Schneewehe stecken bleibt. Dass bei Sturm die Ladung eines Lkw oder das Dachgepäck eines Pkw besonders sorgfältig befestigt sein muss, weiß jeder sorgfältige Führer.[896]

493 **Sturz eines anderen Verkehrsteilnehmers.** Bremst der Kraftfahrer und entsteht dabei ein nicht mit dem Fahrzeug zusammenhängendes Geräusch, weil ein nachfolgender Mopedfahrer neben dem Kfz gestürzt ist, so liegt ein unabwendbares Ereignis vor, wenn der Fahrer des Kfz nicht sofort hält und der Wagen daher über den Fuß des Mopedfahrers rollt.[897] Damit, dass ein entgegenkommender Kradfahrer stürzt, muss auch der denkbar beste Fahrer, auch bei schneeglatter Straße, nicht rechnen.[898]

494 **Tiere** (s a Pferdefuhrwerk, Wildwechsel). Durch das Verhalten eines Tieres verursachte Unfälle sind für den Führer eines Kfz unabwendbar, wenn das Tier erst in sein Blickfeld trat, als der Unfall trotz Anwendung zweckmäßiger Maßnahmen (Bremsen, Ausweichen) nicht mehr vermieden werden konnte,[899] oder wenn das Tier zwar vorher zu sehen war, mit einem das Kfz gefährdenden Verhalten aber nicht gerechnet zu werden brauchte. Ob das Tier beaufsichtigt oder unbeaufsichtigt war, spielt in diesem Zusammenhang keine Rolle. Auch wenn das gefährliche Verhalten des Tieres auf dem Zuruf seines Herrn beruhte, gilt nichts anderes.[900] Nicht gebilligt werden kann freilich die Ansicht des OLG Stuttgart,[901] dass ein sorgfältiger Kraftfahrer beim Ansichtigwerden eines in der Obhut einer Person stehenden Hundes nicht nur seine Geschwindigkeit herabzumindern, sondern auch Warnzeichen zu geben habe. Auch bei der Durchfahrt

---

894 BGH RdK 1953, 29 m Anm *Pohle*; *Gaisbauer* VersR 1967, 1034.
895 LG Kiel DAR 1952, 119 m teilweise abl Anm *Krille*; *Gaisbauer* VersR 1967, 1034.
896 RG RdK 1940, 166.
897 BGH VersR 1966, 146.
898 BGH VersR 1959, 455.
899 OLG Köln OLGR 2000, 365; OLG Marienwerder DAR 1931, 215.
900 *Dickertmann* DAR 1957, 143.
901 OLG 43, 95.

durch Dörfer, in denen mit dem Herauslaufen von Tieren auf die Straße zu rechnen ist, muss die Geschwindigkeit nur dann besonders reduziert werden, wenn solche Tiere sichtbar sind. Beim Überholen oder bei der Begegnung mit einer Herde ist so langsam zu fahren, dass beim Ausbrechen eines Tieres sofort angehalten werden kann.

Trunkenheitsfahrt s Alkohol. 495

Überholen (s a Seitenabstand). Der denkbar beste Fahrer überholt nur, wenn dadurch 496 kein **Gegenverkehr** und auch kein links in gleicher Richtung gehender Fußgänger gefährdet werden kann. Bemerkt er, dass auch im Gegenverkehr überholt wird, sodass sich die zum Überholen freie Strecke für ihn verkürzt, so bricht er den Überholvorgang ab.[902] Er achtet auch darauf, dass sich vor dem zu überholenden kein langsameres, das Einscheren hinderndes Fahrzeug befindet und auch keine Seitenstraße vorhanden ist, auf der ein solches Fahrzeug herannahen und sich vor den zu Überholenden setzen[903] oder die zum Überholen benötigte Fahrbahnhälfte sperren könnte.[904] Innerhalb geschlossener Ortschaften achtet er auch darauf, ob von links ein Fußgänger Anstalten trifft, die Fahrbahn zu überqueren und daher in die andere Richtung blickt.[905] Er vermeidet auch auf einer Bundesstraße ausreichender Breite mit hoher Geschwindigkeit zwischen zwei sich begegnenden Lastzügen hindurchzufahren, sodass ein Wartepflichtiger ihn vorübergehend nicht bemerken kann.[906] Die irrige Annahme, die Bundesstraße setze sich geradeaus fort, während sie einen für den Überholenden zunächst nicht erkennbaren Knick nach links macht, aus dem Gegenverkehr auftaucht, entlastet auch einen ortsunkundigen Fahrer nicht.[907] Wer hinter einem anderen Kfz eine langsame Militärkolonne überholt, muss auf schmaler Straße damit rechnen, dass sein Vordermann wegen Gegenverkehrs plötzlich bremst, um sich nach rechts in die Kolonne einzuordnen.[908]

Vor Einleitung des Überholvorgangs und nochmals unmittelbar vor dem Ausscheren 497 vergewissert sich der Fahrer, dass kein **nachfolgendes Fahrzeug** zum Überholen ansetzt.[909] Er sieht vom Überholen ab, wenn er nach den Umständen (zB dicht auffahrender, blinkender Nachfolger, schnell herankommendes Motorrad) damit rechnen muss, seinerseits, sei es auch verkehrswidrig, überholt zu werden. Hat er sich an einer Autobahneinfahrt soeben erst in den Verkehr auf der Normalspur eingegliedert, so darf er nicht im selben Zug auf die Überholspur überwechseln, sondern muss zunächst das Verkehrsgeschehen hinter sich beobachten.[910]

Für den Fahrer eines überholenden Kfz ist ein Unfall unabwendbar, der sich dadurch 498 ereignet, dass das **überholte Fahrzeug** ohne Ankündigung nach links einschwenkt;[911]

---

902 OLG München VersR 1976, 1143.
903 BGH VersR 1968, 1041.
904 OLG Düsseldorf VkBl 1950, 159.
905 OLG Oldenburg VersR 1959, 138.
906 BGH VersR 1967, 883.
907 BGH VersR 1970, 62.
908 BGH VersR 1970, 63.
909 Vgl BGH VersR 1959, 633; 1968, 1041.
910 BGH VersR 1986, 170.
911 BGH VersR 1962, 566; OLG Frankfurt VersR 1993, 1500; AG Hildesheim VersR 1984, 1179.

Erster Teil. Haftung ohne Verschuldensnachweis

dies gilt freilich nur, wenn kein besonderer Anlass zum Einschwenken erkennbar war.[912] Auf der Autobahn muss der Überholende einen auf dem rechten Fahrstreifen dicht hinter einem anderen Fahrzeug Fahrenden mit erhöhter Aufmerksamkeit und Reaktionsbereitschaft beobachten[913] (zur Bedeutung der Richtgeschwindigkeit s Rn 444). Der in einer Kolonne nach Beendigung eines Überholverbots an dritter Stelle Fahrende darf nicht sogleich zum Überholen ansetzen, sondern muss zunächst seinem Vordermann die Chance eines Überholens einräumen; nützt dieser sie nicht, so kann auch der Idealfahrer die beiden voranfahrenden Fahrzeuge in einem Zug überholen.[914] Ein auf der Autobahn fahrender Kraftfahrer braucht auch bei Anwendung der äußersten Sorgfalt nicht damit zu rechnen, dass der vor ihm fahrende Wagen plötzlich verbotswidrig dazu ansetzt, den Mittelstreifen an einer Notübergangsstelle zu überqueren,[915] oder dass dieser ungewollt auf den Grünstreifen gerät und von diesem nahezu rechtwinklig über die bisher benutzte Fahrbahn fährt.[916] Der auf der Überholspur Fahrende muss es bemerken, wenn ein Wohnwagengespann über eine längere Strecke Schlingerbewegungen ausführt, und von einem Überholen absehen.[917]

499 Wird bei ausreichender Straßenbreite trotz Gegenverkehrs ein Radfahrer überholt, und fährt dieser kurz vor Beginn des Überholvorgangs nach links, so versucht der beste Kraftfahrer, rechts am Radfahrer vorbeizukommen oder er gibt, wenn er nach links lenkt, gleichzeitig Hupzeichen.[918]

500 Der Kraftfahrer verstößt gegen die ihm obliegende Sorgfaltspflicht, wenn er sich in dem Zeitpunkt, in welchem er sich auf das Überholen konzentrieren muss, darum bemüht, seinen Beifahrer, der im Schlaf gegen seine rechte Schulter gesunken war, auf seinen Platz zurückzuschieben.[919]

501 Überladen (Überschreiten des Höchstgewichts oder der Achslast) schließt ein unabwendbares Ereignis aus, solange nicht erwiesen ist, dass es auf das Entstehen des Unfalls nicht eingewirkt haben kann.[920]

502 Unfall. Unabhängig davon, ob der Erstunfall ein unabwendbares Ereignis darstellt, kann sich der Kraftfahrer für einen Zweitunfall nicht auf Unabwendbarkeit berufen, wenn er das Unfallfahrzeug unnötigerweise in gefährlicher Position belassen hat, zB an einer vereisten Stelle, wenn es trotz Beschädigung noch bedingt fahrfähig war.[921]

503 Verfolgungsfahrt s Sonderrechtsfahrzeuge.

504 Verschmutzung der Straße (s a Ölspur). Der Kraftfahrer muss auch die Gegenfahrbahn daraufhin beobachten, ob sich dort Verschmutzungen (Schlamm, Ölspur uä) befinden und sich ggf auf ein Übergreifen auf die eigene Fahrbahnhälfte einstellen.[922] Sind Warnzeichen „Gefahrenstelle" (Zeichen 101) und „Schleudergefahr" (Zeichen 114)

---

912 BGH VersR 1965, 82.
913 OLG Köln VersR 1992, 1366 m Anm *Reiff*.
914 BGH VersR 1987, 156; krit *Schirmer* AnwBl 1988, 89.
915 BGH VersR 1957, 787.
916 BGH VersR 1962, 178.
917 OLG Köln DAR 1995, 484.
918 BGH VersR 1966, 62.
919 BGH VersR 1979, 841.
920 BGH VersR 1959, 387; 1961, 615.
921 OLG Stuttgart VersR 1977, 1016.
922 BGH VersR 1964, 926.

bei einem Zementwerk aufgestellt, so ist ein Fahrer nicht entlastet, der auf dem Zementstaub ins Schleudern kommt, weil ein vorausfahrender Lastzug leicht bremst.[923] Ist dem Fahrer bekannt, dass auf der vor ihm befahrenen Straße eine Zuverlässigkeitsfahrt stattfindet oder vor kurzem stattfand, so gehört zur äußersten Sorgfalt, dass er in einer unübersichtlichen Kurve besonders vorsichtig fährt, wenn die nur schlecht befestigte Fahrbahn durch die anderen Fahrzeuge schmierig geworden ist.[924] Entsprechendes gilt, wenn auf der Straße erkennbar Viehtrieb stattfand oder durch landwirtschaftliche oder Baustellenfahrzeuge Verschmutzungen hervorgerufen wurden.

Für den Führer des Kfz, das die Verschmutzung hervorgerufen hat, ist der Unfall nur unabwendbar, wenn er alles Zumutbare getan hat, um die Verschmutzung zu vermeiden oder ehestmöglich zu beseitigen; fehlt es hieran, entlastet ihn die Aufstellung eines Warnschilds nicht.[925] **505**

Vorbeifahren an stehendem Fahrzeug (s a Engstelle). Es gelten dieselben Grundsätze wie beim Überholen. Das Vorbeifahren ist nur gestattet, wenn der Fahrer sicher sein kann, dass der Gegenverkehr nicht gefährdet wird; im Zweifel hat er anzuhalten.[926] Der Gegenverkehr ist sorgfältig zu beobachten.[927] **506**

Vorbeifahren an stehender Kolonne. Beim Vorbeifahren an einer in gleicher Fahrtrichtung zum Stehen gekommenen Kolonne (zB auf einer Überholspur, Abbiegerspur, Sonderfahrstreifen) muss der Kraftfahrer darauf achten, ob von den Fahrzeugen der Kolonne größere Lücken freigelassen werden. Ist damit zu rechnen, dass die Lücke (zB an einer Kreuzung oder Grundstücksausfahrt) für Fahrzeuge oder Fußgänger im Querverkehr oder für entgegenkommende Linksabbieger freigehalten wird, muss er sich darauf einstellen, dass solche Verkehrsteilnehmer bis zur Erlangung freier Sicht auf den nicht von der Kolonne besetzten Straßenraum aus der Lücke herausfahren bzw -treten. Zu diesem Zweck muss er entweder einen ausreichenden seitlichen Abstand von der Kolonne einhalten oder seine Geschwindigkeit so bemessen, dass er vor einem aus der Lücke herauskommenden Verkehrsteilnehmer anhalten kann.[928] **507**

Vorfahrt. Gibt die örtliche Situation zu Zweifeln über die Vorfahrt Anlass, so muss der Kraftfahrer von der Regelung ausgehen, die ihm ungünstiger ist und ihm eine höhere Sorgfalt abverlangt.[929] Vor der Änderung des § 10 S 1 StVO durch die Verordnung vom 22.3.1988 (in Kraft seit 1.10.1988) durfte er zB eine über abgesenkte Bordsteine geführte Zufahrt nicht als Grundstücksausfahrt ansehen, wenn Anhaltspunkte dafür bestanden, dass es sich um eine von rechts einmündende Straße handelt, und sich der Zufahrt nur vorsichtig nähern.[930] Dass die Einmündung nur schwer zu erkennen ist,[931] entlastet den Wartepflichtigen nicht. Aber auch den tatsächlich Bevorrechtigten trifft in **508**

---

923 BGH VersR 1974, 265.
924 BGH DAR 1955, 194.
925 OLG Schleswig IVH 2004, 45.
926 BGH VersR 1964, 1145.
927 BGH VRS 25, 438.
928 Vgl BayObLGSt 1965, 28.
929 BGH VersR 1977, 58; 1987, 308; 1988, 80.
930 BGH VersR 1987, 306.
931 ZB gänzlich unbedeutendes Altstadtgässchen, vgl OLG Frankfurt VersR 1981, 579.

solcher Situation eine gesteigerte Sorgfaltspflicht: Er muss sich darauf einstellen, dass andere Verkehrsteilnehmer die unklare Lage missdeuten könnten.[932]

509 Auch der denkbar beste Fahrer darf sich, wenn er an einer unübersichtlichen Einmündung **wartepflichtig** ist, vorsichtig in die bevorrechtigte Straße hineintasten, bis er die nötige Übersicht hat; er muss dabei so langsam fahren, dass er beim Ansichtigwerden eines Vorfahrtberechtigten auf der Stelle anhalten kann.[933] Dies ist ihm auch gestattet, wenn er zunächst vor der Einmündung angehalten hatte. Lässt sich der Vorfahrtberechtigte durch dieses Verhalten zu kopflosen Reaktionen hinreißen, so liegt für den Fahrer des wartepflichtigen Fahrzeugs ein unabwendbares Ereignis vor.[934] Ist die Sicht in die vorfahrtsberechtigte Straße aber nur vorübergehend, zB durch einen einbiegenden Lkw behindert, so sieht der sorgfältige Fahrer von einem Hineintasten ab und wartet, bis die Sichtbehinderung behoben ist.[935] Mit einem langen und schwerfälligen Fahrzeug darf an einer unübersichtlichen Stelle nur nach Aufstellen eines Warnpostens in die bevorrechtigte Straße eingefahren werden.[936]

510 An einer bevorrechtigten Einbahnstraße genügt es für den Ausschluss einer Abwendbarkeit des Unfalls nicht, wenn der Wartepflichtige nur in die Richtung blickt, aus der erlaubtermaßen Fahrzeuge kommen können. Dass das in falsche Richtung fahrende Fahrzeug kein Vorfahrtsrecht hat,[937] ändert hieran nichts. Ist die an sich bevorrechtigte Straße gesperrt, so kann nur dann darauf vertraut werden, dass aus ihr kein Fahrzeug kommt, wenn es sich um eine vollständige Absperrung durch entsprechende Vorrichtungen handelt; eine Sperrung durch Zeichen 250 allein genügt nicht.[938] Wer nach rechts in eine bevorrechtigte Straße einbiegen will, auf der sich von rechts mehrere Fahrzeuge nähern, muss nur bei besonderen Anzeichen damit rechnen, dass eines dieser Fahrzeuge zum Überholen auf die Gegenfahrbahn ausschert.[939]

511 Der **Vorfahrtberechtigte** braucht mit einer Verletzung seiner Vorfahrt idR nicht zu rechnen; ein unabwendbares Ereignis liegt deshalb grundsätzlich nur dann nicht vor, wenn er die drohende Verletzung seines Vorrechts hätte erkennen können und müssen.[940] Infolge der Beweislastverteilung nach Abs 2 muss der Vorfahrtberechtigte beweisen, dass keine besonderen Umstände auf die bevorstehende Vorfahrtsverletzung so rechtzeitig hindeuteten, dass er hätte anhalten können.[941]

512 Der Grundsatz, dass der Vorfahrtberechtigte ohne gegenteilige Anhaltspunkte nicht mit einer Verletzung seines Vorrechts zu rechnen braucht, gilt auch, wenn er den Warte-

---

932 BGH VersR 1977, 58; 1987, 308; OLG Frankfurt VersR 1973, 353; OLG Koblenz VRS 49, 449; OLG Nürnberg DAR 1983, 87; OLG Köln VRS 61, 285; OLG Stuttgart VRS 69, 390.
933 BGH VersR 1977, 524; 1981, 336.
934 OGH VRS 1, 291; OLG Nürnberg VRS 15, 257.
935 BGH VersR 1977, 524.
936 BGH VersR 1984, 1148.
937 Vgl BGH VersR 1982, 94.
938 BayObLG VRS 65, 154.
939 Strenger OLG Düsseldorf VRS 60, 416. Näher hierzu § 14 Rn 158.
940 BGH VersR 1961, 69; 1975, 37; 1977, 524; 1985, 785; OLG Stuttgart VersR 1983, 252; OLG München VersR 1959, 863; OLG Köln VersR 1984, 645.
941 BGH VersR 1975, 37.

pflichtigen nicht sehen kann, zB weil er durch einen einbiegenden Lkw verdeckt ist,[942] und grundsätzlich auch dann, wenn ihm das Vorfahrtsrecht deshalb zusteht, weil er von rechts kommt[943] (s aber auch Rn 514). Auch einer unübersichtlichen Kreuzung oder Einmündung darf sich der besonders sorgfältige Fahrer daher mit einer Geschwindigkeit nähern, die ein Anhalten vor einem zunächst nicht sichtbaren, die Vorfahrt missachtenden Fahrzeug unmöglich macht (der Sinn der Vorfahrtsregelung, den Verkehr flüssig zu halten, würde sonst vereitelt).[944] Mit dem zulässigen „Hineintasten" eines Wartepflichtigen (s Rn 509) muss der Vorfahrtberechtigte aber rechnen; er muss daher einen entsprechenden Abstand zum Fahrbahnrand halten und stets reaktionsbereit sein.[945] Bei dichtem Nebel muss er sich darauf einstellen, dass der Wartepflichtige sein Herannahen bei zu großer Geschwindigkeit nicht rechtzeitig wahrnehmen kann.[946] Sehr weitgehend verlangt BGH VersR 1976, 343, dass der Vorfahrtberechtigte sich bei Annäherung an eine verkehrsreiche Einmündung darauf einstellt, ein wartender Kraftfahrer werde versuchen, sich rasch in eine Lücke der Fahrzeugkolonnen auf der Vorfahrtstraße hineinzudrängen. Ein für den Vorfahrtberechtigten unabwendbares Ereignis liegt vor, wenn er wegen erkennbar drohender Vorfahrtsverletzung durch den Wartepflichtigen so scharf bremsen muss, dass der Hintermann auffährt oder ein Insasse verletzt wird.[947]

Ein Verstoß gegen das **Rechtsfahrgebot** steht der Annahme von Unabwendbarkeit grundsätzlich nicht entgegen, da dieses Gebot nicht dem Schutz des Querverkehrs dient (vgl Rn 370 f). **513**

An einer Kreuzung, an der mangels besonderer Regelung der Grundsatz **„rechts vor links"** gilt, vertraut jeder Verkehrsteilnehmer darauf, dass ein etwa von rechts Kommender nur mit mäßiger Geschwindigkeit herankommt, weil er seinerseits auf etwaige bevorrechtigte Fahrzeuge achten muss. Daher ist im Falle eines Zusammenstoßes der von rechts Kommende nur entlastet, wenn er beweisen kann, dass der Unfall nicht auch auf eine diesen Umständen nicht angepasste Geschwindigkeit zurückzuführen ist.[948] Zu weitgehend hält BGH VersR 1985, 785 einen mit unverminderter Geschwindigkeit von 52 km/h in die (für den Wartepflichtigen unübersichtliche) Kreuzung einfahrenden Kradfahrer deswegen für entlastet, weil er freie Sicht in die für ihn von rechts kommende Straße hatte. Nicht auf ein unabwendbares Ereignis berufen kann sich der Halter auch, wenn der Führer seines Kfz zwar vorfahrtsberechtigt war, aber aus einem unbedeutenden, schwer einsehbaren Nebenweg kam; hier muss sich der Fahrer so vorsichtig hineintasten, als wenn er wartepflichtig wäre.[949] Desgleichen ist Unabwendbarkeit zu verneinen, wenn der Bevorrechtigte vor der Kreuzung seine Geschwindigkeit erheblich erhöht hat.[950] Der Halter haftet auch, wenn der Führer sein Kfz trotz seiner Vorfahrt beim Einfahren in die Kreuzung zunächst fast zum Halten bringt und dadurch beim Wartepflichtigen den Eindruck erweckt, er wolle auf die Vorfahrt verzichten, dann aber wei- **514**

---

942 BGH VersR 1977, 524.
943 BGH VersR 1985, 785.
944 Vgl BGH VRS 10, 327; VersR 1967, 283.
945 BGH VersR 1981, 336; OLGR Frankfurt 1994, 99.
946 OLG Nürnberg DAR 1989, 107.
947 OLG Köln NJW 1960, 727.
948 BGH VersR 1977, 917.
949 OLG Düsseldorf VRS 73, 299.
950 OLG Bremen VersR 1960, 814.

terfährt.[951] Der Halter ist aber entlastet, wenn die Minderung wegen der Unübersichtlichkeit zweier von rechts einmündender Straßen erforderlich war, auch wenn der Fahrer aus diesem Grund der von links kommenden Straße kein Augenmerk gewidmet hat.[952]

515 Wer auf einer **Autobahn** fährt, verletzt die äußerste Sorgfalt nicht, wenn er nicht in Rechnung stellt, dass der sich auf einer Zufahrt nähernde Lastzug beim Einfahren in die Autobahn nicht nur die Normalspur, sondern auch die Überholfahrbahn sperren wird.[953] Dagegen wurde Unabwendbarkeit für einen Lastzugfahrer verneint, der auf einen sich unter Verletzung der Vorfahrt einfädelnden Lastzug auffuhr, weil er eine Ausgleichsbremsung unterließ.[954]

516 Nicht auf Unabwendbarkeit berufen kann sich der Vorfahrtberechtigte, der durch Betätigen der Lichthupe den Eindruck eines **Vorfahrtverzichts** hervorruft, dann aber zügig weiterfährt.[955]

517 **Wildwechsel** (s a Tiere). Das Zeichen 142 zur StVO („Wildwechsel") veranlasst den sorgfältigen Kraftfahrer zu erhöhter Reaktionsbereitschaft; auch für den denkbar besten Fahrer kann jedoch der Zusammenstoß mit einem kurz vor dem Fahrzeug auf die Straße tretenden Wild unvermeidbar sein. Ist kein Warnzeichen aufgestellt, so ist der Zusammenstoß mit Wild dennoch nicht unabwendbar, wenn Ort und Zeit (zB Waldrand vor Beginn der Tagesdämmerung) die Gefahr eines Wildwechsels nahelegen. Der ideale Fahrer muss dann im Rahmen seiner Sichtmöglichkeiten auch das angrenzende Gelände beobachten, um sich möglichst schnell auf nahendes Wild einstellen zu können. Nur wenn ein Tier, das auch bei aufmerksamster Beobachtung nicht zu erkennen war, plötzlich in kürzester Entfernung in die Fahrbahn läuft, ist dem Kraftfahrer auch im Rahmen der Entlastung nach § 17 Abs 3 StVG eine falsche Reaktion im ersten Schrecken zuzubilligen.[956] Eine Geschwindigkeit von 90 km/h auf einer nicht mit Zeichen „Wildwechsel" gekennzeichneten BAB-Strecke durch Waldgebiet ist nicht zu hoch,[957] 80 km/h bei Fahren mit Abblendlicht kann bereits zu schnell sein.[958] Bleibt Wild auf der Fahrbahn stehen, so ist sofort abzublenden. Springt ein Reh über die Fahrbahn, so ist, da sich diese Tiere regelmäßig in Rudeln bewegen, mit dem Auftauchen weiterer Tiere zu rechnen. Es ist daher auch dann abzubremsen, wenn das sichtbare Tier die Straße noch gefahrlos vor dem Kfz überqueren konnte.[959] Bei einem Kleintier und hoher Geschwindigkeit des Fahrzeugs ist ein Ausweichversuch idR verkehrswidrig.[960]

518 **Wölbung der Straße.** Der sorgfältige Kraftfahrer erkennt sofort, wenn infolge starker Wölbung der Straße das Kfz nicht mehr senkrecht steht, seine Aufbauten daher über die Bordsteinkante ragen und ein Vordach oder eine Markise herunterreißen werden.[961]

---

951 OLG Düsseldorf NJW 1949, 114.
952 LG Frankenthal VersR 1972, 407.
953 BGH VRS 10, 327.
954 OLG Hamm NZV 1993, 436.
955 OLG Koblenz NZV 1991, 428.
956 BGH VersR 1987, 158.
957 KG NZV 1993, 313.
958 OLG Celle MDR 2004, 1352.
959 BGH VRS 60, 169.
960 OLG Karlsruhe NJW-RR 1988, 28.
961 OLG Celle RdK 1940, 141.

§ 4 Haftung des Kfz-Führers

§ 18 StVG

(1) In den Fällen des § 7 Abs 1 ist auch der Führer des Kraftfahrzeugs oder des Anhängers zum Ersatz des Schadens nach den Vorschriften der §§ 8 bis 15 verpflichtet. Die Ersatzpflicht ist ausgeschlossen, wenn der Schaden nicht durch ein Verschulden des Führers verursacht ist.

(2) Die Vorschrift des § 16 findet entsprechende Anwendung.

(3) Ist in den Fällen des § 17 auch der Führer eines Kraftfahrzeugs oder Anhängers zum Ersatz des Schadens verpflichtet, so sind auf diese Verpflichtung in seinem Verhältnis zu den Haltern und Führern der anderen beteiligten Kraftfahrzeuge, zu den Haltern und Führern der anderen beteiligten Anhänger, zu dem Tierhalter oder Eisenbahnunternehmer die Vorschriften des § 17 entsprechend anzuwenden.

Übersicht

	Rn
I. Überblick	1
1. Bedeutung der Norm	1
2. Haftungsvoraussetzungen und -ausschlüsse	3
3. Haftungsumfang und -abwägung	4
4. Haftung aus sonstigen Rechtsgründen	8
II. Führereigenschaft	9
1. Begriff	9
2. Mehrere Führer eines Kfz	15
3. Dauer der Verantwortlichkeit	17
4. Fahrschulfahrten	18
III. Entlastungsbeweis	22
1. Gegenstand des Beweises	22
2. Anforderungen an den Beweis	24
3. Maß der Sorgfalt	25
4. Einzelfälle	26
IV. Verhältnis zu Halter und Eigentümer des geführten Kfz	32
1. Haftung gegenüber Dritten und Regress	32
2. Haftung für Schäden des Halters	34
3. Haftung gegenüber dem Eigentümer des geleasten Kfz	35

Erster Teil. Haftung ohne Verschuldensnachweis

I. Überblick

1. Bedeutung der Norm

1 Der **Entwurf des KFG** von 1908 hatte wegen der Beweisschwierigkeiten bei Kfz-Unfällen vorgeschlagen, die Haftung des Fahrzeugführers ebenso wie die des Halters durch eine Umkehr der Beweislast für den Verschuldensnachweis zu verschärfen. Während aber im Zuge der Reichstagsberatungen die Haftung des Halters durch Einführung des Unabwendbarkeitsbeweises noch weiter verschärft wurde, verblieb es bei der Vorschrift über die Führerhaftung bei der Fassung des Entwurfs. Ob dies auf einem Versehen beruhte, ist nicht feststellbar; das Schweigen des Kommissionsberichts zu dieser Frage könnte dafür sprechen. Jedenfalls bestand seither ein **unterschiedlicher Haftungsmaßstab für Führer und Halter:** Während vom Halter der Nachweis eines unabwendbaren Ereignisses, also der Beachtung äußerster Sorgfalt (§ 3 Rn 366 ff) verlangt wurde, konnte sich der Führer bereits dadurch entlasten, dass er die Beachtung der im Verkehr erforderlichen Sorgfalt (§ 276 BGB) bewies. In der Praxis kam dieser Unterschied allerdings selten zum Tragen: Da der Haftpflichtversicherer auch für den Halter einzustehen hat, führte bereits dessen weiter gehende Haftung zur Schadloshaltung des Geschädigten, und da für den Unabwendbarkeitsbeweis (und ggf die Mithaftungsquote) ohnehin über den Unfallhergang Beweis zu erheben war, verursachte das Mitverklagen des Fahrers kaum zusätzlichen Verfahrensaufwand. Dass die Klage gegen Halter und Versicherer als begründet erachtet, in Bezug auf den Fahrer aber als unbegründet abgewiesen wurde, kam nur in außergewöhnlichen Fällen vor, in denen die Beklagten zwar die Beachtung der im Verkehr erforderlichen, nicht aber die der größtmöglichen Sorgfalt beweisen konnten.

Aufgrund der Verschärfung der Halterhaftung durch das 2. SchRÄndG stellt sich dies bei **Unfällen nach dem 31. Juli 2002** teilweise anders dar. Der Halter ist jetzt gegenüber nicht motorisierten Verkehrsteilnehmern[1] nur noch bei höherer Gewalt haftungsfrei. Den Beweis dieses außergewöhnlichen Umstands wird er kaum jemals antreten können. Eine Haftungsquotelung wegen Mitverschuldens scheidet oft von vornherein aus (vgl § 828 BGB). Der Halter haftet also aus der Betriebsgefahr, ohne dass es weiterer Feststellungen bedarf. Verklagt der Geschädigte jedoch den Fahrer mit, so wird dieser sein fehlendes Verschulden beweisen wollen – mit der Folge, dass nur wegen der (i Erg bedeutungslosen) Fahrerhaftung über den genauen Unfallhergang Beweis zu erheben ist.

2 § 18 StVG wirkt wie eine **Beweislastumkehr** oder Vermutung hinsichtlich der Fahrlässigkeit bei § 823 BGB. Gleichwohl ist er als **eigenständige Haftungsnorm**, nicht etwa als bloße Beweisregel anzusehen. Er knüpft wie § 7 StVG eine von sonstigen Anspruchsgrundlagen losgelöste Haftung an die Betriebsgefahr des Kfz an. Ob auch insoweit von einer „Gefährdungshaftung" gesprochen werden soll, ist nur eine Frage des Ausdrucks. Jedenfalls begründet § 18 StVG eine neben der deliktischen Haftung stehende Verantwortlichkeit dessen, der ein am Unfall beteiligtes (auch fremdes) Kfz geführt hat.

---

1 Ansonsten gilt § 17 Abs 3 StVG; s § 3 Rn 349.

2. Haftungsvoraussetzungen und -ausschlüsse

Der Schaden muss wie bei § 7 Abs 1 StVG dem Betrieb des Kfz oder Anhängers zurechenbar sein (s dazu § 3 Rn 66 ff; zum Anhänger § 3 Rn 115 ff). Wie bei der Haftung des Halters ist auch hier erforderlich, dass der Geschädigte dem Führer den Schaden rechtzeitig anzeigt (§ 15 StVG). Auch für die Verjährung (§ 14 StVG) gelten dieselben Regeln. Der Lauf der Fristen ist allerdings gesondert zu beurteilen, dh er beginnt und endet nicht unbedingt gleichzeitig mit den für den Halter desselben Kfz laufenden Fristen. Auch die Haftungsausschlüsse nach § 8 StVG sowie die Beschränkungen der Haftungsfreizeichnung nach § 8a StVG gelten für den Führer in gleicher Weise.

3

3. Haftungsumfang und -abwägung

a) Der **Umfang** entspricht jenem bei der Haftung des Halters, auch hinsichtlich der Höhenbegrenzung nach § 12 StVG.

4

b) Bei der **Mitverschuldensabwägung** greift die Beweislastumkehr nach § 18 StVG nicht unmittelbar ein, denn die für die Abwägung entscheidenden Umstände müssen von demjenigen bewiesen werden, der sich auf sie beruft (vgl § 22 Rn 12).

5

c) Nach § 18 Abs 3 StVG kann es aber zu einer **Anrechnung der Betriebsgefahr** des geführten Kfz kommen. Die Verweisung auf § 17 StVG besagt, dass der Führer beim Innenausgleich mit für andere Gefahrquellen Haftpflichtigen die Betriebsgefahr des von ihm gefahrenen Kfz gegen sich gelten lassen muss. Das muss er auch dann, wenn er selbst bei einem Unfall verletzt worden ist und einen anderen Verkehrsteilnehmer oder den Verkehrssicherungspflichtigen, gleich auf welcher Rechtsgrundlage, auf Schadensersatz in Anspruch nimmt[2] (vgl § 22 Rn 87) oder wenn er vom Halter des von ihm geführten Kfz Ersatz für die Beschädigung einer eigenen Sache begehrt[3] (s a § 19 Rn 10).

6

Der Führer eines Kfz muss sich in all diesen Fällen die Betriebsgefahr des von ihm gefahrenen Kfz aber nur dann bei der Abwägung entgegenhalten lassen, wenn es ihm nicht geglückt ist, die Vermutung des § 18 StVG zu **widerlegen**.[4] Hat er sie widerlegt, so bekommt er, falls er selbst verletzt ist, seinen Schadensersatz in vollem Umfang; hat er einen anderen Verletzten entschädigt, kann er von den anderen für den Unfall Verantwortlichen vollen Ausgleich verlangen. Den Beweis, dass ihn kein Verschulden an dem Unfall treffe, kann der Führer des Kfz aber nicht etwa allein durch den Nachweis führen, dass einen anderen Unfallbeteiligten ein Verschulden trifft oder dass der Führer eines anderen am Unfall beteiligten Kfz die gegen ihn sprechende Schuldvermutung nicht hat widerlegen können.[5] Erleidet der Führer eines Kfz auf einer in Ausübung hoheitlicher Gewalt ausgeführten Fahrt einen Unfall und wird er dabei verletzt, so muss er sich, wenn er von dem Führer oder Halter eines anderen am Unfall beteiligten Kfz

7

---
2 BGH DAR 1953, 156.
3 *Greger* NZV 1988, 108; aA *Kunschert* NZV 1989, 62. Vgl auch OLG München VRS 57, 5.
4 BGH DAR 1953, 156.
5 BGH NJW 1962, 796.

Schadensersatz fordert, die Betriebsgefahr des eigenen Kfz bei der Abwägung entgegenhalten lassen, obwohl er seinerseits wegen Art 34 GG nicht schadensersatzpflichtig ist.[6]

4. Haftung aus sonstigen Rechtsgründen

8 Durch die Verweisung des § 18 Abs 2 auf § 16 StVG ist klargestellt, dass der Verletzte nicht gehindert ist, einen über § 12 StVG hinausgehenden Schaden geltend zu machen, wenn er die Voraussetzungen anderer Anspruchsgrundlagen, insbesondere § 823 BGB, nachweist. Auch die Haftung aus Amtspflichtverletzung mit der Folge des Eintritts der Körperschaft des öffentlichen Rechts (Art 34 GG) bleibt bestehen.[7] Letztere schließt allerdings eine unmittelbare Inanspruchnahme des Führers auch unter dem Gesichtspunkt des § 18 StVG aus.[8]

II. Führereigenschaft

1. Begriff

9 Führer eines Kfz ist, wer es **in eigener Verantwortlichkeit bewegt**. Ein bewegungsunfähiges (zB auf einem Sockel aufsitzendes) Kfz wird nicht „geführt",[9] ebensowenig ein (mit laufendem Motor) abfahrbereites, aber noch nicht in Bewegung gesetztes.[10] Der Führer des Kfz behält diese Eigenschaft bis zu dem Zeitpunkt, in dem er es wieder außer Betrieb setzt,[11] oder in dem ein anderer den Betrieb übernimmt. Vorübergehender Stillstand des Fahrzeugs ist ohne Belang. Wechseln sich mehrere Personen bei einer Fahrt ab, so ist Führer des Kfz nur, wer das Kfz im Zeitpunkt des Unfalls führt.[12] Daher haftet der Führer eines Kfz nicht nach § 18 StVG, wenn er fahrlässig einen Diebstahl ermöglicht und der Dieb einen Unfall verursacht.[13] Im Einzelnen ergibt sich aus dieser Definition:

10 a) **Tatsächliche Herrschaft.** Führer eines Kfz kann nur sein, wer die tatsächliche Herrschaft über das Kfz innehat, nicht wer fahren lässt. Die tatsächliche Herrschaft übt auch aus, wer diese aufgrund eines Dienstverhältnisses nur nach bestimmten Weisungen ausübt oder wer die Tätigkeit nur aus Gefälligkeit übernommen hat.[14] Unerheblich ist, ob er zur Führung befugt war,[15] auch auf Delikts- oder Geschäftsfähigkeit kommt es nicht an. Überlässt der vom Halter bestellte Führer das Steuer einem anderen, so ist der andere Führer geworden, auch wenn der bestellte Führer sich etwa innerlich vorbehalten hat, erforderlichenfalls einzugreifen und die Führung wieder an sich zu nehmen.[16]

---

6 BGH JZ 1960, 174, 175 m Anm *Schröer*.
7 RGZ 139, 149, 153; BGH VRS 14, 334, 336.
8 RGZ 125, 98, 99; BGH VRS 14, 334, 336. Vgl auch § 12 Rn 7.
9 BayObLG NJW 1986, 1822, 1823.
10 BGH NZV 1989, 32, 33.
11 OLG Dresden DAR 1930, 298.
12 RGZ 138, 320, 326.
13 RGZ 138, 320, 326.
14 RG VAE 1939, 267 für ein Fuhrwerk.
15 BGH DAR 1954, 298.
16 RGZ 90, 157, 159.

Zur Sonderregelung für Fahrschulfahrten s Rn 18 f, zum Eingreifen des Beifahrers Rn 16.

b) Art der Bewegung. Auf den Einsatz der Motorkraft kommt es nicht an. Es genügt daher, wenn das Kfz von anderen Personen geschoben wird[17] oder auf einer Gefällstrecke abwärts rollt;[18] darauf, ob durch das Abrollenlassen der Motor in Gang gebracht werden soll, kommt es nicht an.[19] Geführt wird auch ein Kraftrad, das durch Treten der Pedale oder Abstoßen mit den Füßen bewegt wird[20] oder das unter Zuhilfenahme der Motorkraft geschoben wird.[21] Ein abgeschlepptes Fahrzeug wird dann „geführt", wenn es eigens gelenkt und gebremst werden muss.[22] **11**

c) Hilfsdienste. Führer ist nicht, wer dem Führer lediglich Hilfsdienste leistet oder ihn lediglich anleitet oder lotst. **12**

Führer ist zB nicht, wer in Anwesenheit des Führers einen Gang einlegt,[23] den Wagen schiebt,[24] die Tür des Kraftwagens öffnet, die Handbremse anzieht oder die Hupe bedient. Das Lenken des Kfz ist allerdings nicht allein ausschlaggebendes Merkmal für die Abgrenzung des Führens von bloßen Hilfsdiensten.[25] Wer ein Kfz lenkt, das bei Versagen des Anlassers angeschoben wird, um den Motor in Gang zu setzen, führt das Kfz, da es sich in diesem Stadium bereits in Betrieb befindet. Folgt er jedoch bedingungslos den Anweisungen des sein stehengebliebenes Fahrzeug schiebenden Fahrers hinsichtlich des Einschlagens des Steuerrads, so ist er nur „Werkzeug" des Führers und führt selbst nicht.[26] Auch der Begleiter im Rahmen des Modellversuchs „Begleitetes Fahren ab 17" (§ 6e StVG) haftet nicht nach § 18 StVG, sondern allenfalls nach § 823 Abs 1 BGB, bei Verstoß gegen § 48a Abs 6 FeV auch nach § 823 Abs 2 BGB.[27] **13**

d) Überlassung an einen Dritten. Führer ist nicht, wer zwar vom Halter die Erlaubnis hat, das Kfz zu führen, von dieser Erlaubnis aber keinen Gebrauch macht, sondern die Führung einer dritten Person überlässt.[28] **14**

2. Mehrere Führer eines Kfz

Setzen zwei Personen in bewusstem Zusammenwirken ein Kfz in Betrieb und teilen sie sich (nicht etwa nacheinander, sondern gleichzeitig) die Betätigung der Bedienungsgriffe (Lenkrad, Gaspedal, Kupplung, Bremse), so sind beide gemeinschaftlich Führer des Kfz.[29] Auf die Leistung von Hilfsdiensten (Rn 12) darf freilich nicht abgestellt werden. **15**

---

17 BGH VersR 1977, 624, 625.
18 BGHSt 14, 185.
19 **AA** OLG Hamm VRS 15, 134, 135.
20 OLG Düsseldorf VRS 62, 193 (wo allerdings für § 24a StVG Führen eines *Kfz* verneint wird).
21 Vgl BayObLG VRS 66, 202, 203.
22 *Geigel/Kunschert* Kap 26 Rn 6; s a BGHSt 37, 341.
23 KG VRS 12, 110, 113.
24 OLG Oldenburg VRS 48, 356.
25 OLG Braunschweig VRS 11, 451, 452.
26 BGH VersR 1977, 624, 625.
27 *Fischinger/Seibl* NJW 2005, 2888; *Lang/Stahl/Huber* NZV 2006, 452. Vgl auch BT-Drs 15/5315 S 8 sowie § 14 Rn 295, 315.
28 RGZ 90, 157, 158.
29 OLG Hamm VRS 37, 281; offengelassen in RGZ 90, 157, 158; aA OLG Köln DAR 1957, 53.

16 Sitzt ein des Fahrens Unkundiger am Lenkrad und betätigt der neben ihm sitzende Kundige nicht nur die Handbremse, sondern – wenigstens zeitweise – auch das Lenkrad, sind also beide Personen Führer des Kfz (zum Fahrlehrer s Rn 18 f). Die frühere Rspr, die in solchen Fällen nur den am Lenkrad Sitzenden[30] oder nur den daneben Sitzenden[31] als Führer ansah, wurde dem Sachverhalt nicht gerecht. Das kurze Eingreifen des Beifahrers in die Lenkung ist allerdings kein Führen.[32]

3. Dauer der Verantwortlichkeit

17 Sie beginnt, sobald das Kfz in Bewegung gesetzt wird, und endet mit dem Betrieb oder mit der Übernahme der Führung durch einen anderen. Das abgestellte Kfz kann zwar iS des § 7 Abs 1 StVG noch „in Betrieb" sein; einen Führer hat es jedoch nicht mehr. Denkbar sind allerdings Nachwirkungen der Führereigenschaft: So kann der Führer auch für einen Unfall haftbar sein, der sich lange nach Beendigung der Fahrt aufgrund unterwegs verlorener Ladung ereignet.

4. Fahrschulfahrten

18 **a) Haftung des Fahrlehrers.** Nach § 2 Abs 15 S 2 StVG gilt bei Übungs-, Prüfungs- und Begutachtungsfahrten, bei denen der tatsächliche Führer des Kfz keine entsprechende Fahrerlaubnis besitzt, nicht dieser, sondern der Fahrlehrer als Führer iS des § 18 StVG. Dies gilt auch auf nicht öffentlichen Straßen und auch bei der Motorradausbildung durch einen vorausfahrenden Lehrer: dieser ist also im haftungsrechtlichen Sinn gleichzeitig Führer zweier Fahrzeuge.[33]

19 Beim Fahrlehrer liegt der haftungsbegründende Verstoß nicht im eigenen verkehrswidrigen Verhalten beim Lenken des Fahrzeugs, sondern nur im pflichtwidrigen Nichtverhindern entsprechender Fahrfehler des Übenden. An die Stelle der Unaufmerksamkeit als Fahrer tritt beim Fahrlehrer die Unaufmerksamkeit als Begleiter und Überwacher des Fahrschülers.[34] Um sich zu entlasten, muss der Fahrlehrer also beweisen, dass er den Schüler nicht nur ständig im Auge behalten, sondern auch seine Fahrweise sorgfältig überwacht hat. Er muss in der Lage sein, sofort einzugreifen.[35] Bei einem Fahrschüler, der erstmals am Lenkrad sitzt, muss der Lehrer damit rechnen, dass er das Lenkrad zu weit einschlägt.[36]

20 **b) Haftung des Fahrschülers.** Der Übende ist nicht „Führer" iS des § 18 StVG; die Gefährdungshaftung des StVG trifft ihn also nicht. Allerdings kann er bei schuldhaftem Verhalten nach allgemeinen Verschuldensgrundsätzen haftpflichtig werden, auch zusammen mit dem Halter (und dem Begleiter, dh dem „Führer") mitverantwortlich und

---

30 OLG Hamburg DAR 1931, 47; KG VRS 8, 140, 146.
31 OLG Braunschweig VRS 11, 451, 452.
32 OLG Hamm NJW 1969, 1975, 1976; *Hofmann* NZV 1999, 153 (auch zur versicherungsrechtlichen Situation).
33 Vgl auch zur versicherungsrechtlichen Situation, OLG Köln NZV 1990, 313.
34 BGH VersR 1972, 455, 456; KG VersR 1975, 836, 837; OLG Hamm OLGR 1999, 273.
35 BGH VersR 1969, 1037, 1038.
36 BGH VersR 1969, 1037, 1038.

im Innenverhältnis diesem allein verantwortlich sein. Verschulden ist dem Übenden nur zuzurechnen, wenn er richtige Maßnahmen unterlassen hat, obwohl er zu ihnen nach dem Grade seiner Ausbildung schon befähigt war und ihm eine geistige Hemmung, hervorgerufen durch die begründete Befürchtung, die erforderliche Maßnahme nicht richtig ausführen zu können, nicht mehr zuzurechnen sein wird. Wer durch ein Kfz verletzt wurde, das von einem Fahrschüler gelenkt wurde, kann diesen also nur dann nach § 823 BGB in Anspruch nehmen, wenn er beweist, dass der für den Unfall ursächliche Fahrfehler nicht auf mangelhaftem Wissen oder Können beruht.[37] Dasselbe gilt für Ansprüche des Eigentümers des Kfz gegen den Fahrschüler (vgl § 16, Rn 45).

Inhaber einer Fahrerlaubnis nach § 6e StVG iVm § 48a FeV („Begleitetes Fahren ab 17") sind keine Fahrschüler im vorstehenden Sinn; sie können sich auch nicht wegen eines fehlerhaften Ratschlags des Begleiters entlasten.[38]   **21**

III. Entlastungsbeweis

1. Gegenstand des Beweises

Die Vermutung spricht für eine **Fahrlässigkeit** des Führers nach § 276 BGB. Dieser hat mithin, um die Vermutung zu widerlegen, nur zu beweisen, dass ihn kein Verschulden trifft; er muss nicht etwa beweisen, dass höhere Gewalt iSd § 7 Abs 2 StVG oder ein unabwendbares Ereignis iSd § 17 Abs 3 StVG vorliegt.[39] Seine Haftung entfällt daher – anders als die des Halters – auch dann, wenn der Unfall durch einen Fehler in der Beschaffenheit des Kfz oder durch ein Versagen seiner Verrichtungen entstanden ist; jedoch muss er dann beweisen, dass ihn am Nichterkennen oder -beheben der Mängel vor dem Unfall kein Verschulden trifft.   **22**

Der Beweis für das Fehlen eines Verschuldens wird dadurch geführt, dass der wahre Ablauf der zum Unfall führenden Umstände und Ereignisse bewiesen wird. Ergibt sich sodann, dass entweder keine schuldhafte Pflichtwidrigkeit (also kein schuldhaft verkehrswidriges Verhalten) des Führers vorliegt oder dass zwar eine solche vorliegt, der eingetretene Schaden aber nicht hierdurch verursacht wurde,[40] so entfällt die Haftung des Führers. Dieser wird von der Haftung für den Schaden nach § 18 StVG nur frei, wenn keine Unklarheit über die wesentlichen Umstände des Unfalls verblieben ist und wenn feststeht, dass er alles einem ordentlichen Kraftfahrer Zumutbare getan hat, den Unfall zu vermeiden.[41] Bleibt unklar, wie sich der Unfall ereignet hat, so hat der Führer zu beweisen, dass ihn bei keinem der möglichen Geschehensabläufe ein Verschulden träfe.[42] Kann der Führer nicht aufklären oder nicht beweisen, wie es zum Unfall gekommen ist, so bleibt die Vermutung zu seinen Ungunsten bestehen.   **23**

---

37 OLG Düsseldorf NJW 1966, 736, 737.
38 *Fischinger/Seibl* NJW 2005, 2888; *Lang/Stahl/Huber* NZV 2006, 451.
39 RGZ 125, 98, 100; RG DAR 1938, 265; BGH VersR 1957, 519, 520; 1961, 423.
40 OLG Dresden JRPrV 1942, 55; OLG Neustadt VRS 2, 366, 368.
41 BGH VersR 1972, 459.
42 BGH VersR 1974, 1030, 1031.

Erster Teil. Haftung ohne Verschuldensnachweis

2. Anforderungen an den Beweis

24 Der Führer kann sich gelegentlich zur Führung des Beweises auf den sog Beweis des ersten Anscheins (§ 38 Rn 43 ff) berufen. Bei der Beweiswürdigung ist darauf Rücksicht zu nehmen, dass es bei der Beschränkung der Mittel menschlichen Erkennens schwierig ist, das Fehlen eines Verschuldens zu beweisen.

3. Maß der Sorgfalt

25 Der Führer des Kfz hat die Schuldvermutung des § 18 StVG widerlegt, wenn er bewiesen hat, dass er sich so verhalten hat, wie dies jeder andere ordentliche Kfz-Führer unter den gegebenen Umständen auch getan hätte.[43] Er muss die Beachtung derjenigen Sorgfalt beweisen, die man auch dann, wenn man die vom Straßenverkehr ausgehenden erheblichen Gefahren im Auge behält, bei einer Verkehrslage der hier vorliegenden Art allgemein für ausreichend erachtet. Mithin ist der Umstand, dass der Führer eine ungewöhnliche Verkehrssituation nicht meistern konnte, noch kein Anzeichen für mangelnde Sorgfalt.[44] Reagiert er unrichtig auf das verkehrswidrige Verhalten eines anderen, so ist das nicht schuldhaft, wenn er ohne eigenes Verschulden in die Gefahrenlage gekommen ist und keine Zeit mehr zu ruhiger Überlegung hatte.[45] Für die Haftung kommt es nicht darauf an, ob der Schädiger nach seinen persönlichen Kenntnissen und Fähigkeiten in der Lage war, die Gefahr richtig abzuschätzen. Maßgebend ist vielmehr, was von ihm objektiv an Sorgfalt erwartet werden konnte; die Beobachtung der üblichen Sorgfalt reicht nicht. Andererseits wird nicht die für den Entlastungsbeweis nach § 17 Abs 3 StVG erforderliche äußerste Sorgfalt (§ 3 Rn 366) verlangt. Auf die Haftungsprivilegierung nach §§ 708, 1359 und 1664 BGB kann sich der Führer auch hier nicht berufen (vgl § 10 Rn 54).[46]

4. Einzelfälle

26 **Verstöße gegen StVO und StVZO.** Der Führer muss beweisen, dass er nicht gegen Vorschriften der StVO und der StVZO verstoßen hat, dh er muss Beweis für einen Unfallhergang erbringen, bei dem ihn kein entsprechender Vorwurf trifft. Wegen der Sorgfaltspflichten im Einzelnen ist auf § 14 Rn 8 ff, ergänzend auf die Erläuterungswerke zu den genannten Verordnungen zu verweisen.

27 **Alkohol.** Der Führer muss nicht beweisen, dass er zum Unfallzeitpunkt nicht unter Alkoholeinfluss stand, wenn dafür keine Anhaltspunkte bestehen. Aber selbst wenn Anzeichen für (absolute oder relative) Fahruntüchtigkeit vorliegen, kann er sich durch den Nachweis fehlender Kausalität für das Unfallgeschehen entlasten.[47]

28 **Erkennbarkeit der Gefahr.** Ist ein Kind seitlich in einen Lkw gelaufen und besteht die Möglichkeit, dass der Fahrer es eher hätte sehen und durch rechtzeitige Reaktion den Unfall verhin-

---

43 RGZ 152, 46, 52; BGH VersR 1957, 519, 520.
44 OLG Nürnberg VRS 15, 327.
45 BGH VersR 1971, 909, 910; anders, wenn ausreichend Zeit für ein richtiges Handeln war: BGH VersR 1968, 944.
46 *Kunschert* NJW 2003, 951.
47 BGH NZV 1995, 145.

dern können, so ist der Entlastungsbeweis nicht geführt,[48] wohl aber dann, wenn ein Reh hinter einem Busch hervor in den Wagen springt.[49]

Unbefugte Benutzung des Kfz. Kommt es bei unberechtigter Benutzung eines Kfz zu einem Unfall, so kann nicht nach § 18 StVG vermutet werden, der letzte berechtigte Führer habe die Schwarzfahrt schuldhaft ermöglicht. § 18 StVG soll seinem Sinn und Zweck nach nur für solche Pflichtwidrigkeiten die Beweislast umkehren, die mit dem Führen des Kfz in unmittelbarem Zusammenhang stehen. Auch würde der Führer sonst bei Schwarzfahrt wesentlich schärfer haften als der Halter (vgl § 7 Abs 3 S 1 StVG). **29**

Technische Mängel. Ist der Unfall auf unzureichende Wirkung der Bremsen zurückzuführen, so ist der Führer nicht entlastet, wenn er diese kannte.[50] Ist ein Auffahrunfall auf das Liegenbleiben eines Kfz infolge Treibstoffmangels zurückzuführen, so ist vom Verschulden des Führers auszugehen. Fährt auf der Autobahn ein Pkw auf einen langsam fahrenden Lastzug auf, so trifft den Fahrer des Lastzugs ein Verschulden, wenn die geringe Geschwindigkeit auf dem Platzen eines abgefahrenen Anhängerreifens beruht.[51] **30**

Autorennen. Bei Rennen auf geschlossener Bahn ist auf die unter Rennfahrern übliche Sorgfalt abzustellen.[52] Die Rennfahrer dürfen aber nicht solche Risiken eingehen, die für sie ersichtlich zu einer Schädigung von Zuschauern führen können.[53] Bei einer Zuverlässigkeitsfahrt können die Teilnehmer auf freie Fahrbahn vertrauen.[54] **31**

IV. Verhältnis zu Halter und Eigentümer des geführten Kfz

1. Haftung gegenüber Dritten und Regress

Führer und Halter desselben Fahrzeugs haften, da sich der Halter das Verschulden des Führers im Rahmen der §§ 7, 17 StVG als Erhöhung der Betriebsgefahr zurechnen lassen muss, idR auf die gleiche Quote, und zwar gesamtschuldnerisch im Rahmen einer Haftungseinheit (s § 36 Rn 27). Der **Innenausgleich** zwischen Halter und Führer fällt nicht unter § 18 Abs 3, § 17 StVG, denn die Betriebsgefahr ist in diesem Ausgleichsverhältnis kein sinnvolles Abwägungselement.[55] Bei Fehlen anderweitiger Regelung hat daher – im Rahmen der Haftung nach dem StVG – im Innenverhältnis grundsätzlich jeder die Hälfte des Schadens zu tragen (§ 426 Abs 1 BGB).[56] Etwas anderes kann jedoch gelten, wenn (nur) einer von ihnen nachweislich schuldhaft gehandelt hat. Soweit Schadensersatzansprüche des Verletzten aus unerlaubter Handlung die Grenzen der im StVG gesetzten Regelung überschreiten, ist insoweit ohnehin der schuldhaft handelnde Führer alleiniger Schuldner. **32**

---

48 BGH VersR 1968, 581.
49 BGH VersR 1969, 161, 162.
50 OLG Düsseldorf VersR 1970, 66, 67.
51 BGH bei *Bode-Weber* DAR 1969, 115.
52 BGH VRS 4, 332.
53 BGH DAR 1991, 172.
54 BGH DAR 1955, 194, 195.
55 BGH VersR 1970, 63, 64.
56 OLG Frankfurt VersR 1983, 926.

33 Ist der Führer **Arbeitnehmer** des Halters und wurde die Fahrt im Rahmen des Arbeitsverhältnisses ausgeführt, so gelten die arbeitsrechtlichen Sondervorschriften (§ 19 Rn 64 ff).[57] Der Arbeitgeber ist mithin idR verpflichtet, den Arbeitnehmer von Schadensersatzansprüchen aus einem Unfall, der durch dessen verkehrswidriges Verhalten entstanden ist, ganz oder teilweise freizustellen. Beruht allerdings der Unfall darauf, dass der Arbeitnehmer seine Pflichten aus dem Dienstvertrag gröblich dadurch verletzt hat, dass er die Pflege des Wagens vernachlässigt oder Reparaturen, die er hätte durchführen müssen, nicht oder mangelhaft ausgeführt hat, so hat im Innenverhältnis der Arbeitnehmer den Schaden zu tragen. Ist der Führer **Beamter** und der Halter sein Dienstherr, so schließt die Haftung der Körperschaft nach Art 34 GG eine Haftung des Beamten nach § 18 aus (Rn 8); der Rückgriff richtet sich nach den beamtenrechtlichen Vorschriften.

2. Haftung für Schäden des Halters

34 Für solche Schäden haftet der Führer nicht nach § 18 StVG. Dies folgt aus der Bezugnahme auf § 7 StVG (kein Anspruch des Halters bei Schädigung durch sein eigenes Kfz; vgl § 3 Rn 246). In Betracht kommen jedoch deliktische Ansprüche. Auf diese braucht sich der Halter wegen der spiegelbildlichen Anwendung des § 8 Nr 2 StVG die Betriebsgefahr des eigenen Kfz nicht anrechnen zu lassen (§ 22 Rn 91), sofern es sich nicht um die Beschädigung einer zufällig in den Gefahrenkreis des Kfz gelangten anderen Sache des Halters handelt (vgl § 19 Rn 10). Zu der umstrittenen Frage, ob der Halter einen Direktanspruch gegen seinen Haftpflichtversicherer hat, s § 15 Rn 10.

3. Haftung gegenüber dem Eigentümer des geleasten Kfz

35 Hierfür gilt das zur entsprechenden Frage bei der Halterhaftung (§ 3 Rn 252) Ausgeführte sinngemäß.

---

57 BGH VersR 1970, 63, 64.

§ 5 Haftung für Bahnen, Luftfahrzeuge und gefährliche Anlagen

§ 1 HaftpflG

(1) Wird bei dem Betrieb einer Schienenbahn oder einer Schwebebahn ein Mensch getötet, der Körper oder die Gesundheit eines Menschen verletzt oder eine Sache beschädigt, so ist der Betriebsunternehmer dem Geschädigten zum Ersatz des daraus entstehenden Schadens verpflichtet.

(2) Die Ersatzpflicht ist ausgeschlossen, wenn der Unfall durch höhere Gewalt verursacht ist.

(3) Die Ersatzpflicht ist ferner ausgeschlossen, wenn eine
1. zur Aufbewahrung angenommene Sache beschädigt wird;
2. beförderte Sache beschädigt wird, es sei denn, dass ein Fahrgast sie an sich trägt oder mit sich führt.

§ 2 HaftpflG

(1) Wird durch die Wirkungen von Elektrizität, Gasen, Dämpfen oder Flüssigkeiten, die von einer Stromleitungs- oder Rohrleitungsanlage oder einer Anlage zur Abgabe der bezeichneten Energien oder Stoffe ausgehen, ein Mensch getötet, der Körper oder die Gesundheit eines Menschen verletzt oder eine Sache beschädigt, so ist der Inhaber der Anlage verpflichtet, den daraus entstehenden Schaden zu ersetzen. Das Gleiche gilt, wenn der Schaden, ohne auf den Wirkungen der Elektrizität, der Gase, Dämpfe oder Flüssigkeiten zu beruhen, auf das Vorhandensein einer solchen Anlage zurückzuführen ist, es sei denn, dass diese zur Zeit der Schadensverursachung in ordnungsmäßigem Zustand befand. Ordnungsmäßig ist eine Anlage, solange sie den anerkannten Regeln der Technik entspricht und unversehrt ist.

(2) Absatz 1 gilt nicht für Anlagen, die lediglich der Übertragung von Zeichen oder Lauten dienen.

(3) Die Ersatzpflicht nach Absatz 1 ist ausgeschlossen,
1. wenn der Schaden innerhalb eines Gebäudes entstanden und auf eine darin befindliche Anlage (Absatz 1) zurückzuführen oder wenn er innerhalb eines im Besitz des Inhabers der Anlage stehenden befriedeten Grundstücks entstanden ist;
2. wenn ein Energieverbrauchgerät oder eine sonstige Einrichtung zum Verbrauch oder zur Abnahme der in Absatz 1 bezeichneten Stoffe beschädigt oder durch eine solche Einrichtung ein Schaden verursacht worden ist;
3. wenn der Schaden durch höhere Gewalt verursacht worden ist, es sei denn, dass er auf das Herabfallen von Leitungsdrähten zurückzuführen ist.

Erster Teil. Haftung ohne Verschuldensnachweis

§ 3 HaftpflG

Wer ein Bergwerk, einen Steinbruch, eine Gräberei (Grube) oder eine Fabrik betreibt, haftet, wenn ein Bevollmächtigter oder ein Repräsentant oder eine zur Leitung oder Beaufsichtigung des Betriebes oder der Arbeiter angenommene Person durch ein Verschulden in Ausführung der Dienstverrichtungen den Tod oder die Körperverletzung eines Menschen herbeigeführt hat, für den dadurch entstandenen Schaden.

§ 13 HaftpflG

(1) Sind nach den §§ 1, 2 mehrere einem Dritten zum Schadensersatz verpflichtet, so hängt im Verhältnis der Ersatzpflichtigen untereinander Pflicht und Umfang zum Ersatz von den Umständen, insbesondere davon ab, wie weit der Schaden überwiegend von dem einen oder dem anderen verursacht worden ist.

(2) Wenn der Schaden einem der nach §§ 1, 2 Ersatzpflichtigen entstanden ist, gilt Absatz 1 auch für die Haftung der Ersatzpflichtigen untereinander.

(3) Die Verpflichtung zum Ersatz nach den Absätzen 1 und 2 ist für den nach § 1 zum Schadensersatz Verpflichteten ausgeschlossen, soweit die Schienenbahn innerhalb des Verkehrsraumes einer öffentlichen Straße betrieben wird und wenn der Unfall durch ein unabwendbares Ereignis verursacht ist, das weder auf einem Fehler in der Beschaffenheit der Fahrzeuge oder Anlagen der Schienenbahn noch auf einem Versagen ihrer Vorrichtungen beruht. Als unabwendbar gilt ein Ereignis nur dann, wenn sowohl der Betriebsunternehmer als auch die beim Betrieb tätigen Personen jede nach den Umständen des Falles gebotene Sorgfalt beobachtet haben. Der Ausschluss gilt auch für die Ersatzpflicht gegenüber dem Eigentümer einer Schienenbahn, der nicht Betriebsunternehmer ist.

(4) Die Absätze 1 bis 3 gelten entsprechend, wenn neben den nach den §§ 1, 2 Ersatzpflichtigen ein anderer für den Schaden kraft Gesetzes verantwortlich ist.

§ 33 LuftVG

(1) Wird beim Betrieb eines Luftfahrzeugs durch Unfall jemand getötet, sein Körper oder seine Gesundheit verletzt oder eine Sache beschädigt, so ist der Halter des Luftfahrzeugs verpflichtet, den Schaden zu ersetzen. Für die Haftung aus dem Beförderungsvertrag gegenüber einem Fluggast sowie für die Haftung des Halters militärischer Luftfahrzeuge gelten die besonderen Vorschriften der §§ 44 bis 54. Wer Personen zu Luftfahrern ausbildet, haftet diesen Personen gegenüber nur nach den allgemeinen gesetzlichen Vorschriften.

(2) Benutzt jemand das Luftfahrzeug ohne Wissen und Willen des Halters, so ist er an Stelle des Halters zum Ersatz des Schadens verpflichtet. Daneben bleibt der Halter zum Ersatz des Schadens verpflichtet, wenn die Benutzung des Luftfahrzeugs durch sein Verschulden ermöglicht worden ist. Ist jedoch der Benutzer vom Halter für den Betrieb des Luftfahrzeugs angestellt oder ist ihm das Luftfahrzeug vom Halter überlassen worden, so ist der Halter zum Ersatz des Schadens verpflichtet; die Haftung des Benutzers nach den allgemeinen gesetzlichen Vorschriften bleibt unberührt.

§ 22 WHG

(1) Wer in ein Gewässer Stoffe einbringt oder einleitet oder wer auf ein Gewässer derart einwirkt, dass die physikalische, chemische oder biologische Beschaffenheit des Wassers verändert wird, ist zum Ersatz des daraus einem anderen entstehenden Schadens verpflichtet. Haben mehrere die Einwirkungen vorgenommen, so haften sie als Gesamtschuldner.

(2) Gelangen aus einer Anlage, die bestimmt ist, Stoffe herzustellen, zu verarbeiten, zu lagern, abzulagern, zu befördern oder wegzuleiten, derartige Stoffe in ein Gewässer,

ohne in dieses eingebracht oder eingeleitet zu sein, so ist der Inhaber der Anlage zum Ersatz des daraus einem anderen entstehenden Schadens verpflichtet; Absatz 1 Satz 2 gilt entsprechend. **Die Ersatzpflicht tritt nicht ein, wenn der Schaden durch höhere Gewalt verursacht ist.**

(3) Kann ein Anspruch auf Ersatz des Schadens gemäß § 11 nicht geltend gemacht werden, so ist der Betroffene nach § 10 Abs 2 zu entschädigen. Der Antrag ist auch noch nach Ablauf der Frist von 30 Jahren zulässig.

Literatur
Tavaloki Privatisierung und Haftung der Eisenbahnen (2001)

Übersicht

	Rn
I. Überblick	1
II. Haftung des Bahnunternehmers	7
1. Begriff der Schienen- oder Schwebebahnen	7
2. Das Merkmal „bei dem Betrieb"	10
3. Unfall	16
4. Ersatzpflichtige	17
5. Ausschluss der Haftung des Bahnunternehmers	21
6. Allgemeiner Entlastungsbeweis wegen höherer Gewalt (§ 1 Abs 2 HaftpflG)	24
7. Besonderer Entlastungsbeweis wegen Unabwendbarkeit (§ 13 Abs 3, 4 HaftpflG)	30
III. Haftung des Luftfahrzeughalters	43
1. Haftungsvoraussetzungen	43
2. Ersatzpflichtiger	46
3. Haftungsumfang	47
IV. Gefährdungshaftung bei Gewässerverunreinigung	48
1. Anwendungsgebiet und Voraussetzungen	48
2. Entlastungsbeweis	49
3. Ersatzberechtigung	50
4. Umfang	51
V. Haftung des Betreibers von Leitungs-, Abbau- und Industrieanlagen	52
1. Bedeutung des § 2 HaftpflG	52
2. Schäden durch Stromleitungen	53
3. Schäden durch Wasserleitungen	56
4. Sonstige Fälle	60
5. Bedeutung des § 3 HaftpflG	61

I. Überblick

Bei Straßenverkehrsunfällen kann auch die Gefährdungshaftung nach dem HaftpflG, dem LuftVG und dem WHG zum Tragen kommen. Sie steht ggf neben gleichfalls gegebenen Ansprüchen aus unerlaubter Handlung oder Vertrag (vgl § 12 HaftpflG, § 42 LuftVG). 1

2 a) Das **HaftpflG**[1] kann zur Anwendung kommen, wenn an einem Verkehrsunfall eine **Schienen- oder Schwebebahn** beteiligt ist (§ 1 HaftpflG). Die in § 2 HaftpflG begründete verschuldensunabhängige Haftung für **Anlagen zur Übermittlung oder Abgabe von Energie oder Stoffen** kann (zB bei herabhängenden Stromleitungen, unterspülten Fahrbahnen oder abgehobenen Kanaldeckeln) ebenfalls Bedeutung für das Verkehrshaftungsrecht erlangen. Auch von den in § 3 HaftpflG genannten **Abbau- und Industrieanlagen** können im Einzelfall Auswirkungen auf den Straßenverkehr ausgehen (dazu Rn 61).

3 Die Haftung ist **ausgeschlossen**, wenn der Unternehmer beweist, dass der Unfall durch höhere Gewalt (Rn 24 ff) verursacht wurde (§ 1 Abs 2, § 2 Abs 3 Nr 2 HaftpflG), unter den Voraussetzungen des § 13 Abs 3 HaftpflG schon beim Nachweis der Unabwendbarkeit (dazu Rn 35 ff). Von der Haftung für das Vorhandensein einer Anlage iS des § 2 HaftpflG kann sich der Inhaber durch den Nachweis des ordnungsgemäßen Zustands entlasten; für das Herabfallen von Leitungsdrähten (§ 2 Abs 3 Nr 3 HaftpflG) und in den Fällen des § 3 HaftpflG muss jedoch ohne Entlastungsmöglichkeit gehaftet werden (s Rn 54, 61). Ausgeschlossen ist die Haftung des weiteren für beförderte Sachen, die nicht von einem Fahrgast mitgeführt werden (§ 1 Abs 3 Nr 2 HaftpflG; s zum gleichlautenden § 8 Nr 3 StVG § 19 Rn 13 ff). Zu sonstigen Haftungsausschlüssen s § 19, zum Mitverschuldenseinwand (§ 4 HaftpflG) s § 22.

4 Die Ersatzpflicht nach dem HaftpflG ist für Personenschäden **unabdingbar** (§ 7 S 1 HaftpflG; vgl § 19 Rn 34). Im Übrigen greifen zT haftungsbegrenzende Rechtsverordnungen ein (s § 19 Rn 2).

5 b) Auch durch **Luftfahrzeuge** können Unfälle im Straßenverkehr verursacht werden, sei es durch unmittelbare oder durch mittelbare Einwirkung (Beispiele: Kollision mit notlandendem Flugzeug, Unfall durch herabfallende Teile, Unfall durch Erschrecken über Fluglärm). Die Haftung für Unfälle durch Luftfahrzeuge ist durch **§§ 33 ff LuftVG** als Gefährdungshaftung ähnlich jener nach dem StVG ausgestaltet; für den Halter des Luftfahrzeugs besteht jedoch nicht die Möglichkeit eines Entlastungsbeweises.

6 c) Eine Haftung nach **§ 22 Abs 2 S 1 WHG** kommt in Betracht, wenn bei einem Tankwagenunfall ein Gewässer verunreinigt wird. Der Halter haftet hierfür vorbehaltlich des Nachweises höherer Gewalt.

II. Haftung des Bahnunternehmers

1. Begriff der Schienen- oder Schwebebahnen

7 a) Grundlegendes Merkmal der Schienenbahn ist die **Bindung an eine Schiene**, gleich aus welchem Werkstoff (zB Metall, Beton). Nicht unter § 1 HaftpflG fallen daher Kfz von Eisenbahnunternehmern (auch wenn sie als Ersatz für eine unterbrochene Eisenbahnlinie verkehren[2]) oder Obusse[3] (vgl § 3 Rn 16). Spurgebundene Busse

---

1 Zur Entstehungsgeschichte s 3. Aufl vor § 1 HaftpflG Rn 1 f.
2 OLG Naumburg EE 52, 287.
3 *Filthaut* NZV 1995, 53.

(Dual-Mode-Busse) sind, solange sie in der Spur fahren, als Schienenbahnen, nach Verlassen der Spur als Kfz anzusehen.[4] Rolltreppen und Rollsteige fallen nicht unter § 1 HaftpflG.[5]

b) Weitere Voraussetzung ist, dass die Bahn der **Beförderung von Personen oder Sachen über längere Strecken** dient; schienengeführte Kräne,[6] Zwei-Wege-Bagger, die innerhalb einer Gleisbaustelle Material aufnehmen und entladen[7] oder Bahnen, die auf Vergnügungsplätzen im Kreise fahren, fallen daher nicht unter § 1 HaftpflG, wohl aber sog Museumsbahnen, Kleinbahnen in Ausstellungsgeländen uä, denen neben der Unterhaltungs- auch eine Transportfunktion zukommt.[8] Auch Bahnen in einem Industriewerk sind Schienenbahnen. Wodurch der Antrieb erfolgt, ist ohne Belang; es genügt daher auch der (alleinige) Einsatz von menschlicher Muskeltätigkeit oder die Bewegung durch Ausnutzung der Schwerkraft.[9]

8

c) Für **Schwebebahnen** gelten die vorstehenden Kriterien entsprechend mit dem einzigen Unterschied, dass die Fahrzeuge sich nicht auf erdgebundenen Schienen, sondern an Schienen oder Seilen schwebend fortbewegen. Auch Sessellifte fallen darunter,[10] Schlepplifte[11] und Kleinseilbahnen auf Spielplätzen[12] dagegen nicht.

9

2. Das Merkmal „bei dem Betrieb"

a) Betrieb. Er umfasst alle technischen Betriebsvorgänge, die unmittelbar zur Beförderung von Personen oder Sachen dienen einschließlich der sie unmittelbar vorbereitenden oder abschließenden Handlungen.[13] Entscheidend ist der Zusammenhang mit dem Fahrbetrieb, denn aus ihm erwachsen die typischen Gefahren, die mit der Gefährdungshaftung abgedeckt werden sollen.[14] Deshalb werden Unfälle nicht erfasst, die nur durch den Zustand oder die Wirkungen einer Bahneinrichtung verursacht wurden, wie zB der Sturz eines Radfahrers auf einem Bahnübergang[15] oder der Unfall durch Herabfallen einer Oberleitung.[16] Bei Anlagen, die der Stromzuführung dienen, kommt aber uU Haftung aus § 2 HaftpflG in Betracht. Verunglückt ein Fahrgast vor dem Einsteigen oder

10

---

4 *Filthaut* § 1 Rn 24.
5 LG Hamburg VersR 1979, 922 m zust Anm *Klimke*; *Kunz* MDR 1982, 186; *Filthaut* § 1 Rn 8.
6 OLG Düsseldorf NZV 1995, 149; OLG Koblenz NJW-RR 2003, 243 ff.
7 OLG Dresden NZV 1999, 244.
8 *Filthaut* § 1 Rn 12.
9 RGZ 1, 247, 252.
10 *Filthaut* § 1 Rn 20; *Goltermann* MDR 1957, 20; **aA** OLG Zweibrücken VersR 1975, 1013.
11 BGH NJW 1960, 1345; *Filthaut* § 1 Rn 19; BT-Drs 8/108, S 10.
12 OLG Hamm VersR 1985, 294.
13 BGHZ 1, 17; BGH VRS 4, 506; 8, 177; 24, 173; 24, 414.
14 *Filthaut* § 1 Rn 60; *Wussow/Rüge*[15] Kap 15 Rn 12 ff.
15 OLG Hamm NZV 1998, 154.
16 **AA** RG JW 1900, 158. *Filthaut* § 1 Rn 74 differenziert danach, ob der Unfall durch die elektrische oder die mechanische Wirkung verursacht wurde. Der BGH hat im Zusammenhang mit Stromleitungsunfällen § 1 HaftpflG gelegentlich beiläufig erwähnt (NZV 1990, 267; 1995, 272, 274; 1996, 30 [neben § 2 HaftpflG]).

nach dem Aussteigen, so besteht eine Zurechenbarkeit nur, wenn der Unfall einen Zusammenhang mit den dem Bahnbetrieb eigentümlichen Gefahren aufweist.[17]

11 **b) Beendigung des Betriebs.** Entsprechend den bei § 7 StVG angestellten normativen Wertungen (§ 3 Rn 107 ff) ist nur das endgültig außerhalb des Verkehrsraums abgestellte Schienenfahrzeug als nicht mehr in Betrieb befindlich anzusehen;[18] dagegen bleibt die Haftung nach § 1 HaftpflG bestehen, wenn etwa ein Straßenbahnwagen während der nächtlichen Betriebsruhe auf einer Straße abgestellt wird.[19] Setzt sich ein abgestelltes Schienenfahrzeug von selbst in Bewegung, so fällt ein hierdurch verursachter Unfall unter § 1 HaftpflG, weil er auf die Vorhaltung von Fahrzeug und Fahrweg und die typische Verkehrsgefahr der Bahn zurückzuführen ist (vgl zur Frage des Haftpflichtigen Rn 20).

12 **c) Kausalität des Betriebs.** Verursachung „bei dem Betrieb" bedeutet adäquate Kausalität eines Betriebsvorgangs für den Unfall (vgl § 3 Rn 66 ff, auch zur Bedeutung des örtlichen und zeitlichen Zusammenhanges). Durch Verschulden des Geschädigten oder eines Dritten wird der Kausalzusammenhang nicht unterbrochen.[20]

13 **d) Keine Beschränkung auf typische Bahngefahren.** Die Zurückführung eines Unfalls auf den Betrieb einer Bahn kann nicht mit dem Argument ausgeschlossen werden, dass sich der Unfall in gleicher Weise mit einem anderen Fahrzeug (zB Omnibus) hätte ereignen können. Ebenso wie sich die Haftung aus dem StVG nicht auf Gefahren beschränkt, die im Allgemeinen nur durch Kfz hervorgerufen werden, beschränkt sich diejenige aus dem HaftpflG nicht auf ausschließlich bahnspezifische Gefahren.[21]

14 **e) Einzelfälle** (mit Beziehung zum Straßenverkehr)

aa) Beim Betrieb entstanden sind nach der Rspr zB
– Zusammenstöße zwischen Eisenbahn und Straßenfahrzeugen;[22]
– Auffahren auf ein am Bahnübergang stehengebliebenes Fahrzeug;[23]
– Unfälle durch Scheuen von Tieren vor dem fahrenden Zug;[24]
– Unfälle durch Erschrecken über das rasche Herannahen eines Bahnfahrzeugs;[25]
– Unfälle wegen Sichtbeeinträchtigung durch Dampf einer Lokomotive;[26]
– Erfassen oder Überfahren von Fußgängern;[27]
– Sturz eines Fußgängers, der wegen herannahenden Zuges zum eiligen Überschreiten des Bahnübergangs veranlasst wurde;[28]

---

17 BGH VersR 1955, 81.
18 BGH VersR 1976, 963.
19 OLG Düsseldorf VkBl 1952, 195.
20 *Filthaut* § 1 Rn 88.
21 RG EE 2, 12; *Filthaut* § 1 Rn 82.
22 RGZ 61, 56; RG EE 43, 230; BGH VersR 1968, 852; OLG Neustadt VRS 7, 336; OLG Celle VersR 1982, 1200; OLG Schleswig VersR 1983, 65.
23 OLG Nürnberg VersR 1964, 1181.
24 RGZ 53, 115; 62, 145.
25 RGZ 75, 284; RG EE 37, 69.
26 BGH VersR 1954, 60.
27 BGH VersR 1967, 138; OLG Düsseldorf VersR 1968, 652; OLG Frankfurt VersR 1976, 1135; OLG Karlsruhe VersR 1978, 876 u 1984, 339.
28 OLG Frankfurt JW 1928, 3192.

- Unfälle beim Öffnen oder Schließen von Bahnschranken;[29]
- Hineinfahren in geschlossene Bahnschranke;[30]
- Unfälle durch aus dem fahrenden Zug geworfene Gegenstände;[31]
- die Verletzung eines Verkehrsteilnehmers durch die herabgefallene, Strom führende Oberleitung der Straßenbahn;[32]
- die Verletzung eines Verkehrsteilnehmers durch das Herabfallen eines Teils eines Oberleitungsmasten, das auf das Schwingen der Drähte beim Vorbeifahren der Straßenbahn zurückzuführen ist.[33]

bb) Nicht beim Betrieb entstanden sind zB 15
- Hängenbleiben mit Kfz oder Fahrrad in Bahngleisen, die auf öffentlicher Straße verlaufen;[34]
- Stürze beim Überschreiten von Gleisen, ohne dass sich ein Zug nähert;[35]
- Zusammenstoß eines Kfz mit Fußgänger auf dem Weg von der oder zur Straßenbahn;[36]
- Verletzung durch herabstürzende Bahnschranke, die nicht in Betrieb war.[37]

3. Unfall

Wie bei § 7 StVG muss es sich um einen **Personen- oder Sachschaden** (dazu § 3 Rn 28) handeln, der auf einem **Unfall** beruht (arg § 1 Abs 2 HaftpflG).[38] Näher hierzu § 3 Rn 26 ff. 16

4. Ersatzpflichtige

Die Ersatzpflicht nach § 1 HaftpflG trifft den **Betriebsunternehmer**. Betriebsunternehmer ist, wer die tatsächliche Verfügungsgewalt über den Bahnbetrieb hat und die Bahn für eigene Rechnung betreibt.[39] Dass die Bahnanlagen und Betriebsmittel im Eigentum des Betreffenden stehen, ist nicht erforderlich.[40] Keine Betriebsunternehmer sind mangels Verfügungsgewalt die Eigentümer, Halter und Einsteller von Waggons, die im Betrieb eines anderen Unternehmens befördert werden.[41] Bei geteiltem Betrieb auf Gemeinschaftsanlagen ist verantwortlicher Unternehmer nur das für die betreffende Fahrt nach dem Plan zuständige Unternehmen.[42] Haben dagegen mehrere Personen ge- 17

---

29 RGZ 46, 23; BGH VersR 1963, 583; OLG Oldenburg MDR 1954, 38.
30 BGH VersR 1967, 132; OLG Köln EE 43, 221; **aA** RG EE 26, 178; OLG Neustadt NJW 1953, 387 m zust Anm *Goltermann*.
31 RG JW 1938, 2357; BGH VersR 1987, 781.
32 RG JW 1900, 158 (zw).
33 RG EE 21, 351.
34 BGH VRS 7, 20.
35 RG EE 17, 244.
36 RG EE 23, 381; BGH VRS 8, 117.
37 BGH VersR 1963, 583; OLG Frankfurt EE 54, 353; OLG Neustadt NJW 1953, 387 m zust Anm *Goltermann*.
38 *Filthaut* § 1 Rn 124.
39 RGZ 66, 378; 96, 209; 146, 341; BGHZ 80, 1; BGH VersR 1963, 747; 1985, 765; *Filthaut* § 1 Rn 32 ff.
40 *Filthaut* § 1 Rn 31 u VersR 2001, 1350 mwN.
41 Österr OGH ZVR 1999, 45; *Filthaut* § 1 Rn 40; zur Haftung bei abgestellten Waggons s Rn 20.
42 BGH VRS 25, 102; *Filthaut* § 1 Rn 43.

meinsam die Verfügungsbefugnis, so sind bei jeder Fahrt alle Personen (Mit-)Unternehmer.[43]

18 Die von der Rspr[44] entwickelte Formel, wonach für die Betriebsunternehmereigenschaft entscheidend sei, dass er die Herrschaft über den Bahnverkehr, das Dispositionsrecht über das Personal und den Fahrplan hat, ohne diese Befugnis für einen anderen auszuüben, ist heute weitgehend überholt,[45] da sie voraussetzt, dass der Erbringer der Verkehrsleistung und der Betreiber der Eisenbahninfrastruktur personenidentisch sind. Im Zuge der Bahnstrukturreform von 1994/1999 wurden diese Bereiche getrennt. So wird zB bei der Deutschen Bahn die Gleisinfrastruktur von der DB Netz AG bereit gestellt, die Bahnhöfe werden von der DB Station & Service AG betrieben und die Verkehrsdienstleistung wird ua von der DB Fernverkehr AG und der DB Regio AG erbracht. Die verschiedenen Unternehmen müssen aber keinesfalls immer einem Konzern angehören. Ein Eisenbahninfrastrukturunternehmen muss gem § 14 AEG auch fremden Unternehmen Zugang zu seiner Infrastruktur ermöglichen.

19 Mit der Trennung sollte keine Schlechterstellung der Geschädigten verbunden sein.[46] Bahnbetriebsunternehmer iSv § 1 HaftpflG ist daher nach wie vor, wer die **Verfügungsgewalt** über den für eigene Rechnung betriebenen Bahnbetrieb hat; dem steht jedoch nicht entgegen, dass sie sich nur auf einen Teil des Eisenbahnbetriebs erstreckt.[47] IdR bilden das Eisenbahninfrastrukturunternehmen (§ 2 Abs 1 AEG) und das Eisenbahnverkehrsunternehmen (§ 2 Abs 1 AEG) einen **Haftungsverband**, wonach sie Dritten gegenüber als Gesamtschuldner ersatzpflichtig sind.[48] Es ist allerdings nicht ausgeschlossen, dass nur ein Unternehmer haftet, wenn im konkreten Fall die Gefahrenquelle (deren Gefahr sich realisiert hat) ausschließlich von diesem Unternehmen geschaffen wurde und auch vom anderen Unternehmen nicht verhindert hätte werden können.[49] Bei den früher sog privaten Anschlussgleisen gelten heute keine Besonderheiten mehr, dh der Betreiber des Anschlussgleises haftet als Eisenbahninfrastrukturunternehmen nach § 1 HaftpflG.[50]

20 Tritt ein Schaden durch einen nicht mit einer Zugmaschine verbundenen Waggon ein, ist zu unterscheiden: War die Trennung nur kurzzeitig (zB um weitere Waggons einzufügen), dann ist der Schaden (auch) dem Betrieb des Betriebsunternehmens zuzurechnen. Ansonsten ist der Schaden dem Infrastrukturunternehmen zuzurechnen.[51]

---

43 RG DR 1944, 36 m Anm *Wussow*.
44 BGH VRS 3, 217.
45 Nach ihr würde weder das Eisenbahninfrastruktur- noch das Eisenbahnverkehrsunternehmen nach § 1 HaftpflG haften; *Tavaloki* (Lit vor Rn 1) S 109.
46 BT-Drs 13/10867, S 6.
47 BGHZ 158, 130 = NZV 2004, 245 m Anm *Filthaut* 399.
48 *Geigel/Kuschert* Kap 22 Rn 14; *Filthaut*[6] § 1 Rn 56; *ders* VersR 2001, 1351; *Tavaloki* (Lit vor Rn 1) S 212 f; die Haftung des Infrastrukturunternehmens abl: *Filthaut*[5] § 1 Rn 54b; *Wussow/Rüge*[15] Kap 15 Rn 21; zu der str Frage, ob die Bahnunternehmen auch untereinander der Haftung des § 1 HaftpflG ausgesetzt sind, vgl BGHZ 158, 130 = NZV 2004, 245 m Anm *Filthaut* 399; *Tschersich* VersR 2003, 962 ff; *Filthaut* VersR 2003, 1512.
49 *Freise* TranspR 2003, 272 re Sp Fn 39.
50 *Tavaloki* (Lit vor Rn 1) S 214 f; früher stellte man auf den Inhalt des Gleisanschlussvertrages ab, vgl BGH VersR 1963, 745; 1985, 765; LG Essen Urt v 19.3.2003 - 11 O 700/02 (zit nach *Filthaut* NZV 2004, 560).
51 *Tavaloki* (Lit vor Rn 1) S 221 f.

§ 5 Haftung für Bahnen, Luftfahrzeuge und gefährliche Anlagen

5. Ausschluss der Haftung des Bahnunternehmers

Die Ersatzpflicht nach § 1 HaftpflG tritt ein, wenn der Geschädigte nachweist, dass derjenige, den er in Anspruch nimmt, Unternehmer einer Bahn ist, bei deren Betrieb durch Unfall ein Personen- oder Sachschaden entstanden ist, und dass die geltend gemachten Ersatzansprüche Schadensfolgen betreffen, die mit diesem Schaden zusammenhängen. Ist dieser Nachweis geführt, so ist es Sache des Unternehmers, den **Entlastungsbeweis** zu führen. 21

Die Anforderungen an diesen Entlastungsbeweis sind durch das 2. SchRÄndG der für die Kfz-Halterhaftung getroffenen, abgestuften Regelung in § 7 Abs 2, § 17 Abs 3 StVG angeglichen worden. Als Grundsatz gilt wie nach früherem Recht, dass die Haftung des Bahnunternehmers nur entfällt, wenn er nachweist, dass der Unfall durch **höhere Gewalt** verursacht wurde (§ 1 Abs 2 HaftpflG; dazu Rn 24 ff). Für Bahnen, die im Verkehrsraum einer öffentlichen Straße betrieben werden, also insbesondere Straßenbahnen, genügt jedoch gegenüber anderen Beteiligten, die ebenfalls einer Gefährdungshaftung unterworfen sind, der Beweis eines **unabwendbaren Ereignisses** (§ 13 Abs 3, 4 HaftpflG; dazu Rn 30 ff). Bis zum 2. SchRÄndG galt dieser erleichterte Entlastungsbeweis bei allen Unfällen mit Schienenbahnen im öffentlichen Straßenraum (§ 1 Abs 2 HaftpflG). Für **Unfälle vor dem 1.8.2002** ist diese Regelung weiter anwendbar; auf die diesbezüglichen Erl in der 3. Aufl (§ 1 HaftpflG Rn 18 ff) wird Bezug genommen. 22

Im Übrigen kann die Haftung des Unternehmers, auch wenn er den Entlastungsbeweis nicht führen konnte, im Wege der **Abwägung** nach § 4 HaftpflG iVm § 254 BGB, § 13 HaftpflG und § 17 StVG entfallen, sofern er einen weit überwiegenden Verursachungsbeitrag des Geschädigten beweist. 23

6. Allgemeiner Entlastungsbeweis wegen höherer Gewalt (§ 1 Abs 2 HaftpflG)

a) Begriff. Höhere Gewalt ist ein von außen (durch Naturereignisse oder durch Handlungen betriebsfremder Personen) auf den Betrieb einwirkendes Ereignis, das so außergewöhnlich ist, dass der Eisenbahnunternehmer mit seinem Eintritt nicht zu rechnen braucht, und das weder durch wirtschaftlich tragbare Einrichtungen noch durch die äußerste nach der Sachlage vernünftigerweise zu erwartende Sorgfalt verhütet oder unschädlich gemacht werden kann.[52] Der wesentliche Unterschied zum „unabwendbaren Ereignis" (§ 1 Abs 2 HaftpflG aF, § 7 Abs 2 StVG aF) liegt darin, dass zur Unabwendbarkeit des Ereignisses die Außergewöhnlichkeit hinzutreten muss. 24

aa) Einwirkung von außen. Nur ein betriebsfremdes, außerhalb des Bahnbetriebs und seiner Einrichtungen liegendes Ereignis kann die Haftung des Bahnunternehmers ausschließen. Daß ein Betriebsvorgang der Bahn zu dem Unfall mit beigetragen hat, ist unerheblich, solange das äußere Ereignis die auslösende Ursache bildet.[53] In Betracht kommen insbesondere Naturereignisse, aber auch menschliche Handlungen, die von außen in den Bahnbetrieb eingreifen. Dies können auch Handlungen des Geschädigten 25

---

52 RGZ 64, 404; 101, 94; 104, 150; 109, 172; RG JW 1911, 595; 1920, 710 m Anm *v der Leyen*; 1931, 865 m Anm *Seligsohn*; LZ 1919, 375; BGH VersR 1953, 27; 1955, 346; 1967, 139; 1976, 963; NZV 1988, 100.
53 RGZ 109, 172.

selbst sein.⁵⁴ Dagegen scheiden Handlungen des Bahnpersonals ebenso wie technische Mängel von Bahneinrichtungen aus. Auch das plötzliche körperliche oder geistige Versagen eines Triebfahrzeugführers begründet daher keine höhere Gewalt,⁵⁵ sofern es nicht seinerseits durch ein äußeres Ereignis hervorgerufen wurde. Außerdienstliche Handlungen von Bahnbediensteten sind ebenso zu bewerten wie solche dritter Personen.⁵⁶

26 bb) **Außergewöhnlichkeit.** Ereignisse, die im Bahnbetrieb nicht ungewöhnlich sind, führen zur Haftung des Bahnunternehmers auch dann, wenn sie von außen her einwirken. Höhere Gewalt liegt nämlich nicht vor, wenn es sich um ein Ereignis handelt, welches häufiger vorkommt und auf welches sich der Unternehmer daher einrichten kann.⁵⁷ Das Ereignis muss so ungewöhnlich sein, dass es in seinem Ausnahmecharakter einem elementaren Ereignis gleichkommt.⁵⁸ Der Gesichtspunkt, dass derjenige den Schaden zu tragen hat, der den gefährlichen Betrieb einer Eisenbahn unterhält, steht hier im Vordergrund. Letztlich entscheidet daher die wertende Betrachtung, ob das fragliche Risiko noch dem Bahnbetrieb zugerechnet werden kann. Auch ein von vielen Zufälligkeiten geprägter Unfallablauf beruht folglich nicht auf höherer Gewalt, wenn sich in ihm letztlich ein bahntypisches Risiko verwirklicht hat.⁵⁹ Zusammenstöße zwischen Schienen- und Straßenfahrzeugen beruhen demnach so gut wie nie auf höherer Gewalt, auch dann nicht, wenn das Straßenfahrzeug eine ordnungsgemäß geschlossene und beleuchtete Schranke durchbricht (vgl Rn 29). Zu einem Haftungsausschluss für den Unternehmer kann es in solchen Fällen nur über die Mitverschuldensabwägung kommen (vgl § 22 Rn 17, 226 ff).

27 cc) **Unabwendbarkeit.** Dass der Betriebsunternehmer und seine Bediensteten die im Verkehr erforderliche Sorgfalt beachten, reicht nicht. Gefordert wird die Aufbietung der äußersten Sorgfalt (vgl § 3 Rn 366 ff). Handelt es sich bei dem zum Unfall führenden Ereignis um eine außergewöhnliche Witterungseinwirkung oder eine sonstige Naturkatastrophe, so kann sich der Unternehmer nur entlasten, wenn die Abwendung der Folgen unmöglich oder wirtschaftlich nicht tragbar war.⁶⁰ Dies ist zB nicht der Fall, wenn eine vorübergehende Einstellung des Betriebs möglich und geboten gewesen wäre.⁶¹

28 b) **Einzelfälle.** Höhere Gewalt liegt bei der Entstehung eines Schadens vor allem dann vor, wenn **Naturereignisse** einen Unfall verursacht haben. In Frage kommen Erdbeben, außergewöhnliche Stürme,⁶² Blitzschlag, Bergrutsch, Vermurung, Lawinen, Überschwemmung. Treffen herabstürzende Felsen trotz ordnungsgemäßer Verbauung der

---

54 RGZ 21, 13; 54, 404.
55 RGZ 114, 12 = JW 1927, 2201 m zust Anm *Matthiessen*; BGH NJW 1957, 674; OLG Stuttgart VersR 1977, 383.
56 OLG Hamm EE 45, 93; *Filthaut* § 1 Rn 172.
57 BGH VersR 1953, 27; 1957, 433; 1987, 781; OLG Stuttgart VersR 1959, 117; OLG Hamburg VersR 1979, 549; OLG Schleswig VersR 1983, 163.
58 *Filthaut* § 1 Rn 174.
59 BGH NZV 1988, 100: Nähe der Bahnstrecke zu einer Bundesstraße.
60 RGZ 64, 404; 95, 65; 112, 284 = JW 1926, 1436 m zust Anm *v der Leyen*; BGH VersR 1955, 346; 1957, 533.
61 Vgl RGZ 101, 94; RG JW 1905, 321.
62 RG JW 1905, 321.

Hänge einen vorüberfahrenden Zug, so liegt höhere Gewalt vor. Dies gilt auch, wenn der Zug in bereits auf dem Gleis liegende Felsbrocken hineinfährt.[63] Wirft ein außergewöhnlich starker Schneesturm vereiste Schneemassen unvorhergesehen auf die Gleise, sodass ein Zug hierdurch zum Entgleisen gebracht wird, so liegt höhere Gewalt vor.[64] Gleiches gilt bei Beschädigung des Gleisunterbaus durch einen Wolkenbruch. In jedem Fall müssen aber alle Maßnahmen ergriffen sein, die nach dem Stand der bisher gewonnenen Erkenntnisse zur Abwehr von Unfällen als zumutbar erachtet werden. In Überschwemmungsgebieten muss den durch das Hochwasser entstehenden Gefahren begegnet werden;[65] zur Bekämpfung der durch starken Schneefall entstehenden Behinderungen müssen die modernsten Geräte eingesetzt und die Weichen aufgetaut werden. Starkes Schneegestöber ist, wenn sich hierdurch ein Zusammenstoß ereignet, keine höhere Gewalt.[66] Auch außergewöhnliche **menschliche Handlungen** (zB Sabotageakte, Selbsttötungen) können höhere Gewalt darstellen, wenn sie mit zumutbaren Mitteln auch durch die äußerste, vernünftigerweise zu erwartende Sorgfalt nicht verhindert werden können.[67]

Keine höhere Gewalt liegt – mangels Außergewöhnlichkeit – im Allgemeinen in folgenden Fällen vor: bei Zusammenstößen mit anderen Fahrzeugen oder Fußgängern,[68] auch nach Durchbrechen der Bahnschranke;[69] bei verbotswidrigem Betreten des Gleiskörpers;[70] bei Zusammenstößen mit Weidevieh;[71] bei Hinauswerfen von Gegenständen aus fahrenden Zügen;[72] bei Verursachung durch körperliche Störungen;[73] bei Fehlreaktionen von Kindern;[74] bei Verletzung eines Fahrgastes infolge einer Notbremsung.[75] **29**

7. Besonderer Entlastungsbeweis wegen Unabwendbarkeit (§ 13 Abs 3, 4 HaftpflG)

a) Anwendungsbereich

Der erleichterte Entlastungsbeweis steht dem Bahnunternehmer nur dann offen, wenn die Schienenbahn zum Unfallzeitpunkt im **Verkehrsraum einer öffentlichen Straße** betrieben wurde (örtliche Voraussetzung) und wenn es um die Haftung gegenüber einem ebenfalls **der Gefährdungshaftung unterliegenden Beteiligten** geht (persönliche Voraussetzung). Letzteres ist der – missglückten – Vorschrift nicht klar zu entnehmen, folgt aber aus dem Sinnzusammenhang (s Rn 34). Der Gesetzgeber des 2. SchRÄndG bezweckte mit ihr die haftungsrechtliche Gleichbehandlung von Kfz und Bahnen im öffentlichen Verkehrsraum.[76] Der Kfz-Halter wird durch § 17 Abs 3, 4 StVG nF bei **30**

---

63 BGHZ 158, 130, 132.
64 RGZ 101, 94.
65 RG EE 52, 170.
66 RG LZ 1916, 742.
67 BGH VersR 1976, 963, 964; 1988, 1150; OLG Hamm NZV 2005, 41.
68 RG JW 1911, 192; 1911, 596; BGH VRS 4, 503; VersR 1959, 49.
69 RG 93, 66; LG Breslau EE 53, 192; **aA** OLG München EE 53, 193.
70 RGZ 95, 65.
71 BGH VersR 1955, 346.
72 RGZ 1, 253; 75, 185; BGH VersR 1987, 781.
73 RG EE 23, 305; 23, 398; 32, 32; 34, 144; 38, 69.
74 RG JW 1924, 51.
75 OLG Köln NZV 1989, 73.
76 BT-Drs 14/8780 S 23.

Erster Teil. Haftung ohne Verschuldensnachweis

der Haftung gegenüber einem anderen Kfz-, Anhänger- oder Tierhalter (bzw -eigentümer) oder Bahnunternehmer insofern begünstigt, als er sich auch auf Unabwendbarkeit des Unfallereignisses berufen kann; damit sollte vor allem vermieden werden, dass es aufgrund der Umstellung des Entlastungsbeweises auf „höhere Gewalt" vermehrt zu „Quotenfällen" kommt, dh auch der Idealfahrer sich die Betriebsgefahr seines Kfz anrechnen lassen muss.[77]

31 aa) Für die **örtliche Voraussetzung** kommt es auf die **Verhältnisse am Unfallort** an, denn Bahngleise können streckenweise innerhalb, streckenweise außerhalb des Straßenraumes liegen.[78] **Innerhalb des Verkehrsraums** einer öffentlichen Straße wird die Bahn dann betrieben, wenn ihr Gleiskörper seiner baulichen Gestaltung nach **von Straßenverkehrsteilnehmern mitbenutzt** werden kann. Daran fehlt es, wenn die Gleise von der Fahrbahn durch Randsteine, Geländer oder sonstige bauliche Einrichtungen derart getrennt sind, dass den anderen Verkehrsteilnehmern ein Befahren oder Begehen des von den Gleisen eingenommenen Raums nicht nur untersagt, sondern auch faktisch erheblich erschwert ist (§ 58 Abs 1, § 16 Abs 6 S 1 BOStrab). Das Vorhandensein weißer nicht unterbrochener Linien zwischen Fahrbahn und Gleis oder einer Schwelle von geringer Höhe, die (zB bei Ausweichmanövern) leicht überfahren werden kann, reicht nicht aus. Ist der Gleiskörper zum Befahren durch Fahrzeuge bestimmter Art (zB Omnibusse) freigegeben, so gehört er zum Verkehrsraum der Straße. Die Bahn liegt auch dann nicht außerhalb desselben, wenn sie zwar vom Kfz-Verkehr, nicht aber vom Fußgänger- oder Radfahrverkehr baulich abgesondert ist. Allein die Abschotterung des in der Straßenmitte verlaufenden Gleiskörpers oder seine Abtrennung durch eine Hecke oder ein häufig unterbrochenes Geländer[79] reicht hierfür nicht aus.

32 An **Kreuzungen** zwischen Gleiskörper und Straße ist entscheidend, ob es sich der baulichen Gestaltung nach um einen Bahnübergang handelt oder ob die Bahn am Verkehr auf der Kreuzung wie ein Straßenfahrzeug teilnimmt. Straßenbahnen, die auf eigenem Gleiskörper in der Straßenmitte verlaufen, erhalten idR an Straßenkreuzungen keine Andreaskreuze (vgl Ziff VII der VwV zu Zeichen 201 der StVO); damit wird klargestellt, dass sie auf der Kreuzung am allgemeinen Straßenverkehr teilnehmen. Dasselbe gilt, wenn im Kreuzungsbereich abbiegende Kfz den Gleisbereich mitbenutzen. In solchen Fällen liegt das Gleis auf der Kreuzung im Verkehrsraum der öffentlichen Straße. Verlaufen die Gleise jenseits der Kreuzung nicht mehr auf eigenem Bahnkörper, so kann durch Aufstellung von Andreaskreuzen der Raum, auf dem das Gleis im Kreuzungsbereich verläuft, wirksam als noch zum Bahnkörper gehörig bezeichnet werden.[80] Das Verkehrszeichen 205 (Vorfahrt gewähren!) reicht hierfür nicht aus.

33 Einzelne Überwege über eine ansonsten auf abgesonderter Trasse verlaufende Bahnstrecke ändern nichts an deren Lage außerhalb des Straßenraums. Anders kann es sich hingegen verhalten, wenn der Bahnkörper kurz hintereinander so viele Überwege und Überfahrten (zB zu Grundstücken) aufweist, dass die Eigenständigkeit gegenüber dem Straßenverkehr völlig zurücktritt.[81]

---

77 BT-Drs 14/8780 S 22.
78 *Filthaut* § 13 Rn 28.
79 BGH VersR 1985, 86.
80 BGH DAR 1960, 137.
81 Vgl BGH VersR 1962, 48 = 133 m Anm *Böhmer; Filthaut* § 13 Rn 27.

bb) Persönliche Voraussetzung. Der erleichterte Entlastungsbeweis gilt – anders als bei Unfällen vor dem 1.8.2002 gem § 1 Abs 2 HaftpflG – nur in **besonderen Haftungsbeziehungen.** Zwar erstreckt § 13 Abs 4 HaftpflG die Geltung des Abs 3, der nach seinem S 1 lediglich den Innenausgleich und die Haftung zwischen mehreren nach §§ 1 und 2 HaftpflG Haftpflichtigen regelt, auf alle Fälle, in denen auch „ein anderer" für den Unfallschaden verantwortlich ist. Bei wortlautgetreuer Anwendung würde der erleichterte Entlastungsbeweis aber auch gegenüber unvorsichtigen Fußgängern oder Radfahrern gelten und damit in Widerspruch geraten mit dem vom 2. SchRÄndG verfolgten Ziel, schwächere Verkehrsteilnehmer haftungsrechtlich besser zu stellen; die Novellierung des § 1 Abs 2 HaftpflG hätte an der bestehenden Rechtslage nichts geändert und verlöre ihren Sinn. Der Begriff des „anderen" iSv § 13 Abs 4 HaftpflG ist daher teleologisch zu reduzieren auf die auch von § 17 StVG erfassten Unfallbeteiligten; nur dies entspricht der gesetzgeberischen Absicht, die Anforderungen an den Entlastungsbeweis im StVG und im HaftpflG gleichzustellen (vgl Rn 30).

34

Die frühere Ansicht, die in § 17 Abs 2 StVG aF eine den § 13 Abs 2 HaftpflG aF verdrängende Sonderregelung sah,[82] bezog sich lediglich auf die Abwägung der Betriebsgefahren; für die ganz andere Frage nach den Anforderungen an den Entlastungsbeweis, die jeweils gesondert – beim Kfz-Halter nach dem StVG, beim Bahnunternehmer nach dem HaftpflG – bestimmt werden müssen, kann sie nicht herangezogen werden.[83]

Die Berufung auf ein unabwendbares Ereignis steht dem Bahnunternehmer somit nur offen gegenüber

– anderen Bahnunternehmern oder -eigentümern (§ 13 Abs 3, 2 iVm § 1 HaftpflG),
– den Betreibern von Anlagen iSv § 2 HaftpflG (§ 13 Abs 3, 2 HaftpflG),[84]
– den Haltern und Eigentümern von Kfz, Anhängern und Tieren (§ 13 Abs 4, 3 HaftpflG in StVG-konformer Auslegung; vgl § 3 Rn 352),
– den Führern von Kfz oder Anhängern (gem dem Rechtsgedanken des § 18 Abs 3 StVG).

Gegenüber dem Führer eines anderen Schienenfahrzeugs verbleibt es dagegen bei der strengen Haftung nach § 1 Abs 2 HaftpflG, weil dieser nicht in das auf Betriebsgefahren abstellende Haftungssystem einbezogen ist. Dasselbe gilt gegenüber anderen („nicht motorisierten") Verkehrsteilnehmern sowie gegenüber Fahrgästen. In diesen Fällen kann sich ein Haftungsausschluss nur aus § 4 HaftpflG, § 254 BGB ergeben (s § 22 Rn 252 ff).

b) Anforderungen an den Entlastungsbeweis

aa) Der Unternehmer muss – wie der Kfz-Halter nach § 17 Abs 3 StVG – beweisen, dass der Unfall durch ein **unabwendbares Ereignis** verursacht wurde (§ 13 Abs 3 S 1 HaftpflG). Die Rspr zu § 17 Abs 3 StVG (bzw § 7 Abs 2 StVG aF) kann mithin herangezogen werden;[85] sie ist wiedergegeben in § 3 Rn 360 ff.

35

bb) Fehler in der Beschaffenheit von Fahrzeugen oder Anlagen oder Versagen ihrer Vorrichtungen führen, wenn hierauf der Unfall beruht, stets zur Haftung des

36

---

82 BGH NZV 1994, 146, 147; *Weber* DAR 1984, 65.
83 **AA** *Filthaut* NZV 2003, 163 Fn 28.
84 Hierzu *Filthaut* NZV 2003, 163.
85 BGH VersR 1955, 346; VRS 9, 419.

Unternehmers (§ 13 Abs 2 S 1 HaftpflG). Auch dies entspricht der Regelung in § 17 Abs 3 StVG (hierzu § 3 Rn 384 ff), geht jedoch insofern weiter, als nicht nur ein Versagen von Teilen der Fahrzeuge hierher zu rechnen ist, sondern auch ein Versagen der Stromzufuhr, der Signalanlagen [86] oder der Gleise und Weichen. Ein Versagen von Vorrichtungen liegt auch dann vor, wenn ein auf dem Gleis liegender Metallbolzen einen Straßenbahnwagen zum Entgleisen bringt,[87] ein Draht der Oberleitung reißt[88] oder ein Fahrleitungsmast umstürzt. Ist das Versagen von Vorrichtungen jedoch auf Einwirkungen von außen zurückzuführen (zB Sturz eines Felsbrockens oder Baumes auf Gleis oder Fahrdraht), so greift der Ausschluss der Entlastungsmöglichkeit nicht ein.[89]

c) **Einzelfälle** (s a § 14 Rn 252 ff)

37 **Zusammenstoß mit auf das Gleis geratendem Kfz.** Fährt die Straßenbahn am rechten Straßenrand, so liegt ein unabwendbares Ereignis vor, wenn ein Lkw, der unter Betätigung des rechten Blinkers links vor der Straßenbahn fuhr, ohne Rücksicht auf diese nach rechts über das Gleis in ein Grundstück einbiegt.[90] Dasselbe gilt für den im Straßenverkehr häufigen Vorgang, dass sich ein Kraftwagen unter Betätigung des linken Blinkers unmittelbar vor eine links hinter ihm fahrende Straßenbahn setzt.[91] Der Straßenbahnführer muss in einem solchen Fall zwar bremsen, um einen Sicherheitsabstand herzustellen; keinesfalls aber ist er gehalten, eine Schnellbremsung herbeizuführen, ehe der nun vor ihm auf den Gleisen fahrende Kraftwagen bremst.[92] Dies gilt auch dann, wenn die Möglichkeit, dass der Kraftwagen vor der nächsten Kreuzung halten muss, nicht fernliegt. Denn eine Schnellbremsung gefährdet die Fahrgäste der Straßenbahn stets und ist daher nur berechtigt, wenn die Gefahr, dass die Straßenbahn auf einen Kraftwagen auffährt, schon handgreiflich geworden ist. Der Führer der Straßenbahn muss die Schnellbremsung erst einleiten, wenn der Kraftwagen vor der Kreuzung bremst oder die Signalampel auf Gelb schaltet, ehe der Kraftwagen die Kreuzung erreicht hat. Hat der Straßenbahnführer durch Verlangsamen den Anschein erweckt, er werde an einer Haltestelle vor der Kreuzung anhalten, so muss er, falls er doch durchfährt, berücksichtigen, dass sich andere Verkehrsteilnehmer bereits auf sein Verhalten eingerichtet haben könnten.[93]

38 Ist die Fahrbahn durch abgestellte Fahrzeuge oder andere Hindernisse so verengt, dass der Kfz-Verkehr beim Ausweichen den Schienenraum benutzen muss, so muss der Straßenbahnfahrer sich auf eine mögliche Missachtung seines Vorrechts einstellen.[94] Er darf trotz Vorfahrt nicht darauf vertrauen, dass ein auf den Gleisen zum Stehen ge-

---

86 OLG Celle OLGR 2000, 239.
87 BGH VersR 1963, 1050.
88 RG JW 1900, 158.
89 Vgl OLG Wien VAE 1938, 388.
90 BGH VersR 1962, 48 = 133 m Anm *Böhmer*.
91 OLG Braunschweig VersR 1969, 1048; 1972, 493; OLG München VersR 1967, 167; LG Hannover VersR 1966, 861.
92 OLG Düsseldorf VersR 1988, 90; **aA** OLG Düsseldorf VersR 1965, 1158.
93 OLG Stuttgart VRS 15, 273.
94 OLG Düsseldorf VersR 1966, 764; 1969, 1026; VRS 68, 35; 71, 264; OLG Hamburg VersR 1966, 741; OLG Hamm VersR 1973, 282; **aA** OLG Frankfurt VRS 15, 294; OLG Karlsruhe VRS 33, 380; OLG Braunschweig VersR 1969, 1048.

kommenes Kfz diese rechtzeitig verlässt, sondern muss seine Geschwindigkeit vorsorglich reduzieren.[95]

Ein Straßenbahnführer beobachtet nicht die äußerste ihm zuzumutende Sorgfalt, wenn **39**
er bei einer Lichtsignalanlage, von der er weiß, dass sie eine kurze für Kfz und die Straßenbahn gemeinsame Grünphase aufweist, in die Kreuzung einfährt, ohne dem in den Schienenbereich einfahrenden Kfz-Verkehr Aufmerksamkeit zuzuwenden.[96] Dasselbe gilt, wenn eine links einbiegende Straßenbahn auf der Kreuzung halten muss, weil entgegenkommende Kraftwagen auf dem Gleis zum Halten gekommen sind; wird das Gleis wieder frei, so muss der Führer der Straßenbahn damit rechnen, dass neuerdings Kraftwagen, die bei Grün in die Kreuzung eingefahren sind, auf das Gleis geraten.[97]

Auffahrunfälle. Grundsätzlich muss die Straßenbahn zu vorausfahrenden Fahrzeugen **40**
einen so großen Sicherheitsabstand einhalten, dass auch bei plötzlichem Anhalten ein Auffahren vermieden werden kann. Bei besonderen Verkehrslagen (dichter Großstadtverkehr, einsehbare Strecke) darf der Abstand geringfügig verringert werden; kommt durch einen nicht vorhergesehenen Verkehrsvorgang (betrunkener Fußgänger) die Fahrzeugkolonne überraschend zum Stehen und fährt daher die Straßenbahn auf den Kraftwagen auf, so hat der Straßenbahnunternehmer den Entlastungsbeweis geführt.[98] Ist der Führer der Straßenbahn, obwohl vor ihm Fahrzeuge auf dem Gleis fuhren, ohne zu bremsen (lediglich unter Wegnahme des Fahrstroms) auf eine durch einen parkenden Lkw verursachte Engstelle zugefahren, so ist der Entlastungsbeweis nicht geführt, wenn an der Engstelle die Fahrzeuge wegen eines Radfahrers anhalten müssen und die Straßenbahn auffährt.[99]

Auffahren auf Hindernisse. Der Fahrer einer Schienenbahn, die innerhalb des Verkehrsraums einer öffentlichen Straße verkehrt, darf nicht darauf vertrauen, dass nicht **41**
einsehbare Gleisstrecken frei von Hindernissen sind; er muss auf Sicht fahren und mit unvermuteten, auch unbeleuchteten Hindernissen rechnen.[100]

Ausscheren. Ein Straßenbahnführer muss in Rechnung stellen, dass sein Wagen beim **42**
Einfahren in eine Kurve hinten nach rechts ausschert und hierdurch einen neben dem Gleis stehenden Kraftwagen beschädigen kann.[101]

III. Haftung des Luftfahrzeughalters

1. Haftungsvoraussetzungen

Es muss sich um einen **Unfall** (zum Begriff § 3 Rn 26 ff) beim Betrieb eines Luftfahrzeugs handeln. Der Begriff des Luftfahrzeugs ist in § 1 Abs 2 LuftVG definiert; Modell- **43**
flugzeuge, die als Kinderspielzeug anzusehen sind, fallen nicht darunter.[102]

---

95 BGH NZV 1998, 281, 282 unter Bestätigung von OLG Hamm NJWE-VHR 1997, 83, 85.
96 OLG Celle VersR 1967, 289.
97 OLG Hamburg VersR 1967, 814.
98 OLG Frankfurt VersR 1967, 851.
99 BGH VRS 9, 417.
100 BGH VersR 1975, 258; OLG Düsseldorf VersR 1968, 675.
101 OLG München VersR 1966, 786; KG VersR 1995, 978 LS.
102 OLG Düsseldorf VersR 1973, 826.

Erster Teil. Haftung ohne Verschuldensnachweis

44 Für das Tatbestandsmerkmal „**beim Betrieb**" gilt das unter § 3 Rn 60 ff Ausgeführte entsprechend. Es kommt also nicht darauf an, ob sich das Luftfahrzeug im Zeitpunkt des Unfalls in der Luft oder wenigstens in Bewegung befand; entscheidend ist vielmehr allein, ob sich bei dem Unfall gerade die Gefahren ausgewirkt haben, die typischerweise von Luftfahrzeugen ausgehen und hinsichtlich derer der Verkehr daher nach dem Sinn der Haftungsvorschrift schadlos gehalten werden soll.[103] Daher ist auch ein Unfall, der durch die Turbulenzen bei der Landung eines Hubschraubers[104] oder durch Erschrecken über den Lärm eines tief fliegenden Düsenflugzeugs oder einen Überschallknall hervorgerufen wird, dem Betrieb des Flugzeugs zuzurechnen;[105] die ursächliche Zurechnung wäre allerdings dann zu verneinen, wenn eine bei objektiver Betrachtung ungefährliche Geräuschentwicklung nur infolge einer außergewöhnlichen Empfindlichkeit des Geschädigten zu einer Schädigung geführt hätte.[106]

45 Da auch der ruhende Verkehr nach obiger Begriffsbestimmung noch zum Betrieb des Luftfahrzeugs gehören kann, greift die Haftung nach § 33 LuftVG zB auch ein, wenn ein notgelandetes oder über die Landebahn hinaus geratenes Flugzeug oder ein Rettungshubschrauber[107] im Verkehrsraum einer Straße abgestellt ist und hierdurch ein Verkehrsunfall hervorgerufen wird; dagegen würde es an jedem Zusammenhang mit den für ein Luftfahrzeug typischen Gefahren fehlen, wenn etwa ein zusammengelegter Hängegleiter oder Flugdrachen beim Abtransport in den Verkehrsraum gelangen würde.

2. Ersatzpflichtiger

46 Die Ersatzpflicht nach § 33 LuftVG trifft den **Halter** des Luftfahrzeugs. Der Halterbegriff deckt sich mit dem des StVG (vgl § 3 Rn 258 ff). Für den Fall der unbefugten Benutzung eines Luftfahrzeugs („Schwarzflug") trifft § 33 Abs 2 LuftVG eine dem § 7 Abs 3 StVG entsprechende Regelung. Für Stoßwellen- oder Lärmschäden, die von Militärflugzeugen auf dem Gebiet der Bundesrepublik Deutschland verursacht werden, haften die Vertragsparteien des NATO-Truppenstatuts gesamtschuldnerisch, wenn als Verursacher nur Streitkräfte der Vertragsparteien in Betracht kommen, jedoch ein bestimmter Verursacher nicht zu ermitteln ist (vgl Art VIII Abs 5 e (ii) und (iii) NTS).[108]

3. Haftungsumfang

47 Wie bei § 7 StVG bezieht sich die Gefährdungshaftung nach § 33 LuftVG auf den Fall der Tötung, der Körper- oder Gesundheitsverletzung und der Sachbeschädigung. Die Vorschriften über den Umfang und die nähere Ausgestaltung der Ersatzpflicht (§§ 34 bis 41 LuftVG) entsprechen ebenfalls denen des StVG. Wie dort ist auch hier die Gefährdungshaftung der Höhe nach begrenzt (§ 37 LuftVG) und ist klargestellt, dass An-

---

103 BGHZ 79, 263; BGH VersR 1982, 243.
104 Österr OGH ZVR 1992, 225: Sturz eines Radfahrers.
105 BGH VersR 1982, 243.
106 RGZ 158, 34.
107 Zur Kollision zwischen Rettungshubschrauber und Feuerwehrfahrzeug auf wegen Unfalls gesperrter Landstraße s OLG Frankfurt TranspR 1993, 301.
108 BGH VersR 1976, 276; 1982, 243.

sprüche aus anderen Rechtsgrundlagen unberührt bleiben (§ 42 LuftVG). Für Halter militärischer Luftfahrzeuge ist die Haftpflicht in § 53 LuftVG durch Angleichung an die deliktische Haftung erweitert.

IV. Gefährdungshaftung bei Gewässerverunreinigung

1. Anwendungsgebiet und Voraussetzungen

Wird bei einem Tankwagenunfall das Grundwasser (§ 1 Abs 1 Nr 2 WHG)[109] oder ein oberirdisches Gewässer durch auslaufendes Transportgut verunreinigt, so kommt auch eine Haftung des Halters nach § 22 Abs 2 S 1 WHG in Betracht. Der Tankkraftwagen ist eine Anlage iS dieser Vorschrift,[110] nicht aber jedes Kfz wegen des mitgeführten Treibstofftanks oder ein als Ladegut transportiertes ölhaltiges Gerät.[111] Inhaber ist (ähnlich wie der Halter iS des StVG), wer die Anlage für eigene Rechnung in Gebrauch hat und die Verfügungsgewalt besitzt, die ein solcher Gebrauch voraussetzt; dies kann auf mehrere Beteiligte zugleich zutreffen.[112] Der Inhaber haftet auch ohne Verschulden und ohne Höhenbegrenzung (vgl jedoch zum Einwand des Rechtsmissbrauchs § 19 Rn 63).

48

2. Entlastungsbeweis

Die Ersatzpflicht ist ausgeschlossen, wenn der Schaden durch **höhere Gewalt** verursacht ist (§ 22 Abs 2 S 2 WHG). Der Begriff deckt sich mit dem in § 7 Abs 2 StVG und § 1 Abs 2 HaftpflG (s hierzu Rn 24 u § 3 Rn 354 ff). Das Eingreifen höherer Gewalt muss der Halter beweisen.

49

3. Ersatzberechtigung

Ersatzberechtigt ist außer dem Grundstückseigentümer, wer sonst durch die Verunreinigung des Wassers **unmittelbar betroffen** ist. So kann zB der Betreiber des Wasserwerks, in dessen Einzugsbereich das verschmutzte Grundwasser liegt, vom Halter des Tankwagens alle Aufwendungen verlangen, die im Zeitpunkt der Verunreinigung zur Behebung der Verunreinigung geboten erschienen.[113]

50

4. Umfang

Vorsorgeaufwendungen (zB Ausbaggern des Erdreichs, um Verunreinigung des Grundwassers zu verhindern) werden vom Wortlaut des § 22 Abs 2 WHG nicht erfasst, weil zum Zeitpunkt ihres Entstehens noch keine Verunreinigung des Wassers vorliegt. Nach Sinn und Zweck der Vorschrift ist die Gefährdungshaftung jedoch auf solche

51

---

109 Vgl hierzu BGH NJW 1988, 1593 = JZ 1988, 560 m Anm *Marburger*.
110 BGHZ 47, 1; 57, 259.
111 OLG Hamm NJW-RR 1993, 915.
112 BGHZ 80, 1; eingehend – auch rechtsvergleichend – hierzu *Hübner* 25 Jahre KF 126.
113 BGH NJW 1967, 1131.

Aufwendungen zu erstrecken, die zur Abwendung eines sicher bevorstehenden Gewässerschadens erforderlich waren.[114]

V. Haftung des Betreibers von Leitungs-, Abbau- und Industrieanlagen

1. Bedeutung des § 2 HaftpflG

52 Die Vorschrift begründet eine Gefährdungshaftung des Inhabers bestimmter Anlagen zur Übermittlung und Abgabe von Energien oder Stoffen. Nach Abs 1 S 1 haftet der Inhaber, wenn durch die **Wirkungen** von Elektrizität, Gasen, Dämpfen oder Flüssigkeiten, die von der Anlage ausgehen, ein Schaden entsteht. S 2 lässt ihn darüber hinausgehend haften für Schäden, die durch das **Vorhandensein** der Anlage hervorgerufen werden. Im letzteren Fall kann sich der Inhaber durch den Nachweis entlasten, dass die Anlage sich in ordnungsgemäßem Zustand befand, in jedem Fall – außer beim Herabfallen von Leitungsdrähten – auch durch den Nachweis höherer Gewalt (Abs 3 Nr 3).

2. Schäden durch Stromleitungen

53 a) Ein Fall der **Wirkungshaftung** nach Abs 1 S 1 ist gegeben, wenn ein Verkehrsteilnehmer mit einer stromführenden Leitung in Berührung kommt und hierdurch einen elektrischen Schlag erhält. Dagegen handelt es sich um einen Fall der **Zustandshaftung** nach Abs 1 S 2, wenn eine heruntergefallene oder herabhängende Leitung nicht durch die Wirkung der Elektrizität, sondern durch mechanische Wirkung oder infolge eines Ausweichversuchs einen Unfall verursacht.[115] Auch Schäden durch umstürzende Leitungsmasten fallen unter S 2, selbst wenn durch einen kriminellen Anschlag verursacht.[116] Es muss sich jedoch um Stromübertragungsleitungen handeln; Fernmeldeleitungen und Antennenanlagen sind durch Abs 2 ausgenommen. Auch der Fahrdraht einer elektrisch betriebenen Bahn ist eine Stromleitungsanlage iS des § 2 Abs 1 HaftpflG. Der Ansicht, dass es sich hierbei nicht um eine Anlage zur Abgabe der Energie, sondern bereits um einen Teil der Verbrauchseinrichtungen handelt, ist nicht zuzustimmen.[117]

54 b) Ein **Haftungsausschluss wegen höherer Gewalt** (zu diesem Begriff Rn 24 ff) kommt nach Abs 3 Nr 3 nicht in Betracht, wenn der Schaden auf das Herabfallen von Leitungsdrähten zurückzuführen ist. Ein Herabfallen erfordert kein Lösen der Stromleitung von ihrem Träger[118] und keine Berührung des Bodens; es liegt zB auch dann vor, wenn der Draht infolge eines Defekts der Aufhängevorrichtung zu tief hängt.[119]

---

114 BGHZ 80, 1; BGH VersR 1983, 184.
115 *Filthaut* NZV 1989, 462; *Däubler* DJ 1943, 414.
116 BGH VersR 1988, 1150.
117 *Filthaut* § 2 Rn 18 u NZV 1995, 54 m Nachw aus dem energierechtlichen Schrifttum.
118 BGH VersR 1988, 1150.
119 Vgl OLG Oldenburg VersR 1960, 1126.

c) Ein **ordnungsgemäßer Zustand** (dessen Nachweis zur Entlastung von der Zustands- 55
haftung führt; Rn 52) muss im Zeitpunkt der Schadensverursachung bestehen. Daran
fehlt es auch dann, wenn ein Stromleitungsmast durch ein Kfz zum Umstürzen gebracht
wird und auf ein anderes Kfz fällt.[120]

3. Schäden durch Wasserleitungen

a) Wirkungshaftung. Verkehrsunfälle, die durch den Austritt von Wasser aus Wasser- 56
leitungen oder aus der Kanalisation[121] hervorgerufen werden (zB durch Schleudern wegen Überflutung, Einsinken wegen Unterspülung), werden grundsätzlich von § 2 Abs 1
S 1 HaftpflG erfasst. Es muss sich jedoch um den Austritt aus einer **Rohrleitung** handeln. Offene Gräben oder Kanäle sind nicht erfasst, teilweise offene Leitungen nur
dann, wenn die schadensursächliche Stelle verrohrt ist.[122] Entsteht ein Überschwem-
mungsschaden oder ein Glätteunfall dadurch, dass Wasser nicht in ein Rohr gelangen
kann, weil dieses oder sein Einlauf verstopft ist oder die Kapazität nicht ausreicht, greift
die Haftung nach § 2 HaftpflG nicht ein.[123]

Einzelfälle aus der Rspr

Einbrechen eines Kfz in unterspülte Fahrbahn: OLG Naumburg NZV 1995, 362; LG Bielefeld 57
NJW-RR 1988, 860;

Eisbildung infolge Wasserrohrbruchs: OLG Frankfurt VersR 1983, 786; OLG Hamm
NJW-RR 1989, 1505;

Erdlawine infolge ausgetretener Wassermassen: LG Karlsruhe VersR 1988, 694;

Abheben eines Kanaldeckels infolge starken Regens: OLG Schleswig VRS 72, 426.

b) Zustandshaftung. Wird ein Unfall durch eine Vertiefung in der Fahrbahnober- 58
fläche hervorgerufen, die auf das Einstürzen einer baufälligen Rohrleitungsanlage zurückzuführen ist, so greift Abs 1 S 2 ein. Dasselbe gilt für den Unfall infolge eines
fehlenden[124] (vgl aber Rn 59 aE), schadhaften[125] oder gefährlich herausragenden Kanaldeckels.[126] Dagegen wird der Sturz eines Fußgängers oder Radfahrers über einen wegen
Wartungsarbeiten zur Seite gelegten Kanaldeckel vom Schutzumfang des § 2 HaftpflG
nicht erfasst.[127] Das Regenfallrohr einer Autobahnbrücke ist keine Rohrleitungsanlage
iS des § 2 HaftpflG.[128]

---

120 AA *Filthaut* NZV 1989, 462: nur wenn Kfz gegen den schon einige Zeit auf der Fahrbahn
liegenden Masten fährt.
121 Vgl hierzu BGH VersR 1984, 38; MDR 2004, 875.
122 *Filthaut* § 2 Rn 10; s a BGH VersR 1988, 1041: mit dem Kanalnetz verbundener Rohr-
durchlass unter einer Straße.
123 Vgl BGHZ 109, 8; 114, 380; OLG Bamberg ZfS 1990, 335.
124 OLG Celle NZV 1992, 239.
125 OLG Celle VersR 1992, 189.
126 LG München II NJW-RR 1987, 865.
127 OLG Celle OLGR 2000, 87; *Filthaut* NZV 1989, 462.
128 BGH VersR 1991, 72.

59 **c) Haftungsausschluss.** In allen vorgenannten Fällen kommt ein Haftungsausschluss bei Nachweis höherer Gewalt (vgl Rn 24) oder bei weit überwiegendem Eigenverschulden des Geschädigten (§ 4 HaftpflG) in Betracht, im Fall der Zustandshaftung auch beim Nachweis des ordnungsgemäßen Zustands zur Zeit der Schadensverursachung. Auch ein außergewöhnlich starker Regen begründet nicht ohne weiteres höhere Gewalt.[129] Dagegen kann höhere Gewalt vorliegen, wenn Unbefugte einen Kanaldeckel abheben.[130]

4. Sonstige Fälle

60 Als Fall einer Wirkungshaftung nach § 2 Abs 1 S 1 HaftpflG kommt noch in Betracht, dass die Explosion einer Gasleitung oder eines Dampfkessels schädigende Auswirkungen auf den Straßenverkehr hat. Nicht von § 2 HaftpflG erfasst werden Unfälle mit Fahrzeugen, in denen Gase oder Flüssigkeiten befördert werden, sowie Unfälle infolge des Niederschlags aus Kraftwerkskühltürmen.[131] In diesen Fällen handelt es sich nicht um *Leitungs*anlagen.

5. Bedeutung des § 3 HaftpflG

61 Die Vorschrift kann für den Straßenverkehr kaum Bedeutung erlangen. Denkbar wäre allenfalls, dass sich Sprengarbeiten in einem Steinbruch, Vertiefungen durch ein Bergwerk oder die Explosion in einer Fabrik auf die Benutzer benachbarter Straßen auswirken. In solchen Fällen haftet der Betreiber ohne Entlastungsmöglichkeit für das Verschulden seiner Aufsichtspersonen.

---

129 BGH NJW 1990, 1168. S aber BGH MDR 2004, 873 (Katastrophenregen).
130 OLG Celle NZV 1992, 239.
131 BGH VersR 1985, 641.

§ 6 Haftung für Produktmängel

§ 1 ProdHaftG

(1) Wird durch den Fehler eines Produkts jemand getötet, sein Körper oder seine Gesundheit verletzt oder eine Sache beschädigt, so ist der Hersteller des Produkts verpflichtet, dem Geschädigten den daraus entstehenden Schaden zu ersetzen. Im Falle der Sachbeschädigung gilt dies nur, wenn eine andere Sache als das fehlerhafte Produkt beschädigt wird und diese andere Sache ihrer Art nach gewöhnlich für den privaten Ge- oder Verbrauch bestimmt und hierzu von dem Geschädigten hauptsächlich verwendet worden ist.

(2) Die Ersatzpflicht des Herstellers ist ausgeschlossen, wenn

1. er das Produkt nicht in den Verkehr gebracht hat,
2. nach den Umständen davon auszugehen ist, daß das Produkt den Fehler, der den Schaden verursacht hat, noch nicht hatte, als der Hersteller es in den Verkehr brachte,
3. er das Produkt weder für den Verkauf oder eine andere Form des Vertriebs mit wirtschaftlichem Zweck hergestellt noch im Rahmen seiner beruflichen Tätigkeit hergestellt oder vertrieben hat,
4. der Fehler darauf beruht, daß das Produkt in dem Zeitpunkt, in dem der Hersteller es in den Verkehr brachte, dazu zwingenden Rechtsvorschriften entsprochen hat, oder
5. der Fehler nach dem Stand der Wissenschaft und Technik in dem Zeitpunkt, in dem der Hersteller das Produkt in den Verkehr brachte, nicht erkannt werden konnte.

(3) Die Ersatzpflicht des Herstellers eines Teilprodukts ist ferner ausgeschlossen, wenn der Fehler durch die Konstruktion des Produkts, in welches das Teilprodukt eingearbeitet wurde, oder durch die Anleitungen des Herstellers des Produkts verursacht worden ist. Satz 1 ist auf den Hersteller eines Grundstoffs entsprechend anzuwenden.

(4) Für den Fehler, den Schaden und den ursächlichen Zusammenhang zwischen Fehler und Schaden trägt der Geschädigte die Beweislast. Ist streitig, ob die Ersatzpflicht gemäß Absatz 2 oder 3 ausgeschlossen ist, so trägt der Hersteller die Beweislast.

Übersicht	Rn
I. Überblick	1
II. Haftung nach dem ProdHaftG	2
1. Haftungsvoraussetzungen	2
2. Haftpflichtige	6
3. Haftungsumfang	7
4. Mitverschulden	9
5. Haftungsausschlüsse	10
6. Beweislast	11
7. Unabdingbarkeit	12
8. Verjährung und Erlöschen des Anspruchs	13
9. Zeitlicher und internationaler Anwendungsbereich	14

Erster Teil. Haftung ohne Verschuldensnachweis

III. Produkthaftung wegen Verletzung einer Verkehrspflicht 15
   1. Haftungsvoraussetzungen 15
   2. Haftpflichtige 17
   3. Beweislast. 18
IV. Produkthaftung wegen Verletzung eines Schutzgesetzes 20

I. Überblick

1 Wird ein Verkehrsunfall durch einen technischen Mangel eines beteiligten Fahrzeugs hervorgerufen, so stellt sich die Frage nach einer Verantwortlichkeit des Herstellers gegenüber dem Unfallgeschädigten. Da vertragliche Beziehungen zwischen Geschädigtem und Produzent in aller Regel nicht bestehen,[1] kommt in erster Linie eine Haftung aus unerlaubter Handlung, nämlich Verletzung der Verkehrspflicht, fehlerhafte und schadensträchtige Produkte nicht in den Verkehr zu bringen, in Betracht. Seit dem Inkrafttreten des Produkthaftungsgesetzes (ProdHaftG; BGBl I 2198) am 1.1.1990 wird diese deliktische Haftung durch eine verschuldensunabhängige Gefährdungshaftung[2] überlagert. Dadurch wird dem Geschädigten der Nachweis des Haftungsgrundes erleichtert (wenngleich die Rspr auch für die deliktische Inanspruchnahme bereits erhebliche Erleichterungen beweisrechtlicher Art geschaffen hatte, s u Rn 18 f). Allerdings geht die Haftung nach dem ProdHaftG in anderer Hinsicht, insbesondere auf der Rechtsfolgenseite, weniger weit. Auch lassen sich nicht alle bereits bisher anerkannten Verantwortlichkeiten des Herstellers mit dem ProdHaftG auffangen. In der Rechtspraxis kommt dem ProdHaftG daher nur eine geringe Bedeutung zu.[3] Die deliktische Produzentenhaftung wird daher auch in Zukunft Bedeutung haben; § 15 ProdHaftG lässt sie ausdrücklich neben der Gefährdungshaftung bestehen. Die nachfolgende Darstellung behandelt dementsprechend zuerst die Haftung nach dem ProdHaftG und sodann die Produzentenhaftung nach §§ 823 ff BGB. Sie beschränkt sich auf die Fragen, die bei Unfällen im Straßenverkehr Bedeutung erlangen können.

II. Haftung nach dem ProdHaftG

1. Haftungsvoraussetzungen

2 a) Ein **Personen- oder Sachschaden** muss entstanden sein (§ 1 Abs 1 ProdHaftG), ausgeschlossen sind also Vermögensschäden und immaterielle Schäden. Zur Abgrenzung der Personenschäden (Tötung, Körper- oder Gesundheitsverletzung) kann auf § 3 Rn 33 ff verwiesen werden. Ob der Verletzte ein Endabnehmer des Produzenten oder ein unbeteiligter Dritter ist, spielt keine Rolle. Der Begriff des Sachschadens hingegen ist in § 1 Abs 1 S 2 ProdHaftG einschränkend definiert: anders als bei der deliktischen Haftung[4] werden nur Schäden an anderen Sachen (also nicht an dem fehlerhaften Produkt selbst) erfasst; zudem muss die beschädigte Sache ihrer Art nach zum privaten

---

1 Zu vertraglichen Ansprüchen des Käufers eines Kfz gegen den Verkäufer s § 16 Rn 15 ff.
2 Gegen die Bezeichnung als Gefährdungshaftung *Deutsch* VersR 1988, 1197.
3 So auch *Katzenmeier* JuS 2003, 943 ff.
4 Zu dieser Diskrepanz *Landscheidt* NZV 1989, 170 f.

Gebrauch bestimmt und auch hauptsächlich verwendet worden sein. Die Beschädigung eines Kfz, das hauptsächlich zu beruflichen oder gewerblichen Zwecken eingesetzt wird, ist durch das ProdHaftG also nicht geschützt, ebenso wenig der Schaden, der am Fahrzeug selbst durch ein fehlerhaftes Einzelteil entsteht.[5]

b) Produktfehler. Dieser Begriff ist in § 3 ProdHaftG näher definiert. Wesentliches Merkmal ist, dass das Produkt nicht die berechtigterweise zu erwartende Sicherheit bietet. Ob dieses Sicherheitsdefizit auf fehlerhafter Konstruktion, mangelhafter Fabrikation oder auf unzulänglicher Instruktion des Geschädigten beruht, ist für den Fehlerbegriff des § 3 ProdHaftG ohne Belang. „Berechtigte" Sicherheitserwartung ist nicht die subjektive Einschätzung des jeweiligen Benutzers, sondern der nach allgemeiner Verkehrsanschauung für erforderlich gehaltene Grad an Sicherheit.[6] Totale Sicherheit kann vom Verkehr nicht erwartet werden, ebenso wenig (im Bereich der Instruktion) eine Warnung vor Gefahren, die allgemeinem Erfahrungswissen angehören[7] oder die sich nur bei einer missbräuchlichen, völlig zweckfremden Verwendung ergeben.[8] Allein aus einer späteren Verbesserung der Produktreihe darf nicht auf Fehlerhaftigkeit der älteren Produkte geschlossen werden (§ 3 Abs 2 ProdHaftG); dies schließt es jedoch nicht aus, eine Produktveränderung als Indiz für eine Fehlerhaftigkeit der früheren Produktgestaltung zu werten.[9] Was technisch bereits machbar ist, sich in der Verkehrserwartung aber noch nicht voll durchgesetzt hat, begründet keinen Sicherheitsstandard im vorstehenden Sinn. Ein Kfz kann daher zum gegenwärtigen Zeitpunkt nicht etwa deswegen als fehlerhaft angesehen werden, weil es nicht mit ABS ausgerüstet ist.[10] Da es für die Sicherheitserwartung auch auf die „Darbietung" des Produkts durch den Hersteller ankommt (§ 3 Abs 1 lit a ProdHaftG), muss er sich auch an durch seine Werbung und seine Preisgestaltung geweckten Erwartungen festhalten lassen.[11]

Dass der Produktfehler im Verantwortungsbereich des Herstellers seine Wurzel hat, braucht der Geschädigte für die Haftung nach dem ProdHaftG – anders als bei der deliktischen Produzentenhaftung – nicht darzutun; es ist vielmehr Sache des Herstellers, sich auf den Haftungsausschluss nach § 1 Abs 2 Nr 2 ProdHaftG zu berufen (vgl Rn 10). Dasselbe gilt für den Einwand, der Fehler sei nach dem Stand von Wissenschaft und Technik nicht erkennbar gewesen (§ 1 Abs 2 Nr 5 ProdHaftG). Eine Produktbeobachtungspflicht statuiert das ProdHaftG nicht; hier kann aber die deliktische Haftung eingreifen (s Rn 16).[12]

c) Kausalität. Der geltend gemachte Schaden muss durch den Produktfehler entstanden sein. Hieran fehlt es bei einem behaupteten Instruktionsmangel zB bereits dann, wenn der Anwendende die mangelhafte Gebrauchsanweisung gar nicht gekannt bzw nicht beachtet hat.[13]

---

5 *v Westphalen* NJW 1990, 84; *Mayer* VersR 1990, 693.
6 *Palandt/Sprau* § 3 ProdHaftG Rn 3.
7 BGH VersR 1959, 524; 1975, 924; 1986, 654; OLG Bamberg VersR 1977, 772.
8 BGH NJW 1981, 2514; *Palandt/Sprau* § 3 ProdHaftG Rn 11.
9 *v Westphalen* NJW 1990, 89.
10 *Reinelt* DAR 1988, 81 f.
11 Vgl *v Westphalen* NJW 1990, 88.
12 Vgl *v Westphalen* NJW 1990, 85; *Birkmann* DAR 1990, 124.
13 BGH VersR 1986, 654.

Erster Teil. Haftung ohne Verschuldensnachweis

2. Haftpflichtige

6 Die verschuldensunabhängige Haftung trifft den Hersteller[14] des Schaden stiftenden Produkts sowie denjenigen, der das für den Schaden ursächliche Grundmaterial oder Teilprodukt[15] hergestellt hat oder sich als Hersteller ausgibt (§ 4 Abs 1 ProdHaftG). Nach § 4 Abs 2 ProdHaftG gilt aber auch derjenige als Hersteller, der das Produkt zum Zwecke des gewerblichen Vertriebs in den Bereich der EG eingeführt hat. Darunter fällt auch der Reimporteur.[16] Subsidiär (bei Nichtfeststellbarkeit des Herstellers bzw Importeurs im Zeitpunkt des Inverkehrbringens[17]) haftet der Lieferant, insb also der Verkäufer (§ 4 Abs 3 ProdHaftG). Anders als bei der unerlaubten Handlung nach § 823 Abs 1 BGB trifft die Haftung unmittelbar den jeweiligen Unternehmensträger;[18] es bedarf also keiner Haftungszurechnung nach § 31 oder § 831 BGB.

3. Haftungsumfang

7 a) Für **Personenschäden** haftet der Hersteller wie nach §§ 10, 11 StVG (§§ 7 ff ProdHaftG). Gem § 8 S 2 ProdHaftG besteht (enstpr der Regelung des § 253 Abs 2 BGB) ein Anspruch auf Schmerzensgeld. Sind Personenschäden durch ein Produkt oder durch gleiche Produkte mit demselben Fehler verursacht worden, so ist die Haftung auf insgesamt € 85 Millionen beschränkt (§ 10 Abs 1 ProdHaftG). Abs 2 trifft eine dem § 12 StVG entsprechende Regelung für den Fall der unzureichenden Haftungssumme bei mehreren Geschädigten.

8 b) Bei **Sachschäden** hat der Geschädigte einen Selbstbehalt von € 500 zu tragen (§ 11 ProdHaftG).

4. Mitverschulden

9 Die Anrechnung eines mitwirkenden Verschuldens des Geschädigten ist analog § 9 StVG geregelt (§ 6 Abs 1 ProdHaftG). Mitverursachung durch einen Dritten, etwa einen anderen Verkehrsteilnehmer, führt nicht zu einer Minderung der Verantwortlichkeit des Herstellers gegenüber dem Geschädigten (§ 6 Abs 2 ProdHaftG); der Ausgleich zwischen mehreren Schädigern vollzieht sich wie bei § 17 StVG (§ 6 Abs 2 S 2, § 5 S 2 ProdHaftG).

5. Haftungsausschlüsse

10 Abweichend von anderen Gefährdungshaftungstatbeständen kann sich der Hersteller zu seiner Entlastung nicht auf Unabwendbarkeit oder höhere Gewalt berufen. § 1 Abs 2 ProdHaftG zählt jedoch eine ganze Reihe von Entlastungsmöglichkeiten auf, deren Voraussetzungen der Haftpflichtige zu beweisen hat. Nach Nr 2 kann sich der Hersteller dadurch von der Haftung befreien, dass er die Fehlerfreiheit des Produkts im Zeitpunkt

---

14 Endmontage genügt; OLG Dresden VersR 1998, 59.
15 Für die Haftung des Teileherstellers vgl den Haftungsausschluss nach § 1 Abs 3 ProdHaftG. Hierzu *v Westphalen* NJW 1990, 86.
16 *Palandt/Sprau* § 4 ProdHaftG Rn 7.
17 OLG Düsseldorf MDR 2000, 1075.
18 *Soergel/Krause* § 4 ProdHaftG Rn 2.

des Inverkehrbringens nachweist. Die Beweisführung ist ihm hierbei erleichtert: Es genügt, wenn er Umstände nachweist, die für seine Behauptung sprechen.[19] Nr 5 enthält einen Haftungsausschluss für Entwicklungsrisiken; dieser gilt nur bei Konstruktions-, nicht bei Fabrikationsfehlern.[20] Der Hersteller eines Teilprodukts kann sich nach § 1 Abs 3 ProdHaftG durch den Nachweis entlasten, dass der Fehler des Endprodukts durch dessen Konstruktion oder die Anleitungen dessen Herstellers verursacht worden ist.

6. Beweislast

Der Geschädigte muss lediglich die oben in Rn 2 ff behandelten Fragen beweisen; ein Verschuldensnachweis ist nicht erforderlich. Die entlastenden Umstände (insb Rn 9 f) muss der Hersteller beweisen (§ 1 Abs 4 ProdHaftG). Hierbei gewährt ihm § 1 Abs 2 Nr 2 ProdHaftG insoweit eine Erleichterung, als er hinsichtlich der Mangelfreiheit im Zeitpunkt des Inverkehrbringens nur Umstände nachweisen muss, die dies wahrscheinlich erscheinen lassen. **11**

7. Unabdingbarkeit

Die Ersatzpflicht des Herstellers nach dem ProdHaftG kann nicht im Voraus durch Parteivereinbarung ausgeschlossen oder beschränkt werden (§ 14 ProdHaftG). **12**

8. Verjährung und Erlöschen des Anspruchs

Die Verjährung in § 12 ProdHaftG entspricht den allgemeinen Verjährungsregeln des § 199 Abs 1 BGB. Zehn Jahre nach dem Inverkehrbringen erlischt der Anspruch, sofern noch kein Rechtsstreit oder Mahnverfahren anhängig ist (§ 13 Abs 1 ProdHaftG). Ein Prozesskostenhilfeantrag reicht zur Fristwahrung, wenn Antragsteller alles unternimmt, damit Klagezustellung „demnächst" iSv von § 167 ZPO erfolgen kann.[21] **13**

9. Zeitlicher und internationaler Anwendungsbereich

Nach seinem § 16 gilt das ProdHaftG nicht für Produkte, die vor seinem Inkrafttreten am 1.1.1990 in den Verkehr gebracht worden sind (§ 16 ProdHaftG). Soll ein ausländischer Hersteller aus Produkthaftung in Anspruch genommen werden, richtet sich die Frage des anzuwendenden Rechts nach den allgemeinen Regeln des internationalen Deliktsrechts (§ 2 Rn 10 ff).[22] **14**

---

19 Näher hierzu *Landscheidt* NZV 1989, 172, der die Vorschrift allerdings als Beweiswürdigungsregel auffasst, während es sich in Wirklichkeit um eine bes Ausgestaltung der materiellrechtlichen Voraussetzungen der Haftungsbefreiung handelt.
20 BGHZ 129, 353.
21 So BGH VersR 1987, 39 zu § 12 Abs 3 VVG; *Mayer* VersR 1990, 698; *Soergel/Krause* § 13 ProdHaftG Rn 3 (ohne die genannte Einschränkung); aA *Palandt/Sprau* § 13 ProdHaftG Rn 5.
22 Eingehend hierzu *Wandt* Internationale Produkthaftung (1995). Vgl ferner OLG Köln VersR 1993, 110; *Mayer* VersR 1990, 700 f u DAR 1991, 84.

III. Produkthaftung wegen Verletzung einer Verkehrspflicht

1. Haftungsvoraussetzungen

15 a) **Schädigung eines Rechtsguts iS des § 823 Abs 1 BGB.** In Betracht kommen also vor allem Tötungen, Körper- oder Gesundheitsverletzungen sowie Beschädigungen fremden Eigentums. Ob es sich um ein Rechtsgut des Erwerbers des Produkts, eines Benutzers oder eines Dritten handelt, ist ohne Belang. Auch der an dem fehlerhaften Produkt selbst eintretende Schaden kann von der Produkthaftung erfasst werden.[23] Der Schaden darf in diesem Fall allerdings nicht stoffgleich sein mit dem „Mangelunwert", der dem Produkt bereits im Augenblick des Eigentumsübergangs anhaftet.[24] Diese Stoffgleichheit fehlt idR, wenn ein Defekt an einem funktionell abgrenzbaren Teil geeignet ist, das Gesamtprodukt zu zerstören oder zu beschädigen, zB wenn eine fehlerhafte Bereifung[25] oder ein hängenbleibender Gasseilzug[26] zu einem Unfall und dieser zur Beschädigung des ganzen Autos führt.

16 b) **Schuldhafte Verletzung einer Verkehrspflicht.** Der Hersteller muss zumindest fahrlässig gegen eine ihm beim Inverkehrbringen des Produkts obliegende Sorgfaltspflicht zum Schutze des Verkehrs verstoßen haben. Dies kann der Fall sein, wenn bereits bei der **Konstruktion** der Grund für das spätere Schadensereignis gelegt wurde, obwohl dies nach dem Stand von Technik und Wissenschaft vermeidbar gewesen wäre.[27] Dabei können die Pflichten des Herstellers das gesetzlich vorgeschriebene Maß überschreiten.[28] Über den jeweiligen Entwicklungsstand hat sich der Hersteller auch durch Beobachtung der Mitbewerber auf dem Laufenden zu halten.[29] Ebenso haftet der Hersteller für Fehler bei der **Fabrikation**, die sich durch ordnungsgemäße Organisation und Überwachung hätten vermeiden lassen, nicht aber für unvermeidbare „Ausreißer".[30] Auch Erzeugnisse von Zulieferern müssen vor der Verarbeitung im Rahmen des Möglichen kontrolliert werden.[31] Soweit erforderlich, muss der Hersteller auch durch sachgemäße **Instruktion** des Produktanwenders auf die Vermeidung sonst drohender Gefahren hinwirken.[32] Hierbei dürfen die Anforderungen aber nicht (wie dies in der US-amerikanischen Rspr geschehen ist) überspannt werden; vor Missbräuchen und Gefahren, die jedem Verständigen unmittelbar einleuchten, braucht der Hersteller nicht zu warnen. Schließlich kann den Produzenten aber auch eine Pflicht zur **Produktbeobach-**

---

23 BGHZ 67, 359.
24 BGHZ 86, 256; BGH NJW 1985, 2420; eingehend *Steffen* VersR 1988, 977; hierzu kritisch *Foerste* VersR 1989, 455. S a *Kullmann* NZV 2002, 1.
25 BGH NJW 1978, 2241.
26 BGHZ 86, 256.
27 BGHZ 80, 186; vgl LG Frankfurt/M NZV 1990, 34 zur Konstruktion eines Fahrradlenkers.
28 BGH NJW 1987, 372, 373.
29 BGH VersR 1989, 1308.
30 BGH VersR 1960, 855; NJW 1968, 247.
31 BGH VersR 1960, 855.
32 BGHZ 80, 186; OLG Hamm NZV 1993, 310; Düsseldorf NZV 1998, 206 (Fahrrad mit Schnellspanner für Vorderradnabe). Vgl auch § 434 Abs 2 S 2 BGB.

tung treffen,[33] aus der sich, wenn Gefahren erkennbar werden, eine Verpflichtung zu nachträglichen Warnhinweisen[34] oder sogar eine Rückrufpflicht[35] ergeben kann. Die Beobachtungspflicht beschränkt sich nicht auf die Bewährung des eigenen Produkts. Sie kann sich auf die Gesamtentwicklung der Technik auf dem betreffenden Gebiet, einschließlich der Produktentwicklung bei den wichtigsten Mitbewerbern,[36] sowie auch darauf beziehen, Gefahren aufzudecken, die aus der Kombinierung des Produkts mit Erzeugnissen anderer Hersteller (Zubehör) entstehen können.[37]

2. Haftpflichtige

Die deliktische Produzentenhaftung trifft den (tatsächlichen) Hersteller des fehlerhaften End- oder Teilprodukts, jeden in verantwortlicher Weise in den Produktionsprozess Eingeschalteten (Geschäftsleiter, Herstellungsleiter,[38] leitende Mitarbeiter und Organe jur Personen[39]), sowie denjenigen, der am Markt wie ein Hersteller auftritt. Importeure und Händler trifft keine Produzentenhaftung in vorstehendem Sinn; für sie können aber Überprüfungspflichten bestehen, wenn die besonderen Umstände des Falles hierzu Anlass geben.[40] Auch obliegt der inländischen Vertriebsgesellschaft eines ausländischen Herstellers dann die Produktbeobachtungs- und Instruktionspflicht, wenn sie den Hersteller auf dem deutschen Markt repräsentiert und von ihm mit der Produktinformation der Händler und Erwerber beauftragt ist.[41]

17

3. Beweislast

Der Geschädigte muss beweisen, dass sein Schaden durch einen Produktfehler verursacht worden ist, der aus dem Verantwortungsbereich des in Anspruch genommenen Herstellers stammt (zu letzterem s aber Rn 19). Für den Kausalitätsnachweis gelten auch hier die allgemeinen Erleichterungen (vgl § 38 Rn 46, 58). Bei Verletzung der Instruktionspflicht hat der Geschädigte außerdem zu beweisen, dass objektiv Anlass zu einer Warnung bestand.[42] Den Beweis dafür, dass der Geschädigte einen Warnhinweis unbeachtet gelassen hätte, muss der Hersteller führen.[43] Insb aber trifft den Produzenten

18

---

33 BGHZ 80, 199; eingehend (insbes bezogen auf Kfz) *Birkmann* DAR 1990, 124 u 2000, 435; aus Sicht des Kfz-Sachverständigen *Burckhardt* NZV 1990, 11. Zur Produktbeobachtungspflicht des Importeurs s BGH VersR 1994, 319. Für Fahrradhersteller: LG Berlin MDR 1997, 246.
34 BGHZ 80, 193; OLG Frankfurt NZV 1996, 147.
35 *Schwenzer* JZ 1987, 1059; s a *Birkmann* DAR 1990, 129 u 2000, 436 ff; *Wegener* DAR 1990, 130 ff; abl die Empfehlung des VGT 1990, NZV 1990, 103. Grundlegend *Bodewig,* Der Rückruf fehlerhafter Produkte (1999).
36 BGH VersR 1989, 1307.
37 BGHZ 99, 167 = JR 1988, 241 m zust Anm *Schmitz* = BB 1987, 721 m Anm *Schmidt-Salzer*; *Kullmann* BB 1987, 1957. Zur Rechtslage nach Inkrafttreten des ProdHaftG *Landscheidt* NZV 1989, 172 f.
38 Vgl BGH NJW 1975, 1827; 1987, 732.
39 Vgl BGH NJW 2001, 964.
40 BGHZ 67, 359.
41 BGHZ 99, 167.
42 BGHZ 80, 186.
43 BGH NJW 1975, 824.

nach der Rspr seit BGHZ 51, 91 die Beweislast dafür, dass ihn an dem (vom Geschädigten nachgewiesenen, aus seinem Organisationsbereich stammenden, schadensursächlichen) Produktfehler kein Verschulden trifft. Er hat sich also hinsichtlich der Erfüllung seiner Organisations- und Überwachungspflichten, der Beachtung der erforderlichen Sorgfalt durch seine Bediensteten, der Nichterkennbarkeit von Mängeln oder Instruktionsbedürfnissen usw zu entlasten. Diese Beweislastumkehr gilt auch für den im Produktionsbereich verantwortlichen Geschäftsleiter.[44]

19 In seiner jüngeren Rspr hat der BGH auch für den Beweis, dass der Fehler im Verantwortungsbereich des Herstellers entstanden ist – unter bestimmten Umständen – eine Beweislastumkehr zu Lasten des Herstellers aus der Verletzung einer **Befundsicherungspflicht** abgeleitet.[45] Dies kommt in Betracht, wenn der Hersteller aufgrund seiner dem Verbraucher gegenüber bestehenden Sicherungspflicht als verpflichtet anzusehen ist, seine Produkte unter Sicherung des Befundes zu überprüfen. Kommt er dieser Befundsicherungspflicht nicht nach, so soll der Hersteller – was kaum je möglich sein wird – den Beweis führen müssen, dass es sich im konkreten Schadensfall nicht um einen Produktfehler aus seinem Bereich gehandelt hat. Auf den Beweis, dass der Schaden durch einen Mangel verursacht wurde, vor dem der Hersteller im Rahmen seiner Produktbeobachtungspflicht (Rn 16 aE) hätte warnen müssen, ist diese Beweislastumkehr nicht anwendbar.[46]

IV. Produkthaftung wegen Verletzung eines Schutzgesetzes

20 Eine Haftung des Herstellers kann sich auch daraus ergeben, dass er durch das Inverkehrbringen des fehlerhaften Produktes gegen eine zum Schutz des Verkehrs vor der betreffenden Gefahr erlassene Rechtsvorschrift verstößt. Im Bereich des Straßenverkehrs kommt dem jedoch geringe Bedeutung zu, da der vor allem als Schutzgesetz iS des § 823 Abs 2 BGB zu qualifizierende § 3 Gerätesicherheitsgesetz nach § 1 Abs 2 Nr 1 dieses Gesetzes für Fahrzeuge, die verkehrsrechtlichen Vorschriften unterliegen, nicht gilt. In Betracht kommen hier also vor allem Verstöße gegen technische Ausstattungsvorschriften der StVZO.[47] Näher zur Haftung wegen Verletzung eines Schutzgesetzes u § 11.

---

44 BGH NJW 1975, 1827.
45 BGHZ 104, 323 = NJW 1988, 2611 m Anm *Reinelt* = VersR 1988, 930 m Anm *Foerste*. Zur Anwendbarkeit dieser Grundsätze im Kfz-Bereich *Birkmann* DAR 1989, 281 ff.
46 Vgl BGHZ 99, 181. Zweifelnd *Birkmann* DAR 1990, 129 f.
47 *Kullmann* NZV 2002, 8.

§ 7 Haftung für Verrichtungsgehilfen

§ 831 BGB

(1) Wer einen anderen zu einer Verrichtung bestellt, ist zum Ersatz des Schadens verpflichtet, den der andere in Ausführung der Verrichtung einem Dritten widerrechtlich zufügt. Die Ersatzpflicht tritt nicht ein, wenn der Geschäftsherr bei der Auswahl der bestellten Person und, sofern er Vorrichtungen oder Gerätschaften zu beschaffen oder die Ausführung der Verrichtung zu leiten hat, bei der Beschaffung oder der Leitung die im Verkehr erforderliche Sorgfalt beobachtet oder wenn der Schaden auch bei Anwendung dieser Sorgfalt entstanden sein würde.

(2) Die gleiche Verantwortlichkeit trifft denjenigen, welcher für den Geschäftsherrn die Besorgung eines der im Absatz 1 Satz 2 bezeichneten Geschäfte durch Vertrag übernimmt.

Übersicht	Rn
I. Überblick	1
1. Bedeutung der Norm	1
2. Inhalt der Regelung	2
3. Einzelfragen zum Haftungsgrund	4
4. Einzelheiten zur Beweisregelung	7
5. Konkurrenzen	9
II. Haftungstatbestand	10
1. Bestellung zur Ausführung einer Verrichtung	10
2. Schädigung in Ausführung der Verrichtung	12
III. Entlastungsbeweis	14
1. Gegenstand des Entlastungsbeweises	14
2. Sorgfaltsanforderungen bei der Auswahl	15
3. Sorgfaltsanforderungen bei der Beaufsichtigung	20
4. Sorgfaltsanforderungen bei der Beschaffung von Vorrichtungen	25
5. Fehlende Kausalität	26

I. Überblick

1. Bedeutung der Norm

Sie begründet eine vom Nachweis eines Verschuldens unabhängige Haftung in den Fällen, in denen der Schaden durch eine Person verursacht wurde, die zur Ausführung der Schaden stiftenden Handlung von einem anderen bestellt worden war. Im Straßenverkehrsrecht hat sie insb dort Bedeutung, wo ein angestellter Kraftfahrer in einen Unfall verwickelt wird. In diesen Fällen kann der Geschädigte uU einen deliktischen, also nicht den Schranken der Gefährdungshaftung unterliegenden Anspruch gegen den

1

Arbeitgeber (und den Haftpflichtversicherer) geltend machen, ohne einen Verschuldensnachweis führen zu müssen.

2. Inhalt der Regelung

2 Nach § 831 BGB haftet derjenige, der einen anderen für sich tätig werden lässt (Geschäftsherr), für den Schaden, den der andere (Verrichtungsgehilfe) einem Dritten widerrechtlich zufügt. Der Grund für diese Haftung liegt nicht im Verschulden des Verrichtungsgehilfen, sondern im Verschulden des Geschäftsherrn bei der Auswahl oder Beaufsichtigung des Gehilfen oder bei der Beschaffung seiner Vorrichtungen oder Gerätschaften. Dieses Verschulden wird nach § 831 BGB vermutet. Es ist Sache des Geschäftsherrn, diese Vermutung zu entkräften. Das Wesen des § 831 BGB liegt somit in einer Umkehrung der Beweislast hinsichtlich des Verschuldens desjenigen, der den anderen zu der Verrichtung bestellt hat.[1]

3 § 831 BGB stellt darüber hinaus noch eine zweite Vermutung auf, nämlich die, dass der Mangel der Sorgfalt des Geschäftsherrn für den Schaden ursächlich gewesen sei. Diese Vermutung kann der Geschäftsherr entkräften, indem er nachweist, dass der Schaden auch bei Anwendung der gebotenen Sorgfalt entstanden wäre.

3. Einzelfragen zum Haftungsgrund

4 a) Da es beim Verrichtungsgehilfen nicht auf ein Verschulden ankommt, spielt auch die Frage der **Schuldfähigkeit** bei ihm keine Rolle. Wohl aber haftet der Geschäftsherr nur, wenn er selbst deliktsfähig ist oder die Voraussetzungen des § 829 BGB vorliegen.[2]

5 b) Verursacht der Verrichtungsgehilfe den Schaden im Zustand der **Handlungsunfähigkeit** (zB Bewusstlosigkeit), so ist § 831 BGB nicht anwendbar.[3]

6 c) Das Merkmal der **Widerrechtlichkeit** hat bei § 831 BGB (anders als bei § 823 BGB; vgl § 10 Rn 42) besondere Bedeutung, weil nach der hL vom Erfolgsunrecht[4] die Verletzung geschützter Rechtsgüter stets widerrechtlich ist, wenn nicht ein besonderer Rechtfertigungsgrund vorliegt. Während bei § 823 BGB das Erfordernis der fahrlässigen Verkehrspflichtverletzung sicherstellt, dass nicht auch für solche Rechtsgutsverletzungen gehaftet werden muss, die durch ein verkehrsrichtiges Verhalten hervorgerufen werden, fehlt dieses Korrektiv bei § 831 BGB. Müsste der Geschäftsherr demnach auch für solche Schäden deliktisch haften, die durch das von einem angestellten Kraftfahrer gelenkte Kfz trotz beanstandungsfreier Fahrweise verursacht wurden, ginge die Haftung aus § 831 BGB noch weit über eine Gefährdungshaftung hinaus. Die vom Großen Senat des BGH[5] entwickelte Lösung mit Hilfe eines „Rechtfertigungsgrundes des verkehrsrichtigen Verhaltens" hat zu Recht kaum Zustimmung

---

1 RGZ 139, 302, 304; 140, 386, 392; 142, 356, 368.
2 KG NZV 1995, 109, 110.
3 BGHZ 39, 103, 106 f; BGH VersR 1978, 1163.
4 S dazu MünchKomm/*Grundmann* § 276 Rn 13 ff; *Kötz/Wagner* Rn 102 ff; vgl auch BGH NJW 1993, 2614.
5 BGHZ 24, 21, 23 ff.

gefunden.⁶ Für eine derartige Rechtsfortbildung besteht auch kein Anlass. Hat sich nämlich der Verrichtungsgehilfe richtig verhalten, so wäre der Schaden auch dann entstanden, wenn der Geschäftsherr selbst an seiner Stelle gewesen wäre. Es fehlt also an der Kausalität zwischen mangelhafter Gehilfenauswahl oder -beaufsichtigung und dem rechtswidrigen Erfolg.⁷

4. Einzelheiten zur Beweisregelung

Der **Verletzte** braucht idR nur darzulegen, dass ihm durch eine zu der Verrichtung bestellte Person widerrechtlich ein Schaden zugefügt wurde.⁸ Darauf, ob der Verletzte die Person des Schadensverursachers benennen kann, kommt es nicht an; es genügt vielmehr, wenn er den Unfall nach Art, Zeit und Umständen so bezeichnet, dass sich das Tätigwerden einer Hilfsperson ergibt.⁹   **7**

Der **Geschäftsherr** hat etwaige Rechtfertigungsgründe zu beweisen.¹⁰ Kann er die Widerrechtlichkeit nicht ausräumen, so kann er sich entlasten, indem er nachweist, dass ihn kein Verschulden hinsichtlich der Auswahl oder Leitung des Gehilfen oder der Beschaffung seiner Vorrichtungen und Gerätschaften trifft (vgl Rn 14 ff). Schließlich bleibt ihm noch die Möglichkeit, den Beweis zu erbringen, dass ein derartiges Verschulden nicht ursächlich für den Schaden war, dh dass dieser auch bei Beachtung der gebotenen Sorgfalt eingetreten wäre (vgl Rn 26). Dies kann zB dann der Fall sein, wenn der Gehilfe sich bei der Schädigung verkehrsrichtig verhalten hat, weil ein etwaiges Auswahlverschulden dann ohne Auswirkung geblieben ist.   **8**

5. Konkurrenzen

Trifft den Verrichtungsgehilfen eine persönliche Haftung (zB aus § 823 BGB oder § 18 StVG), so kann er neben dem Geschäftsherrn als Gesamtschuldner (§ 840 Abs 1 BGB) in Anspruch genommen werden; für das Innenverhältnis gilt § 840 Abs 2 BGB. Zum Einfluss von Haftungsfreistellungen s § 36 Rn 13 ff. Kann dem Geschäftsherrn ein schuldhafter Organisationsmangel oder eine eigene Verkehrspflichtverletzung nachgewiesen werden, haftet er unmittelbar aus § 823 BGB, sodass es einer Heranziehung des § 831 BGB nicht bedarf. Ist eine juristische Person des bürgerlichen oder öffentlichen Rechts Geschäftsherr, so liegt ein zur Haftung nach § 823 BGB führendes Organisationsverschulden schon dann vor, wenn sie es unterlassen hat, einen verfassungsmäßigen oder besonderen Vertreter zu bestellen, obwohl ihre Organe nicht in der Lage waren, die Aufsichtspflicht der juristischen Person in gleicher Weise zu erfüllen, wie dies eine natürliche Person hätte tun können.¹¹   **9**

---

6 Dagegen zB *Erman/Schiemann* § 823 Rn 8; *Soergel/Krause* § 831 Rn 35 ff; *Larenz/Canaris* § 79 III 2c.
7 RG JW 1936, 2394, 2396; *Erman/Schiemann* § 831 Rn 13.
8 Vgl hierzu BGH NJW 1994, 2756.
9 RGZ 159, 283, 290; RG JW 1933, 824, 826.
10 BGH VersR 1957, 656. Zur Einordnung des verkehrsrichtigen Verhaltens s Rn 6.
11 Vgl RGZ 89, 136, 138; BGHZ 11, 151, 155; 27, 280.

II. Haftungstatbestand

1. Bestellung zur Ausführung einer Verrichtung

10 Verrichtungsgehilfe ist derjenige, dem von einem anderen, von dessen **Weisungen** er **abhängig** ist, eine Tätigkeit übertragen worden ist.[12] Die **Bestellung** braucht nicht durch ein Rechtsgeschäft zu erfolgen; es genügt auch eine nur tatsächliche Betrauung[13] wie bei dem im elterlichen Betrieb mithelfenden (Stief-)Sohn.[14] Die Geschäftsherreneigenschaft gegenüber dem Fahrer ist also mit der Haltereigenschaft nicht ohne weiteres identisch.[15] Die Bestellung zum Verrichtungsgehilfen kann auch durch eine hierzu befugte Mittelsperson geschehen, zB durch einen anderen Verrichtungsgehilfen. Keine Verrichtungsgehilfen sind die satzungsmäßig berufenen Vertreter einer Körperschaft (§ 31 BGB). Für den nicht rechtsfähigen Verein wird ebenfalls überwiegend die entsprechende Anwendung des § 31 BGB anstelle von § 831 BGB bejaht.[16]

11 Einzelheiten: Nicht Verrichtungsgehilfe ist der selbständige Unternehmer (auch Subunternehmer),[17] der im Auftrag eines anderen handelt, denn er unterliegt hinsichtlich der Durchführung nicht dessen Weisungen.[18] Daher ist zB kein Verrichtungsgehilfe der Mietwagenunternehmer, der von einem Auftraggeber für dessen Fahrten ständig herangezogen wird, oder der Fuhrunternehmer, der für ein Industrieunternehmen regelmäßig dessen Erzeugnisse zu den Großabnehmern fährt. Angestellte dagegen sind, auch wenn sie den Titel Direktor führen, Verrichtungsgehilfen, sofern sie nicht verfassungsmäßig berufene Vertreter sind.[19] Kein Verrichtungsgehilfe ist auch der Bekannte, dem der Halter seinen Wagen gefälligkeitshalber überlassen hat.[20] Wer einen Wagen zur Benützung mit der Auflage erhalten hat, für den verkehrssicheren Zustand zu sorgen, ist insoweit Verrichtungsgehilfe.[21] Nicht Verrichtungsgehilfe ist die Hilfsperson, die regelmäßig vom Arbeitsplatz mit dem eigenen Kraftwagen nach Hause zu fahren pflegt und die von ihrem Arbeitgeber mit einer Bestellung nur gelegentlich einer solchen Fahrt, die ohnedies an der Unfallstelle vorbeigeführt hätte, betraut wurde.[22] Dagegen kann ein Verwandter des Halters dessen Verrichtungsgehilfe sein, wenn der Halter ihm während einer gemeinsamen Fahrt die Führung des Wagens überlassen hat und ein Abhängigkeitsverhältnis iSv Rn 10 besteht. Wird ein Kfz dem Ehegatten zum Gebrauch überlassen, ist dies nicht der Fall.[23] Die Gesellschafter einer Personengesellschaft sind im Verhältnis zueinander keine Verrichtungsgehilfen.[24]

---

12 RGZ 92, 345, 346; BGHZ 45, 311, 313; 80, 1, 3.
13 BGH FamRZ 1964, 84; *Erman/Schiemann* § 831 Rn 8.
14 BGH VRS 26, 182.
15 BGH VersR 1960, 354, 355.
16 Vgl *Palandt/Heinrichs* § 54 Rn 12.
17 BGH NJW 1994, 2756; OLG Stuttgart VersR 2002, 587.
18 BGH NJW 1983, 1108, 1109; 1994, 2756; vgl aber BGH NJW 1956, 1715.
19 *Kötz/Wagner* Rn 278.
20 RG JW 1935, 35.
21 BGH VersR 1969, 1025, 1026.
22 BGH VersR 1958, 549; vgl auch *Wussow/Terbille* Kap 9 Rn 72.
23 BGH VersR 1972, 832, 834.
24 BGHZ 45, 311, 313.

2. Schädigung in Ausführung der Verrichtung

Der Schaden muss in Ausführung der übertragenen Aufgabe, nicht nur gelegentlich derselben, zugefügt sein. In Ausführung der Verrichtung begangen ist jede Handlung, die in den Kreis der dem Verrichtungsgehilfen übertragenen Tätigkeit fällt und hiermit in **innerem Zusammenhang** steht; dies gilt auch dann, wenn der Verrichtungsgehilfe seine Befugnisse im Einzelfall (irrtümlich oder eigenmächtig) überschritten hat.[25] **12**

Der innere Zusammenhang bleibt bestehen, wenn der Fahrer hinsichtlich der Fahrstrecke von den erteilten Weisungen abweicht, nicht jedoch, wenn er verbotswidrig einen Bekannten mitnimmt, der dann auf der Fahrt zu Schaden kommt.[26] Bei einer Schwarzfahrt, die er ohne Wissen und Wollen des Halters vornimmt, handelt der Fahrer idR nicht in Ausführung der Verrichtung.[27] Eine verkehrsübliche Hilfeleistung steht, selbst wenn der Geschäftsherr solche Tätigkeit allgemein untersagt hat, in Zusammenhang mit dem Aufgabenbereich des angestellten Fahrers.[28] **13**

III. Entlastungsbeweis

1. Gegenstand des Entlastungsbeweises

Der Geschäftsherr muss nachweisen, dass der Verrichtungsgehilfe bei der Bestellung zu der Verrichtung einem sorgfältigen Menschen nach Lage der Umstände als tüchtig und zuverlässig erscheinen musste (Rn 15 ff), dass er in der Zwischenzeit zwischen Bestellung und Unfall ausreichend beaufsichtigt wurde, ohne dass ihm Nachteiliges bekannt geworden ist (Rn 20 ff) und dass, falls ein Mangel des Kfz oder einer sonstigen Vorrichtung den Unfall herbeigeführt haben könnte, entweder kein Mangel vorlag oder den Geschäftsherrn an seinem Vorliegen kein Verschulden trifft (Rn 25). Schließlich kann sich der Geschäftsherr auch noch dadurch entlasten, dass er die fehlende Kausalität seines (vermuteten) Versagens für den Unfall beweist (Rn 26). Keinesfalls kann der Entlastungsbeweis mit der Erwägung abgeschnitten werden, dass sich aus der schädigenden Handlung selbst die Unzulänglichkeit der Auswahl und Beaufsichtigung des Verrichtungsgehilfen ergebe.[29] Für die Beantwortung der Frage, wann ein Entlastungsbeweis geführt ist, gibt es keine allgemein gültigen Regeln;[30] die nachfolgende Übersicht kann daher nur Anhaltspunkte für die Beurteilung im Einzelfall liefern.[31] **14**

---

25 BGHZ 49, 19, 23; BGH NJW 1971, 31, 32; BGH VersR 1966, 1074, 1075; 1982, 498, 499.
26 BGH NJW 1965, 391, 392.
27 BGH Betrieb 1970, 2314, 2315; hier evtl Haftung nach § 7 Abs 3 StVG oder § 823 BGB.
28 OLG Nürnberg VersR 1965, 70; enger OLG Köln VersR 1996, 523, 524; OLG Hamburg VersR 1974, 52, 53.
29 BGH VRS 5, 35, 37.
30 BGH DAR 1951, 176; VersR 1966, 364; 1984, 67.
31 S a *Kiser* VersR 1984, 213.

2. Sorgfaltsanforderungen bei der Auswahl

15 a) Die Rspr stellt insbesondere bei **Kfz-Führern** strenge Anforderungen.[32] Dies gilt vor allem bei der Einstellung eines Fahrers als Omnibusfahrer.[33] Der Halter oder Eigentümer muss sich beim letzten Arbeitgeber nach den Eigenschaften des Einzustellenden erkundigen; die Einsichtnahme in Zeugnisse genügt nicht.[34] Bei günstiger Auskunft brauchen schriftliche Zeugnisse nicht verlangt zu werden.[35] Auch hinsichtlich eines nicht mit Zeugnissen belegten Zeitraums hat der Halter oder Eigentümer Erkundigungen einzuziehen.[36] War der Fahrer einen Monat lang nicht für den Halter tätig gewesen, so muss sich dieser bei erneuter Einstellung des Führers über die Fortdauer der Tauglichkeit vergewissern.[37] Der Halter hat sein Augenmerk vor allem auf die körperlichen und charakterlichen Eigenschaften des Führers zu richten, da diese beim Erwerb der Fahrerlaubnis nicht geprüft werden. Allerdings können gute Charaktereigenschaften den Mangel an Fahreigenschaften nicht ersetzen.[38] Bei einem Anfänger, der noch keinen Arbeitsplatz hatte, sind jedenfalls Erkundigungen über die sittliche Reife anzustellen;[39] außerdem ist der Führer in der ersten Zeit besonders sorgfältig zu überwachen.[40] Ein mehrfach wegen Fahrens mit einem nicht zugelassenen Kfz Geahndeter darf nicht als Lastzugführer beschäftigt werden.[41] Im Werksverkehr mit Gabelstaplern sind die Auswahlanforderungen geringer.[42]

16 b) Ein **unmittelbarer Zusammenhang** zwischen Auswahlmangel und Unfall wird nicht gefordert. Der Schaden muss also nicht gerade durch diejenige Eigenschaft des Bestellten verursacht worden sein, die seine sorgfältige Auswahl in Frage stellt:[43] Ein zu Trunkenheit neigender Fahrer führt die Haftung seines Dienstherrn aus § 831 auch bei einem Unfall herbei, den er in nüchternem Zustand verursacht hat. Der Schutzzweck des § 831 BGB wird somit weiter gefasst als es den allgemeinen Grundsätzen der deliktischen Zurechnung entspräche;[44] die Grenze bildet jedoch das Fehlen des Kausalzusammenhangs (vgl Rn 19, 26).

17 c) Ist der Verrichtungsgehilfe durch eine **Mittelsperson** (zB einen leitenden Angestellten) bestellt worden, so muss der Geschäftsherr beweisen, dass er bei der Auswahl der Mittelsperson durch sorgfältige Prüfung zu der Überzeugung gelangen konnte, dass sie nur geeignete und zuverlässige Personen mit einer Verrichtung betrauen werde (dezentralisierter Entlastungsbeweis).[45] Auch insofern muss allerdings für ausreichende Überwachung gesorgt sein[46] in der Richtung, dass der Unternehmer oder Dienstherr

---

32 BGH DAR 1951, 176; VersR 1966, 364; 1984, 67; OLG Stuttgart VersR 1954, 241; sa *Soergel/Krause* § 831 Rn 48.
33 BGH VersR 1957, 463, 464; 1959, 852; 1970, 327; VRS 18, 322, 323.
34 RG DAR 1929, 197; 1931, 285; vgl auch OLG Köln NJW-RR 1997, 471.
35 RG VAE 1938, 299.
36 RG VR 1929, 129.
37 RG DAR 1930, 362.
38 RG VAE 1937, 400.
39 RG RdK 1928, 198.
40 KG VAE 1937, 406; OLG Braunschweig VAE 1938, 292.
41 BGH VersR 1966, 929, 930.
42 OLG Düsseldorf, NZV 2002, 91.
43 BGH VersR 1961, 848, 849; NJW 1978, 1681, 1682; 1986, 776, 777.
44 MünchKomm/*Wagner* § 831 Rn 37.
45 BGH NJW 1952, 418.
46 BGH VersR 1964, 297.

allgemeine Sicherheits- und Aufsichtsanordnungen erteilt und ihre Durchführung stichprobenweise überprüfen lässt. Außerdem ist nachzuweisen, dass die Mittelsperson ihrerseits den Verrichtungsgehilfen sorgfältig ausgewählt und angeleitet hat.[47]

d) Der Nachweis, dass die Auswahl ordnungsgemäß vorgenommen wurde, lässt sich durch den Beweis **ersetzen**, dass der Fahrer an seinem jetzigen Arbeitsplatz lange Jahre zufriedenstellend gearbeitet hat und unfallfrei gefahren ist.[48] Hat der Geschäftsherr bei der Einstellung des Kfz-Führers dessen Fähigkeiten nicht geprüft, so kann der Entlastungsbeweis durch den – allerdings schwierigen – Nachweis geführt werden, dass das Ergebnis einer solchen Prüfung die Tauglichkeit des Fahrers ergeben hätte, wenn diese durchgeführt worden wäre.[49] Dagegen lässt sich der Entlastungsbeweis nicht durch den Nachweis führen, dass der Schaden nur möglicherweise auch von einem tüchtigen Fahrer nicht hätte vermieden werden können;[50] es muss vielmehr bewiesen werden, dass sich ein mit Sorgfalt ausgewählter Fahrer nicht anders verhalten haben würde (vgl Rn 19, 26). 18

e) Liegt eine Verletzung der Aufsichtspflicht oder der Pflicht zur sorgfältigen Auswahl des Verrichtungsgehilfen vor, so braucht das Gericht die **Ursächlichkeit** der Pflichtverletzung für den Schaden nicht zu erörtern. Der Geschäftsherr kann sich aber durch den Nachweis entlasten, auch ein sorgfältig ausgewählter Fahrer würde nicht anders gehandelt haben, als es im gegebenen Fall geschehen ist[51] (vgl Rn 26). 19

3. Sorgfaltsanforderungen bei der Beaufsichtigung

Zwar haftet der Halter nach § 831 BGB, wenn er entweder bei der Auswahl des Kfz-Führers oder bei dessen Beaufsichtigung nicht mit ausreichender Sorgfalt verfahren ist. Hinsichtlich des zu fordernden Ausmaßes der Sorgfalt herrschen aber gewisse Wechselbeziehungen. Bei mangelnder Sorgfalt in der Auswahl tritt Haftung auch bei bester Aufsicht ein, wenn nur ein kurzer Zeitraum zwischen Einstellung des Führers und dem Unfall vergangen ist.[52] Jedenfalls zwingt mangelhafte Sorgfalt bei der Auswahl zu verstärkter Aufsicht. Ein sehr gut ausgewählter Führer muss schon nach verhältnismäßig kurzer Zeit strenger Überwachung nur noch gelegentlich stichprobenweise überwacht werden. Die Ansicht des Reichsgerichts,[53] zehnmonatige Tätigkeit bei dem Halter genüge nicht, ist abzulehnen. Die Überwachungspflicht des Halters ergibt sich hinsichtlich des Fahrers aus der Gefährlichkeit der Verrichtung, zu der er bestellt ist;[54] feste Regeln über Art und Umfang der Überwachung lassen sich nicht aufstellen.[55] War eine Überwachung erforderlich, so ist der Entlastungsbeweis nur geführt, wenn erwiesen ist, dass der Unternehmer hierbei keinen Anlass gefunden hat, an der Eignung des Fahrers zu 20

---

47 BGH Betrieb 1973, 1645, 1646.
48 BGH VersR 1960, 473, 475; 1961, 330, 332; 1984, 67; KG VM 1995, 52 f.
49 RG Recht 1906, Nr 459; KG DAR 1932, 166.
50 RG JW 1907, 333.
51 BGHZ 12, 94, 96; BGH VersR 1955, 745.
52 RGZ 159, 312, 314.
53 RGZ 135, 149, 156.
54 RGZ 78, 107; 79, 101; 120, 154, 161; 128, 149, 153.
55 BGH VersR 1970, 318, 319; 1970, 327; 1970, 1157, 1158.

Erster Teil. Haftung ohne Verschuldensnachweis

zweifeln.[56] Die Aufsicht der Verkehrspolizei enthebt den Halter dieser Pflicht nicht.[57] Den Umfang bestimmt im Allgemeinen die Zumutbarkeit der Maßnahmen;[58] hierbei dürfen die Anforderungen nicht überspannt werden.[59]

21 Einzelanweisungen sind bei langjährig erprobten Fahrern nicht erforderlich;[60] bei ihnen kann sich die Aufsicht auf gelegentliche Stichproben beschränken.[61] Der Geschäftsherr muss allerdings Vorkehrungen dagegen treffen, dass der Fahrer den Wagen in fahruntüchtigem Zustand lenkt.[62] Es genügt nicht, wenn der Halter überprüft oder überprüfen lässt, dass die bei ihm beschäftigten Führer bei Dienstbeginn nüchtern sind; er muss auch Stichproben bei Dienstende anstellen.[63] Bei kleineren Betrieben genügt eine gelegentliche Überwachung durch den Halter selbst, auch wenn er kein Fachmann ist.[64] Bei Betrieben mit zahlreichen Kfz muss aber eine planmäßige unauffällige Überwachung durch Aufsichtspersonen eingerichtet sein.[65] Der Halter kann die Ausführung der Überwachung einem seinerseits sorgfältig ausgewählten Dritten übertragen.[66]

22 Die Auswahl der Fahrtstrecke kann der Halter im Allgemeinen dem Führer überlassen.[67] Erlangt der Halter Kenntnis davon, dass der Führer Verkehrsvorschriften übertreten hat oder dass wegen eines solchen Vorwurfs gegen den Führer ein Ermittlungsverfahren eingeleitet ist, so muss er ihn nicht unbedingt sofort entlassen,[68] wohl aber belehren und die Überwachung verschärfen.[69] Die verschärfte Überwachung darf erst gemildert werden, wenn der Verrichtungsgehilfe sich während eines längeren Zeitraums als zuverlässig erwiesen hat.[70] Der Halter braucht nicht ohne besonderen Anlass hinter seinem Fahrer herzufahren, außer wenn Anhaltspunkte dafür vorhanden sind, dass er sich nicht verkehrsgerecht verhält. Im Allgemeinen genügt es vielmehr, wenn er beim Mitfahren und bei gelegentlichem Vorbeifahren seine Beobachtungen anstellt.[71] Ob eine unauffällige Kontrolle erforderlich ist, richtet sich nach den Verhältnissen des Einzelfalls.[72] Sie ist erforderlich in der ersten Zeit der Tätigkeit eines neu angestellten Fahrers,[73] erübrigt sich aber, wenn ein Fahrer nach sorgfältiger Prüfung eingestellt worden war und sich seitdem in langjährigem Dienst bewährt hat.[74]

23 Besondere Sorgfalt ist erforderlich, wenn es sich um einen Krankentransportwagen handelt,[75] oder wenn der Geschäftsherr erfährt, dass sein Fahrer nachlässig wird und trinkt.[76] Zur Überwachung eines in einem Großunternehmen tätigen Lastzugfahrers genügt eine ständige Auswertung des Fahrtschreiberdiagramms nicht.[77] Hat ein Unternehmer nur einen Lastzug laufen,

---

56 BGH VersR 1963, 955, 956.
57 RG DAR 1931, 46.
58 KG VAE 1937, 467.
59 BGH VersR 1984, 67.
60 RGZ 158, 352, 356.
61 VersR 1983, 668, 669; 1984, 67.
62 BGH VRS 21, 328.
63 RG VR 1930, 515.
64 RG VAE 1936, 132; OLG Dresden VAE 1942, 70.
65 RGZ 128, 149, 153; BGH DAR 1951, 176 (Post).
66 BGH VersR 1964, 297; 1970, 327.
67 RG VAE 1942, 200; 1944, 19 (Droschkeninnung).
68 OLG Köln VersR 1966, 766.
69 RG DAR 1932, 165.
70 OLG Dresden OLGZ 28 (1914), 292.
71 BGH VersR 1955, 745.
72 BGH VersR 1958, 29, 30; 1961, 330, 332. Sehr streng OLG Hamm NZV 1998, 409.
73 BGH VersR 1959, 994, 995.
74 BGH VersR 1965, 473, 474; 1966, 364; 1966, 490, 491; 1983, 668, 669.
75 BGH VersR 1963, 239, 240.
76 OLG Stuttgart RdK 1954, 89.
77 OLG Düsseldorf VersR 1962, 1092.

so kann er diesen nicht so genau überwachen, wie dies bei Unternehmen mit mehreren Lastzügen der Fall ist; die Überwachung darf aber nicht ganz fehlen.[78] Ist ein Fahrer sorgfältig ausgewählt und überwacht und hat er sich bewährt, so braucht der Halter ihn nicht auf die Einhaltung bestimmter Verkehrsvorschriften besonders aufmerksam zu machen.[79] Wohl aber gehört es zu den Pflichten des Halters, den Dienst der angestellten Fahrer so einzuteilen, dass keiner in übermüdetem Zustand zu fahren braucht.[80] Ein Fuhrunternehmer muss seine Gehilfen allgemein anweisen, seine Kfz regelmäßig zu überprüfen, auch wenn keine Mängel hervorgetreten sind.[81] Der angestellte Lenker eines Pferdefuhrwerks, zu dessen Aufgaben das Befahren einer verkehrsreichen Bundesstraße gehört, muss vom Geschäftsherrn regelmäßig überwacht und auf die besonderen Gefahren der Wegstrecke und auf die Möglichkeiten ihrer Vermeidung hingewiesen werden.[82] Dass für eine Zugmaschine, die nicht mehr als 20 km/h fahren kann, die Gefährdungshaftung des § 7 StVG nicht gilt, ist kein Grund, geringere Anforderungen an die Sorgfalt des Halters bei der Überwachung seines Fahrers zu stellen.[83] Fahrer von Linienbussen oder Straßenbahnen müssen gelegentlich unvermutet und unauffällig durch Personen kontrolliert werden, die sie nicht kennen.[84] Die Fahrer müssen auch darüber belehrt werden, in welcher Weise an Haltestellen bei Glatteis an die Bordkante heranzufahren ist.[85] Wer seinen Kraftwagen einem anderen mit der Weisung überlässt, für den verkehrssicheren Zustand zu sorgen, muss den Zustand der Reifen überwachen.[86] Die Notwendigkeit einer ärztlichen Überprüfung des Fahrers besteht nur, wenn für den Halter des Kfz Grund dafür besteht, an der körperlichen Tauglichkeit des Fahrers zum Führen von Fahrzeugen zu zweifeln; für Führer öffentlicher Verkehrsmittel können aber strengere Maßstäbe angelegt werden.[87] An die Anforderungen für den Entlastungsbeweis, den der Inhaber einer Fahrschule wegen eines von ihm angestellten Fahrlehrers führen will, ist ein strenger Maßstab anzulegen.[88] Fährt der Lenker eines Baggers, der nicht zum Fahren auf öffentlichen Straßen zugelassen ist, verbotswidrig gelegentlich auf öffentlichem Verkehrsgrund und schreitet der Halter nicht dagegen ein, so haftet der Halter aus § 831 BGB, wenn der Baggerfahrer neuerdings eine öffentliche Straße befährt und dabei einen Unfall verursacht.[89] Ein Kraftfahrer, der nur Lastkraftwagen gefahren hat, muss, ehe er erstmals einen Tankwagen führt, auf die besonderen Schwierigkeiten und Gefahren eines solchen Transports hingewiesen werden, einschließlich des Befüllens von Tankanlagen. Schriftliche Anweisungen oder das einmalige Mitfahren eines erfahrenen Begleiters genügen nicht.[90]

Fehlende Einwirkung durch den im Kfz **mitfahrenden Halter** führt im Allgemeinen dessen Haftung nach § 831 BGB nicht herbei,[91] wohl aber, wenn der Halter Unvorsichtigkeiten bemerkt und diese trotz Weisungsrechts nicht moniert.[92] Bei nur unzweckmäßigem Handeln des Führers besteht, schon um Verunsicherung des Fahrers zu vermeiden, keine Pflicht einzugreifen.[93] Ge-

24

---

78 OLG Düsseldorf VRS 8, 111, 112.
79 BGH VersR 1960, 328, 329.
80 KG DAR 1929, 195.
81 BGH VersR 1956, 382; 1966, 564 f.
82 BGH VersR 1965, 37.
83 BGH VersR 1969, 906.
84 BGH VersR 1969, 518, 519; KG NZV 2003, 416, 418.
85 BGH VersR 1969, 518, 519.
86 BGH VersR 1969, 1025, 1026.
87 LG Stuttgart NJW-RR 1998, 1401.
88 KG VersR 1966, 1036, 1037 = 1967, 44 m Anm *Gaisbauer* = 1967, 85 m Anm *Schmidt*.
89 BGH VersR 1966, 1074, 1075 f.
90 BGH VersR 1973, 713, 714.
91 RG RdK 1928, 115; DAR 1933, 149.
92 BGH NJW 1953, 779; VRS 9, 421, 423; *Schmidt-Ernsthausen* JW 1921, 627.
93 RG DAR 1932, 123; 1932, 232.

waltsame Eingriffe sind auch im Falle der Gefahr pflichtwidrig.[94] Fährt der Führer mit einer für die betreffende Wegstrecke zu hohen Geschwindigkeit und erkennt dies der Halter, so hat er den angestellten Führer des Kfz anzuweisen, die Geschwindigkeit der Gefährlichkeit der Strecke anzupassen.[95] Der Halter darf nicht dulden, dass sein Führer sich unterwegs betrinkt[96] oder trotz offensichtlicher Übermüdung weiterfährt.[97] Die Pflicht, in solchen Fällen und bei überhöhter Geschwindigkeit einzugreifen, trifft auch den mitfahrenden Vertreter des Halters, sofern diesem die Befugnis eingeräumt ist, dem Führer des Kfz Anweisungen zu geben.[98] Hat das Kfz zwei Halter, die sich in der Lenkung ablösen, besteht zwar möglicherweise ein Weisungsrecht; es wird aber an der Bestellung zur Verrichtung fehlen.[99] Bei einer Kapitalgesellschaft ist diese, nicht das Vorstandsmitglied, Geschäftsherr. Der Entlastungsbeweis des Unternehmens kann mithin nicht daran scheitern, dass der von einem Firmenfahrer im Firmenwagen beförderte Direktor den Fahrer nicht während der Fahrt überwacht hat.[100]

4. Sorgfaltsanforderungen bei der Beschaffung von Vorrichtungen

25 Hierunter fällt auch die Verpflichtung des Kfz-Halters, für verkehrssicheren Zustand des Fahrzeugs zu sorgen. Der Halter muss daher beweisen, dass kein unfallursächlicher Mangel vorgelegen hat oder dass er ihn vor dem Unfall nicht bemerken konnte, obwohl er in dieser Richtung alles ihm Zumutbare getan hat.[101] Der Nachweis, dass sich das Fahrzeug vor dem Unfall in Reparatur befunden hat und dass der Inhaber der Werkstätte angewiesen war, alle bemerkbaren Mängel zu beheben, reicht zur Entlastung nicht aus.[102]

5. Fehlende Kausalität

26 Kann der Geschäftsherr sich nicht nach den vorstehenden Grundsätzen entlasten, so hat er die Möglichkeit, die fehlende Kausalität seines (vermuteten) Versagens unter Beweis zu stellen (vgl Rn 19). Er muss dann nachweisen, dass der nämliche Schaden auch bei Anwendung der erforderlichen Sorgfalt im vorgenannten Sinne entstanden wäre (nicht nur die Möglichkeit einer solchen Entwicklung). Dies kann zB durch den Nachweis geschehen, dass nach den pflichtgemäß eingeholten Unterlagen auch ein sorgfältiger Geschäftsherr den Betreffenden eingestellt hätte, insb aber auch durch den Nachweis eines verkehrsrichtigen Verhaltens des Gehilfen, denn besser hätte sich auch der optimal ausgewählte und überwachte Gehilfe nicht verhalten können (s Rn 6). Dagegen genügt nicht der Nachweis, dass nicht derjenige Mangel in der Person des Verrichtungsgehilfen den Schaden verursacht hat, der bei der Auswahl pflichtwidrig unberücksichtigt blieb (s Rn 16).

---

94 RG VAE 1936, 340; OLG Stuttgart DAR 1951, 65.
95 RG JW 1911, 41; DAR 1929, 395.
96 OLG Hamburg VkBl 1950, 399. S a BGHSt 3, 175.
97 OLG Dresden VAE 1941, 166.
98 RG JW 1932, 781 m Anm *Isaac*.
99 Abzulehnen daher RG VAE 1941, 11.
100 BGH VersR 1962, 475.
101 BGH VersR 1966, 564.
102 BGH VersR 1966, 564, 565.

§ 8 Haftung für Aufsichtsbedürftige

§ 832 BGB

(1) Wer kraft Gesetzes zur Führung der Aufsicht über eine Person verpflichtet ist, die wegen Minderjährigkeit oder wegen ihres geistigen oder körperlichen Zustands der Beaufsichtigung bedarf, ist zum Ersatz des Schadens verpflichtet, den diese Person einem Dritten widerrechtlich zufügt. Die Ersatzpflicht tritt nicht ein, wenn er seiner Aufsichtspflicht genügt oder wenn der Schaden auch bei gehöriger Aufsichtsführung entstanden sein würde.

(2) Die gleiche Verantwortlichkeit trifft denjenigen, welcher die Führung der Aufsicht durch Vertrag übernimmt.

Übersicht
	Rn
I. Überblick	1
II. Haftungstatbestand	5
1. Widerrechtliche Schädigung durch Aufsichtsbedürftigen	5
2. Aufsichtspflicht	7
III. Entlastungsbeweis	14
1. Beweislast	14
2. Anforderungen an die Aufsicht	15

I. Überblick

Wer kraft Gesetzes oder Vertrags die Aufsicht über eine Person ausübt, die wegen ihres geistigen oder körperlichen Zustands der Beaufsichtigung bedarf, ist nach § 832 BGB zum Ersatz des Schadens verpflichtet, den der Beaufsichtigte einem Dritten widerrechtlich zufügt. Das Gesetz stellt für diese Fälle die **Vermutungen** auf, dass der Aufsichtspflichtige seine Aufsichtspflicht verletzt habe und dass dies die Ursache des Schadens sei. Der Geschädigte braucht also weder dem Schadensverursacher noch dem Aufsichtspflichtigen ein Verschulden nachzuweisen. 1

Hinsichtlich beider Vermutungen ist die Führung eines **Entlastungsbeweises** zulässig. Dieser bezieht sich – im Gegensatz zu § 831 BGB – nicht darauf, ob der Aufsichtspflichtige seine Pflichten im Allgemeinen erfüllt hat, sondern darauf, ob er hinsichtlich der Vermeidung des den Schaden verursachenden Ereignisses alles getan hat, was ihm seine Pflicht vorschreibt.[1] Außerdem kann sich der Aufsichtspflichtige auch durch den Nachweis fehlender Ursächlichkeit seiner Pflichtverletzung für den Schaden entlasten. 2

---
1 BGH VersR 1965, 137; NJW 1968, 1672.

Erster Teil. Haftung ohne Verschuldensnachweis

Die bloße Möglichkeit, dass der Unfall sich auch bei der Erfüllung der Aufsichtspflicht ereignet hätte, genügt hierfür nicht.[2]

3 Eine **Haftung gegenüber dem Aufsichtsbedürftigen** selbst ergibt sich aus § 832 BGB nicht[3] (vgl hierzu § 14 Rn 316).

4 Eine **Haftung des Aufsichtsbedürftigen** kann sich bei Schuldfähigkeit und im Falle des § 829 BGB ergeben. Er haftet dann gesamtschuldnerisch neben dem Aufsichtspflichtigen. Im Innenverhältnis haftet ausschließlich der zu Beaufsichtigende, bei § 829 BGB der Aufsichtspflichtige (§ 840 Abs 2 BGB). Schädigt der unzureichend Beaufsichtigte den Aufsichtspflichtigen selbst, so muss Letzterer sich das Aufsichtsverschulden anrechnen lassen.[4]

II. Haftungstatbestand

1. Widerrechtliche Schädigung durch Aufsichtsbedürftigen

5 a) **Aufsichtsbedürftig** sind alle Minderjährigen,[5] Volljährige nur, wenn sie wegen körperlicher oder geistiger Gebrechen der Beaufsichtigung bedürfen.

6 b) **Widerrechtlichkeit** der Schadenszufügung (s dazu § 10 Rn 42) ist erforderlich und ausreichend; auf Verschulden und Schuldfähigkeit kommt es nicht an.

2. Aufsichtspflicht

7 a) **Kraft Gesetzes zur Aufsicht verpflichtet** sind bei Minderjährigen die Inhaber des Personensorgerechts, also die Eltern (§ 1626 Abs 1 BGB, bei nicht verheirateten Eltern nach Maßgabe des § 1626a BGB) und der Vormund (§§ 1793, 1800 BGB). Bei Volljährigen gibt es keine gesetzliche Aufsichtspflicht; Betreuer (§ 1896 BGB) und Pfleger (§ 1909 BGB) werden für die Besorgung bestimmter Angelegenheiten, nicht für die Beaufsichtigung bestellt.[6]

8 **Keine gesetzliche Aufsichtspflicht** haben Ehegatten untereinander, der Stiefvater, die Stiefmutter, das Vormundschaftsgericht, der Beistand und der Gegenvormund. Dasselbe gilt für Eltern, denen das Personensorgerecht entzogen wurde, und zwar auch dann, wenn der Vormund oder Pfleger das Kind bei ihnen belässt.[7] Im Allgemeinen trifft auch den Vorgesetzten oder Dienstherrn keine gesetzliche Aufsichtspflicht (vgl aber §§ 6, 9 BerufsbildungsG). In Betracht kommt allerdings stets eine Haftung aus Verletzung einer Verkehrspflicht (vgl Rn 11) sowie bei Amtsträgern und Lehrern aus § 839 BGB.

9 b) **Vertraglich zur Aufsicht verpflichtet** sind Kindermädchen, Pflegeeltern sowie die Träger von privaten Kindergärten, Horten, Schulen, Heimen und Heilanstalten für Kin-

---

2 RG Recht 1922, Nr 1154.
3 OLG Hamm NJW 1993, 542.
4 OLG Zweibrücken NZV 1999, 509.
5 RGZ 52, 73.
6 *Bauer/Knieper* BtPrax 1998, 124 f; **aA** für den Fall der Übertragung der gesamten Personensorge auf den Betreuer LG Bielefeld NJW 1998, 2682; MünchKomm/*Wagner* § 832 Rn 14.
7 OLG Düsseldorf NJW 1959, 2120.

der und Jugendliche;[8] bei Kindergärten in städtischer Trägerschaft[9] und geschlossener Anstalt einer Körperschaft des öffentlichen Rechts greift dagegen Amtshaftung ein; ebenso bei Lehrern an öffentlichen Schulen (s hierzu § 12 Rn 22). Ohne Bedeutung ist, wem gegenüber die vertragliche Aufsichtspflicht begründet wurde.[10] § 832 BGB ist daher auch anwendbar auf den Inhaber eines privaten Heims, der durch Vertrag mit dem Stadtjugendamt die Aufsicht übernommen hat[11] sowie auf verantwortliche Bedienstete einer der oben genannten Einrichtungen.[12]

Die Leitung eines Altersheims trifft keine Aufsichtspflicht hinsichtlich des Verhaltens der Heimbewohner im Straßenverkehr.[13] Dulden zwei Elternpaare die gegenseitigen Besuche ihrer Kinder, so liegt der Beaufsichtigung des fremden Kindes kein Vertrag zugrunde.[14] Auch bei Aufnahme eines nicht ehelichen Kindes in den ehelichen Haushalt kann nicht davon ausgegangen werden, dass der Ehepartner durch stillschweigenden Vertrag eine Aufsichtspflicht übernimmt.[15] In solchen Fällen greifen vielmehr die in Rn 11 wiedergegebenen Gesichtspunkte ein. **10**

c) Eine **sonstige Aufsichtspflicht**, die weder auf Vertrag noch auf Gesetz beruht, führt in keinem Fall zu der in § 832 BGB enthaltenen Beweisregelung. Die Vorschrift ist nicht analogiefähig.[16] Allerdings kann sich bei einer nur faktischen Übernahme der Aufsicht, zB aus Gefälligkeit, eine Haftung aus Verletzung der allgemeinen Verkehrspflicht ergeben, wonach derjenige, der eine Gefahrenlage geschaffen hat, die daraus für andere entstehenden Gefahren zu verhüten hat; bei Pflichtverletzung tritt Haftung nach § 823 BGB mit voller Beweislast des Geschädigten ein (vgl § 10 Rn 6 ff). Eine solche Gefahrenlage liegt zB vor, wenn ein Kleinkraftrad fremden Jugendlichen zugänglich ist[17] (näher hierzu § 14 Rn 5 f). **11**

d) **Übertragung der Aufsicht.** Der kraft Gesetzes Aufsichtspflichtige muss die Aufsicht nicht persönlich ausüben. Gibt er das Kind in ein Heim oder Internat, so hat er eine Aufsichtspflicht nur während der Zeit, in der sich das Kind nicht dort befindet (Ferien, Wochenenden). Im Übrigen beschränkt sich seine Pflicht auf leitende Anordnungen. Überhaupt wird der Aufsichtspflichtige seiner Pflicht durch die Übertragung nie ganz ledig.[18] Eltern genügen ihrer Aufsichtspflicht, wenn sie in der Zeit ihrer Abwesenheit eine vertrauenswürdige Person mit der Aufsicht über das Kind beauftragen und ihnen hierbei kein Auswahl- oder Kontrollverschulden vorgeworfen werden kann;[19] nach ihrer Rückkehr müssen sie sich über das Verhalten des Kindes in der Zwischenzeit berichten lassen und danach die weiteren Maßnahmen einrichten.[20] **12**

---

8 BGH VersR 1984, 460.
9 OLG Düsseldorf FamRZ 1996, 803.
10 *Staudinger/Belling/Eberl-Borges* (2002) § 832 Rn 31; RGRKomm/*Kreft* § 832 Rn 23.
11 BGH VersR 1965, 48.
12 OLG Köln OLGZ 34, 121: leitender Arzt.
13 **AA** OLG Celle VersR 1961, 739.
14 BGH VersR 1968, 1043.
15 **AA** OLG Düsseldorf NJW-RR 1992, 857.
16 *Erman/Schiemann* § 832 Rn 4; MünchKomm/*Wagner* § 832 Rn 18 lässt dagegen die faktische Aufgabenübernahme genügen.
17 RG DAR 1931, 181; BGH VRS 4, 404.
18 BGH VersR 1968, 903.
19 OLG Hamm NJW-RR 1997, 344.
20 BGH VersR 1968, 903.

13 Wer die Aufsichtspflicht vertraglich übernommen hat (zB als Träger einer Einrichtung) haftet für das Verhalten seines hierfür eingesetzten Personals nach § 831 BGB, ggf auch nach §§ 31, 89 BGB.[21] Ob derjenige, der die Aufsicht tatsächlich ausübt, dies vertraglich übernommen hat, ist für seine eigene Haftung von Bedeutung (Rn 9), nicht aber für die Haftung desjenigen, der ihm die Aufsicht übertragen hat.

III. Entlastungsbeweis

1. Beweislast

14 Um sich von der verschuldensunabhängigen Haftung nach § 832 BGB zu entlasten, muss der **Aufsichtspflichtige** beweisen, dass er seiner Pflicht genügt hat oder dass die Kausalität zwischen seiner Pflichtverletzung und dem Schaden fehlt (§ 832 Abs 1 S 2 BGB). Letzteres ist auch der Fall, wenn sich der Aufsichtsbedürftige verkehrsrichtig verhalten hat.[22]

2. Anforderungen an die Aufsicht

15 a) Das **Ausmaß der Aufsicht** richtet sich nicht nach starren Altersgrenzen, sondern nach den besonderen Gegebenheiten des konkreten Falles.[23] Entscheidende Bedeutung kommt neben den Anschauungen des Verkehrs dem Alter,[24] dem Charakter und der geistigen Entwicklung des Beaufsichtigten zu.[25] Keinesfalls ist der Aufsichtspflichtige gehalten, den Beaufsichtigten ständig im Auge zu behalten;[26] unter Umständen kann eine Belehrung genügen.[27] Entscheidend ist, was verständige Aufsichtspersonen nach vernünftigen Anforderungen tun müssen, um Schädigungen Dritter durch das Kind zu vermeiden.[28] Das Maß der Aufsicht muss aber auch mit dem Erziehungsziel, die Fähigkeit des Kindes zu selbständigem, verantwortungsbewusstem Handeln einzuüben, in Einklang gebracht werden.[29] Die Anhebung des Deliktfähigkeitsalters auf 10 Jahre für Unfälle mit einem Kfz, einer Schienenbahn oder einer Schwebebahn (§ 828 Abs 2 BGB) durch das 2. SchRÄndG hat hieran nichts geändert;[30] die daraus erwachsende Belastung des Geschädigten oder der Allgemeinheit hat der Gesetzgeber gesehen und für

---

21 BGH VersR 1984, 460 (Leiter einer Landesklinik).
22 *Pardey* DAR 2001, 2; *Haberstroh* VersR 2000, 814; *Fuchs* NZV 1998, 8.
23 BGH VersR 1968, 903; 1984, 968; 1986, 1210; 1988, 84; OLG Hamm NZV 2001, 42. Zu den Anforderungen bei älteren, insb psychisch auffälligen Jugendlichen BGH VersR 1984, 462; OLG Hamm FamRZ 1990, 741; näher zum Umfang der elterlichen Aufsichtspflicht *Kaessmann* VGT 1987, 284; *Pardey* DAR 2001, 2 ff.
24 RGZ 52, 73.
25 BGH VersR 1965, 137; 1968, 903; NJW 1995, 3385; OLG Freiburg VersR 1954, 87.
26 BGH VersR 1957, 340; FamRZ 1964, 84; LG Kiel VersR 1957, 812 m Anm *Schmalzl*.
27 Vgl *Schmid* VersR 1982, 822.
28 BGH VersR 1980, 279.
29 OLG Celle NJW-RR 1988, 216; *Haberstroh* VersR 2000, 810 ff.
30 OLG Hamm, NZV 2001, 42; OLG Oldenburg MDR 2005, 631; MünchKomm/*Wagner* § 832 Rn 31; *Bernau* NZV 2005, 234 ff; *Friedrich* NZV 2004, 230; **aA** (deutliche Verschärfung) *Schmarsli* PVR 2002, 355; vermittelnd *Ch Huber* Das neue Schadensersatzrecht (2003) § 3 Rn 68 ff.

vertretbar gehalten.[31] Wurde dem Minderjährigen im Rahmen des Modellversuchs „Begleitetes Fahren ab 17" gem § 6e FeV eine Fahrerlaubnis erteilt, begründet dies für die Eltern allenfalls insoweit eine besondere Aufsichtspflicht, als sie ein Führen des Kfz ohne die vorgeschriebene Begleitperson verhindern müssen (vgl Rn 21); ist ein Elternteil dagegen selbst Begleitperson, haftet er nur nach allgemeinen Grundsätzen (s § 14 Rn 295, 315).[32]

b) Einzelfälle aus der Rspr

Der Aufsichtspflichtige muss sicherstellen, dass Kleinkinder nicht unbeaufsichtigt, etwa durch offene Wohnungs- oder Gartentüren, **auf Verkehrsflächen gelangen**.[33] **16**

Nimmt der Aufsichtspflichtige **mit dem Kind** am Straßenverkehr teil, so bestimmt sich das gebotene Maß der Aufsicht nach der konkreten Gefahrensituation. Die Verantwortung für ein besonderes Fahrverhalten bei einer gemeinsamen Radtour kann nicht mit dem Hinweis darauf in Abrede gestellt werden, dass Kinder dieses Alters auf vertrauten Wegen bereits alleine am Straßenverkehr teilnehmen dürfen.[34] Eine allgemeine Belehrung des Kindes genügt dann nicht, wenn das Alter des Kindes noch so gering ist, dass es allein – an der in Frage kommenden Straßenstelle – nicht dem Straßenverkehr überlassen werden dürfte.[35] Der Aufsichtspflichtige braucht das Kind, von besonders gefährlichen Situationen abgesehen, nicht an der Hand zu führen, wenn dieses sich daran gewöhnt hat, seine Anordnungen im Straßenverkehr zu befolgen. Dies kann bei einem Zweieinhalbjährigen aber noch nicht vorausgesetzt werden.[36] Es ist auch zu bedenken, dass Einzelanordnungen erforderlich sind, weil erfahrungsgemäß Kinder in Begleitung Erwachsener weniger auf den Straßenverkehr achten, als wenn sie allein unterwegs sind. Außerdem ist die Gefahr unbedachten Verhaltens durch Ablenkung in Rechnung zu stellen[37] und bei ungewohnten und schwierigen Vorgängen der unmittelbare Einfluss zu verstärken.[38] Pflichtwidrig handeln Kindergärtnerinnen, die erst unmittelbar vor der zu überquerenden Straße für ein geordnetes Verhalten der Kindergruppe sorgen.[39] **17**

Es ist aber unter bestimmten Voraussetzungen auch zulässig, **Kinder allein** am Straßenverkehr teilnehmen zu lassen. Vor allem kommt es hierbei auf die örtlichen Verhältnisse, zB auf die Verkehrsbedeutung der Straße, sowie auf das Alter des Kindes an.[40] **18**

Ein **Spielen** auf der Fahrbahn, auch auf Dorfstraßen, die nicht dem überörtlichen Verkehr dienen, darf nicht gestattet werden,[41] es sei denn, es handle sich um eine für den Verkehr gesperrte oder als Spielstraße ausgewiesene Straße. Das OLG Bremen[42] erachtete es 1956 für zulässig, dass eine Hausfrau ihr zweijähriges Kind nicht ständig beaufsichtigt, wenn es auf der Straße spielt. Das kann aber bei der jetzigen Verkehrsdichte nicht mehr gelten. In einer Wohngegend ohne besondere Gefahrenquelle darf einem fünfjährigen Kind das Spielen im Freien gestattet werden, solange die Möglichkeit eines sofortigen Eingreifens verbleibt und das Verhalten des **19**

---

31 BT-Drs 14/7752, S 16.
32 **AA** *Sapp* NJW 2006, 409; wohl wie hier *Brock* DAR 2006, 64.
33 OLG Düsseldorf r+s 1990, 372.
34 BGH VersR 1988, 84.
35 OLG Celle FamRZ 1966, 107.
36 OLG Düsseldorf VersR 1992, 1233.
37 LG Münster NZV 1991, 396: Blumenpflücken unmittelbar neben der Fahrbahn.
38 OLGR Hamm 1994, 245: Überqueren eines Fußgängerüberwegs durch Vierjährigen mit Roller.
39 OLG Schleswig NZV 1995, 24.
40 Vgl BGH VersR 1957, 340; OLG Celle VersR 1969, 333; OLG Hamm NZV 2001, 42 (Spielstraße).
41 OLG Dresden VAE 1940, 53.
42 VersR 1958, 64.

Kindes etwa alle 15 Minuten kontrolliert wird.[43] Ein unter vier Jahre altes Kind ist im Allgemeinen trotz aller Ermahnungen nicht zu bewegen, ausreichend auf den Straßenverkehr zu achten.[44] Überlässt ein Vater seinem vierjährigen Sohn einen Roller, so muss er ihn darauf hinweisen, dass er nicht auf der Fahrbahn fahren darf.[45] Das Rollerfahren auf der Gehbahn ist nicht zu beanstanden, sofern das Kind stichprobenweise daraufhin überwacht wird, dass es nicht zu nahe an Fußgängern vorbeifährt.[46]

20 Unbeaufsichtigtes **Radfahren** darf einem etwa 8-jährigen Kind, welches sein Fahrrad sicher beherrscht, über die Verkehrsregeln eingehend unterrichtet ist und sich bereits gewisse Zeit im Verkehr bewährt hat, gestattet werden.[47] Eine stichprobenweise Überwachung (durch heimliches Beobachten oder Erkundigung bei Dritten) ist geboten.[48] Bleiben Eltern untätig, obwohl im Verkehrskreis des Kindes Fahrradwettfahrten auf der Straße unternommen werden und damit zu rechnen ist, dass sich das Kind daran beteiligen werde, so genügen sie ihrer Aufsichtspflicht nicht.[49] Bei Kindern unter 7 Jahren darf die unbeaufsichtigte Teilnahme am Straßenverkehr mit dem Fahrrad im Allgemeinen nicht gestattet werden.[50] Etwas anderes kann jedoch für das dem Kind vertraute Radeln auf einem nahe der Wohnung gelegenen Rad- und Fußweg gelten.[51] Ob ein Kind in Begleitung eines erwachsenen Radfahrers auf einer Straße ohne Gehweg fahren darf, richtet sich nach den Umständen (Alter, Erfahrung, Verkehrsdichte, Gefährlichkeit); auf einer wenig befahrenen Anliegerstraße genügt Ermahnung des 5-jährigen Kindes zu vorsichtigem Verhalten und Beaufsichtigung durch Verwandten.[52] IdR muss der Aufsichtspflichtige hinter dem Kind fahren, da er nur so die Möglichkeit zu ständiger Überwachung und Einwirkung hat, in bestimmten Situationen kann jedoch auch Vorausfahren geboten bzw nicht vorwerfbar sein.[53] Nebeneinanderfahren begründet besondere Kollisionsgefahr.[54] Nach längeren Radtouren ist mit gesteigerter Risikobereitschaft zu rechnen.[55]

21 Bzgl der **Kfz-Benutzung** durch Minderjährige sind besondere Anforderungen zu stellen. Die Aufsichtspflicht bezieht sich auch darauf, dass der Minderjährige, der noch keinen Führerschein hat, das elterliche Kfz nicht benützen kann.[56] Wissen die Eltern aus früheren Vorfällen, dass der Minderjährige zum Fahren ohne Fahrerlaubnis neigt, müssen sie einschneidende Vorkehrungen (insb Wegsperren der Schlüssel) treffen.[57] Bei der Führung eines Kfz, für das der Minderjährige eine Fahrerlaubnis besitzt, dürfte für den Aufsichtspflichtigen idR keine Überwachungspflicht durch Stichproben bestehen. Stellt er eine Alkoholisierung des Minderjährigen fest, muss er ihn an der Kfz-Benutzung hindern.[58] Dies gilt auch sonst, wenn der gesetzliche Vertreter ein pflichtwidriges Verhalten des minderjährigen Kfz-Führers bemerkt.[59]

---

43 OLG Hamm NJW 1997, 344.
44 BGH VersR 1968, 903.
45 BGH VersR 1958, 85.
46 BGH VersR 1968, 301.
47 OLG Nürnberg VersR 1962, 1116; OLG Oldenburg MDR 2005, 631. Überblick bei *Bernau* DAR 2005, 604 ff.
48 BGH VersR 1965, 606.
49 BGH VersR 1961, 838.
50 OLG Köln VersR 1969, 44; AG Detmold NJW 1997, 1788 (bis 8 Jahre).
51 OLG Celle NJW-RR 1988, 216.
52 OLG Hamm VersR 2001, 386.
53 Vgl LG Nürnberg-Fürth NZV 1996, 153; LG Mönchengladbach NJW-RR 2003, 1604.
54 Vgl OLG Zweibrücken NZV 1999, 509.
55 KG MDR 1997, 840.
56 BGH VRS 4, 404.
57 OLG München MDR 1984, 757.
58 BGH DAR 1952, 40.
59 RG VAE 1940, 82.

§ 9 Haftung für Tiere

§ 833
Wird durch ein Tier ein Mensch getötet oder der Körper oder die Gesundheit eines Menschen verletzt oder eine Sache beschädigt, so ist derjenige, welcher das Tier hält, verpflichtet, dem Verletzten den daraus entstehenden Schaden zu ersetzen. Die Ersatzpflicht tritt nicht ein, wenn der Schaden durch ein Haustier verursacht wird, das dem Beruf, der Erwerbstätigkeit oder dem Unterhalt des Tierhalters zu dienen bestimmt ist, und entweder der Tierhalter bei der Beaufsichtigung des Tieres die im Verkehr erforderliche Sorgfalt beobachtet oder der Schaden auch bei Anwendung dieser Sorgfalt entstanden sein würde.

§ 834
Wer für denjenigen, welcher ein Tier hält, die Führung der Aufsicht über das Tier durch Vertrag übernimmt, ist für den Schaden verantwortlich, den das Tier einem Dritten in der im § 833 bezeichneten Weise zufügt. Die Verantwortlichkeit tritt nicht ein, wenn er bei der Führung der Aufsicht die im Verkehr erforderliche Sorgfalt beobachtet oder wenn der Schaden auch bei Anwendung dieser Sorgfalt entstanden sein würde.

Literatur
W Lorenz, Die Gefährdungshaftung des Tierhalters nach § 833 S 1 BGB (1992)

Übersicht	Rn
I. Überblick	1
1. Geltungsbereich	1
2. Anrechnung der Tiergefahr	3
3. Haftung von Tierhalter und Tierhüter	5
II. Haftungstatbestände	6
1. Die Haftung des Tierhalters	6
2. Die Haftung des Tierhüters	18
III. Entlastungsbeweis	20
1. Überblick	20
2. Begriff des Nutztiers	21
3. Anforderungen an den Entlastungsbeweis	25

Erster Teil. Haftung ohne Verschuldensnachweis

I. Überblick

1. Geltungsbereich

1 Wird ein Verkehrsunfall durch ein Tier verursacht, so wird der Geschädigte uU haftungsrechtlich insofern begünstigt, als er dem für das Tier Verantwortlichen nach §§ 833, 834 BGB kein Verschulden nachzuweisen braucht. Das gilt jedoch nur, wenn es sich um ein **selbsttätiges Tierverhalten** (hierzu Rn 12) handelt.[1] Folgte das Tier bei dem unfallursächlichen Verhalten der Leitung durch einen Menschen, dann haftet dieser nach allgemeinen deliktsrechtlichen Grundsätzen (hierzu § 14 Rn 287 ff).

2 **Für Wildunfälle** besteht grundsätzlich keine Haftung. Der Jagdberechtigte ist weder Tierhalter noch Tierhüter, auch das BJagdG sieht keine Haftung vor.[2] Wird ein Reh von einem Jagdhund auf eine Straße gehetzt, so kann allerdings der Hundehalter nach § 833 BGB haften.[3] Zur Haftung aus Verletzung der Verkehrssicherungspflicht s § 13 Rn 160.

2. Anrechnung der Tiergefahr

3 Kommt der Halter selbst durch ein Verhalten seines Tieres zu Schaden (auch in Form einer Verletzung des Tieres), so muss er sich bei Misslingen des Entlastungsbeweises gegenüber einem Mitschädiger die Tiergefahr anrechnen lassen (analog zur Anrechnung der Betriebsgefahr; vgl § 22 Rn 85 ff). Hierbei ist auch der Rechtsgedanke des § 840 Abs 3 BGB heranzuziehen, dh bei Zusammentreffen mit einer Verschuldenshaftung des Mitverantwortlichen unterbleibt die Anrechnung der Tiergefahr.[4] Dies gilt jedoch nicht, wenn der Mitverantwortliche Halter oder Führer eines Kfz ist[5] (§ 17 Abs 2, 4, § 18 Abs 3 StVG; vgl § 22 Rn 4). Auch eine „umgekehrte analoge Anwendung" des § 840 Abs 3 BGB auf den Fall, dass den vom Tier Geschädigten ein Mitverschulden trifft, kommt nicht in Betracht,[6] denn hier geht es nicht um eine Mithaftung, sondern um die originäre Haftung des Tierhalters. Hier gilt ausschließlich § 254 Abs 1 BGB.

4 Wird der **Tierhüter** selbst verletzt, ist sein Verursachungsbeitrag gegen den des Tierhalters abzuwägen; bei schuldhaftem Handeln des Hüters wird letzterer allerdings idR zurücktreten.[7]

3. Haftung von Tierhalter und Tierhüter

5 Für einen Schadensfall können Tierhalter (§ 833 BGB) und Tierhüter (§ 834 BGB) neben einander haften. Gesamtschuldnerische Haftung tritt ein, wenn sich beide nicht

---

1 BGH NJW 1952, 1329; VersR 1966, 1074; 2006, 416 mwN; OLG Düsseldorf VersR 1970, 334; 1981, 83; OLG Schleswig VersR 1983, 470; **aA** MünchKomm/*Wagner* § 833 Rn 12; *Kreft* in: 25 Jahre KF 156; *Deutsch* JuS 1987, 675 f.
2 OLG Hamm VersR 1957, 472 = 723 m zust Anm *Weimar*.
3 LG Mosbach VersR 1955, 383.
4 BGH NZV 1995, 19, 20; OLG Schleswig NJW-RR 1990, 470; OLG Hamm NJW-RR 1990, 795. Krit *Looschelders* (Lit vor § 22 Rn 1) S 139.
5 Wohl übersehen in BGH NZV 1995, 20.
6 OLGR Hamm 2003, 131, 133; **aA** *Lemcke* r+s 1995, 55.
7 OLG Celle r+s 1993, 299 LS.

nach Rn 20 ff entlasten konnten. Fällt einem von ihnen ein nachgewiesenes Verschulden zur Last, während der andere nur aus §§ 833 f BGB haftet, wird der Schuldige beim Innenausgleich idR den vollen Schaden zu tragen haben. Dasselbe wird zugunsten des Halters zu gelten haben, wenn ihm nur ein Beaufsichtigungsmangel anzulasten ist.[8]

II. Haftungstatbestände

1. Die Haftung des Tierhalters

a) Allgemeines. Der Tierhalter haftet im Regelfall nach § 833 S 1 BGB ohne die Möglichkeit einer Entlastung, wenn durch sein Tier ein Mensch getötet oder verletzt wird oder eine Sache beschädigt wird. Die Haftung ist, wenngleich Gefährdungshaftung, der Höhe nach nicht begrenzt und umfasst auch Schmerzensgeld. Sie ist von der Schuldfähigkeit des Halters unabhängig[9] und besteht auch gegenüber einer Person, die sich – wie zB ein Reiter – freiwillig der Tiergefahr ausgesetzt hat[10] (vgl auch Rn 17), nicht aber gegenüber einem Mithalter.[11] Ein Entlastungsbeweis ist nur bei Haustieren und nur in den u Rn 20 ff dargelegten Fällen zugelassen. Kann ein schuldhaftes Verhalten nachgewiesen werden, ergibt sich die Haftung auch aus § 823 Abs 1 BGB oder § 823 Abs 2 BGB iVm § 28 StVO. Wegen des Verhältnisses zu einem Mitschädiger vgl § 840 Abs 3 BGB, § 17 Abs 4 StVG (näher hierzu § 36 Rn 5), wegen der Anrechnung der Tiergefahr bei Schädigung des Halters Rn 3, zur Mithaftung des Tierhüters Rn 5.

6

Der Halter haftet nur, wenn die **Unfallbeteiligung seines Tieres feststeht**. Dieser dem Geschädigten obliegende Beweis bereitet oft Schwierigkeiten, wenn das Tier selbst durch den Unfall nicht in Mitleidenschaft gezogen wurde, sondern zB nur Verkehrsreaktionen hervorgerufen hat, oder wenn es nicht eindeutig identifizierbar ist. Auf bloße Vermutungen (etwa weil der Hund des Beklagten häufig in der betreffenden Gegend streune) kann eine Verurteilung nicht gestützt werden. **§ 830 Abs 1 S 2 BGB** ist jedoch auch auf die Tierhalterhaftung anwendbar.[12] Waren daher die Tiere verschiedener Halter an einem einheitlichen Gefährdungsvorgang beteiligt (vgl § 10 Rn 40), kann der Geschädigte jeden der Halter in Anspruch nehmen, ohne beweisen zu müssen, dass gerade dessen Tier den Schaden verursacht hat. Diese Beweiserleichterung greift zB dann ein, wenn mehrere Pferde gemeinsam durchgehen und hierbei Schaden anrichten.[13] Dagegen reicht allein der Nachweis, dass Tiere des Beklagten in zeitlicher und räumlicher Nähe zu einem Unfall entwichen waren, nicht für eine Verurteilung aus; zu einer Anwendung des § 830 Abs 1 S 2 BGB gelangt man in diesem Fall auch nicht mit Hilfe der Erwägung, es könnten in der Umgebung der Unfallstelle zur selben Zeit auch

7

---

8 Vgl BGH NJW 1980, 2348; KGR 1994, 255.
9 **AA** *Deutsch* JuS 1987, 678: §§ 827 ff BGB analog.
10 BGH VersR 1974, 356; 1977, 865; 1982, 367; 1984, 287; 1988, 609; NJW 1992, 2474.
11 OLG Köln NJW-RR 1999, 1628.
12 BGHZ 55, 96.
13 So der Fall BGHZ 55, 96.

noch Tiere anderer Halter entwichen sein.[14] Zu dem ebenfalls vom Geschädigten zu beweisenden Kausalzusammenhang zwischen Tierverhalten und Schaden s Rn 15.

8 **b) Begriff des Tierhalters.** Tierhalter ist, wer die Bestimmungsmacht über das Tier hat, aus eigenem Interesse für seine Kosten aufkommt und das wirtschaftliche Risiko seines Verlustes trägt.[15] Entscheidend ist also, in wessen Gesamtinteresse das Tier gehalten wird und wessen Wirtschaftsbetrieb oder Haushalt es dient.[16] Auf Eigentum und unmittelbaren Besitz kommt es nicht an,[17] sie sind aber Indizien für Eigeninteresse und Bestimmungsmacht.[18] Ob der Ehegatte Mithalter ist, richtet sich nach den konkreten Umständen.[19] Minderjährige können Halter sein, sofern sie (analog § 828 BGB) die Einsichtsfähigkeit hinsichtlich der vom Tier ausgehenden Gefahr haben.[20] Auch bei länger dauernder Überlassung des Tieres an einen Dritten, zB im Wege der Vermietung, Verwahrung oder Leihe bleibt die Tierhaltereigenschaft bestehen, solange die eingangs genannten Voraussetzungen vorliegen.[21] Dass der Dritte das Tier auch für eigene Zwecke nutzt, steht nicht entgegen, solange sich nicht der Schwerpunkt der Nutzung des Tieres auf den Dritten verlagert.[22]

9 Der Viehhändler und der Metzger werden mit Erwerb des Tieres Tierhalter,[23] dagegen ist weder der Tierarzt Halter noch der Kauflustige, der mit dem Pferd einen Proberitt unternimmt, oder der Gerichtsvollzieher, der ein Pferd gepfändet hat.[24] Der Tierschutzverein wird nicht schon dadurch Halter, dass er sich eines entlaufenen Hundes annimmt,[25] wohl aber durch Begründung von Eigentum und Obhut.[26] Entsprechendes gilt für eine Privatperson: Die vorübergehende Aufnahme eines Tieres begründet noch keine Halterstellung;[27] wer eine zugelaufene Katze längere Zeit betreut und versorgt, wird aber Halter.[28]

10 Derjenige, dem ein Tier **entlaufen** ist, ist für alle Schäden verantwortlich, die das Tier von nun an verursacht, auch wenn dem Halter jede Einwirkungsmöglichkeit verloren gegangen ist.[29] Dieser für den Tierhalter ungünstige Zustand endet erst, wenn sich ein anderer das Tier angeeignet hat. Hat sich ein Dritter ohne Wissen und Wollen des Halters des Tieres bemächtigt, so kann § 7 Abs 3 StVG entsprechend angewendet werden.[30]

---

14 **AA** OLG Köln NZV 1990, 351.
15 Näher *W Lorenz* (Lit vor Rn 1) 179 ff.
16 BGH VersR 1956, 574; 1976, 1176; 1988, 609.
17 BGH NZV 1990, 306: Mutter als Halterin des der 13-jährigen Tochter gehörenden Pferdes.
18 *W Lorenz* (Lit vor Rn 1) 227.
19 LG Wuppertal MDR 1993, 1064.
20 MünchKomm/*Wagner* § 833 Rn 30; auf Geschäftsfähigkeit abstellend *Bamberger/Roth/ Spindler* § 833 Rn 14 je mwN.
21 BGH NZV 1990, 306.
22 BGH VersR 1988, 609 mit ausf Nachw der älteren Rspr.
23 OLG Düsseldorf VersR 1983, 543.
24 OLGR Hamm 1994, 209.
25 LG Mönchengladbach VersR 1967, 486.
26 LG Hanau, NJW-RR 2003, 457 ff.
27 LG Düsseldorf VersR 1968, 99; **aA** AG Duisburg NJW-RR 1999, 1628.
28 LG Paderborn NJW-RR 1996, 54.
29 BGH VersR 1965, 1102; OLGR Karlsruhe 2001, 169 (Ausbruch aus Rotwildgehege); *Wilts* VersR 1965, 1019.
30 *Deutsch* JuS 1987, 676.

Tiere in **freier Wildbahn** haben keinen Halter (s zum Wildunfall Rn 2). Auch für die **11** Anwendung des S 1 kommen mithin im Wesentlichen nur Haustiere in Betracht, daneben Bienen, gezähmte Tiere, wilde Tiere nur im zoologischen Garten, Gehege,[31] Zirkus oder in der Tierhandlung.

c) Selbsttätiges Tierverhalten. Die Haftung nach § 833 BGB umfasst nur Fälle, in **12** denen das Verhalten des Tieres nicht auf den Willen und die Leitung eines Menschen zurückgeht; entspricht das Verhalten der Leitung eines Menschen, so gilt dieser allein als der Handelnde[32] (s Rn 1). Dies ist zB auch der Fall, wenn eine Schafherde unter Führung des Schäfers eine Straße überquert.[33] Auch wenn das Tier unter Leitung eines Menschen steht, zB ein Pferd unter der des Kutschers oder Reiters, fallen jedoch willkürliche Bewegungen des Tieres (Durchgehen, Hochsteigen, Ausschlagen, Beißen, ein Sprung zur Seite) unter § 833 BGB,[34] ebenso das Nichtbefolgen der Lenkvorgaben.[35] Wird ein Tier von Dritten vorsätzlich auf eine Straße getrieben, so entfällt die Haftung des Halters nur dann, wenn es durch die menschliche Einwirkung gezwungen war, sich in eine bestimmte Richtung zu bewegen, nicht wenn es nur weggejagt und dann sich selbst überlassen wurde.[36] Für ausgebrochene Rinder, die durch Polizeibeamte von der Bundesstraße in eine Nebenstraße getrieben und dort in einen Unfall verwickelt wurden, hat das OLG Düsseldorf[37] wohl zu Recht die Halterhaftung bejaht.

Soweit in der Rspr gefordert wird, es müsse sich um **typisches Tierverhalten**, um die **13** Manifestation tierischer Unberechenbarkeit handeln,[38] ist dies missverständlich.[39] Zwar kommt eine Anwendung des § 833 BGB nicht in Betracht, wenn der Unfall auf die bloße Anwesenheit des Tieres zurückzuführen ist, zB ein Radweg durch ein Reitpferd verengt wird,[40] oder wenn ein äußeres Ereignis nur mechanisch auf das Tier einwirkt, zB ein Pferd durch den Anprall eines Kfz umgeworfen wird und auf einen Fußgänger fällt.[41] Führt jedoch ein als Hindernis auf der Fahrbahn befindlicher Tierkörper zu einem Unfall, so greift § 833 BGB ein, wenn er durch ein vorangegangenes Bewegungsverhalten des Tieres dorthin gelangt ist.[42] Dasselbe gilt für eine Brieftaube, die in eine Flugzeugturbine gerät.[43] Ein selbsttätiges Tierverhalten liegt auch dann vor, wenn ein äußeres Ereignis anreizend auf das Tier einwirkt (zB Scheuen eines Pferdes wegen eines herannahenden Kfz[44]).

---

31 OLGR Karlsruhe 2001, 169.
32 BGH VersR 2006, 416 mwN.
33 LG Nürnberg-Fürth NZV 1994, 282.
34 RG JW 1909, 218; BGH VersR 1963, 1141; 1966, 1073; NJW 1992, 2474; OLG Düsseldorf VersR 1995, 186.
35 BGH VersR 2006, 416 mwN.
36 BGH NZV 1990, 306.
37 VersR 1995, 232.
38 Vgl BGHZ 67, 129.
39 Vgl MünchKomm/*Wagner* § 833 Rn 16.
40 LG Bonn NZV 1994, 363.
41 **AA** *Deutsch* JuS 1987, 675 f.
42 OLG Celle VersR 1980, 431.
43 OLG Hamm, NJW 2004, 2246.
44 RGZ 82, 113.

14 Die **Beweislast** für willkürliches Tierverhalten trägt der Geschädigte.[45] Hiervon will BGH NZV 1990, 306 dann eine Ausnahme machen, wenn sich der Tierhalter darauf beruft, ein Dritter habe das Tier in eine solche Zwangssituation versetzt, dass es sich nur in der den Schaden verursachenden Weise verhalten konnte. Dies erscheint mit allgemeinen Beweislastgrundsätzen kaum vereinbar. Allerdings kann den Halter eine sekundäre Behauptungslast[46] treffen.

15 **d) Kausalzusammenhang zwischen Tierverhalten und Unfall.** Vom Geschädigten zu beweisende Haftungsvoraussetzung ist, dass der Schaden durch das Tier verursacht wurde. Der Halter haftet nicht, wenn eine vom Verhalten seines Tieres unabhängige Unfallursache nicht ausgeschlossen werden kann.[47] Mitverursachung reicht aber aus.[48] Ein unmittelbarer Kontakt zwischen Tier und Geschädigtem ist nicht erforderlich. Es genügt eine Einwirkung des Tieres auf ein anderes Tier oder auf einen Menschen, wenn das andere Tier oder der Mensch infolge der Einwirkung einen Schaden hervorruft (zur mittelbaren Kausalität s a § 3 Rn 81 ff, zur Anwendbarkeit von § 830 Abs 1 S 2 BGB oben Rn 7).

16 Der Halter haftet daher auch, wenn das Tier einen Fahrzeugführer zu unfallursächlichem Bremsen oder Ausweichen veranlasst,[49] wenn ein Hund eine Schafherde in panische Flucht versetzt,[50] wenn ein Hund ein Reh auf die Fahrbahn eines Kfz treibt[51] oder wenn ein Pferd durchgeht und ein Insasse des Wagens deshalb abspringt. Schreckreaktionen auf ein aus Sicht des Betroffenen aggressives Tierverhalten sind adäquat; nur für nicht mehr nachvollziehbare Überreaktionen ist Kausalität zu verneinen.[52]

17 **e)** Ein **Haftungsausschluss** gegenüber Personen, die sich freiwillig der Tiergefahr ausgesetzt haben (insbesondere Reitern), ist nicht aus dem Gesichtspunkt des Handelns auf eigene Gefahr abzuleiten.[53] Dies gilt auch bei Überlassung aus Gefälligkeit; § 599 BGB oder § 8 Nr 2 StVG ist nicht entsprechend anwendbar.[54] Bei besonderer Gefahrerhöhung (zB wenn ein Reiter im Einzelfall Risiken übernommen hat, die über die gewöhnlichen Gefahren des Reitens hinausgehen[55]) greifen aber die Grundsätze des Mitverschuldens ein.[56]

2. Die Haftung des Tierhüters

18 **a) Allgemeines.** Nach § 834 BGB tritt die Haftung des Tierhüters neben diejenige des Halters (sofern dieser sich nicht nach Rn 20 ff entlastet hat). Es ist keine Gefährdungs-

---

45 OLG Düsseldorf VersR 1970, 333; *Honsell* MDR 1982, 799; *Palandt/Sprau* § 833 Rn 20; **aA** *Baumgärtel* in: 25 Jahre KF 86.
46 Vgl *Zöller/Greger* vor § 284 Rn 34.
47 Vgl zB OLG München DAR 1999, 456.
48 BGH VersR 2006, 416 mwN.
49 BGH VersR 1957, 167; OLG Düsseldorf NJW-RR 1992, 475; OLG Hamm VersR 1999, 1294.
50 OLG München VersR 1984, 1095.
51 OLG Nürnberg VersR 1959, 573.
52 Fragwürdig daher RG JW 1908, 41 (Anspringen durch gutartigen Hund), Koblenz VersR 1999, 508 (Vollbremsung eines Radfahrers wegen eines auf ihn zulaufenden Hundes).
53 So im Grundsatz auch der BGH, der aber Ausnahmen zulassen will (VersR 2006, 416 mwN); s a VersR 1977, 864; 1982, 366; 1986, 345; 1207 = JR 1987, 108 m Anm *Dunz*; **aA** *Deutsch* NJW 1978, 1998; JuS 1987, 677; *Dunz* JZ 1987, 63 ff. Vgl auch § 19 Rn 60.
54 BGH NJW 1992, 2474; **aA** *Westerhoff* JR 1993, 497 ff.
55 OLG Hamm MDR 2001, 31.
56 BGH VersR 2006, 416 mwN.

haftung wie beim Halter nach § 833 S 1 BGB, sondern eine Haftung aus vermutetem Verschulden, also mit Entlastungsmöglichkeit wie beim Halter eines Nutztiers nach § 833 S 2 BGB (vgl Rn 20). Voraussetzung ist auch hier, dass der Unfall auf ein **selbsttätiges Tierverhalten** zurückgeht (vgl Rn 12). Der Hüter haftet daher nur nach § 823 BGB, dh bei nachgewiesenem Verschulden, wenn er Vieh über die Straße treibt, dagegen nach § 834 BGB, wenn ein einzelnes Tier durchgeht.

b) Tierhüter ist, wer die Aufsicht durch Vertrag mit dem Halter oder einem Dritten übernommen hat, wie zB beim Ausreiten eines gemieteten Pferdes.[57] Die Aufsicht braucht nicht Hauptpflicht aus dem Vertrag zu sein, eine bloß tatsächliche Übernahme der Beaufsichtigung, zB durch einen Familienangehörigen,[58] genügt aber nicht. Der Hufschmied und der Tierarzt sind auch für die Dauer der Behandlung des Tieres keine Tierhüter, ebenso weisungsgebundene Bedienstete wie angestellte Reitlehrer,[59] Stallburschen, Kutscher usw oder der Gerichtsvollzieher bzgl eines gepfändeten Pferdes.[60] Derjenige, der nach § 22a BJagdG verpflichtet ist, ein Tier zu töten, ist nicht aus diesem Grund Tierhüter.[61]

19

III. Entlastungsbeweis

1. Überblick

Die Haftung des Tierhalters ist im Grundsatz eine Gefährdungshaftung ohne Entlastungsmöglichkeit. Durch den im Jahre 1908[62] angefügten S 2 wurde sie jedoch zugunsten des Halters eines Nutztieres (dh eines Haustiers, welches dem Beruf, der Erwerbstätigkeit oder dem Unterhalt des Tierhalters zu dienen bestimmt ist), in eine Haftung aus vermutetem Verschulden umgewandelt: Der Halter solcher Tiere wird von der Haftung frei, wenn er den Nachweis führt, dass er bei der Beaufsichtigung des Tieres die im Verkehr erforderliche Sorgfalt beobachtet hat oder dass der Schaden auch bei Anwendung dieser Sorgfalt entstanden wäre.

20

2. Begriff des Nutztiers

a) Unter **Haustier** versteht man nur diejenigen in der Hauswirtschaft zur dauernden Nutzung oder Dienstleistung gezüchteten oder gehaltenen zahmen Tiere, die der Beaufsichtigung und dem beherrschenden Einfluss des Halters unterstehen.[63] Dazu gehören auch gewisse Tierarten, die Anweisungen des Menschen im Allgemeinen nicht zu befolgen pflegen (Tauben, Kaninchen, Katzen). Andererseits wird die Biene, die sich in gleicher Weise der Beaufsichtigung entzieht, nicht als Haustier angesehen,[64] während

21

---

57 BGH VersR 1987, 199.
58 OLG Nürnberg NJW-RR 1991, 1500; OLG Düsseldorf ZfS 1992, 77.
59 OLGR Hamm 2001, 259.
60 OLGR Hamm 1994, 209.
61 OLGR Karlsruhe 2001, 1691.
62 Ges v 30.5.08, RGBl 313.
63 RGZ 158, 391.
64 RGZ 158, 391; *Weimar* VN 1965, 126; **aA** *Rohde* VersR 1968, 227.

folgsame Tiere, wie ein Affe, nicht als Haustiere gelten, obwohl sie mit dem Halter in engeren Beziehungen zusammenleben als etwa eine Taube.

22 b) Das Haustier ist nur dann dem **Beruf**, der **Erwerbstätigkeit** oder dem **Unterhalt** des Tierhalters zu dienen bestimmt, wenn eine dieser Funktionen wesentliche Bedeutung hat. Tiere, die nur zum Sport oder zur Annehmlichkeit gehalten werden, scheiden von vorneherein aus.

23 Daher fällt nicht unter § 833 S 2 BGB das Trabrennpferd eines nicht in erheblichem Umfang zu Erwerbszwecken betriebenen Gestüts[65] sowie das Reitpferd eines Idealvereins,[66] während sich ein Reitverein, der seine Pferde überwiegend oder jedenfalls in einem so erheblichen Umfang wie ein wirtschaftliches Unternehmen zu Erwerbszwecken nutzt, auf § 833 S 2 BGB berufen kann.[67] Das Gleiche gilt bei einem Veranstalter gewerblicher Kutschfahrten,[68] einem Trabertrainer, der das Pferd bei Trabrennen einsetzen wollte,[69] sowie bei Pferdehaltern, die ihre Tiere zum Ausritt vermieten,[70] solange dies nicht nur gelegentlich geschieht.[71] Auch ein Polizeipferd fällt unter § 833 S 2 BGB.[72] Hunde fallen dann unter die Vorschrift, wenn sie für die Bewachung von Gewerbebetrieben[73] oder besonders schutzbedürftigen[74] landwirtschaftlichen Anwesen bestimmt sind, oder wenn sie einem Jäger als Jagdhund[75] oder einem Blinden zum Führen dienen, nicht wenn sie aus allgemeinem Sicherheitsbedürfnis gehalten werden.[76] Bei Katzen kommt es auf die Umstände des Einzelfalles an;[77] dienen sie, wie idR in landwirtschaftlichen Anwesen, dem Schutz von Vorräten, lässt sich ihre Eigenschaft als Erwerbstier bejahen.[78]

24 Entscheidend ist die **Zweckbestimmung**, ggf die hauptsächliche.[79] Ob das Nutztier auch im Zeitpunkt des Unfalls als solches eingesetzt wurde, ist unerheblich. Daher fallen Arbeitspferde auch dann unter § 833 S 2 BGB, wenn sie als Zugtiere bei einem Umzug verwendet werden.[80]

3. Anforderungen an den Entlastungsbeweis

25 a) **Allgemeines.** Der Tierhalter muss entweder die Beachtung der im Verkehr erforderlichen Sorgfalt oder die fehlende Kausalität eines Sorgfaltsmangels beweisen. Bleibt unklar, worauf das Schaden stiftende Tierverhalten zurückzuführen ist, geht dies zu seinen Lasten.[81] Für das Maß der im Verkehr erforderlichen Sorgfalt gibt § 28 StVO Anhaltspunkte. An den Entlastungsbeweis sind strenge Anforderungen zu stellen. Ein

---

65 OLG Düsseldorf VersR 1995, 186.
66 BGH VersR 1982, 366; 1982, 670.
67 BGH VersR 1986, 346 = JR 1986, 240 m Anm *Haase*; kritisch zu dieser Diskrepanz *Deutsch* JuS 1987, 679.
68 OLG Karlsruhe NZV 1997, 230.
69 OLG Düsseldorf VersR 1993, 115.
70 BGH VersR 1986, 1077.
71 OLG Düsseldorf NJW-RR 1992, 475: Pony eines Landwirts.
72 OLG Frankfurt VersR 1985, 646.
73 BGH NZV 2005, 466, 467.
74 Verneint von OLG Köln VersR 1999, 1293 bei Hof in Ortslage.
75 OLG Bamberg NJW-RR 1990, 735.
76 OLG Frankfurt MDR 2005, 273.
77 LG Ravensburg VersR 1986, 823.
78 LG Bielefeld VersR 1982, 1083; LG Kiel NJW 1984, 2297.
79 BGH NZV 2005, 466.
80 OLG Koblenz NZV 1992, 76.
81 OLG Koblenz NZV 1992, 76.

Landwirt muss nicht alle theoretisch denkbaren, von dem Tier ausgehenden Gefahren durch Sicherungsmaßnahmen abwenden; ein absoluter Schutz wird nicht verlangt.[82]

Übergibt der Tierhalter das Tier einem Tierhüter, so hat er den Entlastungsbeweis dahin zu führen, dass er bei der Auswahl und Beaufsichtigung des Tierhüters die nötige Sorgfalt beobachtet hat, dass er ihm die erforderlichen Weisungen erteilt und ihn mit den erforderlichen Gerätschaften ausgestattet hat.[83] Anweisungen sind vor allem erforderlich, wenn das Tier außergewöhnliche Eigenschaften hat.[84] Darauf, ob der Tierhüter den Unfall rechtswidrig oder schuldhaft verursacht hat, kommt es bei der Haftung aus § 833 BGB nicht an. **26**

b) Einzelfälle:

An den Halter, der **Pferde** zum Ausritt im Straßenverkehr vermietet, sind strenge Anforderungen zu stellen. Er darf das Pferd nur einem Reiter überlassen, der ausreichend auf das Tier einwirken kann und Erfahrung mit den Gegebenheiten des Straßenverkehrs hat.[85] Als Zugtiere dürfen Pferde nur eingesetzt werden, wenn sie ausreichend auf diese Aufgabe vorbereitet wurden.[86] Ein Durchgehen von Kutschpferden als Reaktion auf einen angreifenden Hund ist aber nicht vermeidbar.[87] Ein Reitpferd darf bei der Rast auf einer Wiese nicht frei herumlaufen.[88] **27**

Auch ein friedfertiger **Hund** darf nicht unbeaufsichtigt auf der Straße herumlaufen.[89] Vor allem ein Hund, der zum Streunen neigt, muss sorgfältig verwahrt werden,[90] desgleichen ein Hund, der nicht im Hause, sondern in einem umhegten Gelände oder in einem Zwinger gehalten wird.[91] Ein Jagdhund darf nicht unangeleint zur Nachsuche auf ein angeschossenes Wild angesetzt werden, wenn die Gefahr besteht, dass der Hund in den öffentlichen Straßenverkehr gelangt.[92] Ob ein Hund auf öffentlichem Verkehrsgrund an der Leine zu führen ist, richtet sich nach ortsrechtlichen Vorschriften,[93] ansonsten nach den Umständen: § 28 Abs 1 S 2 StVO verlangt „ausreichende Einwirkungsmöglichkeiten". Dabei ist zu berücksichtigen, dass auch Hunde, die ansonsten aufs Wort gehorchen, unter den Einflüssen des Verkehrsgeschehens zu unkontrolliertem Verhalten veranlasst werden können; ist der Hund unkontrolliert auf die Fahrbahn gelaufen oder hat er einen Radfahrer angesprungen, wird es dem Halter schwer fallen, die erforderliche Sorgfalt zu beweisen. Junge Hunde sind besonders unberechenbar.[94] Hat ein Hund sich losgerissen und die Fahrbahn überquert, muss der Halter ebenfalls die Fahrbahn überqueren, um zu verhindern, dass der Hund über die Straße zu ihm zurückkehrt.[95] Das Führen eines Hundes vom Fahrrad aus ist nach § 28 Abs 1 S 4 StVO gestattet; es muss allerdings tier- und sachgerecht ausgeführt werden, was bei mehrfach um den Lenker gewickelter Leine nicht der Fall ist.[96] **28**

---

82 OLG Jena NZV 2002, 464, 465.
83 BGH VersR 1953, 516; OLG Düsseldorf VersR 1967, 1100; KGR 1994, 254.
84 RGZ 76, 225; RG Recht 1911, Nr 2147; 1911, Nr 2435; OLG Colmar Recht 1912, Nr 426.
85 BGH VersR 1986, 1079.
86 OLG Koblenz NZV 1992, 76.
87 OLG Karlsruhe NZV 1997, 230.
88 BGH VersR 1964, 1197.
89 RG JW 1933, 832.
90 RG WarnR 1929, Nr 99.
91 BGH VersR 1964, 779.
92 OLG Bamberg NJW-RR 1990, 735.
93 OLG Hamm NZV 2002, 461 (VO über Anleinpflicht zugleich Schutzges iSv § 823 Abs 2 BGB).
94 OLG Koblenz VersR 1955, 313.
95 OLG Hamm NZV 2001, 36.
96 OLG Köln NJW-RR 2003, 884.

Erster Teil. Haftung ohne Verschuldensnachweis

29 Katzen können nicht daran gehindert werden, sich auf die Fahrbahn zu begeben;[97] dasselbe gilt in ländlichen Gemeinden auch für Hühner und anderes Geflügel.

30 **Weidetiere** müssen daran gehindert werden, die Weide eigenmächtig zu verlassen,[98] insbesondere durch einen ausreichend hohen und stabilen Zaun. Bei Pferdekoppeln wurde zB ein 125 cm hoher, vierfacher Stacheldrahtzaun[99] oder ein mindestens 120 cm hoher Weidezaun mit oberer Begrenzung durch eine gut sichtbare Elektrolitze[100] als ausreichend angesehen; bei Rindern wird idR eine Höhe von 110 bis 120 cm verlangt.[101] Die Sicherung des Weidetores durch eine bloße Hanf- oder Drahtschlaufe genügt nicht, wenn die nahe liegende Gefahr besteht, dass unbefugte Dritte das Tor öffnen und nicht wieder ordnungsgemäß verschließen, sodass die Tiere auf eine Straße laufen können; hier ist vielmehr die Sicherung durch ein Schloss erforderlich.[102] Auf entlegenen Weiden, etwa im Gebirge, sind die Anforderungen geringer.[103] Nicht nur hinsichtlich der Möglichkeit, das Weidetor zu öffnen, sondern auch hinsichtlich der Standfestigkeit des Weidezaunes[104] und der Abwehrkraft eines elektrischen Weidezaunes[105] sind angesichts der durch Vieh dem Verkehr drohenden Gefahr strenge Anforderungen zu stellen.[106] Sie richten sich auch nach den örtlichen Gegebenheiten. In der Nähe verkehrsbedeutender Straßen sind Weidezäune täglich zu kontrollieren.[107] Hier kann auch zusätzlich zum Elektrozaun eine mechanische Einfriedung erforderlich sein.[108] Die Stabilität von Pfosten ist sorgfältig, nicht nur optisch, zu prüfen.[109] Örtliche Freiweiderechte ändern nichts an der Pflicht des Tierhalters zur Absicherung der Weide.[110] Schafe müssen, wenn sie von einem Hirten mit Hütehund bewacht werden, nicht durch einen Weidezaun gegen Entweichen gesichert werden.[111] Sehr strenge Anforderungen stellt OLG München NZV 1991, 189 (Vorkehrungen auch für den Fall einer Panik unter den Schafen, wenn viel befahrener Verkehrsweg in der Nähe).

31 Ein **Stall** entspricht nicht den Anforderungen, wenn beim Öffnen der Stalltür die Gefahr unkontrollierten Entlaufens von Rindern besteht.[112] Muss nach den örtlichen Gegebenheiten damit gerechnet werden, dass Stalltore von Unbefugten geöffnet werden und die Tiere auf Verkehrswege gelangen, sind Schlösser anzubringen.[113] Wird im Winter ein Rind über den Hof geführt und stürzt es, weil nicht gestreut war, so haftet der Halter, wenn es nach dem Sturz entweicht und einen Unfall verursacht.[114]

---

97 OLG Oldenburg VersR 1957, 742.
98 BGH VersR 1959, 759; LG Flensburg MDR 1969, 924.
99 OLGR Hamm 1994, 210.
100 OLG Celle NJW-RR 2000, 1194.
101 OLG Köln VersR 1993, 616; s a OLG Düsseldorf NZV 1988, 21; OLG Hamm VersR 1997, 1542. Nach österr OGH ZVR 1999, 373 genügt ein Elektrozaun in Höhe von 70–90 cm; OLG Düsseldorf VersR 2001, 1038: nicht unter 1 m.
102 BGH VersR 1964, 595; 1966, 186; 1966, 758 = 849 m Anm *Schmidt*; 1967, 906; 1976, 1086; NZV 1990, 305; OLG Celle DAR 1967, 189; OLG Oldenburg DAR 1964, 217.
103 Sehr streng aber österr OGH ZVR 1993, 364 bei Pferden auf einer Bergweide; s a NZV 1995, 17.
104 Vgl OLG Hamm VersR 1982, 1009.
105 Hierzu OLG Frankfurt VersR 1982, 908.
106 OLG Nürnberg VersR 1966, 42; LG Flensburg VersR 1987, 826.
107 OLG Hamm NZV 1989, 234.
108 OLG Jena NZV 2002, 464.
109 LG Ravensburg VersR 1986, 452.
110 BayObLG VRS 14, 372.
111 BGH VersR 1963, 308.
112 OLG Oldenburg NJW-RR 1999, 1627.
113 BGH NZV 1990, 305; OLG Brandenburg OLGR 1998, 3; OLG Nürnberg OLGR 2004, 226 (Pferdestall).
114 OLG München VersR 1966, 1083; OLG Oldenburg NZV 1991, 115.

Zweiter Teil
Haftung aus unerlaubter Handlung

§ 10 Haftung wegen Rechtsgutsverletzung

§ 823 BGB

(1) Wer vorsätzlich oder fahrlässig das Leben, den Körper, die Gesundheit, die Freiheit, das Eigentum oder ein sonstiges Recht eines anderen widerrechtlich verletzt, ist dem anderen zum Ersatz des daraus entstehenden Schadens verpflichtet.

(2) Die gleiche Verpflichtung trifft denjenigen, welcher gegen ein den Schutz eines anderen bezweckendes Gesetz verstößt. Ist nach dem Inhalt des Gesetzes ein Verstoß gegen dieses auch ohne Verschulden möglich, so tritt die Ersatzpflicht nur im Falle des Verschuldens ein.

§ 827 BGB

Wer im Zustand der Bewusstlosigkeit oder in einem die freie Willensbestimmung ausschließenden Zustand krankhafter Störung der Geistestätigkeit einem anderen Schaden zufügt, ist für den Schaden nicht verantwortlich. Hat er sich durch geistige Getränke oder ähnliche Mittel in einen vorübergehenden Zustand dieser Art versetzt, so ist er für einen Schaden, den er in diesem Zustand widerrechtlich verursacht, in gleicher Weise verantwortlich, wie wenn ihm Fahrlässigkeit zur Last fiele; die Verantwortlichkeit tritt nicht ein, wenn er ohne Verschulden in den Zustand geraten ist.

§ 828 BGB

(1) Wer nicht das siebente Lebensjahr vollendet hat, ist für einen Schaden, den er einem anderen zufügt, nicht verantwortlich.

(2) Wer das siebente, aber nicht das zehnte Lebensjahr vollendet hat, ist für den Schaden, den er bei einem Unfall mit einem Kfz, einer Schienenbahn oder einer Schwebebahn einem anderen zufügt, nicht verantwortlich. Dies gilt nicht, wenn er die Verletzung vorsätzlich herbeigeführt hat.

(3) Wer das 18. Lebensjahr noch nicht vollendet hat, ist, sofern seine Verantwortlichkeit nicht nach Absatz 1 oder 2 ausgeschlossen ist, für den Schaden, den er einem anderen zufügt, nicht verantwortlich, wenn er bei der Begehung der schädigenden Handlung nicht die zur Erkenntnis der Verantwortlichkeit erforderliche Einsicht hat.

§ 829 BGB

Wer in einem der in den §§ 823 bis 826 bezeichneten Fälle für einen von ihm verursachten Schaden auf Grund der §§ 827, 828 nicht verantwortlich ist, hat gleichwohl, sofern der Ersatz des Schadens nicht von einem aufsichtspflichtigen Dritten erlangt werden kann, den Schaden insoweit zu ersetzen, als die Billigkeit nach den Umständen, insbesondere

Zweiter Teil. Haftung aus unerlaubter Handlung

nach den Verhältnissen der Beteiligten, eine Schadloshaltung erfordert und ihm nicht die Mittel entzogen werden, deren er zum angemessenen Unterhalt sowie zur Erfüllung seiner gesetzlichen Unterhaltspflichten bedarf.

§ 830 BGB

(1) Haben mehrere durch eine gemeinschaftlich begangene unerlaubte Handlung einen Schaden verursacht, so ist jeder für den Schaden verantwortlich. Das Gleiche gilt, wenn sich nicht ermitteln lässt, wer von mehreren Beteiligten den Schaden durch seine Handlung verursacht hat.

(2) Anstifter und Gehilfen stehen Mittätern gleich.

Literatur

v Bar Verkehrspflichten (1980); *Scheffen/Pardey* Schadensersatz bei Unfällen mit Minderjährigen[2] (2003)

Übersicht

	Rn
I. Überblick	1
1. Bedeutung der Vorschrift im Verkehrshaftungsrecht	1
2. Haftungsvoraussetzungen	4
3. Rechtsfolgen	5
II. Objektive Tatbestandsvoraussetzungen	6
1. Handlung	6
2. Rechtsgutsverletzung	10
3. Zurechnungszusammenhang	19
III. Widerrechtlichkeit	42
1. Allgemeines	42
2. Rechtfertigungsgründe	43
IV. Subjektive Haftungsvoraussetzungen	48
1. Überblick	48
2. Vorsatz	49
3. Fahrlässigkeit	51
4. Schuldausschluss durch Irrtum	56
5. Schuldunfähigkeit	59
6. Billigkeitshaftung	70

I. Überblick

1. Bedeutung der Vorschrift im Verkehrshaftungsrecht

1 Die Haftung nach § 823 Abs 1 BGB greift ein, wenn eines der dort genannten absoluten Rechte oder Rechtsgüter durch eine „unerlaubte Handlung", dh widerrechtlich und schuldhaft, verletzt wird. Sie tritt neben die Gefährdungshaftung nach dem StVG, wie dessen § 16 ausdrücklich klarstellt. Bedeutung hat dies insbesondere für den Umfang der Haftung (Rn 5).

Hinsichtlich des Haftungsgrunds unterscheiden sich Delikts- und Gefährdungshaftung in folgenden Punkten: **2**
- während § 7 StVG eine Sachbeschädigung, Tötung oder Verletzung des Körpers oder der Gesundheit voraussetzt, stellt § 823 Abs 1 BGB auf die Verletzung eines absoluten Rechts oder Rechtsguts ab; hieraus können sich bei der Beschädigung von Sachen Unterschiede ergeben (vgl Rn 12);
- das Merkmal der Widerrechtlichkeit spielt bei § 7 StVG keine Rolle (vgl Rn 42);
- wer Ansprüche aus § 823 Abs 1 BGB herleiten will, muss – anders als bei § 7 StVG – ein Verschulden (Vorsatz oder Fahrlässigkeit) beweisen (vgl Rn 48);
- hieraus ergeben sich auch Unterschiede für die Zurechnung im Rahmen des Kausalzusammenhangs (vgl Rn 19 ff).

Außerdem begründet § 823 Abs 1 BGB eine Haftung für die vom StVG nicht erfassten **3** Verkehrsteilnehmer sowie für Personen, die durch Verletzung einer Verkehrs(sicherungs)pflicht (dazu § 13 Rn 1) einen Verkehrsunfall verursacht haben. Andere Tatbestände des Deliktsrechts (insb § 823 Abs 2, § 829, § 830 Abs 1 S 2, §§ 831 ff BGB) können eingreifen, wenn ein Tatbestandsmerkmal des § 823 Abs 1 BGB nicht vorliegt oder nicht beweisbar ist oder wenn eine andere als die unmittelbar schädigende Person belangt werden soll.

2. Haftungsvoraussetzungen

§ 823 Abs 1 BGB setzt eine Handlung (Rn 6 ff) voraus, durch die ein absolut geschütztes Rechtsgut (Rn 10 ff) in zurechenbarer Weise (Rn 19 ff) verletzt worden ist. **4** Jedenfalls bei Handlungen, die nicht unmittelbar auf die Rechtsgutsverletzung gerichtet sind, muss zusätzlich eine Verkehrspflicht verletzt worden sein (zur dogmatischen Einordnung dieser Voraussetzung s Rn 42). Die hierdurch indizierte Widerrechtlichkeit darf nicht durch einen Rechtfertigungsgrund ausgeschlossen sein (Rn 43 ff). Der Schädiger muss vorsätzlich oder fahrlässig gehandelt haben (Rn 48 ff) und es darf kein besonderer Schuldausschließungsgrund (Rn 56 ff) vorliegen. Schließlich muss der geltend gemachte Schaden auf diese Verletzung in zurechenbarer Weise zurückzuführen sein (vgl § 3 Rn 168 ff).

3. Rechtsfolgen

Die Schadensersatzpflicht nach § 823 BGB ist (anders als jene nach StVG und HaftpflG) **5** nicht auf einen Höchstbetrag begrenzt (s u § 20). Sie umfasst unter bestimmten Voraussetzungen auch Ersatz für entgangene Dienstleistungen (§ 845 BGB; s § 28 Rn 177 ff) sowie entgangenen Gewinn (§ 29 Rn 189 ff). Bei der Abwägung mit Verursachungsbeiträgen anderer Verkehrsteilnehmer schlägt sie stärker zu Buche als die reine Gefährdungshaftung (§ 22 Rn 127).

II. Objektive Tatbestandsvoraussetzungen

1. Handlung

a) Deliktische Verantwortung nach § 823 Abs 1 BGB setzt – wie sich schon aus dem **6** Verschuldenserfordernis ergibt – ein menschliches Handeln, ein **vom Willen gesteuer-**

tes **Verhalten** voraus.¹ Betätigungen, die unter physischem Zwang oder als unwillkürlicher Reflex durch fremde Einwirkungen ausgelöst werden, können deshalb keine Haftung nach dieser Vorschrift begründen. Dies würde auch für Aktionen im Zustand der Bewusstlosigkeit gelten, § 827 BGB trifft hier jedoch eine besondere Anordnung, wonach lediglich die subjektive Vorwerfbarkeit der Handlung entfallen soll.² So kann zB die Lenkbewegung nach der Kollision mit einem Reh ein unwillkürlicher Reflex ohne Handlungsqualität sein, während beim Abkommen auf die Gegenfahrbahn infolge einer plötzlichen Bewusstseinsstörung lediglich die Verantwortlichkeit ausgeschlossen ist. Bedeutung hat dies für die Beweislast: Der Geschädigte trägt die Darlegungs- und Beweislast für die Handlungsqualität,³ während die (ausnahmsweise) fehlende Verantwortlichkeit vom Schädiger zu beweisen ist.⁴

7 b) Ein **Unterlassen** steht dem Handeln dann gleich, wenn eine Rechtspflicht zum Handeln bestanden hat. Im Verkehrshaftungsrecht kommt dem aufgrund der von der Rspr entwickelten Verkehrs- und Verkehrssicherungspflichten erhebliche Bedeutung zu. Diese knüpfen an die Beherrschung einer gefahrbringenden Sache oder Verkehrsfläche an und verpflichten zu zumutbaren Maßnahmen der Gefahrvermeidung oder -begrenzung.

8 Die **Verkehrssicherungspflicht** ist vom RG aus einem Grundsatz des gemeinen Rechts hergeleitet worden, wonach derjenige, der Räume oder Örtlichkeiten der Allgemeinheit zugänglich macht – mithin einen Verkehr für andere eröffnet – für die verkehrssichere Beschaffenheit der Sache verantwortlich ist.⁵ Hieraus entwickelte sich der gewohnheitsrechtliche Rechtssatz, dass jeder, der im Verkehr eine Gefahrenquelle schafft oder unterhält, die notwendigen und zumutbaren Vorkehrungen zum Schutze anderer zu treffen hat.⁶ Er beschränkt sich längst nicht mehr auf die Sicherung von Verkehrswegen und sonstigen allgemein zugänglichen Örtlichkeiten, sondern umfasst – in Gestalt der sog **Verkehrspflichten** – auch sonstige potentielle Gefahrenquellen. So ist zB der Halter für den verkehrssicheren Zustand seines Kfz verantwortlich.⁷ Der Verkäufer von verkehrsunsicheren Reifen kann für den Schaden haftbar sein, der aus einem dadurch verursachten Unfall entsteht.⁸

9 Beim **Verhalten im Straßenverkehr** gehen positives Tun und unterlassene Gefahrenabwehr oftmals ineinander über. So kann zB ein Unfall ebenso auf zu schnelles Fahren wie auf ungenügende Fahrbahnbeobachtung zurückzuführen sein; wäre in einer Gefahrensituation ein Warnsignal erforderlich gewesen, so kann der Unfall in gleicher Weise auf dessen Unterlassen wie auf das gefährdende Weiterfahren zurückgeführt werden. Derartige Unterscheidungen sind aber unnötig. In den sog Verkehrspflichten

---

1 BGHZ 39, 103, 106.
2 BGHZ 98, 135, 137 f. Näher dazu Rn 59.
3 OLG Naumburg NJW-RR 2003, 676.
4 BGHZ 98, 135, 138.
5 RGZ 54, 53.
6 St Rspr; vgl nur BGHZ 60, 54, 55. Näher *Larenz/Canaris* § 76 III. Zu dem abw System des französischen Rechts (Gefährdungshaftung des Sachhalters) s *Brandt/Brandes* VersR 1991, 1111.
7 BGH VRS 37, 271; 17, 43.
8 BGH NJW 2004, 1032, 1033; OLG Düsseldorf NJWE-VHR 1997, 190; OLG Nürnberg VersR 2003, 385.

konkretisiert sich das nach dem Maßstab der im Verkehr erforderlichen Sorgfalt (§ 276 Abs 2 BGB) gebotene Verhalten unabhängig von diesen Kategorien: Entscheidend ist in diesen Fällen nicht das Tun (das Autofahren), sondern das Unterlassen der gebotenen Gefahrabwendungsmaßnahmen (auf Sicht fahren, Fahrbahn beobachten, Warnzeichen geben usw).[9] Diese Besonderheit der Verkehrspflichten rechtfertigt es, ihre Prüfung trotz des Mitschwingens von Fahrlässigkeitselementen („äußere Sorgfalt", s Rn 53) beim objektiven Tatbestand zu verorten.[10] In der umfangreichen Rspr zu den Verkehrs- und Verkehrssicherungspflichten manifestiert sich zugleich die Zuweisung von Verantwortlichkeiten wie auch die Bestimmung von Sorgfaltsmaßstäben. Sie wird unten (§§ 13, 14) zusammenfassend dargestellt.

2. Rechtsgutsverletzung

a) Überblick. Durch § 823 Abs 1 BGB geschützte Rechtsgüter sind: Leben, Körper, Gesundheit, Freiheit, Eigentum sowie sonstige absolute Rechte. Als „sonstiges Recht" kommen im Bereich der Verkehrshaftung uU das Recht am eingerichteten und ausgeübten Gewerbebetrieb sowie das Recht zum Besitz in Betracht. Kein „sonstiges Recht" ist der Gemeingebrauch an einer Straße.[11] Wird aber durch einen Unfall die Nutzbarkeit eines Verkehrsmittels vereitelt, kommen Ansprüche aus Verletzung des Eigentums hieran in Betracht (s Rn 12). **10**

b) Leben, Körper, Gesundheit. Bei Personenschäden ergeben sich keine Abweichungen von der Gefährdungshaftung, sodass auf die Erl in § 3 Rn 33 ff Bezug genommen werden kann. **11**

c) Eigentum. Bei Sachschäden ist zu beachten, dass § 7 StVG an die Beschädigung einer Sache anknüpft (vgl § 3 Rn 45), während nach § 823 Abs 1 BGB auch andere Eingriffe in das Eigentum die Haftung auslösen können. Eine physische Beeinträchtigung der Sache ist hier also nicht unbedingt erforderlich; es genügt auch, wenn die Benutzbarkeit der Sache durch eine gegen sie gerichtete Handlung verhindert worden ist. Haftung nach § 823 Abs 1 BGB kann daher auch dann eintreten, wenn lediglich die Bewegungsmöglichkeit eines Fahrzeugs vereitelt worden ist,[12] oder wenn ein Grundstück infolge einer polizeilichen Anordnung, die wegen Explosionsgefahr nach einem Unfall erlassen worden ist, vorübergehend nicht benutzt werden kann.[13] Zur Abgrenzung von reinen Vermögensnachteilen einerseits, immateriellen Einbußen andererseits muss aber verlangt werden, dass die Störung gerade die wertbestimmende Funktion der Sache betrifft, also etwa die Eigenschaft des Fahrzeugs als Transportmittel für nicht unerhebliche Zeit aufhebt.[14] **12**

---

9 Ähnlich *Erman/Schiemann* § 823 Rn 78; teilw **aA** *Deutsch* Rn 111.
10 *Larenz/Canaris* § 76 III 2d; *Erman/Schiemann* § 823 Rn 76; AnwK-BGB/*Katzenmeier* § 823 Rn 127. S hierzu auch unten Rn 42.
11 BGH NJW 1977, 2265.
12 BGHZ 55, 159; vgl auch BGHZ 67, 382.
13 BGH NJW 1977, 2265.
14 Vgl MünchKomm/*Mertens*[3] § 823 Rn 114 f; MünchKomm/*Wagner*[4] § 823 Rn 117 stellt dagegen darauf ab, ob ein überschaubarer Personenkreis in erheblicher Weise in der Nutzung des Eigentums beeinträchtigt wurde.

13 Beim **Blockieren eines Verkehrswegs** durch einen Unfall kann daher der Eigentümer eines Fahrzeugs, der dieses auf dem betreffenden Verkehrsweg zeitweise nicht nutzen kann, hieraus resultierende Schäden (zB Verdienstausfall, Kosten eines zur Schadensminderung oder im öffentlichen Interesse gebotenen Ersatzverkehrs, Kosten für den Einsatz von Dieselloks wegen Beschädigung der Oberleitung) vom Unfallschuldigen nicht ersetzt verlangen.[15] Ebenso ist der bloße Zeitverlust durch einen unfallbedingten **Verkehrsstau** kein ersatzfähiger Schaden; vorübergehende Hinderung am Gemeingebrauch einer öffentlichen Straße ist entschädigungslos hinzunehmen[16] (vgl auch § 25 Rn 63). Auch wenn es zu echten Vermögenseinbußen durch die Nutzungsvereitelung gekommen ist (etwa Versäumung eines Geschäftstermins), ist deren Zurechenbarkeit, auch unter dem Gesichtspunkt des Mitverschuldens, genau zu prüfen: gewisse Verzögerungen im Verkehrsablauf müssen bei der Terminplanung einkalkuliert werden.[17]

14 Eine Eigentumsverletzung kann auch in einem **Schadensverdacht** liegen, wenn dieser hinreichend begründet ist und die Sache allein aufgrund des Verdachts nicht mehr bestimmungsgemäß verwendet werden kann oder darf, insbesondere wenn sie aufgrund ihres Verwendungszwecks in besonders hohem Maß Sicherheitsanforderungen genügen muss.[18]

15 Die deliktische Haftung bei Sachschäden kann insofern auch enger sein als die Gefährdungshaftung, als letztere nicht nur dem Eigentümer Schadensersatzansprüche verschafft (vgl § 3 Rn 47). Allerdings wird dieser Unterschied dadurch relativiert, dass auch das Recht zum Besitz als von § 823 Abs 1 BGB geschütztes Recht angesehen wird.[19] Zu beachten ist, dass auch mittelbare Eigentumsverletzungen von § 823 Abs 1 BGB erfasst werden, zB wenn durch den Unfall die Stromleitung eines Energieversorgungsunternehmens beschädigt wird und der Stromausfall zum Verderb von Eiern in den Brutapparaten eines angeschlossenen Betriebs führt.[20] Es ist aber genau zu prüfen, ob bei dem mittelbar Geschädigten tatsächlich eine Eigentumsverletzung und nicht nur eine Vermögensschädigung eingetreten ist. So wäre es etwa verfehlt, einem Unternehmer, der seine Produktion auf sog just-in-time-Lieferungen eingestellt hat, Ersatz für Produktionsausfälle zuzusprechen, die auf eine unfallbedingte Lieferverzögerung zurückzuführen sind.

16 **d) Beschränkte dingliche Rechte** (zB Hypothek, Grundschuld, Dienstbarkeit) sind zwar „sonstige Rechte" iSd § 823 Abs 1 BGB, begründen jedoch nur bei grundstücksbezogenen Eingriffen eine Ersatzanspruch. Die Tötung des Schuldners der dinglich gesicherten Forderung, zB eines Leibgedings, führt daher nicht zu einem Schadensersatzanspruch des Berechtigten.[21]

---

15 BGH NZV 2005, 359, 360. Teilweise anders die instanzgerichtliche Rspr (vgl LG Bielefeld NZV 1991, 315; AG Bonn NZV 1992, 450; LG Frankenthal ZfS 1990, 336; LG Freiburg ZfS 1989, 189) sowie *Grüneberg* ZfS 1991, 255.
16 BGH NJW 1977, 2265.
17 Ähnlich *Grüneberg* ZfS 1991, 255, jedoch unter dem Aspekt fehlender Rechtswidrigkeit.
18 Vgl BGH NJW-RR 2001, 322 u TranspR 2002, 440 (zum Begriff der Sachbeschädigung iSv § 429 Abs 1 HGB aF).
19 Vgl *Palandt/Sprau* § 823 Rn 13.
20 BGHZ 41, 125.
21 BGH NJW 2001, 971.

e) Das **Recht am eingerichteten und ausgeübten Gewerbebetrieb** ist ebenfalls als „sonstiges Recht" isd § 823 Abs 1 BGB anerkannt. Bei Haftpflichtfällen im Straßenverkehr wird hieraus allerdings in aller Regel kein Anspruch hergeleitet werden können, weil dieser eine unmittelbar gegen den Gewerbebetrieb als solchen gerichtete, betriebsbezogene Beeinträchtigung voraussetzt.[22] Hieran fehlt es zB, wenn der Betrieb mittelbar dadurch beeinträchtigt wird, dass die Stromzufuhr[23] oder der Fernsprechanschluss[24] unterbrochen oder dass der Inhaber oder ein Angestellter verletzt oder getötet wird.[25] Auch Störungen des Bahnverkehrs durch Verkehrsunfälle sind idR nicht als unmittelbar betriebsbezogene Eingriffe anzusehen,[26] desgleichen das unbeabsichtigte Blockieren einer Zufahrt.[27] **17**

f) **Besitz.** Als (geschütztes) Recht zum Besitz kommt bei der Straßenverkehrshaftung vor allem das Besitzrecht des Leasingnehmers in Betracht (vgl hierzu § 3 Rn 240). **18**

3. Zurechnungszusammenhang

a) **Allgemeines.** Zwischen dem schuldhaften Verhalten und der Rechtsverletzung muss ein kausaler Zusammenhang bestehen. Dabei ist allgemein anerkannt, dass der naturwissenschaftliche Kausalitätsbegriff, der alle Bedingungen als (äquivalente) Ursachen ansieht, die zur Entstehung eines bestimmten Zustandes beigetragen haben, zu einem Ausufern der zivilrechtlichen Haftung und zu einer Verschiebung allgemeiner Lebensrisiken vom Betroffenen auf andere führen würde. Denjenigen, der lediglich eine entfernte Bedingung für die Entstehung des Schadens gesetzt hat, auf (uU vollen) Ersatz des Schadens haften zu lassen, wird als unbillig und unzumutbar angesehen. Lehre und Rspr haben deshalb verschiedene Kriterien für rechtlich zurechenbare Kausalverläufe entwickelt. **19**

b) **Condicio sine qua non.** Auszugehen ist in jedem Fall von der Erkenntnis der Äquivalenztheorie, dass als Ursache nur eine Tatsache (ein Ereignis, eine Handlung, eine Unterlassung) angesehen werden darf, die nicht hinweg gedacht werden kann, ohne dass der Erfolg entfiele. Ein Ereignis, das nach der Äquivalenzlehre („Bedingungstheorie") als Ursache ausscheidet, kann auch nach anderen Lehren nicht Ursache sein. Die Prüfung nach der Äquivalenzlehre muss mithin jeder anderen Prüfung vorausgehen.[28] Kann der Geschädigte schon die natürliche Kausalität[29] nicht beweisen, scheidet eine Haftung von vornherein aus. In den Fällen von Verkehrspflichtverletzung (Rn 7 ff) ist diese, nicht der äußere Lebensvorgang, Anknüpfungspunkt für die Kausalitätsfeststellung (also nicht das Anfahren des die Fahrbahn überquerenden Fußgängers, sondern die Überschreitung der zulässigen Geschwindigkeit): Kausalität besteht demnach nur, wenn die Verletzung bei vorschriftsmäßigem Verhalten vermieden worden wäre.[30] **20**

---

22 BGHZ 29, 165.
23 BGH VersR 1977, 1006.
24 OLG Oldenburg VersR 1975, 866.
25 BGHZ 7, 30; BGH NJW 2001, 971, 972.
26 *Grüneberg* ZfS 1991, 255; **aA** *Kunz* VersR 1982, 26.
27 AG Rheinbach VersR 1986, 1131.
28 BGHZ 2, 138; 3, 267; BGH VersR 1970, 926; BayObLGZ 1962, 168.
29 ZB zwischen Unfallschreck und Hirninfarkt, OLG Celle VersR 1980, 534.
30 *Fikentscher* Rn 479. Zur davon zu unterscheidenden Frage des rechtmäßigen Alternativverhaltens s Rn 28.

Zweiter Teil. Haftung aus unerlaubter Handlung

21 Diese **Vermeidbarkeitsbetrachtung** muss bei Verkehrsunfällen der Dynamik des Geschehensablaufs Rechnung tragen. So muss zB, wenn die Kausalität zwischen dem Fahrverhalten eines Kraftfahrers und der Kollision mit einem querenden Fußgänger geprüft wird, nicht nur die „räumliche Vermeidbarkeit" (hätte ein sorgfältiger Fahrer den Pkw noch vor der Unfallstelle anhalten können?), sondern auch die „zeitliche Vermeidbarkeit" (hätte der Fußgänger bei rechtzeitigem Abbremsen des Pkw den Gefahrenbereich vor dessen Eintreffen verlassen können?) untersucht werden.[31] Für die Feststellung der Vermeidbarkeit wird auf den Eintritt der kritischen Verkehrssituation abgestellt. Diese beginnt dann, wenn die erkennbare Verkehrssituation konkreten Anhalt dafür bietet, dass eine Gefahrensituation unmittelbar entstehen kann.[32] Zu den zuzubilligenden Reaktionszeiten s § 3 Rn 377, zur Vermeidbarkeit schwererer Unfallfolgen Rn 29.

22 Haben **mehrere Ursachen** beim Zustandekommen des Schadens zusammengewirkt, so beruht dieser auf jeder dieser Ursachen.[33] Die Frage, welche von mehreren Ursachen die wesentliche war, kann bei der Unfallversicherung eine Rolle spielen, nicht aber im Zivilrecht.[34] Hier werden vielmehr die für die Haftungsfrage „unwesentlichen" Ursachen durch das Kriterium der Adäquanz ausgeschieden.

23 Zur Bedeutung von **Reserveursachen**, die denselben Erfolg herbeigeführt hätten, wenn das wegzudenkende Ereignis nicht stattgefunden hätte, s § 3 Rn 78 f.

24 c) **Adäquanz.** Nach ständiger Rspr und verbreiteter Meinung im Schrifttum muss die im Sinne der naturwissenschaftlichen Äquivalenzlehre festgestellte Kausalität zunächst den Filter der **Adäquanz** durchlaufen.[35] Nach der Rspr des BGH ist eine Handlung (oder Unterlassung) nur dann adäquat ursächlich, wenn sie im Allgemeinen und nicht nur unter besonders eigenartigen, ganz unwahrscheinlichen und nach dem regelmäßigen Verlauf der Dinge außer Betracht zu lassenden Umständen zur Herbeiführung des Erfolges geeignet ist.[36] Bei der Beurteilung der Wahrscheinlichkeit ist von der Situation zum Zeitpunkt des die Haftung begründenden Verhaltens auszugehen; jedoch sind nicht nur die damals dem Ersatzpflichtigen bekannten Umstände zu berücksichtigen, sondern auch jene, die einem erfahrenen Beobachter damals bereits erkennbar waren oder mit deren Vorliegen er nach der Lebenserfahrung zu rechnen hatte („objektive nachträgliche Prognose").[37] Verschiedentlich wird die Adäquanzformel auch positiv dahingehend formuliert, ob die Bedingung nach den bekannten Umständen die objektive Möglichkeit des eingetretenen Erfolgs nicht unerheblich erhöht hat.[38] Die Zumutbarkeit der Haftung

---

31 BGH NZV 2004, 187; 2002, 365; 1992, 359; OLG Hamm NZV 1995, 358. S a § 11 Rn 12 f.
32 BGH NJW 2003, 1929 mwN.
33 BGH VersR 1970, 814; OLG München NJW-RR 1990, 41.
34 BGH VersR 1968, 804.
35 RGZ 81, 361; 158, 34; BGHZ 3, 261; 41, 125; MünchKomm/*Oetker* § 249 Rn 114; RGRKomm/ *Steffen* § 823 Rn 79, 90; *Palandt/Heinrichs* vor § 249 Rn 58; *Deutsch* Rn 133 ff; *Lange/Schiemann* § 3 VI 5. Unklar BGH NJW 1982, 572: Verzicht auf Erfordernis der Adäquanz bei „allgemein zu vermeidender Gefahr"?
36 BGHZ 3, 267; 7, 204; 57, 141; ähnlich österr OGH ZVR 1995, 312.
37 BGHZ 3, 267.
38 BGHZ 57, 141.

ist zwar die ratio der Adäquanztheorie, aber kein neben der Adäquanz zu prüfender Gesichtspunkt.

In der Lehre wird das Kriterium der Adäquanz teilweise als entbehrlich aufgegeben,[39] teilweise auf den Bereich der Haftungsausfüllung beschränkt.[40] Der BGH hat die Frage offengelassen.[41] **25**

Bejaht wurde Adäquanz zB bei Herztod eines Kraftfahrers nach Zerstörung der Windschutzscheibe durch einen hochgeschleuderten Stein[42] oder nach einem Beinahe-Zusammenstoß mit einem auf die Fahrbahn laufenden Kind.[43] **26**

d) Schutzzweck der Norm. Nach ständiger Rspr reicht die Adäquanzprüfung nicht aus, die Zurechnung von Kausalabläufen sachgerecht einzugrenzen; die Schädigung muss vielmehr auch innerhalb des Schutzbereichs der verletzten Norm liegen.[44] Damit entscheidet letztlich eine normative Gesamtwürdigung über die Zurechnung. Durch Auslegung der verletzten Norm wird ermittelt, ob sie auch zur Verhütung bzw Ausgleichung eines Schadens der eingetretenen Art geschaffen wurde.[45] Die Haftung entfällt daher zB für solche Schadensfolgen, die dem Schadensereignis gegenüber zwar adäquat, bei wertender Betrachtung aber dem allgemeinen Lebensrisiko des Verletzten zuzurechnen oder durch grobes Eigenverschulden verursacht sind.[46] Zum Schutzzweck der einzelnen Verkehrsvorschriften eingehend § 11 Rn 6 ff, zur Bedeutung bei der Haftungsausfüllung, insb bei Folgeschäden, vgl § 3 Rn 173. **27**

e) Auch die Problematik des sog **rechtmäßigen Alternativverhaltens** ist vom Schutzzweck der jeweiligen Verhaltensnorm aus zu beurteilen.[47] Damit sind jene Fälle gemeint, in denen der Schädiger geltend macht, der Schaden wäre (möglicherweise) auch dann eingetreten, wenn er sich rechtmäßig verhalten hätte, seine Haftung aber nicht schon mangels Kausalität nach der condicio-sine-qua-non-Formel (Rn 20) entfällt. So verhält es sich zB, wenn er wegen eines Unfalls in Anspruch genommen wird, der auf verbotswidriges Parken seines Kfz zurückzuführen ist, und wenn er behauptet, die gleiche Unfallsituation hätte sich auch aufgrund eines zulässigen Haltens seines Kfz ergeben können. In diesem Fall ist Kausalität im Sinne der Äquivalenztheorie gegeben, der Schädiger macht jedoch geltend, ein anderes, rechtmäßiges Verhalten hätte denselben Schaden herbeiführen können. Die Beachtlichkeit derartiger Einwände richtet sich danach, ob (und inwieweit) der Schaden gleichwohl vom Schutzzweck der verletzten Norm erfasst wird. Im Beispielsfall wäre die Haftung zu bejahen (dh der Einwand des rechtmäßigen Alternativverhaltens als unbeachtlich anzusehen): Schutzzweck der Parkver- **28**

---

39 *Esser/Schmidt* § 33 II; *v Caemmerer* Das Problem des Kausalzusammenhangs im Privatrecht (1956); *Stoll* 25 Jahre KF 186. Zu den Gemeinsamkeiten zwischen beiden Abgrenzungen *Gottwald* KF 1986, 12.
40 *Larenz* § 27 III b Fn 65; *Sourlas* 88 ff.
41 VersR 1993, 843.
42 BGH VersR 1974, 1030.
43 OLG Düsseldorf VersR 1992, 1233.
44 BGHZ 3, 261; 12, 217; 19, 126; 27, 138; 35, 315; 57, 142; BGH NJW 1968, 2287; 1969, 372; VersR 1976, 639; 1978, 183; 1982, 297; *Larenz* § 27 III b 2; *Deutsch* Rn 315; *Lange/Schiemann* § 3 IX 3, 12.
45 Näher *Larenz* § 27 III b 2; *Esser/Schmidt* § 33 III.
46 Vgl BGH NJW 1968, 2287; NZV 2004, 243; OLG Köln VM 2006 Nr 71.
47 *Staudinger/Schiemann* § 249 Rn 102 f; *Lange/Schiemann* § 4 XII 5; *Fikentscher* Rn 479.

bote ist (auch) die Freihaltung der Fahrbahn im Interesse der Sicherheit und Flüssigkeit des Verkehrs; dass die StVO, um einem Bedürfnis nach der Zulassung kurzfristigen Verweilens Rechnung zu tragen, unter bestimmten Voraussetzungen das bezeichnete Interesse des fließenden Verkehrs zurücktreten lässt und das Risiko von Störungen des Verkehrsablaufs im Rahmen einer Interessenabwägung in Kauf nimmt, ändert hieran nichts, denn der Parkende hat den Bereich dieses ausnahmsweise in Kauf genommenen Risikos verlassen und damit den Schutzzweck der Grundnorm verletzt.[48]

29 Wäre es auch bei rechtmäßigem Verhalten (zB Einhaltung der zulässigen Höchstgeschwindigkeit) zu dem Unfall gekommen, hätte dieser dann jedoch **weniger schwere Folgen** gehabt, so beurteilt sich die Verantwortlichkeit für die bei normgerechtem Verhalten ausgebliebenen Folgen gleichfalls nach dem Schutzzweckgedanken. Besteht der Zweck der übertretenen Vorschrift gerade auch darin, besonders schwere Folgen eines Unfalls zu vermeiden, so sind solche Folgen – aber nur diese[49] – dem Übertretenden auch dann anzulasten, wenn der Unfall als solcher ihm nicht zuzurechnen ist.[50] Bei Geschwindigkeitsvorschriften wird ein solcher Schutzzweck regelmäßig zu bejahen sein: sie sollen nicht nur Unfälle überhaupt verhüten, sondern im Falle eines auf anderer Ursache (etwa der Unvorsichtigkeit eines Fußgängers) beruhenden Unfalls auch dessen Folgen mindern. Zur entsprechenden Problematik bei der Gefährdungshaftung vgl § 3 Rn 363.

30 Ist der Einwand rechtmäßigen Alternativverhaltens ausnahmsweise beachtlich, müssen seine tatsächlichen Voraussetzungen vom Schädiger bewiesen werden.[51]

31 f) Für die Zurechnung **mittelbar verursachter Folgen** gelten die in § 3 Rn 81 ff dargestellten Grundsätze, soweit nicht nach Rn 27 eine abweichende Wertung geboten ist.

32 g) Für die Problematik der **hypothetischen Kausalität** („Reserveursachen") kann ebenfalls auf die Erläuterungen bei der Gefährdungshaftung (§ 3 Rn 78 ff) Bezug genommen werden.

h) Alternative Kausalität

33 aa) **Allgemeines**. Nach § 830 Abs 1 S 2 BGB ist bei von mehreren begangenen unerlaubten Handlungen jeder der Beteiligten für den Schaden verantwortlich, wenn sich nicht ermitteln lässt, wer von ihnen den Schaden durch seine Handlung verursacht hat. Für diese Schadenszurechnung hat sich die Bezeichnung „alternative Kausalität" eingebürgert (weil entweder der eine oder der andere Beteiligte die Schadensursache gesetzt hat), aber treffender wäre wohl von einer Haftung aufgrund potentieller Kausalität zu sprechen: Der neben einem anderen unerlaubt Handelnde haftet schon für die Möglichkeit, dass gerade sein Tatbeitrag den Schaden verursacht hat. Ihre Rechtfertigung findet diese Zurechnung darin, dass es unbillig erschiene, den Betroffenen leer ausgehen zu lassen, weil jeder der Täter die Kausalität seines Tatbeitrags in Abrede stellt und der Geschädigte den oftmals schwierigen Beweis, wer von den Tätern den Schaden

---

48 Österr OGH ZVR 1990, 328. I Erg ebenso (ohne nähere Begr) OLG Hamm NZV 1991, 271.
49 Die Abgrenzung ist nach § 287 ZPO, nicht im Wege einer Quotelung des Gesamtschadens vorzunehmen; so aber KG NJW 2006, 1677.
50 I Erg ebenso, aber zu allgem BGH NJW 2000, 3069; 2001, 152, 153; 2004, 772, 773.
51 *Erman/Kuckuk* vor § 249 Rn 89a.

verursacht hat, nicht führen kann.[52] Während über die Legitimation und die Voraussetzungen der Vorschrift weitgehend Einigkeit besteht, ist ihre rechtliche Einordnung umstritten. So wird die Vorschrift teilweise als Anspruchsgrundlage[53] und teilweise als Beweiserleichterung[54] verstanden. Treffender ist die Deutung als Kausalitätsfiktion, bei der sich die Beklagten nicht durch einen Gegenbeweis entlasten können.[55]

Die Vorschrift ist nicht nur anwendbar, wenn ungeklärt ist, welcher Beteiligte den Schaden verursacht hat (sog Urheberzweifel),[56] sondern auch in den Fällen, in denen zweifelhaft bleibt, ob der einzelne am Verletzungserfolg Beteiligte für den gesamten Erfolg oder nur für einen **Anteil** einzustehen hat (sog Anteilszweifel oder ungeklärte kumulative Kausalität).[57] Dies gilt aber nur, wenn sich die Verursachungsbeiträge nicht nach § 287 ZPO zuordnen lassen.[58] **34**

Auf die Gefährdungshaftung ist die Vorschrift entsprechend anwendbar (vgl § 3 Rn 105), nicht aber um bei feststehender Gefährdungshaftung mehrerer eine Haftung der Haftpflichtversicherer für deliktische (etwa die Höchstgrenzen des § 12 StVG übersteigende) Ansprüche darauf zu stützen, dass einer der Fahrer schuldhaft gehandelt haben muss.[59] **35**

bb) Voraussetzungen für die Anwendung des § 830 Abs 1 S 2 BGB sind:[60]

(1) Beweis[61] eines **anspruchsbegründenden Verhaltens** jedes Beteiligten, abgesehen vom Nachweis der Ursächlichkeit. Es muss feststehen, dass jeder der Beteiligten rechtswidrig[62] und schuldhaft gehandelt hat.[63] War einer der Beteiligten deliktsunfähig nach §§ 827, 828 BGB, so scheidet eine Haftung der anderen potentiellen Schädiger aus.[64] **36**

(2) Beweis der **Verursachung des Schadens durch einen der Beteiligten**, dh Ausschluss einer anderen Ursache. Kann neben dem potentiellen Verursacher ein nicht anspruchsbegründender Anlass, zB ein Naturereignis, ein haftungsrechtlich irrelevantes Verhalten dritter Personen oder eine dem Geschädigten selbst zuzurechnende Ursache, den Schaden herbeigeführt haben, ist § 830 Abs 1 S 2 BGB nicht an- **37**

---

52 RGZ 121, 400, 402; BGHZ 72, 355, 358.
53 BGHZ 72, 355, 358; 67, 14, 17; BGH NJW 1994, 932, 934.
54 BGHZ 33, 286, 290; 55, 86, 92; BGH NJW 2001, 2538, 2539; MünchKomm/*Wagner* § 830 Rn 29 f.
55 *Deutsch* Rn 528; **aA** RGZ 121, 400, 402; BGH NJW 2001, 2538, 2539; VersR 1956, 627, 629.
56 RGZ 58, 357, 360; BGH NJW 1994, 932, 934.
57 BGHZ 67, 14, 18 f; BGH NJW 1994, 932, 934; *Staudinger/Belling/Eberl-Borges* § 830 Rn 68; *Benicke* Jura 1996, 131 ff.
58 BGHZ 101, 106, 113; OLG Celle VersR 2002, 1300, 1302; *Larenz/Canaris* § 82 II 2 e.
59 *Dunz* VersR 1985, 820 u *Weber* VersR 1985, 1004 gegen *Fuchs-Wissemann* VersR 1985, 219.
60 BGHZ 72, 355, 358; BGH NJW 1987, 2810, 2811.
61 Entgegen MünchKomm/*Wagner* § 830 Rn 48 ohne Reduktion des Beweismaßes für die Sorgfaltswidrigkeit.
62 BGHZ 72, 358; BGH VersR 1979, 822.
63 MünchKomm/*Wagner* § 830 Rn 37; **aA** *Larenz/Canaris* § 82 II 3: anteilige Haftung der übrigen.
64 OLG Schleswig MDR 1983, 1023; MünchKomm/*Wagner* § 830 Rn 37; **aA** RGRKomm/ *Steffen* § 830 Rn 17 mwN; offen lassend BGH NJW 1972, 40.

wendbar.[65] Die Vorschrift ist hingegen anwendbar, wenn den Geschädigten nur ein Mitverschulden trifft. Dies ist dann bei der Haftungsquote zu berücksichtigen.[66] Analoge Anwendung findet die Vorschrift, wenn mehrere Kausalketten durch denselben Schädiger hervorgerufen werden, jedoch nicht, wenn ein haftungsbegründendes und ein nicht haftungsbegründendes Verhalten desselben Schädigers als potentielle Ursachen zusammentreffen.[67] Steht neben den am einheitlichen Vorgang beteiligten Alternativtätern ein (für einen gesonderten Schadensbeitrag verantwortlicher) Dritter als **Nebentäter** iSv § 840 Abs 1 BGB (Beispiel: der Verletzte fällt, von zwei Personen angestoßen, infolge des einen [welchen?] der Stöße in einen vom Dritten nicht gesicherten Kanalschacht), ist auf die Alternativtäter § 830 Abs 1 S 2 BGB anzuwenden, denn es müsste, auch wenn der wahre Hergang ersichtlich wäre, in jedem Fall einer von ihnen neben dem Dritten haften.[68]

38 (3) **Unaufklärbarkeit**, welcher der potentiellen Verursacher den Schaden **tatsächlich verursacht** hat. Hieran fehlt es, wenn einer der Schädiger für den gesamten Schaden haftet, weil er ihn festgestelltermaßen, wenn auch nur mittelbar, verursacht hat. Wird zB ein Radfahrer vom Pkw des A angefahren und sodann, weil er auf der Fahrbahn liegen bleibt, noch vom Pkw des B überrollt, und ist nunmehr streitig, ob bereits der erste oder erst der zweite Unfall den Tod des Radfahrers verursacht hat, so liegt kein Anwendungsfall des § 830 Abs 1 S 2 BGB vor.[69] Der Erstschädiger haftet nämlich nach den Grundsätzen der mittelbaren Verursachung (vgl § 3 Rn 81 ff) in jedem Falle für die Tötung des Angefahrenen, und Sinn des § 830 Abs 1 S 2 BGB ist es nicht, dem Geschädigten einen zusätzlichen Schuldner zu verschaffen.[70] Dies gilt auch, wenn der Erstschädiger (zB wegen Unfallflucht) unbekannt oder wenn er insolvent ist; ebenso wenn der andere Beteiligte in größerem Umfang haften würde. Kann der Geschädigte in einem solchen Fall nicht beweisen, dass der Schaden vom Zweitschädiger verursacht wurde, dass also zB der Tod erst infolge des Zweitunfalls eintrat, so verwirklicht sich lediglich ein den Schadensersatzkläger typischerweise treffendes Beweisrisiko; er befindet sich nicht in dem für § 830 Abs 1 S 2 BGB charakteristischen „Alternativdilemma"[71], dass dem Geschädigten mehrere an der Gefährdungshandlung Beteiligte gegenüberstehen, er aber den Schadensverursacher nicht herauszufinden vermag.[72]

---

65 BGHZ 60, 177, 181 f; OLG Bamberg NZV 2004, 30, 32; *Looschelders* (Lit vor § 22 Rn 1) S 325 ff; **aA** unter Anwendung von § 254 BGB OLG Celle NJW 1950, 951, 952; *Larenz/ Canaris* § 82 II 3 c; *Deutsch* Rn 527 jeweils mwN; *Müller* JuS 2002, 432, 433.
66 BGH NJW 1982, 2307; *Frommhold* Jura 2003, 403, 409.
67 Wohl verkannt von BGH NJW 2001, 2538. Vgl dazu *Eberl-Borges* NJW 2002, 949; *Henne* VersR 2002, 685; *Frommhold* Jura 2003, 403 ff; *T Müller* JuS 2002, 432.
68 BGHZ 67, 14, 20; 72, 355, 359.
69 BGHZ 72, 355 = NJW 1979, 544, 1202 m abl Anm *Fraenkel*; BGH VersR 1982, 878 = JR 1983, 62 m Anm *Schneider*; anders noch BGHZ 55, 86, 89 f; BGH NJW 1969, 2136; krit *Deutsch* NJW 1981, 2731; *Hartung* VersR 1981, 699; *Gottwald* KF 1986, 20.
70 BGHZ 67, 14; 72, 355, 358; krit hierzu *Bydlinski* FS Beitzke 18; vgl auch 19. VGT (1981) 10.
71 BGHZ 72, 355, 362.
72 Zu den Auswirkungen dieser Rspr bei Massenauffahrunfällen s *Hartung* VersR 1981, 696.

(4) **Eignung** des Verursachungsbeitrags eines jeden Beteiligten, den gesamten Schaden, für den er haftbar gemacht werden soll, herbeizuführen.[73]   **39**

(5) **Verbindung** der einzelnen Verursachungsbeiträge zu einem nach den Anschauungen des täglichen Lebens **einheitlichen Vorgang**.[74] Die Einheitlichkeit wird in der Rspr weit gefasst; dabei ist die Gleichartigkeit der Gefährdung von besonderer Bedeutung.[75] Nicht erforderlich ist, dass die Gefährdungshandlungen sich gleichzeitig abspielen oder dass ein subjektiver Zusammenhang zwischen den Haftenden besteht; sachlicher, räumlicher und zeitlicher Zusammenhang genügt.[76]   **40**

cc) **Umfang.** Die Haftung nach § 830 Abs 1 S 2 BGB geht, wenn für die Alternativtäter unterschiedliche Haftungsquoten zum Tragen kämen, stets nur bis zur geringsten hypothetischen Haftungsquote, da nur erwiesene Verursachungsbeiträge in die Abwägung eingesetzt werden dürfen.[77]   **41**

III. Widerrechtlichkeit

1. Allgemeines

Ein wesentlicher Unterschied zur Haftung nach § 7 StVG besteht darin, dass nur die widerrechtliche Verletzung des fremden Rechtsguts zur deliktischen Haftung führt (vgl § 3 Rn 24). Allerdings wird von der die Rspr[78] beherrschenden, im Schrifttum[79] vielfach modifizierten Lehre vom Erfolgsunrecht jede den Tatbestand des § 823 Abs 1 BGB erfüllende Rechtsgutsverletzung als widerrechtlich angesehen, sofern nicht ein spezieller Rechtfertigungsgrund eingreift; nicht haftungswürdige Schadensfälle werden bei dieser Sicht erst auf der Verschuldensebene, dh mittels des Fahrlässigkeitsmerkmals, ausgeschieden. Die heute hL verlangt demgegenüber jedenfalls bei nur mittelbar zur Rechtsgutsverletzung führenden Handlungen oder Unterlassungen zusätzlich die Verletzung einer Verkehrspflicht als Erfordernis der Widerrechtlichkeit.[80] Einer modernen, europäisch orientierten Sichtweise entspricht es, den Deliktstatbestand einheitlich dahingehend zu strukturieren, dass Vorsatz und Fahrlässigkeit zusammen mit der Schutzbereichs- oder Rechtsgutsverletzung den Tatbestand konstituieren, der als rechtswidrig zu qualifizieren ist, falls nicht ausnahmsweise ein Rechtfertigungsgrund eingreift.[81] Die Verkehrspflichten werden in §§ 13, 14 gesondert behandelt, die im Bereich des Verkehrshaftpflichtrechts vorkommenden Rechtfertigungsgründe in Rn 43 ff.   **42**

---

73 BGH NJW 1994, 932, 934; MünchKomm/*Wagner* § 830 Rn 50; abw *Benicke* Jura 1996, 127, 132.
74 BGHZ 33, 286, 291; 55, 86, 93; 72, 355, 359; gegen ein solches Erfordernis MünchKomm/ *Wagner* § 830 Rn 51 u *Müller* NJW 2002, 2841, 2842; offen lassend BGHZ 101, 106, 112.
75 BGHZ 33, 286, 292; 101, 106, 112.
76 BGH NJW 1969, 2136; VersR 1979, 956.
77 BGHZ 72, 355, 363; BGH VersR 1976, 995; 1979, 956; 1982, 878 = JR 1983, 62 m Anm *Schneider*.
78 Vgl BGHZ (GrS) 24, 21, 24; 39, 103, 108; 118, 201, 207.
79 Übersichtlicher Nachweis bei MünchKomm/*Wagner* § 823 Rn 5 ff.
80 *Larenz/Canaris* § 75 II 3; *Bamberger/Roth/Spindler* § 823 Rn 10; AnwK-BGB/*Katzenmeier* § 823 Rn 101 mwN.
81 MünchKomm/*Wagner* § 823 Rn 24.

Zweiter Teil. Haftung aus unerlaubter Handlung

2. Rechtfertigungsgründe

43 a) Eine Rechtfertigung durch **Notstand** kann gelegentlich praktische Bedeutung haben; sie greift zB ein, wenn jemand, um der Verletzung durch ein Fahrzeug zu entgehen, dieses (§ 228 BGB) oder eine andere Sache, zB den Gartenzaun beim Ausweichmanöver (§ 904 BGB), beschädigt.

44 b) Eine gewisse Bedeutung hat in letzter Zeit der Rechtfertigungsgrund der **Einwilligung** erlangt, da in nicht unerheblichem Umfang fingierte Fahrzeugkollisionen zum Zwecke des Versicherungsbetruges herbeigeführt werden. Die Einwilligung muss der in Anspruch genommene Versicherer beweisen (s hierzu § 38 Rn 40, 54; zu den prozessrechtlichen Fragen, die sich aus dem Interessenkonflikt mit dem Versicherungsnehmer ergeben, § 15 Rn 24 ff).

45 Der in Rspr und Schrifttum verschiedentlich erörterte Fall, dass lediglich dem Fahrer, nicht aber dem Eigentümer des beschädigten Fahrzeugs die Verabredung des „Unfalls" nachgewiesen werden kann, dürfte bei sachgerechter und lebensnaher Beweiswürdigung[82] kaum vorkommen (immerhin ist der Eigentümer der alleinige Nutznießer der Aktion). Muss gleichwohl von Gutgläubigkeit des Eigentümers ausgegangen werden, so kann sich der Haftpflichtversicherer idR wegen der vorsätzlichen Schadensherbeiführung auf den Risikoausschluss des § 152 VVG berufen (wegen etwaiger Ansprüche gegen die Verkehrsopferhilfe s § 12 Abs 1 Nr 3 PflVG; vgl hierzu § 15 Rn 69 ff). Ist jedoch auch auf der Schädigerseite der Fahrzeughalter gutgläubig (zB weil, wie häufig, ein Mietwagen benutzt wird), so kommt eine Eintrittspflicht für die Halterhaftung nach § 7 StVG in Betracht,[83] die idR zu einer Schadensteilung nach § 17 Abs 2 StVG führen wird.[84] § 9 StVG ist hier nicht anwendbar und würde im Übrigen ebenfalls nur eine Reduzierung, keinen Ausschluss der Haftung bewirken.[85] Für eine Zurechnung der Einwilligung des Fahrers zu Lasten des Eigentümers besteht keine Rechtsgrundlage.[86]

46 Auch zivilrechtliche Ansprüche wegen des Rammens eines Polizeifahrzeugs, das zum Stoppen eines Fluchtwagens in dessen Fahrspur gelenkt wurde, scheitern am Merkmal der Einwilligung.[87]

47 c) **Verkehrsrichtiges Verhalten** des Schädigers ist entgegen einer Entscheidung des Großen Senats des BGH, die in Lehre und Rspr kaum Gefolgschaft gefunden hat,[88] kein Rechtfertigungsgrund für eine „an sich" widerrechtliche Schädigung.[89] Hier fehlt es

---

82 Vgl OLG Celle NZV 1988, 182; *Dannert* NZV 1993, 15 (allerdings unter unzutr Heranziehung des Anscheinsbeweises, vgl § 38 Rn 54). Auch die Eigentümerstellung wird in solchen Fällen kritisch zu prüfen sein; vgl OLG Hamm VersR 1993, 1094 LS; *Lemcke* r+s 1993, 121.
83 Vgl BGH VersR 1971, 459; *Dannert* NZV 1993, 14; s a § 15 Rn 13.
84 OLG Hamm NZV 1993, 68; OLG Schleswig NZV 1995, 114.
85 Übersehen von OLG Stuttgart NZV 1990, 314; zutr OLG Hamm NZV 1993, 69 f; *Hentschel* § 17 StVG Rn 4.
86 Dafür aber (ohne Angabe einer Vorschrift) OLG Celle NZV 1991, 269 und *Dannert* NZV 1993, 15; bei einem Repräsentanten vergleichbarer Stellung des Fahrers OLG Hamm OLGR 1998, 151.
87 OLG München OLGR 1997, 162, 163.
88 BGHZ (GrS) 24, 21 = NJW 1957, 986 m Anm *Bettermann*; *Welzel* NJW 1968, 425; *Nipperdey* NJW 1967, 1991; ausf *Wiethölter* Der Rechtfertigungsgrund des verkehrsrichtigen Verhaltens (1960).
89 MünchKomm/*Wagner* § 823 Rn 23; *Erman/Schiemann* § 823 Rn 8; *Larenz/Canaris* § 79 III 2 c; offengelassen in BGH VersR 1987, 906.

idR bereits am objektiven Tatbestand (Verkehrspflichtverletzung, so Rn 7, 42), jedenfalls am Verschulden. Zur Auswirkung dieser dogmatischen Einordnung bei der Haftung für Verrichtungsgehilfen s § 7 Rn 6.

IV. Subjektive Haftungsvoraussetzungen

1. Überblick

Die Haftung aus § 823 Abs 1 BGB setzt eine **vorsätzliche oder fahrlässige Pflichtwidrigkeit** voraus. Der Theorienstreit darüber, ob diese Voraussetzung bereits beim Unrechtstatbestand (vgl Rn 42) oder erst auf einer eigenen Verschuldensebene zu prüfen ist, hat kaum praktische Bedeutung;[90] mit der Anerkennung der Verkehrspflichten sind beide Kategorien ohnehin miteinander verschmolzen (s Rn 9). Siedelt man Vorsatz oder Fahrlässigkeit – beide sind im Zivilrecht gleichermaßen haftungsbegründend – auf der Tatbestandsebene an, ist auf der Verschuldensebene lediglich zu prüfen, ob besondere Schuldausschließungsgründe vorliegen (Rn 56 ff).

48

2. Vorsatz

Im Verkehrshaftungsrecht eher selten ist die Haftung für vorsätzliche, dh bewusste und gewollte Herbeiführung des schädigenden Ereignisses. **Bedingter Vorsatz**, dh das bewusste Inkaufnehmen, reicht aus.[91] Nicht erforderlich ist, dass der Täter den Unfall in allen Einzelheiten, insbesondere auch Art und Umfang der Schadensfolgen, vorhergesehen hat.[92] Zum Vorsatz gehört auch das **Bewusstsein der Rechtswidrigkeit**[93] (zum Verbotsirrtum s Rn 56).

49

Für das Ordnungswidrigkeitenrecht hat das OLG Celle entschieden, dass ein Autofahrer, der im Straßenverkehr ohne Freisprechanlage telefoniert, Verkehrsverstöße – hier das Nichtbeachten eines Rotlichts –, die durch die Ablenkung verursacht werden, billigend in Kauf nimmt.[94] Ob diese Rspr auf die unerlaubte Handlung übertragbar ist, erscheint fraglich.

50

3. Fahrlässigkeit

a) Definition. Sie liegt nach § 276 Abs 2 BGB bei demjenigen vor, der die im Verkehr erforderliche Sorgfalt außer Acht lässt. Hierbei darf nicht allein auf den objektiven Verstoß gegen eine Verhaltenspflicht, auch Verletzung der äußeren Sorgfalt genannt, abgestellt werden (s hierzu Rn 53). Es muss vielmehr ein subjektives Moment, das Außerachtlassen der **inneren Sorgfalt**, das Hinwegsetzen über Erkennbarkeit und Vermeidbarkeit der Tatbestandsverwirklichung, hinzutreten,[95] so zB dass der Pflichtenträ-

51

---

90 Vgl dazu *Kötz/Wagner* Rn 102 ff.
91 RGZ 153, 51; BGHZ 7, 311; BGH VersR 1954, 591.
92 RGZ 69, 344; 136, 10; 148, 165; BGH NJW 1953, 542; VersR 1971, 806.
93 RGZ 72, 6; 84, 194; BGHZ 67, 280; 69, 142; BGH VersR 1966, 875; NJW 1985, 135; Anw-KBGB/*Katzenmeier* § 823 Rn 118.
94 OLG Celle NJW 2001, 2647.
95 *Larenz* § 20 IV; *Deutsch* Rn 385 ff u JZ 1988, 993; *v Bar* (Lit vor Rn 1) S 175; *Greger* NJW 1992, 3270.

Zweiter Teil. Haftung aus unerlaubter Handlung

ger sich der Pflichtwidrigkeit nicht bewusst war, obwohl sie ihm bewusst werden konnte, oder dass er sich keine Gedanken gemacht hat.[96] Häufig wird sich zwar die innere Fahrlässigkeit schon anhand des äußeren Sorgfaltsverstoßes feststellen lassen. Es geht aber zu weit, wenn der BGH[97] ausführt, die Verletzung der äußeren Sorgfalt indiziere entweder die der inneren oder es spreche ein Anscheinsbeweis für die Verletzung der inneren Sorgfalt. Eine solche Gleichschaltung verkennt, dass in vielen Fällen die Vorwerfbarkeit eines Pflichtenverstoßes nur aufgrund von Umständen beurteilt werden kann, die sich einer typisierenden Betrachtungsweise entziehen.

52 b) Für die Prüfung von Erkennbarkeit und Vermeidbarkeit ist nicht auf das Können, die Geistesgegenwart und die Entschlussfähigkeit der wegen Schadensersatz in Anspruch genommenen Person abzustellen, sondern ein **objektiver Maßstab** anzulegen, der auf einen besonnenen, gewissenhaften Angehörigen des betreffenden Verkehrskreises (zB Kraftfahrer, Fußgänger, Halter) abstellt.[98] Zwar sind an diesen angesichts der Gefährlichkeit des Straßenverkehrs strenge Anforderungen zu stellen; doch darf dies nicht dazu führen, jeden objektiven Verstoß gegen Verkehrsregeln als schuldhaft zu bezeichnen. Zu fordern ist nicht „jede nach den Umständen des Falles gebotene Sorgfalt" wie in § 17 Abs 3 S 2 StVG, sondern nur die gewöhnliche Sorgfalt (vgl zu dem allerdings nicht sehr erheblichen Unterschied § 14 Rn 13). In BGH VersR 1972, 559 wird mit Recht darauf hingewiesen, dass nicht das Unterlassen jeder denkmöglichen Sicherheitsmaßnahme ein Verschulden darstellt; es genüge vielmehr, dass ein Sicherheitsgrad erreicht wird, der nach der im betreffenden Bereich herrschenden Verkehrsauffassung für erforderlich erachtet werde. Maßstab bei der Haftung aus unerlaubter Handlung ist nicht der ideale Fahrer, der an alle Möglichkeiten denkt und in jeder Situation optimal reagiert, sondern derjenige, der sein Verhalten auf die allgemeinen Verkehrsbedürfnisse ausrichtet. Hierbei darf grundsätzlich auf verkehrsgerechtes Verhalten der anderen Verkehrsteilnehmer vertraut werden (sog Vertrauensgrundsatz, vgl § 14 Rn 12). Eingerissene Verkehrsunsitten entlasten den Schädiger nicht.[99] Dagegen begründen Fahrfehler und Fehlreaktionen infolge unvermuteter Gefahrensituationen nicht den Vorwurf der Fahrlässigkeit.[100] Besondere persönliche Eigenschaften (etwa Sehschwäche, geringe Intelligenz) entlasten den Schädiger nicht;[101] bei jugendlichem oder hohem Alter wird jedoch eine gruppenspezifische Betrachtung angestellt[102] (näher Rn 64), ebenso bei Fahrschülern (§ 4 Rn 20).

53 Unter **äußerer Sorgfalt**, der zweiten Komponente des Fahrlässigkeitsbegriffs, ist das „sachgemäße" Verhalten zu verstehen, dh das einer tatbestandlichen Verhaltensnorm oder den allgemeinen Anforderungen zum Schutz eines Rechtsguts vor Gefahren ent-

---

96 BGH VersR 1958, 522; 1978, 870; *v Bar* (Lit vor Rn 1) S 175.
97 VersR 1986, 766.
98 BGH VersR 1968, 395; *Deutsch* Rn 403 ff; *v Bar* (Lit vor Rn 1) S 177 f.
99 *Deutsch* Rn 377 f unter Bezugnahme auf die Prot der Kommission für die II. Lesung des Entw des BGB S 604.
100 BGH VersR 1982, 443; OLG Hamm VersR 1984, 1076; NZV 1992, 186 (Aufschaukeln eines Wohnanhängers); 1996, 410 (Ausweichen vor Rehen).
101 BGHZ (GrS) 24, 27; BGH VersR 1968, 378; *Deutsch* Rn 399 f.
102 BGHZ 39, 286; *Deutsch* Rn 399 f.

sprechende Verhalten[103] (zB die zweite Rückschau vor dem Linksabbiegen, die Einhaltung eines Sicherheitsabstands beim Überholen, die Abgabe eines Warnzeichens bei unklarem Verhalten eines Fußgängers). Dieses Fahrlässigkeitselement – eigentlich das grundlegende, denn auf die innere Sorgfalt kommt es nur an, wenn eine Verletzung der äußeren feststeht – stimmt überein mit den von der Rspr herausgearbeiteten „Verkehrspflichten"[104] (näher hierzu Rn 9).

c) Abweichende Fahrlässigkeitsmaßstäbe können im Hinblick auf die ausdrückliche und abschließende Regelung in § 276 Abs 2 BGB nur durch den Gesetzgeber begründet werden. Dies ist zB geschehen für das Verhältnis zwischen Ehegatten (§ 1359 BGB), zwischen Eltern[105] und Kindern (§ 1664 Abs 1 BGB) sowie zwischen Gesellschaftern (§ 708 BGB) („Sorgfalt wie in eigenen Angelegenheiten"): hier wird der objektiv-typisierende Maßstab der inneren Fahrlässigkeit (s Rn 52) durch einen subjektiven ersetzt.[106] Diese Haftungsprivilegierung gilt jedoch nach der Rspr nicht für die Haftung als Teilnehmer am Straßenverkehr. Hier greift der Grundsatz ein, dass die Sorgfaltsanforderungen bei allen Teilnehmern am Verkehr gleich sein müssen; niemand soll sich darauf berufen können, er verletze gewöhnlich die Verkehrsvorschriften[107] (vgl aber zu der evtl eingreifenden Stillhaltepflicht zwischen Angehörigen § 19 Rn 62). Zu Recht wendet ein Teil des Schrifttums § 1664 BGB auch auf die Verletzung der Aufsichtspflicht gegenüber Kindern nicht an.[108]

54

d) In der Rspr findet sich häufig die Formulierung, bei bestimmten Verkehrsvorgängen schulde der Kraftfahrer eine **gesteigerte Sorgfalt**, oft auch als „höchstmögliche", „äußerste" Sorgfalt oä bezeichnet.[109] Gestützt wird dies darauf, dass in den entsprechenden Vorschriften der StVO (zB über das Wenden [§ 9 Abs 5] oder über das Ausfahren aus einem Grundstück [§ 10]) vom Kraftfahrer verlangt wird, sich so zu verhalten, „dass eine Gefährdung anderer Verkehrsteilnehmer ausgeschlossen ist".[110] Formulierungen in der amtlichen Begründung zur StVO 1970 und zu den durch spätere Änderungen eingefügten Vorschriften legen tatsächlich die Annahme nahe, dass der Verordnungsgeber einen von § 276 Abs 2 BGB abweichenden Sorgfaltsmaßstab normieren wollte.[111] Dies ist jedoch wegen des Vorrangs des Gesetzes nicht möglich. Die „Gefährdungsausschlusstatbestände" der StVO können daher nur so verstanden werden, dass sie den

55

---

103 *Deutsch* Rn 390; *ders* Fahrlässigkeit und erforderliche Sorgfalt 95 f; *U Huber* FS E R Huber S 265. Krit *Larenz* § 20 IV.
104 *v Bar* (Lit vor Rn 1) S 175.
105 Nicht übertragbar auf andere Personen; BGH NZV 1996, 64.
106 Vgl *Deutsch* Rn 429 ff.
107 BGHZ 46, 317; 53, 352; 61, 104; 68, 220; BGH VersR 1971, 836; 1973, 941; NJW 1988, 1208; OLG Karlsruhe Justiz 1976, 511. OLG Hamm NJW 1993, 542 will diese Ausnahme nur bei Pflichtverletzungen als Kraftfahrer eingreifen lassen. Vgl auch *Bern* NZV 1991, 452.
108 Vgl *Sundermann* JZ 1989, 933 ff mwN.
109 ZB BGH VersR 1985, 835; OLG Karlsruhe VersR 1989, 925; OLG Hamm VersR 1979, 266; KG VRS 70, 465; OLG München NZV 1990, 274. Weitere Nachw bei *Greger* NJW 1992, 3269.
110 Weitere Vorschriften dieser Art: § 2 Abs 3a, § 3 Abs 2a, § 5 Abs 4, § 7 Abs 5, §§ 14, 20 Abs 2 StVO.
111 Näher *Greger* NJW 1992, 3268.

Kraftfahrer in den betreffenden Verkehrssituationen zu besonders umsichtigem Verhalten aufrufen sollen. Der Kraftfahrer schuldet auch in diesen Fällen nicht mehr als die „im Verkehr erforderliche Sorgfalt" des § 276 Abs 2 BGB; ihm soll nur, gewissermaßen mittels „psychologischer Schockwirkung",[112] verdeutlicht werden, dass hierzu in den genannten Verkehrssituationen ein besonders umsichtiges Verhalten gehört. Gegen eine solche Normtechnik bestehen Bedenken. Beim Wort genommen verlangen die betreffenden Vorschriften etwas Unmögliches, denn bei der Komplexität des heutigen Verkehrsgeschehens kann eine Gefährdung anderer kaum jemals völlig ausgeschlossen werden. Es bleibt also unklar, welches Verhalten die Vorschriften anordnen. Damit verstoßen sie gegen das Bestimmtheitsgebot[113] (vgl § 14 Rn 110, 187).

4. Schuldausschluss durch Irrtum

56 Irrte der Schädiger über die Tatbestandsverwirklichung oder über die Rechtswidrigkeit seines Verhaltens, so kann ihm grundsätzlich **kein Vorsatz** angelastet werden (s o Rn 49). Handelt es sich allerdings um die Verletzung eines Schutzgesetzes (§ 823 Abs 2 BGB) aus dem Straf- oder Ordnungswidrigkeitenrecht, so erfasst der dort geltende Grundsatz, dass nur der unvermeidbare Verbotsirrtum entlastet (§ 17 StGB, § 11 Abs 2 OWiG), auch die zivilrechtliche Haftung.[114] Die Beweislast für den Verbotsirrtum trägt der, der sich darauf beruft.

57 Ist der Vorsatz wegen Verbotsirrtums zu verneinen, kommt gleichwohl Haftung wegen **Fahrlässigkeit** in Betracht. Vom Fahrlässigkeitsvorwurf entlasten kann nur der Irrtum, der entschuldbar ist, dh nicht seinerseits auf Fahrlässigkeit beruht.[115]

58 Zur erforderlichen Sorgfalt iSd § 276 Abs 2 BGB gehört es auch, die **Rechtmäßigkeit** des eigenen Verhaltens zu überprüfen und sich hierüber zu informieren. Daher entlastet nur der entschuldbare Rechtsirrtum den Schädiger auch vom Fahrlässigkeitsvorwurf.[116] An die Entschuldbarkeit sind hierbei strenge Anforderungen zu stellen. Die für ihn geltenden Verkehrsvorschriften muss jeder Verkehrsteilnehmer kennen, über Änderungen muss er sich auf dem Laufenden halten. Grundsätzlich muss er auch über die Konkretisierung der Verkehrsvorschriften durch die Rspr Bescheid wissen,[117] doch dürfen die Anforderungen hier nicht überspannt werden. Kann sich der Schädiger für seine Rechtsansicht auf die Entscheidung eines Kollegialgerichts berufen, so wird sein Irrtum idR zu entschuldigen sein, es sei denn, es wäre für ihn erkennbar gewesen, dass es sich bei der Entscheidung um eine allgemein für unvertretbar gehaltene Abweichung von der hM gehandelt hat. Bei zweifelhafter Rechtslage darf er sich nicht seine eigene Rechtsanschauung zurechtlegen; vielmehr muss er sich so verhalten, dass Gefahren möglichst vermieden werden.

---

112 *Mühlhaus* DAR 1975, 244; ähnlich *Krümpelmann* FS Lackner 302.
113 Näher *Greger* NJW 1992, 3272 f.
114 BGH NJW 1962, 911; 1985, 135; VersR 1996, 1538, 1540; 2001, 902, 903; **aA** *Mayer-Maly* AcP 170, 159 ff; *Dörner* JuS 1987, 527; *Deutsch* VersR 2004, 140.
115 Vgl *Deutsch* Rn 409.
116 *Erman/Westermann* § 276 Rn 14 mwN.
117 Krit hierzu *Westerhoff* NJW 1985, 457.

5. Schuldunfähigkeit

Nicht zurechnungsfähig sind Bewusstlose oder krankhaft Geistesgestörte, die sich in einem die freie Willensbestimmung ausschließenden Zustand befinden (§ 827 BGB; zur Bedeutung der Norm im Deliktsaufbau und zur Beweislast s Rn 6), sowie Kinder, die das siebente Lebensjahr noch nicht vollendet haben (§ 828 Abs 1 BGB). Vor dem 1.8.2002 waren Jugendliche zwischen 7 und 18 Jahren sowie Taubstumme nicht zurechnungsfähig, wenn sie bei Begehung der schädigenden Handlung nicht die erforderliche Einsicht hatten (§ 828 Abs 2 BGB aF). Zu der durch das 2. SchRÄndG geänderten Rechtslage s Rn 66 f. Ersatzlos gestrichen wurde die Regelung über die Schuldunfähigkeit von Taubstummen in § 828 Abs 2 S 2 BGB aF. Die Gleichstellung von Taubstummen mit Jugendlichen wurde zuletzt nicht mehr als Privileg, sondern als Diskriminierung verstanden.[118] Die besondere Situation von Gehörlosen ist nun nach den allgemeinen Regeln bei der Beurteilung des Verschuldens objektiv gruppenbezogen zu berücksichtigen.[119] Bei Deliktsunfähigkeit kann jedoch eine Billigkeitshaftung in Betracht kommen (s Rn 70 ff). **59**

a) Bewusstlosigkeit oder Geistesstörung iSv § 827 S 1 BGB kann durch Krankheit oder krankhafte Erscheinungen (Blutdruckschwankungen, Fieber, Epilepsie ua), aber auch durch Medikamente, Alkohol oder andere Rauschmittel herbeigeführt werden.[120] Die bloße Minderung der Verstandes- oder Willenskraft stellt keinen die freie Willensbestimmung ausschließenden Zustand dar. Deshalb kann ein wegen einer Krankheit oder Behinderung unter Betreuung Stehender (§ 1896 BGB) schuldfähig sein.[121] Auch der Unfall selbst kann einen Unfallschock hervorrufen, der zur Bewusstseinsstörung führt, sodass der Betroffene für im Schock vorgenommene Handlungen nicht verantwortlich ist. Eine solche Gesundheitsfolge des Unfalls ist aber nur in außergewöhnlichen Fällen denkbar.[122] **60**

Für die alkoholbedingte Unzurechnungsfähigkeit gibt es keine bestimmte Promillegrenze; Fahruntüchtigkeit genügt nicht.[123] **61**

Trotz Bewusstseinsstörung haftet der Unfallverursacher, wenn er durch Alkohol oder sonstige berauschende Mittel **schuldhaft in diesen Zustand geraten** ist (§ 827 S 2 BGB). Auch ansonsten kann sich eine Verantwortlichkeit für den im Zustand der Schuldunfähigkeit verursachten Unfall daraus ergeben, dass sich der Schädiger nicht über seine Fahrtüchtigkeit vergewissert hat (vgl § 14 Rn 8 f). Während der Schädiger beweisen muss, dass er sich in einem schuldausschließenden Zustand (§ 827 S 1 BGB) befunden hat, muss der Geschädigte beweisen, dass dieser diesen Zustand hätte erkennen können (§ 827 S 2 BGB).[124] **62**

---

118 *Geigel/Haag* Kap 16 Rn 14.
119 *Scheffen/Pardey* (Lit vor Rn 1) 7.
120 Nach AG Dortmund NZV 1992, 325 auch durch einen Hustenanfall wegen Verschluckens eines Bonbons.
121 RGZ 108, 86, 90 zur Entmündigung; s a RG JW 1912, 24.
122 BGH VersR 1966, 458.
123 OLG Köln VersR 1995, 205 u OLG Frankfurt OLGR 1999, 276 (selbst 3–3,3‰); OLG Oldenburg r+s 1996, 509 (Fußgänger mit mehr als 2 ‰).
124 OLG Saarbrücken VersR 2000, 1427.

63 b) Bei **Jugendlichen** ist – auch für die Beweisführung – die Frage des Verschuldens (Fahrlässigkeit/Vorsatz, § 276 BGB) von der Frage der Deliktsfähigkeit (§ 828 BGB) zu unterscheiden.

64 Der **Verschuldensnachweis** obliegt dem Kläger. Er hat zu beweisen, dass der Jugendliche nach den Maßstäben des § 276 BGB schuldhaft gehandelt hat, dh dass er die konkrete Gefährlichkeit seines Verhaltens erkennen konnte. Zwar ist das Maß der erforderlichen Sorgfalt, die der Täter beobachtet haben muss, um frei von Haftung zu sein, nach objektiven Maßstäben zu bemessen. Hierbei muss aber das jugendliche Alter berücksichtigt werden.[125] Fährlässigkeit liegt also nur vor, wenn ein Angehöriger der betreffenden Altersgruppe die Gefährlichkeit seines Tuns unter den zZ der Tat gegebenen Umständen hätte erkennen müssen.[126] Da es nur auf die Merkmale der Altersgruppe ankommt, haben die individuelle Willensfähigkeit des Jugendlichen und sein persönliches Hemmungsvermögen außer Betracht zu bleiben.

65 So kann zB ein Elfjähriger erkennen, dass er sich selbst gefährdet, wenn er ohne Beachtung des Fahrverkehrs eine verkehrsreiche Straße überquert,[127] nach OLG Stuttgart NZV 1992, 185 auch schon ein normal entwickelter Siebenjähriger; ein Achtjähriger weiß, dass das Abspringen von einem Lkw gefährlich ist.[128] Dagegen kann von ihm nicht das Bewusstsein erwartet werden, dass es falsch ist, die Straße schräg zu überqueren, um den Abstand zum herannahenden Verkehr zu vergrößern.[129]

66 Die **Verantwortlichkeit** des Minderjährigen für seine schuldhaft begangene Handlung richtet sich nach § 828 BGB, der bei *Unfällen ab 1.8.2002* **drei Altersstufen** unterscheidet: Kinder, die noch nicht das 7. Lebensjahr vollendet haben, sind auch weiterhin nicht deliktsfähig (§ 828 Abs 1 BGB). Kinder zwischen dem 7. und 10. Lebensjahr haften bei einem Unfall mit einem Kfz, einer Schienenbahn oder einer Schwebebahn grundsätzlich nicht (§ 828 Abs 2 BGB; näher Rn 67). Minderjährige, die das 10. Lebensjahr schon vollendet haben, oder für deren Haftungsfall Abs 2 keine Anwendung findet, sind nach Abs 3 nicht verantwortlich, wenn sie bei Begehung der schädigenden Handlung nachweislich nicht die erforderliche Einsichtsfähigkeit hatten. Bei *Unfällen vor dem 1.8.2002* gilt dies bereits ab Vollendung des 7. Lebensjahrs (§ 828 Abs 2 BGB aF, Art 229 § 8 Abs 1 EGBGB).[130] – Die **Darlegungs- und Beweislast** für diesen Ausschlussgrund trägt der Minderjährige; die Neufassung des § 828 Abs 2 BGB hat hieran für die vor 1.8.2002 verletzten, noch nicht 10-Jährigen nichts geändert.[131]

67 Das Haftungsprivileg für **Kinder zwischen dem 7. und 10. Lebensjahr** (§ 828 Abs 2 BGB nF) ist teleologisch zu reduzieren auf die Fälle, in denen eine typische Überforderung durch die Gefahren des motorisierten Verkehrs oder des Bahnverkehrs[132]

---

125 BGH VersR 1964, 1023.
126 BGH VersR 1964, 1023; 1967, 158; 1970, 374; OLG Bamberg VersR 1965, 989; Überbl bei *Geigel/Haag* Kap 16 Rn 13.
127 BGH VersR 1966, 831.
128 KG VersR 1966, 297.
129 OLG Schleswig NZV 1993, 471.
130 Zu pauschal daher OLG Schleswig NZV 2003, 188, 189.
131 BGH NZV 2005, 460; OLG Celle NZV 2004, 360.
132 Dazu *Filthaut* NZV 2003, 161 ff.

vorliegt.[133] Bei Unfällen im ruhenden Verkehr wird dies nur ausnahmsweise bejaht werden können.[134] Auch wenn der Jugendliche Insasse eines der in § 828 Abs 2 BGB genannten Fahrzeuge war, ist im Einzelfall zu prüfen, ob eine typische Überforderung vorlag.[135] Nach § 828 Abs 2 S 2 BGB entfällt die Haftungsfreistellung, wenn „die Verletzung vorsätzlich herbeigeführt" wurde. Um den vom Gesetzgeber bezweckten Schutz des Minderjährigen zu gewährleisten, muss sich dieser Vorsatz auch auf den Verletzungserfolg, und nicht nur auf die Verletzungshandlung beziehen.[136]

Der **Jugendliche über 10 Jahre** (bei Unfällen vor 1.8.2002: über 7 Jahre; s Rn 66) muss für die Haftungsbefreiung nach § 828 Abs 3 BGB nachweisen, dass er die zur Erkenntnis der Verantwortlichkeit erforderliche Einsicht nicht besessen hat.[137] Hier kommt es auf die Eigenschaften des Täters an, vor allem die, in denen er sich von seinen Altersgenossen unterscheidet.[138] Maßgebend ist hier nicht, ob der Jugendliche den schädlichen Erfolg seines Tuns oder Unterlassens vorhersehen konnte, sondern lediglich, ob er das Unrecht seines Tuns oder Unterlassens erkennen konnte.[139] Dabei kommt es in erster Linie auf die geistige und sittliche Reife an.[140] Mit schlechten Schulzeugnissen allein kann dieser Beweis idR nicht geführt werden.[141] Im Allgemeinen hat ein Jugendlicher Unrechtseinsicht, wenn er die Gefährlichkeit seines Verhaltens kennt[142] oder wenn er fähig gewesen wäre, sie zu erkennen. Beim Führen eines Kfz im Rahmen des Modellversuchs „Begleitetes Fahren ab 17" (§ 6e StVG) oder als Schwarzfahrer entsprechenden Alters kann die Einsichtsfähigkeit vorausgesetzt werden.[143] Hatte der Jugendliche zwar die erforderliche Einsicht, war er aber nicht in der Lage, dieser Einsicht entsprechend zu handeln, so entfällt seine Haftung nicht.[144] **68**

Liegen Verschulden und Deliktsfähigkeit vor, so haftet der Jugendliche **uneingeschränkt**. Eine Begrenzung bei leichter Fahrlässigkeit, Existenzgefährdung des Jugendlichen und Versicherungsschutz des Opfers ist weder aus dem Gesetz noch aus der Verfassung abzuleiten[145] (näher hierzu § 19 Rn 63). Erst recht ist es nicht möglich, die „Wertungen **69**

---

133 BGHZ 161, 180 = NJW 2005, 354; BGH NJW 2005, 356; BGH NZV 2005, 185. Dazu *Ch Huber* DAR 2005, 171.
134 BGHZ 161, 180, 185 = NJW 2005, 354, 355. Weiter gehend *Jaklin/Middendorf* VersR 2004, 1104 ff.
135 Vgl *Pardey* DAR 2004, 505 f; **aA** für Bahnfahrzeuge *Filthaut* NZV 2003, 162.
136 So auch *Pardey* DAR 2004, 506.
137 BGH NZV 2005, 460 mwN.
138 Zu den medizinischen und psychologischen Grundlagen der Entscheidung über die haftungsrechtliche Verantwortlichkeit s *Neuhaus* VGT 1991, 72 ff.
139 RGZ 146, 216; 156, 193; BGH VersR 1953, 28; 1954, 118; 1954, 221; 1959, 732; 1964, 385; 1965, 503.
140 BGH VersR 1957, 131; 1959, 393; 1959, 732; 1960, 633.
141 OLG Stuttgart VersR 1957, 67.
142 OGH NJW 1950, 905; BGH VersR 1954, 221; OLG München VersR 1964, 931.
143 *Fischinger/Seibl* NJW 2005, 2887; einschr *Brock* DAR 2006, 64.
144 BGH VersR 1970, 467; 1984, 641; **aA** OLG Nürnberg OLGZ 1967, 143. Für Gesetzesänderung *Scheffen* DAR 1991, 123.
145 **AA** OLG Celle VersR 1989, 709 m Anm *Lorenz*; LG Dessau VersR 1997, 242 (unzulässige Vorlage; s dazu BVerfG VersR 1998, 1289). Ähnlich LG Bremen NJW-RR 1991, 1432: Regressklage des Versicherers sei wegen Rechtsmissbrauchs zur Zeit unbegründet.

und Zielsetzungen des Jugendstrafrechts" als Argumente für eine Haftungsbeschränkung heranzuziehen, wie dies *Kuhlen* (sogar zu Lasten des nicht versicherten Opfers!) befürwortet hat.[146] Zu Recht haben *Lorenz*[147] und *Canaris*[148] geltend gemacht, dass sich das Problem der existenzgefährdenden Haftung für leichte Fahrlässigkeit nicht nur bei Jugendlichen stellt. Während *Canaris* als generelle Lösung des Problems seine Lehre vom Einwand des Rechtsmissbrauchs bei übermäßiger Haftung anbietet (vgl § 19 Rn 63), wäre es nach *Lorenz* allein Sache des Gesetzgebers, Abhilfe zu schaffen. Ob hierfür aus praktischer und rechtsethischer Sicht ein wirkliches Bedürfnis besteht, erscheint indes fraglich.[149]

6. Billigkeitshaftung

70 a) **Anwendungsbereich.** Nach § 829 BGB kann derjenige, der auf Grund Deliktsunfähigkeit gem §§ 827, 828 BGB von der Haftung für eine gem §§ 823 bis 826 BGB begangene Handlung befreit ist, zu einer Billigkeitshaftung herangezogen werden (vgl Rn 59 ff). Dies gilt auch bei der Feststellung eines Mitverschuldens nach § 254 BGB (vgl § 22 Rn 26). Auch im Fall des § 830 Abs 1 S 2 BGB ist § 829 BGB anwendbar.[150]

71 Die Rspr befürwortet eine entsprechende Anwendung für den Fall, dass ein Jugendlicher zwar einsichtsfähig ist, aber aus altersgruppenbedingten Gründen nicht fahrlässig gehandelt hat (vgl Rn 64).[151] Dem ist nicht zuzustimmen.[152] Der vom Gesetzgeber bewusst eng gefasste § 829 BGB würde sonst über den Bereich der Schuldunfähigkeit hinaus auf Fälle fehlender Fahrlässigkeit erstreckt und müsste dann konsequenterweise stets angewendet werden, wenn dem Schädiger kein Fahrlässigkeitsvorwurf gemacht werden kann. Verursacht dagegen ein Kfz-Führer infolge plötzlicher Bewusstlosigkeit einen Schaden, für den er aus diesem Grunde nicht verantwortlich ist, so kann die Billigkeit es erfordern, ihn zum teilweisen Ersatz des Schadens heranzuziehen.[153] Die Billigkeitshaftung kann neben die Gefährdungshaftung treten, sofern die Billigkeit einen über diese hinausgehenden Schadensausgleich erfordert.[154]

72 b) Die **Voraussetzungen** der Billigkeitshaftung liegen vor, wenn die Billigkeit sie erfordert, der Ersatz des Schadens nicht von einem aufsichtspflichtigen Dritten erlangt werden kann und dem Jugendlichen, Bewusstlosen usw nicht die Mittel entzogen werden, deren er zum standesgemäßen Unterhalt sowie zur Erfüllung seiner gesetzlichen Unterhaltspflichten bedarf (§ 829 BGB).

---

146 JZ 1990, 273.
147 VersR 1989, 712.
148 JZ 1990, 679.
149 Verneinend auch die Antwort der Bundesregierung auf eine Frage des Abgeordneten *Holtz* (BT-Drs 11/6628).
150 RGZ 74, 145.
151 BGHZ 39, 281; OLG Braunschweig VersR 1954, 460; ebenso *Geigel/Haag* Kap 16 Rn 22.
152 *Wilts* VersR 1963, 1098; *Böhmer* MDR 1964, 278.
153 BGHZ 23, 90.
154 BGHZ 23, 90; RGRKomm/*Steffen* § 829 Rn 4.

aa) **Keine Haftung Aufsichtspflichtiger.** Die Gründe, warum von einem Aufsichts- 73
pflichtigen kein Ersatz erlangt werden kann, können auf tatsächlichem (Fehlen eines
Aufsichtspflichtigen; Vermögenslosigkeit des Aufsichtspflichtigen) oder rechtlichem
Gebiet liegen.

bb) **Keine Entziehung des Unterhalts.** Handelt es sich um ein unterhaltsberechtigtes 74
Kind, so werden ihm die Mittel zu standesgemäßem Unterhalt nicht entzogen, soweit es
den Unterhalt von seinen Eltern erhält. Zu berücksichtigen sind nur solche Kosten des
standesgemäßen Unterhalts, deren Entstehung mit einer gewissen Wahrscheinlichkeit
zu erwarten ist.[155]

cc) **Billigkeit.** Die Billigkeit muss die Ersatzpflicht erfordern, nicht nur erlauben.[156] 75
Von Bedeutung sind die Vermögensverhältnisse des Schädigers und des Verletzten, der
Grad der Einsicht des Täters, der Grad der Pflichtwidrigkeit und Schuld. Insbesondere
bei erheblichem Gefälle zwischen Schädiger und Geschädigtem hinsichtlich der wirtschaftlichen Verhältnisse oder hinsichtlich des beiderseitigen Verschuldens kann die
Billigkeit eine Schadloshaltung erfordern.[157]

Der Umstand, dass der Schädiger gegen Haftpflicht **versichert** ist, kann *für sich allein* 76
eine Billigkeitshaftung nicht begründen.[158] Für den Bereich der Pflichtversicherung hat
der BGH indessen unter Hinweis auf deren zugleich opferschützende Funktion eine
bedenkliche Durchbrechung des versicherungsrechtlichen Trennungsprinzips zugelassen: In Ausnahmefällen soll das Bestehen des Versicherungsschutzes nicht nur für die
Höhe des Schadensersatzes (vgl hierzu Rn 79), sondern schon für das Ob einer Haftung
Bedeutung haben können.[159] Eine haftungsbegründende Funktion kann der Haftpflichtversicherung aber nur insoweit zukommen, als sie bei *im Übrigen gegebener* Billigkeitshaftung den Ausschlussgrund des Entzugs der zum Unterhalt benötigten Mittel
ausräumt.[160]

Tritt auf Seiten des Verletzten ein **Unfall- oder Sozialversicherer** ein, so scheidet in- 77
soweit eine Heranziehung des § 829 BGB aus.[161]

Unbillig wäre es, den Schuldunfähigen für ein Verhalten haften zu lassen, welches bei einem 78
Schuldfähigen mangels Fahrlässigkeit nicht zu einer Verantwortlichkeit führen würde. Wird
dies beachtet, kommt es nicht zu dem Wertungswiderspruch bei der Haftung von Kindern einerseits und Jugendlichen andererseits, auf den der BGH die in Rn 71 dargestellte analoge
Anwendung des § 829 BGB stützt.

---

155 OLG Stuttgart VersR 1961, 455.
156 BGH NJW 1969, 1762; VersR 1973, 925; 1995, 98.
157 BGHZ 76, 284; BGH VersR 1958, 487; 1979, 645; RGRKomm/*Steffen* § 829 Rn 13.
158 BGHZ 23, 90; 76, 279; BGH MDR 1958, 838 m Anm *Pohle*; VersR 1962, 811; NJW 1979, 2096 = JR 1980, 18 m Anm *Knütel*; OLG Hamburg ZfS 1990, 41; OLG Karlsruhe ZfS 1993, 293; OLG Frankfurt OLGR 2001, 18; LG Dortmund ZfS 1995, 366; LG Kiel VersR 1968, 80; aA MünchKomm/*Wagner* § 829 Rn 20; *Marschall v Bieberstein* BB 1983, 467; *Schiemann* LM § 829 BGB Nr 10.
159 BGHZ 127, 186 = LM § 829 BGB Nr 10 m zust Anm *Schiemann* = MDR 1995, 992 m abl Anm *Lieb*. Gegen die Begr des BGH auch *E Lorenz* FS Medicus (1999) 361 f.
160 Ähnlich *E Lorenz* FS Medicus (1999) 364.
161 MünchKomm/*Wagner* § 829 Rn 22.

79 c) Für **Art und Höhe des Ersatzes** ist zunächst § 249 BGB maßgebend. Daneben entscheidet aber auch insoweit die Billigkeit (vgl hierzu Rn 75). Ist der Schädiger gegen Haftpflicht versichert, so kann – sofern Billigkeitshaftung dem Grunde nach zu bejahen ist (vgl Rn 76) – die Deckungssumme bei der Bemessung der Entschädigung berücksichtigt werden;[162] dies gilt nach zweifelhafter Ansicht des BGH[163] allerdings nur im Bereich der Pflichtversicherung, während bei freiwilliger Haftpflichtversicherung der Versicherungsschutz des Schädigers nicht zur Zubilligung von Beträgen führen dürfe, die dessen finanzielle Möglichkeiten sonst schlechthin überschreiten würden. Die Zubilligung eines Schmerzensgeldes kommt im Rahmen des § 829 BGB nur in Betracht, wenn seine Versagung (zB bei schweren Verletzungen mit Dauerfolgen) im Einzelfall dem Billigkeitsempfinden krass widersprechen würde.[164] Es kann auch die Zahlung einer Rente geschuldet sein. Ist diese durch Urteil oder Vergleich festgelegt, so ist eine Änderung im Verfahren des § 323 ZPO statthaft.

80 d) **Verfahrensrechtliches.** Ist die Klage gegen einen Jugendlichen lediglich darauf gestützt, dieser habe die zur Kenntnis der Verantwortlichkeit erforderliche Einsicht besessen (§ 828 BGB), so kann ihr nicht nach § 829 BGB stattgegeben werden, solange der klägerische Vortrag nicht entsprechend ergänzt ist.[165] Auf den Schlüssigkeitsmangel hat das Gericht ggf hinzuweisen (§ 139 Abs 2 ZPO). Ist ein Schadensersatzanspruch erst in Zukunft zu erwarten, so kann zunächst gegen den Jugendlichen Feststellungsklage erhoben werden;[166] sie ist insoweit abzuweisen, als auch ein voll Deliktsfähiger, wäre er statt des Jugendlichen an dem Unfall beteiligt gewesen, keinen Schadensersatz schulden würde.[167]

81 e) **Verjährung.** Der Beginn der dreijährigen Verjährung (§ 195 BGB) wird nicht dadurch verschoben, dass der Verletzte im Unklaren darüber ist, ob der Aufsichtspflichtige seiner Aufsichtspflicht genügt hat.[168] Dagegen läuft die Frist nicht, solange der Verletzte nicht weiß, dass es an einer Verantwortlichkeit des Täters fehlt.[169]

---

162 BGHZ 23, 90.
163 BGHZ 76, 279.
164 BGH VersR 1995, 96.
165 RGZ 74, 146.
166 BGH VersR 1958, 485; 1962, 811.
167 BGH VersR 1962, 811.
168 RGZ 133, 6.
169 RGZ 94, 222.

§ 11 Haftung wegen Verstoßes gegen ein Schutzgesetz

§ 823 Abs 2 BGB

s vor § 10

Übersicht	Rn
I. Überblick	1
1. Bedeutung der Vorschrift im Verkehrshaftungsrecht	1
2. Haftungsvoraussetzungen	2
3. Rechtsfolgen	3
II. Schutzgesetzverletzung als Haftungstatbestand	4
1. Begriff des Schutzgesetzes	4
2. Begrenzung der Haftung durch den Schutzzweck der Norm	5
3. Einzelfälle zum Schutzzweck (nach Paragraphen geordnet).	6
III. Verschulden	57
1. Allgemeines.	57
2. Verschuldensgrad.	58
3. Fahrlässigkeitsmaßstab.	59
4. Inhalt der Fahrlässigkeit	60
5. Verbotsirrtum.	61
6. Beweislast.	62

I. Überblick

1. Bedeutung der Vorschrift im Verkehrshaftungsrecht

§ 823 Abs 2 BGB begründet eine deliktische Haftung, die nicht von der Verletzung eines absoluten Rechtsguts abhängig ist. Sie greift ein, wenn ein „den Schutz eines anderen bezweckendes Gesetz" verletzt worden ist, und gibt dem Geschützten einen Anspruch auf Ersatz desjenigen Schadens, der vom Schutzzweck der Norm umfasst ist, ggf also auch eines reinen Vermögensschadens. Die Vorschriften der StVO dienen in erster Linie der Sicherheit und Leichtigkeit des Verkehrs, einzelne Normen auch dem Schutz der körperlichen Unversehrtheit und des Eigentums der Verkehrsteilnehmer;[1] Vermögensinteressen werden jedoch durch sie im Allgemeinen nicht geschützt[2] (näher Rn 5). § 823 Abs 2 BGB hat daher im Verkehrshaftungsrecht kaum eigenständige Bedeutung. In den meisten Fällen begründet er lediglich eine weitere Anspruchsgrund-

1

---

1 BGH NZV 2005, 457, 458 mwN.
2 BGH NJW 2004, 356, 357.

Zweiter Teil. Haftung aus unerlaubter Handlung

lage.³ Erleichterungen können sich für den Geschädigten jedoch daraus ergeben, dass die Rspr bei gewissen Normverstößen eine Kausalitätsvermutung eingreifen lässt (vgl § 38 Rn 29). Außerdem braucht sich die Fahrlässigkeit nicht auf die Rechtsgutsverletzung, sondern nur auf den Gesetzesverstoß zu beziehen (Rn 60).

2. Haftungsvoraussetzungen

2 § 823 Abs 2 BGB setzt eine Handlung (§ 10 Rn 6 ff) voraus, durch die gegen ein Schutzgesetz (Rn 4 ff) verstoßen wurde. Die durch die Gesetzesverletzung indizierte Widerrechtlichkeit darf nicht durch einen Rechtfertigungsgrund ausgeschlossen sein (§ 10 Rn 43 ff). Den Schädiger muss der nach dem Schutzgesetz zu fordernde Verschuldensvorwurf, mindestens aber der der Fahrlässigkeit (§ 10 Rn 51 ff) treffen (Abs 2 S 2) und es darf kein besonderer Schuldausschließungsgrund (§ 10 Rn 56 ff) vorliegen. Schließlich muss der geltend gemachte Schaden auf den Gesetzesverstoß zurückzuführen sein; hierfür gelten die allgemeinen Regeln über die sog haftungsausfüllende Kausalität (§ 3 Rn 169 ff). Zu Beweisfragen s § 38 Rn 27 ff.

3. Rechtsfolgen

3 Sie bestimmen sich wie bei § 823 Abs 1 BGB (§ 10 Rn 5).

II. Schutzgesetzverletzung als Haftungstatbestand

1. Begriff des Schutzgesetzes

4 Schutzgesetz im Sinn des § 823 Abs 2 BGB ist eine Rechtsnorm (§ 2 EGBGB), die zumindest auch dazu dienen soll, den Geschädigten oder den Personenkreis, zu dem der Geschädigte gehört, einen besonderen, individuellen Schutz gegen die Verletzung eines bestimmten Rechtsguts zu verleihen. Der Umstand, dass eine Norm bestimmten Personen zum Vorteil gereicht, genügt mithin nicht. Maßgebend ist, ob der Gesetzgeber diesen Individualschutz (als einzigen Zweck des Gesetzes oder neben anderen Zwecken) gewollt und diesen Willen zum Ausdruck gebracht hat.[4] Die Schutzwirkung des Gesetzes muss im Aufgabenbereich der Norm liegen und darf sich nicht nur als Reflexwirkung eines in seiner Hauptrichtung anders gerichteten Zweckes ergeben.[5] Oft ergibt sich die Absicht des Gesetzgebers, an die Verletzung der von ihm geschützten Interessen auch deliktische Schadensersatzansprüche zu knüpfen, erst aus umfassender Würdigung des Zusammenhangs, in den er die Norm gestellt hat.[6] Zur Begründung der Haftung genügt es somit nicht, dass ein Gesetz allgemein betrachtet als Schutzgesetz qualifiziert werden kann. Erforderlich ist vielmehr, dass es – in persönlicher und sachlicher Hinsicht – gerade den Schutz gewähren will, den der Verletzte im konkreten Fall in

---

3 Näher dazu *Deutsch* VersR 2004, 138.
4 BGHZ 7, 207; 12, 148; 22, 296; 29, 102; BGH VersR 1973, 921; 1975, 45; 1978, 921; NZV 2005, 457, 458 mwN; *Knöpfle* NJW 1967, 697.
5 BGHZ 66, 388, 390; BGH NZV 2005, 457, 458 mwN.
6 BGH VersR 1978, 609.

Anspruch nimmt (vgl Rn 5). Bei Beachtung dieser Grenze erscheinen die rechtsstaatlichen Bedenken nicht begründet, die *Peters*[7] daraus herleitet, dass § 823 Abs 2 BGB auf Vorschriften Bezug nimmt, die nicht unter haftungsrechtlichen Gesichtspunkten erlassen wurden. Dass das Gesetz, um die ihm innewohnende Schutzwirkung zu entfalten, noch der Konkretisierung durch einen Verwaltungsakt bedarf, ändert am Schutzgesetzcharakter nichts.[8]

2. Begrenzung der Haftung durch den Schutzzweck der Norm

Wer gegen ein Schutzgesetz verstößt und hierdurch einen Schaden hervorruft, ist zum Schadensersatz nur verpflichtet, wenn der Schaden an einem Rechtsgut eingetreten ist, das die Schutzvorschrift sichern will, und durch eine Gefahr, vor der sie das Rechtsgut bewahren will.[9] Verkehrsvorschriften wollen zumeist nicht vor allen, sondern jeweils nur vor bestimmten Gefahren des Straßenverkehrs schützen, sodass die Verletzung einer solchen Norm nicht in jedem Falle zur Haftung nach § 823 Abs 2 BGB führt (Einzelfälle: Rn 6 ff). Dies gilt nicht nur hinsichtlich der Art der Gefahrverwirklichung, sondern auch hinsichtlich der Person des Verletzten oder der Art der Rechtsgutsverletzung. Daher haftet zB der Kraftfahrer einem Kind, das für ihn vor dem Unfall nicht erkennbar war, nicht deswegen, weil er in Bezug auf ein anderes Kind vorsichtiger hätte fahren müssen,[10] und kann derjenige, der ein fremdes Fahrrad eigenmächtig benutzt, den Eigentümer nicht für dessen verkehrsunsicheren Zustand haftbar machen.[11] Die Verletzung einer Norm, die nur Leib, Leben und Sachwerte schützen will, kann nicht zur Haftung für einen reinen Vermögensschaden führen (zur Frage, ob der Schutzzweckgedanke auch auf Vermögensfolgeschäden anderer Rechtsgutsverletzungen anzuwenden ist, vgl § 3 Rn 173). So kann etwa der Arbeitgeber des Verletzten den durch dessen unfallbedingten Ausfall entstandenen Verlust oder der durch eine unfallbedingte Verkehrsstockung aufgehaltene Kraftfahrer seine hierdurch hervorgerufenen Vermögenseinbußen nicht unter Berufung auf einen Verstoß des Schädigers gegen die StVO ersetzt verlangen.[12]

3. Einzelfälle zum Schutzzweck (nach Paragraphen geordnet)

§ 21 StVG

Die Strafvorschrift über das Zulassen des Fahrens ohne Fahrerlaubnis (Abs 1 Nr 2) ist Schutzgesetz im Verhältnis zu anderen Verkehrsteilnehmern,[13] auch gegenüber dem Beifahrer, aber nicht gegenüber dem unberechtigten Fahrer.[14]

---

7 JZ 1983, 913.
8 BGH NZV 2005, 457, 458 mwN.
9 BGHZ 19, 126; 22, 296; 27, 140; 28, 365; 29, 102; BGH VersR 1972, 1072; 1975, 37; 1975, 45; 1977, 524; 1978, 921.
10 BGH NZV 1991, 23.
11 OLG Braunschweig NZV 1992, 152.
12 BGH NJW 1977, 2265; 2004, 356, 357.
13 BGH NJW 1979, 2309.
14 BGH NZV 1991, 109.

Zweiter Teil. Haftung aus unerlaubter Handlung

7 **§ 1 Abs 2 StVO**

Diese Generalklausel für das Verhalten im Straßenverkehr ist Schutzgesetz im Sinne des § 823 Abs 2 BGB,[15] denn Zweck dieser Vorschrift ist es, die Schädigung anderer zu vermeiden. Wird daher in einem konkreten Fall ein Verstoß gegen § 1 Abs 2 StVO bejaht, so ist damit zugleich die Aussage über die Verletzung seines Schutzzwecks getroffen (vgl das Beispiel in Rn 8). Auch eine mittelbare Schädigung (zB das Angefahrenwerden an der Unfallstelle durch einen Dritten) kann nach BGH NJW 1972, 1806 noch vom Schutzzweck des § 1 Abs 2 StVO erfasst sein.

8 **§ 2 StVO**

Das **Verbot der Gehwegbenutzung** (Abs 1) mit Fahrzeugen (auch Fahrrädern) schützt nur den Fußgängerverkehr, nicht zB einen Kraftfahrer, der aus einer Grundstücksausfahrt kommend den Gehweg überqueren will.[16] In diesen Fällen kann sich jedoch eine Haftung des Radfahrers aus § 1 Abs 2 StVO ergeben, denn dieser muss, wenn er schon verbotenerweise auf dem Gehweg fährt, besonders in Rechnung stellen, dass ein etwa aus einer Ausfahrt Kommender nicht mit seinem Auftauchen rechnet, und so langsam fahren, dass er sofort anhalten kann.[17] Hat der Verletzte seinerseits ebenfalls unbefugt den Gehweg befahren, ist er nicht in den Schutzbereich des Verbots einbezogen.[18]

9 Das **Rechtsfahrgebot** (Abs 2) dient nur dem Schutz der Verkehrsteilnehmer, die sich in Längsrichtung auf derselben Straße bewegen, also dem Gegen- und Überholverkehr.[19] Es dient also nicht auch dem Schutz derer, die diese Straße, auch als Fußgänger, überqueren[20] oder in sie einbiegen[21] oder aus dem Gegenverkehr nach links abbiegen wollen.[22] Ein Schutz des Seitenverkehrs kann sich jedoch an unübersichtlichen Einmündungen aus § 1 Abs 2 StVO ergeben, weil der bevorrechtigte Verkehr sich dort auf ein Hineintasten von Wartepflichtigen einstellen muss (vgl § 14 Rn 167). Das Rechtsfahrgebot verfolgt auch den Zweck, dem Gegenverkehr einen Teil der Fahrbahn zur Verfügung zu halten, in dem es ihm möglich ist, wegen plötzlich auftretender Situation Fahrmanöver vorzunehmen, deren Auswirkungen sich innerhalb der dynamischen Spurweite auf der rechten Fahrbahnhälfte bewegen; es schützt daher auch die Ausweichbewegung innerhalb des Fahrstreifens wegen einer geöffneten Tür eines am rechten Fahrbahnrand parkenden Kraftwagens.[23]

10 Die **Radwegbenutzungspflicht** (Abs 4 S 2) dient der Unfallverhütung durch Trennung von Kraftfahrzeug- und Radfahrverkehr („Verkehrsentmischung"). Daher ist, wenn es trotz vorhandenen Radwegs zu einer Kollision zwischen Kraftfahrzeug und Radfahrer auf der Fahrbahn kommt, der Schutzzweck dieser Vorschrift betroffen, und zwar auch bei Unfall mit einem stehenden Kraftfahrzeug.[24]

---

15 BGH NJW 1972, 1806; AG Frankfurt/M. NJW-RR 95, 728 (Bespritzen eines Fußgängers).
16 *Haarmann* NZV 1992, 176; *Grüneberg* NZV 1992, 282; **aA** OLG Hamburg NZV 1992, 281; *Hentschel* § 2 StVO Rn 29.
17 *Grüneberg* NZV 1992, 283.
18 OLG Frankfurt VersR 1996, 1122 m zust Anm *Looschelders*; *Haarmann* NZV 1992, 176; *Greger* NZV 1997, 40; offenlassend BGH NJWE-VHR 1996, 114; übersehen von OLG Düsseldorf NZV 1997, 36.
19 BGH NZV 1991, 23 u st Rspr; eingehend mit zahlr Nachweisen *Haarmann* NZV 1993, 374.
20 BGH VersR 1964, 1069; 1975, 37; OLG Köln VersR 1984, 645.
21 BGH VersR 1963, 163; 1977, 524.
22 Denn diese dürfen sich nicht über die Fahrbahnmitte hinaus einordnen; BGH VersR 1981, 837; **aA** OLG Schleswig r+s 1990, 233.
23 KG VM 1985, Nr 109.
24 *Hentschel* § 2 StVO Rn 67; **aA** LG München I DAR 1992, 346 m abl Anm *Berr*.

§ 3 StVO 11

§ 3 Abs 1 S 2 StVO, wonach der Fahrzeugführer seine Geschwindigkeit insbesondere den **Sichtverhältnissen anzupassen** hat, ist Schutzgesetz zugunsten der Verkehrsteilnehmer, die sich im Sichtbereich befinden oder mit deren Auftauchen im Sichtbereich gerechnet werden muss; dagegen ist ein Unfall nicht zurechenbar, der darauf beruht, dass der Geschädigte sich in nicht vorherzusehender Weise in den bei Fahren auf Sicht beherrschbaren Bereich begeben hat.[25] Nicht mehr vom Schutzzweck des § 3 Abs 1 StVO erfasst ist auch ein Unfall, zu dem es dadurch kommt, dass ein infolge überhöhter Geschwindigkeit ins Schleudern geratenes Fahrzeug auf dem Seitenstreifen der BAB liegen bleibt und später ein gleichfalls wegen überhöhter Geschwindigkeit schleuderndes Fahrzeug gegen dieses prallt.[26]

Geschwindigkeitsbegrenzungen haben nicht den Zweck, zu verhindern, dass sich ein bestimmtes Fahrzeug zu einem bestimmten Zeitpunkt an einer bestimmten Stelle befindet. Daher genügt die bloße Tatsache, dass ein Kraftfahrer verbotswidrig zu schnell gefahren war, mithin bei Beachtung der Verkehrsvorschriften noch nicht an der Stelle gewesen wäre, an welcher er dann mit dem Verletzten zusammengestoßen ist, nicht für die Begründung eines Zurechnungszusammenhangs. Entscheidend ist vielmehr, ob sich die zu hohe Geschwindigkeit auf die Vermeidbarkeit des Unfalls ausgewirkt hat, dh der Kraftfahrer die kritische Situation ohne Unfall hätte meistern können, wenn er zum Zeitpunkt der Erkennbarkeit der Gefahr die erlaubte Geschwindigkeit eingehalten hätte.[27] Für die Berechnung der Stelle, an der der Fahrer die Gefahr erkennen konnte, ist hierbei auf die tatsächlich gefahrene, nicht auf die an sich zulässige Höchstgeschwindigkeit abzustellen.[28] Es ist also zB zunächst rückzurechnen, wo sich der Fahrer befand, als das auf die Straße laufende Kind für ihn sichtbar wurde; sodann ist zu ermitteln, ob der Zusammenstoß vermieden worden wäre, wenn der Fahrer an dieser Stelle die zulässige Geschwindigkeit eingehalten hätte (vgl § 10 Rn 21). 12

Ohne Bedeutung ist es hierbei nach einer umstrittenen Entscheidung des 4. Strafsenats des BGH,[29] wenn der Unfall dann nur dank der eigenen Fortbewegung des anderen Verkehrsteilnehmers vermieden worden wäre. Dem ist zuzustimmen. Der Schutzzweck von Geschwindigkeitsbeschränkungen würde zu sehr verengt, wenn die Haftung davon abhängig gemacht würde, dass der andere Verkehrsteilnehmer sein Verhalten am Vertrauen auf die Einhaltung der zugelassenen Geschwindigkeit orientiert hat.[30] Wie der BGH in der genannten Entscheidung ausführt, dient § 3 StVO dem Schutz anderer Verkehrsteilnehmer vor den Gefahren hoher Geschwindigkeiten. Diese Gefahren verwirklichen sich auch dann, wenn der Fahrzeugführer infolge überhöhter Geschwindigkeit nicht mehr so bremsen kann, dass der andere noch die Chance hat, einer Kollision zu entgehen. Die Erwägung von *Streng*,[31] bei einer anderen Konstellation der Bewegungsabläufe hätte es gerade infolge vorschriftsmäßiger Geschwindigkeit zum Unfall kommen können, stellt auf rein hypothetische Vorgänge ab und kann daher die Rechtsansicht des BGH nicht erschüttern. 13

---

25 BGH VersR 1972, 1073.
26 OLG Braunschweig VersR 1995, 977; anders in der Tendenz wohl BGH NJW 1972, 1806 (s Rn 7 aE).
27 BGH VersR 1977, 524; BGHSt 33, 61.
28 OLG Bremen NZV 1988, 142.
29 BGHSt 33, 61; krit hierzu Streng NJW 1985, 2809, *Ebert* JR 1985, 356, *Puppe* JZ 1985, 295. Zur Auffassung des 4. Strafsenats neigend auch OLG Bremen NZV 1988, 142.
30 So *Streng* NJW 1985, 2809.
31 NJW 1985, 2809.

Zweiter Teil. Haftung aus unerlaubter Handlung

14 Bei einer räumlich begrenzten Geschwindigkeitsbeschränkung, zB innerhalb geschlossener Ortschaft, einer durch Verkehrszeichen angeordneten Verbotsstrecke oder einer Engstelle, ist die Schutzwirkung jedoch grundsätzlich auf den Geltungsbereich beschränkt.[32] Ein Fußgänger, der kurz hinter dem Ortsende von einem bereits innerorts mehr als 50 km/h fahrenden Kfz erfasst wird, kann sich deshalb nur dann auf den Schutz des § 3 Abs 3 Nr 1 StVO berufen, wenn er sich auf die Einhaltung der zulässigen Geschwindigkeit durch den Kraftfahrer eingerichtet hatte. Die allgemeine Geschwindigkeitsbegrenzung auf Landstraßen (§ 3 Abs 3 Nr 2 StVO) schützt jeden Verkehrsteilnehmer, auch den Querverkehr.[33]

15 Die Geschwindigkeitsbegrenzung für bestimmte Arten von Kfz hat auch den Zweck, solche Fahrzeuge von einem gefahrvollen Überholen auszuschließen.[34] Dass sie auch einem bei Gegenverkehr Überholenden das schnellere Wiedereinscheren ermöglichen soll,[35] erscheint fragwürdig.

16 Das aus § 3 Abs 2a StVO herzuleitende Gebot, bei Anwesenheit von **Kindern, alten und hilflosen Menschen** besonders aufmerksam, mit verringerter Geschwindigkeit und erhöhter Bremsbereitschaft zu fahren, schützt nur denjenigen, der diese Pflichten im konkreten Fall selbst ausgelöst hat, nicht einen anderen, mit dessen Anwesenheit der Kraftfahrer nicht rechnen musste.[36]

17 Zu der Frage, ob Geschwindigkeitsbeschränkungen auch den Zweck haben, besonders schwere Unfallfolgen zu vermeiden, s § 10 Rn 29.

18 § 4 StVO

Das Gebot, vom Vorausfahrenden angemessenen Abstand zu wahren, bezweckt auch, dem Fahrer die Übersicht über die Fahrbahn zu verbessern und ihm eine Reaktion auf plötzlich auftauchende Gefahren zu ermöglichen; es dient damit auch dem Schutz von Fußgängern auf der Fahrbahn.[37]

19 § 5 StVO

Ein Überholverbot dient nicht nur der Sicherung des Gegenverkehrs, sondern auch der des Nachfolgeverkehrs; ereignet sich bei einem Zuwiderhandeln ein Unfall, so kann auch derjenige seine Ansprüche hierauf stützen, der selbst verbotswidrig überholt hat.[38] Der aus einem Grundstück Ausfahrende oder vom Fahrbahnrand Anfahrende wird durch ein Überholverbot nicht geschützt.[39] Die Vorschrift, dass ein links eingeordnetes Fahrzeug rechts zu überholen ist (Abs 7 S 1), dient nicht dem Schutz eines von links kommenden Wartepflichtigen.[40]

20 § 6 StVO

Die Regelung für das Vorbeifahren an Hindernissen dient dem Schutz des bevorrechtigten Gegenverkehrs.[41]

---

32 BGH VersR 1985, 638; OLG Düsseldorf NZV 1992, 238; OLG Hamm VRS 61, 354.
33 BGH NJW 2003, 1929.
34 BGH VersR 1969, 900.
35 So österr OGH ZVR 1996, 316.
36 BGH NZV 1991, 23; OLG Köln VersR 1996, 210.
37 OLG München NJW 1968, 653.
38 BGH VersR 1968, 578.
39 OLG Saarbrücken VM 1980, Nr 50; KG NZV 2006, 369.
40 **AA** österr OGH ZVR 1995, 264.
41 *Berz/Burmann/Grüneberg* Bd 1, 4A Rn 95.

§ 7 StVO 21
Abs 5 dient nicht dem Schutz des Gegenverkehrs, insbesondere wenn er einen gesperrten Fahrstreifen benutzt.[42]

§ 8 StVO 22
Das Gebot, an eine nicht durch Verkehrszeichen geregelte Kreuzung nur mit mäßiger Geschwindigkeit heranzufahren, dient auch dem Schutz des Wartepflichtigen,[43] nicht aber dem eines die Fahrbahn querenden Fußgängers.[44] Auch das Stoppschild dient nicht dem Schutz eines jenseits der Kreuzung die Fahrbahn querenden Fußgängers.[45]

§ 9 StVO 23
Die **Rückschaupflicht** nach § 9 Abs 1 S 4 StVO schützt auch den Fahrer eines Fahrzeugs, das einem zum Überholen ansetzenden Fahrzeug unmittelbar und damit für den abbiegenden Fahrer möglicherweise nicht sichtbar folgt.[46]

Die besonderen Schutzpflichten beim **Abbiegen in ein Grundstück, Wenden und Rückwärtsfahren** (Abs 5) beziehen sich nicht ausschließlich auf den fließenden Verkehr. Geschützt wird zB auch ein Grundstücksausfahrer vor der durch einen Rückwärtsfahrer geschaffenen Gefahrenlage.[47] Nicht geschützt werden dagegen Personen auf dem Grundstück gegenüber einem in dieses Einfahrenden.[48] 24

§ 10 StVO 25
Die Regelung für das Ein- und Anfahren dient dem Schutz des fließenden Verkehrs und der Fußgänger.[49]

§ 12 StVO 26
In erster Linie bezwecken **Park- und Haltverbote** die Freihaltung der Fahrbahn im Interesse der Sicherheit und Flüssigkeit des Durchgangsverkehrs.[50] Daher wird ein Unfall, der auf die Anwesenheit des Fahrzeugs im Verbotsbereich, etwa die hierdurch bedingte Fahrbahnverengung, zurückzuführen ist, vom Schutzzweck des Verbots umfasst. Wurde gegen ein eingeschränktes Haltverbot oder ein Parkverbot verstoßen, so kann sich der betreffende Fahrer nicht darauf berufen, dass der Unfall sich bei einem erlaubten Halten ebenso hätte ereignen können, denn sein Verhalten hat jedenfalls eine unfallkausale Gefahrerhöhung bewirkt.[51] Die Verbote dienen aber auch dem Schutz der die Fahrbahn überquerenden Fußgänger. Dies hat BGH VersR 1983, 438 für den Fall des *absoluten* Haltverbots entschieden; es muss jedoch, wendet man die Rspr des BGH zur Gefahrerhöhung konsequent an, auch bei den sonstigen Verstößen gelten.[52] Der haftungsbegründende Kausalbeitrag wird in diesen Fällen

---

42 KG VersR 1979, 1031.
43 BGH VersR 1977, 917.
44 **AA** OLG Celle VRS 49, 25.
45 OLG Düsseldorf VersR 1978, 744.
46 OLG Karlsruhe VersR 1988, 413.
47 OLG Köln VersR 1992, 332.
48 OLG Düsseldorf NZV 1993, 198.
49 *Berz/Burmann/Grüneberg* Bd 1, 4A Rn 95.
50 BGH VersR 1987, 259; OLG Hamm NZV 1991, 271; österr OGH ZVR 1990, 328.
51 BGH VersR 1987, 260; OLG Karlsruhe VersR 1991, 1260 LS; OLG Hamm NZV 1991, 271 (Halten in zweiter Reihe); LG Nürnberg-Fürth NZV 1991, 434; österr OGH NZV 1991, 262.
52 OLG München VersR 1985, 869; **aA** OLG Schleswig NZV 1991, 188.

regelmäßig in einer Sichtbehinderung liegen.[53] Einbezogen in den Schutzbereich sind weiterhin die Ein- und Ausfahrenden an einer gegenüberliegenden Grundstücksausfahrt.[54] Der Schutzzweck des Parkverbots auf Vorfahrtstraßen außerhalb geschlossener Ortschaften umfasst den fließenden Verkehr in beiden Richtungen.[55] Das Verbot, vor Lichtzeichen und negativen Vorfahrtzeichen so zu halten, dass diese verdeckt werden, dient auch dem Schutz des Querverkehrs.[56] Das Verbot des Parkens auf Gehwegen bezweckt auch, Fußgänger davor zu schützen, dass sie sich auf dem Gehweg an einem Fahrzeug verletzen.[57] Ein Baustellenhaltverbot dient nicht dem Schutz von Vermögensinteressen des Straßenbauunternehmers.[58] Ist ein Parkplatz durch ein entsprechendes Zusatzschild zum Zeichen 314 einer bestimmten Fahrzeugart (zB nur Pkw) vorbehalten, so kann das dadurch begründete Verbot einer Benutzung durch andere Fahrzeuge auch dem Schutz der zugelassenen Fahrzeuge dienen; ob dies allerdings auch gilt, wenn ein Pkw einen Lkw-Parkplatz benutzt,[59] ist zu bezweifeln.

27 § 14 StVO

Die Regelung für das Ein- und Aussteigen (Abs 1) dient dem Schutz des vorbeifahrenden Verkehrs und der Fußgänger.[60]

28 Die vorgeschriebenen Maßnahmen gegen **unbefugte Benutzung** (Abs 2 S 2) bezwecken auch den Schutz vor Verkehrsverstößen während der Schwarzfahrt[61] sowie vor Unfällen bei der Verfolgung des unbefugten Benutzers.[62] Der unbefugte Fahrer ist in die Schutzwirkung aber nicht einbezogen.[63]

29 § 15 StVO

Der Verstoß gegen die Pflicht zur Absicherung liegengebliebener Fahrzeuge ist ein solcher gegen ein Schutzgesetz.[64]

30 § 17 StVO

Die Beleuchtungspflicht bei haltenden Fahrzeugen (Abs 4) dient dem Schutz des fließenden Verkehrs.[65]

31 § 18 StVO

Das Verbot des Anhaltens auf der Standspur einer Autobahn (Abs 8) dient nicht dem Schutz von Verkehrsteilnehmern, die durch eigenes Verschulden von der Fahrbahn abkommen.[66]

---

53 Hieran fehlte es zB in OLG Köln VersR 1993, 122.
54 OLG Köln NJW-RR 1987, 478; AG Witten VersR 2004, 622.
55 BGH VersR 1987, 259.
56 OLG Köln NZV 1990, 268.
57 LG Karlsruhe NJW-RR 1987, 479.
58 BGH NJW 2004, 356; LG Stuttgart NJW 1985, 3028.
59 So OLG Köln NZV 1991, 471.
60 *Berz/Burmann/Grüneberg* Bd 1, 4A Rn 95.
61 BGHZ 37, 311; BGH NJW 1971, 459; OLG Jena NZV 2004, 312.
62 BGH VersR 1981, 40.
63 Vgl BGH NZV 1991, 109, 110.
64 BGH VersR 1969, 895.
65 BGH VersR 1969, 895, 896 zu § 23 der früheren StVO.
66 OLG Celle VersR 2003, 658.

§ 20 StVO 32

Das Gebot, an haltenden Omnibussen des Linienverkehrs, Straßenbahnen oder Schulbussen nur vorsichtig vorbeizufahren, dient nur dem Schutz der ausgestiegenen oder zum Verkehrsmittel strebenden Fahrgäste.[67] Dies folgt aus dem speziellen Regelungszweck des § 20 StVO, der in Abs 2 und 4 auch ausdrücklich angesprochen ist. Andere Fußgänger werden nicht von dieser Norm, wohl aber von der allgemeinen Sorgfaltspflicht gegenüber Fußgängern geschützt.[68]

§ 21a StVO 33

Das Anschnallgebot dient nicht dazu, Beschädigungen des Kfz durch einen bei starkem Bremsen gegen die Frontscheibe prallenden Fahrgast zu vermeiden.[69]

§ 25 StVO 34

Die Vorschrift, dass Fußgänger die Gehwege zu benützen haben, dient in erster Linie dem Schutz der Fußgänger.[70] Dasselbe gilt für Fußgängerüberwege; diese schützen nicht den eine Vorfahrtstraße kreuzenden Fahrzeugverkehr.[71]

§ 32 StVO 35

Das Verbot von **Fahrbahnverschmutzungen und Verkehrshindernissen** dient fraglos dem Schutz des fließenden Verkehrs,[72] nicht aber dem Schutz spielender Kinder vor herumliegenden Gegenständen.[73] Das Aufstellen von Blumenkästen, Pollern, Metallschwellen uä auf der Fahrbahn zum Zweck der **Verkehrsberuhigung** verstößt gegen § 32 StVO, wenn dadurch der Verkehr gefährdet oder erschwert werden kann.[74] Dies ist außerhalb verkehrsberuhigter Zonen (Zeichen 325/326 der StVO)[75] zu bejahen, sodass die bezeichneten Maßnahmen nur mit einer Ausnahmegenehmigung der Straßenverkehrsbehörde (§ 46 Abs 1 Nr 8 StVO) vorgenommen werden dürfen.[76] Dagegen fallen bauliche Maßnahmen zur Geschwindigkeitshemmung (Fahrbahnverengungen, Aufpflasterungen) nicht unter den Begriff „Gegenstände" iSv § 32 StVO.[77] Zu den Anforderungen der Verkehrssicherungspflicht in diesen Fällen s § 13 Rn 71 ff.

§ 37 StVO 36

Das Gebot, bei „Rot" vor der Kreuzung zu halten, dient auch dem Schutz des entgegenkommenden Verkehrsteilnehmers, der nach links abbiegen will.[78] Eine Fußgänger-Bedarfsampel dient jedoch nicht dem Schutz des Querverkehrs oder von entgegenkommenden Linksabbiegern im dahinter liegenden Einmündungsbereich.[79]

---

67 LG München I NZV 2000, 473 m Anm *Bouska*; *Hentschel* § 20 StVO Rn 6; **aA** BGH NJW 2006, 2110; OLG Köln VersR 2002, 998.
68 *Bouska* NZV 2000, 474; *Hentschel* § 20 StVO Rn 6. Hilfsweise auch OLG Köln VersR 2002, 998, 999.
69 LG Frankfurt/M. NJW-RR 1994, 924.
70 BGH VersR 1969, 1022.
71 KG VersR 1977, 377.
72 BGH VersR 1961, 442; OLG Frankfurt NZV 1991, 469.
73 OLG Düsseldorf NJW 1957, 1153.
74 OLG Frankfurt NZV 1991, 469; *Hentschel* § 32 StVO Rn 8; **aA** OLG Hamm NZV 1994, 400.
75 Hierzu *Berr* DAR 1991, 281; *Stollenwerk* VersR 1995, 21.
76 OLG Frankfurt NZV 1991, 470; *Gall* NZV 1991, 135.
77 **AA** *Gall* NZV 1991, 135.
78 BGH VersR 1981, 837.
79 BGH VersR 1982, 701; **aA** österr OGH ZVR 1999, 411; LG Lüneburg NJW-RR 1999, 176. Zur Frage des Vertrauensschutzes für den anderen Verkehrsteilnehmer s § 14 Rn 122, 159.

Zweiter Teil. Haftung aus unerlaubter Handlung

37 **§ 38 StVO**

Die Warnung durch ein gelbes Blinklicht (Abs 3) an einem Reinigungsfahrzeug bezieht sich nur auf Gefahren, die von dem Fahrzeug bzw von diesem aus ausgeführten Arbeiten ausgehen.[80]

38 **§ 40 StVO**

Das Warnzeichen „Kinder" (Zeichen 136) dient nur deren Schutz, nicht dem Schutz der Insassen eines Kraftfahrzeugs.[81]

39 **§ 41 Abs 2 StVO**

Ein **Haltegebot** (Zeichen 206) dient nicht dem Schutz eines jenseits der Kreuzung die Fahrbahn querenden Fußgängers.[82]

40 Die Einrichtung von **Sonderwegen** (Nr 5, Zeichen 237 ff) dient auch dem Schutz der zugelassenen Benutzer (insbesondere Fußgänger und Radfahrer) vor solchen Gefahren, die durch die nicht zugelassenen Verkehrsteilnehmer (vgl lit a der genannten Vorschrift), hervorgerufen werden. Nicht zuzustimmen ist daher der Ansicht des LG Bonn,[83] der Sturz eines Radfahrers wegen des plötzlichen Auftauchens eines Reitpferdes auf dem Radweg bei Dunkelheit sei nicht vom Schutzweck des Benutzungsverbotes erfasst. Der Schutzzweck eines Sonderfahrstreifens für Linienomnibusse (Zeichen 245) besteht dagegen nur darin, einen flüssigen Linien- und Taxiverkehr zu gewährleisten.[84]

41 Die Missachtung eines **Verkehrsverbots** (Nr 6) kann Verstoß gegen ein Schutzgesetz sein.[85] Dies gilt jedoch dann nicht, wenn der Schaden unabhängig von der Gefahr, vor der das Verbot schützen soll, eingetreten ist. So haftet zB der Fahrer eines Pkw, der verbotswidrig in eine nur für Anlieger freigegebene Straße einfährt, seinen Insassen bei einem Begegnungszusammenstoß nicht schon wegen der Missachtung des Verbots.[86] Der Schutzzweck des Verkehrsverbots durch Zeichen 262 besteht in erster Linie darin, Fahrzeuge fernzuhalten, für die die Tragfähigkeit der Straße auf Dauer nicht ausreicht, nicht aber darin, Unfälle mit entgegenkommenden Fahrern, die trotz des Verkehrsverbots mit der Begegnung von voluminösen Fahrzeugen rechnen müssen, zu verhindern.[87] Die Höhenbegrenzung (Zeichen 265) soll nicht nur das zu unterquerende Bauwerk, sondern auch die Verkehrsteilnehmer schützen, die es ohne das Verbot im Vertrauen auf die übliche Durchfahrtshöhe unterfahren würden.[88] Das Zeichen 268 („Schneeketten sind vorgeschrieben") dient auch dem Zweck, Unfälle durch hängenbleibende Fahrzeuge, auch anlässlich ihrer Bergung, zu vermeiden.[89] Dagegen dient es nicht dazu, das Erreichen einer über 50 km/h liegenden Geschwindigkeit zu verhindern.[90]

42 Aus welchem Grund ein **Streckenverbot** (Nr 7), insbesondere eine Geschwindigkeitsbeschränkung angeordnet wurde, ist für seinen Schutzumfang unerheblich. Ist ein Unfall durch zu hohe Geschwindigkeit verursacht worden, kann der Verursacher also nicht geltend machen, die Begrenzung diene einem anderen Zweck (zB Lärmschutz) als der Verhütung eines Unfalls der konkreten Art.[91]

---

80 OLG Düsseldorf NZV 1992, 188.
81 OLG Hamburg VersR 1976, 945.
82 OLG Düsseldorf VersR 1978, 744.
83 NZV 1994, 363.
84 KG VersR 1982, 583.
85 BGH VersR 1955, 183 (Schutz der Teilnehmer an einem Markt); s a BGH VersR 1957, 102.
86 BGH VersR 1970, 159; s a OLG Köln VersR 1982, 154.
87 OLG Hamm NJW-RR 1990, 526.
88 BGH NZV 2005, 457, 459.
89 Vgl österr OGH NZV 1991, 262.
90 Vgl österr OGH NZV 1992, 479.
91 Vgl österr OGH NZV 1991, 262.

§ 41 Abs 3 StVO 43

Ununterbrochene Mittellinie (Nr 3) und Sperrfläche (Nr 6) dienen in erster Linie dem Schutz des Gegenverkehrs.[92] Sie schützen aber dort, wo sie sich wegen der Enge der Fahrbahn faktisch wie ein Überholverbot auswirken, auch das Vertrauen des Vorausfahrenden, nicht mit einem Überholtwerden rechnen zu müssen,[93] desgleichen den auf die Gegenfahrbahn einbiegenden Verkehr.[94]

§ 18 StVZO (ab 1.3.2007: § 3 FZV) 44

Darauf, dass ein unfallbeteiligtes Kfz nicht zum Verkehr zugelassen war, beruht der Unfall idR nicht.[95]

§§ 20 ff StVZO 45

Keine Schutzgesetze sind die Vorschriften über die Betriebserlaubnis und den Fahrzeugbrief.[96]

§ 27 StVZO (ab 1.3.2007: § 13 FZV) 46

Veräußert jemand sein Kfz, ohne die Veräußerung gem § 27 Abs 3 S 1 StVZO (ab 1.3.2007: § 13 Abs 4 FZV) der Zulassungsstelle mit Namen und Anschrift des Erwerbers anzuzeigen, so kann er aus Verletzung dieser Vorschrift haftbar sein, wenn der Erwerber mit dem nicht zugelassenen Fahrzeug fährt, nicht aber wegen Verletzung von § 1 PflVG, denn diese Vorschrift trifft nur den Inhaber der Sachherrschaft.[97]

§ 29d StVZO (ab 1.3.2007: § 25 FZV) 47

Die in § 29d Abs 1 StVZO bzw § 25 Abs 3 FZV geregelten Pflichten des Halters dienen nach hM nicht dem Verkehrsschutz.[98] Zu § 29d Abs 2 bzw § 25 Abs 4 FZV s § 12 Rn 34).

§ 36 StVZO 48

Die Vorschrift über die Mindesttiefe des Reifenprofils (Abs 2 S 4) ist ein Schutzgesetz.[99] Ihre Verletzung führt jedoch nur dann zur Haftung des Fahrers und des Halters, wenn diese nicht den Nachweis führen, dass der Unfall sich auch bei ausreichendem Profil in gleicher Weise ereignet hätte.[100] Wer als Halter oder Fahrer wegen des schlechten Zustands eines Reifens damit rechnen muss, dass dieser platzt, hat auch dafür einzustehen, dass er nach dem Platzen des Reifens auf der Autobahn langsam fahren muss und dass deshalb ein anderes Kfz auf seinen Wagen auffährt.[101] Zwar braucht der Reservereifen nicht hinsichtlich der Profiltiefe dem § 36 Abs 2 StVZO zu entsprechen. Einen Reservereifen mit geringerer Profiltiefe darf aber ein Taxi- oder Mietwagenunternehmer dem Fahrer oder Mieter des Wagens nicht mitgeben; er würde durch diesen Verstoß gegen seine Verkehrssicherungspflicht für Unfälle einzustehen haben, für

---

92 OLG Hamm NJW 1959, 2323; OLG Düsseldorf DAR 1976, 214.
93 BGH VersR 1987, 908; OLG Hamm VM 1986, Nr 8.
94 OLG Köln NZV 1990, 72; LG Aachen VersR 1992, 334; **aA** OLG Düsseldorf VRS 63, 60.
95 BGH VersR 1966, 1156; vgl auch österr OGH VersR 1985, 199.
96 BGH VRS 56, 110.
97 BGH VersR 1974, 754.
98 BGH VersR 1980, 457; *Hentschel* § 29d StVZO Rn 7; *Cypionka* JuS 1983, 23; **aA** OLG München VersR 1973, 236; *Schlosser* JuS 1982, 660.
99 BGH VersR 1969, 1025.
100 BGH VersR 1969, 615.
101 BGH VersR 1968, 1165.

die der schlechte Zustand des inzwischen vom Fahrer oder Mieter montierten Reifens ursächlich ist.[102]

49 **§ 142 StGB**

Die Strafvorschrift für unerlaubtes Entfernen vom Unfallort bezweckt primär den Schutz von Vermögensinteressen, nämlich des Interesses des bei einem Verkehrsunfall Geschädigten an der Erhaltung der Beweismöglichkeiten zur Durchsetzung seiner Ersatzansprüche.[103] Ihr Schutzzweck umfasst auch Schäden, die ein Dritter erleidet, weil er im Interesse des Geschädigten den flüchtenden Schädiger verfolgt.[104]

50 **§ 248b StGB**

schützt zwar den Berechtigten gegen unbefugten Gebrauch seines Kfz, nicht aber andere Verkehrsteilnehmer.[105]

51 **§ 317 StGB**

ist kein Schutzgesetz zugunsten der einzelnen Fernsprech- oder Fernschreibteilnehmer. Erleiden diese daher durch eine unfallbedingte Unterbrechung der Fernmeldeverbindung einen Vermögensschaden, so haben sie keinen Ersatzanspruch gegen den Unfallverursacher.[106]

52 **§ 6 PflVG**

ist Schutzgesetz, setzt aber „Gestattung" des Betriebs des nicht versicherten Fahrzeugs voraus; hieran fehlt es, wenn der Halter das Fahrzeug unversichert veräußert hat und der Erwerber später damit fährt[107] oder wenn eine vom Halter erteilte Erlaubnis zur Benutzung des Fahrzeugs auf nicht öffentlichen Wegen dazu missbraucht wird, das Fahrzeug auch auf öffentlichen Wegen zu benutzen.[108] Außerdem schützt die Vorschrift den Geschädigten nur davor, seine Ansprüche nicht realisieren zu können, nicht vor der Schädigung als solcher.[109] In mehrfacher Hinsicht verkannt ist der Schutzzweck des § 6 PflVG in der Entscheidung des OLG Nürnberg NZV 1993, 273, derzufolge der Überlasser des nicht versicherten Fahrzeugs nach § 823 Abs 2 BGB für die Verletzung einer Person haften muss, die in dem Pkw mitfuhr, nachdem die Entleiherin des Wagens diesen einem Dritten überlassen hatte.

53 Die **Gefahrgutverordnung Straße und Eisenbahn** (GGVSE)

ist Schutzgesetz zugunsten geschädigter Grundeigentümer.[110]

54 **§ 64 EBO**

Das Verbot von Beschädigungen der Bahn und betriebsstörenden Handlungen schützt die Gesundheit und das Eigentum des Eisenbahnunternehmers und der anderen vom Eisenbahnverkehr unmittelbar berührten Personen. Das Vermögen als solches, zB die Nutzbarkeit einer Bahnstrecke, wird aber nicht geschützt.[111]

---

102 BGH VersR 1968, 1033.
103 BGH VersR 1981, 161.
104 Vom BGH aaO offengelassen.
105 BGHZ 22, 296; *Deutsch* VersR 2004, 138.
106 BGH VersR 1977, 616.
107 BGH VersR 1974, 754; 1979, 766.
108 BGH NZV 1988, 140; zum Irrtum über die Öffentlichkeit des Weges s OLG Zweibrücken NZV 1990, 476.
109 BGH VersR 1980, 457.
110 OLG Hamm NJW-RR 1993, 914 (zur früheren GGVS).
111 BGH NZV 2005, 359.

Bauordnungen der Länder 55

Auf sie können Ersatzansprüche desjenigen, der durch einen Unfall von der Stromversorgung abgeschnitten wird und hierdurch einen Vermögensschaden erleidet, nicht gestützt werden.[112]

Verordnungen über den Anleinzwang 56

sollen auch vor Unfällen von Verkehrsteilnehmern mit frei herumlaufenden Hunden schützen.[113]

III. Verschulden

1. Allgemeines

Für das Verschuldenserfordernis gelten dieselben Grundsätze wie bei § 823 Abs 1 BGB (s § 10 Rn 48 ff). Es bestehen aber einige Besonderheiten: 57

2. Verschuldensgrad

Der für die Haftungsbegründung erforderliche Verschuldensgrad richtet sich nach der Regelung in dem betreffenden Schutzgesetz: Verlangt es Vorsatz, so kann auch ein Anspruch nach § 823 Abs 2 BGB nur bei Vorsatz entstehen, ansonsten genügt Fahrlässigkeit.[114] Kann gegen ein Schutzgesetz auch ohne Verschulden verstoßen werden (im Verkehrshaftpflichtrecht kaum praktisch), so ist nach § 823 Abs 2 S 2 BGB zur Begründung der Haftung gleichwohl mindestens Fahrlässigkeit erforderlich. 58

3. Fahrlässigkeitsmaßstab

Auch wenn es sich bei dem Schutzgesetz um eine strafrechtliche Norm handelt, ist für die Haftungsfolge der zivilrechtliche, objektive Fahrlässigkeitsbegriff (§ 10 Rn 52) maßgeblich.[115] Dass Haftung und Ahndung damit auseinanderfallen können, ist angesichts der unterschiedlichen Zwecke dieser Rechtsfolgen unproblematisch. 59

4. Inhalt der Fahrlässigkeit

Sie braucht sich nur auf den Gesetzesverstoß, nicht auch auf die Schädigung zu beziehen. Voraussehbarkeit der Schädigung ist daher nicht erforderlich.[116] Abweichendes gilt nur, wenn die Individualverletzung selbst Tatbestandsvoraussetzung des Schutzgesetzes ist.[117] 60

---

112 BGHZ 66, 388.
113 OLG Hamm NZV 2002, 461.
114 BGHZ 46, 21.
115 BGH VersR 1968, 378, 379; *Erman/Schiemann* § 823 Rn 159; *Deutsch* VersR 2004, 141; *Dörner* JuS 1987, 527.
116 BGH VersR 1972, 1072.
117 *Erman/Schiemann* § 823 Rn 159.

Zweiter Teil. Haftung aus unerlaubter Handlung

5. Verbotsirrtum

61 Während nach allgemeinen zivilrechtlichen Regeln der Verbotsirrtum den Vorsatz entfallen lässt (§ 10 Rn 56), wendet die Rspr bei Schutzgesetzen aus dem Straf- oder Ordnungswidrigkeitenrecht den dort geltenden Grundsatz, dass nur der unvermeidbare Verbotsirrtum entlastet (§§ 17 StGB, 11 Abs 2 OWiG), auch auf die zivilrechtliche Haftung an.

6. Beweislast

62 Das Verschulden muss der Geschädigte beweisen; die Rspr gewährt aber Beweiserleichterungen (s § 38 Rn 27 ff).

§ 12 Haftung wegen Amtspflichtverletzung

§ 839 BGB

(1) Verletzt ein Beamter vorsätzlich oder fahrlässig die ihm einem Dritten gegenüber obliegende Amtspflicht, so hat er dem Dritten den daraus entstehenden Schaden zu ersetzen. Fällt dem Beamten nur Fahrlässigkeit zur Last, so kann er nur dann in Anspruch genommen werden, wenn der Verletzte nicht auf andere Weise Ersatz zu erlangen vermag.

(2) Verletzt ein Beamter bei dem Urteil in einer Rechtssache seine Amtspflicht, so ist er für den daraus entstehenden Schaden nur dann verantwortlich, wenn die Pflichtverletzung in einer Straftat besteht. Auf eine pflichtwidrige Verweigerung oder Verzögerung der Ausübung des Amts findet diese Vorschrift keine Anwendung.

(3) Die Ersatzpflicht tritt nicht ein, wenn der Verletzte vorsätzlich oder fahrlässig unterlassen hat, den Schaden durch Gebrauch eines Rechtsmittels abzuwenden.

Art 34 GG

Verletzt jemand in Ausübung eines ihm anvertrauten öffentlichen Amtes die ihm einem Dritten gegenüber obliegende Amtspflicht, so trifft die Verantwortlichkeit grundsätzlich den Staat oder die Körperschaft, in deren Dienst er steht. Bei Vorsatz oder grober Fahrlässigkeit bleibt der Rückgriff vorbehalten. Für den Anspruch auf Schadensersatz und für den Rückgriff darf der ordentliche Rechtsweg nicht ausgeschlossen werden.

Übersicht

	Rn
I. Überblick	1
1. Rechtsgrundlagen	1
2. Verhältnis zu sonstigen Anspruchsgrundlagen	7
3. Mithaftung	10
4. Verjährung	11
5. Beweislast	13
II. Haftung des Beamten (§ 839 BGB)	14
1. Beamteneigenschaft	14
2. Verletzung einer Amtspflicht gegenüber dem Geschädigten	19
3. Verschulden	40
III. Haftung des Staates (Art 34 GG)	43
1. Grundsatz	43
2. Ausübung eines öffentlichen Amtes	44
3. Verbürgung der Gegenseitigkeit bei Ausländern	62
4. Haftende Körperschaft	63
IV. Subsidiarität	69
1. Grundsätze	69
2. Unanwendbarkeit des Verweisungsprivilegs	70
3. Begriff des anderweitigen Ersatzes	73
4. Unmöglichkeit anderweitigen Ersatzes	75
5. Beweis- und prozessrechtliche Fragen	77

Zweiter Teil. Haftung aus unerlaubter Handlung

V. Haftung für Angehörige ausländischer Streitkräfte 78
   1. Überblick 78
   2. Behandlung außerhalb des Dienstes verursachter Unfälle. 79
   3. NATO-Truppen 83
   4. Sowjetische Truppen 105

I. Überblick

1. Rechtsgrundlagen

1 Kommt es zu einem Unfall durch Verletzung einer dem Geschädigten gegenüber bestehenden Amtspflicht, so richtet sich der **Schadensersatzanspruch gegen den Amtsträger persönlich** nicht nach § 823, sondern nach § 839 BGB. Eine Rechtsgutsverletzung iSv § 823 Abs 1 BGB ist demnach nicht vorausgesetzt; es kann auch die Zufügung bloßen Vermögensschadens genügen, sofern er vom Schutzzweck der verletzten Amtspflicht umfasst wird (vgl hierzu für den Bereich des Straßenverkehrs Rn 20). Die Haftung des Beamten ist auf der anderen Seite aber dadurch eingeschränkt, dass sie bei Fahrlässigkeit hinter anderweitigen Ersatzmöglichkeiten zurücktritt (§ 839 Abs 1 S 2 BGB; zu den erheblichen Einschränkungen dieser Subsidiaritätsklausel durch die jüngere Rspr vgl Rn 70 ff).

2 Nach Art 34 GG tritt an die Stelle der persönlichen Haftung des Beamten nach § 839 BGB die – dieser Vorschrift nach Voraussetzungen und Umfang entsprechende[1] – **Haftung des Staates** oder sonstigen Dienstherrn, sofern der Beamte in Ausübung des ihm anvertrauten öffentlichen Amtes gehandelt hat. Diese auf der persönlichen Haftung des Beamten aufbauende Haftungsverlagerung sollte durch Gesetz vom 26.6.1981 (BGBl I 553) durch eine originäre Staatshaftung ersetzt werden; das Gesetz wurde jedoch wegen fehlender Gesetzgebungskompetenz des Bundes vom BVerfG[2] für nichtig erklärt. Gegenüber Ausländern ist die Staatshaftung eingeschränkt (vgl Rn 62).

3 In den **neuen Bundesländern** besteht seit dem Beitritt der DDR am 3.10.1990 eine Konkurrenz zweier Staatshaftungssysteme.[3] Der Einigungsvertrag[4] ließ das StHG der DDR[5] mit bestimmten Modifizierungen als Landesrecht weiter gelten. In der Folgezeit wurden seine Regelungen in einigen Ländern aufgehoben,[6] in anderen modifiziert.[7] Da die Regelungsgegenstände nicht identisch sind – das Bundesrecht normiert eine zivilrechtliche Amtswalterhaftung, die vom Staat übernommen wird, das Landesrecht eine

---

1 S hierzu BGHZ 146, 385.
2 NJW 1983, 25.
3 Zur Rechtslage und -entwicklung in der SBZ bzw DDR seit 1945 s *Janke* NJ 1993, 444, zur Entwicklung seit 1990 *Lühmann* NJW 1998, 3001.
4 Art 9 Abs 1 S 1, Abs 2 iVm Anl II Kap III Sachgeb B Abschn III Nr 1 (BGBl II 1168).
5 Ges v 12.5.1969 (GBl I 34), geändert durch Ges v 14.12.1988 (GBl I 329).
6 In Berlin durch Ges v 21.9.1995 (GVBl 607) mit Wirkung v 29.9.1995, in Sachsen durch § 2 Abs 1 RechtsbereinigungsG v 17.4.1998 (GVBl 151) mit Wirkung v 1.5.1998.
7 In Brandenburg durch Ges v 14.6.1993 (GVBl 198), in Thüringen durch Ges v 25.9.1995 (GVBl 150) und Ges v 22.4.1997 (GVBl 165), in Sachsen-Anhalt Änderung durch Ges v 24.8.1992 (GVBl 655) u v 16.11.1993 (GVBl 721), NeuBek am 2.1.1997 (GVBl LSA 9).

unmittelbare öffentlichrechtliche Haftung des Staates – sind für die Haftung von Ländern und Kommunen beide Regelungen nebeneinander anwendbar,[8] während sich die Haftung für Bedienstete des Bundes selbstverständlich nur nach § 839 BGB, Art 34 GG richtet.

Gegen die Wirksamkeit der Überleitung des StHG in das Recht der neuen Länder bestehen keine Bedenken,[9] gegen ihre Sachgerechtigkeit sehr wohl.[10] In der guten Absicht, ein gegenüber dem im Reformansatz stecken gebliebenen Staatshaftungsrecht der Bundesrepublik vermeintlich fortschrittlicheres Recht am Leben zu erhalten, dürfte nicht ausreichend bedacht worden sein, dass die Übernahme der auf eine ganz andere Gesellschafts- und Eigentumsordnung zugeschnittenen Normen eine Dimension der Staatshaftung eröffnete, die weit über die Reformziele hinausging.[11] Zudem wurde dadurch ein bedenkliches Haftungsgefälle zwischen alten und neuen Bundesländern (zu Lasten der letzteren) geschaffen.[12] Die spätere Landesgesetzgebung hat dies teilweise abgemildert.

4

Die wesentlichsten **Besonderheiten des StHG** liegen darin, dass die Haftung nicht von einem Verschulden abhängt, sondern als reine Erfolgshaftung ausgestaltet ist (§ 1 StHG), für die auch die Drittbezogenheit der verletzten Pflicht keine Rolle spielt und eine Entlastungsmöglichkeit, etwa durch den Nachweis größtmöglicher Sorgfalt nicht vorgesehen ist.[13] Begrenzt wird sie allerdings durch den Schutzzweck der verletzten Pflicht.[14] Ausländer sind, unabhängig von Wohnsitz, Aufenthalt und Gegenseitigkeitsverbürgung, voll in den Haftungsschutz einbezogen (§ 10 StHG).[15] Hinsichtlich Subsidiarität (§ 3 Abs 3 StHG) und Haftungsumfang (§ 3 Abs 2 StHG sowie ausdrücklich zur Schadensminderungspflicht § 2 StHG) entspricht das jetzige Landesrecht zwar nicht mehr dem zu DDR-Zeiten bestehenden Rechtszustand,[16] aber weitgehend jenem nach dem BGB. Soweit § 1 StHG als Schuldner des Ersatzanspruchs „das jeweilige staatliche oder kommunale Organ" bezeichnet, ist er in Anpassung an die bundesrechtliche ZPO so auszulegen, dass die Anstellungskörperschaft passivlegitimiert ist.[17]

5

Auf die Verletzung von Verkehrssicherungspflichten findet das StHG keine Anwendung.[18] Vgl hierzu § 13 Rn 3.

6

2. Verhältnis zu sonstigen Anspruchsgrundlagen

a) Gegen den Beamten. Im Anwendungsbereich des § 839 BGB sind Ansprüche nach allgemeinem Deliktsrecht (§ 823 ff BGB) ausgeschlossen, gleich ob die Haftung (bei Ausübung öffentlicher Gewalt) nach Art 34 GG auf den Staat übergegangen oder (bei

7

---

8 OLG Jena OLG-NL 1999, 8; OLG Brandenburg DtZ 1996, 381.
9 *Lörler* DtZ 1992, 135; OLG Jena OLG-NL 1999, 8; **aA** *Schullan* VersR 1993, 287; kompetenzrechtliche Bedenken auch bei *Ossenbühl* NJW 1991, 1203. Der BGH wendet beide Rechtsgrundlagen nebeneinander an (zB BGHReport 2003, 798).
10 Vgl *Krohn* VersR 1991, 1092 f; *Schullan* VersR 1993, 283 ff; *Lörler* DtZ 1992, 135. Bejahend dagegen *Büchner-Uhder* NJ 1991, 153.
11 Eingehend *Lörler* DtZ 1992, 136 f; *Krohn* VersR 1991, 1092 f.
12 *Krohn* VersR 1991, 1093.
13 Vgl *Ossenbühl* NJW 1991, 1203.
14 BGHZ 166, 22 = JZ 2006, 794 m Anm *Grzeszick*.
15 Sachsen-Anhalt hat durch § 7 des Ges zur Regelung von Entschädigungsansprüchen eine dem § 7 RBHG entspr Regelung (s Rn 62) getroffen, diese jedoch durch Ges v 18.11.2005 wieder aufgehoben.
16 Vgl *Ossenbühl* NJW 1991, 1205; *Krohn* VersR 1991, 1092 f; *Lörler* DtZ 1992, 136.
17 *Ossenbühl* NJW 1991, 1206.
18 *Uecker* NZV 1992, 304; *Bergmann/Schumacher* DtZ 1994, 2.

Zweiter Teil. Haftung aus unerlaubter Handlung

Tätigwerden innerhalb des privatrechtlichen Geschäftskreises des Dienstherrn) bei seiner Person verblieben ist.[19] Ist der Beamte Halter des Kfz, so bleibt seine Haftung nach § 7 StVG unberührt;[20] dagegen haftet er nicht neben dem Dienstherrn als Kfz-Führer nach § 18 StVG[21] (vgl Rn 8). Zu § 640 RVO aF, § 110 SGB-VII s § 32 Rn 136.

8 **b) Gegen den Dienstherrn.** Eine Haftung für den Beamten nach §§ 89, 30, 31 oder § 831 BGB kommt nur bei Tätigwerden im privatrechtlichen Geschäftskreis des Dienstherrn in Betracht. Hat der Beamte in Ausübung öffentlicher Gewalt gehandelt, dann haftet der Staat nach § 839 BGB, Art 34 GG ohne Entlastungsmöglichkeit.[22] Ist der Dienstherr auch Halter des Kfz, mit dem der Beamte den Unfall verursacht hat, so haftet er auch nach § 7 StVG.[23] Die Haftung für vermutetes Verschulden nach § 18 StVG geht auf den Dienstherrn über, wenn der Beamte die Unfallfahrt in Ausübung öffentlicher Gewalt unternommen hat.[24] In diesem Fall muss also der Dienstherr fehlendes Verschulden des Beamten beweisen; die Haftung geht jedoch nicht weiter als nach dem StVG.[25]

9 c) Zur **Aufsichtspflichtverletzung** s § 8 Rn 8 f, zur **Tierhalterhaftung** § 9.

3. Mithaftung

10 Auch bei der Amtshaftung muss sich der Geschädigte ein Mitverschulden (§ 254 BGB) oder eine mitwirkende Betriebsgefahr (§ 22 Rn 3) anrechnen lassen. Hierbei gilt jedoch der Grundsatz, dass der Bürger nicht klüger zu sein braucht als die mit der Angelegenheit befassten Beamten.[26] Dies enthebt den Kraftfahrer allerdings nicht der Verpflichtung zu umsichtigem Handeln bei einer erkennbar fehlerhaften Verkehrsregelung. Auch einer polizeilichen Weisung darf er nicht blindlings folgen.[27]

4. Verjährung

11 Die für den Beginn der Verjährung erforderliche Kenntnis muss im Falle der Staatshaftung neben den allgemeinen und besonderen Haftungsvoraussetzungen auch die an Stelle des Beamten haftende Körperschaft umfassen,[28] denn es geht hier nicht um Rechtsunkenntnis, sondern um die Ungewissheit, welcher von mehreren in Betracht kommenden der richtige Ersatzpflichtige ist.

---

19 RG JW 1937, 1706 = 1967 m Anm *Reuss*; BGHZ 3, 101; 13, 25; 34, 99; BGH VersR 1984, 1070.
20 RGZ 165, 374; BGHZ 29, 43.
21 OGH NJW 1950, 695; BGH VersR 1958, 320; 1959, 455 = JZ 1960, 174 m Anm *Schröer*; OLG Hamburg VersR 1952, 376; LG Düsseldorf VersR 1965, 1211; LG Aachen VersR 1983, 591.
22 BGHZ 68, 219.
23 BGHZ 50, 271; 68, 219.
24 BGH VersR 1958, 321; 1983, 461.
25 OLG Schleswig VersR 1998, 241 m Anm *Schmalzl* 981.
26 BGH VersR 1990, 790.
27 Vgl OLG Köln NZV 1993, 64.
28 BGH VRS 15, 177; VersR 1960, 515; 1960, 788; **aA** RGZ 142, 352; 168, 221; BGH VersR 1957, 428; 1957, 641.

Der Beginn der Verjährung setzt auch die Kenntnis des Verletzten voraus, dass andere Ersatzmöglichkeiten iS des § 839 Abs 1 S 2 BGB nicht vorhanden sind,[29] hierbei hindert das vermeintliche Vorhandensein einer anderweitigen Ersatzmöglichkeit die Verjährung nicht, wenn die Klage entgegen der Erwartung des Verletzten Erfolg versprechen würde.[30] Dies gilt aber seit BGHZ 68, 217 nicht mehr bei Amtshaftung aufgrund der Teilnahme am Straßenverkehr oder Verletzung der Verkehrssicherungspflicht, weil es auf das Fehlen anderweitiger Ersatzmöglichkeiten dort seither nicht mehr ankommt (vgl Rn 70 f). Vor dieser Änderung der Rspr war es für den Verletzten jedoch unzumutbar, vor der Klärung anderweitiger Ersatzmöglichkeiten Klage zu erheben; dies ist bei der Prüfung der Verjährungsfrage zu berücksichtigen.[31] Zumutbar ist die Erhebung einer Feststellungsklage dagegen, wenn der Geschädigte weiß, dass die anderweitige Ersatzmöglichkeit den Schaden mindestens teilweise nicht deckt.[32] **12**

5. Beweislast

Hierfür gelten die allgemeinen Grundsätze (§ 38 Rn 32 ff). Auch das Verschulden des Amtsträgers muss der Geschädigte beweisen.[33] Die gesetzlichen Verschuldensvermutungen nach §§ 832, 833 BGB gelten jedoch für § 839 BGB entsprechend.[34] Zu §§ 7, 18 StVG s Rn 7 f. Die Beweiserleichterung des § 287 ZPO kommt dem Geschädigten erst zugute, wenn Amtspflichtverletzung und Verschulden feststehen.[35] Zur Beweislastverteilung bzgl des anderweitigen Ersatzes iSv § 839 Abs 1 S 2 BGB s Rn 77. **13**

II. Haftung des Beamten (§ 839 BGB)

1. Beamteneigenschaft

Das Merkmal „Beamter" in § 839 BGB hat unterschiedliche Bedeutung, je nach dem, ob es sich um die persönliche Haftung des Beamten bei Tätigwerden im privatrechtlichen Geschäftskreis des Dienstherrn (Rn 15) oder ob es sich um die Haftung des Dienstherrn bei hoheitlicher Tätigkeit (Rn 16) handelt. **14**

a) Bei privatrechtlicher Tätigkeit ist maßgeblich der beamtenrechtliche Beamtenbegriff (vgl § 6 Abs 2 BBG, § 5 BRRG).[36] **15**

---

29 RGZ 161, 375; RG JW 1926, 2284 m Anm *Riemann*; BGH Betrieb 1958, 1360; VersR 1960, 788; 1985, 642; 1993, 438.
30 BGH VersR 1967, 711.
31 BGH VersR 1979, 547.
32 BGH VersR 1988, 514.
33 **AA** bei Verkehrssicherungspflichtverletzung OLG Karlsruhe MDR 1990, 722.
34 BGH NJW 1959, 985; VersR 1972, 1047; NJW-RR 1990, 1500; OLG Köln MDR 1999, 997 m zust Anm *Mertens*; **aA** für § 832 BGB BGHZ 13, 25; OLG Düsseldorf FamRZ 1996, 803; OLG Dresden NJW-RR 1997, 857.
35 *Geigel/Kunschert* Kap 20 Rn 178.
36 BGHZ 42, 176, 178.

16 **b) Bei hoheitlicher Tätigkeit** ist – wie sich aus der Fassung des Art 34 GG ergibt – allein entscheidend, ob der betreffenden Person öffentliche Gewalt anvertraut ist; ob sie nach Beamtenrecht die Eigenschaft eines Beamten hat, ist unerheblich.[37] Die Rechtsbeziehung zwischen der öffentlichrechtlichen Körperschaft und der handelnden Person kann auch privatrechtlicher Natur sein.

17 Die Staatshaftung greift daher zB auch ein für angestellte Kraftfahrer einer Behörde,[38] Angehörige der freiwilligen Feuerwehr,[39] zur Erfüllung hoheitlicher Aufgaben herangezogene Mitarbeiter von Hilfsorganisationen,[40] Zivildienstleistende,[41] Abschleppunternehmer,[42] Sachverständige des TÜV,[43] TÜV-Angestellte, die Kfz im polizeilichen Auftrag zur Untersuchungsstelle fahren,[44] und Schülerlotsen.[45]

18 Bei der Beurteilung der Rechtsstellung **selbständiger privater Unternehmer**, die der Staat zur Erfüllung seiner Aufgaben durch privatrechtlichen Vertrag heranzieht, ist darauf abzuheben, ob die öffentliche Hand in so weitgehendem Maß auf die Durchführung der Arbeiten Einfluss genommen hat, dass sie die Arbeiten des privaten Unternehmers wie eigene gegen sich gelten lassen und es so angesehen werden muss, wie wenn der Unternehmer lediglich als Werkzeug der öffentlichen Behörde bei der Durchführung ihrer hoheitlichen Aufgaben tätig geworden wäre.[46] Dadurch wird dem Umstand Rechnung getragen, dass in solchen Fällen die Zielsetzung der Tätigkeit, auf die etwa bei Realakten wie der Teilnahme am öffentlichen Verkehr abzustellen ist, für sich genommen eine sachgerechte Begrenzung der Staatshaftung nicht ermöglicht. Die auf privatrechtlicher Grundlage beruhende Heranziehung privater Unternehmer zur Erfüllung hoheitlicher Aufgaben umfasst Fallgestaltungen, die sich sowohl durch den Charakter der jeweils wahrgenommenen Aufgabe als auch durch die unterschiedliche Sachnähe der übertragenen Tätigkeit zu dieser Aufgabe sowie durch den Grad der Einbindung des Unternehmers in den behördlichen Pflichtenkreis voneinander unterscheiden. Je stärker der hoheitliche Charakter der Aufgabe in den Vordergrund tritt, je enger die Verbindung zwischen der übertragenen Tätigkeit und der von der Behörde zu erfüllenden hoheitlichen Aufgabe und je begrenzter der Entscheidungsspielraum des Unternehmers ist, desto näher liegt es, ihn als Beamten im haftungsrechtlichen Sinn anzusehen.[47]

2. Verletzung einer Amtspflicht gegenüber dem Geschädigten

19 Der Unfall muss darauf beruhen, dass der Beamte (oder sonstige Amtsträger) eine Dienstpflicht verletzt hat, die ihm gerade dem Geschädigten als „Dritten", nicht nur der Allgemeinheit oder seiner Behörde gegenüber oblag. Ob der Geschädigte iSd § 839

---

37 RGZ 142, 192; 151, 386; BGHZ 2, 350; BGH NJW 1972, 2088; 2005, 429, 430.
38 OLG München HRR 1942, 648.
39 BGHZ 20, 290.
40 OLG Düsseldorf VersR 1971, 185. S a Rn 55.
41 BGHZ 118, 304. S a Rn 52.
42 BGH NZV 1993, 223.
43 BGHZ 49, 108; BGH VersR 1973, 317; 1994, 216; NZV 2005, 40; OLG Köln VersR 1989, 1196.
44 OLG München VersR 1995, 1054.
45 OLG Köln NJW 1968, 655.
46 BGHZ 48, 103; BGH VersR 1971, 867; 1980, 459; NZV 1993, 223.
47 BGH NZV 1993, 223.

Abs 1 BGB „Dritter" ist, richtet sich danach, ob die Amtspflicht – wenn auch nicht notwendig allein, so doch auch – den Zweck hat, gerade sein Interesse wahrzunehmen. Nur wenn sich aus den die Amtspflicht begründenden und sie umreißenden Bestimmungen sowie aus der besonderen Natur des Amtsgeschäfts ergibt, dass der Geschädigte zu dem Personenkreis zählt, dessen Belange nach dem Zweck und der rechtlichen Bestimmung des Amtsgeschäfts geschützt und gefördert werden sollen, besteht ihm gegenüber bei schuldhafter Pflichtverletzung eine Schadensersatzpflicht. Hingegen ist anderen Personen gegenüber, selbst wenn die Amtspflichtverletzung sich für sie mehr oder weniger nachteilig ausgewirkt hat, eine Ersatzpflicht nicht begründet. Es muss mithin eine besondere Beziehung zwischen der verletzten Amtspflicht und dem geschädigten „Dritten" bestehen. Dabei muss eine Person, der gegenüber eine Amtspflicht zu erfüllen ist, nicht in allen ihren Belangen immer als „Dritter" anzusehen sein. Vielmehr ist jeweils zu prüfen, ob gerade das im Einzelfall berührte Interesse nach dem Zweck und der rechtlichen Bestimmung des Amtsgeschäfts geschützt werden soll. Es kommt demnach auf den Schutzzweck der Amtspflicht an.[48]

a) Bei **Teilnahme am Straßenverkehr** besteht gegenüber den anderen Verkehrsteilnehmern (als „Dritten") die Amtspflicht, die Verkehrsregeln zu beachten und Schädigungen der in § 823 Abs 1 BGB genannten Rechtsgüter zu vermeiden.[49] Sie besteht jedoch nicht gegenüber den Verwandten des Verletzten oder den Erben des Getöteten[50] oder einem Dritten, der durch den Unfall lediglich einen Vermögensschaden erleidet.[51] Außerdem ist auch hier die Schutzwirkung der betreffenden Verkehrsvorschrift zu beachten: die genannte Amtspflicht besteht nur demjenigen Verkehrsteilnehmer gegenüber, der von der konkret in Rede stehenden Vorschrift geschützt werden soll,[52] also zB nicht gegenüber dem Eigentümer des vom Beamten benützten Kfz.[53]

20

b) Die Pflicht zur **Verhinderung einer vorschriftswidrigen Benutzung von Dienstfahrzeugen** obliegt den hierfür Verantwortlichen auch gegenüber den gefährdeten Verkehrsteilnehmern.[54]

21

c) **Aufsichtspflichten**, zB von Lehrern oder Fürsorgern, bestehen nicht nur gegenüber den Schutzbefohlenen (insoweit werden Schadensersatzansprüche wegen § 105 Abs 1 SGB VII idR nicht in Betracht kommen; vgl § 19 Rn 145 ff), sondern auch gegenüber Dritten, auf die sich das zu beaufsichtigende Verhalten auswirken kann, also auch Verkehrsteilnehmern, die, zB durch ausgelassene Spiele, gefährdet werden.[55] § 832 BGB ist daneben nicht anwendbar; die dortige Beweisregelung gilt jedoch entsprechend (Rn 13).

22

---

48 BGHZ 106, 331; 110, 9; BGH NZV 1992, 149.
49 BGHZ 42, 180; 68, 217; BGH VersR 1966, 493; 1969, 189; 1974, 1018; 1985, 638.
50 BGH VersR 1968, 554.
51 BGH VersR 1973, 275; 1981, 252.
52 BGH VersR 1985, 638.
53 BGH NZV 1992, 149.
54 BGH VersR 1983, 638.
55 RGZ 125, 86; BGHZ 13, 26; MünchKomm/*Papier* § 839 Rn 259; *Pardey* DAR 2001, 1; **aA** OLG Celle OLGR 1995, 131.

23 d) Die **Straßenverkehrsbehörden** sind gegenüber den Verkehrsteilnehmern verpflichtet, durch sachgerechte **Verkehrsregelung**, insb Anbringung von Verkehrszeichen und -einrichtungen (§ 44 Abs 1, § 45 Abs 3, 4 StVO), für die Sicherheit und Leichtigkeit des Verkehrs zu sorgen[56] (zur hiervon zu unterscheidenden, grundsätzlich bürgerlichrechtlichen Verkehrssicherungspflicht s Rn 47 u § 13, zur Verkehrsregelung an Baustellen § 13 Rn 105). Die Amtspflicht besteht auch gegenüber einem Verkehrsteilnehmer, der ein nicht mehr zum Verkehr zugelassenes Kfz benützt.[57]

24 Der **Inhalt** der Verkehrsregelungspflicht bestimmt sich nach ihrem Zweck, den Verkehr zu erleichtern und Verkehrsgefahren zu verhüten.[58] Innerhalb dieses Rahmens steht die Regelung des Verkehrs im Ermessen der Behörde. Sie braucht nur solche Maßnahmen zu ergreifen, die objektiv erforderlich und zumutbar sind.[59] Kann der Verkehrsteilnehmer mit der gebotenen Sorgfalt etwaige Gefahren selbst abwenden, so ist ein Einschreiten der Straßenverkehrsbehörde nicht erforderlich.[60]

25 Sie ist daher zB grundsätzlich nicht gehalten, enge Straßen zu Einbahnstraßen zu erklären, auch wenn sie vorübergehend eine größere Verkehrsdichte bewältigen müssen[61] oder die Vorfahrt an Kreuzungen durch Verkehrszeichen zu regeln.[62] Ist eine Kreuzung allerdings so gefährlich, dass die Möglichkeit von Unfällen auch für den Fall naheliegt, dass die Verkehrsteilnehmer die von ihnen zu verlangende Sorgfalt walten lassen, so kann eine Verkehrsregelung, zumindest die Aufstellung von Gefahrzeichen, zwingend geboten sein.[63] Wird die Vorfahrt abweichend vom Grundsatz „Rechts vor Links" geregelt, so muss die Regelung dem Straßencharakter, der Verkehrsbelastung, der übergeordneten Verkehrslenkung und dem optischen Eindruck der Straßenbenutzer entsprechen.[64] Einzelheiten zur Verkehrsregelung enthält die VwV-StVO.

26 **Verkehrszeichen und -einrichtungen** sind so zu gestalten, dass sie für einen mit den Verkehrsvorschriften vertrauten, durchschnittlich aufmerksamen, weil durch das Verkehrsgeschehen in Anspruch genommenen Verkehrsteilnehmer deutlich erkennbar sind.[65] Ein gewisses Maß von Umsicht muss aber vom Verkehrsteilnehmer, insbesondere wenn er sich erst in den fließenden Verkehr eingliedern will, erwartet werden. Es ist daher nicht geboten, eine Einbahnstraße an jeder Stelle, an der von einer angrenzenden Fläche in sie eingefahren werden kann (Tankstelle, Grundstücksausfahrt), als solche zu

---

56 Zu Einzelheiten s BGH NJW 1952, 1214; VersR 1956, 320; 1957, 776; 1959, 33; 1972, 1127; 1981, 336; 1985, 835; NZV 1988, 58; OLG Hamburg VersR 1954, 20; OLG Hamm VkBl 1954, 39; OLG Stuttgart VersR 1958, 865; OLG Celle VersR 1967, 382.
57 BGH NJW 1966, 1456.
58 OLG Frankfurt VersR 1984, 473.
59 BGH NZV 1988, 58.
60 BGH NZV 1988, 58 (Vorfahrtregelung für Straßenbahn bei Verlassen einer Fußgängerzone); OLG Stuttgart NZV 1990, 268 (Höhenunterschied zwischen Fahrbahn und Bankett); OLG Düsseldorf NJW-RR 1994, 1443/1444 (Einmündung eines Geh- und Radwegs in Ortsstraße); OLG Düsseldorf NZV 1996, 366 (Einbau einer Verkehrsinsel auf Leitlinie [Zeichen 340]; zw).
61 BGH bei *Bode-Weber* DAR 1969, 99.
62 BGH VersR 1959, 33; OLG Bremen DAR 1963, 107.
63 BGH VersR 1981, 336.
64 BGH NZV 1988, 59.
65 BGH VersR 1961, 689; 1963, 42; 1972, 1127; 1985, 836; OLG Frankfurt VersR 1988, 914 LS.

kennzeichnen, sofern die Verkehrsregelung bei sorgfältiger Beobachtung des Umfeldes hinreichend klar zutage tritt.[66]

Bei einer Änderung der Verkehrsregelung, zB durch Umstellung von Lichtsignalen, ist die Straßenverkehrsbehörde nicht stets zu besonderen Warnhinweisen verpflichtet,[67] bei der Umkehrung einer Vorfahrtregelung aber kann dies für eine Übergangszeit durchaus geboten sein.[68] Wird die Fahrtrichtung einer Einbahnstraße umgekehrt, kann es sich als erforderlich erweisen, die Anwohner zu informieren.[69] Bei Einbau einer Verkehrsinsel braucht die vorhandene Leitlinie (Zeichen 340) nach OLG Düsseldorf NZV 1996, 366 nicht entfernt zu werden (zw). Eine Hinweispflicht besteht ferner, wenn mit der betreffenden Verkehrsregelung unter den gegebenen Umständen üblicherweise nicht gerechnet wird, wie zB bei Straßenbahngegenverkehr in einer Einbahnstraße.[70] **27**

Bei **fehlerhafter Verkehrsregelung** haftet die verantwortliche Körperschaft für hierdurch verursachte Unfälle, so zB bei Fehlen eines notwendigen Verkehrszeichens[71] oder bei Anbringung irreführender Verkehrszeichen.[72] Auch eine fehlerhafte Programmierung von Lichtsignalanlagen gehört hierher;[73] die ordnungsgemäße Wartung von Signalanlagen gehört hingegen zur Verkehrs*sicherungs*pflicht (vgl Rn 47). **28**

Nicht fehlerhaft ist es, wenn eine Ampel so geschaltet wird, dass sie für die Gegenrichtungen zeitversetzte Grünphasen hat;[74] ob dies auch für eine Fußgängerampel gilt, wenn in der Nähe eine untergeordnete Straße einmündet, sodass für Einbiegende durch das für sie sichtbare Rotlicht der falsche Eindruck einer Sperrung des aus der Gegenrichtung kommenden Verkehrs entstehen kann, muss indes bezweifelt werden.[75] Grünlicht für Fußgängerüberweg zu mittig gelegener Haltestelleninsel ist nicht fehlerhaft, wenn das Kommen der Bahn durch ein gelb blinkendes Warnlicht angezeigt wird.[76] **29**

Der Fehler muss von ihr **verschuldet** sein; eine verschuldensunabhängige Haftung für das Versagen technischer Einrichtungen leitet der BGH jedoch jetzt – in Abkehr von seiner früheren Rspr[77] – aus enteignungsgleichem Eingriff ab (s hierzu § 18 Rn 2). Ob bzgl des Verschuldens ein Anscheinsbeweis eingreifen kann[78] muss bezweifelt werden (vgl § 38 Rn 113); erst recht abzulehnen ist eine Umkehr der Beweislast.[79] **30**

Verkehrsregelungspflicht und Verkehrssicherungspflicht (zu den Begriffen Rn 47) können sich im Einzelfall überschneiden, denn auch der Verkehrssicherungspflichtige ist unter bestimmten Voraussetzungen berechtigt und verpflichtet, Gefahrzeichen auf- **31**

---

66 BGH VersR 1985, 836; KG DAR 1955, 256.
67 BGH NZV 1991, 148; OLG Frankfurt VersR 1984, 393; OLG Stuttgart VersR 1989, 627.
68 LG Marburg DAR 1997, 279.
69 LG Bonn NZV 1993, 34.
70 LG Heidelberg VersR 1982, 1156.
71 OLG München NVwZ 1993, 505.
72 BGH NZV 2000, 412 = LM § 839 (Fm) Nr 53 m Anm *Greger*; OLG Karlsruhe VersR 1984, 1077; OLG Hamm NZV 1995, 275.
73 Vgl BGH VersR 1966, 1080; 1967, 602; 1971, 867; 1978, 963; NZV 1991, 147; OLG Celle VRS 33, 401.
74 Österr OGH ZVR 1995, 364.
75 So aber BGH NZV 1991, 147 m abl Anm *Menken*.
76 OLG Hamm NZV 2001, 379. Vgl auch OLG Köln VersR 2002, 1424.
77 BGHZ 54, 332.
78 So BGH VersR 1969, 539.
79 **AA** OLG Düsseldorf MDR 1976, 842.

zustellen (vgl § 13 Rn 35, 45 ff) oder auf die Änderung einer gefahrbringenden Regelung hinzuwirken.[80] In solchen Fällen können Ansprüche gegen beide Pflichtenträger bestehen.[81] Keiner von ihnen kann geltend machen, er habe sich auf die Pflichterfüllung durch den anderen verlassen.[82] Es besteht aber keine generelle Amtspflicht des Straßenbaulastträgers, die Bestimmung der Straßenbaubehörde, wo ein Verkehrszeichen anzubringen ist, zu überprüfen[83] oder die Aufstellung von Verkehrszeichen anzuregen.[84] Ist der Verkehrssicherungspflichtige eine Privatperson, so muss sich der Geschädigte wegen des Verweisungsprivilegs des § 839 Abs 1 S 2 BGB primär an diese halten;[85] die Rspr des BGH zur Unanwendbarkeit des Verweisungsprivilegs bei Haftung aus Verletzung der Verkehrssicherungspflicht (s Rn 71) lässt sich auf diesen Fall nicht übertragen. Obliegt jedoch auch die Verkehrssicherungspflicht einer Behörde, so kann der Geschädigte beide Pflichtenträger wahlweise in Anspruch nehmen, weil § 839 Abs 1 S 2 BGB in solchen Fällen nicht eingreift.

32 e) Die **Polizei** ist den Verkehrsteilnehmern gegenüber verpflichtet, die zur Gefahrenabwehr erforderlichen Maßnahmen zu treffen, und zwar auch dann, wenn ein anderer, etwa aufgrund einer Pflicht zur Verkehrssicherung oder zur Wegereinigung, zur Beseitigung der Gefahrenquelle verpflichtet ist.[86] Diese Verpflichtung geht aber nicht über die Verkehrssicherungspflicht des eigentlich Verantwortlichen hinaus; es besteht daher keine Rechtspflicht der Polizei, anlässlich der Aufnahme glatteisbedingter Unfälle auch die nicht streupflichtigen Glättestellen an die für die Winterwartung zuständigen Behörden zu melden.[87] Wegen der Subsidiarität dieser Haftung nach § 839 Abs 1 S 2 BGB s Rn 72.

33 Nach OLG Celle NZV 1997, 354 soll die Polizei einem Unfallgeschädigten gegenüber zur Aufnahme der Personalien eines potentiellen Unfallverursachers verpflichtet sein (zw).

34 f) Nach § 29d Abs 2 StVZO (ab 1.3.2007: § 25 Abs 4 FZV) hat die **Zulassungsstelle**, sobald sie erfährt, dass ein Kfz nicht (mehr) haftpflichtversichert ist, unverzüglich dafür zu sorgen, dass das Fahrzeug nicht mehr in den Verkehr kommt, indem sie den Fahrzeugschein einzieht und das Kennzeichen entstempelt.[88] Diese Amtspflicht obliegt der Zulassungsstelle nicht nur der Allgemeinheit, sondern auch den Verkehrsteilnehmern oder Mitfahrern gegenüber, die durch ein nicht versichertes Fahrzeug zu Schaden kommen können. Infolgedessen können diese als „Dritte" iS des § 839 BGB vom Träger der

---

80 BGH NZV 2000, 412 = LM § 839 (Fm) Nr 53 m Anm *Greger*.
81 BGH VersR 1956, 320; 1957, 375; 1957, 776; OLG Köln MDR 1967, 589; OLG München NVwZ 1993, 505.
82 BGH VersR 1960, 998.
83 So für Nordrhein-Westfalen OLG Düsseldorf VersR 1990, 423.
84 BGH NJW 1952, 1214; *Rinne* NVwZ 2003, 9.
85 RG DR 1944, 111; OLG Hamburg VersR 1954, 20; OLG München DAR 1954, 157.
86 BGH VersR 1964, 925: Ölspur; OLG Hamm NZV 1993, 192: Granulat zum Abdecken einer Ölspur; OLG Koblenz NZV 1994, 108: Absicherung einer Unfallstelle; OLG Frankfurt VersR 2004, 1561: Fahrbahnhindernis auf einer Autobahn.
87 OLG Hamm NVwZ-RR 1994, 70.
88 Einzelheiten mit Rspr-Nachw bei *Lang* VersR 1988, 326; zum Umfang der erforderlichen Aktivitäten auch OLG München DAR 1989, 423; OLG Düsseldorf VersR 1994, 859; zu den Anforderungen an die eine solche Amtspflicht auslösende Mitteilung des Haftpflichtversicherers OLGR Rostock 1996, 119.

Zulassungsstelle Ersatz verlangen,[89] und zwar auch bei Standortverlegung des Fahrzeugs von der Zulassungsstelle, die das Kennzeichen erteilt hat.[90] Diese Haftung ist nach neuerer Rspr des BGH[91] auf die Mindestversicherungssumme nach § 4 Abs 2 PflVG beschränkt. Die durch § 29d Abs 2 StVZO bzw § 25 Abs 4 FZV begründete Amtspflicht der Zulassungsstelle zum unverzüglichen Handeln soll die Verkehrsteilnehmer nicht vor Unfallschäden überhaupt, sondern nur vor denjenigen Nachteilen schützen, die ihnen dadurch entstehen können, dass sie durch ein nicht versichertes Kfz geschädigt werden und deshalb ihre Ansprüche auf Ersatz der ihnen durch ein solches Kfz zugefügten Schäden nicht in dem durch das PflVG gewährleisteten Umfang realisieren können. Der Schutzbereich dieser Amtspflicht umfasst daher nur den Schaden, den ein Verkehrsteilnehmer dadurch erleidet, dass er nicht aufgrund der gesetzlich vorgeschriebenen Pflichtversicherung von einem Versicherer Ersatz seines Unfallschadens erlangen kann. Dem Schutz des Halters des nicht versicherten Fahrzeugs dient die genannte Amtspflicht nicht.[92] Zur Passivlegitimation bei Amtspflichtverletzung der Zulassungsstelle s Rn 64 f.

g) Die Überwachungspflichten der **Technischen Überwachungsvereine** (TÜV) dienen dem Schutz der Allgemeinheit vor Gefährdung durch den Betrieb verkehrsunsicherer Kfz, also potentieller Verkehrsopfer,[93] nicht auch dem Schutz des Fahrzeugeigentümers oder -erwerbers vor Vermögensschäden.[94] **35**

h) Die aus der **Straßenbaulast** sich ergebenden Unterhaltungspflichten bestehen lediglich der Allgemeinheit gegenüber.[95] Sie überschneiden sich aber häufig mit der (fakultativ ebenfalls öffentlichrechtlichen) Verkehrssicherungspflicht (s § 13 Rn 13). **36**

i) Der **Rentenversicherungsträger** hat gegenüber dem Unfallopfer eine Amtspflicht zu sachgerechter Beratung.[96] **37**

j) **Gegenüber Trägern öffentlicher Gewalt** können ebenfalls Amtspflichten iS des § 839 BGB bestehen. „Dritter" iS des Amtshaftungsrechts ist die andere Körperschaft aber nur dann, wenn der Beamte ihr bei Erledigung seiner Dienstgeschäfte in einer Weise gegenübertritt, wie sie für das Verhältnis zwischen ihm und seinem Dienstherrn einerseits und dem Staatsbürger andererseits charakteristisch ist. Dies ist dann nicht der Fall, wenn der Dienstherr des Beamten und die andere Körperschaft bei der Erfüllung einer ihnen gemeinschaftlich übertragenen Aufgabe derart zusammenwirken, dass sie im Rahmen dieser Aufgabe als Teil eines einheitlichen Ganzen erscheinen.[97] **38**

---

89 BGH VersR 1961, 131; 1980, 457; 1981, 1154; DAR 1965, 178; OLG Düsseldorf VersR 1994, 859.
90 BGH VersR 1981, 1154, auch zur Haftung der um Amtshilfe ersuchten Zulassungsstelle am neuen Standort.
91 BGHZ 111, 272; **aA** BGH VersR 1965, 591; 1980, 457; *Wussow* WJ 1990, 142.
92 OLG Düsseldorf NJW-RR 1988, 219; OLG Köln VersR 1993, 319.
93 OLG Koblenz NJW 2003, 297.
94 BGH VersR 1973, 317; NZV 2005, 40; *Hübner* VersR 1985, 703.
95 BGH NJW 1967, 1325.
96 BGH VersR 1997, 745.
97 BGHZ 26, 232; 27, 210; 60, 371.

39 Keinen Amtshaftungsanspruch hat daher das Deutsche Rote Kreuz als anerkannte Beschäftigungsstelle nach dem ZDG gegen die Bundesrepublik Deutschland wegen der Beschädigung eines ihrer Fahrzeuge durch einen Zivildienstleistenden.[98] Dagegen ist es zu weitgehend, den Beamten des Jugendamts, der die Aufsicht über sporttreibende Minderjährige ausübt, und einen Streife fahrenden Polizeibeamten als „Teile eines einheitlichen Ganzen" anzusehen, weil beide letztlich der Verkehrssicherheit dienen.[99]

3. Verschulden

40 Die Amtspflichtverletzung muss vorsätzlich oder fahrlässig begangen sein. Fahrlässig handelt, wer bei Beobachtung der für einen Beamten erforderlichen Sorgfalt hätte erkennen können, dass er einer Amtspflicht zuwiderhandelt. Dass der Beamte den Schaden vorhersehen konnte, ist nicht erforderlich.[100] Stets richtet sich die erforderliche Sorgfalt nicht nach dem Verhalten eines besonders gewissenhaften Beamten, sondern danach, wie sich ein pflichtgetreuer Durchschnittsbeamter verhalten hätte.[101] Hat ein Verwaltungsgericht oder ein anderes Kollegialgericht (wenn auch nur in erster Instanz) die Amtshandlung für rechtmäßig erklärt, ist nach der Rspr idR ein Verschulden des handelnden Bediensteten zu verneinen.[102] Auf Entscheidungen in anderen Fällen kann sich der Beamte aber nicht berufen.[103] Zudem lässt der BGH[104] so viele Ausnahmen von der „Kollegialgerichts-Richtlinie" zu, dass ihr kaum noch Aussagekraft zukommt.[105] Umgekehrt trifft eine Behörde, die ihre vertretbare, wenn auch in einem späteren Rechtsstreit missbilligte Rechtsmeinung aufgrund sorgfältiger rechtlicher und tatsächlicher Prüfung gewonnen hat, auch dann nicht ohne weiteres der Vorwurf der Fahrlässigkeit, wenn sie sich in der Folgezeit einer gegen sie ergangenen nicht rechtskräftigen Entscheidung nicht beugt.[106]

41 Erhöhte Sorgfalt ist bei Einsatz einer besonders gefährlichen Maschine (zB Schneepflug, Streufahrzeug, Kehrmaschine, Mähmaschine) aufzuwenden.[107] Zum Verschulden eines Polizeibeamten bei der Verkehrsregelung s OLG Köln NZV 1993, 64.

42 **Unzurechnungsfähigkeit** des Beamten (zB Bewusstlosigkeit) führt auch hinsichtlich der Amtshaftung nach § 827 BGB zur Haftungsfreiheit. Die Anwendung des § 829 BGB kommt bei der Amtshaftung nicht in Betracht.

---

98 BGHZ 87, 253 = JZ 1983, 764 m abl Anm *Papier*; OLG Köln VersR 1998, 1375.
99 So aber OLG Düsseldorf VersR 1992, 825.
100 BGH NJW 1965, 963.
101 RGZ 156, 51.
102 RGZ 106, 406; BGHZ 17, 153; 27, 338; 97, 107; BVerwG NVwZ 1991, 270. Weitere Nachw bei *Hofmann* Kap 1.4 Rn 22; RGRKomm/*Kreft* § 839 Rn 296.
103 BGH NZV 2003, 125.
104 Vgl BGHZ 73, 164; BGH NJW 1985, 43 (einfache, leicht zu beantwortende Rechtsfrage); BGHZ 27, 343; BGH VersR 1980, 459 (eindeutiger Rechtsfehler des Gerichts). Weitere Nachw bei *Schmidt* NJW 1993, 1631.
105 Für ihre Aufgabe daher *Schmidt* NJW 1993, 1631.
106 BGH NJW 1994, 3158.
107 BGH VersR 1966, 589; NZV 2003, 125.

III. Haftung des Staates (Art 34 GG)

1. Grundsatz

Die Haftung des Beamten entfällt und wird durch die Haftung der Anstellungskörperschaft ersetzt, wenn zu den vorstehenden Voraussetzungen (wegen des abweichenden Beamtenbegriffs vgl Rn 14 ff) hinzukommt, dass der Schädiger in Ausübung eines öffentlichen Amtes, also hoheitlich, gehandelt hat. Inhaltlich bleibt die Haftung gleich; die auf die persönliche Haftpflicht des Amtsträgers zugeschnittenen Haftungsmilderungen kommen, ebenso wie seine Einbeziehung in den Schutz einer Kfz-Haftpflichtversicherung, auch dem Staat zugute.[108]

43

2. Ausübung eines öffentlichen Amtes

a) Begriff. Entscheidend ist, ob die Zielsetzung, die mit der schadensauslösenden Tätigkeit des Beamten verfolgt wurde, dem Bereich der hoheitlichen Verwaltung zuzurechnen ist und ob bejahendenfalls zwischen dieser Zielsetzung und der schädigenden Handlung ein so enger äußerer und innerer Zusammenhang besteht, dass die Handlung ebenfalls noch als dem Bereich hoheitlicher Betätigung angehörend angesehen werden muss.[109] In Fällen, in denen es um die Amtshaftung für eingeschaltete Hilfspersonen geht, ist darauf abzustellen, ob die Tätigkeit der Hilfsperson unmittelbar in den hoheitlichen Aufgabenbereich der haftenden Körperschaft fällt.[110] Ob dies für den Geschädigten oder sonstige Dritte erkennbar ist, ist ohne Belang.[111]

44

Hoheitliche Verwaltung liegt nicht nur beim Einsatz staatlicher Zwangsmittel vor, sondern auch bei der sog schlichten Hoheitsverwaltung, etwa der öffentlichrechtlich organisierten Daseinsvorsorge,[112] der Unterhaltung öffentlicher Verkehrswege,[113] der Betätigung einer Verkehrseinrichtung[114] oder dem öffentlich-rechtlich organisierten Rettungsdienst (vgl Rn 55). Auszuscheiden sind dagegen Tätigkeiten in Wahrnehmung bürgerlich-rechtlicher Belange der Körperschaft. Darauf, ob der Beamte verpflichtet war, die hoheitliche Tätigkeit auszuüben, kommt es nicht an.[115] Zur Ausübung öffentlicher Gewalt gehört auch die sie unmittelbar vorbereitende oder sie bestimmungsgemäß abschließende Benutzung öffentlicher Straßen;[116] es muss ein engerer Zusammenhang zwischen der Fahrt und der hoheitlichen Betätigung bestehen.[117] Hierfür ist nicht Voraussetzung, dass die hoheitliche Tätigkeit die Verwendung eines Kfz zwingend erfordert. Es genügt, wenn zwischen der Fahrt und der geplanten hoheitlichen Tätigkeit am Zielort

45

---

108 BGHZ 146, 385.
109 BGHZ 42, 176; 68, 219; 69, 130 f; 108, 232; BGH NZV 1991, 347; 1992, 148.
110 Vgl BGHZ 39, 358; 49, 108; 108, 230; BGH VersR 1961, 184; 1968, 691; 1973, 317; 1973, 962; NZV 1991, 347.
111 BGHZ 118, 310.
112 BGH NJW 1973, 1650.
113 BGHZ 21, 50; 113, 164 = NZV 1991, 185 m Anm *Kunschert*.
114 OLG Düsseldorf VersR 1997, 1234 (bewegliche Polleranlage).
115 BGH VersR 1961, 438.
116 RG JW 1937, 241; DR 1941, 269; BGH VersR 1960, 258; 1963, 971.
117 BGHZ 42, 176; BGH VersR 1979, 225.

Zweiter Teil. Haftung aus unerlaubter Handlung

ein so enger innerer Zusammenhang gegeben ist, dass diese sich bei natürlicher Betrachtungsweise in den Bereich hoheitlicher Tätigkeit einfügt und nicht nur in einer äußeren, zeitlichen und gelegenheitsmäßigen Beziehung zu der hoheitlichen Betätigung steht.[118]

46 Der BGH hat dies bejaht für die Fahrt einer Lehrerin in ein Schullandheim.[119] Nicht darunter fällt dagegen die Fahrt eines Beamten zwischen Wohnung und Dienststelle. Desgleichen ist der Zusammenhang mit der Amtsausübung dann als aufgelöst zu betrachten, wenn der Beamte die Fahrt nach einer mehrstündigen Unterbrechung und erheblichem Alkoholgenuss fortsetzt.[120] Ob auf der Fahrt Hoheitsrechte in Anspruch genommen werden, ist ohne Belang.[121]

47 **b) Verkehrssicherungspflicht und Verkehrsregelungspflicht.** Die öffentlich-rechtliche Körperschaft kann wählen, ob sie ihre Verkehrs*sicherungs*pflicht in privatrechtlicher oder in hoheitlicher Form erfüllt (vgl § 13 Rn 2). Bei Wahrnehmung der Pflicht zur Verkehrs*regelung* handelt die Körperschaft hingegen stets hoheitlich[122] (s a Rn 23). Die beiden Pflichten unterscheiden sich dadurch, dass es bei der Verkehrssicherung um die Abwehr von Gefahren geht, die der Zustand einer Sache (insb der Straße) hervorruft, während durch die Verkehrsregelung die aus dem Verkehr auf der Straße sich ergebenden Gefahren vermieden werden sollen. So ist zB beim Betrieb einer Lichtzeichenanlage der fehlerhafte Schaltplan ein Verstoß gegen die Verkehrsregelungspflicht, der Defekt infolge mangelhafter Unterhaltung ein Verstoß gegen die Verkehrssicherungspflicht.[123] Wegen Einzelheiten zur Verkehrssicherungspflicht s § 13, zur Verkehrsregelungspflicht Rn 23 ff.

48 **c) Dienstfahrten.** An der Eigenschaft einer Fahrt als Ausübung hoheitlicher Gewalt ändert die Tatsache nichts, dass der Beamte nicht einen Dienstwagen benützt, sondern ein **privateigenes Kfz**.[124]

49 Macht ein Beamter auf einer Dienstfahrt, die aus den genannten Gründen als Hoheitsfahrt anzusehen ist, während der Mittagspause einen **Umweg** von einigen Kilometern, um einzukehren, so wird hierdurch die Ausübung hoheitlicher Gewalt nicht unterbrochen.[125] Dasselbe gilt, wenn während einer Hoheitsfahrt eine Übernachtung erforderlich wird, für die Fahrt zu einem nahegelegenen Gasthof.

50 In Ausübung öffentlicher Gewalt werden nahezu alle Fahrten der **Bundeswehr**[126] und des Bundesgrenzschutzes unternommen, auch wenn sie nur Übungszwecken dienen, desgleichen die Fahrten der Stationierungsstreitkräfte[127] (s Rn 78 ff).

51 Dienstfahrten eines Soldaten mit einem Dienstkraftwagen dienen stets gleichzeitig der Erhaltung der Fahrsicherheit von Fahrer und Wagen.[128] Auch eine dienstlich angeordnete Fahrt mit

---

118 BGH NZV 1992, 148.
119 NZV 1992, 148.
120 BGH NZV 1988, 176 m Anm *Drees*.
121 **AA** OLG Stuttgart NJW 1964, 727 m Anm *Isele*.
122 BGH VersR 1981, 336.
123 BGH VersR 1971, 867; 1972, 788.
124 RG DR 1944, 1071; BGHZ 29, 38; BGH NZV 1992, 148.
125 RG VAE 1942, 151.
126 BGH VersR 1968, 664; 1972, 1017; 1973, 35; vgl auch RG VAE 1938, 399.
127 BGH VersR 1968, 398; 1968, 400.
128 BGH VersR 1969, 569.

§ 12 Haftung wegen Amtspflichtverletzung

dem Privatwagen eines Soldaten ist eine Dienstfahrt.[129] Ein Soldat der Bundeswehr, der mit einem Dienstwagen eine Schwarzfahrt unternimmt, haftet dem Verletzten aus § 18 StVG und aus § 823 BGB. Die Bundesrepublik haftet neben ihm aus § 839 BGB, Art 34 GG, wenn dem Soldaten durch eine Unaufmerksamkeit des Wachpostens die Schwarzfahrt ermöglicht wurde.[130] Der Soldat selbst haftet bei der Schwarzfahrt nicht nach § 839 BGB und die Bundesrepublik muss daher auch nicht nach Art 34 GG für ihn einstehen.[131] Hieran ändert der Umstand nichts, dass dem Soldaten die Privatfahrt verboten war. Die Amtshaftung tritt aber ein, wenn der Wachhabende einer Fahrbereitschaft, der die Verwendung der Fahrzeuge zu überwachen hat, ein Fahrzeug zu einer nicht dienstlichen Fahrt benutzt.[132]

Die Fahrt eines **Zivildienstleistenden** ist, unabhängig davon, ob er bei einer privat- oder einer öffentlich-rechtlichen Beschäftigungsstelle eingesetzt ist, Ausübung eines öffentlichen Amtes, wenn sie im Rahmen des zivilen Ersatzdienstes ausgeführt wird.[133] Zu dieser sehr weiten Auslegung des Begriffs „öffentliches Amt" hat der BGH sich wohl vor allem aus Billigkeitsgründen (Gleichbehandlung mit Soldaten) bestimmen lassen; ob sie auch dann eingreift, wenn die Beschäftigungsstelle den Zivildienstleistenden zur Wahrnehmung von Aufgaben heranzieht, die den Anforderungen des ZDG widersprechen, hat er offengelassen.[134] Zur Frage, welche Körperschaft in diesen Fällen haftet, s Rn 67. 52

Fahrten der **Polizei** finden in aller Regel in Ausübung öffentlicher Gewalt statt.[135] Dies gilt vor allem für die Ausführung von Verkehrskontrollen,[136] für Streifenfahrten[137] und für die Fahrausbildung[138] sowie die Beförderung von Polizeibeamten.[139] Auch die Mitnahme des Besuchers eines von der Polizei veranstalteten „Tages der offenen Tür" im Beiwagen eines Polizeimotorrads fällt in den hoheitlichen Tätigkeitsbereich, weil durch die Veranstaltung die Einsatzfähigkeit der Polizei demonstriert werden sollte,[140] desgleichen die Ausübung des Dienstsports, da dieser der Erhaltung der Einsatzfähigkeit dient.[141] 53

Fahrten der **Feuerwehr**, auch der freiwilligen Feuerwehr, sind ebenfalls Ausübung öffentlicher Gewalt,[142] und zwar auch dann, wenn es sich nur um Probefahrten oder um Fahrten zu Ausbildungszwecken handelt.[143] Anders verhält es sich dagegen bei einer Probefahrt anlässlich des Ankaufs eines Wagens.[144] 54

---

129 BGH VersR 1981, 753.
130 LG Karlsruhe VersR 1967, 239.
131 BGH VersR 1969, 189.
132 BGH VersR 1969, 189.
133 BGHZ 118, 304; NZV 2000, 503.
134 BGHZ 118, 304, 309.
135 RG VAE 1937, 255; OLG Dresden VAE 1936, 43.
136 BGH VRS 16, 167.
137 OLG Oldenburg VersR 1963, 1087.
138 BGHZ 49, 274; BGH NZV 1988, 176 m Anm *Drees*.
139 RGZ 125, 98; 140, 415; 155, 186; RG JW 1937, 2516; OLG Hamm VR 1929, 357.
140 BGH VersR 1981, 252.
141 OLG Celle NZV 2003, 179.
142 RGZ 129, 307; RG DR 1941, 1294; BGH NJW 1956, 1633; VersR 1957, 267; 1958, 886; VRS 23, 258; OLG Stuttgart MDR 1955, 355; OLG Celle NJW 1960, 676; OLG Düsseldorf NJW-RR 1994, 1444.
143 BGH NJW 1956, 1633.
144 BGH MDR 1962, 803.

Zweiter Teil. Haftung aus unerlaubter Handlung

55 Der **Rettungsdienst** ist in den Ländern teilweise öffentlichrechtlich,[145] teilweise privatrechtlich[146] organisiert. Im ersteren Fall ist die Wahrnehmung der rettungsdienstlichen Aufgaben sowohl im Ganzen wie im Einzelfall der hoheitlichen Betätigung zuzurechnen. Das Führen eines Rettungswagens im rettungsdienstlichen Einsatz stellt sich mithin als Ausübung eines öffentlichen Amts iSd Art 34 S 1 GG dar. Dies gilt auch dann, wenn der Kfz-Führer dem Träger des Rettungsdienstes von einer freiwilligen Hilfsorganisation zur Verfügung gestellt worden ist.[147] Bei privatrechtlicher Organisation kann es zu einer Staatshaftung dann kommen, wenn ein Zivildienstleistender als Fahrer tätig geworden ist (vgl Rn 52).

56 In **Bauangelegenheiten** ist die Dienstfahrt eines Beamten, die der Bauberatung dient, hoheitliche Aufgabe, nicht dagegen eine Dienstfahrt zur Beaufsichtigung der Bauarbeiten an einem Staatsgebäude.[148] Der Transport von Straßenbaumaterial durch die Bediensteten eines Straßenbauamts ist idR hoheitliche Tätigkeit,[149] ebenso Fahrten des Straßenbaupersonals.[150] Wegen Fahrten in Wahrnehmung der Verkehrssicherungspflicht vgl § 13 Rn 4.

57 Im **Post- und Fernmeldewesen** scheidet seit der Umwandlung der bis dahin öffentlichrechtlichen Unternehmen Postdienst, Telekom und Postbank in Aktiengesellschaften mit Wirkung vom 1.1.1995 eine Staatshaftung aus (zur Rechtslage bei Unfällen vor diesem Zeitpunkt s Voraufl).

58 Der Betrieb der **Bahn** war schon vor der Privatisierung keine Ausübung öffentlicher Gewalt.[151]

59 **Weitere Fälle hoheitlicher Fahrten:** Kurierfahrten zur Beförderung der Dienstpost;[152] Dienstfahrt von Beamten des Wasserwirtschaftsamtes zur Funktionsprüfung eines Speichersees;[153] Fahrt eines Richters zu einem Ortstermin;[154] Müllabfuhr;[155] Dienstfahrt eines Justizvollzugsbediensteten zu Schießübungsplatz;[156] Streudienst;[157] Mähfahrzeug auf Autobahn;[158] Verbringung eines polizeilich sichergestellten Kfz zur Untersuchungsstelle durch TÜV-Angestellten.[159]

---

145 ZB Nordrhein-Westfalen (BGH NZV 1991, 347) und Bayern (BGH NJW 2003, 1184; 2005, 429).
146 ZB Baden-Württemberg (BGHZ 118, 306).
147 BGH NZV 1991, 347; OLG München VersR 2003, 68. Entgegen *Bloch* NJW 1993, 1513 kommt es daher nicht darauf an, ob auch die Hilfsorganisation Träger von Hoheitsrechten ist.
148 OLG München HRR 1942, Nr 648.
149 BGH VersR 1962, 378.
150 BGHZ 21, 48.
151 RGZ 161, 341; 162, 364; RG DR 1944, 491.
152 BGH VersR 1956, 50.
153 LG Weiden VersR 1970, 190.
154 AA BGH VersR 1965, 1101.
155 BGH VersR 1983, 461; OLG Frankfurt VersR 1986, 1028; OLG Hamm NZV 1996, 453.
156 LG Duisburg VersR 1983, 93 m Anm *Schultz*.
157 KG DAR 1988, 93.
158 BGHZ 113, 164.
159 OLG München VersR 1995, 1054.

Weitere Fälle nicht hoheitlicher Fahrten: Fahrten für privatrechtlich betriebene kommunale Einrichtungen wie Versorgungsbetriebe oder Verkehrsbetriebe;[160] Schulbusbetrieb im Auftrag der Gemeinde.[161]

d) Sonstige Fälle (soweit für die Haftung im Straßenverkehr von Bedeutung). Als **hoheitliche** Tätigkeit ist anzusehen: das Veranlassen des Abschleppens eines Fahrzeugs seitens der Polizei;[162] das Bergen und Abschleppen eines Unfallfahrzeugs durch einen von der Polizei beauftragten Unternehmer;[163] die Tätigkeit des Angestellten der Autobahnmeisterei bei Entgegennahme der Anrufe von Notrufsäulen und Veranlassung von Hilfe;[164] die Prüftätigkeit der TÜV-Sachverständigen.[165] Das Schließen der Bahnschranken ist dagegen **privatrechtlich** zu qualifizieren.[166] Auch die kommunale Straßenreinigung ist keine Ausübung eines öffentlichen Amtes.[167]

3. Verbürgung der Gegenseitigkeit bei Ausländern

Gegenüber Ausländern wurde die Haftung des Staates durch reichs- und landesrechtliche Vorschriften, die ihre Wirksamkeit durch Art 34 GG nicht verloren haben,[168] teilweise von der Verbürgung der Gegenseitigkeit abhängig gemacht.[169] Die landesrechtlichen Regelungen wurden größtenteils abgeschafft,[170] die Überleitung der Haftung gem Art 34 GG auf den Bund ist für Schadensfälle nach dem 1.7.1992 nur noch insoweit ausgeschlossen, als dies durch Rechtsverordnung angeordnet ist.[171] Ist die Haftung des Staates nach diesen Vorschriften ausgeschlossen, so haftet der Beamte persönlich nach § 839 BGB. Ohne Belang ist die fehlende Verbürgung der Gegenseitigkeit, wenn die Forderung auf einen inländischen Sozialversicherungsträger übergegangen ist.[172]

4. Haftende Körperschaft

a) Maßgeblichkeit der Anstellung. Nach Art 34 GG haftet in den Fällen der übergeleiteten Haftung die Körperschaft, in deren Dienst der Beamte steht, die ihm das Amt, bei dessen Wahrnehmung es zu der Amtspflichtverletzung gekommen ist, übertragen hat.[173]

---

160 RGZ 63, 374.
161 BGH VersR 1973, 394; OLG Hamm MDR 1983, 130.
162 BGH NJW 1977, 628; **aA** OLG Nürnberg JZ 1967, 61 m Anm *Medicus*.
163 BGH NZV 1993, 223.
164 OLG Celle DAR 1964, 215.
165 BGHZ 49, 108; BGH VersR 1973, 317; 2003, 1537.
166 BGH VersR 1954, 36.
167 KG OLGZ 1980, 459.
168 BGHZ 13, 241; 76, 375; BGH VersR 1961, 857. Zur Verfassungsmäßigkeit BVerfG NVwZ 1983, 89; 1991, 661; BGH NJW 1981, 518; VersR 1984, 1069; NZV 1989, 17. Krit *Gramlich* NVwZ 1986, 448.
169 ZB für den Bund § 7 RBHG in der bis 30.6.1992 geltenden Fassung, für Schleswig-Holstein § 7 PrStHG v 1.8.1909 (GS Schl-H II 2030-1), für Bremen § 5 StHG v 19.3.1921 (GBl S 101).
170 Näher MünchKomm/*Papier* § 839 Rn 345. Zur Rechtslage in den neuen Bundesländern Rn 3 ff.
171 § 7 Abs 1 RBHG idF des Ges v 28.7.1993 (BGBl I 1394, 1398). Bisher ist keine VO ergangen.
172 BGH VersR 1987, 386; OLG Frankfurt VersR 1985, 1191; gegen diese Differenzierung *Breuer* NJW 1988, 1567.
173 BGHZ 53, 219; BGH VersR 1990, 521.

Dies ist idR die Körperschaft, die ihn angestellt hat und folglich auch besoldet. Dass der Beamte im konkreten Einzelfall Aufgaben einer anderen Körperschaft wahrgenommen hat, ändert hieran nichts.[174] Nur bei förmlicher Abordnung geht die Haftung auf die andere Körperschaft über.[175]

64 **b) Bedeutung der Aufgabenübertragung.** Versagt die Anknüpfung an die Anstellung, weil der Amtsträger keinen oder mehrere Dienstherren hat, so ist darauf abzustellen, wer ihm die Aufgabe, bei deren Erfüllung es zu der Pflichtverletzung gekommen ist, übertragen hat.[176] Bei Beamten mit Doppelstellung haftet die Körperschaft, deren Aufgaben im Einzelfall wahrgenommen worden sind.[177]

65 Keine **Doppelstellung** in diesem Sinn haben die Bediensteten der Kreisverwaltung, die staatliche Aufgaben (zB der Straßenverkehrszulassungsbehörde) wahrnehmen; für sie haftet der Landkreis als Anstellungskörperschaft,[178] sofern nicht das Landeskommunalrecht ausdrücklich die Haftung des Staates begründet (wie in Baden-Württemberg, Bayern, Schleswig-Holstein)[179] oder eine Haftung des Staates daraus folgt, dass den in seinem Dienste stehenden Leiter der Verkehrsabteilung ein Organisationsverschulden trifft.[180]

66 Für Angestellte gilt das Vorstehende entsprechend.[181] Für TÜV-Sachverständige haftet das Land,[182] für Schädigungen durch Angehörige der Nationalen Volksarmee der früheren DDR aufgrund der Vermögensübernahme nach Art 21 Abs 1 Einigungsvertrag die Bundesrepublik Deutschland.[183]

67 Für **Zivildienstleistende** (vgl dazu Rn 52) lässt der BGH die Haftung der Bundesrepublik Deutschland unabhängig davon eingreifen, ob sie bei einer privat- oder einer öffentlich-rechtlichen Beschäftigungsstelle eingesetzt sind, denn der Zivildienst sei staatliche Verwaltungsaufgabe, sodass die Beschäftigungsstelle in die Zivildienstverwaltung des Bundes eingegliedert sei.[184] Daneben komme allerdings eine Haftung des Trägers der Beschäftigungsstelle aus einem Vertrag mit dem Geschädigten[185] oder als Halter des benutzten Kfz (§ 7 StVG) sowie dessen Haftpflichtversicherers nach dem PflVG in Betracht;[186] Letzteren treffe im Innenverhältnis nach § 3 Nr 9 PflVG sogar die alleinige Haftung, da die Bundesrepublik in erweiternder Auslegung des § 10 Abs 2 lit c AKB als mitversicherte Person anzusehen sei.[187]

68 **c) Haftung mehrerer Körperschaften.** Sind für einen Schaden mehrere Fahrer verantwortlich, die von verschiedenen öffentlichrechtlichen Körperschaften beschäftigt sind, so haften letztere als Gesamtschuldner.[188] Dasselbe gilt, wenn neben der verkehrs-

---

174 BGHZ 2, 350; 91, 243; BGH VersR 1981, 353.
175 RGZ 168, 361; BGHZ 34, 20.
176 BGH NZV 2000, 503.
177 BGH LM Nr 24 zu Art 34 GG; BayObLGZ 1955, 10.
178 BGHZ 87, 202 für Rheinland-Pfalz; BGHZ 99, 326 für Hessen.
179 Vgl *Lang* VersR 1988, 325.
180 BGHZ 111, 275.
181 BGHZ 6, 215.
182 BGHZ 49, 115.
183 OLG Brandenburg NZV 1998, 70; OLG Naumburg NZV 1996, 363, 364.
184 BGHZ 118, 311; NJW 1997, 2109; NZV 2000, 503.
185 BGHZ 152, 380. Zum Verweisungsprivileg in solchen Fällen s Rn 73, zum Innenausgleich Rn 68.
186 BGHZ 146, 385.
187 BGHZ 146, 385, 390; **aA** *E Lorenz* VersR 2000, 1410.
188 RGZ 141, 286; RG JW 1936, 249 LS.

regelungspflichtigen auch die verkehrssicherungspflichtige Körperschaft haftet (Rn 31)[189] oder für Versäumnisse der Zulassungsstelle (Rn 34) neben Bediensteten des Landkreises auch solche des Landes verantwortlich sind.[190] Der Ausgleich zwischen ihnen erfolgt nach §§ 840, 426 BGB.[191] Für das Zusammentreffen der Staatshaftung für einen Zivildienstleistenden (Rn 67) mit einer vertraglichen Haftung der privatrechtlichen Beschäftigungsstelle gilt dies entsprechend.[192]

IV. Subsidiarität

1. Grundsätze

Nach § 839 Abs 1 S 2 BGB haftet der Beamte bzw der Staat dann nicht, wenn der Schaden fahrlässig herbeigeführt wurde und der Verletzte auf andere Weise Ersatz erlangen kann. Dieses „Verweisungsprivileg" gilt nur für die Amtshaftung, nicht für etwaige konkurrierende Ansprüche.[193] Sein Anwendungsbereich ist durch die Rspr zudem erheblich eingeschränkt worden, insbesondere im Bereich der Haftung im Straßenverkehr (vgl Rn 70 ff). Haftet der Beamte wegen Mitverschuldens des Verletzten nur für eine Quote des Schadens, so muss sich der Verletzte eine anderweitige Ersatzmöglichkeit auf die Quote anrechnen lassen.[194]

69

2. Unanwendbarkeit des Verweisungsprivilegs

Hat der Amtsträger bei der dienstlichen **Teilnahme am allgemeinen Straßenverkehr** einen Unfall verschuldet, so hat nach der Rspr des BGH die Subsidiarität der Amtshaftung gegenüber dem Grundsatz der haftungsrechtlichen Gleichbehandlung aller Verkehrsteilnehmer zurückzutreten.[195] Dies gilt auch hinsichtlich der Verletzung eines Wageninsassen,[196] nicht jedoch (da insoweit keine Gleichheit besteht), wenn der Amtsträger Sonderrechte nach § 35 Abs 1 oder 5a StVO in Anspruch genommen hatte.[197] Von diesem Ausnahmefall abgesehen kann der Geschädigte den Staat also auch dann in Anspruch nehmen, wenn er daneben Ersatzansprüche, zB gegen einen Zweitschädiger oder eine Versicherung, hat. Dieser im Gegensatz zur früheren Rspr[198] stehende Grundsatz gilt auch für Unfälle, die sich vor Verkündung der Entscheidung BGHZ 68, 217 ereignet haben.[199] Mag diese Rspr auch i Erg befriedigen, so muss sie als sehr weitgehende Rechtsfortbildung contra legem doch Bedenken begegnen. Wenn man sie aber bejaht, muss man sie konsequenterweise auch auf den Fall der **persönlichen Haftung**

70

---

189 OLG München NVwZ 1993, 505.
190 Offengelassen in BGHZ 111, 276.
191 BGHZ 9, 65.
192 BGHZ 152, 380 mit Ausführungen zur Haftungsverteilung im Innenverhältnis.
193 BGHZ 6, 23.
194 BGH VersR 1968, 71; OLG Köln NJW 1966, 887; BayObLG NVwZ-RR 1991, 230.
195 BGHZ 68, 217; BGH VersR 1979, 225; 1979, 547.
196 OLG Köln NZV 1999, 83.
197 BGHZ 85, 225; 113, 164 = NZV 1991, 185 m Anm *Kunschert*.
198 Vgl BGHZ 61, 101.
199 BGH VersR 1979, 348.

des Beamten nach § 839 Abs 1 S 1 BGB erstrecken, dh auch bei einer nicht dem hoheitlichen Bereich zuzuordnenden Dienstfahrt kann der Geschädigte nicht auf anderweitige Ersatzmöglichkeiten verwiesen werden.[200]

71 Unanwendbar ist die Subsidiaritätsklausel nach der Rspr des BGH auch bei **Verletzung der Straßenverkehrssicherungspflicht**.[201] Zur Begründung dient auch hier der Grundsatz der haftungsrechtlichen Gleichbehandlung. Die Pflicht, für die Sicherheit der Straßen zu sorgen, entspreche auch bei öffentlichrechtlicher Ausgestaltung als Amtspflicht der allgemeinen Verkehrssicherungspflicht; zudem stehe sie in engem Zusammenhang mit den Pflichten, die einem Amtsträger als Teilnehmer am allgemeinen Straßenverkehr obliegen. Konsequenterweise muss dies auch insoweit gelten, als es um die Verpflichtung geht, die Einhaltung der auf die Anlieger übertragenen Pflichten zu überwachen und erforderlichenfalls zu erzwingen (§ 13 Rn 79).[202] Auf die Verletzung der Verkehrsregelungspflicht (Rn 23 ff) oder der polizeilichen Pflicht zur Gefahrenabwehr lässt sich diese Rspr dagegen nicht übertragen (Rn 72).

72 **Anwendbar** ist das Verweisungsprivileg dagegen im Rahmen der Haftung der Zulassungsstelle (Rn 34);[203] desgleichen bei der Haftung wegen Verletzung der Verkehrsregelungspflicht,[204] im Rahmen der Gefahrenabwehr durch die Polizei[205] oder bei Fehlentscheidungen anlässlich der behördlich angeordneten Polizeibegleitung eines Schwertransports.[206] Es fehlt in diesen Fällen an der inhaltlichen Übereinstimmung der Rechte und Pflichten des Amtsträgers mit denen aller übrigen Verkehrsteilnehmer bzw Verkehrssicherungspflichtigen.

3. Begriff des anderweitigen Ersatzes

73 Grundsätzlich schließt jeder auf Ersatz desselben Schadens gerichtete Anspruch gegen einen Dritten (nicht gegen dieselbe oder eine andere in die Erfüllung der öffentlichen Aufgabe eingebundene Körperschaft[207] oder sonstige Stelle[208]) die Amtshaftung aus.[209] Abweichendes kann sich allerdings aus dem Zweck des anderweitigen Ersatzanspruchs ergeben. Insbesondere dann, wenn der Verletzte die andere Ersatzmöglichkeit unter Aufwendung eigener Mittel oder durch von ihm verdiente Leistungen Dritter erlangt hat, hält der BGH nunmehr – im Gegensatz zur früheren Rspr[210] – das Verweisungsprivileg des Staates nicht mehr für anwendbar.

---

200 Ebenso *Geigel/Kunschert* Kap 20 Rn 117; *Kunschert* NZV 1991, 187; VersR 1990, 285; aA *Haarmann* VersR 1991, 162.
201 BGHZ 75, 134; 123, 102; BGH VersR 1980, 282; 1980, 946; 1981, 347; 1991, 73.
202 BGHZ 118, 368.
203 BGH VersR 1981, 1154.
204 OLG Hamm NZV 1995, 275.
205 BGHZ 91, 48; OLG Koblenz NZV 1994, 108; OLG Hamm NZV 1993, 192, wo die Unanwendbarkeit allerdings daraus abgeleitet wurde, dass die Polizei anstelle des eigentlich Verkehrssicherungspflichtigen hätte tätig werden müssen; fragwürdig.
206 OLG Düsseldorf NZV 1989, 236.
207 BGHZ 13, 88; 50, 271.
208 BGHZ 152, 380, 386 f: Beschäftigungsstelle nach dem ZDG.
209 BGHZ 28, 301; 61, 357; 68, 223.
210 RGZ 138, 209; 145, 56; 152, 20; 158, 176; 161, 199; 171, 173; RG JW 1935, 1084; BGHZ 62, 397; BGH VersR 1973, 1066.

So hat er zB nicht mehr als anderweitigen Ersatz iS des § 839 Abs 1 S 2 BGB angesehen die **74** Leistungen der gesetzlichen Unfall- oder Rentenversicherung,[211] der gesetzlichen Krankenversicherung,[212] der privaten Krankenversicherung[213] und der Kaskoversicherung.[214] Auch gegenüber Ansprüchen aus einer Lebensversicherung,[215] dem Lohnfortzahlungsanspruch[216] und dem Anspruch auf Grundrente nach dem BVG[217] wurde die Subsidiarität der Amtshaftung verneint. Ob diese Einschränkungen des Verweisungsprivilegs auch bei der persönlichen Haftung des Beamten nach § 839 BGB (vgl Rn 1) gelten, hat BGHZ 79, 26 offengelassen.[218] Leistungen des Haftpflichtversicherers des Schädigers sind aber, da nicht vom Verletzten erkauft, anderweitiger Ersatz.[219]

4. Unmöglichkeit anderweitigen Ersatzes

Ob sie auf dem Fehlen eines anderen Schuldners oder darauf beruht, dass er aus tatsäch- **75** lichen Gründen nicht oder nicht in voller Höhe in Anspruch genommen werden kann, ist unerheblich.[220] Nicht auf Unmöglichkeit berufen kann sich der Verletzte, wenn er eine früher vorhandene Ersatzmöglichkeit schuldhaft versäumt[221] oder freiwillig, etwa im Vergleichswege aufgegeben hat.[222] Beruht die Versäumung jedoch auf fehlender Kenntnis von der Schadensentstehung, so soll nach RGZ 145, 258 die Amtshaftung auch dann nicht ausgeschlossen sein, wenn die Unkenntnis verschuldet war.

Der Verletzte braucht sich nicht auf Ersatzansprüche verweisen zu lassen, die er nicht **76** oder jedenfalls nicht in absehbarer und angemessener Zeit durchsetzen kann. Auch weitläufige, unsichere oder i Erg zweifelhafte Wege des Vorgehens gegen Dritte braucht er nicht einzuschlagen. Die Ausnutzung anderweitiger Ersatzmöglichkeiten muss mithin dem Geschädigten **zumutbar** sein.[223] Daran kann es fehlen, wenn der Geschädigte einen vollstreckbaren Titel auf anderweitigen Schadensausgleich gegen einen Dritten erwirkt hat, der Anspruch aber wegen Vermögensverfalls des Dritten wirtschaftlich nicht mehr durchsetzbar ist und sich (erst) im Amtshaftungsprozess ergibt, dass eine andere Ersatzmöglichkeit auch noch gegen einen weiteren Dritten in Betracht kommt.[224] Besteht ein anderweitiger Ersatzanspruch gegen einen Schädiger im Ausland, so kann Unmöglichkeit bejaht werden, wenn die Verfolgung des Anspruchs einschließlich eventueller Zwangsvollstreckung mit unzumutbaren Erschwernissen und Verzögerungen verbunden wäre.[225] Unzumutbar kann die Inanspruchnahme des Dritten auch sein,

---

211 BGHZ 70, 7; BGH VersR 1983, 638.
212 BGHZ 79, 26.
213 BGHZ 79, 35.
214 BGHZ 85, 230; BGH VersR 2000, 356; OLG Hamm VersR 1982, 795.
215 RGZ 155, 191; BGH VersR 1958, 886.
216 BGHZ 62, 380.
217 BGHZ 62, 394.
218 S a *Krohn* VersR 1991, 1088.
219 BGHZ 91, 48, 54. Zum Zusammentreffen mit seinerseits subsidiärem Direktanspruch nach § 3 PflVG s *Backhaus* VersR 1984, 16.
220 BGH MDR 1959, 107; OLG Stuttgart NJW 1964, 727.
221 BGH VersR 1960, 325; 1960, 663; OLG Düsseldorf DNotZ 1966, 630.
222 BGHZ 118, 368, 370.
223 BGH VersR 1993, 575.
224 BGH VersR 1993, 575.
225 BGH NJW 1976, 2074.

wenn es sich um einen nahen Angehörigen handelt, so zB bei Schädigung durch einen Beamten und den Ehegatten des Verletzten.[226]

5. Beweis- und prozessrechtliche Fragen

77 Der Kläger muss darlegen und ggf beweisen, dass aus dem vorgetragenen Sachverhalt sich ergebende anderweitige Ersatzmöglichkeiten nicht realisierbar sind;[227] dem Beklagten steht es frei, weitere Ersatzansprüche aufzuzeigen.[228] Der Verletzte ist nicht verpflichtet, zunächst gegen den Dritten gerichtlich vorzugehen; er kann die Unmöglichkeit der Ersatzerlangung im Prozess gegen den Beamten bzw Staat nachweisen.[229] Gelingt dieser Nachweis nicht, so wird die Amtshaftungsklage als zur Zeit unbegründet abgewiesen,[230] sie kann also wiederholt werden, wenn sich später herausstellt, dass ein anderweitiger Ersatzanspruch nicht besteht oder nicht durchsetzbar ist.[231] Der Verletzte kann gegen die Körperschaft und den Dritten auch gleichzeitig Klage erheben; über den Amtshaftungsanspruch kann dann erst entschieden werden, wenn die Frage der Haftung des Dritten geklärt ist.[232] Wird die Klage gegen den Dritten abgewiesen, so verliert der Verletzte seinen Anspruch nicht, wenn er keine Berufung einlegt und auf die Berufung der Körperschaft das OLG zu der Ansicht gelangt, es hafte der Dritte;[233] denn der Anspruch gegen den Dritten besteht nicht, weil er rechtskräftig abgewiesen ist.

V. Haftung für Angehörige ausländischer Streitkräfte

1. Überblick

78 Ist ein Unfall durch ein Mitglied in Deutschland stationierter ausländischer Streitkräfte (einschließlich des zivilen Gefolges[234]) verursacht worden, so gelten nach dem kollisionsrechtlichen Tatortprinzip (§ 2 Rn 23 ff) grundsätzlich die Regeln des StVG und des BGB, wenn sich der Unfall im Gebiet der Bundesrepublik Deutschland ereignet hat.[235] Für die Geltendmachung der Ansprüche gelten aber Besonderheiten. Hierbei ist zu unterscheiden, ob es sich um Truppen aus **Signatarstaaten des NATO-Truppenstatuts** (NTS; hierzu Rn 83 ff) oder aus der **ehemaligen Sowjetunion** (Rn 105 ff) handelt. Für Militärpersonal aus **Drittländern** bestand lange Zeit weder eine Haftung des Entsendestaats noch der Bundesrepublik Deutschland.[236] Am 20.7.1995 ist jedoch das Streit-

---

226 BGHZ 61, 101.
227 BGH VersR 1964, 639.
228 BGH Betrieb 1969, 788.
229 BGH VersR 1960, 663.
230 BGHZ 37, 377.
231 BGH VersR 1973, 443.
232 BGH VersR 1958, 451; BayObLGZ 1964, 427; KG NJW 1968, 1971.
233 KG NJW 1968, 1971.
234 Zum Begriff Art I Abs 1 lit b NTS.
235 Zur kollisionsrechtlichen Behandlung von Schadensersatzansprüchen zwischen Truppenangehörigen s OLG Hamburg VersR 2001, 996; *Karczewski* VersR 2001, 1204.
236 *Heitmann* VersR 1992, 163.

kräfteaufenthaltsgesetz[237] in Kraft getreten, welches die Bundesregierung ermächtigt, entsprechende zwischenstaatliche Vereinbarungen im Verordnungswege in Kraft zu setzen.[238]

2. Behandlung außerhalb des Dienstes verursachter Unfälle

Die besonderen Vorschriften über die Geltendmachung von Stationierungsschäden beziehen sich auf dienstlich verursachte Unfälle. Bei nicht in Ausübung des Dienstes verursachten Unfällen kann gegen den Schädiger oder gegen den Halter des schädigenden Kfz unmittelbar vor deutschen Gerichten vorgegangen und auch vollstreckt werden (Art VIII Abs 6 lit d und Abs 9 NTS); eine Klage gegen die Bundesrepublik wäre unbegründet. Für das Verfahren gelten einige Besonderheiten: vgl zur Befreiung von der Sicherheitsleistung für Prozesskosten Art 31 ZA, zu Zustellungen Art 32 und 36 ZA, zu Ladungen Art 37 ZA, zur Säumnis Art 33 ZA und zur Zwangsvollstreckung Art 34 f ZA sowie Art 5 NTS-AG. Zur Frage der Haftpflichtversicherung s § 15 Rn 65.

79

Ein Vorgehen gegen das Truppenmitglied scheidet aber aus, wenn dem Geschädigten eine **freiwillige Zahlung des Entsendestaates** (ex gratia payment) angeboten und diese von ihm als volle Befriedigung angenommen wurde (Art VIII Abs 6 lit b bis d NTS; für Ansprüche gegen sowjetische Truppen vgl Art 24 Abs 6 des in Rn 105 genannten Vertrages). Ein solcher Anspruch geht in keinem Fall auf den Träger der Sozialversicherung über. Dieser kann aber nach Bereicherungsgrundsätzen vom Verletzten den Betrag herausverlangen, der – wenn man die Leistungen der Sozialversicherung hinzurechnet – den Gesamtschaden übersteigt.[239]

80

Art VIII Abs 7 NTS stellt klar, dass Schädigungen, die sich aus der **unbefugten Benutzung** von Armeefahrzeugen ergeben, als außerdienstliche Handlungen gelten. Dies gilt nach der genannten Vorschrift aber dann nicht, wenn die Truppe oder das zivile Gefolge selbst haftbar ist, zB wegen schuldhaften Ermöglichens der Schwarzfahrt oder aufgrund der Halterhaftung nach § 7 Abs 3 StVG.

81

Über die Frage, ob die schädigende Handlung in Ausübung des Dienstes geschah oder ob die Fahrzeugbenutzung unbefugt war, erteilt die Truppe nach Art 41 Abs 11 ZA eine **Bescheinigung** (vgl Rn 91 f).

82

3. NATO-Truppen

a) Rechtsgrundlagen. Die nach dem 30.6.1963[240] verursachten Schäden beurteilen sich nach dem NATO-Truppenstatut vom 19.6.1951 (NTS), nach dem Zusatzabkommen zu dem Abkommen zwischen den Parteien des Nordatlantikvertrages über die Rechts-

83

---

237 BGBl 1995 II 554.
238 Verordnung zum deutsch-polnischen Streitkräfteaufenthaltsabkommen v 14.2.2001 (Abkommen v 23.8.2000; beides abgedr in BGBl 2001 II 178); in Kraft getreten am 17.1.2002 (BGBl II 1660); Verordnung zum deutsch-tschechischen Streitkräfteaufenthaltsabkommen v 17.12.2003 (Abkommen v 31.7.2003; beides abgedr in BGBl II 1975 ff); in Kraft getreten am 4.6.2004 (BGBl II 995).
239 BGH VersR 1968, 170.
240 Zur davor bestehenden Rechtslage s 3. Aufl § 16 Rn 503.

Zweiter Teil. Haftung aus unerlaubter Handlung

stellung ihrer Truppen hinsichtlich der in der Bundesrepublik Deutschland stationierten ausländischen Truppen vom 3.8.1959 (ZA), nach dem Unterzeichnungsprotokoll zum Zusatzabkommen vom 3.8.1959 (UP) und nach dem Gesetz zum NATO-Truppenstatut und den Zusatzvereinbarungen vom 18.8.1961 (NTS-AG).[241] Nur auf diese Schäden beziehen sich die nachfolgenden Ausführungen.

b) Geltungsbereich des NTS

84 **aa) Entsendestaaten.** Das NTS gilt im Verhältnis zu Belgien, Kanada, Dänemark, Frankreich, Italien, Luxemburg, den Niederlanden, Norwegen, Portugal, Großbritannien und Nordirland, den USA, der Türkei, Griechenland, Spanien, Ungarn, Litauen, Lettland, Slowakei und Slowenien.[242] Das ZA und das UP gelten im Verhältnis zu Belgien, Kanada, Frankreich, den Niederlanden, Großbritannien und Nordirland und den USA.

85 **bb) Schadensgebiet.** Das NTS erfasste ursprünglich Schadensfälle in den alten Bundesländern ohne Berlin. Nach Herstellung der deutschen Einheit und Souveränität wurde seine Geltung aufgrund von Notenwechseln im Verhältnis zu einzelnen Entsendestaaten auf Berlin und die neuen Bundesländer erstreckt.[243] Entscheidend für die Zuordnung ist der Deliktsort, nicht der Ort des Schadenseintritts.[244]

86 **c) Grundzüge der Regelung.** Die Streitkräfte der Entsendestaaten unterstehen ebensowenig wie diese selbst der deutschen Gerichtsbarkeit. Nach Art VIII Abs 5 NTS und den hierzu ergangenen weiteren Vorschriften können aber Schadensersatzansprüche gegen sie geltend gemacht werden; Rechtsstreitigkeiten führt die Bundesrepublik Deutschland für den betreffenden Entsendestaat. Dagegen unterstehen die Mitglieder der Truppe (Art I Abs 1 lit a NTS) und die Mitglieder des zivilen Gefolges (aaO lit b) persönlich zwar der deutschen Gerichtsbarkeit. Gegen sie darf aber aus einem Urteil, das in der Bundesrepublik in einer aus der Ausübung des Dienstes herrührenden Angelegenheit ergangen ist, nicht vollstreckt werden (Art VIII Abs 5 lit g NTS). Infolge dieser Vorschrift führt das an sich zulässige[245] Vorgehen gegen solche Personen vor den deutschen Gerichten nicht zu dem gewünschten Erfolg.

87 **d) Geltendmachung von Ersatzansprüchen gegen die Bundesrepublik Deutschland.** Der Ersatz von Drittschäden, also Schäden, die einem anderen als dem Entsendestaat oder der Bundesrepublik Deutschland entstanden sind, kann gegen die Bundesrepublik Deutschland geltend gemacht werden, wenn der Schaden durch Handlungen oder Unterlassungen von Mitgliedern einer Truppe oder eines zivilen Gefolges in Ausübung des Dienstes oder durch eine andere Handlung, Unterlassung oder Begebenheit

---

241 Zu Einzelheiten des Verwaltungsverfahrens vgl Bek des Bundesministers der Finanzen v 31.10.2001, BAnz Nr 60a v 27.3.2002.
242 Für die BRD im Verhältnis zu den ursprünglichen Signatarstaaten in Kraft getreten am 1.7.1963 gem Bek v 16.6.1963 (BGBl II 745), für Spanien am 9.9.1987 gem Bek v 8.1.1988 (BGBl II 105), für Ungarn am 20.2.2000 gem Bek v 22.1.2001 (BGBl II 194), für Lettland am 1.9.2004, Litauen am 20.8.2004, Slowakei am 13.10.2004 und Slowenien am 28.10.2004 gem Bek v 17.11.2004 (BGBl II 1683).
243 Vgl BGBl 1990 II 1250 ff, 1274; 1994 II 26; 1994 II 3714; 1997 II 222, 226; 1999 II 506; 2000 II 782. Einzelheiten bei *Geigel/Kolb* Kap 34 Rn 5 f; *Heitmann* VersR 1992, 160 f.
244 BGHZ 87, 321, 326.
245 BGH NJW 1964, 104.

in der Bundesrepublik Deutschland verursacht ist, für welche die Truppe oder das zivile Gefolge eines Entsendestaates rechtlich verantwortlich ist (Art VIII Abs 5 NTS, Art 41 ZA, Art 6 ff NTS-AG). Die Geltendmachung unterliegt aber besonderen Regeln (Rn 95 ff).

aa) Erfasste Ansprüche. In dem vorgenannten Verfahren können nur Ansprüche aus Gefährdungshaftung und unerlaubter Handlung geltend gemacht werden, ferner zB auch Ansprüche der Polizei wegen Ersatzvornahme bei einem Unfall eines Lkw, bei dem Öl auslief.[246] Des Weiteren fallen unter die Vorschriften des NTS Ausgleichsansprüche zwischen Gesamtschuldnern (§ 426 BGB) wegen Inanspruchnahmen vorstehender Art[247] sowie der Bereicherungsanspruch des Haftpflichtversicherers eines neben dem Truppenangehörigen an dem Unfall Beteiligten, der lediglich aufgrund eines Teilungsabkommens (vgl § 15 Rn 62) in Anspruch genommen wurde,[248] nicht aber vertragliche Ansprüche, also auch nicht Ansprüche aus Beförderungsvertrag oder Dienstvertrag (UP Abs 1 zu Art 41 ZA[249]). Solche Ansprüche sind vielmehr im Zivilprozess ohne weiteres gegen das Mitglied der Truppe oder des zivilen Gefolges zu verfolgen, mit dem der Vertrag geschlossen wurde; zu beachten sind freilich die Vorschriften der Art 31 bis 39 ZA über Ladung, Zustellung und Zwangsvollstreckung. Ausgeschlossen sind von der Prozessstandschaft der Bundesrepublik ferner Ansprüche aus Schwarzfahrten, wenn die Benutzung eines Fahrzeugs der Streitkräfte des Entsendestaates unbefugt war und die Truppe oder das zivile Gefolge für sie rechtlich nicht verantwortlich ist (Art VIII Abs 7 NTS).

88

Hat ein bei den Stationierungsstreitkräften beschäftigter **deutscher Arbeitnehmer** einen Drittschaden (den Schaden eines anderen als der Bundesrepublik oder des Entsendestaats) verursacht, so ist der Schaden nicht nach Art VIII Abs 5 Alt 1 NTS gegen die Bundesrepublik geltend zu machen, da er nicht zum zivilen Gefolge der Truppe (Art I Abs 1 lit b NTS) gehört. Der Arbeitnehmer haftet dem Verletzten persönlich. Aus dem Urteil kann ohne weiteres gegen ihn vollstreckt werden. Auch zivile Arbeitnehmer, die staatenlos sind oder einem Staate angehören, der nicht Vertragsstaat der NATO ist, gehören nicht zum zivilen Gefolge und haften daher nur persönlich. Eine Haftung der Bundesrepublik für den Entsendestaat kann aber in solchen Fällen eintreten, wenn der Entsendestaat für dienstliche Handlungen oder Unterlassungen des Arbeitnehmers „rechtlich verantwortlich" ist (Art VIII Abs 5 Alt 2 NTS). Diese Verantwortlichkeit ist gegeben, wenn entweder die Voraussetzungen der §§ 89, 31 iVm §§ 823 ff BGB vorliegen oder diejenigen des § 831 BGB. Unberührt bleibt der evtl Freistellungsanspruch des Arbeitnehmers nach arbeitsrechtlichen Grundsätzen (§ 19 Rn 64 ff).

89

Ansprüche von Mitgliedern der Truppe oder ihres zivilen Gefolges **gegen ihren eigenen Staat** können nicht gegenüber der Bundesrepublik geltend gemacht werden, wenn die Ansprüche auf einem Schaden beruhen, den Mitglieder ihrer eigenen Truppe oder ihres zivilen Gefolges verursacht haben.[250]

90

---

246 BGHZ 54, 21.
247 BGH VersR 1979, 838; 1981, 134.
248 BGH VersR 1981, 76.
249 *Rieger* BB 1963, 753.
250 OLG Zweibrücken NJW 1985, 1298.

Zweiter Teil. Haftung aus unerlaubter Handlung

91 **bb) Nachweis der Dienstbezogenheit.** Der Nachweis, dass die Handlung oder Unterlassung, die den Schaden verursacht hat, in Ausübung des Dienstes begangen worden ist (Art VIII Abs 5 NTS) und dass die Benutzung des Kfz nicht unbefugt war (Art VIII Abs 7 NTS), ist durch Bescheinigung der Truppe zu führen, zu der der Schädiger oder das schädigende Kfz im Zeitpunkt der Verursachung gehörte. Bei Meinungsverschiedenheiten kann die Entscheidung eines Schiedsrichters herbeigeführt werden (Art VIII Abs 8 NTS), und zwar unter den Voraussetzungen des Art 12 Abs 5 NTS-AG auch auf Antrag des deutschen Gerichts. Den deutschen Gerichten ist eine eigene Entscheidung über diese Tatfragen versagt.[251]

92 Ist die Klage erhoben, ehe die Bescheinigung eingeholt wurde, so ist die Klage unzulässig; sie kann aber zulässig werden, wenn die deutsche Behörde die Entschließung bei zügiger Bearbeitung noch vor der letzten mündlichen Verhandlung vor dem Tatsachengericht hätte herbeiführen können.[252] Liegen die Voraussetzungen für eine Geltendmachung nicht vor (entweder keine in Ausübung des Dienstes begangene Handlung oder Unterlassung, oder unbefugte Benutzung bei der Schwarzfahrt), so kann der Entsendestaat unmittelbar nach Billigkeitsgrundsätzen freiwillige Zahlungen, sog „ex-gratia"-Leistungen, erbringen (Art VIII Abs 6 und 7 NTS; vgl Rn 80). Ein Anspruch hierauf besteht nicht. Bei Schwarzfahrten, für die die Truppe oder das zivile Gefolge eines Entsendestaates verantwortlich ist, kann jedoch gegen diese auf dem eingangs erwähnten Weg wegen unerlaubter Handlung vorgegangen werden (Art VIII Abs 7 NTS).

93 **cc) Anzuwendendes Recht.** Die Ansprüche des Verletzten richten sich nach deutschem Recht, soweit nicht NTS, ZA, UP und NTS-AG Sonderregelungen bringen. Der Fall ist materiellrechtlich so zu behandeln, als habe die Bundeswehr oder einer ihrer Angehörigen oder Kraftwagen den Schaden verursacht (§ 839 BGB iVm Art 34 GG; §§ 823 ff BGB; §§ 89, 31 BGB; §§ 7 ff StVG). Maßgebend sind idR die Grundsätze der Amtshaftung (§ 839 BGB, Art 34 GG; vgl hierzu Rn 429 ff) und die Gefährdungshaftung nach § 7 StVG, nicht aber §§ 823, 831 BGB. Denn die Haftung der Bundesrepublik würde sich nach diesen Vorschriften richten, wenn der Unfall von einem Soldaten der Bundeswehr verursacht worden wäre.[253] Das Verweisungsprivileg nach § 839 Abs 1 S 2 BGB ist auch hier nicht anwendbar, wenn sich der Unfall bei Teilnahme am allgemeinen Straßenverkehr ereignet[254] (vgl hierzu Rn 70). Dass die Truppen oder ihr ziviles Gefolge von bestimmten Verhaltensvorschriften des deutschen Rechts befreit sind (vgl insb Art 57 Abs 4, 5 ZA), schließt für die Handlungen ihrer Mitglieder die Rechtswidrigkeit nicht aus (Art 41 Abs 8 S 1 ZA). Die Streitkräfte müssen sich also haftungsrechtlich so behandeln lassen, als ob die Befreiungsvorschrift nicht bestünde.[255] Dies gilt nicht für Befreiungen, die in gleicher Weise auch die Bundeswehr für sich in Anspruch nehmen könnte (zB § 35 StVO). In solchen Fällen steht dem Verletzten ein Anspruch also nur zu, wenn ein Mitglied der Bundeswehr, hätte es unter gleichen Umständen den Unfall verursacht, einen Schadensersatzanspruch ausgelöst hätte.

---

251 Zum Umfang der Bindungswirkung: BGH VersR 1966, 975; 1968, 596.
252 BGH VersR 1969, 284.
253 BGH VersR 1972, 1017; 1972, 1020; 1973, 35.
254 BGH VersR 1981, 134.
255 BGHZ 38, 21; BGH VersR 1980, 939; 1981, 134.

dd) Schuldner des Anspruchs ist in allen Fällen der Entsendestaat. Der Anspruch 94
wird aber von der Bundesrepublik Deutschland für den Entsendestaat erfüllt, die gegen
diesen gewisse Ersatzansprüche hat (Art VIII Abs 5 NTS). Wird im Wege der Klage
vorgegangen, so ist diese gegen die Bundesrepublik zu richten (Art 12 Abs 1 NTS-AG);
diese führt den Rechtsstreit im eigenen Namen für den Entsendestaat (Prozessstandschaft). Das Urteil hat auf Leistung „für den Entsendestaat" zu lauten (Art 25 NTS-AG).

ee) Geltendmachung der Ansprüche. Die Ansprüche müssen zunächst fristgerecht 95
bei der zuständigen Behörde **angemeldet** werden, und zwar innerhalb von 3 Monaten
(Art 6 Abs 1 NTS-AG). Die Anmeldung des Verletzten wahrt auch die Frist für den
Regress eines Sozialversicherungsträgers.[256] Eine Klage ist grundsätzlich erst nach
Abschluss des behördlichen Anerkennungsverfahrens zulässig (dazu Rn 98). Der Antrag hat die geltend gemachten Ansprüche dem Grunde und – soweit möglich – der
Höhe nach zu bezeichnen und soll alle für die Bearbeitung wesentlichen Angaben unter
Hinweis auf die Beweismittel enthalten (Art 9 Abs 2 NTS-AG). Die Anmeldung muss
zumindest soviel enthalten, dass es der Behörde möglich ist, sich ein ungefähres Schadensbild zu machen und die voraussichtlich zu erbringenden Ersatzleistungen zu
überschauen.[257]

Die **Frist für den Antrag** beträgt 3 Monate; sie beginnt, wenn der Verletzte von dem 96
Schaden und den Umständen Kenntnis (vgl § 21 Rn 5) erlangt, aus denen sich ergibt,
dass die Truppe oder das zivile Gefolge eines Entsendestaats für den Schaden rechtlich
verantwortlich ist oder dass ein Mitglied oder ein Bediensteter einer Truppe oder eines
zivilen Gefolges den Schaden verursacht hat (Art 6 Abs 1 NTS-AG). Für Ansprüche,
die im Augenblick des Schadensereignisses auf den Sozialversicherungsträger übergehen, beginnt sie, sobald dieser die erforderliche Kenntnis erlangt,[258] während es für
den nach § 67 VVG auf den Haftpflichtversicherer übergegangenen Ausgleichsanspruch
des Versicherungsnehmers auf dessen Kenntnis ankommt.[259] Nach Ablauf von zwei
Jahren seit dem Unfall kann der Anspruch nicht mehr geltend gemacht werden. War der
Schaden allerdings vor Ablauf dieser Frist nicht erkennbar, so beginnt sie erst mit
dem Zeitpunkt zu laufen, in dem der Geschädigte bei Anwendung der im Verkehr erforderlichen Sorgfalt von dem Schaden hätte Kenntnis erlangen können (Art 6 Abs 4
NTS-AG).

Die Geltendmachung hat schriftlich bei der **zuständigen deutschen Behörde** zu erfolgen, doch gilt die Frist auch als gewahrt, wenn der Anspruch innerhalb der Frist bei 97
einer Dienststelle der Truppe oder des zivilen Gefolges geltend gemacht worden ist, die
allgemein für die Behandlung von Entschädigungsansprüchen zuständig ist oder der
an dem Schadensfall beteiligte Mitglieder oder Bedienstete der Truppe oder des zivilen
Gefolges unterstehen (Art 6 Abs 2 NTS-AG). Seit dem 1.1.2003 (für die Länder Bayern,
Hessen und Niedersachsen seit dem 1.1.2005) sind die Schadensregulierungsstellen
des Bundes (SRB) der Verteidigungslastenverwaltung (Bundesanstalt für Immobilien-

---

256 OLG Oldenburg NJW-RR 2005, 617.
257 Sehr weitgehend BGH VersR 1979, 838 für etwaige Ausgleichsansprüche nach § 426 BGB.
258 BGH NJW 1967, 2208.
259 BGH VersR 1979, 838.

Zweiter Teil. Haftung aus unerlaubter Handlung

aufgaben) die zuständigen deutschen Behörden (Art 8 NTS-AG; BAnz Nr 23 v 3.2.2005).[260]

98 Wird der Anspruch von der zuständigen Behörde nicht oder nicht in vollem Umfang anerkannt – dies wird dem Antragsteller in einer mit Gründen versehenen Entschließung mitgeteilt – so kann der Antragsteller innerhalb von 2 Monaten nach Zustellung der Entschließung Klage vor den ordentlichen Gerichten gegen die Bundesrepublik Deutschland erheben (Art 12 Abs 1, 3 NTS-AG). Diese **Klagefrist** wird auch in Lauf gesetzt, wenn die Behörde den Anspruch schon dem Grunde nach ablehnt, ohne zur Höhe des Schadens Stellung zu nehmen.[261] Hat die Behörde 5 Monate nach Eingang des Antrags bei ihr noch keine Entschließung mitgeteilt, so kann ebenfalls Klage gegen die Bundesrepublik erhoben werden.

99 Die Behörde braucht keine Entschließung zu erlassen, wenn sie sich mit dem Antragsteller über die Entschädigung **geeinigt** hat. Da die Behörde hier fiskalisch, nicht hoheitlich handelt ist die vertragliche Vereinbarung über die Höhe der Entschädigung wie ein Vergleich nach § 779 BGB zu behandeln.[262]

100 ff) **Fristversäumung.** Die **Anmeldefrist** nach Art 6 NTS-AG ist eine materiellrechtliche Ausschlussfrist, deren Nichteinhaltung von Amts wegen zu beachten ist. Ihre Versäumung führt zum Verlust des Anspruchs, nicht zum Entstehen eines Prozesshindernisses. Eine trotz Versäumung der Anmeldefrist erhobene Klage ist daher nicht unzulässig, sondern unbegründet. Die **Klagefrist** nach Art 12 Abs 3 NTS-AG stellt hingegen eine vorprozessuale Ausschlussfrist dar, deren Ablauf zur Unklagbarkeit des Anspruchs führt und somit den Rechtsweg vollständig und endgültig verschließt.[263] Bei der Klagefrist nach Art 12 Abs 3 NTS-AG handelt es sich also um eine von Amts wegen zu prüfende und nicht der Disposition der Parteien unterliegende Prozessvoraussetzung; für die Fristwahrung gilt § 167 ZPO[264] (vgl hierzu § 21 Rn 81). Die Frist ist auch gewahrt, wenn innerhalb der Frist ein unzuständiges Gericht angerufen wurde und die Sache später an das zuständige Gericht gelangt ist[265] oder wenn ein beim Prozessgericht zugelassener Rechtsanwalt die Einreichung der Klage durch einen nicht postulationsfähigen Anwalt vor Fristablauf genehmigt.[266] Vom Geschädigten zunächst übersehene Schadenspositionen (zB die steuerliche Belastung einer Unterhaltsrente) können nicht mehr nachträglich geltend gemacht werden.[267]

101 Auf beide Fristen sind die Vorschriften der ZPO über Notfristen entsprechend anzuwenden (Art 6 Abs 3, Art 12 Abs 3 S 2 NTS-AG). Es kann daher dem Verletzten von

---

260 BGBl 2002 II 2482, 2483; Verzeichnis der örtlichen Zuständigkeit in BAnz Nr 23 v 3.2.2005. Nach Art 8 Abs 1 und 2 NTS-AG aF war diejenige Behörde der unteren Verwaltungsstufe der Verteidigungslastenverwaltung (Amt für Verteidigungslasten), in deren Bezirk das schädigende Ereignis stattgefunden hat, zuständige deutsche Behörde (Verzeichnis in BAnz Nr 139a v 30.7.1991).
261 BGH VersR 1985, 88.
262 BGH VersR 1970, 518.
263 BGHZ 111, 341; BGH NZV 1996, 193.
264 BGH VersR 1979, 738; OLG Karlsruhe NZV 1990, 28.
265 BGHZ 34, 230; BGH VersR 1979, 738.
266 BGHZ 111, 339 m Anm *Vollkommer* EWiR 78 ZPO 1/90, 1025.
267 BGH VersR 1987, 409.

der Behörde, bei der der Schadensersatz zu beantragen ist, bzw vom Gericht **Wiedereinsetzung in den vorigen Stand** für die jeweils versäumte Frist gewährt werden. Voraussetzung ist nach § 233 ZPO, dass der Verletzte ohne Verschulden gehindert worden ist, die Frist einzuhalten. Mangelnde Kenntnis der Anmeldefrist entlastet den Anspruchsteller nicht.[268] Eine Versäumung, die in dem Verschulden eines Vertreters (gesetzlichen Vertreters oder Bevollmächtigten) ihren Grund hat, ist nicht unverschuldet (§ 85 Abs 2 ZPO). Die Wiedereinsetzung muss innerhalb einer zweiwöchigen Frist beantragt werden, die mit dem Tage beginnt, an dem das Hindernis wegfällt (§ 234 Abs 1 und 2 ZPO). Nach Ablauf eines Jahres, vom Ende der versäumten Frist an, kann die Wiedereinsetzung nicht mehr beantragt werden (§ 234 Abs 3 ZPO). Der Antrag ist bei Versäumung der Anmeldefrist nach Art 6 NTS-AG bei der zuständigen Behörde (Rn 97) zu stellen; lehnt dieses den Antrag ab, so prüft das ordentliche Gericht, ob er begründet war.[269]

gg) Einfluss der Fristversäumung auf Gesamtschuldnerausgleich. Ist dem Verletzten neben dem Angehörigen der Stationierungsstreitkräfte ein weiterer Schädiger verantwortlich und hat er diesen in Anspruch genommen, die Anmelde- oder die Klagefrist nach dem NTS dagegen verstreichen lassen, so hat er zwar seinen eigenen Anspruch gegen die Bundesrepublik verloren, der Zweitschädiger (bzw aufgrund Anspruchsübergangs nach § 67 VVG sein Haftpflichtversicherer) ist jedoch dadurch nicht gehindert, seinen Ausgleichsanspruch nach § 426 Abs 1 BGB gegen die Bundesrepublik geltend zu machen,[270] sofern für ihn die Frist des Art 6 Abs 1 NTS-AG gewahrt ist.[271] **102**

hh) Verjährung. Die Verjährungsvorschriften des deutschen Rechts (§ 195 BGB, § 14 StVG) werden durch die Vorschriften des NTS und des NTS-AG nicht berührt. Die Verjährung wird durch die Anmeldung der Ansprüche gehemmt (§ 204 Abs 1 Nr 12 BGB), und zwar für alle Ansprüche, auf die sich die Anmeldung erstreckt hat.[272] **103**

ii) Bindungswirkung. Hat die Regulierungsstelle bestandskräftig entschieden, so sind der Antragsteller und die Bundesrepublik hieran grundsätzlich gebunden. Die Bindung entfällt aber, wenn es nicht mit Treu und Glauben vereinbar wäre, die Bundesrepublik an der Entscheidung festzuhalten, etwa weil der Geschädigte Tatsachen verschwiegen hat, die zu einer völlig anderen Würdigung des Sachverhalts führen.[273] Ebenso kann die Bindungswirkung entfallen, wenn der Schaden noch nicht endgültig abgewickelt ist, zB bei Zubilligung einer laufenden Rente, die unter mehreren Berechtigten unrichtig aufgeteilt wurde,[274] die sich aufgrund der neuen Rspr zum Verweisungsprivileg nach § 839 Abs 1 S 2 BGB (Rn 483) als zu niedrig erweist[275] oder für die sich nachträglich die Notwendigkeit einer Anrechnung auf andere Ansprüche ergibt.[276] Auf die Geltendmachung von Ansprüchen *durch* die ausländischen Streitkräfte (zB gegen andere Unfallbeteiligte) erstreckt sich die Bindungswirkung nicht.[277] **104**

---

268 OLG Karlsruhe NZV 1990, 73.
269 BGH VersR 1968, 947.
270 BGH VersR 1981, 134.
271 BGH VersR 1979, 838; 1981, 134.
272 BGH VersR 1977, 646.
273 BGH VersR 1976, 1156.
274 BGH VersR 1979, 423.
275 BGH VersR 1980, 257.
276 OLG Hamm VersR 1987, 1223.
277 OLG Köln NZV 1993, 194.

Zweiter Teil. Haftung aus unerlaubter Handlung

4. Sowjetische Truppen

105 a) **Rechtsgrundlagen.** Die Ersatzpflicht für Unfälle in der DDR richtete sich nach Art 11 des Stationierungsabkommens zwischen den Regierungen der UdSSR und der DDR und Art 22, 25 des Rechtshilfeabkommens.[278] Für Schadensfälle seit dem 3.10.1990 gilt der Vertrag zwischen der Bundesrepublik Deutschland und der UdSSR über die Bedingungen des befristeten Aufenthalts und die Modalitäten des planmäßigen Abzugs der sowjetischen Truppen vom 12.10.1990 (AufhV).[279] Er hat ungeachtet der Veränderungen im Staatsgefüge der UdSSR seine Gültigkeit behalten; verantwortlich ist nunmehr der betreffende Nachfolgestaat.[280] Schadensgebiet war vor dem 3.10.1990 das Territorium der DDR, jetzt ist es das gesamte Bundesgebiet.[281]

106 b) Zur Regulierung von **Schadensfällen vor dem 3.10.1990** s 3. Aufl § 16 Rn 526.

107 c) Die Regulierung von **Schadensfällen seit dem 3.10.1990** entspricht weitgehend dem NTS. Anspruchsschuldner ist der entsendende Staat; der nach deutschem Recht und von deutschen Behörden und Gerichten zu beurteilende Anspruch ist aber gegen die Bundesrepublik Deutschland geltend zu machen (Art 24 AufhV). Ansprüche sind innerhalb einer Frist von drei Monaten seit Erlangung der Kenntnis von Schaden und Schadensumständen, spätestens innerhalb von zwei Jahren seit dem Schadensereignis, bei der Bundesanstalt für Immobilienaufgaben geltend zu machen.[282] Klage kann nur innerhalb von zwei Monaten nach Zustellung der ganz oder teilweise abschlägigen Entschließung, und zwar gegen die Bundesrepublik Deutschland als Prozessstandschafterin, erhoben werden.[283] Wegen weiterer Einzelheiten vgl die entsprechend anwendbaren Erläuterungen zum NTS.[284]

---

278 Auszugsweise wiedergegeben in BGH NZV 1995, 228.
279 BGBl 1991 II 256; zur Rückwirkung s Art 27 des Vertrags.
280 *Heitmann* VersR 1992, 162 (Fn 24).
281 *Heitmann* VersR 1992, 162.
282 Art 4 § 2 des Ausführungsges zum AufhV v 21.12.1990 (BGBl 1991 II 256), geändert durch Ges v 9.12.2004 (BGBl I 3235).
283 Art 4 § 5 Ausführungsges.
284 S a *Heitmann* VersR 1992, 162; *Reus* MDR 1993, 414.

§ 13 Haftung wegen Verletzung der Verkehrssicherungspflicht

Literatur
Manssen (Hrsg) Verkehrssicherheit und Amtshaftung (2003)

Übersicht
	Rn
I. Überblick	1
1. Rechtliche Einordnung	1
2. Umfang der Haftung	6
3. Haftungsausschluss	9
4. Beweislast	10
II. Träger der Pflicht	13
1. Grundsatz	13
2. Übertragung	14
3. Eilzuständigkeit	16
4. Einzelheiten	17
III. Umfang und Inhalt	30
1. Umfang der Pflicht	30
2. Inhalt der Pflicht	45
IV. Einzelne Fallgruppen	54
1. Anlage des Verkehrswegs	54
2. Bauliche Beschaffenheit des Verkehrswegs	59
3. Verkehrsberuhigende Maßnahmen	71
4. Verschmutzung	73
5. Schnee- und Eisglätte	77
6. Dunkelheit	98
7. Baustellen	104
8. Bäume	107
9. Gefahren, die von angrenzenden Grundstücken ausgehen	111
10. Sonstige Verkehrsgefahren (alphabetisch geordnet)	117
11. Rennveranstaltungen	161
V. Mithaftung	162
1. Allgemeines	162
2. Einzelfälle zur Haftungsverteilung	164

Zweiter Teil. Haftung aus unerlaubter Handlung

I. Überblick

1. Rechtliche Einordnung

1 a) **Verkehrssicherungspflicht und allgemeine Verkehrspflichten.** Die Verkehrssicherungspflicht ist nicht umfassend gesetzlich geregelt. Das Rechtsinstitut ist vielmehr von der Rspr geschaffen worden. Das RG, das den Begriff im Wesentlichen geprägt hat, stützte sich auf einen Satz des gemeinen Rechts, der besagte: Wer Räume oder Örtlichkeiten der Allgemeinheit zugänglich macht – mithin einen Verkehr für andere eröffnet – ist für die verkehrssichere Beschaffenheit der Sache verantwortlich.[1] Hieraus entwickelte sich der gewohnheitsrechtliche Rechtssatz, dass jeder, der im Verkehr eine Gefahrenquelle schafft oder unterhält, die notwendigen und zumutbaren Vorkehrungen zum Schutze anderer zu treffen hat.[2] Er beschränkt sich längst nicht mehr auf die Sicherung von Verkehrswegen und sonstigen allgemein zugänglichen Örtlichkeiten, sondern umfasst auch sonstige potentielle Gefahrenquellen. In der Deliktsrechtsdogmatik spielen die Verkehrpflichten eine wesentliche Rolle bei der Vermeidung einer zu weit gehenden reinen Erfolgshaftung; dabei ist ihre Einordnung in den Deliktsaufbau streitig (vgl hierzu § 10 Rn 42). Im Folgenden wird nur auf die Verkehrssicherungspflicht im engeren Sinne (für Straßen, Wege, Plätze) eingegangen; ein Gesamtüberblick über die für den Bereich des Straßenverkehrs bedeutsamen Verkehrspflichten wird in § 14 gegeben.

2 b) **Verkehrssicherungspflicht und Amtshaftung.** Die Verkehrspflichten gehören dem bürgerlichen Recht an (s § 10 Rn 8 f). Die Verletzung der Verkehrssicherungspflicht führt somit grundsätzlich zur Haftung nach § 823 BGB,[3] und zwar auch dann, wenn sie sich bei Gelegenheit einer hoheitlichen Tätigkeit ereignet.[4] Dem öffentlichen Recht gehört jedoch die in Landesgesetzen den Gemeinden übertragene polizeiliche Straßenreinigungs- und/oder -beleuchtungspflicht (s Rn 48, 73, 78) sowie die Pflicht der Straßenverkehrsbehörden zur (sachgerechten) Verkehrs*regelung* an[5] (zu Inhalt und Abgrenzung § 12 Rn 23 ff). Außerdem haben die öffentlichrechtlichen Körperschaften nach der Rspr des BGH die Möglichkeit, die Erfüllung der Straßenverkehrssicherungspflicht für öffentliche Straßen hoheitlich zu organisieren und den im Dienste der Körperschaft stehenden Personen die Verkehrssicherungspflicht als Amtspflicht gegenüber den Verkehrsteilnehmern aufzuerlegen; es greift dann die Amtshaftung nach § 839 BGB, Art 34 GG ein,[6] allerdings nach neuerer Rspr ohne das Verweisungsprivileg nach § 839 Abs 1 S 2 BGB (s § 12 Rn 71).

---

1 RGZ 54, 53.
2 RGZ 58, 333; 121, 404; 147, 275; 155, 1; BGHZ 9, 373 = NJW 1953, 1297, 1625 m Anm *Frisius*; BGHZ 14, 83; NJW 1953, 1865; BayObLGZ 1957, 157; 1961, 39. Eingehend *v Bar* JZ 1979, 32 ff. Zu dem abw System des französischen Rechts (Gefährdungshaftung des Sachhalters) s *Brandt/Brandes* VersR 1991, 1111.
3 BGHZ 9, 373; 54, 168. **AA** *Bartlsperger* Das Gefahrenrecht öffentlicher Straßen (1994) 179 f, der die Straßenverkehrssicherungspflicht aus einer Amtspflicht zur Bereitstellung der Straße in einem dem widmungsmäßigen Gemeingebrauchsrecht entspr gefahrlosen Zustand ableitet.
4 Vgl OLG Karlsruhe NJW 1994, 1291 (Glätte als Folge von Fernmeldebauarbeiten).
5 BGH NJW 1962, 1767; VersR 1969, 539; 1981, 336; 1990, 739.
6 BGHZ 9, 373, 387 ff; 60, 54.

§ 13 Haftung wegen Verletzung der Verkehrssicherungspflicht

Die hoheitliche Ausgestaltung kann durch Organisationsakt erfolgen, wobei allerdings die bloße Übertragung der Überwachung der Straßensicherheit auf das Straßenbauamt einer Stadt und die Veröffentlichung dieser Übertragung in der Tagespresse nicht ausreichen.[7] Inzwischen wird idR durch ausdrückliche Vorschriften des Landesrechts bestimmt, dass die Verkehrssicherungspflicht hinsichtlich der öffentlichen Straßen (auch der Bundesfernstraßen) in Ausübung eines öffentlichen Amtes wahrgenommen wird, so zB in Baden-Württemberg,[8] in Bayern,[9] in Berlin,[10] in Bremen (§ 9 StrG), in Hamburg (§ 5 WegeG), in Niedersachsen,[11] in Nordrhein-Westfalen,[12] in Rheinland-Pfalz,[13] im Saarland (§ 9 Abs 3a StrG) und in Schleswig-Holstein (§ 10 Abs 4 StrWG).[14] In den neuen Bundesländern galt bis zum Inkrafttreten eigener Straßengesetze der (wie das Staatshaftungsgesetz der DDR, vgl § 12 Rn 3) in das Landesrecht der neuen Bundesländer übergeleitete § 23 der DDR-StraßenVO v 22.8.1974.[15] In den jetzt geltenden Straßengesetzen der neuen Länder ist die Straßenverkehrssicherungspflicht hoheitlich ausgestaltet.[16] Die Geltung des übergeleiteten Staatshaftungsgesetzes ist ausdrücklich ausgeschlossen.[17]

3

Auch im Fall **hoheitlicher Wahrnehmung** der Verkehrssicherungspflicht durch Bedienstete tritt die Haftung der Körperschaft nur an die Stelle der sonst bestehenden Haftung nach §§ 823, 831 BGB. Der Umfang der Pflicht ändert sich nicht;[18] auch die bei Übertragung der Verkehrssicherungspflicht, zB auf Anlieger, bestehen bleibende Überwachungspflicht ist dann Amtspflicht.[19] Die privatrechtliche Verpflichtung der Körperschaft, für eine ordnungsgemäße Organisation der Verkehrssicherung zu sorgen, bleibt aber bestehen. Wird diese Verpflichtung verletzt, dh überhaupt keine Organisation zur Erfüllung der Verkehrssicherungspflicht geschaffen, so haftet die Körperschaft nach §§ 823, 31, 89 BGB.[20] Unberührt bleibt auch § 836 BGB, wenn die Amtspflichtverletzung zugleich diesen Tatbestand verwirklicht (Rn 10). Ereignet sich bei einer Fahrt, die der Erfüllung der hoheitlich organisierten Verkehrssicherungspflicht dient, ein Unfall, greifen § 839 BGB, Art 34 GG ein.[21]

4

Ist die öffentlich-rechtliche Körperschaft als Grundeigentümer für eine nicht dem öffentlichen Verkehr gewidmete Verkehrsfläche sicherungspflichtig, so haftet sie stets privat-

5

---

7 BGH VersR 1969, 35.
8 § 59 StrG; BGH VersR 1979, 542; 1980, 48.
9 Art 72 BayStrWG; BGH VersR 1991, 665; BayObLG VersR 1972, 862; 1991, 666.
10 § 7 Abs 6 StrG; BGHZ 123, 102.
11 § 10 Abs 1 NStrG; BGHZ 60, 54; BGH VersR 1983, 636; 1991, 72; NZV 2004, 248.
12 § 9a StrG; BGH VersR 1979, 1055; 1990, 1149; NZV 1994, 146.
13 § 48 Abs 2 StrG; BGH NZV 1995, 144; VersR 2002, 1040.
14 Zur Rechtslage in Hessen s BGH VersR 1967, 604; 1982, 577; 1998, 1373; OLG Frankfurt VersR 1968, 380.
15 GBl I 515; vgl hierzu *Uecker* NZV 1992, 300 sowie eingehend, auch zum Zeitpunkt des Außerkrafttretens in den einzelnen Ländern *Bergmann/Schumacher* DtZ 1994, 3.
16 § 10 StrG Brandenburg, § 10 Abs 2 StrWG Mecklenburg-Vorpommern sowie § 10 Abs 1 der Straßenges von Sachsen, Sachsen-Anhalt (vgl OLG Naumburg OLG-NL 1999, 130) und Thüringen.
17 Vgl § 65 des StrWG von Mecklenburg-Vorpommern und § 10 Abs 1 der Straßenges von Brandenburg, Sachsen, Sachsen-Anhalt und Thüringen.
18 BGHZ 60, 54; BGH VersR 1980, 946.
19 BGHZ 118, 368, 369.
20 BGHZ 32, 352, 356; 27, 278 = NJW 1958, 1234, 1819 m Anm *Nedden*. Vgl auch BGHZ 60, 54, 62.
21 BGHZ 21, 48; vgl auch OLG Bremen VersR 1968, 501.

rechtlich;[22] ebenso bei Pflichtigkeit als Anliegerin (Rn 79). Dasselbe gilt, wenn die Körperschaft die Verkehrssicherungspflicht für eine Privatstraße durch Vertrag mit dem Eigentümer übernimmt.[23]

2. Umfang der Haftung

6 **a) Ersatzfähige Schäden.** Für reine Vermögensschäden besteht keine Ersatzpflicht. Dies ergibt sich bei der bürgerlich-rechtlichen Haftung aus dem eingeschränkten Rechtsgüterschutz nach § 823 Abs 1 BGB, bei der Amtshaftung daraus, dass die zugrunde liegende Amtspflicht nur den Inhalt hat, die Straßenbenutzer vor Gefahren für Leben, Gesundheit, Eigentum oder sonstige absolute Rechte zu bewahren, nicht aber vor jedem Vermögensschaden.[24] Eine Gleichstellung der Verkehrssicherungspflichten mit Schutzgesetzen isv § 823 Abs 2 BGB[25] ist abzulehnen.[26]

7 **b) Persönlicher Schutzumfang.** Sofern nach den in Rn 34 dargestellten Grundsätzen überhaupt eine Verletzung der Verkehrssicherungspflicht vorliegt, haftet der Verantwortliche unabhängig davon, ob sich der Verletzte im Rahmen bestimmungsgemäßer Nutzung auf dem Verkehrsweg bzw Grundstück befand.[27]

8 **c) Sachlicher Schutzumfang.** Wer eine Sicherungsmaßnahme, die wegen einer bestimmten Gefahr geboten war, unterlassen hat, kann seine Verantwortung für einen Schaden, der bei Ergreifen dieser Maßnahme nicht eingetreten wäre, nicht mit der Begründung verneinen, dass sich eine andere Gefahr verwirklicht hat, die ihn wegen ihrer Außergewöhnlichkeit nicht zum Handeln verpflichtet hätte; es genügt, dass sich der Unfall innerhalb des Gefahrenkreises ereignet hat, der ihn zu jener Sicherungsmaßnahme hätte veranlassen müssen.[28] Sind bestimmte Schutzmaßnahmen aber nur zugunsten bestimmter Personenkreise geboten (zB Kinder, Behinderte, Blinde), können sich andere Verkehrsteilnehmer im Schadensfall nicht darauf berufen.[29]

3. Haftungsausschluss

9 Durch einseitigen Aushang (zB Schild, Anschlag) kann sich der Pflichtige nicht von der Haftung für die Verletzung grundlegender Verkehrssicherungspflichten freizeichnen.[30] Liegt der Benützung des Verkehrswegs ein Vertrag zugrunde (zB bei Mautstraße, Privatparkplatz), so kann die Haftung für Verletzung der Verkehrssicherungspflicht durch allgemeine Geschäftsbedingungen nicht unter das sich aus dem Deliktsrecht ergebende Maß herabgesetzt werden, denn es wäre eine unangemessene Benachteiligung im Sinne des § 307 BGB, wenn der Schutz bei entgeltlicher Verkehrsteilnahme geringer wäre als bei unentgeltlicher.[31]

---

22 OLG Düsseldorf NJW 1993, 152.
23 Vgl OLG Köln VersR 1990, 321.
24 BGHZ 66, 398; BGH NJW 1973, 463.
25 So *v Bar* (Lit vor § 10 Rn 1) 157 ff.
26 MünchKomm/*Wagner* § 823 Rn 58 ff, 213 f.
27 Vgl OLG Celle NJW-RR 1989, 1419: Benützung eines Parkplatzes als Abkürzung.
28 BGH VersR 1961, 465; 1978, 962.
29 *Burmann* NZV 2003, 21.
30 BGH VersR 1982, 493; OLG Karlsruhe OLGR 2004, 541.
31 Zur Rechtslage in Österreich s *Hoffer* DAR 2001, 571 ff.

4. Beweislast

Der Geschädigte hat die schuldhafte Verletzung der Verkehrssicherungspflicht und deren Kausalität für seine Schädigung zu beweisen. Beruht die Schädigung auf der Ablösung eines Bauwerkteiles, so regelt sich die Beweislast auch dann nach § 836 BGB, wenn die mangelhafte Unterhaltung des Bauwerks eine Amtspflichtverletzung darstellt.[32] **10**

a) Für den **Kausalitätsbeweis** sind die generell angezeigten Erleichterungen zu gewähren, ggf also der sog Anscheinsbeweis (vgl § 38 Rn 43 ff, insb 76). Auf die Grundvoraussetzung jedes Anscheinsbeweises, den „typischen Geschehensablauf" kann aber auch hier nicht verzichtet werden. Ob jede Verkehrssicherungspflicht auf einer Erfahrenstypik beruht, die die Feststellung rechtfertigt, dass sich die zu bannende Gefahr bei pflichtgemäßem Verhalten nicht verwirklicht, ist zu bezweifeln; entscheidend ist immer der konkrete Hergang, nicht eine abstrakte Verhaltensnorm. Die vereinzelt in der Rspr des BGH[33] anzutreffende Ansicht, bei der Amtshaftung sei bereits die Amtspflichtverletzung konkreter Haftungsgrund und die Frage der Verursachung des Schadens durch diese Pflichtverletzung daher der Haftungsausfüllung, dh dem Anwendungsbereich des beweiserleichternden § 287 ZPO zuzuordnen, ist abzulehnen,[34] desgleichen eine ebenfalls verschiedentlich befürwortete Umkehr der Beweislast.[35] **11**

b) Beim Beweis des **Verschuldens**, dh der vorwerfbaren Pflichtverletzung, muss es im Grundsatz bei der vollen Beweislast des Anspruchstellers verbleiben. Eine Modifizierung nach Gefahrenbereichen ist abzulehnen (vgl § 38 Rn 28). Für Einzelaspekte gewährt die Rspr dem Geschädigten allerdings Erleichterungen.[36] Zum Anscheinsbeweis s § 38 Rn 114. **12**

II. Träger der Pflicht

1. Grundsatz

Die Verkehrssicherungspflicht trifft denjenigen, der in der Lage ist, die zur Abwendung der Gefahr erforderlichen Maßnahmen zu treffen, idR also den Eigentümer oder Besitzer. Für den verkehrssicheren Zustand einer Straße haftet somit diejenige (natürliche oder juristische) Person, welche die tatsächliche Möglichkeit und privatrechtliche Be- **13**

---

32 BGH VersR 1991, 72.
33 BGHZ 7, 287; 58, 343; BGH VersR 1956, 45; 1957, 373; 1958, 782; 1959, 453; 1960, 905; 1961, 610; 1963, 60; 1969, 422; 1974, 782 (vor allem Fälle unterlassener oder unrichtiger Beratung).
34 Ebenso BGH VersR 1965, 91.
35 ZB in BGH VersR 1961, 610; 1963, 60; 1974, 782; OLG Frankfurt MDR 1981, 764; wie hier dagegen BGH VersR 1965, 91. Zum Meinungsstand im Schrifttum *Brandt/Brandes* VersR 1991, 1109 ff.
36 Vgl BGH VersR 1967, 685 wonach bei feststehendem Verstoß gegen die Streupflicht der Verantwortliche beweisen muss, dass er alles Zumutbare getan hat, um die Beachtung der Streupflicht zu sichern. Vgl weiter BGH NZV 2005, 578 (Nutzlosigkeit des Streuens).

Zweiter Teil. Haftung aus unerlaubter Handlung

fugnis hat, auf den Straßenzustand einzuwirken,[37] dh wer die Straße tatsächlich und aufgrund einer Rechtspflicht verwaltet.[38] Dies ist, soweit eine Verkehrssicherungspflicht öffentlichrechtlicher Körperschaften in Betracht kommt, die Straßenbaubehörde,[39] dh die Behörde, welche die Aufgaben des beteiligten Trägers der Straßenbaulast nach den gesetzlichen Vorschriften wahrnimmt (§ 45 Abs 2 S 2 StVO). Es haftet mithin diejenige Körperschaft, der die für den Streckenabschnitt zuständige Straßenbaubehörde unterstellt ist. Häufig wird diese verkehrssicherungspflichtige Körperschaft mit dem Träger der Straßenbaulast identisch sein. Diese Identität ist gegeben, wenn der Träger der Baulast selbst verpflichtet ist, nicht nur die Mittel für den Bau und den laufenden Unterhalt der Straße bereitzustellen, sondern auch die Pflicht hat, den Bau und die Instandhaltung der Straße selbst durchzuführen. Dies ist jedoch durchaus nicht immer der Fall.[40] Bei Mautstraßen haftet der Betreiber.[41]

2. Übertragung

14 Die Verkehrssicherungspflicht kann durch Gesetz oder Satzung übertragen werden. Sie kann einem Dritten auch durch Vereinbarung überlassen werden.[42] Dessen Einstandspflicht nach §§ 823 oder 839 BGB beruht dabei auf der von ihm durch die faktische Übernahme der Verkehrssicherung mitveranlassten neuen Zuständigkeitsverteilung, nicht auf dem Vertrag.[43] Auf die Rechtswirksamkeit des Übernahmevertrags kommt es daher nicht an.[44] Der Übertragende bleibt verpflichtet, die Ausführung zu überwachen.[45] Er haftet bei Verletzung dieser Pflicht aus § 823 bzw § 839 BGB, kann sich also nicht nach § 831 BGB exkulpieren.[46] Oftmals wird ohnehin der Vertrag dahin auszulegen sein, dass der Übernehmer die Pflicht nur zusätzlich zu dem bisher Verpflichteten übernimmt. Dies gilt vor allem bei einem Vertrag mit einem Bauunternehmer.[47] In jedem Fall bedarf es einer klaren, ausdrücklichen Abmachung, um von der unmittelbaren Sicherungspflicht frei zu werden.[48] Übernimmt jemand vertraglich die „Verantwortlichkeit" für die Straße, so übernimmt er die Verkehrssicherungspflicht.[49] Dagegen bewirkt die tatsächliche Durchführung verkehrssichernder Maßnahmen für sich allein keinen

---

37 Vgl RGZ 68, 161; 121, 404; BGHZ 6, 195; BGH VersR 1955, 11; 1957, 200; 1957, 238; OLG Celle VersR 1955, 397.
38 BGH VersR 1968, 749; 1968, 1167; 1969, 35. Zu den Fällen der Organleihe s BGH VersR 2006, 803.
39 BGH NJW 1968, 443.
40 BGHZ 24, 124.
41 Vgl österr OGH ZVR 1990, 57 u NZV 1990, 303: Autobahn-AG. Für privat finanzierte und betriebene Bundesfernstraßen ebenso *Schmidt* NVwZ 1995, 39.
42 RG JW 1938, 3163; BGHZ 142, 227; VersR 1958, 833; 1966, 266; **aA** *v Bar* VersR 1981, 761.
43 BGH VersR 1989, 526.
44 BGH VersR 1989, 526; MünchKomm/*Mertens* § 823 Rn 227.
45 BGHZ 142, 227; NJW 1996, 2646; VersR 1982, 576; OLG Frankfurt VersR 1980, 634; OLG Nürnberg NZV 1991, 311; OLG Koblenz NJWE-VHR 96, 125; OLG Hamm VersR 2000, 643; OLG Stuttgart OLGR 2000, 260.
46 Vgl LG Göttingen VersR 1981, 760 m Anm *v Bar*.
47 BGH VRS 9, 106; VersR 1960, 349; NJW 1982, 2187.
48 BGH VersR 1988, 516; NJW 1996, 2646.
49 BGH VersR 1957, 234.

§ 13 Haftung wegen Verletzung der Verkehrssicherungspflicht

Übergang der Verkehrssicherungspflicht auf denjenigen, der die Maßnahmen vorgenommen hat;[50] dies hindert freilich nicht, dass derjenige, der sie tatsächlich durchführt, neben dem anderen verkehrssicherungspflichtig wird und insbesondere für Fehler bei der Durchführung der Maßnahmen haftet.[51]

Übernimmt für einen Anlieger mit Zustimmung der Ortspolizeibehörde ein anderer die Reinigung, so haftet der Anlieger für Pflichtwidrigkeiten des anderen grundsätzlich nicht.[52] Wer als Hauswart, Reinigungsunternehmen oder als Angestellter eines solchen Unternehmens die Verkehrssicherungspflicht für einen anderen übernimmt, haftet selbst, wenn er die übernommene Pflicht verletzt,[53] und zwar auch gegenüber dem Übertragenden.[54]   15

3. Eilzuständigkeit

Aus der Verpflichtung der Polizei zur Gefahrenabwehr kann sich ergeben, dass diese bei erkannter Gefahr Sofortmaßnahmen zur Verkehrssicherung ergreifen, insbesondere vor der Gefahrenstelle warnen muss.[55] Dadurch tritt sie aber nicht an die Stelle des Verkehrssicherungspflichtigen, sondern erfüllt nur ihre eigene Aufgabe (wichtig wegen des Verweisungsprivilegs, vgl § 12 Rn 72).   16

4. Einzelheiten

a) **Bundesfernstraßen** (Autobahnen und Bundesstraßen) werden, obwohl Träger der Straßenbaulast der Bund ist (§ 5 BFStrG), von den Ländern nach Art 90 Abs 2 GG als Auftragsangelegenheit verwaltet; verkehrssicherungspflichtig ist mithin das Land, weil sich allein beim Land die tatsächliche Möglichkeit und die rechtliche Befugnis vereinigen, die von der Straße ausgehenden Gefahren zu mindern.[56] In Nordrhein-Westfalen wurde dem Landschaftsverband die Verkehrssicherungspflicht übertragen.[57] Ausgenommen von der Verkehrssicherungspflicht des Landes oder Landschaftsverbandes sind Ortsdurchfahrten der Bundesstraßen in größeren Gemeinden (Einzelheiten s § 5 Abs 2 bis 4 BFStrG). Trotz der Verkehrssicherungspflicht des Landes oder Landschaftsverbandes haftet in Ausnahmefällen die Bundesrepublik, aber nur wenn Bundesorgane unsachliche Weisungen erteilen[58] oder im Einzelfall ihre Aufsichtspflicht verletzen.[59]   17

b) **Für Landstraßen** I. Ordnung (Staatsstraßen) sowie deren Ortsdurchfahrten sind die Länder (in Nordrhein-Westfalen die Landschaftsverbände) als Träger der Straßenbaulast und der Straßenverwaltung verkehrssicherungspflichtig, für die Landstraßen II. Ordnung (Kreisstraßen) die Länder, soweit ihnen die Verwaltung und Unterhaltung   18

---

50 OLG Neustadt VersR 1959, 959.
51 OLGR Düsseldorf 1995, 6.
52 KG NJW 1968, 605.
53 BGH VersR 1970, 38.
54 BGH VersR 1989, 526: Wohnungseigentümer.
55 Vgl OLG Hamm NZV 1993, 192: mit Granulat abgestreute Ölspur, auch zur Verneinung einer Haftung der Feuerwehr, die das Abstreuen vorgenommen hat.
56 BGH VersR 1955, 108; 1956, 67; 1959, 228; 1980, 48; NJW 1980, 582; OLG München VersR 2002, 454.
57 BGH VersR 1960, 850; OLG Köln VRS 13, 329.
58 BGHZ 16, 95, 98.
59 BGH NJW 1956, 1028.

nach den Straßengesetzen obliegt oder von den Kreisen übertragen worden ist,[60] andernfalls die Kreise.

19 c) Für **Gemeindestraßen** obliegt die Verkehrssicherungspflicht außerorts wie innerorts den Gemeinden, ggf Verbandsgemeinden.[61] Dies gilt auch für sonstige öffentliche Straßen (zB öffentliche Feld- und Waldwege), die in der Straßenbaulast der Gemeinde stehen. Entscheidend sind die jeweiligen landesrechtlichen Regelungen. Die Verkehrssicherungspflicht der Gemeinde erstreckt sich auch auf die im Eigentum der Anlieger stehenden Teile des Bürgersteigs.[62]

20 d) Für **Privatstraßen** (Eigentümerwege) und für den Verkehr freigegebene **Grundstücke** ist der Eigentümer oder der Verfügungsberechtigte verkehrssicherungspflichtig.[63] So ist für das Gelände einer Tankstelle der Pächter, für ein vermietetes Betriebsgrundstück der Mieter,[64] für einen öffentlichen Parkplatz der Eigentümer, jedoch – wenn es sich um Verkehrsgrund der Gemeinde handelt – diese verantwortlich. Entsprechendes gilt für Feld- und Forstwege, soweit sie nicht Gemeindewege (Rn 19) sind. Auf ihnen trifft die Verkehrssicherungspflicht denjenigen, durch dessen Feld oder Wald sie führen.[65] Handelt es sich um mehrere Personen, so hat jeder von ihnen die volle Verkehrssicherungspflicht. Nicht gebilligt werden kann die Ansicht, auf tatsächlich öffentlichen, also nicht eigens gewidmeten Wegen[66] oder auf Forstwirtschaftswegen[67] bestehe keine Verkehrssicherungspflicht. Vielmehr ist jeder verkehrssicherungspflichtig, der öffentlichen Verkehr auf seinem Grundstück zulässt[68] (zur Frage des Bestehens einer Verkehrssicherungspflicht gegenüber Unbefugten s Rn 34), auch bei sog Trampelpfaden, wo freilich mit erhöhter Sorgfalt der Benutzer gerechnet werden darf.[69] Bei Gastwirten erstreckt sich die Pflicht auf den gesamten Außenbereich einschließlich Zugänge und Parkplätze.[70] Sie umfasst nach fragwürdiger Ansicht des BGH[71] auch Personen, die nicht die Absicht haben, das Lokal zu besuchen.

21 e) Für **Straßenkreuzungen, Einmündungen und Bahnübergänge** gelten die Bestimmungen der BundesfernstraßenkreuzungsVO v 2.12.1975,[72] der Landesstraßengesetze[73] und des EisenbahnkreuzungsG idF v 21.3.1971.[74] Für die Beseitigung einer

---

60 BGHZ 6, 195; 14, 83; Übersicht über die Regelungen in den einzelnen Ländern bei *Kodal/Krämer* Straßenrecht[6] (1999) 2. Kap 35.2.
61 Vgl zur Rechtslage in Rheinland-Pfalz BGH VersR 1984, 890; OLG Koblenz VersR 1982, 1105; MDR 1982, 848, in Niedersachsen OLG Celle OLGR 1995, 174; VersR 2001, 1440.
62 OLG Koblenz VersR 1960, 162.
63 OLG Düsseldorf VersR 1983, 544; LG Essen SP 1994, 108.
64 OLG Hamm NZV 2006, 35.
65 OLG Köln VersR 1988, 1181. Eingehend *Orf* NZV 1997, 206 ff mwN.
66 OLG München NJW 1954, 1452.
67 OLG Hamm VersR 1985, 597.
68 OLG Oldenburg NJW 1989, 305; OLG Brandenburg VersR 1996, 478: ehemaliger Postenweg an Grenzanlage der DDR.
69 Vgl OLG Düsseldorf NZV 1993, 152; OLG Brandenburg NZV 1997, 77; OLGR München 2000, 120; **aA** *Edenfeld* VersR 2002, 272, 273.
70 BGH NJW 1985, 482; OLG Düsseldorf VersR 1983, 925.
71 NJW 1987, 2671.
72 BGBl I 2984; OLG Celle VersR 1989, 1194.
73 Rheinland-Pfalz: OLGR Zweibrücken 2000, 208.
74 BGBl I 337.

Sichtbeeinträchtigung können die Baulastträger beider Straßen gesamtschuldnerisch haftbar sein.[75]

f) Für **Umleitungsstrecken** wegen Sperrung einer Straße ist verkehrssicherungspflichtig, wer es für die gesperrte Strecke ist.[76] Für Bahnübergänge bleibt aber der Bahnbetreiber verkehrssicherungspflichtig.[77] **22**

g) Einwirkungen anderer auf den Straßenzustand können für diese eine Pflicht zur Abwehr hierdurch entstandener Gefahren begründen. Auf diese Weise entsteht zB eine Verkehrssicherungspflicht des Fernmeldeunternehmens, wenn im Straßenkörper Fernsprechkabel verlegt werden,[78] wenn ein Fernsprechmast auf die Straße stürzt,[79] wenn nach der Beendigung von Fernmeldebauarbeiten der Gehweg instandzusetzen ist[80] oder wenn der Deckel eines Kabelschachts in die Gehbahn ragt.[81] Des Weiteren haftet, wer auf der Straße sonstige Arbeiten vornimmt, zB den Deckel eines Gullys entfernt,[82] (zu Baustellen s im Übrigen Rn 24) oder wer die Straße verschmutzt (Rn 75). Der Betreiber eines Lkw-Parkplatzes kann für eine „Eisfalle" haftbar sein, die dadurch entsteht, dass beim Ausfahren auf die Straße Niederschlagswasser von den Planen schwappt und gefriert.[83] Oftmals bleibt aber eine Mitverantwortung der Körperschaft, die die Straße verwaltet.[84] Deshalb hat der für die Straße Verkehrssicherungspflichtige auch für die Tragfähigkeit eines in die Fahrbahn eingelassenen Schachtdeckels einzustehen, den ein anderer dort befugterweise angebracht hat.[85] **23**

h) Baustellen. Nach Nr 1.3.1 der Richtlinie für die Sicherung von Arbeitsstellen an Straßen (RSA)[86] obliegt die Verkehrssicherungspflicht neben dem Straßenbaulastträger demjenigen, der im öffentlichen Straßenraum Arbeiten ausführt oder ausführen lässt. Damit ist in erster Linie der verantwortlich, dem die Bauleitung übertragen ist.[87] Außerdem ist der Bauunternehmer verpflichtet, während der Dauer des Baus die Baustelle so abzusichern, dass erkennbare Gefahren von Dritten ferngehalten werden.[88] Hat der Bauunternehmer die Baustelle geräumt, sei es auch nur wegen einer Unterbrechung der Bauarbeiten mit zwischenzeitlicher Wiedereröffnung des Verkehrs, so trifft die Verkehrssicherungspflicht nicht mehr ihn, sondern nur noch den für die Straße Verantwort- **24**

---

75 OLG Nürnberg VersR 1991, 1420.
76 KG VAE 1938, 187.
77 Vgl OLG München NZV 2000, 206.
78 BGH VRS 16, 86.
79 OLG Stuttgart VRS 7, 276.
80 BGH VersR 1982, 1198.
81 OLG München ArchivPF 1956, 258 m Anm *Aubert*.
82 BGH VersR 1961, 371.
83 Österr OGH ZVR 1996, 47.
84 BGH VersR 1957, 776 für eine von der Zollverwaltung errichtete Straßensperre; BGH VersR 1960, 511 für eine von der Gemeinde betriebene Waage mit Abweisstein.
85 BGH VersR 1967, 1155.
86 Vom Bundesminister für Verkehr und den Ländern erlassen aufgrund Ziff I der VwV zu § 43 Abs 3 Nr 2 StVO; Nachw bei *Reitenspiess* NZV 2003, 505.
87 BGH VersR 1977, 543; OLG Hamm NJW-RR 1996, 1362.
88 BGH VersR 1971, 233; 1974, 780; 1977, 544; 1982, 577; 1989, 731; OLG Bamberg VersR 1971, 233; OLG Köln NZV 1995, 22.

lichen.[89] Desgleichen endet seine Verkehrssicherungspflicht, wenn er die Fortführung der Arbeiten einem anderen Bauunternehmer überträgt.[90] Er bleibt jedoch so lange sicherungspflichtig, bis der andere die Sicherung tatsächlich und ausreichend übernommen hat.[91] Den Bauherrn trifft dann eine Verkehrssicherungspflicht, wenn sich ihm das Vorhandensein besonderer Gefahren aufdrängen muss oder wenn er Anlass zu Zweifeln hat, ob der Unternehmer oder der Bauleiter seinen Verpflichtungen nachkommt und wenn er zur Abhilfe durch eigene Anordnungen in der Lage ist.[92] Näher hierzu Rn 104 f.

25 i) **Straßenbahn- und Busbetriebe.** Für einwandfreie Beschaffenheit der Straßendecke in der Gleiszone (zwischen den Schienen und am äußeren Rand derselben) ist das Straßenbahn- oder Bahnunternehmen verantwortlich, das die Gleise benützt.[93] Den Straßenbaulastträger trifft aber uU eine Überwachungspflicht.[94] Das Straßenbahnunternehmen ist auch verpflichtet, dafür zu sorgen, dass die Fahrgäste ungefährdet ein- und aussteigen können. Das Gleiche gilt für Omnibus- und Obusbetriebe.[95] Dies bedeutet nicht unbedingt, dass der Verkehrssicherungspflichtige auch die Kosten von Schutzeinrichtungen zu tragen hat; uU kann er die wegeunterhaltspflichtige Behörde auffordern, die notwendigen Maßnahmen zu veranlassen.

26 k) Auch **Sondernutzungsberechtigte** sind verkehrssicherungspflichtig. Das gilt vor allem für jeden, der einen Mast auf dem Bürgersteig (oder gar auf der Fahrbahn) aufstellen darf.[96] Befindet sich eine Waage auf öffentlichem Verkehrsgrund, so muss derjenige, der sie betreibt, sie auch sichern.[97] Verkehrssicherungspflichtig ist auch der Veranstalter eines Radrennens.[98]

27 l) **Anlieger.** Der Eigentümer eines an einer öffentlichen Straße liegenden Grundstücks hat schädliche Einwirkungen zu vermeiden, die von seinem Grundstück ausgehen und die Verkehrsteilnehmer gefährden (vgl hierzu Rn 111). Ihn kann auch, kraft Übertragung, die Streupflicht oder Reinigungspflicht für den Gehweg treffen (vgl Rn 73, 79 ff). Der Betreiber eines Geschäfts ist für seinen Zu- und Abgangsbereich auch verantwortlich, soweit dieser eine nicht in seinem Eigentum stehende, öffentliche Verkehrsfläche ist.[99]

---

89 OLG Hamm NJW-RR 1987, 1507; VersR 1993, 1369; OLG München OLGR 1999, 236; LG Koblenz VersR 1982, 1085; einschr OLG Schleswig MDR 1982, 318; OLG Düsseldorf OLGR 2000, 310.
90 OLG Schleswig MDR 1982, 318.
91 OLG Jena NZV 2006, 248.
92 Vgl BGH VersR 1960, 824; 1985, 666; Betrieb 1976, 2300; **aA** BGH VersR 1959, 998.
93 BGH VersR 1961, 236; KG VAE 1938, 520.
94 OLG Düsseldorf VersR 1988, 1296 LS.
95 LG Krefeld DAR 1988, 852.
96 BGH VersR 1958, 51.
97 BGH VersR 1960, 511.
98 BGH VRS 8, 16.
99 BGH MDR 1976, 134; NJW 1990, 1236; OLG Köln NJW-RR 2000, 1693: alle zu Schachtabdeckungen in öffentlichen Verkehrsflächen. Einschr OLG Köln NJW-RR 1996, 277: keine Haftung des Gaststättenbetreibers für Risiken aus der baulichen Anl des Verkehrswegs.

m) Sonstige Verursacher von Gefahren können ebenfalls verkehrssicherungspflichtig bzgl einer Straße werden. So hat zB derjenige, der in der Nähe einer Straße Sprengarbeiten ausführt, den Gefahren entgegenzuwirken, die hieraus für die Straßenbenutzer entstehen können.[100] Entsprechendes soll für Gartenarbeiten gelten.[101] Zum Abschießen von Nebelmunition neben einer Straße bei einer militärischen Übung vgl OLG Frankfurt VersR 1986, 1124 (mit mE unrichtiger Anwendung des Verweisungsprivilegs; vgl § 12 Rn 482 ff). Zur Frage einer Verantwortlichkeit der Baumschutzbehörde bei Schäden durch geschützte Bäume s *Otto* NJW 1996, 356 ff. **28**

n) Verkehrssicherungspflicht kraft tatsächlicher Übung. Streiten zwei Körperschaften über die Rechtsfrage, welche von beiden auf einer Straße bei Winterglätte zu streuen hat, so ist die Körperschaft, die tatsächlich jahrelang gestreut hat, verpflichtet, solange weiter zu streuen, bis die unter ihnen bestehenden Zweifel ausgeräumt sind.[102] Das Gleiche gilt ganz allgemein für die Verkehrssicherungspflicht, zB hinsichtlich eines Brückengeländers.[103] Wer eine Straße laufend streut, ist für die ordnungsgemäße Ausführung des Streuens verantwortlich, auch wenn er zum Streuen gar nicht verpflichtet war.[104] **29**

III. Umfang und Inhalt

1. Umfang der Pflicht

a) Grundsätze. Die Verkehrssicherungspflicht darf nicht missverstanden werden als Pflicht zur völligen Gefahrloshaltung der Verkehrswege. Es ist unzulässig, allein daraus, dass die Beschaffenheit des Verkehrswegs einen Unfall (mit)verursacht hat, eine Haftung wegen Verletzung der Verkehrssicherungspflicht herzuleiten. Diese Pflicht findet vielmehr dort ihre Grenze, wo die Vermeidung der Gefahr nicht vom Verkehrsteilnehmer selbst erwartet werden kann. Positiv ausgedrückt: Sie reicht so weit, wie das Vertrauen des Verkehrsteilnehmers in die Sicherheit des Verkehrsweges Schutz verdient. Gefahrenquellen, auf die sich der Benutzer nach allgemeiner Anschauung einstellen muss, braucht der für den Straßenzustand Verantwortliche nicht zu beseitigen. **30**

Aus Vorstehendem folgt, dass der Umfang der Verkehrssicherungspflicht in hohem Maße von den Umständen des Einzelfalles und der Bewertung des Vertrauensschutzes abhängig ist. Die ausgeprägte Kasuistik der Rspr zur Verkehrssicherungspflicht (Rn 54 ff) findet hierin ihre Erklärung. Einige allgemeine Grundsätze lassen sich jedoch aufstellen: **31**

– Die Sicherheitserwartung des Benutzers ist in hohem Maße von der Art des Verkehrswegs, insbesondere seiner Verkehrsbestimmung und -bedeutung abhängig (näher Rn 32).

---

100 BGH VersR 1958, 850.
101 LG Bielefeld NVwZ 1996, 727: Hochschleudern von Splitt durch Rasenmäher; s a Rn 116.
102 BGHZ 31, 219.
103 BGH VersR 1956, 768.
104 BGH VersR 1973, 825; BayObLGZ 56, 256.

Zweiter Teil. Haftung aus unerlaubter Handlung

- Die Erkennbarkeit der Gefahr spielt eine wesentliche Rolle (hierzu Rn 35 und zu der damit zusammenhängenden Frage, inwieweit eine Warnung vor der Gefahr ausreicht, Rn 45 ff).
- Die Gesichtspunkte der Zumutbarkeit (im Hinblick auf den finanziellen Aufwand) und der Verhältnismäßigkeit (in Bezug auf das Ausmaß der drohenden Gefahr) beeinflussen die Intensität der Sicherungspflicht.
- Rechtsvorschriften und technische Regelwerke können für die Abgrenzung der schutzwürdigen Sicherheitserwartung von Bedeutung sein.

32 b) **Maßgeblichkeit des Verkehrsaufkommens und der Verkehrsbestimmung.** Der Umfang der Verkehrssicherungspflicht wird von Art und Häufigkeit der Benutzung des Verkehrswegs maßgebend bestimmt;[105] er ist daher auf einem Wanderweg[106] oder auf einer Privatstraße, auf der der Eigentümer öffentlichen Verkehr lediglich duldet, geringer als auf einer öffentlichen Straße,[107] auf einer Schnellverkehrsstraße größer als auf einem wenig und mit geringer Geschwindigkeit befahrenen Gemeindeverbindungsweg, auf einem Kundenparkplatz größer als auf einer öffentlichen Parkfläche.[108]

33 Begrenzt wird die Verkehrssicherungspflicht auch durch die **erkennbare Verkehrsbestimmung**. Maßgeblich ist das äußere Erscheinungsbild, nicht die Beschilderung nach der StVO.[109] Ist erkennbar, dass eine Straße von einer bestimmten Stelle an nicht mehr für Lastkraftwagen benutzbar ist, so endet an dieser Stelle die Pflicht, die Straße in einem für Lastkraftwagen benutzbaren Zustand zu erhalten.[110] Das Gleiche gilt, wenn eine Straße – zB ein Gemeindeverbindungsweg – in ihrem ganzen Verlauf für schwere Fahrzeuge ungeeignet ist und dies jedem Straßenbenutzer ohne weiteres – auch bei Nacht – erkennbar ist.[111] Der Grundsatz ist auch auf andere nur für bestimmte Verkehrsarten errichtete Verkehrswege anzuwenden, vor allem für Radfahrwege, Gehwege[112] und Fußpfade, auch wenn auf ihnen der übrige Verkehr nicht durch Verbotszeichen ausgeschlossen ist, desgleichen für Parkplätze.[113] Aber auch hinsichtlich einzelner Teile ein und derselben Straßen können aufgrund der unterschiedlichen Zweckbestimmung unterschiedliche Anforderungen bestehen, zB geringere für einen Parkstreifen[114] oder für das Bankett (näher Rn 60). Bei einer erkennbar nur provisorisch eingerichteten Verkehrsfläche ist die Verkehrssicherungspflicht reduziert,[115] auch für verkehrsberuhigte Bereiche und Fußgängerzonen gelten besondere Maßstäbe.[116]

---

105 BGH VersR 1963, 38; 1964, 727; 1980, 946.
106 OLGR Düsseldorf 1995, 287.
107 BGH VersR 1968, 68; OLG München NJW 1954, 1452.
108 OLG Düsseldorf NJW-RR 2000, 696; *Krause* in: *Manssen* (Lit vor Rn 1) 50.
109 BGH VersR 1989, 847; OLG Rostock OLGR 2000, 638.
110 BGH VRS 14, 3; 14, 412; VersR 1959, 275.
111 OLG Nürnberg BB 1959, 1277; LG Hechingen VersR 1959, 440.
112 OLG Hamm MDR 1999, 1323, OLG Koblenz NJW-RR 2001, 1392 u VersR 2003, 1592 (Inlineskater auf Gehweg).
113 OLG Dresden OLG-NL 1996, 222.
114 OLG Hamm NJW-RR 1992, 1442; OLGR Frankfurt 1994, 74.
115 BGH VersR 1986, 704 (Anrampung an Straßenbaustelle); OLG Koblenz VersR 1982, 780 (Parkplatz); LG Koblenz VersR 1986, 497 (Gehweg).
116 Vgl *Ruf* Die Gemeinde 1988, 616.

Grundsätzlich besteht keine Verkehrssicherungspflicht gegenüber Personen, die einen **34** öffentlichen Weg **außerhalb seiner erkennbaren Widmung oder Freigabe** benutzen[117] oder Privatgrund unbefugt betreten,[118] denn diesen kann idR keine schutzwürdige Sicherheitserwartung zugebilligt werden. Etwas anderes kann jedoch gelten, wenn sich eine Gefahr verwirklicht hat, die von der Verbotswidrigkeit der Benutzung unabhängig war (also zB der Unfall des einen Radweg benutzenden Kradfahrers sich ebenso bei Benutzung eines Fahrrades hätte ereignen können), wenn der Sicherungspflichtige die Benutzung duldet[119] oder wenn es ihm zuzumuten war, sich auf eine naheliegende und erkennbare Fehlnutzung des Weges[120] bzw Grundstücks[121] einzustellen. Insbesondere von Kindern kann die Beachtung von Verboten nicht ohne weiteres erwartet werden.[122]

c) **Erkennbarkeit der Gefahr.** Die Verkehrssicherungspflicht für öffentliche Straßen **35** geht dahin, dass die Straße so angelegt und in einem solchen Zustand erhalten wird, dass sie keine Gefahrenstellen aufweist, mit denen ein sorgfältiger Benutzer nach dem äußeren allgemeinen Erscheinungsbild nicht zu rechnen braucht.[123] Potentielle Gefahrenquellen, die bei üblicher Aufmerksamkeit ohne weiteres erkennbar sind, brauchen nicht beseitigt zu werden;[124] der Benutzer muss die Straße grundsätzlich so hinnehmen, wie sie sich ihm erkennbar darbietet.[125] Insbesondere darf er nur mit einem Sicherheitsstandard rechnen, der auf einer Straße der betreffenden Art üblich ist. Die Erkennbarkeit einer nicht ohne weiteres erkennbaren Gefahr kann auch durch **Warnzeichen** oder ähnliche Einrichtungen begründet werden. Zu dieser (geringsten) Form der Gefahrenabwehr vgl Rn 45 ff.

Aus Vorstehendem folgt bereits, dass der Sicherungspflichtige sich auf den sorgfältigen, **36** aufmerksamen, die Verkehrsvorschriften beachtenden Verkehrsteilnehmer einstellen kann. Auf eine naheliegende **Möglichkeit vorschriftswidrigen Verhaltens** von Straßenbenutzern ist freilich Bedacht zu nehmen.[126] Insbesondere dann, wenn bereits geringe Unaufmerksamkeiten, Gewöhnungseffekte oder typische Fehlreaktionen erhebliche Gefahren heraufbeschwören können, kann eine Abwendungspflicht bestehen.[127] Keinesfalls braucht aber der Verkehrssicherungspflichtige auf alle denkbaren Verstöße von Verkehrsteilnehmern gegen Sorgfaltspflichten Rücksicht zu nehmen.[128] Vor allem braucht

---

117 BGH NJW 1966, 1456; VersR 1971, 1061; 1989, 847; OLG Jena NZV 2005, 192.
118 OLG München VersR 1992, 210; OLG Düsseldorf VersR 1983, 141 LS; OLG Nürnberg NZV 1997, 353 (wilder Parkplatz auf Baugelände).
119 OLG Hamm NZV 2005, 473; OLG Frankfurt OLGR 2001, 188; OLG Oldenburg NJW 1989, 305; OLG Brandenburg VersR 1996, 478.
120 Vgl BGH VersR 1956, 794: Krad auf Radweg; OLG Düsseldorf VersR 1998, 1021 m Anm *Jaeger*: Radfahrer auf Fußgängerbrücke; OLG Saarbrücken MDR 2004, 1353: versenkbarer Poller bei Durchfahrtverbot.
121 Vgl OLG Köln VersR 1992, 71: Abkürzung in Grünanlage.
122 BGH VersR 1975, 87; 1975, 88; 1978, 561; OLG München VersR 1988, 961; *Möllers* VersR 1996, 157.
123 BGH VersR 1979, 542; 1979, 1009; 1979, 1055; 1980, 946. Näher *Staab* VersR 2003, 690 f.
124 BGH VRS 12, 407; VersR 1957, 785; 1958, 609; 1959, 435.
125 BGH VersR 1980, 946.
126 BGH VersR 1963, 652; NJW 1978, 1629; OLG Hamm NJW 1996, 733.
127 BGH VersR 1973, 32; 1978, 561.
128 OLG Düsseldorf VersR 1966, 298.

er das Verhalten völlig Unaufmerksamer, ganz Unverständiger oder Betrunkener nicht einzuplanen.[129] Gegenüber Kindern, die sich unbefugt in einen Gefahrenbereich begeben, können Sicherungspflichten aber auch dann bestehen, wenn der Gefahrenbereich einen besonderen Anreiz ausübt und die damit verbundenen Gefahren für Kinder nicht ohne weiteres erkennbar sind.[130] Da der Umfang der Verkehrssicherungspflicht von objektiven Maßstäben abhängt, wäre es fehlerhaft, umgekehrt aus dem Vorliegen eines erheblichen Verschuldens des Geschädigten schließen zu wollen, eine Verkehrssicherungspflicht habe nicht bestanden.[131]

37 d) **Räumliche Grenzen.** Gegenstand der Verkehrssicherungspflicht sind alle Örtlichkeiten, die nach dem Willen des Verfügungsberechtigten von anderen Personen als dem Besitzer betreten werden sollen oder von denen Einwirkungen auf den Verkehr ausgehen können. Die Verkehrssicherungspflicht an öffentlichen Straßen bezieht sich also nicht nur auf die Fahrbahn, sondern sie umfasst – freilich mit unterschiedlichen Inhalten – Straßengrund, Straßenunterbau, Straßendecke, Bankette, Brücken, Durchlässe, Dämme, Gräben, Entwässerungsanlagen, Böschungen, Stützmauern, Mittelstreifen und die Sicherheitsstreifen beiderseits der Straße, ferner auch die Verkehrszeichen, die Verkehrseinrichtungen und die Bepflanzung (Einzelheiten s Rn 54 ff).

38 Die räumlichen Grenzen der Verkehrssicherungspflicht liegen dort, wo für einen mit den örtlichen Verhältnissen nicht vertrauten Verkehrsteilnehmer erkennbar die **Grenze der Benutzbarkeit** der Grundstücke zum öffentlichen Verkehr liegt.[132] Der Verkehrssicherungspflichtige hat aber auch zu bedenken, dass der Fahrer geringfügig von der eigentlichen Fahrbahn abkommen kann[133] oder dass Fußgänger an bestimmten Stellen der Straßenböschung bei einem Gewitter Schutz suchen.[134] Bei unbefestigten Seitenstreifen, Banketten usw sind die Sicherheitsanforderungen aber, der geringeren Sicherheitserwartung des Benutzers entsprechend, niedriger.[135] Das überwucherte Gelände neben einem landwirtschaftlichen Weg braucht nicht von Hindernissen freigehalten zu werden.[136] Geht eine Gefahr für den Straßenverkehr von einem angrenzenden Privatgrundstück aus (zB morscher Baum, sichtbehindernde Hecke), so ist der für die Straße Verkehrssicherungspflichtige ggf neben dem Grundeigentümer verantwortlich;[137] näher Rn 111 ff.

39 e) **Zumutbarkeit, Verhältnismäßigkeit.** Stets ist zu beachten, dass Verkehrssicherheit, die jeden Unfall ausschließt, nicht erreicht werden kann. Daher muss nicht jeder abstrakten Gefahr durch vorbeugende Maßnahmen begegnet werden. Vielmehr bedarf es nur solcher Sicherungsmaßnahmen, die ein verständiger und vorsichtiger Mensch für ausreichend halten darf, um andere vor Schäden zu bewahren, und die ihm zuzumuten

---

129 BGH VersR 1968, 399.
130 BGH VersR 1995, 672; NJW 1999, 2364; weitergehend *Möllers* VersR 1996, 154 ff.
131 BGH VersR 1963, 38.
132 BGH VersR 1957, 777; 1966, 562; OLGR München 2000, 316.
133 BGH VersR 1965, 483; OLG Zweibrücken OLGR 2000, 208 (Entwässerungsgraben neben Straße).
134 BGH VRS 23, 13; sehr weitgehend.
135 OLG Düsseldorf VersR 1994, 574; OLG Brandenburg NZV 2002, 563.
136 OLG Karlsruhe DAR 1989, 465.
137 BGH VersR 1980, 946.

§ 13 Haftung wegen Verletzung der Verkehrssicherungspflicht

sind.[138] Der Stand der Technik setzt hier Maßstäbe,[139] jedoch kann eine ständige, sofortige Anpassung an neue technische Entwicklungen nicht vorausgesetzt werden.[140] Nicht zumutbar ist eine Gefahrenabwehr, die übermäßige Kosten verursacht oder die finanziellen Möglichkeiten des Pflichtigen übersteigt;[141] hier wird aber im Regelfall zumindest eine Warnpflicht verbleiben.[142] Bei der Beurteilung der Verhältnismäßigkeit spielt das Ausmaß der drohenden Gefahr, dh die Wahrscheinlichkeit eines Schadens und sein zu erwartender Umfang, eine maßgebliche Rolle. Im Haftungsprozess muss ggf der Sicherungspflichtige darlegen, dass die Absenkung des Sicherheitsstandards trotz effektiver Ausschöpfung der Mittel und richtiger Prioritätensetzung unumgänglich war.[143]

Die Zumutbarkeit setzt auch dem Sicherheitsinteresse **besonders schutzbedürftiger Personen** Grenzen.[144] Auf Passanten mit Sehbehinderung braucht sich der Verkehrssicherungspflichtige nur einzustellen, wenn ihm bekannt ist, dass solche an der fraglichen Stelle häufiger auftreten.[145] Akustische Warnungen sind im Allgemeinen nicht geboten.[146] Bei besonders tückischen Gefahrenstellen, insbesondere Baugruben auf dem Gehweg, ist es allerdings idR zumutbar, für eine feste Absperrung (statt bloßer Warnschilder oder Leitkegel) zu sorgen.[147] Auch gegenüber Kindern, bei denen Warn- oder Verbotsschilder häufig wirkungslos bleiben, hat der Pflichtige bei besonders nahe liegendem Gefahrenpotential gesteigerte Schutzvorkehrungen zu treffen.[148] Hierauf können sich nur die Angehörigen des betreffenden Personenkreises berufen (s Rn 8). 40

In den **neuen Bundesländern** konnte nach dem Beitritt von den Verkehrssicherungspflichtigen nicht verlangt werden, dass sie das vernachlässigte Straßennetz kurzfristig dem westdeutschen Standard angleichen. Diese allgemein bekannte Situation führte auch zu einer geringeren Sicherheitserwartung.[149] Während einer mehrjährigen Übergangszeit, die nach Verkehrsbedeutung der Straße und Gefährlichkeit des Mangels abzustufen war, konnten dort daher nur geringere Anforderungen gestellt werden.[150] Besondere Gefahrenstellen mussten aber auch während dieser Übergangszeit wenigstens notdürftig beseitigt,[151] zumindest musste vor ihnen gewarnt werden.[152] 41

---

138 BGH VersR 1975, 812; 1978, 1163; 1980, 67. Näher *Staab* VersR 2003, 690 f; *Burmann* NZV 2003, 21.
139 BGH VersR 1966, 166.
140 RGRKomm/*Steffen* § 823 Rn 181.
141 Eingehend hierzu und zur Frage einer durch die Wirtschaftslage bedingten Absenkung des Sicherheitsstandards *Rinne* NVwZ 2003, 13.
142 *Krause* in: *Manssen* (Lit vor Rn 1) S 45.
143 *Krause* in: *Manssen* (Lit vor Rn 1) S 44 f.
144 *Rinne* NVwZ 2003, 11 (in Abgrenzung zu BGH NJW 1985, 620).
145 Etwa in der Nähe einer Blindenanstalt; KG VersR 1976, 862.
146 AG Augsburg VersR 1955, 722.
147 AA LG Heidelberg VersR 1989, 1106.
148 *Burmann* NZV 2003, 21 mwN.
149 OLG Dresden VersR 1997, 594; OLGR 1996, 259; ebenso mit weiter gehenden Erwägungen *Rinne* NVwZ 2003, 13.
150 KG NZV 1993, 108; 1995, 231; OLG Dresden VersR 1996, 21; LG Halle DtZ 1996, 60; LG Neubrandenburg NZV 1994, 75; *Bergmann/Schumacher* DtZ 1994, 4 ff u *Staab* VersR 2003, 693 mwN aus der umfangreichen Rspr.
151 LG Berlin NZV 1992, 411; LG Dresden DAR 1994, 327.
152 LG Leipzig NZV 1994, 235.

42 **f) Einfluss von Vorschriften und technischen Regelwerken.** Bestehen für bestimmte Bereiche der Verkehrssicherung Rechtsvorschriften, so begründet deren schuldhafte Missachtung eine Haftung aus Verletzung der Verkehrssicherungspflicht. Voraussetzung ist jedoch, dass der Zweck der Vorschrift tatsächlich auf den Schutz des verletzten Verkehrsteilnehmers gerichtet ist. Es ist denkbar, dass zB landesrechtliche Vorschriften über die bauliche Gestaltung von Straßen ganz anderen Zwecken dienen sollen (zB Umweltschutz; polizeiliche Zwecke; Förderung des gemeindlichen Zusammenlebens[153]). Ist dies der Fall, so kann die Vorschrift gleichwohl mittelbaren Einfluss auf den Umfang der Verkehrssicherungspflicht haben, denn sie kann eine entsprechende Verkehrserwartung begründen, auf die sich der Sicherungspflichtige einstellen muss, oder Anhaltspunkte für die Beurteilung der Zumutbarkeit liefern. Dasselbe gilt für technische Regelwerke (zB DIN).[154] Eine Verletzung der Verkehrssicherungspflicht kann also nicht allein aus der Nichtbeachtung technischer Straßenbauvorschriften hergeleitet werden.[155] Umgekehrt kann die Einhaltung solcher Regeln und Empfehlungen eine schuldhafte Sorgfaltspflicht ausschließen, zB wenn sich der Straßenbaulastträger bei einer Aufpflasterung nach den Empfehlungen des Versichererverbandes richtet.[156]

43 **g) Einfluss vertraglicher Beziehungen.** Bei entgeltlicher Straßenbenutzung (Mautstraße) kann sich aus dem Straßenbenutzungsvertrag eine über das allgemeine Maß hinausgehende Verpflichtung zur Verkehrssicherung ergeben,[157] zB zu einem durchgängigen Abstreuen der Straße auch außerorts. Zur Haftungsfreizeichnung s Rn 9.

44 **h) Umwelt- und Landschaftsschutz** können der Verkehrssicherungspflicht nur in Randbereichen, dh bei nicht allzu großer Gefahr, Grenzen setzen, da Leben und körperliche Unversehrtheit höherwertige Rechtsgüter sind. Bei extremer Glätte wird auf Salzstreuung nicht verzichtet werden können, ansonsten mögen Sand und Splitt ausreichenden Schutz bieten.[158] Die Beseitigung von gesunden Alleebäumen kann grundsätzlich nicht gefordert werden;[159] bei besonderen Unfallschwerpunkten können Schutzplanken Abhilfe bieten.

2. Inhalt der Pflicht

45 **a) Warnung oder Beseitigung.** Grundsätzlich ist die Gefahrenquelle zu beseitigen. Eine Warnung kann jedoch ausreichen, wenn die Beseitigung unzumutbar ist[160] oder wenn die Gefahr allein durch den Hinweis (bei Zugrundelegung obiger Grundsätze) ausreichend gebannt wird. Die unverzügliche Beseitigung der Gefahrenquelle durch Straßenbaumaßnahmen kann dagegen geboten sein, wenn trotz des vorhandenen Warn-

---

153 Vgl etwa BGH MDR 1971, 649.
154 OLG Hamm NZV 1995, 484; *Marburger* Die Regeln der Technik im Recht 441 ff; *Graf v Westphalen* Betrieb 1987 Beil Nr 11; *Krause* in: *Manssen* (Lit vor Rn 1) 48 f.
155 OLG Frankfurt VersR 1984, 473; *Edenfeld* VersR 2002, 272, 274.
156 OLG Celle MDR 2000, 156 m Anm *Peglau* MDR 2000, 452.
157 So zB österr OGH ZVR 1990, 54 u NZV 1990, 303 zur Kompletträumung einer Mautautobahn; ZVR 2001, 328 zur Glatteisgefahr. Näher *Hoffer* DAR 2001, 571, bes zur Vignettenmaut.
158 *Krause* in: *Manssen* (Lit vor Rn 1) 45 f.
159 *Krause* in: *Manssen* (Lit vor Rn 1) 47.
160 BGH VersR 1960, 998; LG Berlin VersR 1996, 603.

§ 13 Haftung wegen Verletzung der Verkehrssicherungspflicht

zeichnen ein sorgfältig fahrender und das Warnzeichen beachtender Fahrer der Gefahr zum Opfer fallen kann,[161] zB weil mit einer Unterschätzung der Gefahr gerechnet werden muss. Zumindest ist in solchen Fällen eine deutliche Warnung erforderlich.[162] Auch kann sich eine Gemeinde nicht ihrer Haftung für Verletzungen der Streupflicht durch Hinweise auf unterbleibenden Winterdienst entziehen.[163]

Die Befugnis der Straßenbaubehörden zur Anbringung von Warnschildern ergibt sich aus § 45 Abs 3 S 3 u Abs 2 StVO; jedoch gehen Maßnahmen der Straßenverkehrsbehörden vor. Letztere handeln hoheitlich (vgl § 12 Rn 23). Der Verkehrssicherungspflichtige darf sich nicht darauf verlassen, dass der Verkehrsregelungspflichtige tätig wird und umgekehrt.[164] Zugelassen sind nur die Gefahrzeichen und sonstigen Verkehrseinrichtungen nach der StVO (§ 45 Abs 4 StVO). Ihre Anbringung darf nicht ihrerseits Gefahren hervorrufen, etwa weil sie missverständlich oder verwirrend sind.[165]   **46**

Besteht lediglich eine Pflicht zur Aufstellung von Warnzeichen, so ist deren Verletzung nicht kausal für einen Unfall, wenn der Verunglückte die Gefahr gekannt oder in vorwerfbarer Weise nicht gekannt hat.   **47**

Gefahrenquellen, deren Beseitigung nicht möglich oder nicht zumutbar ist, die aber bei Dunkelheit allein aufgrund eines Warnschildes nicht ausreichend abgesichert werden, sind zu **beleuchten**. Auch die Beleuchtungspflicht ist Ausfluss der (im Prinzip privatrechtlichen) Verkehrssicherungspflicht. Sie ist zu unterscheiden von der in einigen Landesstraßengesetzen normierten öffentlich-rechtlichen Straßenbeleuchtungspflicht, die in erster Linie polizeilichen, aber auch wirtschaftlichen und sozialen Zwecken dient;[166] näher hierzu Rn 98 ff.   **48**

b) Für die Abwehr von Gefahren, die von **anderen Verkehrsteilnehmern** oder **unsachgemäßer Verkehrsregelung** ausgehen, ist nicht der Verkehrssicherungspflichtige, sondern der Verkehrsregelungspflichtige verantwortlich.[167] Anders verhält es sich jedoch, wenn durch Verhalten von Verkehrsteilnehmern bleibende Gefahrenquellen entstanden sind, zB durch Unfälle, Verschmutzung oder auf die Straße gebrachte Gegenstände,[168] oder wenn sich dem Verkehrssicherungspflichtigen die Notwendigkeit von Maßnahmen gegen eine gefahrträchtige Verkehrsregelung geradezu aufdrängt.[169]   **49**

c) **Überwachungspflicht.** Die Wahrnehmung der Verkehrssicherungspflicht bedingt eine laufende Kontrolle der Straße; der Verkehrssicherungspflichtige muss sie daher in angemessenen Zeitabständen begehen oder sonst überprüfen lassen.[170] Die Häufigkeit   **50**

---

161 BGH VRS 13, 3; VersR 1968, 1090.
162 OLG Brandenburg VersR 2001, 1259 (Geschwindigkeitsbeschränkung reicht nicht); dazu *Staab* VersR 2003, 691 f.
163 *Krause* in: *Manssen* (Lit vor Rn 1) S 42.
164 BGH VersR 1960, 998.
165 BGH VersR 1966, 360; 1967, 348.
166 *Berz* DAR 1988, 2.
167 BGH VRS 4, 173.
168 RGZ 121, 404; BGHZ 12, 124; BGH VersR 1957, 109.
169 BGH NZV 2000, 412 = LM § 839 (Fm) Nr 53 m Anm *Greger*.
170 BGH VRS 11, 408; 14, 1; OLG Nürnberg VersR 1958, 171; OLG Frankfurt DAR 1984, 19. S a *Kärger* DAR 2003, 6 mwN.

richtet sich nach der Verkehrsbedeutung der Straße. Bei einer Landesstraße ist ein dreitägiger Turnus nicht zu beanstanden,[171] bei Gehwegen[172] und Gemeindeverbindungswegen genügt eine gelegentliche Begehung. Übernimmt eine Behörde die Verwaltung einer Straße von einer anderen Stelle, so muss sie sich sogleich über den Straßenzustand unterrichten.[173] Unfallhäufung an bestimmten Stellen muss zum Anlass für verstärkte Beobachtung, Ursachenforschung und ggf Abhilfemaßnahmen genommen werden.[174]

51 **d) Organisationspflicht.** Öffentlich-rechtliche Körperschaften und sonstige juristische Personen sind für ausreichende Organisation der Erfüllung ihrer Verkehrssicherungspflicht verantwortlich. Sie haben die geeigneten Anordnungen zu treffen, um die regelmäßige Unterhaltung und Beaufsichtigung des Straßenwesens zu gewährleisten, den Vollzug, die Angemessenheit und das Zureichen dieser Anordnungen zu sichern, ferner deren stete Übereinstimmung mit den sich schnell ändernden Verkehrsbedürfnissen. Schließlich haben sie die Einrichtung ihrer Organisation, deren Arbeit und die Tätigkeit der dafür bestellten Bediensteten zu beaufsichtigen[175] (s a Rn 4).

52 e) Eine Verpflichtung zu **baulichen Maßnahmen** folgt aus der Verkehrssicherungspflicht im Allgemeinen nicht.[176] So kann zB nicht die Beseitigung von Unebenheiten des Gehwegs verlangt werden, die zu Pfützen- und Glättebildung führen können.[177] Ergeben sich aus dem Straßenzustand aber unvermutete Gefahren oder endet eine Ausbaustrecke, kann zumindest die Pflicht zur Aufstellung von Gefahrenzeichen bestehen[178] (vgl hierzu Rn 45 ff; zur Situation in den neuen Bundesländern Rn 41). Die Entscheidung darüber, in welcher Reihenfolge Ausbaumaßnahmen durchgeführt werden, steht im Ermessen des Baulastträgers; die Straßenbaulast aber begründet Pflichten nur gegenüber der Allgemeinheit, nicht gegenüber dem einzelnen Straßenbenutzer.[179] Unzulässig ist es, aus andernorts getroffenen besonderen Maßnahmen zur Erhöhung der Verkehrssicherheit (zB Linksabbiegerspur, Bahnunterführung) eine Verletzung der Verkehrssicherungspflicht abzuleiten.

53 f) Die **Sperrung** des Verkehrswegs kann bei extremen, nicht anders zu beseitigenden Gefahrenlagen geboten sein.[180]

---

171 OLG Karlsruhe NZV 1988, 21.
172 BayObLGR 1999, 24: Begehung alle 2 bis 3 Wochen genügt; OLG Koblenz OLGR 1999, 224: zweimonatlicher Turnus ausreichend; OLG Hamm NZV 2004, 141: auch nach heftigem Regen keine Wochenendkontrolle in Kurpark.
173 BGH VersR 1958, 380.
174 *Krause* in: Manssen (Lit vor Rn 1) S 43.
175 BGHZ 27, 278 = NJW 1958, 1234, 1819 m Anm *Nedden*.
176 BGH VersR 1957, 378; 1959, 435 (fehlende Überhöhung einer Kurve); 1966, 290; *Krause* in: Manssen (Lit vor Rn 1) S 41.
177 OLG Karlsruhe OLGR 2004, 540.
178 BGH VersR 1958, 332.
179 BGHZ 112, 74, 75.
180 *Staab* VersR 2003, 692; *Rinne* NVwZ 2003, 14 (nicht beherrschbare Steinschlaggefahr, Vorhandensein einer Alternativroute). S a BGH VersR 1979, 542.

§ 13 Haftung wegen Verletzung der Verkehrssicherungspflicht

IV. Einzelne Fallgruppen

1. Anlage des Verkehrswegs

a) Allgemeines. Grundsätzlich hat der Benutzer den Verkehrsweg so hinzunehmen, wie er sich ihm erkennbar darbietet. Er kann den Verkehrssicherungspflichtigen zB nicht deswegen haftbar machen, weil die Straße an einem Steilhang entlangführt, Kurven, Kreuzungen oder ein starkes Gefälle aufweist. Eine allgemeine Pflicht zum Anbringen von Leitplanken neben Böschungen oder Abhängen besteht nicht.[181] Bei außergewöhnlichen Verhältnissen kann jedoch zumindest ein Hinweis geboten sein. **54**

b) Rechtsprechungsnachweise (alphabetisch geordnet)

Abgrund neben der Straße

BGHZ 24, 124; BGH DAR 1952, 133 m Anm *Guelde* (Wasserlauf neben Straße); VersR 1959, 711 (Brückenauffahrt); 1959, 1043 (Uferpromenade); 1963, 950 (Fluss neben Straße); 1966, 562 (Autobahnparkplatz); BGHR BGB § 839 I 1 Verkehrssicherungspflicht 6 (Böschung, enge Kurve); OLG München VersR 1960, 211 (Dorfstraße); OLG Stuttgart DAR 1953, 236 (Straßengraben); OLG Düsseldorf VersR 1971, 967 (Steilhang); OLG Karlsruhe VersR 1973, 355 (Parkplatz). **55**

Einmündung

BGH VersR 1959, 33 (durch Wald verdeckte Einmündung). **56**

Grundstücksausfahrt

BGH Betrieb 1965, 1740 (gefährliche Werksausfahrt); OLG Düsseldorf VersR 1978, 851. **57**

Gefälle

LG Wiesbaden NJW 1952, 1098 (unvermutetes starkes Gefälle). **58**

2. Bauliche Beschaffenheit des Verkehrswegs

a) Allgemeines. Der Verkehrssicherungspflichtige hat die Straße – im Rahmen der in Rn 30 ff gezogenen Grenzen – in einen baulichen Zustand zu bringen bzw in einem solchen Zustand zu halten, von dem keine Gefahren für den Benutzer ausgehen. Dazu gehört auch die Untersuchung des Straßenbelags auf Griffigkeit bei Nässe.[182] Er darf sie auch nicht in der gutgemeinten Absicht der Verkehrsberuhigung in einen Zustand bringen, der Verkehrsgefahren heraufbeschwört (näher hierzu Rn 71). Auf ungewöhnliche Nutzungen (zB Rennräder mit besonders dünner Bereifung, Skates, Skiroller) braucht er den Straßenbelag nicht abzustellen; es ist Sache solcher Benutzer, auf entsprechende Gefahren zu achten.[183] Wegen der einzelnen Ausprägungen dieser Verpflichtung s die Rspr-Übersicht in Rn 60 ff. **59**

---

181 BGHR BGB § 839 I 1 Verkehrssicherungspflicht 6.
182 BGH VersR 1973, 637. Eingehend *Wendrich* NZV 2001, 503 ff.
183 OLG Düsseldorf OLGR 1996, 17; OLG Braunschweig OLGR 2003, 166; NZV 2005, 581.

Zweiter Teil. Haftung aus unerlaubter Handlung

b) Rechtsprechungsnachweise (alphabetisch geordnet)

Bankett

60 An die **Tragfähigkeit** sind nicht die gleichen Anforderungen wie bei der Fahrbahn zu stellen (BGH VersR 1962, 59; 1989, 848; OLG Hamm VersR 1983, 466). Der Fahrer kann dennoch grundsätzlich davon ausgehen, dass das Bankett langsam und vorsichtig befahrbar ist (BGH VersR 1969, 280; OLG Karlsruhe VersR 1978, 573; OLG Brandenburg MDR 2002, 757; nicht bei untergeordneten Straßen: OLG Hamm VersR 1973, 379; auch durch schwere Fahrzeuge: OLG München VersR 1980, 293), andernfalls muss davor gewarnt werden (OLG Rostock OLGR 1997, 252). Ist die mangelnde Tragfähigkeit aber ohne weiteres erkennbar, bedarf es keiner Warnung (BGH NJW 1957, 1396; VersR 1956, 220; 1964, 617; 1965, 516; OLG Brandenburg NZV 2002, 563). Ist bei enger, kurvenreicher Straße mit dem Befahren des Banketts durch schwere Fahrzeuge zu rechnen, müssen Vorkehrungen gegen ein Abrutschen getroffen werden (BGH VersR 1962, 574). Auf der engen Zufahrt zu einem Kieswerk muss das Bankett für ausweichende Lkw ausgelegt sein, nicht aber für einen überschweren Autokran (OLG Nürnberg NZV 2004, 363).

Die **Abgrenzung** von der Fahrbahn muss bei schlechter Erkennbarkeit gekennzeichnet sein (BGH VersR 1958, 13; OLG Köln VRS 8, 81; OLG Celle VRS 9, 253). Dies gilt aber nicht, wenn diese nur auf Schneebelag beruht (OLG Celle VRS 78, 9; OLG Stuttgart NZV 1990, 268; s a BayObLG VersR 1961, 716).

Auf einen gefährlichen **Höhenunterschied** muss zumindest hingewiesen (BGH VersR 1959, 830: verneint bei 6,8 cm; OLG Hamm NZV 2005, 43: bejaht bei 15 cm hoher, scharfer Kante), eine gefährliche **Abbruchkante** beseitigt werden (OLG Schleswig NZV 1995, 153). Bei einem unbefestigten Bankett kann aber nicht erwartet werden, dass ein Ausweichen und Wiederauffahren mit unverminderter Geschwindigkeit gefahrlos möglich ist (BGH NZV 2005, 255: keine Warnpflicht bei 5–8 cm hoher Kante).

Hindernisse und das **Ablagern von Gegenständen** auf dem Bankett begründen nicht generell, sondern allenfalls bei schlechter Erkennbarkeit einen Verstoß gegen die Verkehrssicherungspflicht (BGH VRS 4, 178 [Kieshaufen]; OLG Bamberg VersR 1981, 960 [Erdhaufen]; OLG Jena NZV 1999, 206 [herausragender Kanaldeckel]).

Bordsteinkante

61 **Abgrenzung von Rad- und Gehweg:** OLG Hamm NZV 1998, 500 u OLG Celle NJW-RR 2001, 1393 (Radfahrer stürzt bei Ausweichen auf Gehweg).

Gefährlicher Zustand: BGH VersR 1958, 531 (vorspringend); 1962, 665 (Wiederbeginn nach 25 m breiter Einfahrt); LG Oldenburg VersR 1959, 200 (überstehend); OLG Koblenz MDR 1999, 421 (Höhenversatz von Bordsteinen).

Erkennbarkeit: OLG Hamburg VersR 1977, 970; OLG Düsseldorf VersR 1994, 574 (auf Seitenstreifen).

Ende der Straße

62 **Unvermutetes Ende der Straße:** BGH NJW 1952, 1214; VRS 16, 131; 18, 268; OLG Nürnberg VersR 1958, 632; OLG Koblenz NJW-RR 2002, 1105; OLG Hamm DAR 2001, 273 (Zufahrt zu einer abgebrochenen Kanalbrücke).

Ende eines gemeinsamen Rad- und Fußweges: OLG Hamm VersR 2000, 788 (keine Kennzeichnungspflicht).

Oberflächenbelag

63 **Blaubasalt:** BGH VersR 1957, 238; 1957, 378; 1958, 262; 1959, 469; 1959, 828; 1960, 237; 1960, 996; 1963, 1045; 1966, 290; OLG Düsseldorf VRS 8, 107; OLG Hamm VersR 1964, 152.

§ 13 Haftung wegen Verletzung der Verkehrssicherungspflicht

Natursteinpflaster: OLG Koblenz OLGR 1999, 224 (Gehweg).
Grobe Steine auf Gehweg: OLG München VersR 1989, 862.
Geschliffene Betonsteinplatten: OLG Koblenz OLGR 2001, 55 (Fußgängerzone).
Holzbohlen: OLG Celle MDR 2001, 1168 (auf Fußgängerbrücke).
Lockere Lavalithschicht: BGH VersR 1960, 712; LG Koblenz VersR 1986, 497 (provisorischer Fußweg).
Fehlende Feinschicht: OLG Köln VersR 1986, 557 LS; OLG Düsseldorf VersR 1989, 274.
Sandbelag: OLG Düsseldorf NJWE-VHR 1997, 288 (Zweiradfahrer stürzt; Warnung mit Hinweisschild „Rollsplit").
Splitt: OLG Celle MDR 2000, 769.
Aufgeweichter Teer: OLG Bamberg VersR 1970, 845; 1979, 262; OLG Koblenz OLGR 2000, 108; OLG München OLGR 1999, 364 (LS).
Rutschgefährliche Teerdecke: BGH VersR 1973, 637.
Belagwechsel: BGH VersR 1959, 435; OLG Koblenz VersR 1993, 1417 (Gehweg).

Oberflächenschäden
Ablösen von Asphalt: OLG Hamm NJW-RR 2005, 254 (Kontrolldichte bei Netzrissen). **64**
Baumwurzelaufwurf: OLG Braunschweig NZV 2002, 93 (Radweg).
Belagaufbruch an Schienenübergang: OLG Stuttgart NZV 2003, 572.
Frostaufbrüche: BGH VersR 1960, 235 (Bundesstraße); OLG Nürnberg VersR 1958, 171 (Bundesstraße); 1971, 918 (Autobahn); OLG Oldenburg NdsRpfl 1958, 187 (entlang Straßenbahnschiene); OLG Frankfurt MDR 1959, 126; OLG Stuttgart VersR 1972, 868 (stark befahrene Bundesstraße); LG Aachen VersR 1987, 1100 (Anliegerstraße); OLG Koblenz MDR 1999, 39 (Bürgersteig); OLG Dresden OLGR 1996, 259 (in neuen Bundesländern).
Schlagloch: BGH 1959, 729 (Seitenstreifen einer Bundesstraße); OLG Nürnberg NZV 1996, 149 (Autobahnbaustelle); OLG Brandenburg NZV 1997, 479 (Landstraße mit Grobpflaster); OLG Rostock MDR 2000, 638 (unbefestigter Baustellenabschnitt); OLG Naumburg DtZ 1997, 296; LG Dresden DAR 2000, 480 (innerörtliche Straße in neuen Bundesländern); OLG Naumburg OLG-NL 1997, 27 (Gehweg); OLG Koblenz DAR 2001, 460 (einstweiliges Verfüllen mit Kaltmischgut); OLG Hamm VersR 2006, 425 (kein Schutz die Fahrbahn überquerender Fußgänger).
Hitzeaufbrüche: OLG Celle VersR 1984, 1172; LG Darmstadt VersR 1989, 1210; LG Heidelberg VersR 1992, 703 (BAB).
Spurrillen: OLG Hamm DAR 2005, 627; OLG Celle NZV 2005, 472 (gefrorene Spurrillen auf unbefestigtem Radweg); LG Heidelberg VersR 1989, 970 (Waldweg).
Parkstreifen: OLGR Frankfurt 1994, 74.
Lockere Pflasterung: OLG Koblenz NJWE-VHR 1996, 126; OLG Düsseldorf VersR 1996, 518 u OLG Rostock NZV 1998, 325 (Gehweg); OLG Jena MDR 2006, 1289 (Gehweg an Parkplatz).

Quergefälle
BGH VersR 1960, 237 (mit Blaubasalt); 1960, 998 (abschüssige Kurve); 1961, 162 (Ortsdurch- **65**
fahrt von Landstraße); OLG Hamm VkBl 1954, 39.

Querrinne
BGH VersR 1971, 475 (unvermutete Querrinne im Großstadtverkehr); OLG Schleswig VersR **66**
1964, 1258 m Anm *Böhmer* und OLG Brandenburg VersR 1996, 517 (provisorisch zugeschüttet); OLG Düsseldorf VersR 1985, 554 LS (10 cm tief, erkennbar); OLG Düsseldorf 1991, 1419 (Wirtschaftsweg); OLG Brandenburg VersR 1996, 478 (Privatstraße); OLG Köln

DAR 2002, 315 (aufgepflasterte Entwässerungsrinne); LG Limburg NJW-RR 1990, 862 (Gefahr nur für Frontspoiler).

Schachtdeckel

67 **Tragfähigkeit:** BGH VersR 1965, 483; 1967, 1155; OLG Hamm VersR 1977, 970.
Herausragen: BGH VRS 12, 407 (12 mm über Bürgersteig); VersR 1964, 746 (3 mm); OLG Koblenz VersR 1976, 739; 1976, 1163; OLGR 1999, 199 (3 cm am Gehwegrand); OLG Hamm VersR 1979, 1033; 1984, 292 LS (einige cm über Straßenbelag; Fußgänger stürzt, obwohl gut erkennbar); OLG Karlsruhe MDR 1984, 54 (2 cm über Straßenbelag); VersR 1993, 332 m Anm *Gaisbauer* 849 (4–5 cm, wenig befahrene Sackgasse); OLG Düsseldorf VersR 1983, 250 LS (1,5 cm über Straßenbelag); VersR 1985, 397 (7 cm hohe Erhöhung der Fahrbahndecke rund um Kanaldeckel); OLG Zweibrücken OLGR 2000, 85 (1–4,5 cm über Bürgersteig). Auf einer **noch nicht fertiggestellten Straße** muss mit herausragenden Kanaldeckeln gerechnet werden (OLG Köln VersR 1958, 457; OLG Düsseldorf VersR 1959, 529; 1993, 1029; OLG Saarbrücken VersR 1972, 207; KG VersR 1973, 351; 1977, 37; OLG München VersR 1977, 939 = 1978, 66 m abl Anm *Schulze*); OLG Koblenz VersR 1993, 1246. Dasselbe gilt für Verkehrsflächen, die **nicht für den allgemeinen Verkehr bestimmt** sind (OLG Stuttgart DAR 1983, 355: Pkw fährt gegen 20 cm herausragenden, durch Gras verdeckten Kanaldeckel auf nur von landwirtschaftlichen Fahrzeugen benutztem Wiesenweg; LG Oldenburg VersR 1982, 1061: Radfahrer stürzt auf Sandweg neben Ladestraße über 10 cm herausragenden Deckel).
Hochdrücken: OLG Düsseldorf VersR 1988, 161 (durch starken Regen); OLG Köln VersR 1992, 1268 (in Überflutungsbereich).
Hochkippen bei Belastung: OLG Hamm NZV 2005, 473.
Schlitze: BGH VersR 1983, 39 (parallel zur Fahrtrichtung); OLG Düsseldorf VersR 1978, 768 (zu breit); OLG Stuttgart VersR 2003, 876 (verkehrsarme Straße, gute Erkennbarkeit).
Sicherung gegen Abheben: BGH VersR 1976, 149; 1990, 498; OLG Celle NdsRpfl 1982, 132; NZV 1992, 239; LG Aachen VersR 1987, 78 LS; VersR 1991, 442 LS.
Tiefliegend: OLG München VersR 1962, 994; OLG Schleswig MDR 1998, 104 (3 cm mit gleitendem Übergang); OLG Jena NZV 1998, 71 (10 cm am laubbedeckten Fahrbahnrand in neuen Bundesländern).

Tragfähigkeit

68 BGH VersR 1958, 380 (zu schwacher Unterbau); 1958, 563 (Umleitungsstraße); 1964, 323 (Holzabfuhrweg); 1973, 126 (Überprüfung nach Bauarbeiten); 1983, 88 (Forstweg); 2006, 803 (nach Rohrverlegungsarbeiten); OLG Düsseldorf VersR 1992, 71; OLG Frankfurt OLGR 1998, 117 (Schwertransport).

Unebenheiten

69 **Absatz:** OLG Jena DAR 2003, 69 (19 cm hoher Absatz zu neuem Straßenbelag quer zur Fahrbahn).
Bodenwelle: OLG Schleswig VersR 1980, 1150 (bei drei aufeinanderfolgenden Wellen, die letzte mit Sprungschanzeneffekt, genügt Warnschild nicht; Geschwindigkeitsbeschränkung erforderlich); OLG Hamm NZV 1996, 494 (Warnung bei Gefahr für Motorradfahrer); LG Limburg NJW-RR 1986, 192 (verkehrsberuhigter Bereich); OLG Dresden DAR 1999, 122 (21 cm Vertiefung auf verkehrswichtiger Straße in neuen Bundesländern).
Bushaltestelle: BGH VersR 1970, 179.
Fahrbahnrand: OLG Düsseldorf VersR 1982, 858; OLG Hamm VersR 1984, 948 LS; OLG Düsseldorf VersR 1986, 397 LS (Höhenunterschied zum Seitenstreifen); OLG Celle VersR 1988, 857 (10 cm tiefer Absatz neben Radweg).

§ 13 Haftung wegen Verletzung der Verkehrssicherungspflicht

Fußgängerüberweg: OLG Celle VersR 1987, 315 (Straße mit Gleiskörper, mit Unebenheiten muss gerechnet werden).

Gehweg: BGH VersR 1967, 281; OLG Hamburg VersR 1978, 470; OLG Karlsruhe VersR 1978, 970; OLG Frankfurt VersR 1979, 58; 1982, 449; OLG Schleswig VersR 1989, 627; OLG Hamm VersR 1988, 467 (Höhenunterschiede); OLG Hamm VersR 1986, 349 (Höhenunterschied zu Garagenzufahrt); OLG Oldenburg VersR 1995, 599 (zu Privatgrundstück); OLG Düsseldorf VersR 1985, 397 LS (herausragende Begrenzungssteine zu Parkplatz); OLG Düsseldorf VersR 1993, 1416; OLG Frankfurt NJW-RR 1994, 348 (unebener Plattenbelag); BGH VersR 1969, 35 (schadhafte Platten); OLG Karlsruhe VersR 1959, 861 (Kopfsteinpflaster); OLG Düsseldorf VersR 1983, 349 LS (Platten wegen Baustelle vorübergehend entfernt); OLG Hamm VersR 1984, 292 LS (stufenförmige Unterteilung in Längsrichtung); OLG Hamm VersR 1993, 1030 LS (scharfkantige Höhendifferenz von 2,5 cm); MDR 1996, 1131 (Höhendifferenz 5 cm bei Wechsel des Oberflächenbelags); OLG Köln ZfS 1991, 256 (mehr als 2 cm Niveauunterschied); OLG Celle MDR 1998, 1031 (geringer Höhenunterschied bei instabilem Pflasterstein); OLG Düsseldorf VersR 1996, 603 (6 cm tiefes Loch in Fußgängerzone); VersR 1995, 1440 (Gehwegplatten mit Höhendifferenz); OLG Düsseldorf VersR 1983, 542 (10 cm tiefes Loch auf Wanderweg); OLG München MDR 1999, 161 (breite Verfugung um Lichtschacht am Gehwegrand); OLG Düsseldorf NJWE-VHR 1997, 287 (Wurzelwerk); OLG Köln OLGR 2000, 442 (Steinplatten im Innenbereich eines Einkaufszentrums); OLG Schleswig MDR 2005, 29 (Pflasterunebenheit nach Bauarbeiten).

Hoffläche: LG Duisburg VersR 1983, 164.

Hydrant: OLG München OLGR 1997, 4 (Vertiefung um herausragenden Unterflurhydranten).

Niveauunterschied: OLG Düsseldorf VersR 1994, 982 (Fußgängerbereich); NVwZ-RR 1994, 481 (zu Gleiskörper); OLG Celle OLGR 1999, 337 (Geh- und Radweg); OLG Jena DAR 2001, 311 (zu Gleisbett); OLG Hamm NZV 2005, 193 (makelloser Plattenbelag auf Marktplatz mit Vertiefungen zur Entwässerung); OLG Hamm NZV 2004, 142 (nicht farblich abgehobenes Podest zwischen Fahrbahn und Gehweg); OLG Celle DAR 2003, 34 (Fußgänger- und Fahrbereich in Parkhaus); OLG Hamm VM 2006, 62 (Stufenanlage auf Marktplatz).

Pflaster: BGH VersR 1959, 435 (Mulde); BGH DVBl 1966, 403 (Verkehrsknotenpunkt); OLG Oldenburg VRS 6, 82 (Nebenstraße); OLG Neustadt MDR 1955, 32 (Notpflasterung); OLG Frankfurt VersR 1959, 506 (Steine durch Kinder entfernt); OLG Koblenz VersR 1985, 844; OLGR 1997, 311 (erkennbar unebenes historisches Pflaster); OLG Oldenburg VersR 1987, 57 LS, OLG Hamm NZV 1991, 471 (Fußgängerzone); OLG Köln NZV 1992, 365 (Fußgängerzone; Mulde mit 2,5 cm hoher Kante, VersR 1994, 1321 (Absenkung im Gleisbereich der Straßenbahn auf vielbegangenem Platz); OLG Düsseldorf NJW-RR 1995, 1114 (baumbestandener Parkplatz).

Schienen: OLG München ZfS 1990, 295 (4 cm herausragende Straßenbahnschienen).

Vertiefung: BGH VersR 1962, 326 (durch Wasserrohrbruch); OLG Braunschweig VRS 26, 295 (Betonstraße); OLG Düsseldorf VersR 1982, 1076 (durch Nachsacken des Erdreichs nach Probebohrung); OLG Frankfurt VersR 1984, 394 (flache Mulde); OLG Celle NZV 1989, 72 (Loch in Fahrbahnmitte, Fußgänger stürzt); OLG Düsseldorf VersR 1993, 1125 (Aussparung in Fahrbahndecke); OLG Koblenz DAR 2001, 460 (rillenartige Vertiefung, Sturz eines Radfahrers); OLG Dresden OLG-NL 1996, 222 (Fußgänger stürzt auf Parkplatz); OLG Düsseldorf VersR 1997, 639; NJWE-VHR 1997, 286 (laubbedeckte Vertiefung); NJWE-VHR 1997, 287 (Fußgänger stürzt nachts auf Wanderweg); OLG Saarbrücken OLGR 1997, 308 (Feldweg); OLG Frankfurt OLGR 1997, 299 (Kiesweg); LG Frankfurt/M. VersR 1989, 928 LS (Dorfstraße); LG Aachen VersR 1990, 102; LG Aschaffenburg NJW-RR 1991, 1129 (Überwachung nach Behebung eines Rohrbruchs); LG Trier NJW-RR 2003, 1605 (10 cm tiefes Loch auf in Bau befindlicher Straße).

Zweiter Teil. Haftung aus unerlaubter Handlung

Verengung

70 BGH VersR 1958, 531 u 1963, 652 (plötzlich); BGH VersR 1958, 563 (Umleitung zu eng); BGH VersR 1960, 349 (durch Straßenbahn); OLG Oldenburg VRS 15, 322 (Seitenstreifen endet); OLG Nürnberg VersR 1965, 1037 (Parkstreifen endet); OLG Karlsruhe VersR 1977, 971 (Bachbrücke).

3. Verkehrsberuhigende Maßnahmen

71 a) **Allgemeines.** Geschwindigkeitshemmende Hindernisse sind nur dann mit der Verkehrssicherungspflicht vereinbar, wenn sie von allen Verkehrsteilnehmern (auch Zweiradfahrern und Fahrzeugen mit geringer Bodenfreiheit) gefahrlos passiert werden können, wenn sie ausreichend kenntlich gemacht sind bzw unübersehbar vor ihnen gewarnt wird und wenn sie auch bei in Rechnung zu stellenden Unaufmerksamkeiten oder Verkehrsverstößen keine unverhältnismäßigen Gefahren heraufbeschwören.[184] Wird diesen Anforderungen nicht genügt, kommt auch eine Haftung nach § 823 Abs 2 BGB iVm § 32 StVO in Betracht (s § 11 Rn 35).

b) **Rechtsprechungsnachweise**

72 **Mittelinseln** sind am wenigsten problematisch. Hier reicht im Allgemeinen die Kennzeichnung durch Zeichen 222 der StVO.[185]

Seitliche Verengungen durch Bauminseln oder Pflanzbeete dürfen den Straßenbenutzer nicht überraschen. Er muss durch bauliche Maßnahmen, Warnbaken oder Markierungen auf die Verengung vorbereitet werden; ein erst an der Insel selbst angebrachter Pfahl, noch dazu ohne Reflektor, reicht keinesfalls.[186] Vor einer zweiten Ausbuchtung innerhalb ein und derselben Engstelle braucht nicht besonders gewarnt zu werden.[187]

Für auf die Fahrbahn gesetzte **Blumenkästen, Barrieren und Poller** gilt dies in noch höherem Maße. Sie müssen mit eigener Lichtquelle, Warnbaken oder Reflektoren, die jedenfalls am Beginn des verkehrsberuhigten Bereichs deutlich ins Auge fallen müssen, versehen sein.[188] Eine wenige Meter vor dem Hindernis beginnende Sperrfläche reicht keinesfalls.[189] Innerhalb eines verkehrsberuhigten Bereichs (Zeichen 325/326 StVO) können die Anforderungen geringer sein, da dort ohnehin nur mit Schrittgeschwindigkeit gefahren werden darf.[190] Für die Verschiebung eines Pollers durch Unbefugte haftet die Gemeinde nach OLGR Düsseldorf 1996, 16 nicht.

Fahrbahnschwellen und Aufpflasterungen sind nur iVm Geschwindigkeitsbeschränkungen und Warnschildern zulässig und müssen grundsätzlich so ausgestaltet sein, dass sie von allen zum Verkehr zugelassenen Fahrzeugen bei Einhaltung der vorgeschriebenen Höchstgeschwindigkeit ohne Beschädigung passiert werden können.[191] Dem allgemeinen innerstädtischen Ver-

---

184 Rspr-Übersichten bei *Landscheidt/Götker* NZV 1995, 92 f, *Berr* DAR 1991, 281 ff und nachfolgend.
185 OLG Düsseldorf VersR 1989, 208; vgl auch LG Aachen VersR 1992, 1242 zu noch nicht fertiggestellten Inseln, sowie § 12 Rn 27.
186 OLGR Hamm 1994, 110.
187 OLG Düsseldorf VersR 1996, 518.
188 OLG Nürnberg NZV 1990, 433; OLG Hamm NZV 1994, 400; NJW 1996, 733; OLG Saarbrücken MDR 1999, 1440; OLG Celle NZV 1991, 353; LG Koblenz DAR 1991, 456.
189 OLG Celle NZV 1991, 353; OLG Hamm NZV 1994, 400; **aA** OLG Düsseldorf NJW 1996, 731.
190 Vgl LG Oldenburg ZfS 1990, 401; *Berr* DAR 1991, 281.
191 BGH NZV 1991, 385; OLG Hamm NZV 1992, 483; zu den Anforderungen an die Warnschilder OLG Koblenz MDR 2000, 451.

kehr dienende Straßen müssen auch für tiefliegende Omnibusse[192] und für Fahrzeuge mit besonders geringer Bodenfreiheit gefahrlos passierbar sein;[193] bei besonders ausgeschilderten verkehrsberuhigten Zonen sind dagegen Einschränkungen vertretbar.[194] Lässt die Gemeinde in der verkehrsberuhigten Zone einen gewissen Lastverkehr zu, muss auch dieser die Rampen bei vorsichtiger Fahrweise gefahrlos passieren können.[195] Auch für Zweiradfahrer müssen die Schwellen gefahrlos passierbar sein,[196] zumindest muss vor ihnen gut sichtbar gewarnt werden;[197] bei Aufbringung sog **Kölner Teller** muss für Radfahrer ein ausreichend breiter Fahrweg zur Verfügung stehen.[198] Parkplatzzufahrt: LG Saarbrücken ZfS 1991, 79.

4. Verschmutzung

a) Allgemeines. In den Straßengesetzen der Länder wird zumeist den Gemeinden eine Verpflichtung zur Straßenreinigung innerhalb der geschlossenen Ortslage auferlegt. Diese öffentlich-rechtliche, „polizeiliche" Reinigungspflicht kann weiter gehen als die allgemeine Verkehrssicherungspflicht des Straßenbaulastträgers[199] und Amtshaftungsansprüche begründen.[200] Soweit Inhaltsgleichheit besteht, verdrängt sie die Pflicht des Straßenbaulastträgers zur „verkehrsmäßigen" Reinigung.[201] Nach den einschlägigen landesrechtlichen Vorschriften[202] ist weitgehend die Übertragung dieser Wegereinigungspflicht auf die Anlieger vorgesehen. In diesem Fall bestimmt sich der Umfang ihrer Reinigungspflicht nach diesen Vorschriften, auch wenn er enger ist als aufgrund der privatrechtlichen Verkehrssicherungspflicht; die Gemeinde bleibt dann zur Ergänzung der Maßnahmen nach verkehrssicherungsrechtlichen Gesichtspunkten verpflichtet.[203] Außerdem trifft sie eine Überwachungspflicht (vgl Rn 79). **73**

b) Umfang der Verkehrssicherungspflicht. Eine allgemeine Pflicht, die Fahrbahnen frei von jeglicher Verschmutzung zu halten, besteht nicht. Außergewöhnliche und für den Kraftfahrer nicht vorhersehbare Verschmutzungen, die eine Schleuder- oder Rutschgefahr mit sich bringen, müssen jedoch vom Verkehrssicherungspflichtigen beseitigt werden (Einzelfälle Rn 76; zur Haftung des Verursachers Rn 75). Im Übrigen richtet sich das Ausmaß der Reinigungspflicht nach der Verkehrsbedeutung der Straße. So kann zB auf Landstraßen oder in Dörfern eine mäßige Verschmutzung, mit der der Verkehrsteilnehmer rechnen muss, im Allgemeinen nicht beanstandet werden,[204] des- **74**

---

192 OLG Köln DAR 1992, 376 m Anm *Berr*; VersR 1992, 1262.
193 BGH NZV 1991, 385; OLG Düsseldorf VersR 1996, 602; *Berr* DAR 1991, 283 ff; *Edenfeld* VersR 2002, 272, 275; **aA** OLG Hamm NZV 1990, 352 (durch vorgenanntes BGH-Urteil aufgehoben); NJW 1990, 2474; OLG Celle OLGR 1998, 334.
194 BGH NZV 1991, 386; OLG Düsseldorf VersR 1989, 1196; NJW 1993, 1017; OLG Hamm NZV 1993, 231.
195 LG Aachen VersR 1990, 1118.
196 OLG Hamm NZV 1990, 352; NZV 1996, 494; OLG Düsseldorf NJWE-VHR 1997, 94; LG Aurich DAR 1989, 69 (Kunststoffschwellen); zu den Anforderungen in verkehrsberuhigten Bereichen OLG Köln VersR 1993, 1545.
197 OLGR Karlsruhe 1998, 372.
198 OLG Saarbrücken NZV 1998, 284; OLG Frankfurt OLGR 2003, 106.
199 BGHZ 112, 74; VersR 1963, 335; 1970, 1154.
200 BGHZ 27, 278; 32, 352.
201 BGH NZV 1997, 169 zu § 17 LStrG Rh-Pf.
202 Überbl bei *Kodal/Krämer*, Straßenrecht[6] (1999) Anh, S 1642.
203 RGRKomm/*Steffen* § 823 Rn 197.
204 OLG Stuttgart NJW 1959, 2065.

Zweiter Teil. Haftung aus unerlaubter Handlung

gleichen und erst recht auf einem der Landwirtschaft dienenden Wirtschaftsweg.²⁰⁵ Die Pflicht zur Beseitigung der Verschmutzung besteht allerdings erst, wenn der Verkehrssicherungspflichtige oder sein Organ (vor allem der Straßenmeister) auf die Verschmutzung aufmerksam gemacht wurde oder durch regelmäßige Begehung der Straße durch einen Straßenwärter ihm die Verschmutzung hätte zur Kenntnis gelangen müssen. Sichtkontrolle vom Fahrzeug aus genügt.²⁰⁶ Im Herbst ist an Straßen, die mit Laubbäumen gesäumt sind, für regelmäßige²⁰⁶ᵃ (wenn auch nicht ständige) Beseitigung des Laubes zu sorgen. Erneuert sich die Verschmutzung an einer bestimmten Stelle (Zufahrt zu einer Baustelle, einer Kiesgrube) während eines gewissen Zeitabschnitts laufend, so muss der Verkehrssicherungspflichtige Warnzeichen aufstellen.²⁰⁷ Das Gleiche gilt (jedenfalls an Straßen mit größerer Verkehrsbedeutung), wenn an Strecken, über die regelmäßig Vieh getrieben wird, die sofortige Beseitigung des Unrats nicht gewährleistet ist.²⁰⁸

75 c) **Verursacherhaftung.** Neben dem für die Straße Verkehrssicherungspflichtigen haftet auch der Verursacher der Verschmutzung für deren pflichtwidrige Nichtbeseitigung. Wer zB die Straße vor seiner Hofeinfahrt verschmutzt, hat die Gefahrenstelle unmittelbar nach Beendigung seiner Arbeit zu beseitigen, auch wenn es sich nur um eine kleine Stelle handelt.²⁰⁹

76 d) **Rechtsprechungsnachweise** (alphabetisch geordnet):
Ackererde: BGHZ 16, 95; OLG Oldenburg MDR 1958, 843; OLG Bamberg VRS 15, 174, OLG Neustadt MDR 1959, 758; OLG Schleswig NZV 1992, 31.
Baustelle: BGH VersR 1959, 708; Betrieb 1966, 148 (Transport von Aushub).
Frostschutzmittellösung: OLG Nürnberg VersR 2001, 999 (Glätte auf BAB).
Holzbrücke: OLG Koblenz OLGR 1999, 32 (Rad- und Wanderweg).
Hundekot: OLG Hamm VersR 1980, 685.
Landwirtschaft: OLG Oldenburg VRS 34, 244; OLG Düsseldorf VersR 1981, 659.
Laub: OLG Nürnberg NZV 1994, 68; KG VersR 2006, 946 (Gehweg); OLG Hamm NZV 2006, 550 (Rad-/Gehweg).
Militär: OLG Stuttgart NJW 1959, 2065; LG Hechingen VersR 1983, 94 m Anm *Riecker*.
Ölspur: BGH VersR 1956, 778; 1958, 330; 1964, 925; OLG Hamm VersR 1994, 726; OLGR Düsseldorf 1995, 6 (Ausführungsfehler bei Beseitigung durch an sich nicht unterhaltungspflichtige Stadt).
Sand: OLG Düsseldorf VersR 1981, 387 (dünne Schicht); OLG Koblenz DAR 2002, 269.
Schlamm: OLG Celle VersR 1955, 397; OLG Düsseldorf VersR 1985, 94 (von Trampelpfad auf Parkplatz); OLG Karlsruhe NZV 1988, 20 (von Feldweg eingeschwemmt); LG Kreuznach VersR 1965, 345 (Tauwetter).
Splitt: BGH VersR 2003, 1451 (Streugut muss nicht sofort wieder entfernt werden); OLG Hamm NZV 1989, 235; OLG Celle MDR 2000, 769; OLG Koblenz DAR 2001, 362 (unzureichend gesäuberte Unfallstelle).

---

205 OLG Düsseldorf VersR 1981, 659; OLG Köln VersR 1996, 207.
206 OLG Hamm NZV 1995, 353.
206a S dazu OLG Hamm NZV 2006, 550.
207 BGH VersR 1959, 708.
208 BGH VersR 1961, 1121 m Anm *Venzmer*.
209 OLG Oldenburg VRS 34, 244.

Steine: OLG Düsseldorf VersR 1996, 602 LS (Schotter vom Fahrbahnrand); OLG Koblenz Schaden-Praxis 1999, 371 (herabrollende Felsbrocken).
Verpackungsschlaufe: OLGR Düsseldorf 1997, 320.
Vieh: BGH VersR 1961, 1121 m Anm *Venzmer*; OLG München DAR 1954, 157; OLG Köln VersR 1996, 207.

5. Schnee- und Eisglätte

a) Allgemeines. Die winterlichen Wetterbedingungen bringen für den Straßenverkehr besondere Gefahren mit sich. Sie völlig auszuschalten, kann dem Verkehrssicherungspflichtigen nicht zugemutet werden. Soweit der Umfang der Räum- und Streupflicht nicht durch Rechtsvorschriften präzisiert ist, gilt auch hier der allgemeine Grundsatz, dass nur besondere Gefahren, mit denen nicht gerechnet werden muss, zu beseitigen sind, und auch dies nur im Rahmen des Verhältnismäßigen und Zumutbaren. Unter Umständen kann eine Warnung ausreichend, aber auch geboten sein. Wird eine besondere Glättegefahr durch einen Straßenanlieger hervorgerufen (zB durch Kondensation von Wasserdampf aus den Kühltürmen eines Kraftwerks), so trifft die Pflicht zur Gefahrenabwehr auch diesen.[210]

b) Träger der Räum- und Streupflicht ist grundsätzlich der Verkehrssicherungspflichtige.[211] Soweit aber besondere landesrechtliche Regelungen bestehen, die die Räum- und Streupflicht den Gebietskörperschaften als öffentlich-rechtliche Last auferlegen,[212] haften diese bei Nichterfüllung der Pflichten aus Amtshaftung. Die Haftung verdrängt andere auf §§ 823 und 839 BGB beruhende Ansprüche wegen Verletzung einer entsprechenden Verkehrssicherungspflicht.[213] Bei Einschaltung eines Privatunternehmens bleibt die Körperschaft überwachungspflichtig (Rn 14). Streiten sich zwei Körperschaften darüber, wer von ihnen auf einer Straße zu streuen hat, so muss die Körperschaft, die bisher gestreut hatte, bis zur Klärung der Lage weiter streuen.[214]

Hinsichtlich der Gehwege[215] ist die Pflicht weitgehend durch Rechtssatz auf die **Anlieger** übertragen.[216] Diese haften ggf im Rahmen der Übertragung privatrechtlich nach allgemeinen Grundsätzen; die Satzungen, die die Reinigungspflicht übertragen, sind dabei Schutzgesetze iSd § 823 Abs 2.[217] Die Gemeinde bleibt überwachungspflichtig (Amtspflicht)[218] und haftet auch, wenn sie eine unklare, unzureichende Regelung trifft.[219] Ist die Gemeinde selbst Anliegerin, haftet sie nicht nach Amtshaftungs-, sondern nach allgemeinen privatrechtlichen Grundsätzen.[220]

---

210 BGH VersR 1985, 641; OLG Köln NZV 1995, 111.
211 BayObLGZ 1957, 160.
212 Vgl *Kodal/Krämer*, Straßenrecht⁶ (1999) Anh, S 1642.
213 BGH NZV 1997, 169; VersR 1985, 973.
214 BGHZ 31, 219 = LM Nr 75c zu § 823 (Dc) BGB m Anm *Pagendarm*.
215 Zum Begriff OLG Köln VersR 1993, 1286; OLG Frankfurt OLGR 2001, 112; OLG Dresden VersR 2003, 1414 (Fahrbahnstreifen, wenn kein Gehweg vorhanden).
216 Zum Umfang der übertragenen Streupflicht: OLG Dresden NZV 2001, 80; OLG Hamm VersR 2001, 652 (Fahrbahn).
217 OLG Celle VersR 1998, 604.
218 BGH NJW 1966, 2311; OLG Düsseldorf VersR 1999, 315 LS; zum Verweisungsprivileg s § 12 Rn 71.
219 OLG Köln VersR 1988, 827.
220 BGH NZV 1992, 315; OLG Düsseldorf VersR 1996, 79; OLG Hamm NZV 2003, 234.

Zweiter Teil. Haftung aus unerlaubter Handlung

80 Auch die Eigentümer von Schienengrundstücken sind in diesen Fällen streupflichtig,[221] ebenso jene von Ruinengrundstücken,[222] bei zwangsverwalteten Häusern der Zwangsverwalter.[223] *Miteigentümer* sind gemeinsam mit der Streupflicht belastet;[224] stürzt einer von ihnen, kann er die anderen nicht in Anspruch nehmen.[225] Bei *Wohnungseigentum* ist zu differenzieren: Hinsichtlich des Gemeinschaftseigentums ist die (nach BGH NJW 2005, 2061 teilrechtsfähige) Eigentümergemeinschaft als Verband sowohl Dritten als auch Mitgliedern gegenüber verkehrssicherungspflichtig;[226] die einzelnen Miteigentümer haften bei Schadensfällen nach dem Inkrafttreten des WEG-ReformG in Höhe ihres Miteigentumsanteils akzessorisch (§ 10 Abs 8 WEG nF). Hinsichtlich des Sondereigentums oder der einem Wohnungseigentümer zur Sondernutzung zugewiesenen Fläche haftet allein der berechtigte Miteigentümer. Bei *Eigentumsübertragung* geht die Streupflicht auch dann nicht vor der Umschreibung auf den Erwerber über, wenn ein vorzeitiger Übergang von „Nutzungen und Lasten" vereinbart ist.[227]

81 Der Haus- oder Wohnungseigentümer kann seine Streupflicht auf die Mieter abwälzen,[228] jedoch trifft ihn in diesem Fall weiterhin eine Überwachungspflicht.[229] Dasselbe gilt bei Übertragung auf einen Hausmeister.[230] Eine Wohnungseigentümergemeinschaft genügt ihrer Überwachungspflicht nicht schon durch die Bestellung eines für die Durchführung der Hausordnung verantwortlichen Verwalters.[231] Überträgt der Streupflichtige die Ausführung einem Reinigungsunternehmen oder einer anderen Person, so ist im Zweifel anzunehmen, dass er sich des Unternehmens (der Person) nur als Verrichtungsgehilfen bedienen will, dass er also bei deren Pflichtverletzung nach § 831 BGB haftet.[232]

82 Wer wegen Alters, Krankheit oder sonstiger Verhinderung nicht streuen kann, muss dafür sorgen, dass ein anderer streut.[233] Wer eine Straße laufend streut, ist für die ordnungsgemäße Ausführung verantwortlich, auch wenn er rechtlich zum Streuen nicht verpflichtet war.[234] Ein Anlieger, der vor seinem Haus einen Streifen von Schnee freischaufelt, muss ihn auch streuen.[235]

83 Die Räum- und Streupflicht des Anliegers bezieht sich auf die gesamte Grundstücksfront, nicht nur auf die Teile des Gehwegs, von denen aus ein Zugang zu dem Grundstück möglich ist.[236]

84 **c) Umfang der Streupflicht.** Die Streupflicht diente ursprünglich nur dem Schutz der Fußgänger, sodass für die **Fahrbahn** nur in Ausnahmefällen eine Streupflicht bejaht wurde,[237] wie zB dort, wo sich Fußgängerüberwege befinden, wo die Fußgänger sie in

---

221 OLG München VersR 1992, 591.
222 OLG Hamburg VersR 1955, 125.
223 KG JW 1937, 1073.
224 BGH VersR 1985, 244 = JR 1985, 332 m Anm *Baumgärtel*.
225 OLG Hamm VersR 2002, 1299 (Miterbbauberechtigte).
226 OLG München NJW 2006, 1293, 1294 = ZMR 2006, 226 m krit Anm *Elzer*; *Fritsch* ZWE 2005, 384; LG Würzburg ZMR 2006, 400, 401.
227 BGH NJW 1990, 111 m Anm *Jerschke* DNotZ 1991, 591; OLG Hamm NJW 1989, 839.
228 BGH VRS 12, 86.
229 BGH VersR 1962, 238; 1984, 1190; 1985, 244; OLG Celle VersR 1998, 604; OLG Köln VersR 1996, 246; OLG Frankfurt VersR 1980, 51; 1985, 768.
230 Zu den Anforderungen an die Überwachungspflicht s OLG Celle VersR 1990, 169.
231 BGH VersR 1985, 244.
232 RG JW 1931, 1690; BGH VersR 1957, 62; OLG Oldenburg VersR 1956, 523.
233 BGH VersR 1970, 182; *Horst* MDR 2001, 189.
234 BayObLGZ 56, 256; **aA** OLG Neustadt VersR 1959, 959.
235 BGH VersR 1969, 1022.
236 OLG München VersR 1992, 591: Böschung eines Bahngrundstücks.
237 RG JW 1913, 859; HRR 1929, Nr 1091; BGH VersR 1955, 295; 1960, 323; VRS 10, 254; OLG Stuttgart DAR 1953, 236.

§ 13 Haftung wegen Verletzung der Verkehrssicherungspflicht

Längsrichtung benützen müssen oder sie im Allgemeinen zu überschreiten pflegen.[238] Der zunehmende Fahrzeugverkehr hat eine Erweiterung mit sich gebracht, doch gilt auch heute für die Fahrbahnen nur eine beschränkte Streupflicht. Diese besteht allerdings nicht nur gegenüber dem Kraftfahrzeug-, sondern auch gegenüber dem Radfahrverkehr.[239] Dass vielfach in einem größeren Umfang gestreut wird, darf nicht zum Schluss auf eine entsprechende Rechtspflicht führen.[240] In jüngster Zeit führen Belange des Umweltschutzes wieder zu einer Reduktion der Winterdienste, insbesondere der Verwendung von Auftausalz.[241] Den Gemeinden steht bei der Aufstellung ihrer Streupläne ein gewisses Ermessen zu; ihre Leistungsfähigkeit begrenzt die Sicherheitserwartungen des Verkehrs.[242] Sie können sich allerdings nicht durch Hinweisschilder wie „Kein Winterdienst" ihrer Sicherungspflicht völlig entledigen.[243]

Innerhalb geschlossener Ortschaften – entscheidend ist hierbei die zusammenhängende, wenn auch nur einseitige Wohnbebauung, nicht das Ortsschild[244] – muss die Fahrbahn bei Auftreten von Glatteis an allen **gefährlichen und verkehrswichtigen Stellen** gestreut werden.[245] Dies gilt ungeachtet der etwas abweichenden Fassung der Straßenreinigungsgesetze auch in Nordrhein-Westfalen[246] und Berlin.[247] Die vorausgesetzte Verkehrsbedeutung kann insbesondere bei Ortsdurchfahrten von Bundesstraßen sowie bei städtischen Hauptverkehrsstraßen bejaht werden.[248] Sie erstreckt sich nicht auf den Einmündungsbereich von Nebenstraßen.[249] „Gefährliche Stellen" sind vor allem solche, an denen häufig gebremst werden muss, wie Kreuzungen[250] und Lichtzeichenanlagen,[251] aber auch scharfe Kurven,[252] Engstellen und Gefällestrecken.[253] Der Einstufung im Streuplan der Gemeinde kommt nur Indizwirkung zu; Rechtspflichten lassen sich aus ihr allein nicht ableiten.[254] An **besonders gefährlichen Stellen** (zum Begriff

85

---

238 BGH NJW 1960, 41; 1969, 378; BayObLGZ 1957, 157; OLG Hamburg VersR 1958, 33; OLG München VersR 1961, 569.
239 BGH NJW 1965, 100.
240 OLG Köln VersR 1990, 322.
241 Vgl *Schmid* NJW 1988, 3177.
242 BGH VersR 1990, 1151; OLG Frankfurt NVwZ-RR 1995, 4.
243 *Rinne* NVwZ 2003, 12.
244 BGH VersR 1967, 504; OLG Celle NdsRpfl 1983, 275; OLG Köln VersR 1985, 789.
245 BGHZ 6, 3; 31, 75; 40, 380; BGH NZV 1998, 199; OLGR Karlsruhe 1997, 50; OLG Frankfurt NJW 1988, 2546; OLG München NJW-RR 1990, 1121.
246 BGHZ 112, 74.
247 KGR 1994, 160.
248 BGHZ 31, 220; 40, 380. Eingehend *Schmid* NJW 1988, 3179.
249 OLG Frankfurt NJW 1988, 2546; OLG Hamburg NJW 1988, 3212; OLG Saarbrücken MDR 2006, 1345; *Schmid* NJW 1988, 3180; **aA** OLG Stuttgart NJW 1987, 1831; OLG Karlsruhe VersR 1989, 158; OLG München VersR 1992, 1371.
250 Nicht generell, sondern nur bei erschwerenden Umständen; vgl OLG Celle VersR 1989, 158; OLG Karlsruhe VersR 1989, 158.
251 OLG Nürnberg NZV 2004, 641 (wo zügige Fahrweise üblich).
252 BGHZ 6, 3; 31, 75; 31, 219; 40, 380; BGH VersR 1959, 389; 1963, 40; 1964, 630; 1972, 903.
253 BGH NZV 1998, 199; NJW 1963, 37; OLG München VersR 1989, 1092 LS; OLG Hamm NJW-RR 1989, 611.
254 OLG Hamburg NZV 1989, 235; OLG Brandenburg VersR 1995, 1439; weitergehend OLG Karlsruhe NZV 1989, 148.

315

s Rn 88) muss auch innerorts unabhängig von der Verkehrswichtigkeit gestreut werden,[255] weil die Verkehrssicherungspflicht hier nicht geringer sein kann als außerhalb geschlossener Ortschaften. Eine gewisse Verkehrsbedeutung muss freilich vorausgesetzt werden, sodass zB reine Anliegerstraßen außer Betracht bleiben.

86 Die Fahrbahn muss außerdem dort gestreut werden, wo sie **von Fußgängern mitbenutzt** werden muss, zB an belebten und unentbehrlichen Überwegen.[256] Allerdings dürfen hierbei keine zu hohen Anforderungen gestellt werden. Die Pflicht besteht nur dann, wenn den Fußgängern die Benutzung eines Gehwegs nicht möglich oder zumutbar ist[257] und beschränkt sich auf Bereiche mit erheblichem Fußgängerverkehr, besteht also idR nicht in Wohngebieten außerhalb des Ortskerns.[258] Es genügt auch, wenn in einem bestimmten Bereich *eine* Möglichkeit zum gefahrlosen Überqueren der Straße geschaffen wird.[259] Eine Verpflichtung, einen gestreuten Übergang zu schaffen, besteht auch nicht allein deswegen, weil ein Gehweg wegen Bauarbeiten gesperrt ist[260] oder wegen einer nahe liegenden Gaststätte.[261]

87 **Parkplätze** werden nicht wie Fahrbahnen behandelt, brauchen also auch bei Verkehrswichtigkeit und Gefährlichkeit nicht vollständig bestreut zu werden; es genügt, wenn gefahrlos benutzbare Zu- und Abgangswege vorhanden sind.[262] Auch hinsichtlich der Fahrspuren besteht eine Streupflicht nur, wenn sie von den Fahrzeuginsassen nicht nur wenige Schritte betreten werden müssen, um zum Ausgang zu gelangen, und wenn es sich um einen belebten Parkplatz handelt.[263] Aufgrund der Verkehrserwartung sind an das Streuen von Kundenparkplätzen strengere Anforderungen zu stellen.[264]

88 **Außerhalb geschlossener Ortschaften** besteht eine Streupflicht nur an **besonders** gefährlichen Stellen, dh Stellen, deren Gefährlichkeit der Verkehrsteilnehmer trotz der auf Straßen im Herbst, Winter und Frühjahr zu fordernden schärferen Beobachtung des Straßenzustandes nicht rechtzeitig erkennen[265] oder trotz Kenntnis von der Gefahr und Anwendung höchster Sorgfalt nicht meistern kann, zB vereiste Strecken mit erheblichem Längs- oder Quergefälle.[266] Die Streupflicht besteht außerhalb geschlossener Ortschaften mithin nur da, wo die dem Verkehrsteilnehmer im Hinblick auf die Witterungs- und Straßenverhältnisse zuzumutende Sorgfalt auch bei Beachtung allgemeiner Erfahrungssätze zur Vermeidung von Schäden nicht ausreicht.[267] So muss zB jeder

---

255 OLG Hamburg NJW 1988, 3213; **aA** *Schmid* NJW 1988, 3179.
256 BGH VersR 1959, 1027; 1967, 981; 1969, 667 = 848 m Anm *Gaisbauer*; 1985, 569; OLG Düsseldorf VersR 1990, 319.
257 OLG Celle OLGR 2000, 184; OLG Köln OLGR 2000, 335.
258 BGH NZV 1991, 266; **aA** *Schmid* NJW 1988, 3181.
259 BGH VersR 1985, 569; BayObLG VersR 1991, 666.
260 BGH NZV 1991, 266.
261 OLG Hamm NZV 2005, 258.
262 OLG Celle MDR 1999, 1327; 2005, 273; OLG Zweibrücken MDR 1999, 612 (Krankenhausparkplatz).
263 BGH NJW 1966, 202; weitere Nachweise bei *Berr* DAR 1989, 454 und in Rn 618.
264 OLG Düsseldorf VersR 1992, 847; NJW-RR 2000, 696; LG München I VersR 1983, 765.
265 BGHZ 31, 75; 45, 147; BGH VersR 1973, 249; 1979, 1055; OLG Köln DAR 1990, 346 m Anm *Berr*; OLGR Frankfurt 1997, 299; OLG Celle OLGR 1998, 191.
266 OLG Nürnberg NZV 1991, 311.
267 BGHZ 31, 73; BGH NJW 1952, 1087; VersR 1956, 68; 1959, 763; OLG Karlsruhe VersR 1961, 1004.

sorgfältige Kraftfahrer mit Glatteis rechnen auf Brücken,[268] an Waldbestand[269] und an Stellen mit unterschiedlicher Wind- und Sonneneinwirkung.[270] Eine gewisse Verkehrsbedeutung, wenn auch nicht „Verkehrswichtigkeit" (iSv Rn 85), muss allerdings hier ebenfalls gegeben sein.[271] Die Regelung in § 3 Abs 3 FStrG, wo angeordnet ist, dass die Träger der Straßenbaulast die Bundesfernstraßen bei Schnee- und Eisglätte nach besten Kräften räumen und streuen sollen, ist nur eine Empfehlung und begründet keine Rechtspflicht.[272]

Gehwege, denen eine Erschließungsfunktion zukommt,[273] sind **innerhalb geschlossener Ortschaften** grundsätzlich allgemein zu streuen, dh nicht nur an gefährlichen und verkehrswichtigen Stellen, jedoch ist die Zumutbarkeit, zB infolge begrenzter Leistungsfähigkeit einer kleinen Gemeinde, zu beachten.[274] Der Fußweg oder Bürgersteig braucht nicht in voller Breite bestreut zu werden.[275] Es genügt, wenn zwei Fußgänger vorsichtig aneinander vorbeigehen können, was bei ca 100 bis 120 cm Breite gewährleistet ist.[276] Ist kein Bürgersteig vorhanden, so ist die Fahrbahn in einer dem Fußgängerverkehr entsprechenden Breite zu streuen;[277] das gilt sinngemäß auch in verkehrsberuhigten Bereichen (Zeichen 325/326 StVO) und Fußgängerzonen,[278] bei vorübergehender Sperrung durch eine Baustelle jedoch nicht, wenn der „Fußgängerstreifen" bis in die Fahrbahnmitte hineinreichen würde.[279] Bei einseitigem Gehweg genügt dessen Sicherung.[280] Außerdem müssen die Zugänge zu den Grundstücken und zu den Übergängen über die Fahrbahn gestreut sein,[281] nicht aber von einem einseitigen Gehweg zu den gegenüberliegenden Grundstücken.[282] An Haltestellen muss der Gehweg bis zum Randstein gestreut werden.[283] Auch Abkürzungswege über einen öffentlichen Platz, die sich von selbst gebildet haben, sind zu streuen,[284] nicht dagegen unbedeutende Fußwege am Ortsrand[285] oder in einer Parkanlage,[286] Gehwege in unbebauten oder nur gewerblich

89

---

268 BGH VersR 1970, 904; 1972, 563; aA noch BGHZ 31, 73; BGH VersR 1968, 303.
269 OLG Hamm VersR 1982, 556 LS; LG Heidelberg VersR 1982, 201; s aber OLG Hamm OLGR 2000, 234.
270 BGH NJW 1963, 38.
271 *Schmid* NJW 1988, 3179.
272 BGH VRS 44, 241; VersR 1979, 1055; 1987, 934; OLG Köln VersR 1958, 711.
273 Dazu OLG Hamm NZV 2004, 645.
274 BGH VersR 1985, 569; OLG Jena NZV 2005, 578.
275 OLG Köln VersR 1954, 67; OLG Hamburg VersR 1954, 358; OLG Celle VersR 1955, 286; OLG Bamberg NJW 1975, 1787; LG Augsburg VersR 1954, 374; LG Dortmund VersR 1965, 1211.
276 So BGH NZV 2003, 570, 572 gegen VersR 1971, 416, 417 (80 cm); OLG München OLGR 1999, 332: 120 cm.
277 BGH VersR 1969, 377; BayObLGZ 1963, 253.
278 Näher *Berr* DAR 1991, 285.
279 BGH NZV 1991, 266.
280 Offengelassen von BayObLGZ VersR 1991, 667. Nach BVerwG NJW 1990, 265 soll es aber im Ermessen der Gemeinde liegen, alle Anlieger mit der Sicherungspflicht zu belasten.
281 OLG Köln VersR 1954, 67.
282 BayObLG VersR 1991, 666.
283 BGH NJW 1967, 2199 LS.
284 OLG Hamm VkBl 1950, 104.
285 BayObLG VersR 1967, 758.
286 OLG Düsseldorf VersR 1989, 1090.

genutzten Zwischenbereichen von Ortsteilen[287] oder unbeleuchtete Abkürzungswege nach Einbruch der Dunkelheit.[288] **Außerhalb** geschlossener Ortschaften besteht für den Fußgängerverkehr allenfalls in ganz besonderen Ausnahmefällen eine Sicherungspflicht, etwa bei hohem Fußgängeraufkommen und besonderer Gefährlichkeit.[289]

90 Für **Radwege** gelten **innerorts** dieselben Grundsätze wie für die Fahrbahnen (Rn 85),[290] **außerorts** diejenigen für Gehwege (Rn 89).[291] Bei einem **gemeinsamen Fuß- und Radweg** (Zeichen 240 StVO) bestimmen sich Inhalt und Umfang der Räum- und Streupflicht zwar nach den Belangen der Fußgänger; ist ein Radfahrer aber nur deshalb gestürzt, weil nicht (oder auch für Fußgänger unzureichend) geräumt oder gestreut war, stehen ihm Ansprüche aus Verletzung der Verkehrssicherungspflicht auch dann zu, wenn der Weg als Radweg mangels Verkehrswichtigkeit und besonderer Gefährlichkeit nicht gesichert hätte werden müssen.[292]

91 d) Zeitliche Begrenzungen. Es muss keinesfalls ununterbrochen gestreut werden. Grundsätzlich besteht zwischen 22 Uhr und 7 Uhr[293] keine Streupflicht,[294] es sei denn es handle sich um eine Stelle mit typischer Häufung von Fußgängerverkehr in der Nacht (Theater, Gaststätte, Bahnhof; Zentralhaltestelle)[295] oder um eine extreme Gefahrensituation wegen ganz außergewöhnlicher Umstände.[296] Die Streuarbeiten müssen aber morgens so frühzeitig einsetzen, dass der Hauptberufsverkehr bereits geschützt wird.[297] Für die Streupflicht des Anliegers gelten die Zeitbestimmungen in der sie begründenden Regelung.[298] Auf einem Wochenmarkt besteht die Streupflicht nur während der Öffnungszeit.[299] Für einen Glätteunfall, der sich außerhalb des Zeitraums ereignet, für den eine Streupflicht besteht, muss der Pflichtige dann haften, wenn der Unfall erwiesenermaßen darauf zurückzuführen ist, dass die Streupflicht schon zu dieser Zeit nicht erfüllt wurde.[300]

---

287 OLG Düsseldorf VersR 1996, 79.
288 BGH VRS 25, 242.
289 BGH NZV 1995, 144; OLGR München 1996, 30; weitergehend *Schmid* NJW 1988, 3181.
290 Vgl BGH NZV 2003, 570 (jedenfalls keine höheren Anforderungen); OLG Hamm NZV 1993, 394 für den Fahrradverkehr in verkehrsberuhigtem Bereich; LG Aachen VersR 1990, 323, das Erfordernis der Verkehrsbedeutung offen lassend; *Bittner* VersR 2004, 441.
291 BGH NZV 1995, 144.
292 BGH NZV 2003, 570; dazu *Bittner* VersR 2004, 442 ff.
293 Sonntags 9 Uhr; OLG Oldenburg MDR 2002, 216; OLG Hamm VersR 1988, 693; OLG Köln VersR 1997, 506.
294 BGH VersR 1972, 563; 1984, 891: je nach örtlichen Gegebenheiten uU schon ab 20 Uhr; OLG Jena NZV 2001, 87: ab 20 Uhr; OLG Köln VersR 1990, 322; OLG Karlsruhe OLGR 1998, 430.
295 BGHZ 40, 383; BGH NJW 1960, 432; 1987, 2671; VersR 1963, 662; 1972, 563; 1985, 973; OLG Celle VersR 1958, 387; LG Chemnitz NZV 2002, 187.
296 LG Frankfurt VersR 1983, 892; OLG Koblenz DAR 1999, 547.
297 BGH VersR 1985, 271; OLG Frankfurt VersR 1995, 45.
298 OLG Hamm VersR 1991, 1419.
299 OLG Düsseldorf VersR 1982, 1054.
300 BGH VersR 1984, 41; 1984, 891; KG VersR 1993, 1369; OLG Düsseldorf VersR 1984, 1173 LS; OLG Frankfurt IVH 2004, 93.

IdR ist nicht zumutbar, dass sogleich mit Beginn der Glätte alle Gefahrenstellen gestreut sind; eine angemessene Zeit ist zuzubilligen.[301] Vorbeugendes Streuen ist allenfalls bei ganz besonderen Wetterlagen und Gefahrenstellen geboten.[302] Eine Verpflichtung, im ganzen Stadtgebiet Temperaturmessgeräte zu unterhalten, besteht nicht, eine Pflicht zu Kontrollfahrten nur dann, wenn die Witterungsverhältnisse eine Glatteisbildung nahelegen.[303] Auf ein als unzuverlässig bekanntes Frostwarngerät darf sich der Sicherungspflichtige bei solchen Wetterlagen nicht verlassen.[304] Ist für die Streupflicht des Anliegers eine feste Zeit bestimmt, so hat er grundsätzlich (durch entsprechend früheren Beginn des Streuens) deren Einhaltung sicherzustellen,[305] es sei denn die Glätte tritt überraschend auf.[306]

92

Während der maßgeblichen Zeit muss das Streuen **wiederholt** werden, wenn das Streugut durch den dichten Verkehr weggeschleudert wird[307] oder witterungsbedingt seine Wirkung verliert.[308] Wird die Streuung (zB infolge Dauerregens auf den gefrorenen Boden oder wegen Schneefalls) binnen kurzem wirkungslos, so kann sie unterbleiben.[309] Es muss nicht etwa pausenlos weitergestreut werden,[310] außer an besonderen Brennpunkten des Fußgängerverkehrs.[311] Dies bedeutet aber nicht, dass bei Sprühregen oder drohendem Schneefall das Streuen stets unterbleiben dürfte.[312] Ist erkennbar, dass das Streuen wieder wirksam ist, setzt die Räum- und Streupflicht nach einer angemessenen Wartezeit ein.[313] Dass das Streuen ausnahmsweise unterbleiben konnte, muss der Streupflichtige beweisen.[314]

93

e) Art des Streuens. Es reicht aus, wenn mit der Streuung erreicht wird, dass ein Fußgänger bei Anwendung der bei Glatteis erforderlichen besonderen Vorsicht den Weg ohne Gefahr benutzen kann.[315] Der Streupflichtige kann aber nicht geltend machen, dass

94

---

301 BGH VersR 1958, 289; 1959, 1055; 1969, 667; 1970, 1130; 1973, 249; 1979, 1055; 1985, 973; OLG München VersR 1994, 983; OLG Koblenz DAR 1999, 547; OLG Celle VRS 73, 248 (Beweislast beim Geschädigten).
302 BGHZ 40, 381; BGH VersR 1985, 189; 1985, 973; OLG Frankfurt VersR 1987, 204; OLG München VersR 1994, 983; OLG Hamm VersR 1993, 1285 u NZV 2004, 646; OLG Celle OLGR 1998, 205.
303 OLG Hamm VersR 1982, 806; NZV 2003, 235; OLG Düsseldorf VersR 1983, 299 LS.
304 Österr OGH ZVR 1990, 340; vgl auch NZV 1991, 106.
305 OLG Nürnberg VersR 1964, 1180.
306 BGH VersR 1955, 456; 1966, 90; 1970, 1131.
307 BGH VersR 1969, 667.
308 BGH VersR 1968, 1161; OLG Hamm VersR 1984, 194; 1984, 645; OLG Hamm OLGR 1999, 87.
309 OLGR Hamm 1995, 223; OLG Brandenburg MDR 2000, 159; OLG Oldenburg VersR 2001, 117; OLG Hamm MDR 1998, 538; strenger OLG Hamburg NJW-RR 2000, 1697 LS.
310 OLG Celle VersR 1955, 408.
311 So BGH NJW 1985, 482 für Gastwirt und NZV 1993, 387 für Treppe eines Busbahnhofs bei gefrierendem Regen.
312 BGH VersR 1963, 1047; OLG Saarbrücken OLGR 1999, 487; 2000, 60; *Schlund* DAR 1988, 10 f.
313 OLG Naumburg MDR 2000, 520; OLG Brandenburg MDR 2000, 159; OLG Celle NZV 2004, 643 (1 Stunde). Zur Beweislast dafür, dass noch keine Streupflicht bestand, s OLG Celle NZV 2001, 78.
314 BGH NZV 2005, 578.
315 KG VersR 1965, 1105; 1966, 855.

er den breiten Gehweg an einer anderen Stelle als der des Sturzes gestreut hätte.[316] Es kann nicht verlangt werden, dass die Gehbahn gleichmäßig mit Sand bedeckt ist. Dies gilt umso mehr bei Fußgängerüberwegen über die Fahrbahn, da die Einwirkung der Fahrzeuge nicht auszuschalten ist.[317] Die Verwendung von Salz ist nicht generell geboten, teilweise sogar ortsrechtlich untersagt. An besonders gefährlichen Stellen, zB Gefällestrecken, kann jedoch Salzstreuung erforderlich sein,[318] ebenso bei extremer Glättegefahr, zB Eisregen.[319] Keine Verletzung der Verkehrssicherungspflicht wird dadurch begründet, dass infolge Salzstreuung getautes Wasser gefriert und von Schnee verdeckt wird.[320]

95 **f) Glatteiswarnung.** Fußgänger brauchen nicht vor Glatteis gewarnt zu werden. Sie haben die Möglichkeit, die Straßenbeschaffenheit laufend selbst festzustellen. Dagegen fehlt den Kraftfahrern diese Möglichkeit, weil das Kraftfahrzeug bei kurvenfreier gleichmäßiger Fahrt auf Glatteis idR keine Reaktionen zeigt. Hieraus haben Rspr und Schrifttum in begrenzten Maßen eine Pflicht des Verkehrssicherungspflichtigen zur Aufstellung von Warnzeichen abgeleitet. Als Glatteiswarnung ist das Zeichen 114 der StVO mit rechteckigem Zusatzschild anzubringen („Gefahr unerwarteter Glatteisbildung"). Die Pflicht, ein Warnzeichen anzubringen, besteht aber außerhalb geschlossener Ortschaften nur für Stellen, an denen wegen außergewöhnlicher Gefährlichkeit oder wegen Unvorhersehbarkeit der Glatteisbildung eine Streupflicht für die Fahrbahn besteht[321] und eine ausreichende Streuung nicht sichergestellt ist.[322] Die Kenntnis der Erfahrungstatsache, dass bei Temperaturen um den Gefrierpunkt und darunter in Waldstücken und auf Brücken (und dort, wo sich parallel zur Straße ein Gewässer befindet) die Straße häufig auch dann mit einer Glatteisschicht bedeckt ist, wenn sie im freien Gelände trocken und eisfrei ist, gehört zur Fahrausbildung. Vor derartigen erfahrungsgemäß zur Glatteisbildung neigenden Stellen braucht daher kein Warnzeichen angebracht zu werden, das auf Vereisungsgefahr hinweist.[323]

96 **g) Durch das Räumen oder Streuen hervorgerufene Gefahren** können eine eigene Gefahrabwendungspflicht begründen, so zB wenn Fußgänger an einer viel begangenen Straße durch den vom Räumfahrzeug angehäuften Schnee zur Benutzung der glatten Fahrbahn gezwungen werden.[324] Dagegen liegt kein Verstoß gegen die Verkehrssicherungspflicht vor, wenn der Schneepflug auch teilweise den Bankettbereich freiräumt und ein Lkw bei dessen Befahren beschädigt wird.[325] Wegen der Pflicht zur Entfernung des Streuguts s Rn 76.

---

316 OLG Celle NZV 2001, 78.
317 OLG Hamburg VersR 1958, 33.
318 Vgl OLG Hamm NJW-RR 1989, 611 (auch zur Art des Salzes); KG NJW 1990, 1370; LG Bochum VersR 1982, 608 LS; österr OGH ZVR 1990, 55 u NZV 1990, 303 f.
319 OLG München VersR 2004, 251.
320 OLG Koblenz MDR 1981, 1017.
321 RG JW 1935, 273; BGH VersR 1959, 763; OLG Stuttgart VRS 13, 332; VersR 1960, 332; OLG Frankfurt DAR 2004, 701.
322 BGH VRS 12, 408; OLG Oldenburg MDR 1958, 843; OLG Düsseldorf VersR 1989, 626.
323 BGH VersR 1960, 157; 1960, 323.
324 OLG Karlsruhe (Freiburg) NJW-RR 1990, 1504.
325 OLG München VersR 1992, 1491 LS.

§ 13 Haftung wegen Verletzung der Verkehrssicherungspflicht

h) **Rechtsprechungsnachweise** (alphabetisch geordnet) 97

Abkürzungsweg: BGH VersR 1963, 661; OLG Hamm VkBl 1950, 104.

Anliegerstraße: BGH VersR 1956, 68; OLG Koblenz VersR 1983, 568; OLG Düsseldorf VersR 1966, 247.

Brücke: BGHZ 31, 73; BGH VersR 1960, 853; 1970, 904; OLG Oldenburg DAR 1956, 129; OLG Karlsruhe VersR 1961, 1004; 1980, 538; OLG Düsseldorf VersR 1965, 992; 1977, 745; 1979, 57.

Einmündung: OLG Stuttgart NJW 1987, 1831; OLG Frankfurt NJW-RR 1988, 154; OLG Hamburg NJW 1988, 3212; OLG Karlsruhe NZV 1989, 147; OLG München VersR 1992, 1371; OLG Zweibrücken MDR 1999, 1477.

Eisbuckel: OLG Hamm VersR 1964, 1254.

Eisscholle: BGH NJW 1958, 1234 = 1819 m Anm *Nedden*.

Eisstreifen auf Fahrbahn: OLG Köln VersR 1985, 789 (Hangwasser); OLG Düsseldorf VersR 1983, 274 (gefrierendes Tauwasser).

Eisstreifen auf Gehweg: KG VersR 1966, 855 (Tropfwasser); LG Koblenz VersR 1982, 1085 (Wasserzufluss von Grundstück).

Fußgängerüberweg: BGH VersR 1955, 295; 1985, 569; 1987, 989; BayObLGZ 1957, 161; OLG Hamburg VersR 1958, 33; OLG Nürnberg VersR 1970, 773; OLG Karlsruhe VersR 1987, 1047 LS; OLG Düsseldorf VersR 1988, 274; 1990, 319; OLG Köln VersR 1989, 101.

Fußgängerzone: OLG Karlsruhe VersR 1983, 188; OLG Frankfurt VersR 1995, 45.

Fußweg: s Gehweg.

Gaststätte: BGH NJW 1985, 482 (Zugang und Parkplatz); 1987, 2671; VersR 1988, 278; OLG München VersR 1987, 1120.

Gefälle: BGH NJW 1952, 1087; OLG Köln VersR 1953, 403; OLG Nürnberg VersR 1958, 616; OLG Karlsruhe VersR 1977, 61; 1979, 358; OLGR Frankfurt 1997, 76.

Gefrierender Regen: BGH NZV 1993, 387; DAR 1992, 460; OLG Frankfurt VersR 1983, 498 LS; OLG Hamm VersR 1982, 1081; 1984, 194 u 645; OLGR München 1999, 53; OLGR Saarbrücken 1999, 487; OLG Hamm MDR 2000, 958 (leichter Nieselregen gefriert auf Rathausvorplatz).

Gehweg: BGH VersR 1967, 226; 1971, 416; 1997, 840 (Vertiefung durch Baumaßnahmen); NZV 1991, 265 (durch Baustelle gesperrt); 1995, 144; BayObLG VersR 1967, 758; OLG Bamberg NJW 1975, 1787; OLG Karlsruhe VersR 1976, 346; OLG Düsseldorf VersR 1982, 961; VersR 2000, 63; OLG München VersR 1989, 815 (Eisplatte durch Tropfwasser); OLG Nürnberg NJW-RR 2002, 23 (Gehwegrand).

Geldautomat: OLG Hamm MDR 1998, 538.

Grundstückszugang: OLG Köln VersR 1954, 67.

Haltestelle: BGH Betrieb 1967, 1543; VersR 1983, 377; 1983, 637 (Schneewall); OLG Hamm VersR 2006, 134 (an Schulbushaltestelle ganze Länge zu räumen; auch Fahrer geschützt); OLG Düsseldorf NJW-RR 1988, 664; LG Krefeld DAR 1988, 165; LG Chemnitz NZV 2002, 187.

Kanaldeckel: OLG München MDR 2001, 156 (Fußgänger stürzt).

Kirchenvorplatz: OLG Düsseldorf VersR 1961, 642.

Kraftwerk: BGH VersR 1985, 641; OLG Köln NZV 1995, 111 (Kondensation von Wasserdampf).

Kreuzung: BGH VersR 1965, 690.

Kurve: LG Aachen MDR 1960, 48.

Nebel: BGH NJW 1963, 37.

Zweiter Teil. Haftung aus unerlaubter Handlung

Parkhausausfahrt: OLG Köln VersR 1990, 321.

Parkplatz (s a Rn 87)**:** BGH NJW 1966, 202; 1985, 482 (Gaststätte); VersR 1983, 162; OLG Düsseldorf VersR 1983, 564 (für Anwohner); 1993, 1545 LS; OLG Celle NdsRpfl 1983, 155; VersR 1995, 598 (Sauna mit Barbetrieb); MDR 1999, 1327 (Betriebsparkplatz); OLGR Celle 1995, 27; OLG München VersR 1992, 210 LS u OLG Hamm MDR 1997, 1028 (Privatparkplatz); OLG Dresden OLGR 1996, 30; OLG Frankfurt VersR 1986, 1030; OLG Karlsruhe VersR 1989, 45; OLG Koblenz OLGR 1999, 337 (Wanderparkplatz); 1999, 396 (privater, auch von Dritten benutzter Parkplatz); OLG Jena DAR 2000, 80; OLG München OLGR 2000, 77 (auf Mittelstreifen); OLG Karlsruhe OLGR 2004, 451 (entgeltlicher Kundenparkplatz). S a *Berr* DAR 1989, 453 ff.

Parkweg: OLG Düsseldorf VersR 1989, 1090; OLG Hamm OLGR 2001, 244.

Privatstraße: BGH VersR 1975, 349.

Quellwasser: BGH MDR 1987, 560.

Radweg: BGH NZV 1995, 144; LG Aachen VersR 1990, 323; OLG Celle NJW-RR 2001, 596.

Schneewall durch Straßenräumung: OLG Nürnberg NZV 1993, 231.

Schnellstraße: BGH VersR 1972, 563 (nachts); 1979, 1055 (Ausfahrt).

Tankstelle: OLG Hamm OLGR 2001, 64; OLG Köln NZV 1994, 361 (mit Waschanlage) m Anm *Landscheidt*; OLG Stuttgart NJW 1969, 1966 (Zufahrt).

Treppe: BGH VersR 1984, 1190; NZV 1993, 387 (Busbahnhof).

Unterführung: BGH NJW 1966, 1162.

Verkehrsberuhigter Bereich: OLG Hamburg VersR 1989, 45; OLG Hamm NZV 1993, 394; LG Aachen VersR 1987, 1232.

Waschanlage: OLG Köln NZV 1999, 165; OLG Hamm MDR 1998, 1105.

Wochenmarkt: OLG Düsseldorf VersR 1982, 1054.

6. Dunkelheit

98 **a) Allgemeines.** Die Verkehrssicherungspflicht begründet – auch für innerörtliche Straßen – keine generelle Beleuchtungspflicht.[326] Eine solche besteht vielmehr nur dort, wo eine Gefahrenstelle infolge der Dunkelheit nicht ausreichend erkennbar ist und auch durch Warnzeichen nicht genügend abgesichert werden kann, sowie dann, wenn eine spezifische Verkehrsgefahr gerade durch die Dunkelheit heraufbeschworen wird.[327] Aus der straßenverkehrsrechtlichen Beleuchtungspflicht lässt sich keine Haftung des Verkehrssicherungspflichtigen ableiten, da sie eine andere Zweckbestimmung hat[328] (vgl Rn 48). Es erscheint auch als zu weitgehend, allein darin, dass Fußgänger, Radfahrer usw in Ortschaften gehäuft auftreten, eine Gefahrerhöhung zu erblicken, die – unter dem Aspekt der Verkehrssicherungspflicht – eine durchgehende Beleuchtung gebietet.[329] Die Verkehrssicherungspflicht erfordert eine solche vielmehr nur dort, wo gerade die Dunkelheit besondere Gefahren hervorruft, etwa an einer vielbegangenen Ortsstraße ohne Gehsteig, an einer Treppe u dgl mehr. Die Ausleuchtung eines Gehwegs

---

326 BGHZ 36, 237; BGH VRS 41, 5; *Berz* DAR 1988, 3; zu weitgehend BayObLG VRS 12, 193; OLG Neustadt VersR 1953, 486; RGRKomm/*Steffen* § 823 Rn 192; *Graf v Westphalen* Betrieb 1987 Beil Nr 11, S 5.
327 *Krause* in: *Manssen* (Lit vor Rn 1) 36 f.
328 BGH VRS 41, 5.
329 **AA** *Berz* DAR 1988, 3.

§ 13 Haftung wegen Verletzung der Verkehrssicherungspflicht

muss auch im Bereich von Pollern nicht so vorgenommen werden, dass durch geparkte Fahrzeuge keine dunklen Stellen entstehen können.[330] Selbstverständlich dürfen nicht durch eine unsachgemäße Beleuchtung vermeidbare Verkehrsgefahren hervorgerufen werden, etwa durch Blendung oder das Sehvermögen unnötig beeinträchtigenden Wechsel zwischen beleuchteten und nicht beleuchteten Abschnitten.[331]

b) Dauer und Intensität der Beleuchtung. Sie richten sich nach den örtlichen Gegebenheiten und Verkehrsverhältnissen.[332] Bei geringerer Verkehrsbedeutung der Straße kann es vertretbar sein, die Beleuchtung in der späten Nacht, wenn der Verkehr praktisch zum Erliegen gekommen ist, zu reduzieren oder abzuschalten.[333] Eine Laterne, die nicht die ganze Nacht brennt, muss aber durch Zeichen 394 StVO gekennzeichnet sein; ansonsten besteht Haftung für einen Unfall infolge unterbliebener Eigenbeleuchtung eines abgestellten Fahrzeugs.[334]

99

Ein Grundstückszugang muss grundsätzlich nicht wegen des Zeitungszustellers vor 7 Uhr beleuchtet werden.[335]

100

Auch Art und Intensität der Beleuchtung sind nach den konkreten Verhältnissen zu bestimmen. Technische Regelwerke (zB DIN 5044) mögen für die straßenrechtliche Beleuchtungspflicht (s Rn 48) Bedeutung haben; den Umfang der Verkehrssicherungspflicht präjudizieren sie nicht.[336]

101

c) Überwachungspflicht. Wie allgemein im Rahmen der Verkehrssicherungspflichten ist auch bzgl der ordnungsgemäßen Beleuchtung eine ständige Kontrolle geboten. Die Häufigkeit richtet sich nach der Verkehrsbedeutung der Straße, dem Ausmaß der Gefahr und der Zumutbarkeit.[337] Bei einem Fußweg von geringer Verkehrsbedeutung zB ist ein Intervall von fünf Tagen nicht zu groß.[338]

102

d) Rechtsprechungsnachweise

Baustelle: BGH VersR 1966, 266; 1977, 543; OLG Bremen VkBl 1950, 211; OLG Celle VersR 1968, 76; OLG Köln VersR 1971, 324 (Fußgänger); OLG Stuttgart VersR 1974, 395 (Fußgänger).
Eisenbahnunterführung: OLG Hamm VersR 1997, 891 (Radfahrer stürzt wegen Oberflächenschaden).
Fahrbahnteiler: BGH VRS 16, 241; OLG Hamm VersR 1978, 160.
Gehweg: OLG Hamm VM 2006 Nr 72 (schwer erkennbares Hindernis).
Haltestelle: BGH VersR 1970, 179.
Parkplatz: OLG Hamm NZV 2004, 648.
Radweg: OLG Celle DAR 2000, 34.

103

---

330 OLG Düsseldorf NJW 1995, 2172.
331 *Berz* DAR 1988, 4.
332 RGZ 55, 28; OLG Köln VersR 1955, 172; LG Tübingen VersR 1965, 1062.
333 OLG Köln VersR 1955, 172; *Berz* DAR 1988, 4 f.
334 BGHZ 36, 237.
335 OLG Celle NZV 2004, 647.
336 **AA** *Graf v Westphalen* Betrieb 1987 Beil Nr 11, S 10 ff; nach *Berz* DAR 1988, 5 und 1995, 352 liefern sie nur Anhaltspunkte.
337 Näher *Berz* DAR 1995, 352.
338 OLG München VersR 1976, 740.

7. Baustellen

104 **a) Allgemeines.** Der Verkehrssicherungspflichtige (zur Verantwortlichkeit s Rn 24) hat die Baustelle – im Rahmen des Zumutbaren – so abzusichern, dass ihm erkennbare Gefahren von Verkehrsteilnehmern ferngehalten werden.[339] Die einschlägigen Vorschriften[340] sind zu beachten, jedoch können die örtlichen Verhältnisse weiter gehende Anforderungen stellen.[341] Die Sicherungspflicht besteht auch, wenn die Baustelle außerhalb der Straße liegt, aber Gefahren für den Verkehr hervorruft, zB weil sie einen falschen Eindruck über den Verlauf der Straße erweckt.[342] Der Bauunternehmer darf Absicherungen erst entfernen, wenn die Straßenbeschaffenheit einwandfrei ist oder anderweitige Maßnahmen zur Warnung vor der schlechten Beschaffenheit der Straße (einschließlich des Bürgersteigs) veranlasst worden sind.[343] Er hat die Absicherungsmaßnahmen regelmäßig zu kontrollieren, auch bei Übertragung auf Dritte.[344] Er muss auch dafür sorgen, dass Unbefugte keine Materialien oder sonstige Gegenstände von der Baustelle auf die frei gebliebene Verkehrsfläche verbringen. Insoweit beschränkt sich jedoch seine Pflicht auf verkehrsübliche Sicherungsmaßnahmen.[345] Die Sicherungspflicht erstreckt sich auch auf eine vorübergehend verlegte Fahrbahn[346] und auf den Zufahrtsweg zur Baustelle.[347] Geringfügige Fahrbahnverschmutzungen müssen von den Verkehrsteilnehmern hingenommen werden.[348]

105 Der Unternehmer ist bei Arbeiten, die sich auf den Straßenverkehr auswirken, nach § 45 Abs 6 StVO verpflichtet, vor Beginn der Arbeiten von der Straßenverkehrsbehörde bzw der Straßenbaubehörde[349] **Anordnungen** darüber einzuholen, wie die Arbeitsstellen abzusperren und zu kennzeichnen sind, ob und wie der Verkehr, auch bei teilweiser Straßensperrung, zu beschränken, zu leiten und zu regeln ist und ob und wie der Unternehmer die gesperrten Straßen und Umleitungen zu kennzeichnen hat.[350] Die Ausführung der Anordnungen ist bürgerlich-rechtlicher Natur.[351] Sind dagegen unzutreffende Anordnungen getroffen, so haftet in erster Linie die Behörde aus hoheitlicher Tätigkeit, neben ihr aber der Unternehmer bzw Bauleiter, wenn sie erkannt haben oder unschwer erkennen konnten,[352] dass die von der Behörde angeordneten Maßnahmen nicht ausrei-

---

339 BGH VRS 9, 106; NJW 1971, 752; OLG Bamberg VersR 1971, 233. Näher *Reitenspiess* NZV 2003, 505 ff.
340 Vgl die Richtlinien für die Sicherung von Arbeitsstellen an Straßen (RSA 95) und die Regeln für Sicherung und Gesundheitsschutz bei der Straßenunterhaltung (GUV 17.10.01).
341 OLG Karlsruhe VersR 2006, 855.
342 BGH VersR 1982, 577; 1989, 731.
343 BGH VersR 1960, 798.
344 *Reitenspiess* NZV 2003, 507 mwN.
345 OLG Düsseldorf VRS 5, 143.
346 OLG Köln NZV 1995, 22.
347 OLG Hamburg VRS 9, 408; 9, 410; *Starke* BB 1955, 333.
348 OLG Köln VersR 1992, 335.
349 Zur Zuständigkeit s § 45 Abs 1, 2 StVO; vgl *Berr* DAR 1984, 7.
350 BGH VersR 1989, 731.
351 BGH VersR 1958, 185.
352 OLG München VersR 1993, 1546.

§ 13 Haftung wegen Verletzung der Verkehrssicherungspflicht

chen, und die Baustelle gleichwohl eröffneten.[353] Amtshaftung tritt auch ein, wenn die Behörde die Ausführung ihrer zutreffenden Anordnungen unzureichend überwacht und sich wegen Zuwiderhandlung gegen die Anordnungen ein Unfall ereignet.[354] In solchen Fällen tritt die Haftung der Behörde neben die bürgerlich-rechtliche Haftung des Unternehmers.

b) Rechtsprechungsnachweise (alphabetisch geordnet)   **106**

Ablagerung von Baumaterial: OLG Düsseldorf NJW-RR 1993, 597 (auf Wirtschaftsweg); NJWE-VHR 1996, 161 (Bauschuttcontainer auf Fahrbahn).

Absicherung: OLG Oldenburg NZV 1992, 405 (Asphaltarbeiten in Fahrbahnmitte; Leitkegel reicht nicht); OLGR Düsseldorf 1995, 287 (Flatterband reicht bei geringem Niveauunterschied); OLG Hamm DAR 2002, 351 (weit entfernte Absperrbake bei Rohrleitung über Radweg).

Absperreinrichtungen: BGH VersR 1962, 1158 (auf Fahrbahn zurückgelassen); OLG Hamm NZV 2000, 169 (als Hindernis).

Ampelanlage: OLG Düsseldorf OLGR 2000, 401.

Arbeitsgeräte: KG VersR 1977, 230 (Hineinragen in Verkehrsraum).

Aufgrabung: BGH VRS 13, 15; 16, 86; VersR 1962, 519; OLG Schleswig VRS 8, 84; OLG Hamm VersR 1955, 622; OLG Düsseldorf DAR 1983, 356 und OLG München VersR 1992, 702 (Baugrube im Bereich der Straßenbahngleise); OLG Nürnberg VersR 1962, 1191 (Einsinken in zugeschüttete Aufgrabung); OLG Bamberg VersR 1983, 61 (Kabelgraben; kein Übergang zu unbewohntem Haus); OLG Düsseldorf DAR 2006, 153 (nicht abgesicherte Überquerung für Fußgänger); LG Düsseldorf MDR 1961, 768; LG München I NZV 1989, 195 (Behelfsbrücke).

Autobahn: BGH VRS 9, 106; VersR 1966, 266; OLG Celle DAR 2006, 267 (Wanderbaustelle); OLG Brandenburg VersR 1998, 912; LG Ellwangen VersR 1988, 1247 LS.

Bagger: OLG Celle VersR 1961, 740.

Beendete Bauarbeiten: BGH VersR 1960, 798; OLG Bremen VersR 1978, 873; OLG Bamberg VersR 1981, 960; OLG Celle VersR 1989, 157.

Beleuchtung: s Rn 103.

Beschilderung: OLG Koblenz NJWE-VHR 1996, 70 (verdrehtes Warnschild; Überwachungspflicht); OLG Düsseldorf NZV 1997, 437 (versetzte Leitbaken; Überwachungspflicht).

Fassadenarbeiten: OLGR Nürnberg 2000, 349 (herabstürzende Platte verletzt Fußgänger).

Gehweg: BGH VersR 1986, 704 (provisorisch hergerichtet); OLG Düsseldorf VRS 6, 81; NJWE-VHR 1996, 20 (Unebenheit); OLG Stuttgart VersR 1967, 485 (Stahlgewebeplatte); KG VersR 1973, 1146 (blinder Fußgänger); OLG Celle VersR 1989, 157 (offene Baumscheibe); LG Frankfurt NZV 1989, 117 (zugeschüttete Aufgrabung nicht gegen Befahren gesichert).

Gerüst: OLG Nürnberg NZV 1992, 31 (auf Gehweg); OLG Hamm VersR 1993, 712 (in Fahrbahnbereich ragend).

Markierungen: OLG Düsseldorf VersR 1981, 960 (Beseitigung nach Bauarbeiten).

Rollsplittfeld: OLG Naumburg OLG-NL 1997, 145.

Splitthaufen: BGH VersR 1960, 636.

Stahlplatte: OLG Karlsruhe VRS 78, 321 (als Abdeckung).

Unebenheiten: OLG Düsseldorf MDR 1962, 52; OLG Hamm NJW-RR 1987, 1507 (Fehlen der letzten Asphaltdecke); OLG Karlsruhe VRS 79, 344 (abgefräste Fahrbahn, herausragender

---

353 BGH VersR 1977, 543.
354 OLG Hamm VersR 2000, 643; OLG Celle NVwZ-RR 1998, 481; *Clasen* NJW 1972, 1930.

Zweiter Teil. Haftung aus unerlaubter Handlung

Hydrant); OLG Hamm NZV 1998, 408 LS; OLG Zweibrücken OLGR 2000, 189 (abgefräste Asphaltdecke, Fußgänger stürzt); OLG Düsseldorf OLGR 2001, 224 (ausgekofferte Fahrbahn mit hochstehendem Kanaldeckel); LG Köln NJW-RR 2003, 386 (Niveauunterschied zwischen Betonplatten auf Fußgängerüberweg).

Verkehrsregelung: OLG Frankfurt VersR 1964, 1252 (halbseitige Sperrung, unübersichtlich: Ampel oder Posten); KG VersR 1978, 766 (Hinweis für Fußgänger, wenn bei halbseitiger Sperrung mit Fahrzeugverkehr aus beiden Richtungen gerechnet werden muss); OLG Brandenburg VersR 2002, 1238 (Hinweispflicht bei baustellenbedingter Änderung der Vorfahrtregelung); OLG Celle DAR 2006, 267 (Anordnung „Seitenstreifen befahren" in Nähe einer Anschlussstelle).

Verschleppen von Gegenständen auf die Fahrbahn: BGHZ 12, 124; OLG Düsseldorf VRS 5, 143; LG Saarbrücken NZV 1993, 236.

8. Bäume

107 **a) Allgemeines.** Der für die Straße Verkehrssicherungspflichtige kann neben dem Eigentümer von neben der Straße stehenden Bäumen (s hierzu Rn 111 ff) dafür verantwortlich sein, dass von diesen keine Gefahren für den Verkehr ausgehen.[355] Erforderlich ist jedoch, dass der Baum nach der Verkehrsanschauung noch dem Straßenbereich zuzuordnen ist; dies ist nicht der Fall bei einem Baum, der „unauffällig im Wald steht".[356] Da jeder Straßenbaum eine potentielle Gefahrenquelle darstellt, greift die Verantwortlichkeit erst ein, wenn Anzeichen verkannt oder übersehen worden sind, die auf eine besondere Gefahr durch den Baum hinweisen.[357] So müssen Bäume, die standunsicher geworden sind und auf die Straße zu stürzen drohen, saniert oder beseitigt werden, desgleichen morsche Äste. Dies bedingt eine regelmäßige Überwachung der Straßenbäume (unabhängig vom Grundeigentum),[358] an die jedoch keine zu hohen Anforderungen gestellt werden dürfen.[359] Die Rspr verlangt vielfach eine zweimalige Überprüfung (belaubt und unbelaubt) pro Jahr;[360] dies ist zu pauschal.[361] Es braucht nicht jeder

---

355 BGH VersR 1960, 32; 1974, 89. Eingehend *Orf* NZV 1997, 201 ff mwN.
356 BGH NZV 1989, 346 m Anm *Steinert;* NJW 1993, 2612; OLG Brandenburg NVwZ 1999, 692.
357 BGH NJW 1965, 815; NZV 2004, 248; OLG Hamm NZV 2005, 371. Ausf, auch zur Kontrollpflicht, *Burmann* NZV 2003, 22.
358 OLG Oldenburg VersR 1980, 778; s a OLG Düsseldorf VersR 1997, 463.
359 Einzelheiten: OLG Düsseldorf VersR 1983, 61; 1992, 467; NJW-RR 1995, 726 (auch zur Frage, ob schon in der Wahl der Baumart eine Pflichtverletzung liegen kann); OLGR Düsseldorf 1995, 148; OLG Köln NZV 1993, 434; VersR 1990, 287; 1992, 1370 (Naturdenkmal); 1994, 1489; OLG Zweibrücken VersR 1994, 1489 und DAR 1992, 302 m Anm *Berr*; OLG Frankfurt VersR 1993, 988; OLGR Frankfurt 2000, 89 (Benagen durch Biber); OLG Hamm VersR 1994, 357; 1997, 1148; 1998, 188; OLG Karlsruhe VersR 1994, 358 u OLG Stuttgart VersR 1994, 359 je m Anm *Breloer* 359; OLG Karlsruhe NJWE-VHR 97, 118; OLGR Dresden 1995, 72; OLGR München 1995, 101; OLG Celle 1999, 42; 2000, 187; OLG Brandenburg NJW-RR 2000, 1696; OLG 2004, 300 u OLG Hamm VersR 2003, 1452 (Zwiesel); OLG Dresden VersR 2001, 1260; OLG Koblenz DAR 2002, 218. Zur Frage, wann die sog VTA-Methode (Visual Tree Assessment) ausreicht, OLG Hamm NZV 2005, 371 u 372. Eingehende Nachweise auch bei *Orf* NZV 1997, 201 ff, *Landscheidt/ Götker* NZV 1995, 90 u *Drees* NuR 1989, 164.
360 Vgl OLG Hamm VersR 1997, 1148; 2003, 1452; OLG Düsseldorf VersR 1992, 467; OLG Brandenburg VersR 2002, 504.
361 *Otto* VersR 2003, 1453.

§ 13 Haftung wegen Verletzung der Verkehrssicherungspflicht

einzelne Baum abgeklopft zu werden,[362] aber Anzeichen für einen Verfall ist nachzugehen.[363] Straßenwärter müssen entsprechend instruiert werden.[364] Nach einem Unwetter sind zusätzliche Untersuchungen geboten.[365] Wurden gebotene Untersuchungen nicht durchgeführt, ist dies für den Schaden nur dann kausal, wenn die Gefahr andernfalls entdeckt worden wäre.[366] Wurde dem Verkehrssicherungspflichtigen das Fällen eines nicht mehr standsicheren Baumes von der Umweltbehörde untersagt, kann diese wegen Amtspflichtverletzung gegenüber einem geschädigten Verkehrsteilnehmer haftbar sein.[367]

Äste dürfen nicht in den **Luftraum** der Straße hineinragen,[368] bei Durchgangsstraßen mit Lkw-Verkehr bis in eine Höhe von 4 m.[369] Im Übrigen entscheiden die örtlichen Verhältnisse (Verkehrsbedeutung, Breite, Geschwindigkeit).[370] Bei geringer Verkehrsbedeutung kann eine passierbare Höhe von 3,60 m[371] oder eine Warnung genügen.[372] Vorübergehende Nutzung als Umleitungsstrecke ändert die Sicherheitserwartung nicht.[373] Nach Ansicht des OLG Düsseldorf[374] ist es bei geringer Verkehrsdichte und -schnelligkeit nicht zu beanstanden, wenn der Stamm einer Platane in ca 3,20 m Höhe um 20 cm ohne Warnung in den Luftraum ragt.

108

Für Laubfall, Sturmschäden, herabfallende Früchte[375] und insbesondere für Gefahren, die beim Abkommen von der Fahrbahn drohen, ist der Verkehrssicherungspflichtige nicht verantwortlich (s a Rn 44), uU aber für eine vermeidbare Sichtbehinderung.[376] Befindet sich ein umgestürzter Baum als Hindernis auf der Fahrbahn, so greift die Verkehrssicherungspflicht des für die Straße Verantwortlichen ein, sobald er von dem Vorfall Kenntnis hat oder haben muss.[377]

109

---

362 BGH VersR 1956, 768; 1959, 257; 1960, 32; 1962, 262; 1965, 475; 1974, 88.
363 OLG Stuttgart VersR 1974, 681; OLG Bamberg VersR 1976, 571; OLG Oldenburg VersR 1977, 845; OLG Braunschweig MDR 1980, 312; OLG Köln NZV 1991, 190; OLG Nürnberg NJWE-VHR 1996, 175; OLG Celle OLGR 2000, 339; OLG Brandenburg VersR 1998, 383; OLG Hamm NZV 2004, 140 (Verdacht auf Wurzelfäule).
364 BGH VersR 1965, 475; OLG Hamm OLGR 2003, 113.
365 LG Heidelberg VersR 1982, 810.
366 BGH NZV 2004, 248 (auch zu Beweisfragen).
367 OLG Hamm NZV 1994, 27 m abl Anm *Otto* 191; **aA** *Otto* NJW 1996, 356 ff.
368 BGH VersR 1968, 72.
369 OLG Düsseldorf VersR 1974, 1114; OLG Zweibrücken VersR 1995, 111: OLG Dresden VersR 1997, 336.
370 OLG Celle MDR 1998, 598; OLG Brandenburg VersR 1995, 1051; OLG Hamm VersR 1995, 1206.
371 OLG Köln NZV 1991, 426; OLG Schleswig NZV 1994, 71; ebenso für breite innerstädtische Straße OLG Düsseldorf VersR 1989, 273; s a *Landscheidt/Götker* NZV 1995, 91.
372 OLG Hamm NZV 1992, 185 (Baumstamm in 3,4 m Höhe; schwer abschätzbar); OLG Naumburg DAR 1998, 18 (alter Baumbestand).
373 OLG Rostock MDR 2005, 31.
374 VersR 1996, 602.
375 OLG Stuttgart MDR 2003, 28.
376 BGH VersR 1980, 946: Hecke auf dem Mittelstreifen.
377 BGH NZV 1989, 347 m Anm *Steinert*.

Zweiter Teil. Haftung aus unerlaubter Handlung

110 b) **Rechtsprechungsnachweise** (alphabetisch geordnet)

a. **Herabfallende Äste:** BGH VRS 12, 1; OLG Oldenburg VersR 1958, 634; OLG München DAR 1985, 25; OLG Frankfurt VersR 1988, 519; NZV 1999, 165 (Eisbruch); LG Heidelberg VersR 1983, 280; LG Frankfurt NJW-RR 1987, 795; von naturgemäß bruchgefährdeten Bäumen: OLG Koblenz VersR 1998, 865 (Pappeln); OLG Hamm VersR 1997, 1148 (Kastanien); zu neuen Erkenntnissen über den Aussagewert von Maßverhältnissen OLG Hamm NZV 2004, 456; s a Fußn zu Rn 107.

b. **Hineinragende Äste:** BGH VersR 1959, 275 (Feldweg); 1968, 72; OLG Celle VersR 1959, 322 (Landstraße); OLG Oldenburg VersR 1963, 1234; OLG Düsseldorf VersR 1974, 1114; OLG Schleswig VersR 1977, 1037; OLG Köln VRS 59, 222; OLG Naumburg OLGR 2001, 103; OLG München NJW-RR 2003, 1676 (Feldweg); s a Fußn zu Rn 108.

Nähe zur Fahrbahn: OLG Köln VRS 22, 2; OLG Nürnberg VersR 1965, 1037.

Sichtbehinderung: s Rn 636.

Umstürzender Baum: BGH VersR 1974, 88; NZV 1989, 346; OLG Celle VersR 1958, 693; OLG München VersR 1959, 212; 1959, 927 (Windbruch); OLG Stuttgart BWVBl 1960, 110; OLG Köln VersR 1963, 738; OLG Düsseldorf VersR 1982, 202; OLG Nürnberg NZV 1996, 494; OLG Frankfurt OLGR 2000, 89 (Biberverbiss); s a Fußn zu Rn 107.

9. Gefahren, die von angrenzenden Grundstücken ausgehen

111 a) **Allgemeines.** Der **für die Straße Verkehrssicherungspflichtige** ist grundsätzlich nicht dafür verantwortlich, dass von fremden Grundstücken oder Bauwerken, die an der Straße stehen, keine Gefahren ausgehen.[378] Anders verhält es sich jedoch, wenn die Gefahr durch die Anlage der Straße bedingt ist. So ist etwa bei der Führung durch steinschlaggefährdetes Gelände Vorsorge gegen diese Gefahr zu treffen.[379] Zwar ist der für die Straße Verantwortliche nicht gezwungen, Steinschlag oder Lawinen durch kostspielige Verbauungen oder Bauwerke von der Straße fernzuhalten oder an jeder Einmündung eines Feldwegs Sandfangrinnen zum Schutz gegen das Eingeschwemmtwerden von Erdreich anzubringen.[380] Er hat jedoch zumindest die Verkehrsteilnehmer durch Warnzeichen auf Stellen hinzuweisen, an denen in erhöhter Weise und für den Verkehrsteilnehmer nicht ohne weiteres erkennbar die Gefahr von Verschmutzung, Steinschlag oder Lawinen besteht. Gelangen Steine nicht durch Naturkräfte, sondern von Menschenhand auf die Straße, so kommt eine Haftung der Straßenbaubehörde allenfalls unter dem Gesichtspunkt unterlassenen Einschreitens gegen den Grundeigentümer in Betracht; diese ist gegenüber der Haftung des Verursachers subsidiär (§ 839 Abs 1 S 2 BGB).[381] Gegen Sichtbehinderung in den Kurven braucht der für die Straße Verantwortliche keine Maßnahmen zu ergreifen, sofern die Sichtbehinderung dadurch verursacht ist, dass Anlieger ihre Grundstücke erlaubterweise (zum Stapeln von Holz oder zur Errichtung von Rübenmieten) nutzen. Auch Warnzeichen sind in einem solchen Fall nicht erforderlich.[382] Sind Steine, Äste o dgl auf die Fahrbahn gelangt, so muss der Verkehrssicherungspflichtige sie beiseite räumen lassen. Aber auch diese Pflicht

---

378 BGH NJW 1953, 1865.
379 BGH NJW 1968, 246; OLG Koblenz DAR 2003, 522; *Rinne* NVwZ 2003, 14 (Netze, Gitter).
380 OLG Karlsruhe NZV 1988, 20.
381 OLG Düsseldorf MDR 1988, 496.
382 OLG Koblenz NJW 1961, 2208.

entsteht nicht unmittelbar nach Herabfallen des Steins, sondern erst, wenn der Pflichtige die Gefahr erkannt hat oder bei ordnungsgemäßer Überwachung (vgl Rn 50) erkennen konnte. Zu Gefahren durch Bäume neben der Straße s Rn 107 ff.

Den **Eigentümer oder Besitzer des Grundstücks** trifft die Pflicht, erkennbare Gefahren für den Verkehr auf der Straße im Rahmen der Zumutbarkeit zu unterbinden. Genaugenommen handelt es sich hierbei nicht um eine Verkehrssicherungspflicht, denn der Anlieger ist nicht für den Verkehrsweg als solchen verantwortlich, sondern um eine Ausprägung der allgemeinen Verkehrspflichten (§ 10 Rn 8). Die Anforderungen dürfen auch nicht überspannt werden. **112**

Vermietung oder Verpachtung befreit den Grundeigentümer nicht von seinen Pflichten; er haftet ggf neben dem Besitzer.[383] **113**

Bei **Ablösung von Gebäudeteilen** kann Haftung des Eigentümers, Besitzers oder Unterhaltungspflichtigen[384] aus §§ 836 ff BGB eingreifen; es gilt dann die dort geregelte Verschuldensvermutung.[385] Voraussetzung ist aber, dass der Schaden in unmittelbarem Zusammenhang mit dem Ablösungsvorgang steht, dh „mit der bewegend wirkenden Kraft"; dies ist dann nicht der Fall, wenn ein Fahrzeug auf das auf der Straße liegende Gebäudeteil auffährt, wohl aber dann, wenn das Teil so kurz vor das herannahende Fahrzeug fiel, dass dieses praktisch in das herabstürzende Hindernis hineinfuhr.[386] **114**

Die Sicherungspflicht des **Waldeigentümers oder -besitzers**[387] bezieht sich nur auf Bäume im Fallbereich einer Straße, nicht auf alle „wilden" Parkplätze.[388] Gegenüber dem Erholungsverkehr im Walde selbst ist er nur für von ihm selbst geschaffene, atypische Gefahrenlagen verantwortlich.[389] Wegen des Umfangs der Sicherungspflichten in Bezug auf Bäume s Rn 107 ff. Für Gefahren, die von einem Waldgrundstück ausgehen, kommt neben der Haftung der Kommune als Waldbesitzerin auch eine solche des Landes als Inhaber des forsttechnischen Betriebes in Betracht.[390] Durch **Übertragung des Revierdienstes** auf staatliche Forstbeamte verliert die Gemeinde nicht ohne weiteres die Verkehrssicherungspflicht für ihr Waldgrundstück.[391] **115**

b) Rechtsprechungsnachweise (alphabetisch geordnet) **116**
Bäume: s Rn 107 ff.

Dachlawine: Hierfür haftet der Hauseigentümer nur, wenn er die ortspolizeilich vorgeschriebenen, ortsüblichen (OLG Dresden DAR 1997, 492; OLG Hamm NZV 2004, 34) oder nach den örtlichen Verhältnissen erforderlichen Sicherheitsvorkehrungen unterlassen hat (BGH NJW 1955, 300). Die Erforderlichkeit kann durch die Dachneigung (LG Augsburg VersR 1988, 46 LS; LG Duisburg NJW-RR 1986, 1405; AG Leutkirch NZV 1998, 331: ab 45 Grad regelmäßig geboten), die konkreten Witterungsverhältnisse (OLG Celle VersR 1982, 979; besonders starker Schneefall: OLG Düsseldorf ZfS 1984, 1), die allgemeine Schneelage (OLG Saarbrücken VersR 1985, 299; OLG Hamm NJW-RR 1987, 412; OLG Düsseldorf OLGR 1993, 131; OLG Zweibrücken OLGR 2000, 7; LG Karlsruhe MDR 1998, 161; LG Bautzen VersR 1999, 1254), die

---

383 OLG Zweibrücken VersR 1994, 1489.
384 Dazu gehört auch der Wohnungseigentumsverwalter, BGH NJW 1993, 1782.
385 BGH VersR 1991, 72.
386 BGH VersR 1991, 73.
387 Eingehend dazu *Orf* NZV 1997, 201 ff mwN.
388 OLG Koblenz NZV 1990, 391.
389 *Drees* NuR 1989, 166 f mwN.
390 OLG Frankfurt DAR 1984, 116.
391 Vgl BGH VersR 1988, 958 und NZV 1989, 346 (zur Rechtslage in Rheinland-Pfalz).

Zweiter Teil. Haftung aus unerlaubter Handlung

allgemeine Beschaffenheit des Gebäudes (LG Memmingen NJW-RR 1989, 986: Kirchturmkuppel) und die Verkehrsfrequenz begründet werden. Zur Sicherung ausreichend ist das Anbringen eines Schneefanggitters auf dem Dach (LG Berlin VersR 1967, 69; LG Ravensburg DAR 1981, 58: Schneefanghaken; LG München I DAR 1987, 56: nicht, wenn am Vortag Lawinenabgang) oder von Warnvorrichtungen. S a OLG Frankfurt VersR 2000, 1514 (Hotelparkplatz); *Gaisbauer* VersR 1971, 199; *Birk* NJW 1983, 2911; *Riedmaier* VersR 1990, 1316 ff; *Schlund* DAR 1994, 49; *Hugger/Stallwanger* DAR 2005, 665 ff.

Eisendorne: OLG Düsseldorf MDR 1997, 1124 (an Schaufenster in 70 cm Höhe).

Eiszapfen: OLG Celle NJW-RR 1988, 663 (an Dachrinne).

Fallobst: LG Bochum ZfS 1990, 335.

Förderband: OLG Hamm VRS 17, 309.

Gebäudeteile: BGH NJW 1993, 1782 (Ablösung von Dachteilen bei Sturm); VersR 1991, 72 (Fallrohr einer Autobahnbrücke); OLG Köln VersR 1992, 1018 (Kamin); OLG Frankfurt NJW-RR 1992, 164 u OLG Düsseldorf VersR 1993, 841 (Dachziegel); LG Ansbach NJW-RR 1996, 278 (Kirchturmziegel); AG Schweinfurt NZV 1992, 412 (Dachhaut eines Hochhauses bei Orkan).

Haustüre: KG VAE 1936, 337.

Hausvorsprung: OLG Braunschweig VersR 1962, 1068.

Holzfällarbeiten: OLG Hamm NZV 1989, 233.

Mäharbeiten: BGH VersR 2003, 1274 (gegen das Wegschleudern von Steinen durch motorgetriebene Rasenmäher sind alle möglichen Maßnahmen zu ergreifen, zB Planen, Ausweichen auf Handbetrieb); enger OLG Stuttgart VersR 2002, 1572 u 2003, 1275.

Mauer: OLG Hamm NZV 1999, 467 (gelockerte Abdeckplatte); OLG Koblenz OLGR 2004, 370 (Vorsprung von 20 cm in 3,85 m Höhe).

Quellwasser: BGH MDR 1987, 560 (Vereisung).

Ruine: BGH NJW 1953, 1865 (Einsturz); VersR 1955, 11 (Trümmer gelangen auf Fahrbahn); BGH VRS 16, 329 (ungesicherte Kelleröffnungen zur Straße hin).

Sichtbehinderung: BGH VersR 1960, 317 u 1965, 1096 sowie OLG Koblenz NZV 1999, 207 (Zweige verdecken Vorfahrtzeichen); BGH VersR 1961, 1044 (Schuttrutsche); OLG Koblenz NJW 1961, 2208 (Holzlager). **Bäume oder Sträucher** an einer Einmündung brauchen nicht entfernt zu werden (vgl zur entsprechenden Befugnis der Straßenbaubehörde zB § 30 Abs 4 S 1 StrG NRW), wenn bei vorsichtiger Fahrweise ein rechtzeitiges Erkennen vorfahrtberechtigter Fahrzeuge möglich ist (OLG Düsseldorf NZV 1990, 310; OLG München OLGR 1998, 108; für Einmündung eines Fuß- und Radwegs OLG Düsseldorf NJW-RR 1994, 1443).

Sportplatz: BGH VRS 18, 48; OLG Brandenburg DAR 2002, 350 (Fußballtor ohne Ballschutzzaun); LG Aachen NJW-RR 1988, 665; LG Ellwangen VersR 1991, 1265 (Ballschutzzaun).

Sprengarbeiten: BGH VersR 1958, 850.

Steinschlag: BGH NJW 1968, 246; 1985, 1773; OLG Zweibrücken VersR 1990, 401 (Haftung des Straßenbaulastträgers); OLG Köln VersR 1990, 401 (Haftung des Eigentümers); OLG Koblenz NVwZ-RR 95, 629; OLG München OLGR 2001, 194; OLG Jena DAR 2001, 166 (Kontrollpflicht).

Tropfeis: OLG Hamm NJWE-VHR 96, 44.

Wurzelstock: OLG Frankfurt DAR 1984, 116.

§ 13 Haftung wegen Verletzung der Verkehrssicherungspflicht

10. Sonstige Verkehrsgefahren (alphabetisch geordnet)

Ampel 117
BGH VersR 1972, 788 (Schaltungsdefekt); OLG Celle VersR 1982, 76; OLG Köln NZV 1992, 364 (Kontrollpflicht bei quarzuhrgesteuerter Engstellenampel); OLG Koblenz NZV 1994, 192 (vom Wind verdrehter Ampelmast); LG Köln VersR 1985, 602; LG Bochum DAR 1988, 61 (fehlende Schute); LG Braunschweig NZV 2001, 262 (unangekündigtes abendliches Abschalten). Wegen fehlerhafter Programmierung der Ampel s § 12 Rn 28.

Arbeitsfahrzeuge
BGH VersR 1966, 589 (Kehrmaschine zur Splittentfernung auf Autobahn); BGH VersR 1981, 118
733 (bewegliche Baustelle auf Autobahn).

Bahnübergang
BGH VersR 1958, 644 (Anschlussgleis, fehlende Sicherung); 1964, 1024 (unbeschrankt); 1965, 119
84 (Straße kreuzt nicht rechtwinklig); 1967, 132 (Beleuchtung von Bahnschranken); NZV 1994, 146 (Blinkanlage durch Laub verdeckt; vgl hierzu auch das Berufungsurteil des OLG Hamm NZV 1993, 28 m Anm *Filthaut*); KG VersR 1967, 956 (Zugang zu öffentlichem Bad über Gleisanlage mit Rangierbetrieb); OLG Hamm VersR 1982, 557 (unbeschrankt); NZV 1994, 437 (erst aus 30 m Entfernung sichtbar, keine Warnbaken); OLG Köln NZV 1990, 152 (Straßenkreuzung durchschneidend); OLG Frankfurt NZV 1994, 155 (Fuß- und Radweg); NJW-RR 1994, 1114 (über die EBO hinausgehende Anforderungen bei besonders unübersichtlichem Übergang); OLG Celle NZV 1994, 435 (kein Einbau von Halbschranken erforderlich); OLG München NZV 2002, 43 (schneebedeckte Warneinrichtungen); OLG Naumburg NZV 1998, 326 (Trampelpfad neben Schlängelgitter); OLG Koblenz VersR 2003, 1449 (Nichtunterbinden eines vielbenutzten Trampelpfads); OLG Hamm NZV 1998, 154 (Radfahrer stürzt bei Richtungswechsel auf Gleisanlage).

Böschung
BGHZ 37, 165 (Steinkreuz); OLG Düsseldorf VersR 1984, 1153 LS (eingelassene Treppe, Nei- 120
gung); OLG Nürnberg NZV 1991, 390 (durch Gras verdeckter Stein).

Brücke
Ablösung von Teilen: BGH VersR 1991, 72 (Regenfallrohr). 121
Korrosion der Hängeseile: BGH NZV 1988, 97.
Fehlendes bzw schadhaftes Geländer: BGHZ 14, 83; BGH VersR 1956, 768.
Gefährliche Auffahrt: BGH VersR 1959, 228; 1959, 711.
Beschränkte Durchfahrtshöhe: OLG Karlsruhe OLGR 1999, 3; OLG Bamberg VersR 1994, 1470 u OLG Stuttgart NZV 2004, 96 (Anforderungen an Kennzeichnung); OLG Dresden OLGR 1995, 245 (Werksstraße); LG Coburg VersR 1999, 635 (Beschilderung eines Sicherungsgerüsts vor Brücke).

Einkaufswagen
LG Marburg VersR 1986, 668; LG Augsburg NJW-RR 1989, 1110; LG Nürnberg-Fürth NZV 122
1990, 356; AG Osnabrück NZV 1989, 356 m Anm *Greger*; AG Schwandorf VersR 1992, 1372 (abschüssiger Parkplatz); AG Augsburg ZfS 1991, 79 (abseits des Parkplatzes auf Straße stehend); LG Berlin VersR 1988, 720; LG Dortmund NJW-RR 1988, 865; LG Aachen VersR 1989, 148; LG Köln VersR 1989, 1280; LG Mönchengladbach NJW-RR 1989, 1111; LG Nürnberg-Fürth NZV 1990, 276; LG Baden-Baden NZV 1991, 157; LG Amberg NJW-RR 1992, 1120; AG Grevenbroich VersR 1989, 1267; AG Geilenkirchen NJW-RR 1986, 1225; AG Brühl NJW-RR 1988, 865. S a *Piepenbrock* VersR 1989, 122; *Grüneberg* NZV 1992, 304.

Zweiter Teil. Haftung aus unerlaubter Handlung

Eiszapfen
123 OLG Celle NJW-RR 1988, 663; LG Wuppertal VersR 1986, 1110 LS (an Straßenlaterne).

Fahrband
124 AG Berlin-Schöneberg NZV 1997, 46 (Fußgänger stürzt infolge Nässebildung).

Fähre
125 OLG Karlsruhe NZV 1993, 153 (keine Absperrung der Landerampe).

Fliesen
126 OLG Düsseldorf NJW-RR 1999, 671 (Glätte bei Nässe).

Freileitung
127 OLG Köln NZV 1995, 22 (Durchfahrtshöhe bei Umleitungsstrecke).

Gitterrost
128 BGH MDR 1976, 134 (Sicherung gegen unbefugtes Abheben); OLG Köln VersR 1999, 243 (Grobmaschiger Gitterrost vor Gaststätte); NJW-RR 2000, 1693 (10 x 10 cm großes Loch).

Glaswand
129 OLG Köln NJW-RR 1994, 349 (in Fußgängerbereich).

Gleise
130 OLG Hamm VersR 1981, 389 (Überwechseln von Trambahngleisen in Fahrbahn); NZV 2005, 256 (Gleisverschwenkung in Fahrbahn); LG Düsseldorf NZV 1992, 368 (Nässe nach Reinigungsarbeiten).

Graben
131 OLG Oldenburg NdsRpfl 1994, 45 (offene Gräben in Ostfriesland); OLG Zweibrücken OLGR 2000, 208 (Absicherung von Straßengräben).

Gully
132 OLG Hamm ZfS 1991, 41 u NZV 2006, 35 (für Radfahrer gefährliche Rillen).

Haltestelle
133 LG Hannover VersR 1989, 627 (Wartehäuschen); AG Wiesbaden NZV 1992, 156 (Bank).

Hindernisse (zu verkehrsberuhigenden Maßnahmen s Rn 71 f)

134 **Absperrvorrichtung:** OLG Oldenburg VRS 31, 161 (Sperrbock). S a Kette, Poller, Schranke, Seitenstreifen; zu Rasenschutzvorrichtungen *Berr* DAR 1991, 282.
Bauzaun: OLG Düsseldorf VersR 1998, 1021 m Anm *Jaeger* (zur Sperrung einer Fußgängerbrücke).
Begrenzungsstein: OLG München VersR 1956, 581.
Betonklotz: BGH DAR 1952, 41 (von Sprengung).
Blumenkübel: OLG Koblenz NZV 2000, 378 (auf Parkplatz; unbefugt auf Fahrbahn verschoben).
Feuerwehrschlauch: OLG Düsseldorf NJW-RR 1994, 1444 (Schlauchbrücke).
Fahrradständer: LG Koblenz MDR 1989, 1099.
Gerüst: BGH VRS 8, 172.

§ 13 Haftung wegen Verletzung der Verkehrssicherungspflicht

Haufen: BGH VersR 1960, 636 (Splitt auf Dorfstraße); 1961, 442 (Sand vor Haus); OLG Celle VersR 1959, 859 (Sand auf Sommerweg); 1965, 1083 (Splitt); OLG Nürnberg VersR 1971, 918 (Teer auf Autobahn).
Kette: OLG Düsseldorf VersR 1993, 1108; OLG Hamm OLGR 2004, 204 (zwischen Absperrpfosten); OLG Jena NZV 2005, 192 (unbefugtes Radfahren in Fußgängerzone).
Markierungsstange: OLG Koblenz VersR 1982, 780 (schrägstehend).
Mauer: AG Düsseldorf NZV 1991, 435 (zu niedrige Begrenzungsmauer auf Tankstellengrundstück).
Poller, Pfosten, Pfähle: OLG Düsseldorf VersR 1983, 463 u 544 (Pfahl); 1991, 927 (Betonpoller auf Gehweg neben Garageneinfahrt); 1992, 893 (Pfosten auf Parkstreifen unterbrechender Bauminsel); OLG Düsseldorf OLGR 1994, 280 (Pfostenstumpf auf Gehweg); OLG Köln VersR 1993, 1497 (Granitsteine auf Gehweg); OLG Hamm VersR 1994, 698 (umgeklappter Sperrpoller mit 13 cm Höhe); NZV 2002, 129 (unbeleuchteter Sperrpfosten auf Radweg); OLG Brandenburg DAR 1999, 403 u OLG Hamm OLGR 1999, 135 (Betonpoller auf Bürgersteig); OLG Koblenz NZV 1999, 293 (Baustahleisen auf Parkplatz); OLG Rostock VersR 2001, 1441 (Pfosten als Fahrbahnabsperrung); OLG Hamm NJW-RR 1999, 753, OLG Brandenburg DAR 2004, 389 u OLG Saarbrücken MDR 2004, 1351 (versenkbare Poller); LG Hannover VersR 1984, 592 (Eisenpfahl); LG Duisburg ZfS 1991, 296 (Betonpoller); LG Aachen NZV 1994, 196 (Poller auf Fußweg). S a *Berr* DAR 1991, 282.
Schranke: OLG Köln NZV 1991, 66 (am Ende eines Wirtschaftswegs); OLG Frankfurt VersR 1985, 149 LS (Beleuchtung); OLG Hamm DAR 2001, 458 (Stilschwenkschranke in verkehrsberuhigten Bereich).
Seil: BGH VersR 1967, 755 (Spannseil auf Werksgrundstück); OLG Stuttgart VersR 1981, 361 (von Kran herabhängend).
Stein: OLG Nürnberg NZV 1991, 390 (im Böschungsbereich); OLG Koblenz NZV 1993, 67 (2,5 m neben der Fahrbahn); OLG Hamm NZV 1996, 493 (Findling zum Schutz von Grünanlage).
Tonne: OLG Hamm NZV 1991, 152 (Gehwegverengung durch Mülltonne); 1996, 453 (Mülltonnen auf Radweg); AG Kehl VersR 1960, 1149 (leere Teertonnen).
Toranschlag: OLG München VersR 1994, 832 (keine Rücksicht auf tiefergelegte Fahrzeuge).
Umgestürzter Mast: BGH NJW 1954, 913; VersR 1956, 320; 1958, 51; OLG Stuttgart VRS 7, 246; OLG Koblenz VersR 1989, 159.
Umgestürztes Verkehrszeichen: LG Heidelberg VersR 1986, 351 LS.
Verankerung: OLG Nürnberg VersR 1964, 348 (eines Telefonmasten auf Fußweg).
Weidedraht: OLG Köln VersR 1998, 860 (als Wegabsperrung während Viehtriebs).

Kinder

BGH VersR 1977, 817 u OLG Düsseldorf VersR 1982, 77 (Spielplatz; Absicherung zur Straße); 1981, 849 (Schulbushaltestelle; Absicherung zur Straße). **135**

Kran

OLG Koblenz NJW-RR 2003, 243 (Lkw-Zufahrt über Schienenbereich eines Hafenkrans). **136**

Leitplanke

OLG Celle NZV 1990, 432 (nicht abgerundete oder versenkte Holmenden). **137**

Minen

BGH VersR 1957, 109 (im Grünstreifen neben der Straße). **138**

Zweiter Teil. Haftung aus unerlaubter Handlung

Parkbucht

139 OLG Dresden DAR 2001, 213 (zu hoher Bordstein des Überhangstreifens).

Parkhaus

140 AG Osnabrück NJW-RR 1990, 37 (kein Hinweis auf Gefahr für Frontspoiler durch Steigung der Rampe); LG Bochum VRS 79, 404 (Funktionsweise einer Schrankenanlage).

Rolltor

141 OLG Düsseldorf OLGR 2000, 122 (Werkshalle); LG Mönchengladbach VersR 1981, 1140 (Parkhaus); LG Köln VersR 1982, 609 (Parkhaus); AG Pforzheim VersR 1985, 1199 (Hotelgarage).

Rolltreppe

142 OLG Düsseldorf NJW-RR 1994, 1442 (Überwachung); OLG Oldenburg VersR 1964, 1234 m Anm *Ruhkopf* (unverzügliches Anhalten bei Notfall); zu Recht einschränkend *Kunz* MDR 1982, 186.

Seitenstreifen

143 OLG Düsseldorf VersR 1981, 358 (Betonplatte); NZV 1989, 117 (Findling); VersR 1994, 574 (Bordsteinkante); OLG Dresden OLGR 1995, 105 (Stein); OLG Saarbrücken OLGR 2003, 89 (Eisenpflock unmittelbar neben Parkfläche).

Sichtbehinderung

144 OLG Karlsruhe VersR 1983, 188 (durch Wahlplakat); OLG Koblenz NZV 1989, 392 (hohes Gras auf der Böschung).

Steinkreuz

145 BGHZ 37, 165 (an Böschung, fällt bei Berührung um).

Stufe

146 LG Hannover VersR 1989, 627 (Wartehäuschen; 28 cm Niveauunterschied).

Treppe

147 BGH VersR 1982, 854 (in Böschung); NJW 2002, 1265 (freiliegende Metallkanten; dazu *Rinne* NVwZ 2003, 11); OLG Celle VersR 1977, 671 (Kinderwagenrampe nicht deutlich abgesetzt); OLG Bamberg VersR 1981, 356 (erste Stufe erhöht); OLG Düsseldorf VersR 1984, 1153 LS; OLG Frankfurt VersR 1985, 71 LS (Ausbröckelungen); 1987, 204 (zu kurzer Handlauf).

Überdachung

148 OLG Schleswig NZV 1996, 495 (Tankstellendach unter 4 m); LG Tübingen VersR 1987, 827 u AG Bottrop NJW-RR 2002, 385 (Tankstelle).

Überflutung

149 BGH VersR 1961, 806 (Autobahn); 1968, 555 (verstopfter Entwässerungsgraben); 1970, 545; 1973, 254; OLG Koblenz VersR 1967, 480; OLG Saarbrücken VM 1973, 59; OLG München VersR 1980, 197; OLG Frankfurt NVwZ 1987, 734; OLGR Düsseldorf 1994, 203 (verstopfter Gully); OLG Celle OLGR 2001, 36 (verstopfter Abwasserschacht auf BAB); OLG Brandenburg VersR 2001, 1259 (Autobahn; Sicherungspflicht nach Vorunfall); OLG Köln OLGR 2000, 288 (Nässe durch Straßenreinigungsarbeiten); OLG Hamm VersR 2001, 507 (1 m tief überflutete Straßensenke); DAR 2002, 313 (Überflutung in Unterführung); LG München I VersR 1962, 995 (Autobahn); LG Fulda DAR 1964, 102 (fehlender Abfluss an Bundesstraße).

§ 13 Haftung wegen Verletzung der Verkehrssicherungspflicht

Unfallhäufung
BGH VersR 1966, 290; 1969, 80 (Fußgängerunfälle). **150**

Unterspülung
BGH VRS 10, 83; VersR 1954, 414; 1962, 326; OLG Nürnberg VRS 29, 401. **151**

Verkaufsstand
OLG Jena VersR 1998, 990 (Vordach ragt in Luftraum der Straße). **152**

Verkehrseinrichtungen (s a Rn 72)
Fahrbahnteiler: OLG Düsseldorf DAR 1968, 153. **153**
Richtungspfeil: OLG Hamm NZV 1999, 207 (Rutschigkeit nach Überstreichen).
Spiegel: OLG Frankfurt NZV 1989, 191 (keine Vorkehrungen gegen Beschlagen oder Vereisen).
Straßenlampe: LG Aachen NZV 1989, 29 (Herabfallen eines Aufsatzes).
Verkehrsinsel: OLG Koblenz NZV 2005, 257 (vorübergehend fehlendes Hinweisschild).
Wegweiser: OLG Köln VersR 1991, 77 (Scheibe löst sich).

Verkehrszeichen
BGH NZV 2000, 412 (gefahrträchtige Falschbeschilderung kann auch Verantwortlichkeit des **154**
Verkehrssicherungspflichtigen auslösen); OLG Zweibrücken VersR 1986, 821 (Standrohr eines
Verkehrszeichens hält Anstoß eines Pkw nicht stand und erschlägt Passanten); OLG Nürnberg
NZV 1997, 308 u OLGR Hamm 2000, 173 LS (Umfallen wegen mangelnder Standfestigkeit);
OLG Nürnberg NJW 2000, 3075 (mangelnde Standfestigkeit, Kontrollpflicht); OLG Koblenz
OLGR 2004, 367 (durch Orkan abgelöstes Verkehrsschild); LG Berlin NVwZ-RR 1999, 362
(Umstürzen eines mobilen Halteverbotschilds bei Sturm); LG Karlsruhe VersR 1998, 1391 LS
(unbefugtes Versetzen eines mobilen Haltestellenschildes auf die Fahrbahn).

Vermessungsarbeiten
OLG Köln VersR 1966, 834 (auf der Autobahn). **155**

Waage
Abweisstein: BGH VersR 1960, 511. **156**
Tragfähigkeit: OLG Stuttgart VersR 1973, 260.

Wasserlauf
OLG Koblenz OLGR 1999, 149 (offene Wasserrinne in Fußgängerzone). **157**

Weidetiere
Die Sicherungspflichten sind im Zusammenhang mit der Tierhalterhaftung behandelt (§ 9 **158**
Rn 30). Sie treffen aber auch andere Personen als den Halter, zB den Vermieter eines Pferdestalls (vgl BGH NZV 1990, 305).

Werbeanlage
LG Bochum NZV 2001, 431 (Hineinragen in Parkstreifen). **159**

Wildwechsel
OLG Celle VersR 1967, 382 u OLG Braunschweig NZV 1998, 501 (Kennzeichnungspflicht); **160**
BGHZ 108, 273 u OLG Frankfurt VRS 75, 82 (keine Pflicht, an Kreisstraße Wildschutzzaun
anzubringen; krit hierzu *Kötz/Schäfer* JZ 1992, 355).

11. Rennveranstaltungen

161 **Go-Cart-Bahn:** OLG Karlsruhe VersR 1986, 479.

Motorradrennen: OLG Koblenz VersR 1984, 1053; OLG Saarbrücken DAR 1991, 102 (Absichern der Leitplankenpfosten).

Radrennen: BGH VersR 1986, 705 u OLG Karlsruhe VersR 1986, 662 (Abpolstern von Leitplanken); OLG Stuttgart VersR 1984, 1098 (Sicherung gegen querende Fußgänger).

V. Mithaftung

162 1. Allgemeines

Der aus Verletzung der Verkehrssicherungspflicht in Anspruch Genommene wendet häufig ein, der Verletzte habe den Unfall bei vorsichtigerem Verhalten vermeiden können und müsse daher wegen **Mitverschuldens** nach § 254 Abs 1 BGB seinen Schaden vollständig oder teilweise selbst tragen. Ob dieser Einwand berechtigt ist, hängt in hohem Maße von den Umständen des Einzelfalles ab (Nachweise aus der Rspr nachstehend). Generell ist aber von einer Verpflichtung des Straßenbenutzers auszugehen, auf erkennbare Gefahrenstellen zu achten und sachgemäß zu reagieren, sodass der Mitschuldenseinwand in diesen Fällen häufig durchgreift, insbesondere bei erkennbarer Glätte.[392] Hat der Verletzte den Unfall weitaus überwiegend durch sein Verschulden herbeigeführt, so kann ein Ersatzanspruch völlig entfallen.[393] Der geschädigte Halter oder Führer eines Kfz muss sich ggf dessen **Betriebsgefahr** anrechnen lassen[394] (vgl § 22 Rn 85 ff). Bei Unfällen nach dem 31.7.2002 gilt dies selbst dann, wenn der Unfall für den Führer unabwendbar war, denn höhere Gewalt iSv § 7 Abs 2 StVG nF liegt in der Verletzung einer Verkehrssicherungspflicht in aller Regel nicht. Hier kann es zu einer vollen Entschädigung also nur noch kommen, wenn die Betriebsgefahr wegen besonders grobem Verschulden des Verkehrssicherungspflichtigen bei der Abwägung außer Betracht bleibt.[395] Dem **Insassen** eines Kfz, das infolge Verschuldens des Verkehrssicherungspflichtigen verunglückt ist, kann ein mitwirkendes Verschulden des Fahrers oder eine Betriebsgefahr aber nicht entgegengehalten werden. Es haften vielmehr der Verkehrssicherungspflichtige und der Fahrer als Gesamtschuldner (§ 840 BGB).

163 Ein **Mitverschulden** kann vor allem darin liegen, dass der Geschädigte, obwohl er die Gefahr kennt oder mit ihr rechnen muss, nicht die **zur Vermeidung eines Eigenschadens zuzumutenden Vorkehrungen** trifft, also zB bei Glätte oder Glättegefahr nicht besonders langsam und vorsichtig fährt oder in einem Baustellenbereich nicht auf Vertiefungen achtet.[396] Wer ein Fahrzeug mit tief herabgezogenem Frontspoiler fährt, muss besonders auf Hindernisse[397] und Fahrbahnunebenheiten achten[398] und ggf bestimmte Bereiche (Aufkantungen, Baustellenstraßen)

---

392 OLG München OLGR 1997, 173.
393 BGH VersR 1981, 733; OLG München VersR 1961, 383; OLG Düsseldorf VersR 1966, 370.
394 OLG München VersR 1961, 1049.
395 Krit *Kärger* DAR 2003, 5.
396 OLG München VersR 1995, 719.
397 OLG München VersR 1994, 832: Toranschlag.
398 OLG Düsseldorf VersR 1993, 1167; OLG Hamm NZV 1993, 67; LG Limburg NJW-RR 1990, 862.

§ 13 Haftung wegen Verletzung der Verkehrssicherungspflicht

meiden[399] oder mit größter Vorsicht befahren (verkehrsberuhigte Zonen; vgl Rn 72). Kein Mitverschulden liegt aber darin, dass mit einem tiefergelegten, aber straßenverkehrsrechtlich zugelassenen Fahrzeug eine dem allgemeinen Verkehr gewidmete Straße befahren wird.[400] Wer einen ersichtlich sehr glatten oder sonst sehr gefährlichen Weg ohne Notwendigkeit benutzt, kann für seinen Schaden mitverantwortlich gemacht werden.[401]

2. Einzelfälle zur Haftungsverteilung

a) Mitverschulden von Kraftfahrern

Glätte   164

BGH VersR 1966, 1139 (Glatteis, gerade noch ausreichendes Profil);
OLG Oldenburg DAR 1956, 75 (Verletzung der Streupflicht, fehlerhaftes Bremsen);
OLG Düsseldorf VersR 1968, 806 (Befahren erkannter Glättestelle);
OLG Hamm VersR 1982, 171 (Fahrer muss an nicht gestreutem Gefälle hinter Kuppe mit verunglückten Fahrzeugen rechnen);
OLG Frankfurt VersR 1983, 498 LS (besondere Sorgfalt bei gefrierendem Regen);
OLG Düsseldorf NJW-RR 1989, 735 (ständige Benutzung eines vereisten Weges in Hotelgelände);
OLG Hamm NJW-RR 1989, 611 (Lastzug an Gefällestrecke mit 8–12 km/h zu schnell);
OLG München VersR 1989, 1092 (Gefälle, scharfe Kurve; ortskundiger Fahrer kann Gefahr vermeiden);
LG Mannheim VersR 1975, 937 (gefrorene Pfütze aus Wasserrohrbruch, Missachten eines Warnpostens);
LG München I VersR 1983, 765 (Spiegeleis auf Parkplatz, nicht rechtzeitig gestreut).

Überflutung   165

OLG Köln VersR 1992, 1268 (hochgedrückter Kanaldeckel schlägt gegen Linienbus);
LG Essen VersR 1983, 190 (Einfahren in überflutete Unterführung).

Verschmutzung   166

OLG Karlsruhe VersR 1973, 972 LS (zu schnelles Fahren auf unbefestigtem Feldweg mit verschmutzter Fahrbahn);
OLG Schleswig NZV 1992, 31 (Feldarbeiten);
OLG Düsseldorf NJWE-VHR 1997, 288 (Motorradfahrer stürzt wegen Sandbelag bei Warnung vor Rollsplitt).

Tragfähigkeit   167

OLG Stuttgart VersR 1973, 260 (Befahren einer Bodenwaage mit Lkw);
LG Frankfurt NZV 1989, 117 (Befahren eines wegen Bauarbeiten unbefestigten Gehwegs).

Unebenheit   168

BGH VersR 1971, 475 (Querrinne);
OLG Saarbrücken VersR 1972, 207 (herausragender Kanaldeckel auf unfertiger Straße);
OLG Stuttgart VersR 1972, 868 (hoher Frostaufbruch).

---

399 OLG Hamm OLGZ 1994, 301.
400 OLG Hamm NZV 1992, 484.
401 OLG Düsseldorf VersR 1992, 1418; OLG Brandenburg NZV 1997, 78 (Radfahrerin benutzt statt der Fahrbahn Trampelpfad mit behelfsmäßiger Brücke); OLG München VersR 2004, 251 (Autofahrer kehrt ohne Not bei Eisregen zu seinem geparkten Kfz zurück).

Zweiter Teil. Haftung aus unerlaubter Handlung

169 Bankett

OLG Schleswig NZV 1995, 153 (Abbruchkante).

170 Bäume

OLG Köln VRS 22, 2 (zu nahe an Straße, Lkw bei Gegenverkehr zu schnell);
KG VersR 1971, 183 (zu niedriger Ast);
KG VersR 1973, 187 (geneigter Baum).

171 Baustelle

BGH VersR 1966, 779 (Verkehrsregler an Baustelle, überhöhte Geschwindigkeit);
BGH VersR 1981, 733 (Sperranhänger eines Bautrupps auf Autobahn nicht ausreichend gesichert, aber gelbe Springlichter schon aus 1 km erkennbar).

172 Gefahren von angrenzendem Grundstück

BGH VersR 1980, 740, LG Karlsruhe VersR 1983, 788, AG Düren NJW-RR 1986, 191 u AG Schönau MDR 2000, 583 (Dachlawine);
OLG Hamm OLGR 2000, 56 (Schweißarbeiten).

173 Ampel

OLG Köln NZV 1992, 364 (feindliches Grün an Baustellenampel);
OLG Koblenz NZV 1994, 192 (Rotlichtverstoß an schwer erkennbarer Ampel).

174 b) Mitverschulden von Radfahrern

OLG Celle VersR 1988, 858 (Seitenstreifen 10 cm tiefer, Radfahrer unaufmerksam);
OLG Düsseldorf VersR 1991, 1153 (Radfahrer gegen Bauminsel);
OLG Hamm NZV 1996, 453 (Mülltonnen auf Radweg);
OLG Hamm NZV 1996, 495 (tiefes Loch in Unterführung; schlechte Beleuchtung);
OLG Hamm NZV 1998, 500 (Niveauunterschied zwischen Rad- und Gehweg);
OLG Hamm OLGR 1999, 29 (gefährliche Radwegkurve, zu hohe Geschwindigkeit);
OLG Hamm NZV 2006, 550 (Laubschicht auf Radweg);
LG Oldenburg VersR 1982, 1061 (herausragender Kanaldeckel auf Sandweg neben Ladestraße; Radfahrerin stürzt);
LG Aachen VersR 1990, 102 (Absackung; Rennradfahrer stürzt).

c) Mitverschulden von Fußgängern

175 Glätte

BGH VersR 1970, 182 (Fußgänger benutzt glatte Fahrbahn statt gefrorenen Rasenstreifen am Straßenrand);
BGH VersR 1985, 90 (Kraftfahrer begibt sich auf eisglatten Parkplatz, um sein Kraftfahrzeug zu holen);
BGH VersR 1985, 570 (Übersteigen eines Schneewalls);
OLG Nürnberg VersR 1970, 773 (vereiste Fahrbahn voller Schlaglöcher, Fußgänger benutzt keinen Stock);
OLG Hamm VersR 1984, 795 LS (Fußgänger hält sich nicht an Jägerzaun fest: kein Mitverschulden);
OLG Hamm NJWE-VHR 1998, 269 (Begehen von Eisfläche auf Gehweg trotz Ausweichmöglichkeit);
OLG Hamm NZV 1999, 127 (vermeidbares Begehen erkanntermaßen extrem glatten Weges);
OLG Düsseldorf NJW-RR 1989, 735 (Hotelgast hat Zugangsweg mehrere Tage benutzt, ohne die Glätte zu rügen; sehr weitgehend);
OLG Jena NZV 2005, 578 (keine äußerste Sorgfalt trotz erkannter Vereisung des Gehwegs);
LG Heidelberg VersR 1982, 402 (unbestreuter, unebener Weg, auf anderer Straßenseite ausgebauter Feldweg).

§ 13 Haftung wegen Verletzung der Verkehrssicherungspflicht

Unebenheit 176
BGH VersR 1969, 515 (Stolpern über Unebenheit im Pflaster);
OLG Hamburg VersR 1962, 344 (Loch an Straße, dem Fußgänger bekannt);
LG Berlin VersR 1973, 327 (Unebenheit auf unbefestigtem Gehweg);
LG Heidelberg VersR 1973, 724 (aufgefüllter Graben).

Bahnübergang 177
OLG Frankfurt NJW-RR 1994, 1114 (Verhalten eines Kindes bei Unübersichtlichkeit).

Baustelle 178
BGH VersR 1986, 704 (Benutzung eines provisorischen Gehwegs).

Hindernisse 179
OLG Stuttgart VersR 1967, 485 (Baustahlgewebe auf Fußweg);
OLG Hamm VM 2006 Nr 72 (Pflanzkübel bei Dunkelheit);
LG Hamburg VersR 1972, 653 (Kellertreppe auf Gehsteig);
LG Flensburg VersR 1973, 476 (Stolpern über Baumstumpf);
LG Heidelberg VersR 1974, 688 (mangelhaft abgesicherte Abdeckung eines Wassereinlaufs).

Dunkelheit 180
OLG Düsseldorf OLGR 1996, 143 (Überqueren in Bau befindlicher Straße ohne Beleuchtung);
OLG Koblenz MDR 1998, 1349 (keine Gewöhnung an Dunkelheit).

§ 14 Verkehrspflichten im Straßenverkehr

Im Folgenden wird die umfangreiche Kasuistik zu den Sorgfaltsanforderungen im Straßenverkehr, geordnet nach Pflichtigen und nach Fallgestaltungen, wiedergegeben. Allgemein zu den Verkehrspflichten s § 10 Rn 7 ff.

Übersicht

	Rn
I. Kfz-Halter	1
1. Zustand des Fahrzeugs	1
2. Schutz vor ungeeignetem Fahrer	5
3. Schutz vor unbefugter Benutzung	6
II. Kfz-Führer	8
1. Fahrtüchtigkeit, Fahrzeugbeherrschung	8
2. Schutz vor unbefugter Benutzung	10
3. Allgemeines zum Verkehrsverhalten	11
4. Generelle Anforderungen	17
a) Geschwindigkeit	17
b) Fahrbahnbeobachtung	38
c) Reaktion auf plötzliche Ereignisse	40
d) Fahrbahnbenutzung	45
e) Rückwärtsfahren	48
f) Wenden	52
g) Absichern liegengebliebener Fahrzeuge	55
h) Fahrzeugzustand, Beleuchtung, Besetzung, Beladung	58
i) Ruhender Verkehr	67
5. Pflichten gegenüber dem gleichgerichteten Verkehr	74
a) Anfahren	74
b) Abstand	78
c) Bremsen	81
d) Überholen	85
e) Nebeneinanderfahren	95
f) Fahrstreifenwechsel	96
g) Linksabbiegen	101
h) Rechtsabbiegen	106
i) Kreisverkehr	109
j) Einbiegen in Grundstück	110
6. Pflichten gegenüber dem Gegenverkehr	112
a) Fahrbahnbenutzung	112
b) Verhalten an Engstelle	115
c) Überholen	118
d) Linksabbiegen	122

§ 14 Verkehrspflichten im Straßenverkehr

```
        7. Pflichten gegenüber dem Querverkehr .................... 133
            a) Allgemeines ........................................ 133
            b) Unklare Vorfahrtsituation ........................... 134
            c) Grundsätzliches zum Verhalten des Wartepflichtigen ... 155
            d) Grundsätzliches zum Verhalten des Vorfahrtberechtigten ... 167
            e) Besonderheiten bei Vorfahrt „rechts vor links" ...... 175
            f) Besonderheiten bei Regelung durch Verkehrszeichen ... 179
            g) Besonderheiten bei Lichtzeichenanlagen .............. 182
            h) Besonderheiten bei Grundstücksausfahrten ............ 186
            i) Besonderheiten bei Fahrzeugen mit Sonderrechten ..... 197
            j) Besonderheiten bei geschlossenen Verbänden .......... 202
        8. Pflichten gegenüber Schienenfahrzeugen .................. 203
        9. Pflichten gegenüber Radfahrern ......................... 210
       10. Pflichten gegenüber Fußgängern ......................... 215
       11. Pflichten gegenüber Kindern ............................ 237
       12. Pflichten gegenüber Tieren ............................. 246
       13. Besondere Pflichtenstellung ............................ 247
  III. Schienenfahrzeugführer ..................................... 252
        1. Pflichten gegenüber dem Kraftfahrzeugverkehr ........... 252
        2. Pflichten gegenüber Radfahrern und Fußgängern an Überwegen ... 253
        3. Pflichten an Haltestellen .............................. 255
   IV. Radfahrer .................................................. 256
        1. Fahrzeugbeherrschung ................................... 257
        2. Fahrbahnbenutzung ...................................... 258
        3. Überholen, Vorbeifahren ................................ 263
        4. Abbiegen ............................................... 266
    V. Fußgänger .................................................. 268
        1. Benutzen der Fahrbahn .................................. 269
        2. Überqueren der Fahrbahn ................................ 273
        3. Alkoholisierung ........................................ 281
        4. Sonderfälle ............................................ 282
   VI. Inline-Skater .............................................. 283
        1. Allgemeines ............................................ 283
        2. Rechtliche Einordnung .................................. 284
  VII. Führen und Treiben von Tieren .............................. 287
        1. Fuhrwerk ............................................... 287
        2. Reiter ................................................. 289
        3. Vieh ................................................... 290
 VIII. Sonstige Einwirkungen auf Verkehrsvorgänge ................. 291
        1. Kfz-Insassen ........................................... 291
        2. Eingriff in Verkehrsvorgänge ........................... 296
        3. Verabreichen von Alkohol ............................... 297
        4. Inverkehrbringen eines mangelhaften Fahrzeugs .......... 300
        5. Nichtverhindern gefahrträchtiger Kfz-Benutzung ......... 309
        6. Nichtverhindern unbesonnenen Verhaltens von Kindern .... 316
        7. Verletzung von Obhutspflichten über Tiere .............. 319
        8. Sport und Spiel ........................................ 320
        9. Sicherheit des Verkehrswegs ............................ 322
       10. Fehlerhafte Verkehrsregelung ........................... 323
```

Zweiter Teil. Haftung aus unerlaubter Handlung

I. Kfz-Halter

1. Zustand des Fahrzeugs

1 Der Halter ist für den **verkehrssicheren Zustand** des Kfz verantwortlich.[1] Ein neues oder generalüberholtes Kfz braucht er aber zunächst nicht auf Betriebssicherheit untersuchen zu lassen; anders beim Kauf eines gebrauchten Kfz von Privat bzw ohne Gewährleistung.[2] Beim Erwerb eines Gebrauchtfahrzeugs im Kfz-Handel darf grundsätzlich davon ausgegangen werden, dass die aufgezogenen Reifen noch verkehrssicher sind;[3] ebenso beim Kauf gebrauchter Reifen im Handel.[4] Lässt der Halter eines Kfz durch eine Fachwerkstatt neue Reifen aufziehen, ist er nur dann verpflichtet, diese auf ihre Reifengröße hin zu überprüfen, wenn besondere Umstände eine solche Kontrolle angezeigt erscheinen lassen.[5] Der Halter ist nicht verpflichtet, sich fortlaufend vom vorschriftsmäßigen Zustand des Fahrzeugs zu überzeugen; er hat jedoch nach § 31 Abs 2 StVZO die Inbetriebnahme zu untersagen, wenn ihm bekannt ist oder bekannt sein muss, dass das Fahrzeug einschließlich Ladung den Vorschriften nicht entspricht. Der unvorschriftsmäßige Zustand muss ihm nur dann bekannt sein, wenn ihn nach anderen Vorschriften eine Untersuchungspflicht trifft. Eine allgemeine Untersuchungspflicht besteht für den Halter nicht.

2 Auch ein Busunternehmer ist nicht verpflichtet, das Fahrzeug trotz amtlicher Zulassung auf etwaige Konstruktionsmängel, etwa an der Türautomatik, zu untersuchen.[6] Nach OLG Köln NZV 1992, 279 soll er jedoch dafür verantwortlich sein, dass die Fahrgäste im Nachläufer eines Gelenkbusses nicht wegen der dort auftretenden Querbeschleunigungskräfte von den Sitzen rutschen können; OLG Hamm OLGR 2000, 37 verlangt monatliche Kontrolle der Halteschlaufen in einem Bus auf Reißfestigkeit.

3 Hinsichtlich der **Erhaltung der Betriebssicherheit** des Kfz kann sich der Halter einer Hilfsperson bedienen, die die zur Pflege des Wagens und Beurteilung der Betriebssicherheit erforderliche Sachkunde besitzt und von deren Tauglichkeit und Zuverlässigkeit sich der Halter mit der erforderlichen Sorgfalt vergewissert hat,[7] insbesondere einer Fachwerkstatt.[8] Im Allgemeinen genügt es, den Wagen regelmäßig zur Inspektion in eine Fachwerkstatt zu bringen.[9] Zeigen sich aber zwischendurch Mängel, muss er sie unverzüglich beheben lassen.[10] Bei schlechtem Allgemeinzustand muss er mit ver-

---

1 BGH VRS 37, 271. Zu den besonderen Anforderungen in Bezug auf Fahrerassistenzsysteme s *Berz/Dedy/Granich* DAR 2000, 548; *Vogt* NZV 2003, 156.
2 BGH NZV 1995, 310; RG DAR 1933, 40.
3 OLG Stuttgart NZV 1991, 68. Anders bei Rat des Verkäufers, die Reifen auszuwechseln, OLG München NJW-RR 1998, 961.
4 OLG Frankfurt VRS 78, 174. Zum Umfang der Prüfpflicht bei Erwerb von Autoverwerter OLG Köln VersR 2003, 384.
5 BayObLG VRS 59, 60; 70, 473; OLG Karlsruhe NZV 1993, 322.
6 OLG Köln VRS 64, 407.
7 RG VAE 1938, 93.
8 BGH NZV 1998, 23; OLG Frankfurt NZV 1999, 420.
9 BGH VersR 1961, 848; 1965, 473; 1976, 148.
10 BGH VersR 1969, 1025.

borgenen Mängeln rechnen.[11] Allein aus der Untersuchung des Kfz nach § 29 StVZO darf der Halter nicht ohne weiteres den Schluss ziehen, dass keine Mängel vorhanden seien.[12]

Ist vorhersehbar, dass das Fahrzeug während der **Überlassung** an **einen Dritten** vorschriftswidrig wird (zB bei bereits weit abgefahrenen Reifen), so ist die Überlassung schuldhaft, wenn der Halter nicht sicher sein kann, dass der Dritte entweder den Mangel rechtzeitig beheben lassen oder das Fahrzeug nicht weiterbenutzen wird.[13] Die Überlassung eines verkehrsunsicheren Fahrzeugs an einen Dritten begründet die deliktische Haftung auch diesem gegenüber, selbst wenn der Wunsch zur Fahrt von diesem selbst ausging.[14]

4

2. Schutz vor ungeeignetem Fahrer

Der Halter handelt schuldhaft, wenn er das Kfz einer ungeeigneten, zB bekanntermaßen leichtsinnigen, Person anvertraut. Er hat sich über ihre Charaktereigenschaften, soweit möglich, vorher zu vergewissern. Überlassen an einen Betrunkenen begründet die Haftung für Unfälle, die auf der Fahruntauglichkeit beruhen.[15] Setzt sich die unzuverlässige Person eigenmächtig ans Steuer, hat der Halter sie unmissverständlich und nachdrücklich zum Verlassen des Fahrersitzes aufzufordern.[16] Der Halter muss sich auch vergewissern, dass der Fahrer die Fahrerlaubnis besitzt; idR muss er sich den Führerschein zeigen lassen.[17] Die Haftung setzt allerdings voraus, dass der Eignungsmangel für den Unfall kausal war.[18] Der ungeeignete Fahrer selbst wird von der Schutzwirkung der vorgenannten Pflichten grundsätzlich nicht erfasst;[19] eine Ausnahme mag bei Überlassung des Kfz durch einen Erwachsenen an einen Jugendlichen gelten.[20]

5

3. Schutz vor unbefugter Benutzung

Der Halter eines Kfz haftet für Unfälle, die sich auf einer Schwarzfahrt ereignen, nicht nur nach § 7 Abs 3 StVG (§ 3 Rn 304 ff), sondern uU auch aus unerlaubter Handlung (§ 823 BGB), denn er ist verpflichtet, alle zumutbaren Maßnahmen zu ergreifen, um sein Kfz vor einer Benutzung durch Unbefugte zu bewahren.[21] Wegen der Einzelheiten

6

---

11 BGH VersR 1976, 148.
12 BGH VersR 1965, 473; **aA** für Untersuchung eines Dampfkessels RGZ 145, 374.
13 BayObLG NZV 1990, 442.
14 OLG Köln NZV 1992, 405.
15 BGH VRS 34, 354.
16 BGH VersR 1984, 1153.
17 BGH VRS 34, 354; OLG Nürnberg VersR 1962, 937; OLG Frankfurt VersR 1974, 560; OLG Hamm VersR 1977, 757.
18 BGH VersR 1971, 117.
19 BGH NZV 1991, 109.
20 BGH VersR 1978, 183; NZV 1991, 110.
21 RGZ 136, 10; BGH VersR 1952, 279; 1955, 184; 1958, 413; 1959, 179; 1960, 736; 1961, 417; 1965, 988; 1966, 79; 1970, 66; 1978, 183; 1981, 40; VRS 30, 166; OLG Düsseldorf VRS 10, 100; OLG Nürnberg VersR 1958, 118; 1958, 202 = 388 m zust Anm *Stelzer*; OLG Köln DAR 1959, 297; VersR 1966, 766; OLG München VersR 1960, 862.

Zweiter Teil. Haftung aus unerlaubter Handlung

s § 3 Rn 332 ff. Anders als bei § 7 Abs 3 StVG muss er sich bei der deliktischen Haftung aus Verkehrspflichtverletzung ggf das Fehlverhalten eines Verrichtungsgehilfen nach § 831 BGB zurechnen lassen.[22]

7 Anders als bei § 7 Abs 3 StVG muss der Verletzte, der sich auf deliktische Haftung berufen will, aber nachweisen, dass der Unfall (und nicht nur die Schwarzfahrt) durch das Verschulden des Halters adäquat verursacht wurde.[23] Dies ist auch mit der in der Rspr verschiedentlich anzutreffenden Formulierung gemeint, die Haftung aus unerlaubter Handlung trete nur ein, wenn sich das Verschulden des Halters nicht in der Ermöglichung der Schwarzfahrt erschöpft, sondern sich darüber hinaus darauf bezogen hat, dass das Kfz in verkehrsgefährlicher Weise benutzt worden ist.[24] Es ist zwar eine allgemeine Erfahrungstatsache, dass Schwarzfahrer und Autodiebe die Achtung vor fremden Rechtsgütern vermissen lassen und daher durch rücksichtsloses Fahren häufig Unfälle verursachen,[25] doch kann damit allein der Kausalitätsbeweis nicht geführt werden. Es kommt auf die Umstände des Einzelfalles an.[26] Der Ursachenzusammenhang fehlt, wenn sich der unbefugte Benutzer verkehrsgerecht verhalten und keiner Verkehrsvorschrift zuwidergehandelt hat.[27] Verursacht der Schwarzfahrer (zB Dieb) einen Unfall bei dem Versuch, sich durch Flucht mit dem Fahrzeug der Festnahme durch die Polizei zu entziehen, so ist der Zurechnungszusammenhang zu bejahen, weil durch die mangelhafte Sicherung des Fahrzeugs die Gefahr eines derartigen Verlaufs der Schwarzfahrt voraussehbar in nicht unerheblicher Weise erhöht wird.[28] Der unbefugte Benutzer selbst wird von der Schutzwirkung der Vorschriften über die Sicherung des Kfz grundsätzlich nicht erfasst. Zur Kausalität zwischen mangelhafter Sicherung und Schwarzfahrt s § 3 Rn 331.

II. Kfz-Führer

1. Fahrtüchtigkeit, Fahrzeugbeherrschung

8 Nicht nur während der Fahrt, sondern auch schon vor deren Antritt treffen den Führer (ggf haftungsbegründende) Sorgfaltspflichten. Insbesondere ist er verpflichtet, sich stets zu vergewissern, ob er nach seinen körperlichen und geistigen Fähigkeiten überhaupt imstande ist, den Erfordernissen des Straßenverkehrs zu genügen. Er handelt schuldhaft, wenn er sich ein Nachlassen seiner Leistungsfähigkeit nicht zu Bewusstsein bringt, obwohl er es bei sorgfältiger Selbstkontrolle hätte bemerken können.[29] Dass er

---

22 Übersehen von OLG Jena NZV 2004, 312.
23 BGH VersR 1960, 736; 1966, 79; 1966, 166.
24 RGZ 135, 155; 136, 17; BGHZ 1, 390; BGH VersR 1979, 766.
25 RGZ 136, 10; BGH VersR 1955, 184; 1958, 413; VRS 14, 416; OLG Naumburg DAR 1940, 66; OLG Köln VRS 4, 355.
26 RGZ 136, 10.
27 BGH VersR 1955, 184; OLG Düsseldorf VRS 10, 100.
28 BGH VersR 1981, 40.
29 BGH VersR 1955, 343; 1959, 446; 1974, 594; 1988, 388 (Ermüdung); 1967, 808 = JZ 1968, 103 m Anm *Deutsch* (Sehvermögen); OLG Köln VersR 1996, 208.

für das Unfallgeschehen selbst infolge Bewusstseinsstörung nicht verantwortlich gemacht werden kann, entlastet ihn dann nicht. Er darf die Fahrt nicht antreten oder fortsetzen, wenn er bemerken muss, dass er das Kfz wegen mangelnder Erfahrung oder technischer Besonderheiten, zB eines neuartigen Fahrerassistenzsystems,[30] nicht beherrscht.

Der BGH stellt an die Selbstprüfung hohe Anforderungen. Der Kraftfahrer braucht den genauen Grund für seine Beeinträchtigung nicht zu erkennen. Es genügt, dass er Ausfälle registrieren muss, die Anlass zu Zweifeln an der Fahrtüchtigkeit geben. Ebenso kann der Fahrer auch für einen plötzlichen, sich vorher nicht wahrnehmbar ankündigenden Ausfall verantwortlich gemacht werden, wenn besondere Mängel seiner körperlichen oder geistigen Gesundheit, von deren Vorhandensein er Kenntnis hat oder haben müsste, zu solchem Versagen führen können.[31] Anlass zu besonders kritischer Selbstprüfung besteht bei vorangegangener Krankheit und fortgeschrittenem Lebensalter, ggf noch verschärft durch erschwerende Fahrumstände (zB schwülwarmes Wetter, lange Nachtfahrt). Der BGH[32] hat zwar eine generelle Verpflichtung, sich ab Erreichen einer gewissen Altersstufe auf die Fahrtüchtigkeit untersuchen zu lassen, verneint, einen Kraftfahrer aber dann für verpflichtet gehalten, sich – ggf unter Hinzuziehung eines Arztes – hierüber zu vergewissern, wenn er bei selbstkritischer Prüfung altersbedingte Auffälligkeiten erkennt oder erkennen muss, die sich auch nach laienhafter Beurteilung auf seine Fahrtüchtigkeit auswirken können.

9

2. Schutz vor unbefugter Benutzung

Der Führer haftet ebenso wie der Halter für die Folgen eines Unfalls, den er in zurechenbarer Weise dadurch verursacht, dass er das Fahrzeug einer ungeeigneten Person überlässt oder die unbefugte Benutzung des Fahrzeugs, zB durch Unterlassen der vorgeschriebenen Sicherheitsvorkehrungen, ermöglicht (vgl Rn 6 f und wegen Einzelheiten zu den einschlägigen Sorgfaltspflichten § 3 Rn 332 ff).[33] Überlässt ein Jugendlicher bei einer Schwarzfahrt das Steuer einem mitfahrenden Jugendlichen, so ist er für einen von diesem verursachten Unfall mitverantwortlich. Wegen der eigenen Verletzungen kann der zweite Schwarzfahrer den ersten aber nicht haftbar machen, denn er hat sich aus eigenem Antrieb zu einem gesetzwidrigen und selbstgefährlichen Tun entschlossen.[34]

10

3. Allgemeines zum Verkehrsverhalten

Selbstverständliche Pflicht des Fahrzeugführers ist es, die in den einschlägigen Vorschriften (insb StVO und StVZO) niedergelegten **Verkehrsregeln** einzuhalten. Diesen ist jedoch nicht für jede denkbare Verkehrssituation eine eindeutige Handlungsanweisung zu entnehmen. Hier kommt es auf die richtige Ausfüllung von Generalklauseln (zB § 1 Abs 2

11

---

30 Dazu *Vogt* NZV 2003, 157; *Berz/Dedy/Granich* DAR 2000, 549.
31 BGH DAR 1958, 194; VersR 1988, 389; weniger streng BGHSt 40, 341 = NZV 1995, 157 für die strafrechtliche Verantwortlichkeit eines Epileptikers ohne Krankheitseinsicht.
32 VersR 1988, 389.
33 OLG Jena NZV 2004, 312, 313.
34 BGH VersR 1978, 183.

StVO) und die sachgerechte Abgrenzung von Rechten und Pflichten an, die letztlich von der Rspr getroffen wird, aber auch dem einzelnen Verkehrsteilnehmer abverlangt werden muss. Darüber hinaus gebietet es die „im Verkehr erforderliche Sorgfalt" aber auch, erkennbar gefahrträchtige Situationen nach Möglichkeit zu entschärfen bzw das Entstehen solcher Situationen überhaupt zu vermeiden. Dies kann im Einzelfall sogar dazu führen, dass der Fahrer bestimmte Verkehrsregeln nicht befolgen darf, wenn gerade dadurch, zB infolge verkehrswidrigen Verhaltens anderer, eine Unfallgefahr heraufbeschworen würde.[35]

12 Begrenzt werden die Sorgfaltsanforderungen aber durch den sog **Vertrauensgrundsatz**. Nach diesem darf der Fahrer sich grundsätzlich auf verkehrsgerechtes Verhalten der anderen Verkehrsteilnehmer verlassen. Insbesondere muss er sich nicht auf grobe Verkehrsverstöße einstellen.[36] Bestehen aber nach der konkreten Verkehrssituation Anhaltspunkte für verkehrswidriges Verhalten anderer, so muss das eigene Fahrverhalten hierauf eingestellt werden. Dies gilt in besonderem Maße solchen Personen gegenüber, von denen verkehrsrichtiges Verhalten nicht ohne weiteres erwartet werden kann,[37] wie zB Kinder, alte Menschen, Gebrechliche, Betrunkene. Nicht auf den Vertrauensgrundsatz berufen kann sich auch, wer selbst durch sein Verhalten eine schwierige oder unklare Verkehrslage geschaffen oder die dem Schutz des anderen dienenden Verkehrsregeln missachtet hat.[38]

13 Als **Sorgfaltsmaßstab** dürfen für die Begründung der deliktischen Haftung nicht die hohen Anforderungen der Rspr zu § 7 Abs 2 StVG aF bzw § 17 Abs 3 StVG nF (s § 3 Rn 366 ff) herangezogen werden. Entscheidend ist nach § 276 BGB die „im Verkehr erforderliche", nicht die „äußerst mögliche" Sorgfalt (näher § 10 Rn 51 ff). Allerdings darf der Unterschied auch nicht überschätzt werden. Die Zumutbarkeitsgrenze des § 7 Abs 2 StVG und die Erforderlichkeitsgrenze des § 276 Abs 1 S 2 BGB liegen nicht so weit auseinander, wie die oftmals erheblich differierenden Ergebnisse von Gefährdungs- und Verschuldenshaftung glauben machen könnten; hierfür ist in weit höherem Maße die unterschiedliche Beweislastregelung verantwortlich. Vielfach wird sich nur einzelfallbezogen feststellen lassen, ob der „denkbar beste" Kraftfahrer sich anders verhalten hätte, als der seinen Verkehrspflichten genügende.

14 Nach der Rspr trifft den Kraftfahrer bei den Verkehrsvorgängen, für die die StVO einen **Ausschluss der Gefährdung anderer** verlangt (zB § 9 Abs 5, § 10), eine Pflicht zu gesteigerter Sorgfalt. Dadurch wird jedoch kein besonderer Fahrlässigkeitsmaßstab begründet, sondern es werden lediglich in verfehlter, weil unbestimmter Weise, Verkehrspflichten begründet (vgl § 10 Rn 55 sowie u Rn 110, 187).

15 Zu beachten ist, dass nicht jeder Verkehrsverstoß ohne weiteres zur Haftung für einen damit zusammenhängenden Unfall führt. Nach den Grundsätzen über den **Zurechnungszusammenhang** tritt die Haftung vielmehr nur dann ein, wenn die Vermeidung des betreffenden Unfallgeschehens von der Schutzwirkung der verletzten Verkehrsvor-

---

35 BGH VersR 1954, 367; 1959, 297; 1960, 925; 1960, 1113; 1961, 261; 1963, 282; 1964, 1053; 1968, 577; 1975, 373.
36 BGHZ 14, 232; BGH VersR 1971, 440; 1972, 459; KG DAR 1986, 323.
37 BGH VersR 1961, 423; 1963, 239; 1969, 518; 1973, 765.
38 BGH NJW 2003, 1929; VersR 1967, 157; 1971, 179; OLG Oldenburg VersR 1985, 1096.

schrift erfasst wird (§ 10 Rn 27). So dient zB das Rechtsfahrgebot nur dem Schutz des Gegen- und Überholverkehrs, sodass ein hierauf beruhender Zusammenstoß mit einem querenden Fahrzeug von der Schutzwirkung nicht erfasst wird (weitere Einzelfälle s § 11 Rn 6 ff).

Einzelheiten der **Rspr zu den Verhaltenspflichten des Kraftfahrers** sind nachstehend, geordnet nach Art und Umständen der Verkehrsbeteiligung, zusammengestellt (Übersicht vor Rn 1). 16

4. Generelle Anforderungen

a) Geschwindigkeit

Fahrzeugbeherrschung muss stets gewährleistet sein. Auch bei plötzlich erforderlich werdender Notbremsung darf das Fahrzeug nicht ins Schleudern kommen oder auf die Gegenfahrbahn geraten.[39] Auf technisches Versagen seines Fahrzeugs braucht sich der Fahrer allerdings nicht einzustellen, wenn er es in ordnungsgemäßem Zustand gehalten hat. Auf Besonderheiten seines Fahrzeugs (schwere Ladung;[40] Anhänger mit Pferden;[41] Linienbus, der wegen der Fahrgäste nicht scharf gebremst werden darf[42]) oder seiner Fahrweise (Motorrad auf einem Rad[43]) muss er sich einstellen, ebenso auf seine persönlichen Fähigkeiten. 17

Die **Straßenverhältnisse** sind stets zu berücksichtigen. Auch bei regennasser Fahrbahn muss sicheres Bremsen gewährleistet sein.[44] Nach starkem Regen ist mit **Aquaplaning** zu rechnen;[45] 100 km/h sind dann auch auf autobahnmäßig ausgebauter Straße zu hoch.[46] – Bei Temperaturen um den Gefrierpunkt muss bei feuchter Fahrbahn mit plötzlichem Auftreten von **Eisglätte** gerechnet werden,[47] auf trockener Fahrbahn nur bei besonderen Anzeichen.[48] Dann ist so langsam zu fahren, dass gefahrloses Lenken und Anhalten möglich bleibt.[49] – Mit **Ölflecken** auf der Fahrbahn braucht der Kraftfahrer nicht zu rechnen.[50] 18

Unbedingtes Gebot ist das **Fahren auf Sicht**: Der Fahrer muss stets innerhalb der überschaubaren Strecke anhalten können (§ 3 Abs 1 S 4 StVO). Entscheidend ist hierbei die Übersicht über den in Anspruch genommenen Fahrstreifen; auf die ganze Fahrbahn braucht sie sich nicht zu erstrecken.[51] Das Sichtfahrgebot gilt auf allen Straßen, auch 19

---

39 OLG Celle DAR 1976, 130.
40 OLG Düsseldorf JMBlNRW 1983, 104.
41 OLG Düsseldorf NZV 1993, 312.
42 KG VRS 52, 298.
43 BayObLG NJW 1985, 2841.
44 OLG Düsseldorf VM 1975, Nr 110; 1976, Nr 86.
45 OLG Düsseldorf VersR 1975, 160; VM 1975, Nr 115.
46 OLG Nürnberg VM 1982, Nr 14.
47 BGH VersR 1970, 672; OLG Celle DAR 1979, 305. S a OLG Karlsruhe OLGR 1998, 80.
48 BGH VersR 1976, 995: niedrig über der Autobahn schwebender Polizeihubschrauber; OLG Hamm NZV 1989, 233: Unfall; OLG Köln VersR 1999, 375 (kein Anzeichen).
49 BGH VersR 1966, 1077; OLG Nürnberg NZV 1993, 149.
50 OLG Frankfurt VM 1975, Nr 136.
51 BGH NJW 1985, 1950.

Autobahnen,[52] sowie bei allen Beleuchtungs- und Witterungsverhältnissen (für Nebel, Schneefall und Regen gilt die spezielle Regelung in § 3 Abs 1 S 3 StVO). Die Sichtfahrgeschwindigkeit darf er grundsätzlich voll ausnützen; auf ein Hindernis, das ihm auf seiner Fahrbahnhälfte entgegenkommt, braucht er sich nicht einzustellen,[53] auch nicht in einer unübersichtlichen Rechtskurve.[54]

20 Auf **schmalen Straßen**, die kein gefahrloses Begegnen ermöglichen, muss dagegen die Bremswegverkürzung durch einen Entgegenkommer berücksichtigt und auf **halbe Sicht** gefahren werden (§ 3 Abs 1 S 5 StVO). Auch wer mit seinem Fahrzeug selbst die Fahrbahnmitte nicht überschreitet, muss auf halbe Sicht fahren, wenn für den Gegenverkehr unter Berücksichtigung gebotener Sicherheitsabstände kein ausreichender Raum bleibt; mit dem Entgegenkommen bis zu 2,50 m breiter Fahrzeuge muss hierbei stets gerechnet werden.[55]

21 Wird dem Fahrer die Sicht durch **Blendung** genommen, muss er die Geschwindigkeit sofort so herabsetzen, dass er in dem vorher noch nicht überblickten Bereich wieder auf Sicht fährt oder zuvor zum Stehen kommt.[56] Bei Sonnenblendung Annäherung an Fußgängerübergang erforderlichenfalls nur mit Schrittgeschwindigkeit.[57]

22 Bei **Dunkelheit** wird der Sichtbereich idR durch die Reichweite der Scheinwerfer bestimmt, bei asymmetrischem Licht durch die kürzere des linken.[58] Bei Fahren mit Abblendlicht können 60 km/h bereits zu viel sein,[59] auch auf der Autobahn, wenn die Voraussetzungen des § 18 Abs 4 StVO nicht vorliegen.[60] Allgemeingültige Werte können nicht angegeben werden; es kommt auf die Sicht- und Lichtverhältnisse im Einzelfall an (Einstellung der Scheinwerfer, andere Lichtquellen, Straßenmarkierung, Blendung, Witterung[61]). Zu berücksichtigen ist auch die verkürzte Ausleuchtung bei Kurvenfahrt.[62] Nach dem Abblenden muss für die noch nicht überblickte Strecke auf Sichtfahrgeschwindigkeit verlangsamt werden.[63]

23 Aus dem Sichtfahrgebot folgt, dass dem Kraftfahrer das **Auffahren auf ein Hindernis** auf der Fahrbahn (Gegenstand oder Person) in aller Regel zum Verschulden gereicht,

---

52 BGH VersR 1984, 741: § 18 Abs 6 StVO passt es lediglich den dort bestehenden Besonderheiten an. Zur Reichweite dieser Vorschrift s OLG Bamberg NZV 2000, 49; OLG Nürnberg NZV 2000, 128.
53 BGH VersR 1983, 153; OLG Karlsruhe VersR 1987, 694.
54 BayObLG VRS 58, 366.
55 OLG Schleswig NZV 1991, 431.
56 BGH VersR 1976, 729 und 189; dort auch zu den Grenzen der Anforderungen.
57 OLG Frankfurt VM 1975, Nr 95.
58 BayObLG DAR 1962, 184; OLG Oldenburg VRS 32, 270.
59 OLG Hamm NZV 2004, 356: 48 km/h.
60 OLG Frankfurt NZV 1990, 154.
61 Vgl OLG Hamm DAR 1977, 23 (maximal 45 km/h auf nicht markierter Straße bei Regen); OLG Schleswig VersR 1983, 691 (45 km/h zu schnell); OLG Köln VersR 2003, 219 (nicht mehr als 40 km/h bei regennasser Fahrbahn).
62 OLG Saarbrücken VM 1978, Nr 60.
63 BGH VRS 24, 205; OLG München DAR 1966, 132.

auch wenn es ungewöhnlicher Art und schwer zu erkennen ist.[64] Dies gilt jedoch nicht für außergewöhnlich schwer erkennbare Hindernisse[65] sowie für Hindernisse, die unvermittelt von der Seite oder von oben her auf die Fahrbahn geraten,[66] oder für völlig verkehrswidrig entgegenkommende Fahrzeuge (zB Geisterfahrer, unbeleuchtetes Fahrzeug bei Dunkelheit).[67] Von einem unvermittelten Auftauchen, auf dessen Möglichkeit der Fahrer seine Geschwindigkeit nicht einzurichten braucht, kann aber nicht die Rede sein, wenn der Fahrer sich bei gehöriger Beobachtung des neben der Fahrbahn liegenden Raums rechtzeitig auf die Gefahr hätte einstellen können (s Rn 39), wenn er vor ihr gewarnt wurde (Rn 24 f) oder wenn er aus sonstigen Gründen mit ihr hätte rechnen müssen (Rn 26 ff). Ragt zB ein Lkw von der Seite her in die Straße, muss mit einer als Einweiser fungierenden Person auf der Fahrbahn gerechnet werden.[68]

Reduzieren muss der Kraftfahrer daher ggf seine Geschwindigkeit bei **Warnung vor einer Gefahrenstelle**. Das Gefahrenzeichen „Kinder" (Zeichen 136 der StVO) weist den Kraftfahrer darauf hin, dass er mit dem plötzlichen Betreten der Fahrbahn durch Kinder zu rechnen hat; er muss daher, sofern Bremsbereitschaft nicht ausreicht, durch Reduzierung der Geschwindigkeit dafür sorgen, dass er stets anhaltebereit ist,[69] und zwar grundsätzlich ohne Beschränkung auf bestimmte Tageszeiten.[70] Entsprechendes gilt für die Gefahrenzeichen 142 „Wildwechsel"[71] und 138 „Radfahrer kreuzen".[72] Eine bei Nacht abgeschaltete Fußgängerampel erfordert keine Geschwindigkeitsreduktion.[73] **24**

In einem gekennzeichneten **Baustellenbereich** muss mit Hindernissen[74] und plötzlich auf die Fahrbahn tretenden Personen[75] gerechnet werden. **25**

Auch ohne Warnzeichen kann für den Kraftfahrer Anlass bestehen, seine Geschwindigkeit so einzurichten, dass er auf eine **plötzliche Gefahrensituation** rechtzeitig reagieren kann. **26**

Dies gilt insbesondere, wenn er unbeaufsichtigte **Kinder** am Straßenrand wahrnimmt (näher Rn 237 ff) oder sich einem in der Fahrbahnmitte stehenden **älteren Menschen** nähert[76] (allgemein zu den Verhaltenspflichten gegenüber Fußgängern Rn 215 ff). **27**

---

64 BGH VersR 1976, 729 u KG NZV 1996, 235 (auf der Fahrbahn liegende Person); BGH NJW-RR 1987, 1235 (liegengebliebener unbeleuchteter Panzer); OLG Hamm VersR 2004, 1618 (unbeleuchtet liegengebliebene Fahrzeuge); OLG Koblenz DAR 2003, 377 (Soldatengruppe in Tarnkleidung); OLG Frankfurt DAR 2002, 448 (Unfallfahrzeug auf BAB); OLG Braunschweig NZV 2002, 176 (Räumfahrzeug auf BAB).
65 BGH VersR 1984, 741 (Reserverad auf Autobahn bei Nacht und Regen); OLG Hamm NZV 1990, 231 (flaches Metallteil).
66 BGH VersR 1982, 854; BayObLG VRS 60, 131; OLG Stuttgart DAR 1991, 179.
67 **AA** für Überholer BGH NZV 2000, 291. Vgl dazu Rn 119.
68 OLG Schleswig NZV 1995, 445.
69 BGH NZV 1994, 149; OLG Hamburg VRS 59, 145; KG VRS 56, 131; OLG Koblenz VRS 48, 465; 62, 335; OLG München VersR 1984, 395.
70 BGH NZV 1994, 149; **aA** OLG Frankfurt VersR 1982, 152: nicht bei Dunkelheit im Winter.
71 OLG Köln DAR 1976, 48.
72 OLG Düsseldorf VRS 60, 265.
73 OLG Düsseldorf NZV 2002, 90.
74 OLG Stuttgart VersR 1989, 1160.
75 OLG Hamm VRS 58, 257.
76 OLG Karlsruhe VersR 1988, 59.

Zweiter Teil. Haftung aus unerlaubter Handlung

28 Bei der Annäherung an eine **Unfallstelle** muss mit Personen, Fahrzeugteilen uä auf der Fahrbahn gerechnet werden,[77] bei einem querstehenden Pkw auf der Autobahn damit, dass er in die andere Fahrspur bewegt wird,[78] bei Rauchentwicklung mit einem Pannenfahrzeug.[79] Eine eingeschaltete **Warnblinkanlage** muss dem herannahenden Fahrzeugführer Anlass geben, sich auch auf eine nicht von dem blinkenden Fahrzeug allein ausgehende Gefahr einzustellen.[80] Bei Warnung durch ein Polizeifahrzeug mit Blaulicht muss damit gerechnet werden, dass die Straße in ihrer gesamten Breite von Unfallauswirkungen betroffen ist.[81]

29 Überholt der Kraftfahrer eine **stehende Kolonne unter Benutzung der Gegenfahrbahn**, so muss er seine Geschwindigkeit der Erfahrungstatsache anpassen, dass querende Fußgänger ihr Augenmerk bei Erreichen der Fahrbahnmitte in erster Linie dem von rechts kommenden Verkehr zuwenden.[82] Dies gilt erst recht, wenn er unter Missachtung einer ununterbrochenen Linie oder einer Sperrfläche überholt.[83]

30 Grundsätzlich gilt aber, dass auf verkehrsgerechtes Verhalten anderer Verkehrsteilnehmer **vertraut** werden darf (vgl Rn 12).

31 Auf einer anderen Fahrspur des gleichgerichteten Verkehrs oder im Gegenverkehr darf deshalb an einer **stehenden Kolonne** vorbeigefahren werden, ohne dass die Geschwindigkeit auf ein plötzliches Ausscheren oder Queren anderer Verkehrsteilnehmer eingerichtet werden muss[84] (zur Ausnahme bei den sog Lückenfällen s Rn 170, 224).

32 Beim Vorbeifahren an einem **haltenden Linienbus** muss nicht generell damit gerechnet werden, dass ausgestiegene Fahrgäste hinter dem Bus über die Fahrbahn laufen (anders bei Schulbus, s Rn 240); es genügt, sich vorsichtig (§ 20 Abs 1 StVO) darauf einzustellen, dass sie zur Gewinnung der Übersicht ein wenig hinter dem Bus hervortreten;[85] kann wegen beengter Verhältnisse kein hierfür ausreichender Seitenabstand (ca 2 m)[86] eingehalten werden, muss die Geschwindigkeit so weit herabgesetzt werden, dass sofortiges Anhalten möglich ist.[87] Dies gilt auch bei Bussen, die in Gegenrichtung halten oder gerade wieder anfahren.[88] Ist an dem Bus das Warnblinklicht eingeschaltet, gelten die besonderen Anforderungen des § 20 Abs 4 StVO.

---

77 OLG Hamm NZV 1992, 407.
78 OLG Karlsruhe MDR 1991, 543.
79 KG VM 1974, Nr 125.
80 OLG Köln VRS 68, 354; einschr für den Fall, dass das blinkende Fahrzeug auf dem Seitenstreifen der Autobahn steht und der Verkehr offenbar unbehindert daran vorbeifließt BayObLG VRS 70, 139.
81 OLG Koblenz NZV 2004, 525.
82 KG DAR 1978, 107.
83 OLG München NZV 1996, 115.
84 BGH NJW 1985, 1950; KG VM 1985, Nr 69; **aA** (wenn Gegenverkehr zugleich stehenden Omnibus passiert) OLG Hamm NZV 1991, 467.
85 BGH VM 1967, Nr 69; VersR 1972, 951; KG VM 1987, Nr 101.
86 BGH VM 1968, Nr 93; VersR 1972, 952; OLG Düsseldorf DAR 1976, 190.
87 OLG Karlsruhe NZV 1989, 393; OLG Köln NZV 2003, 189.
88 OLG Köln VRS 64, 434.

§ 14 Verkehrspflichten im Straßenverkehr

Auch das Vorbeifahren an **Müllfahrzeugen**[89] und anderen **Arbeitsfahrzeugen** erfordert Vorsichtsmaßregeln zum Schutze der an diesen tätigen Personen. 33

Näher zu den Verhaltenspflichten gegenüber Fußgängern Rn 223 ff. 34

Wo sich **ruhender und fließender Verkehr vermengen**, muss wegen des Rangier- und Fußgängerverkehrs so langsam gefahren werden, dass jederzeit sofort angehalten werden kann.[90] 35

Wo mit **verkehrsbedingtem Anhalten** zu rechnen ist, muss die Geschwindigkeit zur Vermeidung von Gefährdungen und Irritationen anderer Verkehrsteilnehmer so rechtzeitig reduziert werden, dass mit einer normalen, nicht zu scharfen Betriebsbremsung angehalten werden kann, also zB vor Einmündungen in bevorrechtigte Straßen, Engstellen, Fußgängerüberwegen. Vor Verkehrsampeln muss dagegen grundsätzlich nur die zugelassene Höchstgeschwindigkeit beachtet werden, weil die Dauer der Gelbphase auf diese abgestimmt ist[91] (s a Rn 183); Ausnahmen gelten für Fahrzeuge mit anormalem Bremsverhalten.[92] 36

Auch **zu geringe Geschwindigkeit** kann verkehrswidrig sein, insbesondere auf der Autobahn. Bei Unvermeidbarkeit ist der nachfolgende Verkehr, zB durch Warnblinken, zu warnen.[93] Ein mit 15 km/h die Autobahn befahrendes Räumfahrzeug ist durch Warnanstrich und Rundumlicht ausreichend abgesichert.[94] 37

b) Fahrbahnbeobachtung

Der Kraftfahrer muss seine Aufmerksamkeit während der Fahrt stets dem Verkehrsgeschehen zuwenden. Er darf sich **nicht ablenken** lassen, zB durch Neckereien der Beifahrerin,[95] oder aus anderen Gründen den Blick von der Fahrbahn abwenden, zB indem er sich nach herabgefallenen Gegenständen bückt, sich zu Personen im Fond umdreht oder sich mit dem Kassettenrecorder, Telefon, Navigationsgerät[96] oä beschäftigt (Rspr hierzu in § 32 Rn 114). 38

Die Beobachtungspflicht erstreckt sich auf die **gesamte Fahrbahnbreite** und den Bürgersteig.[97] Auch der **neben der Fahrbahn liegende Raum** ist auf evtl Gefahrenquellen (zB Kinder, Tiere) zu kontrollieren.[98] Dies bedeutet jedoch nicht, dass der Fahrer nach solchen Gefahrenquellen eigens Ausschau halten und dazu zB seine an sich zulässige 39

---

89 OLG Hamm NJW-RR 1988, 866; OLG Zweibrücken VRS 62, 213.
90 Vgl OLG Frankfurt VersR 1982, 1204 (Autobahntankstelle); OLG Celle VersR 1975, 265 (Parkplatz); KG VM 1984, Nr 36 (Parkhaus); KG NZV 2003, 381 (große Parkanlage mit Vielzahl von Parkhäfen).
91 OLG Karlsruhe VRS 49, 142.
92 KG VRS 52, 298 (Linienbus); OLG Düsseldorf JMBlNRW 1983, 104 (Schwerlaster).
93 OLG Frankfurt NJW 1985, 1353; OLG Celle VersR 1977, 454 (Militärkolonne); OLG Düsseldorf DAR 1999, 543 (Bagger).
94 OLG Braunschweig NZV 2002, 176 (Grenzfall; wegen der extrem niedrigen Geschwindigkeit wäre Vorwarnung angebracht).
95 OLG Hamm NZV 1995, 481.
96 S hierzu *Hagemeister/Kettler* NZV 2002, 481 ff.
97 BGH NJW 1987, 2377.
98 OLG Düsseldorf VM 1966, Nr 153.

Geschwindigkeit reduzieren müsste. Er darf vielmehr grundsätzlich auf das Nichtvorhandensein ihm nicht erkennbarer Gefahren vertrauen, bei Nacht also auch solcher, die außerhalb seines Lichtkegels liegen. Ausnahmen gelten bei Anhaltspunkten für die Möglichkeit einer aus dem Seitenbereich auftauchenden Gefahr. So ist zB nach dem Zeichen 142 der StVO (Wildwechsel) dem Bereich neben der Fahrbahn gesteigerte Aufmerksamkeit zu widmen.[99] Ein Kind muss bei besonderer Gefahrenlage so lange wie möglich im Auge behalten werden.[100] Zu der Verpflichtung, die Geschwindigkeit nach der einsehbaren Strecke einzurichten, s Rn 19 ff.

c) Reaktion auf plötzliche Ereignisse

40 Der Kraftfahrer ist verpflichtet, stets seine **volle Aufmerksamkeit** dem Führen des Kfz zu widmen, um sofort auf plötzliche Gefahrenlagen reagieren zu können (zur hierbei zuzubilligenden Reaktionszeit s § 3 Rn 377).

41 Auf **gewöhnliche Verkehrsvorgänge** muss er so gefasst sein, dass er nicht durch Erschrecken an einer sofortigen und sachgerechten Reaktion gehindert wird, zB bei Umschalten einer Lichtzeichenanlage,[101] bei einer Vorfahrtverletzung,[102] wenn ein entgegenkommendes Fahrzeug in einer Kurve über die Fahrbahnmitte gerät,[103] bei Wildwechsel in gekennzeichnetem Bereich.[104]

42 Bei **ungewöhnlichen Ereignissen**, dh einem Verhalten, auf dessen Unterbleiben vertraut werden darf, ist zwar eine Schreckzeit zuzubilligen,[105] jedoch muss auch hier idR eine sachgerechte Reaktion gefordert werden, denn der Kraftfahrer schuldet Geistesgegenwart und ständige Reaktionsbereitschaft.[106] Er darf deshalb bei Auftauchen von Kleinwild nicht auszuweichen versuchen,[107] bei Platzen eines Reifens nicht bremsen.[108] UU kann in solchen Fällen aber eine Verantwortlichkeit daran scheitern, dass statt einer willensgesteuerten Handlung ein bloßer Reflex abläuft oder die subjektive Vorwerfbarkeit fehlt[109] (vgl auch § 10 Rn 51).

43 Verwirklicht sich eine **selbstverschuldete Gefahr** (zB Auftauchen von Gegenverkehr bei riskantem Überholmanöver, Störung durch betrunkenen Beifahrer), kann sich der Kraftfahrer nicht auf eine unverschuldete Fehlreaktion berufen. Hier liegt die haftungsbegründende Verkehrspflichtverletzung bereits im Hervorrufen der Gefahr.

44 Kommt es wegen eines **Fahrzeugdefekts** zu einem Unfall, so ist dieser verschuldet, wenn der Fahrer auf erste Anzeichen der Störung nicht richtig reagiert hat.[110]

---

99 BGH NZV 1989, 390.
100 BGH NZV 1992, 361.
101 OLG Köln VRS 45, 358.
102 BGH VRS 27, 73; BayObLGSt 1964, 186.
103 BGH VRS 35, 177.
104 Vgl OLG Köln VM 1976, Nr 26 m Anm *Booß*.
105 BGH VRS 23, 375.
106 *Janiszewski/Jagow/Burmann/Heß* § 1 StVO Rn 60.
107 OLG Hamm NZV 1998, 328; KG NZV 2003, 91.
108 OLG Hamm VersR 1976, 667.
109 BGH VRS 51, 4 (Revisionsurteil zu OLG Hamm VersR 1976, 667).
110 KG VM 1974, Nr 125.

§ 14 Verkehrspflichten im Straßenverkehr

d) Fahrbahnbenutzung

Zum **Rechtsfahrgebot** s Rn 112 ff. Im Übrigen darf die Fahrbahn grundsätzlich in ihrer 45
ganzen Breite benutzt werden, jedoch ist ein **Sicherheitsabstand** nach rechts je nach
den örtlichen Verhältnissen und der eingehaltenen Geschwindigkeit erforderlich, wenn
sonst andere Verkehrsteilnehmer gefährdet werden könnten (im Allgemeinen 0,5 bis
1 m; zum Abstand von Fußgängern auf dem Gehweg s Rn 235). Dieser darf jedoch dann
unterschritten werden, wenn ansonsten an unübersichtlicher Stelle die Fahrbahnmitte
überschritten werden müsste.[111] Auch zu geparkten Fahrzeugen ist ein situationsabhängiger Abstand einzuhalten; idR etwa 1 m;[112] bei beengten Verhältnissen kann er
geringer sein.[113]

Fahrer **hoher Fahrzeuge** müssen auf evtl Hindernisse im Luftraum über der Straße 46
achten,[114] ganz besonders bei Überschreiten der Beladungsgrenze.[115]

Benutzungsverbote sind einzuhalten, weil sich andere Verkehrsteilnehmer auf sie ein- 47
stellen. So darf zB der Seitenstreifen der Autobahn nur in Notfällen befahren werden,
desgleichen die Beschleunigungsspur an einer Autobahneinfahrt durch Fahrzeuge des
durchgehenden Verkehrs[116] oder der durch eine Fahrbahnbegrenzung (Zeichen 295) abgetrennte Straßenraum nach Maßgabe von § 41 Abs 3 Nr 3 lit b StVO. Auch das Befahren einer Sperrfläche (Zeichen 298) verletzt das schutzwürdige Vertrauen anderer
Verkehrsteilnehmer.[117]

e) Rückwärtsfahren

Das **Rechtsfahrgebot** gilt auch hier, dh das Rückwärtsfahren hat auf der Fahrbahnseite 48
zu geschehen, die bei Vorwärtsfahrt einzuhalten wäre, und zwar möglichst weit am
Fahrbahnrand.[118]

Herannahende Verkehrsteilnehmer, die das Manöver möglicherweise nicht recht- 49
zeitig erkennen können, sind zu **warnen** (zB Warnblinklicht); wo dies nicht möglich
ist, muss das Rückwärtsfahren unterbleiben. Der Rückwärtsfahrer muss in Rechnung
stellen, dass andere Verkehrsteilnehmer, insbesondere solche des Querverkehrs und
Fußgänger, oft nicht mit Verkehr aus der „falschen" Richtung rechnen und daher auch
den Bereich neben der Fahrbahn ständig **beobachten**;[119] ggf muss er warten, bis eine
Verständigung stattgefunden hat. Dies gilt ganz besonders in Einbahnstraßen[120] und auf
Richtungsfahrbahnen[121] sowie im Bereich des Gefahrzeichens „Kinder".[122]

---

111 OLG München VRS 65, 331.
112 KG VM 1985, Nr 83.
113 OLG München VRS 75, 249; OLG Hamm NZV 1993, 27.
114 OLG Hamm VersR 1993, 712; OLG Schleswig VersR 1977, 1037; OLG Köln VRS 59, 222.
115 OLG Hamm VersR 1993, 712.
116 OLG Frankfurt VRS 72, 40.
117 BGH NZV 1992, 149 f; OLG Köln NZV 1990, 72.
118 BayObLG VRS 31, 374.
119 Vgl BayObLG VM 1977, Nr 20.
120 OLG Düsseldorf VRS 55, 412.
121 KG VersR 1993, 711.
122 OLG Frankfurt NJW 1998, 548.

50 Das (auch in diesem Fall bestehende) **Vorfahrtrecht** darf nur mit größter Vorsicht ausgeübt werden.[123] Das **Einfahren in eine Vorfahrtstraße** erfordert, sofern die Einmündung nicht völlig übersichtlich ist, einen Einweiser.[124]

51 Der **beschränkten Sicht** nach rückwärts muss der Rückwärtsfahrer durch Langsamfahren und besondere Umsicht Rechnung tragen. Kann er sich nicht selbst davon überzeugen, dass der Raum hinter seinem Fahrzeug frei ist und für die gesamte Dauer der Rückwärtsfahrt frei bleiben wird, muss er sich einweisen lassen;[125] dies gilt grundsätzlich auch auf Baustellen[126] und in privaten Hofräumen.[127] Die bloße Benutzung der Rückspiegel reicht wegen des toten Winkels nicht.[128] Zur Sorgfaltspflicht gegenüber dem Einweiser s OLG Koblenz VRS 58, 256.

f) Wenden

52 Das Wenden greift als außergewöhnlicher Betriebsvorgang in den fließenden Verkehr ein und ist daher nur zulässig, wenn sichergestellt wurde, dass andere Verkehrsteilnehmer nicht durch ihn tangiert werden oder sich auf ihn eingestellt haben.[129] Unzulässig ist das Wenden daher an unübersichtlichen Stellen[130] oder auf stark befahrenen Bundesstraßen.[131] Ist es im Einzelfall unumgänglich, so ist der Durchgangsverkehr durch Warnposten zu sichern,[132] bei außergewöhnlicher Gefahr ganz zu sperren.[133]

53 Wer auf einer Vorfahrtstraße unter Benutzung eines **Mittelstreifendurchbruchs** wendet, ist gegenüber einem Verkehrsteilnehmer, der aus einer dem Durchbruch gegenüberliegenden, untergeordneten Straße nach rechts einbiegen will, wartepflichtig.[134] Zur (eingeschränkten) Geltung der „Lücken-Rechtsprechung" (Rn 170) in solchen Fällen s KG VersR 1982, 583.

54 Das **Vorbeifahren hinter einem wendenden Fahrzeug** ist nur zulässig, wenn sichergestellt ist, dass der Wendende sich hierauf einstellt.[135]

g) Absichern liegengebliebener Fahrzeuge

55 Kommt ein Fahrzeug unfreiwillig und nicht durch die Verkehrslage bedingt[136] auf der Fahrbahn zum Halten, so ist sofort **Warnblinklicht** einzuschalten, sofern das Fahrzeug nicht rechtzeitig als stehendes Hindernis erkannt werden kann (§ 15 S 1 StVO). Bei

---

123 BGH VRS 14, 346.
124 KG VRS 69, 457.
125 OLG Düsseldorf VM 1994, Nr 82; OLG Celle NdsRpfl 1975, 250.
126 OLG Karlsruhe VRS 48, 194.
127 OLG Düsseldorf VRS 54, 219.
128 OLG Nürnberg NZV 1991, 67; OLG Oldenburg NZV 2001, 377.
129 Vgl OLG Stuttgart VersR 1976, 73.
130 Vgl OLG Saarbrücken VM 1978, Nr 60.
131 OLG Koblenz VRS 49, 31.
132 OLG Koblenz VRS 49, 31.
133 OLG Frankfurt VersR 1995, 796: Wenden eines Bergepanzers auf nächtlicher Landstraße.
134 OLG Hamburg DAR 1981, 327.
135 KG VM 1992, Nr 51.
136 Keine Warnblinkpflicht bei Stau: OLG Zweibrücken NZV 1998, 24.

einem Liegenbleiben auf dem Seitenstreifen der Autobahn wird dies am Tage nur in Ausnahmefällen erforderlich sein,[137] bei Dunkelheit stets.

Ist eine Fortsetzung der Fahrt kurzfristig nicht möglich (wovon sich der Fahrer zunächst überzeugen darf[138]), so ist zusätzlich ein **Warnzeichen** (Warndreieck, Warnleuchte) in ausreichender Entfernung aufzustellen. Das Warnzeichen ist nicht auf der Fahrbahn, sondern an deren rechtem Rand aufzustellen.[139] Vor dem Einholen des Warnzeichens nach Behebung der Fahrstörung muss der Fahrer prüfen, ob einer besonderen Verkehrsgefahr (Fahrzeug unmittelbar hinter Kurve) dadurch begegnet werden kann, dass er den Standort des Fahrzeugs etwas verändert.[140]

56

Besteht noch eine Möglichkeit, das Fahrzeug in eine **weniger verkehrsgefährdende Position** zu bringen, so muss diese wahrgenommen werden. Die Verkehrssicherheit geht einer Schadensminderung oder Beweissicherung vor. Ein Fahrzeug mit Reifenschaden muss daher noch so weit wie möglich von der Fahrbahn gefahren werden,[141] desgleichen ein noch fahrfähiges Fahrzeug nach einer Kollision auf der Autobahn.[142]

57

h) Fahrzeugzustand, Beleuchtung, Besetzung, Beladung

Der Fahrzeugführer ist für den **vorschriftsmäßigen Zustand** seines Fahrzeugs verantwortlich (§ 23 Abs 1, 2 StVO). Dazu gehört nicht nur, dass es den Ausrüstungsvorschriften der StVZO genügt, sondern auch, dass alle Ausrüstungen mangelfrei und benutzbar sind und bauartbedingte Beschränkungen, insbesondere der Geschwindigkeit, beachtet werden. Der gelegentliche Benutzer eines Kfz genügt seiner Verpflichtung durch eine äußerliche Kontrolle (Reifen, Beleuchtung, Blinker usw) und eine Prüfung der wichtigsten Funktionen (insbesondere Bremsen, Lenkung), während derjenige, dem die laufende Pflege des Kfz obliegt, auch für die rechtzeitige Entdeckung solcher Mängel verantwortlich ist, die nur bei eingehenderer Untersuchung erkannt werden können.[143]

58

IdR genügt hierfür die Durchführung der werkseitig vorgeschriebenen **Inspektionen**[144] oder die **ständige Wartung** durch einen Kfz-Meister in einer Betriebswerkstätte.[145] Weiß der Fahrer, dass der Wartungsdienst schon seit längerer Zeit unterlassen wurde, muss er dafür sorgen, dass auch nicht ohne weiteres erkennbare Mängel behoben werden.[146] Bei einem ordnungsgemäß gewarteten Fahrzeug ist der Fahrer nicht verpflichtet, Schrauben auf ihren festen Sitz hin zu überprüfen.[147] Allein auf die Versiche-

59

---

137 OLG Hamm VRS 47, 65; OLG Düsseldorf VRS 58, 281.
138 BayObLG VRS 70, 461; OLG Schleswig NZV 1992, 488.
139 OLG Saarbrücken VM 1980, Nr 51.
140 OLG Hamm VersR 1984, 245.
141 OLG Bamberg VersR 1978, 256.
142 OLG Zweibrücken NZV 2001, 387. Zu Recht einschr *Hentschel* NJW 2002, 723; s a BGH VersR 1977, 36.
143 *Janiszewski/Jagow/Burmann/Heß* § 23 StVO Rn 6.
144 BGH VM 1965, Nr 31: nicht die Hauptuntersuchung (TÜV).
145 OLG Oldenburg VM 1958, Nr 10.
146 BGH VersR 1966, 564.
147 AG Berlin-Tiergarten NZV 1990, 243.

rung des Halters, es sei alles in Ordnung, darf sich der Fahrer nicht verlassen.[148] Bei einem noch unbekannten Fahrzeug muss der Fahrer extreme Beanspruchungen, zB scharfes Bremsen, nach Möglichkeit vermeiden.[149] Nach einem Eingriff in die Bremsanlage ist eine Bremsprobe durchzuführen.[150] Eine Überprüfung des Fahrzeugs während der Fahrt ist nur bei besonderem Anlass (zB nach extremer Beanspruchung, bei Funktionsstörungen oder sonstigen Auffälligkeiten, Anblinken durch andere Verkehrsteilnehmer) geboten.

60 Die vorgeschriebene **Beleuchtung** (eingehend § 17 StVO) darf nicht durch Verschmutzung oder Verdecken beeinträchtigt sein. Bei **Ausfall** ist Fahrt zu unterbrechen und Verkehr zu sichern; bei Teilausfall ist Weiterfahrt bis zu unverzüglicher Reparatur zulässig, sofern Verkehr dadurch nicht gefährdet wird.[151] Auch ein geschobenes Kraftrad muss beleuchtet sein.[152]

61 Besonderes Augenmerk ist der **Bereifung** zu widmen. Längeres Fahren mit zu geringem Reifendruck ist zu vermeiden. Ohne besonderen Anlass ist es jedoch nicht erforderlich, eine Druckprüfung vor jeder Fahrt oder bei jeder Fahrtunterbrechung[153] vorzunehmen; regelmäßige Prüfung beim Tanken oder in der Werkstatt reicht aus.[154] Mit überalterten Reifen darf nicht gefahren werden. Bei Anzeichen für Überalterung ist eine fachmännische Überprüfung zu veranlassen;[155] vom Fahrer kann jedoch nicht verlangt werden, das Alter anhand der verschlüsselten Angaben auf dem Reifen zu ermitteln.[156] Nach einer ungewöhnlichen Beanspruchung, zB Überfahren einer Kante, ist der Reifen auf Beschädigung zu untersuchen.

62 Auch **dem Insassen gegenüber** ist der Fahrer für den vorschriftsmäßigen Zustand des Fahrzeugs verantwortlich, ebenso für das Vorhandensein der vorgeschriebenen Sicherheitseinrichtungen zum Schutze des Mitfahrers. Er ist aber einem erwachsenen Beifahrer gegenüber grundsätzlich nicht dafür verantwortlich, dass dieser sich anschnallt.[157] Ausnahmen: Fahrtantritt mit schlafendem Beifahrer;[158] stark alkoholisierter Ehegatte.[159]

63 Anders verhält es sich bei der nach § 21 Abs 1a StVO vorgeschriebenen Benutzung von **Kinderrückhalteeinrichtungen**.[160] Die Vorschrift verbietet die *Mitnahme* ohne solche

---

148 BGHSt 17, 277.
149 BGH NJW 1967, 211.
150 BGH VRS 65, 140.
151 OLG München VersR 1966, 858 (Ausfall einer Schlussleuchte).
152 OLG Celle NJW 1961, 1169; *Hentschel* § 17 Rn 31; **aA** unter unzutr Abstellen auf § 23 Abs 2 Halbs 2 StVO OLG Oldenburg OLGR 1996, 269.
153 OLG Stuttgart OLGR 2001, 5.
154 BGH VersR 1983, 399.
155 OLG Celle NZV 1997, 270.
156 OLG Stuttgart NZV 1991, 68.
157 *Hentschel* § 21a StVO Rn 7 aE.
158 OLG Karlsruhe VersR 1985, 788; hierzu *Möllhoff* MedR 1986, 313.
159 OLG Frankfurt FamRZ 1987, 384. S a OLG Hamm DAR 1996, 24 (Fahrer und Beifahrerin alkoholisiert; sehr weitgehend).
160 S hierzu *Schubert* DAR 2006, 371 ff; *Bormuth* DAR 1993, 121 (auch zur Rechtslage vor dem 1.4.1993); LG Tübingen VersR 1991, 707.

§ 14 Verkehrspflichten im Straßenverkehr

Einrichtungen, richtet sich also gerade an den Fahrer. Er haftet dem beförderten Kind daher für Verletzungen, die es wegen der unterbliebenen Benutzung solcher Einrichtungen erleidet.[161] Das Mitnahmeverbot gilt – abgesehen von den ausdrücklich normierten Ausnahmen[162] – für jede Beförderung eines Kindes unter 12 Jahren und 150 cm Körpergröße, auch für reine Gelegenheits-, Spontan- und Gefälligkeitsfahrten.[163] Auch der mit Wirkung vom 16.5.2006 eingefügte § 21 Abs 1b StVO über die Beförderung von Kindern in Fahrzeugen ohne Sicherheitsgurt normiert vom Fahrer zu beachtende Verbote. Zur Mithaftung der Eltern s Rn 316 f.

Die Verkehrssicherheit des Fahrzeugs darf nicht durch seine **Besetzung** beeinträchtigt werden. Dies ist insbesondere der Fall, wenn der Fahrer durch die Zahl oder das Verhalten der Mitfahrer behindert wird. In einem solchen Fall muss er die Fahrt verweigern bzw abbrechen. Die Mitnahme eines erkennbar stark Betrunkenen auf dem Beifahrersitz kann verkehrsgefährdend sein;[164] desgleichen die eines ungesicherten Hundes im Fußraum neben dem Fahrer.[165] Der Fahrer darf nicht zulassen, dass ein Beifahrer im Auto befindliche Feuerwerkskörper entzündet; er haftet sonst auch diesem gegenüber.[166] Beugt sich ein Mitfahrer so weit aus dem Fenster, dass er hinauszustürzen droht, muss der Fahrer die Fahrt abbrechen.[167] Einem Beifahrer, der ihm während der Fahrt ins Lenkrad greift, haftet der Fahrer jedoch dann nicht, wenn dieser trotz Alkoholisierung keine Auffälligkeiten zeigte, die mit einem solchen Verhalten rechnen ließen.[168] Mit einem ungeübten oder ungeschickten Sozius darf ein Kradfahrer Kurven nur langsam durchfahren.[169] Auch die **Position des Fahrers** kann die Verkehrssicherheit beeinträchtigen.[170] Ein Motorradfahrer darf nicht stark beschleunigen, wenn ihm bewusst ist, dass sein **Sozius** keinen sicheren Halt hat.[171]

64

Beim **Verstauen der Ladung** (§ 22 StVO)[172] muss auch auf eine mögliche Notbremsung Bedacht genommen werden.[173] Bei Ladung, die verweht werden kann, ist Abdeckung erforderlich.[174] Hohe und schwere Lasten, bei denen Kippgefahr besteht, dürfen nur auf Tiefladern transportiert werden.[175] Bei gegebenem Anlass, zB nach Durchfahren schlechter Wegstrecken, ist auch während der Fahrt die Befestigung zu kontrollieren.[176]

65

---

161 *Etzel* DAR 1994, 303.
162 Eingehend hierzu *Bormuth* DAR 1993, 122 f. Durch VO v 18.12.2006 (BGBl I 3226) wurde § 21 Abs 1 S 2 u 3 StVO geändert.
163 *Etzel* DAR 1994, 302.
164 OLG Köln VRS 32, 268; OLG Hamm VRS 54, 197; LG Frankenthal VersR 2000, 721.
165 OLG Nürnberg NZV 1990, 315; VersR 1994, 1291.
166 OLG Karlsruhe NZV 1991, 28 für den Fall eines jugendlichen Beifahrers.
167 OLG Karlsruhe NZV 1999, 292.
168 AG Lübeck NZV 1993, 316.
169 BGH VM 1963, Nr 67.
170 AG Menden VM 2000, 7 (Führen eines Fahrschulwagens vom Beifahrersitz aus).
171 KG NZV 1996, 490.
172 S dazu die VDI-Richtlinie 2700 „Ladungssicherung auf Straßenfahrzeugen" u BayObLG VersR 2003, 746.
173 OLG Düsseldorf MDR 1984, 945.
174 OLG Köln NZV 1994, 484 LS.
175 BGH VRS 16, 192.
176 BGH VRS 29, 26.

357

Auf Gewichtsangaben des Verladers darf sich der Fahrer – außer bei konkretem Anlass zu Zweifeln – grundsätzlich verlassen.[177]

66 **Herausragende Ladung** (zu den zulässigen Maßen s § 22 Abs 4, 5 StVO) muss entsprechend den genannten Vorschriften kenntlich gemacht werden, solange sich das Fahrzeug mit ihr im Verkehr befindet.[178] Der Fahrer muss bedenken, dass die Kennzeichnung eine ausreichende Wirkung nur nach rückwärts entfaltet und dass es zu einer erheblichen Gefährdung des Verkehrs durch schwer erkennbare Ladungsteile kommen kann, wenn das Fahrzeug, etwa nach einer Abbiegung, in der Weise zum Stehen kommt, dass die Teile quer in die Fahrbahn ragen; er muss dann, wenn die Fahrt nicht sogleich fortgesetzt werden kann, für sofortige Absicherung sorgen.[179]

i) Ruhender Verkehr

67 **Halten und Parken** darf ein Fahrzeugführer grundsätzlich überall, wo dies nicht durch § 12 StVO verboten ist; nur wenn es ausnahmsweise wegen besonderer Umstände zu einer unzumutbaren Behinderung des Durchgangsverkehrs käme, ist davon abzusehen.[180] Ein breites Fahrzeug darf auch dann auf einem Parkstreifen abgestellt werden, wenn es noch einen Teil der Fahrbahn in Anspruch nimmt.[181] Der Fahrer eines Müllfahrzeugs verhält sich nicht verkehrswidrig, wenn er einsatzbedingt im absoluten Haltverbot stehenbleibt und hierbei ein Vorfahrtzeichen verdeckt.[182] Zu den Sonderrechten von Messfahrzeugen der Regulierungsbehörde für Telekommunikation und Post s § 35 Abs 7 StVO; für Postfahrzeuge allgemein bestehen keine Sonderrechte mehr.[183]

68 Von haltenden Fahrzeugen dürfen keine **unerwarteten Zusatzgefahren** ausgehen, ohne dass ausreichend vor ihnen gewarnt wird. Dies gilt insbesondere bei der Verwendung von Ladebordwänden (Hubladebühnen), die wegen ihrer extremen Gefährlichkeit im Straßenverkehr nur eingesetzt werden dürfen, wenn sie deutlich kenntlich gemacht sind.[184] § 53b Abs 5 StVZO regelt nur die technische Ausrüstung; die Verkehrssicherungspflicht kann darüber hinausgehen und bei beengten oder unübersichtlichen Verkehrsverhältnissen ein zusätzliches Absichern durch Posten oder Warnzeichen auf der Fahrbahn erfordern.[185]

69 Zur **Beleuchtung** haltender Fahrzeuge s § 17 Abs 4 StVO. Ob eine Eigenbeleuchtung nach Abs 4 S 2 Halbs 2 entbehrlich ist, richtet sich nicht nur nach der Art der Straßenbeleuchtung, sondern auch nach den zu erwartenden Witterungsverhältnissen und der Geschwindigkeit des durchgehenden Verkehrs.[186]

---

177 BayObLG VRS 38, 226.
178 BayObLG VRS 4, 146.
179 Österr OGH ZVR 1994, 302.
180 BGH VersR 1986, 489.
181 OLG Saarbrücken VM 1975, Nr 80.
182 KG VersR 1977, 722.
183 Aufgehoben durch VO v 11.12.2000. Zur früheren Rechtslage s *Grützner* NZV 2000, 288; OLG Hamm OLGR 1995, 15.
184 OLG Hamm NZV 1992, 115 m Anm *Greger*.
185 *Greger* aaO; **aA** LG BonnVersR 2004, 79.
186 Vgl OLG Saarbrücken VM 1975, Nr 80; OLG Celle VRS 63, 72; OLG Celle NZV 1999, 469 (Anhänger).

§ 14 Verkehrspflichten im Straßenverkehr

Vor dem **Aussteigen** muss sich der Fahrer durch Blick in den Rückspiegel und durch das Fenster vergewissern, dass er keinen von rückwärts oder von vorne kommenden Verkehrsteilnehmer gefährdet. Auch ein geringfügiges Öffnen der Tür ist nur zulässig, wenn er zuvor dieser Pflicht genügt hat und eine letzte Gewissheit nur durch einen Blick durch den Türspalt gewonnen werden kann.[187] Verzögert sich der Aussteigevorgang (zB weil noch Sachen aus dem Auto geholt werden), so ist weiter darauf zu achten, ob der durchgehende Verkehr durch die geöffnete Tür gefährdet werden kann; ggf ist sie kurzfristig wieder heranzuziehen.[188] **70**

Auch wer **einsteigen** will, darf die der Fahrbahn zugewandte Tür nicht öffnen, wenn ein anderes Fahrzeug mit geringem Abstand vorbeifährt.[189] **71**

Den **Beifahrer** an vorschriftswidrigem Aussteigen zu hindern, ist der Fahrzeugführer grundsätzlich nicht verpflichtet.[190] Ausnahmen sind denkbar zB bei Kindern[191] oder Taxis.[192] Zur eigenen Verantwortlichkeit des Insassen s Rn 291 ff. **72**

Der Fahrer muss alle erforderlichen Maßnahmen ergreifen, dass das Fahrzeug sich nicht selbsttätig in Bewegung setzen kann (vgl § 14 Abs 2 S 1 StVO und die Ausrüstungsvorschriften in § 41 StVZO). Auf abschüssigem Gelände muss er eine doppelte Sicherung (Bremse und gegenläufiger Gang; bei abgekuppeltem Anhänger zweite Bremse) in Wirksamkeit setzen oder sperrige Gegenstände unterlegen, bei besonders starkem Gefälle kann sogar eine dreifache Sicherung (Feststellbremse, Gang und Unterlegen oder zwei Bremsen und Unterlegen) geboten sein.[193] Bei einem Lkw mit Dieselmotor ist die Feststellbremse anzuziehen, weil es durch das Auffahren eines anderen Lkw zum Anspringen des Motors kommen kann.[194] Ein Anhänger muss auch bei nur kurzfristigem Abstellen auf abschüssiger Straße besonders gegen Wegrollen gesichert werden.[195] **73**

5. Pflichten gegenüber dem gleichgerichteten Verkehr

a) Anfahren

Wer vom Fahrbahnrand aus anfahren will, darf dies nur tun, wenn hierdurch der fließende Verkehr nicht beeinträchtigt wird (§ 10 StVO; zur Bedeutung der dortigen Formulierung, eine Gefährdung anderer Verkehrsteilnehmer müsse **ausgeschlossen** sein, s Rn 110 u § 10 Rn 55). Dies gilt auch beim Einordnen in den fließenden Verkehr auf einem Tankstellengelände.[196] Der Anfahrende muss damit rechnen, dass ein neben **74**

---

187 BGH VersR 1981, 533; OLG Düsseldorf DAR 1976, 215.
188 BayObLG DAR 1990, 31; OLG Düsseldorf OLGR 1995, 38.
189 KG VersR 1986, 1123.
190 KG VM 1986, Nr 24.
191 OLG Hamm DAR 1963, 306.
192 BayObLG VM 1961, Nr 25.
193 BGHSt 17, 181.
194 OLG Köln NZV 1995, 30.
195 AA LG Nürnberg-Fürth NZV 1995, 284: nur bei Anzeichen dafür, dass jemand die Feststellbremse lösen könnte.
196 OLG Hamm VersR 1978, 261.

seinem Fahrzeug in zweiter Reihe zum Zwecke des Beladens haltender Müllwagen seine Fahrt fortsetzt[197] oder dass ein Teilnehmer des fließenden Verkehrs den Fahrstreifen wechselt[198] oder vor seinem Fahrzeug einscheren will.[199]

75 Der **Teilnehmer des fließenden Verkehrs** braucht sich ohne besondere Anzeichen nicht darauf einzustellen, dass ein Fahrzeug plötzlich vom Fahrbahnrand anfährt. Dies gilt auch für das unvermittelte Einfahren eines Fahrzeugs vom Seitenstreifen einer Autobahn.[200] Die „Lücken-Rechtsprechung" (Rn 170) gilt hier nicht.[201]

76 **Linienbussen** ist zwar das Abfahren von Haltestellen zu ermöglichen (§ 20 Abs 5 StVO), dies ändert aber nichts daran, dass der Busfahrer erst anfahren darf, wenn er absehen kann, dass der fließende Verkehr nicht gefährdet wird.[202] Nicht in Rechnung zu stellen braucht er hierbei nach BGHSt 28, 218, dass es zwischen Fahrzeugen des fließenden Verkehrs zu einem Auffahrunfall kommen könnte, weil er durch sein Herausfahren den Verkehrsfluss behindert. Die in derselben Entscheidung getroffene Aussage, der Busfahrer dürfe sich „im Zweifel darauf verlassen", dass der fließende Verkehr ihm den Vorrang einräumt, erscheint allerdings als zu weitgehend, ebenso die Erweiterung seines Vorrangs auf den Fall, dass der Busfahrer wegen eines Hindernisses auf seinem Fahrstreifen ausscheren will.[203] Besonders sorgfältig muss der Busfahrer auf den nachfolgenden Verkehr achten, wenn er sogleich nach dem Ausfahren aus einer Haltebucht nach links in eine andere Straße einbiegen will.[204]

77 Bei **Müllfahrzeugen** muss damit gerechnet werden, dass sie beim Wiederanfahren etwas nach links ausscheren[205] oder dass der Fahrer ein sich „vorbeiquetschendes" und dabei zum Stehen gekommenes Fahrzeug übersieht.[206]

b) Abstand

78 Bei der **Bemessung** des Sicherheitsabstandes zum Vorausfahrenden (§ 4 Abs 1 S 1 StVO) **muss mit folgenden Situationen gerechnet werden:**
- plötzliche Vollbremsung des Vorausfahrenden;[207]
- erneutes Anhalten des Vorausfahrenden im Stop-and-go-Verkehr[208] oder nach dem Anfahren an einer Einmündung oder Ampel;[209] s a Rn 80.

---

197 KG VM 1983, Nr 64.
198 KG NZV 2004, 632.
199 OLG Zweibrücken VRS 51, 144; *Haarmann* VersR 1989, 1162.
200 OLG Frankfurt VM 1975, Nr 134.
201 KG NZV 2006, 371.
202 OLG Düsseldorf VRS 65, 156; OLG Hamm VRS 53, 377; OLG Hamburg VersR 1976, 1138.
203 So aber OLG Düsseldorf VersR 1993, 68.
204 OLG Düsseldorf VM 1979, Nr 16.
205 KG VM 1996, Nr 21.
206 OLG Braunschweig OLGR 2003, 105 (Warnzeichen nötig).
207 BGH NJW 1987, 1075; OLG Düsseldorf VersR 1978, 331; KG NZV 2003, 41.
208 OLG Jena OLGR 2003, 6.
209 OLG Bremen VersR 1977, 158; KG VersR 1979, 234; OLG Koblenz VersR 1980, 753; OLG Stuttgart VRS 70, 466; LG Nürnberg-Fürth VersR 1990, 286 m Anm *Große-Streine*.

§ 14 Verkehrspflichten im Straßenverkehr

Dagegen **braucht nicht damit gerechnet zu werden,** 79
- dass das vorausfahrende Fahrzeug ruckartig, dh unter erheblicher Verkürzung des Bremsweges, zum Stehen kommt,[210] außer bei Annäherung an eine erkennbare Unfallstelle mit liegengebliebenen Fahrzeugen;[211]
- dass es ohne Aufleuchten der Bremsleuchten plötzlich zum Stillstand abbremst;[212]
- dass es ohne zu bremsen unmittelbar vor einem zuvor verdeckten Hinweis die Fahrspur wechselt.[213]

Im Allgemeinen muss der Abstand etwa der in 1,5 Sekunden zurückgelegten Strecke 80 entsprechen.[214] Im geballten und kanalisierten Stadtverkehr kann er etwas kürzer bemessen werden, wenn auch die vor dem Vorausfahrenden liegende Fahrbahn als hindernisfrei erkannt werden kann und der verkürzte Abstand durch erhöhte Bremsbereitschaft kompensiert wird.[215] Entsprechendes (kürzerer Abstand, aber stetige Bremsbereitschaft) gilt beim Anfahren in einer Kolonne nach dem Anhalten an einer Ampel.[216] Hintereinander fahrende Motorradfahrer müssen auch dann ausreichenden Abstand halten, wenn sie 1,4 m seitlich versetzt fahren.[217]

c) **Bremsen**

Zwingender Grund für ein starkes Bremsen iS des § 4 Abs 1 S 2 StVO liegt nur bei 81 plötzlicher ernster Gefahr für Leib oder Leben von Menschen oder für bedeutende Sachwerte vor.[218]

Kein zwingender Grund ist: 82
- das Hereinlaufen eines Kleintiers;[219]
- die kurzzeitige Sichtbehinderung durch Spritzwasser;[220]
- das Umschalten einer Ampel von Grün auf Gelb, wenn mit einer normalen Betriebsbremsung nicht mehr vor der Haltelinie angehalten werden kann;[221]
- die beabsichtigte Aufnahme eines Fahrgasts in ein Taxi;[222]
- Entdecken einer Parklücke oder Abbiegeabsicht.[223]

Wird der bevorstehende Lichtzeichenwechsel von Grün auf Gelb durch eine **Vorampel** 83 angekündigt, ist es nicht verkehrsgerecht, bereits eine Bremsung einzuleiten.[224]

---

210 BGH VersR 1968, 51; 1975, 373; NJW 1987, 1075; OLG Frankfurt VRS 49, 452; OLG Hamm VRS 71, 212; OLG Köln VRS 87, 172.
211 BGH VersR 1975, 373.
212 BayObLG VRS 62, 380.
213 BGH NJW 1987, 1075; KG NZV 1988, 23.
214 OLG Frankfurt VRS 52, 143.
215 OLG Bremen VersR 1977, 158.
216 OLG Hamm NZV 1998, 464; OLG Karlsruhe VRS 73, 334; KG VM 1993, Nr 35; LG Nürnberg-Fürth VersR 1990, 286 m Anm *Große-Streine*.
217 Österr OGH ZVR 1996, 332.
218 OLG Düsseldorf VM 1975, Nr 9.
219 OLG München DAR 1974, 19; OLG Karlsruhe VersR 1988, 138; OLG Köln VersR 1993, 1168; OLG Hamm NZV 1994, 28; einschr OLG Frankfurt DAR 1984, 157.
220 KG VM 1979, Nr 83.
221 OLG Düsseldorf DAR 1975, 303; KG VM 1983, Nr 15.
222 KG NZV 1993, 478.
223 KG NZV 2003, 41; 2003, 42.
224 **AA** OLG Hamm NZV 1995, 25.

Zweiter Teil. Haftung aus unerlaubter Handlung

84 Unzulässig ist es, einen zu dicht Auffahrenden durch kurzes **Antippen der Bremse** auf sein Fehlverhalten aufmerksam zu machen, denn dies kann zu einer Fehlreaktion des anderen mit schweren Unfallfolgen führen.[225]

d) Überholen

85 **Absehen** vom Überholen muss der Kraftfahrer, wenn eine **unklare Verkehrslage** besteht (§ 5 Abs 3 Nr 1 StVO). Dies ist insbesondere dann der Fall, wenn nach den Umständen damit gerechnet werden muss, dass der zu Überholende seinerseits überholen, ausscheren oder nach links abbiegen wird, also zB
- wenn sich der Vorausfahrende kurz vor einer links befindlichen Einmündung ohne Blinkzeichen zur Straßenmitte eingeordnet und seine Geschwindigkeit herabgesetzt hat;[226]
- wenn der Vorausfahrende ungewöhnlich langsam fährt und sein linker Fahrtrichtungsanzeiger durch ein nachfolgendes Kfz verdeckt ist;[227]
- wenn ein Fahrzeug am rechten Fahrbahnrand hält, links blinkt, und auf dem Mittelstreifen Parkflächen markiert sind;[228]
- wenn der zu Überholende schon so nahe an ein Hindernis herangefahren ist, dass er genötigt ist, entweder nach links auszuweichen oder scharf abzubremsen;[229]
- wenn überholt wird, obwohl in gleicher wie auch in entgegengesetzter Richtung Fahrzeuge angehalten haben, um einem anderen das Einparken zu ermöglichen;[230]
- wenn der Vorausfahrende schon so nahe auf Radfahrer aufgeschlossen hat, dass mit Ausscheren zu rechnen ist;[231]
- wenn ein Pkw in unübersichtlicher Kurve hinter einem Mähdrescher herfährt;[232]
- wenn sich hinter einem Langsamfahrer eine Kolonne gebildet hat, eine Überholmöglichkeit entsteht und Vorausfahrer nicht durch ihr Verhalten deutlich machen, dass sie hinter dem langsamen Kfz bleiben wollen;[233] s aber auch Rn 87.

86 **Keine unklare Verkehrslage** besteht dagegen allein deshalb, weil
- der Vorausfahrende ungewöhnlich langsam fährt[234] bzw seine Geschwindigkeit wesentlich herabsetzt,[235] auch wenn er sich einer Abzweigung nähert;[236]
- ein Motorradfahrer auf der rechten Spur der BAB relativ weit links fährt;[237]
- der Vorausfahrende ohne zu blinken etwas zur Straßenmitte hin versetzt fährt, auch wenn er zugleich verlangsamt,[238] sich links eine Einfahrt befindet[239] oder ihn ein nachfolgendes Kfz nicht überholt;[240]

---

225 OLG Köln VersR 1982, 558; **aA** OLG Karlsruhe NZV 1991, 234.
226 OLG Hamm VRS 53, 211.
227 OLG Hamm VRS 48, 461.
228 **AA** OLG Stuttgart VRS 65, 66.
229 KG VRS 53, 271.
230 KG NZV 2004, 633.
231 OLG München NZV 1993, 232.
232 LG Kassel NZV 1990, 76.
233 OLG Celle VRS 56, 125. Umgekehrt verlangt OLG Karlsruhe VersR 2002, 1434, dass Anzeichen für Einleitung eines Überholvorgangs bestehen.
234 OLG Karlsruhe VRS 54, 68; BayObLG VRS 61, 63; OLG Köln VRS 65, 392.
235 BayObLG VRS 61, 61.
236 BayObLG VRS 59, 295; OLG Koblenz VRS 70, 467; strenger OLG Schleswig NZV 1994, 30.
237 OLG Hamm NZV 1995, 194.
238 KG VRS 73, 336; NZV 2003, 89, 90.
239 OLG Hamm VRS 53, 138.
240 OLG Zweibrücken VRS 48, 127; BayObLG VRS 72, 295.

– am Ende einer Überholverbotsstrecke der Vordermann mit gleichbleibender Geschwindigkeit und ohne zu blinken hinter einem Lkw herfährt;[241]
– der Vorausfahrende sich einem noch langsameren Vordermann nähert;[242]
– der zu Überholende soeben vom Fahrbahnrand angefahren oder dort zurückgestoßen ist und sich links gegenüber eine Einfahrt befindet.[243]

Das **Überholen mehrerer Fahrzeuge** in einem Zug ist nicht generell verboten.[244] Der in einer Kolonne Fahrende muss daher nicht das Überholen zurückstellen, bis die Vorausfahrenden überholt haben (Ausnahme: Entstehen einer Überholmöglichkeit bei Schlangenbildung hinter Langsamfahrer, s Rn 85 aE). Er muss aber, insbesondere bei verdecktem Fahrtrichtungsanzeiger weiter vorne fahrender Kfz, die Aufmerksamkeit und die Geschwindigkeit so einrichten, dass er bei Erkennbarwerden einer beabsichtigten Fahrtrichtungsänderung noch rechtzeitig reagieren kann;[245] ggf ist der Blinkende zu warnen.[246] Auf das unvermittelte Ausscheren eines Fahrzeugs aus einer Kolonne auf der Autobahn braucht der Überholende seine Geschwindigkeit nicht einzustellen.[247]

87

Beim **Anschließen an einen anderen Überholer** muss ein so großer Abstand eingehalten werden, dass Sicht auf das Verkehrsgeschehen auf der vorausliegenden Strecke gewährleistet ist.[248]

88

Die **Beachtung des nachfolgenden Verkehrs** vor dem Ausscheren (§ 5 Abs 4 S 1 StVO) erfordert, dass durch Blick in den Rückspiegel geprüft wird, ob ein Überholwilliger bereits so nahe herangekommen ist, dass er durch das Ausscheren gefährdet oder behindert würde;[249] hierbei ist auch eine hohe Geschwindigkeit des Nachfolgenden in Betracht zu ziehen.[250] Hat ein Nachfolgender bereits seinerseits den Überholvorgang begonnen, muss vom Überholen Abstand genommen werden.[251] Zum Vertrauen auf Einhaltung eines Überholverbots s Rn 102.

89

Rechtsüberholen ist auch dann nicht ohne weiteres zulässig, wenn der andere (zB ein Radfahrer) verbotswidrig links fährt; hier ist zumindest ein Warnzeichen veranlasst.[252] Ein zur Straßenmitte hin eingeordneter Lastzug darf nicht rechts überholt werden, wenn er nicht links blinkt und somit nicht ausgeschlossen werden kann, dass er zwecks Rechtsabbiegens ausholt.[253]

90

Beim **Einfahren in eine Autobahn** oder Schnellstraße darf nicht in einem Zug von der Beschleunigungsspur auf die Überholspur gefahren werden; zunächst muss sich der

91

---

241 BayObLG VRS 71, 382.
242 BayObLG VRS 64, 55.
243 OLG Zweibrücken VRS 57, 135; BayObLG VRS 59, 225; 70, 40.
244 KG NZV 1995, 359; OLG Celle OLGR 2004, 347; s a BGH NJW 1987, 322.
245 OLG Celle VersR 1980, 195.
246 OLG Karlsruhe VRS 49, 210; NZV 2001, 473.
247 KG VersR 1978, 1072.
248 OLG Braunschweig NZV 1993, 480.
249 OLG Düsseldorf VersR 1978, 429; KG VersR 1978, 1072 u NZV 2002, 229; OLG Hamm VersR 1986, 1196.
250 OLG Köln VersR 1978, 143.
251 KG NZV 1995, 359; OLGR Hamm 1995, 135.
252 OLG München NZV 1992, 235.
253 OLG Köln NZV 1995, 74.

Einfahrende in den Verkehrsfluss auf der Normalspur einfügen und sich vergewissern, dass er durch den Wechsel auf die Überholspur niemanden gefährdet oder behindert.[254] In einem Einmündungstrichter darf nicht überholt werden, wenn der Überholvorgang nicht deutlich vor dem Übergang in die Schnellstraße abgeschlossen werden kann.[255]

92 Der beim **Einscheren nach dem Überholen** einzuhaltende Abstand zum Überholten (§ 5 Abs 4 S 4 StVO) ist mit weniger als 20 m bei ca 80 km/h nicht gewahrt.[256]

93 Der einzuhaltende **Seitenabstand** zum Überholten (§ 5 Abs 4 S 2 StVO) richtet sich nach den konkreten Umständen, insbesondere den Straßenverhältnissen sowie Art und Geschwindigkeit der beteiligten Fahrzeuge.[257] Ein Überholen auf schmaler Straße mit einem deutlich unter 1 m liegenden Seitenabstand setzt Ankündigung und Verständigung voraus;[258] der andere hat sich dann auf das Überholmanöver einzustellen.[259] Beim Überholen eines großen Fahrzeugs vor einer Kurve ist dessen zu erwartendes Ausscheren zu berücksichtigen und das Überholen ggf zurückzustellen.[260] Gegenüber Radfahrern ist ein größerer Sicherheitsabstand (ca 1,5 bis 2 m) einzuhalten,[261] insbesondere an Steigungen, bei Kindern oder Jugendlichen[262] (s a Rn 244), und beim Überholen mit Schwerfahrzeugen.[263] Das gilt auch, wenn das Rad geschoben wird.[264] Bei Mofafahrern muss nicht ohne weiteres mit größeren Schwankungen gerechnet werden;[265] hier reicht idR 1 m.[266]

94 **Pflichten des zu Überholenden:** Er darf bereits ab Beginn des Überholvorgangs nicht mehr beschleunigen[267] (s § 5 Abs 6 S 1 StVO). Bei besonderer Gefahrenlage, nicht aber generell beim Auftauchen von Gegenverkehr, muss er dem Überholer, ggf durch Vermindern seiner Geschwindigkeit, ein Einscheren ermöglichen.[268] Das Gebot, möglichst weit rechts zu fahren (§ 2 Abs 2 StVO), verpflichtet den in einer langsamen Kolonne auf einer Bundesstraße fahrenden Pkw-Fahrer nicht, zur Ermöglichung eines vorschriftswidrigen Überholmanövers den äußerst rechten Rand einzuhalten, wenn die anderen Fahrzeuge der Kolonne sich auf der Mitte der rechten Fahrbahnhälfte bewegen.[269] Muss der zu Überholende wegen einer Straßenbiegung und besonderer Größe seines Fahrzeugs die vom Überholer benutzte Fahrspur mitbenutzen, so muss er dem anderen ein

---

254 BGH NJW 1986, 1044; OLG Hamm NZV 1992, 320.
255 *Haag* in Anm zu OLG München NZV 1990, 25.
256 OLG Düsseldorf VRS 64, 9.
257 OLG Karlsruhe VersR 1978, 749.
258 OLG Saarbrücken VM 1981, Nr 111.
259 OLG Bamberg VersR 1978, 351.
260 KG VM 1987, Nr 25; OLG Hamm r+s 1995, 56.
261 OLG Saarbrücken VM 1980, Nr 104; OLG Karlsruhe VersR 1989, 1309. S a OLG Hamm NZV 2004, 631.
262 OLG Frankfurt DAR 1981, 18.
263 BGH VRS 31, 407.
264 BGH VRS 18, 205.
265 OLG Düsseldorf VM 1975, Nr 109.
266 BayObLG MDR 1987, 784.
267 BayObLG VRS 55, 142.
268 BGH VersR 1960, 925.
269 BGH VersR 1980, 849.

gefahrloses Beenden des Überholvorgangs, zB durch Vermindern der Geschwindigkeit, ermöglichen.[270] Zum Ausscheren s o Rn 89.

e) Nebeneinanderfahren

Es ist nach § 7 Abs 1 StVO auf Fahrbahnen mit mehreren Fahrstreifen zulässig, auch wenn keine Fahrstreifenmarkierung besteht; entscheidend ist, dass Raum für mindestens zwei mehrspurige Fahrzeuge vorhanden ist. Hierbei muss ein ausreichender Sicherheitsabstand (ca 50 cm zu beiden Seiten jedes Fahrzeugs) gewahrt sein.[271] **95**

f) Fahrstreifenwechsel

Im **mehrspurigen Verkehr** darf darauf vertraut werden, dass ein im benachbarten Fahrstreifen Fahrender nicht plötzlich ausschert.[272] Auch der dortige Verkehr ist aber ständig zu beobachten.[273] Zeigt der Benutzer eines benachbarten Fahrstreifens die Absicht des Spurwechsels rechtzeitig an, muss sich der Nachfolgende darauf einstellen.[274] **96**

Bei **bogenförmigem Parallelfahren** dürfen die Benutzer des inneren Fahrstreifens darauf vertrauen, dass die Fahrzeuge auf der äußeren Spur den Bogen so weit nehmen, dass sie ihnen den Weg nicht abschneiden.[275] Anders verhält es sich bei großen Fahrzeugen, die hierzu nicht in der Lage sind.[276] Auch bei verschwenkter Fahrbahn darf darauf vertraut werden, dass der Parallelverkehr die Spur hält.[277] **97**

Fahrstreifenwechsel ist nur nach **Setzen des Fahrtrichtungsanzeigers** und **Rückschau** zulässig.[278] Dies gilt auch bei nur teilweisem Hinüberfahren.[279] Ggf ist auch der Verkehr auf dem übernächsten Fahrstreifen zu beobachten.[280] Bei Sichtbehinderung (zB toter Winkel durch Lkw-Aufbau) muss gewartet werden, bis im Außenspiegel erkennbar ist, dass der Verkehr im anderen Fahrstreifen sich auf den beabsichtigten Wechsel eingestellt hat.[281] Der Abstand zwischen den Fahrzeugen auf dem anderen Fahrstreifen darf nicht in gefährlicher Weise verkürzt werden.[282] Dass ein Zweiradfahrer zwischen den voll besetzten Fahrstreifen hindurchfahren wird, braucht der Spurwechsler nur in Betracht zu ziehen, wenn dies bereits zu Beginn des Fahrstreifenwechsels erkennbar war.[283] Bei Wechsel auf einen gesperrten Fahrstreifen (zB um an einer BAB-Baustelle auf den Seitenstreifen zu gelangen) muss der Fahrer sich vergewissern, dass auf dem gesperrten Fahrstreifen kein anderes Fahrzeug naht.[284] **98**

---

270 KG VM 1987, Nr 25.
271 *Haarmann* DAR 1987, 140.
272 BayObLG VRS 67, 461.
273 KG VRS 29, 46.
274 BayObLG VRS 44, 453.
275 OLG Oldenburg DAR 1962, 338.
276 KG VM 1987, Nr 25.
277 OLG Hamm VRS 25, 259.
278 KG VRS 29, 44; OLG Hamm VRS 81, 342.
279 OLG Düsseldorf VM 1987, Nr 92.
280 BayObLG VRS 40, 466.
281 OLG Schleswig DAR 1991, 26.
282 OLG Hamm VersR 1992, 624.
283 OLG Schleswig VRS 60, 306.
284 **AA** OLG Schleswig NZV 1993, 109.

99 Bei **Fahrbahnverengung** ist das sog Reißverschlussprinzip (§ 7 Abs 4 StVO) in der Weise zu beachten, dass der Verkehr auf dem weiterführenden Fahrstreifen zunächst den Vorrang hat.[285] Dort nachfolgende Fahrer müssen zwar den weiter vorn befindlichen Fahrzeugen der wartepflichtigen Reihe das Einfädeln ermöglichen; deren Fahrer dürfen jedoch nicht ohne weiteres auf die Einräumung dieses Vortritts vertrauen, sondern müssen nach Rückschau und Abgabe von Richtungszeichen vorsichtig hinübersetzen.[286]

100 Zum Fahrstreifenwechsel im Zusammenhang mit einem Einbiegevorgang s Rn 91.

g) Linksabbiegen

101 Rechtzeitiges **Ankündigen** der Abbiegeabsicht (§ 9 Abs 1 S 1 StVO) setzt voraus, dass mit dem Einordnen und Blinken zu einem Zeitpunkt begonnen wird, zu dem sich der nachfolgende Verkehr gefahrlos auf das Abbiegen einstellen kann; dieser ist von den örtlichen Verhältnissen und der gefahrenen Geschwindigkeit abhängig,[287] auch vom Vorhandensein weiterer Einmündungen.[288] Soll zweimal hintereinander links abgebogen werden, ist das Blinken zur Vermeidung von Irritationen deutlich zu unterbrechen.[289] Auf deutliches Ankündigen der Abbiegeabsicht ist besonders zu achten, wenn aus einem Überholvorgang heraus nach links abgebogen werden soll.[290]

102 Durch eine **zweite Rückschau** unmittelbar vor dem Beginn des Abbiegens[291] hat sich der Abbiegende zu vergewissern, dass kein nachfolgender, evtl zum Überholen ansetzender Verkehrsteilnehmer gefährdet werden kann (§ 9 Abs 1 S 4 StVO). Nicht erforderlich ist die zweite Rückschau, wenn dem Weg einer abknickenden Vorfahrtstraße gefolgt werden soll[292] oder wenn mit einem Überholen nicht gerechnet zu werden braucht. Das Bestehen eines Überholverbotes reicht zur Begründung eines solchen Vertrauens nicht aus,[293] bei Vorhandensein einer Fahrstreifenbegrenzung oder einer Sperrfläche (Zeichen 295, 298 der StVO) soll sich der Kraftfahrer nach BGH VersR 1987, 906 jedoch grundsätzlich darauf verlassen können, dass er nicht unter Missachtung dieser Markierungen überholt wird. Zu Recht wird dieser Vertrauensgrundsatz aber für den Fall eingeschränkt, dass besondere Umstände eine Missachtung befürchten lassen, zB das Aufschließen eines schnellen Motorradfahrers,[294] ein Verkehrsstau.[295] Ein etwaiger toter Winkel ist durch Blick durch das Seitenfenster zu überwinden.[296]

---

285 KG VRS 57, 321; VM 1984, Nr 25; 1987, Nr 82.
286 KG VRS 57, 321.
287 Vgl BGH VRS 25, 264.
288 BayObLG DAR 1969, 53. S a OLG Hamm OLGR 1996, 199 (versetzte Einmündung nach Ampel).
289 KG VM 1979, Nr 35.
290 BayObLG VRS 71, 380.
291 Näher zum Zeitpunkt OLG Celle VersR 1986, 349.
292 OLG Koblenz VRS 55, 294.
293 OLG Stuttgart VRS 55, 224; OLG Düsseldorf VRS 64, 409; BayObLG VRS 47, 462.
294 BayObLG VRS 58, 451.
295 BayObLG VRS 61, 382; krit *Janiszewski* NStZ 1981, 473.
296 OLG Frankfurt VM 1978, Nr 107.

Bemerkt der Abbiegewillige, dass ihn ein anderes Fahrzeug noch verbotswidrig links überholen will, so muss er das **Abbiegen zurückstellen**;[297] dies kann schon dann der Fall sein, wenn ein nachfolgendes Fahrzeug noch nicht nach links ausgeschert ist, aber sehr schnell aufschließt.[298] **103**

Unter besonderen Umständen kann Anlass bestehen, auch noch **nach Beginn des Abbiegevorgangs** den rückwärtigen Verkehr zu beobachten, etwa wenn mit einem Treckergespann in einen schwer erkennbaren Feldweg abgebogen werden soll.[299] **104**

Auf **rechts überholende** Fahrzeuge braucht der eingeordnete Linksabbieger nur dann Bedacht zu nehmen, wenn wegen der Länge seines Fahrzeugs oder überstehender Ladung mit einem Ausschwenken in deren Fahrraum zu rechnen ist,[300] ansonsten ist die Einhaltung des erforderlichen Seitenabstandes Sache des Überholenden.[301] **105**

h) Rechtsabbiegen

Die Pflicht zur **zweiten Rückschau** unmittelbar vor dem Abbiegen (s Rn 102) gilt auch für den Rechtsabbieger, sofern er nicht wegen seines geringen Abstands zum Fahrbahnrand ein Rechtsüberholtwerden ausschließen kann,[302] insbesondere also wenn er vor dem Abbiegen nach links ausholen muss.[303] Zu den besonderen Verhaltenspflichten gegenüber Radfahrern s Rn 210 ff. **106**

Beabsichtigt der Kraftfahrer ein **paralleles Rechtsabbiegen** (dh links neben einem anderen Fahrzeug), so muss er sich vergewissern, dass das andere Fahrzeug tatsächlich nach rechts abbiegt, selbst wenn es den rechten Blinker gesetzt hat.[304] Er muss den anderen Abbieger sorgfältig beobachten, darf ihn nicht behindern und muss ihm notfalls den Vortritt lassen.[305] Dies gilt beim Vorhandensein von Abbiegepfeilen jedenfalls dann, wenn sich die Markierung von gesonderten Fahrstreifen auf der Straße, in die abgebogen wird, nicht fortsetzt.[306] **107**

Der Fahrer eines längeren Fahrzeugs darf nur abbiegen, wenn es durch das **Ausschwenken des Hecks** nicht zur Gefährdung eines Verkehrsteilnehmers in der daneben liegenden Fahrspur kommen kann;[307] dies gilt auch, wenn ein Schild „Anhänger schwenkt aus" angebracht ist.[308] Allerdings muss sich auch der andere im Rahmen des Möglichen auf diese Gefahr einstellen und ggf zurückstehen.[309] **108**

---

297 BayObLG VRS 21, 224.
298 OLG Frankfurt VM 1978, Nr 107.
299 OLG Hamm NZV 1993, 396.
300 BayObLG VRS 39, 230; KG NZV 2005, 420 (sehr hohe Anforderungen bei Sattelzug).
301 Vgl OLG Köln VRS 63, 142.
302 OLG Bremen VM 1976, Nr 33; OLG Hamm VRS 38, 123; BayObLG VRS 60, 308.
303 OLG Oldenburg NZV 1993, 233; OLG Köln NZV 1995, 74.
304 KG VRS 69, 305.
305 KG NZV 2005, 91; 1991, 194.
306 BGH Urt v 12.12.2006 – VI ZR 75/06 (zZ unv).
307 KG NZV 1991, 193; OLG Hamm NZV 1994, 399.
308 KG NZV 2005, 419.
309 OLG Hamm NZV 1994, 399.

i) Kreisverkehr

109 Hier gilt grundsätzlich das Rechtsfahrgebot,[310] doch ist im Interesse des Verkehrsflusses ein mehrspuriges Fahren, bei dem sich der länger im Kreisel bleibende Verkehr nach links orientiert, nicht zu beanstanden.[311] Vor der Ausfahrt ist rechts zu blinken und auf Benutzer der rechten Spur Rücksicht zu nehmen.[312] Rückschau nach rechts ist unbedingt geboten; kein Vertrauensschutz in Bezug auf Rechtsüberholer.[313]

j) Einbiegen in Grundstück

110 § 9 Abs 5 StVO, der vom Einbiegenden ein Verhalten verlangt, bei dem „eine **Gefährdung anderer Verkehrsteilnehmer ausgeschlossen** ist", begründet für sich genommen keine erhöhten Sorgfaltsanforderungen, denn die StVO kann als Rechtsverordnung den Sorgfaltsmaßstab des § 276 Abs 1 BGB nicht abändern (§ 10 Rn 55); Entscheidungen, die vom Einbiegenden das „äußerste Maß an Sorgfalt" verlangen und ihm „die Verantwortung nahezu allein" auferlegen,[314] sind daher vom rechtlichen Ansatz her unzutreffend.[315] Die Vorschrift kann vielmehr nur als Hinweis auf die besondere Gefährlichkeit des betreffenden Verkehrsvorgangs gewertet werden; konkrete Verhaltenspflichten sind nicht aus ihr, sondern wie sonst auch aus dem Begriff der im Verkehr erforderlichen Sorgfalt (§ 276 Abs 1 BGB) abzuleiten, wobei lediglich zur Bestimmung des Erforderlichen auf die besondere Gefährlichkeit des Verkehrsvorgangs abzustellen ist.[316]

111 Dies bedeutet, dass der Einbiegende noch stärker als ein normaler Abbieger dafür Sorge tragen und sich vergewissern muss, dass der nachfolgende Verkehr seine Absicht erkennt und sich darauf einstellt. Da der Verkehr, insbesondere außerorts, mit einem Abbiegen außerhalb von Kreuzungen und Straßeneinmündungen im Allgemeinen nicht rechnet, muss der Grundstückseinfahrer noch zeitiger und deutlicher seine Absicht durch Blinken, Verlangsamen[317] und ggf Einordnen anzeigen.[318] Einbiegen darf er erst, wenn er sich durch zweite Rückschau vergewissert hat, dass der nachfolgende Verkehr sich hierauf eingestellt hat.[319] Dies gilt auch beim Einbiegen nach rechts,[320] ganz besonders, wenn der Einbiegende hierzu nach links ausholt[321] oder vom linken Fahrstreifen aus einbiegen will.[322] Kann der Einbieger nicht sicher sein, dass sich die Nachfolger auf sein Vorhaben eingestellt haben, muss er notfalls warten, bis alle Nachfolgenden ihn passiert haben.[323]

---

310 OLG Celle VersR 1980, 562; OLG Hamm NZV 2004, 574.
311 OLG Celle VM 1966, Nr 83.
312 OLG Düsseldorf VRS 37, 303.
313 **AA** OLG Celle VM 1966, Nr 83.
314 ZB OLG Hamm VersR 1979, 266.
315 *Greger* NJW 1992, 3270.
316 Ebenso OLG Schleswig VersR 1979, 1036.
317 OLG Hamm NZV 1991, 268 („Stotterbremse").
318 OLG Düsseldorf VersR 1983, 40.
319 KG VersR 1982, 374.
320 BayObLG NZV 1991, 162.
321 OLG Saarbrücken VM 1978, Nr 109; **aA** OLG Düsseldorf VRS 59, 49.
322 KG VM 1985, Nr 73.
323 OLG Düsseldorf VersR 1983, 40; OLG Oldenburg VersR 1978, 1027.

6. Pflichten gegenüber dem Gegenverkehr

a) Fahrbahnbenutzung

Durch **Einhalten der rechten Fahrbahnseite** ist dem Gegenverkehr Raum zum gefahrlosen Begegnen zu verschaffen. Das Rechtsfahrgebot des § 2 Abs 2 StVO verlangt aber nicht in jedem Falle, äußerst rechts zu fahren. Es kommt auf die konkrete Verkehrssituation an.[324] Hierbei ist außer dem Sicherheitsabstand zum rechten Fahrbahnrand auch von Bedeutung, ob der Kraftfahrer mit einer Inanspruchnahme seiner Fahrbahn durch Fahrzeuge des Gegenverkehrs rechnen muss, etwa wegen des Vorhandenseins von Hindernissen oder bei Kolonnenverkehr.[325] Ist die Straße breit genug für die Begegnung zweier Fahrzeuge (insbesondere bei Vorhandensein einer Leitlinie), reicht es im Regelfall aus, einen Abstand von 50 cm zur Fahrbahnmitte einzuhalten.[326] Ist dagegen wegen geringerer Fahrbahnbreite oder aufgrund der konkreten Verkehrssituation mit Gegenverkehr auf der eigenen Fahrbahnseite zu rechnen, muss möglichst weit rechts gefahren werden, auch unter Verringerung des Sicherheitsabstands zum Fahrbahnrand, die ggf durch Reduzierung der Geschwindigkeit auszugleichen ist. Bei Unübersichtlichkeit ist auch das Sichtfahrgebot zu beachten (vgl Rn 19), auf schmaler Straße das Gebot des Fahrens auf halbe Sicht (Rn 20). Das Rechtsfahrgebot behält aber auch in diesen Fällen seine Geltung.[327]

112

Ist eine **Inanspruchnahme der linken Fahrbahnseite** unerlässlich, so muss sichergestellt werden, dass kein entgegenkommendes Fahrzeug gefährdet wird.[328] Nötigenfalls ist ein Warnposten aufzustellen;[329] zumindest muss „auf halbe Sicht" gefahren werden.[330]

113

Wenn eine gefahrlose Begegnung anders nicht möglich ist, ist nach rechts **auszuweichen**, auch auf ein als tragfähig erkennbares Bankett.[331] Von der Tragfähigkeit darf insbesondere der Führer eines schwereren Fahrzeugs nicht ohne weiteres ausgehen.[332] Auch einem verkehrswidrig auf der falschen Fahrbahn Entgegenkommenden ist grundsätzlich nach rechts auszuweichen, nach links nur, wenn nur so Kollision vermieden werden kann[333] (Fehlreaktion ist in dieser Situation allerdings oft nicht vorwerfbar).

114

b) Verhalten an Engstelle

An einer **dauernden Fahrbahnverengung** hat derjenige, der die Engstelle deutlich später erreicht, dem anderen den Vorrang zu gewähren.[334] Bei Unübersichtlichkeit ist beiderseits besondere Vorsicht geboten.[335]

115

---

324 BGH NZV 1990, 229; 1996, 444.
325 BGH NZV 1990, 229.
326 BayObLG VRS 61, 55; OLG Karlsruhe VersR 1987, 694.
327 BGH NZV 1996, 444; **aA** BayObLG NZV 1990, 122.
328 Zu den Anforderungen bei nächtlicher Fahrt mit überbreitem Panzer BGH NZV 1990, 112; vgl auch BayObLG VRS 61, 141: Omnibus in Spitzkehre; BayObLG VRS 58, 450: Vorbeifahren an haltendem Fahrzeug.
329 BGH VersR 1968, 847: langes Fahrzeug in unübersichtlicher Kurve; OLG Schleswig NZV 1993, 113: Panzer in unübersichtlicher, enger Kurve.
330 OLG Hamburg VRS 84, 169.
331 OLG München VersR 1976, 1143.
332 OLG Saarbrücken VM 1975, Nr 46: Omnibus.
333 Vgl BayObLG VRS 62, 211.
334 BayObLG NJW 1961, 281.
335 OLG Hamm VRS 30, 376.

116 Bei einem **vorübergehenden Hindernis** (abgestelltes Fahrzeug; Absperrung; Schneeverwehung)[336] muss derjenige, der die Gegenfahrbahn benutzen muss, entgegenkommende Fahrzeuge durchfahren lassen (§ 6 StVO). Das gilt auch, wenn diese die Fahrbahnhälfte des Behinderten in Anspruch nehmen.[337] Bei Unübersichtlichkeit ist besonderes Einstellen auf möglichen Gegenverkehr erforderlich (Schrittgeschwindigkeit, sofortiges Anhalten;[338] ggf Warnzeichen[339]). Der Versuch, bei Auftauchen von Gegenverkehr noch an dem Hindernis vorbeizukommen, ist idR nicht sachgerecht, da er auch dem Entgegenkommenden den Anhalteweg verkürzt.[340] Ist in einer unübersichtlichen Kurve die Fahrbahn auf einer Seite durch parkende Fahrzeuge verengt, muss auch derjenige, dessen Fahrbahnhälfte frei ist, damit rechnen, dass ihm in seiner Hälfte Fahrzeuge entgegenkommen, und sich durch Herabsetzen der Geschwindigkeit darauf einstellen.[341] Bei einer beidseitig beparkten Straße müssen die Führer entgegenkommender Fahrzeuge sich darauf einrichten, dass jedes der Fahrzeuge die Fahrbahn mindestens bis zur Mitte ausnutzen werde.[342] Die Einhaltung eines ausreichenden Seitenabstands zu stehenden Fahrzeugen ist auch auf schmalen Straßen, für sich genommen, nicht verkehrswidrig.[343]

117 Wer sich bereits in der Engstelle befindet, muss sie für entgegenkommenden Verkehr möglichst rasch **räumen**; hierauf darf der Entgegenkomme aber nicht ohne weiteres vertrauen.[344]

c) Überholen

118 Der Überholende muss sich zu Beginn des Überholvorgangs vergewissern, dass ihm der benötigte **Überholweg hindernisfrei** zur Verfügung steht. Dies gilt auch bei Dunkelheit; hier muss sich der Überholende ggf durch kurzes Betätigen des Fernlichts Überblick verschaffen.[345]

119 Bei der **Bemessung der übersehbaren Strecke** (§ 5 Abs 2 S 1 StVO) ist auch die Strecke zu berücksichtigen, die ein potentieller Entgegenkommer bis zur Begegnung zurücklegen würde.[346] Hierbei muss auch mit Geschwindigkeitsüberschreitungen, allerdings nicht mit grob unvernünftig überhöhter Geschwindigkeit, gerechnet werden.[347] Mit dem Entgegenkommen eines **unbeleuchteten Fahrzeugs** braucht bei Dunkelheit[348] nicht gerechnet zu werden.[349] Der Zusammenstoß mit einem unbeleuchteten Fahrzeug des Gegenverkehrs beruht folglich nicht auf einem Verstoß gegen § 5 Abs 2 S 1 StVO,

---

336 OLG Schleswig MDR 1985, 327.
337 OLG Celle VersR 1980, 772; KG VersR 1997, 73.
338 OLG Bamberg VersR 1982, 583.
339 OLG Hamm DAR 1971, 111.
340 Fragwürdig daher OLG Schleswig VM 1996, Nr 20.
341 OLG Hamm NZV 1995, 27.
342 KG VM 1978, Nr 74.
343 OLG Hamburg VRS 84, 169.
344 OLG Koblenz NZV 1993, 195.
345 BGH NZV 2000, 291.
346 OLG Hamm VM 1966, 142.
347 BGHSt 8, 200.
348 Anders in der Dämmerung, OLG Hamm VRS 62, 214.
349 OLG Hamm VersR 1999, 898 (aufgehoben von BGH NZV 2000, 291).

wenn sich das Fahrzeug beim Beginn des Überholvorgangs außerhalb des Sichtbereichs befand.³⁵⁰

Trotz Gegenverkehrs darf überholt werden, wenn für diesen genügend Platz bleibt und kein Anzeichen für verkehrsordnungswidriges Verhalten erkennbar ist.³⁵¹ Dies gilt insbesondere auf dreispurigen Straßen; erkennt aber ein Kraftfahrer, der zuerst auf dem mittleren Fahrstreifen überholt, dass ein entgegenkommender Fahrer sein aus der Priorität abzuleitendes Vorrecht missachtet, muss er den Überholvorgang, wenn möglich, abbrechen.³⁵² Darauf, dass der Entgegenkommende auf den Mehrzweckstreifen ausweichen werde, darf der Überholer nicht vertrauen.³⁵³

120

Vor einer Straßeneinmündung oder Kreuzung darf nicht überholt werden, wenn mit einem auf die Gegenfahrbahn einbiegenden Fahrzeug gerechnet werden muss (unklare Verkehrslage im Sinne des § 5 Abs 3 Nr 1 StVO;³⁵⁴ s a Rn 168).

121

d) Linksabbiegen

Auf **verkehrswidriges Verhalten des Entgegenkommenden** muss sich der Abbieger grundsätzlich einstellen, zB auf überhöhte Geschwindigkeit, solange nicht grob unvernünftig;³⁵⁵ Überfahren einer der Kreuzung vorgelagerten Fußgängerampel;³⁵⁶ Fahren ohne Beleuchtung;³⁵⁷ zum Einfahren in die Kreuzung bei Rot s Rn 125. Er muss das Linksabbiegen vor einer Kurve aber nicht deswegen unterlassen, weil ein noch nicht sichtbares Fahrzeug entgegenkommen könnte, dessen Fahrer nicht auf Sicht fährt.³⁵⁸ Er darf auch darauf vertrauen, dass ein Entgegenkommender, der eine durch ununterbrochene Linie markierte Linksabbiegespur benutzt, nicht geradeaus weiterfahren wird, sofern hierfür keinerlei Anzeichen bestehen.³⁵⁹

122

Bei **fehlender Sicht** auf den Gegenverkehr darf nicht abgebogen werden, zB bei Sichtbehinderung durch entgegenkommende Linksabbieger.³⁶⁰ Hier muss der Abbieger warten; allenfalls darf er sich behutsam zur Sichtgewinnung vortasten.³⁶¹ Vorsichtiges Hineintasten in den nicht einsehbaren Teil der Gegenfahrbahn ist auch geboten bei Sichtbehinderung durch Pflanzen oder bauliche Anlagen³⁶² und bei Passieren einer von stehenden Fahrzeugen des Gegenverkehrs freigelassenen Lücke.³⁶³ An einer ampelgeregelten Kreuzung muss jedoch das Umschalten abgewartet werden.³⁶⁴ Einer polizei-

123

---

350 Dies übergeht BGH NZV 2000, 291 (vgl Rn 23).
351 OLG Düsseldorf VM 1974, 123.
352 OLG Koblenz VRS 66, 219.
353 OLG Hamm OLGR 1994, 86.
354 BGH NZV 1996, 27; OLG Hamm VRS 51, 68.
355 BGH VRS 67, 96.
356 AA BGH VersR 1982, 701; einschr aber wegen Möglichkeit zeitversetzter Phasierung BGH NZV 1991, 147, 148.
357 BGH NZV 2005, 249 (jedenfalls innerorts).
358 OLG Koblenz r+s 1999, 502.
359 OLG Hamm VRS 48, 144.
360 OLG Karlsruhe VRS 51, 376.
361 OLG Celle NZV 1994, 193.
362 BGH NZV 2005, 249; KG VM 1985, 21.
363 OLG Düsseldorf VersR 1980, 634.
364 KG NZV 2003, 378.

lichen Weisung zum Räumen der Kreuzung darf auch dann Folge geleistet werden, wenn nicht voll übersehen werden kann, ob noch Gegenverkehr kommt.[365]

124 Auf einer **mehrspurigen Straße** darf der Abbieger nicht bis auf den linken Fahrstreifen des Gegenverkehrs vorfahren und dort den Gegenverkehr abwarten.[366] Zur Situation bei **breitem Mittelstreifen** s Rn 144.

125 An **ampelgeregelten Kreuzungen** gelten, sofern kein **besonderes Signal** für den Linksabbieger vorhanden ist, die allgemeinen Grundsätze, dh es darf nur abgebogen werden, wenn feststeht, dass kein Gegenverkehr naht oder dass dieser vor der Ampel zum Stehen gekommen ist. Bei mehrspuriger Gegenfahrbahn darf aus dem Anhalten eines Fahrzeugs nicht darauf geschlossen werden, dass auch auf einem anderen Fahrstreifen kein Entgegenkommer mehr einfahren wird.[367] Mit Rotlichtverstößen kurz nach Umschalten der Ampel muss gerechnet werden.[368] Ist die Gegenrichtung dagegen schon längere Zeit gesperrt (erkennbar zB aus der Freigabe des Querverkehrs), muss nur noch bei besonderen Umständen mit einer Rotlichtmissachtung gerechnet werden.[369]

126 Bei **gesondertem Signal** für den Linksabbieger (grüner Pfeil vor oder hinter der Kreuzung) darf dieser auf die Sperrung des Gegenverkehrs vertrauen, dh auch bei fehlender Sicht auf diesen mit dem Abbiegen beginnen;[370] nur bei konkretem Anlass, zB Vorhandensein von Nachzüglern in der Kreuzung, muss er auf Gegenverkehr Bedacht nehmen.[371]

127 Ist der Linksabbieger bis zur Freigabe des Gegenverkehrs in der Kreuzung festgehalten worden, so muss ihm der Gegenverkehr zwar nach den Grundsätzen über den **Vorrang des Nachzüglers** (vgl Rn 182) das Räumen der Kreuzung ermöglichen; der Abbieger darf auf die Beachtung dieses Vorrangs jedoch nicht vertrauen, sondern muss sich mit dem Entgegenkommenden verständigen.[372]

128 Der Linksabbieger muss auch dann, wenn für ihn kein Zeichen 237 zu sehen ist, darauf achten, ob nicht zwischen Fahrbahn und Gehweg ein **Radweg** verläuft.[373]

129 Vor dem Abbiegen muss er sich vergewissern, ob er nicht durch **Fußgänger** gehindert wird, die Gegenfahrbahn rechtzeitig zu räumen.[374]

130 Beim Einbiegen in ein **Grundstück** gelten gegenüber dem Gegenverkehr dieselben Sorgfaltsanforderungen wie für das Linksabbiegen (vgl zur Bedeutung des § 9 Abs 5 StVO Rn 110). Der Einbiegende muss auch sicherstellen, dass er nicht wegen eines Hindernisses in der Einfahrt am Räumen der Fahrbahn für den Gegenverkehr gehindert

---

365 KG VM 1976, 128.
366 OLG Hamm NZV 1995, 29.
367 OLG Hamm VersR 1992, 1016.
368 BGH VRS 55, 226; OLG Düsseldorf VRS 72, 125; OLG Zweibrücken VRS 66, 150; aA OLG Hamburg VRS 58, 58.
369 OLG Hamm VersR 1980, 722.
370 BGH NZV 1992, 108; OLG Karlsruhe VRS 47, 464; KG NJW 1975, 695.
371 BGH NZV 1992, 108; s a KG VRS 59, 367.
372 OLG Hamm NZV 1991, 31; *Hentschel* NJW 1992, 1079.
373 BayObLG VRS 56, 48.
374 KG VM 1976, 27.

wird.³⁷⁵ Er darf sich nicht darauf verlassen, dass er sich bei mehrspurigem, auf der linken Spur stehendem Gegenverkehr durch eine Lücke vortasten kann.³⁷⁶

Ein **geschlossener Verband** ist auch beim Linksabbiegen nicht wartepflichtig.³⁷⁷ Näher Rn 202. **131**

Zum Verhalten bei Vorhandensein eines durch Verkehrsinsel abgetrennten Abbiegestreifens s Rn 145. **132**

7. Pflichten gegenüber dem Querverkehr

a) Allgemeines

Besondere Verhaltenspflichten stellt das Verkehrsrecht für den Fall auf, dass ein Fahrzeug sich von der Seite her in den Fahrweg eines anderen Fahrzeugs (querend oder einbiegend) hinein bewegen will. Hierbei sind folgende Fälle zu unterscheiden: **133**

- Straßenkreuzungen oder Einmündungen
- mit Lichtsignalanlage (§ 37 Abs 1 StVO)
- mit Vorfahrtbeschilderung (§ 8 Abs 1 S 1 StVO)
- ohne Vorfahrtbeschilderung (§ 8 Abs 1 S 1 StVO)
- Feld- oder Waldwege (§ 8 Abs 1 S 2 Nr 2 StVO)
- Ausfahrten von Grundstücken uä (§ 10 StVO)
- Sonderfälle (zB Einsatzfahrzeuge, geschlossene Verbände).

Im Einzelfall kann die Zuordnung zu diesen Fallgruppen sowie die Abgrenzung von anderen Regelungsbereichen unklar sein. Daher wird im Folgenden zunächst das Verhalten in solchen Zweifelsfällen behandelt. Sodann werden die allgemeinen Verhaltenspflichten des Wartepflichtigen und des Vorfahrtberechtigten dargestellt, abschließend die besonderen Verhaltenspflichten in den einzelnen Fallgruppen.

b) Unklare Vorfahrtsituation

Ob ein einmündender Weg ein **Feld- oder Waldweg** iSv § 8 Abs 1 Nr 2 StVO ist (mit der Folge, dass die Pflicht zur Vorfahrtgewährung entfällt), richtet sich nicht nach seiner äußeren Beschaffenheit, sondern nach seiner Verkehrsbedeutung, dh der Weg muss (zumindest überwiegend) land- oder forstwirtschaftlichen Zwecken dienen und darf keine überörtliche Bedeutung haben.³⁷⁸ Der äußere Eindruck ist aber entscheidend für die Anforderungen an das Verhalten der Verkehrsteilnehmer. Ist nämlich nicht zuverlässig zu erkennen, ob ein von rechts auf eine nicht als bevorrechtigt gekennzeichnete Straße einmündender Weg ein Feld- oder Waldweg ist, hat jeder der beteiligten Verkehrsteilnehmer seine Fahrweise auf die Möglichkeit einzustellen, dass er selbst wartepflichtig ist.³⁷⁹ **134**

---

375 OLG Brandenburg OLGR 1997, 385.
376 KG VersR 2004, 254.
377 LG Rottweil VersR 1986, 1246.
378 BGH VersR 1976, 365 m abl Anm *Booß*; OLG München VersR 1981, 561; OLG Köln VRS 66, 378; OLG Düsseldorf VersR 1981, 862; **aA** OLG Hamm VRS 49, 147; *Hentschel* § 8 StVO Rn 36.
379 BayObLG VRS 49, 139; OLG Düsseldorf VRS 73, 301; OLG Koblenz VersR 1986, 1197; OLG Karlsruhe OLGR 1998, 63.

135 Für **unbedeutende Nebenwege**, die keine Feld- oder Waldwege sind, gilt im Prinzip die Vorfahrtregel „rechts vor links".[380] Sie gilt also zB auch für schmale Verbindungswege,[381] Zufahrten zu Einzelgehöften,[382] Altstadtgässchen,[383] allgemeinen Verkehrszwecken dienende Privatstraßen,[384] doch muss sich der Benutzer des Nebenwegs darauf einstellen, dass der andere sein Vorfahrtrecht nicht erkennt, insbesondere bei fehlender Einsehbarkeit.[385]

136 Ob eine **Grundstücksausfahrt** oder eine Straßeneinmündung vorliegt, entscheidet sich nach dem Gesamtbild der äußerlich erkennbaren Merkmale, wobei ein wesentlicher Gesichtspunkt die Verkehrsbedeutung (fließender Verkehr oder Zugang zu Grundstück) ist.[386] Ist die Einordnung mangels eindeutiger Kriterien zweifelhaft, muss der Verkehrsteilnehmer besondere Vorsicht walten lassen;[387] uU ist Verständigung geboten.[388] Stellt sich eine Einmündung für den Betrachter wie eine Grundstücksausfahrt dar, muss der von dort Kommende sein Vorfahrtrecht zurücktreten lassen.[389] Für den Fall der **überführten** (dh über einen abgesenkten Bordstein[390] geführten) Einmündung ergibt sich das fehlende Vorfahrtrecht jetzt aus § 10 StVO.[391]

137 Eine von einer durchgehenden Straße abzweigende **gemeinsame Zufahrt** zu mehreren neben der Straße gelegenen Häusern ist nicht als Einmündung, sondern als anderer Straßenteil im Sinne des § 10 StVO zu betrachten.[392] – Eine **Parkplatzausfahrt** steht einer Grundstücksausfahrt gleich,[393] desgleichen die Ausfahrt aus einem **verkehrsberuhigten Bereich** (§ 10 iVm Zeichen 325/326 der StVO). Steht das genannte Zeichen nicht unmittelbar an der Einmündung, so gilt dies aber nur, wenn sich diese nach dem äußeren Erscheinungsbild als derartige Ausfahrt darstellt.[394]

138 Im Verhältnis zwischen einem Grundstücksausfahrer, der die am Grundstück entlangführende Straße überquert, **um in eine gegenüber der Ausfahrt einmündende Straße zu gelangen**, und einem Fahrzeugführer, der aus dieser Straße kommt und nach links einbiegen will, gelten die Regeln der Grundstücksausfahrt – nicht des Linksabbiegens

---

380 AA für Parzellenweg aus einem Kleingartengebiet OLG Bremen NZV 1991, 472; für nur dem Lieferverkehr offenstehende Zufahrtsstraße zu BAB-Raststätte OLG Schleswig NZV 1993, 233; für noch nicht dem öffentlichen Verkehr freigegebene Erschließungsstraße in Baugebiet OLG Frankfurt NZV 1994, 280.
381 OLG Düsseldorf VersR 1981, 862.
382 OLG Düsseldorf VRS 73, 299.
383 OLG Frankfurt VersR 1981, 579.
384 OLG Koblenz VersR 1979, 1156.
385 OLG Düsseldorf VRS 73, 299; vgl auch OLG Stuttgart VRS 69, 390.
386 BGH VersR 1987, 306; 88, 79; OLG Köln NZV 1994, 279.
387 BGH VersR 1988, 79.
388 OLG Köln VRS 85, 15.
389 OLG Köln DAR 1987, 21.
390 Zum Begriff *Bouska* DAR 1998, 385.
391 S hierzu OLG Koblenz VersR 2003, 1454; OLG Karlsruhe VersR 1994, 362 m Anm *Frhr v Rosenberg*; zur Rechtslage vor der Änderungsverordnung v 22.3.1988 vgl BGH NJW 1987, 435.
392 BayObLG VRS 65, 223.
393 OLG Hamm VersR 1975, 1033; 1985, 1052 LS.
394 Vgl OLG Celle OLGR 2004, 607; LG Gießen NZV 1996, 456.

– auch dann, wenn der Ausfahrer schon teilweise auf die zu überquerende Straße aufgefahren ist.[395]

Einem aus einem selbständigen **Fußweg** Einfahrenden steht selbst dann kein Vorfahrtrecht zu, wenn auf dem Fußweg beschränkter Fahrzeugverkehr zugelassen ist.[396] Ob an der Einmündung eines **Radwegs** Vorfahrtregeln oder § 10 StVO gelten, hängt davon ab, ob sich der Radweg nach den örtlichen Verhältnissen als „anderer Straßenteil" darstellt.[397] Dass die einmündende Straße nur dem Fahrradverkehr gewidmet ist, ist für die Vorfahrt unerheblich.[398] **139**

Ein neben der Fahrbahn verlaufender **Radweg** – ob es sich um einen solchen oder um einen separaten Weg handelt, entscheidet das äußere Bild[399] – nimmt grundsätzlich an deren Vorfahrt teil;[400] für den Fall der Benutzung in falscher Richtung s aber Rn 159. **140**

Radfahrer, die – verbotswidrig oder erlaubtermaßen (§ 2 Abs 5 S 1 StVO) – den **Gehweg** benutzen, haben kein Vorfahrtrecht. **141**

Auf **Plätzen** und ähnlichen Verkehrsflächen (Parkplätze, Tankstellengelände usw) gelten die Vorfahrtregeln nicht.[401] Eine „Kreuzung" oder „Einmündung" im Sinne von § 8 Abs 1 StVO liegt auch dann nicht vor, wenn auf dem Platz Fahrspuren (ohne bauliche Abtrennung) markiert sind;[402] hier ist vielmehr Verständigung zwischen den Verkehrsteilnehmern nötig.[403] Im Verhältnis zu einer deutlich abgegrenzten Zufahrtstraße kann die Parkfläche ein anderer Straßenteil iSd § 10 StVO sein.[404] Zum Verhalten beim Verlassen einer Parklücke s Rn 196. – Auf einem **Privatparkplatz** kann der Eigentümer durch eine allen Benutzern bekanntgemachte Anordnung eine andere Regelung (zB „grundsätzlich rechts vor links") treffen;[405] ansonsten gilt die StVO.[406] **142**

An **trichterförmig erweiterten Einmündungen** gilt das Vorfahrtrecht im gesamten Einmündungsbereich, dh bis zu den Endpunkten des Trichters auf der Vorfahrtstraße.[407] **143**

Sind Richtungsfahrbahnen durch einen **breiten Mittelstreifen** getrennt, so gelten für das Kreuzen des Gegenverkehrs die Vorfahrt-, nicht die Abbiegeregeln, sofern der Mittelstreifen so breit ist, dass der Linksabbieger für den Entgegenkommenden wie ein Benutzer der bevorrechtigten Querstraße erscheint.[408] **144**

---

395 OLG Hamm VRS 56, 62.
396 BayObLG VRS 71, 304.
397 Vgl OLG Köln VersR 1999, 1255; AG Rastatt NJWE-VHR 1998, 180.
398 OLG Karlsruhe OLGR 1998, 37.
399 OLG Frankfurt DAR 2004, 393.
400 BGHSt 34, 127; **aA** OLG Bremen DAR 1997, 272.
401 OLG Köln NZV 1994, 438; OLG Frankfurt ZfS 1994, 5.
402 OLG Koblenz VersR 2000, 199.
403 BGH NJW 1963, 152; OLG Koblenz VRS 48, 133; OLG Düsseldorf NZV 1988, 231; *Hentschel* § 8, 31a; **aA** OLG Hamm r+s 1994, 52, OLG Köln VRS 48, 453 und OLG Düsseldorf VRS 56, 294 für den Fall, dass die Markierung einen „Straßencharakter" hervorruft.
404 OLG Köln MDR 1999, 675; OLG Celle DAR 2000, 216.
405 OLG Köln VersR 1993, 589.
406 KG NZV 2003, 381.
407 OLG Hamm NZV 1998, 26.
408 BGH DAR 1960, 139; 1961, 178; *Janiszewski/Jagow/Burmann* § 9 StVO Rn 27; **aA** *Kullik* DAR 1985, 336.

Zweiter Teil. Haftung aus unerlaubter Handlung

145 Sind Vorfahrtstraße und untergeordnete Straße durch **Abbiegestreifen** miteinander verbunden (durch Verkehrsinseln abgetrennte Verbindungsäste), so gelten für das Verhältnis zwischen einem aus der Vorfahrtstraße nach links und einem Entgegenkommenden, auf dem Abbiegestreifen nach rechts Abbiegenden die Vorfahrtregeln, nicht die Regeln des Linksabbiegens.[409] Dasselbe gilt, wenn ein Wartepflichtiger nach links in die Vorfahrtstraße einbiegt und ein Fahrzeug aus dem Gegenverkehr nach rechts über einen Abbiegestreifen in diese einbiegen will.[410]

146 An einer **Straßengabel**, an der die Vorfahrt nicht geregelt und keine durchgehende Straßenführung erkennbar ist, gelten nur zwischen den Benutzern der Gabeläste die Vorfahrtregeln, im Verhältnis zu einem entgegenkommenden Benutzer des gemeinsamen Straßenstücks dagegen die Grundsätze des Begegnungsverkehrs.[411]

147 Laufen zwei **baulich getrennte Richtungsfahrbahnen** einer Straße zusammen, so handelt es sich nur dann um einen Vorfahrtfall, wenn sich die bisherigen Fahrbahnen nicht als Fahrstreifen fortsetzen; ansonsten greifen die Regeln über den Fahrstreifenwechsel (§ 7 Abs 5 StVO) ein.

148 In einem **gemeinsamen Einmündungsbereich mehrerer Nebenstraßen** gilt zwischen deren Benutzern „rechts vor links",[412] nicht aber, wenn die Einmündungen mehrere Meter voneinander entfernt sind.[413] Bilden die Nebenstraßen und eine abknickende Vorfahrtstraße eine platzartige Fläche, erstreckt sich die Vorfahrt des geradeaus die Vorfahrtstraße Verlassenden auch hierauf.[414]

149 Das Einfahren von einem **Beschleunigungsstreifen** ist ein Vorfahrtfall, kein Fahrstreifenwechsel.[415] Das gilt auch im Verhältnis zwischen zwei Einfahrenden, von denen der hintere zügiger als der vordere auf die durchgehende Fahrbahn gewechselt ist; allerdings ist der nunmehr Bevorrechtigte zu besonderer Rücksichtnahme verpflichtet;[416] muss er in dieser Situation bremsen, trifft ihn das Verschulden an einem Auffahrunfall.[417]

150 Im Verhältnis zwischen dem Einfahrenden und einem Teilnehmer des durchgehenden Verkehrs, der verbotenermaßen den Beschleunigungsstreifen benützt (zB in Fortsetzung einer Fahrt auf dem Seitenstreifen), gelten ebenfalls Vorfahrtregeln, dh grundsätzlich ist der Einfahrende untergeordnet (zum Vertrauensschutz s Rn 159). Für Autobahnen und Kraftfahrstraßen ist das Vorfahrtrecht dagegen ausdrücklich auf die durchgehende Fahrbahn beschränkt (§ 18 Abs 3 StVO): hier gilt also „rechts vor links". Auch die **Parallelfahrbahn** eines Autobahnkreuzes ist keine „durchgehende Fahrbahn"; für Einmündungen in eine solche gilt somit – vorbehaltlich besonderer Regelung – ebenfalls „rechts vor links".[418] Wer von einem **kombinierten Beschleunigungs- und Verzöge-**

---

409 BayObLG VM 1978, Nr 87.
410 OLG Düsseldorf VM 1977, Nr 6; für beide Fälle aA *Kullik* DAR 1985, 337.
411 BayObLG VRS 38, 220; **aA** BGH VRS 27, 74; OLG Koblenz VRS 62, 464.
412 OLG Köln VersR 1992, 249; OLG Stuttgart NZV 1994, 440.
413 OLG Bremen DAR 1965, 179.
414 BGHZ 56, 1; OLG Hamm NZV 1997, 180 (s aber Rn 167).
415 OLG Köln VM 2006, 37; *Bouska* NZV 2000, 31.
416 OLG Koblenz VRS 73, 65.
417 OLG Koblenz NZV 1993, 28.
418 *Hentschel* § 18 StVO Rn 17; *Bouska* NZV 2000, 31.

rungsstreifen auf die durchgehende Fahrbahn wechseln will, muss die Vorfahrt eines noch dort befindlichen Ausfahrwilligen beachten; dieser darf jedoch nicht ohne Beachtung des auf der Beschleunigungsspur Fahrenden die Fahrtrichtung ändern.[419]

Kein Vorfahrtfall liegt vor, wenn das Fahrzeug aus der untergeordneten Straße zu einem Zeitpunkt eingebogen ist, zu dem das andere noch so weit entfernt war, dass es nicht behindert oder gefährdet worden ist.[420] Kommt es in einem solchen Fall zu einer **Kollision außerhalb des Einmündungsbereichs**, so gelten für die Beurteilung des Verhaltens der Beteiligten ausschließlich die Regeln für den gleichgerichteten Verkehr. Ist die eingangs genannte Voraussetzung aber nicht erfüllt, so handelt es sich auch dann um einen Vorfahrtunfall, wenn der Kollisionsort außerhalb des sog Einmündungsvierecks liegt.[421] In solchen Fällen wird vom Einbiegenden häufig geltend gemacht, es handle sich um einen vom Vorfahrtberechtigten zu vertretenden Auffahrunfall. Hierfür ist er jedoch ebenso beweispflichtig wie der Gegner für die Vorfahrtverletzung; für einen Anscheinsbeweis ist hier weder in der einen noch in der anderen Richtung Raum.[422] Fragwürdig ist es auch, mit OLG Köln NZV 1989, 437 bei einem Streifzusammenstoß zwischen einem einbiegenden Kradfahrer und einem entgegenkommenden Mofa 30 m außerhalb des Einmündungsbereichs einen Vorfahrtunfall deswegen anzunehmen, weil der Kradfahrer sich noch nicht in stabiler Geradeausfahrt befand: dies hat nichts mit Vorfahrt zu tun, sondern betrifft das Verhalten gegenüber dem Gegenverkehr.

151

Entsprechendes gilt, wenn sich die Kollision **in der untergeordneten Straße** außerhalb des Schnittfeldes der beiden Straßen ereignet (zB durch Kurvenschneiden des linkseinbiegenden Vorfahrtberechtigten).[423]

152

Ist die Vorfahrtregelung infolge einer **Sichtbehinderung** nicht erkennbar, so darf der Verkehrsteilnehmer nicht einfach darauf vertrauen, dass die bisherige Vorfahrtregelung weitergilt.[424]

153

Wegen **fehlerhafter Beschilderung** s Rn 179 f.

154

c) Grundsätzliches zum Verhalten des Wartepflichtigen

Beim **Heranfahren** an die Einmündung muss der Wartepflichtige seine Geschwindigkeit so rechtzeitig und allmählich herabsetzen, dass er den Vorfahrtberechtigten nicht verwirrt und zu Schreck- oder Abwehrreaktionen herausfordert.[425] Das **Abbrechen** eines bereits begonnenen Einbiegevorgangs ist nicht in jedem Fall verkehrswidrig.

155

Einfahren darf er nur, wenn er keinen Bevorrechtigten gefährdet oder wesentlich behindert (§ 8 Abs 2 S 2 StVO). Beim Rechtseinbiegen in eine schmale Straße ist auch eine Irritation des auf der Vorfahrtstraße von rechts Kommenden zu vermeiden.[426] Keine wesentliche Behinderung liegt vor, wenn der andere noch so weit entfernt ist,

156

---

419 IE ebenso LG Berlin NZV 2000, 45.
420 OLG Braunschweig VersR 1992, 841: langsam einbiegendes Treckergespann.
421 OLG Hamm NZV 1998, 26; OLG Karlsruhe VRS 77, 98; KG DAR 1976, 240.
422 Entgegen OLG München NZV 1989, 438.
423 OLG Düsseldorf VRS 58, 269; KG StVE 8 Nr 69.
424 KG VM 1977, Nr 88: Müllfahrzeug.
425 OLG Düsseldorf NZV 1988, 111.
426 OLG Hamm DAR 2000, 63.

dass er sich auf die Fahrweise des Einbiegers rechtzeitig und gefahrlos einstellen kann.[427] War an einer – an sich übersichtlichen (sonst Rn 160) – Einmündung der Bevorrechtigte zum Zeitpunkt des Einfahrens noch nicht sichtbar, liegt keine Vorfahrtverletzung vor.[428]

157 Wie die Beteiligten sich zu verhalten haben, wenn **nach Beginn des Einfahrens** ein an sich Vorfahrtberechtigter sichtbar wird, richtet sich nach der jeweiligen Situation. Kann der Einfahrende die Fahrbahn für den Herannahenden noch rechtzeitig freimachen, muss er den Einbiegevorgang so schnell wie möglich fortsetzen; ist dies (zB wegen der Länge oder Schwerfälligkeit seines Fahrzeugs) nicht möglich, muss er auch dann anhalten, wenn er dadurch die Straße ganz versperrt, denn dies vermindert die Gefahr von Fehlreaktionen des Vorfahrtberechtigten.[429] Anhalten ist also nur dann fehlerhaft, wenn dadurch die Durchfahrt versperrt wird, obwohl ein Räumen noch möglich wäre.[430]

158 **Vertrauen** darf der Wartepflichtige darauf,

– dass aus einer für jeden Fahrverkehr (nicht nur für bestimmte Fahrzeuge oder Verkehrsarten!) **gesperrten Straße** oder aus der **falschen Fahrtrichtung** einer Einbahnstraße oder Richtungsfahrbahn[431] kein Fahrzeug kommt, auch kein rückwärts fahrendes;[432] zur Situation bei Radwegen und bei erkennbar vorübergehender, zB baustellenbedingter Sperrung Rn 159;

– dass kein (bisher nicht sichtbarer) Vorfahrtberechtigter unter Einhaltung einer **völlig überhöhten Geschwindigkeit** herannaht (welche Überschreitung noch in Rechnung zu stellen ist, richtet sich nach den konkreten Gegebenheiten;[433] auf einen erkennbaren Geschwindigkeitsverstoß muss er sich einstellen[434]);

– dass keines der von rechts herankommenden Fahrzeuge die **Fahrbahnseite wechseln** werde, sodass er seinerseits nach rechts einbiegen kann,[435] außer es bestünden hierfür Anzeichen wie Betätigung des linken Blinkers, geringe, zum Überholen herausfordernde Geschwindigkeit eines Vorausfahrenden, Hindernis wie geparktes Fahrzeug oder Fußgänger;[436] dass ein – bisher nicht sichtbares – Fahrzeug hinter einem von rechts herankommenden zum Überholen ausscheren könnte, braucht der Einbiegende nicht in Rechnung zu stellen;[437]

– dass ein von links auf dem linken Fahrstreifen herannahender Vorfahrtberechtigter nicht auf den rechten **Fahrstreifen wechseln** wird, sodass der Wartepflichtige nach rechts auf diesen einbiegen kann;[438]

---

427 OLG Hamm DAR 1974, 108; OLG Braunschweig VersR 1992, 841.
428 BGH VRS 63, 252; NZV 1994, 184; OLG Celle VersR 1979, 380; OLG Hamm OLGR 1995, 3.
429 BGH NZV 1994, 184.
430 OLG Hamm OLGR 1995, 3.
431 BGH VersR 1982, 95: außer bei besonderen Umständen.
432 KGR Berlin 1994, 98.
433 Vgl BGH VersR 1984, 440; OLG Nürnberg NZV 1991, 353.
434 OLG Schleswig NZV 1993, 113.
435 BGH VersR 1982, 903; OLG Karlsruhe VRS 53, 375; OLG Köln VersR 1994, 191; *Hentschel* NJW 1991, 1272; aA OLG Düsseldorf VRS 60, 416; OLG Oldenburg VRS 78, 25; OLG Hamm NZV 2001, 519 (Beobachtungspflicht).
436 BGH VersR 1982, 903; OLG Köln VRS 60, 61.
437 BayObLG DAR 1976, 108 (Lastzüge); OLG Düsseldorf NZV 2002, 565 (Pkw); aA BGH NZV 1996, 27 für den Fall, dass ein infolge Straßenkrümmung nicht sichtbarer Pkw einen mit 70–80 km/h fahrenden Bus trotz fehlender Sicht auf die Kreuzung überholt.
438 BayObLG VRS 56, 114; OLG Hamm VRS 60, 141: außer bei entgegenstehenden Anzeichen, zB Blockierung der linken Spur durch längere Kolonne vor einer Ampel.

- dass dann, wenn ein vorfahrtberechtigter Fahrer bei Stocken des Verkehrs für ihn eine **Lücke** freilässt, ein für ihn nicht sichtbarer, die stehende Kolonne überholender Kraftfahrer ihm die Möglichkeit gibt, sich aus der Lücke heraus bis zur Sichtgewinnung vorzutasten[439] (vgl Rn 170);
- dass in der vorgenannten Situation ein in der Fahrbahnmitte liegender, durch Markierung abgetrennter **Straßenbahngleisbereich** nicht von anderen Fahrzeugen als Straßenbahnen befahren wird;[440]
- dass ein Vorfahrtberechtigter, der **kein Richtungszeichen** gibt, geradeaus weiterfährt;[441] zur Situation bei fälschlich gesetztem Richtungsanzeiger s Rn 159.

Nicht vertrauen darf er darauf,

159

- dass der Berechtigte die **zulässige Höchstgeschwindigkeit** einhält[442] oder bei schlechten Sichtverhältnissen „auf Sicht" fährt;[443] zur Situation bei erheblicher Überschreitung s Rn 158;
- dass aus einer erkennbar nur **vorübergehend**, zB aus Anlass einer Baustelle, für den Verkehr **gesperrten Straße** kein Fahrzeug einfahren werde,[444] außer wenn dies zB wegen des Vorhandenseins von Absperrschranken, -baken o ä überhaupt nicht zu erwarten ist;[445]
- dass kein Teilnehmer des durchgehenden Verkehrs einen nicht durch bauliche Einrichtungen abgeschirmten **Beschleunigungsstreifen** befährt (zB wenn sich an einer Einfahrt der Seitenstreifen in nur durch Markierungen kenntlich gemachter Weise als Beschleunigungsstreifen fortsetzt);[446] zur besonderen Vorfahrtsituation bei Autobahnen und Kraftfahrstraßen s o Rn 150;
- dass ein parallel zur Vorfahrtstraße verlaufender **Radweg nicht in unzulässiger Richtung** (Rn 258) benutzt wird;[447]
- dass sich beim **Einbiegen nach rechts** von dort kein Fahrzeug auf der für dieses linken Fahrbahnseite nähern werde, selbst bei Bestehen eines Überholverbots;[448] zum Vertrauen auf das Rechts*bleiben* herankommender Fahrzeuge s Rn 158;
- dass das bevorrechtigte Fahrzeug entsprechend dem **gesetzten Fahrtrichtungsanzeiger** abbiegen wird, sofern keine zusätzlichen Anzeichen (zB Einordnen, Verringerung der Geschwindigkeit, Änderung der Fahrtrichtung) hierauf hindeuten[449] (die häufig gebrauchte Formulierung, der Wartepflichtige dürfe auf den Fahrtrichtungsanzeiger vertrauen, solange die Fahrweise des Bevorrechtigten keinen Anlass zu Zweifeln gebe,[450] läuft wohl auf das-

---

439 BayObLG NZV 1988, 78.
440 BayObLG VM 1974, Nr 45.
441 BayObLG VRS 63, 289; zu abknickender Vorfahrt s aber Rn 159.
442 OLG Frankfurt VRS 49, 68; OLG Karlsruhe VRS 72, 420.
443 OLG Koblenz VersR 1989, 1310.
444 BGH VRS 24, 175; BayObLG VRS 65, 154; OLG Karlsruhe VRS 35, 154; OLG Köln VRS 66, 51.
445 BayObLG VRS 65, 154.
446 Abw OLG Köln VRS 62, 303 und *Hentschel* § 8 StVO Rn 34b, wonach idR auf Freihaltung vertraut werden dürfe.
447 BGH VersR 1982, 94 (sogar in Einbahnstraße); OLG Hamm NZV 1992, 364; 1997, 123; i Erg ebenso BGHSt 34, 127, wo dem falsch fahrenden Radfahrer sogar ein Vorfahrtrecht zugebilligt wird, während die vorgenannte Entscheidung des VI. Zivilsenats nur auf die allgemeine Vorsichtspflicht abhebt; aA österr OGH ZVR 1992, 327.
448 *Hentschel* § 8 StVO Rn 53, 54a („uU").
449 OLG Hamm NZV 2003, 414; OLG Düsseldorf VersR 1976, 546; OLG Saarbrücken VM 1982, Nr 44; KG NZV 1990, 155.
450 Vgl OLG Hamm VRS 56, 378 u DAR 1991, 270; KG VersR 1975, 52 u NZV 1990, 155; *Hentschel* § 8 StVO Rn 54.

selbe hinaus[451]); jedoch besteht selbst bei Vorliegen solcher Anzeichen kein Vertrauensschutz, wenn im unmittelbaren Kreuzungsbereich mehrere Abbiegemöglichkeiten bestehen,[452] sowie bzgl richtiger Zeichengebung bei abknickender Vorfahrt;[453]
- dass ein von links kommendes, nach rechts abbiegendes Fahrzeug nicht von einem verdeckten Fahrzeug überholt wird;
- dass ein Vorfahrtberechtigter, der vor der Kreuzung oder Einmündung wartet oder Blinkzeichen mit der Lichthupe gibt, auf sein Vorrecht **verzichtet**; nur bei eindeutiger Verständigung darf auf den Vorfahrtverzicht vertraut werden;[454] auch bei eindeutigem Verzicht darf der Wartepflichtige nicht darauf vertrauen, dass andere Vorfahrtberechtigte gleichfalls verzichten;[455]
- dass der Bevorrechtigte an einer vor der Kreuzung liegenden **Fußgängerampel** anhalten wird;[456]
- dass an einer **abknickenden Vorfahrt** der aus der anderen untergeordneten Straße, aber von rechts Kommende vor dem dort aufgestellten Stop-Schild anhalten werde.[457]

160 An einer **unübersichtlichen Einmündung** muss sich der Wartepflichtige langsam in die bevorrechtigte Straße vortasten, um die erforderliche Sicht in einer Weise zu gewinnen, die es einem herannahenden Kraftfahrer ermöglicht, noch rechtzeitig zu reagieren oder auf sich aufmerksam zu machen.[458] Er darf darauf vertrauen, dass ein bevorrechtigtes Fahrzeug den hierzu erforderlichen Sicherheitsabstand einhält[459] (vgl Rn 92). Hat er den einsehbaren Teil als frei von bevorrechtigtem Verkehr erkannt, muss er möglichst zügig weiterfahren.[460] Nur wenn auf diese Weise ein gefahrloses Einfahren nicht gewährleistet werden kann, muss sich der Wartepflichtige einweisen lassen[461] oder Warnposten aufstellen.[462] Unzulässig ist das Hineintasten, wenn der Wartepflichtige die Annäherung eines bevorrechtigten Fahrzeugs am Scheinwerferkegel erkennen kann,[463] oder neben einem Fahrzeug, das sich seinerseits bereits vortastet[464] (Ausnahme: Rn 162).

---

451 Weitergehend aber BGH VM 1974, Nr 89.
452 OLG Köln DAR 1978, 138.
453 BayObLG DAR 1974, 302; OLG Zweibrücken MDR 1975, 77; OLG Düsseldorf VersR 1977, 841; **aA** OLG Oldenburg DAR 1999, 179; OLG Zweibrücken DAR 1991, 68 m abl Anm *Berr* und wohl auch *Hentschel* § 8 StVO Rn 43.
454 KG VM 1980 Nr 113 u KGR 2004, 573; OLG Saarbrücken VM 1982 Nr 4; OLG Koblenz NZV 1991, 428; 1993, 273; OLG Hamm OLGR 2001, 141.
455 Vgl BGH VRS 11, 171.
456 OLG Hamburg VRS 49, 394; BayObLG VRS 58, 150; OLG Stuttgart VRS 69, 304; OLG Hamm NZV 1992, 409; *Hentschel* § 8 StVO Rn 30 („idR"); **aA** BayObLG VRS 64, 184, OLG Celle OLGR 2000, 85 u OLG Köln NZV 2003, 414 im Anschluss an die abzulehnende Entsch BGH VersR 1982, 701 zur vergleichbaren Situation beim Linksabbiegen (s Rn 122). Nach BGH NZV 1991, 147, 148 muss jedem Kraftfahrer aber die Möglichkeit zeitversetzter Phasierung bekannt sein.
457 BayObLG VRS 55, 222.
458 OLG Düsseldorf VersR 1976, 1179; OLG Saarbrücken VersR 1981, 580; OLG Hamm VRS 56, 200.
459 OLG Saarbrücken VM 1976, Nr 62.
460 OLG Hamm NZV 1994, 277; OLG Frankfurt VM 1977, Nr 41.
461 OLG Düsseldorf VRS 60, 224.
462 BGH VersR 1984, 1147: Lastzug bei Dunkelheit vor Straßenkuppe.
463 BayObLG VM 1976, Nr 48.
464 KG VM 1982, Nr 68.

§ 14 Verkehrspflichten im Straßenverkehr

Bei **bauartbedingter Sichtbehinderung** (zB Sonderfahrzeug, Omnibus an spitzwinkliger Einmündung) muss der Fahrer sich, soweit diese nicht durch anderweitige Maßnahmen behebbar ist, einer zuverlässigen Person als Ausguck oder Einweiser bedienen; auf einen bloßen Zuruf aus dem Fahrgastraum darf er sich nicht ohne weiteres verlassen.[465] **161**

Bei **sonstigen Sichtbehinderungen** muss, wenn diese vorübergehender Art sind, abgewartet werden.[466] Dagegen ist es zB bei Nebel Sache des Vorfahrtberechtigten, auf Sicht zu fahren.[467] Neben einem sichtbehindernden Fahrzeug darf nur eingefahren werden, wenn eine Abschirmung während der gesamten Dauer des Überquerens der Vorfahrtstraße gewährleistet ist.[468] **162**

Bei übermäßig langer **Blockierung der Vorfahrtstraße** ist uU besondere Absicherung erforderlich.[469] Dies gilt aber nicht, wenn die Vorfahrtstraße ausreichend weit einsehbar ist.[470] **163**

Im **mehrspurigen Verkehr** ist Rechtseinbiegen trotz von links herannahenden Verkehrs zulässig, wenn dieser die linke Fahrspur einhält und der Wartepflichtige so auf die rechte Fahrspur einfährt, dass er dem Bevorrechtigten keinen Anlass gibt, eine Behinderung zu befürchten.[471] Das Linkseinbiegen auf die linke Fahrspur ist dagegen ein so ungewöhnlicher Vorgang, dass grundsätzlich mit einer Irritation des von rechts auf der rechten Spur herannahenden Kraftfahrers gerechnet werden muss. Zum Wechsel des Fahrstreifens darf der Vorfahrtberechtigte (auch an Autobahneinfahrten) nicht genötigt werden; der Einfahrende darf hierauf auch nicht vertrauen (s Rn 165). Zum Vertrauen auf die Beibehaltung der Fahrspur s Rn 158. **164**

Beim **Einfädeln auf die Autobahn** oder eine andere mehrspurige Straße darf sich der Kraftfahrer nicht darauf verlassen, dass der durchgehende Verkehr auf die Überholspur ausweicht, auch wenn diese frei ist[472] oder dass er ihm durch Abbremsen das Einfädeln ermöglicht.[473] Selbst aus dem Setzen des linken Blinkers darf nicht die Erwartung abgeleitet werden, der Blinkende werde auf jeden Fall ein Einfahren ermöglichen.[474] **165**

Auf eine vorfahrtändernde **Verkehrsregelung durch Polizeibeamte** kann sich der Kraftfahrer verlassen; er darf aber, wenn er vor der Kreuzung durch einen Verkehrsposten angehalten und dann zur Weiterfahrt aufgefordert wurde, nicht darauf vertrauen, dass die Kreuzung frei ist.[475] **166**

---

465 BayObLG VRS 60, 305.
466 BayObLG VRS 19, 312: haltendes Fahrzeug; OLG Celle VersR 1979, 190: heftiger Schauer.
467 OLG Schleswig NZV 1994, 439.
468 BayObLG VRS 70, 33.
469 OLG Karlsruhe VersR 1992, 332: überlanger Sondertransport; OLG Koblenz VersR 1989, 1310: Traktorgespann im Nebel; OLG Düsseldorf NZV 1996, 491 (Mähdrescher mit Anhänger bei Dunkelheit).
470 BGH NZV 1994, 184.
471 OLG Hamm VRS 55, 144.
472 OLG Koblenz VersR 1994, 361; OLG Köln VRS 28, 143.
473 OLG Hamm VersR 1994, 952.
474 OLG Hamm VersR 1994, 952.
475 KG VM 1980, Nr 9.

Zweiter Teil. Haftung aus unerlaubter Handlung

d) Grundsätzliches zum Verhalten des Vorfahrtberechtigten

167 Er kann grundsätzlich auf die Beachtung seines Vorfahrtrechts **vertrauen**, und zwar auch dann, wenn er (zB wegen Überholens) nicht die rechte Fahrbahnseite einhält[476] oder wenn er die untergeordnete Straße nicht einsehen kann.[477] Wenn allerdings konkrete Umstände Anlass zu der Befürchtung einer Vorfahrtverletzung geben, muss er sich hierauf einstellen.[478] An unübersichtlichen Einmündungen muss er sich darauf einstellen, dass sich ein Wartepflichtiger langsam vortastet, und einen entsprechenden Seitenabstand einhalten.[479] Verlässt er eine abknickende Vorfahrtstraße geradeaus über einen platzartigen Einmündungsbereich, darf er nicht blind auf die Beachtung seines Vorrechts vertrauen.[480]

168 Er darf **nicht überholen**, wenn die Sicht auf die Kreuzung oder Einmündung durch ein vorausfahrendes Fahrzeug und wegen einer Straßenkrümmung verdeckt ist, sodass er den Verkehrsraum vor sich nicht voll übersehen kann, denn er darf sich nicht darauf verlassen, dass wartepflichtige Verkehrsteilnehmer, die auf einer untergeordneten Straße herannahen, während des Überholvorganges nicht in die bevorrechtigte Straße einbiegen.[481]

169 Bei **eigener Verkehrswidrigkeit** kann er sich nicht ohne weiteres auf den Vertrauensgrundsatz berufen, insbesondere bei überhöhter Geschwindigkeit.[482] Erweckt er durch Blinken und Verlangsamen den Eindruck, rechts abbiegen zu wollen, so muss er bei Fortsetzung der Geradeausfahrt besonders auf das Verhalten Wartepflichtiger achten.[483]

170 Beim Überholen (auch rechts[484]) einer zum Stillstand gekommenen Kolonne muss damit gerechnet werden, dass **Lücken in der Kolonne** dazu dienen sollen, dem Querverkehr eine Durchfahrt zu ermöglichen. Die Fahrweise (Geschwindigkeit, Seitenabstand) ist also so einzurichten, dass auf querende Fahrzeuge rechtzeitig reagiert werden kann.[485] Dies gilt an Kreuzungen und Einmündungen ebenso wie an Grundstücksausfahrten (vgl Rn 192); bei entsprechend großen Lücken an Kreuzungen ist jedoch auch mit zügig einfahrenden Fahrzeugen, ansonsten nur mit sich langsam vortastenden zu rechnen. Dass die gesteigerte Sorgfaltspflicht an lichtzeichengeregelten Kreuzungen nicht gelten soll,[486] überzeugt nicht, da dort – gerade bei Verkehrsstockungen – mit

---

476 BGH VersR 1975, 37; 1977, 524.
477 BGHSt 7, 118; BGH NJW 1985, 2757.
478 OLG Hamm NZV 2002, 367 (zu schnell fahrender, schwer erkennbarer Motorradfahrer); s a OLG Düsseldorf DAR 1975, 330; OLG Celle VersR 1976, 345; KG VM 1983, Nr 45; OLG Köln VersR 1984, 645.
479 *Deutscher* NZV 1989, 361; *Haarmann* NZV 1993, 378 mwN.
480 OLG Hamm NZV 1997, 180.
481 BGH NZV 1996, 27.
482 OLG Oldenburg VersR 1985, 1096.
483 KG VRS 57, 173; OLG Düsseldorf VRS 60, 417.
484 KG VersR 1975, 524.
485 KG VersR 1977, 157; OLG Nürnberg VersR 1978, 1046; OLG Düsseldorf VersR 1980, 634; MDR 1980, 406; BayObLG NZV 1988, 78.
486 So KG VM 1975, Nr 43; NZV 2003, 378; *Janiszewski/Jagow/Burmann/Heß* § 6 StVO Rn 8.

Nachzüglern gerechnet werden muss. Auch Benutzer von Sonderfahrstreifen für Busse und Taxis müssen ihn beachten.[487] Er greift aber nicht ein, wenn nur ein einzelnes Fahrzeug vor einer Einmündung wartet oder wenn sich die Lücke in einer Kolonne des Gegenverkehrs befindet.[488]

Der vorfahrtberechtigte **Linksabbieger** muss den Bogen so weit nehmen, dass er die Fahrlinie eines aus der untergeordneten Straße Kommenden nicht berührt.[489] **171**

Rückwärtsfahren ändert nichts an der Vorfahrt, verpflichtet aber zu besonderer Umsicht.[490] **172**

Befindet sich der Wartepflichtige **bereits auf der Vorfahrtstraße**, muss sich der Berechtigte im Rahmen des ihm Möglichen hierauf sachgerecht einstellen; er darf nicht versuchen, seinen Vorrang zu erzwingen[491] (s a § 11 Abs 3 StVO) oder im Vertrauen auf ein Anhalten des anderen noch vor diesem durchzufahren.[492] Ebensowenig darf er ohne weiteres davon ausgehen, der andere werde zügig weiterfahren, und hinter diesem vorbeizufahren versuchen.[493] Auch bei Anhalten und Wiederanfahren des anderen Fahrzeugs darf er nicht damit rechnen, es werde die Kreuzung nun in einem Zuge räumen.[494] Bei Einbiegen eines Lkw aus der untergeordneten Straße muss der herannahende Vorfahrtberechtigte damit rechnen, dass es sich um einen Zug handelt.[495] **173**

Erweckt der Vorfahrtberechtigte durch Anhalten den Eindruck eines **Vorfahrtverzichts**, muss er sich auf ein entsprechendes Verhalten des anderen einstellen.[496] Bloßes Betätigen der Lichthupe genügt hierfür allerdings nicht (vgl Rn 159). Der Vorfahrtberechtigte ist grundsätzlich nicht verpflichtet, sicherzustellen, dass auch andere Verkehrsteilnehmer ein gefahrloses Einfahren des Wartepflichtigen ermöglichen; einen möglicherweise gefährdenden Verzicht, insbesondere gegenüber Kindern, hat er aber zu unterlassen.[497] Hat er gegenüber einem Wartepflichtigen verzichtet, muss er auf das Verhalten nachfolgender Wartepflichtiger achten.[498] **174**

e) Besonderheiten bei Vorfahrt „rechts vor links"

Auch an einer nicht durch Verkehrszeichen geregelten Kreuzung gilt der **Vertrauensgrundsatz**, dh der in sie Einfahrende darf sich grundsätzlich darauf verlassen, dass ein etwa von links Kommender, auch wenn er für ihn noch nicht sichtbar ist, seine Vorfahrt beachten werde.[499] **175**

---

487 KG VM 1992, Nr 75; *Hentschel* § 8 StVO Rn 47; **aA** OLG Saarbrücken NZV 1992, 234.
488 KG VerkMitt 2001, 82.
489 OLG Düsseldorf VersR 1976, 1181; 1979, 381; KG VersR 1994, 1085.
490 BGH VRS 14, 346; OLG Hamm VRS 52, 299; OLG Karlsruhe VRS 55, 246; OLG Düsseldorf VRS 66, 376.
491 BGH VersR 1963, 282.
492 BGH NZV 1994, 184.
493 OLG Hamm OLGR 1995, 3.
494 OLG Köln DAR 1976, 17.
495 **AA** OLG Köln VersR 1980, 685.
496 OLG Saarbrücken VM 1982, Nr 4.
497 OLG Düsseldorf VRS 70, 334.
498 OLG Köln NZV 1994, 110 LS.
499 BGH NJW 1985, 2757.

176 Da der Einfahrende jedoch gegenüber einem (etwa) von rechts Kommenden seinerseits wartepflichtig ist, darf er sich der Kreuzung – entsprechend den Sichtverhältnissen[500] – nur mit so **mäßiger Geschwindigkeit** nähern, dass er ggf anhalten kann; auf solcherart angepasste Fahrweise darf auch der von links Kommende vertrauen.[501]

177 An einer **T-förmigen Einmündung** können die örtlichen Verhältnisse im Einzelfall Anlass geben, sich darauf einzustellen, dass ein die durchgehende Straße Benützender seine Wartepflicht nicht erkennt,[502] insbesondere wenn der von rechts Kommende durch Anhalten an der Einmündung den falschen Eindruck noch verstärkt hat.[503]

178 Ist der rechte Straßenrand sehr **zugewachsen** (Büsche, hohes Gras), muss die Fahrweise darauf eingerichtet werden, dass einmündende Straßen erst kurz vor Erreichen der Einmündung erkennbar werden.[504]

f) Besonderheiten bei Regelung durch Verkehrszeichen

179 Ist nur die Vorfahrtstraße beschildert, während **negative Vorfahrtzeichen fehlen**, so kann dem an sich Wartepflichtigen kein Vorwurf gemacht werden, wenn er sich so verhalten hat, wie dies bei fehlender Vorfahrtregelung geboten gewesen wäre.[505] Etwas anderes mag gelten, wenn sich die Bevorrechtigung der anderen Straße nach den Umständen (Ausbau, Verkehrsdichte) förmlich aufdrängte. Eine generelle Pflicht, nach vorfahrtregelnden Zeichen an der anderen Straße Ausschau zu halten, besteht jedenfalls nicht; auch mit einem ausschließlich auf der linken Fahrbahnseite angebrachten Zeichen braucht der Verkehrsteilnehmer grundsätzlich nicht zu rechnen.[506]

180 Beim **Fehlen eines vorfahrtgewährenden Zeichens** muss von fehlendem Vorfahrtrecht ausgegangen werden; dies gilt grundsätzlich auch, wenn ein für den Gegen- oder Querverkehr geltendes Zeichen (an seiner Form) erkennbar ist;[507] insbesondere darf aus einem an der Verlängerung der benutzten Straße in Gegenrichtung aufgestellten Stop-Schild nicht auf abknickende Vorfahrt nach links geschlossen werden.[508]

181 Vorfahrtzeichen auf einem **Privatgelände** sind auch dann zu beachten, wenn sie ohne behördliche Anordnung vom Eigentümer aufgestellt wurden.[509]

g) Besonderheiten bei Lichtzeichenanlagen

182 Bei **Grünlicht** darf darauf vertraut werden, dass die Fahrtrichtung des Querverkehrs gesperrt ist,[510] nicht aber, dass die Kreuzung von Nachzüglern frei ist. Mit solchen muss

---

500 Dies gilt also nicht bei klarer Sicht auf die von rechts einmündende, freie Straße; OLG Hamm NZV 2000, 124.
501 BGH VersR 1977, 917; OLG Nürnberg VersR 1976, 1147; OLG Saarbrücken VersR 1981, 580.
502 Vgl OLG Koblenz DAR 2004, 272.
503 OLG Hamm VRS 58, 382 f.
504 OLG Frankfurt NZV 1990, 472.
505 BGH VersR 1977, 426 = 1052 m Anm *Booß*, auch zur Verantwortlichkeit der Behörde.
506 KG VersR 1975, 452; VM 1977, Nr 88.
507 BayObLG VRS 28, 117.
508 LG Nürnberg-Fürth DAR 1993, 436 m Anm *Grußendorf*.
509 OLG Köln VRS 86, 9.
510 BGH VersR 1967, 602; NZV 1992, 208.

besonders gerechnet werden, wenn mit fliegendem Start eingefahren wird.[511] Bei Sichtbehinderung (insbesondere mehrspurigem Verkehr) ist daher entsprechende Herabsetzung der Geschwindigkeit geboten.[512] Nachzüglern, dh in der Kreuzung steckengebliebenen Fahrzeugen des Querverkehrs, muss der Vorrang eingeräumt werden, auch bei Vorhandensein eines Mittelstreifens.[513]

Auf mögliches **Umschalten von Grün auf Gelb** muss der Verkehrsteilnehmer seine Geschwindigkeit nicht einrichten[514] (idR bestehen vor Ampeln ohnehin Geschwindigkeitsbeschränkungen, vgl VwV zu § 37 Abs 2 Nrn 1 und 2 StVO Nr II); anders bei witterungs- oder ladungsbedingter Bremswegverlängerung.[515] Anhalten muss er nur, wenn dies mit einer normalen Betriebsbremsung (nicht über 4 m/sek^2) möglich ist.[516] Daran ändert das Vorhandensein einer **Vorampel** (gelbes Blinklicht) nichts.[517] Vorwerfbar ist es aber, wenn der Kraftfahrer wegen überhöhter Geschwindigkeit nicht ohne Starkbremsung anhalten kann.

183

Bei **Umschalten vor Räumen der Kreuzung** darf weitergefahren werden, jedoch nur, wenn der Kreuzungskern (gebildet durch die Fluchtlinien der Fahrbahnränder) schon erreicht war[518] und unter besonderer Beachtung des einsetzenden Querverkehrs.[519] Solange allerdings durch Grünpfeil die Sperrung des Gegenverkehrs angezeigt wird, darf auch darauf vertraut werden, dass der Querverkehr noch nicht freigegeben ist.[520]

184

Bei **Dauerrot** wegen eines Ampeldefekts darf nach angemessener Wartezeit mit äußerster Vorsicht und möglichst nach Verständigung mit dem Querverkehr in die Kreuzung eingefahren werden;[521] auch bei entsprechender Weisung durch einen Polizeibeamten.[522]

185

h) Besonderheiten bei Grundstücksausfahrten

Zu den **Verhaltenspflichten bei Zweifeln** über das Vorliegen einer Ausfahrt oder einer Einmündung vgl o Rn 136.

186

Nach § 10 StVO muss sich der Grundstücksausfahrer so verhalten, „dass eine **Gefährdung anderer Verkehrsteilnehmer ausgeschlossen** ist". Diese verfehlte Formulierung (vgl hierzu oben Rn 110 u § 10 Rn 55) verleitet dazu, aus der Tatsache eines Unfalls auf eine Verkehrswidrigkeit des Ausfahrers zu schließen. Die StVO kann jedoch auch von

187

---

511 OLG Karlsruhe VersR 1976, 96; OLG Düsseldorf VersR 1978, 1173; OLG Köln NZV 1997, 269.
512 BGH VRS 34, 358.
513 BGH NJW 1977, 1394; OLG Köln NZV 1997, 269 (breiter Mittelstreifen mit nochmaligem Vorfahrtschild); KGR 2003, 140 u NZV 2005, 95 (weiträumige Kreuzung); einschr OLG Hamburg DAR 2001, 217 m Anm *Burghart*.
514 OLG Celle VRS 15, 219.
515 OLG Düsseldorf DAR 1992, 109.
516 BayObLG VRS 70, 384.
517 BGH NZV 2005, 407; **aA** OLG Hamm NZV 2003, 574 (Vorinstanz).
518 OLG Düsseldorf NZV 1997, 481; OLG Koblenz NZV 1998, 465.
519 OLG Hamm VRS 49, 455; OLG Köln VRS 54, 101; OLG Düsseldorf VersR 1978, 1173.
520 BayObLG VRS 58, 147.
521 OLG Köln VRS 59, 454.
522 OLG Köln VersR 1966, 1060.

Zweiter Teil. Haftung aus unerlaubter Handlung

ihm keine höhere als die im Verkehr erforderliche Sorgfalt (§ 276 BGB) verlangen. Bei normalen Ausfahrvorgängen wird sich diese mit der Sorgfalt eines an einer Straßeneinmündung Wartepflichtigen decken. Ein Mehr an Umsicht kann von dem Ausfahrenden im Grunde nur dann gefordert werden, wenn sich gerade aus der Tatsache, dass er aus einem Grundstück und nicht aus einer anderen Straße einfährt, besondere Verkehrsgefahren ergeben, also zB daraus, dass er an einer Stelle in den fließenden Verkehr einbiegen will, an der dieser auf Querverkehr überhaupt nicht eingestellt ist.[523]

188 Zumindest missverständlich ist daher die in der Rspr viel gebrauchte Formel von der „gesteigerten", „höchstmöglichen" oder „äußersten" Sorgfalt des Ausfahrenden.[524] Für den Regelfall kann vielmehr auf die allgemeinen Verhaltenspflichten eines Wartepflichtigen (Rn 155 ff) Bezug genommen werden. Im selben Umfang wie für diesen greift auch hier der Vertrauensgrundsatz ein.[525] Im Einzelnen gelten folgende Besonderheiten:

189 Das (an unübersichtlichen Einmündungen gestattete) **Hineintasten** in die bevorrechtigte Straße (vgl Rn 160) darf nur praktiziert werden, wenn der Ausfahrende nach den örtlichen Gegebenheiten damit rechnen kann, dass die Teilnehmer des fließenden Verkehrs sich rechtzeitig darauf einstellen, insbesondere nicht zu nahe am Straßenrand fahren.[526]

190 Eines **Einweisers** muss sich der Ausfahrende nur bedienen, wenn nach Vorstehendem ein Hineintasten nicht in Betracht kommt,[527] oder bei einem Fahrzeug mit vorspringenden Teilen und erschwerter Manövrierbarkeit.[528]

191 Die besondere Warnpflicht bei **langen Fahrzeugen** (Rn 163) mag bei Grundstücksausfahrten schon etwas eher eingreifen als an Einmündungen, wenn davon auszugehen ist, dass der Durchgangsverkehr noch weniger als dort mit solchen Hindernissen rechnet.[529]

192 Ob die Rspr zu den **Lückenfällen** (Rn 170) auch an Grundstücksausfahrten gilt, ist umstritten.[530] Die Frage ist zu bejahen (dh der Ausfahrende darf sich vorsichtig hindurchtasten; der Überholende muss auf die Lücken achten). Entscheidend ist allein, dass der Vorbeifahrende die Lücke als solche erkennen konnte; ob sich die Lücke vor einer

---

523 OLG Zweibrücken VRS 71, 220.
524 ZB OLG Koblenz VRS 48, 350; OLG Düsseldorf VersR 1981, 754; OLG München NZV 1990, 274.
525 Vgl bzgl Geschwindigkeitsüberschreitung OLG Celle VRS 51, 305 u OLG Karlsruhe DAR 1977, 109 (bejahend); OLG Saarbrücken VM 1976, Nr 132 und BayObLG bei *Bär* DAR 1992, 361 (verneinend); bzgl Überfahren der Haltelinie vor einer Ampel OLG Hamburg VersR 1977, 1033 (verneinend).
526 OLG Stuttgart VersR 1978, 977; generell verneinend dagegen OLG Celle NZV 1991, 195.
527 BayObLG PersVerk 1979, 96; VRS 61, 384; OLG Celle VRS 51, 305; OLG Zweibrücken VRS 71, 220; OLG Frankfurt VM 1976, Nr 70; KG VM 1987, Nr 53.
528 BGH NZV 1991, 187: Radlader.
529 Vgl OLG Bamberg VersR 1977, 821; OLG Saarbrücken VM 1980, Nr 116.
530 Bejahend OLG Düsseldorf MDR 1980, 406; OLG Hamm NZV 1992, 238; **aA** KG VersR 1977, 138; 1999, 1382; NZV 1996, 365; LG Berlin VersR 1976, 76; *Janiszewski/Jagow/Burmann/Heß* § 6 StVO Rn 8.

§ 14 Verkehrspflichten im Straßenverkehr

Ausfahrt oder vor einer Einmündung befindet, ist für ihn oft gar nicht erkennbar, für die Gefahrenträchtigkeit der Situation aber auch unerheblich.

Zu den Anforderungen beim **Überqueren eines Geh- oder Radwegs** vgl Rn 213 bzw 220. **193**

Rückwärtsausfahren aus einem Grundstück ist zulässig, wenn der Ausfahrende die bevorrechtigte Straße in beiden Richtungen voll überblicken kann; nur wenn dies nicht der Fall ist, bedarf es eines Einweisers.[531] Die Verzögerung, die dadurch entsteht, dass der rückwärts Ausfahrende auf der Fahrbahn die Fahrtrichtung ändern muss, ist bei der Beurteilung der Sichtverhältnisse in Rechnung zu stellen. **194**

Im Verhältnis zwischen einem **Ausfahrenden und einem in dasselbe Grundstück Einbiegenden** kann nicht generell von einem Vorrang des letzteren ausgegangen werden.[532] Auch wenn dieser bis kurz vor dem Zusammenstoß in der Ausfahrt noch zum fließenden Verkehr gehörte, durfte er doch erst einbiegen, wenn er die Ausfahrt als frei erkannt hat. **195**

Beim Herausfahren aus einem quer zur Fahrbahn liegenden **Abstellplatz** (Parklücke) treffen den Kraftfahrer dieselben Pflichten gegenüber dem fließenden Verkehr wie bei einer Grundstücksausfahrt. Auf einem **Parkplatz** gilt dies jedoch für das Verhältnis zwischen einem ausparkenden und einem zwischen den Parkreihen hindurchfahrenden Fahrzeug nur eingeschränkt, denn dort muss jeder Verkehrsteilnehmer mit rangierenden Fahrzeugen rechnen. Der Ausparkende muss daher zwar den Vorrang des anderen beachten, darf aber darauf vertrauen, dass durchgehender Verkehr Geschwindigkeit und Aufmerksamkeit auf derartige Fahrmanöver einrichtet.[533] Daher ist zB auch bei Sichtbehinderung kein Einweisen erforderlich, sondern Hineintasten zulässig. Handelt es sich nicht um das Herausfahren aus einer einzelnen Parklücke, sondern aus einer Zufahrt zu mehreren Abstellplätzen,[534] gilt das Vorstehende nicht (vgl auch Rn 142). **196**

i) Besonderheiten bei Fahrzeugen mit Sonderrechten

Die Sonderrechte nach § 35 StVO ändern nicht die Vorfahrtregeln und rechtfertigen nicht die Gefährdung oder Schädigung anderer Verkehrsteilnehmer.[535] Der nach der allgemeinen Regelung Vorfahrtberechtigte behält grundsätzlich sein Vorfahrtrecht. Es wird lediglich zugunsten der Fahrer von Sonderrechtsfahrzeugen in dem durch §§ 35, 38 StVO gesteckten Rahmen beschränkt, sodass jene nur unter Anwendung größtmöglicher Sorgfalt dieses Recht missachten dürfen.[536] Voraussetzung für die Inanspruchnahme des Wegerechts nach § 38 Abs 1 StVO ist grundsätzlich der **ordnungsgemäße Einsatz sämtlicher Warneinrichtungen**, dh blaues Blinklicht und Martinshorn müssen zusammen und rechtzeitig eingesetzt werden,[537] und zwar nicht nur vor der Kreuzung, **197**

---

531 OLG Koblenz VRS 67, 286; BayObLG VRS 68, 295; OLG Zweibrücken VRS 71, 220; KG VM 1987, Nr 53.
532 So aber KG VersR 1989, 925.
533 OLG Stuttgart NJW-RR 1990, 670; OLG Düsseldorf VRS 61, 455; OLG Oldenburg VRS 63, 99; VersR 1993, 496.
534 ZB Parkharfe in einem Parkhaus, KG VM 1984, Nr 36.
535 *Hentschel* § 35 StVO Rn 4 mwN.
536 BGHZ 63, 327, 329.
537 KG VersR 2004, 486; VRS 70, 432; OLG Köln NZV 1996, 237.

Zweiter Teil. Haftung aus unerlaubter Handlung

sondern auch während des Überquerens.[538] Setzt das Einsatzhorn vor dem Einfahren in die Kreuzung vorübergehend aus, während das blaue Blinklicht in Betrieb bleibt, dann muss der Führer des Einsatzfahrzeugs damit rechnen, dass ein anderer Verkehrsteilnehmer irrtümlich glaubt, er wolle kein Vorrecht mehr in Anspruch nehmen.[539]

198 Die **übrigen Verkehrsteilnehmer** haben sofort freie Bahn zu schaffen, Vorfahrtberechtigte müssen also auf ihren Vorrang verzichten. In eine Kreuzung darf nicht eingefahren werden, wenn unklar ist, aus welcher Richtung das Wegerechtsfahrzeug herankommt,[540] auch nicht bei Grünlicht.[541] Auch der Gegenverkehr muss sich auf die Sondersituation einstellen, zB auf Fehlreaktionen anderer Verkehrsteilnehmer.[542] Ob das Wegerecht berechtigt in Anspruch genommen wurde, ist für diese Verhaltenspflichten – schon mangels Erkennbarkeit – unerheblich, kann aber die Haftungsquote beeinflussen (§ 22 Rn 207).

199 Jeder Verkehrsteilnehmer muss sicherstellen, dass er die Einsatzsignale **rechtzeitig wahrnehmen** kann.[543] Ist dies, zB wegen lauten Motorengeräuschs, nicht gewährleistet, muss er die Beeinträchtigung durch besonders aufmerksame Beobachtung des Verkehrs ausgleichen.[544] Bei Zivilfahrzeugen können wegen der geringeren Lautstärke des Horns uU andere Maßstäbe gelten.[545]

200 Der **Führer des Einsatzfahrzeugs** darf grundsätzlich nur dann bei Rotlicht in eine Kreuzung einfahren, wenn er sicher beurteilen kann, dass sämtliche bevorrechtigten Verkehrsteilnehmer ihn bemerkt haben und freie Fahrt gewähren.[546] Kann er sich dessen nicht sicher sein, muss er eine Geschwindigkeit einhalten, die ihm ein sofortiges Anhalten gestattet,[547] ggf anhalten und sich vortasten; dies gilt ganz besonders, wenn es sich um ein (unauffälligeres) Zivilfahrzeug handelt.[548] Sorgfaltswidrig ist ein Einfahren mit 40 km/h bei Glatteis.[549]

201 Fahrzeuge von **Straßenwartung, Straßenreinigung** (auch Winterdienst[550]) oder **Müllabfuhr** sind von den Verkehrsvorschriften nicht generell befreit, sondern haben nach § 35 Abs 6 StVO (bei entsprechender Kennzeichnung) nur das Recht, überall zu fahren und zu halten. Vorfahrtregeln und Lichtzeichen müssen sie beachten. Eine Kehrmaschine darf jedoch den Kehrvorgang im Kreuzungsbereich nach Umschalten der Ampel unter Beachtung des fließenden Verkehrs fortsetzen.[551]

---

538 BGH VersR 1962, 836; KG VM 1985, Nr 5.
539 KG VM 1981, Nr 119.
540 OLG Düsseldorf NZV 1992, 489.
541 OLG Hamm VersR 1997, 1547.
542 OLG Hamm OLGR 1998, 129.
543 OLG Düsseldorf VersR 1985, 669.
544 OLG Nürnberg VersR 1977, 64.
545 Vgl KG NZV 2004, 85.
546 KG NZV 1992, 456; OLG Düsseldorf NZV 1992, 489; OLG Hamm DAR 1996, 93.
547 OLG Braunschweig NZV 1990, 198; KG VM 1982, Nr 41.
548 KG NZV 2003, 126; 2004, 86.
549 KG VM 1985, Nr 84.
550 VwV zu § 35 Abs 6 StVO.
551 OLG Jena NZV 2000, 210.

j) Besonderheiten bei geschlossenen Verbänden

Für sie gelten die allgemeinen Verkehrsregeln so, als handle es sich um *ein* Fahrzeug (vgl § 27 Abs 1 StVO). Ist daher das erste Fahrzeug berechtigt in eine Kreuzung oder Einmündung eingefahren, dürfen die weiteren folgen, auch wenn sie als Einzelfahrzeuge wartepflichtig wären.[552] Voraussetzung ist jedoch, dass der Verband für die anderen Verkehrsteilnehmer als solcher erkennbar ist (näher § 27 Abs 3 StVO); größere Lücken heben das Vorrecht auf.[553] Das Vorrecht darf auch nicht ohne Rücksicht auf den übrigen Verkehr ausgeübt werden, insbesondere dann nicht, wenn damit gerechnet werden muss, dass andere Verkehrsteilnehmer es nicht erkennen oder nicht beachten.[554] **202**

8. Pflichten gegenüber Schienenfahrzeugen

Ein **Linksabbieger** darf sich auf Straßenbahngleise nur einordnen, wenn sich keine Straßenbahn nähert (§ 9 Abs 1 S 3 StVO). Andernfalls muss er rechts neben den Schienen bleiben (mit ausreichendem Abstand[555]), ggf den Gleisbereich nach rechts verlassen oder seine Abbiegeabsicht aufgeben.[556] Ist er zunächst berechtigt auf die Gleise gefahren, muss er diese bei Annäherung einer Straßenbahn nicht räumen.[557] **203**

Auch sonst ist vom **Befahren des Gleisbereichs** abzusehen, wenn damit gerechnet werden muss, dass er vor einer sich nähernden Straßenbahn nicht rechtzeitig geräumt werden kann, zB beim Abbiegen in ein Grundstück[558] oder bei Kolonnenverkehr.[559] Der Vorrang der Schienenbahn (§ 2 Abs 3 StVO) gilt auch gegenüber dem Gegenverkehr.[560] **204**

Vorrang hat die Straßenbahn auch dort, wo es durch die Gleisführung zu einem **Hinüberwechseln** in den vom Kraftfahrer benutzten Fahrbahnbereich kommt. Der Verlauf der Gleise ist daher genau zu beachten.[561] Dies gilt aber nicht, wenn die Straßenbahn von einem besonderen Gleiskörper aus in den Straßenraum einfährt.[562] **205**

Im **kreuzenden Verkehr** hängt der Vorrang davon ab, ob es sich um einen Bahnübergang handelt (dann Vorrang der Bahn nach § 19 StVO) oder um eine Kreuzung mit in der Fahrbahn verlegten Schienen (dann gelten die allgemeinen Vorfahrtregeln).[563] **206**

Vor **ungesicherten Bahnübergängen** muss der Kraftfahrer seine Geschwindigkeit so herabsetzen, dass er vor dem Warnkreuz anhalten kann, solange er nicht die Bahnstrecke nach beiden Seiten als frei erkannt hat.[564] Ist das während der Fahrt nicht mög- **207**

---

552 OLG Karlsruhe NZV 1991, 155.
553 OLG Schleswig NZV 1992, 321.
554 OLG Karlsruhe NZV 1991, 154; OLG München VRS 72, 170.
555 BGH VersR 1976, 932.
556 OLG Hamm VersR 1981, 961.
557 OLG München VRS 31, 344.
558 OLG Düsseldorf NZV 1992, 190.
559 OLG Düsseldorf DAR 1976, 191.
560 OLG Düsseldorf VRS 63, 250.
561 OLG Hamm VersR 1981, 389.
562 LG Bochum VM 1984, Nr 98; *Filthaut* NZV 1992, 397; **aA** *Maur* NZV 1990, 220.
563 Zu Einzelheiten der Abgrenzung *Kürschner* NZV 1992, 215; *Filthaut* NZV 1992, 395; zur Situation bei Ausfahrt aus einem Fußgängerbereich LG Karlsruhe NZV 1992, 241.
564 OLG Oldenburg VRS 23, 150.

lich (zB wegen Nebels, Unübersichtlichkeit), muss er anhalten und sich vergewissern,[565] ggfs akustisch oder durch einen Posten.[566] Steht vor dem Übergang ein abfahrbereiter Zug, darf er sich nicht darauf verlassen, dass die Abfahrt durch einen Warnposten angezeigt wird.[567] Ein schwerfälliges Fahrzeug, das den Übergang für längere Zeit blockieren würde, darf ihn uU erst nach Abstimmung mit den Bahndienststellen überqueren.[568] Wenden auf dem Übergang ist unzulässig.[569] Ist ein zügiges Verlassen des Übergangs nicht gewährleistet, etwa bei einem Stau, darf er nicht befahren werden (§ 19 Abs 4 StVO).

208 Bei **gesicherten Bahnübergängen** darf der Kraftfahrer, wenn die Schranken geöffnet sind bzw das Warnlicht nicht leuchtet, darauf vertrauen, dass kein Zug kommt.[570] Er muss sich aber mit so mäßiger Geschwindigkeit nähern, dass er bei einem Senken der Schranke noch vor dieser anhalten kann; dies wird unter normalen Bedingungen bei ca 50 bis 60 km/h der Fall sein.[571]

209 Zu den **Pflichten des Schienenfahrzeugführers** s Rn 252 ff.

9. Pflichten gegenüber Radfahrern

a) Allgemeines

210 Zunächst gelten die allgemein gegenüber dem Fahrzeugverkehr bestehenden Verkehrspflichten auch ihnen gegenüber. Die besondere Art ihrer Verkehrsteilnahme und der verminderte Schutz bei Kollisionen erfordern jedoch zusätzliche Verhaltensmaßregeln, die im Folgenden dargestellt werden.[572] Die Erfahrungstatsache, dass Radfahrer häufig besonders undiszipliniert am Straßenverkehr teilnehmen, braucht der Kraftfahrer nur dann in Rechnung zu stellen, wenn er konkreten Anlass hat, mit einem Fehlverhalten zu rechnen (zu Kindern s Rn 244 f). Ansonsten gilt auch Radfahrern gegenüber der Vertrauensgrundsatz (Rn 12); der Umstand, dass Radfahrer ohne Fahrschulunterricht am Verkehr teilnehmen, ändert hieran nichts.[573]

b) Besonderheiten

211 Kommt ein Radfahrer **auf der falschen Fahrbahnseite** entgegen und ist seinem Verhalten nicht eindeutig zu entnehmen, dass er am (für ihn) linken Fahrbahnrand bleiben will, so muss der Kraftfahrer, soweit noch möglich, seine Geschwindigkeit so herabsetzen, dass er eine Kollision auch dann noch vermeiden kann, wenn der Radfahrer auf die für ihn rechte Fahrbahnseite zu gelangen versucht.[574]

---

565 BayObLG VRS 5, 51.
566 OLG Schleswig VM 1957, Nr 67.
567 OLG Hamm VRS 41, 122.
568 Vgl OLG Hamm VRS 7, 204.
569 OLG Köln MDR 1954, 38.
570 BayObLG NJW 1975, 840 LS; 1985, 1568.
571 OLG Celle VRS 17, 281; OLG Köln VRS 36, 453; strenger OLG Köln VRS 58, 455. Zu der nicht ganz einheitlichen Rspr s a *Hentschel* § 19 StVO Rn 17; *Janiszewski/Jagow/Burmann/Jagow* § 19 StVO Rn 13.
572 Vgl auch die ausf Zusammenstellung bei *Blumberg* NZV 1994, 254 ff.
573 **AA** *Blumberg* NZV 1994, 254.
574 BayObLG VRS 67, 136.

Mit unbedachtem **Queren der Fahrbahn** durch den Radfahrer braucht der Kraftfahrer ohne besondere Anhaltspunkte nicht zu rechnen, auch nicht an einer ausgeschalteten Fußgängerampel[575] oder einem Fußgängerüberweg.[576] Das Zeichen 138 der StVO („Radfahrer kreuzen") gebietet aber besondere Aufmerksamkeit.[577]

212

Wegen des **Vorfahrtrechts** (insbesondere bei falscher Radwegbenutzung) s Rn 140, 159; zum **Linksabbiegen** Rn 128; zum Seitenabstand Rn 167. **Grundstücksausfahrer** müssen damit rechnen, dass ein zu querender Gehweg auch von Radfahrern,[578] ein zu querender Radweg in beiden Richtungen benützt wird.[579] Auf einem Gehweg braucht er aber nicht mit Radfahrern zu rechnen, die sich mit erheblich höherer als der bei Fußgängern üblichen Geschwindigkeit nähern.[580]

213

Eine besonders gefährliche Situation ergibt sich beim Zusammentreffen eines **Rechtsabbiegers**[581] mit einem geradeaus fahrenden (und nach § 9 Abs 3 S 1 StVO bevorrechtigten) Radfahrer. Auf sie muss sich jeder Rechtsabbieger einstellen. Die zweite Rückschaupflicht (§ 9 Abs 1 S 4 StVO) gilt auch hier.[582] Hat der Kraftfahrer kurz vor dem Abbiegen einen Radfahrer überholt, so muss er sich vergewissern, dass er gefahrlos vor ihm abbiegen kann. Musste er vor dem Abbiegen anhalten, so muss er damit rechnen, dass ein Radfahrer am rechten Fahrbahnrand oder auf einem dort verlaufenden Radweg aufgeschlossen hat und gleichzeitig mit ihm anfährt. Er muss diesen Bereich daher ständig im Auge behalten.[583] Kann er den Raum rechts neben seinem Fahrzeug nicht einsehen (etwa bei einem Lkw trotz Anfahrspiegels nach § 56 Abs 3 Nr 2 StVZO), so muss er sich so langsam vortasten, dass ein etwa vorhandener Radfahrer sich auf sein Fahrmanöver einrichten und das abbiegende Fahrzeug notfalls auf der Stelle angehalten werden kann.[584]

214

10. Pflichten gegenüber Fußgängern

a) Fußgängerüberwege

An markierten Fußgängerüberwegen hat der Kraftfahrer Fußgängern, die erkennbar die Fahrbahn überschreiten wollen, **Vorrang zu gewähren** (§ 26 Abs 1 StVO). Er muss zu diesem Zweck mit so **mäßiger Geschwindigkeit** an den Überweg heranfahren, dass er sich auf entsprechendes Verhalten eines Fußgängers noch einstellen kann. Wie hoch die Geschwindigkeit sein darf, hängt von den konkreten Umständen ab; 40 km/h können zu hoch sein,[585] 20–30 km/h können angemessen sein.[586] Kann der Fahrer wegen Son-

215

---

575 OLG Oldenburg VRS 69, 252.
576 OLG Hamm NZV 1993, 66; im konkreten Fall wurden allerdings Anhaltspunkte für die bevorstehende Verkehrswidrigkeit angenommen.
577 OLG Oldenburg VersR 1987, 56.
578 OLG Düsseldorf VRS 63, 66.
579 KG VRS 68, 284.
580 OLG Karlsruhe NZV 1991, 154.
581 Als solcher gilt auch, wer eine nach links abknickende Vorfahrtstraße geradeaus verlässt; BayObLG DAR 1986, 126.
582 OLG Düsseldorf VRS 49, 29.
583 OLG Hamm VRS 73, 280.
584 OLG München NZV 1989, 394; OLG Bremen NZV 1992, 35.
585 KG VersR 1977, 1008.
586 OLG Schleswig VM 1976, Nr 56; OLG Hamm VRS 51, 310.

nenblendung einen Teil des Überwegs nicht übersehen, so darf er sich nur mit Schrittgeschwindigkeit herantasten.[587]

216 Damit der Kraftfahrer seiner Pflicht zur Vorranggewährung nachkommen kann, muss er den Bereich des Überwegs und der angrenzenden Gehwege sorgfältig **beobachten**. Geht ein Fußgänger auf den Überweg zu, muss mit Überquerungsabsicht gerechnet werden; solange er parallel zur Fahrbahn geht aber nur bei besonderen Anzeichen, zB Umdrehen.[588] Stehen am rechten Fahrbahnrand Fußgänger, so darf der Kraftfahrer nicht darauf vertrauen, dass diese den Überweg – zB wegen durchfahrender Autos im Gegenverkehr – nicht betreten werden.[589] Bei schlechten Sichtverhältnissen muss er sich auch auf plötzlich auftauchende Fußgänger einstellen.[590] Er braucht jedoch nicht damit zu rechnen, dass jemand im Laufschritt aus einer Seitenstraße kommend den Überweg benutzen will.[591]

217 Auch wenn am Überweg wartende Fußgänger durch Zeichen auf ihren **Vorrang verzichten**, muss der Kraftfahrer den Überweg mit Anhaltegeschwindigkeit passieren, wenn er die an den Überweg angrenzenden Gehsteigflächen nicht voll einsehen kann.[592] Der Verzicht gilt nur für den betreffenden Fußgänger und allenfalls ein von ihm beeinflusstes Kind.[593] Das kurze Verharren eines Fußgängers am Fahrbahnrand oder auf einer Verkehrsinsel in der Fahrbahnmitte berechtigt den Kraftfahrer nicht zu der Annahme, der Fußgänger werde auf sein Vorrecht verzichten,[594] ebenso ein Zurücktreten nach Beginn der Fahrbahnüberquerung.[595]

218 Der Kraftfahrer darf nicht darauf vertrauen, dass Fußgänger einen Überweg nur exakt an der markierten Stelle benützen; der **Schutzbereich** erstreckt sich einige Meter über den Zebrastreifen hinaus.[596] Der Kraftfahrer muss daher seine Fahrweise auch darauf einstellen, dass ein Fußgänger wenige Meter hinter dem Überweg in einer nicht ausgeleuchteten „Dunkelzone" die Fahrbahn überquert, und seine Geschwindigkeit so einrichten, dass er vor einem plötzlich ins Scheinwerferlicht kommenden Hindernis anhalten kann.[597]

b) Abbiegen

219 Fußgänger, die im Bereich einer Kreuzung oder Einmündung die Fahrbahn überqueren wollen, haben gegenüber Fahrzeugen, die in die betreffende Straße abbiegen, Vorrang (§ 9 Abs 3 S 3 StVO). Die Verhaltensanforderungen an Fußgängerüberwegen gelten daher hier entsprechend. Der Abbiegende muss sich vergewissern, ob ein Fußgänger die Fahrbahn überqueren will, ggf anhalten. Bei Sichtbeeinträchtigung muss er so langsam

---

587 OLG Frankfurt VM 1977, Nr 95.
588 OLG Karlsruhe NZV 1992, 330; OLG Hamm NZV 2004, 577.
589 OLG Hamm VRS 49, 397.
590 OLG Karlsruhe VRS 44, 370.
591 OLG Celle VRS 49, 217.
592 OLG Hamm VRS 54, 223.
593 OLG Düsseldorf DAR 1982, 407.
594 OLG Köln DAR 1975, 17; OLG Hamm VRS 51, 309.
595 BayObLG VRS 62, 466.
596 OLG Hamm VRS 54, 223: 4 m. Vgl auch österr OGH ZVR 2003, 191.
597 BGH VersR 1977, 337, sehr weitgehend.

§ 14 Verkehrspflichten im Straßenverkehr

abbiegen, dass er sich jederzeit auf einen mit üblicher Geschwindigkeit herankommenden Fußgänger einstellen kann.[598] Bleiben Fußgänger am Fahrbahnrand stehen, obwohl die Ampel für sie bereits längere Zeit Grün zeigt, so darf ein Linksabbieger uU davon ausgehen, dass sie die Fahrbahn erst hinter ihm überqueren wollen.[599] Zeigt die Fußgängerampel bereits Rot, braucht der Linksabbieger sich grundsätzlich nicht darauf einzustellen, dass Fußgänger noch mit dem Überqueren der Fahrbahn beginnen.[600]

c) Überfahren eines Gehwegs

Hierzu kann es zB kommen an Grundstücksausfahrten, Zufahrten zu „anderen Straßenteilen" und an Einmündungen, an denen die Fahrbahn mittels Bordsteinabsenkung über einen Gehweg geführt wird.[601] An diesen Stellen besteht die Verpflichtung, dem fließenden Verkehr Vorrang einzuräumen (§ 10 StVO) auch gegenüber Fußgängern auf dem Gehweg. Der Kraftfahrer muss diese daher im Auge behalten und mit Schrittgeschwindigkeit fahren. Musste er wegen des fließenden Verkehrs quer zum Bürgersteig anhalten, so muss er damit rechnen, dass Fußgänger vorne um sein Fahrzeug herumgehen, und sicherstellen, dass sich niemand in einem etwaigen „toten Winkel" befindet.[602]

220

d) Anfahren aus Stillstand

Der Kraftfahrer muss sich vor dem Anfahren vom Straßenrand oder im Stau[603] davon überzeugen, dass sich kein Fußgänger vor seinem Fahrzeug aufhält oder im Begriffe ist, sich dorthin zu begeben. Dies gilt auch, wenn seine Sicht fahrzeugbedingt beeinträchtigt ist; hier muss er sich entweder selbst den Überblick verschaffen oder sich einweisen lassen;[604] wenn dies nicht möglich ist, muss er zumindest ein Warnzeichen geben.[605] Mit einer vor seinem Fahrzeug liegenden Person braucht er jedoch grundsätzlich nicht zu rechnen.[606] Ist mit einem Zurückrollen seines Fahrzeugs zu rechnen (Lkw an Steigung), muss er sich auch nach rückwärts vergewissern.[607]

221

e) Annäherung an Haltestelle

An öffentlichen Verkehrsmitteln darf rechts nur unter Beachtung des Vorrangs der ein- und aussteigenden Fahrgäste nach § 20 Abs 2 (Abs 1 S 2 aF) StVO vorbeigefahren werden. Dies gilt auch, wenn zwar eine Haltestelleninsel vorhanden ist, wegen starken Andrangs aber damit gerechnet werden muss, dass Fußgänger unachtsam auf die Fahrbahn treten.[608] Auch wenn sich das Verkehrsmittel der Haltestelle erst nähert, kann

222

---

598 BayObLG NZV 1989, 281.
599 BayObLG DAR 1978, 203 (bei *Rüth*).
600 BayObLG DAR 1980, 259 (bei *Rüth*).
601 Zu letzterem OLG Karlsruhe VersR 1994, 362 m Anm *Frhr v Rosenberg*.
602 OLG Düsseldorf VRS 54, 298.
603 KG VersR 1999, 504.
604 OLG Düsseldorf VM 1978, Nr 69 (Müllfahrzeug); OLG München NZV 1991, 390 (Bagger).
605 OLG München NZV 1991, 389 (Linienbus).
606 OLG Saarbrücken NZV 1992, 75.
607 OLG Saarbrücken VM 1979, Nr 15.
608 BGH VRS 32, 252.

Anlass bestehen, auf das Verhalten am Straßenrand wartender Personen besonders zu achten.[609] Zur einzuhaltenden Geschwindigkeit und zum Überholverbot bei Einschalten des Warnblinklichts durch den Busfahrer s § 20 Abs 3, 4 StVO nF sowie Rn 32).

f) Unachtsames Betreten der Fahrbahn

223 Von den in Rn 215 ff behandelten Fällen abgesehen braucht der Kraftfahrer seine Fahrweise grundsätzlich nicht auf die Möglichkeit einzurichten, dass ein Fußgänger vor ihm auf die Fahrbahn treten wird.[610] Es genügt, dass er die geltenden Geschwindigkeitsvorschriften einschließlich des Sichtfahrgebots (Rn 19) sowie einen ausreichenden Sicherheitsabstand zum Fahrbahnrand (Rn 45) einhält. Dies gilt auch beim Vorbeifahren an parkenden oder sonst stehenden Fahrzeugen, an einer Verkehrsinsel mit Querungshilfe[611] oder wenn von der Seite ein Fußweg einmündet.[612] Selbst wenn ein Fußgänger in einer Parkbucht steht oder geht, braucht der Kraftfahrer nicht damit zu rechnen, dass er blindlings die Fahrbahn überqueren werde.[613] Auch beim Einbiegen aus einem Grundstück darf der Kraftfahrer darauf vertrauen, dass ein Fußgänger, der außerhalb einer Kreuzung oder Einmündung die Straße überqueren will, seinen Vorrang beachtet.[614]

224 Nur wenn **triftige Umstände** im Einzelfall die Annahme nahelegen, dass ein Fußgänger verkehrswidrig die Fahrbahn überqueren wird, muss der Kraftfahrer seine Fahrweise (insbesondere durch Ermäßigung der Geschwindigkeit) hierauf einstellen. Solche Umstände hat die Rspr zB bejaht,
- wenn ein Kraftfahrer bei Schichtwechsel und eingeschränkter Sicht an einem Werksausgang vorbeifährt, während auf der gegenüberliegenden Straßenseite ein Linienbus wartet;[615]
- wenn sich im Bereich einer Haltestelle auf beiden Seiten der Fahrbahn Schüler befinden und in der Gegenrichtung gerade ein Bus einfährt;[616]
- wenn ein Kraftfahrer an einer haltenden Kolonne vorbeifährt, in der eine Lücke für Querverkehr freigelassen wurde[617] oder wenn er eine solche Kolonne auf der Gegenfahrbahn überholt;[618] ansonsten braucht er aber nicht generell, dh auch bei Fehlen einer Lücke, mit unvermittelt zwischen den haltenden Fahrzeugen auftauchenden Fußgängern zu rechnen,[619] sondern nur bei besonderen Umständen;[620]
- bei Annäherung an eine ausgefallene Fußgängerampel, wenn andere Fahrzeuge bereits anhalten, um einem Fußgänger das Überqueren zu ermöglichen;[621]

---

609 OLG Hamm MDR 1974, 1018.
610 OLG Düsseldorf DAR 1975, 331.
611 BGH VersR 1998, 1128.
612 BGH NJW 1985, 1950.
613 OLG Köln VRS 56, 29.
614 OLG Hamm NZV 1995, 72.
615 BGH VersR 1972, 951; KG VM 1985, Nr 74.
616 OLG Celle NZV 1991, 228.
617 KG VRS 70, 116.
618 KG VRS 49, 262.
619 OLG Hamm NZV 1993, 314; OLG Celle NZV 2003, 44 (hinter Müllwagen).
620 OLG Köln VersR 2002, 1167 (Jogger, der erkennbar auf Querungsmöglichkeit bei anhaltender Kolonne wartet).
621 LG Hannover NZV 1989, 238.

– wenn ein Kraftfahrer schon vor Erreichen des Ortsendeschildes mit höherer als der innerorts zugelassenen Geschwindigkeit fährt und ein Fußgänger hinter dem Ortsende am Fahrbahnrand steht;[622]
– wenn ein Fußgänger neben der Fahrbahn auf dem Bankett geht: Hier soll der Kraftfahrer nach zu weit gehender Ansicht des BGH[623] nicht darauf vertrauen dürfen, dass der Fußgänger nicht, etwa an zum Gehen weniger geeigneten Stellen, zur Seite auf die Fahrbahn tritt.

Eingeschränkt ist der Grundsatz, dass auf verkehrsgerechtes Verhalten von Fußgängern vertraut werden darf, weiterhin gegenüber Kindern (hierzu Rn 237 ff), Hochbetagten und Hilfsbedürftigen (vgl § 3 Abs 2a StVO). Der Kraftfahrer darf daher nicht erwarten, dass ein erkennbar betagter Fußgänger in der Fahrbahnmitte stehenbleiben und ihn passieren lassen werde.[624] Wann er ansonsten mit unachtsamem Betreten der Fahrbahn durch einen älteren Fußgänger rechnen muss, hängt von den Umständen des Falles, insbesondere der konkreten Verkehrssituation, ab;[625] konkreter Anhaltspunkte für eine Verkehrsunsicherheit bedarf es jedoch nicht.[626] Kann der Kraftfahrer erkennen, dass er einen Betrunkenen vor sich hat, so muss er sich auf unbesonnenes Verhalten einrichten.[627] In der Nähe von Volksfesten uä kann dies Anlass zu besonderer Vorsicht bieten.[628]

225

Überhöhte Geschwindigkeit begründet dann keinen Schuldvorwurf gegen den Kraftfahrer, wenn der Fußgänger so kurz vor ihm auf die Fahrbahn trat, dass der Unfall auch bei Einhaltung des zulässigen Tempos nicht mehr vermeidbar gewesen wäre[629] (zu den bei der Vermeidbarkeitsbetrachtung anzustellenden Erwägungen s § 10 Rn 21; zu den zuzubilligenden Reaktionszeiten § 3 Rn 377). Nach dem allgemeinen Gebot des Fahrens auf Sicht (§ 3 Abs 1 S 3 StVO) haftet der Kraftfahrer jedoch auch einem verkehrswidrig die Fahrbahn betretenden – und sogar einem auf der Fahrbahn liegenden[630] – Fußgänger dann, wenn er bei Einhaltung der so bestimmten Geschwindigkeit noch rechtzeitig hätte anhalten oder ausweichen können.[631] Dabei muss der Fahrer die gesamte Breite der Fahrbahn (insbesondere bei beabsichtigtem Fahrspurwechsel[632]) und, soweit dies möglich ist, auch den Bereich neben der Fahrbahn, insbesondere den Bürgersteig, beobachten.[633] Bei gefahrdrohenden Vorgängen (zB Menschenansammlung nach Ende einer Veranstaltung) muss er die Geschwindigkeit herabsetzen,[634] ebenso bei unklarer Verkehrslage.[635] Bei Blendung durch ein entgegenkommendes Fahrzeug darf er nur so schnell weiterfahren, dass er am Ende der Fahrstrecke, die er vor der Blendung noch als hindernisfrei erkannt hatte, zum Stehen kommen kann.[636]

226

---

622 BayObLG VRS 58, 221.
623 NZV 1989, 265 m abl Anm *Kääb*.
624 OLG Hamburg VRS 57, 187; OLG Karlsruhe VersR 1988, 59.
625 BGH NZV 1994, 273; BayObLG VRS 65, 461.
626 BGH NZV 1994, 273.
627 BGH NJW 2000, 1040; OLG Köln StVE 1 StVO Nr 39.
628 BGH NZV 1989, 265 m Anm *Kääb*.
629 OLG Hamm VersR 1989, 1057.
630 BGH NJW 1976, 897.
631 BGH NJW 1984, 50.
632 OLGR Hamm 1994, 160.
633 BGH NJW 1987, 2377; OLG Düsseldorf VersR 1978, 768.
634 OLG Saarbrücken VM 1980, Nr 41.
635 BGH NZV 1994, 183 f: Fußgänger bleibt auf der Fahrbahn stehen.
636 BGH NJW 1976, 897.

Zweiter Teil. Haftung aus unerlaubter Handlung

In einem Sonderfall – der Kraftfahrer war durch ein einbiegendes und blendendes Kraftfahrzeug zum Ausweichen genötigt worden, als ihm auf der Fahrbahn ein Fußgänger entgegenkam – hat der BGH allerdings von einem Schuldvorwurf abgesehen.[637]

227 Schließlich kann sich eine Haftung gegenüber dem unachtsamen Fußgänger auch daraus ergeben, dass der Kraftfahrer auf dessen Auftauchen **nicht sofort und sachgerecht reagiert** hat.[638] Tritt der Fußgänger von rechts auf die Fahrbahn und kann nicht damit gerechnet werden, dass er das Fahrzeug passieren lässt (zB bei Sichtkontakt mit dem Fahrer oder Betreten der Fahrbahn zwischen stehenden Fahrzeugen zur Sichtgewinnung[639]), muss der Kraftfahrer sofort unfallverhütende Maßnahmen ergreifen, zumindest hupen. Kommt der Fußgänger von links, gilt dies ebenso, wenn die Straße schmal ist[640] oder wenn damit gerechnet werden muss, dass der Fußgänger das Fahrzeug nicht bemerkt hat und nicht in der Fahrbahnmitte stehen bleiben wird.[641] Auszuweichen ist nach Möglichkeit so, dass das Kraftfahrzeug hinter dem Fußgänger vorbeifährt.[642] Es ist aber auch zu bedenken, dass ein von links kommender Fußgänger irritiert und zum Zurücklaufen veranlasst werden kann, wenn ein Kraftfahrzeug beim Versuch des Linksausweichens aus der Sicht des Fußgängers auf diesen zufährt.[643] Bei einer Notreaktion auf verkehrswidriges Verhalten kann es am Schuldvorwurf fehlen.[644]

228 An **Verkehrsampeln** darf der Kraftfahrer grundsätzlich darauf vertrauen, dass kein Fußgänger unter Missachtung des Rotlichts die Fahrbahn betritt.[645] Dies entbindet ihn aber nicht von der Pflicht, die vor ihm liegende Fahrbahn zu beobachten und sich auf Personen einzustellen, die sich, für ihn erkennbar, trotz der ihn bevorrechtigenden Ampelstellung auf der Fahrbahn befinden.[646] Bei Einfahren kurz nach dem Umschalten auf Grün muss mit Nachzüglern gerechnet werden.[647]

229 Beim **Ansprechen eines Passanten** auf dem gegenüberliegenden Gehweg braucht ein Fahrzeugführer nicht darauf Bedacht zu nehmen, dass der Passant unachtsam auf die Fahrbahn laufen könnte, um zu ihm zu gelangen. Dies gilt auch bei einem älteren Menschen, nicht aber ohne weiteres bei einem Kind.[648] Zur Haftung bei Vorrangverzicht durch ein **Handzeichen** s Rn 242 (Kind) und 217 (Erwachsener).

g) Vorbeifahren an Fußgängern

230 Bei einem **in der Fahrbahnmitte stehenbleibenden Fußgänger**, der erkennbar ein Überqueren der Fahrbahn in Etappen berücksichtigt, muss nicht damit gerechnet werden, dass er seinen Weg ohne Rücksicht auf den Fahrverkehr fortsetzen werde.[649]

---

637 VersR 1976, 189.
638 KG VersR 1986, 870.
639 BayObLG VRS 40, 214.
640 BGH VM 1968, Nr 94.
641 BGH VRS 26, 28.
642 BGH VersR 1980, 868; NJW 1987, 2377.
643 OLG Düsseldorf VersR 1979, 649.
644 OLG Karlsruhe VRS 51, 433; OLG Hamm NZV 1995, 357.
645 LG Aachen VersR 1975, 1036.
646 KG VM 1977, Nr 49.
647 OLG Saarbrücken VM 1980, Nr 35.
648 OLG Düsseldorf VersR 1990, 1403.
649 OLG Düsseldorf VM 1976, Nr 91; OLG Karlsruhe VersR 1982, 450; OLG Stuttgart VersR 1984, 271.

Ob der Kraftfahrer ohne weitere Sicherheitsvorkehrungen **hinter einem die Fahrbahn überquerenden Fußgänger** vorbeifahren darf oder ob er sich auf ein Umkehren oder Zurücktreten einstellen muss, hängt von den Umständen des Einzelfalles ab.[650] Fährt er mit überhöhter Geschwindigkeit, muss er mit einer solchen Reaktion rechnen,[651] nicht dagegen, wenn er mit 40 km/h und einem Abstand von 1,50 m hinter einem Fußgänger vorbeifährt, der bereits die andere Fahrbahnhälfte erreicht hat.[652] **231**

Das Betätigen der **Lichthupe** gegenüber einem Fußgänger, der auf der Fahrbahnmitte stehen geblieben ist, kann von diesem, da als Warnsignal überflüssig, als Aufforderung zum Weitergehen missverstanden werden und ist daher fahrlässig.[653] **232**

Auch bei einem **auf der Fahrbahn stehenden Fußgänger** (zB an einem haltenden Fahrzeug) muss nicht ohne weiteres mit einem unachtsamen Zurücktreten gerechnet werden; die Einhaltung eines Seitenabstandes von 1,30 m reicht in einer solchen Situation aus.[654] **233**

Gegenüber einem **entgegenkommenden Fußgänger** muss der Kraftfahrer, um dem Gebot des § 1 Abs 2 StVO Rechnung zu tragen, einen Seitenabstand von 1 m einhalten,[655] sofern dies von der Fahrbahnbreite her möglich ist.[656] Ist es nicht möglich, muss er ggf die Geschwindigkeit herabsetzen. Entsprechendes gilt beim Überholen. **234**

Auch gegenüber Fußgängern auf einem **Gehweg** ist idR der genannte Sicherheitsabstand einzuhalten,[657] bei besonders lebhaftem Fußgängerverkehr sogar ein größerer.[658] Beim Heranfahren an eine **Haltestelle** muss der Fahrer eines Omnibusses darauf achten, ob wartende Fahrgäste so nahe an der Bordsteinkante stehen, dass sie von dem Fahrzeug erfasst oder verunsichert werden könnten; ggf muss er Warnzeichen geben oder mit Schrittgeschwindigkeit heranfahren.[659] Glätte erfordert besondere Vorsicht.[660] Wegen Schulbus s Rn 238. **235**

h) Ruhender Verkehr

Das (eingeschränkte oder absolute) Haltverbot dient auch dem Schutz der Fußgänger, die die Fahrbahn überqueren wollen, denn es soll auch eine bessere Übersicht über den Verkehrsablauf ermöglichen.[661] Werden zwei durch Abschleppseil miteinander verbundene Fahrzeuge an einer Stelle abgestellt, an der mit querenden Fußgängern zu rechnen **236**

---

650 KG VM 1982, Nr 40 (dreispurige Straße); 1985, Nr 74.
651 OLG Hamm VRS 59, 114.
652 OLG Hamm VRS 56, 27.
653 BGH NJW 1977, 1057.
654 OLG Bamberg VersR 1979, 475; OLG Saarbrücken VM 1979, Nr 104: mindestens 1 m; OLG Düsseldorf VM 1978, Nr 42: 1,20 m Abstand von Begrenzungslinie bei unruhigen Personen auf dem Seitenstreifen einer Autobahn.
655 BayObLG VRS 58, 445.
656 OLG Köln VRS 50, 193.
657 OLG Düsseldorf NZV 1992, 232. S aber OLG Hamm NZV 2004, 577 (60 cm unter besonderen Umständen).
658 OLG Düsseldorf VM 1975, Nr 108: Rosenmontag.
659 Vgl OLG Saarbrücken VM 1980, Nr 115.
660 OLG Düsseldorf DAR 1993, 151.
661 BGH NJW 1983, 1326; OLG München NJW 1985, 981.

ist, so sind besondere Vorkehrungen nötig, um zu verhindern, dass ein Fußgänger über das Seil stolpert.[662]

11. Pflichten gegenüber Kindern

237 Auch gegenüber Kindern gilt grundsätzlich der **Vertrauensgrundsatz** (Rn 12); nur wenn das Verhalten der Kinder oder die Situation, in der sie sich befinden, Auffälligkeiten aufweist, die zu Gefährdungen führen können, werden vom Kraftfahrer besondere Vorkehrungen (wie Warnzeichen, Bremsbereitschaft, Verringerung der Geschwindigkeit) verlangt.[663] Dies wird bei kleinen Kindern eher der Fall sein als bei älteren;[664] feste Altersgrenzen lassen sich aber nicht ziehen, da es jeweils auf die Gesamtumstände ankommt. Entscheidend ist stets, wie sich die Situation dem Kraftfahrer erkennbar darstellt, nicht wie alt, verkehrserfahren usw das Kind tatsächlich ist.[665]

238 Eine **Gefahrensituation** im vorstehenden Sinn hat die Rspr zB **angenommen**,
- wenn vierjährige Kinder unbeaufsichtigt am Rand einer Dorfstraße stehen;[666]
- wenn ein vierjähriges Kind mit dem Rücken zur Fahrbahn am Fahrbahnrand steht, auch wenn ein Erwachsener in der Nähe ist;[667]
- wenn ein etwa fünf Jahre altes Kind sich auf dem Bürgersteig von seiner Aufsichtsperson entfernt;[668]
- wenn sich am Straßenrand eine Gruppe von Kindergartenkindern sammelt, die offensichtlich noch nicht voll unter Kontrolle der Begleitpersonen ist;[669]
- wenn Vorschulkinder auf dem Bürgersteig spielen[670] oder zu beiden Seiten der Fahrbahn miteinander sprechen und gestikulieren;[671]
- wenn ein solches Kind eine seitliche Böschung hinunter in Richtung Fahrbahn läuft;[672]
- wenn ein siebenjähriges Kind an einem Zaun neben der Fahrbahn steht und in einen Vorgang hinter dem Zaun vertieft ist;[673]
- wenn ein achtjähriges Kind in der Fahrbahnmitte stehen bleibt;[674]
- wenn ein 10-Jähriger startbereit auf dem Sattel seines quer zur Fahrbahn stehenden Fahrrads sitzt und nur geradeaus schaut;[675]
- wenn ein Schulbus sich einer Haltestelle mit undisziplinierten, drängelnden Schülern nähert;[676]
- wenn auf schmaler Straße ohne Gehsteig mit einem breiten Fahrzeug an einer wandernden Schulklasse von 11-Jährigen vorbeigefahren werden muss;[677]

---

662 KG VM 1979, Nr 103: an Tankstelle.
663 BGH VersR 1985, 1088; NZV 1992, 360; 2002, 365, 366; OLG Köln VersR 1983, 188 u 1996, 210; OLG Karlsruhe VersR 1986, 770; OLG Frankfurt OLGR 2001, 45.
664 Vgl OLG Stuttgart NZV 1992, 196.
665 OLG Schleswig VersR 1987, 825.
666 OLG Karlsruhe VRS 48, 90.
667 KG VersR 1979, 137.
668 BGH NZV 1992, 360.
669 OLG Schleswig NZV 1995, 24.
670 OLG Saarbrücken VersR 1986, 927.
671 OLG Koblenz VRS 48, 202.
672 OLG Köln VRS 70, 373.
673 OLG München VersR 1975, 672.
674 OLG Hamm VRS 59, 260.
675 OLG Hamm VersR 1996, 906.
676 BGH VersR 1982, 270; OLG Köln VersR 1990, 434: Schrittgeschwindigkeit geboten.
677 LG Nürnberg-Fürth NZV 1991, 276.

– wenn eine 12-Jährige zusammen mit einem anderen Mädchen unterwegs ist, das kurz vor einem anderen Kraftfahrzeug die Straße überquert;[678]
– wenn eine Gruppe fast 14-jähriger Mädchen sich am Rand einer Bundesstraße aufhält.[679]

Dagegen braucht **nicht** mit einem unachtsamen Betreten der Fahrbahn gerechnet zu werden: **239**
– bei einem 8-Jährigen Kind, das zusammen mit anderen an der Schulbushaltestelle wartet und in Richtung des herannahenden Pkw blickt;[680]
– bei einem 8-Jährigen, der mit dem Rücken zur Fahrbahn auf dem Bürgersteig steht;[681]
– beim Vorbeifahren an einem 9-jährigen Kind, das auf dem Gehweg geht;[682]
– bei der Annäherung eines Linienomnibusses an eine Haltestelle, wo ein 10-Jähriger in vorderster Reihe der Wartenden steht;[683]
– bei einem 13-Jährigen, der mit normaler Gehgeschwindigkeit vom Bürgersteig auf den Mehrzweckstreifen tritt, dort stehenbleibt und den Verkehr beobachtet.[684]

Voraussetzung für besondere Sorgfaltsanforderungen ist stets, dass der Kraftfahrer das gefährdete Kind **rechtzeitig wahrnehmen** konnte. Es muss nicht jederzeit und an jedem Ort mit dem plötzlichen Auftreten von Kindern gerechnet werden,[685] auch nicht in ausgesprochenen Wohngebieten[686] oder einem Gartengelände.[687] Anders verhält es sich, wenn das Zeichen 136 („Kinder") aufgestellt ist (vgl Rn 24). Auch kann die konkrete Situation Anlass geben, mit dem Auftauchen eines Kindes zu rechnen, etwa im Gefolge eines bereits sichtbaren anderen Kindes. Beim Vorbeifahren an einem haltenden **Schulbus** muss die Fahrweise darauf abgestellt werden, dass Kinder hinter dem Bus unachtsam auf die Fahrbahn laufen könnten (vgl § 20 Abs 4 StVO: bei Warnblinklicht Schrittgeschwindigkeit); dies muss auch bei einem anderen Bus gelten, der erkennbar der Beförderung von Kindern dient.[688] **240**

Das **Wiederanfahren eines Schulbusses**, der kurz vor der Haltestelle angehalten hatte und an dessen Türen sich bereits Kinder drängelten, ist nicht schuldhaft, wenn es sich um ein langsames Vorwärtsrollen handelt.[689] Beim Anfahren auf einem Schulhof muss aber sichergestellt werden, dass sich kein Kind im toten Winkel befindet.[690] **241**

Ein **Vorrangverzicht** gegenüber Kindern (zB durch Herüberwinken) darf nur vorgenommen werden, wenn sichergestellt ist, dass es nicht zu einer Gefährdung durch andere Verkehrsteilnehmer kommen kann.[691] **242**

---

678 OLG Hamburg NZV 1990, 71.
679 OLG Hamm NZV 1993, 397; zu streng.
680 OLG Hamm VP 1975, 21.
681 OLG Hamm VM 1986, Nr 26.
682 OLG Karlsruhe VersR 1986, 770; ebenso für Zwölfjährigen OLG Hamm VersR 1992, 204.
683 OLG Bamberg NZV 1993, 268.
684 OLG Hamm NZV 1996, 70.
685 OLG Köln VersR 1982, 154; OLG Hamm NZV 1990, 473; OLG Oldenburg NZV 1990, 153.
686 BGH NZV 1990, 227; OLG Düsseldorf NZV 1992, 188; OLG Köln VersR 1989, 1059; OLG Schleswig VersR 1999, 334.
687 OLG Stuttgart VRS 66, 470.
688 OLG Oldenburg NZV 1991, 468.
689 OLG Saarbrücken NZV 1996, 198.
690 OLG Karlsruhe VersR 2000, 863.
691 OLG Düsseldorf VersR 1986, 471.

243 Vor dem **Wegfahren** von einem Ort, an dem sich ein unbeaufsichtigtes Kleinkind aufhielt (zB privates Hofgelände), muss der Kraftfahrer sicherstellen, dass es sich nicht im Gefahrenbereich, etwa unter dem Lkw, befindet.[692]

244 Auch gegenüber **radfahrenden Kindern** darf grundsätzlich auf verkehrsgerechtes Verhalten vertraut werden. Beim Überholen ist besonders auf ausreichenden Sicherheitsabstand zu achten.[693] Von einem unauffällig am rechten Fahrbahnrand radelnden 9- oder 10-Jährigen muss nicht befürchtet werden, dass er plötzlich nach links schwenkt.[694] Der Kraftfahrer darf aber nicht darauf vertrauen, dass ein Kind anhalten wird, das ohne erkennbare Anhalteabsicht auf die Fahrbahn zufährt.[695] Zumindest ein Warnzeichen, ggf Bremsbereitschaft und Herabsetzung der Geschwindigkeit, ist dagegen veranlasst, wenn das Kind sich verkehrswidrig verhält oder ersichtlich abgelenkt ist,[696] wenn bei kleineren Kindern wegen geringer Straßenbreite ein knappes Überholen erforderlich wird,[697] wenn auf einer Wohnstraße eine Gruppe von Kindern überholt werden soll, unter denen sich auch ein 3-jähriges mit Dreirad befindet[698] oder wenn ein (auch älteres) Kind auf dem nur 0,5 m breiten Befestigungsstreifen zwischen der linken Fahrbahnbegrenzung und der Leitplanke fährt.[699] Zu beachten ist auch, dass Kinder in bedrängenden Situationen eher als Erwachsene zu Fehlreaktionen neigen.[700]

245 Der Kraftfahrer muss auch auf radfahrende Kinder **auf dem Gehweg** achten. Wenn aufgrund der besonderen Verkehrssituation damit zu rechnen ist, dass sie auf die Fahrbahn geraten, muss er sich auf diese Gefahr einstellen, so zB wenn sie auf schmalem Gehweg einem Passanten[701] oder einer Mülltonne[702] ausweichen müssen.

12. Pflichten gegenüber Tieren

246 Der Kraftfahrer darf im Allgemeinen darauf vertrauen, dass Zugtiere, die im Straßenverkehr verwendet werden, an Kraftfahrzeuge gewöhnt sind.[703] Er hat aber, soweit möglich, alles zu unterlassen, was zum Scheuen oder anderen Panikreaktionen führen kann. Bemerkt er eine sich in Fahrbahnnähe bewegende Viehherde, muss er damit rechnen, dass Tiere die Fahrbahn betreten.[704]

---

692 OLG Hamm NZV 1989, 473.
693 OLG Frankfurt DAR 1981, 18.
694 BayObLG NJW 1982, 346; OLG Hamm VRS 48, 95; 48, 268; OLG Bamberg VersR 1986, 791.
695 BGH NJW 1997, 2756.
696 BayObLG NJW 1982, 346.
697 OLG Oldenburg VRS 57, 118.
698 OLG Oldenburg VersR 1994, 116.
699 OLG Koblenz VRS 58, 27.
700 Vgl OLG Hamm NZV 1989, 270: dichtes Auffahren mit dem Pkw während der Begegnung mit anderem Pkw auf schmaler Straße.
701 BGH VersR 1985, 1088.
702 OLG Hamm NZV 1991, 152.
703 OLG Celle DAR 1951, 141.
704 OLG München (Augsburg) NZV 1993, 230 LS.

13. Besondere Pflichtenstellung

Der Führer eines **Abschleppfahrzeugs** muss die Zeitspanne zwischen dem Einholen des Warndreiecks und dem Wegfahren des Gespanns so kurz wie möglich halten; an einer unübersichtlichen Stelle muss er das Gespann zunächst aus dem Gefahrenbereich bringen, bevor er das Warndreieck einholt.[705] – Zu den Anforderungen an einen Kraftfahrer, der sich bei schneeglatter Straße **abschleppen lässt** vgl OLG Schleswig NZV 1992, 319. **247**

Der Fahrer eines **Schulbusses** ist zwar verpflichtet, gegen ein ihm erkennbares, die Sicherheit beeinträchtigendes Verhalten der beförderten Schüler einzuschreiten, er ist aber nicht ohne weiteres verpflichtet, außerhalb seines Fahrzeugs die Ordnung an der Bushaltestelle aufrechtzuerhalten[706] (zur gebotenen Sorgfalt beim Anfahren der Haltestelle vgl Rn 238). **248**

Den **Omnibusfahrer** trifft keine Verpflichtung, ständig Laub aus dem Fahrgastraum zu entfernen; er ist auch nicht verpflichtet, mit dem Anfahren zu warten, bis ein zugestiegener Fahrgast Platz genommen hat,[707] oder sich vorher zu vergewissern, dass alle Fahrgäste sicheren Halt gefunden haben.[708] Etwas anderes gilt nur, wenn er bemerkt hat, dass ein schwer gehbehinderter oder blinder Fahrgast den Wagen bestiegen hat.[709] Vor dem Anfahren muss er über den rechten Außenspiegel den Bereich vor dem rückwärtigen Einstieg beobachten, auch wenn er zugleich auf den fließenden Verkehr achten muss;[710] bei einem toten Winkel im Bereich der Vordertür muss er prüfen, ob sich alle Ausgestiegenen von der Tür entfernt haben.[711] Kann er nicht nahe am Bordstein halten, muss er die Fahrgäste darauf hinweisen.[712] Das Ausfahren eines Rollstuhllifts an der Haltestelle erfordert besondere Sicherungsmaßnahmen.[713] **249**

Den **Taxifahrer** trifft kein Verschulden, wenn er einem betrunkenen Fahrgast nach dem Aussteigen nicht über die Straße hilft.[714] Etwas anderes kann jedoch gelten, wenn der Fahrgast so alkoholisiert ist, dass er einem Hilfsbedürftigen iSv § 3 Abs 2a StVO gleichsteht.[715] Eine Verpflichtung, den Fahrgast zu besonderer Vorsicht beim Türöffnen zu ermahnen, besteht nicht.[716] **250**

Fahrlehrer: s Rn 313 f. **251**

---

705 OLG Hamm VersR 1984, 245.
706 LG Freiburg VersR 1982, 1083.
707 OLG Düsseldorf VersR 2000, 70; LG Berlin VRS 65, 405.
708 OLG Köln OLGR 1999, 275; OLG Oldenburg MDR 1999, 1321; LG Kiel VersR 1981, 663.
709 BGH NZV 1993, 108; weitergehend OLG Köln NJW-RR 1990, 1361: Kontrollblick erforderlich; wegen Doppeldeckerbus s LG Berlin NZV 1989, 278; vgl auch den Rspr-Überbl von *Filthaut* NZV 1993, 301 f.
710 OLG Düsseldorf VersR 1996, 345; OLG Saarbrücken OLGR 2000, 452.
711 OLG Köln NJW 1997, 2190 (Kind).
712 OLG Karlsruhe VersR 1981, 266.
713 AG Berlin-Mitte NZV 1997, 314.
714 OLG Hamm DAR 1984, 20.
715 *Hentschel/Born*[7] Rn 780a.
716 OLG Hamm NZV 2000, 126, 127.

III. Schienenfahrzeugführer

1. Pflichten gegenüber dem Kraftfahrzeugverkehr

252 Die Vorschriften über das Fahren mit einer den Verkehrs- und Sichtverhältnissen angepassten Geschwindigkeit (§ 3 Abs 1 S 2 StVO)[717] sowie über die Einhaltung eines ausreichenden Sicherheitsabstands von vorausfahrenden Fahrzeugen (§ 4 Abs 1 S 1 StVO) gelten auch für den Führer einer am Straßenverkehr teilnehmenden Straßenbahn. Wegen des ihm in § 2 Abs 3 StVO eingeräumten Vorrangs darf er aber im Allgemeinen darauf vertrauen, dass ein Verkehrsteilnehmer, den er vor sich auf den Gleisen in einem Abstand sieht, der dem Bremsweg der Bahn nahekommt, diese rechtzeitig vor der herannahenden Straßenbahn verlässt, sodass er seinetwegen noch nicht sogleich die Fahrgeschwindigkeit zu verringern oder anzuhalten braucht.[718] Etwas anderes kann aber gelten, wenn der Straßenbahnführer erkennen kann, dass es im Kreuzungsbereich zu einem Rückstau gekommen ist.[719] Zur Rechtslage beim Hinüberwechseln der Gleise in den Verkehrsraum von Kfz vgl Rn 205.

2. Pflichten gegenüber Radfahrern und Fußgängern an Überwegen

253 Sobald der Gleiskörper einer Straßenbahn einen öffentlichen Verkehrsweg kreuzt, ist ihr Fahrer in gleicher Weise wie bei sonstiger Benutzung des Verkehrsraums öffentlicher Straßen an die Vorschriften der StVO gebunden, also auch an jene über die angepasste Geschwindigkeit (§ 3 Abs 1 StVO). Führer von Straßenbahnwagen dürfen daher auch dann, wenn sie einen besonderen Bahnkörper innerhalb des Verkehrsraums der öffentlichen Straße benutzen, bei Annäherung an Wegübergänge nur so schnell fahren, dass die Sichtweite stets größer ist als der Notbremsweg.[720] Auf die Beachtung ihres Vorrangs, der auch an gekennzeichneten Fußgängerüberwegen besteht (§ 26 Abs 1 StVO), dürfen Straßenbahnführer grundsätzlich vertrauen. Jedoch müssen sie an Überwegen, an denen den Fußgängern der Vorrang vor dem übrigen Verkehr zusteht, damit rechnen, dass diese Fußgänger den Vorrang der Schienenfahrzeuge übersehen oder nicht unbedingt beachten. Ist ein solcher Überweg für den Straßenbahnfahrer nicht voll einsehbar, gebietet § 1 StVO, zumindest entweder rechtzeitig vor Erreichen des Fußgängerüberwegs unter geringfügiger Ermäßigung der Geschwindigkeit ein Läutesignal zu geben oder die Geschwindigkeit deutlich herabzusetzen.[721] Darauf, dass ein auf einer Fußgängerinsel an einem ampelgesicherten Übergang stehender Passant sich plötzlich in gefährliche Nähe zu dem herannahenden Zug begeben würde, braucht sich der Führer nicht einzustellen.[722] Er kann auch darauf vertrauen, dass ein den Bahnübergang querender Fußgänger den Gleisbereich rechtzeitig vor der herannahenden Straßenbahn verlässt, und braucht daher nicht vorsorglich zu verlangsamen.[723] Erkennt der Straßen-

---

717 BGH VersR 1975, 258; NZV 1991, 114.
718 BGH VersR 1955, 714; OLG Düsseldorf VersR 1976, 499.
719 OLG Karlsruhe VRS 79, 252.
720 BGH VersR 1975, 258.
721 BGH VersR 1976, 960.
722 OLG Frankfurt VersR 1976, 1135.
723 BGH VersR 1975, 259.

bahnführer jedoch, dass der Fußgänger in einen Engpass zwischen den Gleisen und dem parallel dazu fließenden Kraftfahrzeugverkehr zu geraten droht, muss er abbremsen;[724] ebenso wenn sich offensichtlich unaufmerksame Jugendliche auf den Gleisen aufhalten.[725] Eine Verpflichtung zur Abgabe von Warnzeichen besteht nur bei konkreten Anzeichen für die Gefährdung eines Fußgängers.[726]

Gegenüber **Kindern** ist das Vertrauen auf verkehrsrichtiges Verhalten nach Maßgabe des § 3 Abs 2a StVO nur mit Einschränkungen gerechtfertigt; entscheidend sind die konkreten Umstände wie Alter des Kindes und Schwierigkeit der Verkehrssituation.[727] Mit völlig unbesonnenem Verhalten, zB plötzlichem Losrennen trotz Klingelzeichens, muss bei einem Schulkind nicht gerechnet werden.[728] Erst recht braucht das Fahrverhalten an einem Überweg nicht auf die Möglichkeit des Auftauchens eines für den Fahrer nicht sichtbaren Kindes abgestellt zu werden.[729]

254

3. Pflichten an Haltestellen

Der Straßenbahnfahrer braucht sich bei Annäherung an eine Haltestelle nicht auf jede mögliche Unvorsichtigkeit von Fußgängern einzustellen, die sich unauffällig am Bahnsteig aufhalten; er darf vielmehr beim Fehlen von Anzeichen für eine Gefahr grundsätzlich auf deren verkehrsgerechtes Verhalten vertrauen.[730] Vor dem Anfahren muss er sich durch einen Blick in den rechten Außenspiegel vergewissern, dass sich niemand in gefährlicher Nähe zur Straßenbahn befindet.[731] Er braucht aber nicht damit zu rechnen, dass sich eine Person in den Zwischenraum zwischen Triebwagen und Anhänger begeben haben könnte.[732] Fährt ein Straßenbahnführer an einer in der Gegenrichtung haltenden Straßenbahn vorbei und befindet sich unmittelbar hinter dieser ein Übergang über die Gleise, so muss er ein Klingelzeichen geben; weitergehende Anforderungen, insbesondere die Geschwindigkeit herabzusetzen, bestehen nicht.[733] Der Straßenbahnführer darf nicht so anhalten, dass er mit einem Teil des Zuges auf dem Überweg zu stehen kommt.[734]

255

IV. Radfahrer

Für sie gelten die allgemeinen Ausführungen zu den Pflichten eines Kraftfahrzeugführers (Rn 8 ff) entsprechend mit folgenden Besonderheiten:[735]

256

---

724 BGH NZV 1991, 114.
725 OLG Naumburg VersR 1996, 733.
726 OLG Köln NZV 1992, 32.
727 Vgl OLG Hamm VersR 1983, 670; NZV 1993, 112; KG NZV 2003, 416, 417.
728 OLG Stuttgart NZV 1992, 196.
729 BayObLG NZV 1991, 78.
730 OLG Koblenz VersR 1993, 1545.
731 BGH VersR 1985, 87.
732 BGH VersR 1985, 87.
733 Offengelassen in BGH VersR 1975, 1007.
734 BGH VersR 1975, 1007 mit allerdings bedenklichen Ausführungen zum Verschulden und zum Anscheinsbeweis der Kausalität.
735 Vgl auch die ausf Zusammenstellung bei *Blumberg* NZV 1994, 254 ff.

Zweiter Teil. Haftung aus unerlaubter Handlung

1. Fahrzeugbeherrschung

257 Sie muss ständig gewährleistet sein. Freihändiges Fahren ist verboten (§ 23 Abs 3 S 3 StVO), einhändiges Fahren dann, wenn dadurch die Fahrsicherheit beeinträchtigt wird, etwa durch Halten eines sperrigen Gegenstandes in der anderen Hand.[736] Ab 1,6‰ ist jeder Radfahrer **fahruntüchtig**.[737] Eine **Geschwindigkeit** von 25 km/h ist auf einem 2,3 m breiten, neben parkenden Autos verlaufenden Radweg zu hoch.[738]

2. Fahrbahnbenutzung

258 Wo **Radwege** vorhanden sind, müssen sie von Radfahrern benutzt werden, soweit sie mit Zeichen 237, 240 oder 241 gekennzeichnet sind (§ 2 Abs 4 S 2 StVO),[739] auch von Renn- und Liegeradfahrern.[740] Eine Ausnahme besteht nur, wenn die Benutzung des Radwegs unmöglich ist[741] (zB durch parkende Kraftfahrzeuge, Schnee, Eis), nicht wenn sie nur beschwerlich ist oder das Erzielen höherer Geschwindigkeiten, etwa eines Rennradfahrers, hindert.[742] Wird der Radfahrer auf der Fahrbahn in einen Unfall verwickelt, so wird in aller Regel ein Zurechnungszusammenhang mit dem Verstoß gegen die Benutzungspflicht bestehen.[743] Bei entsprechender Anordnung muss auch ein **links der Straße liegender Radweg** benutzt werden (§ 41 Abs 2 Nr 5 lit a StVO). Fehlt eine solche Anordnung, ist die Benutzung des linken Radwegs verboten;[744] jedoch besteht die Zulassung bei Fehlen abweichender Beschilderung auch nach Beginn eines rechten Radwegs fort.[745] Auch entgegen der Fahrtrichtung einer Einbahnstraße darf der Radweg nur bei entsprechender Beschilderung benutzt werden.[746] Die unzulässige Benutzung des Radwegs ändert zwar nichts an der ggf bestehenden Vorfahrt; der Radfahrer muss sich aber darauf einstellen, dass der wartepflichtige Kraftfahrer nicht mit ihm rechnet[747] (s a Rn 159).

259 **Gehwege** dürfen Radfahrer nur bei Kennzeichnung als gemeinsamer Fuß- und Radweg (Zeichen 240) benutzen; in diesem Fall muss auf Fußgänger Rücksicht genommen werden. Wo mit Fußgängern zu rechnen ist, darf daher nur mit mäßiger Geschwindigkeit

---

736 Vgl KG VM 1981, Nr 109.
737 OLG Hamm NZV 1992, 198; OLG Celle NJW 1992, 2169; OLG Karlsruhe NZV 1997, 486; offenlassend BayObLG NZV 1992, 290; für 1,5‰ LG Verden NZV 1992, 292; zum früheren Grenzwert von 1,7‰ s BGH VersR 1987, 1006.
738 KG VM 1984, Nr 103.
739 Vor 1.10.1998 bestand eine generelle Benutzungspflicht für rechts verlaufende Radwege; zur Rechtsentwicklung *Bitter* NZV 2001, 319.
740 BVerwG NZV 2001, 493.
741 Vgl BGH NZV 1995, 144 (für Gehweg); *Hentschel* § 2 StVO Rn 67 mwN; *Kettler* NZV 2006, 347 ff; **aA** *Schubert* NZV 2006, 292 (auch dann Fahrbahnbenutzungsverbot; Radfahrer müsse schieben).
742 OLG Düsseldorf NZV 1992, 290, 291.
743 OLG Hamm NZV 1995, 26; *Hentschel* § 2 StVO Rn 67; **aA** für einen Vorfahrtunfall OLG Köln NZV 1994, 278.
744 Entgegen OLG Hamm NZV 1997, 123 auch bei „nachvollziehbaren Gründen".
745 BGH NZV 1997, 70.
746 BGH NJW 1982, 334.
747 OLG Frankfurt DAR 2004, 393.

§ 14 Verkehrspflichten im Straßenverkehr

gefahren werden.[748] Ein knappes Vorbeifahren an einem Fußgänger ist nur zulässig, wenn der Radfahrer sicher sein kann, dass der Fußgänger sein Herankommen, ggf nach einem Klingelzeichen, bemerkt hat oder wenn er so langsam fährt, dass er auf eine etwaige Seitenbewegung des Fußgängers rechtzeitig reagieren kann.[749] Zur Gehwegbenutzung durch radfahrende Kinder s § 2 Abs 5 StVO.

Muss die Fahrbahn benutzt werden, so ist **möglichst weit rechts** zu fahren (§ 2 Abs 2, 4 S 1 StVO), je nach den örtlichen Verhältnissen und dem nötigen Sicherheitsabstand[750] maximal 1 m vom Fahrbahnrand.[751] Zur Beseitigung eines Mangels am Fahrrad muss der Radfahrer, soweit möglich, die Fahrbahn verlassen.[752] Auch auf einem Radweg muss Entgegenkommenden rechts ausgewichen werden.[753] 260

Beim **Wechsel der Fahrlinie**, auch wenn er aus einer verkehrswidrigen Position in der Fahrbahnmitte nach rechts schwenkt, muss der Radfahrer auf nachfolgende Verkehrsteilnehmer achten,[754] ebenso beim – unzulässigen – Ausweichen nach links auf einen abgetrennten Gehweg.[755] Ganz besonders gilt dies, wenn der Radfahrer von einem Radweg aus auf die Fahrbahn einschwenkt.[756] Wird im Rahmen einer organisierten Radwanderung im Pulk gefahren, soll ein leichtes Ausscheren ohne Rückschau und Ankündigung zulässig sein.[757] 261

Nach KG NZV 1997, 122 darf der Radfahrer nicht aus einer Grundstücksausfahrt auf die gegenüber liegende Fahrbahnseite fahren, um zum dortigen Radweg zu gelangen (zw). 262

3. Überholen, Vorbeifahren

Beim **Überholen** eines anderen Radfahrers ist ein ausreichender Seitenabstand einzuhalten; dieser richtet sich nach den jeweiligen Verhältnissen und kann geringer sein als bei der Überholung durch ein Kraftfahrzeug.[758] Auf einem 1,7 m breiten Radweg darf jedenfalls dann überholt werden, wenn dies durch mehrfaches Klingeln angezeigt wurde.[759] Befindet sich neben dem Radweg ein durch eine durchgezogene Linie abgetrennter Gehweg, darf dieser zum Überholen nicht mitbenutzt werden.[760] Der Überholende braucht grundsätzlich nicht damit zu rechnen, dass der andere ohne Handzeichen und Rückschau plötzlich nach links abbiegt;[761] etwas anderes kann aber gelten, wenn links ein benutzungspflichtiger Radweg beginnt.[762] 263

---

748 OLG Nürnberg NZV 2004, 358 („auf Sicht").
749 OLG Oldenburg NZV 2004, 360.
750 Hierzu BGH VersR 1955, 764.
751 Vgl OLG Saarbrücken VM 1980, Nr 53.
752 BayObLG VRS 16, 307: nachts.
753 OLG Hamm NZV 1995, 316.
754 OLG München (Augsburg) NZV 1992, 234.
755 OLG Hamm NZV 1995, 316.
756 Vgl BGH VersR 1968, 256.
757 OLG Düsseldorf NZV 1996, 236.
758 OLG Frankfurt NZV 1990, 188.
759 OLG Frankfurt NZV 1990, 188; vgl auch OLG München VRS 69, 254.
760 OLG Hamm NZV 1995, 316.
761 OLG München VRS 69, 254.
762 LG Nürnberg-Fürth NZV 1997, 44.

264 Das **Rechtsüberholen wartender Fahrzeuge** ist seit Einfügung des § 5 Abs 8 StVO mit Wirkung vom 1.10.1988 zulässig, wenn ausreichender Raum (mindestens 1 m) vorhanden ist und der Radfahrer langsam und vorsichtig fährt, sodass er zB auf unbedachtes Öffnen der Beifahrertür reagieren kann; zuvor war seine Zulässigkeit umstritten.[763] Zwischen einem anhaltenden und einem parkenden Fahrzeug durchzwängen darf er sich nicht.[764]

265 **Vorbeifahren an Kraftfahrzeug.** Wird die linke Tür eines haltenden Kraftfahrzeugs geöffnet, so darf der Radfahrer nur mit einem Sicherheitsabstand vorbeifahren.[765] Dies gilt nicht, wenn der Radfahrer keinen Anhalt für die Befürchtung haben konnte, die Tür könne plötzlich geöffnet werden, und wenn sie weiter geöffnet wurde, als zur Ausschau erforderlich war.[766] Dasselbe gilt, wenn er an einem Kraftfahrzeug vorbeifährt, das soeben vor ihm angehalten hat.[767] Ein Radfahrer, der an parkenden Wagen vorbeifährt, muss nicht damit rechnen, dass ihn eine von hinten kommende Straßenbahn trotz des zu engen Zwischenraums zu überholen versucht.[768]

4. Abbiegen

266 Beim **Linksabbiegen** kann der Radfahrer wählen, ob er sich wie ein Kraftfahrzeug (unter Beachtung des rückwärtigen Verkehrs) einordnet oder in der in § 9 Abs 2 S 3, 4 StVO beschriebenen Weise „indirekt" abbiegt. Von einem Radweg aus muss dann in der indirekten Weise abgebogen werden, wenn der Radweg sich jenseits der Kreuzung fortsetzt und dort eine Abzweigung für Linksabbieger eingerichtet ist („Radwegeführung", § 9 Abs 2 S 5 StVO). Fehlt eine solche Wegführung, darf der Radfahrer vor der Kreuzung den Radweg verlassen und sich auf der Straße einordnen.[769] Beim Verlassen des Radwegs ist der Vorrang des Fahrverkehrs nach § 10 StVO zu beachten.

267 Die Abbiegeabsicht ist durch **Armausstrecken** anzuzeigen, welches nicht während des gesamten Abbiegevorgangs beizubehalten ist, sondern nur solange, bis der Radfahrer davon ausgehen kann, dass von seiner Absicht betroffene Verkehrsteilnehmer diese erkannt haben.[770]

V. Fußgänger

268 Ihre Verhaltenspflichten – die vor allem bei der Mitverschuldensfrage Bedeutung gewinnen – sind in § 25 StVO eingehend geregelt. Im Grundsatz gilt, dass sie sich von der Fahrbahn fernzuhalten haben. Nur wo dies unvermeidbar ist (mangels Gehweg oder zum Überqueren) dürfen sie die Fahrbahn betreten, müssen dann aber auf den Fahrver-

---

763 Bejahend OLG Hamm VRS 37, 267; verneinend OLG Düsseldorf VersR 1983, 1169; LG Mönchengladbach NZV 1990, 195 m abl Anm *Greger*.
764 OLG München r+s 1996, 53.
765 OLG Oldenburg VersR 1963, 490.
766 BGH VersR 1960, 1079.
767 KG VRS 16, 361.
768 BGH VersR 1968, 582.
769 OLG Hamm NZV 1990, 26 m zust Anm *Hentschel*.
770 OLG Hamm NZV 1990, 26.

§ 14 Verkehrspflichten im Straßenverkehr

kehr achten. Nur unter bestimmten Voraussetzungen ist ihnen ein Vorrecht eingeräumt (vgl Rn 215 ff). Im Einzelnen gilt folgendes:

1. Benutzen der Fahrbahn

Ist ein Gehweg oder Seitenstreifen vorhanden, so dürfen Fußgänger nur dann, wenn deren Benutzung unzumutbar ist, auf der Fahrbahn gehen (§ 25 Abs 1 S 2 StVO). Hierbei ist ein strenger Maßstab anzulegen. Unannehmlichkeiten wegen schlechten Zustands oder geringer Breite des Gehwegs reichen nicht,[771] ebensowenig die Notwendigkeit einer Fahrbahnüberquerung wegen nur einseitig vorhandenen Gehwegs.[772] Bei besonders schlechtem Zustand von Gehweg oder Seitenstreifen (zB Aufweichung, Vereisung, tiefer Schnee) kann aber Unzumutbarkeit der Benutzung bejaht werden.[773] Bestehen andere zumutbare Möglichkeiten, das Begehen der Fahrbahn zu vermeiden (zB neben der Straße verlaufender Pfad oder Sommerweg), so ist hiervon Gebrauch zu machen.[774]

269

Benutzt der Fußgänger zulässigerweise die Fahrbahn, so muss er den Fahrverkehr besonders sorgfältig beobachten[775] und jede vermeidbare Behinderung oder Gefährdung ausschließen.[776] Zur einzuhaltenden Fahrbahnseite vgl § 25 Abs 1 S 3 StVO.[777] In erkennbaren Gefahrsituationen ist er verpflichtet, die Fahrbahn – soweit möglich – zu verlassen.[778] Nähert sich bei Nebel oder Dunkelheit ein Kraftfahrzeug, muss er zumindest an den Fahrbahnrand herantreten.[779]

270

Das **Nebeneinandergehen** zweier Personen auf der Fahrbahn ist nur gestattet, wenn kein Fall des § 25 Abs 1 S 4 StVO vorliegt und die Fahrbahn so breit ist, dass trotzdem noch zwei Kraftfahrzeuge gut aneinander vorbeifahren können.[780] Naht bei starkem Nebel ein Fahrzeug, so hat einer der beiden Fußgänger hinter den anderen zu treten.[781] Dreierreihen sind – jedenfalls nachts – verboten.[782] Ein erlaubtermaßen auf der Fahrbahn gehender Fußgänger muss, ehe er andere Fußgänger überholt, nach hinten blicken, ob ein Fahrzeug naht.[783]

271

---

771 OLG Köln DAR 1958, 333.
772 BGH NJW 1957, 223.
773 RG VAE 1937, 479; BGH VersR 1956, 55; VRS 32, 205; BGH NJW 1969, 1958; OLG Oldenburg DAR 1952, 5; OLG Hamburg VersR 1955, 312; OLG München OLGZ 1965, 9.
774 BGH VRS 12, 21; VersR 1960, 149; OLG Hamm StVE § 25 StVO Nr 1; *Rüth/Berr/Berz* § 25 StVO Rn 8; **aA** *Hentschel* § 25 StVO Rn 12, 14.
775 BGH VersR 1954, 96; 1956, 55; 1968, 1093; BGH DAR 1954, 109; OLG Düsseldorf RdK 1953, 12; OLG München VersR 1958, 250; OLG Celle VersR 1970, 187.
776 BGH VersR 1957, 413.
777 Näher *Hentschel* § 25 StVO Rn 15 f.
778 BGH DAR 1954, 69; 1956, 55; VersR 1972, 258; OLG Düsseldorf VersR 1975, 1052; OLG Hamm VersR 1975, 357; 1985, 357; NZV 1995, 483; OLG Celle DAR 1984, 124 m Anm *Berr*; **aA** BGH VersR 1967, 706.
779 BGH VersR 1968, 603.
780 BGH VersR 1956, 55; 1968, 1093; OLG Köln DAR 1955, 218.
781 OLG Freiburg DAR 1952, 106.
782 RG DAR 1937, 286; BGH VersR 1968, 1093.
783 BGH DAR 1954, 109.

Zweiter Teil. Haftung aus unerlaubter Handlung

272 Vor dem **Heruntertreten vom Gehweg** (wegen einer Baustelle usw) auf die Fahrbahn oder beim Verlassen des Banketts (wegen eines dort haltenden Fahrzeugs) hat sich der Fußgänger zu vergewissern, dass er kein Fahrzeug gefährdet.[784] Er darf nicht unachtsam hinter Bäumen oder zwischen parkenden Wagen hervor auf die Fahrbahn treten.[785]

2. Überqueren der Fahrbahn

273 Grundsätzlich steht es dem Fußgänger frei, **wo** er die Fahrbahn überqueren will. Es gelten jedoch folgende Ausnahmen:[786]

274 Wenn es die Verkehrslage erfordert, muss der Fußgänger eine erreichbare Kreuzung, Einmündung, Verkehrsampel oder Markierung (Fußgängerfurt, Zebrastreifen) aufsuchen (§ 25 Abs 3 S 1 StVO). Unter Verkehrslage ist hierbei nicht nur die Dichte und Schnelligkeit des Verkehrs zu verstehen. Auch die Sichtverhältnisse[787] und die körperliche Disposition des Fußgängers[788] gehören hierher.[789] Als zumutbaren Umweg hat die Rspr zB 50 m angesehen.[790] Bei besonders ungünstigen Verhältnissen müssen aber auch noch größere Umwege in Kauf genommen werden.[791]

275 Aus der allgemeinen Pflicht zur Gefahrenabwendung (§ 1 Abs 2 StVO) kann sich auch unabhängig von § 25 Abs 3 StVO das Gebot ergeben, das Überschreiten der Fahrbahn an einer bestimmten Stelle zu unterlassen, etwa außerorts zwischen zwei Kurven,[792] auf einer breiten Ausfallstraße bei Vorhandensein einer Fußgängerunterführung[793] oder – sofern man der vorstehend vertretenen weiten Auslegung des § 25 Abs 3 S 1 StVO nicht folgt – bei ungünstigen Sichtverhältnissen in unmittelbarer Nähe eines Überwegs.[794]

276 Ein Fußgänger, der den Gehweg oder den Straßenrand verlassen will, um die Fahrbahn zu überqueren, muss sich **vergewissern**, dass er hierdurch kein Fahrzeug behindert oder gefährdet.[795] Auch während des Überschreitens muss er ständig den Fahrverkehr beobachten.[796] Ganz besonders vorsichtig hat er sich in die Fahrbahn hineinzutasten, wenn er zwischen haltenden Fahrzeugen hindurch oder hinter ihnen hervortritt[797] oder wenn er aus einem Gartentor unmittelbar auf die Fahrbahn einer nicht mit Bürgersteigen versehenen Straße tritt.[798] Ein Zusammenstoß mit einem von links kommenden Kraftfahrzeug kann ihm nicht vorgeworfen werden, wenn dieses erst während der

---

784 BGH VRS 14, 296; OLG Karlsruhe VersR 1957, 169.
785 BGH VersR 1968, 804.
786 Nicht für Radwege, KG VM 1984, Nr 103.
787 KG DAR 1977, 70; OLG Köln DAR 1978, 17.
788 OLG Hamm VRS 49, 297: weil sie über seine Verweildauer auf der Fahrbahn bestimmt.
789 Enger *Hentschel* § 25 StVO Rn 43; offenlassend BGH VersR 1977, 337.
790 KG DAR 1978, 107; s a KG VersR 1979, 355.
791 OLG Celle VersR 1990, 911: 60 m bei dreispuriger Straße im Berufsverkehr bei Dunkelheit und Nässe.
792 KG VM 1978, Nr 64.
793 OLG München VersR 1978, 928.
794 BGH VersR 1977, 337.
795 BGH VersR 1957, 413; 1960, 323; 1965, 1054; 1966, 877; 1967, 457; OLG Hamm DAR 1958, 339.
796 BGH VersR 1961, 856 = 996 m Anm *Venzmer*; 1962, 1012; OLG Nürnberg VersR 1956, 70; KG VersR 1979, 1031.
797 BGH VersR 1960, 323; KG VersR 1980, 284; VRS 70, 116; OLG Hamm NZV 1993, 314.
798 BGH VersR 1967, 862.

Beobachtung des von rechts kommenden Verkehrs in den Sichtbereich gekommen ist[799] (s a Rn 278). Das Warnzeichen eines Kraftfahrers (Hupe, Lichthupe) darf ein bereits auf der Fahrbahn befindlicher Fußgänger nur bei zusätzlichen Anzeichen (zB Anhalten, Handzeichen) als Aufforderung zum Weitergehen verstehen.[800]

Auch an einem **geschützten Übergang** (Zebrastreifen, Ampel) darf der Fußgänger nicht blindlings darauf vertrauen, dass herankommende Kraftfahrer seinen Vorrang (§ 26 StVO) beachten. Er muss sich daher vor Betreten des Übergangs mindestens durch einen beiläufigen Blick nach den Seiten über die Verkehrslage vergewissern und bei erkennbarer Gefährdung abwarten.[801] Auch wenn er sich schon auf dem gesicherten Übergang befindet, darf er sich nicht ohne weiteres auf verkehrsgerechtes Verhalten herannahender Kraftfahrer verlassen, wenn er durch einen beiläufigen Blick zur Seite eine konkrete Gefährdung für sich erkennen und noch abwenden kann.[802] Wer nur extrem langsam gehen kann, muss dies – auch an einer Ampel – in Rechnung stellen und in besonderem Maße auf den Straßenverkehr achten.[803] 277

Der **Vertrauensschutz** ist eingeschränkt. Auf leicht erkennbare Geschwindigkeitsüberschreitungen von Kraftfahrzeugen müssen sich Fußgänger einstellen und den Vorrang des Fahrverkehrs beachten.[804] Dagegen braucht der Fußgänger mit verbotswidrig schnellem Fahren eines für ihn noch nicht sichtbaren Kraftfahrzeugs nicht zu rechnen.[805] Will er noch vor einem herannahenden Fahrzeug die Fahrbahn überqueren, so muss er, wenn diesem ein schneller fahrendes Kraftfahrzeug folgt, eine Gefährdung durch den sich abzeichnenden Überholvorgang in Rechnung stellen.[806] An Einbahnstraßen oder Richtungsfahrbahnen darf er sich nicht darauf verlassen, dass Fahrzeuge nur aus einer Richtung kommen können.[807] – Ein Fußgänger, der hinter einer Kreuzung oder Einmündung die Fahrbahn überqueren will, darf nicht blindlings darauf vertrauen, dass ein nahendes Kraftfahrzeug entsprechend dem gesetzten Blinker abbiegen wird; er darf zwar mit dem Überschreiten beginnen, muss das Fahrzeug aber im Auge behalten.[808] Keinesfalls darf er annehmen, ein nicht blinkendes Fahrzeug werde dem Verlauf der abknickenden Vorfahrtstraße folgen.[809] – Dagegen darf der Fußgänger hinter einem einparkenden Kraftfahrzeug auf die Fahrbahn treten, wenn das Fahrzeug bereits eine Position erreicht hat, in der die rechten Räder dicht am Bordstein stehen; dass der Motor noch läuft, ist unschädlich.[810] – Er darf grundsätzlich auch darauf vertrauen, dass ein abbiegender Kraftfahrer seinen Vorrang nach § 9 Abs 3 S 3 StVO beachten wird.[811] Ob dies auch dann 278

---
799 BGH VersR 1966, 660; 1980, 868.
800 BGH VersR 1977, 434.
801 BGH VersR 1982, 876; 1983, 667; KG VersR 1977, 1008.
802 BGH VersR 1982, 876.
803 KG VM 1977, Nr 49.
804 OLG Düsseldorf DAR 1976, 190.
805 BGH VersR 1980, 868.
806 BGH VersR 1983, 1037.
807 AA KG NZV 2005, 636 (Einsatzfahrzeug nur mit Blaulicht).
808 KG VersR 1979, 1031.
809 OLG Oldenburg NZV 1994, 26.
810 KG VM 1975, Nr 128.
811 KG DAR 1981, 322.

noch gilt, wenn er die Fahrbahn ca 3 bis 5 m neben der Überwegmarkierung betritt,[812] erscheint wegen § 25 Abs 3 S 2 StVO fraglich.[813]

279 Grundsätzlich ist die Fahrbahn **zügig** zu überqueren (§ 25 Abs 3 S 1 StVO). Plötzliches Zurücklaufen muss unterbleiben.[814] Nur in Ausnahmefällen, zB bei breiter Fahrbahn, ist ein etappenweises Überqueren zulässig, bei dem der Fußgänger in der Mitte stehen bleibt, um in dem von rechts kommenden Verkehrsstrom eine Lücke abzuwarten,[815] nicht aber auf einer schmalen, noch dazu schlecht ausgeleuchteten Straße außerhalb geschlossener Ortschaft,[816] auf einer nur 7,2 m breiten, verkehrsreichen Ortsstraße bei Dunkelheit und Nässe[817] oder bei Mitführen eines Fahrrads.[818] Der Fußgänger muss berücksichtigen, dass überholende Kraftfahrzeuge von rechts[819] oder von links nahen können.[820] Er muss daher auch den eben durchquerten – von links kommenden – Verkehrsstrom im Auge behalten, zumal ein Fußgänger für die zur Überholung ansetzenden Fahrzeuge oft erst im letzten Augenblick sichtbar wird.[821] Wenn der BGH[822] die Ansicht vertritt, der Fußgänger müsse sogar an Stellen, an denen Überholverbot besteht, mit Überholvorgängen rechnen, so geht dies zu weit. Ist dagegen deutlich erkennbar, dass kein Überholvorgang bevorsteht, so braucht ein Fußgänger, der die Straßenmitte erreicht hat, nicht damit zu rechnen, dass ein von links kommendes Kraftfahrzeug unter Benutzung der anderen Fahrbahnhälfte versuchen werde, noch vor ihm vorbeizufahren.[823]

280 In jedem Fall muss die Fahrbahn **rechtwinklig** überquert werden.[824]

3. Alkoholisierung

281 Zwar gibt es für betrunkene Fußgänger keinen absoluten BAK-Grenzwert für Verkehrsuntüchtigkeit;[825] selbst bei 3,28‰ kann nicht ohne weiteres auf Verkehrsuntüchtigkeit und damit ein Verbot eigenverantwortlicher Verkehrsteilnahme geschlossen werden.[826] Dies schließt aber nicht aus, aufgrund der Gegebenheiten des Einzelfalles die Feststellung zu treffen, ein Fußgänger habe in seinem Zustand überhaupt nicht mehr am Straßenverkehr teilnehmen dürfen.[827] Alkoholisierung entlastet den verkehrswidrig die

---

812 So OLG Köln VM 1975, Nr 1.
813 Ebenso *Hentschel* § 9 StVO Rn 43.
814 OLG München VersR 1978, 928; KG VersR 1988, 90.
815 BGH NJW 1960, 2255; OLG München NZV 1994, 188; OLG Nürnberg VersR 2001, 1303.
816 BGH VersR 1983, 1038.
817 OLG Hamm VRS 78, 5; s a OLG Celle DAR 1990, 179.
818 OLG Hamm NZV 2003, 181.
819 BGH VersR 1983, 1038.
820 BGH VersR 1956, 571; **aA** OLG Dresden VAE 1938, 306.
821 OLG München VersR 1960, 1003.
822 VersR 1956, 571.
823 BGH VersR 1961, 84; OLG München VersR 1959, 1036; 1960, 46.
824 OLG Neustadt RdK 1955, 104; OLG München VersR 1959, 1036.
825 *Hentschel/Born*[9] Rn 165.
826 BayObLG bei *Rüth* DAR 1982, 246.
827 Näher hierzu *Rüth* in: *Rüth/Berr/Berz* § 2 StVZO Rn 19 f.

Fahrbahn betretenden Fußgänger auch nicht, solange nicht ausnahmsweise ein Fall des § 827 BGB vorliegt.[828]

4. Sonderfälle

Ein Fußgänger, der in einer von ihm nicht verschuldeten Gefahrenlage weitergeht, statt stehen zu bleiben, handelt idR nicht schuldhaft.[829] Wer aus Höflichkeit einen verkehrsunsicheren alten Fußgänger oder einen Blinden über die Fahrbahn führt, übernimmt ihm gegenüber die Sorgfaltspflicht.[830] Überquert ein Fußgänger an einer Straßenkreuzung, die links von ihm liegt, im Schutz eines ihm entgegenkommenden Lastzugs die Fahrbahn, so braucht er, wenn er die Mitte erreicht hat, nicht damit zu rechnen, dass ihn von links, hinter dem Lastzug hervor, ein Moped anfährt.[831] Eilt ein Kind auf die Fahrbahn zu, hält es aber dann doch am Fahrbahnrand an, so handelt es verkehrswidrig und muss dem Kraftfahrer, der durch scharfes Bremsen ins Schleudern kam, ggf seinen Schaden ersetzen.[832] Auf gemeinsamen Fuß- und Radwegen (Zeichen 240) können Fußgänger den von ihnen benutzten Wegteil frei wählen; sie brauchen nicht fortwährend nach herankommenden Radfahrern Umschau zu halten, sondern können darauf vertrauen, dass solche sich ggf durch Klingeln bemerkbar machen.[833] Wer auf der Fahrbahn stehend sich mit einem Fahrzeugführer unterhält, ist zu sorgfältiger Beobachtung des Verkehrs auf der Fahrbahn verpflichtet.[834] Wer ein Kraftfahrzeug anschiebt, ist nicht verpflichtet, wie ein Fußgänger den Vorrang des Fahrverkehrs zu beobachten.[835] Zur Absicherung marschierender Soldaten s OLG Koblenz DAR 2003, 377, 378.

VI. Inline-Skater

1. Allgemeines

Eine ausdrückliche Regelung zur verkehrsrechtlichen Einordnung der Inline-Skater enthält die StVO nicht. Der BGH hat versucht, die Lücke mit einer Grundsatzentscheidung[836] zu schließen, die jedoch nicht uneingeschränkt zu befriedigen vermag. Eine positive Regelung durch den Verordnungsgeber wäre angesichts von weit mehr als zehn Millionen[837] Nutzern dringend erforderlich.[838] Bis zu einer Klärung kommt im Einzelfall ein Abschlag beim Schuldvorwurf in Betracht.[839]

---

828 OLG Köln VersR 1987, 513.
829 BGH VRS 21, 277.
830 OLG Hamm VRS 12, 45.
831 BGH VkBl 1968, 154.
832 BGH VkBl 1968, 156.
833 KG VersR 1977, 770.
834 OLG Saarbrücken VM 1979, Nr 104.
835 OLG Saarbrücken VM 1977, Nr 93.
836 BGHZ 150, 201.
837 Vgl *Vieweg* NZV 1998, 2: 9 Millionen (1997); *Nakas* NZV 1999, 278: 11 Millionen (1999); *Kramer* VD 2001, 292: über 10 Millionen (2001).
838 *Schmid* DAR 1998, 9 f; *Vieweg* NZV 1998, 16 f; *Wiesner* NZV 1998, 183; *Bouska* NZV 2000, 472; *Frommhold* NZV 2002, 363.
839 OLG Oldenburg NZV 2000, 470, 471; vgl zu Rechtsirrtum und zweifelhafter Rechtslage § 10 Rn 58.

Zweiter Teil. Haftung aus unerlaubter Handlung

2. Rechtliche Einordnung

284 Nach Ansicht des BGH sind Inline-Skates nicht als Fahrzeuge iSd §§ 2 ff StVO, sondern als ähnliche Fortbewegungsmittel iSv § 24 Abs 1 StVO zu behandeln.[840] Für Skater gelten somit die Regeln für Fußgänger. Sie haben also vorhandene Gehwege zu benutzen, müssen dort aber auf die Belange der Fußgänger Rücksicht nehmen, insbesondere ihre Geschwindigkeit anpassen. Wo weder ein Gehweg noch ein Seitenstreifen vorhanden ist, haben sie die Fahrbahn zu benutzen, und zwar außerorts grundsätzlich die linke Seite (§ 25 Abs 1 StVO). Das Fahren auf Radwegen ist nicht zulässig.

285 Die Gleichstellung der Inline-Skater mit Fußgängern ist jedoch verfehlt.[841] Sie sind aufgrund höherer Geschwindigkeit und Bewegungsenergie, längerer Bremswege und eines erhöhten Flächenbedarfes[842] den durch ihre geringe Gefährlichkeit geprägten Fortbewegungsmitteln des § 24 Abs 1 StVO nicht vergleichbar.[843] Eine zur Vermeidung der Gefährdung geforderte Schrittgeschwindigkeit[844] ist angesichts des sich erst ab ca 6 km/h[845] einstellenden sicheren und stabilen Fahrgefühls unrealistisch.[846] Aus fahrdynamischer Sicht und auch hinsichtlich des Eigen- bzw Fremdgefährdungspotentials sind Inline-Skater am ehesten mit Radfahrern vergleichbar.[847] Die Verweisung auf vorhandene Radwege würde sowohl dem Schutz der Fußgänger als auch demjenigen der Inline-Skater selbst am besten entsprechen. Eine vollständige Gleichbehandlung mit Radfahrern scheidet aber aus, da sie dann bei Fehlen eines Radwegs auch überörtliche Straßen mit hohem Verkehrsaufkommen benutzen dürften; zudem passen die Vorschriften der StVZO über Brems- und Beleuchtungseinrichtungen auf sie nicht.[848]

286 Bis zum (dringenden) Erlass von Sondervorschriften kann daher nur unter Zuhilfenahme von § 1 Abs 2 StVO folgende Lösung gefunden werden: Inline-Skater sind nicht den Fußgängern gleichzustellen. Sie dürfen Gehwege oder die linke Fahrbahnseite nicht benutzen. Wegen der Vergleichbarkeit mit Radfahrern kommt nur eine die Regelungslücke schließende Analogie zu §§ 2 Abs 4 und 5 StVO in Betracht.[849] Skater dürfen also Radwege und nach Maßgabe von § 2 Abs 4 S 4 StVO rechte Seitenstreifen benutzen.

---

840 BGHZ 150, 201. Ebenso Empfehlungen des 36. VGT, Arbeitskreis VII, NZV 1998, 146; OLG Koblenz NJW-RR 2001, 1392; OLG Celle NZV 1999, 509; OLG Karlsruhe NZV 1999, 44; *Hentschel* § 25 StVO Rn 12; *Schmid* DAR 1998, 8; *Bouska* NZV 2000, 472; *Seidenstecher* DAR 1997, 104; **aA** OLG Oldenburg NZV 2000, 470 (durch BGHZ 150, 201 aufgehoben) m abl Anm *Bouska*; *Grams* NZV 1997, 66; *Vieweg* NZV 1998, 5; *Vogenauer* VersR 2002, 1347 ff.
841 Ebenso (sehr ausf) *Vogenauer* VersR 2002, 1345 u 1478 ff sowie (rechtsvergleichend) NZV 2002, 537 ff.
842 Vgl zur Dynamik des Inline-Skatens *Nakas* NZV 1999, 278 ff; *Vieweg* NZV 1998, 3.
843 Insoweit zutr OLG Oldenburg NZV 2000, 470, 471; *Grams* NZV 1997, 66.
844 36. VGT, NZV 1998, 146; OLG Karlsruhe NZV 1999, 44.
845 *Nakas* NZV 1999, 279; *Vieweg* NZV 1998, 3.
846 *Wiesner* NZV 1998, 185; *Vieweg* NZV 1998, 5.
847 *Frommhold* NZV 2002, 362; *Schmid* DAR 1998, 9; *Wiesner* NZV 1998, 185; *Vieweg* NZV 1998, 3; *Grams* NZV 1997, 67; vgl zur Gesetzeslage in Österreich *Nakas* NZV 1999, 279 in Fn 6.
848 *Bouska* NZV 2000, 472.
849 Ebenso *Grams* NZV 1997, 67; *Frommhold* NZV 2002, 362. I Erg ähnlich § 88a österr StVO sowie *Vogenauer* VersR 2002, 1484 f.

Eine Benutzung der Fahrbahn ist gem § 1 Abs 2 StVO zu unterlassen, sobald dadurch Andere gefährdet oder behindert werden.[850] Auf Straßen mit nicht nur gelegentlichem Kfz-Verkehr ist dies stets der Fall; bei schlechten Sichtverhältnissen muss eine Fahrbahnbenutzung generell unterbleiben. Untersagt ist außerdem die Fahrbahnbenutzung, wenn das Skaten nicht der Fortbewegung, sondern rein spielerischen Zwecken dient (§ 31 StVO; vgl Rn 320 f).

VII. Führen und Treiben von Tieren

1. Fuhrwerk

Wer ein Gespannfuhrwerk im Straßenverkehr lenkt, hat die Pflicht, auf andere Verkehrsteilnehmer zu achten, die Verkehrsregeln zu beachten und seine Geschwindigkeit so einzurichten, dass er Menschen oder Sachen nicht gefährdet und die anderen Verkehrsteilnehmer nicht unnötig behindert.[851] Die für den Fahrverkehr bestehenden Verkehrsvorschriften gelten entsprechend.

287

Bei längerem Halten des Wagens müssen alle Maßnahmen ergriffen werden, die üblich sind, um das Durchgehen der Pferde zu verhüten.[852] Es ist zulässig, Pferdegespanne mit 0,50 m Abstand zwischen Pferd und Gehsteig abzustellen, weil bei geringerem Abstand Fußgänger gefährdet werden könnten.[853] Bei der Bemessung des seitlichen Abstands von einem geparkten Fahrzeug muss berücksichtigt werden, dass es durch das Verhalten des Pferdes zu seitlichen Abweichungen kommen kann.[854] Pferde, die leicht scheuen, dürfen auf Straßen mit Kraftfahrzeugverkehr überhaupt nicht eingesetzt werden.[855]

288

2. Reiter

Für Reiter und Führer von Pferden gelten die für den Fahrverkehr getroffenen Regelungen sinngemäß (§ 28 Abs 2 StVO; dort auch zur Beleuchtungspflicht; für Reiter ergibt sich diese aus § 1 StVO[856]). Ein Pferd, das quer über die Straße geführt wird, muss jedenfalls dann nach beiden Seiten beleuchtet sein, wenn mit einem längeren Verweilen auf der Fahrbahn gerechnet werden muss.[857]

289

3. Vieh

Für das **Führen und Treiben von Vieh** gelten neben den allgemeinen Verkehrsvorschriften die Sonderregeln über die Beleuchtung nach § 28 Abs 2 StVO. Der Treiber einer Viehherde muss jederzeit in der Lage sein, auf jedes einzelne Tier ausreichend einzuwirken.[858] Bei größeren Herden muss außer dem Treiber mindestens eine zweite

290

---

850 *Frommhold* NZV 2002, 362 f.
851 RG JW 1906, 465; 1911, 152; WarnR 1909, Nr 280; 1910, Nr 328; OLG München HRR 1938, Nr 95.
852 RG HRR 1937, Nr 1223.
853 OLG Nürnberg VersR 1982, 174 LS.
854 OLG Köln VersR 1981, 78.
855 BGH VersR 1956, 502.
856 *Hentschel* § 28 StVO Rn 17.
857 Vgl KG VM 1978, Nr 64.
858 OLG Hamm VersR 1952, 390; BayObLG bei *Rüth* DAR 1966, 258.

Person für die Absicherung sorgen;[859] bei Schafherden können neben dem Schäfer gute Hütehunde genügen.[860] – Sinngemäß gilt auch das **Rechtsfahrgebot**, jedoch ist nicht erforderlich, dass die Tiere stets auf der rechten Fahrbahnseite gehalten werden können.[861] Ist dies nicht möglich und nach den Sichtverhältnissen damit zu rechnen, dass Gegenverkehr die Herde nicht rechtzeitig wahrnimmt, muss ein Warnposten in ausreichendem Abstand vorangehen.[862]

VIII. Sonstige Einwirkungen auf Verkehrsvorgänge

1. Kfz-Insassen

291 Der **Fahrgast** braucht sich, sofern nicht eine ihm in die Augen fallende außergewöhnliche Gefahrenlage besteht, zu deren Abwehr beizutragen er imstande ist, um die Führung des Kraftfahrzeugs nicht zu kümmern.[863] Er braucht daher, auch wenn er neben dem Lenker des Kraftfahrzeugs sitzt, diesen auf gewöhnliche im Straßenverkehr auftretende Gefahren (zB auf einen die Fahrbahn betretenden Fußgänger, auf ein die Vorfahrt missachtendes anderes Kraftfahrzeug) nicht aufmerksam zu machen.[864] Der Insasse darf während der Fahrt schlafen. Die Ansicht des Reichsgerichts, er dürfe nicht schlafen, wenn der Führer des Kraftfahrzeugs besonders schnell fahre,[865] ist überholt. Unternimmt der Insasse gemeinsam mit dem Führer eine Schwarzfahrt, so darf er nicht mit dem Führer zusammen soviel trinken, dass dieser fahruntüchtig wird; zumindest muss er dann die Weiterfahrt verhindern.[866] Generell lässt sich aber eine Verpflichtung des Mitfahrers, den betrunkenen Fahrer an der Fahrt zu hindern oder zum Abbruch der Fahrt zu veranlassen, nicht bejahen.[867]

292 Bleibt das Kraftfahrzeug auf der Fahrbahn liegen, so ist der Insasse verpflichtet, sich nach Weisung des Fahrers an der **Absicherung** des Kraftfahrzeugs gegen das Auffahren anderer Kraftfahrzeuge zu beteiligen. Gibt der Fahrer keine solchen Anweisungen, so entsteht eine entsprechende Pflicht des Insassen nur, wenn die entstandene Gefahr offensichtlich ist und die zu ergreifenden Abwehrmaßnahmen jedermann geläufig sind.[868] Muss ein liegengebliebenes Kraftfahrzeug wegen besonderer Gefahrenlage schnellstmöglich von der Straße geschafft werden, so handelt der Beifahrer nicht vorwerfbar, der sich, obwohl er keine Fahrerlaubnis hat, auf Bitten des Fahrers ans Steuer setzt, um beim Wegschieben des Wagens behilflich zu sein; er schuldet in einer solchen Notsituation nur sein Bestes und ist nicht zu dem verpflichtet, was von einem Kraftfahrer im Verkehr an sich zu fordern ist.[869] Strenger sind die Pflichten eines Berufs-

---

859 OLG Celle VRS 9, 412; OLG Nürnberg VersR 1968, 285 m Anm *Schmidt*; BayObLG VRS 44, 366.
860 OLG Oldenburg DAR 1957, 16.
861 BayObLG VRS 57, 211.
862 BayObLG NZV 1989, 482.
863 BGH VersR 1960, 319; 1961, 427; 1966, 567; 1968, 198; 1979, 939.
864 RG DAR 1930, 199; 1933, 149; WarnR 1935, Nr 130; HRR 1938, Nr 311.
865 Recht 1913, Nr 169.
866 RG SeuffA 82, Nr 49; s a BGH VersR 1971, 350.
867 BGHSt 3, 175; BGH VersR 1966, 567; 1979, 939.
868 OLG München VersR 1966, 858.
869 BGH VersR 1977, 624.

§ 14 Verkehrspflichten im Straßenverkehr

kraftfahrers, der als Zweitfahrer im Lastzug mitfährt. Er hat unabhängig vom Erstfahrer die Sicherung des nachts liegengebliebenen Lastzugs unverzüglich durchzuführen.[870]

Haftbar macht sich der Insasse, der beim Anhalten eine Wagentür öffnet, ohne auf den Verkehr zu achten,[871] desgleichen ein Insasse, der es übernimmt, die rückwärtige Fahrbahn zu beobachten, aber beim Linkseinbiegen den Führer des Kraftfahrzeugs nicht darauf aufmerksam macht, dass soeben ein anderes Kraftfahrzeug zum Überholen angesetzt hat.[872] Erst recht macht sich derjenige Beifahrer haftbar, der aktiv in das Verkehrsgeschehen eingreift, zB indem er einen anderen Verkehrsteilnehmer durch Gesten, Beschimpfungen u dgl ablenkt.[873] Eine während der Fahrt aufgehende Tür muss er wieder schließen.[874]   293

Den **mitfahrenden Halter** treffen weiter gehende Sorgfaltspflichten grundsätzlich nur dann, wenn er dem Fahrer gegenüber weisungsbefugt ist;[875] in diesen Fällen wird sich die Haftung aber schon aus § 831 BGB ergeben.   294

Die **Begleitperson** im Rahmen des Modellversuchs „Begleitetes Fahren ab 17" (§ 6e StVG, § 48a FeV) hat nur beratende Funktion, aber keine gesteigerten Verkehrspflichten; sie haftet daher nur wie jeder Beifahrer, der gefahrbringend ins Verkehrsgeschehen eingreift.[876] Zur Verpflichtung, eine gefährliche Fahrt zu verhindern, s Rn 315.   295

2. Eingriff in Verkehrsvorgänge

Wer einen Fahrzeugführer durch Erschrecken, Hindernisbereiten, Bewerfen u dgl **zu plötzlichem Bremsen veranlasst**, haftet für einen dadurch hervorgerufenen Unfall.[877] Ebenso kommt eine deliktische Haftung desjenigen in Betracht, der durch ein falsches **Winkzeichen** einen Unfall hervorruft.[878] Mit dem Vorrangverzicht gegenüber einem erwachsenen Verkehrsteilnehmer übernimmt der Kraftfahrer aber keine Gewähr für die Gefahrlosigkeit der Fahrbahnüberschreitung.[879] Der Veranstalter einer **Treibjagd** muss dafür Sorge tragen, dass hochgemachtes Wild nicht auf eine stark befahrene Straße springt (Treibrichtung, Postenkette, ggf Warnposten).[880] Wegen Sprengarbeiten, Holzfällarbeiten u dgl vgl die Nachweise in § 13 Rn 116.   296

3. Verabreichen von Alkohol

a) Wer einem **Kraftfahrer** Alkohol verabreicht, obwohl er weiß, dass dieser seine Fahrt anschließend fortzusetzen gedenkt, macht sich gegenüber Verkehrsteilnehmern,   297

---

870 BGH VersR 1968, 199.
871 RG VR 1933, 411; OLG Hamm DAR 2000, 64, 65; NZV 2000, 126.
872 BGH VRS 20, 161.
873 OLG Hamm VersR 1987, 671.
874 Vgl RG DAR 1931, 311.
875 Die wesentlich strengere Rspr des RG aus der Frühzeit des Kfz-Verkehrs ist überholt (Nachw in der 3. Aufl, § 16 Rn 238).
876 *Fischinger/Seibl* NJW 2005, 2888. Vgl auch BT-Drs 15/5315 S 9.
877 Vgl zB LG Bonn VersR 1982, 1206: Schüler bewerfen Linienbus mit Schneebällen, Fahrgast stürzt wegen plötzlicher Bremsung.
878 Vgl OLG Koblenz NJW 1962, 1515; OLG Düsseldorf VersR 1986, 471; OLG Hamm OLGR 1999, 45; AG Hannover VersR 1985, 351 m Anm *Onnasch*; AG Lahnstein NZV 2000, 379. Zur Frage einer vertraglichen Haftung s § 16 Rn 5.
879 OLG München OLGR 1997, 161. Zur abw Lage bei Kindern s Rn 242.
880 BGH VersR 1976, 593; LG Aachen VersR 1992, 74 m Anm *Gaisbauer* 472. S a LG Rostock NJW-RR 2003, 522.

die bei einem Unfall verletzt oder geschädigt werden, der sich auf der Weiterfahrt infolge der Alkoholisierung ereignet, nur dann schadensersatzpflichtig (aus unerlaubter Handlung, § 823 BGB), wenn er erkennen musste, dass hierdurch die Fahrtüchtigkeit des Kraftfahrers erheblich beeinträchtigt wurde. Als Anhaltspunkt kann der von der Rspr verwendete Grenzwert von 1,1‰[881] angesehen werden. Die Ersatzpflicht tritt allerdings nur ein, wenn die Trunkenheit des Gastes für denjenigen, der ihm den Alkohol verabreicht hat, erkennbar war und dieser es unterlassen hat, mit allen ihm zu Gebote stehenden angemessenen und zumutbaren Mitteln zu verhindern, dass der Betrunkene eine Fahrt mit dem Kraftfahrzeug unternimmt oder fortsetzt.[882] Unter dieser Voraussetzung besteht die Haftung auch dem Kraftfahrer selbst gegenüber.

298 b) **Nicht-Kraftfahrer.** Ist dem Wirt nicht bekannt, dass der Gast mit einem Kraftfahrzeug gekommen ist, oder ist dieser in der Tat zu Fuß gekommen, so hat der Wirt nur dann Maßnahmen zu ergreifen, wenn der Gast beim Verlassen der Gaststätte aufgrund hochgradiger Alkoholisierung und der örtlichen Verhältnisse (zB verkehrsreiche Straße, Graben, Treppe) erkennbar in eine lebensbedrohliche Lage gerät.[883] Er darf den nicht mehr Zurechnungsfähigen in der Gaststätte festhalten, bis er ihn einer zuverlässigen Person (Polizei, Taxifahrer, Angehöriger) übergeben kann; der entgegenstehende Wille des Betrunkenen ist unbeachtlich.[884]

299 c) **Verantwortliche.** Die Haftung kann außer einem Gastwirt[885] auch andere Personen[886] betreffen, wie den Auftraggeber für die Fahrt, der dem Fahrer Schnaps bezahlt.[887]

4. Inverkehrbringen eines mangelhaften Fahrzeugs

300 Beruht ein Unfall auf einem Fabrikations- oder Konstruktionsfehler eines Kfz oder Kfz-Teils, so kommt eine Haftung desjenigen in Betracht, der das gefahrbringende Produkt in den Verkehr gebracht hat.

301 Eine Haftung des **Herstellers** konnte bis zum Inkrafttreten des Produkthaftungsgesetzes allein aus der allgemeinen Verkehrspflicht zur Abwendung selbstveranlasster Gefahren abgeleitet werden. Für spätere Schadensfälle greift daneben die durch das vorerwähnte Gesetz begründete Gefährdungshaftung ein. Der Gesamtkomplex der Herstellerhaftung wird daher in § 6 gesondert behandelt.

302 Der **Importeur** haftet für Schäden aus Produktmängeln nicht im gleichen Maße wie der Hersteller, denn er ist an der Produktion selbst nicht beteiligt. Seine Pflichtenstellung ähnelt vielmehr der des Händlers[888] (s Rn 303). Bei Einfuhr aus Ländern mit niedrigem technischen Stand können jedoch die Sorgfaltspflichten durch seine genaueren Einsichten in die Bezugsquelle gesteigert sein.[889] Außerdem ist zu beachten, dass die Ge-

---

881 BGHSt 37, 89.
882 BGH BB 1964, 154.
883 Vgl BGHSt 26, 35, 38 f; OLG München NJW 1966, 1165.
884 Näher *Molketin* GewArch 1989, 255 ff.
885 RG JW 1938, 1241. Zur strafrechtlichen Haftung s BGHSt 26, 35, 38 f.
886 RG JW 1932, 3720.
887 OLG Dresden VAE 1942, 28.
888 BGH NJW 1980, 1220.
889 RGRKomm/*Steffen* § 823 Rn 273; offengelassen in BGH NJW 1980, 1220.

§ 14 Verkehrspflichten im Straßenverkehr

fährdungshaftung nach dem ProdHaftG auch den Importeur erfasst, der das Produkt aus einem Drittstaat in die EU eingeführt hat (vgl § 6 Rn 6).

Eine deliktische Haftung des **Vertriebshändlers** für Schäden, die durch Produktmängel hervorgerufen werden, kann bejaht werden, wenn er eine Pflicht zur Untersuchung der Ware verletzt hat. Eine generelle Untersuchungspflicht besteht für ihn zwar nicht.[890] Sie kann aber unter Umständen entstehen, so zB wenn er an der Zuverlässigkeit des Herstellers zweifeln muss, weil ihm bereits mehrere Schadensfälle bekannt geworden sind[891] oder weil konkrete Umstände den Verdacht eines Mangels und damit eine Überprüfung nahelegen.[892] Bei Produkten, die (wie Kraftfahrzeuge) individuell, dh nicht als Massenware, gehandelt werden, kann erwartet werden, dass der Händler im Rahmen der Ablieferungsinspektion eine Prüfung auf Verkehrssicherheit vornimmt. **303**

Außerdem kann sich eine Haftung des Händlers daraus ergeben, dass er Instruktionen des Herstellers nicht an den Kunden weitergibt und dadurch eine unfallursächliche Fehlbedienung hervorruft[893] oder dass er seine Kenntnis von einem Rückruf des Herstellers nicht sicherstellt,[894] ferner aus Eingriffen oder Einwirkungen in seinem Herrschaftsbereich. Eine Gefährdungshaftung nach dem ProdHaftG kommt für den Händler nur in Form einer Auffanghaftung in Betracht, falls der Hersteller nicht festgestellt werden kann (s § 6 Rn 6). **304**

Der **Gebrauchtwagenhändler** haftet für die Beschädigung des verkauften Fahrzeugs, wenn dieses infolge (für ihn erkennbar) falscher Bereifung verunglückt, nicht nur aus Vertrag, sondern auch aus § 823 Abs 1 BGB, da der Mangel der Bereifung das Fahrzeug als solches nicht im Ganzen entwertet, sondern an der ansonsten mangelfreien Sache erst später einen zusätzlichen Schaden hervorgerufen hat.[895] Er muss das Alter der Reifen prüfen, sofern hierfür ein besonderer Anlass besteht.[896] Der **Reifenhändler** haftet, wenn er einen überalterten Reifen verkauft.[897] **305**

Der **Vermieter** – er ist ohnehin idR der Halter des Fahrzeugs – ist dafür verantwortlich, dass keine ihm erkennbaren Sicherheitsmängel vorliegen. **306**

Der Inhaber einer **Reparaturwerkstatt** haftet für Unfälle, die auf Fehler bei der Instandsetzung zurückzuführen sind.[898] Wegen der besonderen Gefährlichkeit solcher Fehler treffen den Inhaber einer Reparaturwerkstatt besonders strenge Organisationspflichten. Es genügt nicht, wenn er für die Ausführung der Arbeiten geeignete Personen bestellt, für deren Tätigkeit er sich nach § 831 BGB entlasten kann. Vielmehr muss er – ggf durch Organe oder sonstige Vertreter iSd §§ 30, 31 BGB – besondere Anord- **307**

---

890 BGH VersR 1956, 259.
891 BGH NJW 1968, 2238.
892 Vgl BGH VersR 1956, 259; 1960, 855; 1977, 839; 1980, 1219.
893 Vgl OLG München VersR 1980, 1052.
894 OLG Karlsruhe Justiz 1981, 239.
895 BGH NJW 1978, 2241.
896 BGH NZV 2004, 183 (zur fehlerhaften Anwendung von § 278 BGB in dieser Entscheidung s *Kunz* VersR 2004, 1332).
897 OLG Düsseldorf VersR 1999, 64. Zur Prüfpflicht OLG Nürnberg VersR 2003, 385.
898 Vgl BGH VersR 1962, 43 (Motorradlenker); 1963, 385 (Bremsluftzufuhr); NZV 1993, 145 (Handbremse); OLG Düsseldorf NZV 1996, 197 (Moped-Hinterradmantel).

nungen erlassen, die eine ordnungsgemäße Ausführung der Reparaturen gewährleisten.[899] Vor allem muss er die Anweisungen des Herstellerwerkes über Verwendung und Einbau von Ersatzteilen an die Monteure weitergeben und auf ihre Beachtung durch den für die Schlussabnahme zuständigen Meister hinwirken. Bei besonders kritischen Arbeiten, zB Verwechslungsgefahr bei bestimmten Ersatzteilen, muss er zusätzlich spezielle Anordnungen dahingehend treffen, dass die Mitarbeiter mit gesteigerter Sorgfalt zu Werke gehen.[900]

308 Im Rahmen der Wartungsinspektion hat die Werkstatt auch die Pflicht, Sicherheitsmängel aufzudecken und dem Kunden bekanntzugeben.[901] Wegen weiterer Einzelheiten s § 16 Rn 12.

5. Nichtverhindern gefahrträchtiger Kfz-Benutzung

309 Ein **Arzt**, der einen Patienten anlässlich einer ambulanten Behandlung so stark sediert hat, dass seine Tauglichkeit für den Straßenverkehr für einen längeren Zeitraum erheblich eingeschränkt ist, muss sicherstellen, dass sich der Patient nicht unbemerkt entfernt.[902]

310 Der **Verkäufer** eines Kraftfahrzeugs ist nicht generell verpflichtet, die Fahrerlaubnis des Kunden zu überprüfen, bevor er ihm das Fahrzeug überlässt. Die Rspr bejaht eine solche Verpflichtung – im Rahmen des Zumutbaren – allerdings dann, wenn konkrete Anhaltspunkte für eine verbotene oder gefährliche Benutzung bestehen, etwa bei jugendlichem Aussehen des Käufers oder bei Veräußerung eines stillgelegten Fahrzeugs.[903] Diese Auffassung geht zu weit. Sie begründet eine Garantenstellung des Verkäufers, die diesen in Konflikt mit seiner vertraglichen Verpflichtung zur Übergabe der Kaufsache bringt.[904] Nur in Extremfällen, bei einer mit Händen zu greifenden Gefahrenlage, kann der Verkäufer als verpflichtet angesehen werden, eine Benutzung des verkauften Kraftfahrzeugs durch den Erwerber zu verhindern bzw einen Kaufvertrag nur mit der Abrede abzuschließen, dass der Käufer für eine gefahrlose Verbringung des Kraftfahrzeugs zu sorgen hat.

311 Die **Reparaturwerkstatt** ist verpflichtet, Gefahren abzuwenden, die sich durch eine unbefugte Benutzung des Kraftfahrzeugs, auch seitens des eigenen Personals, ergeben können.[905]

312 Ein **Passant**, der zufällig beobachtet, wie ein Betrunkener sich ans Steuer setzt, ist grundsätzlich nicht zum Einschreiten verpflichtet. Zur Haftung aus vorangegangenem Verabreichen von Alkohol s Rn 297 ff.

---

899 BGHZ 4, 3.
900 BGH VersR 1978, 722.
901 BGH VersR 1967, 707: schlechte Bremsen.
902 BGH NJW 2003, 2309.
903 Vgl BGH VersR 1966, 626; 1979, 766; VRS 34, 359; KG VRS 45, 60; OLG Köln VersR 1969, 741; OLG München VersR 1982, 172.
904 *Schmid* MDR 1980, 47.
905 Vgl BGH VersR 1962, 644; OLG München NJW 1959, 1226; OLG Köln VersR 1973, 1074.

Der **Fahrlehrer** haftet sowohl anderen Verkehrsteilnehmern als auch dem Fahrschüler gegenüber, wenn er Aufgaben stellt, die den Schüler nach Ausbildungsstand und Fähigkeiten überfordern,[906] oder wenn er den Anforderungen an eine sorgfältige Überwachung[907] nicht genügt (s a § 4 Rn 18 f, § 16 Rn 44). Besonders hohe Sorgfaltsanforderungen treffen ihn bei der Ausbildung von Zweiradfahrschülern, weil hier die unmittelbare Einwirkungsmöglichkeit fehlt.[908]

313

So haftet er zB für den Sturz des auf dem Krad nachfolgenden Schülers, der darauf zurückzuführen ist, dass die Blickverbindung durch zu schnelles Vorausfahren unterbrochen wurde.[909] Entgegen OLG Hamm VersR 1985, 598 wird man ihn im Regelfall auch dafür verantwortlich machen müssen, dass der Schüler beim Linksabbiegen dem Fahrschulwagen folgt, obwohl Gegenverkehr naht. Allenfalls bei einem schon fortgeschrittenen Schüler oder ausdrücklicher Vereinbarung größerer Selbständigkeit kann etwas anderes gelten. Keine Haftung besteht, wenn ein Motorradfahrschüler in der 16. Stunde beim Abbremsen auf einer nassen Fahrbahnmarkierung stürzt.[910] Zwischen Lehrer und Schüler muss nach § 5 Abs 9 S 2 FahrschAusbO 1999 eine Funkverbindung bestehen, die es dem Fahrlehrer ermöglicht, den Schüler anzusprechen;[911] daher haftet der Fahrlehrer, soweit der Unfall auf der fehlenden Einwirkungsmöglichkeit beruht.[912]

314

Die **Begleitperson** beim „Begleiteten Fahren ab 17" (§ 48a FeV) trifft zwar keine einem Fahrlehrer vergleichbare Verantwortlichkeit; hat sie aber Grund, an der Fahrtauglichkeit des Fahrers oder der Verkehrssicherheit des Fahrzeugs zu zweifeln, muss sie die Fahrt durch Verweigerung ihrer Mitwirkung verhindern.[913]

315

6. Nichtverhindern unbesonnenen Verhaltens von Kindern

Eltern und sonstige Aufsichtspflichtige (§ 8 Rn 7 ff) haften Dritten gegenüber aus § 832 BGB. Dem Kind selbst gegenüber können sie aber, ebenso wie andere Personen,[914] aus dem Gesichtspunkt einer Verkehrspflichtverletzung (§ 823 BGB) haftpflichtig werden.[915] Häufig korrespondiert diese Pflichtenstellung mit der Aufsichtspflicht nach § 832 BGB: So sind die Eltern zB auch dem Kind gegenüber verpflichtet, eine seine Fähigkeiten übersteigende Teilnahme am Straßenverkehr, ein Spielen auf der Fahrbahn oder eine Kraftfahrzeugbenutzung zu unterbinden (näher zum Inhalt der Aufsichtspflicht § 8 Rn 15 ff). Außerdem haften sie dem Kind selbstverständlich dann, wenn sie ihm

316

---

906 OLG Frankfurt NJW-RR 1988, 26; OLG Hamm VersR 1998, 910; NZV 2005, 637; OLG Saarbrücken NZV 1998, 246; OLG Jena NZV 2000, 171; OLG Rostock DAR 2005, 32; LG Osnabrück NZV 2004, 94.
907 Vgl BGH VRS 10, 225; VersR 1969, 1037; 1972, 455; OLG Hamm VRS 22, 300; 36, 133; OLG Karlsruhe VRS 64, 153; KG NJW 1979, 993; OLG Düsseldorf NJW-RR 1988, 24; LG Hannover NJW-RR 1988, 1301.
908 BGH VRS 10, 225; KG NZV 1989, 150 m Anm *Kunschert*; OLG Hamm NZV 1991, 354; OLG Celle OLGR 2000, 115.
909 LG Memmingen VersR 1984, 1158.
910 KG NZV 2004, 93.
911 Übersehen von LG Karlsruhe VersR 1995, 977. Dagegen bejahte OLG München DAR 1988, 56 eine solche Notwendigkeit bereits vor Inkrafttreten einer entspr Vorschrift.
912 Vgl KG NZV 2004, 93 (Kausalität verneint).
913 *Sapp* NJW 2006, 409.
914 Vgl OLG Hamm VersR 1998, 898.
915 BGHZ 73, 193 f.

durch eigenes verkehrswidriges Verhalten Schaden zugefügt haben, etwa unvorsichtiges Überschreiten der Fahrbahn zusammen mit dem Kind, Veranlassen zur Straßenüberquerung durch Zuruf,[916] verbotswidrige Beförderung auf einem Fahrrad oder Fahrradanhänger, Mitnahme im Auto ohne Kindersicherung (Rn 63). Die Aufsichtspflichtigen dürfen auch nicht zulassen, dass das Kind von einem ungeeigneten Fahrer oder in einem verkehrsunsicheren Fahrzeug mitgenommen wird. Wird das Kind mit ihrem Willen in einem fremden Fahrzeug mitgenommen, müssen sie dafür Sorge tragen, dass die vorgeschriebenen Rückhalteeinrichtungen benutzt werden.[917]

317 Auf die **Haftungsmilderung nach § 1664 BGB** können die Eltern sich nach der Rspr nicht berufen, wenn sie eine ihnen als Verkehrsteilnehmern obliegende Verhaltenspflicht verletzt haben (vgl § 10 Rn 54); nach einer im Schrifttum mit guten Gründen vertretenen Ansicht[918] ist das Haftungsprivileg auf die Verletzung der Aufsichtspflicht generell nicht anwendbar. Mit einem anderen Unfallverantwortlichen haften sie ggf als Gesamtschuldner.[919] Auf den **Innenausgleich** ist § 840 Abs 2 BGB nicht anwendbar, da es sich nicht um eine Haftung nach § 832 BGB handelt, doch kann uU der Grundsatz zum Tragen kommen, dass der Haftungsanteil eines Täters gegenüber dem Unterlassen eines Obhutspflichtigen wesentlich stärker ins Gewicht fällt.[920] Sind die Eltern ausnahmsweise nach § 1664 BGB haftungsfrei, weil sie keine ihnen als Verkehrsteilnehmern obliegende Pflicht verletzt und die in eigenen Angelegenheiten übliche Sorgfalt angewendet haben, so berührt dies die Haftung des Mitverantwortlichen nicht; er hat auch keinen Ausgleichsanspruch gegen die Eltern.[921] Beim Regress eines Versicherers ist ggf der Einfluss eines Angehörigenprivilegs zu beachten[922] (vgl § 36 Rn 18). Ein Mitverschulden des Kindes kommt idR nicht in Betracht (§ 22 Rn 24 ff), auch nicht über eine Zurechnung des elterlichen Verschuldens (§ 22 Rn 35). Liegt ein solches aber vor, sind bei der Quotelung ggf die Grundsätze der Zurechnungseinheit zu beachten (§ 22 Rn 142 f).

318 Ereignet sich der Unfall im Rahmen einer **gesetzlich unfallversicherten Beziehung**,[923] so greift ggf die Haftungsfreistellung nach § 106 SGB VII ein (vgl hierzu § 19 Rn 144 ff und zum Einfluss auf die Haftung eines weiteren Unfallbeteiligten § 19 Rn 83).

7. Verletzung von Obhutspflichten über Tiere

319 Wer die Obhut über ein Tier ausübt, haftet dafür, dass durch dieses keine Gefahren für den Straßenverkehr heraufbeschworen werden. Diese aus § 823 BGB abgeleitete Haftung steht neben der verschuldensunabhängigen Haftung des Tierhalters und des Tierhüters nach §§ 833, 834 BGB. Sie kann also auch andere Personen als den Halter und

---

916 OLG Hamm VersR 1998, 898.
917 *Etzel* DAR 1994, 303 f.
918 *Sundermann* JZ 1989, 933 ff mwN.
919 BGHZ 73, 195; OLG Düsseldorf VersR 1982, 300.
920 Vgl BGH NJW 1980, 2348.
921 BGHZ 103, 338; OLG Hamm NJW 1993, 543; NZV 1994, 69; krit hierzu *Sundermann* JZ 1989, 931 ff.
922 BGHZ 73, 195.
923 ZB Kindergartenausflug: vgl OLG Schleswig NZV 1995, 24.

§ 14 Verkehrspflichten im Straßenverkehr

den durch Vertrag zur Aufsicht Verpflichteten treffen,[924] setzt aber einen Verschuldensnachweis voraus. – Wegen der Anforderungen an die sichere Verwahrung von Tieren, insbesondere auf der Weide, vgl § 9 Rn 30.

8. Sport und Spiel

Derartige Betätigungen sind nach § 31 StVO auf **Fahrbahnen und Seitenstreifen** – außerhalb der durch Schilder ausdrücklich dafür zugelassenen Straßen – verboten. Der Verstoß gegen dieses Verbot begründet die Haftung bzw Mithaftung für einen dadurch hervorgerufenen Unfall. Unter das Verbot fallen zB Jogging, Rollschuh- oder Rollbrettfahren, Skifahren, Rodeln[925] und Radrennfahren; dagegen ist es einem Rennradfahrer nicht verwehrt, zu Trainingszwecken mit einem vorschriftsmäßigen Fahrrad unter Beachtung der StVO auf öffentlichen Straßen zu fahren. Für Inline-Skates gelten, da sie in erheblichem Umfang zu Fortbewegungszwecken verwendet werden, besondere Regeln (s Rn 283 ff). Roller (Kick-Boards, City-Roller) werden zwar heute auch als Fortbewegungsmittel eingesetzt, ihnen ist aber in § 24 Abs 1 StVO ausdrücklich die Fahrzeugeigenschaft aberkannt; sie dürfen deshalb nur auf Gehwegen oder gekennzeichneten Spielstraßen eingesetzt werden.   **320**

Auf **Gehwegen** gilt nur der Grundsatz des § 1 Abs 2 StVO, dh Sport und Spiel erlangen dort erst dann haftungsrechtliche Relevanz, wenn der Ausübende das allgemeine Gebot der Rücksichtnahme auf die anderen Verkehrsteilnehmer missachtet. Die sportliche Betätigung darf also nur so ausgeübt werden, dass sich andere Gehwegbenutzer rechtzeitig auf sie einstellen können.[926]   **321**

9. Sicherheit des Verkehrswegs

Die Kasuistik zu den Verkehrssicherungspflichten und zu den Einwirkungen auf die Sicherheit der Verkehrswege ist in § 13 Rn 54 ff dargestellt.   **322**

10. Fehlerhafte Verkehrsregelung

Hierzu s § 12 Rn 23 ff.   **323**

---

924 ZB den Eigentümer eines nicht verschließbaren Stalls, BGH NZV 1990, 305.
925 OLG München DAR 1984, 89.
926 *Scheffen* NZV 1992, 386 f zu Rollschuh-, Roller- und Skateboardfahrern. Zu Inline-Skates s Rn 284 ff.

Dritter Teil
Sonstige Haftungstatbestände

§ 15 Haftung des Haftpflichtversicherers

§ 3 PflVG

Für die Haftpflichtversicherung nach § 1 gelten an Stelle der §§ 158c bis 158f des Gesetzes über den Versicherungsvertrag die folgenden besonderen Vorschriften:
1. Der Dritte kann im Rahmen der Leistungspflicht des Versicherers aus dem Versicherungsverhältnis und, soweit eine Leistungspflicht nicht besteht, im Rahmen der Nummern 4 bis 6 seinen Anspruch auf Ersatz des Schadens auch gegen den Versicherer geltend machen. Der Versicherer hat den Schadensersatz in Geld zu leisten.
2. Soweit der Dritte nach Nummer 1 seinen Anspruch auf Ersatz des Schadens auch gegen den Versicherer geltend machen kann, haften der Versicherer und der ersatzpflichtige Versicherungsnehmer als Gesamtschuldner.
3. Der Anspruch des Dritten nach Nummer 1 unterliegt der gleichen Verjährung wie der Schadensersatzanspruch gegen den ersatzpflichtigen Versicherungsnehmer. Die Verjährung beginnt mit dem Zeitpunkt, mit dem die Verjährung des Schadensersatzanspruchs gegen den ersatzpflichtigen Versicherungsnehmer beginnt; sie endet jedoch spätestens in zehn Jahren von dem Schadensereignis an. Ist der Anspruch des Dritten bei dem Versicherer angemeldet worden, so ist die Verjährung bis zum Eingang der schriftlichen Entscheidung des Versicherers gehemmt. Die Hemmung, die Ablaufhemmung und der Neubeginn der Verjährung des Anspruchs gegen den Versicherer wirken auch gegenüber dem ersatzpflichtigen Versicherungsnehmer und umgekehrt.
4. Dem Anspruch des Dritten nach Nummer 1 kann nicht entgegengehalten werden, daß der Versicherer dem ersatzpflichtigen Versicherungsnehmer gegenüber von der Verpflichtung zur Leistung ganz oder teilweise frei ist.
5. Ein Umstand, der das Nichtbestehen oder die Beendigung des Versicherungsverhältnisses zur Folge hat, kann vorbehaltlich des Satzes 4 dem Anspruch des Dritten nach Nummer 1 nur entgegengehalten werden, wenn das Schadensereignis später als einen Monat nach dem Zeitpunkt eingetreten ist, in dem der Versicherer diesen Umstand der hierfür zuständigen Stelle angezeigt hat. Das Gleiche gilt, wenn das Versicherungsverhältnis durch Zeitablauf endigt. Der Lauf der Frist beginnt nicht vor der Beendigung des Versicherungsverhältnisses. Ein in den Sätzen 1 und 2 bezeichneter Umstand kann dem Anspruch des Dritten auch dann entgegengehalten werden, wenn vor dem Zeitpunkt des Schadensereignisses der hierfür zuständigen Stelle die Bestätigung einer entsprechend § 1 für das Fahrzeug abgeschlossenen neuen Versicherung zugegangen ist.
6. In den Fällen der Nummern 4 und 5 gilt § 158c Abs. 3 bis 5 des Gesetzes über den Versicherungsvertrag sinngemäß; soweit jedoch die Leistungsfreiheit des Versicherers in dem Fall der Nummer 4 darauf beruht, dass das Fahrzeug den Bau- und Betriebsvorschriften der Straßenverkehrs-Zulassungs-Ordnung nicht entsprach oder von einem unberechtigten Fahrer oder von einem Fahrer ohne die vorgeschriebene

Fahrerlaubnis geführt wurde, kann der Versicherer den Dritten nicht auf die Möglichkeit verweisen, Ersatz seines Schadens von einem anderen Schadensversicherer oder von einem Sozialversicherungsträger zu erlangen. Die Leistungspflicht des Versicherers entfällt auch dann, wenn und soweit der Dritte in der Lage ist, von einem nach § 2 Abs. 1 Nummern 1 bis 5 von der Versicherungspflicht befreiten Fahrzeughalter Ersatz seines Schadens zu erlangen.

7. Der Dritte hat ein Schadensereignis, aus dem er einen Anspruch gegen den Versicherer nach Nummer 1 herleiten will, dem Versicherer innerhalb von zwei Wochen nach dem Schadensereignis in Textform anzuzeigen; durch die Absendung der Anzeige wird die Frist gewahrt. Der Dritte hat die Verpflichtungen nach § 158d Abs. 3 des Gesetzes über den Versicherungsvertrag zu erfüllen; verletzt er schuldhaft diese Verpflichtungen, so gilt § 158e Abs. 1 des Gesetzes über den Versicherungsvertrag sinngemäß. § 158e Abs. 2 des Gesetzes über den Versicherungsvertrag findet auf den Anspruch gegen den Versicherer nach Nummer 1 entsprechende Anwendung.

8. Soweit durch rechtskräftiges Urteil festgestellt wird, daß dem Dritten ein Anspruch auf Ersatz des Schadens nicht zusteht, wirkt das Urteil, wenn es zwischen dem Dritten und dem Versicherer ergeht, auch zugunsten des Versicherungsnehmers, wenn es zwischen dem Dritten und dem Versicherungsnehmer ergeht, auch zugunsten des Versicherers.

9. Im Verhältnis der Gesamtschuldner (Nummer 2) zueinander ist der Versicherer allein verpflichtet, soweit er dem Versicherungsnehmer gegenüber aus dem Versicherungsverhältnis zur Leistung verpflichtet ist. Soweit eine solche Verpflichtung des Versicherers nicht besteht, ist in ihrem Verhältnis zueinander der Versicherungsnehmer allein verpflichtet.

10. Ist der Anspruch des Dritten gegenüber dem Versicherer durch rechtskräftiges Urteil, durch Anerkenntnis oder Vergleich festgestellt worden, so muß der Versicherungsnehmer, gegen den von dem Versicherer Ansprüche auf Grund von Nummer 9 S 2 erhoben werden, diese Feststellung gegen sich gelten lassen, sofern der Versicherungsnehmer nicht nachweist, dass der Versicherer die Pflicht zur Abwehr unbegründeter Entschädigungsansprüche sowie zur Minderung oder zur sachgemäßen Feststellung des Schadens schuldhaft verletzt hat. Der Versicherer kann Ersatz der Aufwendungen verlangen, die er den Umständen nach für erforderlich halten durfte.

11. Die sich aus Nummer 9 und Nummer 10 Satz 2 ergebenden Ansprüche verjähren in zwei Jahren. Die Verjährung beginnt mit dem Schluß des Jahres, in dem der Anspruch des Dritten erfüllt wird.

Übersicht

		Rn
I.	Überblick	1
II.	Voraussetzungen des Direktanspruchs	3
	1. Rechtsnatur	3
	2. Sachlicher Geltungsbereich	4
	3. Persönlicher Geltungsbereich	10
	4. Zeitlicher Geltungsbereich	11
	5. Internationaler Geltungsbereich	12
	6. Risikoausschlüsse	13
	7. Beweislast	14
III.	Umfang des Anspruchs	15
	1. Reguläre Begrenzung	15
	2. Begrenzung bei krankem Versicherungsverhältnis	18

IV. Verhältnis zum Anspruch gegen den Versicherungsnehmer bzw Versicherten ... 19
　1. Gesamtschuld ... 19
　2. Rechtskrafterstreckung ... 24
　3. Prozessführung ... 29
V. Verhältnis zum Anspruch gegen Mitschädiger und deren Versicherer ... 35
　1. Mitschädiger ... 35
　2. Versicherer anderer Schädiger ... 37
VI. Haftung des Versicherers trotz fehlender Leistungspflicht ... 38
　1. Übersicht ... 38
　2. Ausschluss des Direktanspruchs ... 41
　3. Kein Ausschluss des Direktanspruchs ... 42
　4. Begrenzungen des isoliert bestehenden Direktanspruchs ... 43
　5. Beweislast ... 49
VII. Beeinflussung des Ersatzanspruchs durch Teilungsabkommen ... 50
　1. Wesen der Teilungsabkommen ... 50
　2. Geltungsbereich ... 51
　3. Wirkung gegenüber dem Haftpflichtversicherer ... 56
　4. Wirkung gegenüber dem Versicherungsnehmer (Versicherten) ... 58
　5. Wirkung bei Mehrheit von Schädigern ... 60
　6. Wirkung gegenüber dem Geschädigten ... 63
VIII. Unfälle mit Ausländerbeteiligung ... 64
　1. Unfälle im Inland ... 64
　2. Unfälle im Ausland ... 66
IX. Anspruch gegen den Entschädigungsfonds ... 69
　1. Allgemeines ... 69
　2. Anspruch gegen den Entschädigungsfonds ... 70
　3. Anspruch gegen die Entschädigungsstelle für Schäden aus Auslandsunfällen ... 74

I. Überblick

Die Neufassung des PflVG durch Gesetz vom 5.4.1965 (BGBl 1965 I 213) schuf für den Geschädigten die Möglichkeit, den Haftpflichtversicherer des Ersatzpflichtigen im Wege eines Direktanspruchs unmittelbar in Anspruch zu nehmen. Bis zu dieser Neuregelung war der Geschädigte bei Scheitern außergerichtlicher Regulierungsverhandlungen mit dem Versicherer gezwungen, zunächst den Schädiger zu verklagen und gegen den zahlungsunwilligen Versicherer nach Pfändung und Überweisung des Deckungsanspruchs einen weiteren Prozess zu führen. Dieser Weg steht dem Geschädigten zwar nach wie vor offen. Er hat für ihn jedoch neben der Unannehmlichkeit, uU zwei Prozesse führen zu müssen, den Nachteil, dass bei etwaiger Leistungsfreiheit des Versicherers gegenüber dem Ersatzpflichtigen ein Pfändungs- und Überweisungsbeschluss gegenüber dem Versicherer ins Leere ginge.[1] Geht der Geschädigte im Wege der Direktklage (§ 3 Nr 1 PflVG; näher hierzu Rn 3 ff) vor, so kann ihm der Versicherer grundsätzlich nicht entgegenhalten, dass er dem Schädiger gegenüber nicht zur Leistung verpflichtet ist (§ 3 Nrn 4–6 PflVG; Einzelheiten Rn 38 ff). Wegen der Probleme, die das Nebeneinander von Direktanspruch und Anspruch gegen den oder die Ersatzpflichtigen aufwirft, vgl Rn 19 ff. Fragen, die den Umfang des Anspruchs betreffen, sind in

1

---

1 Vgl BGHZ 68, 153.

Rn 15 ff behandelt, der Einfluss von Teilungsabkommen mit Sozialversicherern auf die Haftung des Haftpflichtversicherers in Rn 50 ff. Zur Inanspruchnahme des Versicherers bei Unfällen mit Ausländern oder im Ausland s Rn 64 ff, beim Erwecken des Anscheins seiner Regulierungszuständigkeit Rn 40; zur Möglichkeit der Inanspruchnahme des Entschädigungsfonds nach § 12 PflVG, durch die gewisse Lücken zum Schutz der Verkehrsopfer durch die Haftpflichtversicherung geschlossen werden, Rn 69 ff. Der Regress des Haftpflichtversicherers ist in § 35 Rn 16 ff behandelt.

2 In der **DDR** gab es keinen Direktanspruch; ein solcher kann daher bei Unfällen zwischen DDR-Bürgern vor dem 3.10.1990 auch nicht gegen die Rechtsnachfolgerin der Staatlichen Versicherung geltend gemacht werden.[2] Zur versicherungsrechtlichen Behandlung von Unfällen zwischen Bewohnern der DDR und solchen der Bundesrepublik s 3. Aufl § 16 Rn 858.

II. Voraussetzungen des Direktanspruchs

1. Rechtsnatur

3 Der Direktanspruch nach § 3 Nr 1 PflVG ist kein vertraglicher Anspruch, wenngleich der Versicherungsvertrag für sein Bestehen und für seinen Umfang von entscheidender Bedeutung ist. Es handelt sich vielmehr um einen gesetzlich angeordneten Schuldbeitritt, der den Schadensersatzanspruch gegen den Schädiger lediglich zu seiner leichteren und sichereren Durchsetzung verstärken soll, indem er dem Geschädigten in der Person des Versicherers einen weiteren Schuldner gibt.[3] Er ist somit als bloßer Annex zum Haftpflichtanspruch überwiegend deliktischer Natur. Aus seiner Anbindung an den Haftpflichtanspruch folgt, dass der oder die Versicherer mehrerer Schädiger nicht aus dem Rechtsgedanken des § 830 Abs 1 S 2 BGB heraus deliktisch in Anspruch genommen werden können, wenn einer der aus § 7 Haftenden schuldhaft gehandelt haben muss, aber ungeklärt bleibt, welcher dies ist.[4] Trotz der Akzessorietät ist aber nicht erforderlich, dass der Versicherungsnehmer im Zeitpunkt des Schadenseintritts noch lebt; es genügt, dass er die im Haftpflichttatbestand vorausgesetzte Handlung noch zu Lebzeiten zurechenbar verwirklicht hat.[5] Der Direktanspruch geht auch nicht durch Konfusion unter, wenn der Geschädigte Alleinerbe des Versicherungsnehmers geworden ist.[6] Zurücktreten soll der Akzessorietätsgedanke nach der Rspr des BGH auch dann, wenn dem Rückgriff eines Sozialhilfeträgers gegen den Schädiger das Angehörigenprivileg nach § 116 Abs 6 SGB X entgegensteht (vgl § 33 Rn 25), während beim Regress der Sozialversicherungsträger die Akzessorietät gewahrt bleibt (s § 32 Rn 6).

---

2 OLG Naumburg, NZV 1996, 363. S aber KGR 1999, 67: Schuldbeitritt durch Regulierungsverhalten.
3 BGHZ 57, 269; 69, 157; 72, 153; BGH VersR 1979, 30; 1979, 838.
4 *Dunz* VersR 1985, 820 u *Weber* VersR 1985, 1004 gegen *Fuchs-Wissemann* VersR 1985, 219.
5 OLG Hamm NZV 1995, 276 (die Soziusfahrerin war möglicherweise Sekundenbruchteile nach dem Tod des verkehrswidrig fahrenden Rollerfahrers verletzt worden).
6 OLG Hamm NZV 1995, 276.

2. Sachlicher Geltungsbereich

a) § 3 PflVG gilt nur im Bereich der **Pflichtversicherung für Kraftfahrzeughalter** iSv § 1 PflVG. Bei einer freiwillig abgeschlossenen Haftpflichtversicherung muss sich der Geschädigte zunächst an den Schädiger halten und dann, notfalls mittels Pfändung und Überweisung dessen Deckungsanspruchs, gegen den Versicherer vorgehen. Die nach § 2 Abs 1 Nr 1 bis 5 PflVG von der Versicherungspflicht befreiten Gebietskörperschaften und juristischen Personen haften selbst wie ein Haftpflichtversicherer (§ 2 Abs 2 PflVG). Haben sie jedoch eine Haftpflichtversicherung abgeschlossen, kann ein Geschädigter diese auch im Wege der Direktklage in Anspruch nehmen.[7] Kein Direktanspruch besteht gegenüber einem nicht rechtsfähigen Zusammenschluss von Kommunen zum Zwecke des Schadensausgleichs.[8]

4

b) Die Direktklage tritt nur neben solche **Schadensersatzansprüche**, die nach § 10 AKB von der Kfz-Haftpflichtversicherung umfasst werden. Der Schaden muss nach dieser Vorschrift durch den **Gebrauch des versicherten Fahrzeugs** entstanden sein. Der Begriff des „Gebrauchs" geht über den des „Betriebs" iSv § 7 StVG hinaus; so ist zB das Entladen eines Tanklastzugs mittels einer auf ihm befindlichen Pumpe noch dem Gebrauch des Fahrzeugs zuzurechnen.[9] Nach § 10 AKB gedeckt sind jedoch nur solche Gefahren, die nicht nur gelegentlich des Gebrauchs des Kfz entstanden sind, sondern mit ihm ursächlich zusammenhängen, also entweder vom Kfz selbst oder von einer mit dem Kfz-Gebrauch und den Pflichten des Fahrers typischer Weise verbundenen Tätigkeit ausgehen,[10] also zB nicht der Unfall des ausgestiegenen Fahrers beim Überschreiten der Straße, wenn der eigentliche Aussteigevorgang beendet war und der Gang über die Straße nicht in Zusammenhang mit den Pflichten eines Kraftfahrers stand,[11] oder der Unfall eines Fußgängers, der über eine breite Straße einem wartenden Taxi zustrebt.[12] War der Fahrer dagegen ausgestiegen, um sich nach dem Weg zu erkundigen[13] oder einen Defekt des Kfz zu beheben,[14] oder wollte er zum Zweck von Unfallhilfe oder -aufnahme den Verkehr anhalten,[15] ist Verursachung durch den Gebrauch zu bejahen.

5

Bei dem Ersatzanspruch muss es sich nicht um einen solchen aus Delikt oder Gefährdungshaftung handeln; auch **vertragliche Schadensersatzansprüche** kommen in Betracht.[16] Ansprüche aus **Geschäftsführung ohne Auftrag** eröffnen die Direktklage nur dann, wenn es sich um Aufwendungsersatz mit schadensähnlichem Charakter handelt. Dies ist zB der Fall, wenn sich jemand im Interesse des Verunglückten aufopfert und dabei selbst zu Schaden kommt[17] (vgl § 17 Rn 6 ff). Dagegen kommt

6

---

7 BGH VersR 1987, 1036.
8 OLG Schleswig VersR 1996, 1095, 1096.
9 BGHZ 75, 45.
10 BGHZ 78, 52, 55.
11 BGHZ 78, 52, 56.
12 BGH VersR 1982, 281.
13 *Stiefel/Hofmann* § 10 AKB Rn 72; **aA** LG Köln, NZV 1999, 476.
14 BGHZ 78, 52, 56.
15 OLG Hamm NZV 1999, 469, 470.
16 BGH VersR 1972, 166; OLG Saarbrücken NZV 1998, 246 (Fahrschulvertrag).
17 OLG Koblenz VersR 1971, 359; *Stiefel/Hofmann* § 10 AKB Rn 20 mwN.

§ 3 PflVG nicht demjenigen zugute, der reinen Aufwendungsersatz für ein Geschäft verlangt, das er für den Verunglückten geführt hat.[18] **Öffentlich-rechtliche Ansprüche** (zB aus polizeirechtlicher Störerhaftung[19] oder Kostenerhebung für Feuerwehreinsatz[20]) fallen nicht unter § 3 PflVG (vgl dazu § 17 Rn 14 ff; zur Amtshaftung Rn 7).

7 Der Ersatzanspruch muss sich **gegen den Versicherungsnehmer oder eine mitversicherte Person** richten. Der Kreis der mitversicherten Personen ist in § 10 Abs 2 AKB geregelt. Tritt an die Stelle einer solchen Person infolge der Haftungsverlagerung nach Art 34 S 1 GG ein öffentlich-rechtlicher Dienstherr, so ist auch er als Mitversicherter anzusehen.[21] Beifahrer sind nur unter den Voraussetzungen von § 10 Abs 2 lit d AKB mitversichert; Begleitpersonen im Rahmen des „Begleiteten Fahrens ab 17" (§ 6e StVG) fallen darunter nicht, sofern sie nicht durch ausdrückliche Vereinbarung in den Versicherungsschutz einbezogen sind.[22] Bei fehlendem Versicherungsschutz sind sie ggf dem Rückgriff des Haftpflichtversicherers nach § 67 VVG ausgesetzt, wenn dieser für den mithaftenden Fahrer oder Halter eingetreten ist; allenfalls bei Bejahung eines Freistellungsanspruchs gegenüber dem Versicherten[23] können sie dem entgehen (näher Rn 36).

8 Auch **Rückgriffsansprüche** fallen grundsätzlich unter den Geltungsbereich des § 3 PflVG, wie zB der Anspruch des Sozialversicherungsträgers nach § 110 SGB VII.[24] Dagegen kann ein Mitschädiger, der als Gesamtschuldner in Anspruch genommen wurde, den Ausgleich nach § 426 BGB (ungeachtet seiner Deckung nach § 10 AKB) nicht im Wege der Direktklage geltend machen; die über die im Innenverhältnis zu tragende Haftungsquote hinausgehende Belastung mit dem Anspruch des Geschädigten ist kein Schaden iS des § 3 PflVG.[25]

9 **Kosten eines Vorprozesses gegen den Schädiger** werden vom Anspruch gegen den Versicherer nicht umfasst.[26]

3. Persönlicher Geltungsbereich

10 Die Vorschriften über die Direktklage gelten nach § 3 Abs 1 Nr 1 PflVG für geschädigte **Dritte**, mithin (entgegen der den Gesetzeswortlaut vernachlässigenden hM) nicht für

---

18 BGHZ 72, 151: Ölschadendienst beseitigt übergelaufenes Öl.
19 OLG Nürnberg VersR 2000, 965, 966 (auch zum Konkurrenzproblem).
20 VG Regensburg VersR 2001, 1274 m Anm *Troidl*.
21 Vgl BGHZ 146, 385: kein Rückgriffsanspruch des in Anspruch genommenen Haftpflichtversicherers gegen die Bundesrepublik als haftende Körperschaft bei Schäden durch Zivildienstleistende; **aA** *E Lorenz* VersR 2000, 1410.
22 *Sapp* NJW 2006, 410.
23 Für die Begleitperson nach § 48a FeV bejaht von *Sapp* NJW 2006, 410.
24 BGH VersR 1969, 757; 1972, 271; OLG Nürnberg VersR 1993, 1425.
25 KG VersR 1978, 435; *Prölss/Martin/Knappmann* § 3 Nr 1, 2 PflVG Rn 1; **aA** (bei intaktem Versicherungsverhältnis) OLG Köln VersR 1972, 651; (auch bei gestörtem) *Bruck/Möller/Johannsen* Bd V B 57; *Steffen* VersR 1987, 530 Fn 14.
26 BGHZ 68, 153.

den vom mitversicherten Fahrer geschädigten Versicherungsnehmer.[27] Der in solchen Fällen gleichwohl bestehende, aber auf Personenschäden beschränkte Versicherungsschutz nach § 10 Abs 1, 2, § 11 Nr 2 AKB kann nach dem Gesetz somit nur vom mitversicherten Fahrer geltend gemacht werden. Der Fahrer ist Dritter, wenn er einen Schadensersatzanspruch gegen den Versicherungsnehmer erhebt,[28] nicht aber bzgl eines Rückgriffs- oder Freistellungsanspruchs gegen diesen.[29] Auch der Arbeitgeber, der vom Arbeitnehmer durch das Führen eines Kraftfahrzeugs geschädigt wird, ohne dessen Halter zu sein, kann vom Versicherer des Fahrzeugs Deckung verlangen[30] (zum Ausschluss der Haftungsprivilegierung des Arbeitnehmers in diesen Fällen s § 19 Rn 71); ebenso der durch Verschulden des Fahrschülers verletzte Fahrlehrer.[31] Der Eigentümer eines Fahrzeugs, das beim Abschleppen beschädigt worden ist, kann den Haftpflichtversicherer des schleppenden Fahrzeugs dann nicht direkt in Anspruch nehmen, wenn schleppendes und abgeschlepptes Fahrzeug (ausnahmsweise; s § 3 Rn 106) eine Betriebseinheit bilden.[32] Dasselbe gilt, wenn ein Anhänger durch Verschulden des Fahrers des ziehenden Fahrzeugs beschädigt wird (vgl § 3 Rn 252).[33]

4. Zeitlicher Geltungsbereich

Die Vorschriften über die Direktklage sind am 1.10.1965 in Kraft getreten. Für die Abwicklung von Unfällen vor diesem Zeitpunkt können sie nicht herangezogen werden.[34] Zur Geltung für DDR-Unfälle s Rn 2. Zur Nachhaftung des Versicherers nach Beendigung des Versicherungsverhältnisses vgl § 3 Nr 5 PflVG.   **11**

5. Internationaler Geltungsbereich

Der Versicherungsschutz ist nach § 2a Abs 1 AKB auf Unfälle beschränkt, die sich in Europa oder im außereuropäischen Geltungsbereich des EG-Vertrags ereignen. Er kann durch Aushändigung einer weitere Gebiete umfassenden „Grünen Versicherungskarte" vertraglich erweitert werden. Maßgeblich für die Zuordnung zu den Erdteilen ist die geographische Sicht;[35] für die Erstreckung auf den asiatischen Teil der Türkei bedarf es   **12**

---

27 *Heidel/Wulfert* VersR 1978, 197; für Sachschaden an einem anderen Kraftfahrzeug des Versicherungsnehmers auch OLG Hamm NZV 1990, 155 u OLG Jena OLG-NL 2004, 74; **aA** BGH VersR 1986, 1010 m Anm *Bauer* u OLG Stuttgart NZV 1995, 31 (mit Zubilligung der Arglisteinrede bei gestörtem Versicherungsverhältnis); OLG Frankfurt NZV 1995, 25; *Bruck/Möller/Johannsen* Bd V B 12 u G 68; *Prölss/Martin/Knappmann* § 3 Nr 1, 2 PflVG Rn 1; BGH NZV 1996, 29 (wonach sogar der geschäftsplanmäßige Regressverzicht zugunsten des verletzten Halters wirken soll, der sein Fahrzeug vorsätzlich einem Fahrer ohne Fahrerlaubnis überließ); *Langheid* VersR 1986, 15; *Küppersbusch* NZV 1996, 138.
28 *Prölss/Martin/Knappmann* § 3 Nr 1, 2 PflVG Rn 1; **aA** unter irriger Heranziehung von § 149 VVG LG Paderborn NZV 1988, 108 m abl Anm *Greger*.
29 BGHZ 55, 281.
30 BGHZ 116, 200.
31 OLG Stuttgart NZV 1999, 470, 472.
32 BGH VersR 1978, 1070.
33 BGH VersR 1981, 322.
34 Vgl BGHZ 49, 130.
35 BGHZ 40, 24; 108, 200.

daher einer besonderen Vereinbarung,[36] die wiederum Unfälle in der Türkischen Republik Nord-Zypern nicht umfasst.[37] Bei einem Unfall außerhalb des räumlichen Geltungsbereichs des Versicherungsschutzes kann es jedoch dann zu einem Direktanspruch des Geschädigten gegen den Haftpflichtversicherer kommen, wenn das Fehlen des Versicherungsschutzes auf eine fehlerhafte oder pflichtwidrig unterlassene Aufklärung des Versicherungsnehmers durch den Versicherungsagenten zurückzuführen ist. In diesem Fall kann der Versicherer aufgrund einer (verschuldensunabhängigen) Erfüllungshaftung als verpflichtet angesehen werden, den Versicherungsnehmer so zu stellen, wie er bei einem Versicherungsvertrag mit dem von ihm gewünschten Inhalt stehen würde; nach Ansicht des BGH führt dies dazu, dass auch der Geschädigte seinen dann bestehenden Direktanspruch geltend machen kann.[38] Zum Direktanspruch bei Unfällen mit Ausländerbeteiligung s Rn 64 ff.

6. Risikoausschlüsse

13 Ein Direktanspruch besteht nicht, soweit ein Risikoausschluss nach VVG oder AKB eingreift. Dies ist insbesondere der Fall, wenn der Unfall durch den Versicherungsnehmer bzw den mitversicherten Fahrer **vorsätzlich herbeigeführt** worden ist (§§ 152, 79 Abs 1 VVG).[39] Bedingter Vorsatz reicht aus.[40] Er muss den Unfall als solchen (nicht nur das unfallursächliche Verhalten) umfassen, allerdings nicht alle Einzelheiten des konkreten Geschehensablaufs.[41] Beruft sich der Geschädigte auf eine den Vorsatz ausschließende tiefgreifende Bewusstseinsstörung, trägt er hierfür die Beweislast.[42] Hat nur der Fahrer vorsätzlich gehandelt, so bleibt die Direkthaftung des Versicherers für gegen den Halter gerichtete Ansprüche (etwa aus der Halterhaftung oder schuldhaft unterlassener Sicherung des Kraftfahrzeugs gegen unbefugte Benutzung) unberührt.[43] Ausgeschlossen ist ferner die Haftung für Schäden bei **Rennveranstaltungen** und dazu gehörenden Übungsfahrten (§ 2b Abs 3b AKB).[44] § 11 AKB enthält Ausschlüsse insbesondere für **Ansprüche des Halters gegen den Fahrer** (hierzu Rn 10) und für **Schäden am versicherten Fahrzeug** sowie an **beförderten Sachen**. Wegen der Risikoausschlüsse für **außereuropäische Unfälle** s Rn 12.

7. Beweislast

14 Für die Verteilung der Beweislast gelten hinsichtlich des Direktanspruchs dieselben Grundsätze wie für den Haftpflichtanspruch gegen den Schädiger.[45] Wegen der Beweis-

---

36 Einzelheiten BGH NZV 1993, 105.
37 BGHZ 108, 200.
38 BGHZ 108, 200; zust *Spickhoff* IPRax 1990, 166.
39 OLG München VersR 1990, 484; OLG Düsseldorf NJW-RR 1993, 1375; OLG Oldenburg NZV 1999, 294, 295; **aA** OLG Frankfurt VersR 1997, 224 m abl Anm *Langheid* 348 u *E Lorenz* 349.
40 BGHZ 7, 311; BGH VersR 1971, 239.
41 OLG Nürnberg NZV 2005, 267.
42 BGHZ 111, 372.
43 BGH VersR 1971, 239; 1981, 40; OLG Köln VersR 1982, 383; OLG Nürnberg NZV 2001, 261 (auch bei Repräsentantenstellung); *Lemcke* ZfS 2002, 327.
44 S dazu BGH VersR 2003, 775, 777.
45 BGHZ 71, 339; BGH VersR 1978, 865; 1979, 514; **aA** OLG Köln VersR 1975, 1128.

problematik beim Verdacht eines zum Zweck des Versicherungsbetrugs fingierten Unfalls s § 3 Rn 31, zur Situation bei Leistungsfreiheit Rn 49.

III. Umfang des Anspruchs

1. Reguläre Begrenzung

Der Direktanspruch ist einmal durch die **Höhe des Ersatzanspruchs**, zum anderen durch die **Höhe der Versicherungssumme** (§ 10 Abs 6 AKB) begrenzt. Für die Frage, wann die Deckungssumme überschritten wird, kommt es bei Rentenschulden nicht auf die Summe der gezahlten Renten, sondern auf den Kapitalwert[46] der Renten an (§ 8 KfzPflVV, § 10 Abs 7 AKB). Der Versicherer hat also von jeder Rate den Teil zu decken, der zur vollen Rate im selben Verhältnis steht wie die Versicherungssumme zum Kapitalwert der Rente. Hatte er mehr gezahlt, so kann er den überschießenden Teil nicht mit künftigen Raten verrechnen; es kommt insofern allenfalls eine Rückforderung wegen ungerechtfertigter Bereicherung in Betracht. Keinesfalls kann er zu einem bestimmten Zeitpunkt seine Rentenzahlungen mit der Begründung einstellen, dass die Versicherungssumme erschöpft sei. Hat der Versicherer die verbindliche Zusage einer die Deckungssumme ausschöpfenden Schadensersatzrente erteilt, so kann der Geschädigte nicht die Erfüllung nachgeschobener Kapitalforderungen wegen weiteren Schadens verlangen.[47]

15

Reicht die Versicherungssumme bei **mehreren Geschädigten** nicht aus, um alle Ersatzansprüche zu decken, so sind diese nach Maßgabe von § 156 Abs 3 VVG[48] verhältnismäßig zu kürzen, und zwar auf entsprechendes Vorbringen des Versicherers bereits im Erkenntnis-, nicht erst im Vollstreckungsverfahren.[49] Fortlaufende Renten müssen in dem Verhältnis herabgesetzt werden, in dem die Summe ihrer Kapitalwerte zur Versicherungssumme steht.[50]

16

Die Beschränkung wird im Zivilprozess nicht von Amts wegen, sondern **nur auf Einwendung** beachtet;[51] im Vollstreckungsverfahren kann sie nicht mehr geltend gemacht werden.[52] Ein Anerkenntnis des Versicherers ist auch ohne ausdrückliche Beschränkung dahin zu verstehen, dass es nur im Rahmen der Leistungspflicht abgegeben wird.[53] In einem **Feststellungsurteil** empfiehlt es sich, die Beschränkung der Haftung auf die Deckungssumme in den Tenor aufzunehmen.[54] Sie kann sich jedoch auch aus den Ent-

17

---

46 Zur Berechnung des Kapitalwerts BGH VersR 1980, 132 (berichtigt 279); 1980, 817; NJW-RR 1986, 650; *Stiefel/Hofmann* § 10 AKB Rn 121 ff.
47 OLG Düsseldorf VersR 1988, 485; *Stiefel/Hofmann* § 10 AKB Rn 128.
48 Wegen der Einzelheiten, insb der Problematik bei nachträglicher Anmeldung von Forderungen, s *Baumann* in: Berliner Komm zum VVG, § 156 Rn 57 ff; *Stiefel/Hofmann* § 10 AKB Rn 118; *Huber* VersR 1986, 851; *Sprung* VersR 1992, 657.
49 BGH VersR 1982, 791.
50 BGH VersR 1980, 132 u *Wenke* VersR 1983, 900 mit Einzelheiten zur Berechnung.
51 BGH VersR 1986, 565.
52 BGHZ 84, 154.
53 BGH NZV 1996, 409.
54 BGH VersR 1981, 1180; NZV 1996, 409.

scheidungsgründen ergeben; deshalb ist ein Versicherer nicht allein deshalb beschwert, weil die geltend gemachte Beschränkung nicht im Tenor ausgesprochen wurde.[55] Er kann aber Urteilsergänzung gemäß § 321 ZPO beantragen.[56]

2. Begrenzung bei krankem Versicherungsverhältnis

18 Haftet der Versicherer dem Dritten trotz Leistungsfreiheit (§ 3 Nr 4 PflVG), so ist seine Haftung auf die Mindestversicherungssumme nach § 158c Abs 3 VVG beschränkt (§ 3 Nr 6 PflVG; s Rn 43). Ist in einem solchen Fall in einem rechtskräftigen Feststellungsurteil die Haftung des Versicherers nicht ausdrücklich, dh im Tenor, auf die Mindestversicherungssumme beschränkt, so kann er sich auf diese Einschränkung nicht mehr berufen, sondern muss ggf über diese Summe hinaus leisten.[57]

IV. Verhältnis zum Anspruch gegen den Versicherungsnehmer bzw Versicherten

1. Gesamtschuld

19 **a) Allgemeines.** Versicherer, Versicherungsnehmer und Versicherter haften als Gesamtschuldner (§ 3 Nr 2 PflVG). Der Geschädigte hat also die Wahl, ob er nur einen von ihnen oder alle gemeinsam in Anspruch nimmt. Da Kosten eines Vorprozesses gegen den Schädiger vom Versicherer nicht ersetzt werden (Rn 9), wird es idR angezeigt sein, sogleich den Versicherer in Anspruch zu nehmen. Häufig wird der Schädiger zugleich mitverklagt, um nicht als Zeuge zur Verfügung zu stehen (zu den beweisrechtlichen Konsequenzen dieses Vorgehens s § 38 Rn 35). Auf das Gesamtschuldverhältnis sind die §§ 421 ff BGB anzuwenden, soweit sich nicht aus VVG und PflVG Besonderheiten ergeben (s nachstehende Erl). Zum Regress des Haftpflichtversicherers gegen Versicherungsnehmer oder Versicherten s § 35 Rn 17 ff; zum (nicht den Gesamtschuldregeln unterfallenden) Verhältnis zwischen Haftpflichtversicherer und außerhalb des Versicherungsverhältnisses stehenden Mitverantwortlichen Rn 35.

b) Besonderheiten

20 **aa) Beschränkung auf Geldersatz.** Auch wenn der Geschädigte vom Schädiger Naturalrestitution verlangt, haftet der Versicherer nur auf Geldersatz (§ 3 Nr 1 S 2 PflVG).

21 **bb) Verjährung des Haftpflichtanspruchs.** Für den Anspruch des Dritten gegen den Versicherer gilt dieselbe Verjährungsfrist und derselbe Verjährungsbeginn wie für den Anspruch des Dritten gegen den Versicherungsnehmer (§ 3 Nr 3 S 1, 2 PflVG). Abweichend hiervon endet die Verjährungsfrist für den Direktanspruch jedoch spätestens in zehn Jahren von dem Schadensereignis an (§ 3 Nr 3 S 2 Halbs 2 PflVG). Hemmung, Ablaufhemmung und Neubeginn der Verjährung des Direktanspruchs wirken auch für den Haftpflichtanspruch und umgekehrt (§ 3 Nr 3 S 4 PflVG). Auch die Zehn-Jahres-Frist unterliegt der Hemmung bzw dem Neubeginn[58]; sie erfasst nicht den

---

55 BGH VersR 1986, 565.
56 BGH NZV 1996, 408.
57 BGH VersR 1979, 272.
58 OLG Düsseldorf NZV 1990, 191; *Stiefel/Hofmann* § 3 Nr 3 PflVG Rn 4.

Anspruch gegen den Schädiger.[58a] Zur Verjährungshemmung durch Anmeldung des Direktanspruchs beim Versicherer (§ 3 Nr 3 S 3 PflVG) s § 21 Rn 40 ff.

cc) Ein **Erlass der Forderung gegen den Schädiger** wirkt entgegen OLG Köln VersR 1969, 1027 nicht in jedem Falle auch zugunsten des Versicherers, sondern nur dann, wenn dies dem Willen der Vertragsschließenden entsprach (§ 423 BGB). **22**

dd) Erlischt der Haftpflichtanspruch durch **Konfusion**, weil der Geschädigte Alleinerbe des Schädigers wird, bleibt der Direktanspruch gegen den Haftpflichtversicherer unberührt.[59] **23**

2. Rechtskrafterstreckung

a) Klageabweisung. § 3 Nr 8 PflVG sieht – in Abweichung von § 425 Abs 2 BGB – eine Rechtskrafterstreckung vor, allerdings nur für ein die Klage des Geschädigten **abweisendes Urteil**. Hierbei muss es sich um eine Abweisung aus sachlichen, nicht nur prozessualen Gründen handeln. Die Rechtskrafterstreckung hat zur Folge, dass dann, wenn auf die Direktklage des Geschädigten hin das Bestehen eines Ersatzanspruchs verneint worden ist, derselbe Anspruch auch gegen den Versicherungsnehmer nicht mehr geltend gemacht werden kann, auch nicht aus anderem Rechtsgrund.[60] Dasselbe gilt umgekehrt, wenn zunächst über den Haftpflichtanspruch entschieden worden ist. Hieran ändert auch ein Geständnis des Beklagten nichts.[61] **24**

Zu beachten ist jedoch, dass es sich um **denselben Ersatzanspruch** handeln muss: wurde bisher zB lediglich über den Anspruch gegen den versicherten Fahrer entschieden, so steht die Rechtskrafterstreckung des klageabweisenden Urteils einer Direktklage nicht entgegen, die auf den Ersatzanspruch gegen den Halter (Versicherungsnehmer) gestützt wird.[62] Auch wenn **besondere Umstände** vorliegen, die nur im Verhältnis zu einem der Beklagten Rechtsfolgen auslösen, greift die Bindungswirkung nicht ein. So hindert es zB die Verurteilung des Versicherungsnehmers nicht, wenn die Direktklage rechtskräftig abgewiesen wurde, weil sich der Versicherer auf einen Risikoausschluss § 152 VVG[63] oder auf subsidiäre Haftung im kranken Versicherungsverhältnis (§ 3 Nr 6 PflVG iVm § 158c VVG) berufen konnte, oder wenn die Haftung aus einem (sei es auch nur deklaratorischen) Schuldanerkenntnis hergeleitet wird, welches bei fehlender Einwilligung des Versicherers nach § 3 Nr 7 S 3 PflVG, § 154 Abs 2, § 158e Abs 2 VVG grundsätzlich nicht gegen diesen wirkt[64] (vgl § 16 Rn 53). Aus demselben Grund ist es zB auch möglich, gegen den Versicherungsnehmer ein Anerkenntnisurteil zu erlassen und die Klage gegen den Versicherer als unbegründet abzuweisen oder den einen Streitgenossen zu verurteilen, obwohl die Klage gegen den anderen als unzulässig abzuweisen ist.[65] **25**

58a BGH Urt v 9.1.2007 – VI ZR 139/06 (zZ unv).
59 OLG Hamm NZV 1995, 276.
60 OLG Frankfurt OLGR 1999, 275.
61 BGH VersR 1978, 865; 1981, 1156.
62 BGH VersR 1986, 153.
63 Vgl KG VersR 1989, 1188.
64 BGH VersR 1981, 1156.
65 *Liebscher* NZV 1994, 217.

26 Für **teilabweisende Urteile** gilt die Rechtskrafterstreckung ebenfalls, wie sich aus der Formulierung „soweit" ergibt.

27 Sie greift auch dann ein, wenn Versicherer und Versicherungsnehmer **in einem Verfahren** verklagt werden und das erstinstanzliche klageabweisende Urteil nur gegenüber einem Beklagten angefochten, gegenüber dem anderen hingegen rechtskräftig wird.[66] Wird über die Klagen gegen Versicherungsnehmer und Versicherer in einem Urteil zugleich entschieden, so kann das Gericht im Hinblick auf § 3 Nr 8 PflVG nicht den Anspruch gegen den Versicherungsnehmer zusprechen und die Direktklage gegen den Versicherer wegen Nichtbestehens oder Verjährung[67] des Anspruchs abweisen. Zu solchen Konstellationen kann es kommen bei fingierten Unfällen (vgl § 10 Rn 44 sowie § 3 Rn 30 ff), wenn der zur Ausschaltung des Zeugniszwangs ebenfalls verklagte Versicherungsnehmer das behauptete Unfallgeschehen wahrheitswidrig – und damit für den Versicherer nicht bindend – zugesteht; in diesem Fall müssen beide Klagen abgewiesen werden.[68] Der BGH hat dies aaO nur für den Fall des sofort rechtskräftig werdenden Revisionsurteils entschieden; für andere Urteile kann aber wegen der ansonsten drohenden, § 3 Nr 8 PflVG widersprechenden Rechtskraftkollision nichts anderes gelten.[69] Dieser Konflikt kann nicht dadurch vermieden werden, dass das Verfahren gegen den Versicherungsnehmer wegen Vorgreiflichkeit des Verfahrens gegen den Haftpflichtversicherer gem § 148 ZPO abgetrennt und ausgesetzt wird.[70]

28 b) Ein der Klage des Geschädigten **stattgebendes Urteil** gegen einen der Gesamtschuldner hat keine Rechtskraftwirkung gegenüber dem anderen.[71] Für eine solche besteht im Regelfall auch kein Bedürfnis. Hat der Geschädigte eine Verurteilung des Versicherers erstritten, so hat er an einer nachträglichen Inanspruchnahme des Versicherungsnehmers kein Interesse mehr. Wurde der Versicherungsnehmer verurteilt, so ist der Versicherer hieran (selbst bei einem Versäumnisurteil)[72] grundsätzlich aufgrund des Versicherungsvertrags gebunden.[73] Lediglich bei Leistungsfreiheit des Versicherers gegenüber dem Versicherungsnehmer kann die fehlende Bindungswirkung der Verurteilung des Versicherungsnehmers für den Geschädigten nachteilige Folgen haben. § 3 Nr 8 PflVG hindert den Versicherungsnehmer auch nicht, trotz Verurteilung und Erfüllung seitens des Versicherers den Prozess durch ein Rechtsmittel weiterzubetreiben.[74]

---

66 BGH VersR 1981, 1156; 1981, 1158; OLG Stuttgart VersR 1979, 562; *Haarmann* VersR 1989, 684; zu einem Sonderfall, in dem die Klageabweisung eindeutig gesetzwidrig war und die Ausnutzung der Rechtskrafterstreckung durch den Versicherer daher missbräuchlich wäre, vgl BGH VersR 1979, 841.
67 BGH VersR 2003, 1121.
68 BGH VersR 1978, 862; einschr OLG Oldenburg NZV 1993, 1094 m Anm *Höher*.
69 Vgl OLG Köln VersR 1992, 1275 für nicht revisible Berufungsurteile; **aA** *Reiff* VersR 1990, 116 f.
70 OLG Karlsruhe VersR 1991, 539; OLG Koblenz VersR 1992, 1536; *Reiff* VersR 1990, 117; *Freyberger* NZV 1992, 391 f; **aA** OLG Celle NZV 1988, 182; *Geyer* VersR 1989, 889.
71 BGH VersR 1985, 849; *Liebscher* NZV 1994, 217.
72 Vgl BGH VersR 1978, 1105; OLG Koblenz VersR 1995, 1298.
73 BGHZ 28, 139; 38, 82. Eingehend hierzu *W Peters*, Die Bindungswirkung von Haftpflichtansprüchen im Deckungsverhältnis (1985); *Gottwald* FS Mitsopoulos (1994) 487; *Gottwald/Adolphsen* NZV 1995, 130.
74 OLG Frankfurt MDR 1985, 60.

3. Prozessführung

a) Prozessführungsrecht und Vollmacht des Versicherers. Nach § 7 II Abs 5 AKB **29** ist der Versicherungsnehmer verpflichtet, dem Haftpflichtversicherer die Führung eines gegen ihn angestrengten Haftpflichtprozesses zu überlassen;[75] dasselbe gilt nach § 3 Abs 1 AKB für mitversicherte Personen. Der Versicherer führt den Prozess im Namen des Haftpflichtigen, aber auf eigene Kosten; soweit er nach § 3 Nr 1 PflVG mitverklagt ist, führt er ihn zugleich im eigenen Namen. Aufgrund § 10 Abs 5 AKB ist er bevollmächtigt, alle Prozesshandlungen und Willenserklärungen für den Versicherungsnehmer und die Mitversicherten[76] abzugeben. Er kann also auch einen Vergleich mit Wirkung für und gegen den Versicherungsnehmer abschließen oder widerrufen[77] und durch ein tatsächliches Verhalten diesem ungünstige Rechtsfolgen, zB eine Verjährungshemmung, auslösen.[78] Dies gilt auch, wenn der Versicherungsvertrag zwischenzeitlich aufgelöst wurde.[79] Auch bei Überschreitung der Versicherungssumme bleibt der Versicherer bevollmächtigt,[80] jedoch bestehen hier im Innenverhältnis besondere Abstimmungspflichten.[81] Bei Leistungsfreiheit ist der Haftpflichtversicherer dagegen seit Einführung der Direktklage durch das PflVG 1965 nicht mehr als vertretungsberechtigt anzusehen.[82] Auf die **Aktivvertretung** des Versicherungsnehmers, dh die Geltendmachung eigener Ansprüche aus dem Unfall, erstreckt sich die Vollmacht jedoch nicht.[83] Der Haftpflichtversicherer ist also ohne gesonderte Ermächtigung nicht berechtigt, eine Widerklage zu erheben oder Ansprüche des Versicherungsnehmers zur Aufrechnung zu stellen.[84]

b) Anwaltliche Vertretung. Kraft seiner umfassenden Regulierungsvollmacht (Rn 29) **30** kann der Haftpflichtversicherer den Prozessbevollmächtigten auch im Namen des Versicherungsnehmers und des Mitversicherten bestellen.[85] Dies gilt auch, wenn gegen den Versicherungsnehmer, der zuerst seine eigenen Ansprüche eingeklagt hat, Widerklage wegen der gegenläufigen Ansprüche erhoben wird; der hierfür eintrittspflichtige Haftpflichtversicherer kann dann also – was freilich unüblich ist – einen eigenen Anwalt bestellen. Für den Umfang der Prozessvollmacht gelten §§ 81, 83 Abs 1 ZPO; dh sie gilt ggf für Klage und Widerklage.[86] Dies kann dann, wenn im Einzelfall auf beiden Seiten derselbe Haftpflichtversicherer einzutreten hat, zur Gefahr von Interessenkollisionen führen. In einem solchen Fall beziehen sich die Prozessvollmachten daher ausnahmsweise nur auf die Klage bzw die Widerklage.[87]

---

75 Bedenken gegen die Wirksamkeit dieser Bedingung bei *Koch/Hirse* VersR 2001, 405 ff.
76 Vgl hierzu BGHZ 28, 244; BGH VersR 1987, 924.
77 OLG Rostock NZV 1999, 515.
78 BGHZ 24, 317; BGH VersR 1978, 533.
79 BGH VersR 1987, 925.
80 BGH VersR 1970, 549; 1978, 533.
81 BGH VersR 1957, 502; 1970, 549.
82 BGH VersR 1987, 924; zur früheren Rechtslage BGHZ 24, 317; BGH VersR 1967, 149.
83 *Keilbar* NZV 1991, 335 f.
84 **AA** zu letzterem *Keilbar* NZV 1991, 336; wie hier *Hofmann* Der Schadensersatzprozess (1992) Rn 169.
85 BGHZ 112, 348.
86 BGHZ 112, 348; **aA** *Keilbar* NZV 1991, 336.
87 BGHZ 112, 345.

31 Der Haftpflichtversicherer ist nicht verpflichtet, auch für den Versicherungsnehmer einen Anwalt zu bestellen. Er kann sein Recht und seine Pflicht zur Prozessführung auch dadurch ausüben, dass er dem mitverklagten Versicherungsnehmer als **Nebenintervenient** beitritt:[88] es kann dann ein Versäumnisurteil gegen den Versicherungsnehmer nicht ergehen[89] und der Haftpflichtversicherer kann alle Prozesshandlungen wirksam für ihn vornehmen. Dieses Vorgehen empfiehlt sich insbesondere bei Interessenkonflikten, wie sie beim Verdacht eines fingierten Unfalls auftreten. Eine Vertretung durch ein und denselben Anwalt ist in diesen Fällen aus straf- und standesrechtlichen Gründen ohnehin nicht möglich; will der Versicherer nicht von der Möglichkeit der Nebenintervention Gebrauch machen, muss er also neben dem eigenen Prozessbevollmächtigten einen weiteren für den Versicherungsnehmer beauftragen.[90]

32 Der Versicherungsnehmer darf einen eigenen Anwalt nach dem Versicherungsvertrag (§ 7 II Nr 5 AKB) nicht mandatieren.[91] Tut er es dennoch, ist die Vollmacht allerdings im Außenverhältnis wirksam. Hat der Haftpflichtversicherer für ihn ebenfalls einen Anwalt bestellt, besteht eine Mehrheit von Prozessbevollmächtigten iSv § 84 ZPO.[92] Da eine sachgerechte Prozessführung in diesem Fall nicht möglich ist,[93] muss der Versicherungsnehmer dem von ihm bestellten Anwalt das Mandat entziehen; auf die Reihenfolge der Bestellung kommt es dabei nicht an.[94] Die Kosten des eigenen Anwalts sind mangels Notwendigkeit nicht erstattungsfähig, sofern nicht ausnahmsweise ein besonderer Grund für seine Bestellung besteht.[95] Dabei reichen Meinungsverschiedenheiten über die Schadensregulierung nicht aus; sie sind ggf in einem gesonderten Prozess auszutragen.[96]

33 c) **Streitgenossenschaft.** Wegen der begrenzten Rechtskrafterstreckung (vgl Rn 24 ff) sind Versicherungsnehmer und Versicherer, wenn sie gemeinsam verklagt werden, keine notwendigen, sondern einfache Streitgenossen.[97]

34 d) **Nebenintervention.** Tritt der Versicherer dem Versicherungsnehmer als Nebenintervenient bei (vgl Rn 31), ist er kein streitgenössischer Nebenintervenient iSv § 69 ZPO.[98] Er kann sich also nicht in Widerspruch zu Prozesshandlungen und Erklärungen des Versicherungsnehmers setzen (§ 67 ZPO).[99] Erkennt zB der Versicherungsnehmer

---

88 *Gottwald/Adolphsen* NZV 1995, 131; *Freyberger* VersR 1991, 843 ff u NZV 1992, 393; OLG Frankfurt VersR 1996, 212 m Anm *Draschka*; LG Köln VersR 1993, 1095; **aA** OLGR Frankfurt 1994, 191.
89 OLG Hamm NJW-RR 1997, 156.
90 *Freyberger* VersR 1991, 843; **aA** *Geyer* VersR 1989, 888; *Keilbar* NZV 1991, 339.
91 *Stiefel/Hofmann* § 7 AKB Rn 194; *Keilbar* NZV 1991, 336; **aA** *Liebscher* NZV 1994, 216.
92 *Keilbar* NZV 1991, 335 f.
93 Vgl zu den Folgen einander widersprechender Handlungen oder Erklärungen *Zöller/Vollkommer* § 84 Rn 1.
94 BGH NZV 2004, 179, 180.
95 BGH NZV 2004, 179.
96 BGH NZV 2004, 179, 180.
97 BGHZ 63, 51; **aA** *Gerhardt* FS *Henckel* (1995) 282 ff mit umfassendem Nachweis des Meinungsstandes.
98 *Gottwald/Adolphsen* NZV 1995, 131 f; **aA** beiläufig BGH VersR 1993, 626.
99 Näher *Freyberger* NZV 1992, 393; *Lemcke* VersR 1995, 989 f.

§ 15 Haftung des Haftpflichtversicherers

den Klageanspruch an, muss gegen ihn Anerkenntnisurteil ergehen (wodurch er freilich die Leistungsfreiheit des Versicherers nach § 7 II Abs 1, V AKB herbeiführt).

V. Verhältnis zum Anspruch gegen Mitschädiger und deren Versicherer

1. Mitschädiger

Zu einem für den Unfall Mitverantwortlichen, für den er nicht kraft Versicherungsvertrags oder nach § 3 Nr 4, 5 PflVG einzutreten verpflichtet ist, steht der Versicherer nicht in einem Gesamtschuldverhältnis, denn der Direktanspruch ist lediglich ein Annex zum Haftpflichtanspruch gegen den Versicherungsnehmer bzw Versicherten.[100] Dies hat für den Mitverantwortlichen zur Folge, dass er im Falle seiner Inanspruchnahme keinen Ausgleichsanspruch nach § 426 BGB gegen den Versicherer des anderen Schädigers hat; er ist auf den Ausgleichsanspruch gegen den anderen Schädiger selbst verwiesen, der auch nicht durch einen Direktanspruch gegen dessen Versicherer verstärkt wird (s Rn 8).

35

Umgekehrt kann auch der in Anspruch genommene **Versicherer** einen Mitschädiger nicht nach § 426 BGB, sondern allenfalls im Wege eines nach § 67 VVG auf ihn übergegangenen Ausgleichsanspruchs seines Versicherungsnehmers, des Halters, belangen.[101] Dieser Forderungsübergang findet auch statt, wenn der Versicherer wegen eines Leistungsverweigerungsrechts und der Haftung des Haftpflichtversicherers des Mitschädigers nicht zur Zahlung an den Geschädigten verpflichtet war (§ 3 Nr 6 PflVG); ein Rückgriff gegen den Mitschädiger nach Bereicherungsrecht wird durch § 67 VVG ausgeschlossen.[102] Der Haftpflichtversicherer kann jedoch dann nicht gemäß § 67 VVG gegen den Dritten vorgehen, wenn dieser im Umfang seiner Inanspruchnahme einen Rückgriffsanspruch gegen den Versicherten hat, für den der Versicherer einstehen muss.[103] Dies gilt auch beim gestörten Versicherungsverhältnis in dem Umfang, in dem der Versicherer durch eine geschäftsplanmäßige Erklärung[104] oder die KfzPflVV an einem Rückgriff gegen den Versicherten gehindert ist, denn das Ziel dieser Regelungen würde verfehlt, wenn der Versicherer bei einem Dritten Regress nehmen könnte, der seinerseits gegen den durch die Erklärung Begünstigten Regress nehmen kann.[105] All dies gilt aber nur insoweit, als der Regressgegner tatsächlich einen Rückgriffsanspruch gegen den Versicherten hat. In Höhe einer im Innenverhältnis von ihm selbst zu tragenden Quote steht ihm der Einwand unzulässiger Rechtsausübung nicht zu.[106]

36

---

100 BGH VersR 1979, 838; 1981, 134; KG VersR 1978, 435; OLG Karlsruhe VersR 1986, 155.
101 BGHZ 117, 151, 158; VersR 1981, 134; 2007, 198; OLG Hamm VersR 1992, 249; **aA** OLG Celle VersR 1973, 1031; 1980, 562.
102 BGH VersR 1963, 1193.
103 BGH NJW 1972, 440: unzulässige Rechtsausübung, da der Versicherer das aus dem Regress Erlangte durch seine Leistung an den Versicherten mittelbar wieder an den Regressgegner zurückgewähren müsse.
104 S dazu *Stiefel/Hofmann* vor § 1 AKB Rn 9.
105 BGHZ 117, 151.
106 BGHZ 117, 151, 158.

2. Versicherer anderer Schädiger

37 Nach BGH VersR 1978, 843 besteht zwischen den Versicherern mehrerer Schädiger ein Gesamtschuldverhältnis. Dies ist nach dem oben (Rn 35) Ausgeführten problematisch. *Knappmann*[107] bejaht jedoch aus Praktikabilitätserwägungen einen Ausgleichsanspruch zwischen den Versicherern mehrerer Schädiger analog §§ 426, 254 BGB.

VI. Haftung des Versicherers trotz fehlender Leistungspflicht

1. Übersicht

38 Das Verkehrsopfer wird durch § 3 Nr 4, 5 PflVG insofern geschützt, als es den Haftpflichtversicherer auch dann, wenn er gegenüber seinem ersatzpflichtigen Versicherungsnehmer oder einem Mitversicherten von der Verpflichtung zur Deckung frei ist, mit der Direktklage in Anspruch nehmen kann (s Rn 42). Dies gilt allerdings nicht in allen Fällen von Leistungsfreiheit (s Rn 41). Auch ist der Direktanspruch in den Fällen von Leistungsfreiheit in zweifacher Hinsicht (Mindestversicherungssumme als Höchstgrenze, Subsidiarität bei Bestehen bestimmter anderweitiger Ansprüche) begrenzt (§ 3 Nr 6 PflVG; s Rn 43 ff). Die in § 3 Nr 4, 5 PflVG geregelte Vergünstigung für den Geschädigten greift aber nur ein, wenn er im Wege der Direktklage vorgeht. Der Weg über die Klage gegen den Ersatzpflichtigen und die Pfändung dessen Deckungsanspruchs gegen den Versicherer (s Rn 1) ist in den Fällen von Leistungsfreiheit nicht gangbar, weil die Pfändung ins Leere gehen würde und § 158c Abs 1 und 2 VVG für den Bereich der Haftpflichtversicherung für Kraftfahrzeughalter durch § 3 PflVG derogiert werden.[108]

39 Hat der leistungsfreie Versicherer geleistet, so kann er unter Umständen beim Versicherungsnehmer (§ 3 Nr 9 S 2 PflVG) oder einem Mitversicherten[109] **Rückgriff** nehmen.[110]

40 Die Rspr leitet ferner eine Vertrauenshaftung aus § 242 BGB ab: Demnach kann ein in keinerlei Rechtsbeziehung zum Schädiger stehender Haftpflichtversicherer, der beim Geschädigten in vorwerfbarer Weise den Eindruck erweckt und aufrechterhält, er sei für die Schadensregulierung zuständig, zum Ersatz des Schadens verpflichtet sein, der dem Geschädigten dadurch entsteht, dass er seinen Anspruch gegen den richtigen Versicherer verjähren lässt.[111] Wenn der unzuständige Versicherer den Geschädigten sogar darin bestärkt hat, den Schadensfall mit sich abzuwickeln, soll ihm darüber hinaus der Einwand fehlender Passivlegitimation versagt sein.[112]

---

107 In: *Prölss/Martin* § 3 Nr 1, 2 PflVG Rn 11. Ebenso OLG München VersR 2002, 1289.
108 BGHZ 68, 153.
109 BGH NJW 1984, 1463.
110 Grundlagen hierzu in § 35 Rn 17 ff. Wegen der Einzelheiten ist auf das versicherungsrechtliche Schrifttum zu verweisen. S zB *Stiefel/Hofmann* § 3 Nr 9 PflVG Rn 1 ff; zum Einfluss der KfzPflVV *Knappmann* VersR 1996, 401.
111 BGH NZV 1996, 401.
112 BGH VersR 2000, 717.

2. Ausschluss des Direktanspruchs

Ist der Versicherer aufgrund eines **Risikoausschlusses** dem Versicherungsnehmer bzw Versicherten gegenüber von der Leistungspflicht befreit, so schließt dies auch den Direktanspruch des Geschädigten aus. Dies ist insbesondere der Fall bei vorsätzlicher Schadensherbeiführung (§ 152 VVG; näher hierzu Rn 13). In diesem Fall kommt ein Anspruch gegen den Verein Verkehrsopferhilfe eV in Betracht (vgl Rn 69 ff). **41**

3. Kein Ausschluss des Direktanspruchs

Der Direktanspruch besteht unabhängig vom Ausschluss der Leistungspflicht des Versicherers gegenüber dem Versicherungsnehmer bzw Versicherten in den Fällen des § 3 Nr 4, 5 PflVG. Hierunter fallen insbesondere **42**

– Obliegenheitsverletzungen vor Eintritt des Versicherungsfalls (§ 5 Abs 1 KfzPflVV, § 2b Abs 1 AKB, zB unberechtigte Fahrzeugbenutzung,[113] Fahren ohne Fahrerlaubnis[114] oder im Zustand alkoholbedingter Fahrunsicherheit);
– Obliegenheitsverletzungen nach Eintritt des Versicherungsfalls (§ 6 KfzPflVV, § 7 AKB, zB Verletzung der Anzeige- oder Aufklärungspflicht);
– Gefahrerhöhung (§§ 23 ff VVG; zB unerlaubter Umbau des Fahrzeugs);
– Prämienzahlungsverzug (§§ 38 f VVG);
– unterlassene Veräußerungsanzeige (§ 71 VVG);
– Fristablauf nach Bescheid gemäß § 12 Abs 3 VVG;[115]
– Nichtbestehen oder Beendigung des Versicherungsverhältnisses, wenn das Schadensereignis innerhalb des in § 3 Nr 5 PflVG bezeichneten Zeitraums eingetreten ist.[116]

4. Begrenzungen des isoliert bestehenden Direktanspruchs

a) Höhenbegrenzung. Bei Leistungsfreiheit im Innenverhältnis (s Rn 42 u § 35 Rn 17) ist die Haftung gegenüber dem Geschädigten zwar nicht ausgeschlossen, aber teilweise der Höhe nach begrenzt. Nach § 3 Nr 6 PflVG iVm § 158 c Abs 3 VVG beschränkt sie sich auf die Mindestversicherungssumme iSv § 4 Abs 2 PflVG. Wenn sich die Leistungsfreiheit des Versicherers allein aus dem formellen Grund des § 12 Abs 3 VVG ergibt, gilt die Begrenzung nicht.[117] Bei teilweiser Leistungsfreiheit wegen Obliegenheitsverletzung nach § 7 V AKB greift sie ebenfalls nicht ein, weil es sonst zu einer sinnwidrigen Benachteiligung des Geschädigten käme; hier haftet der Versicherer vielmehr auf die vertraglich vereinbarte Versicherungssumme abzüglich des Betrages der Leistungsfreiheit nach § 7 V Abs 2 AKB.[118] Für die Fälle von Obliegenheitsverletzung vor dem Versicherungsfall oder Gefahrerhöhung ist die Leistungsfreiheit zwar durch § 5 Abs 3 KfzPflVV auf 5000 Euro beschränkt, sodass darüber hinaus unbegrenzte Haftung bestünde; § 2b Abs 2 S 2 AKB ordnet jedoch die Beschränkung auf die gesetzlichen Mindestversicherungssummen an, sodass es bei der Rechtsfolge des § 158c Abs 3 VVG bleibt.[119] **43**

---

113 Vgl BGH VersR 1981, 323.
114 Vgl BGH VersR 1979, 1120.
115 BGH VersR 1981, 323.
116 Näher hierzu *Feyock/Jacobsen/Lemor* § 3 PflVG Rn 32 ff; *Hofmann* NZV 1991, 410.
117 BGHZ 79, 170.
118 BGH NJW 1983, 2197, 2198.
119 *Prölss/Martin/Knappmann* § 3 Nr 6 PflVG Rn 2.

44 **b) Subsidiarität.** Wenn der Geschädigte Ersatz seines Schadens von einem anderen Schadensversicherer[120] (nicht Summenversicherer[121]) oder von einem Sozialversicherungsträger oder von einem Selbstversicherer nach § 2 Abs 1 Nr 1 bis 5 PflVG erlangen kann, ist der trotz Leistungsfreiheit bestehende Direktanspruch ausgeschlossen (§ 3 Nr 6 PflVG, § 158c Abs 4 VVG). Dies gilt jedoch infolge des am 1.7.1988 in Kraft getretenen 1. Gesetzes zur Änderung des PflVG nicht mehr, soweit die Leistungsfreiheit darauf beruht, dass das Fahrzeug den Bau- und Betriebsvorschriften der StVZO nicht entsprach (vgl §§ 23 ff VVG) oder von einem unberechtigten Fahrer oder einem Fahrer ohne die vorgeschriebene Fahrerlaubnis geführt wurde.[122] Diese Aufzählung ist abschließend.[123] Tritt eine weitere Obliegenheitsverletzung (zB Trunkenheitsfahrt) hinzu, verbleibt es jedoch bei dem Verweisungsprivileg.[124] Die Subsidiaritätsklausel greift nicht nur dann ein, wenn der Schädiger doppelt gegen Haftpflicht versichert[125] und nur eines dieser Versicherungsverhältnisse notleidend war, sondern auch dann, wenn neben dem Schädiger noch ein anderer haftet, der einen gültigen Versicherungsschutz genießt.[126] Dem steht nicht entgegen, dass der Geschädigte diesen anderen Versicherer nicht mit der Direktklage, sondern nur mittelbar über den anderen Schädiger in Anspruch nehmen kann.[127] Bei teilweiser Leistungsfreiheit (§ 7 V AKB) steht dem Versicherer das Verweisungsprivileg nur in Höhe der Leistungsfreiheit zu.[128]

45 Ist der Geschädigte in der österreichischen gesetzlichen Krankenversicherung versichert und erhält er Lohnfortzahlung nach § 2 des österreichischen Entgeltfortzahlungsgesetzes, so ist er iS des § 158c Abs 4 VVG in der Lage, Ersatz von einem Sozialversicherungsträger zu erlangen, da der Träger der gesetzlichen Krankenversicherung verpflichtet ist, dem Arbeitgeber das fortgezahlte Entgelt in voller Höhe zu erstatten.[129] Auch die Bundesagentur für Arbeit ist, soweit sie Rehabilitationsleistungen erbringt, Sozialversicherungsträger iS des § 158c Abs 4 VVG.[130] Auf den Lohnfortzahlung leistenden Arbeitgeber ist die Vorschrift dagegen nicht (entsprechend) anzuwenden.[131]

46 Aufgrund der Subsidiaritätsklausel können auch auf einen leistungspflichtigen Sozialversicherungsträger **übergegangene Ansprüche** des Geschädigten nicht gegen den Haftpflichtversicherer erhoben werden; dies gilt jedoch nicht, wenn die Leistungsfreiheit allein auf § 12 Abs 3 VVG beruht.[132]

47 Zu der Frage, inwieweit der Sozialversicherungsträger in diesen Fällen beim Schädiger Regress nehmen kann, s § 32 Rn 85, zum Zusammentreffen mit einem seinerseits subsidiären Amtshaftungsanspruch *Backhaus* VersR 1984, 16 und *Steffen* VersR 1986, 104, zum Zusammentreffen

---

120 Auch einem ausländischen; OLG Koblenz VersR 2006, 110.
121 Vgl BGH VersR 1979, 1120.
122 Einzelheiten bei *Küppersbusch* NZV 1988, 51. Krit zu dieser Differenzierung und ihren Auswirkungen *Deppe-Hilgenberg* Direktanspruch, Regress, Regressbeschränkungen und Reflex im Rahmen der Kfz-Haftpflichtversicherung (1992) 54 ff, 403 ff.
123 BGH VersR 2002, 1501.
124 OLG Stuttgart NJW-RR 2001, 965; *Prölss/Martin/Knappmann* § 3 Nr 6 PflVG Rn 6.
125 ZB im Ausland; OLG München OLGR 1995, 230.
126 BGHZ 25, 327; BGH VersR 1978, 609.
127 BGH VersR 1978, 609.
128 *Feyock/Jacobsen/Lemor* § 3 PflVG Rn 44.
129 BGH VersR 1986, 1231.
130 OLG Frankfurt VersR 1991, 686.
131 *Schmidt* WzS 1988, 266 ff.
132 BGHZ 65, 1.

mit der Haftung der Bundesrepublik Deutschland als Repräsentantin eines ausländischen Staates nach dem NTS OLG Zweibrücken VersR 1987, 656, zum Beitragsrückgriff nach § 119 SGB X *Küppersbusch* VersR 1983, 211; *Denck* VersR 1984, 607.

c) Zusammentreffen beider Begrenzungen. Hat der Geschädigte von einem Sozialversicherungsträger Leistungen erhalten, welche die Mindestversicherungssumme übersteigen, so hindert dies allein die Haftung des Haftpflichtversicherers für andere Ansprüche nicht. Andererseits können die Sozialleistungen aber auch nicht etwa mit der Konsequenz außer Betracht gelassen werden, dass der Geschädigte die Mindestversicherungssumme noch voll für die anderweitigen Ansprüche ausschöpfen kann. Diese Summe steht ihm vielmehr nur in dem Umfang zur Verfügung, wie es bei uneingeschränkter Eintrittspflicht des Versicherers der Fall wäre. Der beim kranken Versicherungsverhältnis entstehende Vorteil, dass die Deckungssumme durch den Ausschluss des Sozialversicherungsträgerregresses geschont wird, soll nicht dem Geschädigten zugute kommen. Die Mindestversicherungssumme ist daher nach dem Schlüssel aufzuteilen (vgl §§ 155 f VVG), der auch im Fall eines ungestörten Versicherungsverhältnisses gelten würde.[133]

48

5. Beweislast

Kommt es für den Direktanspruch auf die Frage der Leistungsfreiheit an (zB wegen der Subsidiarität), so ist der Geschädigte in gleicher Weise beweispflichtig wie es im Deckungsprozess der Versicherungsnehmer wäre. Er hat also zB gem § 25 Abs 3 VVG zu beweisen, dass die Gefahrerhöhung keinen Einfluss auf den Eintritt des Versicherungsfalles und den Umfang der Leistung des Versicherers gehabt hat.[134]

49

VII. Beeinflussung des Ersatzanspruchs durch Teilungsabkommen

1. Wesen der Teilungsabkommen

Der Rückgriff eines Sozialversicherungsträgers nach § 116 SGB X oder eines Privatversicherers nach § 67 VVG, der sich nach § 3 Nr 1 PflVG ebenfalls gegen den Haftpflichtversicherer richtet, wird häufig durch Teilungsabkommen, die zwischen den Versicherern abgeschlossen wurden, beeinflusst.[135] Es handelt sich hierbei um Rahmenverträge zur vergleichsweisen Erledigung künftiger Schadensfälle, in denen sich der Haftpflichtversicherer verpflichtet, die Aufwendungen des anderen durch Zahlung einer bestimmten Quote auszugleichen, während sich der Vertragspartner verpflichtet, sich der Geltendmachung des Anspruchs gegenüber dem Versicherungsnehmer sowie der weitergehenden Geltendmachung des Anspruchs gegenüber dem Haftpflichtversicherer zu enthalten.[136] Sinn solcher Abkommen ist es, die Kosten einer gerichtlichen oder außergerichtlichen Prüfung der Haftpflicht zu vermeiden, indem allen zwischen den Beteiligten vorzunehmenden Schadensregulierungen eine einheitliche, der Erfahrung nach als Durchschnittswert anzusehende Quote zugrundegelegt wird. Dies führt dazu, dass der

50

---

133 BGH VersR 1975, 558.
134 BGH VersR 1986, 1233; 1987, 39.
135 Zu der erheblichen Verbreitung dieses Regulierungsverfahrens s *Deichl* VersR 1985, 409; *Marburger* VersR 2000, 701; *Lang/Stahl/Küppersbusch* NZV 2006, 628.
136 BGH VersR 1951, 65; 1960, 988; 1962, 19; 1969, 641; 1970, 837; 1973, 164; 1974, 175; 1976, 923; 1978, 278.

Rückgriff nehmende Versicherer auch in solchen Fällen nur die Quote (zB 50%) erhält, in denen ganz klar volle Haftung des gegnerischen Versicherungsnehmers gegeben ist, während umgekehrt der Haftpflichtversicherer auch dann eintreten muss, wenn seinen Versicherungsnehmer an sich keine Schadenshaftung treffen würde. § 116 Abs 9 SGB X lässt solche Pauschalierungen ausdrücklich zu. Vgl dazu auch § 32 Rn 55 ff.

2. Geltungsbereich

51 Ob die im Teilungsabkommen vereinbarte Regulierung eingreift, hängt von dessen konkreter Ausgestaltung ab, die durch einzelfallbezogene Auslegung zu ermitteln ist.[137] Sofern nichts anderes vereinbart ist, greift das Abkommen stets dann ein, wenn der Schadensfall mit dem Gefahrenbereich, für den der Versicherte und mutmaßliche Schädiger Haftpflichtversicherungsschutz genommen hat, in ursächlichem Zusammenhang steht.[138] Im Bereich der Kfz-Haftpflichtversicherung wird folglich idR ein (adäquater) Kausalzusammenhang zwischen dem Schadensfall (dh der zu Leistungen des Sozialversicherungsträgers führenden Verletzung; § 3 Rn 36 ff) und dem Gebrauch eines Kfz vorausgesetzt.[139] Diese Voraussetzungen müssen ggf nach den allgemeinen Grundsätzen bewiesen werden (s § 38 Rn 36 ff);[140] die bloße Möglichkeit eines Ursachenzusammenhangs zwischen Kfz-Gebrauch und Verletzung reicht daher nicht. Der im Abkommen vereinbarte Verzicht auf die Prüfung der Haftungsfrage bezieht sich somit vor allem auf Verschulden,[141] höhere Gewalt, Unabwendbarkeit,[142] haftungsausfüllende Kausalität usw. Wurde die haftungsbegründende Kausalität nicht zur Voraussetzung der Anwendbarkeit erklärt (wie teilweise in älteren Abkommen), genügt ein innerer Zusammenhang zwischen dem Schadensfall und dem Gefahrenbereich, für den der Versicherungsschutz begründet wurde.[142]

52 Nach § 242 BGB sind von der Anwendung des Teilungsabkommens aber solche Fälle (sog **Groteskfälle**) ausgenommen, in denen schon aufgrund des unstreitigen Sachverhalts unzweifelhaft und offensichtlich eine Schadensersatzpflicht des Versicherungsnehmers nicht in Frage kommt.[143]

53 Daher braucht der Haftpflichtversicherer des Halters eines erst einige Zeit nach einem Begegnungszusammenstoß an die Unfallstelle kommenden Lastzugs auch dann nicht für die Folgen einer bei jenem Zusammenstoß hervorgerufenen Körperverletzung eines der Fahrer aufzukommen, wenn der später eintreffende Lastzug auf die beiden Unfallfahrzeuge auffährt und neue Sachschäden verursacht; er ist nur verpflichtet, sich anteilsmäßig am gesamten Sachschaden zu beteiligen.[144] Ebenso wenig kann aus Teilungsabkommen der Haftpflichtversicherer eines ordnungsgemäß auf einem Seitenstreifen außerhalb der Fahrbahn abgestellten Pkw in Anspruch

---

137 Zur revisionsgerichtlichen Überprüfbarkeit BGHZ 20, 386, 389.
138 BGHZ 20, 386 (auch zur Abgrenzung von Betriebs- und Kfz-Haftpflichtversicherung). Zu abw Regelungen s *Prölss/Martin/Prölss* § 67 Rn 62.
139 Vgl BGH VersR 1979, 1093. Eingehend zu den unterschiedlichen Erscheinungsformen *Lang/Stahl/Küppersbusch* NZV 2006, 628 ff.
140 OLG Hamburg VersR 2003, 1588 m Anm *Lang*; OLG Köln VersR 1983, 980.
141 Zur Auslegung eines Teilungsabkommens, in dem nur auf die Prüfung der Schuldfrage verzichtet wird, s BGH VersR 1980, 1170; 1984, 225.
142 BGH VersR 1963, 1066; 1969, 641.
143 BGHZ 20, 390; BGH VersR 1966, 817; 1979, 1093; 1984, 889; OLG Celle NZV 1992, 316. Weitere Nachweise bei *Geigel/Plagemann* Kap 30 Rn 100.
144 OLG Köln VersR 1966, 372 = 856 m Anm *Ebenhöch*.

genommen werden, wenn ein Mopedfahrer 20 m entfernt in Fahrbahnmitte mit einem anderen Fahrzeug zusammenstößt und dadurch gegen den Pkw geschleudert wird.[145]

Voraussetzung für die Anwendung des Teilungsabkommens ist weiterhin, dass der Haftpflichtversicherer dem Versicherungsnehmer bzw Versicherten – nicht nur dem Geschädigten – gegenüber **deckungspflichtig** ist.[146] Leistungsfreiheit allein aufgrund § 12 Abs 3 VVG genügt allerdings nicht, um die Anwendung auszuschließen.[147] 54

Zur Frage, inwieweit bei der **Vereinigung von zwei Sozialversicherungsträgern** (Krankenkassen) das von der aufnehmenden Kasse abgeschlossene Teilungsabkommen auch auf Schäden eines Mitglieds der aufgenommenen Kasse vor der Vereinigung anzuwenden ist s BGH VersR 1982, 1073, zur Geltung eines Teilungsabkommens bei Kassenwechsel *Wussow* WJ 1990, 105. 55

3. Wirkung gegenüber dem Haftpflichtversicherer

Der Haftpflichtversicherer ist verpflichtet, die im Teilungsabkommen vereinbarte Schadensquote ohne Prüfung der Sach- und Rechtslage zu ersetzen. Auf Verschulden oder Abwendbarkeit des Unfalls kommt es hierbei (vorbehaltlich abweichender Vereinbarung) ebensowenig an wie auf ein etwaiges Mitverschulden des Geschädigten,[148] die Haftungsbegrenzung nach § 12 StVG[149] oder eine Haftungsfreistellung des Versicherungsnehmers nach §§ 636 f RVO aF bzw §§ 104 ff SGB VII.[150] Andererseits ist der Haftpflichtversicherer berechtigt – ebenfalls ohne Prüfung der Sach- und Rechtslage – die Zahlung eines höheren als des sich aus dem Abkommen ergebenden Betrages zu verweigern. Ist das Teilungsabkommen **betragsmäßig limitiert**, so regelt sich die Ersatzpflicht hinsichtlich des überschießenden Teils nach der konkreten Sach- und Rechtslage. Auf den Höchstbetrag nach § 12 StVG ist die abkommensmäßig geleistete Summe nicht anzurechnen.[151] Ist vereinbart, dass Ansprüche des Sozialversicherungsträgers gegen den Haftpflichtversicherer und dessen Versicherte nur innerhalb einer **Ausschlussfrist** geltend gemacht werden können,[152] so erfasst der Ausschluss bei Fehlen abweichender Bestimmungen die Regressforderung auch insoweit, als sie das Abkommenslimit überschreitet; die Geltendmachung der Regressforderung bei einem Haftpflichtversicherer wahrt die Ausschlussfrist gegenüber anderen am Schadensfall beteiligten Haftpflichtversicherern nicht.[153] Haben die Abkommenspartner vereinbart, dass die Frist auch gewahrt ist, wenn der Haftpflichtversicherer von den Ansprüchen „in anderer Weise Kenntnis erlangt", so genügt auch die Anmeldung von Ansprüchen (zB Schmerzensgeld) durch den Geschädigten selbst.[154] Hat der Haftpflichtversicherer an 56

---

145 BGH VersR 1983, 771 = NJW 1984, 41 m Anm *Tschernitschek*.
146 BGH VersR 1960, 988; 1971, 117; *Schmidt* WzS 1988, 268. Zu Unfall mit gestohlenem Kfz OLG Hamm VersR 2003, 333.
147 BGH VersR 1974, 175.
148 LG Köln VersR 1972, 147.
149 *Wussow* WJ 1990, 129.
150 BGH VersR 1978, 153; zur Auslegung eines Abkommens, welches hierzu Sonderregelungen enthält, s BGH NZV 1993, 309; zur Unanwendbarkeit des § 108 SGB VII (Aussetzung des Rechtsstreits) in diesem Fall BGHZ 164, 117.
151 *Wussow* WJ 1990, 129.
152 Zum Beginn der Frist, wenn es auf Kenntnis des Sozialversicherungsträgers vom Schadensfall ankommt, s BGH NJW 2001, 2535.
153 BGH VersR 1984, 1143.
154 *Plagemann/Schafhausen* NZV 1991, 53.

einen wegen Arbeitsunfalls unzuständigen Krankenversicherungsträger (§ 11 Abs 4 SGB VII) aufgrund eines Abfindungsvergleichs Leistungen erbracht, kann er diese wegen Unwirksamkeit des Vergleichs (§ 779 BGB) vom Krankenversicherer gem §§ 812 ff BGB zurückfordern.[155] Vgl auch § 32 Rn 56.

57 Bei **Erschöpfung der Versicherungssumme** nimmt der Sozialversicherungsträger an dem Verteilungsverfahren nach § 156 Abs 3 VVG (vgl Rn 16) teil.[156] Bei der Prüfung, ob und mit welchen Folgen Forderungen aus Teilungsabkommen die Erschöpfung der Versicherungssumme entgegengehalten werden kann, sind alle Ansprüche, die sich berechtigterweise gegen den Schädiger richten, und alle Forderungen, die ihre Grundlage im Teilungsabkommen haben, nach Maßgabe von § 156 Abs 3 S 1 VVG zusammenzurechnen und ggf zueinander ins Verhältnis zu setzen; die Kürzung der Forderungen aus Teilungsabkommen geschieht dann entsprechend den ermittelten Wertverhältnissen.[157]

4. Wirkung gegenüber dem Versicherungsnehmer (Versicherten)

58 Das Teilungsabkommen begründet eine **Stillhaltepflicht** des Regress nehmenden Versicherungsträgers auch gegenüber dem Schädiger. Dieser kann daher entsprechende Ersatzleistungen verweigern. Ist das Teilungsabkommen betragsmäßig limitiert, so erfasst die Stillhaltepflicht auch den das Limit übersteigenden Schaden, solange die Aufwendungen des Sozialversicherungsträgers das Limit nicht erreicht haben; bis dahin ist deshalb die Verjährung eines Regressanspruchs gegen den Versicherungsnehmer nach § 205 BGB gehemmt.[158] Dasselbe gilt bei unlimitierten Teilungsabkommen hinsichtlich der die Deckungssumme des Haftpflichtversicherungsvertrags übersteigenden Beträge.[159] Einen auch für den Fall des Überschreitens des Limits erklärten Verjährungsverzicht muss der Schädiger jedenfalls insoweit gegen sich gelten lassen, als die Versicherungssumme nicht überschritten wird.[160] Kann sich der Haftpflichtversicherer auf Leistungsfreiheit berufen und ist er daher gemäß § 3 Nr 4, 6 PflVG, § 158c Abs 4 VVG insoweit dem Sozialversicherungsträger nicht ersatzpflichtig, so kann dieser den entsprechenden Teil der Schadensersatzforderung vom Schädiger ersetzt verlangen; dieser Anspruch ist nicht entsprechend einer etwaigen Haftungsquote zu kürzen.[161] Ist der Versicherungsnehmer, zB nach §§ 104 ff SGB VII von der Haftung freigestellt, so ändert die Leistungspflicht des Haftpflichtversicherers aufgrund des Teilungsabkommens hieran nichts.[162] Ist in einem Teilungsabkommen zwischen Haftpflicht- und Fahrzeugversicherer vorgesehen, dass letzterer in Fällen, in denen sich die in einen Unfall verwickelten Fahrzeuge nicht berührt haben, trotz Übergangs der Schadensersatzforderung gem § 67 VVG auf Regressnahme verzichtet, so liegt hierin ein (vorweg vereinbarter) Erlass der Schadensersatzforderung, der nicht nur gegenüber dem Haftpflichtversi-

---

155 BGH NJW 2003, 3193, 3195. Vgl auch *Lemcke* r+s 2002, 441, 443.
156 BGH VersR 1983, 26.
157 BGH VersR 1985, 1054; näher hierzu, auch zur Berücksichtigung eines Befriedigungsvorrechts des Geschädigten nach § 116 Abs 4 SGB X *Plagemann/Schafhausen* NZV 1991, 52.
158 BGH VersR 1973, 759; 1974, 175; NZV 2003, 565, 566; OLG Hamm VersR 1986, 900.
159 BGH VersR 1978, 278.
160 BGH NZV 2003, 565.
161 BGH VersR 1984, 526; OLG Köln r+s 1993, 342; *Plagemann/Schafhausen* NZV 1991, 54.
162 BGH VersR 1978, 153.

cherer, sondern nach § 423 BGB auch zugunsten des Schädigers wirkt und zur Folge hat, dass eine Rückabtretung der Schadensersatzforderung vom Fahrzeugversicherer auf den Geschädigten nicht mehr wirksam erfolgen kann.[163]

Seinen **Schadensfreiheitsrabatt** verliert der Versicherungsnehmer allein wegen der Regulierung nach dem Teilungsabkommen nicht; entscheidend hierfür ist vielmehr, ob er tatsächlich haftpflichtig war.[164]

59

5. Wirkung bei Mehrheit von Schädigern

Hat der Haftpflichtversicherer eines von mehreren Schädigern ein Teilungsabkommen mit dem Regress nehmenden Sozialversicherungsträger abgeschlossen, so fragt sich, inwieweit dies den Rückgriff des Sozialversicherungsträgers gegen andere Ersatzpflichtige sowie den Innenausgleich zwischen den Schädigern tangiert.

60

a) **Ansprüche des Sozialversicherungsträgers.** Sind mehrere Versicherungsnehmer des Haftpflichtversicherers an dem Unfall beteiligt, so erhält der Sozialversicherungsträger die im Abkommen vorgesehene Quote nur einmal.[165] Gegen andere Schädiger und deren Versicherer kann der Sozialversicherungsträger grundsätzlich ohne Rücksicht auf das Teilungsabkommen Rückgriff nehmen. Es kann aber vereinbart werden, dass er nicht gegen Dritte vorgehen darf, die dann ihrerseits vom Abkommenspartner oder dessen Versicherungsnehmer Ausgleich verlangen können; hierauf kann sich auch der in Anspruch genommene Dritte berufen.[166]

61

b) **Innenausgleich.** Hat der Sozialversicherungsträger den Versicherer des nach Haftpflichtrecht nicht ersatzpflichtigen Unfallbeteiligten A aufgrund Teilungsabkommens in Anspruch genommen, so kann dieser vom ersatzpflichtigen Unfallbeteiligten B und dessen Haftpflichtversicherer Erstattung aus dem Gesichtspunkt der ungerechtfertigten Bereicherung (§§ 812 ff BGB) verlangen.[167] Schulden beide Haftpflichtversicherer, weil mit dem Sozialversicherungsträger durch Teilungsabkommen verbunden, dasselbe, so richtet sich der Innenausgleich nach § 426 BGB iVm § 17 StVG.[168] Sind A und B nebeneinander für den Schaden verantwortlich, so gilt für den Innenausgleich das in Rn 36 f Gesagte.[169]

62

6. Wirkung gegenüber dem Geschädigten

Ihm gegenüber wirkt das Teilungsabkommen nicht. Er ist nicht etwa verpflichtet, dem Haftpflichtversicherer dadurch die abkommensmäßigen Vorteile zu verschaffen, dass er die Heilbehandlungskosten über die Krankenkasse abrechnet (vgl § 29 Rn 28). Die Verfolgung der Ansprüche aus dem Teilungsabkommen durch den Sozialversicherungsträger und hierauf geleistete Zahlungen des Haftpflichtversicherers bewirken auch keine Hemmung bzw keinen Neubeginn der Verjährung hinsichtlich der eigenen Ersatz-

63

---

163 BGH NZV 1993, 385.
164 *Plagemann/Schafhausen* NZV 1991, 54.
165 BGH VersR 1974, 546.
166 BGH VersR 1976, 923; näher *Plagemann/Schafhausen* NZV 1991, 53.
167 BGH VersR 1969, 641; 1978, 843; 1981, 76.
168 BGH VersR 1978, 843.
169 Näher hierzu OLG Stuttgart NZV 1989, 112.

Dritter Teil. Sonstige Haftungstatbestände

ansprüche des Geschädigten.[170] Zur Verjährungshemmung durch die Stillhaltepflicht des Sozialversicherungsträgers s Rn 58.

VIII. Unfälle mit Ausländerbeteiligung

1. Unfälle im Inland

64 Für sie gilt auch bei Beteiligung von Ausländern grundsätzlich deutsches Haftungsrecht (Art 40 EGBGB; näher hierzu § 2 Rn 23). Infolge seiner akzessorischen Natur wird hierdurch auch der Direktanspruch gegen den ausländischen Haftpflichtversicherer nach § 3 Nr 1 PflVG begründet (§ 6 AuslPflVG).[171] Ist der Ausländer im Besitz einer Versicherungsbescheinigung iSv § 1 Abs 2 AuslPflVG (Grüne Karte) oder ist er gem § 8a AuslPflVG iVm VO vom 8.5.1974[172] von diesem Erfordernis befreit,[173] so hat der Geschädigte zusätzlich[174] einen Direktanspruch gegen den Verein Deutsches Büro Grüne Karte eV (früher HUK-Verband),[175] und zwar grundsätzlich auch dann, wenn er ebenfalls Ausländer ist (zu den Ausnahmen s § 2 Rn 15 ff). Der vom Verein beauftragte Versicherer hat gemäß Abkommen zwischen den Dachverbänden der am Grüne-Karten-System beteiligten Haftpflichtversicherer den Schaden so zu regulieren, als wäre er von einem pflichtversicherten Inländer verursacht worden.[176] Er ist aber für eine Klage nicht passivlegitimiert; sie ist gegen den Verein Deutsches Büro Grüne Karte eV zu richten. Daneben kann der ausländische Versicherer verklagt werden, was uU bei einer höheren Deckungssumme von Interesse sei kann.[177] Für beide Direktansprüche gilt nach § 6 Abs 1 AuslPflVG § 3 PflVG – mit Ausnahme von Nr 5 – entsprechend. An die Stelle von § 3 Nr 5 PflVG (Direktanspruch bei Nichtbestehen oder Beendigung des Versicherungsverhältnisses) tritt § 6 Abs 2 AuslPflVG, der wiederum bei Befreiung vom Erfordernis der Versicherungsbescheinigung durch § 8a Abs 2 AuslPflVG ersetzt wird.

65 Besonderheiten bestehen bei der Geltendmachung von Ansprüchen gegen **Mitglieder ausländischer Streitkräfte**, des zivilen Gefolges und deren Angehörige; vgl hierzu das Merkblatt des Vereins Deutsches Büro Grüne Karte eV.[178] Zur Regulierung von Schadensfällen mit Dienstfahrzeugen ausländischer Streitkräfte s § 12 Rn 78 ff.

2. Unfälle im Ausland

66 Ob ein Direktanspruch besteht, hängt wegen dessen akzessorischer Natur vom anzuwendenden Haftungsrecht, idR also dem Tatortrecht ab (vgl § 2 Rn 23 ff).[179] Nach § 40 Abs 4 EGBGB kann sich ein Direktanspruch aber auch aus dem auf den Versicherungsvertrag anzuwendenden Recht ergeben. Wegen Besonderheiten bei krankem Versicherungsverhältnis s Rn 44 f).

---

170 BGH VersR 1978, 278; *Plagemann/Schafhausen* NZV 1991, 51.
171 BGHZ 57, 265, 269 f; KG NJW-RR 1995, 1116.
172 BGBl I 1062; zuletzt geändert durch VO v 11.8.2004 (BGBl I 2157).
173 S hierzu OLG Karlsruhe (Freiburg) NZV 1998, 287.
174 BGHZ 57, 265, 271 ff.
175 Zu Einzelheiten der Abwicklung s *Neidhart* DAR 1993, 365.
176 OLG Hamm VersR 2002, 564, 565.
177 BGHZ 57, 265, 272 f.
178 http://www.gruene-karte.de/dbgkmerkblatt.pdf.
179 BGH VersR 1974, 254; 1977, 56.

§ 15 Haftung des Haftpflichtversicherers

Zur Erleichterung der Schadensregulierung gegenüber einem ausländischen Versicherer **67** wurden in den Mitgliedstaaten der EU aufgrund Art 4 der Richtlinie 2000/26/EG v 16.5.2000 **Schadenregulierungsbeauftragte** eingerichtet (s § 7b VAG).[180] Diese vertreten den Versicherer im Wohnsitzmitgliedstaat des Geschädigten, wenn sich der Unfall in einem anderen Mitgliedstaat ereignet hat, unter bestimmten Voraussetzungen (s § 7b Abs 3 VAG) auch bei Unfällen außerhalb der EU. Der Geschädigte kann seine Ansprüche dort anmelden (zur Verjährungshemmung s § 21 Rn 40 ff), ist jedoch an einem unmittelbaren Vorgehen gegen den Unfallverursacher oder dessen Haftpflichtversicherer nicht gehindert (Art 4 Abs 4 S 2 der Richtlinie). Will der Geschädigte das Entschädigungsangebot des Schadenregulierungsbeauftragten nicht akzeptieren, kann er nicht diesen, sondern nur das Versicherungsunternehmen und den Ersatzpflichtigen verklagen. Die **internationale Zuständigkeit** wird durch die Einrichtung des Schadenregulierungsbeauftragten nicht berührt;[181] nach der vom BGH vertretenen Auslegung von Art 11 Abs 2 iVm Art 9 Abs 1 lit b EuGVVO kann jedoch der Geschädigte den Haftpflichtversicherer auch in dem Mitgliedstaat verklagen, in dem er seinen Wohnsitz hat.[182] Hat das Versicherungsunternehmen oder sein Schadenregulierungsbeauftragter binnen drei Monaten keine mit Gründen versehene Antwort auf den Schadensersatzantrag erteilt und wurden noch keine gerichtlichen Schritte gegen den Versicherer eingeleitet, kann der Geschädigte seine Ansprüche bei der **Entschädigungsstelle** nach § 12a Abs 1 S 1 Nr 1, S 2, § 13a PflVG anmelden (Verkehrsopferhilfe eV Hamburg). Zum Verfahren der Entschädigungsstelle und zu deren Regulierungsberechtigung s § 12a Abs 2, 3 PflVG.[183] Sofern der Versicherer oder sein Schadenregulierungsbeauftragter nicht innerhalb von zwei Monaten gegenüber dem Geschädigten die Regulierung übernimmt, bleibt die Entschädigungsstelle endgültig zur Regulierung (nach dem anzuwendenden Recht) verpflichtet; der Geschädigte kann sie dann auch am Sitzort verklagen.[184] Die Klage ist bzw wird jedoch unbegründet, wenn der Geschädigte auch gegen das Versicherungsunternehmen gerichtlich vorgeht (vgl § 12a Abs 1 S 2 PflVG). Eine Klage anderer Unfallbeteiligter berührt dagegen die Passivlegitimation der Entschädigungsstelle nicht. Hat die Entschädigungsstelle Schadensersatz geleistet, geht der Anspruch des Geschädigten gegen den Unfallverursacher bis zur Höhe dieser Leistung auf sie über (§ 12b PflVG). Darüber hinausgehende Ansprüche verbleiben dem Geschädigten.[185]
Die Entschädigungsstelle kann auch angerufen werden, wenn das Versicherungsunternehmen **68** keinen Schadenregulierungsbeauftragten bestellt hat (§ 12a Abs 1 S 1 Nr 2 PflVG) oder das Fahrzeug nicht oder der Versicherer nicht innerhalb von zwei Monaten ermittelt werden kann (§ 12a Abs 1 S 1 Nr 3 PflVG). In den letztgenannten Fällen nimmt die Entschädigungsstelle die Funktion eines Entschädigungsfonds wahr (s hierzu Rn 74 ff).

---

180 Eingehend *Backu* DAR 2003, 145.
181 Vgl Art 4 Abs 8 und Erwägungsgründe 13 und 16 der Richtlinie 2000/26/EG.
182 Vorlagebeschluss des BGH gem Art 234 Abs 1 lit b EGV, VersR 2006, 1677, gestützt auf den durch die Richtlinie 2005/14/EG eingefügten Erwägungsgrund 16a der Richtlinie 2000/26/EG. Ebenso OLG Köln VersR 2005, 1721 m zust Anm *Looschelders* u *Meier-van Laak* DAR 2006, 235 ff. Zum (früheren) Meinungsstreit in der Lit ausf Nachw im Beschluss des BGH.
183 Zu den Einzelheiten des Verfahrens von Schadenregulierungsbeauftragtem und Entschädigungsstelle s *Pamer* Neues Recht der Schadensregulierung bei Verkehrsunfällen im Ausland (2003) sowie *Backu* DAR 2003, 147 ff.
184 *Pamer* aaO S 66 f.
185 Näher *Pamer* aaO S 67 f.

Dritter Teil. Sonstige Haftungstatbestände

IX. Anspruch gegen den Entschädigungsfonds

1. Allgemeines

69 Trotz des umfassenden Schutzes durch das PflVG verbleiben Fälle, in denen der bei einem Verkehrsunfall Geschädigte seinen Schaden nicht von einem Haftpflichtversicherer ersetzt verlangen kann, so zB wenn das schädigende Fahrzeug wegen Unfallflucht nicht ermittelt werden kann, wenn es nicht versichert ist (und nicht § 3 Nr 5 PflVG eingreift) oder wenn der Schaden vorsätzlich und widerrechtlich herbeigeführt wurde. Die in solchen Fällen bestehende Lücke im Schutz des Verkehrsopfers schließt § 12 PflVG, indem er unter bestimmten Voraussetzungen einen Anspruch gegen einen Entschädigungsfonds gewährt. Die Aufgaben dieses Entschädigungsfonds nimmt der Verein Verkehrsopferhilfe eV wahr (§ 13 Abs 2 PflVG iVm § 1 der VO vom 14.12.1965[186]). Die Einzelheiten des Verfahrens sind in der Verordnung sowie in der Satzung des Vereins geregelt.[187] Zur Verjährung des Anspruchs s § 12 Abs 3 PflVG.[188] An Ausländer leistet der Fonds nur bei Verbürgung der Gegenseitigkeit (§ 11 der VO),[189] bei Unfällen Deutscher im Ausland nach § 10 der VO nur subsidiär.[190] Hat sich der Unfall nach dem 31.12.2002 in einem Mitgliedstaat der EU oder einem Vertragsstaat des Abkommens über den Europäischen Wirtschaftsraum ereignet, kann der Schadensersatzanspruch unter bestimmten Voraussetzungen gegen den Verein Verkehrsopferhilfe eV als Entschädigungsstelle für Schäden aus Auslandsunfällen (§§ 12a, 13a PflVG) geltend gemacht werden (näher Rn 74 ff).

2. Anspruch gegen den Entschädigungsfonds

70 a) **Voraussetzungen.** Der Anspruch gegen den Fonds nach § 12 PflVG ist – ähnlich dem Direktanspruch nach § 3 PflVG – akzessorisch zum Anspruch gegen den Schädiger. Grundvoraussetzung ist daher, dass dem Anspruchsteller ein Ersatzanspruch gegen den Schädiger zusteht. Der Geschädigte hat dies darzutun und zu beweisen. Sodann muss einer der in § 12 Abs 1 S 1 PflVG genannten Umstände vorliegen, der den Geschädigten hindert, diesen Anspruch durchzusetzen.[191] Eine besondere Bedürftigkeit setzt die Inanspruchnahme des Entschädigungsfonds nicht voraus. Scheitert die Feststellung des Fahrzeugs an vorwerfbarem Verhalten des Geschädigten (zB er verlegt die Niederschrift mit den Angaben des Unfallbeteiligten oder er stimmt dessen Entfernen vom Unfallort zu, ohne die möglichen Feststellungen durchzuführen), so kann der Fonds nicht in Anspruch genommen werden. Unbedachtes Verhalten unter dem Einfluss der Unfallsituation kann allerdings entschuldbar sein.[192] Unterlässt der Geschädigte bei Unfallflucht die unverzügliche Anzeige bei der Polizei, kann er Ansprüche gegen den Fonds nur geltend machen, wenn er nachweist, dass auch diese nicht zur Feststellung des beteiligten Fahrzeugs geführt hätte.

---
186 BGBl I 2093; geändert durch VO v 17.12.1994, BGBl I 3845.
187 Vgl hierzu *Weber* DAR 1987, 335 f.
188 Näher *Weber* DAR 1987, 362 f.
189 *Weber* DAR 1987, 363.
190 *Weber* DAR 1987, 364.
191 Wegen der Einzelheiten vgl die eingehende Darstellung von *Weber* DAR 1987, 336 ff.
192 Vgl *Weber* DAR 1987, 338.

b) **Ausschluss.** Der Anspruch besteht nur, wenn der Geschädigte weder vom Halter, Eigentümer oder Fahrer des schädigenden Fahrzeugs noch von einem Schadensversicherer Ersatz verlangen kann und soweit sein Schaden auch nicht durch Leistungen von dritter Seite (Sozialversicherungsträger, Lohnfortzahlung, Amtshaftung) ausgeglichen wird (§ 12 Abs 1 S 2 bis 4 PflVG).[193] Ausgeschlossen sind ferner Ansprüche wegen der Beschädigung von Verkehrs-, Energieversorgungs- und Telekommunikationseinrichtungen (aaO S 5), so dass zB für beschädigte Verkehrszeichen, Leitplanken, Leitungsmasten, Baustellenabsicherungen,[194] Brückenbauwerke[195] u dgl kein Ersatz verlangt werden kann.

71

c) **Umfang.** Zu ersetzen sind Personen- und Sachschäden, letztere allerdings nur, soweit sie 500 Euro übersteigen (§ 12 Abs 2 S 3 PflVG). Sachschäden am Fahrzeug des Geschädigten sind von der Ersatzpflicht ausgenommen in den Fällen des nicht ermittelbaren Schädigers (Unfallfluchtfälle), nicht aber in den sonstigen Fällen des § 12 Abs 1 PflVG (§ 12 Abs 2 S 2 PflVG).[196] Schmerzensgeldansprüche können in den Unfallfluchtfällen nur geltend gemacht werden, wenn und soweit dies wegen der besonderen Schwere der Verletzung zur Vermeidung grober Unbilligkeit erforderlich ist (§ 12 Abs 2 S 1 PflVG).[197] Im Übrigen bestimmen sich die Ansprüche des Geschädigten nach den Vorschriften, die bei Bestehen einer Versicherung nach dem PflVG und Leistungsfreiheit des Versicherers gegenüber dem Versicherungsnehmer gelten (§ 12 Abs 4 PflVG; vgl hierzu Rn 38 ff).[198]

72

d) **Regress.** Die Ansprüche des Ersatzberechtigten gegen die Ersatzverpflichteten gehen auf die Verkehrsopferhilfe über, soweit diese Zahlungen geleistet hat (§ 12 Abs 6 PflVG). Ob sie zu Recht in die Schadensregulierung eingetreten ist, spielt hierfür keine Rolle.[199] Außerdem kann sie wie ein Beauftragter Ersatz der Regulierungskosten fordern (§ 12 Abs 5 PflVG), dh soweit sie den Aufwand für erforderlich halten durfte.[200] Der Regress gegen den Führer eines nicht versicherten Kfz ist nicht entsprechend § 158i S 1 VVG beschränkt.[201]

73

3. Anspruch gegen die Entschädigungsstelle für Schäden aus Auslandsunfällen

a) **Voraussetzungen.** Unter den zeitlichen und örtlichen Voraussetzungen des § 12a Abs 1, 4 PflVG (s Rn 69) können Geschädigte mit Wohnsitz in der Bundesrepublik Deutschland auch bei Auslandsunfällen Ansprüche gegen den Verein Verkehrsopferhilfe (§ 13a PflVG) geltend machen. Voraussetzung ist, dass entweder das schädigende Fahrzeug nicht ermittelt werden kann oder das ersatzpflichtige Versicherungsunternehmen nicht innerhalb von zwei Monaten nach dem Unfall feststellbar ist (§ 12a Abs 1

74

---

193 Eingehend *Weber* DAR 1987, 344 ff.
194 So schon zur früheren Fassung der Vorschrift BGHZ 69, 315.
195 So schon zur früheren Fassung der Vorschrift BGH VersR 1985, 185.
196 Übersehen von BGH VersR 1980, 457.
197 Vgl OLG Koblenz VersR 1985, 1165.
198 Wegen weiterer Einzelheiten s *Weber* DAR 1987, 357 ff.
199 OLG Braunschweig VersR 2003, 1567.
200 OLG Braunschweig VersR 2003, 1567, 1569.
201 OLG Braunschweig VersR 2003, 1567.

S 1 Nr 3 PflVG, Art 7 Richtlinie 2000/26/EG). Für die Nichtermittlung des Fahrzeugs kann auf die Anforderungen an das Geschädigtenverhalten nach Rn 70 Bezug genommen werden. Die zweite Alternative dürfte dank der in jedem Mitgliedstaat der EU eingerichteten Auskunftsstellen nach Art 5 der Richtlinie 2000/26/EG (vgl § 8a PflVG) keine praktische Bedeutung haben. Bei Beteiligung eines zwar bekannten, aber nicht versicherten Kfz kann sich der Geschädigte nur an den Garantiefonds im Unfallstaat halten.

75 b) **Bestand und Höhe des Anspruchs** richten sich nach den Vorschriften, die für die Inanspruchnahme des Garantiefonds im Unfallstaat gelten (§ 12a Abs 3 S 2 PflVG).

76 c) **Regress.** Die Entschädigungsstelle hat nach Art 7 S 3 der Richtlinie 2000/26/EG hinsichtlich der geleisteten Entschädigung einen Erstattungsanspruch gegen den Garantiefonds im Unfallstaat (bei Nichtermittlung des Versicherers im Staat des gewöhnlichen Standorts des Fahrzeugs). Die Ansprüche des Geschädigten gegen den oder die Unfallverantwortlichen gehen in Höhe der erbrachten Leistungen zunächst auf die regulierende Entschädigungsstelle, dann auf den erstattenden Garantiefonds über (§ 12b PflVG).

§ 16 Rechtsgeschäftliche Haftung

Übersicht Rn

I. Überblick 1
  1. Bedeutung im System der Unfallhaftung. 1
  2. Abgrenzung von Gefälligkeitsverhältnissen 3
II. Vertragsverletzung 7
  1. Beförderungsvertrag 7
  2. Reparaturvertrag 11
  3. Kaufvertrag 15
  4. Sachverständigenvertrag 22
  5. Fahrzeugvermietung 23
  6. Fahrzeugleihe 29
  7. Veranstaltung eines Autorennens. 32
  8. Einstellen von Fahrzeugen 33
  9. Auftrag 35
  10. Arbeitsvertrag. 37
  11. Fahrgemeinschaft. 43
  12. Fahrschulvertrag 44
III. Schuldanerkenntnis 46
  1. Formen 46
  2. Abstrakter Anerkenntnisvertrag 47
  3. Deklaratorischer Anerkenntnisvertrag 51
  4. Nicht rechtsgeschäftliches Anerkenntnis. 55
IV. Ansprüche aus Vergleich 57
  1. Allgemeines. 57
  2. Abschluss 58
  3. Wirkung. 60
  4. Abänderung. 64
  5. Besonderheiten des Prozessvergleichs 69

I. Überblick

1. Bedeutung im System der Unfallhaftung

Neben Gefährdungshaftung und deliktischer Haftung kommt bei Unfällen im Straßenverkehr auch eine Haftung aufgrund einer rechtsgeschäftlichen Sonderbeziehung in Betracht. Dies ist insbesondere der Fall, wenn zwei oder mehr Personen miteinander in vertraglichen Beziehungen stehen und es zu den Vertragspflichten einer der beiden Personen gehört, für den Nichteintritt eines Unfallschadens zu sorgen (Rn 7 ff). Die Haftung für diese Pflichtverletzung (§ 280 Abs 1 BGB) schließt die Haftung aus unerlaubter Handlung und die Haftung aus dem StVG nicht aus, sondern tritt neben sie

1

(vgl § 16 StVG). Sie ist teilweise enger (keine Anwendbarkeit der §§ 843-845 BGB), teilweise geht sie weiter (Ersatz von Vermögensschäden). Der Verletzte wird sich vor allem dann neben §§ 7, 18 StVG auf Vertrag stützen, wenn die Haftungsgrenzen des § 12 StVG überschritten werden. Weitere Vorteile für den Verletzten bietet die Vertragshaftung dadurch, dass den Schuldner die Beweislast für fehlendes Verschulden trifft (§ 280 Abs 1 S 2 BGB; s aber Rn 37 zur Arbeitnehmerhaftung) und dass er für schuldhafte Handlungen und Unterlassungen seiner Erfüllungsgehilfen nach § 278 BGB ohne Rücksicht auf eigene Schuldlosigkeit haftet. Bis zur Angleichung durch das Schuldrechtsmodernisierungsgesetz vom 26.11.2001 bot die Vertragshaftung zudem noch unter Verjährungsaspekten wesentliche Vorteile für den Geschädigten.[1] Ein Nachteil gegenüber der Gefährdungshaftung besteht für den Geschädigten darin, dass die vertragliche Haftung Verschulden (Vorsatz oder Fahrlässigkeit) des Schädigers oder seines Erfüllungsgehilfen voraussetzt (§ 276 Abs 1 S 1 BGB); dieser Nachteil wird jedoch durch die Beweislastregelung des § 280 Abs 1 S 2 BGB entschärft. Danach muss der Geschädigte zwar die Pflichtverletzung, der Verletzer aber seine Schuldlosigkeit beweisen.[2]

2 Neben der Haftung für Pflichtverletzung spielt im Unfallhaftungsrecht aber auch die selbständige Begründung rechtsgeschäftlicher Verbindlichkeiten, insbesondere durch Schuldanerkenntnis oder Vergleich, eine erhebliche Rolle (dazu Rn 46 ff, 57 ff).

2. Abgrenzung von Gefälligkeitsverhältnissen

3 Vertrag ist die von zwei oder mehr Personen erklärte Willensübereinstimmung über die Herbeiführung eines bestimmten rechtlichen Erfolges. Wesensmerkmal ist daher der Wille, eine rechtliche Bindung zu begründen.[3] Hierbei entscheidet nicht der innere Wille, sondern es kommt darauf an, wie sich das Verhalten der Beteiligten bei Würdigung aller Umstände einem objektiven Beobachter darstellt.[4]

4 Kein Vertrag liegt daher bei Handlungen vor, die lediglich aus Gefälligkeit ohne rechtliche Verpflichtung erfolgen.[5] Hierzu zählt idR die unentgeltliche Mitnahme im Kraftfahrzeug, und zwar ohne Rücksicht darauf, ob der Halter oder Führer des Kraftfahrzeugs den anderen zur Mitfahrt aufgefordert hat.[6] Eine reine Gefälligkeit liegt auch dann vor, wenn der im Kraftfahrzeug Mitgenommene dem Fahrer ein Trinkgeld gibt. Auch bei der spontanen Überlassung eines älteren Gebrauchtwagens zur kurzzeitigen Benutzung fehlt es, nach den gesellschaftlichen Gepflogenheiten, am Rechtsbindungswillen und es liegt grundsätzlich keine Leihe vor.[7]

5 Ein Vertrag kann dagegen angenommen werden, wenn vor der Fahrt eine Beteiligung des Mitfahrers an den Unkosten vereinbart wird,[8] wenn ein Gastwirt seinen ständigen Gast auf seinem Kraftrad nach Hause fährt,[9] wenn ein Patient den Arzt durch ein eigenes oder fremdes Kraft-

---

1 S dazu 3. Aufl § 16 Rn 745 ff.
2 Krit *Deutsch* AcP 202 (2002) 895 ff.
3 BGHZ 56, 208; BGH NJW 1992, 498.
4 BGHZ 21, 102, 107; 88, 382.
5 Zur deliktischen Haftung in diesen Fällen s § 19 Rn 51 ff.
6 RGZ 65, 18; 128, 229; 141, 262; 145, 390; BGH NJW 1992, 498.
7 OLG Karlsruhe OLGR 2003, 270.
8 RG VAE 1937, 118.
9 OLG Dresden VAE 1937, 118.

fahrzeug holen lässt,[10] wenn ein Kraftfahrzeughändler einen Interessenten zu einer Probefahrt einlädt, auch wenn der Kauf eines anderen Kraftfahrzeugs als des gefahrenen in Betracht gezogen wurde[11] sowie bei der sog Fahrgemeinschaft, zB von Arbeitskollegen.[12] Wer einem anderen Verkehrsteilnehmer Winkzeichen gibt, die andeuten sollen, er könne vorbeifahren, haftet in keinem Falle aus Vertrag, wenn der andere diesem Wink folgt und hierdurch einen Unfall verursacht.[13]

Nach einer im Schrifttum vertretenen Auffassung können auch bei Gefälligkeiten, bei denen kein Rechtsanspruch auf die Hauptleistung bestehen soll, konkludent vertragliche Schutz- und Erhaltungspflichten begründet werden, bei deren Verletzung Schadensersatz nach den Grundsätzen des Vertragsrechts zu leisten ist.[14] Dies ist allenfalls in der Weise vorstellbar, dass innerhalb einer rein gesellschaftlichen, nicht rechtsverbindlichen Beziehung spezielle Pflichten (zB Verwahrung, Auftrag) doch mit Rechtsbindungswillen begründet werden; dann liegt insoweit aber ein komplettes Vertragsverhältnis mit Erfüllungs- und Nebenpflichten vor. **6**

II. Vertragsverletzung

1. Beförderungsvertrag

a) Allgemeines. Bei diesem Vertrag (idR Werkvertrag) besteht neben der Pflicht, den anderen oder seine Sachen zu befördern, die weitere Pflicht, die Fahrt ohne Schaden für seine Gesundheit oder sein Eigentum durchzuführen.[15] Für die meisten Erscheinungsformen des Beförderungsvertrages gelten Sonderregelungen, die den BGB-Vorschriften vorgehen. **7**

Die Haftung des **Spediteurs** (§§ 453 ff HGB) und des **Frachtführers** (§§ 407 ff HGB) bestimmt sich seit dem Transportrechtsreformgesetz v 25.6.1998 (BGBl I 1588) nach den Vorschriften des HGB sowie, in den Grenzen der §§ 449 bzw 466 HGB, nach den ADSp. So sehen §§ 461 ff und 425 ff HGB eine generelle Obhutshaftung (mit begrenzter Entlastungsmöglichkeit, §§ 426 f, 461 f HGB) für den Schaden vor, der durch Verlust oder Beschädigung des Beförderungsgutes entsteht. Die Ansprüche aus dem Frachtvertrag kann, obwohl nicht Vertragspartner, auch der Empfänger gegen den Frachtführer geltend machen (§ 421 Abs 1 S 2 HGB). Besonderheiten gelten auch für die Schadensbemessung: Entscheidend ist nicht der Wiederherstellungsaufwand, sondern die Wertminderung (§ 429 Abs 2, § 461 Abs 1 HGB). Folgeschäden sind nicht zu ersetzen (§ 432 S 2 HGB).[16] Die KVO, die früher eine Sonderregelung für die Frachtführerhaftung darstellte, wurde aufgehoben. Bei grenzüberschreitendem Verkehr ist die CMR[17] als weitgehend zwingendes Sonderrecht anzuwenden. **8**

---

10 RG JW 1941, 401.
11 BGH VersR 1968, 777. Zur Frage der Haftungsbeschränkung § 19 Rn 55 ff.
12 Vgl hierzu, auch zur Einordnung als Werk- oder Gesellschaftsvertrag, *Mädrich* NJW 1982, 860. Näher Rn 43.
13 OLG Frankfurt NJW 1965, 1334 m Anm *Rother*; s hierzu § 14 Rn 296; AG Dresden NZV 2004, 576.
14 *Fikentscher* Schuldrecht[9] Rn 25; *Schwerdtner* NJW 1971, 1673.
15 OLG Nürnberg VRS 5, 403.
16 BGH NJW 2007, 58.
17 Zu Abgrenzungsfragen vgl BGH VersR 1978, 318; 1978, 946; zu den Möglichkeiten der Schadensberechnung BGH NZV 2005, 364.

9 **b) Einzelfragen.** Das **Befestigen des Ladeguts** ist grundsätzlich Sache des Fuhrunternehmers. Auch den Auftraggeber kann jedoch die Haftung treffen, so zB beim Lohnfuhrvertrag (Stellung eines Lkw mit Fahrer zur Verfügung des Auftraggebers[18]) oder wenn sich eine entsprechende Nebenpflicht aus dem Kaufvertrag über die zu transportierende Sache ergibt.[19] – Der **Versender gefährlicher Güter** haftet dem Frachtführer bzw dem Spediteur auch ohne Verschulden für den diesem durch jenes Gut entstandenen Schaden, wenn er es ihm ohne einen besonderen Hinweis auf seine Gefährlichkeit übergeben hatte (§§ 414 Abs 1 S 1 Nr 3 bzw § 455 Abs 2 S 1 Nr 2 HGB). Dieser muss in Textform erfolgt sein;[20] es kann auch, im Einzelfall, genügen, wenn der Spediteur den verkörperten Hinweis bei der Übergabe des Gutes erhält. Wenn dieser ohnehin die Gefährlichkeit kannte, kann er sich nicht darauf berufen, dass der vorgeschriebene Hinweis unterblieben war.[21] – Bei **öffentlichen Verkehrsmitteln** kommt ein Beförderungsvertrag (durch schlüssiges Verhalten) auch dann zustande, wenn der Fahrgast das Entgelt nicht bezahlen will.[22] Will jemand aber nach Abfahrt der Straßenbahn aufspringen und misslingt ihm dies, so kommt kein Beförderungsvertrag zustande.[23]

10 **c) Verhältnis zu deliktischen Ansprüchen.** Nach § 434 Abs 1 HGB und Art 28 CMR gelten die Beschränkungen der Vertragshaftung des Frachtführers wegen Verlust oder Beschädigung auch für eine daneben bestehende außervertragliche Haftung, zB aus § 823 Abs 1 BGB. Dies gilt auch für den Ausschluss von Folgeschäden (§ 432 S 2 HGB).[23a]

2. Reparaturvertrag

11 **a) Allgemeines.** Erfüllt der Reparaturunternehmer den Vertrag mangelhaft, kommt neben den anderen Rechten aus § 634 BGB auch ein Schadensersatzanspruch wegen Pflichtverletzung in Betracht (§ 634 Nr 4 iVm § 280 Abs 1 BGB), zB für die Folgen eines Unfalls, der auf einen Reparaturfehler zurückzuführen ist. Für solche Schadensersatzansprüche gilt nunmehr einheitlich die Verjährungsfrist des § 634a BGB; die frühere Unterscheidung zwischen engeren und entfernteren Mangelfolgeschäden[24] hat das Schuldrechtsmodernisierungsgesetz beseitigt. Voraussetzung für einen Schadensersatzanspruch ist, dass der Unternehmer den Mangel iSv § 276 BGB zu vertreten hat; dies wird jedoch vermutet (§ 280 Abs 1 S 2 BGB). Bei Übernahme einer Garantie haftet der Unternehmer auch ohne Verschulden (§ 276 Abs 1 S 1 BGB). Auch aus der Verletzung von Instruktionspflichten kann sich eine Haftung nach § 280 Abs 1 BGB ergeben.[25]

12 **b) Einzelfragen.** Der Unternehmer ist verpflichtet, nicht nur diejenigen Wartungs- und Reparaturarbeiten auszuführen, für die ihm ausdrücklich Auftrag erteilt wurde, sondern darüber hinaus den Auftraggeber auf alle Mängel des Kraftfahrzeugs hinzuweisen, die er bei den Arbeiten bemerkt, die ihm hätten auffallen müssen oder auf die sich

---

18 BGH VersR 1977, 662.
19 BGH VersR 1977, 517.
20 Vgl § 410 Abs 1, § 455 Abs 1 S 2 HGB.
21 So zu § 5b ADSp BGH VersR 1978, 133; Art 22 CMR.
22 *Erman/Hefermehl* vor § 145 Rn 42 f; vgl auch BGHZ 21, 319; **aA** *Köhler* JZ 1981, 464.
23 BGH VersR 1962, 375.
23a BGH NJW 2007, 58, 59.
24 Vgl BGHZ 67, 1, 5 ff; BGH NJW 1993, 924.
25 LG Stuttgart NJW-RR 1998, 960 (Nachziehen der Befestigungsschrauben bei Alu-Felgen).

im Allgemeinen der Wartungsdienst erstreckt.[26] Als Nebenpflicht schuldet er den Schutz des Fahrzeugs vor Entwendung.[27]

Der Monteur oder Tankwart, der die Motorhaube schließt, ohne sich zu überzeugen, dass der Verschluss eingerastet ist, haftet für einen Unfall, der sich wegen Aufklappens der Motorhaube durch den Fahrwind ereignet.[28] Der Unternehmer, der nichts dagegen eingewendet hat, als sein Angestellter mit einem Kunden vereinbarte, er werde dessen Wagen nach der Reparatur zurückfahren, haftet nicht für die Folgen eines Unfalls, der sich auf dieser Fahrt ereignet.[29] Wird bei einer Probefahrt, die ein im Reparaturunternehmen Beschäftigter mit dem Kundenfahrzeug ausführt, ein Dritter schuldhaft verletzt, so hat der Kunde einen vertraglichen Anspruch gegen den Inhaber der Werkstätte auf Freistellung von seiner Haftung aus § 7 StVG.[30] **13**

Die **Schutzwirkung** des Reparaturvertrages erstreckt sich nicht auf einen Dritten, der das reparierte Fahrzeug vom Auftraggeber kauft; dem Dritten können jedoch deliktische Ansprüche zustehen, weil der Unternehmer, der durch fehlerhafte Bearbeitung oder Wartung einer Sache Gefahren schafft, aus Verletzung der Verkehrssicherungspflicht haftet[31] (vgl § 14 Rn 307). **14**

3. Kaufvertrag

a) **Allgemeines.** Als Pflichtverletzung, die zu einem Schadensersatzanspruch nach § 280 Abs 1 BGB führen kann, kommt sowohl die Lieferung einer mangelhaften Sache (§ 437 Nr 3 BGB) als auch die Verletzung einer vertraglichen Nebenpflicht in Betracht. Zum Erfordernis des Vertretenmüssens und zur Beweislast s Rn 11. Zur Haftung bei Probefahrten s Rn 31 und § 19 Rn 55 ff. **15**

b) **Einzelfragen**

aa) **Untersuchungspflichten des Verkäufers.** Kommt es infolge eines die Verkehrssicherheit beeinträchtigenden Mangels eines Kraftfahrzeugs zu einem Unfall, so haftet der gewerbliche Verkäufer, wenn er schuldhaft eine Untersuchungspflicht verletzt hat. **16**

Bei einem **fabrikneuen Fahrzeug** hat der Kraftfahrzeughändler zwar eine Probefahrt mit Prüfung der Bremsen durchzuführen, im Übrigen aber keine umfassende Prüfpflicht.[32] Dies gilt allerdings nicht für Mängel, die für ihn offensichtlich sind. Hat der Verkäufer vertraglich die Pflicht übernommen, den Wagen vor der Auslieferung prüfen zu lassen, und übersieht der vom Verkäufer beauftragte Kraftfahrzeugmeister eine Delle an der Felge, die die Luft aus dem Reifen entweichen lässt, so haftet der Verkäufer für seinen Erfüllungsgehilfen, wenn sich ein Unfall ereignet.[33] Bei Fabrikationsfehlern greift idR keine vertragliche Haftung ein, weil zwischen Käufer und Hersteller keine Vertragsbeziehung besteht und den Händler an der Auslieferung des mangelhaften Fahrzeugs kein Verschulden treffen wird. Es kann in diesen Fällen jedoch die Produ- **17**

---

26 BGH VM 1957, 1; VersR 1967, 707; OLG Köln NJW 1966, 1468.
27 BGH NJW 1983, 113.
28 OLG Oldenburg DAR 1967, 274; LG Essen VersR 1968, 562 m Anm *Kampgens*.
29 BGH VersR 1968, 472.
30 RGZ 150, 134; vgl auch – insb zum Rückgriff des Haftpflichtversicherers gegen den Unternehmer – BGHZ 117, 151 und hierzu *Gärtner* BB 1993, 1454 ff.
31 BGH NZV 1993, 145.
32 BGH VersR 1956, 259.
33 BGH VersR 1969, 834.

Dritter Teil. Sonstige Haftungstatbestände

zentenhaftung eingreifen (vgl hierzu o § 6), ferner eine Haftung aus Garantieübernahme (§ 443 BGB), die jedoch keinen Schadensersatzanspruch gewährt.

18 Der Händler, der den **Verkauf eines Gebrauchtwagens** übernommen hat, ist verpflichtet, diesen auf solche Mängel hin zu untersuchen, mit deren Vorhandensein er bzw seine Angestellten als Fachleute rechnen mussten, und etwa festgestellte Mängel dem Käufer zu offenbaren.[34] Bestätigt ein Vertragshändler einer bestimmten Autofirma beim Verkauf eines Gebrauchtwagens der entsprechenden Marke, dass der Wagen sich in technisch einwandfreiem Zustand befindet, so haftet er wegen Übernahme der Betriebssicherheitsgarantie gem § 434 Abs 1 S 1, § 437 Nr 3, § 280 Abs 1, § 276 Abs 1 S 1 BGB, wenn die aufgezogenen Reifen nicht der Betriebserlaubnis entsprechen und der Käufer daher mit dem Fahrzeug verunglückt; ein etwaiger Gewährleistungsausschluss würde diese Haftung gem § 444 Alt 2 BGB nicht ausschließen. Schadensersatzansprüche sind in den Grenzen der §§ 307 bis 309, 444 BGB abdingbar, auch beim Verbrauchsgüterkauf (§ 475 Abs 3 BGB). Eine Haftung des Händlers kommt auch dann in Betracht, wenn er den Gebrauchtwagen als Vertreter des Eigentümers verkauft (§ 311 Abs 2, 3; § 241 Abs 2, § 280 Abs 1 BGB).[35]

19 bb) **Aufklärungspflichten bzgl Versicherungsschutz.** Besteht für das Fahrzeug kein Haftpflichtversicherungsschutz mehr, so muss der Händler den Käufer jedenfalls dann auf diesen Umstand hinweisen, wenn er erkennen kann, dass bei ihm insoweit Fehlvorstellungen bestehen. Er haftet sonst gemäß § 241 Abs 2, § 280 Abs 1 BGB für die Ersatzansprüche, denen sich der Käufer infolge eines Unfalls mit dem nicht versicherten Fahrzeug ausgesetzt sieht.[36]

20 Gibt ein Kfz-Händler, der den Auftrag zur Vermittlung des Verkaufs eines Gebrauchtwagens übernommen hat, bei Abschluss des Vermittlungsvertrages keine Erklärung zum Versicherungsschutz für eine Probefahrt ab, so darf der Eigentümer des nicht vollkaskoversicherten Gebrauchtwagens die Annahme des Auftrags dahin verstehen, der Händler werde für eine Fahrzeugversicherung sorgen. Unterlässt der Händler dies, muss er den Eigentümer im Falle der Beschädigung des Fahrzeugs durch einen probefahrenden Kaufinteressenten gemäß § 280 Abs 1, § 241 Abs 2 BGB so stellen, als hätte er eine Vollkaskoversicherung für das in seine Obhut genommene Fahrzeug abgeschlossen.[37] Ein Händler, der aufgrund der Sonderbedingungen für Kraftfahrzeughandel und -handwerk eine eingeschränkte Fahrzeugversicherung abgeschlossen hat, haftet dem Kunden wegen unrichtiger Auskunft ebenso, wenn er ihm rät, bei einer Überführungsfahrt zum Werk und zurück mit rotem Kennzeichen keinen eigenen Versicherungsvertrag abzuschließen.[38]

21 cc) Ein **Reifenhändler** muss sicherstellen, dass er keine überalterten Reifen in den Verkehr bringt.[39]

---

34 BGHZ 63, 386; BGH NJW 1979, 1707. Zur Prüfung des Alters der Reifen s BGH NJW 2004, 1032.
35 Vgl BGH NJW 1979, 1707.
36 BGH NZV 1989, 107; 1991, 108.
37 BGH VersR 1986, 492.
38 BGH VersR 1973, 411.
39 LG Frankfurt/M NZV 1992, 194. Zum Verschulden bei Runderneuerung OLG Koblenz VRS 77, 427; AG Bad Urach ZfS 1990, 182. Zur Prüfpflicht anhand der DOT-Nummer OLG Nürnberg NJW-RR 2002, 1247.

4. Sachverständigenvertrag

Der Sachverständige, der das Kraftfahrzeug vor der Zulassung zu prüfen hat, sei es als Prüfung eines ganzen Typs (§ 20 StVZO) oder eines einzelnen Kraftfahrzeugs (§ 21 StVZO), das in Sonderausfertigung oder im Selbstbau hergestellt ist, hat alle nach dem Stand der Wissenschaft üblichen Methoden anzuwenden, um festzustellen, ob das Kraftfahrzeug verkehrssicher ist. Dasselbe gilt für die Prüfung von Kraftfahrzeugteilen (§ 22 StVZO). Da ein Vertragsverhältnis mit dem Sachverständigen nur für den besteht, der ihm den Auftrag erteilt hat, kommt für eine Haftung bei Unfällen nur der Sachverständige in Betracht, der sein Gutachten für die Erteilung einer Einzelerlaubnis erstattet hat. **22**

5. Fahrzeugvermietung

a) Allgemeines. Für Schäden, die sich aus einem Mangel des vermieteten Fahrzeugs ergeben, haftet der Vermieter dem Mieter gemäß § 536a BGB ohne Verschulden, wenn der Mangel bereits bei Vertragsschluss vorlag, bei späterer Entstehung nur bei Verschulden. Außerdem kommt eine Haftung aus Verletzung vertraglicher Nebenpflichten in Betracht (s Rn 24 f). **23**

b) Pflichten des Vermieters. Er muss dem Selbstfahrer ein betriebstüchtiges und verkehrssicheres Fahrzeug übergeben. Auf besondere Gefahren (zB extreme Windempfindlichkeit eines Anhängers) muss er ihn hinweisen.[40] Allgemeine Geschäftsbedingungen, wonach der Mieter Mängelfreiheit des Kraftfahrzeugs anerkennt, entlasten den gewerbsmäßigen Vermieter nicht.[41] Bei Vermietung eines Fahrrads haftet der Vermieter, wenn der Lenkergriff infolge seiner Beschaffenheit oder eines Konstruktionsmangels nicht festsitzt.[42] **24**

c) Pflichten des Mieters. aa) Anzeigepflicht. Zeigt sich während der Mietzeit ein Mangel am Kraftfahrzeug, hat der Mieter dem Vermieter unverzüglich Anzeige zu machen (§ 536c BGB). Unterlässt er die Anzeige, macht er sich gegenüber dem Vermieter schadensersatzpflichtig und hat bei einem auf dem Mangel beruhenden Unfall keine Schadensersatzansprüche (§ 536c Abs 2 Nr 2 BGB).[43] **25**

bb) Obhutspflicht. Der Mieter muss eine Beschädigung des Fahrzeugs, zB durch einen Unfall, vermeiden und haftet ansonsten auf Schadensersatz. Zu seiner vertraglichen Pflicht gehört es auch, sich so zu verhalten, dass dem Vermieter durch den Gebrauch des Fahrzeugs keine Belastung mit Schadensersatzpflichten entsteht. Verletzt er oder sein Erfüllungsgehilfe diese Vertragspflicht schuldhaft, macht er sich dem Vermieter gegenüber gemäß § 280 Abs 1 BGB schadensersatzpflichtig;[44] ggf hat er ihn von Ansprüchen Dritter freizustellen. Erleidet der Mieter selbst einen Schaden durch das Kraftfahrzeug (etwa weil sein Erfüllungsgehilfe damit eine ihm gehörende Sache beschädigt), so ist er aus dem Gesichtspunkt der unzulässigen Rechtsausübung gehindert, gegen den Vermieter Ansprüche aus dessen Halterhaftung zu erheben.[45] **26**

---

40 LG Konstanz NJW-RR 1999, 279.
41 BGH Betrieb 1967, 118.
42 BGH WM 1982, 1230.
43 Vgl BGH VRS 35, 83.
44 BGHZ 116, 200.
45 BGHZ 116, 200; krit *Gärtner* BB 1993, 1454 ff.

27 **d) Haftungsbeschränkung.** Verspricht der gewerbliche Autovermieter dem Mieter, ihn gegen Zahlung eines Entgelts von der Haftung für Unfallschäden ohne Selbstbeteiligung **freizustellen**, so muss er diese Volldeckung nach dem Leitbild einer Vollkaskoversicherung ausgestalten.[46] Versicherungsschutz muss daher auch bestehen für den Fall, dass der Mieter das Fahrzeug einem Dritten überlässt; eine entgegenstehende Klausel wäre nach § 307 Abs 1 BGB unwirksam.[47] In der Vereinbarung der Volldeckung liegt zugleich ein Verzicht auf die Inanspruchnahme des Dritten wegen leicht fahrlässig verursachter Schäden.[48] Die gegen Entgelt gewährte Haftungsbefreiung kann für den Fall grober Fahrlässigkeit (zu diesem Begriff § 32 Rn 109 ff) ausgeschlossen werden,[49] ebenso für den Fall unerlaubten Entfernens vom Unfallort, sofern der Mieter nicht nachweist, dass dieses keine nachteiligen Folgen für den Vermieter hatte.[50] Unwirksam ist aber die Klausel, wonach der Mieter die Beweislast dafür tragen soll, dass Vorsatz und grobe Fahrlässigkeit nicht vorgelegen haben.[51] Gibt der Mieter das Fahrzeug nach Ablauf der Mietdauer nicht zurück, besteht für die Zeit danach keine Haftungsbeschränkung mehr.[52] Ist im Mietvertrag ausdrücklich Teilkaskoversicherung vereinbart, erfasst die Freistellung nur darunter fallende Schäden.[53] Eine Mitverschulden begründende Pflicht des Vermieters, den Mieter auf das Fehlen einer Fahrzeugversicherung hinzuweisen, besteht nicht.[54]

28 **e) Verjährung.** Die Ansprüche des Vermieters wegen Beschädigung des Mietwagens verjähren in sechs Monaten (§ 548 Abs 1 S 1 BGB).[55] Diese kurze Frist gilt auch, soweit die Ansprüche auf unerlaubte Handlung gestützt werden,[56] und auch zu Gunsten eines Minderjährigen, der aufgrund eines von seinen Eltern ausdrücklich missbilligten und daher nichtigen Mietvertrags ein Kraftfahrzeug in Besitz genommen hatte.[57] Sie wirkt sich auch zugunsten des Fahrers aus, den der Mieter mit dem Führen des Kraftfahrzeugs beauftragt hat, obwohl es an einer unmittelbaren Vertragsbeziehung zu diesem fehlt.[58] Die Frist beginnt grundsätzlich mit dem Zeitpunkt, in dem der Vermieter das Kraftfahrzeug zurückerhält (§ 548 Abs 1 S 2 BGB); dies gilt auch dann, wenn der Vermieter schon vorher von dem Unfall erfahren hatte.[59] Liegt Totalschaden vor und wird das Wrack nicht zum Vermieter zurückgebracht, so beginnt die Verjährung, sobald der Vermieter in die Lage versetzt wird, über das Wrack tatsächlich zu verfügen. Ist verein-

---

46 BGHZ 22, 114; 65, 120; 70, 306. Zur Auslegung einer entspr Formularklausel BGH NJW 2005, 1183.
47 BGH NJW 1981, 1211.
48 BGH NJW 1982, 987; VRS 65, 348.
49 BGH VersR 1974, 492; 1974, 975.
50 BGH NJW 1982, 167; OLG Düsseldorf OLGR 1995, 39.
51 BGHZ 65, 118.
52 OLG Köln VersR 1997, 1238.
53 OLG Düsseldorf NJW-RR 1994, 1375.
54 OLG Hamm Betrieb 1982, 1557.
55 BGH VersR 1958, 513.
56 RGZ 66, 364; 75, 117; 142, 262; BGHZ 55, 392; BGH NJW 1957, 1136; 1964, 545; 1964, 1225; 1968, 278; 1994, 1788; OLG Schleswig NJW 1974, 1712.
57 BGH NJW 1967, 980, 1320 m krit Anm *Berg*; **aA** OLG München VersR 1966, 1062.
58 BGHZ 49, 278.
59 OLG Köln VersR 1960, 860.

bart, dass Schadensersatzansprüche gegen den Mieter erst fällig werden sollen, wenn der Vermieter die polizeilichen Ermittlungsakten einsehen konnte, beginnt die Verjährung erst mit diesem Zeitpunkt.[60] Mit § 307 BGB ist eine solche Regelung aber nur vereinbar, wenn zugleich eine angemessene zeitliche Obergrenze bestimmt wird[61] und wenn eine unverzügliche Benachrichtigung des Mieters über den Zeitpunkt der Akteneinsicht vorgesehen ist.[62]

6. Fahrzeugleihe

a) Das zur Haftung des Vermieters Gesagte gilt entsprechend mit der Maßgabe, dass der **Verleiher** nach § 599 BGB nur für Vorsatz und grobe Fahrlässigkeit[63] haftet. Diese Beschränkung gilt auch gegenüber einer Person, die lediglich in die Schutzwirkung des Leihvertrages einbezogen ist, etwa gegenüber dem Mitfahrer auf einem geliehenen Motorrad[64] und auch für die deliktische Haftung.[65]

29

b) Für den **Entleiher** kann sich eine Beschränkung der Haftung auf grobe Fahrlässigkeit aus den von der Rspr entwickelten Grundsätzen für Probefahrten[66] (§ 19 Rn 55 ff) oder aus einem schutzwürdigen Vertrauen auf das Bestehen einer Vollkaskoversicherung ergeben. So kann zB der Kraftfahrzeugverkäufer, der dem Käufer für die Dauer einer Garantiereparatur ein anderes Kraftfahrzeug leiht, für von diesem leicht fahrlässig verursachte Schäden keinen Ersatz verlangen, wenn er es unterlassen hat, den Käufer auf fehlenden Kaskoversicherungsschutz hinzuweisen, obgleich er wusste, dass dieser beim Kauf des jetzt von ihm zu reparierenden Fahrzeugs entscheidenden Wert auf Vollkaskoversicherung gelegt hatte.[67] Dagegen kann der Kunde einer Reparaturwerkstatt, dem auf eigenen Wunsch für die Dauer der Reparatur ein Ersatzfahrzeug kostenlos zur Verfügung gestellt wird, nicht auf das Bestehen einer Vollkaskoversicherung vertrauen.[68]

30

c) **Verjährung.** Die mietrechtlichen Regelungen (Rn 28) gelten entsprechend (§ 606 BGB). Der BGH wendet sie auch bei Überlassung eines Kfz zur Probefahrt an.[69] Die Sechsmonatsfrist beginnt spätestens mit der Rückgabe des Wagens zu laufen, auch wenn der Wagen gar nicht als Kaufgegenstand in Aussicht genommen war.[70] Die kurze Verjährungsfrist gilt nicht, wenn das Fahrzeug durch den Unfall so völlig vernichtet ist, dass eine Reparatur nicht nur aus wirtschaftlichen, sondern darüber hinaus auch aus

31

---

60 BGH NJW 1984, 290; OLG Düsseldorf OLGR 1995, 39.
61 BGH NJW 1994, 1788.
62 BGH NJW 1986, 1609.
63 Verneint von OLG Stuttgart VersR 1993, 192 bei unterlassenem Hinweis auf möglichen Scheinwerferausfall am Motorrad.
64 Vgl OLG Köln DAR 1988, 59.
65 OLG Stuttgart VersR 1993, 192.
66 OLG Hamm NZV 1990, 350: Überlassung eines Neufahrzeugs mit roten Kennzeichen, weil rechtzeitige Zulassung nicht mehr möglich war.
67 BGH VersR 1979, 280. Weitergehend OLG Hamm NZV 1993, 349; VersR 2001, 376 m abl Anm *Wandt*.
68 LG Nürnberg-Fürth NZV 1996, 203.
69 BGH NJW 1964, 1225.
70 BGH VersR 1968, 777.

technischen Gründen nicht mehr in Frage kommt.[71] Beschädigt ein Kaufinteressent bei einer Probefahrt den Pkw, von dem er annahm, er gehöre dem Händler, während er einem Dritten gehörte, so verjähren die Ansprüche des Händlers gegen den Fahrer, auch wenn er aus abgetretenem Recht klagt, nach §§ 548, 606 BGB.[72]

7. Veranstaltung eines Autorennens

32 Der Veranstalter hat dafür zu sorgen, dass die Zuschauer dem Rennen ungefährdet zusehen können. Die Rennfahrer sind bei diesem Vertrag seine Erfüllungsgehilfen, für deren Pflichtwidrigkeiten er daher nach § 278 BGB ebenso einzustehen hat[73] wie für eine Pflichtwidrigkeit seines Rennleiters. Der Veranstalter des Rennens muss sich vor dessen Beginn persönlich oder durch eine hierfür bestimmte verlässliche Person überzeugen, dass die erforderlichen Sicherungsmaßnahmen getroffen worden sind.[74] Andererseits steht er auch mit den Rennfahrern in Vertragsbeziehungen und schuldet ihnen die ordnungsgemäße Sicherung der Strecke und die fachgerechte Durchführung des Rennens. Insbesondere hat er darüber Anordnungen zu treffen, wer ein Rennen für beendet erklärt und anordnet, dass das nächste beginnt. Inhalt der Rennbedingungen, denen sich jeder unterwirft, der sich zur Teilnahme meldet, ist üblicherweise, dass die Rennfahrer auf alle Schadensersatzansprüche verzichten. Der vertragliche Haftungsausschluss bezieht sich nicht nur auf das Rennen selbst, sondern auch auf das offizielle Training, umfasst aber nicht Vorsatz und grobe Fahrlässigkeit. Er gilt gewohnheitsrechtlich auch in den Fällen, in denen er nicht ausdrücklich vereinbart wurde. Zur Verkehrssicherungspflicht bei Rennveranstaltungen s Rn § 13 Rn 161.

8. Einstellen von Fahrzeugen

33 a) Die Haftung des **Inhabers eines Parkhauses, Parkplatzes** oder eines sonstigen Sammeleinstellplatzes kann sich aus einer Pflichtverletzung eines Miet- oder Verwahrungsvertrages ergeben. Bleibt der Inhaber Besitzer des Abstellraumes, ist er für die Bewachung der Kraftfahrzeuge verantwortlich.[75] Es genügt allerdings, wenn er einen Kaskoversicherungsvertrag für die eingestellten Fahrzeuge abschließt. Dass durch einen solchen kein Ersatz für Nutzungs- und Verdienstausfall erfolgt, löst keine weitergehende Haftung des Kaufhausbesitzers aus, der die Parkplätze zur Verfügung gestellt hat.[76] Bei einem bewachten Parkplatz liegt regelmäßig ein Verwahrungsvertrag vor.[77] Beim Stellplatz in einer Sammel- oder Einzelgarage wird von der hM ein Mietvertrag angenommen.[78] Ein Garagenunternehmer haftet aus eigenem Verschulden, wenn er vom Kunden die Fahrzeugschlüssel in Empfang nimmt, ohne Maßnahmen gegen einen Miss-

---

71 BGH NJW 1968, 694.
72 BGHZ 54, 264.
73 RG JW 1930, 2925 m Anm *Endemann*; JRPrV 1936, 279; OLG München VersR 1951, 21.
74 OLG Stuttgart DAR 1933, 165.
75 KG VersR 1968, 440.
76 BGH VersR 1972, 102.
77 OLG Köln NJW-RR 1994, 25; *Bamberger/Roth/Ehlert* vor § 535 Rn 22 mwN.
78 LG Köln VersR 1983, 69; *Bamberger/Roth/Ehlert* vor § 535 Rn 22 mwN.

brauch durch sein Personal zu ergreifen; dass er seine Haftung für Verschulden seines Personals ausgeschlossen hat, steht nicht entgegen.[79]

b) Der **Gastwirt** haftet, wenn im Rahmen des Beherbergungsvertrages (sei es auch ohne gesonderte Berechnung eines Entgelts) ein Mietvertrag für das Abstellen des Fahrzeugs des Gastes auf einem Parkplatz oder in einer Sammelgarage abgeschlossen wurde, nach § 536a Abs 1 BGB ohne Verschulden, wenn das Fahrzeug infolge eines Mangels der Abstellfläche (zB fehlende Sicherung gegen herabfallende Äste) beschädigt wird; die Haftung für solche Gefahren wird auch durch ein Schild „Parken auf eigene Gefahr" nicht ausgeschlossen.[80]

34

9. Auftrag

Wer einen anderen mit dem Führen seines Kfz beauftragt, haftet für das **Bestehen von Haftpflichtversicherungsschutz**. Wegen eines Schadens, den der Auftraggeber bei einer nicht versicherten Fahrt erleidet, haftet der Fahrer nicht, wenn hierfür der Versicherer hätte aufkommen müssen.[81]

35

Erleidet der Beauftragte bei der Durchführung des Auftrags unverschuldet einen Schaden oder wird er einem Dritten gegenüber haftpflichtig (zB aus Gefährdungshaftung), so hat er gegen den Auftraggeber, sofern ihm nicht Vorsatz oder grobe Fahrlässigkeit zur Last fällt, einen **Ersatz- bzw Freistellungsanspruch** analog § 670 BGB.[82] Dies gilt auch im Rahmen von Geschäftsbesorgungsverhältnissen,[83] bei entgeltlichem Tätigwerden – sei es auch nur gegen eine Kostenpauschale – aber nur bei besonderer Vereinbarung.[84]

36

10. Arbeitsvertrag

a) Die **Haftung des Arbeitnehmers** gegenüber dem Arbeitgeber für verschuldete Schäden am überlassenen Kfz ergibt sich auch aus Verletzung des Arbeitsvertrags.[85] Die Beweislastumkehr bzgl des Verschuldens (§ 280 Abs 1 S 2 BGB) greift hier jedoch nicht ein (§ 619a BGB). Die Ersatzpflicht umfasst auch den Prämienmehraufwand durch Rückstufung in der Haftpflichtversicherung.[86] Eine Beschränkung der Haftung kann sich aus einem mitwirkenden Organisationsverschulden des Arbeitgebers,[87] aber auch aus den allgemeinen Grundsätzen des innerbetrieblichen Schadensausgleichs (§ 19 Rn 64 ff) ergeben.

37

---

79 BGH VersR 1974, 574.
80 BGHZ 63, 333.
81 BGH VersR 1969, 49.
82 BGH NJW 1963, 252.
83 ZB zwischen einem Verein und seinem ehrenamtlichen Jugendleiter, BGH JZ 1984, 620 m Anm *Löwisch/Arnold*.
84 BGH MDR 1985, 310.
85 BAG DAR 1999, 182 m Anm *Kärger*.
86 BAG VersR 1982, 480.
87 Vgl BAG DAR 1999, 182 m Anm *Kärger* (fehlende Freispracheinrichtung); *Krause* NZA 2003, 584.

Dritter Teil. Sonstige Haftungstatbestände

38 Die Überlassung eines Dienstwagens auch zum privaten Gebrauch ist zwar Bestandteil der Vergütung; die mietrechtlichen Vorschriften sind jedoch entsprechend anwendbar.[88] Dies gilt auch für die kurze Verjährung nach § 548 BGB.[89]

39 **b) Haftung des Arbeitgebers auf Schadensersatz.** Bei schuldhafter Verletzung einer Schutz-, Fürsorge- oder Obhutspflicht kommt eine Haftung aus § 241 Abs 2, § 280 Abs 1 BGB in Betracht, so zB wenn der Arbeitgeber seinem Fahrer ein mit technischen Mängeln behaftetes und daher einen Unfall verursachendes oder ein nicht ausreichend versichertes Fahrzeug zur Verfügung stellt. Beruht ein Unfall auf einem Mangel des Fahrzeugs, von dem der Fahrer keine Kenntnis hatte, und wäre der Mangel bei Durchführung des vom Hersteller vorgeschlagenen Wartungsdienstes entdeckt worden, so beruht der Unfall auf dem pflichtwidrigen Unterlassen.[90] Aus dem Arbeitsvertrag ergibt sich keine Pflicht des Arbeitgebers, für die Fahrzeuge eine Schadensversicherung abzuschließen, die Arbeitnehmer auf dem ihnen hierfür zur Verfügung gestellten Parkplatz abstellen;[91] zu Haftungsverzichtserklärungen in solchen Fällen s § 19 Rn 46.

40 Eine **schuldlose** Haftung des Arbeitgebers (hergeleitet aus entsprechender Anwendung des § 670 BGB) kommt in Betracht, wenn der Arbeitnehmer sein eigenes Fahrzeug mit Einwilligung und im Interesse des Arbeitgebers ohne besondere Vergütung in dessen Betätigungsbereich verwendet und das Fahrzeug hierbei beschädigt wird;[92] der Ersatzanspruch umfasst außer dem reinen Sach- auch den Nutzungsausfallschaden.[93] Um einen Einsatz im Betätigungsbereich des Arbeitgebers handelt es sich, wenn der Arbeitgeber anderenfalls ein eigenes Fahrzeug einsetzen müsste; auch eine Beschädigung während des Bereithaltens des Fahrzeugs zwischen zwei Dienstfahrten in der Nähe des Betriebs kann darunter fallen.[94] Erhält der Arbeitnehmer lediglich eine der steuerrechtlichen Kilometerpauschale entsprechende Vergütung, so schließt dies den Anspruch nicht aus;[95] ein durch Rückstufung in der Haftpflichtversicherung verursachter Vermögensschaden ist dadurch jedoch abgegolten.[96] Ein etwaiges Mitverschulden des Arbeitnehmers an dem Unfall schließt seinen Schadensersatzanspruch nicht von vornherein aus, denn der Arbeitnehmer hat sich in den vorbezeichneten Fällen im Tätigkeitsbereich des Arbeitgebers in eine Situation begeben, in der auch verschuldete Unfälle oft vorkommen. Es müssen deshalb die Grundsätze über die beschränkte Haftung des Arbeitnehmers (§ 19 Rn 64 ff) auch hier eingreifen, mit der Folge, dass ein geringes Mitverschulden den Ersatzanspruch nicht mindert.[97]

41 **c) Verpflichtung des Arbeitgebers zur Freistellung des Arbeitnehmers von Haftung gegenüber Dritten.** Schädigt der Arbeitnehmer in Ausführung seiner Arbeit einen

---

88 *Erman/Edenfeld* § 611 Rn 474.
89 LAG Baden-Württemberg Betrieb 1978, 703; LG Stuttgart VersR 1991, 667 (für beendigtes Arbeitsverhältnis); **aA** BAG NJW 1985, 759 u 3. Aufl.
90 BGH VersR 1966, 564.
91 BGH NJW 1966, 1534.
92 BAG NJW 1981, 702; mit Einschränkungen bereits BAG NJW 1979, 1423.
93 BAG NZV 1996, 144.
94 BAG NJW 1996, 1301.
95 *Schiefer* NJW 1993, 969.
96 BAG NZV 1993, 148; *Schiefer* NJW 1993, 968.
97 BAG NJW 1981, 702. Zur entsprechenden Problematik bei Beamten vgl OVG Koblenz NJW 1986, 1830.

Dritten, so kann er im gleichen Maße, wie er bei einer Schädigung des Arbeitgebers diesem gegenüber von der Haftung frei würde (s § 19 Rn 64 ff), von diesem die Freistellung von seiner Haftung gegenüber dem Dritten verlangen.[98] Auch die im Betrieb ihres Ehemannes als Kraftfahrerin tätige Frau hat gegen ihren Mann einen Befreiungsanspruch, wenn sie einen Dritten im Straßenverkehr verletzt.[99] Der Befreiungsanspruch des Arbeitnehmers geht nicht dadurch verloren, dass er wegen Obliegenheitsverletzung seinen Versicherungsschutz verliert.[100]

Aufgrund seiner Fürsorgepflicht hat der Arbeitgeber den Arbeitnehmer auch von Rückgriffsansprüchen des leistungsfreien Haftpflichtversicherers freizustellen, wenn er ihm ein nicht versichertes[101] oder nicht verkehrssicheres Kraftfahrzeug zur Benutzung im öffentlichen Verkehr überlassen oder wenn er ihn als Kraftfahrer im öffentlichen Verkehr eingesetzt hat, obwohl er wusste, dass er nicht die erforderliche Fahrerlaubnis besitzt.[102] Dieser Freistellungsanspruch wird nicht dadurch eingeschränkt, dass der Arbeitnehmer den Unfall grob fahrlässig verursacht hat.[103]   42

11. Fahrgemeinschaft

Soweit zwischen den Teilnehmern einer Fahrgemeinschaft (etwa zwischen Arbeitskollegen) überhaupt eine rechtsgeschäftliche Bindung besteht (s hierzu Rn 3 ff), haftet der **Fahrer** für die Schädigung eines Mitfahrers bei schuldhafter Verletzung (§ 280 Abs 1 BGB) des (je nach Ausgestaltung der Gemeinschaft) Gesellschafts-, Beförderungs- oder Geschäftsbesorgungsvertrages.[104] Auf die Haftungsbeschränkung des § 708 BGB („Sorgfalt wie in eigenen Angelegenheiten") kann sich der Fahrer auch bei Vorliegen eines Gesellschaftsvertrages nicht berufen (§ 10 Rn 54). Eine Eintrittspflicht des **Teilnehmers** für von ihm nicht verschuldete Schäden am benutzten Fahrzeug kommt nur nach gesellschaftsrechtlichen Grundsätzen in Betracht, wenn das Fahrzeug gemeinschaftliches Vermögen darstellt. Bei den anderen Vertragsgestaltungen verbleibt es beim Grundsatz „casum sentit dominus".[105]   43

12. Fahrschulvertrag

Der **Fahrlehrer** haftet aus Verletzung des Ausbildungsvertrages, wenn er die Nebenpflicht verletzt, den Schüler vor vermeidbaren Schäden zu bewahren.[106] Ist er angestellter Fahrlehrer, haftet er selbst nur deliktisch; die vertragliche Haftung trifft den Inhaber der Fahrschule.[107] Die Sorgfaltsanforderungen entsprechen denen der deliktischen Haftung (s § 14 Rn 313 f).   44

---

98 BAG NJW 1958, 964.
99 BGH VersR 1967, 504.
100 OLG Düsseldorf VersR 1968, 82.
101 BAG NJW 1958, 964.
102 BAG NJW 1989, 854.
103 BAG NJW 1989, 854.
104 Vgl hierzu *Mädrich* NJW 1982, 860.
105 Offengelassen von BGH NJW 1992, 498.
106 BGH VersR 1969, 1037; OLG Hamm MDR 1968, 666; OLG Bamberg StVE Nr 4 zu § 3 StVG.
107 Vgl OLG Frankfurt NJW-RR 1988, 26; OLG Saarbrücken NZV 1998, 246.

45 Eine vertragliche Haftung des **Fahrschülers** kommt in Betracht, wenn er dem Fahrlehrer bzw dem Inhaber der Fahrschule schuldhaft einen Schaden zufügt. Dies ist nicht der Fall, wenn sein Versagen im Straßenverkehr im Hinblick auf den Ausbildungsstand nicht vorwerfbar ist.[108]

III. Schuldanerkenntnis

1. Formen

46 Erkennt ein Unfallbeteiligter seine Verantwortlichkeit für den Schadensfall an, so kann es sich hierbei handeln um

- ein **konstitutives** (abstraktes) Schuldanerkenntnis, durch welches eine gesonderte, von der gesetzlichen Haftpflicht unabhängige Verbindlichkeit geschaffen werden soll (eher ungewöhnlich; s Rn 47 ff),
- ein **deklaratorisches** (kausales) Schuldanerkenntnis, durch welches die bestehende Verbindlichkeit lediglich bestätigt werden soll (Rn 51 ff),
- ein rein tatsächliches, **nicht rechtsgeschäftliches** Anerkenntnis, welches lediglich der Beweiserleichterung dient (Rn 55 f).

Was im Einzelfall gewollt ist, ist durch Auslegung zu ermitteln.

2. Abstrakter Anerkenntnisvertrag

47 a) **Allgemeines.** Die Haftung für die Folgen eines Verkehrsunfalls kann sich nicht nur aus dem Unfall als solchem (iVm § 823 BGB, § 7 StVG, § 280 Abs 1 BGB ua), sondern auch aus einem hiervon unabhängigen, abstrakten, mithin konstitutiv wirkenden Schuldanerkenntnisvertrag (§ 781 BGB) ergeben. Liegt ein solcher vor, gründet sich die Verbindlichkeit des Erklärenden allein auf ihn; auf die haftungsrechtliche Beurteilung des Unfalls kommt es nicht mehr an. Ein derartiges abstraktes Anerkenntnis ist bei Verkehrsunfällen jedoch die Ausnahme. Nicht als abstraktes Schuldversprechen ist auch die schriftliche Erklärung des Haftpflichtversicherers anzusehen, er verpflichte sich, als Versicherer des Haftpflichtigen alle aus Anlass des tödlichen Unfalls entstandenen Aufwendungen zu ersetzen.[109]

48 b) **Voraussetzungen.** Eine Erklärung, die die Haftung unabhängig vom Unfallverlauf begründen soll, bedarf der Schriftform (§§ 780, 781 BGB). Es muss aus ihr hervorgehen, dass eine selbständige, vom Schuldgrund unabhängige Verpflichtung begründet werden soll.[110] Sie muss vom anderen Teil angenommen worden sein, was allerdings auch stillschweigend erfolgen kann. Es ist möglich, auch eine solche Erklärung auf den Grund des Anspruchs zu beschränken oder dahin einzuschränken, dass nur im Rahmen der vom StVG (oder HaftpflG) gesetzten Grenzen gehaftet werde.[111]

---

108 OLG Düsseldorf NJW 1966, 736.
109 BGH VersR 1965, 1153; aA RG JW 1929, 579.
110 OLG Zweibrücken OLGZ 1966, 20.
111 RGZ 75, 7.

c) **Verjährung.** Das Anerkenntnis bewirkt, dass die Verjährung des zugrunde liegen- 49
den Anspruchs neu beginnt (§ 212 Abs 1 Nr 1 BGB; ebenso § 208 BGB aF). Der hinzutretende Anspruch aus dem abstrakten Schuldanerkenntnis unterliegt eigener Verjährung. An die Stelle der bisherigen 30-jährigen Verjährungsfrist nach § 195 BGB aF ist jedoch seit In-Kraft-Treten des Schuldrechtsmodernisierungsgesetzes am 1.1.2002 die allgemeine dreijährige Frist nach § 195 BGB nF getreten (wegen der Übergangsregelung für ältere Ansprüche s Art 229 § 6 EGBGB und § 21 Rn 90 ff). Sie beginnt mit dem Abschluss des Jahres, in dem das Anerkenntnis abgegeben wurde (§ 199 Abs 1 Nr 1 BGB).

d) **Willensmangel.** Das Anerkenntnis kann gemäß § 812 Abs 2 BGB im Wege des 50
Bereicherungsanspruchs zurückgefordert und damit unwirksam werden, wenn der Erklärende das Anerkenntnis in einem Irrtum über die Rechtslage abgegeben hat,[112] es sei denn, das Anerkenntnis wurde nach dem Willen der Parteien gerade zu dem Zweck abgeschlossen, ohne Rücksicht auf das Bestehen oder Nichtbestehen der Schuld für die Zukunft eine klare Rechtslage zu schaffen.[113] Ggf besteht auch die Möglichkeit, das Anerkenntnis wegen Willensmängeln anzufechten, zB mit der Behauptung, der Erklärende habe kein Anerkenntnis abgeben wollen (§ 119 BGB) oder er sei durch Täuschung oder Drohung zur Abgabe gezwungen worden (§ 123 BGB).

3. Deklaratorischer Anerkenntnisvertrag

a) **Allgemeines.** Durch die Erklärung eines Unfallbeteiligten, er erkenne seine Haf- 51
tung für die Unfallfolgen an, kann ein schuldbestätigender Anerkenntnisvertrag zustande kommen, wenn die Verletzte sie entgegennimmt, ohne ihr zu widersprechen. Der Unterschied zum abstrakten Schuldanerkenntnis (Rn 47) liegt darin, dass dort nach dem Willen der Parteien eine selbständige Verbindlichkeit begründet werden soll, während es ihnen hier nur darum geht, ein anderweitig entstandenes Rechtsverhältnis dem Streit oder der Ungewissheit zu entziehen und endgültig festzulegen.[114] Dies ist aber auch erforderlich, um überhaupt das Zustandekommen eines schuldbestätigenden Anerkenntnisvertrages annehmen zu können; fehlt ein entsprechender Wille der Parteien, so liegt lediglich eine einseitige Erklärung (mit den in Rn 55 geschilderten Folgen) vor.[115] Die Annahme eines entsprechenden Willens setzt insbesondere voraus, dass die genannte Rechtsfolge der Interessenlage der Beteiligten, dem mit der Erklärung erkennbar verfolgten Zweck und der allgemeinen Verkehrsauffassung über die Bedeutung eines solchen Anerkenntnisses entspricht.[116] Ob dies der Fall ist, unterliegt der tatrichterlichen Würdigung.[117] Die Reparaturkostenübernahmeerklärung des Haftpflichtversicherers gegenüber einer Reparaturwerkstatt stellt kein Schuldanerkenntnis gegenüber dem Geschädigten dar,[118] in der Mitteilung an den Geschädigten, man gehe nach Prü-

---

112 RG JW 1929, 579.
113 BGH NJW 1963, 2316.
114 BGH VersR 1984, 383.
115 BGH NJW 1982, 998.
116 BGH VersR 1984, 384.
117 BGH NJW-RR 1987, 43.
118 KG NZV 1989, 232; OLG Hamm NZV 1997, 42.

fung der Sach- und Rechtslage von einem Verschulden des Versicherungsnehmers aus, kann ein solches jedoch liegen.[119] Lässt sich der Unfallgegner (zB ein Verkehrsunternehmen) eine formularmäßige „Schuldanerkenntnis- und Verzichtserklärung" unmittelbar nach dem Unfall und verbunden mit der Erklärung, dass dann auf die Zuziehung der Polizei verzichtet werde, unterschreiben, so kann dieser Vertrag schon nach § 307 BGB unwirksam sein.[120]

52 **b) Wirkungen.** Der Vertrag ist formlos gültig, kann also auch mündlich abgeschlossen werden. Er ist dahin auszulegen, dass der Anerkennende auf alle Einwendungen[121] gegen den Anspruch des Verletzten verzichtet, die er zur Zeit des Abschlusses des Vertrages kannte oder mit denen er zumindest rechnete.[122] Dieser Verzicht ist rechtswirksam und kann nicht kondiziert,[123] sondern allenfalls nach den Vorschriften des BGB über Willensmängel (§§ 119, 123) angefochten werden. Insbesondere kann der Anerkennende auch nicht mehr einwenden, es bestehe zwischen den Parteien überhaupt kein Schuldverhältnis, weil es schon an den Voraussetzungen für eine Haftung des Beklagten fehle.[124] Das Anerkenntnis kann dahin eingeschränkt werden, dass es sich nur auf die Haftung aus dem StVG oder nur auf den Grund des Anspruchs beziehen soll.[125] Es kann auch in anderer Weise eingeschränkt werden (zB auf den Ersatz des am Kraftfahrzeug entstandenen Schadens oder auf die Haftung für ein Drittel des Schadens).

53 Der Fahrzeugeigentümer wird durch ein vom Fahrer abgegebenes Anerkenntnis nicht gebunden.[126] Auch für den Direktanspruch des Geschädigten gegen den Haftpflichtversicherer hat es keine Wirkung, es sei denn, der Versicherungsnehmer konnte das Anerkenntnis nach den Umständen nicht ohne offenbare Unbilligkeit verweigern (§ 3 Nr 7 S 3 PflVG, §§ 158e Abs 2, 154 Abs 2 VVG). In beiden Fällen kann das Anerkenntnis aber beweisrechtlich ein starkes Indiz für das Bestehen einer Haftungslage sein.[127]

54 **c) Verjährung.** Die Erklärung, die Haftung werde anerkannt, führt zum Neubeginn der Verjährung (§ 212 Abs 1 Nr 1 BGB). Dies gilt auch, wenn der Schädiger sich zum Ersatz regelmäßig wiederkehrender, nicht bezifferter, aber bestimmbarer künftiger Leistungen verpflichtet.[128] Einem Anerkenntnis, dessen Auslegung ergibt, dass es nach übereinstimmendem Willen der Parteien wie ein rechtskräftiges Feststellungsurteil wirken soll (**urteilsersetzendes Anerkenntnis**), wurde bisher analog § 218 Abs 1 BGB aF die Wirkung beigelegt, eine dreißigjährige Verjährungsfrist in Lauf zu setzen.[129] Eine

---

119 KG VersR 1999, 504; vgl auch OLG Hamm VersR 1998, 1538 (sehr weit gehend).
120 OLG Karlsruhe NZV 1991, 30.
121 Darunter ist hier auch das Fehlen anspruchsbegründender Tatsachen zu verstehen; vgl *Staudinger/Marburger* § 781 Rn 11.
122 RG JW 1916, 960; 1932, 2025 m abl Anm *Lurje*; BGHZ 66, 255; BGH WM 1962, 742; 1974, 411; VersR 1966, 1174; 1981, 1160; 1984, 383; OLG München VersR 1968, 34; KG NJW 1971, 1219; VersR 1973, 927; *Wilckens* AcP 163, 147.
123 RG JW 1916, 960.
124 OLG Düsseldorf VersR 1961, 551; LG Mönchengladbach VersR 1968, 56.
125 BGH NJW 1973, 620.
126 LG Freiburg NJW 1982, 862.
127 BGH VersR 1981, 1159; LG Freiburg VersR 1982, 809.
128 BGH VersR 1970, 177.
129 BGH VersR 1985, 63; 1986, 685.

später dennoch erhobene Feststellungsklage war dann mangels Feststellungsinteresses unzulässig.[130] Für diese bedenkliche Ausweitung der Sonderregelung für rechtskräftig festgestellte Ansprüche (jetzt § 197 Abs 1 Nr 3 BGB) besteht kein Anlass mehr, da nach Wegfall von § 225 BGB aF parteiautonome Verjährungsverlängerungen möglich sind[131] und das Anerkenntnis ggf als Vereinbarung der Höchstdauer von 30 Jahren ausgelegt werden kann.

4. Nicht rechtsgeschäftliches Anerkenntnis

In aller Regel werden Erklärungen, die nach einem Unfall von Beteiligten zur Schuldfrage abgegeben werden, nicht von dem Bewusstsein und dem Willen getragen, eine rechtsgeschäftliche Bindung in Form eines schuldbestätigenden oder gar schuldbegründenden Vertrages einzugehen. Lässt sich ein derartiger Verpflichtungswille nicht ausnahmsweise feststellen – wofür im Übrigen der Anspruchsteller die Beweislast trägt – so kann einer die Schuld am Unfall anerkennenden Erklärung nur im Rahmen der Beweiswürdigung Bedeutung zukommen.[132] Rückt der Anerkennende später von seiner Erklärung ab, so wird er, falls nicht auch das übrige Beweisergebnis gegen seine Schuld spricht, dem Richter plausibel machen müssen, weshalb er sich zu dem objektiv falschen Anerkenntnis hat bewegen lassen. Dies wird ihm umso schwerer fallen, je konkreter seine Erklärung war (zB wenn er zugab, ohne Licht gefahren zu sein oder das Rotlicht missachtet zu haben). All dies spielt sich jedoch im Rahmen der richterlichen Beweiswürdigung ab; eine Beweislastumkehr tritt infolge des Anerkenntnisses nicht ein.[133] Dies gilt auch, wenn das Anerkenntnis zu einer Beeinträchtigung der Beweismöglichkeiten des Gegners geführt hat, zB weil er im Hinblick hierauf auf die Zuziehung der Polizei verzichtet hat. Die Gründe für schuldanerkennende Erklärungen durch einen Unfallbeteiligten können so mannigfach sein, dass sich sachgerechte Lösungen nur mittels des flexiblen Instruments der Beweiswürdigung erzielen lassen. 55

Die Erklärung eines Unfallbeteiligten, er sei schuld an dem Unfall, besagt im Übrigen nichts darüber, ob nicht auch den anderen Beteiligten ein Verschulden trifft.[134] Keinerlei Wirkung hat idR die Erklärung, der Unfall werde der Versicherung gemeldet, der Schaden sei durch die Versicherung gedeckt oder eine ähnliche Redewendung.[135] Eine bloße Bestätigung, zur Unfallzeit am Unfallort gewesen zu sein, ist kein Schuldbekenntnis, sondern hat nur indizielle Bedeutung.[136] 56

---

130 OLG Karlsruhe NZV 1990, 428.
131 AnwK-BGB/*Mansel* § 197 Rn 61.
132 BGH NJW 1976, 1259; 1982, 996; 1984, 383; OLG Bamberg VersR 1987, 1246.
133 **AA** *Künnell* VersR 1984, 711; beiläufig BGHZ 66, 254; dahingestellt in BGH VersR 1984, 384.
134 OLG Karlsruhe VersR 1958, 112; OLG Frankfurt VersR 1974, 92.
135 RG JW 1914, 34; BayZ 1919, 163; JRPrV 1935, 24; OLG Karlsruhe VersR 1965, 1183.
136 Unzutr OLG Saarbrücken OLGR 1998, 380.

IV. Ansprüche aus Vergleich

1. Allgemeines

57 Nicht ein Rechtsstreit, sondern eine Vereinbarung über die Abgeltung der vom Geschädigten erhobenen Ansprüche steht in den weitaus meisten Fällen am Ende der Regulierungsverhandlungen mit dem Haftpflichtversicherer. Kommt es zu dieser Vereinbarung im Wege gegenseitigen Nachgebens, handelt es sich um einen Vergleich iSv § 779 BGB; verzichtet der Geschädigte darin auf eine Geltendmachung weiterer Forderungen, spricht man von Abfindungsvergleich. Ob der Vergleich vor Gericht oder außergerichtlich geschlossen wird, ist bei Beteiligung eines Haftpflichtversicherers von untergeordneter Bedeutung, da eine Zwangsvollstreckung sich hier kaum als notwendig erweisen wird; im Übrigen kann ein vollstreckbarer Vergleich auch zwischen Anwälten (§ 796a ZPO) oder vor einer anerkannten Gütestelle (§ 794 Abs 1 Nr 1 ZPO) geschlossen werden. In der Regel schließt der Versicherer den Abfindungsvergleich mit Wirkung für und gegen den Versicherten aufgrund seiner auf § 10 Abs 5 AKB beruhenden Vollmacht, während der Versicherungsnehmer nach den Versicherungsbedingungen einen Vergleich nicht selbst abschließen darf. Zumeist lautet der Vergleich auf Zahlung einer bestimmten Geldsumme (zu Kapitalisierungsfragen u § 31); selbstverständlich können aber auch fortlaufende Zahlungen vereinbart werden (Rentenvergleich).[137]

2. Abschluss

58 Der Vergleich ist ein gegenseitiger Vertrag. Er kommt zustande durch Annahme eines entsprechenden Angebots. Die Einigung über eine Abfindungserklärung wird nicht dadurch ausgeschlossen, dass hinsichtlich einer Nebenforderung,[138] zB hinsichtlich der Anwaltskosten,[139] Meinungsverschiedenheiten verbleiben. Die Annahme eines Vergleichsvorschlags kann auch stillschweigend durch schlüssige Handlung erklärt werden, zB dadurch, dass der Haftpflichtversicherer des Schädigers jahrelang die vom Verletzten vorgeschlagene Rente zahlt.[140] In der widerspruchslos erfolgten Einlösung eines Schecks ist regelmäßig die Annahme eines Abfindungsangebots zu sehen, wenn der Scheck mit der Bestimmung übergeben wurde, dass er nur bei Annahme des Angebots eingelöst werden darf, und auf eine ausdrückliche Annahmeerklärung verzichtet wurde;[141] bei krassem Missverhältnis zwischen Forderung und Schecksumme kann jedoch nicht von einem Annahmewillen ausgegangen werden.[142] Macht das Gericht einen Vergleichsvorschlag und erklären beide Parteien in Schriftsätzen, die ausgetauscht werden, dass sie den Vorschlag annehmen, so kommt der Vergleich mit Zugang des letzten Schriftsatzes beim Gegner bindend zustande;[143] durch einen Gerichtsbeschluss gemäß

---

137 Eingehend zum Abfindungsvergleich *Jahnke* VersR 1995, 1145 ff; *Hoffmann/Schwab/Tolksdorf* DAR 2006, 666 ff mwN. Zu den Beratungen des VGT 2005 s DAR 2005, 142 ff.
138 BGH VersR 1963, 1206.
139 LG Mainz VersR 1965, 1059.
140 BGH VersR 1965, 886.
141 BGH NJW-RR 1986, 415; NJW 1990, 1656; OLG Düsseldorf MDR 1990, 920; einschr BGHZ 111, 97.
142 BGH NJW 2001, 2324; weiter gehend *Kleinschmidt* NJW 2002, 346.
143 Außer die Parteien erklären die gerichtliche Beurkundung zum Wirksamkeitserfordernis; BAG NJW 1997, 1597.

§ 278 Abs 6 S 2 ZPO kann er, ebenso wie ein von den Parteien übereinstimmend dem Gericht unterbreiteter Vergleichsvorschlag, zum Prozessvergleich iSv § 794 Abs 1 Nr 1 ZPO werden.

Ein Rechtsanwalt darf einen bindenden Abfindungsvergleich mit nicht unerheblicher Tragweite idR nur schließen, wenn sein Mandant hierüber belehrt ist und zugestimmt hat; andernfalls haftet der Anwalt dem Mandanten auf Ersatz eines durch den Vergleich entstandenen Schadens.[144]   59

3. Wirkung

In der Regel lässt der Vergleich das ursprüngliche Rechtsverhältnis bestehen und gestaltet lediglich die hieraus sich ergebenden Rechtsfolgen. Beim Abfindungsvergleich verpflichtet sich der Schädiger bzw Versicherer zu einer bestimmten Schadensersatzzahlung, während der Geschädigte auf etwaige weitergehende Ansprüche verzichtet. Ob sich der Verzicht auf unvorhersehbare Spätfolgen des Unfalls erstreckt, hängt von der Auslegung des Vergleichs ab, die sich an den Vorstellungen der Parteien bei Vergleichsabschluss orientieren muss;[145] in krassen Fällen kommt der Einwand unzulässiger Rechtsausübung in Betracht (vgl Rn 66). Zur Verjährungsproblematik s § 21 Rn 20. Im Zweifel umfasst der Abfindungsvergleich auch künftige Entgeltfortzahlungsansprüche wegen unfallbedingter Krankheiten.[146] Eine Haftungsbegrenzung nach § 12 StVG kann sich auch ohne ausdrückliche Erwähnung durch Auslegung ergeben.[147]   60

a) Zugunsten anderer Gesamtschuldner wirkt der Abfindungsvergleich nur dann, wenn sich der Vereinbarung ein entsprechender Wille entnehmen lässt (§ 423 BGB). Dies kann idR angenommen werden, wenn der Schuldner auf die Gesamtwirkung erkennbar besonderen Wert gelegt hat, weil der Erlass anderenfalls durch den Regress des anderen Gesamtschuldners (teilweise) obsolet würde.[148] Fehlt es an einer solchen Vereinbarung, so bleiben die Ausgleichsansprüche der anderen Gesamtschuldner, an die sich der Verletzte wegen seines Ausfalls gehalten hat, bestehen (§ 426 Abs 1 BGB). Im Zweifel hat ein Vergleich also Einzelwirkung.[149] Der Umstand, dass es zu keinem Forderungsübergang nach § 426 Abs 2 BGB kommt, weil der Verletzte gegen den Schädiger, der ihn abgefunden hat, keine Forderungen mehr hat, steht dem nicht entgegen. Der formularmäßige Verzicht auf „weitergehende Ansprüche gegen jeden Dritten" in einem Abfindungsvergleich benachteiligt den Geschädigten entgegen Treu und Glauben unangemessen.[150]   61

---

144 BGH NZV 1994, 311; 2002, 114. S a Empfehlung des VGT 2005, NZV 2005, 133.
145 Vgl OLG Frankfurt VersR 1993, 1147; OLG Oldenburg VRS 79, 161; OLG Hamm NZV 1994, 435.
146 OLG Saarbrücken VersR 1985, 298.
147 OLG München VersR 2003, 1591.
148 Vgl OLG Düsseldorf NZV 2001, 470 zur möglichen Einbeziehung des die Unfallverletzung behandelnden Arztes in den Abfindungsvergleich; OLG München IVH 2004, 39 zur Erstreckung eines Vergleiches auf die Schadensersatzansprüche aus verschiedenen Schadensereignissen gegen mehrere Versicherer.
149 So auch OLG Hamm VersR 2003, 472.
150 BGH VersR 1986, 467.

Dritter Teil. Sonstige Haftungstatbestände

62 b) **Auf die Ansprüche dritter Personen** kann sich der Vergleich nur erstrecken, wenn diese dem Vergleich beitreten oder ihm zustimmen. Hieraus folgt, dass dann, wenn der Verletzte sich auch wegen der Ansprüche seiner Angehörigen für abgefunden erklärt, deren Ansprüche aus § 844 Abs 2, § 845 BGB und § 10 StVG bestehen bleiben, sofern sie ihn nicht zu der Erklärung bevollmächtigt hatten, in einer Erklärung gegenüber dem Schädiger diesem Verzicht zustimmen oder dem Vergleich beitreten. Zur Wirkung auf den Regress von Sozialversicherungs- und anderen Leistungsträgern s § 32 Rn 58 ff und § 33 Rn 20 f, 47.

63 c) Bei **Gesamtgläubigerschaft**, wie sie zB beim Regress zweier nebeneinander leistungspflichtiger Sozialversicherungsträger bestehen kann, betrifft der von einem der Gläubiger abgeschlossene Abfindungsvergleich idR nur den ihm im Innenverhältnis zum anderen zustehenden Anteil. Der andere Gesamtgläubiger kann dann nur noch das verlangen, was im Innenverhältnis ihm zusteht (eingeschränkte Gesamtwirkung).[151]

4. Abänderung

64 Entsteht später bei beiden Vergleichsparteien der Wunsch, den Vergleich abzuändern, so ist dies ohne weiteres durch einen Vertrag möglich (auch beim Prozessvergleich, der freilich – bis zu einem auf den Abänderungsvertrag gestützten Urteil nach § 767 ZPO – seine Vollstreckbarkeit behält). Erstrebt dagegen nur eine der beiden Parteien eine Abänderung und widerspricht die andere, so bestehen folgende Möglichkeiten:

65 a) **Störung der Geschäftsgrundlage.** Gemeinsame irrige Erwartungen der Vergleichschließenden, zB ein künftiges Ereignis werde eintreten oder ausbleiben, führen nicht zur Nichtigkeit des Vergleichs.[152] Auch wenn beide Parteien davon ausgingen, der Sachverhalt rechtfertige nur Ansprüche aus unerlaubter Handlung, während in Wirklichkeit auch vertragliche Ansprüche gegeben waren, beeinflusst dieser Irrtum den Abfindungsvergleich nicht.[153] Auf einen Wegfall der Geschäftsgrundlage (mit dem Ziel einer Anpassung des Vergleichs an die veränderten Umstände, § 313 Abs 1 BGB) können sich die Parteien nur berufen, wenn es sich um Änderungen handelt, die so überraschend sind, dass sie von ihnen bei Vergleichsabschluss weder ihrer Art noch ihrem Umfang nach als möglich hätten erwartet werden können. Dies kann zB der Fall sein bei einer überraschenden Änderung der Rspr[154] oder einer grundlegenden Gesetzesänderung.[155] Dagegen kann bei einem Abfindungsvergleich über zukünftigen Erwerbsschaden ein nachträgliches Abänderungsverlangen nicht auf eine unvorhergesehene strukturelle Besoldungsverbesserung oder den Wegfall staatlicher Leistungen gestützt werden.[156] Es gehört zum Wesen eines Abfindungsvergleichs, dass beide Parteien gewisse Unsicher-

---

151 BGH VersR 1986, 810.
152 BGH VersR 1961, 808.
153 BGH Betrieb 1961, 944.
154 BGHZ 58, 362: Rückgriff des Sozialversicherungsträgers gegen Zweitschädiger.
155 Zum PflegeversicherungG v 26.5.1994 (BGBl I 1014) s OLG Saarbrücken NZV 1997, 271, zu dem am 1.1.1989 in Kraft getretenen GesundheitsreformG bejahend OLG München ZfS 1992, 263, verneinend OLG Koblenz VersR 1996, 232 m krit Anm *Gerner*, VersR 1996, 1080. Wegen des Zusammenhangs mit dem Anspruchsübergang auf Sozialversicherungsträger s § 32 Rn 58.
156 BGH VersR 1983, 1034; OLG Oldenburg NZV 2006, 658 (Landesblindengeld).

heiten der zukünftigen Entwicklung in Kauf nehmen. Daher kommt ein Wegfall der Geschäftsgrundlage nur in außergewöhnlichen Fällen in Betracht. Bei nachträglichem Auftreten von Verletzungsfolgen scheidet ein Wegfall der Geschäftsgrundlage grundsätzlich aus.[157] Unter Umständen können die beiderseits irrigen Vorstellungen jedoch bei der Auslegung des Vergleichs zu beachten sein, falls der Wortlaut in dieser Hinsicht eine dem Verletzten günstige Auslegung zulassen sollte. An den Nachweis, dass dem Verletzten die Möglichkeit offengelassen werden sollte, Nachforderungen geltend zu machen, sind freilich strenge Anforderungen zu stellen.[158]

b) Einwand unzulässiger Rechtsausübung. Gegenüber einem Abfindungsvergleich kann der Verletzte den Einwand unzulässiger Rechtsausübung erheben, wenn sich nach dem Auftreten unvorhergesehener, die Schadenshöhe betreffender Umstände ein so krasses Missverhältnis zwischen der Vergleichssumme und dem Schaden ergibt, dass der Schädiger gegen Treu und Glauben verstieße, wenn er am Vergleich festhalten wollte.[159] Zu beachten ist, dass ein bloßes Missverhältnis oder das Entstehen einer Härte für den Verletzten nicht genügt. Es muss sich vielmehr um ein ganz ungewöhnliches, für den Geschädigten unerträgliches Missverhältnis handeln.[160] Fallen die eingetretenen Veränderungen in den vom Geschädigten übernommenen Risikobereich, so muss dieser grundsätzlich auch bei erheblichen Opfern die Folgen tragen.[161]

66

c) Anpassung eines Rentenvergleichs. Verträge, die die Entschädigung für entgangenen Unterhalt durch Festsetzung einer laufenden Rente regeln, stehen regelmäßig unter der sog clausula rebus sic stantibus: Bei einer wesentlichen Veränderung der bei Vergleichsabschluss bestehenden wirtschaftlichen Verhältnisse hat daher nach §§ 157, 242 BGB eine Anpassung der Leistungen stattzufinden, wenn sie erforderlich ist, um den mit dem Vertrag verfolgten Zweck zu erreichen.[162] Im Hinblick auf den Versorgungszweck von Rentenvergleichen ist dies bei wesentlichen Veränderungen im Wirtschafts- und Preisgefüge regelmäßig zu bejahen.[163] Ein Ausschluss der Anpassung müsste ausdrücklich vereinbart sein.[164] Hierfür genügt es nicht, wenn nur die laufende Anpassung durch ein Gleitklausel ausgeschlossen oder die formularmäßige Klausel „zur Abgeltung aller Unterhaltsansprüche aus § 844 Abs 2 BGB" in den Vergleich aufgenommen wurde.[165]

67

d) Eine Anfechtung des Vergleichs wegen arglistiger Täuschung oder wegen Drohung (§ 123 BGB) führt ebenso zu seiner Nichtigkeit wie die Anfechtung wegen Irrtums (§ 119 BGB); Voraussetzung ist allerdings, dass die gesetzlichen Anfechtungsfristen gewahrt sind und ein die Anfechtung rechtfertigender Sachverhalt nachgewiesen wird.

68

---

157 OLG Hamm NZV 2000, 127; OLG Koblenz NJW 2004, 782.
158 OLG Nürnberg VersR 1965, 626.
159 BGH VersR 1961, 382; 1967, 804; 1968, 1165; OLG Hamm VersR 1987, 389; OLG Köln MDR 1988, 230; OLG Schleswig VersR 2001, 983; OLG Oldenburg VersR 2004, 64.
160 BGH VersR 1983, 1035; OLG Hamm VersR 1966, 371; 1987, 509; 1997, 440.
161 BGH VersR 1957, 508; 1983, 1035; 1990, 984; OLG Koblenz NJW 2004, 782.
162 RGZ 106, 233; BGH VersR 1962, 806; 1966, 37; 1968, 451; NJW 1986, 2054; 1989, 289; OLG Karlsruhe VersR 2002, 1113.
163 Eingehend zur Frage der Wesentlichkeit BGH NJW 1989, 289.
164 BGH VersR 1968, 451.
165 BGH NJW 1989, 289.

Dritter Teil. Sonstige Haftungstatbestände

Geht der Haftpflichtversicherer irrig von der Annahme aus, es bestehe eine Schadensersatzpflicht des Versicherten, so kann er den Vergleich nicht anfechten, wenn er später bemerkt, dass eine Schadensersatzpflicht überhaupt nicht in Betracht kam.[166] Glaubt der Verletzte, sein Gesundheitszustand werde sich in Zukunft nicht verschlechtern, und stellt sich dies später als irrig heraus, so ist eine Anfechtung des Vergleichs nicht möglich; denn der Verletzte war nicht im Irrtum über den Inhalt des Vergleichs. Zu beachten ist, dass der Anfechtende dem Vergleichspartner denjenigen Schaden zu ersetzen hat, den er dadurch erleidet, dass er auf die Gültigkeit des Vergleichs vertraut (§ 122 Abs 1 BGB); die Ersatzpflicht entfällt, wenn der Geschädigte den Grund der Anfechtbarkeit kannte oder fahrlässig nicht kannte (§ 122 Abs 2 BGB). Liegen die Voraussetzungen des § 122 Abs 2 BGB nicht vor, hat aber der Geschädigte den Irrtum des Anfechtenden schuldlos mitveranlasst, so findet auf seinen Schadensersatzanspruch § 254 Abs 1 BGB Anwendung.[167]

5. Besonderheiten des Prozessvergleichs

69 Der zur gänzlichen oder teilweisen Beilegung eines Rechtsstreits vor einem deutschen Gericht formgerecht, dh durch ordnungsgemäße Protokollierung gem § 160 Abs 3 Nr 1, § 162 Abs 1 ZPO oder Beschluss gem § 278 Abs 6 ZPO, zustande gekommene Vergleich ist zugleich privatrechtlicher Vertrag und Prozessvertrag.[168] Er kann daher sowohl aus materiellrechtlichen als auch aus prozessrechtlichen Gründen unwirksam sein, doch kann er im letzteren Fall uU als außergerichtlicher Vergleich aufrechterhalten werden.[169] Für einen Dritten, der dem Prozessvergleich beitritt, besteht kein Anwaltszwang.[170] Ein Widerrufsvorbehalt stellt idR eine aufschiebende Bedingung für die Wirksamkeit des Vergleichs dar.[171] Der Widerruf kann, sofern nichts Abweichendes vereinbart ist, sowohl gegenüber dem Gericht als auch gegenüber dem Prozessgegner erklärt werden.[172]

70 Die Frage, ob ein gerichtlicher Vergleich nichtig (und somit der Prozess nicht beendet) ist, ist durch Fortsetzung des bisherigen Rechtsstreits zu klären.[173] Wird wegen behaupteten Wegfalls der Geschäftsgrundlage die Abänderung des Vergleichs begehrt, so ist dies in einem neuen Prozess geltend zu machen.[174] Auch der Streit über die Auslegung eines Prozessvergleichs ist in einem neuen Prozess auszutragen.

71 Ist im Prozessvergleich eine laufende Rente vereinbart, so ist bei wesentlicher Veränderung der Verhältnisse eine Ermäßigung oder Erhöhung der Rentenzahlungen im Verfahren nach § 323 ZPO möglich, und zwar grundsätzlich auch für die Zeit vor Erhebung der Klage.[175]

---

166 BGH VersR 1965, 449.
167 BGH VersR 1969, 613 LS.
168 BGHZ 28, 171; *Rosenberg/Schwab/Gottwald* § 129 Rn 32 ff.
169 BAG NJW 1960, 1364; BGH NJW 1985, 1962.
170 BGH NJW 1983, 1433 = JR 1983, 369 m Anm *Bergerfurth*.
171 BGHZ 46, 279; BGH JZ 1984, 342.
172 BGHZ 164, 190.
173 BGHZ 14, 386; 28, 171.
174 BGH NJW 1966, 1658; *Stötter* NJW 1967, 1111.
175 BGH (GrS) VersR 1983, 147. Näher *Zöller/Vollkommer* § 323 Rn 45 f.

§ 17 Notstand, Geschäftsführung ohne Auftrag

§ 670 BGB

Macht der Beauftragte zum Zwecke der Ausführung des Auftrags Aufwendungen, die er den Umständen nach für erforderlich halten darf, so ist der Auftraggeber zum Ersatz verpflichtet.

§ 683 BGB

Entspricht die Übernahme der Geschäftsführung dem Interesse und dem wirklichen oder dem mutmaßlichen Willen des Geschäftsherrn, so kann der Geschäftsführer wie ein Beauftragter Ersatz seiner Aufwendungen verlangen. In den Fällen des § 679 steht dieser Anspruch dem Geschäftsführer zu, auch wenn die Übernahme der Geschäftsführung mit dem Willen des Geschäftsherrn in Widerspruch steht.

§ 904 BGB

Der Eigentümer einer Sache ist nicht berechtigt, die Einwirkung eines anderen auf die Sache zu verbieten, wenn die Einwirkung zur Abwendung einer gegenwärtigen Gefahr notwendig und der drohende Schaden gegenüber dem aus der Einwirkung dem Eigentümer entstehenden Schaden unverhältnismäßig groß ist. Der Eigentümer kann Ersatz des ihm entstehenden Schadens verlangen.

Übersicht	Rn
I. Überblick	1
II. Haftung aus Abwehr eines Notstands (§ 904 S 2 BGB)	2
1. Voraussetzungen	2
2. Haftungsausschluss	3
3. Aktiv- und Passivlegitimation	4
4. Verhältnis zur Delikts- und Gefährdungshaftung	5
III. Ansprüche aus Geschäftsführung ohne Auftrag	6
1. Aufopferung zur Unfallvermeidung	6
2. Tätigwerden zur Schadensminderung	13

I. Überblick

Zu einer verschuldensunabhängigen Haftung kann es im Straßenverkehr auch dann 1
kommen, wenn der Schaden durch den Versuch eines Verkehrsteilnehmers entstanden ist, eine (größere) Gefahr abzuwenden. Ist dieser Schaden einem Unbeteiligten entstanden, kommt ein Anspruch aus § 904 S 2 BGB in Betracht (Rn 2 ff). Ein dem Gefahrabwender selbst entstandener Schaden kann uU nach §§ 683, 670 BGB liquidiert werden (Rn 6 ff).

Dritter Teil. Sonstige Haftungstatbestände

II. Haftung aus Abwehr eines Notstands (§ 904 S 2 BGB)

1. Voraussetzungen

2 Die Schaden verursachende Einwirkung auf eine fremde Sache muss **notwendig** gewesen sein, um die **gegenwärtige Gefahr** eines **unverhältnismäßig größeren Schadens** für ein eigenes oder fremdes Rechtsgut abzuwenden. Dies kommt zB in Betracht, wenn ein Kraftfahrer sein Fahrzeug bei Bremsversagen vor einer Gefällstrecke gegen ein Hindernis lenkt. Weitere Voraussetzung ist, dass die Einwirkung auf die fremde Sache **bewusst und gewollt** geschieht. Der Handelnde muss sich die Schädigung der Sache zumindest als mögliche Folge seines Eingriffs in den fremden Rechtskreis vorgestellt und sie billigend in Kauf genommen haben.[1] Daher haftet ein Fahrzeugführer nicht aus § 904 S 2 BGB, wenn er zur Vermeidung einer Kollision ausweicht und dabei ein anderes Fahrzeug beschädigt, das er vorher nicht wahrgenommen oder an dem er vorbeizukommen gehofft hat.[2]

2. Haftungsausschluss

3 Der Geschädigte hat keinen Anspruch aus § 904 S 2 BGB, wenn die abgewehrte Gefahr von seiner beschädigten Sache selbst ausging (sonst Fall des Verteidigungsnotstands nach § 228 BGB, der nur bei Verschulden des Handelnden einen Schadensersatzanspruch gegen diesen auslöst) oder vom Geschädigten schuldhaft verursacht wurde.[3] Ist der Geschädigte zwar nicht für die Gefahrenlage verantwortlich, hat aber bei seiner durch die Abwehrhandlung entstandenen Schädigung ein Eigenverschulden oder eine zurechenbare Betriebsgefahr mitgewirkt, muss er sich dies nach § 254 BGB (analog) entgegenhalten lassen.

3. Aktiv- und Passivlegitimation

4 Der Anspruch steht dem Eigentümer der Sache zu, uU auch dem Besitzer.[4] Ersatzpflichtig ist der Begünstigte, denn es handelt sich um einen Aufopferungsanspruch.[5] Die Gegenmeinung,[6] die den Einwirkenden haften lässt (außer beim Handeln auf Weisung im Rahmen eines Abhängigkeitsverhältnisses) führt auch zu Unzuträglichkeiten bei Beteiligung Minderjähriger. Da die Haftung aus § 904 S 2 BGB keine Deliktsfähigkeit voraussetzt, trifft sie auch Minderjährige. Beim Geretteten ist dies hinnehmbar, beim Retter nicht.

4. Verhältnis zur Delikts- und Gefährdungshaftung

5 Wird durch die Rettungshandlung eines Kraftfahrers das Eigentum eines Dritten verletzt, so hat dieser, wenn es sich um eine bewusste und gewollte Einwirkung handelt und

---

1 RGZ 88, 213; 113, 302; BGHZ 6, 102, 107; BGH VersR 1955, 11; 1985, 66 = 335 m Anm *Dunz* = JZ 1985, 179 m abl Anm *Konzen*.
2 BGH VersR 1985, 66; LG Erfurt VersR 2002, 454; LG Aachen VersR 1990, 101.
3 BGHZ 6, 102, 110.
4 RGZ 156, 187, 190.
5 *Larenz/Canaris* § 85 I 1 b; MünchKomm/*Säcker* § 904 Rn 17 ff; *Kraffert* AcP 165, 453.
6 BGHZ 6, 102; *Bamberger/Roth/Fritzsche* § 904 Rn 20 f mwN.

ihn hinsichtlich der Gefahr kein Verschulden und keine Gefährdungshaftung trifft, folgende Ansprüche:

- **Gegen den Geretteten** aus § 904 S 2 BGB, ohne dass es auf dessen Verschulden und Deliktsfähigkeit ankommt.
- **Gegen den Retter** (Führer und Halter des einwirkenden Kfz) aus §§ 7, 18 StVG.

Für den **Ausgleich** der gesamtschuldnerischen Haftung zwischen Retter und Gerettetem nach § 426 Abs 1 S 1 Halbs 2 BGB ist entscheidend, ob Regressansprüche des Retters aus Geschäftsführung ohne Auftrag bestehen; dazu Rn 9).

Handelt es sich bei der beschädigten Sache ebenfalls um ein Kfz oder um eine Schienenbahn, besteht kein Anspruch aus § 904 S 2 BGB gegen den Geretteten, wenn die Betriebsgefahr zu dessen Gefährdung beigetragen hat (Rn 3). Hat der Gerettete die zu der Schädigung führende Kausalkette aber schuldhaft (oder ebenfalls als Träger einer Gefährdungshaftung) ausgelöst, haftet er aus Delikt bzw nach §§ 7, 18 StVG, § 1 HaftpflG mit den jeweiligen Entlastungsmöglichkeiten. In die Gesamtabwägung nach § 17 Abs 2 bis 4, § 18 Abs 3 StVG ist dann auch die Haftung von Führer und Halter des einwirkenden Kfz einzubeziehen.

III. Ansprüche aus Geschäftsführung ohne Auftrag

1. Aufopferung zur Unfallvermeidung

a) **Anspruchsvoraussetzungen.** Schädigt sich ein Verkehrsteilnehmer selbst, um in einer Gefahrensituation einen anderen vor Schaden zu bewahren (zB er lenkt sein Fahrzeug in den Straßengraben, weil ein Kind auf die Fahrbahn springt), so kann er Ersatz seines Schadens unter dem Gesichtspunkt der Geschäftsführung ohne Auftrag (§§ 677 ff BGB) verlangen, denn er hat ein „Geschäft" (hierzu zählen auch rein tatsächliche Handlungen) im Interesse des anderen besorgt. Zwar handelt es sich bei den Schäden, die der opferbereite Verkehrsteilnehmer, um den anderen zu retten, sich selbst und seinem Fahrzeug zufügt, streng genommen nicht um **Aufwendungen** iS des § 683 BGB. Bei interessengerechter Auslegung gelangt man aber zu dem Ergebnis, dass dem Retter ein Anspruch gegen den Geretteten auf Ersatz des erlittenen Schadens zusteht.[7] Dies muss auch gelten, wenn der Rettungsversuch misslingt.[8] Als **innerer Tatbestand** genügt das Bewusstsein, das „Geschäft" als fremdes zu besorgen. Es genügt also der Gedanke, dass die Maßnahme erforderlich ist, um den anderen Verkehrsteilnehmer zu retten. Ob dies die alleinige Triebfeder des Handelns ist, ist unerheblich; es genügt das Wissen und Wollen, auch im Interesse des anderen zu handeln. Bei objektiv fremden Geschäften, die schon ihrem Inhalt nach in einen fremden Rechts- und Interessenkreis eingreifen, zB der Hilfe für einen Verletzten,[9] der Abwendung der von einem unbeleuchteten Fahrzeug ausgehenden Gefahren,[10] wird der Fremdgeschäftsführungswille

6

---
7 BGHZ 38, 270 = JZ 1963, 547 m Anm *Lange*.
8 Für Berücksichtigung bei der Höhe des Ersatzanspruchs aber BGHZ 38, 270, 279. S a OLG Hamm VersR 2002, 1254.
9 BGHZ 33, 251.
10 BGHZ 43, 188.

vermutet.¹¹ Dass die Geschäftsführung dem **Interesse und Willen** des anderen entsprach (§ 683 S 1 BGB), kann bei Rettungshandlungen grundsätzlich angenommen werden. Anders liegt es aber, wenn der Geschädigte eine unsachgemäße Maßnahme vornimmt, die Dritte nicht unerheblich in Gefahr bringt und in Bezug auf das gefährdete Rechtsgut völlig unverhältnismäßig ist.¹²

7   b) **Ausschluss bei rechtlich gebotenem Handeln.** War der Kraftfahrer nach § 1 Abs 2 StVO zu der Rettungsmaßnahme verpflichtet (etwa zu scharfem Bremsen, welches Schäden an seinen Reifen oder seiner Ladung hervorruft), scheidet ein Ersatzanspruch aus. Das Gefahrabwendungsgebot nach der StVO geht aber nicht so weit, dass der Kraftfahrer unter Gefährdung eigener Rechtsgüter von der Fahrbahn steuern muss.¹³

8   c) **Ausschluss bei eigenem Verschulden.** Hat der durch das eigene Ausweichmanöver geschädigte Verkehrsteilnehmer die Gefahrenlage verkehrswidrig – durch Unaufmerksamkeit, zu schnelles Fahren oder auf andere Weise – herbeigeführt, muss er den Schaden selbst tragen; der Gerettete haftet auch nicht nach § 254 BGB mit. Gegenüber dem Kfz-Führer greift hierbei die Beweislastregelung des § 18 StVG ein.¹⁴

9   d) **Ausschluss bei mitwirkender Betriebsgefahr.** Entsprechendes gilt, wenn der Geschädigte ein Kraftfahrzeughalter ist, den die Gefährdungshaftung nach § 7 StVG trifft. Kann der Halter des bei der Rettung eines anderen Verkehrsteilnehmers aus plötzlich entstandener Gefahr beschädigten Kraftfahrzeugs den Entlastungsbeweis nach § 7 Abs 2 bzw § 17 Abs 3 StVG nicht führen, so kann er keinen Anspruch aus Geschäftsführung ohne Auftrag gegen den Geretteten geltend machen, da durch die Rettungshandlung dann nur der von ihm selbst zu tragende Schaden abgewendet wurde.¹⁵ Dies soll nach Ansicht des BGH unbeschränkt gelten, auch soweit den Halter des geschädigten Kraftfahrzeugs hierdurch Aufwendungen treffen, die über die in § 12 StVG bestimmten Höchstbeträge hinausgehen.¹⁶ Da sich der Kfz-Halter gegenüber nicht motorisierten Verkehrsteilnehmern nur noch bei höherer Gewalt entlasten kann, wird in diesen Fällen (insbesondere bei den durch Kinder verursachten Ausweichunfällen) ein Ersatzanspruch kaum noch in Betracht kommen.¹⁷ Zur Haftung gegenüber dem Kfz-Führer s Rn 8 aE.

10 e) **Umfang der Ansprüche.** Liegt keiner der vorstehend genannten Fälle vor, kann der Geschädigte vollen Ersatz seiner „Aufwendungen", dh der erlittenen Vermögensnachteile, vom Geretteten verlangen. Für eine in der Rspr praktizierte Kürzung seiner Ansprüche nach richterlichem Ermessen¹⁸ besteht keine Grundlage.¹⁹ Schmerzensgeld

---

11 BGHZ 40, 28; BGH NJW 2000, 72.
12 OLG Stuttgart VersR 2003, 341.
13 BGHZ 38, 270, 275.
14 *Frank* JZ 1982, 739.
15 BGHZ 38, 270, 273 = JZ 1963, 547 m Anm *Lange*; BGH VersR 1957, 340; 1958, 168; 1958, 646; OLG Köln ZfS 1994, 8; *Hagen* NJW 1966, 1893.
16 BGH VRS 11, 107 entgegen OLG Neustadt VRS 8, 25; abl auch *Helm* VersR 1968, 209. Vgl auch RGZ 149, 213.
17 Vgl *Friedrich* NZV 2004, 228; *Staudinger/Schmidt-Bendun* Jura 2003, 447. **AA** *Ch Huber* § 3 Rn 85.
18 BGHZ 38, 270, 278 f; OLG Hamm VersR 2002, 1254.
19 Ebenso *Hagen* NJW 1966, 1893; *Frank* JZ 1982, 742.

kann, da es sich bei dem Anspruch aus §§ 670, 683 BGB analog nicht um einen Schadensersatzanspruch iSv § 253 Abs 2 BGB handelt, nicht beansprucht werden.[20] Abzuziehen sind Schäden, die der Retter ohne die Rettungshandlung hätte hinnehmen müssen.[21] Zu Leistungen der Berufsgenossenschaft nach § 2 Abs 1 Nr 13a SGB VII s § 19 Rn 152).

f) Ein **Übergang** des Aufwendungsersatzanspruches auf den Unfallversicherungsträger findet grundsätzlich nicht statt, wenn sich dessen Eintrittspflicht aus § 2 Abs 1 Nr 13a SGB VII (Nothilfe) ergibt. Vgl dazu näher § 32 Rn 103.[22]

g) Schuldner des Ersatzes ist der Gerettete, denn die Rettungshandlung liegt in seinem Interesse und ist seinem Rechtskreis zuzuordnen.[23] Bei einem Kind, welches altersmäßig der dauernden Obhut seiner Eltern im Straßenverkehr noch nicht entwachsen war, besorgt der Retter jedoch auch eine Angelegenheit der beiden Elternteile und kann daher von jedem von ihnen den Ersatz des vollen Schadens verlangen.[24] Ob die Eltern sich nach § 832 Abs 1 S 2 BGB exkulpieren könnten, ist unerheblich, denn es geht hier nicht um die Haftung für einen Eingriff in Rechtsgüter eines Dritten, sondern um die Frage, ob die Rettungshandlung den Rechtskreis der Eltern betrifft.[25] Das Kind und beide Elternteile sind Gesamtschuldner, doch hat im Innenverhältnis das Kind den Schaden zu tragen. Entsprechendes gilt ggf für den Vormund. Ist der Gerettete gegen Haftpflicht versichert, so greift der Versicherungsschutz ein, da es sich beim Ersatzanspruch des Retters um einen Anspruch mit schadensersatzähnlichem Charakter handelt.[26]

2. Tätigwerden zur Schadensminderung

Wer nach einem Unfall als nicht selbst Geschädigter[27] dazu beiträgt, den Schaden zu beseitigen oder zu mindern, führt auch ein Geschäft des für den Unfall Verantwortlichen. Aufwendungsersatz nach §§ 683, 670 BGB kann daher zB der Jagdberechtigte verlangen, der nach einem Wildunfall den Tierkörper beseitigt.[28] Aufwendungen, die Angehörigen des Verletzten für Krankenbesuche entstanden sind, können dagegen nur vom Verletzten selbst als Heilungskosten liquidiert werden (§ 29 Rn 9 f), denn in diesen Fällen wird weder objektiv noch subjektiv ein fremdes Geschäft geführt.[29]

---

20 BGHZ 52, 115, 117 (noch zu § 847 BGB aF); zum neuen Recht **aA** *Ch Huber* § 2 Rn 72; *Friedrich* NZV 2004, 229.
21 OLG Oldenburg VersR 1972, 1179; *Frank* JZ 1982, 742.
22 BGH NJW 1985, 492 = JZ 1985, 390 m zust Anm *Gitter*; *v Caemmerer* DAR 1970, 291; *Frank* JZ 1982, 743; **aA** die frühere Rspr, vgl RGZ 167, 85; BGHZ 33, 257; 38, 281.
23 BGHZ 38, 270, 280.
24 BGH VersR 1958, 168; OLG Oldenburg VersR 1972, 1178; OLG Hamm VersR 2002, 1254; *Frank* JZ 1982, 742; **aA** *Canaris* JZ 1963, 660.
25 *Friedrich* VersR 2000, 697 u NZV 2004, 231; *Scheffen/Pardey* (Lit vor § 10 Rn 1) Rn 69; **aA** *Canaris* JZ 1963, 660; *Staudinger/Schmidt-Bendun* Jura 2003, 448.
26 *Stiefel/Hofmann* § 10 AKB Rn 20 mwN; offengelassen von BGHZ 72, 151, 154.
27 Zu dessen Anspruch auf Ersatz der Schadensminderungskosten s § 22 Rn 99 ff.
28 AG Weilburg DAR 1997, 115; **aA** AG Gießen NZV 1998, 509; AG Siegburg MDR 1999, 1266.
29 *Seidel* VersR 1991, 1323; **aA** RGZ 138, 1, 2; BGH VersR 1979, 350.

14 Dient die Maßnahme zugleich der Erfüllung **einer öffentlich-rechtlichen Verpflichtung zur Gefahrenabwehr**, greifen idR spezialgesetzliche Kostenregelungen des Landesrechts ein.[30] Soweit solche nicht bestehen, kommt nach der Rspr des BGH jedoch auch hier ein Anspruch aus Geschäftsführung ohne Auftrag in Betracht.[31] Wenn zB die Feuerwehr in Erfüllung der ihr im Allgemeinen Interesse zur Gefahrenabwehr auferlegten öffentlich-rechtlichen Pflichten tätig werde, sei Ziel und Zweck ihres Handelns auch die Hilfeleistung für alle, die durch die Fortdauer der Gefahr Schaden erleiden können, einschließlich des für die Entstehung der Gefahr Verantwortlichen. In seinem Interesse liege das Eingreifen der Feuerwehr mit dem Ziel, den Schaden möglichst gering zu halten. Da somit auch sein Geschäft mitbesorgt werde, könne der für die Feuerwehr zuständige Kostenträger von ihm Ersatz der durch das Eingreifen der Feuerwehr entstandenen Aufwendungen nach §§ 677, 683 BGB verlangen.[32] Aufgrund erheblicher Einwände des verwaltungsrechtlichen Schrifttums hat der BGH neuerdings offen gelassen, ob an dieser Sicht festzuhalten ist.[33] Da weitgehend Sondervorschriften bestehen, hat die Frage nur untergeordnete Bedeutung.

15 Bei **privaten Hilfeleistungen** (zB eines Unternehmers oder Arztes) kommen neben §§ 677, 683 BGB[34] ggf auch Ansprüche aus Vertrag in Betracht.

16 Der **Haftpflichtversicherer** hat zu dem Unfallschaden nur eine mittelbare Beziehung. Die Behebung der Unfallfolgen (zB Beseitigung ausgelaufenen Öls nach einem Unfall) ist nicht sein „Geschäft", sodass er nicht aus Geschäftsführung ohne Auftrag in Anspruch genommen werden kann.[35] Auch eine Inanspruchnahme aus § 3 Nr 1 PflVG scheidet aus, da bei dem aus Beseitigung der Unfallfolgen abgeleiteten Anspruch mangels unfreiwilliger Aufopferung von Gesundheit oder Sachgütern keine Schadensersatzähnlichkeit besteht.[36]

---

30 Vgl etwa zu Art 28 BayFwG VG Regensburg VersR 2000, 965; zu Art 9 Abs 2 und 55 Abs 1 S 2 BayPAG BGH NZV 2004, 131.
31 Näher *Heinze* NZV 1994, 49, auch zu den sozialrechtlichen Erstattungsregelungen. Zur Erstattung der Kosten eines objektiv nicht erforderlichen Hubschraubereinsatzes LG Köln NZV 1991, 197.
32 BGHZ 40, 28; 63, 167.
33 BGH NZV 2004, 131, 132 m Nachw des Schrifttums.
34 Vgl dazu BGHZ 92, 270, 271 mwN. Zur Beschränkung auf Schäden aus der tätigkeitsspezifisch gesteigerten Gefahr BGH VersR 1993, 843, 844.
35 BGHZ 54, 157.
36 BGHZ 72, 151, 154 f. Näher § 15 Rn 6.

§ 18 Öffentlich-rechtliche Ausgleichsansprüche

§ 39 NRWOBG

(1) Ein Schaden, den jemand durch Maßnahmen der Ordnungsbehörden erleidet, ist zu ersetzen, wenn er
a) infolge einer Inanspruchnahme nach § 19 oder
b) durch rechtswidrige Maßnahmen, gleichgültig, ob die Ordnungsbehörden ein Verschulden trifft oder nicht,
entstanden ist.

(2) Ein Ersatzanspruch besteht nicht,
a) soweit der Geschädigte auf andere Weise Ersatz erlangt hat oder
b) wenn durch die Maßnahme die Person oder das Vermögen des Geschädigten geschützt worden ist.

(3) Soweit die Entschädigungspflicht wegen rechtmäßiger Maßnahmen der Ordnungsbehörden in anderen gesetzlichen Vorschriften geregelt ist, finden diese Anwendung.

Übersicht

	Rn
I. Überblick	1
II. Voraussetzungen	3
1. Staatliche Maßnahme	3
2. Unmittelbarkeit	4
3. Sonderopfer	5
III. Umfang und Geltendmachung der Ansprüche	6
1. Umfang	6
2. Passivlegitimation	7
3. Verjährung	8

I. Überblick

Geht aus einer von einem Hoheitsträger im Zuge der Hoheitsverwaltung geschaffenen Gefahrenlage ein Schaden hervor, so besteht ein Amtshaftungsanspruch nur bei schuldhaft rechtswidrigem Verhalten eines Amtsträgers (dazu § 12 Rn 40). Angesichts des verbreiteten Einsatzes automatisch arbeitender Anlagen zur Verkehrsregelung und der Risiken, die mit den menschlich nicht voll beeinflussbaren Fehlfunktionen solcher Anlagen verbunden sind, stellt sich jedoch die Frage nach einer **verschuldensunabhängigen Haftung des Staates**. Eine öffentlich-rechtliche Gefährdungshaftung[1] ist gesetz-

1

---

[1] Dafür *Forsthoff,* Lehrbuch des Verwaltungsrechts[10] (1973) § 19 I; *Zeidler* DVBl 1959, 81; ausf zum Ganzen *Ossenbühl* Staatshaftungsrecht (1998) S 364 ff.

Dritter Teil. Sonstige Haftungstatbestände

lich nicht vorgesehen. Die Rspr hat jedoch durch Heranziehung der gewohnheitsrechtlich anerkannten Grundsätze über den enteignungsgleichen und enteignenden Eingriff der Gefährdungshaftung ähnelnde Ansprüche geschaffen.

2   Ein Anspruch aus **enteignungsgleichem Eingriff** kommt in Betracht, wenn ein Bürger durch eine rechtswidrige Maßnahme des Staates unmittelbar geschädigt worden ist, ohne dass ein Verschulden eines Amtsträgers vorliegt. Der BGH[2] hat dies – in Abkehr von seiner früheren Rspr[3] – für den Fall einer „feindliches Grün" zeigenden Verkehrsampel bejaht und aus § 39 Abs 1 lit b NRWOBG hergeleitet. Die genannte landesrechtliche Vorschrift ist eine spezialgesetzliche Ausprägung des allgemeinen Rechtsgedankens des enteignungsgleichen Eingriffs.[4] Ein Ausgleichsanspruch gegen den Staat ist nach dem richterrechtlichen Aufopferungsgedanken zudem bei rechtmäßigen Eingriffen gegeben, die die Schwelle des enteignungsrechtlich Zumutbaren überschreiten (sog **enteignender Eingriff**).[5] Diskutiert wurde dies etwa für den Schaden eines PKW-Fahrers, der dadurch entstanden war, dass ein Polizeibeamter zur Verfolgung eines Verdächtigen die Fahrbahn gem § 35 StVO rechtmäßig bei Rotlicht überquerte und es dadurch zu einem Auffahrunfall kam.[6] Die Haftung für unverschuldete Eigentumsbeeinträchtigungen ergibt sich in den Bundesländern, die eine dem § 39 Abs 1 lit b NRWOBG entsprechende gesetzliche Vorschrift kennen,[7] aus dieser, in den anderen Bundesländern aus den allgemeinen Grundsätzen über den enteignungsgleichen und den enteignenden Eingriff.[8]

II. Voraussetzungen

1. Staatliche Maßnahme

3   Darunter fallen auch durch Automaten abgegebene Ge- oder Verbotszeichen, wie die von einer Verkehrsampel ausgestrahlten Signale[9] oder automatisch bewegte Poller, die bestimmte Straßenbereiche absperren.[10] Deren Anordnungen gehen auf ein zweckgerichtetes Verwaltungshandeln zurück; Ampeln sind im Grunde nur besondere Einrichtungen zur Bekanntgabe von Verwaltungsakten.[11]

---

2   BGHZ 99, 249.
3   Vgl BGHZ 54, 332. Zur entspr Rspr des österr OGH s ZVR 1989, 150 u *Greger* NZV 1990, 59.
4   BGHZ 99, 249, 255; *Schäfer* VersR 1988, 470; *Jox* NZV 1989, 134.
5   *Schoch* Jura 1989, 529 ff; *Brüning* JuS 2003, 2ff.
6   KG MDR 2005, 862.
7   Art 70 BayPAG, 11 BayLStVG, § 59 BerlASOG, §§ 38 BraOBG, 70 BraPolG, § 56 I BremPolG, § 10 HambSOG, § 64 HesSOG (hierzu LG Hanau ZfS 1990, 256), § 72 SOGMV, § 80 NdsSOG, §§ 67 NwPolG, 39 NwOBG, § 68 I POG RhP (hierzu OLG Zweibrücken NZV 1989, 311), § 68 I SaarPolG, § 52 SächsPolG, § 69 I SahSOG, § 221 LVwG SH, §§ 52 ThürOBG und 68 ThürPAG.
8   *Ossenbühl* (Fn 1) S 267, 280; *Jox* NZV 1989, 136; OLG Karlsruhe NZV 1993, 187; LG Heidelberg VersR 1989, 153.
9   BGHZ 99, 249.
10 OLG Köln NZV 2004, 95.
11 BGHZ 99, 249, 252.

2. Unmittelbarkeit

Für das Kriterium der Unmittelbarkeit kommt es auf eine wertende Zurechnung an.[12] **4**
Die durch den Eingriff ausgelösten schädigenden Auswirkungen müssen aus der Eigenart der hoheitlichen Maßnahmen folgen. Kommen etwa Verkehrsteilnehmer dadurch zu Schaden, dass sie bei „feindlichem Grün" in eine Kreuzung einfahren, so ist der Schaden als durch die rechtswidrige Verkehrsregelungsmaßnahme unmittelbar verursacht anzusehen.[13] Nicht von einem unmittelbaren Eingriff kann dagegen die Rede sein, wenn die Ampel in der Weise gestört ist, dass sie in der einen Richtung Wechsellichtzeichen, in der anderen aber Dauerrot oder rot-gelbes Dauerlicht zeigt.[14] Im Fall des durch verkehrswidriges, aber rechtmäßiges Verhalten eines Polizeibeamten verursachten Auffahrunfalls ist ein unmittelbarer Zusammenhang zwischen Verwaltungshandeln und Schaden nur dann anzunehmen, wenn der Geschädigte aufgrund des plötzlichen Abbremsens des vorausfahrenden PKW nicht mehr rechtzeitig reagieren konnte.[15]

3. Sonderopfer

Muss in Ermangelung spezialgesetzlicher Regelungen auf die allgemeinen Grundsätze **5**
über den enteignungsgleichen Eingriff zurückgegriffen werden (s o Rn 2), so muss auch das dort vorausgesetzte Merkmal des (enteignungsähnlichen) Sonderopfers erfüllt sein. Das Sonderopfer wird im Falle des enteignungsgleichen Eingriffs aus der Rechtswidrigkeit des staatlichen Eigentumseingriffs gefolgert.[16] Entscheidend ist dabei die objektive Rechtswidrigkeit, wie sie zB in der Ausstrahlung einander widersprechender und damit nahezu zwangsläufig zu einem Unfall führender Lichtzeichen liegt;[17] nicht von Bedeutung ist, ob eine für die Behörde tätige Person sich rechtswidrig verhalten hat.[18] Auch im Fall der Beschädigung eines Kraftfahrzeuges durch Hochfahren eines automatisch gesteuerten Pollers lässt sich die Rechtswidrigkeit bejahen.[19] Im Fall des enteignenden Eingriffs kann vom Abverlangen eines Sonderopfers nur dann die Rede sein, wenn das rechtmäßige Verwaltungshandeln eine schwere Eigentumsbeeinträchtigung hervorruft, deren entschädigungslose Hinnahme unzumutbar ist.[20] Zur Frage des Sonderopfers bei Verletzung durch den vorschriftsmäßig angelegten Sicherheitsgurt s § 22 Rn 84.

III. Umfang und Geltendmachung der Ansprüche

1. Umfang

Der Umfang des Ausgleichsanspruchs aufgrund enteignungsgleichen oder enteignenden **6**
Eingriffs bestimmt sich nach den Regeln, die für die Enteignungsentschädigung gelten.

---

12 *Ossenbühl* JuS 1988, 195.
13 BGHZ 99, 249, 254.
14 OLG Düsseldorf VersR 1989, 58.
15 KG MDR 2005, 862.
16 *Brüning* JuS 2003, 8.
17 Zu den hohen Beweisanforderungen in solchen Fällen OLG Hamm NZV 1997, 40 u 2003, 577; OLG Celle NZV 1999, 244.
18 BGHZ 99, 249, 253; OLG Bremen NZV 1999, 166.
19 OLG Köln NZV 2004, 95.
20 *Ossenbühl* (Fn 1) S 277.

Dritter Teil. Sonstige Haftungstatbestände

Auszugleichen ist demnach der Substanzverlust. Bei Körperschäden kommt ein Ausgleichsanspruch nach den Regeln der Aufopferung[21] in Betracht, nicht aber eine immaterielle Entschädigung nach § 253 Abs 2 BGB, weil es sich nicht um Schadensersatzansprüche handelt.[22] Eine mitwirkende Betriebsgefahr oder ein Mitverschulden auf Seiten des Geschädigten ist anzurechnen.[23]

2. Passivlegitimation

7 Passivlegitimiert ist stets der begünstigte Hoheitsträger, nicht die Körperschaft, die den Eingriff vornimmt.[24] Die Pflicht, eine Lichtzeichenanlage ordnungsgemäß zu unterhalten und vor Funktionsstörungen zu bewahren, gehört zwar zur Verkehrssicherungspflicht und damit zur Verantwortung des Straßenbaulastträgers. Das Ausstrahlen der Lichtzeichen – ein Verwaltungsakt – stellt aber eine Maßnahme der Verkehrsregelung dar, die in den Zuständigkeitsbereich der Straßenverkehrsbehörde fällt und dieser zuzurechnen ist.[25] Zu verklagen (nach § 40 Abs 2 S 1 VwGO vor den ordentlichen Gerichten[26]) ist also die Körperschaft, der die Straßenverkehrsbehörde angehört.

3. Verjährung

8 Nach hM verjähren die öffentlich-rechtlichen Ausgleichsansprüche, soweit nicht ausdrücklich anders geregelt, in der regelmäßigen Verjährungsfrist nach §§ 195 ff BGB analog.[27]

---

21 BGHZ 20, 61.
22 *Geigel/Kunschert* Kap 21 Rn 56.
23 BGHZ 99, 249, 255.
24 *Ossenbühl* (Fn 1) S 263, 284.
25 BGHZ 99, 249, 255; OLG Zweibrücken NZV 1989, 311.
26 BGH NJW 1995, 964.
27 *Palandt/Heinrichs* § 195 Rn 20; *Kellner* NVwZ 2002, 395 (400); **aA** AnwK-BGB/*Mansel/Stürner* § 194 Rn 19 mwN.

Vierter Teil
Ausschluss und Beschränkung der Haftung, Verjährung

§ 19 Haftungsausschlüsse

§ 8 StVG

Die Vorschriften des § 7 gelten nicht,
1. wenn der Unfall durch ein Kraftfahrzeug verursacht wurde, das auf ebener Bahn mit keiner höheren Geschwindigkeit als 20 Kilometer in der Stunde fahren kann, oder durch einen im Unfallzeitpunkt mit einem solchen Fahrzeug verbundenen Anhänger,
2. wenn der Verletzte bei dem Betrieb des Kraftfahrzeugs oder des Anhängers tätig war oder
3. wenn eine Sache beschädigt worden ist, die durch das Kraftfahrzeug oder durch den Anhänger befördert worden ist, es sei denn, dass eine beförderte Person die Sache an sich trägt oder mit sich führt.

§ 8a StVG

Im Fall einer entgeltlichen, geschäftsmäßigen Personenbeförderung darf die Verpflichtung des Halters, wegen Tötung oder Verletzung beförderter Personen Schadensersatz nach § 7 zu leisten, weder ausgeschlossen noch beschränkt werden. Die Geschäftsmäßigkeit einer Personenbeförderung wird nicht dadurch ausgeschlossen, dass die Beförderung von einer Körperschaft oder Anstalt des öffentlichen Rechts betrieben wird.

§ 15 StVG

Der Ersatzberechtigte verliert die ihm auf Grund der Vorschriften dieses Gesetzes zustehenden Rechte, wenn er nicht spätestens innerhalb zweier Monate, nachdem er von dem Schaden und der Person des Ersatzpflichtigen Kenntnis erhalten hat, dem Ersatzpflichtigen den Unfall anzeigt. Der Rechtsverlust tritt nicht ein, wenn die Anzeige infolge eines von dem Ersatzberechtigten nicht zu vertretenden Umstands unterblieben ist oder der Ersatzpflichtige innerhalb der bezeichneten Frist auf andere Weise von dem Unfall Kenntnis erhalten hat.

§ 7 HaftpflG

Die Ersatzpflicht nach den §§ 1 bis 3 dieses Gesetzes darf, soweit es sich um Personenschäden handelt, im voraus weder ausgeschlossen noch beschränkt werden. Das gleiche gilt für die Ersatzpflicht nach § 2 dieses Gesetzes wegen Sachschäden, es sei denn, daß der Haftungsausschluß oder die Haftungsbeschränkung zwischen dem Inhaber der Anlage und einer juristischen Person des öffentlichen Rechts, einem öffentlich-rechtlichen Sondervermögen oder einem Kaufmann im Rahmen eines zum Betriebe seines Handelsgewerbes gehörenden Vertrages vereinbart worden ist. Entgegenstehende Bestimmungen und Vereinbarungen sind nichtig.

Vierter Teil. Ausschluss und Beschränkung der Haftung, Verjährung

§ 8 SGB VII

(1) Arbeitsunfälle sind Unfälle von Versicherten infolge einer den Versicherungsschutz nach § 2, 3 oder 6 begründenden Tätigkeit (versicherte Tätigkeit). Unfälle sind zeitlich begrenzte, von außen auf den Körper einwirkende Ereignisse, die zu einem Gesundheitsschaden oder zum Tod führen.

(2) Versicherte Tätigkeiten sind auch

1. das Zurücklegen des mit der versicherten Tätigkeit zusammenhängenden unmittelbaren Weges nach und von dem Ort der Tätigkeit,
2. das Zurücklegen des von einem unmittelbaren Weg nach und von dem Ort der Tätigkeit abweichenden Weges, um

a) Kinder von Versicherten (§ 56 des Ersten Buches), die mit ihnen in einem gemeinsamen Haushalt leben, wegen ihrer, ihrer Ehegatten oder ihrer Lebenspartner beruflichen Tätigkeit fremder Obhut anzuvertrauen oder

b) mit anderen Berufstätigen oder Versicherten gemeinsam ein Fahrzeug zu benutzen,

3. das Zurücklegen des von einem unmittelbaren Weg nach und von dem Ort der Tätigkeit abweichenden Weges der Kinder von Personen (§ 56 des Ersten Buches), die mit ihnen in einem gemeinsamen Haushalt leben, wenn die Abweichung darauf beruht, daß die Kinder wegen der beruflichen Tätigkeit dieser Personen oder deren Ehegatten oder deren Lebenspartner fremder Obhut anvertraut werden,
4. das Zurücklegen des mit der versicherten Tätigkeit zusammenhängenden Weges von und nach der ständigen Familienwohnung, wenn die Versicherten wegen der Entfernung ihrer Familienwohnung von dem Ort der Tätigkeit an diesem oder in dessen Nähe eine Unterkunft haben,
5. das mit einer versicherten Tätigkeit zusammenhängende Verwahren, Befördern, Instandhalten und Erneuern eines Arbeitsgeräts oder einer Schutzausrüstung sowie deren Erstbeschaffung, wenn diese auf Veranlassung der Unternehmer erfolgt.

(3) Als Gesundheitsschaden gilt auch die Beschädigung oder der Verlust eines Hilfsmittels.

§ 104 SGB VII

(1) Unternehmer sind den Versicherten, die für ihre Unternehmen tätig sind oder zu ihren Unternehmen in einer sonstigen die Versicherung begründenden Beziehung stehen, sowie deren Angehörigen und Hinterbliebenen nach anderen gesetzlichen Vorschriften zum Ersatz des Personenschadens, den ein Versicherungsfall verursacht hat, nur verpflichtet, wenn sie den Versicherungsfall vorsätzlich oder auf einem nach § 8 Abs. 2 Nr. 1 bis 4 versicherten Weg herbeigeführt haben. Ein Forderungsübergang nach § 116 des Zehnten Buches findet nicht statt.

(2) Absatz 1 gilt entsprechend für Personen, die als Leibesfrucht durch einen Versicherungsfall im Sinne des § 12 geschädigt worden sind.

(3) Die nach Absatz 1 oder 2 verbleibenden Ersatzansprüche vermindern sich um die Leistungen, die Berechtigte nach Gesetz oder Satzung infolge des Versicherungsfalls erhalten.

§ 105 SGB VII

(1) Personen, die durch eine betriebliche Tätigkeit einen Versicherungsfall von Versicherten desselben Betriebs verursachen, sind diesen sowie deren Angehörigen und Hinterbliebenen nach anderen gesetzlichen Vorschriften zum Ersatz des Personenschadens nur verpflichtet, wenn sie den Versicherungsfall vorsätzlich oder auf einem nach § 8 Abs. 2

§ 19 Haftungsausschlüsse

Nr. 1 bis 4 versicherten Weg herbeigeführt haben. Satz 1 gilt entsprechend bei der Schädigung von Personen, die für denselben Betrieb tätig und nach § 4 Abs. 1 Nr. 1 versicherungsfrei sind. § 104 Abs. 1 Satz 2, Abs. 2 und 3 gilt entsprechend.

(2) Absatz 1 gilt entsprechend, wenn nicht versicherte Unternehmer geschädigt worden sind. Soweit nach Satz 1 eine Haftung ausgeschlossen ist, werden die Unternehmer wie Versicherte, die einen Versicherungsfall erlitten haben, behandelt, es sei denn, eine Ersatzpflicht des Schädigers gegenüber dem Unternehmer ist zivilrechtlich ausgeschlossen. Für die Berechnung von Geldleistungen gilt der Mindestjahresarbeitsverdienst als Jahresarbeitsverdienst. Geldleistungen werden jedoch nur bis zur Höhe eines zivilrechtlichen Schadenersatzanspruchs erbracht.

§ 106 SGB VII

(1) In den in § 2 Abs. 1 Nr. 2, 3 und 8 genannten Unternehmen gelten die §§ 104 und 105 entsprechend für die Ersatzpflicht

1. der in § 2 Abs. 1 Nr. 2, 3 und 8 genannten Versicherten untereinander,

2. der in § 2 Abs. 1 Nr. 2, 3 und 8 genannten Versicherten gegenüber den Betriebsangehörigen desselben Unternehmens,

3. der Betriebsangehörigen desselben Unternehmens gegenüber den in § 2 Abs. 1 Nr. 2, 3 und 8 genannten Versicherten.

(2) Im Fall des § 2 Abs. 1 Nr. 17 gelten die §§ 104 und 105 entsprechend für die Ersatzpflicht

1. der Pflegebedürftigen gegenüber den Pflegepersonen,

2. der Pflegepersonen gegenüber den Pflegebedürftigen,

3. der Pflegepersonen desselben Pflegebedürftigen untereinander.

(3) Wirken Unternehmen zur Hilfe bei Unglücksfällen oder Unternehmen des Zivilschutzes zusammen oder verrichten Versicherte mehrerer Unternehmen vorübergehend betriebliche Tätigkeiten auf einer gemeinsamen Betriebsstätte, gelten die §§ 104 und 105 für die Ersatzpflicht der für die beteiligten Unternehmen Tätigen untereinander.

(4) Die §§ 104 und 105 gelten ferner für die Ersatzpflicht von Betriebsangehörigen gegenüber den nach § 3 Abs. 1 Nr. 2 Versicherten.

§ 108 SGB VII

(1) Hat ein Gericht über Ersatzansprüche der in den §§ 104 bis 107 genannten Art zu entscheiden, ist es an eine unanfechtbare Entscheidung nach diesem Buch oder nach dem Sozialgerichtsgesetz in der jeweils geltenden Fassung gebunden, ob ein Versicherungsfall vorliegt, in welchem Umfang Leistungen zu erbringen sind und ob der Unfallversicherungsträger zuständig ist.

(2) Das Gericht hat sein Verfahren auszusetzen, bis eine Entscheidung nach Absatz 1 ergangen ist. Falls ein solches Verfahren noch nicht eingeleitet ist, bestimmt das Gericht dafür eine Frist, nach deren Ablauf die Aufnahme des ausgesetzten Verfahrens zulässig ist.

§ 46 BeamtVG

(1) Der verletzte Beamte und seine Hinterbliebenen haben aus Anlaß eines Dienstunfalles gegen den Dienstherrn nur die in den §§ 30 bis 43a geregelten Ansprüche. Ist der Beamte nach dem Dienstunfall in den Dienstbereich eines anderen öffentlich-rechtlichen Dienstherrn versetzt worden, so richten sich die Ansprüche gegen diesen; das gleiche gilt in den Fällen des gesetzlichen Übertritts oder der Übernahme bei der Umbildung von Körperschaften.

Vierter Teil. Ausschluss und Beschränkung der Haftung, Verjährung

(2) Weitergehende Ansprüche auf Grund allgemeiner gesetzlicher Vorschriften können gegen einen öffentlich-rechtlichen Dienstherrn im Geltungsbereich dieses Gesetzes oder gegen die in seinem Dienst stehenden Personen nur dann geltend gemacht werden, wenn der Dienstunfall durch eine vorsätzliche unerlaubte Handlung einer solchen Person verursacht worden ist. Jedoch findet das Gesetz über die erweiterte Zulassung von Schadenersatzansprüchen bei Dienst- und Arbeitsunfällen vom 7. Dezember 1943 (RGBl. I S. 674) Anwendung.

(3) Ersatzansprüche gegen andere Personen bleiben unberührt.

(4) Auf laufende und einmalige Geldleistungen, die nach diesem Gesetz wegen eines Körper-, Sach- oder Vermögensschadens im Rahmen einer besonderen Auslandsverwendung im Sinne des § 31a gewährt werden, sind Geldleistungen anzurechnen, die wegen desselben Schadens von anderer Seite erbracht werden. Hierzu gehören insbesondere Geldleistungen, die von Drittstaaten oder von zwischenstaatlichen oder überstaatlichen Einrichtungen gewährt oder veranlasst werden. Nicht anzurechnen sind Leistungen privater Schadensversicherungen, die auf Beiträgen der Beamten oder anderen Angehörigen des öffentlichen Dienstes beruhen.

§ 81 BVG

Erfüllen Personen die Voraussetzungen des § 1 oder entsprechender Vorschriften anderer Gesetze, die eine entsprechende Anwendung dieses Gesetzes vorsehen, so haben sie wegen einer Schädigung gegen den Bund nur die auf diesem Gesetz beruhenden Ansprüche; jedoch finden die Vorschriften der beamtenrechtlichen Unfallfürsorge, das Gesetz über die Erweiterte Zulassung von Schadenersatzansprüchen bei Dienstunfällen in der im Bundesgesetzblatt Teil III, Gliederungsnummer 2030-2-19, bereinigten Fassung, und § 82 des Beamtenversorgungsgesetzes Anwendung.

§ 91a SVG

(1) Die nach diesem Gesetz versorgungsberechtigten Personen haben aus Anlaß einer Wehrdienstbeschädigung oder einer gesundheitlichen Schädigung im Sinne der §§ 81a bis 81d gegen den Bund nur die auf diesem Gesetz beruhenden Ansprüche. Sie können Ansprüche nach allgemeinen gesetzlichen Vorschriften, die weitergehende Leistungen als nach diesem Gesetz begründen, gegen den Bund, einen anderen öffentlich-rechtlichen Dienstherrn im Bundesgebiet oder gegen die in deren Dienst stehenden Personen nur dann geltend machen, wenn die Wehrdienstbeschädigung oder die gesundheitliche Schädigung im Sinne der §§ 81a bis 81d durch eine vorsätzliche unerlaubte Handlung einer solchen Person verursacht worden ist.

(2) Das Gesetz über die erweiterte Zulassung von Schadenersatzansprüchen bei Dienst- und Arbeitsunfällen in der im Bundesgesetzblatt Teil III, Gliederungsnummer 2030-2-19, veröffentlichten bereinigten Fassung ist anzuwenden.

(3) Ersatzansprüche gegen andere Personen bleiben unberührt.

Zum Text des § 47 Abs 1 ZDG sowie § 1 Abs 1 ErwG s § 34 vor Rn 1 bzw 23.

Übersicht	Rn
I. Überblick	1
II. Ausschluss der Gefährdungshaftung	4
1. Langsam fahrende Kraftfahrzeuge (§ 8 Nr 1 StVG)	4
2. Bei dem Betrieb Tätige (§ 8 Nr 2 StVG)	9
3. Beschädigung beförderter Sachen (§ 8 Nr 3 StVG, § 1 Abs 3 Nr 2 HaftpflG)	13
4. Versäumung der Anzeigefrist (§ 15 StVG)	18

§ 19 Haftungsausschlüsse

III.	Allgemeine Haftungsausschlüsse.	29
	1. Ausdrückliche Vereinbarung.	29
	2. Stillschweigender Haftungsausschluss.	48
	3. Bewusste Selbstgefährdung, Handeln auf eigene Gefahr	60
	4. Haftungsausschluss zwischen Angehörigen.	62
	5. Übermaßverbot.	63
IV.	Haftungsbeschränkungen im Arbeitsverhältnis.	64
	1. Allgemeines.	64
	2. Voraussetzungen	65
	3. Wirkung der Haftungsmilderung.	74
V.	Ausschlüsse bei Gesetzlicher Unfallversicherung	77
	1. Allgemeines.	77
	2. Rechtsgrundlagen.	79
	3. Haftungsausschluss zugunsten des Unternehmers bei Arbeitsunfall	80
	4. Haftungsausschluss bei Verletzung eines Arbeitskollegen	121
	5. Haftungsausschluss zwischen Mitarbeitern von Hilfsdiensten	144
	6. Haftungsausschluss im Schul-, Kindergarten- und Ausbildungsbetrieb.	145
	7. Haftungsausschluss für Unfälle bei Hilfeleistungen.	152
	8. Internationales Recht.	154
	9. Neue Bundesländer.	155
VI.	Ausschlüsse bei Versorgungsberechtigten und im öffentlichen Dienstrecht	156
	1. Allgemeines.	156
	2. Voraussetzungen	160
	3. Wegfall.	162
	4. Wirkung.	164

I. Überblick

Die **Gefährdungshaftung** des Kfz-Halters nach § 7 StVG wird durch § 8 StVG für bestimmte Fahrzeugarten und Unfallkonstellationen ausgeschlossen (Rn 4 ff). Für die verschuldensunabhängige Haftung des Kfz-Führers nach § 18 StVG gelten diese Vorschriften entsprechend. Weniger weit gehende Haftungsausschlüsse gelten nach § 1 Abs 3 HaftpflG für die Gefährdungshaftung des Bahnunternehmers (Rn 13 ff). Zur Haftungsentlastung durch Beweis von Unabwendbarkeit bzw höherer Gewalt s § 3 Rn 348 ff u § 5 Rn 21 ff. Schließlich kann die Gefährdungshaftung nach dem StVG auch dadurch entfallen, dass der Geschädigte den Unfall nicht rechtzeitig dem Ersatzpflichtigen anzeigt (§ 15 StVG; s Rn 18 ff). Ansprüche aus anderen Haftungsgründen werden durch die speziellen Ausschlusstatbestände von StVG und HaftpflG nicht berührt. 1

Allgemeine Haftungsausschlüsse kommen insbesondere bei der Beförderung von Personen oder Sachen in Betracht. Sie können sich aus Rechtsvorschriften, zB §§ 25 ff EVO oder § 14 BefBedV,[1] oder einer vertraglichen Übereinkunft zwischen Schädiger und Geschädigtem ergeben. Solche sind im Bereich der Verkehrsunfallhaftung insbesondere bei Beförderungsvorgängen von praktischer Bedeutung (Rn 29 ff), für die Gefährdungshaftung aber weitgehend ausgeschlossen (vgl § 8a StVG, § 7 HaftpflG; Rn 33 ff). Ob auch ein haftungsrechtliches Übermaßverbot zu einer Haftungsreduktion führen kann, ist streitig (Rn 63). Zur Verjährung s § 21. 2

---

[1] Näher dazu *Filthaut* NZV 2001, 238 ff.

Vierter Teil. Ausschluss und Beschränkung der Haftung, Verjährung

3 **Besondere Haftungsausschlüsse** gewährt die Rspr Arbeitnehmern, die wegen schuldhafter Schädigung ihres Arbeitgebers belangt werden (Rn 64 ff). Wichtige Haftungsfreistellungen ergeben sich schließlich aus dem Unfallversicherungs- bzw Versorgungsrecht (Rn 77 ff).

II. Ausschluss der Gefährdungshaftung

1. Langsam fahrende Kraftfahrzeuge (§ 8 Nr 1 StVG)

4 **a) Normzweck und Bedeutung.** Der Ausschluss langsam fahrender Kraftfahrzeuge von der Haftung nach §§ 7, 18 StVG hat seinen Grund darin, dass mit den Haftpflichtbestimmungen des KFG von 1909 den Folgen der „Autoraserei" begegnet werden sollte und die Besorgnis herrschte, bei einer Einbeziehung langsamer Fahrzeuge würde der Kraftverkehr gegenüber den gleich schnellen Fuhrwerken übermäßigen Belastungen ausgesetzt.[2] Die Regelung ist durch die Entwicklung langsam fahrender Arbeitsmaschinen mit erheblichem Gefährdungspotential (Mähdrescher, Radlader, Planierraupen usw) fragwürdig geworden.[3] Auch rufen gerade langsame Kfz (zB landwirtschaftliche Gespanne) besondere Gefahren für den fließenden Verkehr hervor. Im Übrigen misst die Rspr den „schnellen" Kfz auch dann eine haftungsbegründende Betriebsgefahr zu, wenn sie sich in Ruhe befinden (§ 3 Rn 107 ff); dadurch ist ein gravierender Wertungswiderspruch entstanden.[4]

5 Die Vorschrift stellt die Halter und Führer langsamer Kfz nicht nur von der verschuldensunabhängigen Haftung frei, sondern hat auch zur Folge, dass sich der selbst geschädigte Halter bzw Führer eines solchen Fahrzeugs keine mitwirkende Betriebsgefahr anrechnen zu lassen braucht (vgl § 22 Rn 92).

6 **b) Geltungsbereich.** § 8 erfasst solche Kfz (und ihre Anhänger; s § 3 Rn 23), bei denen entweder die Bauart oder der tatsächliche Zustand schon ohne weiteres ausschließt, dass sie schneller als 20 km/h fahren, oder an denen vom Hersteller Vorrichtungen angebracht wurden, die eine Überschreitung dieser Grenze verhindern. Ob durch eine Manipulation an diesen Vorrichtungen (zB Aufziehen größerer Reifen) eine höhere Geschwindigkeit des Fahrzeugs erreicht werden könnte, ist unerheblich; erst wenn die Veränderung tatsächlich vorgenommen wurde, scheidet der Haftungsausschluss aus.[5]

7 Die Haftungsbefreiung entfällt schon dann, wenn es möglich ist, mit dem Kraftfahrzeug einige hundert Meter geringfügig schneller zu fahren.[6] Es kommt nicht darauf an, ob das Kraftfahrzeug wegen besonderer Umstände gerade im Zeitpunkt des Unfalls nicht schneller als 20 km/h fahren konnte. Maßgebend ist vielmehr, ob es unter anderen Umständen, zB ohne Ladung oder ohne Anhänger, eine höhere Geschwindigkeit erreichen könnte.[7]

---

2 Vgl BR-Drs 7/1906.
3 *Greger* LM § 8 StVG Nr 5.
4 *Medicus* DAR 2000, 443.
5 BGHZ 136, 69 = LM § 8 StVG Nr 5 m Anm *Greger*; VersR 1997, 1525 m Anm *Lorenz* (zur Befreiung von der Versicherungspflicht); die frühere Rspr, die auf die Schwierigkeit der Veränderung abstellte (vgl RGZ 128, 149, 152; BGHZ 9, 123, 125; VersR 1977, 228; 1985, 245) wurde aufgegeben. Zur Entwicklung der Rspr *Brötel* NZV 1997, 381.
6 LG Tübingen DAR 1952, 6 LS.
7 BGH NZV 2005, 305, 306 (Unimog mit Mähvorrichtung); KG HRR 1929, Nr 9/10 S 7; OLG Kiel VAE 1938, 189.

c) Beweislast. Der Halter oder Fahrer, der behauptet, sein Kraftfahrzeug sei ein langsam fahrendes iS des § 8 StVG, hat dies darzulegen und zu beweisen.[8] Die Vorlage von Herstellerangaben reicht nicht, da es auf die tatsächlichen Gegebenheiten im Unfallzeitpunkt ankommt; lässt sich aber eine von der Klassifizierung des Fahrzeugs abweichende Beschaffenheit im Unfallzeitpunkt nicht feststellen, bleibt es beim Haftungsausschluss.[9]

2. Bei dem Betrieb Tätige (§ 8 Nr 2 StVG)

a) Normzweck und Bedeutung. Der Haftungsausschluss gegenüber beim Betrieb Tätigen beruht auf der Erwägung, dass sich solche Personen freiwillig in Gefahr begeben.[10] Ihr Schutzbedürfnis wird daher geringer geachtet. Die Berechtigung dieses Haftungsausschlusses wird von *Kötz*[11] mit beachtlichen Gründen in Frage gestellt.

b) Geltungsbereich. Entscheidendes Abgrenzungsmerkmal für das Tätigsein beim Betrieb ist, dass die betreffende Person durch ihre nahe Beziehung zum Betrieb der Gefährdung besonders ausgesetzt ist.[12] Es genügt daher nicht, wenn der Geschädigte die Betriebstätigkeit lediglich veranlasst hat (etwa als Arbeitgeber des Fahrers), faktisch aber in den Tätigkeitsbereich und seine Gefahren nicht einbezogen war.[13] Der Haftungsausschluss greift auch nicht ein, wenn der beim Betrieb Tätige, insbesondere der Fahrer, eine eigene Sache beschädigt, die nicht infolge der Betriebstätigkeit, sondern nur zufällig in den Gefahrenkreis des Kraftfahrzeugs geraten ist (Beispiel: Fahrer eines fremden Kraftfahrzeugs fährt auf ein eigenes auf).[14] Darauf, ob der Halter oder der Fahrer das Recht hatte, dem beim Betrieb Tätigen Weisungen zu erteilen, kommt es nicht an,[15] ebenso wenig darauf, ob es sich um eine Dauerbeziehung oder eine ganz kurzzeitige Tätigkeit handelt.[16] Beim Betrieb kann auch derjenige tätig sein, der kein Entgelt erhält und auch derjenige, der in keinen vertraglichen Beziehungen zum Halter, zum Vertreter des Halters oder zum Fahrer steht.[17] Auch wer sich ohne Willen des Halters und Fahrers am Kraftfahrzeug zu schaffen macht, verliert den Haftungsschutz.[18] Entscheidend ist aber, dass die Tätigkeit im Zeitpunkt des Unfalls entfaltet wurde. Ereignet sich der Unfall auch nur einige Sekunden nach dem Abschluss der Tätigkeit (zB derjenigen des Beladens des Kraftfahrzeugs oder des Heranschiebens eines Anhängers an den Lkw),

---

8 OLG Köln VersR 1988, 194.
9 BGHZ 136, 69, 75.
10 RG JW 1937, 1769.
11 In: Gutachten und Vorschläge zur Überarbeitung des Schuldrechts Bd II (1981) 1814.
12 BGH NJW 1954, 393; VersR 1956, 640; OLG Dresden VAE 1939, 401.
13 BGHZ 116, 205.
14 OLG Hamm NZV 1997, 42; LG München I NZV 1999, 516 m Anm *Kunschert*; AG Darmstadt NZV 2002, 568; *Hohloch* VersR 1978, 19; *Greger* NZV 1988, 108; aA LG Freiburg VersR 1977, 749; *Kunschert* NZV 1989, 62.
15 BGH VersR 1962, 540.
16 BGH VersR 1956, 640; OLG Dresden VAE 1939, 401; aA OLG München (Augsburg) NZV 1990, 393.
17 BGH NJW 1954, 393; OLG Dresden VAE 1939, 401.
18 OLG Düsseldorf RdK 1928, 110.

Vierter Teil. Ausschluss und Beschränkung der Haftung, Verjährung

so kommt der Haftungsausschluss nicht mehr zum Zug.[19] Zu dem Begriff „bei dem Betrieb" vgl § 3 Rn 49 ff.

11 **c) Einzelfälle.** Selbstverständlich fällt unter § 8 StVG der Führer des Kraftfahrzeugs, auch wenn er noch Fahrschüler ist.[20] Dagegen greift der Haftungsausschluss bei einem Unfall zwischen den Krädern von Fahrlehrer und Fahrschüler nicht ein, wenn der verletzte Schüler die Fahrschule wegen der Betriebsgefahr des Lehrerkrades in Anspruch nimmt,[21] während umgekehrt der Fahrlehrer als Betriebstätiger auch hinsichtlich des Schülerkrades angesehen werden muss. Der zur Ablösung des Fahrers mitfahrende Beifahrer ist während der Zeit, in der er nicht auf den Betrieb einwirkt, nicht beim Betrieb tätig.[22] Ein Insasse ist beim Betrieb tätig, wenn er die Wagentüre öffnet,[23] nicht aber beim Ausrutschen auf dem Trittbrett.[24] Ein Wagenwäscher ist beim Betrieb des Kraftfahrzeugs nur tätig, solange er den Wagen mit Motorkraft bewegt. Dagegen ist beim Betrieb tätig, wer den von einer unbefugten Person in Gang gesetzten Pkw durch Entgegenstemmen aufzuhalten versucht,[25] wer anstelle des Halters während einer Fahrt Anweisungen erteilt oder sogar Handreichungen leistet, wer beim Beladen oder Entladen mitwirkt[26] oder auf einem Aufstellplatz oder in einer Großgarage das Kraftfahrzeug mit Motorkraft rangiert. Es genügt auch schon, wenn dem Fahrer (zB durch einen Tankwart, Mechaniker oder auch durch einen völlig unbeteiligten Passanten) ein Winkzeichen gegeben wird[27] oder wenn dem Kraftfahrzeug durch Anschieben aus einer Schneemulde herausgeholfen wird,[28] sofern der Betreffende sich hierdurch der Betriebsgefahr des Kraftfahrzeugs in gesteigertem Maße aussetzt. Angestellte des Veranstalters eines Rennens sind nicht ohne weiteres beim Betrieb der Kraftfahrzeuge tätig,[29] so zB nicht als Starthelfer, wenn sie von einem Fahrzeug angefahren werden, dem sie nicht geholfen haben.[30]

12 **d) Beweislast.** Der Halter ist beweispflichtig für seine Behauptung, der Verletzte sei im Zeitpunkt des Unfalls beim Betrieb des Kraftfahrzeugs tätig gewesen.[31]

3. Beschädigung beförderter Sachen (§ 8 Nr 3 StVG, § 1 Abs 3 Nr 2 HaftpflG)

13 **a) Normzweck und Bedeutung.** Der Schutz der Gefährdungshaftung soll sich grundsätzlich nur auf Sachen außerhalb des Kraft- oder Bahnfahrzeugs beziehen, nicht auf seine Ladung. Gegenstände, die ein (von den Haftungsnormen des StVG oder HaftpflG geschützter) Insasse an sich trägt oder mit sich führt, sollen aber an diesem Schutz teilhaben (s Rn 16).

---

19 RG HRR 1934, Nr 950.
20 KG NZV 1989, 150 m Anm *Kunschert*; OLG Saarbrücken NZV 1998, 246.
21 *Kunschert* NZV 1989, 152; verkannt vom KG aaO.
22 **AA** BAG JZ 1964, 257 LS.
23 OLG München VersR 1966, 987.
24 BGH VersR 1956, 765.
25 OLG Jena NZV 1999, 331.
26 OLG Celle NZV 2001, 79.
27 OLG Celle DAR 1932, 267; **aA** RG DAR 1933, 187; BGH NJW 1954, 393.
28 **AA** OLG München (Augsburg) NZV 1990, 393.
29 RG DAR 1933, 42.
30 RG DAR 1935, 160; **aA** OLG Hamburg HRR 1935, Nr 125.
31 RGZ 124, 115; 128, 152; RG Recht 1928, Nr 626; VR 1934, 100; *Bomhard* VersR 1962, 1140. Der österr OGH hat seine gegenteilige Rspr zur entspr Regelung in § 3 Nr 3 EKHG (ZVR 1989, 189; hierzu *Greger* NZV 1990, 60 [II]) jedenfalls für den Fall aufgegeben, dass sich der Halter beim Unfall ebenfalls im Fahrzeug befand (ZVR 1999, 132; hierzu *Greger* NZV 2000, 80).

b) Geltungsbereich. Der Haftungsausschluss gilt nur für **beförderte Sachen**. Anhänger und abgeschleppte Fahrzeuge fallen nicht darunter[32] (zur Behandlung dieser Fälle s § 3 Rn 252).

14

Befördern iSd § 8 Nr 3 StVG ist ein Verbringen von einem Ort zum anderen,[33] wobei die Entfernung nur einige Meter zu betragen braucht und durchaus auf ungewöhnliche Weise geschehen kann;[34] auch die Rundfahrt, bei der Ausgangsort und Zielort identisch sind. Es genügt, wenn irgendeine Person den Willen hat, dass die Sache befördert wird;[35] Halter und Fahrer müssen davon nichts wissen.[36] Beginn und Ende der Beförderung fallen mit dem Zeitpunkt der körperlichen Verbindung von Sache und Kfz zusammen; der Ladevorgang gehört dazu.

15

c) Ausnahme. Für die von einer **beförderten Person getragenen oder mitgeführten Sachen** greift die Haftung nach §§ 7, 18 StVG, § 1 HaftpflG dagegen ein. Dies sind nicht nur Gegenstände, die der Insasse am Körper trägt oder unmittelbar zur Hand hat, sondern zB auch solche im Kofferraum oder im Gepäckanhänger eines Reisebusses. Die Personenbeförderung muss aber im Vordergrund stehen, die Sache darf nur Begleitgegenstand sein. Dient die Fahrt gerade der Beförderung der Sache und ist der Insasse nur Begleitperson, so verbleibt es beim Haftungsausschluss für die Ladung des Kfz, ebenso dann, wenn die Beförderung der Sache Gegenstand eines eigenen Vertrages ist (zB bei Aufgabe als Reisegepäck). In wessen Eigentum die Sachen stehen, ist ohne Belang; vom Fahrer mitgeführte Sachen fallen allerdings nicht unter den Haftungsschutz, denn der Fahrer ist nicht „beförderte Person"; er fällt vielmehr unter den Ausschluss nach Nr 2.[37] Die Beförderung endet grundsätzlich mit dem Aussteigen; für eine kurze Unterbrechung des beabsichtigten Beförderungsvorgangs gilt dies aber nicht.[38] Anders als für Personenschäden (§ 8a StVG, § 7 HaftpflG) kann die Haftung für mitgeführte Sachen abbedungen werden.

16

d) Beweislast. Für die Voraussetzungen der Beförderung ist der Halter bzw Führer beweispflichtig, für das Ansichtragen oder Mitsichführen der Geschädigte.

17

4. Versäumung der Anzeigefrist (§ 15 StVG)

a) Normzweck und Bedeutung. Die Anzeigepflicht soll dem Kfz-Halter bzw -führer das Führen des Entlastungsbeweises erleichtern. Es handelt sich nicht um eine nur auf Einrede hin zu beachtende Verjährungs-, sondern um eine Ausschlussfrist.

18

b) Geltungsbereich. Die Vorschrift gilt nur für Ansprüche aufgrund von §§ 7, 18 StVG, nicht für Schadensersatzansprüche aus anderen Haftungsgründen und nicht für Ausgleichsansprüche, zB nach § 17 StVG.[39]

19

c) Fristberechnung. Die Zweimonatsfrist beginnt, sobald der Geschädigte Kenntnis vom Schaden und der Person des Ersatzpflichtigen erlangt hat (vgl hierzu § 21 Rn 18 ff). Für die Berechnung der Frist gelten §§ 187, 188 BGB.

20

---

32 **AA** OLG Hamm NZV 1999, 243.
33 BGHZ 37, 318; BGH NZV 1994, 355.
34 S OLG Koblenz NZV 1993, 193: auf dem Dach eines Pkw.
35 RGZ 131, 191; OLG Oldenburg RdK 1954, 74.
36 OLG Hamm VRS 2, 294.
37 KG NZV 1989, 150 m Anm *Kunschert.*
38 **AA** OLG Celle NZV 1999, 332 (unter dem umgekehrten Vorzeichen des § 8a StVG aF).
39 BGHZ 11, 170, 173.

Vierter Teil. Ausschluss und Beschränkung der Haftung, Verjährung

21 d) **Inhalt und Form der Anzeige.** Eine besondere Form ist nicht vorgeschrieben. Die Anzeige kann also auch telefonisch oder mündlich erstattet werden. Letzteres wird häufig unmittelbar nach dem Unfall am Unfallort erfolgen. Mitzuteilen ist der Unfall, nicht der entstandene Schaden. Auch wenn nach längerer Zeit unvorhergesehene Spätfolgen auftreten, entsteht keine neue Anzeigepflicht, sofern die Anzeige vom Unfall rechtzeitig erfolgt war. Hierzu genügt die Angabe von Ort, Zeit und Art des Unfalls. Der Ersatzpflichtige muss in die Lage versetzt werden, Feststellungen zum Sachverhalt zu treffen.

22 e) **Person des Anzeigenden.** Anzeigepflichtig ist, wer Ersatzansprüche geltend machen will. Wegen § 15 S 2 Halbs 2 StVG ist es aber gleichgültig, durch wen die Anzeige erstattet wird. Bei Schädigung mehrerer Personen genügt daher auch die Anzeige durch eine von ihnen.

23 f) **Zugang.** Die Anzeige muss dem Ersatzpflichtigen innerhalb der Zweimonatsfrist zugehen (§ 130 BGB); Kenntnisnahme ist unerheblich. Zu richten ist die Anzeige an die Person, von der nach dem StVG Schadensersatz gefordert werden soll, also an den Halter (§ 7 Abs 1 StVG), Fahrer (§ 18 StVG) oder unbefugten Benutzer (§ 7 Abs 3 StVG). Die Anzeige kann auch an den Haftpflichtversicherer des Ersatzpflichtigen gerichtet werden, da dieser bevollmächtigt ist, alle in Abwicklung des Schadenfalles erforderlichen Erklärungen abzugeben und entgegenzunehmen. Nicht bevollmächtigt ist der Versicherungsvertreter, der den Abschluss der Versicherung vermittelt hat und die Prämien kassiert (§ 44 VVG).[40] Ist der Ersatzpflichtige minderjährig, so muss die Anzeige dem gesetzlichen Vertreter erstattet werden. Bei juristischen Personen, die mehrere verfassungsmäßige Vertreter haben, genügt der Zugang an einen von diesen. Bei Körperschaften des öffentlichen Rechts sind die Verordnungen zu beachten, die deren Vertretung regeln.

24 g) **Wirkung der Versäumung.** Ansprüche nach dem StVG erlöschen; andere Ansprüche bleiben unberührt. Auf erloschene Ansprüche Geleistetes kann als ungerechtfertigte Bereicherung zurückgefordert werden.

25 h) **Unschädlichkeit.** Wenn der Ersatzberechtigte das Unterbleiben der rechtzeitigen Anzeige **nicht zu vertreten** hat (iSv § 276 Abs 1 BGB), bleiben ihm die Ansprüche erhalten. § 278 BGB ist nicht direkt anwendbar, da es sich nicht um eine Verbindlichkeit, sondern um eine Obliegenheit handelt.[41] Der Normzweck (so Rn 18) gebietet es jedoch, dem Ersatzpflichtigen eine Berufung auf den Haftungsausschluss dann zu versagen, wenn die Anzeige durch ein Verschulden des gesetzlichen Vertreters oder eines vom Ersatzberechtigten zum Zwecke der Schadensregulierung Bevollmächtigten, insbesondere eines Rechtsanwalts, unterblieben ist.[42]

26 Eine **Nachholung** der schuldlos versäumten Anzeige nach Wegfall des Hinderungsgrundes schreibt § 15 StVG nicht ausdrücklich vor. Die Verpflichtung, den Ersatzpflichtigen unverzüglich über die beabsichtigte Inanspruchnahme aus Gefährdungshaftung zu informieren, ergibt sich aber aus dem Sinn der Vorschrift und § 242 BGB.

---

40 Vgl dazu BGH VersR 1963, 524.
41 Vgl dazu BGHZ 17, 199, 205.
42 Ähnliche Erwägungen in BGHZ 17, 199, 206 f.

Erlangt der Ersatzpflichtige innerhalb der Frist **anderweitig Kenntnis** von den in   27
Rn 21 genannten Umständen, kann er sich nicht auf die Fristversäumung berufen (§ 15
S 2 Halbs 2 StVG).

i) Beweislast. Zur Geltendmachung des Haftungsausschlusses muss der Ersatzpflich-   28
tige beweisen, dass der Ersatzberechtigte in einem Zeitpunkt Kenntnis erlangt hat, der
mehr als zwei Monate vor der Anzeige liegt. Ist dies bewiesen oder unbestritten dargelegt, so hat der Ersatzberechtigte zu beweisen, dass er während des gesamten Laufs der
zwei Monate ohne Verschulden außerstande war, die Anzeige zu erstatten.[43] Stattdessen
kann er auch beweisen, dass der Ersatzpflichtige innerhalb dieser zwei Monate vom
Unfall Kenntnis erlangt hat.

III. Allgemeine Haftungsausschlüsse

1. Ausdrückliche Vereinbarung

a) Wirksamkeit. Ein vertraglicher Haftungsausschluss für Fahrlässigkeit ist grund-   29
sätzlich zulässig (vgl § 276 Abs 3 BGB), in AGB (also zB in Beförderungsbedingun-
gen oder bei Verwendung vorgedruckter Formulare) jedoch nur nach Maßgabe von
§ 309 Nr 7 BGB,[44] hinsichtlich der Gefährdungshaftung nur nach Maßgabe von
§ 8a StVG bzw § 7 HaftpflG (dazu Rn 33 ff). Er bezieht sich nicht nur auf die Haftung
aus Vertrag, sondern auch auf diejenige aus anderen Rechtsgründen. Darauf, ob ein
Beförderungsvertrag geschlossen wurde oder die Mitnahme des Insassen lediglich
tatsächlich als Handlung außerhalb des bürgerlichen Rechtsverkehrs vorgenommen wird, kommt es mithin nicht an.[45] Zur stillschweigenden Haftungsfreistellung
s Rn 48 ff.

Geschäftsfähigkeit der Beteiligten ist Voraussetzung der Wirksamkeit des Haftungs-   30
ausschlussvertrags. Auf Seiten des Führers des Kraftfahrzeugs genügt – da der Vertrag
ihm nur einen Vorteil bringt – beschränkte Geschäftsfähigkeit, nicht aber auf Seiten des
Mitfahrenden.[46] Sein gesetzlicher Vertreter kann jedoch den Haftungsausschluss nachträglich genehmigen oder schon vor der Fahrt einwilligen. Die Einwilligung ist nicht
ohne weiteres in der Erteilung der Erlaubnis zur Teilnahme an der Fahrt zu sehen, auch
wenn es sich um eine Gefälligkeitsfahrt (vgl Rn 51 ff) handelt. Der gesetzliche Vertreter ist nach § 1629 Abs 2, § 1795 Abs 2, § 181 BGB nicht in der Lage, einen Haftungsausschluss mit sich selbst zu vereinbaren, wenn er selbst das Kraftfahrzeug führt. Dagegen widerspricht die Ansicht, die Einwilligung des Vaters oder der Mutter allein sei
wirkungslos, weil die Eltern nur gemeinsam ihr Kind vertreten können, den tatsächlichen Gegebenheiten. In der Regel ermächtigen sich vielmehr die Eltern gegenseitig,
Verträge ihres Kindes, die dem täglichen Leben angehören, ohne Mitwirkung des

---

43 RG Recht 1923, Nr 793.
44 *Jahnke* VersR 1996, 299. Die auf Verordnung (EVO, BefBedV) beruhenden Haftungsrege-
   lungen werden hiervon nicht erfasst; *Filthaut* NZV 2001, 239 mwN.
45 RGZ 128, 229; 141, 262; RG JW 1934, 2033 m Anm *Lechner*; BGHZ 2, 159; BGH VersR
   1955, 278.
46 RGZ 141, 262; BGH VRS 14, 401.

anderen Elternteils zu genehmigen.[47] Ist der Mitfahrende während der Fahrt geschäftsunfähig, zB sinnlos betrunken,[48] so ist zu prüfen, ob er auch schon geschäftsunfähig war, als er mit dem Führer des Kraftfahrzeugs vereinbarte, dass er gegen Haftungsverzicht mitfahren dürfe; liegt diese Vereinbarung vor Eintritt der Trunkenheit, so ist der Haftungsausschluss wirksam.[49]

31 b) Eine **Anfechtung** des Haftungsausschlusses kann, da es sich um eine Willenserklärung handelt, wegen Irrtums (§ 119 BGB) oder wegen arglistiger Täuschung (§ 123 BGB) erfolgen. Dies kommt zB in Betracht, wenn der Mitfahrer nicht gewusst hat, dass das Kraftfahrzeug nicht verkehrssicher ist.[50]

32 c) **Nichtigkeit wegen Sittenwidrigkeit** ist zwar denkbar,[51] doch werden solche Fälle kaum vorkommen. Insbesondere kann es idR nicht als sittenwidrig bezeichnet werden – wie das RG annahm – wenn der Mitfahrer mit dem Führer des Kraftfahrzeugs vereinbart, er werde ihn nur in Anspruch nehmen, wenn kein Dritter für den Schaden einzustehen habe. So ist es zB rechtlich unbedenklich, den Haftungsverzicht dahin zu formulieren, dass der Mitfahrer auf alle Ansprüche gegen den Führer des Kraftfahrzeugs verzichtet, die nicht durch dessen Haftpflichtversicherung gedeckt sind.[52] Die gegenteilige Ansicht[53] übersieht, dass der Versicherer ohne Vereinbarung des Haftungsausschlusses ohnedies voll eintreten müsste, durch ihn also nicht unbillig belastet wird. Auch bei entgeltlicher Beförderung ist die Vereinbarung eines Haftungsausschlusses durchaus nicht schlechthin sittenwidrig.

33 d) **Gesetzliche** Verbote, die zur Nichtigkeit einer abweichenden Vereinbarung führen (§ 134 BGB), bestehen

34 aa) für die Gefährdungshaftung des **Bahnunternehmers oder Anlagenbetreibers** nach §§ 1 ff HaftpflG, soweit sie sich auf **Personenschäden** bezieht (§ 7 S 1 HaftpflG).

35 bb) für die Gefährdungshaftung des **Kfz-Halters** nach § 7 StVG und die Haftung des **Kfz-Führers** nach § 18 StVG in Bezug auf die **Tötung oder Verletzung entgeltlich und geschäftsmäßig beförderter Personen** (§ 8a StVG). Dies garantiert dem Mitfahrer ein Maß an Ersatzforderungen, welches die Unsittlichkeit des Abbedingens anderer Ansprüche im Allgemeinen ausschließen wird. Zum Begriff der Beförderung s Rn 15. Entgeltlichkeit und Geschäftsmäßigkeit müssen kumulativ gegeben sein;[54] daher ist zB bei unentgeltlicher Mitnahme in einem Taxi ein Haftungsausschluss möglich.

36 **Entgeltlich** ist eine Beförderung auch dann, wenn sie nur mittelbar dem wirtschaftlichen Interesse des Eigentümers des Kraftfahrzeugs, des Halters, des Fahrers oder desjenigen, der sonst die Beförderung übernommen hat,[55] dient, wie dies zB bei der

---

47 BGHZ 105, 45, 48 f. BGH VersR 1955, 342 bezieht sich auf die Rechtslage vor Nichtigerklärung des 1629 Abs 1 BGB aF.
48 RG DAR 1930, 136; OLG Oldenburg VRS 4, 4.
49 OLG Düsseldorf RdK 1932, 94.
50 BGH VersR 1952, 350.
51 RG VAE 1939, 326.
52 BGH VersR 1960, 549; OLG Stuttgart VersR 1961, 384.
53 Vgl OLG Celle RdK 1941, 16; OLG Karlsruhe/Freiburg VRS 7, 170.
54 BGHZ 80, 303.
55 BGH NZV 1991, 348.

Beförderung von Arbeitskräften zum Arbeitsplatz oder von Geschäftspartnern der Fall ist.[56]

Entgeltliche Beförderung liegt mithin vor, wenn ein Handelsvertreter mit seinem Wagen eine Kolonne von Untervertretern an ihren Einsatzort fährt, auch wenn den Untervertretern die Fahrt nicht in Rechnung gestellt wird.[57] Unerheblich ist, ob der Mitfahrer selbst das Entgelt leistet oder ein Dritter für ihn.[58] **37**

Wird dem Halter oder Fahrer ein bloßer **Zuschuss** zu den Betriebskosten gewährt oder bilden mehrere Personen eine **Fahrgemeinschaft**, in dem sie sich abwechselnd in ihren Fahrzeugen mitnehmen, liegt nach BGHZ 80, 303 keine entgeltliche Beförderung iS des § 8a StVG vor. Diese Rspr vermag jedoch nicht zu überzeugen. Auch in diesen Fällen wird ein wirtschaftliches Interesse verfolgt, nämlich das der Kostenersparnis.[59] **38**

Die Fahrt in einem **Krankentransportwagen** des Roten Kreuzes oder einer anderen Einrichtung ist trotz des caritativen Charakters entgeltlich iSd § 8a StVG, da sie, wenn sie in Rechnung gestellt wird, der betreffenden Einrichtung auch einen wirtschaftlichen Vorteil bringt.[60] **39**

Die **Höhe des Entgelts** ist ohne Bedeutung (vgl zum Fahrtkostenzuschuss Rn 38). Ein bloßes Trinkgeld macht aber, jedenfalls wenn es nicht vor Vereinbarung der Beförderung zugesagt war, die Beförderung nicht zu einer entgeltlichen (ebenso wie Sachleistungen, zB Zigaretten, Einladung zum Essen), weil es hier am wirtschaftlichen Interesse fehlt.[61] **40**

Bezahlt der Beförderte lediglich die **Beförderung von Gütern** und fährt er zur Begleitung seiner Sachen selbst – wenn auch ohne gesonderte Berechnung – mit, so liegt idR entgeltliche Personenbeförderung vor.[62] Das Gleiche gilt für die Mitfahrt im Abschleppwagen bei entgeltlichem Abschleppen. **41**

Geschäftsmäßig ist die Personenbeförderung, wenn beabsichtigt ist, sie in gleicher Art zu wiederholen und sie dadurch zu einer dauernden oder wenigstens wiederkehrenden Beschäftigung zu machen.[63] Es wird mithin weder vorausgesetzt, dass die wiederholten Fahrten die Erzielung eines Gewinnes bezwecken, noch dass sie einen Gewerbebetrieb darstellen oder einem solchen dienen; S 2 ist daher überflüssig. Schon die erste entgeltliche Fahrt ist geschäftsmäßig, wenn derjenige, der sie durchführt, beabsichtigt, in Zukunft mehrere solche Fahrten auszuführen. Beabsichtigt er nur, eine weitere derartige Fahrt in Zukunft auszuführen, so ist die entgeltliche Fahrt nicht geschäftsmäßig.[64] Nimmt ein Kraftfahrzeughalter häufig Personen in seinem Fahrzeug unentgeltlich mit, so tritt die Haftung nach StVG auch dann nicht ein, wenn er ausnahmsweise einmal hierfür ein Entgelt erhält. **42**

---

56 BGHZ 80, 303.
57 OLG Düsseldorf VersR 1961, 286.
58 BGHZ 80, 303, 306.
59 Ebenso OLG Köln NJW 1978, 2556; wie der BGH *Hentschel* § 8a StVG Rn 3; *Mädrich* NJW 1982, 861. Zur versicherungsrechtlichen Problematik (Verstoß gegen die Verwendungsklausel des § 2b Abs 1 lit a AKB?) vgl *Kuntz* ZfV 1979, 534 u *Mädrich* NJW 1982, 862.
60 **AA** zur früheren Gesetzesfassung BGH VRS 13, 18.
61 Unzutr OGH DAR 1951, 24, wonach es nicht auf den Zeitpunkt der Zusage, sondern auf Art und Höhe des Trinkgelds ankomme.
62 OGH NJW 1950, 143.
63 BGHZ 80, 303; NZV 1991, 349 (auch zur diesbezüglichen Darlegungslast des Verletzten); OLG Celle NZV 1992, 485; OLG Düsseldorf NJW 1961, 837; OLG Frankfurt VersR 1978, 746.
64 BGH VersR 1969, 161.

Vierter Teil. Ausschluss und Beschränkung der Haftung, Verjährung

43 e) Ob der Haftungsverzicht **auf einzelne Ansprüche beschränkt** ist, ist Frage der Vertragsgestaltung oder -auslegung im Einzelfall. Sie ist ggf durch interessengerechte Auslegung zu ermitteln und wird häufig dahin gehen, dass der Mitfahrer nur auf solche Ansprüche verzichtet, die nicht durch die Haftpflichtversicherung des Fahrers gedeckt sind.[65]

44 f) Eine **Beschränkung des Haftungsausschlusses auf leichte Fahrlässigkeit** ist möglich, kann aber in den Verzichtsvertrag nicht ohne weiteres hinein interpretiert werden. Entscheidend ist auch hier die Interessenlage im konkreten Fall. Auszugehen ist allerdings davon, dass vertragliche Haftungsmilderungen im Zweifel eng und gegen den, der sich freizeichnen will, auszulegen sind.[66]

45 g) **Haftungsausschluss durch Aushang o ä Hinweis im Fahrzeug.** Liegt der Beförderung des Fahrgastes ein Vertrag zugrunde, so kann einer solchen Erklärung (zB „Mitfahrt auf eigene Gefahr"), solange sie nicht zum Abschluss eines gesonderten Verzichtsvertrages führt, idR schon deswegen keine Bedeutung zukommen, weil der Beförderungsvertrag bereits vorher zustande gekommen ist. Zudem darf im widerspruchslosen Mitfahren keine Annahme iSv § 151 BGB gesehen werden. Bei bloßer Mitnahme ohne vertragliche Grundlage führt die einseitige Erklärung daher ebenfalls nicht zu einer Haftungsfreistellung. Im Übrigen greift uU § 309 Nr 7 BGB ein (vgl Rn 29). Zum einseitigen Haftungsausschluss bei der Verkehrssicherungspflicht vgl § 13 Rn 9.

46 h) Eine **vertragliche Einheitsregelung zwischen Arbeitgeber und Arbeitnehmern** (zB Haftungsausschluss bei Benutzung des Betriebsparkplatzes) ist nur dann wirksam, wenn sie den beiderseitigen Interessen angemessen Rechnung trägt; dies hängt von den Umständen des Einzelfalles ab.[67]

47 i) Der Haftungsverzicht kann auch **Wirkung auf Ansprüche Dritter** haben. So setzen zB die Ansprüche Dritter wegen Unterhalts (§ 844 Abs 2 BGB) und wegen entgangener Dienste (§ 845 BGB) das Bestehen einer Ersatzpflicht gegenüber dem Verletzten voraus. Hat dieser die Haftung ganz oder teilweise vertraglich abbedungen, so sind auch die Ansprüche Dritter in gleichem Maße eingeschränkt.[68] Dasselbe gilt beim Forderungsübergang auf einen Träger der Sozialversicherung.[69] Zur Wirkung auf Ausgleichsansprüche bei Mehrheit von Schädigern vgl § 22 Rn 13 ff.

2. Stillschweigender Haftungsausschluss

48 a) **Allgemeines.** Ein Haftungsverzichtsvertrag kann auch durch **schlüssige Handlungen** (stillschweigend) geschlossen werden. Maßgebend für den Inhalt ist – wenn keine ausdrückliche Vereinbarung geschlossen wurde – das gesamte Verhalten der Be-

---

65 Vgl BGH VersR 1961, 427; 1961, 518; OLG Saarbrücken VersR 1961, 928; OLG Hamburg VersR 1970, 188.
66 BGHZ 22, 69; 54, 305; BGH NJW 1978, 261.
67 BAG VersR 1990, 545.
68 RGZ 65, 313; RG JW 1930, 2854 m Anm *Bezold*; BGH VersR 1961, 846; OLG Koblenz VersR 1953, 403; OLG Oldenburg DAR 1956, 296.
69 RGZ 161, 82; 167, 213; OLG Düsseldorf VersR 1959, 568. Anders in Österreich: OGH ZVR 1997, 85.

teiligten, während es auf einen nicht zum Ausdruck gekommenen Willen nicht ankommt.[70] Bei der Annahme eines konkludenten Haftungsverzichts ist aber Zurückhaltung geboten. Es darf nicht ohne weiteres angenommen werden, dass auf deliktische Ansprüche aus schuldhaftem Verhalten eines anderen im Vorhinein verzichtet wird.[71] Nur wenn das Verhalten der Beteiligten aus besonderen Gründen eindeutig dahingehend zu verstehen ist, dass sie sich über die Nichterhebung von Ersatzansprüchen im Falle eines Schadenseintritts einig waren, darf von einem Haftungsausschluss ausgegangen werden.[72] Ob der Verzicht auch grob verkehrswidriges Verhalten umfassen soll, ist zusätzlich zu prüfen.[73]

Im Wege **ergänzender Vertragsauslegung** kann ein Haftungsverzicht nur dann zum Inhalt eines zwischen Schädiger und Geschädigtem abgeschlossenen Überlassungs- oder Dienstleistungsvertrags werden, wenn sich bei umfassender Würdigung der Umstände und der beiderseitigen Vertragsmotive ergibt, dass der Vertrag in diesem Punkt lückenhaft ist und der hypothetische Wille beider Parteien auf eine Haftungsfreistellung gerichtet ist.[74] 49

Die Rspr neigt dazu, bei einer (auch) im Interesse des Geschädigten liegenden Fahrzeugüberlassung eine **stillschweigende Haftungsfreistellung** (zumindest für leichte Fahrlässigkeit) anzunehmen.[75] Die rechtliche Ableitung bleibt dabei oft unklar; im Vordergrund stehen Billigkeitserwägungen. Ein vertraglicher Verzicht kann jedenfalls in Gefälligkeitsverhältnissen, in denen die Beteiligten gerade keine rechtsgeschäftliche Bindung eingehen wollen, nicht konstruiert werden; für eine Fiktion fehlt es an der rechtlichen Grundlage.[76] Eine klare, im Interesse der Rechtssicherheit dringend gebotene Regelung lässt sich für diese Fallgruppe nur im Wege der Rechtsfortbildung erreichen. In Betracht käme eine Analogie zu den gesetzlichen Haftungsreduktionen bei unentgeltlichen Leistungen (§§ 521, 599, 690 BGB).[77] Als Vorbild könnte ferner die Rspr des BAG zum innerbetrieblichen Schadensausgleich (Rn 64 ff) dienen: Auch dort wird eine Haftungsreduktion aus der nicht entgoltenen Übernahme eines fremden Schadensrisikos abgeleitet. Hauptfälle dieser Art sind die sog Gefälligkeitsfahrten und die Probefahrten. 50

b) Gefälligkeitsfahrt. Allein die Tatsache, dass der Fahrer die Unglücksfahrt im Interesse eines anderen und aus Gefälligkeit ihm gegenüber unternommen hat, rechtfertigt es nach hM nicht, einen stillschweigenden Haftungsverzicht dieses anderen anzunehmen.[78] So hafte der Fahrer zB grundsätzlich auch dann für die verschuldete Verletzung eines Insassen, wenn er diesen unentgeltlich und gefälligkeitshalber mitge- 51

---

70 RGZ 65, 313; 67, 431; 145, 390; BGHZ 2, 159.
71 BGH VersR 1992, 1145, 1147.
72 Vgl BGH NZV 1993, 431 mwN.
73 OLG Frankfurt VersR 1983, 927.
74 Allgem zur ergänzenden Vertragsauslegung BGHZ 40, 91, 103; *Erman/Palm* § 133 Rn 20 ff; *Brox/Walker* Allgemeiner Teil des BGB[30] Rn 138 ff.
75 Eingehend (auch rechtsvergleichend) *Eimer* Gefälligkeitsfahrt und Schadensersatz nach deutschem, französischem und englischem Recht (1993).
76 *Littbarski* VersR 2004, 953.
77 *Littbarski* VersR 2004, 956.
78 BGHZ 41, 81; BGH VersR 1978, 625; 1979, 136; 1992, 1147; NZV 1993, 431; OLG Hamm OLGR 2001, 123; NZV 2006, 85; RGRKomm/*Steffen* vor § 823 Rn 64; *Jahnke* VersR 1996, 300; **aA** OLG Frankfurt VersR 1987, 912 (für Sachschäden); *Hoffmann* AcP 167, 394.

Vierter Teil. Ausschluss und Beschränkung der Haftung, Verjährung

nommen hat; ebenso hat er idR für die schuldhafte Beschädigung eines Kfz einzustehen, das er für den Eigentümer aus Gefälligkeit an einen anderen Ort überführen wollte. Dieser Grundsatz wird aber unter Hinweis auf Besonderheiten des Einzelfalles vielfach durchbrochen (zur Kritik und abweichenden Lösungsansätzen o Rn 50):

52 **Besondere Umstände,** die die Annahme eines stillschweigenden Haftungsverzichts rechtfertigen können, hat die Rspr zB angenommen, wenn
- ein Kolonnenführer einen ihm unterstellten Arbeitskollegen beauftragt, bei der gemeinsamen Heimfahrt von der Arbeitsstelle das Steuer seines Kraftfahrzeugs zu übernehmen;[79]
- Halter und Fahrer sich auf der Rückfahrt aus dem gemeinsam verbrachten Urlaub am Steuer des Kraftwagens abgewechselt haben;[80]
- der Halter den Fahrer aus eigenem Interesse nachdrücklich mit der Führung seines Kraftfahrzeugs beauftragt, obwohl letzterer erst seit kurzem die Fahrerlaubnis besitzt und den Wagen nicht kennt;[81]
- Teilnehmern an einer Jeep-Safari sich auf Veranlassung des Veranstalters bereit erklären, das gemeinsam benutzte Fahrzeug statt eines vom Veranstalter gestellten Fahrers abwechselnd selbst zu steuern;[82]
- sich ein Mitglied einer Reisegruppe im Ausland bereit erklärt, nach dem Ausfall des vom Reiseveranstalter zu stellenden Busses einen Geländewagen zu fahren, um vorgesehene Ausflugsziele zu erreichen;[83]
- Fahrer und Beifahrer für die gemeinsame Urlaubsfahrt in einem Land mit Linksverkehr abwechselndes Führen des Kfz verabredet hatten, der Beifahrer aber den Linksverkehr nicht bewältigen konnte und deshalb von dem Führen des Fahrzeugs Abstand nahm;[84]
- Mitglieder einer Festgesellschaft unentgeltlich auf dem Anhänger eines Traktors zum Veranstaltungsort befördert werden.[85]

53 **Nicht genügen** soll es dagegen nach der Rspr des BGH, dass Halter und Fahrer befreundet waren und der Fahrer den Halter aus Gefälligkeit gefahren hat.[86] Auch für Gefälligkeitsfahrten gegenüber Angehörigen gilt insoweit nichts Besonderes[87] (vgl jedoch Rn 62). Ebenso soll bei einer Fahrgemeinschaft mit vertraglichem Charakter, bei der der Fahrer wöchentlich wechselt, keine Haftungsbeschränkung vorliegen.[88]

54 Das Bestehen von **Haftpflichtversicherungsschutz** wird als gegen einen stillschweigenden Haftungsverzicht sprechender Gesichtspunkt gewertet,[89] während sein Fehlen

---

79 BGH VersR 1978, 625 unter Abstellen auf die zum Einsatz gelangte dienstliche Autorität.
80 BGH VersR 1979, 136 unter Abstellen auf ein gesellschaftsähnliches Verhältnis zwischen beiden, das auch in der Teilung der Unkosten seinen Ausdruck gefunden habe; einschr OLG Celle NZV 1988, 141.
81 BGH VersR 1980, 384; OLG Celle NZV 1993, 187; OLG München DAR 1998, 17; OLG Jena OLG-NL 1999, 153. Sehr weitgehend OLG Saarbrücken OLGR 1998, 144.
82 OLG Hamm NZV 1999, 421.
83 OLG Köln MDR 2002, 150.
84 OLG Koblenz NZV 2005, 635 (sehr weitgehend).
85 OLG Frankfurt MDR 2006, 330 (sehr weitgehend).
86 BGHZ 41, 81; 43, 76; BGH VersR 1966, 40.
87 RGRKomm/*Steffen* vor § 823 Rn 65; *Jahnke* VersR 96, 300 mwN.
88 OLG Köln VersR 2004, 189.
89 BGH VersR 1992, 1145. Nach BGH NZV 1993, 431 ändert hieran auch der beschränkte Regress des Versicherers (zB bei Schwarzfahrt) nichts; krit *Hofmann* ZfS 1993, 344; *Littbarski* VersR 2004, 956.

als Argument für einen solchen angeführt wird.[90] Zum Einwand des Rechtsmissbrauchs bei bestehender Kaskoversicherung s § 22 Rn 108.

c) **Probefahrt.** Beschädigt der Kaufinteressent das ihm zur Probefahrt überlassene Fahrzeug eines **gewerblichen Händlers**, so haftet er diesem nicht, wenn nur leichte Fahrlässigkeit vorliegt und die Beschädigung in Zusammenhang mit den einer Probefahrt eigentümlichen Gefahren steht.[91] Zur Begründung wird mit Recht auf einen vom Händler geschaffenen Vertrauenstatbestand verwiesen.[92] 55

Bei der Probefahrt mit einem Gebrauchtwagen, dessen Verkauf der Händler lediglich für den Eigentümer vermittelt, hat der BGH den Haftungsausschluss daraus hergeleitet, dass der Händler den Kaufinteressenten trotz dessen Widerstandes und offenkundiger Unsicherheit dazu gedrängt hatte, sich selbst ans Steuer des Wagens zu setzen.[93] Sehr weitgehend bejaht OLG Karlsruhe DAR 1987, 380 eine Wirkung des stillschweigenden Haftungsverzichts auch gegenüber einem Dritten, der sein Fahrzeug einem Händler für Vorführfahrten mit Kaufinteressenten zur Verfügung gestellt hat. Zur Haftung des vermittelnden Händlers gegenüber seinem Auftraggeber s § 16 Rn 20. 56

Wird die Probefahrt vom **privaten Verkäufer** eines Gebrauchtwagens gewährt, so kann, von außergewöhnlichen Fallgestaltungen abgesehen, ein Haftungsausschluss nicht bejaht werden;[94] hier fährt der Interessent, wenn er bei einer Probefahrt selbst steuern will, auf eigenes Risiko. Ein Vertrauenstatbestand wie beim gewerblichen Verkäufer besteht hier nicht.[95] 57

Wird der **mitfahrende Händler bei der Probefahrt verletzt**, so ist der Kaufinteressent nach BGH VersR 1980, 426 ihm gegenüber von der Haftung frei, soweit er – wie dies nach § 11 Nr 3 AKB aF der Fall war – insoweit keinen Versicherungsschutz hat. Der BGH hat diese Auffassung auf die Erwägung gestützt, dass der Händler die Möglichkeit hat, sich durch Beitritt zur Berufsgenossenschaft Versicherungsschutz zu verschaffen. Da der Probefahrer seit der Neufassung von § 11 Nr 3 AKB mit Wirkung ab 1.1.1977 hinsichtlich der Personenschäden des Halters den Schutz dessen Haftpflichtversicherung genießt, hat diese Entscheidung für Schadensfälle nach diesem Datum keine Bedeutung mehr. Im Verhältnis zum privaten Verkäufer des Kraftfahrzeugs hat sie ohnehin keine Geltung. 58

d) Wegen **weiterer Fälle nicht ausdrücklich vereinbarter Haftungsbeschränkungen** im Rahmen von Vertragsverhältnissen s § 16 Rn 27 ff. 59

3. Bewusste Selbstgefährdung, Handeln auf eigene Gefahr

Die Haftung eines Fahrers kann uU dadurch ausgeschlossen oder gemindert sein, dass der verletzte Mitfahrer sich freiwillig und bewusst einer besonders gesteigerten Unfallgefahr ausgesetzt hat (zB bei Mitfahren auf dem Dach des Pkw[96] sowie insbesondere bei Mitfahrt trotz Trunkenheit des Fahrers). Diese Haftungsmilderung ergibt sich je- 60

---

90 Vgl zB OLG Saarbrücken OLGR 1998, 144.
91 BGH VersR 1972, 863; OLG Düsseldorf VersR 1978, 25; 1978, 156; OLG Köln NZV 1992, 279; OLG Koblenz NJW-RR 2003, 1185, 1186.
92 *Jox* NZV 1990, 53 ff mwN.
93 VersR 1979, 352; krit *Stöfer* NJW 1979, 2553.
94 OLG Schleswig VersR 1982, 585; OLG Zweibrücken NZV 1990, 466; OLG Köln NZV 1996, 313.
95 *Jox* NZV 1990, 55 f.
96 OLG Koblenz NZV 1993, 193.

Vierter Teil. Ausschluss und Beschränkung der Haftung, Verjährung

doch nicht aus einem stillschweigend vereinbarten Haftungsverzicht und – entgegen der früher in der Rspr vertretenen Auffassung[97] – auch nicht aus einer fingierten Einwilligung in die mögliche Verletzung, sondern ggf aus § 254 BGB[98] (Einzelheiten hierzu s § 22 Rn 50 ff), uU auch aus dem Verbot eines treuwidrigen Selbstwiderspruchs (§ 242 BGB).[99]

61 Allein aus der Benutzung eines Verkehrsübungsplatzes[100] oder der Teilnahme an einem Fahrerlehrgang[101] oder an einer Motorradrallye[102] kann jedenfalls ein Haftungsverzicht nicht abgeleitet werden. Dagegen muss dann, wenn zwei Fahrer bei einem privaten Autorennen auf öffentlicher Straße kollidieren, eine Haftung untereinander verneint werden.[103] Eine Haftung ist ebenfalls zu verneinen zwischen den Teilnehmern eines Wettkampfes (zB eines Autorennens) mit nicht unerheblichem Gefahrenpotential, bei dem typischerweise auch bei Einhaltung der Wettkampfregeln oder bei geringfügiger Regelverletzung die Gefahr gegenseitiger Schadenszufügung besteht.[104]

4. Haftungsausschluss zwischen Angehörigen

62 Auch Ehegatten und sonstige Angehörige haften einander grundsätzlich nach den allgemeinen Vorschriften (zum Verschuldensmaßstab s § 10 Rn 54; zur Verjährungshemmung § 21 Rn 89). Der BGH hat jedoch aus § 1353 Abs 1 S 2 BGB die Rechtspflicht eines Ehegatten abgeleitet, einen Schadensersatzanspruch gegen den anderen nicht geltend zu machen, solange dieser sich um einen anderweitigen Ausgleich des Schadens bemüht.[105] Der Inanspruchnahme des Haftpflichtversicherers nach § 3 Nr 1 PflVG steht dies nicht entgegen; zur Rechtslage bei Vorhandensein eines Mitschädigers s § 36 Rn 19. Die Stillhaltepflicht besteht nicht, wenn die Ehegatten schon zum Zeitpunkt des Schadensereignisses getrennt lebten.[106] Trennen sich die Eheleute nach dem Schadensereignis, so entfällt sie nicht ohne weiteres.[107] Für das Verhältnis zwischen Eltern und Kindern lässt sich eine entsprechende Haftungsbeschränkung aus § 1618a BGB herleiten.[108]

---

97 RGZ 130, 169; 141, 265; RG JW 1934, 2033 m Anm *Lechner*; BGHZ 2, 159; BGH NJW 1958, 905.
98 BGHZ 34, 355; BGH VersR 1961, 427; 1961, 518; 2006, 416; österr OGH VersR 2001, 790, 792. Dagegen *Dunz* JZ 1987, 65 ff: Handeln auf eigene Gefahr als Reduktion der deliktischen Verkehrspflichten des anderen.
99 BGH VersR 2006, 416.
100 LG Fulda NZV 1988, 145.
101 OLG Karlsruhe VersR 1990, 1405.
102 OLG Koblenz NZV 1995, 21.
103 OLG Hamm NZV 1997, 515, wo allerdings unnötiger Weise auch die Grundsätze zum Haftungsverzicht bei gemeinsamer Sportausübung (BGH NJW 1975, 109) herangezogen werden.
104 BGHZ 154, 316, 324.
105 BGHZ 53, 356; 61, 105; 63, 58; 75, 135; BGH NJW 1983, 624; 1988, 1208. Zust *Bern* NZV 1991, 453.
106 BGHZ 53, 352.
107 BGH NJW 1988, 1208; *Bern* NZV 1991, 453.
108 *Diederichsen* in 25 Jahre KF (1983) S 144.

5. Übermaßverbot

Nach vereinzelt vertretener Ansicht[109] kann die Geltendmachung außerordentlich hoher Schadensersatzforderungen gegen das aus der Verfassung abzuleitende Übermaßverbot verstoßen. In solchen Fällen komme daher der Rechtsmissbrauchseinwand gemäß § 242 BGB in Betracht.[110] Dem kann jedoch nur für extreme Fälle von Unbilligkeit zugestimmt werden, so zB wenn der Geschädigte auf die Schadensersatzzahlung des Schädigers nicht angewiesen ist, dieser durch sie aber in seiner wirtschaftlichen Existenz ruiniert wird. Der Schutz des Schuldners vor einer Vernichtung seiner wirtschaftlichen Existenz ist im Allgemeinen durch den Vollstreckungsschutz gewährleistet. Bei der Feststellung der Rechtsmissbräuchlichkeit darf auch die Präventivfunktion des Schadensersatzrechts nicht außer Acht gelassen werden. Eine generelle Haftungsreduktion bei besonders hohen Schäden wäre Sache des Gesetzgebers. Zu Recht wird die Ableitung einer Haftungsermäßigung aus der Verfassung daher im Schrifttum zumeist abgelehnt.[111] In der Rspr ist die Frage noch nicht abschließend geklärt. Das BAG neigt einer Haftungsbeschränkung aus verfassungsrechtlichen Gründen zu,[112] während sie der BGH ablehnt.[113] Das BVerfG neigt dazu, die Lösung im einfachen Recht zu suchen.[114]

63

IV. Haftungsbeschränkungen im Arbeitsverhältnis

Literatur
Sandmann Die Haftung von Arbeitnehmern, Geschäftsführern und Leitenden Angestellten (2001).

1. Allgemeines

Die Rspr hat aus dem Gedanken einer billigen Risikoabwägung zwischen Arbeitgeber und Arbeitnehmer unabdingbare[115] Grundsätze über eine Einschränkung der Haftung des Arbeitnehmers entwickelt. Die zugrunde liegende Erwägung besteht darin, dass der Arbeitnehmer das Risiko, durch leichtes Verschulden Schäden zu verursachen, die zu seiner Vergütung außer Verhältnis stehen, nicht allein tragen soll, wenn er dieses Risiko auf Veranlassung und im Interesse des Arbeitgebers übernommen hat. Zunächst war die Haftungsbeschränkung auf sog gefahrgeneigte Tätigkeiten beschränkt worden.[116] Seit der Entscheidung des Großen Senats des BAG vom 27.9.1994 gilt sie jedoch für alle Arbeiten, die durch den Betrieb veranlasst sind und aufgrund eines Arbeitsverhältnisses geleistet werden.[117] Dogmatisch abgeleitet wird diese Rechtsfortbildung aus einer ent-

64

---

109 *Canaris* JZ 1987, 993; *Baumann* BB 1994, 1305 ff.
110 *Canaris* JZ 1990, 681; *Goecke* NJW 1999, 2305.
111 Vgl *Medicus* AcP 192, 66 ff; *Krause* JR 1994, 494 ff.
112 DAR 1994, 503, 506.
113 BGHZ 108, 309; BGH NJW 1994, 856; NZV 1994, 143, 144.
114 VersR 1998, 1289, 1291.
115 BAGE 90, 9; NZA 2004, 649 (auch bei erlaubter Privatnutzung).
116 St Rspr seit BAGE 5, 1.
117 BAG DAR 1994, 503; vgl auch den Vorlagebeschluss des BAG an den GmS-OGB NJW 1993, 1732 und die zust Äußerung des BGH NJW 1994, 856.

sprechenden Anwendung des § 254 Abs 1 BGB: Dem Arbeitgeber wird das Betriebsrisiko als Abwägungsgesichtspunkt bei der Haftungsverteilung zugerechnet.[118] Das SchuldrechtsmodernisierungsG und das 2. SchRÄndG haben an dieser Sonderbehandlung der Arbeitnehmerhaftung nichts geändert.[119]

2. Voraussetzungen

65 a) **Anwendungsbereich.** Die Haftungsmilderung gilt für Sach-, Personen- und Vermögensschäden. Sie gilt nicht nur für den vertraglichen Anspruch, sondern auch für den Anspruch aus unerlaubter Handlung.[120]

66 b) **Arbeitsverhältnis.** Zwischen Schädiger und Geschädigtem muss ein Arbeits- oder Ausbildungsverhältnis bestehen. Eine Aushilfstätigkeit geringen Umfangs reicht aus.[121] Für beschäftigtenähnliche Personen iS des § 2 II SGB VII sind die arbeitsrechtlichen Grundsätze der Haftungsmilderung bei Schadensersatzansprüchen des Arbeitgebers gegen Arbeitnehmer entsprechend anzuwenden.[122] Nicht erfasst wird dagegen ein selbständiges Dienstverhältnis,[123] also auch nicht der Geschäftsführer einer GmbH.[124] Zur Regressbeschränkung im **Beamtenverhältnis** s § 78 BBG, § 46 BRRG. Ein **Dritter**, dem der Arbeitnehmer das Fahrzeug des Arbeitgebers überlassen hat, kann sich auf die Haftungsmilderung nicht berufen.[125]

67 Wer seinen Wagen in eine Instandsetzungswerkstätte und dort nach besonderer Weisung des Reparaturunternehmers über die Reparaturgrube fährt, ist bei diesem Vorgang nicht Arbeitnehmer; er haftet daher dem Unternehmer, dem er dabei einen Schaden zufügt.[126] Die Grundsätze finden auch bei einem Leiharbeiterverhältnis gegenüber Schadensersatzansprüchen des entleihenden Arbeitgebers Anwendung.[127]

68 c) **Betriebliche Tätigkeit.** Der Arbeitnehmer muss den Schaden im Rahmen seiner **betrieblichen Tätigkeit** verursacht haben. Betrieblich veranlasst sind solche Tätigkeiten des Arbeitnehmers, die ihm arbeitsvertraglich übertragen worden sind oder die er im Interesse des Arbeitgebers für den Betrieb ausführt.[128]

69 Dies ist zB nicht der Fall, wenn der Arbeitnehmer eigenmächtig seine Arbeitspflicht überschreitet, es sei denn, dass er unverschuldet eine akute Notsituation annimmt, die sein Einspringen erforderlich macht.[129] Weicht ein Kraftfahrer von der vorgeschriebenen Route ab, so verlässt er

---

118 Weiter gehende Herleitung bei *Sandmann* (Lit vor Rn 64) 51 ff (Vertrauensschutz, Fürsorgepflicht, verfassungsrechtlich gebotene Inhaltskontrolle); ausf *Krause* NZA 2003, 577 ff.
119 *Richardi* NZA 2002, 1009; *Krause* NZA 2003, 578.
120 BAG VersR 1967, 169.
121 OLG Köln VersR 1991, 78.
122 BSG NJW 2004, 966, 967; krit *Waltermann* NJW 2004, 904; vgl auch *Krause* NZA 2003, 582.
123 BGH NJW 1963, 1100 m abl Anm *Isele*.
124 BGHZ 89, 153, 159; **aA** *Pullen* BB 1984, 989; differenzierend zwischen Organisations- und Tätigkeitsrisiko *Sandmann* (Lit vor Rn 64) 338 ff.
125 LAG Köln VersR 1990, 1371.
126 BGH VersR 1968, 452.
127 BGH VersR 1973, 1120; OLG München VersR 1984, 271.
128 BAGE 19, 41; BAG DAR 1994, 506.
129 BGH NJW 1976, 1229.

grundsätzlich den Bereich der betrieblichen Tätigkeit.[130] Etwas anderes kann jedoch gelten, wenn die Abweichung dazu diente, wegen Überschreitens der Höchstlenkzeit eine Erholungspause in der eigenen Wohnung einzulegen.[131] Die Heimfahrt von der Arbeitsstelle ist im Regelfall keine betriebliche Tätigkeit.[132]

d) **Ausschluss bei schwerer Schuld.** Die Haftungsmilderung greift nicht ein, wenn der Arbeitnehmer in Bezug auf Pflichtverstoß, Rechtsgutverletzung und Schaden **vorsätzlich** gehandelt hat.[133] Nach der bisherigen Rspr schied eine Beschränkung der Haftung auch bei **grober Fahrlässigkeit** (zum Begriff s § 32 Rn 109) in aller Regel aus.[134] Hiervon ist das BAG jedoch im Urteil vom 12.10.1989 abgerückt:[135] Auch grobe Fahrlässigkeit ist jetzt nur noch ein Abwägungsgesichtspunkt bei der Verteilung der Haftung (s a Rn 73). Bei besonders grober („gröbster") Fahrlässigkeit soll jedoch selbst bei sehr hohem Schaden keine Milderung möglich sein.[136] In allen Fällen muss sich der Schuldvorwurf auch auf den Schadenseintritt beziehen.[137]

e) **Einfluss von Versicherungsschutz.** Ob der Arbeitnehmer den Schutz einer **Haftpflichtversicherung** genießt, ist für die Haftungsmilderung – wie auch im unmittelbaren Anwendungsbereich des § 254 BGB (vgl § 22 Rn 136) – ohne Bedeutung.[138] Die Rspr lässt allerdings für den Bereich der Kfz-Pflichtversicherung die Haftungsmilderung entfallen,[139] und zwar sogar dann, wenn der Arbeitnehmer nur Begünstigter aus einem geschäftsplanmäßigen Regressverzicht ist.[140] Es handelt sich hierbei um einen weiteren Fall, in dem das versicherungsrechtliche Trennungsprinzip[141] – die Versicherung richtet sich nach der Haftung, nicht die Haftung nach der Versicherung – für den Bereich der Kfz-Pflichtversicherung eingeschränkt wird (s a § 10 Rn 76).

Bei **Bestehen einer Kaskoversicherung** für das vom Arbeitnehmer beschädigte Kraftfahrzeug des Arbeitgebers ist letzterer verpflichtet, vorrangig deren Leistungen in Anspruch zu nehmen. Der Regress gegen den Arbeitnehmer ist bei leichter Fahrlässigkeit nach § 15 Abs 2 AKB ausgeschlossen. Bei grober Fahrlässigkeit kann der Versicherer in Höhe des gem § 67 Abs 1 VVG auf ihn übergegangenen (ermäßigten) Schadensersatzanspruchs des Arbeitgebers Rückgriff nehmen, sofern er nicht wegen einer (in beson-

---

130 LAG München NZV 1990, 477.
131 BAG Betrieb 1984, 1482.
132 Vgl für eine Ausnahme LAG München VersR 1989, 1170.
133 Vgl BAG NJW 1968, 718; 2003, 377, 381.
134 St Rspr seit BAGE (GrS) 5, 18, eingehend nachgewiesen in BAG NZV 1990, 67. Vgl auch *Hanau/Rolfs* NJW 1994, 1441.
135 BAG NZV 1990, 66; ebenso NZV 1995, 396; 1997, 352, 353 und LAG Nürnberg NZV 1991, 196.
136 BAG NZA 1998, 310.
137 BAG NJW 2003, 377, 381; krit *Halm/Steinmeister* DAR 2005, 482 f.
138 BAG NZA 1998, 310; LAG Düsseldorf Betrieb 1954, 520; OVG Saarlouis NJW 1968, 1796.
139 BGHZ 116, 200; BGH NJW 1972, 440; BAG AP Nr 36 zu § 611 BGB Haftung des Arbeitnehmers.
140 BGHZ 117, 151.
141 Vgl hierzu BGHZ 41, 84; 43, 79; BGH VersR 1971, 565; *v Bar* AcP 181, 289 ff; *Gärtner* BB 1993, 1459.

Vierter Teil. Ausschluss und Beschränkung der Haftung, Verjährung

deren Fällen denkbaren) Repräsentantenstellung des Arbeitnehmers[142] nach § 61 VVG leistungsfrei ist.[143]

73 Bei **Nichtbestehen einer Kaskoversicherung** kann der Arbeitgeber schon aus diesem Grund verpflichtet sein, einen Teil des Schadens selbst zu tragen. Jedenfalls bei Überlassung eines hochwertigen Fahrzeugs an den Arbeitnehmer ist er nämlich aufgrund seiner Fürsorgepflicht gehalten, das hohe Schadensrisiko durch Abschluss einer Kaskoversicherung vom Arbeitnehmer abzuwenden.[144] Hierbei kann eine Selbstbeteiligung vorgesehen werden, auf die sich dann die – ggf noch gemilderte – Haftung des Arbeitnehmers reduziert. Bei grober Fahrlässigkeit kann dieser Abwägungsgesichtspunkt jedoch nicht zum Tragen kommen, weil in diesen Fällen der Regress des Versicherers nach § 67 Abs 1 VVG die auf ihn gestützte Haftungsmilderung obsolet machen würde.[145]

3. Wirkung der Haftungsmilderung

74 a) **Abwägung.** Nach der früheren Rspr richtete sich der Umfang der Haftungsmilderung nach dem Grad des Verschuldens des Arbeitnehmers. Bei grober Fahrlässigkeit sollte er idR voll, bei ganz leichter Fahrlässigkeit überhaupt nicht und im Bereich dazwischen quotenmäßig haften.[146] Auch diese „Haftungstrias" hat der Große Senat des BAG im Beschluss vom 27.9.1994[147] aufgegeben: Ob und ggf in welchem Umfang der Arbeitnehmer an den Schadensfolgen zu beteiligen ist, soll allein im Rahmen einer Abwägung der Gesamtumstände, insbesondere von Schadensanlass und Schadensfolgen, nach Billigkeits- und Zumutbarkeitsgesichtspunkten, ermittelt werden.[148] Zu den Umständen, denen je nach Lage des Einzelfalles ein unterschiedliches Gewicht beizumessen ist und die im Hinblick auf die Vielfalt möglicher Schadensursachen auch nicht abschließend bezeichnet werden können, gehören der Grad des dem Arbeitnehmer zur Last fallenden Verschuldens, die Gefahrgeneigtheit der Arbeit, die Höhe des Schadens, ein vom Arbeitgeber einkalkuliertes oder versicherbares Risiko, die Stellung des Arbeitnehmers im Betrieb und die Höhe des Arbeitsentgelts sowie eine möglicherweise darin enthaltene Risikoprämie. Auch können uU die persönlichen Verhältnisse des Arbeitnehmers, wie die Dauer seiner Betriebszugehörigkeit, sein Lebensalter, seine Familienverhältnisse und sein bisheriges Verhalten, zu berücksichtigen sein. Eine summenmäßige Begrenzung der Haftung (etwa in Bezug auf das Monatseinkommen) wird zwar im Schrifttum verschiedentlich befürwortet und bei den Instanzgerichten möglicher-

---

142 Vgl hierzu BGH NJW 1970, 43, 44; *Prölss/Martin/Prölss* § 6 Rn 72; *Stiefel/Hofmann* § 6 VVG Rn 54 f.
143 S hierzu *Stiefel/Hofmann* § 61 VVG Rn 24; aA *Prölss/Martin/Prölss* § 61 Rn 3 f.
144 Für Rechtspflicht OLG Stuttgart NJW 1980, 1169; LAG Bremen Betrieb 1979, 1235; LAG Rheinland-Pfalz Betrieb 1981, 223; für Berücksichtigung bei der Schadensabwägung BAG NJW 1988, 2820; 1968, 1846; DAR 1988, 355; NZV 1990, 66, 68; gegen eine entsprechende Obliegenheit *Sandmann* (Lit vor Rn 64) 135 ff.
145 Vgl BAG NZV 1990, 66, 68.
146 BAGE (GrS) 5, 1; BAG VersR 1960, 552; 1970, 939; 1971, 552; 1976, 742; 1977, 555; 1988, 946 = DAR 1988, 352 m Anm *Jung*; BGH VersR 1991, 1040. AA BAG VersR 1983, 940 (völlige Haftungsbefreiung auch bei mittlerer Fahrlässigkeit).
147 DAR 1994, 506; bestätigt in BAG NZV 1995, 396. Vgl auch *Hanau/Rolfs* NJW 1994, 1441.
148 Ebenso LAG Nürnberg DAR 1996, 327.

weise auch unausgesprochen praktiziert;[149] mit der Forderung des BAG nach einer Gesamtabwägung ist sie indessen nicht vereinbar.[150] Bei deutlichem Missverhältnis zwischen Verdienst und Schadensrisiko kann auch bei grober Fahrlässigkeit eine Haftungserleichterung angezeigt sein.[151]

b) Bei **Schädigung eines Dritten** bleibt die Haftung des Arbeitnehmers unberührt.[152] Er haftet daher voll, wenn er ein vom Arbeitgeber geleastes Fahrzeug[153] oder Transportgut eines Dritten beschädigt.[154] Dies gilt im Grundsatz auch bei der Verletzung einer Verkehrs- oder Verkehrssicherungspflicht[155] (vgl § 13 Rn 15). Gegebenenfalls kann sich der Arbeitnehmer jedoch auf haftungsbeschränkende Geschäftsbedingungen oder eine ergänzende Vertragsauslegung im Verhältnis zwischen Arbeitgeber und Drittem berufen.[156] Außerdem hat er einen Freistellungsanspruch gegen den Arbeitgeber (vgl § 16 Rn 41). Diesen kann der Geschädigte im Wege der Zwangsvollstreckung pfänden und sich überweisen lassen; er verwandelt sich dann in einen Zahlungsanspruch gegen den Arbeitgeber.[157] Dass der Arbeitnehmer bei Insolvenz des Arbeitgebers uU voll verhaftet bleibt, ist unbefriedigend, aber de lege lata nicht zu umgehen.[158]

75

c) **Wirkung der Haftungsbeschränkung beim Schadensregress:** vgl § 36 Rn 17.

76

V. Ausschlüsse bei Gesetzlicher Unfallversicherung

1. Allgemeines

Das auf den individuellen Schadensausgleich gerichtete Haftungsrecht wird in weiten Bereichen (s Rn 78) durch ein **sozialstaatliches Versorgungssystem** überlagert. Dieses soll sicherstellen, dass das Unfallopfer vollständig, kurzfristig und ohne den Aufwand und die Risiken eines Vorgehens gegen den Schädiger von den bei Körperschäden oft existenzbedrohenden Unfallfolgen entlastet wird. Die Sozialleistungen sollen jedoch weder dem Geschädigten eine doppelte Entschädigung[159] noch dem Schädiger eine

77

---

149 Vgl hierzu *Hanau/Rolfs* NJW 1994, 1442 unter Hinweis auf LAG Nürnberg NZV 1991, 197.
150 So auch BAG NZV 1995, 397; 1997, 352; *Halm/Steinmeister* DAR 2005, 483.
151 BAG NZV 1997, 352.
152 BGHZ 108, 305; BGH NZV 1994, 143 mit umfangreichem Nachweis der Gegenstimmen im Schrifttum; *Lepa* NZV 1997, 140; *Sandmann* (Lit vor Rn 64) 156 ff. Im Grundsatz ebenso mit Vorschlägen zur Abmilderung *Krause* VersR 1995, 752 ff.
153 BGHZ 108, 305.
154 BGH NZV 1994, 143 gegen OLG Celle NZV 1993, 395.
155 Zu möglichen Einschränkungen *Sandmann* (Lit vor Rn 64) 214 ff.
156 BGHZ 108, 305; BGH NZV 1994, 143. Eingehend hierzu *Baumann* BB 1994, 1302; *Krause* VersR 1995, 753.
157 BGHZ 12, 136, 141; BAG AP 37 zu § 611 BGB-Haftung des Arbeitnehmers m Anm *Hueck*.
158 Ebenso *Gitter* NZV 1990, 415; der von ihm aufgezeigte Weg, den Arbeitgeber durch Zurückhalten der Arbeitsleistung zum Abschluss einer Versicherung zu bewegen, erscheint wenig praktikabel.
159 Zum Überentschädigungsverbot als allgemeinem Rechtsgrundsatz des deutschen Schadensrechts s § 1 Rn 21.

Vierter Teil. Ausschluss und Beschränkung der Haftung, Verjährung

ungerechtfertigte Entlastung verschaffen.¹⁶⁰ Eine Lösung dieses Problems über den Rechtsgedanken des Vorteilsausgleichs wäre wenig systemgerecht, da die teilweise durch Beiträge des Geschädigten oder seines Arbeitgebers finanzierten Sozialleistungen nicht der Entlastung des Schädigers zu dienen bestimmt sind. Der Gesetzgeber hat die Konkurrenz der beiden Entschädigungssysteme daher durch eine Umformung des Haftungsrechts geregelt, und zwar zT durch einen gesetzlichen Übergang der Schadensersatzforderung auf den Leistungsträger (dazu § 32 Rn 98 ff), zT in der Form einer **Verdrängung des Haftungsrechts** durch Haftungsausschlüsse oder -beschränkungen. Das letztgenannte Modell greift dann ein, wenn durch einen Unfall Ansprüche gegen die **Gesetzliche Unfallversicherung** ausgelöst werden.¹⁶¹ Der Geschädigte soll dann auf die Leistungen dieses kollektiven, auch vom potentiell Ersatzpflichtigen mitfinanzierten Entschädigungssystems beschränkt sein. Die Regelung wirkt sich damit als Haftungsprivileg für den Schädiger und – da auch durch die Unfallversicherung nicht abgedeckte Schadenspositionen abgeschnitten werden – zu Lasten des Geschädigten aus. Nur in Grenzbereichen wird diese fragwürdige Regelung abgemildert: So bleiben bei vorsätzlicher Schadensverursachung sowie bei versicherten Wegeunfällen uU die Ansprüche gegen den Ersatzpflichtigen erhalten (s Rn 81), und bei grob fahrlässiger Herbeiführung des Unfalls relativiert sich das Haftungsprivileg insofern, als der Schädiger dem **Regress** des Versicherungsträgers ausgesetzt bleibt (dazu § 32 Rn 105 ff).

78 Der Haftungsersetzung durch Versicherungsschutz kommt im Bereich der Straßenverkehrshaftung erhebliche **Bedeutung** zu, weil die Teilnahme am Straßenverkehr in weitem Umfang unter dem Schutz der Gesetzlichen Unfallversicherung steht: Nicht nur beruflich bedingte Fahrten (dazu Rn 80 ff), sondern auch solche im schulischen (Rn 145 ff) oder gemeinnützigen (Rn 144) Bereich, selbst zu privaten Hilfeleistungen (zB zum Blutspenden oder zu Selbsthilfearbeiten am Familienheimbau) und ebenso die Pannenhilfe zwischen Autofahrern (Rn 153) fallen darunter¹⁶² (zum weiten Unternehmerbegriff des Unfallversicherungsrechts Rn 90). Jeder Unfallverletzte (im Fall der Unfallhilfe sogar der nur an Sachwerten Geschädigte¹⁶³) muss sich daher die Frage stellen, ob er nicht wegen des besonderen Anlasses des Unfallereignisses Ansprüche gegen die Gesetzliche Unfallversicherung erworben hat. Diese sind meist leichter zu realisieren und verschaffen oft eine höhere Entschädigung als das Vorgehen gegen einen anderen Unfallbeteiligten. Zudem könnte sich der Unfallgegner nach Aufdeckung des Unfallversicherungsschutzes auf den gesetzlichen Ausschluss seiner Haftung (Rn 80 ff) berufen. Die unterlassene Prüfung von Ansprüchen gegen die Gesetzliche Unfallversicherung führt nicht selten auch zu deren Verjährung (§ 45 SGB I), so dass sich die Frage eines Regresses gegen den auf Basis des Haftungsrechts regulierenden Rechtsanwalt stellt.

---

160 BGHZ 9, 179 mit eingehender Dokumentation der Gesetzesmaterialien.
161 Zur Entstehungsgeschichte und zur gegenwärtigen Situation der Gesetzlichen Unfallversicherung *Kötz/Wagner* Rn 572 ff.
162 Vgl § 2 Abs 1 SGB VII bzw § 539 Abs 1 RVO aF. Eingehend hierzu *Krasney* NZV 1989, 369; zur Reichweite der Gesetzlichen Unfallversicherung *Waltermann* NJW 2004, 901 ff; *Jahnke* NZV 1996, 297; zur Unfall- und Pannenhilfe *Dornwald* DAR 1992, 54.
163 § 13 SGB VII bzw § 765a RVO aF.

2. Rechtsgrundlagen

Die unfallversicherungsrechtliche Haftungsersetzung war zunächst in der RVO geregelt. Durch Art 1 des Gesetzes zur Einordnung des Rechts der Gesetzlichen Unfallversicherung in das Sozialgesetzbuch (UVEG) vom 7. August 1996 (BGBl I S 1254 ff) wurde die RVO für diesen Versicherungszweig aber durch ein Siebtes Buch des Sozialgesetzbuchs abgelöst. Haftungsausschluss (§§ 636 ff RVO aF) und Regress (§§ 640 ff RVO aF) sind nunmehr in §§ 104 ff bzw 110 ff SGB VII geregelt, wobei die Neufassung in Einzelfragen auch inhaltliche Korrekturen bewirkt.[164] Die Änderung gilt für alle Schadensfälle ab Inkrafttreten des Gesetzes am 1. Januar 1997 (Art 36 UVEG, § 212 SGB VII).[165] Für davorliegende Schadensfälle bleibt es bei der Anwendung der §§ 636 ff RVO aF. Sie werden daher nachstehend mitkommentiert.

79

3. Haftungsausschluss zugunsten des Unternehmers bei Arbeitsunfall

a) Überblick. § 104 Abs 1 SGB VII (bzw § 636 Abs 1 RVO aF) schließt die Haftung des Unternehmers (Arbeitgebers) für die bei einem Arbeitsunfall erlittenen Personenschäden aus. Derartige Schäden sollen allein durch die Gesetzliche Unfallversicherung abgedeckt werden, die einen von Verschulden und (durch Abstellen auf die abstrakte Minderung der Erwerbsfähigkeit) weithin auch vom konkreten Schadensnachweis unabhängigen Anspruch gewährt. Wenngleich hinter dieser Regelung das gesetzgeberische Motiv steht, die Arbeitnehmer durch Einräumung eines Anspruchs gegen einen stets zahlungsfähigen Schuldner vor den wirtschaftlichen Folgen von Arbeitsunfällen zu schützen,[166] wirkt die von ihr bewirkte Haftungsersetzung doch auch zu Lasten der Geschädigten, zB indem sie auch dann eingreift, wenn kein Anspruch auf Rente aus der Gesetzlichen Unfallversicherung besteht oder wenn der Arbeitnehmer einen – dem Unfallversicherungsrecht unbekannten – Anspruch auf Schmerzensgeld hätte. Die Regelung wird daher auch mit dem Zweck gerechtfertigt, Streitigkeiten zwischen Arbeitnehmern und Arbeitgebern zu verhindern. Zusätzlich wird auf die Erwägung abgestellt, dass die Arbeitgeber durch ihre alleinige Beitragspflicht die Gesetzliche Unfallversicherung finanzieren und damit kollektiv für einen Schadensausgleich sorgen.[167] Ob diese weithin Unverständnis auslösende Regelung, die häufig unnötige, weil nur um die Passivlegitimation des Schädigers geführte Prozesse verursacht, noch zeitgemäß ist, darf bezweifelt werden.[168] Ihre Verfassungsmäßigkeit (im Hinblick auf Art 3 Abs 1 GG) wurde vom BVerfG bejaht, weil das Ausgleichssystem der Gesetzlichen Unfallversicherung mit anderen Schadensersatzregelungen nicht vergleichbar ist.[169] Nach Ansicht des

80

---

164 Gesamtüberblick zur Neuregelung bei *Graeff* SGb 1996, 297 ff, *Langguth* DStR 1996, 1944 ff, *Plagemann* NJW 1996, 3173 ff u *Niemeyer/Freund* NZS 1996, 497 ff; insbes zum Haftungsrecht *Marschner* BB 1996, 2090 ff, *Otto* NZV 1996, 473 ff, *Rolfs* NJW 1996, 3177 ff.
165 Soweit § 214 Abs 4 SGB VII eine Rückbeziehung auf frühere Versicherungsfälle anordnet, bezieht sich dies trotz des unklaren Wortlauts nicht auf den Regress nach § 110 SGB VII.
166 *Lepa* VersR 1985, 9 mN der Gesetzesmaterialien. Eingehend zur Entstehungsgeschichte *Hartung* in: 25 Jahre KF 105.
167 BT-Drs IV/120, S 62.
168 Für Abschaffung *Fuchs* FS Gitter (1995) S 256.
169 BVerfGE 34, 118; NJW 1995, 1607.

Vierter Teil. Ausschluss und Beschränkung der Haftung, Verjährung

BGH[170] kommt ihr so großes Gewicht zu, dass ein den Haftungsausschluss übergehendes ausländisches Urteil wegen Verstoßes gegen den ordre public nicht anerkennungsfähig ist. Durch § 105 Abs 2 SGB VII wurde sie gegenüber dem früheren Recht (in Bezug auf Schäden des Arbeitgebers) noch ausgeweitet.

81 **Eingeschränkt** ist der Haftungsausschluss, wenn der Unternehmer den Arbeitsunfall **vorsätzlich** herbeigeführt hat (vgl Rn 113) sowie bei bestimmten **Wegeunfällen** (§ 104 Abs 1 S 1 SGB VII bzw § 636 Abs 1 S 1 RVO aF; s hierzu Rn 114 ff); in diesen Fällen ist die Haftung lediglich in der Höhe ausgeschlossen, in der die Sozialversicherung dem Verletzten (oder seinen Angehörigen oder Hinterbliebenen) Ersatz leistet (§ 104 Abs 3 SGB VII bzw § 636 Abs 1 S 2 RVO aF); für den darüber hinausgehenden Schaden, insbesondere für das Schmerzensgeld, haftet der Unternehmer dem Verletzten und den übrigen Schadensersatzberechtigten. Ein Übergang dieser Ansprüche auf den Sozialversicherer nach § 116 SGB X findet nicht statt (§ 104 Abs 1 S 2 SGB VII).[171] Bei Vorsatz und grober Fahrlässigkeit ist der Schädiger dem Rückgriff des Sozialversicherers nach § 110 SGB VII bzw § 640 RVO aF ausgesetzt (vgl § 32 Rn 105 ff).

82 **b) Umfang des Haftungsausschlusses.** Der (unbeschränkte) Haftungsausschluss erfasst alle aus dem Arbeitsunfall erwachsenen **Ansprüche** des Verletzten sowie seiner Angehörigen und Hinterbliebenen aus Personenschaden, dh Verletzung oder Tötung des Versicherten.[172] Darunter fallen zB auch Verdienstausfall, Aufwendungen für Pflegeleistungen und Krankenbesuche durch Angehörige,[173] Reisestornierungskosten,[174] Beerdigungskosten[175] sowie Ansprüche aus ausländischem Recht.[176] Es ist gleich, ob die Ansprüche auf Delikt, Vertrag oder Gefährdungshaftung beruhen. Ausgeschlossen sind auch Schmerzensgeldansprüche;[177] desgleichen Ansprüche für Zeiträume, für die eine Rente noch nicht gewährt wird. Der Haftungsausschluss greift sogar dann ein, wenn der Verletzte keine Rente erhält, zB weil seine Erwerbsfähigkeit um weniger als 20% gemindert ist (§ 56 Abs 1 S 1 SGB VII bzw § 581 Abs 1 Nr 2 RVO aF).[178] Lediglich solche Ansprüche sind nicht ausgeschlossen, die sich auf Schäden oder Schadensgruppen beziehen, die das Recht der Gesetzlichen Unfallversicherung überhaupt nicht regeln will.[179] Insbesondere kann der Versicherte seinen Sachschaden gegen den Unternehmer geltend machen.[180] Davon ausgenommen sind aber Schadensersatzansprüche wegen einer Beschädigung von Körperersatzstücken und größeren orthopädischen Hilfsmitteln (Gebiss, Prothese ua), weil insoweit der Sozialversicherungsträger aufzukommen

---

170 VersR 1994, 243. Abl hierzu *Haas* ZZP 108 (1995) 224 ff.
171 BGH VersR 2006, 221.
172 BAG VersR 2003, 740; BAG DAR 2004, 727.
173 OLG Stuttgart OLGR 1998, 159.
174 OLG Karlsruhe VersR 2003, 2598.
175 BAG NJW 1989, 2838.
176 BGH VersR 1994, 245.
177 BGHZ 3, 298; 12, 278; 64, 203; BGH VersR 1961, 126; BAG NJW 1967, 25 LS; VersR 1971, 528; LAG Düsseldorf VersR 1963, 354; LAG Hamm VersR 1965, 375; *Voss* VersR 1954, 7; aA *Böhmer* MDR 1964, 185. Zur Verfassungsmäßigkeit dieser Regelung BVerfG VersR 1973, 269; für Neubeurteilung aufgrund § 253 Abs 2 BGB nF *Richardi* NZA 2002, 1009.
178 RAG DR 1944, 783.
179 BGH VersR 1959, 108.
180 BGHZ 52, 115.

hat (§§ 27, 31, vgl auch § 8 Abs 3 SGB VII).[181] Den Haftungsausschluss muss jeder Sozialversicherungsträger (auch der Rentenversicherer) gegen sich gelten lassen.[182]

c) Wirkung im Gesamtschuldverhältnis. Ist neben dem Unternehmer ein weiterer Schädiger gesamtschuldnerisch für den Schaden verantwortlich, so darf die Privilegierung nicht dadurch hinfällig werden, dass der Geschädigte sich beim Zweitschädiger schadlos hält und dieser anteilig Regress nach § 426 BGB beim Arbeitgeber nimmt. In der Rspr ist daher seit langem anerkannt, dass die Haftungsfreistellung auch dem Regress des Mitschädigers entgegengehalten werden kann (vgl § 36 Rn 16)[183]. Die Konsequenz dieser Rspr war jedoch, dass der Zweitschädiger, obwohl nur Gesamtschuldner, den Schaden endgültig voll tragen musste. Der BGH beseitigte sie zunächst für den Fall, dass der Ersatzanspruch des Verletzten auf einen Sozialversicherungsträger übergegangen war, indem er dessen Anspruch entsprechend kürzte.[184] Nunmehr gilt allgemein, dass der Zweitschädiger dem Geschädigten nur auf den Betrag haftet, der im Verhältnis zum privilegierten Erstschädiger auf ihn entfiele, wenn der Ausgleich nach § 426 BGB nicht durch das Haftungsprivileg verhindert würde (**gestörter Gesamtschuldnerausgleich**).[185] Jedoch ist zu beachten, dass die Grundsätze über den gestörten Gesamtschuldnerausgleich dann nicht zur Anwendung kommen können, wenn Geschädigter und privilegierter Erstschädiger für denselben Verursachungsbeitrag verantwortlich sind.[186] Näher zur Rechtsfigur der Zurechnungseinheit § 22 Rn 142.

83

Besteht zwischen den Gesamtschuldnern eine vertragliche Abrede, wonach der privilegierte Teil den anderen von einer etwaigen Haftung freizustellen hat, so kann dies nach vorstehenden Grundsätzen dazu führen, dass der Geschädigte völlig leer ausgeht.[187] Dies hält der BGH indessen zu Recht nur dann für hinnehmbar, wenn die vertragliche Haftungsverteilung „Ausdruck der nach den Verhältnissen gegebenen Haftungszuständigkeiten der Beteiligten ist", es sich also um eine Vereinbarung handelt, „durch die die Rollen der Beteiligten in Bezug auf die Schadensverhütung und damit die Gewichte ihres **Beitrags an der Schadensentstehung** verteilt" werden,[188] etwa in einem Fall zulässiger Übertragung der Verkehrssicherungspflicht. Fehlt es an einer solchen Konkordanz mit der tatsächlichen Pflichtenstellung, soll also der Zweitschädiger ausschließlich von den **Folgen seiner Haftung** freigestellt werden, so muss einer solchen Freistellungsabsprache eine Wirkung gegenüber dem Geschädigten im gestörten Gesamtschuldverhältnis abgesprochen werden.[189]

84

Geht die Abrede zwischen den Schädigern hingegen dahin, dass der (nicht privilegierte) Zweitschädiger allein haften soll, so kann er nicht unter Berufung auf die Privilegierung

85

---

181 Vgl *Wussow* WJ 1990, 11.
182 BGHZ 63, 313, 315.
183 BGHZ 19, 114; BGH VersR 1967, 250.
184 BGHZ 51, 37; 55, 16; 58, 356.
185 BGHZ 61, 51; 94, 173; BGH VersR 1974, 889; 1974, 1129; 1976, 991; 1988, 1278; OLG Schleswig NZV 1995, 24. Für volle Haftung des Zweitschädigers ohne Regressmöglichkeit dagegen das schweizerische Bundesgericht; s *Greger* NZV 1990, 263 f.
186 BGH NZV 1996, 360.
187 Vgl BGH NJW 1987, 2669.
188 BGHZ 110, 114 = JZ 1990, 384 m Anm *Selb*.
189 S a *Denck* NZA 1988, 266 ff.

Vierter Teil. Ausschluss und Beschränkung der Haftung, Verjährung

des anderen eine Kürzung seiner Schadensersatzpflicht gegenüber dem Geschädigten geltend machen, denn seine volle Haftung beruht hier nicht auf den Besonderheiten des gestörten Gesamtschuldverhältnisses, sondern auf der von ihm eingegangenen Absprache.[190]

86 Ist neben dem Unternehmer auch ein gem § 105 SGB VII haftungsprivilegierter Mitarbeiter für den Schaden verantwortlich, kann sich aufgrund der BGH-Rspr zur **gemeinsamen Betriebsstätte** gem § 106 Abs 3 Alt 3 SGB VII die Situation ergeben, dass sich im Außenverhältnis nur der Arbeitnehmer, nicht der Unternehmer, auf Haftungsbefreiung berufen kann (vgl Rn 134). Nach den dargestellten Grundsätzen kann es dann zu einer Kürzung der Ansprüche des Geschädigten gegen den Unternehmer kommen, die – bei alleiniger Verantwortung des Mitarbeiters im Innenverhältnis (zB nach § 840 Abs 2 BGB) – zum vollen Haftungsausschluss führt.[191] Dass der Arbeitgeber nach den Grundsätzen des **innerbetrieblichen Schadensausgleichs** den Arbeitnehmer von seiner Haftung (wäre sie nicht nach § 105 SGB VII ausgeschlossen) frei zu stellen hätte (§ 16 Rn 41), muss hierbei außer Betracht bleiben, da der Freistellungsanspruch des Arbeitnehmers nur die interne Schadensabnahme betrifft.[192] Die Rspr des BGH (vgl Rn 134) zum Nichteingreifen des Haftungsprivilegs nach § 106 Abs 3 Alt 3 SGB VII beim nicht selbst auf der gemeinsamen Betriebsstätte tätigen Unternehmer wird dadurch nicht relativiert, da dessen Haftung im Rahmen des gestörten Gesamtschuldverhältnisses regelmäßig in den Fällen erhalten bleibt, in denen ihn nicht nur eine Haftung wegen vermuteten Auswahl- und Überwachungsverschuldens nach § 831 BGB, sondern eine eigene „Verantwortlichkeit" zur Schadensverhütung (zB wegen Verkehrssicherungspflichtverletzung oder Organisationsverschuldens) trifft.[193] Die Haftungsfreistellung des nicht selbst auf der gemeinsamen Betriebsstätte tätigen Unternehmers wegen Störung des Gesamtschuldverhältnisses mit einem nach § 106 Abs 3 Alt 3 SGB VII privilegierten Verrichtungsgehilfen setzt daher voraus, dass der Verrichtungsgehilfe nachweislich schuldhaft gehandelt hat.[194]

87 Die Inanspruchnahme einer **Gesellschaft bürgerlichen Rechts** bei Schädigung durch einen auf der gemeinsamen Betriebsstätte tätigen Gesellschafter, für welchen die Haftungsprivilegierung nach § 106 Abs 3 Alt 3 SGB VII greift, kann ebenfalls nach den Grundsätzen des gestörten Gesamtschuldverhältnisses ausgeschlossen sein, vgl auch Rn 134.[195]

---

190 BGHZ 110, 114 = JZ 1990, 384 m Anm *Selb*; BGH VersR 1976, 992.
191 BGHZ 157, 9; BGH NZV 2005, 515; so auch OLG Jena OLGR 2004, 437; OLG München NZV 2003, 472. Eingehend *Stöhr* VersR 2004, 814.
192 BGHZ 157, 9 (anders die Vorinstanz OLG Hamm OLGR 2003, 137); BGH NZV 2005, 515 (anders die Vorinstanz OLG Frankfurt Az 12 U 50/02); *Imbusch* VersR 2001, 1488 ff; aA *Otto* NZV 2002, 15.
193 BGHZ 157, 9; BGH NZV 2005, 515; *Otto* NZV 2002, 10, 16; *Imbusch* VersR 2001, 1485, 1488.
194 BGH NJW 2005, 2309.
195 BGHZ 155, 205.

d) Einfluss der Haftpflichtversicherung. Der Haftungsausschluss gilt auch dann, **88** wenn der Ersatzpflichtige haftpflichtversichert ist.[196] Die gegenteilige Ansicht[197] beachtet nicht, dass es den Unternehmern nicht zuzumuten ist, höhere Versicherungsprämien zur Haftpflichtversicherung zu zahlen, um dadurch dem Arbeitnehmer einen zusätzlichen Vorteil für Schadensfälle zu verschaffen, für die die Unternehmer schon Beiträge zur Berufsgenossenschaft leisten. Haben Haftpflichtversicherer ein Schadenteilungsabkommen geschlossen und ist darin vereinbart, dass die Teilung ohne Prüfung der Haftungsfrage zu erfolgen hat, so ist auch nicht zu prüfen, ob §§ 104 f SGB VII (bzw §§ 636 f RVO aF) anzuwenden sind (s § 15 Rn 56).

e) Begriff des Unternehmers. Unternehmer iS des (für Schadensfälle vor 1.1.1997 **89** fortgeltenden) **§ 636 RVO aF** war derjenige, auf dessen Rechnung der Betrieb oder die Arbeit, bei der sich der Unfall ereignet hat, ging (§ 658 Abs 2 Nr 1 RVO aF).[198] Es brauchte sich nicht um ein Wirtschaftsunternehmen zu handeln, vielmehr konnte auch eine Privatperson „Unternehmer" sein. Nach § 658 Abs 2 Nr 2 RVO aF war auch der nicht gewerbsmäßige Halter eines Fahrzeugs oder Reittiers Unternehmer im Sinn des Unfallversicherungsrechts. Die (arbeitnehmerähnliche, vgl Rn 108) Hilfeleistung zugunsten des Halters eines privaten Kraftfahrzeugs begründete für den Helfer den Versicherungsschutz der Berufsgenossenschaft für Fahrzeughaltungen, zugleich aber den Anspruchsverlust nach § 636 RVO aF.

Nach **§ 136 Abs 3 Nr 1 SGB VII** ist nunmehr Unternehmer derjenige, dem das Ergebnis **90** des Unternehmens (worunter gemäß § 121 Abs 1 SGB VII sowohl ein Betrieb, eine Verwaltung oder Einrichtung wie auch eine Tätigkeit zu verstehen ist) unmittelbar zum Vor- oder Nachteil gereicht. Damit wurde die längst erfolgte Ausweitung der Gesetzlichen Unfallversicherung über die Absicherung erwerbswirtschaftlicher Tätigkeiten hinaus auch an dieser Stelle im Gesetzeswortlaut nachvollzogen. Der besondere Unternehmerbegriff der privaten Fahrzeug- oder Reittierhaltung (Rn 89) entfällt. Dennoch bleibt es beim Versicherungsschutz und Haftungsausschluss, solange nur die schadensbringende Tätigkeit mit aufgrund eines Beschäftigungsverhältnisses erbrachten Arbeiten vergleichbar und deshalb als arbeitnehmerähnlich versichert ist (dazu Rn 108). Unternehmer ist dann der Privathaushalt des Fahrzeugnutzers; die Zuständigkeit verlagert sich allerdings auf die Unfallversicherungsträger im Landesbereich, § 128 Abs 1 Nr 9 SGB VII.[199]

Mehrere Personen sind nur dann Unternehmer, wenn sie am Gewinn und Verlust teil- **91** nehmen; bei Kommanditgesellschaften sind dies nur die persönlich haftenden Gesellschafter. Die **juristische Person** ist selbst Unternehmer, nicht ihr gesetzlicher Vertreter; jedoch kann ein Gesellschafter-Geschäftsführer einer GmbH wie ein Unternehmer tätig sein.[200] Ist der Betrieb **verpachtet**, so ist der Pächter Unternehmer. Beruht ein Unfall

---

196 BGH VersR 1959, 754; 1963, 1025; 1973, 736; NJW 1963, 654 m Anm *Seydel; Schmalzl* VersR 1962, 771; *Asanger* VersR 1963, 149.
197 OLG München VersR 1962, 673; *Böhmer* MDR 1962, 958, JR 1963, 215 u 1964, 56.
198 RGZ 98, 253; 99, 228; 144, 40; BGHZ 93, 295.
199 Krit zur damit verbundenen Kostentragung durch den Steuerzahler (§ 185 Abs 2 SGB VII) *Leube* NZS 1996, 14. Fallgruppen zur „Unternehmung Kfz-Haltung" bei *Otto* NZV 1996, 476.
200 BSG NJW 1973, 167.

auf einer Pflichtwidrigkeit des Unternehmers, der sein Unternehmen schon vor dem Unfall **veräußert** hatte, so tritt der Haftungsausschluss nicht ein.[201] Im Übrigen wird auch über die Frage, wer Unternehmer ist, im Bescheid des Versicherungsträgers bzw im Urteil des Sozialgerichts nach § 108 SGB VII bzw § 638 Abs 1 RVO aF mit Bindungswirkung für den Schadensersatzprozess entschieden (vgl Rn 112).

92 Dass der Unfallbetrieb und der Beschäftigungsbetrieb **selbständige organisatorische Einheiten** sind, spielt keine Rolle, wenn sie sich in der Hand eines Unternehmers befinden. Dies war zB bei der Bundesrepublik Deutschland hinsichtlich Bundesbahn und Bundeswehr der Fall.[202] Die Deutsche Bahn AG ist dagegen ein eigenes Unternehmen.

93 f) **Vom Haftungsausschluss erfasste Verletzte** sind die gesetzlich **Unfallversicherten**, dh Arbeitnehmer und arbeitnehmerähnliche Personen (§ 2 SGB VII bzw § 539 RVO aF), sowie diejenigen, auf die die Satzung der Berufsgenossenschaft die Versicherungspflicht ausgedehnt hat, ferner auch die freiwillig Versicherten (§ 6 SGB VII bzw § 545 RVO aF). Ein Verhältnis persönlicher oder wirtschaftlicher Abhängigkeit braucht nicht zu bestehen,[203] so dass uU auch ein anderer Unternehmer erfasst sein kann (vgl Rn 106).[204] Versicherungsfreie Personen nach §§ 4, 5 SGB VII bzw §§ 541, 542 RVO aF gehören jedoch nicht dazu. Einbezogen in den Haftungsausschluss sind auch die **Hinterbliebenen** des Versicherten, dh Witwe bzw Witwer (§ 65 SGB VII bzw § 590 RVO aF), die frühere Ehefrau (§ 66 SGB VII bzw § 592 RVO aF), die Waisen (§ 67 SGB VII bzw § 595 RVO aF) und die Eltern (§ 69 SGB VII bzw § 596 RVO aF), sowie seine **Angehörigen** (insbesondere für Ansprüche nach § 845 BGB).

94 Die **Versicherteneigenschaft** muss im Unfallzeitpunkt bestanden haben;[205] eine frühere Zugehörigkeit zur Gesetzlichen Unfallversicherung aufgrund einer Tätigkeit im selben Unternehmen kann keinen Haftungsausschluss begründen, auch nicht beim Regress eines Sozialversicherungsträgers.[206]

95 g) **Erfasste Tätigkeiten.** Unter den Unfallversicherungsschutz (und damit das Haftungsprivileg) fällt jede ernstliche, dem Unternehmen dienende Tätigkeit von wirtschaftlicher Bedeutung,[207] die dem wirklichen oder mutmaßlichen Willen[208] des Unternehmers entspricht und in einem inneren oder ursächlichen Zusammenhang mit dem Unternehmen steht.[209] Unerheblich ist, ob ein objektiver Nutzen aus der Arbeit ent-

---

201 BGH NJW 1966, 653.
202 BGHZ 63, 295.
203 BSG VersR 1958, 337; NJW 1973, 1821; BGH VersR 1959, 109; 1966, 182; 1978, 150; 1982, 41; 1983, 156; 1983, 687; 1983, 728; 1983, 855; 1984, 736; OLG Schleswig VersR 1987, 79; OLG Oldenburg VersR 1988, 1253.
204 OLG München VersR 1995, 940.
205 BGH VersR 1983, 859.
206 BGHZ 136, 78.
207 BGH VersR 1955, 40.
208 BSG VersR 1958, 337; LSG Celle VersR 1958, 136; LSG Stuttgart VersR 1961, 795; LG Oldenburg VersR 1958, 795.
209 BGH VersR 1969, 757; 1971, 735; 1977, 959; 1978, 150.

standen ist.[210] Der Unternehmer des Unfallbetriebs braucht von ihr keine Kenntnis zu haben.[211] Auf eine Weisungsbefugnis des Unternehmers kommt es nicht an.[212] Unter die Vorschrift fällt zB auch der Ehemann einer Heimarbeiterin, der ihre Produkte zum Arbeitgeber fährt,[213] sowie ein Freigänger;[214] nicht aber ein Schüler im Rahmen eines Betriebspraktikums[215] (s aber Rn 147) und nicht ein frei praktizierender Arzt, der sich im Rahmen eines unabhängigen Dienstvertrags zu Einsätzen im Rettungsdienst verpflichtet hat.[216] Die Vorschrift schließt auch Ansprüche verbotswidrig Beschäftigter aus, zB eines Jugendlichen.[217] Dies gilt sogar dann, wenn der Unternehmer von der Mithilfe des Jugendlichen in seinem Betrieb nichts wusste, dieser aber vorübergehend in den Betrieb eingegliedert war.[218] 96

Es genügen bereits vorübergehende, selbst spontane **Hilfeleistungen**,[219] sofern sie für das betreffende Unternehmen typisch sind und sich nicht etwa im Bereich allgemeiner Nothilfe bewegen[220] oder aus rein eigenwirtschaftlichem Interesse erbracht werden.[221] 97

Der Verletzte muss sich dem Unfallbetrieb aber in gewisser Weise **eingegliedert** haben, damit er „wie" dessen Arbeitnehmer iS des § 2 Abs 2 SGB VII bzw § 539 Abs 2 RVO aF behandelt werden kann. Es reicht nicht, wenn er sich nur in loser Form in dessen Arbeitsvorgänge einschaltet, zB als zuschauender oder minimale Handreichungen leistender Kunde,[222] oder wenn er eine Gefälligkeitshandlung von ganz untergeordneter Bedeutung vornimmt.[223] An der Eingliederung mangelt es, wenn der Verletzte unwiderlegt erklärt, er sei nicht zu unternehmensdienlichen Zwecken, sondern wegen intendierter Hilfe bei gemeiner Gefahr tätig geworden.[224] 98

Soll ein Fahrzeug unentgeltlich und aus Gefälligkeit instand gesetzt werden, beginnt der Versicherungsschutz nach § 2 Abs 2 SGB VII und infolge dessen die Haftungsprivilegierung bereits mit der Durchführung einer Probefahrt und nicht erst mit der eigentlichen Reparatur.[225] 99

An der Eingliederung fehlt es auch, wenn ein Arbeitnehmer nur **im Rahmen der Tätigkeit für einen anderen Arbeitgeber** mit dem Unfallbetrieb in Berührung gekommen ist.[226] Dies gilt auch dann, wenn der Stammbetrieb des Verunglückten für den Unfallbetrieb tätig wird, der Verunglückte aber nur eigene Aufgaben seines Betriebs besorgt.[227] Es genügt für den Haftungsausschluss nicht, wenn der Verletzte nur deshalb von dem Unfallereignis betroffen wird, weil seine (einem anderen Unternehmen zuzu- 100

---

210 BGH VersR 1959, 109.
211 BGH VersR 1966, 182.
212 BGH NZV 1996, 405.
213 OLG Hamm r+s 1993, 381.
214 BGH VersR 1983, 261.
215 BGH VersR 1984, 652.
216 BGH NZV 1991, 347.
217 BGH NJW 1952, 462.
218 Vgl OLG Schleswig VersR 1968, 147 u 828 m Anm *Boller*.
219 BGH VersR 1983, 856; 1985, 1083; 1987, 385; NZV 1989, 70; 1990, 345.
220 BGHZ 52, 121; BGH NJW 1981, 626.
221 BGH NZV 1994, 225.
222 BGH NZV 1994, 225.
223 BGH NZV 1990, 345.
224 OLG Düsseldorf NZV 2003, 383.
225 OLG Hamm VersR 2003, 192.
226 BGH VersR 1978, 150.
227 BGH VersR 1960, 427; 1960, 800; 1961, 358; 1963, 252; 1965, 457; 1986, 868.

Vierter Teil. Ausschluss und Beschränkung der Haftung, Verjährung

rechnende) Arbeitsstelle im Einflussbereich des Unfallbetriebs liegt, mag dies auch auf gemeinsame Aufgaben zurückzuführen sein, wie zB bei Beteiligung mehrerer Unternehmer an einem Bauvorhaben.[228] Die Erstreckung des Haftungsausschlusses auf Tätigkeiten auf **gemeinsamer Betriebsstätte** durch § 106 Abs 3 Alt 3 SGB VII gilt nur für die dort Tätigen, nicht generell auch zugunsten der beteiligten Unternehmer (näher Rn 134).[229]

101 Dagegen kommt es zum Haftungsausschluss, wenn der Verunglückte von seinem Stammbetrieb als „Leiharbeiter" **in den Unfallbetrieb entsandt** worden ist[230] und die schadenstiftende Tätigkeit dem Aufgabenbereich des „Unfallbetriebes" und nicht des „Stammbetriebes" zuzuordnen ist.[231] Die erforderliche Einordnung in den fremden Betrieb ist anzunehmen, wenn die Arbeitskraft sich mit dem Betriebsunternehmer (oder dessen Bevollmächtigten) und anderen Arbeitnehmern des Betriebs derart zu einer Arbeitsgemeinschaft zusammenschließt, dass sie unter der den Arbeitsgang bestimmenden Leitung des Unternehmers (oder der von ihm Beauftragten) tätig wird sowie nach dessen Anordnungen handelt und damit diesem auch einen Teil der Verantwortung für die Durchführung der Arbeiten überlässt.[232] Der BGH hat dies zB auch für einen Krankenhausarzt bejaht, der einem Rettungsdienstträger als Notarzt zur Verfügung gestellt wurde.[233]

102 Entsprechendes gilt, wenn der aushelfende Arbeitnehmer nicht durch sein Stammunternehmen entsandt worden ist, sondern **aufgrund eigenen Entschlusses dem Unfallbetrieb Hilfe leistet**, weil er gerade zur Stelle war, etwa beim Be- oder Entladen eines Fahrzeugs[234] oder beim Ankuppeln eines Anhängers an den Lastwagen eines Lieferanten.[235] Hierbei ist allerdings sorgfältig zu prüfen, ob sich die Tätigkeit für den fremden Betrieb tatsächlich wie ein Ausleihen der Arbeitskraft darstellt oder ob die Arbeitskraft nicht doch für eigene Aufgaben des Stammunternehmens eingesetzt wird.[236] Die Rspr hat dies zB angenommen, wenn ein Revierförster nur deshalb im Lkw des Holzfuhrunternehmens mitfährt, um die abzufahrenden Baumstämme zu bezeichnen[237] oder wenn ein Arbeitnehmer des Verkäufers den Wagen des Kunden vereinbarungsgemäß mit der gekauften Ware belädt.[238] War der fremde Betrieb dagegen dem Stammbe-

---

228 BGH VersR 1957, 615; 1958, 377; 1966, 387; OLG Köln VersR 1987, 791; ebenso für Subunternehmer BGH NZV 1988, 217; BAG JZ 1984, 286 m Anm *Hanau*.
229 BGHZ 148, 214; *Otto* NZV 2002, 12 ff. **AA** *Imbusch* VersR 2001, 552 ff u 1486 f; *Klumpp* EWiR 2002, 123. Für Gesetzesänderung Arbeitskreis VI des VGT 2001, NZV 2001, 120. Zum Ausnahmefall des selbst auf der gemeinsamen Betriebsstätte tätigen Unternehmers s Rn 134.
230 BGH VersR 1978, 150.
231 OLG Hamm NZV 2000, 375.
232 BGH VersR 1957, 245; 1959, 827; 1959, 602; 1960, 426; 1962, 540; OLG München VersR 1959, 817.
233 VersR 1987, 1135 LS.
234 BGH VersR 1977, 959; 1983, 855; OLG Köln VersR 1998, 78.
235 BGH VersR 1959, 109; 1978, 150.
236 BGH VersR 1990, 994.
237 BGH VersR 1955, 457.
238 BGH VersR 1957, 102.

trieb gegenüber zum Be- oder Entladen verpflichtet, so hat sich der helfende Arbeitnehmer dem fremden Betrieb eingegliedert.[239]

Handelt es sich um ein Tätigwerden in der Sphäre des Unfallbetriebs, so scheitert die Annahme einer Eingliederung in diesen nicht daran, dass die Tätigkeit zugleich für den Stammbetrieb nützlich war.[240] Bei einer objektiv mehreren Betrieben nützlichen Tätigkeit wird aber dem Arbeitnehmer idR unterstellt, dass er subjektiv die Interessen des Beschäftigungsbetriebs verfolgt.[241] Die Abgrenzung ist in diesen Fällen äußerst schwierig, denn die Übergänge sind fließend. Zweifel am Sinngehalt der bestehenden Regelung sind durchaus angebracht.[242] Bei nur vorübergehenden Hilfeleistungen ist zu prüfen, ob die Eingliederung in den Unfallbetrieb zum Zeitpunkt des Unfalls nicht schon beendet war.[243] **103**

Ein Arbeitnehmer kann somit durchaus **mehreren Betrieben** (iS der Gesetzlichen Unfallversicherung) angehören und damit auch mehrfachen Unfallversicherungsschutz (mit der Folge entsprechenden Haftungsausschlusses) genießen.[244] Hat die für seinen Stammbetrieb zuständige Berufsgenossenschaft den Unfall als Arbeitsunfall anerkannt, so hindert dies den Haftungsausschluss für den anderen Unternehmer, in dessen Betrieb sich der Unfall ereignet hat, nicht (vgl Rn 112). **104**

Dient die Hilfeleistung nicht den Belangen des Unfallbetriebs, sondern handelt der Helfer **zur Abwehr von Gefahren für die Allgemeinheit**, so ist er zwar auch gesetzlich versichert (§ 2 Abs 1 Nr 13 lit a SGB VII bzw § 539 Abs 1 Nr 9 lit a RVO aF), verliert aber nicht etwaige Schadensersatzansprüche gegen den Betrieb, von dem die Gefahr ausgeht (vgl Rn 152).[245] Entscheidend ist nicht, ob tatsächlich eine solche Gefahr bestand, sondern wie sich die Situation für den Helfer darstellte und welche Absicht er mit seinem Eingreifen verfolgte.[246] Eine arbeitnehmerähnliche Tätigkeit scheidet auch dann aus, wenn die betriebsbezogenen Motive von so untergeordneter Bedeutung sind, dass die Beseitigung gemeiner Gefahr iS des § 2 Abs 1 Nr 13 lit a SGB VII bzw § 539 Abs 1 Nr 9 lit a RVO aF ganz im Vordergrund stand.[247] **105**

Ein **selbständiger Unternehmer** wird nur dann für einen anderen Unternehmer im Rahmen des § 2 Abs 2 SGB VII bzw § 539 Abs 2 RVO aF tätig, wenn die Tätigkeit nicht auch zu dem Kreis der Arbeiten gehört, die den Gegenstand seines eigenen Unternehmens bilden.[248] Im Regelfall ist davon auszugehen, dass die Hilfeleistung allein der **106**

---

239 BGH VersR 1983, 728.
240 BGH VersR 1978, 150; BAG VersR 1991, 902; OLG Frankfurt NJW-RR 1990, 39; OLG Oldenburg VersR 1988, 1253; vgl auch (mit abweichender Lösung des vom BAG entschiedenen Falles) LAG Baden-Württemberg VersR 1990, 109 u OLG Karlsruhe VersR 1989, 110 m abl Anm *Bayer*.
241 BGH NZV 1996, 405; *Otto* NZV 1996, 476 mwN.
242 Vgl Entschließung des VGT 1989, Arbeitskreis IV, NZV 1989, 103; *Deutschländer* VersR 1989, 345. Gegen die Rspr auch *Fuchs* FS Gitter 262.
243 Vgl zB BGH VersR 1983, 855.
244 BGH VersR 1981, 350; **aA** LAG Baden-Württemberg VersR 1990, 109.
245 BGHZ 52, 115, 122; 166, 42; BGH VersR 1979, 668; NJW 1981, 626; NZV 1990, 345; OLG Düsseldorf NJW-RR 1992, 1443.
246 BGH NZV 1990, 345.
247 BSG NJW 1993, 1030.
248 BGH VersR 1959, 429; 1962, 540; 1964, 237; NZV 1989, 70; OLG Hamm VersR 1986, 974.

Vierter Teil. Ausschluss und Beschränkung der Haftung, Verjährung

Förderung der Belange des eigenen Unternehmens gedient hat; erst wenn die Tätigkeit nicht mehr als Wahrnehmung einer Aufgabe des eigenen Unternehmens bewertet werden kann, kann ein Versicherungsschutz gem § 2 Abs 2 S 1 SGB VII gegeben sein.[249] Es genügt nicht, dass die Tätigkeit des Verletzten dem Unfallbetrieb nützlich war.[250]

107 Die **Mitarbeit von Familienangehörigen** im Unternehmen gehört nicht hierher, wenn familienrechtliche oder ethische Verpflichtungen die alleinige Grundlage bilden. Insbesondere ist die dadurch geprägte Mitarbeit auf landwirtschaftlichen Anwesen keine versicherungspflichtige Tätigkeit und schließt daher die Haftung des Schädigers aus unerlaubter Handlung nicht aus. Anders ist es, wenn betriebliche Interessen im Vordergrund stehen.[251]

108 **Im Verhältnis zu Privatpersonen, die als Unternehmen gelten**, also insbesondere Kfz-Haltern (s Rn 89 f), bereitet die Abgrenzung der versicherten Tätigkeiten besondere Probleme. Die Rspr bejaht eine solche bei der Pannenhilfe[252] oder bei einer Testfahrt zum Zweck der Feststellung eines Defekts durch einen anderen Kraftfahrer.[253] Hilfsdienste, die der Abwehr einer gemeinen Gefahr iSv § 2 Abs 1 Nr 13 lit a SGB VII bzw § 539 Abs 1 Nr 9 lit a RVO aF dienen, scheiden jedoch auch hier aus (vgl Rn 105). Das Gleiche gilt für den ebenfalls von der Gesetzlichen Unfallversicherung erfassten Fall, dass die Hilfeleistung in der Rettung eines Verunglückten, gleich ob aus eigenem Antrieb oder auf dessen Bitte hin, besteht,[254] sowie für das Aufspringen eines Passanten auf einen führerlos anrollenden Lkw.[255]

109 h) **Arbeitsunfall** ist ein plötzliches, im Rahmen der Tätigkeit für einen Unternehmer verursachtes Ereignis, durch das ein Versicherter eine Körperverletzung oder eine Gesundheitsschädigung erleidet (vgl auch die den Stand der Rspr übernehmende Legaldefinition in § 8 Abs 1 SGB VII). Der Unfall muss sich bei einer versicherten Tätigkeit (§§ 2, 3, 6 SGB VII bzw §§ 539, 540, 543–545 RVO aF) ereignen (§ 8 Abs 1 S 1 SGB VII bzw § 548 Abs 1 S 1 RVO aF). Ausgeweitet wird dies auf die Verwahrung, Beförderung, Instandhaltung und Erneuerung (SGB VII: auch Erstbeschaffung) von Arbeitsgerät und Schutzausrüstung, auch wenn sie vom Arbeitnehmer gestellt sind (§ 8 Abs 2 Nr 5 SGB VII bzw § 549 RVO aF). Unfälle auf Wegen nach und von dem Tätigkeitsort sind zwar auch dann versichert, wenn die Beförderung nicht dem betrieblichen Bereich zuzurechnen ist (§ 8 Abs 2 Nr 1–4 SGB VII bzw § 550 RVO aF); § 104 Abs 1 SGB VII nimmt diese Fälle jedoch von der Haftungsbefreiung aus (s hierzu sowie zur Rechtslage vor 1997 Rn 114 ff). Bei Einfluss von Trunkenheit kann das Vorliegen eines Arbeitsunfalls zu verneinen sein.[256] Ob im Einzelfall ein Arbeitsunfall vorliegt, dürfen die ordentlichen Gerichte nicht selbst prüfen (vgl Rn 110).

---

249 BGH VersR 2004, 1045.
250 BGH VersR 1987, 384.
251 OLG München ZfS 1990, 404.
252 BGH VersR 1987, 202; BSGE 35, 140; 46, 233; OLG Bamberg VersR 1976, 890; OLG Jena NZV 2004, 466. S a Rn 153.
253 OLG Hamm VersR 2003, 192.
254 BGH VersR 1981, 260 m Anm *Denck* SGb 1981, 238.
255 OLG Köln VersR 1982, 1098; **aA** LG Bonn VersR 1982, 658.
256 Vgl BGH VersR 1968, 353; BSG NZV 1990, 45; 1993, 267; *Krasney* NZV 1989, 375 f; *Fuchs* NZV 1993, 422.

i) Feststellung des Arbeitsunfalls

aa) Vorrang des Versicherungsverfahrens. Die Feststellung, ob ein Arbeitsunfall vorliegt, obliegt primär den Versicherungsträgern und den Sozialgerichten (vgl § 108 SGB VII bzw § 638 RVO aF). Das Zivilgericht muss daher, wenn gewichtige Anhaltspunkte dafür vorhanden sind, dass der Unfall, auf den die Ansprüche gestützt werden, ein Arbeitsunfall war, sein Verfahren so lange nach § 148 ZPO **aussetzen**, bis die Entscheidung in dem Verfahren nach SGB VII bzw RVO oder SGG ergangen ist (§ 108 Abs 2 S 1 SGB VII). Wenn ein solches Verfahren noch nicht eingeleitet wurde, ist eine Frist zu bestimmen, nach deren fruchtlosem Ablauf die Aufnahme des ausgesetzten Verfahrens zulässig ist (§ 108 Abs 2 S 2 SGB VII). Die Aussetzung steht nicht im Ermessen des Gerichts; Unterlassen ist Grund für die Aufhebung des Urteils.[257] Das Verfahren über die auf Schadensersatz gerichtete Klage darf erst fortgesetzt werden, wenn ein bestandskräftiger Bescheid des Versicherungsträgers (§ 77 SGG) vorliegt oder das Verfahren vor dem Sozialgericht rechtskräftig entschieden ist. Die Bestandskraft fehlt, wenn der Unternehmer an dem Rentenverfahren nicht in der gebotenen Weise beteiligt worden ist;[258] dies ist, ggf nach erneuter Aussetzung, nachzuholen. Was für die Frage gilt, ob ein Arbeitsunfall vorliegt, gilt grundsätzlich auch für die Frage, in welchem Umfang und von welchem Träger der Unfallversicherung die Leistungen zu gewähren sind (s aber Rn 112).

110

bb) Bindungswirkung. Die sozialrechtliche Entscheidung bindet das Zivilgericht in Bezug auf das Vorliegen eines Arbeitsunfalls, die Zuordnung des Unfalls zu einem Unternehmen (s aber Rn 112) und den Umfang der Versicherungsleistungen (selbst wenn die Entscheidung erst nach Einlegung der Revision im Zivilverfahren ergeht).[259] Von der Bindungswirkung wird auch der die Versicherungspflichtigkeit auslösende Tatbestand erfasst, also die Entscheidung darüber, ob der Geschädigte den Arbeitsunfall als Versicherter gem § 2 Abs 1 Nr 1 SGB VII, als „Wie"-Beschäftigter nach § 2 Abs 2 S 1 SGB VII oder als Nothelfer gem § 2 Abs 1 Nr 13a SGB VII erlitten hat.[260] Wurde ein Arbeitsunfall verneint, so kann das Gericht den Unternehmer nicht nach § 104 SGB VII bzw § 636 RVO aF von der Haftung freistellen; hat dagegen der Sozialversicherungsträger oder das Sozialgericht für einen bestimmten Unternehmer den Arbeitsunfall bejaht, so muss diesem die Haftungsfreistellung gewährt werden.[261]

111

Ist im Bescheid des Versicherungsträgers oder im Urteil des Sozialgerichts festgestellt, **in welchem Betrieb** sich der Arbeitsunfall ereignet hat, wer im Augenblick des Unfalls Unternehmer war oder ob der Verletzte zu den versicherten Personen gehört, so nehmen diese Feststellungen an der Bindungswirkung des § 108 Abs 1 SGB VII bzw § 638 RVO aF teil.[262] Fehlt eine solche Feststellung, so hat das ordentliche Gericht oder Arbeitsgericht nicht etwa nach § 108 Abs 2 SGB VII sein Verfahren auszusetzen, sondern es hat

112

---

257 BGHZ 158, 394.
258 BGHZ 158, 394, 397; 129, 195, 200 ff = VersR 1995, 682 (ber 812) m Anm *Frahm* 1004 u *H Müller* 1209; OLG Hamm r+s 2000, 156.
259 BGH NJW-RR 1994, 90.
260 BGHZ 166, 42.
261 BGH NJW 1972, 1990.
262 BGH VersR 1958, 288; 1968, 372 u 768 m Anm *Schmalzl*; LAG Frankfurt NJW 1966, 2330.

diese Fragen selbst zu entscheiden. In keinem Fall ist das ordentliche Gericht an der Feststellung gehindert, dass neben dem im Bescheid oder im Urteil des Sozialgerichts genannten Unternehmer **noch ein anderer Unternehmer** den Schutz der Haftungsfreistellung genießt.[263] Die Zivilgerichte können also im Schadensersatzprozess zu dem Ergebnis kommen, dass die Haftungsablösung zugunsten des für den Verletzten fremden Unfallbetriebes eingreift, selbst wenn die Berufsgenossenschaft den Unfall als Arbeitsunfall im Stammbetrieb des Verletzten anerkannt hat.[264] Dies gilt aber nicht bei Anerkennung als Versicherungsfall nach § 539 Abs 1 Nr 9 lit a RVO aF (Unfallhilfe), da dieser Versicherungsschutz gegenüber dem nach § 539 Abs 1 Nr 1 oder Abs 2 RVO aF subsidiär ist (§ 655 Abs 3 RVO aF; nunmehr § 135 SGB VII); eine Berufsgenossenschaft, die ihre Einstandspflicht nach § 539 Abs 1 Nr 9 lit a RVO aF bejaht, verneint damit zugleich die Zuordnung des Unfalls zu einer nach den anderen Vorschriften versicherten Tätigkeit.[265]

113 **j) Ausnahme vom Haftungsprivileg bei Vorsatz**

Gem § 104 Abs 1 S 1 SGB VII ist die Ersatzpflicht von Unternehmern bei Verursachung eines Arbeitsunfalls nicht ausgeschlossen, wenn sie den Versicherungsfall vorsätzlich herbeigeführt haben. Der Vorsatz muss auch den Verletzungserfolg umfassen.[266]

k) Ausnahmen vom Haftungsprivileg bei Wegeunfällen

114 **aa) Bei Arbeitsunfällen vor dem 1.1.1997** entfällt der Haftungsausschluss, wenn sie sich bei **Teilnahme am allgemeinen Verkehr** ereigneten (§ 636 Abs 1 S 1 letzte Alt RVO aF). Ansprüche gegen einen Sozialversicherungsträger muss sich der Geschädigte jedoch anrechnen lassen (§ 636 Abs 1 S 2 RVO aF); der Arbeitgeber haftet nur für darüber hinausgehende, ggf auch immaterielle Schäden. Der Sozialversicherungsträger kann hieraus keinen Forderungsübergang ableiten; ihm steht nur der Regressanspruch nach § 640 Abs 1 RVO aF zu[267] (s a § 32 Rn 98).

115 Der **Begriff „allgemeiner" Verkehr** ist nicht inhaltsgleich mit dem Begriff „öffentlicher Verkehr";[268] auch ein Unfall im Straßenverkehr kann ein haftungsprivilegierter Arbeitsunfall sein. Maßgeblich ist, ob der Arbeitnehmer den Unfall als gewöhnlicher Verkehrsteilnehmer oder gerade als Betriebsangehöriger, bei einem innerbetrieblichen Vorgang, erlitten hat, ob sich im Unfall das betriebliche Verhältnis zwischen Schädiger und Geschädigtem manifestiert oder ob dieses Verhältnis zum Unfall keinen oder nur einen äußeren Zusammenhang hat.[269] Dabei rechtfertigt allein der betriebliche Zweck einer Fahrt noch nicht die Verneinung einer Teilnahme am allgemeinen Verkehr;[270]

---

263 BGHZ 24, 248 ff; BGH VersR 1983, 31; NJW 1972, 1990; OLG Nürnberg VersR 1958, 464; OLG Koblenz VersR 1959, 38; *Möring* VersR 1955, 489; *Boller* VersR 1968, 828.
264 *Lepa* VersR 1985, 11.
265 BGHZ 129, 195 = VersR 1995, 682 (ber 812) m Anm *H Müller* 1209.
266 BGHZ 154, 11 = VersR 2003, 595 m Anm *Deutsch*; BAG VersR 2003, 740 entgegen *Rolfs* NJW 1996, 3177; *Otto* NZV 1996, 477.
267 BGHZ 63, 313, 316.
268 BGHZ 3, 298; BGH VersR 1981, 252.
269 BGH VersR 1953, 134; 1956, 36; 1968, 355; 1973, 736; 1981, 252; NZV 1988, 18; 1995, 187.
270 **AA** *Lepa* NZV 1997, 138.

vielmehr muss hinzukommen, dass sie selbst als Teil der betrieblichen Organisation erscheint.²⁷¹

Betrieblicher Verkehr ist insbesondere die Beförderung von einem Arbeitsplatz zum anderen oder im Rahmen eines Betriebsausflugs.²⁷² Außerdem liegt selbstverständlich ein „besonderer Verkehr" für die Lenker von Fahrzeugen und für die beim Betrieb der Fahrzeuge Beschäftigten dann vor, wenn die berufliche Tätigkeit in der Lenkung des Fahrzeugs, in der Mitfahrt als Begleitpersonal oder in der Mitarbeit beim Beladen oder Entladen besteht.²⁷³

116

Auch ein Unfall, der sich bei einer Beförderung im Rahmen des betrieblichen Verkehrs ereignet, ist aber dann dem allgemeinen Verkehr zuzuordnen, wenn die Haftung des Unternehmers ihren Grund nicht in dieser Beförderung hat, sondern wenn sich ein anderer Verkehrsvorgang mehr oder weniger zufällig auf die betrieblich veranlasste Fahrt ausgewirkt hat. Schadensersatzansprüche gegen den Arbeitgeber sind daher nicht ausgeschlossen, wenn der Arbeitnehmer auf einer betrieblich veranlassten Fahrt im öffentlichen Verkehr durch ein anderes Fahrzeug des Arbeitgebers geschädigt wurde.²⁷⁴ Hiervon mag eine Ausnahme dann gemacht werden, wenn die Unfallfahrzeuge einander nicht zufällig begegneten, sondern aufgrund eines einheitlichen Auftrags unterwegs waren;²⁷⁵ zu weit geht es aber, wenn BGH VersR 1979, 32 den Haftungsausschluss schon dann eingreifen lässt, wenn es zwischen den Fahrzeugen nur dienstliche Berührungspunkte bestehen.²⁷⁶ Umgekehrt wird eine betriebsbezogene Fahrt nicht dadurch zur Teilnahme am allgemeinen Verkehr, dass die Mitfahrt letztlich auf privaten Motiven beruhte.²⁷⁷

117

Der **Weg zur Arbeitsstätte und zurück** ist im Normalfall allgemeiner Verkehr.²⁷⁸ Sobald sich der Arbeitnehmer jedoch in den zur Organisationsaufgabe seines Unternehmens gehörenden Gefahrenkreis begibt (zB das abgeschlossene Werksgelände,²⁷⁹ auch den nicht durch besondere Vorkehrungen abgesperrten Behördenparkplatz²⁸⁰), erleidet er einen Verkehrsunfall innerhalb dieses Gefahrenkreises nicht mehr als „normaler Verkehrsteilnehmer", sondern im Rahmen der betrieblichen Bindung zu dem Unternehmer.²⁸¹ Außerdem ist die Fahrt zur Arbeit dann dem innerbetrieblichen Verkehr zuzuordnen, wenn sie sich im Rahmen des sog **Werksverkehrs** abspielt, dh wenn ausschließlich²⁸² Betriebsangehörige auf Anordnung des Unternehmers in dessen eigenen oder angemieteten Fahrzeugen befördert werden.²⁸³ Die Beförderung Betriebsangehöriger im firmeneigenen Kraftfahrzeug zur Arbeitsstelle und zurück ist betriebliche Tätigkeit,²⁸⁴ und zwar auch dann, wenn der Unternehmer nur einen Teil der Beförderungskosten trägt und gelegentlich – anstelle des nicht betriebsfähigen firmeneigenen Kraftfahrzeugs

118

---

271 BGHZ 116, 30.
272 BGH VersR 1956, 36.
273 BGHZ 3, 304; BGH VersR 1953, 256; 1958, 46; 1959, 52; 1987, 1135 LS (Notarzt im Rettungswagen); LG Berlin VersR 1956, 719.
274 BGH NJW-RR 1989, 473; NZV 1990, 115; OLG Nürnberg VersR 1958, 253; *Hartung* 25 Jahre KF 113 f.
275 So BAG VersR 1967, 656.
276 *Hartung* 25 Jahre KF 114.
277 **AA** OLG Hamm NZV 1991, 72.
278 BGH VersR 1976, 539.
279 BAG VersR 2001, 720.
280 BGH NZV 1995, 186.
281 BGH NZV 1988, 18.
282 OGHZ 1, 248; BGHZ 8, 330; 19, 114 = VersR 1956, 36 und 126 m Anm *Böhmer*; BGHZ 33, 339; BGH VersR 1956, 388; 1956, 589.
283 BGH VersR 1968, 1193; 1973, 736; OLG Frankfurt VersR 1983, 955; OLG Köln NZV 1992, 116.
284 OLG Nürnberg VersR 1996, 216.

Vierter Teil. Ausschluss und Beschränkung der Haftung, Verjährung

– der Fahrer seinen eigenen Wagen einsetzt.[285] Dass die Fahrt durch eine private oder familienrechtliche Beziehung zum Unternehmer mitveranlasst ist, ändert nichts an der Betriebsbezogenheit,[286] desgleichen ein kleiner Umweg, den der Unternehmer im Rahmen der betriebsbezogenen Fahrt macht[287] oder die Mitnahme eines Angehörigen in der Absicht, die betriebsbezogene Fahrt später als Privatreise fortzusetzen.[288] Keine Teilnahme am allgemeinen Verkehr liegt auch vor, wenn eine Versicherte mit Duldung ihres für den Heimtransport vertraglich verantwortlichen Betriebsinhabers nach Betriebsschluss vom Ehegatten des Inhabers nach Hause gefahren wird.[289]

119   bb) Für **Versicherungsfälle ab 1.1.1997** ist an die Stelle des Merkmals der Teilnahme am allgemeinen Verkehr die Verweisung auf die Kriterien des versicherten **Wegeunfalls** nach § 8 Abs 2 Nr 1–4 SGB VII getreten (§ 104 Abs 1 S 1 aE SGB VII). In der Sache sollte sich dadurch nichts ändern, sodass die Abgrenzungsmerkmale, welche zu § 636 Abs 1 S 1 RVO entwickelt wurden (vgl Rn 115 ff), nach Ansicht des BGH zur Differenzierung zwischen nach **§ 8 Abs 1 SGB VII** versicherten **Betriebswegen** und anderen, nach **§ 8 Abs 2 SGB VII** versicherten Wegen herangezogen werden können.[290] Betriebswege, dh solche Verkehrsvorgänge, die dem innerbetrieblichen Bereich zuzuordnen sind, sind Teil der den Versicherungsschutz nach §§ 2, 3, 6 SGB VII begründenden Tätigkeit und damit bereits gem § 8 Abs 1 S 1 SGB VII versichert, da sie der Betriebsarbeit gleichstehen.[291] Nur die gem § 8 Abs 2 Nr 1–4 SGB VII zusätzlich versicherten Wegeunfälle sollen, weil bei ihnen betriebliche Risiken keine Rolle spielen, von der Haftungsbefreiung ausgenommen werden. Bezüglich der Frage, ob es sich um einen versicherten Weg nach § 8 Abs 2 SGB VII oder einen Betriebsweg nach § 8 Abs 1 SGB VII handelt, ist auf den Geschädigten und nicht den Schädiger abzustellen.[292] Die Abgrenzung ist unter Berücksichtigung des Unfallortes, des Zusammenhangs mit dem Betrieb und der Tätigkeit des Versicherten sowie der Frage vorzunehmen, ob der Arbeitsunfall Ausdruck der betrieblichen Verbindung ist.[293]

120   § 8 Abs 1 SGB VII kann auch für außerhalb des Betriebsgeländes erlittene Unfälle gelten,[294] wogegen Wegeunfälle nach § 8 Abs 2 SGB VII auf dem Werksgelände nicht denkbar sind.[295] Eine mit der Fahrt verbundene Förderung des betrieblichen Interesses reicht für die Annahme eines Betriebsweges nicht aus; die Fahrt selbst muss als Teil des innerbetrieblichen Organisations- und Funktionsbereichs erscheinen,[296] wobei es nicht darauf ankommt, ob der Unfallort

---

285 BGH VersR 1968, 1193.
286 OLG Frankfurt VersR 1983, 955.
287 OLG Hamm VersR 1984, 183.
288 OLG Karlsruhe NJW-RR 1988, 158.
289 BGH NJW 1976, 673.
290 BGHZ 145, 311 unter Bezugnahme auf die Gesetzesbegründung, BT-Drs 13/2204 S 100; BGHZ 157, 159; so auch BSG NJW 2002, 84; **aA** (Neuformulierung des § 8 SGB VII als bewusste Abkehr von der bisherigen Rechtslage) *Hauck/Nehls* (Lit § 32 vor Rn 98) § 104 SGB VII Rn 30; *Rolfs* NJW 1996, 3179. Zur Abgrenzung der Wegearten eingehend (mit Alternativvorschlag) *Ricke* VersR 2003, 540 ff.
291 BSG NJW 2002, 84.
292 BAG VersR 2004, 1047, 1048 – Klarstellung von BAG VersR 2001, 720 (dazu *Ricke* VersR 2002, 413 f).
293 BGH VersR 2006, 221.
294 BAG VersR 2004, 1047, 1048.
295 BAG VersR 2001, 720.
296 BGHZ 145, 311; 157, 159.

der Organisationsmacht des Arbeitgebers unterliegt.[297] Die Sperrwirkung des § 104 Abs 1 S 1 SGB VII greift ein, sobald sich der Versicherte in die betriebliche Sphäre als einen der Organisation des Unternehmers unterliegenden Bereich begibt.[298] Ein Betriebsweg nach § 8 Abs 1 SGB VII liegt vor, wenn der Arbeitnehmer mit einem Firmenwagen von der Betriebsstätte zu einer auswärtigen Baustelle unterwegs ist[299] oder aber der Arbeitgeber zum Zwecke der Beförderung der Arbeitnehmer von der Wohnung zu einer auswärtigen Arbeitsstelle und zurück ein Betriebsfahrzeug und einen Fahrer zur Verfügung stellt[300] bzw der Arbeitgeber selbst den auf Betriebskosten gemieteten Pkw steuert.[301] Eine Anordnung des Unternehmers, die angebotene Fahrmöglichkeit zu nutzen, ist nicht notwendig.[302] Ein Betriebsweg liegt auch vor, wenn ein Versicherter seine Arbeit ständig auf einer ausgelagerten Betriebsstätte verrichtet und er vom Unternehmen dorthin unterwegs ist, da die Arbeitsstätte dann der ausgelagerte Bereich ist.[303]

4. Haftungsausschluss bei Verletzung eines Arbeitskollegen

a) Überblick. Der von der arbeitsgerichtlichen Rspr entwickelte Freistellungsanspruch des Arbeitnehmers, der bei seiner betrieblichen Tätigkeit einem Dritten gegenüber haftpflichtig wurde, gegen den Arbeitgeber (vgl § 16 Rn 41) erforderte eine Ausdehnung des unfallversicherungsrechtlichen Haftungsprivilegs auf Arbeitnehmer, die einen im selben Betrieb tätigen Arbeitskollegen verletzt haben: Der Arbeitgeber wäre sonst entgegen den Zielen der §§ 636 ff RVO auf dem Umweg über die Haftung des Mitarbeiters doch für den Arbeitsunfall in seinem Betrieb ersatzpflichtig geworden. Die Haftungsbefreiung wurde daher durch Gesetz vom 30.4.1963 (BGBl I 241) auf Ersatzansprüche wegen Personenschäden zwischen Betriebsangehörigen erweitert (§ 637 RVO aF; für Unfälle ab 1.1.1997 ersetzt durch § 105 SGB VII; s Rn 123). Zur Rechtfertigung wird auch der Gesichtspunkt der Gefahrengemeinschaft der Arbeitnehmer untereinander angeführt.[304]   **121**

Die Haftungsprivilegierung gilt zugunsten der Arbeitskollegen (zur Abgrenzung Rn 127 ff) dann, wenn diese **Versicherte** in der Gesetzlichen Unfallversicherung sind (vgl Rn 93 f), den Arbeitsunfall (vgl hierzu Rn 109) durch eine betriebliche Tätigkeit (Rn 124 ff) außerhalb des allgemeinen Verkehrs (Rn 141) und ohne Vorsatz verursacht haben. Eine Haftpflichtversicherung des Schädigers lässt den Haftungsausschluss nicht entfallen[305] (vgl Rn 88). Zum Regress des Versicherungsträgers bei grober Fahrlässigkeit s § 32 Rn 105 ff.   **122**

Die **Neuregelung des Unfallversicherungsrechts** durch das SGB VII hat an diesen Grundlagen des Haftungsprivilegs nichts geändert. Sein Anwendungsbereich wurde jedoch für Schadensfälle ab 1.1.1997 in den an die Stelle von § 637 RVO getretenen   **123**

---

297 BGH VersR 2006, 221.
298 BAG VersR 2004, 1047, 1049.
299 BAG DAR 2004, 727. Unerheblich ist hiernach, ob die Fahrt als Arbeitszeit vergütet wird.
300 BGHZ 157, 159; BGH DAR 2004, 344; BAG VersR 2004, 1047; dies soll auch gelten, wenn der Arbeitsablauf nur gelegentliche Fahrten erfordert.
301 OLG Stuttgart VersR 2003, 71.
302 BGHZ 157, 159.
303 BGH VersR 2006, 221, 222 zur gemeinsamen Tätigkeit von Reinigungskräften auf einem Hotelparkplatz.
304 *Waltermann* NJW 2002, 1228 mwN; krit *Tischendorf* VersR 2003, 1361 ff.
305 BGH VersR 1971, 564.

Vierter Teil. Ausschluss und Beschränkung der Haftung, Verjährung

§§ 105 f SGB VII in mehrfacher Hinsicht erweitert (vgl Rn 130, 135 ff); die Regelung über Unfälle bei Verkehrsteilnahme wurde modifiziert (Rn 141).

124 **b) Betriebliche Tätigkeit.** Auch wenn die Tätigkeit, bei deren Ausübung der Arbeitsunfall (Rn 109) verursacht wurde, nicht zum eigentlichen Aufgabenbereich des Arbeitskollegen gehörte, tritt der Haftungsausschluss ein, wenn die Tätigkeit betriebsbezogen war, also im betrieblichen Interesse ausgeführt wurde.[306] Für Unfälle, die sich bei der Teilnahme am Verkehr ereignen, ist weiter erforderlich, dass der Verkehrsvorgang dem innerbetrieblichen Bereich, nicht der allgemeinen Verkehrsteilnahme, zuzuordnen ist (s Rn 141).

125 **Dem betrieblichen Bereich** zuzuordnen ist zB die Mitnahme auf einer Dienstfahrt zur Erledigung von Dienstgeschäften,[307] die Mitnahme von und zur Arbeitsstelle im firmeneigenen Fahrzeug[308] oder aufgrund einer vom Arbeitgeber finanzierten und organisierten Fahrgemeinschaft mit Arbeitnehmerfahrzeugen,[309] uU auch wenn sie auf Anweisung eines weisungsbefugten Mitarbeiters im Privat-Pkw erfolgte.[310] Können Betriebsangehörige die auswärtigen Dienstgeschäfte nicht an einem Tag erledigen und fahren sie, statt unterwegs zu übernachten, den Weisungen des Arbeitgebers entsprechend abends nach Hause zurück, so fällt diese Fahrt unter die betriebliche Tätigkeit.[311] Betriebsbezogen ist der Verkehr innerhalb des Betriebsgeländes, so dass bei einem Unfall zwischen Betriebsangehörigen auf dem Weg zwischen Werkstor und Arbeitsplatz oder zwischen Arbeitsplatz und Kantine der Haftungsausschluss eingreift.[312] Eine betriebliche Tätigkeit im Sinn der Vorschrift liegt auch dann vor, wenn der Schädiger bei der Verrichtung der ihm aufgetragenen Arbeit fehlerhaft und leichtsinnig verfährt.[313] Auch Trunkenheit des schädigenden Kollegen schließt die Bejahung einer betrieblichen Tätigkeit nicht aus.[314] Gleiches gilt, wenn der Geschädigte bei einem Arbeitskollegen mitfährt, welcher mit einem betriebseigenen Fahrzeug Gerätschaften und Material vom Betriebsgelände zum auswärtigen Beschäftigungsort transportiert.[315] Bei einem Gütertransport sind die Hinfahrt zum Ort der Güteraufnahme und die Rückfahrt vom Zielort zur Betriebsstätte aufgrund ihrer Verbundenheit einheitlich als Betriebsweg einzuordnen.[316] Betriebsbezogen ist ferner die Mitfahrt als Weglotse für einen Auftragnehmer auf dessen Bitte hin.[317]

126 **Keine betriebliche Tätigkeit** ist die gemeinsame Fahrt zur Arbeitsstelle oder von dort nach Hause (von den oben genannten Sonderfällen abgesehen); sie fällt daher nicht unter den Haftungsausschluss.[318] Auch die gemeinsame Fahrt zu oder von einer Betriebsversammlung ist keine betriebliche Tätigkeit,[319] desgleichen die Heimfahrt von einem Richtfest (außer wenn der Mitgenommene volltrunken ist oder wegen einer Erkrankung nicht allein nach Hause gelangen

---

306 BGH VersR 1971, 565; BAG NJW 1967, 220.
307 BGH VersR 1971, 564; 1972, 146; OLG Köln VersR 2002, 1109 (Vermittlung von Ortskunde).
308 Vgl BGH VersR 1973, 736.
309 BGH VersR 1978, 625.
310 OLG Frankfurt VersR 1985, 277.
311 BGH VersR 1972, 145.
312 BAG VersR 1974, 1044; OLG Hamm NZV 1994, 233.
313 BAG NJW 1967, 1925 LS.
314 BGH VersR 1968, 353.
315 BGH NZV 2004, 347.
316 OLG Köln VersR 2002, 1109.
317 OLG Koblenz VersR 2002, 574.
318 BGH VersR 1956, 589; 1967, 1201; 1971, 564; 1978, 625; 1981, 251; LAG Düsseldorf Betrieb 1966, 386; KG VersR 1983, 175; OLG Celle VersR 1990, 681.
319 OLG Oldenburg u BGH VersR 1994, 332; OLG München VersR 1988, 197.

§ 19 Haftungsausschlüsse

kann)[320] oder die Mitnahme von Spielern und Trainer einer Sportmannschaft nach einem auswärtigen Turnier durch den Betreuer.[321]

c) Zugehörigkeit zu demselben Betrieb

aa) Für **Unfälle vor 1.1.1997** gilt § 637 Abs 1 RVO aF weiter (s Rn 79), der für den Haftungsausschluss voraussetzt, dass der Schädiger demselben Betrieb angehört, in dem auch der Verletzte tätig war. **127**

Der Begriff des **Betriebes** ist enger als der des Unternehmens iSd § 636 Abs 1 RVO aF;[322] er meint die „organisatorisch verfestigte Einheit, in der durch sachliche und räumliche Verbindung faktisch eine Betriebsgemeinschaft besteht".[323] Zugehörigkeit zum selben Konzern, zu einer Tochterfirma desselben Unternehmens, zur selben Stadtverwaltung usw genügt nicht,[324] wohl aber die Zugehörigkeit zu verschiedenen Abteilungen eines Betriebes.[325] Nach BGHZ 64, 203 ist die Bundesrepublik allerdings einheitlicher Unternehmer, wenn ein Soldat den Arbeitsunfall eines bei der Bundeswehrverwaltung beschäftigten Arbeiters verursacht.[326] **128**

Für die Bejahung einer **Eingliederung** in den betreffenden Betrieb gelten für Schädiger und Geschädigten unterschiedliche Anforderungen. Das in Rn 98 ff Ausgeführte gilt nur für den verletzten Arbeitskollegen. An die Eingliederung des **Schädigers** werden von der Rspr strengere Anforderungen gestellt. Er muss in den Unfallbetrieb in einer Art und Weise eingegliedert sein, die ihn – wenn auch nur vorübergehend – einem *Angehörigen* dieses Betriebes gleichstellt.[327] Diese Differenzierung wird aus dem gesetzlichen Begriff des „in demselben Betrieb tätigen Betriebsangehörigen" und den ihm zugrunde liegenden Erwägungen des Gesetzgebers hergeleitet.[328] Sie führt dazu, dass nicht alle Personen, die nur vorübergehend iS des § 539 Abs 2 RVO aF wie ein aufgrund von Abs 1 dieser Vorschrift Versicherter in einem Betrieb tätig werden und daher als Verletzte die Haftungseinschränkung des Unternehmers und dessen Arbeitnehmers hinnehmen müssen, den rechtlichen Vorteil der Haftungsfreistellung genießen, wenn sie während der Zeit dieser Einordnung selbst in Ausübung einer betriebsbezogenen Tätigkeit einem im selben Betrieb Tätigen Schaden zufügen. Ein wesentliches Merkmal für die Eigenschaft als Betriebsangehöriger ist das Bestehen einer Weisungsgebundenheit;[329] ein dauerndes Arbeitsverhältnis ist jedoch nicht erforderlich.[330] Auch ein Heimarbeiter ist Betriebsangehöriger idS,[331] der Betreuer der Jugendmannschaft eines **129**

---

320 BGH VersR 1966, 665.
321 OLG Stuttgart VersR 1992, 855.
322 Vgl RGRKomm/*Steffen* vor § 823 Rn 94.
323 BGH VersR 1988, 167.
324 BGH VersR 1975, 1002; OLG Saarbrücken VersR 1983, 263.
325 OLG Hamm NZV 1994, 233.
326 S a OLG Hamm VersR 1993, 1173.
327 BGH VersR 1956, 553; 1971, 224; 1976, 473; 1978, 152; 1979, 935; 1983, 31; 1983, 687; 1996, 405 mwN; VRS 72, 173; OLG Hamm VersR 1988, 475.
328 BT-Drs IV/938 neu S 18.
329 BGH VersR 1959, 603; 1962, 541; 1979, 935; 1983, 687; NZV 1998, 200; OLG Rostock VersR 2000, 888, 889.
330 OLG Schleswig MDR 2000, 886.
331 OLG Hamm r+s 1993, 380.

Vierter Teil. Ausschluss und Beschränkung der Haftung, Verjährung

Sportvereins nur dann, wenn er diese Funktion nicht schon aufgrund seiner Vereinsmitgliedschaft ausübte.[332]

130 bb) Das für **Unfälle ab 1.1.1997** geltende SGB VII verzichtet auf das Kriterium der „Betriebsangehörigkeit" und stellt allein auf die „betriebliche *Tätigkeit*" im selben Betrieb ab, § 105 Abs 1 S 1 SGB VII. Durch diese vom Gesetzgeber ausdrücklich gewollte[333] Erweiterung sind nunmehr insbesondere die kurzfristig wie Beschäftigte nach § 2 Abs 1 SGB VII Tätigen (§ 2 Abs 2 SGB VII) nicht nur in der potentiellen Geschädigteneigenschaft, sondern auch als Schädiger den übrigen Versicherten gleichgestellt. Tätigkeit für dasselbe Unternehmen bei verschiedenen Betrieben reicht jedoch weiterhin nicht.[334]

131 Die gemeinsame betriebliche Tätigkeit von Schädiger und Geschädigtem kann sich gemäß § 106 Abs 3 Alt 3 SGB VII auch auf die vorübergehende Tätigkeit auf einer **gemeinsamen Betriebsstätte verschiedener Unternehmen** beschränken. Dafür sind – über die Fälle der Arbeitsgemeinschaft hinaus – betriebliche Aktivitäten von Versicherten mehrerer Unternehmen ausreichend, die bewusst und gewollt bei einzelnen Maßnahmen ineinandergreifen, miteinander verknüpft sind, sich ergänzen oder unterstützen, wobei es ausreicht, dass die gegenseitige Verständigung stillschweigend durch bloßes Tun geschieht.[335] Ein „zufälliges" Zusammentreffen im Rahmen gesonderter Betriebsabläufe genügt hierfür nicht;[336] erforderlich ist ein bewusstes Miteinander im Arbeitsablauf, ein aufeinander bezogenes betriebliches Zusammenwirken[337] bei der Erfüllung einer gemeinsamen unternehmerischen Aufgabe,[338] zB eine Verständigung über den Arbeitsablauf oder über beiderseitige Vorsichtsmaßnahmen.[339] Ein lediglich einseitiger Bezug reicht nicht aus.[340] Die Versicherten müssen sich bei Verrichtung ihrer Tätigkeiten „ablaufbedingt in die Quere kommen".[341] Sie müssen ein gemeinsames Ziel iwS verfolgen, was nicht angenommen werden kann, wenn lediglich parallele Tätigkeiten ausgeführt werden und es dabei zufällig zu einem Unfall kommt.[342] Nicht erforderlich ist die gemeinsame Durchführung eines Arbeitsvorgangs; es reicht aus, dass es sich um ein aufeinander bezogenes betriebliches Zusammenwirken iS einer gegenseitigen Ergänzung handelt.[343] Die Verletzung muss auf der Zusammenarbeit beruhen,

---

332 OLG Stuttgart VersR 1992, 855.
333 Vgl Regierungsentwurf BT-Drs 13/2204, S 100.
334 *Rolfs* NJW 1996, 3180.
335 BGHZ 145, 331, 336; BGH VersR 2001, 372, 373; BAG NJW 2003, 1891. Dazu eingehend *Stöhr* VersR 2004, 809 ff; *Otto* NZV 2002, 10; *Imbusch* VersR 2001, 547 mwN; *Waltermann* NJW 2002, 1229. Enger 3. Aufl Schlussanh II Rn 26.
336 Vgl BGHZ 145, 331: Wagenreiniger eines Drittunternehmens wird auf Bahngelände von Rangierlok erfasst; KG NZV 2002, 33: Lkw erfasst Platzmeister, der mit Einweisung eines anderen Lkw beschäftigt ist.
337 BGH VersR 2004, 1604. Verneint von BGH NZV 2001, 168 für Unfall zwischen Lkw-Fahrern auf Ladehof eines Dritten, von OLG Hamm r+s 2001, 195 zwischen Lkw-Fahrer und Zufahrt zu Betriebsgelände ermöglichendem Bediensteten.
338 Zu diesem Erfordernis *Otto* NZV 2002, 11 unter Hinweis auf BGHZ 145, 331, 336.
339 BGH NZV 2003, 374.
340 BGHZ 157, 213.
341 BGHZ 157, 213, 217; BGH NZV 2005, 515, 516.
342 OLG Hamm VersR 2001, 339.
343 OLG Karlsruhe VersR 2003, 506.

sodass die Privilegierung ausscheidet, wenn der Geschädigte Opfer einer ganz andersartigen Pflichtverletzung wird.[344]

In folgenden Fällen sind diese Voraussetzungen **nicht** erfüllt: **132**

- Schädigung eines JVA-Bediensteten, der einem LKW-Fahrer lediglich das Tor aufgeschlossen, sich aber weder an der Fahr- noch an der Ladetätigkeit beteiligt hat;[345]
- Unfall zwischen Lastwagenfahrern im Anlieferverkehr auf fremdem Firmengelände;[346]
- Unfall zwischen zur Beladung aufplanendem Lkw-Fahrer und nicht mit der Beladung beschäftigtem Gapelstaplerfahrer;[347]
- zwischen Beifahrer und Fahrer eines im Straßenverkehr genutzten Fahrzeuges.[348]

Demgegenüber wurden sie von der Rspr für folgende Konstellationen **bejaht**: **133**

- Gemeinsames Tätigwerden bei einem koordinierten Abladevorgang;[349]
- Tätigwerden mehrerer Handwerksunternehmen auf einer Baustelle, auch im Verhältnis zwischen Generalunternehmer und Subunternehmer;[350]
- Mitfahrt als Weglotse für einen Auftragnehmer auf Anweisung des Auftraggebers;[351]
- Abladen einer Getreidelieferung durch einen selbständigen Landwirt bei einer vom Verletzten geführten Landhandelsgesellschaft.[352]

Die Haftungsbefreiung nach § 106 Abs 3 SGB VII kann nicht zum Tragen kommen, **134** wenn es sich beim Schädiger um einen (nicht gesetzlich unfallversicherten) **Beamten oder Soldaten** handelt.[353] Einem versicherten (s dazu Rn 136) **Unternehmer** kommt sie dann zugute, wenn er **selbst auf der gemeinsamen Betriebsstätte tätig** ist und dabei den Versicherten eines anderen Unternehmens verletzt.[354] Haftet der nicht selbst auf der gemeinsamen Betriebsstätte tätige (und daher nicht haftungsprivilegierte) Unternehmer neben seinem nach § 106 Abs 3 Alt 3 SGB VII haftungsprivilegierten Verrichtungsgehilfen nach §§ 831, 823, 840 Abs 1 BGB als Gesamtschuldner, kann er aber nach den Grundsätzen des gestörten Gesamtschuldverhältnisses von der Haftung freigestellt sein (vgl Rn 86). Mit dieser Begründung hat der BGH auch die Haftung einer Gesellschaft bürgerlichen Rechts für ihren auf gemeinsamer Betriebsstätte tätigen Gesellschafter verneint.[355]

d) Vom Haftungsausschluss erfasste Verletzte sind in erster Linie die Versicher- **135** ten desselben Betriebs sowie deren Angehörige und Hinterbliebene (§ 105 Abs 1 S 1 SGB VII).

---

344 OLG Hamm VersR 2003, 905.
345 OLG Hamm VersR 2002, 1108.
346 OLG Hamm VersR 2001, 339.
347 OLG Köln VersR 2002, 575.
348 OLG Stuttgart NZV 2005, 319.
349 OLG Karlsruhe VersR 2003, 506.
350 OLG Dresden NJW-RR 2001, 747.
351 OLG Koblenz VersR 2002, 574.
352 OLG Koblenz NZV 2005, 102.
353 BGHZ 151, 198.
354 BGHZ 148, 209, 212; 148, 214, 216; BGH VersR 2002, 1107; 2003, 70; NZV 2005, 37. Für Einbeziehung auch des nicht tätigen Unternehmers *Imbusch* VersR 2001, 552 f; *Jahnke* NJW 2000, 265; *Risthaus* VersR 2000, 1204; dagegen *Otto* NZV 2002, 10 ff.
355 BGHZ 155, 205.

136 Bei **Verletzung des Unternehmers durch seinen Arbeitnehmer** griff § 637 Abs 1 RVO aF nach der Rspr des BGH nicht ein, gleich ob er gesetzlich unfallversichert war[356] oder ob er sich bei seiner Berufsgenossenschaft freiwillig gegen Arbeitsunfall versichert hatte.[357] Für **Versicherungsfälle ab 1.1.1997** hat dagegen § 105 Abs 2 S 1 SGB VII den Haftungsausschluss auf den nicht versicherten Unternehmer erstreckt; damit muss der versicherte erst recht als einbezogen angesehen werden.[358] Die reduzierte Haftung des Arbeitnehmers gegenüber dem Unternehmer war lt Regierungsentwurf[359] ein Hauptziel der Neukodifikation. Zum Ausgleich für den Verlust seiner Ersatzansprüche erhält der nicht versicherte Unternehmer Leistungen der Gesetzlichen Unfallversicherung, allerdings nur, sofern kein zivilrechtlicher Haftungsausschluss (nach Vertrag, Gesetz oder den Regeln des innerbetrieblichen Schadensausgleichs) eingreift und begrenzt auf den Mindestjahresarbeitsverdienst sowie den fiktiven Schadensersatzanspruch (§ 105 Abs 2 S 2–4 SGB VII).[360]

137 Bei Schädigung auf **gemeinsamer Betriebsstätte** mit einem anderen Unternehmen (vgl Rn 131) greift der Haftungsausschluss nach dem klaren Wortlaut des § 106 Abs 3 SGB VII („Versicherte") nur ein, wenn Schädiger *und* Geschädigter unter dem Schutz der gesetzlichen Unfallversicherung stehen.[361] Daher wird der von einem Mitarbeiter des anderen Unternehmens auf der gemeinsamen Betriebsstätte verletzte Unternehmer vom Haftungsausschluss nur erfasst, wenn er gesetzlich unfallversichert ist.

138 **Versicherungsfreie Personen**, die der Unfallfürsorge nach Beamtenrecht unterliegen, werden nach dem seit 1.1.1997 geltenden Recht ebenfalls vom Haftungsausschluss erfasst (§ 105 Abs 1 S 2 iVm § 4 Abs 1 Nr 1 SGB VII). Aus § 637 RVO konnte ein derartiger Haftungsausschluss dagegen nicht hergeleitet werden.[362] Für die Verletzung auf gemeinsamer Betriebsstätte (Rn 137) gilt dies nach wie vor, da es an einer entsprechenden Einbeziehung durch den Gesetzgeber fehlt.[363]

139 Wegen des weiten Unternehmerbegriffs (Rn 89) können auch Privatpersonen von Schadensersatzansprüchen gegen Hilfspersonen ausgeschlossen sein, ohne dass ihnen ein Anspruch gegen die Gesetzliche Unfallversicherung zusteht.[364]

140 e) **Feststellung der Voraussetzungen.** Für die Entscheidung darüber, ob der auf Schadensersatz vor dem ordentlichen Gericht in Anspruch Genommene ein Arbeitskollege des Klägers war, gelten die für die Feststellung des Unternehmers (oben Rn 112) aufgestellten Regeln. Die Bindung nach § 108 SGB VII bzw § 638 RVO aF besteht mithin nur in dem dort angegebenen Umfang.

---

356 BGH VersR 1990, 1161; aA *Fuchs* FS für Gitter 258.
357 BGH NJW 1981, 53 m abl Anm *Plagemann* VersR 1981, 632 u *Sieg* SGb 1981, 366; **aA** OLG Hamm VersR 1978, 510.
358 *Otto* NZV 1996, 476; *Waltermann* NJW 2002, 1227.
359 BT-Drs 13/2204, S 73.
360 Kritisch hierzu *Waltermann* NJW 2004, 903 f; *Otto* NZV 1996, 475 f; *Plagemann* NZV 2001, 237 (Verstoß gegen Art 3 GG).
361 BGHZ 151, 198, 202; OLG Hamm VersR 2002, 1108, 1109; **aA** LSG Stuttgart NJW 2002, 1290, 1291; s auch *Otto* NZV 2002, 17.
362 BGH VersR 1986, 484 = 681 m Anm *Vollmar* = JR 1986, 287 m Anm *Gitter* = SGb 1986, 520 m Anm *Müller*. **AA** für Verletzung des Lehrers durch einen Schüler OLG Düsseldorf VersR 1986, 440.
363 OLG Hamm VersR 2002, 1108, 1109; zweifelnd *Otto* NZV 2002, 12 Fn 39.
364 S den Fall BSG NJW 2004, 966. Krit dazu *Waltermann* NJW 2004, 903 f.

f) Ausschluss des Haftungsprivilegs. Der Arbeitskollege kann sich bei **vorsätzlicher** **141**
Schädigung sowie dann nicht auf den vollen Haftungsausschluss berufen, wenn der
Unfall sich als **Wegeunfall** iSv § 105 Abs 1 S 1 iVm § 8 Abs 2 S 1 SGB VII darstellt
bzw (vor 1.1.1997) bei der Teilnahme am allgemeinen Verkehr eingetreten ist (§ 637
Abs 1 iVm § 636 Abs 1 S 1 RVO aF); zur Bestimmung der dem Geschädigten in diesen
Fällen nach § 105 Abs 1 S 3 iVm § 104 Abs 3 SGB VII verbleibenden Ansprüche und
zum Ausschluss eines Forderungsübergangs nach § 116 SGB X s Rn 81. Der Vorsatz
muss sich nicht nur auf die Handlung selbst, sondern auch auf die Verletzungsfolgen
erstrecken[365] (vgl auch Rn 113). Maßgebend für die Qualifikation als Wegeunfall ist,
ob der Versicherte den Unfall als normaler Verkehrsteilnehmer oder als Betriebsangehöriger erlitten hat, weil die Durchführung der Unglücksfahrt durch die betriebliche
Organisation geprägt ist (vgl hierzu Rn 115 ff).

Letzteres ist zB der Fall, wenn zwei Testwagenfahrer desselben Autoherstellers bei einer Test- **142**
fahrt im öffentlichen Straßenverkehr zusammenstoßen[366] oder sich ein Verkehrsunfall zwischen zwei Betriebsangehörigen auf einem firmeneigenen Mitarbeiterparkplatz ereignet.[367] Bei
Mitfahrt in einem Firmenfahrzeug aus dienstlichem Anlass ist auch die Rückfahrt vom Ort der
Erledigung zur Betriebsstätte kein Nachhause-, sondern Betriebsweg.[368]

Die **Mitnahme eines Arbeitskollegen im Privatfahrzeug** ist grundsätzlich kein innerbetrieb- **143**
licher Vorgang, weil die Fahrt zur Arbeitsstelle und zurück dem privaten Bereich zuzuordnen
ist.[369] Dasselbe gilt idR für die Fahrt zum auswärtigen Beschäftigungsort[370] oder einem Lehrgangsort.[371] Anders verhält es sich nur, wenn der Arbeitgeber die Mitnahme angeordnet und
damit zur betrieblichen Aufgabe erklärt hat (vgl Rn 118); die Zahlung einer Mitnahmevergütung reicht hierfür nicht.[372]

5. Haftungsausschluss zwischen Mitarbeitern von Hilfsdiensten

Die Haftungsausschlüsse zugunsten von Unternehmern und Mitarbeitern gelten nach **144**
§ **106 Abs 3 SGB VII** (bei Unfällen vor 1.1.1997: § 637 Abs 2, 3 RVO) auch für Unternehmen des Rettungsdienstes, des Katastrophen- und Zivilschutzes. Hierunter fallen
nicht nur Unfälle bei Einsätzen, sondern zB auch solche bei Übungen. Die Fahrt zum
Einsatzort ist, auch wenn sie mit dem Privat-Pkw geschieht, betriebliche Tätigkeit und
keine normale Verkehrsteilnahme iSv Rn 141.[373] Dagegen greift der Haftungsausschluss
nicht ein, wenn ein Hilfeleistender einen anderen nach dem Einsatz gefälligkeitshalber
nach Hause bringt.[374]

---

365 OLG Hamm VersR 2003, 506.
366 AG Bad Mergentheim NZV 1992, 413.
367 OLG Saarbrücken OLGR 2001, 172.
368 OLG Köln VersR 2002, 1109.
369 BGH VersR 1956, 590; 1976, 539; 1981, 252.
370 BGH VersR 1978, 625.
371 BGHZ 116, 30.
372 BGHZ 116, 30.
373 OLG Celle VersR 1988, 68; LG Trier ZfS 1991, 120.
374 OLG Karlsruhe VersR 1987, 110.

Vierter Teil. Ausschluss und Beschränkung der Haftung, Verjährung

6. Haftungsausschluss im Schul-, Kindergarten- und Ausbildungsbetrieb

145 a) **Allgemeines.** Auch für den pädagogischen Bereich wurde die Schadensersatzhaftung durch Ansprüche gegen die Gesetzliche Unfallversicherung ersetzt. Dieser Haftungsausschluss, für den die oben dargestellten Grundsätze entsprechend gelten, ist für Unfälle vor 1.1.1997 in § 637 Abs 4 iVm § 539 Abs 1 Nr 14 RVO aF, für Unfälle danach in **§ 106 Abs 1 iVm § 2 Abs 1 Nrn 2, 3, 8 SGB VII** geregelt. Er kann auch für den Bereich des Straßenverkehrsrechts Bedeutung erlangen, insbesondere beim Transport von Schülern in Kraftfahrzeugen. Eine Haftungsfreistellung der Gemeinde als Schulträger kommt ferner in Betracht, wenn sie wegen eines Schulunfalls aus Verletzung der Verkehrssicherungspflicht für Gemeindestraßen in Anspruch genommen wird.[375] Da die Bestimmungen über den Haftungsausschluss auf die Arbeitswelt zugeschnitten sind, ist die Auslegung den Besonderheiten des Schulbetriebes so anzupassen, dass deren Zweckbestimmung hinreichend zum Tragen kommt.[376]

146 b) **Persönlicher Geltungsbereich.** Ausgeschlossen ist die Haftung
- des **Unternehmers** (zB Schulträgers) gegenüber im Unternehmen Beschäftigten (zB Lehrer) schon nach § 104 Abs 1 SGB VII bzw § 636 Abs 1 RVO aF oder den beamtenrechtlichen Vorschriften (Rn 156 ff),
- des **Unternehmers** gegenüber den Kindern bzw Lernenden (§ 104 Abs 1 SGB VII bzw § 637 Abs 4 Alt 1 iVm § 636 Abs 1 RVO aF),
- der **Betriebsangehörigen** (zB Lehrer, Angestellte) untereinander nach § 105 Abs 1 SGB VII bzw § 637 Abs 1 RVO aF oder den beamtenrechtlichen Vorschriften,
- der **Betriebsangehörigen** gegenüber den Kindern bzw Lernenden nach § 106 Abs 1 Nr 3 SGB VII bzw § 637 Abs 1 RVO aF,[377]
- der **Schüler** untereinander (§ 106 Abs 1 Nr 1 SGB VII bzw § 637 Abs 4 Alt 2 iVm Abs 1 RVO aF), sofern sie (räumlich, nicht unbedingt organisatorisch gesehen) derselben Einrichtung angehören,[378]
- der **Schüler** gegenüber den Beschäftigten (§ 106 Abs 1 Nr 2 SGB VII). Für Schadensfälle vor 1.1.1997 war dies nicht ausdrücklich geregelt, aber aus Sinn und Zweck des § 637 Abs 1 und 4 RVO aF zu schließen.[379] Zu der (nunmehr durch § 105 Abs 1 S 2, § 106 Abs 1 iVm § 4 Abs 1 Nr 1 SGB VII positiv entschiedenen) Streitfrage, ob dieser Haftungsausschluss auch gegenüber beamteten Beschäftigten zum Tragen kam, vgl oben Rn 138.

147 **Betriebsangehörige** im vorstehenden Sinne können auch solche Personen sein, die sich nur vorübergehend in die Organisation der Einrichtung eingliedern. Eine Anstellung ist hierzu nicht erforderlich; es genügt, dass sie nach Art eines Arbeitnehmers, dh weisungsgebunden, im Schulbetrieb tätig werden.[380] Dies kann zB bei freiwilligen Helfern bei einem Schulfest[381] sowie beim Inhaber und den Mitarbeitern eines Betriebs, dem

---

375 BGH VersR 1983, 637.
376 BGH VersR 1980, 43, 44.
377 BGH VersR 1994, 245.
378 BGH VersR 1988, 167.
379 Vgl *Schloën /Steinfeltz* 290.
380 BGH VersR 1980, 43 = SGb 1980, 127 m Anm *Sieg.*
381 BGH VersR 1980, 43; 1981, 428.

Schüler im Rahmen eines sog Betriebspraktikums zugewiesen sind,[382] der Fall sein. Als Betriebsangehörige sind auch alle mit der Vorbereitung und Durchführung eines ausgelagerten Schulunterrichts (zB auf einer vom Schulträger betriebenen Sportstätte) befassten Mitarbeiter zu betrachten.[383] Der Busunternehmer, der aufgrund vertraglicher Abmachung Schulbusfahrten durchführt sowie sein Fahrer sind nicht in den Schulbetrieb eingegliedert;[384] der Busunternehmer kann auch nicht etwa als „Mitunternehmer" hinsichtlich der Schule angesehen werden.[385]

c) **Betriebsunfall.** Der Haftungsausschluss greift (wie auch sonst im Unfallversicherungsrecht) nur ein, wenn es sich um einen betriebsbezogenen Unfall handelt, dh wenn es zu dem Unfall nicht nur bei Gelegenheit des Besuchs der pädagogischen Einrichtung, sondern im Zusammenhang mit einer schulbezogenen Tätigkeit kommt. Dies ist zB zu bejahen beim Sportunterricht auf einer vom Sachkostenträger der Schule betriebenen Sportstätte,[386] bei der gemeinsamen Motorradfahrt von Studenten zu einer Universitätsexkursion[387] oder bei einer Klassenfahrt;[388] auch bei einem von der Schule organisierten Auslandsaufenthalt.[389] Neckereien, Raufereien und Verfolgungsjagden unter Mitschülern sind nach BGHZ 67, 279 noch schulbezogen, weil durch die typische Schulsituation bedingt (vgl auch Rn 149). Bei Verkehrsunfällen auf dem Schulweg fehlt im Allgemeinen die Schulbezogenheit;[390] anders bei einem vom Schulträger organisierten Fahrdienst.[391] **148**

d) **Ausnahmen.** Der Haftungsausschluss greift (wie in den anderen Fällen der unfallversicherungsrechtlichen Haftungsersetzung; vgl Rn 113) nicht ein, wenn die Verletzung **vorsätzlich** zugefügt wurde oder wenn es sich um einen der normalen Verkehrsteilnahme zuzurechnenden **Wegeunfall**[392] handelt (§ 106 Abs 1 iVm § 104 Abs 1, § 105 Abs 1, § 8 Abs 2 Nr 1–4 SGB VII bzw [für Unfälle vor 1.1.1997] § 636 Abs 1 RVO). Für den Wegeunfall ist nicht entscheidend, ob er sich auf öffentlicher Straße ereignet hat, sondern ob der Verletzte ihn als normaler Verkehrsteilnehmer oder gerade als Schulangehöriger erlitten hat, dh in dem Gefahrenkreis, für den seine Zugehörigkeit zum Organisationsbereich der Schule im Vordergrund steht. Hierbei ist maßgeblich auf die Beziehung zu dem in Anspruch genommenen Schädiger abzustellen.[393] **149**

Schulbezogenheit ist vom BGH[394] zB bejaht worden beim Unfall eines Schülers an der Schulbushaltestelle, der auf eine infolge mangelnder Aufsicht entstandene Drängelei zurückzuführen war. Dagegen hat der BGH[395] eine Teilnahme am allgemeinen Verkehr und damit die Haftung **150**

---

382 BGH VersR 1984, 652.
383 BGH VersR 2003, 348.
384 BGH VersR 1982, 270; *Gitter* VGT 1987, 297.
385 BGH VersR 1982, 270.
386 BGH VersR 2003, 348.
387 OLG Braunschweig NJW 1988, 920.
388 BGH VersR 1987, 781.
389 BGH VersR 1994, 245; BSG NJW 1993, 2006.
390 OLG Oldenburg VersR 1986, 57.
391 BGHZ 145, 311.
392 Hierzu eingehend *Leube* VersR 2001, 1215 ff.
393 BGHZ 17, 65; VersR 1981, 849; 1990, 404.
394 VersR 1981, 849.
395 VersR 1983, 636.

Vierter Teil. Ausschluss und Beschränkung der Haftung, Verjährung

des Schulträgers angenommen bei einem gleichartigen Unfall, der auf eine Verletzung der Straßenverkehrssicherungspflicht durch die (mit dem Schulträger identische) Gemeinde zurückging. Verhaltensweisen, die in der gemeinsamen Schulbusfahrt ihren Grund finden (zB Rangelei beim Aussteigen), rechnet der BGH ebenfalls dem allgemeinen Verkehr zu.[396] Für den Transport zur Einrichtung und zurück kommt es darauf an, ob er privat oder als Teil des Schulbetriebs organisiert ist.[397] Die gemeinsame Fahrt von Studenten zu einer obligatorischen auswärtigen Lehrveranstaltung wurde als betriebsbezogen angesehen.[398]

151 e) Zur **Haftung gegenüber dem Sozialversicherungsträger** bei grober Fahrlässigkeit (§ 110 SGB VII) und zum Ausschluss eines Forderungsübergangs auf diesen nach § 116 SGB X s § 32 Rn 98 ff.

7. Haftungsausschluss für Unfälle bei Hilfeleistungen

152 a) **Unfallhilfe.** Bei privater Hilfeleistung in Unglücksfällen genießt jedermann den Schutz der Gesetzlichen Unfallversicherung (§ 2 Abs 1 Nr 13 lit a SGB VII bzw § 539 Abs 1 Nr 9 lit a RVO), sogar für Sachschäden (§ 13 SGB VII bzw § 765a Abs 1 RVO).[399] Dies gilt zB auch für das Ausweichmanöver eines Kraftfahrers, das wesentlich von der Absicht mitbestimmt und objektiv geeignet ist, eine andere Person aus erheblicher gegenwärtiger Gefahr für Körper oder Gesundheit zu retten.[400] Ein Haftungsausschluss nach § 104 SGB VII bzw § 636 RVO aF greift im Verhältnis zwischen Retter und Gerettetem jedoch grundsätzlich nicht ein, da die Nothilfe keine versicherungsbegründende Tätigkeit iS des § 104 SGB VII darstellt, nicht der Zwecksetzung des Haftungsausschlusses unterliegt (Wahrung des Betriebsfriedens, unternehmerische Finanzierung als Ausgleich für die Haftungsfreistellung)[401] und der Gerettete auch bei weitester Auslegung nicht als „Unternehmer" angesehen werden kann, sodass eine Haftung aus Geschäftsführung ohne Auftrag (s § 17 Rn 6 ff) in Betracht kommt.[402] Dies gilt auch dann, wenn die Hilfeleistung selbst einem Unternehmer zugute kam.[403] Anders verhält es sich nur, wenn es sich bei der Hilfeleistung um eine einem Unternehmer dienende Tätigkeit handelt und der Helfer sich diesem Unternehmen wie ein Arbeitnehmer eingliedert (s hierzu Rn 98 ff), denn dann liegt bereits eine Versicherungspflicht nach § 2 Abs 2 SGB VII vor; insoweit gelten die allgemeinen Regelungen für Arbeitsunfälle.[404] Leistungen der Unfallversicherung muss sich der Helfer anrechnen lassen. Ein Forderungsübergang auf den Versicherer findet nur beim Sachschadensersatz statt[405] (s a § 32 Rn 103).

---

396 VersR 1992, 854; zw.
397 BGHZ 145, 311; zust *Plagemann* NZV 2001, 236; abl *Hebeler* VersR 2001, 951.
398 OLG Braunschweig NJW 1988, 920.
399 Einzelheiten zu den versicherungs- und zivilrechtlichen Ansprüchen in diesen Fällen bei *Dornwald* DAR 1992, 54. Für einen weitergehenden Aufopferungsanspruch *Stukenberg* DAR 1993, 17.
400 BSG VersR 1983, 368; 1989, 718.
401 BGHZ 166, 42, 47.
402 BGHZ 52, 115, 122.
403 BGHZ 52, 115, 122; 166, 42, 45; OLG Dresden VersR 2001, 1035, 1038; OLG Düsseldorf NJW-RR 2002, 1678, 1679.
404 Vgl BGHZ 52, 115, 121.
405 BGH NJW 1985, 492 = JZ 1985, 390 m zust Anm *Gitter*.

b) **Pannenhilfe.** Hier kann es infolge der Einbeziehung in die Gesetzliche Unfallversicherung (Rn 108, 89 f) zu einem Ausschluss der Haftung des Hilfsbedürftigen gegenüber dem Helfer für Personenschäden kommen.[406]

153

8. Internationales Recht

Nach § 3 SGB IV gelten die Vorschriften über die Versicherungspflicht und die Versicherungsberechtigung, soweit sie eine Beschäftigung voraussetzen, für alle Personen, die im Inland beschäftigt sind. Diese Sonderanknüpfung erfasst grundsätzlich auch den Haftungsausschluss wegen Bestehens einer Gesetzlichen Unfallversicherung,[407] dh die Vorschriften über den Haftungsausschluss gelten auch für ausländische Arbeitnehmer, die in Deutschland beschäftigt sind. Durch die §§ 5 und 6 SGB IV und etwa bestehende Abkommen wird diese Regelung ggf modifiziert.[408]

154

9. Neue Bundesländer

Auf Arbeitsunfälle im Gebiet der ehemaligen DDR fanden die §§ 636 ff RVO ab 1.1.1991 Anwendung (Anl I Kap VIII Sachgeb I Abschn III Nr 1 zum Einigungsvertrag). Auch nach diesem Zeitpunkt entstandene Schäden aus früheren Arbeitsunfällen können nur noch nach Maßgabe der jetzt geltenden Vorschriften liquidiert werden.[409]

155

VI. Ausschlüsse bei Versorgungsberechtigten und im öffentlichen Dienstrecht

1. Allgemeines

Für Dienstunfälle von **Beamten** sowie Unfälle von **Versorgungsberechtigten** nach dem BVG und den das BVG für anwendbar erklärenden Gesetzen (vgl dazu § 34 Rn 2) hat der Gesetzgeber das Spannungsverhältnis zwischen Haftungsrecht und Wohlfahrtsrecht in anderer Weise aufgelöst. Hier werden die Schadensersatzansprüche gegen den Unfallverantwortlichen nicht dem Grunde nach ausgeschlossen, sondern sie bleiben neben den beamtenrechtlichen Ansprüchen auf Unfallfürsorge[410] und dem Anspruch auf Versorgungsleistungen nach den Versorgungsgesetzen bestehen. Der Verletzte wird lediglich darauf verwiesen, seine Ansprüche aus dem Unfall nur gegen den Dienstherrn oder Versorgungsträger und nur in Höhe der Fürsorge- bzw Versorgungsleistungen geltend zu machen (vgl § 46 BeamtVG, § 81 BVG, § 91a SVG, § 47 ZDG);[411] mit Schadenspositionen, für die das Versorgungsrecht keinen Ausgleich vorsieht, insbesondere Schmerzensgeld, ist er dem Dienstherrn gegenüber ausgeschlossen.[412] Die Ansprüche

156

---

406 OLG Jena NZV 2004, 466; *Küppersbusch* Rn 530. **AA** für spontane Pannenhilfe an Ort und Stelle *Stöber* NZV 2007, 60 f.
407 OLG Schleswig VersR 1987, 79; *Mummenhoff* IPRax 1988, 215.
408 Vgl *Mummenhoff* IPRax 1988, 216 ff zum deutsch-schwedischen Abkommen.
409 BAG DtZ 1996, 188; näher *Himmelreich* DtZ 1996, 167.
410 BGHZ 6, 3, 9 ff.
411 **AA** bzgl § 81 BVG *Schieckel/Gurgel/Grüner/Dalichau* (Lit § 34 vor Rn 1) § 81 BVG 1., S 564 (1): Ausschluss dem Grunde nach.
412 BGHZ 120, 176, 182.

des Verletzten können aber auf den Dienstherrn (§ 87a BBG) oder den Versorgungsträger (§ 81a BVG, § 80 SVG, § 47 ZDG) zum Zwecke des Rückgriffs wegen erbrachter kongruenter Leistungen übergehen (vgl Rn 164 sowie ausf § 34).

157 a) Verunfallte **versorgungsberechtigte Personen** haben nach § 81 Hs 1 BVG bei einer Konkurrenz mit Ansprüchen nach anderen Vorschriften gegen den Bund nur die Ansprüche nach dem BVG.[413] Dementsprechend ist der Berechtigte mit der Geltendmachung anderer Ansprüche wegen derselben Schädigung gegen den Bund ausgeschlossen.[414] Der Ausschluss besteht unabhängig davon, ob und wie über diese anderen Ansprüche bisher entschieden worden ist, da es sich um eine materiell-rechtliche Vorschrift handelt.[415] Es werden nicht nur Ansprüche auf Schadensersatz ausgeschlossen, sondern auch jeglicher andere Anspruch aus einer Schädigung iS des BVG.[416] Der ausgeschlossene Anspruch muss sich ebenfalls gegen den Bund richten.[417]

158 b) § 81 Hs 2 BVG iVm § 1 Abs 1 ErwG lässt jedoch neben den Ansprüchen nach dem BVG die Geltendmachung von Schadensersatzansprüchen wegen eines **Dienstunfalles bei der Teilnahme am allgemeinen Verkehr** gegen eine öffentliche Verwaltung oder ihre Dienstkräfte zu. Nach § 3 ErwG sind dann aber die Leistungen aufgrund des Versorgungsrechts auf den Schadensersatzanspruch anzurechnen.[418] Bei der Soldatenversorgung entfällt die Beschränkung auch bei vorsätzlicher Schädigung (§ 91a Abs 1 S 2 SVG). Die Haftungsbeschränkung ist verfassungsgemäß,[419] auch wenn sie im Einzelfall dazu führt, dass dem Geschädigten überhaupt kein Anspruch verbleibt.[420] § 81 Hs 2 BVG iVm §§ 30 ff BeamtVG lässt für einen durch einen Dienstunfall verletzten Beamten neben den BVG-Ansprüchen auch die beamtenrechtlichen Unfallfürsorgeansprüche bestehen. Doppelleistungen werden durch eine Anrechnung gem § 65 Abs 1 S 1 Nr 2 BVG verhindert.[421]

159 c) Im **Beamtenunfallrecht** begrenzt § 46 Abs 1 S 1 BeamtVG die Ansprüche gegen den Dienstherrn wegen eines Dienstunfalles auf die in §§ 30 bis 43a BeamtVG geregelten Ansprüche. Weitergehende Ansprüche aufgrund allgemeiner gesetzlicher Vorschriften gegen einen öffentlich-rechtlichen Dienstherrn im Geltungsbereich dieser Gesetze (sowohl gegen den eigenen als auch gegen einen anderen) und gegen Bedienstete eines solchen Dienstherrn kann der Verletzte nur geltend machen, wenn der Schädiger vorsätzlich gehandelt hat[422] (§ 46 Abs 2 S 1 BeamtVG) oder der Dienstunfall bei Teilnahme am allgemeinen Verkehr eingetreten ist (§ 46 Abs 2 S 2 BeamtVG, § 1 ErwG). Ersatzansprüche gegen andere Personen bleiben unberührt, § 46 Abs 3 BeamtVG.

---

413 HessVGH DÖV 1965, 681.
414 BVerwGE 12, 307, 310.
415 BVerwG, Beschl v 28.2.1989, Az: 3 B 69/88 (unv, abrufbar in juris).
416 BVerwGE 12, 307; *Schieckel/Gurgel/Grüner/Dalichau* (Lit § 34 vor Rn 1) § 81 BVG 1., S 563 (2).
417 HessVGH DÖV 1965, 681; BGH RzW 1958, 183.
418 VV zu § 81 BVG.
419 BVerfGE 31, 212; 85, 176.
420 BGHZ 120, 176.
421 *Schieckel/Gurgel/Grüner/Dalichau* (Lit § 34 vor Rn 1) § 81 2., S 564 (2).
422 Vgl hierzu BGHZ 120, 176, 181.

2. Voraussetzungen

Die Haftungsbeschränkung nach § **46 BeamtVG** gilt nur bei **Dienstunfällen**, dh wenn der Schädiger in seiner Eigenschaft als öffentlich-rechtlicher Bediensteter, in ursächlichem Zusammenhang mit dem Dienstverhältnis, gehandelt hat.[423] Sie gilt auch für Beamte der (ehemaligen) Deutschen Bundesbahn, die der Deutschen Bahn AG zugewiesen wurden.[424] Bei **Versorgungsberechtigten** muss die Schädigung durch einen anerkannten Versorgungsfall (zB militärische Dienstverrichtung nach § 1 BVG, Wehrdienstverrichtung gem § 1 SVG oder Zivildienstableistung iSd § 1 ZDG) herbeigeführt worden sein[425] (zu den Regelungsbereichen der Versorgungsgesetze näher § 34 Rn 2). Dies ist nur der Fall, wenn der Unfall eng mit den besonderen Gegebenheiten des Dienstes verknüpft ist.[426] Für einen Verkehrsunfall auf dem Kasernengelände bei der Rückkehr von einer privat veranlassten Fahrt ist dies, sofern keine wehrdiensttypischen Besonderheiten hinzutreten, zu verneinen.[427] § 81 BVG bezieht sich zudem nur auf Leistungen, auf die ein Rechtsanspruch besteht, nicht auf Ermessensleistungen.[428]

160

Eine **Bindung an Verwaltungsakte** oder Gerichtsentscheidungen zum Vorliegen eines Dienstunfalls bzw eines Versorgungsfalles ist – anders als nach § 108 SGB VII bzw § 638 RVO aF – nicht gesetzlich vorgesehen;[429] dessen Rechtsgedanke ist jedoch entsprechend anzuwenden und ein zivilgerichtliches Verfahren ggf nach § 148 ZPO auszusetzen.[430]

161

3. Wegfall

Der Geschädigte kann uneingeschränkt gegen den ersatzpflichtigen Dienstherrn bzw Bediensteten vorgehen, wenn der Dienstunfall bzw Versorgungsfall bei der **Teilnahme am allgemeinen Verkehr** eingetreten ist (§ 46 Abs 2 S 2 BeamtVG, § 81 Hs 2 BVG, § 91a Abs 2 SVG, § 47 ZDG, § 1 Abs 1 ErwG). Dies ist der Fall, wenn der Verletzte den Unfall nicht in dem Gefahrenkreis erlitten hat, für den seine Zugehörigkeit zum Organisationsbereich des für den Unfall verantwortlichen Dienstherrn oder Versorgungsträgers im Vordergrund steht, sondern wenn der Unfall nur in einem losen, äußerlichen Zusammenhang mit dem dienstlichen Organisationsbereich steht, der Verletzte also „wie ein normaler Verkehrsteilnehmer" verunglückt ist[431] (vgl auch Rn 115 ff). Der dienstliche Zweck einer Fahrt genügt für sich alleine nicht zur Verneinung einer Teilnahme am allgemeinen Verkehr; sie muss vielmehr als Teil des Dienstbetriebs erscheinen.[432]

162

---

423 Vgl BGH VersR 1977, 649.
424 OLG Celle OLGR 2002, 231.
425 HessVGH DÖV 1965, 681.
426 Bejaht von OLG Naumburg VersR 1995, 1333 bei Beschaffung von Verpflegung durch Soldaten in Wachbereitschaft; verneint von OLG München NZV 1998, 507 bei privat motivierter Motorradfahrt auf Kasernengelände.
427 BGH NZV 1993, 227 in Abgrenzung von VersR 1972, 491; **aA** OLG München NZV 1992, 155 (Berufungsurteil).
428 BVerwGE 12, 307, 310; 17, 111, 114.
429 OLG Naumburg VersR 1995, 1333.
430 BGHZ 121, 131, 134 f; **aA** OLG München NZV 1989, 26 = VersR 1989, 379 m abl Anm *Riecker.*
431 BGHZ 121, 131, 136; BGH VersR 2004, 473 mwN.
432 BGHZ 116, 30.

Vierter Teil. Ausschluss und Beschränkung der Haftung, Verjährung

163 Zum allgemeinen Verkehr zählt zB die gemeinsame Fahrt von aus dem Urlaub zurückkehrenden Soldaten zum Dienst,[433] ein Unfall auf dem Weg von zu Hause zur Arbeitsstelle [434] oder während eines Spazierganges in der Mittagspause,[435] sofern sich der Unfall nicht im räumlichen Organisationsbereich der Dienststelle ereignet.[436] Nicht bei der Teilnahme am allgemeinen Verkehr ereignet sich dagegen ein Unfall, bei dem ein Soldat einen anderen, im Dienst befindlichen auf dem Kasernengelände bei Rückkehr vom Urlaub mit dem Kraftwagen verletzt,[437] nach OLG München NZV 1989, 26 auch ein Unfall auf Kasernengelände bei gemeinsamer Heimfahrt von Diskothekenbesuch (sehr weitgehend; zudem fehlt hier schon die Dienstbezogenheit, s o). Waren Schädiger und Geschädigter aus unterschiedlichen dienstlichen Anlässen unterwegs, also nur zufällig zusammengetroffen, so greift der Haftungsausschluss nicht ein.[438]

4. Wirkung

164 Anders als §§ 104 f SGB VII bzw §§ 636, 637 RVO aF führen die beamtenrechtlichen Haftungsbeschränkungen nicht zu einer vollständigen Aufhebung der materiellen Ersatzansprüche gegen den Dienstherrn oder gegen öffentliche Bedienstete bzw gegen den Versorgungsträger, sondern nur zu einer Beschränkung auf die in den einschlägigen Vorschriften genannten Versorgungsansprüche (s Rn 156). Daher können Ersatzansprüche, soweit sie die Fürsorgeleistungen nicht übersteigen, nach § 87a BBG auf den Dienstherrn[439] oder, soweit ein Versorgungsträger Leistungen erbracht hat, nach § 81a BVG, § 80 SVG, § 47 ZDG auf diesen übergehen. Dem Anspruchsübergang auf einen Sozialversicherungsträger stehen die beamtenrechtlichen Beschränkungen nicht entgegen; auch der Dienstherr kann daher dem Regress eines Sozialversicherungsträgers nach § 116 SGB X ausgesetzt sein.[440] Der Dienstherr oder der haftpflichtige Kollege eines Beamten können also uU weiter gehend als im Anwendungsbereich der Gesetzlichen Unfallversicherung einer Rückgriffshaftung unterliegen[441] (s dazu § 34 Rn 23). Die gleichzeitige Leistungspflicht des Dienstherrn aus den Versorgungsgesetzen ist durch die dort vorgesehenen Anrechnungsmechanismen (zB § 55 BeamtVG) abschließend berücksichtigt.[442]

---

433 BGH VersR 1977, 649.
434 BGHZ 116, 30, 34.
435 BGH NJW 1976, 673, 674.
436 BGH VersR 2004, 473 (Weg zwischen Eingangstür und öffentlichem Gehweg).
437 BGH VersR 1972, 491.
438 BGH NZV 1990, 115; *Hartung* 25 Jahre KF 114; **aA** OLG Frankfurt VersR 1982, 778 für Verletzung eines marschierenden Soldaten durch Bundeswehrbus; s a Rn 117.
439 BGHZ 6, 3; BGH VersR 1974, 784; 1977, 649; OLG Karlsruhe VersR 1991, 1186.
440 BGH NZV 1988, 176 m Anm *Drees*; VersR 1989, 495.
441 BGHZ 136, 78.
442 BGHZ 136, 78, 86 f.

§ 20 Höhenbegrenzung der Gefährdungshaftung

§ 12 StVG

(1) Der Ersatzpflichtige haftet
1. im Fall der Tötung oder Verletzung eines Menschen nur bis zu einem Kapitalbetrag von 600.000 Euro oder bis zu einem Rentenbetrag von jährlich 36.000 Euro;
2. im Fall der Tötung oder Verletzung mehrerer Menschen durch dasselbe Ereignis, unbeschadet der in Nummer 1 bestimmten Grenzen, nur bis zu einem Kapitalbetrag von insgesamt 3.000.000 Euro oder bis zu einem Rentenbetrag von jährlich 180.000 Euro; im Fall einer entgeltlichen, geschäftsmäßigen Personenbeförderung gilt diese Beschränkung jedoch nicht für den ersatzpflichtigen Halter des Kraftfahrzeugs oder des Anhängers;
3. im Fall der Sachbeschädigung, auch wenn durch dasselbe Ereignis mehrere Sachen beschädigt werden, nur bis zu einem Betrag von 300.000 Euro.

(2) Übersteigen die Entschädigungen, die mehreren auf Grund desselben Ereignisses nach Absatz 1 zu leisten sind, insgesamt die in Nummer 2 Halbsatz 1 und Nummer 3 bezeichneten Höchstbeträge, so verringern sich die einzelnen Entschädigungen in dem Verhältnis, in welchem ihr Gesamtbetrag zu dem Höchstbetrag steht.

§ 12a StVG

(1) Werden gefährliche Güter befördert, haftet der Ersatzpflichtige
1. im Fall der Tötung oder Verletzung mehrerer Menschen durch dasselbe Ereignis, unbeschadet der in § 12 Abs. 1 Nr. 1 bestimmten Grenzen, nur bis zu einem Kapitalbetrag von insgesamt 6.000.000 Euro oder bis zu einem Rentenbetrag von jährlich 360.000 Euro,
2. im Fall der Sachbeschädigung an unbeweglichen Sachen, auch wenn durch dasselbe Ereignis mehrere Sachen beschädigt werden, bis zu einem Betrag von 6.000.000 Euro,

sofern der Schaden durch die die Gefährlichkeit der beförderten Güter begründenden Eigenschaften verursacht wird. Im Übrigen bleibt § 12 Abs. 1 unberührt.

(2) Gefährliche Güter im Sinne dieses Gesetzes sind Stoffe und Gegenstände, deren Beförderung auf der Straße nach den Anlagen A und B zu dem Europäischen Übereinkommen vom 30. September 1957 über die internationale Beförderung gefährlicher Güter auf der Straße (ADR) (BGBl. 1969 II S. 1489) in der jeweils geltenden Fassung verboten oder nur unter bestimmten Bedingungen gestattet ist.

(3) Absatz 1 ist nicht anzuwenden, wenn es sich um freigestellte Beförderungen gefährlicher Güter oder um Beförderungen in begrenzten Mengen unterhalb der im Unterabschnitt 1.1.3.6. zu dem in Absatz 2 genannten Übereinkommen festgelegten Grenzen handelt.

(4) Absatz 1 ist nicht anzuwenden, wenn der Schaden bei der Beförderung innerhalb eines Betriebs entstanden ist, in dem gefährliche Güter hergestellt, bearbeitet, verarbeitet, gelagert, verwendet oder vernichtet werden, soweit die Beförderung auf einem abgeschlossenen Gelände stattfindet.

(5) § 12 Abs. 2 gilt entsprechend.

Vierter Teil. Ausschluss und Beschränkung der Haftung, Verjährung

§ 12b StVG

Die §§ 12 und 12a sind nicht anzuwenden, wenn ein Schaden bei dem Betrieb eines gepanzerten Gleiskettenfahrzeugs verursacht wird.

§ 9 HaftpflG

Der Unternehmer oder der in § 2 bezeichnete Inhaber der Anlage haftet im Falle der Tötung oder Verletzung eines Menschen für jede Person bis zu einem Kapitalbetrag von 600.000 Euro oder bis zu einem Rentenbetrag von jährlich 36.000 Euro.

§ 10 HaftpflG

(1) Der Unternehmer oder der in § 2 bezeichnete Inhaber der Anlage haftet für Sachschäden nur bis zum Betrag von 300.000 Euro, auch wenn durch dasselbe Ereignis mehrere Sachen beschädigt werden.

(2) Sind auf Grund desselben Ereignisses an mehrere Personen Entschädigungen zu leisten, die insgesamt den Höchstbetrag von 300.000 Euro übersteigen, so verringern sich die einzelnen Entschädigungen in dem Verhältnis, in dem ihr Gesamtbetrag zu dem Höchstbetrag steht.

(3) Die Absätze 1 und 2 gelten nicht für die Beschädigung von Grundstücken.

Übersicht

	Rn
I. Überblick	1
1. Allgemeines	1
2. Anwendungsbereich	4
II. Haftungsbegrenzung nach dem StVG	7
1. Personen- und Sachschaden	7
2. Mehrere Schadensposten	11
3. Mithaftung des Verletzten	12
4. Kapitalbetrag und Rente	13
5. Gesetzlicher Forderungsübergang	14
6. Künftige Schäden	17
7. Mehrere Verletzte	19
8. Ausnahmen	25
III. Haftungsbegrenzung nach dem HaftpflG	27
1. Überblick	27
2. Personenschäden	28
3. Sachschäden	29
IV. Prozessuales	30

I. Überblick

1. Allgemeines

1 Das Recht der Gefährdungshaftung sieht als Ausgleich für die Erweiterung der Haftung auf unverschuldete Schadensereignisse für viele Bereiche eine **summenmäßige Haftungsbegrenzung** vor. Dies gilt nach § 12 StVG insbesondere für die Straßenverkehrshaftung, die nicht nur zahlungskräftige Wirtschaftsunternehmen, sondern den einzelnen Autofahrer trifft. Bei ihrer Einführung im Jahre 1909 schwang auch die Erwägung

§ 20 Höhenbegrenzung der Gefährdungshaftung

mit, die Versicherungsprämien für die Haftpflichtversicherung in erträglichen Grenzen zu halten. Dieser Gesichtspunkt hat jedoch nur untergeordnete Bedeutung, da die von der Versicherung mit abgedeckte deliktische Haftung von der Summenbegrenzung nicht erfasst wird; zudem sorgen die Deckungssummen in der Haftpflichtversicherung für die erforderliche Risikobegrenzung. Die Haftung des Bahnunternehmers geht teilweise weiter (Rn 27 ff).

Zu erheblichen Komplikationen kann es kommen, wenn durch ein Ereignis **mehrere Personen geschädigt** wurden. Für diesen Fall werden teilweise besondere Höchstgrenzen festgesetzt; als schwierig erweist sich aber oft die Verteilung einer unzureichenden Haftungsmasse auf die einzelnen Berechtigten (dazu Rn 19 ff). 2

Die Haftungssummen wurden aus Gründen der Geldwertentwicklung **wiederholt geändert,** zuletzt durch das am 1.8.2002 in Kraft getretene 2. SchRÄndG, mit dem auch höhere Beträge für Gefahrguttransporte und eine unbegrenzte Haftung für gepanzerte Gleiskettenfahrzeuge eingeführt wurden (§§ 12a, 12b StVG; s Rn 25 f). Sofern der Gesetzgeber keine abweichende Übergangsregelung getroffen hat,[1] gelten jeweils die im Unfallzeitpunkt bestehenden Limitierungen. 3

2. Anwendungsbereich

a) Die Höchstbeträge nach § 12 StVG gelten für die Haftung des **Kfz-Halters oder -Führers** nach §§ 7, 18 StVG, desgleichen für die mit dem 2. SchRÄndG eingeführte Haftung des Halters oder Führers eines **Kfz-Anhängers** (§ 3 Rn 21; für Gespanne kommt es damit zu einer Verdoppelung der Höchstbeträge, was deren höher Betriebsgefahr – nach BT-Drs 14/7752 tragender Grund der Gesetzesänderung – entspricht). Limitiert ist des Weiteren die Gefährdungshaftung des **Bahnunternehmers** (§ 1 HaftpflG) nach Maßgabe von §§ 9, 10 HaftpflG sowie des **Luftfahrtunternehmers** nach § 37 LuftVG. Zur **Produzentenhaftung** s § 6 Rn 7. Die Begrenzungen gelten aber nicht, soweit der Anspruch des Verletzten auch aus einem **anderen rechtlichen Gesichtspunkt**, insbesondere unerlaubter Handlung, begründet ist. Keine Höhenbegrenzung kennen auch die Gefährdungshaftungstatbestände der §§ 833, 834 BGB (§ 9 Rn 6) und § 22 WHG (§ 5 Rn 48). 4

b) Bei **Ausgleichsansprüchen** nach § 17 Abs 1 StVG gilt § 12 StVG ebenfalls.[2] Wird mithin der Halter oder Führer eines Kraftfahrzeugs von einem anderen Unfallbeteiligten, der die Ansprüche des Verletzten erfüllt hat, auf teilweisen Ersatz der Aufwendungen in Anspruch genommen, so braucht er, soweit er nur aus § 7 oder § 18 StVG haftet, nie mehr als den Haftungshöchstbetrag zu zahlen.[3] 5

c) **Mithaftung des Verletzten.** Nach der Rspr des RG und des BGH soll die Verpflichtung des geschädigten Halters, aufgrund mitwirkender Betriebsgefahr auch bei schuldloser Mitverantwortung einen Teil des Schadens mitzutragen (vgl § 22 Rn 3, 85 ff), nicht auf die Höchstgrenzen des § 12 StVG begrenzt sein.[4] Gegen diese Ansicht bestehen Bedenken (vgl § 22 Rn 94). 6

---

1 So zB für die am 1.1.1978 in Kraft getretene Erhöhung; vgl 3. Aufl § 12 Rn 28 ff.
2 BGH DAR 1957, 129.
3 BGH VersR 1964, 1145.
4 RGZ 149, 213; BGH NJW 1956, 1068; VRS 11, 108.

Vierter Teil. Ausschluss und Beschränkung der Haftung, Verjährung

II. Haftungsbegrenzung nach dem StVG

1. Personen- und Sachschaden

7 a) Der Höchstbetrag wegen eines **Personenschadens** (§ 12 Abs 1 Nr 1 StVG) umfasst sämtliche durch den Tod oder die Verletzung einer Person entstandenen Ansprüche, also neben dem Unterhaltsschaden der Witwe auch die Kosten der versuchten Heilung und die Beerdigungskosten.[5] Zur Begrenzung bei Schädigung mehrerer Personen s Rn 19 ff.

8 b) Bei **Sachschäden** werden zur Ermittlung der Haftungsgrenze nach § 12 Abs 1 Nr 3 StVG die Schäden an allen durch dasselbe Ereignis (Rn 20) beschädigten Sachen addiert, auch wenn sie verschiedenen Personen gehören (hierzu Rn 24).

9 c) **Zusammentreffen.** Der Höchstbetrag von 300.000 Euro für den Ersatz von Sachschäden tritt neben den Höchstbetrag von 600.000 Euro für Personenschäden. Der für den Ersatz von Personenschäden zur Verfügung stehende Betrag mindert sich mithin nicht, wenn ein Unfall außer Personenschäden auch Sachschäden hervorgerufen hat.

10 d) **Rechtsverfolgungskosten**, die dem Geschädigten nach § 7 StVG zu ersetzen sind (s u § 26), sind in die Höchstbeträge nach § 12 StVG nicht einzurechnen, sondern ggf zusätzlich zu erstatten. Es wäre sinnwidrig, Kosten, die dem Geschädigten zur Rechtsverfolgung zwangsläufig entstehen, mittels Kürzung seiner Ersatzansprüche zu seinen Lasten gehen zu lassen.[6] Der Höchstbetrag erhöht sich dagegen nicht um **Zinsen** für Rücklagen, die der Ersatzpflichtige zur Erfüllung seiner Verbindlichkeit gebildet hat.[7]

2. Mehrere Schadensposten

11 Setzt sich der Schaden aus mehreren Posten zusammen, ist aber nur eine Person geschädigt, so kann diese nicht nach ihrem Belieben einen oder mehrere der Schadensposten bis zur Erschöpfung des Höchstbetrages geltend machen und auf die Geltendmachung der übrigen verzichten (woran uU wegen eines gesetzlichen Forderungsübergangs ein Interesse bestehen kann). Die Normierung der Höchstbeträge in § 12 StVG bewirkt vielmehr eine verhältnismäßige Kürzung jedes einzelnen Schadenspostens, und zwar in dem Verhältnis, in dem die Haftungshöchstsumme zum Gesamtbetrag des Schadens steht.[8] Der Schädiger, der dartut, dass der Geschädigte Anspruch auf Ersatz weiterer Schadensposten hat, muss daher auch deren Höhe dartun, wenn er die geltend gemachten Posten teilweise zu Fall bringen will.

3. Mithaftung des Verletzten

12 Trifft den Verletzten ein mitwirkendes Verschulden (oder eine mitwirkende Verantwortung nach § 17 Abs 2 StVG), so wird der Höchstbetrag nicht etwa im Verhältnis des mitwirkenden Verschuldens verringert. Vielmehr erhält der Verletzte den vollen ihm unter Berücksichtigung seiner Mithaftung zustehenden Schadensersatz, wenn dieser

---

5 BGH DAR 1969, 101.
6 BGH VersR 1968, 998; 1969, 1043 für die im Verwaltungsverfahren nach dem NTS und dem hierzu ergangenen Gesetz entstandenen Kosten; *Nixdorf* VersR 1995, 257.
7 BGH NZV 1997, 37.
8 BGHZ 50, 271, 276.

sich innerhalb der Höchstgrenzen des § 12 StVG hält. Übersteigt die Forderung den Höchstbetrag, so ist nur dieser geschuldet. Haben sich mehrere Verletzte den Höchstbetrag zu teilen (Rn 19 ff), so nimmt jeder mit dem Betrag an der Verteilung teil, der ihm unter Beachtung seiner Mitverantwortung zusteht.[9]

4. Kapitalbetrag und Rente

§ 12 Abs 1 Nr 1 StVG bestimmt gesonderte Höchstbeträge für Kapital- und Rentenansprüche, und zwar nicht kumulativ, sondern alternativ. Treffen Schadensersatzansprüche beiderlei Art (zB Verdienstausfallrente und Heilungskosten) zusammen, sind sie daher in sinngemäßer Anwendung von Abs 2 zu quotieren, dh jeder einzelne Schadensposten muss in dem Verhältnis gekürzt werden, in dem der Gesamtschaden zu dem Höchstbetrag steht.[10] Zur Ermittlung des geschuldeten Rentenbetrags sind demnach sämtliche Schadensposten zu ermitteln und zusammenzurechnen. Dabei ist die Rente nach dem in § 12 Abs 1 StVG zugrunde gelegten Maßstab von 6% auf Kapital umzurechnen.[11] Dies gilt jedenfalls, wenn aus der Verletzung oder Tötung eines Menschen mehrere Personen anspruchsberechtigt sind. Stehen Kapital und Rente ausschließlich einem Gläubiger zu, kann auch – entsprechend der früher allgemein geübten Praxis[12] – der Kapitalanspruch vorab und der Rentenanspruch nur aus dem verbleibenden Rest befriedigt werden.[13] Soweit dem Verletzten ein Wahlrecht zwischen Kapital und Rente zusteht (s § 31 Rn 13 ff), ist auf diese Auswirkungen der Haftungsbegrenzung Bedacht zu nehmen.[14] **13**

5. Gesetzlicher Forderungsübergang

Zu den Auswirkungen der Höhenbegrenzung auf den gesetzlichen Forderungsübergang vgl für den Regress der Sozialversicherungsträger § 32 Rn 62 ff, der Sozialhilfeträger § 33 Rn 22 f, der Versorgungsträger § 34 Rn 18 und der Dienstherren § 34 Rn 36 ff. Zur Rentenhöhe vgl § 31 Rn 16. **14**

Die dem Verletzten verbliebenen Ansprüche sind anteilsmäßig (Rn 11 zu berechnen und von 600.000 Euro abzuziehen, damit sich der dem Leistungsträger zustehende Restbetrag der Haftungssumme ergibt.[15] **15**

Zur Bedeutung des § 12 StVG im Rahmen eines **Teilungsabkommens** s § 15 Rn 56. **16**

6. Künftige Schäden

Beim Zusammentreffen bezifferbarer Schäden mit in Zukunft zu erwartenden, ihrer Höhe nach nicht feststehenden Schäden sind, wenn nur eine Person beim Unfall einen Schaden erlitten hat (und auch nicht mehrere Hinterbliebene anspruchsberechtigt sind), **17**

---

9 RGZ 87, 404; RG JW 1930, 2943 m Anm *Fromherz*; BGH VRS 7, 34.
10 BGHZ 51, 226, 231.
11 BGHZ 51, 226, 235 f.
12 Vgl RGZ 156, 392, 394 mwN.
13 BGH VersR 1962, 829.
14 S dazu BGH VersR 1956, 17; 1964, 638.
15 Vgl für die Kaskoversicherung BGHZ 47, 196; 50, 271.

Vierter Teil. Ausschluss und Beschränkung der Haftung, Verjährung

dieser alle geltend gemachten Ansprüche in zeitlicher Reihenfolge so lange zuzusprechen, bis der Höchstbetrag erschöpft ist.[16] Eine Rente darf jedoch nur bis zu dem im Gesetz bestimmten und ggf nach Rn 13 gekürzten jährlichen Höchstsatz zuerkannt werden.[17] Bei mehreren Anspruchsberechtigten kann sich je nach Schadensentwicklung ein nachträglicher Ausgleich als erforderlich erweisen.[18]

18 Wird in einem Urteil dem Verletzten ein bestimmter Betrag oder eine laufende Rente zugesprochen und daneben die Ersatzpflicht des Schädigers für Zukunftsschäden festgestellt, so ist im feststellenden Teil des Urteils die **Beschränkung** auf den von § 12 StVG gesetzten Rahmen **auszusprechen** (näher hierzu und zu den Folgen der Unterlassung Rn 30; zum Fehlen der Beschränkung in Vergleich § 16 Rn 60).

7. Mehrere Verletzte

19 a) **Überblick.** Für den Fall, dass bei einem Unfall mehrere Personen Sach- oder Personenschäden erlitten haben, setzt § 12 StVG absolute Höchstbeträge fest: für Personenschäden in Abs 1 Nr 2 (außer bei entgeltlicher Beförderung, s Rn 23), für Sachschäden in Abs 1 Nr 3. Liegt der Gesamtschaden über dieser Grenze, müssen die Ersatzleistungen auf die Geschädigten verteilt werden. Nicht von dieser Regelung erfasst ist der Fall, dass aus der Verletzung einer Person mehrere anspruchsberechtigt sind; hier greift nur die Einzelbegrenzung nach Nr 1 ein;[19] für die Verteilung dieser Summe auf die mehreren Gläubiger gilt Abs 2 entsprechend.[20] Außerdem gilt die Regelung nur beim Zusammentreffen von Ansprüchen nach dem StVG: Haftet der Halter einem Verletzten aus § 7 StVG, einem anderen aber aus unerlaubter Handlung, so bleibt Letzterer für die Ermittlung des Haftungshöchstbetrages außer Betracht.

20 b) **Voraussetzung.** Eine Pflicht zur Teilung entsteht nur, wenn die Ansprüche der mehreren Verletzten durch **dasselbe Ereignis** ausgelöst wurden. Unter Ereignis ist der tatsächliche Vorgang zu verstehen, der den Unfall hervorgerufen hat (vgl § 3 Rn 360). Hat ein Ereignis mehrere Unfälle verursacht, so sind alle dabei Verletzten zur Haftungsgemeinschaft zusammengefasst und müssen sich die Höchsthaftungssummen teilen. Das gilt vor allem bei sog Serienunfällen, wie sie nicht selten entstehen, wenn ein Kraftfahrzeug nach einem Unfall auf der Autobahn liegen bleibt und weitere Kraftfahrzeuge auffahren. Eine zeitliche Grenze besteht nicht. Die Haftungsgemeinschaft dehnt sich auch noch auf die Insassen und den Halter eines nach Stunden auffahrenden oder durch Ausweichbewegung von der Fahrbahn abkommenden Kraftfahrzeugs aus, sofern der erste Unfall hierfür ursächlich war. Andererseits ist zu beachten, dass keine Haftungsgemeinschaft entsteht, wenn ein Kraftfahrzeug auf einer Fahrt mehrere Unfälle erleidet. Dies gilt auch dann, wenn die Unfälle auf einem fortwährenden Dauerzustand (zB Trunkenheit des Fahrers oder Funktionsuntüchtigkeit der Bremsen) beruhen. Ein solcher Zustand ist kein Ereignis iS des § 12 StVG.

---

16 BGH VRS 22, 189.
17 RG JW 1931, 854.
18 S dazu BGHZ 51, 226, 233 ff.
19 RGZ 127, 183; BGH VersR 1967, 903.
20 BGHZ 51, 226, 231; BGH NJW 2001, 1214, 1215.

c) **Wirkung.** Der Haftungsumfang wird bei **Personenschäden**, dh Tötung und/oder Verletzung mehrerer Menschen durch § 12 StVG in zweifacher Hinsicht begrenzt: durch den Höchstbetrag für jeden einzelnen (Abs 1 Nr 1: 600.000 Euro oder jährliche Rente von 36.000 Euro) und durch den Summenhöchstbetrag, der die absolute Grenze für den insgesamt zu leistenden Betrag setzt (Abs 1 Nr 2: 3.000.000 Euro oder jährliche Rente von 180.000 Euro). Übersteigt der gesamte Personenschaden den Summenhöchstbetrag, so ist die jedem einzelnen zu leistende Entschädigung verhältnismäßig zu kürzen (Abs 2). Liegt der Schaden bei einem der Verletzten bereits über dem Einzelhöchstbetrag, so ist der Abzug von letzterem vorzunehmen. **21**

Da ein **Verteilungsverfahren** nicht vorgesehen ist, entsteht für den Verletzten bei Vorhandensein mehrerer Anspruchsberechtigter die Schwierigkeit, bei der Bezifferung seines Klageantrags die möglicherweise zum Überschreiten des Summenhöchstbetrags führenden Ansprüche der anderen in Rechnung zu stellen. Noch schwieriger ist die Situation des Ersatzpflichtigen, der die Anspruchsminderung nach § 12 StVG zu beweisen hat.[21] Für den Verletzten wird, wenn es nicht möglich ist, das Vorgehen gegen den Schädiger mit den anderen Verletzten zu koordinieren und die Haftungssumme entsprechend aufzuteilen, in Betracht zu ziehen sein, zunächst eine Klage auf Feststellung der Ersatzpflicht mit Vorbehalt der Begrenzung nach § 12 Abs 2 StVG zu erheben. Auf Seiten des Ersatzpflichtigen ist bei Inanspruchnahme durch einen Verletzten an die Möglichkeit einer Streitverkündung (§ 72 ZPO) zu denken. Eine Hinterlegung des Haftungsbetrags nach § 372 BGB scheidet dagegen aus, weil es sich nicht um *eine* Forderung handelt, die von mehreren in Anspruch genommen wird, sondern um mehrere Forderungen.[22] **22**

Für **Ansprüche entgeltlich beförderter Personen** gegen den Halter des benutzten Kfz oder Anhängers gilt der Summenhöchstbetrag nicht (§ 12 Abs 1 Nr 2 Halbs 2 StVG). Derartige Personen können ihre Ansprüche – bis zur Grenze der Nr 1 – gegen den Ersatzpflichtigen auch dann voll geltend machen, wenn weitere Verletzte vorhanden sind und der Summenhöchstbetrag nach Nr 2 überschritten wird. Umgekehrt beeinträchtigen die Ansprüche beförderter Personen die Ansprüche anderer Verletzter nicht; es wird gleichsam so angesehen, als seien die beförderten Personen nicht durch „dasselbe Ereignis" verletzt worden. **23**

Bei **Sachschäden** beläuft sich der Höchstbetrag, gleich ob eine oder mehrere Sachen beschädigt wurden, einheitlich auf 300.000 Euro. Ist mehreren Geschädigten bei einem diesen Betrag übersteigenden Gesamtschaden Ersatz zu leisten, so ist nach § 12 Abs 2 StVG eine anteilsmäßige Kürzung der Entschädigungen vorzunehmen; Rn 21 f gelten insoweit entsprechend. Eine Sonderregelung für durch das Kraftfahrzeug beförderte Sachen besteht nicht. **24**

8. Ausnahmen

a) **Gefahrguttransporte.** Wegen des höheren Gefährdungspotentials wurden mit dem am 1.8.2002 in Kraft getretenen 2. SchRÄndG besondere Höchstbeträge für die Beförderung gefährlicher Güter eingeführt (§ 12a StVG). Für den Fall der Tötung oder Verletzung mehrerer Menschen wurde der Gesamtbetrag verdoppelt (6.000.000 Euro **25**

---

21 BGH NJW 1972, 1466.
22 *Wussow* NJW 1959, 563.

Kapital oder 360.000 Euro Jahresrente), während der individuelle Höchstbetrag pro Verletztem gleich ist. Für Immobiliarsachschäden (zur Definition s Rn 29) gilt (sowohl global als auch individuell) ein Höchstbetrag von 6.000.000 Euro; bei Beschädigung beweglicher Sachen verbleibt es bei der Begrenzung nach § 12 Abs 1 Nr 3 StVG. Die Erhöhungen gelten aber nur, wenn sich in dem Unfall das gesteigerte Schadensrisiko des Gefahrguts realisiert hat (§ 12a Abs 1 S 1 letzter Halbs StVG). Der Anwendungsbereich lehnt sich eng an die Definition des Gefahrguttransports im Sicherheitsrecht (GBefGG und GGVS) an (vgl Abs 2 und die Ausnahmen in Abs 3 und 4; hierzu BT-Drs 14/7752 S 33 f).

26 b) **Gepanzerte Gleiskettenfahrzeuge**, dh Kfz, die auf endlosen Ketten oder Bändern laufen (§ 34b StVZO) und gegen ballistische Geschosse besonders geschützt sind oder als Trägerfahrzeuge eines Waffensystems dienen,[23] sind nach § 12b StVG von der Haftungslimitierung des § 12 StVG vollständig ausgenommen. Dies gilt, soweit der Unfall dem Panzerfahrzeug als Verkehrsmittel zugerechnet werden kann (vgl § 3 Rn 60 ff), auch außerhalb des öffentlichen Straßenverkehrs (§ 3 Rn 54), etwa auf dem Gelände eines Truppenübungsplatzes, wie aus dem Fehlen einer § 12a Abs 4 StVG entsprechenden Ausnahmevorschrift zu schließen ist.

III. Haftungsbegrenzung nach dem HaftpflG

1. Überblick

27 Die Gefährdungshaftung des Bahnunternehmers bzw des Anlagenbetreibers nach §§ 1, 2 HaftpflG ist weniger weit eingeschränkt als die nach dem StVG. Es gibt insbesondere keinen globalen Höchstbetrag bei Verletzung mehrerer Personen. Die Haftungsbegrenzung für Personenschäden gegenüber den einzelnen Verletzten stimmt seit 1.8.2002[24] mit der nach § 12 Abs 1 Nr 1 StVG überein (§ 9 HaftpflG), für Sachschäden mit der nach § 12 Abs 1 Nr 3, Abs 2 StVG; Immobilien sind jedoch ausgenommen (§ 10 HaftpflG; s Rn 29). Die Haftungsbegrenzungen gelten nicht für Ansprüche aus anderen Rechtsgrundlagen.

2. Personenschäden

28 § 9 HaftpflG begrenzt Kapitalansprüche auf 600.000 Euro, Rentenansprüche auf jährlich 36.000 Euro; die Höchstbeträge gelten pro verletzte Person, sodass auch bei mehreren Verletzten jeder bis zu dieser Grenze entschädigt wird. Zum Verhältnis zwischen Kapitalbetrag und Rente s Rn 13.

3. Sachschäden

29 Wegen der Regelung in § 10 Abs 1 und 2 HaftpflG kann auf die Erläuterungen zu der gleich lautenden Bestimmung des StVG (oben Rn 8 ff) Bezug genommen werden. Wird

---

23 BT-Drs 14/7752 S 35.
24 Zur Rechtslage bei Unfällen vor diesem Zeitpunkt s 3. Aufl, Erl zu §§ 9, 10 HaftpflG.

dagegen ein **Grundstück** beschädigt, so haftet der Unternehmer nach Abs 3 in unbegrenzter Höhe. Zum Grundstück gehören auch seine wesentlichen Bestandteile (§ 94 BGB). In Betracht kommt vor allem die Beschädigung oder Zerstörung von Gebäuden oder Gebäudeteilen, Einfriedungen und Pflanzen, vor allem auch Nutzpflanzen (Getreide auf dem Halm, nicht aber geschnittenes Getreide, auch wenn es noch auf dem Feld liegt).[25] Werden außer einem Grundstück durch denselben Unfall auch bewegliche Sachen beschädigt, so sind die Ersatzansprüche für die Beschädigung des Grundstücks nicht auf den Höchstbetrag von 300.000 Euro anzurechnen. Die Beschädigung von Grundstückszubehör (§ 97 BGB) ist keine Beschädigung des Grundstücks, sondern eine solche beweglicher Sachen.[26]

IV. Prozessuales

Im **Feststellungsurteil** muss die Haftungsbeschränkung im Tenor zum Ausdruck kommen; sie kann andernfalls in einem nachfolgenden Leistungsprozess nicht mehr geltend gemacht werden.[27] Das Fehlen eines solchen Ausspruchs begründet aber weder eine Rechtskraftwirkung noch eine Beschwer, wenn der Schaden des Klägers den Höchstbetrag offensichtlich nicht überschreiten wird oder wenn sich die Beschränkung eindeutig aus dem Zusammenhang von Urteilsformel und Tatbestand oder Entscheidungsgründen ergibt.[28] 30

Bei **Feststellungsklagen** kann, wenn die Haftungsgrenze bereits erreicht ist, das nach § 256 ZPO erforderliche Feststellungsinteresse entfallen. Dies gilt aber nur, wenn feststeht, dass die Haftungshöchstsumme durch die übrigen Ansprüche bereits erschöpft ist.[29] Das Gericht kann mithin nicht durch Zwischenurteil den Rentenanspruch dem Grunde nach für berechtigt erklären und gleichzeitig den Feststellungsantrag für die übrigen Ansprüche mit der Begründung abweisen, die Haftungshöchstsumme werde voraussichtlich durch die Rente allein erschöpft werden.[30] Haben auch andere Verletzte aus demselben Unfall Ansprüche geltend gemacht und lässt sich daher, weil deren Berechtigung zweifelhaft ist, noch gar nicht übersehen, ob ein Teil der Haftungssumme noch für den festzustellenden Anspruch zur Verfügung steht, so ist Klage dahin zu erheben, dass Feststellung der Zahlungspflicht für weitere Schäden „vorbehaltlich einer Herabsetzung der Ansprüche des Klägers gemäß § 12 Abs 2 StVG" begehrt wird.[31] Ergibt sich aus der Klagebegründung, dass der Kläger nur Ansprüche nach dem StVG geltend machen will, so führt das Fehlen der Beschränkung im Klageantrag nicht zu einer kostenpflichtigen Teilabweisung.[32] 31

---

25 BGHZ 20, 85, 87.
26 BGHZ 20, 85.
27 BGH NJW 1979, 1047 (zu § 3 Nr 4, 6 PflVG).
28 BGH VersR 1981, 1180; 1986, 565, 566.
29 BGH VersR 1961, 1115.
30 RG JW 1931, 854 m Anm *Müller*.
31 BGH VersR 1961, 1115.
32 *Geigel/Pardey* Kap 4 Rn 175.

Vierter Teil. Ausschluss und Beschränkung der Haftung, Verjährung

32 Im **Grundurteil** (vgl § 37 Rn 24 ff) kommt die Haftungsbeschränkung dadurch zum Ausdruck, dass das Gericht den Anspruch nur „im Rahmen des StVG" für gerechtfertigt erklärt. Wird ein solches Grundurteil rechtskräftig, so kann im nachfolgenden Betragsverfahren die Frage der höhenmäßigen Begrenzung der Haftung nicht mehr zur Entscheidung gestellt werden. Enthält hingegen die Entscheidung über den Haftungsgrund keine Aussage über eine höhenmäßige Haftungsbegrenzung, kann diese im Betragsverfahren geltend gemacht werden.[33]

---

33 *Wussow* WJ 1990, 114.

§ 21 Verjährung

§ 14 StVG

Auf die Verjährung finden die für unerlaubte Handlungen geltenden Verjährungsvorschriften des Bürgerlichen Gesetzbuchs entsprechende Anwendung.

§ 11 HaftpflG

Auf die Verjährung finden die für unerlaubte Handlungen geltenden Verjährungsvorschriften des Bürgerlichen Gesetzbuchs entsprechende Anwendung.

§ 195 BGB

Die regelmäßige Verjährungsfrist beträgt drei Jahre.

§ 199 BGB

Beginn der regelmäßigen Verjährungsfrist und Höchstfristen

(1) Die regelmäßige Verjährungsfrist beginnt mit dem Schluss des Jahres, in dem

1. der Anspruch entstanden ist und
2. der Gläubiger von den den Anspruch begründenden Umständen und der Person des Schuldners Kenntnis erlangt oder ohne grobe Fahrlässigkeit erlangen müsste.

(2) Schadensersatzansprüche, die auf der Verletzung des Lebens, des Körpers, der Gesundheit oder der Freiheit beruhen, verjähren ohne Rücksicht auf ihre Entstehung und die Kenntnis oder grob fahrlässige Unkenntnis in 30 Jahren von der Begehung der Handlung, der Pflichtverletzung oder dem sonstigen, den Schaden auslösenden Ereignis an.

(3) Sonstige Schadensersatzansprüche verjähren

1. ohne Rücksicht auf die Kenntnis oder grob fahrlässige Unkenntnis in zehn Jahren von ihrer Entstehung an und
2. ohne Rücksicht auf ihre Entstehung und die Kenntnis oder grob fahrlässige Unkenntnis in 30 Jahren von der Begehung der Handlung, der Pflichtverletzung oder dem sonstigen, den Schaden auslösenden Ereignis an.

Maßgeblich ist die früher endende Frist.

(4) Andere Ansprüche als Schadensersatzansprüche verjähren ohne Rücksicht auf die Kenntnis oder grob fahrlässige Unkenntnis in zehn Jahren von ihrer Entstehung an.

(5) Geht der Anspruch auf ein Unterlassen, so tritt an die Stelle der Entstehung die Zuwiderhandlung.

§ 203 BGB

Schweben zwischen dem Schuldner und dem Gläubiger Verhandlungen über den Anspruch oder die den Anspruch begründenden Umstände, so ist die Verjährung gehemmt, bis der eine oder der andere Teil die Fortsetzung der Verhandlungen verweigert. Die Verjährung tritt frühestens drei Monate nach dem Ende der Hemmung ein.

Vierter Teil. Ausschluss und Beschränkung der Haftung, Verjährung

§ 204 BGB

(1) Die Verjährung wird gehemmt durch

1. die Erhebung der Klage auf Leistung oder auf Feststellung des Anspruchs, auf Erteilung der Vollstreckungsklausel oder auf Erlass des Vollstreckungsurteils,
2. die Zustellung des Antrags im vereinfachten Verfahren über den Unterhalt Minderjähriger,
3. die Zustellung des Mahnbescheids im Mahnverfahren,
4. die Veranlassung der Bekanntgabe des Güteantrags, der bei einer durch die Landesjustizverwaltung eingerichteten oder anerkannten Gütestelle oder, wenn die Parteien den Einigungsversuch einvernehmlich unternehmen, bei einer sonstigen Gütestelle, die Streitbeilegungen betreibt, eingereicht ist; wird die Bekanntgabe demnächst nach der Einreichung des Antrags veranlasst, so tritt die Hemmung der Verjährung bereits mit der Einreichung ein,
5. die Geltendmachung der Aufrechnung des Anspruchs im Prozess,
6. die Zustellung der Streitverkündung,
7. die Zustellung des Antrags auf Durchführung eines selbständigen Beweisverfahrens,
8. den Beginn eines vereinbarten Begutachtungsverfahrens oder die Beauftragung des Gutachters in dem Verfahren nach § 641a,
9. die Zustellung des Antrags auf Erlass eines Arrests, einer einstweiligen Verfügung oder einer einstweiligen Anordnung, oder, wenn der Antrag nicht zugestellt wird, dessen Einreichung, wenn der Arrestbefehl, die einstweilige Verfügung oder die einstweilige Anordnung innerhalb eines Monats seit Verkündung oder Zustellung an den Gläubiger dem Schuldner zugestellt wird,
10. die Anmeldung des Anspruchs im Insolvenzverfahren oder im Schifffahrtsrechtlichen Verteilungsverfahren,
11. den Beginn des schiedsrichterlichen Verfahrens,
12. die Einreichung des Antrags bei einer Behörde, wenn die Zulässigkeit der Klage von der Vorentscheidung dieser Behörde abhängt und innerhalb von drei Monaten nach Erledigung des Gesuchs die Klage erhoben wird; dies gilt entsprechend für bei einem Gericht oder bei einer in Nummer 4 bezeichneten Gütestelle zu stellende Anträge, deren Zulässigkeit von der Vorentscheidung einer Behörde abhängt,
13. die Einreichung des Antrags bei dem höheren Gericht, wenn dieses das zuständige Gericht zu bestimmen hat und innerhalb von drei Monaten nach Erledigung des Gesuchs die Klage erhoben oder der Antrag, für den die Gerichtsstandsbestimmung zu erfolgen hat, gestellt wird, und
14. die Veranlassung der Bekanntgabe des erstmaligen Antrags auf Gewährung von Prozesskostenhilfe; wird die Bekanntgabe demnächst nach der Einreichung des Antrags veranlasst, so tritt die Hemmung der Verjährung bereits mit der Einreichung ein.

(2) Die Hemmung nach Absatz 1 endet sechs Monate nach der rechtskräftigen Entscheidung oder anderweitigen Beendigung des eingeleiteten Verfahrens. Gerät das Verfahren dadurch in Stillstand, dass die Parteien es nicht betreiben, so tritt an die Stelle der Beendigung des Verfahrens die letzte Verfahrenshandlung der Parteien, des Gerichts oder der sonst mit dem Verfahren befassten Stelle. Die Hemmung beginnt erneut, wenn eine der Parteien das Verfahren weiter betreibt.

(3) Auf die Frist nach Absatz 1 Nr. 9, 12 und 13 finden die §§ 206, 210 und 211 entsprechende Anwendung.

§ 209 BGB
Der Zeitraum, während dessen die Verjährung gehemmt ist, wird in die Verjährungsfrist nicht eingerechnet.

§ 212 BGB
(1) Die Verjährung beginnt erneut, wenn
1. der Schuldner dem Gläubiger gegenüber den Anspruch durch Abschlagszahlung, Zinszahlung, Sicherheitsleistung oder in anderer Weise anerkennt oder
2. eine gerichtliche oder behördliche Vollstreckungshandlung vorgenommen oder beantragt wird.

(2) Der erneute Beginn der Verjährung infolge einer Vollstreckungshandlung gilt als nicht eingetreten, wenn die Vollstreckungshandlung auf Antrag des Gläubigers oder wegen Mangels der gesetzlichen Voraussetzungen aufgehoben wird.

(3) Der erneute Beginn der Verjährung durch den Antrag auf Vornahme einer Vollstreckungshandlung gilt als nicht eingetreten, wenn dem Antrag nicht stattgegeben oder der Antrag vor der Vollstreckungshandlung zurückgenommen oder die erwirkte Vollstreckungshandlung nach Absatz 2 aufgehoben wird.

§ 3 Nr 3 PflVG s bei § 15

Übersicht	Rn
I. Überblick	1
II. Dauer und Beginn der Verjährungsfrist	2
1. Übersicht	3
2. Begriff der Kenntnis bei Verkehrshaftpflichtschäden	5
3. Kennenmüssen	7
4. Inhaber der Kenntnis	8
5. Inhalt der Kenntnis	18
III. Neubeginn der Verjährung	31
1. Bedeutung	31
2. Anerkennen des Anspruchs	32
IV. Hemmung der Verjährung	39
1. Bedeutung	39
2. Anmeldung beim Haftpflichtversicherer	40
3. Verhandlungen über den Schadensfall (§ 203 BGB)	51
4. Rechtsverfolgung	64
5. Leistungsverweigerungsrecht	85
6. Höhere Gewalt	87
7. Familienrechtliche Beziehungen	89
V. Verjährung von vor dem 1.1.2002 entstandenen Ansprüchen	90
1. Überblick	90
2. Fristberechnung	91
VI. Rechtsgeschäftliche Einwirkungen auf die Verjährung	95
1. Vor Eintritt der Verjährung	95
2. Nach Eintritt der Verjährung	97
3. Übergangsrecht	98
VII. Unzulässige Rechtsausübung	99
1. Überblick	99
2. Unzulässige Berufung auf Verjährung	100
3. Verwirkung	104

Vierter Teil. Ausschluss und Beschränkung der Haftung, Verjährung

I. Überblick

1 Das vormals stark zersplitterte Recht der Verjährung von Haftpflichtansprüchen wurde in den letzten Jahrzehnten zunehmend vereinheitlicht. Mit Gesetz v 16.8.1977 (BGBl I 1577) wurden die bis dahin bestehenden Unterschiede bei der Verjährung von deliktischen Ansprüchen und von Ansprüchen aus der Gefährdungshaftung nach dem StVG und dem HaftpflG durch eine generelle Regelung in § 852 BGB beseitigt, auf die in § 14 StVG und § 11 HaftpflG verwiesen wurde; das alte Recht galt jedoch für Unfälle vor 1.1.1978 weiter (Art 5 Abs 1 des Gesetzes vom 16.8.1977). Im Zuge der Schuldrechtsreform (Gesetz v 26.11.2001, BGBl I 3138) wurde auch § 852 BGB, soweit er sich auf die Verjährung von Schadensersatzansprüchen bezog, aufgehoben. Damit gelten für die Verjährung von Haftpflichtansprüchen aus Unfällen ab 1.1.2002 die allgemeinen Vorschriften der §§ 195 ff BGB; desgleichen für Ausgleichsansprüche nach § 426 BGB.[1] Für vor diesem Zeitpunkt begründete Ansprüche trifft Art 229 § 6 EGBGB eine differenzierte Überleitungsregelung (Rn 90 ff). Die besonderen Verjährungsvorschriften für den Bereich der Kfz-Haftpflichtversicherung (§ 3 Nr 3 PflVG; s dazu § 15 Rn 21) sind unberührt geblieben.

2 Die nachfolgende Darstellung konzentriert sich auf die bei der Verjährung von Schadensersatzansprüchen aus Verkehrsunfällen nach dem 1.1.2002 zu beachtenden Besonderheiten. Die Verjährung von Ansprüchen aus früheren Schadensereignissen wird in Rn 90 ff behandelt. Zur Ablaufhemmung bei nicht voll Geschäftsfähigen und bei Erbfolge s §§ 210 f BGB. Zu der Frage, ob gegen einen noch nicht verjährten Anspruch Verwirkung eingewendet werden kann, s Rn 104. Zur Konkurrenz des deliktischen Anspruchs mit vertraglichen Ansprüchen, für die eine kürzere Verjährung angeordnet ist, vgl § 16 Rn 28, 31.

II. Dauer und Beginn der Verjährungsfrist

1. Übersicht

3 Die **regelmäßige Verjährungsfrist** von drei Jahren (§ 195 BGB) beginnt in dem **Schluss des Jahres**, in welchem der Verletzte (Rn 8 ff) von den anspruchsbegründenden Umständen und der Person des Ersatzpflichtigen (Rn 23 ff) Kenntnis erlangt hat oder ohne grobe Fahrlässigkeit hätte erlangen müssen (§ 199 Abs 1 BGB). Eine zusätzliche Überlegungsfrist ist insoweit nicht eingeräumt.[2] Unabhängig von Kenntnis oder Kennenmüssen läuft eine **absolute Verjährungsfrist** von 30 Jahren ab Unfall bei Personenschäden, von 10 Jahren ab Entstehung, spätestens 30 Jahren ab Unfall bei sonstigen Schäden (§ 199 Abs 2, 3 BGB).

4 **Rechtskräftig festgestellte Ansprüche** verjähren in 30 Jahren, desgleichen Ansprüche aus vollstreckbaren Vergleichen (§ 197 Abs 1 Nr 3, 4 BGB; Beginn: § 201 BGB). Die Rechtskraftwirkung erstreckt sich auch auf den Rechtsnachfolger (§ 325 ZPO).[3] Wurde

---

1 *Heß* NZV 2002, 65.
2 RG JW 1937, 1237.
3 Zum Verhältnis Familienversicherung – Pflichtversicherung vgl BGH NZV 1990, 310.

§ 21 Verjährung

die Feststellung vom sozialhilfeberechtigten Geschädigten kraft seiner Einziehungsermächtigung (§ 33 Rn 19 ff) erwirkt, muss die neue Verjährungsfrist auch gegenüber dem regressierenden Sozialhilfeträger gelten.[4] Ergeben sich aus dem Titel Ansprüche auf wiederkehrende Leistungen, verjähren diese aber unabhängig von der Festschreibung des Stammrechts in der regelmäßigen Frist von drei Jahren ab Schluss des Jahres, in dem die jeweilige Einzelleistung fällig wurde (§ 197 Abs 2 BGB).

2. Begriff der Kenntnis bei Verkehrshaftpflichtschäden

Die Kenntnis muss sich auf alle **Tatsachen** beziehen, auf die der Ersatzberechtigte eine erfolgversprechende Klage – und zwar wenigstens eine Feststellungsklage – stützen könnte (näher Rn 25). Absolute Sicherheit ist nicht erforderlich. Es darf daher nicht bis zum Abschluss polizeilicher Ermittlungen gewartet werden, wenn sich bei dem gegebenen Kenntnisstand zumindest eine Mitverantwortlichkeit für den Schaden ergibt.[5] Für die Kenntnis des Sozialversicherungsträgers (vgl Rn 14) ist es ausreichend, wenn ihm die Umstände bekannt sind, aus denen sich eine, wenn auch nur entfernte, Möglichkeit ergibt, dass er dem Verletzten Leistungen zu gewähren haben wird.[6]

5

Nicht erforderlich ist, dass der Verletzte alle Tatumstände zutreffend rechtlich würdigt und davon überzeugt ist, dass das Verhalten des Schädigers eine haftungsrechtliche Verantwortung begründet.[7]

6

3. Kennenmüssen

Das neue Verjährungsrecht stellt die grob fahrlässige Unkenntnis der Kenntnis gleich. Die Verjährungsfrist beginnt also auch dann zu laufen, wenn die Unkenntnis auf einer besonders schweren Vernachlässigung der im Verkehr erforderlichen Sorgfalt beruht. Da es in Verkehrshaftungsfällen idR ohne großen Aufwand möglich ist, den Ersatzpflichtigen zu ermitteln, zB über den Zentralruf der Haftpflichtversicherer, wird die Berufung auf Unkenntnis hier nur selten gelingen.

7

4. Inhaber der Kenntnis

a) Die besagte Kenntnis (bzw grobe Fahrlässigkeit) muss beim **Ersatzberechtigten** vorliegen (§ 199 Abs 1 Nr 2: Gläubiger). Bei Ansprüchen nach § 10 StVG entscheidet die Kenntnis des ersatzberechtigten Hinterbliebenen (näher Rn 22).

8

b) Bei **Geschäftsunfähigen oder -beschränkten** kommt es auf die Kenntnis des gesetzlichen Vertreters an.[8] Bei Minderjährigen genügt Kenntnis eines vertretungsberechtigten Elternteils.[9] Hat das durch den Unfall elternlos gewordene Kind keinen gesetzlichen Vertreter mehr, so beginnt der Lauf der Frist erst, wenn ein Vormund bestellt worden ist und dieser Kenntnis von den Ersatzansprüchen und vom Ersatz-

9

---

4 BGH VersR 2002, 266.
5 BGH VersR 1990, 497.
6 BGH VersR 1969, 921; 1978, 660.
7 BGH VersR 1983, 1160; 1986, 1081.
8 BGH VersR 1958, 592; 1963, 161.
9 OLG Frankfurt VersR 1992, 708 LS.

verpflichteten erhält. Wird der Verletzte durch den Unfall geschäftsunfähig, so beginnt die Verjährung erst, wenn ihm ein Betreuer mit die Schadensregulierung umfassendem Aufgabenkreis bestellt ist und dieser Kenntnis vom Schaden und von der Person des Ersatzpflichtigen erlangt (s a § 210 BGB). Hat der Geschäftsunfähige inzwischen einen Vergleich mit dem Schädiger abgeschlossen, so beginnt die Verjährungsfrist erst, wenn der Betreuer erfahren hat, dass der Verletzte schon beim Abschluss des Vergleichs geschäftsunfähig war.[10] War allerdings zunächst vorläufige Betreuung angeordnet und auf dieser Grundlage ein Betreuer bestellt gewesen, der von den anspruchsbegründenden Tatsachen wusste, so läuft die Verjährungsfrist schon von dessen Kenntnis an. Hieran ändert die Aufhebung der vorläufigen Betreuung nichts.[11] Wird bei einem Unfall ein Kind im Mutterleib verletzt, so beginnt die Verjährung mit der Kenntnis des gesetzlichen Vertreters des Kindes, frühestens jedoch mit der Geburt des Kindes. Ebenso ist es, wenn der Erzeuger eines Kindes vor dessen Geburt bei einem Unfall getötet wird, hinsichtlich der Ersatzansprüche wegen entgehenden Unterhalts.

10   c) Bei **juristischen Personen** ist grundsätzlich die Kenntnis des Organs maßgebend (zum Wissensvertreter s Rn 12); besteht dieses aus mehreren Personen, so beginnt die Frist, wenn einer davon Kenntnis erhält. Hat eine **Handelsgesellschaft** einen Prokuristen, in dessen Aufgabengebiet die Regelung solcher Schäden gehört, so läuft die Frist schon, wenn der Prokurist Kenntnis erhält.[12] Ansprüche, die einer **Erbengemeinschaft** zustehen, sind, wenn der Erblasser die Kenntnis vom Schaden und von der Person des Ersatzpflichtigen nicht mehr hat erwerben können (Rn 17), erst dann dem Beginn der Verjährung ausgesetzt, wenn jeder der Miterben die erforderliche Kenntnis erlangt.[13]

11   d) **Wissensvertreter.** Die Kenntnis eines Dritten ist dem Verletzten in Heranziehung des Rechtsgedankens von § 166 BGB dann zuzurechnen, wenn er sich des Dritten wie eines Vertreters bedient hat oder wenn er zumindest erkennbar und wissentlich geduldet hat, dass der Dritte als sein Vertreter auftritt.[14] Dies gilt erst recht, wenn er den anderen, zB einen Rechtsanwalt, mit den erforderlichen Tatsachenermittlungen,[15] der Einsicht in die staatsanwaltschaftlichen Ermittlungsakten[16] oder der Geltendmachung der Schadensersatzansprüche[17] beauftragt hat. Bloße Hilfstätigkeiten bei der Abwicklung von Schadensfällen, wie sie zB der Kompaniechef für die Wehrbereichsverwaltung leistet,[18] reichen jedoch nicht.

12   Bei **juristischen Personen** ist der für die Vorbereitung und Verfolgung des Anspruchs zuständige Bedienstete Wissensvertreter,[19] auch dann, wenn innerhalb der Behörde

---

10 BGH VersR 1968, 1165.
11 BGH VersR 1968, 1165.
12 OLG Danzig VR 1927, 46.
13 OLG Celle VersR 1964, 416.
14 BGH VersR 1977, 739.
15 BGH VersR 1968, 453.
16 BGH VersR 1984, 161; OLG Hamburg VersR 1991, 1263.
17 RG WarnR 1934, Nr 187.
18 BGH VersR 1985, 735.
19 BGHZ 134, 343; VersR 1986, 917.

noch weitere Stellen mit der Bearbeitung des Schadensfalles befasst sind[20] und selbst wenn diese angewiesen sind, die Akte bei Anhaltspunkten für eine Verantwortlichkeit Dritter an die Regressabteilung weiterzuleiten.[21] Es genügt allerdings für die Zurechnung der Kenntnis, dass der informierte Bedienstete nur mit der vorbereitenden Klärung, nicht auch mit der Geltendmachung des Anspruchs betraut ist.[22] Auch kann die Nichtweitergabe von Informationen uU grob fahrlässig sein.

e) **Gesetzlicher Forderungsübergang.** Hier ist für die Frage, auf wessen Kenntnis es für den Beginn der Verjährungsfrist ankommt, zu unterscheiden, ob der Forderungsübergang kraft Gesetzes bereits im Zeitpunkt des Schadensfalls oder erst später eingetreten ist. Ob dem Geschädigten (wie beim Übergang auf Sozialhilfeträger möglich; vgl § 33 Rn 19 ff) eine Einziehungsermächtigung verbleibt, ist unerheblich.[23] 13

aa) Vollzieht sich der **Übergang im Zeitpunkt des Unfalls** (zB auf einen Sozialversicherungsträger nach § 1542 aF RVO, § 116 SGB X oder den Dienstherrn eines Beamten nach § 87a BBG; vgl § 32 Rn 43, § 34 Rn 33), so ist allein die Kenntnis des Zessionars maßgebend für den Beginn der Verjährungsfrist hinsichtlich der übergegangenen Ansprüche oder Teile von Ansprüchen; auf die Kenntnis des Verletzten kommt es insoweit überhaupt nicht an,[24] ebensowenig auf die Kenntnis eines anderen Leistungsträgers.[25] Entscheidend ist die Kenntnis des für die Vorbereitung und Verfolgung der Regressansprüche zuständigen Bediensteten der verfügungsbefugten Dienststelle;[26] jedoch kann sich der Zessionar nicht auf dessen Unkenntnis berufen, wenn er aufgrund eines groben Organisationsmangels durch eine andere Dienststelle nicht informiert wurde.[27] Die Kenntnis des den Rentenantrag des Versicherten entgegennehmenden Versicherungsamtes genügt nicht.[28] Bei Schadensfällen von Soldaten kommt es nicht auf die Kenntnis des Dienstvorgesetzten, sondern auf die der für die Abwicklung zuständigen Wehrbereichsverwaltung an.[29] 14

bb) Bei **späterem Übergang** (zB nach § 67 Abs 1 VVG, bei einem zum Unfallzeitpunkt noch nicht sozialversicherten Verletzten oder bei einer Systemänderung im sozialversicherungsrechtlichen Bestand[30]) muss es der Erwerber der Forderung gegen sich gelten lassen, wenn der Verletzte vor dem Übergang Kenntnis erlangte (§§ 404, 412 BGB). Der Erwerber der Forderung wird so behandelt, als habe er in jenem Zeitpunkt selbst Kenntnis erlangt.[31] Hatte der Verletzte vor dem Übergang keine Kenntnis, so kommt es für 15

---

20 BGH VersR 1992, 627.
21 BGH VersR 2000, 1277 m Anm *Stückrad/Wolf* 1506.
22 BGH VersR 1994, 491.
23 BGH NZV 1996, 402.
24 BGHZ 48, 181; BGH VersR 1979, 547; 1983, 536.
25 OLG Köln MDR 1992, 652.
26 BGH VersR 1985, 735; 1986, 164; 1986, 917; NZV 1996, 403; OLG Brandenburg NZV 1998, 506. S a Rn 12.
27 *Heß* NZV 2002, 66.
28 BGH VersR 1977, 739.
29 BGH VersR 1985, 735; OLG Schleswig VersR 1982, 1058 m Anm *Perkuhn*.
30 BGH VersR 1999, 1126. Vgl § 32 Rn 46.
31 BGH VersR 1982, 546; 1984, 136.

Vierter Teil. Ausschluss und Beschränkung der Haftung, Verjährung

den übergegangenen Teil der Forderung nur noch auf die Kenntnis des Erwerbers an.[32] Hatte der Versicherungsträger schon vor dem Übergang Kenntnis, der Verletzte dagegen nicht, so zählt der Zeitpunkt, zu dem der Versicherungsträger Kenntnis erlangte.[33]

16 cc) Bei **Wechsel des leistenden Sozialversicherungsträgers** ist § 404 BGB ebenfalls anzuwenden, sodass der zweite die während der Gläubigerschaft des ersten verstrichene Verjährungsfrist gegen sich gelten lassen muss.[34]

17 f) **Gesamtrechtsnachfolge.** Für Ansprüche, die in der Person des Erblassers entstanden sind, kommt es auf dessen Kenntniserlangung an, hat eine solche nicht mehr stattgefunden, auf die jedes einzelnen Miterben.[35] Bei originären Ansprüchen der Hinterbliebenen (§ 10 StVG) entscheidet allein deren Kenntnis (Rn 22).

5. Inhalt der Kenntnis

18 a) **Kenntnis vom Schaden.** Um zu vermeiden, dass sich der Gesamtschaden in viele Einzelposten mit jeweils eigenem Verjährungsschicksal aufspaltet, geht das Gesetz vom **Grundsatz der Schadenseinheit** aus.[36] Der Verletzte muss lediglich allgemeine Kenntnis vom Eintritt eines Schadens haben, dh wissen, dass eigene Sachen beim Unfall beschädigt wurden bzw er selbst an seinem Körper irgendeine Verletzung erlitten hat. Für den Beginn der Verjährung genügt es, wenn er die (möglichen) schädigenden Folgen des Unfalls im Allgemeinen kennt, auch wenn er über Einzelheiten noch nicht Bescheid weiß;[37] über den Schaden braucht er nicht mehr zu wissen, als zur Erhebung einer Feststellungsklage erforderlich ist,[38] insbesondere noch nicht seine Höhe. Die Verjährung umfasst, sofern der Verletzte erkannt hat, dass er körperlich verletzt worden ist, alle Schadensfolgen, die er als möglich voraussehen kann.[39] Dasselbe gilt für alle als möglich erkennbaren Folgen eines dem Verletzten bekannten Sachschadens. Der Verletzte muss daher bei Vorhersehbarkeit noch nicht bezifferbarer Schadensfolgen Feststellungsklage erheben, um dem Verjährungsrisiko zu entgehen[40] (s dazu § 37 Rn 12 f). Wächst die Kenntnis von der Möglichkeit einer Schadensfolge in den Fachkreisen erst nachträglich heran, bleibt es bei der Maßgeblichkeit der Kenntnis des Geschädigten.[41]

19 Etwas anderes gilt nur für **unvorhersehbare Schadensfolgen.** Verschlimmert sich eine Gesundheitsstörung nachträglich in völlig unerwarteter Weise, stellt sich heraus, dass die körperlichen Beeinträchtigungen nicht, wie anfangs angenommen, vorübergehender Art, sondern ein Dauerleiden sind oder treten weitere bis dahin nicht vorhersehbare

---

32 RGZ 152, 117; BGH VersR 1959, 34; 1960, 630; **aA** OLG Schleswig VersR 1959, 819.
33 RGZ 152, 118; BGH VersR 1963, 131.
34 BGH VersR 1978, 660.
35 OLG Celle VersR 1964, 416.
36 BGHZ 67, 373; BGH NJW 1988, 965; *Lepa* VersR 1986, 303; *aA Peters* JZ 1983, 121.
37 BGH VersR 1961, 753; 1978, 350; 1979, 155; OLG Koblenz VersR 1994, 866.
38 RGZ 157, 18 = JW 1938, 970 m Anm *Herschel*; RGZ 168, 219; BGHZ 6, 202; BGH VersR 1964, 1201; 1968, 1163; 1970, 89.
39 RGZ 85, 427; 119, 208; BGH VersR 1978, 350; 1979, 55; 1979, 155; 1982, 703.
40 **AA** *Peters* JZ 1983, 121.
41 BGH NZV 1997, 395; 2000, 204.

unfallbedingte Schäden auf, so beginnt hinsichtlich dieser Unfallfolgen die Verjährung erst in dem Zeitpunkt, in dem der Verletzte davon erfährt.[42]

Dass im Gefolge einer beim Unfall erlittenen schweren Kopfverletzung wegen einer hierbei erlittenen Hirnschädigung nach Jahren epileptische Anfälle auftreten, ist iS dieser Rspr nicht unvorhersehbar.[43] Sind alle Beteiligten, einschließlich der behandelnden Ärzte, von nur vorübergehenden Verletzungsfolgen ausgegangen, so fehlt Vorhersehbarkeit auch dann, wenn die später aufgetretenen Folgen alsbald nach dem Unfall in medizinischen Fachkreisen vorhersehbar gewesen sind.[44] Treten unvorhergesehene Spätfolgen nach einem Abfindungsvergleich ein, so beginnt die Verjährung für die weiteren Ansprüche zu laufen, sobald für den Verletzten erkennbar wird, dass die weitere Schadensentwicklung ein so krasses und unzumutbares Missverhältnis zwischen Schaden und Abfindungssumme ergibt, dass der Schädiger sich nach Treu und Glauben nicht mehr auf den Abschluss des Vergleichs berufen kann.[45] Sind Ersatzansprüche eines verletzten Beamten wegen seines Verdienstausfalls auf seinen Dienstherrn übergegangen und muss der Beamte wegen des unfallbedingten Leidens in den Ruhestand versetzt werden, so beginnt die Verjährungsfrist für denjenigen Teil der Ansprüche, das Ruhegehalt betrifft, sobald der Dienstherr weiß, dass die ihm bekannten Unfallfolgen zur Pensionierung führen können.[46] Weiß der Verletzte nicht, ob das Leiden, das ihn befallen hat, auf den Unfall zurückzuführen ist, so beginnt die Verjährung erst, wenn ein Arzt ihn darüber aufklärt, dass höchstwahrscheinlich eine unfallbedingte Verletzung die Ursache ist.[47] Hat der Verletzte kurz nach dem Unfall einen weiteren Unfall mit Körperverletzung erlitten, so ist dies auf den Lauf der Verjährungsfrist für etwaige spätere Folgeschäden bzgl des Erstunfalls ohne Einfluss.[48] Dass die Erneuerung einer Kieferprothese wegen Verschleißes erforderlich wird, ist vorhersehbar.[49]

Erhöht sich bei Anspruch auf **wiederkehrende Leistungen** der Schaden durch Ansteigen der Lebenshaltungskosten, so beginnt für den dadurch begründeten Anspruch auf Erhöhung der Rente die Verjährung erst in dem Zeitpunkt, zu welchem der Verletzte die Kenntnis erlangt hat, dass es sich um eine nachhaltige Entwicklung handelt.[50]

Die Verjährung der Ersatzansprüche von **Hinterbliebenen** eines beim Unfall Getöteten beginnt für jeden einzelnen Ersatzberechtigten, sobald er vom Tod des Unterhaltsverpflichteten erfährt. Die Kenntnis davon, dass der Unterhaltsverpflichtete beim Unfall verletzt wurde, setzt die Frist noch nicht in Gang.[51] Gegen eine Witwe, die ihren durch Wiederverheiratung ganz oder teilweise weggefallenen Unterhaltsersatzanspruch nach Auflösung der neuen Ehe wieder (ungeschmälert) geltend machen will (vgl § 28 Rn 163), läuft die Verjährungsfrist erst vom Auflösungszeitpunkt an.[52]

---

42 RGZ 119, 208; BGH VersR 1968, 1163; 1973, 371; 1979, 55; 1979, 646; OLG Köln NJW-RR 1993, 601.
43 BGH VersR 1979, 646.
44 BGH NZV 1991, 143, allerdings unter Berufung auf § 242 BGB; vgl zu dieser bedenklichen Begr *Peters* NZV 1991, 145.
45 BGH VersR 1968, 1165.
46 BGH VRS 22, 404; NJW 1965, 909; VersR 1967, 496; OLG Köln VersR 1970, 189.
47 BGH VersR 1959, 994; 1960, 752.
48 BGH VersR 1979, 1106.
49 OLG Zweibrücken VersR 1994, 1439.
50 BGH VersR 1979, 55.
51 OLG Koblenz VersR 1967, 668.
52 BGH VersR 1979, 55; KG VersR 1981, 1080.

Vierter Teil. Ausschluss und Beschränkung der Haftung, Verjährung

23 b) **Kenntnis vom Ersatzpflichtigen** erfordert Kenntnis der Personalien (Rn 24) und der anspruchsbegründenden Tatsachen (Rn 25 ff). Kommen mehrere Personen nebeneinander als Schadensersatzpflichtige in Betracht, so läuft hinsichtlich jeder Person eine eigene Verjährungsfrist.[53]

24 aa) **Personalien.** Weiß der Verletzte, wer den Schaden verursacht hat, so kennt er gleichwohl die Person des Ersatzpflichtigen erst, wenn er seinen Namen und seine ladungsfähige Anschrift kennt[54] oder infolge grober Fahrlässigkeit nicht kennt, zB weil er eine sich ohne weiteres anbietende, auf der Hand liegende Erkenntnismöglichkeit nicht wahrnimmt.[55]

25 bb) **Anspruchsbegründende Tatsachen.** Der Verletzte weiß erst dann, wer der Ersatzpflichtige ist, wenn er alle Umstände kennt, die die Ersatzpflicht gerade dieser Person auslösen.[56] Die Kenntnis von den anspruchsbegründenden Tatsachen ist vorhanden, wenn der Geschädigte aufgrund der ihm bekannten Tatsachen gegen eine bestimmte Person eine Klage (zumindest eine Feststellungsklage) erheben kann, die so viel Erfolgsaussichten bietet, dass sie ihm – wenn auch nicht risikolos – zuzumuten ist.[57] Maßgebend ist, ob ein verständiger Mensch, der die Prozesskosten selbst aufzubringen hätte, in der Lage des Verletzten das Risiko eines Rechtsstreits auf sich nehmen würde, ohne mehr vorbringen zu können als im gegebenen Augenblick der Verletzte.[58] Dass er zur Höhe der Ansprüche noch keine Einzelheiten vortragen kann, steht nicht entgegen, da ihn dies nicht hindert, Feststellungsklage zu erheben. Jedoch kann Rechtsunkenntnis bei unsicherer und zweifelhafter Rechtslage den Verjährungsbeginn hinausschieben, insbesondere wenn sich die Beurteilung der Rechtslage in der höchstrichterlichen Judikatur ändert.[59]

26 Der Geschädigte ist nicht verpflichtet, im Interesse des Schädigers an einem möglichst frühzeitigen Verjährungsbeginn **eigene Initiativen** zur Erlangung der Kenntnis über Schadenshergang und Person des Schädigers zu entfalten; lediglich auf der Hand liegende Erkenntnismöglichkeiten muss er wahrnehmen.[60]

27 Hat der Verletzte Körperschäden erlitten, die ihn unfähig machen, sich ein klares Urteil über die anspruchsbegründenden Tatsachen zu bilden, so kennt er den Ersatzpflichtigen nicht.[61] Solange die Witwe des beim Zusammenstoß mit einem entgegenkommenden Lastzug ums Leben gekommenen Pkw-Insassen nicht weiß, wie sich der Unfall ereignet hat, läuft die Frist nicht.[62]

---

53 *Rölle* DAR 1959, 311.
54 BGH NJW 1998, 988; NZV 2003, 27.
55 BGH VersR 1985, 367; 1987, 820; 1988, 465; NZV 2003, 27 (sämtlich zu § 852 BGB aF, der noch positive Kenntnis verlangte).
56 BGH VersR 1973, 232; 1976, 166; 1979, 1027.
57 RGZ 76, 63; 124, 114; 157, 18 = JW 1938, 970 m Anm *Herschel*; BGHZ 6, 202; BGH VersR 1979, 547; 1982, 898; OLG Frankfurt VersR 1984, 1174.
58 Vgl BGHZ 6, 202; BGH VersR 1968, 1163; OLG Köln VersR 1970, 49.
59 BGH NJW 2005, 429, 433.
60 BGH NJW 2000, 953; NZV 2001, 258.
61 BGH VersR 1959, 445; 1961, 701; 1961, 886; 1964, 302.
62 BGH VersR 1970, 89.

§ 21 Verjährung

Ist die Frage, wer von mehreren in Betracht kommenden und dem Namen nach bekannten Personen der Ersatzpflichtige ist, noch zweifelhaft, so beginnt die Verjährungsfrist erst mit dem Zeitpunkt, in dem begründete Zweifel darüber, wer von ihnen den Schadensersatz schuldet, nicht mehr bestehen.[63] Dies muss nicht immer erst nach Abschluss eines Rechtsstreits gegen eine der alternativ in Betracht kommenden Personen der Fall sein;[64] ggf ist die Verjährung gegen den anderen potentiellen Verantwortlichen durch Streitverkündung zu hemmen.[65] Bei einem Unfall, an dem zahlreiche Fahrzeuge beteiligt waren, kann es durchaus sein, dass dem Verletzten die Einsicht in die Strafakten noch nicht die Kenntnis verschafft hat, auch der später Beklagte komme als Schädiger in Betracht,[66] wohl aber erhält er sie bei Kenntnis der Anklageschrift.[67] Hat der Ersatzberechtigte zunächst eine Person in Anspruch genommen, von der sich dann durch die Beweisaufnahme ergab, dass sie nicht Halter des anderen Kfz war, so beginnt die Frist zur Geltendmachung von Ansprüchen gegen den richtigen Halter erst, wenn der Ersatzberechtigte Mitteilung vom Inhalt der Zeugenaussagen erhält.[68] Stellt die Staatsanwaltschaft das Ermittlungsverfahren gegen denjenigen, den der Verletzte für den am Unfall Schuldigen gehalten hatte, mangels ausreichenden Tatverdachts ein, so fehlt dem Verletzten idR die Kenntnis, dass dieser den Unfall verschuldet habe.[69] Das Gleiche muss gelten, wenn der Schädiger im zweiten Rechtszug freigesprochen wird.[70]

28

Die Wirkung der Kenntnis wird nicht dadurch beeinträchtigt, dass der Verletzte weiß oder befürchtet, der Schädiger werde **Einwendungen** bringen, sobald der Anspruch geltend gemacht wird.[71] Solche Einwendungen können zum Inhalt haben, es sei Haftungsausschluss vereinbart, oder den Verletzten treffe ein so stark überwiegendes Verschulden am Unfall, dass kein Schadensersatz geschuldet sei. Auch der Umstand, dass der Schädiger in der Lage ist, wirksam aufzurechnen und dadurch die Forderung zunichte zu machen, hindert die Verjährung nicht. Nach RGZ 124, 114 soll die Verjährungsfrist aber nicht laufen, solange der Ersatzberechtigte ernsthafte Zweifel haben kann, dass das Schädigerfahrzeug mehr als 20 km/h fahren konnte (§ 8 Nr 1 StVG).

29

Will der Verletzte Schadensersatzansprüche auch aus **unerlaubter Handlung** herleiten, so beginnt insoweit die Verjährungsfrist erst, wenn er Kenntnis von Umständen erlangt, aus denen sich ein Verschulden des Ersatzpflichtigen ergibt.[72] Es ist daher möglich, dass die Verjährungsfrist für die Ansprüche aus dem StVG früher zu laufen beginnt als für die Ansprüche aus unerlaubter Handlung.[73] Zum Inhalt der Kenntnis bei Amtshaftungsansprüchen vgl § 12 Rn 11 f.

30

---

63 RG JW 1935, 3154; BGH VersR 1964, 927; 1979, 1107.
64 So aber OLG Hamm NZV 1993, 270.
65 OLG Köln VersR 1992, 334.
66 BGH VersR 1978, 564.
67 BGH VersR 1983, 273.
68 OLG Köln JW 1920, 395 m Anm *Schmidt-Ernsthausen*; OLG Stuttgart RdK 1954, 40.
69 RG JW 1937, 2361; **aA** OLG Köln VersR 1970, 49.
70 **AA** OLG Celle VersR 1960, 281.
71 BGH VersR 1959, 274; **aA** BGH VersR 1970, 89.
72 BGH VRS 18, 330; VersR 1967, 775; OLG Neustadt DAR 1955, 113.
73 BGH VersR 1959, 1045.

III. Neubeginn der Verjährung

1. Bedeutung

31 Einen Neubeginn der Verjährung (früher als Unterbrechung bezeichnet) kennt das neue Recht nur noch bei Anerkenntnis (dazu näher Rn 32 ff) und Vollstreckungshandlungen (§ 212 BGB). Er kann nur eintreten, solange die Verjährung noch nicht abgelaufen ist. Während einer Hemmung der Verjährung kommt es nicht zum Neubeginn; er tritt erst mit Ende der Hemmung ein.[74]

2. Anerkennen des Anspruchs

32 **a) Begriff.** Unter „Anerkennen" iS des § 212 BGB ist nicht nur das ausdrückliche Schuldanerkenntnis des Schädigers (vgl § 16 Rn 47 ff), sondern jedes tatsächliche Verhalten gegenüber dem Geschädigten zu verstehen, aus dem sich ein Bestätigen des Anspruchs unzweideutig ergibt,[75] insbesondere eine Zahlung (zur Teilzahlung s Rn 37), aber uU auch eine Auskunftserteilung.[76] Es handelt sich nicht um eine Willenserklärung iS des bürgerlichen Rechts. Daher braucht das Verhalten nicht in einer positiven Handlung zu bestehen.[77] Das tatsächliche Verhalten des Schuldners gegenüber dem Gläubiger muss aber klar ergeben, dass er sich der Verpflichtung bewusst ist.[78]

33 Dies ist zB bei einer Bitte um Stundung der Fall,[79] nicht aber bei einer Erklärung, man werde sich um die Sache kümmern[80] oder bei einem „anerkennenden" Verhalten im Strafverfahren, zB Zahlung einer Geldauflage.[81] Die Anfrage des Haftpflichtversicherers, mit welcher Abfindung sich der Verletzte zufriedengeben würde, enthält kein Anerkenntnis,[82] ebensowenig der Vergleichsvorschlag eines Rechtsanwalts im Rahmen außergerichtlicher Verhandlungen.[83] Ob die Erklärung der Aufrechnung mit einer bestrittenen Forderung gegen eine unbestrittene Forderung ein Anerkenntnis iS des § 212 BGB darstellt, hängt von den Umständen des Einzelfalls ab.[84] Die Beifügung der Worte „ohne Anerkennung einer Rechtspflicht" schließt ein Bewusstsein des Bestehens der Forderung nicht ohne weiteres aus;[85] vgl aber Rn 37. Dasselbe gilt für die Erklärung, der Versicherer behalte sich sämtliche Einwendungen vor für den Fall, dass eine außergerichtliche Einigung nicht erzielt werden könne, jedenfalls dann, wenn die Verhandlungen nur über die Höhe geführt wurden.[86] Näher zu Vergleichsverhandlungen s Rn 38.

---

74 BGHZ 109, 220.
75 BGH VersR 1969, 567; 1972, 398.
76 BGH FamRZ 1990, 1107.
77 BGH NJW 1965, 1430.
78 BGHZ 58, 103; BGH VersR 1972, 372; 1972, 398.
79 BGH NJW 1978, 1914.
80 OLG Koblenz NJW-RR 1990, 61.
81 OLG Düsseldorf NJW-RR 1990, 1178; OLGR 1994, 114; zu Ratenzahlungen aufgrund einer Bewährungsauflage s LAG Frankfurt NJW 1966, 1678.
82 BGH VersR 1966, 536.
83 OLG Hamburg VersR 1990, 899.
84 Vgl BGH NJW 1989, 2469 gegenüber BGHZ 58, 103.
85 BGH VersR 1972, 398.
86 BGH VersR 1972, 372.

b) Wirkung. Sie besteht darin, dass die Verjährungsfrist im Zeitpunkt des Anerkennens vollständig neu zu laufen beginnt. Eine weitergehende Wirkung kann dem Anerkennen zukommen, wenn es sich um ein konstitutives Schuldanerkenntnis nach § 781 BGB (s § 16 Rn 47) oder um ein Anerkenntnis handelt, welches nach dem Parteiwillen ein Feststellungsurteil ersetzen soll (s Rn 96).

34

Erklärungen und Zahlungen des Haftpflichtversicherers wirken sich auch auf die Verjährung von Ansprüchen gegen Halter und Fahrer aus,[87] auch dann, wenn diese über die Deckungssumme[88] oder über die Höchstsumme nach § 12 StVG hinaus[89] persönlich in Anspruch genommen werden, außer der Versicherer bringt erkennbar zum Ausdruck, dass er über die Deckungssumme hinausgehende Ansprüche nicht anerkennen will.[90] Bei teilweisem Forderungsübergang wirkt ein vorher abgegebenes Anerkenntnis für beide nun selbständig gewordenen Teile der Forderung; ein Anerkenntnis des Schädigers nach dem Forderungsübergang wirkt dagegen nur hinsichtlich des Teils der Forderung, der demjenigen zusteht, dem gegenüber anerkannt wurde.[91] Sind zwei Personen bei einem Unfall verletzt worden und sind ihre Ansprüche auf denselben Versicherungsträger übergegangen, so wirkt ein auf eine der Forderungen beschränktes Anerkenntnis des Schädigers nicht auch für die andere Forderung.[92]

35

c) Sonderfälle. Ein Anerkenntnis **dem Grunde nach** reicht aus,[93] und zwar auch dann, wenn der Schädiger die Höhe der vom Verletzten (Hinterbliebenen) geltend gemachten Ansprüche ausdrücklich bestreitet.[94] Das Anerkenntnis kann allerdings auch in diesem Zusammenhang wirksam auf einen abgrenzbaren **Teil der Ansprüche** beschränkt werden, zB auf die lediglich aus der Haftung nach dem StVG berechtigten Ansprüche, oder auf einen bestimmten Bruchteil aller in Frage kommenden Ansprüche.[95] Hat mithin der Schädiger vorgebracht, er habe wegen hohen Mitverschuldens des Verletzten nur ein Drittel des Schadens zu ersetzen, so verjähren alle Ansprüche in Höhe der restlichen zwei Drittel, wenn sie nicht rechtzeitig gerichtlich geltend gemacht werden. Erkennt der Haftpflichtversicherer an, dass der Witwe Ansprüche wegen entgehenden Unterhalts zustehen, soweit nicht ein Forderungsübergang wegen einer noch zu berechnenden Sozialrente erfolgt, so beginnt hinsichtlich dieses noch zu berechnenden Unterschiedsbetrags die Verjährung auch dann neu, wenn der Haftpflichtversicherer später zu der Ansicht gelangt, wegen der Arbeitspflicht der Witwe bestehe kein derartiger Unterschiedsbetrag.[96] Hat der Verletzte bestimmte Ansprüche geltend gemacht, so wirkt sich das Anerkenntnis des Ersatzpflichtigen nicht auf Ansprüche aus, die nicht geltend gemacht wurden.[97]

36

---

87 BGH VersR 1964, 1199; 1972, 372.
88 BGH VersR 1970, 549; 1972, 398; einschr OLG Braunschweig NJW-RR 1989, 799 für den Fall, dass der Versicherer ausdrücklich erklärt, nur im Rahmen des bestehenden Deckungsschutzes regulieren zu wollen.
89 BGH VersR 1979, 284.
90 BGH NZV 2004, 623.
91 OLG Düsseldorf VersR 1962, 1213; OLG Oldenburg VersR 1967, 384.
92 BGH VersR 1969, 921.
93 RGZ 113, 238; BGH VersR 1965, 1149.
94 RGZ 63, 389; 73, 133; BGH VersR 1960, 831.
95 BGH VersR 1980, 831; 1973, 233; OLG Stuttgart VersR 1967, 888; OLG Nürnberg VersR 1970, 92.
96 BGH VersR 1963, 187.
97 OLG Düsseldorf VersR 1960, 1053.

Vierter Teil. Ausschluss und Beschränkung der Haftung, Verjährung

37 Wie ein Anerkenntnis wirkt die **Teilzahlung** (Abschlagszahlung). Bezieht sie sich nur auf eine bestimmte Gruppe von Schäden (zB nur auf das Schmerzensgeld), so bewirkt sie keinen Neubeginn der Verjährung anderer Schadensgruppen;[98] bezieht sie sich auf mehrere Schadensgruppen, so beginnt idR die Verjährung aller Forderungen von Neuem, die demjenigen zustehen, dem Zahlung geleistet wird.[99] Letzteres ist idR anzunehmen, wenn die Begrenzung auf einzelne Schadensarten nicht eindeutig zum Ausdruck gebracht wurde.[100] Wird die Zahlung mit der Bemerkung versehen, dass die Haftung nicht anerkannt werde, so wirkt das Anerkenntnis nicht über den gezahlten Betrag hinaus.[101] Dagegen wird durch den bloßen Vermerk des Versicherers, dass eine Abschlagszahlung „ohne Anerkennung einer Rechtspflicht" erfolge, das Bewusstsein der Verpflichtung nicht ausgeschlossen.[102] Ein Vorschuss unter Vorbehalt der Rückforderung enthält idR keine endgültige Aussage zur Haftungsfrage.[103]

38 **Erklärungen bei Vergleichsverhandlungen** können dann als Anerkenntnis zu werten sein, wenn der Ersatzpflichtige seine Haftung einräumt und Verhandlungen daher nur über die Höhe der Ansprüche gepflogen werden.[104] Es wird nicht dadurch hinfällig, dass der Vergleich nicht zustande kommt.[105] Lässt der Schädiger oder sein Haftpflichtversicherer bei den Verhandlungen die Frage, ob überhaupt etwas geschuldet ist, offen, so greift lediglich die Hemmung nach § 203 BGB ein.

IV. Hemmung der Verjährung

1. Bedeutung

39 Das neue Verjährungsrecht hat viele Unterbrechungs- in Hemmungstatbestände umgewandelt und damit die Verjährung iErg beschleunigt, denn die Hemmung bewirkt nur, dass während ihrer Dauer die Verjährungsfrist nicht weiter läuft (§ 209 BGB), dh nach Beendigung der Hemmung verbleibt lediglich der vor der Hemmung noch nicht verbrauchte Rest der Frist (Ausnahme: § 203 S 2 BGB, der nach dem Ende von Verhandlungen noch mindestens drei Monate laufen lässt). Die Vorschriften über die Hemmung sind als Ausnahmevorschriften eng auszulegen.[106] Die wesentlichsten Hemmungsgründe sind Anmeldung beim Haftpflichtversicherer (§ 3 Nr 3 PflVG; dazu Rn 40 ff), Verhandlungen über den Anspruch (§ 203 BGB; dazu Rn 51 ff), Rechtsverfolgungsmaß-

---

98 So bei Zahlung der Heilungskosten: RG Recht 1914, Nr 464; bei der Zahlung von Schmerzensgeld: OLG Oldenburg VersR 1967, 384; für das Verhältnis vermehrte Bedürfnisse/ Haushaltsführungsschaden OLG Koblenz NJW-RR 1994, 1049; bei Teilvergleich: OLG Stuttgart VersR 1967, 888.
99 RGZ 135, 12; BGH VersR 1968, 277.
100 BGH VersR 1969, 567; 1986, 97.
101 OLG Köln VersR 1967, 463.
102 BGH VersR 1972, 398.
103 OLG Hamm r+s 1998, 107.
104 BGH VersR 1965, 1149; 1969, 567.
105 **AA** RG Recht 1908, Nr 255; JW 1911, 32; WarnR 1933, Nr 146; BGH WM 1970, 548.
106 RGZ 120, 359 = JW 1928, 2839 m Anm *Mügel*.

§ 21 Verjährung

nahmen (§ 204 BGB; dazu Rn 64 ff), vereinbartes Leistungsverweigerungsrecht (§ 205 BGB; dazu Rn 85 f), höhere Gewalt (§ 206 BGB), sowie familienrechtliche Beziehungen (§ 207 BGB).

2. Anmeldung beim Haftpflichtversicherer

Nach § 3 Nr 3 S 3 PflVG, der als Sonderregelung den allgemeinen Hemmungstatbeständen vorgeht,[107] wird die Verjährung des Haftpflichtanspruchs dadurch gehemmt, dass der Geschädigte seinen Direktanspruch gegen den Versicherer (§ 3 Nr 1 PflVG; vgl § 15 Rn 1) bei diesem anmeldet. Die Hemmung beginnt mit dem Zugang der erstmaligen[108] Anmeldung beim Versicherer und dauert bis zum Eingang dessen schriftlicher Entscheidung beim Anspruchsteller (näher Rn 46 ff). Eine weitere Hemmung ist nach den allgemeinen Vorschriften möglich.[109] **40**

a) Anforderungen an die Anmeldung. Da das PflVG – anders als Art 8 Abs 2 Satz 1 des Anhanges I zum Europäischen Übereinkommen über die obligatorische Haftpflichtversicherung für Kfz – keine bestimmte Form vorschreibt, genügt eine formlose Anmeldung, mit der der Geschädigte unter Hinweis auf ein bestimmtes Schadensereignis einen Schaden geltend macht.[110] Aus der Anmeldung muss lediglich hervorgehen, dass gegen den Haftpflichtigen aus einem bestimmten Ereignis Ersatzansprüche erhoben werden; die einzelnen Ansprüche brauchen noch nicht näher bezeichnet und beziffert zu werden.[111] Die Anmeldung von Sachschäden hemmt auch die Verjährung von Personenschäden.[112] Das Versäumen der Anmeldefrist nach § 3 Nr 7 PflVG ist für die Hemmungswirkung ohne Einfluss.[113] Es kommt auch nicht darauf an, ob sich an die Anmeldung Regulierungsverhandlungen oder sonstige Erklärungen des Versicherers anschließen.[114] **41**

b) Adressat. Die Anmeldung muss dem Haftpflichtversicherer des Schädigers zugehen. Dieselbe Wirkung hat die Anmeldung bei der Stelle, die die Pflichten des Haftpflichtversicherers bei Beteiligung eines ausländischen Kfz übernimmt (§ 6 Abs 1 AuslPflVG; dazu § 15 Rn 64),[115] bei Unfällen in einem anderen Mitgliedstaat der EU auch die Anmeldung beim zuständigen Schadensregulierungsbeauftragten (Art 4 Richtlinie 2000/26/EG; § 7b VAG; dazu § 15 Rn 67), da er den Haftpflichtversicherer vertritt. Für die subsidiär eintretende Entschädigungsstelle nach Art 6 Abs 1 S 2 lit b der Richtlinie (vgl § 12a Abs 1 S 1 Nr 2 PflVG) muss nach dem Schutzgedanken der Regelung dasselbe gelten. Im Falle des Art 7 der Richtlinie (Nichtermittlung des Fahrzeugs oder Versicherers; vgl § 12a Abs 1 S 1 Nr 3 PflVG) hat die Anmeldung bei der Entschädigungsstelle dagegen keine verjährungsrechtliche Bedeutung für den originären Haftpflicht- **42**

---

107 BGHZ 152, 298, 300.
108 BGHZ 152, 298.
109 Vgl BGHZ 152, 298, 302.
110 BGHZ 74, 395; BGH VersR 1978, 423.
111 BGH VersR 1978, 423; 1979, 1104; 1982, 547; 1982, 675.
112 OLG München VersR 2001, 230.
113 BGH VersR 1975, 279; 1982, 651.
114 BGH VersR 1987, 937.
115 Vgl OLG Hamm VersR 2002, 564 (zur Klageerhebung).

Vierter Teil. Ausschluss und Beschränkung der Haftung, Verjährung

bzw Direktanspruch, denn die Entschädigungsstelle wird nicht in Vertretung, sondern anstelle des Versicherers im Rahmen eines gesetzlichen Schuldverhältnisses[116] tätig (vgl zur entsprechenden Rechtslage beim Anspruch gegen den Entschädigungsfonds nach § 12 PflVG § 15 Rn 69).

43 c) Bei **Mehrheit von Geschädigten** muss jeder seinen Ersatzanspruch anmelden, um in den Genuss der Hemmung zu kommen, denn nach § 3 Nr 3 S 3 PflVG ist nicht der Unfall, sondern der Anspruch anzumelden.[117] Eine Ausnahme lässt der BGH[118] jedoch wegen der engen Verknüpfung der Ansprüche dann zu, wenn nur der hinterbliebene Ehegatte seinen Anspruch angemeldet hat, außer ihm aber auch noch ein hinterbliebenes und vom Anmeldenden gesetzlich vertretenes Kind anspruchsberechtigt ist.

44 d) **Reichweite.** Die Hemmung erfasst nicht nur den Direktanspruch gegen den Versicherer, sondern auch den Ersatzanspruch gegen den Schädiger selbst (§ 3 Nr 3 S 4 PflVG).[119] Dies gilt auch dann, wenn der Ersatzanspruch die Deckungsverpflichtung des Versicherers übersteigt,[120] und unabhängig davon, ob sich der Geschädigte auf eine gesamtschuldnerische Haftung beruft.[121] Will der Versicherer demgegenüber die Verhandlungsführung (mit Auswirkung auf die Verjährungshemmung) beschränken, muss er dies eindeutig zum Ausdruck bringen.[122]

45 Die Hemmung bezieht sich auf alle Ansprüche, die dem Anmeldenden aus dem Unfall erwachsen sind, auch wenn sie in der Meldung noch nicht näher bezeichnet wurden[123] und auch soweit sie auf eintrittspflichtige Leistungsträger übergegangen sind.[124] Ist der Haftpflichtversicherer gegenüber dem Versicherungsnehmer gem § 7 Nr V Abs 2 AKB von der Leistungspflicht teilweise frei, so wird die Verjährung des auf einen Sozialversicherungsträger übergegangenen Schadensersatzanspruchs auch hinsichtlich des unter der Leistungsfreigrenze liegenden Sockelbetrags gehemmt.[125]

46 e) **Ende.** Nach § 3 Nr 3 S 3 PflVG endet die Hemmung (mit der Folge, dass die Verjährungsfrist weiterläuft) mit dem Eingang der **schriftlichen Entscheidung** des Versicherers. Eine Entscheidung idS liegt nur dann vor, wenn das Schreiben eindeutig erkennen lässt, dass die mit dem Anspruchsteller geführten Verhandlungen als beendet betrachtet werden, und zwar entweder im ablehnenden[126] oder im stattgebenden Sinn.[127] Das Erfordernis der Schriftlichkeit besteht auch bei positiver Entscheidung.[128] Ergeht

---

116 *Pamer* Neues Recht der Schadensregulierung bei Verkehrsunfällen im Ausland S 50.
117 BGHZ 74, 393.
118 BGHZ 74, 393, 398.
119 Vgl BGH VersR 1977, 282; 1977, 739; 1982, 651; OLG Hamm VersR 2002, 564 (Ausländer).
120 BGH VersR 1982, 546; 1984, 441.
121 OLG Hamm VersR 2002, 564.
122 Vgl BGH NZV 1989, 145.
123 BGH VersR 1978, 423.
124 BGH VersR 1982, 674.
125 BGH VRS 66, 262.
126 BGHZ 67, 372.
127 BGHZ 114, 299; BGH NZV 1992, 231; 1996, 142; *Schirmer* VersR 1970, 116; *v Bar* NJW 1977, 143.
128 BGH NZV 1992, 231.

hierzu kein schriftlicher Bescheid, endet die Hemmung jedenfalls mit Abschluss eines Abfindungsvergleichs;[129] das gilt auch für dort vorbehaltene Ansprüche.[130] Auch ein Vergleichsangebot kann eine „Entscheidung" sein,[131] eine Überweisung allenfalls unter ganz besonderen Umständen.[132] Bei bloßer Zahlung fehlt die Schriftlichkeit.[133]

Die Äußerung des Versicherers muss jedoch in jedem Fall **eindeutig und endgültig** sein.[134] Es genügt nicht, wenn der Versicherer in seinem Schreiben zwar Einwendungen gegen den Anspruch erhebt, ihn jedoch nicht ablehnt, sondern zum Ausdruck bringt, dass er um eine weitere Klärung des Sachverhalts bemüht ist;[135] anders, wenn er – vorerst – ablehnt, weil wegen fehlender Unterlagen eine sachliche Prüfung noch nicht möglich sei.[136] Auch die bloße Erklärung, auf die Einrede der Verjährung verzichten zu wollen, führt nicht zur Beendigung der Hemmung.[137]

47

Die Entscheidung muss auch **umfassend** sein.[138] Sie muss dem Geschädigten zweifelsfreie Klarheit über alle Forderungen aus dem Unfall verschaffen. Eine positive Entscheidung des Versicherers beendet die Verjährungshemmung deshalb nur dann, wenn der Geschädigte aufgrund dieser Entscheidung sicher sein kann, dass auch künftige Forderungen aus dem Schadensfall, sofern sie der Höhe nach ausreichend belegt sind, freiwillig bezahlt werden.[139] Dass Einzelpositionen anerkannt werden und der Anspruchsgrund nicht bestritten wird, reicht hierfür nach Ansicht des BGH[140] nicht aus. Auch ein Teilvergleich, der Zukunftsschäden ausklammert, beendet die Hemmung nicht.[141]

48

Durch ein **Verhalten des Geschädigten** kann die Beendigung der Verjährungshemmung nicht herbeigeführt werden;[142] dies würde dem auf Schutz des Geschädigten vor Verjährung seiner Ansprüche gerichteten Zweck des § 3 Nr 3 S 3 PflVG zuwiderlaufen.[143] Daher endet die Hemmung nicht etwa deswegen, weil der Geschädigte sich trotz Schweigens des Versicherers längere Zeit, selbst jahrelang, nicht mehr meldet.[144] Allerdings kann es gegen Treu und Glauben (§ 242 BGB) verstoßen, wenn der Geschädigte aufgrund des Verhaltens des Versicherers, zB seiner Zahlungen, keinen Anlass hatte, noch auf einen schriftlichen Bescheid zu warten und erst nach Jahren mit neuen Forde-

49

---

129 BGH NZV 1999, 158.
130 BGH NJW 2002, 1878, 1880; **aA** OLG Frankfurt NJW-RR 2002, 755.
131 Zu eng OLG München NZV 1989, 193.
132 So aber OLG München NZV 1992, 283.
133 BGH NZV 1996, 142.
134 BGH VersR 1982, 1006; NZV 1991, 151; OLG München VersR 1982, 173; OLG Köln VersR 1983, 959; **aA** OLG München NZV 1992, 322: nur eindeutig, nicht endgültig.
135 BGH VersR 1979, 1120.
136 OLG Karlsruhe VersR 1988, 351.
137 BGH VersR 1978, 423.
138 BGHZ 114, 303; BGH NZV 1992, 231.
139 BGH NZV 1996, 142; OLG Hamm NZV 2002, 39.
140 NZV 1996, 142.
141 Nichtannahmebeschluss des BGH zu OLG Hamm VersR 1996, 78.
142 ZB Bestätigung der mündlichen Ablehnung des Versicherers in Schreiben des Geschädigten; BGH NZV 1997, 227.
143 BGH VersR 1977, 335; 1978, 93.
144 BGH VersR 1978, 93.

Vierter Teil. Ausschluss und Beschränkung der Haftung, Verjährung

rungen an den Versicherer herantritt; in diesem Fall kann sich der Versicherer ggf auf den Ablauf der Verjährungsfrist berufen.[145]

50 Gegenüber dem **Schädiger** (vgl Rn 44) wirkt die Hemmung auch dann weiter, wenn der Versicherer ihm den Versicherungsschutz entzieht.[146]

3. Verhandlungen über den Schadensfall (§ 203 BGB)

51 a) **Begriff der Verhandlungen.** Es unterbrechen nicht nur solche Verhandlungen die Verjährung, die auf eine außergerichtliche Erledigung hinzielen; es ist vielmehr jeder Meinungsaustausch zwischen dem Ersatzberechtigten und dem Ersatzverpflichteten (oder dessen Haftpflichtversicherer) über den Schadensfall eine Verhandlung über den Schadensersatz,[147] sofern der Ersatzverpflichtete oder sein Versicherer nicht sofort mitteilt, dass er jeden Schadensersatz ablehne.[148] Verhandlungen schweben daher schon dann, wenn der in Anspruch Genommene Erklärungen abgibt, die dem Geschädigten die Annahme gestatten, er lasse sich auf Erörterungen über die Berechtigung von Schadensersatzansprüchen ein.[149] Lehnt derjenige, an den der Verletzte wegen Vergleichsverhandlungen herantritt, solche Verhandlungen ab, so liegt in diesem Austausch von Erklärungen keine Verhandlung.[150] Auch die formularmäßige Bestätigung des Empfangs einer Forderungsanmeldung reicht noch nicht,[151] wohl aber, wenn der Haftpflichtversicherer auf die Schadensmeldung des Verletzten antwortet, er werde nach Abschluss der Ermittlungen oder des Strafverfahrens auf die Angelegenheit zurückkommen.[152] Dass der Versicherer sich intern mit der Sache befasst, ohne dies dem Anspruchsteller mitzuteilen, kann nicht ausreichen.[153] Nicht erforderlich ist dagegen, dass der Geschädigte konkrete Ansprüche anmeldet; auch vom Schädiger initiierte Verhandlungen hemmen die Verjährung.[154]

52 b) **Beschränkung der Verhandlungen.** Grundsätzlich erstreckt sich die Hemmung auf den gesamten Anspruch. Sind die Verhandlungen jedoch ausdrücklich auf einen von mehreren abtrennbaren Anspruchskomplexen beschränkt, zB auf die Reparaturkosten oder auf den Verdienstausfall, so hemmen sie auch nur die Verjährung der zu dem Komplex gehörenden Ansprüche.[155] Das Gleiche gilt, wenn der Haftpflichtversicherer des Ersatzpflichtigen nur bis zur Höhe der Deckungssumme mit dem Geschädigten verhandelt. Dies muss er dem Geschädigten aber eindeutig erkennbar machen.[156]

---

145 BGH VersR 1978, 423; OLG Düsseldorf NZV 1990, 74; 1990, 192 f.
146 KG NJW-RR 1993, 917.
147 BGH NJW 1997, 3447: auch die Bekundung der Bereitschaft, ein Gespräch über die Verjährungsfrage zu führen.
148 BGH VersR 1962, 615; 1965, 1151; 1969, 857; 1988, 718; 1991, 475; EWiR § 203 BGB 1/07, 5 (Fischinger); OLG Saarbrücken VersR 1990, 1024.
149 BGH NJW 2007, 64, 65 (sehr weitgehend); NZV 2001, 466, 467.
150 OLG Karlsruhe VersR 1967, 667.
151 BGH VersR 1959, 36; 1965, 1151; 1969, 859; 1975, 441; OLG Stuttgart VersR 1971, 1178.
152 BGH Vers 1975, 440; **aA** OLG Düsseldorf OLGZ 1966, 535; LG Stuttgart VersR 1966, 151.
153 **AA** OLG Hamm NZV 1998, 24.
154 BGH NJW 2001, 1723.
155 BGH NZV 1998, 108.
156 BGH VersR 1978, 533; 1985, 1141.

Hinsichtlich verschiedener konkurrierender Anspruchsgrundlagen besteht keine Abtrennbarkeit der Verhandlungen.[157]

c) Person des Verhandelnden. Zu Vergleichsverhandlungen befugt ist nicht nur der Ersatzberechtigte oder -verpflichtete selbst (oder sein gesetzlicher Vertreter), sondern auch eine von ihm bevollmächtigte Person (zB ein Rechtsanwalt). Der Haftpflichtversicherer ist nach § 10 Abs 5 AKB zu Regulierungsverhandlungen bevollmächtigt, sodass auch seine Verhandlungen die Verjährung hemmen. Dies gilt auch dann, wenn die Ansprüche des Geschädigten, deretwegen der Versicherer mit ihm verhandelt hat, die Deckungssumme übersteigen.[158] Bei Selbstversicherung nach § 2 Abs 2 PflVG beziehen sich wegen der entsprechenden Anwendung von § 10 Abs 5 AKB Verhandlungen mit dem Fahrzeughalter auch auf den Ersatzanspruch gegen den Fahrer.[159]

53

Soweit die Forderung auf einen Dritten (zB auf einen Versicherer oder auf den Dienstherrn) übergegangen ist, ist dieser allein in der Lage, solche Verhandlungen mit verjährungshemmender Wirkung zu führen. Verhandlungen, die der Verletzte mit dem Haftpflichtversicherer des Schädigers führt, hemmen die Verjährung desjenigen Teils der Ersatzansprüche nicht, der auf den Sozialversicherer übergegangen ist.[160]

54

d) Beginn der Hemmung. Sie tritt nicht erst mit dem Verhandeln als solchem ein, sondern bereits mit dem Zeitpunkt der Anspruchsanmeldung, sofern nur der Schädiger, sein Haftpflichtversicherer oder eine von diesem oder vom Schädiger bevollmächtigte Person daraufhin eine Erklärung abgibt, aus der der Ersatzberechtigte entnehmen kann, dass eine gewisse Verhandlungsbereitschaft bestehe oder dass der Verpflichtete oder sein Versicherer möglicherweise beabsichtige, die Ansprüche des Verletzten wenigstens teilweise zu befriedigen.[161]

55

e) Ende der Hemmung. Das Ende tritt stets dann ein, wenn der Schädiger unmissverständlich erklärt, er lehne jede Ersatzleistung ab,[162] oder mitteilt, er halte weitere Verhandlungen für zwecklos[163] oder wenn der Haftpflichtversicherer des Schädigers dem Ersatzberechtigten eine ausführliche Stellungnahme zuleitet, in der dargelegt ist, warum die erhobenen Ansprüche nicht befriedigt werden.[164] Darauf, ob der Schädiger oder sein Bevollmächtigter die Haftung bestreiten, kommt es nicht an.[165] Ohne Bedeutung für die Hemmung der Verjährung ist die Erklärung, auf die Einrede der Verjährung bis zu einem bestimmten Zeitpunkt verzichten zu wollen.[166]

56

Das Ende der Verhandlungen tritt auch ein, wenn der Ersatzverpflichtete auf eine Anfrage oder einen Vorschlag des Ersatzberechtigten **keine Antwort** mehr gibt (sog Ein-

57

---

157 OLG Hamburg VersR 1991, 1263.
158 BGH VersR 1970, 549; 1978, 533.
159 BGH MDR 1965, 198.
160 OLG Frankfurt VersR 1966, 1056; **aA** *Lepa* VersR 1986, 306.
161 BGH VersR 1959, 36.
162 BGH NJW 1998, 2819.
163 BGH VersR 1960, 831; KG VAE 1938, 358.
164 OLG Nürnberg VersR 1966, 1144 LS.
165 BGH VersR 1970, 327.
166 BGH NZV 2004, 239.

schlafenlassen). Maßgebend ist der Zeitpunkt, zu dem eine Antwort spätestens zu erwarten gewesen wäre.[167]

58 Wurden vorläufige Zahlungen geleistet, so beendet die Einstellung der Zahlungen die Hemmung. Dem Verletzten steht es allerdings frei, noch ein Schreiben an den Schädiger zu richten und nach dem Grund der Zahlungseinstellung zu fragen. Dann endet die Verjährung zu dem Zeitpunkt, in dem nach allgemeiner Lebenserfahrung mit einer Antwort spätestens zu rechnen gewesen wäre. Antwortet der Haftpflichtversicherer auf eine Anfrage des Ersatzberechtigten, er könne derzeit keine Erklärungen zum Ersatz der in Zukunft entstehenden Heilungskosten abgeben, der Ersatzberechtigte müsse ggf später die Notwendigkeit der aufgewendeten Kosten nachweisen, so sind die Verhandlungen über jene Kosten noch nicht beendet.[168]

59 Die Verhandlungen enden aber auch, wenn der **Ersatzberechtigte** sich nicht mehr äußert, obwohl eine Äußerung nach Sachlage zu erwarten gewesen wäre.[169] Maßgeblich ist der Zeitpunkt, in dem eine Antwort auf die letzte Anfrage des Ersatzpflichtigen spätestens zu erwarten gewesen wäre, falls die Regulierungsverhandlungen mit verjährungshemmender Wirkung hätten fortgesetzt werden sollen.[170] Waren die Vergleichsverhandlungen dadurch zum Ruhen gekommen, dass der Ersatzberechtigte Antrag auf Sozialrente gestellt hatte, so enden die Verhandlungen an dem Tag, an dem der Ersatzverpflichtete, der sich schriftlich zur Fortsetzung der Verhandlungen erboten hatte, mit einer Antwort rechnen konnte.[171]

60 Verlieren die Verhandlungspartner den Gegenstand der Verhandlungen (die Schadensersatzansprüche) aus den Augen, so endet die Hemmung.[172] Wurde für die außergerichtliche Regulierung von Schäden eines schwerverletzten Kindes mit dem Haftpflichtversicherer eine Verhandlungspause vereinbart, so ist es grundsätzlich Sache des Haftpflichtversicherers, die Initiative wegen einer Wiederaufnahme der Verhandlungen zu ergreifen, wenn er die Hemmung einer Verjährung der Ersatzansprüche beenden will.[173]

61 Werden bereits beendete Verhandlungen **wieder aufgenommen**, kommt es zu einer erneuten Hemmung. Eine Wiederaufnahme liegt aber nur dann vor, wenn sich die andere Seite auf ein entsprechendes Verlangen hin sachlich einlässt, nicht wenn sie die Möglichkeit weiterer Verhandlungen nur bei Erfüllung bestimmter Voraussetzungen in Aussicht stellt.[174]

62 f) **Nachfrist.** Um zu verhindern, dass eine schon fast abgelaufene Verjährungsfrist kurz nach Abbruch der Verhandlungen endet, ordnet § 203 S 2 BGB nunmehr an, dass die Verjährung frühestens drei Monate nach Ende der Hemmung eintreten kann. Bis 31.12.2001 musste hierfür der Arglisteinwand bemüht werden.[175]

---

167 BGHZ 152, 298, 303; NJW 1986, 1337 mwN.
168 KG VAE 1938, 358.
169 BGH VersR 1963, 145; 1977, 336.
170 BGH NZV 1990, 227.
171 BGH VersR 1967, 502.
172 OLG Stuttgart VersR 1967, 508.
173 BGH VersR 1986, 490.
174 AnwK-BGB/*Mansel/Budzikiewicz* § 203 Rn 20.
175 BGH VRS 16, 1.

§ 21 Verjährung

g) Verhältnis zum Neubeginn. Bei Vergleichsverhandlungen kann es auch zu einem Neubeginn der Verjährung durch Anerkenntnis kommen (vgl Rn 38). Die neue Verjährungsfrist läuft dann ab dem Ende der Verhandlungen. **63**

4. Rechtsverfolgung

a) Verfolgungshandlungen. Klageerhebung (und die in § 204 BGB gleichgestellten Maßnahmen) führen nach neuem Verjährungsrecht nicht mehr zum Neubeginn, sondern nur noch zur Hemmung der Verjährung. Zum Übergangsrecht s Rn 93. Für das Haftpflichtrecht sind insbesondere folgende Maßnahmen zur Rechtsverfolgung von Bedeutung: **64**

aa) Klageerhebung (§ 204 Abs 1 Nr 1 BGB). Hemmende Wirkung hat jede Klage auf Befriedigung oder Feststellung des Anspruchs sowie auf Erteilung der Vollstreckungsklausel oder Erlass des Vollstreckungsurteils, auch die Widerklage[176] sowie die Zwischenfeststellungsklage nach § 256 Abs 2 ZPO,[177] nicht dagegen die negative Feststellungsklage oder die Verteidigung gegen sie.[178] Die Geltendmachung des Anspruchs im Strafverfahren gegen den Schädiger (Adhäsionsverfahren) steht der Erhebung der Klage gleich (§ 404 Abs 2 StPO). **65**

Mängel der Klageerhebung beeinträchtigen die Unterbrechungswirkung nicht in jedem Falle. Die Klageerhebung muss **wirksam**, dh durch Zustellung[179] einer den wesentlichen Erfordernissen des § 253 ZPO entsprechenden Klageschrift[180] oder in der Form des § 261 Abs 2 ZPO erfolgt sein. Eine falsche Bezeichnung des Beklagten ist unschädlich, wenn er aufgrund der Bezeichnung ohne weiteres feststellbar ist.[181] Auf die **Zulässigkeit** der Klage kommt es dagegen nicht an.[182] Auch die Erhebung bei einem unzuständigen Gericht bewirkt Hemmung;[183] ebenso die Feststellungsklage bei Fehlen des Feststellungsinteresses nach § 256 Abs 1 ZPO.[184] Unerheblich sind Schlüssigkeit und ausreichende Substantiierung,[185] jedoch muss der Streitgegenstand genügend individualisiert sein.[186] **66**

Teilklagen hemmen die Verjährung nur hinsichtlich des eingeklagten Teils (s Rn 78). Ist dieser nicht eindeutig abgegrenzt, muss dies im Laufe des Prozesses nachgeholt werden, da sonst mit rechtskräftigem Abschluss des Prozesses die bis dahin auflösend bedingte Rechtshängigkeit und mit ihr die Verjährungshemmung entfällt.[187] **67**

Klageerhebung im Ausland hemmt die Verjährung nur, wenn die Voraussetzungen für eine Anerkennung des Urteils im Inland (§ 328 ZPO) gegeben sind[188] oder wenn es sich um einen Vertragsstaat des EuGVÜ bzw der EuGVVO handelt.[189] **68**

---

176 RGZ 149, 326.
177 RGZ 66, 13.
178 BGH VersR 1972, 644.
179 Zur Heilung von Zustellungsmängeln s *Zöller/Greger* § 253 Rn 26a.
180 Dazu *Zöller/Greger* § 253 Rn 7 ff.
181 BGH NJW 1977, 1686.
182 BGHZ 78, 5.
183 RGZ 115, 140 = JW 1927, 658 m Anm *Reichel*; BGHZ 86, 322; OLG München VersR 1960, 952.
184 BGHZ 39, 291.
185 BGH VersR 1967, 856; 1979, 764.
186 *Zöller/Greger* § 262 Rn 3.
187 BGH VersR 1967, 855 = ZZP 82, 141 m Anm *Arens*; 1984, 782, 783.
188 RGZ 129, 390.
189 OLG Düsseldorf NJW 1978, 1752.

Vierter Teil. Ausschluss und Beschränkung der Haftung, Verjährung

69 Die **Klage eines Nichtberechtigten** hemmt grundsätzlich nicht. Anders verhält es sich jedoch, wenn der Kläger vom Anspruchsinhaber zur Prozessführung ermächtigt war (gewillkürte Prozessstandschaft[190]), und zwar unabhängig davon, ob er das nach Prozessrecht für die Zulässigkeit der Prozessstandschaft erforderliche Eigeninteresse hat.[191] Die Klage eines vollmachtlosen Vertreters bzw die Zustellung an einen solchen kann vom Berechtigten rückwirkend genehmigt werden.[192] Nach gesetzlichem Forderungsübergang kann nur noch die Klage des neuen Gläubigers die Hemmung bewirken,[193] es sei denn der Verletzte wäre befugt, Klage auf Leistung an den Zessionar (zB Versicherer) zu erheben.[194] Stand dem Kläger die Forderung bei Klageerhebung nicht zu, so kann die Hemmungswirkung nicht rückwirkend durch Abtretung herbeigeführt werden,[195] Hemmung tritt vielmehr erst mit Wirksamwerden des Erwerbs ein.[196]

70 **bb) Zustellung eines Mahnbescheids** (§ 204 Abs 1 Nr 3 BGB, §§ 688 ff ZPO). Im Mahnbescheid muss erkennbar gemacht sein, um welchen Anspruch es sich handelt;[197] es genügt jedoch die Bezugnahme auf ein dem Schuldner bekanntes Schreiben.[198] Bei fehlender Berechtigung des Antragstellers gilt Rn 69 entsprechend.[199]

71 **cc) Veranlassung der Bekanntgabe eines Güteantrags** (§ 204 Abs 1 Nr 4 BGB) durch staatlich anerkannte (§ 794 Abs 1 Nr 1 ZPO, § 15a Abs 1 EGZPO) oder sonstige, von den Parteien einvernehmlich angerufene Gütestelle iSv § 15a Abs 3 EGZPO. Auf den Zugang beim Antragsgegner kommt es nicht an.[200]

72 **dd) Prozessaufrechnung** (§ 204 Abs 1 Nr 5 BGB). Greift die Aufrechnung durch, so erlischt die Forderung; die Vorschrift hat daher Bedeutung nur für die Fälle, in denen die erklärte Aufrechnung wirkungslos ist, weil sie vom Gericht als unzulässig angesehen oder, da nur hilfsweise geltend gemacht, nicht berücksichtigt wird. Sind mehrere Forderungen in dieser Weise hilfsweise zur Aufrechnung gestellt worden, so tritt die Hemmung für alle ein, und zwar ohne Rücksicht darauf, ob im Zivilprozess eine Reihenfolge dieser Forderungen angegeben war oder nicht.[201]

73 **ee) Streitverkündung** (§ 204 Abs 1 Nr 6 BGB). Sie muss nach § 72 ZPO zulässig sein.[202] Hierfür reicht es allerdings aus, wenn der Streitverkündende in diesem Augenblick lediglich annimmt, einen Anspruch auf Schadloshaltung gegen denjenigen zu haben, dem er den Streit verkündet, oder diesen alternativ zu dem Beklagten in Anspruch nehmen zu können.[203] Mangels Zulässigkeit der Streitverkündung tritt dagegen

---

190 BGH NJW 1957, 1838; VersR 1967, 162.
191 BGH NJW 1980, 2461.
192 RGZ 86, 245.
193 RGZ 61, 170; 85, 429; BGH VersR 1965, 611.
194 RG Recht 1930, Nr 1982.
195 BGH VersR 1967, 162.
196 BGH NJW 1958, 338.
197 BGH NJW 1993, 862. Näher *Zöller/Vollkommer* § 693 Rn 3.
198 BGH NJW 1967, 2354; OLG Hamm Rpfleger 1967, 115.
199 Vgl auch BGH NJW 1972, 1580.
200 BT-Drs 14/7052, S 181. Bedenken bei AnwK-BGB/*Mansel/Budzikiewicz* § 204 Rn 61.
201 BayObLGZ 66, 353.
202 RGZ 58, 79.
203 BGHZ 8, 80.

keine Hemmung ein bei gesamtschuldnerischer Haftung von Beklagtem und Streitverkündetem.[204] Der Ausgang des Prozesses ist unerheblich.[205]

ff) Antrag auf selbständiges Beweisverfahren (§ 204 Abs 1 Nr 7 BGB) bewirkt nunmehr (anders als nach früherem Recht) eine Hemmung auch bei Haftpflichtansprüchen, soweit er vom Gläubiger gestellt wird.[206] 74

gg) Antrag auf Vorentscheidung einer Behörde (§ 204 Abs 1 Nr 12 BGB). Hängt die Zulässigkeit des Rechtswegs von vorhergehender Entscheidung einer Behörde ab, so wirkt die Einreichung des Gesuchs bei der Behörde wie die Klage, sofern innerhalb von drei Monaten nach Erledigung des Gesuchs Klage erhoben wird. Dies gilt zB für den Entschädigungsantrag nach Art 8 Abs 6 und 7 des Finanzvertrags für durch Kfz der Stationierungsstreitkräfte verursachte Schäden.[207] 75

hh) Antrag auf Bestimmung des zuständigen Gerichts (§ 204 Abs 1 Nr 13 BGB, § 36 ZPO).[208] 76

ii) Veranlassung der Bekanntgabe eines Prozesskostenhilfeantrags (§ 204 Abs 1 Nr 14 BGB). Die Hemmung greift nur beim ersten dem Gegner bekanntgegebenen Antrag ein. Das Gesetz verlangt keinen ordnungsgemäß begründeten Antrag, jedoch wird bei unzureichenden Anträgen idR keine Bekanntgabe erfolgen. In jedem Fall müssen in dem Antrag die Parteien und die von der Hemmung zu erfassenden Ansprüche individualisierbar bezeichnet werden.[209] 77

b) Wirkung. Der Umfang der Hemmung wird durch den Inhalt der Klageanträge begrenzt; der für den Umfang der Kenntnis maßgebliche Grundsatz der Schadenseinheit (Rn 18) gilt hier nicht.[210] Klagt der Verletzte (ausdrücklich oder verdeckt) nur einen **Teilbetrag** ein, so verjähren ggf die restlichen Ansprüche.[211] Liegt zunächst nur ein nicht aufgegliederter Antrag wegen verschiedener Teilansprüche vor, so wird die Verjährung für jeden Teilanspruch in Höhe der Gesamtsumme gehemmt, nicht aber hinsichtlich des weiteren die Gesamtsumme übersteigenden Teils der Einzelansprüche.[212] Wurde über einen **Hilfsantrag** nicht entschieden, weil das Gericht dem Hauptantrag stattgegeben hat, so entfällt rückwirkend die hemmende Wirkung.[213] Bei der Klage auf Zahlung einer dauernden **Rente** wird auch hinsichtlich späterer Erhöhungen des Schadens die Verjährung gehemmt,[214] desgleichen bei einer betragsmäßigen **Anpassung des Klageantrags** an die fortschreitende Schadensentwicklung bzw die veränderten wirtschaftlichen Verhältnisse.[215] Erhebt der Verletzte zulässigerweise eine 78

---

204 Vgl OLG Hamm MDR 1986, 1031 für das Zusammentreffen von deliktischer Haftung eines Verkehrsteilnehmers mit Amtshaftung aus Verletzung der Verkehrssicherungspflicht.
205 BGHZ 36, 214 = LM Nr 11 zu § 209 BGB m Anm *Kreft*; **aA** RG JW 1913, 32.
206 BGH NJW 1993, 1916.
207 BGH VersR 1977, 647.
208 Vgl BGHZ 53, 270.
209 AnwK-BGB/*Mansel/Budzikiewicz* § 204 Rn 109.
210 BGH VersR 1982, 582; 1984, 868; NJW 1983, 2813; 1988, 966.
211 BGHZ 151, 1; VersR 1984, 391.
212 BGH NJW-RR 1988, 692. Zur nicht aufgegliederten Teilklage s a Rn 67.
213 BGH NJW 1968, 693.
214 BGH NJW 1970, 1682; VersR 1979, 373.
215 BGH NJW 1982, 1810; VersR 1984, 868.

unbezifferte Klage, so wird die Verjährung auch insoweit gehemmt, als der Verletzte die ursprünglich angegebene Größenordnung erhöht.[216] Eine **Feststellungsklage** reicht aus, die Verjährung für alle von ihr erfassten Ansprüche zu hemmen, auch soweit sie erst nach Rechtskraft des Urteils fällig werden.[217] Wird sie aber ausdrücklich auf einen Teil des Schadens beschränkt (zB den materiellen Schaden), so hemmt sie nur insoweit.[218] Der Übergang von einem Zahlungs- auf einen Freistellungsantrag lässt die Identität des Anspruchs im verjährungsrechtlichen Sinne unberührt.[219]

79 Die Hemmung wirkt grundsätzlich nur im Verhältnis **zwischen den Klageparteien**. Eine Klage gegen den Halter hemmt mithin nicht die Verjährung gegenüber dem Fahrer desselben Fahrzeugs. Entsprechendes gilt bei teilwesem Übergang der Forderung auf einen anderen. Hier hemmt die Klageerhebung nur hinsichtlich des Teils der Forderung, der dem Kläger zusteht. Klagt mithin der Sozialversicherungsträger auf Erfüllung des Teils der Ansprüche, der auf ihn übergegangen ist, so wird die Verjährung hinsichtlich desjenigen Teils der Ansprüche nicht gehemmt, der beim Verletzten verblieben ist. Die Hemmung der Verjährung des Direktanspruchs gegen den Haftpflichtversicherer wirkt jedoch auch gegenüber dem ersatzpflichtigen Versicherungsnehmer und umgekehrt (§ 3 Nr 3 S 4 PflVG); dies gilt auch für die Klage gegen den inländischen Versicherer, der gem § 2 Abs 1 lit b AuslPflVG die Pflichten eines ausländischen Haftpflichtversicherers übernommen hat (§ 6 Abs 1 AuslPflVG).[220]

80 Bei der **Prozessaufrechnung** wird die Verjährung nur hinsichtlich des zur Aufrechnung verwendeten Teils der Forderung gehemmt, also nicht über die Klageforderung hinaus.[221]

81 c) **Beginn der Hemmung.** Bei **Klageerhebung** ist maßgeblich die Zustellung der Klageschrift (§ 253 Abs 1 ZPO). Diese wirkt jedoch auf den Zeitpunkt des Eingangs der ordnungsgemäßen Klageschrift bei Gericht zurück, sofern die Zustellung der Klageschrift „demnächst" (ab Ablauf der Verjährungsfrist[222]) erfolgt (§ 167 ZPO). Damit die Zustellung als „demnächst" bezeichnet werden kann, darf den Kläger (oder seinen Anwalt[223]) kein Verschulden an der Verzögerung treffen und dürfen der Rückwirkung keine schutzwürdigen Belange des Schuldners entgegenstehen.[224] Für den **Mahnbescheid** gilt Entsprechendes. Bei Zurückweisung des Antrags aus formellen Gründen bietet § 691 Abs 2 ZPO eine Möglichkeit zur Erhaltung der Fristwahrung. Bei der **Aufrechnung** kommt es nicht auf den Zeitpunkt der Erklärung gegenüber dem Kläger, sondern auf den der Geltendmachung im Prozess an. Zur **Streitverkündung** s §§ 73, 167 ZPO.

---

216 BGH NZV 2002, 557; VersR 1974, 1018.
217 RGZ 61, 170; BGH NJW 1952, 740; aA *Wurz* NJW 1960, 470.
218 OLG München VersR 1996, 63.
219 BGH VersR 1985, 238.
220 Näher hierzu OLG Hamm VersR 2002, 564.
221 RGZ 57, 372; BGH NJW 1990, 2681; OLG Karlsruhe VersR 1977, 482.
222 BGH NJW 1986, 1347.
223 BGH VersR 1969, 255.
224 Einzelheiten bei *Zöller/Greger* § 167 Rn 10.

§ 21 Verjährung

d) **Ende der Hemmung.** Wird das durch eine Maßnahme nach § 204 Abs 1 BGB eingeleitete Verfahren durch eine rechtskräftige Entscheidung oder anderweitig (zB durch Klagerücknahme) abgeschlossen, endet die Hemmung sechs Monate nach dem Eintritt der formellen Rechtskraft (§ 705 ZPO) bzw dem sonstigen Verfahrensabschluss (§ 204 Abs 2 S 1 BGB). Beim selbständigen Beweisverfahren kommt es, sofern keine abschließende Entscheidung (zB Antragszurückweisung) ergeht, auf die sachliche Erledigung (zB Zugang des Gutachtens) an.[225]

82

Wird der Prozess – ohne triftigen Grund–[226] **nicht weiterbetrieben**, ist für den Beginn der 6-Monats-Frist die letzte Prozesshandlung der Parteien oder des Gerichts (zB Ruhensbeschluss nach §§ 251, 251a Abs 3 ZPO) maßgebend (§ 204 Abs 2 S 2 BGB). Dies gilt aber nicht, wenn das Gericht von Amts wegen für den Fortgang des Verfahrens zu sorgen hat.[227] Dies ist zB auch dann der Fall, wenn die Parteien Auflagen, die ihnen in einem Beweisbeschluss gemacht wurden, nicht erfüllen[228] oder wenn nach Rechtskräftigwerden eines Grundurteils des Berufungsgerichts kein Termin zur Fortsetzung des Rechtsstreits im Betragsverfahren bestimmt wird.[229] Im Falle einer Aussetzung nach §§ 148 f ZPO endet die durch die Klageerhebung eingetretene Hemmung der Verjährung mit der Erledigung des anderen Verfahrens.[230]

83

Wird der in Stillstand geratene Prozess von einer Partei **weiterbetrieben**, so wird die Verjährung hierdurch wie bei Klageerhebung erneut gehemmt (§ 204 Abs 2 S 3 BGB). Unter den Begriff des Weiterbetreibens fällt jede Prozesshandlung, die dazu bestimmt und geeignet ist, den stillstehenden Prozess wieder in Gang zu bringen.[231] Sie braucht kein der Klageerhebung vergleichbares Gewicht zu haben; es genügt ein (auch erfolgloser)[232] Antrag, aus dem sich ergibt, dass die Partei sich um die Fortführung des Prozesses kümmert, zB ein Aussetzungsantrag[233] oder ein Antrag auf Verweisung an das zuständige Gericht,[234] desgleichen die Zahlung der Verfahrensgebühr.[235]

84

5. Leistungsverweigerungsrecht

Bei Vereinbarung eines vorübergehenden Rechts zur Leistungsverweigerung (nicht bei gesetzlichen Leistungsverweigerungsrechten) lässt § 205 BGB ebenfalls eine Hemmung der Verjährung eintreten. Im Hauptanwendungsfall der **Stundung** kommt es idR zugleich zu einem Neubeginn der Verjährung, da sie ein Anerkenntnis der Forderung enthält (s Rn 33). Die neu beginnende Verjährungsfrist wird dann zugleich in ihrem Lauf gehemmt, läuft also erst ab Ende der Stundungsfrist.

85

---

225 BGH NJW 1993, 851.
226 BGH NJW 1979, 811; 1987, 371.
227 BGH VersR 1976, 37; 1977, 646.
228 BGH VersR 1978, 1142; NJW-RR 1994, 889.
229 BGH VersR 1979, 1006.
230 BGH VersR 1989, 600.
231 RGZ 97, 67; BGHZ 73, 10 f.
232 BGHZ 73, 11.
233 BGH VersR 1988, 390.
234 BGH VersR 1976, 37.
235 BGHZ 52, 51.

86 Auch ein zeitlich begrenztes **pactum de non petendo** begründet ein Leistungsverweigerungsrecht, das zu einer Hemmung der Verjährung führt. Ein solches kann zB liegen in der Vereinbarung, der Verletzte solle erst eine Vorentscheidung oder den Abschluss der Ermittlungen des Schuldners abwarten[236] oder zunächst versuchen, einen Dritten auf Ersatz des Schadens in Anspruch zu nehmen,[237] in der gemeinsamen Beauftragung eines Rechtsanwalts zur Inanspruchnahme eines Dritten wegen des Schadensfalls[238] oder in der Vereinbarung eines Schiedsgutachtens.[239] Zur Stillhaltepflicht aufgrund eines Teilungsabkommens s § 15 Rn 58. Kein pactum de non petendo liegt vor, wenn der Haftpflichtversicherer des Schädigers dem Verletzten im Laufe der Regulierungsverhandlungen eine Prüfung zusagt und ihn um Geduld bittet;[240] insoweit kann aber § 203 BGB eingreifen (vgl Rn 51 ff). Wird bei einem außergerichtlichen Vergleich ein Punkt ausgeklammert, über den man sich nicht einigen konnte, so liegt insofern kein pactum de non petendo vor.[241]

6. Höhere Gewalt

87 Höhere Gewalt hemmt die Verjährung, wenn sie den Verletzten innerhalb der letzten sechs Monate der Verjährungsfrist hindert, seine Ansprüche durch Klage geltend zu machen (§ 206 BGB). Höhere Gewalt liegt nur vor, wenn das hindernde Ereignis oder der die Klageerhebung unmöglich machende Zustand vom Kläger auch durch die äußerste ihm zumutbare Sorgfalt nicht hätte verhindert werden können. Dabei muss sich der Kläger das Verschulden seines Prozessbevollmächtigten grundsätzlich als eigenes zurechnen lassen.[242] Ist der Ersatzberechtigte erkrankt, so wird die Verjährung nur gehemmt, wenn ihm die Besorgung seiner Angelegenheiten unmöglich wird und er nicht einmal mehr in der Lage ist, einen anderen mit der Wahrnehmung zu beauftragen.[243] Da Verjährungshemmung nunmehr über einen Antrag auf Prozesskostenhilfe erreicht werden kann (s Rn 77), ist Mittellosigkeit kein Fall höherer Gewalt mehr.[244]

88 Ein **Irrtum** über die tatsächliche oder rechtliche Lage hemmt die Verjährung grundsätzlich nicht.[245] Etwas anderes kann allenfalls bei einem trotz größter Sorgfalt nicht vermeidbaren Irrtum gelten, der die Rechtsverfolgung vorübergehend ganz aussichtslos erscheinen lässt.[246] Auch eine dem geltend gemachten Anspruch entgegenstehende ständige Rspr begründet grundsätzlich keine Hemmung.[247]

---

236 BGH LM Nr 3 zu § 202 BGB. S a OLG Düsseldorf OLGR 2001, 294 zu konkludentem Stillhalteabkommen zwischen Sozialversicherungsträger und Haftpflichtversicherer.
237 BGH LM Nr 5 zu § 202 BGB.
238 OLG Hamm NJW-RR 1993, 215.
239 RGZ 142, 263.
240 OLG München VersR 1967, 565.
241 OLG Nürnberg VersR 1970, 92.
242 BGHZ 17, 204.
243 BGH VersR 1963, 93.
244 Vgl zur früheren Rspr BGHZ 70, 235; BGH NJW 1989, 3149.
245 BGHZ 24, 134; BGH NJW 1968, 1381.
246 BGH VersR 1972, 394.
247 BAG NJW 1972, 1077; **aA** BGH Betrieb 1961, 1257.

7. Familienrechtliche Beziehungen

Die Hemmung der Verjährung während des Bestehens der in § 207 BGB aufgeführten familienrechtlichen Beziehungen gilt auch für Ansprüche zwischen Ehegatten aus Straßenverkehrsunfällen.[248]

89

V. Verjährung von vor dem 1.1.2002 entstandenen Ansprüchen

1. Überblick

Die Änderung der Vorschriften über Beginn, Dauer, Neubeginn und Hemmung der Verjährung durch das Schuldrechtsmodernisierungsgesetz erfordert Überleitungsbestimmungen für die beim Inkrafttreten am 1.1.2002 bereits bestehenden Ansprüche. Das neue Recht gilt uneingeschränkt nur für die an diesem Tag oder später entstandenen Ansprüche. Für Ansprüche, die nach altem Recht (vgl hierzu 3. Aufl § 14) bereits vor dem 1.1.2002 verjährt sind, hat es keine Bedeutung. Auch auf die erst 2002 erhobene Einrede einer bereits 2001 eingetretenen Verjährung finden nicht die §§ 214 ff BGB, sondern die §§ 222 ff BGB aF Anwendung.[249] Für Altansprüche, die am 1.1.2002 noch nicht verjährt waren, trifft Art 229 § 6 EGBGB die nachstehend dargestellten Übergangsbestimmungen.[250]

90

2. Fristberechnung

a) Dauer. Grundsätzlich gilt ab dem 1.1.2002 auch für die noch nicht verjährten Altansprüche neues Recht (Art 229 § 6 Abs 1 S 1 EGBGB). Da die kenntnisabhängige **Frist** für haftungsrechtliche Ansprüche unverändert drei Jahre beträgt, besteht insofern im Normalfall kein Bedürfnis für das von der Grundregel abweichende schuldnerschützende Günstigkeitsprinzip der Abs 3 und 4.[251] Entsprechendes gilt für die kenntnisunabhängige dreißigjährige Verjährung von Personenschäden nach § 199 Abs 2 BGB. Zum Tragen kommt Art 229 § 6 Abs 4 EGBGB allerdings hinsichtlich der absoluten Verjährungsfrist von Sachschäden nach § 199 Abs 3 S 1 Nr 1 BGB: Gemäß Art 229 § 6 Abs 4 EGBGB gilt ab dem 1.1.2002 die zehnjährige Frist des neuen Rechts, soweit nicht die längere alte Frist zuvor endet.[252] Tritt später ein die kurze Regelverjährung auslösender subjektiver Verjährungsbeginn ein und endet diese Frist vor dem Ablauf der alten Frist sowie der neuen Höchstfrist, so ist auf erstere abzustellen.[253] Der Fristenvergleich wird durch diese vom Gesetzgeber nicht erkannte, aber notwendige Einbeziehung des Verjährungsbeginns verkompliziert.[254]

91

---

248 BGH VersR 1987, 561; **aA** *Salje* VersR 1982, 922.
249 *Heß* NJW 2002, 257; **aA** *Heinrichs* BB 2001, 1417, 1422 Fn 39; AnwK-BGB/*Budzikiewicz/ Mansel* EGBGB Art 229 § 6 Rn 19.
250 Näher dazu *Schulte-Nölke/Hawxwell* NJW 2005, 2117 ff.
251 Vgl dazu AnwK-BGB/*Budzikiewicz/Mansel* EGBGB Art 229 § 6 Rn 45 ff; *Gsell* NJW 2002, 1302.
252 Vgl *Heß* NJW 2002, 257 f.
253 *Heß* NJW 2002, 258.
254 Vgl *Heß* NJW 2002, 253, 258 sowie ausf *Gsell* NJW 2002, 1297 ff.

92 b) Beginn. Trotz gleicher Fristen können sich Unterschiede beim Fristablauf ergeben. Gem Art 229 § 6 Abs 1 S 2 EGBGB bestimmt sich der Beginn der Verjährung für den Zeitraum vor dem 1.1.2002 nach altem Recht. Das führt dazu, dass eine bestehende grob fahrlässige Unkenntnis iSd § 199 Abs 1 Nr 2 BGB mit Eintritt des Stichtages relevant wird.[255] Die Frist läuft in diesem Fall ab 1.1. 2002.[256] Nach altem Recht angelaufene Fristen werden durch das neue Recht (etwa die Jahresschlussregelung nach § 199 Abs 1 BGB) nicht in ihrem Lauf berührt.

93 c) Neubeginn, Hemmung. Sieht das neue Recht für einen bisher zur Unterbrechung der Verjährung führenden Umstand lediglich deren Hemmung vor, so gilt die nach altem Recht eingetretene Unterbrechung gem Art 229 § 6 Abs 2 EGBGB mit dem Ablauf des 31.12.2001 als beendigt. Die damit anlaufende neue Frist untersteht neuem Recht und wird sofort gehemmt.[257] Relevant wird dies vor allem bei über den Stichtag fortdauernder gerichtlicher Geltendmachung iSd § 209 BGB aF.[258] Hemmungstatbestände, die dem alten Recht unbekannt waren, greifen ab dem 1.1.2002 (zB über den Stichtag fortdauernde Verhandlungen gem § 203 BGB außerhalb des bereits von § 852 Abs 2 BGB aF erfassten Bereichs).[259]

94 Eine Abweichung von der Grundregel enthält Art 229 § 6 Abs 1 S 3 EGBGB. Bei der Verjährungsunterbrechung ist auch nach dem 31.12.2001 altes Recht insoweit anzuwenden, als eintretende Umstände zu einem Wegfall oder Wiederaufleben der nach altem Recht verwirklichten Unterbrechung geführt hätten. Angesprochen ist damit in erster Linie die Unwirksamkeit der Klageerhebungsunterbrechung infolge von Klagerücknahme oder Prozessurteil (§ 212 Abs 1 BGB aF) bzw ihr Wiederaufleben durch erneute Klage innerhalb von sechs Monaten (§ 212 Abs 2 S 1 BGB aF).[260] Der Gesetzgeber hielt den Zusammenhang mit der vor dem Stichtag erfolgten Unterbrechung für entscheidend.[261] Wird zB eine noch 2001 rechtshängige Klage 2002 zurückgenommen, so entfallen rückwirkend die Unterbrechungs- bzw Hemmungswirkungen des Art 229 § 6 Abs 2 EGBGB; sie können aber durch erneute Klage innerhalb von sechs Monaten rückwirkend wieder hergestellt werden.

VI. Rechtsgeschäftliche Einwirkungen auf die Verjährung

1. Vor Eintritt der Verjährung

95 Anders als nach bisherigem Recht (§ 225 BGB aF)[262] sind nach § 202 BGB in der ab 1.1.2002 gültigen Fassung sowohl **Verkürzungen** als auch **Erschwerungen** der Verjährung im Rahmen der allgemeinen Vertragsfreiheit (§ 311 Abs 1 BGB) grundsätzlich

---

255 Zweifel hinsichtlich der Kompatibilität von altrechtlichen Fristen und neurechtlichem Fristenbeginn bei *Gsell* NJW 2002, 1301.
256 AnwK-BGB/*Budzikiewicz/Mansel* EGBGB Art 229 § 6 Rn 43; *Heß* NJW 2002, 258 Fn 70.
257 BT-Drs 14/7052, 207.
258 Vgl *Heß* NJW 2002, 257.
259 *Heß* NJW 2002, 257.
260 BT-Drs 14/7052, 207; *Heß* NJW 2002, 257.
261 BT-Drs 14/7052, 207.
262 Dazu 3. Aufl § 14 Rn 8.

§ 21 Verjährung

zulässig. Ausgenommen sind nach § 202 Abs 1 BGB Vereinbarungen, die die Verjährung der Haftung wegen Vorsatzes im Voraus erleichtern, und nach § 202 Abs 2 BGB Vereinbarungen, die einen späteren Verjährungseintritt als 30 Jahre nach gesetzlichem Beginn der Verjährung zur Folge hätten. Sie sind nach § 134 BGB nichtig. An ihre Stelle treten die Vorschriften der §§ 194 ff BGB, sofern nicht (außerhalb des Anwendungsbereichs der §§ 307 ff BGB) eine Reduktion auf das zulässige Höchstmaß als dem Parteiwillen entsprechend vorgenommen werden kann. Ist eine Reduktion nicht möglich, kann es gleichwohl treuwidrig sein, wenn sich der Schuldner vor Ablauf der zulässigen Höchstfrist auf Verjährung beruft.[263]

Unter der Geltung des früheren Rechts, welches verjährungserschwerende Abreden ausschloss, wurde vielfach über **mittelbare Regelungen** derselbe Erfolg erzielt, zB über eine Stundung oder ein pactum de non petendo (Rn 86), einen konstitutiven Schuldanerkenntnisvertrag (vgl § 16 Rn 47) oder eine die Wirkung eines Feststellungs- oder Anerkenntnisurteils ersetzende Vereinbarung.[264] Eine Vereinbarung der letztgenannten Art bejahte der BGH bereits dann, wenn sich aus einem Anerkenntnis des Schuldners ergab, dass durch dieses die Erhebung einer Feststellungsklage des Geschädigten vermieden werden sollte;[265] er ließ es aber zB nicht genügen, dass der Haftpflichtversicherer des Unfallgegners einen auf Zukunftsschäden gerichteten Vorbehalt in einer Abfindungserklärung des Geschädigten akzeptierte.[266] Nach neuem Recht werden derartige Vereinbarungen nunmehr idR als direkte Verjährungsregelungen auszulegen sein.[267] Eine mittelbare Verjährungserschwerung bleibt aber selbstverständlich möglich. 96

2. Nach Eintritt der Verjährung

Ein **Verzicht** auf die Geltendmachung der eingetretenen Verjährung war bereits bisher möglich.[268] Daran hat § 202 BGB nF nichts geändert.[269] Der Verzicht kann auch stillschweigend erklärt werden, setzt aber stets voraus, dass der Schädiger wusste, dass die Verjährung bereits eingetreten ist, oder dass er sich zumindest über diese Möglichkeit im Klaren war.[270] Der Verzicht kann für einen bestimmten Zeitraum erklärt werden; überschreitet der Verletzte diese Frist auch nur geringfügig, so kann der Ersatzpflichtige mit Fug und Recht Verjährung einwenden.[271] Fällt bei einem befristeten Verzicht auf die Erhebung der Verjährungseinrede der letzte Tag der Frist auf einen Feiertag, so kann der Schuldner sich für den Fall, dass der Gläubiger am nächsten Werktag eine 97

---

263 AnwK-BGB/*Mansel/Stürner* § 202 Rn 39. Zum Arglisteinwand bei der früheren Rechtslage s 3. Aufl § 14 Rn 115 ff.
264 BGH NZV 1998, 456 (mit Auslegung in Bezug auf rückständige wiederkehrende Leistungen).
265 VersR 1985, 63; 1986, 685; NZV 2002, 265.
266 BGH NZV 1992, 356; s a OLG Hamm NZV 1994, 72.
267 Ebenso AnwK-BGB/*Mansel/Stürner* § 202 Rn 66 ff.
268 BGHZ 57, 209; BGH VersR 1962, 809.
269 **AA** wohl AnwK-BGB/*Mansel/Stürner* § 202 Rn 44 bei Überschreiten der Zeitgrenze des Abs 2.
270 BGH VRS 20, 187; VersR 1979, 646; OLG Köln VersR 1982, 461; s a OLG Celle VersR 1983, 563; OLG Hamm VersR 1996, 243.
271 BGH VersR 1962, 809.

Vierter Teil. Ausschluss und Beschränkung der Haftung, Verjährung

Klageschrift bei Gericht einreicht und diese demnächst zugestellt wird, auf Verjährung nur berufen, wenn er ausdrücklich erklärt hatte, die Wirkungen des Verzichts sollten ungeachtet des Feiertags mit dessen Ablauf enden.[272] Soll der Verzicht nach dem erkennbaren Willen des Verzichtenden für alle Zeiten wirksam bleiben, so kommt ihm trotzdem diese Wirkung nicht zu; er hat in einem solchen Falle vielmehr nur zur Folge, dass vom Tage der Erklärung an eine neue Verjährungsfrist läuft.[273] Der Haftpflichtversicherer kann mit Wirkung für und gegen den von ihm vertretenen Ersatzpflichtigen auf die Einrede verzichten.[274]

3. Übergangsrecht

98 Auslegung und Wirksamkeit von verjährungsregelnden Abreden aus der Zeit vor 1.1.2002 richten sich weiterhin nach dem alten Recht.[275]

VII. Unzulässige Rechtsausübung

1. Überblick

99 Die Berufung des Schuldners auf Verjährung kann unter besonderen Umständen gegen das Verbot missbräuchlicher Rechtsausübung nach § 242 BGB verstoßen (dazu Rn 100 ff), ebenso aber auch die Berufung des Geschädigten auf eine Hemmung der Verjährung (vgl Rn 49). Schließlich kann bei alten, aber noch nicht verjährten Ansprüchen die Durchsetzung des Anspruchs unter dem Gesichtspunkt der Verwirkung an § 242 BGB scheitern (Rn 104).

2. Unzulässige Berufung auf Verjährung

100 a) **Voraussetzungen.** Der Einwand unzulässiger Rechtsausübung ist gegenüber der Verjährungseinrede begründet, wenn der Ersatzpflichtige sich mit ihr in Widerspruch zu einem früheren Verhalten setzt, durch das er den Ersatzberechtigten bewogen hat, von der Erhebung einer Feststellungsklage abzusehen und auf diese Weise die Verjährungsfrist gem § 197 Abs 1 Nr 4, § 201 BGB auf 30 Jahre ab Rechtskraft zu verlängern. Dass die Verjährung im Einzelfall zu einem das Opfer sehr belastenden Ergebnis führt, gehört zu ihrem Wesen und begründet keine unzulässige Rechtsausübung.[276]

101 Eine solche liegt zB vor, wenn der Schuldner erklärt hat, er werde auf die Verjährungseinrede verzichten,[277] wenn der Gläubiger aus dem gesamten Verhalten des Schuldners für diesen erkennbar das Vertrauen gewinnen konnte, es würden lediglich sachliche Einwendungen, nicht

---

272 BGH NJW-RR 1990, 1532.
273 OLG Karlsruhe NJW 1964, 1135.
274 *Stiefel/Hofmann* § 10 AKB Rn 99; **aA** OLG Köln NJW 1955, 713 m abl Anm *Lent*. S a *Schirmer* VersR 1970, 112.
275 *Heß* NZV 2002, 68.
276 *Peters* NZV 1991, 144, der zu Recht kritisiert, dass BGH NZV 1991, 143 unnötig auf § 242 BGB zurückgegriffen hat.
277 BGH VersR 1960, 517; 1982, 365; 1984, 689; 1986, 1080; OLG Hamm VersR 1983, 787; krit *Honsell* VersR 1975, 104.

§ 21 Verjährung

aber Verjährung geltend gemacht,[278] wenn der Ersatzpflichtige durch häufigen Wohnungswechsel oder unrichtige Anmeldung bei der Meldestelle der rechtzeitigen Inanspruchnahme entgangen ist,[279] wenn der Ersatzberechtigte infolge der falschen Auskunft eines bei der schadensersatzpflichtigen Körperschaft tätigen Beamten die Klage verspätet erhoben hat[280] oder wenn der Ersatzberechtigte aus dem Verhalten des Schädigers oder des Haftpflichtversicherers mit Recht den Schluss ziehen konnte, seine Ansprüche würden wenigstens teilweise befriedigt werden.[281] Der Umstand, dass der auf Schadensersatz in Anspruch Genommene die Einrede der Verjährung erst zu einem späten Zeitpunkt erhebt, begründet für sich allein auch dann noch nicht die Gegeneinrede der unzulässigen Rechtsausübung, wenn er einer Klageerweiterung zuvor nicht widersprochen hat.[282] Hat der Ersatzpflichtige oder sein Haftpflichtversicherer sich auf Regulierungsverhandlungen mit dem Verletzten eingelassen, so braucht der Arglisteinwand nicht bemüht zu werden, weil in solchen Fällen die Verjährung gehemmt wird (§ 203 BGB; vgl Rn 51 ff).

102 Dem Schuldner ist es nicht verwehrt, sich auf Verjährung zu berufen, wenn der Verletzte von einer Klage deswegen Abstand genommen hat, weil er mit Rücksicht auf das Ansehen des Schuldners mit einer pünktlichen Erfüllung seiner Forderungen rechnen konnte.[283] Ist ein Teil der Ansprüche auf einen Sozialversicherungsträger übergegangen und hat der Schädiger diesem erklärt, er werde den Einwand der Verjährung nicht bringen, so kann der Verletzte nicht geltend machen, es verstoße gegen Treu und Glauben, wenn der Schädiger sich ihm gegenüber auf Verjährung beruft.[284] Dass der Schuldner gegen Haftpflicht versichert ist, nimmt ihm nicht etwa das Recht, sich auf Verjährung zu berufen.[285] Hat jedoch der Schädiger den Verletzten ausdrücklich an seine Haftpflichtversicherung verwiesen, so kann eine Berufung auf die anschließend eintretende Verjährung rechtsmissbräuchlich sein, wenn der Versicherer den Deckungsschutz verneint und Verhandlungen ablehnt.[286]

103 b) **Wirkung.** Sie besteht nicht in einer Unterbrechung oder Hemmung der Verjährung. Der aus § 242 BGB abzuleitende Vertrauensschutz gilt vielmehr nur so lange, wie die den Einwand der unzulässigen Rechtsausübung begründenden tatsächlichen Umstände fortdauern. Ändert sich die Sachlage dahin, dass der Verletzte nicht mehr erwarten darf, sein Schuldner werde die Einrede der Verjährung nicht erheben, oder war der Verzicht von vorneherein befristet,[287] so muss er seine Ansprüche alsbald gerichtlich geltend machen. Nutzt er eine für die Vorbereitung der Klage erforderliche angemessene Übergangsfrist, die je nach den Umständen auf einige Wochen, allenfalls auch auf wenige Monate bemessen werden kann, nicht zur Klageerhebung, so ist der Schuldner nicht mehr gehindert, sich auf die Verjährung zu berufen.[288] Das gilt auch dann, wenn die Parteien rechtswirksam vereinbart hatten, die Verjährung vom Eintritt eines bestimmten Ereignisses an als gehemmt zu betrachten, über ein Ende der Hemmung aber nichts verabredet wurde.[289]

---

278 BGH VersR 1982, 444.
279 OLG Königsberg HRR 1941, Nr 111.
280 BGH VersR 1967, 704.
281 OLG Hamburg VersR 1965, 1084.
282 BGH VersR 1988, 953.
283 BAG NJW 1967, 174.
284 BGH VRS 13, 81.
285 BGH VersR 1965, 1000.
286 BGH VersR 1969, 451.
287 Vgl BGH MDR 1986, 838.
288 BGH 1978, 527; 1979, 284; MDR 1986, 838; OLG Hamburg VersR 1978, 45.
289 BGH VersR 1962, 372.

3. Verwirkung

104 Der Ersatzpflichtige kann dem Geschädigten dann die Verwirkung eines unverjährten Anspruchs entgegenhalten, wenn der Berechtigte ein Recht längere Zeit nicht geltend macht, obwohl er dazu in der Lage wäre, und der Verpflichtete sich mit Rücksicht auf das gesamte Verhalten des Berechtigten darauf einrichten durfte und eingerichtet hat, dass dieser sein Recht auch in Zukunft nicht geltend machen werde.[290] Im Haftpflichtrecht hat dies kaum praktische Bedeutung. Bei der kurzen Verjährungsfrist von drei Jahren ist davon auszugehen, dass dieser Zeitraum dem Geschädigten für die Geltendmachung seiner Ansprüche grundsätzlich ungeschmälert erhalten bleiben soll.[291] Dass der Geschädigte zunächst nur den Haftpflichtversicherer in Anspruch genommen hat, berechtigt den Schädiger nicht, seiner späteren persönlichen Inanspruchnahme, die durch die Hemmungswirkung nach § 3 Nr 3 S 4 PflVG ermöglicht wird, den Verwirkungseinwand entgegenzusetzen.[292] Auch bei langer Verjährungsfrist (zB nach § 199 Abs 2, 3 BGB) darf der Verwirkungseinwand nicht maßgeblich auf die zunehmenden Beweisschwierigkeiten gestützt werden. Das durch Richterrecht geschaffene Institut der Verwirkung darf in seiner Anwendung nicht dazu führen, dass die gesetzliche Verjährungsregelung in weitem Maße unterlaufen wird.[293]

---

290 BGH NJW 1982, 1999; OLG Hamm VersR 2002, 564.
291 BGH NZV 1992, 275.
292 Vgl OLG Hamm VersR 2002, 564.
293 BGH NZV 1992, 356.

§ 22 Mitverantwortung des Geschädigten

§ 254 BGB

(1) Hat bei der Entstehung des Schadens ein Verschulden des Beschädigten mitgewirkt, so hängt die Verpflichtung zum Ersatz sowie der Umfang des zu leistenden Ersatzes von den Umständen, insbesondere davon ab, inwieweit der Schaden vorwiegend von dem einen oder dem anderen Teil verursacht worden ist.
(2) Dies gilt auch dann, wenn sich das Verschulden des Beschädigten darauf beschränkt, dass er unterlassen hat, den Schuldner auf die Gefahr eines ungewöhnlich hohen Schadens aufmerksam zu machen, die der Schuldner weder kannte noch kennen musste, oder dass er unterlassen hat, den Schaden abzuwenden oder zu mindern. Die Vorschrift des § 278 findet entsprechende Anwendung.

§ 9 StVG

Hat bei der Entstehung des Schadens ein Verschulden des Verletzten mitgewirkt, so finden die Vorschriften des § 254 des Bürgerlichen Gesetzbuchs mit der Maßgabe Anwendung, dass im Fall der Beschädigung einer Sache das Verschulden desjenigen, welcher die tatsächliche Gewalt über die Sache ausübt, dem Verschulden des Verletzten gleichsteht.

§ 17 StVG

(1) Wird ein Schaden durch mehrere Kraftfahrzeuge verursacht und sind die beteiligten Fahrzeughalter einem Dritten kraft Gesetzes zum Ersatz des Schadens verpflichtet, so hängt im Verhältnis der Fahrzeughalter zueinander die Verpflichtung zum Ersatz sowie der Umfang des zu leistenden Ersatzes von den Umständen, insbesondere davon ab, inwieweit der Schaden vorwiegend von dem einen oder dem anderen Teil verursacht worden ist.
(2) Wenn der Schaden einem der beteiligten Fahrzeughalter entstanden ist, gilt Absatz 1 auch für die Haftung der Fahrzeughalter untereinander.
(3) Die Verpflichtung zum Ersatz nach den Absätzen 1 und 2 ist ausgeschlossen, wenn der Unfall durch ein unabwendbares Ereignis verursacht wird, das weder auf einem Fehler in der Beschaffenheit des Fahrzeugs noch auf einem Versagen seiner Vorrichtungen beruht. Als unabwendbar gilt ein Ereignis nur dann, wenn sowohl der Halter als auch der Führer des Fahrzeugs jede nach den Umständen des Falles gebotene Sorgfalt beobachtet hat. Der Ausschluss gilt auch für die Ersatzpflicht gegenüber dem Eigentümer eines Kraftfahrzeugs, der nicht Halter ist.
(4) Die Vorschriften der Absätze 1 bis 3 sind entsprechend anzuwenden, wenn der Schaden durch ein Kraftfahrzeug und einen Anhänger, durch ein Kraftfahrzeug und ein Tier oder durch ein Kraftfahrzeug und eine Eisenbahn verursacht wird.

§ 4 HaftpflG

Hat bei der Entstehung des Schadens ein Verschulden des Geschädigten mitgewirkt, so gilt § 254 des Bürgerlichen Gesetzbuchs; bei Beschädigung einer Sache steht das Verschulden desjenigen, der die tatsächliche Gewalt über die Sache ausübt, dem Verschulden des Geschädigten gleich.

Vierter Teil. Ausschluss und Beschränkung der Haftung, Verjährung

§ 13 HaftpflG

(1) Sind nach den §§ 1, 2 mehrere einem Dritten zum Schadensersatz verpflichtet, so hängt im Verhältnis der Ersatzpflichtigen untereinander Pflicht und Umfang zum Ersatz von den Umständen, insbesondere davon ab, wie weit der Schaden überwiegend von dem einen oder dem anderen verursacht worden ist.

(2) Wenn der Schaden einem der nach §§ 1, 2 Ersatzpflichtigen entstanden ist, gilt Absatz 1 auch für die Haftung der Ersatzpflichtigen untereinander.

(3) Die Verpflichtung zum Ersatz nach den Absätzen 1 und 2 ist für den nach § 1 zum Schadensersatz Verpflichteten ausgeschlossen, soweit die Schienenbahn innerhalb des Verkehrsraumes einer öffentlichen Straße betrieben wird und wenn der Unfall durch ein unabwendbares Ereignis verursacht ist, das weder auf einem Fehler in der Beschaffenheit der Fahrzeuge oder Anlagen der Schienenbahn noch auf einem Versagen ihrer Vorrichtungen beruht. Als unabwendbar gilt ein Ereignis nur dann, wenn sowohl der Betriebsunternehmer als auch die beim Betrieb tätigen Personen jede nach den Umständen des Falles gebotene Sorgfalt beobachtet haben. Der Ausschluss gilt auch für die Ersatzpflicht gegenüber dem Eigentümer einer Schienenbahn, der nicht Betriebsunternehmer ist.

(4) Die Absätze 1 bis 3 gelten entsprechend, wenn neben den nach den §§ 1, 2 Ersatzpflichtigen ein anderer für den Schaden kraft Gesetzes verantwortlich ist.

Literatur

Lepa Schmerzensgeld, Mitverschulden (1990); *Looschelders* Die Mitverantwortlichkeit des Geschädigten im Privatrecht (1999).

Übersicht

		Rn
I.	Überblick	1
	1. Grundgedanken	1
	2. Anzuwendende Vorschriften	7
	3. Tatbestandselemente	9
	4. Darlegungs- und Beweislast	12
	5. Rechtsfolgen	13
II.	Mitverschulden bei der Entstehung des Schadens	16
	1. Rechtsgrundlagen	16
	2. Verschuldensbegriff	18
	3. Zurechenbarkeit	23
	4. Schuldfähigkeit	24
	5. Zurechnung des Verschuldens eines Dritten	27
	6. Einzelfälle	41
	7. Schaden durch Schadensabwehrmaßnahme	84
III.	Anrechnung der Betriebsgefahr	85
	1. Allgemeines	85
	2. Anwendungsbereich	86
	3. Hypothetische Haftung des Geschädigten als Voraussetzung der Anspruchsminderung	91
IV.	Mitverschulden hinsichtlich des Schadensumfangs	96
	1. Rechtliche Grundlagen	96
	2. Inhalt der Schadensminderungspflicht	97
	3. Zurechnung des Verschuldens eines Dritten	98
	4. Kosten der Schadensminderung	99
	5. Warnungspflicht	102
	6. Einzelfälle	105

V. Haftungsverteilung	123
1. Allgemeines.	123
2. Kriterien und Grundsätze für die Abwägung	125
3. Abwägung bei Mehrheit von Ersatzpflichtigen	137
4. Beweis der Abwägungskriterien	146
5. Bezifferung der Quote	151
6. Einzelfälle	156
a) Unfälle zwischen Kfz im gleichgerichteten Verkehr	156
b) Unfälle zwischen Kfz im Begegnungsverkehr	178
c) Unfälle zwischen Kfz im kreuzenden Verkehr	192
d) Unfälle zwischen Kfz beim Rückwärtsfahren oder Wenden	217
e) Unfälle mit Kfz im ruhenden Verkehr	220
f) Kfz-Unfälle durch Ladung, Fahrzeugteile o. ä..	224
g) Unfälle zwischen Kfz und Schienenbahn.	226
h) Kfz-Unfälle mit Beteiligung von Tieren.	236
i) Unfälle zwischen Kfz und Radfahrer.	239
j) Unfälle zwischen Kfz und Fußgänger	241
k) Unfälle zwischen Kfz und Inline-Skater	246
l) Kfz-Unfälle mit Kindern	247
m) Sonstige Kfz-Unfälle	251
n) Unfälle zwischen Schienenfahrzeugen und nicht motorisierten Verkehrsteilnehmern	252
o) Unfälle zwischen nicht motorisierten Verkehrsteilnehmern	255
p) Mitverschulden von Kfz-Insassen	262

I. Überblick

1. Grundgedanken

a) Mitverschulden bei der Entstehung des Schadens. Wäre es ohne einen vorwerfbaren Verursachungsbeitrag des Geschädigten nicht zu seinem Schaden gekommen, könnte man ihm bei strenger Anwendung des casum-sentit-dominus-Prinzips[1] und der condicio-sine-qua-non-Formel[2] einen Schadensersatz ganz versagen. Zu diesem Ergebnis führte in der Tat das gemeinrechtliche Prinzip der Culpa-Kompensation.[3] Im BGB findet diese Sichtweise noch in einigen Sonderbestimmungen Ausdruck (zB § 122 II, § 179 III 1, § 839 III). Für das allgemeine Haftungsrecht ist sie jedoch durch das Prinzip der Schadensteilung abgelöst worden: Nach § 254 Abs 1 BGB soll es bei mitwirkendem Verschulden des Geschädigten von einer Abwägung der Verursachungsanteile abhängen, ob und in welcher Höhe Schadensersatz beansprucht werden kann. Hierbei handelt es sich entgegen verbreiteter Meinung nicht um eine Ausprägung von „Treu und Glauben", sondern um die Zurechnung von Verantwortlichkeit.[4] Dieses Prinzip wurde auch auf die Gefährdungshaftung übertragen (§ 9 StVG, § 4 HaftpflG mit einer Erstreckung der Mithaftung auf Mitverschulden bestimmter Dritter; s Rn 27 ff).

---

1 S dazu § 1 Rn 7.
2 Vgl § 1 Rn 22.
3 Eingehend dazu *Looschelders* (Lit vor Rn 1) S 20 ff.
4 *Looschelders* (Lit vor Rn 1) S 140 f.

Vierter Teil. Ausschluss und Beschränkung der Haftung, Verjährung

2 Der Fall **unterlassener Schadensabwendung** wird in § 254 Abs 2 S 1 Alt 1 und 2 BGB der Mitverursachung nach Abs 1 gleichgestellt.[5] Hierher gehören die im Verkehrsrecht wichtigen Fälle des Selbstschutzes durch Sicherheitsgurt, Sturzhelm usw (näher Rn 18 ff). Zur Frage, ob durch Erfüllung der Schadensabwendungspflicht entstandene Nachteile ersatzpflichtig sind, s Rn 84.

3 **b) Mitwirkende Gefährdungshaftung.** Die Rspr hat in erweiternder Anwendung dieses Rechtsgedankens § 254 BGB auf die Fälle ausgedehnt, in denen den Verletzten kein mitwirkendes Verschulden trifft, in denen er aber, wäre nicht ihm, sondern einem anderen ein Schaden entstanden, aus Gefährdungshaftung in Anspruch genommen werden könnte, dh sie rechnet über den Wortlaut des § 254 BGB hinaus auch eine mitwirkende Betriebsgefahr an.[6] Die ursprüngliche Beschränkung auf die Fälle, in denen auch der Schädiger nur aus Betriebsgefahr haftet,[7] hat der BGH aufgegeben, weil die Billigkeit es erfordere, die Mithaftung für den Eigenschaden mit der Haftung für Fremdschäden in Einklang zu bringen.[8] Auch § 17 Abs 2 StVG, der iVm Abs 1 u 4 eine Sondervorschrift für die Abwägung zwischen mehreren aus Betriebsgefahr Haftenden enthält (s u Rn 7), spreche für einen allgemeinen Rechtsgedanken dieser Art. Diese Auffassung hat nach anfänglichem Widerstand in der Literatur inzwischen allgemeine Anerkennung gefunden;[9] streitig sind jedoch nach wie vor Einzelfragen zum Umfang der Anrechnung (s Rn 85 ff).

4 Keine Anrechnung einer Betriebsgefahr gibt es zu Lasten des **Kfz-Insassen**, der das Kfz nicht führt (vgl § 36 Rn 5). Zur Frage, ob der geschädigte **Kfz-Eigentümer**, der mit dem Halter nicht identisch ist, sich die Betriebsgefahr seines Kfz anrechnen lassen muss, s Rn 89. Der **Führer eines Schienenfahrzeugs** haftet mangels einer dem § 18 StVG entsprechenden Vorschrift im HaftpflG nicht für die Betriebsgefahr der Bahn. Der durch einen seinem eigenen Tier zurechenbaren Unfall selbst geschädigte **Tierhalter** muss sich nach der Rspr zur erweiternden Auslegung von § 254 BGB (Rn 85 ff) ggf die Tiergefahr anrechnen lassen,[10] nach § 840 Abs 3 BGB jedoch dann nicht, wenn der andere Ersatzpflichtige aus unerlaubter Handlung haftet[11] (näher § 7 Rn 3).

5 **c) Mitverantwortung für Folgeschäden.** Bei einem dem Schädiger zuzurechnenden Folgeschaden (§ 3 Rn 170, 175 ff), beschränkt sich die Anwendung des § 254 BGB ggf auf diesen. Dies gilt auch für die Berücksichtigung einer mitwirkenden Betriebsgefahr: Wird zB durch den Betrieb eines Kfz ein Fußgänger verletzt und erleidet dieser später bei einem Unfall mit seinem eigenen Kfz infolge der Primärverletzungen weitergehende Schäden, muss er sich auf den weitergehenden Schaden die Betriebsgefahr seines Kfz anrechnen lassen.[12]

6 **d) Mitverantwortung für Umfang des Schadens.** § 254 Abs 2 S 1 Alt 3 BGB ordnet ebenfalls eine Reduktion des Schadensersatzanspruchs an, gründet sich jedoch – jeden-

---

5 Zum Verhältnis zwischen Abs 1 und 2 s *Lange/Schiemann* § 10 II 2.
6 BGHZ 6, 319 = NJW 1952, 1015 m abl Anm *Berchtold*.
7 RG JW 1937, 2648; 1938, 3052.
8 BGHZ 6, 319, 323.
9 Umfassende Nachw bei *Looschelders* (Lit vor Rn 1) S 135.
10 Vgl BGH VersR 1985, 665, 666 mwN.
11 BGH NZV 1995, 19, 20; OLG Schleswig NJW-RR 1990, 470. Krit *Looschelders* (Lit vor Rn 1) S 139.
12 OLG Hamm NZV 1995, 282.

§ 22 Mitverantwortung des Geschädigten

falls aus heutiger Sicht[13] – auf einen völlig anderen Rechtsgedanken. Er lässt aus dem durch die Schädigung bereits begründeten gesetzlichen Schuldverhältnis eine Verpflichtung entstehen, die Schadensfolgen zu begrenzen (im Einzelnen Rn 96 ff). Damit berührt er sich mit § 249 Abs 2 BGB, demzufolge der Geschädigte (nur) die zur Restitution „erforderlichen" Kosten ersetzt verlangen kann (dazu § 3 Rn 227 ff). Die Abgrenzung zwischen den beiden Regelungen ist wichtig, denn die Erforderlichkeit der vom Schädiger begehrten Wiederherstellungskosten hat der Geschädigte zu beweisen, während für die Verletzung der Schadensminderungspflicht der Ersatzpflichtige die Beweislast trägt. Entscheidend sind die unterschiedlichen Regelungsebenen: § 254 Abs 2 BGB regelt, für welchen Schadensumfang der Ersatzpflichtige aufkommen muss; § 249 Abs 2 BGB betrifft nur die Bemessung des Geldbetrags, den der Geschädigte zur Beseitigung des sonach bestimmten Schadens aufzuwenden hat.[14]

2. Anzuwendende Vorschriften

a) Grundnorm ist, soweit es um die Mitverantwortung für die **Entstehung des Schadens** geht, § 254 Abs 1 BGB. Sie wird jedoch im Bereich der Verkehrsunfallhaftung, soweit die Gefährdungshaftung nach StVG oder HaftpflG oder die Tierhalterhaftung nach §§ 833 f BGB eingreift, durch eine Reihe von **Sondervorschriften** verdrängt. So gilt 7

– § 17 Abs 1, 2 StVG für Ansprüche zwischen den Haltern mehrerer Kfz,
– § 17 Abs 4 iVm Abs 2 StVG für Ansprüche eines Kfz-Halters gegen einen Tierhalter oder Eisenbahnunternehmer,
– § 18 Abs 3 iVm § 17 StVG für Ansprüche eines Kfz-Führers in den vorgenannten Fällen,
– § 13 Abs 1, 2 HaftpflG für Ansprüche zwischen Bahnunternehmern bzw Anlagenbetreibern nach § 2 HaftpflG,
– § 13 Abs 4 iVm Abs 2 HaftpflG für Ansprüche des Bahnunternehmers gegen einen Unfallverantwortlichen,
– § 9 StVG iVm § 254 Abs 1 BGB für Ansprüche sonstiger Verletzter (zB Radfahrer, Fußgänger) gegen Kfz-Halter oder -Führer,
– § 4 HaftpflG iVm § 254 Abs 1 BGB für Ansprüche sonstiger Verletzter (zB Radfahrer, Fußgänger) gegen Bahnunternehmer und Anlagenbetreiber.

§ 254 Abs 1 BGB unmittelbar kommt damit nur zur Anwendung, wenn der Verkehrsunfall zwischen nicht motorisierten Verkehrsteilnehmern stattgefunden hat oder wenn ein Tierhalter, Tierhüter oder Verkehrssicherungspflichtiger für ihn verantwortlich ist. Für die von StVG und HaftpflG Erfassten kann er dann Geltung erlangen, wenn sich die Haftung bzw Mithaftung im konkreten Fall nicht aus diesen Vorschriften, sondern (zB wegen Überschreitens der Haftungshöchstbeträge) aus § 823 BGB ergibt.

b) Für die Mitverantwortung bzgl des **Schadensumfangs** (Schadensminderungspflicht) gilt generell § 254 Abs 2 BGB. 8

3. Tatbestandselemente

a) Verschulden. Dieser Begriff hat in § 254 BGB eine weiter gehende Bedeutung als in den haftungsbegründenden Tatbeständen. Er umfasst hier auch Verhaltensweisen, die nicht zum Schutz fremder Rechtsgüter, sondern im eigenen Interesse an Unversehrtheit oder an der Geringhaltung von Beeinträchtigungen geboten sind (näher Rn 18 ff). Zum Erfordernis der Schuldfähigkeit s Rn 24 f, zur Zurechnung des Verschuldens Dritter Rn 27 ff. 9

---
13 Zur Sichtweise des Gesetzgebers s *Looschelders* (Lit vor Rn 1) S 164 f.
14 *Looschelders* (Lit vor Rn 1) S 491.

10 **b) Mitwirkende Betriebsgefahr.** Entscheidende Voraussetzung für die Kürzung der Ersatzansprüche nach § 254 Abs 1 BGB analog (Rn 3), § 17 Abs 1, 2, 4 StVG, § 13 Abs 1, 2, 4 HaftpflG ist, dass den Geschädigten in derselben Situation eine Gefährdungshaftung für einen etwa verursachten Fremdschaden treffen würde. Zu den Fragen, die sich aus diesem Erfordernis einer Spiegelbildlichkeit der Betriebsgefahr ergeben, s Rn 91 ff.

11 **c) Verursachung.** Auch für die Mithaftung muss Kausalität zwischen dem haftungsbegründenden Umstand und der Schädigung bzw der Schadensfolge gegeben sein. Dabei genügt eine natürliche Kausalität nicht, sondern es bedarf auch hier einer wertenden Zurechnung (dazu Rn 23).

4. Darlegungs- und Beweislast

12 § 254 BGB begründet eine Einwendung gegen die Schadensersatzpflicht bzw deren Höhe. Die vorstehend genannten Voraussetzungen sind daher grundsätzlich vom Ersatzpflichtigen darzulegen und zu beweisen (zu Modifizierungen bei der Darlegungslast s § 29 Rn 106). Für die Geltendmachung mitwirkender Betriebsgefahr muss der Ersatzpflichtige nur den betr Gefährdungshaftungstatbestand beweisen; der Entlastungsbeweis (§ 7 Abs 2, § 17 Abs 3, § 18 Abs 1 S 2 StVG) obliegt dem Geschädigten. Die Betriebsgefahr erhöhende Umstände dürfen aber nur berücksichtigt werden, wenn sie positiv festgestellt werden (näher Rn 146 ff). Daran hat die Neuregelung des Entlastungsbeweises durch das 2. SchRÄndG nichts geändert.[15]

5. Rechtsfolgen

13 § 254 BGB reduziert den Schadensersatzanspruch auf das Maß, welches bei einer Abwägung der jeweiligen Verursachungsbeiträge (dazu Rn 125 ff) der Verantwortung des Schädigers entspricht. Dies kann natürlich nur im Wege einer groben Schätzung (besser: Wertung) geschehen und bereitet erhebliche Schwierigkeiten, wenn mehr als zwei Personen an einem Schadensereignis beteiligt sind (s Rn 137 ff).

14 Mit dem Abwägungsgebot durchbricht § 254 BGB das haftungsrechtliche Alles-oder-Nichts-Prinzip. Damit entspricht er modernen Gerechtigkeitsvorstellungen, befrachtet das Haftungsrecht aber auch mit erheblicher Rechtsunsicherheit. Die von ihm vorgeschriebene Haftungsabwägung verlangt Bewertungen des Einzelfalls, die das Eingreifen eines neutralen Streitentscheiders erfordern. Unzählige Haftungsprozesse werden ausschließlich oder hauptsächlich um diese Frage geführt. Andererseits signalisieren § 254 BGB und die Abwägungsnormen der Gefährdungshaftungsgesetze im Verein mit § 287 ZPO, dass eine exakte Festsetzung von Schadensersatzbeträgen kaum jemals möglich ist. Auch eine noch so stark ausdifferenzierte Haftungsquotelung liefert nur Scheingerechtigkeit. Die Praxis trägt dem durch den verbreiteten Abschluss von Regulierungsvergleichen Rechnung. Es ist aber zu fragen, warum solche Vergleiche oft erst im gerichtlichen Verfahren, nicht selten gar in zweiter Instanz, zustande kommen. Eine gewisse Pauschalierung der Schadensabrechnung und der stärkere Einsatz von Schlichtung könnten den Kosten- und Verfahrensaufwand erheblich reduzieren.[16]

15 Zur **prozessualen Behandlung** des Mitverschuldenseinwands s § 37 Rn 15, 27, 32.

---

15 OLG Nürnberg NZV 2005, 422.
16 Näher *Greger* NZV 2001, 1 ff.

II. Mitverschulden bei der Entstehung des Schadens

1. Rechtsgrundlagen

a) **§ 254 Abs 1 BGB** gilt im Verkehrshaftungsrecht nur, wenn der Verkehrsunfall zwischen nicht motorisierten Verkehrsteilnehmern stattgefunden hat oder wenn ein Tierhalter, Tierhüter oder Verkehrssicherungspflichtiger für ihn verantwortlich ist. Richtet sich der Ersatzanspruch eines nicht motorisierten Verkehrsteilnehmers gegen einen Kfz-Halter oder -Führer, gilt **§ 9 StVG**, der (mit einer Erweiterung bei der Zurechnung von Drittverschulden) auf § 254 Abs 1 BGB verweist. Eine entsprechende Sondervorschrift für die Bahn- und Anlagenhaftung enthält **§ 4 HaftpflG**. 16

b) Für Ansprüche zwischen Personen, die einer Gefährdungshaftung unterliegen (Kfz-Halter und -Führer, Bahnunternehmer, Tierhalter) enthalten **§ 17 Abs 1, 2 StVG** und **§ 13 Abs 1, 2 HaftpflG** Sondervorschriften (vgl Rn 7). Wo sie eingreifen, sind die vorgenannten Vorschriften nicht (direkt) anwendbar. Die Haftungsabwägung richtet sich nach dem Gewicht der jeweiligen Betriebsgefahr, welches durch besondere Umstände, insbesondere schuldhaftes Verkehrsverhalten, erhöht sein kann (s dazu Rn 131 ff). 17

2. Verschuldensbegriff

Ein Verschulden iS des § 254 BGB liegt zum einen stets dann vor, wenn der Verletzte vorwerfbar gegen Rechtsvorschriften (zB der StVO) verstoßen und hierdurch die Entstehung des Schadens mitverursacht hat. So verhält es sich zB, wenn ein Vorfahrtunfall auf dem Zusammenwirken der Vorfahrtverletzung mit überhöhter Geschwindigkeit oder einem Verstoß gegen das Rechtsfahrgebot auf Seiten des Bevorrechtigten beruht. Mögen die vom Geschädigten verletzten Normen auch (primär) dem Schutz der anderen dienen, muss er sich doch seinen Verursachungsanteil auf den eigenen Schaden anrechnen lassen. Wie sich auch aus § 254 Abs 2 S 1 Alt 2 BGB ergibt, ist darüber hinaus ein Mitverschulden aber auch dann zu bejahen, wenn der Verletzte vorwerfbar gegen eine geschriebene oder ungeschriebene Rechtspflicht verstoßen hat, die in erster Linie seinen eigenen Schutz bezweckt. Dieser Zurechnungsgrund wird untechnisch, aber anschaulich, vielfach als „Verschulden gegen sich selbst" bezeichnet.[17] 18

Beispiele für **geschriebene Normen** dieser Art sind § 21a StVO (Gurt- und Helmpflicht) sowie § 14 Abs 3 Nr 4 BOKraft (Festhaltepflicht für Fahrgäste). Aber auch aus berufsgenossenschaftlichen Unfallverhütungsvorschriften (zB Tragen von Schutzkleidung), Verwaltungsanordnungen, vertraglichen Abmachungen oder vorangegangenem Tun können sich Rechtspflichten ergeben, deren Verletzung zur Anwendung des § 254 Abs 1 BGB führt. 19

Ungeschriebene Verhaltensmaßregeln[18] ergeben sich aus dem in § 254 BGB zum Ausdruck gebrachten Rechtsgedanken, dass vollständiger Schadensersatz nur erlangt werden kann, wenn der Geschädigte seinerseits die für eine angemessene Steuerung von 20

---

17 RGZ 112, 284, 287; 149, 6, 7; BGHZ 3, 46, 49; 9, 316, 318; 74, 25, 28; MünchKomm/*Oetker* § 254 Rn 3; *Lange/Schiemann* § 10 VI 1 e; *Larenz* § 31 I a. Krit *Looschelders* (Lit vor Rn 1) S 190 ff.

18 Eingehend zur rechtstheoretischen Einordnung dieser Verhaltensnormen *Looschelders* (Lit vor Rn 1) S 178 ff.

Schadensrisiken allgemein anerkannten Anforderungen der Gefahrenabwehr beachtet hat. Er greift vor allem dort ein, wo sich Schädiger und Geschädigter im Rahmen eines sozialüblichen, mit Schadensrisiken behafteten Kontakts gegenübergetreten sind, also insbesondere im Straßenverkehr oder im Rahmen einer Verkehrssicherungspflicht. Hier hat derjenige, der für die Unfallrisiken etwa eines Kfz oder eines öffentlichen Wegs einzustehen hat, ein schutzwürdiges Interesse daran, dass andere, die durch ihre Verkehrsteilnahme dieses Risiko aktualisieren, die allgemein anerkannten Maßregeln zur Unfallverhütung beachten. Den Verkehrsteilnehmer trifft also eine aus seiner Sozialbezogenheit herzuleitende Rechtspflicht zum Selbstschutz.

21 Der BGH hat diesen Rechtsgedanken zwar in seiner Entscheidung zur Rechtfertigung der bußgeldbewehrten Gurtpflicht[19] herangezogen, als generelle Grundlage des selbstschädigenden Mitverschuldens ist er in der Rspr bisher aber nicht herausgearbeitet worden. Dort wird zumeist auf die objektive Seite der Pflichtwidrigkeit überhaupt nicht eingegangen und Mitverschulden rein unter dem Aspekt der Vorwerfbarkeit definiert als Außerachtlassen derjenigen Sorgfalt, die ein verständiger Mensch zur Vermeidung eigenen Schadens anzuwenden pflegt.[20] Vielfach wird der Mitverschuldensvorwurf auch auf den Gesichtspunkt von Treu und Glauben gestützt,[21] was bei der deliktischen Haftungsbegründung systemfremd ist und zu einer unbefriedigenden, weil unberechenbaren Kasuistik führt. Sachgerechte Lösungen lassen sich dagegen mit der Überlegung erzielen, ob die betreffende Verhaltensmaßregel in einem Maße allgemein anerkannt ist, welches gestatten würde, sie in eine Norm des positiven Rechts (nach Art des § 21a StVO) zu gießen.[22] Dies würde auch der gelegentlich zu beobachtenden Tendenz der Gerichte entgegensteuern, in zu weitem Umfang eine Mitverantwortlichkeit des Geschädigten zu bejahen.

22 Nach Vorstehendem kommt es nicht darauf an, ob der Verletzte für sein Verhalten seinerseits einem anderen haftpflichtig wäre. Dies zeigt sich auch im Bereich der **Staatshaftung**. Handelte der Verletzte nämlich für einen Träger öffentlicher Gewalt, so unterliegen seine Ansprüche ggf der Kürzung wegen Mitverschuldens, obwohl für den durch ihn verursachten Schaden eines anderen nach Art 34 GG nicht er, sondern der Träger öffentlicher Gewalt einzustehen hat.[23]

3. Zurechenbarkeit

23 Auch Mitverschulden ist nur zurechenbar im Rahmen von Adäquanz[24] und Normzweck[25] (vgl hierzu § 3 Rn 68 ff, § 10 Rn 19). Hat der Geschädigte zB eine besondere Schutzvorkehrung unterlassen, die wegen eines gefahrenträchtigen körperlichen Ge-

---

19 BGHZ 74, 25.
20 BGHZ 9, 318; 74, 25, 28; BGH NZV 1998, 148. In diesem Sinn auch *Lepa* (Lit vor Rn 1) S 68 f, der „Verschulden" durch „Nachlässigkeit" ersetzt.
21 BGH NJW 1972, 335; 1980, 1519; 1982, 168; *Lepa* (Lit vor Rn 1) S 60. Krit hierzu MünchKomm/*Oetker* § 254 Rn 4; *Esser/Schmidt* § 35 I 2; *Larenz* § 31 I a; *Greger* NJW 1985, 1132.
22 Näher hierzu *Greger* NJW 1985, 1132.
23 Vgl BGH NJW 1959, 985 = JZ 1960, 174 m Anm *Schröer*; OLG Köln VersR 1957, 417.
24 RG JW 1937, 1057; BGHZ 3, 47; BGH NJW 1952, 537; 1957, 217.
25 BGH VersR 1970, 813; 1978, 1070; 1979, 542; OLG Bamberg VersR 1988, 585.

brechens geboten war, so führt dies nur dann zu seiner Mitverantwortung, wenn sich gerade die Gefahr verwirklicht hat, die die Pflicht zu der Schutzmaßnahme begründete, nicht aber dann, wenn sich das Fehlen des Schutzes nur wegen eines ganz außergewöhnlichen Geschehensablaufs verhängnisvoll auswirken konnte.[26] Aus demselben rechtlichen Gesichtspunkt kann sich auch der Abschleppunternehmer, der ein verbotswidrig geparktes Kfz beim Abschleppen beschädigt, nicht darauf berufen, der Geschädigte habe den Schaden durch sein falsches Parken mitverschuldet.[27] Wird ein Radfahrer, der trotz vorhandenen Radwegs die Fahrbahn benutzt, durch einen Vorfahrtverletzer angefahren, so fehlt es ebenfalls am Zurechnungszusammenhang, denn die Pflicht zur Radwegbenutzung dient nicht der Verhütung derartiger Unfälle.[28]

4. Schuldfähigkeit

Bei der Begründung eines Mitverschuldens ist **deliktische Verantwortlichkeit** iSd §§ 827, 828 BGB (dazu § 10 Rn 59 ff) ebenso erforderlich wie beim Verschulden im Rahmen der Haftungsbegründung[29] (zur Zurechnung eines Verschuldens des gesetzlichen Vertreters s Rn 35 f). Bei Kindern unter 7 Jahren scheidet daher eine Anspruchskürzung aus. Auch schließt § 827 S 1 BGB zB die Anrechnung eines Mitverschuldens des Verletzten aus, wenn seine Unvorsichtigkeit durch den Schock ausgelöst worden war, den er durch den Unfall erlitten hatte.[30] Die entsprechende Anwendung von § 827 S 2 BGB[31] ist geboten, wenn der Verletzte sich in Volltrunkenheit versetzt hat und sich in unzurechnungsfähigem Zustand von einem fahruntüchtigen Fahrer hat befördern lassen.[32] Eine (dem Haftungsrecht an sich unbekannte) „verminderte Schuldfähigkeit" kann sich bei der Abwägung der Haftungsanteile auswirken (vgl Rn 127).

24

Bei **Minderjährigen** iS des § 828 Abs 3 BGB ist darauf abzustellen, ob der Verletzte die zur Erkenntnis der Gefährlichkeit (für sich selbst) erforderliche Einsicht gehabt hat; diesbezüglich kann die Altersgrenze anders liegen als für die Erkenntnis der Verantwortlichkeit für eine Fremdschädigung, da Gefahren für sich selbst meist früher wahrgenommen werden als Gefahren für andere.[33] So kann zB die Erkenntnis des Nutzens von Kindersicherungen (§ 21 Abs 1a, 1b StVO) von Minderjährigen grundsätzlich nicht erwartet werden.[34] Nach § 828 Abs 2 BGB nF ist bei Unfällen im motorisierten Verkehr ab 1.8.2002 die Verantwortlichkeit – somit auch das Mitverschulden – von Kindern zwischen 8 und 10 Jahren kraft Gesetzes ausgeschlossen.[35]

25

---

26 Im Ergebnis ebenso BGH NJW 1982, 168, allerdings unter Abheben auf Treu und Glauben. Vgl *Greger* NJW 1985, 1130.
27 Vgl BGH VersR 1978, 1070.
28 OLG Köln NZV 1994, 278; **aA** ohne Eingehen hierauf LG Schwerin NZV 2004, 581.
29 RGZ 108, 89; 156, 202; BGHZ 9, 317; 24, 327; KG NZV 1995, 109; **aA** *Haberkorn* MDR 1960, 554; *Böhmer* MDR 1962, 778.
30 BGH VersR 1977, 430.
31 Vgl BGH VersR 1971, 473.
32 OLG Hamm MDR 1996, 149.
33 OLG Celle NJW 1968, 2146.
34 Gegen eine Mithaftung auch *Etzel* DAR 1994, 304, allerdings unter unzutr Berufung auf den Schutzzweck der Norm.
35 Näher *Lemcke* ZfS 2002, 324 sowie § 10 Rn 66 ff.

Vierter Teil. Ausschluss und Beschränkung der Haftung, Verjährung

26 Die **Billigkeitshaftung des Schuldunfähigen** nach § 829 BGB ist auch im Rahmen des § 254 BGB zu beachten,[36] dürfte sich allerdings nur in Ausnahmefällen auswirken.[37] Voraussetzung für eine Berücksichtigung der durch den Unzurechnungsfähigen gesetzten Unfallursache ist, dass die Billigkeit die Anrechnung *erfordert*; dass sie die Anrechnung lediglich *rechtfertigt*, genügt nicht.[38] Bei der Gefährdungshaftung nach § 7 StVG, die ohnehin auf Höchstbeträge beschränkt ist und im Regelfall von der Pflichtversicherung des Schädigers abgedeckt wird, wird regelmäßig kein Anlass zur Anwendung von § 829 BGB bestehen,[39] auch wenn der Geschädigte sozialversichert ist.[40] Bei späterer Veränderung der wirtschaftlichen Verhältnisse kann unter den Voraussetzungen des § 323 ZPO Abänderungsklage erhoben werden. Möglich ist auch, ein die Ersatzpflicht des Schädigers feststellendes Urteil mit dem Vorbehalt des Einwandes der Mithaftung aufgrund spiegelbildlicher Anwendung des § 829 BGB zu versehen; doch ist hierfür kein Raum, wenn eine grundlegende Veränderung der für die Billigkeitsentscheidung wesentlichen wirtschaftlichen Verhältnisse nach Sachlage nicht zu erwarten ist.[41] Näher zur Billigkeitshaftung § 10 Rn 70 ff.

5. Zurechnung des Verschuldens eines Dritten

27 **a) Inhaber der tatsächlichen Gewalt über die beschädigte Sache.** Bei der Haftung nach StVG und HaftpflG wird nach § 9 StVG bzw § 4 HaftpflG das Verschulden desjenigen, der zur Zeit des Unfalls die tatsächliche Gewalt über die beschädigte Sache innehatte, dem Verschulden des Verletzten gleichgestellt.

28 Die **tatsächliche Gewalt** üben der Besitzer und der Besitzdiener aus (§§ 854, 855 BGB). Es handelt sich um ein rein tatsächliches Verhältnis; darauf, ob die tatsächliche Gewalt berechtigt oder unberechtigt ausgeübt wird, kommt es nicht an. Auch der Dieb fällt darunter.[42] Das Herrschaftsverhältnis, das eine Einwirkung auf die Sache gestattet, darf nicht nur ganz vorübergehender Natur sein und führt zu den Rechtsfolgen des § 9 StVG iVm § 254 BGB nur, wenn es von jedem erkannt werden kann, der darauf achtet.[43]

29 **Beispiele:** Der Eigentümer hat sich das Verschulden dessen anrechnen zu lassen, der sein (des Eigentümers) Pferdefuhrwerk kutschiert, mit seinem Ochsen pflügt, sein Reitpferd reitet, sein Vieh zur Weide treibt, sein Fahrrad fährt, seinen Handwagen auf der Straße schiebt oder seinen Koffer zur Bahn trägt. Ausgenommen sind die Fälle, in denen der Unfall durch typische Tiergefahr mitverursacht wurde; denn diese Fälle regeln sich nach § 17 Abs 4, 2 StVG (vgl Rn 7). Außerdem fallen alle Fälle unter § 9 StVG, in denen ein Fuhrunternehmer, sei es mit Pferdefuhrwerk oder Lastkraftwagen, fremde Waren befördert. Hat der Eigentümer eines Kfz durch dessen Entwendung seine Halterstellung verloren (vgl § 3 Rn 301 f) und wird das Fahrzeug

---

36 BGHZ 37, 102 = VersR 1962, 823 m Anm *Böhmer*; BGH VersR 1964, 385; *Larenz* § 31 I a; *Lange/Schiemann* § 10 VI 4; **aA** *Böhmer* MDR 1962, 778.
37 *Böhmer* VersR 1962, 778.
38 BGH NJW 1969, 1762; VersR 1973, 925.
39 BGHZ 73, 190; BGH VersR 1982, 441; OLG Karlsruhe VRS 78, 166; KG NZV 1995, 110; **aA** OLG Schleswig SchlHA 1957, 97.
40 BGH NJW 1973, 1795.
41 OLG Karlsruhe VersR 1989, 925; OLG Frankfurt VRS 76, 97.
42 OLG Hamm NZV 1995, 320.
43 RGZ 77, 209; OLG München SeuffA 64, 483; *Böhmer* VersR 1961, 582.

sodann bei einem Unfall beschädigt, so muss sich der Eigentümer, der den anderen Unfallbeteiligten aus Gefährdungshaftung in Anspruch nimmt, das Verschulden des Entwenders anrechnen lassen.[44]

Ein neuer Anwendungsbereich für § 9 StVG ergab sich infolge der zunehmenden Verbreitung des **Kraftfahrzeug-Leasing**. Bei dieser Vertragsgestaltung ist der Eigentümer des Fahrzeugs (der Leasinggeber) nicht dessen Halter (vgl § 3 Rn 288), sodass § 17 Abs 2 StVG nicht eingreift. Er bräuchte sich daher auf seinen Anspruch gegen einen anderen Kraftfahrzeughalter aus § 7 StVG das Mitverschulden des Leasingnehmers (oder des sonstigen Fahrers des Leasingfahrzeugs) nach den allgemeinen Vorschriften nicht anrechnen zu lassen. Über § 9 StVG wird das Verschulden des Inhabers der tatsächlichen Gewalt über das Fahrzeug aber dem Geschädigten zugerechnet. Bei Unfällen ab 1.8.2002 bietet jedoch § 17 Abs 3 S 3 StVG nF eine andere Lösung dieser Fälle (s Rn 89).

30

b) Mitberechtigte. Können Miteigentümer wegen der Beschädigung von Sachen, die in ihrem gemeinsamen Eigentum stehen, Schadensersatz beanspruchen, dann mindert sich regelmäßig der Schadensersatzanspruch, wenn einem der Miteigentümer ein Mitverschulden bei der Beschädigung zur Last fällt. Die Minderung richtet sich nach dem Verhältnis der Verantwortungsanteile und der Größe des betreffenden Miteigentumsanteils: Bei Miteigentum von 50% und einer Mitverantwortung von 50% ist der Gesamtanspruch also um 25% zu kürzen.[45] Dies gilt allerdings nur für den gemeinschaftsbezogenen Schaden, den jeder Miteigentümer nach § 1011 BGB insgesamt geltend machen kann; wenn einem Berechtigten wegen des Entzugs der Sache ein besonderer Folgeschaden entsteht, den der andere nicht hat, kommt es auf die individuelle Mitverantwortung an. Bei Beteiligung an einem Sondervermögen (zB Stiftung oder Personenhandelsgesellschaft) kann das Mitverschulden über § 31 BGB zugerechnet werden.[46]

31

c) Hilfspersonen

aa) Nach § 254 Abs 2 S 2 BGB hat der Verletzte auch für das Verschulden seiner **Erfüllungsgehilfen** (§ 278 BGB) einzustehen, und zwar nach der erweiternden Auslegung dieser Vorschrift in der Rspr auch dann, wenn sich das Verschulden auf die Schadensentstehung (§ 254 Abs 1 BGB) bezieht.[47] Voraussetzung hierfür ist jedoch nach hM das Bestehen einer schuldrechtlichen Sonderbeziehung zwischen Schädiger und Geschädigtem im Zeitpunkt des Schadensereignisses.[48] Im Anwendungsbereich der Gefährdungshaftung nach dem StVG ist eine solche wohl nur im Rahmen der entgeltlichen Personenbeförderung denkbar.

32

bb) Bestand zwischen Schädiger und Geschädigten vor dem Unfall keine schuldrechtliche Verbindung, so kommt nur eine Haftung für **Verrichtungsgehilfen** nach § 831

33

---

44 OLG Hamm NZV 1995, 320.
45 BGH VersR 1992, 455.
46 BGHZ 68, 151.
47 RGZ 62, 106; 140, 7; BGHZ 1, 249; ebenso *Palandt/Heinrichs* § 254 Rn 49; *Staudinger/Schiemann* § 254 Rn 95; *Larenz* § 31 I d; **aA** *Esser/Schmidt* § 35 III 1.
48 RGZ 62, 346; 75, 257; 164, 269; BGHZ 1, 248; 3, 46; 5, 378; 24, 325; 73, 192; BGH VersR 1980, 740; *Palandt/Heinrichs* § 254 Rn 49; *Staudinger/Schiemann* § 254 Rn 99; *Kötz/Wagner* Rn 754; *Looschelders* (Lit vor Rn 1) S 518; **aA** *Larenz* § 31 I d; *Deutsch* Rn 577.

BGB – mit der dort vorgesehenen Entlastungsmöglichkeit – in Betracht[49] (s hierzu § 7 Rn 2 ff). Zu beachten ist, dass ein Entlastungsbeweis des geschädigten Halters eines Kfz für dessen Fahrer nach § 831 BGB in keinem Fall möglich ist, da hier nicht § 9 StVG iVm § 254 Abs 1 BGB, sondern § 17 Abs 2 StVG gilt (Rn 7) und der Halter sich folglich die durch das Verschulden seines Fahrers erhöhte Betriebsgefahr anrechnen lassen muss.[50]

34 Gegenüber dem Insassen seines Kfz ist der Fahrer idR nicht Verrichtungsgehilfe, sodass sein Verschulden dem Insassen nicht anzurechnen ist. Etwas anderes kann gelten, wenn der Insasse ein weisungsberechtigter Vorgesetzter des Fahrers ist. Allerdings muss die Weisungsgebundenheit auch bei der konkreten Fahrt bestanden haben. Hat zB der Fahrer seinen Chef nur gelegentlich einer von ihm ohnehin durchgeführten Fahrt mitgenommen, so wird er nicht als Verrichtungsgehilfe anzusehen sein; dass er den anderen nur wegen des bestehenden Arbeitsverhältnisses mitgenommen hat, steht dem nicht entgegen.[51]

35 d) **Gesetzliche Vertreter.** Die Zurechenbarkeit eines Verschuldens des gesetzlichen Vertreters ist ebenfalls in § 278 BGB geregelt, sodass das in Rn 32 Ausgeführte entsprechend gilt. Dies bedeutet, dass das Verschulden des gesetzlichen Vertreters dann außer Betracht zu bleiben hat, wenn vor dem Unfall keine Rechtsbeziehungen zwischen dem Schädiger und dem Verletzten bestanden und wenn sich das Verschulden nur auf die Entstehung des Schadens bezieht.[52] Der Fall einer bereits vor dem Unfall bestehenden Sonderrechtsbeziehung ist im Bereich des § 9 StVG vor allem bei entgeltlicher Beförderung im Kfz gegeben. Trifft zB die Eltern des verletzten Kindes an einem Schaden im Rahmen solcher Beförderung ein Mitverschulden, etwa wegen mangelnder Beaufsichtigung, so muss sich das Kind dies anrechnen lassen.[53] Es kann der ihm ungünstigen Anwendung des § 278 BGB auch nicht etwa dadurch entgehen, dass es seine Ansprüche lediglich auf § 7 StVG, § 1 HaftpflG oder § 823 BGB stützt.[54] Ein vertragsähnliches Verhältnis zwischen dem Kind und dem Beförderer, das zur Anwendung des § 278 BGB zwingt, besteht auch dann, wenn die Eltern lediglich einen Beförderungsvertrag zugunsten des Kindes (als eines Dritten) abgeschlossen haben.

36 Das Verschulden des gesetzlichen Vertreters kann aber dem Vertretenen nur dann entgegengehalten werden, wenn die Handlung oder Unterlassung des gesetzlichen Vertreters gerade **in Ausübung der gesetzlichen Vertretung** in Bezug auf das Mitverschulden des Vertretenen geschah,[55] also zB nicht, wenn Eltern eine eigene Obhutspflicht gegenüber dem Kind verletzen und es durch das hinzutretende Verschulden eines Dritten verunglückt.[56] In diesem Fall sind gesetzlicher Vertreter und Dritter Nebentäter, die dem Kind gesamtschuldnerisch haften,[57] soweit nicht die Grundsätze des BGH über die Zurechnungseinheit (Rn 142 f) zum Tragen kommen.

---

49 RGZ 75, 258; 77, 212; 79, 319; 142, 362; BGHZ 1, 249; 3, 49; BGH VersR 1975, 133; *Palandt/Heinrichs* § 254 Rn 50; *Looschelders* (Lit vor Rn 1) S 518; **aA** *Larenz* § 31 I d.
50 BGHZ 12, 124; BGH VersR 1959, 729; 1965, 712; 1979, 542.
51 BGH VersR 1978, 868.
52 BGHZ 1, 248; 9, 319; 73, 192; BGH NJW 1952, 1050 m Anm *Breetzke*; VersR 1980, 938. Zum Meinungsstand in der Literatur s *Looschelders* (Lit vor Rn 1) S 502 f.
53 BGHZ 9, 319.
54 BGHZ 9, 319; 24, 325.
55 BGH VersR 1955, 342; *Böhmer* JZ 1955, 699; MDR 1956, 401; **aA** *Staks* JZ 1955, 606.
56 OLG Hamm r+s 1995, 455.
57 BGH VersR 1955, 342, 344.

§ 22 Mitverantwortung des Geschädigten

Da die gesetzliche Vertretung von beiden Elternteilen gemeinschaftlich wahrzunehmen ist, hat ein vom Vater oder von der Mutter allein geschlossener Beförderungsvertrag an sich nur dann Wirkung zum Vorteil oder Nachteil des Kindes, wenn der andere Elternteil zugestimmt hatte; nach der Erfahrung des Lebens kann aber eine solche Zustimmung allgemein als erteilt gelten, sodass sich das Kind Nachlässigkeiten eines Elternteils bei der Beförderung als Mitverschulden anrechnen lassen muss. Allerdings erstreckt sich die allgemein von dem anderen Elternteil erteilte Ermächtigung nicht auf eine Fahrt, die dem Zweck dient, das Kind zu entführen und dem anderen Elternteil vorzuenthalten.[58]   **37**

Das Verschulden **anderer Aufsichtspersonen** ist dem Verletzten (unter den Voraussetzungen von Rn 35) dann zuzurechnen, wenn diese mit Willen des gesetzlichen Vertreters tätig geworden sind; auf ein etwaiges Auswahlverschulden kommt es nicht an.[59]   **38**

e) **Mittelbare Schädigung.** Nach § 846 BGB müssen sich Personen, die, obwohl nicht in eigenen Rechtsgütern betroffen, nach §§ 844, 845 BGB ausnahmsweise einen Ersatzanspruch gegen den Schädiger haben (insbesondere die Hinterbliebenen im Falle der Tötung), ein Mitverschulden des unmittelbar Geschädigten zurechnen lassen. Dies gilt, trotz Fehlens einer entsprechenden gesetzlichen Regelung, auch für die Ansprüche Dritter nach §§ 10, 11, 13 StVG.[60] Ein Eigenverschulden (etwa mangelhafte Aufsicht) müssen sie sich ohnehin entgegenhalten lassen.[61] Trifft ein solches mit einer Mithaftung des unmittelbar Geschädigten zusammen, so mindert sich der Ersatzanspruch um beide Anteile.[62]   **39**

Auf den Fall der mittelbaren Schädigung Dritter **an eigenen Rechtsgütern** (zB bei gesundheitsschädigendem Schock wegen des Unfalls eines Angehörigen; vgl § 3 Rn 186) ist § 846 BGB nicht, auch nicht entsprechend, anwendbar.[63] Der BGH gelangt jedoch zum selben Ergebnis, indem er das Mitverschulden des Erstgeschädigten dem mittelbar Geschädigten nach § 242 BGB mit der Begründung zurechnet, die psychisch vermittelte Schädigung beruhe nur auf einer besonderen persönlichen Bindung an den unmittelbar Verletzten.[64] Dem ist nicht zuzustimmen. Abgesehen von der fragwürdigen Begründung (die zudem versagt, wenn die mittelbare Schädigung nicht auf der Verletzung eines nahen Angehörigen beruht; vgl § 3 Rn 186), erscheint das gewonnene Ergebnis auch nicht als Gebot der Billigkeit.[65] Der mittelbar Geschädigte hat, da in eigenen, durch das Haftpflichtrecht geschützten Rechten verletzt, einen eigenen, vom Anspruch des Erstgeschädigten unabhängigen Anspruch gegen den Schädiger. Er braucht sich hierauf mangels einer Zurechnungsnorm ein Drittverschulden (hier: des Erstgeschädigten) ebensowenig anrechnen zu lassen wie das verletzte Kind für ein Mitverschulden seiner Eltern einzustehen hat[66] (Rn 35). Etwas anderes gilt nur, wenn Eltern, die aus   **40**

---

58 Einen solchen Fall betrifft BGH VersR 1955, 342.
59 BGHZ 24, 328.
60 BGH NJW 1961, 1966.
61 OLG Düsseldorf MDR 1959, 37.
62 OLG Köln VersR 1992, 894.
63 BGHZ 56, 163; **aA** RGZ 157, 13; *Looschelders* (Lit vor Rn 1) S 541 ff; *Lange/Schiemann* § 10 XI 6 l.
64 BGHZ 56, 163.
65 OLG Hamm VersR 1982, 557 hat daher – allerdings unter Berufung auf bes krasse Umstände des Einzelfalles – eine Anrechnung abgelehnt.
66 Abl bzw krit gegenüber BGHZ 56, 163 auch *Deubner* JuS 1971, 622; *Selb* JZ 1972, 122; *Schünemann* VersR 1978, 116. Wie der BGH *Palandt/Heinrichs* § 254 Rn 57.

Vierter Teil. Ausschluss und Beschränkung der Haftung, Verjährung

Erschütterung über den Tod ihres Kindes einen Gesundheitsschaden erlitten haben, an dem Unfall wegen Verletzung ihrer Aufsichtspflicht (o § 8) mitschuldig sind; hier handelt es sich aber um die Anrechnung eigenen Mitverschuldens.

6. Einzelfälle

41 a) Häufig ergibt sich ein Mitverschulden daraus, dass der Geschädigte seinerseits gegen **Verhaltenspflichten im Straßenverkehr** (zB nach StVO, StVZO) verstoßen hat. Diese sind in § 14 ausführlich dargestellt. Auf einige Pflichtverletzungen, die zugleich als „Verschulden gegen sich selbst" zu werten sind und daher für die Mitverschuldensfrage besondere Bedeutung haben, wird nachstehend ergänzend eingegangen.

b) **Fehlende Verkehrstauglichkeit**

42 Unabhängig von den Strafvorschriften über Trunkenheit im Verkehr usw kann ein Mitverschulden des Geschädigten schon darin gesehen werden, dass er am Straßenverkehr in einem Zustand teilnahm, der ihn außerstande setzte, auf Gefahrensituationen geistesgegenwärtig zu reagieren. Verkehrsunsicherheit des Verletzten führt jedoch nicht in jedem Fall zu einer Mitverantwortung für den Schaden. Erforderlich ist vielmehr auch hier die Feststellung eines Kausalzusammenhangs. Der Schädiger muss also beweisen, dass die Beeinträchtigung durch Alkohol, Drogen, Medikamente usw sich auf das Unfallgeschehen ausgewirkt hat.[67] Dass der Verletzte in seinem Zustand gar nicht am Verkehr hätte teilnehmen dürfen, genügt nicht. Entscheidend ist, ob ihm hinsichtlich des konkreten Unfallablaufs ein alkoholbedingtes Fehlverhalten anzulasten ist.

c) **Selbstüberschätzung**

43 Wer (zB als Fahranfänger oder älterer Mensch) auf bestimmte Verkehrssituationen nicht angemessen zu reagieren vermag, muss nach Möglichkeit das Entstehen derartiger Situationen, zB durch Einhalten geringerer Geschwindigkeit oder größeren Sicherheitsabstands, vermeiden. Auch von einem Fahrschüler verlangt die Rspr, dass er Übungen, die ihn erkennbar überfordern, verweigert.[68]

d) **Selbstgefährdung**

44 aa) Der **Aufenthalt auf der Fahrbahn** ruft für nicht motorisierte Verkehrsteilnehmer besondere Gefahren hervor. Wo sich diese in zumutbarer Weise hätten vermeiden lassen, kann bei Verwirklichung einer solchen Gefahr ein Mitverschuldensvorwurf begründet sein. Daher trifft idR den **Radfahrer**, der entgegen § 2 Abs 4 S 2 StVO einen gekennzeichneten Radweg nicht benutzt und deshalb auf der Fahrbahn angefahren wird, ein Mitverschulden[69] (zum Zurechnungszusammenhang zwischen Verstoß und Unfall s aber Rn 23). Zur Pflicht des **Fußgängers**, von einem Gehen auf der Fahrbahn bei Vorhandensein anderer Möglichkeiten abzusehen, s § 14 Rn 269.

---

67 OLG Schleswig VersR 1975, 290.
68 OLG Hamm NZV 2005, 637 (sehr weitgehend).
69 OLGR Hamm 1994, 175; LG Schwerin NZV 2004, 581; vgl auch § 14 Rn 258 sowie *Bouska* NZV 1991, 132, der – zu weitgehend – bei Verstößen im innerörtlichen Bereich von einem Mitverschuldensvorwurf absehen will.

bb) Bei Unfällen oder Pannen werden von der Rspr – über die Verhaltenspflichten nach § 34 StVO hinaus – Maßnahmen zur Eigensicherung verlangt. Hierbei ist aber in Rechnung zu stellen, dass der Kraftfahrer in diesen Ausnahmesituationen nach §§ 15, 34 StVO auch zur Absicherung bzw Beseitigung der Verkehrsstörung verpflichtet ist und bei der somit erforderlichen Abwägung leicht Fehleinschätzungen unterlaufen können.[70] Nur besonders unbesonnene Verhaltensweisen sollten daher zu einer Mithaftung des Unfallopfers führen. **45**

Dies hat der BGH zB bejaht bei einem Pannenhelfer, der sich trotz fehlender Absicherung eines auf der BAB liegen gebliebenen Kfz in dem bei einem Auffahrunfall besonders gefährlichen Bereich zu schaffen machte.[71] Halten sich Fahrzeuginsassen nach einem Unfall ohne Not auf dem Mittelstreifen auf, begründet dies idR eine Mithaftung bei der Schädigung durch einen Folgeunfall.[72] Nach einer Panne auf der Autobahn muss der Aufenthalt auf der dem fließenden Verkehr zugewandten Seite auf das Nötigste beschränkt und größtmögliche Vorsicht aufgewendet werden.[73] Bei ausreichender Absicherung des Pannenfahrzeugs kann eine Mitverantwortung entfallen.[74] **46**

cc) Unfallhilfe. Wer bei einem Unfall Hilfe leistet, muss sich im eigenen Interesse so umsichtig verhalten, dass die Gefahr, seinerseits zu Schaden zu kommen, nicht unnötig erhöht wird.[75] Erleidet er gleichwohl einen Schaden, so kann der für den Erstunfall Verantwortliche ihm jedoch ein Mitverschulden nur entgegenhalten, wenn unter Berücksichtigung der gesamten Umstände ein anderes Verhalten erwartet werden konnte. Es ist in Rechnung zu stellen, dass der Unfallhelfer in der konkreten Situation unter Umständen nicht seine ungeteilte Aufmerksamkeit dem Schutze der eigenen Person widmen konnte.[76] Wenn er in einer außergewöhnlichen Gefahrensituation die Eigensicherung vernachlässigt, um andere Verkehrsteilnehmer zu warnen, darf ihm dies nicht als Mitverschulden angelastet werden. **47**

dd) Verfolgungsfahrt. Kommt es bei der Verfolgung eines anderen Verkehrsteilnehmers, die dieser durch sein Verhalten herausgefordert hat (vgl § 3 Rn 83 f), zu einem auf das gesteigerte Risiko zurückzuführenden Unfall, so kann dem Verfolgenden ein Mitverschulden nur entgegengehalten werden, wenn das für ihn erkennbare Ausmaß des Risikos zum Zwecke der Verfolgung außer Verhältnis steht.[77] **48**

ee) Zur **Benutzung unsicherer Verkehrswege** (zB trotz Eisglätte) s § 13 Rn 163. **49**

ff) Unterlassene Gefahrenabwehr durch Mitfahrer. Einem Mitfahrer kann grundsätzlich nicht vorgeworfen werden, er habe sich darum kümmern müssen, ob der Fahrer den Anforderungen der Verkehrslage Rechnung trägt; für die Führung des Kfz trägt **50**

---

70 Sehr weitgehend daher OLG Hamm NZV 1994, 394, wo einem Verunglückten wegen bes gefährlicher Verhältnisse angelastet wurde, dass er das Warndreieck aus dem Kofferraum holen wollte.
71 BGH NZV 2001, 75; ähnlich OLG Dresden NZV 1997, 309. OLG Braunschweig NZV 2001, 517 hält dagegen das Schieben eines Pannen-Kfz auf dem Standstreifen einer nächtlichen BAB für nicht schuldhaft.
72 Einschr aber OLG München NZV 1997, 231.
73 OLG Hamm DAR 2000, 162; OLGR 1999, 270.
74 OLG Jena VersR 1998, 250.
75 BGH VersR 1977, 36; 1981, 260.
76 BGH VersR 1981, 260.
77 BGHZ 57, 31; BGH VersR 1981, 162.

Vierter Teil. Ausschluss und Beschränkung der Haftung, Verjährung

vielmehr im Grundsatz allein der Fahrer die Verantwortung.[78] Es kann daher von einem Fahrgast zB im Allgemeinen nicht verlangt werden, den Fahrer zu langsamerem Fahren,[79] zum Absehen von einem Überholvorgang oder dergleichen aufzufordern bzw bei riskantem Fahrstil des Fahrers sein Fahrzeug zu verlassen.

51 Eine Ausnahme von diesem Grundsatz ergibt sich jedoch in den Fällen der **Selbstgefährdung**, dh wenn der Fahrgast weiß oder bei Anwendung der gebotenen Sorgfalt hätte erkennen können (wegen des Maßstabs des zum Selbstschutz Gebotenen s Rn 18 ff), dass er sich durch den Antritt der Fahrt bzw deren Fortsetzung in erhebliche, naheliegende Gefahr begibt.

52 Dies ist insbesondere der Fall, wenn der Mitfahrer weiß, dass der Fahrer **alkoholbedingt fahruntüchtig** ist oder wenn sich ihm Zweifel an dessen Fahrtüchtigkeit nach den Umständen aufdrängen mussten.[80] Allein die Kenntnis, dass der Fahrer alkoholische Getränke zu sich genommen hatte, reicht hierbei nicht;[81] dies gilt auch, wenn die Fahrt erst spät in der Nacht begann[82] oder wenn der Fahrer, nach Alkohol riechend, aus einer Diskothek kam.[83] Alkoholgeruch allein ist kein Umstand, der den Schluss auf Fahruntüchtigkeit aufdrängt.[84] Nur wenn der Fahrgast weiß, dass der Fahrer erhebliche Mengen Alkohol zu sich genommen hat, oder wenn Ausfallserscheinungen wahrzunehmen sind, ist eine Mitverantwortung zu bejahen und – soweit möglich – auch ein Abbruch der Mitfahrt zu verlangen.[85] Eigene Trunkenheit des Mitfahrers entlastet diesen grundsätzlich nicht, auch nicht jugendliches Alter.[86] Nach BGH NJW 1985, 2534 ist er auch bei einer BAK von 1,89‰ noch in der Lage, die Fahruntüchtigkeit des Fahrers zu erkennen. Bei Volltrunkenheit ist § 827 S 2 BGB entsprechend anzuwenden (vgl Rn 24).

53 Hat der Mitfahrer erkannt oder hätte er erkennen müssen, dass der Fahrer **übermüdet** ist und die Gefahr des Einschlafens naheliegt, so muss er ebenfalls Konsequenzen ziehen.[87] Allerdings kann von ihm nicht verlangt werden, bei einer nächtlichen Fahrt nach mäßigem Alkoholgenuss selbst wachzubleiben, um den Fahrer am Einschlafen hindern zu können.[88]

54 Weiß der Mitfahrer, dass der Fahrer **keine Fahrerlaubnis** hat, so gereicht ihm dies nur dann zum Verschulden, wenn sich ihm infolge zusätzlicher Umstände (zB Fehlen jeglicher Fahrpraxis, jugendliches Alter, gravierende Charaktermängel) die gesteigerte Selbstgefährdung aufdrängen musste.[89]

55 Entsprechendes gilt bei **technischen Mängeln** des Fahrzeugs; nur wenn sie die Gefährlichkeit der Fahrt, dem Mitfahrer ohne weiteres erkennbar, erheblich erhöhen, ist ein anrechenbares Mitverschulden zu bejahen. OLG Celle[90] hat dies bei Mitfahrt auf dem Rücksitz eines PKW bei ausgebautem Vordersitz jedenfalls nach den im Jahre 1975 herrschenden Anschauungen verneint.

---

78 BGHZ 35, 320.
79 Vgl OLG Hamm DAR 1999, 545.
80 BGHZ 34, 355; BGH VersR 1961, 427; 1971, 473; 1979, 938; OLG Saarbrücken VersR 1961, 928; OLG Celle NZV 2005, 421; OLG Hamm NZV 2001, 86 (gemeinsame Zech- und Diebestour).
81 BGH VersR 1970, 624; OLG Koblenz NZV 1992, 278; OLG Hamm NZV 2006, 85.
82 BGH VersR 1979, 938.
83 OLG Frankfurt VersR 1987, 1142.
84 OLG Frankfurt NZV 1989, 112.
85 Vgl KG DAR 1989, 305; OLG Oldenburg VersR 1998, 1390.
86 OLG Schleswig NZV 1995, 357; **aA** (ohne Begr) OLG Brandenburg VersR 2002, 863.
87 BGH VersR 1961, 518.
88 BGH VersR 1979, 938; strenger OLG Düsseldorf VersR 1968, 852.
89 OLG Köln VersR 1999, 1299. Vgl auch BGH VersR 1985, 965; OLG Köln VersR 1984, 545; OLG Bamberg VersR 1985, 786; OLG Hamm VersR 1987, 205.
90 VersR 1981, 81.

Das **Verbleiben in einem verunglückten Fahrzeug** kann, insbesondere auf nächtlicher Autobahn, ein erhebliches Mitverschulden hinsichtlich der bei einem Folgeunfall erlittenen Verletzungen begründen.[91]   **56**

Ebenso rechtfertigt das Mitfahren bei einem nicht genehmigten **Autorennen** eine erhebliche Anspruchskürzung.[92]   **57**

gg) Gefahrerhöhung durch Mitfahrer. Hat der Mitfahrer den Fahrer selbst zu riskantem Fahren angehalten, etwa zu besonderer Eile getrieben, so trifft ihn, bei Ursächlichkeit für den Unfall, eine Mitverantwortung. Das Gleiche gilt, wenn er den Fahrer erschreckt, irritiert (zB durch Nachahmen eines Martinshorns), vorsätzlich oder fahrlässig falsch informiert (zB „rechts frei"), ablenkt (zB durch Neckereien während der Fahrt[93]) oder ihm ins Steuer greift. Reine Schreckreaktionen (zB Aufschrei bei plötzlicher Gefahr, der den Fahrer zu Fehlreaktion veranlasst) können ihm allerdings nicht angelastet werden.   **58**

hh) Unterlassene Eigensicherung bei Benutzung öffentlicher Verkehrsmittel. Der Fahrgast muss während der Fahrt stets sicheren Halt suchen.[94] Er darf bereits bei Annäherung an eine Haltestelle aufstehen, muss sich aber festhalten.[95] Beim Aussteigen ist besondere Sorgfalt geboten.[96]   **59**

ii) Schadensbegünstigende Konstitution. Wusste der Geschädigte, dass er wegen eines Konstitutionsmangels im Falle einer Verletzung besonderen gesundheitlichen Risiken ausgesetzt sein würde, so kann es ihm als Mitverschulden angelastet werden, wenn er Schutzvorkehrungen unterlassen hat, mit deren Vornahme nach allgemeiner Anschauung im sozialen Verkehr gerechnet werden kann (vgl Rn 18 ff). Bei besonderer Verletzlichkeit der Bauchdecke zB muss eine Leibbinde getragen werden.[97] Hat sich jedoch ein vom Schutzumfang der betreffenden Vorkehrung nicht umfasstes Risiko verwirklicht, so entfällt die Zurechenbarkeit der Mitverursachung (vgl Rn 23). Dass sich der mit einem Konstitutionsmangel Behaftete überhaupt in eine gefahrträchtige Situation begeben hat, kann ebenfalls nur dann zu einer Mithaftung führen, wenn dies gegen die allgemein akzeptierten (ungeschriebenen) Normen des Selbstschutzes verstieß und der eingetretene Schadensfall innerhalb des Schutzzwecks dieser Normen liegt.[98] Einem Bluter kann zB nicht angelastet werden, dass er überhaupt auf einem Mokick mitgefahren ist.[99]   **60**

e) Nichttragen des Schutzhelms. Nach § 21a Abs 2 StVO haben die Führer von Krafträdern[100] und ihre Beifahrer während der Fahrt amtlich genehmigte (dazu Rn 65)   **61**

---

91 AG Wiesbaden NZV 1995, 492.
92 OLG Rostock OLG-NL 1996, 222.
93 Bsp: OLG Hamm NZV 1995, 481 (zu hohe Haftungsquote des massiv abgelenkten Fahrers).
94 Vgl OLG Stuttgart VersR 1971, 674; OLG Düsseldorf VersR 1986, 64; OLG Hamm r+s 1993, 335; OLG München NZV 2006, 477 (unsicherer Sitzplatz); LG Hanau VersR 1971, 727 m Anm *Schmalzl* 873; LG Düsseldorf NZV 1991, 475.
95 OLG Hamm NZV 1998, 463.
96 OLG Frankfurt VersR 1975, 381.
97 BGH NJW 1982, 168.
98 Zu weitgehend zB OLG Celle VersR 1981, 1058.
99 OLG Koblenz VRS 72, 403.
100 Zu Ausnahmen für Leicht-Mofas und zur fehlenden Helmpflicht für Quads s *Hentschel* § 21a StVO Rn 2.

Schutzhelme zu tragen.[101] Für Verletzungen, die durch Verstoß gegen diese Vorschrift verursacht werden, sind sie mitverantwortlich. Dies kann insoweit zu einer Kürzung des Schadensersatzanspruchs führen, die je nach Verursachungsbeitrag und Verschuldensgrad des Ersatzpflichtigen von 20% bis 100% gehen kann.

62 Für **Radfahrer** besteht keine gesetzliche Helmpflicht. Es entspricht auch (noch) nicht allgemeiner Überzeugung, dass für diese Verkehrsteilnehmer das Tragen eines Schutzhelms geboten ist.[102] Eine Mitverantwortung aus diesem Gesichtspunkt ist daher abzulehnen.

63 **Inline-Skater** müssen, wenn sie am Straßenverkehr teilnehmen, die übliche Schutzausrüstung (Helm, Knie-, Ellenbogen- und Handgelenkschutz) tragen.[103]

64 **Unzumutbarkeit** der Helmbenutzung – mit der Folge, dass eine vorwerfbare Selbstgefährdung ausscheidet – kann nur bei Vorliegen besonderer, insbesondere körperlicher oder gesundheitlicher Gründe bejaht werden. Brillenträger sind nicht von der Helmpflicht befreit, wenn mit Hilfe einer Sportbrille zumutbare Abhilfe möglich ist.[104]

65 Zur **Art des Schutzhelms** ist in § 21a Abs 2 StVO zwar vorgeschrieben, dass er amtlich genehmigt, dh mit Prüfzeichen versehen sein muss.[105] Das Tragen eines anderen Helms hat zivilrechtlich jedoch nur Bedeutung, wenn die Verletzung mit vorschriftsmäßigem Helm nicht oder nicht in dieser Schwere eingetreten wäre.

66 Für den **Beweis der Kausalität** gelten die Regeln des sog Anscheinsbeweises (vgl § 38 Rn 43 ff). Erleidet ein Kraftradfahrer bei einem Unfall Kopfverletzungen, vor denen der Helm allgemein schützen soll, so ist nach diesen Regeln die Kausalität der unterlassenen Helmbenutzung zu bejahen.[106]

67 **f) Nichtanlegen des Sicherheitsgurts.** § 21a Abs 1 StVO schreibt (mit bestimmten Ausnahmen) das Anlegen der für das betreffende Fahrzeug vorgeschriebenen (Rn 73 ff) Sicherheitsgurte vor. Das durch diese – entgegen verschiedenen Angriffen[107] nicht verfassungswidrige – Vorschrift angeordnete Verhalten entspricht nach heutigen Erkenntnissen[108] dem wohlverstandenen Interesse jedes Kraftfahrers und Beifahrers, sodass der Verstoß hiergegen als Verschulden gegen sich selbst zu werten ist mit der Folge einer zumindest anteiligen Mithaftung des Geschädigten für die Verletzungen, die durch den Gurt vermieden worden wären.[109] Es handelt sich um ein Mitverschulden bei der

---

101 Zur Verfassungsmäßigkeit der Vorschrift BVerfG VM 1982, Nr 94. Zur Ordnungsmäßigkeit der Befestigung s OLG Hamm MDR 2000, 1190.
102 OLG Nürnberg NZV 1991, 230; OLGR 2000, 105; OLG Stuttgart OLGR 1998, 345; OLG Hamm NZV 2001, 86; OLG Düsseldorf NZV 2007, 38 m Anm *Kettler* (Kind).
103 Vgl „Goldene Regeln" der GISA, abgedr bei *Vieweg* NZV 1998, 2 Fn 15.
104 BGH VersR 1983, 440.
105 Näher dazu VwV zu § 21a StVO (abgedr bei *Hentschel* § 21a StVO Rn 1e).
106 BGH VersR 1983, 440.
107 AG Albstadt NJW 1985, 927; *Jagusch* NJW 1976, 135; 1977, 940; *Geiger* DAR 1976, 324; *Dehner/Jahn* JuS 1988, 30 ff; wie hier EKMR EurGRZ 1980, 170; BVerfG (Vorprüfungsausschuss) 1 BvR 37/76 v 25.5.1976 u 1 BvR 365/76 v 31.1.1977 sowie NJW 1987, 180; BGHZ 74, 25; BGH VersR 1980, 824; 1981, 57; OLG München VersR 1979, 1157; OLG Hamm NJW 1985, 1790; OLG Stuttgart NJW 1985, 3085; *Hentschel* § 21a StVO Rn 5; *Schlund* DAR 1976, 61.
108 Vgl hierzu BGHZ 74, 25; *Danner* VGT 1976, 35 ff u 1978, 42 ff; *Händel* NJW 1978, 1243.
109 BGHZ 74, 25; BGH VersR 1979, 532; 1980, 824; 1981, 57; OLG Braunschweig VersR 1977, 477; 1978, 627; OLG München VersR 1979, 1157; 16. VGT (1978) 7; *Hentschel* § 21a StVO Rn 9.

§ 22 Mitverantwortung des Geschädigten

Entstehung des Schadens, nicht um einen Verstoß gegen die Schadensminderungspflicht nach § 254 Abs 2 S 1 Alt 3 BGB, weil es um die Entstehung einzelner Verletzungen geht.[110]

Auch dem **Insassen des eigenen Kfz** kann der in Anspruch genommene Halter oder Fahrer den Mitverschuldenseinwand wegen Nichtanlegens des Gurtes entgegenhalten. Dass sich der Fahrer selbst nicht angeschnallt hat, steht dem nicht entgegen;[111] lediglich wenn er den Fahrgast dazu veranlasst hatte, den Gurt nicht zu benutzen, oder wenn ihn ausnahmsweise eine besondere Fürsorgepflicht traf (§ 14 Rn 62), kann etwas anderes gelten. **68**

Ausnahmen von der Gurtanlegepflicht kommen nur in den in § 21a Abs 1 S 2 StVO ausdrücklich geregelten Fällen sowie dann in Betracht, wenn eine Ausnahmegenehmigung nach § 46 Abs 1 S 1 Nr 5b StVO erteilt wurde oder auf Antrag erteilt worden wäre; dies ist nur bei Gefahr ernsthafter Gesundheitsschäden, denen auf anderem Wege nicht vorgebeugt werden kann, der Fall.[112] Die Ausnahme für **Taxifahrer** (§ 21a Abs 1 S 2 Nr 1 StVO) gilt nicht für längere Leerfahrten.[113] Auf Werttransporter ist sie nicht entsprechend anwendbar.[114] Die Ausnahme für **Lieferanten** (aaO Nr 2) gilt nur für langsame Fahrten über kürzeste Entfernungen.[115] Fahrten in **Schrittgeschwindigkeit** (aaO Nr 3) sind nur ausgenommen, wenn es sich um Fahrvorgänge handelt, die ähnlich ungefährlich sind wie die dort beispielhaft genannten,[116] also nicht im „Stop and Go"-Verkehr.[117] Zu der mit VO v 25.6.1998 eingeführten Gurtpflicht für **Omnibusse** s § 21a Abs 1 S 2 Nrn 4 – 6 StVO iVm § 35a StVZO. **69**

Für die Beförderung von **Kindern** gelten die besonderen Vorschriften über Kinderrückhalteeinrichtungen (s a Rn 83) bzw die Beförderung auf Rücksitzen in § 21 Abs 1a, 1b StVO.[118] Generelle Ausnahmen für Jugendliche,[119] Fahrlehrer[120] oder Frauen bestehen nicht.[121] Auch bei Schwangeren bringt der Gurt wesentlich mehr Vorteile als Gefahren.[122] Geringfügige subjektive Beschwerden rechtfertigen es nicht, von der Benutzung abzusehen.[123] **Vergessen** infolge Erregung kann das Unterlassen des Anschnallens allenfalls in extremen Ausnahmesituationen entschuldigen. Dagegen trifft den Beifahrer kein Mitverschulden, wenn er infolge **Alkoholisierung** vor dem Angurten einschläft.[124] – Ein **Airbag** ersetzt den Sicherheitsgurt nicht.[125] **70**

---

110 BGHZ 74, 36; BGH VersR 1981, 57; **aA** OLG Braunschweig VersR 1977, 477; 1978, 627.
111 Offengelassen von BGH VersR 1979, 532.
112 BGHZ 119, 268 = NZV 1993, 23.
113 So seit der Änderungsverordnung v 22.3.1988 (BGBl I 405) ausdrücklich § 21a Abs 1 S 2 Nr 1 StVO; zum früheren Recht ebenso BGHZ 83, 71; *Rüth/Berr/Berz* § 21a StVO Rn 4; *Mindorf* DAR 1985, 283; **aA** für das Ordnungswidrigkeitenrecht OLG Celle DAR 1988, 140; OLG Hamm VersR 1988, 174.
114 BGH NZV 2001, 130, 131.
115 Vgl Begr zur VO v 27. November 1975, VkBl 1975, 675; OLG Zweibrücken DAR 1989, 349; OLG Düsseldorf NZV 1992, 40.
116 Vgl OLG Stuttgart VM 1986, 24.
117 OLG Celle VRS 72, 211.
118 Näher *Hentschel* NJW 1993, 711 u § 14 Rn 63.
119 OLG Celle VersR 1983, 463 LS.
120 OLG Düsseldorf VM 1981, 21; OLG Köln VRS 69, 307; OLG Hamm VM 1986, 31.
121 BGH VersR 1981, 548.
122 Vgl *Sefrin* Deutsches Ärzteblatt 1983, 44.
123 OLG Frankfurt VersR 1987, 823.
124 Zur Verantwortung des Fahrers in solchen Fällen § 14 Rn 62.
125 OLG Celle NZV 1990, 81.

Vierter Teil. Ausschluss und Beschränkung der Haftung, Verjährung

71 Im **stehenden Fahrzeug** besteht nach dem Wortlaut des § 21a Abs 1 S 1 StVO („während der Fahrt") keine Anschnallpflicht, sofern es sich nicht um kurze, verkehrsbedingte Fahrtunterbrechungen handelt.[126] Generell ausgenommen von § 21a StVO ist lediglich der ruhende Verkehr. Der in einem parkenden Auto sitzende oder Startversuche in seinem liegengebliebenen Fahrzeug vornehmende Fahrer[127] wird von der Vorschrift daher nicht erfasst. Auch wer längere Zeit im Stau steht, darf den Gurt lösen. Gleichwohl kann in besonders gefährlichen Verkehrssituationen die allgemeine Pflicht zur Schadensverhütung ein Anlegen der Gurte gebieten.[128]

72 Das **nicht ordnungsgemäße Anlegen** der Gurte steht dem Nichtanlegen gleich,[129] ebenso das Fahren mit defektem Gurt.[130]

73 Für **Altfahrzeuge**, dh solche, die vor dem 1. April 1970 in den Verkehr gekommen sind, besteht kein gesetzlicher Zwang zur Nachrüstung mit Sicherheitsgurten; Fahrzeuge, die zwischen 1. April 1970 und 31. Dezember 1973 erstmals in den Verkehr gekommen sind, mussten bis zur nächsten Hauptuntersuchung nach dem 1. Januar 1976, spätestens bis 1. Januar 1978 nachgerüstet werden (§ 35a Abs 7 iVm § 72 Abs 2 StVZO). Obwohl die Anforderungen an die Ausrüstung mit Sicherheitsgurten und deren Beschaffenheit wegen der ständigen technischen Weiterentwicklung im Laufe der Zeit immer mehr verschärft wurden, gelten die og Ausnahmen auch heute noch, da § 72 Abs 2 StVZO auch in seinen ab 30.4.2006 bzw ab 1.3.2007 geltenden Fassungen die vorherigen Übergangsregelungen weiterhin einbezieht. Zur Ausnahmeregelung für ehemalige **DDR-Fahrzeuge** s *Hentschel* NJW 1990, 1455. – Da § 21a Abs 1 StVO nur bei **vorgeschriebenen** Gurten gilt, besteht bzw bestand für den Benutzer von Fahrzeugen, die unter die genannten Befreiungen fallen, auch dann keine gesetzliche Anschnallpflicht, wenn die Fahrzeuge **freiwillig** mit Gurten ausgerüstet wurden.[131] Gleichwohl sollte ein Mitverschulden in solchen Fällen bejaht werden.[132] Die Vorschrift des § 72 Abs 2 StVZO über die Freistellung von der Nachrüstungspflicht will lediglich den technischen Schwierigkeiten Rechnung tragen, die dem Einbau von Gurten bei älteren Fahrzeugen vielfach entgegenstehen; sie kann jedoch für Benutzer eines solchen Fahrzeugs keine Ausnahme von der Erkenntnis begründen, dass das Anlegen des Sicherheitsgurts zur Schadensverhütung geboten ist. Mitverschuldenseinwand und die Regelung in § 21a StVO brauchen keineswegs völlig konform miteinander zu gehen; § 254 BGB kann vielmehr auch bei einem nicht gesetzlich geregelten Verschulden gegen sich selbst eingreifen.[133]

74 Für Mitfahrer auf den **Rücksitzen** eines Pkw besteht eine Anschnallpflicht erst seit Inkrafttreten der Änderungsverordnung vom 6. Juli 1984 (1. August 1984). Zuvor bestand keine allgemeine Überzeugung, die die Annahme eines Verschuldens gegen sich selbst begründen könnte.[134] Die Ausrüstungspflicht für Neufahrzeuge (§ 35a Abs 7 S 2 StVZO damaliger Fassung) änderte hieran nichts.

---

126 BGH NZV 2001, 130 mwN zu der früheren Streitfrage; krit *Hentschel* NJW 2001, 1471 u 2002, 724.
127 OLG Bamberg VersR 1985, 345.
128 *Hentschel* NJW 2001, 1472.
129 Vgl KG VRS 62, 247; OLG Hamm NJW 1985, 3087; 1986, 267; OLG Oldenburg VM 1986, 44; OLG Düsseldorf NZV 1991, 241; AG Braunschweig NJW 1985, 3088.
130 BayObLG VRS 79, 382.
131 BGH VersR 1979, 532.
132 Ebenso OLG Karlsruhe VRS 65, 96.
133 Ebenso *Fuchs-Wissemann* DRiZ 1983, 312; vgl auch BGH VersR 1980, 824, wo nur unterstützend mit § 21a StVO argumentiert wird.
134 OLG Koblenz VersR 1983, 568; OLG Celle VersR 1985, 787; LG Würzburg DAR 1985, 255.

Ist ein Fahrzeug vorschriftswidrig nicht mit Gurten ausgerüstet, so soll den **Beifahrer** ein **75** Mitverschulden nach BGH VersR 1983, 150 nicht schon deswegen treffen, weil er von der Mitfahrt nicht Abstand genommen hat. Dies wird indes von den Umständen des Falles abhängen; häufig wird eine Weigerung zumutbar sein.[135] Der BGH hat auch einschränkend ausgeführt, die obige Auffassung gelte jedenfalls für einen Unfallzeitpunkt im Februar 1978, dh kurz nach dem Stichtag für die Nachrüstung.

Bei einem **Auslandsunfall** ist einem Deutschen, der den Gurt nicht angelegt hat, aus den in **76** Rn 73 angestellten Erwägungen auch dann ein Mitverschulden vorzuwerfen, wenn am Unfallort kein Gurtzwang besteht.[136]

Den **Beweis**, dass der Verletzte nicht angeschnallt war, muss der Schädiger führen. Die **77** erlittenen Verletzungen können hierbei Beweisanzeichen sein, sind jedoch mit Vorsicht zu würdigen. So kann es zB zu einem Aufprall auf die Windschutzscheibe auch bei einem Vorbeugen während der Fahrt gekommen sein. Ein Anscheinsbeweis wird mangels typischen Geschehensablaufs kaum in Betracht kommen.[137] Selbst wenn der Beifahrer aus dem Fahrzeug geschleudert wurde, bedarf es einer individuellen Beweiswürdigung.[138]

Auch die **Kausalität** der Unterlassung für die fragliche Verletzungsfolge muss fest- **78** stehen. Die Beweislast trägt der Schädiger. Wie stets beim Kausalitätsbeweis genügt auch hier, dass die Ursächlichkeit nach der – hier wohl regelmäßig durch medizinische Gutachten zu erhärtenden – Lebenserfahrung anzunehmen, dh wahrscheinlich ist (vgl § 38 Rn 58). Die Rspr behilft sich auch hier mit dem sog Anscheinsbeweis[139] (vgl § 38 Rn 43 ff), kommt dabei aber mit dem Erfordernis des typischen Geschehensablaufs in Konflikt.[140]

Ein Einfluss des unterlassenen Anschnallens auf die Entstehung von Sachschäden dürfte **79** kaum denkbar sein, sodass eine Kürzung des Schadensersatzanspruchs regelmäßig nur in Bezug auf Personenschäden (und deren vermögensrechtliche Folgen) in Betracht kommt.[141]

Behauptet der Verletzte, dieselben Verletzungen wären auch mit angelegtem Gurt ent- **80** standen, so bestreitet er die – vom Schädiger zu beweisende – Kausalität zwischen Verstoß gegen die Anschnallpflicht und Verletzung. Demgegenüber stellt die Behauptung, bei angelegtem Gurt wären andere Verletzungen entstanden, eine Berufung auf einen hypothetischen Kausalablauf dar, für den der Verletzte beweispflichtig ist.[142] Auch kann mit dieser Behauptung nur die Mitverantwortung für solche Schadensfolgen abgewendet werden, bei denen der Zeitfaktor eine Rolle spielt, also zB für Verdienstausfall während eines bestimmten Zeitraums, nicht für die Heilungskosten (vgl § 3 Rn 80).

---

135 Vgl KG VM 1987, Nr 91 für den Fall defekter Gurte in 1984.
136 KG VersR 1982, 1199; OLG Hamm VersR 1998, 1040 m Anm *Wandt*.
137 Weitergehend wohl BGH NZV 1990, 386.
138 OLG Koblenz NZV 1992, 278.
139 Vgl BGH VersR 1980, 824; 1981, 548; OLG München VersR 1979, 1157; OLG Bamberg VersR 1982, 1075; 1985, 786; OLG Hamm VersR 1987, 205; NZV 1989, 76 LS; OLG Zweibrücken VersR 1993, 454; *Händel* NJW 1979, 2290; *Ludolph* NJW 1982, 2595; VGT 1978, 7.
140 *Landscheidt* NZV 1988, 8.
141 BGH VersR 1981, 57.
142 IE ebenso BGH VersR 1980, 824; OLG Karlsruhe NZV 1989, 470.

Vierter Teil. Ausschluss und Beschränkung der Haftung, Verjährung

81 Soweit ein kausales Mitverschulden wegen Nichtangurtens zu bejahen ist, hat das Gericht für die hiervon betroffenen Schadensfolgen – und nur für diese[143] – eine besondere **Haftungsquote** festzusetzen. Die Verantwortung des Schädigers für die fragliche Verletzung entfällt im Regelfall nicht gänzlich, weil er die haftungsbegründende Ursache für den Unfall gesetzt hat. Trifft den Verletzten auch an der Entstehung des Unfalls ein Mitverschulden, sind mithin für die einzelnen Schadensfolgen unterschiedliche Haftungsquoten zu bilden (vgl Rn 124). Für die Bemessung der Quote sind die Umstände des jeweiligen Einzelfalls ausschlaggebend. Es wäre daher nicht richtig, in den fraglichen Fällen die Ansprüche des Verletzten pauschal um 20% zu kürzen.[144] Hat das Unterlassen des Gurtanlegens gegenüber dem Verursachungs- und Verschuldensbeitrag des Schädigers erhebliches Gewicht, können durchaus Kürzungen von 50% oder höher gerechtfertigt sein.[145] Umgekehrt kann bei außergewöhnlich hoch zu bewertendem Verschulden des Unfallgegners von einer Kürzung ganz abgesehen werden.[146] Der Fahrer kann dem verletzten Beifahrer nur eine geringere Mitverantwortungsquote anrechnen, wenn ihn der zusätzliche Vorwurf trifft, nicht auf die Einhaltung des Gurtzwangs geachtet zu haben.[147]

82 Wenngleich die Bemessung der Mithaftungsquote ganz von den Umständen des Einzelfalles, insbesondere auch von der Schwere des den Schädiger treffenden Vorwurfs, abhängt, mag nachstehende **Rechtsprechungsübersicht** (geordnet nach der den Verletzten treffenden Mithaftung) Anhaltswerte liefern.[148]

0:	BGH NZV 1998, 148 (Schädiger gerät mit 1,83‰ auf Gegenfahrbahn)
10%:	OLG Braunschweig VersR 1978, 627 (Schädiger grob fahrlässig)
20%:	OLG Frankfurt ZfS 1986, 1 (Schädiger grob fahrlässig)
	OLG Karlsruhe NZV 1999, 422 (Mitfahrt in Sportwagen zwischen zwei Rücksitzen)
30%:	OLG Düsseldorf DAR 1985, 59 (Schlüsselbein- und Lendenwirbelbruch)
	OLG Frankfurt VersR 1987, 670 (Schädiger grob fahrlässig)
	OLG Hamm DAR 1996, 24 (Gesichtsverletzungen; Fahrer und Beifahrerin alkoholisiert)
1/3:	OLG Celle VersR 1983, 463 LS (15-jähriger Beifahrer)
	OLG Karlsruhe NZV 1990, 151 (alkoholisierter Fahrer)
40%:	LG Saarbrücken DAR 1984, 323 (völlige Erblindung)
	LG Bielefeld VersR 1986, 98 (schwere Augenverletzungen)
50%:	OLG München VersR 1985, 868 (Gesichtsverletzungen einer Kosmetikerin; zw)
	OLG Saarbrücken VersR 1987, 774 (völlige Erblindung)
	LG Darmstadt VersR 1980, 342 (Knieprellung, Platzwunden)
	KG VRS 62, 247 (schwere Augenverletzungen)

---

143 Unrichtig daher OLG Celle DAR 1979, 306; KG VersR 1979, 1031; gegen pauschale Kürzung wie hier BGHZ 74, 25; BGH VersR 1981, 57; OLG München VersR 1979, 1157.
144 BGH VersR 1981, 57 gegen KG VersR 1979, 1031; vgl auch BGH VersR 1983, 154; KG VersR 1981, 64.
145 BGH VersR 1981, 57; KG VersR 1983, 176; für höhere Quoten (bis zu 100% bei Zusammentreffen mit reiner Betriebsgefahr) *Landscheidt* NZV 1988, 10.
146 BGH NZV 1998, 148.
147 KG VersR 1982, 1200.
148 Weitere Nachweise bei *Berr* DAR 1990, 343 ff.

60%:	BGH VersR 1981, 548 (Schädelpressung)
2/3:	OLG Bamberg VersR 1985, 786 (Mitfahren bei Fahrer ohne Führerschein)
	LG Ravensburg DAR 1988, 166 (hinausgeschleuderter Beifahrer)
100%:	OLG Hamm VRS 59, 5 (Platzwunde an der Stirn)
	OLG Frankfurt r+s 1980, 124 (nur Gefährdungshaftung)

g) Nichtbenutzen von Kinderrückhalteeinrichtungen. Obwohl sich § 21 Abs 1a, 1b StVO nur gegen den Fahrer richtet, kann es als Mitverschulden des Kindes angesehen werden, wenn es in einem Auto ohne solche Einrichtungen mitfährt, vorhandene Einrichtungen nicht benutzt oder während der Fahrt außer Funktion setzt. In der Regel wird jedoch die Verschuldensfähigkeit fehlen (vgl Rn 25). Zur Haftung der Eltern in solchen Fällen s § 14 Rn 316. **83**

7. Schaden durch Schadensabwehrmaßnahme

Erleidet das Unfallopfer einen Schaden gerade dadurch, dass es eine ihm nach den vorstehenden Grundsätzen abverlangte Maßnahme zur Abwendung eines Schadens ergriffen hat (Hauptbeispiel: Gurtverletzung), so ist dieser Schaden dem schädigenden Ereignis zuzurechnen, also vom hierfür Verantwortlichen zu ersetzen. Ist ein solcher Verantwortlicher nicht vorhanden (Unfall ohne Fremdbeteiligung) oder nicht feststellbar (Unfallflucht), so muss der Geschädigte den Schaden, falls nicht ein Anspruch gegen die Verkehrsopferhilfe (§ 15 Rn 69 ff) in Betracht kommt, selbst tragen. Dies gilt auch, wenn die Maßnahme, wie beim Sicherheitsgurt, vom Staat unter Sanktionsandrohung angeordnet ist. Ein Aufopferungsanspruch kommt nicht in Betracht, da die Maßnahme im Wesentlichen dem Einzelnen und nicht dem Allgemeinwohl dient.[149] **84**

III. Anrechnung der Betriebsgefahr

1. Allgemeines

Wer für einen fremden Schaden aus Betriebsgefahr einzustehen hätte (zB als Kfz-Halter nach § 7 StVG, als Bahnunternehmer nach § 1 HaftpflG), muss sich diese Betriebsgefahr auf eigene Schadensersatzansprüche mindernd anrechnen lassen. Dies folgt aus analoger Anwendung von § 254 BGB sowie für die Ansprüche zwischen mehreren aus StVG oder HaftpflG Haftenden aus § 17 Abs 2 StVG bzw § 13 Abs 2 HaftpflG (näher oben Rn 3). Bei dem vom Geschädigten zu tragenden Haftungsanteil kann es sich um die reine Betriebsgefahr handeln, deren Anrechnung sich aus dem Nichtgelingen des Entlastungsbeweises (§ 7 Abs 2 StVG, § 1 Abs 2 HaftpflG) ergibt, oder um die erhöhte Betriebsgefahr, die den Nachweis erschwerender Umstände, insbesondere eines Verschuldens, durch den Anspruchsteller voraussetzt (näher hierzu sowie allgemein zur Bemessung des Mithaftungsanteils unten Rn 129 ff). **85**

---

[149] *Hentschel* § 21a StVO Rn 10; **aA** *Müller* 1983, 593; *Allgaier* VersR 1993, 676.

Vierter Teil. Ausschluss und Beschränkung der Haftung, Verjährung

2. Anwendungsbereich

86 Die Betriebsgefahr kann sämtlichen Ersatzansprüchen des **Kfz-Halters** entgegengehalten werden, die aus einem seine Gefährdungshaftung nach § 7 StVG auslösenden Unfall resultieren, also auch Ansprüchen aus Personenschäden (die er als Insasse seines Kfz erleidet) und Ansprüchen aus unerlaubter Handlung.[150] Zur Voraussetzung der „spiegelbildlichen" Haftung und zur Problematik bei Ansprüchen, die nur aus unerlaubter Handlung abgeleitet werden können, s aber Rn 91 ff. Für den **Bahnunternehmer** als Geschädigten folgt dasselbe aus § 13 HaftpflG.

87 Der **Kfz-Führer** muss sich auf seine Schadensersatzansprüche gem § 18 Abs 3 StVG ebenfalls die Betriebsgefahr des von ihm geführten Kfz anrechnen lassen (§ 4 Rn 6), jedoch grundsätzlich nicht im Verhältnis zum Halter dieses Kfz (denn er haftet diesem gegenüber seinerseits nicht aus § 18 StVG; vgl § 4 Rn 34; Ausnahme: § 4 Rn 6). Gegenüber dem **Führer eines Schienenfahrzeugs** findet keine Anrechnung statt, da er nicht nach dem HaftpflG haftet.

88 Einem sonstigen **Insassen** kann weder der Halter des benutzten Kfz[151] noch der eines anderen Kfz[152] die Betriebsgefahr entgegenhalten. Erst recht gilt dies für den Fahrgast einer Schienenbahn.

89 Dem **Eigentümer** des Kfz, der nicht zugleich sein Halter ist (zB dem Leasinggeber), kann die Betriebsgefahr an sich nicht anspruchsmindernd entgegengehalten werden, denn nach § 7 StVG haftet für die Betriebsgefahr nur der Halter. Bis zum Inkrafttreten des 2. SchRÄndG am 1.8.2002 war dies nahezu einhellige Meinung.[153] Nach der durch dieses Gesetz eingeführten Regelung des § 17 Abs 3 S 3 StVG ist jedoch auch gegenüber dem Kfz-Eigentümer die Gefährdungshaftung eines anderen Kfz-Halters ausgeschlossen, wenn dieser den Unabwendbarkeitsbeweis nach § 17 Abs 3 S 1, 2 StVG führen kann. Durch diese Regelung soll vermieden werden, dass der Idealkraftfahrer bei einer Aufspaltung von Halter- und Eigentümerstellung auf der Geschädigtenseite zwar dem Halter gegenüber freigestellt wird, dem Eigentümer aber haftet.[154] Für die Haftungsabwägung nach § 17 Abs 2 iVm 1 StVG fehlt es an einer entsprechenden Regelung. Der vorgenannte Gesetzeszweck spricht aber dafür, den Gleichlauf der Haftung gegenüber Halter und Eigentümer auch dann eingreifen zu lassen, wenn sich der andere Halter nicht voll entlasten, sondern nur mitwirkende Betriebsgefahr einwenden kann. Der Eigentümer muss sich daher bei Unfällen ab 1.8.2002 die (auch erhöhte) Betriebsgefahr seines Kfz anrechen lassen, und zwar auch auf deliktische Ansprüche[155] sowie (unter entsprechender Extension des § 18 Abs 3 StVG) auf Ansprüche gegen den Führer des anderen Kfz. Einer Heranziehung des (ohnehin nur teilweise einschlägigen) § 9 StVG[156] bedarf es in diesen Fällen daher nicht mehr; auch die vom BGH

---

150 BGHZ 6, 319, 323.
151 OLG Celle JW 1937, 1074 m Anm *Müller*.
152 RGZ 160, 152; OLG Celle NZV 1996, 114.
153 BGHZ 87, 133, 135; OLG Hamm NZV 1995, 233; **aA** *Schmitz* NJW 1994, 301 f.
154 Bericht des BT-Rechtsausschusses BT-Drs 14/8780 S 22 f.
155 *Schmitz* NJW 2002, 3070 f; wohl auch *Geigel/Bacher* Kap 28 Rn 260; **aA** *Geyer* NZV 2005, 567.
156 S hierzu 3. Aufl § 9 Rn 18, § 17 Rn 43.

aufgezeigte Lösung über einen Regress des Ersatzpflichtigen beim geschädigten Halter[157] (zu dessen Haftung gegenüber dem Eigentümer s § 3 Rn 252) ist hinfällig. Problematisch ist die Anrechnung der Betriebsgefahr auf Ansprüche gegen einen nicht motorisierten Verkehrsteilnehmer, da hier jeglicher gesetzlicher Anknüpfungspunkt fehlt; zur Vermeidung von Wertungswidersprüchen erscheint jedoch eine analoge Handhabung vertretbar.

Für **mittelbar Geschädigte**, die aus der Verletzung des Halters eigene Ansprüche ableiten können (insbesondere Erben und Unterhaltsberechtigte nach § 844 Abs 2 BGB, § 10 StVG), gilt hinsichtlich der Anrechnung der Betriebsgefahr dasselbe wie für den Verletzten selbst.[158] **90**

3. Hypothetische Haftung des Geschädigten als Voraussetzung der Anspruchsminderung

a) Grundgedanke. Die Betriebsgefahr des eigenen Kfz kann dem geschädigten Halter **91** nur dann anspruchsmindernd entgegengehalten werden, wenn er (bei gedachter Schädigung des Anspruchsgegners) diesem gegenüber aus § 7 StVG ersatzpflichtig wäre.[159] Hat er einen Unfall als Fußgänger und einen Zweitunfall mit (dem ersten zurechenbaren) Folgeverletzungen als Kfz-Halter erlitten, muss er sich die Betriebsgefahr (nur) hinsichtlich der Folgeverletzungen anrechen lassen.[160]

b) Haftungsausschlüsse. Zu einer Anrechnung kommt es deshalb nicht, wenn das Kfz **92** nicht in **Betrieb**[161] oder wegen **geringer Geschwindigkeit** nach § 8 Nr 1 StVG von der Gefährdungshaftung ausgenommen war.[162] Ebenso braucht er sich infolge des Haftungsausschlusses nach § 8 Nr 2 StVG gegenüber einer **beim Betrieb des Kfz tätigen Person** (zB dem Fahrer) die Betriebsgefahr nicht anrechnen zu lassen.[163] Unberührt bleibt aber die Möglichkeit einer Anspruchsminderung nach § 254 BGB bei deliktischem Verschulden, zB wegen Übergabe eines verkehrsunsicheren Fahrzeugs.[164]

c) Nicht aus dem StVG hergeleiteten Ansprüchen (zB auf Ersatz für entgangene **93** Dienste nach § 845 BGB oder – bei Unfällen vor 1.8.2002 – auf Schmerzensgeld) kann nach dem in Rn 91 wiedergegebenen Grundsatz die Kfz-Betriebsgefahr auf Geschädigtenseite an sich nicht entgegengehalten werden. Die Praxis lässt jedoch weithin im Rahmen einer Gesamtabwägung eine Anrechnung zu.[165] Dies ist beim Schmerzensgeld

---

157 BGHZ 87, 133, 135; zur Problematik eines solchen Rückgriffs *Geyer* NZV 2005, 568.
158 RG JW 1931, 1956; BGH VersR 1957, 198; 1962, 759.
159 RGZ 96, 68; 123, 165; 130, 130; 138, 4; BGHZ 11, 174; BGH VersR 1959, 455.
160 OLG Hamm NZV 1995, 282.
161 RGZ 123, 165; RG DAR 1929, 88; OLG Bremen DAR 1952, 57.
162 *Böhmer* MDR 1960, 732; **aA** RG JW 1937, 1769; BGH VRS 12, 172; *Busse* MDR 1961, 660.
163 BGH VersR 1972, 960; OLG Frankfurt NZV 1995, 25; *Lepa* (Lit vor Rn 1) S 62.
164 BGH VersR 1955, 55; 1962, 757; 1972, 960; *Böhmer* MDR 1960, 732.
165 BGHZ 20, 259 = JZ 1956, 491 m Anm *Böhmer* = LM Nr 9 zu 17 StVG m Anm *Hauß*; BGHZ 26, 69, 76; OLG Karlsruhe OLGR 1998, 345; OLG Celle MDR 1956, 354 (zu § 845 BGB); *Looschelders* (Lit vor Rn 1) S 403 ff mwN; *Böhmer* NJW 1956, 1665; **aA** RG JW 1931, 3314, 3316; OLG Neustadt JZ 1957, 546 m abl Anm *Böhmer*.

wegen der hier gebotenen Berücksichtigung aller Umstände vertretbar. Bei § 845 BGB ist an eine entsprechende Anwendung von § 846 BGB zu denken (vgl § 28 Rn 2).

94 **d) Haftungsbegrenzung nach § 12 StVG.** Aus demselben Grund braucht – ebenfalls entgegen der hM[166] – der Halter in keinem Fall von dem ihm zugefügten Schaden, an dem er selbst keine Schuld trägt, mehr als die für die Gefährdungshaftung geltenden Höchstbeträge zu tragen. Der ursprüngliche Zweck der Haftungshöchstgrenzen, das Risiko aus der Gefährdungshaftung versicherbar zu halten, wird durch eine unlimitierte Mithaftung des Geschädigten aus Betriebsgefahr zwar nicht tangiert; für eine solche fehlt es aber an einer rechtlichen Grundlage.

95 **e) Amtshaftung.** Nimmt ein Beamter, der bei einem auf Dienstfahrt erlittenen Unfall geschädigt oder verletzt wurde, denjenigen auf Schadensersatz in Anspruch, der für den Schaden einzustehen hat, so kann dieser von dem Beamten Anrechnung der Betriebsgefahr verlangen. Hier fehlt es zwar an der hypothetischen Haftung des Verletzten, weil die öffentlich-rechtliche Körperschaft haften würde (Art 34 GG), wenn der Beamte eine andere Person verletzt hätte. Da aber der vom Beamten in Anspruch Genommene keine Möglichkeit hätte, den auf den Beamten treffenden Schadensanteil gegen dessen Dienstherrn geltend zu machen, wird ihm von der Rspr aus Billigkeitsgründen der Einwand der Ausgleichung gegenüber der Forderung des Beamten gewährt.[167]

IV. Mitverschulden hinsichtlich des Schadensumfangs

1. Rechtliche Grundlagen

96 Während sich § 254 Abs 1 BGB auf das Mitverschulden bei der Entstehung eines Schadens (iS einer realen Schädigung) bezieht, betrifft Abs 2 dieser Vorschrift (jedenfalls die 2. und 3. Alternative) die Situation nach Eintritt einer solchen Schädigung, dh die Pflicht des Geschädigten, vermeidbare Folgeschäden oder Weiterungen (des Schadens im realen wie auch im vermögensrechtlichen Sinn; vgl § 3 Rn 205) abzuwenden. Vgl zu dieser sog Schadensminderungspflicht und ihrem Verhältnis zur Schadensbemessung o Rn 6.

2. Inhalt der Schadensminderungspflicht

97 § 254 Abs 2 BGB setzt eine Verpflichtung des Geschädigten zur Begrenzung des in Gang gekommenen Schadensverlaufs voraus und ordnet für den Fall einer schuldhaften Verletzung dieser Pflicht an, dass der Geschädigte für den dadurch verursachten Teil des Schadens keinen Ersatz erhält. Die Verpflichtung und ihr Umfang ergeben sich aus dem gesetzlichen Schuldverhältnis, das durch den Haftungsfall zwischen Schädiger und Geschädigtem entstanden ist. Im Rahmen dieser Rechtsbeziehung hat der Geschädigte im zumutbaren Umfang auch die Interessen des Haftpflichtigen zu wahren. Er darf nicht im Vertrauen auf seinen Ersatzanspruch einem Ausufern des Schadens tatenlos zusehen, wenn es ihm möglich und zumutbar ist, dem entgegenzuwirken. Der Umfang dieser

---

[166] RGZ 149, 213; BGH NJW 1956, 1068; VRS 11, 108; VersR 1964, 1147; *Looschelders* (Lit vor Rn 1) S 405 f; **aA** OLG Neustadt VRS 8, 25. S a § 20 Rn 6.
[167] BGH NJW 1959, 985 = JZ 1960, 174 m Anm *Schröer*; OLG Köln VersR 1957, 417.

Pflicht ist nach den Besonderheiten des Einzelfalles, insbesondere nach dem Maßstab der Zumutbarkeit, zu bestimmen; einer Heranziehung von § 242 BGB bedarf es hierbei (ebenso wie im Falle des Abs 1, s o Rn 21) entgegen gängiger Praxis[168] nicht.

3. Zurechnung des Verschuldens eines Dritten

Nach § 254 Abs 2 S 2 BGB ist auf die Erfüllung der Schadensminderungspflicht § 278 BGB entsprechend anzuwenden. Ein Mitverschulden von gesetzlichen Vertretern oder Hilfspersonen in Bezug auf diese Verpflichtung muss sich der Geschädigte also zurechnen lassen. Nicht jede in die Schadensbeseitigung eingeschaltete Person ist aber Erfüllungsgehilfe des Geschädigten: So wird zB der den Verletzten operierende Arzt oder der mit der Reparatur des Unfallwagens beauftragte Monteur nicht in Erfüllung einer Verbindlichkeit des Geschädigten tätig, wenn er durch Fehler Mehraufwendungen verursacht. Für diese hat der Schädiger aufzukommen, sofern er dem Geschädigten nicht ein Auswahl- oder sonstiges Eigenverschulden nachweisen kann (§ 24 Rn 44) oder wegen besonders grober Fehlleistungen der Zurechnungszusammenhang zu verneinen ist (§ 3 Rn 179 ff). Auch der Sachverständige, der durch fehlerhafte Begutachtung des Schadens überhöhte Aufwendungen hervorruft, ist nicht Erfüllungsgehilfe;[169] anders kann es jedoch liegen, wenn dem Sachverständigen die Koordination der gesamten Schadensbeseitigung übertragen wurde.[170]

98

4. Kosten der Schadensminderung

a) Ersatzpflicht. Den Ersatz der bei der Niedrighaltung entstehenden Unkosten schuldet der Schädiger als Ersatz des durch den Unfall entstandenen Schadens, und zwar sogar dann, wenn die zur Niedrighaltung ergriffenen Maßnahmen dem ausdrücklich erklärten Willen des Schädigers widersprochen haben. Es sind also nicht die Grundsätze der Geschäftsführung ohne Auftrag anzuwenden. Der Schädiger hat vielmehr durch den Unfall die Aufwendungen verursacht und muss sie nach den Bestimmungen, aus denen sich seine Haftung ergibt, und in den durch diese Bestimmungen gezogenen Grenzen ersetzen.[171] Die Kosten der Vorhaltung von Ersatzfahrzeugen sind nicht durch den Unfall verursacht und daher nicht als Schadensminderungskosten erstattungspflichtig;[172] näher hierzu § 3 Rn 218 f. Zu den Aufwendungen zwecks Geringhaltung von Erwerbsschäden § 29 Rn 105.

99

b) Unnötiger Aufwand. Ein Fehlgreifen in den zu ergreifenden Maßnahmen wirkt sich nur dann zum Nachteil des Verletzten aus, wenn es dem Verletzten als Fahrlässigkeit anzurechnen ist, wenn er also bei gehörigem Nachdenken hätte erkennen können, dass die Maßnahmen entweder unverhältnismäßige Aufwendungen erfordern werden oder ungeeignet sind, den Schaden so niedrig zu halten, wie es durch andere naheliegende Maßnahmen ohne weiteres möglich gewesen wäre.

100

---

168 Vgl RGZ 83, 19; 141, 356; BGHZ 4, 174; *Palandt/Heinrichs* § 254 Rn 36; *Larenz* § 31 I c. Näher hierzu *Greger* NJW 1985, 1134.
169 LG Köln NJW 1975, 57.
170 OLG Hamm NJW-RR 1993, 914: ölverseuchtes Grundstück.
171 BGHZ 10, 21.
172 **AA** BGHZ 32, 280.

101 **c) Vorteilsausgleich.** Entsteht dem Verletzten aus den Maßnahmen ein Vorteil, hat er ihn sich anrechnen zu lassen, soweit anzunehmen ist, dass er sich ihn einmal – wenn auch zu einem anderen Zeitpunkt – freiwillig verschafft hätte, oder er sich in Geld realisieren lässt.

5. Warnungspflicht

102 **a) Bedeutung.** Die Pflicht, den Ersatzpflichtigen auf die Gefahr der Entstehung eines besonders hohen Schadens hinzuweisen (§ 254 Abs 2 S 1 Alt 1 BGB) kann im Einzelfall auch für die Haftungsbegründung Bedeutung haben,[173] wird jedoch zumeist relevant, wenn es um Folgen einer bereits eingetretenen Schädigung geht. Sie entsteht zB, wenn es dem Verletzten wegen der erlittenen Körperverletzung, wegen Fehlens der erforderlichen wirtschaftlichen Mittel oder aus einem anderen Grund unmöglich ist, die zur Niedrighaltung des Schadens erforderlichen Maßnahmen unverzüglich zu ergreifen, oder wenn es ihm zwar möglich wäre, sie zu ergreifen, sie ihm aber unter den gegebenen Umständen wegen der für ihn entstehenden Nachteile nicht zuzumuten sind. Nicht hinzuweisen braucht der Verletzte den Schädiger auf drohende erhebliche Nachteile zB, wenn dieser ohnedies weiß, dass sie drohen,[174] wenn er mit solchen Folgen rechnen muss[175] oder wenn nicht anzunehmen ist, dass der Schädiger eine wirtschaftlichere und dem Geschädigten auch zumutbare Form der Schadensbeseitigung ermöglichen könnte.[176] Desgleichen trifft ihn kein Mitverschulden, wenn die drohende Schadenshöhe für ihn selbst nicht vorhersehbar war.[177]

103 Der wichtigste Fall der Hinweispflicht ist der, dass der Verletzte nicht die erforderlichen Mittel besitzt, um die Reparatur des beschädigten Wagens zu bezahlen oder sich anstelle des zerstörten Wagens einen anderen Wagen anzuschaffen, und hieraus wirtschaftliche Nachteile erwachsen. Diese können darin bestehen, dass der Verletzte seinen Beruf nicht mehr ausüben kann oder dass er einen Bankkredit aufnehmen oder seine Kaskoversicherung in Anspruch nehmen muss (wodurch er seinen Anspruch auf Beitragsermäßigung wegen Schadensfreiheit verliert; näher dazu – auch zu Besonderheiten bei nur anteiliger Haftung – § 27 Rn 10). Dass der Verletzte, dessen Wagen repariert werden muss oder der sich einen anderen Wagen kaufen muss, weil sein Wagen zerstört ist, in der Zwischenzeit mit dem Taxi fährt oder ein Mietfahrzeug in Anspruch nimmt, ist selbstverständlich und voraussehbar. Der Hinweis an den Schädiger wird nur erforderlich, wenn sich die Reparatur oder die Wiederbeschaffung ungewöhnlich verzögert und der Schädiger Abhilfe leisten könnte. Hinweisen muss der Verletzte auch darauf, dass sein Gewerbebetrieb zum Erliegen kommt, weil er durch die erlittene Körperverletzung die Leitung und die erforderlichen Arbeiten nicht mehr ausführen kann und finanziell nicht in der Lage ist, eine Ersatzkraft anzuwerben und zu besolden.

104 **b) Ursächlichkeit des Verstoßes.** Verstößt der Verletzte gegen seine Hinweispflicht, so bekommt er nur den Schaden ersetzt, der auch entstanden wäre, wenn der Schädiger von dem drohenden hohen Schaden Kenntnis gehabt hätte. Hätte der Schädiger ebenfalls nichts gegen die Entstehung tun können, so hat er trotz Unterlassens der Warnung

---

173 Vgl BGH TranspR 2006, 208 (größere Vorsicht bei Hinweis auf bes Wert des beförderten Guts).
174 BGH NJW 1951, 229.
175 *Meyer* NJW 1965, 1419.
176 BGH VersR 1985, 1091.
177 BGH VersR 1964, 950.

den vollen Schaden zu ersetzen;[178] desgleichen, wenn er die Warnung – was der Geschädigte zu beweisen hat – unbeachtet gelassen hätte.[179]

6. Einzelfälle

Im Folgenden werden einige grundsätzliche Fragen erörtert. Besonderheiten bei einzelnen Schadenspositionen werden zusammen mit diesen in §§ 23 ff behandelt. **105**

a) **Kreditaufnahme durch den Verletzten.** Der Verletzte darf unter bestimmten Voraussetzungen zur Regulierung des Unfallschadens einen Kredit aufnehmen und die Finanzierungskosten als Unfallschaden – nicht etwa nur nach Mahnung als Verzugsschaden – dem Schädiger in Rechnung stellen (vgl u § 27). Eine **Pflicht** zur Kreditaufnahme hat aber nur derjenige Verletzte, der das benötigte Kfz im Rahmen eines Gewerbebetriebes oder Berufes benötigte und gefahren hat.[180] Hat sich der Verletzte das Fahrzeug dagegen nur zu seinem Vergnügen oder zu seiner Bequemlichkeit gehalten, so kann der Schädiger – von krassen Fällen abgesehen[181] – von ihm nicht verlangen, dass er für die Reparatur oder Ersatzbeschaffung Verpflichtungen eingeht ohne zu wissen, ob er die entstehenden Unkosten vom Schädiger ersetzt bekommt. Eine solche Ungewissheit besteht immer dann, wenn sich der Schädiger weigert, die Ersatzpflicht anzuerkennen. Hat der Verletzte kein Geld, die Reparatur zu bezahlen, und unterlässt er es deshalb, einen Instandsetzungsauftrag zu erteilen, so muss er den Schädiger hierauf hinweisen.[182] **106**

b) **Inanspruchnahme der Kaskoversicherung.** Hierzu ist der Eigentümer eines kaskoversicherten Kfz nur dann verpflichtet, wenn er auf andere Weise die Reparatur bzw Ersatzbeschaffung nicht finanzieren könnte, der Schädiger die sofortige Finanzierung ablehnt und durch die Verzögerung der Restitution erhebliche wirtschaftliche Nachteile für den Ersatzpflichtigen entstünden.[183] Könnte der Geschädigte die Kosten der Schadensbeseitigung auch durch einen Kredit finanzieren, so muss er prüfen, auf welchem Wege geringere Kosten entstehen. Hierbei sind den zu erwartenden Kreditkosten die Nachteile durch Rückstufung in der Kaskoversicherung (s § 27 Rn 10) gegenüberzustellen.[184] Verzögert der Ersatzpflichtige die Regulierung trotz klarer Rechtslage, ist der Geschädigte nicht zu derartigen Bemühungen um Vorfinanzierung verpflichtet.[185] **107**

Richtet sich der Schadensersatzanspruch gegen den berechtigten Fahrer des beschädigten Fahrzeugs oder eine sonstige von dessen Haftpflichtversicherung umfasste Person, gegen den Mieter oder Entleiher, so kann dieser Schuldner ein erhebliches Interesse daran haben, dass der Geschädigte die Kaskoversicherung in Anspruch nimmt, da diese gegen ihn nach § 15 Abs 2 AKB nicht Rückgriff nehmen könnte. Eine Verpflichtung des Geschädigten hierzu lässt sich jedoch aus § 254 Abs 2 BGB nicht herleiten, weil der **108**

---

178 BGH VersR 1996, 380.
179 BGH Betrieb 1956, 110; TranspR 2006, 208.
180 Vgl BGH VersR 1963, 1161.
181 OLG Oldenburg VRS 33, 84.
182 OLG Schleswig VersR 1967, 68.
183 OLG München VersR 1966, 668; *Schmalzl* VersR 1992, 677 mwN.
184 *Himmelreich/Klimke/Bücken* 3306; OLG München VersR 1984, 1054.
185 LG Limburg NZV 1997, 444.

Vierter Teil. Ausschluss und Beschränkung der Haftung, Verjährung

Schaden nicht gemindert, sondern nur verlagert würde. Unter bestimmten Voraussetzungen kann die Inanspruchnahme des Schädigers anstatt der Kaskoversicherung jedoch unzulässige Rechtsausübung (§ 242 BGB) sein, so wenn der Geschädigte dem Fahrer vor Antritt der Fahrt erklärt hat, der Wagen sei kaskoversichert oder wenn der Fahrer sich auf Bitten des Eigentümers und in dessen Interesse ans Steuer gesetzt hat.[186]

109 **c) Inanspruchnahme eines Mietfahrzeugs.** Hierzu kann der Verletzte dann, wenn sein Einkommen oder Gewerbebetrieb bei Fehlen eines Kfz wirtschaftlich nachteilig beeinflusst werden würde, für die Zeit bis zum Abschluss der Reparatur oder dem Eintreffen des Ersatzfahrzeugs verpflichtet sein (§ 25 Rn 4). Sind Gütertransporte auszuführen und ist das hierfür vom Unternehmer eingesetzte Fahrzeug betriebsunfähig geworden, so sind die Dienste eines Güterbeförderungsunternehmens in Anspruch zu nehmen. Einzelheiten zur Schadensminderungspflicht bei Inanspruchnahme eines Mietwagens s § 25 Rn 15.

110 **d) Verzögerungen bei der Reparatur bzw Ersatzbeschaffung.** Sie gehen idR schon deswegen zu Lasten des Geschädigten, weil er nur den zur Herstellung *erforderlichen* Betrag verlangen kann (§ 249 Abs 2 S 1 BGB). Er darf das Unfallfahrzeug auch bei einer Meinungsverschiedenheit mit dem Haftpflichtversicherer über den richtigen Reparaturweg nicht längere Zeit unrepariert herumstehen lassen.[187] Keinen Verstoß gegen die Schadensminderungspflicht stellt es aber dar, wenn der Geschädigte eine angemessene Überlegungsfrist hinsichtlich der Art des Schadensausgleichs (Reparatur oder Ersatzbeschaffung) in Anspruch nimmt (vgl § 25 Rn 24) oder wenn er die Werkstätte, die gewöhnlich den Wartungsdienst an seinem Fahrzeug durchführt, mit der Reparatur beauftragt, auch wenn das Abschleppen dorthin etwas mehr kostet[188] und die Zeit des Wartens auf den Beginn der Arbeiten geringfügig verlängert wird. Kein Kraftfahrer ist verpflichtet, die Reparatur selbst durchzuführen, außer wenn er den Wartungsdienst und Reparaturen an seinen Fahrzeugen selbst vorzunehmen pflegt und hierfür eine eigene Werkstätte unterhält, in der auch die durch den Unfall hervorgerufenen Schäden ohne Schwierigkeit behoben werden können (vgl § 24 Rn 46 f). Für Pflichtwidrigkeiten der Reparaturwerkstätte bei der Ausführung des Reparaturauftrags hat der Geschädigte nicht einzustehen; § 278 BGB ist nicht anwendbar (vgl § 24 Rn 44).

111 **e) Heilbehandlung und Operation.** Der Verletzte hat sich nach dem Unfall unverzüglich in **ärztliche Behandlung** zu begeben, sofern die Körperschäden nicht ganz geringfügig sind.[189] Tut er das nicht, so bekommt er Schadensersatz, auch Ersatz für Mehraufwendungen durch Pflegebedürftigkeit und Ersatz des Verdienstausfalls nur für Schäden und Behinderungen, die trotz der ärztlichen Behandlung entstanden oder verblieben wären.

112 Von dem Verletzten muss verlangt werden, dass er, soweit er dazu imstande ist, zur Heilung oder Besserung seiner Krankheit oder Schädigung die nach dem Stande der ärztlichen Wissenschaft sich darbietenden **Mittel** anwendet; er darf idR nicht anders

---

186 BGH NJW 1986, 1813; LG Osnabrück DAR 1994, 33; s a § 19 Rn 72.
187 KG NZV 1995, 311.
188 OLG Hamm VersR 1970, 43.
189 RGZ 72, 220; BGH VersR 1964, 94; OLG Hamburg SeuffA 68, Nr 28.

handeln, als ein verständiger Mensch, der die Vermögensnachteile selbst zu tragen hat, es bei gleicher Gesundheitsstörung tun würde.[190] Allerdings muss – will der Schädiger den Schadensersatzanspruch des Verletzten mindern – im Einzelfall bewiesen sein, dass eine Maßnahme gesundheitsfördernd gewesen wäre, die Schmerzen oder die Entstellung gemindert hätte oder die Bewegungsfähigkeit des Verletzten gebessert hätte. Die Beweislast hierfür trägt der Schädiger;[191] hierbei kommen ihm die für den Kausalitätsbeweis geltenden Erleichterungen (sog Anscheinsbeweis; vgl § 38 Rn 43 ff) zugute.

Auch medizinisch indizierte Behandlungsweisen, die mit **Unannehmlichkeiten oder Risiken** behaftet sind, sind nach Maßgabe obiger Grundsätze vom Verletzten hinzunehmen, wie zB Streckverband, Gips, Bestrahlungen, Elektroschock, Hormonbehandlung, Antibiotica. Unzumutbar sind lediglich Behandlungen, die so große Schmerzen oder Risiken hervorrufen, dass ein verständiger Mensch sich ihnen auch bei Fehlen eines Ersatzpflichtigen nicht unterziehen würde. Als unzumutbar hat der BGH[192] auch das lebenslange Tragen einer Augenklappe angesehen, das zeitweilige Tragen nur dann, wenn es mit nachhaltigen Gesundheitsgefahren für den Verletzten verbunden ist. 113

Einer **Operation** muss sich der Verletzte unterziehen, wenn sie erhebliche Aussicht auf weitgehende Wiederherstellung oder jedenfalls Besserung bietet und nicht mit unverhältnismäßigen Gefahren oder Schmerzen verbunden ist,[193] ein gewisses Restrisiko muss freilich, da mit jeder Operation verbunden, hingenommen werden.[194] Medizinische Indikation allein reicht nicht.[195] 114

Auch die Behandlung in einer **geschlossenen Anstalt** (Nervenheilanstalt) ist zumutbar, wenn sie eine Besserung des Gesundheitszustands bewirkt;[196] ebenso der Aufenthalt in einem Rehabilitationszentrum.[197] 115

Nur bei **Verschulden** des Verletzten kann die Ablehnung einer indizierten Heilbehandlung zur Minderung von Schadensersatzansprüchen führen.[198] Befindet sich der Verletzte in schlechter körperlicher Verfassung, so ist die hierdurch bedingte Verringerung seiner Entschlusskraft zu seinen Gunsten zu berücksichtigen, und zwar nicht nur, wenn sie unfallbedingt ist.[199] Bei unterschiedlichen Auffassungen zwischen mehreren Ärzten kann dem Verletzten aus seiner Entscheidung gegen eine der strittigen Behandlungsweisen in aller Regel kein Vorwurf gemacht werden.[200] Das Gleiche gilt, wenn er sich, 116

---

190 RGZ 60, 149.
191 **AA** RGZ 60, 152.
192 NZV 1989, 305.
193 RGZ 139, 134; BGHZ 10, 18; BGH VersR 1961, 1125; 1987, 408 = 559 m Anm *Deutsch*; NZV 1989, 305; 1994, 271; OLG Köln VRS 4, 248; OLG München VersR 1960, 952; OLG Oldenburg NJW 1978, 1200; VersR 1986, 1220; OLG Frankfurt NZV 1993, 471 (Zweitoperation).
194 OLG Düsseldorf VersR 1975, 1031.
195 BGH NZV 1994, 271.
196 RGZ 60, 150.
197 BGH VersR 1970, 272.
198 RGZ 129, 401 = JW 1931, 1463 m Anm *Feuchtwanger*; dazu *Homberger* JW 1931, 3268; RGZ 139, 132; RG JW 1935, 1402; BGHZ 10, 18; KG VersR 1953, 257; 1955, 458.
199 RGZ 139, 135.
200 RGZ 129, 398; OLG Hamburg SeuffA 68, Nr 28.

Vierter Teil. Ausschluss und Beschränkung der Haftung, Verjährung

ärztlich beraten, einer iErg wirkungslosen Behandlung unterzogen hat; auch deren Kosten sind also zu ersetzen.

117 Die **Kosten** einer Operation oder sonstigen Behandlung müssen, sofern hierfür nicht die Krankenversicherung des Geschädigten (mit der Möglichkeit des Rückgriffs) zunächst aufkommt, vom Ersatzpflichtigen übernommen bzw vorgestreckt werden; andernfalls kann das Unterbleiben einer kostspieligen Maßnahme dem Verletzten nicht als Mitverschulden angerechnet werden.[201]

118 Der **Verstoß gegen ärztliche Verhaltensmaßregeln** (zB Bettruhe, Unterlassen von Rauchen, Sport usw) begründet ein Verschulden des Verletzten hinsichtlich dadurch hervorgerufener weiterer Gesundheitsbeeinträchtigungen und führt insoweit zum Ausschluss der Verantwortlichkeit des Schädigers. Droht eine die Unfallfolgen verschlimmernde Gewichtszunahme des Verletzten, so hat dieser durch Diätkost und Bewegung sein Gewicht niedrig zu halten.[202]

119 Entsteht aus dem Unfall eine **neurotische Fehlhaltung** bei dem Verletzten,[203] so greift § 254 Abs 2 BGB ein, sofern diese Fehlhaltung durch zumutbaren Willensakt oder geeignete Rehabilitationsmaßnahmen überwunden werden könnte.[204] Daran fehlt es, wenn der Geschädigte gerade wegen der Anlage, die zu den psychischen Folgeschäden geführt hat, nicht für eine Therapie motivierbar ist.[205] Die Besorgnis beruflicher Nachteile sollte dagegen nicht entschuldigen.[206]

120 **f) Inanspruchnahme der Krankenkasse.** Hierzu ist der Verletzte dem Schädiger gegenüber im Allgemeinen nicht verpflichtet, denn sie bewirkt für den Schädiger idR keine Ersparnis, weil die Ersatzansprüche des Verletzten nicht erlöschen, sondern auf den Versicherer übergehen (bei der privaten Krankenversicherung nach § 67 VVG, bei der Sozialversicherung nach § 116 Abs 1 SGB X; vgl § 29 Rn 27 f).

121 **g) Einsatz der Arbeitskraft des Verletzten.** Der Verletzte ist dem Schädiger gegenüber verpflichtet, die ihm nach dem Unfall verbliebene Arbeitskraft zwecks Minderung seines Verdienstausfalls einzusetzen, soweit ihm dies zugemutet werden kann. Eingehend hierzu § 29 Rn 99 ff.

122 **h) Einsatz der Arbeitskraft des hinterbliebenen Ehegatten.** Eine Witwe, deren Mann den Familienunterhalt allein bestritten hatte, muss, wenn der Mann durch den Unfall ums Leben gekommen ist, zur Minderung ihrer Ansprüche nach § 10 Abs 2 StVG eine Arbeit nur dann annehmen, wenn ihr dies nach Alter, Vorbildung und sozialer Stellung zuzumuten ist und sich ihre Pflichten im Haushalt durch den Tod erheblich vermindert haben (Einzelheiten s § 28 Rn 87 ff).

---

201 RGZ 83, 20; BGH VersR 1961, 1125.
202 OLG Hamm VersR 1960, 859.
203 Zur Zurechnungsproblematik s § 3 Rn 197 ff.
204 BGH VersR 1962, 280; 1970, 272.
205 OLG Hamm NZV 1997, 272.
206 **AA** OLG Hamm NZV 1998, 413.

§ 22 Mitverantwortung des Geschädigten

V. Haftungsverteilung

1. Allgemeines

Ergibt sich aus den vorstehenden Grundsätzen die Notwendigkeit einer Haftungsteilung, **123** so müssen im nächsten Schritt die **Haftungsquoten** ermittelt werden. Dies geschieht in der Weise, dass zunächst die für die Gewichtung des Haftungsanteils maßgeblichen Umstände (Rn 125 ff) festgestellt (zu Beweisfragen s Rn 146 ff) und sodann gegeneinander abgewogen werden (zu diesem Vorgang der Quotelung Rn 151 ff; Beispiele aus der Rspr: Rn 156 ff).

Die Quoten brauchen nicht für den Gesamtschaden einheitlich zu sein; sind **einzelne** **124** **Schadensfolgen** durch eine zusätzliche Pflichtwidrigkeit des Verletzten verursacht worden, ist für diese ggf eine eigene Haftungsverteilung vorzunehmen.[207] So verhält es sich insbesondere bei Verstößen gegen die Schadensminderungspflicht nach § 254 Abs 2 BGB[208] oder dann, wenn eine bestimmte Schädigung auf das Unterlassen gebotener Schutzvorkehrungen des Verletzten (zB Anlegen des Sicherheitsgurts; vgl Rn 67 ff) zurückzuführen ist.[209] Die zusätzlichen Schadensfolgen gehen freilich nicht unbedingt allein zu Lasten des Verletzten, denn sie sind, vom Fall fehlender Adäquanz abgesehen, durch das haftungsbegründende Ereignis mitverursacht. In der Regel wird aber diesbezüglich der Verursachungsbeitrag des Verletzten höher zu veranschlagen sein als hinsichtlich der anderen Schadensfolgen; bei Verstößen gegen die Schadensminderungspflicht wird das Mitverschulden häufig derart überwiegen, dass die Haftung des Schädigers insoweit iErg doch völlig entfällt.[210]

2. Kriterien und Grundsätze für die Abwägung

Nach § 254 BGB richtet sich die Aufteilung (Quotelung) des Schadens in erster Linie **125** danach, inwieweit der Schaden durch den Schädiger und durch den Verletzten verursacht worden ist. Des Weiteren ist insbesondere das Verschulden der Beteiligten maßgeblich; ggf sind auch sonstige Begleitumstände in die Waagschale zu werfen. Die Abwägungskriterien müssen feststehen, ggf also bewiesen werden (s Rn 147; zur Eventualfeststellung Rn 149).

a) Maß der Verursachung. Entscheidend für die Schadensquotelung ist nach § 254 **126** Abs 1 BGB, inwieweit der Schaden von dem einen oder dem anderen Teil verursacht worden ist (zur Kausalität des Mitverschuldens vgl Rn 11), dh wessen Verursachungsbeitrag den Schadenseintritt in höherem Maße wahrscheinlich gemacht hat.[211] Dasselbe ist gemeint, wenn in der Rspr von Begriffen wie „wichtigste Ursache",[212] „wirksame

---

207 *Looschelders* (Lit vor Rn 1) S 560 mwN.
208 BGH VersR 1979, 960.
209 Vgl BGH VersR 1979, 369; 1979, 1104.
210 OLG Bremen VersR 1976, 560; *Lange/Schiemann* § 10 XII 6 g; *Palandt/Heinrichs* § 254 Rn 65; MünchKomm/*Oetker* § 254 Rn 107.
211 BGH NJW 1952, 537; 1963, 1447; 1969, 789; VersR 1988, 1238; *Palandt/Heinrichs* § 254 Rn 60; MünchKomm/*Oetker* § 254 Rn 108; *Staudinger/Schiemann* § 254 Rn 112 f; *Lange/Schiemann* § 10 XII 1; *Dunz* NJW 1964, 2133; aA *Rother* VersR 1983, 793, der allein auf das Maß des Verschuldens abstellen will.
212 OLG Stuttgart RdK 1953, 203 LS.

Vierter Teil. Ausschluss und Beschränkung der Haftung, Verjährung

Ursache",[213] „Ursache von mehr Gewicht",[214] „entscheidende Ursache",[215] „erheblich näher liegende Ursache",[216] „Ursache von naturgemäß besonderer Bedeutung"[217] oder „Hauptursache"[218] die Rede ist. Bei der Aufstellung der für diese Abwägung erforderlichen Ursachenkette ist nicht etwa auf den Idealfall abzustellen, dass sich alle Verkehrsteilnehmer völlig verkehrsgerecht verhalten, sondern darauf, wie sich der Verkehr nach der Lebenserfahrung im Allgemeinen abzuspielen pflegt.

127 **b) Maß des Verschuldens.** Wenngleich bei der Schadensabwägung nach § 254 BGB in erster Linie vom Maß der Verursachung auszugehen ist, bedarf das hierdurch gewonnene Ergebnis doch der Korrektur bei unterschiedlichem Grad des beiderseitigen Verschuldens.[219] Trifft besonders grobes Verschulden mit leichter Fahrlässigkeit zusammen, so kann die Mitverantwortung auch völlig entfallen; dies gilt erst recht beim Zusammentreffen von erheblichem Verschulden mit bloßer Betriebsgefahr (s Rn 153). Nur ein nachgewiesenes und als unfallursächlich erwiesenes Verschulden ist bei der Abwägung als solches zu berücksichtigen,[220] nicht also vermutetes Verschulden nach § 831 BGB oder § 18 StVG (vgl Rn 147). Ein Verschulden Dritter, für die der Geschädigte einzustehen hat (vgl Rn 27 ff), fällt jedoch ins Gewicht.[221] Besondere persönliche Umstände, wie zB die beschränkte Einsichtsfähigkeit bei Jugendlichen, Kindern oder Behinderten, sind bei der Bewertung des Verschuldens zu beachten.[222] Das Mitverschulden Minderjähriger ist idR geringer zu bewerten als das entsprechende Mitverschulden Erwachsener.[223]

128 Bei **grober Fahrlässigkeit** eines Beteiligten ist, wenn sie mit minderschwerem Verschulden des anderen (oder bloßer Betriebsgefahr) zusammentrifft, in aller Regel eine Auswirkung auf die Haftungsverteilung anzunehmen; gebieten nicht Verursachungsmaßstab oder besonders hohe Betriebsgefahr etwas anderes, so wird der grob Fahrlässige (gleich ob Schädiger oder Geschädigter) den Schaden allein zu tragen haben.[224] Grobe Fahrlässigkeit liegt vor, wenn die im Verkehr erforderliche Sorgfalt in besonders schwerem Maße verletzt wird, wenn also das nicht beachtet wird, was im gegebenen Fall jedem einleuchten musste, und wenn schon einfachste, ganz naheliegende Überlegungen nicht angestellt wurden.[225] Hierbei sind – anders als beim Fahrlässigkeitsbegriff

---

213 BGH VersR 1957, 269.
214 BGH VersR 1956, 585.
215 OLG Stuttgart VersR 1958, 864.
216 OLG Hamburg VersR 1958, 777.
217 BGH VersR 1958, 851.
218 BGH VersR 1959, 49.
219 RGZ 68, 422; 69, 59; 141, 357; 169, 95; BGH VersR 1954, 59; 1955, 627; NJW 1969, 789; *Palandt/Heinrichs* § 254 Rn 61; MünchKomm/*Oetker* § 254, 61; *Lange/Schiemann* § 10 XII 2.
220 BGHZ 12, 124; BGH VersR 1955, 310; 1956, 732; 1957, 63 u 98 m zust Anm *Böhmer*; 1961, 234; 1961, 249; 1966, 164; 1975, 1121; OLG Celle DAR 1951, 81.
221 RG JW 1938, 2274.
222 BGH VRS 5, 4; OLG Celle VersR 1955, 396; OLG Bamberg VersR 1965, 989; OLG Celle NZV 1991, 228.
223 BGH NZV 2004, 187.
224 BGH VersR 1961, 357; 1963, 438; 1969, 713; 1969, 738.
225 RGZ 141, 131; 163, 106; BGHZ 10, 16; BAG VersR 1968, 296; vgl auch *Sanden* VersR 1967, 1013. Umfangreiche Rechtsprechungsnachweise in § 32 Rn 112 ff.

im Allgemeinen – auch subjektive Besonderheiten zu berücksichtigen.[226] Insbesondere muss dem Handelnden die Gefährlichkeit seines Verhaltens bekannt sein;[227] Umstände, die ihm wegen der besonderen Lage des Falles nicht vorgeworfen werden können, haben außer Betracht zu bleiben.[228] Grobe Fahrlässigkeit kann zB auch entfallen, wenn eine verständliche Verärgerung die Aufmerksamkeit beeinträchtigte.[229]

c) Betriebsgefahr. Sofern es im Einzelfall zu einer Anrechnung der Betriebsgefahr kommt (Rn 3 f, 85), ist diese ebenfalls zu gewichten und in Bezug zu den übrigen Kriterien der Haftungsabwägung zu setzen. Dabei kommt es auf die **konkrete Betriebsgefahr** an, die von dem Kfz bzw Bahnbetrieb im Augenblick des Unfalls ausging. Das Ausmaß der Betriebsgefahr ist also nicht abstrakt-generell, sondern situationsbezogen zu bestimmen: Der Schwerlastkraftwagen mag im fließenden Verkehr eine größere Betriebsgefahr haben als ein Pkw; ist er aber ordnungsgemäß abgestellt, so geht von ihm eine geringere Gefahr aus als von einem bei Nacht unbeleuchtet auf einer Schnellstraße abgestellten Pkw. Bei Motorrädern kann nicht generell wegen ihrer Instabilität eine höhere Betriebsgefahr angesetzt werden.[230]

129

Von Bedeutung ist nur derjenige Teil der allgemeinen Betriebsgefahr, der sich nachgewiesenermaßen bei dem Unfall **ausgewirkt** hat.[231] Fährt jemand zB ein völlig verkehrsunsicheres Kfz, so hat dieser Umstand außer Betracht zu bleiben, wenn sich der Unfall in gleicher Weise mit einem in Ordnung befindlichen Kfz ereignet hätte;[232] desgleichen bleiben alkoholbedingte Fahruntüchtigkeit und Fahren ohne Fahrerlaubnis unberücksichtigt, wenn sie ohne Auswirkung auf den Unfall geblieben sind.[233]

130

Die Betriebsgefahr fällt bei der Abwägung stärker ins Gewicht, wenn sie durch bestimmte Umstände **erhöht** wird. Die reine, allein durch die Beteiligung an einem Unfall und das Nichtgelingen des Entlastungsbeweises zum Tragen kommende Betriebsgefahr eines Kfz kann im Einzelfall insbesondere durch folgende Faktoren (Unfallursächlichkeit stets vorausgesetzt) erhöht sein:

131

– nachweisbar verkehrswidriges Verhalten des Kraftfahrzeugführers (es genügt nicht, dass ein solches lediglich nach § 18 StVG vermutet wird, s Rn 147);
– Fehlverhalten eines bei dem Betrieb des Kfz Beschäftigten Dritten (zu diesem Begriff § 3 Rn 419; Beispiel: unvorsichtiges Türöffnen);
– technische Mängel des Kfz;
– Eignungsmängel beim Fahrer, zB fehlende Fahrerlaubnis;[234]
– Beschaffenheit des Kfz (zB Breite, Masse, Erkennbarkeit, gefährliche Anbauten[235]);
– Geschwindigkeit des Kfz (sowohl hohe als auch extrem niedrige, die das Fahrzeug zu einem unerwarteten Verkehrshindernis macht);

---

226 BGHZ 10, 17; BGH NJW 1972, 476; *Sanden* VersR 1967, 1013.
227 *Lohe* VersR 1968, 303.
228 *Weingart* VersR 1968, 427.
229 BGH VersR 1972, 197.
230 OLG Saarbrücken MDR 2005, 1287, 1288.
231 BGH VersR 1962, 375; 1966, 165; 1966, 586; 1967, 138; NZV 1995, 145.
232 BGH VersR 1958, 541.
233 BGH NZV 1995, 145 u Urt v 21.11.2006 – VI ZR 115/05 (zZ unv); OLG Saarbrücken NZV 1995, 23 u VersR 2004, 621; OLG Hamm NZV 1994, 319; *Berger* VersR 1992, 169; aA OLG Celle VersR 1988, 608; NZV 1990, 393; zur Beweisproblematik s Rn 148.
234 BGH VersR 1985, 965.
235 OLG Hamm NZV 1997, 230 (Frontbügel).

Vierter Teil. Ausschluss und Beschränkung der Haftung, Verjährung

- langer Bremsweg (vor allem bei Schienenfahrzeugen);
- gefahrenträchtiges Fahrmanöver, zB Linksabbiegen an unübersichtlicher Stelle,[236] Einfahren in bevorrechtigte Schnellstraße,[237] Wenden an unübersichtlicher Stelle.

132 Bei **Schienenfahrzeugen** ist schon die allgemeine Betriebsgefahr aufgrund des größeren Gefährdungspotentials (erhebliche Masse, langer Bremsweg, Gleisgebundenheit[238]) idR höher zu bewerten als bei einem Kraftfahrzeug; sie kann zudem durch besondere Umstände, insbesondere Verschulden des Führers,[239] erhöht sein.

133 **Beispiele aus der Rspr:**

Straßenbahnen werden im Regelfall zweigleisig betrieben. Der zweigleisige Betrieb erhöht daher die Betriebsgefahr nicht; dies gilt auch dann, wenn ein Fußgänger zwischen zwei sich begegnende Züge gerät.[240] Dagegen erhöht die Eingleisigkeit eines Streckenabschnitts die Betriebsgefahr.[241] Noch größer ist die Gefahr für Fußgänger, wenn bei eingleisiger Strecke die Schienen nahe dem Gehsteig liegen.[242] Die Betriebsgefahr ist ferner erhöht, wenn bei zweigleisiger Anlage einer Strecke die Straßenbahn in einer Einbahnstraße auch in der Gegenrichtung fährt.[243] Auch hier vergrößert sich die Gefahr noch mehr, wenn eines der Gleise nahe dem Gehsteig verläuft. Dunkelheit und Regen vergrößern die Betriebsgefahr der Straßenbahn nicht.[244] Ein Mast, der an einer Haltestelle so nahe am Gleis steht, dass ein Fahrgast dagegenstößt, der sich beim Aussteigen verspätet hat und von der Abfahrt der Bahn überrascht wird,[245] vergrößert die Gefahr, dagegen nicht ein Mast, der in vorschriftsmäßigem Abstand vom Gleis an einer Stelle steht, an der sich keine Haltestelle befindet.[246] Das Offenstehen der Türen einer Straßenbahn nach Abfahrt des Wagens erhöht die Gefahr für die Fahrgäste,[247] nicht aber für eine Person, die verbotswidrig noch aufspringen möchte.[248] Die Betriebsgefahr der Straßenbahn ist erhöht, wenn der Zug auf der Straßenkreuzung anhält, aber wieder anfährt, obwohl noch ein Kraftwagen auf das Gleis zufährt,[249] ferner wenn die Bremsen versagen oder wegen der Feuchtigkeit der Schienen schlecht greifen,[250] ferner wenn ein Gleis am rechten Fahrbahnrand so in der Fahrbahn liegt, dass ein Kraftfahrer, der die Gefährlichkeit der Stelle nicht kennt, nachts mit der entgegenkommenden Straßenbahn frontal zusammenprallt,[251] ferner wenn die Straßenbahn den Mittelpunkt eines Kreisverkehrs durchquert und durch Verkehrszeichen die Vorfahrt vor dem Kreisverkehr erhalten hat.[252] Erhöht wird die Betriebsgefahr der Straßenbahn

---

237 OLG Hamm OLGR 1997, 145.
238 BGH NJW 1962, 860 m Anm *Hohenester*; OLG Düsseldorf VersR 1966, 764; OLG Hamburg VersR 1966, 196; VRS 29, 330; OLG München VersR 1967, 167; LG Essen VersR 1966, 375.
239 S dazu BGH VersR 1961, 908;1975, 258; 1975, 1007.
240 BGH VersR 1963, 874 = 1964, 88 m Anm *Böhmer*.
241 *Guelde* in Anm zu OLG Düsseldorf DRW 1940, 207; *Böhmer* in Anm zu BGH VersR 1964, 88.
242 BGH VersR 1961, 908.
243 BGH VersR 1966, 1142.
244 BGH VersR 1967, 138.
245 BGH VersR 1961, 1020.
246 BGH VersR 1956, 238.
247 RG JW 1935, 2354 m Anm *Abitz-Schultze*; RG DR 1939, 183; BGH VersR 1961, 1020.
248 BGH VersR 1962, 375.
249 BGH DAR 1960, 137.
250 BGH VersR 1960, 609.
251 BGH VersR 1961, 234.
252 **AA** OLG Hamburg VersR 1967, 411; s a BGH VersR 1967, 138.

auch durch Gefälle oder durch Schlüpfrigkeit der Schienen[253] sowie durch den Einsatz einer unerprobten Person als Fahrer.[254]

Bei **Eisenbahnen** wirken Bahnübergänge ohne Sicherung (Schranken, Blinklicht) oder Beleuchtung gefahrerhöhend;[255] dies gilt jedoch dann nicht, wenn sich der Mangel im konkreten Fall tatsächlich nicht ausgewirkt hat.[256] Weitere Beispiele: Sichthindernisse an einem ungesicherten Bahnübergang;[257] Versagen des der Beleuchtung der geschlossenen Schranke dienenden Tiefstrahlers;[258] Nichtschließen einer Bahnschranke;[259] verspätetes Schließen der Schranken, sodass das durchfahrende Kfz vom Zug erfasst wird;[260] Öffnen der Schranke durch den Blockwärter, obwohl das Signal für den Zug schon auf freie Fahrt steht;[261] vorschriftswidrig unterlassene Läut- und Pfeifsignale;[262] zu schwache Warnzeichen;[263] unterlassenes Bremsen, obwohl Lokführer bemerkt, dass eine Schranke nicht geschlossen ist;[264] hohe Hecke am Bahndamm;[265] Bahnstrecke ohne Absicherung am Rand einer Straße;[266] sehr starker Verkehr auf der die Bahn kreuzenden Straße.[267] Fahren in einen Bahnhof von entgegengesetzten Richtungen gleichzeitig zwei Züge ein, so ist die Betriebsgefahr gegenüber einem die Gleise überschreitenden Fußgänger erhöht.[268]

134

Außerhalb des Bereichs der Gefährdungshaftung gibt es auch keine anrechenbare Betriebsgefahr. Bei der Abwägung bleibt also die „Betriebsgefahr" eines Fahrrads oder Pferdefuhrwerks auch dann unberücksichtigt, wenn sie entscheidend den Unfallablauf bestimmt hat. Das Gleiche gilt für Kfz, die nicht schneller als 20 km/h fahren können und für die daher nach § 8 StVG die Gefährdungshaftung nach § 7 StVG nicht eingreift.[269] Es kann auch nicht einem Einweiser, der aus unerlaubter Handlung haftet, weil er den Zusammenstoß des klägerischen Kfz mit einem Schienenfahrzeug verschuldet hat, die „Betriebsgefahr" der Fahrzeuge angelastet werden.[270]

135

d) Sonstige Umstände, wie zB verwandtschaftliche Beziehungen, Gefälligkeit, Übernahme einer besonderen Gefahr im Interesse des Schädigers,[271] können allenfalls in Ausnahmefällen bei der Schuldabwägung Berücksichtigung finden. Kein Raum ist bei der Haftungsaufteilung nach § 254 BGB aber für bloße Billigkeitserwägungen. So dürfen zB die wirtschaftlichen Verhältnisse der Beteiligten, die Unfallfolgen oder das

136

---

253 OLG Hamburg VersR 1968, 975.
254 KG VAE 1936, 334.
255 RG VAE 1938, 186; BGH VRS 5, 38; VkBl 1958, 24; OLG Braunschweig VRS 7, 255; LG Tübingen DAR 1951, 193.
256 BGH VersR 1956, 490; 1957, 166.
257 RG VAE 1936, 561.
258 RG VR 1935, 325; OLG Stuttgart DAR 1929, 136.
259 BGH VRS 3, 217.
260 RG DAR 1930, 256.
261 BGH VRS 4, 503.
262 RG DAR 1931, 330; BGH VkBl 1958, 214.
263 RG VAE 1936, 133.
264 BGH VRS 3, 217.
265 RG VAE 1938, 195.
266 RG DAR 1930, 255.
267 RG DAR 1929, 396.
268 BGH VersR 1971, 1018.
269 S aber RG VAE 1938, 358 u BGH VRS 9, 427 zu Kleinkrafträdern; wie hier OLG Neustadt VRS 5, 163.
270 So BGH VersR 1981, 354.
271 OLG Hamm VersR 1983, 275.

Vierter Teil. Ausschluss und Beschränkung der Haftung, Verjährung

Bestehen von Versicherungsschutz nicht als Abwägungskriterien herangezogen werden.[272] Auszugehen ist von dem Grundsatz, dass für Begründung oder Ausschluss einer Mithaftung keine anderen Kriterien gelten können als für Begründung oder Ausschluss einer Haftung nach außen.

3. Abwägung bei Mehrheit von Ersatzpflichtigen

137 a) **Beteiligung mehrerer Ersatzpflichtiger an einer Schädigung.** Ist der Verletzte durch den Betrieb mehrerer Kfz oder durch ein Kfz und einen anderen Schädiger gleichzeitig geschädigt worden, so kann er deren Halter, wenn sie den Entlastungsbeweis nicht führen können, und ggf den weiteren Schädiger als Gesamtschuldner auf vollen Schadensersatz in Anspruch nehmen (§ 840 Abs 1 BGB analog). Die Abwägung nach § 9 StVG, § 254 BGB bereitet dann uU Schwierigkeiten, weil der Verursachungsbeitrag des Verletzten im Verhältnis zum einen Schädiger höher oder geringer sein kann als im Verhältnis zum anderen oder im Verhältnis zur Gesamtheit der Schädiger. Zu beachten ist aber, dass das Problem nur auftritt, wenn tatsächlich ein und dieselbe Schädigung durch die mehreren Ersatzpflichtigen verursacht wird (sog Nebentäterschaft), nicht dagegen bei aufeinanderfolgenden Schädigungen, wie sie bei Serien- oder Folgeunfällen gegeben sind. Dort haftet der Zweitschädiger nur für den Schaden, der durch seinen Beitrag noch zusätzlich hervorgerufen wurde; der Verletzte kann von ihm daher nur den Zusatzschaden ersetzt verlangen und hat diesen, sofern der Erstschädiger nicht nach den Regeln der adäquaten Kausalität als Gesamtschuldner mithaftet, gesondert mit ihm abzurechnen und ggf auch eine gesonderte Mitverschuldensabwägung durchzuführen[273] (zum Innenausgleich s § 36 Rn 21 ff).

138 Nach Rspr und hL ist die Gewichtung des Mitverschuldens bei der Nebentäterschaft nicht durch Einzelabwägung (im Verhältnis Geschädigter – einzelner Schädiger), sondern iVm einer **Gesamtschau** (Verhältnis Geschädigter – die Schädiger) vorzunehmen[274] (zu den prozessualen Auswirkungen s § 37 Rn 31). Der Unterschied zwischen beiden Methoden liegt darin, dass zB bei gleich großem Verursachungsbeitrag der zwei Schädiger und des Geschädigten dieser bei Einzelabwägung die Hälfte, bei Gesamtschau aber zwei Drittel seines Schadens ersetzt bekommt. Dies ist allerdings nur die Quote, die ihm iErg insgesamt zustehen soll; den einzelnen Schädiger soll er nach dieser Ansicht gleichwohl höchstens bis zu dem Betrag in Anspruch nehmen können, der sich bei Einzelabwägung ergäbe. Im Beispielsfall könnte er also vom Schädiger A maximal 50% verlangen, während er sich wegen der restlichen 16 $^2/_3$% (Differenz zu zwei Dritteln) an B halten könnte. Ein Gesamtschuldverhältnis zwischen den Schädigern wird bei dieser Konstruktion – entgegen BGHZ 30, 212 – nicht angenommen werden können, weil sonst die Leistung des einen Schädigers die Schuld des anderen nach § 422 BGB zum Erlöschen bringen würde, also nicht zu erklären wäre, wieso dieser den überschie-

---

272 BGH VersR 1978, 183; *Palandt/Heinrichs* § 254 Rn 63; MünchKomm/*Oetker* § 254 Rn 116; *Lange/Schiemann* § 10 XII 5; *Lepa* (Lit vor Rn 1) S 76 f; teilweise **aA** *Schlierf* NJW 1965, 676; *Böhmer* MDR 1962, 442.
273 Vgl BGH VersR 1964, 49; KG VersR 1962, 839.
274 BGHZ 30, 203; 54, 284; 61, 354; BGH NJW 2006, 896; OLG Düsseldorf OLGR 1994, 216; MünchKomm/*Oetker* § 254 Rn 119 ff; *Palandt/Heinrichs* § 254 Rn 71; *Lepa* (Lit vor Rn 1) S 85 ff; *Eibner* JZ 1978, 50; *Kirchhoff* NZV 2001, 361.

ßenden Betrag zu leisten hat.²⁷⁵ Rspr und hL begegnen diesem Einwand mit einer Aufspaltung der von jedem Schädiger zu erbringenden Leistung in einen Gesamtschuld- und einen Einzelschuldanteil,²⁷⁶ doch erscheinen derartige Versuche, die jeder gesetzlichen Grundlage entbehren, als mehr oder weniger willkürliche Hilfskonstruktionen, die lediglich dazu dienen, die Konsequenzen einer verfehlten Ausgangsposition auszuräumen.²⁷⁷

Richtigerweise ist das Außenverhältnis der Nebentäter daher stets nach einer einheitlichen, nach Gesamtabwägung zu ermittelnden Haftungsquote zu bestimmen, auf die jeder als Gesamtschuldner in Anspruch genommen werden kann.²⁷⁸ Die Bedenken des BGH (die wohl den Anlass für die oben dargestellte Rechtsansicht gebildet haben), dass es bei Nebentäterschaft – anders als bei gewollter Mittäterschaft – nicht vertretbar sei, den Schädigern ihre Tatbeiträge wechselseitig zuzurechnen²⁷⁹ und sie das Risiko der Insolvenz eines von ihnen beim Innenausgleich tragen zu lassen, erscheinen unbegründet. Bei fehlender Mitverantwortung des Geschädigten ist anerkannt, dass Nebentäter grundsätzlich als Gesamtschuldner haften,²⁸⁰ also jeder auf den vollen Betrag mit dem Risiko, den Ausgleichsanspruch gegen die Mitschädiger realisieren zu können. Die Tatsache, dass den Geschädigten eine Mitverantwortung an dem Schaden trifft, verändert die Situation nicht so entscheidend, dass diese Konsequenz nunmehr unerträglich wäre. Es erscheint nicht gerechtfertigt, den Geschädigten gleichsam einem weiteren Nebentäter gleichzustellen und an dem Risiko der Insolvenz eines der Schädiger zu beteiligen.²⁸¹ Immerhin ist er durch ein Ereignis, zu dem jeder der Nebentäter eine Bedingung gesetzt hat, geschädigt worden; das ihn treffende Mitverschulden aber kann mit einem haftungsbegründenden Verschulden nicht auf eine Stufe gestellt werden. Es erscheint daher auch nicht geboten, den Geschädigten im Falle der Insolvenz eines Nebentäters in den Gesamtschuldnerausgleich einzubeziehen und proportional seiner Quote zu beteiligen.²⁸² Der mitverantwortliche Geschädigte braucht vielmehr außer der Kürzung seines Ersatzanspruchs keine weiteren Nachteile hinzunehmen.

139

Im oben genannten Beispielsfall haften die beiden Schädiger folglich auf ²/₃ des Schadens als Gesamtschuldner; die Zurückführung ihrer Haftung auf je ¹/₃ vollzöge sich ausschließlich im Wege des Innenausgleichs nach § 426 BGB. Nach hM würden die Beklagten dagegen zur Zahlung von 50% des Schadens als Gesamtschuldner und weiteren 16 ²/₃% je als Einzelschuldner verurteilt.²⁸³

140

---

275 Vgl *Lange/Schiemann* § 10 XIII 3 b.
276 So BGH VersR 1959, 608; OLG Celle OLGZ 1974, 203; MünchKomm/*Oetker* § 254 Rn 120; *Palandt/Heinrichs* § 254 Rn 71; *Steffen* DAR 1990, 43; vgl auch *Eibner* JZ 1978, 50. In BGH NZV 1991, 109 wurde von der Aufspaltung abgesehen.
277 Kritisch zur Rspr des BGH auch *Lange/Schiemann* § 10 XIII 3 c; *Keuk* AcP 168, 175; *Ries* AcP 177, 551; *Koch* NJW 1967, 181; *Reinelt* JR 1971, 177.
278 *Lange/Schiemann* § 10 XIII 3 c; *Looschelders* (Lit vor Rn 1) S 626 ff.
279 Vgl BGH VersR 1995, 428.
280 BGHZ 17, 221; 30, 208; BGH LM § 840 Nr 7 a; *Palandt/Sprau* § 840 Rn 2; *Erman/Schiemann* § 840 Rn 4.
281 So aber *Steffen* DAR 1990, 42; **aA** *Keuk* AcP 168, 175 ff; *Koch* NJW 1967, 181 ff.
282 **AA** *Lange/Schiemann* § 10 XIII 3 c mwN.
283 Vgl auch die weiteren Berechnungsbeispiele bei *Steffen* DAR 1990, 45.

141 **b) Beteiligung mehrerer Ersatzpflichtiger an einer einheitlichen Schadensursache.** Bei der Gesamtabwägung des Mithaftungsanteils des Verletzten gegen die Beiträge mehrerer Schädiger ist zu berücksichtigen, dass nicht in jedem Fall für jeden einzelnen Ersatzpflichtigen eine eigene Quote anzusetzen ist. Dies wäre nämlich, da mit zunehmender Zahl der Nebentäter der vom Geschädigten selbst zu tragende Haftungsanteil immer geringer wird, dann unangemessen, wenn die Mitverantwortlichkeit einzelner Nebentäter sich auf ein und denselben Verursachungsbeitrag bezieht, wie dies zB im Verhältnis zwischen Geschäftsherrn und Verrichtungsgehilfen[284] oder zwischen Halter und Fahrer eines Kfz der Fall ist,[285] nach fragwürdiger Rspr auch zwischen Tätern, die eine einheitliche Schadensursache geschaffen haben, bevor sie mit dem Beitrag des Ersatzberechtigten zusammentraf.[286] Es liegt auf der Hand, dass in diesen Fällen der Haftungsanteil des Geschädigten nicht davon abhängen kann, wie viele Personen für die Schaffung der einheitlichen Gefahr verantwortlich sind. Diese Personen sind daher zu einer **Haftungseinheit** zusammenzufassen, die in die Gesamtschau nur mit **einer** Quote eingeht. Es handelt sich hierbei aber nur um eine Frage der richtigen Quotierung innerhalb der Gesamtschau nach Rn 138 ff.[287] Ansonsten gelten für die Haftung die dort dargestellten Grundsätze in gleicher Weise. Auch nach dem zwischen gesamt- und einzelschuldnerischer Haftung differenzierenden Konzept der Rspr haften die Mitglieder der Haftungsgemeinschaft für ihre gemeinsame Quote – aber entgegen der hier vertretenen Meinung (Rn 139) nur für diese[288] – stets als Gesamtschuldner. Zu den Ausgleichsansprüchen zwischen ihnen vgl § 36 Rn 27.

142 **c) Beteiligung eines oder mehrerer Schädiger und des Geschädigten an einer einheitlichen Schadensursache.** In diesem Fall soll nach der Rspr des BGH eine **Zurechnungseinheit** zwischen dem oder den Ersatzpflichtigen und dem Geschädigten bestehen, weil diese für einen einheitlichen Verursachungsbeitrag gemeinsam verantwortlich sind. Folge hiervon ist, dass dieser Beitrag bei der Gesamtschau nur einmal angesetzt werden kann, dh im Verhältnis zu dem oder den außerhalb der Zurechnungseinheit stehenden Schädiger(n) gestaltet sich die Haftung so, als würde der Tatbeitrag des anderen Mitschädigers dem Geschädigten zugerechnet; zwischen diesen muss ein gesonderter Ausgleich innerhalb der Einheit stattfinden.[289] Eine Gesamtschuld kann hierbei nur innerhalb und außerhalb der Zurechnungseinheit angenommen werden, nicht aber zwischen dem (den) zur Einheit gehörenden und dem (den) außenstehenden Schädiger(n).[290] Damit widerspricht die Lehre von der Zurechnungseinheit § 840 Abs 1 BGB und ist abzulehnen.[291] Die Gesamtabwägung ist auch in diesen

---

284 RGZ 136, 287; BGHZ 6, 3; BGH VersR 1979, 1107; NZV 1989, 351.
285 Vgl BGH NJW 1966, 1262; 2006, 896, 897; OLG Celle OLGZ 1974, 203.
286 Vgl BGHZ 54, 283: mehrere Personen waren dafür verantwortlich, dass der Anhänger, auf den der Verletzte auffuhr, nachts unbeleuchtet auf der Straße stand; BGH VersR 1980, 770: ein Schädiger hat ein Seil über die Straße gespannt, der zweite unterlassen, es zu kennzeichnen. Bedenken gegen das Verschmelzen an sich selbständiger Tatbeiträge mehrer Schädiger bei *Looschelders* (Lit vor Rn 1) S 627 f mwN.
287 *Looschelders* (Lit vor Rn 1) S 627 mwN.
288 Vgl BGH VersR 1995, 428.
289 BGHZ 61, 213; BGH VersR 1978, 735.
290 BGH NZV 1996, 359.
291 S a *Looschelders* (Lit vor Rn 1) S 628 ff mwN.

Fällen gem Rn 139 vorzunehmen. Zum Ausgleichsanspruch zwischen den Schädigern vgl § 36 Rn 28.

Die Rspr hat die Grundsätze der Zurechnungseinheit zB in folgenden Fällen angewendet: Ein Polizeibeamter steht mit einem betrunkenen Kraftfahrer, den er soeben gestellt hat und der Widerstand leistet, auf der Straße (einheitlicher Verursachungsbeitrag) und wird dort von einem unaufmerksamen Fahrer erfasst;[292] ein Pkw-Fahrer veranlasst die später Geschädigte, sein unbeleuchtetes Pannenfahrzeug bei Dunkelheit auf der Straße zu schieben, ein anderer fährt auf;[293] ein Kind wird durch Verschulden eines Kraftfahrers und eines Aufsichtspflichtigen verletzt: Aufsichtspflichtiger und Kind bilden eine Zurechnungseinheit;[294] Zusammenstoß zwischen einem Pkw und einem Kind, das, mit einem Spielkameraden durch ein Seil verbunden, von diesem über die Straße gezogen wurde: die beiden Kinder bilden eine Zurechnungseinheit.[295] Auch beim Serienauffahrunfall sind entsprechende Konstellationen denkbar (s Rn 166). Zu Unrecht hat dagegen OLG Frankfurt VersR 1988, 750 eine Zurechnungseinheit in folgendem Fall angenommen: Mehrere Pkw waren mit einem auf der Autobahn stehenden Lkw kollidiert und in der Nähe liegengeblieben. Anschließend fuhr ein anderer Lkw auf den Lkw auf; in dieses Unfallgeschehen wurden auch die liegengebliebenen Pkw verwickelt. In diesem Fall lagen gesonderte Unfallereignisse vor. Die Auffahrunfälle mit dem Pkw hatten lediglich dazu geführt, dass diese sich noch im Bereich der Unfallstelle befanden; sie hatten aber keinen Verursachungsbeitrag zu dem Auffahrunfall des Lkw geleistet. Daher bestand kein Anlass, zwischen den Pkw-Fahrern und dem Halter des stehenden Lkw eine Zurechnungseinheit anzunehmen.[296]

d) Alternativtäterschaft. Nach § 830 Abs 1 S 2 BGB, der auch im Bereich der Gefährdungshaftung gilt, kann das Gericht, wenn sich mehrere in anspruchsbegründender Weise verhalten haben, aber nicht festzustellen ist, wessen Verhalten für den Unfall kausal war, jeden der Beteiligten zum Schadensersatz verurteilen (vgl § 3 Rn 105, § 10 Rn 33 ff). Trifft in einem solchen Fall den Geschädigten ein Mitverschulden, so kann es sein, dass dieses gegenüber den (gedachten) Verursachungsbeiträgen der Alternativschädiger unterschiedlich ins Gewicht fällt. Es kann aber jeder nur zu der geringsten (hypothetischen) Haftungsquote verurteilt werden (s § 10 Rn 41).

e) Einfluss von Haftungsfreistellungen. Zu der Frage, ob sich eine Haftungsprivilegierung bei einem der Schädiger auf den Ersatzanspruch des Geschädigten gegen den anderen auswirkt s § 36 Rn 13 ff.

4. Beweis der Abwägungskriterien

a) Beweislast. Für ein behauptetes **Mitverschulden** des Geschädigten trägt der Ersatzpflichtige die Beweislast. Er muss den Verursachungsbeitrag des Geschädigten nach Grund und Gewicht beweisen.[297]

Die für die **Erhöhung der mitwirkenden Betriebsgefahr** maßgeblichen Umstände hat der Gegner, der sich darauf beruft, zu beweisen,[298] desgleichen ihre **Ursächlichkeit** für

---

292 BGHZ 61, 213.
293 BGH NZV 1996, 359.
294 BGH VersR 1978, 735; OLG Stuttgart NZV 1992, 185; krit *Sundermann* JZ 1989, 930.
295 BGH VersR 1983, 131 = 634 m Anm *Hartung*.
296 So in einem ähnlichen Fall auch OLG Hamm NZV 1999, 128.
297 RGZ 114, 77; 159, 261; BGH VersR 1978, 183; OLG Oldenburg VRS 8, 260.
298 BGH VersR 1966, 165; 1978, 769; NJW 1971, 2030; NZV 2000, 466; KG VRS 54, 253; 64, 101; OLG Frankfurt VersR 1974, 472.

Vierter Teil. Ausschluss und Beschränkung der Haftung, Verjährung

den Unfall.[299] Ist der Unfallhergang ungeklärt, hätte sich ein erhöhender Faktor (zB Verkehrsunsicherheit des Kraftfahrzeugs, Alkoholisierung des Fahrers) aber nur bei einer der möglichen Varianten ausgewirkt, so kann er nicht berücksichtigt werden.[300] Auch ein lediglich vermutetes Verschulden (zB § 831 BGB, § 18 StVG) reicht nicht,[301] wohl aber das durch Anscheinsbeweis (§ 38 Rn 43 ff) erwiesene Verschulden. Die Darlegungs- und Beweislast für diese Umstände trägt der jeweilige Unfallgegner unabhängig davon, ob er sich in der Position des Anspruchstellers oder des in Anspruch Genommenen befindet.[302]

148 b) **Beweismaß.** Die für die Haftungsverteilung als Grundlage herangezogenen Tatsachen müssen feststehen, dh im Prozess nach § 286 ZPO bewiesen sein;[303] Vermutungen, Wahrscheinlichkeiten oder Unterstellungen genügen nicht. Auch die Beweiserleichterung nach § 287 ZPO greift insoweit nicht ein. Ein Anscheinsbeweis (vgl § 38 Rn 43 ff) kommt dann in Betracht, wenn bei entsprechender Sachlage im Bereich der Haftungsbegründung ein solcher eingreifen würde,[304] also nicht für die Feststellung *grober* Fahrlässigkeit (vgl § 38 Rn 53), wohl aber uU für die Frage, ob das Nichtanlegen des Sicherheitsgurts für eine Verletzung ursächlich war (Rn 78). Für den **Kausalitätsbeweis** gelten die auch sonst zuzubilligenden Erleichterungen, dh die Beschränkung auf den Nachweis der nach der Lebenserfahrung anzunehmenden Kausalität (vgl § 38 Rn 58). § 287 ZPO ist hingegen auch im Bereich der Kausalität des Mitverschuldens nicht anwendbar.[305]

149 c) Beruht die Inanspruchnahme des Schädigers auf einer **Wahlfeststellung** (dh es kann nicht festgestellt werden, welche von mehreren ausschließlich in Betracht kommenden Verhaltensweisen er verwirklicht hat, jede von ihnen begründet aber seine Haftung), so kann für die Gewichtung eines Mitverschuldens des Verletzten entsprechend oben genannter Beweislastverteilung nur von demjenigen Geschehensablauf ausgegangen werden, der ihn weniger belasten würde. Umgekehrt darf jedoch der Verursachungsbeitrag des Schädigers nicht auf der Grundlage dieses nur unterstellten Unfallverlaufs bemessen werden, denn auch ihm darf nur sein erwiesener Tatbeitrag zur Last gelegt werden, dh die für ihn günstigere Alternative.[306] Hier müssen bei der Abwägung demnach zweierlei Schadensabläufe zu Grunde gelegt werden, die sich tatsächlich nicht miteinander vereinbaren lassen; es werden Größen zueinander in Beziehung gesetzt, zwischen denen keine reale Beziehung besteht. In solchen Fällen gleichwohl einen „gemeinsamen Nenner" zu finden, wird nur durch einen vermittelnden Schadensausgleich nach Billigkeit möglich sein. Dies ist unbefriedigend, aber unausweichliche Folge der

---

299 BGH NZV 2000, 466, 468; 1995, 145 mwN.
300 **AA** OLG Celle VersR 1988, 608.
301 BGH VersR 1966, 732; OLG Frankfurt VersR 1982, 1079; OLG Düsseldorf VersR 1976, 152; OLG Koblenz VRS 68, 32. **AA** *Looschelders* (Lit vor Rn 1) S 584 f; *Belling/Riesenhuber* ZZP 108 (1995) 455 ff: Ersatzpflichtiger muss sich auch hinsichtlich des Gewichts seines Beitrags (graduell) entlasten.
302 BGH VersR 1967, 132; OLG Frankfurt VersR 1981, 841; OLG Celle VersR 1982, 960.
303 BGH VersR 1957, 236; 1957, 571; 1968, 646; 1978, 769; NJW 1971, 2030; OLG Frankfurt VersR 1974, 472.
304 Vgl RG JW 1910, 37; BGH VersR 1957, 529.
305 **AA** BGH VersR 1957, 236; 1957, 571; 1968, 646; 1986, 1208.
306 BGH VersR 1978, 185; *Lange/Schiemann* § 10 XIX.

Zulassung einer Alternativfeststellung zum Haftungsgrund (zur ähnlichen Problematik bei § 830 Abs 1 S 2 BGB vgl Rn 144).

d) Für die **Bestimmung der Haftungsquote** kann ein voller Beweis nicht verlangt werden. So wie dem Verletzten nicht zugemutet werden kann, den Betrag seines Schadens mathematisch exakt zu beweisen, kann auch vom Ersatzpflichtigen nicht verlangt werden, den Haftungsanteil des Verletzten auf einzelne Prozente genau nachzuweisen.   **150**

5. Bezifferung der Quote

Ist die Abwägung nach vorgenannten Grundsätzen vollzogen, so setzt das Gericht die Haftungsquoten ziffernmäßig fest, und zwar idR in Bruchteilen oder in Prozenten (zur abweichenden Praxis beim Schmerzensgeld s § 30 Rn 19). Das Gericht hat hier – wie bei der Schadensbezifferung nach § 287 ZPO – einen gewissen Ermessensspielraum und kann auch zu einer Schätzung greifen.[307] Allzu feine Abstufungen sollten dabei nicht vorgenommen werden. Durch sie würde das Wesen der Quotelung als Ermessensentscheidung verschleiert und eine unerreichbare mathematische Präzision vorgetäuscht. Die Quote braucht nicht für alle Schadenspositionen gleich zu sein (vgl Rn 124). Quoten unter 20% sollten schon deswegen nicht festgesetzt werden, weil ohnehin nur Annäherungswerte gefunden werden können und weil bei derart geringen Haftungsanteilen die Mithaftung völlig hinter dem überwiegenden Verursachungsbeitrag der anderen Seite zurücktreten sollte.[308]   **151**

Ist der Unfallhergang **ungeklärt**, lässt sich also keinem Beteiligten ein Verschulden nachweisen und kann auch kein Beteiligter den Entlastungsbeweis führen, ergibt sich im Normalfall – dh bei etwa gleich großer Betriebsgefahr der Unfallfahrzeuge – eine Haftungsquote von 50% zu Lasten jedes Beteiligten.   **152**

Die **reine Betriebsgefahr** wird üblicherweise mit 20% angesetzt.[309] Bei **grobem Verschulden** des Verletzten hat sie idR völlig zurückzutreten.[310] Daran hat die Verschärfung des Entlastungsbeweises nach § 7 Abs 2 StVG nichts geändert (s § 3 Rn 350). Es ist nicht Sinn der Gefährdungshaftung, dem Verkehrsteilnehmer, der sich selbst grob verkehrswidrig verhalten hat, Schadensersatzansprüche gegen einen anderen zu verschaffen, der lediglich den Entlastungsbeweis nicht zu führen vermag oder nicht optimal auf sein verkehrswidriges Verhalten reagiert hat. Dem durch grobes Eigenverschulden verletzten Verkehrsteilnehmer kann vielmehr angesonnen werden, dem in Anspruch genommenen Kraftfahrzeughalter bzw -führer ein Verschulden nachzuweisen oder den Schaden zur Gänze selbst zu tragen. Ob ein schwerwiegendes Fehlverhalten vorliegt, bestimmt sich bei einem Unfall im Ausland nach den dort geltenden Verkehrsvorschriften und fällt daher in den irrevisiblen Bereich der Anwendung ausländischen Rechts.[311] Ein ganz **leichtes Verschulden** des Verletzten kann umgekehrt hinter der Betriebsgefahr völlig zurücktreten, wenn deren Verursachungsbeitrag wesentlich überwiegt.   **153**

---

307 BGHZ 60, 184; BGH VersR 1957, 236; 1957, 571; 1961, 368; 1968, 646; *Lange/Schiemann* § 10 XIX; *Klauser* JZ 1968, 169; *Arens* ZZP 88 (1975) 44.
308 BGH VersR 1979, 528; OLG Hamm VersR 1971, 914.
309 BGH VersR 1967, 902; vgl auch OLG Hamburg VersR 1967, 887: drei Zehntel.
310 Vgl BGH VersR 1961, 592; 1962, 788; 1965, 566; 1966, 39; 1969, 571; 1969, 614; OLG Oldenburg VRS 8, 259; OLG Köln VersR 1976, 1095.
311 BGH NZV 1996, 272.

Vierter Teil. Ausschluss und Beschränkung der Haftung, Verjährung

154 Bei **nachgewiesenem Verschulden** beider Beteiligter oder bei sonstigen Unterschieden im Ausmaß der Betriebsgefahr muss individuell gequotelt werden. Die Praxis versucht sich zunehmend mit **Quotentabellen** für bestimmte Unfallsituationen zu behelfen,[312] doch sind solche Zusammenstellungen nur mit Vorbehalten zu gebrauchen, weil sie nicht die Bewertung der individuellen Gegebenheiten des Einzelfalles vereiteln dürfen.[313] Immerhin liefern solche Tabellen aber nützliche Anhaltspunkte für die Regulierungs- und Spruchpraxis und können zur Vereinheitlichung und zur Vermeidung von Rechtsstreitigkeiten beitragen.

155 Derartige Anhaltspunkte soll auch die nachfolgende **Rechtsprechungsübersicht** liefern.

6. Einzelfälle

a) Unfälle zwischen Kfz im gleichgerichteten Verkehr

Anfahren vom Straßenrand

156 Aufgrund der aus § 10 StVO abgeleiteten Sorgfaltsanforderungen gewährt die Rspr dem Teilnehmer des fließenden Verkehrs, der mit einem vom Straßenrand Anfahrenden kollidiert, häufig volle Entschädigung.[314] Eine Mithaftung wird aber zB dann bejaht, wenn ihm wesentlich überhöhte Geschwindigkeit nachgewiesen werden kann[315] oder wenn er gleichzeitig aus zweiter Reihe anfährt.[316] Der Fahrstreifenwechsel eines herankommenden Lastzugs kann zwar auch eine Mithaftung begründen; zu weit geht es aber, dem aus einem Parkstreifen heraus Anfahrenden in einem solchen Fall $^2/_3$ seines Schadens zuzusprechen, zumal wenn er vor dem Anfahren nicht geblinkt hat.[317]

157 Kommt es zum Zusammenstoß mit einem **Linienomnibus**, der von einer gekennzeichneten Haltestelle anfährt, so ist idR eine Schadensteilung vorzunehmen, weil der Busfahrer trotz seines Vorrechts nach § 20 Abs 5 StVO (Abs 2 aF) auf den fließenden Verkehr zu achten hat.[318] Fährt der Omnibus an, ohne zu blinken, kann ihn die volle Haftung treffen.[319] Ist ungeklärt, ob der Vorbeifahrende den Vorrang missachtet oder ob der Busfahrer

---

312 Vgl *Grüneberg* Haftungsquoten bei Verkehrsunfällen[9] (2005); *Splitter* Schadensverteilung bei Verkehrsunfällen[5] (2005); *Bursch/Jordan* VersR 1985, 512; *Brüseken/Krumbholz/Thiermann* NZV 2000, 441; ferner *Füchsel* VersR 1962, 1128 und hierzu *Berger* VersR 1987, 542.
313 Vgl das Mehrheitsvotum des Arbeitskreises V beim 23. VGT 1985; hierzu *Bursch/Jordan* VersR 1985, 519.
314 BGH VersR 1963, 358 (rückwärtsausfahrender Pkw gegen Moped); OLG Saarbrücken OLGR 1999, 2 (BAB-Standspur); LG Weiden VersR 1972, 1036 (ohne Blinken); LG Darmstadt VersR 1984, 994 LS (rückwärtsfahrender Pkw gegen Kleinbus). Unverständlich OLG Frankfurt VersR 1999, 864: 75% bei reiner Betriebsgefahr.
315 KG VersR 1985, 478 LS (50% bei 50% Überschreitung); s a OLG Düsseldorf VersR 1987, 909 (anfahrender und wendender Pkw gegen Kleinkraftrad).
316 KGR 2001, 27 (Müllfahrzeug).
317 So aber OLG Köln VersR 1986, 666 m abl Anm *Haarmann*. Vgl dagegen LG Köln VersR 1989, 1161: nur 30% für geradeaus anfahrendes Taxi bei Kollision mit hinter dem Taxenstand einscherendem Pkw.
318 OLG Düsseldorf VRS 65, 336 (überhöhte Geschwindigkeit, 1:1); DAR 1990, 462 (Bus nur 20%, da Pkw sich bei nasser Fahrbahn mit 100 km/h und ohne Bremsreaktion näherte; war bei Anfahren des Busses noch 195 m entfernt); LG Bonn VersR 1996, 1292 (zu spätes Blinken, 1:1).
319 KG NJW 1980, 1856.

§ 22 Mitverantwortung des Geschädigten

ohne zu blinken oder unachtsam angefahren ist, trifft wegen der höheren Betriebsgefahr des anfahrenden Busses dessen Halter der höhere Haftungsanteil (zB $^2/_3$).

Auffahren auf vorausfahrendes Fahrzeug

Fährt der Nachfolgende auf, ohne dass der Vorausfahrende durch starkes Abbremsen hierzu Veranlassung gegeben hat, trifft den Auffahrenden idR die volle Haftung.[320] Eine Mithaftung kommt aber zB in Betracht, wenn der andere – schlecht erkennbar – extrem langsam fuhr, insbesondere auf der Autobahn,[321] wenn er unerwartet und ohne dies hinreichend deutlich zu machen anhielt,[322] auf Glatteis ins Schleudern geriet,[323] ruckartig, dh mit ungewöhnlich verkürztem Bremsweg, zum Stehen kam[324] oder mit defekten Bremsleuchten fuhr.[325] Überhöhte Geschwindigkeit oder besondere Unaufmerksamkeit kann aber auch in solchen Fällen zur Alleinhaftung des Auffahrenden führen.[326] Ebenso wurde auf volle Haftung erkannt beim ungebremsten Auffahren auf ein auf innerstädtischer Straße geschobenes Kraftfahrzeug.[327] 158

Auch bei starkem, **verkehrsbedingtem Abbremsen** des Vorausfahrenden haftet idR der Auffahrende allein.[328] Zur Mithaftung des Verursachers der Verkehrsstörung s Rn 237 (Tierhalter), Rn 239 (Radfahrer). 159

Bremst der Vorausfahrende hingegen **ohne ausreichenden Grund** – hierzu rechnet die Rspr teilweise auch das Bremsen wegen eines kleineren Tieres[329] – oder wegen eines 160

---

320 Vgl OLG Karlsruhe VersR 1975, 668; r+s 1979, 142; OLG Zweibrücken VersR 1973, 166; LG Bad Kreuznach VersR 1979, 631.
321 BGH VersR 1966, 148; OLG München VersR 1967, 691 (1/3); OLG Celle VersR 1973, 352 (55%); 1976, 50 (1/3); OLG Stuttgart NZV 1992, 34 (1/3); LG Gießen NZV 1993, 115 (mit 60 km/h und unbeleuchtet: 80%). Mithaftung verneinend aber LG Köln NZV 2005, 418 (Lkw mit 40 km/h).
322 BGH VersR 1986, 489 (Mokick auf anhaltenden Lkw, 25%); OLG Hamm NZV 1994, 28 (50% bei Anhalten wegen einer Taube; sehr hoch); LG Nürnberg-Fürth VersR 1990, 286 m Anm *Große-Streine* (2/3 bei Absterben des Motors beim Anfahren in Kolonne); LG Darmstadt NZV 1999, 385 (70% bei Anfahren an Ampel).
323 OLG Karlsruhe VRS 76, 414.
324 Vgl OLG Hamm VRS 71, 212, OLG Koblenz NJW-RR 1999, 175 und zum doppelten Auffahrunfall Rn 163.
325 LG Berlin VM 2000, Nr 97.
326 OLG Oldenburg VersR 1990, 1406 u OLG Frankfurt NZV 1994, 108 LS (schlecht beleuchteter Militär-Lkw in Kolonnenfahrt auf nächtlicher BAB).
327 KG VersR 1972, 279.
328 OLG Hamm NZV 1998, 464 (nach Anfahren an Ampelkreuzung wegen Wahrnehmung eines Einsatzhorns); OLG Köln VersR 1985, 372 (wegen Unfalls auf der Autobahn); OLG Frankfurt VersR 1987, 1140; OLG Düsseldorf VersR 1988, 1034; LG Regensburg VersR 1985, 172 LS; LG Landau NZV 1989, 76; aA OLG Düsseldorf VersR 1977, 160 (Stau auf Autobahn: 20%); OLG Hamm NZV 1993, 435 (25%, da starkes Bremsen Betriebsgefahr erhöhe). Ausnahme zB bei schadhaften Bremsleuchten: OLG Karlsruhe VersR 1982, 1205.
329 OLG München DAR 1974, 19 (Igel, 2/3); OLG Stuttgart NJW-RR 1986, 1286 (Katze, 2/3); OLG Karlsruhe VersR 1988, 138 (Wildente, 40%); OLG Saarbrücken DAR 1988, 382 m Anm *Berr* (Wildente, 1/3); OLG Köln VersR 1993, 1168 (Taube: 40%). **AA** BGH VersR 1966, 143; OLG Nürnberg VersR 1960, 956; LG Hildesheim VersR 1985, 460 LS; AG Ulm VersR 1988, 726 (Dackel).

Vierter Teil. Ausschluss und Beschränkung der Haftung, Verjährung

Defekts,[330] so trifft ihn eine Mithaftung,[331] bei Bremsen in Nötigungs- oder Disziplinierungsabsicht uU sogar die alleinige Haftung.[332] Beweisen muss das nicht gerechtfertigte Bremsen der Auffahrende.[333]

161 Zum Auffahren wegen **Spurwechsels** vgl Rn 172 f.

Auffahren auf stehendes Fahrzeug

162 Die grundsätzlich anzunehmende Alleinhaftung des Auffahrenden[334] kann insbesondere ermäßigt sein, wenn das stehende Fahrzeug nicht ausreichend beleuchtet[335] oder abgesichert,[336] verbotswidrig abgestellt,[337] seinerseits durch einen Unfall oder eine Panne in eine gefahrträchtige Lage gebracht worden[338] oder wenn seine Betriebsgefahr sonst erhöht war.[339]

Mehrfaches Auffahren

163 Sind an einem Auffahrunfall mehrere Fahrzeuge beteiligt, so gelten zwischen den unmittelbar Kollisionsbeteiligten die in Rn 158 ff dargestellten Grundsätze. Diese führen aber oft nicht zu voller Schadloshaltung. Schon auf der Primärstufe, erst recht aber für den Regress, ist daher von Bedeutung, dass Ansprüche gegen die Halter aller Kfz in

---

330 OLG Frankfurt VersR 1986, 1086 (schadhafter Reifen, 50%).
331 KG VersR 2002, 1571, 1572, NZV 2003, 41, 42 u 2003, 42, 43 (1/3), DAR 2006, 506 (Verwechslung von Bremse mit Kupplung bei Automatik, 50%); OLG Koblenz VRS 68, 251 (auf Überholspur der Autobahn, mindestens 60% Mithaftung); LG Itzehoe VersR 1980, 436 (bei Grünlicht, 50%); LG Heidelberg VersR 1974, 504 (ausgeschaltete Ampel, 25%); LG Hannover VersR 1982, 201 (nach Anfahren an Ampel, 50%); **aA** OLG Karlsruhe VRS 73, 334 (nach Anfahren an Ampel).
332 OLG Celle VersR 1973, 280; LG Mönchengladbach NZV 2002, 375; vgl auch OLG Köln VersR 1982, 558 (Betätigen der Bremsleuchten nach vorheriger Nötigung durch Auffahrenden: 1/3).
333 Unklar OLG Hamm NZV 1993, 435.
334 BGH VersR 1965, 362; 1969, 713 (in Kurve gut erkennbar abgestellter Lkw); OLG Koblenz NZV 1992, 408 m Anm *Greger* (trotz durch vorausfahrendes Gespann verdeckter Sicht); LG Koblenz DAR 1977, 325 (verbotswidriges Abstellen zwecks Hilfeleistung, ordnungsgemäße Beleuchtung).
335 BGH VersR 1987, 1242 (liegengebliebener Panzer mit Tarnanstrich: deutlich unter 50%); OLG Schleswig VersR 1967, 717 (innerorts, auf ca 50 m zu erkennen, 25%); OLG Karlsruhe VersR 1983, 90 (in Fahrbahn ragender Anhänger, Auffahrender alkoholisiert, 1/3); OLG Hamm VersR 1987, 491 (Moped gegen in Fahrbahn ragenden Anhänger: 1/3).
336 OLG Karlsruhe VersR 1992, 67 (Sattelschlepper auf BAB-Seitenstreifen, kein Warndreieck: 1/3); OLG Nürnberg VersR 1994, 1083 (liegengebliebener Panzer auf BAB bei Nacht: 25%); OLG Celle OLGR 2000, 117 (in Baustellenbereich auf BAB: 1/3).
337 BGH VersR 1971, 953 (Autobahn); OLG Braunschweig VersR 1976, 448 (Haltverbot, 50%).
338 OLG Köln NZV 1993, 271 (Auffahren auf verunfalltes Fahrzeug auf BAB bei Dunkelheit infolge überhöhter Geschwindigkeit: 60%); OLG Hamm NZV 1998, 115 (volle Haftung des nach Schleudern auf der Überholspur Liegengebliebenen); strenger OLG Hamm NJWE-VHR 1996, 210 (volle Haftung des Auffahrenden wegen Verstoßes gegen Sichtfahrgebot).
339 OLG Celle NJW-RR 1986, 1476 (geparkter Lkw außerorts bei Dunkelheit und Regen: 50%); OLG Stuttgart VersR 1988, 1159 (erlaubt in zweiter Reihe haltendes Postfahrzeug: Mithaftung 1/3); NZV 1993, 436 (auf BAB-Parkplatz außerhalb markierter Parkflächen abgestellter Lkw: Mithaftung 1/3).

§ 22 Mitverantwortung des Geschädigten

Betracht kommen, deren Betrieb sich auf den Schaden des Anspruchstellers ausgewirkt hat (§ 3 Rn 156). Diese Voraussetzung muss nachgewiesen werden. Die bloße Beteiligung an einem Serienunfall reicht hierfür nicht.[340] Es können aber Ansprüche gegen mehrere Beteiligte bestehen, was zu schwierigen Abwägungsfragen führt.[341] Dies wird im Folgenden für unterschiedliche Fallkonstellationen bei Auffahrunfällen mit drei Beteiligten dargestellt, wobei V für den Halter des vorderen, M für den des mittleren und H für den des hinteren Kfz steht. Die dabei aufgezeigten Grundsätze lassen sich aber auch auf Serienunfälle mit einer größeren Zahl von Beteiligten übertragen.[342]

(1) M kommt noch rechtzeitig zum Stehen, wird aber von H auf V aufgeschoben. 164
Kann M diesen Unfallhergang beweisen, so trifft ihn keine Haftung, denn der Unfall war für ihn unabwendbar. H haftet dem M in voller Höhe, desgleichen dem V, es sei denn dieser müsse sich eine Mitverantwortung (etwa wegen unnötigen Abbremsens im Kolonnenverkehr) entgegenhalten lassen. In diesem Fall ist auch V dem M (gesamtschuldnerisch mit H) verantwortlich. Für die Quotelung im Verhältnis V–H gilt das in Rn 158 ff Gesagte entsprechend.

(2) Sowohl M als auch H fahren auf. Kann V nachweisen, dass der Unfall für ihn 165
unabwendbar war, so haftet ihm M auf vollen Ersatz, denn auch der Zweitunfall ist dem Betrieb seines Kfz zurechenbar. Zusätzlich kann V den H hinsichtlich eines etwaigen erst durch den zweiten Aufprall entstandenen Zusatzschadens voll in Anspruch nehmen, sofern H sich nicht (etwa durch den Nachweis einer außergewöhnlichen Bremswegverkürzung durch den Erstunfall) entlasten kann. M und H wären insoweit Gesamtschuldner. Im Verhältnis zwischen ihnen wäre eine Quotelung[343] vorzunehmen, nach welcher sich der Ersatzanspruch des H, der Anspruch des M auf Ersatz der erst durch den Zweitunfall entstandenen Schäden sowie der Gesamtschuldnerausgleich bzgl der Entschädigung des V richten. Die Feststellung, welcher zusätzliche Schaden durch das Auffahren des H auf das bereits entwertete Fahrzeug des M entstanden ist, ist nach § 287 ZPO notfalls im Wege der Schätzung zu treffen.[344]

Kann V sich hingegen nicht entlasten, muss er sich gegenüber M und (hinsichtlich des 166
Zusatzschadens) H eine Mithaftung (vgl Rn 160) anrechnen lassen. Da hier aber jeder Beteiligte zugleich Schädiger und Geschädigter ist und zwischen V und M nach der Rspr des BGH eine „Zurechnungseinheit" (vgl Rn 142 u § 36 Rn 28) besteht (denn sie schufen gemeinsam die erste Bedingung für das Entstehen des Zusatzschadens, bevor der Verursachungsbeitrag des H hinzutrat), kommt aber keine Gesamtschuld zwischen M und H, sondern nur eine Einzelabwägung in Betracht. Das heißt, dass für die aus dem zweiten Unfallereignis herrührenden Schäden von V und M eine einheitliche Quote

---

340 OLG Frankfurt VRS 75, 258.
341 Näher hierzu *Greger* NZV 1989, 58.
342 Zur versicherungsrechtlichen Abwicklung von Massenunfällen s *Deichl* DAR 1989, 48 ff.
343 Vgl hierzu OLG Hamburg VersR 1967, 478 (50%); OLG Frankfurt VersR 1972, 261 (50%); OLG Celle VersR 1974, 669 (20% zu Lasten des M); LG Köln VersR 1981, 990 (volle Haftung des H bei zu dichtem Auffahren auf Autobahn); LG Oldenburg VersR 1989, 1311 (50%).
344 BGH NJW 1973, 1283; OLG Karlsruhe VersR 1981, 739; 1982, 1150; OLG Schleswig NZV 1988, 228. Näher *Greger* NZV 1989, 59.

Vierter Teil. Ausschluss und Beschränkung der Haftung, Verjährung

gegenüber H festzulegen[345] und hiervon gesondert der Schadensausgleich zwischen V und M vorzunehmen ist.

167 Ist zB den Pkw-Fahrern V und M ein etwa gleich großes, je für sich nur leichtes Verschulden anzulasten, während der Schwerlastzug des H infolge überhöhter Geschwindigkeit und grober Unachtsamkeit auffuhr, so könnte die Haftungsverteilung wie folgt aussehen:

V kann von M 50% seines beim Erstunfall entstandenen Schadens verlangen, desgleichen M von V.

Ihre Zusatzschäden können V und M je zu 70% von H beanspruchen, während sie die restlichen 30% je zur Hälfte, also zu je 15%, untereinander ausgleichen müssen.

H schließlich kann von V und M als Gesamtschuldner 30% seines Schadens ersetzt verlangen; diese haben sich dann im Innenverhältnis hälftig auszugleichen.

168 Trifft den H hingegen nur die mit 20% zu bewertende Betriebsgefahr, während V und M für den Erstunfall wiederum zu gleichen Teilen haften, so ergibt sich für die Zweitschäden folgende Verteilung:

H haftet gegenüber V und M jeweils zu 20%, während Letztere gegenseitig je 40% auszugleichen haben. Insgesamt erhalten V und M also je 60% ihrer beim Zweitunfall erlittenen Schäden ersetzt, davon 20% von H, der seinerseits von ihnen Schadensersatz auf der Basis von 80% beanspruchen kann.[346]

169 Hat V den Erstunfall durch abruptes, nicht verkehrsbedingtes Bremsen verschuldet, so haftet er dem infolge Bremswegverkürzung auffahrenden H auf vollen Schadensersatz.[347]

170 **(3) Es ist nicht aufklärbar, ob M aufgefahren ist oder erst von H aufgeschoben wurde.** Kann sich V entlasten, so haftet M ihm, da der Unfall ungeachtet seines genauen Hergangs jedenfalls beim Betrieb seines Kfz geschehen ist, voll auf Ersatz des gesamten Schadens.[348] Um auch H in Anspruch nehmen zu können, müßte ihm V die Schadensursächlichkeit des Betriebs seines Kfz nachweisen. Dies bereitet Schwierigkeiten, da ja nach Beweislage nicht auszuschließen ist, dass die Fahrzeuge von V und M bereits vorher kollidiert waren. Da aber die Unfallschädigung als solche außer Frage steht und nur das Schadensausmaß festzustellen ist, kommt dem Geschädigten die Beweiserleichterung des § 287 ZPO zugute.[349] Für die auf diese Weise festgestellten Zusatzschäden haftet H dem (entlasteten) V in voller Höhe und als Gesamtschuldner neben M. Entlasten kann sich H nicht, da er wegen der Unaufklärbarkeit des Unfallhergangs den Beweis nach § 7 Abs 2 StVG nicht führen kann.

Auch M kann von H die Schäden ersetzt verlangen, die dem Auffahren des H zuzuordnen sind, vor allem also den Heckschaden und etwaige *Zusatz*beschädigungen im Frontbereich (festzustellen wiederum nach § 287 ZPO). Anders als V wird M diese Schäden allerdings nicht zur Gänze ersetzt verlangen können, denn angesichts der Unaufklärbarkeit des Unfallhergangs wird es ihm nicht gelingen, den Unabwendbarkeitsbeweis zu führen. Dann aber muss er sich nach § 17 Abs 2 StVG die Betriebsgefahr des eigenen Kfz anrechnen lassen.[350] Wird M von V wegen der (dem Fahrzeug des H zuzuord-

---

345 **AA** OLG Hamm NZV 1994, 109.
346 Vgl OLG Düsseldorf DAR 1977, 188.
347 OLG Hamm NZV 1993, 68.
348 OLG Hamm NZV 2002, 175 (Entlastung von V allerdings fragwürdig).
349 BGH NJW 1973, 1283; *Lehr* VGT 1986, 150 ff.
350 Vgl OLG Stuttgart VersR 1980, 391 (25%); OLG Karlsruhe VersR 1981, 739 (20%). **AA** (Betriebsgefahr tritt zurück) OLG Düsseldorf NZV 1995, 485 m abl Anm *Greger*.

nenden) Zusatzschäden in die Haftung genommen, so kann er insoweit ebenfalls unter Abzug des eigenen Verursachungsanteils bei H Rückgriff nehmen (§ 17 Abs 1 StVG). Nach der gleichen Quote kann auch H den M wegen seiner Unfallschäden bzw im Rahmen des Gesamtschuldnerregresses in Anspruch nehmen.

Trifft V hingegen eine Mithaftung für den Unfall, so ist hinsichtlich des Schadensteiles, der der Beteiligung des H zuzurechnen ist, wiederum nach den Grundsätzen der Zurechnungseinheit abzurechnen (vgl Rn 166 f), denn M haftet für diesen Schadensteil auch bei geklärtem Unfallhergang maximal in dieser Höhe.[351] Die anderen, nicht dem H zurechenbaren Schäden sind zwischen V und M auf der Grundlage der jeweiligen Betriebsgefahr zu verteilen. H schließlich kann seinen Schaden unter Anrechnung der eigenen Betriebsgefahr gegenüber M und V als Gesamtschuldnern geltend machen.[352]   **171**

Spurwechsel, Ausscheren

Wer die Fahrspur wechselt, obwohl sich von hinten ein anderes Fahrzeug nähert, haftet für den sich daraus ergebenden Zusammenstoß grundsätzlich allein.[353] Eine erhöhte Betriebsgefahr beim Überholer, zB erheblich zu hohe Geschwindigkeit[354] oder verspätete Reaktion,[355] kann jedoch zu Buche schlagen. Schon die (unfallkausale) Überschreitung der Richtgeschwindigkeit auf Autobahnen kann zur Mithaftung führen (vgl § 3 Rn 444); sie muss allerdings erheblich sein, um neben einem groben Verschulden des Spurwechslers zum Tragen zu kommen.[356] Eine Schadensteilung kommt auch in Betracht, wenn der Fahrstreifenwechsel auf einer Verengung oder Blockierung einer Fahrspur beruht und wenn der nach dem Reißverschlussprinzip an sich bevorrechtigte Fahrer seine Geschwindigkeit nicht vermindert hat oder gleichzeitig mit dem anderen   **172**

---

351 Näher *Greger* NZV 1989, 61.
352 Die Klageabweisung in OLG Köln NZV 1993, 194 beruht offenbar auf Besonderheiten des dortigen Tatsachenvortrags.
353 OLG Celle VersR 1972, 1145; OLG Schleswig VersR 1986, 977; OLG Karlsruhe VersR 1987, 1020 LS; OLG Düsseldorf DAR 1988, 163; VersR 1988, 813 (Spurwechsel vor Einsatzfahrzeug); OLG Hamm NZV 1994, 229 (Wechsel von BAB-Auffahrt auf linken Fahrstreifen); OLG Jena NZV 2006, 147 (Spurwechsel bei Kolonnenverkehr auf BAB); KG MDR 2003, 1228.
354 OLG Hamm VersR 1999, 1166 (100% bei Kradfahrer, der zugleich nach Rechtsüberholen eines Pkw auf linke Spur wechselt); KG VM 1993, Nr 111 (2/3; sehr hoch); OLG Nürnberg r+s 1993, 373 LS m Anm *Lemcke* (30% bei 234–260 km/h bei Geschwindigkeit des Ausscherenden von 130 km/h); OLG Köln VersR 1991, 1188 (25%: 200 km/h bei Dunkelheit); OLG Stuttgart VersR 1982, 1155 (Überholen einer Lkw-Kolonne auf Steigungsstrecke der Autobahn mit 170 km/h: 1/4; OLG Hamm NZV 1994, 484 (unvorsichtige Annäherung an Stau auf BAB: 1/4); OLG Köln VersR 1991, 1301 (Missachtung der Beschränkung an BAB-Baustelle: 1/2).
355 OLG Stuttgart NZV 1989, 437 (20%); OLG Zweibrücken OLGR 1999, 395 (100%; zw).
356 OLG Hamm NZV 2002, 373 (0% bei 160 km/h); 1994, 193 (25% bei 180 km/h); NZV 1995, 194 (20% bei 190 km/h); NZV 2000, 373 (20% bei mindestens 160 km/h); OLG Schleswig NZV 1993, 153 (75% bei 210 km/h gegenüber 110 km/h des Spurwechslers; sehr streng); zu weitgehend OLG Köln VersR 1992, 1366 m abl Anm *Reif* (20% bei 140 km/h); Mithaftung verneinend OLG Nürnberg ZfS 1991, 78 (170 km/h); OLG Celle ZfS 1991, 150 (160–180 km/h); OLG Hamm NZV 1990, 269 m abl Anm *Greger* (200 km/h). S a *Gebhardt* DAR 1992, 297: Mithaftung ab Überschreitung um 20%.

Vierter Teil. Ausschluss und Beschränkung der Haftung, Verjährung

angefahren ist, obwohl er mit dem Ausscheren des anderen rechnen musste.[357] Dasselbe gilt, wenn nach den Umständen damit gerechnet werden muss, dass ein vorausfahrendes Fahrzeug seinerseits zum Überholen ansetzt.[358] Voll zurücktreten kann die Betriebsgefahr des Spurwechslers, wenn er mit einem zwischen stehenden Kolonnen hindurchfahrenden Krad kollidiert.[359] Zum Spurwechsel im Zusammenhang mit dem Einfahren auf die mehrspurige Vorfahrtstraße s Rn 213.

173 Zwingt der Spurwechsler einen anderen zu abruptem Bremsen und fährt ein **Dritter** infolgedessen auf diesen auf, so trifft ihn gegenüber dem Dritten die überwiegende Haftung.[360]

Mehrspuriger Verkehr

174 Kommt es zur Kollision zwischen nebeneinander fahrenden Fahrzeugen, weil eines von ihnen, zB in einer Kurve, wegen seiner Länge teilweise auf den benachbarten Fahrstreifen gelangt, so ist idR Schadensteilung angezeigt,[361] volle Schadenstragung dagegen, wenn ein besonders langes und weit ausschwenkendes Fahrzeug (Sattelzug) nach links abbiegt, ohne dass eine Gefährdung rechts vorbeifahrender Fahrzeuge ausgeschlossen wird.[362] Kollidiert ein Pkw beim Rechtsabbiegen mit einem verbotswidrig die Busspur benutzenden Pkw, trifft Letzteren eine Mithaftung.[363]

Überholen

175 Kommt es infolge nicht ausreichenden **Seitenabstands** zu einem Unfall, so haftet grundsätzlich der Überholende allein.[364] Eine **Mithaftung des Überholten** kommt aber in Betracht, wenn er nicht unerheblich von seiner Fahrspur abgewichen ist.[365] Ein leichtes Ausscheren kann indes vernachlässigt werden, wenn der andere grob verkehrswidrig eine Kolonne überholt hat[366] oder aufgrund einer Überreaktion von der Fahrbahn ab-

---

357 KG VersR 1986, 60 (50%); VM 1987, Nr 82 (3/4 zu Lasten des Spurwechslers); 1996 Nr 21 (gleichzeitiges Anfahren von Müllfahrzeug und danebenstehendem Pkw: 2/3 zu Lasten des ausscherenden Müllfahrzeugs); OLG Düsseldorf VRS 63, 339 (Autobahn, 2/3 zu Lasten des Spurwechslers); OLG Frankfurt VRS 72, 40 (Autobahn, Wechsel auf Beschleunigungsstreifen wegen Unfalls auf der Überholspur: 50%).
358 LG Kassel NZV 1990, 76 (Pkw hinter langsamem Mähdrescher; überholender Kradfahrer haftet mit mindestens 30%). OLGR Hamm 1995, 135 lässt den Nachfolgenden aus reiner Betriebsgefahr mit 1/3 haften (fragwürdig).
359 OLG Hamm NZV 1988, 105 (Krad fuhr mit 50 km/h).
360 KG NZV 1990, 187 (3/4); VM 1993, Nr 35 (100% bei Unfall kurz nach Anfahren an Ampel); LG Karlsruhe NZV 1992, 323 (80% bei Unfall kurz nach Anfahren an Ampel).
361 OLG Hamm NZV 1994, 399; KG VM 1987, Nr 25 (Linkskurve, Bus trägt 3/4); KG NZV 2005, 419 (Rechtskurve, Sattelschlepper trägt 75%); LG Berlin VersR 1981, 643 (Rechtsabbiegen, Bus trägt 1/3); LG Frankfurt/M. NZV 1994, 235 (Rechtskurve, Sattelschlepper trägt 80%); LG München I NZV 1998, 74 (keine Haftung, da Pkw trotz erkennbarer Abbiegeabsicht dicht neben Bus gefahren war).
362 KG NZV 2005, 420.
363 KG VM 2000, Nr 87 (1/3); VM 1991 Nr 23 (2/3).
364 OLG Köln VersR 1988, 277 (Kräder).
365 OLG Hamm VersR 1987, 692 (1 m: 1/3); OLG Celle DAR 1999, 453 (Überholter zieht blinkend zur Fahrbahnmitte).
366 OLG Köln VRS 72, 13.

kommt.[367] Beim Überholen eines erkennbar instabil gewordenen Wohnwagengespanns auf der BAB haftet der Überholer zu 20% mit.[368] Zum Ausscheren beim Überholvorgang s a Rn 172.

Bei verbotswidrigem **Rechtsüberholen** haftet der Überholende, der (zB infolge Schleuderns oder beim Wiedereinscheren[369]) mit dem anderen Fahrzeug kollidiert, idR alleine. Dies gilt auch, wenn es sich um ein (nur) mit Blaulicht fahrendes Einsatzfahrzeug handelt, welches an einem auf der linken Fahrspur der Autobahn fahrenden Kfz ohne zwingenden Grund, insbesondere ohne sich ausreichend bemerkbar gemacht zu haben, vorbeifahren wollte.[370] Ist der andere, ohne dies anzuzeigen, nach rechts abgebogen, haftet er aber überwiegend,[371] erst recht, wenn er zunächst nach links geblinkt hat und ausgeschert ist.[372] Fällt ihm lediglich ein Verstoß gegen die Rückschaupflicht nach § 9 Abs 1 S 4 StVO zur Last, kann eine Haftung von 1/3 angemessen sein.[373]

176

Überholen und Linksabbiegen[374]

Volle Haftung des Linksabbiegers greift ein, wenn er unerwartet, zB ohne zu blinken oder sich einzuordnen, oder unter Verstoß gegen die Pflicht zur erneuten Rückschau abgebogen ist, obwohl ein anderer zum Überholen angesetzt hatte.[375] Dies gilt in besonderem Maße beim Linkseinbiegen in eine Grundstückseinfahrt, weil der nachfolgende Verkehr dort noch weniger als sonst mit einem Abbiegen rechnet.[376] Der Überholende haftet aber mit, wenn er trotz erkennbarer Abbiegeabsicht oder unklarer Lage überholt hat,[377] erheblich zu schnell fuhr[378] oder wenn der Hergang ungeklärt ist.[379] Bei besonderer Verkehrswidrigkeit kommt sogar seine weit überwiegende[380] oder alleinige Haf-

177

---

367 OLG Hamm OLGR 1997, 89.
368 OLG Köln DAR 1995, 484.
369 Nach OLG Köln VersR 1997, 982 nur 75% wegen Unaufklärbarkeit des genauen Hergangs.
370 OLG Karlsruhe VersR 1987, 790.
371 OLG Frankfurt VersR 1990, 912: 60%.
372 OLG Oldenburg NZV 1993, 233.
373 OLG Köln NZV 1995, 74.
374 Zu Regulierungsverhalten und Rspr bei diesem Unfalltyp s die empirische Untersuchung von *Bärnhof* VersR 1996, 948.
375 BGH VersR 1967, 903; OLG Düsseldorf DAR 1974, 217; OLG Frankfurt VersR 1977, 772 (auch bei geringfügiger Geschwindigkeitsüberschreitung); NZV 2000, 211; OLG Nürnberg NZV 2003, 89 (Blinken nicht bewiesen); KG NZV 2003, 89, 90; **aA** OLG Nürnberg VersR 1981, 288 (nur 3/4).
376 OLG Düsseldorf VersR 1983, 40; KG VRS 73, 336.
377 OLG Köln VersR 1977, 262 (60%); OLG Hamm VersR 1981, 340 u NZV 1993, 313 (2/3); OLG Karlsruhe NZV 1999, 166 (50%); KG NZV 1993, 272 (50%); OLG Schleswig MDR 2006, 202 (50%); OLG Braunschweig NZV 1993, 479 (40%); OLG Düsseldorf VersR 1995, 1504 (1/3); OLG Schleswig NZV 1994, 30 (25%).
378 OLG Düsseldorf NZV 1998, 502.
379 OLG Koblenz VersR 1978, 676 (überwiegende Haftung des Abbiegers).
380 OLG Celle OLGR 2004, 347 (Sattelzug überholt mit überhöhter Geschwindigkeit Wohnmobil und vor diesem abbiegendes landwirtschaftliches Gespann: 75%); OLG Koblenz NZV 2005, 413 (Motorradfahrer überholt zwei links eingeordnete Kfz, von denen eines blinkt: 2/3).

Vierter Teil. Ausschluss und Beschränkung der Haftung, Verjährung

tung in Betracht.[381] Auch bei Überholen im Überholverbot haftet der Linksabbieger aber mit, wenn er nicht geblinkt hat.[382]

b) Unfälle zwischen Kfz im Begegnungsverkehr

Verstoß gegen Rechtsfahrgebot

178 Das Verschulden des Fahrers, der die Fahrbahnmitte erheblich überschritten hat, überwiegt idR so stark, dass die Betriebsgefahr des Entgegenkommenden voll zurücktritt.[383] Daher haftet zB auch derjenige, der eine Kurve schneidet, in voller Höhe, selbst wenn der andere auf seiner Fahrbahnseite nicht äußerst rechts fuhr[384] oder nicht gut erkennbar war.[385] Bei geringfügigem Überschreiten der Mittellinie, das auf verständlichen Gründen beruht (zB schwer manövrierbarer Lastzug), kann eine Mithaftung des Entgegenkommenden in Betracht kommen, der durch Abbremsen und Ausbrechen seines Fahrzeugs eine Kollision herbeiführt.[386]

179 Haben beide Kfz die Fahrbahnmitte überschritten oder lässt sich nicht klären, auf wessen Fahrbahnhälfte der Zusammenstoß geschah, so ist grundsätzlich im Verhältnis 50:50 zu quoteln. Bei stark unterschiedlicher Betriebsgefahr kann auch ein anderes Verhältnis angemessen sein.[387] Kann bei ungeklärtem Unfallhergang nicht festgestellt werden, ob das andere Fahrzeug links fuhr oder (verbotswidrig) stand, so haftet dessen Halter mit der höheren Quote, da auf seiner Seite in jedem Fall eine Verkehrswidrigkeit vorliegt; dass er dort in der anderen Fahrtrichtung hätte stehen dürfen, entlastet ihn nicht.[388]

180 Muss ein Fahrzeug wegen Überbreite die Gegenfahrbahn in Anspruch nehmen und kommt es wegen zu hoher Geschwindigkeit eines Entgegenkommenden an unübersichtlicher Stelle zur Kollision, so muss bei mangelnder Absicherung des überbreiten Fahrzeugs dessen Halter mindestens zur Hälfte haften.[389]

Geschwindigkeit auf schmaler Fahrbahn

181 Sind beide Beteiligte nicht „auf halbe Sicht" gefahren (§ 14 Rn 20), ist die Haftung idR hälftig zu verteilen. Dasselbe gilt, wenn beide Kfz in Anbetracht ihrer Größe und der Straßenverhältnisse zu schnell gefahren sind und eines von ihnen beim Ausweichen von der Fahrbahn abrutscht.[390] Hat jedoch einer der Fahrer unnötig die Fahrbahnmitte

---

381 OLG Frankfurt NZV 1989, 155 (Überholen von sechs hinter einem Linksabbieger fast zum Stehen gekommenen Fahrzeugen); OLG Düsseldorf NZV 1998, 72 u OLG Saarbrücken OLGR 1999, 255 (verkehrswidrig überholender Motorradfahrer).
382 OLG Nürnberg DAR 1995, 330 (50%).
383 BGH VersR 1966, 776; 1969, 738; OLG Oldenburg VersR 1974, 40; OLG Celle VersR 1979, 264; OLG Nürnberg VersR 1981, 790; OLG Stuttgart VersR 1982, 861; NZV 1991, 393 (30 cm über Mittellinie ragender Lkw-Aufbau); OLG Düsseldorf VersR 1983, 348; OLG Hamm OLGR 1995, 161.
384 BGH VersR 1968, 698; OLG Nürnberg VersR 1972, 76. Zu streng OLG Hamm VRS 72, 423 (25% Mithaftung).
385 LG Münster VersR 1988, 47 (schwaches Licht eines Mofa).
386 OLG Karlsruhe VersR 1987, 695 (20%, Mokickfahrer).
387 OLG Oldenburg VersR 1978, 1148 (4:1 bei Pkw gegen Mofa).
388 OLG Karlsruhe NZV 1990, 189: 70%.
389 **AA** OLG Schleswig NZV 1993, 114: 1/3 bei Kollision zwischen Panzer und Lkw.
390 OLG Schleswig VersR 1998, 473.

überschritten, während dem anderen nur zur Last liegt, „auf Sicht" statt „auf halbe Sicht" gefahren zu sein, trägt ersterer den überwiegenden Anteil.[391]

Schleudern

Gegenüber einem durch Schleudern auf die falsche Fahrbahnseite geratenden Kfz kommt eine Mithaftung des Entgegenkommenden in Betracht, wenn er trotz Erkennens der Gefahr nicht sofort bremst[392] oder wenn er für die gegebenen Verhältnisse (zB Glätte) ebenfalls zu schnell gefahren war.[393] Die reine Betriebsgefahr tritt dagegen voll zurück.[394] **182**

Vorbeifahren am Hindernis

Wer vor einem Hindernis (zB Baustelle, stehendes Fahrzeug, Pfütze) auf die Gegenfahrbahn ausweicht, trägt bei Kollision mit einem Entgegenkommenden grundsätzlich die volle Haftung.[395] Eine Mithaftung des anderen kommt insbesondere bei unangepasster Geschwindigkeit (zB wegen Unübersichtlichkeit) in Betracht.[396] **183**

Hat der Entgegenkommende angehalten, um das Durchfahren zu ermöglichen, so soll er nach OLG Bremen VersR 1979, 1059 zu 1/4 mithaften, wenn er nicht äußerst rechts herangefahren ist und der Ausweichende ihn aus Unachtsamkeit anfährt (zw). Hat der Vorbeifahrende wegen des nahenden Gegenverkehrs angehalten, statt die Engstelle zu räumen, lässt OLG Koblenz NZV 1993, 195 ihn überwiegend (2/3) für die Kollision haften; mE trifft jedoch den in die versperrte Engstelle Einfahrenden die größere Verantwortung. **184**

Vorrang an Engstelle

Grundsätzlich trifft den Fahrer, der den Vorrang des Gegenverkehrs missachtet hat, die volle Haftung. Befindet sich ein Fahrzeug bereits in der Engstelle und kann das andere infolge zu hoher Geschwindigkeit oder Unaufmerksamkeit nicht mehr rechtzeitig anhalten, so trifft dessen Fahrer die überwiegende Verantwortung.[397] Handelt es sich um eine besondere Verkehrslage iS des § 11 Abs 2 StVO, so trifft den an sich bevorrechtigten Gegenverkehr auch eine ins Gewicht fallende Mithaftung.[398] **185**

Überholen

Beim Zusammenstoß mit einem entgegenkommenden Kfz tritt dessen Betriebsgefahr idR völlig zurück.[399] Zu einer Schadensteilung kann es kommen, wenn der Entgegenkommende schwer erkennbar war[400] oder seine Geschwindigkeit trotz Erkennens der **186**

---

391 OLG Hamburg VRS 84, 169; OLG Schleswig NZV 1991, 431: 60%.
392 OLG München VersR 1976, 1096 (25%).
393 OLG Oldenburg DAR 1988, 273 (1/3).
394 OLG Hamm NZV 1994, 277.
395 OLG Nürnberg VersR 1960, 912; OLG Düsseldorf VersR 1988, 1190.
396 OLG Bamberg VersR 1982, 583 (25%); OLG Hamm NZV 1995, 28 (25%).
397 OLG Bamberg VersR 1983, 958 (Pkw gegen Schneepflug in enger, unübersichtlicher, aber mit Spiegel versehener Kurve: 3:1). Für Halbteilung dagegen OLG Düsseldorf VersR 1970, 1160; desgleichen OLG Karlsruhe DAR 1989, 106 trotz erheblicher Verkehrswidrigkeit des später Kommenden. Für volle Haftung des später Einfahrenden OLG Brandenburg OLGR 1998, 171.
398 AG Siegburg VersR 1984, 432 (polizeiliche Absperrung an Unfallstelle: 40%).
399 OLG Koblenz VersR 1996, 1427; OLG München NJW 1966, 1270; VersR 1978, 285; OLG Celle NZV 1993, 437 (auch bei überhöhter Geschwindigkeit).
400 OLG München VRS 55, 409 (unzureichend beleuchtetes Moped: 25%).

Vierter Teil. Ausschluss und Beschränkung der Haftung, Verjährung

Gefahr nicht herabgesetzt hat.[401] Überholt ein Motorradfahrer unter Benutzung der Linksabbiegerspur mit überhöhter Geschwindigkeit an einer Ampel anfahrende Kfz und kollidiert er mit einem in Gegenrichtung vom linken Gehsteig aus auf die Straße einfahrenden und diese überquerenden Lkw, trifft ihn eine Mithaftung von 1/3.[402]

Linksabbiegen

187   In der Regel tritt die Betriebsgefahr des entgegenkommenden Kfz hinter dem Verschulden des sein Vorrecht missachtenden Linksabbiegers zurück.[403] Eine Mithaftung kommt aber vor allem bei überhöhter Geschwindigkeit,[404] irreführendem Blinken[405] oder mangelhafter Beleuchtung[406] in Betracht. Bremst der Entgegenkommende, obwohl der Abbieger rechtzeitig anhält,[407] oder streift er letzteren, weil er zu weit links fährt,[408] trifft ihn die weit überwiegende Haftung. Tastet sich der Abbieger langsam vor, weil ihm durch einen linksabbiegenden Lkw im Gegenverkehr die Sicht genommen ist, trägt ein den Lkw rechts überholender Kradfahrer 2/3 der Haftung.[409]

188   War dem Linksabbieger durch besonderes **Lichtzeichen** (Grünpfeil) Vorrang eingeräumt, so ist er gegenüber einem bei Rot durchfahrenden Fahrzeug des Gegenverkehrs grundsätzlich haftungsfrei.[410] Lässt sich nicht feststellen, ob der Grünpfeil zum Unfallzeitpunkt geleuchtet hat, so ist die Haftung grundsätzlich hälftig zu verteilen.[411] Ein höherer Haftungsanteil des abbiegenden Kraftfahrzeugs, wie er teilweise befürwortet wird,[412] lässt sich nicht mit dessen gesteigerter Betriebsgefahr begründen, denn bei Abschirmung des Abbiegevorgangs durch eine eigene Grünphase unterscheidet er sich hinsichtlich seiner Gefährlichkeit nicht mehr vom Kreuzungsverkehr, für den bei Unaufklärbarkeit der Ampelstellung allgemein eine Haftung zu gleichen Teilen zugrunde gelegt wird.

---

401 BGH VersR 1968, 577 (25%).
402 OLG München NZV 1990, 394.
403 BGH VersR 1964, 514; 1965, 899; 1969, 75; OLG Stuttgart VersR 1980, 383; OLG Schleswig VersR 1981, 89; OLG Düsseldorf VersR 1983, 1164 LS (auch bei vermeintlichem Verzicht auf das Vorrecht); KG VM 1982, Nr 69 (auch bei „fliegendem Start"); OLG Köln OLGR 1995, 164; OLG Hamm NZV 1995, 29.
404 BGH VersR 1984, 441 (2/3); OLG Bamberg VersR 1975, 813 (25%); KG VersR 1978, 872 (25%); KGR 2001, 42 (2/3 bei 100 km/h innerorts); OLG Schleswig NZV 1988, 179 (20%); OLG Hamm VRS 76, 253 (Krad, 87 statt 50 km/h: 2/3); NZV 1994, 318 (Krad, 95 statt 50 km/h: 3/4); LG Karlsruhe VersR 1987, 290 (Krad, innerorts mindestens 70 km/h: 40%). Zu weitgehend OLG Karlsruhe VersR 1980, 1148 (Alleinhaftung des Gegenverkehrs bei innerorts um 30 km/h überhöhter Geschwindigkeit).
405 OLG Celle ZfS 1995, 86.
406 OLG Köln VersR 1988, 751 (unbeleuchtetes Mofa: 70%).
407 OLG Nürnberg NJW-RR 1986, 1153 (80%).
408 OLG Nürnberg VRS 76, 260 (80%).
409 OLG Celle NZV 1994, 193.
410 KG NZV 1991, 271.
411 BGH NZV 1992, 108; 1996, 231; 1997, 350; OLG Schleswig VersR 1984, 1098; SchlHA 1993, 67; OLG München DAR 1985, 382; OLG Hamm NZV 1990, 189; OLG Düsseldorf NZV 1995, 311; OLG Frankfurt NZV 2000, 212; KG NZV 2003, 291; *Menken* DAR 1989, 55.
412 KG VM 1979, Nr 65; NZV 1991, 271; 1994, 31; 1995, 312; DAR 1994, 153 sowie *Klimke* DAR 1987, 321 (2/3 zu Lasten des Linksabbiegers); KG VM 1987, Nr 41 (Alleinhaftung des Linksabbiegers).

Bleibt bei einer **Ampel ohne Linksabbiegerpfeil** die Ampelstellung ungeklärt, regelt **189**
sich die Haftungsverteilung nach den in Rn 187 dargestellten Grundsätzen, denn es
fehlt hier an einem besonderen Vertrauenstatbestand zugunsten des Abbiegers.[413] Dasselbe gilt, wenn er das Aufleuchten des vorhandenen Grünpfeils nachweislich nicht
abgewartet hat. Auch gegenüber einem noch bei spätem Gelb Entgegenkommenden
trifft ihn die volle Haftung,[414] während der Entgegenkommende überwiegend haftet,
wenn die Ampel für ihn bereits Rot zeigte.[415] Volle Haftung des Linksabbiegers greift
auch dann ein, wenn er sich beim Umschalten der Lichtzeichen bereits in der Kreuzung
befindet und vor einem entgegenkommenden Fahrzeug abbiegt, das im fliegenden Start
(aber mit mäßiger Geschwindigkeit) einfährt.[416]

Beim Linksabbiegen durch eine **Lücke im stehenden Gegenverkehr** kommt hälftige **190**
Schadensteilung in Betracht, wenn der Unfallgegner mit überhöhter Geschwindigkeit
den rechten Fahrstreifen des Gegenverkehrs[417] oder unzulässigerweise den Seitenstreifen[418] befuhr. An ampelgeregelten Kreuzungen trifft den Linksabbieger die höhere
oder sogar volle Haftung, weil er hier kein Lückenprivileg genießt (§ 14 Rn 123).

Sonderrechtsfahrzeug

Beim Zusammenstoß mit einer auf der falschen Fahrbahnseite entgegenkommenden, **191**
ordnungsgemäß gekennzeichneten Kehrmaschine trifft den unachtsamen Pkw-Fahrer
die volle Haftung.[419]

c) Unfälle zwischen Kfz im kreuzenden Verkehr
Regelung durch Lichtzeichen

Wer das Rotlicht einer Verkehrsampel missachtet, haftet grundsätzlich allein für den **192**
daraus erwachsenden Schaden.[420] Dies muss auch gelten, wenn die Ampel unmittelbar
nach dem Umschalten von Gelb auf Rot passiert wird, denn es besteht angesichts ausreichend langer Gelbphasen keinerlei Anlass, Rotlichtsünder zu begünstigen. Deshalb
sollte auch dann keine Mithaftung des kreuzenden Verkehrsteilnehmers angenommen
werden, wenn er mit fliegendem Start bei Grün in die Kreuzung eingefahren ist.[421] Erst
recht muss derjenige allein haften, der vorzeitig in die Kreuzung einfährt und deshalb
mit einem Fahrzeug zusammenstößt, welches die Ampel noch bei Gelblicht passiert
hat.[422] Fuhr das eine Fahrzeug bei Rot, das andere bei Rot-Gelb ein, so erscheint eine
Haftungsverteilung im Verhältnis 3:1 zu Lasten des ersteren vertretbar.[423]

---

413 **AA** KGR 2000, 295, 296 (1/3 Mithaftung des Bevorrechtigten).
414 **AA** OLG Hamm NZV 2001, 520 (2/3).
415 *Himmelreich/Klimke/Bücken* 5000: 75%; **aA** OLG Düsseldorf NZV 2003, 379 (40%); für
    die erste Rotsekunde OLG Hamm NZV 1989, 191 u KGR 1995, 85 (50%).
416 OLG Düsseldorf VRS 59, 408; KG VM 1982, Nr 69; vgl auch OLG Hamm NZV 1991, 31
    (nicht unter 50%).
417 OLG Karlsruhe NZV 1989, 473.
418 LG Bielefeld NZV 1997, 523.
419 OLG Hamm OLGR 1995, 219.
420 OLG München DAR 1968, 268; OLG Hamm VersR 1984, 195 LS.
421 OLG Schleswig VersR 1975, 674; *Himmelreich/Klimke/Bücken* 5020 f.
422 **AA** *Himmelreich/Klimke/Bücken* 5011.
423 KG VersR 1979, 356; OLG München VersR 1975, 268.

Vierter Teil. Ausschluss und Beschränkung der Haftung, Verjährung

193 Lässt sich die Ampelstellung nicht mehr aufklären, so haften die Unfallbeteiligten grundsätzlich im Verhältnis 1:1.[424]

194 Kollidiert der bei Grün (mit fliegendem Start) Einfahrende mit Nachzüglern des Querverkehrs, die bei Grün eingefahren waren, aber die Kreuzung noch nicht verlassen konnten, so trifft ihn die überwiegende Haftung.[425]

Regelung durch Vorfahrtzeichen

195 Grundsätzlich trifft den die alleinige Haftung, der das Vorfahrtrecht missachtet hat.[426] Das gilt (wegen des andersgearteten Schutzzwecks; vgl § 11 Rn 9) auch dann, wenn der andere nicht die rechte Seite der Vorfahrtstraße eingehalten hat.[427] Eine Mithaftung des Bevorrechtigten ist jedoch anzunehmen, wenn er durch eigenes Verschulden zu dem Unfall – nachweislich kausal[428] – beigetragen hat, insbesondere wenn er erheblich zu schnell gefahren ist.

196 Bei einer Überschreitung der zulässigen Höchstgeschwindigkeit um weniger als 20% wird dies idR nicht in Betracht kommen.[429] Dagegen wird zB in der Rspr eine Mithaftung von 1/4 bis 1/3 bejaht, wenn der Vorfahrtberechtigte die zulässige Geschwindigkeit um ca 20 bis 40% überschritten hat.[430] Bei darüber liegenden Geschwindigkeitsüberschreitungen werden Haftungsquoten bis hin zur alleinigen Haftung des Vorfahrtberechtigten vertreten.[431] Für die richtige Bemessung der Quote kann nicht allein auf den Prozentsatz der Geschwindigkeitsüberschreitung abgestellt werden.[432] Entscheidend sind vielmehr auch die Art der beteiligten Kraftfahrzeuge, die Lage der Unfallstelle (innerorts, Schnellstraße), die Sichtverhältnisse[433] usw. Fuhr der Bevorrechtigte mit

---

424 KG DAR 1974, 225.
425 OLG Hamm NZV 2003, 573 (80%); KG DAR 2003, 515, 516 mwN u Abweichung für dortigen Sonderfall (großer Kreisverkehr); *Himmelreich/Klimke/Bücken* 4994; **aA** OLG Zweibrücken VersR 1981, 581 (25%). S a OLG Hamm NZV 2005, 411 (50%, wenn ungeklärt ist, ob Nachzügler im inneren Kreuzungsbereich aufgehalten wurde).
426 KG VersR 1970, 909; 1971, 648; 1972, 466; 1973, 749; OLG München NJW-RR 1986, 1154; OLG Köln VersR 1992, 977.
427 BGH VersR 1963, 163; **aA** OLG Köln NZV 1989, 437 (80%); 1991, 429 (75%); OLGR 2000, 367 (70%); KG VersR 1975, 1143 (75%).
428 Vgl dazu KG NZV 2000, 377.
429 KG VM 1985, Nr 97; OLG Köln VersR 1992, 110; zu weitgehend OLG Stuttgart VersR 1982, 782 (25% Mithaftung bei Überschreitung der Höchstgeschwindigkeit von 100 km/h um 5 km/h) u OLG Hamm NZV 1994, 277 (40% bei 115 statt 100 km/h, obwohl Wartepflichtiger für Sichtverhältnisse zu langsam anfuhr).
430 Vgl OLG Koblenz VersR 1974, 671; OLG Zweibrücken VersR 1977, 1059; OLG Köln VersR 1978, 830; VersR 1991, 1416; NZV 1994, 320; KG VersR 1978, 872; OLG Karlsruhe VRS 72, 420; OLG Stuttgart DAR 1997, 26. Für hälftige Mithaftung bei 23% OLG Oldenburg DAR 1994, 29, bei 20% OLGR Hamm 1995, 3.
431 Vgl OLG Stuttgart DAR 1989, 387 (50%); OLG Köln VersR 1995, 676 (50% bei Überschreitung der 50 km/h um 100%, aber zusätzlichem Fahrfehler des Wartepflichtigen); KG DAR 2004, 524 (50% bei 47 statt 30 km/h); OLG Celle VersR 1973, 1147 (75%); OLG Karlsruhe VersR 1980, 1148 (100%); KG DAR 1992, 433 (100%); OLG Hamm OLGR 1994, 147 u NZV 2000, 171 (100%).
432 Zu schematisch daher *Böhm* DAR 1988, 34.
433 OLG Schleswig NZV 1994, 439: 70% Mithaftung des Vorfahrtberechtigten wegen Verstoßes gegen Sichtfahrgebot bei Nebel; KG NZV 1999, 85: 75%, wenn er an unübersichtlicher Kreuzung die Höchstgeschwindigkeit von 30 km/h um 100% überschreitet.

derart überhöhter Geschwindigkeit, dass er bei Beginn des Einfahrens für den Wartepflichtigen möglicherweise noch nicht sichtbar war, ist es verfehlt, dem Wartepflichtigen deshalb eine Mithaftung aufzuerlegen, weil er nicht beweisen kann, sich nach Beginn des Einfahrens optimal über etwa herannahenden Verkehr auf der Vorfahrtstraße vergewissert zu haben.[434]

Je nach Schutzwürdigkeit des von ihm erzeugten Vertrauens kann der Vorfahrtberechtigte zu teilweisem oder vollem Schadensersatz verpflichtet sein, wenn er durch **Setzen des Fahrtrichtungsanzeigers** und Verlangsamen den Anschein erweckt hat, nach rechts in die untergeordnete Straße abbiegen zu wollen.[435] Des Weiteren kommt volle Haftung bei **Fahren ohne Licht** zur Nachtzeit in Betracht.[436] Das Überfahren des Rotlichts einer der Einmündung **vorgelagerten Fußgängerampel** führt dagegen aus Schutzzweck- und Vertrauensschutzerwägungen (s dazu § 11 Rn 36, § 14 Rn 159) idR nicht zu einer Mithaftung des Vorfahrtberechtigten.[437]

197

Kommt es nach dem Rechtseinbiegen in die bevorrechtigte Straße zum Zusammenstoß mit einem von dort entgegenkommenden Kraftfahrzeug, das zum Überholen auf die linke Fahrbahnhälfte ausgeschert ist, so trifft die überwiegende Haftung den Überholer, wenn es für den Einbiegenden kein Anzeichen für einen bevorstehenden Überholvorgang gab,[438] ansonsten den Einbiegenden.[439]

198

Hälftige Schadensteilung hat BGH NZV 1994, 184 in einem Fall angenommen, in dem der Fahrer eines Traktorengespanns berechtigt in die Vorfahrtsstraße einfuhr, weil auf ausreichende Entfernung kein Bevorrechtigter sichtbar war, nach Auftauchen eines solchen aber trotz Unmöglichkeit rechtzeitigen Räumens der Straße nicht stehenblieb und dadurch den Motorradfahrer zu Fehlreaktionen veranlasste.

199

Kommt es im Zusammenhang mit dem Einfahren auf eine bevorrechtigte Straße zu einem Unfall und kann keinem der beteiligten Fahrer ein Fahrfehler nachgewiesen werden, so kommt wegen der höheren Betriebsgefahr eine Haftungsverteilung zu Lasten des Einbiegenden in Betracht.[440]

200

Rechts vor links

Bei Zusammenstößen an Kreuzungen und Einmündungen ohne besondere Vorfahrtregelung rechnet die Rspr im Allgemeinen auch dem nach dem Grundsatz „rechts vor links" bevorrechtigten Fahrer eine Mithaftung an.[441] Der Grund hierfür wird in einer besonderen Ausprägung des Vertrauensgrundsatzes gesehen: der wartepflichtige Ver-

201

---

434 So aber OLG Köln NZV 1999, 126 m abl Anm *Molketin* (1/3).
435 Vgl KG VersR 1975, 52; NZV 1990, 155; OLG Düsseldorf DAR 1977, 161; 1977, 270 (100%); OLG Dresden VersR 1995, 234 (70%); OLG Karlsruhe DAR 2001, 128 (50%); OLG Hamm NZV 2003, 414 (1/3).
436 KG VersR 1983, 839.
437 **AA** OLG Hamm NZV 1998, 246 u OLG Köln NZV 2003, 414: 2/3.
438 BGH VersR 1982, 903: mindestens 50%. **AA** OLG Hamm NZV 2001, 519 (25%).
439 KG VersR 1975, 909 u KGR 1994, 257 (75%); OLG Hamburg VersR 1976, 893 (100%); OLG Karlsruhe VersR 1977, 673 m Anm *Haertlein* (100%); OLG Oldenburg VRS 78, 25 (80%).
440 OLG Hamm OLGR 1997, 145 (2:1).
441 BGH VersR 1977, 917 (1/4); OLG Zweibrücken VersR 1977, 1059 (1/4); OLG Saarbrücken VersR 1981, 580 (versetzte Kreuzung, 1/3); OLG Oldenburg VersR 1982, 1154 (unübersichtliche Kreuzung, 1/4); OLG Hamm NZV 2003, 377 (1/4).

Vierter Teil. Ausschluss und Beschränkung der Haftung, Verjährung

kehrsteilnehmer dürfe grundsätzlich davon ausgehen, dass der an sich Vorfahrtberechtigte seine Geschwindigkeit herabsetzt, um ggf seiner Wartepflicht gegenüber einem für ihn von rechts kommenden Kfz zu genügen (vgl § 3 Rn 514). Folgerichtig wird dem Vorfahrtberechtigten voller Schadensersatz zugebilligt, wenn für ihn eine solche Wartepflicht nach Sachlage nicht in Frage kam, etwa weil es sich um eine einseitige Einmündung oder eine nach rechts wegführende Einbahnstraße handelte[442] oder weil die von rechts einmündende Straße für ihn ohne weiteres als frei erkennbar war.[443]

202 Diese im Ansatz richtige Betrachtungsweise sollte jedoch nicht schematisch gehandhabt werden. Nur bei erhöhter Betriebsgefahr sollte auf eine Mithaftung des Vorfahrtberechtigten erkannt werden, insbesondere bei unangepasster Geschwindigkeit[444] oder bei Kurvenschneiden in trichterförmiger Einmündung,[445] aber auch bei einer den örtlichen Verhältnissen nicht angepassten oder irritierenden Fahrweise (vgl § 14 Rn 175 ff).

203 Bis zur Änderung des § 10 S 1 StVO durch die Verordnung vom 22.3.1988 (in Kraft seit 1.10.1988) galt auch für eine über abgesenkte Bordsteine geführte Straßeneinmündung der Grundsatz „rechts vor links" (vgl § 3 Rn 508). Wegen der gesteigerten Sorgfaltspflicht des eine solche Zufahrt benützenden Vorfahrtberechtigten hielt der BGH aber eine Haftungsverteilung im Verhältnis 2:1 zu Lasten des Bevorrechtigten für angemessen.[446]

204 Bei Einmündungen von **Feld- oder Waldwegen** kommt eine Mithaftung des (ungeachtet der Rechts-vor-Links-Regel vorfahrtberechtigten) Straßenbenutzers nur in Betracht, wenn er die zulässige Höchstgeschwindigkeit erheblich überschritten und dem Einbiegenden dadurch ein rechtzeitiges Erkennen unmöglich gemacht[447] oder sich nicht auf eine nach den Umständen zu erwartende Verletzung seines Vorfahrtrechtes eingestellt hat. Sie wird im letzteren Fall angesichts des Verschuldens des anderen Fahrers kaum über 20% hinausgehen.[448]

Grundstücksausfahrten

205 Die gesteigerte Gefahrabwendungspflicht des Ausfahrenden (§ 10 StVO) rechtfertigt es oftmals, diesem die alleinige Haftung aufzuerlegen, wenn es zu einer Kollision mit durchgehendem Verkehr kommt.[449] Dies gilt insbesondere bei Rückwärtsausfahren.[450] Bei überhöhter Geschwindigkeit oder anderer Verkehrswidrigkeit des Bevorrechtigten

---

442 Vgl *Krumbholz/Paul/Brüseken* NZV 1988, 170; einschr OLG Koblenz DAR 2004, 272.
443 BGH VersR 1988, 80; OLG Hamm NZV 2000, 124.
444 KG DAR 1984, 85 u NZV 1988, 65 (Linksfahren, zu hohe Geschwindigkeit auf Parkplatz: 2/3); KG NZV 2003, 381 (zu schnell in Parkanlage mit Vielzahl von Parkhäfen: 1/3); OLG Karlsruhe DAR 1988, 26 (zu schnell in verkehrsberuhigtem Bereich: 30%); DAR 1996, 56 (zu schnell an unübersichtlicher Kreuzung: 25%).
445 KG NZV 1998, 26 (50%).
446 VersR 1987, 308.
447 OLG Nürnberg NZV 1991, 353.
448 Zu streng OLG Koblenz VersR 1986, 1197: 40%. S a Rn 210.
449 OLG Hamm VRS 72, 344; OLG Bamberg VersR 1987, 1137 (obwohl der bevorrechtigte Kradfahrer auf der Fahrbahnmitte fuhr); LG Düsseldorf VersR 1981, 290 (obwohl der andere wegen eines Hindernisses links fuhr); LG Aachen NZV 1989, 118 (obwohl der andere seinerseits in dasselbe Grundstück einbiegen wollte).
450 OLG Hamm OLGR 1996, 50. S a Rn 219.

kommt aber – wie in den Vorfahrtfällen – eine Mithaftung in Betracht.[451] Alleinhaftung ist vertretbar bei Befahren der Straße in gesperrter Richtung.[452] Bei Kollision zwischen Aus- und Einfahrer wird häufig hälftige Haftung angezeigt sein.[453]

Sonderrechtsfahrzeuge

Konnte der an sich bevorrechtigte Kraftfahrzeugführer das mit Blaulicht und Martinshorn in die Kreuzung eingefahrene **Einsatzfahrzeug** rechtzeitig erkennen, so kann im Falle einer Kollision seine Alleinhaftung angemessen sein.[454] Beachtete jedoch der Fahrer des Sonderrechtsfahrzeugs beim Einfahren in die Kreuzung – insbesondere bei Rotlicht – nicht die erforderliche Sorgfalt, kommt eine erhebliche bis überwiegende Mithaftung in Betracht.[455] Alleinhaftung des Sonderrechtsfahrzeugs ist angezeigt, wenn es wegen nicht ordnungsgemäßen Betätigens der Signaleinrichtungen oder aus sonstigen Gründen für den nach den allgemeinen Regeln bevorrechtigten Verkehr nicht rechtzeitig erkennbar war.[456]

206

Dass das Wegerecht unberechtigt in Anspruch genommen wurde, hat keinen Einfluss auf das konkrete Unfallgeschehen und ist daher nicht haftungserhöhend zu berücksichtigen.[457]

207

Beim Zusammenstoß mit einem Panzer, der im geschlossenen Verband eine bevorrechtigte Straße kreuzt, kann Schadenshalbteilung angemessen sein.[458]

208

Sonderfälle

Fährt der Vorfahrtberechtigte an einer unübersichtlichen Einmündung so **nahe am Fahrbahnrand**, dass dem Wartepflichtigen die Möglichkeit des vorsichtigen Hineintastens genommen wird, so kann ihn eine Mithaftung treffen.[459]

209

Werden beim **Einbiegen eines langen Fahrzeugs** die nötigen Sicherheitsvorkehrungen unterlassen, trifft den Einbiegenden auch bei überhöhter Geschwindigkeit des Vorfahrtberechtigten die alleinige bis überwiegende Haftung.[460]

210

---

451 OLG Karlsruhe VersR 1982, 807 (25% bei 20%iger Überschreitung); NZV 1989, 116 (50 statt 30 km/h auf Parkplatzerschließungsstraße: 50%); KG VM 1987, Nr 53 (50% trotz Rückwärtsausfahrens des anderen, da zu schnell und zu dicht an geparkten Fahrzeugen); OLG Hamm NZV 1994, 230 (Überfahren einer Sperrfläche: 25%); LG Kassel VersR 1980, 394 (50% bei Überschreitung um mehr als 50%).
452 OLG Oldenburg NZV 1992, 487; AG Neuwied VersR 1983, 1164.
453 So OLG Düsseldorf NZV 1991, 392; OLG Hamm NZV 1994, 154.
454 KG VersR 1976, 193; OLG Köln DAR 1977, 324.
455 OLG Frankfurt VersR 1979, 1127 (Rotlicht: 40%); OLG Schleswig VersR 1996, 1095 (Rotlicht, unübersichtliche Kreuzung: 60%); OLG Düsseldorf VersR 1985, 669 u NZV 1992, 489 (Rotlicht: 2/3); KG NZV 2004, 84 (Rotlicht, ca 40 km/h: 2/3); KG VRS 88, 321 (70 km/h in später Rotphase: 75%); KGR 2001, 123 (75 %); AG Wilhelmshaven DAR 1988, 171 (Rotlicht, Missbrauch des Blaulichts: 75%); OLG Köln VersR 1985, 372 (Rotlicht: 80%); LG Itzehoe DAR 1999, 316 (Rotlicht, 40 km/h, kein Mitverschulden des anderen: 100%).
456 KG VersR 1987, 822 u OLG Köln NZV 1996, 237 (Rotlicht, kein Martinshorn); NZV 1989, 192 (Rotlicht, 70 km/h, Signale nicht rechtzeitig wahrnehmbar); OLG Hamm DAR 1996, 93 (Rotlicht, 65 km/h, nicht rechtzeitig wahrnehmbar); KG NZV 2004, 86 (Zivilfahrzeug, Rotlicht, 79 km/h).
457 KG VM 1982, Nr 41; **aA** OLG Dresden OLGR 2001, 211.
458 OLG München VRS 72, 170.
459 OLG Frankfurt OLGR 1994, 99 (25%).
460 BGH VersR 1984, 1147 (Lastzug, kein Warnposten: 70%); OLG Hamm NZV 1997, 267 (Trecker mit 2 Anhängern aus Feldweg: 100%).

Vierter Teil. Ausschluss und Beschränkung der Haftung, Verjährung

211 Bei der Kollision eines Kfz, welches durch eine vom bevorrechtigten, aber ins Stocken geratenen Verkehr freigelassene **Lücke** in die Vorfahrtstraße einfährt, mit einem die stehende Kolonne überholenden Kfz trifft das letztere trotz seines Vorfahrtrechts eine ins Gewicht fallende Mithaftung.[461] Sogar die überwiegende Haftung kann denjenigen treffen, der zunächst den Anschein eines Verzichts auf die Vorfahrt erweckt, dann aber gleichwohl in die Kreuzung einfährt,[462] oder der einen Sonderfahrstreifen unbefugt benutzt[463] oder eine Sperrfläche überfährt.[464] Alleinhaftung des Vorfahrtberechtigten kommt in Betracht, wenn er einen Vorausfahrenden überholt, der verlangsamt, um an einer unübersichtlichen Einmündung einem anderen das Einbiegen zu ermöglichen, und beim Versuch, auch noch das einbiegende Fahrzeug zu überholen, mit diesem kollidiert;[465] desgleichen bei exorbitanter Geschwindigkeitsüberschreitung.[466]

212 Der auf eine **Autobahn** unter Nichtbeachtung des durchgehenden Verkehrs Einfahrende haftet idR voll; eine Mithaftung desjenigen, der es unterlassen hat, durch kurze Verzögerung oder Spurwechsel ein Einfädeln zu ermöglichen, kommt nur in Ausnahmefällen in Betracht.[467]

213 Bei **sofortigem Fahrspurwechsel** des auf eine mehrspurige Straße Einfahrenden haftet dieser auch bei überhöhter Geschwindigkeit des Vorfahrtberechtigten überwiegend, selbst wenn sich die Kollision erst hinter der Einmündung ereignet.[468]

214 Auf **Parkplätzen** ist im Verhältnis zu Kraftfahrzeugen, die aus Parkboxen herausfahren, auch der zwischen den Parkreihen Hindurchfahrende zu besonderer Rücksichtnahme, insbesondere zu mäßiger Geschwindigkeit, verpflichtet (§ 14 Rn 196) und haftet daher bei einer Kollision mit.[469]

215 Erweckt der Bevorrechtigte den falschen Eindruck eines **Vorfahrtverzichts**, bleibt die Haftung zwar im Wesentlichen beim Wartepflichtigen, da dieser nur auf eindeutigen Verzicht vertrauen darf; den anderen trifft aber eine Mithaftung[470] (vgl Rn 211 zu „Lückenunfall").

---

461 KG VersR 1974, 370 (25%); LG Halle NZV 1999, 171 (50%); OLG Koblenz VersR 1981, 1136 (Kasernenausfahrt, Kradfahrer bei Überholverbot: 2/3); OLG Köln VersR 1989, 98 LS (Überholverbot und überhöhte Geschwindigkeit: 2/3). S aber KG NZV 2003, 575: keine Mithaftung, da Erkennbarkeit der Lücke nicht dargelegt.
462 OLG Hamm NZV 1988, 24 (Freilassen einer Lücke, Lichthupe: 2/3).
463 KG NZV 1992, 486 (2/3).
464 OLG Hamm NZV 1992, 238 (75%); LG Aachen VersR 1992, 333 (2/3). S a OLG Schleswig NZV 1993, 398 LS: 100%.
465 OLG Hamm VersR 1982, 250 LS.
466 OLG Stuttgart NZV 1994, 194 (88 statt 50 km/h).
467 Bejaht von OLG Hamm NZV 1993, 436 (20%) u 2001, 85 (25%; fragwürdig); für volle Haftung des Bevorrechtigten OLG Karlsruhe NZV 1996, 319 (fragwürdig).
468 OLG Hamm OLGR 1999, 255 (2/3). Anders nach OLG Köln OLGR 2001, 163, wenn Einfahrvorgang möglicherweise bereits abgeschlossen war: 30%.
469 OLG Oldenburg VersR 1983, 1043 (1/5); 1993, 496 (50%); OLG Stuttgart NJW-RR 1990, 670 (1/3).
470 OLG Koblenz NZV 1991, 428 (Lichthupe, 20%).

§ 22 Mitverantwortung des Geschädigten

Gerät der vorfahrtberechtigte Linksabbieger, weil er in **zu flachem Bogen** fährt, außerhalb des engeren Kreuzungsbereichs in die Fahrlinie eines auf der untergeordneten Straße Herankommenden, trägt er idR die alleinige Haftung.[471] **216**

d) Unfälle zwischen Kfz beim Rückwärtsfahren oder Wenden

Beim Zusammenstoß eines **rückwärtsfahrenden** Kfz mit einem Teilnehmer des durchgehenden Verkehrs greift idR Alleinhaftung des ersteren ein.[472] Eine Quotelung kann jedoch bei überhöhter Geschwindigkeit oder grober Unachtsamkeit des anderen angezeigt sein.[473] Dies gilt insbesondere dort, wo mit rangierenden Fahrzeugen gerechnet werden muss (Parkfläche, Parkhaus);[474] hier kommt sogar Alleinhaftung des zu schnell Gefahrenen in Betracht.[475] **217**

Auch beim **Wenden** trifft im Allgemeinen denjenigen, der das gefahrträchtige Fahrmanöver vornimmt, die volle Haftung.[476] Mithaftung des Unfallgegners kommt in Betracht, wenn diesen ebenfalls ein unfallursächliches Verschulden oder zumindest eine deutlich erhöhte Betriebsgefahr trifft.[477] Wer einen anderen durch ein unzulässiges Wendemanöver zum Bremsen zwingt, haftet einem Dritten, der infolge Unaufmerksamkeit auf diesen auffährt, im Verhältnis 2:1.[478] **218**

Sonderfälle: In Einbahnstraße bzw auf Richtungsfahrbahn rückwärts Fahrender trägt 3/4[479] bis 100%[480] bei Kollision mit Grundstücksausfahrer, 100% bei Kollision mit Wendendem.[481] Rückwärts aus Grundstück Ausfahrender trägt 3/5 bei Zusammenstoß mit auf der Straße rückwärts Fahrendem,[482] 2/3 bei Zusammenstoß mit einem innerorts mit überhöhter Geschwindig- **219**

---

471 KG VersR 1994, 1085 (ausnahmsweise 75%).
472 BGH VersR 1963, 358; KG VM 1988, Nr 30 LS.
473 OLG Frankfurt VersR 1973, 968 (7:3 zu Lasten eines mit überhöhter Geschwindigkeit auf einen Einparkenden auffahrenden Pkw).
474 LG Nürnberg-Fürth NZV 1991, 357 (60% zu Lasten des Zurückstoßenden).
475 KG VersR 1983, 250 LS (Parkhaus).
476 OLG Düsseldorf VersR 1973, 770; 1980, 633; 1982, 553; OLG Köln NZV 1995, 400; VersR 1999, 993; KG VersR 1982, 583; OLG Koblenz NZV 1992, 406; OLG Hamm NZV 1997, 438.
477 OLG München VersR 1982, 173 (Vorbeifahrt an stehender Doppelkolonne, aus der heraus der andere durch eine Lücke wendet: 20%); KG VM 1992, Nr 51 (Versuch hinter dem querstehenden Wendenden durchzufahren: 25%); OLG Hamm MDR 1994, 781 (75 km/h mit Abblendlicht: 25%); OLG Schleswig VersR 1995, 1329 (Rettungswagen, dem der Wendende freie Fahrt schaffen wollte: 25%); OLG Köln DAR 2000, 120 (Geschwindigkeitsüberschreitung um mindestens 50%: 1/3); OLG Köln MDR 1995, 475 (75 km/h innerorts: 40%); OLG Hamm OLGR 1994, 65 (Geschwindigkeitsüberschreitung und verspätete Reaktion: 50%); OLG Celle OLGR 2001, 107 (Geschwindigkeitsüberschreitung um fast 50%: 75%); OLG Celle OLGR 2004, 298 (grob verkehrswidriges Wenden eines Pkw; Motorrad 30% zu schnell: 30%); OLG Saarbrücken VersR 2004, 621 (Überholen bei unklarer Verkehrslage); OLG Saarbrücken MDR 2005, 1287 (Motorrad mit 13,5 km/h zu hoher Geschwindigkeit: 25%).
478 OLGR Hamm 1994, 100.
479 OLG Köln VersR 1992, 332.
480 KGR Berlin 1994, 98.
481 KG VersR 1993, 711.
482 OLG Köln NZV 1994, 321.

Vierter Teil. Ausschluss und Beschränkung der Haftung, Verjährung

keit Überholenden,[483] 1/3, wenn der andere über eine Sperrfläche fuhr.[484] Rückwärts bei Dunkelheit und Regen in Grundstückseinfahrt rangierenden Lastzug trifft volle Haftung gegenüber mit nicht zu beanstandender Geschwindigkeit von 70 km/h herankommendem Pkw.[485] OLG München NZV 1994, 106 sprach Leichtkraftradfahrer in ähnlichem Fall nur 2/3 zu, weil er bei Nebel zu unaufmerksam fuhr, OLG Karlsruhe VersR 1989, 1058 einem nicht auf Sicht fahrenden Pkw-Fahrer 3/4. Vorbeifahren mit unverminderter Geschwindigkeit hinter einem auf der Überholspur querstehenden, rangierenden Fahrzeug: 1/3.[486]

e) Unfälle mit Kfz im ruhenden Verkehr

220 Hat ein **verkehrswidrig abgestelltes Kfz** zu einem Verkehrsunfall beigetragen, so haftet dessen Halter je nach Höhe seines Verursachungsbeitrags und nach dem Maß des Verschuldens der anderen Verkehrsteilnehmer mit.[487]

221 Zum **Auffahren** auf ein abgestelltes oder liegengebliebenes Kfz s Rn 162.

222 Bei einem Unfall, der auf **unvorsichtiges Türöffnen** und einen deutlich zu geringen Seitenabstand des anderen Kfz zurückzuführen ist, kann eine Haftungsquote von 50% als Richtwert dienen.[488]

223 Fährt ein Pkw gegen die ohne Absicherung 2 m weit in den Verkehrsraum ragende, waagerecht angehobene **Ladebordwand** eines in zweiter Reihe parkenden Lkw, so tritt die Betriebsgefahr des Pkw vollständig hinter die erhöhte Betriebsgefahr des Lkw zurück.[489]

f) Kfz-Unfälle durch Ladung, Fahrzeugteile o ä

224 In diesen Fällen ist die Quotierung ganz besonders von den Umständen des Einzelfalls abhängig.

225 Alleinhaftung des Verursacherfahrzeugs hat die Rspr zB angenommen, wenn ein anderes Kfz auf eine verlorene Warntafel[490] oder eine abgelöste Reifenlauffläche[491] aufgefahren oder wenn

---

483 OLG Hamm ZfS 1993, 261.
484 OLG Köln NZV 1990, 72.
485 OLG Hamm VersR 1994, 1252.
486 OLG Karlsruhe MDR 1991, 543.
487 Umfassende Zusammenstellung bei *Berr* DAR 1993, 418 ff. Bsp: OLG Schleswig VersR 1975, 384 (in enger Kurve geparktes Kfz verursacht Begegnungszusammenstoß: 1/3); KG VersR 1978, 140 (zu nahe an Einmündung geparkter Pkw wird von rechtsabbiegendem Omnibus angefahren: 1/3); OLG Köln VersR 1988, 725 (im absoluten Haltverbot gegenüber einer Grundstücksausfahrt abgestelltes Kfz wird von anderem angefahren, welches wegen der Verengung einem ausfahrenden Kfz nicht ausweichen kann: 25% gegenüber dem Ausfahrenden); OLG Köln VersR 1990, 100 (geparkter Pkw verdeckt Vorfahrtzeichen: 40%); OLG Karlsruhe NZV 1992, 408 (40%) u LG Gießen ZfS 1989, 224 (25%) bei Vorfahrtunfall wegen sichtbehindernden Parkens an Einmündung; OLG Celle OLGR 2004, 327 (unbeleuchtet und ohne Warnhinweis auf Landstraße abgestellter Lkw-Anhänger: 60%); AG Heilbronn VersR 1991, 1072 (sichtbehinderndes und fahrbahnverengendes Parken eines Lkw vor Tankstellenausfahrt: 50%).
488 KG VersR 1986, 1123; vgl auch LG Berlin: 2/3 zu Lasten des sehr knapp vorbeifahrenden Lastzugs; LG Mainz VersR 1983, 789: 2/3 zu Lasten des stehenden Kraftfahrzeugs; LG Hannover NZV 1991, 36: nur 20%, wenn leicht geöffnete Tür von Sogwirkung eines vorbeifahrenden Lkw mitgerissen wird.
489 OLG Hamm NZV 1992, 115 m Anm *Greger*.
490 OLG Hamm NZV 1988, 64.
491 KG NZV 1988, 23.

ein Krad auf einer Ölspur ausgerutscht ist.⁴⁹² Dagegen wurde dem Kraftfahrer eine Mithaftung auferlegt, der bei Nacht auf einen Lkw-Anhänger aufgefahren war, der sich vom Zugfahrzeug gelöst hatte und unbeleuchtet die Autobahn blockierte,⁴⁹³ der auf einen nachts auf der BAB liegenden Reifen auffuhr⁴⁹⁴ oder der infolge nicht angepasster Geschwindigkeit gegen einen von einem Holzrückfahrzeug gezogenen Baumstamm⁴⁹⁵ oder gegen das über die Fahrbahn gespannte Seil eines Bergungsfahrzeugs prallte.⁴⁹⁶ Schadenshalbteilung wurde bejaht, wenn ein zum Überholen eines mit Bauschutt beladenen Lkw ansetzendes Kfz durch herabfallende Steine beschädigt wird,⁴⁹⁷ sogar volle Haftung des Geschädigten, wenn er nach einer Baustelle keinen ausreichenden Abstand zum Vordermann einhält und sein Fahrzeug daher von Steinen getroffen wird, die an dessen Reifen haften geblieben waren.⁴⁹⁸

g) Unfälle zwischen Kfz und Schienenbahn

Die Betriebsgefahr der Schienenbahn ist infolge ihres fehlenden Ausweichvermögens, ihrer großen Bewegungsenergie und der begrenzten Bremsfähigkeit generell höher zu bewerten als die eines Kraftfahrzeugs.⁴⁹⁹ Dies schlägt auf die Haftungsverteilung aber nur dann durch, wenn sich diese besonderen Umstände auf das konkrete Unfallgeschehen auch tatsächlich ausgewirkt haben. Außerdem kann sich der a priori höhere Haftungsanteil der Schienenbahn dadurch (uU bis auf null) verringern, dass den Kraftfahrer ein unfallursächliches Verschulden trifft. Wegen Einzelheiten vgl nachstehende Rechtsprechungsübersicht (zu Bahnunfällen mit anderen Verkehrsteilnehmern s Rn 252 ff).

226

aa) Gleichgerichteter Verkehr
Auffahren der Straßenbahn auf Kraftfahrzeug

Beim Auffahren auf ein im Gleisbereich anhaltendes Kfz kommt eine Schadensaufteilung im Verhältnis 2:1 zu Lasten der Straßenbahn in Betracht,⁵⁰⁰ doch ist, insbesondere wenn dem Straßenbahnführer mangelnde Aufmerksamkeit vorgeworfen werden kann oder besondere Gründe für das Anhalten des Kraftfahrers im Gleisbereich vorlagen, der Anteil des Straßenbahnunternehmers zu erhöhen.⁵⁰¹ Umgekehrt trifft den Kraftfahrer ein höherer Anteil, wenn er erst kurz vor der Straßenbahn⁵⁰² oder zum Zwecke verbots-

227

---

492 OLG Bamberg VersR 1987, 465.
493 OLG Braunschweig VersR 1983, 157: 20%.
494 OLG Frankfurt NZV 1991, 270: 20%.
495 OLG Zweibrücken NZV 1993, 153: 1/3.
496 BGH NZV 1993, 224: 1/3 nicht beanstandet.
497 AG Köln VersR 1986, 1130.
498 LG Kiel VersR 1982, 275.
499 OLG Düsseldorf DAR 1975, 330; OLG Hamm NZV 2000, 212 (noch weiter erhöht durch gefährliche Gleisführung der Straßenbahn und Durchfahren an Haltestelle); KG NZV 2005, 416.
500 BGH VersR 1970, 1049; OLG Hamm VersR 1967, 984; VRS 80, 258; OLG Düsseldorf VersR 1969, 429; 1981, 784; OLG Hamburg VersR 1980, 172; für 50% bei ungeklärtem Auffahrunfall dagegen OLG Hamm NZV 1991, 313.
501 Vgl OLG Hamburg VersR 1967, 563 (60%); 1974, 38 (70%); OLG Düsseldorf VersR 1975, 243 (75%).
502 BGH VersR 1964, 1241 (50%); OLG Hamburg VersR 1965, 1182 (50%); OLG Celle VersR 1974, 980 (50%); OLG Koblenz VersR 1979, 1035 (2/3); OLG Hamm VersR 1981, 961 (50%).

widrigen Abbiegens[503] auf das Gleis gewechselt ist. In solchen Fällen kann die Betriebsgefahr der Tram auch ganz zurücktreten.[504]

Linksabbiegendes Kraftfahrzeug

228 Biegt ein Kfz unmittelbar vor der von hinten herannahenden Straßenbahn nach links ab, trifft idR den Kraftfahrer die alleinige Haftung.[505]

Seitliche Berührung

229 Hat der Kraftfahrzeugführer seinen Wagen zu nahe am Straßenbahngleis abgestellt und verschätzt sich der Straßenbahnfahrer im Abstand, so trifft letzteren eine ins Gewicht fallende Mitverantwortung. Die Quotelung im Einzelfall hängt dann davon ab, welcher Vorwurf dem Kraftfahrer zu machen ist.[506]

bb) Gegenverkehr

230 Fährt ein entgegenkommender Linksabbieger kurz vor der Straßenbahn in deren Gleisbereich ein, tritt ihre Betriebsgefahr zurück.[507]

cc) Kreuzender Verkehr

Regelung durch Lichtzeichen

231 Bei der Kollision zwischen einer Straßenbahn, die schon vor dem Umschalten des Sperrsignals in die Kreuzung einfuhr, und einem noch bei später Gelbphase einfahrenden Kfz kommt eine Haftung im Verhältnis 3:1 zu Lasten der Straßenbahn in Betracht.[508] Stößt ein unaufmerksam bei Grün in die Kreuzung einfahrender Kraftfahrer mit einer Straßenbahn zusammen, die als Nachzüglerin vorsichtig die Kreuzung räumen will, so ist es gerechtfertigt, dem Kraftfahrer die volle Haftung aufzuerlegen.

Regelung durch Vorfahrtzeichen

232 Gegenüber dem schweren Verschulden eines die Gleise trotz Wartepflicht kreuzenden Kraftfahrers bleibt die Betriebsgefahr der Straßenbahn außer Ansatz.[509] Wäre der Straßenbahnfahrer aber auf der ihm als gefährlich bekannten Kreuzung zu rechtzeitigem Anhalten in der Lage gewesen, soll ihn nach der (zu streng erscheinenden) Auffassung des OLG Bremen[510] die hälftige Mithaftung treffen.

---

503 OLG Hamm VersR 1992, 108 (2/3); KG NZV 2005, 416 (Verstoß gegen § 9 Abs 1 S 3 StVO: 50%).
504 OLG Düsseldorf VersR 1970, 91; 1988, 90; NZV 1994, 30; OLG Hamm VRS 73, 338; VersR 1988, 1250; NZV 2005, 414; LG Leipzig NZV 1994, 35.
505 OLG Düsseldorf VersR 1965, 1158; 1976, 171; 1976, 499; 1981, 785; OLG Koblenz NZV 1993, 476 (Kreuzung durch Andreaskreuz und Lichtsignalanlage gesichert, Lichtsignal aber ausgefallen).
506 Vgl OLG Düsseldorf VersR 1974, 390 (Straßenbahn 80%); VRS 66, 333 (2/3); LG Düsseldorf VersR 1976, 101 LS (50%); KG VersR 1995, 978 LS (100% bei ausscherendem Heck).
507 BGH VersR 1969, 82. **AA** OLG Braunschweig VersR 1972, 493 (25% Mithaftung); OLG Köln VersR 1971, 1069 (1/3).
508 OLG Hamm VersR 1988, 1054.
509 OLG Düsseldorf VersR 1987, 823.
510 VersR 1967, 1161.

Grundstückssein- und -ausfahrt

Beim Zusammenstoß eines ausfahrenden Kfz mit einer rechtzeitig erkennbaren Straßenbahn haftet der Halter des Kfz voll.[511] Der BGH hat bei einem im Einzelnen ungeklärten Unfallhergang dem Halter eines Lkw, der beim Versuch, rückwärts in eine Baustelle einzufahren, die Gleise der Straßenbahn versperrte, 70% der Haftung auferlegt.[512]

233

Bahnübergang

Beruht der Zusammenstoß zwischen einem Kfz und einem Eisenbahnzug an einem unbeschrankten Bahnübergang auf grober Unachtsamkeit des Kraftfahrers, so lässt die Rspr zu Recht die Gefährdungshaftung der Bahn weithin völlig zurücktreten.[513] Dies gilt natürlich erst recht, wenn der Kraftfahrer das rote Blinklicht missachtet hat[514] oder wenn er den Bahnübergang verschuldetermaßen nicht zügig räumt.[515] Hat das Verschulden des Kraftfahrers geringeres Gewicht (hatte er zB zunächst angehalten und die Lage lediglich falsch eingeschätzt), so kommt eine Schadensteilung bis zur Hälftelung in Betracht.[516] Überwiegende Haftung der Bahn ist anzunehmen, wenn nicht festgestellt werden kann, ob das Blinklicht in Betrieb war[517] oder wenn der Zustand von Bahneinrichtungen zu dem Unfall beigetragen hat.[518] Wurden Schranken nicht geschlossen oder vorzeitig geöffnet, ist grundsätzlich volle Haftung der Bahn zugrunde zu legen.[519]

234

dd) Sonstige Fälle

Bei der Kollision mit einem Kraftfahrzeug, welches durch Verschulden des Fahrers von der Straße abgekommen und auf den Bahnkörper geraten ist, tritt die Bahnbetriebsgefahr idR zurück.[520] Ragt die Schaufel eines manövrierunfähig gewordenen Baggers in den Gleisbereich, haftet die Bahn bei Kollision mit Eilzug zu 1/3.[521] Bei Kollision einer

235

---

511 OLG Celle VersR 1982, 1200.
512 VersR 1967, 1158.
513 BGH VersR 1964, 870; 1964, 1024; OLG Hamburg VersR 1979, 549; OLG Celle VersR 1984, 790 LS; OLG Nürnberg VersR 1985, 891; OLG Frankfurt VersR 1985, 94; 1986, 998 LS; OLG München VersR 1993, 242; OLG Stuttgart VRS 80, 410.
514 OLG Celle VersR 1966, 833; OLG Frankfurt VersR 1986, 707; OLG Hamm NZV 1993, 70; OLG Hamburg VersR 1979, 549; OLG Köln NZV 1997, 477; OLG Koblenz NZV 2002, 184. **AA** OLG Hamm VersR 1983, 465 (Bahn 20% wegen möglicher Sonnenblendung); OLG Oldenburg NZV 1999, 419 (1/3, weil gefährlicher Übergang trotz mehrerer Unfälle nicht besser gesichert wurde).
515 OLG Celle NZV 1988, 22. OLG Frankfurt VersR 1988, 295 erlegte der Bahn in einem solchen Fall – nicht überzeugend – 25% Mithaftung auf, OLG Köln NZV 1990, 152 sogar 2/3, weil die Anlage des Bahnübergangs auf einer Kreuzung bes gefahrenträchtig sei.
516 BGH VersR 1966, 291 (Bahn 25%); s a BGH VersR 1967, 1197 (50%); OLG Saarbrücken NZV 1993, 31 (Sichtbehinderung 25%).
517 OLG Stuttgart VersR 1979, 1129 (60%); OLG Hamburg VersR 1983, 740 (60%).
518 Vgl BGH VersR 1966, 65 (verschneite Warnbaken); BGH VersR 1967, 132 (unbeleuchtete Schranke; allerdings 2/3-Haftung des Kradfahrers); OLG Hamm NZV 1994, 437 (Bahnübergang erst aus 30 m Entfernung erkennbar, keine Warnbaken, aber Rotlicht: maximal 75% für Kraftfahrer).
519 S aber BGH VersR 1961, 950 (Zusammenstoß von Mopedfahrer mit deutlich sichtbarem Zug: 3:1 zu Lasten des Mopedfahrers).
520 Vgl OLG Hamm VersR 1985, 843.
521 OLG Hamm VersR 1995, 1457.

Straßenbahn mit einer im Kreuzungsbereich arbeitenden Kehrmaschine haftet die Bahn trotz Grünlicht zu 75%.[522] Volle Haftung der Bahn greift dagegen ein, wenn ein Rangierzug, der in einem Betriebsgelände zunächst vor einem im Gleisbereich abgestellten Autokran angehalten hatte, sich infolge eines Fehlverhaltens ihres Personals wieder in Bewegung setzt und mit dem Kfz kollidiert.[523]

h) Kfz-Unfälle mit Beteiligung von Tieren
aa) Unbeaufsichtigte Tiere

236 Trifft bei einem Unfall die Tierhalterhaftung (§ 833 BGB; dazu oben § 9) mit der Gefährdungshaftung des Kraftfahrzeughalters zusammen, so ist erstere keineswegs von vornherein geringer zu veranschlagen. Von einem Tier auf der Fahrbahn kann vielmehr eine erhebliche Gefahr ausgehen, die, insbesondere wenn noch ein Verschulden des Tierhalters hinzukommt, dessen überwiegende oder sogar alleinige Haftung rechtfertigen kann.[524]

Einzelfälle

237 In der nachstehenden alphabetisch nach Tiergattungen geordneten Rechtsprechungsübersicht bezeichnet die Angabe in der Klammer den Haftungsanteil des Tierhalters.
Hund: OLG Hamm VM 1985, Nr 108 (Schäferhund auf Autobahn: 100%); OLG Bamberg NZV 1991, 30 (frei laufender Jagdhund: 100%); KG VM 1993, Nr 119 (Hund gegen Krad auf Straßenabschnitt mit 10 km/h Höchstgeschwindigkeit: 50%); LG Freiburg VersR 1980, 392 (Pudel wird auf Straße überfahren: 100%). Für einen durch den Hund verursachten **Auffahrunfall** lässt OLG Saarbrücken OLGR 1998, 420 den Halter gegenüber dem Auffahrenden zu 50%, LG Köln NJW-RR 1986, 1152 zu 1/3 haften.
Pferd: BGH VersR 1966, 186 u OLG Celle DAR 2005, 623 (frei umherlaufend auf Bundesstraße bei Dunkelheit: 100%); DAR 2004, 701 (überhöhte Geschwindigkeit und Trunkenheit des Kfz-Führers: 1/3); OLG Koblenz VersR 1995, 928 (bei Dunkelheit und Regen auf Landesstraße: 100%); OLGR 2003, 131 (bei Dunkelheit aus Hof auf Straße laufende Pferde veranlassen Pkw-Fahrer zur Vollbremsung; Kläger fährt auf: 60%).
Rind: OLG Oldenburg NZV 1991, 115 (auf BAB: 100%); OLG Hamm NZV 1989, 234 (auf BAB: 75%); OLG Düsseldorf NZV 1988, 21 u LG Flensburg VersR 1987, 826 (Zusammenstoß mit Krad: 2/3); OLG Düsseldorf VersR 1995, 232 (nach Unfall von Polizei in Nebenstraße getrieben, dort Kollision mit Pkw: 2/3); OLG Koblenz NZV 1991, 471 (Zusammenstoß mit Pkw auf nächtlicher Landesstraße: 2/3); OLG Hamm VersR 1997, 1542 (Pkw mit Abblendlicht und 95 km/h: 2/3); NZV 2001, 348 (50% in ähnlichem Fall; Abweichung nicht überzeugend begründet).

bb) Tiere unter menschlicher Leitung

238 In diesen Fällen kommt nur eine deliktische Mithaftung des für das Tier Verantwortlichen in Betracht,[525] sofern nicht ein selbsttätiges Tierverhalten den Unfall herbeigeführt hat (§ 9 Rn 1). Führt die verkehrswidrige Fahrweise eines Kraftfahrers zu einem solchen Tierverhalten, ist idR dessen überwiegende Haftung angezeigt.[526]

---

522 OLG Jena NZV 2000, 210.
523 OLG Düsseldorf NZV 1989, 114.
524 Vgl OLG Frankfurt VersR 1982, 908.
525 Von OLG Frankfurt NZV 1989, 149 verneint bei Reiten auf der linken Straßenseite und Kollision mit nicht auf Sicht fahrendem Kraftfahrer.
526 OLG Hamm NZV 1994, 190 (zu dichtes Vorbeifahren an Reitpferd: 2/3); OLG Köln NZV 1992, 487 (vorwerfbare Notbremsung in Nähe von Reitpferd: 80%).

§ 22 Mitverantwortung des Geschädigten

i) Unfälle zwischen Kfz und Radfahrer

Eine Schadensquotelung kommt hier nur in Betracht, wenn dem Radfahrer eine schuldhafte Mitverursachung des Unfalls nachgewiesen werden kann. Ob die Betriebsgefahr des Kfz demgegenüber völlig zurücktritt, hängt vom Grad dieses Verschuldens und vom Maß der konkreten Betriebsgefahr ab. Verursacht der Radfahrer durch verkehrswidriges Verhalten einen Auffahrunfall zwischen Kfz, haftet er neben dem Auffahrenden.[527] Zu Radfahrunfällen mit Kindern s Rn 250.   **239**

Einzelfälle

In der nachstehenden Rechtsprechungsübersicht[528] bezeichnet die Angabe in der Klammer den Haftungsanteil des Kraftfahrzeughalters.   **240**

Abgestelltes Kraftfahrzeug: OLG Hamm NZV 1990, 312 (1/2) u 1992, 445 (2/3; betreffen denselben Unfall: Radfahrer fährt nachts bei Regen gegen unbeleuchtet abgestellten Lkw).

Ausweichen: AG Darmstadt NZV 1992, 369 (Radfahrer weicht auf dem Radweg abgestelltem Pkw auf den Gehweg aus und stürzt wegen des Höhenunterschiedes: 0 [fragwürdig]).

Gehwegbenutzung durch Radfahrer: OLG Hamm VersR 1987, 1246 u OLG Celle MDR 2001, 1236 (Kollision mit Kfz aus untergeordneter Straße: 0). S a Grundstücksausfahrt.

Grundstücksausfahrt: *Radfahrer auf Gehweg*: OLG Karlsruhe NZV 1991, 154 (0); OLG Hamburg NZV 1992, 281 m Anm *Grüneberg* (nicht mehr als 70%); OLG Hamm NZV 1995, 152 (0). – *Radfahrer auf Radweg*: OLG Hamm OLGR 1998, 354 (100%). – *Radwegbenutzung in falscher Richtung*: KG DAR 1993, 257 (3/4); OLG Köln NZV 1994, 279 (70%).

Lichtzeichen: OLG Hamm NZV 2003, 574 (Radfahrer fährt bei Rot, Lieferwagen bei Gelb nach Warnung durch Vorampel ein: 50%).

Linksabbiegen des Kraftfahrzeugs: OLG Oldenburg VersR 1965, 909 (Krad: 75%); OLG Celle OLGR 2000, 84 (Radfahrer auf Fußgängerfurt: 50%).

Linksabbiegen des Radfahrers: BGH VersR 1955, 57 (Überholen trotz kurzen Armausstreckens: 2/3); BGH VersR 1963, 438 (von Gehweg aus: 0); OLG Hamm NZV 1991, 466 (kein Handzeichen, Kollision mit überholendem Krad: 0); OLG Saarbrücken OLGR 1998, 212 (Überholen trotz unklarer Verkehrslage und mit 107 statt 60 km/h: 100%).

Radwegbenutzung an Vorfahrtstraße in falscher Richtung: BGH VersR 1982, 94 (Radweg an Einbahnstraße; aus untergeordneter Straße kommender Pkw kollidiert mit Moped: 1/4); OLG Hamm NZV 1992, 364 (Vorfahrtunfall; Radweg an Straße mit geteilten Richtungsfahrbahnen: mindestens 50%); OLG Frankfurt DAR 2004, 393 (2/3); OLG Hamm NZV 1999, 86 (50%); OLG Saarbrücken OLGR 2004, 333 (50%); LG Nürnberg-Fürth NZV 1993, 442 (Sichtbehinderung für den aus der untergeordneten Straße kommenden Pkw-Fahrer: 0). S a Grundstücksausfahrt.

Rechtsabbiegen des Kfz: OLG Hamm NZV 1996, 449 (Radfahrer auf Fußgängerfurt: 2/3).

Sturz: BGH VersR 1966, 39 (beim Aufsteigen infolge Alkohols: 0); OLG Celle ZGS 2005, 278 (durch Anrempeln bei Durchfahrt zwischen Bus und an Haltestelle wartenden Schülern: 2/3).

Türöffnen: LG Mönchengladbach NZV 1990, 195 m Anm *Greger* (jugendlicher Radfahrer fuhr vor Inkrafttreten des § 5 Abs 8 StVO an wartendem Fahrzeug rechts vorbei: 50%).

Überholen: BGH VersR 1967, 880 (Radfahrer zu weit links: 80%); OLG München (Augsburg) NZV 1992, 234 (Rechtsüberholen eines verkehrswidrig links fahrenden Radfahrers durch Krad: 75%); OLG Stuttgart VersR 1992, 205 (Versuchtes Rechtsüberholen eines Lkw auf ab-

---

527 OLG Köln MDR 2001, 687.
528 Vgl auch die umfassende Zusammenstellung bei *Blumberg* NZV 1994, 249.

Vierter Teil. Ausschluss und Beschränkung der Haftung, Verjährung

schüssiger Straße: 0); OLG Hamm NZV 1995, 26 (zu geringer Seitenabstand, Mitverschulden des Radfahrers wegen Nichtbenutzen des Radwegs: 75%); LG Stuttgart VersR 1978, 1151 (Radfahrer schert aus: 20%).

Überqueren der Straße: BGH VersR 1965, 294 (mit geschobenem Rad: 30%); NZV 1990, 385 (beim Verlassen eines linken Radwegs Kollision mit Kradfahrer, der aus derselben Richtung mit überhöhter Geschwindigkeit auf der linken Fahrbahnseite herankommt: Zurückverweisung zu neuer Abwägung); OLG Köln VRS 78, 348 (Radfahrer wie vorstehend, aber Kollision mit zu schnell entgegenkommendem Pkw: 3/4); OLG Oldenburg NZV 1994, 74 (unbesonnenes Verhalten eines Jugendlichen: 1/3).

Vorfahrtverletzung durch Radfahrer: BGH VersR 1958, 612 (Lkw zu weit links: 25%); VersR 1969, 571 (0); OLG Düsseldorf VersR 1971, 650 (0); OLG Frankfurt VersR 1973, 844 (Pkw von rechts: 25%); OLG Oldenburg VersR 1999, 74 (Überschreitung der angemessenen 90 km/h um 23 km/h: 1/3); OLG Nürnberg VersR 1999, 247 (Überschreitung der zulässigen 80 km/h um 15%: 1/3); OLG Hamm NJWE-VHR 1996, 212 (Überschreitung der 50 km/h-Grenze um 80%: 100%); LG Bochum VersR 1991, 1189 LS (Fahrrad unbeleuchtet: 0).

Wenden: BGH VersR 1968, 369 (Radweg versperrt: 1/3).

j) Unfälle zwischen Kfz und Fußgänger

241 Bei grob verkehrswidrigem Verhalten des (erwachsenen) Fußgängers, der auf der Straße angefahren wird, sollte den Kraftfahrer auch dann keine anteilige Haftung treffen, wenn er den Unabwendbarkeitsbeweis nicht führen kann (zur abweichenden Beurteilung bei Kinderunfällen s Rn 247). Kann der Unfall dagegen auch auf eine bloße Unaufmerksamkeit oder Fehleinschätzung seitens des Fußgängers zurückzuführen sein, so erscheint eine je nach den Umständen des Einzelfalles abgestufte Haftungsverteilung angezeigt. Bei grobem Verschulden des Kraftfahrers kommt auch dessen volle Haftung in Betracht.

242 Die Kasuistik ist bei diesem Unfalltypus nahezu unübersehbar. Im Folgenden wird versucht, durch Bildung bestimmter Fallgruppen und Aufgliederung nach Haftungsquoten mit Angabe von Besonderheiten des Einzelfalles einen gewissen Überblick zu geben.[529] Mehr noch als bei den anderen Unfallarten ist aber angesichts der Vielgestaltigkeit der Fußgängerunfälle vor einer schematischen Übernahme der Quoten zu warnen. Zu Unfällen mit Kindern s Rn 248 f.

aa) Gehen auf der Straße

243 Die meisten (veröffentlichten) Urteile in dieser Fallgruppe gelangen zu einer vollen oder deutlich überwiegenden Haftung des Kraftfahrzeughalters. Dies findet seinen berechtigten Grund darin, dass der Aufenthalt des Fußgängers auf der Straße bei diesen Unfällen zumeist nicht zu beanstanden ist (etwa beim Fehlen eines Gehsteigs). Die Rspr bietet folgendes Bild (angegeben ist der Haftungsanteil des Kfz):

100%:	BGH VersR 1968, 1093 (alkoholisierter Kraftfahrer fährt nachts innerorts in Fußgängergruppe)
	OLG Celle VersR 1979, 451 (Gehweg nicht begehbar)
	OLG Celle DAR 1984, 124 (Kraftfahrer überholt, obwohl Fußgänger auf linker Fahrbahn)
	OLG Köln VersR 1983, 929 (Kleinkrad gegen Läufer am linken Fahrbahnrand)

---

[529] S a *Greger* NZV 1990, 413 ff.

§ 22 Mitverantwortung des Geschädigten

100%:	OLG Frankfurt VersR 1992, 509 (Fußgänger wird auf Seitenstreifen angefahren)
	OLG Karlsruhe VRS 76, 248 (betrunkener Kraftfahrer; Fußgänger benutzt Gehweg wegen Hilfeleistung für einen anderen nicht)
	OLG Oldenburg OLGR 1998, 256 (Fußgänger wird außerorts bei Dunkelheit am linken Fahrbahnrand gehend angefahren)
	OLG Köln DAR 2001, 223 (Fußgänger wird auf für Lieferfahrzeuge freigegebener Zuwegung von rückwärts fahrendem Kfz von hinten angefahren)
80%:	OLG Oldenburg VersR 1987, 1150 (Fußgänger auf linker Fahrbahn, beide alkoholisiert)
75%:	OLG Düsseldorf VersR 1975, 1052 (entgegenkommender Fußgänger, äußerst links, schmale Straße, Blendung)
	OLG Hamm NZV 1995, 483 (schmale Landstraße ohne Seitenstreifen, Dunkelheit)
70%:	OLG Hamm VersR 2002, 728 (Fußgänger weicht in der Dunkelheit entgegenkommendem Kfz nicht neben die Fahrbahn aus)
2/3:	BGH VersR 1968, 1092 (Fußgänger alkoholisiert und gehbehindert, Gehweg vorhanden)
	OLG Hamm VersR 1985, 357 (schmale Straße, Dunkelheit, Schnee, Fußgänger weicht nicht nach links aus)
60%:	BGH VersR 1964, 1203 (Fußgänger benützt linken Gehweg nicht)
50%:	BGH VersR 1967, 862 (Kraftfahrer weicht geblendet aus)
40%:	BGH Urt v 21.11.2006 – VI ZR 115/05 (zZ unv) (Betrunkener mitten auf Fahrbahn; Sichtfahrgebot verletzt)
1/3:	BGH VersR 1965, 712 (in gleiche Richtung gehender Fußgänger)
0:	OLG Karlsruhe VersR 1989, 302 (Betrunkener mitten auf Fahrbahn)

bb) Überqueren der Straße

In dieser Fallgruppe kommt es zu sehr unterschiedlichen Haftungssituationen. Den **244** Haftungsanteil des Fußgängers vergrößernde Umstände sieht die Rspr insbesondere im Überqueren besonders verkehrsreicher Straßen an nicht hierfür geeigneten Stellen (zB in der Nähe von Überwegen), im Hervortreten zwischen parkenden Fahrzeugen, im Zurücklaufen auf der Fahrbahn und in Trunkenheit des Fußgängers. Dem Kraftfahrer wird vor allem erschwerend angerechnet: zu hohe Geschwindigkeit, Überholen stehender Kolonnen, Alkoholisierung. Im Einzelnen vgl nachstehende Entscheidungen (angegeben ist die Haftungsquote zu Lasten des Kraftfahrzeughalters).

100%:	BGH VersR 1966, 660 (Überweg bei Rot überfahren)
	BGH VersR 1969, 1115 (Kfz fährt auf Fußgänger in Straßenmitte zu, Schreckreaktion)
	BGH NZV 1990, 150 (Fußgänger quert 3 m jenseits der Fußgängerfurt)
	KG VersR 1969, 1047 (beleuchteter Überweg, Kfz ohne Licht)
	KG VersR 1976, 1047 (Überweg bei Rot überfahren)
	KG VersR 1980, 284 (Fußgänger zwischen haltenden Fahrzeugen, Krad überholt)
	KG DAR 1981, 322 (Bus biegt links ein, Grün für Fußgänger)
	KG VRS 74, 257 (Motorrad gegen Fußgänger auf Fußgängerfurt)
	OLG Düsseldorf VersR 1976, 1049 (obwohl Fußgänger leicht schräg überquert)
	OLG Frankfurt VersR 1982, 1204 (Bereich einer Autobahntankstelle)

Vierter Teil. Ausschluss und Beschränkung der Haftung, Verjährung

100%:	OLG Düsseldorf VRS 83, 100 (Fußgänger hatte schon fast gegenüberliegenden Gehweg erreicht)
	OLG München NZV 1994, 399 (Kfz befährt wegen Staus Seitenstreifen der BAB und kollidiert mit Pkw-Insassen, der zu Notrufsäule will)
	OLG Hamm NZV 1995, 234 (stark befahrene Bundesstraße, Überweg 16 m neben der Unfallstelle; auf seiten des Kraftfahrers aber erhebliche Alkoholisierung, überhöhte Geschwindigkeit und Verstoß gegen Überholverbot)
	OLG Hamm OLGR 1996, 51 (Fußgänger überquert in Kurve bei Rauhreif, wird von schleuderndem Fahrzeug erfasst)
	OLG Hamm DAR 1998, 274 (rückwärts fahrender Pkw gegen auf Fahrbahn stehen bleibende Seniorin)
	OLG München NZV 1996, 115 (Pkw überholt vor Ampel wartende Kolonne unter Missachtung der durchgezogenen Linie auf der Gegenfahrbahn, Fußgänger betritt diese durch die stehenden Autos)
80%:	OLG Hamm VersR 1969, 139 (Fußgänger beachtet an Überweg herannahendes Kfz nicht)
	LG Essen VersR 1984, 994 (Fußgänger verursacht durch Betreten der Fahrbahn Auffahrunfall)
	OLG Frankfurt OLGR 2000, 13 (ältere Fußgängerin versucht siebenspurige Straße zu überqueren, Pkw fährt zugelassene 60 km/h; Quotierung unverständlich)
75%:	OLG Karlsruhe VersR 1971, 1177 (Fußgänger im Umfeld eines Überwegs angefahren)
	KG VersR 1977, 1008 (Fußgänger beachtet an Überweg herannahendes Kfz nicht)
	KG DAR 1977, 70 (schlechte Sicht, Überweg in der Nähe)
	KG VersR 1979, 1031 (Kfz fährt trotz Rechtsblinkens geradeaus)
	OLG Hamm OLGR 2000, 131 (unachtsames Überqueren durch erkennbar Gebrechliche)
	OLG Köln NZV 2002, 131 (Fahrstreifenwechsel in Richtung eines der Fahrbahn zustrebenden Fußgängers)
70%:	BGH VersR 1983, 667 (Fußgänger beachtet an Überweg herannahendes Kfz nicht)
	OLG Hamburg VersR 1972, 867 (Fußgänger unachtsam)
	OLG Frankfurt VersR 1979, 920 (20 m neben Überweg, beide alkoholisiert)
	OLG Braunschweig VersR 1983, 667 (Fußgänger beachtet an Überweg herannahendes Kfz nicht)
	OLG Karlsruhe VersR 1982, 1149 (Kraftfahrer alkoholisiert und zu schnell)
	OLG München NZV 1991, 390 (anfahrender Bagger erfasst unmittelbar davor stehenden Fußgänger)
	OLG München OLGR 1995, 3 (Kraftfahrer fährt innerorts in Kurve mit stark überhöhter Geschwindigkeit, gerät beim Abbremsen auf rechte Fahrbahnseite und erfasst dort von rechts in die Fahrbahn laufenden, alkoholisierten Fußgänger)
2/3:	KG DAR 1978, 107 (Fußgänger quert haltende Kolonne, Kfz überholt, Überweg in der Nähe)
	KG VersR 1982, 978 (Kfz überholt vor Fußgänger haltende Fahrzeuge, Fußgänger schaut nicht nach links)
	KG VM 1987, Nr 100 (Kfz zu schnell, Fußgänger alkoholisiert)
	KGR 2001, 43 (Fußgänger achtet nicht auf Verkehr, Kraftfahrer konnte dies erkennen)

§ 22 Mitverantwortung des Geschädigten

2/3:	OLG Stuttgart VRS 66, 92 (Fußgänger bleibt in Fahrbahnmitte stehen, läuft dann weiter)
	OLG Frankfurt VersR 1982, 1008 (Bus überholt Kolonne vor Ampel)
	OLG Hamm VersR 1989, 268 (Fußgänger gegen gut erkennbaren, nicht zu schnell fahrenden Motorroller; Quote erscheint sehr hoch)
	OLG Hamm NZV 1997, 123 (etappenweises Überqueren bei hoher Verkehrsdichte)
	OLG Köln ZfS 1993, 258 (innerörtliche Straße bei Dunkelheit, Überqueren von links nach rechts)
	OLG Celle NZV 1991, 228 (Pkw nähert sich Haltestellenbereich an Schule; auf beiden Seiten der Fahrbahn sind Schülergruppen; geistig behinderter Jugendlicher überquert Fahrbahn, als in Gegenrichtung Bus einfährt)
	OLG Dresden NZV 1999, 293 (Kfz erfasst bei Anfahren an trichterförmiger Einmündung unachtsam querende Seniorin)
60%:	OLG Hamburg VRS 64, 257 (Fußgänger will vor abfahrbereitem Linienbus überqueren)
	OLG Karlsruhe VersR 1988, 59 (Motorrad gegen Fußgänger)
	LG München I VersR 1977, 51 (Kfz zu schnell, Fußgänger alkoholisiert)
50%:	BGH VersR 1965, 958 (Fußgänger hinter abgestelltem Pkw)
	KG VersR 1968, 259 (Fußgänger schaut nicht)
	KG VersR 1975, 140 (Kfz zu schnell, Fußgänger alkoholisiert)
	KG VersR 1981, 263 (Fußgänger überquert bei Dunkelheit, kurz vor Pkw)
	KG VersR 1986, 659 LS (Kfz überholt Kolonne mit Lücke)
	KG VRS 69, 417 (Fußgänger zwischen parkenden Fahrzeugen, verspätete Reaktion des Kraftfahrers)
	OLG Hamm VersR 1972, 1060 (beleuchteter Übergang in der Nähe)
	OLG Celle VersR 1977, 1131 (Fußgänger unachtsam)
	OLG Celle VersR 1985, 1072 LS (Fußgänger achtet nicht auf Rechtsabbieger)
	OLG Düsseldorf VRS 56, 2 (Fußgänger unachtsam)
	OLG Karlsruhe VersR 1979, 384 (Fußgänger unachtsam)
	OLG Hamm VRS 78, 6 (Fußgänger will stark befahrene, nasse und künstlich beleuchtete Straße in Etappen überqueren; Busfahrer übersieht den in der Fahrbahnmitte Stehenden)
	OLG Saarbrücken DAR 1989, 185 (Fußgänger alkoholisiert und unachtsam)
	LG Hannover NZV 1989, 238 (ausgefallene Ampel an Fußgängerfurt an vierspuriger Straße; andere Kraftfahrer halten an, um älterer Fußgängerin Überqueren zu ermöglichen)
	KGR 1995, 50 (Motorradfahrer gegen von links kommende Fußgängerin bei Dunkelheit)
	KG VM 1992, Nr 30 (Fußgänger quert unachtsam bei starkem Verkehr, 22 m von Ampel entfernt)
	OLG Hamm DAR 2002, 165 (unterlassene Vollbremsung bei erkennbarem Fehlverhalten des Fußgängers)
	OLG Köln VersR 2002, 1167 (Überholen einer vor Ampel stehenden Kolonne, obwohl auf Möglichkeit zum Überqueren wartender Jogger am Fahrbahnrand steht)
	OLG Hamm NZV 2004, 356 (Überqueren einer Bundesstraße außerorts; Verstoß gegen Sichtfahrgebot)

Vierter Teil. Ausschluss und Beschränkung der Haftung, Verjährung

40%:	BGH VersR 1965, 816 (Fußgänger unachtsam)
	OLG Oldenburg NZV 1994, 26 (unachtsames Überschreiten bei Dunkelheit an breitester Stelle der Fahrbahn)
35%:	OLG München NZV 1991, 389 (anfahrender Bus erfasst besonders kleine Fußgängerin)
1/3:	BGH VersR 1967, 608 (Fußgänger bei Dunkelheit unachtsam)
	OLG München VersR 1968, 480 (gehbehinderter Fußgänger, Ampel in der Nähe)
	OLG München VersR 1978, 928 (alte Frau quert trotz Unterführung breite Ausfallstraße, kehrt um)
	OLG Karlsruhe VersR 1982, 657 (Kfz fährt an stehender Kolonne vorbei, Fußgänger quert 20 m neben Überweg)
	OLG Stuttgart VRS 66, 92 (breite Straße, 20 m neben Überweg)
	OLG Koblenz VRS 64, 250 (Fußgänger quert bei schlechter Sicht kurz vor Kfz)
	OLG Köln VersR 1987, 513 (Fußgänger alkoholisiert, schlechte Sicht)
	KG VM 1986, Nr 40 (Krad fährt zulässigerweise ganz links)
	OLG Celle VersR 1990, 911 (Überqueren einer dreispurigen Straße bei starkem Verkehr, Dunkelheit und Nässe 60 m von Ampelübergang entfernt)
	OLG Celle OLGR 1998, 219 (40 km/h innerorts bei schlechten Sichtverhältnissen, Fußgänger grob unaufmerksam)
	OLG Hamm NZV 1994, 276 (Rotlichtverstoß eines betrunkenen Fußgängers, unfallkausale Überschreitung der zulässigen Geschwindigkeit von 50 km/h um 10 km/h)
	OLG Köln OLGR 1995, 21 (Fußgänger läuft unachtsam bei Dunkelheit aus Wald auf Fahrbahn)
	OLG Hamm NZV 2001, 41 (Pkw-Fahrer stellt Fahrweise nicht auf bereits auf Fahrbahn befindlichen Fußgänger ein)
30%:	BGH VersR 1965, 294 (Fußgänger schiebt Rad bei Dunkelheit unaufmerksam über Straße)
	BGH VersR 1975, 858 (Fußgänger bei Rot)
25%:	OLG Koblenz VersR 1975, 286 (Fußgänger bei Dunkelheit unaufmerksam)
	OLG Karlsruhe VersR 1978, 160 (Fußgänger wegen Trunkenheit gestürzt)
	OLG Hamm NZV 1995, 72 (Fußgänger achtet beim Überqueren der Fahrbahn nicht auf Kfz, das aus Grundstücksausfahrt einbiegt)
20%:	OLG Bremen VersR 1966, 962 (Fußgänger quert schräg)
	OLG Hamm VersR 1983, 643 (Fußgänger zwischen parkenden Autos)
	OLG Hamm VersR 1989, 97 (breite innerstädtische Straße)
0:	BGH VersR 1960, 183 (Fußgänger im Laufschritt, unmittelbar vor Begegnung zweier Kfz)
	BGH VersR 1961, 357 (unmittelbare Nähe einer gerade umschaltenden Ampel)
	BGH VersR 1961, 592 (Fußgänger erheblich alkoholisiert auf Großstadtstraße)
	BGH VersR 1964, 168 (unachtsames Betreten der Fahrbahn)
	BGH VersR 1964, 1069 (Fußgänger tritt kurz vor Kfz auf Fahrbahn)
	BGH VersR 1966, 877 (Fußgänger zwischen parkenden Kfz)
	BGH VersR 1975, 1121 (Fußgänger tritt plötzlich auf Fahrbahn)
	OLG Hamm VersR 1971, 1177 LS (Fußgänger erheblich alkoholisiert, stößt von links gegen Kfz)
	OLG Hamm DAR 1999, 170 (anfahrender Pkw erfasst kriechenden Fußgänger)

§ 22 Mitverantwortung des Geschädigten

0:	KG VersR 1972, 104 (Fußgänger grob unaufmerksam, Kraftfahrer alkoholisiert)
	KG VersR 1979, 355 (Nähe eines Überwegs, Dunkelheit, lebhafter Verkehr)
	KG DAR 1986, 323 (Fußgänger läuft auf Fahrbahn zurück)
	OLG Düsseldorf VersR 1973, 40 (Fußgänger tritt unaufmerksam auf Fahrbahn)
	OLG Düsseldorf VersR 1976, 152 (Fußgänger tritt plötzlich auf Großstadtstraße)
	OLG Köln VersR 1976, 1095 (Fußgänger bei Rot, Regen und lebhaftem Verkehr)
	OLG Köln OLGR 1996, 245 (unvermitteltes Betreten der Fahrbahn, nicht unfallkausale Alkoholisierung des Fahrers)
	OLG Stuttgart VersR 1980, 243 (unmittelbare Nähe von Überweg mit Rotlicht)
	OLG Hamm VersR 1989, 1057 (Fußgänger tritt plötzlich aus Gebüsch auf die Straße)
	OLG Hamm VersR 1991, 1187 (unachtsames Überqueren innerstädtischer Straße bei diffusen Lichtverhältnissen)
	OLG Bamberg VersR 1992, 1531 (unachtsames Betreten stark befahrener Straße zwischen geparkten Fahrzeugen)
	OLG Hamm NZV 1993, 314 (Vorbeifahrt mit 47 km/h an gestauter Kolonne, aus der Fußgänger unvermittelt hervortritt)
	KG VersR 1993, 201 (völlig unbedachtes Überqueren ca 35 m von Ampelüberweg entfernt)
	OLG Düsseldorf NZV 1994, 70 (53 km/h innerorts)
	OLG Hamm NZV 2000, 371 (zwischen wie im Stau stehenden Lkw auf angrenzenden Fahrstreifen)
	OLG Dresden NZV 2001, 378 (alkoholisierter Fußgänger läuft plötzlich auf verkehrsreiche städtische Straße)
	KG NZV 2003, 380 (grobe Fahrlässigkeit des Fußgängers; reine Betriebsgefahr)

cc) Sonstige Unfälle mit Personen auf der Fahrbahn

Berührung eines Linienbusses mit Fußgänger, der an einer Haltestelle nur 20 cm von der Gehwegkante entfernt steht: Haftung für Bus nur 25% (OLG Hamm VersR 1978, 876).

Einfahren in Busbahnhof bei winterlichen Verhältnissen mit 12 bis 15 km/h; auf Bus zulaufender Jugendlicher rutscht aus (OLG Schleswig VRS 82, 278: 50%).

Fußgänger, der sich in Gefahrenbereich eines kippenden Lkw begibt, trägt volle Haftung (KG VRS 73, 175).

Anfahren von Personen, die an einer Unfallstelle auf der Fahrbahn stehen: Alleinhaftung des Kfz (OLG Frankfurt NZV 1989, 149).

Anfahren einer an der Fahrertür ihres Wagens stehenden Person infolge zu geringen Seitenabstands (OLG Karlsruhe VersR 1989, 269: volle Haftung).

Anfahren eines Fußgängers, der rechts neben einem mit geöffneter Beifahrertür auf dem mittleren Fahrstreifen stehenden Pkw steht, durch alkoholisierten Kraftfahrer (OLG München NZV 1994, 107: volle Haftung).

Fahrer geht nach Ausladevorgang um seinen Transporter herum zurück zur Fahrertür und wird von entgegenkommendem Pkw erfasst; Transporter verengte unnötig die Fahrbahn; Entgegenkommen traf trotz 1,3‰ kein unfallsächliches Verschulden (OLG Zweibrücken VersR 1995, 429).

Arbeiter kniet auf Betriebsgelände vor Lieferwagen; dieser fährt an: Mithaftung des Verletzten 30% (OLG Schleswig NZV 1996, 68).

Vierter Teil. Ausschluss und Beschränkung der Haftung, Verjährung

Soldat steht bei Dunkelheit ungesichert auf Fahrbahn, um Lkw in Einfahrt zu dirigieren; wird von nicht auf Sicht fahrendem Pkw erfasst: Mithaftung von 2/3 (OLG Schleswig NZV 1995, 445).
Anfahren eines neben seinem Fahrrad auf der Straße hockenden Mannes bei Dunkelheit und Verstoß gegen Sichtfahrgebot: 50% (OLG Hamm NZV 1998, 202).
Aufenthalt hinter Tanklastzug, mit dessen Rückwärtsfahren zu rechnen war (OLG Oldenburg NZV 2001, 377).
Aufenthalt auf Standstreifen der Autobahn im Bereich der Seitenlinie (OLG Hamm NZV 2001, 260).

k) Unfälle zwischen Kfz und Inline-Skater

246 Angesichts der unklaren verkehrsrechtlichen Einordnung des Inline-Skating (vgl § 14 Rn 283 ff) lassen sich auch zur Quotierung nur wenig verlässliche Angaben machen. Vernachlässigt der Skater deutlich die zur Gefahrenabwehr gebotenen Verhaltensmaßregeln, erscheint beim Zusammentreffen mit reiner Betriebsgefahr des Kfz oder leichtem Verschulden seines Führers eine weit überwiegende Eigenhaftung gerechtfertigt. Umgekehrt sollte bei klarem Verkehrsverstoß des Kraftfahrers der Skater nicht allein deswegen mithaften, weil er sich auf die Verkehrswidrigkeit durch Verzicht auf sein eigenes Vorrecht hätte einstellen können.[530]

l) Kfz-Unfälle mit Kindern

247 Bei Unfällen zwischen Kfz und Kindern ist dem Kraftfahrzeughalter, der – wie idR – den Beweis höherer Gewalt (§ 7 Abs 2 StVG) nicht führen kann, idR eine Mithaftung aufzuerlegen. Der Grundsatz, dass bei einem grob verkehrswidrigen Verhalten des Geschädigten die Betriebsgefahr des Kfz voll zurücktritt, ist bei noch nicht 10 Jahre alten Kindern infolge von § 828 Abs 2 BGB überhaupt nicht, im Übrigen dann nicht anwendbar, wenn das Verhalten des Kindes auf seine fehlende Eingewöhnung und Erfahrung im Straßenverkehr zurückzuführen ist.[531] Der BGH hat bereits vor dem Inkrafttreten des § 828 Abs 2 BGB (1.8.2002) aus dem Zweck der Gefährdungshaftung abgeleitet, dass die aus diesen Gegebenheiten erwachsenden Gefahren und Schadenslasten dem Kraftfahrzeugbetrieb zuzurechnen sind[532] und daher bei gerade erst deliktsfähig gewordenen Kindern eine Haftungsfreistellung nur in Ausnahmefällen in Betracht gezogen, zB wenn – gemessen an dem altersspezifischen Verhalten von Kindern – auch subjektiv ein besonders vorwerfbarer Sorgfaltsverstoß vorliege. Das objektive Gewicht des Unfallbeitrags des Kindes gewinnt dagegen in der Abwägung mit der Betriebsgefahr immer mehr an Bedeutung, je stärker Kinder vom Alter her in den Straßenverkehr integriert sein müssen.[533] Ist das Kind unter 10 Jahre alt und damit deliktisch noch nicht verantwortlich, so haftet der (nicht entlastete) Kraftfahrer voll; eine reziproke Anwendung des § 829 BGB (Rn 26) lehnt die Rspr in diesen Fällen regelmäßig ab.[534] In Betracht kommt hier allenfalls eine Mithaftung des Aufsichtspflichtigen[535] (dazu Rn 143 u § 14 Rn 316).

---

530 So aber OLG Karlsruhe NZV 1999, 44 mit der ohnehin schwer verständlichen Mithaftungsquote von 15%.
531 OLG Nürnberg VersR 1999, 1035.
532 NZV 1990, 227.
533 Vgl OLG Braunschweig NZV 1998, 27: Betriebsgefahr tritt voll zurück bei grob verkehrswidrigem Verhalten eines 12-jährigen Radfahrers.
534 Vgl BGHZ 73, 190, 192; BGH VersR 1982, 441, 442.
535 Vgl OLG Karlsruhe VersR 1982, 450 (Mutter mit Kind bleibt in Fahrbahnmitte stehen, Kind läuft weiter: 1/3).

§ 22 Mitverantwortung des Geschädigten

Rechtsprechungsübersicht zur Haftungsabwägung zwischen Kind und Kraftfahrzeughalter (in Klammern dessen Haftungsquote – bei älteren Entscheidungen ist die Änderung des § 828 BGB [s vorstehend] zu beachten): **248**

Kind als Fußgänger

249

100%:	BGH VersR 1967, 1157 (Kind auf Randstreifen von Außenspiegel getroffen)
	OLG Düsseldorf VersR 1986, 471 (Kraftfahrer gibt Handzeichen, obwohl zweite Fahrspur nicht frei)
	OLG Oldenburg DAR 1989, 186 (Kraftfahrer erfasst bei verbotswidrigem Überholen nach Warnzeichen „Kinder" auf linker Fahrbahnseite gehenden 12-jährigen)
85%:	OLG Köln VersR 1989, 206 (Verkehrszeichen „Kinder", knapp 8-jähriges Kind quert Fahrbahn)
80%:	OLG Frankfurt VersR 1984, 1093 (11-jähriger mit Rollschuhen, Kfz mit überhöhter Geschwindigkeit)
75%:	BGH VersR 1959, 615 (Lastzug nicht sofort gebremst, als 7¾-jähriges Kind losließ)
	BGH VersR 1968, 475 (knapp 8-jähriges Kind allein auf Gehweg, Kfz gibt kein Warnzeichen)
	OLG Hamm NZV 1991, 467 (schmale Durchfahrt zwischen Omnibus an Haltestelle und in Gegenrichtung stehender Kolonne; Pkw fährt mit 55 km/h erheblich zu schnell; 8-jähriger läuft durch Lücke in der Kolonne)
	OLG Hamm OLGR 1999, 256 (13-jährige überquert innerorts Fahrbahn, Pkw-Fahrer 70 statt 50 km/h)
2/3:	OLG Karlsruhe VersR 1979, 478 (7-jähriges Kind hüpft vor Pkw auf Fahrbahn)
	OLG Hamm NZV 1988, 102 u 1990, 473 (spielendes Kind in Wohnstraße)
	OLG Hamm NZV 2000, 259 (8-jähriger löst sich aus Kindergruppe auf Gehweg; Pkw mit 45 km/h zu schnell)
50%:	OLG Karlsruhe VersR 1983, 252 (7-jähriges Kind, Hergang ungeklärt)
	OLG München VersR 1984, 395 (12-jähriger läuft im Schutzbereich des Zeichens „Kinder" vor Pkw)
	OLG München VersR 1985, 869 (7-jähriges Kind, Kfz steht sichtbehindernd im Haltverbot)
	OLG Saarbrücken VersR 1991, 707 (7-jähriges Kind; kein Verschulden des Kraftfahrers bewiesen)
1/3:	OLG Nürnberg VRS 66, 3 (12-jähriges Mädchen)
30%:	OLG Celle VersR 1987, 360 (8-jähriger rennt zwischen parkenden Fahrzeugen auf Fahrbahn)
25%:	OLG Frankfurt VersR 1981, 240 (9-jähriger, für Pkw-Fahrer verdeckt)
	OLG Hamm VersR 1986, 557 LS (plötzlich über die Fahrbahn laufendes Kind)
	OLG Karlsruhe VersR 1986, 770 (9-jähriges Kind läuft unachtsam auf Fahrbahn)
	OLG Düsseldorf NZV 1992, 188 (9-jähriges Kind läuft beim Spiel auf die Fahrbahn; von langsam fahrendem Reinigungsfahrzeug für überholenden Kraftfahrer verdeckt)
	OLG Hamm NZV 1996, 70 (unachtsamer 13-jähriger; kein Verschulden des Führers)
	OLG Saarbrücken ZfS 1995, 406 (unachtsamer 14-jähriger; kein Verschulden des Führers)

Vierter Teil. Ausschluss und Beschränkung der Haftung, Verjährung

Kind als Radfahrer[536]

250

100%:	OLG Frankfurt VersR 1984, 1047 (Begegnung mit Bus an Engstelle)
	OLG Hamm NZV 1997, 230 (Pkw in verkehrsberuhigtem Bereich zu schnell)
	LG Bonn NZV 1991, 74 (Kradfahrer nähert sich innerorts mit 78 km/h einer Gruppe von Kindern, von denen eines bereits die Fahrbahn überquert hat; 8-jähriger folgt diesem und wird erfasst)
80%:	OLG München NZV 1989, 154 (durch Hindernis verdecktes Kind quert Fahrbahn)
	OLG Braunschweig DAR 1994, 277 (Vorfahrtverletzung durch 8-jährigen; Pkw innerorts 68 km/h)
75%:	OLG Köln NZV 1992, 233 (8½-jähriger fährt aus schwer einsehbarem Wirtschaftsweg auf Landesstraße; 100 km/h für Örtlichkeit zu schnell)
	OLG Saarbrücken OLGR 1998, 100 (12-jähriger kommt mit hoher Geschwindigkeit auf abschüssigem Wirtschaftsweg entgegen)
2/3:	OLG Düsseldorf VRS 63, 257 (Kind von 7¾ Jahren überquert außerorts Fahrbahn; Pkw ca 100 km/h)
50%:	OLG Bamberg VersR 1980, 285 (Vorfahrtverletzung durch 9-jährigen Jungen)
40%:	LG Osnabrück VersR 1992, 466 (Vorfahrtverletzung durch 9-jährigen)
1/3:	OLG Nürnberg VersR 1992, 1533 (Vorfahrtverletzung durch 8-jähriges Kind; Pkw etwas zu schnell)
	OLG Hamm NZV 1991, 69 (12-jähriger fährt von Gehweg auf Fahrbahn)
	OLG Oldenburg VersR 1998, 1004 (11½-jähriger befährt Zebrastreifen ohne Beachtung des Verkehrs)
30%:	OLG Oldenburg VersR 1984, 590 (Kind fährt beim Linksabbiegen gegen Pkw des Gegenverkehrs)
25%:	OLG Nürnberg VersR 1999, 1035 (fast 10-jähriger fährt von Feldweg auf Ortsverbindungsstraße)
20%	OLG Bremen DAR 1989, 305 (Kind fährt von Gehweg auf Straße)
0:	OLG Köln NZV 1992, 320 (10-jähriger fährt blindlings aus verkehrsberuhigtem Bereich heraus)
	OLG Braunschweig NZV 1998, 27 (12-jähriger fährt blindlings über Bordstein auf Bundesstraße)

m) Sonstige Kfz-Unfälle

251 Zum Zusammentreffen mit einer Haftung aus **Verletzung der Verkehrssicherungspflicht** vgl § 13 Rn 162 ff, zur **Amtshaftung** § 12 Rn 10, zum Zusammentreffen mit Mitverschulden eines **Fahrgastes** Rn 262 f. Vgl ferner

zum Zurücktreten der Betriebsgefahr eines unfallbedingt auf der Autobahn liegengebliebenen Kfz, wenn ein anderes Kfz wegen grober Unaufmerksamkeit ungebremst auf ein die Unfallstelle ordnungsgemäß absicherndes Fahrzeug oder einen gut erkennbaren Rettungshubschrauber auffährt BGH NZV 2004, 243, 244 u OLG Köln VM 2006 Nr 71,

zur Kollision zwischen Kfz und Kranausleger in Hafenbereich OLG Düsseldorf VersR 1983, 785,

zum Mitverschulden eines zur Verkehrsregelung eingesetzten, alkoholisierten Feuerwehrmannes OLG Nürnberg VersR 1984, 948,

zur Alleinhaftung gegenüber einem auf der linken Fahrbahnseite entgegenkommenden Reiter OLG Frankfurt (Kassel) NZV 1989, 149.

---

536 Eingehende Erwägungen zur Haftungsquotierung bei Radfahrunfällen mit Kindern enthält LG Osnabrück VersR 1992, 466.

§ 22 Mitverantwortung des Geschädigten

n) Unfälle zwischen Schienenfahrzeugen und nicht motorisierten Verkehrsteilnehmern[537]

aa) Fußgänger

BGH VersR 1961, 475: Überschreiten der Schienen kurz vor Zug (0);

BGH VersR 1961, 908: 11-jähriger Schüler, Verschulden des Straßenbahnfahrers (2/3);

BGH VersR 1963, 874: Überschreiten der Gleise kurz vor Zug (0);

BGH VersR 1966, 1142: Überschreiten der Gleise, Straßenbahnverkehr entgegen der Einbahnstraße (50%);

BGH VersR 1976, 960: Mitverschulden des Straßenbahnfahrers (50%);

OLG München VersR 1967, 236: rechtsabbiegende Straßenbahn beachtet Fußgängerverkehr nicht (50%);

OLG Düsseldorf VersR 1968, 652: Dreizehnjährige läuft vor Straßenbahn über das Gleis (0);

OLG Frankfurt VersR 1976, 1135: auf Fußgängerinsel stehende Passantin wird während der Vorbeifahrt einer Straßenbahn von dieser erfasst (0);

OLG Hamm VersR 1983, 669: 11-jähriges Kind, unklare Regelung (100%);

OLG Düsseldorf VersR 1983, 861: Überschreiten der Gleise auf Überweg trotz Umlaufschranke und Warnschild (30%);

OLG Düsseldorf VRS 67, 1: Fußgänger zu nahe am Gleis (0);

OLG Naumburg VersR 1996, 732: unaufmerksame Jugendliche auf Bahnübergang, Straßenbahnführer gibt nur Warnzeichen, statt sogleich zu verlangsamen (50%);

OLG Nürnberg NZV 2002, 127: verbotswidriges Überqueren der Gleise auf Trampelpfad (0);

OLG Köln NZV 2002, 369: Überqueren der Straßenbahngleise bei Rot im Laufschritt (0).

bb) Radfahrer

BGH VersR 1957, 296: wartepflichtiger Radfahrer, Straßenbahn fährt an Haltestelle vor Kreuzung ohne Warnsignal durch (1/3);

BGH VersR 1967, 138: Verschulden des Radfahrers, Dunkelheit und Regen (20%);

OLG Nürnberg VersR 1967, 815: rangierende Eisenbahn gegen Radfahrer auf unbeschranktem Übergang (50%);

BGH VersR 1968, 582: Straßenbahn überholt Radfahrer mit zu geringem Seitenabstand (100%);

BGH VersR 1975, 258: 12-jähriger Radfahrer, Unfall auf Überweg (50%);

OLG Hamm VersR 1992, 510: übersichtlicher und durch Springlicht gesicherter Übergang über Straßenbahngleise (0).

cc) Tiere

OLG Hamm NJW 1958, 346: scheuendes Pferd wirft seinen Führer vor entgegenkommende Straßenbahn (100%);

OLG Celle VersR 1976, 763: Kuh auf ungesichertem Bahnübergang (1/3).

o) Unfälle zwischen nicht motorisierten Verkehrsteilnehmern

In diesen die Rspr nicht sehr häufig beschäftigenden Fällen lassen sich nur schwer allgemeine Aussagen zur Haftungsverteilung treffen. Noch mehr als in den Kfz-Unfällen kommt es hier ganz auf die genauen Umstände des Einzelfalles an; von einer Wiedergabe der Haftungsquoten wird daher abgesehen.

---

537 Angegeben ist Haftungsquote des Bahnunternehmers.

Vierter Teil. Ausschluss und Beschränkung der Haftung, Verjährung

aa) Fahrrad gegen Fahrrad

256 **Überholen:** OLG Hamm NZV 1995, 316 (Ausscheren auf abgetrennten Gehweg während Überholvorgangs).

Kreuzungszusammenstoß: BGH VersR 1971, 909; OLG Düsseldorf VkBl 1950, 159.

Linksabbiegen: OLG München VersR 1985, 769 LS (Kollision mit Überholer).

Gegenverkehr: BGH VersR 1988, 85 (radfahrendes Kind stößt auf Gehweg mit erwachsener Radfahrerin zusammen); BGH NZV 1992, 318 (Zusammenstoß zwischen stark alkoholisiertem und Radweg in falscher Richtung befahrendem Radfahrer).

bb) Radfahrer gegen Fußgänger

257 **Betreten der Fahrbahn:** BGH DAR 1957, 211; VersR 1967, 179; 1968, 804; OLG Karlsruhe NZV 1991, 25 (Rennradfahrer); KG NZV 2003, 483 (Sturz bei Notbremsung); AG Kenzingen VersR 1987, 212.

Queren des Radwegs: BGH NZV 1999, 418; OLG Celle NZV 2003, 179 (Rennradfahrer und Jogger).

Kind: BGH VersR 1962, 635; OLG Nürnberg VersR 1962, 1116.

cc) Radfahrer gegen Pferd

258 OLG Düsseldorf NJW-RR 1992, 475 (Radfahrerin fährt auf Radweg weiter, obwohl sie Unruhe eines entgegenkommenden Pferdes bemerkt).

dd) Sonstige Radfahrerunfälle

259 Das **Mitfahren auf dem Gepäckträger** aus jugendlichem Leichtsinn kann zur völligen Haftungsfreiheit des das Fahrrad lenkenden Spielgefährten führen (OLG Braunschweig NZV 1991, 152).

ee) Sonstige Fußgängerunfälle

260 BGH NJW 1961, 1622, VersR 1968, 301 (rollerfahrendes Kind fährt Fußgänger an); LG Berlin VersR 1972, 56 (Fußgänger stolpert über von spielenden Kindern gezogenen Gummifaden).

ff) Unfälle mit Tieren

261 **Radfahrer und Pferd:** OLG Düsseldorf NJW-RR 1992, 475 (Radfahrerin fährt auf Radweg weiter, obwohl sie Unruhe eines entgegenkommenden Pferdes bemerkt).

p) Mitverschulden von Kfz-Insassen

aa) Privatfahrzeuge

262 **Ablenkung des Fahrers:** OLG Hamm NZV 1995, 481 (mit sehr hoher Haftungsquote des massiv abgelenkten Fahrers).

Mitfahren bei Fahrer ohne Fahrerlaubnis: BGH VersR 1985, 965; OLG Köln VersR 1984, 545; OLG Bamberg VersR 1985, 786; OLG Hamm VersR 1987, 205; LG Stuttgart VersR 1985, 150.

Mitfahren bei Fahruntüchtigem: BGH VersR 1969, 380; 1971, 473; OLG Celle NZV 2005, 421; OLG München VersR 1986, 925; OLG Koblenz VersR 1989, 405; OLG Frankfurt ZfS 1991, 150; OLG Hamm MDR 1996, 149; NZV 2001, 86.

Nichtangurten: s Rn 82 und *Berr* DAR 1990, 343 ff.

Kraftradbeifahrer ohne Helm: OLG Nürnberg DAR 1989, 296 m Anm *Berr*.

bb) Öffentliche Verkehrsmittel

263 **Nicht ausreichendes Festhalten:** OLG Stuttgart VersR 1971, 674; OLG Düsseldorf VersR 1986, 64; OLG Hamm r+s 1993, 335; LG Hanau VersR 1971, 727 m Anm *Schmalzl* 873; LG Hamburg VersR 1971, 136; LG Wiesbaden VersR 1975, 481; LG Düsseldorf NZV 1991, 475.

Sturz beim Aussteigen: OLG Frankfurt VersR 1975, 381.

Fünfter Teil
Ersatz des Sachschadens

§ 23 Totalschaden

Übersicht	Rn
I. Begriff.	1
II. Art und Höhe der Ersatzleistung	4
1. Restitution nach § 249 BGB	4
2. Kompensation nach § 251 BGB	7
3. Absehen von Ersatzbeschaffung	13
4. Abzug des Restwerts	15
5. Steuerliche Nachteile	16
III. Einzelheiten der Schadensberechnung bei Totalschaden eines Kfz	17
1. Wiederbeschaffungskosten	17
2. Restwert	25
3. Nebenkosten	26
IV. Besonderheiten bei Leasingfahrzeugen	28
1. Ansprüche des Leasinggebers	28
2. Ansprüche des Leasingnehmers	29

I. Begriff

Ein Totalschaden im eigentlichen Sinn (technischer Totalschaden) liegt vor, wenn eine Sache **vollständig zerstört** ist (dh so, dass eine Wiederherstellung objektiv unmöglich ist) oder wenn sie abhanden gekommen ist (zum hiervon zu unterscheidenden wirtschaftlichen Totalschaden – Wiederherstellung möglich, aber nicht wirtschaftlich – s § 24 Rn 2, 10). Ob Wiederherstellung möglich ist, entscheidet nicht allein der Geschädigte, sondern die – ggf vom Richter festzustellende – allgemein bewährte technische und wirtschaftliche Verkehrsanschauung.[1] Bei der Zerstörung eines Gebäudes ist für die Frage der Wiederherstellbarkeit nicht allein auf dieses, sondern auf das bebaute Grundstück insgesamt abzustellen (vgl § 24 Rn 87). **1**

Zeigt sich erst nach **Reparaturversuchen**, dass eine Wiederherstellung nicht gelingt, so hat der Ersatzpflichtige neben dem Totalschaden auch die Kosten der fehlgeschlagenen, aus ursprünglicher Sicht aber sinnvollen Reparatur zu tragen.[2] **2**

---

1 BGH VersR 1977, 743.
2 BGH VersR 1976, 389; 1978, 838.

Fünfter Teil. Ersatz des Sachschadens

3   Kommt es erst durch das **Zusammenwirken** mehrerer aufeinanderfolgender Schädigungen, die für sich genommen nur reparable Schäden hervorgerufen hätten, zum Totalschaden, so haftet, falls keine gesamtschuldnerische Haftung eingreift, der frühere Schädiger auf die gedachten Reparaturkosten, während der letzte Schädiger zwar Totalschadensersatz schuldet, jedoch nur auf der Basis des Wertes, den die beschädigte Sache zum Zeitpunkt seines Schadensbeitrags noch hatte (vgl zu dieser hauptsächlich beim wirtschaftlichen Totalschaden auftretenden Situation § 24 Rn 81).

II. Art und Höhe der Ersatzleistung

1. Restitution nach § 249 BGB

4   Da beim Totalschaden eine Wiederherstellung begrifflich ausgeschlossen ist, kommt als Grundlage für die Ersatzansprüche des Geschädigten primär nicht § 249 BGB, sondern § 251 Abs 1 BGB in Betracht. Bei **vertretbaren Sachen** wird jedoch auch die Ersatzbeschaffung als Form der Naturalrestitution angesehen und Schadensersatz nach § 249 BGB zugesprochen. Wird also eine noch völlig ungebrauchte oder jedenfalls nach der Verkehrsanschauung neuwertige Sache so beschädigt, dass eine Wiederherstellung nicht möglich ist, muss der Ersatzpflichtige nach Wahl des Geschädigten entweder einen gleichartigen Ersatz liefern oder den zur Beschaffung einer entsprechenden neuen Sache erforderlichen Geldbetrag zahlen.

5   Bei der Zerstörung von **gebrauchten Sachen** wendet die Rspr – obwohl sie wegen der individuellen Gebrauchsspuren nicht vollkommen restituierbar sind – ebenfalls § 249 BGB an, sofern die Beschaffung eines gleichartigen Ersatzes – wie insbesondere bei gebrauchten Kfz – ohne unverhältnismäßigen Aufwand möglich ist (Nachw u Kritik § 24 Rn 8 f). Der Ersatz der **Wiederbeschaffungskosten** ist daher beim Totalschaden von Kfz die übliche Form des Schadensersatzes (näher Rn 17 ff).

6   Kann Ersatz nur durch eine neue Sache geleistet werden, ist grundsätzlich ein **Abzug „neu für alt"** vorzunehmen, der den Wertunterschied ausgleicht; das gilt auch für langlebige Wirtschaftsgüter.[3] Der Abzug kann unterbleiben, wenn die wirtschaftliche Lage des Geschädigten so ungünstig ist, dass ihm die Bezahlung des Unterschiedsbetrags nicht zuzumuten ist,[4] oder sofern bei wertender Betrachtung nicht von einer ins Gewicht fallenden Vermögensmehrung auszugehen ist.[5]

2. Kompensation nach § 251 BGB

7   Diese Form der Ersatzleistung kommt somit nur zum Zuge, wenn eine unvertretbare und nicht mit verhältnismäßigem Aufwand substituierbare Sache zerstört wird.[6] In die-

---

3 BGHZ 30, 29.
4 BGHZ 30, 29, 33; OLG Schleswig MDR 1952, 747.
5 Bsp: Ersatz einer Kieferprothese (AG Landshut NJW 1990, 1537). Dagegen wurde Abzug bejaht für Brille (LG Freiburg VersR 1989, 636 LS) und Kleidung (AG Ludwigshafen ZfS 1985, 75).
6 BGHZ 92, 85, 87 f = JZ 1985, 39 m Anm *Medicus* (einmaliges Bastlerstück). S a BT-Drs 14/7752 S 13.

sem Fall ist eine **Entschädigung für die Wertminderung** zu leisten, die das Vermögen des Geschädigten durch das Schadensereignis erlitten hat.

Dieses Wertinteresse entspricht idR dem **Verkehrswert** der zerstörten Sache.[7] Entscheidend ist der Geldbetrag, mit dem die Sache in eine Vermögensbilanz des Geschädigten einzustellen wäre, idR also der Marktpreis.[8] Bei nicht marktgängigen Gegenständen ist im Rahmen freier Schätzung nach § 287 ZPO zu ermitteln, welchen Wert die Sache (unter Ausschluss immaterieller Werte) im Zeitpunkt der Zerstörung für den Geschädigten hatte.[9] In der Regel ist auf den **Veräußerungswert**[10] abzustellen, nicht auf die Anschaffungs- oder Herstellungskosten.[11] Besteht jedoch für die beschädigte Sache kein Markt, kann der Neupreis abzüglich einer an der vorgesehenen Nutzungsdauer orientierten Abschreibung zugrunde gelegt werden.[12] Umsatzsteuer umfasst die nach § 251 BGB zu leistende Entschädigung nicht;[13] soweit sie bei einer Veräußerung überhaupt anfiele, müsste sie vom Geschädigten abgeführt werden.

8

Ein **Affektionsinteresse**, etwa für die mit der Sache (Schmuckstück, Fotoalbum) verbundenen persönlichen Erinnerungen, ist nicht zu ersetzen.[14]

9

Bei **Bäumen, Gehölzen uä** besteht grundsätzlich kein Anspruch auf Naturalrestitution, sondern nur auf Ersatz der Wertminderung des Grundstücks, dessen wesentlicher Bestandteil der Baum war.[15] Zur Berechnung des Schadensersatzes hat sich das sog Sachwertverfahren durchgesetzt.[16]

10

Der Verlust von **Tieren** ist nach § 251 Abs 1 BGB und vorstehenden Grundsätzen zu entschädigen. Es kann nicht der volle Anschaffungspreis verlangt werden;[17] das Alter des Tieres muss berücksichtigt werden.

11

Werden durch den Unfall **Datenträger** unbrauchbar, ist (bis zur Grenze des § 251 Abs 2 S 1 BGB) der zur Wiederherstellung der verlorenen Daten erforderliche Aufwand zu ersetzen.[18]

12

---

7 BGHZ 92, 85, 90 = JZ 1985, 39 m Anm *Medicus*.
8 BGHZ 92, 85, 93 = JZ 1985, 39 m Anm *Medicus*.
9 OLG Stuttgart NJW 1967, 252.
10 *Ch Huber* Fragen der Schadensberechnung[2] (1995) S 156 ff; *ders* NZV 2004, 108; *Picker* S 121 ff; *Knütel* ZGS 2003, 18; dagegen zu Unrecht *Unterreitmeier* NZV 2004, 331 f.
11 BGHZ 92, 85, 92 = JZ 1985, 39 m Anm *Medicus*; hierzu krit *E Schmidt* JuS 1986, 517 ff.
12 Vgl OLG Koblenz VersR 1991, 1188 (Straßenbahnzug); OLG Düsseldorf NZV 1997, 120 (Eisenbahnwaggon).
13 *Knütel* ZGS 2003, 19; **aA** *Palandt/Heinrichs* § 251 Rn 10; *Heß* NZV 2004, 5.
14 OLG Köln OLGZ 1973, 7.
15 BGH NJW 2006, 1424; VersR 1975, 1047 = 1102 m Anm *Koch*; KG VersR 1976, 735 m Anm *Koch*; KG VersR 1979, 139 = 378 m Anm *Koch*; OLG Celle VersR 1984, 69 m Anm *Koch*; 1986, 973; OLG Oldenburg VersR 1986, 1004 m Anm *Koch*; LG Kassel VersR 1984, 92; LG Osnabrück VersR 1986, 398 m Anm *Koch; Koch* NJW 1979, 2601, VersR 1984, 110 u 1986, 1160; *Breloer* VersR 1985, 322; **aA** *Kappus* VersR 1984, 1021.
16 Vgl *Koch* Aktualisierte Gehölzwerttabellen; *Breloer* Was ist mein Baum wert?[3]; *Koch* VersR 1984, 110; 1985, 213; 1986, 1160; 1990, 573; OLG München VersR 1990, 670 m Anm *Breloer*. Gegen Ausschließlichkeit dieses Verfahrens *Fleckenstein* VersR 1987, 236; krit hierzu *Breloer* VersR 1987, 436.
17 **AA** AG Frankfurt/M NJW-RR 2001, 17.
18 LG Kaiserslautern DAR 2001, 225 (auch zum Mitverschulden wegen unterlassener Datensicherung).

3. Absehen von Ersatzbeschaffung

13 a) Soweit der Geschädigte Ersatz der **Wiederbeschaffungskosten nach § 249 BGB** verlangen kann (s Rn 4 ff), ist sein Anspruch nach st Rspr nicht davon abhängig, dass er tatsächlich eine Ersatzsache anschafft (näher § 3 Rn 228). Er kann in jedem Fall die vom Sachverständigen geschätzten Wiederbeschaffungskosten, vermindert um den Restwert (Rn 15) verlangen. Bei Unfällen vor dem 1.8.2002 wurde ihm auch die fiktive Umsatzsteuer zugesprochen[19] (Einzelheiten Rn 21). Für Schadensfälle nach diesem Zeitpunkt[20] gilt § 249 Abs 2 S 2 BGB, wonach nur noch tatsächlich angefallene Umsatzsteuer zu ersetzen ist. Zum Vorsteuerabzug s Rn 22 f; zur Frage von Nachforderungen bei späterer Ersatzbeschaffung s § 24 Rn 71.

14 b) Hat der Geschädigte dagegen Anspruch auf **Entschädigung nach § 251 BGB** (s Rn 7 ff), kommt es auf die Durchführung einer Ersatzbeschaffung überhaupt nicht an.

4. Abzug des Restwerts

15 Hat die beschädigte Sache noch einen Restwert (Schrottwert), ist dieser bei der Ermittlung des Wiederbeschaffungsaufwands bzw der Vermögensminderung in Abzug zu bringen,[21] sofern nicht – wozu der Geschädigte jedenfalls bei voller Haftung[22] auch dem Haftpflichtversicherer gegenüber berechtigt,[23] aber nicht verpflichtet ist[24] – die Restteile dem Schädiger zur Verfügung gestellt werden.[25] Näher zur Bemessung des Restwerts § 24 Rn 65 ff.

5. Steuerliche Nachteile

16 Solche können sich für den Geschädigten daraus ergeben, dass er anstelle eines bereits (weitgehend) abgeschriebenen Wirtschaftsguts eine Schadensersatzleistung erhält, die als steuerpflichtiger Gewinn zu Buche schlägt.[26] Dieser Nachteil dürfte allerdings kaum ausgleichbar und daher vom Geschädigten hinzunehmen sein.[27]

III. Einzelheiten der Schadensberechnung bei Totalschaden eines Kfz

1. Wiederbeschaffungskosten

17 a) **Allgemeines.** Bei Totalschaden eines Kfz billigt die Rspr dem Geschädigten grundsätzlich die Kosten zu, die (iSv § 249 Abs 2 S 1 BGB) erforderlich sind, um ein ge-

---

19 BGH VersR 1982, 758 = 1074 m abl Anm *Martin*; OLG Köln VersR 1977, 939; OLG Bamberg NJW 1979, 2316; OLG München DAR 1980, 246; KG NZV 1994, 225; 16. VGT (1978) 10; *Offerhaus* DAR 1988, 374; *Kullmann* VersR 1993, 390 f; **aA** OLG Hamm VersR 1979, 613; *Koch* DAR 1980, 355; *Kääb/Grube* NZV 1989, 342.
20 Art 229 § 8 I EGBGB.
21 BGH VersR 1985, 595; 1985, 737.
22 Nach OLG Köln NZV 1993, 188 nicht bei Mithaftung.
23 BGH VersR 1983, 758; OLG Karlsruhe DAR 1994, 28; zweifelnd *Fleischmann* ZfS 1989, 4.
24 KG NJW-RR 1987, 16; LG Gießen DAR 1988, 424; *Fleischmann* ZfS 1989, 4.
25 BGH NJW 1965, 1756; OLG Nürnberg DAR 1959, 45; KG NJW 1972, 496.
26 Vgl hierzu *Lange/Schiemann* § 6 XIII 4 d.
27 *Kullmann* VersR 1993, 387 f.

brauchtes Kfz gleicher Art und Güte zu erwerben (s Rn 4).[28] Diese sind höher als der Zeitwert des Kraftfahrzeugs, weil in ihnen auch die Unkosten und die Gewinnspanne des Gebrauchtwagenhändlers enthalten sind.[29] Ist eine Wiederbeschaffung nicht möglich (zB bei nicht marktgängigem Oldtimer oder Eigenbau), ist die durch den Totalverlust entstandene Vermögensdifferenz zu ersetzen (§ 251 Abs 1 BGB; hierzu Rn 7).

b) Art der Wiederbeschaffung. Der Geschädigte kann beanspruchen, dass ihm die Wiederbeschaffungskosten beim Kauf eines werkstattgeprüften Wagens vom **Fachhändler** erstattet werden;[30] er braucht sich nicht auf den evtl preisgünstigeren Kauf von Privat verweisen zu lassen. Schafft er als Ersatzfahrzeug einen **Neuwagen** oder ein höherwertiges Gebrauchtfahrzeug an, kann er den dafür aufgewendeten Kaufpreis bis zur Höhe des (Brutto-)Wiederbeschaffungswerts des Unfallfahrzeugs, unter Abzug seines Restwerts, ersetzt verlangen (näher dazu § 24 Rn 63). **18**

c) Bemessung. Seit Anerkennung der **fiktiven Abrechnung** beim Sachschadensersatz durch das 2. SchRÄndG (vgl § 24 Rn 35) ist nicht mehr zu bestreiten, dass die Wiederbeschaffungskosten nicht nur konkret (anhand der Rechnung), sondern auch fiktiv (auf Basis eines Schätzgutachtens) berechnet werden können, unabhängig davon, ob der Geschädigte überhaupt eine Ersatzbeschaffung vorgenommen hat und in welcher Form. Das Gutachten legt den Ersatzbetrag jedoch nicht verbindlich fest, sondern hat nur indizielle Wirkung, ebenso wie der Kaufvertrag oder die Rechnung im Falle tatsächlicher Ersatzbeschaffung (näher hierzu § 24 Rn 51; zur daraus resultierenden Vorlagepflicht § 24 Rn 52). Hat der Geschädigte von Privat gekauft, kann er wegen überobligationsmäßigen Verzichts (s Rn 18) gleichwohl den Händlerverkaufspreis berechnen (zum Ersatz der Umsatzsteuer s aber Rn 21). Anhaltspunkte für die aktuellen Händlerpreise liefern die publizierten Markterhebungen (zB DAT-Tabellen, Schwacke-Bericht). **19**

Maßgeblicher Zeitpunkt für die Bemessung der fiktiven Wiederbeschaffungskosten ist im Prozess der der letzten mündlichen Verhandlung; Preissteigerungen seit dem Unfall gehen folglich zu Lasten des Schädigers.[31] Umgekehrt kann der Geschädigte (bei Preisverfall) nicht mehr verlangen als im maßgeblichen Zeitpunkt zur Ersatzbeschaffung erforderlich ist.[32] Dies folgt aus dem allgemeinen Grundsatz, dass der Umfang des Schadensersatzes sich aus den im Zeitpunkt der Erfüllung der Schadensersatzpflicht (nicht: der Schädigung) bestehenden Verhältnissen ergibt.[33] Gegen die (bei Wertverfall) eintretende Konsequenz, dass die Verzögerung der Ersatzleistung dem Schädiger zugute kommt, kann sich der Geschädigte schützen, indem er den Ersatzpflichtigen in Verzug setzt.[34] **20**

---

28 BGH NJW 1966, 1454 m Anm *Schmidt* 2159 u *Allway* 1807; OLG Hamm VersR 1962, 1017; OLG Stuttgart NJW 1967, 252 m Anm *Hohenester*.
29 BGHZ 30, 29; OLG Stuttgart NJW 1967, 252; VersR 1970, 263; OLG Oldenburg VersR 1967, 566; *Henrichs* NJW 1967, 1940; *Halbgewachs* NZV 1993, 380.
30 BGH VersR 1966, 830; 1978, 664.
31 OLG Hamm NZV 1990, 269; OLG Köln NZV 1993, 188; *Lange/Schiemann* § 1 IV 2.
32 MünchKomm/*Oetker* § 249 Rn 298; *Lange/Schiemann* § 1 IV 2 b aa; **aA** OLG Düsseldorf NZV 1997, 483; *Erman/Kuckuk* § 249 Rn 92.
33 BGHZ 79, 249, 258; BGH VersR 1998, 995, 997; MünchKomm/*Oetker* § 249 Rn 301 mwN.
34 MünchKomm/*Oetker* § 249 Rn 299; *Lange/Schiemann* § 1 IV 2 b aa.

Fünfter Teil. Ersatz des Sachschadens

21 d) **Umsatzsteuer** auf die vom Sachverständigen ermittelten Wiederbeschaffungskosten kann der Geschädigte bei Schadensfällen **vor dem 1.8.2002** nach der Rspr auch dann in Rechnung stellen, wenn er das Ersatzfahrzeug aus privater Hand, also umsatzsteuerfrei, gekauft hat.[35] Zu beachten ist hierbei aber, dass der Geschädigte nicht etwa den tatsächlich bezahlten Kaufpreis plus fiktiver Mehrwertsteuer, sondern (nur) den fiktiven Händlerpreis inkl Mehrwertsteuer verlangen kann, die nach § 25a UStG nur auf die Marge des Händlers zu entrichten ist.[36] Für Unfälle **ab 1.8.2002** schließt § 249 Abs 2 S 2 BGB die Erstattung fiktiver Umsatzsteuer aus (s Rn 13; § 24 Rn 64).

22 e) Ist der Geschädigte zum **Vorsteuerabzug** berechtigt (§ 15 UStG) und gehörte die beschädigte Sache zum Betriebsvermögen, so kann der Geschädigte die Umsatzsteuer, da er sie iErg nicht zu tragen hat, nicht beanspruchen.[37]

23 Wird die Sache auch privat genutzt, so erhält der Geschädigte die Mehrwertsteuer insoweit ersetzt, als sie auf den privaten Nutzungsanteil entfällt.[38] Ein Landwirt, bei dem die Vorsteuer pauschaliert wird, hat Anspruch auf Ersatz des vollen Mehrwertsteuerbetrags.[39] Zur Frage der Mehrwertsteuerbefreiung von US-Armee-Angehörigen s LG Mannheim NJW-RR 1989, 418 u AG Bitburg VersR 1990, 984.

24 f) Auch bei sehr **langer Lieferfrist** kann der Geschädigte nicht mit der Begründung die Kosten für ein höherwertiges Fahrzeug berechnen, dass dieses in kürzerer Frist als ein gleichwertiges lieferbar ist und dem Ersatzpflichtigen somit höhere Mietwagenkosten erspart würden.[40] Der Geschädigte würde sonst auf Kosten des Schädigers eine Vermögensmehrung erfahren, was den Grundgedanken des Schadensersatzrechts widerspräche. Etwas anderes mag in Extremfällen gelten, wo sich besonders lange Lieferfristen und nicht allzu erhebliche Wertüberschreitung gegenüberstehen; ansonsten ist an die Anschaffung eines Interimsfahrzeugs zu denken (§ 25 Rn 26).

2. Restwert

25 Der von den Wiederbeschaffungskosten abzuziehende Restwert (Rn 15) hat beim echten Totalschaden nur geringe Bedeutung. Soweit für das Unfallwrack noch ein Erlös

---

35 BGH VersR 1982, 758 = 1074 m abl Anm *Martin*; KG VersR 1973, 60; OLG Bamberg NJW 1979, 2316; OLG Köln VersR 1977, 939; LG Düsseldorf NJW 1973, 332; LG München I NJW 1973, 660.
36 Näher hierzu *Greger* NZV 1991, 18; *Freikamp* BB 1990, 898; *Widmann* Betrieb 1990, 1057; BT-Drs 14/7752 S 24; Auswirkungen auf das Haftungsrecht verneinend *Reinking* DAR 1991, 160 u KG NZV 1994, 226.
37 BGH (VI. Senat) NJW 1972, 1460; OLG Düsseldorf VersR 1973, 373 u NJW-RR 1996, 498; OLG Celle VersR 1973, 669; KG VersR 1976, 391; *Giesberts* NJW 1973, 181; *Mayer* NJW 1973, 1674; *Offerhaus* DAR 1988, 374; *Kullmann* VersR 1993, 390; zweifelnd BGH (X. Senat) NJW-RR 1990, 33. Krit *Kääb/Grube* NZV 1989, 344; *Hofmann* DAR 1983, 374. Der BFH (NJW 1991, 1702) hat die Praxis bei der Schadensabrechnung (beiläufig) gebilligt.
38 OLG Stuttgart BB 1971, 634; LG Wiesbaden NJW 1969, 1670. Zur Berechnung bei nach dem Inkrafttreten des SteuerentlastungsG 1999/2000/2002 (BGBl 1999 I 402) am 1.4.1999 gekauften Kfz s *Behnke* DAR 2000, 60.
39 OLG Hamburg NJW 1991, 849; OLG Hamm NZV 1998, 26; LG Koblenz ZfS 1990, 303; eingehend *Kullmann* VersR 1993, 390 f; **aA** *Schmalzl* VersR 1998, 1564 u 2002, 818.
40 **AA** OLG Celle VersR 1962, 187.

erzielt werden konnte, ist er gutzubringen; oftmals werden jedoch für die Beseitigung sogar Kosten anfallen (hierzu Rn 27).

3. Nebenkosten

a) Auf einen **Risiko- oder Zweithandzuschlag** hat der Geschädigte keinen Anspruch,[41] ebensowenig auf die (fiktiven) Kosten einer **Begutachtung**[42] oder Werkstattgarantie.[43] Seine Interessen sind dadurch ausreichend gewahrt, dass er die Kosten für einen werkstattgeprüften Gebrauchtwagen verlangen kann.

26

b) Mit dem **Fahrzeugwechsel** verbundene Kosten, insbesondere die Gebühren für An- und Abmeldung, sind dem Geschädigten zu ersetzen; allerdings nur, wenn sie tatsächlich angefallen und konkret dargelegt sind.[44] Dies gilt auch für das Umlackieren auf Taxi-Farbe.[45] Ebenso sind zu erstatten etwaige Aufwendungen für die **Bergung, Beseitigung und Verwahrung** des Wracks. Zubehör ist, soweit möglich und wirtschaftlich sinnvoll, aus dem Altfahrzeug zu übernehmen. Die Aufwendungen hierfür (zB Radioumbau) sind zu ersetzen, bei Eigenleistung gilt § 24 Rn 45.[46] Der im Tank des Unfallfahrzeugs befindliche **Kraftstoff** ist zu ersetzen.[47]

27

IV. Besonderheiten bei Leasingfahrzeugen

1. Ansprüche des Leasinggebers

Er kann an sich den Substanzwert ersetzt verlangen, denn er ist Eigentümer des Fahrzeugs geblieben. Zu berücksichtigen ist aber, dass in den Leasingverträgen die Sach- und Gegenleistungsgefahr üblicherweise auf den Leasingnehmer abgewälzt wird.[48] Leistet der Leasingnehmer die vertraglich vereinbarte Entschädigung an den Leasinggeber, steht diesem kein Anspruch auf Ersatz der Wiederbeschaffungskosten mehr gegen den Schädiger zu.[49] Das bloße Bestehen des Entschädigungsanspruchs hindert die

28

---

41 BGH NJW 1966, 1454 m Anm *Schmidt* NJW 1966, 2159 u *Allway* NJW 1966, 1807; BGH VersR 1978, 664; OLG Frankfurt VersR 1972, 53; OLG Celle VersR 1975, 143; OLG Düsseldorf NJW 1977, 719; OLG Koblenz ZfS 1990, 83; 16. VGT (1978) 10; *Halbgewachs* NZV 1993, 381.
42 OLG Bamberg VersR 1977, 724; OLG Düsseldorf NJW 1977, 719; OLG Frankfurt VersR 1979, 452; OLG Saarbrücken NZV 1990, 186; *Halbgewachs* NZV 1993, 381; *Jahnke* VersR 1987, 645; **aA** OLG Frankfurt ZfS 1990, 48; OLG Stuttgart NJW 1960, 1463; 1967, 252 m Anm *Hohenester*; OLG Celle VersR 1964, 519; OLG Frankfurt VersR 1967, 411; 1968, 179.
43 *Halbgewachs* NZV 1993, 382.
44 KG NZV 2004, 470; OLG Köln NZV 1991, 429; LG Fulda NZV 1989, 397; *Halbgewachs* NZV 1993, 382; OLG Hamm NJW-RR 1995, 224 ließ Schätzung auf 100 DM zu.
45 OLG Frankfurt DAR 1986, 227: kein Ersatz bei Erwerb eines neuen Taxis; **aA** OLG Karlsruhe NZV 1994, 393. Nach LG Arnsberg NZV 2002, 134 kein Verweis auf Folienbeschichtung.
46 **AA** OLG München ZfS 1988, 264: Berücksichtigung beim Wiederbeschaffungswert.
47 LG Regensburg NZV 2005, 49.
48 Vgl BGH VersR 1977, 227. Zur Wirksamkeit entspr AGB BGH NZV 2007, 35, 36.
49 BGH NZV 1991, 108.

Fünfter Teil. Ersatz des Sachschadens

Inanspruchnahme des Schädigers durch den Leasinggeber dagegen nicht.[50] Zum Anspruch auf Ersatz entgangenen Gewinns, wenn die Fortzahlung der Leasingraten abbedungen ist, vgl § 25 Rn 10.

2. Ansprüche des Leasingnehmers

29 Er hat keinen eigenen Anspruch auf Ersatz des Substanzwertes oder auf Finanzierung eines Ersatz-Leasingfahrzeugs.[51] Je nach Vertragsgestaltung kann er die auf ihn übergegangenen Ansprüche des Leasinggebers geltend machen. Zum Ersatz eines etwaigen Haftungsschadens s § 27 Rn 7, zum Ersatz für die entgangene Gebrauchsmöglichkeit § 25 Rn 48, 54.

---

50 *Hohloch* NZV 1992, 7.
51 BGHZ 116, 22 = NZV 1992, 227 m Anm *Hohloch* NZV 1992, 227; *Schnauder* JuS 1992, 825.

§ 24 Reparabler Sachschaden

Übersicht

	Rn
I. Grundlagen	1
1. Abgrenzung vom Totalschaden	1
2. Restitution und Kompensation	4
3. Mögliche Restitutionsformen	7
4. Wirtschaftlichkeitsgebot	10
5. Ausnahmen vom Wirtschaftlichkeitsgebot	13
6. Fiktive Schadensabrechnung	35
II. Höhe der Reparaturkosten	41
1. Allgemeines	41
2. Fremdreparatur	42
3. Reparatur in eigener Regie	45
4. Nebenpositionen	48
5. Nachweis der Reparaturkosten	51
III. Reaktionsmöglichkeiten und Ersatzansprüche beim Kfz-Schaden	54
1. Vollständige fachgerechte Reparatur	55
2. Unvollständige oder nicht fachgerechte Reparatur	59
3. Ersatzbeschaffung	62
4. Restitutionsverzicht	69
IV. Wertminderung oder -steigerung durch die Reparatur	72
1. Technischer Minderwert	72
2. Merkantiler Minderwert	74
3. Wertsteigerung	79
V. Sonderfälle	85
1. Leasingfahrzeuge	85
2. Gebäude, Gebäudeteile, Anpflanzungen, Grundstücke	87

I. Grundlagen

1. Abgrenzung vom Totalschaden

a) Ein **echter** („technischer") **Totalschaden** liegt in den seltenen Fällen vor, in denen die Sache vollständig zerstört wurde (etwa durch Explosion), sodass allenfalls eine Neu-, aber keine Wiederherstellung möglich wäre (näher § 23 Rn 1 ff; zu Gebäuden s Rn 87).   **1**

b) Ist die Wiederherstellung technisch möglich, aber wegen unverhältnismäßigen Aufwandes unwirtschaftlich („**wirtschaftlicher Totalschaden**"), muss nach den für Totalschäden geltenden Grundsätzen abgerechnet werden, dh bei ersetzbaren Sachen hat der Schädiger die Kosten einer Ersatzbeschaffung zu tragen (§ 249 Abs 2 BGB), bei nicht ersetzbaren eine Entschädigung nach § 251 Abs 1 BGB zu leisten (s § 23 Rn 7 ff). Zur Frage, wann ein solcher Fall vorliegt, s Rn 10 ff.   **2**

Fünfter Teil. Ersatz des Sachschadens

3 c) Einen **unechten Totalschaden**, der ebenfalls zur Abrechnung auf Basis einer Neubeschaffung berechtigt, bejaht die Rspr, wenn eine Reparatur zwar technisch möglich und wirtschaftlich vertretbar wäre, dem Geschädigten aber aus besonderen Gründen nicht zugemutet werden soll (zB bei Beschädigung eines noch sehr neuen Pkw). Näher dazu Rn 13 ff.

2. Restitution und Kompensation

4 Bei behebbaren Sachschäden gilt der **Grundsatz der Naturalrestitution** nach § 249 BGB: Der Schädiger schuldet Wiederherstellung oder – nach Wahl des Geschädigten (sog Ersetzungsbefugnis) – die hierfür erforderlichen Finanzmittel. Nur unter den Voraussetzungen des § 251 BGB hat der Geschädigte einen Anspruch auf Ausgleich (Kompensation) der schädigungsbedingten Vermögensminderung (s dazu § 3 Rn 234 ff).

5 Zu einer **Unmöglichkeit der Herstellung** iSv § 251 Abs 1 BGB kann es auch dadurch kommen, dass die beschädigte Sache ohne Beschaffung einer gleichartigen Ersatzsache (sonst gilt Rn 8) entsorgt oder verkauft wird. Der BGH hat bei Beschädigung von Immobilien entsprechend entschieden,[1] während er bei Unfallfahrzeugen ungeachtet der Entäußerung § 249 BGB anwendet (Rn 69).[2] Diese Unterscheidung überzeugt indes nicht.[3] Auch bei Kfz wird mit dem endgültigen Restitutionsverzicht der Anwendungsbereich des § 249 BGB verlassen.[4] Der Geschädigte sollte daher auch in diesen Fällen nach § 251 BGB entschädigt werden (s hierzu § 23 Rn 7 ff).

6 Wird allerdings der Schadensersatzanspruch spätestens mit der Übereignung der beschädigten Sache an den Erwerber **abgetreten**, kann dieser die Wiederherstellungskosten nach § 249 BGB abrechnen,[5] dh die Geltendmachung der Umsatzsteuer durch den Zessionar richtet sich in diesem Fall danach, ob und in welchem Umfang dieser umsatzsteuerpflichtige Maßnahmen zur Wiederherstellung ergreift.[6]

3. Mögliche Restitutionsformen

7 a) **Wiederherstellung.** Der Ersatzpflichtige schuldet nach § 249 Abs 1 BGB die Wiederherstellung des vorherigen Zustands, dh er hat die Instandsetzung zu veranlassen oder – nach Wahl des Geschädigten (§ 249 Abs 2 S 1 BGB) – diesem die hierzu erforderlichen Kosten zu ersetzen. Der Geldersatzanspruch ist nicht von der Wiederherstellung in natura abhängig, also ggf fiktiv zu berechnen (s hierzu Rn 35 ff); es handelt sich nicht etwa um einen Vorschussanspruch, über den nach durchgeführter Reparatur abgerechnet werden müsste.[7]

---

1 BGHZ 81, 385; 147, 320, 322 (mit Ausnahme für den Fall der Abtretung des Anspruchs an den Erwerber vor Eigentumsübergang); BGH NJW 1993, 1793.
2 BGHZ 66, 239; NJW 1985, 2469; ebenso OLG Hamm NZV 1997, 441.
3 Krit auch *Staudinger/Schiemann* § 249 Rn 223.
4 Wie hier *Larenz* § 28 I; *Köhler* FS Larenz (80. Geburtstag) S 360 ff; *Schwarz/Esser* NJW 1983, 1409; aA *Bamberger/Roth/Grüneberg* § 249 Rn 9. Für gesetzgeberische Klarstellung *Huber* DAR 2000, 27; *Greger* NZV 2000, 3.
5 BGHZ 147, 320.
6 BT-Drs 14/7752, S 24; *Schirmer/Marlow* DAR 2003, 443. Zweifelnd *Lemcke* r+s 2002, 273.
7 BGH NZV 1997, 117; aA *Picker* 209 ff. Zur nachträglichen Aufdeckung fehlerhafter Begutachtung s Rn 71.

b) Ersatzbeschaffung. Bei Beschädigung einer vertretbaren Sache lässt die Rspr jedoch auch deren Austausch gegen eine gleichartige Sache in unbeschädigtem Zustand als Restitutionsweg zu.[8] Der Geschädigte, der idR die Restitution selbst in die Hand nimmt und den Ersatz der Kosten nach § 249 Abs 2 BGB verlangt,[9] kann daher innerhalb der nachstehend (Rn 10 ff) zu erörternden Grenzen frei wählen, ob er repariert oder austauscht. **8**

Dieser Rspr ist jedenfalls im Ausgangspunkt zuzustimmen.[10] Zu Recht wird allerdings kritisiert,[11] dass der BGH sie auch auf **gebrauchte Kfz** anwendet.[12] Bei diesen handelt es sich nicht um vertretbare Sachen im Sinne des § 91 BGB, da es fast ausgeschlossen ist, ein völlig gleichartiges Gebrauchtfahrzeug zu finden;[13] auch setzt sich diese Einstufung mit der Rspr zum Integritätsinteresse (Rn 21 ff) in Widerspruch, welche die Individualität des gebrauchten Fahrzeugs betont.[14] Der BGH hat deshalb (unter dem Schlagwort der subjektbezogenen Schadensbetrachtung) das Gleichartigkeitserfordernis völlig aufgegeben und sieht selbst die Beschaffung eines Neufahrzeugs als Naturalrestitution an.[15] Dies ist mit § 249 Abs 1 BGB jedoch nicht zu vereinbaren. Richtigerweise wäre bei gebrauchten Kfz wie bei anderen unvertretbaren Sachen allein die Instandsetzung als gesetzlich vorgesehene Restitutionsform anzuerkennen und bei deren Unverhältnismäßigkeit oder Unmöglichkeit (auch infolge Veräußerung; so Rn 5) nach § 251 BGB zu regulieren (s hierzu § 23 Rn 7 ff u § 3 Rn 234 ff). Im Folgenden wird jedoch die gefestigte Rspr des BGH zugrunde gelegt. **9**

4. Wirtschaftlichkeitsgebot

Der BGH schränkt das von ihm grundsätzlich anerkannte Recht des Geschädigten, bei vertretbaren Sachen und gebrauchten Kfz zwischen den Restitutionsformen der Instandsetzung und der Ersatzbeschaffung zu wählen (Rn 7 f), dadurch ein, dass er aus dem Tatbestandsmerkmal der Erforderlichkeit nach § 249 Abs 2 BGB ein Wirtschaftlichkeitspostulat[16] ableitet. Hieraus – nicht erst aus der Verhältnismäßigkeitsgrenze nach § 251 Abs 2 BGB – soll sich ergeben, dass der Geschädigte von den beiden Wegen zur Naturalrestitution grundsätzlich denjenigen zu wählen (dh abzurechnen) hat, der den geringeren Aufwand erfordert.[17] **10**

Für die (wenigen) Fälle, in denen ein solches Wahlrecht des Geschädigten anzuerkennen ist, dh bei Beschädigung vertretbarer Sachen, kann dem zugestimmt werden. So ist es zB bei sehr hohen Reparaturkosten ein Gebot wirtschaftlicher Vernunft und damit aus dem Tatbestandsmerkmal der Erforderlichkeit in § 249 Abs 2 S 1 BGB abzuleiten, dass von einer Reparatur abzusehen und auf Ersatzbeschaffungsbasis abzurechnen ist, wenn der letztere Weg geringeren **11**

---

8 BGH NJW 1985, 2413, 2414; NZV 1992, 67 m Anm *Lipp* = JZ 1992, 477 m Anm *Lange*.
9 Ausnahmefall: OLG Düsseldorf ZfS 1995, 456 (Schädiger übernimmt Reparatur des beschädigten Lkw). Wegen Einzelheiten zur Ersetzungsbefugnis des Geschädigten s § 3 Rn 227 ff.
10 AA *Haug* NZV 2003, 552 f m Hinw auf die Prot zur Beratung des BGB.
11 MünchKomm/*Oetker* § 251 Rn 10; *Bamberger/Roth/Grüneberg* § 251 Rn 6; *Lange/Schiemann* § 6 XIV 5 f cc; *A Roth* JZ 1994, 1092; *Schiemann* NZV 1996, 5; *Reiff* NZV 1996, 426 f; *Unterreitmeier* NZV 2004, 329 ff je mwN.
12 BGH VersR 1972, 1024, 1025; NZV 1992, 67 u 69 m Anm *Lipp*.
13 Vgl (aus Sachverständigensicht) *Queiser* ZfS 2003, 485.
14 Ebenso *Haug* VersR 2000, 1332 Fn 35.
15 BGHZ 162, 270, 275.
16 Kritisch zu diesem Begriff *A Roth* JZ 1994, 1093 f.
17 BGH NZV 1992, 67 m Anm *Lipp* = JZ 1992, 477 m Anm *Lange*; NZV 1992, 273.

Fünfter Teil. Ersatz des Sachschadens

Aufwand verursacht (sog wirtschaftlicher Totalschaden; es gelten dann die in § 23 Rn 17 ff dargestellten Grundsätze).

12 Aufgrund ihres verfehlten Ausgangspunktes (s Rn 9) wendet die Rspr diese Grundsätze aber auch auf gebrauchte Kfz an, wobei sie dann inkonsequenterweise unter Anerkennung eines sog „Integritätsinteresses" des Geschädigten uU eine bis zu 30% teurere Reparatur zulässt (Rn 22 ff). Unter engen Voraussetzungen können auch höhere Ersatzbeschaffungskosten zugesprochen werden („unechter Totalschaden"; s Rn 13 ff); eine allgemeine Toleranzgrenze gibt es hier nicht.[18] Besonderheiten bestehen auch bei Verletzung eines Tieres (s Rn 33) und bei Beschädigung eines Gebäudes (Rn 87 f) sowie bei Bäumen und anderen Pflanzen (Rn 89). Zur fiktiven Abrechnung s Rn 35 ff.

5. Ausnahmen vom Wirtschaftlichkeitsgebot

a) Unzumutbarkeit der Reparatur

13 **aa) Grundgedanke:** Wenn die Instandsetzung der beschädigten Sache zwar technisch möglich und auch noch wirtschaftlich wäre, dem Geschädigten aber aus besonderen Gründen nicht zuzumuten ist („unechter Totalschaden"), kann er ausnahmsweise wie bei einem Totalschaden abrechnen, dh vom Ersatzpflichtigen den Wiederbeschaffungswert abzüglich Restwert der Sache verlangen (vgl § 23 Rn 17 ff).

14 **bb) Einzelfälle**

Ein **Kraftfahrzeughändler**, dessen zum Verkauf bestimmter **Neuwagen** beschädigt wird, kann nicht auf eine Reparatur desselben verwiesen werden; er kann vielmehr den Händlerpreis unter Anrechnung des Restwerts bzw Überlassung des beschädigten Wagens beanspruchen.[19]

15 Bei **erheblicher Beschädigung eines neuwertigen Kfz** kann eine Schadensregulierung auf Neukaufbasis vertretbar sein,[20] dh der Geschädigte erhält den Betrag, den er zum Kauf eines gleichartigen Neuwagens aufwenden muss. Hieran wird er nicht deswegen gehindert, weil die Neubeschaffung zu einem längeren Nutzungsausfall und damit höheren Aufwendungen des Haftpflichtigen führt.[21] Hat er günstige Bezugsmöglichkeiten, etwa als Großkunde oder Werksangehöriger, kann er nur die entsprechend ermäßigten Preise berechnen,[22] denn es handelt sich hierbei nicht um eine Zuwendung aus Anlass des Unfalls, deren Anrechnung interessenwidrig iSv § 3 Rn 221 f wäre. Der Restwert des Unfallwagens ist abzuziehen, sofern das Fahrzeug nicht dem Schädiger zur Verfügung gestellt wird (vgl hierzu § 23 Rn 15). Ein **Abzug „neu für alt"** erscheint

---

18 Offenlassend OLG Hamm NZV 1995, 27.
19 BGH NJW 1965, 1756; KG NJW 1972, 496.
20 BGH NJW 1976, 1203; OLG Celle NZV 2004, 586; OLG Hamm NZV 2001, 478; KG VersR 1977, 155; OLG München VersR 1974, 65; OLG Schleswig VersR 1971, 455; OLG Karlsruhe VersR 1974, 671; DAR 1986, 225; OLG Düsseldorf VersR 1976, 69; OLG Nürnberg VersR 1975, 960; OLG Bremen VersR 1978, 236; OLG Frankfurt VersR 1980, 235; OLG Stuttgart DAR 1981, 266; OLG Köln VersR 1989, 60; *HW Schmidt* DAR 1965, 2; *Maase* VersR 1968, 527; Rechtsprechungsübersicht: *Berr* DAR 1990, 313.
21 OLG Karlsruhe DAR 1994, 26.
22 OLG München NJW 1975, 170; OLG Karlsruhe VersR 1989, 1276; AG Bünde NZV 1993, 482; *Lange/Schiemann* § 6 XIV 5 f dd mwN; s a BGH VersR 1975, 127 (zur Neupreisentschädigung in der Kaskoversicherung); aA OLG Celle VersR 1993, 624; OLG Frankfurt NZV 1994, 478.

wegen der hier vorausgesetzten Neuwertigkeit nicht gerechtfertigt;[23] ggf ist ein pauschaler Abzug für die bisherige Nutzung vorzunehmen.[24]

Als **erheblich** kann eine Beschädigung idR nur angesehen werden, wenn die Reparaturkosten mindestens 30% des Neupreises betragen.[25] Reine Blechschäden scheiden aus;[26] bei Schäden an tragenden Teilen ist eine großzügigere Betrachtung vertretbar.[27]   **16**

Die Grenze der **Neuwertigkeit** wird im Allgemeinen bei ca 1000 km Fahrleistung und einer Nutzungsdauer von etwa einem Monat gezogen.[28] Der BGH hat aber darauf hingewiesen, dass es sich hierbei nur um eine Faustregel handelt: entscheidend sei, ob bei objektiver Beurteilung der frühere Zustand durch eine Reparatur auch nicht annähernd wiederhergestellt werden kann.[29] Dies kann nach zutreffender Ansicht des BGH nicht nur bei Beschädigung sicherheitsrelevanter Teile, sondern auch bei Zurückbleiben erheblicher Schönheitsfehler der Fall sein. Dass das Fahrzeug vor der Auslieferung an den Käufer baulich verändert wurde (Sonderausstattungen, Tuning), ändert nichts an der Neuwageneigenschaft.[30]   **17**

Bei Nutzfahrzeugen scheidet eine Abrechnung auf Neupreisbasis aus,[31] bei Beschädigung eines Wohnwagens ist sie nicht ohne weiteres anwendbar,[32] bei einem nur wenige Tage alten Fahrrad kommt sie in Betracht.[33]   **18**

Ist das **Risiko verborgener Mängel** aufgrund der konkreten Beschädigung so groß, dass auch unter Berücksichtigung des Alters des Fahrzeugs die Weiterbenutzung nicht zumutbar ist,[34] kann ebenfalls ein „unechter Totalschaden" anerkannt werden.   **19**

Der **besondere Verwendungszweck** eines Kfz (zB als Taxi, Fahrschulwagen) reicht dagegen bei der heutigen Perfektion der Reparaturtechnik idR nicht aus, um einem Geschädigten diesen Abrechnungsmodus zuzugestehen.[35]   **20**

b) Integritätsinteresse

aa) Grundgedanke: Nach der Rspr soll der Geschädigte die Kosten einer an sich unwirtschaftlichen Reparatur auch dann beanspruchen können, wenn er ein schutzwür-   **21**

---

23 BGH VersR 1983, 759; **aA** KG NJW 1972, 769; OLG Schleswig VersR 1985, 373; *Klimke* VersR 1984, 1125.
24 Vgl BGH NJW 1983, 2194 (0,67% vom Kaufpreis je 1000 km); OLG Frankfurt DAR 1981, 219 (0,75%); OLG Hamm NJW 1970, 2256; OLG München DAR 1983, 79; OLG Zweibrücken DAR 1985, 59 (1%).
25 Vgl OLG Frankfurt VersR 1980, 235; OLG München DAR 1982, 70.
26 OLG Schleswig VersR 1981, 562; OLG Köln NZV 1990, 311; *Himmelreich/Klimke/Bücken* 973 b.
27 OLG Zweibrücken NZV 1989, 355; OLG Hamm DAR 1989, 188.
28 OLG Celle VersR 1981, 67; OLG Hamm VersR 1981, 788; 1995, 930; KG VersR 1981, 553; NZV 1991, 389; OLG Nürnberg 1994, 1253.
29 VersR 1982, 163; 1983, 658; ebenso OLG München DAR 1983, 79.
30 OLG Hamm NZV 1996, 312.
31 OLG Naumburg OLGR 2000, 423; OLG Stuttgart VersR 1983, 92.
32 OLG Köln DAR 1989, 228; OLG Hamm NJW-RR 1989, 1433; OLG Bremen VersR 1990, 1403.
33 LG Frankenthal NJW-RR 1991, 352; weitergehend AG Warendorf NJW-RR 1991, 669: 1 Monat, 100 km.
34 OLG Bremen VersR 1970, 1159; 1971, 912; OLG Karlsruhe VersR 1973, 471; OLG München VersR 1975, 163; OLG Stuttgart VersR 1976, 73; weitergehend KG DAR 1971, 184.
35 **AA** OLG München VersR 1960, 671 für das Fahrzeug eines Kraftfahrzeughändlers oder -vertreters.

diges, die finanziellen Interessen des Ersatzpflichtigen überwiegendes Interesse daran hat, dass seine beschädigte Sache wiederhergestellt und nicht durch eine andere ersetzt wird. So besteht zB bei einer stark auf seine individuellen Bedürfnisse abgestimmten Sache ein höheres Reparaturinteresse[36] als bei einer Massenware. Auch immaterielle Interessen des Geschädigten können dann in begrenztem Umfang berücksichtigt werden.[37]

22 bb) **Besonderheiten bei Kfz.** Hier lässt es die Rspr in Anerkennung eines solchen Integritätsinteresses und im Rahmen des Ermessens nach § 287 ZPO zu, die Kosten einer tatsächlich ausgeführten Reparatur auch dann noch in Rechnung zu stellen, wenn sie einschließlich eines etwaigen Minderwerts den Wiederbeschaffungswert um **nicht mehr als 30%** übersteigen.[38] Dies soll bei **gewerblichen Kfz** jedenfalls dann gelten, wenn sie nur von einem überschaubaren Kreis ausgewählter und vertrauenswürdiger Fahrer benutzt werden.[39] Zu Leasingfahrzeugen s Rn 85 f.

23 Diese den Verhältnismäßigkeitsaspekt von § 251 Abs 2 BGB auf § 249 BGB verlagernde Rspr erscheint zumindest in ihrer Begründung (zum richtigen Lösungsansatz s Rn 32) fragwürdig.[40] Wenn der BGH ein Interesse des Geschädigten an der Erhaltung des ihm vertrauten Fahrzeugs anerkennt, so steht dies zum einen in Widerspruch zu der von ihm in anderem Zusammenhang vorgenommenen Gleichstellung gebrauchter Fahrzeuge mit vertretbaren Sachen (vgl Rn 9). Zum anderen gerät diese Rspr durch Anerkennung eines beim heutigen Stand der Autotechnik und der verbreiteten Gepflogenheit häufigen Modellwechsels kaum noch zeitgemäßen, angesichts der Bemakelung des Unfallwagens auch zweifelhaften, jedenfalls rein immateriellen Interesses an der Erhaltung des vertrauten Fahrzeugs in Konflikt mit § 253 Abs 1 BGB[41] und führt zu einer auch unter Gleichheitsgesichtspunkten nicht zu rechtfertigenden Sonderbehandlung von Kraftfahrzeugen. Zudem belastet sie die Solidargemeinschaft der Versicherten, reizt zu manipulativem Verhalten bei der Schadensbeseitigung an und trägt als systemwidriger Fremdkörper prozessvermehrende Unsicherheiten in die Regulierungspraxis.

24 Ausgangspunkt für die **Berechnung der 130%-Grenze** sind die (vom Sachverständigen zu ermittelnden) **Wiederbeschaffungskosten**. Der **Restwert** des beschädigten Fahrzeugs wird dabei außer Betracht gelassen,[42] wodurch unwirtschaftliche Reparaturen in noch größerem Umfang akzeptiert werden.[43]

25 Auch der BGH[44] betont aber, dass die 130%-Grenze **nicht starr** ist. Es können auch andere Positionen (zB Mietwagenkosten; Zollgebühren[45]) berücksichtigt werden, wenn sich sonst krasse Verzerrungen ergäben.

---

36 Vgl AG Lahr NZV 1990, 356: Fahrzeug mit Sondereinrichtung für Behinderten.
37 *Lange/Schiemann* § 5 VII 1.
38 BGHZ 115, 364 u 375 = NZV 1992, 66 u 68 m Anm *Lipp*. Zur Berechnung bei einer Schadensbehebung in Teilschritten s BGH VersR 1990, 982.
39 Von BGH NZV 1999, 159 m Anm *Völtz* bejaht für Taxi, offen gelassen für Mietwagen. Für generelle Geltung OLG Dresden NZV 2001, 346; aA OLG Celle OLGR 2001, 238.
40 Abl auch *Schiemann* NZV 1996, 5; *Grunsky* JZ 1992, 807.
41 *Grunsky* JZ 1992, 807. Vgl auch *Sanden/Völtz* Rn 67: „gewisse Affektionen".
42 BGHZ 115, 364 = NZV 1992, 66 m Anm *Lipp* = JZ 1992, 477 m Anm *Lange*.
43 Dem österr OGH sind 15% schon zu hoch (ZVR 1975, 163; hierzu *Steiner/Witt-Dörring* ZVR 1991, 359).
44 BGHZ 115, 364 = NZV 1992, 66 m Anm *Lipp* = JZ 1992, 477 m Anm *Lange*.
45 OLG Hamm NZV 1995, 27 (bei Neuwagenkauf durch Ausländer).

§ 24 Reparabler Sachschaden

Nach Sinn und Zweck des Integritätszuschlags ist er allenfalls bei einer **vollständigen,** **fachgerechten Wiederherstellung** des ursprünglichen Zustands[46] und **anschließender Eigennutzung**[47] gerechtfertigt, also nicht bei einer bloßen Teil-, Not- oder Behelfsreparatur oder wenn das Fahrzeug gleich nach der Reparatur veräußert wird. Vollständig ist die Reparatur, wenn sie den Zustand wiederherstellt, den der Sachverständige zur Grundlage seiner Kostenschätzung gemacht hat;[48] kleinere Abweichungen bei der Reparaturausführung, zB die Verwendung von gebrauchten statt der vom Sachverständigen angesetzten neuen Ersatzteile, sind aber als unschädlich anzusehen, sofern noch eine vollständige Herstellung des früheren Zustands bejaht werden kann.[49] Unter dieser Voraussetzung kann auch eine vollwertige Reparatur in eigener Regie (Rn 45) das Integritätsinteresse realisieren;[50] der Geschädigte kann in diesem Fall also die vom Sachverständigen ermittelten Reparaturkosten (bei Schadensfällen ab 1.8.2002 ohne MwSt) beanspruchen, ohne ihre Entstehung im einzelnen belegen zu müssen.[51] 26

Außerdem müssen nach der Rspr die **tatsächlichen Reparaturkosten in dem genannten Toleranzbereich** liegen; der Geschädigte könne nicht etwa eine noch unwirtschaftlichere Reparatur durchführen und sich dann 130% des bei Totalschadensabrechnung aufzuwendenden Betrags erstatten lassen; in solchem Fall könne er vielmehr nur die Wiederbeschaffungskosten (ohne MwSt)[52] verlangen.[53] 27

Dies erscheint inkonsequent, weil es den Gesichtspunkt der Wirtschaftlichkeit oder Verhältnismäßigkeit mit dem des Integritätsinteresses vermengt: Man kann letzteres nicht bei Mehrkosten bis zu 30% anerkennen und bei höheren Kosten plötzlich auf Null herabsetzen.[54] Liegen die Reparaturkosten lt Gutachten über der 130%-Grenze, gelingt es dem Geschädigten aber, die Kosten der in Eigenregie durchgeführten, gleichwohl vollständigen Reparatur unterhalb dieser 28

---

46 BGHZ 162, 161 = NZV 2005, 243 m Anm *Heß*. Nach OLG München NJW-RR 1999, 909 u OLG Oldenburg DAR 2004, 226 soll Zuschlag schon vor der Reparatur verlangt werden können, wenn diese an Eigenmitteln scheitert; bedenkl.
47 OLG Saarbrücken OLGR 1998, 361: nicht bei monatelanger Stilllegung; OLG Hamm NZV 2001, 349: nicht bei anschließender Veräußerung. OLG Düsseldorf VersR 2004, 1620 lässt Weiterbenutzungswillen bei Reparaturbeginn genügen (zw). Nach BGH BB 2007, 238, schadet Veräußerung während der Reparatur nicht, wenn die Reparaturkosten den Wiederbeschaffungswert (ohne Abzug des Restwerts) nicht übersteigen.
48 BGHZ 162, 161 = NZV 2005, 243 m Anm *Heß*.
49 OLG Düsseldorf NZV 2001, 475; OLG Oldenburg NZV 2000, 469; vgl auch *Ch Huber* MDR 2003, 1338 f.
50 BGHZ 162, 161 = NZV 2005, 243 m Anm *Heß*; NZV 1992, 273 = JZ 1992, 806 m Anm *Grunsky*; OLG Hamm NZV 2002, 272; OLG München NZV 1990, 69; OLG Dresden DAR 1996, 54; LG Gießen DAR 1996, 95 (auch zum Nachweis); *Lemcke* r+s 2002, 271; **aA** OLG Düsseldorf NJW 1989, 1041; *Lipp* NJW 1990, 104 u NZV 1996, 11; *Krumbholz* NZV 1990, 219 f; *Imbach* VersR 1996, 425.
51 BGH NZV 1992, 273 f = JZ 1992, 806 m Anm *Grunsky*.
52 BGHZ 158, 388. Der dort beiläufig erwähnte Fall einer umsatzsteuerpflichtigen Reparatur dürfte wegen der Deckelung durch die fiktiven (und damit umsatzsteuerfreien) Ersatzbeschaffungskosten nicht vorkommen; vgl auch BGHZ 162, 170, 175 = NZV 2005, 245, 246 m Anm *Heß*, wonach eine Kombination von konkreter und fiktiver Abrechnung nicht möglich ist.
53 BGHZ 115, 375 = BGH NZV 1992, 68 m Anm *Lipp*; OLG Stuttgart NZV 1991, 309 m Anm *Efrem*; **aA** OLG Nürnberg VersR 1969, 289; OLG Hamburg VersR 1971, 944; *A Roth* JZ 1994, 1094.
54 *A Roth* JZ 1994, 1094 f.

Marge zu halten, so müsste man ihm nach den vom BGH aufgestellten Kriterien wegen objektiver Unwirtschaftlichkeit der Reparatur den Ersatz dieser Kosten verweigern,[55] während bei Abstellen auf das Verhältnis zwischen Integritätsinteresse und Belastung des Schädigers das gegenteilige Ergebnis gerechtfertigt wäre.[56] Letztlich belegt auch diese Widersprüchlichkeit, wie fragwürdig die Anerkennung des Integritätsinteresses ist.

29 Hat der Geschädigte in **Fehleinschätzung** der entstehenden Kosten die Sache reparieren lassen und werden hierdurch die Kosten, die bei einer Ersatzbeschaffung angefallen wären, erheblich (auch über 30%) überschritten, so kann er gleichwohl Ersatz der Reparaturkosten verlangen, wenn ihn an der Fehleinschätzung kein Verschulden trifft.[57]

30 Die vom BGH[58] gemachte Einschränkung, dass das Prognoserisiko in Anwendung des Rechtsgedankens des § 251 Abs 2 BGB dann vom Geschädigten zu tragen ist, wenn die Kosten bereits nach dem Voranschlag über den Wert des Fahrzeugs hinausgingen, erscheint inkonsequent. Solange sich die veranschlagten Kosten innerhalb des Toleranzbereichs von 30% halten, „darf" der Geschädigte bei Zugrundelegung der BGH-Rspr reparieren lassen; das Prognoserisiko muss daher wie im Regelfall den Schädiger treffen.[59]

31 Entsprechendes muss gelten, wenn der Geschädigte in nicht vorwerfbarer Weise (zB aufgrund eines Sachverständigengutachtens) zu Unrecht davon ausging, dass die beschädigte Sache nicht mehr reparaturwürdig ist und sich daher für eine unwirtschaftlichere Ersatzbeschaffung entschied, dh er kann dann diese abrechnen.[60]

32 Nicht nur wegen der vorstehend dargestellten Zweifelsfragen und Unstimmigkeiten, sondern schon aus dogmatischen Gründen (s Rn 23) ist die Rspr zum Integritätszuschlag bei Kfz abzulehnen. Bei gebrauchten Kfz sollte der Reparaturkostenersatz ohnehin als einzig mögliche Form der Restitution anerkannt werden (Rn 9). Bei Reparaturkosten, die den Wert des Unfallwagens erheblich übersteigen, kann der Ersatzpflichtige jedoch den Einwand der Unverhältnismäßigkeit nach § 251 Abs 2 BGB erheben.[61] Wann eine Wertüberschreitung in diesem Sinne erheblich ist, sollte zur Erleichterung der Schadensregulierung durch einen pauschalen Regelsatz (§ 287 ZPO) festgelegt werden. Dieser sollte aus den in Rn 23 angestellten Erwägungen jedenfalls unterhalb der vom BGH gebilligten 30%-Grenze liegen;[62] vertretbar erscheint aber auch, bereits den Brutto-Wiederbeschaffungswert (also ohne Abzug des Restwerts) als Obergrenze zu nehmen,[63] denn dem Geschädigten verbleibt in diesem Fall immer noch ein „Zuschlag" in Höhe des Restwerts.

---

55 So LG Bremen NZV 1999, 253; *Lemcke* r+s 2002, 269.
56 So OLG Dresden NZV 2001, 346; *A Roth* JZ 1994, 1095.
57 BGHZ 115, 364, 370 = NZV 1992, 66, 67 m Anm *Lipp*; BGH VersR 1972, 1025; 1978, 374; OLG Frankfurt NZV 2001, 348 (falsches Gutachten); KG NZV 2005, 46 (nicht vorwerfbare Nichtberücksichtigung eines Minderwertes).
58 VersR 1972, 1024.
59 Ebenso – jedenfalls für neuere Fahrzeuge – OLG München NZV 1991, 267.
60 BGH VersR 1966, 490; OLG Karlsruhe VersR 1975, 335; LG Siegen NZV 1996, 153.
61 Ebenso *Lange/Schiemann* § 6 XIV 5 c; *Reiff* NZV 1996, 426 ff; früher auch der BGH (s zB VersR 1962, 138) u die st Rspr der Instanzgerichte (zB KG VersR 1976, 391).
62 Für Angemessenheit dieser Grenze auch unter dem Aspekt des § 251 Abs 2 BGB aber *Reiff* NZV 1996, 430.
63 So *Schiemann* NZV 1996, 5 f.

c) Verletzung eines Tieres

Seit Inkrafttreten des Gesetzes zur Verbesserung der Rechtsstellung des Tieres im bürgerlichen Recht (1.9.1990) ist der Verhältnismäßigkeitsgrundsatz in diesen Fällen besonders ausgestaltet. Nach dem durch dieses Gesetz eingefügten § 251 Abs 2 BGB sind Heilaufwendungen nicht schon deswegen als unverhältnismäßig anzusehen, weil sie den (materiellen) Wert des Tieres erheblich übersteigen. Es ist vielmehr nach den jeweiligen Umständen zu entscheiden, ob der Heilungsaufwand jeder wirtschaftlichen Vernunft entbehrt und nur durch ein – nach wie vor nicht ersatzfähiges – Affektionsinteresse gerechtfertigt sein kann. Vor dieser Gesetzesänderung ist die Rspr über § 242 BGB zu entsprechenden Ergebnissen gelangt und hat eine Überschreitung der 30%-Grenze nach den Umständen des Einzelfalles zugelassen.[64]

33

Der Verhältnismäßigkeitsgrundsatz ist jedoch, wie sich aus der Fassung der Vorschrift („nicht bereits dann ...") ergibt, auch für diese Fälle nicht vollständig aufgehoben. Lässt der Eigentümer des Tieres eine erkennbar unverhältnismäßige Heilung[65] (oder einen entsprechenden Versuch) durchführen, so hat er die den Wiederbeschaffungswert übersteigenden Kosten selbst zu tragen. Wird der überhöhte Aufwand erst im Laufe der Behandlung erkennbar, gilt dies für die Kosten, die ab Erreichen der Verhältnismäßigkeitsschwelle anfallen.[66]

34

6. Fiktive Schadensabrechnung

a) Allgemeines. Die Rspr lässt beim Sachschadensersatz (anders als bei anderen Schadensarten; vgl zB § 29 Rn 22) eine fiktive Abrechnung zu: Der Geschädigte soll die Kosten, die lt Schätzgutachten zur Wiederherstellung erforderlich wären, auch dann ersetzt verlangen können, wenn er von einer Reparatur abgesehen oder hierfür weniger aufgewendet hat.[67] Diese umstrittene Auslegung des Merkmals „erforderlich" in § 249 Abs 2 S 1 BGB hat der Gesetzgeber mit der Neufassung des § 249 BGB durch das 2. SchRÄndG[68] indirekt bestätigt, indem er in dem neuen Abs 2 S 2 lediglich die Umsatzsteuer – in Abkehr von der bisherigen Rspr[69] – von der fiktiven Abrechnung ausgenommen hat. Von ihr ist deshalb trotz verbreiteter Kritik (s hierzu § 3 Rn 228 ff) und der mit ihr verbundenen Missbrauchsgefahr auszugehen. Sie gilt für das gesamte Schadensrecht,[70] hat ihre Hauptbedeutung aber bei der Kfz-Schadensregulierung (Einzelheiten hierzu Rn 54 ff).

35

---

64 Vgl LG München I NJW 1978, 1862; NZV 1989, 238; LG Lüneburg NJW 1984, 1243; AG Waldshut-Tiengen VersR 1987, 1202; AG Hersbruck ZfS 1990, 265. Zu pauschal (50% nach § 242 BGB) LG Traunstein NJW 1984, 1244.
65 LG Bielefeld NJW 1997, 3320 (max 3000 DM für Katze); nach AG Idar-Oberstein VersR 2000, 66 waren 5000 DM für einen Mischlingshund noch verhältnismäßig.
66 LG Bielefeld NJW 1997, 3320, 3321.
67 BGHZ 155, 1 = DAR 2003, 373 mwN u Anm *Reitenspiess*.
68 Ges v 19.7.2002, BGBl I 2674; dazu *Ch Huber* DAR 2000, 22 ff; *Bollweg* NZV 2000, 187 f; *Otto* NZV 2001, 335; *Greger* NZV 2002, 385 ff; *Hentschel* NZV 2002, 442 f; *Steiger* DAR 2002, 377 ff; *Schiemann* JR 2004, 25 f.
69 BGHZ 61, 56; BGH VersR 1985, 354; dagegen 20. VGT 1982, 10; *Hofmann* DAR 1983, 374; *Kääb/Grube* NZV 1989, 342. Vgl auch § 23 Rn 21.
70 OLG Hamm NZV 1999, 45 (Trockenmauer).

Fünfter Teil. Ersatz des Sachschadens

36 **b) Berechnungsgrundlagen.** Aus der grundsätzlichen Zulassung der fiktiven Schadensabrechnung werden teilweise zu weit gehende Konsequenzen abgeleitet. In der Praxis herrscht die Ansicht, der Geschädigte könne ohne weiteres eine Abrechnung auf Gutachtensbasis verlangen. Wie der BGH[71] zu Recht betont hat, legt das Schätzgutachten jedoch nicht etwa den geschuldeten Ersatzbetrag bindend fest: Der Ersatzpflichtige kann hiergegen konkrete **Einwände** vorbringen, der Richter nach § 287 ZPO pauschale **Abschläge** vornehmen.

37 Solche **Einwände** lassen sich vor allem daraus ableiten, dass das Gebot wirtschaftlicher Reparatur (Rn 43) nicht genügend beachtet wird. So verhält es sich etwa, wenn das Gutachten eine Ganzlackierung vorsieht, wo sich der Geschädigte mit einer Teillackierung zufrieden geben müsste, oder wenn wegen geringfügiger Schönheitsfehler der Austausch ganzer Fahrzeugteile berechnet wird. Auch die Grundsätze der Vorteilsausgleichung müssen im Gutachten berücksichtigt sein, also insbesondere der Abzug „neu für alt" (Rn 79), desgleichen etwaige Vorbeschädigungen des Kfz (Rn 81).

38 Bei schon **stark abgenutzten Fahrzeugen**, ganz besonders bei Nutzfahrzeugen, muss in Erwägung gezogen werden, dass ein verständiger Eigentümer sich bei nicht sicherheitsrelevanten Schäden mit Ausbesserungen oder der Verwendung von Gebrauchtteilen einverstanden erklären würde. Nicht notwendig anfallende Kosten des **Reparaturmanagements** (zB Verbringung in eine Lackierwerkstatt) sollten, da sie von der tatsächlich gewählten Art der Reparaturdurchführung abhängen, nicht fiktiv berechnet werden können.[72] Das Gutachten darf nach der Rspr des BGH von den **Stundenverrechnungssätzen** einer markengebundenen Fachwerkstatt ausgehen.[73] Ist bei diesen Werkstätten die Berechnung von **Ersatzteilzuschlägen** (UPE-Zuschlägen) üblich, kann auch der Sachverständige solche einstellen.[74]

39 c) Das **Wirtschaftlichkeitspostulat** ist bei der fiktiven Abrechnung besonders zu beachten. Sie darf nicht zu einer Bereicherung des Geschädigten führen, sondern muss sich nach dem günstigsten Weg der Restitution richten.[75] Zu der hierbei anzustellenden Vergleichsrechnung beim Kfz-Schaden s Rn 70.

40 d) Die **Darlegungslast** für die Grundlagen der Schadensbemessung liegt beim Anspruchsteller. Die Vorlage eines Reparaturkostengutachtens oder -voranschlags genügt hierfür nicht in jedem Fall. Um bestimmte Positionen (zB MwSt) geltend machen zu können, muss er vortragen, welchen Weg der Schadensbeseitigung er tatsächlich gewählt hat. Außerdem muss er ggf die für die Ermittlung des wirtschaftlichsten Wegs erforderlichen Vergleichsdaten liefern. Damit das Gericht Einwänden gegen das Schätz-

---

71 NZV 1989, 465 m Anm *Hofmann*.
72 AG Überlingen DAR 1995, 296; *Himmelreich/Klimke/Bücken* 721a m Nachw unv Urteile; einschr auch *Ch Wagner* NZV 1999, 358 f; **aA** AG Dinslaken NJW-RR 1998, 1719; AG Göttingen DAR 1999, 172; AG Bochum NZV 1999, 518; *Wortmann* NZV 1999, 503 f. Auf die örtlichen Verhältnisse abstellend OLG Hamm OLGR 1998, 91; OLG Düsseldorf NZV 2002, 87. Rechtsprechungsübersicht bei *Kuhn* DAR 1999, 379 ff.
73 BGHZ 155, 1 = DAR 2003, 373 m Anm *Reitenspiess*; krit („Abrechnung de luxe") *Ch Huber* MDR 2003, 1210 f.
74 OLG Düsseldorf NZV 2002, 87, 89; LG Aachen NZV 2005, 649; *Fischer* NZV 2003, 262 ff mwN.
75 BGH NZV 2005, 453.

gutachten nachgehen kann, muss er die Rechnung über eine tatsächlich durchgeführte Reparatur vorlegen und ggf erklären, weshalb deren Kosten hinter dem Schätzbetrag zurückbleiben (näher Rn 51).

II. Höhe der Reparaturkosten

1. Allgemeines

Der Ersatzpflichtige hat grundsätzlich die **Kosten der vollwertigen Wiederherstellung** der Sache zu ersetzen, und zwar unabhängig davon, ob tatsächlich eine (volle) Reparatur durchgeführt wurde (vgl Rn 35 ff). Er darf mit der Durchführung der Reparatur aber nicht gegen das **Wirtschaftlichkeitsgebot** (Rn 10 ff) verstoßen. Hat er reparieren lassen, obwohl die Kosten hierfür höher sind als der Aufwand bei einer Ersatzbeschaffung, erhält er grundsätzlich nur letzteren ersetzt. Ausnahmen: Rn 21 ff. Bleibt trotz der Wiederherstellung ein **Minderwert**, ist dieser auszugleichen (Rn 72 ff). 41

2. Fremdreparatur

a) Ordnungsgemäße Reparatur in einem Fachbetrieb kann der Geschädigte beanspruchen. Die hierfür tatsächlich angefallenen Kosten sind idR als der zur Herstellung erforderliche Geldbetrag iSd § 249 Abs 2 S 1 BGB anzusehen. Der Geschädigte braucht sich – vom Fall eines Auswahlverschuldens abgesehen – nicht entgegenhalten zu lassen, dass eine andere Werkstatt die Reparatur billiger ausgeführt hätte. Er ist auch, soweit nicht Treu und Glauben ausnahmsweise anderes gebieten, nicht verpflichtet, die Reparatur in einer vom Schädiger bezeichneten Werkstatt vornehmen zu lassen. Liegen die in Rechnung gestellten Kosten aber exorbitant über den von Sachverständigen prognostizierten, so muss der Geschädigte die Diskrepanz nachvollziehbar erklären.[76] Liegen sie darunter, kann er gleichwohl die höheren Schätzkosten in Rechnung stellen, wenn das Gutachten etwaigen Einwendungen standhält (zB auf den Stundenverrechnungssätzen einer markengebundenen Fachwerkstatt beruht, während die Reparatur in einer billigeren Werkstatt ausgeführt wurde; vgl o Rn 38). Ersparnisse aufgrund überobligationsmäßiger Anstrengungen kommen dem Geschädigten zugute.[77] Zur unvollständigen Reparatur s Rn 59 ff, zur Reparatur in Eigenregie s Rn 45 ff. 42

b) Der Grundsatz wirtschaftlicher Vernunft ist zu beachten. Der Schädiger braucht für solche Maßnahmen nicht aufzukommen, die ein verständiger Eigentümer in der Lage des Geschädigten zur Beseitigung des Schadens niemals treffen würde.[78] Bei Lackschäden an Pkw kann daher grundsätzlich nur Teillackierung verlangt werden, 43

---

76 Vgl OLG Oldenburg NZV 1989, 148: 21 000 statt 16 000 DM. Entgegen dieser Entscheidung ist dies aber keine Frage der Schlüssigkeit der Klage, sondern der Beweisführung. Zu großzügig LG Itzehoe ZfS 1990, 49: 32% teurere Reparatur in Tankstellenwerkstatt.
77 **AA** *Picker* 222 ff.
78 BGHZ 54, 85; BGH VersR 1962, 137; 1978, 838; NJW 1975, 160; AG Ibbenbüren NZV 1991, 316 (Kratzer an der Stoßstange).

auch wenn geringfügige Farbabweichungen verbleiben,[79] bei kleinen Hagel-, Kastanien- oder Parkbeulen nur eine Beseitigung nach der „lackschadenfreien Ausbeultechnik".[80] Die vorsorgliche Auswechslung der Sicherheitsgurte nach einem schweren Unfall ist jedoch geboten.[81] Auf eine Reparatur unter Verwendung gebrauchter Ersatzteile (sog zeitwertgerechte Reparatur) muss sich der Geschädigte nur verweisen lassen, wenn hierbei der vorherige Zustand des Unfallfahrzeugs voll wiederhergestellt wird.[82]

44 c) Mehrkosten durch **Werkstattverschulden** (zB unwirtschaftliche oder unsachgemäße Maßnahmen) hat der Schädiger zu tragen, sofern und soweit den Geschädigten hieran kein eigenes Verschulden – zB bei der Auswahl der Werkstatt – trifft: Die Werkstatt ist nicht Erfüllungsgehilfe des Geschädigten bzgl dessen Schadensminderungspflicht.[83] Etwaige Ansprüche gegen die Werkstatt, zB aus Vertragspflichtverletzung, muss der Geschädigte dem Ersatzpflichtigen abtreten.[84] Für betrügerische Machenschaften des Reparateurs (Abrechnung gar nicht durchgeführter Arbeiten) braucht der Ersatzpflichtige jedoch nicht einzustehen; der dadurch verursachte Schaden ist dem Unfall nicht mehr zuzurechnen.[85]

3. Reparatur in eigener Regie

45 a) Bei **Selbstreparatur** (zB durch Heimarbeit oder mit Hilfe von Bekannten) kann der Geschädigte nach der Rspr[86] die fiktiven Kosten einer Werkstattreparatur ersetzt verlangen (vgl hierzu § 3 Rn 228 ff). Solange die vom Sachverständigen geschätzten Reparaturkosten den Wiederbeschaffungswert (ohne Abzug des Restwerts) nicht übersteigen, gilt dies unabhängig von der Qualität der Reparatur;[87] ansonsten gelten die in Rn 26 wiedergegebenen Grundsätze. Bei Unfällen ab 1.8.2002 kann **Umsatzsteuer** nach § 249 Abs 2 S 2 BGB nur noch insoweit angesetzt werden, wie sie tatsächlich angefallen ist, bei der Selbstreparatur also zB für den Kauf von Ersatzteilen. Rechnet der Geschädigte aber fiktiv ab, kann er nicht zusätzlich MwSt ersetzt verlangen, auch nicht in der Höhe, die bei einer Ersatzbeschaffung angefallen wäre; eine Kombination von konkreter und fiktiver Schadensabrechnung ist nicht zulässig.[88]

46 b) Bestand für den Geschädigten (etwa ein Verkehrsunternehmen) die Möglichkeit einer **Instandsetzung im eigenen Betrieb**, so sind nach der Rspr folgende Fälle zu unterscheiden:

---

79 OLG München VersR 1974, 65; 1975, 960; OLG Köln VersR 1972, 547; OLG Düsseldorf DAR 1974, 71; VersR 1985, 69; KG Betrieb 1978, 1541.
80 OLG Karlsruhe NJW 2003, 3208.
81 AG Goslar DAR 1984, 295.
82 Vgl Empfehlung des 37. VGT, NZV 1999, 120; *Reinking* VGT 1999, 312 f; *Walter* NZV 1999, 19 ff; *Budel* ZfS 2000, 89; *Pamer* DAR 2000, 150 ff.
83 BGHZ 63, 182; BGH VersR 1978, 374; OLG Hamburg MDR 1968, 239.
84 BGH NJW 1975, 160: als Vorteilsausgleich.
85 **AA** OLG Hamm NZV 1995, 442.
86 BGHZ 54, 87; 61, 58 = JR 1974, 103 m Anm *Gitter*; OLG München VersR 1966, 836; 1967, 483; KG VersR 1970, 164; **aA** *Schulz* VersR 1967, 383; *Köhler* FS Larenz 352; 20. VGT (1982) 10; de lege ferenda auch *Greger* NZV 2000, 3.
87 BGHZ 154, 395 = DAR 2003, 372 m Anm *Reitenspiess* = JR 2004, 20 m Anm *Schiemann*.
88 BGHZ 162, 170, 175 = NZV 2005, 245, 246 m Anm *Heß*.

- War der Betrieb ausgelastet, sodass der Geschädigte während der Instandsetzungszeit Fremdaufträge hätte ausführen können, so kann er die Kosten ersetzt verlangen, die bei Fremdreparatur entstanden wären;[89]
- War der Betrieb nicht durch Fremdaufträge ausgelastet, so können neben den Materialkosten nur die anteiligen Gemeinkosten für die Unterhaltung der Werkstatt (Selbstkosten) beansprucht werden;[90]
- Ist der Betrieb ohnehin nur zu Reparaturen für das eigene Unternehmen bestimmt (zB Betriebswerkstätten von Verkehrsunternehmen), so können ebenfalls lediglich die Selbstkosten berechnet werden;[91]
- War im letztgenannten Fall die eigene Werkstatt jedoch so ausgelastet, dass sie bei Instandsetzung der beschädigten Sache andere Arbeiten an fremde Firmen abgeben müsste, so kann der Geschädigte die Kosten einer Fremdreparatur ersetzt verlangen.[92]

Diese Grundsätze gehen auf die Erwägung zurück, dass der Geschädigte zu der kostengünstigeren Reparatur im eigenen Betrieb dann verpflichtet ist, wenn sie ihm zumutbar ist; sie können daher nicht zur Anwendung kommen, wenn es sich um betriebsfremde Arbeiten handelt.[93] Die Beteiligung des Schädigers an den Gemeinkosten des Betriebs (die dem Geschädigten auch ohne den Unfall erwachsen wären) lässt sich ebenfalls nur mit Zumutbarkeitserwägungen rechtfertigen: Niemand soll gehalten sein, kostensparende eigene Reparaturleistungen ohne eine angemessene Beteiligung des Ersatzpflichtigen an den Gemeinkosten zur Verfügung zu stellen.[94]

47

4. Nebenpositionen

a) Zu den Reparaturkosten gehört auch die „tatsächlich angefallene" (dh dem Geschädigten zu Recht in Rechnung gestellte[95]) **Umsatzsteuer** (§ 249 Abs 2 S 2 BGB). Dies gilt auch, wenn Geschädigter der Staat ist, dem auch die Steuer zufließt.[96] Etwas anderes gilt nur, wenn im konkreten Fall die übliche und zumutbare Form der Wiederherstellung in der Eigenreparatur besteht.[97] Zum Nachweis der angefallenen Mehrwertsteuer Rn 53, zum Vorsteuerabzug § 23 Rn 22 f; zur fiktiven Abrechnung Rn 35 ff.

48

b) Die **Abschleppkosten** zur Werkstatt gehören in dem notwendigen Umfang ebenfalls zum erstattungspflichtigen Schaden. Lässt der Geschädigte das Fahrzeug nicht in die nächste, sondern in eine weiter entfernte Werkstatt schleppen, so sind die Mehrkosten nur zu ersetzen, wenn sie nicht allzu erheblich sind und der Geschädigte vernünftige

49

---

89 BGHZ 54, 87; BGH VersR 1978, 243; OLG München VersR 1966, 668; OLG Düsseldorf NJW-RR 1994, 1375; LG Bochum NJW-RR 1989, 1195.
90 BGHZ 76, 216.
91 BGHZ 54, 88; BGH VersR 1961, 358 = JZ 1961, 420 m Anm *Niederländer*; OLG Hamm VRS 5, 569; OLG Celle VersR 1978, 257; OLG Zweibrücken VersR 2002, 1566; **aA** bei Kfz LG Bochum DAR 1986, 295.
92 OLG München VersR 1966, 668.
93 BGH NJW 1997, 2879, 2880.
94 *Lange/Schiemann* § 6 VIII 5.
95 Vgl Stellungnahme des Bundesrats in BT-Drs 14/7752 S 49 und Zustimmung der Bundesregierung aaO S 55; *Lemcke* r+s 2002, 271 f. Für Anspruch auf Vorschuss auf die Umsatzsteuer *Knütel* ZGS 2003, 20.
96 BGH NZV 2005, 39; *Ch Huber* NJW 2005, 950 ff.
97 BGHZ 61, 58.

Fünfter Teil. Ersatz des Sachschadens

Gründe hierfür hat (zB Vertragswerkstatt, die das Fahrzeug ständig wartet).[98] Zu Begutachtungskosten s § 26 Rn 3 ff.

50 Bei der **Überführung eines beschädigten Schienenfahrzeugs** in das Ausbesserungswerk gehören zu den erstattungspflichtigen Herstellungskosten auch die für die Überführungsfahrt und die Rückführung zum Einsatzort anfallenden Kosten für Personal, Beförderung und Fahrwegbenutzung (soweit hierfür ausscheidbare Kosten entstanden sind) sowie diesbezüglich aufgewendete Verwaltungskosten, nicht aber die fiktiven Fahrtkosten für Personal, welches mit eigenen planmäßigen Transportmitteln zur Unfallstelle befördert wurde.[99]

5. Nachweis der Reparaturkosten

51 Er kann am besten durch Vorlage der **Reparaturrechnung** geführt werden. Soweit der Geschädigte zulässigerweise fiktiv abrechnet (s Rn 35 ff), müssen die Kosten auf der Basis eines **Schadensgutachtens** geschätzt werden. Weder Rechnung noch Gutachten legen den Schadensbetrag aber verbindlich fest; insbesondere ist es dem Ersatzpflichtigen unbenommen, die Unfallbedingtheit oder Erforderlichkeit einzelner Positionen sowie die vom Sachverständigen geschätzten Aufwendungen zu bestreiten.[100] Im Prozess wird der zuzusprechende Betrag nach richterlichem Ermessen (§ 287 ZPO) bestimmt. Die Schätzungsgrundlagen hat der Anspruchsteller beizubringen.

52 Ob eine **Verpflichtung zur Vorlage der Rechnung** besteht, ist bei der Regulierung von Kfz-Schäden (obwohl in anderen Bereichen selbstverständliche Übung) hoch umstritten.[101] Obgleich lautere Motive zur Vorenthaltung dieses aussagekräftigsten Erkenntnismittels[102] nicht zu erkennen sind, wird vielfach die Ansicht vertreten, dass der Geschädigte das Recht hat, ausschließlich „auf Gutachtenbasis" abzurechnen.[103] Dabei wird aber die Frage der Zulässigkeit einer fiktiven Schadensabrechnung (dazu Rn 35) mit der Konkretisierung der Darlegungslast vermengt. Für die Anspruchshöhe ist der Gläubiger beweis- und darlegungspflichtig; er hat dem Gericht die zur Ausübung seines Schätzungsermessens nach § 287 ZPO erforderlichen Erkenntnismittel zu verschaffen. Kann er dem Gericht nicht plausibel machen, weshalb er ihm gerade das beste dieser Erkenntnismittel vorenthält, kann es hieraus negative Schlüsse ziehen und pauschale Abstriche von den Schätzkosten vornehmen.[104] Nimmt eine Partei auf die Rechnung Bezug, kann das Gericht von Amts wegen die Vorlage anordnen (§ 142 ZPO).[105]

53 Da **Umsatzsteuer** auf die Reparaturkosten nach dem am 1.8.2002 in Kraft getretenen § 249 Abs 2 S 2 BGB nur noch beansprucht werden kann, wenn sie tatsächlich angefallen ist, muss der Geschädigte im Bestreitensfall die Rechnung mit Mehrwertsteuer-

---

98 OLG Hamm VersR 1970, 43; OLG Köln NZV 1991, 429.
99 BGH VersR 1983, 755; zur Schadensberechnung OLG München VersR 1987, 361 m Anm *Kunz*.
100 BGH NZV 1989, 465 m Anm *Hofmann*.
101 Vgl aus der Rspr nur LG Berlin NZV 1990, 119, 120; LG Bochum NJW-RR 1990, 859.
102 So auch BGH NZV 1989, 465 m Anm *Hofmann*.
103 S zB *Gebhardt* DAR 2002, 396; *Steffen* NZV 1991, 3. Nach BGH NZV 1989, 465 darf die Rechnungsvorlage jedenfalls nicht zur Voraussetzung einer Schadensersatzleistung gemacht werden.
104 BGH NZV 1989, 465 f m Anm *Hofmann*.
105 Näher hierzu *Greger* NJW 2002, 1477. Entgegen *Gebhardt* DAR 2002, 398 kommt es auf eine Beweiserheblichkeit der Urkunde bei § 142 ZPO nicht an.

Ausweis nach § 14 UStG vorlegen.[106] Verweigerung der Vorlage kann vom Richter frei gewürdigt werden und zur Reduzierung des Schadensersatzbetrags führen. Ähnliche Konsequenzen ergeben sich, wenn der Geschädigte trotz durchgeführter Reparatur nur den Nettobetrag lt Gutachten geltend macht: Da sich hier der Verdacht zu hoher Schätzkosten aufdrängt, kann vom Anspruchsteller nähere Darlegung verlangt werden. Legt er nicht dar, welchen Weg der Restitution er gewählt hat und wie hoch im Falle durchgeführter Reparatur seine tatsächlichen Aufwendungen waren, so kann sich das Gericht im Rahmen des § 287 ZPO auf die Zuerkennung eines Mindestschadens beschränken (die Klage allerdings nicht etwa ganz abweisen[107]). Ergibt sich, dass steuerpflichtige Leistungen unversteuert erbracht wurden, ist das Gericht zur Mitteilung an die Steuerbehörde verpflichtet (§ 116 AO).[108] Der fälschliche Ausweis von Mehrwertsteuer in der Rechnung begründet zwar die Pflicht zur Abführung an das Finanzamt nach § 14 Abs 3 UStG, lässt Mehrwertsteuer aber nicht „anfallen"; in diesem Fall besteht daher keine Erstattungspflicht (vgl Rn 48). Ebenso wenig fällt Mehrwertsteuer schon durch das Erteilen eines umsatzsteuerpflichtigen Auftrags an;[109] es bedarf vielmehr der Erteilung einer entsprechenden Rechnung.

III. Reaktionsmöglichkeiten und Ersatzansprüche beim Kfz-Schaden

Wie sich aus Vorstehendem ergibt, hat der BGH für die Regulierung von Kfz-Schäden Besonderheiten entwickelt, die auf den Parametern der Dispositionsfreiheit, der Wirtschaftlichkeit und des Integritätsinteresses beruhen. Hieraus ergeben sich unter Berücksichtigung der Vorgaben des 2. SchRÄndG (Rn 35) folgende Gestaltungsmöglichkeiten und Konsequenzen: **54**

1. Vollständige fachgerechte Reparatur

Eine solche liegt vor, wenn die Wiederherstellung vorgenommen wurde, die der Sachverständige zur Grundlage seiner Kostenschätzung gemacht hat.[110] Kleinere Abweichungen bei der Reparaturausführung, zB die Verwendung von gebrauchten statt der vom Sachverständigen angesetzten neuen Ersatzteile, sind dann als unschädlich anzusehen, wenn noch eine vollständige Herstellung des früheren Zustands bejaht werden kann.[111]   **55**

a) Liegen in einem solchen Fall die geschätzten Reparaturkosten (einschließlich eines etwa verbleibenden Minderwerts[112]) **unterhalb des Wiederbeschaffungswerts** (ohne Berücksichtigung des Restwerts[113]), kann der Geschädigte entweder die Kosten abrechnen, die ihm tatsächlich entstanden sind, oder die fiktiven Kosten nach dem Schätzgut-   **56**

---

106 BT-Drs 14/7752 S 23; *Wagner* NJW 2002, 2059. Zu den Konsequenzen im Einzelnen *Greger* NZV 2002, 385 ff.
107 So das Berufungsgericht in dem von BGH NZV 1989, 465 entschiedenen Fall.
108 Vgl *Greger* NZV 2002, 386.
109 AA *Schirmer/Marlow* DAR 2003, 444.
110 BGHZ 162, 161 = NZV 2005, 243 m Anm *Heß*.
111 Vgl dazu *Ch Huber* MDR 2003, 1338 f.
112 BGHZ 115, 364 = NZV 1992, 66, 67 m Anm *Lipp*.
113 BGHZ 115, 364 = NZV 1992, 66 m Anm *Lipp;* NZV 2005, 453, 454.

Fünfter Teil. Ersatz des Sachschadens

achten (Einzelheiten hierzu Rn 35 ff, 51 ff).[114] Der Schädiger kann gegen die Schätzung Einwände erheben, was einen Abgleich mit den tatsächlichen Reparaturkosten erfordern kann (s Rn 36 ff). Ein Anspruch auf höhere Schätzkosten besteht dann nur, wenn die Abweichung nicht auf einem Prognosefehler, sondern auf überobligationsmäßigen Anstrengungen des Geschädigten beruht[115] (zur Teilreparatur s Rn 59 ff). **Umsatzsteuer** kann er bei Unfällen ab 1.8.2002[116] in jedem Fall nur insoweit in Rechnung stellen, als sie tatsächlich angefallen ist (§ 249 Abs 2 S 2 BGB; s dazu Rn 53) und keine Vorsteuerabzugsberechtigung (§ 23 Rn 22 f) besteht, also nicht wenn er die fiktive Abrechnung wählt. Er kann in letzterem Fall auch nicht teilweise konkret abrechnen, also nicht zusätzlich MwSt (zB für gekaufte Ersatzteile) berechnen.[117] Die tatsächlichen Reparaturkosten kann er auch dann abrechnen, wenn er das Kfz sogleich veräußert.[117a]

57 b) Liegen die geschätzten Reparaturkosten oberhalb der vorgenannten Grenze, aber **unterhalb von 130%** des (nicht um den Restwert gekürzten[118]) Wiederbeschaffungswertes, kann der Geschädigte sie grundsätzlich ersetzt verlangen (s Rn 22 ff, auch zu den Ausnahmen). Er muss aber nachweisen, dass er tatsächlich eine Vollreparatur hat durchführen lassen (sonst Rn 59 ff), deren Gesamtkosten innerhalb des Toleranzbereichs liegen (sonst Rn 58) und ein Integritätsinteresse besteht (vgl Rn 26).

58 c) Wenn die prognostizierten Reparaturkosten die **130%-Grenze übersteigen**, kann der Geschädigte nur auf Totalschadensbasis (fiktive Wiederbeschaffungskosten abzüglich Restwert; keine MwSt) abrechnen (s Rn 27).

2. Unvollständige oder nicht fachgerechte Reparatur

59 Wird das Unfallfahrzeug zwar repariert, aber nicht in dem Umfang oder der Qualität, die der Sachverständige zur vollen Wiederherstellung für erforderlich hielt (s Rn 55), so ist zu unterscheiden:

60 a) Liegen lt Gutachten die Kosten der ordnungsgemäßen Reparatur **unterhalb des Wiederbeschaffungswerts**, werden sie vollständig ersetzt; der Restwert des Fahrzeugs ist hierbei nicht zu berücksichtigen, weil er vom Geschädigten nicht realisiert wurde und sich somit in der Schadensbilanz nicht niederschlägt.[119]

61 b) Sind die fiktiven Kosten der ordnungsgemäßen Reparatur lt Gutachten **höher als der Wiederbeschaffungswert**, kann der Geschädigte Schadensersatz nur in Höhe des Wiederbeschaffungs*aufwands*, dh Kosten der Ersatzbeschaffung abzüglich Restwert,[120] berechnen, denn die unvollständige Reparatur spricht für ein fehlendes Integritätsinteresse.[121] Mehrwertsteuer kann er gem § 249 Abs 2 S 2 BGB nicht beanspruchen, wenn

---

114 BGH NZV 1989, 465 m Anm *Hofmann*.
115 Ebenso *Wagner* NJW 2002, 2059 unter Hinweis auf die damit verbundene Erschwerung der Schadensregulierung.
116 Art 229 § 8 Abs 1 EGBGB.
117 BGHZ 162, 170, 175 = NZV 2005, 245, 246 m Anm *Heß*; **aA** *Wagner* NJW 2002, 2058.
117a BGH BB 2007, 238.
118 BGHZ 115, 364 = NZV 1992, 66 m Anm *Lipp*.
119 BGHZ 154, 395 = DAR 2003, 372 m Anm *Reitenspiess* = JR 2004, 20 m krit Anm *Schiemann*.
120 BGHZ 162, 170, 175 = NZV 2005, 245 m Anm *Heß*. Zur Höhe des Restwerts s Rn 65 ff.
121 BGHZ 162, 161, 168 = NZV 2005, 243 m Anm *Heß*.

er auf der Basis der fiktiven Ersatzbeschaffung abrechnet; für die Behelfsreparatur angefallene Mehrwertsteuer bleibt außer Betracht, da deren Kosten nicht in Rechnung gestellt werden und eine Kombination von konkreter und fiktiver Schadensabrechnung nicht zulässig ist.[122] Zur Nachholung der zunächst unterbliebenen Restarbeiten s Rn 71.

3. Ersatzbeschaffung

Der Geschädigte kann von einer Reparatur des beschädigten Kfz absehen und ein **Ersatzfahrzeug** anschaffen. Hierin liegt nach Ansicht des BGH[123] auch dann eine Naturalrestitution iSd § 249 BGB, wenn ein höherwertiger Gebrauchtwagen oder ein Neufahrzeug angeschafft wird (zur Beschaffung eines geringwertigeren Ersatzes s Rn 69 f). Wird das neue Fahrzeug nicht (wie das beschädigte) zu Eigentum erworben, sondern geleast, kommt es nicht zu einer Naturalrestitution; es gelten daher ebenfalls die Grundsätze in Rn 69 f.[124] **62**

a) Erwirbt der Geschädigte ein Ersatzfahrzeug zu einem Preis, der dem im Gutachten ausgewiesenen (Brutto-)Wiederbeschaffungswert entspricht oder diesen übersteigt, kann er den **tatsächlich aufgewendeten Kaufpreis** bis zur Höhe des (Brutto-)Wiederbeschaffungswerts, abzüglich des Restwerts des Unfallfahrzeugs (s dazu Rn 65 ff), ersetzt verlangen.[125] Ob und in welcher Höhe in dem im Gutachten ausgewiesenen Wiederbeschaffungswert und in dem vom Geschädigten aufgewendeten Kaufpreis Umsatzsteuer enthalten ist, hat keine Bedeutung, da der Geschädigte hier nicht fiktiv abrechnet, sondern die Wiederherstellung durch konkrete Ersatzbeschaffung betreibt.[126] Eine fiktive Abrechnung höherer Reparaturkosten scheidet in jedem Falle aus, weil der Geschädigte sich bei Ersatzbeschaffung nicht auf ein geschütztes Integritätsinteresse (s Rn 21) berufen kann;[127] der verbreiteten Ansicht,[128] dass der Restwert außer Betracht bleiben soll, wenn die Reparaturkosten 70% des Wiederbeschaffungswerts nicht übersteigen, ist der BGH dabei nicht gefolgt. **63**

b) Will der Geschädigte den **fiktiven Wiederbeschaffungsaufwand** (Wiederbeschaffungswert abzüglich Restwert) lt Gutachten abrechnen (zB weil er ein gleichwertiges Ersatzfahrzeug zu einem besonders günstigen Preis erworben hat), gelten die Grundsätze in Rn 56 entsprechend. Auch hier kann er gem § 249 Abs 2 S 2 BGB nur den Nettobetrag (ohne Mehrwertsteuer) ansetzen.[129] Weist das Gutachten den Nettobetrag nicht aus, muss geklärt werden, ob Kfz von der Art des Unfallwagens üblicherweise nach § 10 UStG regelbesteuert, nach § 25a UStG differenzbesteuert oder umsatzsteuer- **64**

---

122 BGHZ 162, 170, 175 = NZV 2005, 245, 246 m Anm *Heß*.
123 BGHZ 162, 270, 275 = NZV 2005, 512, 513. Zur Kritik an dieser Rspr s Rn 9.
124 Unzutr daher AG Berlin-Mitte NZV 2004, 301: Ersatz der MwSt auf die Leasing-Sonderzahlung.
125 BGHZ 162, 270 = NZV 2005, 512.
126 BGHZ 162, 270 = NZV 2005, 512; 2006, 190.
127 BGH NZV 2005, 453, 454.
128 Nachw in BGH NZV 2005, 453, 454 u bei *Ch Huber* Das neue Schadensersatzrecht (2003) § 1 Rn 118 f. Vgl auch Empfehlungen des VGT in NZV 1990, 103 u 2002, 77.
129 BGHZ 158, 388, 392 = NZV 2004, 341, 342 m Bespr v *Unterreitmeier* NZV 2004, 329; BGH NZV 2004, 395.

Fünfter Teil. Ersatz des Sachschadens

frei von Privat angeboten werden.[130] Die Mehrwertsteuer ist vom vollen, nicht um den Restwert gekürzten Wiederbeschaffungswert abzuziehen.[131] Nebenkosten der tatsächlich getätigten Ersatzbeschaffung kann er nicht zusätzlich zum fiktiven Wiederbeschaffungsaufwand beanspruchen.[132]

65 c) Der **Restwert** des Unfallfahrzeugs ist von den Wiederbeschaffungskosten abzuziehen, da er dem Geschädigten als Vermögenswert verbleibt (vgl § 23 Rn 15). Für seine Bemessung kann grundsätzlich vom **Gutachten** eines Sachverständigen ausgegangen werden.[133] Anderes gilt nur dann, wenn dem Geschädigten bei der Beauftragung des Sachverständigen ein (Auswahl-)Verschulden zur Last fällt oder für ihn aus sonstigen Gründen Anlass zu Misstrauen gegenüber dem Gutachten bestand[134] oder wenn der Ersatzpflichtige ihm eine ohne weiteres zugängliche günstigere Verwertungsmöglichkeit nachgewiesen hat.[135] Das Gutachten hat die dem Geschädigten ohne weiteres offen stehenden Verkaufswege, dh den allgemeinen regionalen Markt, zugrunde zu legen, nicht die auf einem Sondermarkt der Restwerteaufkäufer oder bei Restwertebörsen im Internet erzielbaren Erlöse.[136]

66 Wenn der Geschädigte infolge besonderer Anstrengungen einen **über dem objektiven Restwert liegenden Erlös** erzielt, kommt dies folglich nicht dem Schädiger zugute.[137] Kann der Schädiger aber den Nachweis führen, dass der Geschädigte ohne überobligationsmäßige Anstrengungen einen höheren als den vom Sachverständigen geschätzten Erlös erzielt hat, so kann er ihn an dem tatsächlichen Erlös festhalten.[138] Dabei ist der Verkauf auf einem Sondermarkt für Restwerteaufkäufer im Internet nicht überobligationsmäßig, dh der dort erzielte Erlös anzusetzen; dass der Geschädigte nicht verpflichtet war, sich auf diesen Sondermarkt zu begeben (s Rn 68), ändert daran nichts.[139]

67 Einen **höheren als den tatsächlich erzielten Restwert** kann der Schädiger nur in Abzug bringen, wenn er einen Verstoß gegen die Schadensminderungspflicht beweist.[140]

---

130 Vgl hierzu OLG Köln NZV 2004, 297; *Heß* NZV 2004, 6 m Hinw auf die Schwacke-Liste Regel- und Differenzbesteuerung, *Heinrich* NJW 2004, 1916 ff m Hinw auf die BVSK-Richtlinie zum Wiederbeschaffungswert u beiläufig BGHZ 158, 388, 393 f = NZV 2004, 341, 342. Für Pauschalierung *Schneider* NZV 2003, 555 ff.
131 *Heß* NZV 2004, 6; *Lemcke* r+s 2003, 441.
132 BGH NJW 2006, 2320, 2321.
133 BGHZ 143, 189; BGH NZV 1992, 147; 1993, 305; OLG Düsseldorf ZfS 1993, 338; OLG Oldenburg NZV 1993, 233; OLG Karlsruhe NZV 1994, 275.
134 BGH NZV 1993, 305.
135 BGHZ 143, 189.
136 BGH NZV 2005, 571; 1993, 305, 306; OLG Köln NZV 2005, 44; **aA** LG Koblenz VersR 2003, 1050 m zust Anm *Trost*. Zu den Anforderungen an das Gutachten s a *Lemcke* r+s 2002, 267; *Hopfner* MDR 2002, 801 ff; *Trost* VersR 2002, 800 ff; *Ch Huber* DAR 2002, 385 ff; *Gebhardt* DAR 2002, 401 (je m Nachw zum Meinungsstand im Schrifttum sowie zu den tatsächlichen Verhältnissen im Sachverständigenbereich) u Empfehlung des 40. VGT, NZV 2002, 77.
137 BGH NZV 2005, 140; 1992, 147; VersR 1985, 593, 595; LG Bad Kreuznach NJW-RR 1988, 860; LG Münster NZV 1990, 194; *Müller-Laube* JZ 1991, 168. Zum „versteckten Rabatt" bei Inzahlungnahme s OLG Köln VersR 1993, 1290.
138 BGH NZV 2005, 140; 1992, 147.
139 BGH NZV 2005, 140.
140 BGH NZV 2005, 571; krit dazu *Staab* NZV 2006, 456 ff.

Dies gilt auch bei fiktiver Schadensabrechnung.[141] Die Anforderungen an den Geschädigten dürfen dabei nicht überspannt werden.

Ihm kann zB in aller Regel nicht entgegengehalten werden, dass er auf dem Sondermarkt **68** spezieller Restwerteaufkäufer einen höheren Preis hätte erzielen können.[142] Nur der ihm ohne besondere Anstrengungen zugängliche Markt kann den Maßstab liefern.[143] Eine Verpflichtung, das beschädigte Fahrzeug zu zerlegen, um die unbeschädigten Teile einzeln günstiger verkaufen zu können, besteht für ihn nicht.[144] Der Geschädigte ist auch nicht verpflichtet, den gegnerischen Haftpflichtversicherer in die Verwertung einzuschalten,[145] insbesondere ihm vor einer Veräußerung des Unfallfahrzeugs Gelegenheit zu geben, zur Höhe des Restwerts Stellung zu nehmen und ggf ein höheres Angebot zu unterbreiten.[146] Lediglich ein konkretes Besichtigungsverlangen darf er – wie auch sonst[147] – nicht grundlos vereiteln. Hat der Haftpflichtversicherer bereits ein konkretes Ankaufsangebot vermittelt, darf der Geschädigte es nicht ohne Grund ausschlagen.[148] Ferner kann es die Schadensminderungspflicht verletzen, wenn zB die Bundeswehr die Veräußerung – zu einem niedrigeren Erlös – einer Verwertungsgesellschaft überträgt.[149]

4. Restitutionsverzicht

a) Auch wenn der Geschädigte auf **Reparatur oder Ersatzbeschaffung verzichtet**, **69** also das Unfallfahrzeug unrepariert weiterbenutzt oder ohne Anschaffung eines zumindest gleichwertigen Ersatzfahrzeugs verschrottet, verschenkt oder verkauft, kann er nach der Rspr infolge seiner Dispositionsfreiheit Schadensersatz nach § 249 Abs 2 BGB beanspruchen.[150] Der „erforderliche" Geldbetrag ist dann im Wege einer fiktiven Abrechnung zu ermitteln, dh aufgrund des Schätzgutachtens eines anerkannten Kfz-Sachverständigen, sofern es „hinreichend ausführlich ist und das Bemühen erkennen lässt, dem konkreten Schadensfall vom Standpunkt eines wirtschaftlich denkenden Betrachters gerecht zu werden".[151] Dasselbe gilt, wenn der Geschädigte **keine Angaben** über den Verbleib des Unfallwagens macht: Seine Klage ist dann nur schlüssig, wenn die Forderung nach den nachstehenden Grundsätzen berechnet wird.

---

141 BGH NJW 2006, 2320.
142 BGHZ 143, 189, 193; BGH NZV 1993, 305 = VersR 1993, 769 m abl Anm *Dornwald* 1075; OLG Nürnberg NJW 1993, 404; *Harneit* DAR 1994, 93 ff.
143 BGH NZV 1992, 147; *Steffen* NZV 1991, 4.
144 BGH VersR 1985, 736.
145 LG Bielefeld NZV 1990, 195; LG Hanau NJW-RR 1992, 92; *Fleischmann* ZfS 1989, 4; *Kempgens* NZV 1992, 307; *Harneit* DAR 1994, 93; **aA** LG Hagen ZfS 1990, 155; LG Aachen ZfS 1990, 7; AG München NZV 1993, 116.
146 BGH NZV 2005, 571; 1993, 305, 306 = VersR 1993, 769 m abl Anm *Dornwald* 1075; OLG München NZV 1992, 362; OLG Hamm NZV 1992, 440; OLG Köln VersR 1993, 1418; **aA** OLG Zweibrücken ZfS 1991, 263; OLG Hamm NZV 1992, 363; OLG Oldenburg r+s 1991, 128; OLG Frankfurt VersR 1992, 620; *Kääb* NZV 1993, 467 f; *Ch Huber* DAR 2002, 390 ff.
147 Vgl BGH VersR 1984, 80 u § 26 Rn 3.
148 BGHZ 143, 189; OLG Düsseldorf NZV 1998, 285; OLG Celle VersR 1993, 987; OLG Frankfurt VersR 1992, 620; *Marcelli* NZV 1992, 433; 40. VGT, NZV 2002, 77.
149 LG Limburg NZV 1989, 194.
150 Nachw u Gegenansicht (Anwendbarkeit des § 251 BGB bei Unmöglichwerden der Herstellung) in Rn 5.
151 BGH NZV 1989, 465 m Anm *Hofmann*.

Fünfter Teil. Ersatz des Sachschadens

70 Der Geschädigte kann in diesen Fällen nur nach der **wirtschaftlichsten Methode** abrechnen:[152] Fiktive Reparaturkosten erhält er nur, soweit sie zusammen mit dem merkantilen Minderwert den geschätzten Wiederbeschaffungsaufwand (Wiederbeschaffungswert abzüglich Restwert) nicht übersteigen;[153] dabei wird von einem Abzug des Restwerts aber abgesehen, wenn das Fahrzeug mindestens sechs Monate weiterbenutzt wird.[154] Umsatzsteuer kann nach § 249 Abs 2 S 2 BGB nicht in die Abrechnung eingestellt werden.[155]

71 b) Zeigt sich bei **nachträglichem Entschluss zur Restitution**, dass die Schätzkosten fehlerhaft zu hoch angesetzt waren, muss der Geschädigte sie zurückzahlen (§ 812 Abs 1 S 1 Alt 1 BGB; bei Vorsatz § 823 Abs 2 BGB iVm § 263 StGB). Erweisen sich die tatsächlichen Kosten als höher oder fällt aufgrund der späteren Disposition nachträglich Umsatzsteuer an,[156] kann er Nachforderungen stellen, sofern sein Verhalten bei der Schadensabrechnung – entgegen dem üblicherweise zu Erwartenden[157] – nicht als endgültige Festlegung auf die fiktive Abrechnung zu verstehen ist.[158]

IV. Wertminderung oder -steigerung durch die Reparatur

1. Technischer Minderwert

72 Aus § 254 Abs 2 BGB kann sich im Einzelfall die Verpflichtung des Geschädigten ergeben, sich mit einer mangelhaften Reparatur zufriedenzugeben, weil eine einwandfreie Reparatur unverhältnismäßig mehr kosten würde; insbesondere kann, wenn nur ein Teil der Karosserie beschädigt worden ist, eine Ganzlackierung des Kfz nur in Ausnahmefällen verlangt werden. Es kann dann eine durch die erkennbare Ungleichmäßigkeit des Äußeren verursachte Wertminderung verbleiben.[159] Nach § 249 BGB hat der Verletzte aber ein Recht auf völlige Wiederherstellung, sodass er in solchen Fällen wenigstens die verbliebene Wertminderung, die auch im gesunkenen Verkaufswert des

73 Kraftfahrzeugs ihren Niederschlag findet, ersetzt verlangen kann.[160] Beim heutigen Stand der Reparaturtechnik wird eine Entschädigung für technischen Minderwert aber nur selten erforderlich sein.[161]

---

152 BGHZ 66, 239, 248.
153 BGHZ 115, 364, 373 = NZV 1992, 66, 68 m Anm *Lipp;* BGH VersR 1985, 593, 595; KG NZV 2002, 89.
154 BGH NJW 2006, 2179 = NZV 2006, 459 m Anm *Heß*.
155 Zum ggf erforderlichen Herausrechnen des üblichen Steuersatzes s BGH NJW 2006, 2181 = NZV 2006, 462 m Anm *Ch Huber* 576 sowie Rn 64.
156 Hierzu *Lemcke* r+s 2002, 272 (Nachforderungsrecht verneinend).
157 Vgl BGHZ 66, 239, 246; in anderem Zusammenhang (Mietwagenkosten) auch BGH NZV 2003, 569, 570. BGH NJW 2007, 67, 69 verlangt hierzu konkrete Feststellungen u empfiehlt Hinwirken auf entspr Erklärungen.
158 BGH NJW 2007, 67 m Nachw zum früheren Meinungsstreit.
159 Nicht anzuerkennen bei älteren Fahrzeugen; OLG Frankfurt VersR 1978, 378.
160 OLG Stuttgart VersR 1961, 912.
161 *Berger* VW 1993, 762 u 828.

2. Merkantiler Minderwert

a) Allgemeines. Bei Gütern, für die (wie bei Kfz) ein Gebrauchtwagenmarkt besteht,[162] schlägt sich der Umstand, dass sie bei einem Unfall erheblich beschädigt wurden, selbst bei einwandfreier Reparatur wertmindernd nieder, weil wegen des Verdachts verborgen gebliebener Schäden eine Abneigung gegen den Erwerb besteht.[163] Dies zeigt sich beim Verkauf, wo der Umstand des früheren Unfalls ggf zu offenbaren ist[164] und idR zu einer niedrigeren Bewertung führt. Diese nach Ansicht des BGH als unmittelbarer Sachschaden zu qualifizierende[165] und daher von der Kaskoversicherung umfasste[166] Wertminderung ist vom Schädiger zu ersetzen, und zwar auch dann, wenn die Unfallreparatur sich auf die Benutzung des Kfz nicht risikoerhöhend ausgewirkt hat,[167] und unabhängig davon, ob sich der Minderwert tatsächlich bei einem Verkauf realisiert oder der Geschädigte etwa das Kfz bis zur Schrottreife behält.[168] Der Geschädigte kann daher sogleich vollen Ersatz der Wertminderung verlangen und ist nicht etwa auf die Erhebung einer Feststellungsklage beschränkt.[169] Grundlage ist § 251 Abs 1 BGB, denn eine Wiederherstellung ist in Bezug auf die Wertminderung nicht möglich.[170] Der Anspruch besteht demnach unabhängig davon, ob die Reparatur durchgeführt oder fiktiv abgerechnet wird.[171]

b) Die **Höhe** des Minderwerts ist aufgrund des Zeitwerts der beschädigten Sache sowie Art und Ausmaß der Reparatur zu ermitteln.[172] Es handelt sich um einen Wertausgleich, für den Fragen der Umsatzsteuerpflicht und der Vorsteuerabzugsberechtigung ohne Bedeutung sind.[173] **Maßgeblicher Zeitpunkt** für die Berechnung des Minder-

---

162 Nach OLG Hamm VersR 2000, 732, 733 f auch bei Pferden. Zur Kontaminierung eines Grundstücks s OLG Koblenz OLGR 1999, 178, zu Besonderheiten bei Luxus-Sportwagen OLG Jena NZV 2004, 476, 477 f.
163 BGHZ 161, 151, 159.
164 Vgl hierzu BGH NJW 1982, 1386 mwN.
165 BGHZ 161, 151, 159.
166 BGHZ 82, 338; eingehend dazu *v Gerlach* DAR 2003, 52 f.
167 **AA** für Nutzfahrzeug BGH VersR 1980, 46.
168 BGHZ 35, 396; *v Gerlach* DAR 2003, 51. Krit angesichts der Fortschritte der Reparaturtechnik *Staudinger/Schiemann* § 251 Rn 37; *Lange/Schiemann* § 6 VI 1; *Palandt/Heinrichs* § 251 Rn 15.
169 BGHZ 35, 396; BGH VersR 1980, 46; 1981, 655; **aA** noch BGHZ 27, 181.
170 BGHZ 82, 338, 345; *v Gerlach* DAR 2003, 51.
171 MünchKomm/*Oetker* § 249 Rn 55; *Lange/Schiemann* § 6 VI 3.
172 Vgl zu den verschiedenen Berechnungsmethoden *Himmelreich/Klimke/Bücken* 810 ff; *Splitter* DAR 2000, 49 ff. Im Einzelnen *Zeisberger/Neugebauer-Püster*[13] (2003) Der merkantile Minderwert (zur Methode *Halbgewachs*); *Hörl* ZfS 1991, 145; 13. VGT (1975) 8; *Nölke/Nölke* DAR 1972, 321; *Ruhkopf/Sahm* VersR 1962, 593; *HW Schmidt* DAR 1966, 230; *Schlund* BB 1976, 908. Rspr: BGH VersR 1980, 46; OLG Stuttgart VersR 1969, 838; 1973, 165; 1986, 773; KG DAR 1970, 158; VersR 1974, 786; NZV 1995, 314 (fast neuwertiger Pkw); OLG Köln DAR 1973, 71; VersR 1992, 973 (Luxusfahrzeug); OLG Frankfurt VersR 1978, 1044; OLG Hamburg VersR 1981, 1186; OLG Celle VersR 1981, 934 (Luxusfahrzeug); ZfS 1989, 230; für Motorrad LG Aschaffenburg VersR 1991, 355; LG Braunschweig DAR 1992, 306. Zur österr Judikatur eingehend *Apathy* ZVR 1988, 289.
173 **AA** *Freyberger* NZV 2000, 290 f.

werts ist der des Unfalls,[174] denn durch ihn, nicht durch die Reparatur, kommt es zu dem Wertverlust.

76 c) War der Unfallwagen zum Zeitpunkt des Unfalls **bereits verkauft**, kann merkantiler Minderwert neben dem Anspruch auf Ersatz eines besonderen Veräußerungsgewinns (§ 27 Rn 8) verlangt werden.[175] Wurde er nach der Reparatur veräußert, kann der Verkaufserlös einen Anhaltspunkt für die Höhe der Wertminderung bieten; er legt sie aber nicht bindend fest, da es nicht auf den tatsächlich erzielten, sondern auf den erzielbaren Erlös ankommt.[176] Rechnet der Geschädigte **fiktive Reparaturkosten** ab (zB weil er das beschädigte Fahrzeug in Zahlung gegeben hat), so ist der Minderwert bei der gebotenen Wirtschaftlichkeitsberechnung zu berücksichtigen (vgl Rn 70).

77 d) **Ausschlüsse:** Bei **geringfügigen Reparaturen** kommt ein merkantiler Minderwert grundsätzlich nicht in Betracht. Wo die Bagatellgrenze liegt, ist str. Als Faustformel kann gelten, dass die Reparaturkosten nicht unter ca 10% des Zeitwerts des Kfz liegen dürfen.[177] Bei **älteren Fahrzeugen** kann die Unfallfreiheit infolge des allgemeinen Wertverlustes ihre Marktbedeutung verlieren; wenn dies der Fall ist – feste Alters- oder Laufleistungsgrenzen können hierfür nicht gesetzt werden – ist ein merkantiler Minderwert zu verneinen.[178] Ein bereits erheblich **vorgeschädigtes Kfz** wird durch einen weiteren Schaden idR nicht weiter in seinem merkantilen Wert gemindert.[179] Bei **Nutzfahrzeugen** (zB Lkw) ist eine merkantile Wertminderung zwar nicht generell ausgeschlossen; allerdings wird das Vorliegen eines reparierten Unfallschadens dort idR nicht so sehr ins Gewicht fallen und die Berechnung sich noch weniger als bei Pkw schematisieren lassen.[180] Bei **Spezialfahrzeugen**, für die praktisch kein Gebrauchtwagenmarkt besteht (zB Militär- oder Polizeifahrzeuge) scheidet eine merkantile Wertminderung aus,[181] ebenso bei sonstigen Sachen, die gebraucht nicht gehandelt werden.[182]

---

174 *Zeisberger/Neugebauer-Püster* (Fn 172) S 27 f; **aA** BGH VersR 1967, 183; MünchKomm/ *Oetker* § 249 Rn 56 (Beendigung der Reparatur); OLG Stuttgart VersR 1961, 912 (letzte mündliche Verhandlung).
175 OLG Saarbrücken NZV 1992, 317 m zust Anm *Lange*.
176 *Lange* NZV 1992, 318; OLG Karlsruhe VersR 1981, 886.
177 OLG Stuttgart VersR 1968, 908; OLG Köln DAR 1973, 71; KG VersR 1975, 664; *Ruhkopf/ Sahm* VersR 1962, 593; krit *Ladenburger* DAR 2001, 295; *Eggert* VersR 2004, 283 ff; für differenzierende Betrachtung auch *Zeisberger/Neugebauer-Püster* (Fn 172) S 31 f; s a AG Essen NZV 1988, 229 für sehr teure Kfz.
178 BGHZ 161, 151, 160 f mNachw zur älteren Rspr, die aufgrund der technischen Entwicklung weitgehend überholt ist.
179 OLG Celle VersR 1973, 717; *Schlund* BB 1976, 908.
180 BGH VersR 1980, 46. Zur Berechnung s BGH VersR 1959, 949 (Reisebus); OLG Stuttgart VersR 1969, 838 u KG 1974, 786 (Lkw); KG VersR 1973, 749 (Postfahrzeug); KG DAR 1974, 270 (VW-Bus); KG VersR 1982, 45 (Fahrschulwagen). S a *Himmelreich/Klimke/ Bücken* 829 ff; *Darkow* DAR 1977, 62; *Schlund* BB 1976, 910; *Lange* NZV 1995, 318; *Zeisberger/Neugebauer-Püster* (Fn 172) S 14 ff.
181 OLG Köln VersR 1974, 761 (Straßenbahn); KG VersR 1979, 260 (Krankenwagen); OLG Schleswig VersR 1979, 1037 (Militärfahrzeug, hierzu *Riecker* VersR 1981, 517); **aA** *v Gerlach* DAR 2003, 54; offen gelassen von BGH VersR 1980, 46.
182 KG VersR 1978, 524: Straßenbaum. Dagegen stellt *v Gerlach* DAR 2003, 54 f darauf ab, ob eine typische Gefahr verborgener Mängel besteht.

e) Steuerersparnisse durch die Möglichkeit, die Wertminderung eines betrieblich ge- 78
nutzten Kfz gem § 7 EStG abzuschreiben,[183] mindern den Anspruch auf Ersatz des
merkantilen Minderwerts nicht.[184] Bei Beschädigung des Privat-Pkw eines Arbeitnehmers auf einer beruflichen Fahrt kann der merkantile Minderwert nicht als Werbungskosten bei den Einkünften aus nichtselbständiger Arbeit berücksichtigt werden.[185]

3. Wertsteigerung

a) Ein **Abzug „neu für alt"** ist geboten, wenn durch die Reparatur der Gesamtwert der 79
Sache erheblich erhöht wurde und es unbillig erschiene, diesen Vorteil dem Geschädigten auf Kosten des Schädigers zukommen zu lassen.[186] Der Einbau neuer Teile in ein
Kfz rechtfertigt einen Abzug aber idR nicht, wenn es sich um Teile handelt, die normalerweise die Lebensdauer des Kfz erreichen.[187] War das ausgetauschte Teil dagegen zum
Unfallzeitpunkt schon erheblich abgenutzt, so tritt durch den Einbau des neuen eine
anzurechnende Wertsteigerung ein.[188]

Der rechtfertigende Grund für diesen Abzug liegt darin, dass der Schädiger an sich nur Wieder- 80
herstellung des vorigen Zustands schuldet. Wird nunmehr ein neues Teil eingebaut, weil der
Einbau eines entsprechend abgenutzten Gebrauchtteils nicht möglich oder nicht wirtschaftlich
wäre, so leistet der Schädiger bei voller Kostentragung mehr als er schuldet. Führt dies zu
einem Vermögensvorteil für den Geschädigten – was insbesondere dann der Fall ist, wenn er
das betreffende Teil in absehbarer Zeit ohnehin austauschen müsste –, so muss es schon nach
der Differenzhypothese zu dessen Anrechnung kommen. Beim Austausch langlebiger Teile
hingegen wird dem Geschädigten der Austausch gleichsam aufgedrängt, sodass – bei normativer Wertung – nicht von einem auszugleichenden Vermögensvorteil gesprochen werden
kann. Zur Verwendung gebrauchter Ersatzteile s Rn 43. Soweit ein Abzug in Betracht kommt,
ist er sogleich, nicht etwa erst im Falle einer Aufdeckung der Werterhöhung durch Verkauf,
geschuldet.[189]

b) Bei **Beschädigung vorbeschädigter Sachen** schuldet der Ersatzpflichtige idR nicht 81
die vollen Wiederherstellungskosten. Der Geschädigte trägt die Darlegungs- und Beweislast für die Unfallbedingtheit des geltend gemachten Schadens.[190] War die Sache
bereits so beschädigt, dass durch den neuen Unfall keine zusätzliche Vermögenseinbuße mehr entstehen konnte oder lässt sich ein solcher Zusatzschaden nicht hinreichend
sicher feststellen,[191] so entfällt eine Ersatzpflicht völlig. Dies kommt auch bei unmittelbar aufeinanderfolgenden Schadensereignissen (etwa beim Serienunfall) in Betracht.[192]
§ 287 ZPO ermöglicht in Zweifelsfällen eine Schätzung des Zusatzschadens (s hierzu
§ 38 Rn 38 f).

---

183 Dagegen *Seitrich* BB 1990, 1748 mit umfassender Wiedergabe des Meinungsstands.
184 BGH VersR 1980, 46.
185 BFH NJW 1992, 1910.
186 Ausführlich, auch zur Höhe des Abzugs *Lange/Schiemann* § 6 V 3, 4. Zum Abzug bei
 Beschädigung einer Lichtzeichenanlage OLG Celle OLGR 2003, 60.
187 KG NJW 1971, 144; OLG Karlsruhe VersR 1989, 925 (Batterie).
188 BGHZ 30, 29; OLG Nürnberg VersR 1964, 835.
189 So aber *Pamer* DAR 2000, 154 f; tendenziell auch *Lange/Schiemann* § 6 V 3.
190 OLG Köln NZV 1996, 241.
191 OLG Düsseldorf VersR 1988, 1191; KG NZV 1989, 232; OLG Köln NZV 1996, 241.
192 Vgl *Greger* NZV 1989, 59.

Fünfter Teil. Ersatz des Sachschadens

82 Handelt es sich um einen **ganz geringfügigen** Vorschaden, der den Wert der Sache nicht merkbar beeinträchtigte und vom Geschädigten als nicht behebungsbedürftig hingenommen worden war, so ist vom Zweitschädiger voller Kostenersatz zu verlangen, wenn durch seinen Schadensbeitrag nunmehr die Reparatur erforderlich wurde; ggf kommt ein Abzug „neu für alt" in Betracht (vgl Rn 79 f; für Schäden an Bauwerken Rn 87 f).

83 Ist (etwa beim Serienunfall) ein Schädiger nur für einen **Teil des Schadens** verantwortlich, führt dies aber zusammen mit vorangegangenen Schädigungen zum wirtschaftlichen Totalschaden (Rn 10 f), so ist zwar nach Totalschadensgrundsätzen abzurechnen; als Wiederbeschaffungswert ist aber der des vorbeschädigten Unfallfahrzeugs (idR Marktwert abzüglich Reparaturkosten *vor* der letzten Schädigung) anzusetzen.[193]

84 Eine je nach den Umständen entsprechend der Billigkeit zu bemessende Teilerstattung ist schließlich in den Fällen vorzunehmen, in denen der Unfall an einer vorbeschädigten Sache einen **weiteren Schaden** verursacht, dessen Behebung nur zusammen mit dem Vorschaden möglich oder sinnvoll ist. Zu einer gesamtschuldnerischen Haftung kann es in diesen Fällen nicht kommen.[194]

V. Sonderfälle

1. Leasingfahrzeuge

85 a) Bei **wirtschaftlichem Totalschaden** gelten die in § 23 Rn 28 f, § 25 Rn 10, 48 dargestellten Grundsätze. Ein auch zu unverhältnismäßig teuren Reparaturen berechtigendes Integritätsinteresse iSd in Rn 21 ff dargestellten Rspr sollte bei Leasingfahrzeugen auch dann nicht anerkannt werden, wenn es nicht zur Beendigung des Vertrags[195] kommt, weil der Substanzerhalt hier typischerweise von untergeordneter Bedeutung ist;[196] hier ist bei Unwirtschaftlichkeit der Reparatur stets auf Totalschadensbasis abzurechnen.

86 b) Bei **Teilbeschädigung** steht der Anspruch auf Ersatz der Reparaturkosten im Grundsatz dem Leasinggeber als Eigentümer zu. Im Leasingvertrag übernimmt jedoch üblicherweise der Leasingnehmer die Pflicht zur Behebung von Schäden am Kraftfahrzeug. Er kann die hierfür erforderlichen Kosten dann aufgrund der Verletzung seines Besitzrechts als sog Haftungsschaden (§ 27 Rn 7) vom Schädiger ersetzt verlangen.[197] Ist er nicht zum Vorsteuerabzug berechtigt, hat ihm der Schädiger auch die (tatsächlich angefallene; § 249 Abs 2 S 2 BGB) Mehrwertsteuer zu ersetzen.[198] Den Ersatz des merkantilen Minderwerts kann entweder der Leasinggeber oder der Leasingnehmer beanspruchen.[199] Zu den Ansprüchen auf Mietwagenkosten bzw Nutzungsausfallentschädigung s § 25 Rn 48, 54.

---

193 *Greger* NZV 1995, 489; unklar OLG Düsseldorf NZV 1995, 487 f.
194 So aber *Schopp* VersR 1990, 835; dagegen *Klimke* VersR 1990, 1333.
195 Hierzu OLG Stuttgart SP 1999, 162.
196 **AA** OLG München DAR 2000, 121; *Reinking* DAR 1997, 425 ff.
197 *Hohloch* NZV 1992, 7; *Lange/Schiemann* § 6 XIV 5 g.
198 OLG Frankfurt NZV 1998, 31; *Lange/Schiemann* § 6 XIV 5 g.
199 *Hohloch* NZV 1992, 7.

2. Gebäude, Gebäudeteile, Anpflanzungen, Grundstücke

a) Gebäude sind für die schadensrechtliche Abwicklung zusammen mit dem Grundstück als Einheit zu betrachten. Auch bei vollständiger Zerstörung eines Hauses kann daher grundsätzlich Wiederherstellung beansprucht werden,[200] dh Ersatz des zum Wiederaufbau erforderlichen Betrags (§ 249 Abs 2 BGB) minus Abzug „neu für alt".[201] Nur wenn die Wiederherstellung im Einzelfall als unmöglich angesehen werden muss, zB weil ein Neubau im Hinblick auf das hohe Alter des zerstörten Hauses in technischer und wirtschaftlicher Hinsicht als aliud erschiene, kann Unmöglichkeit angenommen werden mit der Folge, dass gem § 251 Abs 1 BGB nach dem Verkehrswert abzurechnen ist.[202] Hierbei kommt es für die Unmöglichkeit auf die Verhältnisse im Zeitpunkt des Schadenseintritts an. Für die Frage, ob die Wiederherstellung unverhältnismäßige Aufwendungen im Sinne des § 251 Abs 2 S 2 BGB erfordert, ist dem Verkehrswert der um einen (bei Neubauten wohl regelmäßig vorzunehmenden) Abzug „neu für alt" gekürzten Zahlungsanspruch gegenüberzustellen; dieser ist nicht nach der Wertminderung des alten Gebäudes, sondern nach der Wertsteigerung durch das neue Bauwerk zu bemessen.[203] Die für Kraftfahrzeugschäden entwickelte Rspr zum Integritätsinteresse (30%-Toleranz; s Rn 22) ist auf diese Verhältnismäßigkeitsprüfung nicht anwendbar.[204] Ist der Wert des Grundstücks nach dem Schadensereignis höher als zuvor (etwa durch Wegfall von Baubeschränkungen infolge Denkmalschutzes), so fehlt es insoweit an einem Vermögensschaden.[205] Andererseits kann aber der Umstand, dass ein beschädigtes Haus unter Denkmalschutz steht, nicht zu einem Ausschluss der Ersetzungsbefugnis des Schädigers nach § 251 Abs 2 BGB führen.[206]

b) Bei Beschädigung von **Gebäudeteilen, Mauern, Brücken** und ähnlichen Bauwerken ist die wirtschaftlich vernünftigste Lösung zu wählen, also zB Ausbesserung (und merkantiler Minderwert) statt Erneuerung auch bei geringfügigen Beeinträchtigungen des Erscheinungsbildes.[207] Bei Neuherstellung ist idR ein Abzug „neu für alt" vorzunehmen.[208]

c) Anpflanzungen. Bei Beschädigung eines (nicht nur zu einem vorübergehenden Zweck angepflanzten) Baumes oder anderen Gehölzes scheidet Naturalrestitution aus;

---

200 BGH NJW 1988, 1836.
201 BGH NZV 1997, 117, 118; OLG Stuttgart VersR 1995, 424.
202 BGH NZV 1997, 117; BGH NJW 1988, 1836.
203 BGH NJW 1988, 1835.
204 OLG Naumburg NJW-RR 1995, 1041.
205 BGH NJW 1988, 1837.
206 BGH VersR 1990, 982.
207 OLG Hamm NJW-RR 1994, 17: Aluminiumfassade; OLG Hamm NZV 1995, 355: Verblendmauerwerk einer Scheune. Wohl zu weitgehend OLG Hamm NZV 1999, 45: volle (fiktive) Wiederherstellungskosten bei Beschädigung einer 300 bis 400 Jahre alten Natursteinmauer.
208 OLG Düsseldorf NJW-RR 1993, 664: Mauer; OLG Hamm NJW-RR 1994, 345: Wiederherstellung der Sicherheitsreserven einer vorgeschädigten Brücke.

Fünfter Teil. Ersatz des Sachschadens

hier ist grundsätzlich die Wertminderung des Grundstücks zu errechnen.[209] Die beschädigungsbedingt geringere Restlebensdauer des Gehölzes führt für sich genommen nicht zu einer Wertminderung des Grundstücks; die Folgen seines vorzeitigen Absterbens stellen vielmehr einen Zukunftsschaden dar, der erst nach seinem Eintritt ersatzfähig ist.[210]

90 **d) Straßen, Grundstücke.** Bei Beschädigung der Fahrbahnoberfläche kann keine Totalerneuerung, sondern nur ordnungsgemäße Ausbesserung, ggf zusätzlich ein technischer Minderwert, beansprucht werden. Zu Reinigungs- und Entsorgungskosten s § 27 Rn 15.

---

209 BGH NJW 2006, 1424 mwN; KG VersR 1979, 36 = 330 m Anm *Koch*; OLG Schleswig bei *Koch* VersR 1986, 1165; OLG Düsseldorf NZV 1992, 30; LG Hannover VersR 1979, 678; LG Berlin VersR 1995, 107; zur Methode *Koch* NJW 1979, 2601; VersR 1984, 110; 1986, 1160; 1990, 573. Zu Besonderheiten s OLGR München 1994, 146 (wildwachsende Uferbegrünung); OLG Düsseldorf NVwZ-RR 1992, 216 (Ziergehölze in Privatgarten); OLG Hamm NJW-RR 1992, 1438 (Weihnachtsbaumkultur).
210 BGH NJW 2006, 1424.

§ 25 Beeinträchtigung der Nutzungsmöglichkeit

Übersicht	Rn
I. Überblick	1
II. Entgangener Gewinn	2
1. Allgemeines	2
2. Einzelfälle bei Kfz	4
III. Aufwendungen zur Überbrückung des Ausfalls	11
1. Überblick	11
2. Grundsätze zum Ersatz von Mietwagenkosten	12
3. Einzelheiten zum Mietwagenkostenersatz	20
4. Besonderheiten bei gewerblich genutzten Fahrzeugen	49
IV. Abstrakte Nutzungsausfallentschädigung	50
1. Rechtliche Grundlagen	50
2. Anwendungsbereich	51
3. Bemessung der Entschädigung	55
4. Besonderheiten beim Nutzungsausfall von Kraftfahrzeugen	57
V. Sonstiges	62
1. Vermögensfolgeschäden	62
2. Entgangene Annehmlichkeiten	63

I. Überblick

Infolge der Beschädigung einer Sache kann es dadurch zu Vermögensnachteilen kommen, dass der Geschädigte vorübergehend (nämlich für die Zeit der Reparatur oder der Ersatzbeschaffung) am Gebrauch der Sache gehindert wird. Derartige Einbußen sind als mittelbare Folgen der Sachbeschädigung grundsätzlich zu ersetzen. Insbesondere hat der Geschädigte Anspruch auf Ersatz eines durch die Vereitelung der Gebrauchsmöglichkeit hervorgerufenen Vermögensschadens (vgl Rn 62) oder entgangenen Gewinns (§ 252 BGB; vgl Rn 2 ff). Kann der Ausfall durch Inanspruchnahme einer Ersatzsache (zB Mietwagen; Interimsfahrzeug[1]) ausgeglichen werden und stellt der Schädiger nicht von sich aus einen gleichwertigen Ersatz, so kann der Geschädigte die von ihm hierfür aufgewendeten Kosten – nach der Rspr als Herstellungskosten iSv § 249 Abs 1 BGB[2] – ersetzt verlangen (vgl Rn 11 ff). Problematisch ist, ob auch ohne Inanspruchnahme einer Ersatzsache eine Entschädigung für den Ausfall der Nutzungsmöglichkeit verlangt werden kann (hierzu Rn 50 ff). 1

---

1 Eingehend hierzu *Eggert* NZV 1988, 121 ff.
2 BGH VersR 1985, 283, 284; hierzu *Greger* NZV 1994, 337.

Fünfter Teil. Ersatz des Sachschadens

II. Entgangener Gewinn

1. Allgemeines

2   Soweit durch die Sachbeschädigung eine gewinnbringende Nutzung der Sache verhindert wurde, ist der Ausfall vom Schädiger zu ersetzen.[3] Verwarnungs- und Bußgelder, die einer Kommune durch fahrlässige Beschädigung ihrer Geschwindigkeitsüberwachungsanlage entgehen, stellen keinen Gewinnausfall dar.[4]

3   **Rechtswidrige Gewinne**, dh solche, die nur unter Verstoß gegen ein gesetzliches Verbot hätten erzielt werden können, sind nicht zu ersetzen, weil die Rechtsordnung dem Geschädigten keine Vorteile zusprechen kann, die er gegen ihren Willen erlangt hätte[5] (Einzelheiten s § 29 Rn 122 ff). Auch für **sittenwidrige Gewinne**, dh solche, deren Erzielung nach § 138 BGB nicht rechtlich durchgesetzt werden könnte, besteht keine Entschädigungspflicht.[6]

2. Einzelfälle bei Kfz

4   a)   Bei Beschädigung eines **zu Erwerbszwecken benutzten Kfz** kann der Geschädigte einen während der Reparatur- bzw Wiederbeschaffungszeit entgangenen Gewinn ersetzt verlangen.[7] Für dessen Nachweis gilt die Beweiserleichterung des § 252 S 2 BGB; ausreichende Anknüpfungstatsachen für die Ermittlung des wahrscheinlich erzielten Gewinns muss der Geschädigte allerdings darlegen.[8] Stattdessen kann er aber auch Ersatz von Aufwendungen beanspruchen, die er zur **Überbrückung des Ausfalls**, etwa durch Einschaltung eines Fuhrunternehmers oder Anmieten eines Ersatzfahrzeugs, getätigt hat (vgl Rn 11 ff). Lässt sich durch derartige Aufwendungen ein höherer Verdienstausfall vermeiden, so kann der Geschädigte nach § 254 Abs 2 BGB sogar gehalten sein, diesen Weg des Schadensausgleichs zu wählen.[9] Er kann daher einen entgangenen Gewinn nur bis zur Höhe der fiktiven Kosten für ein Mietfahrzeug (abzüglich der Kostenersparnis; vgl Rn 46 f) ersetzt verlangen, wenn eine Anmietung möglich und zumutbar und der andernfalls zu gewärtigende Gewinnausfall vorhersehbar war. Der Ersatz der Mietkosten wird demgegenüber nicht durch den hypothetischen Gewinnentgang begrenzt (s Rn 49).

5   Nimmt die Wiederbeschaffung eines typgleichen Taxis erhebliche Zeit in Anspruch, so kann der Geschädigte gehalten sein, ein gewöhnliches Fahrzeug zu einem Taxi umrüsten zu lassen; die Kosten hierfür hat der Schädiger zu tragen.[10]

---

3 Zum Gewinnentgang bei Beschädigung eines Gebäudes vgl BGHZ 72, 31.
4 LG Konstanz NJW 1997, 467; AG Stuttgart VersR 1992, 974.
5 *Lange/Schiemann* § 6 X 7.
6 *Born* VersR 1977, 118; aA OLG Düsseldorf NJW 1970, 1852 und mit Einschränkungen BGHZ 67, 119 sowie *Stürner* VersR 1976, 1016.
7 BGH VersR 1977, 331; OLG Karlsruhe VersR 1992, 67 (Ertragsminderung eines Fuhrunternehmers). Zur Berechnung des Gewinnausfalls bei einem Taxi vgl *Berger* VersR 1963, 514 sowie die Rspr-Nachw bei *Born* NZV 1993, 4 Fn 49.
8 OLG Düsseldorf NZV 1999, 472; OLGR Brandenburg 1996, 76.
9 BGH VersR 1977, 331; OLG Hamburg VersR 1960, 450.
10 OLG Karlsruhe NZV 1996, 113.

§ 25 Beeinträchtigung der Nutzungsmöglichkeit

Ein Ersatz des (vollen) Gewinnausfalls scheidet auch dann aus, wenn der Geschädigte **6** diesen wenigstens teilweise durch zumutbaren Einsatz eines ihm **zur Verfügung stehenden Ersatzfahrzeugs** hätte vermeiden können, wie dies bei Großbetrieben, insbesondere Verkehrsbetrieben, häufig der Fall sein wird. In diesen Fällen können auch nicht die Vorhaltekosten für das Reservefahrzeug anteilig beansprucht werden (hierzu und zur abweichenden Rspr des BGH vgl § 3 Rn 218 f). Auch eine abstrakte Nutzungsausfallentschädigung scheidet aus (vgl Rn 52, 58). Zu ersetzen sind lediglich tatsächlich entstandene Aufwendungen (zB für betriebliche Umdispositionen). Zu der Frage, ob die Vorhaltekosten für das **ausgefallene** Fahrzeug zu ersetzen sind, vgl § 3 Rn 216 f.

Ist durch den Unfall nicht nur das Nutzfahrzeug (zB Taxi) ausgefallen, sondern **auch** **7** **der Fahrer arbeitsunfähig** geworden, so ist zu beachten, dass der Unternehmer den fortzuzahlenden Lohn vom Schädiger ersetzt verlangen kann (§§ 3, 6 EFZG) und dass er, wenn nur der Fahrer verletzt, das Fahrzeug aber nicht beschädigt worden wäre, keinen Anspruch auf Ersatz der Mehraufwendungen für einen Ersatzfahrer hätte (vgl § 3 Rn 28): Der Unternehmer muss daher in solchen Fällen vom Bruttoertrag seines Fahrzeugs außer den ersparten Unkosten für Unterhalt und Betrieb auch den Betrag abziehen lassen, den er als Lohn für einen Aushilfsfahrer aufzubringen gehabt hätte.[11]

Hat der Geschädigte seine Arbeitskraft für die **Selbstreparatur** des Kfz (zwecks fiktiver **8** Abrechnung der Werkstattkosten; vgl § 24 Rn 45) aufgewendet, so steht dies einem Anspruch auf Ersatz des entgangenen Gewinns nicht grundsätzlich entgegen;[12] allerdings wird auch dieser Anspruch ggf durch den fiktiven Überbrückungsaufwand (Rn 4) begrenzt.

War das Kfz gegen Erbringung kostenloser Inspektionen einem Autohaus als **Werbeträger** zur **9** Verfügung gestellt worden, so kann er bei Zerstörung des Kfz vom Schädiger die Erstattung des Wertes der nicht mehr ausführbaren Inspektionen verlangen, falls es ihm nicht möglich ist, ein Ersatzfahrzeug unter gleichen Konditionen zu erwerben.[13]

b) Bei Totalbeschädigung eines **Leasingfahrzeugs** kann der Leasinggeber, wenn er **10** (entgegen der für das Leasing typischen Rechtslage; vgl § 23 Rn 28) nach der besonderen Ausgestaltung des Vertrags seinen Zahlungsanspruch gegen den Vertragspartner verliert, Ausgleich für die entgangenen Leasingraten verlangen. Hierbei ist allerdings zu berücksichtigen, dass der Leasinggeber den Zeitwert seines Fahrzeugs infolge des Schadensereignisses sogleich ersetzt bekommt, während er bei ungestörter Fortsetzung des Leasingverhältnisses das Fahrzeug erst nach dessen Beendigung und folglich mit geringerem Zeitwert zurückerhielte. Der Gewinnausfall errechnet sich daher aus den für die restliche Laufzeit des Leasingvertrages ausstehenden Leasingraten abzüglich der für diesen Zeitraum kalkulierten Minderung des Nutzungswerts. Der dem Leasinggeber als Ausgleich für den Zeitwert seines Fahrzeugs und den entgangenen Gewinn zustehende Gesamtbetrag lässt sich einfacher auch durch Addition der ausstehenden Leasingraten und des für den Zeitpunkt der Vertragsbeendigung kalkulierten Restwertes des Fahrzeugs ermitteln. In jedem Falle noch abzuziehen sind aber im Rahmen

---

11 BGH VersR 1979, 936.
12 LG München I NZV 1998, 35.
13 LG Krefeld NZV 1992, 323.

Fünfter Teil. Ersatz des Sachschadens

der Vorteilsausgleichung die durch den vorzeitigen Kapitalrückfluss und die vorzeitige Gewinnrealisierung entstehenden Vermögensvorteile wie Zinsgewinne oder ersparte Refinanzierungskosten.[14]

III. Aufwendungen zur Überbrückung des Ausfalls

1. Überblick

11 Macht der Geschädigte Aufwendungen, um den Verlust der Nutzungsmöglichkeit auszugleichen (zB durch Anmietung einer anderen Wohnung bei Beschädigung eines Wohngebäudes,[15] für einen Mietwagen oder für Taxibenutzung bei Beschädigung eines Kraftfahrzeugs), so sind diese vom Schädiger grundsätzlich zu ersetzen, sofern der Geschädigte durch den Ausfall wirtschaftlich beeinträchtigt ist. Nach heutiger Rspr[16] handelt es sich hierbei nicht um Aufwendungen zur Schadensminderung (iSv § 22 Rn 99), sondern um Kosten der Naturalrestitution (§ 249 Abs 2 S 1 BGB), denn sie dienen dazu, die wirtschaftliche Lage des Geschädigten, die ohne den Unfall bestehen würde, herzustellen. Seine Grenze findet der Ersatzanspruch daher am Merkmal der Erforderlichkeit sowie an der Verhältnismäßigkeitsschranke des § 251 Abs 2 BGB.[17] Im Rahmen der Erforderlichkeitsprüfung ist auch der Rechtsgedanke des § 254 Abs 2 BGB zu beachten: Unter mehreren möglichen Wegen des Schadensausgleichs hat der Geschädigte im Rahmen des ihm Zumutbaren den wirtschaftlicheren zu wählen.[18] Einen allgemeinen Grundsatz, dass die Mietwagenkosten den Wert des beschädigten Fahrzeugs nicht erheblich übersteigen dürfen, gibt es aber nicht.[19] Die Erforderlichkeit hat der Geschädigte zu beweisen. Zur Ersatzfähigkeit von Vorsorgeaufwendungen s § 3 Rn 218 f; zur Anspruchsberechtigung des Leasingnehmers § 3 Rn 240.

2. Grundsätze zum Ersatz von Mietwagenkosten

12 a) **Allgemeines.** Die deutschen Haftpflichtversicherer haben im Jahre 1999 über 1,4 Mrd DM für Mietwagenkosten aufgewendet; das sind ca 5% ihres Gesamtaufwandes.[20] In der Regel bilden die Mietwagenkosten nach dem eigentlichen Fahrzeugschaden die zweitgrößte Position in der Schadensabrechnung; nicht selten übertreffen sie sogar den Wert des beschädigten Fahrzeugs. Die enorme wirtschaftliche Bedeutung dieser Aufwendungen steht in einem auffälligen Kontrast zu der Bedenkenlosigkeit, mit der sie häufig getätigt werden. Immer wieder sehen sich Versicherer und Gerichte mit Rech-

---

14 Vgl zum Ganzen *Dörner* VersR 1978, 884.
15 BGHZ 46, 238.
16 Ebenso schon RGZ 171, 295; anders noch RGZ 71, 216 (Schadensminderungskosten). S a *Greger* NZV 1994, 337; BGH VersR 1985, 283, 284; 1985, 1090 u 1092; NZV 1996, 357 = JZ 1996, 1076 m Anm *Schiemann*, der diese dogmatische Einordnung für unvereinbar mit der Rspr zur Nutzungsausfallentschädigung hält (vgl Rn 17).
17 BGH VersR 1985, 283.
18 BGHZ 54, 85; BGH VersR 1985, 283, 284; 1985, 1090; 1985, 1092; *Born* VersR 1978, 783; *Köhnken* VersR 1979, 790.
19 LG Karlsruhe VersR 1989, 61; einschr LG Köln VersR 1977, 48; 1987, 210.
20 *Kötz/Wagner* Deliktsrecht^9 (2001) Rn 511; s a *Geier* VersR 1996, 1458 (für 1994).

nungen in vierstelliger Höhe konfrontiert, denen nur ganz geringe Fahrleistungen gegenüberstehen. Die im Ausgangspunkt völlig zutreffende Rspr zum Ersatz von Mietwagenkosten hat offensichtlich im Verein mit einer regen Akquisitionstätigkeit der Autovermietungsbranche zu einer Anspruchshaltung geführt, die weithin nur als überzogen bezeichnet werden kann. Es fällt jedenfalls auf, dass in Österreich, wo ein Mietwagenanspruch nur bei Zahlung einer erhöhten Prämie in der Haftpflichtversicherung besteht, weniger als 1% der Kraftfahrzeughalter Wert auf diese Leistung legen.[21] In den meisten anderen europäischen Ländern werden Mietwagenkosten ohnehin nur bei gewerblicher oder beruflicher Nutzung gezahlt.[22] Das Bemühen der Versicherungsbranche, die Mietwagenaufwendungen gering zu halten, und das gegenläufige Interesse der Autovermieter haben in den letzten Jahren zu massiven Konflikten bei der Schadensregulierung geführt, die letztlich auf dem Rücken der Unfallgeschädigten ausgetragen werden. Nach einer wenig hilfreichen Entscheidung von 1996[23] hat der BGH in letzter Zeit versucht, überhöhten Tarifen im Unfallersatzgeschäft einen Riegel vorzuschieben, indem er die betriebswirtschaftliche Rechtfertigung des in Rechnung gestellten Tarifs zum Kriterium der Erforderlichkeit iSv § 249 Abs 1 BGB erklärt hat.[24] Dies erwies sich jedoch als wenig praktikabel und belastete die Geschädigten mit der Durchdringung fragwürdiger Gepflogenheiten[25] des Mietwagenmarktes.[26] Die Instanzgerichte versagten dem BGH daher weitgehend die Gefolgschaft.[27] Richtigerweise muss die Lösung dieses Problems außerhalb des Schadensersatzrechts gefunden werden. Es ist zu begrüßen, dass der für Mietrecht zuständige Senat des BGH mit der Statuierung einer Aufklärungspflicht des Autovermieters durch das Urteil vom 28.6.2006[28] den Weg dorthin eröffnet hat (näher Rn 37 ff).

b) Wirtschaftliche Beeinträchtigung als Anspruchsvoraussetzung. Nach der ständigen Rspr des BGH rechnen die Mietwagenkosten zu den Herstellungskosten, dh sie sind Teil der Aufwendungen, die der Schädiger dem Geschädigten nach § 249 Abs 2 S 1 BGB ersetzen muss, um die wirtschaftliche Lage herzustellen, in der sich der Geschädigte ohne den Schadensfall befände[29] (vgl Rn 11). Voraussetzung des Anspruchs auf Ersatz dieser Aufwendungen ist also, dass dem Geschädigten durch den Ausfall der ständigen Verfügbarkeit seines Kfz tatsächlich eine wirtschaftliche Einbuße erwachsen ist. Bei gewerblich genutzten Kfz wird dies keine besonderen Probleme bereiten (näher

13

---

21 *Geier* VersR 1996, 1458.
22 Vgl zB die Übersicht bei *Schwarz* NJW 1991, 2058.
23 BGHZ 132, 373.
24 BGHZ 160, 377; 163, 19 = JZ 2005, 1056 m Anm *Schiemann*; NZV 2005, 34 m Anm *Buller*; 2005, 301. Zur Rspr-Entwicklung auch *G Wagner* NJW 2006, 2289 ff.
25 S hierzu *Neidhardt/Kremer* NZV 2005, 171; krit *Griebenow* NZV 2005, 113 ff; *Schiemann*, JZ 2005, 1058.
26 Näher *Greger* NZV 2006, 5.
27 Vgl die Zusammenstellung bei *Wenning* NZV 2005, 345 ff sowie *Griebenow* NZV 2006, 14 ff. Krit auch *G Wagner* NJW 2006, 2292.
28 BGH NJW 2006, 2618. Diese Lösung war von BGHZ 132, 373, 381 = NZV 1996, 357, 358 bereits angedeutet und im Schrifttum sowie in der instanzgerichtlichen Rspr vielfach befürwortet worden, der für das Haftungsrecht zuständige VI. Zivilsenat hat sich mit ihr jedoch nicht näher auseinandergesetzt; vgl *Greger* NZV 2006, 5 f mwN.
29 BGH VersR 1985, 283, 284 mwN.

hierzu Rn 49). Im privaten Bereich aber kommt es vor, dass Kfz nicht wegen eines wirklichen Bedarfs, sondern aus Liebhaberei, Darstellungsbedürfnis, Gewohnheit, Bequemlichkeit uä Motiven gehalten werden. In solchen Fällen kann die zeitweise entzogene Nutzungsmöglichkeit nur dann als Schaden angesehen werden, wenn man schon der allzeitigen Verfügbarkeit eines Fahrzeugs als solcher einen im Schadensfall ausgleichspflichtigen Wert beimisst. Dies erscheint im Hinblick auf die hohen Kosten, die ein Mietwagen durch bloßes Herumstehen verursacht, bei wertender Betrachtung nicht vertretbar. Grundvoraussetzung für die Zubilligung eines Anspruchs auf Mietwagenkosten sollte daher (wie in den meisten ausländischen Rechtsordnungen; vgl Rn 12) sein, dass der Geschädigte ein wirtschaftliches Interesse an der *ständigen* Verfügbarkeit eines Kfz im Ausfallzeitraum darlegt.[30] Besteht ein solches Bedürfnis nur zeitweise (zB nur am Wochenende oder nur für Fahrten zum Arbeitsplatz), so kann auch nur insoweit ein ausgleichspflichtiger Schaden bejaht werden.[31] Hätte das Unfallfahrzeug aus Rechtsgründen (zB wegen fehlender Haftpflichtversicherung) ohnehin nicht benutzt werden dürfen, so kann seinem Eigentümer auch kein Schaden entstanden sein;[32] ebenso wenn er aus tatsächlichen Gründen, zB Krankheit, verhindert war, das Fahrzeug zu nutzen (näher Rn 20).

14 **c) Erforderlichkeit der Aufwendungen.** Nach § 249 Abs 2 S 1 BGB muss der Anspruchsteller darlegen und beweisen, dass die von ihm veranlassten Mietwagenkosten zur Schadensbeseitigung erforderlich waren.[33] Als Maßstab für die Erforderlichkeit von Aufwendungen zieht der BGH das Verhalten eines „verständigen, wirtschaftlich denkenden Fahrzeugeigentümers in der Lage des Geschädigten" heran.[34] Der Geschädigte muss also dartun, dass die Dispositionen, die zu den geltend gemachten Aufwendungen führten, wirtschaftlicher Vernunft entsprachen. Hierbei kommt es auf seine damaligen Erkenntnismöglichkeiten an; das Prognoserisiko trägt der Schädiger.[35] Bei der „Vergleichsrechnung" kann auch eine gewisse Toleranzzone anerkannt werden.[36] Kann der Geschädigte aber absehen, dass er nur sehr geringen Fahrbedarf und der Mietwagen damit lange Standzeiten haben wird, so ist die Anmietung eines Ersatzfahrzeugs zweifellos unwirtschaftlich. Hier bietet sich, zumindest in städtischen Bereichen, das Taxi als günstigster Auto-Ersatz an; es sind dann nur die (fiktiven) Taxikosten zu ersetzen (näher Rn 20; zur Nutzungsausfallentschädigung in diesen Fällen Rn 58). Ein Umsteigen auf Fahrrad oder öffentliche Verkehrsmittel braucht der Geschädigte sich dagegen nicht ansinnen zu lassen,[37] weil er seine Lebensgewohnheiten nicht zugunsten des Schädigers zu ändern braucht. Dagegen ist uU die verstärkte Nutzung eines Zweitwagens, eines Firmenwagens oder des Fahrzeugs eines Angehörigen[38] – gegen eine billige Entschädi-

---

30 *Greger* NZV 1994, 338; *Etzel/Wagner* DAR 1995, 18; **aA** MünchKomm/*Oetker* § 249 Rn 400.
31 *Greger* NZV 1994, 337 f.
32 OLG Karlsruhe VersR 1989, 58; LG Frankfurt VersR 1985, 1099.
33 BGH VersR 1985, 283, 284; *Rixecker* NZV 1991, 369.
34 BGH VersR 1985, 283, 285 mwN.
35 BGH VersR 1985, 283, 285.
36 *Möller/Durst* VersR 1993, 1072: 30% (mE zu hoch).
37 Strenger BGHZ 45, 219 f.
38 OLG Karlsruhe (Freiburg) NZV 1994, 316.

gung³⁹ – vorübergehend zumutbar. Bei nur temporärem Fahrbedarf – etwa am Wochenende – könnte das „Erforderliche" in der kurzzeitigen Anmietung eines Ersatzwagens, zB im Rahmen einer Wochenendpauschale, liegen.⁴⁰ Zu der Frage, inwieweit die Mietpreise eines **Unfallersatztarifs** „erforderliche" Kosten darstellen, s Rn 35 f.

d) Schadensminderungspflicht. Unter diesem in § 254 Abs 2 BGB normierten Gesichtspunkt wird vielfach auch die Frage erörtert, ob der Geschädigte (zB wegen geringen oder nur zeitweiligen Fahrbedarfs) überhaupt einen Mietwagen nehmen darf.⁴¹ Hierbei geht es jedoch nach Vorstehendem schon um das Vorliegen eines Schadens, jedenfalls aber um die Erforderlichkeit der Anmietung eines Ersatzwagens, sodass die Darlegungslast insoweit den Geschädigten trifft.⁴² Dasselbe gilt nach der neuen Rspr des BGH für die Anmietung zum sog Unfallersatztarif (näher dazu Rn 35 f). Wie auch sonst strahlt der Rechtsgedanke des § 254 Abs 2 BGB auf das Merkmal der Erforderlichkeit aus, sodass der Geschädigte bereits unter diesem Aspekt keine hohen Mietwagenkosten auflaufen lassen darf, wenn ihm andere zumutbare Möglichkeiten zur Deckung seines Fahrbedarfs zu Gebote stehen, also zB ein Zweitfahrzeug. Dass der Geschädigte kein komfortableres Fahrzeug und keine Reisen, die er mit dem eigenen Wagen nicht durchgeführt hätte, in Rechnung stellen darf, folgt schon aus der Natur des Herstellungsanspruchs (weitere Einzelheiten in Rn 32 f). Ist absehbar, dass das eigene Kfz für lange Zeit ausfallen und erheblicher Fahrbedarf bestehen wird, kann der Erwerb eines **Interimsfahrzeugs**⁴³ das durch die Schadensminderungspflicht Gebotene sein. In einem solchen Fall kann der Geschädigte gehalten sein, den gegnerischen Versicherer zu informieren (§ 254 Abs 2 S 1 BGB), damit wirtschaftliche Lösungen gefunden werden können.⁴⁴ 15

e) Höhe des Aufwendungsersatzes. Die erheblichen Preisunterschiede auf dem Mietwagenmarkt und die unübersichtliche, wettbewerbsrechtlich bedenkliche⁴⁵ Tarifgestaltung der Autovermieter erschweren die Feststellung des im Einzelfall zu leistenden Schadensersatzbetrages. Auch bei anderen Schadenspositionen ist die vom Geschädigten vorgelegte Rechnung, wie der BGH wiederholt ausgesprochen hat, zwar ein Indiz für den „erforderlichen Geldbetrag" iS des § 249 Abs 2 S 1 BGB,⁴⁶ aber auch nicht mehr, dh sie legt den Finanzbedarf nicht automatisch fest.⁴⁷ Daher muss, wer bei der Restitution überzogenen Aufwand treibt oder völlig unwirtschaftliche Methoden wählt, eine Kürzung seiner Ansprüche auf ein nach objektiven, wenngleich auf seine Situation abgestellten Kriterien angemessenes Niveau hinnehmen. Auf den Mietwagenkostenersatz übertragen heißt dies, dass der Geschädigte, der unter Erfüllung der vorgenannten 16

---

39 Vgl hierzu BGH VersR 1975, 261 u Rn 43.
40 Zum Ganzen auch *Greger* NZV 1994, 338 f; *Etzel/Wagner* DAR 1995, 18 f.
41 Vgl *Notthoff* VersR 1995, 1017.
42 BGH VersR 1985, 283, 284; *Rixecker* NZV 1991, 369; *Greger* NZV 1994, 338; *Etzel/Wagner* DAR 1995, 18.
43 Vgl hierzu *Eggert* NZV 1988, 121; einschr BGH VersR 1985, 1090, 1091.
44 BGH VersR 1985, 1090, 1091; *Etzel/Wagner* VersR 1993, 1194.
45 BKartA NZV 1995, 346 ff. Zur unzulässigen Differenzierung zwischen Unfallersatz- und gewöhnlichem Mietwagengeschäft s BGH NZV 1995, 395 u *Greger* NZV 1996, 431. Zur Problematik des Unfallersatztarifs s Rn 35 ff.
46 BGH NZV 1989, 465; *Steffen* NZV 1991, 3.
47 BGHZ 54, 85; 61, 347 f; VersR 1974, 332; 1975, 262.

Voraussetzungen einen Ersatzwagen bei einem gewerblichen Autovermieter angemietet hat, zwar grundsätzlich den in dessen Rechnung ausgewiesenen Betrag ersetzt verlangen kann.[48] Der Schädiger kann die Indizwirkung der Rechnung aber erschüttern, insbesondere indem er darlegt, dass die Kosten das übliche Niveau deutlich übersteigen oder gar – was vorkommen soll – nur zum Schein (für die Geltendmachung gegenüber dem Versicherer) berechnet werden. Es ist dann Sache des Anspruchstellers, darzulegen und ggf unter Beweis zu stellen, dass er bei Zugrundelegung seiner konkreten Situation und seiner Erkenntnismöglichkeiten keine unangemessenen Aufwendungen verursacht hat.[49] Zu den Anforderungen an diese Darlegung bei Anmietung zu einem sog Unfallersatztarif s Rn 35 f. Der Vorschlag des OLG München,[50] die „erforderlichen" Mietwagenaufwendungen nach dem dreifachen Nutzungswert der Tabelle von *Sanden/ Danner/Küppersbusch*[51] zu bemessen, ist dagegen mit den vom BGH aufgestellten Grundsätzen der Schadensbemessung nicht vereinbar.[52]

17 **f) Keine fiktive Abrechnung.** Würde der vom BGH für die Reparaturkosten entwickelte Grundsatz, dass auch bei unterbliebener oder besonders kostengünstiger Reparatur der an sich erforderliche Betrag beansprucht werden kann (§ 24 Rn 69), auf den Ersatz des Nutzungsschadens übertragen, was angesichts der identischen Anspruchsgrundlage naheläge, so könnte auch der Geschädigte, der geringere als die objektiv erforderlichen Kosten verursacht (zB weil er persönliche Beziehungen zu dem Vermieter hat oder einen kleineren Wagen nimmt), oder der auf einen Ersatzwagen ganz verzichtet (und den Fahrbedarf zB durch Radfahren oder Mitfahren bei Kollegen befriedigt) die (Mehr-)Kosten einer normalen Anmietung ersetzt verlangen. Eine solche Übertragung der fiktiven Schadensberechnung auf die Mietwagenkosten lehnt der BGH jedoch ab.[53] An ihre Stelle treten – beim Verzicht auf einen Mietwagen – die Grundsätze über die abstrakte Nutzungsausfallentschädigung (Rn 50 ff), die zu einer wesentlich geringeren Ersatzleistung führen. Sind dem Geschädigten Kosten entstanden, die über diesen Sätzen, aber unterhalb der gewöhnlichen Mietwagenkosten liegen, so kann er den tatsächlich aufgewendeten Betrag berechnen (zum Sonderfall der Anmietung von Privat s Rn 43). *Schiemann* hat die Ungleichbehandlung von Mietwagenkostenersatz und abstrakter Nutzungsausfallentschädigung zu Recht als willkürlich bezeichnet.[54] Sie lässt sich dogmatisch weder erklären noch rechtfertigen, sondern resultiert offenbar aus dem Bestreben des BGH, gerufene Geister (restitutionsunabhängige Schadensabrechnung und Kommerzialisierung abstrakter Nutzungsmöglichkeit) nicht im Zusammenwirken übermächtig werden zu lassen.

18 **g) Vorteilsausgleich.** Solange der Geschädigte den Mietwagen nutzt, erspart er Betriebskosten für das eigene Fahrzeug. Diese muss er sich anrechnen lassen.[55] Auch über die Höhe dieses Abzugs herrscht in Regulierungspraxis und Rspr Unsicherheit, seit der

---

48 *Greger* NZV 1994, 339.
49 *Greger* NZV 1994, 339; näher zu den hierbei zu stellenden Anforderungen Rn 35 f.
50 NZV 1994, 359; DAR 1995, 254.
51 NJW 1997, 700.
52 BGH NZV 1996, 357.
53 BGHZ 45, 220 f; 56, 215; 98, 225 (GSZ); VersR 1975, 262.
54 JZ 1996, 1079.
55 BGH NJW 1963, 1399; VersR 1969, 828.

früher übliche Pauschalabzug von 15 bis 20% der Mietwagenkosten durch Kostenuntersuchungen in Frage gestellt wurde (näher hierzu Rn 46 f).

h) Anspruchsberechtigung. Der Anspruch auf Ersatz der Mietwagenkosten steht dem Geschädigten zu. Der Vermieter kann ihn nur geltend machen, wenn er ihm vom Geschädigten abgetreten wurde. Zu den Voraussetzungen einer wirksamen, insbesondere nicht gegen das RBerG verstoßenden Abtretung s § 3 Rn 255 f. **19**

3. Einzelheiten zum Mietwagenkostenersatz

a) Ausschluss. Keinen Mietwagen kann der Geschädigte in Anspruch nehmen, der **20**
- vorhersehbar nur geringen Fahrbedarf hat, sodass ihm unter Berücksichtigung der persönlichen und örtlichen Verhältnisse die Benutzung eines Taxis zugemutet werden kann;[56]
- die zu erwartenden Fahrleistungen mit einem (in etwa gleichwertigen[57]) Zweit- oder Reservefahrzeug, dem Fahrzeug eines Familienangehörigen oder des Lebensgefährten[58] ausführen kann (s aber Rn 43);
- als Kfz-Händler über eine Vielzahl von Vorführwagen verfügt;[59]
- verletzungs- oder krankheitsbedingt an der Benutzung des Kfz gehindert ist;[60]
- für das Unfallfahrzeug keine Haftpflichtversicherung hatte.[61]

Der Ausschluss wegen des Fehlens eigener Nutzungsabsicht oder -fähigkeit greift aber nicht ein, wenn der Geschädigte das Fahrzeug für die Nutzung durch eine andere Person angeschafft hatte und diese das Fahrzeug genutzt hätte.[62] Ein Rettungszweckverband muss sich nicht auf die Möglichkeit verweisen lassen, ein Rettungsfahrzeug von einem anderen Verband auszuleihen.[63] **21**

Ist ein Mietwagenkostenersatz nach Vorstehendem ausgeschlossen, so kann uU abstrakte Nutzungsausfallentschädigung beansprucht werden (s Rn 50 ff). Nutzungswille und Nutzungsfähigkeit sind allerdings auch dort vorausgesetzt (Rn 57). Auf jeden Fall können die Kosten der notwendigen Benutzung anderer Verkehrsmittel berechnet werden. Zu den Vorhaltekosten für Reservefahrzeuge s § 3 Rn 218 f. Zur Leistung eines angemessenen Ersatzes bei Überlassung eines Fahrzeugs durch Dritten s Rn 43. **22**

b) Bei der **Gleichwertigkeit** von beschädigtem und gemietetem Fahrzeug ist nicht allein auf den Fahrzeugtyp abzustellen. War das beschädigte Fahrzeug schon alt und abgenutzt, kann der Geschädigte nicht die Kosten eines in einwandfreiem Zustand befindlichen Mietfahrzeugs verlangen; hier kann er vielmehr gehalten sein, zum Aus- **23**

---

56 Vgl BGHZ 45, 219; BGH NJW 1967, 552; 1969, 1477; OLG Frankfurt VersR 1992, 621; OLG München NZV 1992, 362; OLG Hamm NZV 1995, 356; 2002, 82; OLG Düsseldorf VersR 1965, 770; 1970, 42; LG Deggendorf ZfS 1995, 454 (Unzumutbarkeit wegen entlegenen Wohnorts); *Born* VersR 1978, 786; *Dörner* VersR 1973, 702.
57 Zu weitgehend daher AG Kenzingen NZV 1990, 480 für Pkw und Motorrad.
58 OLG Karlsruhe NZV 1994, 316.
59 OLG Köln OLGR 2000, 272.
60 Nach OLG Hamm NJW-RR 1994, 793 nicht in jedem Fall bei ärztlich verordneter Bettruhe.
61 OLG Hamm OLGR 1996, 185; OLG Frankfurt NZV 1995, 68 (rückwirkende Auflösung aber unschädlich); LG Bielefeld VersR 1997, 380 (Erstprämie nicht bezahlt).
62 OLG Frankfurt DAR 1995, 23.
63 OLG Dresden NZV 2000, 123.

Fünfter Teil. Ersatz des Sachschadens

gleich ein Fahrzeug einer niedrigeren Preisklasse zu nehmen.[64] Ebenso verhält es sich, wenn ein dem beschädigten Kfz typgleiches Kfz auf dem Mietwagenmarkt nur unter unverhältnismäßigen Aufwendungen erhältlich ist.[65] Hier können auch gesteigerte Erkundigungspflichten bestehen.[66] Jedoch darf auch der Eigentümer eines besonders komfortablen und repräsentativen Wagens der höheren Preisklasse einen Ersatzwagen mieten, der in etwa denselben Komfort aufweist,[67] desgleichen der Eigentümer eines Luxuswagens mit sportlicher Note.[68] Bloße Zusatzausrüstungen des Unfallwagens rechtfertigen jedoch nicht die Anmietung eines Wagens einer höheren Preisklasse.[69]

24 c) Die **Mietzeit**, für welche Ersatz verlangt werden kann, richtet sich nach der notwendigen Dauer der Reparatur bzw Ersatzbeschaffung. Hierbei ist ggf die Zeit für die Erstellung eines Schadensgutachtens[70] und für Verhandlungen mit dem Haftpflichtversicherer des Schädigers, die unumgängliche Wartezeit auf einen Reparaturtermin, eine angemessene Überlegungsfrist für die Entscheidung, ob der Schaden durch Reparatur oder Ersatzbeschaffung ausgeglichen werden soll, sowie eine angemessene Frist für die Suche nach einem Ersatzfahrzeug einzurechnen. Hat der Geschädigte die Abrechnung der Reparaturkosten auf der Basis eines Gutachtens verlangt, kann er Mietwagenkosten nur für die Dauer dieser fiktiven Reparatur beanspruchen.[71]

25 Welche Zeiträume angemessen sind, hängt sehr von den Umständen des Einzelfalls ab.[72] Der Versuch, eine vorherige Kostenübernahmeerklärung des Haftpflichtversicherers zu erlangen, rechtfertigt eine Verzögerung idR nicht.[73] Fehlt dem Geschädigten aber nachweislich die Möglichkeit zur Vorfinanzierung eines Ersatzkaufes oder einer Reparatur sowie zur Aufnahme eines Kredites, so sind die Mietwagenkosten bis zur Auszahlung der Entschädigungssumme erstattungsfähig.[74] Dies wird allerdings nur in Ausnahmefällen in Betracht kommen und setzt eine Information des Ersatzpflichtigen zur Schadensabwendung (Vorschuss) voraus.[75] Zur Inanspruchnahme der Kaskoversicherung s § 22 Rn 107.

26 Alleine die **Erwartung einer längeren Mietdauer** nötigt den Geschädigten nicht, sich mit einem kleineren Mietwagen zu begnügen;[76] er muss aber ggf von einem Pauschalpreisangebot oder Langzeittarif Gebrauch machen[77] oder eine zumutbare Behelfsreparatur vornehmen lassen.[78]

---

64 Vgl LG Heilbronn VersR 1982, 784; LG Köln VersR 1987, 210; LG Freiburg VersR 1989, 1277; VRS 88, 87; *Born* VersR 1978, 788; einschr OLG Hamm NZV 2001, 217.
65 BGH VersR 1967, 183; vgl auch den Fall OLG Nürnberg NZV 1994, 357, wo bei Anmietung eines typgleichen Wagens Mietkosten von 278 000 DM entstanden wären.
66 OLG Düsseldorf NZV 1996, 496.
67 BGH VersR 1982, 548; *Koller* NJW 1983, 16; **aA** OLG Celle VersR 1981, 934.
68 OLG Düsseldorf NZV 1996, 496; *Halbgewachs* NZV 1997, 469 zu sog Exoten.
69 OLG Nürnberg DAR 1981, 14; LG Traunstein NZV 1993, 156 (Autotelefon).
70 Einschr *Halbgewachs* NZV 1997, 471.
71 BGH NZV 2003, 569, 570.
72 Vgl OLG Celle VersR 1963, 567; OLG Düsseldorf VersR 1963, 1085; OLG Hamm NJW 1964, 406; OLG München VersR 1964, 442; 1974, 1186; OLG Oldenburg VersR 1967, 362; OLG Stuttgart VersR 1972, 448; OLG Nürnberg VersR 1976, 373.
73 OLG Hamm VersR 1986, 43.
74 LG Gießen VersR 1988, 1044 m Anm *Zwerenz*; LG Frankfurt/M. NJW-RR 1992, 1183.
75 KG VM 1994, Nr 7.
76 **AA** AG Karlsruhe VersR 1984, 1179.
77 OLG Köln NZV 1990, 429; LG Frankenthal VersR 1986, 248.
78 OLG Köln NZV 1990, 429.

Bei einer voraussichtlichen Reparaturzeit von ca drei Monaten gebietet die Schadensminderungspflicht grundsätzlich die Beschaffung eines Interimsfahrzeugs.[79]

Bei **Verzögerungen,** die vom Geschädigten zu vertreten sind, mindert sich sein Anspruch nach § 254 Abs 2 BGB. Verzögerungen aus dem Verantwortungsbereich von Werkstatt[80] oder Gutachter[81] sind ihm nicht ohne weiteres zuzurechnen, sondern nur dann, wenn ihm selbst ein Vorwurf gemacht werden kann. Hierbei dürfen keine allzu hohen Anforderungen gestellt werden. Der Geschädigte ist zB nicht verpflichtet, eigens nach einer besonders schnellen Werkstätte zu suchen. Er braucht sich auch, wenn sich kein Anhalt für eine unverhältnismäßig lange Reparaturdauer ergibt, nicht nach der voraussichtlichen Reparaturzeit zu erkundigen.[82] Zu weit geht es auch, von ihm zu verlangen, dass er durch tägliche Vorsprachen und Anrufe auf eine zügige Reparatur hinwirkt.[83] Allerdings kann verlangt werden, dass er dann, wenn er von einer Werkstatt auf eine besonders lange Wartezeit hingewiesen wird, eine andere sucht; ebenso dass er bei unangemessen langer Reparaturdauer auf Fertigstellung dringt.[84] Bei unvermeidbaren Verzögerungen muss er den Ersatzpflichtigen auf die Gefahr eines ungewöhnlich hohen Schadens infolge Auflaufens von Mietwagenkosten aufmerksam machen.[85] Geht die Verzögerung zu Lasten des Schädigers, so kann er die Abtretung etwaiger vertraglicher Ansprüche des Geschädigten gegen die Werkstatt verlangen (vgl § 24 Rn 44). **27**

Bei einer **Verzögerung der Schadensregulierung** durch den Haftpflichtversicherer kann der Geschädigte den Mietwagen **weiterbenutzen,** wenn er selbst weder mit Eigenmitteln noch mit Hilfe eines Kredits zur Vorfinanzierung in der Lage ist;[86] auf die Gefahr eines besonders hohen Schadens muss er den Ersatzpflichtigen jedoch hinweisen.[87] **28**

Lässt der Geschädigte zusammen mit den Unfallschäden auch **unfallunabhängige Schäden** reparieren, so kann er nur für den Teil der Reparaturzeit einen Mietwagen beanspruchen, der für die reine Unfallreparatur angefallen wäre.[88] **29**

Kauft der Geschädigte einen **Neuwagen,** obwohl er nach den Grundsätzen des Schadensrechts nur Anspruch auf Reparatur oder Bezahlung eines Gebrauchtwagens hat, so kann er die Mietwagenkosten nur bis zu dem Zeitpunkt beanspruchen, bis zu dem die Reparatur oder Ersatzbeschaffung möglich gewesen wäre.[89] Etwas anderes kann aber uU dann gelten, wenn der Geschädigte bereits vor dem Unfall einen Neuwagen bestellt hatte, denn hier ist es – abgesehen von den Fällen besonders langer Lieferfristen – idR nicht zumutbar, zwischendurch noch einen Gebrauchtwagen zu erwerben.[90] Keinen ausreichenden Grund, Mietwagenkosten bis zur Lieferung eines Neuwagens zuzubilligen, stellt es dagegen dar, wenn der Geschädigte aus beruflichen Gründen stets nur Neuwagen kauft.[91] Ist er aber zur Abrechnung auf Neuwagenbasis berechtigt (§ 24 Rn 15 ff), so kann er nach den für Totalschäden geltenden Grundsätzen für den Beschaffungszeitraum einen Mietwagen in Anspruch nehmen.[92] **30**

---

79 OLG Oldenburg VersR 1982, 1154; OLG Hamm ZfS 1991, 234.
80 BGH VersR 1975, 184.
81 LG Hanau ZfS 1990, 124.
82 OLG München VersR 1966, 786; anders uU in der Ferienzeit, vgl OLG Stuttgart VersR 1981, 1061.
83 So OLG Jena OLG-NL 1995, 223.
84 LG Detmold VersR 1967, 510.
85 LG Karlsruhe VersR 1982, 562.
86 OLG München VersR 1969, 1098; OLG Köln Betrieb 1973, 177.
87 OLG Schleswig VersR 1967, 68.
88 BGH VersR 1960, 902; vgl auch BGH VRS 52, Nr 39.
89 OLG Hamm VersR 1962, 1017; 1993, 766.
90 OLG München DAR 1976, 157.
91 **AA** OLG Hamburg VersR 1960, 450 m abl Anm *Ruhkopf* 719; OLG Celle VersR 1962, 187.
92 OLG Karlsruhe DAR 1994, 26.

31 Die Schadensminderungspflicht kann gebieten, die Mietzeit durch **Weiterbenutzung des Unfallfahrzeugs** bis zum Beginn der Reparatur abzukürzen, sofern es nur geringfügig beschädigt und in seiner Verkehrssicherheit nicht beeinträchtigt ist. Lässt sich zB die Inanspruchnahme eines Mietwagens zunächst dadurch vermeiden, dass der Geschädigte mit einer provisorischen Stoßstange fährt, so ist er – auch bei teuren Wagen – hierzu verpflichtet.[93] Im Übrigen hängt die Zumutbarkeit von den Umständen des Einzelfalles ab. Sie kann fehlen bei einem Fahrzeug, das zu Repräsentations- oder Erwerbszwecken (zB Taxi) gebraucht wird. UU – etwa bei Bevorstehen einer größeren Reise oder wegen Reparaturverzögerung durch die Ferienzeit – kann es sogar geboten sein, die Reparatur zurückzustellen und das Fahrzeug zunächst in beschädigtem Zustand weiter zu benutzen, wenn auf diese Weise unverhältnismäßig hohe Mietwagenkosten vermieden werden können.[94]

32 d) **Umfang der Nutzung:** Der Geschädigte braucht sich keine besondere Beschränkung aufzuerlegen. Er kann den Mietwagen im gleichen Umfang – aber auch nur in diesem – nutzen, wie er sein eigenes Fahrzeug genutzt hätte,[95] also zB auch für eine weitere Reise.[96] Bei krassem Missverhältnis zwischen dem Fahrzeugwert und den zu erwartenden Mietkosten kann allerdings, soweit nach den Umständen zumutbar, der Kauf eines Interimsfahrzeugs geboten sein.[97]

33 Bei Beschädigung des Kfz während einer **Reise** ist grundsätzlich für die Inanspruchnahme eines Mietwagens aufzukommen, wenn diese zur Fortsetzung der Reise notwendig war.[98] Auf die Benutzung der Bahn[99] oder die Beschaffung eines Interimsfahrzeugs[100] braucht sich der Geschädigte allenfalls in Ausnahmefällen verweisen zu lassen; dass die Mietwagenkosten den Wert des Fahrzeugs übersteigen, reicht hierfür alleine noch nicht aus (vgl auch Rn 11). Zu Recht hat der BGH[101] einem Geschädigten, der mit Familie zu einem fünfwöchigen Urlaub in der Türkei unterwegs war, nicht zugemutet, sich unter Aufopferung einiger Urlaubstage[102] bei ungeklärter Finanzierung und an fremdem Ort um einen Ersatz für sein sechs Jahre altes Auto zu bemühen, sondern die Mietwagenkosten zugesprochen, obwohl sie um das Doppelte höher waren als die Wiederbeschaffungskosten. Bei geringfügiger Beschädigung des Kfz kann der Geschädigte uU gehalten sein, die Reise nach notdürftiger Ausbesserung fortzusetzen. Dasselbe gilt bei Beschädigung unmittelbar vor Antritt einer unaufschiebbaren Reise.[103]

34 e) Die zu ersetzende **Höhe der Mietkosten** richtet sich im Grundsatz nach dem tatsächlich angefallenen Betrag (Rn 16). Empfehlungen oder Absprachen der Versicherer

---

93 OLG München VersR 1968, 605.
94 OLG Stuttgart VersR 1981, 1061.
95 KG OLGZ 1976, 193.
96 LG Nürnberg-Fürth VersR 1974, 507.
97 Näher hierzu *Eggert* NZV 1988, 121 ff.
98 BGH VersR 1985, 1090; KG DAR 1977, 185; OLG Karlsruhe VersR 1981, 885; OLG München VersR 1983, 1064.
99 Vgl OLG Stuttgart VersR 1977, 44; OLG Köln VersR 1979, 965.
100 OLG Frankfurt VersR 1982, 859.
101 VersR 1985, 1090. Zust *Halbgewachs* NZV 1997, 471.
102 Vgl hierzu auch OLG Nürnberg VersR 1974, 677; OLG Köln VersR 1979, 965 (Zumutbarkeit bejahend); KG DAR 1977, 185; OLG München VersR 1983, 1064 (verneinend).
103 OLG Stuttgart VersR 1982, 559; OLG Hamm NJW-RR 1989, 730.

(wie zB die ehemaligen HUK-Empfehlungen[104]) sind hierfür ohne Bedeutung,[105] ebenso der objektive Nutzungswert[106] (vgl Rn 16 aE). Wurde zwischen Autovermieter und Geschädigtem kein bestimmter Mietpreis vereinbart, sondern nur besprochen, dass die Kosten ausschließlich den Haftpflichtversicherer treffen sollen, so ist der günstigste Tarif als vereinbart anzusehen.[107] Beschränkungen des Ersatzanspruchs können sich aus dem Gesichtspunkt der Erforderlichkeit sowie aus Verletzung der Schadensminderungspflicht ergeben. Im Einzelnen:

aa) Die Abrechnung nach einem (gegenüber dem Normaltarif erhöhten) **Unfallersatztarif** hat der BGH ursprünglich als Problem der Schadensminderungspflicht angesehen und entschieden, der zu einem solchen Tarif anmietende Geschädigte verstoße nicht gegen diese Pflicht, solange ihm die Verteuerung gegenüber einem Normaltarif nicht ohne weiteres erkennbar sei.[108] In späteren Entscheidungen stellte der BGH dagegen bereits die **Erforderlichkeit** entsprechender Aufwendungen in Frage. Da Unfallersatztarife aufgrund der besonderen Marktgegebenheiten erheblich über den für Selbstzahler angebotenen Normaltarifen lägen, könnten sie nur dann der Ermittlung des für die Herstellung erforderlichen Aufwands zugrunde gelegt werden, wenn der höhere Preis wegen der Besonderheiten der Unfallsituation aus betriebswirtschaftlicher Sicht gerechtfertigt sei (zB wegen der Vorfinanzierung oder des Risikos eines Ausfalls mit der Ersatzforderung wegen falscher Bewertung des Haftungsanteils);[109] für einen nicht als Unfallersatztarif deklarierten, aber weit über dem Durchschnitt der am Ort erhältlichen „Normaltarife" liegenden Einheitstarif muss dasselbe gelten.[110] Der für die Erforderlichkeit darlegungs- und beweispflichtige Geschädigte muss demnach, wenn der Ersatzpflichtige die Erforderlichkeit der geltend gemachten Aufwendungen bestreitet, die betriebswirtschaftliche Rechtfertigung nachweisen, wofür vielfach ein Sachverständigengutachten erforderlich ist.[111] Allerdings müssen hierbei die betriebswirtschaftlichen Kalkulationen nicht im Einzelnen nachvollzogen werden; es genügt die – dem tatrichterlichen Schätzermessen nach § 287 ZPO unterliegende – Prüfung, ob spezifische Leistungen bei der Vermietung an Unfallgeschädigte den Mehrpreis rechtfertigen.[112]

35

---

104 Vgl hierzu *Heitmann* VersR 1993, 24; *Möller/Durst* VersR 1993, 1070; BKartA NZV 1995, 346; *Köhler* NJW 1995, 2019 (auch zur Kartellrechtswidrigkeit der an ihre Stelle getretenen bilateralen Regulierungsabkommen zwischen Versicherern und Autovermietern).
105 OLG Stuttgart NZV 1994, 304 m Anm *Buchholz-Duffner*; OLG Frankfurt NZV 1995, 108; LG Essen NZV 1993, 356.
106 **AA** OLG München NZV 1994, 359; DAR 1995, 254.
107 OLG Naumburg NZV 1996, 233; *Greger* NZV 1996, 431.
108 BGHZ 132, 373 = NZV 1996, 357.
109 BGHZ 160, 377 = NZV 2005, 32 u NZV 2005, 34 m Anm *Buller*; BGHZ 163, 19; BGH NZV 2005, 301. Ebenso die englische Rspr; vgl *Unberath* NZV 2003, 502 ff m Nachw. Zu den Besonderheiten des Unfallersatzgeschäfts *Neidhardt/Kremer* NZV 2005, 171; zu den kalkulatorischen Grundlagen solcher Tarife *Albrecht* NZV 1996, 49; krit *Griebenow* NZV 2005, 113 ff.
110 BGH NJW 2006, 2106.
111 So auch der BGH in den vorstehend angeführten Entscheidungen. In NJW 2006, 360, 361 u folgenden Entscheidungen wird stärker auf die tatrichterliche Schätzung nach § 287 ZPO („ggf nach sachverständiger Beratung") verwiesen. Zur Aufnahme dieser Rspr in Praxis und Literatur s Rn 12.
112 BGH NJW 2006, 1506; 2006, 1726, 1727; 2006, 2621, 2622.

Fünfter Teil. Ersatz des Sachschadens

36 Ergibt sich hierbei, dass der Geschädigte zu einem ungerechtfertigt überhöhten Tarif abgeschlossen hat, kann er diese Kosten nur ersetzt verlangen, wenn er darlegt und ggf beweist, dass ihm unter Berücksichtigung seiner individuellen Erkenntnis- und Einflussmöglichkeiten sowie der gerade für ihn bestehenden Schwierigkeiten auf dem in seiner Lage zeitlich und örtlich relevanten Markt unter zumutbaren Anstrengungen **kein wesentlich günstigerer Tarif zugänglich** war.[113] Als zumutbar bezeichnet der BGH die Nachfrage nach einem günstigeren Tarif, je nach Lage des Falles (also nicht bei besonderer Dringlichkeit) auch bei einem anderen Vermieter.[114] Auch wenn ihm vom Vermieter nur der Unfallersatztarif angeboten wurde, trifft ihn eine Erkundigungspflicht, wenn die Höhe Anlass zu Zweifeln an der Angemessenheit geben musste;[115] Kenntnis von den Besonderheiten der Unfallersatztarife ist hierbei nicht erforderlich.[116] Wurde ihm ein günstigerer Tarif sogar angeboten (gegen zumutbare Vorauszahlung oder Kaution), ist die auf Zahlung höherer Kosten gerichtete Klage abzuweisen, ohne dass es Feststellungen zur betriebswirtschaftlichen Rechtfertigung bedürfte.[117] Ob der Geschädigte zur Erlangung des günstigeren Tarifs seine Kreditkarte einsetzen muss, sieht der BGH als Frage der Schadensminderungspflicht an, deren (ebenfalls nach den konkreten Umständen zu beurteilende) Verletzung der Ersatzpflichtige zu beweisen hat.[118]

37 Im Anschluss an diese Neujustierung der Mietwagenrechtsprechung des VI. Zivilsenats hat der XII. Zivilsenat des BGH eine **Aufklärungspflicht** des Autovermieters statuiert.[119] Dieser sei verpflichtet, den Unfallgeschädigten, dem er einen Ersatzwagen zu einem deutlich über dem Normaltarif liegenden Tarif anbietet, darüber aufzuklären, dass die Haftpflichtversicherung die Kosten möglicherweise nicht voll übernimmt. Erfüllt der Vermieter diese Pflicht nicht und schließt der Geschädigte deshalb zu einem überhöhten Tarif ab, kann er nach § 280 Abs 1, § 241 Abs 2, § 311 Abs 2, § 249 BGB verlangen, so gestellt zu werden, wie er bei erfolgter Aufklärung stünde; Zweifel gehen hierbei zu Lasten des Vermieters.[120] Damit stellt sich die Rechtslage jetzt wie folgt dar:

38 – Hat der Geschädigte *trotz Aufklärung* zu einem überhöhten Tarif abgeschlossen, geht der Mehrpreis zu seinen Lasten.

– Hat der Geschädigte *infolge fehlender Aufklärung* ungerechtfertigt hohe Kosten verursacht, bekommt er (bei Abtretung: der Vermieter) diese vom Haftpflichtversicherer des Gegners nicht ersetzt, wenn ihm in der konkreten Lage ein günstigerer Tarif bei zuzumutender Anstrengung *zugänglich* gewesen wäre; der Geschädigte kann die Überhöhung jedoch als Schadensersatzforderung gegen den Autovermieter geltend machen, ggf gegen dessen Mietforderung aufrechnen.

---

113 BGHZ 163, 19. In BGH NZV 2005, 301, 302 u NJW 2006, 1726, 1727 heißt es „ohne weiteres zugänglich".
114 BGHZ 163, 19, 25; BGH NJW 2006, 1506, 1508 (wonach sich schon aus der Höhe der Kosten Bedenken gegen die Angemessenheit ergeben mussten); 2006, 1726, 1728 (wo zudem der Haftpflichtversicherer eine Preisvergleichstabelle übersandt hat).
115 BGH NJW 2006, 2106; 2006, 2621.
116 BGH NJW 2006, 2693, 2694.
117 BGH NJW 2006, 1508, 1509.
118 BGHZ 163, 19, 26.
119 BGH NJW 2006, 2618 = NZV 2006, 528 m Anm *Schlüszler*.
120 BGH NJW 2006, 2618, 2621.

§ 25 Beeinträchtigung der Nutzungsmöglichkeit

– War ihm ein günstigerer Tarif in der vorbezeichneten Lage *nicht zugänglich*, bekommt er die vollen Kosten vom Haftpflichtversicherer ersetzt, muss diesem jedoch seinen Schadensersatzanspruch gegen den Vermieter abtreten (entspr der Rspr zum Werkstattverschulden; s § 24 Rn 44); war die Schadensersatzforderung aus dem Unfall an den Autovermieter wirksam abgetreten, kann der Versicherer dagegen mit der ihm abgetretenen Schadensersatzforderung aus Verletzung der Aufklärungspflicht aufrechnen.[121]

Vom letztgenannten Fall abgesehen, wird der Tarifstreit somit auch weiterhin – was BGHZ 132, 373 noch vermeiden wollte – auf dem Rücken der Unfallgeschädigten ausgetragen.[122] Diese müssen sich mit dem Haftpflichtversicherer und dem Autovermieter auseinandersetzen, um nicht in der durch den Unfallersatztarif errichteten Kostenfalle hängen zu bleiben.[123] Der vom BGH aaO aufgezeigte Weg, dem Geschädigten, solange ihm keine Verletzung der Schadensminderungspflicht angelastet werden kann, die tatsächlich berechneten Mietwagenkosten gegen Abtretung seines vorbezeichneten Schadensersatzanspruchs zuzubilligen,[124] wurde bedauerlicherweise in BGH NZV 2005, 302, 303 ohne nähere Erörterung, aber als logische Konsequenz des Umschwenkens von der Schadensminderungspflicht auf die Erforderlichkeit (Rn 35) aufgegeben.[125] Die frühere Sicht entsprach eher einer gerechten Risikoverteilung;[126] auch bot sie dem Versicherer Anreize, durch rechtzeitige Aufklärung des Geschädigten und ggf Leistung eines vom Vermieter geforderten Vorschusses darauf hinzuwirken, dass der Geschädigte in die Lage versetzt wird, zu einem günstigeren Tarif abzuschließen.[127] Zu Entwicklung und Bewertung der Mietwagenrechtsprechung s a Rn 12 mwN.

39

bb) Wenn sich der Geschädigte zur Bezahlung einer täglichen **Mindestfahrstrecke** verpflichtet, die er üblicherweise nicht erreicht[128] oder wenn er von der ihm angebotenen Möglichkeit eines **Sondertarifs** oder **Pauschalpreises** keinen Gebrauch macht, kann er die dadurch verursachten Mehrkosten nicht liquidieren.

40

cc) Bei der **Wahl des Vermieters** dürfen die Anforderungen an den Geschädigten nicht überspannt werden. Unter mehreren ihm vorliegenden Angeboten muss er zwar grundsätzlich das günstigste wählen,[129] doch dürfen von ihm keine gesteigerten Anstren-

41

---

121 Anders noch (vor BGH NJW 2006, 2618) *Diederichsen* DAR 2006, 310; die Abtretungspflicht zu Unrecht verneinend *Schlüszler* NZV 2006, 532.
122 Krit auch *Bücken* DAR 2006, 475 ff.
123 Offen gelassen in BGH NZV 2005, 302, 303. OLG München NZV 2003, 141 nimmt Wegfall der Geschäftsgrundlage an. Näher zu den Auswirkungen der neuen BGH-Judikatur *Griebenow* NZV 2006, 13 ff.
124 S a OLG Stuttgart NZV 1994, 315 m Anm *Buchholz-Duffner;* OLG Frankfurt NZV 1995, 109; *Greger* NZV 2006, 5 f; *Notthoff* VersR 1995, 1019; *Etzel/Wagner* VersR 1993, 1196 (anders aber *dies* in DAR 1995, 20).
125 S a *Diederichsen* DAR 2006, 310.
126 Vgl OLG Koblenz NZV 1988, 224; OLG Köln NZV 1990, 68; KG NZV 1995, 314; **aA** OLG Karlsruhe DAR 1993, 229; OLG Düsseldorf NZV 1995, 190; *Möller/Durst* VersR 1993, 1074; *Etzel/Wagner* DAR 1995, 20.
127 Vgl OLG Stuttgart VersR 1992, 1485; *Etzel/Wagner* VersR 1993, 1195; wettbewerbswidrig wäre allerdings nach OLG Düsseldorf NZV 1995, 450 das Hinlenken auf eine versicherungseigene Vermietungsgesellschaft.
128 OLG Düsseldorf NJW 1969, 2051; LG München I VersR 1967, 591; LG Nürnberg-Fürth VersR 1965, 913; LG Bochum VersR 1973, 381; **aA** LG Krefeld DAR 1968, 114.
129 OLG Düsseldorf VersR 1970, 42; **aA** (Wahlfreiheit innerhalb des üblichen Rahmens) OLG Hamm VersR 1996, 1358.

gungen verlangt werden, ein besonders günstiges Angebot ausfindig zu machen.[130] Nur wenn für ihn erkennbar war, dass das ausgewählte Unternehmen deutlich aus dem üblichen Rahmen fallende Kosten geltend macht, kann er diese dem Schädiger nicht in Rechnung stellen.[131] Wenn besonders hohe Mietkosten zu erwarten sind (zB wegen längerer Reise[132] oder mehrwöchiger Anmietung eines besonders aufwendigen Fahrzeugs[133]) sowie im gewerblichen Bereich[134] können höhere Anforderungen an die Erkundigungspflicht gestellt werden.

42   dd) Auch bei **Anmietung eines billigeren Ersatzfahrzeugs** richtet sich der zu ersetzende Betrag nach den tatsächlichen, nicht den ihm an sich „zustehenden" Kosten[135] (zur teilweise abweichenden Regulierungspraxis – kein Abzug der Eigenersparnis – s Rn 47). Für die Differenz der Nutzungswerte kann grundsätzlich auch keine abstrakte Entschädigung verlangt werden (vgl Rn 58).

43   ee) Mietet er ein Fahrzeug **von Privat**, insbesondere von einem Angehörigen, so darf er nicht die bei gewerblichen Vermietern üblichen Sätze vereinbaren, da diese, nachdem der Gewinn und die spezifischen Unkosten eines Unternehmers hier nicht anfallen, als überhöht anzusehen wären.[136] Die Zubilligung eines angemessenen Mietzinses kann aber nicht mit der Erwägung abgelehnt werden, dass unter Angehörigen eine unentgeltliche Gebrauchsüberlassung zu erwarten sei. Dem steht entgegen, dass freiwillige Leistungen Dritter nicht den Schädiger entlasten sollen (vgl § 3 Rn 221 f). Abzulehnen ist daher auch die Ansicht des OLG Karlsruhe,[137] der Mietzins sei nicht zu erstatten, wenn der Vermieter eine OHG ist, deren Gesellschafter auch Gesellschafter der geschädigten OHG sind.

44   f) Die **Kosten für eine Haftungsfreistellung**, wie sie bei der Anmietung eines Kfz üblicherweise für evtl Beschädigungen des Mietfahrzeugs vereinbart wird, kann der Geschädigte nach dem Grundsatz des vollen Schadensausgleichs dann vom Schädiger ersetzt verlangen, wenn er für das geschädigte Kfz eine Vollkaskoversicherung – mit entsprechender Selbstbeteiligung[138] – abgeschlossen hatte.[139] Fehlt es hieran, so erscheint die Abwälzung der Freistellungskosten auf den Ersatzpflichtigen nicht gerechtfertigt, da der Geschädigte durch die Befreiung von dem – auch bei Benutzung des

---

130 BGH VersR 1985, 283, 285; OLG Saarbrücken ZfS 1994, 289; OLG Frankfurt NZV 1995, 108; *Notthoff* VersR 1995, 1018; *Greger* NZV 1994, 339.
131 BGH VersR 1985, 283, 285.
132 BGH VersR 1985, 1092; OLG Stuttgart VersR 1982, 560; OLG Nürnberg NJW-RR 1990, 1502.
133 OLG Düsseldorf NZV 1996, 496; OLG Dresden NZV 2000, 123 (Rettungsfahrzeug).
134 OLG Karlsruhe VRS 78, 322: Miettaxi; OLG Hamm VersR 1996, 773: Lkw.
135 BGH NJW 1967, 552; VersR 1983, 759; OLG Köln NJW 1967, 570; OLG Frankfurt r+s 1982, 237; *Born* VersR 1978, 777; **aA** MünchKomm/*Oetker* § 249 Rn 407 mwN.
136 BGH NJW 1975, 255 m Anm *Fenn* 684; OLG Hamm NJW-RR 1993, 1053; LG Mainz NJW 1975, 1421 m Anm *Eggert* 2018; LG Karlsruhe NJW-RR 1989, 732. **AA** MünchKomm/*Oetker* § 249 Rn 403. Für fiktive Berechnung der üblichen Sätze *Müller* JuS 1985, 286.
137 Justiz 1967, 51.
138 **AA** OLG Hamm NZV 1994, 188.
139 BGHZ 61, 331; OLG Nürnberg DAR 1964, 103; VersR 1965, 247; OLG Oldenburg VersR 1983, 470; OLG Hamm NJW-RR 1994, 793; *v Caemmerer* VersR 1971, 973; *Born* VersR 1978, 781.

eigenen Fahrzeugs ihn treffenden – Schadensrisiko einen über den Schadensausgleich hinausgehenden Vorteil erlangen würde.[140] Die hM billigt dem Geschädigten jedoch, zumindest bei Pkw, einen Anspruch auf 50% der Freistellungskosten zu, weil er bei Benutzung des Mietwagens ein entsprechend zu bemessendes Sonderrisiko zu tragen habe.[141] Handelte es sich beim Unfallwagen um ein Leasingfahrzeug mit weitgehender Haftungsbeschränkung, kann für den Mietwagen ein entsprechender Schutz beansprucht werden.[142]

g) Die Kosten einer **Rechtsschutzversicherung** für das gemietete Kfz kann der Geschädigte nur beanspruchen, wenn er eine solche auch für sein eigenes Fahrzeug abgeschlossen hatte und diese keinen Versicherungsschutz beim Benutzen fremder Fahrzeuge gewährt.[143] Ebenso hat der Geschädigte Anspruch auf Ersatz der Beiträge zu einer **Insassen-Unfallversicherung** nur, wenn eine solche auch für das eigene Kfz bestand.[144]   45

h) **Ersparte Eigenbetriebskosten** sind von den Mietwagen- bzw Taxikosten abzuziehen. Der Geschädigte hat durch die Nutzung des fremden anstatt des eigenen Fahrzeugs einen Vorteil in Form geringeren Verschleißes, anteiliger Inspektions- und Reparaturkosten sowie ersparten Verbrauchs von Öl und (bei Taxinutzung) Treibstoff erhalten, der nach den allgemeinen Grundsätzen (vgl § 3 Rn 221) auszugleichen ist.[145] In der Regulierungspraxis wurden früher üblicherweise pauschal 15–20% von den Mietwagenkosten für Eigenersparnis abgezogen.[146] In jüngerer Zeit sind die Gerichte aber im Anschluss an ein Gutachten von *Meinig*,[147] in dem ein Abzug von 3% als vertretbar angesehen wurde, zunehmend zu geringeren Abzügen übergegangen.[148] All diese Pauschalierungen sind im Grunde nicht ganz unbedenklich, weil die Ersparnis im Einzelfall von zahlreichen individuellen Faktoren (insbesondere Alter des Fahrzeugs, Ausmaß der Nutzung) abhängig ist,[149] erscheinen jedoch im Hinblick auf § 287 ZPO hinnehmbar, weil sich ohnehin nur Näherungswerte ermitteln lassen. Dies gilt zwar auch für die von   46

---

140 Ebenso OLG Karlsruhe VersR 1972, 567; 1973, 66; *v Caemmerer* VersR 1971, 973; Sanden/Völtz 200, **aA** *Halbgewachs* NZV 1997, 471 f.
141 BGHZ 61, 325; BGH VersR 1974, 657; OLG Schleswig VersR 1975, 268; OLG Hamburg VersR 1976, 371; OLG München VersR 1976, 1145; LG Baden-Baden VersR 1983, 592; LG Hagen ZfS 1995, 215; für stärkere Differenzierung im Einzelfall MünchKomm/*Oetker* § 249 Rn 409; *Wadle* JuS 1975, 365.
142 BGH NJW 2006, 360, 361.
143 OLG Hamm VersR 1972, 1033.
144 LG Bielefeld VersR 1973, 776; *Born* VersR 1978, 780.
145 BGH NJW 1963, 1399.
146 OLG Nürnberg VersR 1960, 956; OLG Hamm VersR 1961, 118; NJW 1964, 406; VersR 1996, 1358; OLG Köln VersR 1967, 1081; OLG München VersR 1970, 67; KG VersR 1977, 82; LG Freiburg NZV 1990, 235 (10%). S a *Etzel/Wagner* VersR 1993, 1194 u *Notthoff* VersR 1994, 909 mwN.
147 DAR 1993, 281.
148 OLG Düsseldorf NZV 1998, 248 (5%); OLG Stuttgart NZV 1994, 315 (3,5%); OLG Karlsruhe DAR 1996, 56 (3%); OLG Nürnberg NZV 2002, 404 (3%); LG Freiburg VRS 88, 87 (5%). Vgl auch OLG Düsseldorf VersR 1996, 987 mit Aufgabe der bisherigen Rspr: nicht über 10%. Dafür auch *Notthoff* VersR 1995, 1016 f mwN; für 10% als Richtwert *Greger* NZV 1996, 432 (zust OLG Hamm OLGR 2000, 179, NZV 2001, 217 u VersR 2001, 206).
149 Vgl *Müller* JuS 1985, 286.

Fünfter Teil. Ersatz des Sachschadens

BGH VersR 1969, 828 befürwortete Berechnung anhand von Betriebskostentabellen;[150] gleichwohl verdient diese, da näher an der Realität, den Vorzug.[151] Jedenfalls wird das Gericht einem nachvollziehbar konkret abrechnenden Geschädigten kaum noch mit einem Pauschalabzug von 15% begegnen können. Von einer bestimmten Nutzungsdauer oder Kilometerleistung sollte der – ohnehin pauschalierte – Abzug für Kostenersparnis nicht abhängig gemacht werden.[152] Frage des Einzelfalles ist, ob bei außergewöhnlich starker, zB gewerbsmäßiger, Nutzung ein höherer Abzug gerechtfertigt ist.[153]

47 Auch bei **Anmietung eines billigeren Ersatzfahrzeugs** ist der Abzug für ersparte Eigenbetriebskosten vorzunehmen.[154] An dem auszugleichenden Vorteil der Kostenersparnis ändert sich dadurch nichts, dass der Geschädigte auf einen wertgleichen Mietwagen verzichtet. Allerdings haben die meisten Haftpflichtversicherer sich freiwillig bereit erklärt, ersparte Eigenbetriebskosten nicht abzuziehen, wenn der Geschädigte ein mindestens um 15% des Mietpreises billigeres Ersatzfahrzeug wählt.[155] Hat der Versicherer eine entsprechende Erklärung, zB gegenüber dem ADAC, abgegeben, so ist hieran auch dem Geschädigten gegenüber gebunden.[156]

48 i) Bei **Totalschaden eines Leasingfahrzeugs** kann der Leasingnehmer (zu seiner Anspruchsberechtigung vgl § 23 Rn 28 u § 3 Rn 240) keinen über den Wiederbeschaffungswert hinausgehenden Nutzungsschaden für die vereinbarte Restlaufzeit des Leasingvertrages beanspruchen, sondern nur Gewinnausfall bzw Mietwagenkosten für den Zeitraum der Wiederbeschaffung.[157] Der Abzug wegen Eigenersparnis (Rn 46) ist zu ermäßigen, wenn die Leasingraten weiterbezahlt werden müssen.[158] Zum Haftungsschaden s § 27 Rn 7.

---

150 ZB im ADAC-Hdb Auto, Kosten und Steuern; für Nutzfahrzeuge s *Danner/Echtler* VersR 1990, 1066.
151 Für konkrete Berechnung auch OLG Karlsruhe NZV 1990, 116; VRS 78, 402; OLG Düsseldorf NZV 1996, 498; AG Oberhausen NZV 1993, 275; hilfsweise *Notthoff* VersR 1995, 1017; *Melzer* DAR 1994, 44.
152 *Born* VersR 1978, 779; **aA** OLG Düsseldorf DAR 1961, 306; OLG Hamm MDR 1960, 226; 1962, 305; LG Duisburg MDR 1970, 505; LG Bonn DAR 1962, 149; LG Köln VersR 1974, 1231.
153 So OLG Koblenz NZV 1988, 224 (25%); OLG Hamm NZV 2001, 218 (20% bei Taxi); **aA** OLG Nürnberg NZV 1994, 106; weitere Nachw bei *Born* NZV 1993, 3 f.
154 BGH NJW 1967, 552; OLG Düsseldorf VersR 1969, 429; OLG Celle DAR 1976, 130; OLG Karlsruhe VersR 1976, 790; 1980, 390; OLG Nürnberg MDR 1978, 491; KG NZV 1988, 23; OLG Frankfurt DAR 1990, 144; OLG Saarbrücken OLGR 2000, 306; **aA** OLG Frankfurt VersR 1984, 667; NZV 1995, 109; NJW-RR 1996, 984; OLG Celle VersR 1994, 741; OLG Nürnberg NZV 1994, 357 (für einen Fall bes deutlicher Senkung der Mietwagenkosten, die für typgleichen Luxuswagen angefallen wären); OLG Hamm VersR 1999, 769; LG Mannheim VersR 1976, 1185; LG Aachen DAR 1981, 321; LG Berlin NJW-RR 1991, 151; *Notthoff* VersR 1995, 1017; *Born* NZV 1993, 2; *Halbgewachs* NZV 1997, 469.
155 Vgl MünchKomm/*Oetker* § 249 Rn 407; *Geigel/Rixecker* Kap 3 Rn 84.
156 AG Köln VersR 1982, 276.
157 BGHZ 116, 22 = NZV 1992, 227 m Anm *Hohloch; Schnauder* JuS 1992, 823; **aA** *Köndgen* AcP 177, 21 ff.
158 AG Wiesbaden VersR 1987, 320; **aA** OLG Hamm NZV 1993, 189.

4. Besonderheiten bei gewerblich genutzten Fahrzeugen

Auch bei Beschädigung von solchen Fahrzeugen (zB Taxis) kann grundsätzlich Restitution durch Inanspruchnahme eines Mietfahrzeugs verlangt werden.[159] Der Anspruch wird nicht durch die Höhe des zu erwartenden Gewinnentgangs begrenzt, solange nicht die Grenze des § 251 Abs 2 BGB, dh des aus unternehmerischer Sicht ex ante geradezu Unvertretbaren, überschritten ist.[160] Ob dies der Fall ist, lässt sich – von Extremfällen[161] abgesehen – nicht nach einer starren Regel, sondern nur aufgrund einer Gesamtbetrachtung aller Umstände des Einzelfalles bestimmen.[162] Unter mehreren Möglichkeiten der Restitution (Mietwagen, Reservefahrzeug, Ausschöpfung der betrieblichen Restkapazität) hat der Geschädigte aber die wirtschaftlichste zu wählen, wobei ebenfalls eine Betrachtung ex ante anzustellen ist[163] und der Schädiger das Prognoserisiko trägt.[164] Dass das beschädigte Fahrzeug noch fahrfähig ist, hindert die Inanspruchnahme eines Mietwagens dann nicht, wenn das äußere Erscheinungsbild für den gewerblichen Einsatz, etwa als Taxi oder Omnibus, von Bedeutung ist.[165]

IV. Abstrakte Nutzungsausfallentschädigung

1. Rechtliche Grundlagen

Seit der Entscheidung des Großen Senats in Zivilsachen vom 9.7.1986[166] ist die durch BGHZ 40, 345 begründete Rspr endgültig festgeschrieben, wonach der Geschädigte auch dann, wenn er keine Aufwendungen zur Überbrückung des Ausfalls der beschädigten Sache gemacht, also zB auf einen Mietwagen verzichtet hat, uU eine Entschädigung beanspruchen kann. Diese ohne dogmatische Fundierung aus reinen Billigkeitserwägungen hergeleitete[167] und von fragwürdigen Rechtfertigungsversuchen[168] gestützte, hinsichtlich

---

159 Zur Berechnung des angemessenen Mietzinses für einen Reisebus s OLG Hamm NZV 1994, 356.
160 BGH VersR 1985, 284; 1994, 64; KG NZV 2005, 146; OLG Karlsruhe NZV 1989, 71; OLG Nürnberg NJW-RR 1990, 984; LG Frankfurt DAR 1988, 425; LG Hamburg VersR 1989, 926; *Etzel/Wagner* DAR 1995, 18; *Born* NZV 1993, 3.
161 OLG Celle NZV 1999, 209 (Überschreitung um das 3,5-fache); AG Kassel NZV 1997, 362 (um das 5-fache); auch bei 370% noch abwägend LG München I NZV 2000, 88.
162 BGH VersR 1994, 64; OLG Hamm NZV 1993, 392; OLG Köln NZV 1993, 150; OLG Frankfurt OLGR 1996, 86; enger 31. VGT 1993 (NZV 1993, 104): nicht über 200% des Gewinnausfalls. Zur Darlegungslast s OLG Köln NZV 1997, 181; OLG Hamm NZV 1997, 310. Einzelheiten zur Verhältnismäßigkeitsprüfung bei *Grüneberg* NZV 1994, 135 ff.
163 BGHZ 61, 347.
164 BGH VersR 1972, 1025.
165 OLG Hamm NZV 1994, 356.
166 BGHZ 98, 212 = NJW 1987, 50 m Anm *Rauscher* = JR 1987, 103 m Anm *Hohloch*.
167 Vgl BGHZ 45, 216 (Freistellung von Ersatzpflicht wäre unerfreuliches Ergebnis); 56, 216 (Verzicht dürfte nicht dem Schädiger zugute kommen).
168 Vgl BGHZ 40, 349 (Kommerzialisierung von Annehmlichkeiten); BGHZ 45, 215; 55, 149; 56, 216; 89, 63 (Vermögensschaden kraft Verkehrsanschauung).

ihres Anwendungsbereiches zersplitterte[169] und im Schrifttum überwiegend abgelehnte[170] Judikatur, die auch in anderen Rechtsordnungen kaum Parallelen hat,[171] wurde vom Großen Senat wie folgt begründet:

Die auf den Ausgleich von Vermögensschäden ausgerichtete Differenzrechnung könne bei wertender Betrachtung nicht außer Acht lassen, dass Wesen und Bedeutung des Vermögens sich nicht in dessen Bestand erschöpfen, sondern dass sie auch die im Vermögen verkörperten Möglichkeiten für den Vermögensträger umfassen, es zur Verwirklichung seiner Lebensziele zu nutzen. Diese funktionale Zuweisung sei im vermögenswerten Recht mitgeschützt. Sie umfasse nicht nur den (in § 252 BGB geschützten) erwerbswirtschaftlichen Einsatz des Vermögens, sondern auch die Aktivierung zu eigenwirtschaftlichen Zwecken. Die Einsatzfähigkeit seines Kfz oder die Nutzbarkeit seines Eigenheims sei für den Privatmann *die* Grundlage für die Wirtschaftlichkeit seiner hierauf zugeschnittenen Lebenshaltung. Die Nichtberücksichtigung dieser der eigenwirtschaftlichen Sphäre verhafteten Verwendungsplanung müsse als unangemessene Benachteiligung gegenüber einem auf Gewinnzielung gerichteten Vermögenseinsatz angesehen werden.[172]

Die abstrakte Nutzungsausfallentschädigung erscheint damit endgültig als durch Rechtsfortbildung etabliert.[173] Sie wird deshalb trotz fortbestehender Vorbehalte, die sich aus dem Fehlen einer § 252 BGB entsprechenden Regelung für den nicht produktiven Einsatz von Vermögenswerten ergeben, der folgenden Kommentierung zugrunde gelegt.

2. Anwendungsbereich

51 In welchen Fällen eine Nutzungsausfallentschädigung zuzusprechen ist, war bisher infolge des fehlenden dogmatischen Unterbaus der Rspr unklar und strittig. Der Große Zivilsenat hat sie, von seiner Herleitung ausgehend, auf solche Sachen beschränkt, auf deren ständige Verfügbarkeit die eigenwirtschaftliche Lebenshaltung typischerweise angewiesen ist, auf „Wirtschaftsgüter von allgemeiner, zentraler Bedeutung für die

---

169 ZB hinsichtlich der Nutzungsbeeinträchtigung von unbeweglichen Sachen verneinend BGHZ 66, 277; 71, 234; 75, 370; 76, 179; BGH VersR 1986, 192; bejahend BGH NJW 1967, 1803; VersR 1986, 41.

170 *Esser/Schmidt* § 31 II 2 d *β*; *Larenz* § 29 II c; *Lange/Schiemann* § 6 VII 4; *Löwe* VersR 1963, 307; *Bötticher* VersR 1966, 301; *Schütz* VersR 1968, 124; *Böhmer* JZ 1969, 141; *Keuk* VersR 1976, 401; *Hagen* JZ 1983, 835; *Honsell/Harrer* JuS 1991, 447. ZT folgt die Literatur dem BGH aber mit abw Begr, zB richterlicher Rechtsfortbildung (vgl *Palandt/Heinrichs* vor § 249 Rn 20; MünchKomm/*Oetker* § 249 Rn 63; *Lange/Schiemann* § 6 VII 4 f; *Hagen* JZ 1983, 837), fehlgeschlagenen Aufwendungen (vgl *Esser/Schmidt* § 31 III; *Mertens* S 159 ff; *Dunz* JZ 1984, 1010), Gebrauchsverlust als Vermögensschaden (*Jahr* AcP 183, 725), wertungsmäßige Gleichstellung des zeitweiligen Nutzungsausfalls mit dem vollständigen bei Zerstörung (*Bitter* AcP 205 [2005] 743 ff). Vgl auch den Vorlagebeschluss des V. Zivilsenats des BGH (VersR 1986, 189); ferner österr OGH VersR 1969, 528.

171 Nach *Neidhart* Unfall im Ausland[4] (vgl die jeweiligen Länderteile) gibt es abstrakte Nutzungsausfallentschädigung zB nicht in Österreich (ausdrückliche Ablehnung durch OGH SZ 42/33), Schweiz, Niederlande, Norwegen, Dänemark, Spanien, Tschechien, während derartige Ansprüche, zT aber in geringerer Höhe, anerkannt sind zB in Belgien, Großbritannien, Frankreich, Italien.

172 Zur ökonomischen Rechtfertigung der abstrakten Nutzungsausfallentschädigung s *Brinkmann* BB 1987, 1828.

173 Auch das BAG hat sie anerkannt (NZV 1996, 144).

§ 25 Beeinträchtigung der Nutzungsmöglichkeit

Lebenshaltung".[174] Ob dadurch viel an Klarheit gewonnen wurde, erscheint fraglich.[175] Sicher gehört dazu das vom Eigentümer selbst bewohnte **Haus** bzw die selbst bewohnte **Wohnung**,[176] während dies bei einem Ferienhaus sehr zu bezweifeln ist.[177] Verneint wird die genannte Voraussetzung bei einer nur zeitweise von Besuchern genutzten Einliegerwohnung[178] sowie bei Garage, Terrasse und Garten.[179] Auch bei Haus und Wohnung lässt der BGH die kurzfristige, durch zumutbare Umdispositionen auffangbare Beeinträchtigung des Gebrauchs im Übrigen nicht genügen.[180] Die Störung müsse so nachhaltig sein, dass sie einem Entzug der Nutzung nahe komme; es genüge nicht, wenn nur einzelne Räume in Mitleidenschaft gezogen würden.[181] Weiterhin kann der Entscheidung des Großen Senats[182] eine Bestätigung der Rspr zum Nutzungsausfall bei **privat genutzten Pkw**[183] entnommen werden, wenngleich dieser sich – der Vorlagefrage entsprechend – hierzu nicht näher festzulegen brauchte. Seine einzige Aussage zur Nutzungsausfallentschädigung für Kfz geht dahin, dass hier wegen der Besonderheiten einer Regulierung von Massenschäden die Schwankungsbreiten in der Bedeutung des Sachgebrauchs für den konkret Betroffenen eher vernachlässigt werden können. Dies wird wohl dahin zu verstehen sein, dass vom Geschädigten nicht der Nachweis verlangt werden soll, der Pkw sei für ihn tatsächlich von „zentraler Bedeutung für die Lebenshaltung", und stellt damit eine weitere Stufe der Rechtsfortbildung dar. Die Rspr verfährt bei Pkw, die im privaten Alltag als Transportmittel genutzt werden, jedenfalls weiterhin nach den Grundsätzen über die Nutzungsausfallentschädigung (Einzelheiten in Rn 57 ff). Folgt man dem, wird man diese Grundsätze konsequenterweise auch auf den Ausfall eines entsprechend genutzten Motorrads,[184] Wohnmobils[185] oder Fahrrads[186] übertragen müssen. Unbestreitbar dürfte die „zentrale Bedeutung" sein bei einem Elektro-Rollstuhl[187] und einem Blindenhund.[188]

Dagegen dürfte die Rspr, die – jedenfalls teilweise – auch bei **Nutzkraftfahrzeugen** von Gewerbebetrieben oder Behörden eine abstrakte Entschädigung für den Gebrauchs- 52

---

174 Kritisch hierzu *Medicus* NJW 1989, 1891 ff u JZ 2006, 806.
175 *Grunewald* LM § 249 (A) BGB Nr 95.
176 BGHZ 98, 224; daran anschließend BGH VersR 1987, 765; JZ 1987, 578 (verneint, da keine Eigennutzung); OLG Koblenz NJW 1989, 1808.
177 BGHZ 101, 333 f bejaht aber Entschädigungspflicht bei Verlust des vertraglichen Nutzungsrechts an einem solchen.
178 BGHZ 117, 260 = LM § 249 (A) BGB Nr 95 m Anm *Grunewald*.
179 BGH NJW 1993, 1794.
180 BGHZ 98, 224 (GSZ); BGH NJW 1993, 1794.
181 BGH NJW 1993, 1794. S a OLG Köln NJW-RR 1992, 526.
182 BGHZ 98, 224.
183 BGHZ 40, 345; 45, 212; 56, 214; 76, 179; BGH NJW 1974, 33; OLG München VersR 1962, 1214; OLG Celle NJW 1965, 1534. Für Oldtimer OLG Düsseldorf VersR 1998, 911.
184 So schon bisher OLG Hamm MDR 1983, 932; einschränkend OLG Saarbrücken NZV 1990, 312; **aA** für Motorroller LG Bremen VersR 1968, 907.
185 OLG Hamm NZV 1989, 230. S a Rn 53.
186 KG NZV 1994, 393; AG Frankfurt/M. NZV 1990, 237; **aA** LG Hamburg NZV 1993, 33.
187 LG Hildesheim NJW-RR 1991, 798.
188 AG Marburg NJW-RR 1989, 931.

Fünfter Teil. Ersatz des Sachschadens

verlust gewährte,[189] nicht mehr aufrechtzuerhalten sein.[190] In diesen Fällen geht es gerade nicht um die eigenwirtschaftliche Lebenshaltung, sondern um den erwerbsorientierten oder einer öffentlichen Aufgabe dienenden Einsatz von Wirtschaftsgütern. Der Geschädigte kann daher in diesen Fällen nicht mehr abstrakte Entschädigung verlangen, sondern muss entgangenen Gewinn oder Aufwendungen für ein Ersatzfahrzeug nachweisen (Rn 4 ff, 93 ff). Dies muss auch gelten, wenn ein gewerblich genutztes Fahrzeug nicht unmittelbar zur Gewinnerzielung eingesetzt wird.[191] Bei **gemischt genutzten Fahrzeugen** kann, jedenfalls wenn der private Anteil überwiegt, eine anteilige Ausfallentschädigung in Betracht kommen.[192]

53   Abweichend von den nachfolgend zitierten älteren Entscheidungen kann auch keine Nutzungsausfallentschädigung mehr beanspruchen der Eigentümer eines Privatflugzeugs,[193] eines Binnenschiffs,[194] einer Segeljacht[195] oder eines Tonbandgeräts,[196] während es bei der bisher schon ablehnenden Judikatur bleiben kann bei entgangener Nutzung eines Pelzmantels,[197] eines Wohnwagens,[198] eines Motorbootes,[199] eines Reitpferdes,[200] einer Autofunkanlage[201] und eines Fernsehgeräts.[202] Bei einem Wohnmobil kommt eine Entschädigung nur insoweit in Betracht, als es wie ein Pkw als alltägliches Transportmittel genutzt wird.[203]

54   Bei Beschädigung eines **Leasing-Fahrzeugs** kann der **Leasinggeber** schon deswegen keine Nutzungsausfallentschädigung beanspruchen, weil er das Fahrzeug ohnehin nicht

---

189 BGH NJW 1966, 590; VersR 1985, 736; KG MDR 1972, 50; LG Köln VersR 1967, 986; LG Nürnberg-Fürth VersR 1982, 885; **aA** BGHZ 70, 199; OLG Frankfurt VersR 1979, 745; für Bundeswehrfahrzeuge OLG Koblenz VersR 1982, 808; AG Ulm VersR 1982, 587. Übersicht: *Berr* DAR 1990, 475.
190 Zu Recht verneinend daher OLG Düsseldorf VersR 1995, 1321; OLG Schleswig VersR 1996, 866; OLG Köln NZV 1997, 311; OLG Hamm NZV 2004, 472, OLGR 2000, 169 u 211; **aA** für nicht unmittelbar der Gewinnerzielung dienenden Geschäftswagen OLG Düsseldorf OLGR 2001, 453; für Behördenfahrzeug OLG München (Augsburg) NZV 1990, 348 m zust Anm *Zeuner*; für Polizeifahrzeug OLG Stuttgart NZV 2005, 309; unkritisch auf die frühere Rspr abstellend OLG Hamm NZV 1993, 65, LG Berlin DAR 1992, 264 u *Born* NZV 1993, 6; ebenso (iErg aber zutr) OLG Köln NZV 1995, 402; OLG Hamm NZV 1994, 228. Für Nutzungsausfallentschädigung unter einschr Voraussetzungen 31. VGT 1993, NZV 1993, 104, *Reitenspiess* DAR 1993, 144 f; wie hier MünchKomm/*Oetker* § 249 Rn 64.
191 **AA** OLG Schleswig MDR 2006, 202, 203 (Direktionswagen).
192 OLG Jena NZV 2004, 476; OLG Frankfurt NJW 1985, 2955; OLG Brandenburg OLGR 1996, 76; OLG Düsseldorf ZfS 1993, 338; MünchKomm/*Oetker* § 249 Rn 65. Zur Bemessung OLG Hamm NJW-RR 1989, 1194, KG NZV 1992, 29 m Anm *Völtz, Born* NZV 1993, 7.
193 OLG Karlsruhe MDR 1983, 575; wie hier OLG Oldenburg MDR 1993, 1067.
194 KG VersR 1976, 463.
195 LG Kiel SchlHA 1973, 34.
196 AG Iserlohn VersR 1965, 1212.
197 BGHZ 63, 393.
198 BGHZ 86, 128.
199 BGHZ 89, 60; KG NJW 1972, 1427.
200 OLG Hamburg VersR 1984, 242 LS; LG München I VersR 1979, 384.
201 LG Hamburg VersR 1978, 1049.
202 LG Berlin VersR 1980, 830.
203 OLG Hamm NZV 1989, 230; OLG Celle NZV 2004, 471; **aA** OLG Düsseldorf VersR 2001, 208 mit neben der Sache liegenden Ausführungen zur „Spiel-, Spaß- und Sportgesellschaft".

genutzt hätte.[204] Er hat außerdem – je nach Vertragsgestaltung – Anspruch auf Fortzahlung der Leasingraten gegen den Vertragspartner oder auf Ersatz des Gewinnausfalls gegen den Schädiger (vgl Rn 10). Dem **Leasingnehmer** sollte eine abstrakte Nutzungsentschädigung jedenfalls dann nicht zuerkannt werden, wenn er lt Vertrag von der Fortzahlung der Leasingraten frei wird, denn dann kann der vereitelten Gebrauchsmöglichkeit selbst bei Anerkennung des Kommerzialisierungsgedankens kein Vermögenswert beigemessen werden. Bleibt er aber zur Zahlung verpflichtet, so müsste ihm bei Zugrundelegung der Rspr zum Nutzungsausfall eine Entschädigung zugesprochen werden.[205] Zu deren Höhenbegrenzung s Rn 60.

3. Bemessung der Entschädigung

Für sie ist es nach den vom Großen Senat[206] aufgestellten Grundsätzen entscheidend, „was die Einsatzfähigkeit der Sache für den Eigengebrauch dem Verkehr wert" sei. Nicht maßgebend seien also die fiktiven Kosten der Anmietung einer Ersatzsache oder einer Gebrauchsüberlassung an den Schädiger. Die Wertmaßstäbe des Verkehrs für eine entgeltliche Gebrauchsüberlassung könnten der Schadensbemessung jedoch zugrunde gelegt werden, sofern diese von den spezifisch die erwerbswirtschaftliche Nutzung betreffenden Wertfaktoren zuverlässig bereinigt würden. Auch die anteiligen Vorhaltekosten für den entzogenen Gebrauch (angemessene Verzinsung des für die Beschaffung der Sache eingesetzten Kapitals, weiterlaufende Aufwendungen für die Einsatzfähigkeit der Sache, Alterungsminderwert für die gebrauchsunabhängige Entwertung der Sache in der Zeit ihres Ausfalls) könnten eine geeignete Grundlage für die Schadensbemessung sein. Es sei auch nicht unzulässig, durch einen maßvollen Aufschlag auf die vom Markt regelmäßig als Untergrenze für den Gebrauchswert angesehenen Gemeinkosten dem Umstand Rechnung zu tragen, dass die Ausstrahlungen des Ausfalls derartiger Wirtschaftsgüter auf das mit ihnen verflochtene Gesamtvermögen in ihren Vereinzelungen sich einer genauen Feststellung entziehen. Für besonders wichtig erklärt der Große Senat, dass die Schadensbemessung die Aufgaben des Schadensersatzes, insbesondere seine durch § 253 BGB vorgeschriebene Ausrichtung an objektiven Bewertungsmaßstäben, nicht verfehlen und eine gleichmäßige Schadensregulierung nicht unmöglich machen darf. **55**

Es verwundert nicht, dass die Schadensbemessung im Einzelfall[207] bei derart unbestimmten Vorgaben erhebliche Schwierigkeiten bereitet. Für den praktisch wichtigsten Bereich der Kraftfahrzeug-Nutzungsausfallentschädigung bedient sich die Praxis in langjähriger Übung eingeführter **Tabellenwerke**, die den genannten Vorgaben Rechnung tragen (s hierzu und zu weiteren Bemessungskriterien Rn 60). **56**

---

204 *Dörner* VersR 1978, 886.
205 So auch OLG Hamm NZV 1993, 66.
206 BGHZ 98, 225.
207 Vgl zu Ferienhaus BGHZ 101, 335 f; Fahrrad: KG NJW-RR 1993, 1438, AG Frankfurt/M. NZV 1990, 237; Wohnmobil: OLG Hamm NZV 1989, 230; Rollstuhl: LG Hildesheim NJW-RR 1991, 798; Blindenhund: AG Marburg NJW-RR 1989, 931.

4. Besonderheiten beim Nutzungsausfall von Kraftfahrzeugen

57 **a) Tatsächliche Gebrauchsvereitelung.** Die abstrakte Nutzungsausfallentschädigung wird nur zuerkannt, wenn der Geschädigte die Gebrauchsmöglichkeit tatsächlich verloren hat. Daher kann nach der Rspr der Geschädigte, der das Fahrzeug nicht reparieren ließ, sondern auf der Basis fiktiver Reparaturkosten (vgl § 3 Rn 228 ff, § 24 Rn 69 ff) abrechnet, keine Entschädigung für den Zeitraum der fiktiven Reparatur, sondern nur für den eines (etwaigen) tatsächlichen Ausfalls verlangen.[208] Weiterhin scheidet ein Entschädigungsanspruch dann aus, wenn und soweit der Geschädigte ohnehin keine Nutzungsmöglichkeit oder keinen Nutzungswillen gehabt hätte,[209] also zB für Werktage, wenn der Geschädigte nur sonntags zu fahren pflegt. Fehlender Nutzungswille kann angenommen werden, wenn der Geschädigte mit Reparatur bzw Ersatzbeschaffung grundlos mehrere Monate zuwartet.[210] Auch dann, wenn der Geschädigte infolge seiner bei dem Unfall erlittenen Verletzungen nicht in der Lage gewesen wäre, das Fahrzeug zu nutzen, soll der Anspruch entfallen,[211] es sei denn es wäre eine Nutzung des Fahrzeugs durch Angehörige während der Ausfallzeit beabsichtigt.[212] Vom letzteren, schwerlich überzeugend begründbaren Ausnahmefall abgesehen kommt es dem Schädiger also zugute, dass er bei dem Unfall zusätzlich zu der Beschädigung des Pkw auch noch eine schwere Verletzung des Geschädigten herbeigeführt hat: eine Konsequenz, die die Fragwürdigkeit der Lehre von der abstrakten Nutzungsausfallentschädigung besonders deutlich vor Augen führt.

58 **b) Fehlende Ausweichmöglichkeit.** Kann der Geschädigte den Ausfall in zumutbarer Weise mittels eines Ersatzfahrzeugs (zB Zweitwagen, Betriebsreserve) überbrücken, so wird ihm eine Nutzungsausfallentschädigung versagt,[213] es sei denn, der Ausfall wäre für ihn gleichwohl „fühlbar" gewesen.[214] Entstanden ihm für die Benutzung des Ersatzfahrzeugs höhere Aufwendungen (zB weil größeres Fahrzeug), so kann er diese ersetzt verlangen.[215] Eine abstrakte Nutzungsausfallentschädigung wird ferner gewährt, wenn ein Dritter dem Geschädigten ein Fahrzeug unentgeltlich zur Verfügung gestellt hat.[216] Hat er zur Überbrückung einen billigeren Ersatzwagen gemietet, so kann er nach der Rspr statt der Mietwagenkosten abstrakte Nutzungsausfallentschädigung verlangen.[217]

---

208 BGHZ 66, 249; 75, 366; KG VersR 1981, 553; LG Berlin VersR 1977, 581; LG Köln VersR 1978, 878; LG Kassel VersR 1981, 939; LG Hanau VersR 1982, 200; *Fuchs-Wissemann* DAR 1982, 213; **aA** AG Köln VersR 1977, 70; 1982, 353; hierzu *Weber* VersR 1983, 405.
209 BGHZ 45, 219; 56, 216; 66, 249; BGH VersR 1985, 736; *Gruber* NZV 1991, 303 (erloschene Betriebserlaubnis); **aA** MünchKomm/*Grunsky* vor § 249 Rn 19b.
210 OLG Köln VersR 2004, 1332 mwN.
211 BGH VersR 1968, 803; 1975, 37; 1982, 384; OLG Hamm VersR 1970, 43.
212 BGH NJW 1974, 33; 1975, 922 (Verlobte); OLG Köln VersR 1977, 937; OLG Hamm DAR 1996, 400.
213 BGH VersR 1976, 170; 1978, 375; AG Rosenheim NJW 1985, 2954; **aA** OLG Oldenburg DAR 1983, 358 LS.
214 BGH VersR 1966, 192; nicht überzeugend. Vgl auch OLG Koblenz NZV 2004, 258 (älterer Luxuswagen als Zweitfahrzeug).
215 OLG Stuttgart VersR 1967, 611.
216 BGH NJW 1970, 1120; OLG Frankfurt MDR 1968, 757; OLG Celle VersR 1973, 281; AG Görlitz DAR 1998, 20 (Werkstattwagen).
217 BGH NJW 1970, 1120.

Dagegen wird ihm nicht gestattet, die konkreten Mietwagenkosten und zusätzlich eine abstrakte Entschädigung für die „Nutzungsdifferenz" zu berechnen,[218] es sei denn, durch die Benutzung des kleineren Fahrzeugs wäre ausnahmsweise ein greifbarer wirtschaftlicher Nachteil entstanden.[219] Hat der Geschädigte einen Mietwagen genommen, obwohl er nur einen ganz geringen, auch durch Taxi abdeckbaren Fahrbedarf hatte, und bekommt er daher die Mietwagenkosten nicht ersetzt (o Rn 20), so billigt ihm die Rspr teilweise abstrakte Nutzungsausfallentschädigung zu.[220] Dies erscheint inkonsequent, denn hier bestand ein Nutzungswille nur in dem geringen Umfang, der durch Erstattung der fiktiven Taxikosten voll abgedeckt werden kann.

c) Für die **Dauer** der Entschädigungspflicht[221] gelten die gleichen Grundsätze wie bei Inanspruchnahme eines Mietwagens (Rn 24 ff). Wären die Kosten eines **Interimsfahrzeugs** voraussehbar wesentlich geringer, besteht der Anspruch nur bis zu deren Höhe.[222]

59

d) Die **Höhe** der Nutzungsausfallentschädigung bemisst die Praxis bei Pkw und Motorrädern nach dem von *Sanden/Danner* begründeten Tabellenwerk,[223] welches von den durchschnittlichen Mietkosten der einzelnen Typen ausgeht und diese um den Betrag mindert, der nur infolge der gewerblichen Vermietung anfällt.[224] Analog wird der Nutzungswert anderer Fahrzeuge zu ermitteln sein,[225] wobei die Beschränkung der Entschädigung auf „zentrale" Nutzungen (Rn 51) zu beachten ist. Die Sonderausstattung eines Campingbusses ist daher nicht werterhöhend zu berücksichtigen,[226] ein „Liebhaberzuschlag" für einen Oldtimer nicht zu gewähren.[227] Ein Luxus-Motorradgespann ist nach den allgemein gültigen Sätzen zu entschädigen.[228] Der Wert der Sache bildet für die Bemessung der Entschädigung keine absolute Obergrenze,[229] bei sehr langen Entschädigungszeiträumen kann jedoch eine Orientierung an den Vorhaltekosten angezeigt sein.[230] Das **Alter** des Fahrzeugs spielt für die Bemessung seines Nutzungswerts

60

---

218 BGH VersR 1967, 183; OLG Düsseldorf DAR 1976, 184; OLG Karlsruhe NZV 1989, 231; *Geigel/Rixecker* Kap 3 Rn 87; **aA** KG DAR 1965, 298.
219 OLG Köln NJW 1967, 570; VersR 1967, 1081.
220 OLG Frankfurt VersR 1992, 621; offenlassend OLG Hamm NZV 1995, 356.
221 Zu Extremfällen OLG Saarbrücken NZV 1990, 388 (523 Tage); OLG Karlsruhe MDR 1998, 1285 (585 Tage). S a BGH NZV 2005, 303, 304 (keine Begrenzung durch Fahrzeugwert). Zur Schadensminderungspflicht *Bär* DAR 2001, 27 ff.
222 OLG Schleswig NZV 1990, 150.
223 Auszug mwN NJW 2006, 19 ff. Zur Anwendbarkeit der Tabellen s BGHZ 56, 219; 161, 151, 154 f. Erhöhung bei Motorrad mit Beiwagen: LG Kaiserslautern VersR 1989, 271 (20%).
224 S Berechnungsschema NW in NJW 2006, 21.
225 Vgl für Wohnmobil OLG Hamm NZV 1989, 230.
226 **AA** LG Kiel DAR 1988, 169.
227 OLG Düsseldorf OLGR 1995, 82.
228 AG Hamm VersR 1993, 987.
229 BGH NJW 1988, 484, 486; NZV 2005, 303, 304; **aA** bei Beschädigung eines Leasingfahrzeugs BGH VersR 1976, 944 u einschr BGH VersR 1977, 228. Absurde Ergebnisse wie in BGH NZV 2005, 303 (Wert des Kfz 2.800 EUR, Nutzungsentschädigung fast 7.200 EUR) vermeidet der Ansatz von *Bitter* AcP 205 (2005) 775 ff.
230 OLG Saarbrücken NZV 1990, 388.

idR keine Rolle,²³¹ jedoch kann bei einem nicht dem heutigen Stand der Technik entsprechenden oder mit erheblichen Mängeln behafteten Altfahrzeug der Nutzungswert von dem eines neueren derart abweichen, dass die Sätze der Tabellen (ohne aufwendige Berechnung, sondern gem § 287 ZPO) angemessen zu kürzen sind.²³² Lebt der Geschädigte im Ausland, sind für die Bemessung die dortigen wirtschaftlichen Verhältnisse maßgebend.²³³

61 **e) Ersparte Eigenkosten** (vgl Rn 46) sind auch auf die abstrakte Nutzungsausfallentschädigung anzurechnen.²³⁴ Sie sind in den vorerwähnten Tabellen bereits berücksichtigt.

V. Sonstiges

1. Vermögensfolgeschäden

62 Durch die Vereitelung der Gebrauchsmöglichkeit können dem Geschädigten Folgeschäden an seinem Vermögen entstehen, so zB, wenn er sich vertraglich verpflichtet hatte, mit der beschädigten Sache bestimmte Leistungen zu erbringen und im Falle der Nichterfüllung eine Vertragsstrafe zu schulden. Derartige Schäden sind zu ersetzen. Nicht ersatzfähig ist dagegen der Nachteil, der einem Arbeitnehmer dadurch entsteht, dass der Arbeitgeber das ihm zur kostenlosen Privatnutzung überlassene, beim Unfall total zerstörte Fahrzeug aufgrund interner Regelungen nicht mehr ersetzt; hier war der Unfall nur äußerer Anlass für die Disposition des Arbeitgebers.²³⁵

2. Entgangene Annehmlichkeiten

63 Kann der Geschädigte infolge des Ausfalls seines Fahrzeugs einen Urlaub nicht wie geplant verbringen oder muss er auf eine beabsichtigte Freizeitgestaltung verzichten, so kommt es für das Bestehen eines Ersatzanspruchs darauf an, ob er lediglich in immaterieller Hinsicht beeinträchtigt wurde (dann kein Anspruch, § 253 BGB), oder ob sich die Beeinträchtigung als Vermögensnachteil niederschlägt. Nach hM stellt die bloße Einbuße von Freizeit (zB das verspätete Nachhausekommen) keinen Vermögens-

---

231 OLG Celle VersR 1973, 281; KG VersR 1981, 536; NZV 1993, 478; OLG Naumburg ZfS 1995, 254; OLG Frankfurt DAR 1983, 165; 1984, 318; OLG Hamm OLGR 2000, 265; LG Bad Kreuznach NJW-RR 1988, 1303; **aA** OLG Frankfurt DAR 1985, 58; OLG Schleswig NJW-RR 1986, 775; OLG Stuttgart VersR 1988, 851; OLG Karlsruhe VersR 1989, 58; DAR 1989, 67; OLG Hamm DAR 1996, 400; LG Memmingen ZfS 1990, 192; *Danner/Küppersbusch* NZV 1989, 12 (ab 5 Jahren nächstniedrigere Gruppe der Tabelle). Überbl und Musterrechnung in NJW 2001 Beil zu Heft 10.
232 BGHZ 161, 151 (Herabstufung um 2 Tabellenstufen bei 16 Jahre altem Mercedes gebilligt); BGH NZV 2005, 303 (1 Stufe bei knapp 10 Jahre altem Renault); BGH NJW 1988, 484, 486 (angemessen erhöhte Vorhaltekosten bei 10 Jahre altem Fiat 500 mit erheblichen Mängeln). S a KG NZV 2003, 335, 336; *Balke* SVR 2005, 218 ff (Rspr-Überbl); *Danner/Küppersbusch* NZV 1989, 13 u Vorbem zur Tabelle NJW 2006, 20 mwN.
233 AG Göppingen VersR 1985, 748.
234 BGH DAR 1963, 270; VersR 1980, 455.
235 OLG Hamm NZV 1998, 158.

§ 25 Beeinträchtigung der Nutzungsmöglichkeit

schaden dar,[236] ebenso die Beeinträchtigung des Urlaubsgenusses oder die Vereitelung einer bestimmten Urlaubsgestaltung.[237] Hatte der Geschädigte hingegen bereits Aufwendungen für eine konkrete Urlaubs- oder Freizeitgestaltung gemacht, die dann infolge des Unfalls undurchführbar wurde, so kann er verlangen, so gestellt zu werden, dass er sich einen gleichen oder wenigstens gleichwertigen Genuss nachträglich verschaffen kann (vgl hierzu § 3 Rn 216). Zur Urlaubs- oder Freizeitbeeinträchtigung durch die Schadensregulierung vgl § 26 Rn 27.

---

236 BAG NJW 1968, 221; OLG Celle DAR 1964, 191; OLG Köln MDR 1971, 215; *Larenz* § 29 II d; **aA** OLG Frankfurt NJW 1976, 1320.
237 BGHZ 60, 214; BGH VersR 1983, 392 = JR 1983, 494 m Anm *Gitter*; KG VersR 1972, 354; OLG Celle VersR 1977, 1104; OLG Karlsruhe VersR 1981, 755; LG Wiesbaden VersR 1982, 862.

§ 26 Kosten der Rechtsverfolgung

Übersicht	Rn
I. Überblick	1
II. Gutachten, Kostenvoranschlag, Ermittlungsaufwand	3
1. Sachverständigenkosten	3
2. Kostenvoranschlag	11
3. Ermittlungsaufwand	12
III. Rechtsanwaltskosten	13
1. Erstattungsfähigkeit	13
2. Umfang	18
IV. Sonstiges	22
1. Aufwand für andere Verfahren	22
2. Inkassokosten	25
3. Aufwand für die Abwicklung des Schadens	26
4. Untersuchungskosten bei begründetem Schadensverdacht	29

I. Überblick

1 Im Rahmen des Notwendigen kann der Geschädigte auch die Aufwendungen ersetzt verlangen, die er gemacht hat, um seine Ansprüche gegen den Schädiger durchsetzen zu können. Hierzu können zB die Kosten eines Sachverständigengutachtens oder eines Detektivs gehören, insbesondere aber die Kosten für die Einschaltung eines Rechtsanwalts.

2 Bei Anhängigkeit eines Rechtsstreits kommt hierfür auch ein **Kostenerstattungsanspruch nach § 91 ZPO** in Betracht. Die Kosten eines Privatgutachtens können daher im Kostenfestsetzungsverfahren nach §§ 103 ff ZPO geltend gemacht werden, wenn das Gutachten mit Bezug zu einem konkreten Rechtsstreit in Auftrag gegeben worden ist.[1] Dieser Weg ist ggf als der weniger aufwendige zu beschreiten; für eine entsprechende Klage wäre das Rechtsschutzinteresse zu verneinen,[2] soweit die Klage nicht ausnahmsweise durch besondere Gründe gerechtfertigt ist.[3] Wurde ein Erstattungsanspruch im Kostenfestsetzungsbeschluss aber rechtskräftig verneint, so schließt dies eine klageweise Geltendmachung derselben Aufwendungen nicht aus, weil die materiellrechtliche

---

1 Vgl hierzu BGHZ 153, 235, NZV 2006, 469 u OLG Düsseldorf VersR 2003, 524 (Gutachtensauftrag des Versicherers wegen Betrugsverdachts, zu dem ein sachgerechter Vortrag ohne Gutachten nicht möglich wäre).
2 BGHZ 75, 235; BGH NJW 1990, 2061.
3 Zur Verjährung bei Anmeldung im Kostenfestsetzungsverfahren s LG Bonn NZV 1995, 403.

Erstattungspflicht einen andersartigen Streitgegenstand darstellt.[4] Dasselbe gilt im umgekehrten Fall.[5]

II. Gutachten, Kostenvoranschlag, Ermittlungsaufwand

1. Sachverständigenkosten

a) Rechtliche Grundlagen. Die Kosten eines Sachverständigengutachtens gehören zu dem erforderlichen Herstellungsaufwand iSv § 249 Abs 2 BGB, wenn eine vorherige Begutachtung zur tatsächlichen Durchführung der **Wiederherstellung** erforderlich und zweckmäßig ist.[6] Darunter kann auch eine Untersuchung auf verborgene Mängel bei begründetem Schadensverdacht fallen.[7] Ist das Gutachten zur **Geltendmachung** des Schadensersatzanspruchs, insbesondere zur Bestimmung der Schadenshöhe, erforderlich, zählen dessen Kosten nach der Rspr grundsätzlich zum erstattungspflichtigen Folgeschaden;[8] als solcher unterfallen sie bei Mitverantwortung des Geschädigten für den Unfall auch der allgemeinen Haftungsquote nach § 254 Abs 1 BGB.[9] Bei der Beschädigung von Kfz ist die Einholung eines solchen Gutachtens idR angezeigt, da sie dem Geschädigten die Beweisführung hinsichtlich des Umfangs des unfallbedingten Schadens, des Wiederbeschaffungswerts und einer etwaigen Wertminderung ermöglicht. In Grenzfällen kann auch nur aufgrund eines Gutachtens entschieden werden, ob eine Instandsetzung des beschädigten Fahrzeugs vertretbar oder ob auf Totalschadenbasis abzurechnen ist. Der Geschädigte kann verlangen, dass eine nach Vorstehendem erforderliche Begutachtung von einem unabhängigen Sachverständigen vorgenommen wird; auf die Besichtigung durch einen Beauftragten des gegnerischen Haftpflichtversicherers braucht er sich nicht verweisen zu lassen. Eine solche Besichtigung darf er allerdings auch nicht grundlos verwehren; für hierdurch entstehende Mehrkosten der Schadensregulierung haftet er dem Versicherer.[10] Außerdem kann solches Verhalten als Beweisvereitelung gewürdigt werden (vgl § 38 Rn 35). Kann aufgrund dieses Verhaltens das von ihm vorgelegte Gutachten nicht mehr als neutrale Abrechnungsbasis angesehen werden, hat er auch keinen Anspruch auf Ersatz der Sachverständigenkosten.[11]

b) Erforderlichkeit. Nur wenn aus der Sicht des Geschädigten ein vernünftiger Grund für die Einschaltung eines Sachverständigen besteht, insbesondere auch Verhältnismäßigkeit in Bezug auf die zu erwartenden Reparaturkosten, sind die Gutachterkosten als erstattungsfähig anzusehen. Dies folgt nicht erst aus § 254 Abs 2 BGB, sondern bereits aus dem Merkmal der Erforderlichkeit nach § 249 Abs 2 BGB, sodass die Darlegungs-

---

4 BGH NJW 1990, 2060.
5 OLG Koblenz NZV 1992, 284 LS.
6 BGH NZV 2005, 139.
7 BGH TranspR 2002, 440.
8 BGHZ 61, 346; OLG Karlsruhe VersR 1969, 191; OLG Bremen VersR 1974, 371; OLG Stuttgart NJW 1974, 951; KG OLGZ 1977, 315.
9 **AA** *Poppe* DAR 2005, 669 ff.
10 BGH VersR 1984, 80.
11 OLG Düsseldorf VersR 1995, 107; *Roß* NZV 2001, 322.

und Beweislast hierfür beim Geschädigten liegt.[12] Für die Verhältnismäßigkeit kommt es nicht auf die vom Sachverständigen ermittelte (bei der Beauftragung noch unbekannte) Schadenshöhe, sondern auf die aus Sicht des Geschädigten zu erwartende an.[13] Bei zu erwartenden Reparaturkosten unter 700 Euro reicht im Allgemeinen ein Kostenvoranschlag.[14] Von wesentlicher Bedeutung können aber auch Schadensart und Verhalten des Versicherers sein. Bei erkennbar oberflächlichen Schäden genügt ein Voranschlag einer Kfz-Werkstatt,[15] während bei Möglichkeit verborgener Schäden eine Begutachtung sachgerecht ist. Verzichtet der Versicherer auf eine Begutachtung, so liegt hierin die konkludente Erklärung, keine Einwendungen gegen die Schadenshöhe zu erheben, sodass ein Gutachten unnötig ist.[16]

5 c) Nur **tatsächlich entstandene** Sachverständigenkosten sind erstattungspflichtig; dass ein Gutachten hätte erholt werden dürfen, ist ohne Bedeutung.[17]

6 d) **Einwendungen gegen die Höhe** der Sachverständigenkosten[18] können dem Geschädigten gegenüber nur erhoben werden, wenn ihn ein Auswahlverschulden trifft oder die Überhöhung derart evident ist, dass eine Monierung von ihm verlangt werden muss.[19] Der Geschädigte ist nicht verpflichtet, vor der Auftragserteilung Preisvergleiche anzustellen; üblicherweise wird die Bestimmung der Vergütung dem billigen Ermessen des Sachverständigen überlassen (§§ 315 f BGB).[20] Hält der Ersatzpflichtige die Vergütung für überhöht, kann er vom Geschädigten analog § 255 BGB Abtretung seiner Rückzahlungsansprüche gegen den Sachverständigen verlangen.[21] Nur dem Sachverständigen gegenüber kann somit die Unbilligkeit der Leistungsbestimmung geltend gemacht und eine Bestimmung durch Urteil (§ 319 Abs 1 S 2 BGB) begehrt werden. Allein aus der Wahl der Abrechnungsart (nach Zeitaufwand oder Gegenstandswert) kann Unbilligkeit nicht abgeleitet werden, da beide Methoden üblich sind.[22]

---

12 BGHZ 61, 346, 351; BGH NZV 2005, 139.
13 BGH NZV 2005, 139.
14 BGH NZV 2005, 139, 140.
15 *Roß* NZV 2001, 321.
16 *Roß* NZV 2001, 322.
17 *Berger* VersR 1985, 408.
18 Zu deren Bemessungsgrundlagen s BGH NJW 2006, 2472; zur Feststellung der angemessenen Höhe durch das Gericht BGH NJW-RR 2007, 123.
19 OLG Hamm DAR 1997, 275, 276; *Roß* NZV 2001, 322 mwN.
20 Eingehend hierzu *Hörl* NZV 2003, 305 ff; AG München NZV 1998, 289; **aA** AG Hagen NZV 2003, 144 (nur Durchschnittskosten).
21 OLG Naumburg NZV 2006, 546, 548; *Grunsky* NZV 2000, 5.
22 Näher zu den Abrechnungsmethoden *Roß* NZV 2001, 322 ff; für Abrechnung nach Zeitaufwand *Kääb/Jandel* NZV 1998, 269 f; dagegen *Hiltscher* NZV 1998, 488 ff. Nach BGH NJW 2006, 2472, 2474 ist Orientierung an Schadenshöhe nicht zu beanstanden. Eingehend auch AG Dortmund NZV 1999, 254 (Zeitaufwand); AG München NZV 2000, 174, 175; AG Essen NZV 1999, 255; AG Herne-Wanne NZV 1999, 256; AG Hattingen NZV 1999, 428, 429 (Schadenshöhe).

e) Mangelhaftigkeit des Gutachtens[23] hindert den Erstattungsanspruch nicht, sofern 7
sie nicht vom Geschädigten zu vertreten ist.[24] Das ist, abgesehen von Auswahlverschulden,[25] insbesondere dann der Fall, wenn er durch Falschangaben oder Verschweigen
wesentlicher Umstände die Unbrauchbarkeit bewirkt hat.[26] Der Erstattungspflichtige
kann vom Geschädigten aber Abtretung seiner Ansprüche aus dem Sachverständigenvertrag verlangen.[27]

f) Hat der Geschädigte eine **Zweitbegutachtung** veranlasst, so kommt ein Kostenersatz nur in Frage, wenn er deren Erforderlichkeit nachweisen kann, zB weil das Erstgutachten vom Unfallgegner oder seinem Haftpflichtversicherer in Auftrag gegeben war und aus der Sicht des Geschädigten begründete Zweifel an seiner Richtigkeit bestanden.[28] 8

g) Kosten zur Ermöglichung der Begutachtung. Hält der Geschädigte das Unfallfahrzeug wegen Streits über den Unfallhergang für eine eventuelle Begutachtung bereit, sind hierfür angefallene Unterstellkosten erstattungsfähig.[29] Im Prozess können sie auch notwendige Kosten iSv § 91 ZPO sein.[30] Zur Abkürzung zu langer Standzeiten bietet sich uU ein selbständiges Beweisverfahren (§§ 485 ff ZPO) an. 9

h) Abtretung. Klagt der Sachverständige den Ersatzanspruch des Geschädigten aufgrund einer Abtretung selbst gegen den Unfallgegner ein, kann hierin eine unerlaubte Rechtsbesorgung nach Art 1 § 1 RBerG liegen.[31] Näher hierzu § 3 Rn 255. 10

2. Kostenvoranschlag

Der Geschädigte ist berechtigt, den Kostenvoranschlag einer Fachwerkstätte einzuholen, wenn ein Sachverständigengutachten zu aufwendig wäre, aber gleichwohl ein Bedürfnis besteht, den voraussichtlichen Reparaturaufwand vor Erteilung des Reparaturauftrags festzustellen, zB weil er mit einem Bestreiten des Schadensumfangs durch den Schädiger rechnen muss oder weil er für seine Entscheidung über Reparatur, Ersatzbeschaffung oder fiktive Schadensabrechnung fachkundiger Information über Reparaturbedürftigkeit und -würdigkeit bedarf.[32] Sind für diesen Voranschlag Kosten 11

---

23 Zu Missständen auf dem Gebiet des Sachverständigenwesens s *Etzel* VersR 1993, 406 unter Bezugnahme auf eine Untersuchung der Stiftung Warentest.
24 OLG Saarbrücken OLGR 1998, 414; OLG Hamm NZV 1994, 393 u 2001, 433; LG Bochum NZV 1993, 196 u ZfS 1994, 406; *Kääb/Jandel* NZV 1992, 17 f; *Roß* NZV 2001, 322; **aA** AG Neuwied NZV 1989, 196; AG Eltville ZfS 1989, 233.
25 Vgl LG Köln NZV 1998, 35 (Beauftragung eines Nichtfachmanns); AG St Wendel NZV 1998, 75 (Mitarbeiter des Reparaturbetriebs).
26 OLG Hamm NZV 1993, 149 u 228; KG NZV 2004, 470.
27 *Kääb/Jandel* NZV 1992, 18, die darüber hinaus einen Direktanspruch des Erstattungspflichtigen gegen den Sachverständigen aufgrund Schutzwirkung des Gutachtervertrags bejahen. Ebenso AG Dortmund NZV 1997, 403. Vgl hierzu *Gerber* NZV 1991, 297 f; *Etzel* VersR 1993, 408.
28 OLG Stuttgart NJW 1974, 951; KG OLGZ 1977, 317.
29 AG Hildesheim NZV 1999, 212.
30 OLG Hamburg MDR 2000, 331.
31 AG Witten NZV 1999, 428.
32 *Notthoff* DAR 1994, 418 u VersR 1995, 1400 f.

angefallen, was nur bei entsprechender Vereinbarung der Fall ist (§ 632 Abs 3 BGB), hat sie der Schädiger zu ersetzen. Der Geschädigte ist nicht verpflichtet, einen kostenlosen Voranschlag auszuhandeln; schon wegen der verbreiteten Übung fiktiver Abrechnung ist es verständlich, wenn die Werkstatt auf einer Vergütungszusage besteht. Eine Klausel in den AGB reicht hierfür allerdings nicht aus.[33] Wurde die Vergütung auf die Kosten der anschließend durchgeführten Reparatur angerechnet, fehlt es insoweit an einem ersatzpflichtigen Schaden.[34]

3. Ermittlungsaufwand

12 Musste der Geschädigte für Ermittlungen zum Haftungsgrund oder zur Person des Ersatzpflichtigen[35] Kosten aufwenden, kann er diese vom Schädiger ersetzt verlangen, so zB wenn er nach Bestreiten des Unfallhergangs durch den Gegner ein unfallanalytisches Gutachten hat anfertigen lassen, welches die gegnerische Darstellung in einer zur Vermeidung eines Rechtsstreits geeigneten Weise widerlegt,[36] oder wenn er durch Zeitungsinserat Zeugen[37] oder per Detektiv den unfallflüchtigen Gegner oder ein bestimmtes Beweismittel gesucht hat.[38] Dasselbe gilt für Ermittlungen zum Schadensumfang. So können zB Kosten eines Detektivs erstattungsfähig sein, mit dessen Hilfe der Nachweis geführt wurde, dass der Unfallwagen bereits erhebliche Vorschäden hatte oder die als Unfallfolge behauptete Gehbehinderung nicht vorlag.[39] Zu entsprechenden Ermittlungen muss aber zum Zeitpunkt ihrer Veranlassung ein nachvollziehbarer Anlass bestanden haben; außerdem muss der Aufwand so gering wie möglich gehalten werden.[40] War der bekämpfte Anspruch Gegenstand eines Prozesses, können die Ermittlungskosten uU dort festgesetzt werden.[41] Dass die Kosten vom Haftpflichtversicherer des Geschädigten aufgewendet wurden, steht ihrer Ersatzfähigkeit nicht entgegen.[42]

III. Rechtsanwaltskosten

1. Erstattungsfähigkeit

13 Die Rspr erkennt die Rechtsanwaltsgebühren dann als erstattungspflichtigen Folgeschaden an, wenn die Beauftragung eines Rechtsanwalts verständiger Interessenwahrnehmung entsprach, weil die Regulierung sich dem Geschädigten als nicht problemlos

---

33 BGH NJW 1982, 765; BT-Drs 14/1640 S 260.
34 *Himmelreich/Klimke/Bücken* 1937d; *Notthoff* VersR 1995, 1401.
35 Zur Verwaltungsgebühr für eine Halteranfrage s LG Berlin NZV 1991, 74.
36 Vgl OLG Saarbrücken OLGR 1998, 121 (verneinend, da Notwendigkeit eines Gerichtsgutachtens absehbar war).
37 LG Mönchengladbach NZV 2004, 206; AG München DAR 1980, 372.
38 OLG Hamm VersR 1983, 498.
39 OLG Karlsruhe NZV 1997, 81.
40 OLG Karlsruhe NZV 1997, 81.
41 *Zöller/Herget* § 91 Rn 13 „Detektivkosten".
42 OLG Karlsruhe NZV 1997, 81.

darstellte oder weil es um erhebliche Schadensbeträge ging.⁴³ Der BGH hat diesen Grundsatz dahingehend konkretisiert, dass der Geschädigte in einem einfach gelagerten Fall für die erste Geltendmachung des Schadens gegenüber dem Schädiger bzw seiner Versicherung Anwaltskosten nur beanspruchen kann, wenn er mangels geschäftlicher Gewandtheit hierzu nicht selbst in der Lage ist; werde aber nicht sogleich auf erste Anmeldung reguliert, so dürfe der Geschädigte mit der weiteren Geltendmachung einen Anwalt betrauen.⁴⁴ Dies gelte für einen privaten Geschädigten ebenso wie für eine Behörde. In BGHZ 127, 348 wurde daher Anwaltskostenersatz verneint für erstmalige Geltendmachung klarer Ansprüche wegen Beschädigung von Autobahneinrichtungen, zugleich aber klargestellt, dass auch eine Behörde sogleich einen Anwalt mit der weiteren Geltendmachung beauftragen darf, wenn nicht bereits aufgrund der ersten Anmeldung reguliert wird. Auf Geschäftsgewandtheit kommt es dann also nicht mehr an.⁴⁵ Hatte der Geschädigte den Ersatzpflichtigen bereits erfolglos in Verzug gesetzt (§ 286 BGB), können die Anwaltskosten für die weitere Rechtsverfolgung auch als Verzögerungsschaden (§ 280 Abs 2 BGB) geltend gemacht werden.

Wurde ein Anwalt nicht in Anspruch genommen, obwohl die Kosten nach obigen Grundsätzen erstattungsfähig wären, können nicht etwa die **fiktiven Kosten** beansprucht werden.⁴⁶ **14**

Im Fall der **Abtretung** des Schadensersatzanspruchs (zB an die Reparaturwerkstätte) kann der Zessionar Anwaltskosten nur unter den Voraussetzungen der §§ 284 ff BGB als Verzugsschaden geltend machen.⁴⁷ **15**

Anwaltskosten für die Verhandlungen mit dem **eigenen Versicherer** (zB Kasko- oder Gebäudeversicherer) sind, soweit die anwaltliche Hilfe erforderlich war, im Regelfall ebenfalls adäquat kausal durch den Unfall veranlasst und folglich zu erstatten.⁴⁸ Der Anspruch ist jedoch grundsätzlich auf die Gebühren nach dem Wert beschränkt, für den der Schädiger Ersatz zu leisten hat.⁴⁹ Anwaltskosten für die Durchsetzung von Ansprüchen aus einer Unfallversicherung sind nur dann von der Haftung des Schädigers umfasst, wenn die durchzusetzenden Leistungen ganz oder teilweise den vom Schädiger zu erbringenden Schadensersatzleistungen entsprechen oder wenn der Geschädigte aufgrund der Unfallverletzungen nicht in der Lage ist, sich selbst um die Geltendmachung seiner Ansprüche zu kümmern.⁵⁰ **16**

---

43 BGHZ 30, 157; 39, 73; 127, 348 m zust Bespr *Hildenbrand* NJW 1995, 1994; BGH NJW 2005, 1112; OLG Köln VersR 1975, 1106; für generelle Erstattungsfähigkeit *Notthoff* VersR 1995, 1401; für Abstellen auf Rechtsmissbrauch *C Wagner* NJW 2006, 3244 ff. Entgegen missverständlichen Ausführungen in BGH NJW 1968, 1962, 1964 gelten die selben Grundsätze auch im Rahmen der Haftung nach dem StVG (hierzu *Nixdorf* VersR 1995, 257).
44 BGHZ 127, 348 m zust Bespr *Hildenbrand* NJW 1995, 1944; *Meiendresch/Heinke* r+s 1995, 281.
45 *Nixdorf* VersR 1995, 259 f.
46 *Grunsky* NJW 1983, 2470; *Berger* VersR 1985, 407.
47 *Palandt/Heinrichs* § 249 Rn 39; *Riedl* VersR 1994, 151 m Rechtsprechungsnachweisen; **aA** *Himmelreich/Klimke/Bücken* 2020 ff.
48 BGH NJW 2005, 1112; NZV 2006, 244, 245; OLG Karlsruhe NZV 1989, 231.
49 BGH NJW 2005, 1112 mwN. S a OLG Karlsruhe NZV 1990, 431; *Böhm* DAR 1988, 214.
50 BGH NZV 2006, 244, 245.

Fünfter Teil. Ersatz des Sachschadens

17 Wenn ein **Anwalt** einen **eigenen Schaden** außergerichtlich reguliert, gelten die vorstehenden Grundsätze entsprechend, dh er kann Anwaltskosten nur abrechnen, wenn er wegen der Schwierigkeit der Angelegenheit einen (spezialisierten) Anwalt in Anspruch genommen hat.[51]

2. Umfang

18 a) Zu erstatten sind die Anwaltsgebühren nur in **gesetzlicher Höhe**; für vereinbarte höhere Honorare braucht der Schädiger nicht aufzukommen.

19 b) Bei **außergerichtlicher Regulierung** kann dem Ersatzpflichtigen die **Geschäftsgebühr** in Höhe von 0,5–2,5 des Satzes nach § 13 RVG in Rechnung gestellt werden, wobei eine Gebühr von mehr als 1,3 nur gefordert werden kann, wenn die Tätigkeit umfangreich oder schwierig war (Nr 2400 VV RVG).[52] Zwischen Anwälten und Kfz-Haftpflichtversicherern bestehen vielfach Vereinbarungen über die einheitliche Gebührenabrechnung bei vollständiger außergerichtlicher Regulierung (üblicherweise mit Sätzen von 1,8 bei Sachschaden, 2,1 bei Sach- und Personenschaden über € 10.000 sowie 2,4 bzw 2,7 bei mehreren Geschädigten).[53] Allein aus dieser Art der Abrechnung des Anwalts mit dem Versicherer kann jedoch nicht auf einen Verzicht des Geschädigten auf die Geltendmachung weiterer Ansprüche geschlossen werden.[54] – Der **Gegenstandswert** richtet sich nach dem Entschädigungsbetrag.[55] Hat der Rechtsanwalt auftragsgemäß höhere Ansprüche geltend gemacht, kann er den Mehrbetrag der entstandenen Gebühren gegenüber dem Mandanten abrechnen.[56] Dieser kann ihn ggf zusammen mit der Mehrforderung einklagen; dabei ist die teilweise Anrechnung auf die Verfahrensgebühr (Rn 20) zu beachten.

20 c) Bei **gerichtlicher Geltendmachung** des Schadensersatzanspruchs werden die diesbezüglichen[57] Anwaltskosten im Kostenfestsetzungsverfahren (§§ 103 ff ZPO) geltend gemacht.[58] Für die Geltendmachung eines materiellrechtlichen Erstattungsanspruchs besteht dann idR kein Rechtsschutzbedürfnis (s o Rn 2). Die wegen der ins gerichtliche Verfahren gelangten Ansprüche entstandene Geschäftsgebühr (Rn 19) wird zur Hälfte, jedoch höchstens mit einem Gebührensatz von 0,75 auf die Verfahrensgebühr nach

---

51 Weiter gehend (wenn er als Privatmann Anwalt nehmen könnte) *Lange/Schiemann* § 6 XIV 3; LG Mainz NJW 1972, 161; wohl wie hier *Staudinger/Schiemann* § 251 Rn 120 unter Bezugnahme auf LG München I VersR 1972, 793 u 1973, 168. Unklar *Palandt/Heinrichs* § 249 Rn 39; MünchKomm/*Oetker* § 249 Rn 174.
52 Nach BGH Urt v 31.10.2006 – VI ZR 261/05 (zZ unv) ist Gebühr von 1,3 bei durchschnittlicher Verkehrsunfallsache idR nicht unbillig; s a JurBüro 2005, 306.
53 Nachweis auf der Website des DAV unter www.anwaltverein.de.
54 BGH NJW 2007, 368; NZV 2006, 365 für Abrechnung nach DAV-Abkommen.
55 BGHZ 39, 60; 39, 73; BGH NJW 1970, 1122; 2005, 1112; **aA** *Ruhkopf* VersR 1968, 22; *Kubisch* NJW 1970, 1456.
56 *Enders* JurBüro 2005, 505 m Berechnungsbeispielen.
57 Zur Aufteilung bei teilweise außergerichtlicher Erledigung der Ansprüche *Enders* JurBüro 2005, 507 ff.
58 Wegen der Einzelheiten hierzu ist auf die Kommentare zu § 91 ZPO und zum RVG zu verweisen. Zur Vergütung, wenn Halter und Fahrer, die neben dem Haftpflichtversicherer mitverklagt sind, einen eigenen Prozessbevollmächtigten bestellen, s zB *Zöller/Herget* § 91 Rn 13 „Streitgenossen".

Nr 3100 VV RVG angerechnet (Vorbem 3 Abs 4 VV RVG). Der verbleibende Teil der Geschäftsgebühr wird nicht im gerichtlichen Verfahren festgesetzt, sondern muss ggf mit dem Schadensersatz eingeklagt werden.[59]

d) Die **Hebegebühr** (Nr 1009 VV RVG), die entsteht, wenn der Gegner Schadensersatzzahlungen an den Rechtsanwalt des Anspruchstellers leistet, ist nur zu ersetzen, wenn er ohne Aufforderung an jenen zahlt oder wenn er über deren Anfall informiert wurde.[60]

21

IV. Sonstiges

1. Aufwand für andere Verfahren

a) **Kosten vorangegangener Prozesse** (zB Straf- oder Bußgeldverfahren gegen den Geschädigten aus Anlass des Unfalls; Nebenklage des Geschädigten; Inanspruchnahme eines falschen Beklagten im Zivilprozess) sind keine adäquaten Folgeschäden der Sachbeschädigung.[61] Die Kostenerstattungspflicht regelt sich ausschließlich nach den Vorschriften der StPO bzw des OWiG. Daran ändert auch nichts die Absicht des Geschädigten, das Strafverfahren zur Vorbereitung seiner Zivilklage zu benutzen.[62]

22

b) Einbußen durch die **polizeilichen Ermittlungen** (zB Zeitverlust durch die Unfallaufnahme, Unkosten des Geschädigten für die Fahrt zu seiner Zeugenvernehmung) sind nicht erstattungsfähig.[63] Sie sind nicht dem Sachschaden zuzurechnen, sondern dem Bereich der im öffentlichen Interesse liegenden Strafverfolgung, die dem Staatsbürger auch sonst oftmals entschädigungslose Opfer abverlangt.

23

c) Die Kosten für ein **Verwaltungsverfahren nach dem NATO-Truppenstatut** hat der für den zugrundeliegenden Sachschaden Ersatzpflichtige zu erstatten; sie sind nicht in die Höchstbeträge nach § 12 StVG einzurechnen.[64]

24

2. Inkassokosten

Kosten für die **Einschaltung eines Inkassoinstituts** können ersetzt verlangt werden, wenn der Schädiger hierzu Veranlassung gegeben hat, jedoch höchstens bis zu dem Betrag, der bei Beauftragung eines Rechtsanwalts angefallen wäre.[65]

25

---

59 *Schons* NJW 2005, 3091; *Eulerich* NJW 2005, 3099; *Steenbuck* MDR 2006, 424 (auch zu Einzelheiten der Bemessung der Kostenerstattung und zur Rechtsnatur als Nebenforderung iSv § 4 Abs 1 Halbs 2 ZPO, § 43 Abs 1 GKG).
60 LG Köln SP 2001, 107; AG Rostock NZV 1997, 524; AG Gronau DAR 2001, 94.
61 *Straf- oder Bußgeldverfahren*: BGHZ 24, 267; 27, 137; BGH NJW 1975, 2341; OLG München VersR 1964, 932; OLG Schleswig VersR 1994, 831 (Nebenklage); *Klimke* VersR 1981, 18. *Zivilprozess*: BGH VersR 1961, 162; 1969, 441; *Klimke* aaO 19.
62 **AA** KG JurBüro 1983, 1251.
63 OLG München VersR 1964, 932; LG Dortmund VersR 1962, 246; *Klimke* VersR 1981, 18; **aA** LG Darmstadt ZfS 1994, 357.
64 BGH VersR 1969, 1042.
65 OLG Köln OLGZ 1972, 411.

3. Aufwand für die Abwicklung des Schadens

26 Derartiger Aufwand (zB Zeitverlust, Spesen) wird von der Rspr als grundsätzlich nicht erstattungspflichtig angesehen;[66] sogar dann, wenn der Geschädigte (etwa ein Großbetrieb oder eine Behörde) für die Bearbeitung von Schadensfällen eigenes Personal eingesetzt hat, muss er diesen Aufwand – jedenfalls soweit er den üblichen Rahmen nicht überschreitet – selbst tragen.[67] Der BGH vertritt die Ansicht, dieser Aufwand sei an sich zwar als Folgeschaden anzusehen, infolge einer an Verantwortungsbereichen und Praktikabilität orientierten Wertung aber nicht dem Schädiger zuzurechnen; nur wenn die Einschaltung eines Rechtsanwalts erforderlich sei (Rn 13), seien deren Kosten erstattungsfähig.[68]

27 Gegen diese Auffassung sind zu Recht Bedenken erhoben worden.[69] Nach dem Grundsatz der Totalreparation ist voller Ausgleich für die durch den Sachschaden hervorgerufenen Vermögensnachteile zu leisten. Zu normativen Wertungen, die eine andere Beurteilung erforderlich machen könnten, ist hier kein Anlass ersichtlich. Allerdings besteht eine Ausgleichspflicht nur für echte Vermögensbeeinträchtigungen, also zB für Porto-, Telefon- oder Fahrtkosten sowie – bei Ausländern – die Kosten notwendiger Übersetzungen,[70] nicht für bloße Einbußen an Freizeit[71] oder die eigene Mühewaltung.[72] Erleidet der Geschädigte durch die Inanspruchnahme seiner Arbeitskraft für die Schadensabwicklung einen Verdienstausfall, so ist für diesen – nicht schon für den bloßen Arbeitsaufwand[73] – Ersatz zu leisten. Musste er zum Zwecke der Schadensabwicklung (zB Ersatzbeschaffung eines Kraftfahrzeugs) Urlaub nehmen oder seinen Erholungsurlaub abbrechen, so ist ihm der Verdienstausfall für die entsprechende Zeit unbezahlten Urlaubs zu ersetzen.[74] Bei Einsatz eigenen Personals kommt es darauf an, ob die geltend gemachten Personalkosten auch ohne den Unfall angefallen wären (dann fehlt die Kausalität) oder ob sie erst durch den Unfall hervorgerufen wurden (zB Überstundenvergütung). Eine anteilsmäßige Überbürdung der Vorhaltekosten für Personal, welches nur oder auch zur Schadensbearbeitung eingesetzt wird, ist abzulehnen (vgl § 3 Rn 218 f).

28 Die Praxis[75] gelangt durch die Zubilligung einer **Auslagenpauschale** trotz der ablehnenden Haltung des BGH gegenüber den Schadensbearbeitungskosten zu einer Ent-

---

66 BGHZ 127, 352; OLG Köln VersR 1982, 585; ebenso 20. VGT (1982) 10.
67 BGHZ 66, 112; 75, 230; 76, 216; BGH VersR 1961, 358; KG VersR 1973, 749.
68 BGHZ 127, 353.
69 *Spengler* VersR 1973, 115; *Klimke* NJW 1974, 85; *J Schmidt* NJW 1976, 1932; *Wilhelm* WM 1988, 281; LG Braunschweig NJW 1976, 1640; abwägend *Lange/Schiemann* § 6 XIV 3 mwN.
70 OLG Hamm NZV 1994, 188; AG Osnabrück NZV 1988, 187.
71 BGHZ 69, 36; 106, 31; *Lange/Schiemann* 6 XIV 2; aA *Grunsky* Aktuelle Probleme zum Begriff des Vermögensschadens (1968) 76 ff; *Lipp* NJW 1992, 1918 ff, der in einer über das zumutbare Maß hinausgehenden Freizeiteinbuße eine ersatzpflichtige Verletzung des allgem Persönlichkeitsrechts sieht.
72 *Lipp* NJW 1992, 1917; aA *Weimar* NJW 1989, 3246 ff.
73 BGHZ 66, 114; 75, 234; *Lange/Schiemann* § 6 XIV 2; MünchKomm/*Oetker* § 249 Rn 81; aA *Weimar* NJW 1989, 3246 ff.
74 AA OLG Celle VersR 1977, 1104.
75 Vgl OLG Köln DAR 1965, 270; NZV 1991, 429; LG Köln VersR 1983, 403; LG Oldenburg DAR 1984, 30; *Notthoff* VersR 1995, 1402 mwN.

schädigung in dem auch hier für richtig gehaltenen Umfang. Die Pauschalierung (gemeinhin werden Beträge zwischen 15 und 25 Euro zuerkannt) erscheint im Hinblick auf § 287 ZPO unbedenklich, jedoch sollten vom Anspruchsteller wenigstens Anhaltspunkte für den Umfang seiner Aufwendungen verlangt werden. Grundsätzlich, dh ohne Besonderheiten des Einzelfalles, Auslagenersatz in der Größenordnung von 25 Euro zuzusprechen, erscheint nicht gerechtfertigt.[76] Hat der Geschädigte sogleich einen Anwalt mit der Gesamtregulierung beauftragt, werden ihm idR keine erstattungsfähigen Auslagen erwachsen sein.[77]

4. Untersuchungskosten bei begründetem Schadensverdacht

S hierzu § 3 Rn 43, § 10 Rn 14. **29**

---

76 So aber LG Köln VersR 1989, 636; AG Augsburg ZfS 1989, 410; wie hier OLG Köln NZV 1991, 429. OLG Hamm OLGR 1996, 99 hielt jedenfalls 50 DM für übersetzt.
77 Vgl OLG Karlsruhe NZV 1989, 433.

§ 27 Sonstige Vermögensnachteile, Zinsen

Übersicht

	Rn
I. Finanzierungskosten	1
1. Voraussetzungen der Erstattungsfähigkeit	1
2. Umfang	2
II. Folgeschäden	6
1. Grundsatz	6
2. Einzelfälle	7
III. Zinsen	16

I. Finanzierungskosten

1. Voraussetzungen der Erstattungsfähigkeit

1 Leistet der Ersatzpflichtige oder sein Haftpflichtversicherer keinen Vorschuss, so muss der Geschädigte die Kosten der Schadensbehebung zunächst selbst aufbringen, wenn er auf die baldige Restitution Wert legt oder diese zur Vermeidung größerer Folgeschäden geboten ist. Nur wenn ihm dies nicht möglich oder nicht zumutbar ist (zB weil sonst sein Lebensbedarf gefährdet oder seine Rücklage für Notfälle anzugreifen wäre), kann er einen Kredit aufnehmen und die Kosten hierfür als Unfallschaden nach § 249 Abs 2 S 1 BGB, nicht etwa nur als Verzugsschaden nach Mahnung, ersetzt verlangen.[1] Auf die Notwendigkeit einer Kreditaufnahme wird er den Ersatzpflichtigen allerdings hinweisen müssen.[2] Zum gebotenen Einsatz eigener Mittel kann auch die Verpfändung eines Wertpapierguthabens gehören.[3] Zu der Frage, ob der Geschädigte anstelle eines Kredits seine **Kaskoversicherung** in Anspruch nehmen muss, vgl § 22 Rn 107.

2. Umfang

2 Selbstverständlich sind die Finanzierungskosten nur für den Betrag zu erstatten, den der Schädiger **tatsächlich schuldet**, und nur für solche Schadensposten, für die der Geschädigte **tatsächlich Ausgaben** hatte, also zB nicht für fiktive Reparaturkosten, Wertminderung und Nutzungsausfall.

---

1 BGHZ 61, 346; BGH NJW 1966, 1454. Vgl auch *Klimke* VersR 1973, 880; *Himmelreich* NJW 1973, 978; 1974, 1897; *Sanden/Völtz* 168.
2 OLG Schleswig VersR 1967, 68; OLG Düsseldorf NJW 1969, 2051.
3 OLG Düsseldorf VersR 1983, 991.

§ 27 Sonstige Vermögensnachteile, Zinsen

Die Finanzierungskosten sind **möglichst niedrig** zu halten.⁴ Kann der Geschädigte ein günstiges Darlehen von seiner Bank erhalten (zB Dispositionskredit), so darf er nicht die Dienste eines teuren Kreditinstituts oder sog Unfallhelfers in Anspruch nehmen. Die meist zu überhöhten Kosten angebotenen sog Unfallfinanzierungshilfen können keineswegs als übliche Maßnahmen der Schadensbeseitigung angesehen werden.⁵ 3

Zinsverluste durch Inanspruchnahme eigener Mittel des Geschädigten sind kein erstattungsfähiger Unfallschaden. Diese Verluste werden sich aber in Grenzen halten, wenn der Geschädigte den Ersatzpflichtigen alsbald in Verzug setzt. 4

Stellt ein **Dritter** die Mittel zur Verfügung, um dem Geschädigten zu helfen, so werden diesem die für Privatdarlehen üblichen Zinsen zuzubilligen sein, auch wenn der Dritte solche nicht berechnet (vgl § 3 Rn 221 f). 5

II. Folgeschäden

1. Grundsatz

§ 7 StVG und § 823 Abs 1 BGB schützen zwar nicht das Vermögen als solches; vermögensrechtliche Beeinträchtigungen sind aber dann zu ersetzen, wenn es sich um (adäquate) Folgen der Sachbeschädigung handelt. 6

2. Einzelfälle

a) Haftungsschaden des Mieters oder Leasingnehmers. Ihm ist nach der Rspr das zu ersetzen, was er infolge der Beschädigung des Miet- oder Leasingobjekts kraft Gesetzes oder gem vertraglicher Vereinbarung an seinen Vertragspartner leisten muss,⁶ insbesondere also die Reparatur- oder Wiederbeschaffungskosten⁷ ggf einschließlich Mehrwertsteuer.⁸ Hierzu zählen aber nicht die ggf aufgrund gesetzlicher oder vertraglicher Verpflichtung weiterzuzahlenden Miet- oder Leasingraten, da diese auch ohne das Schadensereignis zu zahlen gewesen wären; der Geschädigte kann nur Ersatz für die entgangene Nutzung verlangen⁹ (zur Berechnung s § 25 Rn 54). Wird der Vertrag infolge des Schadensereignisses vorzeitig durch Kündigung beendet, kommt ein vom Schädiger über die Wiederbeschaffungskosten hinaus zu übernehmender Haftungsschaden nur insoweit in Betracht, als durch die Kündigung die Pflicht zur Zahlung der Leasingraten und des Restwertes sofort ausgelöst wird und damit gegenüber der ur- 7

---

4 BGHZ 61, 350; OLG Nürnberg VersR 1965, 247.
5 OLG Karlsruhe NZV 1989, 24.
6 BGH VersR 1976, 943; 1981, 161; OLG Köln NJW 1986, 1816. S a OLG Düsseldorf NZV 1997, 120 zur Haftung der Deutschen Bahn AG aus dem internationalen Übereinkommen über die gegenseitige Wagennutzung – RIC.
7 BGHZ 116, 22 = NZV 1992, 227 m Anm *Hohloch; Schnauder* JuS 1992, 824.
8 OLG Hamm MDR 2001, 213 u NZV 2003, 334; LG Arnsberg NZV 1994, 444; *Bethäuser* DAR 1987, 109.
9 BGHZ 116, 22 = NZV 1992, 227 m Anm *Hohloch*; BGH VersR 1976, 943; 1977, 227; *Dörner* VersR 1978, 892; *Schnauder* JuS 1992, 822 f.

Fünfter Teil. Ersatz des Sachschadens

sprünglichen Verpflichtung Mehrkosten (etwa infolge der Notwendigkeit einer Kreditaufnahme zur vorzeitigen Ablösung) verbunden sind.[10]

8 b) Ein ersatzpflichtiger **Gewinnentgang** kann daraus resultieren, dass der Geschädigte die beim Unfall beschädigte Sache bereits zu einem den tatsächlichen Wert übersteigenden Preis verkauft hatte.[11] Ein etwaiger merkantiler Minderwert (§ 24 Rn 74 ff) kann ggf daneben geltend gemacht werden.[12] Hinter der Vereinbarung eines Überpreises bei Inzahlunggeben des Fahrzeugs gegen Erwerb eines neuen kann sich aber ein Rabatt für den Neuwagen verbergen, der keine Ersatzpflicht auslöst.[13] – Bis zur Grenze der Adäquanz können auch entgangene Vorteile aus Geschäften ersatzpflichtig sein, die durch den Unfall verhindert wurden.[14]

9 c) Der **Verlust einer Vergünstigung**, die an eine bestimmte, wegen der Zerstörung des Wirtschaftsguts nicht mehr erreichbare Nutzungsdauer anknüpft, ist als Folgeschaden der Eigentumsverletzung zu ersetzen. Dies kommt zB bei der Steuer- und Sozialversicherungsfreiheit des in der Überlassung eines Jahreswagens liegenden Geldwertvorteils[15] oder bei einer staatlichen Investitionshilfe[16] in Betracht. Bei Beschädigung eines Leasingfahrzeugs kann uU der Wegfall der mit dem Leasinggeschäft verbundenen Steuervorteile eine Ersatzpflicht begründen.[17] Ebenso ist erstattungsfähig der Verlust, den ein britischer Armeeangehöriger dadurch erleidet, dass er die ihm sonst zustehende Möglichkeit zum Bezug steuerfreien Benzins bei dem angemieteten Ersatzfahrzeug nicht ausüben kann.[18]

10 d) Verluste durch **Zurückstufung in der Beitragsklasse** (geringerer Schadensfreiheitsrabatt) sind zu ersetzen, wenn der Geschädigte seine Kaskoversicherung in Anspruch genommen hat, um höhere Finanzierungskosten zu vermeiden[19] (vgl § 22 Rn 107). Ging es ihm jedoch nur darum, einen höheren als den vom Schädiger zu beanspruchenden Ersatz zu erlangen (zB im Hinblick auf eine Neuwertklausel bei der Kaskoversicherung), ist der Rabattverlust nicht erstattungspflichtig.[20] Bei Mithaftung des Geschädigten entfällt der Anspruch nicht; er ist entsprechend der Haftungsquote zu kürzen.[21] In diesem Fall muss der Geschädigte die Mitteilung der Regulierungs-

---

10 BGHZ 116, 22 = NZV 1992, 227 m Anm *Hohloch*.
11 BGH VersR 1982, 597 = JR 1982, 457 m Anm *Giesen*; OLG Karlsruhe VersR 1980, 75; OLG Stuttgart VersR 1980, 363; OLG Frankfurt NJW-RR 1991, 919; OLG Celle SP 1992, 71; *Schmid* VersR 1980, 123; **aA** *Giesen* VersR 1979, 389.
12 OLG Saarbrücken NZV 1992, 317 m zust Anm *Lange*.
13 Vgl (noch zur Rechtslage nach dem RabattG) OLG Stuttgart VersR 1973, 773; einschr LG Freiburg VersR 1982, 455; **aA** nunmehr *Sanden/Völtz* Rn 63.
14 Vgl OLG Frankfurt WM 1995, 661: Zinsverlust durch verspätete Scheckeinreichung.
15 LG Braunschweig DAR 1988, 167.
16 **AA** OLG Hamm VersR 1984, 1051.
17 BGH NZV 1992, 228.
18 OLG Hamm NZV 1989, 231.
19 BGHZ 44, 382, 387; OLG München VersR 1967, 573; OLG Celle VersR 1968, 1070; *Klunzinger* NJW 1969, 2113.
20 OLG Saarbrücken NJW-RR 1986, 194; OLG Stuttgart VersR 1987, 65; OLG Karlsruhe NZV 1990, 431; LG Trier VersR 1983, 791.
21 BGHZ 44, 382, 387 f; BGH NJW 2006, 2397.

bereitschaft des gegnerischen Haftpflichtversicherers nicht abwarten.[22] Da der Rückstufungsschaden erst in der Zukunft eintritt, kann er nur durch Feststellungsklage geltend gemacht werden.[23]

Entsprechende Nachteile in der **Haftpflichtversicherung** sind dagegen nicht ausgleichspflichtig, da sie nicht auf dem Sachschaden des Geschädigten, sondern darauf beruhen, dass der Geschädigte seinerseits für Unfallfolgen beim Gegner einzustehen hat.[24]

e) Inspektionskosten. Wird ein Kfz auf einer von der Werkstatt im Rahmen einer Inspektion vorgenommenen Probefahrt zerstört, so kann der Eigentümer des Kfz die Kosten für die bereits erbrachten Inspektionsarbeiten vom Schädiger verlangen. Hierbei handelt es sich, da der Eigentümer gegenüber der Werkstatt von der Vergütungspflicht frei ist, um einen Fall von Drittschadensliquidation.[25]

f) Betriebserschwerniskosten kann ein Bahnunternehmer verlangen, wenn die unfallbedingte Störung des Bahnbetriebs solche ausgelöst hat.[26]

g) Zur Frage, inwieweit Nachteile durch **Zeitverluste** bei der Unfallaufnahme, der Rechtsverfolgung oder durch andere unfallbedingte Verfahren ersatzfähig sind, s § 26 Rn 23 ff.

h) Reinigungs- und Entsorgungskosten, die dem Eigentümer eines Straßen- oder Anliegergrundstücks durch unfallbedingte Verschmutzung entstehen, sind vom Schädiger im Rahmen des Erforderlichen[27] zu ersetzen (s a § 17 Rn 13 f zu Geschäftsführung ohne Auftrag, § 22 Rn 99 zu Schadensminderungskosten). Wird der Geschädigte infolge des Unfalls zu einer **Sonderabfallabgabe** herangezogen (zB weil umweltgefährdende Ladung entsorgt werden muss), so hat hierfür ebenfalls der Unfallverantwortliche aufzukommen.[28]

III. Zinsen

Ein allgemeiner Rechtsgrundsatz, dass ein Schadensersatzanspruch aus unerlaubter Handlung oder Gefährdungshaftung mit dem gesetzlichen Zinssatz zu verzinsen ist, besteht nicht.[29] Ein Zinsanspruch kann sich aber – außer aus allgemeinen Gesichtspunkten wie Verzug[30] oder Rechtshängigkeit oder im Rahmen der Finanzierungs-

---

22 BGH NJW 2007, 66 m Anm *van Bühren*.
23 BGH NJW 2006, 2397; NZV 1992, 107; OLG Düsseldorf NZV 1991, 309.
24 BGHZ 66, 398; BGH VersR 1977, 767; 1978, 235; BAG NZV 1993, 148; OLG Stuttgart VersR 1970, 846; *Preußner* VersR 1967, 1029; *Klunzinger* NJW 1969, 2116. Zu der Frage, in welchen Fällen der Rückstufungsschaden aus anderen rechtlichen Gesichtspunkten zu ersetzen ist, vgl *Schwerdtner* NJW 1971, 1673.
25 LG Limburg DAR 1983, 327 = VersR 1985, 171 m Anm *Klimke*.
26 Vgl *Kunz* VersR 1982, 25 mwN.
27 Vgl hierzu *Vogel/Kitsch* VersR 1996, 1476.
28 Zur Frage, inwieweit die Sonderabfallabgabengesetze der Länder bei Verkehrsunfällen anwendbar sind, s *Schwab* VersR 1995, 1031.
29 BGH NVwZ 1994, 409.
30 Zum Verzugszinsanspruch der öffentlichen Hand BGH NJW-RR 1989, 670, 672; OLG Koblenz NZV 2002, 184, 185.

kosten (s Rn 1) – auch aus § 849 BGB ergeben. Die Vorschrift ist trotz Fehlens einer ausdrücklichen Verweisung auch auf die Gefährdungshaftung anwendbar.[31] Sie gewährt einen Zinsanspruch bei Ansprüchen wegen Wertminderung sowie wegen Entziehung einer Sache, zB bei Totalschaden eines Kraftfahrzeugs. Hierbei handelt es sich um eine pauschalierte Entschädigung für Nutzungsausfall; abstrakte Nutzungsausfallentschädigung (§ 25 Rn 50 ff) und Zinsen nach § 849 BGB können daher nicht für denselben Zeitraum, wohl aber für aufeinanderfolgende Zeitabschnitte beansprucht werden.[32]

---

31 BGH VersR 1983, 555; OLG Celle VersR 1977, 1104; **aA** OLG Nürnberg OLGZ 69, 139.
32 BGH VersR 1983, 555.

Sechster Teil
Ersatz des Personenschadens

§ 28 Tötung

§ 844 BGB

(1) Im Falle der Tötung hat der Ersatzpflichtige die Kosten der Beerdigung demjenigen zu ersetzen, welchem die Verpflichtung obliegt, diese Kosten zu tragen.

(2) Stand der Getötete zur Zeit der Verletzung zu einem Dritten in einem Verhältnis, vermöge dessen er diesem gegenüber kraft Gesetzes unterhaltspflichtig war oder unterhaltspflichtig werden konnte, und ist dem Dritten infolge der Tötung das Recht auf den Unterhalt entzogen, so hat der Ersatzpflichtige dem Dritten durch Entrichtung einer Geldrente insoweit Schadensersatz zu leisten, als der Getötete während der mutmaßlichen Dauer seines Lebens zur Gewährung des Unterhalts verpflichtet gewesen sein würde; die Vorschriften des § 843 Abs. 2 bis 4 findet entsprechende Anwendung. Die Ersatzpflicht tritt auch dann ein, wenn der Dritte zur Zeit der Verletzung gezeugt, aber noch nicht geboren war.

§ 845 BGB

Im Falle der Tötung, der Verletzung des Körpers oder der Gesundheit sowie im Falle der Freiheitsentziehung hat der Ersatzpflichtige, wenn der Verletzte kraft Gesetzes einem Dritten zur Leistung von Diensten in dessen Hauswesen oder Gewerbe verpflichtet war, dem Dritten für die entgehenden Dienste durch Entrichtung einer Geldrente Ersatz zu leisten. Die Vorschrift des § 843 Abs. 2 bis 4 findet entsprechende Anwen-dung.

§ 846 BGB

Hat in den Fällen der §§ 844, 845 bei der Entstehung des Schadens, den der Dritte erleidet, ein Verschulden des Verletzten mitgewirkt, so findet auf den Anspruch des Dritten die Vorschrift des § 254 Anwendung.

§ 10 StVG

(1) Im Fall der Tötung ist der Schadensersatz durch Ersatz der Kosten einer versuchten Heilung sowie des Vermögensnachteils zu leisten, den der Getötete dadurch erlitten hat, dass während der Krankheit seine Erwerbsfähigkeit aufgehoben oder gemindert oder eine Vermehrung seiner Bedürfnisse eingetreten war. Der Ersatzpflichtige hat außerdem die Kosten der Beerdigung demjenigen zu ersetzen, dem die Verpflichtung obliegt, diese Kosten zu tragen.

(2) Stand der Getötete zur Zeit der Verletzung zu einem Dritten in einem Verhältnis, vermöge dessen er diesem gegenüber kraft Gesetzes unterhaltspflichtig war oder unterhaltspflichtig werden konnte, und ist dem Dritten infolge der Tötung das Recht auf Unterhalt entzogen, so hat der Ersatzpflichtige dem Dritten insoweit Schadensersatz zu leisten,

als der Getötete während der mutmaßlichen Dauer seines Lebens zur Gewährung des Unterhalts verpflichtet gewesen sein würde. Die Ersatzpflicht tritt auch dann ein, wenn der Dritte zur Zeit der Verletzung gezeugt, aber noch nicht geboren war.

§ 5 HaftpflG

(1) Im Falle der Tötung ist der Schadensersatz (§§ 1, 2 und 3) durch Ersatz der Kosten einer versuchten Heilung sowie des Vermögensnachteils zu leisten, den der Getötete dadurch erlitten hat, daß während der Krankheit seine Erwerbsfähigkeit aufgehoben oder gemindert oder eine Vermehrung seiner Bedürfnisse eingetreten war. Der Ersatzpflichtige hat außerdem die Kosten der Beerdigung demjenigen zu ersetzen, dem die Verpflichtung obliegt, diese Kosten zu tragen.

(2) Stand der Getötete zur Zeit der Verletzung zu einem Dritten in einem Verhältnisse, vermöge dessen er diesem gegenüber kraft Gesetzes unterhaltspflichtig war oder unterhaltspflichtig werden konnte, und ist dem Dritten infolge der Tötung das Recht auf den Unterhalt entzogen, so hat der Ersatzpflichtige dem Dritten insoweit Schadensersatz zu leisten, als der Getötete während der mutmaßlichen Dauer seines Lebens zur Gewährung des Unterhalts verpflichtet gewesen sein würde. Die Ersatzpflicht tritt auch dann ein, wenn der Dritte zur Zeit der Verletzung gezeugt, aber noch nicht geboren war.

Literatur

Drees Schadensberechnung bei Unfällen mit Todesfolge[2] (1994); *Eckelmann/Nehls* Schadensersatz bei Verletzung und Tötung (1987); *Lemcke* Die Berechnung des Haushaltsführungsschadens, in: *Himmelreich*, Jahrbuch Verkehrsrecht 1999 S 122 ff; *Scheffen/Pardey* Die Rechtsprechung des BGH zum Schadensersatz beim Tod einer Hausfrau und Mutter (1985); *Schulz-Borck/Hofmann* Schadensersatz bei Ausfall von Hausfrauen und Müttern im Haushalt[6] (2000).

Übersicht

	Rn
I. Überblick	1
1. Anspruchsberechtigung nicht unmittelbar Verletzter	1
2. Ersatzfähige Ansprüche	3
3. Ansprüche aus anderen Rechtsgründen	12
II. Beerdigungskosten	14
1. Anspruchsberechtigung	14
2. Umfang des Anspruchs	20
3. Ursachenzusammenhang	26
4. Vorteilsausgleichung	27
III. Entgangener Unterhalt	31
1. Überblick	31
2. Anspruchsvoraussetzungen	39
3. Mehrheit von Unterhaltsverpflichteten	51
4. Besondere Unterhaltsformen	56
5. Künftige Unterhaltsansprüche	60
6. Mehrheit von Unterhaltsberechtigten	64
7. Gesetzlicher Forderungsübergang	65
8. Vorteilsausgleichung	67
9. Schadensminderungspflicht	87
10. Steuern	93

11. Ersatzanspruch des hinterbliebenen Ehegatten	95
12. Ersatzanspruch des ehelichen Kindes	137
13. Ersatzanspruch des Kindes nicht miteinander verheirateter Eltern	153
14. Dauer der Ersatzpflicht	155
15. Änderung der Höhe des Ersatzanspruchs	162
16. Beweisfragen	170
17. Prozessrechtliche Fragen	171
IV. Entgangene Dienste	177
1. Anwendungsbereich	177
2. Erfasste Dienstleistungen	178
3. Umfang des Anspruchs	183
4. Internationales Recht	187

I. Überblick

1. Anspruchsberechtigung nicht unmittelbar Verletzter

Der Getötete selbst kann aus der Zerstörung seines Lebens[1] keine Ansprüche mehr **1**
herleiten; auch vererben kann er nur Ersatzansprüche, die noch zu seinen Lebzeiten
entstanden sind wie zB Krankenbehandlungskosten, Verdienstausfall oder Schmerzensgeld. § 844 BGB, § 10 StVG und § 5 HaftpflG gewähren jedoch bestimmten Dritten, die
von dem Todesfall mittelbar betroffen werden (nämlich durch die Belastung mit den
Beerdigungskosten oder den Verlust von Unterhaltsleistungen), eigene Ersatzansprüche
gegen den Schädiger. Sie erwerben diese Ansprüche nicht als Rechtsnachfolger des
Getöteten, sondern originär. Die Selbständigkeit des Anspruchs zeigt sich zB darin,
dass die Ausschlussklausel des § 11 Nr 3 AKB ihn nicht erfasst, wenn nur der Getötete,
nicht aber der Hinterbliebene zu dem dort genannten Personenkreis gehört.[2] Abhängig
ist der Anspruch des Dritten jedoch davon, dass gegenüber dem unmittelbar Verletzten
eine Haftung des Schädigers dem Grunde nach besteht.

Der Schädiger kann dem mittelbar geschädigten Dritten daher alle **Einwendungen** ent- **2**
gegenhalten, die ihm gegenüber Ansprüchen des Getöteten gegeben wären. **Mitwirkendes Verschulden** des Getöteten (s § 22 Rn 39) oder die **Betriebsgefahr** seines Kfz
(§ 22 Rn 90) mindert die Ersatzansprüche des Dritten oder schließt sie ganz aus; § 846
BGB ist auf die Haftung nach dem StVG entsprechend anwendbar.[3] Hat der unmittelbar
Verletzte vor dem Unfall gegenüber dem Schädiger ganz oder teilweise auf Ersatzansprüche **verzichtet**, so wirkt dies auch gegenüber dem Dritten.[4] Dagegen berührt ein
Verzicht des Verletzten nach dem Unfall die Ansprüche der Dritten nicht.[5]

---

1 Vgl hierzu § 3 Rn 34 f; zum Zurechnungszusammenhang zwischen Unfall und Tod § 3 Rn 175 ff.
2 BGH VersR 1978, 54.
3 BGHZ 35, 317, 319.
4 BGH VersR 1961, 846.
5 *Palandt/Sprau* § 844 Rn 1b.

2. Ersatzfähige Ansprüche

3 a) Wegen **Beerdigungskosten** und **entgangenem Unterhalt** s Rn 14 ff bzw 31 ff.

4 b) **Heilungskosten und Verdienstausfall für die Zeit zwischen Unfall und Ableben.** Diese noch in der Person des Unfallopfers entstandenen Ansprüche stehen dem Erben schon aus übergegangenem Recht zu. Ihre Erwähnung in § 10 Abs 1 S 1 StVG, § 5 Abs 1 S 1 HaftpflG ist im Wesentlichen deklaratorischer Natur; nicht etwa ergibt sich daraus ein Recht des Miterben, abweichend von § 2039 S 1 BGB Zahlungen an sich allein zu verlangen.[6] Übergehen können nur die beim Tod bereits vorhandenen Ansprüche. Dazu gehört auch der Anspruch gegen den Schädiger auf Freistellung von den Zahlungsansprüchen des Krankenhauses und der Ärzte, für die noch keine Rechnung gestellt worden war (vgl § 29 Rn 23).

5 Eine eigene Bedeutung haben die genannten Vorschriften nur insoweit, als sie die Kosten eines Heilungsversuchs (einschließlich Rettungsfahrt)[7] auch dann zusprechen, wenn der Verletzte bei ihrer Entstehung bereits verstorben war.

6 c) **Wegfall von Dienstleistungen.** Bei deliktischer Haftung gilt § 845 BGB, der einen Ersatzanspruch für entgangene Dienstleistungen, zB des im Haushalt lebenden Kindes, begründet (hierzu Rn 177 ff). Er ist auf die Gefährdungshaftung nicht, auch nicht entsprechend anwendbar.[8] Die Mitarbeit eines Ehegatten im Haushalt oder im Erwerbsgeschäft des anderen ist jedoch keine Dienstleistung iS des § 845 BGB;[9] in diesen Fällen richtet sich der Ersatzanspruch nach § 844 Abs 2 BGB bzw § 10 Abs 2 StVG, § 5 Abs 2 HaftpflG[10] (vgl Rn 182). Der Wegfall von **Arbeitsleistungen beim Eigenheimbau** begründet keinen Ersatzanspruch des Hinterbliebenen.[11]

7 d) **Nach dem Tod des Verletzten eintretende Vermögensschäden** sind – von den ausdrücklich geregelten Ausnahmen abgesehen – nicht ersatzfähig.[12] Dies gilt insbesondere für den im Falle des Weiterlebens erzielten **Gewinn** sowie für entgangene **Nutzungsvorteile.** Diese Schadensfolgen treffen das Vermögen des Unfallopfers erst nach dessen Tod, also nach dem Übergang auf den Erben, der nicht in einem eigenen Rechtsgut geschädigt ist. Die Ersatzberechtigung mittelbar Geschädigter hat der Gesetzgeber abschließend geregelt (s Rn 1). Diese gesetzliche Wertung kann nicht unter Hinweis auf eine (ohnehin sekundäre) Präventionsfunktion des Schadensersatzrechts übergangen werden.[13]

8 Die Erben bekommen daher den Vermögensverlust nicht ersetzt, der dadurch entsteht, dass nach dem Tod des Verletzten dessen Erwerbsgeschäft aufgelöst werden muss und kein Erlös zu erzielen ist, der dem Wert des Unternehmens und der in dieses eingebrachten Sachen entspricht[14] (anders, wenn das Geschäft noch zu Lebzeiten des Verletzten aufgelöst oder veräußert werden muss; vgl § 29 Rn 118 f). Auch die den Erben entstehenden Kosten der Auflösung des

---

6 RG VAE 1936, 587; **aA** KG VR 1927, 404.
7 RG JW 1905, 143.
8 RGZ 57, 52; 139, 295.
9 BGHZ 51, 109; 59, 172; 77, 157.
10 BGH NJW 1980, 2196.
11 BGH NZV 2004, 513. Zur Berücksichtigung beim Unterhalt s Rn 129.
12 BGH NJW 2001, 971, 972; VersR 1979, 324; 1965, 1077.
13 So aber *Pfeifer* AcP 205 (2005) 807 ff.
14 BGH NJW 2001, 971, 972; VersR 1972, 460.

Notariats des Getöteten sind nicht zu ersetzen.[15] Kein Ersatzanspruch der Erben besteht ferner, wenn infolge des Todes des Erblassers eine im Aufbau befindliche Fabrikanlage nicht vollendet werden konnte, sodass die vom Erblasser bestellten Maschinen nicht abgenommen werden konnten und ein Abstandsgeld an die Lieferanten gezahlt werden musste.[16] Die Erben können auch keinen Ersatz für Prozesskosten verlangen, wenn infolge des Todes des Erblassers ein Rechtsstreit erforderlich geworden ist. Nicht ersatzfähig ist der Schaden durch Wegfall eines vom Getöteten geschuldeten Leibgedings.[17] Wird bei dem tödlichen Unfall zugleich der Wagen des Getöteten total beschädigt, so hat der Schädiger den Erben zwar den Wert des Wagens zu erstatten, ihnen aber keinen Nutzungsausfall zu zahlen und ihnen die Aufwendungen für einen Mietwagen auch dann nicht zu erstatten, wenn sie nach dem Tod des Erblassers auf den Wagen dringend angewiesen waren, zB bei Fortführen des Geschäfts des Verstorbenen.[18]

e) Anwaltskosten. Wegen der Beschränkung des Hinterbliebenen auf die gesetzlich begründeten Ansprüche können die Kosten einer außerprozessualen Rechtsberatung von ihm allenfalls als Verzugsschaden geltend gemacht werden. Rechtsanwaltskosten, die anlässlich der Geltendmachung des Rentenanspruchs gegenüber einem Sozialversicherungsträger entstehen, können weder nach § 10 StVG noch als Verzugsschaden ersetzt verlangt werden.[19]

f) Steuerliche Nachteile. Auch für steuerliche Nachteile, die der Tod des Verletzten mit sich bringt (zB Verlust der Begünstigung durch den Splitting-Tarif, der erhöhten Pauschal- und Höchstbeträge für Werbungskosten und Sonderausgaben), kann kein Ersatz verlangt werden.[20] Zur Erstattung der für Unterhaltsersatzrenten zu zahlenden Einkommensteuer vgl Rn 93 f.

g) Immaterielle Beeinträchtigungen. § 253 Abs 2 BGB sieht eine Entschädigung für Nichtvermögensschäden (sog Schmerzensgeld) nur bei Verletzung bestimmter eigener Rechtsgüter vor. Die Angehörigen eines Getöteten können eine derartige Entschädigung somit nur beanspruchen, wenn sie infolge dessen Unfalltodes eigene psychische Beeinträchtigungen von Krankheitswert erlitten haben (s § 3 Rn 186); außerdem können noch zu Lebzeiten des Verstorbenen in dessen Person entstandene Schmerzensgeldansprüche im Wege der Erbfolge auf sie übergehen (s § 30 Rn 4). Einen eigenen Schmerzensgeldanspruch zum Ausgleich der Trauer, des Verlustes eines nahestehenden Menschen, der Einbuße an Lebensfreude und Lebensqualität hat der Gesetzgeber auch mit der Reform des Schadensersatzrechts durch das Gesetz vom 19. Juli 2002 – entgegen vielfacher Befürwortung[21] – nicht geschaffen. Der österr OGH[22] hat in der vergleichbaren Regelung des ABGB hingegen eine planwidrige Gesetzeslücke erkannt und diese im Wege der Analogie geschlossen, indem er den nahen Angehörigen des Getöteten ein Schmerzensgeld für die erlittenen seelischen Beeinträchtigungen bei vorsätzlichem

---

15 BGH VersR 1968, 554; vgl auch BGH VersR 1970, 41.
16 BGH VersR 1962, 337.
17 BGH NJW 2001, 971.
18 OLG Dresden VAE 1940, 184 u 224 m Anm *Küster.*
19 BGH LM Nr 3 zu § 10 StVG.
20 BGH VersR 1979, 672; *Kullmann* VersR 1993, 387; **aA** *Drees* (Lit vor Rn 1) 51.
21 *Odersky* Schmerzensgeld bei Tötung naher Angehöriger (1989); *v Bar* FS Deutsch 43; *Vorndran* ZRP 1988, 293 ff; *Kadner* ZEuP 1996, 135 ff; *Scheffen* NZV 1995, 218 f; *Ch Huber* NZV 1998, 353; *Greger* NZV 2002, 223.
22 NZV 2002, 26. Hierzu *Fötschl* VersRAI 2001, 61 ff m Nachw der abw älteren Rspr.

oder grob fahrlässigem Handeln des Schädigers zugesprochen hat. Dies ist methodisch angreifbar;[23] die Begründung eines solchen Anspruchs, der zudem hinsichtlich Personenkreis und Umfang konkretisiert werden müsste,[24] ist Sache des Gesetzgebers. Dass der deutsche Gesetzgeber sich dem verschließt, obwohl nahezu alle anderen europäischen Rechtsordnungen entsprechende Ansprüche gewähren,[25] ist allerdings unverständlich.

3. Ansprüche aus anderen Rechtsgründen

12 § 844 BGB und die entsprechenden Vorschriften enthalten keine ausschließliche Regelung in dem Sinne, dass Ansprüche Dritter, die auf andere Rechtsgründe gestützt werden, ausgeschlossen wären. Wer den Transport des Verletzten ins Krankenhaus bezahlt oder selbst durchgeführt oder die Heilungskosten bezahlt hat, hat einen Anspruch aus **Geschäftsführung ohne Auftrag** gegen den Schädiger, weil er dessen Aufgabe übernommen hat, die Unfallfolgen soweit wie möglich abzuwenden oder zu verringern. Ebenso steht es, wenn ein Dritter, der hierzu nicht verpflichtet gewesen wäre, den Hinterbliebenen Unterhalt gewährt, weil diese sonst Sozialhilfe in Anspruch nehmen müssten. Denn dieser Dritte erfüllte eine gesetzliche Verpflichtung des Schädigers, deren Erfüllung in öffentlichem Interesse lag, und kann daher sogar dann Ersatz seiner Aufwendungen verlangen, wenn der Schädiger die Unterhaltsgewährung durch den Dritten missbilligt hat (§ 679 BGB).

13 Wegen der Ansprüche von **mittelbar Geschädigten** (zB infolge des Miterlebens oder der Unfallnachricht) s § 3 Rn 186 f sowie zur Frage der Anrechenbarkeit von Mitverschulden § 22 Rn 40.

II. Beerdigungskosten

1. Anspruchsberechtigung

14 a) **Personenkreis.** Anspruchsberechtigt ist jede Person, die familienrechtlich verpflichtet ist, die Beerdigungskosten zu tragen. Dies ist idR der Erbe (§ 1968 BGB). Hilfsweise sind kraft Gesetzes zum Tragen der Beerdigungskosten verpflichtet und daher ersatzberechtigt: die Verwandten in gerader Linie (§ 1615 Abs 2 BGB), der Ehegatte (§ 1360a Abs 3 BGB) oder Lebenspartner (§ 5 S 2 LPartG); der unterhaltspflichtige geschiedene Ehegatte nur, sofern die Ehe nach den vor 1.7.1977 geltenden Vorschriften geschieden wurde (vgl Art 12 Nr 3 Abs 2 1. EheRG; das geltende Scheidungsrecht enthält keine entsprechende Bestimmung mehr; ebenso wenig das LPartG für aufgehobene

---

23 Zutr *Fötschl* VersRAI 2001, 64.
24 Dazu *Ch Huber* ZVR 2000, 230 f m Hinw auf die Empfehlungen des Europarates zur Vereinheitlichung der Rechtsbegriffe des Schadensersatzes bei Körperverletzung und Tötung v 14.3.1975, BGBl II 1976, 323.
25 Österr OGH NZV 2002, 26 nennt ausdrücklich Schweiz, Frankreich, Italien, Spanien, England, Schottland, Griechenland, Jugoslawien, Belgien und Türkei. S a *Vorndran* ZRP 1988, 293; *Scheffen* NZV 1995, 219; *Kadner* ZEuP 1996, 140 ff.

Lebenspartnerschaften[26]). Die Verpflichtung kann auch vertraglich übernommen worden sein. Den Anspruch hat jedoch derjenige nicht, der die Kosten tatsächlich gezahlt hat, ohne hierzu verpflichtet zu sein,[27] außer wenn er sich den Anspruch von dem Verpflichteten hat abtreten lassen. Auch ein Anspruch aus Geschäftsführung ohne Auftrag kommt in Betracht.[28]

b) Forderungsübergang bei Anspruch auf Sterbegeld. Hat der Hinterbliebene Anspruch auf Zahlung eines Sterbegeldes, so sind hinsichtlich seiner Anspruchsberechtigung folgende Fälle zu unterscheiden: **15**

aa) Beim Tode eines Sozialversicherten hatte **die Krankenversicherung bei Schadensfällen nach dem 31.12.1988**[29] **bis 31.12.2003** Sterbegeld zu zahlen, wenn der Getötete am 1.1.1989 bereits gesetzlich krankenversichert war (vgl § 58 SGB V in der vom 1.1.1989 bis 31.12.2003 geltenden Fassung). Das Sterbegeld betrug beim Tod eines Mitgliedes bis 31.12.2001 2.100 DM, bis 31.12.2002 1.050 Euro, bis 31.12.2003 525 Euro; beim Tod eines gem § 10 SGB V Familienversicherten jeweils die Hälfte (§ 59 SGB V in den jeweils geltenden Fassungen). Der Anspruch auf Ersatz der Beerdigungskosten ging gem § 116 SGB X auf die Krankenkasse über, obwohl Ersatzberechtigter nicht der Versicherte, sondern ein unbeteiligter Dritter war.[30] Zu den Einzelheiten des Forderungsübergangs nach § 116 SGB X, insbesondere zur sachlichen Kongruenz, vgl § 32. War der Getötete hingegen zum genannten Zeitpunkt noch nicht gesetzlich krankenversichert oder ist er erst nach Außerkrafttreten des § 58 SGB V zum 31.12.2003 verstorben, so kommt ein Forderungsübergang nur noch bei Sterbegeldzahlung der Gesetzlichen Unfallversicherung (§§ 63 Abs 1 Nr 1, 64 SGB VII) in Betracht.[31] Dieser richtet sich ebenfalls nach § 116 SGB X. Dabei muss der Tod infolge eines Versicherungsfalles nach § 7 SGB VII (im Haftungsrecht des Straßenverkehrs ist dabei nur der Arbeitsunfall gem § 8 SGB VII in Form des Wegeunfalles relevant) verursacht worden sein. Findet kein Forderungsübergang statt, verbleibt der Anspruch dem Hinterbliebenen. **16**

bb) Wenn der Getötete **Beamter** war und den Hinterbliebenen ein Sterbegeld nach § 18 BeamtVG, ein Beitrag zu den Überführungs- und Bestattungskosten bei Dienstunfällen nach § 33 Abs 4 S 2 BeamtVG oder Beihilfe zusteht, geht der Anspruch in der betreffenden Höhe auf den Dienstherren über (§ 87a BBG), denn zwischen beiden Ansprüchen besteht sachliche Kongruenz.[32] Zu den Einzelheiten des Forderungsübergangs gem § 87a BBG vgl § 34 Rn 23 ff. **17**

cc) Bei **Angestellten im öffentlichen Dienst** wird gem Tarifvertrag ebenfalls ein Sterbegeld bezahlt. Hier kommt es aber mangels einer § 87a BBG entsprechenden Regelung nicht zu einem gesetzlichen Forderungsübergang.[33] Zur Frage der Vorteilsausgleichung vgl Rn 28. **18**

---

26 *Röthel* NZV 2001, 332.
27 BGH NJW 1962, 793.
28 OLG Saarbrücken VersR 1964, 1257; KG VersR 1979, 379.
29 Zur Rechtslage bei Schadensfällen vor dem 1.1.1989 s 3. Aufl § 10 StVG Rn 20.
30 BGH VersR 1959, 231; 1981, 675.
31 Näher *Drees* (Lit vor Rn 1) S 13.
32 BGH VersR 1977, 427; zur Beihilfe *Drees* (Lit vor Rn 1) S 12.
33 BGH VersR 1978, 249.

19 **dd)** Zahlt eine **private Versicherung** Sterbegeld, so findet nach § 67 VVG ebenfalls ein Forderungsübergang statt. Zu den Einzelheiten vgl § 35 Rn 2 ff.

2. Umfang des Anspruchs

20 Der Berechtigte wird hinsichtlich der Beerdigungskosten wie ein Verletzter behandelt, kann also grundsätzlich jeden Vermögensschaden ersetzt verlangen, soweit er ihm durch die „Beerdigung" entstanden ist (zur Kausalität vgl Rn 26). Dass die Feuerbestattung der Beerdigung gleichzusetzen ist, ist jetzt unstreitig, desgleichen, dass der Begriff „Beerdigung" sehr weit auszulegen ist. Die Erstattungspflicht besteht allerdings nur in dem Umfang, in dem Aufwendungen wirklich gemacht wurden,[34] und soweit diese standesgemäß waren, also den Gebräuchen des Personenkreises entsprachen, zu dem der Verstorbene gehörte (§ 1968 BGB).[35] Dazu gehören auch Besonderheiten eines fremden Kulturkreises.[36] Bei kleinen Kindern ist daher nur ein geringerer Aufwand erstattungsfähig.[37] Anordnungen des Erblassers bzw der totenfürsorgeberechtigten Angehörigen über Art und Ort der Bestattung sind im Rahmen des § 1968 BGB zu berücksichtigen.[38]

21 **a) Zu ersetzende Aufwendungen** sind zB, jeweils im Rahmen des Üblichen und Angemessenen:[39]

– Die Aufwendungen für Vorbereitung und Durchführung der **Beisetzung**, wie zB die Gebühren für Leichenschau und Leichenpass, Waschen, Einkleiden und Aufbahren der Leiche, Beschaffung des Sarges oder der Urne, geistliche und weltliche Feiern mit Musik,[40] der Versand von Trauerkarten an Verwandte und Bekannte, Zeitungsanzeigen;[41] Telegramme an nahe Angehörige, Ausschmückung der Leichenhalle und des Grabes einschließlich der Kränze,[42] Blumenbepflanzung, soweit sie zur Grundausstattung des Grabes gehört;[43] Trauerkleider für die nächsten Verwandten[44] und für vermögenslose Angehörige,[45] nicht aber für kleine Kinder;[46] Mietwagen für die Fahrt der Trauergäste zum Friedhof;[47] angemessene

---

34 *Hagemann* RdK 1940, 52.
35 RGZ 139, 393; BGH NJW 1960, 910; VersR 1974, 140; OLG Köln JW 1938, 811; VersR 1951, 85; OLG Hamm VRS 2, 105; NJW-RR 1994, 155; OLG Karlsruhe VersR 1956, 542 u 595 m Anm *Böhmer* u 631 m Anm *Schultze*; OLG Düsseldorf MDR 1961, 940; KG VersR 1979, 379; *Böhmer* RdK 1953, 5. Einschr bei unverhältnismäßigen Bewirtungskosten wegen angeblicher Bräuche einer Romasippe OLG Celle, Urt v 4.1.1990 – 5 U 207/88.
36 KG VersR 1999, 504.
37 OLG Köln VersR 1951, 85.
38 RGZ 154, 270; BGH VersR 1974, 140; OLG Saarbrücken VersR 1964, 1257.
39 Ins Einzelne gehend OLG Köln JW 1938, 811; OLG Düsseldorf MDR 1961, 940; *Drees* (Lit vor Rn 1) S 8 f; *Theda* DAR 1985, 10 ff.
40 OLG Celle HRR 1939, Nr 55.
41 KG VAE 1938, 22.
42 OLG Köln DAR 1956, 646; **aA** KG DAR 1934, 32.
43 OLG Köln VersR 1956, 647 m Anm *Pikart*.
44 RG WarnR 1928, Nr 127; KG DAR 1929, 297; LG Ulm VersR 1968, 183; **aA** KG DAR 1934, 32.
45 OLG Kiel JW 1931, 668.
46 OLG Koblenz VRS 67, 409.
47 OLG Köln JW 1938, 811.

Bewirtungskosten;[48] Kosten der Übernachtung der nächsten Angehörigen am Ort des Begräbnisses;[49] Verdienstausfall der nächsten Angehörigen für den Tag der Beerdigung;[50] Verdienstausfall dessen, der die Vorbereitungen für die Feierlichkeiten getroffen hat, für einen weiteren Tag,[51] Danksagungskarten einschließlich Porto[52] und schließlich die üblichen Trinkgelder.[53]

– Die Kosten einer zur Daueinrichtung bestimmten und geeigneten Grabstätte.[54] Hierzu gehören auch die Aufwendungen für den Grabstein mit Sockel und Inschrift (oder eines entsprechenden Metall- oder Holzkreuzes), soweit sie der hierzu Verpflichtete voraussichtlich aufgewendet hätte, wäre der Unfallbeteiligte aus anderer Ursache gestorben.[55] Die Tatsache, dass der Verstorbene vermögenslos war und sich noch in der Berufsausbildung befand, oder dass der Erbe für seine Klage Prozesskostenhilfe bewilligt erhalten hat, steht der Zubilligung eines Anspruchs auf Ersatz eines der Ortssitte und Gepflogenheit entsprechenden Grabsteins nicht entgegen.[56] Der Stein darf nicht aufwendiger sein, als es der wirtschaftlichen und gesellschaftlichen Stellung des tödlich Verunglückten entspricht.[57] Bei Beisetzung im Familiengrab können Grabsteinkosten nicht deshalb verlangt werden, weil bei Ableben eines weiteren Familienmitglieds eine neue Grabstelle angelegt werden muss.[58] Zum Doppelgrab s Rn 30. **22**

– Die Kosten einer notwendigen **Überführung** der Leiche. Sie ist bei der Feuerbestattung zu dem Ort erforderlich, an dem sich das nächste Krematorium befindet, im Übrigen können die Kosten der Überführung nur beim Vorliegen besonderer Gründe ersetzt verlangt werden,[59] vor allem dann, wenn ein Familiengrab besteht[60] oder wenn der Verstorbene die Beerdigung an einem bestimmten Ort aus beachtlichen Gründen (Beerdigung neben dem vorverstorbenen Ehegatten) gewünscht hat[61] oder der Tod auf einer Reise eingetreten ist.[62] Auch bei einem in Deutschland verunglückten Gastarbeiter wird die Überführung des Leichnams in die Heimat idR standesgemäß sein.[63] **23**

– Die Kosten einer **Exhumierung oder Umbettung** der Leiche, sofern deren Voraussetzungen[64] gegeben sind.[65] **24**

---

48 BGH VersR 1960, 357; OLG Hamm VersR 1972, 405; LG Karlsruhe VersR 1957, 725; LG Ulm VersR 1968, 183; LG München I VersR 1975, 73.
49 OLG Hamm VersR 1972, 405; wegen Reisekosten s Rn 25.
50 KG DAR 1929, 297.
51 OLG Hamm DAR 1956, 217.
52 OLG Kiel JW 1931, 668.
53 OLG Köln JW 1938, 811.
54 RGZ 160, 256; BGH VersR 1974, 140.
55 RGZ 139, 393; RG JW 1937, 1490; OLG Kiel JW 1931, 668; HRR 1930, Nr 1502; OLG Karlsruhe VersR 1955, 153; 1956, 542.
56 OLG München EE 49, 66.
57 OLG Düsseldorf VersR 1995, 1195; KG DAR 1928, 421; LG Hof VersR 1950, 183.
58 OLG Koblenz VRS 67, 409.
59 RGZ 66, 308; BGH NJW 1960, 911; OLG Karlsruhe/Freiburg VersR 1954, 12.
60 OLG Stettin OLGZ 24, 63.
61 RG WarnR 1925, Nr 203.
62 OLG Karlsruhe/Freiburg NJW 1954, 720.
63 Vgl LG Gießen DAR 1984, 151.
64 Hierzu *v Blume* AcP 112, 367; RGZ 108, 220; OLG Hamburg OLGZ 16, 262.
65 OLG Karlsruhe/Freiburg VersR 1954, 12; OLG München NJW 1974, 703.
66 OLG Köln VersR 1982, 558.

25 b) Nicht zu ersetzende Aufwendungen

sind zB solche für die standesamtliche Beurkundung des Todes und die Ausfertigung der Urkunde, die Testamentseröffnung, die Erteilung des Erbscheins,[66] die Verteilung des Nachlasses unter die Erben, die Umschreibung der Konten und der Grundstücke, die Nachlassverwaltung, die Einsetzung eines Leiters für den verwaisten Gewerbebetrieb, die Mehrkosten für ein Doppelgrab, das auch für die noch lebende Ehefrau des Verunglückten bestimmt ist,[67] die Mehrkosten für einen Doppelgrabstein[68] oder einen Familiengrabstein,[69] die Grabmiete (sie wird nur für das erste Jahr oder die von der Friedhofsverwaltung vorgeschriebene Mindestdauer ersetzt); die Instandhaltung der Grabstätte und des Grabsteins und die laufende Bepflanzung des Grabes;[70] Kränze von Verwandten und Freunden; Reisekosten von Angehörigen zur Beerdigung, außer wenn ausnahmsweise der Erbe wegen der Höhe des Nachlasses und der Bedürftigkeit des Verwandten solche Reisekosten tragen müsste;[71] Aufwendungen für eine gebuchte, aber wegen der Beerdigung nicht angetretene Reise.[72]

3. Ursachenzusammenhang

26 Die Beerdigungskosten sind auch dann voll zu ersetzen, wenn der Verstorbene in hohem Alter stand oder schon vor dem Unfall schwerkrank war, wenn die Kosten also auch ohne den Unfall bald erwachsen wären.[73] Die Pflicht zu vollem Ersatz der Beerdigungskosten hat der Schädiger mithin auch dann, wenn das den Unfall herbeiführende Ereignis den tödlichen Verlauf einer Krankheit lediglich beschleunigt oder begünstigt hat.

4. Vorteilsausgleichung

27 Von den Anschaffungskosten für Trauerkleidung ist abzuziehen die Ersparnis, die dadurch entsteht, dass die Beschaffung bzw Abnützung anderer Kleidung während der Trauerzeit erspart wird.[74] Diese Ersparnis wird üblicherweise mit der Hälfte der Gestehungskosten angesetzt,[75] ist aber je nach der Art der Bekleidungsgegenstände verschieden und kann im Bagatellbereich auch vernachlässigt werden.[76] Kann dem Beteiligten wegen seiner schlechten wirtschaftlichen Verhältnisse ein Beitrag zu den Anschaffungskosten nicht zugemutet werden, so entfällt die Kürzung.[77]

---

67 BGH VersR 1974, 140.
68 OLG Köln VersR 1976, 373; **aA** OLG München NJW 1968, 252.
69 OLG Celle NZV 1997, 232 (nur anteilig).
70 RGZ 160, 256; BGH VersR 1974, 140; OLG Hamm VRS 2, 105; KG DAR 1974, 225; OLG München NJW 1974, 704; LG Rottweil VersR 1988, 1246.
71 BGHZ 32, 72; sehr weitgehend LG Darmstadt ZfS 1990, 6: Reise einer Gastarbeiterfamilie zur Beerdigung des Sohnes in der Türkei.
72 BGH NZV 1989, 308.
73 OLG Kiel JW 1931, 668.
74 BGH VersR 1973, 224; OLG Hamm DAR 1956, 217; **aA** OLG Karlsruhe VersR 1956, 542 u 631 m abl Anm *Schultze*; OLG Hamm VersR 1973, 1110; LG Köln VersR 1953, 38 m abl Anm *Wussow*; LG Düsseldorf VersR 1967, 985; LG Münster DAR 1986, 121.
75 BGH VersR 1973, 224; OLG Dresden VAE 1941, 117; OLG Köln VersR 1956, 646 (40%) m Anm *Pikart*; OLG Hamm VersR 1982, 961; LG Karlsruhe VersR 1957, 725.
76 Vgl LG Ulm VersR 1968, 183.
77 KG DAR 1928, 421; OLG Schleswig MDR 1952, 747.

Im Übrigen findet eine Vorteilsausgleichung nicht statt. Der Schädiger kann mithin – nach Maßgabe von Rn 29 – nicht einwenden, der zum Tragen der Beerdigungskosten Verpflichtete haben von anderer Seite folgende Leistungen erhalten oder zu erhalten: Sterbegeld,[78] Feuerbestattungskosten, Lebensversicherungssummen, Unfallversicherungssummen,[79] Leistungen der Insassenversicherung,[80] freiwillige Zahlungen des Arbeitgebers oder Pensionszahlungen aufgrund des Arbeitsvertrags,[81] Zahlungen aus einer öffentlichen Sammlung.[82]

28

Zu unterscheiden von der Frage der Anrechenbarkeit solcher Leistungen anderer Personen ist die, ob der zur Tragung der Beerdigungskosten Verpflichtete den gesamten Anspruch selbst geltend machen darf oder ob ein Teil davon auf einen anderen **übergegangen** oder diesem **abzutreten** ist. Diese Frage beantwortet sich unterschiedlich je nach den Rechtsbeziehungen des Verstorbenen zu dem anderen. In Betracht kommt ein gesetzlicher Anspruchsübergang beim Sterbegeld nach sozial- oder versorgungsrechtlichen Vorschriften (vgl Rn 15 ff), während bei Sterbegeldzahlungen durch den Arbeitgeber eine Verpflichtung der ersatzberechtigten Angehörigen besteht, ihre Ansprüche an den Arbeitgeber abzutreten.[83]

29

Die Tatsache, dass derjenige, der die Beerdigungskosten zu tragen hat, als Erbe oder Vermächtnisnehmer etwas aus dem **Nachlass** des Verstorbenen erhält, berührt den Entschädigungsanspruch ebensowenig wie der Umstand, dass der Berechtigte sich durch den Tod in Zukunft **Unterhaltsleistungen** erspart.[84] Erst recht kann der Ersatzpflichtige nicht geltend machen, der Getötete habe ohnehin nur noch kurze Zeit zu leben gehabt.[85]

30

III. Entgangener Unterhalt

1. Überblick

a) Ersatz des laufenden Unterhalts ist nach § 844 Abs 2 BGB, § 10 Abs 2 StVG oder § 5 Abs 2 HaftpflG zu gewähren, wenn zum Getöteten eine familienrechtliche Beziehung bestand, aus der sich Unterhaltsansprüche ergeben können (Rn 39 ff), und wenn sich die Unterhaltspflicht ohne den Unfall infolge Bedürftigkeit des Anspruchstellers und Leistungsfähigkeit des Getöteten realisiert hätte (Rn 44 ff). Nur wenn sich ergibt, dass das Unfallopfer im Falle seines Weiterlebens dem Anspruchsteller hätte Unterhalt gewähren können und müssen, ist der Schädiger zur Ersatzleistung verpflichtet, und zwar in der Höhe des entgangenen Unterhalts (dazu Rn 36)[86] und unter Berücksich-

31

---

78 BGH VersR 1978, 249; s hierzu Rn 29.
79 RGZ 146, 289; 148, 164; RG DJ 1938, 792; 1940, 1396.
80 RGZ 139, 393.
81 RGZ 151, 334.
82 RG DJ 1935, 1703.
83 Vgl BGH VersR 1978, 250.
84 OLG Düsseldorf NJW 1952, 309; *Böhmer* RdK 1953, 5.
85 OLGR Düsseldorf 1994, 218.
86 BGH VersR 1966, 588; OLG Nürnberg VersR 1966, 526.

tigung der Mitverantwortung des Verstorbenen für den Unfall (§§ 9, 17 StVG, § 254 BGB).[87]

32 **b) Unterhaltsrückstände** werden von der Ersatzpflicht nicht erfasst.[88] Das Gegenteil lässt sich auch nicht damit begründen, dass der Getötete sie im Falle seines Weiterlebens hätte tilgen können, denn der Schadensersatzanspruch wird wegen der Vereitelung des Unterhaltsanspruchs, nicht der Beitreibbarkeit von rückständigen Unterhaltsforderungen gewährt.

33 **c) Rechtsnatur und Entstehung der Ansprüche.** Die Ansprüche sind auf Leistung von Schadensersatz gerichtet, unterliegen also nicht den für Unterhaltsansprüche geltenden Sonderregeln.[89] Sie entstehen bereits mit der Verletzung des Unterhaltspflichtigen; die Todesfolge gehört zur haftungsausfüllenden Kausalität.[90]

34 **d) Ausgeschlossene Ansprüche.** Außerhalb des durch die in Rn 31 genannten Vorschriften gezogenen Rahmens haben die Hinterbliebenen keine Ansprüche gegen den Schädiger (vgl Rn 1). Wenn der BGH der Witwe auch über den mutmaßlichen Todeszeitpunkt des Ehegatten hinaus einen Anspruch gegen den Schädiger auf Zahlung der Witwenrente aus der Rentenversicherung zuerkennt, die ihr infolge des Unfalltodes des Mannes entgeht (Rn 160), so geschieht dies im Rahmen des vom Verstorbenen geschuldeten Unterhalts; keinesfalls will der BGH daneben einen selbständigen Anspruch eröffnen. Es handelt sich vielmehr um eine Sachlage, die derjenigen entspricht, wie sie besteht, wenn ein freiberuflich tätiger Ehemann getötet und dadurch gehindert wird, für eine Altersversorgung der Witwe ausreichendes Kapital zurückzulegen.[91] Keinesfalls kann daraus gefolgert werden, die Witwe könne vom Schädiger auch Ersatz des Schadens verlangen, der ihr infolge des Unfalltodes des Mannes dadurch entsteht, dass die Kinder ihre Berufsausbildung nicht vollenden und daher nicht in dem Maße zu ihrem Unterhalt beitragen können, wie dies bei ungestörter Berufsausbildung der Fall gewesen wäre. Ebenso wenig können gegen den Schädiger Ansprüche aus dem eherechtlichen Versorgungsausgleich gerichtet werden.[92]

35 **e) Form der Ersatzleistung.** Der Ersatz des Unterhaltsschadens ist für die Zukunft grundsätzlich in Form einer Rente zu gewähren (vgl § 31 Rn 1).

36 **f) Berechnung der Ansprüche.** Grundlage für die Bemessung des Unterhaltsersatzanspruchs des bedürftigen Hinterbliebenen ist das (bereinigte) Nettoeinkommen des Getöteten (s Rn 108 ff). Hiervon sind die fixen Kosten der Haushaltsführung (Rn 116 ff) abzuziehen. Sodann ist nach den in Rn 121 ff, 147 ff dargestellten Grundsätzen der Anteil jedes einzelnen Unterhaltsberechtigten an diesem bereinigten Einkommen festzulegen. Ihm ist der auf den einzelnen Hinterbliebenen entfallende Anteil an den fixen Kosten hinzuzurechnen (Rn 116; in der Praxis werden Herausrechnung und anteilige

---

87 BGHZ 4, 170.
88 BGH VersR 1973, 620; KG NJW 1970, 476; OLG München NJW 1972, 586; **aA** OLG Nürnberg FamRZ 1968, 476; VersR 1971, 921.
89 OLG Hamburg RdK 1929, 352.
90 BGH NZV 1996, 229 = JR 1996, 505 m abl Anm *Fuchs*.
91 BGH VersR 1954, 325; 1970, 128.
92 OLG Koblenz FamRZ 1982, 175.

Erstattung der Fixkosten allerdings oft durch pauschale Erhöhung der Quote ersetzt, vgl Rn 123). Dem so ermittelten Betrag sind ggf die Aufwendungen zur Erhaltung des Krankenversicherungsschutzes (Rn 103, 140) hinzuzurechnen, des weiteren die auf die Ersatzleistung zu entrichtenden Steuern (Rn 93 f). Anspruchsmindernd sind ggf zu berücksichtigen Vorteilsausgleich (Rn 67 ff), Verstöße gegen die Schadensminderungspflicht (Rn 87 ff) und Mitverschulden des Getöteten (Rn 2).

Bestand die entgangene Unterhaltsleistung (auch) in Dienstleistungen in Haushalt oder Geschäft, so richtet sich der hierfür geschuldete (zusätzliche) Ausgleich nach den in Rn 126 ff dargestellten Grundsätzen. **37**

Im Übrigen vgl wegen der Einzelheiten der Berechnung des Unterhaltsersatzanspruchs Rn 96 ff (Ehegatten) und 137 ff (Kinder). **38**

2. Anspruchsvoraussetzungen

a) Gesetzliche Unterhaltspflicht. Kraft Gesetzes unterhaltspflichtig sind nur die aus Regeln des Familienrechts Unterhaltspflichtigen, nicht dagegen diejenigen Personen, die aus unerlaubter Handlung oder Gefährdungshaftung zur Leistung einer Rente zum Lebensunterhalt verpflichtet sind. Auch wer dadurch geschädigt ist, dass ein vertraglich begründeter Anspruch auf Gewährung des Lebensunterhalts durch den Tod des Verpflichteten wegfiel, erhält keinen Ersatzanspruch.[93] Erst recht geht derjenige leer aus, dem ein anderer freiwillig und ohne eine Verpflichtung hierzu zu haben, Unterhalt geleistet hatte.[94] Stiefkinder haben keinen Anspruch, auch wenn der getötete Elternteil für sie so gesorgt hat, als seien es seine eigenen Kinder.[95] Entsprechendes gilt bei Verlobten oder Partnern einer nichtehelichen Lebensgemeinschaft.[96] **39**

Im Einzelnen sind folgende Personen unter bestimmten Voraussetzungen kraft Gesetzes unterhaltsberechtigt: der Ehegatte bei bestehender Ehe (§§ 1360, 1361 BGB), nach Scheidung (§§ 1569 bis 1586b BGB) oder Aufhebung der Ehe (§ 1318 BGB), der Lebenspartner (§§ 5, 12 LPartG), auch nach Aufhebung der Lebenspartnerschaft (§ 16 LPartG), Verwandte in gerader Linie (§ 1601 BGB), auch das Kind von nicht miteinander verheirateten Eltern (§ 1615a BGB) sowie die nicht miteinander verheirateten Eltern eines Kindes (§ 1615 l BGB), weiterhin das Adoptivkind (§§ 1751 Abs 4, 1770 Abs 3 BGB) und die annehmenden Eltern (§ 1754 iVm § 1601 BGB). Wer nach dem Tod des Verletzten geboren wird, hat dieselben Rechte wie ein Kind des Verletzten, sofern er zum Unfallzeitpunkt bereits von diesem gezeugt war (§ 844 Abs 2 S 2 BGB, § 10 Abs 2 S 2 StVG, § 5 Abs 2 S 2 HaftpflG). **40**

Da das Gesetz nur auf die familienrechtliche **Verpflichtung**, Unterhalt zu leisten, abstellt, kommt es nicht darauf an, ob, auf welche Weise und in welcher Höhe der Verpflichtete seine Schuld bis zu seinem Tod erfüllt hat[97] oder im Falle seines Fortlebens erfüllt hätte.[98] **41**

---

93 BGH NJW 2006, 2327, 2329; VersR 1979, 1066.
94 LG Tübingen RdK 1950, 157.
95 BGH VersR 1969, 998; 1984, 189.
96 OLG Frankfurt VersR 1984, 449; *Becker* VersR 1985, 204; *Röthel* NZV 2001, 330.
97 BGH VersR 1969, 897; 1971, 423; 1974, 906; OLG Stuttgart OLGZ 2, 440.
98 BGH NJW 2006, 2327, 2329.

42 b) Zum Zeitpunkt des Unfalls. Der für das Bestehen der Verwandtschaft mit dem Getöteten maßgebende Zeitpunkt ist der der Körperverletzung, nicht etwa der des Todes. Der Zeitpunkt des Unfalls ist daher auch dann maßgebend, wenn erst später Verletzungsfolgen entstehen. Dasselbe gilt für die nicht auf Verwandtschaft beruhenden Unterhaltsverpflichtungen (Adoption, Eheschließung, Zeugung des Nasciturus); hier kommt es, wie das Gesetz ganz allgemein sagt, darauf an, dass „die Verhältnisse" schon im Zeitpunkt der Verletzung bestanden haben. Darauf, ob die sonstigen Voraussetzungen für das Entstehen einer Unterhaltspflicht (insbesondere die Bedürftigkeit des Hinterbliebenen, s Rn 60) in diesem Zeitpunkt schon bestanden haben, kommt es nicht an; es genügt die durch die „Verhältnisse" begründete Anwartschaft auf eine Unterhaltsberechtigung gegenüber dem Verletzten.[99] Kinder, die erst nach der Körperverletzung gezeugt wurden[100] und die Witwe, die den Verletzten nach dessen Verletzung geheiratet hatte,[101] gehen mithin leer aus. Die Verlobung begründet keine Anwartschaft auf Unterhalt.[102]

43 Für die Anwendung des § 10 StVG bleiben selbstverständlich auch solche Verhältnisse außer Betracht, die schon vor dem Unfall geendet hatten; dies gilt vor allem für eine ohne Unterhaltspflicht des Verletzten geschiedene Ehe. War zur Zeit des Unfalls ein **Scheidungsverfahren** anhängig, so entfällt der Unterhaltsanspruch, wenn der Schädiger nachweist, dass die Ehe unter Ausschluss eines Unterhaltsanspruchs des Hinterbliebenen geschieden worden wäre;[103] er endet an dem Tag, an dem das Urteil voraussichtlich rechtskräftig geworden wäre.[104] War noch kein Scheidungsantrag erhoben, so bleibt die Absicht, sich scheiden zu lassen, unberücksichtigt.[105]

44 c) Tatsächlicher Unterhaltsanspruch. Steht fest, dass der Getötete die Stellung eines gesetzlich Unterhaltsverpflichteten gegenüber dem Anspruchsteller hatte, so ist weiter zu prüfen, ob unter den Umständen des konkreten Falles ein tatsächlicher Unterhaltsanspruch bestand oder in der Zukunft bestanden hätte. Diese Prüfung umfasst vor allem drei Umstände: die Bedürftigkeit des Unterhaltsberechtigten (Rn 45 f), die Leistungsfähigkeit des Getöteten (Rn 48) und die Frage, ob der Getötete unter mehreren Verpflichteten „an der Reihe" war, den Unterhalt zu gewähren (Rn 49). Das Ergebnis der Prüfung ist die Feststellung, welchen Unterhalt der tödlich Verletzte dem Berechtigten in bestimmten Zeiträumen **geschuldet** hätte, wäre er nicht beim Unfall verletzt worden. Ob er ihm tatsächlich Unterhalt geleistet hätte, ist dagegen unerheblich. Beachtlich ist indessen uU der Einwand, der Unterhaltsanspruch wäre aus tatsächlichen Gründen **nicht realisierbar** gewesen (Rn 50).

45 aa) Bedürftigkeit des Berechtigten. Voraussetzung der Unterhaltspflicht ist grundsätzlich, dass der Berechtigte in dem Zeitraum, für den er Unterhalt fordert, ganz oder teilweise außerstande ist, sich selbst zu unterhalten (§ 1602 Abs 1 BGB). Eine Ausnahme

---

99 RG JW 1931, 3310 m Anm *Landsberg*.
100 OLG Hamm r+s 1997, 65.
101 RG VAE 1937, 111.
102 LG Tübingen RdK 1950, 125 LS; KG NJW 1967, 1089; **aA** *Reichel* DJZ 1931, 562.
103 OLG Hamm VersR 1992, 511.
104 RGZ 152, 363.
105 BGH VersR 1969, 350; 1974, 700.

gilt für den gegenseitigen Unterhaltsanspruch der Ehegatten. Jeder von beiden muss einen angemessenen Beitrag zum Familienunterhalt leisten, auch wenn der andere nicht bedürftig ist (Rn 58). Wehrpflichtige sind während des Wehrdienstes grundsätzlich nicht bedürftig, weil ihr Unterhalt durch den Wehrsold sichergestellt wird; bei besonderem Unterhaltsbedarf kann aber ein Ergänzungsanspruch gegen die Eltern bestehen.[106] Wird ein berufstätiger Sohn getötet, der seine Mutter laufend finanziell unterstützt hat, so braucht der für den Unfalltod des Sohnes Verantwortliche nicht in die weggefallenen Zahlungen des Sohnes einzutreten, wenn die Mutter keinen Unterhaltsanspruch hatte, weil sie imstande war, sich selbst zu unterhalten (§ 1602 BGB), also zB ihren Lebensunterhalt durch eine zumutbare Erwerbstätigkeit zu bestreiten. Zumutbar kann hierbei auch eine Tätigkeit in einem anderen als dem erlernten Beruf sein, auch eine solche unterhalb der bisherigen beruflichen Qualifikation.

Ein minderjähriges unverheiratetes Kind braucht, um seinen Unterhalt zu bestreiten, sein **Vermögen** nicht anzugreifen (§ 1602 Abs 2 BGB). Alle anderen Personen haben dann keinen Unterhaltsanspruch, wenn sie ihren Lebensbedarf aus dem Ertrag oder Stamm ihres Vermögens bestreiten können; der Stamm muss allerdings nur angegriffen werden, wenn dessen Verwertung bei Berücksichtigung der voraussichtlichen Lebensdauer nicht unwirtschaftlich oder unzumutbar ist.[107] **46**

Sozialhilfeleistungen (zu deren Ausprägungen vgl § 33 Rn 2) mindern die Bedürftigkeit nicht.[108] Dies gilt auch dann, wenn der Sozialhilfeträger den Unterhaltsanspruch wegen der Beschränkungen der §§ 33 SGB II, 94 SGB XII (ab 1.1.2005) bzw § 91 BSHG (bis 31.12.2004) nicht auf sich hätte überleiten können.[109] Ein unfallunabhängig wegen bereits vorher bestehender Behinderung geleistetes Pflegegeld nach § 37 SGB XI dient dagegen dem Ausgleich von Mehraufwendungen und vermindert damit den Unterhaltsbedarf.[110] **47**

bb) Leistungsfähigkeit des Verpflichteten. Unterhaltspflichtig ist nicht, wer bei Berücksichtigung seiner sonstigen Verpflichtungen außerstande ist, ohne Gefährdung seines angemessenen Unterhalts den Unterhalt zu gewähren (§ 1603 Abs 1 BGB). Eltern trifft hierbei eine gesteigerte Erwerbsobliegenheit.[111] Sie müssen zudem alle verfügbaren Mittel zu ihrem und der Kinder Unterhalt gleichmäßig verwenden, außer wenn ein anderer unterhaltspflichtiger Verwandter oder ein Vermögen des Kindes vorhanden ist (§ 1603 Abs 2 BGB). Sie haften den Kindern nach ihren Erwerbs- und Vermögensverhältnissen, und zwar unabhängig vom Bestand der Ehe. **48**

cc) Reihenfolge der Unterhaltsverpflichteten. Ein kraft Gesetzes Unterhaltspflichtiger hat nur dann tatsächlich Unterhalt zu leisten, wenn nicht ein anderer, gleichfalls Unterhaltspflichtiger nach dem Gesetz vorrangig einzutreten hat.[112] So sind zB die Abkömmlinge vor den Verwandten der aufsteigenden Linie unterhaltspflichtig, wobei **49**

---

106 BGH NJW 1990, 713.
107 BGH VersR 1966, 283; 1985, 1140.
108 BGHZ 78, 207; BGH FamRZ 1983, 574; 1984, 366; 1985, 1245.
109 BGHZ 115, 228.
110 BGH NJW 2006, 2327, 2328.
111 OLG Hamm NZV 2006, 85, 86.
112 BGH NZV 1988, 218.

nähere Abkömmlinge vor den entfernteren haften; auch unter den Verwandten der aufsteigenden Linie haften die näheren vor den entfernteren (§ 1606 BGB). Ist ein Verwandter wegen Unvermögens nicht unterhaltspflichtig oder ist er nicht greifbar, so hat der nach ihm haftende Verwandte Unterhalt zu gewähren (§ 1607 BGB). Der Ehegatte haftet vor den Verwandten, sofern er nicht außerstande ist, ohne Gefährdung seines angemessenen Unterhalts den Unterhalt zu gewähren (§ 1608 BGB).[113] Sind mehrere Bedürftige da, die vom Unterhaltsverpflichteten nicht alle voll versorgt werden können, so bestimmt § 1609 BGB die Reihenfolge. Mehrere gleich nahe Verwandte haften anteilig nach ihren Erwerbs- und Vermögensverhältnissen (§ 1606 Abs 3 BGB), also nicht als Gesamtschuldner.

50 **dd) Realisierbarkeit des Unterhaltsanspruchs.** Obgleich es nicht auf den tatsächlich geleisteten, sondern den geschuldeten Unterhalt ankommt, kann der Schädiger doch einwenden, der Unterhaltsanspruch wäre faktisch nicht realisierbar gewesen, etwa wegen permanenter Arbeitsscheu oder durch Alkoholmissbrauch bedingter Verwahrlosung[114] des Schuldners. In diesem Fall hätte der Hinterbliebene nämlich keinen Schaden erlitten.[115] An den Nachweis der Durchsetzbarkeit des Unterhaltsanspruchs dürfen aber keine zu hohen Anforderungen gestellt werden. Nach § 287 ZPO muss es ausreichen, wenn eine gewisse Wahrscheinlichkeit dafür besteht, dass sich die titulierten Unterhaltsansprüche trotz der Leistungsunwilligkeit des Verpflichteten langfristig doch hätten realisieren lassen.[116]

3. Mehrheit von Unterhaltsverpflichteten

51 **a) Vorrang des Getöteten.** Der Umstand, dass durch den Unfalltod des bisher Verpflichteten andere Personen unterhaltspflichtig geworden sind, hindert das Entstehen des Ersatzanspruchs des Unterhaltsberechtigten nicht. Dies ergibt sich daraus, dass in § 13 Abs 2 StVG, § 8 Abs 2 HaftpflG, § 844 Abs 2 BGB auf § 843 Abs 4 BGB verwiesen ist. Das bedeutet nicht etwa, dass der Ersatzanspruch auch dann entstünde, wenn ein erst in zweiter Linie zum Unterhalt Verpflichteter beim Unfall tödlich verletzt wird, der in erster Linie Unterhaltsverpflichtete aber in der Lage ist, den Unterhalt zu gewähren. Vielmehr ist mit der Verweisung auf § 843 Abs 4 BGB lediglich gemeint, dass dem Ersatzanspruch des Unterhaltsberechtigten die Tatsache nicht entgegensteht, dass infolge des Unfalltodes des in erster Linie Verpflichteten ein erst in zweiter Linie Verpflichteter (Rn 49) unterhaltspflichtig geworden ist. Der Ersatzanspruch wegen Entziehung des Unterhaltsanspruchs besteht mithin auch dann, wenn der Getötete zwar zur Gewährung von Unterhalt verpflichtet gewesen wäre, aber keinen Unterhalt geleistet hat, vielmehr ein anderer Verwandter für den Unterhalt des Dritten gesorgt hat. Dasselbe gilt für Zeiträume nach dem Tod des unmittelbar Verletzten, in denen ein Dritter für den Unterhalt des Bedürftigen aufgekommen ist. Daher kann sich der Schädiger nicht darauf berufen, dem Witwer sei durch den Wegfall der Dienste seiner tödlich verun-

---

113 Vgl dazu BGH NJW 2006, 2327, 2329.
114 OLG Köln NJWE-VHR 1996, 152.
115 BGH NJW 1974, 1373; KG ZfS 1987, 133.
116 OLG Bremen FamRZ 1990, 403; OLG Hamm NZV 2006, 85, 86.

glückten Frau kein Schaden entstanden, weil nunmehr die Tochter die Haushaltsarbeit übernommen habe.[117]

Der Vorrang der Schadensersatzpflicht des Schädigers gegenüber der Unterhaltspflicht eines anderen nach § 13 Abs 2 StVG, § 8 Abs 2 HaftpflG, § 844 Abs 2, § 843 Abs 4 BGB gilt auch im Verhältnis zu einem in die Unterhaltspflicht des Getöteten eingetretenen **Erben** (gesetzlich vorgesehen beim Tod eines geschiedenen Ehegatten, § 1586b Abs 1 BGB). Die von RGZ 74, 376 vertretene Ansicht, der Schädiger sei von seiner Verpflichtung frei, wenn der Erbe des Getöteten an dessen Statt infolge des Unfalls in seiner Eigenschaft als Erbe unterhaltspflichtig wurde, ist mit dem Sinn des § 843 Abs 4 BGB nicht vereinbar. Die Vorschrift bringt den allgemeinen Rechtsgedanken zum Ausdruck, dass auf den Schaden keine Leistungen anderer anzurechnen sind, die nach ihrer Natur dem Schädiger nicht zugute kommen sollen.[118] 52

b) Vorrang anderer Verpflichteter. Eine Ausnahme von dem Grundsatz des Nachrangs anderer Unterhaltsverpflichteter gilt dann, wenn die durch den Tod des Verletzten unterhaltspflichtig gewordene Person den Unterhalt des Hinterbliebenen aus dem Vermögen des Verstorbenen zu leisten verpflichtet und in der Lage ist.[119] Denn insoweit ist dem Hinterbliebenen nicht „infolge der Tötung das Recht auf Unterhalt entzogen". Es hat lediglich die Person des Leistenden, nicht aber die Vermögensmasse gewechselt, aus der Unterhalt geleistet wird. Der Schädiger braucht aber nur insoweit nicht einzustehen, als der Unterhalt aus den Erträgnissen des überkommenen Vermögens geleistet werden kann und muss. 53

Bei **Wiederverheiratung** des Berechtigten tritt die Ersatzpflicht des Schädigers ebenfalls zurück. Der durch die neue Ehe begründete Unterhaltsanspruch ist, jedenfalls soweit in zumutbarer Weise realisierbar, anzurechnen, denn § 843 Abs 4 BGB gilt nur für den Fall, dass ein anderer „aus Anlass des Unfalls" unterhaltspflichtig wird;[120] vgl Rn 163. 54

c) Gemeinsam Unterhaltsverpflichtete. Sind mehrere Personen nebeneinander in der Weise unterhaltspflichtig, dass sie zum Unterhalt eines Dritten gemeinsam beizutragen haben, so haftet der Schädiger nur für den Anteil, der auf den Getöteten getroffen hätte. Das gilt insbesondere für Unterhaltsansprüche des Kindes gegen seine Eltern (vgl Rn 145). Diese haften seit 1.7.1958 nicht mehr als Gesamtschuldner für den vollen Unterhalt, sondern gleichrangig nach Anteilen (§ 1606 Abs 3 BGB).[121] Unbeachtlich sind Abreden zwischen den Unterhaltsverpflichteten über überobligationsmäßige Leistungen eines von ihnen.[122] Ehegatten haben gleichwertig zum Familienunterhalt beizutragen, wobei der Naturalunterhalt (Betreuung und Versorgung) ebenso hoch zu bewerten ist wie der Barunterhalt.[123] 55

---

117 BGH VRS 20, 81.
118 BGH NJW 1963, 1051, 1446 m Anm *Ganssmüller*; VersR 1970, 41.
119 RGZ 69, 294; 72, 438; JW 1936, 2306; BGH VersR 1969, 951; MünchKomm/*Wagner* § 844 Rn 34.
120 BGH VersR 1970, 524; 1979, 55.
121 Vgl *Massfeller* DNotZ 1957, 365; *Habscheid* Rpfleger 1957, 327.
122 *Lemcke* (Lit vor Rn 1) S 133.
123 Vgl BVerfG NJW 1960, 1711; BGHZ 8, 377.

Sechster Teil. Ersatz des Personenschadens

4. Besondere Unterhaltsformen

56 **a) Persönliche Dienstleistungen als Unterhalt.** Inhalt der Unterhaltspflicht ist nicht etwa nur das Zurverfügungstellen von Geld; sie umfasst vielmehr auch die gesamte persönliche Sorge um die Person des Betreuten und die damit zusammenhängenden Dienste, Bemühungen und Aufwendungen,[124] auch die besonderen Pflegeleistungen bei körperlicher Behinderung.[125] Die Dienstleistungspflicht der Kinder im elterlichen Haushalt oder Betrieb (§ 1619 BGB) gehört jedoch nicht hierher (vgl Rn 6). Gegenüber ihrem Kind können die Eltern nach Maßgabe von § 1612 Abs 2 BGB bestimmen, in welcher Form der Unterhalt geleistet wird; davon hängt es ab, ob der Ersatzpflichtige Barunterhalt oder den Wert des Naturalunterhalts zu leisten hat.[126] Ist Ersatz wegen entgangener Pflegedienste zu leisten, muss dem Unterhaltsberechtigten durch Geldleistungen ermöglicht werden, fremde Hilfskräfte zu entlohnen, die die Pflege und Sorge übernehmen.[127] Wegen der Einzelheiten der Berechnung vgl Rn 126 ff.

57 **b) Unterhaltsbeitrag der Ehegatten.** Die Pflicht jedes Ehegatten, zum Unterhalt der Familie beizutragen (§ 1360 BGB), bildet die Grundlage für ein entsprechendes Recht des anderen Ehegatten. Dieser kann nicht nur Unterhalt für sich verlangen, sondern auch einen Beitrag zum Unterhalt der Kinder. Der Anspruch auf einen Beitrag zum Familienunterhalt erlischt jedoch mit dem Ende der Ehe. Das hat zur Folge, dass beim Unfalltod eines Ehegatten der andere vom Schädiger nur noch Ersatz für den Wegfall seiner eigenen Unterhaltsberechtigung fordern kann, also nicht Ersatz für den Wegfall der den Kindern zustehenden Unterhaltsforderung (Rn 104). Die Höhe der Anteile des Ehegatten und der Kinder am ausgefallenen Unterhalt bemisst sich nach den Umständen des Einzelfalles.[128]

58 Die Bedürftigkeit des anderen Ehegatten spielt im Rahmen der Unterhaltsverpflichtung nach § 1360 BGB keine Rolle. Dies gilt auch für die an ihre Stelle tretende Schadensersatzpflicht. Ein eigenes Einkommen des überlebenden Partners hat jedoch insofern Bedeutung, als es eine Verpflichtung zu Barunterhaltsbeiträgen gegenüber dem Getöteten begründet hatte, deren Wegfall im Rahmen der Vorteilsausgleichung zu berücksichtigen ist[129] (vgl Rn 85 und zur Berechnungsweise Rn 124). Zur Anrechnung von Einkünften, die der Unterhaltsberechtigte durch eine im Rahmen seiner Schadensminderungspflicht geschuldete Verwertung seiner Arbeitskraft erzielt oder erzielen könnte, vgl Rn 87 ff. Zum Einfluss einer Wiederverheiratung oder Begründung einer eheähnlichen Lebensgemeinschaft s Rn 163 ff.

59 Wird eine Ehefrau getötet, so hat der Witwer einen Schadensersatzanspruch wegen Wegfalls der Leistungen der Frau im **Haushalt**.[130] Entsprechendes gilt bei Tötung des Ehemannes, wenn dieser (wie meist bei der sog Doppelverdienerehe) einen Beitrag zur

---

124 BGH NJW 1957, 537; 1965, 1710; VRS 31, 20.
125 BGH NZV 1993, 21.
126 Vgl zu einem Sonderfall (volljähriges, verheiratetes Kind mit Behinderung) BGH NJW 2006, 2327.
127 BGH VersR 1953, 149.
128 BGH NJW 1972, 251.
129 BGH VersR 1983, 727.
130 BGHZ 51, 111.

Haushaltsführung nach § 1360 Abs 2 BGB geschuldet hatte.[131] Einzelheiten zur Berechnung s Rn 126 ff.

5. Künftige Unterhaltsansprüche

a) Ersatzfähigkeit. Das die gesetzliche Unterhaltspflicht begründende Verhältnis muss bereits zum Zeitpunkt des Unfalls bestanden haben (vgl Rn 42); dagegen kommt es nicht darauf an, ob auch die zu einer tatsächlichen Unterhaltsberechtigung führenden Umstände bereits zu diesem Zeitpunkt vorliegen oder erst später eintreten. Daher ist zB ein Unterhaltsanspruch auch dann gegeben, wenn der Anspruchsteller zur Unfallzeit noch ein ausreichendes Einkommen bezog, später aber aus Altersgründen auf die finanzielle Unterstützung durch den getöteten Angehörigen angewiesen wäre. Der Gefahr der Verjährung solcher Ansprüche kann durch Erhebung einer Klage auf Feststellung der künftigen Ersatzpflicht begegnet werden (vgl zur Zulässigkeit, insbesondere zur Frage des Feststellungsinteresses Rn 171 ff).   60

b) Beweisanforderungen. Da künftige Entwicklungen – hier bzgl Bedürftigkeit des Berechtigten, Leistungsfähigkeit und Rangfolge des Verpflichteten – nie mit Sicherheit vorhergesagt werden können, lässt die Rspr die **Wahrscheinlichkeit** eines künftigen Unterhaltsschadens für den Erlass eines Feststellungsurteils ausreichen.[132] Dies ist zutreffend. Das für den Erlass eines positiven Feststellungsurteils erforderliche Rechtsverhältnis kann auch schon dann bestehen, wenn noch kein bezifferbarer Schaden entstanden ist; ausreichend ist bereits eine Vermögensgefährdung, dh die Wahrscheinlichkeit eines Schadens.[133] Ob eine solche im Einzelfall gegeben ist, hängt von den jeweiligen Gesamtumständen ab. Spricht die Lebenserfahrung nach dem gewöhnlichen Lauf der Dinge für einen hypothetischen Unterhaltsanspruch gegen den Getöteten, so ist die Feststellungsklage begründet. Hierbei sollten an das Maß der Wahrscheinlichkeit keine allzu hohen Anforderungen gestellt werden.[134]   61

Der BGH hat eine ausreichende Wahrscheinlichkeit künftiger Unterhaltsgewährung zB angenommen beim Tod der Tochter des 47-jährigen Klägers[135] und sogar beim Tod des 5-jährigen Kindes 33- bzw 30-jähriger Eltern.[136] Auch bei der Tötung des 9-jährigen Sohnes eines Rechtsanwalts, von dessen Vorsorge für die Altersversorgung ausgegangen wurde, hat der BGH der Feststellungsklage stattgegeben, weil bei der Unvorhersehbarkeit der Entwicklung keine Gewähr gegeben sei, dass wirtschaftliche Not immer ferngehalten bleibe.[137]   62

---

131 Vgl BGH VersR 1982, 291.
132 RG WarnR 1911, 123; BGHZ 4, 133; BGH VersR 1952, 210; 1953, 481; OLG Freiburg DRZ 1950, 567 m zust Anm *Rosenberg*; OLG Düsseldorf MDR 1965, 135; OLG Celle NJW-RR 1988, 990; LG Braunschweig VersR 1972, 567; krit *Schwab* ZZP 85, 246.
133 BGHZ 4, 133; *Greger* Beweis und Wahrscheinlichkeit, S 145.
134 BGHZ 4, 133, RG JW 1911, 153, OLG Freiburg DRZ 1950, 567: „gewisse Wahrscheinlichkeit"; BGH VersR 1952, 210; 1953, 481: „nicht eben entfernt liegende Möglichkeit"; zu weitgehend aber OLG Celle NJW-RR 1988, 990 u LG Braunschweig VersR 1972, 567, wonach bloße Möglichkeit genügen soll; zu streng dagegen wohl OLG Hamburg DJZ 1904, 752; OLG Karlsruhe DJZ 1916, 546; OLG Köln JW 1933, 1895; OLG Dresden JW 1936, 1389.
135 BGHZ 4, 133.
136 BGH VersR 1952, 210.
137 BGH VersR 1953, 481.

Sechster Teil. Ersatz des Personenschadens

63 Den Einwand eines Vorteilsausgleichs wegen ersparten Kindesunterhalts lässt der BGH im Rahmen der Feststellungsklage nur zu, wenn bereits jetzt festgestellt werden könnte, dass diese Ersparnis den entgangenen Unterhalt erreicht oder überstiegen hätte; ansonsten ist die Frage erst bei Eintritt der Unterhaltsbedürftigkeit des Klägers zu prüfen.[138]

6. Mehrheit von Unterhaltsberechtigten

64 Leiten von dem Unfalltod eines Familienangehörigen mehrere Unterhaltsberechtigte (Ehegatte, Kinder) Ersatzansprüche gegen den Schädiger ab, so sind sie keine Gesamtgläubiger. Vielmehr ist für jeden der Gläubiger die ihm zustehende Forderung eigens zu berechnen und, wenn ein Urteil ergeht, getrennt zuzusprechen.[139] Das stößt oft auf erhebliche Schwierigkeiten, weil die Höhe des Unterhalts von der Leistungsfähigkeit und damit auch von der Höhe des den Geschwistern (dem überlebenden Elternteil) geschuldeten Unterhalts abhängt. Dadurch entsteht eine der Gesamtgläubigerschaft angenäherte Stellung,[140] die zur Folge hat, dass die Zulässigkeit eines unbestimmten Klageantrags in der Rspr wohlwollend beurteilt wird (s aber Rn 175). Während sonst verlangt wird, dass die Unterhaltsgeschädigten mit Rücksicht auf die Bestimmtheit des Klageantrags (§ 253 Abs 2 Nr 2 ZPO) die Größenordnung jedes einzelnen der erhobenen Ansprüche angeben und die zur Fixierung der Ansprüche nötigen tatsächlichen Unterlagen beibringen, genügt es in einem solchen Fall, wenn außer den tatsächlichen Unterlagen der gemeinsame Unterhaltsbedarf in den durch die Leistungspflicht des Getöteten gezogenen Grenzen dargetan und gemeinsam der Antrag gestellt wird, das Gericht möge innerhalb des Gesamtschadensbetrages den Unterhaltsschaden des einzelnen Klägers nach § 287 ZPO schätzen und jedem Kläger das ihm Zustehende zusprechen. Der bei einem solchen Rechtsstreit neben den Kindern beteiligte unterhaltsgeschädigte Elternteil darf sich auch im Namen der Kinder mit einem solchen Antrag einverstanden erklären, auch wenn dieser zu einer ihm günstigeren Aufteilung führen kann. Denn mit einer Erklärung des hier geschilderten Inhalts ist kein sachlichrechtlicher Teilverzicht verbunden; das Innenverhältnis der Kläger bleibt vielmehr unberührt.[141] Der BGH[142] hat es auch zugelassen, dass die am Rechtsstreit nicht mehr beteiligte Witwe im Berufungsverfahren über die Klage der Kinder Abänderungsklage nach § 323 ZPO erhebt, um zu erreichen, dass ihr bei einer Kürzung der Unterhaltsersatzansprüche der Kinder ein entsprechend erhöhter Betrag zugesprochen wird. Diese mit der Prozessrechtsdogmatik schwerlich vereinbare Rechtswohltat findet lediglich in Billigkeit und Prozessökonomie ihre Stütze.

7. Gesetzlicher Forderungsübergang

65 Erbringt ein **öffentlich-rechtlicher Leistungsträger** dem Geschädigten seinerseits Leistungen zum Ausgleich des Schadens, so gehen die Ansprüche des Unterhaltsberechtigten gegen den Schädiger auf diesen Leistungsträger über. Bezüglich der Rechts-

---

138 BGH VersR 1952, 210.
139 BGH VersR 1972, 743; 1973, 84; 1979, 423.
140 BGH NJW 1972, 1716.
141 BGH NJW 1972, 1716.
142 NZV 1989, 353.

grundlage für den Regress muss danach differenziert werden, ob der Leistungserbringer ein Sozialleistungsträger (dann § 116 SGB X), ein Versorgungsträger (dann § 81a BVG) oder ein Dienstherr ist (dann § 87 BBG). Zu den Voraussetzungen und Einzelheiten dieses Forderungsübergangs vgl für Sozialleistungsträger § 32 (Sozialversicherungsträger) bzw § 33 (Sozialhilfeträger), für Versorgungsträger und Dienstherren § 34. Wegen der auf die Hinterbliebenenrente zu zahlenden Einkommensteuer s Rn 93.

Nicht in Betracht kommt dagegen bei Unterhaltsersatzansprüchen ein Rechtsübergang auf **private Versicherer** nach § 67 Abs 1 VVG (vgl näher § 35 Rn 2 ff), denn diese Vorschrift gilt nur im Bereich der Schadensversicherung, nicht bei einer Summenversicherung wie zB Lebens- oder Unfallversicherung. Auch eine Zusatzversorgungskasse, bei der die Höhe der zu zahlenden Renten im Voraus fixiert ist, kann sich aus diesem Grund nicht auf § 67 VVG berufen; sie kann Ansprüche gegen den Schädiger nur kraft Abtretung durch die Hinterbliebenen geltend machen.[143] Dasselbe gilt für den **Arbeitgeber**, der aufgrund tarif- oder arbeitsvertraglicher Regelung Leistungen an die Hinterbliebenen erbracht hat.[144] Derartige Abtretungen werden allerdings wegen daneben eingreifender Legalzessionen an öffentlich-rechtliche Leistungsträger (Rn 65) idR ins Leere gehen. 66

8. Vorteilsausgleichung

Dass bei der Berechnung des Schadens die wirtschaftlichen Vorteile anzurechnen sind, die der Schadensfall dem Geschädigten gebracht hat (§ 3 Rn 221), muss auch der Unterhaltsberechtigte sich grundsätzlich entgegenhalten lassen. Dieser Grundsatz wird allerdings erheblich durch zwei Regeln eingeschränkt: Erstens sind nur Vorteile, die nach wertender Betrachtung in einem inneren Zusammenhang mit dem Einzelschaden stehen, zu berücksichtigen[145] und zweitens nur solche, deren Anrechnung dem Geschädigten „zumutbar" ist.[146] Nicht anzurechnen ist zB – da nicht durch den Tod des Unterhaltsverpflichteten verursacht – das Arbeitslosengeld II gem §§ 19 ff SGB II (bzw die bis 31.12.2004 gewährte Arbeitslosenhilfe gem §§ 190 ff SGB III), das die Witwe wegen ihrer eigenen Arbeitslosigkeit erhält[147] oder – mangels inneren Zusammenhangs – der Zinsgewinn aus dem durch den Tod des Ehegatten veranlassten Verkauf des gemeinsamen Betriebs.[148] Nicht „zumutbar" ist die Anrechnung freiwilliger Leistungen Dritter, auch wenn sie wegen des Unfalltodes des Unterhaltsverpflichteten erfolgen, und solcher Leistungen Dritter, die aufgrund eines Vertrages zwischen dem Erblasser und dem Dritten erfolgen, für den der Erblasser Gegenleistungen erbracht hat (zB Unfallversicherungsvertrag; vgl Rn 80). Ferner ist es nicht zumutbar, ersparte Aufwendungen für den getöteten Ehegatten auch insoweit anzurechnen, als dieser durch unentgeltliche Versorgung der erstehelichen Kinder des Hinterbliebenen diesem Aufwendungen erspart[149] oder soweit er den schwerbehinderten Hinterbliebenen in einem weit über die normale 67

---

143 BGH VersR 1980, 1072.
144 Vgl *Blunk* VersR 1986, 639.
145 BGHZ 8, 329; BGH NJW 1959, 1078; VersR 1979, 323; 1984, 354.
146 BGHZ 10, 108; OLG Celle MDR 1965, 42.
147 BGHZ 4, 178 für die Arbeitslosenhilfe.
148 BGH VersR 1984, 353; *Grunsky* JZ 1986, 173 f.
149 BGH VersR 1984, 190.

Unterhaltspflicht hinausgehenden Maße gepflegt hatte.[150] Im Bereich der sozialen Absicherung findet statt einer Anrechnung häufig ein Forderungsübergang auf den Leistungsträger statt (s §§ 32–34). Im Einzelnen:

68 **a) Nachlass.** Ist der Unterhaltsberechtigte zugleich Erbe des Getöteten, so kommt eine Vorteilsausgleichung hinsichtlich der ihm anfallenden Erbschaft in Betracht. Eine Anrechnung ist jedoch nur insoweit gerechtfertigt, als der Anfall der Erbschaft dem Unterhaltsberechtigten Vorteile bringt, die er ohne den Unfall (nach dem wahrscheinlichen Verlauf der Dinge) nicht gehabt hätte.

69 aa) Der **Stammwert** des Nachlasses ist daher nur dann (ggf teilweise) anzurechnen, wenn davon auszugehen ist, dass er dem Unterhaltsberechtigten ohne den vorzeitigen Unfalltod nicht oder nur teilweise zugefallen wäre.[151] Dies ist zB dann der Fall, wenn die Erbmasse voraussichtlich für die Erfüllung der Unterhaltspflicht verbraucht worden wäre[152] oder wenn der Ersatzberechtigte eine geringere Lebenserwartung hatte als der Getötete.[153] Gewissheit des Nichtanfalls der Erbschaft ist, wie bei allen hypothetischen Abläufen, nicht zu fordern; es genügt eine aus dem gewöhnlichen Verlauf der Dinge herzuleitende Wahrscheinlichkeit.[154]

70 bb) **Erträgnisse** des Nachlasses (zB Gewinn aus einem Wirtschaftsbetrieb, Mieteinnahmen, Zinsen) sind nicht anzurechnen, wenn sie vom Erblasser zur Vermehrung oder Erhaltung des Vermögens verwendet, zB in das Mietgrundstück[155] oder den Bauernhof[156] reinvestiert worden wären, weil der Ersatzberechtigte mit dem Anfall der auf diese Weise erhöhten Erbmasse ohnehin hätte rechnen können.[157] Anzurechnen sind dagegen die Erträgnisse, die vom Getöteten zum Unterhalt des Hinterbliebenen verwendet worden wären.[158] Hätte der Getötete die Erträgnisse weder für jenen Unterhalt verwendet noch dem Vermögen wieder zugeführt, sondern verbraucht, so entsteht dem Hinterbliebenen durch die Erträgnisse des Nachlasses ebenfalls ein anrechenbarer Vorteil.[159] Der Anrechnung von Erträgnissen kann der Ersatzberechtigte nicht mit der Begründung begegnen, dass bei längerer Lebensdauer des Getöteten die Erbschaft größer gewesen wäre.[160]

71 Gehört zum Nachlass ein Wirtschaftsbetrieb, der unter unentgeltlichem **Einsatz der eigenen Arbeitskraft** des Erben oder eines Miterben fortgeführt wird, so mindern

---

150 OLG Zweibrücken NJW-RR 1989, 479.
151 BGHZ 8, 328; BGH VersR 1957, 265; 1961, 836; 1963, 545; NJW 1974, 1236; 1979, 760; OLG Frankfurt VersR 1991, 595.
152 BGH VersR 1974, 700.
153 *Lange/Schiemann* § 9 IV 4 c bb; **aA** *Ackmann* JZ 1991, 971 f.
154 Vgl BGH VersR 1967, 1154 u NJW 1957, 905; krit dazu *Lange/Schiemann* § 9 IV 4 c bb; *Thiele* AcP 167 (1967) 234; *John* JZ 1972, 546.
155 BGH VersR 1962, 322.
156 BGH VersR 1961, 855.
157 *Lange/Schiemann* § 9 IV 4 c cc.
158 BGH NJW 1974, 1236; 1979, 760; OLG Frankfurt VersR 1991, 595; *Lange/Schiemann* § 9 IV 4 c cc; *Ackmann* JZ 1991, 972.
159 MünchKomm/*Oetker* § 249 Rn 261; *Palandt/Heinrichs* vor § 249 Rn 140; *Rudloff* FS v Hippel (1967) 455 f; **aA** BGH NJW 1979, 760, 761; *Erman/Kuckuk* vor § 249 Rn 127; *Ackmann* JZ 1991, 969 ff; *Medicus* ZGS 2006, 105 f.
160 BGH VersR 1960, 1097 = MDR 1961, 221 m Anm *Pohle*; *Lange/Schiemann* § 9 IV 4 c cc.

dessen Erträgnisse, soweit nach obigen Grundsätzen überhaupt anrechenbar, den Ersatzanspruch nur insoweit, als der Hinterbliebene (im Rahmen seiner Schadensminderungspflicht, dh der Zumutbarkeit) zu der Arbeitsleistung gehalten ist.[161] Hat der Ersatzberechtigte bereits bisher im Betrieb mitgearbeitet, wird ihm dies idR mindestens im bisherigen Umfang weiter zugemutet werden können; dies gilt grundsätzlich auch für eine Witwe, die noch Kinder zu versorgen hat.[162] Hat der Erbe die persönliche Weiterführung des ererbten Betriebs übernommen, obwohl sie ihm nicht zuzumuten wäre, so beschränkt sich der als Vorteil auf den Schaden anzurechnende Betrag auf den objektiven Wert der Nutzung des in dem Geschäft steckenden Vermögens; ein Anhaltspunkt hierfür kann der erzielbare Pachtzins sein.[163] Bei Veräußerung des Betriebs ist nicht der Erlös (Stammwert!), sondern nur dessen Zinsertrag absetzbar.[164]

Bei **Tötung beider Eltern** sind die Erträgnisse des jeweiligen Nachlasses, soweit nach obigen Grundsätzen anrechenbar, auf die zugehörigen Unterhaltsansprüche zu verrechnen. Hierbei ist jedoch zu beachten, dass die Erträgnisse aus der einen Erbschaft sich auf Bestand oder Umfang des Unterhaltsanspruchs gegen den anderen Elternteil (und damit auch den diesbezüglichen Ersatzanspruch) auswirken können.[165] **72**

cc) Die **Erhöhung der Unterhaltsleistungspflicht des anderen Elternteils** infolge des von Todes wegen erworbenen Vermögens kann für die Kinder des Getöteten ebenfalls einen ausgleichspflichtigen Vorteil darstellen;[166] § 843 Abs 4 BGB steht dem nicht entgegen, weil hier nur die Person des Unterhaltspflichtigen, nicht aber die Quelle des Unterhalts gewechselt hat;[167] vgl Rn 53. **73**

b) Fällt dem Hinterbliebenen ein **Vermächtnis** oder ein **Pflichtteil** zu, so gilt das zum Anfall eines Nachlasses Ausgeführte entsprechend.[168] Die gesetzlichen Zinsen aus dem Betrag des Pflichtteils mindern den Unterhaltsersatzanspruch nach § 254 Abs 2 BGB auch dann, wenn die Witwe ihren Pflichtteilsanspruch nicht alsbald nach dem Todesfall geltend gemacht und den Schuldner nicht in Verzug gesetzt hat.[169] **74**

c) Steht der Ehefrau nur die **Nutznießung** am Hof ihres getöteten Mannes zu, gilt hinsichtlich der Erträgnisse das zur Erbschaft Ausgeführte entsprechend.[170] **75**

d) Zugewinnausgleich. Der Ausgleichsanspruch der Witwe aus der gesetzlichen Zugewinngemeinschaft, der durch den Unfalltod des Mannes fällig wird, gehört zu ihrem eigenen Vermögen, sodass der Ertrag hieraus nicht ausgleichungspflichtig ist. Dass das Gesetz den Ausgleichsanspruch, wenn der Ehepartner stirbt, nicht gem der in §§ 1372 ff BGB vorgesehenen Berechnung gewährt, sondern als Erhöhung des Erbteils um ein Viertel (§ 1931 BGB), ändert nichts daran, dass dieser zusätzliche Erbteil kein durch **76**

---

161 RGZ 72, 440; 154, 241; RG JW 1907, 130; BGHZ 58, 14; BGH VersR 1957, 783; 1963, 635; 1963, 733; 1967, 260.
162 BGH VersR 1957, 785.
163 BGHZ 58, 18.
164 BGH VersR 1969, 713.
165 BGHZ 62, 126; vgl auch OLG Köln VersR 1978, 972.
166 BGHZ 58, 20.
167 BGH VersR 1965, 376; 1969, 951.
168 BGH VersR 1960, 1097; 1961, 846; OLG München VersR 1967, 190.
169 BGH VersR 1960, 1097.
170 BGH VersR 1969, 951.

den Unfalltod erworbenes Vermögen der Frau darstellt, sondern lediglich eine Verwirklichung des ihr schon vorher zustehenden Anspruchs.[171]

77 e) Für eine **Bausparsumme**, die für die Errichtung eines Wohnhauses mit Räumen für das Geschäft des Mannes vorgesehen war und der Witwe nach dem Unfalltod des Mannes zugeflossen ist, gilt das zur Erbschaft Ausgeführte auch dann, wenn sie der Witwe nach § 331 BGB zugefallen ist.[172]

78 f) **Freiwillige Leistungen Dritter**, die aus Anlass des Todesfalles gegenüber dem Hinterbliebenen erbracht werden, sind dann nicht auf den Unterhaltsersatzanspruch anzurechnen, wenn es nicht Sinn der Leistung ist, den Ersatzpflichtigen zu entlasten. Dies wird in aller Regel der Fall sein, so zB beim Ertrag einer Sammlung für den Hinterbliebenen,[173] bei freiwilligen Unterhaltsleistungen eines Dritten,[174] bei freiwilligen Zahlungen des Arbeitgebers,[175] des Versicherers[176] oder öffentlicher Körperschaften.[177] Nicht anzurechnen sind auch die freiwilligen Leistungen der US-amerikanischen Veterans' Administration an die Hinterbliebenen eines tödlich verunglückten Armeeangehörigen.[178]

79 g) **Leistungen aufgrund arbeitsrechtlicher Verpflichtung.** Ist der Arbeitgeber des Verstorbenen aufgrund Tarif- oder Arbeitsvertrags zur Zahlung einer Hinterbliebenenrente (zB sog Dreimonatsrente) verpflichtet, so sollen diese Leistungen, wenn nicht eine abweichende Bestimmung getroffen ist, den Hinterbliebenen ohne Rücksicht darauf zukommen, ob sie Ersatzansprüche gegen einen Schädiger haben. Diese Leistungen stellen nämlich einen Teil des Entgelts für geleistete Arbeit dar. Es wäre unbillig, wollte man ihn aus der Tatsache, dass ein für den Unfalltod Verantwortlicher vorhanden ist, zum Nachteil der Witwe einen Gewinn ziehen lassen.[179]

80 h) **Versicherungsleistungen.** Die aufgrund einer **Lebensversicherung** des Getöteten erlangten Zahlungen sind nicht anzurechnen, auch nicht deren Zinserträgnisse.[180] Es widerspräche dem Sinn des Versicherungsverhältnisses, wenn die Versicherungsleistungen, die der Versicherungsnehmer zu Lebzeiten durch seine Prämien erkauft hat, dem Schädiger zugute kämen. Das Gleiche gilt für Leistungen aufgrund einer **Unfallversicherung**.[181] Wer Versicherungsnehmer ist und wer die Prämien tatsächlich aufgebracht hat, ist ohne Bedeutung.[182]

81 Auch für die **Insassen-Unfallversicherung** gilt im Prinzip, dass die Versicherungsleistung nicht zu einer Minderung des Schadensersatzanspruchs im Wege der Vorteilsaus-

---

171 **AA** wohl BGH VersR 1968, 770.
172 BGH VersR 1969, 713.
173 RG JW 1935, 3369.
174 RGZ 92, 57.
175 RGZ 136, 86; 141, 173; BGHZ 10, 108.
176 RG JW 1936, 1667 m Anm *Carl*.
177 RG DR 1941, 1457.
178 OLG München VersR 1985, 482; *Thümmel* VersR 1986, 417.
179 BGHZ 10, 107; BGH VersR 1969, 898.
180 BGH VersR 1979, 323, wo die frühere Unterscheidung zwischen Risiko- und Sparversicherungen (vgl BGHZ 39, 249) aufgegeben wurde.
181 BGHZ 10, 109; BGH VersR 1969, 350.
182 BGH NJW 1968, 837.

gleichung führt.[183] Der Versicherungsnehmer kann allerdings ihre Verrechnung auf den Schadensersatzanspruch des Verletzten anordnen, und zwar nicht nur dann, wenn er selbst haftpflichtig ist, sondern auch dann, wenn er zu dem Haftpflichtigen in näherer Beziehung, zB als Angehöriger, steht. Die Anrechnung muss gegenüber dem Geschädigten spätestens im Zeitpunkt der Auszahlung der Versicherungsleistung erklärt oder zumindest vorbehalten werden.[184]

i) Leistungen eines Sozialleistungsträgers sind nicht anzurechnen, führen aber idR zu einem Forderungsübergang (s §§ 32–34). Auch soweit dies nicht der Fall ist, wie zB bei Leistungen der US-amerikanischen Social Security, findet wegen der sozialen Zweckbestimmung keine Anrechnung statt,[185] ebenso bei Eingreifen des Familienprivilegs nach § 116 Abs 6 SGB X[186] (s dazu § 32 Rn 73 ff). Zur Frage, ob sich bereits zu Lebzeiten des Unterhaltspflichtigen erbrachte Sozialhilfe (zu deren Ausprägungen ab 1.1.2005 vgl § 33 Rn 2) auf den Unterhaltsersatzanspruch auswirkt, s Rn 47.

82

k) Kindergeld, welches bisher an den getöteten Unterhaltspflichtigen geleistet wurde und nunmehr an den überlebenden Elternteil weitergezahlt wird, bleibt bei der Berechnung des Unterhaltsschadens außer Betracht. Das Kindergeld hat den Zweck, die Unterhaltslast des Unterhaltsverpflichteten zu erleichtern, und berührt nicht die zivilrechtliche Unterhaltspflicht. Da § 844 Abs 2 BGB, § 10 Abs 2 StVG an letztere anknüpfen, entscheidet für die Höhe des Ersatzanspruchs allein der nach den §§ 1601 ff BGB geschuldete Betrag.[187]

83

l) Unterhaltsleistungen Dritter. Nach § 843 Abs 4 BGB, § 13 Abs 2 StVG und § 8 Abs 2 HaftpflG ist die Unterhaltspflicht eines Dritten für den Schadensersatzanspruch gegen den Schädiger ohne Bedeutung (Rn 51). § 843 Abs 4 BGB betrifft jedoch nur den Fall, dass die Unterhaltspflicht des Dritten aus Anlass des Unfalls entstanden ist, regelt also zB nicht die Frage, ob bei Wiederverheiratung des hinterbliebenen Ehegatten dessen Unterhaltsanspruch aus der neuen Ehe den Schädiger entlastet:[188] Hier geht es nicht um Vorteilsausgleichung, sondern um die Berücksichtigung einer nachträglichen Verminderung des Schadensumfangs (dazu Rn 162 ff).

84

m) Ersparte Aufwendungen, zB für den Unterhalt des Getöteten oder die Ausbildung des erst später (möglicherweise) unterhaltspflichtig werdenden Kindes, sind auf den Ersatzanspruch anzurechnen, jedenfalls soweit es nicht Billigkeitsgründe ausnahmsweise verbieten, die Ersparnis als Vorteil anzusehen.[189] Hat der Hinterbliebene eigene Einkünfte (zB eine Rente) teilweise auch für persönliche Bedürfnisse des Ehegatten aufgewendet, so vermindert sich sein Unterhaltsschaden insoweit, als er diese Beträge jetzt für sich verwenden kann (zur Schadensberechnung in diesen Fällen und zum Ein-

85

---

183 BGHZ 19, 94; 25, 328; BGH VersR 1962, 85; 1963, 521.
184 BGHZ 80, 8; vgl auch BGHZ 64, 266.
185 OLG Celle VersR 1967, 164; *Thümmel* VersR 1986, 417.
186 OLG Bamberg VersR 1994, 995.
187 BGH VersR 1979, 1029.
188 BGH VersR 1970, 524.
189 Vgl BGHZ 56, 389; unentschieden BGHZ 4, 137. Grundsätzlich für Anrechnung Münch-Komm/*Wagner* § 844 Rn 77; dagegen *Eckelmann/Boos* VersR 1978, 213; *Ludwig* DAR 1986, 381; *Eckelmann* DAR 1987, 45. Zur Billigkeitsproblematik s Rn 67.

fluss einer Mithaftungsquote s Rn 125). Zu Recht ist im Schrifttum[190] aber darauf hingewiesen worden, dass es zu unbilligen Ergebnissen führt, wenn der hinterbliebene Ehemann für den Wegfall der Haushaltsführung durch seine Frau nur die fiktiven Lohnkosten einer Ersatzkraft der untersten Gehaltsstufen erhält, sich aber den aus seinem, oft höheren Einkommen berechneten Unterhaltsbeitrag anrechnen lassen muss; von der Billigkeitsklausel des BGH sollte daher großzügig Gebrauch gemacht werden. Dem Rückgriff nehmenden Sozialleistungsträger oder Dienstherrn (Rn 65) gegenüber kann sich der Schädiger nicht auf die Ersparnis berufen, die durch Wegfall etwaiger für den Verunglückten erbrachter Versorgungsleistungen eingetreten ist.[191]

86 **n) Wegfall von Dienstleistungen.** Der Umstand, dass der hinterbliebene Ehegatte infolge des Unfalltodes des anderen keine Dienste im Haushalt oder Beruf mehr zu leisten braucht, ist kein anrechenbarer Vermögensvorteil.[192] Eine andere Frage ist, ob er aus Gründen der Schadensminderung gehalten ist, seine frei werdende Arbeitskraft für eine Erwerbstätigkeit auszunützen (vgl Rn 87).

9. Schadensminderungspflicht

87 **a) Einsatz der Arbeitskraft.** Der hinterbliebene Ehegatte kann aufgrund § 254 Abs 2 BGB verpflichtet sein, seine durch den Tod des anderen frei gewordene Arbeitskraft dazu zu verwenden, am Erwerbsleben teilzunehmen.[193] Unterlässt er dies, so wird das erzielbare Einkommen auf den Unterhaltsersatzanspruch angerechnet, nicht etwa dieser um eine prozentuale Mitverschuldensquote gekürzt[194]. Das fiktive Einkommen ist dann, wenn der Schädiger nur anteilig haftet, primär auf den nicht gedeckten Teil des Unterhaltsschadens anzurechnen; nur soweit das Einkommen diesen übersteigt, mindert es den Ersatzanspruch gegen den Schädiger.[195] Dies folgt daraus, dass dem Hinterbliebenen nicht zuzumuten ist, primär für den Schädiger zu arbeiten. Entscheidend für die Arbeitspflicht sind die Umstände des Einzelfalles, insbesondere die wirtschaftlichen und sozialen Verhältnisse der Eheleute, Alter, Gesundheitszustand, Leistungsfähigkeit, Berufsausbildung, evtl frühere Berufstätigkeit und nicht zuletzt das Vorhandensein von betreuungsbedürftigen Kindern.[196] Ob die Ehegatten eine solche Erwerbstätigkeit geplant hatten, ist ohne Belang.[197] Zur Darlegungs- und Beweislast für Verstoß gegen die Erwerbsobliegenheit vgl § 29 Rn 106. Erzielt der Hinterbliebene durch eine über die

---

190 *Ludwig* DAR 1986, 381; *Eckelmann* DAR 1987, 45.
191 BGH VersR 1953, 229; 1971, 636.
192 RGZ 152, 211; 154, 240; RG JW 1938, 1816; BGHZ 4, 171; *Krebs* VersR 1961, 293.
193 RGZ 154, 236; BGHZ 4, 170; BGH VersR 1955, 354; 1962, 1088; 1966, 1047; 1969, 469; 1976, 878; OLG Köln FamRZ 1992, 55; OLG Düsseldorf NZV 1993, 473; **aA** die ältere Rspr, vgl RGZ 5, 110; 72, 439.
194 BGH NJW 2007, 64.
195 BGHZ 16, 274; BGH VersR 1955, 355; 1962, 1063; OLG Nürnberg VersR 1978, 774; **aA** *Drees* (Lit vor Rn 1) 58.
196 Einzelheiten mit Nachw bei *Drees* (Lit vor Rn 1) 52 ff sowie Rn 88.
197 BGH VersR 1976, 877; OLG Frankfurt NJW-RR 1998, 1699; **aA** *Drees* (Lit vor Rn 1) 54 f: die von ihm als maßgeblich angesehene Entwicklung der Verhältnisse ohne den Unfall ist jedoch für die Beurteilung der Schadensminderungspflicht kein geeigneter Maßstab.

beschriebene Verpflichtung hinausgehende Arbeitsleistung ein Einkommen, so kommt dies nicht dem Schädiger zugute.[198]

Grundsätzlich ist dem Ehegatten nicht zuzumuten, die **Betreuung der Kinder** den Großeltern, fremden Leuten oder einem Heim zu überlassen, um eine Arbeitsstelle annehmen zu können. Die Rspr verneint daher die Arbeitspflicht einer Witwe, die ein kleines oder mehrere Kinder zu betreuen hat.[199] Kinder im schulpflichtigen Alter bedürfen allerdings idR keiner ganztägigen Betreuung mehr, sodass eine Teilzeitarbeit zumutbar ist.[200] 88

Bei **älteren Menschen** ist zu berücksichtigen, dass eine tiefgreifende Änderung der Lebensverhältnisse uU nicht mehr zumutbar ist.[201] Bei einer 45-jährigen Frau wird dies allerdings nicht ohne weiteres gesagt werden können.[202] Bei einer 50-jährigen, etwas kränklichen Frau ohne Berufsausbildung hat BGH VersR 1966, 1047 eine Arbeitspflicht verneint, ebenso bei einer 52-jährigen, die drei Kinder großgezogen hat.[203] 89

Hatte der Hinterbliebene wegen der Eheschließung ein Studium oder eine sonstige **Ausbildung** abgebrochen, so muss ihm zugestanden werden, dass er diese Ausbildung zunächst beendet. Einen über den Ersatzanspruch wegen entgangenen Unterhalts hinausgehenden Zuschuss zu den Ausbildungskosten braucht der Schädiger allerdings nicht zu leisten. 90

b) Fortführung des ererbten Geschäfts. War der Hinterbliebene schon zu Lebzeiten des Getöteten in dessen Erwerbsgeschäft unentgeltlich tätig und hat er das Geschäft geerbt, so ist er im Rahmen des Zumutbaren verpflichtet, weiterhin im gleichen Umfang im Geschäft tätig zu sein; der hierdurch erzielte reine Geschäftsgewinn mindert die Ersatzansprüche gegen den Schädiger (vgl Rn 71 m Nachw). 91

c) Berücksichtigung des geringeren Wohnraumbedarfs. Der hinterbliebene Ehegatte ist idR nicht verpflichtet, in eine kleinere Wohnung umzuziehen[204] oder den durch den Tod des anderen in der Ehewohnung frei gewordenen Raum durch (Unter-)Vermietung zu verwerten.[205] Tut er dies trotzdem, so verbleiben ihm die Einnahmen aus der Vermietung. Auch ein alleinstehender Hauseigentümer braucht keinen Mieter aufzunehmen.[206] 92

10. Steuern

Der Schädiger muss den Hinterbliebenen, falls sie die Unterhaltsersatzrenten als wiederkehrende Bezüge iSd § 22 Nr 1 EStG versteuern müssen, diese Steuern ersetzen,[207] soweit diese bei der Unterhaltsleistung nicht angefallen wären. Dies wird grundsätzlich der Fall sein, da die als Schadensersatz gezahlten wiederkehrenden Bezüge im Gegensatz zu den entgangenen Unterhaltsleistungen nicht dem § 22 Nr 1 S 2 EStG unterfallen.[208] Die Rspr des BFH zur Nicht-Steuerbarkeit von Renten wegen vermehrter Bedürfnisse (vgl § 29 Rn 38) greift hier nicht ein. 93

---

198 RGZ 154, 240; BGHZ 4, 170; 49, 62; 55, 332; BGH NJW 1974, 602; BGH VersR 1987, 157; **aA** OGHZ 1, 317 m abl Anm *Schale*.
199 BGH VersR 1955, 36; 1955, 354; 1966, 977; 1967, 259; 1969, 469.
200 BGH VersR 1955, 275; 1960, 320; 1983, 688.
201 Vgl BGH VersR 1962, 1176; OLG München VersR 1962, 649.
202 BGH VersR 1962, 1088.
203 BGH VersR 1962, 1176.
204 BGH VersR 1974, 32.
205 LG Lüneburg VersR 1966, 272.
206 OLG Celle VersR 1966, 246.
207 BGH VersR 1970, 183; 1979, 670; NJW 1985, 3011; näher hierzu *Drees* (Lit vor Rn 1) 49 f.
208 BFH BStBl II 1979, 133; **aA** *Beiser* Betrieb 2001, 1900 ff mwN.

94 Die Steuerbelastung kann aber auch zum Schadensposten werden, wenn der Hinterbliebene infolge des Todesfalles (steuerpflichtige) Unterhaltsbezüge von Sozialleistungsträgern oder öffentlich-rechtlichen Dienstherren erhält (zB Hinterbliebenenrenten). Der Schädiger hat diese Steuern zu ersetzen, wenn und soweit bei sachlicher Kongruenz der Versorgungsrenten mit den Ersatzansprüchen gegen den Schädiger (vgl dazu § 32 Rn 35, § 34 Rn 11, 25 ff) der eigentliche Unterhalts*ersatz*anspruch auf den jeweiligen Leistungserbringer übergeht. Der ersatzpflichtige Steuerbetrag errechnet sich dann nicht fiktiv aus der – wegen Regress des Leistungserbringers – tatsächlich nicht an den Hinterbliebenen ausbezahlten Schadensrente, sondern aus dem Teil der Hinterbliebenenrente, der den entgangenen Unterhaltsleistungen (die im Regelfall wegen § 22 Nr 1 S 2 EStG nicht steuerbar wären) kongruent ist.[209] Der (zusätzliche) Anspruch auf Erstattung der Steuer verbleibt beim Hinterbliebenen, während der auf Ersatz des Unterhaltsschadens gerichtete Anspruch als solcher in Höhe des entsprechenden (an den Hinterbliebenen ausbezahlten oder an das Finanzamt abgeführten) Teils der Hinterbliebenenversorgung vom Rechtsübergang auf den Sozialleistungsträger oder Dienstherrn erfasst wird.[210]

95 Sonstige Steuernachteile durch den Todesfall sind nicht erstattungspflichtig (s Rn 10).

11. Ersatzanspruch des hinterbliebenen Ehegatten

96 **a) Grundsätze.** Der Hinterbliebene ist wirtschaftlich so zu stellen, als wäre der Ehegatte am Leben geblieben. Der Ersatzpflichtige muss die Witwe daher in den Stand setzen, die Lebensweise fortzuführen, auf die sie zu Lebzeiten ihres Mannes einen Anspruch gehabt hätte.[211] Aus diesem Grund können **Unterhaltstabellen**, die (wie zB die „Düsseldorfer Tabelle") auf den Fall doppelter Haushaltsführung zugeschnitten sind, nicht zur Grundlage der Schadensberechnung gemacht werden.[212] Weiterhin ist zu beachten, dass die **fixen Kosten der Haushaltsführung** idR unverändert oder nahezu unverändert weiterlaufen (s dazu Rn 116 ff).

97 Ausgangspunkt für die Höhe des Unterhaltsanspruchs ist die vom Verpflichteten **tatsächlich ausgeübte Tätigkeit.** Der Schädiger kann sich also nicht darauf berufen, der Verstorbene sei ungewöhnlich fleißig gewesen und der Unterhalt dürfe nur auf der Basis durchschnittlicher Leistungen berechnet werden. Andererseits kann die Witwe nicht mit Erfolg vortragen, ihr Mann hätte mehr leisten können, wenn er gewollt hätte, oder er hätte den Beruf wechseln und in dem anderen Beruf mehr verdienen können. Wie viel der Getötete tatsächlich an Unterhalt geleistet hat, ist jedoch unerheblich (Rn 44).

98 Der Schaden, den die Hinterbliebenen durch den Verlust von Unterhaltsansprüchen erleiden, kann nicht dem Teil des Einkommens des Verstorbenen gleichgesetzt werden, der über dessen **eigenen Bedarf** hinausging.[213] Es ist vielmehr festzustellen, welche Beträge seines Einkommens der Verstorbene, wenn er am Leben geblieben wäre, hätte

---

209 BGH NZV 1998, 149, 150.
210 BGH NZV 1998, 149, 151.
211 BGH VersR 1952, 97; 1957, 128; 1961, 543; 1966, 588; 1968, 770; 1970, 183; 1972, 176.
212 BGH VersR 1986, 40; *Drees* (Lit vor Rn 1) 41. Für stärkere Pauschalierung des Unterhaltsschadensersatzes aber MünchKomm/*Wagner* § 844 Rn 48.
213 BGH VersR 1966, 588; 1968, 770; 1987, 157.

aufwenden müssen, um seinen unterhaltsberechtigten Angehörigen denjenigen Lebensunterhalt zu verschaffen, auf den sie nach den familienrechtlichen Vorschriften Anspruch gehabt hätten.[214] Im Regelfall ist allerdings davon auszugehen, welchen Unterhalt der Verstorbene der Witwe gewährt hat; der Ersatzpflichtige hat – wenn der Verstorbene weder besonders geizig noch besonders freigebig gewesen ist – die Witwe in die Lage zu setzen, ihre Lebensweise so fortzuführen, wie wenn der Getötete noch lebte.[215] Je höher das vom Verstorbenen erzielte Einkommen war, umso weniger kann davon ausgegangen werden, dass es in vollem Umfang zum Unterhalt der Familie (anstatt zB zur Vermögensbildung) zu verwenden war.[216] Hierbei verbietet sich jedoch eine schematische Betrachtungsweise. Es ist im Einzelfall konkret festzustellen, welchen Betrag die Ehegatten absprachegemäß einer Vermögensbildung zuführen wollten.[217] Sparleistungen sind nicht unbedingt der Vermögensbildung zuzurechnen. Häufig dienen sie vielmehr dazu, größere Ausgaben anzusparen, die gleichwohl den Lebenshaltungskosten zuzurechnen sind.[218]

Die den **Unterhaltsbedarf übersteigenden Einkommensteile** bleiben bei der Berechnung des Ersatzanspruchs außer Betracht. Die Ehefrau hat mithin keinen Anspruch auf Ersatz des Schadens, der ihr dadurch entsteht, dass der Mann sein Vermögen nicht mehr mehrt und infolge dessen ihr Ausgleichsanspruch (§§ 1371, 1372 BGB) geringer ist als er bei längerer Lebensdauer des Mannes gewesen wäre. Hat der Mann die nicht als Unterhalt geschuldeten Beträge auf Sparkonto oder in anderer Weise angelegt, so hat die Witwe keinen Anspruch gegen den Schädiger auf Zahlungen, die den Sparraten oder einem Teil davon entsprechen. Eine Ausnahme bilden die Aufwendungen zur Alterssicherung (vgl Rn 103). Was für diese gilt, gilt aber nicht für Rücklagen zur späteren Vergrößerung des Gewerbebetriebes.[219] **99**

Ergibt sich, dass eine **Steigerung des Einkommens** von einem gewissen Zeitpunkt an zu erwarten ist, so hat der Schädiger der Witwe von diesem Zeitpunkt an einen entsprechend höheren Lebensstandard zu ermöglichen. Hierbei ist allerdings in Rechnung zu stellen, dass mit zunehmendem Einkommen möglicherweise auch der Anteil gewachsen wäre, den die Ehegatten zur Vermögensbildung verwendet hätten.[220] Entsprechend sinkt der Ersatzanspruch der Witwe von dem Tag an, an dem mit einer **Verringerung des Einkommens** des Mannes zu rechnen war, also vor allem vom Tag seiner Pensionierung oder der Aufgabe beruflicher Tätigkeit an. Zu berücksichtigen ist auch, dass der Lebensstandard der Eltern steigt, wenn die Kinder ins Erwerbsleben eintreten und keines Unterhalts mehr bedürfen. **100**

Für die Ermittlung des hypothetischen künftigen Einkommens ist nach § 287 ZPO festzustellen, welches Einkommen der Unterhaltspflichtige bei gewöhnlichem Lauf der Dinge unter Berücksichtigung der mutmaßlichen Entwicklung seiner Verhältnisse und **101**

---

214 BGH VersR 1958, 702; 1959, 713; 1961, 543; 1966, 588; 1968, 770; 1969, 897; 1970, 183; 1971, 423; 1974, 906; OLG Bamberg VersR 1956, 664; OLG Stuttgart VersR 1959, 1057.
215 BGH VersR 1962, 322; LG Tübingen RdK 1953, 46.
216 BGH VersR 1961, 543; 1966, 588.
217 BGH VersR 1987, 158.
218 BGH NJW 1983, 1733; VersR 1987, 158.
219 BGH VersR 1967, 260.
220 OLG Bamberg VersR 1982, 856.

des Einkommens vergleichbarer Beschäftigter in den einzelnen Zeitabschnitten erzielt hätte;[221] s a Rn 162. Bei Selbständigen kann diese Feststellung erhebliche Schwierigkeiten bereiten (zB bei Betriebsaufgabe nach dem Tod des Unternehmers); hier wird sich oftmals nur ein Mindestertrag errechnen lassen.[222] Zur Frage des Einflusses einer (hypothetischen) Ehescheidung s Rn 43.

102 Zu beachten ist, dass der Unterhaltsersatzanspruch auch den **Wegfall der Dienste** des Getöteten im Haushalt oder in Beruf oder Geschäft des Hinterbliebenen umfasst, soweit diese Mitarbeit im Rahmen der Unterhaltspflicht nach §§ 1360 ff BGB geschuldet war (vgl Rn 6, 59; zur Berechnung Rn 126 ff).

103 Zur Unterhaltspflicht eines Ehegatten gehört ferner idR (bei Berufstätigen) die Verschaffung einer den Verhältnissen entsprechenden **Altersversorgung und Krankenversicherung**. Daher sind ggf auch die Beiträge für eine Weiterversicherung zu erstatten[223] oder es ist Ersatz dafür zu leisten, dass der Hinterbliebene wegen des vorzeitigen Todes des Ehegatten keinen (vollen) Rentenanspruch erwerben kann[224] (vgl Rn 115, 160).

104 Einen **Anspruch auf Familienunterhalt**, wie ihn nach § 1360 BGB jeder Ehegatte zu Lebzeiten des anderen hat, kann der Hinterbliebene gegen den Schädiger nicht geltend machen.[225] Alle Hinterbliebenen, also auch die Kinder, haben einen eigenen Anspruch auf Ersatz ihres jeweiligen Unterhaltsschadens, der eigenen Regeln hinsichtlich Höhe und Dauer folgt.[226] Der hinterbliebene Ehegatte kann den für die Kinder benötigten Unterhalt daher nicht aus eigenem Recht vom Schädiger fordern, sondern nur als gesetzlicher Vertreter in deren Namen. Dies ist vor allem dann von Bedeutung, wenn ein Forderungsübergang (Rn 65) stattgefunden hat, der sich hinsichtlich des Ehegatten und der Kinder verschieden auswirkt.

105 Bei **Getrenntleben** der Ehegatten richten sich Bestehen und Höhe eines Unterhaltsanspruchs nach den Lebensverhältnissen und den Erwerbs- und Vermögensverhältnissen;[227] eine etwaige Trennungsschuld bleibt außer Betracht. Zum Unterhaltsrecht bei geschiedenen Eheleuten s §§ 1569 ff BGB, zu den Folgen einer möglichen Scheidung Rn 43.

106 Nicht zu folgen ist der gelegentlich vertretenen Ansicht, die Witwe habe nach § 242 BGB überhaupt keine Ansprüche, wenn ihr Ehemann schon nach **kurzer Dauer der Ehe** tödlich verletzt werde.[228]

107 Zum Ausgleich durch den Todesfall erlangter Vorteile vgl Rn 67 ff, zur Frage der Arbeitspflicht des Hinterbliebenen Rn 87 ff, zur Erstattung der für die Rente zu entrichtenden Steuern Rn 93 ff.

108 b) Nettoeinkommen des Getöteten als Berechnungsgrundlage. Das Nettoeinkommen des Getöteten, idR also sein Lohn oder Gehalt abzüglich Steuern und Sozialversicherungsbeiträgen, ist Ausgangspunkt für die Ermittlung des Unterhaltsanspruchs des

---

221 OLG Stuttgart VersR 1958, 1058.
222 Vgl LG Aachen VersR 1986, 774.
223 BGH VersR 1971, 717.
224 BGHZ 32, 246.
225 BGH VersR 1960, 801; **aA** RG SeuffA 57, 217.
226 BGHZ 11, 181; BGH VersR 1953, 210; 1960, 801.
227 § 1361 BGB; näher *Drees* (Lit vor Rn 1) 24 ff.
228 LG Bielefeld VersR 1968, 783.

Hinterbliebenen.[229] Dazu gehören grundsätzlich alle Einkünfte, gleich aus welchem Anlass sie erzielt werden.[230]

Zum Nettoeinkommen gehören bei **Arbeitnehmern** auch Zusatzleistungen des Arbeitgebers, die nicht durch konkrete Mehraufwendungen aufgezehrt werden, wie Gratifikationen, Weihnachtsgeld, Urlaubsgeld, Leistungszulagen uä,[231] die Erlaubnis zur Nutzung des Firmenwagens,[232] Einkaufsrabatte, aber auch Einkünfte aus Nebentätigkeiten, Steuerrückerstattungen[233] sowie Eigenheim- und Kinderzulage.[234] Nach dem (hypothetischen) Eintritt in den **Ruhestand** ist das maßgebliche Einkommen aufgrund der Leistungen der Rentenversicherung, des Dienstherrn oder Arbeitgebers sowie etwaiger Einkünfte aus Versicherungen und Kapitalvermögen zu ermitteln. **Sozialleistungen** gelten als Einkommen, sofern von ihnen nicht ein konkreter Mehrbedarf bestritten werden muss.[235] Berücksichtigungsfähig sind Sozialversicherungsleistungen wie Krankengeld gem §§ 44 ff SGB V, Verletztenrente gem §§ 56 ff SGB VII, Erwerbsminderungsrente gem §§ 43 ff SGB VI und Arbeitslosengeld I gem §§ 117 ff SGB III. Nicht anrechenbar sind dagegen Sozialhilfe nach dem SGB XII und Arbeitslosengeld II (frühere Arbeitslosenhilfe).[236] **109**

Bei **Selbstständigen** ist der Nettogewinn zugrunde zu legen[237] und ua um die Rücklagen für Investitionen zu vermindern.[238] Bei **Mitarbeit im Betrieb** des Ehegatten ist nicht das vereinbarte Gehalt, sondern das wirkliche Arbeitseinkommen des Getöteten zugrunde zu legen, das sich nach seinem Beitrag zum Geschäftsgewinn des gemeinsam ausgeübten Betriebs bemisst.[239] **110**

Da die Einkommensverhältnisse idR bei frei Berufstätigen erheblichen Schwankungen unterliegen und auch bei Arbeitnehmern nicht immer gleich bleiben, muss der Berechnung der Unterhaltspflicht ein fiktives **Durchschnittseinkommen** zugrunde gelegt werden. Dabei bilden die Einkommensverhältnisse im letzten Jahr vor dem Tod den Ausgangspunkt für die Berechnung des monatlichen Durchschnittseinkommens.[240] Absehbare Veränderungen in der Zukunft sind aber zu berücksichtigen (vgl Rn 162). **111**

Einkünfte aus dem Vermögen sind, soweit sie zum Unterhalt zu verwenden wären (Rn 46), dem Nettoeinkommen hinzuzurechnen. War der Getötete an einer Gesellschaft beteiligt (an einem Unternehmen) und hat er die ihm zustehenden **Entnahmen** nicht in voller Höhe getätigt, so ist von dem Betrag auszugehen, den er hätte entnehmen dürfen.[241] **112**

Nicht dem Nettoeinkommen hinzuzurechnen sind Einkünfte aus **verbotener Tätigkeit**,[242] **Auslösungen** und Aufwandsentschädigungen, die zur Deckung eines entsprechenden Mehrbedarfs verwendet worden wären,[243] sowie das **Kindergeld** nach §§ 62 ff EStG bzw dem BKGG[244] und die Arbeitnehmersparzulage.[245] **113**

---

229 BGH VersR 1958, 528; 1959, 713; 1961, 855; 1962, 322; 1971, 717; OLG Stuttgart VersR 1958, 1057; 1969, 720.
230 BGH NZV 2004, 23, 24.
231 BGH VersR 1971, 153.
232 BGH VersR 1987, 508.
233 BGH NZV 1990, 306.
234 BGH NZV 2004, 23.
235 BGH NJW 1981, 1314; Einzelheiten bei *Drees* (Lit vor Rn 1) 33.
236 Zum Ganzen *Staudinger/Röthel* § 844 Rn 110.
237 BGH VersR 1984, 353.
238 BGH VersR 1967, 259.
239 BGH VersR 1984, 353.
240 OLG Karlsruhe VRS 8, 113; *Hüskes* VersR 1959, 250; *Wittkämper* Betrieb 1964, 1228.
241 BGH VersR 1968, 770.
242 Straftaten, Schwarzarbeit; OLG Köln VersR 1969, 382.
243 OLG Saarbrücken VersR 1977, 727.
244 BGH VersR 1979, 1029; vgl Rn 83.
245 BGH NJW 1980, 2251.

114 **c) Abzug von Beiträgen zur Vermögensbildung.** Das Nettoeinkommen ist um die Teile zu bereinigen, die nicht für Unterhaltszwecke, sondern zur Vermögensbildung verwendet wurden, denn auf die weitere Teilhabe an der Vermögensbildung durch den Ehegatten bezieht sich der Unterhaltsersatzanspruch nicht (vgl Rn 99). Zu diesen auszuscheidenden Einkommensteilen gehören zB die Aufwendungen für die Tilgung von Schulden aus Anlass der Schaffung eines Eigenheims.[246] Die hierauf zu zahlenden Zinsen hingegen dienen nicht der Vermögensbildung, sondern – jedenfalls auch – der Finanzierung des Wohnbedarfs und sind daher als fixe Kosten zu behandeln;[247] vgl hierzu und zur höhenmäßigen Begrenzung Rn 118.

115 Nicht zur Vermögensbildung im vorstehenden Sinn zählen **Aufwendungen zur Alterssicherung**, zu denen Erwerbstätige, die nicht sozialversicherungspflichtig sind und keinen Anspruch auf Pension haben, gegenüber ihrem Ehegatten verpflichtet sind (zB durch Ansammlung von Rücklagen oder den Abschluss einer Lebensversicherung). Sie dürfen vom Nettoeinkommen nicht abgezogen werden; diese Beträge müssen dem Hinterbliebenen vielmehr, da zum Unterhalt gehörend, vorweg zugestanden werden.[248] Das gilt auch für freiberuflich Tätige, die einer Altersversorgung angehören müssen, sofern die Leistungen dieser Kassen so gering sind, dass ein standesgemäßer Lebensunterhalt im Alter nicht gewährleistet ist.[249] Dem Hinterbliebenen zuzubilligen sind auch die Prämien, die der Ehegatte für eine Lebens- oder Unfallversicherung weiter hätte zahlen müssen, wenn er nicht vorzeitig gestorben wäre.[250]

116 **d) Vorwegerstattung der fixen Kosten.** Aus dem nach obigen Grundsätzen ermittelten Nettoeinkommen sind dem unterhaltsberechtigten Ehegatten die fixen Kosten der Lebensführung, da sie sich durch den Wegfall des Getöteten nicht (wesentlich) verringern, voll zur Verfügung zu stellen.[251] Bei Vorhandensein weiterer Unterhaltsberechtigter sind sie zunächst vom Nettoeinkommen abzuziehen und sodann anteilig der Unterhaltsquote wieder zuzuschlagen (Rn 120, s aber wegen der in der Praxis weithin üblichen Pauschalierung Rn 123).

117 **Fixe Kosten** sind die weitgehend von der Zahl der Haushaltsmitglieder unabhängigen laufenden Aufwendungen für Wohnung und Wohnungseinrichtung, Heizung, Gas, Strom, Wasser, Abgaben, Telefon, Zeitung, Rundfunk, Fernsehen und für Versicherungen, also alle immer wiederkehrenden Ausgaben für die wirtschaftliche Basis der Lebensführung.[252] Auch Rücklagen für Schönheitsreparaturen und Hausratserneuerung gehören dazu,[253] desgleichen die Kosten für den familientypischen und weiter laufenden Kindergartenbesuch der hinterbliebenen Kinder.[254] Ob auch die Kosten für ein Auto,[255] eine Putzfrau oder Hauspersonal hierher gehören, richtet sich nach den jeweiligen Verhältnissen.

---

246 BGH VersR 1984, 962; 1986, 265; 1988, 956.
247 BGH NZV 1990, 186.
248 BGH VersR 1954, 325; 1964, 779; 1967, 260; 1971, 717.
249 BGH VersR 1956, 38; vgl auch BGH VersR 1952, 97.
250 BGHZ 39, 249.
251 BGH VersR 1986, 40.
252 BGH VersR 1987, 1242; NZV 1988, 136 m Anm *Nehls*. Ausf OLG Brandenburg NZV 2001, 213 ff.
253 OLG Hamm VersR 1983, 927.
254 BGH NZV 1998, 149.
255 Vgl hierzu BGH NZV 1988, 137 m Anm *Nehls*.

Wohnten die Ehegatten im **eigenen Haus**, so kann, da das Unterhaltsrecht keinen Anspruch auf **118** Erstellung eines Eigenheims umfasst, vom Schädiger nicht verlangt werden, dass er dessen Erhaltung finanziert. Der Hinterbliebene kann daher Instandsetzungs- und Erhaltungskosten sowie Zins- und Tilgungszahlungen für die Baudarlehen bis zur Höhe des fiktiven Mietzinses für eine (unter Berücksichtigung des reduzierten Wohnbedarfs) vergleichbare Wohnung einsetzen.[256] Ist das Haus unbelastet, kann kein fiktiver Mietwert angesetzt werden.[257] *Eckelmann/ Schäfer*[258] wollen dagegen stets die fiktiven Mietkosten zugrunde legen; dies trägt den individuellen Gegebenheiten nicht hinreichend Rechnung.

Die fixen Kosten des Haushalts ändern sich im Allgemeinen, wenn der Lebensstandard aufrechterhalten bleiben soll, durch den Tod des Mannes nicht oder nicht erheblich. Soweit Ersparnisse eintreten (vor allem bei den Versicherungen), muss die Witwe sie sich anrechnen lassen; im Übrigen bekommt sie die fixen Kosten vom Schädiger voll ersetzt.[259] Die fixen Kosten können sich dadurch erhöhen, dass beim Ehemann die Krankenversicherungsbeiträge durch den Arbeitgeber abgeführt wurden, also vom Nettolohn nicht gezahlt zu werden brauchten, während die Witwe die Beiträge zur Krankenversicherung selbst aufzubringen hat. Abzüge sind im Allgemeinen nur zu machen, wenn die Familie bis zum Tod des Mannes über ihre Verhältnisse gelebt hat.[260] **119**

Entfallen die fixen Kosten auf mehrere Hinterbliebene, so sind sie für die Berechnung **120** der einzelnen Ansprüche entsprechend den jeweiligen Verhältnissen aufzuteilen, zwischen der Witwe und einem Kind zB im Verhältnis 2:1, bei zwei Waisen zB im Verhältnis 2:1:1[261] (allgemein zum Verhältnis zwischen mehreren Unterhaltsberechtigten vgl Rn 64).

e) Aufteilung des restlichen Einkommens. Die Festlegung der Unterhaltsquote, dh **121** des Anteils des Hinterbliebenen am nach Aussonderung der fixen Kosten verbleibenden Resteinkommens, ist nach den Umständen des Einzelfalls vorzunehmen. Auszugehen ist von dem Grundsatz, dass jedem Ehegatten die Hälfte des verfügbaren Einkommens zusteht, weil beide in gleicher Weise am ehelichen Lebensstandard teilnehmen; dem berufstätigen Ehegatten wird im Allgemeinen jedoch ein etwas höherer Anteil zugebilligt, weil er infolge seiner Erwerbstätigkeit auch höhere Ausgaben haben wird.[262] Somit stehen zB der nicht erwerbstätigen, kinderlosen Witwe je nach Lage des Falles neben den fixen Kosten ca 45% des verbleibenden Nettoeinkommens zu.[263] Beim Vorhandensein von Kindern kann sich diese Quote je nach deren Zahl auf ca 38% (ein Kind) bis

---

256 BGH NZV 2004, 513, 514; 1988, 137 m Anm *Nehls*; VersR 1984, 962; OLG Braunschweig VersR 1979, 1124; **aA** österr OGH ZVR 1989, 120.
257 OLG Nürnberg NZV 1997, 439; OLG Köln VersR 1990, 1285 LS.
258 VersR 1981, 370.
259 RGZ 159, 24; BGH VersR 1952, 97; 1961, 855; OLG Stuttgart VersR 1959, 1057; *Fischer* VersR 1970, 21.
260 BGH VersR 1952, 97; 1959, 713; OLG Bamberg VersR 1956, 664.
261 Vgl BGH VersR 1972, 176; NZV 1988, 138 m Anm *Nehls*; *Drees* (Lit vor Rn 1) 42.
262 BGH NJW 1982, 42; VersR 1987, 508.
263 *Eckelmann/Nehls/Schäfer* NJW 1984, 947: 47,5%, gebilligt von BGH VersR 1987, 508; enger noch BGH VersR 1971, 717 (40% als Regel), ebenso *Schloën/Steinfeltz* Kap 6 Rn 355.

ca 25% (4 Kinder) vermindern.[264] Bei nicht erwerbstätigen, Rente beziehenden Ehegatten wird idR eine Aufteilung nach gleich hohen Quoten vorzunehmen sein.[265]

122 Wenngleich eine gewisse Pauschalierung unumgänglich ist, sind doch stets im Rahmen des tatrichterlichen Schätzungsermessens die Besonderheiten des konkreten Falles (etwa besonders hoher Arbeitseinsatz[266] oder durch persönliche Umstände bedingter besonders hoher Eigenbedarf des Unterhaltspflichtigen) zu beachten. Dies gilt vor allem auch dann, wenn der hinterbliebene Ehegatte ebenfalls zum Familienbarunterhalt beigetragen hat. Hier ist die dem Einzelfall adäquate Verteilung des Familieneinkommens, auch unter Berücksichtigung der Pflicht zur Mithilfe im Haushalt, herauszufinden;[267] näher hierzu Rn 124.

123 In der Regulierungspraxis werden die fixen Kosten vielfach nicht gesondert errechnet, sondern durch Erhöhung der üblichen Quoten (vgl Rn 121), die dann aus dem vollen Nettoeinkommen zu errechnen sind, berücksichtigt. Diese Methode verdient im Grundsatz den Vorzug, weil auch die aufwendige konkrete Berechnung nur eine Scheingenauigkeit liefern kann.[268] Allerdings besteht mangels gesicherter statistischer Daten kein Konsens über die Höhe der Pauschale. Nach der Tabelle bei *Schloën/Steinfeltz*[269] beträgt die Quote des hinterbliebenen Ehegatten dann 50%, bei Vorhandensein von Kindern zwischen ca 42% (ein Kind) und ca 28% (vier Kinder). Hierbei dürften sich idR zu niedrige Sätze ergeben.[270] *Eckelmann*[271] schlägt vor, die Fixkosten pauschal auf 35 bis 50% des ausgabefähigen Einkommens zu bemessen und im Übrigen die normale Quotentabelle (Rn 121) anzuwenden.

124 **f) Berücksichtigung eigenen Einkommens des Unterhaltsberechtigten.** Hatte der hinterbliebene Ehegatte bereits zum Unfallzeitpunkt durch eigenes Arbeits- oder Renteneinkommen zum Barunterhalt der Familie beigetragen, so ist dies bei der Bemessung des Unterhaltsersatzanspruchs wie folgt zu berücksichtigen:[272]

Zunächst wird der Unterhaltsanspruch des Hinterbliebenen nach vorstehenden Grundsätzen errechnet, dh es werden vom Nettoeinkommen des Getöteten die fixen Kosten abgezogen, aus dem Rest der Anteil des Hinterbliebenen entsprechend seiner Unterhaltsquote errechnet und sodann die fixen Kosten wieder hinzugerechnet. Allerdings sind die fixen Kosten nunmehr nicht in voller Höhe zu berücksichtigen, sondern nur insoweit, als sie aus dem Einkommen des Getöteten zu tragen waren, dh sie sind im

---

264 Für höhere Quote *Eckelmann/Schäfer* VersR 1981, 372; s a *Drees* (Lit vor Rn 1) 38 f.
265 OLG Stuttgart FamRZ 1978, 252; OLG Bremen FamRZ 1979, 123; OLG Karlsruhe FamRZ 1981, 551.
266 OLG Düsseldorf NZV 1993, 473: Quote der nicht erwerbstätigen, kinderlosen Ehefrau nur 40%.
267 Vgl zB BGH VersR 1983, 726: Rentnerehepaar; BGH VersR 1984, 81: Taxiunternehmer.
268 AA OLG Celle OLGR 2001, 227, 228: nur in Ausnahmefällen bei bes schwieriger Berechnung und Einverständnis beider Parteien. Für weitergehende Pauschalierung MünchKomm/*Wagner* § 844 Rn 48.
269 Kap 6 Rn 357.
270 Vgl *Eckelmann/Nehls/Schäfer* NJW 1984, 949; *Eckelmann/Freier* DAR 1992, 128.
271 DAR 1989, 96.
272 Vgl BGH VersR 1983, 726; 1984, 81; 1984, 353; 1984, 963; NZV 1994, 475 (jeweils mit Berechnungsschemata); *Drees* VersR 1985, 613 ff.

§ 28 Tötung

Verhältnis der Einkünfte der beiden Ehegatten aufzuteilen. Der so errechnete Unterhaltsanspruch des Hinterbliebenen ist nunmehr um den Betrag zu mindern, den er aus seinem Einkommen zum Unterhalt des anderen beizutragen hatte, denn dieser Betrag steht künftig ihm selbst zur Verfügung. Er errechnet sich analog zum eigenen Unterhaltsanspruch auf der Basis seines Nettoeinkommens, jedoch wird der Anteil an den fixen Kosten nicht wieder hinzugerechnet, weil insoweit keine Ersparnis eintritt.

Zur Verdeutlichung möge folgende Beispielrechnung[273] dienen, die von der Tötung eines Ehemannes bei einem Gesamtfamilieneinkommen von 3.000 EUR, fixen Kosten von 800 EUR und einem Aufteilungsschlüssel im Verhältnis 4 (Mann) : 4 (Frau) : 2 (Kind) ausgeht:

Entgangener Unterhaltsbaranteil		
Einkommen Mann	2.400 EUR	
abzüglich anteiliger fixer Kosten	– 640 EUR	
verfügbares Manneseinkommen	1.760 EUR	
hiervon 4/10		704 EUR
zuzüglich anteiliger fixer Kosten Mann		+640 EUR
		1.344 EUR
abzüglich ersparter Unterhaltsbeitrag an den Mann		
Einkommen Frau	600 EUR	
abzüglich anteiliger fixer Kosten	– 160 EUR	
verfügbares Fraueneinkommen	440 EUR	
hiervon 4/10		– 176 EUR
		1.168 EUR

Dieses Berechnungsschema kann im Einzelfall durch vielfältige Besonderheiten modifiziert werden, wie zB durch den Umstand, dass der Hinterbliebene infolge der Tötung des Ehegatten nicht mehr im selben Umfang wie vorher erwerbstätig sein kann oder Aufwendungen für die Kinderbetreuung machen muss bzw ohne unentgeltliche Hilfe Angehöriger machen müsste.[274] Eine andere Berechnungsweise kann auch dann geboten sein, wenn die Ehefrau wegen der Geburt eines Kindes ihre Erwerbstätigkeit bei Fortleben des Mannes aufgegeben hätte;[275] vgl zur Nichtanrechnung überobligationsmäßiger Leistungen Rn 87. Noch nicht berücksichtigt sind auch die beiderseitigen Beiträge zur Haushaltsführung (vgl hierzu Rn 126 ff) sowie etwaige über die Unterhaltsersparnis hinausgehende Vorteilsausgleichungen (vgl hierzu Rn 67 ff). War im Einzelfall das Einkommen des getöteten Ehegatten niedriger als das des hinterbliebenen, so lässt sich mit vorstehendem Berechnungsschema die Unterhaltsersparnis ermitteln, die ggf auf den Anspruch wegen entgangener Haushaltsführung anzurechnen ist.[276] Schließlich ist zu beachten, dass dann, wenn der Schädiger (zB wegen Mitverschuldens des Getöteten) nur auf eine Quote haftet, eine Anrechnung ersparter Unterhaltsbeiträge nur insoweit vorgenommen werden darf, als sie den vom Hinterbliebenen

125

---

273 Übernommen aus BGH VersR 1984, 354. Berechnungsbeispiele auch bei *Küppersbusch* Rn 409 ff; *Schmitz-Herscheidt* VersR 2003, 36 f.
274 Vgl BGH VersR 1987, 157.
275 BGH VersR 1987, 157.
276 Vgl BGH VersR 1984, 81.

selbst zu tragenden Schadensteil übersteigen.[277] Der Hinterbliebene würde sonst gewissermaßen für den Schädiger arbeiten.

g) Ersatz für entgangene Dienste

126 aa) **Dienstleistungen des Ehegatten als Unterhaltsschaden.** Die Haushaltsführung und die Mitarbeit im Geschäft des Ehegatten stellen, soweit nach § 1360 BGB geschuldet,[278] ebenfalls Unterhaltsleistungen (sog Naturalunterhalt) dar (s Rn 6, 59), sodass bei Tötung des diese Dienste leistenden Ehegatten ein entsprechender Ersatzanspruch besteht. Entscheidend ist auch hier der rechtlich geschuldete, nicht der tatsächlich geleistete Umfang der Dienste[279] (s a Rn 98).

127 In welchem **Umfang** die Ehegatten durch Dienstleistungen zum Familienunterhalt beitragen, bestimmen sie allerdings weitestgehend selbst,[280] denn gesetzlich geschuldet ist die Haushaltstätigkeit grundsätzlich so, wie es dem Einvernehmen der Ehegatten entspricht (vgl § 1356 Abs 1 S 1 BGB). Diese Einvernehmensregelung ist festzustellen und, sofern sie sich im Rahmen des Angemessenen hält (s § 1360 S 1 BGB), auch für die Zukunft zugrunde zu legen. Es kann daher nicht ohne weiteres aus dem Vorliegen einer Doppelverdiener-Ehe auf eine Aufteilung der Haushaltstätigkeit zu gleichen Teilen geschlossen werden.[281] Regeln die Ehegatten die Haushaltsführung aber in dieser Weise, so kann ein Anspruch des Hinterbliebenen aus § 844 Abs 2 BGB, § 10 Abs 2 StVG nicht etwa mit der Erwägung verneint werden, der Verlust der Mitarbeit des Getöteten im Haushalt werde dadurch aufgewogen, dass die eigene Verpflichtung gegenüber dem anderen weggefallen sei.[282] Zahlreiche Arbeiten fallen auch in dem dezimierten Haushalt unvermindert an. Der Wert des Unterhaltsdefizits ist daher messbar an dem zeitlichen Mehraufwand, den der Hinterbliebene im Vergleich zu früher zu erbringen oder durch eine Hilfskraft abzudecken hat.

128 Die tatsächlichen Verhältnisse spielen auch insofern eine Rolle, als bei zerrütteter Ehe und langjährigem Getrenntleben idR der Kausalzusammenhang zwischen Unfall und Verlust des Anspruchs auf Haushaltsführung fehlt.[283]

129 Arbeitsleistungen beim Eigenheimbau gehören nicht zur Erfüllung der Unterhaltspflicht.[284] Viel zu weitgehend ist die Ansicht des österr OGH,[285] der Schädiger schulde als entgangenen Naturalunterhalt auch den Wert solcher Arbeitsleistungen, und zwar sogar dann, wenn sie gegenüber einem Dritten erbracht werden, damit dieser seinerseits beim Bau des eigenen Hauses Hilfe leiste.

130 bb) **Möglichkeiten des Ausgleichs.** Für den Ausgleich des Ausfalls kommen im Wesentlichen vier Wege in Betracht: Die Anstellung einer Ersatzkraft, die Unterstützung durch einen Verwandten gegen entsprechende Vergütung, die unentgeltliche Hilfe eines

---

277 BGH VersR 1983, 727; 1987, 72.
278 Hierzu *Moritz* VersR 1981, 1101.
279 BGH VersR 1971, 423; 1979, 670.
280 BGH VersR 1984, 81; NZV 1993, 22.
281 BGHZ 104, 113 = NZV 1988, 60 m Anm *Schlund*.
282 BGHZ 104, 113 = NZV 1988, 60 m zust Anm *Schlund*; *Macke* NZV 1989, 254; **aA** noch BGH VersR 1984, 963.
283 LG Bayreuth VersR 1982, 607.
284 BGH NZV 2004, 513, 514. Zur Berücksichtigung von Erhaltungsarbeiten bei den fixen Kosten s Rn 118.
285 ZVR 1989, 229.

Angehörigen oder die Mehrarbeit des Hinterbliebenen. Im Sinne möglichst weitgehender Restitution können grundsätzlich die Dienste einer Ersatzkraft in Anspruch genommen und die hierfür aufzuwendenden Kosten ersetzt verlangt werden (Einzelheiten Rn 131 ff). Verzichtet der Hinterbliebene auf die Anstellung einer Ersatzkraft oder lässt er nur einen Teil der anfallenden Arbeiten von einer solchen erledigen,[286] so gewährt die Rspr einen Anspruch, der sich grundsätzlich an der fiktiven Vergütung einer Ersatzkraft orientiert (Rn 134 ff). Ist jedoch im Einzelfall eine zumutbare Lösung im Rahmen des Familienverbandes möglich, die zu einem geringeren Aufwand führt, so soll sich nach neuer Rspr des BGH der Ersatzanspruch auf den Betrag beschränken, der erforderlich ist, um den Verwandten angemessen zu entschädigen.[287] Dieser Auffassung kann nicht zugestimmt werden.[288] Sie verstößt gegen den Grundsatz, dass freiwillige Opfer den Schädiger nicht entlasten dürfen (vgl § 843 Abs 4 BGB), und führt zu großen Schwierigkeiten dann, wenn der Hinterbliebene auf eine fremde Hilfe überhaupt verzichtet. Soll er dann – wie bisher – die fiktiven Kosten einer Ersatzkraft beanspruchen können oder soll das Gericht gehalten sein, die gesamte Verwandtschaft daraufhin zu überprüfen, ob jemandem die Unterstützung des Hinterbliebenen zumutbar wäre, um sodann den Ersatzanspruch entsprechend kürzen zu können? Richtigerweise wird in allen Fällen, in denen eine bezahlte Ersatzkraft nicht in Anspruch genommen wird, eine Entschädigung zu leisten sein, die sich nach dem Wert des in Form von Arbeitsleistungen bisher erbrachten Unterhaltsbeitrags bemisst (vgl Rn 136).

cc) Berechnung des Anspruchs bei Anstellung einer Ersatzkraft. Wird zum Ausgleich der entgangenen Dienste eine Ersatzkraft angestellt, so sind die hierfür aufzuwendenden Kosten zu erstatten, und zwar der Bruttobetrag einschließlich Steuern und Arbeitgeberbeiträge zur Sozialversicherung.[289] Die Höhe des Arbeitseinkommens des hinterbliebenen Ehegatten stellt keine Begrenzung für diesen Anspruch dar, denn zum Familieneinkommen gehörten auch die Leistungen des haushaltführenden Ehegatten.[290] Die Kosten sind aber nur dann voll erstattungsfähig, wenn die Dienste der Ersatzkraft hinsichtlich Umfang und Qualifikation jene des Ehegatten nicht übersteigen. Die eingehenden Untersuchungen von *Schulz-Borck/Hofmann*, die auch die Zustimmung der Rspr gefunden haben[291] und die zu differenzierten Tabellen für unterschiedliche Haushaltstypen geführt haben,[292] liefern gute Anhaltswerte.

131

Als **Zeitaufwand** sind zB für einen aus dem Witwer und zwei minderjährigen Kindern bestehenden Haushalt vom BGH[293] ca 48 Wochenstunden für angemessen erachtet worden, bei zwei Kindern im vorschulpflichtigen Alter ca 60 Wochenstunden,[294] bei einem Kind 35 Stunden.[295]

132

---

286 Vgl BGHZ 54, 84; BGH VersR 1986, 790.
287 BGH VersR 1982, 874; 1982, 953 = 1192 m zust Anm *Hofmann*; ebenso *Scheffen/Pardey* (Lit vor Rn 1) 8.
288 So auch *Grunsky* NJW 1983, 2470; *Eckelmann/Boos/Nehls* DAR 1984, 297.
289 BGH VersR 1973, 940; 1974, 604.
290 BGH VersR 1971, 1065; 1982, 952.
291 Vgl BGH VersR 1979, 670; 1982, 952; 1984, 81; NZV 1988, 60; OLG Hamm VersR 1980, 723.
292 AaO 13 ff.
293 VersR 1979, 670.
294 BGH VersR 1982, 952; NZV 1990, 307.
295 BGH VersR 1984, 876.

Sechster Teil. Ersatz des Personenschadens

Sind Familienangehörige zur Mithilfe verpflichtet, so ist dies bei der Bemessung des Arbeitszeitbedarfs durch entsprechende Abzüge zu berücksichtigen. Deren Berechtigung und Höhe hängen bei Kindern von den konkreten Umständen ab (Bedarf an Mithilfe, Fähigkeiten des Kindes, Gesundheitszustand, Belastung durch Schule oder Berufsausbildung). Als Anhaltswert nimmt die Rspr bei Kindern ab ca 12 bis 14 Jahren eine Stunde täglich[296] an. Auch für den Ehemann richtet sich der Umfang der Mitarbeitspflicht nach den jeweiligen Umständen, insbesondere dem Ausmaß der Berufstätigkeit beider Ehegatten.[297]

133 Hinsichtlich der **Qualifikation** ist zu beachten, dass im Regelfall nicht die Anstellung einer ausgebildeten Fachkraft (zB Hauswirtschaftsmeisterin), sondern nur die einer Hauswirtschafterin oder Haushaltshilfe beansprucht werden kann.[298]

134 **dd) Berechnung des Anspruchs bei Verzicht auf Anstellung einer Ersatzkraft.** In diesen Fällen ist die Höhe der Unterhaltsersatzrente nach der Rspr grundsätzlich (vgl die Einschränkung in Rn 130) an den fiktiven Kosten einer Hilfskraft zu orientieren (zur Kritik dieser Rspr s Rn 136). Hiernach ist von den Kosten einer vergleichbaren, nach BAT bezahlten Ersatzkraft auszugehen,[299] sofern nicht wegen der örtlichen Verhältnisse eine Haushaltshilfe zu günstigeren Bedingungen angestellt werden kann.[300] Zunächst ist festzustellen, für wie viele Stunden eine Haushaltshilfe beschäftigt werden müsste, um den Haushalt im bisherigen Umfang weiterzuführen; abzusetzen ist dabei der zeitliche Aufwand für die Eigenversorgung des Getöteten[301] und die Mithilfepflicht von Kindern und Ehepartner.[302] Die so gefundene Stundenzahl (vgl auch Rn 132) ist sodann mit der sich aus dem BAT ergebenden Stundenvergütung zu multiplizieren, wobei je nach Umfang und Qualität der anfallenden Aufgaben, auch dem Alter der mitzubetreuenden Kinder, auf die Vergütungsgruppen X bis Vc abzustellen ist.[303] Bedarf es keiner Befähigung zu selbstständiger Haushaltsführung, etwa weil der Hinterbliebene schon bisher maßgeblich mitgearbeitet hat und die Regie übernehmen kann, kann BAT X angemessen sein.[304] Bei einem Haushalt kleinsten und einfachsten Zuschnitts kann es auch angemessen sein, lediglich die Kosten einer Zugehfrau als Berechnungsgrundlage heranzuziehen.[305]

135 Maßgeblich ist allein das fiktive **Netto**-Gehalt, denn für die Bestimmung des Wertes der Unterhaltsleistung haben Beträge, die einer Ersatzkraft nicht selbst zufließen wür-

---

296 BGH VersR 1972, 950; 1973, 939; 1983, 459; NZV 1990, 308; zu Recht einschr *Eckelmann/Nehls/Schäfer* DAR 1982, 383 u *Ludwig* DAR 1986, 379.
297 Vgl *Schulz-Borck/Hofmann* (Lit vor Rn 1) Nr 2.1.4; *Scheffen/Pardey* (Lit vor Rn 1) 14; BGH NJW 1974, 1238; OLG Hamburg VersR 1988, 136.
298 BGH VersR 1979, 670.
299 BGH VersR 1971, 1045; 1972, 743; 1972, 948.
300 BGH VersR 1982, 952.
301 BGH VersR 1982, 952 = 1192 m zust Anm *Hofmann*; *Lemcke* (Lit vor Rn 1) 137.
302 S dazu die Untersuchungen von *Schulz-Borck/Hofmann* (Lit vor Rn 1) sowie BGH NZV 1988, 60 m Anm *Schlund*.
303 Vgl *Schulz-Borck/Hofmann* (Lit vor Rn 1) Tabellen 5 ff; *Lemcke* (Lit vor Rn 1) 137; *Ludwig* DAR 1986, 380; BGH VersR 1972, 743; 1972, 948; 1973, 84; 1973, 939; 1979, 670; OLG Frankfurt VersR 1981, 241 (BAT Vc; sehr weitgehend).
304 BGH NZV 1988, 60 m Anm *Schlund*; abl *Eckelmann* DAR 1989, 95.
305 BGH VersR 1974, 32.

den, außer Betracht zu bleiben.[306] Der BGH lässt zu, das maßgebliche Gehalt durch Abzug einer Pauschale von 30% vom Bruttogehalt zu ermitteln.[307] Unberührt hiervon bleibt die Verpflichtung des Schädigers, dem Geschädigten die Steuern zu ersetzen, die er auf die Ersatzleistung zu entrichten hat (vgl Rn 93).

Die von der Rspr zugelassene fiktive Abrechnung begegnet von ihrem Ansatz her den generell gegen eine solche zu erhebenden Bedenken (vgl § 3 Rn 228 ff). Auch der Vorschlag, nur die konkret entstandenen Mehraufwendungen (zB für Kindergarten, Wäscherei) zu erstatten,[308] trifft nicht den Kern des Problems. Auszugehen ist vielmehr davon, dass es sich bei dem hier in Rede stehenden Anspruch um einen Unterhaltsersatzanspruch handelt (Rn 126). Zu ersetzen sind also nicht irgendwelche tatsächlichen oder fiktiven Aufwendungen, sondern der Wert der entgangenen Unterhaltsleistungen. Dieser ist nach den konkreten Verhältnissen der Familie zu bestimmen (vgl §§ 1360, 1360a Abs 2 S 1 BGB), also unter Berücksichtigung von Familieneinkommen, Größe des Haushalts, Umfang der Arbeiten usw. Die fiktiven Kosten einer Ersatzkraft können hierbei Anhaltspunkte liefern (insoweit zutreffend spricht der BGH[309] von „Orientierungsrahmen"). Ihr Bruttobetrag bildet zugleich die obere Grenze, da höhere Aufwendungen nicht „erforderlich" iSv § 249 BGB sein können. **136**

12. Ersatzanspruch des ehelichen Kindes

a) Grundsätze. Beim Unfalltod des Vaters werden sich idR andere Ansprüche gegen den Schädiger ergeben als beim Unfalltod der Mutter. Dies liegt daran, dass jeder Elternteil dem ehelichen Kind den Unterhalt jeweils in der durch die Lebensumstände gegebenen Form schuldet (vgl Rn 55). Auch hier kommt es daher nicht auf das bloß theoretische Bestehen einer Unterhaltspflicht an, sondern auf den Unterhalt, den der beim Unfall Getötete dem Kinde in dem jeweiligen Zeitraum hätte zukommen lassen müssen (vgl Rn 96 f). Beim Tod beider Eltern hat das Kind zwar Anspruch auf vollen Unterhaltsersatz; idR werden jedoch (zB wegen teilweisen Forderungsübergangs) die Ansprüche gegen Vater und Mutter gesondert auszuweisen sein.[310] **137**

Bei der Bemessung des Unterhaltsersatzanspruchs von Kindern ist es in besonderem Maße erforderlich, absehbare Zukunftsentwicklungen prognostisch zu berücksichtigen, dh nach Zeitabschnitten zu differenzieren (vgl hierzu Rn 162, 169). **138**

Der Unterhaltsersatzanspruch des Kindes setzt sich – ebenso wie der des überlebenden Elternteils – zusammen aus entgangenem Unterhalt in Natur und Geld und aus einem Anspruch wegen Wegfalls der persönlichen Dienste des Getöteten. Der Unterhalt eines noch in der Ausbildung befindlichen Kindes richtet sich nach der Lebensstellung und **139**

---

306 BGHZ 86, 372 = JR 1983, 414 m Anm *Schlund*; BGH VersR 1973, 85 (hinsichtlich der Arbeitgeberanteile zur Sozialversicherung); 1982, 952 = 1192 m zust Anm *Hofmann*; LG Berlin DAR 1979, 304; *Schulz-Borck/Hofmann* (Lit vor Rn 1) 2.2.2; *Küppersbusch* Rn 376; 15. VGT (1977) 10; **aA** OLG Frankfurt VersR 1981, 241 = 338 m abl Anm *Hofmann*; österr OGH ZVR 1993, 149; *Grunsky* NJW 1983, 2470; JZ 1986, 176; *Ludwig* DAR 1986, 380; *Drees* (Lit vor Rn 1) 64 f.
307 BGHZ 86, 377; BGH VersR 1987, 72.
308 *Honsell/Harrer* JuS 1991, 447.
309 ZB NZV 1990, 307.
310 *Drees* (Lit vor Rn 1) 76. Vgl auch BGH VersR 1985, 365, 366.

den wirtschaftlichen Verhältnissen der Eltern. Das bedeutet aber nicht, dass dem Kind eine der Lebensführung der Eltern entsprechende Lebensgestaltung (eigener Wagen, Urlaubsreisen in ferne Länder) ermöglicht werden müßte. Vielmehr rechtfertigt bei überdurchschnittlich guten wirtschaftlichen Verhältnissen der Eltern die besondere Lage des noch in der Ausbildung befindlichen Kindes eine Begrenzung des Unterhalts nach oben deshalb, weil es noch keine berufliche Lebensstellung besitzt und den Eltern das Recht zusteht, im Interesse einer Erziehung zur Sparsamkeit Einschränkungen nach billigem Ermessen vorzunehmen.[311] Maßgebend ist mithin hier die Handhabung durch den verstorbenen Elternteil, sofern sie keinen Ermessensmissbrauch darstellte.

140 Zum Unterhalt gehört auch der Anspruch auf **Pflege im Krankheitsfall** einschließlich Deckung der Heilungskosten. Ist nur ein Elternteil erwerbstätig, so erfüllt er diesen Anspruch durch Abschluss einer Krankenversicherung für das Kind bzw bei Gesetzlicher Krankenversicherung dadurch, dass er dem Kind die Leistungen der Krankenkasse nach § 10 SGB V verschafft (Meldung des Familienversicherten durch den Stammversicherten gem § 10 Abs 6 SGB V); der andere Elternteil schuldet nur die tatsächlichen Fürsorgeleistungen im Rahmen der Pflicht zur Haushaltsführung.[312] Entfällt durch den Tod des erwerbstätigen Elternteils der (gem § 3 S 3 SGB V beitragsfreie) Versicherungsschutz nach § 10 SGB V, so muss der Ersatzpflichtige die nunmehr anfallenden Kosten für eine Krankenversicherung des Kindes erstatten, auch soweit diese vom Rentenversicherungsträger aufzubringen sind;[313] zum Anspruchsübergang auf diesen s § 32. Standen beide Elternteile in einem krankenversicherungspflichtigen Arbeitsverhältnis, schuldet der Schädiger bei der Tötung eines Elternteils nur 50% des (fiktiven) Beitrags zu einer Krankenversicherung.[314]

141 Eine Verpflichtung des Kindes, durch **eigene Arbeit** den Unterhaltsanspruch zu mindern oder in Wegfall zu bringen, besteht nur ausnahmsweise. Vor Beendigung der Berufsausbildung des Kindes ist dieses zwar nach § 1619 BGB verpflichtet, in einer seinen Kräften und seiner Lebensstellung entsprechenden Weise den Eltern in ihrem Hauswesen und Geschäft Dienste zu leisten; es ist aber nicht verpflichtet, bei fremden Leuten Dienste zu leisten, um Geld zu verdienen. Es wäre auch nicht angängig, aus § 1602 Abs 2 BGB zu entnehmen, dass das Kind nach dem Zeitpunkt der Volljährigkeit seine Berufsausbildung nicht fortsetzen dürfe, sondern sich einen Arbeitsplatz suchen müsse. Die Tatsache, dass infolge des Todes eines Elternteils oder beider Elternteile die Dienstleistungspflicht in deren Hauswesen und Geschäft sich aus tatsächlichen Gründen (Auflösung des Haushalts oder Geschäfts) verringert oder ganz wegfällt, stellt für das Kind keinen Vermögensvorteil dar, der zu einer Minderung des Ersatzanspruchs führt (vgl Rn 86). Wird der Haushalt nach dem Tod des Elternteils (oder beider Eltern) weitergeführt, so ist allerdings bei der Berechnung des Anspruchs des Kindes wegen Wegfalls der Arbeitsleistung des Vaters und der Mutter im Haushalt zu berücksichtigen, inwieweit das Kind im Haushalt, lebte der Verstorbene noch, hätte mithelfen müssen (vgl hierzu Rn 132).

---

311 BGH VersR 1973, 84.
312 BGH VersR 1980, 844.
313 BGH VersR 1978, 346.
314 BGH VersR 1978, 346.

142 Ab wann das Kind einer Erwerbstätigkeit nachzugehen hat, um sich seinen eigenen Unterhalt zu verdienen, richtet sich nicht nach dem Eintritt der Volljährigkeit.[315] Der maßgebende Zeitpunkt ist vielmehr der des regulären Abschlusses der **Berufsausbildung** (vgl Rn 156). Dabei hat das Kind sich nach den Anordnungen der Eltern zu richten (§§ 1626, 1627 BGB), jedoch nur bis es volljährig wird. Von da an bestimmt es über seinen Ausbildungsweg grundsätzlich selbst.[316] Allerdings hat es nur Anspruch auf die Ermöglichung *einer* adäquaten, dh seinen Fähigkeiten entsprechenden und sich in den Grenzen der wirtschaftlichen Leistungsfähigkeit seiner Eltern haltenden Berufsausbildung (§ 1610 Abs 2 BGB); ein Zweitstudium oder eine weitere Berufsausbildung braucht der Unterhaltsverpflichtete grundsätzlich nicht zu finanzieren.[317] Etwas anderes kann jedoch gelten, wenn die erste Ausbildung auf einer Fehleinschätzung der Begabungen oder Neigungen des Kindes beruhte, wenn die Zweitausbildung eine von vornherein angestrebte Weiterbildung darstellt oder während der ersten Ausbildung eine besondere, die Weiterbildung erfordernde Begabung des Kindes deutlich wurde.[318] Im Rahmen der wirtschaftlichen Zumutbarkeit haben die Eltern ein Studium auch dann zu finanzieren, wenn das Kind nach dem Abitur zunächst eine damit in sachlichem Zusammenhang stehende praktische Ausbildung durchlaufen hat.[319] Soweit nach den jeweiligen Umständen angemessen, kann das Kind verpflichtet sein, durch eigene Erwerbstätigkeit neben der Ausbildung, zB Ferienarbeit, zum Unterhalt beizutragen.

143 **Nach Abschluss der Ausbildung** hat das Kind einen Unterhaltsanspruch gegen beide Elternteile nur, wenn es (durch Krankheit, unverschuldete Arbeitslosigkeit usw) in eine Notlage gerät.

144 Ein Kind mit **eigenem Vermögen** kann von seinen Eltern, solange es seine Berufsausbildung nicht abgeschlossen hat, Unterhalt insoweit verlangen, als die Erträgnisse seines Vermögens zum Unterhalt einschließlich der Ausbildungskosten nicht ausreichen. Dies gilt aber nur bis zum Eintritt der Volljährigkeit. Von da an muss es den Stamm seines Vermögens aufzehren, ehe es Unterhalt von seinen Eltern verlangen kann (§ 1602 Abs 2 BGB). Eine Ausnahme gilt, wenn es unzumutbar, insbesondere unwirtschaftlich ist, das Vermögen anzugreifen.

145 Die **Unterhaltspflicht des überlebenden Elternteils** schließt nach § 843 Abs 4 BGB, auf den in § 844 Abs 2 S 1 BGB, § 13 Abs 2 StVG und § 8 Abs 2 HaftpflG verwiesen wird, den Ersatzanspruch des Kindes gegen den für den Unfalltod des anderen Elternteils Verantwortlichen nicht aus und mindert ihn nicht (Rn 51). Zu beachten ist aber, dass der Schädiger nur für den Teil der gemeinsamen Unterhaltspflicht haftet, der auf den Getöteten entfiel (s Rn 55). Wird der Vater beim Unfall getötet und war die Mutter nicht im Erwerbsleben gestanden, hatte sie vielmehr nur den Haushalt besorgt, so umfasst der Ersatzanspruch des Kindes gegen den Schädiger den gesamten Unterhalt mit

---

315 OLG Hamm NJW-RR 1987, 539.
316 OLG Düsseldorf FamRZ 1978, 613.
317 BGHZ 69, 190; BGH FamRZ 1981, 437; NJW-RR 1991, 1156; OLG Braunschweig VersR 1967, 813; VGH Baden-Württemberg FamRZ 1980, 628; VGH München NJW 1990, 2576. Ausnahmefall (Kind wurde in inadäquate Ausbildung gedrängt): BGH FamRZ 1991, 322.
318 BGHZ 69, 190; BGH FamRZ 1980, 1115; 1981, 346; 1981, 437.
319 BGH NJW 1989, 2253.

Ausnahme der persönlichen Dienste der Mutter, die diese weiterhin dem Kinde allein schuldet.[320] War die Mutter neben dem Vater berufstätig, so kann, wenn der Vater getötet wird, das Kind vom Schädiger nur den auf den Vater entfallenden Teil des Unterhalts ersetzt verlangen, nicht seinen vollen Unterhalt. Wird in einem solchen Fall die Mutter getötet, so entstehen Ersatzansprüche in Höhe ihrer Pflicht, zum Unterhalt des Kindes beizutragen.[321] Zu beachten ist hierbei, dass bei Berufstätigkeit der Ehefrau der Ehemann zu erhöhter Mithilfe im Haushalt verpflichtet ist.[322]

146 Hat die Witwe infolge des Unfalltodes ihres Mannes dessen Unternehmen geerbt, so mindern sich hierdurch die Ersatzansprüche der Kinder gegen den Schädiger. Es ist aber nicht etwa so, dass die Kinder sich einen „erhöhten" Unterhaltsanspruch gegen ihre Mutter auf ihre Schadensersatzansprüche „anrechnen" lassen müssten,[323] denn dieser Unterhaltsanspruch gegen die Mutter konnte sich durch den Tod des Vaters nicht erhöhen. Vielmehr greift der Grundsatz ein, dass die in § 843 Abs 4 BGB enthaltene Regel nicht gilt, wenn nur die Person des Unterhaltspflichtigen, nicht aber die Quelle des Unterhalts gewechselt hat (vgl Rn 53, 73).

147 **b) Berechnung des materiellen Unterhalts.** Sie vollzieht sich im Prinzip wie beim Ehegattenunterhalt (anteilige Fixkosten plus Anteil am Resteinkommen, Rn 116 ff). Da jedes Kind einen eigenen Anspruch auf Ersatz des gerade ihm entgangenen Anteils am Familienunterhalt hat (vgl Rn 64), ist in jedem Falle ein den jeweiligen Umständen entsprechender Verteilungsschlüssel zu finden.[324] Insbesondere das Alter des Kindes und sein Ausbildungsbedarf beeinflussen die Höhe seiner Quote.[325] Auch ist bei besonders hohem Einkommen des Getöteten zu berücksichtigen, dass sich aus der Natur des Unterhaltsanspruchs eine Begrenzung nach oben ergibt.[326]

148 Allgemeingültige Quoten können daher nicht angegeben werden.[327] Der BGH räumt dem Tatrichter hier ein Schätzungsermessen (§ 287 ZPO) ein. Er hat zB bei zwei unterhaltsberechtigten Kindern eine Quote von je 20% (bis zum 11. Lebensjahr) und 23,5% (ab dem 12. Lebensjahr) nicht beanstandet,[328] in früheren Urteilen allerdings auch wesentlich niedrigere Quoten für vertretbar gehalten.[329]

---

320 BayObLGSt 64, 8; LG Mönchengladbach MDR 1961, 1016.
321 BGH FamRZ 1967, 380; VersR 1970, 41; OLG Braunschweig VersR 1967, 813.
322 BGH VersR 1974, 32; 1974, 885.
323 **AA** OLG München VersR 1967, 190.
324 **AA** *Drees* (Lit vor Rn 1) 65: gleichmäßige Aufteilung nach Zahl der Berechtigten.
325 BGH VersR 1987, 1243 = FamRZ 1988, 696 m Anm *Nehls*; BGH NZV 1988, 136 m Anm *Nehls*; *Macke* NZV 1989, 252; *Eckelmann/Freier* DAR 1992, 128; **aA** OLG Hamm NZV 1989, 271 m zust Anm *Küppersbusch*.
326 BGH VersR 1987, 1243 = FamRZ 1988, 696 m Anm *Nehls*; *Macke* NZV 1989, 252 f.
327 Anhaltswerte liefern die Tabellen bei *Küppersbusch* Rn 351 (mit einer Tendenz zu niedrigeren Werten) und *Eckelmann/Nehls* (Lit vor Rn 1) S 119 (mit höheren Sätzen). Krit hierzu BGH VersR 1986, 266.
328 NZV 1988, 136 m Anm *Nehls*.
329 In VersR 1986, 40 15–20% bei einem Kind, in NJW 1986, 715 m Anm *Eckelmann/Nehls* u NZV 1990, 186 je 15% bei zwei Kindern. Krit gegenüber einer Quote von je 22,5% bei zwei Kindern auch BGH VersR 1987, 1244. Zu einem Sonderfall (Kind lebte im Haushalt des tödlich verunglückten, geschiedenen Vaters zusammen mit dessen Verlobter; Mutter war von Unterhaltsansprüchen freigestellt) vgl OLG Hamm NJW-RR 1990, 452 (Quote: 25%).

Der durch Quotelung gefundene Betrag muss aber im Einzelfall durch einen überschlägigen Vergleich mit den unterhaltsrechtlich geschuldeten Sätzen abgeglichen werden.[330] Anhaltspunkte liefern daher auch die bei verschiedenen Oberlandesgerichten gebräuchlichen Unterhaltstabellen, die allerdings, da auf doppelte Haushaltsführung zugeschnitten, nicht ohne weiteres in das Schadensersatzrecht übernommen werden können.[331] Ist auch der hinterbliebene Elternteil berufstätig, so ist dessen finanzieller Unterhaltsbeitrag, der sich auch nach der Höhe seines Einkommens richtet, ggf einzurechnen. Ferner ist zu berücksichtigen, dass sich infolge seiner Erwerbstätigkeit uU seine Pflicht zur Hausarbeit ermäßigt und teilweise auf den anderen Ehegatten verlagert hat.[332]

149

Bei **Tötung beider Elternteile** und Fortführung des Haushalts (zB durch Großmutter) hält der BGH[333] eine genaue Prüfung der fixen Kosten auf etwaigen Minderbedarf (kleine Kinder benötigen zB keine Zeitung) sowie eine besonders sorgfältige Schätzung der Quote (weil hier nicht die Möglichkeit zu einem Ausgleich des Unterhaltsbedarfs innerhalb der verbliebenen Familieneinheit besteht) für veranlasst; je 15% bei zwei Kindern und voll berufstätigen Eltern seien keine Unterbewertung. Wird der bisherige elterliche Haushalt aufgelöst, so sind die dem Kind gutzubringenden Fixkosten nach seinem Anteil an den fixen Kosten des aufnehmenden Haushalts zu bemessen.[334] Bei Unterbringung in einem Heim oä werden die Fixkosten regelmäßig in den hierfür aufzubringenden Kosten (s Rn 152) enthalten sein.

150

c) Bewertung entgangener Dienstleistungen. Schuldete der Getötete dem Kind im Rahmen der Unterhaltspflicht persönliche Dienstleistungen (Haushaltsführung, Betreuung, Erziehung; vgl Rn 56), so richtet sich die Berechnung des insoweit eingetretenen Ausfalls nach den in Rn 130 ff dargestellten Regeln, dh grundsätzlich nach den Kosten einer für diese Aufgaben angestellten Ersatzkraft. Hinsichtlich Zeitbedarf und Qualifikation der Ersatzkraft ist ausschließlich auf die Situation der Waisen abzustellen; die Eigenversorgung der Betreuungsperson hat außer Betracht zu bleiben.[335] Wurde auf Anstellung einer Ersatzkraft verzichtet, bemisst die Rspr den Anspruch nach den fiktiven Kosten einer solchen[336] (vgl Rn 134 f; zur Kritik dieser Rspr Rn 136). Nimmt die Ersatzkraft auch Aufgaben gegenüber anderen Hinterbliebenen wahr, so ist der auf den einzelnen Anspruchsteller entfallende Anteil festzustellen.

151

Wird durch den Todesfall eine **auswärtige Unterbringung** (Heim, Pflegeeltern) erforderlich, sind die hierfür anfallenden Kosten, soweit angemessen, als Unterhaltsschaden zu ersetzen.[337] Wurde der Betreuungsunterhalt vom getöteten Elternteil erbracht, wird aber wegen einer besonderen Konstitution des Kindes eine kostenintensive Form der

152

---

330 Eingehend *Macke* NZV 1989, 250 ff.
331 BGH VersR 1985, 365, 367; 1986, 40; *Macke* NZV 1989, 250; s a *Nehls* FamRZ 1988, 697. Für Anwendbarkeit bei in der Heimat lebenden Kindern eines ausländischen Arbeitnehmers OLG Hamm NZV 1989, 271 m Anm *Küppersbusch*, auch zur Berücksichtigung des Kaufkraftgefälles.
332 Vgl BGH VersR 1974, 32; 1974, 885; 1985, 365, 366.
333 NJW 1986, 715 m Anm *Eckelmann/Nehls*; DAR 1986, 51 m Anm *Eckelmann/Nehls* 284.
334 *Drees* (Lit vor Rn 1) 77.
335 *Drees* (Lit vor Rn 1) 78; vgl auch BGH VersR 1982, 952.
336 BGH NZV 1990, 307; OLG Stuttgart VersR 1993, 1536.
337 BGH VersR 1971, 1045; OLG Düsseldorf VersR 1985, 699.

Betreuung erforderlich, sind auch diese Kosten zu ersetzen.[338] Wird das Kind unentgeltlich, zB bei Großeltern, untergebracht, so sollten nach früherer Rspr des BGH die Kosten einer vergleichbaren Unterbringung bei einer fremden Familie, dh der volle Pflegesatz für die Unterbringung in Pflegestellen, als Anhalt dienen.[339] Jetzt hebt der BGH mehr auf die im Einzelfall angemessene Vergütung der Aufnehmenden ab.[340] Auch hier sollte die in Rn 136 dargelegte Betrachtungsweise zugrunde gelegt werden.

13. Ersatzanspruch des Kindes nicht miteinander verheirateter Eltern

153 Dem Kind nicht verheirateter Eltern stehen gegen seinen Vater und seine Mutter Unterhaltsansprüche zu (Rn 40). Werden Vater und Mutter oder wird einer von beiden durch einen Unfall getötet, so entstehen ihm anstelle des weggefallenen Unterhaltsanspruchs Ersatzansprüche gegen den Schädiger in entsprechender Höhe; auch das Kind nicht verheirateter Eltern hat ein Recht, so gestellt zu werden, als lebten beide Elternteile noch. Für die Berechnung gelten infolge der Gleichstellung nach § 1615a BGB die Rn 137 ff.[340a]

154 Bei dem Elternteil, der das Kind tatsächlich betreut, ist für die Bemessung des Ersatzanspruchs auch der Wert der entgangenen Dienste in Rechnung zu stellen;[341] zur Berechnung vgl Rn 151.

14. Dauer der Ersatzpflicht

155 Die Schadensersatzrente ist entsprechend ihrer Zweckbestimmung, den Verlust des Unterhaltsanspruchs auszugleichen, so lang zu zahlen wie auch die Unterhaltsleistungen gewährt worden wären. Die Ersatzpflicht endet daher mit dem Zeitpunkt, zu dem die Unterhaltspflicht des Getöteten geendet hätte, zB durch Wegfall der Bedürftigkeit des Berechtigten oder der Leistungsfähigkeit des Verpflichteten. Sie endet nach § 844 Abs 2 S 1 BGB, § 10 Abs 2 S 1 StVG, § 5 Abs 2 S 1 HaftpflG aber spätestens im Zeitpunkt des mutmaßlichen Ablebens des Unterhaltsverpflichteten.

156 **a) Mutmaßliche Beendigung der Unterhaltspflicht.** Die Unterhaltspflicht gegenüber Kindern endet nicht mit dem Eintritt der Volljährigkeit, sondern erst mit der Beendigung der Ausbildung (Einzelheiten Rn 142). Wird eine Unterhaltsersatzrente durch Urteil ausgesprochen, so hat das Gericht, das auch über die Dauer der Zahlungspflicht entscheiden muss, in einer vorausschauenden Betrachtung festzustellen, welchen Ausbildungsweg das Kind bei Fortleben des Getöteten eingeschlagen hätte und wie lange dieser dauern würde.[342] Hierbei sind bereits absehbare Entwicklungen zu berücksichti-

---

338 OLG Celle NZV 2004, 307 (mit Zurückweisung der Nichtzulassungsbeschwerde durch den BGH).
339 BGH VersR 1971, 1045; 1974, 601.
340 BGH VersR 1985, 365, 367; NJW 1986, 715 u DAR 1986, 284 je m Anm *Eckelmann/ Nehls*; vgl auch OLG Hamm NJW-RR 1990, 453; **aA** OLG Koblenz FamRZ 1983, 391: bei Tötung beider Eltern Düsseldorfer Tabelle.
340a Näher (insb zu den fixen Kosten) BGH Urt v 21.11.2006 – VI ZR 115/05 (zZ unv).
341 OLG München VersR 1982, 376.
342 BGH VersR 1966, 588.

gen, zB eine Studienzeit über das 27. Lebensjahr hinaus.[343] Erweist sich die Hypothese später als unzutreffend, kann das Urteil nach § 323 ZPO abgeändert werden. Bei kleinen Kindern soll nach der Rspr des BGH[344] die Verurteilung zur Rentenzahlung auf die Zeit bis zur Vollendung des 18. Lebensjahres beschränkt werden; hinsichtlich etwaiger weiterer Ansprüche soll nur ein Feststellungsurteil ergehen.

Hätte eine bereits beantragte **Ehescheidung** zum Ausschluss von Unterhaltsansprüchen des hinterbliebenen Ehegatten geführt, so ist dies zu berücksichtigen (vgl Rn 43). **157**

Wiederverheiratung oder **Adoption** bringen den Unterhaltsersatzanspruch nicht zum Erlöschen. Zur Frage, inwieweit sie Einfluss auf die Rentenhöhe haben, vgl Rn 163 f. **158**

b) Mutmaßliche Lebensdauer des Getöteten. Die Ersatzpflicht endet spätestens zu dem Zeitpunkt, an dem der tödlich Verunglückte voraussichtlich gestorben wäre, wenn sich der Unfall nicht ereignet hätte. Diesen Zeitpunkt hat das Gericht nach freier Überzeugung (§ 287 ZPO) zu bestimmen und im Urteil kalendermäßig anzugeben.[345] Anhaltspunkte bieten hierbei die im jeweiligen Statistischen Jahrbuch veröffentlichten Sterbetafeln des Statistischen Bundesamtes.[346] Individuelle Umstände, die für eine geringere oder höhere Lebenserwartung sprechen, können berücksichtigt werden;[347] zur Beweislast s Rn 170. **159**

Eine Ausnahme von dem Grundsatz, dass die Schadensersatzansprüche des Hinterbliebenen durch den mutmaßlichen Zeitpunkt des Todes des Unterhaltsverpflichteten begrenzt sind, macht der BGH[348] für den Fall, dass die Witwe eines verunglückten Arbeitnehmers oder Beamten infolge dessen vorzeitigen Ablebens keine Witwenrente aus der Rentenversicherung bzw keine Versorgungsleistungen erhält. In solchen Fällen ist auch nach dem mutmaßlichen Todeszeitpunkt Ersatz für jene entgangene Altersversorgung zu leisten. Der Grund hierfür liegt darin, dass der Getötete nicht durch Ausnützung seiner Arbeitskraft die Voraussetzungen für den Erwerb eines Renten- oder Versorgungsanspruchs seiner Ehefrau herbeiführen konnte, wozu er aufgrund seiner auch die Alterssicherung umfassenden Unterhaltspflicht gehalten gewesen wäre. Gem § 46 SGB VI muss nämlich der verstorbene Ehegatte die allgemeine Wartezeit (§ 50 SGB V) von fünf Jahren mit Beitragszeiten erfüllt haben. Diese Rspr scheint zwar dem Gesetzeswortlaut zu widersprechen,[349] sie findet ihre Rechtfertigung aber darin, dass der Getötete aus dem während seiner mutmaßlichen Lebenszeit bezogenen Einkommen die Aufwendungen erbracht hätte, die den Versorgungsnachteil der Witwe verhindert hätten. Sie entspricht damit der Rspr zur Rentenbemessung für hinterbliebene Ehegatten freiberuflich tätiger Personen, wonach die Pflicht zur Bildung von Rücklagen für die Altersversorgung des Ehegatten zu berücksichtigen ist (vgl Rn 115). Gemeinsamer Rechtsgedanke ist, dass der Schädiger nicht dadurch entlastet werden darf, dass die geringeren Versorgungsaufwendungen erst mit zeitlicher Verschiebung zu einem Schaden des Unterhaltsberechtigten führen.[350] **160**

c) Wegfall der Leistungsfähigkeit des Getöteten. Die Ersatzpflicht ist auf die Zeit zu begrenzen, in der der Getötete leistungsfähig gewesen wäre. Dieser (nach § 287 ZPO zu **161**

---

343 OLG Köln VersR 1990, 1285 LS.
344 VersR 1983, 688.
345 BGH NZV 2004, 291.
346 BGH NZV 2004, 291; VersR 1972, 176; OLG Hamm MDR 1998, 1414.
347 BGH NJW 1972, 1515; 1979, 1248.
348 BGHZ 32, 248 im Anschluss an *Wussow* DR 1940, 1866; 1941, 590; DAR 1951, 3; **aA** RG JW 1906, 570; RGZ 155, 20. Näher hierzu *Drees* (Lit vor Rn 1) 29 mwN.
349 Krit daher *Herzberg* NJW 1990, 2526 f.
350 *Drees* VersR 1992, 1169 ff.

schätzende) Zeitpunkt kann bei Barunterhalt wegen des Ausscheidens aus dem Erwerbsleben früher liegen als beim Unterhalt durch Leisten von Pflegediensten.[351]

15. Änderung der Höhe des Ersatzanspruchs

a) Prognoseentscheidung und Abänderungsmöglichkeit

162 Später eintretende Umstände, die die Höhe des Unterhaltsanspruchs gegen den Getöteten beeinflusst hätten, sind auch für den Ersatzanspruch beachtlich (zB Beginn einer kostspieligen Ausbildung, Eintritt in den Ruhestand; vgl Rn 100). Sie sind nach Möglichkeit im Wege der Prognose, dh durch Differenzierung nach Zeitabschnitten, zu berücksichtigen.[352] Sieht sich der Richter trotz der durch § 287 ZPO eröffneten Möglichkeiten nicht in der Lage, einzelne für die Höhe der Rente maßgebliche Faktoren in seine Prognose einzubeziehen, dann muss er dies in den Entscheidungsgründen deutlich machen, um insoweit den Weg einer Abänderungsklage nach § 323 ZPO offenzuhalten. Auf diesem Weg sind auch Entwicklungen, mit denen zum Zeitpunkt der Entscheidung überhaupt noch nicht gerechnet werden konnte, geltend zu machen (vgl § 31 Rn 25 ff). Zur Anpassung eines Rentenvergleichs s § 16 Rn 67.

b) Einzelfälle

163 aa) **Wiederverheiratung.** Nach ständiger Rspr ist der Unterhaltsanspruch, den der hinterbliebene Ehegatte durch eine neue Eheschließung erlangt, auf den Unterhaltsersatzanspruch schadensmindernd anzurechnen,[353] auch dann, wenn der getötete Ehegatte seinen Unterhaltsbeitrag durch Dienstleistungen im Geschäft des anderen erbracht hat, der neue Ehegatte hingegen mit seinem Verdienst aus einer Erwerbstätigkeit zum Unterhalt beiträgt.[354] Die Anrechnung unterbleibt insoweit, als der Unterhaltsanspruch gegen den neuen Ehegatten nicht realisierbar oder die Realisierung nicht zumutbar ist.[355] Wird die neue Ehe geschieden, lebt der Ersatzanspruch wieder auf.[356]

164 Auf den **Unterhaltsersatzanspruch des Kindes** hat die Eheschließung des hinterbliebenen Elternteils dagegen keinen Einfluss; die tatsächliche Betreuung durch die Stiefmutter mindert ihn nicht, da ihr keine gesetzliche Unterhaltspflicht zugrunde liegt.[357]

165 bb) Bei **Eingehung einer Lebenspartnerschaft** müssen infolge § 5 LPartG dieselben Grundsätze gelten.

166 cc) **Adoption.** Da das adoptierte Kind gegenüber dem Annehmenden unterhaltsberechtigt wird, müsste es an sich zu einer Anrechnung auf den Unterhaltsersatzanspruch kommen. Der BGH[358] hat dies aber abgelehnt. Durch § 1755 Abs 1 S 2 BGB hat der Gesetzgeber dies iErg bestätigt; für in der DDR vor dem Beitritt begründete Annahmeverhältnisse gilt die Vorschrift jedoch nicht (Art 234 § 13 Abs 1 EGBGB).

---

351 BGH NJW 2006, 2327, 2329.
352 BGH NZV 2004, 291.
353 BGHZ 26, 293; BGH VersR 1958, 627; 1969, 425; 1979, 55.
354 BGH VersR 1970, 522.
355 BGH VersR 1979, 55; *Röthel* NZV 2001, 330.
356 BGH VersR 1979, 55; *Erman/Schiemann* § 844 Rn 17; *Röthel* NZV 2001, 330.
357 OLG Stuttgart VersR 1993, 1536.
358 BGHZ 54, 269 = JZ 1971, 657 m krit Anm *Rother*; **aA** *Schultze/Bley* NJW 1971, 1137.

dd) Nichteheliche Lebensgemeinschaft. Der BGH[359] lehnt es ab, die Versorgung, die der hinterbliebene Ehegatte in einer eheähnlichen Lebensgemeinschaft als Äquivalent für seine dort geleisteten Dienste erhält, schadensmindernd anzurechnen; eine Anspruchsminderung könne sich aber aus Verletzung der Schadensminderungspflicht durch Nichtaufnahme einer Erwerbstätigkeit ergeben. Dieser Umweg erscheint unnötig. Zwar unterscheidet sich dieser Fall von dem der Wiederverheiratung durch das Fehlen eines gesetzlich gesicherten Unterhaltsanspruchs. Entscheidend ist aber auch bei der Wiederverheiratung die tatsächliche Unterhaltsleistung. Die Einschränkung der Bedürftigkeit des Hinterbliebenen, die mit der neuen Lebensgestaltung einhergeht, sollte wie bei der Aufnahme einer zumutbaren Erwerbstätigkeit (Rn 87) auf den Ersatzanspruch durchschlagen.[360]

167

ee) Wegen **Aufnahme einer Erwerbstätigkeit** vgl Rn 87 ff, wegen **Veränderungen des Einkommens**, zB Eintritt in den Ruhestand, Rn 100, 111.

168

ff) Bei **Kindern** ist wegen des altersbedingten Entwicklungsprozesses idR ein nach Zeitabschnitten differenzierter Unterhaltsersatzanspruch zuzusprechen.[361] Außer dem voraussichtlichen Ausbildungsweg sind zB zu berücksichtigen: die Veränderung des Anteils am Gesamtunterhaltsbedarf der Familie wegen steigender Bedürfnisse (vgl Rn 147), bei den (fiktiven) Kosten einer Ersatzkraft die Verringerung des Betreuungsaufwands ab dem Schulalter und die etwa ab 12 bis 14 Jahren bestehende Pflicht zur Mitarbeit im Haushalt (vgl Rn 132) sowie die geringeren Anforderungen an die Qualifikation der Ersatzkraft bei Kindern über 14 Jahre (vgl Rn 134).

169

16. Beweisfragen

Die Verteilung der Beweislast weicht von derjenigen ab, die gilt, wenn ein Unterhaltsberechtigter Forderungen gegen den Unterhaltsverpflichteten erhebt. Bei Klagen gegen den Schädiger muss nämlich derjenige, der den Ersatzanspruch geltend macht, beweisen, dass der Unterhaltsverpflichtete leistungsfähig gewesen wäre.[362] Bei der Prüfung der Frage, wie hoch die Unterhaltspflicht des Getöteten in dem Zeitraum gewesen wäre, für den nun Ersatz wegen Wegfalls der Unterhaltspflicht gefordert wird, wird das Gericht allerdings in den meisten Fällen von seiner Befugnis, eine Schätzung vorzunehmen (§ 287 ZPO), Gebrauch machen müssen, weil sichere Feststellungen über die hypothetische Entwicklung der Verhältnisse nicht getroffen werden können. Die Schätzungsbefugnis bezieht sich aber nicht auf die Frage, ob überhaupt ein Unterhaltsanspruch gegen den Getöteten entstanden wäre.[363] Den insoweit bestehenden Beweisschwierigkeiten hilft bereits das materielle Recht ab, indem es die Wahrscheinlichkeit eines Unterhaltsentgangs genügen lässt (vgl Rn 61). Behauptet der Schädiger, die Unterhaltspflicht des Verstorbenen hätte vorzeitig geendet, zB durch Ehescheidung, so hat er das zu beweisen.[364] Desgleichen trägt er die Beweislast für die Behauptung, der

170

---

359 BGHZ 91, 357 = JZ 1985, 86 m abl Anm *Lange*; ebenso *Drees* (Lit vor Rn 1) 49.
360 Ebenso *Röthel* NZV 2001, 331; *Dunz* VersR 1985, 509.
361 Eingehend BGH NZV 1990, 307.
362 BGH DAR 1960, 73; OLG München VersR 1964, 102.
363 BGH NJW 1974, 1373; *Greger* Beweis und Wahrscheinlichkeit S 140; **aA** RGZ 90, 226; RG JW 1927, 2371; BGH VersR 1960, 179; *Klauser* JZ 1971, 230.
364 RG VAE 1937, 111; OLG Naumburg JW 1936, 1797.

Getötete wäre zur Zeit des Unfalls oder kurz danach ohnehin an einer Krankheit verstorben oder aus gesundheitlichen Gründen vorzeitig erwerbsunfähig geworden.[365]

17. Prozessrechtliche Fragen

171 a) **Feststellungsklage.** Besteht zum Zeitpunkt der Tötung zwar schon das eine Unterhaltspflicht begründende familienrechtliche Verhältnis, ist aber eine Bedürftigkeit der Unterhaltsberechtigten noch nicht gegeben, oder eine Bezifferung des Anspruchs noch nicht möglich, so kann der Unterhaltsberechtigte Feststellungsklage (§ 256 Abs 1 ZPO) erheben (vgl Rn 60). Eine unbegründete Leistungsklage kann in eine Feststellungsklage umgedeutet werden.[366]

172 Das zur Zulässigkeit erforderliche **Feststellungsinteresse** ergibt sich idR schon daraus, dass der Ersatzanspruch bei einer in Zukunft etwa eintretenden Unterhaltsbedürftigkeit des Berechtigten verjährt sein kann, wenn dieser kein Feststellungsurteil erwirkt hat. Ein schriftliches Anerkenntnis[367] kann das Feststellungsinteresse entfallen lassen, doch kann die Feststellungsklage nicht deswegen als unzulässig abgewiesen werden, weil der Geschädigte noch nicht versucht habe, ein solches Anerkenntnis zu erlangen.[368] Ein befristeter Verzicht auf die Verjährungseinrede beseitigt das Feststellungsinteresse nicht.[369] Ob der Eintritt eines Unterhaltsschadens im Einzelfall mit Wahrscheinlichkeit erwartet werden kann, ist keine Frage des Feststellungsinteresses,[370] sondern der Begründetheit der Klage (vgl Rn 61).

173 Wegen der **Möglichkeit einer späteren Erhöhung des Unterhaltsschadens** kann nicht neben der bereits möglichen Leistungsklage zusätzlich eine entsprechende Feststellungsklage erhoben werden. Da spätere Änderungen der Höhe des (hypothetischen) Unterhalts im Wege der Abänderungsklage nach § 323 ZPO geltend gemacht werden können, bestünde für eine solche Feststellungsklage kein Feststellungsinteresse.

174 Für eine **negative Feststellungsklage** des Schädigers oder seines Haftpflichtversicherers ist idR kein Raum, solange noch die Aussicht besteht, mit dem Verletzten zu einer Einigung zu kommen. Der Umstand, dass der Verletzte die Annahme eines ihm angebotenen Abfindungsbetrages ablehnt, weil die Auswirkungen des Unfalls noch nicht zu übersehen sind, begründet noch kein rechtliches Interesse an einer negativen Feststellungsklage mit dem Ziel, höhere Ersatzansprüche des Verletzten zu verneinen.[371]

175 b) Einen **unbestimmten Klageantrag** lässt der BGH in Abweichung von § 253 Abs 2 Nr 2 ZPO insoweit zu, als es um die Aufteilung des Gesamtanspruchs auf mehrere Unterhaltsberechtigte geht (vgl Rn 64). Des Weiteren soll ein unbestimmter Klageantrag nach der Rspr auch hinsichtlich Rentenhöhe und -dauer ausreichend sein, wenn der Kläger nur die Bemessungsgrundlagen hierfür darlegt.[372] Ob diese Ausnahmen vom

---

365 BGH NJW 1972, 1515.
366 BGH NJW 1984, 2295 m Anm *Dunz*; Urt v 21.11.2006 – VI ZR 115/05 (zZ unv).
367 Vgl BGH VersR 1985, 62.
368 **AA** OLG Celle NZV 1988, 183.
369 OLG Celle NZV 1988, 183; OLG München VersR 1992, 213 LS.
370 So allerdings BGHZ 4, 133, 135; wie hier dagegen BGH VersR 1952, 210; 1953, 481.
371 BGH VersR 1969, 238.
372 Vgl RGZ 140, 213; BGHZ 4, 138.

Bestimmtheitsgebot des § 253 Abs 2 Nr 2 ZPO tatsächlich erforderlich sind, erscheint fraglich. Die Schwierigkeit der exakten Berechnung des Unterhaltsschadens dürfte kein ausreichendes Argument liefern, weil es nicht unzumutbar erscheint, vom Geschädigten zu verlangen, dass er sich hinsichtlich des begehrten Betrages festlegt. Wollte man allein die Schwierigkeit der exakten Schadensberechnung zur Rechtfertigung eines unbestimmten Klageantrags ausreichen lassen, müsste dies in weiten Bereichen des Schadensrechts zur Zulassung solcher Anträge und damit zur Durchlöcherung des gesetzlichen Bestimmtheitsgebotes führen.

c) Wegen Besonderheiten bei **Verurteilung zu einer Rente** s § 31 Rn 22 ff. **176**

IV. Entgangene Dienste

1. Anwendungsbereich

§ 845 BGB begründet einen Ersatzanspruch von Personen, denen der Verletzte aufgrund einer gesetzlichen Vorschrift **zu Dienstleistungen verpflichtet** war. Die Vorschrift gilt nur für die **deliktische Haftung**, sie hat in StVG und HaftpflG keine Entsprechung. **177**

2. Erfasste Dienstleistungen

a) Vorausgesetzt wird eine **durch Gesetz** begründete Pflicht zur Leistung von Diensten in Haushalt oder Erwerbsgeschäft, die schon **im Zeitpunkt der Verletzung** bestanden hat.[373] Für rein **tatsächliche** Dienstleistungen ohne gesetzliche Verpflichtung oder für **vertragliche** Pflichten gilt § 845 BGB nicht, also auch nicht, wenn Eheleute ein Gesellschaftsverhältnis eingegangen sind und auf dieser Grundlage ein Unternehmen betreiben,[374] oder wenn ein Ehegatte Arbeitnehmer des anderen Ehegatten geworden ist, sei es auch nur aus Gründen der Steuerersparnis. Für Kinder, die im Unternehmen der Eltern mitarbeiten, gilt dasselbe. Ob der Dienstverpflichtete die Dienste tatsächlich geleistet hätte, ist ohne Belang.[375] **178**

b) **Kinder** sind nach § 1619 BGB zu Dienstleistungen gegenüber den Eltern verpflichtet, solange sie dem elterlichen Hausstand angehören und von den Eltern erzogen oder unterhalten werden. Dies gilt auch für Adoptivkinder (§ 1754 BGB). Hat sich das Kind eine eigene Wohnung genommen, so gehört es auch dann nicht mehr zum elterlichen **Hausstand**, wenn es regelmäßig Hilfeleistungen in der elterlichen Wohnung erbringt.[376] **Erzogen** wird es bis zur Vollendung des 18. Lebensjahres.[377] Die Pflicht des Kindes erlischt aber nicht mit der Volljährigkeit, wenn es noch von den Eltern **unterhalten** wird. Das ist vor allem von Bedeutung bei Kindern, die im landwirtschaftlichen Betrieb der Eltern oder in deren Erwerbsgeschäft mitarbeiten und weiterhin dem Hausstand der **179**

---

373 OLG München NJW 1965, 1439; KG NJW 1967, 1089.
374 BGH NJW 1962, 1612.
375 BGH Betrieb 1959, 487.
376 OLG Nürnberg VersR 1992, 188.
377 BGH VersR 1991, 429. Zum Umfang der Mitarbeitspflicht eines über 14 Jahre alten Kindes vgl BGH VersR 1973, 941; OLG Karlsruhe VersR 1988, 1128.

Eltern angehören (sog Hauskinder).³⁷⁸ Setzte das Hauskind seine Arbeitskraft aber voll für eine anderweitige Erwerbstätigkeit ein und leistete es nur in seiner Freizeit Dienste für die Eltern, besteht kein Anspruch nach § 845 BGB.³⁷⁹ Er entfällt auch, wenn die Mitarbeit im Rahmen eines Arbeitsverhältnisses erbracht wird.³⁸⁰ Unschädlich ist die Gewährung eines Taschengelds oder einer Ausbildungsvergütung.³⁸¹ Wird dem Kind aber ein Lohn gezahlt, steht dies der Annahme einer familienrechtlichen Dienstverpflichtung auch dann entgegen, wenn er deutlich niedriger ist als die übliche Vergütung; die Arbeitsleistung kann auch nicht in einen familienrechtlichen und einen vertraglichen Teil aufgespalten werden.³⁸² Ob die Dienstleistung auf arbeitsrechtlicher oder familienrechtlicher Grundlage erbracht wird, ist nach den Umständen des Einzelfalles festzustellen; eine Vermutung für letzteres besteht nicht.³⁸³

180 Die Dienstpflicht gegenüber den Eltern **erlischt**, wenn das Kind mit ihnen eine Vergütungsabrede trifft, den elterlichen Hausstand verlässt³⁸⁴ oder das Geschäft (den Hof) übergeben erhält.³⁸⁵ Dies ist noch nicht der Fall, wenn es den Hof praktisch allein betreibt, der Wert seiner Arbeit aber den Eltern als Inhabern des Hofes zugute kommt und diese dafür für seinen Unterhalt – durch Gewährung von Kost und Logis sowie die Finanzierung seiner weiteren Lebensbedürfnisse – verantwortlich bleiben.³⁸⁶ Wird es schon vorher durch einen Unfall getötet, so hat das Gericht anhand der Gegebenheiten (zB einer in Bälde beabsichtigten Heirat) den Zeitpunkt im Schätzwege festzusetzen, von dem an der Ersatzanspruch gegen den Schädiger wegfällt.

181 c) Die **Mutter** hat gegenüber ihren Kindern ebensowenig eine Arbeitspflicht³⁸⁷ wie der **Vater**, beide sind nur zu Unterhalt verpflichtet, der – zumindest teilweise – durch Gewähren von Nahrung, Kleidung und Wohnung sowie durch persönliche Sorge und Dienste gewährt werden kann. Auch aus § 1618a BGB ergibt sich keine Dienstleistungspflicht der Eltern.³⁸⁸ Den Kindern steht daher bei Tötung ihrer Eltern kein Anspruch aus § 845 BGB gegen den Schädiger zu, sondern nur der Unterhaltsersatzanspruch aus § 844 Abs 2 BGB (vgl Rn 139).

182 d) Ein **Ehegatte** erbringt durch die Führung des Haushalts dem anderen gegenüber keine Dienstleistung iS des § 845 BGB, sondern seinen Unterhaltsbeitrag, sodass für die Ersatzansprüche das Vorstehende entsprechend gilt (vgl Rn 6). Ebenso verhält es sich mit der Mitarbeit eines Ehegatten im Geschäft des anderen, die im Rahmen der Verpflichtung, zum Familienunterhalt beizutragen, geleistet wird (vgl § 29 Rn 157). Geht

---

378 S dazu RGZ 162, 119; BGHZ 69, 380; 137, 1; NJW 1972, 429; VersR 1991, 429; OLG Stuttgart VersR 1990, 902; ZfS 1991, 83; OLG Celle NZV 1990, 434.
379 BGHZ 137, 1.
380 BGH VersR 1965, 1202; 1966, 735; 1969, 952; 1991, 429.
381 BGH VersR 1991, 429.
382 OLG Köln VersR 1991, 1292.
383 BGH VersR 1972, 301, 302; 1991, 428, 429; anders noch BGH VersR 1958, 231; 1960, 133.
384 BGHZ 69, 380, 383 f; BGH VersR 1972, 301.
385 BGH VersR 1965, 1202; 1966, 735.
386 BGH VersR 1991, 429.
387 **AA** OLG Karlsruhe VersR 1961, 740.
388 OLG Bamberg VersR 1985, 290; offengelassen für schwierige Lebenslagen von BGH VersR 1985, 291.

die Mitarbeit über diesen Rahmen hinaus (zB um dem anderen Ehegatten zu ermöglichen, einer wissenschaftlichen oder künstlerischen Neigung nachzugehen), so besteht für ihren Wegfall weder nach § 844 Abs 2 BGB noch nach § 845 BGB ein Ersatzanspruch.[389]

3. Umfang des Anspruchs

a) Nach der Rspr des BGH handelt es sich um einen echten **Schadensersatzanspruch**, für den die allgemeinen Regeln des Schadensrechts gelten.[390] Er beschränkt sich jedoch auf den Wert der entgehenden Dienste; sonstige Schäden, etwa Einbußen im Betrieb, sind nicht umfasst.[391] **183**

b) Vorteilsausgleich. Da somit nicht sämtliche durch das Schadensereignis verursachten Vermögensnachteile ersetzt werden, verbietet sich auch eine Anrechnung sämtlicher mit dem Schadensereignis zusammenhängender Vermögensersparnisse. Zu berücksichtigen ist es jedoch, wenn die Unterhaltspflicht hinsichtlich Wohnung und Verpflegung durch dasselbe Ereignis weggefallen ist.[392] Der Wegfall anderer Aufwendungen als für Wohnung und Verpflegung des Getöteten (zB Schulgeld, Studiengebühren) soll hingegen nach Ansicht des BGH wegen der besonderen Natur des Anspruchs unberücksichtigt bleiben.[393] Eine anderweitige Rente ist nicht anzurechnen, soweit sie einem anderen Zweck dient als dem Ausgleich für die entgangenen Dienste;[394] insoweit findet mangels kongruenter Deckung auch kein Forderungsübergang auf den Versicherungsträger statt.[395] **184**

c) Berechnung des Anspruchs. Die auf § 845 BGB gestützten Ansprüche werden ebenso berechnet wie Ansprüche aus § 10 StVG oder § 844 BGB (vgl hierzu Rn 126 ff u 151).[396] Ohne Einfluss auf die Höhe des Anspruchs ist, ob der Dienstberechtigte die Arbeiten nun selbst ausführt,[397] ob er sich eine bezahlte Hilfskraft nimmt oder ob eine andere familienrechtlich zu Diensten verpflichtete Person die Stelle des Verstorbenen einnimmt (letzteres ergibt sich aus § 843 Abs 4 BGB, der für entsprechend anwendbar erklärt ist). Anhaltspunkt für die Höhe des Anspruchs ist der Lohn oder das Gehalt, das einer anstelle des Unfallopfers anzunehmenden Hilfskraft gezahlt werden muss (einschließlich Sozialleistungen und räumlicher Unterbringung) oder – falls keine solche Hilfskraft eingestellt worden ist – netto gezahlt werden müsste.[398] **185**

d) Die **Dauer der Rente** bemisst sich danach, wie lange die der Dienstleistungspflicht voraussichtlich bestanden hätte. **186**

---

389 BGHZ 77, 157.
390 BGHZ 4, 123, 129; **aA** RGZ 152, 208 (Wertersatz).
391 BGHZ 69, 380.
392 BGHZ 4, 123; BGH VRS 4, 413; VersR 1961, 856; OLG Schleswig VersR 1999, 632.
393 BGHZ 4, 123, 131; BGH VersR 1961, 856.
394 BGH NJW 1962, 800.
395 Vgl BGH FamRZ 1960, 267.
396 S a *Delank* NZV 2002, 393.
397 RGZ 152, 208; RG JW 1937, 1490; BGH NJW 1952, 459; VersR 1959, 833; 1973, 84.
398 BGHZ 4, 132; 50, 306; BGH VersR 1952, 289; 1952, 432; OLG Bremen VersR 1954, 342; LG Kiel NJW 1967, 357 m Anm *Feaux de la Croix*; *Weyer* DRiZ 1971, 261.

4. Internationales Recht

187 Ist auf einen Schadensersatzanspruch nach einem Verkehrsunfall deutsches Deliktsrecht anzuwenden und ist im Rahmen des § 845 BGB hinsichtlich der Dienstleistungspflicht an eine ausländische Rechtsordnung anzuknüpfen, die eine vergleichbare familienrechtliche Dienstverpflichtung des „Hauskindes" nicht kennt, einen entsprechenden Schaden der Eltern aber schon allein aufgrund ihrer deliktsrechtlichen Normen ausgleichen könnte, so ist die sich hieraus ergebende Divergenz (beide Rechtsordnungen würden – jeweils für sich allein betrachtet – einen Schadensersatz gewähren, der bei der international-privatrechtlich gebotenen getrennten Anknüpfung an das Deliktsstatut einerseits, das für die Dienstverpflichtung heranzuziehende Recht andererseits entfällt) unter Anwendung des Rechtsinstituts der kollisionsrechtlichen Angleichung der Schadensersatznormen zu überwinden.[399]

---

[399] OLG Köln NZV 1995, 448.

§ 29 Körperverletzung

§ 842 BGB

Die Verpflichtung zum Schadensersatz wegen einer gegen die Person gerichteten unerlaubten Handlung erstreckt sich auf die Nachteile, welche die Handlung für den Erwerb oder das Fortkommen des Verletzten herbeiführt.

§ 843 BGB

(1) Wird infolge einer Verletzung des Körpers oder der Gesundheit die Erwerbsfähigkeit des Verletzten aufgehoben oder gemindert oder tritt eine Vermehrung seiner Bedürfnisse ein, so ist dem Verletzten durch Entrichtung einer Geldrente Schadensersatz zu leisten.

(2) Auf die Rente finden die Vorschriften des § 760 Anwendung. Ob, in welcher Art und für welchen Betrag der Ersatzpflichtige Sicherheit zu leisten hat, bestimmt sich nach den Umständen.

(3) Statt der Rente kann der Verletzte eine Abfindung in Kapital verlangen, wenn ein wichtiger Grund vorliegt.

(4) Der Anspruch wird nicht dadurch ausgeschlossen, dass ein anderer dem Verletzten Unterhalt zu gewähren hat.

§ 11 StVG

Im Fall der Verletzung des Körpers oder der Gesundheit ist der Schadensersatz durch Ersatz der Kosten der Heilung sowie des Vermögensnachteils zu leisten, den der Verletzte dadurch erleidet, dass infolge der Verletzung zeitweise oder dauernd seine Erwerbsfähigkeit aufgehoben oder gemindert oder eine Vermehrung seiner Bedürfnisse eingetreten ist. Wegen des Schadens, der nicht Vermögensschaden ist, kann auch eine billige Entschädigung in Geld gefordert werden.

§ 6 HaftpflG

Im Falle einer Körperverletzung ist der Schadensersatz (§§ 1, 2 und 3) durch Ersatz der Kosten der Heilung sowie des Vermögensnachteils zu leisten, den der Verletzte dadurch erleidet, dass infolge der Verletzung zeitweise oder dauernd seine Erwerbsfähigkeit aufgehoben oder gemindert oder eine Vermehrung seiner Bedürfnisse eingetreten ist. Wegen des Schadens, der nicht Vermögensschaden ist, kann auch eine billige Entschädigung in Geld gefordert werden.

Literatur

Gründig Schadensersatz für den Verlust von Einnahmen aus gesetzwidrigem oder sittenwidrigem Tun (1995); *Guyenz* Die Erstattung von Aufwendungen im Zusammenhang mit Personenschädigungen und Tötung (1985); *Ch Huber* Fragen der Schadensberechnung[2] (1995); *Lemcke* Die Berechnung des Haushaltsführungsschadens, in: *Himmelreich* (Hrsg) Jahrbuch

Sechster Teil. Ersatz des Personenschadens

Verkehrsrecht (1999), 122; *Schulz-Borck/Hofmann* Schadenersatz bei Ausfall von Hausfrauen und Müttern im Haushalt[6] (2000); *Spindler* in: Schadenersatz und Steuern (hrsg von der Arbeitsgemeinschaft Verkehrsrecht im Deutschen Anwaltverein, 1993) S 7 ff.

Übersicht

	Rn
I. Überblick	1
1. Ansprüche des Verletzten	1
2. Ansprüche Dritter	4
II. Heilungskosten	5
1. Umfang des Anspruchs	5
2. Entstehung des Anspruchs	23
3. Vorteilsausgleichung	24
4. Schadensminderungspflicht	26
5. Forderungsübergang	29
III. Ersatz vermehrter Bedürfnisse	32
1. Begriff	32
2. Art, Bemessung und Form der Ersatzleistung	37
3. Einzelfälle	40
4. Fiktive Aufwendungen	53
5. Forderungsübergang	55
IV. Nachteile für Erwerb und Fortkommen	56
1. Übersicht	56
2. Ursächlichkeit des Unfalls	58
3. Konkrete Berechnung des Erwerbsschadens	60
4. Form der Ersatzleistung	62
5. Der Verdienstausfall bei unselbständiger Tätigkeit	63
6. Gewinnausfall bei selbständig Tätigen	108
7. Verdienstausfall eines Gesellschafters	139
8. Erwerbsschaden des den Haushalt führenden Ehegatten	145
9. Erwerbsschaden des im Familienbetrieb mitarbeitenden Angehörigen	157
10. Nicht erwerbstätige Verletzte	159
11. Nachteile für das Fortkommen	162
12. Beeinträchtigung der Aufnahme einer Erwerbstätigkeit	164
13. Vorzeitiger Eintritt in den Ruhestand	169
14. Nachteile in der Rentenversicherung	174
15. Sonstige Vermögensnachteile	175
16. Forderungsübergang	176
V. Sonstiges	189
1. Überblick	189
2. Entgangener Gewinn	190
3. Eigenleistungen beim Bau eines Hauses	191
4. Unentgeltliche Dienstleistungen	192
5. Hinderung an Eheschließung	193
6. Vereitelte Teilnahme an Veranstaltung, Reise uä	194

§ 29 Körperverletzung

I. Überblick

1. Ansprüche des Verletzten

a) Deliktische Haftung. Aus § 823 BGB erwächst demjenigen, der an Körper oder **1**
Gesundheit geschädigt wurde,[1] ein Anspruch auf Ersatz des „daraus entstehenden Schadens", dh auf Wiederherstellung des unversehrten Zustandes bzw (was hier allein praxisrelevant ist) Zahlung des dazu erforderlichen Geldbetrags (§ 249 Abs 1, 2 S 1 BGB). Dieser Ersatzanspruch bezieht sich auf die im Vermögen sich niederschlagenden Folgen der Körperverletzung (materielle Schäden; Rn 2); zudem kann der Geschädigte eine billige Entschädigung für immaterielle Einbußen verlangen (§ 253 Abs 2 BGB; s hierzu u § 30).

Ersatzfähige Positionen beim materiellen Schaden sind insbesondere **Heilungs-** **2**
kosten (Rn 5 ff), durch **vermehrte Bedürfnisse** entstehende Unkosten (Rn 32 ff) sowie **Verdienstausfall** durch Aufhebung oder Minderung der Erwerbsfähigkeit (Rn 56 ff). § 842 BGB erwähnt zusätzlich die Nachteile für das **Fortkommen** des Verletzten (s dazu Rn 162). Er hat aber gegenüber § 249 BGB nur klarstellende Funktion.[2] Darüber hinaus ordnet die Rspr gewisse Nachteile, die nicht aus einer Erwerbstätigkeit resultieren (zB die Vereitelung von Eigenleistungen beim Hausbau, von Haushaltstätigkeit und von Heiratsaussichten) ebenfalls der deliktischen Haftung zu (s hierzu Rn 145 ff, 190 ff). Einen Schadensersatzanspruch wegen beeinträchtigten Urlaubsgenusses gibt es weder bei unerlaubter Handlung noch im Rahmen der Gefährdungshaftung;[3] diese Beeinträchtigungen können lediglich bei der Bemessung der immateriellen Entschädigung nach § 253 Abs 2 BGB berücksichtigt werden (näher hierzu Rn 189). Zu weiteren Schadenspositionen, insb zur Problematik vergeblicher Aufwendungen s Rn 189 ff).

b) Gefährdungshaftung. Anders als § 842 BGB bestimmen § 11 StVG und § 6 Haft- **3**
pflG *abschließend*, welche Ansprüche im Fall einer Körper- oder Gesundheitsverletzung bestehen, nämlich auf Ersatz der Heilungskosten, der Erwerbsnachteile und der vermehrten Bedürfnisse. Nicht erwähnt wird der Fortkommensschaden, doch ist dieser vom Erwerbsschaden umfasst (vgl Rn 162).[4] Bezüglich sonstiger materieller Einbußen kommt es anders als beim deliktischen Anspruch darauf an, ob diese ebenfalls dem Erwerbsschaden zugeordnet werden können (s dazu Rn 56 f). Bei Unfällen ab 1.8.2002 besteht nach § 11 S 2 StVG, § 6 S 2 HaftpflG auch ein Anspruch auf immaterielle Entschädigung nach § 253 Abs 2 BGB.

2. Ansprüche Dritter

Anders als im Falle der Tötung eines Unfallbeteiligten erwerben dritte Personen aus der **4**
Körperverletzung eines anderen keinen eigenen Anspruch, auch wenn der Unfall sie, zB als Unterhaltsberechtigte, finanziell hart trifft. Eine analoge Anwendung von § 844 Abs 2 BGB, § 10 Abs 2 StVG scheidet aus.[5] Die Partnerin eines verletzten Eiskunstläufers

---

1 Näher zur Verletzteneigenschaft § 3 Rn 239 ff.
2 BGHZ 26, 69, 77; *Lange/Schiemann* § 6 IX 4.
3 Hierzu BGH VersR 1983, 392 = JR 1983, 494 m Anm *Gitter*.
4 *Steffen* DAR 1984, 2; *Medicus* DAR 1994, 442.
5 BGH NJW 1986, 984 = JZ 1986, 451 m Anm *Dunz* = JR 1986, 414 m Anm *v Einem*.

kann keinen Schadensersatz wegen entgangenen Gewinns,[6] die Krankenkasse keinen Ausgleich für den verminderten Beitrag des nunmehr erwerbsunfähigen Mitglieds,[7] der weiterhin Unterhaltsleistungen an den Geschädigten Erbringende keine Erstattung verlangen.[8] Eine praktisch wenig bedeutsame Ausnahme enthält § 845 BGB für den Fall gesetzlich geschuldeter **Dienstleistungen** (s dazu Rn 192). Der Lohnfortzahlung leistende **Arbeitgeber** hat keinen eigenen Anspruch, doch findet hier eine Überleitung von Schadensersatzansprüchen des Geschädigten statt (s Rn 176). Aufwendungen, die Dritten im Zusammenhang mit der Wiederherstellung der Gesundheit des Verletzten entstehen (zB für Besuche im Krankenhaus) können uU von diesem als Heilungskosten liquidiert werden (s Rn 9 f). Werden Dritte durch die Verletzung (etwa schwerste Verstümmelung eines nahen Angehörigen) immateriell geschädigt, kommt ein Schmerzensgeldanspruch nur in Betracht, wenn ihre Betroffenheit Krankheitswert erreicht (§ 3 Rn 243 f).[9]

II. Heilungskosten

1. Umfang des Anspruchs

5   a) **Begriff der Heilungskosten.** Unter Heilung ist die Wiederherstellung des körperlichen Zustandes zu verstehen, der ohne den Unfall bestünde (zur Kausalität zwischen Unfall und Verletzung § 3 Rn 172). Heilungskosten sind die hierfür erforderlichen Kosten und zwar nicht nur für ärztliche Behandlung, Krankenhaus und Medikamente, sondern auch sämtliche in Zusammenhang damit stehenden Nebenkosten (Einzelheiten s Rn 6 ff). Das Ziel völliger Wiederherstellung wird sich häufig nicht erreichen lassen. Daher gehören zu den Heilungskosten auch die Aufwendungen für Maßnahmen, die einen Zustand herstellen sollen, der den Verletzten von Schmerzen und Behinderungen und sonstigen Beeinträchtigungen, zB seines Aussehens, möglichst freistellt.

6   b) **Einzelposten.** Heilungskosten ieS sind hauptsächlich die Ausgaben für den Krankentransport, die Wiederbelebung, eine Bluttransfusion, Laboruntersuchungen, das Krankenhaus, die Bemühungen der Ärzte, des Pflegepersonals, der Nachtwachen, der Krankengymnastin und des Bademeisters, für Medikamente, Betäubungsmittel, Verbandstoffe, Operationssaalbenutzung, Bestrahlungen, Akupunkturbehandlungen,[10] künstliche Gliedmaßen, Krücken, Rollstühle, Zahnprothesen, Brillen, Hörapparate, Kuraufenthalte in Heilbädern[11] sowie einen der Wiederherstellung dienlichen Erholungsaufenthalt.[12]

---

6 BGH NJW 2003, 1040.
7 OLG Karlsruhe VersR 2002, 612.
8 OLG Frankfurt OLGR 1998, 223.
9 Anders zB das türkische und das schweizer Recht; s v *Bar*, Deliktsrecht in Europa (1994) S 29, 159.
10 So mit gewissen Einschränkungen für sog Außenseitermethoden KG NZV 2004, 42; OLG Karlsruhe VersR 1998, 1256.
11 KG VAE 1936, 576.
12 LG Tübingen VersR 1953, 213.

§ 29 Körperverletzung

Die Heilung umfasst aber auch **kosmetische Operationen**[13] und die Anschaffung von Epithesen (künstliche Nase, künstliche Ohrmuschel usw). Die kosmetische Beseitigung einer Unfallnarbe muss der Schädiger auch bezahlen, wenn sie reizlos verheilt war und keine weiteren Funktionsstörungen zu befürchten waren (zur Frage der Verhältnismäßigkeit s Rn 19). 7

Auch die **Nebenkosten der Heilung** kann der Verletzte ersetzt verlangen.[14] Dazu zählen die Aufwendungen für Fahrten zur Heilbehandlung,[15] ärztliche Bescheinigungen, Hauspflege,[16] ggf notwendige Kräftigungsmittel,[17] Obst, Obstsäfte, kräftigende Kost während der Rekonvaleszenz,[18] uU Telefonkosten im Krankenhaus[19] und, soweit üblich, Trinkgelder für Pflegepersonal.[20] Die Kosten für Lesestoff,[21] Unterhaltungsspiele[22] oder für einen Miet- oder Münzfernseher[23] sind idR der privaten Lebensführung zuzurechnen und nur erstattungsfähig, wenn sie ausnahmsweise zur Förderung des Heilungsprozesses geboten waren. Fahrt- und Attestkosten sind aber nicht erstattungsfähig, wenn eine unfallbedingte Körperverletzung nicht bewiesen wird. 8

Aufwendungen, die den Angehörigen des Verletzten für medizinisch gebotene **Besuche im Krankenhaus** entstehen, kann der Verletzte nach der – sehr weitgehenden – Rspr ebenfalls ersetzt verlangen,[24] ohne Bedeutung ist hierbei, ob zwischen dem Besucher und dem Verletzten eine Unterhaltspflicht besteht.[25] Medizinisch, dh zur Erzielung des Heilerfolges, geboten sind idR aber nur Besuche nächster Angehöriger;[26] Ausnahmen sind (insbesondere bei Alleinstehenden) denkbar,[27] jedoch ist es mit der gesetzlichen Beschränkung auf Kosten der Heilung nicht vereinbar, von der medizinischen Notwendigkeit abzusehen und auch Besuche zu reinen Unterhaltungszwecken einzubeziehen.[28] 9

---

13 KG DAR 1980, 341.
14 Ausf *Guyenz* (Lit vor Rn 1) 25 f, 42 ff.
15 OLG Hamm NJWE-VHR 1997, 107. Zur Berechnung OLG Nürnberg VersR 2002, 245, 246.
16 RGZ 151, 298.
17 KG DAR 1968, 181.
18 RGZ 151, 298.
19 OLG Nürnberg VersR 1964, 176; OLG München VersR 1985, 1096 LS; OLG Düsseldorf NJW-RR 1994, 352; LG Lüneburg VersR 1975, 1016; einschr MünchKomm/*Oetker* § 249 Rn 392.
20 KG DAR 1975, 282; LG Hanau VersR 1969, 623; LG Lüneburg VersR 1975, 1016; *Schleich* DAR 1988, 148: ca 80 DM für 10 Tage.
21 OLG Köln VersR 1989, 1309; **aA** MünchKomm/*Oetker* § 249 Rn 392 (pauschal 10–15 Euro pro Woche).
22 BGH VersR 1957, 790.
23 OLG Köln NZV 1989, 113; OLG Düsseldorf NJW-RR 1994, 352; *Pardey* NJW 1989, 2314; aA MünchKomm/*Oetker* § 249 Rn 393.
24 BGH VersR 1961, 272; 1964, 532; 1967, 714; 1979, 350; NZV 1991, 225 m Bespr *Grunsky* JuS 1991, 907 u *Neumann-Duesberg* NZV 1991, 455; OLG Celle NJW 1962, 51; OLG Hamm VersR 1972, 1174; OLG Braunschweig ZfS 1990, 152 (3-jähriges Kind).
25 *Seidel* VersR 1991, 1321; **aA** *Schiemann* NZV 1996, 4: nur Ehegatten und Verwandte in gerader Linie.
26 BGH NZV 1991, 225.
27 *Schleich* DAR 1988, 145; *Grunsky* JuS 1991, 908; *Schirmer* DAR 2007, 10 (Lebensgefährte).
28 So aber *Grunsky* JuS 1991, 909.

Besuche bei einem unheilbaren Patienten im Pflegeheim können allenfalls nach § 843 Abs 2 BGB abgerechnet werden.[29] Ist der Verletzte (zB wegen Bewusstlosigkeit) gar nicht in der Lage, den Besuch wahrzunehmen, so können die Kosten eines Besuches, den die Angehörigen aus moralischen Gründen gleichwohl unternehmen, nicht den „Kosten der Heilung" zugeordnet werden.[30] Besteht ein Anspruch des Verletzten, so ist es unerheblich, dass die Angehörigen die Kosten (zunächst) selbst aufgewendet haben. Der Besucher selbst (oder ein Dritter, der die Kosten trägt) hat keinen eigenen Schadensersatzanspruch gegen den Schädiger, weil er nicht in eigenen Rechtsgütern verletzt ist;[31] ebenso scheidet ein Anspruch aus § 426 BGB (zwischen Unterhalts- und Schadensersatzpflicht besteht kein Gesamtschuldverhältnis) oder ungerechtfertigter Bereicherung aus,[32] entgegen der Rspr auch ein Anspruch aus Geschäftsführung ohne Auftrag (s § 17 Rn 13).

10 Zu den nach der Rspr erstattungsfähigen Besuchskosten gehören die Aufwendungen für die Fahrt,[33] bei Benützung eines Kfz die reinen Betriebskosten.[34] Falls unumgänglich, sind auch Übernachtungskosten und Verpflegungsmehraufwand[35] zu ersetzen, desgleichen ein Verdienstausfall des Besuchers[36] oder der Aufwand für zwischenzeitliche Betreuung der Kinder,[37] keinesfalls aber ein rein fiktiver Aufwand.[38] Verdienstausfall des Vaters ist dem verletzten Kind grundsätzlich auch dann zu ersetzen, wenn der Vater selbständig tätig ist; im Rahmen der Schadensminderungspflicht ist der Ausfall aber durch entsprechende Dispositionen möglichst gering zu halten.[39] Arbeit im Haushalt kann regelmäßig nachgeholt werden, sodass für entsprechenden Zeitverlust kein Erstattungsanspruch besteht.[40] Die Aufwendungen für mitgebrachte Blumen sind, da vom Heilungszweck nicht mehr umfasst, nicht zu ersetzen,[41] die Kosten für Spielsachen, die dem verletzten Kind den Aufenthalt im Krankenhaus erträglich machen sollen, nur, wenn dies zur Förderung des Heilungsprozesses geboten war.[42] Die Häufigkeit der Besuche hängt von den Umständen des Einzelfalles (zB Alter des Patienten, Behandlungsdauer, Hilfs-

---

29 OLG Bremen VersR 2001, 595.
30 **AA** OLG Saarbrücken NZV 1989, 25; LG Saarbrücken NJW 1988, 2958; *Neumann-Duesberg* NZV 1991, 456.
31 Zur Frage, ob der Besucher Abtretung des Ersatzanspruchs des Verletzten verlangen kann, s *Seidel* VersR 1991, 1325 mwN.
32 Ausf mwN *Seidel* VersR 1991, 1322 ff.
33 BGH NZV 1991, 225 (nur für die wirtschaftlichste Beförderungsart); OLG München VersR 1954, 545; OLG Nürnberg VersR 1964, 176; OLG Hamm NJW 1972, 1521; NZV 1993, 151 LS (auch zur Berücksichtigung steuerlicher Vorteile); OLG Frankfurt VersR 1981, 239; OLG Koblenz VersR 1981, 887.
34 OLG Celle DAR 1975, 269; OLG Braunschweig ZfS 1990, 152; OLG Hamm NZV 1993, 151 LS (Berücksichtigung der Abnutzung); *Küppersbusch* Rn 238; *Seidel* VersR 1991, 1320; **aA** (auch Vorhaltekostenanteil) *Wussow* WJ 1981, 192; *Schleich* DAR 1988, 146. Für Anlehnung an § 9 Abs 3 ZSEG OLG Hamm NJW 1995, 599.
35 BGH NZV 1991, 226.
36 BGH VersR 1961, 545; nach *Schiemann* NZV 1996, 4 nur Stundensatz eines durchschnittlichen Arbeitnehmers.
37 BGH NZV 1990, 111; **aA** LG Köln VersR 1975, 145.
38 OLG Frankfurt VersR 1981, 239.
39 BGH VersR 1985, 785; NZV 1991, 226; krit *Grunsky* JuS 1991, 908 f.
40 BGH NZV 1991, 226.
41 **AA** LG Oldenburg ZfS 1985, 40; *Schleich* DAR 1988, 146 f: 12 bis 20 DM pro Woche.
42 Vgl BGH VersR 1957, 790.

bedürftigkeit) ab.⁴³ Für vermehrte Zuwendung, die Eltern ihrem Kind in ihrer Freizeit zuteil werden lassen, können sie keinen Ersatz beanspruchen.⁴⁴

Muss ein Verwandter die zur endgültigen Ausheilung erforderliche **Pflege** eines aus dem Krankenhaus entlassenen Schwerverletzten übernehmen, so zählen auch die Reisekosten – selbst wenn er das Flugzeug benützte – und der Verdienstausfall der Pflegeperson zu den Heilungskosten.⁴⁵ Ebenso sind zu erstatten die Aufwendungen, die durch die Heranziehung eines Angehörigen zur Pflege im Krankenhaus⁴⁶ oder durch notwendige gemeinsame Unterbringung (bei Kleinkindern) entstehen.⁴⁷   **11**

Nebenkosten, die nur mittelbar der Heilung dienen, wie der Umzug in eine gesündere Wohnung, sind unter die – ebenfalls erstattungspflichtigen – vermehrten Bedürfnisse (Rn 32 ff) einzureihen.   **12**

Kosten für das **Durchgangsarztverfahren**, das von den Berufsgenossenschaften durch Vertrag mit der kassenärztlichen Bundesvereinigung für alle Arbeitsunfälle eingeführt worden ist, die eine – wenn auch nur kurz dauernde – Arbeitsunfähigkeit zur Folge haben, gehören nur insoweit zu den Heilungskosten, als sie für eine Heilbehandlung oder für erste Hilfe anfallen.⁴⁸   **13**

Finanzierungskosten hat der Schädiger ebenfalls als Heilungskosten zu ersetzen, wenn der Verletzte einen Kredit aufnehmen musste, weil er nicht über so viel Barmittel verfügte, um die Kosten der Heilung zu verauslagen, und wenn er den Schädiger rechtzeitig auf diese Lage aufmerksam gemacht hatte. Der Verletzte ist verpflichtet, sich um eine Vorfinanzierung (um einen Kredit) zu bemühen, wenn der Schädiger den erforderlichen Vorschuss verweigert und durch das Nichtergreifen von Maßnahmen eine Verschlechterung des Gesundheitszustands oder ein Dauerschaden droht. In einer solchen Lage kann der Verletzte auch verpflichtet sein, seine private Krankenkasse oder – wenn er im Staatsdienst steht – die Vorschüsse der Beihilfestelle in Anspruch zu nehmen, weil andernfalls seine Ansprüche wegen Verstoßes gegen die Schadensminderungspflicht gekürzt werden (Rn 27). Verliert er dadurch seinen Anspruch auf Beitragsrückerstattung, ist ihm dieser Nachteil zu ersetzen.⁴⁹   **14**

c) **Erforderlichkeit.** Erforderliche Kosten iSv von § 249 Abs 2 BGB sind alle Aufwendungen, die vom Standpunkt eines verständigen Betrachters bei der gegebenen Sachlage als zweckmäßig und angemessen angesehen werden konnten.⁵⁰ Kosten einer privatärztlichen Behandlung sind auch einem Kassenpatienten zu ersetzen, wenn das Leistungssystem der Gesetzlichen Krankenversicherung im konkreten Fall nur unzu-   **15**

---

43 Näher hierzu *Schleich* DAR 1988, 145 f. Aus der Rspr s OLG Hamm NJW 1972, 1521 (hilfloser Patient); OLG Koblenz VersR 1981, 887 (18-jähriger Schwerverletzter); LG Wiesbaden VersR 1955, 640 (Aufenthalt über ein Jahr); LG Lüneburg VersR 1975, 1016 (täglicher Besuch des Ehegatten).
44 BGH VersR 1989, 188 = JZ 1989, 344 m zust Anm *Grunsky* = JR 1989, 236 m abl Anm *Schlund*.
45 OLG Düsseldorf NJW 1973, 2112.
46 OLG Hamm NJW 1972, 1521.
47 Vgl *Schleich* DAR 1988, 149.
48 Vgl *Vollmar* VersR 1958, 436. Enger *Peters* VersR 1959, 10; dagegen *Klick* VersR 1963, 903.
49 Vgl OLG Köln NZV 1990, 465; aA *Schmidt* VersR 1966, 617.
50 RGZ 99, 183; BGH VersR 1969, 1040; 1970, 129; OLG Neustadt VersR 1954, 436; LG Koblenz NJW-RR 1986, 702.

Sechster Teil. Ersatz des Personenschadens

reichende Möglichkeiten zur Schadensbeseitigung bietet oder deren Inanspruchnahme aus besonderen Gründen ausnahmsweise nicht zumutbar ist.[51] Dies gilt bis zur Grenze der Unverhältnismäßigkeit (Rn 19) auch für Behandlungsmethoden, die vom Leistungsumfang der gesetzlichen Krankenkassen nicht umfasst werden (§ 92 SGB V iVm den Richtlinien der Bundesausschüsse).[52]

16 Daher brauchen idR die Mehrkosten einer auswärtigen Behandlung nicht bezahlt zu werden, wenn entsprechende Behandlungsmöglichkeiten am Wohnort des Verletzten bestehen. Ausländer dürfen sich allerdings in ihrem Heimatort behandeln lassen, wenn schwierige Eingriffe erforderlich sind. Außerdem können die Kosten der Behandlung bei einem Arzt oder einer Klinik im Ausland (einschl Reisekosten) dann ersetzt verlangt werden, wenn diese Behandlung zB wegen einer nur dort praktizierten Behandlungsmethode auf ärztlichen Rat in Anspruch genommen wurde.[53] Einem in Deutschland verletzten Ausländer kann nicht angelastet werden, dass er hier eine gegenüber dem Heimatland kostspieligere Heilbehandlung in Anspruch nimmt.[54] Ausländischen Soldaten sind die höheren Behandlungskosten in einem Armeekrankenhaus zu ersetzen.[55] Ist die Behandlung für den Soldaten kostenlos, steht dies einem Schadensersatzanspruch nicht entgegen.[56] Wird ein notwendiger Erholungsaufenthalt in einem anderen Land gewählt, so hat der Verletzte die Fahrtkosten selbst zu tragen,[57] sofern der dortige Aufenthalt nicht aus Klimagründen besondere Heilungsaussichten versprach.

17 Auf das **Urteil eines Arztes** über die Erforderlichkeit einer Maßnahme darf sich der Verletzte grundsätzlich verlassen.[58]

18 Die Kosten einer höheren als der allgemeinen **Pflegeklasse** im Krankenhaus sind jedenfalls dann zu ersetzen, wenn die dortige Behandlung aus medizinischer Sicht geboten war.[59] Darüber hinaus besteht aber auch dann ein Anspruch auf Erstattung dieser Mehrkosten, wenn dem Verletzten eine Unterbringung in der allgemeinen Pflegeklasse deswegen nicht zuzumuten ist, weil er sich auch bei Fehlen eines ersatzpflichtigen Schädigers in der besseren Klasse behandeln lassen würde;[60] hierfür können zurückliegende Klinikaufenthalte,[61] die Notwendigkeit einer besonders schwierigen oder langwierigen Behandlung[62] oder das Bestehen einer entsprechenden Versicherung Anhaltspunkte liefern.

19 d) **Verhältnismäßigkeit.** Unverhältnismäßige Aufwendungen erhält nach dem auch hier anwendbaren § 251 Abs 2 BGB der Verletzte nicht ersetzt, auch wenn sie „erforderlich" iSv § 249 Abs 2 BGB waren. Es handelt sich dabei vor allem um besonders teure Heilmethoden oder Kuraufenthalte, sofern nur eine äußerst geringe Aussicht besteht, dass sie zur Besserung der unfallbedingten Körperschäden beitragen werden,

---

51 BGH NJW 2004, 3324.
52 OLG Hamm NZV 2002, 370 (Zahnimplantat statt Brücke).
53 OLG Hamburg NZV 1988, 105.
54 OLG Frankfurt OLGR 1996, 267, 269.
55 BGH NZV 1989, 106.
56 OLG Celle NZV 1989, 187.
57 LG München I VersR 1958, 654.
58 OLG Frankfurt OLGR 1996, 267, 270; zu eng LG Frankfurt VersR 1966, 95: Kur nur auf Rat des Facharztes.
59 BGH VersR 1964, 257.
60 BGH VersR 1970, 129; OLG Neustadt VersR 1954, 436; OLG Stuttgart VersR 1957, 546.
61 LG Ravensburg DAR 1981, 294.
62 OLG Düsseldorf VersR 1985, 644.

§ 29 Körperverletzung

oder sofern der zu erwartende Grad der Besserung so gering ist, dass die ungewöhnliche Höhe der Kosten in keinem tragbaren Verhältnis dazu steht.[63] Ist die Beseitigung einer unbedeutenden Narbe mit unverhältnismäßig hohen Kosten verbunden, so können diese nicht ersetzt verlangt werden, jedoch erhöht sich hierfür, soweit gegeben, der Schmerzensgeldanspruch des Verletzten.[64] Entscheidend für die Beurteilung der Verhältnismäßigkeit ist die Sicht eines verständigen Beurteilers zum Zeitpunkt des Ergreifens der fraglichen Maßnahme.

e) Erfolglose Aufwendungen. Auch die Kosten für Maßnahmen, die sich nachträglich als erfolglos herausstellen, von denen aber nach medizinischer Erfahrung anzunehmen war, sie könnten Erfolg haben, sind zu ersetzen. Die Kosten einer versuchten Heilung können auch **wiederholt** anfallen. Der Verletzte hat das Recht, einen missglückten Versuch (zB eine orthopädische Operation) wiederholen zu lassen, solange nur einige Aussicht besteht, dass er zu einer Besserung führen könnte. **20**

Verstirbt der Verletzte trotz der Heilungsversuche, so können die bisherigen Aufwendungen, wie § 10 Abs 1 StVG klarstellt, von den Erben geltend gemacht werden. **21**

f) Fiktive Aufwendungen sind nicht zu ersetzen, weil andernfalls der Gesundheit im Widerspruch zum Rechtsgedanken des § 253 BGB ein wirtschaftlicher Wert beigemessen würde.[65] Anders als beim Sachschaden, wo die fiktive Abrechnung von der Rspr grundsätzlich anerkannt ist (§ 24 Rn 35 ff; s a § 3 Rn 228 ff), hat sich hier die Verletzung nicht unmittelbar im Vermögen, sondern in einem nicht materiell bewertbaren Rechtsgut niedergeschlagen und tritt der Vermögensschaden erst später ein, nämlich wenn die zur Heilung erforderlichen Aufwendungen getätigt werden.[66] Bedeutung erlangt diese Frage zB, wenn der Verletzte eine zur völligen Wiederherstellung an sich erforderliche und verhältnismäßige Maßnahme nicht vornehmen lässt, was insbesondere im Bereich kosmetischer Operationen vorkommt,[67] oder wenn er auf einen Kuraufenthalt oder auf die Einnahme bestimmter Medikamente oder Kräftigungsmittel verzichtet (hier würde wohl auch der Nachweis der Erforderlichkeit auf Schwierigkeiten stoßen). Dass die Anwendung wegen des Fehlens der erforderlichen Mittel unterbleibt, dürfte wegen der zumeist möglichen Inanspruchnahme einer Krankenversicherung oder eines Kredits (Rn 14, auch zu dessen Abwendung durch einen Vorschuss) kaum vorkommen.[68] **22**

2. Entstehung des Anspruchs

Der Anspruch auf Ersatz der zur Heilung erforderlichen Kosten entsteht im Augenblick des Unfalls,[69] nicht etwa erst nach Inanspruchnahme des Arztes, Einnahme der Medi- **23**

---

63 BGH VersR 1967, 80.
64 BGH VersR 1975, 342.
65 BGH VersR 1986, 550 = JZ 1986, 640 m Anm *Zeuner* = JR 1986, 365 m Anm *Hohloch*; *Grunsky* NJW 1983, 2469; **aA** *Rinke* DAR 1987, 14; s a 20. VGT (1982) 10. Der österr OGH hat seine frühere gegenteilige Ansicht in ZVR 1998, 89 aufgegeben; dazu *Ch Huber* ZVR 1998, 74.
66 *Karakatsanes* AcP 189 (1989), 36 ff.
67 Vgl OLG Celle VersR 1972, 468; OLG Stuttgart VersR 1978, 188.
68 Vgl hierzu BGH NJW 1958, 627; OLG Neustadt VRS 7, 321.
69 RGZ 151, 302; BGH VersR 1958, 176.

kamente usw. Der Schädiger ist daher verpflichtet, die Heilungskosten vorzuschießen. Zur Berücksichtigung von Schadensanlagen vgl § 3 Rn 201 ff, 212 ff.

3. Vorteilsausgleichung

24 **Lebenshaltungskosten**, die während des Krankenhausaufenthalts **erspart** werden (insbesondere für Verpflegung, uU auch für Wohnung),[70] sind von den Krankenhauskosten abzuziehen.[71] Je nach Lebenszuschnitt ist die Einsparung für Verpflegung im Bereich zwischen 5 und 15 Euro pro Tag anzusetzen.[72] Auch bei nicht Erwerbstätigen und Kindern ist die Ersparnis zu berücksichtigen,[73] nicht aber bei einem Soldaten, der von der Bundeswehr unentgeltlich verpflegt wird.[74] Die Einsparung wird nicht durch vermehrte Nebenausgaben im Krankenhaus aufgewogen.[75] Auch auf den privaten Krankenversicherer, Sozialversicherungsträger, Dienstherrn usw geht nur der um die häusliche Ersparnis gekürzte Betrag der Krankenhauskosten über[76] (vgl aber § 32 Rn 8). Im Falle des verletzten Soldaten (s o), bei dem wegen der Teilnahme an der Gemeinschaftsverpflegung keine häusliche Ersparnis eintritt, kann auch gegenüber dem Bund als Zessionar des Heilungskostenanspruchs (§ 30 Abs 3 SG, § 87a BBG) keine entsprechende Kürzung vorgenommen werden, obwohl er die für den betreffenden Soldaten bestimmte Gemeinschaftsverpflegung erspart hat.[77] Ist ein Mitverschulden des Verletzten zu berücksichtigen, so ist die häusliche Ersparnis nicht in voller Höhe von dem ihm verbleibenden Anspruch abzuziehen, sondern es ist umgekehrt die ihm zustehende Quote auf der Grundlage der gekürzten Heilungskosten zu berechnen.

25 Auf die Kosten eines Kuraufenthalts ist ein **ersparter Erholungsurlaub** nicht anzurechnen, weil die Kur idR *neben* den allgemeinen Jahresurlaub treten soll; unterlässt der Verletzte in dem betreffenden Jahr ausnahmsweise eine Urlaubsreise, so sollte dies nicht zu einer Kürzung seiner Heilungskosten führen.[78]

4. Schadensminderungspflicht (allgemein hierzu § 22 Rn 97).

26 a) Der Verletzte darf nicht durch **unvernünftiges Verhalten** den Heilungserfolg beeinträchtigen oder sich über ärztliche Anordnungen hinwegsetzen. Er muss sich erforderlichen Behandlungsmaßnahmen unterziehen (vgl hierzu, insbesondere auch zur Frage der Duldung einer Operation § 22 Rn 111 ff).

27 b) **Die Inanspruchnahme der privaten Krankenversicherung** ist im Allgemeinen nicht durch die Schadensminderungspflicht geboten.[79] Ersparnisse für den Schädiger

---

70 Vgl OLG Nürnberg VersR 1964, 176.
71 BGH VersR 1965, 786; NJW 1971, 240; *Schmalzl* VersR 1995, 516.
72 OLG Hamm NJW-RR 1995, 599: 10 DM; OLG Oldenburg r+s 1989, 85: 20 DM; *Jahnke* NZV 1996, 178: 22 DM.
73 OLG Braunschweig VersR 1969, 249; OLG München VersR 1978, 373; KG VersR 1979, 137; OLG Celle NZV 1991, 228 m Anm *Schröder* NZV 1992, 139.
74 BGH VersR 1978, 251.
75 KG VersR 1968, 259; OLG Saarbrücken VersR 1976, 271.
76 *Schmalzl* VersR 1995, 516.
77 BGH VersR 1978, 251.
78 **AA** KG VAE 1936, 576.
79 *Ortschig* NJW 1952, 290; *Schmidt* VersR 1966, 617.

können durch die Inanspruchnahme nicht eintreten, weil die Ersatzansprüche des Verletzten nach § 67 VVG auf den Versicherer übergehen (Rn 30). Die Inanspruchnahme des Versicherers durch den Verletzten kann allenfalls dann geboten sein, wenn dieser die Heilungskosten nicht aus eigenen Mitteln verauslagen kann, denn sie wird häufig billiger kommen, als die Finanzierung durch eine Bank. Der Schädiger muss dem Verletzten die entstehenden Nachteile (Verlust des Anspruchs auf Prämienrückvergütung usw) als Finanzierungskosten ersetzen (Rn 14). Der Verletzte darf seine eigene Krankenversicherung jedenfalls immer dann in Anspruch nehmen, wenn er andernfalls seine Ansprüche gegen diese wegen Fristablauf verlieren würde und der Schädiger nicht rechtzeitig vorher die Kosten beglichen hat.[80] Eine Pflicht des Verletzten, den Schädiger darauf hinzuweisen, dass er seine Privatversicherung in Anspruch nehmen müsse, wenn der Schädiger nicht sofort Vorschuss leiste, wird man nicht verlangen können. Denn ein solches Verhalten entspricht der Regel, sodass eine Hinweispflicht nach § 254 Abs 2 BGB entfällt.

c) Die **Krankenkassen der Sozialversicherung** (Allgemeine Ortskrankenkasse, Betriebskrankenkasse, Innungskrankenkasse, See-Krankenkasse, Landwirtschaftliche Krankenkasse, Bundesknappschaft, Ersatzkasse; vgl § 4 SGB V) muss der Verletzte ebenfalls nicht in Anspruch nehmen.[81] Sozialleistungen sind verzichtbar (§ 46 Abs 1 SGB I), ihre Inanspruchnahme führt zu Regressansprüchen der Sozialversicherungsträger (vgl Rn 29). Dass häufig Teilungsabkommen zwischen Haftpflichtversicherern und Krankenkassen der Sozialversicherung bestehen, ändert nichts an der Wahlfreiheit des Verletzten.[82]

28

5. Forderungsübergang

a) **Sozialleistungsträger.** Die Forderung des Verletzten auf Ersatz von Heilungskosten geht auf einen Sozialleistungsträger, der entsprechende Leistungen zu erbringen hat, über; der Verletzte ist insoweit also nicht aktivlegitimiert. Zu den Voraussetzungen und Einzelheiten des Forderungsübergangs vgl § 32 für Sozialversicherungsträger, § 33 für Sozialhilfeträger und § 34 für Versorgungsträger. Kein Forderungsübergang findet statt, wenn der Sozialversicherer keine Leistungen erbracht hat, weil der Verletzte sich privat behandeln ließ (vgl § 32 Rn 81).

29

b) **Private Versicherer.** Hat der Verletzte seine private Krankenversicherung oder seine private Unfallversicherung in Anspruch genommen, so geht sein Schadensersatzanspruch insoweit auf den Versicherer über, als dieser ihm für Heilungskosten Ersatz geleistet hat und sein Anspruch gegen den Schädiger Heilungskosten betrifft (§ 67 Abs 1 VVG). Vgl dazu näher § 35 Rn 3 ff.

30

c) **Öffentliche Dienstherren.** Nach § 87a BBG und den entsprechenden Vorschriften der Landesbeamtengesetze (vgl § 52 BRRG) findet ein gesetzlicher Forderungsübergang auch auf den Dienstherrn eines Beamten statt, der bei dessen Verletzung zu Leistungen an ihn verpflichtet ist. Zu den Einzelheiten s § 34 Rn 23 ff).

31

---

80 *Geigel* NJW 1952, 733.
81 OLG Schleswig NJW 1955, 1234.
82 **AA** *Plagemann/Schafhausen* NZV 1991, 50 f.

III. Ersatz vermehrter Bedürfnisse

1. Begriff

32 **a) Definition.** Unter Vermehrung der Bedürfnisse versteht man alle Mehrausgaben, die den Zweck haben, diejenigen Nachteile auszugleichen, die dem Verletzten infolge dauernder Beeinträchtigung seines körperlichen Wohlbefindens entstehen.[83] Insbesondere zählen hierzu Aufwendungen, die dem Verletzten dadurch entstehen, dass er die Dienstleistungen fremder Personen infolge seiner unfallbedingten Körperbehinderung oder Erkrankung in Anspruch nehmen muss, oder Gerätschaften, Diätkost, Verkehrsmittel oder andere Hilfsmittel benötigt, um einen seinen früheren Gewohnheiten entsprechenden Lebensstil aufrechterhalten zu können. Abzustellen ist auf die Lage, in der sich der Verletzte befinden würde, hätte sich der Unfall nicht ereignet. Zu den vermehrten Bedürfnissen zählt auch die durch den Unfall entstandene Notwendigkeit, eine andere Wohnung zu beziehen. Durch die Vermehrung der Bedürfnisse können einmalige Kosten entstehen (Anschaffungskosten, Umzugskosten); idR kehren aber die Aufwendungen laufend wieder.[84] Daher sehen § 843 Abs 1 BGB, § 13 Abs 1 StVG, § 8 Abs 1 HaftpflG für die Gewährung des Schadensersatzes grundsätzlich Rentenform vor (vgl Rn 38).

33 **b) Abgrenzung gegenüber den Heilungskosten.** Obwohl ebenfalls ersatzfähig, müssen die Heilungskosten klar von den vermehrten Bedürfnissen abgegrenzt werden, weil die Ansprüche, insbesondere beim Forderungsübergang, unterschiedlichen Regelungen unterworfen sein können. Für den Forderungsübergang ist nämlich insbesondere entscheidend, ob zwischen dem jeweiligen Schadensersatzanspruch und der erbrachten Sozialleistung sachliche Kongruenz besteht (vgl näher § 32 Rn 24 ff), zu deren Prüfung die Schadensposten genau zugeordnet werden müssen. Die Aufwendungen, die der Wiederherstellung der Gesundheit dienen, sind Heilungskosten (Rn 5); unter dem Gesichtspunkt der Vermehrung der Bedürfnisse zu ersetzen sind dagegen solche Kosten, die für eine noch nicht absehbare Zeit oder für dauernd erforderlich sind, um verbleibende Unfallbeeinträchtigungen auszugleichen. Hierunter fällt auch die Beschaffung von Medikamenten und Arztkosten, die mit einer gewissen Regelmäßigkeit immer wieder anfallen, um den im Rahmen des Möglichen wiederhergestellten Gesundheitszustand zu erhalten;[85] auch Besuche des im Pflegeheim untergebrachten Kindes durch den sorgeberechtigten Elternteil.[86]

34 **c) Abgrenzung gegenüber dem Verdienstausfall.** Auch hier entscheidet die Zuordnung ggf über den Forderungsübergang. Lebenshaltungskosten, die während der unfallbedingten Verlängerung der Ausbildungszeit anfallen, ohne dass ihnen Arbeitseinkommen gegenübersteht, fallen nicht unter die vermehrten Bedürfnisse; insoweit kann nur Verdienstausfall wegen verzögerten Eintritts in das Berufsleben (Rn 166) geltend gemacht werden.[87] Soweit Mehrausgaben dazu dienen, eine Erwerbstätigkeit zu ermög-

---

[83] BGH VersR 1974, 162; NJW 1982, 757.
[84] BGH NJW 1982, 757.
[85] Vgl OLG Hamburg OLGZ 36, 143.
[86] OLG Bremen VersR 2001, 595.
[87] BGH VersR 1992, 1235.

lichen oder Einkommenseinbußen zu verhindern, fallen sie ebenfalls nicht unter „Vermehrung der Bedürfnisse", sondern sind als Schadensminderungskosten bei der Berechnung des Verdienstausfalls zu berücksichtigen (Rn 105). Ein Verdienstausfall kann mithin in einem solchen Fall auch dann vorliegen, wenn das Arbeitseinkommen durch den Unfall nicht beeinträchtigt worden ist. Das hat zur Folge, dass die Ersatzansprüche insoweit auf den Sozialversicherungsträger (die Berufsgenossenschaft) übergehen, wenn eine Unfallrente wegen Erwerbsminderung gewährt wird. Hierzu können zB zählen erhöhte Fahrtkosten zum Arbeitsplatz, die Kosten einer zusätzlichen Schreibkraft oder eines Begleiters auf Geschäftsreisen, Aufwendungen für eine Umschulung oder einen Umzug.

Ist die unfallverletzte **Hausfrau** bei ihrer Tätigkeit im ehelichen Haushalt behindert, so steht dies einem Verdienstausfall gleich; um eine Vermehrung der Bedürfnisse der Hausfrau handelt es sich nur insoweit, als die Haushaltführung der Befriedigung eigener Bedürfnisse dient (vgl Rn 50, 148). **35**

d) Eine **Abgrenzung gegenüber dem Schmerzensgeld** (§ 253 Abs 2 BGB) ist schwierig, da auch dieses teilweise dazu bestimmt ist, dem Verletzten Anschaffungen zu ermöglichen, die einen Ausgleich für die erlittenen Dauerschäden (Körper- und Gesundheitsschäden) schaffen. Die Abgrenzung ist von Bedeutung, wenn der Schädiger für Unfälle vor 1.8.2002 nur aus Gefährdungshaftung Schadensersatz schuldet, weil er in diesem Fall kein Schmerzensgeld zu zahlen hat; ähnlich steht es, wenn der Verletzte sich durch Teilabfindungsvergleich entweder nur hinsichtlich des Schmerzensgeldes oder nur hinsichtlich der Vermehrung der Bedürfnisse hat abfinden lassen. Außerdem gibt es bei § 253 Abs 2 BGB keinen Vollersatz, sondern nur eine billige Entschädigung. Dem entsprechend ist wie folgt abzugrenzen: Der Ersatz wegen Vermehrung der Bedürfnisse betrifft stets nur konkrete Aufwendungen.[88] Dagegen gilt das Schmerzensgeld, abgesehen von seiner Funktion als Ausgleich für die erlittenen Schmerzen und für die Notwendigkeit eines Krankenhausaufenthalts oder eines Krankenlagers, die durch Dauerschäden entstandenen Behinderungen und Unbequemlichkeiten insoweit ab, als durch Beschaffung von Pflege und Geräten ein Ausgleich nicht möglich ist, wie zB hinsichtlich der Hinderung an einer bestimmten Freizeitgestaltung (Wandern, Tanzen, Sport usw). **36**

2. Art, Bemessung und Form der Ersatzleistung

a) **Schadensersatz.** Der Anspruch auf Ersatz vermehrter Bedürfnisse ist ein Schadensersatzanspruch, der mit dem Schadensereignis, nicht erst mit der Befriedigung des Bedürfnisses, entsteht und grundsätzlich nach § 249 Abs 2 S 1 BGB durch Zahlung des zum Ausgleich des Mehraufwands erforderlichen Geldbetrags zu leisten ist.[89] Bestehen mehrere Möglichkeiten des Ausgleichs, kann der Geschädigte die seinem Lebenszuschnitt entsprechende, dem Ersatzpflichtigen zumutbare und die Verhältnismäßigkeitsschranke des § 251 Abs 2 BGB wahrende Art wählen.[90] **37**

---

88 Zur fiktiven Abrechnung s aber Rn 53.
89 BGH NZV 2005, 629, 631; *Ch Huber* NZV 2005, 620.
90 Ähnlich (etwas undeutlich) BGH NZV 2005, 629, 631.

38 **b) Rente.** Nach § 843 Abs 2 iVm § 760 BGB ist der Mehrbedarf grundsätzlich in Form einer vierteljährlich vorauszahlbaren Rente zu ersetzen. Deren Höhe richtet sich nicht nach einem abstrakten Beeinträchtigungssatz (Minderung der Erwerbsfähigkeit, MdE), sondern nach dem erforderlichen Mehraufwand (Einzelheiten zum Rentenanspruch: § 31 Rn 18 ff). Wenn Aufwendungen in variabler Höhe anfallen, ist unter Einbeziehung der Kosten langlebiger Gegenstände[91] im Wege der Schätzung eine Durchschnittsrente festzusetzen.[92] Mehrbedarfsrenten unterliegen nicht der Einkommensteuer.[93]

39 **c) Kapitalabfindung** kann der Verletzte statt der Rente beanspruchen, allerdings setzt dies (bei der deliktischen Haftung gem § 843 Abs 3 BGB generell, bei der Haftung nach StVG und HaftpflG nur in Bezug auf Zukunftsschäden) einen wichtigen Grund voraus (s § 31 Rn 1 f). Ein solcher ist zu bejahen, wenn der Mehrbedarf durch eine einmalige Investition (Kauf eines behindertengerechten Kfz, Wohnungsumbau) gedeckt werden kann.[94] Für absehbare Ersatzbeschaffungen sollte Vorsorge, ggf durch Feststellungsurteil, getroffen werden.[95] Zur Berechnung s § 31 Rn 11.

3. Einzelfälle

40 Kosten einer **Pflegeperson** oder einer sonstigen Hilfskraft (zur Haushaltshilfe bei Verletzung der Hausfrau vgl Rn 50) fallen unter die vermehrten Bedürfnisse.[96] Zur Rechtslage, wenn solche Kosten nur deswegen nicht angefallen sind, weil Verwandte die Pflege des Verletzten unentgeltlich übernommen haben, vgl Rn 54.

41 Bei erforderlicher Unterbringung in einem **Pflegeheim** sind die ersparten Wohnungskosten abzusetzen, jedoch nur in der Höhe, in der sie bei einer dem Heimplatz entsprechenden Wohngelegenheit anfielen.[97]

42 Der behindertengerechte **Ausbau der Wohnung** dient ebenfalls dem Ausgleich vermehrter Bedürfnisse. Für das Ausmaß ist entscheidend, welche Dispositionen ein verständiger Geschädigter in seiner besonderen, durch die bisherigen Wohnverhältnisse geprägten Lage getroffen hätte.[98] Bei der Schaffung neuen Wohnraums (zB behindertengerechter Anbau an das Haus der ihn betreuenden Eltern), kann der Verletzte aber nur die Kosten (insbesondere für Beschaffung und Verzinsung des erforderlichen Kapitals) geltend machen, in denen sich der durch sein Gebrechen bedingte Mehraufwand niederschlägt, weil die übrigen Kosten das allgemein bestehende Bedürfnis nach Wohnraum decken.[99] Muss der Geschädigte zum Ausgleich seiner Behinderung viel schwimmen, so können auch die Kosten eines privaten Schwimmbeckens geschuldet sein.[100]

43 Ein **Wohnungswechsel** kann außer wegen der Notwendigkeit eines Berufswechsels (vgl hierzu Rn 34) zB infolge einer unfallbedingten Gehbehinderung,[101] oder aus medizinischen Gründen (gesündere Lage) erforderlich werden. In einem solchen Fall ist neben den Umzugskosten auch

---

91 Vgl OLG Celle VersR 1975, 1104.
92 RG JW 1935, 2949; *Drees* VersR 1988, 789.
93 BFH NJW 1995, 1238.
94 BGH NJW 1982, 758; *Ch Huber* NZV 2005, 620.
95 *Ch Huber* NZV 2005, 620.
96 RGZ 151, 298; KG DAR 1933, 150; VersR 1982, 978; OLG Nürnberg VersR 1986, 174.
97 OLG Hamm NZV 2001, 473, 474.
98 BGH NZV 2005, 629 m Bespr *Ch Huber* 620 (Umbau eines Schlosses).
99 BGH NJW 1982, 758.
100 OLG Nürnberg VersR 1971, 260 (allerdings unter dem Gesichtspunkt der Heilungskosten); **aA** österr OGH VersR 1992, 259 m abl Anm *Huber* VersR 1992, 545.
101 RG WarnR 1919, 195; OLG München VersR 2003, 518.

der evtl Mehrbetrag an Miete, Fahrtkosten usw zu ersetzen.[102] Die Verschaffung von Wohnungseigentum kann vom Schädiger allerdings grundsätzlich nicht verlangt werden. Wohnte der Geschädigte bereits im eigenen Haus, können die Mehrkosten für den Bau eines behindertengerechten Hauses zuzüglich Umzugskosten beansprucht werden.[103]

Bei Kindern kann sich die Notwendigkeit ergeben, **Privatunterricht** in Anspruch zu nehmen, wenn keine geeignete Schule erreichbar ist.[104] Ist die Unterbringung in einem Internat für Körperbehinderte erforderlich, so sind auch die Kosten für Familienheimfahrten zu erstatten.[105] **44**

Von der Ersatzpflicht umfasst werden auch die Kosten, die dadurch entstehen, dass der Geschädigte nur noch in einer sog **beschützenden Werkstätte** beschäftigt werden kann.[106] **45**

Die Aufwendungen für häufige **Benutzung öffentlicher Verkehrsmittel** sind bei einem infolge des Unfalls Gehbehinderten im Rahmen der vermehrten Bedürfnisse zu ersetzen.[107] **46**

Ausgaben zur **Stärkung oder Schonung** des Verletzten (zB Medikamente, medizinische Behandlungen, Bäder, Kuren, Stärkungsmittel, Mehraufwendungen für Diätkost) können sowohl zu den Heilungskosten als auch zu den vermehrten Bedürfnissen rechnen (zur Abgrenzung s Rn 33). **47**

Fahrzeuge und sonstige technische Hilfsmittel (Rollstuhl, Zusatzeinrichtungen im Kraftfahrzeug, spezielles Schuhwerk, Brillen usw) fallen ebenfalls unter die vermehrten Bedürfnisse. Die Tatsache, dass der Unfallgeschädigte wegen der erlittenen Verletzungen (zB Querschnittslähmung) auf einen Pkw angewiesen ist, begründet jedoch keinen Anspruch darauf, dass der Schädiger auf Dauer jeweils die vollen Anschaffungskosten eines solchen ersetzt. Er hat vielmehr (neben den notwendigen Sonderausrüstungen) nur den durch die unfallbedingte Mehrbeanspruchung des Fahrzeugs bedingten Teil der Betriebs- und Anschaffungskosten zu tragen.[108] Ausnahmsweise sind die Kosten der Erstbeschaffung voll erstattungsfähig, wenn der Pkw nur wegen der Verletzungen angeschafft wurde.[109] Dabei ist es grundsätzlich Sache des Geschädigten, für welches Fahrzeug er sich entscheidet, solange der Aufwand nicht außer Verhältnis zu seinem gesamten Lebenszuschnitt steht.[110] Auf den Erwerb eines Gebrauchtwagens muss er sich nicht verweisen lassen.[111] Verfügt der Verletzte bereits über einen behindertengerecht umgebauten Pkw, kann er nicht zusätzlich die Umrüstung seines Motorrads beanspruchen, da sein Mobilitätsbedürfnis ausgeglichen und die Freude am Motorradfahren ausschließlich bei der immateriellen Entschädigung zu berücksichtigen ist.[112] **48**

Auch ein **erhöhter Verschleiß** an Kleidung oä begründet unter diesem Gesichtspunkt einen Ersatzanspruch. **49**

Die Kosten einer **Haushaltshilfe** sind insoweit vermehrte Bedürfnisse, als sie die vereitelte Selbstversorgung betreffen.[113] Hatte der Verletzte auch Leistungen für Dritte zu erbringen, kommt daneben eine Ersatzfähigkeit als Erwerbsschaden in Betracht (s Rn 145 ff, insb 148). **50**

---

102 Vgl OLG Dresden VAE 1941, 116.
103 OLG München VersR 2003, 518.
104 RG WarnR 1914, Nr 13.
105 OLG Hamm DAR 1994, 498.
106 BGH NZV 1991, 387; OLG Hamm VersR 1992, 459.
107 BGH NJW 1965, 102.
108 BGH VersR 1992, 619 (Automatikgetriebe); österr OGH ZVR 1997, 301.
109 OLGR München 1995, 265; österr OGH ZVR 1997, 301.
110 OLG München VersR 1984, 246.
111 Österr OGH ZVR 1997, 301.
112 BGH NZV 2004, 195.
113 BGH NZV 1997, 71; VersR 1974, 162.

51 Muss der Verletzte die Dienste einer **Partnervermittlung** in Anspruch nehmen, weil er infolge seiner Behinderung oder Entstellung von normalen sozialen Kontakten ausgeschlossen wird, kann er deren Kosten geltend machen.[114]

52 Muss der Verletzte beabsichtigte **Eigenleistungen beim Hausbau** von Dritten durchführen lassen, so handelt es sich nicht um vermehrte Bedürfnisse;[115] die Einbußen durch Vereitelung des Eigenbaus können lediglich unter dem Aspekt des Gewinnentgangs erfasst werden (vgl Rn 57).

4. Fiktive Aufwendungen

53 Das Unterlassen von Aufwendungen, die nachweislich wegen Vermehrung der Bedürfnisse **erforderlich** (§ 249 Abs 2 S 1 BGB) gewesen wären, zB für medizinisch indizierte Stärkungsmittel oder eine Haushaltshilfe, vermindert den Anspruch des Verletzten nicht, da § 843 Abs 1 BGB auf das Entstehen des Bedürfnisses abstellt.[116] Insbesondere entlasten unzumutbare Anstrengungen oder Verzichtsleistungen des Geschädigten den Schädiger nicht.[117] Entscheidet sich der Geschädigte für einen Neubau anstatt des behindertengerechten Umbaus seiner Wohnung, kann er nicht die fiktiven Kosten des Letzteren verlangen, sondern nur nach Rn 42 abrechnen.[118] Sieht er von einer ihm zustehenden Verbesserung seiner Wohnverhältnisse völlig ab, kann er nur die Kosten der günstigsten Umgestaltung (ohne MwSt, § 249 Abs 2 S 2 BGB) verlangen.[119]

54 **Unentgeltliche Pflege- oder Haushaltsdienste** kommen, auch wenn sie von Angehörigen über den im Normalfall geschuldeten Naturalunterhalt hinaus erbracht werden, nicht dem Schädiger zugute.[120] Der Verletzte kann in diesen Fällen den Nettolohn, der für entsprechende Dienste einer Hilfskraft bezahlt werden müsste, beanspruchen.[121] Dies gilt auch dann, wenn die Pflegeleistungen durch einen Unterhaltspflichtigen erbracht werden, der selbst für die Verletzung mitverantwortlich ist. Die Pflege wird in diesem Fall nicht als Schadensersatz, sondern als Unterhaltsleistung erbracht, sodass in Bezug auf die Haftung des anderen Schädigers § 843 Abs 4, nicht § 422 BGB eingreift.[122] Den pflegenden Unterhaltsschuldner kann der Verletzte allerdings nicht zusätzlich aus § 843 BGB in Anspruch nehmen.[123] Dies schließt auch einen (akzessorischen) Direktanspruch des Verletzten gegen den Haftpflichtversicherer aus.[124] Ein

---

114 Der österr OGH ordnet derartige Aufwendungen unter die – dem deutschen Recht unbekannte – Verunstaltungsentschädigung nach § 1326 ABGB ein; s ZVR 1999, 18, 19.
115 So aber – zumindest im LS – OLG Köln VersR 1991, 111.
116 BGH NJW 1958, 627; *Lange/Schiemann* § 6 IX 3 (einschr aber für Pflegekosten).
117 BGH VersR 1992, 618, 619; KG VersR 1982, 978.
118 OLG Hamm NZV 2003, 192, 194.
119 Gegen eine fiktive Abrechnung zu Recht, aber in Widerspruch zur st Rspr des BGH (vgl § 3 Rn 228) *Ch Huber* NZV 2005, 621 f.
120 BGH NJW 1999, 2819; VersR 1963, 463.
121 BGH VersR 1992, 619; OLG Hamm DAR 1994, 496; **aA** (nur angemessener Ausgleich bei Mühewaltung von Angehörigen) BGH VersR 1978, 149; 1986, 174; OLG Hamm NZV 1994, 68. Für Begrenzung bei einer 24-Stunden-Betreuung OLG Koblenz VersR 2002, 244.
122 BGHZ 159, 318, 320.
123 OLG München (Augsburg) NJW-RR 1995, 1239; *Ch Huber* NZV 1997, 380.
124 OLG München (Augsburg) NJW-RR 1995, 1239 u *Ch Huber* NZV 1997, 381 bejahen dagegen einen Übergang des Direktanspruchs auf den Schädiger.

Deckungsanspruch des Unterhaltspflichtigen gegen den Haftpflichtversicherer wird dagegen aufgrund der Wertung des § 843 Abs 4 BGB zu bejahen sein.

5. Forderungsübergang

Erbringt ein Sozialleistungsträger, ein privater Versicherer oder ein öffentlich-rechtlicher Dienstherr ebenfalls Leistungen zum Ausgleich der vermehrten Bedürfnisse, so geht der Anspruch gegen den Schädiger auf diesen Leistungsträger über. Zu den Voraussetzungen und Einzelheiten des Forderungsüberganges s § 32 für Sozialversicherungsträger, § 33 für Sozialhilfeträger, § 34 für Versorgungsträger und Dienstherren sowie § 35 für private Versicherer. 55

IV. Nachteile für Erwerb und Fortkommen

1. Übersicht

Die **Arbeitskraft** als solche ist kein entschädigungsfähiges Gut; ihre Beeinträchtigung begründet keinen materiellen Schaden.[125] Schadensersatzrechtliche Relevanz besitzt lediglich die vereitelte Fähigkeit des Verletzten, sich durch Verwertung seiner Arbeitskraft vermögenswerte Vorteile zu verschaffen. Sowohl das Deliktsrecht als auch das Recht der Gefährdungshaftung (zu den unterschiedlichen Rechtsgrundlagen s Rn 1 ff) gewährt daher dem Verletzten einen Anspruch auf Ersatz der Vermögensnachteile, die ihm dadurch entstehen, dass infolge der Verletzung seine **Erwerbsfähigkeit zeitweise oder dauernd aufgehoben** wird. Zu diesen Vermögensnachteilen gehört vor allem der infolge der unfallbedingten Beeinträchtigung der Erwerbsfähigkeit entgangene Verdienst (vgl Rn 63 ff) oder Gewinn (vgl Rn 108 ff). Ist ein Verdienst nur deswegen nicht entgangen, weil der Arbeitgeber Lohn oder Gehalt fortgezahlt hat, so ändert dies an der Ersatzpflicht dem Grunde nach nichts; es ändert sich allenfalls durch einen Forderungsübergang die Aktivlegitimation (vgl Rn 176 ff). Neben dem Verdienstausfall wegen der Hinderung an einer bisher ausgeübten Erwerbstätigkeit sind auch Nachteile für das **berufliche Fortkommen** (Rn 162 f) zu ersetzen, und zwar – obwohl in § 11 StVG, § 6 HaftpflG nicht ausdrücklich erwähnt – auch bei der Gefährdungshaftung (vgl Rn 3). Der Schaden, der zB darin besteht, dass ein Kind, wenn es dereinst ins Berufsleben tritt, weniger Einkommen hat, als es ohne die unfallbedingte körperliche oder geistige Behinderung der Ausbildung haben würde, ist im Rahmen der Minderung der Erwerbsfähigkeit ebenso zu entschädigen, wie die künftigen unmittelbaren Auswirkungen einer Körperbehinderung auf die Verdienstmöglichkeit (vgl Rn 164 ff). Problematisch ist ein Anspruch wegen **Beeinträchtigung der Heiratsaussichten** (vgl Rn 193). Einen Anspruch Dritter auf Entschädigung wegen **entgangener Dienstleistungen** gewährt § 845 BGB, nicht aber das Recht der Gefährdungshaftung (dazu Rn 192). Der haushaltführende Ehegatte erbringt indes spätestens seit Inkrafttreten des Gleichberechtigungsgesetzes vom 18.7.1957 keine Dienstleistungen iSv § 845 BGB mehr; die **Arbeit im Haushalt** wird vielmehr einer Erwerbstätigkeit gleich erachtet, deren Vereitelung einen 56

---

125 MünchKomm/*Wagner* §§ 842, 843 Rn 15; *Würthwein* JZ 2000, 341 f, je mwN. Zur Berücksichtigung beim immateriellen Schadensersatz § 30 Rn 14.

eigenen Anspruch des Verletzten begründet (vgl Rn 145 ff). Auf andere Fälle **unentgeltlicher Arbeitsleistungen** lässt sich dies nicht übertragen (s Rn 159). Da aus dem Arbeitseinkommen idR auch die **Altersvorsorge** bestritten wird, sind auch diesbezügliche Nachteile im Rahmen des Erwerbsschadens zu berücksichtigen (vgl Rn 174).

57 Nicht unter die Gefährdungshaftung fallen dagegen Gewinneinbußen, die nichts mit der Beeinträchtigung der Erwerbsfähigkeit zu tun haben, etwa aus der Vereitelung einer nicht zu Erwerbszwecken ausgeübten sportlichen oder künstlerischen Betätigung oder von Eigenleistungen beim Hausbau. Solche können bei deliktischer Haftung aber ersatzfähig sein (vgl Rn 190 f).

2. Ursächlichkeit des Unfalls

58 Zwischen der Erwerbsminderung und dem Unfall muss Kausalzusammenhang bestehen (vgl hierzu § 3 Rn 172 ff); der Unfall braucht allerdings nicht die alleinige Ursache zu sein (vgl zur mittelbaren Kausalität § 3 Rn 175 ff, zu den Fällen schadensgeneigter Konstitution § 3 Rn 201 ff u 212 ff, zur Berücksichtigung hypothetischer Kausalabläufe § 3 Rn 210 ff). Auch nach Wiederherstellung der vollen Arbeitsfähigkeit kann noch ein unfallbedingter Erwerbsschaden vorliegen.[126] Änderungen der Lebensplanung müssen nicht zu einer Unterbrechung des Zurechnungszusammenhangs führen;[127] s a Rn 80. Einzelfälle:

59 Hat der Geschädigte unfallbedingt seinen Arbeitsplatz verloren und dann eine neue Arbeitsstelle gefunden, so hängt, falls er diese später ebenfalls verliert, die Verpflichtung zum Ersatz des Verdienstausfalls nicht davon ab, ob der Verlust des zweiten Arbeitsplatzes auf den Unfall zurückzuführen ist.[128]

Muss der bei einem Verkehrsunfall Verletzte unfallbedingt in einen anderen Beruf wechseln, in dem er über viele Jahre tätig ist und mehr verdient als in seiner früheren Stellung, und wechselt er dann, ohne aufgrund der Unfallverletzungen oder der beruflichen Situation bei seinem neuen Arbeitgeber dazu veranlasst worden zu sein, um sich weiter zu verbessern, erneut den Beruf, dann kann es an einem haftungsrechtlichen Zusammenhang mit dem Unfallereignis fehlen, wenn er nunmehr berufliche Fehlschläge mit Einkommenseinbußen erleidet.[129]

Hat der Geschädigte sein Arbeitsverhältnis nach unfallbedingter Kündigung in einem Vergleich mit dem Arbeitgeber aufgegeben, so unterbricht dies den Zurechnungszusammenhang zwischen Unfall und Erwerbsschaden dann nicht, wenn der Vergleich der Prozesslage entsprach.[130]

Wurden durch die Verletzung die Voraussetzungen dafür geschaffen, vorzeitiges Altersruhegeld zu beanspruchen, so kann der haftungsrechtliche Zusammenhang zwischen der Verletzung und der mit dem Ausscheiden aus dem Erwerbsleben verbundenen Einkommensminderung nicht deswegen verneint werden, weil der Verletzte aus eigenem Entschluss von dieser Möglichkeit Gebrauch gemacht hat.[131] Dies gilt auch, wenn erst durch das Hinzutreten weiterer, unfallunabhängiger Schäden die Voraussetzungen hierfür entstanden sind.[132]

---

126 BGH NJW 1991, 2422.
127 BGHZ 74, 221; OLG Hamburg NJW-RR 1991, 1431.
128 OLG Hamm DAR 2000, 264.
129 BGH NZV 1992, 25.
130 BGH VersR 1988, 963.
131 BGH VersR 1986, 813.
132 OLG Bamberg NZV 1996, 316.

Der Zurechnungszusammenhang entfällt auch nicht dadurch, dass sich der Verletzte, statt bei seinem bisherigen Arbeitgeber bestehende Beschäftigungs- und Weiterbildungsmöglichkeiten zu nutzen, auf Rat des Arbeitsamts in einen anderen Beruf umschulen lässt, in dem er dann weniger erfolgreich ist.[133]

3. Konkrete Berechnung des Erwerbsschadens

Im Gegensatz zu der im Versorgungsrecht (vgl § 30 BVG) und bei der Gesetzlichen Unfallversicherung (vgl § 56 SGB VII) geltenden Regelung besteht der Ersatzanspruch nicht in einem nach dem abstrakten Prozentsatz der Körperbehinderung (Minderung der Erwerbsfähigkeit, MdE) zu berechnenden Satz, welcher sich nach in Krankheitsbilder unterteilten Tabellen richtet. Vielmehr muss festgestellt werden, welchen **konkreten** Verdienstausfall der Verletzte aufgrund des Unfalls erlitten hat.[134] Es ist durchaus möglich, dass ein Verletzter bei einer MdE von 30 vH in seinem Beruf nicht mehr in der Lage ist, 70% seiner bisherigen Einnahmen zu erzielen, während ein anderer bei gleichem Grad der abstrakten Erwerbsminderung imstande ist, dasselbe zu verdienen wie vor seinem Unfall. Umgekehrt bewirkt die Anknüpfung an die konkrete Erwerbseinbuße, dass ein unfallbedingter Erwerbsschaden nicht in jedem Fall mit der Wiederherstellung der vollen Arbeitsfähigkeit endet, sondern erst bei Wegfall der konkreten Umstände, die den Geschädigten an der Wiederaufnahme einer gleichwertigen Erwerbstätigkeit hindern.[135] Insbesondere bei älteren Arbeitnehmern kommt es auch vor, dass sie durch relativ geringfügige Dauerschäden beim Wettbewerb auf dem Arbeitsmarkt erheblich benachteiligt werden und deshalb keinen Arbeitsplatz finden, obwohl sie ihn mit der verbliebenen Leistungsfähigkeit voll ausfüllen könnten; in einem solchen Fall ist ebenfalls der volle Verdienstausfall zu ersetzen.[136] Maßgebend sind also stets die konkreten Verhältnisse, unter denen der Verletzte bisher gearbeitet hat und künftig arbeiten wird. Da sich exakte Feststellungen über hypothetische Abläufe und zukünftige Entwicklungen nicht treffen lassen, sind Wahrscheinlichkeitsurteile und Schätzungen vorzunehmen, was durch § 287 ZPO ermöglicht wird. Dabei dürfen keine zu hohen Anforderungen gestellt werden.[137] Die Ausgangstatsachen müssen aber bewiesen werden.[138] Unzulässig ist es, dem Verletzten gleichsam pauschal einen abstrakt geschätzten „Mindestschaden" zuzusprechen.[139]

60

Aus dem Gesagten ergibt sich zugleich der **Ausschluss fiktiver Erwerbsschäden**. Ein Geschädigter, der tatsächlich nicht am Erwerbsleben teilnimmt, kann nicht geltend machen, dass er bei Verwertung seiner (zerstörten) Arbeitskraft ein bestimmtes Einkommen hätte erzielen können (vgl Rn 159). Nicht ausgeschlossen wird dadurch allerdings, dass in den Fällen, in denen der Ausfall von Arbeitsleistungen durch den Einsatz einer

61

---

133 OLG München r+s 1994, 380.
134 RGZ 136, 18; 165, 241; RG JW 1932, 2029; 1933, 770; 1933, 830 u 1405 m Anm *Bezold*, BGH VersR 1956, 132; 1956, 218; 1957, 132; 1964, 529; 1965, 1153; 1968, 396; 1977, 625; 1978, 1170; 1995, 424; OLG Nürnberg VersR 1960, 1007.
135 BGH NJW 1991, 2422.
136 RG JW 1931, 2725; BGH VersR 1953, 27; 1968, 396.
137 BGH NZV 1995, 184.
138 BGH NZV 1988, 134 m Anm *Gottwald*.
139 BGH NZV 1995, 183.

Hilfskraft aufgefangen werden könnte, tatsächlich aber auf andere, überobligationsmäßige Weise ausgeglichen wurde, der Schadensersatz auf der Grundlage der fiktiven Kosten einer Ersatzkraft bemessen wird (vgl Rn 117, 155).

4. Form der Ersatzleistung

62 Zu der Frage, ob der Schadensersatz für Verdienstausfall in Form einer Rente oder durch Kapitalentschädigung zu leisten ist, und zu Einzelheiten im Zusammenhang mit der Rentenzahlung (zB Dauer, Anpassung, Sicherheitsleistung) vgl die Erl in § 31.

5. Der Verdienstausfall bei unselbständiger Tätigkeit

63 a) **Umfang.** Er besteht in dem Unterschied zwischen dem Einkommen, das der Verletzte erzielt hätte, wenn sich der Unfall nicht ereignet hätte, und demjenigen, das er in Wirklichkeit erzielt. Es kommt mithin nicht auf den medizinischen Grad der Erwerbsminderung an, sondern auf den im Einzelfall entstehenden Schaden (Rn 60).

64 Der Einkommensunterschied kann sowohl darauf beruhen, dass die körperliche oder geistige Leistungsfähigkeit durch den Unfall vermindert wurde, wie auch darauf, dass der Verletzte infolge seiner vorübergehenden unfallbedingten Arbeitsunfähigkeit (wegen deren langer Dauer) seine Stellung verloren hat oder als Beamter zwangspensioniert wurde. Erfahrungsgemäß gelingt es einem durch einen Unfall aus seiner beruflichen Laufbahn Geworfenen auch bei Wiedererlangung der vollen Arbeitsfähigkeit häufig nicht mehr, eine berufliche Stellung zu erlangen, die der vorherigen gleicht. Auch diesen Schaden muss der Schädiger ersetzen. Die Ersatzpflicht endet mithin nicht etwa ohne weiteres in dem Augenblick, in dem der Verletzte nach ärztlicher Ansicht wieder voll erwerbsfähig geworden ist.[140] Der Ersatzpflichtige muss den Verletzten bei der Suche nach einem geeigneten neuen Arbeitsplatz ggf unterstützen,[141] vor allem die hierfür erforderlichen wirtschaftlichen Voraussetzungen schaffen (Erwerb von Handwerkszeug, eines Kraftwagens, Reisen zur Bewerbung um eine Stelle). Auch die Kosten einer erforderlich gewordenen Umschulung muss er bestreiten (näher hierzu Rn 105).

65 Der Schadensersatz umfasst auch **Nebeneinkünfte**, soweit sie nicht einen bloßen Aufwendungsersatz (wie zB Fahrtkostenzuschüsse, Spesenausgleich) darstellen;[142] eine dem Verletzten normalerweise von seinem Arbeitgeber gewährte Auslösung für auswärtige Arbeit ist daher nur insoweit zu ersetzen, als der Verletzte bei der auswärtigen Arbeit tatsächlich keine besonderen Aufwendungen hatte.[143] Ersatzpflichtig ist auch eine Gefahrenzulage, Erschwerniszulage,[144] Nachtdienstzulage, Bordzulage[145] oder

---

140 BGH NJW 1991, 2422.
141 RGZ 160, 121.
142 OLG Oldenburg VersR 1966, 43; OLG Düsseldorf VersR 1996, 334; KG NZV 2002, 172, 175; LG Flensburg DAR 1991, 460.
143 BGH VersR 1979, 624; OLG Frankfurt MDR 1964, 843; OLG München VersR 1986, 69; vgl auch OLG Nürnberg VersR 1968, 976; OLG Düsseldorf VersR 1972, 695; *Schmalzl* VersR 1977, 1137.
144 OLG Hamm OLGR 1996, 90.
145 BGH VersR 1967, 1080.

Ähnliches. Wegen Gratifikationen, Urlaubsentgelt und vermögenswirksamer Leistungen s Rn 76. Vom Ersatzanspruch umfasst sind auch Einkünfte aus Nebentätigkeiten.[146]

Verbotene Tätigkeiten begründen keine Ersatzpflicht. So stellt zB ein entgangener 66 Verdienst, der nur unter Verstoß gegen die Arbeitszeitordnung hätte erzielt werden können, keinen erstattungsfähigen Schaden dar.[147] Weitere Beispiele: Rn 122 ff. Nicht zu einem Ausschluss des Ersatzanspruchs führt es dagegen, wenn mehrere „geringfügige Beschäftigungen" iSv § 8 Abs 1 SGB IV, die zusammen aber die Grenze der Geringfügigkeit übersteigen, nicht gem § 28a SGB IV der Krankenkasse gemeldet wurden.[148]

b) **Einfluss der Lohn- oder Gehaltsfortzahlung.** Bei **Arbeitnehmern** ist die Lohnfortzahlung im Krankheitsfall, also auch bei einem Unfall, heute der gesetzliche Regelfall (§ 3 EFZG). Der Anspruch entsteht nach vierwöchiger ununterbrochener Dauer des Arbeitsverhältnisses (§ 3 Abs 3 EFZG). Die durch Gesetz vom 25.9.1996[149] bei Fehlen tarifvertraglicher Regelungen und Nichtvorliegen eines Arbeitsunfalls eingeführte Beschränkung der Lohnfortzahlung auf 80% des Arbeitseinkommens (§ 4 Abs 1 EFZG aF) wurde mit Wirkung ab 9.12.1998 wieder beseitigt.[150] § 48 SeemannsG modifiziert das EFZG für Besatzungsmitglieder von Seeschiffen. Für **Beamte** gelten § 82 BBG bzw die entsprechenden landesrechtlichen Vorschriften. 67

Ausgeschlossen ist der Lohnfortzahlungsanspruch bei grobem Verstoß des Arbeitnehmers gegen die dem Verkehrsteilnehmer im Straßenverkehr obliegenden Pflichten oder sonstigem „Verschulden gegen sich selbst", wie zB pflichtwidrigem Nichtanlegen des Sicherheitsgurts.[151] Er ist im Allgemeinen auf sechs Wochen beschränkt (Einzelheiten: § 3 EFZG). 68

Infolge der Lohnfortzahlung tritt der Schaden, wirtschaftlich betrachtet, nicht beim Verletzten, sondern beim Arbeitgeber ein, der die ausgefallene Arbeitskraft weiter bezahlen muss. Dieser hat jedoch keinen Ersatzanspruch gegen den Schädiger, da er nicht in eigenen durch die Haftungsnorm geschützten Rechtsgütern beeinträchtigt ist. Das Ergebnis, dass der Schädiger durch die Lohnfortzahlung seitens des Arbeitgebers entlastet würde, widerspräche jedoch der Billigkeit. Nach den für die Vorteilsausgleichung entwickelten Regeln (vgl § 3 Rn 221) ist daher bei normativer Betrachtung ein Erwerbsschaden des Verletzten trotz der Lohnfortzahlung zu bejahen,[152] die Doppelbegünstigung des Verletzten ist durch Überleitung seines Schadensersatzanspruchs auf den Arbeitgeber (durch cessio legis oder Abtretung) zu vermeiden (Rn 176 ff). 69

c) **Weiterzahlung des vollen Gehalts trotz unfallbedingter Leistungsminderung.** Beschäftigt der Arbeitgeber den Verletzten nach Wiedererlangung der Arbeitsfähigkeit zum vollen Gehalt weiter, obwohl er infolge einer verbliebenen Behinderung nicht mehr 70

---

146 BGH VersR 1957, 574; OLG Hamm VersR 1979, 745.
147 BGH VersR 1986, 596.
148 BGH NZV 1994, 183 gegen OLG Karlsruhe NJW-RR 1993, 918.
149 BGBl I 1467; geändert durch Ges v 12.12.1996, BGBl I 1859.
150 Ges v 19.12.1998, BGBl I 3843.
151 BAG VersR 1982, 659; LAG Berlin NJW 1979, 2327; *Weber* DAR 1983, 9; **aA** LAG Düsseldorf DAR 1981, 94.
152 BGHZ 7, 47; 13, 360; 21, 112; 43, 381; BGH NJW 1953, 1346; 1976, 326; *Larenz* § 30 II d (Fiktion eines Schadens); *Lange/Schiemann* § 9 XI 1 c. Für Beamte vgl BGHZ 59, 154; BGH VersR 1980, 455.

dieselbe Leistung wie zuvor erbringen kann, so lässt sich dieser Fall dem der Lohnfortzahlung (Rn 67) nicht ohne weiteres gleichstellen. Es ist vielmehr zu unterscheiden:
- beschäftigt der Arbeitgeber ihn deshalb weiter, weil er im eigenen Interesse auf seine, wenn auch geschmälerte, Arbeitskraft nicht verzichten will (zB wegen der besonderen Erfahrung), so entsteht kein Erwerbsschaden und somit auch kein Ersatzanspruch, der auf den Arbeitgeber übergehen könnte;[153]
- wird die Überzahlung (für den ausgefallenen Teil der Leistung) ausschließlich aus sozialen Erwägungen geleistet, so rechtfertigt sich eine Gleichbehandlung mit der Lohnfortzahlung;[154] dies ist zB bei einem von der Post gewährten „personengebundenen Zuschlag" bejaht worden.[155]

d) Berechnung des Verdienstausfalls

71 aa) **Grundsätze.** Auszugehen ist von der Erwerbstätigkeit des Verletzten im Zeitpunkt des Unfalls. Es ist zu ermitteln, notfalls nach § 287 ZPO zu schätzen (Rn 81), welchen Verdienst er nach dem mutmaßlichen Verlauf der Dinge[156] gehabt hätte, wenn sich der Unfall nicht ereignet hätte. Diese Berechnung ist für jeden Zeitraum, in dem sich eine Änderung gegenüber dem vorhergehenden Zeitraum ergeben hätte, gesondert vorzunehmen. Bei schwankenden Einkünften ist für größere Zeitabschnitte jeweils das Durchschnittseinkommen zu berechnen oder zu schätzen;[157] hierbei ist ggf auch zu berücksichtigen, dass der Verletzte vor dem Unfall mit gewisser Regelmäßigkeit zeitweise beschäftigungslos war.[158] Mutmaßliche Beförderungen, aber auch Einkommensminderungen (zB Eintritt in den Ruhestand) sind zu berücksichtigen (näher Rn 78 ff). Sodann sind die tatsächlichen Einnahmen des Verletzten in den einzelnen Zeitabschnitten festzustellen oder – wenn Ansprüche für die Zukunft geltend gemacht werden – zu schätzen. Der Unterschiedsbetrag ist zu ersetzen, soweit er auf der unfallbedingten Verletzung beruht (zum Berechnungsmodus Rn 72 ff).

72 bb) **Berechnungsmethode.** Bei sozialversicherungspflichtigen Arbeitnehmern besteht die Besonderheit, dass das Arbeitseinkommen zT nicht ausbezahlt, sondern als Lohn- und Kirchensteuer sowie als Sozialversicherungsbeitrag vom Arbeitgeber unmittelbar abgeführt wird. Weder die Brutto- noch die Nettovergütung entspricht indessen dem vom Haftpflichtigen zu ersetzenden Erwerbsschaden. Dies liegt insbesondere daran, dass die Schadensersatzleistung anders versteuert wird als das Arbeitsentgelt. Zur Ermittlung des wirklichen Erwerbsschadens stehen zwei Methoden zur Verfügung: Es kann vom **Bruttolohn** ausgegangen werden, wobei dann uU eine Ersparnis von Steuern und Sozialabgaben im Wege des Vorteilsausgleichs zu berücksichtigen ist, oder es sind zum **Nettolohn** alle weiteren Belastungen steuerlicher oder sozialversicherungsrechtlicher Art hinzuzurechnen.

---

153 BGH VersR 1967, 1068; OLG Celle VersR 1974, 1208.
154 *Jahnke* NZV 1996, 177.
155 OLG Hamm VersR 1992, 66 LS.
156 RGZ 63, 197; RG JW 1932, 1249.
157 BGH VersR 1964, 76.
158 Celle VersR 1979, 920; OLG Hamm r+s 1995, 256.

§ 29 Körperverletzung

Welche Methode den Vorzug verdient, ist streitig.[159] Allgemein anerkannt ist lediglich, **73** dass in den Fällen der **Entgeltfortzahlung** dem Arbeitgeber das Bruttoentgelt einschließlich der Arbeitnehmer- und Arbeitgeberbeiträge zur Sozialversicherung zu erstatten ist (vgl Rn 176). Für die **übrigen Fälle** (dh bei Fehlen oder nach Beendigung einer Lohnfortzahlung) bestehen sogar innerhalb des BGH unterschiedliche Ansichten. Der III. Zivilsenat folgt der Bruttolohnmethode,[160] der VI. Zivilsenat geht vom Nettolohn aus.[161] Zu einer Anrufung des Großen Senats ist es bisher nicht gekommen, weil die beiden Senate davon ausgehen, dass es sich nur um unterschiedliche Berechnungsmethoden handelt, die – richtig angewandt – zu übereinstimmenden Ergebnissen führen müssen;[162] es gehe nicht um normative Fragen, sondern nur um die Wahl des zweckmäßigeren Berechnungsmodus.[163] Dies ist im Grundsatz richtig, erfordert aber hinsichtlich der Darlegungs- und Beweislast sowie in den Fällen nur quotenmäßiger Haftung nähere Maßgaben,[164] die nicht außerhalb jeden Zweifels stehen (vgl Rn 74 f u 83 ff). Aus dogmatischer Sicht erscheint die Bruttolohnmethode schon deswegen vorzugswürdig, weil sie eine unterschiedliche Behandlung gegenüber den Fällen der Lohnfortzahlung vermeidet; zudem trägt sie dem Umstand Rechnung, dass – wirtschaftlich betrachtet – der Bruttolohn das Arbeitsentgelt darstellt, welches sich nur aufgrund besonderer Abführungsregelungen auf einen Nettobetrag reduziert. Da der BGH aber beide Berechnungsmethoden zulässt, wird nachstehend dargestellt, welche Grundsätze bei jeder von ihnen zu beachten sind. Wegen der Rechtslage im Fall von Lohn- oder Gehaltsfortzahlung s Rn 176 ff, wegen des Forderungsübergangs bei Lohnersatzleistungen von Sozialversicherungsträgern § 32.

Nach der sog **modifizierten Nettolohntheorie** bekommt der Arbeitnehmer vom Schä- **74** diger grundsätzlich nur den Nettolohn ersetzt. Bei der Ermittlung des fiktiven Nettoeinkommens wird allein auf die vom Arbeitgeber ausbezahlten Nettobezüge des Geschädigten abgestellt, besondere steuerrechtliche Regelungen wie Sonderausgaben oder außergewöhnliche Belastungen bleiben unberücksichtigt.[165] Über den Nettolohn hinausgehende Beträge kann der Geschädigte nur als eigene Schadenspositionen geltend machen; er muss sie also darlegen und ggf beweisen. In Betracht kommen in erster Linie die **Steuern** (Einkommensteuer, Kirchensteuer),[166] die er für die Schadensersatzleistungen zu zahlen hat (§ 24 Nr 1 EStG; vgl Rn 83 ff). Die Höhe dieses Steuerbetrages lässt sich nur schwer berechnen, denn er ist, wenn er als Schadensersatz gezahlt wird,

---

159 Für Bruttolohnmethode: *Staudinger/Schiemann* § 252 Rn 29; MünchKomm/*Oetker* § 252 Rn 18; RGRKomm/*Boujong* § 843 Rn 69; *Marschall v Bieberstein* VersR 1975, 1065; *Scheffen* VersR 1990, 927. Für Nettolohnmethode: *Hofmann* NZV 1993, 139.
160 BGH VersR 1965, 793; 1975, 37; vgl auch VII. Senat VersR 1970, 223; OLG Celle VersR 1972, 468; KG VersR 1972, 960; OLG Hamm VersR 1985, 1194; *Hartung* VersR 1986, 309. Kritisch zu dieser Divergenz *Hartung* VersR 1981, 1008.
161 BGH VersR 1957, 574; 1958, 528; 1970, 640; 1983, 149; ihm folgend OLG Bamberg VersR 1978, 451; OLG Frankfurt VersR 1979, 920; zweifelnd *Stürner* JZ 1984, 463.
162 BGHZ 127, 391 = LM 249 (Ha) BGB Nr 51 m Anm *Rüßmann*.
163 BGHZ 42, 80; 43, 380; BGH VersR 1965, 786.
164 Vgl *Hofmann* NZV 1993, 139 ff u 1995, 94.
165 BGHZ 127, 391, 396.
166 Zur Berechnung (nach Einkommensteuer-, nicht Lohnsteuertabelle) BGH DAR 1988, 24. Vgl auch *Hartung* VersR 1986, 310 f.

wiederum zu versteuern; der BGH empfiehlt ein „Abtasten anhand der Steuertabelle".[167] Zudem fallen Einkommensverlust und Schadensausgleich oft nicht in denselben Veranlagungszeitraum, sodass sich „Progressionsdifferenzen" ergeben können.[168] Hinsichtlich der **Beiträge zur Sozialversicherung** geht der Anspruch auf Zahlung von Beiträgen zur Vermeidung von Nachteilen in der Rentenversicherung nach § 119 SGB X auf den Rentenversicherungsträger über. Zum Beitragsregress vgl im Übrigen näher (§ 32 Rn 141 ff).

75 Nach der **Bruttolohnmethode** kann der Geschädigte den vollen Bruttoverdienst einschließlich der Arbeitgeberbeiträge zur Sozialversicherung (§§ 346 SGB III, 249 SGB V, 168 SGB VI, 58 SGB XI) beanspruchen. Es ist Sache des Ersatzpflichtigen, darzulegen und ggf zu beweisen, dass der Geschädigte hierdurch Vorteile erlangt, die er sich anrechnen lassen muss.[169] Hierunter fallen nach der Rspr gewisse **Steuervergünstigungen** bis hin zu der im Falle quotenmäßiger Haftung auftretenden Progressionsdifferenz[170] (die Besteuerungsgrundlage ist beim Bruttoeinkommen höher als bei der um die Quote gekürzten Ersatzleistung; näher Rn 83 ff). Ein ausgleichspflichtiger Vorteil ergibt sich demgegenüber nicht aus der Ersparung von **Sozialversicherungsbeiträgen**, da ein Beitragsregress gem § 119 SGB X durch den Sozialversicherungsträger stattfindet und auch § 62 SGB VI diesen Einwand abschneidet (näher § 32 Rn 141 ff). Den Schwierigkeiten, die sich daraus ergeben, dass der Schädiger die steuerlichen und sozialversicherungsrechtlichen Auswirkungen des Schadensfalles nicht im einzelnen kennt, wird durch die auch in anderen Fällen anerkannte Modifizierung der Behauptungslast begegnet, wonach der Beweispflichtige zwar die für ihn günstige Tatsache (hier: den auszugleichenden Vorteil) darlegen muss, die zur näheren Bestimmung erforderlichen Einzelangaben aber dem Gegner obliegen, der allein die hierzu erforderliche Kenntnis hat.[171] Letztlich kann der anzurechnende Betrag ohnehin nur im Wege der Schätzung (§ 287 ZPO) ermittelt werden.[172] Bei Anwendung der Bruttolohnmethode ist vom Bruttolohn selbstverständlich nicht nur bei der Feststellung auszugehen, was der Verletzte ohne den Unfall in den einzelnen Zeitabschnitten verdient hätte, sondern auch bei der Feststellung, welche Einnahmen er trotz der unfallbedingten Behinderung hat (oder haben könnte, wenn er wollte). Der Unterschied zwischen beiden Beträgen ist der zu ersetzende Verdienstausfall. Er erhöht sich, wie bereits ausgeführt, um die Arbeitgeberanteile zur Sozialversicherung und mindert sich uU infolge des unter Rn 82 ff behandelten Vorteilsausgleichs für eingesparte Steuern und Sozialabgaben.

76 **cc) Lohnzusatzleistungen.** Verliert der Geschädigte infolge der unfallbedingten Einbuße seiner Arbeitsfähigkeit den Anspruch auf eine ihm sonst zustehende Gratifikation

---

167 BGH NZV 1995, 63, 65 (insoweit nicht in BGHZ 127, 391 abgedr); ebenso *Kullmann* VersR 1993, 386.
168 S hierzu *Rüßmann* LM § 249 (Ha) BGB Nr 51.
169 BGHZ 127, 391, 395; BGH NJW 1999, 3711, 3712.
170 BGHZ 127, 391 = LM § 249 (Ha) BGB Nr 51 m Anm *Rüßmann*; hierzu *Hofmann* NZV 1995, 94.
171 BGHZ 127, 391, 395; BGH NJW 1999, 3711, 3712; VersR 1987, 669 (wo allerdings zu Unrecht auch von Beweislast die Rede ist). Allgemein zur sog sekundären Behauptungslast *Zöller/Greger* vor § 284 Rn 34.
172 BGH NZV 1992, 314.

(Weihnachtsgeld, Urlaubsgeld)[173] oder auf vermögenswirksame Leistungen,[174] so ist ihm auch dieser Ausfall zu ersetzen. Der Ersatzanspruch erhöht sich ferner, wenn dem Arbeitnehmer oder Beamten bezahlter **Jahresurlaub** gewährt wird, um den Betrag, der dem Bruttolohn während des ihm zustehenden Jahresurlaubs entspricht, gemindert in dem Verhältnis, in dem die Zahl der Tage der völligen Dienstunfähigkeit zur Zahl 365 steht.[175] Der Schädiger soll nicht dadurch entlastet werden, dass der Verletzte aufgrund gesetzlicher oder tarifvertraglicher Regelung durch krankheitsbedingten Arbeitsausfall in urlaubsrechtlicher Hinsicht keinen Nachteil erleidet.

e) **Prognose des künftigen Verdienstes.** Bei der Bemessung des Verdienstausfalls sind, wenn er für einen längeren Zeitraum zu ersetzen ist (zB bei Dauerschäden), die wahrscheinlichen Einkommensentwicklungen zu berücksichtigen. 77

aa) **Verdienststeigerungen** können sich insbesondere aus der allgemeinen Einkommensentwicklung (Tariferhöhungen usw),[176] aber auch aus dem beruflichen Fortkommen des einzelnen ergeben. Hierbei wird von der durchschnittlichen Entwicklung eines vergleichbaren Erwerbstätigen auszugehen sein. Das Bestehen von Prüfungen darf aber nicht nach statistischen Werten, sondern muss konkret beurteilt werden.[177] Für einen außergewöhnlichen beruflichen Aufstieg müsste der Geschädigte Umstände nachweisen, aus denen sich eine hinreichende Wahrscheinlichkeit ergibt;[178] ansonsten ist von einem gleichbleibenden Einkommen auszugehen.[179] Es ist auch nicht ohne weiteres anzunehmen, dass ein Verletzter, der vor dem Unfall nicht regelmäßig gearbeitet hat, künftig eine ständige Erwerbstätigkeit ausgeübt hätte.[180] Bei auffallend häufigem Wechsel der Arbeitsstelle kann zwar davon ausgegangen werden, dass der Verletzte auch die zum Unfallzeitpunkt ausgeübte Tätigkeit alsbald aufgegeben hätte, doch schließt dies allein noch nicht aus, dass er anschließend wieder Arbeit gefunden hätte.[181] Dies gilt auch dann, wenn der Verletzte längere Zeit nur unregelmäßigen Tätigkeiten, zB als Aushilfe, nachging.[182] Vgl auch zu den Nachteilen für das Fortkommen Rn 162. 78

bb) **Verdienstminderungen** sind ebenfalls zu berücksichtigen, insbesondere auch im Rahmen sog überholender Kausalität (vgl § 3 Rn 210). Der Ersatzanspruch kann sich daher zB ermäßigen oder ganz entfallen, wenn der Verletzte einen zweiten Unfall erleidet oder aus nicht unfallbedingten Gründen erkrankt. Zu berücksichtigen sind auch Minderungen des fiktiven Einkommens, zB durch Wehrdienst[183] oder wirtschaftlichen Niedergang des früheren Arbeitgebers.[184] Ggf muss der Verletzte darlegen und nachweisen, dass er ohne das Schadensereignis wieder Arbeit gefunden hätte.[185] Auch die 79

---

173 BGH VersR 1972, 566.
174 LG Mannheim VersR 1974, 605.
175 BGHZ 59, 109; 59, 154.
176 Vgl OLG Düsseldorf VersR 1980, 931.
177 Vgl BGH NJW 1973, 701; OLG Köln NJW 1972, 59.
178 S zB OLG Köln DAR 2002, 353, 354.
179 OLG Hamm VersR 1954, 420 u 500 m Anm *Möring*.
180 OLG München OLGR 1995, 4.
181 BGH NZV 1990, 185; VersR 1995, 470.
182 BGH NZV 1995, 183.
183 OLG Köln VersR 1998, 507.
184 BGH VersR 1965, 493; OLG Zweibrücken VersR 1978, 67; OLG Karlsruhe VRS 78, 1.
185 OLG Karlsruhe VRS 78, 1.

ggf mit dem **Eintritt in den Ruhestand** verbundene Einkommensminderung ist in Rechnung zu stellen;[186] der hierfür maßgebliche Zeitpunkt ist nach den Umständen des Einzelfalles durch Schätzung zu ermitteln.[187] Bei Fehlen von Anhaltspunkten für eine abweichende Entwicklung ist von einem Eintritt in den Ruhestand bei nicht selbständig Tätigen mit der Vollendung des 65. Lebensjahrs auszugehen.[188] Dies gilt auch für Frauen, obwohl diese nach dem bis 31.12.1999 geltenden § 39 SGB VI unter bestimmten Voraussetzungen bereits mit der Vollendung des 60. Lebensjahres Anspruch auf Altersrente hatten.[189] Gem § 237a SGB VI (ab 1.1.1997) wurde die Altersgrenze für nach dem 31.12.1939 geborene Frauen schrittweise angehoben, sodass mittlerweile auch bei Frauen das regelmäßige Renteneintrittsalter bei 65 Jahren liegt. Bei ausländischen Arbeitnehmern ist zu berücksichtigen, dass die **Rückkehr in das Heimatland** in aller Regel ebenfalls mit einer Einkommensminderung verbunden ist.

80 cc) **Maßgeblicher Zeitpunkt für die Prognose** ist nicht in jedem Fall der des Unfalls. § 252 S 2 BGB („erwartet werden konnte") ist nicht in diesem einschränkenden Sinn zu verstehen.[190] Vielmehr sind auch Entwicklungen, die zu diesem Zeitpunkt noch nicht absehbar waren, in Rechnung zu stellen, ggf bis zur letzten mündlichen Verhandlung im Haftungsprozess.[191] Dies gilt grundsätzlich auch dann, wenn der Verletzte seine Lebensgestaltung später aufgrund einer neuen Willensentscheidung geändert hat (zB ein ursprünglich rückkehrwilliger Gastarbeiter bleibt nach Eheschließung in Deutschland).[192] Der Schädiger kann nicht verlangen, dass sich der Verletzte in seinem Interesse an der zum Unfallzeitpunkt bestehenden Lebensplanung festhalten lässt. Andererseits ist aber auch hier der Grundsatz zu beachten, dass dem Verletzten nicht infolge des Unfalls mehr zufließen darf als er sonst erhalten hätte. Daher müssten Entscheidungen außer Betracht bleiben, die mit dem Ziel getroffen werden, höheren Schadensersatz zu erhalten.[193]

81 dd) **Beweisfragen.** Kommt es auf die künftige Einkommensentwicklung an, so ist eine gesicherte Feststellung naturgemäß nicht möglich. Nach § 252 S 2 BGB reicht es daher aus, den mit Wahrscheinlichkeit zu erwartenden Gewinn festzustellen. Hierin soll nach der etwas unklaren BGH-Rspr eine über § 287 ZPO hinausgehende Beweiserleichterung liegen.[194] Dies ist jedoch nur iErg richtig. § 252 S 2 BGB ist eine materiell-rechtliche Vorschrift.[195] Sie ordnet an, dass auch der (lt nachträglicher Prognose; vgl Rn 80)

---

186 BGH VersR 1960, 82; 1968, 945; 1976, 663.
187 Vgl BGH u OLG Nürnberg VersR 1986, 173.
188 BGH VersR 1988, 464; NZV 1989, 345; 1995, 441.
189 BGH VersR 1995, 1447 m zust Anm *Frahm*; dort auch zur Regelaltersgrenze bei Bewohnern der ehemaligen DDR.
190 BGHZ 29, 398.
191 BGH NJW 1999, 136.
192 BGHZ 74, 221.
193 BGHZ 74, 221; *Stürner* JZ 1984, 415.
194 BGHZ 29, 398; BGH JZ 1961, 27; DRiZ 1963, 25; s a *Soergel/Mertens* § 252 Rn 1; *Staudinger/Schiemann* § 252 Rn 18; *E Schneider* AP § 252 BGB Nr 2.
195 So auch BGHZ 54, 55 (VI. Senat) ohne Eingehen auf die abw Ansicht des III. Senats in BGHZ 29, 399. Vgl auch *Soergel/Siebert/Schmidt*[10] §§ 249–253 Rn 44; *Steindorff* JZ 1961, 12; *Klauser* JZ 1968, 168.

wahrscheinliche Gewinn vom Schädiger zu ersetzen ist. Ob ein Gewinn im konkreten Fall tatsächlich wahrscheinlich war und in welcher Höhe, ist dann vom Gericht nach § 287 ZPO zu ermitteln.[196] Die Grundlagen für die Ermittlung des wahrscheinlichen Verdienstes hat der Verletzte beizubringen.[197] § 287 ZPO gestattet nicht eine völlig abstrakte Berechnung des Erwerbsschadens iS eines pauschalierten „Mindestschadens", sondern verlangt die Darlegung konkreter Anhaltspunkte für die Schadensermittlung,[198] wobei allerdings keine zu hohen Anforderungen gestellt werden dürfen.[199] Darlegungs- und beweispflichtig ist der Verletzte. Beruft sich der Schädiger auf eine überholende Kausalität oder Reserveursache (§ 3 Rn 210), trifft insoweit ihn die Beweislast.[200]

f) Vorteilsausgleichung. Fallen dem Verletzten dadurch, dass er trotz Nichtarbeitens den Lohn vom Schädiger ersetzt bekommt, Vorteile zu, so sind diese nach den Regeln über den Vorteilsausgleich von der Ersatzleistung abzuziehen. Bei der (hier vertretenen) Bruttolohnmethode (vgl Rn 75) kommt uU eine Berücksichtigung von Ersparnissen an Steuern und Sozialversicherungsbeiträgen im Wege der Vorteilsausgleichung in Betracht. Die Beweislast trägt, wie auch sonst bei der Vorteilsausgleichung (§ 3 Rn 221 ff), der Schädiger; der Geschädigte ist jedoch in gewissem Umfang darlegungspflichtig (Rn 75). **82**

aa) Ersparte Einkommensteuer. Der Geschädigte muss zwar auch die zum Ausgleich des Erwerbsschadens empfangene Schadensersatzleistung versteuern (§ 24 Abs 1 Nr 1 EStG), jedoch kommen ihm hierbei uU besondere Vergünstigungen zugute (geringerer Steuersatz, Freibeträge, Progressionsdifferenz). Nach der Rspr des BGH sind unfallbedingte Steuerersparnisse dem Schädiger gutzubringen, wenn nicht gerade der Zweck der Steuervergünstigung einer solchen Entlastung entgegensteht.[201] **83**

Der BGH hat eine Anrechnung für folgende Fälle bejaht: **84**

– der Geschädigte bezieht neben der Schadensersatzzahlung Leistungen aus einer Sozialversicherung, die gem § 3 Nr 1 oder Nr 2 EStG steuerfrei sind[202] bzw Erwerbsminderungsrenten aus der gesetzlichen Rentenversicherung (§ 43 SGB VI), die gem § 22 Nr 1 S 3 lit a aa EStG nur teilweise der Besteuerung unterliegen;[203]
– dem Geschädigten wird gem § 3 Nr 9 EStG[204] bei der Versteuerung einer Abfindung wegen vorzeitiger Lösung des Arbeitsverhältnisses ein Steuerfreibetrag gewährt;[205]
– der Geschädigte kann als Empfänger von Versorgungsleistungen einen Freibetrag nach § 19 Abs 2 EStG in Anspruch nehmen;[206]

---

196 *Greger* Beweis und Wahrscheinlichkeit S 135; vgl auch BGHZ 54, 55.
197 BGHZ 2, 310; 54, 55; BGH NZV 2004, 344, 346; NJW 1964, 661; VersR 1973, 423; BAGE 20, 100.
198 BGH VersR 1995, 469, 470; NZV 1995, 183; 2004, 344, 346.
199 Vgl BGH VersR 2000, 233 zu wechselnden Beschäftigungsverhältnissen; DAR 1998, 349, 350 bei am Anfang der beruflichen Entwicklung Stehenden.
200 *Medicus* DAR 1994, 448.
201 BGH VersR 1986, 162; NZV 1989, 345; 1992, 313; 1995, 64 = LM § 249 (Ha) BGB Nr 51 m Anm *Rüßmann*.
202 BGH NJW 1999, 3711, 3712.
203 BGH VersR 1986, 162 = 264 m Anm *Hartung*; VersR 1987, 668, 669; 1988, 464; **aA** *Boelsen* BB 1988, 2191.
204 Mit Wirkung v 1.1.2006 außer Kraft.
205 BGH NZV 1989, 345.
206 BGH NZV 1992, 314.

– der Geschädigte kommt dadurch, dass die Schadensersatzleistung wegen einer Mithaftungsquote hinter dem entgangenen Verdienst zurückbleibt, in den Genuss eines niedrigeren Steuersatzes (Progressionsdifferenz).[207]

85 Dagegen belässt er folgende Vergünstigungen dem Geschädigten:

– den ermäßigten Steuersatz nach § 34 Abs 1, Abs 2 Nr 2 EStG bei Kapitalentschädigungen,[208] und zwar unabhängig davon, ob es im konkreten Fall zu einer zusätzlichen Progressionswirkung durch die einmalige Leistung (deren Vermeidung die Steuervergünstigung an sich dienen soll) kommt;[209]

– den Pauschbetrag für Körperbehinderte nach § 33b EStG;[210]

– den Vorteil aus einer Verjährung[211] oder Ermäßigung der Steuerschuld (zB zwischenzeitlicher Wegfall einer Ergänzungsabgabe).[212]

86 Dieser differenzierenden, die Schadensregulierung nicht unerheblich erschwerenden Rspr ist zu Recht entgegengehalten worden, dass eine Entlastung des Schädigers mit Sinn und Zweck von Steuervergünstigungen in keinem Fall vereinbar ist, dass sie vielmehr wie freigiebige Zuwendungen Dritter dem Geschädigten zugute kommen sollten.[213] Ganz besonders gilt dies für die Progressionsdifferenz. Sie beruht auf einer Gestaltung des Steuertarifs, die eine Schonung des geringer Verdienenden bezweckt. Dieser Zweck muss unabhängig davon zum Tragen kommen, aus welchem Grund sich das zu versteuernde Einkommen verringert hat.[214] Zu beachten ist allerdings, dass dann, wenn von einem Vorteilsausgleich wegen Ersparnissen bei der Einkommensteuer abgesehen wird, die Brutto- und die modifizierte Nettomethode zu unterschiedlichen Ergebnissen führen – ein Grund mehr, den Erwerbsschaden generell nach der Bruttomethode zu berechnen (vgl hierzu Rn 73 ff).

87 bb) Eine **Ersparnis von Rentenversicherungsbeiträgen** kann nicht berücksichtigt werden, da insofern gem § 119 SGB X ein Beitragsregress des Sozialversicherungsträgers stattfindet (vgl § 32 Rn 141 ff). Eine Vorteilsausgleichung muss daher ausscheiden.

88 cc) **Ersparnis von Beiträgen zur Arbeitslosenversicherung.** Auch diese Beiträge sind nach der Bruttolohnmethode an sich an den Verletzten zu zahlen. Beiträge zur Arbeitslosenversicherung (§§ 341 ff SGB III) braucht ein arbeitsunfähiger Verletzter aber nicht mehr zu leisten (§ 347 Nr 5 SGB III); er kann sich auch nicht freiwillig weiterversichern. Der mit Wirkung vom 1.2.2006 eingefügte § 28a SGB III ändert an der fehlenden Weiterversicherungsmöglichkeit nichts, da der Fall der Krankheit dort eben-

---

207 BGHZ 127, 391 = LM § 249 (Ha) BGB Nr 51 m Anm *Rüßmann*; *Hofmann* NZV 1993, 140; **aA** zu Recht *Staudinger/Schiemann* § 252 Rn 31; *Kullmann* VersR 1993, 389; *Hartung* VersR 1981, 1009 u 1986, 314.
208 BGHZ 74, 115; BGH VersR 1970, 223; 1980, 529; KG VersR 1972, 960; OLG Celle VersR 1980, 582; *Boelsen* BB 1988, 2189; *Grunsky* DAR 1988, 410; **aA** OLG Frankfurt VersR 1979, 86; *Spengler* VersR 1972, 1008; *Klimke* VersR 1973, 397; *Ruhkopf/Book* VersR 1973, 781; *Späth* VersR 1978, 1004; *Hofmann* VersR 1980, 808.
209 BGH NZV 1994, 270.
210 BGH VersR 1958, 528; 1988, 464; *Boelsen* BB 1988, 2190.
211 BGHZ 53, 132, 137.
212 BGH WM 1970, 637; **aA** *Kullmann* VersR 1993, 388.
213 *Knobbe-Keuk* 25 Jahre KF 137 ff mit eingehender Begr aus dem Wesen der Einkommensteuer.
214 *Kullmann* VersR 1993, 389; *Hartung* VersR 1981, 1009 u 1986, 314.

falls nicht erfasst wird und daher keine Beitragszahlung gem § 349a SGB III (ab 1.2.2006) in Betracht kommt. Ihre Ersparnis ist deshalb ein Vorteil, den sich der Verletzte anrechnen lassen muss.[215] Soweit Sozialversicherungsträger Beiträge zur Arbeitslosenversicherung zu entrichten haben (vgl §§ 347, 349 SGB III), steht ihnen der entsprechende Erstattungsanspruch nach § 116 Abs 1 SGB X zu.[216]

dd) Eine **Ersparnis von Beiträgen zur Krankenversicherung** ist ebenfalls zu berücksichtigen, wenn diese Beiträge dem Verletzten nach der Bruttolohntheorie (Rn 75) zu ersetzen sind, eine entsprechende Beitragspflicht für ihn aber nicht besteht.[217] Übernimmt ein Dritter (zB Rentenversicherer) die Krankenversicherungsbeiträge, greift uU ein Forderungsübergang auf diesen ein (vgl § 32 Rn 146). 89

ee) **Sozialleistungen** sind grundsätzlich nicht anzurechnen, da diese nicht zur Entlastung des Schädigers bestimmt sind (vgl § 3 Rn 222). Dies gilt zB für Erwerbsunfähigkeitsrenten eines Sozialversicherungsträgers,[218] Übergangsgelder, Maßnahmen der Berufshilfe, Krankengeld,[219] Leistungen der Sozialhilfe[220] (zu deren Ausprägungen vgl § 33 Rn 1 f), Arbeitslosengeld II.[221] In diesen Fällen findet jedoch häufig ein gesetzlicher Forderungsübergang (§§ 32–34) statt, sodass der Geschädigte selbst in entsprechender Höhe nicht aktivlegitimiert ist. 90

ff) **Leistungen von Privatversicherern** führen nicht zu einer Vorteilsausgleichung.[222] Das gilt auch dann, wenn die Prämien ganz oder teilweise vom Arbeitgeber getragen worden waren.[223] 91

gg) **Leistungen des Arbeitgebers** sollen nicht den Schädiger entlasten und sind daher nicht ausgleichspflichtig. Dies gilt nicht nur für die Lohnfortzahlung (Rn 67 ff), sondern zB auch für eine aus sozialen Gründen gezahlte „Pension"[224] oder eine im Kündigungsschutzprozess vereinbarte Abfindung.[225] Vorruhestandsgeld ist dagegen anzurechnen, denn ihm kommt keine schadensrechtliche Ausgleichsfunktion zu.[226] 92

hh) **Ersparnis durch die Berufstätigkeit bedingter Aufwendungen** ist grundsätzlich anzurechnen, wobei weggefallene Steuervorteile jedoch den Vorteil mindern.[227] Dies gilt insbesondere für die Kosten der Fahrt zwischen Wohnung und Arbeitsstätte. Diese Kosten sind auch dann auf den Verdienstausfall anzurechnen, wenn der für die Fahrten benützte Pkw bei dem Unfall beschädigt worden ist; nicht etwa sind diese 93

---

215 BGH VersR 1967, 380; 1986, 915; 1988, 184; KG VersR 1975, 863; OLG Celle VersR 1979, 918; *Dickertmann* VW 1950, 164.
216 *Geigel/Plagemann* Kap 4 Rn 121.
217 ZB wegen beitragsfreier Versicherung; vgl BGH VersR 1981, 478; 1986, 915.
218 BGH NJW-RR 1991, 1177.
219 BGH VersR 1976, 756.
220 BGH NZV 1997, 302; 1998, 279.
221 Zur früheren Arbeitslosenhilfe BGH VersR 1956, 118.
222 LG Düsseldorf VersR 1966, 95 für Insassenunfallversicherung.
223 BGH VersR 1968, 361.
224 BGH VersR 1978, 249.
225 BGH NZV 1990, 225.
226 BGH VersR 2001, 196.
227 BGH VersR 1980, 455; *Kullmann* VersR 1993, 389 f; eingehend zur Berechnung *Jahnke* NZV 1996, 179.

Ersparnisse auf den Anspruch wegen Nutzungsausfall (§ 25 Rn 50 ff) anzurechnen[228] (wichtig bei Forderungsübergang hinsichtlich des Erwerbsschadens). Denn die Ersparnis beruht darauf, dass der Verletzte wegen des Unfalls nicht mehr zur Arbeit fahren kann, nicht auf der Beschädigung seines Wagens.

94 Auch die Ersparnis sonstiger Aufwendungen, die ausschließlich berufsbedingt und vom Verletzten aus dem Arbeitsverdienst zu bestreiten waren, ist anzurechnen. Zu denken ist hierbei an die Kosten für Anschaffung, Instandhaltung und Reinigung von Berufskleidung, für vom Arbeitnehmer selbst zu beschaffendes Werkzeug oder Material, für eine Zweitwohnung am Arbeitsplatz u dgl.[229] Dies darf aber nicht so weit gehen, dass jede Veränderung in der Lebensführung, zu der der Verletzte durch den Unfall veranlasst worden ist, zur Kürzung seines Ersatzanspruchs führt, so zB wenn er auf das Halten eines Pkw für die Zukunft verzichtet, weil er ihn hauptsächlich beruflich benützt und für private Zwecke nur in begrenztem Umfang Bedarf hat, oder wenn er künftig mehr zu Hause isst als in Gaststätten.[230] Entscheidendes Kriterium ist, ob die betreffenden Aufwendungen *rein* berufsbedingt waren oder auch auf einer bestimmten Lebensgestaltung, die über den beruflichen Zweck hinausging, beruhten.

95 **ii) Möglichkeit zur Haushaltsführung.** Ist der Verletzte infolge des Unfalls zwar arbeitsunfähig, kann er aber den Haushalt seiner Familie besorgen, so kommt im Hinblick auf diesen Umstand eine Minderung seines Anspruchs auf Ersatz des Verdienstausfalls in Betracht.[231] Dies wird allerdings nur dann zu gelten haben, wenn hierdurch eine wirtschaftliche Besserstellung der Familie erreicht worden ist (zB durch Wegfall einer bezahlten Haushaltshilfe, Ermöglichen einer Erwerbstätigkeit der Ehefrau). Hilft der Verletzte im Haushalt nur mit, um seine Frau zu entlasten, erscheint eine Kürzung seines Schadensersatzanspruchs nicht angebracht. Zur Frage der Schadensminderungspflicht in diesem Zusammenhang vgl Rn 102.

96 **jj) Einkommen aus einer ersatzweise aufgenommenen Erwerbstätigkeit** ist anzurechnen. Es handelt sich hierbei jedoch nicht um einen Fall von Vorteilsausgleichung; der Erwerbsschaden besteht vielmehr von vornherein nur in der verletzungsbedingten Einkommensdifferenz (näher Rn 99 ff). Einen Mehrverdienst infolge unfallbedingter Umschulung braucht sich der Verletzte nicht als Vorteil anrechnen zu lassen.[232]

97 **g) Schadensminderungspflicht.** Zumutbare Möglichkeiten, den Erwerbsschaden gering zu halten, muss der Verletzte ergreifen; Maßnahmen, die zur Verschlimmerung seiner Beeinträchtigungen führen können, muss er unterlassen.

98 **aa)** Gegen die unfallbedingte Kündigung seines Arbeitsverhältnisses muss er mit **Kündigungsschutzklage** vorgehen, wenn dies Erfolg verspricht.[233]

99 **bb)** Der Verletzte ist nach § 254 Abs 2 BGB zur ehestmöglichen **Verwertung seiner verbliebenen Arbeitskraft** verpflichtet. Er muss sie im Rahmen des Zumutbaren so

---

228 BGH VersR 1980, 455.
229 Vgl OLG Bamberg VersR 1967, 911.
230 Vgl BGH VersR 1980, 455.
231 BGHZ 74, 226.
232 BGH VRS 65, 89; VersR 1987, 1239; OLG Nürnberg NZV 1991, 267.
233 OLG Koblenz OLGR 1999, 263.

nutzbringend wie möglich verwerten,[234] darf aber keine Arbeiten verrichten, die die erkennbare Gefahr einer Verschlimmerung der Unfallfolgen mit sich bringen.[235]

Kann er nicht an seinen früheren Arbeitsplatz zurückkehren, so hat er sich mit allen zur Verfügung stehenden Mitteln um einen neuen zu bemühen,[236] ggf auch durch Fortbildung oder Umschulung[237] (s Rn 103). Zumutbare Arbeitsangebote darf er nicht ausschlagen, ohne des Ersatzanspruchs in Höhe des erzielbaren Einkommens verlustig zu gehen. Dies gilt grundsätzlich auch für die angebotene Mitarbeit im Unternehmen des gegnerischen Haftpflichtversicherers.[238] Die genannte Mitwirkungspflicht trifft ihn auch dann, wenn er wegen des Unfalls eine Rente erhält[239] oder als Beamter in den Ruhestand versetzt wurde.[240] Die Annahme einer geringer bewerteten Stellung ist ebenso wie ein Ortswechsel oder die Anschaffung eines Pkw für den Weg zur Arbeit[241] nicht von vornherein unzumutbar; es kommt auf die Umstände des Einzelfalls an, wobei auch die unfallbedingten Beeinträchtigungen in Rechnung zu stellen sind.[242] Dass eine – ansonsten gleich dotierte – Anstellung deswegen abgelehnt werden kann, weil sie mit weniger Verantwortung, keinen Tantiemezahlungen und keinen Verbesserungsmöglichkeiten verbunden ist, erscheint als zu weitgehend.[243] Dasselbe gilt für die Ansicht des OLG Frankfurt,[244] einem Verletzten, der sich in Ausbildung für einen Handwerksberuf befand, sei nicht zuzumuten, eine Anstellung als ungelernte Arbeitskraft anzunehmen. Hat der Arbeitnehmer eine (im Hinblick auf seine Konstitution oder andere Umstände) unzumutbare Arbeit aufgenommen, geht eine spätere Aufgabe dieser Tätigkeit nicht zu seinen Lasten.[245] Der Verletzte ist auch nicht gehindert, von seinem Recht auf vorzeitiges Altersruhegeld Gebrauch zu machen;[246] vgl Rn 173. **100**

Das Einkommen aus der ersatzweise aufgenommenen Tätigkeit darf ein Geschädigter, den eine **Mithaftung** für die erlittenen Verletzungen trifft, nicht vorrangig auf den eigenen Haftungsanteil verrechnen. Da sein Schaden von vorneherein nur in der Einkommensdifferenz besteht, muss die entsprechende Quote dieses Mindereinkommens zu seinen Lasten gehen.[247] **101**

cc) Vom Verletzten kann unter Umständen auch verlangt werden, seine Arbeitskraft auf die **Führung des Haushalts** zu verwenden; entscheidend sind Zumutbarkeit und Wirtschaftlichkeit. Entsteht hierdurch für die Familie ein wirtschaftlicher Vorteil (zB weil eine Haushaltshilfe erspart wird oder der bisher den Haushalt versorgende Ehegatte erwerbstätig sein kann), so ist der Wert der Haushaltsführung (vgl Rn 152 ff) auf den Erwerbsschaden anzurechnen;[248] vgl Rn 95. **102**

---

234 BGHZ 91, 365; BGH NZV 1992, 313; NJW 1996, 652.
235 OLG Frankfurt NZV 1996, 454.
236 BGH VersR 1959, 374; 1961, 1018.
237 BGHZ 10, 20; BGH VersR 1962, 1101.
238 BGH NZV 1999, 40, 41.
239 BGH VersR 1979, 425.
240 BGH VersR 1963, 337; 1983, 488; OLG Frankfurt NZV 1993, 471.
241 BGH NZV 1999, 40.
242 Vgl BGH VersR 1955, 39; 1974, 142.
243 So aber OLG Hamm VersR 1995, 669.
244 NZV 1991, 188; abl auch *Wussow* WJ 1990, 131.
245 KG NZV 2002, 95, 97.
246 BGH VersR 1986, 812.
247 BGH NZV 1992, 313.
248 BGHZ 74, 226.

103 **dd)** Kann der Verletzte nicht mehr in seinem erlernten Beruf, wohl aber in einem anderen arbeiten, so kann eine **Umschulung** zumutbar sein,[249] auch wenn sie mit vorübergehender Trennung von der Familie verbunden ist.[250] Pflegebedürftigen kann letzteres idR allerdings nicht zugemutet werden.[251] Eine Pflicht, an Umschulungsmaßnahmen teilzunehmen, besteht nur, wenn Aussicht auf einen Erfolg der Umschulung und eine nutzbringende Tätigkeit in dem neuen Beruf besteht.[252] Der Verletzte muss bei den Umschulungsmaßnahmen ernsthafte Mitwirkungsbereitschaft zeigen.[253] Im Alter von über 55 Jahren ist es dem Verletzten im Allgemeinen nicht mehr zuzumuten, sich einer Umschulung zu unterziehen und den Beruf zu wechseln.[254] Wegen der Kosten der Umschulung (Ausbildungskosten, Verdienstausfall) s Rn 105; zur Frage der Anrechnung eines umschulungsbedingten Mehrverdienstes Rn 96.

104 **ee)** Einkünfte, die durch **überpflichtmäßige Anstrengungen** erzielt werden, braucht sich der Verletzte nicht anrechnen zu lassen.[255] Er verstößt aber gegen seine Schadensminderungspflicht, wenn durch dieses Verhalten die Ausheilung der Unfallverletzungen verzögert oder verhindert wird und hierdurch weiterer Schaden entsteht.[256]

105 **ff)** Die **Kosten der Schadensminderung** (zB der Umschulung, des Umzugs)[257] sind vom Schädiger zu ersetzen (vgl § 22 Rn 99). Sie zählen nicht zu den „vermehrten Bedürfnissen" (vgl Rn 32 ff), was uU für die Frage eines Forderungsübergangs bedeutsam ist (vgl Rn 55). Hat ein Sozialversicherer zum Zweck der beruflichen Rehabilitation Umschulungskosten aufgewendet, so sind diese vom Schädiger nicht nur dann zu ersetzen, wenn der Verletzte nach § 254 BGB zur Umschulung verpflichtet war, sondern auch dann, wenn die Umschulung bei verständiger Beurteilung der Erfolgsaussichten und des Verhältnisses dieser Aussichten zum wirtschaftlichen Gewicht des anderenfalls absehbaren Erwerbsschadens geeignet und sinnvoll erscheint.[258] Hierbei dürfen weder an die Erfolgs- noch an die Schadensprognose zu hohe Anforderungen gestellt werden.[259] Ist der Verletzte auf seinen Wunsch für eine höher qualifizierte Arbeit ausgebildet worden, obwohl die Umschulung zu einem seiner bisherigen Tätigkeit gleichwertigen Beruf möglich und zumutbar gewesen wäre, so sind die Mehrkosten nicht zu ersetzen.[260] Hat er sich zunächst einer anderen beruflichen Tätigkeit zugewendet, so unterbricht dies den Zurechnungszusammenhang zwischen Schädigung und späterer Umschulung nur dann, wenn hierin eine eigenständige Entscheidung über den weiteren

---

249 BGH VersR 1961, 1018; 1967, 954.
250 BGHZ 10, 18.
251 BGH VersR 1962, 1100; 1969, 77.
252 BGHZ 10, 20; BGH VersR 1991, 438.
253 OLG Köln VersR 1991, 111.
254 RG VAE 1939, 66.
255 BGH VersR 1974, 142.
256 BGH VersR 1974, 142.
257 RGZ 160, 121; BGH VersR 1962, 136; OLG Celle VersR 1962, 292. Eingehend zum Rehabilitationsmanagement *Steffen* VersR 2000, 793 ff.
258 BGH VersR 1982, 767; OLG Köln VersR 1985, 94; OLG Celle VersR 1988, 1252; OLG Schleswig VersR 1991, 355; OLG Koblenz VersR 1995, 549.
259 BGH VersR 1982, 791.
260 BGH VersR 1987, 1239; LG Osnabrück ZfS 1990, 120.

§ 29 Körperverletzung

beruflichen Lebensweg lag, für die der Unfall lediglich äußerer Anlass war.[261] Zur Frage einer Vorteilsausgleichung s Rn 96.

gg) Die **Beweislast** für die Verletzung der Schadensminderungspflicht trägt der Schädiger, also auch dafür, dass es dem Verletzten möglich und zumutbar war, eine andere als die ihm infolge des Unfalls unmöglich gewordene Arbeit aufzunehmen.[262] Der Verletzte ist jedoch, da er seine Fähigkeiten und Neigungen selbst am besten kennt und idR auch über die für ihn in Betracht kommenden Arbeitsmöglichkeiten besser informiert ist, verpflichtet, an der Feststellung, ob er seiner Schadensminderungspflicht genügt hat, mitzuwirken. Er hat daher im Rahmen seiner **Darlegungslast** den Schädiger darüber zu unterrichten, welche Arbeitsmöglichkeiten ihm zumutbar und durchführbar erscheinen und was er bereits unternommen hat, um einen angemessenen Arbeitsplatz zu erhalten.[262a] Demgegenüber ist es Sache des Schädigers, zu behaupten und zu beweisen, dass der Verletzte entgegen seiner Darstellung in einem konkret bezeichneten Fall ihm zumutbare Arbeit hätte aufnehmen können. Hat der Schädiger eine konkret zumutbare Arbeitsmöglichkeit nachgewiesen, so wird es Sache des Verletzten sein, darzulegen und zu beweisen, warum er diese Möglichkeit nicht hat nutzen können.[263]

106

hh) Beweisanforderungen. Die Frage, ob der Verletzte einen bestimmten Arbeitsplatz tatsächlich erhalten hätte, lässt sich kaum jemals mit völliger Sicherheit beantworten. Es muss – wie immer, wenn es um hypothetische Entwicklungen geht – eine nach der Lebenserfahrung anzunehmende Wahrscheinlichkeit genügen. Hat sich der Verletzte überhaupt nicht oder nur unzureichend um Arbeit bemüht, so kann, wenn ein in entsprechender Situation Befindlicher bei entsprechendem Einsatz jedenfalls zu einem gewissen Zeitpunkt einen Arbeitsplatz gefunden hätte, der Schluss gerechtfertigt sein, dass dies auch beim Verletzten der Fall gewesen wäre.[264]

107

6. Gewinnausfall bei selbständig Tätigen

Für den Anspruch eines selbständig Tätigen (Freiberufler, Unternehmer u dgl) gelten die vorstehenden Regeln im Grundsatz entsprechend. Einige Besonderheiten ergeben sich jedoch daraus, dass der entgangene Gewinn in diesen Fällen häufig viel schwerer zu ermitteln ist als bei einem Arbeitnehmer mit im Wesentlichen konstantem Einkommen. Ein kurzfristiger Ausfall wird von Selbständigen häufig durch entsprechende Termingestaltung aufgefangen werden können.[265] Außerdem besteht beim Selbständigen uU die Möglichkeit, Ausfälle durch Einsatz einer Ersatzkraft zu vermeiden (hierzu Rn 116 f). Auf der anderen Seite kann es bei Selbständigen zu nachwirkenden Einbußen dadurch kommen, dass sich Kunden wegen des zeitweiligen Ausfalls oder wegen geschwundenen Vertrauens in die Leistungsfähigkeit des Verletzten abwenden oder dass sich das Erreichen der Gewinnzone beim Aufbau eines Geschäftes verschiebt.[266]

108

---

261 BGH NZV 1991, 265.
262 RGZ 160, 120; BGHZ 10, 20; BGH VersR 1962, 1100; 1967, 953; 1971, 348; 1972, 975; 1979, 425; NZV 1997, 435, 436.
262a Vgl BGH NJW 2007, 64, 65 mwN (zu § 844 Abs 2 BGB).
263 BGH VersR 1979, 425.
264 BGH VersR 1979, 425 spricht in diesem Zusammenhang von einem Anscheinsbeweis.
265 OLG Karlsruhe VersR 1981, 755: eintägige Schließung einer Arztpraxis.
266 Vgl *Grunsky* DAR 1988, 402; OLG Karlsruhe VersR 1998, 1256. S a Rn 112.

109 Auch wenn sich der Verletzte vor dem Unfall wie ein Selbständiger geriert, also keine Lohnsteuer und keine Sozialabgaben abgeführt hat, kommt eine schadensersatzrechtliche Behandlung nach den für Arbeitnehmer geltenden Vorschriften in Betracht, wenn es sich um eine bloße **Scheinselbständigkeit** iSv § 7 SGB IV handelt. Vom 1.1.1999 bis 31.12.2002 galt gem § 7 Abs 4 SGB IV ein Katalog mit Kriterien, bei deren Vorliegen eine Beschäftigung vermutet wurde. Ab 1.1.2003 ist gem § 7 Abs 1 SGB IV zu bestimmen, ob eine Beschäftigung, dh eine nichtselbständige Arbeit, insbesondere in einem Arbeitsverhältnis, vorliegt. Gem § 7 Abs 1 S 2 SGB IV sind dafür die Weisungsgebundenheit und Eingliederung in die Arbeitsorganisation maßgebend. Wird der Nachweis der Scheinselbständigkeit nicht erbracht oder die frühere Vermutung des § 7 Abs 4 SGB IV vom Verletzten widerlegt,[267] ist der Verdienstausfall nach den für Selbständige geltenden Grundsätzen zu berechnen.

110 **a) Berechnung des Gewinnausfalls.** Auch für Selbständige gilt, dass der Schaden **konkret** zu ermitteln ist. Er kann nicht abstrakt aufgrund des Grades der Erwerbsminderung errechnet werden (vgl Rn 60), sondern muss sich in einer tatsächlichen Minderung des Betriebsergebnisses niedergeschlagen haben.[268]

111 Der Erwerbsschaden kann auch nicht abstrakt anhand der **fiktiven Kosten einer Ersatzkraft** (Geschäftsführer, Betriebsleiter, Handwerksmeister uä) berechnet werden. Eine solche Art der Schadensberechnung hat der BGH abgelehnt, weil der Wegfall oder die Beeinträchtigung der Arbeitskraft für sich gesehen kein ersatzfähiger Schaden sei; die Grundsätze des normativen Schadens (§ 3 Rn 205 ff) seien hierfür nicht heranzuziehen[269] (anders die Rspr zum „Erwerbsschaden" einer Hausfrau, wo es allerdings nicht um den Ersatz eines ausgefallenen Gewinnes geht; vgl hierzu Rn 145 ff). In Betracht kommt eine Erstattung fiktiver Aufwendungen außerdem unter dem Aspekt der Schadensminderungskosten (Rn 117). Ferner können sie in geeigneten Fällen zur Schätzung des entgangenen Gewinns herangezogen werden, zB bei voll mitarbeitenden Kleinunternehmern.[270]

112 Maßgeblich ist daher auch hier die **Differenzhypothese**, dh der Vergleich zwischen dem tatsächlich eingetretenen Betriebsergebnis und dem hypothetischen, welches bei Mitarbeit des Verletzten zu erzielen gewesen wäre.[271] Zu dessen Ermittlung ist primär an die Geschäftsentwicklung und die Geschäftsergebnisse in den letzten Jahren vor dem Unfall anzuknüpfen.[272] Der Vergleich ist aber unter Berücksichtigung aller Besonderheiten des konkreten Falles zu ziehen; die Vorlage von Bilanzen oder einer Gewinn- und Verlustrechnung wird hierfür idR nicht genügen.[273] So kann es zB eine Rolle spielen, wenn sich die Erwerbsfähigkeit wegen schlechten Gesundheitszustands auch ohne den

---

267 S dazu BGH NJW 2001, 1640.
268 BGH VersR 1992, 973; **aA** *Grunsky* DAR 1988, 404.
269 BGHZ 54, 50; BGH VersR 1978, 179; 1992, 973; für weitergehende Zulassung dieser Berechnungsweise *Medicus* DAR 1994, 442, *Berger* VersR 1981, 1105 u 17. VGT (1980) 14.
270 Vgl BGH VersR 1966, 1158; 1972, 1068; *Stürner* JZ 1984, 464.
271 BGH VersR 1961, 247; 1961, 703; 1961, 1140; 1963, 662; 1964, 76; 1966, 445; 1968, 970; 1969, 466; 1978, 1170; NJW 1993, 2673.
272 BGH NJW 2001, 1640 (2½ Jahre nicht beanstandet).
273 BGH NJW 1993, 2673.

Unfall vermindert hätte.²⁷⁴ Einflüsse auf das Betriebsergebnis, die mit dem unfallbedingten Ausfall nichts zu tun haben (insbesondere Konjunkturschwankungen, Entwicklung des Betriebsumfangs und der betreffenden Branche), sind beim tatsächlichen Ergebnis zu eliminieren, beim hypothetischen aber zu berücksichtigen.²⁷⁵ Besondere Risiken können mit einem Abschlag abgefangen werden.²⁷⁶ Zu beachten sind auch Auswirkungen einer „Phasenverschiebung". Beispielsweise kann ein besonders hoher Gewinn nach Wiederaufnahme der Tätigkeit auf der Erledigung liegengebliebener Aufträge beruhen,²⁷⁷ es kann aber auch zu nachwirkenden Einbußen wegen des zeitweiligen Ausfalls kommen.²⁷⁸ Bei gut organisierten Unternehmen mit Mitarbeitern wirkt sich ein kurzzeitiger Ausfall des Chefs möglicherweise überhaupt nicht gewinnmindernd aus.²⁷⁹

113 Kann der Verletzte **konkret entgangene Geschäfte** oder die unfallbedingte Beendigung einer gewinnbringenden Vertragsbeziehung²⁸⁰ nachweisen, so ist der Gewinn, der sich hieraus nach Abzug der Kosten ergeben hätte, zu ersetzen. Im Rahmen der Vorteilsausgleichung ist aber ggf zu berücksichtigen, dass der Verletzte die wegen des Ausfalls freigebliebene Arbeitskapazität anderweitig nutzen konnte. Hatte er zur Erreichung seines wirtschaftlichen Ziels bereits Investitionen vorgenommen, die sich nun als nutzlos erwiesen, so sind vom Roherlös nicht die (fiktiven) Gesamtaufwendungen, sondern nur die infolge der Vereitelung der Geschäftsfortführung ersparten Betriebskosten in Abzug zu bringen.²⁸¹

114 Für die **Dauer** des Schadensersatzes kommt es noch stärker als bei Unselbständigen (vgl Rn 79) auf die Umstände des Einzelfalls an.²⁸² Während bei jenen die Altersgrenze für die Renten- bzw Pensionsberechtigung einen wichtigen Anhaltspunkt liefert, gibt es keinen Erfahrungssatz des Inhalts, dass ein Unternehmer oder freiberuflich Tätiger seine Tätigkeit im entsprechenden Alter einstellt. Unter Umständen wird der Beruf vielmehr bis ins hohe Alter fortgeführt,²⁸³ wenn auch – was bei der Bemessung zu berücksichtigen ist – vielfach mit geringeren Einkünften.²⁸⁴

115 In der Rspr wurde zB bei einem Arzt bis zum 75. Lebensjahr Erwerbstätigkeit angenommen,²⁸⁵ bei einem anderen bis über das 78. Lebensjahr hinaus.²⁸⁶ Bei einem Viehhändler ging das OLG Tübingen²⁸⁷ von einer Erwerbstätigkeit bis zum 68. Lebensjahr aus, während das OLG Celle²⁸⁸ entschied, ein Unternehmer, der seinen Lastzug selbst fahre, könne diese Tätigkeit idR nicht über die Vollendung des 65. Lebensjahres hinaus ausüben.

---

274 BGH VersR 1961, 1140.
275 Vgl BGH VersR 1961, 703; 1961, 1140; OLG Neustadt VRS 17, 327.
276 BGH NJW 2001, 1640 (Abhängigkeit von einem Auftraggeber).
277 BGHZ 55, 329.
278 BGH VersR 1961, 703; OLG Frankfurt VersR 1979, 87.
279 BGH VersR 1966, 957.
280 BGH VersR 1996, 380 (Beratervertrag).
281 BGH VersR 1997, 1154.
282 RG JW 1932, 2029; 1933, 830 u 1405 m Anm *Bezold*; OGH NJW 1949, 340 m Anm *Dahs*; *Böhmer* DAR 1951, 181.
283 RG RdK 1927, 221.
284 BGH VersR 1956, 174; 1963, 433: iAllg ab Vollendung des 65. Lebensjahres.
285 BGH VersR 1964, 778.
286 OLG Braunschweig VRS 2, 124.
287 RdK 1946, 35.
288 RdK 1953, 79.

116 **b) Kosten einer Ersatzkraft.** Ist es möglich und zumutbar, den Ausfall des Verletzten (zeitweise) durch eine Ersatzkraft zu überbrücken, so ist der Verletzte nach § 254 Abs 2 BGB gehalten, zur Vermeidung eines größeren Gewinnausfalls von dieser Möglichkeit Gebrauch zu machen. Die Kosten der Ersatzkraft – dies kann in einem Kleinunternehmen auch der Ehepartner sein[289] – sind ihm in voller Höhe als Kosten der Schadensminderung zu ersetzen, wenn dadurch ein Betriebsergebnis erzielt worden ist, das jedenfalls nicht höher lag als es ohne das Schadensereignis durch den Unternehmer selbst hätte voraussichtlich erreicht werden können;[290] zusätzlich zu ersetzen ist ein trotz dieser Vorkehrung noch entgangener Gewinn. Liegen die Kosten der Ersatzkraft (Bruttokosten abzüglich etwaiger Steuerersparnisse) über dem zu erwartenden Gewinnausfall, so mindert dies den Anspruch auf Erstattung dieser Kosten nur, wenn die Unwirtschaftlichkeit der Einstellung von vornherein auf der Hand lag. Kommt es infolge besonderer Tüchtigkeit der Ersatzkraft zu einer Gewinnsteigerung, so braucht sich der Verletzte dies nicht auf den Ersatzanspruch anrechnen zu lassen.

117 Wird die Einstellung einer Ersatzkraft durch **unentgeltliche Leistungen** Dritter entbehrlich (zB Einsatz von Angehörigen, Mehrarbeit von Mitarbeitern), so soll dies den Schädiger nicht entlasten. Daher können auch die fiktiven Kosten einer Ersatzkraft im Rahmen der Schadensminderungskosten, ggf zuzüglich gleichwohl eingetretenen Gewinnausfalls, beansprucht werden. Voraussetzung ist aber, dass ohne das unentgeltliche Einspringen des Dritten die Einstellung einer Ersatzkraft tatsächlich zur Schadensminderung geboten gewesen wäre; keineswegs kann der entsprechende Betrag etwa als Minimalschaden ohne weiteren Nachweis ersetzt verlangt werden (vgl Rn 111).

118 **c) Verkauf des Unternehmens.** Den Mindererlös, der beim Verkauf des Unternehmens oder der Betriebsgrundstücke und der Betriebseinrichtung entsteht, hat nicht nur derjenige Schädiger zu ersetzen, der aus unerlaubter Handlung haftet, sondern auch derjenige, der nur aus Gefährdungshaftung Schadensersatz schuldet.[291] Daher umfasst die Feststellung des Gerichts, der Schädiger habe den durch Minderung der Erwerbsfähigkeit entstandenen Schaden zu ersetzen, auch den Anspruch des Verletzten auf Ersatz des Mindererlöses beim Verkauf des Unternehmens.[292] Der Mindererlös, der durch einen Verkauf nach dem Tod des Verletzten eintritt, ist nicht zu ersetzen, weil es sich um einen den Erben entstandenen Schaden handelt (§ 28 Rn 8). Zu ersetzen ist der Mindererlös bei der Veräußerung einzelner Betriebsmittel ebenso wie bei der Veräußerung des ganzen Betriebs.

119 **d) Aufgabe der Selbständigkeit.** Muss ein Kaufmann oder Gewerbetreibender sein Unternehmen wegen der unfallbedingten Körperverletzung stilllegen, so hat ihm der Schädiger den vollen Reingewinn, der dem Verletzten hierdurch entgeht, zu ersetzen.[293] Eine Stilllegung kann auch dann erforderlich werden, wenn die Arbeitskraft des Verletzten nur beeinträchtigt ist, mit der restlichen Arbeitskraft aber ein wettbewerbsfähiger Betrieb nicht aufrechterhalten werden kann.[294] Ist dagegen eine Fortführung mit

---

289 BGH VersR 1961, 704.
290 BGH NZV 1997, 174; OLG Saarbrücken OLGR 1999, 196.
291 RGZ 136, 19; BGH VersR 1972, 460.
292 RG JW 1908, 455.
293 BGH LM Nr 1 zu § 843 BGB.
294 BGH VersR 1968, 396.

Hilfe einer Hilfskraft möglich, kann er nur deren Kosten geltend machen;[295] vgl auch Rn 130. Wäre ihm später wegen Besserung seines Zustandes die Wiedereröffnung des Geschäfts mit Hilfe eines Angestellten möglich und unterlässt er dies, so tritt eine Minderung des Ersatzanspruchs nur ein, wenn dem Verletzten das Eingehen des Risikos einer Wiedereröffnung zuzumuten war.[296] Hat der Verletzte, weil er seine selbständige Tätigkeit nicht mehr ausüben kann, zur Verwertung seiner verbliebenen Arbeitskraft eine nicht selbständige Arbeit angenommen, so muss, wenn als entgangener Gewinn das betriebswirtschaftliche Ergebnis (Einnahmen abzüglich Betriebsausgaben) und damit das Bruttoeinkommen des Verletzten angesetzt wird, der Arbeitslohn ebenfalls brutto abgezogen werden; dem Verletzten flössen sonst die Kosten der sozialen Absicherung, die er aus dem Geschäftsgewinn hätte aufbringen müssen, als Teil des Arbeitseinkommens zu.[297]

e) Geschäftliche Fehlleistungen. Der Schädiger hat auch für die Folgen geschäftlicher Fehlleistungen einzustehen, soweit sie auf einer unfallbedingten psychischen Beeinträchtigung beruhen.[298]

120

f) Wegen der **Hinderung an der Eröffnung eines Geschäftsbetriebs** vgl Rn 167.

121

g) Verbotene oder sittenwidrige Geschäfte dürfen bei der Berechnung des Verdienstausfalls nicht berücksichtigt werden.[299] Dies gilt auch dann, wenn für den Verletzten keine greifbare Gefahr bestand, die Gesetzwidrigkeit oder Sittenwidrigkeit werde Anlass zu einer zwangsweisen Unterbindung des Geschäftsbetriebs sein.[300]

122

Beispiele für verbotene und damit nicht erstattungspflichtige Einkünfte sind solche aus Schwarzarbeit,[301] Bestechungsgelder,[302] Gewinne, die unter Umgehung des GüKG,[303] des PBefG[304] oder des RBerG[305] erzielt worden wären usw (zur Frage der Genehmigungsfähigkeit s Rn 125). Vor Aufhebung des Rabattgesetzes[306] waren Einkünfte, die unter dessen Umgehung erlangt worden wären, ebenfalls nicht erstattungsfähig. Prostitution galt bis zur Einführung des Gesetzes zur Regelung der Rechtsverhältnisse der Prostituierten (ProstG)[307] nach ganz hM als Beispiel für eine sittlich missbilligte Erwerbstätigkeit (zur neuen Rechtslage s Rn 137).

123

Verbotsnormen, die nur die Vornahme eines Rechtsgeschäfts verhindern sollen, nicht aber dessen zivilrechtliche Wirksamkeit tangieren, schließen auch den Ersatzanspruch

124

---

295 OLG Koblenz VersR 1991, 194.
296 BGH LM Nr 1 zu § 843 BGB.
297 BGH NJW 2001, 1640.
298 BGH VersR 1966, 931.
299 BGH VersR 1964, 654; 1976, 941; für Ersatz eines dem Verletzten *möglichen* Einkommens *Gründig* (Lit vor Rn 1) S 190 ff (auch rechtsvergleichend).
300 BGH VersR 1954, 498.
301 OLG Köln VersR 1969, 382; LG Oldenburg NJW-RR 1988, 1496; vgl Ges zur Bekämpfung der Schwarzarbeit. Der österr OGH bejaht einen Erwerbsschaden (ZVR 2000 Nr 68), krit dazu *Ch Huber* ZVR 2000, 290 ff.
302 BGH VersR 1954, 498.
303 BGH NJW 1955, 1313.
304 BGH VersR 1956, 219; KG OLGZ 1972, 408.
305 BGH VersR 1974, 968.
306 Art 1 des Ges zur Aufhebung des Rabattgesetzes v 23.7.2001, BGBl I 2001, 1663.
307 BGBl 2001 I 3983.

wegen Gewinnausfalls nicht aus.[308] Dies gilt zB für gewerbepolizeiliche Vorschriften,[309] Nebentätigkeitsbestimmungen für Beamte,[310] vertragliche Konkurrenzklauseln uä.

125 Bedurfte es zur Durchführung bestimmter gewinnbringender Geschäfte einer **Genehmigung** (zB nach dem RBerG), so kann der Verletzte den entgangenen Gewinn nur ersetzt verlangen, wenn er den Nachweis erbringen kann, dass er die Genehmigung beantragt und erhalten hätte. Dass er sie bei nur gedachter Antragstellung erhalten hätte, genügt nicht.[311] Unerheblich ist es entgegen dieser Entscheidung auch, ob der Verletzte die Genehmigungspflicht entschuldbar oder jedenfalls nur aufgrund leichter Fahrlässigkeit nicht gekannt hat. Es geht hier nur um die Frage, ob der Verletzte von dem Ersatzpflichtigen etwas haben will, was ihm zu erlangen versagt war; auf subjektive Momente kommt es hierbei nicht an.[312]

126 h) **Vorteilsausgleich.** Wegen der Frage, welche Vorteile sich der Verletzte auf seinen Ersatzanspruch anrechnen lassen muss, kann auf die in Rn 82 ff dargelegten Grundsätze verwiesen werden. Durch den Arbeitsausfall ersparte Aufwendungen schlagen sich bereits in der Berechnung des Gewinns nieder, unter dem nach Abzug der Kosten verbleibende Reinverdienst zu verstehen ist. Besonderheiten für Selbständige ergeben sich insbesondere hinsichtlich der steuerrechtlichen Auswirkungen des Schadensfalls.

127 aa) **Einkommensteuer.** Der Vorteil, dass die Ersatzleistung nach § 34 EStG ggf einem ermäßigten Steuersatz unterliegt, soll dem Ersatzpflichtigen nicht zugute kommen (vgl Rn 85). Wird ein Erwerbsausfall (teilweise) durch die Einstellung einer Ersatzkraft vermieden (Rn 116), so wirkt sich deren Entlohnung zwar gewinn- und damit steuermindernd aus; dieser Vorteil dürfte idR aber durch die von der Ersatzkraft bewirkte Gewinnsteigerung aufgewogen werden und kann daher im Allgemeinen außer Betracht bleiben.

128 bb) **Umsatzsteuer.** Ein Vorteil, der sich daraus ergibt, dass Schadensersatzrenten wegen entgangenen Verdiensts nicht der Umsatzsteuer unterliegen, ist anzurechnen.[313]

129 cc) **Gewerbesteuer.** Sie erfasst nur die im gewerblichen Betrieb unmittelbar erwirtschafteten Einnahmen.[314] Damit unterliegen Entschädigungen für die Aufgabe eines Gewerbebetriebs von vornherein nicht der Gewerbesteuer.[315] Entschädigungen für entgangenen Ertrag aus dem werbenden Betrieb stellen nur dann steuerpflichtigen Gewerbeertrag dar, wenn es sich um Leistungen einer vom Gewerbetreibenden selbst abgeschlossenen Versicherung handelt, deren Prämien als Betriebsausgaben behandelt wurden.[316] Nicht gewerbesteuerpflichtig ist dagegen die Ersatzleistung des Schädigers bzw seines Haftpflichtversicherers für einen unfallbedingten Erwerbsausfall.[317] Infolge-

---

308 BGH NJW 1980, 775.
309 BGH NJW 1968, 2286; aA *Stürner* VersR 1976, 1012.
310 Vgl BGH VersR 1961, 23.
311 *Staudinger/Schiemann* § 252 Rn 13; aA MünchKomm/*Oetker* § 252 Rn 8; BGH VersR 1974, 968.
312 *Lange/Schiemann* § 6 X 7.
313 BGH VersR 1987, 669; *Kullmann* VersR 1993, 392.
314 BFHE 93, 466.
315 BFHE 117, 483.
316 BFHE 79, 107.
317 BFHE 84, 258; s a *Spindler* (Lit vor Rn 1) S 22 f.

dessen muss sich ein Gewerbetreibender, der vom Schädiger Ersatz wegen Verdienstausfalls fordert, im Wege der Vorteilsausgleichung das auf seinen Ersatzanspruch anrechnen lassen, was er an Gewerbesteuer erspart.[318]

i) Schadensminderungspflicht. Die unter Rn 99 ff dargelegten Grundsätze gelten für Selbständige sinngemäß. Auch der Selbständige hat seine verbliebene Arbeitskraft im Rahmen des Möglichen und Zumutbaren schadensmindernd einzusetzen;[319] bei einem nicht zu erheblichen Ausfall kann von ihm auch verlangt werden, unterbliebene Geschäfte oder Arbeitsleistungen nach seiner Genesung durch eine maßvolle Verlängerung der täglichen Arbeitszeit nachzuholen.[320] Ist es möglich, den drohenden Verdienstausfall durch Einstellung einer Ersatzkraft oder Arbeitsverlagerung auf Mitarbeiter abzuwenden oder zu vermindern, so ist der Verletzte verpflichtet, von dieser Möglichkeit Gebrauch zu machen,[321] andernfalls hat er den vermeidbaren Ausfall (unter Berücksichtigung der fiktiven Kosten der Ersatzkraft) selbst zu tragen. Ist abzusehen, dass die Kosten einer Ersatzkraft, die als Schadensminderungskosten vom Schädiger zu tragen sind (vgl § 22 Rn 99), höher sein werden als der zu erwartende Gewinnausfall, so ist die Ersatzpflicht des Schädigers auf letzteren beschränkt, es sei denn, der Verletzte habe (zB aus Wettbewerbsgründen oder zur Erhaltung des Kundenstamms) ein besonderes wirtschaftliches Interesse daran, dass sein Betrieb ungestört weiterläuft.

130

k) Wegen der **beweisrechtlichen Fragen** vgl Rn 81. Auch beim Selbständigen müssen die Tatsachen, die seine Gewinnerwartung wahrscheinlich machen, von ihm dargelegt werden; die freie Schätzung eines Mindestschadens ist nicht zulässig. In der Regel werden Angaben zur bisherigen Geschäftsentwicklung erforderlich sein.[322] Diese können, ggf nach Einholung eines betriebswirtschaftlichen Gutachtens,[323] die Grundlage für die richterliche Schätzung nach § 287 ZPO abgeben.[324]

131

l) Ein unbezifferter Klageantrag (als Ausnahme vom Bestimmtheitserfordernis des § 253 ZPO) ist bei Klagen auf Ersatz eines Erwerbsschadens nicht für zulässig zu erachten. Die frühere Rspr des BGH,[325] die eine solche Klageerhebung im Hinblick auf die Schätzungsbefugnis des Gerichts nach § 287 ZPO zugelassen hatte, ging zu weit und wurde daher zu Recht in Frage gestellt.[326] Der unbezifferte Klageantrag widerspricht der gesetzlichen Regelung und belastet den Prozess mit Unklarheiten und Unsicherheiten. Seine Zulässigkeit sollte daher auf Fälle echter Unmöglichkeit oder Unzumutbarkeit der Bezifferung (zB bei dem im Ermessen des Gerichts stehenden Schmerzensgeld nach § 253 Abs 2 BGB) beschränkt werden. In den hier in Frage stehenden Fällen ist es dem Schadensersatzkläger aber, trotz zweifellos bestehender

132

---

318 BGH VersR 1979, 519; 1987, 669.
319 BGH VersR 1959, 374.
320 BGH VersR 1971, 544.
321 BGH VersR 1966, 851; OLG Köln NZV 1994, 194 LS.
322 BGH NZV 2004, 344, 346.
323 KG NZV 2005, 148.
324 BGH VersR 1970, 860; zu den betriebswirtschaftlichen Rechenmethoden bei Betriebsunterbrechungsschäden s *Frotz* VersR 1995, 1021. Eine grob unrichtige Berechnungsweise beanstandet BGH NZV 1997, 174.
325 VersR 1959, 694.
326 Vgl BGH VersR 1970, 127.

Sechster Teil. Ersatz des Personenschadens

Schwierigkeiten, durchaus zuzumuten, den von ihm begehrten Betrag anzugeben. Er kennt seine wirtschaftliche Situation am genauesten und ist daher besser als jeder Außenstehende in der Lage, abzusehen, inwieweit sich die Folgen des Unfalls auf sein Einkommen ausgewirkt haben. Mit § 287 ZPO allein lässt sich die Zulassung unbezifferter Anträge nicht rechtfertigen, weil diese Vorschrift für jede Schadenbemessung gilt und das Bestimmtheitsgebot des § 253 ZPO somit konsequenterweise für das gesamte Schadensersatzrecht als obsolet betrachtet werden müsste.

m) Einzelfälle

133 **Taxiunternehmer.** Ein Verdienstausfall eines Taxiunternehmers wird häufig als Folge von Beschädigungen des Wagens entstehen, kann aber auch auf seiner Verletzung beruhen. Die von *Berger*[327] angegebene Berechnungsmethode hat den Vorzug der Klarheit. Es empfiehlt sich, die Ausfallzeit nicht in Tagen oder Wochen, sondern nach der Zahl der ausgefallenen Schichten zu bestimmen, jedenfalls dann, wenn das Taxi in mehreren Schichten gefahren worden war. Anhand der Fahrtenbücher und des Betriebsergebnisses der drei letzten Monate vor dem Unfall (bei Saisonbetrieben der vergleichbaren drei Monate des Vorjahrs) wird festgestellt, wie viele von den tatsächlich möglichen Schichten im Durchschnitt wirklich gefahren wurden. In dem hieraus zu errechnenden Verhältnis ist die Zahl der theoretisch möglichen Schichten, die unfallbedingt ausgefallen sind, zu kürzen. Sind Schichten nur teilweise ausgefallen, so sind die Bruchstücke zusammenzuzählen und ist auf diese Weise die Zahl der ganzen ausgefallenen Schichten zu errechnen. Es erübrigt sich, aus der durchschnittlichen Bruttoeinnahme pro Schicht die durchschnittliche Nettoeinnahme pro Schicht zu errechnen, weil der Schädiger neben dem Gewinnausfall auch die trotz des Unfalls weiterlaufenden Unkosten ersetzen muss. Durch das Stillegen der Droschke wird im Allgemeinen nur der Treibstoff und das Motoröl gespart, ferner ein Anteil an der Reifenabnutzung. Die von *Berger* (aaO) angegebenen Erfahrungssätze betragen 30% Ersparnis bei Diesel- und 35% Ersparnis bei Benzinkraftdroschken. Der unfallbedingte Schaden errechnet sich, wenn die durchschnittliche Bruttoeinnahme pro Schicht mit der Zahl der ausgefallenen Schichten multipliziert wird und schließlich der Prozentsatz an Ersparnis abgezogen wird. Häufig wird sich ein Ausfall durch Einsatz eines Ersatzfahrers allerdings vermeiden lassen (vgl Rn 130).

134 **Transportunternehmer.** Die Errechnung des Schadens, der durch das krankheitsbedingte Stillegen eines Lkw entsteht, geschieht auf ähnliche Weise wie bei Taxis (Rn 133). Zu beachten ist, dass auch hier der Schädiger nicht nur den Ausfall an Reingewinn, sondern daneben auch die laufenden Unkosten zu erstatten hat, soweit sie durch das Stillegen nicht entfallen. Weitere Einzelheiten bei *Danner* ZfV 1962, 143.

135 **Landwirt.** Die Berechnung kann auf verschiedenen Wegen erfolgen, zB aufgrund der jährlichen Roheinnahmen (Reinertrag abzüglich allgemeiner Betriebskosten, Grundsteuern, Abgaben und Durchschnittsaufwendungen an Investitionen), durch Ermittlung der landwirtschaftlichen Nutzfläche je 100 ha in Verbindung mit dem Großviehbestand, dem Maschinenbestand und den Investitionen, durch Ermittlung des Gewinnes eines vergleichbaren Betriebes oder durch Ansatz des für angestellte Kräfte oder mitarbeitende Kinder üblichen Stundenlohnes. Auch hier gilt aber (vgl Rn 111), dass der Verdienstausfall nicht abstrakt nach den für die Einstellung eines Landwirtschaftsmeisters zu zahlenden Kosten berechnet werden darf, wenn nicht feststeht, dass die Hoferträge tatsächlich zurückgegangen sind.[328]

136 Zugunsten eines **Handelsvertreters** ist zu berücksichtigen, wenn das Unternehmen, dessen Erzeugnisse er vertreibt, nach seinem Unfall einen beachtlichen Aufschwung genommen hat. Den Maßstab kann das Geschäftsergebnis der nunmehr tätigen anderen Handelsvertreter bilden.[329]

---

327 VersR 1963, 514; s dazu auch BGH VersR 1966, 595.
328 *Scheffen* VersR 1990, 928.
329 BGH VersR 1963, 682.

Auch der Umstand, dass bei längerer Tätigkeit die greifbare Aussicht bestand, die Stellung eines Generalvertreters zu erhalten, fällt ins Gewicht. Behauptet der Verletzte, er hätte, wäre er nicht durch den Unfall hieran gehindert gewesen, durch Vermittlung eines Großauftrags hohe Provisionen verdient, so sind an den Nachweis, dass das Geschäft zustande gekommen wäre, im Rahmen des § 287 ZPO strenge Anforderungen zu stellen, die wenigstens eine hohe Wahrscheinlichkeit darzutun geeignet sind.[330]

Prostituierte. Nach bisheriger Rspr des BGH war Ersatz in Höhe eines existenzdeckenden Einkommens, das von jedem gesunden Menschen erfahrungsgemäß erzielt werden kann,[331] zu gewähren. Dieser Auffassung stand zum einen die bisher nach überwiegender Meinung anerkannte generelle Sittenwidrigkeit der Prostitution und die damit fehlende Ersatzpflichtigkeit der aus ihr gezogenen Gewinne entgegen.[332] Zum anderen widersprach sie auch dem Grundsatz, dass die abstrakte Beeinträchtigung der Arbeitskraft keinen ersatzpflichtigen Schaden darstellt (vgl Rn 159). Das am 1.1.2002 in Kraft getretene ProstG anerkennt erstmals, dass eine Vereinbarung über entgeltliche sexuelle Handlungen gem § 1 S 1 ProstG einen Entgeltanspruch der Prostituierten begründet, aber keinen Anspruch auf Durchführung der Handlung. Der Gesetzeswortlaut lässt unklar, ob damit die Sittenwidrigkeit der Vereinbarung insgesamt entfällt.[333] Klar zum Ausdruck kommt aber der Wille des Gesetzgebers, die rechtliche Stellung der Prostituierten zu verbessern und ihnen einen durchsetzbaren Entgeltanspruch zukommen zu lassen. Für eine Anspruchskürzung bei Ersatz des Verdienstausfalls verbleibt deshalb kein Raum. Vielmehr ist aufgrund des Regelungsgedankens der §§ 1, 2 ProstG ein Schaden in Höhe der tatsächlichen Erwerbsaussicht zu ersetzen.

137

Sonstige. Architekturbüro: OLG Frankfurt VersR 1979, 87; Arzt: OLG München NJW 1987, 1484; Steuerberater: BGH VersR 1966, 957; Zahnarzt: OLG Hamm NZV 1995, 317; OLG Nürnberg VersR 1968, 481; Geschäftsinhaber: BGH VersR 1968, 970; Großhändler: BGH VersR 1961, 703; Kraftfahrzeughändler: BGH VersR 1966, 851; Elektromeister: BGH VersR 1961, 1140; Inhaber einer Kraftfahrzeugreparaturwerkstatt: BGH VersR 1969, 466; Schneiderin: BGH VersR 1964, 76; Zahntechniker: BGH VersR 1966, 445; Erfinder: BGH VersR 1967, 903; Fahrlehrer: BGHZ 55, 329; Portraitmaler: BGH VersR 1969, 376; Erwerbsgeschäft in Gütergemeinschaft: BGH VersR 1994, 316.

138

7. Verdienstausfall eines Gesellschafters

Bei einem Gesellschafter kann durch Arbeitsunfähigkeit in zweifacher Hinsicht ein Erwerbsschaden entstehen; durch Wegfall einer für seine Geschäftsführung oder Mitarbeit im Unternehmen der Gesellschaft gezahlten Tätigkeitsvergütung (Rn 140 f) und durch Minderung seiner Beteiligung am Gesellschaftsgewinn (Rn 142 f). Zur Anstellung einer Ersatzkraft s Rn 144.

139

---

330 BGH VersR 1964, 95.
331 BGHZ 67, 119 = JZ 1977, 173 m Anm *Stürner*; für Ersatz eines erzielbaren Einkommens *Gründig* (Lit vor § 1) S 190 ff. OLG Düsseldorf NJW 1984, 2474 stellte auf die unterste Leistungsstufe bei den Tariflöhnen ab.
332 BGHZ 67, 119; OLG Hamburg VersR 1977, 85; *Geigel/Pardey* Kap 4 Rn 82; *Born* VersR 1977, 118; **aA** österr OGH SZ 54/70; OLG Düsseldorf NJW 1970, 1852; LG Offenburg VersR 1973, 69 und mit Einschränkungen *Stürner* VersR 1976, 1016.
333 An grundsätzlicher Sittenwidrigkeit der Prostitution halten fest: OLG Schleswig NJW 2005, 225; *Palandt/Heinrichs* Anh § 138, § 1 ProstG Rn 2; *Kurz* GewArch 2002, 142, 143f. Nach der amtl Begr zum ProstG ist § 138 Abs 1 BGB auf die freiwillige Prostitution nicht mehr anwendbar, BT-Drs 14/5958 S 4 und 6. So auch VG Berlin NJW 2001, 983; *Armbrüster* NJW 2002, 2763.

140 **a) Tätigkeitsvergütung.** Der Gesellschafter ist insoweit wie ein Arbeitnehmer zu behandeln. Er kann also vom Schädiger Ersatz der auf die Zeit der Arbeitsunfähigkeit entfallenden Vergütung verlangen. Wie bei der Lohnfortzahlung für Arbeitnehmer steht seinem Anspruch nicht entgegen, dass die Gesellschaft ihm seine Bezüge trotz seiner Arbeitsunfähigkeit weiterbezahlt hat[334] (vgl Rn 67 ff). Unerheblich ist, ob der Gesellschafter im Innenverhältnis verpflichtet ist, seinen Ersatzanspruch an die Gesellschaft abzutreten[335] oder ob er dieser gegenüber auf Vergütung verzichtet hat.[336]

141 Voraussetzung für die vorstehend geschilderten Rechtsfolgen ist allerdings, dass es sich um eine echte Tätigkeitsvergütung, nicht etwa um eine verdeckte Gewinnausschüttung oder verdeckte Entnahmen handelt.[337] Für die demnach vorzunehmende Schätzung, welcher Teil einer Gesellschaftervergütung ein echtes „Gehalt" darstellt, können die Beträge, welche die Steuerbehörden als Tätigkeitsvergütung, also als absetzbare Betriebsausgaben der Gesellschaft anerkennen, als Anhaltspunkte dienen.[338] Allein die Tatsache, dass eine Vergütung von Umsatz oder Gewinn des Unternehmens abhängig ist, nimmt ihr nicht den Charakter als Tätigkeitsvergütung.[339] Liegt eine verdeckte Gewinnausschüttung vor, so kann dem Gesellschafter nur daraus ein Schaden erwachsen, dass sich der Gewinn der Gesellschaft infolge des unfallbedingten Ausfalls seiner Tätigkeit vermindert hat.[340]

142 **b) Verringerung der Gewinnbeteiligung bzw des Kapitalkontos.** Ist durch den Ausfall der Tätigkeit des Gesellschafters bei der Gesellschaft eine Minderung des Gewinns eingetreten, so ist der hierin liegende Schaden der Gesellschaft bzw der anderen Gesellschafter als Drittschaden nicht ersatzpflichtig. Eine Ersatzpflicht besteht jedoch gegenüber dem verletzten Gesellschafter insofern, als sich die Gewinnminderung auf seine Gesellschaftsbeteiligung ausgewirkt hat.[341] Dabei kommt es nicht darauf an, ob eine Gewinnminderung nur infolge überpflichtmäßiger Anstrengungen der anderen Gesellschafter vermieden wurde.[342]

143 Eine – nicht überzeugende – Ausnahme von diesen Grundsätzen macht der BGH allerdings für den Fall, dass der geschäftsführende **Alleingesellschafter** einer Kapitalgesellschaft infolge Unfallverletzung arbeitsunfähig wird und seiner Gesellschaft dadurch ein Gewinn entgeht: diesen Verlust soll der Gesellschafter als eigenen Schaden von dem für den Unfall Verantwortlichen ersetzt verlangen können.[343] Obgleich der BGH in dieser Entscheidung hervorhebt, dass der Alleingesellschafter damit nicht einen Schaden der von seinem eigenen Vermögen gesondert zu betrachtenden Gesellschaft geltend macht (denn der Gesellschaft ist ja kein erstattungspflichtiger Schaden entstanden), sondern dass es nur um die richtige Bemessung des seinem eigenen Vermögen durch die Einbußen im Gesellschaftsvermögen vermittelten Schadens geht,

---

334 BGHZ 7, 30; 21, 112; BGH VersR 1963, 369 = NJW 1963, 1446 m Anm *Ganssmüller*; VersR 1967, 83; 1970, 38; 1971, 570; 1977, 374.
335 Vgl BGH VersR 1964, 1243; BGH NJW 1963, 1051; 1970, 96; 1970, 1271; 1978, 41.
336 BGH VersR 1992, 1411.
337 BGH VersR 1964, 1243; 1977, 863; 1992, 1411; MDR 1967, 121; zur Ein-Mann-GmbH s OLG Hamm OLGR 1995, 271.
338 BGH VersR 1977, 863; 1992, 1411.
339 BGH VersR 1977, 863.
340 BGHZ 61, 383; BGH VersR 1977, 376; 1992, 1411.
341 BGH VersR 1962, 622; 1964, 1243; 1967, 83; 1977, 227; 1977, 374; 1979, 179.
342 BGH VersR 1964, 1243; zweifelnd *Stürner* JZ 1984, 464.
343 BGH NJW 1977, 1283 m Anm *Hüffer*.

führt seine Auffassung iErg doch zu einer Durchbrechung der rechtlichen Selbständigkeit von Gesellschafts- und Gesellschaftervermögen, ohne dass hierfür ein dringender Grund bestünde. Das Argument des BGH, der Schädiger dürfe keinen Vorteil daraus ziehen, dass er statt eines Einzelkaufmanns eine Ein-Mann-Gesellschaft geschädigt hat, überzeugt nicht, da der Vergleich mit der Haftungssituation bei einer regulären Gesellschaft wohl näher läge. Entscheidend sollte daher auch hier sein, inwieweit sich der Gewinnausfall der Gesellschaft im eigenen Vermögen des Gesellschafters niedergeschlagen hat.[344]

c) **Ersatzkraft.** Erhält der als Geschäftsführer arbeitende Gesellschafter keine Vergütung, sondern nur die Gewinnbeteiligung, muss er die Beeinträchtigung seiner Tätigkeit durch Anstellung einer Ersatzkraft ausgleichen und kann deren Kosten liquidieren.[345] **144**

8. Erwerbsschaden des den Haushalt führenden Ehegatten

a) **Rechtliche Einordnung.** Der BGH hat der unfallverletzten Ehefrau, die keiner Erwerbstätigkeit nachgeht, sondern den Haushalt führt, im Gefolge der Änderung des § 1356 BGB durch das Gleichberechtigungsgesetz von 1957 einen eigenen Schadensersatzanspruch wegen ihrer Beeinträchtigung in der Führung des Haushalts zuerkannt.[346] Begründet wird dies damit, dass es sich bei der Haushaltsführung nicht mehr um eine unentgeltliche Dienstleistung handelt, sondern um die Erfüllung der Pflicht, durch Arbeit zum Unterhalt der Familie beizutragen. Die Frau gibt also ihre Arbeitskraft nicht mehr mit der Heirat in der Form unentgeltlicher Dienste weg. Sie verwertet sie vielmehr als ihren fortlaufenden Beitrag zum Familienunterhalt, der in dem korrespondierenden Recht auf Unterhalt seine Anerkennung findet.[347] Diese Betrachtungsweise rechtfertigt es, die Aufhebung oder Beeinträchtigung der Fähigkeit zur Haushaltsführung als einen eigenen Erwerbsschaden der Ehefrau anzusehen, ohne gegen den Grundsatz zu verstoßen, dass die abstrakte Minderung der Arbeitskraft keinen ersatzpflichtigen Schaden darstellt.[348] Der Umstand, dass die Ehefrau trotz des Ausfalls ihrer Arbeitsleistung vom Ehemann weiter alimentiert wird, steht der Bejahung eines bei ihr selbst eingetretenen Schadens nicht entgegen. Das Auffangen der Verletzungsfolgen hat den Charakter eines internen Ausgleichs durch die eheliche Lebensgemeinschaft und mindert nach § 843 Abs 4 BGB den Ersatzanspruch gegen den Schädiger nicht. Die verletzte Frau kann den Schädiger deshalb aus eigenem Recht auf Ersatz ihres ganzen, in der Verminderung ihrer häuslichen Arbeitsleistung bestehenden Schadens in Anspruch nehmen, gleichviel wie er von der ehelichen Lebensgemeinschaft aufgefangen wird, insbesondere unabhängig von der tatsächlichen Anstellung einer Ersatzkraft.[349] **145**

Führt der **Ehemann** den Haushalt, während die Frau einer Erwerbstätigkeit nachgeht, gilt das Vorstehende entsprechend. Teilen sich die Ehegatten die Haushaltsführung, weil beide berufstätig sind, so kommt ein dem Umfang der für den Haushalt entfalteten **146**

---

344 Abl zur Begr der Entsch auch MünchKomm/*Wagner* § 842 Rn 46 u *Hüffer* NJW 1977, 1285 mit Erwägungen zur Konstruktion einer Drittschadensliquidation.
345 BGH VersR 1963, 433; 1964, 1243; *Stürner* JZ 1984, 465.
346 BGHZ 38, 55; (GrS) 50, 304, 306.
347 BGHZ 38, 55, 57 ff.
348 S dazu *Würthwein* JZ 2000, 337, 343 f.
349 BGHZ 38, 55, 59 f; (GrS) 50, 304, 306; BGH VersR 1973, 84; OLG Celle VersR 1981, 357; OLG Frankfurt VersR 1982, 981.

Sechster Teil. Ersatz des Personenschadens

Tätigkeit entsprechender Ausfallschaden in Betracht. Hat der allein erwerbstätige Ehemann zusätzlich bestimmte, nicht ganz unwesentliche Teile der Haushaltsführung übernommen, steht ihm auch ein Anspruch auf Ersatz seines Haushaltführungsschadens zu.[350] Im Übrigen ist zu beachten, dass nicht nur Hausarbeit im engeren Sinn hierher gehört. Ein Erwerbsschaden kann vielmehr zB auch darin liegen, dass der Verletzte gehindert ist, Gartenarbeiten oder Renovierungsarbeiten an der Wohnung selbst auszuführen, und die Dienste eines Handwerkers in Anspruch nehmen muss.[351] Nicht hierher gehören dagegen Eigenleistungen beim Hausbau; diese gehen über die als Unterhalt geschuldete Haushaltsführung weit hinaus (§ 28 Rn 129; zur rechtlichen Einordnung dieser Einbußen vgl Rn 57).

147 Bei eingetragener **Lebenspartnerschaft** sind die vorstehenden Grundsätze entsprechend anzuwenden, da hier ebenfalls gegenseitige Unterhaltspflichten bestehen (§ 5 S 2 LPartG),[352] nicht aber bei sonstigen eheähnlichen Lebensgemeinschaften (s Rn 151).

148 Ein Erwerbsschaden in vorstehendem Sinne liegt aber nur insoweit vor, als die Versorgung des Haushalts im Rahmen des Familienunterhalts vorgenommen wird, nicht also hinsichtlich des Teils der Hausarbeit, der auf die **Befriedigung der eigenen Bedürfnisse** entfällt.[353] Daher stellt die Haushaltstätigkeit einer oder eines *Alleinstehenden* keine der Erwerbstätigkeit vergleichbare Arbeitsleistung dar; unfallbedingte Nachteile, insbesondere die Kosten für eine Hilfskraft, sind insoweit nur unter dem Gesichtspunkt vermehrter Bedürfnisse (Rn 50) erstattungspflichtig.[354] Bei *Ehegatten* ist festzustellen, welcher Teil der Hausarbeit auch bei ausschließlicher Selbstversorgung anfallen würde (vermehrte Bedürfnisse) und welcher Teil auf den Familienunterhalt entfällt.[355] Die Unterscheidung kann insbesondere für die Frage der Aktivlegitimation (gesetzlicher Forderungsübergang) von Bedeutung sein (vgl Rn 55). In der Regel wird die Eigenversorgungsquote nach Kopfteilen ermittelt,[356] besondere Umstände können jedoch zu einer anderen Aufteilung führen.[357]

149 b) **Voraussetzung** ist, dass tatsächlich ein **Beitrag des Ehegatten** zum Familienunterhalt beeinträchtigt worden ist. Wäre die Haushaltsarbeit auch ohne den Unfall voll oder teilweise von einer Haushaltshilfe erledigt worden, entfällt bzw vermindert sich der Anspruch.[358]

150 Wegen fehlenden Bezugs zum Familienunterhalt kann auch eine **Großmutter**, die freiwillig die Obhut über ein Enkelkind übernommen hat, keine Entschädigung dafür verlangen, dass ihr durch ein Unfallereignis die Betreuung des Enkelkindes für einige Zeit unmöglich geworden ist.[359]

---

350 *Lemcke* (Lit vor Rn 1) S 126.
351 BGH NZV 1989, 388; OLG München NJW-RR 1986, 194; OLG Hamm NZV 1989, 72.
352 *Röthel* NZV 2001, 334.
353 BGH VersR 1974, 162.
354 BGH VersR 1958, 456; 1974, 162.
355 BGH VersR 1974, 162; 1985, 356.
356 BGH VersR 1985, 356.
357 ZB bei Heimunterbringung des Verletzten; s *Lemcke* (Lit vor Rn 1) S 159.
358 BGH VersR 1989, 1273, 1274; **aA** österr OGH ZVR 1999, 18.
359 OLG Celle VersR 1983, 40.

§ 29 Körperverletzung

Ebenso wenig kann ein Erwerbsschaden der hier behandelten Art bejaht werden bei Beeinträchtigung von Haushaltsarbeiten für den **nichtehelichen Lebensgefährten**[360] oder ein **erwachsenes Kind**, das sich selbst unterhalten kann.[361] Insoweit besteht auch kein Ersatzanspruch wegen vermehrter Bedürfnisse.[362] Bei nichtehelichen Lebensgemeinschaften kommt uU die Annahme einer entgeltlichen Tätigkeit in Betracht (s Rn 159). **151**

c) **Berechnung.** Ausgangspunkt der Berechnung ist die Feststellung, welche Arbeitsleistung die Hausfrau (der Hausmann) ohne den Unfall **tatsächlich erbracht** hätte; anders als beim Unterhaltsschaden (§ 28 Rn 41) ist nicht entscheidend, welche Leistungen sie rechtlich geschuldet hätte.[363] Es kommt deshalb auch auf die in der Vergangenheit tatsächlich geleistete Mithilfe anderer Familienangehöriger an. Absehbare Veränderungen in der Zukunft (Verkleinerung der Familie, Mithilfe des pensionierten Ehemannes usw) sind zu berücksichtigen.[364] **152**

Die Erwerbsminderung ist **konkret**, nicht etwa nach einer abstrakten Erwerbsunfähigkeitsquote, zu bestimmen.[365] Das konkrete Ausmaß der Beeinträchtigung muss vom Verletzten dargelegt werden.[366] Es kommt darauf an, was die oder der Verletzte trotz der Beeinträchtigung noch im Haushalt erledigen kann, ggf nach zumutbarer Umorganisation der Haushaltsführung;[367] die für die verbleibenden Arbeiten erforderlichen Stundenzahlen sind zu schätzen.[368] Unentgeltliche Leistungen von Familienmitgliedern oder Bekannten sowie überobligationsmäßige Leistungen des Geschädigten bleiben außer Betracht.[369] Anhaltspunkte bieten die Tabellen von *Reichenbach/Vogel*,[370] *Ludolph/Hierholzer*[371] und nach dem sog Münchner Modell.[372] **153**

Behinderungen geringen Umfangs, insbesondere wenn sie durch Einsatz technischer Geräte kompensiert werden können, müssen außer Betracht bleiben.[373] Keine entschädigungspflichtige Beeinträchtigung der Haushaltsführung liegt idR im Verlust des Geruchs- und Geschmackssinns.[374] **154**

---

360 OLG Nürnberg DAR 2005, 629; OLG Düsseldorf VersR 1992, 1419 u NZV 2007, 40; LG Hildesheim VersR 2002, 1431; *Palandt/Sprau* § 843 Rn 8; *Schirmer* DAR 2007, 10; **aA** LG Zweibrücken NJW 1993, 3207 m abl Bespr *Raiser* NJW 1994, 2672; AG Säckingen FamRZ 1997, 293; *Pardey* DAR 1994, 268 ff; *Ch Huber* FS Steffen 201 ff u NZV 2007, 1 ff; *Lemcke* (Lit vor Rn 1) S 174 ff; *Röthel* NZV 2001, 333.
361 OLG Düsseldorf VersR 1992, 1419.
362 AA OLG Düsseldorf VersR 1992, 1419 hinsichtlich des volljährigen Kindes.
363 BGH VersR 1974, 1016; OLG Oldenburg VersR 1993, 1492. Krit *Pardey/Schulz-Borck* DAR 2002, 294.
364 BGH VersR 1974, 1016.
365 *Stürner* JZ 1984, 465; *Pardey* DAR 1994, 266; OLG Hamm NZV 2002, 570; **aA** OLG Frankfurt VersR 1980, 1122 m abl Anm *Schmalzl* VersR 1981, 388 u *Klimke* VersR 1981, 1083.
366 Näher hierzu *Pardey* DAR 1994, 266 f; *Scheffen/Pardey* (Lit vor § 28 Rn 1) 130 ff.
367 OLG Hamm NZV 2002, 570.
368 BGH VersR 1989, 1273, 1274; OLG München OLGR 1995, 63; OLG Köln VersR 1981, 690.
369 *Lemcke* (Lit vor Rn 1) S 128.
370 VersR 1981, 812.
371 VGT 1989, 205; s a VersR 1990, 597.
372 *Ludwig* DAR 1991, 401 ff; *Ludolph* VersR 1992, 293.
373 OLG Oldenburg VersR 1993, 1491.
374 So OLG Düsseldorf VersR 1982, 881.

155 Auch wenn der Anspruch nicht von der Anstellung einer Ersatzkraft abhängig ist (Rn 145), orientiert sich die Praxis bei der Bemessung des Ausfallschadens an den tatsächlichen oder fiktiven **Kosten einer Ersatzkraft**.[375] Da die verletzte Ehefrau im Regelfall noch in der Lage sein wird, die Haushaltsführung zu leiten, können anders als bei der Tötung der Hausfrau (§ 28 Rn 134) grundsätzlich nur die Kosten einer Hilfskraft (Vergütung etwa nach BAT IXb oder X) beansprucht werden.[376] Nur wenn ausnahmsweise die Unterstützung durch eine ausgebildete Fachkraft geboten ist (zB während stationärer Behandlungen),[377] können deren Kosten angesetzt werden, und zwar auch dann, wenn tatsächlich nur eine weniger qualifizierte Kraft angestellt wurde.[378] Soweit Ersatz für vermehrte Bedürfnisse zu leisten ist (Rn 148) oder eine Ersatzkraft tatsächlich angestellt wurde, ist vom Bruttolohn, soweit Anhaltspunkte für die Bemessung des Erwerbsschadens gesucht werden, vom Nettolohn auszugehen.[379] Dieser kann jedoch nur einen Orientierungsrahmen geben; letztlich entscheidend sind die Verhältnisse des konkreten Haushalts.[380] Eine Bewertung der Hausarbeit nach arbeitswissenschaftlichen Grundsätzen, wie sie von *Landau*[381] und *Imhof-Gildein*[382] vertreten wird, ist wegen ihrer Kompliziertheit und der unzutreffenden Anlehnung an die Bewertung abhängiger Arbeit abzulehnen.[383]

156 d) **Zeitliche Begrenzung.** Die Rente ist idR bis zum 75. Lebensjahr zu gewähren, da dann im Allgemeinen die eigene Haushaltsführung endet.[384] Maßgeblich sind aber die individuellen Verhältnisse.[385]

9. Erwerbsschaden des im Familienbetrieb mitarbeitenden Angehörigen

157 Erbringt ein **Ehegatte** die Mitarbeit im Rahmen seiner Verpflichtung, zum Familienunterhalt beizutragen, so gelten die vorstehenden Grundsätze entsprechend.[386] Leistet er über seine Unterhaltspflicht hinausgehende Dienste unentgeltlich, so kann sich ein Erwerbsschaden nur daraus ergeben, dass infolge des Wegfalls seiner Dienste das Familieneinkommen sinkt und sich damit auch sein Unterhaltsanspruch mindert. Der Er-

---

375 BGHZ (GrS) 50, 304, 306; BGH VersR 1989, 1273, 1274.
376 BGHZ 104, 113, 121; OLG Oldenburg VersR 1993, 1491; OLG Hamm NZV 2002, 570, 571; näher hierzu und zu den Einzelheiten der Berechnung *Schulz-Borck/Hofmann* (Lit vor Rn 1) 3.1.1: BAT IXb; *Schulz-Borck* VGT 1989, 225; *Scheffen* VersR 1990, 930; *Pardey* DAR 1994, 270 f; *Pardey/Schulz-Borck* DAR 2002, 294.
377 OLG Oldenburg NJW-RR 1989, 1429.
378 BGH VersR 1989, 1273, 1274.
379 Vgl hierzu *Eckelmann* VersR 1978, 211; OLG Schleswig ZfS 1995, 10; **aA** OLG Hamburg VersR 1985, 647 = 950 m abl Anm *Hofmann*; *Schiemann* NZV 1996, 5. Zur Situation im Falle des Todes des Haushaltsführenden vgl BGHZ 86, 372 u § 28 Rn 135.
380 So auch *Geigel/Pardey* Kap 4 Rn 145 f. Eingehend zu den Bewertungskriterien *Ch Huber* (Lit vor Rn 1) 441 ff.
381 VGT 1989, 207.
382 DAR 1989, 166.
383 Vgl auch die Entschließung des Arbeitskreises V des VGT 1989, NZV 1989, 103; *Hofmann* NZV 1990, 8 (abl); *Jung* DAR 1990, 161 (befürwortend).
384 OLG Hamm NJW-RR 1995, 599.
385 *Pardey/Schulz-Borck* DAR 2002, 295.
386 BGHZ 77, 157.

werbsschaden fällt weg, soweit der bisher mitarbeitende Ehegatte seine verbliebene Arbeitskraft, ggf nach Umschulung oder im Haushalt, anderweitig verwerten kann.

Ein **Kind**, welches im elterlichen Betrieb aufgrund seiner familienrechtlich geschuldeten Mitarbeit (§ 1619 BGB) unentgeltliche Dienste leistet, erleidet keinen Verdienstausfall, wenn es unfallbedingt hieran gehindert wird;[387] an seiner Stelle haben die Eltern bei deliktischer Haftung des Schädigers einen Ersatzanspruch nach § 845 BGB (vgl Rn 192). Zur Hinderung an der beabsichtigten Aufnahme einer Erwerbstätigkeit s Rn 164 ff.   158

10. Nicht erwerbstätige Verletzte

Personen, die zur Zeit des Unfalls keiner Erwerbstätigkeit nachgingen (zB ehrenamtlich für Religionsgemeinschaften oder caritative Einrichtungen Tätige,[388] Schüler, Studenten, Rentner, Sozialhilfeempfänger, an der Aufnahme einer Erwerbstätigkeit Uninteressierte) und auch nicht wegen Führung eines Ehehaushalts Erwerbstätigen gleichgestellt sind (vgl Rn 145 ff), haben keinen Anspruch auf Schadensersatz wegen Verdienstausfalls.[389] Dies gilt auch für unentgeltliche Dienstleistungen in einer nichtehelichen Lebensgemeinschaft; allerdings kann uU in einer als Äquivalent hierfür empfangenen Versorgung ein ersatzpflichtiges Entgelt gesehen werden.[390] Ob der Verletzte die Möglichkeit gehabt hätte, seine Arbeitskraft gewinnbringend einzusetzen, spielt keine Rolle, da die bloße Beeinträchtigung der Arbeitskraft keinen Vermögensschaden darstellt. Daher kann zB auch ein Dritter, der dem Verletzten Leistungen zum Lebensunterhalt gewährt, nicht im Wege eines Forderungsübergangs Ersatzansprüche gegen den Schädiger erwerben. Nur wenn der Verletzte nachweisen kann, dass er von einem bestimmten Zeitpunkt an eine Erwerbstätigkeit ausgeübt oder in einer anderen Tätigkeit ein höheres Einkommen erzielt hätte und hieran durch die Unfallverletzungen gehindert würde, kommt insoweit ein Schadensersatzanspruch in Betracht (vgl Rn 164 ff). Der Verletzte, der auf dem Hof seiner Schwiegereltern gegen Gewährung eines Taschengelds gearbeitet hat, weil er damit rechnete, ihm werde dereinst der Hof übergeben werden, hat einen Verdienstausfall nur in Höhe des Taschengeldes;[391] erst von dem Zeitpunkt an, zu dem ihm der Hof übergeben worden wäre, hätte sich der Unfall nicht ereignet, erhält er seinen Verdienstausfall als Landwirt ersetzt.   159

Arbeitslose, die Arbeitslosengeld (§§ 117 ff SGB III) oder Arbeitslosengeld II (§§ 19 ff SGB II) bzw die bis 31.12.2004 gewährte Arbeitslosenhilfe (§§ 190 ff SGB III) bezogen, diesen Anspruch aber infolge des Unfalls verloren haben, weil sie wegen ihrer Verletzung dem Arbeitsmarkt nicht mehr zur Verfügung stehen, erleiden hingegen   160

---

387 BGHZ 69, 380; OLG Frankfurt VersR 1982, 909.
388 OLG Celle NJW 1988, 2618. Vgl hierzu auch *Gotthardt* JuS 1995, 12; *Stürner* JZ 1984, 415; österr OGH ZVR 1992, 119.
389 *Geigel/Pardey* Kap 4 Rn 80; *Würthwein* JZ 2000, 345 ff; aA MünchKomm/*Wagner* § 842 Rn 54.
390 Vgl RGRKomm/*Boujong* § 843, 38; *Geigel/Pardey* Kap 4 Rn 149; *Würthwein* JZ 2000, 345; *Becker* MDR 1977, 705 u VersR 1985, 205. Zur Frage eines Haushaltsführungsschadens s Rn 151.
391 OLG München RdL 1957, 153.

einen „Erwerbsschaden".[392] Dies gilt auch dann, wenn sie nunmehr in gleicher Höhe Krankengeld beziehen. Der Anspruch geht dann gem § 116 SGB X auf die Krankenkasse über[393] (näher § 32). Für die Prognose der künftigen Einkommensentwicklung kann insbesondere bei jüngeren Arbeitslosen nicht ohne konkrete Anhaltspunkte angenommen werden, dass sie auf Dauer keine Erwerbstätigkeit ausgeübt hätten.[394]

161 Ein Bezieher der bis 31.12.2000 unter den Voraussetzungen des § 43 SGB VI aF und nunmehr gem § 240 SGB VI nur noch für vor dem 2.1.1961 geborene Versicherte gewährten **Berufsunfähigkeitsrente**, der durch den Unfall erwerbsunfähig wird und infolge dessen eine Erwerbsunfähigkeitsrente bezieht, kann einen Anspruch auf Ersatz des ihm durch die Rentenumwandlung entstehenden Rentenschadens haben.[395]

11. Nachteile für das Fortkommen

162 Im Allgemeinen beeinträchtigen Unfälle, die die Erwerbsfähigkeit beeinflussen, auch das berufliche Fortkommen. Der Schädiger hat daher nicht nur die Einkommenseinbuße auszugleichen, die sich bei gedachter Fortsetzung der zur Zeit des Unfalls ausgeübten Tätigkeit errechnet, sondern es sind auch künftige Erhöhungen des Einkommens, die der berufliche Aufstieg mit sich gebracht hätte, wäre er nicht durch den Unfall vereitelt worden, zu berücksichtigen (vgl Rn 78). Der besonders schwer zu führende Beweis derartiger hypothetischer Entwicklungen wird durch § 287 ZPO erleichtert (vgl hierzu Rn 81). Ein außergewöhnliches Fortkommen wird das Gericht der Schadensbemessung aber nur zugrunde legen können, wenn hierfür konkrete Anhaltspunkte bestehen.

163 So kann zB die Behauptung, ein Handwerker hätte sich später selbständig gemacht und dann ein wesentlich höheres Einkommen erzielt, nur als erwiesen angesehen werden, wenn bereits Dispositionen in diese Richtung getroffen worden sind oder zB ein elterlicher Betrieb zur Übernahme anstand. Zum Fortkommensschaden eines Handelsvertreters, der unfallbedingt einen „schlechteren Bezirk" übernehmen musste, s BGH VersR 1963, 682.

12. Beeinträchtigung der Aufnahme einer Erwerbstätigkeit

164 a) Bei **Verletzung vor Eintritt in das Berufsleben** hat der Schädiger als Erwerbsschaden das Einkommen zu ersetzen, das durch Aufnahme einer Erwerbstätigkeit nach Abschluss der Ausbildung erzielt worden wäre, wenn der Verletzte nicht durch die Unfallfolgen an der Aufnahme der beabsichtigten Tätigkeit gehindert worden wäre. Der Verletzte muss darlegen und beweisen, welchen Beruf er ergriffen und welches Einkommen er hierbei erzielt hätte; doch muss für den Nachweis dieser hypothetischen Umstände genügen, dass sich aus konkreten Anhaltspunkten in Verbindung mit der allgemeinen Lebenserfahrung eine erhebliche Wahrscheinlichkeit des betreffenden Vorbringens ergibt.[396] Mangels anderer Anhaltspunkte ist von einem voraussichtlich durchschnitt-

---

392 BGH VersR 1984, 639; 1984, 862; i Erg zust *Denck* NZA 1985, 377.
393 BGH VersR 1984, 639; 1984, 862.
394 BGH NZV 1997, 222.
395 OLG Hamm r+s 1995, 258.
396 Vgl BGH VersR 1980, 627; OLG Köln NJW 1972, 59; OLG Frankfurt VersR 1989, 48; OLG Karlsruhe DAR 1989, 104; ZfS 1990, 151 (Studium); *Medicus* DAR 1994, 446; *Stürner* JZ 1984, 461 f; *Eckelmann/Nehls/Schäfer* DAR 1983, 347; *Steffen* DAR 1984, 1.

§ 29 Körperverletzung

lichen Erfolg in der gewählten Tätigkeit auszugehen; verbleibenden Risiken kann durch Abschläge Rechnung getragen werden.[397] Von dem so ermittelten hypothetischen Einkommen ist das tatsächlich erzielte bzw bei Beachtung der Schadensminderungspflicht (vgl Rn 99 ff) erzielbare abzuziehen.[398] In die Differenzrechnung ist auch das Einkommen einzubeziehen, das der Verletzte vor der hypothetischen Aufnahme der ursprünglich beabsichtigten Tätigkeit erzielt (zB weil das hierfür nötige Studium entfällt).[399] Ist bei einem Kind noch nicht abzusehen, welche berufliche Laufbahn ihm trotz der Schädigung erreichbar bleibt, kommt eine Feststellungsklage in Betracht;[400] steht jedoch fest, dass der Verletzte sein Leben lang keinen Beruf wird ausüben können, so kann sogleich eine Rente (ab dem Zeitpunkt des hypothetischen Eintritts ins Berufsleben) zuerkannt werden.[401]

Wird ein Kind schon **vor oder ganz zu Beginn der Ausbildung** verletzt, so fehlt es oft an jeglichem Anhaltspunkt für das mit Wahrscheinlichkeit erreichte Ausbildungsergebnis. Im Allgemeinen lassen sich aus dem Lebensverlauf des Kindes bis zum Unfallzeitpunkt keine ausreichenden Schlüsse ziehen. Im Einzelfall können aus dem tatsächlichen Ausbildungsverlauf nach dem Unfall jedoch gewisse Rückschlüsse auf Intelligenz, Charakter und Strebsamkeit des Kindes möglich sein. Ist das Kind so schwer verletzt, dass jegliche Ausbildungsmöglichkeit und Arbeitsleistung entfällt, muss sich die Schätzung an anderen Anhaltspunkten orientieren. Es erscheint bedenklich, hierbei zu sehr auf das soziale Umfeld des Kindes (Berufe der Eltern und Geschwister, Familientradition, Vermögensverhältnisse) abzustellen.[402] Ebenso unbefriedigend wäre es jedoch, in Ermangelung verwertbarer Anhaltspunkte nur einen Mindestschaden zuzubilligen.[403] Entsprechend dem Vorschlag von *Scheffen*[404] wird daher bei derartigen Sachverhalten von einem durchschnittlichen Einkommen auszugehen sein, wobei für das Abstellen auf selbständige oder unselbständige Berufe auch das soziale Umfeld eine gewisse Berücksichtigung finden kann.

165

Wird der Eintritt in das Erwerbsleben durch den Unfall **verzögert** (zB wegen Unterbrechung der Ausbildung), so ist der hierdurch hervorgerufene Verdienstausfall zu ersetzen.[405] Auch für Verzögerungen durch einen Vorlesungsstreik, denen der Verletzte ohne den Unfall nicht ausgesetzt gewesen wäre, hat der Schädiger einzustehen.[406] Zugrunde zu legen ist das Einkommen, das in dem Zeitraum der Verzögerung erzielt worden wäre (zu den Beweisanforderungen Rn 164). Anderweitige Einkünfte während dieser Zeit (zB nach dem BAFöG) sind anzurechnen.[407] Es ist aber ggf auch zu berücksichtigen, dass der Verletzte ohne den Unfall Wehr- oder Ersatzdienst hätte leisten müssen.[408]

166

---

397 BGH NJW 2000, 3287.
398 Vgl BGH VersR 1965, 489.
399 **AA** OLG Frankfurt VersR 1983, 1083; NZV 1998, 249; zweifelnd *Stürner* JZ 1984, 462.
400 RG Recht 1907, Nr 3810; WarnR 1912, Nr 256. Näher § 37 Rn 41 f.
401 OLG Köln NJW 1972, 59; eingehend *Eckelmann/Nehls/Schäfer* DAR 1983, 337; *Scheffen* VersR 1990, 928 f.
402 *Scheffen* VersR 1990, 928; **aA** *Medicus* DAR 1994, 447.
403 *Scheffen* VersR 1990, 928; *Medicus* DAR 1994, 447.
404 VersR 1990, 928.
405 KG DAR 2006, 149 (auch zum Nachweis von Verzögerung und Ausfall). Vgl *Eckelmann/ Nehls/Schäfer* DAR 1983, 337 m Nachw. Zur Berechnung bei unfallbedingtem Studienwechsel OLG Hamm NZV 1999, 248.
406 BGH VersR 1985, 62; **aA** *Grunsky* JZ 1986, 172; zweifelnd *Medicus* DAR 1994, 443.
407 KG DAR 1971, 296.
408 OLG Hamm NZV 1999, 248.

167 **b)** Wird der Verletzte durch den Unfall an der **Aufnahme eines beabsichtigten Geschäftsbetriebs** gehindert, weil die unfallbedingte Körperbehinderung ihm die damit verbundene Arbeitsleistung nicht mehr gestattet, so wird der Verletzte regelmäßig nicht näher dartun können, was er im Falle der Geschäftseröffnung verdient hätte. Die Gerichte legen in solchen Fällen im Allgemeinen der Schätzung des Schadens den Lohn zugrunde, den ein Arbeitnehmer in vergleichbarer Stellung (zB als Filialleiter eines kaufmännischen Betriebes) erfahrungsgemäß verdient. Demgemäß hat das OLG München[409] dem Schwiegersohn eines Bauern, dem der Bauer wegen des Unfalls den Hof nicht – wie eigentlich beabsichtigt – übergab, von dem vermutlichen Tag der Übergabe an den Lohn eines Großknechts als Verdienstausfall zuerkannt. Gegen die Handhabung der Gerichte ist, wenn Erkenntnisquellen für eine wirklichkeitsnähere Schätzung fehlen, nichts einzuwenden; es müsste dabei aber berücksichtigt werden, dass der Verdienst eines selbständigen Unternehmers regelmäßig etwas höher liegt als der eines Arbeitnehmers, auch wenn man beachtet, dass der Teil des Gewinns, der als Kapitalertrag anzusehen ist, vom Schädiger nicht ersetzt werden muss. Bloße gedankliche Vorbereitungen für den Aufbau einer selbständigen Existenz bilden keine ausreichende Grundlage für die Ermittlung eines Verdienstausfallschadens, wenn ein konkretes Planungsstadium noch nicht einmal ansatzweise erreicht worden ist.[410]

168 **c)** Die **Vereitelung einer beabsichtigten Tätigkeit als Hausfrau** (Hausmann) ist in konsequenter Fortführung der Rspr zum Erwerbsschaden des den Haushalt versorgenden Ehegatten (vgl Rn 145 ff) ebenfalls ein Umstand, der einen Schadensersatzanspruch begründen kann.[411] Insoweit kann auch die Vereitelung einer beabsichtigten Eheschließung schadensrechtliche Relevanz gewinnen (dazu Rn 193). Da sich der Zuschnitt der (hypothetischen) Familie oftmals nicht feststellen lassen wird, muss bei der Bewertung der Hausarbeit von einer „statistischen Durchschnittsfamilie" ausgegangen werden.[412] Einkünfte aus einer (zumutbaren) anderweitigen Verwertung der Arbeitskraft sind anzurechnen.

13. Vorzeitiger Eintritt in den Ruhestand

169 **a)** Wird ein **Beamter** infolge des Unfalls vorzeitig in den Ruhestand versetzt, so ist ihm sein volles Gehalt bis zu dem Zeitpunkt zu ersetzen, an dem er ohne den Unfall pensioniert worden wäre; in Höhe der dem Beamten gezahlten Versorgungsbezüge geht der Ersatzanspruch allerdings nach § 87a BBG auf den Dienstherrn über (s § 34 Rn 24 ff). Darauf, ob beim Beamten nach seiner Versetzung in den Ruhestand tatsächlich noch irgendwelche gesundheitliche Unfallfolgen vorliegen, kommt es für die Entstehung des Ersatzanspruchs nicht an.[413] Nach dem Zeitpunkt der regulären Pensionierung ist die Differenz zwischen dem Ruhegehalt, das bei einer nicht durch den Unfall unterbrochenen Dienstzeit erdient worden wäre, und dem tatsächlich erdienten zu ersetzen.[414] Im Allgemeinen ist von der regulären Altersgrenze (65. Lebensjahr) auszugehen, dem

---

409 RdL 1957, 153.
410 OLG Hamm NZV 1994, 109.
411 BGHZ 38, 60.
412 *Medicus* DAR 1994, 450.
413 BGH VersR 1960, 1092.
414 BGH VersR 1960, 82; 1967, 955; OLG Celle VersR 1960, 617.

§ 29 Körperverletzung

Schädiger steht aber der Nachweis offen, dass der Verletzte vorzeitig wegen Dienstunfähigkeit ausgeschieden wäre oder vorzeitige Pensionierung beantragt hätte.[415] Zu den steuerlichen Auswirkungen vgl *Drees* VersR 1987, 742 und Rn 83 ff.

Wird ein Beamter infolge des Unfalls pensioniert, nimmt er aber danach eine andere Erwerbstätigkeit auf, so mindern seine Einnahmen hieraus seinen Ersatzanspruch gegen den Schädiger. Auf den Dienstherrn geht daher nur noch der verminderte Ersatzanspruch über.[416] Hätte der Beamte die Möglichkeit, seine Arbeitskraft nach der Pensionierung gegen Entgelt einzusetzen, unterlässt er dies aber, so verstößt er gegen seine Schadenminderungspflicht (§ 254 Abs 2 BGB; vgl Rn 99). Dies hat zur Folge, dass sich der auf den Dienstherrn übergegangene Anspruch in gleicher Weise mindert, wie wenn der Beamte die anderweitige Arbeit aufgenommen hätte.[417] Hätte der Zusatzerwerb (mindestens) die Höhe der Pensionsbezüge erreicht, so entfällt der Anspruch des Dienstherrn;[418] s a § 34 Rn 35. **170**

Auch bei **ungerechtfertigter Pensionierung** ist Ersatz nach vorstehenden Grundsätzen zu leisten. Die Zivilgerichte können nicht prüfen, ob der Dienstherr den Beamten mit Recht in den Ruhestand versetzt hat; denn insoweit greift die Tatbestandswirkung des Verwaltungsaktes ein.[419] Der Zivilrichter hat aber zu prüfen, ob die Pensionierung eine Folge des Unfalls ist.[420] Nach *Heuss*[421] hat der Schädiger die Möglichkeit, die Verfügung, durch die der Beamte in den Ruhestand versetzt wurde, wegen Rechtswidrigkeit im Verwaltungsstreitverfahren anzufechten. Hiergegen bestehen Bedenken. Erwägenswert ist hingegen der Vorschlag von *Dunz*,[422] jedenfalls dem Regress des Dienstherrn in solchen Fällen den Einwand unzulässiger Rechtsausübung entgegenzusetzen.[423] Dessen Beweis dürfte dem Schädiger allerdings idR sehr schwer fallen. **171**

Die Witwe und die Kinder eines wegen des Unfalls vorzeitig in den Ruhestand versetzten Beamten können vom Schädiger nicht den Unterschiedsbetrag fordern, um den ihre Versorgungsbezüge infolge der vorzeitigen Versetzung in den Ruhestand geringer sind, als wenn der Beamte die Altersgrenze im Dienst erreicht hätte.[424] Sie können auch als Erben des Verstorbenen keine in diese Richtung gehenden Ansprüche erheben, denn es handelt sich nicht um einen Schaden, den der Verstorbene erlitten hatte.[425] **172**

b) Beim Bezug **vorzeitigen Altersruhegeldes** ist dem Verletzten die Differenz zwischen Vollverdienst und Rente zu belassen, falls der vorgezogene Ruhestand unfallbedingt war;[426] vgl Rn 58 f, zum Forderungsübergang § 34 Rn 23 ff. **173**

---

415 *Drees* VersR 1987, 742.
416 BGH VersR 1961, 595; 1969, 538; *Kallfelz* VersR 1963, 204.
417 BGH VersR 1969, 75; 1969, 538; *Kallfelz* VersR 1963, 204.
418 BGH VersR 1983, 489.
419 BGH VersR 1969, 538; 1983, 488; OLG Koblenz VersR 1997, 1289; *Heuss* VersR 1963, 212; *Drees* VersR 1987, 153; **aA** für das Verhältnis des Schädigers zum Dienstherrn BGH VersR 1960, 1094; dagegen *Wussow* WJ 1960, 189.
420 BGH VersR 1969, 75; 1969, 538.
421 VersR 1963, 213.
422 VersR 1984, 907.
423 Ebenso *Drees* VersR 1987, 744.
424 BGH VersR 1962, 568; 1969, 75.
425 LG Stuttgart VersR 1989, 98.
426 BGH VersR 1982, 166.

14. Nachteile in der Rentenversicherung

174 Dem Verletzten könnte dadurch ein Nachteil entstehen, dass während der Zeit seiner Arbeitsunfähigkeit keine (bzw bei verminderter Arbeitskraft geringere) Beiträge zur Rentenversicherung (§§ 157 ff SGB VI) geleistet werden. Führt dies zur **Minderung seines Rentenanspruchs**, so liegt hierin ein ersatzpflichtiger Erwerbsschaden. Der für Schadensfälle ab 1. Juli 1983 geltende § 119 SGB X leitet indes den Beitragsanspruch eines Versicherungspflichtigen unter bestimmten Voraussetzungen[427] auf den Sozialversicherungsträger über, um sicherzustellen, dass die Ersatzleistungen tatsächlich für die soziale Absicherung verwendet werden.[428] Zur Rechtslage für Schadensfälle vor dem 1. Juli 1983 vgl 3. Aufl § 11 Rn 173 ff.

15. Sonstige Vermögensnachteile

175 Auch Nachteile, die **durch den Wegfall des Arbeitseinkommens mittelbar verursacht** wurden, fallen unter die Ersatzpflicht, wie zB Einbußen, die dadurch entstehen, dass ein Erwerbsgeschädigter die Belastung für sein Eigenheim wegen ausbleibender Ersatzleistungen nicht mehr tragen konnte und es deswegen zum Verkauf[429] oder zur Zwangsversteigerung kam.[430] Die Gefahr eines solchen Schadens muss der Verletzte aber nach Kräften abwenden, zumindest dem Schädiger rechtzeitig anzeigen (§ 254 Abs 2 BGB). Es muss sich auch um vermögensmäßige Nachteile handeln; der erzwungene Verzicht auf bestimmte Annehmlichkeiten (zB bei der Freizeit- und Urlaubsgestaltung) kann allenfalls bei der Bemessung des Schmerzensgeldes berücksichtigt werden. Aufwendungen, deren Rechtsgrund bereits vor dem Schadensfall gelegt worden war, können nicht deswegen, weil sie sich infolge der Verletzung als nutzlos erweisen, ersatzverlangt werden (s Rn 189; § 3 Rn 216). Übt der Geschädigte unfallbedingt eine nicht mehr krankenversicherungspflichtige Tätigkeit aus, so sind ihm die Mehrkosten für eine private Krankenversicherung zu ersetzen.[431]

16. Forderungsübergang

176 a) **Auf Arbeitgeber.** Zahlt der Arbeitgeber einem Arbeitnehmer trotz der unfallbedingten Arbeitsunfähigkeit aufgrund arbeitsrechtlicher Vorschriften das Arbeitsentgelt weiter, so soll dies nicht den Schädiger entlasten (vgl Rn 69). Der Schadensersatzanspruch des Arbeitnehmers wird daher in Höhe des fortgezahlten Lohns auf den Arbeitgeber übergeleitet. Bis 31.5.1994 war dieser Forderungsübergang in unterschiedlicher Weise geregelt:[432] Bei Arbeitern[433] ging der Schadensersatzanspruch kraft Gesetzes auf den Arbeitgeber über (§ 4 Abs 1 LFZG), bei den übrigen Gruppen von Beschäftigten, denen Gehaltsfortzahlung gewährt wird (vgl Rn 67) kam es zum gleichen Ergebnis

---

427 Wegen Einzelheiten vgl die Checkliste von *Küppersbusch* VersR 1988, 666.
428 BT-Drs 9/95, 29.
429 RGZ 95, 174; RG JW 1908, 455.
430 RGZ 141, 173.
431 OLG Karlsruhe NZV 1994, 396.
432 Zur Rechtslage in der ehemaligen DDR s *Schleich* DAR 1993, 410, 413; in Österreich österr OGH ZVR 1994, 224 u *Greger* NZV 1995, 16.
433 Gegen analoge Anwendung auf Angestellte BGH NZV 1989, 351.

durch eine Abtretung, zu der der Verletzte nach Tarifvertrag (zB § 38 I c BAT) oder Einzelarbeitsvertrag verpflichtet war.[434] Das am 1.6.1994 in Kraft getretene EFZG[435] hat die Rechtslage vereinheitlicht: § 6 Abs 1 EFZG ordnet nunmehr für alle Arbeitnehmer und zur Berufsausbildung Beschäftigte den gesetzlichen Forderungsübergang an. Gem § 48 Abs 1 SeemannsG gilt dies auch für Seeleute. Zur Rechtslage bei Beamten und Richtern s Rn 187. Aufgrund des bis 31.12.2005 gültigen § 10 LFZG konnte es zudem zu einem weiteren Übergang der Schadensersatzforderung auf die Krankenkassen kommen, welche dem Arbeitgeber einen Teil des fortgezahlten Entgelts zu erstatten hatten.[436] Erbringt der Arbeitgeber über das EFZG hinausgehende Leistungen (zB über den 6-Wochen-Zeitraum hinaus), bedarf es weiterhin der Abtretung,[437] ebenso bei Leistungen an nicht vom EFZG erfasste Beschäftigte, zB GmbH-Geschäftsführer.

aa) Umfang. Maßgeblich ist gem § 6 Abs 1 EFZG der vom Arbeitgeber gezahlte Bruttobetrag einschließlich Arbeitnehmer- und Arbeitgeberanteil zur Sozialversicherung,[438] also zur Arbeitslosen-, Kranken-, Renten- und Pflegeversicherung. Auch Aufwendungen, die der Arbeitgeber macht, um dem Arbeitnehmer gegebene Ruhegehaltszusagen im Versorgungsfall erfüllen zu können, sind Bestandteil der Arbeitsvergütung und damit übergangsfähig, also insbesondere Beiträge an Zusatzversorgungseinrichtungen, aber auch Rückstellungen für die aus unmittelbaren Versorgungszusagen sich ergebenden Verpflichtungen.[439] Außerdem gehören zu dem übergangsfähigen Anspruch alle Leistungen, die als „Arbeitsentgelt" (s § 6 Abs 1, § 4 Abs 1 EFZG) angesehen werden, dh aufgrund des Arbeitsvertrags vom Arbeitgeber verlangt werden können,[440] also zB auch der auf die Zeit der Arbeitsunfähigkeit entfallende Anteil[441] an der Weihnachtsgratifikation[442] sowie am Urlaubsentgelt (§ 11 BUrlG)[443] und Urlaubsgeld,[444] etwaige vermögenswirksame Leistungen,[445] Überstundenvergütungen, die vor dem Unfall über drei Monate hinweg gezahlt worden sind,[446] Gefahren- und Sozialzulagen, laufend gezahlte Prämien, Tantiemen u dgl sowie Beiträge zu den Sozialkassen des Baugewerbes[447] (s a Rn 76).

177

---

434 BGHZ 21, 112.
435 Art 53 des PflegeversicherungsG v 26.5.1994, BGBl I 1914.
436 S hierzu *Schleich* DAR 1993, 417 u 1994, 377; *Jahnke* NZV 1996, 179.
437 *Jahnke* NZV 1996, 172.
438 BGHZ 43, 378.
439 BGHZ 139, 167.
440 BGHZ 59, 114; eingehend *Schleich* DAR 1993, 414 ff u *Jahnke* NZV 1996, 174 ff.
441 Zur Berechnung s BGH NZV 1996, 356 f.
442 BGH VersR 1972, 566; NZV 1996, 355; näher hierzu *Mittelmeier* VersR 1987, 847.
443 BGHZ 59, 113 f; OLG Stuttgart VersR 1988, 1295; näher hierzu *Mittelmeier* VersR 1987, 847 ff; zur Berechnung bei Schwerbehinderten *Drees* VersR 1983, 321. BGH NZV 1996, 355 und OLGR München 1995, 206 rechnen auch das auf Freistellungstage entfallende Arbeitsentgelt hierher.
444 BGH VersR 1986, 651; NZV 1996, 355; OLG München OLGR 1995, 206.
445 LG Mannheim VersR 1974, 605.
446 OLG Koblenz VersR 1975, 1056.
447 BGH VersR 1986, 650; OLG Oldenburg VersR 1975, 719; *Küppersbusch* Rn 115.

178 Nicht von dem Forderungsübergang erfasst werden Gehaltszuschläge, durch die konkrete Aufwendungen abgegolten werden sollen (zB Schmutzzulagen, Auslösen; diese gehören nach § 4 Abs 1a S 1 EFZG nicht zum fortzuzahlenden Arbeitsentgelt), sowie Aufwendungen des Arbeitgebers, die nur seinem eigenen Interesse dienen, wie zB Beiträge zur Berufsgenossenschaft[448] oder Lasten, die in sein unternehmerisches Risiko fallen, wie zB Gemeinkostenzuschläge, allgemeine Verwaltungs- und Geschäftskosten, Beiträge zu privater Unfall- oder Haftpflichtversicherung, Umsatzausfälle, Kosten für Ersatzkräfte, Abfindung im Kündigungsschutzprozess.[449] Das Gleiche gilt für Lasten, die der Arbeitgeber im Interesse der Allgemeinheit zu tragen hat, zB die Lohnsummensteuer,[450] die von den Arbeitgebern des Baugewerbes gezahlte Winterbauumlage[451] oder das Entgelt für einen Zusatzurlaub für Schwerbehinderte nach § 125 SGB IX (ab 1.7.2001) bzw dem früheren SchwbG.[452] Selbstverständlich sind auch Anwaltskosten, die dem Arbeitgeber aus Anlass des Regresses entstehen, nicht Teil der übergangsfähigen Arbeitsvergütung; sie können daher, da der Arbeitgeber keinen eigenen Schadensersatzanspruch hat, allenfalls unter dem Gesichtspunkt des Verzugsschadens vom Schädiger ersetzt verlangt werden.[453]

179 Infolge der Arbeitsunfähigkeit **ersparte Aufwendungen des Arbeitnehmers** (Rn 93 f) sind, da sie dessen Erwerbsschaden mindern, auch von der Regressforderung des Arbeitgebers in Abzug zu bringen. Zur Ersparnis häuslicher Verpflegungskosten bei stationärer Heilbehandlung s Rn 180.

180 **bb) Zeitpunkt.** Der Forderungsübergang auf den Arbeitgeber nach § 6 EFZG findet (ebenso wie früher nach § 4 LFZG) nicht schon zum Zeitpunkt des Unfalls, sondern erst zum Zeitpunkt der Leistung des Arbeitgebers statt.[454] Daher kann ein zwischenzeitliches Erlöschen des Ersatzanspruchs (zB durch einen Abfindungsvergleich zwischen Verletztem und Haftpflichtversicherer des Schädigers) auch dem Arbeitgeber entgegengehalten werden (§§ 412, 404 BGB).[455] Hat auch ein Sozialversicherungsträger eine mit dem Erwerbsschaden kongruente Leistung erbracht, so hat der Übergang auf ihn, da bereits zum Zeitpunkt des Unfalls vollzogen (§ 32 Rn 43), Vorrang gegenüber dem Übergang auf den Arbeitgeber.[456] Dies ist zB der Fall hinsichtlich des Teils des Arbeitseinkommens, der auf ersparte häusliche Verpflegungskosten entfällt[457] (vgl § 32 Rn 8): Die Anrechnung dieser Ersparnis geht letztlich also zu Lasten des Arbeitgebers.[458]

181 Da es nur auf die **tatsächliche Leistung** des Arbeitgebers ankommt, ist es für die Frage des Forderungsübergangs ohne Bedeutung, ob eine Verpflichtung zu der Lohnfortzahlung bestand. Auch bei vertraglicher Verpflichtung zur Fortzahlung (zB gegenüber

---

448 BGH VersR 1976, 340; OLG Oldenburg VersR 1975, 719.
449 *Jahnke* NZV 1996, 176 f.
450 LG Münster VersR 1976, 599.
451 BGH VersR 1986, 650.
452 BGH VersR 1980, 82; OLG Düsseldorf VersR 1985, 69; s hierzu *Drees* VersR 1983, 319 u – differenzierend – *Stürner* JZ 1984, 462.
453 Vgl AG Dortmund NZV 2001, 383, *Engelke* VersR 1982, 762, *Eichner* DAR 1989, 356 u *Jahnke* NZV 1996, 177 m Nachw aus der divergierenden Rspr.
454 BGH VersR 1978, 660.
455 *Jahnke* NZV 1996, 172 mwN.
456 OLG Celle VersR 1977, 1027.
457 BGH VersR 1984, 584.
458 *Küppersbusch* Rn 116 ff; *Jahnke* NZV 1996, 178 f.

GmbH-Geschäftsführer) kann sich der Dienstherr grundsätzlich auf die ohne zeitliche Lücke vorgelegten Arbeitsunfähigkeitsbescheinigungen verlassen.[459]

cc) Ein **Befriedigungsvorrecht** bei nicht voll realisierbarer Ersatzforderung (zum Begriff s § 32 Rn 72) steht dem Arbeitgeber nicht zu (§ 6 Abs 3 EFZG). – Die Frage eines **Quotenvorrechts** bei eingeschränkter Ersatzpflicht (§ 32 Rn 62) wird im Verhältnis Arbeitgeber–Arbeitnehmer bisher kaum akut, da letzterer idR seinen vollen Lohn weitergezahlt bekommt. Relevanz erhielt diese Frage nur in Zeiten der übergangsweisen Begrenzung der Lohnfortzahlung auf 80% des Bruttoentgelts (zwischen 1996 und 1998, vgl Rn 67), wo problematisch war, ob die – etwa wegen Mitverschuldens – gekürzte Schadensersatzforderung in Höhe des nicht abgedeckten Verdienstausfalls dem Arbeitnehmer verbleibt oder bis zur völligen Schadloshaltung des Arbeitgebers auf diesen übergeht. Sie wird durch § 6 Abs 3 EFZG, der nur die *Geltendmachung* des übergegangenen Anspruchs (also das Befriedigungsvorrecht), nicht den Übergang selbst regelt, nicht beantwortet, ist aber nach der in dieser Vorschrift zum Ausdruck kommenden Tendenz und in Anbetracht der Rspr zur entsprechenden Problematik beim Beamten (§ 34 Rn 36) zu Lasten des Arbeitgebers zu entscheiden. Dieser trägt somit das Lohnzahlungsrisiko in den Mitverschuldensfällen in gleicher Höhe wie vor der Änderung des § 4 Abs 1 EFZG.[460]

182

dd) **Ausschluss des Übergangs gegenüber Familienangehörigen.** § 67 Abs 2 VVG ist nach Sinn und Zweck auch auf den Forderungsübergang nach § 6 EFZG bzw § 4 LFZG entsprechend anzuwenden.[461] Der Arbeitgeber kann daher bei einem in häuslicher Gemeinschaft mit dem Verletzten lebenden Angehörigen nicht Rückgriff nehmen. Das Bestehen einer Haftpflichtversicherung ändert hieran nichts.[462] Näher zum Angehörigenprivileg § 32 Rn 73 ff.

183

ee) **Anrechnung von Mitverschulden.** Ein Mitverschulden des Arbeitnehmers hinsichtlich Entstehung oder Höhe des Schadens (vgl § 22) kann der Schädiger auch dem Arbeitgeber gegenüber einwenden, auf den der Anspruch auf Ersatz des Erwerbsschadens übergegangen ist (§§ 404, 412 BGB). Hat an dem Unfall ein Verschulden des Arbeitgebers mitgewirkt, so führt dies ebenfalls zur Minderung seiner Regressansprüche gegen den Zweitschädiger, und zwar auch dann, wenn die Voraussetzungen des § 104 SGB VII vorliegen (dazu näher § 19 Rn 80 ff), der Arbeitgeber sich also dem Arbeitnehmer gegenüber auf einen Haftungsausschluss berufen könnte.[463]

184

b) Auf **Sozialversicherungsträger** kann der Ersatzanspruch nach § 116 Abs 1 SGB X übergehen (vgl im Einzelnen § 32). Außerdem kommt ein Übergang von Beitragsansprüchen nach § 119 SGB X in Betracht (s dazu § 32 Rn 141 ff).

185

c) Ein Forderungsübergang auf **Privatversicherer** nach § 67 Abs 1 VVG findet nur bei der Schadensversicherung, nicht jedoch bei den sog Summenversicherungen statt (näher § 35 Rn 2).

186

---

459 BGHZ 149, 63.
460 I Erg ebenso *Küppersbusch* Rn 116 ff.
461 BGH VersR 1976, 567; OLG Celle VersR 1976, 93; OLG Hamm VersR 1977, 746.
462 BGH VersR 1976, 567.
463 BGHZ 54, 177.

187 d) Auf den **Dienstherrn** eines Beamten, welcher diesem aufgrund des Verkehrsunfalles Leistungen erbringt, gehen die haftungsrechtlichen Ansprüche des Beamten gegen den Schädiger über (§ 87a BBG, § 52 BRRG, vgl dazu im Einzelnen § 34 Rn 23 ff).

188 e) Zum Forderungsübergang auf den **Träger der Sozialhilfe**, der dem Verletzten Leistungen nach den Sozialhilfegesetzen (SGB II, SGB XII, AsylbLG, KFürsV) erbracht hat oder erbringt, vgl § 33. Zu beachten ist auch hier, dass nur kongruente Ansprüche übergehen, also nur solche, die die Deckung des Lebensbedarfs zum Gegenstand haben.[464] Zur Kongruenz vgl § 33 Rn 17.

V. Sonstiges

1. Überblick

189 Bei der deliktischen, auf volle Restitution gerichteten Haftung (s Rn 1 f) kommt ein Ersatz weiterer Nachteile in Betracht, so lange sie den materiellen, dh sich im Vermögen auswirkenden Schäden zugerechnet werden können. Was sich ausschließlich im persönlichen Lebensbereich niederschlägt, zB Einschränkungen bei der Ausübung von Hobbys, der Verlust sozialer Beziehungen, die Beeinträchtigung eines Urlaubs,[465] gehört in den Bereich immaterieller Entschädigung (§ 30 Rn 14). Nicht ersatzfähig sind auch die abstrakte Verminderung der Erwerbsfähigkeit (Rn 56) sowie durch die Unfallverletzung vergeblich gewordenen Aufwendungen, etwa für Wohnungsmiete, Berufsausbildung[466] oder ein Jagdpachtrecht.[467] Dagegen kommt ein Schadensersatz nach §§ 823, 249 BGB in folgenden Fällen in Betracht:

2. Entgangener Gewinn

190 Auch unfallbedingte Gewinneinbußen, die nicht auf eine Beeinträchtigung der Erwerbstätigkeit (iSv Rn 56 ff) zurückzuführen sind (auch nicht mittelbar wie in Rn 169 ff, 175), können ersatzfähig sein, etwa der Verlust der Chance, aus einer nur als Hobby betriebenen künstlerischen oder sportlichen Betätigung Einkünfte zu erzielen oder der Wegfall in Aussicht stehender unentgeltlicher Zuwendungen. Wenn ein Betroffener verletzungsbedingt gehindert ist, durch Nutzung eines Gegenstandes vermögenswirksam tätig zu werden, wird im Allgemeinen bereits ein ersatzfähiger Erwerbsschaden bejaht werden können.[468] Zur Beeinträchtigung des Gewinns aus einer Gesellschaftsbeteiligung s Rn 142 f, zur Vereitelung der Aufnahme einer Erwerbstätigkeit Rn 159, 164 ff.

---

464 BGH VersR 1970, 1053; aA BGH VersR 1973, 713.
465 BGH VersR 1983, 392.
466 BGHZ 55, 146, 151 f. AA *Stürner* JZ 1984, 416 für weiterlaufende Mietkosten für Betriebsräume.
467 BGHZ 55, 146. S a BGH NJW 1968, 1778 m Anm *Martens*.
468 BGHZ 55, 146, 150.

3. Eigenleistungen beim Bau eines Hauses

Kann der Verletzte infolge des Unfalls die Baukosten nicht durch Eigenleistungen mindern, so entgeht ihm dadurch gleichfalls ein Gewinn,[469] und zwar unabhängig davon, ob das Vorhaben zur Ausführung gelangte.[470] Der Ersatzanspruch kann auch die höhere Zinsbelastung infolge der Vergabe der betreffenden Arbeiten umfassen.[471] In all diesen Fällen müssen aber an Darlegung und Beweis hohe Anforderungen gestellt werden, um „uferlose Schadenskonstruktionen abzuwehren"[472] bzw „den Schadensersatz nicht zum Ausgleich von Träumen werden zu lassen".[473] Im Fall des Hausbaus kann die Ersatzfähigkeit zwar nicht davon abhängen, ob im Unfallzeitpunkt bereits eine Baugenehmigung vorgelegen hat;[474] dem Tatrichter muss aber aufgrund konkreter Anhaltspunkte, insbesondere bereits vor dem Unfall eingeleiteter Schritte, die Überzeugung vermittelt werden, dass das Bauvorhaben tatsächlich angegangen worden wäre, dass es realisierbar gewesen wäre und dass der Verletzte dabei Eigenleistungen im behaupteten Umfang erbracht hätte.[475] Erwirbt der Verletzte erst nach dem Unfall ein renovierungsbedürftiges Haus, kann er für die fiktiven Eigenleistungen keine Vergütung beanspruchen.[476]

191

4. Unentgeltliche Dienstleistungen

Sie begründen keinen Ersatzanspruch des Verletzten, soweit sie nicht – wie bei Ehegatten für die Haushaltsführung und die Mitarbeit im Betrieb des anderen anerkannt (Rn 145 ff) – einer Erwerbstätigkeit gleichgestellt werden. Dies gilt auch für die Mitarbeit eines Kindes im elterlichen Betrieb. Hier kommt aber unter den Voraussetzungen des § 845 BGB (s dazu § 28 Rn 177 ff) ein Ersatzanspruch der Eltern in Betracht. Dieser besteht nur, soweit und solange das Kind seine Arbeitskraft nicht anderweitig verwertet.[477] Aus § 845 BGB klagende Eltern müssen daher das Fehlen von vorgehenden Ansprüchen des Kindes darlegen und erforderlichenfalls beweisen; der Beklagte kann sich ggf durch Streitverkündung gegenüber dem Kind vor doppelter Inanspruchnahme schützen.[478] Für den Anspruch der Eltern ist auch dann kein Raum mehr, wenn sich dem unmittelbar Geschädigten eine Möglichkeit zur anderweitigen Verwertung seiner – nur in einem bestimmten Bereich beeinträchtigten – Arbeitskraft geboten hat.[479] Hat ein Sozialversicherungsträger Leistungen zum Ausgleich des Erwerbsschadens zu erbringen, geht der Ersatzanspruch trotz fehlender Identität von Sozialversichertem und Schadensersatzgläubiger auf ihn über, denn der Anspruch auf Ersatz des Erwerbs-

192

---

469 BGH NZV 1989, 387, 388 m Anm *Grunsky*; 1990, 111; OLG München NZV 1990, 117; OLG Zweibrücken NZV 1995, 315.
470 BGH NZV 1989, 387, 388 m Anm *Grunsky*.
471 BGH NZV 1990, 112.
472 BGH NZV 1989, 387, 388 m Anm *Grunsky*; 1990, 111; OLG Hamm NZV 1995, 480.
473 *Geigel/Pardey* Kap 4 Rn 136.
474 So aber OLG München NZV 1990, 117. Vgl dagegen die aaO mitgeteilte Begr des Nichtannahmebeschlusses des BGH.
475 BGH NZV 1989, 387 m Anm *Grunsky*.
476 KG NZV 1997, 232.
477 BGHZ 69, 380.
478 BGHZ 69, 380, 385.
479 BGHZ 69, 380, 386.

schadens ist nur wegen der familienrechtlichen Besonderheiten auf die Eltern verlagert worden.[480]

5. Hinderung an Eheschließung

193 Allein der Umstand, dass der oder die Verletzte wegen einer unfallbedingten Behinderung oder Entstellung voraussichtlich keinen Ehepartner finden kann, begründet keinen materiellen Schaden.[481] Die Vereitelung einer bestimmten Lebensplanung ist allenfalls bei der Zubilligung eines Schmerzensgeldes (§ 253 Abs 2 BGB) zu berücksichtigen (s § 30 Rn 14). Etwas anderes mag gelten, wenn eine konkret beabsichtigte Heirat und eine damit verbundene Verbesserung der Erwerbssituation (zB Anstellung im Betrieb des Ehemannes in spe) durch den Unfall vereitelt worden ist[482] (s a Rn 145 zum Haushaltsführungsschaden).

6. Vereitelte Teilnahme an Veranstaltung, Reise uä

194 Der Verletzte kann zwar nicht seine vergeblichen Aufwendungen ersetzt verlangen,[483] aber er hat Anspruch auf Ersatz des Wertes vermögenswerter Leistungen, die er infolge der Unfallverletzung nicht ausnutzen konnte, abzüglich ersparter Aufwendungen. Wer durch den Unfall am Besuch einer Veranstaltung gehindert wird, kann also nicht die Kosten seiner Anfahrt, wohl aber den Eintritt zu einer entsprechenden Veranstaltung beanspruchen,[484] sofern er nicht eine Erstattung seiner Aufwendungen erlangen konnte. Musste eine Reise storniert werden, kann Ersatz der Stornierungskosten verlangt werden.[485]

---

480 BGHZ 69, 380, 382; BGH VersR 1967, 176.
481 *Weimar* VersR 1961, 782.
482 RG WarnR 1912, 256; Recht 1929, Nr 33; BGH JZ 1959, 365; *Stürner* JZ 1984, 415.
483 Zu der abzulehnenden Frustrationslehre s § 3 Rn 216.
484 Vgl *Lange/Schiemann* § 6 IV.
485 Vgl OLG Karlsruhe VersR 2003, 506, 508.

§ 30 Immaterieller Schaden

§ 253 BGB

(1) Wegen eines Schadens, der nicht Vermögensschaden ist, kann Entschädigung in Geld nur in den durch das Gesetz bestimmten Fällen gefordert werden.

(2) Ist wegen einer Verletzung des Körpers, der Gesundheit, der Freiheit oder der sexuellen Selbstbestimmung Schadensersatz zu leisten, kann auch wegen des Schadens, der nicht Vermögensschaden ist, eine billige Entschädigung in Geld gefordert werden.

s auch § 11 S 2 StVG, § 6 S 2 HaftpflG (abgedr bei § 29)

Literatur

Lepa Schmerzensgeld, Mitverschulden (1990); *E Lorenz* Immaterieller Schaden und billige Entschädigung in Geld (1981).

Übersicht

	Rn
I. Überblick	1
1. Anwendungsbereich	1
2. Rechtsnatur	2
3. Übertragbarkeit und Vererbung	4
4. Verhältnis zum materiellen Schaden	5
II. Anspruchsvoraussetzungen	6
1. Allgemeines	6
2. Sonderfälle	7
III. Bemessungsfaktoren	13
1. Verletzungsfolgen	13
2. Tatumstände	16
3. Mitverantwortung	19
4. Wirtschaftliche Auswirkungen	21
5. Lebensumstände	25
6. Sonstiges	29
IV. Höhe und Art der Entschädigung	34
1. Betrag	34
2. Mehrheit von Schädigern	39
3. Form der Ersatzleistung	40
V. Verfahrensrechtliche Besonderheiten	46
1. Unbezifferter Klageantrag	46
2. Teilklage	52
3. Umfang der Rechtskraftwirkung	53
4. Feststellungsantrag für Zukunftsschäden	54
5. Abänderung einer Schmerzensgeldrente	56

Sechster Teil. Ersatz des Personenschadens

I. Überblick

1. Anwendungsbereich

1 Ausgleich für immaterielle Schäden wird nach § 253 Abs 1 BGB grundsätzlich nicht gewährt. Eine Ausnahme hiervon, das sog Schmerzensgeld, enthielt § 847 Abs 1 BGB aF für Körper- oder Gesundheitsschädigungen durch unerlaubte Handlungen iSv § 823 BGB (einschl der Sondertatbestände in §§ 829,[1] 831,[2] 839[3] und 833[4]). Vielfacher Forderung[5] entsprechend wurde durch das 2. SchRÄndG v 19.7.2002 ein von der deliktischen Haftung losgelöster, nunmehr in § 253 Abs 2 BGB geregelter Schmerzensgeldanspruch normiert. Für **Unfälle nach dem 31. Juli 2002** kann daher Schmerzensgeld **auch bei Gefährdungshaftung und vertraglicher Haftung** beansprucht werden. § 11 S 2 StVG und § 6 S 2 HaftpflG stellen dies (unnötigerweise) für ihren Anwendungsbereich nochmals klar.

2. Rechtsnatur

2 Die Besonderheit dieser Entschädigung liegt darin, dass nicht ein Vermögensschaden ausgeglichen werden soll; vielmehr wird dem Vermögen des Verletzten etwas zugeführt, was ihm ohne den Unfall nicht zustünde. Dadurch soll dem Verletzten nach der grundlegenden Entscheidung des Großen Zivilsenats des BGH vom 6.7.1955[6] ein angemessener **Ausgleich** für erlittene Schmerzen, Verunstaltungen und Beeinträchtigungen des körperlichen oder seelischen Wohlbefindens geboten und außerdem dem Gedanken Rechnung getragen werden, dass der Schädiger dem Verletzten für das, was er ihm angetan hat, **Genugtuung** schuldet. Eine Aufspaltung des Schmerzensgeldes in einen Betrag zur Ausgleichung und einen zur Genugtuung ist aber unzulässig; beides sind lediglich Bemessungsgrundlagen, in denen zwei Wirkungsweisen ein und desselben Anspruchs zum Ausdruck kommen.[7] Eine pönale Funktion hat das Schmerzensgeld allenfalls als Nebeneffekt. Es wäre schon aus verfassungsrechtlichen Gründen bedenklich, das Schmerzensgeld als eine Art Privatstrafe (etwa nach Art der punitive damages des US-amerikanischen Rechts) zu verstehen.[8] Auch der Präventionsgedanke[9] ist kein das Wesen des Schmerzensgeldes bestimmender Faktor.[10] In neuerer Zeit wird zuneh-

---

1 RGZ 169, 394; BGHZ 76, 279.
2 RGZ 129, 61; OLG Frankfurt VersR 1975, 267.
3 BGHZ 12, 283; 26, 76.
4 RGZ 50, 252; BGH VersR 1977, 866.
5 Vgl MünchKomm/*Mertens*[3] vor 823 Rn 25; 20. VGT (1982) 8; 33. VGT (1995) NZV 1995, 101; *Küppersbusch* VersR 1982, 618; *Kötz* VersR 1982, 624. Dagegen mit eingehender Begr *Kürschner* NZV 1995, 6 ff, auch rechtsvergleichend (aaO 10).
6 BGHZ 18, 149.
7 BGH VersR 1961, 164.
8 Vgl *Bötticher* MDR 1963, 359; *Honsell* VersR 1974, 205. S a BGHZ 128, 117, 121: fehlender Strafcharakter hindert nicht Berücksichtigung der Schuldschwere bei der Bemessung.
9 Allgemein zum Präventionszweck im Schadensersatzrecht § 1 Rn 14. Zur Präventivfunktion des Schmerzensgeldes aus ökonomischer Sicht *Ott-Schäfer* JZ 1990, 566.
10 BVerfG NJW 2000, 2187. Anders die rechtsfortbildend entwickelte Geldentschädigung bei Persönlichkeitsrechtsverletzungen; vgl BGHZ 128,1; BGH NJW 1996, 984, 985.

mend in Frage gestellt, ob es für die Bemessung des immateriellen Schadensersatzes überhaupt des Rückgriffs auf den Genugtuungsgedanken bedarf.[11] Die Begründung zum Entwurf des 2. SchRÄndG geht vom Fortbestehen der Doppelfunktion aus, akzeptiert aber das Überwiegen der Ausgleichsfunktion.[12]

Aus der Rechtsnatur als billige Entschädigungsleistung folgt, dass sich die Höhe des Schmerzensgeldes aus den Besonderheiten der jeweiligen Täter-Opfer-Relation ergibt. Dies wirkt sich bei der Mitverantwortlichkeit des Geschädigten und bei der Haftung mehrerer Schädiger aus (s Rn 19, 39). Grundsätzlich zur Höhe der Entschädigung Rn 34 ff. **3**

3. Übertragbarkeit und Vererbung

Der Schmerzensgeldanspruch war nach der vielfach kritisierten[13] Regelung des § 847 Abs 1 S 2 BGB aF nur übertragbar und vererblich, wenn er anerkannt oder rechtshängig geworden war. Durch Gesetz vom 14.3.1990 wurde diese Vorschrift jedoch mit Wirkung vom 1.7.1990 gestrichen. Ab diesem Zeitpunkt sind Schmerzensgeldansprüche ohne Beschränkung übertragbar und vererblich.[14] Auch einer Willensbekundung des Verletzten hinsichtlich der Geltendmachung des Schmerzensgeldanspruchs bedarf es hierfür nicht.[15] Daher kann den Erben auch dann ein Schmerzensgeldanspruch zustehen, wenn der Verletzte verstorben ist, ohne das bei dem Unfall verlorene Bewusstsein wiedererlangt zu haben (vgl Rn 10, 25).[16] **4**

4. Verhältnis zum materiellen Schaden

Da der Schmerzensgeldanspruch mit dem Anspruch auf Ersatz des Vermögensschadens keine rechtliche Einheit bildet, ist der Übergang vom einen zum anderen eine Klageänderung.[17] Der Anspruch auf Schmerzensgeld verjährt, wenn nur Ersatz des Vermögensschadens mit der Klage geltend gemacht worden ist. Ein Feststellungsurteil, das zum Ersatz „jeden weiteren Schadens" aus einer Gesundheitsverletzung verpflichtet, erstreckt sich grundsätzlich auch auf immaterielle Schäden; anders ist es nur, wenn der Urteilstenor ausdrücklich Einschränkungen enthält oder sich sonst aus dem Parteivorbringen und dem Urteil eindeutige Hinweise auf eine von den Parteien und dem Gericht gewollte Beschränkung auf materielle Schäden ergeben.[18] **5**

---

11 OLG Düsseldorf VersR 1996, 1508; *E Lorenz* (Lit vor Rn 1) S 32 ff; *Ott-Schäfer* JZ 1990, 573; *Nehlsen-v Stryk* JZ 1987, 119; s a *Müller* VersR 1993, 912 ff; *Diederichsen* VersR 2005, 435.
12 BT-Drs 14/7752 S 15.
13 *Ebel* VersR 1978, 204; 15. VGT (1977) 9. Eingehend zu der Gesamtproblematik mit umfangreichen Nachweisen *Voß* VersR 1990, 821.
14 Zur Frage der Wirksamkeit früherer Rechtsübergänge s 3. Aufl § 16 Rn 75 ff.
15 BGH NZV 1995, 144; KG NJW-RR 1995, 91.
16 Zu den Problemen, die sich ergeben, wenn der Schädiger selbst Erbe ist, s *Greger* NZV 1991, 17.
17 RGZ 149, 167; 170, 39.
18 BGH VersR 1953, 497; 1985, 664.

Sechster Teil. Ersatz des Personenschadens

II. Anspruchsvoraussetzungen

1. Allgemeines

6 Berechtigt ist nur, wer infolge des Unfalls in eigener Person eine **Körperverletzung oder Gesundheitsschädigung** erlitten hat (zu diesen Begriffen s § 3 Rn 36 ff). Führt das Unfallereignis unmittelbar den Tod herbei, besteht kein Schmerzensgeldanspruch.[19] Mittelbare Schädigung eines nicht selbst am Unfall Beteiligten reicht aus, wenn sie dem Unfall zurechenbar ist (§ 3 Rn 185) und ihrerseits Krankheitswert hat (§ 3 Rn 186). Ein davon unabhängiges Schmerzensgeld für die Hinterbliebenen von Unfallopfern sieht das deutsche Recht jedoch nicht vor (s hierzu § 28 Rn 11).

2. Sonderfälle

7 a) **Seelische Beeinträchtigungen**, die nicht den Grad einer Gesundheitsverletzung erreichen, begründen keinen Anspruch auf Schmerzensgeld.[20] Keinen Anspruch hat daher auch die Ehefrau wegen unfallbedingten Nachlassens der Potenz des Mannes.[21] Die allgemeine Behauptung des Geschädigten, der „Schock" habe zu einer Verschlechterung des Gesundheitszustands geführt, reicht für ein Schmerzensgeld nicht aus.[22] Psychische Störungen von Krankheitswert können jedoch einen Schmerzensgeldanspruch begründen,[23] und zwar auch dann, wenn die Veranlagung des Verletzten für sie mitursächlich war.[24] Dies gilt auch für eine Wesensänderung des Verletzten infolge einer Hirnschädigung.[25]

8 b) Bei **Bagatellverletzungen** und leichtem Verschulden tritt das Bedürfnis für Ausgleich und Genugtuung hinter dem mit der Teilnahme am Verkehr verbundenen Lebensrisiko zurück, sodass eine gänzliche Versagung eines Schmerzensgeldes vom richterlichen Ermessen gedeckt ist.[26] Der im Entwurf des 2. SchRÄndG[27] vorgesehene Ausschluss unerheblicher Schäden[28] ist zwar nicht Gesetz geworden. Der Rechtsausschuss des Bundestags hat die Streichung der betr Passage jedoch ausdrücklich mit der Erwartung verbunden, dass die bisherige Rspr beibehalten und fortentwickelt wird.[29] Das von ihm ausdrücklich angesprochene leichte HWS-Schleudertrauma rechtfertigt daher idR kein Schmerzensgeld mehr.

---

19 BGH NJW 1976, 1148; KG NZV 1996, 445; OLG Jena OLGR 2003, 495.
20 OLG Köln VersR 1982, 558; OLG Jena OLGR 2003, 495.
21 LG Augsburg NJW 1967, 1513 u 1914 m Anm *Selb*.
22 BGH VersR 1972, 745.
23 BGHZ 18, 149, 157.
24 BGHZ 20, 139.
25 BGH VersR 1979, 739: Unfall als Verursachungsbeitrag zu späterer Straffälligkeit, die zu Unterbringung in psychiatrischem Krankenhaus führt.
26 15. VGT (1977) S 9; BGH NJW 1992, 1043; VersR 1983, 838; OLG Celle VersR 1973, 717; 1980, 358; KG VersR 1975, 51; 1978, 569; OLG München VersR 1979, 726; **aA** LG Oldenburg MDR 1982, 143; AG Köln VersR 1980, 246 = 1981, 565 m abl Anm *Jordan* und 1981, 1041 m Anm *Menken*; AG Paderborn VersR 1981, 344; AG Seesen VersR 1982, 53.
27 BT-Drs 14/7752.
28 Dafür auch Arbeitskreis V des 34. VGT 1996, NZV 1996, 102; *Greger* NZV 2002, 223.
29 BT-Drs 14/8780 S 21.

c) Bei **Zerstörung der Empfindungsfähigkeit**, etwa durch schwere Hirnschädigung, vertrat die Rspr früher die Ansicht, dass weder für einen Ausgleich im herkömmlichen Sinne noch für eine Genugtuung durch das Schmerzensgeld Raum sei, weil der Verletzte den Zusammenhang der Zahlung mit seinem Zustand nicht erfassen könne, und trug dem durch Zubilligung eines lediglich symbolischen Schmerzensgeldes Rechnung.[30] Diese Rspr hat der BGH mit Urteil vom 13.10.1992 aufgegeben.[31] Der Verlust an personaler Qualität stelle schon für sich einen auszugleichenden immateriellen Schaden dar, unabhängig davon, ob der Betroffene die Beeinträchtigung empfinde. Es handle sich bei Schäden dieser Art um eine eigenständige Fallgruppe, bei der die Zerstörung der Persönlichkeit durch den Fortfall der Empfindungsfähigkeit im Mittelpunkt stehe und einer eigenständigen Bewertung im Rahmen der Schmerzensgeldbemessung zugeführt werden müsse, die der zentralen Bedeutung dieser Einbuße für die Person gerecht werde. Je nach dem Ausmaß der Beeinträchtigung und dem Grad der verbliebenen Erlebnis- und Empfindungsfähigkeit seien Abstufungen vorzunehmen, um den Besonderheiten des jeweiligen Schadensfalles Rechnung zu tragen. Nicht zulässig sei dagegen, wegen des Wegfalls der Empfindungsfähigkeit Abstriche von dem an sich angemessenen Schmerzensgeld vorzunehmen. Die übrigen Bemessungskriterien (zB Verschuldensgrad, wirtschaftliche Leistungsfähigkeit des Schädigers, s Rn 13 ff) seien aber auch in diesen Fällen zu berücksichtigen.[32] Dasselbe gilt für den Umstand, dass der Verletzte wegen baldigen Todes seinen Zustand nicht mehr lange ertragen musste.[33] Der Rechtsprechungswandel ist insoweit zu begrüßen, als er zur Abkehr von dem wenig systemgerechten Gedanken einer „nur symbolhaften" Zahlung geführt hat. Das Verbot von „Abstrichen" dient allerdings wohl mehr optischen Zwecken. In der Sache wird es dabei bleiben müssen, dass das Schmerzensgeld in diesen Fällen wesentlich niedriger liegt als bei einem Opfer, welches Tag für Tag sein Leiden bewusst erlebt. Die Schwierigkeit liegt in der Bewertung jenes „Verlustes an personaler Qualität", der nach der jetzigen Sicht des BGH durch eine billige Entschädigung ausgeglichen werden soll.

9

d) Auf den Fall des **ohne Wiedererlangung des Bewusstseins verstorbenen** Unfallopfers lässt sich der vorstehend wiedergegebene Rechtsprechungswandel nicht übertragen. Hier kann das Schmerzensgeld, an dessen höchstpersönlicher Natur auch die seit 1990 bestehende Vererblichkeit (Rn 4) nichts geändert hat,[34] keine sinnentsprechende Funktion mehr erfüllen. Eine Entschädigung der Erben liegt nicht in seiner Zweckbestimmung. In diesen Fällen ist ein Schmerzensgeld daher nur dann zuzubilligen, wenn die Körperverletzung nach den Umständen des Falles eine gegenüber dem alsbald eintretenden Tod abgrenzbare immaterielle Beeinträchtigung des Opfers dar-

10

---

30 BGH VersR 1976, 660; 1982, 880; s a OLG Stuttgart VersR 1986, 1198; OLG München NZV 1991, 426.
31 BGHZ 120, 1 = NJW 1993, 781 m krit Anm *Deutsch* = LM § 847 BGB Nr 89 m Anm *Schmidt-Salzer*; bestätigt durch BGH NJW 1993, 1531 = LM § 847 BGB Nr 90 m Anm *Teichmann*; OLG Hamm r+s 1993, 339 m Anm *Lemcke*. Abl *Kern* FS Gitter, S 447 ff. Zur österr Rspr *Ch Huber* ZVR 2000, 218 ff.
32 BGH NJW 1993, 1531.
33 OLG Oldenburg OLGR 1996, 7; **aA** OLG München OLGR 1996, 111.
34 Vgl die Begr des Änderungsgesetzes v 14.3.1990, BT-Drs 11/4415 S 4.

stellt, also nicht bei nur kurzzeitigem Überleben des Unfalls.[35] Ob der Tod augenblicklich (Rn 6) oder nach kurzer Bewusstlosigkeit eingetreten ist, kann für das Schmerzensgeld keinen Unterschied machen; zu längerer Leidenszeit s Rn 25. Eine konsequente Lösung böte lediglich die dem Gesetzgeber vorbehaltene Entscheidung für einen eigenen Schmerzensgeldanspruch der Angehörigen von Unfallopfern (s dazu § 28 Rn 11).

11 e) Bei einem **kleinen Kind** kann die Genugtuungsfunktion nur beschränkt zum Tragen kommen; dies kann mindernd berücksichtigt werden.[36]

12 f) Kommt es infolge des Unfalls zu einer **Fehlgeburt**, so liegt zwar nicht im Absterben der Leibesfrucht,[37] wohl aber in den dadurch bedingten Störungen der physiologischen Abläufe im mütterlichen Organismus oder daraus resultierenden psychosomatischen Beschwerden eine eigene Gesundheitsbeeinträchtigung.[38]

III. Bemessungsfaktoren

1. Verletzungsfolgen

13 Zu entschädigen sind die gesamten nichtvermögensrechtlichen Folgen, die ein Unfall für den **körperlichen, gesundheitlichen und seelischen Zustand** des Verletzten nach sich zieht.[39]

14 Zu berücksichtigen sind vor allem das Ausmaß der erduldeten Schmerzen und derjenigen, die als Unfallfolge noch in der Zukunft zu erwarten sind,[40] die Art und Schwere der Verletzung und etwaiger Dauerfolgen,[41] die Dauer und Art der Behandlung, die Dauer der Arbeitsunfähigkeit, die Beeinträchtigung der Lebensfreude (durch Ausfall des Gebrauchs von Gliedmaßen oder sonstiger Körperfunktionen, durch die Unmöglichkeit zu wandern oder Sport zu treiben)[42] oder der Berufsausübung,[43] erlittene Todesangst,[44] seelische Erschütterungen, Bedrückung und Sorgen. In diesem Zusammenhang kann auch das Bewusstsein des Verletzten, in Zukunft berufsunfähig zu sein, – neben dem Schaden durch Verdienstausfall – nochmals berücksichtigt werden, desgleichen die Minderung der Heiratsaussichten.[45] Gleiches gilt zugunsten desjenigen,

---

35 BGHZ 138, 388; KG NZV 2002, 38; s a österr OGH VersR 1984, 347; *Ch Huber* NZV 1998, 345 ff. Aus der älteren, durch BGHZ 138, 388 teilweise überholten deutschen Rspr s OLG Karlsruhe VersR 1988, 59; OLG Stuttgart VersR 1994, 736; KG NJW-RR 1995, 91; OLG Düsseldorf NZV 1996, 318; OLG München NZV 1997, 440; OLG Hamm NZV 1997, 233; OLG Schleswig VersR 1999, 632.
36 OLG Stuttgart VersR 1992, 1013; zu weitgehend aber AG Bochum VRS 86, 98. S a OLG Celle NZV 2004, 306 (dreijähriges Kind).
37 OLG Düsseldorf NJW 1988, 777.
38 OLG Oldenburg NJW 1991, 2355; LG Berlin NZV 1997, 45.
39 BGHZ 18, 149, 157; BGH VersR 1956, 197; 1957, 61.
40 OLG Celle OLGR 2004, 271: drohender Einsatz eines künstlichen Kiefergelenks.
41 Vgl LG Oldenburg MDR 1990, 630: 500 000 DM bei Querschnittslähmung und weiteren vielfältigen Behinderungen eines Kindes.
42 Vgl OLG Jena OLGR 1999, 328 (Hochleistungssportler); OLG Hamm NJW-RR 1998, 1179, 1180 (Laufen in der Freizeit); einschr AG Viersen MDR 1999, 360.
43 OLG München VersR 1985, 868.
44 OLG München VersR 1959, 959.
45 BGH VersR 1959, 458; OLG Nürnberg VersR 1967, 716.

der infolge des Unfalls seine Prüfung erst ein Jahr später ablegen kann.[46] Auch der beste Zahnersatz ist kein voller Ausgleich für gesunde Zähne.[47] Ein junger Mensch leidet unter Dauerschädigungen mehr als ein älterer.[48] Verstirbt der Verletzte an den Unfallfolgen, ist die Dauer der Leidenszeit ein wesentlicher Bemessungsfaktor[49] (zur Lage bei Bewusstlosigkeit des Opfers s Rn 10, 25).

Eine in der Konstitution des Geschädigten angelegte **Schadensanfälligkeit** ist anspruchsmindernd zu berücksichtigen.[50] Dies gilt auch für psychische Vorschädigungen.[51] Beschleunigt der Unfall den Ablauf einer schon vorher bestehenden tödlichen Erkrankung, so ist Maßstab für das Schmerzensgeld der Zeitraum, um den sich der Ablauf beschleunigt.[52]

15

2. Tatumstände

Die **Schwere der Schuld** des Schädigers[53] kann auch nach der Abkopplung des Schmerzensgeldes vom Verschuldenserfordernis (s Rn 2) als Bemessungsfaktor herangezogen werden. Eine generelle Differenzierung zwischen Schmerzensgeld aus Gefährdungs- oder Delikthaftung wäre aber mit der gesetzgeberischen Intention, Verschuldensfeststellungen im Haftpflichtprozess weitgehend entbehrlich zu machen,[54] und mit der im Vordergrund stehenden Ausgleichsfunktion nicht vereinbar.[55] Daher sollte auf das Verschulden des Schädigers nur noch dann abgestellt werden, wenn es wegen besonderer Schwere eine besondere Genugtuung erfordert.[56]

16

Auch der **Anlass** des Schadensereignisses kann eine Rolle spielen. So kann zB zugunsten des Schädigers berücksichtigt werden, dass sich die Verletzung des Mitfahrers auf einer Gefälligkeitsfahrt ereignet hat.[57] Dies gilt erst recht, wenn dem Verletzten bekannt war, dass der Fahrer Alkohol getrunken hat, und zwar unabhängig davon, ob dem Verletzten ein Mitverschulden anzulasten ist.[58]

17

Wer von seinem **Ehegatten** oder einem **Verwandten** verletzt wird, kann kein so hohes Schmerzensgeld verlangen wie ein von einem Fremden Verletzter; dies ergibt sich aus den sozialen Bindungen zwischen Familienmitgliedern, auf denen das gesamte Unterhaltsrecht fußt.[59]

18

---

46 OLG Karlsruhe NJW 1960, 2058.
47 OLG München VersR 1964, 52.
48 BGH NZV 1991, 150.
49 BGHZ 138, 388.
50 BGH NJW 1977, 455.
51 OLG Frankfurt NZV 1993, 67: Konversionsneurose.
52 OLG Nürnberg VersR 1959, 960.
53 Zum bisherigen Recht BGH VersR 1979, 622; 1982, 400; NJW 1993, 1531.
54 BT-Drs 14/7752 S 15.
55 OLG Celle NZV 2004, 251; *Wagner* NJW 2002, 2054.
56 In diesem Sinn auch der Regierungsentwurf, BT-Drs 14/7752 S 15. S a OLG Celle OLGR 2004, 271: keine Minderung wegen sog Augenblicksversagens oder bloßen Anscheinsbeweises.
57 BGHZ 18, 149, 158 f. **AA** OLG Hamm NJW-RR 1998, 1179, 1180 f.
58 BGH VersR 1979, 622.
59 BGH VersR 1967, 286; OLG Schleswig VersR 1992, 462, 463; **aA** OLG München NZV 1989, 471.

3. Mitverantwortung

19 **Mitverschulden** des Verletzten ist – nach dem Rechtsgedanken des § 254 BGB – anspruchsmindernd zu berücksichtigen,[60] jedoch nicht in der Weise, dass ein (gedachter) Gesamtanspruch um eine bestimmte Quote gekürzt wird[61] (denn ein „volles" oder „an sich angemessenes" Schmerzensgeld gibt es nicht; s Rn 3). In solchen Fällen wird Schmerzensgeld im Grund- oder Feststellungsurteil somit nicht „in Höhe von ... Prozent", sondern „auf der Grundlage einer Mithaftung von ... Prozent" zuerkannt.[62] Da das Mitverschulden nur ein Bemessungsgesichtspunkt unter mehreren ist, kann zB auch bei geringem Mithaftungsanteil ein niedriger Betrag zugesprochen werden oder ein beim materiellen Schadensersatz anrechenbares Mitverschulden bei der Bemessung des Schmerzensgeldes ganz außer Betracht bleiben.[63] Aus demselben Grund kann das Berufungsgericht im Rahmen seiner Ermessungsausübung zum selben Schmerzensgeldbetrag wie die Vorinstanz auch dann gelangen, wenn es das Mitverschulden anders bewertet.[64]

20 Zur Frage der Anrechnung einer **Betriebsgefahr** s § 22 Rn 93.

4. Wirtschaftliche Auswirkungen

21 **Vermögensschäden** gehen nicht in die Bemessung des Schmerzensgelds ein.[65]

22 Die **wirtschaftlichen Verhältnisse des Geschädigten** sind aber zu berücksichtigen. Lebt er in einem Land mit geringeren Lebenshaltungskosten oder in sehr einfachen Verhältnissen, wird die Entschädigung niedriger zu bemessen sein,[66] während der Umstand, dass bei einem vermögenden Geschädigten ein geringer Betrag nicht zu einer spürbaren Entschädigung führen würde, eine höhere Summe erfordern kann.[67] Dass der Geschädigte sich ohnehin alles leisten kann, hindert seinen Schmerzensgeldanspruch nicht.

23 Auch die **wirtschaftlichen Verhältnisse des Schädigers** können von Bedeutung sein. Einem vermögenden Schädiger kann eine höhere Leistung abverlangt werden als einem in ärmlichen Verhältnissen lebenden.[68] Dabei kann sich auch zugunsten des Verletzten auswirken, dass für den Schädiger eine gesetzliche oder freiwillige **Haftpflichtversicherung**[69] oder eine **öffentlich-rechtliche Körperschaft**[70] einzutreten hat oder dass

---

60 BGH VersR 1956, 500; *Koebel* NJW 1957, 1009.
61 BGH VersR 1970, 624; JR 1984, 501 m Anm *Lindacher*; OLG Karlsruhe VersR 1988, 60.
62 BGH VersR 1966, 593; OLG Bremen NJW 1966, 781; OLG Nürnberg NJW 1967, 1516; OLG Celle NJW 1968, 1785; OLG Köln VersR 1989, 207.
63 Vgl OLG München OLGR 1999, 85.
64 BGH NZV 1991, 305.
65 BGH VRS 12, 405; VersR 1958, 50; 1982, 552.
66 OLG Köln ZfS 1994, 47. Für Berücksichtigung unterschiedlicher Kaufkraftparität auch *Ch Huber* NZV 2006, 175.
67 Ebenso wohl *Lepa* (Lit vor Rn 1) S 31 f; **aA** OLG Schleswig NJW-RR 1990, 470 (mit verfehlten verfassungsrechtlichen Erwägungen); *Lange/Schiemann* § 7 V 3; *Geigel/Pardey* Kap 7 Rn 39; wohl auch *Ch Huber* NZV 2006, 173.
68 BGHZ 18, 149, 160.
69 BGHZ 18, 149, 166; BGH VersR 1966, 561; NJW 1993, 1531; *Füchsel* VersR 1970, 16; *Lepa* (Lit vor Rn 1) S 32.
70 BGHZ 18, 149, 162; BGH VersR 1964, 389.

er einen **Freistellungsanspruch** gegen einen weiteren Schädiger hat.[71] Das Bestehen einer Haftpflichtversicherung darf aber auch nicht zur Zuerkennung eines den sonst üblichen Rahmen sprengenden extrem hohen Schmerzensgeldes führen[72] (s a Rn 34 ff). Hat der Schädiger schuldhaft seinen Haftpflichtversicherungsanspruch verloren, so darf der Wegfall nicht zu Lasten des Geschädigten berücksichtigt werden.[73]

Hat der Unfall dem Verletzten **Vorteile** gebracht, so sind sie nur dann zu berücksichtigen, wenn sie auf der Körperverletzung beruhen, nicht wenn sie die Folge von Begleitumständen sind.[74] Nicht zu berücksichtigen sind auch Leistungen, die dem Ausgleich eines materiellen Schadens dienen sollen, selbst wenn ein solcher im Einzelfall gar nicht entstanden ist (zB bei der Verletztenrente aus der gesetzlichen Unfallversicherung für einen Schüler, der keinerlei Erwerbseinbußen erlitten hat[75] oder beim Unfallausgleich nach § 35 BeamtVG[76]). Nicht zu berücksichtigen sind Vorteile, die der Empfang des Schmerzensgeldes dem Verletzen zusätzlich verschafft, zB die Möglichkeit zur vorzeitigen Tilgung eines Baudarlehens.[77] **24**

5. Lebensumstände

Die **Lebensverkürzung** als solche ist ebenso wie der Tod kein nach § 253 Abs 2 BGB entschädigungsfähiger Umstand.[78] Dennoch kann sich der Schmerzensgeldanspruch erhöhen, wenn der Unfall die Lebenserwartung des Verletzten herabgesetzt hat.[79] Der Grund hierfür liegt in der psychischen Belastung durch das Wissen um diesen Umstand. Auf der anderen Seite ist aber auch die **Dauer der Leidenszeit** ein Bemessungsfaktor,[80] auch in den Fällen, in denen der Verletzte ohne Wiedererlangung des Bewusstseins verstirbt[81] (s hierzu Rn 10). **25**

Das **Alter** des Verletzten kann insofern eine Rolle spielen, als Dauerfolgen von einem in jungen Jahren Betroffenen im Allgemeinen länger ertragen werden müssen. Im hohen Alter können körperliche Behinderungen demgegenüber auch als besonders belastend empfunden werden, sodass ein genereller Altersabschlag nicht gerechtfertigt ist.[82] Bei Zubilligung einer Rente lassen sich hier am ehesten gerechte Lösungen finden. Bedenklich erscheint es, den Umstand schmerzensgeldmindernd zu werten, dass das noch junge Opfer vier Jahre nach dem Unfall aus nicht unfallbedingten Gründen verstarb.[83] **26**

---

71 BGHZ 18, 149, 165.
72 OLG Frankfurt VersR 1990, 1287 (ob diese Voraussetzung im konkreten Fall vorlag, erscheint allerdings fraglich; vgl hierzu auch *Wussow* WJ 1990, 119).
73 BGH VersR 1967, 607.
74 Vgl *Hüffer* VersR 1970, 211.
75 BGH VersR 1982, 552.
76 OLG Hamm VersR 1994, 1356.
77 BGH VersR 1986, 390.
78 BGHZ 138, 388, 394; OLG Karlsruhe OLGR 1997, 20.
79 OLG Köln NJW 1967, 1968 m Anm *Teplitzky*.
80 Vgl *Lange/Schiemann* § 7 V 3; s a OLG Karlsruhe VersR 1988, 60; OLG Oldenburg OLGR 1996, 7.
81 BGHZ 138, 388; OLG Koblenz NJW 2003, 442.
82 Ebenso *Lange/Schiemann* § 7 V 3; *Lepa* (Lit vor Rn 1) S 29; LG Köln VersR 1990, 1129 m Anm *Esser*.
83 So OLG Düsseldorf VersR 1989, 1203.

27 **Familiäre Auswirkungen** können berücksichtigt werden, wenn sich feststellen lässt, dass Ehe- und Erziehungsprobleme ihren wesentlichen Grund in den Folgen der Unfallverletzungen haben.[84]

28 Wegen der **Auswirkungen auf Freizeitgestaltung** usw s o Rn 14.

6. Sonstiges

29 Auch das **Regulierungsverhalten** kann bei der Bemessung des Schmerzensgeldes zugunsten des Verletzten berücksichtigt werden, so zB wenn der Schädiger oder sein Versicherer sich längere Zeit zu Unrecht weigert, einen Vorschuss auf die Ansprüche des Verletzten zu leisten[85] oder wenn er offenbar unbegründete Einwendungen aufrechterhält;[86] desgleichen die Tatsache, dass Kränkungen in den Schriftsätzen der Gegenseite enthalten sind,[87] oder eine lange Prozessdauer, die nicht der Verletzte zu vertreten hat.[88] Rechtfertigungsgrund für eine höhere Entschädigung ist in diesen Fällen, dass die Beeinträchtigungen des Verletzten durch dieses Verhalten verstärkt oder verlängert werden.[89] Bei unklarer Sach- oder Rechtslage muss dem Schädiger und seinem Versicherer aber zugebilligt werden, dass sie vor einer Klärung nicht zu leisten brauchen.[90]

30 Bei der **Billigkeitshaftung** nach § 829 BGB kommen Schmerzensgeldansprüche nur in krassen Ausnahmefällen und mit Nachrang gegenüber wichtigeren Ersatzansprüchen – etwa solchen, die den Lebensunterhalt des Geschädigten sichern sollen – in Betracht.[91]

31 Eine **Bestrafung** des Schädigers lässt die Genugtuungsfunktion des Schmerzensgeldes grundsätzlich nicht zurücktreten.[92] Es ist auch genau zu prüfen, ob das Strafurteil dem Verletzten im Einzelfall wirklich eine ins Gewicht fallende Genugtuung zu verschaffen vermag.[93]

32 Ob der Geschädigte eine **sinnvolle Verwendungsmöglichkeit** für das Schmerzensgeld hat, ist kein zulässiger Bemessungsgesichtspunkt.[94]

33 Die **Rechtslage im Heimatstaat** eines ausländischen Geschädigten (dh ob und in welcher Höhe dort Schmerzensgeld gewährt wird), ist unerheblich.[95] Zur davon zu unterscheidenden Frage der Kaufkraftparität s Rn 22.

---

84 OLG Köln NZV 1995, 399.
85 BGH VersR 1967, 256; 1969, 134; OLG Hamburg VersR 1966, 499; OLG Karlsruhe NJW 1973, 851; OLG München NZV 1993, 434.
86 OLG Nürnberg VersR 1998, 731; OLG Naumburg NZV 2002, 459.
87 BGH VersR 1964, 1103.
88 OLG Celle NJW 1968, 1677.
89 *Schellenberg* VersR 2006, 878 ff.
90 BGH NZV 2005, 629, 632; KG NJW 1970, 515; LG Köln VersR 1990, 1131 m Anm *Esser*; *Lepa* (Lit vor Rn 1) S 29.
91 BGHZ 76, 282. S a § 10 Rn 79.
92 BGHZ 128, 117; *Müller* VersR 1994, 914; **aA** OLG Celle JZ 1970, 548 m zust Anm *Deutsch*; OLG Düsseldorf NJW 1974, 1289; *Lemcke-Schmalzl/Schmalzl* MDR 1985, 273 mwN; Voraufl.
93 Vgl OLG Celle NZV 1993, 349; LG Köln VersR 1990, 1130 m Anm *Esser*.
94 So BGH NZV 1991, 150 gegen entspr Erwägungen des Berufungsgerichts bei einem Hochbetagten.
95 KG NZV 2002, 398; OLG Koblenz NJW-RR 2002, 1030; *Ch Huber* NZV 2006, 174 f.

IV. Höhe und Art der Entschädigung

1. Betrag

a) Billigkeit. Mit der Festlegung der Bemessungsfaktoren ist noch nichts über die Höhe des im Einzelfall zu zahlenden Schmerzensgeldes gesagt. Das Gesetz spricht nur von „billiger Entschädigung". Anerkanntermaßen hat der Richter bei der Bemessung der „billigen Entschädigung" im Einzelfall einen weiten Ermessensspielraum;[96] er muss sich allerdings an den Beträgen orientieren, die in anderen Fällen von der Rspr zuerkannt worden sind.[97] Bei der Heranziehung von älteren Präjudizien ist nicht nur die Geldentwertung, sondern auch die in der Rspr zu beobachtende, vom VGT 1996 befürwortete[98] Tendenz zu höheren Beträgen bei gravierenden Verletzungen zu berücksichtigen.[99] Erhebliche Abweichungen von den so gefundenen Beträgen muss der Richter begründen.[100]

b) Ermessenskontrolle. Nach Ansicht des BGH ist das **Berufungsgericht** entgegen den in § 513 Abs 1, § 529 Abs 1 ZPO zum Ausdruck kommenden Intentionen der ZPO-Reform nicht auf eine rechtliche Kontrolle der Ermessensausübung beschränkt, sondern berechtigt und verpflichtet, selbst bei vertretbarer Ermessensausübung des Erstrichters nach seinem eigenem Ermessen einen dem Einzelfall angemessenen Schmerzensgeldbetrag zu finden.[101] Das **Revisionsgericht** kann dagegen einen Schmerzensgeldbetrag nicht deswegen beanstanden, weil er ihm als zu hoch oder zu niedrig erscheint. Seiner Aufhebung unterliegt ein Urteil nur bei rechtsfehlerhafter Ermessensausübung, insbesondere wenn es nicht den Anforderungen des § 287 ZPO entspricht. Es muss insbesondere das Bemühen um eine angemessene Beziehung der Entschädigung zu Art und Dauer der Verletzungen unter Berücksichtigung aller für die Höhe des Schmerzensgeldes maßgeblichen Umstände erkennen lassen und darf nicht gegen Rechtssätze, Denkgesetze und Erfahrungssätze verstoßen.[102] Zur Überprüfung auf die Einhaltung dieser Grenzen hat der Tatrichter die tatsächlichen Grundlagen seiner Schätzung darzulegen; er darf auch nicht ohne ausreichende Darlegung erheblich von der Schmerzensgeldbemessung der ersten Instanz oder der eigenen Streitwertfestsetzung abweichen.[103]

c) Bewertung der Bemessungspraxis. *Ott-Schäfer*[104] erachten, von einer ökonomischen, die Präventivfunktion des Schmerzensgeldes in den Vordergrund rückenden Betrachtungsweise aus, die in der Bundesrepublik Deutschland zuerkannten Beträge – ins-

---

96 Vgl die empirische Untersuchung von *Musielak* VersR 1982, 613.
97 BGH VersR 1970, 136; Hilfsmittel hierbei sind Schmerzensgeld-Tabellen, zB von *Hacks/Ring/Böhm*, oder entspr Sammlungen auf Disketten oder CD-ROM.
98 NZV 1996, 102.
99 OLG Köln MDR 1992, 646.
100 BGH VersR 1976, 968.
101 BGH NJW 2006, 1589, 1592; **aA** zu Recht OLG Braunschweig VersR 2004, 924, 925; OLG Hamm VersR 2006, 134, 135.
102 BGHZ 80, 8; BGH VersR 1970, 1110; 1975, 852; 1981, 677; NZV 1991, 150; 1991, 226; *Lemcke-Schmalzl/Schmalzl* MDR 1985, 362.
103 BGH NZV 1988, 139; 1991, 226.
104 JZ 1990, 563 ff.

besondere bei schweren Körperverletzungen – als systematisch zu niedrig und halten zumindest eine Verdreifachung für geboten, aber auch eine Verneunfachung noch für funktionsgerecht. Gegen eine solche Aufblähung des Schmerzensgeldvolumens, wie sie zB aus den USA bekannt ist, sind aber gewichtige Bedenken anzumelden.[105] Ökonomische Kosten/Nutzen-Rechnungen erscheinen in einem Bereich, der ausschließlich von immateriellen Gütern handelt, fehl am Platze. Eine Kommerzialisierung von Schmerzen, Leid, Ärger und anderen immateriellen Beeinträchtigungen entspricht nicht deutscher Rechtstradition. Dementsprechend stoßen Berichte über Millionenentschädigungen an Unfallopfer in den USA hierzulande auf Unverständnis und Befremden. Zudem kommen derart hohe Leistungen ohnehin nur dort in Betracht, wo hinter dem Schädiger ein Versicherer oder der Staat steht. Dies würde nicht nur zu einer beträchtlichen Erhöhung der Kfz-Haftpflichtversicherungsprämien führen,[106] sondern auch die Schere zwischen dem Schmerzensgeldniveau in versicherten Schadensfällen und jenem in nicht versicherten Fällen in einem Maße auseinandergehen lassen, welches mit dem Gebot der Gleichheit vor dem Gesetz nicht mehr vereinbar wäre. Als „billig" iS des § 253 Abs 2 BGB sollte daher auch künftig die Entschädigung angesehen werden, die sich in dem durch ständige Rspr gebildeten Rahmen (unter Berücksichtigung der Geldwertentwicklung) bewegt. Letztlich muss man sich mit der Erkenntnis abfinden, dass eine echte Kompensation von Leid durch Geld ohnehin nicht möglich ist.

37 Zu Recht wird aber die hierzulande bestehende Schieflage zwischen dem ausufernden Ersatz von Sachschäden und der restriktiven Entschädigung bei immateriellen Folgen von Personenschäden kritisiert.[107] Dass für die zeitweise Entbehrung der Autonutzung eine abstrakte Entschädigung gewährt wird, die Trauer über den Verlust eines Angehörigen aber entschädigungslos bleibt, ist eine inakzeptable deutsche Spezialität.

38 **d) Übergangsrecht nach dem Einigungsvertrag.** Soweit ein Unfall noch nach DDR-Recht zu regulieren ist (vgl § 2 Rn 3), richtet sich der Ausgleich immaterieller Schäden nach § 338 Abs 3 ZGB. Diese Vorschrift ist trotz deutlicher Unterschiede gegenüber § 847 BGB aF – insbesondere dem Fehlen einer Genugtuungsfunktion – verfassungsrechtlich unbedenklich. Ausgangspunkt für die Bemessung des Ausgleichsanspruchs ist der Betrag, der in der ehemaligen DDR in einem entsprechenden Fall geschuldet worden wäre. Dieser ist jedoch der bis zum Zeitpunkt der letzten mündlichen Tatsachenverhandlung eingetretenen Entwicklung der wirtschaftlichen Verhältnisse im Beitrittsgebiet anzupassen. Er unterliegt nicht der Währungsumstellung im Verhältnis 2:1.[108]

2. Mehrheit von Schädigern

39 Da die billige Entschädigung nicht an einem feststehenden Schaden, sondern an den individuellen Verhältnissen auszurichten ist (Rn 3), muss der Anspruch im Verhältnis zu jedem einzelnen Schädiger gesondert bemessen werden; eine Quotelung wie beim Vermögensschaden ist hier nicht möglich. Bis zu dem Betrag, in dessen Höhe alle

---

105 Ebenso *Scheffen* NZV 1994, 420; *Deutsch* NJW 1993, 784.
106 So auch *Ott-Schäfer* JZ 1990, 573. Auf Schmerzensgelder entfielen 1978/80 8,2% der Schadensaufwendungen der Kfz-Haftpflichtversicherer (*Küppersbusch* VersR 1982, 619), 1999 6,4% (*Kötz/Wagner*[9] Rn 511).
107 Vgl *v Bar* FS Deutsch (1999), S 27 ff mit Überblick über die Bemessungspraxis in einzelnen europäischen Staaten.
108 Zu alledem BGH NZV 1993, 389.

3. Form der Ersatzleistung

a) Kapital oder Rente. Das Schmerzensgeld wird idR in Form eines Kapitalbetrags zugesprochen, kann aber auch in Rentenform zugebilligt werden.[110] Dies kommt insbesondere bei Dauerschäden in Betracht, so zB beim Verlust von Gliedmaßen oder wichtigen Körperfunktionen,[111] bei Verlust des Augenlichts,[112] des Geruchssinns,[113] bei Ertauben,[114] Hirnschäden,[115] fortwährendem Schmerzempfinden,[116] Wegfall der Zeugungsfähigkeit oder Beeinträchtigung der Gehfähigkeit.[117] Die Leistung des Schmerzensgeldes als Rente ist auch dann erwägenswert, wenn der Schädiger wegen seiner schlechten Vermögensverhältnisse einen Einmalbetrag in angemessener Höhe nicht zu leisten vermag[118] oder der Verletzte wegen hohen Alters nur noch eine geringe Lebenserwartung hat.[119] Hingegen darf es nicht Zweck einer Schmerzensgeldrente sein, den Geldwertschwund aufzufangen, der dem normalerweise geschuldeten Kapital anhaftet.[120] Es können auch Kapital und Rente nebeneinander zugesprochen werden.[121]

40

Auch diese Entscheidung liegt im **Ermessen** des Tatrichters.[122] Er hat darüber zu befinden, welche Form der Entschädigung (Kapital oder Rente oder beides) dem Einzelfall am besten gerecht wird.[123] Auch wenn wegen eines Dauerschadens in erster Linie eine Rente in Frage käme, kann der Richter in geeigneten Fällen eine Kapitalsumme zusprechen. Auch dann, wenn mit der Klage nur ein Kapitalbetrag verlangt ist, kann das Gericht eine Rente zusprechen, wenn dies der Billigkeit entspricht und die Höhe des Schmerzensgeldes in das Ermessen des Gerichts gestellt worden ist.[124]

41

Die **Höhe der Rente** muss (nach Kapitalisierungsgrundsätzen) in einem ausgewogenen Verhältnis zum angemessenen Kapitalbetrag stehen.[125] Zeitliche Staffelung ist möglich,

42

---

109 BGHZ 18, 149, 164; vgl auch BGHZ 61, 101, 110.
110 Eingehend hierzu mit Betonung des Ausnahmecharakters *Notthoff* VersR 2003, 966 ff.
111 OLG Nürnberg VersR 1964, 1179.
112 BGH VersR 1957, 66; OLG Stuttgart VersR 1983, 470.
113 OLG Frankfurt VersR 1987, 1141.
114 OLG Stuttgart VersR 1961, 956.
115 BGH VersR 1958, 801; 1968, 475; OLG Celle NdsRpfl 1961, 200; OLG Stuttgart VersR 1961, 956; OLG Hamm VersR 1990, 865; NZV 1990, 469.
116 OLG Frankfurt VersR 1992, 621.
117 BGH VersR 1958, 801; 1961, 460; OLG Hamburg VersR 1958, 419; OLG Karlsruhe VersR 1959, 540; OLG Celle MDR 1959, 842; OLG Frankfurt VersR 1983, 545.
118 BGHZ 18, 149, 167.
119 BGH NZV 1991, 150.
120 *Lemcke-Schmalzl/Schmalzl* MDR 1985, 277.
121 BGH VersR 1958, 530; 1959, 458; OLG Celle MDR 1959, 842.
122 BGH VersR 1957, 66; 1961, 460; 1976, 967; 1981, 1178; VRS 22, 421.
123 BGH VersR 1968, 475; 1968, 946.
124 *Lepa* (Lit vor Rn 1) S 51 f. **AA** OLG Schleswig VersR 1992, 462, 463; offen lassend BGH VersR 1998, 1565, 1566, wo jedenfalls für das Berufungsgericht eine solche Befugnis verneint wird; dazu eingehend *Diederichsen* VersR 2005, 441.
125 BGH VersR 1970, 134; OLG Hamm NZV 2003, 192 u 1990, 469 mit Darstellung des Rechengangs; *Notthoff* VersR 2003, 969; *Diederichsen* VersR 2005, 441.

wird insbesondere bei Kindern den Verhältnissen am besten gerecht.[126] Eine Dynamisierung ist jedoch mit dem Wesen der Schmerzensgeldrente nicht vereinbar.[127] Zur **Abänderbarkeit** eines Rentenurteils s Rn 56.

43 Für die **Einkommensteuer** spielt die Form der Ersatzleistung keine Rolle mehr, da die Rspr des BFH[128] zur Steuerfreiheit der Mehrbedarfsrenten nach § 843 Abs 1 BGB ihrem Rechtsgedanken nach auf die Schmerzensgeldrente übertragbar ist.[129]

44 b) Ein **Teilschmerzensgeld** für bestimmte Verletzungsfolgen oder einen bestimmten Zeitraum kann wegen der Einheitlichkeit des Anspruchs grundsätzlich nicht zugesprochen werden.[130] Die Beschränkung auf Folgen, die zum Zeitpunkt der letzten mündlichen Verhandlung erkennbar und berücksichtigungsfähig sind, folgt bereits aus dem Umfang der Rechtskraft (s Rn 53), sodass es nicht nötig ist, den Klageantrag entsprechend zu beschränken.[131] Vom Teilschmerzensgeld zu unterscheiden ist die Erhebung einer Teilklage, mit der ein bezifferter Teil des Gesamtbetrags geltend gemacht wird (s Rn 52).

45 c) **Zinsen.** Das Schmerzensgeld ist auch dann ab Rechtshängigkeit zu verzinsen (§ 291 BGB), wenn der Verletzte die Höhe des Schmerzensgeldes in das Ermessen des Gerichts gestellt hat.[132]

V. Verfahrensrechtliche Besonderheiten

1. Unbezifferter Klageantrag

46 a) **Zulässigkeit.** Weil die Bemessung des Schmerzensgeldes im Ermessen des Gerichts steht, lässt es die Rspr zu, abweichend von § 253 Abs 2 Nr 2 ZPO im Klageantrag von der Angabe eines bestimmten Betrages abzusehen.[133] Hierdurch wird der besonderen Lage des Klägers Rechnung getragen, der die gerichtliche Ermessensentscheidung schwerlich genau vorhersehen kann, bei zu niedrigem Ansatz aber wegen § 308 ZPO, bei zu hohem wegen kostenträchtiger Teilabweisung Nachteile erleidet.[134] Dem Bestimmtheitsgebot ist aber, auch wegen des berechtigten Interesses des Beklagten, den Umfang des Streitgegenstandes in etwa abschätzen zu können, dadurch Rechnung zu tragen, dass der Kläger die **tatsächlichen Grundlagen** für die Bemessung des Schmerzensgeldes vorträgt.[135] Nach der bisherigen Rspr wurde für die Zulässigkeit der Klage

---

126 OLG Celle VersR 1961, 761.
127 BGH VersR 1973, 1067; *Notthoff* VersR 2003, 969.
128 NJW 1995, 1238. Zur früher abw Rspr s RFH RStBl 1933, 133.
129 So auch BMF-Schreiben BStBl I 1995, 705 f.
130 OLG Düsseldorf NZV 1995, 449; OLG Hamm OLGR 2000, 181. Bedenklich die Begr des Nichtannahmebeschlusses BGH NZV 1998, 372, wonach verschiedene Unfallfolgen verschiedene Streitgegenstände darstellen sollen.
131 Vgl BGH NZV 2004, 240, 241. Für zumindest konkludente Ausklammerung der Zukunftsschäden durch Feststellungsantrag *v Gerlach* VersR 2000, 530 f.
132 BGH NJW 1965, 1376; KG VersR 1972, 281.
133 BGHZ 45, 91.
134 Krit gegenüber dieser Rspr *Gerstenberg* NJW 1988, 1352, der das Kostenproblem über § 92 Abs 2 ZPO lösen will.
135 BGHZ 4, 138; 45, 92; BGH NJW 1970, 281; 1974, 1551.

weiterhin verlangt, dass der Kläger die **Größenordnung** angibt, in der er sich ungefähr das angemessene Schmerzensgeld vorstellt, zB in Form eines Mindestbetrages.[136] Allerdings verfuhr die Rspr hier sehr großzügig und ließ als Bekanntgabe der Vorstellung bereits die Streitwertangabe oder die Höhe des eingezahlten Prozesskostenvorschusses ausreichen; es genüge sogar, wenn der Kläger sich die gerichtliche Festsetzung des Streitwerts oder des Wertes der Beschwer stillschweigend zu eigen mache und dadurch zu verstehen gebe, dass diese Werte seinen Vorstellungen von der Höhe des begehrten Betrages entsprechen.[137] Der Angabe der Größenordnung, die das Gericht zudem in keiner Weise bindet (s Rn 48), kommt daher kaum eine Bedeutung als Zulässigkeitsvoraussetzung zu;[138] sie ist jedoch wichtig für die Feststellung einer Beschwer des Klägers (s Rn 51).

b) Verfahrensmäßige Behandlung. Hat der Kläger einen in dieser Weise bestimmten, aber unbezifferten Antrag gestellt, so wird zwar bei Zubilligung eines den angegebenen Mindestbetrag unterschreitenden Schmerzensgeldes seine **Klage „im Übrigen"** abgewiesen.[139] Eine **Kostenbeteiligung** trifft ihn aber jedenfalls dann nicht, wenn die Abweichung lediglich der gerichtlichen Ermessensausübung zuzuschreiben ist (§ 92 Abs 2 Nr 2 ZPO). Beruht sie dagegen darauf, dass der Kläger mit einem wesentlichen Bemessungsgesichtspunkt beweisfällig geblieben ist (Beispiel: die behauptete Dauerschädigung wurde im eingeholten Gutachten nicht erwiesen) oder dass eine Einwendung des Beklagten durchgreift (zB vom Kläger bestrittenes Mitverschulden), oder war die Mindestforderung des Klägers schon bei Zugrundelegung seines eigenen Vorbringens völlig übersetzt, so ist er billigerweise nach § 92 Abs 1 ZPO an den Kosten zu beteiligen.[140] **47**

Ein **höheres Schmerzensgeld** darf das Gericht ohne Verstoß gegen § 308 ZPO zuerkennen; eine prozentuale Begrenzung besteht hierfür nicht.[141] Es handelt sich daher nicht um eine Änderung des Streitgegenstands, wenn der Kläger seine Größenvorstellung erhöht.[142] **48**

Der **Streitwert** ist nach dem Betrag zu beziffern, den das Gericht bei Zugrundelegung des Klagevorbringens als angemessen erachtet, darf jedoch einen vom Kläger geforderten Mindestbetrag nicht unterschreiten.[143] **49**

Durch **Versäumnisurteil** kann ein höheres als das vom Kläger angegebene Schmerzensgeld zugesprochen werden, wenn sein Vorbringen dies rechtfertigt. Lässt sein Vortrag nur die Zuerkennung eines geringeren Betrages zu, so ist insoweit ein Teilver- **50**

---

136 BGH VersR 1974, 1182; 1977, 861; 1982, 96; *Dunz* NJW 1984, 1734; aA *Husmann* VersR 1985, 715; hierauf erwidernd *Bähr* VersR 1986, 533 und *Allgaier* VersR 1987, 31.
137 BGH VersR 1984, 540; 1984, 740 = JR 1984, 501 m Anm *Lindacher; Prütting/Gielen* NZV 1989, 329 f.
138 Ebenso *v Gerlach* VersR 2000, 527 u in der Tendenz BGH NZV 2002, 557, 558.
139 BGH VersR 1984, 541; *v Gerlach* VersR 2000, 528.
140 Ähnlich *v Gerlach* VersR 2000, 528.
141 BGHZ 132, 341 = JZ 1996, 1080 m Anm *Schlosser; Zöller/Greger* § 253 Rn 14; **aA** OLG Düsseldorf OLGR 1994, 239: 20%; *Dunz* NJW 1984, 1736; *Steinle* VersR 1992, 425.
142 BGH NZV 2002, 557.
143 BGHZ 132, 341, 352; *v Gerlach* VersR 2000, 529. Ausf *Zöller/Herget* § 3 Rn 16 „Unbezifferter Klageantrag".

säumnisurteil zu erlassen und die Klage im Übrigen durch unechtes Versäumnisurteil abzuweisen.[144]

51 **c) Anfechtbarkeit.** An der für die Zulässigkeit eines Rechtsmittels erforderlichen **Beschwer** fehlt es, wenn der vom Gericht zugesprochene Betrag der vom Kläger angegebenen Größenordnung entspricht, zB den genannten Mindestbetrag erreicht oder übersteigt.[145] Ob dies der Fall ist, ist durch Auslegung des klägerischen Vorbringens, nicht nur des Klageantrags, zu ermitteln.[146] Nicht beschwert ist der Kläger auch dann, wenn das Gericht ihm den Mindestbetrag zugesprochen, aber abweichend von seiner Auffassung ein Mitverschulden bejaht hat.[147] Unerheblich ist es, wenn sich die für die Schmerzensgeldbemessung maßgeblichen Verhältnisse während des Prozesses geändert haben (zB Nachoperationen durchgeführt werden mussten); der Kläger muss in einem solchen Fall also auch seine Mindestangabe anpassen.[148] Auch aus einer nach Verkündung des Ersturteils eingetretenen Änderung der BGH-Rspr, die ein höheres Schmerzensgeld rechtfertigen würde, kann der Kläger, dem ein seinen Vorstellungen entsprechendes Schmerzensgeld zuerkannt worden ist, keine Beschwer ableiten.[149] Dagegen wird eine Beschwer vom BGH bejaht, wenn statt der in erster Linie beantragten Geldrente ein nur hilfsweise beantragter (gleichwertiger) Kapitalbetrag zugesprochen wurde.[150] Bei Klageabweisung richtet sich die Beschwer ebenfalls nach der angegebenen Größenordnung; dies gilt auch bei der Bezeichnung als Mindestbetrag.[151]

2. Teilklage

52 Da die Schmerzensgeldforderung auf Zahlung einer teilbaren Geldsumme gerichtet ist, bestehen ungeachtet der Einheitlichkeit des Anspruchs, die das Zusprechen eines auf bestimmte Folgen beschränkten Teilschmerzensgeldes hindert (Rn 44), keine Bedenken gegen das Einklagen eines *betragsmäßig* begrenzten, eindeutig individualisierten Teils des Schmerzensgelds.[152] Eine „verdeckte" Teilklage (§ 37 Rn 20) kommt hier aber nicht in Betracht.[153]

3. Umfang der Rechtskraftwirkung

53 Das Schmerzensgeld wird nach den Verhältnissen zum Zeitpunkt des Schlusses der mündlichen Verhandlung bemessen. Da alle zu diesem Zeitpunkt bestehenden und objektiv erkennbaren oder vorhersehbaren Umstände bei der Bemessung zu berücksichtigen sind, steht die Rechtskraft des daraufhin ergehenden Urteils etwaigen Nachfor-

---

144 *Zöller/Herget* § 331 Rn 7.
145 BGHZ 45, 91; 140, 335 = NZV 1999, 204 m Anm *Born*; BGH NZV 2003, 565; 2004, 347.
146 BGH VersR 1970, 1133, 1134; 1970, 1156; NZV 1992, 73, 74.
147 BGH NZV 2002, 27; zust *Barnert* EWiR § 253 ZPO 1/02, 405.
148 BGH VersR 1977, 916; *Lepa* (Lit vor Rn 1) S 53 f.
149 **AA** OLG Nürnberg VersR 1994, 735.
150 BGH VersR 1984, 739 (zw).
151 BGH NZV 1996, 194; aA (nur untere Grenze) BayObLG NZV 1989, 28.
152 So im Ansatz zutr BGH NZV 2004, 240, 241, wo aber auch eine Individualisierung nach bestimmten Verletzungsfolgen zugelassen wird. Krit zu der Entsch *Kannowski* ZZP 119 (2006) 63 ff.
153 *Lepa* VersR 2001, 266.

derungen grundsätzlich entgegen[154] (zur Unzulässigkeit eines zeitlich oder gegenständlich limitierten Teilschmerzensgeldes s Rn 44). Verletzungsfolgen, die zu diesem Zeitpunkt **noch nicht eingetreten und nicht vorhersehbar** waren und deshalb zwangsläufig bei der Bemessung des Schmerzensgeldes unberücksichtigt geblieben sind, können dagegen geltend gemacht werden.[155] Welche Folgen erkannt und berücksichtigt werden konnten, ist nach dem Urteil eines Sachkundigen, nicht aus der Sicht des Klägers oder des Gerichts zu bestimmen.[156] Anders als bei der Frage der Verjährung von Folgeansprüchen unter dem Aspekt der Schadenseinheit (s § 21 Rn 18) kommt es hier nicht darauf an, ob die Möglichkeit von Spätfolgen vorhersehbar war; die nachträglich geltend gemachte Verletzungsfolge müsste sich vielmehr bereits im Vorverfahren als derart naheliegend dargestellt haben, dass sie schon damals bei der Bemessung des Schmerzensgeldes berücksichtigt werden konnte.[157] Dabei sollte der Kläger nicht auf die Möglichkeit eines Risikozuschlags verwiesen werden;[158] das bloße Risiko von Spätschäden muss von der Rechtskraftwirkung ausgenommen bleiben.

4. Feststellungsantrag für Zukunftsschäden

Ein Antrag auf **Feststellung** der Ersatzpflicht für künftige immaterielle Folgen des Unfalls kann verjährungsrechtlich bedeutsam sein (§ 21 Rn 78), ändert aber nichts daran, dass der Verletzte ein *weiteres* Schmerzensgeld nur für solche Verletzungsfolgen einklagen kann, deren Eintritt nicht vorhersehbar war[159] (vgl Rn 53). Wurde der Feststellungsantrag rechtskräftig abgewiesen, steht dies der Geltendmachung von damals vorhersehbaren Spätfolgen entgegen; Folgen, die selbst in Fachkreisen unbekannt und damit unvorhersehbar waren, werden jedoch wegen der zeitlichen Grenzen der Rechtskraftwirkung nicht erfasst.[160]

54

Ein **Feststellungsinteresse** nach § 256 Abs 1 ZPO ist zu bejahen, wenn künftige Schadensfolgen (wenn auch nur entfernt) möglich sind.[161] Bei schweren Verletzungen, insbesondere Kopfverletzungen, wird diese Voraussetzung in aller Regel erfüllt sein.[162]

55

5. Abänderung einer Schmerzensgeldrente

Obwohl das als Rente zuerkannte Schmerzensgeld keinen Anspruch auf regelmäßig wiederkehrende Leistungen darstellt, sondern einen einheitlichen Anspruch,[163] lässt der

56

---

154 BGH NZV 1988, 99; 1995, 225, 226.
155 BGHZ 18, 149, 167; BGH VersR 1963, 1048, 1049; 1976, 440, 441; 1980, 975; NZV 2004, 240, 241; 2006, 408.
156 BGH VersR 1980, 975; NZV 1988, 99; 1995, 225, 226; 2006, 408, 409. S a OLG Celle VersR 1973, 60; OLG Oldenburg NJW-RR 1988, 615.
157 BGH NZV 1995, 225, 226; OLG Stuttgart MDR 1999, 1508.
158 So aber *v Gerlach* VersR 2000, 530.
159 BGHZ 18, 149, 167; BGH VersR 1976, 440; 1980, 975; NZV 1995, 225; *Prütting/Gielen* NZV 1989, 330.
160 BGH NZV 2006, 408.
161 BGH NJW 2001, 1431, 1432.
162 BGH NZV 1989, 432.
163 BGH LM Nr 23 zu § 75 Einl Pr allg LR; VersR 1968, 1168.

BGH eine Abänderungsklage nach § 323 ZPO zu.[164] Die Veränderung der Lebenshaltungskosten kann hierbei nicht im selben Maße wie bei Unterhaltsrenten zur Begründung herangezogen werden, da sich immaterielle Nachteile nicht nur durch Erkaufen von Annehmlichkeiten ausgleichen lassen.[165] Jedenfalls kann eine Erhöhung nicht mehr begehrt werden, wenn die geleisteten Rentenzahlungen den zugrunde gelegten Kapitalbetrag bereits übersteigen.[166]

---

164 BGHZ 18, 149, 167; BGH VersR 1968, 475; krit *Notthoff* VersR 2003, 970.
165 OLG Nürnberg VersR 1992, 623 (erst ab 25%); *Diederichsen* VersR 2005, 442; *Halm/ Scheffler* DAR 2004, 76.
166 LG Hannover NJW-RR 2002, 1253 (bestätigt durch Nichtannahmebeschluss des BGH; vgl *Diederichsen* VersR 2005, 442).

§ 31 Rentenleistungen

§ 13 StVG

(1) Der Schadensersatz wegen Aufhebung oder Minderung der Erwerbsfähigkeit und wegen Vermehrung der Bedürfnisse des Verletzten sowie der nach § 10 Abs. 2 einem Dritten zu gewährende Schadensersatz ist für die Zukunft durch Entrichtung einer Geldrente zu leisten.

(2) Die Vorschriften des § 843 Abs. 2 bis 4 des Bürgerlichen Gesetzbuchs finden entsprechende Anwendung.

(3) Ist bei der Verurteilung des Verpflichteten zur Entrichtung einer Geldrente nicht auf Sicherheitsleistung erkannt worden, so kann der Berechtigte gleichwohl Sicherheitsleistung verlangen, wenn die Vermögensverhältnisse des Verpflichteten sich erheblich verschlechtert haben; unter der gleichen Voraussetzung kann er eine Erhöhung der in dem Urteil bestimmten Sicherheit verlangen.

§ 8 HaftpflG

(1) Der Schadensersatz wegen Aufhebung oder Minderung der Erwerbsfähigkeit und wegen Vermehrung der Bedürfnisse des Verletzten sowie der nach § 5 Abs. 2 einem Dritten zu gewährende Schadensersatz ist für die Zukunft durch Entrichtung einer Geldrente zu leisten.

(2) Die Vorschriften des § 843 Abs. 2 bis 4 des Bürgerlichen Gesetzbuchs finden entsprechende Anwendung.

(3) Ist bei der Verurteilung des Verpflichteten zur Entrichtung einer Geldrente nicht auf Sicherheitsleistung erkannt worden, so kann der Berechtigte gleichwohl Sicherheitsleistung verlangen, wenn die Vermögensverhältnisse des Verpflichteten sich erheblich verschlechtert haben; unter der gleichen Voraussetzung kann er eine Erhöhung der in dem Urteile bestimmten Sicherheit verlangen.

Übersicht	Rn
I. Überblick	1
II. Zukunftsschäden	4
1. Zeitlicher Anwendungsbereich	4
2. Ausnahmsweise Kapitalabfindung	5
III. Bereits entstandene Schäden	13
1. Wahlrecht des Geschädigten	13
2. Auswirkungen	15
3. Forderungsübergang	16
4. Prozessuale Fragen	17
IV. Einzelheiten der Rentengewährung	18
1. Inhalt und Bemessung des Rentenanspruchs	18
2. Vorauszahlung	19
3. Sicherheitsleistung	20

Sechster Teil. Ersatz des Personenschadens

V. Prozessrechtliche Fragen 22
   1. Grundurteil 22
   2. Zeitbestimmung im Urteil 23
   3. Bindung an Anträge 24
   4. Abänderungsklage 25

I. Überblick

1 Für bestimmte Ansprüche aus Personenschäden ist bestimmt, dass diese im Regelfall nicht durch Kapitalabfindung, sondern durch **Zahlung einer Rente** zu befriedigen sind. Im Einzelnen handelt es sich um

– den Ersatz für Verdienstausfall und Vermehrung der Bedürfnisse bei Körperverletzungen (§ 843 BGB, § 11 S 1 iVm § 13 StVG, § 6 S 1 iVm § 8 HaftpflG)
– den Ersatz für entgehenden Unterhalt bei Tötung (§ 844 Abs 2 BGB, § 10 Abs 2 iVm § 13 StVG, § 5 Abs 2 iVm § 8 HaftpflG).

Durch diese Regelung soll sichergestellt werden, dass dem Geschädigten die für die künftige Lebensführung erforderlichen Mittel zur Verfügung stehen, was bei Auszahlung eines Kapitalbetrags wegen möglicher Geldentwertung oder Fehldispositionen nicht gewährleistet ist. Die **Kapitalabfindung** soll die Ausnahme sein, die der Geschädigte nur bei wichtigem Grund, der Schädiger überhaupt nicht soll herbeiführen können. Aufgrund der Vertragsfreiheit können die Beteiligten eine Kapitalisierung aber einvernehmlich vornehmen. Hiervon wird in der Praxis überwiegend Gebrauch gemacht.[1] Allerdings kann der Schädiger in keinem Fall verlangen, dass sich der Verletzte mit einer einmaligen Zahlung abfinden lässt. Auch Treu und Glauben (§ 242 BGB) können den Verletzten nicht zwingen, sich abfinden zu lassen. Wegen Einzelheiten zum Abfindungsvergleich s § 16 Rn 57 ff.

2 Die Festlegung auf die Rentenform ist bei Ansprüchen aus Gefährdungshaftung (anders als im Deliktsrecht, § 843 Abs 1, 3, § 844 Abs 2 S 1 Halbs 2 BGB) auf **Zukunftsschäden** begrenzt (§ 13 Abs 1 StVG, § 8 Abs 1 HaftpflG). Dadurch wird die Rentenform bzgl bereits eingetretener Schäden aber nicht ausgeschlossen (vgl zum hier bestehenden Wahlrecht des Geschädigten Rn 13 ff).

3 Wegen der Möglichkeit, auch **Schmerzensgeld** in Rentenform zu leisten, und der hierfür von der Rspr entwickelten Grundsätze s § 30 Rn 40 ff.

II. Zukunftsschäden

1. Zeitlicher Anwendungsbereich

4 Der Zeitpunkt, von dem an nach § 13 Abs 1 StVG, § 8 Abs 1 HaftpflG grundsätzlich nur eine Geldrente, nicht aber die Kapitalabfindung gefordert werden kann, ist im Rechtsstreit der der mündlichen Verhandlung.[2] Dies gilt auch bei der Geltendmachung von

---
1 Vgl *Jaeger* VersR 2006, 597.
2 BGHZ 59, 187; BGH VersR 1972, 1030; s a RGZ 156, 392; BGH VersR 1964, 639: Urteilserlass.

Ansprüchen nach dem NTS; hier ist nicht etwa auf den Zeitpunkt der Entscheidung des Amtes für Verteidigungslasten abzustellen.³

2. Ausnahmsweise Kapitalabfindung

a) Nach § 13 Abs 2 iVm § 843 Abs 3 BGB kann der Verletzte eine Kapitalabfindung statt der Rente verlangen beim Vorliegen eines **wichtigen Grundes**.⁴ Ein solcher ist zB gegeben, wenn zu erwarten ist, dass der Wegfall der Rente einen günstigen Einfluss auf den psychischen Zustand des Verletzten haben und er sich wieder ins Erwerbsleben eingliedern wird.⁵ Wenn bei den Ansprüchen gegen mehrere Schädiger die Frage entsteht, ob Kapitalabfindung statt Rente gefordert werden kann, gegen einen der Schädiger aber dahin beantwortet worden ist, dass Kapitalabfindung zu gewähren ist, wird dies idR ein wichtiger Grund sein, auch gegen die anderen Schuldner einen gleichen Anspruch zuzulassen. Wird gleichzeitig entschieden, so sind die Verhältnisse aller Beteiligten zu berücksichtigen.⁶   **5**

Ob es als wichtiger Grund genügt, dass der Verletzte die Abfindung zur Gründung oder zur Übernahme eines Erwerbsgeschäftes begehrt, erscheint fraglich; jedenfalls sind die Aussichten für einen erfolgreichen Betrieb des Geschäfts sorgfältig zu prüfen.⁷ Es kann auch angebracht sein, auf einen entsprechenden Klageantrag die Kapitalabfindung nur für einige Jahre zuzuerkennen und von einem späteren Zeitpunkt an eine Rente zuzusprechen.⁸ Schließlich liegt ein wichtiger Grund für eine Kapitalabfindung vor, wenn die Durchsetzung künftiger Ansprüche auf erhebliche Schwierigkeiten stoßen würde, wie zB bei einem im Ausland lebenden oder nicht haftpflichtversicherten Schädiger. Dem Ersatzpflichtigen steht kein Recht zu, Kapitalabfindung zu wählen.⁹   **6**

b) Zeitpunkt der Wahl. Der Geschädigte kann das Wahlrecht zugunsten eines Kapitalbetrags auch dann noch ausüben, wenn er vorher bereits Rentenleistungen erhalten hat; deren evtl Anrechnung bleibt der Kapitalisierung, dh der Festsetzung des Abfindungsbetrages, vorbehalten.¹⁰   **7**

c) Prozessuale Fragen. Bei schwer bezifferbaren Rentenbeträgen genügt der Kläger dem Gebot der Bestimmtheit des Klageantrags, wenn er in der Klagebegründung die Berechnungsgrundlagen mitteilt.¹¹ Fordert der Verletzte eine Kapitalabfindung, so darf ihm das Gericht nicht stattdessen eine Rente zusprechen.¹² Dem Risiko, mit der Klage abgewiesen zu werden, wenn das Gericht zu dem Ergebnis kommt, es liege kein triftiger Grund für eine Kapitalabfindung vor, begegnet der Kläger zweckmäßig dadurch, dass er eine Rente mit einem Hilfsantrag fordert.¹³ Im Übrigen hat das Gericht, wenn kein solcher Hilfsantrag gestellt ist, die Pflicht, den Kläger, ehe es die Klage abweist, darauf   **8**

---

3 BGH VersR 1972, 1019; 1972, 1030; 1974, 550.
4 S hierzu *Jaeger* VersR 2006, 598 f mwN.
5 RGZ 73, 418.
6 Nach RGZ 68, 430 ist eine Differenzierung bei mehreren Schädigern sogar unzulässig.
7 Vgl RG JW 1933, 840.
8 RG Recht 1917, Nr 1631.
9 **AA** *Schlund* VersR 1981, 403.
10 RG Recht 1917, Nr 1631; 1923, Nr 37; BGH NJW 1982, 758.
11 BGHZ 4, 141; BGH VersR 1959, 694.
12 RGZ 136, 375; vgl auch RGZ 110, 150.
13 RGZ 136, 375.

aufmerksam zu machen, dass er mit einem Anspruch auf Rente durchdringen könnte, und ihm Gelegenheit zur Umstellung des Klageantrags zu geben. Eine solche Umstellung ist keine Klageänderung, ebenso wenig wie die Umstellung des Klageantrags von Rente auf Kapitalabfindung. Überhaupt handelt es sich iS des Prozessrechts (Rechtshängigkeit) und der Verjährung nicht um verschiedene Ansprüche.[14] Ob ein wichtiger Grund vorliegt, der den Verletzten berechtigt, eine Kapitalabfindung zu verlangen, entscheidet der Richter nach pflichtgemäßem Ermessen. Das Revisionsgericht kann nur überprüfen, ob die maßgebenden Grundsätze beachtet wurden.[15]

9 d) **Gesamtgläubiger.** Sind mehrere Sozialversicherungsträger (vgl dazu § 32 Rn 82) bzw ein Sozialversicherungsträger mit einem Versorgungsträger oder Dienstherrn (vgl dazu § 32 Rn 83) aufgrund Forderungsübergangs Gesamtgläubiger geworden, so muss die Erklärung, dass eine Kapitalabfindung gefordert werde, von allen Gläubigern gemeinsam abgegeben werden.[16]

10 e) **Abfindende Wirkung** hat die Zahlung des Kapitals hinsichtlich der Ansprüche wegen Vermehrung der Bedürfnisse und wegen Verdienstausfalls sowie bei Ansprüchen Hinterbliebener hinsichtlich des Ersatzanspruchs wegen Wegfalls der Unterhaltsleistungen des Getöteten. Die abfindende Wirkung tritt mit Rechtskraft des Urteils oder des gerichtlichen Vergleichs ein, auch wenn der Verletzte oder Hinterbliebene nicht ausdrücklich auf die Geltendmachung künftiger Ansprüche verzichtet.[17] Eine spätere Abänderung des Abfindungsbetrags (entsprechend § 323 ZPO) ist nicht möglich.[18]

11 f) Bei der **Berechnung der Kapitalabfindung** ist von der mutmaßlichen Dauer der Rentenzahlungspflicht auszugehen.[19] Diese kann bei Erwerbsschadensrenten durch die Erwerbsfähigkeit,[20] bei Unterhaltsrenten durch die Lebenserwartung des Gläubigers bestimmt werden. Die Lebenserwartung wird festgestellt anhand der vom Statistischen Bundesamt errechneten „Allgemeinen Deutschen Sterbetafeln",[21] bei Ausländern der entsprechenden Tabellen des Heimatlandes. Besondere persönliche Umstände sind zu berücksichtigen (zB Krankheit, gefährlicher Beruf). Dem Umstand, dass die Kapitalabfindung dem Verletzten, verglichen mit der Rente, einen Zinsgewinn bringt, ist durch Berücksichtigung einer angemessenen Verzinsung Rechnung zu tragen. Der BGH hat 1981 einen Abzinsungssatz von 5 bis 5,5% als üblich bezeichnet;[22] ob die seither zu verzeichnende Entwicklung auf dem Kapitalmarkt eine Herabsetzung verlangt, ist hoch

---

14 RGZ 77, 216.
15 RG JW 1933, 840.
16 BGH VersR 1972, 1017; 1972, 1029.
17 RGZ 73, 420.
18 BGHZ 79, 187; 19. VGT (1981), 10.
19 Zur Prognoseproblematik *Jaeger* VersR 2006, 599 f. Näher zu Zeitrenten *Langenick/Vatter* NZV 2005, 10 ff; *Jaeger* VersR 2006, 600.
20 Zum voraussichtlichen Eintritt in den Ruhestand und zur Wiederverheiratungschance s *Schlund* VersR 1981, 404.
21 BGHZ 79, 187; OLG München VersR 1958, 249. Die auf dieser Grundlage errechneten Kapitalisierungstabellen sind zB abgedr bei *Küppersbusch* S 264 ff u *Arnau* VersR 2001, 953 ff; hierzu auch *Schlund/Schneider* VersR 1976, 812.
22 BGHZ 79, 187, 197.

streitig.²³ Je nach Art der Rente muss sich in dem Kapitalisierungsfaktor auch die Entwicklung der Kaufkraft bzw die Dynamik des Renten- oder Gehaltsniveaus niederschlagen.²⁴ Alle Berechnungen sind letztlich spekulativ, was für eine Orientierung an dem langfristig angemessen erscheinenden Satz von 5% sprechen könnte.²⁵

g) Steuerliche Fragen. Es ist zu berücksichtigen, dass bei der Kapitalabfindung, soweit der Schadensersatzanspruch auf einer Minderung oder auf dem Wegfall der Erwerbsfähigkeit beruht, eine Ersparnis an Einkommensteuer eintritt. Während die Rente in diesem Fall nach § 24 Nr 1 lit a EStG ebenso versteuert werden muss wie das entgangene Arbeitseinkommen (§ 29 Rn 83), besteht zwar für die Abfindungssumme ebenfalls eine Steuerpflicht,²⁶ die Steuer ist aber zu dem ermäßigten Satz des § 34 Abs 1 EStG zu berechnen.²⁷ Dies beruht darauf, dass eine Abfindung zu den außerordentlichen Einkünften (§ 34 EStG) zählt, weil die Entschädigung an die Stelle von entgehenden Einnahmen mehrerer Jahre tritt.²⁸ Eine Rente wegen Vermehrung der Bedürfnisse unterliegt – ebenso wie eine diesbezügliche Kapitalabfindung – der Einkommensteuer nicht, da sie dem Ausgleich einer Verletzung höchstpersönlicher Güter dient und es sich lediglich um durchlaufendes Geld handelt.²⁹ **12**

III. Bereits entstandene Schäden

1. Wahlrecht des Geschädigten

Die grundsätzliche Festlegung auf Rente statt Kapital gilt bei **Ansprüchen aus StVG und HaftpflG** nur für den Zukunftsschaden (vgl Rn 2, 4; auch zum maßgeblichen Zeitpunkt). Bei vergangenheitsbezogenen Ansprüchen aus Gefährdungshaftung hat der Verletzte bzw Hinterbliebene daher die Wahl, den Verdienstausfall und den Schaden durch Vermehrung der Bedürfnisse als Rente bis zur Höchstgrenze von jährlich 36.000 EUR (§ 12 Abs 1 Nr 1 StVG bzw § 9 HaftpflG) zu verlangen oder in Kapitalform geltend zu machen,³⁰ wobei dann die genannte Betragsbegrenzung nicht gilt.³¹ Für den Verletzten ist daher bei kurzfristigen hohen Schäden die Kapitalzahlung günstiger, während bei einer längeren Laufzeit (mehr als 16 Jahre) die Rentenzahlung günstiger ist.³² Zum Zeitpunkt der Ausübung der Wahl vgl Rn 7. Für die Haftung aus **Delikt** gilt auch in Bezug auf bereits entstandene Schäden, dass Kapital statt Rente nur aus wichtigem Grund (Rn 5 f) beansprucht werden kann (Rn 2; s a § 29 Rn 39). **13**

---

23 S nur *Lang* VersR 2005, 894 ff; *Schneider/Schneider* NZV 2005, 497 ff u *Jaeger* VersR 2006, 601 ff je mwN. Aus der Rspr LG Köln VersR 2005, 710 m Anm *Kornes*.
24 Hierzu *Nehls* VersR 1981, 286, 407; eingehend mwN *Jaeger* VersR 2006, 603; abl *Küppersbusch* Rn 875.
25 In diesem Sinn auch *Schneider/Schneider* NZV 2005, 503 mit Verweis auf die jahrzehntelange Rspr der OLG; s dazu *Lang* VersR 2005, 894 mwN. Ohne Festlegung die Empfehlung des VGT 2005 (AK III) NZV 2005, 133.
26 BFHE 145, 320; BFH BStBl 1961, III 101.
27 Vgl BFH BStBl 1960, III 72; OLG München VersR 1958, 249.
28 *Schick* NJW 1967, 963.
29 BFH NJW 1995, 1238; *Schick* NJW 1967, 963.
30 BGHZ 59, 187, 188; RG JW 1938, 954 m Anm *Gülde*.
31 RGZ 133, 183; 136, 18.
32 BGHZ 59, 187, 188; BGH VersR 1964, 638, 639.

14 Der BGH[33] hat sogar die Geltendmachung von **Heilungskosten** für die Vergangenheit als Rente zugelassen. Es gibt kein gesetzliches Verbot, Schadensersatz für andere als die in § 13 StVG bezeichneten Schäden in Rentenform zu fordern.[34] Vielmehr erlaubt diese Ausnahmeregelung, die in bestimmten Fällen die Forderung von Kapital verbietet, keine Umkehrung.

2. Auswirkungen

15 Wählt der Verletzte oder Hinterbliebene für die Vergangenheit die **Rente**, so hat er den Vorteil, in Zukunft die Rente (ohne zeitliche Beschränkung) bis zum ungekürzten jährlichen Höchstbetrag von 36.000 EUR zu erhalten; dagegen wird die Rente für die Zukunft in der in § 20 Rn 13 angegebenen Weise gekürzt, wenn für die Vergangenheit ein **Kapitalbetrag** gefordert wird. Im Allgemeinen wird der Verletzte für die Vergangenheit den Kapitalbetrag wählen, wenn ihm für die Zukunft nur geringe Ersatzansprüche zustehen, für die Vergangenheit aber sehr hohe, während er sich für die Vergangenheit die Rente nachzahlen lassen wird, wenn er für die Zukunft hohe Rentenansprüche geltend machen will.

3. Forderungsübergang

16 Hat ein Sozialversicherer dem Verletzten oder Hinterbliebenen Rentenleistungen gewährt und sind in Höhe dieser Leistungen die Ansprüche gem § 116 SGB X auf den Sozialversicherungsträger übergegangen (vgl dazu § 32 Rn 41 f), so kann der Verletzte für die Vergangenheit nicht mehr wählen, ob hierfür Rente oder ein Kapitalbetrag übergegangen ist; der Übergang ist vielmehr in Form einer Rente erfolgt; eigene Ansprüche für denselben Zeitraum kann der Verletzte ebenfalls nur noch als Rente fordern, und zwar nur bis zum Unterschiedsbetrag zwischen der empfangenen Jahresrente und 36.000 EUR. Die entgegengesetzte Ansicht des Reichsgerichts[35] beruht darauf, dass dieses eine Rentennachforderung für die Vergangenheit als in jedem Falle unzulässig ansah.[36] Besteht wegen Forderungsübergangs auf mehrere Legalzessionare Gesamtgläubigerschaft (vgl § 32 Rn 82), so können sie nur durch gemeinsame Erklärung bewirken, dass anstelle einer Rente Kapitalabfindung geschuldet wird.[37]

4. Prozessuale Fragen

17 Der Klageantrag muss erkennen lassen, ob für die Vergangenheit Kapital oder Rente gefordert wird.[38] Das Gericht darf nur das zusprechen, was mit der Klage verlangt wird. Der Kläger kann wirksam beide Arten des Schadensersatzes in der Form eines Haupt- und eines Hilfsantrags zur Entscheidung des Gerichts stellen.[39] Weitere Einzelheiten s Rn 8.

---

33 VersR 1964, 777.
34 RGZ 86, 431.
35 RG JW 1937, 2360.
36 RGZ 133, 184; anders BGH VersR 1964, 777.
37 BGH VersR 1972, 1030.
38 BGHZ 4, 141.
39 RGZ 136, 375.

IV. Einzelheiten der Rentengewährung

1. Inhalt und Bemessung des Rentenanspruchs

Das Schadensersatzrecht kennt nur Geldrenten; der Verletzte kann also keine Naturalleistungen verlangen. Wegen der Höhe und der Dauer der Rente vgl die Erl zu den einzelnen Schadensarten in §§ 28, 29.

18

2. Vorauszahlung

Drei Monate im Voraus ist die Rente zu zahlen (§ 13 Abs 2 StVG, § 8 Abs 2 HaftpflG, § 843 Abs 2 S 1, § 760 Abs 1 und 2 BGB). Das bedeutet aber nicht, dass der monatliche Betrag jeweils schon zwei Monate vor dem Ersten des Monats zu zahlen wäre. Gemeint ist vielmehr, dass die Rente jeweils für ein Vierteljahr im Ganzen zu Beginn des Vierteljahrs zu zahlen ist. Dabei ist nicht auf Kalendervierteljahre abzustellen, sondern auf den Beginn der Zahlungspflicht. Die nächsten Zahlungen sind drei, sechs, neun und zwölf Monate später fällig. Verlangt der Verletzte mit seiner Klage monatliche Zahlung, ohne die vierteljährliche Zahlungsweise zu erwähnen, so darf ihm das Gericht nur monatliche Zahlungen zusprechen. Stirbt der Berechtigte, so dürfen seine Erben, wenn ein Recht auf vierteljährliche Zahlungsweise bestand, den letzten Vierteljahresbetrag behalten oder, wenn er trotz Fälligkeit noch nicht gezahlt war, fordern (§ 760 Abs 3 BGB).

19

3. Sicherheitsleistung

Eine Pflicht zur Sicherheitsleistung hat der Schädiger grundsätzlich nicht. Solange nur ein Feststellungsanspruch gegeben ist, kommt eine Sicherheitsleistung überhaupt nicht in Betracht.[40] Steht die Pflicht zur Rentenzahlung fest, so räumt § 843 Abs 2 S 2 BGB, auf den in § 13 Abs 2 StVG, § 8 Abs 2 HaftpflG verwiesen wird, dem Richter die Möglichkeit ein, nach pflichtgemäßem Ermessen eine Sicherheitsleistung anzuordnen, wenn besondere Umstände eine naheliegende Gefährdung der Durchsetzung des Anspruchs dartun und der Schädiger nicht freiwillig Sicherheit leistet. Bei juristischen Personen, deren Existenz bei Vermögensverfall ihrem Wesen nach in Frage gestellt ist, kann diese Gefährdung ohne Klärung der konkreten Vermögensverhältnisse bejaht werden.[41] Ist der Schädiger haftpflichtversichert und überschreitet der Schaden die Deckungssummen voraussichtlich nicht, so kommt eine Pflicht zur Sicherheitsleistung im Allgemeinen nicht in Betracht. Das gilt auch dann, wenn Versicherer eine ausländische Versicherungsgesellschaft ist.[42] Das Bestehen einer Haftpflichtversicherung hindert ein Entstehen der Pflicht zur Sicherheitsleistung allerdings nicht in jedem Fall.[43] Besteht bei einem Anspruch auf Rente eine Pflicht zur Sicherheitsleistung, so richten sich die Einzelheiten nach §§ 232 bis 240 BGB.

20

Entsteht eine Gefährdung des Rentenanspruchs erst **nach Rechtskraft des Urteils**, so kann Sicherheitsleistung oder Erhöhung der bereits geleisteten Sicherheit nachträglich verlangt werden (§ 324 ZPO, § 13 Abs 3 StVG, § 8 Abs 3 HaftpflG). Dagegen ist ein

21

---

40 RGZ 60, 416.
41 BGH NZV 2005, 629, 632.
42 RGZ 157, 348.
43 RG JW 1935, 2949.

Recht des Schädigers, bei Verbesserung seiner Vermögensverhältnisse die Freigabe seiner Sicherheit zu verlangen, gesetzlich nicht vorgesehen.[44] Die Freigabe muss nur dann erfolgen, wenn nachträglich die Pflicht zur Rentenzahlung wegfällt oder nur noch eine geringere Rente, als im Urteil angeordnet, geschuldet ist (vgl Rn 25 ff).

V. Prozessrechtliche Fragen

1. Grundurteil

22 Eine Vorabentscheidung über den Grund des Anspruchs auf Zahlung einer Schadensrente darf nur ergehen, wenn eine hohe Wahrscheinlichkeit dafür besteht, dass der Kläger einen fortlaufenden Schaden erlitten hat.[45] Es ist zulässig, den Rentenanspruch ohne zeitliche Begrenzung dem Grunde nach für gerechtfertigt zu erklären und die Entscheidung über Beginn und Ende der Rente dem Betragsverfahren ausdrücklich vorzubehalten.[46] Auch die Wahl zwischen Rente und Kapitalabfindung kann dem Betragsverfahren überlassen bleiben.[47]

2. Zeitbestimmung im Urteil

23 Die Dauer der Rente, also ihr Beginn und ihr Ende, müssen in dem Urteil festgelegt werden, das die Verpflichtung des Schädigers zur Zahlung einer Rente an den Verletzten oder Hinterbliebenen anordnet.

3. Bindung an Anträge

24 § 308 ZPO verbietet es, dass sich das Gericht über die im Klageantrag vorgenommene Zuordnung bestimmter Rentenbeträge zu bestimmten Zeiträumen hinwegsetzt. Es darf daher auch dann nicht für einzelne Monate mehr als beantragt zusprechen, wenn es bzgl anderer Monate hinter dem Antrag zurückbleibt. Dass das Gericht befugt ist, die bis zum Zeitpunkt der letzten mündlichen Verhandlung aufgelaufenen Rentenbeträge in einer Summe zusammenzufassen, ändert hieran nichts.[48]

4. Abänderungsklage

25 **a) Anwendungsbereich.** Ändern sich später die Verhältnisse (dies gilt vor allem, wenn sich später weitere Gesundheitsschäden bemerkbar machen), so ist eine Änderung der Höhe der Rente auch noch dann möglich, wenn sie durch Urteil festgesetzt ist (§ 323 ZPO). Voraussetzung der in diesem Fall zu erhebenden Klage auf Abänderung ist, dass eine wesentliche Änderung derjenigen Umstände eingetreten ist, die für die Höhe und Dauer der Rente bei Erlass des Urteils maßgebend waren. Zugelassen sind dabei nach § 323 Abs 2 ZPO nur Gründe, die nach Schluss der mündlichen Verhandlung in dem

---

44 **AA** *Baumbach/Lauterbach/Hartmann* § 324 Rn 3; für sinngemäße Anwendung *Zöller/Vollkommer* § 324 Rn 2.
45 BGH VersR 1961, 23; 1964, 1113.
46 RG RdK 1927, 222; BGHZ 11, 183; BGH VersR 1965, 84.
47 BGHZ 59, 147; BGH NJW 1978, 544.
48 BGH NZV 1990, 116.

Verfahren entstanden sind, in dem das Urteil erging, und durch Einspruch nicht mehr geltend gemacht werden können. Solche Gründe können Anlass geben, die Rente für die Zukunft zu erhöhen oder zu kürzen. Auf diesem Wege kann auch eine erhebliche Veränderung der Kaufkraft des Geldes berücksichtigt werden.[49] Bei Kapitalabfindung ist eine Abänderungsklage nicht zulässig.[50]

Ist die Rente durch **gerichtlichen Vergleich** festgesetzt worden, ist ebenfalls eine Abänderungsklage möglich (§ 323 Abs 4 iVm § 794 Abs 1 Nr 1 ZPO); die zeitliche Limitierung nach § 323 Abs 2 ZPO gilt hierfür nicht.[51] Nur wenn vereinbart ist, dass die Rente unter allen Umständen gleich hoch bleiben soll, ist eine Abänderung ausgeschlossen. Die Worte „zwecks endgültiger Regelung" enthalten einen solchen Ausschluss nicht.[52] Eine unwesentliche Veränderung der Verhältnisse wird nicht dadurch zur wesentlichen, dass im ersten Urteil die damaligen Verhältnisse unrichtig beurteilt worden waren.[53] Insbesondere lässt sich mit der Abänderungsklage keine andere Beurteilung des im früheren Urteil verneinten Ursachenzusammenhangs zwischen dem Unfall und dem Körperschaden erreichen. Ein **außergerichtlicher Vergleich** kann nicht nach § 323 ZPO abgeändert werden.

b) **Erhöhung der Rente.** Ist ein auf den Unfall zurückzuführender neuer Schaden entstanden, nachdem eine Rente durch Urteil oder gerichtlichen Vergleich festgelegt wurde, und kann Ersatz für den Schaden nur in Form einer Rente verlangt werden, so ist der Klageantrag auf Erhöhung der bisher laufenden Rente zu richten. § 323 ZPO schaltet verfahrensrechtlich die Möglichkeit aus, in einem solchen Fall eine zweite Rente neben der ersten zu fordern.[54] Das gilt natürlich dann nicht, wenn zunächst nur Klage auf einen Teilbetrag der Rente erhoben worden war und diese Erfolg hatte. In einem solchen Fall kann der restliche Teilbetrag neben der bereits zugesprochenen Rente gefordert werden. Ist durch Feststellungsurteil die Ersatzpflicht festgelegt und ist später Leistungsurteil für einen bestimmten Zeitabschnitt ergangen, so kann eine Erhöhung der Rente für diesen Zeitraum nur auf dem Weg des § 323 ZPO erreicht werden, nicht durch eine neue, auf das Feststellungsurteil gestützte Leistungsklage.[55] Das Recht, die laufende Rente den später sich ändernden Verhältnissen anpassen zu lassen, verjährt nicht. Für eine Feststellungsklage, die die Befugnis, eine spätere Änderung zu verlangen, durch Urteilsspruch bestätigt haben möchte, fehlt es daher am Rechtsschutzinteresse.[56]

c) **Kapital statt Rente.** Verlangt der Verletzte oder Hinterbliebene für den neu entstandenen unfallbedingten Schaden keine Rente, sondern einen Kapitalbetrag, und ist er hierzu berechtigt, so kommt § 323 ZPO nicht in Betracht. Eine solche Forderung kann mithin nur durchdringen, wenn sie nicht verjährt ist.

d) **Rente nach Kapitalabfindung.** Ist einmal anstelle einer Rente ein Kapitalbetrag gefordert und gezahlt worden und hat der Verletzte oder Hinterbliebene dabei nicht

---

49 BGH VersR 1966, 37; OLG München VersR 1984, 246.
50 BGHZ 79, 192.
51 BGHZ 85, 64, 73 f.
52 BGH VersR 1968, 450.
53 BGH VersR 1969, 236.
54 BGHZ 34, 115; BGH VersR 1960, 346.
55 BGH VersR 1968, 1066.
56 BGHZ 34, 110.

ausdrücklich bestimmt, dass damit nur der bis zu einem bestimmten Zeitpunkt entstehende Schaden abgegolten sein solle, so ist der Kapitalbetrag idR eine Abfindung für den gesamten Schaden und eine spätere Nachforderung auch bei erheblicher Veränderung der Verhältnisse ausgeschlossen. Die Abfindung nach § 843 Abs 3 BGB hat mithin dieselbe Wirkung wie der Abschluss eines Abfindungsvergleichs (Rn 10).

30 **e) Rente nach Klageabweisung.** Ist durch Urteil der Anspruch auf eine Rente rechtskräftig abgewiesen worden, weil weder ein Verdienstausfall noch eine Mehrung der Bedürfnisse entstanden sei oder weil keine Bedürftigkeit des Unterhaltsberechtigten bestehe, entstehen aber später solche Schäden und ist der Anspruch nicht verjährt, so kann erneut Klage auf Schadensersatz erhoben werden. § 323 ZPO ist in solchen Fällen nicht anzuwenden.[57] War die Klage abgewiesen worden, weil eine Haftung des Schädigers nicht bestehe, so kann auch eine spätere Klage keinen Erfolg haben, weil die materielle Rechtskraft des ersten Urteils entgegensteht. Beruhte die Klageabweisung dagegen darauf, dass der Forderungsübergang auf Sozialversicherungsträger die Forderung des Verletzten übersteige, und ändert sich später die Sachlage, etwa durch Entstehen weiterer Gesundheitsschäden, so kann eine spätere Klage des Verletzten auf Rente Erfolg haben. Es ist auch denkbar, dass eine Rente unter Anwendung des § 323 ZPO nachträglich durch Urteil von einem bestimmten Zeitpunkt an aberkannt, durch ein weiteres Urteil aber von einem noch später liegenden Zeitpunkt an wieder zuerkannt wird.[58]

31 **f) Herabsetzung der Rente.** Die Höhe des Rentenanspruchs kann sich auch dadurch ändern, dass der Verletzte später einen zweiten Unfall erleidet, für dessen Folgen ein anderer einzustehen hat. Steht fest, dass sich die Verhältnisse in einem bestimmten Punkt zugunsten des Verletzten geändert haben, so ergibt sich hieraus nicht ohne weiteres, dass die Klage des Schädigers auf Kürzung der künftigen Rentenzahlungen Erfolg haben muss. Das Gericht ist vielmehr gehalten, auch bei der Abänderungsklage alle die Höhe der Rente bestimmenden Umstände einer Prüfung zu unterziehen. Dabei kann sich ergeben, dass sich die Lage in anderer Hinsicht zum Nachteil des Verletzten oder Hinterbliebenen verändert hat, sodass trotz Richtigkeit der vom Schädiger aufgestellten Behauptungen eine Herabsetzung der Rente nicht in Betracht kommt.[59] Das gilt sogar dann, wenn sich der Forderungsübergang auf Sozialversicherungsträger erhöht hat, weil diese nun eine höhere Rente an den Verletzten oder Hinterbliebenen zahlen. Auch ein solcher Sachverhalt hat nicht notwendig zur Folge, dass sich die Rentenforderung des Verletzten oder Hinterbliebenen im gleichen Maße verringert, in dem sich der Forderungsübergang erhöht.[60]

32 **g) Klagebefugnis bei Legalzession.** Auch der Sozialversicherungs- und Sozialhilfeträger, auf den eine Forderung des Verletzten oder Hinterbliebenen in vollem Umfang gem § 116 SGB X übergegangen ist (vgl zum Forderungsübergang im Einzelnen §§ 32, 33), ist befugt, die Abänderungsklage zu seinen eigenen Gunsten zu erheben.[61] Zur Rechtslage bzgl des Sozialhilfeträgers bei Schadensfällen vor dem 1.7.1983 vgl 3. Aufl § 13 Rn 34.

---

57 BGH NJW 1982, 578; *Rosenberg/Schwab/Gottwald* § 157 Rn 12; **aA** RGZ 162, 281.
58 RG JW 1925, 55 m Anm *Schmidt-Ernsthausen*.
59 BGH VersR 1960, 415.
60 BGH VersR 1963, 1033.
61 LG Duisburg MDR 1965, 668 u 1966, 335 m abl Anm *Künkel*.

Siebter Teil
Schadensregress

Vorbemerkung

Die bei Verkehrsunfällen mit Personenschaden entstehenden Folgen werden in den meisten Fällen auf **sozialrechtliche Leistungsträger** (zB Kranken-, Renten-, Unfallversicherungen) abgewälzt. Dies sichert die Versorgung des Unfallopfers und entlastet dieses vom Risiko der Durchsetzbarkeit seiner Schadensersatzansprüche gegen den Schädiger. Da es aber weder zu einer doppelten Entschädigung des Unfallopfers noch zu einer Entlastung des Schädigers durch die Sozialleistungen kommen soll, ordnen differenzierte Regelungen des Sozialrechts den Übergang des zivilrechtlichen Haftungsanspruchs auf den Sozialleistungsträger an: Die Sozialleistung soll nur transitorischen Charakter haben, nur eine Zwischenfinanzierung darstellen.[1] Da der Verletzte durch die Überleitung seine Aktivlegitimation verliert, haben die sozialrechtlichen Regressregelungen erheblichen Einfluss auf die Schadensregulierung. Sie werden daher im Folgenden ausführlich dargestellt. Dabei wird die klassische Einteilung[2] des Sozialrechts in Sozialversicherung (§ 32; zu Besonderheiten des Regresses in der Gesetzlichen Unfallversicherung s Rn 98 ff), Soziale Fürsorge (§ 33) und Soziale Versorgung (§ 34 II [Rn 6 ff]) zugrunde gelegt, da deren Prinzipien auch Ursache für die differenzierenden Rückgriffsregelungen sind:

Kennzeichnend für den Bereich der **Sozialversicherung** ist, dass in ihr bestimmte typische Risiken des täglichen Lebens erfasst werden und Vorsorge für diese getroffen wird. Der Leistungsanspruch entsteht im Falle des Eintritts des Versicherungsfalles wie beispielsweise Krankheit, Arbeitsunfall oder Alter ohne vorherige individuelle Bedürftigkeitsprüfung, da die Sozialversicherung aus Beiträgen der Versicherten finanziert wird. Demgegenüber werden die Leistungen der **Sozialen Fürsorge** aus Steuermitteln finanziert und sind deshalb von einem individuellen Bedarf des Empfängers abhängig. Sie dienen der Sicherung des Existenzminimums und unterliegen dem Subsidiaritätsprinzip. Die **Soziale Versorgung** dient ua der Entschädigung für erbrachte Sonderopfer. Diese Leistungen werden aus dem Steueraufkommen finanziert und sind unabhängig vom persönlichen Bedarf.[3]

Erwerbseinbußen des Unfallverletzten werden weithin durch eine Verlagerung des Ausfallrisikos auf **Arbeitgeber** bzw **Dienstherren** vermieden: Diese haben in gewissen Grenzen das Arbeitsentgelt weiterzubezahlen, obwohl die Arbeit verletzungsbedingt nicht erbracht wird (§ 29 Rn 67 ff). Zum Ausgleich hierfür wird der Anspruch des Verletzten

---

1 BGHZ 79, 29; *Fuchs* 183; **aA** *Gärtner* JZ 1988, 582.
2 *Wannagat* (Lit vor § 32 Rn 1) § 4 S 31 ff.
3 *Waltermann* (Lit vor § 32 Rn 1) 62 bis 64.

Siebter Teil. Schadensregress

auf Ersatz des Erwerbsschadens auf sie übergeleitet (zum Regress des Arbeitgebers s § 29 Rn 176 ff; zum Regress des Dienstherrn bei Verletzung eines Beamten § 34 Rn 23 ff).

In ähnlicher Weise vollzieht sich der Regress eines **privaten Versicherers**, der aus Anlass des Unfalls Leistungen an den Geschädigten (Schadensversicherung) oder für den Schädiger (Haftpflichtversicherung) erbracht hat (s § 35).

Schließlich kommen auch zwischen den unmittelbar für das Schadensereignis Verantwortlichen Regressansprüche in Betracht, wenn diese, wie in der Regel, als **Gesamtschuldner** haften (s dazu § 36).

§ 32 Regress der Sozialversicherungsträger

§ 116 SGB X

(1) Ein auf anderen gesetzlichen Vorschriften beruhender Anspruch auf Ersatz eines Schadens geht auf den Versicherungsträger oder Träger der Sozialhilfe über, soweit dieser auf Grund des Schadensereignisses Sozialleistungen zu erbringen hat, die der Behebung eines Schadens der gleichen Art dienen und sich auf denselben Zeitraum wie der vom Schädiger zu leistende Schadensersatz beziehen. Dazu gehören auch

1. **die Beiträge, die von Sozialleistungen zu zahlen sind, und**
2. **die Beiträge zur Krankenversicherung, die für die Dauer des Anspruchs auf Krankengeld unbeschadet des § 224 Abs. 1 des Fünften Buches zu zahlen wären.**

(2) Ist der Anspruch auf Ersatz eines Schadens durch Gesetz der Höhe nach begrenzt, geht er auf den Versicherungsträger oder Träger der Sozialhilfe über, soweit er nicht zum Ausgleich des Schadens des Geschädigten oder seiner Hinterbliebenen erforderlich ist.

(3) Ist der Anspruch auf Ersatz eines Schadens durch ein mitwirkendes Verschulden oder eine mitwirkende Verantwortlichkeit des Geschädigten begrenzt, geht auf den Versicherungsträger oder Träger der Sozialhilfe von dem nach Absatz 1 bei unbegrenzter Haftung übergehenden Ersatzanspruch der Anteil über, welcher dem Vomhundertsatz entspricht, für den der Schädiger ersatzpflichtig ist. Dies gilt auch, wenn der Ersatzanspruch durch Gesetz der Höhe nach begrenzt ist. Der Anspruchsübergang ist ausgeschlossen, soweit der Geschädigte oder seine Hinterbliebenen dadurch hilfebedürftig im Sinne der Vorschriften des Zwölften Buches werden.

(4) Stehen der Durchsetzung der Ansprüche auf Ersatz eines Schadens tatsächliche Hindernisse entgegen, hat die Durchsetzung der Ansprüche des Geschädigten und seiner Hinterbliebenen Vorrang vor den übergegangenen Ansprüchen nach Absatz 1.

(5) Hat ein Versicherungsträger oder Träger der Sozialhilfe auf Grund des Schadensereignisses dem Geschädigten oder seinen Hinterbliebenen keine höheren Sozialleistungen zu erbringen als vor diesem Ereignis, geht in den Fällen des Absatzes 3 Satz 1 und 2 der Schadensersatzanspruch nur insoweit über, als der geschuldete Schadensersatz nicht zur vollen Deckung des eigenen Schadens des Geschädigten oder seiner Hinterbliebenen erforderlich ist.

(6) Ein Übergang nach Absatz 1 ist bei nicht vorsätzlichen Schädigungen durch Familienangehörige, die im Zeitpunkt des Schadensereignisses mit dem Geschädigten oder seinen Hinterbliebenen in häuslicher Gemeinschaft leben, ausgeschlossen. Ein Ersatzanspruch nach Absatz 1 kann dann nicht geltend gemacht werden, wenn der Schädiger mit dem

Geschädigten oder einem Hinterbliebenen nach Eintritt des Schadensereignisses die Ehe geschlossen hat und in häuslicher Gemeinschaft lebt.

(7) Haben der Geschädigte oder seine Hinterbliebenen von dem zum Schadenersatz Verpflichteten auf einen übergegangenen Anspruch mit befreiender Wirkung gegenüber dem Versicherungsträger oder Träger der Sozialhilfe Leistungen erhalten, haben sie insoweit dem Versicherungsträger oder Träger der Sozialhilfe die erbrachten Leistungen zu erstatten. Haben die Leistungen gegenüber dem Versicherungsträger oder Träger der Sozialhilfe keine befreiende Wirkung, haften der zum Schadenersatz Verpflichtete und der Geschädigte oder dessen Hinterbliebene dem Versicherungsträger oder Träger der Sozialhilfe als Gesamtschuldner.

(8) Weist der Versicherungsträger oder Träger der Sozialhilfe nicht höhere Leistungen nach, sind vorbehaltlich der Absätze 2 und 3 je Schadensfall für nicht stationäre ärztliche Behandlung und Versorgung mit Arznei- und Verbandmitteln 5 vom Hundert der monatlichen Bezugsgröße nach § 18 des Vierten Buches zu ersetzen.

(9) Die Vereinbarung einer Pauschalierung der Ersatzansprüche ist zulässig.

(10) Die Bundesagentur für Arbeit und die Träger der Grundsicherung für Arbeitsuchende nach dem Zweiten Buch gelten als Versicherungsträger im Sinne dieser Vorschrift.

§ 117 SGB X

Haben im Einzelfall mehrere Leistungsträger Sozialleistungen erbracht und ist in den Fällen des § 116 Abs. 2 und 3 der übergegangene Anspruch auf Ersatz des Schadens begrenzt, sind die Leistungsträger Gesamtgläubiger. Untereinander sind sie im Verhältnis der von ihnen erbrachten Sozialleistungen zum Ausgleich verpflichtet. Soweit jedoch eine Sozialleistung allein von einem Leistungsträger erbracht ist, steht der Ersatzanspruch im Innenverhältnis nur diesem zu. Die Leistungsträger können ein anderes Ausgleichsverhältnis vereinbaren.

§ 118 SGB X

Hat ein Gericht über einen nach § 116 übergegangenen Anspruch zu entscheiden, ist es an eine unanfechtbare Entscheidung gebunden, dass und in welchem Umfang der Leistungsträger zur Leistung verpflichtet ist.

§ 119 SGB X

(1) Soweit der Schadenersatzanspruch eines Versicherten den Anspruch auf Ersatz von Beiträgen zur Rentenversicherung umfasst, geht dieser auf den Versicherungsträger über, wenn der Geschädigte im Zeitpunkt des Schadensereignisses bereits Pflichtbeitragszeiten nachweist oder danach pflichtversichert wird; dies gilt nicht, soweit

1. der Arbeitgeber das Arbeitsentgelt fortzahlt oder sonstige der Beitragspflicht unterliegende Leistungen erbringt oder

2. der Anspruch auf Ersatz von Beiträgen nach § 116 übergegangen ist.

Für den Anspruch auf Ersatz von Beiträgen zur Rentenversicherung gilt § 116 Abs. 3 Satz 1 und 2 entsprechend, soweit die Beiträge auf den Unterschiedsbetrag zwischen dem bei unbegrenzter Haftung zu ersetzenden Arbeitsentgelt oder Arbeitseinkommen und der bei Bezug von Sozialleistungen beitragspflichtigen Einnahme entfallen.

(2) Der Versicherungsträger, auf den ein Teil des Anspruchs auf Ersatz von Beiträgen zur Rentenversicherung nach § 116 übergeht, übermittelt den von ihm festgestellten Sachverhalt dem Träger der Rentenversicherung auf einem einheitlichen Meldevordruck. Das Nähere über den Inhalt des Meldevordrucks und das Mitteilungsverfahren bestimmen die Spitzenverbände der Sozialversicherungsträger.

Siebter Teil. Schadensregress

(3) Die eingegangenen Beiträge oder Beitragsanteile gelten in der Rentenversicherung als Pflichtbeiträge. Durch den Übergang des Anspruchs auf Ersatz von Beiträgen darf der Versicherte nicht schlechter gestellt werden, als er ohne den Schadenersatzanspruch gestanden hätte.

(4) Die Vereinbarung der Abfindung von Ansprüchen auf Ersatz von Beiträgen zur Rentenversicherung mit einem ihrem Kapitalwert entsprechenden Betrag ist im Einzelfall zulässig. Im Fall des Absatzes 1 Satz 1 Nr. 1 gelten für die Mitwirkungspflichten des Geschädigten die §§ 60, 61, 65 Abs. 1 und 3 sowie § 65a des Ersten Buches entsprechend.

§§ 110–113 SGB VII s vor Rn 98

Literatur

Eichenhofer Internationales Sozialrecht (1994); *Giese* Sozialgesetzbuch Allgemeiner Teil und Verfahrensrecht (SGB I und SGB X) (2005) mit Name des Bearbeiters; *Hauck/Noftz* Gesamtkommentar zum SGB X, Band 2: Zusammenarbeit der Leistungsträger und ihre Beziehungen zu Dritten (2006) mit Name des Bearbeiters; *Muckel* Sozialrecht (2003); *Schuler* Das Internationale Sozialrecht der Bundesrepublik Deutschland (1988); *Waltermann* Sozialrecht[5] (2005); *Wannagat* Lehrbuch des Sozialversicherungsrechts, I. Bd (1965); *v Wulffen* SGB X, Sozialverwaltungsverfahren und Sozialdatenschutz[5] (2005) mit Name des Bearbeiters.

Übersicht

	Rn
I. Überblick	1
1. Zweige der Sozialversicherung	1
2. Rechtsgrundlagen	2
3. Verhältnis zur Haftpflichtversicherung	5
II. Voraussetzungen des Forderungsübergangs	6
1. Vorliegen eines Schadensersatzanspruches	6
2. Leistungspflicht des Sozialversicherungsträgers	9
3. Kongruenz der Ansprüche	23
III. Rechtsfolgen	41
1. Anspruchsübergang	41
2. Zeitpunkt des Überganges	43
3. Rechtsstellung gegenüber dem Ersatzpflichtigen	49
4. Beschränkungen bei nicht ausreichender Ersatzleistung	62
5. Ausschluss des Forderungsüberganges bei Schädigung durch Familienangehörige	73
6. Verjährung	79
7. Wegfall des Übergangs	81
8. Mehrheit von Leistungsträgern	82
9. Forderungserlass durch den Sozialversicherungsträger	85
10. Prozessrechtliches	86
11. Internationales Recht	94
IV. Sonderregelung bei der Gesetzlichen Unfallversicherung	98
1. Überblick	98
2. Voraussetzungen des Regresses	105
3. Rechtsstellung gegenüber dem Ersatzpflichtigen	135
V. Übergang von Beitragsforderungen (§ 119 SGB X)	141
1. Rechtsnatur und Normzweck	141
2. Anwendungsbereich	144
3. Voraussetzungen des Übergangs	149
4. Rechtsfolgen	150

I. Überblick

1. Zweige der Sozialversicherung

Die Sozialversicherung ist eine staatlich organisierte, nach den Grundsätzen der Selbstverwaltung aufgebaute öffentlich-rechtliche, vorwiegend auf Zwang beruhende Versicherung großer Teile der arbeitenden Bevölkerung für den Fall der Beeinträchtigung der Erwerbsfähigkeit und des Todes sowie des Eintritts der Arbeitslosigkeit.[4] Unter Versicherung wird eine Gefahrengemeinschaft verstanden, dh eine Gemeinschaft gleichartig Gefährdeter mit selbständigen Rechtsansprüchen auf wechselseitige Bedarfsdeckung.[5] Säulen der Sozialversicherung sind die im SGB V geregelte Gesetzliche Krankenversicherung unter Trägerschaft der Krankenkassen, die Soziale Pflegeversicherung (SGB XI) unter Trägerschaft der Pflegekassen, die Gesetzliche Unfallversicherung (SGB VII) unter Trägerschaft der Berufsgenossenschaften, die Gesetzliche Rentenversicherung (SGB VI) unter Trägerschaft der Versicherungsanstalten und die Arbeitslosenversicherung nach dem SGB III unter Trägerschaft der Bundesagentur für Arbeit.[6]

1

2. Rechtsgrundlagen

a) §§ 116 ff SGB X. Die Schnittstelle zwischen Haftungs- und Sozialversicherungsrecht bilden die §§ 116 ff SGB X. § 116 SGB X normiert, dass im Falle der Leistungserbringung durch einen Sozialversicherungsträger wegen eines Schadensfalles der zivilrechtliche Schadensersatzanspruch des Geschädigten nach dem BGB, StVG bzw HaftpflG auf diesen übergeht. Für private Versicherer kommt nur der Rückgriff nach § 67 Abs 1 VVG in Betracht (dazu § 35 Rn 2 ff). Zum Rückgriff in der Sozialen Fürsorge s § 33, in der Sozialen Versorgung § 34 I, bei öffentlich-rechtlichen Dienstherren § 34 II.

2

b) § 1542 RVO. Für Schadensfälle vor dem 1.7.1983 galt § 1542 RVO. Durch das Inkrafttreten des § 116 SGB X am 1.7.1983[7] hat sich die Rechtslage geändert, sodass sich teilweise unterschiedliche Rechtsfolgen für Unfälle vor und nach diesem Zeitpunkt ergeben. Für Schadensfälle vor dem 1.7.1983 gilt das bisherige Recht weiter, § 120 Abs 1 SGB X, der Art II § 22 des Gesetzes vom 4.11.1982, BGBl I 1405, aufhebt.[8] Als Schadensfall gilt nach dem BGH[9] der Zeitpunkt der Körperverletzung. Auch aus Unfällen vor dem 1.7.1983 resultierende Spätschäden werden daher noch nach dem alten Recht abgewickelt.[10] Nachfolgend konzentriert sich die Darstellung auf die nun geltende Rechtslage.[11]

3

c) § 110 SGB VII. Auch im Bereich der Gesetzlichen Unfallversicherung gelten grundsätzlich die §§ 116 ff SGB X. Für den Fall, dass zugunsten des Schädigers ein Haftungsausschluss nach §§ 104 ff SGB VII eingreift, trifft § 110 SGB VII eine Sonderregelung (s hierzu Rn 98 ff, zu §§ 104 ff SGB VII § 19 Rn 77 ff).

4

---

4 *Wannagat* (Lit vor Rn 1) § 3 S 25.
5 *Muckel* (Lit vor Rn 1) 5.
6 *Muckel* (Lit vor Rn 1) 2.
7 Gesetz v 4.11.1982, BGBl I 1450.
8 *v Wulffen/Biersborn* (Lit vor Rn 1) § 116 SGB X Rn 1.
9 BGHZ 132, 39, 45 f.
10 *Hauck/Noftz/Nehls* (Lit vor Rn 1) § 116 SGB X Rn 2.
11 Zu § 1542 RVO s 2. Aufl, § 10 Rn 83 ff.

3. Verhältnis zur Haftpflichtversicherung

5 Dem Forderungsübergang auf der Seite des Verletzten korrespondiert im modernen Unfallhaftungsrecht auf der Seite des Schädigers regelmäßig die Abnahme des Haftungsrisikos durch eine Haftpflichtversicherung. Die Schadensregulierung bei Unfällen mit Personenschaden findet daher weitgehend zwischen Sozialversicherungsträgern und Haftpflichtversicherern statt und ist dort vielfach, zB durch Teilungsabkommen, pauschaliert.[12] Durch diese Überlagerung des Individualhaftungsrechts seitens kollektiver Ausgleichssysteme wird nicht nur die praktische Abwicklung des Schadensersatzrechts, sondern auch dessen **Funktion verändert**: Die präventive Funktion des Haftungsrechts tritt zurück und in den Mittelpunkt rückt die Frage, ob der Schaden von dem Kollektiv potentieller Verletzter (Sozialversicherungsträger) oder dem Kollektiv potentieller Schädiger (Haftpflichtversicherer) getragen werden soll. Hierbei wird dann häufig gar nicht mehr der Ausgleich des konkreten Einzelschadens, sondern die Aufteilung eines ganzen Schadenspotentials vorgenommen (näher zu Teilungsabkommen § 15 Rn 50 ff).

II. Voraussetzungen des Forderungsübergangs

1. Vorliegen eines Schadensersatzanspruches

6 Gem § 116 Abs 1 S 1 SGB X muss dem Geschädigten ein auf anderen gesetzlichen Vorschriften beruhender Schadensersatzanspruch zustehen. Dies können alle Schadensersatzansprüche aus unerlaubter Handlung, Amtshaftung[13] einschließlich Haftung für Stationierungsschäden, Gefährdungshaftung und §§ 280 ff BGB[14] sein. Im Haftungsrecht des Straßenverkehrs betrifft dies vor allem Ansprüche aus §§ 7, 18 StVG; § 1 HaftpflG und § 823 Abs 1, 2 BGB. Der Direktanspruch gegen den Haftpflichtversicherer geht ebenfalls über, doch greifen hier häufig Teilungsabkommen ein (vgl Rn 55 ff).

7 Nicht übergangsfähig sind grundsätzlich Aufwendungsersatzansprüche, zB aus Geschäftsführung ohne Auftrag (§§ 677, 683 BGB)[15] oder aus einem Arbeitsverhältnis, da es sich nicht um Schadensersatzansprüche handelt.[16] Auch Ansprüche aus privaten Versicherungsverträgen oder freiwillige Aufwendungen Dritter sind keine Schadensersatzansprüche.[17] Wegen des Anspruchs gegen die Verkehrsopferhilfe vgl § 15 Rn 69 ff. Schmerzensgeldansprüche verbleiben wegen fehlender Kongruenz mit Sozialleistungen stets dem Verletzten (vgl Rn 39).

8 Die Feststellung des **Schadens** beim zugrunde liegenden Schadensersatzanspruch scheitert nicht daran, dass dem Verletzten infolge der Leistung des Sozialversicherers

---

12 Ca $^2/_3$ der Regressleistungen an Sozialversicherungsträger und Arbeitgeber werden aufgrund von Teilungsabkommen erbracht; vgl *Kötz/Wagner*[9] Rn 511.
13 Der Übergang von Amtshaftungsansprüchen scheitert nicht an § 839 Abs 1 S 2 BGB, denn die Sozialleistungen sind kein anderweitiger Ersatz in diesem Sinn (§ 12 Rn 73 f).
14 BGH VersR 1969, 954 u 1038.
15 Zum Aufwendungsersatzanspruch bei der Nothilfe in der Unfallversicherung vgl genauer Rn 103.
16 OLG Karlsruhe, NJW 1988, 2676.
17 *v Wulffen/Bieresborn* (Lit vor Rn 1) § 116 SGB X Rn 5.

kein Vermögensnachteil entsteht. Aufgrund wertender Betrachtungsweise ist hier ein sog **normativer Schaden** anzunehmen; der ursprüngliche Schaden würde sonst unbilligerweise auf den Sozialversicherungsträger verlagert.[18] Es findet auch keine **Vorteilsausgleichung** statt, da die Legalzession nach § 116 SGB X den allgemeinen Rechtsgedanken umsetzt, dass eine erfolgte Leistung durch den Sozialversicherer sich nicht anspruchsmindernd auf den zivilrechtlichen Anspruch auswirken soll.[19] Die cessio legis ginge sonst ins Leere. Auch wäre eine Lösung über den Rechtsgedanken des Vorteilsausgleichs wenig systemgerecht, da die teilweise durch Beiträge des Geschädigten oder seines Arbeitgebers finanzierten Sozialleistungen nicht der Entlastung des Schädigers zu dienen bestimmt sind. Andere Vorteile, insbesondere die Ersparnis häuslicher Verpflegungskosten, sind aber, da sie den Schadensersatzanspruch mindern, auch beim Forderungsübergang abzuziehen (vgl § 29 Rn 24).

2. Leistungspflicht des Sozialversicherungsträgers

a) **Sozialversicherungsträger** sind in der Krankenversicherung die jeweiligen Krankenkassen (§ 21 Abs 2 SGB I, § 4 Abs 2, §§ 143 ff SGB V), in der Rentenversicherung die Regionalträger und Bundesträger (§ 23 Abs 2 SGB I, § 125 SGB VI) und in der Unfallversicherung insbesondere die Berufsgenossenschaften (§ 22 Abs 2 SGB I, §§ 114 ff SGB VII). Die Bundesagentur für Arbeit gilt gem § 116 Abs 10 SGB X als Versicherungsträger. Mit Wirkung vom 1.8.2006 wurde § 116 Abs 10 SGB X dahingehend geändert,[20] dass nunmehr auch die Träger der Grundsicherung für Arbeitsuchende (§ 19a Abs 2 SGB I, § 6 SGB II) als Versicherungsträger gelten. Da die Grundsicherung für Arbeitsuchende als steuerfinanzierte Leistung der subsidiären Basissicherung systematisch aber zu den Fürsorgeleistungen gehört (vgl Vorbemerkung zu § 32, § 33 Rn 2) und sich daraus resultierend Besonderheiten beim Regress nach § 116 SGB X ergeben, erfolgt eine Behandlung im Rahmen des § 33. Kein Versicherungsträger ist der Träger der bis 31.12.2004 geltenden Grundsicherung nach dem GSiG (§ 4 GSiG: Kreis oder kreisfreie Stadt),[21] welche sich nunmehr in den §§ 41 bis 46 SGB XII findet. **9**

b) **Sozialleistungen** sind die im Sozialgesetzbuch vorgesehenen Geld-, Sach- und Dienstleistungen, § 11 SGB I. Dabei ist unerheblich, ob ein Rechtsanspruch auf Gewährung (§ 38 SGB I) besteht oder es sich um eine Ermessensleistung (§ 39 SGB I) handelt.[22] **10**

Nach § 116 Abs 1 Satz 2 SGB X[23] gehören auch **Beiträge** zu den Regress auslösenden Sozialleistungen. **11**

Beiträge zur Krankenversicherung, die ein Sozialversicherungsträger (zB als Beitragsanteil zur Rentnerkrankenversicherung[24] oder im Rahmen einer Rehabilitation) erbringt, begründen einen Forderungsübergang jedoch nur, wenn sie der Erhaltung des versicherungsrechtlichen **12**

---

18 *Medicus* JuS 1979, 233, 234.
19 *Palandt/Heinrichs* vor § 249 Rn 122.
20 BGBl I 1718.
21 *Hauck/Noftz/Nehls* (Lit vor Rn 1) § 116 SGB X Rn 6; vgl zum dortigen Regress § 33 Rn 7 ff.
22 *Hauck/Noftz/Nehls* (Lit vor Rn 1) § 116 SGB X Rn 9.
23 Eingefügt durch Art 5 Abs 2 Nr 1 RRG 1992 vom 18.12.1989 zum 1.1.1992. Vgl hierzu
 v Wulffen/Bieresborn (Lit vor Rn 1) § 116 SGB X Rn 1.
24 Zur Kongruenz und Höhe der Beiträge zur Rentnerkrankenversicherung sa BGH VersR 1960, 1122; 1969, 899; 1978, 323; 1978, 346; OLG Karlsruhe VersR 1978, 1060.

Status des Geschädigten dienen, nicht wenn sie kraft gesetzlicher Regelung dem zum Unfallzeitpunkt nicht versicherten Geschädigten eine zusätzliche Sozialvorsorge verschaffen oder dem internen Lastenausgleich zwischen den Leistungsträgern dienen sollen.[25] Für einen Geschädigten, der während des Bezugs von Krankengeld beitragsfrei krankenversichert ist, greift § 119 SGB X wegen § 224 Abs 2 SGB V ein[26] (vgl Rn 146).

13 **Beiträge zur Rentenversicherung**, die mit Wirkung vom 1.1.1992 gem § 166 Abs 1 Nr 2 SGB VI beim Bezug von Kranken-, Verletzten-, Arbeitslosen-, Übergangs- und Versorgungskrankengeld (bis 31.12.2004 auch Arbeitslosenhilfe) von den Leistungsbeziehern und den Sozialversicherungsträgern je zur Hälfte[27] zu zahlen sind, sind – anders als die bis 31. Dezember 1991 zu zahlenden Finanzierungsbeiträge nach § 1385b RVO[28] – „echte" Rentenversicherungsbeiträge, wie § 116 Abs 1 S 2 Nr 1 SGB X klarstellt. Diese können daher beim Schädiger regressiert werden (§ 116 Abs 1 S 2 SGB X). Voraussetzung für einen Anspruchsübergang ist insoweit aber, dass durch die Rentenversicherungsbeiträge ein Erwerbsschaden des Geschädigten wenigstens teilweise ausgeglichen wird, indem die abgeführten Beiträge seine versicherungsrechtliche Position verbessern.[29] Soweit sie den Beitragsschaden nicht voll abdecken, besteht ein Regressanspruch des Rentenversicherungsträgers nach § 119 SGB X.[30] Hinsichtlich des eigenen Anteils des Versicherten an den Rentenversicherungsbeiträgen findet ein Forderungsübergang weder nach § 116 noch nach § 119 SGB X statt, da es sich insoweit nicht um eine Sozialleistung handelt.[31] Das Nebeneinander verschiedener Anspruchsberechtigungen führte früher zu Schwierigkeiten insbesondere bei einer Mithaftung des Verletzten,[32] ist aber nunmehr durch die Einfügung des § 119 Abs 1 Satz 2 SGB X geklärt. Auch beim Beitragsregress nach § 119 SGB X wird der Schädiger entsprechend seiner Haftungsquote belastet.[33]

14 Kontrovers wurde diskutiert, ob die im Rahmen des **§ 44 SGB XI** zu entrichtenden Rentenversicherungsbeiträge für die Pflegeperson gem § 116 Abs 1 Satz 2 SGB X auf den Rentenversicherungsträger übergehen. Teilweise wurde dies mit der Argumentation abgelehnt, dass es sich nicht um eine versicherungsrechtliche Position des Geschädigten nicht berührt werde, da es sich nicht um eine Beitragszahlung für den Geschädigten selbst handle.[34] Nach Ansicht des BGH stellen diese Beiträge aber einen zusätzlichen ersatzpflichtigen Schaden des pflegebedürftigen Geschädigten dar, der über § 116 Abs 1 Satz 2 SGB X den Regress eröffnet.[35]

15 Wegen der Beiträge zur **Pflegeversicherung** s *Wiesner* VersR 1995, 143.

16 **Beiträge zur Arbeitslosenversicherung**, die die Träger der gesetzlichen Krankenversicherung nach § 347 SGB III (bis Ende 1997: § 186 Abs 1 AFG) zahlen, gehen nach § 116 Abs 1 Satz 2

---

25 BGH VersR 1984, 237.
26 *Geigel/Plagemann* Kap 30 Rn 134; *Küppersbusch* NZV 1992, 62.
27 Vgl zu diesem Grundsatz und dessen Ausnahmen § 170 Abs 1 Nr 2a, §§ 173, 176 SGB VI.
28 Vgl hierzu BGH VersR 1986, 485; *v Einem* NJW 1987, 480.
29 BGH VersR 1986, 485.
30 Wegen Einzelheiten vgl *Küppersbusch* NZV 1992, 58 ff; *von der Heide* VersR 1994, 274; *Hessert* VersR 1991, 165 ff; *Scheithauer* VersR 1992, 1047. Krit mit Vorschlägen de lege ferenda *v Einem* VersR 1991, 383 ff.
31 *Küppersbusch* NZV 1992, 60; *v Einem* VersR 1991, 382; **aA** (zum früheren Recht) BGHZ 109, 291.
32 Zu den verschiedenen Lösungsvorschlägen s *Küppersbusch* NZV 1992, 60 ff; *von der Heide* VersR 1994, 274; *Ritze* VersR 1990, 947; *Mörsch* VersR 1991, 39; *Hessert* VersR 1991, 166 f.
33 *v Wulffen/Bieresborn* (Lit vor Rn 1) § 119 SGB X Rn 11.
34 *Arnau* NZV 1997, 255; *Küppersbusch* NZV 1997, 30, 31; LG Frankfurt/M VersR 1998, 653.
35 BGHZ 140, 39.

SGB X auf diese über.[36] Das gilt jedoch nicht, wenn der Verletzte im Unfallzeitpunkt arbeitslos gewesen ist.[37]

c) Leistungspflicht. Eine solche kann nur bestehen, wenn der Geschädigte im Unfallzeitpunkt zum **versicherten Personenkreis** gehört. Dabei reicht es aus, wenn eine freiwillige Versicherung besteht (§ 9 SGB V – Krankenversicherung; § 7 SGB VI – Rentenversicherung; § 6 SGB VII – Unfallversicherung; § 26a SGB XI – Pflegeversicherung).[38] Wegen der Möglichkeit einer Beendigung der Mitgliedschaft steht der Rechtsübergang unter der auflösenden Bedingung des späteren Wegfalls der Leistungspflicht des Sozialversicherungsträgers;[39] mit Eintritt der Bedingung fallen die Schadensersatzansprüche wieder an den Verletzten zurück (§ 158 Abs 2 BGB).[40] **17**

Der Versicherungsträger muss durch das Schadensereignis **leistungspflichtig** werden („zu erbringen hat"); auf die Bewilligung oder Gewährung von Leistungen kommt es für den Forderungsübergang nicht an[41] (wohl aber für die Geltendmachung der übergegangenen Forderung gegen den Schädiger; dazu Rn 41). Es genügt die – wenn auch entfernte – **Möglichkeit** einer Inanspruchnahme des Sozialversicherungsträgers.[42] Besteht der Anspruch auf Sozialleistungen zwar dem Grunde nach, kann er aber aus Rechtsgründen (beispielsweise wegen Ruhens der Anspruchsberechtigung) nicht geltend gemacht werden, tritt der Übergang nicht ein, weil eine Sozialleistung dann nicht zu erbringen ist.[43] Dass ein erforderlicher **Leistungsantrag** (vgl § 18 SGB X, § 16 SGB I) noch nicht gestellt wurde, steht dem Forderungsübergang nicht entgegen.[44] **18**

Hat der Versicherungsträger **irrtümlich** eine Leistungspflicht angenommen und an den Geschädigten geleistet, löst dies keine Regressberechtigung aus.[45] Der Anspruch geht im Unfallzeitpunkt unmittelbar auf den für die Leistung tatsächlich sachlich zuständigen Leistungsträger über.[46] **19**

Leistungspflicht in diesem Sinne besteht auch, wenn die Voraussetzungen für die Erstattung der Kosten einer **Außenseitermethode**[47] im Rahmen der Gesetzlichen Krankenversicherung gegeben sind.[48] **20**

Bei **Zuzahlungsverpflichtungen** des Versicherten (zB für Arznei-, Heil- und Hilfsmittel gem § 31 Abs 3, § 32 Abs 2, § 33 Abs 2 SGB V, für Krankenhausbehandlung gem § 39 Abs 4 SGB V, die sog Praxisgebühr gem § 28 Abs 4 SGB V, jeweils iVm § 61 SGB V) ist der Forderungsüber- **21**

---

36 BGH NZV 1990, 310.
37 BGH VersR 1986, 487.
38 BGH VersR 1977, 768; 1983, 686; 1986, 698.
39 BGHZ 48, 181, 191.
40 BGH VersR 1999, 382.
41 *Hauck/Noftz/Nehls* (Lit vor Rn 1) § 116 SGB X Rn 9.
42 BGHZ 48, 181.
43 BGH SGb 1974, 469, 470.
44 Nach OLG Celle OLGR 2000, 88 soll sich der Ersatzpflichtige aber bis zur Antragstellung in der Pflegeversicherung (§ 33 SGB XI) nach § 242 BGB nicht auf den Übergang berufen können.
45 BGH NJW 2003, 3193, 3194; *Hauck/Noftz/Nehls* (Lit vor Rn 1) § 116 SGB X Rn 9.
46 BGH NJW 2003, 3193, 3194; s a Anm *Lemcke* r + s 2002, 441, 442 zur abw Entscheidung der Vorinstanz; *Hauck/Noftz/Nehls* (Lit vor Rn 1) § 116 SGB X Rn 9.
47 Vgl BSG NJW 1989, 794.
48 KG Berlin NZV 2004, 42.

gang auf den Leistungsanspruch abzüglich des Zuzahlungsbetrages beschränkt; der Zuzahlungsbetrag begründet für den Geschädigten einen eigenen Anspruch gegen den Schädiger.[49]

22 Lässt sich ein gesetzlich Versicherter trotz bestehender Leistungspflicht **privatärztlich behandeln**, fällt der übergegangene Schadensersatzanspruch an ihn zurück (s Rn 81; zur Erstattungsfähigkeit der Mehrkosten § 29 Rn 18).

3. Kongruenz der Ansprüche

23 **a) Allgemeines.** Voraussetzung des Forderungsüberganges ist die Deckungsgleichheit der Ansprüche gegen den Schädiger und die Sozialversicherung. Die Sozialleistung muss nach § 116 Abs 1 S 1 SGB X aufgrund des Schadensereignisses erbracht werden und der Behebung eines Schadens der gleichen Art dienen sowie sich auf denselben Zeitraum wie der vom Schädiger zu leistende Schadensersatz beziehen.[50] Schäden idS sind alle Nachteile, die infolge des Schadensereignisses für den Geschädigten bzw im Falle seines Todes für seine Hinterbliebenen entstehen.[51] Die erforderliche Kausalität der Leistungserbringung ist bei lediglich präventiven Leistungen, beispielsweise zur Gesundheitsvorsorge, zu verneinen.[52]

24 **b) Sachliche Kongruenz.** Sachliche Kongruenz bedeutet, dass die Sozialleistung „der Behebung eines Schadens der gleichen Art dienen", dh dieselbe Verletzungsfolge ausgleichen soll wie die Ersatzpflicht des Schädigers. Nach der Rechtsprechung des BGH soll es allerdings genügen, wenn der Versicherungsschutz der Art nach den Schaden umfasst, für den der Schädiger einzustehen hat; ob auch der einzelne Schadensposten vom Versicherer gedeckt wird, soll für den Rechtsübergang ohne Belang sein.[53] Es reicht also aus, wenn die Sozialleistung bei einer Gesamtbetrachtung zumindest auch dazu bestimmt ist, einen Ausgleich der Aufwendungen des Geschädigten herbeizuführen.[54] Dies kann zu dem unbilligen Ergebnis führen, dass der Geschädigte, wenn für ihn ein Versicherer eintritt, trotz vollen Ersatzanspruchs gegen den Schädiger dann keine volle Schadensdeckung erreicht, wenn die Leistungen seines Versicherers sich zwar der Art nach auf seinen Schaden beziehen, diesen aber nur zu einem Teil abdecken.

25 aa) Im Bereich der Verkehrsunfallregulierung **besteht sachliche Kongruenz** insbesondere zwischen folgenden Schadens- und Leistungsarten:[55]

26 – Zwischen **Sachschäden** (§ 3 Rn 44 ff) und Erstattung von Aufwendungen für Sachschäden des Nothelfers nach § 2 Abs 1 Nr 11 lit a, Nr 13 lit a und c, § 13 SGB VII, Ersatz von Hilfsmitteln gem § 8 Abs 3 SGB VII und satzungsmäßigen Mehrleistungen nach § 94 SGB VII.[56]

---

49 Hauck/Noftz/Nehls (Lit vor Rn 1) § 116 SGB X Rn 10; Breuer/Labuhn VersR 1983, 914 ff.
50 BGHZ 25, 343; 44, 387; 47, 311; BGH VersR 1968, 786; 1973, 566; 1977, 427; 1979, 640; 1979, 737.
51 Vgl MünchKomm/Oetker § 249 Rn 479 ff.
52 Hauck/Noftz/Nehls (Lit vor Rn 1) § 116 SGB X Rn 10.
53 Zu § 1542 RVO: BGH VersR 1973, 566 m krit Anm Wussow WJ 1973, 90, 138; zu § 67 VVG: BGH VersR 1958, 15, 1958, 161; offengelassen in BGH VersR 1979, 641.
54 Groß DAR 1999, 337, 343.
55 Vgl näher v Wulffen/Bieresborn (Lit vor Rn 1) § 116 SGB X Rn 5.
56 Hauck/Noftz/Nehls (Lit vor Rn 1) § 116 SGB X Rn 14.

– Zwischen **Heilungskosten** (§ 29 Rn 5 ff) und den Kosten für ambulante und stationäre Behandlung nach §§ 27, 39, 40 SGB V, § 27 Abs 1 SGB VII.[57] Heilungskosten umfassen gem §§ 28 ff SGB V, § 15 SGB VI, § 27 Abs 1 SGB VII die ärztliche Behandlung, Arzneimittel, Krankenpflege als deckungsgleiche Leistungen. Bei den Krankenhauskosten ist zwar die häusliche Ersparnis anzurechnen (§ 29 Rn 24), da aber die Leistung der Krankenkasse diesen Betrag umfasst, geht der Anspruch des Verletzten auf Ersatz seines Erwerbsschadens (mit Vorrang vor dem Regress des Arbeitgebers nach § 6 EFZG[58]) auf sie über (vgl Rn 33). Eine Zuzahlungspflicht (vgl Rn 21) ändert hieran nichts, denn sie hat nichts mit der häuslichen Verpflegung zu tun.[59] Keine Kongruenz besteht hinsichtlich der Besuchskosten (§ 29 Rn 9)[60] sowie der Mehrkosten bei Unterbringung in der zweiten und ersten Pflegeklasse.[61] Durfte der Verletzte die zweite Pflegeklasse des Krankenhauses in Anspruch nehmen (vgl § 29 Rn 18), während der Sozialversicherer ihm nur die Kosten der dritten erstattete, so verbleiben die Ansprüche hinsichtlich der Mehrkosten mangels sachlicher Kongruenz dem Verletzten.[62] **27**

Der Investitionszuschlag, den Krankenhäuser in den neuen Bundesländern auf der Grundlage von § 14 VIII 1 BPflV bzw § 8 III KHEntgG in Rechnung stellen, ist eine zur Heilbehandlung inkongruente Sozialleistung, weil es sich um eine zur Anhebung des Versorgungsniveaus dienende Subvention handelt.[63] **28**

– Zwischen den Aufwendungen für **vermehrte Bedürfnisse** (§ 29 Rn 32 ff) und häuslichen Pflegeleistungen sowie Haushaltshilfe (Leistungen der Krankenkasse nach § 27 Abs 1 Satz 2 Nr 4, § 37 SGB V, Leistungen der Unfallversicherung nach §§ 42, 44 Abs 5, § 54 Abs 2 SGB VII, Leistungen der Pflegeversicherung nach §§ 36–43 SGB XI).[64] Dabei besteht bei Verlust der Fähigkeit zur Haushaltsführung nur hinsichtlich der vermehrten Bedürfnisse, nicht bzgl des Erwerbsschadens sachliche Kongruenz.[65] Deckungsgleichheit liegt auch bzgl des Pflegegeldes gem § 37 SGB XI[66] und § 44 Abs 2 SGB VII[67] vor. Gleiches gilt nach dem BGH[68] für die Beitragszahlungen der Pflegekasse gem § 44 Abs 1 SGB XI (vgl auch Rn 36). Schließlich besteht **29**

---

57 KG Berlin NZV 2004, 42; Überblick über die Leistungen der Krankenversicherung bei *Arnau* VersR 1991, 850.
58 BGH VersR 1984, 583, 584. Vgl § 29 Rn 180.
59 *Schleich* DAR 1988, 150; **aA** *Küppersbusch* Rn 249; *Breuer/Labuhn* VersR 1983, 916.
60 Vgl OLG München VersR 1978, 373.
61 BGH VersR 1973, 566.
62 BGH VersR 1973, 566.
63 OLG Jena NZV 2004, 310.
64 Zur Pflegeversicherung vgl BGH NZV 1997, 71; OLG Frankfurt ZfS 1990, 6; OLG München NJW-RR 1995, 164. Näher hierzu auch *Wiesner* VersR 1995, 142; *Jahnke* VersR 1996, 927. Bezüglich der Pflegesachleistung nach § 36 SGB XI soll nach *Küppersbusch* NZV 1997, 30, 31 der Regress auf den Bruttostundenlohn einer Hilfskraft beschränkt werden. Die Kosten für die Einschaltung des ambulanten Pflegedienstes sind danach nicht kongruent.
65 BGH NJW 1997, 256.
66 BGH NJW 2001, 754, 755; 2003, 1455.
67 BGH NZV 2004, 514, 515.
68 BGHZ 140, 39. Zum Meinungsstand vgl die Nachweise bei *Groß* DAR 1999, 337, 343.

Kongruenz hinsichtlich der Aufwendungen, die der Verletzte, um seinen Einnahmeverlust aufzufangen, für eine Ersatzkraft gemacht hat.[69]

30 **Kein Verhältnis kongruenter Deckung** besteht demgegenüber hinsichtlich der Pflegekurse nach § 45 SGB XI, da keine Leistung an den Verletzten selbst erfolgt.[70] Auch mangelt es an der sachlichen Kongruenz mit Aufwendungen für vermehrte Bedürfnisse, wenn ein Sozialleistungsträger wegen Minderung der Erwerbsfähigkeit eine Rente zahlt.[71] Dann kann aber Kongruenz zum Erwerbsschaden bestehen (s Rn 31). Entsprechendes gilt für das Verhältnis zwischen dem Anspruch wegen Vermehrung der Bedürfnisse und den Aufwendungen der Krankenkassen oder der Berufsgenossenschaften für Heilungskosten. Kongruenz besteht nur zu den Heilungsaufwendungen gem § 823 BGB, § 11 StVG, § 5 Abs 1 HaftpflG. Dies ist von Bedeutung, weil der Anspruch des Verletzten wegen vermehrter Bedürfnisse auch Kosten für Medikamente, Hilfsmittel und Hauspflege umfassen kann.

31 – Zwischen **Erwerbsschaden** (§§ 842, 843 BGB, § 11 StVG, § 6 HaftpflG; näher § 29 Rn 56 ff) und Krankengeld (§ 44 SGB V), Krankengeld bei Fernbleiben von der Arbeit wegen Erkrankung eines Kindes (§ 45 SGB V), Berufs- bzw Erwerbsunfähigkeitsrente (§§ 43, 240 SGB VI),[72] Teil- oder Vollrente der Berufsgenossenschaft (§ 56 SGB VII),[73] Verletzten-/Übergangsgeld (§§ 45, 49, 55 SGB VII, § 20 SGB VI, § 160 SGB III, § 46 SGB XI), berufsfördernden Leistungen zur Rehabilitation (Ausbildungsgeld gem § 104 SGB III oder Umschulungskosten[74]) sowie Arbeitslosengeld (§ 117 SGB III), falls durch das schädigende Ereignis Arbeitslosigkeit eingetreten ist. Die Kongruenz des Krankengeldes ist auch zu bejahen, wenn es auf freiwilliger Weiterversicherung beruht[75] oder an die Stelle von Arbeitslosenunterstützung (in Form von Arbeitslosengeld und Arbeitslosenhilfe bzw Arbeitslosengeld II) tritt.[76] Hinsichtlich der genannten Rentenleistungen des Sozialleistungsträgers gilt dies auch, soweit es sich um einen Erwerbsschaden in Form der Verminderung der Fähigkeit zur Haushaltsführung handelt und der Schädiger deswegen eine Rente zu zahlen hat (vgl näher § 29 Rn 145 ff). Dem steht auch nicht entgegen, dass die Tätigkeit im Haushalt von der Sozialversicherung ausgeschlossen ist und der Rentenanspruch sich daher nur aus einer früheren, pflichtversicherten Tätigkeit ergeben kann.[77] Es wäre eine ungerechtfertigte Besserstellung des den Haushalt führenden Ehegatten, wenn ihm neben einer Erwerbsunfähigkeitsrente auch der volle Schadensersatzanspruch wegen Beeinträchtigung seiner Tätigkeit verbliebe. Auch eine Benachteiligung des Ehegatten gegenüber einem Alleinstehenden (der die Kosten einer Hilfskraft als vermehrte Bedürfnisse geltend machen kann) liegt nicht vor, da auch beim Verheirateten für den auf die Eigenversorgung entfallenden Teil der Haushaltsführung nur unter dem Gesichtspunkt der vermehrten Bedürfnisse Ersatz zu leisten ist, also nur

---

69 BGH VersR 1977, 916.
70 *Küppersbusch* NZV 1997, 30, 31.
71 BGH VersR 1958, 454; 1970, 899; 1974, 162; 1977, 916.
72 Vgl BGH VersR 1974, 162.
73 BGH VersR 1985, 356; OLG Hamm NZV 1997, 121; OLG Nürnberg VersR 2004, 1290; KG NZV 2002, 93; *Hauck/Noftz/Nehls* (Lit vor Rn 1) § 116 SGB X Rn 16.
74 BGH VersR 1982, 767; *Westphal* VersR 1982, 1126.
75 BGH VersR 1976, 756; 1977, 768.
76 BGH VersR 1984, 639; 1984, 862.
77 BGH VersR 1974, 163; **aA** BGH VersR 1968, 194; *Deutsch* SGb 1974, 393; *Lange* FamRZ 1983, 1183; s a *Fuchs* 184.

der Teil der Schadensersatzforderung auf den Sozialversicherungsträger übergeht, der für reinen Erwerbsschaden zu leisten ist.[78]

Kongruenz besteht weiterhin mit dem Beitragszuschuss zur Krankenversicherung der Rentner (§§ 106, 315 SGB VI), Leistungen zur Teilhabe am Arbeitsleben (§§ 57 ff SGB III, § 16 SGB VI), Arbeitslosengeld (§§ 117 ff; bis 31.12.2004 auch Arbeitslosenhilfe nach §§ 190 ff SGB III). Die Lohnersatzleistung eines Versicherungsträgers wie zB das Krankengeld ist kongruent zum haftungsrechtlichen Ausgleich der unfallbedingten Behinderung der Arbeitskraft, da sie neben dem Ausgleich des Ausfalls der Erwerbstätigkeit auch der Kompensation des Ausfalls im Haushalt dient.[79] Kongruenz besteht ferner zum Kinderzuschuss der Gesetzlichen Rentenversicherung (§ 270 SGB VI) und zur Kinderzulage der Gesetzlichen Unfallversicherung gem § 583 RVO (bis 31.12.1996).[80] Da aber ihre Gewährung nach § 4 Abs 1 Nr 1 BKGG zum Wegfall des Kindergeldes führt, muss der Rückgriff des Sozialversicherungsträgers auf den das Kindergeld übersteigenden Betrag beschränkt werden.[81] Die Zahlung von Altersruhegeld ist mit dem Verdienstausfallschaden nicht kongruent, soweit sie auf dem Erreichen der Altersgrenze beruht,[82] wohl aber bei Gewährung vorzeitigen Altersruhegelds wegen der unfallbedingten Behinderungen.[83] **32**

Soweit Leistungen der Krankenkasse für stationäre Behandlung auf **ersparte häusliche Verpflegung** entfallen (vgl Rn 27), sind sie mit dem Erwerbsschaden kongruent, weil die Verpflegungskosten ohne den Unfall aus dem Erwerbseinkommen zu tragen gewesen wären, die Übernahme der Verpflegungskosten also dem teilweisen Ersatz des Erwerbsschadens diente; daher geht auch insoweit der Schadensersatzanspruch über.[84] Dies gilt auch für den Erwerbsschaden wegen Verhinderung an der Haushaltsführung.[85] **33**

– Zwischen **Beerdigungskosten** (§ 28 Rn 14 ff) und Sterbegeld (§§ 58, 59 SGB V [bis 31.12.2004], § 63 Abs 1 Nr 1, § 64 SGB VII). **34**

– Zwischen **Unterhaltsschaden** (§ 28 Rn 31 ff) und Hinterbliebenenrente (§§ 46 ff SGB VI),[86] Witwenabfindung (§ 80 SGB VII, § 107 SGB VI); ferner zwischen der zum Unterhaltsschaden gehörenden Ersatzpflicht für entgangene **Haushaltsführung** und Betreuung (§§ 1360 f BGB; vgl § 28 Rn 59) und der Hinterbliebenenrente nach §§ 46 ff SGB VI.[87] **35**

– Auch die **Beiträge**, die von Sozialleistungen zu zahlen sind, also die Beiträge zur Kranken-, Pflege- und Rentenversicherung sowie zur Bundesagentur für Arbeit, gehören gem § 116 Abs 1 Satz 2 SGB X zu den kongruenten Sozialleistungen; vgl näher Rn 11 ff. Für die Zeit vor Inkrafttreten dieser Regelung zum 1.1.1992 bejaht die herrschende Meinung die sachliche Kongruenz der Beitragsleistung für den Fall, **36**

---

78 BGH VersR 1974, 163.
79 *Hauck/Noftz/Nehls* (Lit vor Rn 1) § 116 SGB X Rn 16.
80 BGH VersR 1983, 52.
81 BGH VersR 1983, 52; vgl auch BGH VersR 1978, 861; VRS 67, 88.
82 BGH VersR 1982, 166.
83 BGH VersR 1986, 813.
84 BGH VersR 1965, 786; 1984, 583; NJW 1971, 240; *Hauck/Noftz/Nehls* (Lit vor Rn 1) § 116 SGB X Rn 15; **aA** LG Münster MDR 1984, 52.
85 LG Regensburg VersR 1982, 885; **aA** OLG Zweibrücken NZV 1992, 150; *Küppersbusch* Rn 248.
86 BGH NJW 1987, 2293.
87 BGH VersR 1982, 291 m Anm *Gitter* JR 1982, 204 u *Sieg* SGb 1982, 322; OLG Frankfurt NZV 1993, 474; **aA** noch BGH VersR 1959, 633; OLG Frankfurt VersR 1980, 287 = 1981, 136 m zust Anm *Perkuhn*.

dass durch den Bezug der Sozialleistungen Versicherungspflicht begründet wurde.[88] Zum Verhältnis zu § 119 SGB X vgl Rn 144 ff.

37 Werden die Beiträge zur Erhaltung des Krankenversicherungsschutzes der Hinterbliebenen erbracht, dann sind diese – als Rechnungsposten des einheitlichen Unterhaltsersatzanspruches – mit den Rentenleistungen des Sozialversicherungsträgers auch insoweit kongruent, als diese Beiträge (in Form der Einbehaltung nach §§ 255 f SGB V) von den Hinterbliebenen selbst zu tragen sind.[89] Hatte sowohl der getötete als auch der andere Elternteil des unterhaltsberechtigten Kindes Anspruch auf Familienkrankenhilfe, so kann der Rentenversicherungsträger nur die Hälfte seiner Beiträge zur Rentnerkrankenversicherung gegen den Schädiger geltend machen.[90]

38 bb) **Keine sachliche Kongruenz** besteht demgegenüber bei den **Verwaltungskosten** des Sozialversicherungsträgers, den Kosten für ärztliche **Gutachten** und den zu zahlenden **Zinsen** nach § 44 SGB I.[91]

39 **Schmerzensgeldforderungen** gehen nach herrschender Meinung nicht auf den Versicherungsträger über, da es an der sachlichen Kongruenz fehlt.[92] Manche Sozialleistungen mögen zwar auch eine ideelle Komponente aufweisen,[93] deckungsgleich mit dem Schmerzensgeld sind sie deswegen jedoch nicht.[94]

40 c) **Zeitliche Kongruenz.** Zeitliche Kongruenz setzt voraus, dass die Sozialleistung den Schaden für denselben Zeitraum abdeckt, für den der Verletzte Anspruch auf Schadensersatz gegen Dritte hat. Der Übergang der Schadensersatzforderung findet stets nur in der Höhe statt, in der der Versicherungsträger für denselben Zeitraum Leistungen zu erbringen hat. Hat der Versicherungsträger in einem Zeitraum Leistungen erbracht, die den Schadensersatzanspruch des Verletzten für diesen Zeitraum überschreiten, so kann nicht wegen des Ausfalls ein Übergang von Forderungen für andere Zeiträume verlangt werden.[95] Wird beispielsweise Unfallrente für einen ganzen Monat gezahlt, obwohl der verletzungsbedingte Verdienstausfall nur zwei Wochen dauerte, so kann die Rente auch nur zur Hälfte gedeckt werden.[96]

III. Rechtsfolgen

1. Anspruchsübergang

41 Der Anspruch geht kraft Gesetzes auf den Sozialversicherungsträger über (**cessio legis**). Eine Überleitungsanzeige ist nicht erforderlich. Der Übergang findet auf den tatsächlich

---

88 *Hauck/Noftz/Nehls* (Lit vor Rn 1) § 116 SGB X Rn 17 b.
89 BGH NZV 1989, 306 m Anm *Fuchs*.
90 BGH VersR 1978, 346; **aA** *Drees* (Lit vor § 28 Rn 1) 45.
91 *Wussow/Schneider* Kap 74 Rn 28.
92 *Hauck/Noftz/Nehls* (Lit vor Rn 1) § 116 SGB X Rn 13.
93 Vgl zur Verletztenrente der Gesetzlichen Unfallversicherung BSG SGb 2004, 187; **aA** BGH VersR 2003, 390 (ausschließlich Lohnersatzfunktion).
94 **AA** für die Verletztenrente nach § 56 SGB VII *Hauck/Noftz/Nehls* (Lit vor Rn 1) § 116 SGB X Rn 13; wie hier BSG SGb 2004, 187; *Giese/v Koch/Kreikebohm* (Lit vor Rn 1) § 116 SGB X Rn 2.3.1, S 9.
95 OLG München VersR 1966, 927.
96 BGH SGb 1973, 376.

verpflichteten, nicht auf den faktisch leistenden Sozialleistungsträger statt.[97] Die cessio legis bewirkt, dass die Ansprüche des Geschädigten gegen den Dritten ab dem Zeitpunkt ihrer Wirksamkeit (s Rn 43) nur noch vom Sozialversicherungsträger geltend gemacht werden können, nicht mehr vom Geschädigten selbst. Er verliert also die Aktivlegitimation zur Geltendmachung des haftungsrechtlichen Anspruchs und wird an einer Verfügung über den Anspruch gehindert; insb kann er keinen wirksamen Vergleich mehr über den Anspruch abschließen.[98] Der Sozialversicherungsträger erwirbt den Anspruch so, wie er im Moment des Übergangs dem Geschädigten zustand. Ein bereits vorher abgeschlossener Vergleich wirkt also auch gegen ihn, ebenso eine etwa bereits in Lauf gesetzte Verjährungsfrist (s hierzu § 21 Rn 13 ff). Geltend machen kann er die übergegangenen Ansprüche insoweit, als er kongruente Leistungen (Rn 23 ff) an den Geschädigten erbracht hat (Rn 18). Hat bei einem Arbeitsunfall zunächst die (nach § 11 Abs 4 SGB V nicht zuständige) Krankenkasse geleistet, kann sie vom Unfallversicherungsträger Erstattung gem § 105 SGB X verlangen;[99] gegen den Schädiger hat sie mangels Leistungspflicht keinen Anspruch.[100]

Wenn ein Sozialversicherungsträger Rentenleistungen gewährt hat, kann der Verletzte für die Vergangenheit nicht mehr zwischen Renten- oder Kapitalzahlung wählen (vgl näher § 31 Rn 13); vielmehr ist der Übergang in Form einer Rente erfolgt. **42**

2. Zeitpunkt des Überganges

Grundsatz. Der Ersatzanspruch geht nach gefestigter höchstrichterlicher Rechtsprechung – bei bereits bestehendem Versicherungsverhältnis (sonst Rn 45) – grundsätzlich bereits im Zeitpunkt des **Schadensereignisses** über, also nicht etwa erst mit der Antragstellung, Leistungsbewilligung oder -erbringung. Ob zu diesem Zeitpunkt überhaupt Leistungen zu erbringen sind, ist unerheblich; es genügt die ernsthaft in Betracht zu ziehende **Möglichkeit**, dass der Träger irgendwann einmal wegen des Unfalls leistungspflichtig werden wird.[101] Durch den frühzeitigen Forderungsübergang soll der Sozialversicherungsträger hinsichtlich der künftig zu erbringenden Leistungen vor einer Verfügung des Geschädigten geschützt werden.[102] Dieser sofortige Anspruchsübergang führt zu Schwierigkeiten, wenn der Geschädigte – was ihm freisteht (vgl § 46 Abs 1 SGB I) – die ihm zustehenden Sozialleistungen nicht in Anspruch nimmt (hierzu unten Rn 81), ist aber hinsichtlich des Übergangs auf Renten-, Kranken- und Unfallversicherungsträger allgemein anerkannt. Die Höhe der Leistungen braucht ebenfalls noch nicht festzustehen.[103] **43**

Kein Übergang im Unfallzeitpunkt findet mangels Möglichkeit der künftigen Leistungserbringung statt, wenn der Geschädigte vor Erfüllung der Wartezeit (§§ 50 ff SGB VI) in der Gesetz- **44**

---

97 BGH NJW 1995, 2413, 2414; v Wulffen/Biersborn (Lit vor Rn 1) § 116 SGB X Rn 2.
98 S hierzu u zum Schutz des gutgläubigen Schuldners Rn 51, 61.
99 BGH NJW 2003, 3193. S a Rn 104. Bei vorläufigen Leistungen gem § 43 SGB I richtet sich die Erstattung dagegen nach § 102 SGB X.
100 OLG Rostock NZV 2005, 206.
101 BGHZ 48, 181, 184; BGH VersR 1983, 536; NZV 1990, 308; VersR 1990, 438; NJW 1994, 3097.
102 OLG Saarbrücken OLGR 1999, 323.
103 v Wulffen/Biersborn (Lit vor Rn 1) § 116 SGB X Rn 2.

lichen Rentenversicherung für die Erlangung einer **Erwerbsunfähigkeitsrente** bei einem Verkehrsunfall so schwer verletzt wird, dass er nach medizinischer Prognose unzweifelhaft zeitlebens erwerbsunfähig bleiben und daher die Wartezeiten nicht erfüllen können wird. Eine spätere Wiederaufnahme der Tätigkeit ist dabei irrelevant.[104]

45 Bestand zum Zeitpunkt des Schadenseintritts noch **kein Sozialversicherungsverhältnis**, so erwirbt der Sozialversicherungsträger die Forderung erst mit dessen Beginn.[105] Dabei reicht eine Familienversicherung nach § 10 SGB V für den sofortigen Forderungsübergang aus, sofern sie mit dem späteren Krankenversicherungsverhältnis eine Einheit bildet.[106] Dabei erfasst der Forderungsübergang auch spätere Ersatzansprüche wegen Arbeitsausfalls im Umfang des dafür zu beanspruchenden Krankengeldes, wenn der Verletzte den Krankengeldanspruch erst durch späteren Eintritt in die Pflichtversicherung erworben hat.[107]

46 Waren die später erbrachten Sozialleistungen gesetzlich noch nicht vorgesehen, so kann der Übergang erst mit dem Inkrafttreten der Neuregelung,[108] nicht schon mit der Bekanntmachung der Gesetzesänderung im Bundesgesetzblatt,[109] stattfinden. Dieser Fall liegt aber nur bei sog **Systemänderungen** vor, dh wenn völlig neue Leistungsarten geschaffen werden.[110] Werden demgegenüber bestehende Leistungen später infolge gesetzlicher Änderungen erhöht, deren Berechnungsmodalitäten geändert[111] oder die Sozialleistung in sonstiger Weise systemkonform umgestaltet, erfolgt der Forderungsübergang bereits unmittelbar im Zeitpunkt des schädigenden Ereignisses.[112] Eine Systemänderung stellt insbesondere der Wechsel vom SGB V zum SGB XI durch Einführung der Gesetzlichen Pflegeversicherung (SGB XI) dar,[113] deren Leistungspflichten zum 1.4.1995 für den ambulanten Bereich in Kraft gesetzt und zum 1.7.1996 auf den stationären Bereich erweitert wurden.[114] Wenn jedoch schon davor ein entsprechender Anspruch des Leistungsbeziehers (zB nach §§ 53 ff SGB V) bestand, ist die Umstellung (im Beispiel auf den Leistungsanspruch nach §§ 36 ff SGB XI) nicht als Systemänderung, sondern nur als Fortführung und Modifizierung des bisherigen Anspruchs anzusehen.[115] Die zwischenzeitlich (1.1.1989 bis 31.3.1995) eingeführten Pflegeleistungen der Gesetzlichen Krankenversicherung[116] (Anspruch auf häusliche Pflegehilfe in §§ 53 ff SGB V aF) sind

---

104 OLG Bamberg NZV 1997, 517.
105 OLG Nürnberg VersR 1980, 1069.
106 BGH NJW 1990, 2933.
107 BGH NJW 1990, 2933.
108 BGH VersR 1954, 537; 1955, 393; NZV 1997, 264; OLG Saarbrücken OLGR 1999, 323.
109 *Küppersbusch* Rn 590.
110 Vgl BGH NZV 1990, 308: Verpflichtung des Krankenversicherungsträgers zur Erbringung von Beiträgen an die Arbeitslosenversicherung.
111 BGHZ 19, 177, 183.
112 Vgl BGHZ 19, 183; BGH VersR 1960, 830; 1962, 19; 1962, 467; 1984, 35.
113 OLG Koblenz VersR 1999, 911; *Wegmann* VersR 1995, 1289; *Jahnke* VersR 1996, 932; *Küppersbusch* NZV 1997, 32; offen lassend BGH NJW 2003, 1455, 1456.
114 Zur Historie der Pflegeversicherung s *Jahnke* VersR 1996, 926 ff.
115 BGH NJW 2003, 1455.
116 BGH NZV 1997, 264; OLG Koblenz VersR 1999, 911; *Wegmann* VersR 1995, 1288 ff; *Jahnke* VersR 1996, 928; *Küppersbusch* NZV 1997, 32; **aA** OLG München VersR 1995, 726.

als Systemänderung zu qualifizieren, nicht aber die in Nachfolge zu § 185 Abs 3 RVO geregelte häusliche Krankenpflege nach § 37 SGB V.[117]

Für die **Arbeitslosenversicherung** hatte der BGH zu § 127 AFG aF die Auffassung vertreten, dass der Ersatzanspruch des Geschädigten frühestens im Zeitpunkt der Bewilligung von Leistungen auf die damalige Bundesanstalt für Arbeit (jetzt: Bundesagentur für Arbeit) übergeht.[118] Seit 1.7.1983 verweist § 127 AFG, ab 1.1.1998 der ihn ersetzende § 116 Abs 10 SGB X, jedoch auf § 116 Abs 1 SGB X, sodass hinsichtlich des Zeitpunkts jetzt kein Unterschied mehr gemacht werden kann, soweit es um Arbeitslosengeld nach §§ 117 ff SGB III[119] oder Rehabilitationsleistungen nach §§ 97 ff SGB III[120] geht und die Erbringung von Sozialleistungen durch die Bundesagentur für Arbeit ernsthaft in Betracht kommt[121] (wegen Arbeitslosenhilfe bzw der sie ersetzenden Grundsicherung für Arbeitssuchende nach dem SGB II vgl dagegen § 33 Rn 19). Der Anspruch geht daher bereits zum Unfallzeitpunkt über, wenn es zu unfallbedingten Leistungen der Bundesagentur für Arbeit aufgrund eines bereits bestehenden Arbeitslosenversicherungsverhältnisses kommen kann.[122] Wenn der Geschädigte zum Zeitpunkt des Unfalls jedoch nicht arbeitslosenversichert ist, sich aber konkret absehen lässt, dass Leistungen (wie zB Rehabilitationsleistungen) erforderlich sein werden, geht der Ersatzanspruch ebenfalls schon im Zeitpunkt des Schadenseintritts über.[123] **47**

Für den Übergang auf **Sozialhilfeträger** bestehen Besonderheiten (s § 33 Rn 19). – Zu den Auswirkungen des Übergangszeitpunkts auf die **Verjährung** s § 21 Rn 13 ff. **48**

3. Rechtsstellung gegenüber dem Ersatzpflichtigen

a) Bestand des Anspruchs. Der Regress ist in zweifacher Hinsicht begrenzt: Zum einen (selbstverständlich) durch die Höhe des übergegangenen Ersatzanspruchs des Geschädigten, zum anderen durch die Höhe der Leistung des Zessionars. Für die Inanspruchnahme des Schädigers muss der Sozialversicherungsträger daher darlegen und ggf beweisen, dass und in welcher Höhe er Leistungen erbracht hat. **49**

§ 116 Abs 8 SGB X lässt jedoch eine **Pauschalierung** zu. Der Krankenversicherungsträger kann wählen, ob er die dort genannte Pauschale oder die höheren tatsächlich entstandenen Aufwendungen abrechnet. Eine abweichende Regelung kann im Rahmen von **Pauschalierungsabkommen** nach § 116 Abs 9 SGB X getroffen werden. Nicht pauschal abrechenbar sind Kosten der stationären Behandlung. Vom Pauschbetrag nicht erfasst sind die Transportkosten nach § 60 SGB V.[124] Schadensfall in diesem Sinne ist das Unfallereignis und nicht der sozialversicherungsrechtliche Versicherungsfall.[125] Daher kann bei wiederholter Erkrankung aufgrund der Unfallverletzungen die einmal geltend gemachte und erhaltene Pauschale nicht noch **50**

---

117 *Jahnke* VersR 1996, 928.
118 BGHZ 83, 245; BGH VersR 1984, 482. S a *Plagemann* VersR 1982, 218.
119 BGHZ 108, 296.
120 BGH NJW 1994, 3097; *Waltermann* NJW 1996, 1646.
121 BGH NJW 1994, 3097.
122 *v Wulffen/Biesenborn* (Lit vor Rn 1) § 116 SGB X Rn 17.
123 BGH ZIP 1994, 1618.
124 *v Wulffen/Biesenborn* (Lit vor Rn 1) § 116 SGB X Rn 42.
125 *v Wulffen/Biesenborn* (Lit vor Rn 1) § 116 SGB X Rn 43.

einmal gefordert werden.[126] Ebenso wenig ist es möglich, nach Erhalt der Pauschale noch konkrete Abrechnung zu verlangen, und zwar selbst dann, wenn eine Nachforderung vorbehalten wurde.[127] Zu der bei Schadensfällen vor dem 1.7.1983 möglichen, weitergehenden Pauschalierung nach § 1542 Abs 2 RVO aF vgl 2. Aufl, § 11 Rn 39.

51 Über § 412 BGB finden die Vorschriften der §§ 399 bis 404, 406 bis 410 BGB entsprechende Anwendung. Der Ersatzpflichtige kann dem Sozialversicherungsträger alle Einwendungen entgegen halten, die ihm zur Zeit des Forderungsübergangs dem Geschädigten gegenüber zustanden (§§ 412, 404 BGB). Da der Schadensersatzanspruch gem § 116 Abs 1 SGB X bereits mit seiner Entstehung und nicht erst mit der Leistung des Regressgläubigers übergeht, kommt es in der Praxis häufig zur schuldbefreienden Leistung des Schädigers an den Scheingläubiger (§§ 412, 407 BGB). Der Sozialversicherungsträger müsste sich auf einen Bereicherungsanspruch aus § 816 Abs 2 BGB verweisen lassen, dem sich der Geschädigte häufig durch Entreicherung entziehen könnte (§ 818 Abs 3 BGB). § 116 Abs 7 S 1 SGB X schafft für diese Fälle einen eigenen Erstattungsanspruch, für den die Einrede des Wegfalls der Bereicherung ausgeschlossen ist.[128] Es handelt sich hierbei um einen öffentlich-rechtlichen Anspruch, der ggf vor den Sozialgerichten durchzusetzen ist.[129] Zur Bedeutung eines Abfindungsvergleichs zwischen Schädiger und Geschädigtem vgl Rn 55 ff, zum Übergang auf einen ausländischen Sozialversicherer Rn 96.

52 **b) Anrechnung eines Mitverschuldens.** Trifft den **Verletzten** am Unfall oder an der Höhe des Schadens eine Mitverantwortung (§ 9 StVG, § 254 BGB), so kann der Schädiger dies auch dem Zessionar entgegenhalten (§§ 412, 404 BGB). Dies gilt auch bei Verletzung der Schadensminderungspflicht durch den Verletzten.[130]

53 Auch den **Sozialversicherungsträger** selbst kann ein anrechenbares Mitverschulden treffen. So verstößt er zB gegen die Schadensminderungspflicht nach § 254 Abs 2 BGB, wenn er gebotene Leistungen zur Teilhabe unterlässt, durch die die Erwerbsfähigkeit des Verletzten hätte wiederhergestellt werden können.[131] Auch in diesem Fall hat er eine Kürzung seiner Rückgriffsforderung bzw (wenn der gesamte geltend gemachte Erwerbsschaden auf die unterlassene Rehabilitation zurückzuführen ist) deren Ausschluss hinzunehmen.[132]

54 Reicht infolge der Anrechnung des Mitverschuldens der Schadensersatzanspruch nicht aus, um die Leistungen des Sozialversicherungsträgers voll abzudecken, so richtet sich die Frage, zu wessen Lasten der Fehlbetrag geht, nach den Grundsätzen über das **Quotenvorrecht** (Rn 65 ff).

55 **c) Abfindungsvergleich und Teilungsabkommen.** Nach § 116 Abs 9 SGB X ist die Vereinbarung einer Pauschalierung der Ersatzansprüche zulässig. Die Vorschrift eröff-

---

126 *Küppersbusch* VersR 1983, 204; *Deinhardt* VersR 1984, 702.
127 *Geigel/Plagemann* Kap 30 Rn 91; LG München I ZfS 1990, 45; **aA** für den letztgenannten Fall *Küppersbusch* Rn 632.
128 *Palandt/Heinrichs* vor § 249 Rn 160.
129 Vgl OLG Frankfurt NJW-RR 1997, 1087.
130 BGH VersR 1983, 488; *Küppersbusch* Rn 589.
131 Vgl §§ 4, 7 S 2 SGB IX iVm §§ 9 ff SGB VI, § 35 SGB VII, § 11 Abs 2, §§ 40 ff SGB V, §§ 3, 8 SGB IX und zur Verpflichtung zur Rehabilitation BVerfGE 9, 147; 14, 114.
132 BGH VersR 1981, 347 = 1075 m Anm *Klimke*.

net die Möglichkeit, Ersatzansprüche nachträglich durch Abschluss eines einmaligen Abfindungsvergleichs oder vorab durch Abschluss eines Teilungsabkommens zu regeln. Teilungsabkommen werden als vorweggenommene Rahmenvergleiche angesehen, wobei sich die Vertragsschließenden ohne Kenntnis der künftig konkret abzuwickelnden Schadensersatzansprüche auf die Zahlung einer bestimmten Schadensquote einigen.[133] Sie werden insbesondere mit den Krankenkassen und auch mit den Pflegekassen vereinbart.[134] Wird zwischen einem Krankenversicherungsträger und dem Schädiger bzw dessen Haftpflichtversicherer ein Abfindungsvergleich für künftige Schäden geschlossen, so ist er bei einem späteren Kassenwechsel des versicherten Geschädigten grundsätzlich nicht verpflichtet, die andere Kasse an der Abfindung zu beteiligen.[135] Vgl auch § 15 Rn 50.

Unwirksam ist der in einem Abfindungsvergleich zwischen Krankenversicherungsträger und Haftpflichtversicherer enthaltene Erlass der Ersatzansprüche gegenüber dem Geschädigten, soweit dessen Rechte dadurch vereitelt oder beeinträchtigt werden.[136] Ein zwischen Haftpflichtversicherer und Krankenkasse geschlossener Abfindungsvergleich ist ferner nach § 779 BGB unwirksam, wenn der Haftpflichtversicherer des Schädigers in der Annahme, dass ein Arbeitsunfall nicht vorliege, Ersatzleistungen an die Krankenkasse erbringt. Diese Leistungen erfolgen regelmäßig ohne Rechtsgrund.[137] Der Haftpflichtversicherer ist dem Unfallversicherungsträger weiterhin zur Leistung verpflichtet.[138] Zum daraus resultierenden Ersatzanspruch des Haftpflichtversicherers gegen den Krankenversicherer vgl § 15 Rn 56.

56

Der aufgrund eines Teilungsabkommens einen Schadensausgleich an die Krankenversicherung zahlende Haftpflichtversicherer kann den gezahlten Betrag vom Schädiger zurückfordern, sofern sich herausstellt, dass dieser die Alleinschuld an dem Unfall hat und infolgedessen zu vollem Schadensersatz verpflichtet ist.[139]

57

Einen **vor dem Rechtsübergang** abgeschlossenen Vergleich zwischen Schädiger und Geschädigtem muss der Sozialversicherungsträger gegen sich gelten lassen; da der Forderungsübergang sich aber in den meisten Fällen bereits im Unfallzeitpunkt vollzieht (Rn 43), kam dem bisher nur geringe Bedeutung zu. Erhebliche Auswirkungen ergeben sich jedoch nunmehr im Bereich der Gesetzlichen Pflegeversicherung (SGB XI). Da es sich bei deren Einführung um eine Systemänderung (s Rn 46) handelt, konnten die kongruenten Ansprüche gegen den Schädiger auf Ersatz der vermehrten Bedürfnisse erst mit dem Inkrafttreten der entsprechenden Leistungsbestimmungen (1.4.1995 für den ambulanten, 1.7.1996 für den stationären Bereich) auf die Pflegekasse übergehen.[140] Wurde vor diesem Zeitpunkt ein Abfindungsvergleich geschlossen, aus dem die An-

58

---

133 *Marburger* VersR 2003, 1232.
134 *Küppersbusch* NZV 1997, 32.
135 *v Wulffen/Bieresborn* (Lit vor Rn 1) § 116 SGB X Rn 46.
136 BGH VersR 1999, 382.
137 BGH NJW 2003, 3193, 3195; vgl auch *Lemcke* r + s 2002, 441, 443.
138 LG Stuttgart r + s 2002, 460 m Anm *Lemcke* r + s 2002, 441, 443, der eine Befreiung des Haftpflichtversicherers entsprechend §§ 408 Abs 2, 407 BGB und einen Erstattungsanspruch des Unfall- gegen den Krankenversicherer gem § 816 Abs 2 BGB präferiert.
139 LG Cottbus DAR 2000, 70.
140 *Jahnke* VersR 1996, 933 stellt auf den Zeitpunkt der Institutionalisierung der Pflegeversicherung (1.1.1995) ab.

sprüche wegen vermehrter Bedürfnisse nicht ausdrücklich ausgenommen wurden, so konnte ein Übergang auf den Träger der Pflegeversicherung nicht mehr stattfinden.[141] Dieser Ausschluss des Forderungsübergangs betrifft auch vor Einführung der Pflegeversicherung geschlossene Abfindungsvergleiche zwischen Unfallverletzten und Haftpflichtversicherern.[142] Hat eine Kfz-Haftpflichtversicherung vor Inkrafttreten des SGB V mit einem Verkehrsunfallverletzten einen Abfindungsvergleich „zur Abgeltung aller gegenseitigen Ansprüche aus dem Verkehrsunfall vom ..." geschlossen, bezieht dieser auch Ansprüche des Geschädigten auf Ersatz der durch besonderen Pflegeaufwand entstehenden künftigen Kosten ein, sodass ein diesbezüglicher Anspruchsübergang auf den Träger der Pflegeversicherung nicht in Betracht kommt.[143]

59 Umgekehrt kann ein Abfindungsvergleich nicht solche Schadenspositionen umfassen, die nach der Gesetzeslage bei Vergleichsschluss wegen § 116 Abs 1 SGB X vollständig der Verfügung des Geschädigten entzogen waren und ihm erst nach einer Reduzierung des Leistungsumfangs der Sozialversicherung (zB aufgrund des Gesundheitsreformgesetzes) wieder entstehen konnten.[144]

60 Wird nach einem Verkehrsunfall, aber vor Erfüllung der Wartezeit in der Gesetzlichen Rentenversicherung für die Erlangung einer **Erwerbsunfähigkeitsrente** ein Abfindungsvergleich zwischen dem Geschädigten und der Versicherung des Unfallschädigers geschlossen, wobei nach medizinischer Prognose kein Zweifel daran bestand, dass der Verletzte zeitlebens erwerbsunfähig bleiben werde, und kommt es in der Folgezeit dennoch zu einer Erfüllung der Wartezeit aufgrund Wiederaufnahme einer Erwerbstätigkeit und damit zum Bezug von Erwerbsunfähigkeitsrente, sind Regressansprüche des Sozialversicherungsträgers dennoch mit der Zahlung des Abfindungsbetrages erloschen.[145]

61 Hat sich der Geschädigte **nach dem Rechtsübergang** mit dem Ersatzpflichtigen verglichen, so ist der Vergleich grundsätzlich unwirksam, denn der Geschädigte war nicht mehr berechtigt, über den Ersatzanspruch zu verfügen. In Betracht kommt aber eine Wirksamkeit infolge Gutgläubigkeit des Schuldners nach §§ 412, 407 Abs 1 BGB. Wenn der Haftpflichtversicherer keine Kenntnis von der Legalzession hat, muss der Versicherte dem Versicherungsträger Leistungen im diesem zustehenden Umfang erstatten. An den guten Glauben werden von der Rechtsprechung jedoch strenge Anforderungen gestellt: Bereits die Kenntnis von Umständen, von denen allgemein bekannt ist, dass sie eine Sozialversicherungspflicht begründen, hindert den Ersatzpflichtigen, sich darauf zu berufen, er habe von dem Forderungsübergang nichts gewusst,[146] sodass bei normalerweise sozialversicherten Arbeitern oder Angestellten in der Regel von einer Kenntnis auszugehen ist.[147] Ohne Bedeutung ist daher auch, ob dem Schädiger bzw seinem Haftpflichtversicherer die gesetzlichen Vorschriften bekannt sind, auf denen die Leistungspflicht des Sozialversicherungsträgers beruht.[148] Beim Forderungsübergang infolge

---

141 *Jahnke* VersR 1996, 933, auch für den Fall eines Abfindungsvergleichs mit dem Krankenversicherer des Verletzten.
142 OLG Koblenz VersR 1999, 911.
143 OLG Celle NZV 1998, 250.
144 *Gerner* VersR 1996, 1080 m abl Anm zu OLG Koblenz VersR 1996, 232.
145 OLG Bamberg NZV 1997, 517.
146 BGH VersR 1968, 771; 1975, 446; 1984, 35; NZV 1990, 310.
147 *v Wulffen/Bieresborn* (Lit vor Rn 1) § 116 SGB X Rn 40.
148 BGH NJW 1994, 3099 (betr Rehabilitationsleistungen der damaligen Bundesanstalt für Arbeit).

einer gesetzlichen Systemänderung (Rn 46) entfällt der gute Glaube spätestens mit der Verkündung im BGBl.[149]

4. Beschränkungen bei nicht ausreichender Ersatzleistung

a) Gesetzliche Höhenbegrenzung[150]

Um zu vermeiden, dass die cessio legis sich zum Nachteil des Verletzten auswirkt, normiert § 116 Abs 2 SGB X – in Abkehr von der früheren Rechtslage[151] – ein sog **Quotenvorrecht des Geschädigten** für den Fall, dass der Schadensersatzanspruch wegen einer gesetzlichen Haftungshöchstgrenze (§ 12 StVG, § 9 HaftpflG) nicht ausreicht, um die Leistungen des Sozialversicherungsträgers und den verbleibenden Schaden des Verletzten auszugleichen. Der Versicherungsträger erhält dann nur die nach Befriedigung des Verletzten übrig bleibende Restforderung.[152] Nicht von dieser Regelung erfasst wird die Erschöpfung der Deckungssumme aus der Haftpflichtversicherung[153] (hierzu Rn 72). **62**

Kontrovers diskutiert wird die im Wortlaut des § 116 Abs 2 SGB X offen gelassene Frage, ob unter Schaden hier nur der den Sozialleistungen sachlich und zeitlich kongruente Schaden[154] oder der **Gesamtschaden**[155] zu verstehen ist. Bei Ansatz nur des kongruenten Schadens würde der ggf noch verfügbare Restbetrag, zB in Höhe eines nicht kongruenten Schmerzensgeldes, dem Sozialleistungsträger verbleiben. Demgegenüber hat der BGH dem Versicherten für den Fall, dass der Haftungsumfang durch gesetzliche Höchstsummen eingeschränkt ist (§ 12 StVG), ein uneingeschränktes Quotenvorrecht gewährt, sodass er seine gesamten Schadensersatzansprüche (auch die inkongruenten Schäden) vorab befriedigen kann.[156] Nach dieser systemwidrigen Rechtsansicht[157] kommt es nur dann noch zu einem Forderungsübergang auf den leistenden Sozialversicherungsträger, wenn der gesamte Schaden des Verletzten mit der begrenzten Haftungssumme ausgeglichen werden kann.[158] **63**

Das Quotenvorrecht des Geschädigten besteht aber nur, wenn bei **voller Haftung** des Schädigers der Schadensersatzanspruch durch einen gesetzlichen Höchstbetrag begrenzt wird, nicht bei Kürzung wegen Mitverschuldens[159] (hierzu Rn 65). **64**

---

149 BGH VersR 1984, 35. Weitergehend *Jahnke* VersR 1996, 931: sobald nach Pressemitteilungen mit Verabschiedung des Gesetzes zu rechnen ist.
150 Zum Ganzen *Greger/Otto* NZV 1997, 293.
151 Sie bleibt für Unfälle vor dem 1.7.1983 maßgeblich; s hierzu 3. Aufl Schlussanh II Rn 142 ff.
152 *v Wulffen/Bieresborn* (Lit vor Rn 1) § 116 SGB X Rn 20a.
153 *v Wulffen/Bieresborn* (Lit vor Rn 1) § 116 SGB X Rn 22.
154 *v Wulffen/Bieresborn* (Lit vor Rn 1) § 116 SGB X Rn 21; *Küppersbusch* VersR 1983, 193; *Denck* VersR 1987, 630 f; *Sieg* BB 1987 Beil 13 S 8.
155 BGH DAR 1997, 310; *Geigel/Plagemann* Kap 30 Rn 61; *Wussow/Schloën* 2462; *Deinhardt* VersR 1984, 697.
156 BGH NJW 1997, 1785.
157 S hierzu *Greger/Otto* NZV 1997, 292 ff.
158 *Groß* DAR 1999, 343.
159 BGH NJW 2001, 1214 = JZ 2001, 714 m Anm *Gitter*; *Giese/von Koch/Kreikebohm* (Lit vor Rn 1) § 116 SGB X Rn 4 S 14.

b) Mitverschulden

65 **aa) Grundsatz:** Für den Fall, dass der Schädiger wegen der Mitverantwortung des Geschädigten für den Unfall oder aus anderen Gründen nicht verpflichtet ist, Schadensersatz in der vollen Höhe zu leisten, sieht **§ 116 Abs 3 Satz 1 SGB X** die Aufteilung des Ersatzanspruchs zwischen Sozialversicherungsträger einerseits und Geschädigten andererseits im Verhältnis der Leistungspflicht des Versicherungsträgers zu dem durch diese Leistungspflicht nicht gedeckten Restschaden vor. Im Gegensatz hierzu hatte die Rechtsprechung zur Vorläufervorschrift § 1542 RVO das sog „Quotenvorrecht" des Sozialversicherungsträgers entwickelt, demzufolge der Geschädigte aus dem verminderten Schadensersatzbetrag nur das erhielt, was nach Durchführung des vollen Sozialversichererregresses übrig blieb.[160] Diese Rechtslage bleibt für Unfälle vor dem Inkrafttreten des § 116 SGB X am 1.7.1983 maßgeblich (Art II § 22 SGB X).[161]

66 § 116 Abs 3 Satz 1 SGB X räumt keiner Seite ein Vorrecht ein, sondern verteilt den Ausfall durch **Quotelung** des Schadensersatzanspruchs gleichmäßig (sog relative Theorie).[162] Der Geschädigte erscheint hier weniger schutzwürdig, weil er zur Entstehung des Schadens in zurechenbarer Weise beigetragen hat. Die zivilrechtlichen Schadensersatzansprüche werden daher im Verhältnis zu dem Teil des Schadens, der durch die Sozialleistung nicht gedeckt ist, aufgeteilt. Der Anteil des Schadensersatzanspruches, der nach dieser Aufteilung dem Prozentsatz der Schadensdeckung durch den Sozialversicherungsträger entspricht, geht auf diesen über. Dadurch erhält der Sozialleistungsträger den Teil seiner übergangsfähigen Leistungen erstattet, welcher der Haftungsquote des Schädigers entspricht. Dem Geschädigten verbleibt demgegenüber der um seinen Mitverschuldensanteil gekürzte Teil des Schadensersatzanspruchs, der dem Verhältnis seines von der Sozialleistung nicht gedeckten Restschadens zum Gesamtschaden entspricht.[163]

67 Eine von § 116 Abs 3 Satz 1 SGB X abweichende Aufteilung des Anspruchs zwischen Geschädigten und Sozialversicherungsträger soll erfolgen, wenn der Hinterbliebene eines Unfallopfers den Unterhaltsschaden aufgrund eigenen Beitrags zum Unterhalt reduziert, er dadurch bei quotenmäßiger Haftung des Schädigers aus dem Differenzbetrag zunächst seinen verbleibenden Schadensanteil abdecken kann, er dann aber mehr als bei voller Schädigerhaftung erhalten würde.[164]

68 **bb) Ausnahmen:** In zwei Fällen sieht das Gesetz abweichend von § 116 Abs 3 Satz 1 SGB X ein **Quotenvorrecht des mitverantwortlichen Verletzten** vor:

69 – wenn und soweit der Verletzte oder seine Hinterbliebenen durch den Forderungsübergang auf den Sozialversicherungsträger[165] **hilfebedürftig** iSd SGB XII würden (§ 116 Abs 3 Satz 3 SGB X);[166]

---

160 BGHZ 22, 136, 138; 70, 67, 70. S a *Greger/Otto* NZV 1997, 292 ff.
161 Zu den Einzelheiten s 3. Aufl, Schlussanh II, Rn 142 ff.
162 *Groß* DAR 1999, 343.
163 BGHZ 106, 381, 385.
164 OLG Hamm NZV 2004, 43.
165 Zum Erfordernis der Kausalität zwischen Anspruchsübergang und Sozialhilfebedürftigkeit BGHZ 133, 129.
166 Einzelheiten hierzu bei *Küppersbusch* VersR 1983, 198.

– wenn der Sozialversicherungsträger keine höheren Leistungen als vor dem schaden- **70**
stiftenden Ereignis zu erbringen hat,[167] also aufgrund des Unfalls **keine finanzielle
Mehrbelastung** für den Sozialversicherungsträger entsteht, insbesondere also bei
Tötung eines Sozialrentners (§ 116 Abs 5 SGB X); dies entspricht der Rechtslage vor
Inkrafttreten des § 116 SGB X (s o Rn 65).

c) Zusammentreffen von Mitverschulden und Höhenbegrenzung

Nach § 116 Abs 3 S 2 SGB X ist auch in diesem Fall die Quotelung nach der relativen **71**
Theorie (Rn 66) vorzunehmen. Streitig ist jedoch, ob und wie sich daneben das Quotenvorrecht wegen der gesetzlichen Höhenbeschränkung auswirkt. Der BGH wendet ausschließlich die relative Theorie an, geht hierbei jedoch, um zu vermeiden, dass der Geschädigte bei einem höheren Mitverschuldensanteil einen höheren Betrag erhielte als bei einer geringeren Mitverantwortung, in zwei Stufen vor: Zunächst ist eine Aufteilung der übergehenden und der dem Geschädigten verbleibenden Ansprüche nach Abs 3 S 1 SGB X ohne Berücksichtigung der Haftungshöchstgrenze vorzunehmen; überschreitet der um den Mitverschuldensanteil des Geschädigten gekürzte Gesamtschadensanspruch die gesetzliche Haftungshöchstsumme, ist anschließend das Ergebnis der Aufteilung zwischen Sozialversicherungsträger und Geschädigtem der Haftungshöchstgrenze anteilig anzupassen, um die Unterdeckung proportional auf beide zu verteilen.[168] Auch diese Ansicht führt zwar nicht zu allgemein befriedigenden Ergebnissen; eine Abhilfe wäre jedoch nur dem Gesetzgeber möglich.[169]

d) Tatsächliche Durchsetzungshindernisse

Besteht zwar ein Ersatzanspruch in voller Höhe des entstandenen Schadens, kann dieser **72**
aber aus tatsächlichen Gründen nicht voll durchgesetzt werden, so darf sich nach **§ 116
Abs 4 SGB X** der Verletzte vorrangig aus dem erlangten Betrag befriedigen (sog **Befriedigungsvorrecht** des Geschädigten). Diese (bereits vor Inkrafttreten des SGB X von der Rechtsprechung[170] entwickelte) Regelung greift zB ein, wenn der Schädiger nicht zahlungsfähig ist und kein Haftpflichtversicherungsschutz besteht oder die Deckungssumme überschritten ist. Sie berührt nicht den Forderungsübergang, sondern wirkt sich vor allem im vollstreckungsrechtlichen Verteilungsverfahren (§§ 872 ff ZPO), bei nicht ausreichender Versicherungssumme im Verteilungsverfahren nach § 156 Abs 3 VVG,[171] aus, ist jedoch auf Einrede hin auch bereits im Erkenntnisverfahren zu beachten.[172] Das Befriedigungsvorrecht erstreckt sich auf den Gesamtschaden, also auch auf das nicht kongruente Schmerzensgeld.[173] Es steht dem Geschädigten auch im Falle

---

167   v *Wulffen/Bieresborn* (Lit vor Rn 1) § 116 SGB X Rn 33.
168   BGH NJW 2001, 1214, 1216; näher v *Olshausen* VersR 2001, 937 mit Rechenbeispiel und Nachweis anderer Lösungsansätze.
169   v *Olshausen* VersR 2001, 940.
170   BGH VersR 1968, 170 u 1182.
171   Hierzu eingehend *Hessert* VersR 1997, 42.
172   BGH VersR 1982, 791, 793.
173   v *Wulffen/Bieresborn* (Lit vor Rn 1) § 116 SGB X Rn 32; *Hessert* VersR 1997, 41 mit Hinweis auf die Gesetzesbegründung.

der Beschränkung der Schadensersatzansprüche nach § 116 Abs 2 oder Abs 3 SGB X bei zusätzlicher Nichtdurchsetzbarkeit zu.[174]

5. Ausschluss des Forderungsüberganges bei Schädigung durch Familienangehörige

73 **a) Normzweck.** § 116 Abs 6 SGB X schließt den Übergang des Ersatzanspruchs auf den Sozialleistungsträger aus, wenn er sich gegen einen Familienangehörigen richtet und dieser die zur Leistungspflicht führende Schadensfolge nicht vorsätzlich herbeigeführt hat.[175] Der Geschädigte soll nicht über die häusliche Wirtschaftsgemeinschaft mit dem Regresspflichtigen in die Mithaftung genommen werden. Die Rechtsprechung hat diesen Rechtsgedanken, der auf der Erwägung basiert, dass die wirtschaftlich gesehen eine Einheit bildenden Angehörigen nicht zugleich entschädigt und belastet werden sollen und dass der Familienfriede nicht durch Auseinandersetzungen über die Unfallverantwortung gestört werden soll, in Analogie zu § 67 Abs 2 VVG bereits vor Inkrafttreten des § 116 SGB X auf den Forderungsübergang im Sozialversicherungsrecht angewendet.[176] Das Angehörigenprivileg kann nicht abbedungen werden (§ 68a VVG analog) und greift daher auch im Falle einer ausdrücklichen Abtretung an den Sozialversicherungsträger ein.[177]

74 **b) Familienangehörige** im Sinne des § 116 Abs 6 SGB X bzw des § 67 Abs 2 VVG sind neben den Verwandten aufsteigender und absteigender Linie insbesondere Ehegatten und Lebenspartner iSd LPartG, aber auch Stief-, Adoptiv- und Pflegekinder[178] bzw -eltern (§§ 1589, 1590 BGB). Nicht darunter fallen Verlobte[179] und Partner einer eheähnlichen Lebensgemeinschaft.[180]

75 **c) Häusliche Gemeinschaft** liegt vor bei einem auf gewisse Dauer beabsichtigten Zusammenleben mit überwiegend gemeinschaftlicher Haushaltsführung.[181] Erforderlich sind eine gewisse wirtschaftliche Einheit, die sich jedoch nicht auf die gesamte Wirtschaftsführung zu erstrecken braucht,[182] sowie ein im Kern gemeinsames Familienleben.[183] Diese Voraussetzungen können auch beim Zusammenleben von Eltern und

---

174 v Wulffen/Bieresborn (Lit vor Rn 1) § 116 SGB X Rn 32.
175 BGH VersR 1961, 1077; 1986, 233.
176 BGHZ 41, 79; 54, 256; 66, 111; BGH VersR 1979, 256.
177 OLG Frankfurt 1984, 254; OLG Saarbrücken VersR 1988, 1038; *Geigel/Plagemann* Kap 30 Rn 84; **aA** OLG Köln VersR 1960, 894; *Bayer* VersR 1989, 1123.
178 BGH VersR 1980, 526; OLG Stuttgart NZV 1993, 353.
179 BGH NJW 1977, 108.
180 BGH NJW 1988, 1091 m abl Anm *Striewe* u *Schirmer* DAR 1988, 289; OLG Schleswig VersR 1979, 669; OLG München NJW-RR 1988, 34; OLG Hamm NJW-RR 1993, 1443 (homophile Lebensgemeinschaft); OLG Hamm NVersZ 1999, 559; *Geigel/Plagemann* Kap 30 Rn 78; *Jahnke* NZV 1995, 378; *Becker* VersR 1985, 205; *Weber* DAR 1985, 1; **aA** österr OGH VersR 1989, 830 = 1327 m Anm *Bosch*; OLG Brandenburg NJW 2002, 1581 (Zusammenleben mit Kind; zu § 67 Abs 2 VVG); LG Saarbrücken VersR 1995, 158; LG Potsdam FamRZ 1997, 878 (Zusammenleben mit Kind); *Schirmer* DAR 2007, 4 ff; *Schulin* SGb 1989, 1; *Kohte* NZV 1991, 89; vgl auch BGH VersR 1980, 526.
181 Vgl BGH VersR 1980, 644.
182 BGHZ 41, 81.
183 BGH VersR 1961, 1077; 1980, 645.

verheiratetem Sohn bestehen.¹⁸⁴ Sie fehlen hingegen zwischen einem in der Bundesrepublik Deutschland lebenden ausländischen Arbeitnehmer und seinen nur im Urlaub besuchten Angehörigen im Heimatland.¹⁸⁵ Vorübergehende Trennung hebt sie nicht auf, wie zB bei Kindern, die nur zu Ausbildungszwecken zeitweise außerhalb wohnen. Ein nur gemeinsames Wohnen reicht allerdings nicht aus.¹⁸⁶ Die Prüfung, ob tatsächlich eine gemeinschaftliche Wirtschaftsführung gewollt und vollzogen wird, ist umso genauer zu prüfen, je ferner der Verwandtschaftsgrad ist.¹⁸⁷ Auf den Rückgriff gegen den Erben des Schädigers ist das Familienprivileg entsprechend anzuwenden, wenn der Geschädigte sowohl im Zeitpunkt des Schadensereignisses als auch bei Geltendmachung des Rückgriffs mit dem Erben in häuslicher Familiengemeinschaft lebte.¹⁸⁸

d) Einen festen **Zeitpunkt** für das Vorliegen der genannten Voraussetzungen hat die Rechtsprechung nicht bestimmt. Es genügt für den Ausschluss des Übergangs jedenfalls, dass die Angehörigeneigenschaft und die häusliche Gemeinschaft im Zeitpunkt des Unfalls bestanden haben (vgl § 116 Abs 6 Satz 1 SGB X), auch wenn sie später aufgelöst wurden.¹⁸⁹ Ebenso genügt es aber auch, wenn die genannten Voraussetzungen erst später entstanden sind.¹⁹⁰ Es besteht dann ein Durchsetzungshindernis. Für den Fall späterer Eheschließung ist dies ausdrücklich in § 116 Abs 6 Satz 2 SGB X geregelt.¹⁹¹ Dieser Rechtsgedanke kann auf Fälle, in denen sonstige Voraussetzungen des Familienprivilegs nachträglich entstehen, analog angewendet werden.¹⁹² Eine spätere Änderung ist auch hier ohne Bedeutung.¹⁹³ § 116 Abs 6 Satz 2 SGB X schließt nicht den Anspruchsübergang aus, sondern steht der Geltendmachung des übergegangenen Ersatzanpruches entgegen.¹⁹⁴ **76**

e) Im Hinblick auf seinen Zweck (Rn 73) ist das Angehörigenprivileg fragwürdig, wenn eine Kfz-**Haftpflichtversicherung** den Schaden trägt.¹⁹⁵ Nach Rechtsprechung und hL schließt § 116 Abs 6 SGB X jedoch auch den Regress eines Sozialversicherungsträgers gegen den Kfz-Haftpflichtversicherer des Angehörigen aus.¹⁹⁶ Hierfür wird auf die Akzessorietät des Direktanspruchs abgestellt. Für den Regress des *Sozialhilfeträgers* hat der BGH¹⁹⁷ zwar anders entschieden (vgl § 33 Rn 25), hierbei soll es sich aber um einen **77**

---

184 BGH VersR 1986, 334.
185 OLG Nürnberg NZV 1988, 228 LS.
186 *v Wulffen/Bieresborn* (Lit vor Rn 1) § 116 SGB X Rn 36.
187 BGHSt 29, 54, 56.
188 BGH VersR 1985, 471.
189 BGHZ 54, 256; BGH VersR 1971, 901; 1980, 644.
190 BGH VersR 1972, 764; 1976, 289; 1977, 149.
191 Nach *Groß* DAR 1999, 337, 344 soll die Eingehung der Ehe erst nach Eintritt des Schadensereignisses nicht ausreichen.
192 *Geigel/Plagemann* Kap 30 Rn 82; **aA** OLG Nürnberg NZV 1988, 228 LS. Zur analogen Anwendung bei § 67 Abs 2 VVG (s § 35 Rn 4) OLG Köln NZV 1991, 395. Zur Eingehung einer registrierten Lebenspartnerschaft *Röthel* NZV 2001, 332.
193 *Geigel/Plagemann* Kap 30 Rn 82; *Breuer* NJW 1984, 276 u VersR 1984, 512; **aA** *Fenn* ZBlSozVers 1983, 113.
194 *v Wulffen/Bieresborn* (Lit vor Rn 1) § 116 SGB X Rn 38.
195 *Halfmeier/Schnitzler* VersR 2002, 11 f.
196 BGHZ 41, 84; BGH VersR 1968, 248; 1977, 149; 1979, 256; 1980, 644; 2001, 215; *Gitter* JR 1979, 288; *Jahnke* NZV 1995, 379; *v Wulffen/Bieresborn* (Lit vor Rn 1) § 116 SGB X Rn 34; **aA** *Wussow* NJW 1979, 54.
197 BGHZ 133, 192.

aus der Subsidiarität der Sozialhilfe folgenden Sonderfall handeln.[198] An einer teleologischen Reduktion des § 116 Abs 6 SGB X wegen der gleichheitswidrigen Besserstellung des angehörigen Unfallopfers, dem neben der Sozialleistung (hier: Pflegegeld) die Schadensersatzleistung des Haftpflichtversicherers verbleibt, sieht sich der BGH (wenig überzeugend) gehindert.[199]

78 f) Haftet dem Geschädigten außer dem Angehörigen noch ein **Zweitschädiger**, so geht nur der Ersatzanspruch gegen den Zweitschädiger über. Trotz der an sich gegebenen gesamtschuldnerischen Haftung haftet der Zweitschädiger gegenüber dem Zessionar nur auf den Anteil, den er im Innenverhältnis zum Erstschädiger (Familienangehöriger) an sich zu tragen haben würde[200] („gestörtes Gesamtschuldverhältnis"; vgl § 36 Rn 18), da ansonsten die Schutzvorschrift des § 116 Abs 6 SGB X durch einen Regress des Zweitschädigers gegen den Familienangehörigen nach § 426 BGB unterlaufen würde.[201]

6. Verjährung

79 Die allgemeinen Verjährungsvorschriften für Haftpflichtansprüche (so § 21) gelten auch für den Regress. Wenn der Anspruch nicht unmittelbar mit dem schädigenden Ereignis übergeht (s dazu Rn 44 ff), muss der Sozialversicherungsträger den bis zum Übergang erfolgten Ablauf der Verjährung gem §§ 412, 404 BGB gegen sich gelten lassen, anderenfalls kommt es allein auf seine Kenntnis und sein Verhalten an.[202] Wegen der Einzelheiten s § 21 Rn 5, 13 ff, 35. Zu den Besonderheiten bei der Rechtsnachfolge durch einen anderen Sozialversicherungsträger vgl Rn 84.

80 Auch für den Fall, dass **Teilungsabkommen** (dazu Rn 55 ff) abgeschlossen wurden, gelten die §§ 195 ff BGB, da es sich um einen Vertrag zwischen Leistungsträger und Haftpflichtversicherung handelt.[203] Solange ein Teilungsabkommen anzuwenden ist, ist die Verjährung bis zur Erschöpfung des vereinbarten Abkommenslimits als gehemmt anzusehen[204] (s a § 15 Rn 50 ff).

7. Wegfall des Übergangs

81 Erbringt der Sozialversicherungsträger keine Leistungen (etwa weil der Geschädigte hierauf verzichtet [§ 46 Abs 1 SGB I] oder sich ohne Vorliegen der Voraussetzungen des § 13 Abs 3 SGB V die Leistung durch privatärztliche Behandlung selbst beschafft), so besteht kein Grund, den Geschädigten an der Geltendmachung seines Schadensersatzanspruchs gegen den Schädiger zu hindern. Dem steht jedoch der Übergang der Forderung im Zeitpunkt des Schadensereignisses entgegen. Der BGH hilft hier mit der Annahme einer auflösenden Bedingung: Sobald feststeht, dass der Sozialversicherungs-

---

198 BGH VersR 2001, 215.
199 Dagegen auch *Plagemann* NZV 1998, 95 ff. Für Gesetzeskorrektur *Deinhardt* VersR 1984, 702; *Halfmeier/Schnitzler* VersR 2002, 17.
200 BGHZ 54, 256; 73, 195; OLG Frankfurt ZfS 1993, 116; *Jahnke* NZV 1995, 381 f mit Beispielen.
201 *v Wulffen/Bieresborn* (Lit vor Rn 1) § 116 SGB X Rn 37.
202 *Groß* DAR 1999, 344.
203 *Marburger* VersR 2003, 1232.
204 BGH VersR 1970, 837; *Marburger* VersR 2003, 1233.

träger nichts mehr zu leisten hat, soll der Forderungsübergang entfallen.[205] Diese Lösung ist von Konstruktion und Praktikabilität her nicht unangreifbar (vgl zB § 46 Abs 1 Halbs 2 SGB I, wonach der Verzicht auf die Sozialleistung widerruflich ist), aber wohl unumgänglich, solange an der Lehre vom Rechtsübergang im Zeitpunkt des Schadensfalles festgehalten wird.

8. Mehrheit von Leistungsträgern

a) Das **Zusammentreffen mehrerer Sozialversicherungsträger** ist in § 117 SGB X insoweit geregelt, als es um die Konkurrenzsituation bei nicht ausreichendem Ersatzanspruch geht. Die Ansprüche der Sozialleistungsträger sind grundsätzlich gleichrangig, es sei denn, einer ist vorrangig verpflichtet. Leistungsträger sind die in §§ 12, 18 ff SGB I bezeichneten Träger. Löst zB ein Unfall die Leistungspflicht der Rentenversicherungsträger und der Berufsgenossenschaft als Träger der Gesetzlichen Unfallversicherung nebeneinander aus (zB Hinterbliebenenrente) und reicht der Ersatzanspruch des Hinterbliebenen gegen den Schädiger nicht aus, um beide Sozialversicherungsträger völlig schadlos zu stellen, so entscheidet für den Innenausgleich zwischen beiden die Höhe der erbrachten Leistungen,[206] und zwar über den Wortlaut des § 117 SGB X hinaus auch außerhalb der Fälle des § 116 Abs 2 und 3 SGB X.[207] § 117 Abs 1 Satz 1 SGB X ist also analog anwendbar auf den Fall, dass die Leistungen mehrerer Sozialleistungsträger bei voller Haftung des Schädigers den zur Verfügung stehenden Schadensersatzanspruch übersteigen.[208] Es findet insofern eine Aufteilung nach Quoten statt. Diese wirkt aber nicht gegenüber dem Schädiger. Ihm gegenüber sind die Sozialversicherungsträger in Höhe des Betrages desjenigen von beiden, der die geringere Leistung zu erbringen hat, Gesamtgläubiger nach § 428 BGB;[209] der Schuldner kann mithin nach seinem Belieben an jeden Gläubiger leisten, auch wenn einer von beiden gegen ihn schon Klage auf Zahlung erhoben hat. Normzweck des § 117 SGB X ist insoweit, dem Schuldner die oft schwierige Ermittlung zu ersparen, in welcher Höhe der einzelne Sozialleistungsträger sachlich legitimiert ist.[210] Zur Wirkung eines Abfindungsvergleichs zwischen Schädiger und einem der Gesamtgläubiger s Rn 55 ff. Keine Gesamtgläubigerschaft besteht – wegen des unterschiedlichen Zeitpunkts des Rechtsübergangs – zwischen einem Sozialversicherungsträger und einem Schadensversicherer.[211] Ficht einer der Gesamtgläubiger den Bescheid des Amtes für Verteidigungslasten, der seinen Anspruch abgelehnt hat, nicht innerhalb der Klagefrist nach Art 12 Abs 3 NTS-AG an, so berührt der hierdurch eintretende Verlust seines Ersatzanspruchs den Anspruch des konkurrierenden Sozialversicherungsträgers nicht; dieser kann vielmehr in voller Höhe Regress nehmen.[212]

82

---

205 BGHZ 48, 181, 191; *Küppersbusch* Rn 596.
206 BGHZ 28, 68; BGH VersR 1964, 376; 1979, 741; NZV 1989, 306 m Anm *Fuchs* speziell zum Krankenversicherungsbeitrag der Rentner; wegen Einzelheiten der Berechnung s *Nagel* VersR 1988, 545.
207 Vgl *Küppersbusch* VersR 1983, 205.
208 BGH NJW 2003, 1871 ff.
209 BGHZ 28, 73; BGH VersR 1960, 1122; 1969, 898; 1979, 741.
210 *v Wulffen/Bieresborn* (Lit vor Rn 1) § 117 SGB X Rn 2.
211 BGH VersR 1980, 1072.
212 BGH VersR 1979, 741.

83 **b)** Beim **Zusammentreffen eines Sozialversicherungsträgers mit einem Dienstherrn oder Versorgungsträger** ist § 117 SGB X nicht unmittelbar anwendbar.[213] Für eine entsprechende Anwendung besteht mangels Schwierigkeiten bei der Ermittlung der Sachbefugnis kein Bedürfnis.[214] Hier kommt eine Gesamtgläubigerschaft zwischen Sozialversicherungsträger und öffentlich-rechtlichem Dienstherrn bzw Versorgungsträger nur in Betracht, wenn beide im Verhältnis zum Schädiger zurücktreten müssen, also im Falle des § 116 Abs 2 SGB X.[215] Entstehungszeitpunkt der Gesamtgläubigerschaft ist der Anspruchsübergang nach § 116 SGB X. Die Quotenregelung des § 116 Abs 3 SGB X, die im Versorgungsrecht keine Entsprechung findet, bewirkt hingegen, dass beide Zessionare nur Inhaber eines bestimmten Teils des Schadensersatzanspruchs, mithin Teilgläubiger, sind.[216] Sie begründet hinsichtlich des dem Geschädigten verbleibenden Teils des Schadensersatzanspruchs kein Vorrecht des Sozialversicherungsträgers gegenüber dem Dienstherrn; im Innenverhältnis Beamter – Dienstherr ist das Quotenvorrecht des Beamten zu beachten.[217] Hat für eine Heilbehandlung sowohl eine Krankenkasse als auch ein Versorgungsträger aufzukommen, so geht der Schadensersatzanspruch gegen den Schädiger, soweit er jeweils kongruente Leistungen betrifft, im Unfallzeitpunkt auf beide über, einerseits nach § 116 SGB X, andererseits nach §§ 81a BVG iVm der entsprechenden Verweisungsnorm; das gilt auch, wenn der Versorgungsträger seine Leistungen nicht unmittelbar dem Verletzten erbringt, sondern der Krankenkasse die erbrachten Leistungen aufgrund des BVG zu erstatten hat.[218] Erhält ein ehemaliger Beamter neben seinen Versorgungsbezügen eine Erwerbsunfähigkeitsrente aus der gesetzlichen Rentenversicherung, die gem § 55 BeamtVG teilweise auf die Versorgungsbezüge angerechnet wird, so geht der Ersatzanspruch in Höhe der gekürzten Versorgungsbezüge auf den Versorgungsträger, in Höhe der Rente auf den Sozialversicherungsträger über.[219] Die Beschränkung des unfallgeschädigten Beamten auf die beamtenrechtlichen Versorgungsansprüche schließt den Regress eines Sozialversicherungsträgers, auf den zivilrechtliche Schadensersatzansprüche des Beamten übergegangen sind, auch dann nicht aus, wenn er sich gegen den Dienstherrn selbst richtet.[220]

84 **c) Wechsel des Sozialversicherungsträgers.** Geht die unfallbedingte Leistungspflicht auf einen anderen Sozialversicherungsträger über (zB andere Krankenkasse infolge Wechsels des Arbeitsplatzes), so tritt Rechtsnachfolge ein.[221] Voraussetzung für den Rechtsübergang ist aber die Gleichartigkeit der geschuldeten Versicherungsleistungen.[222] Soweit die Ansprüche nicht auf den nunmehr zuständigen Sozialleistungsträger übergehen, fallen sie an den Geschädigten zurück.[223] Der Ersatzanspruch geht über in dem

---

213 BGH NZV 1989, 269.
214 v Wulffen/Bieresborn (Lit vor Rn 1) § 117 SGB X Rn 2 a.
215 BGH NZV 1989, 270.
216 BGH NZV 1989, 269 f.
217 BGH NZV 1989, 269; vgl Drees (Lit vor § 28 Rn 1) 87 f mit Berechnungsbeispiel.
218 BGH VersR 1995, 600; OLG Hamm OLGR 2000, 40.
219 BGH NJW-RR 1991, 1177.
220 BGH VersR 1997, 1161.
221 BGH VersR 1998, 124, 125.
222 BGH VersR 1983, 536, 537.
223 BGH NZV 2001, 259, 260.

Zustand, in dem er sich zum Zeitpunkt des Wechsels befand.[224] Verjährungsfristen laufen also weiter. Wenn zugunsten eines Sozialversicherungsträgers vom Haftpflichtversicherer des Schädigers in einem Teilungsabkommen ein Verzicht auf die Einrede der Verjährung erklärt worden ist und der zugrunde liegende Schadensersatzanspruch später im Wege der Rechtsnachfolge auf einen anderen Sozialversicherungsträger übergeht, kann dieser nach Ablauf der Verjährungsfrist und einer darauf gegründeten Leistungsverweigerung des Haftpflichtversicherers den Schadensersatzanspruch jedenfalls dann nicht mehr durchsetzen, wenn er nicht innerhalb einer kurzen Überlegungsfrist nach der Leistungsablehnung Klage erhoben hat. Die Vereinbarung, dass ein vor Ablauf der Verjährungsfrist ausgesprochener Verzicht auf die Einrede der Verjährung die Wirkung eines Verzichts erst nach Vollendung der Verjährung entfalten soll, stellte eine unzulässige Umgehung des § 225 Satz 1 BGB aF dar.[225] Wegen der bloßen Möglichkeit, dass eine Krankenkasse nach dem Ausscheiden des Verletzten bei einer anderen Kasse leistungspflichtig wird (zB weil bereits der Ehegatte des Verletzten bei ihr versichert ist), kann sie keine zulässige Feststellungsklage gegen den Schädiger erheben.[226] Die Verfügungsbefugnis des zunächst leistungspflichtigen Versicherungsträgers ist auch nicht wegen der Möglichkeit eines späteren Rechtsübergangs beschränkt. Er kann daher einen Abfindungsvergleich bzgl künftiger Schäden mit dem Ersatzpflichtigen abschließen und ist mangels anders lautender besonderer Abmachung grundsätzlich nicht verpflichtet, die nachfolgende Kasse an der Abfindungssumme zu beteiligen.[227]

9. Forderungserlass durch den Sozialversicherungsträger

Auf Antrag hat ein Sozialversicherungsträger nach § 76 Abs 2 Nr 3 SGB IV zu prüfen, ob er eine Forderung zur Vermeidung unbilliger Härten erlassen kann. Diese Vorschrift gilt auch für nach § 116 SGB X übergeleitete Schadensersatzansprüche.[228] Sie gibt dem Betroffen einen öffentlichrechtlichen Anspruch auf ermessensfehlerfreie Entscheidung über den Forderungserlass, die der Überprüfung durch die Sozialgerichte unterliegt.[229] Bei dieser Entscheidung müssen die Sozialversicherungsträger die Grundrechte des Betroffenen berücksichtigen.[230] Eine Verpflichtung zum (teilweisen) Forderungserlass hat der BGH in den Fällen bejaht, in denen der Schädiger zwar vom Regress seines leistungsfreien Haftpflichtversicherers teilweise freigestellt ist, auf dem Wege des Forderungsübergangs auf einen Sozialversicherungsträger aber in gleichheitswidriger Weise dessen unbegrenztem Regress ausgesetzt wird.[231]

85

---

224 BGH VersR 1958, 153; 1974, 863.
225 BGH VersR 1998, 124. Vgl § 21 Rn 95 ff.
226 BGH VersR 1983, 724; 1985, 733.
227 BGH VersR 1985, 1083.
228 *Palandt/Heinrichs* vor § 249 Rn 158.
229 BGHZ 88, 296, 301; BSG NJW 1990, 342; OLG Koblenz VersR 2002, 1579.
230 BVerfG NZV 1999, 39.
231 BGHZ 88, 296, 300; NZV 1988, 219 = JZ 1988, 769 m Anm *Prölss*. Vgl § 15 Rn 44 ff. Näher zur Entwicklung dieser Rechtsprechung und zur früheren Rechtslage 3. Aufl Schlussanh II Rn 156 ff mwN.

10. Prozessrechtliches

86 **a) Prozessführungsbefugnis und Aktivlegitimation.** Der Geschädigte ist aufgrund der Legalzession zur Geltendmachung der Ansprüche nicht aktivlegitimiert. Er kann auch nicht als Prozessstandschafter auf Leistung an den Sozialversicherungsträger klagen; eine gewillkürte Prozessstandschaft scheidet mangels rechtlichen Interesses des Geschädigten an der Durchsetzung des übergegangenen Anspruchs aus.[232]

87 **b)** Die **Darlegungs- und Beweislast** für die Aktivlegitimation trägt der Anspruchsteller. Wendet daher gegenüber einer Klage des Geschädigten der Ersatzpflichtige ein, der Schadensersatzanspruch sei auf einen Sozialversicherungsträger übergegangen, so muss der Kläger darlegen, dass kein Forderungsübergang stattgefunden hat.

88 **c) Beweiserleichterungen** nach § 287 ZPO kommen in Betracht, wenn es um die Frage geht, ob Vorerkrankungen oder später hinzutretende andere gesundheitliche Beeinträchtigungen des Unfallopfers unter dem Gesichtspunkt der überholenden Kausalität zu berücksichtigen sind, was zB bei Pflegeleistungen relevant sein kann.[233]

89 **d)** In einer **Feststellungsklage** (zur Zulässigkeit § 37 Rn 12 ff) ist die (häufig anzutreffende) Beschränkung des Antrags auf „nicht auf Sozialversicherungsträger übergegangene Ansprüche" unnötig. Der Kläger muss ohnehin die Möglichkeit ihm zustehender (aber noch nicht bezifferbarer) Schadensersatzansprüche darlegen und ggf beweisen; das daraufhin ergehende Feststellungsurteil hat weder für eine spätere Leistungsklage des Geschädigten noch für eine solche des Sozialversicherungsträgers eine präjudizielle Wirkung in Bezug auf die Anspruchshöhe.

90 **e)** Eine **Klage auf zukünftige Leistung** nach **§ 258 ZPO** kann erhoben werden, wenn eine am Maßstab des § 287 ZPO hinreichend sichere Abschätzung der künftigen Anspruchshöhe (unter Anrechnung der kongruenten Sozialversicherungsleistungen in der derzeitigen Höhe) möglich ist.[234]

91 **f) Bindungswirkung sozialrechtlicher Entscheidungen.** Das über einen übergegangenen Schadensersatzanspruch erkennende Gericht ist an die bestandskräftige Entscheidung gebunden, die in einem Verfahren nach den sozialrechtlichen Bestimmungen darüber ergeht, ob und in welchem Umfang der Versicherungsträger verpflichtet ist (§ 118 SGB X). Die Bindungswirkung erstreckt sich auf die durch den Sozialleistungsträger ergangene Entscheidung und die sie tragenden Feststellungen, beispielsweise die Versicherteneigenschaft, die Zuständigkeit und Art sowie Höhe der Leistung, nicht aber die Begründung und die Tatsachenermittlungen.[235] Einer eigenständigen Beurteilung durch das Zivilgericht unterliegt die Frage des Kausalzusammenhangs.[236] Das Gericht setzt ein Verfahren von Amts wegen so lange aus, bis die Entscheidung ergangen und unanfechtbar geworden ist (§ 148 ZPO). Die in § 118 SGB X angeordnete Bindungswirkung tritt nicht ein, wenn die gem § 12 Abs 2 S 2 SGB X erforderliche Beteiligung eines

---

232 *Hofmann* VersR 2003, 288.
233 *Küppersbusch* NZV 1997, 31.
234 *Hofmann* MDR 2004, 1392.
235 *v Wulffen/Bieresborn* (Lit vor Rn 1) § 118 SGB X Rn 3.
236 *v Wulffen/Bieresborn* (Lit vor Rn 1) § 118 SGB X Rn 3.

Dritten, für welchen der Ausgang des Verfahrens rechtsgestaltende Wirkung hat, an dem vom Sozialversicherungsträger durchgeführten Verwaltungsverfahren unterblieben ist, da der Bescheid ihm gegenüber dann nicht bestandskräftig ist.[237] Der Schädiger ist kein zu beteiligender Dritter, da die sozialrechtliche Entscheidung nicht unmittelbar in seine Rechtssphäre eingreift.[238]

Die Entscheidung über einen (teilweisen) Forderungserlass nach § 76 Abs 2 SGB IV ist dagegen für den Zivilrechtsstreit nicht präjudiziell, dessen Aussetzung zur Durchführung eines Erlassverfahrens daher nicht möglich.[239] 92

g) Rechtskraftwirkung. Hat der Geschädigte selbst den Schadensersatzanspruch eingeklagt, erstreckt sich die materielle Rechtskraft eines in diesem Prozess ergehenden Urteils grundsätzlich nicht auf den Sozialversicherungsträger;[240] nur unter den Voraussetzungen der §§ 412, 407 Abs 2 BGB ist eine Rechtskrafterstreckung zulasten des Versicherungsträgers möglich.[241] 93

11. Internationales Recht

a) Grundlagen. Wird ein Sozialversicherter im Ausland geschädigt, so richten sich seine Schadensersatzansprüche nach dem Deliktsstatut (s § 2 Rn 10 ff), während die Leistungspflicht des Sozialversicherungsträgers selbstverständlich dem Versicherungsstatut folgt. Ob der Schädiger sich auf die Sozialleistung – als haftungsausschließenden Umstand (wie nach §§ 104 f SGB VII; s § 19 Rn 77 ff) oder im Rahmen einer Vorteilsausgleichung – berufen kann, ist eine Frage des Schadensersatzrechts und folglich nach dem Deliktsstatut zu beantworten.[242] Der Eintritt eines Forderungsübergangs auf den Sozialversicherungsträger beurteilt sich dagegen nach dem für dessen Leistungspflicht geltenden Recht (in der Regel dem des Beschäftigungsorts). Inwieweit der Zessionar die erworbene Forderung gegenüber dem ausländischen Schuldner geltend machen kann, richtet sich nach den Grundsätzen des internationalen Sozialrechts. Soweit keine ausdrücklichen Regelungen bestehen (vgl Rn 95), ist für die Rechtsbeziehung zwischen Legalzessionar und Schuldner Art 33 Abs 3 Satz 1 EGBGB, also das für die Leistungspflicht des Sozialversicherungsträgers geltende Recht, maßgeblich.[243] 94

b) Ein **deutscher Sozialversicherungsträger** kann folglich wegen seiner Leistungen an ein im Ausland verunglücktes Mitglied bei dem ausländischen Schädiger bzw seinem Haftpflichtversicherer insoweit Regress nehmen, als nach dem Tatortrecht Schadensersatzansprüche des Mitglieds bestehen, diese nach § 116 SGB X auf ihn übergegangen sind und der Übergang nach dem einschlägigen Kollisionsrecht im Ausland 95

---

237 BGH VersR 1995, 682 (ber 812) zur Bindung nach § 108 SGB VII.
238 OLG Hamm OLGR 2000, 40, 42.
239 LG Wiesbaden VersR 1987, 365; **aA** *Hüffer* VersR 1984, 200.
240 BGH VersR 1957, 231.
241 *Hofmann* VersR 2003, 288.
242 BGH NZV 1989, 106; *Thümmel* VersR 1986, 415.
243 AnwK-BGB/*Doehner*, Art 33 EGBGB Rn 14; *Soergel/v Hoffmann* Art 33 EGBGB Rn 25 mwN.

geltend gemacht werden kann. Letzteres ist im Bereich der EU durch Art 93 der Verordnung 1408/71 gewährleistet; ein in einem Mitgliedsstaat bestehendes Regressverbot kann also dem regressberechtigten Sozialversicherungsträger eines anderen Mitgliedsstaates nicht entgegengehalten werden.[244] Im Verhältnis zu zahlreichen anderen Staaten bestehen zweiseitige Abkommen.[245] Scheitert die Anwendung von § 116 SGB X, so kann der Sozialversicherungsträger vom Geschädigten die Abtretung des kongruenten Schadensersatzanspruchs verlangen.[246] Auch soweit der Forderungsübergang demnach im Ausland anzuerkennen ist, unterliegt die übergegangene Schadensersatzforderung selbst weiterhin den materiellen Bestimmungen des Tatortrechts,[247] also zB auch dessen Verjährungsregelung.[248]

96 c) Ein **ausländischer Sozialversicherungsträger** kann dann gegen den deutschen Schädiger und seinen Haftpflichtversicherer Rückgriff nehmen, wenn die Schadensersatzforderung nach dem maßgeblichen Deliktsrecht übergangsfähig (also insbesondere kongruent) und nach dem für die Sozialleistungspflicht maßgeblichen Recht übergegangen ist.[249] Auch bei fehlender Übergangsfähigkeit kann es zu einem beachtlichen Rechtsübergang jedoch durch eine Abtretung seitens des Geschädigten gekommen sein; es gilt dann Art 33 Abs 2 EGBGB.[250] Ein im ausländischen Recht etwa bestehendes Abtretungsverbot (zB zum Zwecke eines sonst unzulässigen Regresses gegen Angehörige) wäre aber zu beachten.[251]

97 d) **Reichweite des Sozialleistungsstatuts.** Es entscheidet auch über das Bestehen eines Quotenvorrechts bei unvollständiger Schadensabdeckung,[252] über die Konkurrenz von mehreren leistungspflichtigen Sozialversicherungsträgern,[253] sowie über das Bestehen eines Angehörigenprivilegs.[254]

---

244 EuGH JZ 1994, 1113 m Anm *Fuchs*; BGH VersR 1978, 231.
245 Nachweise bei *Eichenhofer* (Lit vor Rn 1) 635 u *Schuler* (Lit vor Rn 1) 473 f (die dort erwähnte Abweichung im Verhältnis zur Schweiz ist inzwischen durch das 2. Zusatzabkommen vom 2.3.1989 [BGBl II 892] beseitigt).
246 *Schuler* (Lit vor Rn 1) 473.
247 EuGH JZ 1994, 1114.
248 Vgl österr OGH ZVR 1994, 244.
249 Vgl *Schuler* (Lit vor Rn 1) 472.
250 Vgl *Eichenhofer* (Lit vor Rn 1) 636.
251 *Wandt* NZV 1993, 57 f.
252 *Schuler* (Lit vor Rn 1) 471; *Eichenhofer* (Lit vor Rn 1) 636.
253 In einigen Abkommen ausdrücklich geregelt; vgl *Schuler* (Lit vor Rn 1) 474.
254 *Wandt* NZV 1993, 57.

IV. Sonderregelung bei der Gesetzlichen Unfallversicherung

§ 110 SGB VII

(1) Haben Personen, deren Haftung nach den §§ 104 bis 107 beschränkt ist, den Versicherungsfall vorsätzlich oder grob fahrlässig herbeigeführt, haften sie den Sozialversicherungsträgern für die infolge des Versicherungsfalls entstandenen Aufwendungen, jedoch nur bis zur Höhe des zivilrechtlichen Schadenersatzanspruchs. Statt der Rente kann der Kapitalwert gefordert werden. Das Verschulden braucht sich nur auf das den Versicherungsfall verursachende Handeln oder Unterlassen zu beziehen.

(1a) Unternehmer, die Schwarzarbeit nach § 1 des Schwarzarbeitsbekämpfungsgesetzes erbringen und dadurch bewirken, dass Beiträge nach dem Sechsten Kapitel nicht, nicht in der richtigen Höhe oder nicht rechtzeitig entrichtet werden, erstatten den Unfallversicherungsträgern die Aufwendungen, die diesen infolge von Versicherungsfällen bei Ausführung der Schwarzarbeit entstanden sind. Eine nicht ordnungsgemäße Beitragsentrichtung wird vermutet, wenn die Unternehmer die Personen, bei denen die Versicherungsfälle eingetreten sind, nicht nach § 28a des Vierten Buches bei der Einzugsstelle angemeldet hatten.

(2) Die Sozialversicherungsträger können nach billigem Ermessen, insbesondere unter Berücksichtigung der wirtschaftlichen Verhältnisse des Schuldners, auf den Ersatzanspruch ganz oder teilweise verzichten.

§ 111 SGB VII

Haben ein Mitglied eines vertretungsberechtigten Organs, Abwickler oder Liquidatoren juristischer Personen, vertretungsberechtigte Gesellschafter oder Liquidatoren einer Personengesellschaft des Handelsrechts oder gesetzliche Vertreter der Unternehmer in Ausführung ihnen zustehender Verrichtungen den Versicherungsfall vorsätzlich oder grob fahrlässig verursacht, haften nach Maßgabe des § 110 auch die Vertretenen. Eine nach § 110 bestehende Haftung derjenigen, die den Versicherungsfall verursacht haben, bleibt unberührt. Das gleiche gilt für Mitglieder des Vorstandes eines nicht rechtsfähigen Vereins oder für vertretungsberechtigte Gesellschafter einer Personengesellschaft des bürgerlichen Rechts mit der Maßgabe, daß sich die Haftung auf das Vereins- oder das Gesellschaftsvermögen beschränkt.

§ 112 SGB VII

§ 108 über die Bindung der Gerichte gilt auch für die Ansprüche nach den §§ 110 und 111.

§ 113 SGB VII

Für die Verjährung der Ansprüche nach den §§ 110 und 111 gelten die §§ 195, 199 Abs. 1 und 2 und § 203 des Bürgerlichen Gesetzbuchs entsprechend mit der Maßgabe, daß die Frist von dem Tag an gerechnet wird, an dem die Leistungspflicht für den Unfallversicherungsträger bindend festgestellt oder ein entsprechendes Urteil rechtskräftig geworden ist. Artikel 229 § 6 Abs. 1 des Einführungsgesetzes zum Bürgerlichen Gesetzbuche gilt entsprechend.

Literatur:

Hauck/Noftz Gesamtkommentar zum SGB VII (2006) mit Name des Bearbeiters.

Siebter Teil. Schadensregress

1. Überblick

98 **a) Grund für die Sonderregelung.** In der Gesetzlichen Unfallversicherung gilt das Prinzip der Haftungsersetzung: Wer den Schutz dieser (seit 1997 im SGB VII, zuvor in der RVO geregelten[255]) Versicherung genießt, also bei Arbeits-, Schul-, Wegeunfällen u dgl Anspruch auf ihre Leistungen hat, soll nur den Versicherungsträger, nicht den vom Geltungsbereich der Unfallversicherung umfassten Schädiger persönlich in Anspruch nehmen können (zu diesem Haftungsausschluss s § 19 Rn 77 ff). Bei dieser rechtlichen Konstruktion passt das Modell des gesetzlichen Forderungsübergangs nach § 116 SGB X nicht: Es gibt in der Regel keinen Schadensersatzanspruch, der übergehen könnte. Soweit ausnahmsweise (bei vorsätzlicher Schädigung und Wegeunfällen) ein solcher verbleibt, wurde der Übergang im Hinblick auf die durch die Gesetzliche Unfallversicherung geschaffene Solidargemeinschaft und die Finanzierungsbeiträge der Unternehmer ausgeschlossen (§ 19 Rn 77). Stattdessen hat der Gesetzgeber für diesen Bereich in § 640 RVO, § 110 SGB VII einen originären Rückgriffsanspruch geschaffen.

99 **b) Rechtsgrundlagen.** Für Schadensfälle ab Inkrafttreten des SGB VII am **1. Januar 1997** richtet sich der Rückgriff des Unfallversicherungsträgers nach § 110 SGB VII, während auf frühere Schadensfälle weiterhin § 640 RVO anzuwenden ist (vgl § 19 Rn 79).[256]

100 **c) Verhältnis zum Rückgriff nach § 116 SGB X.** § 104 Abs 1 Satz 2 und § 105 Abs 1 Satz 3 SGB VII schließen einen Forderungsübergang nach § 116 SGB X für ihren Anwendungsbereich (s § 19 Rn 80 ff) explizit aus. Dagegen bleibt es beim Regress nach § 116 SGB X, wenn zwar ein Versicherungsfall in der Gesetzlichen Unfallversicherung vorliegt, dieser aber nicht vom Unternehmer oder Kollegen, sondern von einem **Dritten als Schädiger** verursacht wurde (zB der Verkehrsunfall auf versichertem Weg nach § 8 Abs 2 SGB VII, der durch ein fremdes Fahrzeug verursacht wird[257]). Selbstverständlich müssen hierfür die Voraussetzungen des § 116 SGB X, insbesondere die sachliche Kongruenz vorliegen (vgl dazu ausführlich Rn 24 ff).

101 Haftet für einen Arbeitsunfall eine Person mit, die als Außenstehender nicht zum geschützten Bereich des Betriebes, der Schule etc gehört und deshalb nicht nach §§ 104 bis 107 SGB VII haftungsprivilegiert ist, so gehen die Schadensersatzansprüche gegen die betr Person zwar gem § 116 SGB X auf den Sozialversicherungsträger über. Der Anspruch gegen den außenstehenden Schädiger ist aber um den **Mitverantwortungsanteil** des an der Unfallversicherung Beteiligten zu kürzen (vgl § 19 Rn 83). Hat der aufgrund von § 110 SGB VII in Regress genommene Unternehmer bzw Betriebsangehörige Ersatzpflichten des Mitschädigers miterledigt, so kann er mangels Gesamtschuldverhältnisses nicht nach § 426 BGB, sondern nur nach Bereicherungsrecht Ausgleich verlangen.[258] Der Sozialversicherungsträger kann wählen, wen er in Anspruch nimmt.[259] Selbstverständlich kann er denselben Betrag aber nur einmal fordern. In der

---

255 Zur Gesetzgebungsgeschichte § 19 Rn 79.
256 Soweit § 214 Abs 4 SGB VII eine Rückbeziehung auf frühere Versicherungsfälle anordnet, bezieht sich dies trotz des unklaren Wortlauts nicht auf den Regress nach § 110 SGB VII.
257 Vgl BGH NJW 2003, 3193.
258 BGH VersR 1981, 649.
259 BGH VersR 1972, 171.

Regel wird der Rückgriff nach § 110 SGB VII für ihn günstiger sein, weil er nach der Rspr dort alle Aufwendungen (nicht nur kongruente) geltend machen kann[260] und sich zudem ein Mitverschulden des Verletzten nicht anrechnen lassen muss (vgl Rn 137).

Beim Rückgriff nach § 116 SGB X muss sich die Berufsgenossenschaft uU ein **mitwirkendes Verschulden des Arbeitgebers** des Verletzten entgegenhalten lassen. Die Bestimmungen des SGB VII über den Versicherungsschutz der bei einem Arbeitsunfall Verletzten bewirken im Ergebnis, dass die Berufsgenossenschaft an die Stelle des nach bürgerlichem Recht an sich haftpflichtigen Unternehmers tritt und daher von einem außerhalb des Sozialversicherungsverhältnisses stehenden Zweitschädiger nur so viel beanspruchen kann, wie der Unternehmer fordern könnte, wenn er selbst die Leistungen an den Verletzten hätte erbringen müssen.[261] **102**

Bei einem Tätigwerden als **Nothelfer** (§ 2 Abs 1 Nr 13 lit a SGB VII; s dazu § 17 Rn 13 ff u § 19 Rn 152) geht der Aufwendungsersatzanspruch aus §§ 683, 670 BGB gegen das Unfallopfer nicht nach § 116 SGB X auf den Unfallversicherungsträger über,[262] denn es handelt sich nicht um einen Schadensersatzanspruch.[263] Dieser Ausschluss gilt jedoch nicht für die nach § 13 SGB VII ersatzfähigen Sachschäden und erforderlichen Aufwendungen.[264] Ob der Regress auch dann ausgeschlossen ist, wenn sich das Unfallopfer durch nachweislich schuldhaftes Verhalten in die Notlage gebracht hat, wurde vom BGH offengelassen, vom OLG Karlsruhe[265] aber bejaht. Ein solcher Regress erschiene zwar nicht unbillig, jedoch ist eine gesetzliche Grundlage hierfür nicht ersichtlich. **103**

d) Verhältnis zu Leistungen der Krankenkasse. Bei einem Arbeitsunfall besteht für den Verletzten kein Anspruch auf Leistungen aus der Gesetzlichen Krankenversicherung, sofern sie als Folge des Arbeitsunfalls zu erbringen wären, denn § 11 Abs 4 SGB V begründet hierfür eine ausschließliche Zuständigkeit des Unfallversicherungsträgers. Der Anspruch des Verletzten gegen den Schädiger geht deshalb gem § 116 Abs 1 SGB X im Zeitpunkt des Unfalls insgesamt auf diesen über, soweit er aufgrund des Schadensereignisses Sozialleistungen zu erbringen hat und sofern der Forderungsübergang nicht gem §§ 104 f SGB X ausgeschlossen ist. Leistungen, welche die Krankenkasse dem Verletzten tatsächlich erbracht hat, sind ihr von dem Unfallversicherungsträger nach den §§ 102 ff SGB X zu erstatten. Die Krankenkasse wird weder – teilweise – Inhaber des dem Verletzten gegen den Schädiger zustehenden Schadensersatzanspruchs noch steht ihr gegen den Schädiger ein Anspruch aus Geschäftsführung ohne Auftrag zu.[266] **104**

---

260 Vgl zum alten Recht BGH VersR 1983, 854 (Kinderzulage), zum neuen Recht BGH NJW 2006, 3563 (Schmerzensgeld).
261 BGHZ 51, 37.
262 BGH NJW 1985, 492 = JZ 1985, 390 m zust Anm *Gitter*; *v Caemmerer* DAR 1970, 291; *Frank* JZ 1982, 743; **aA** die frühere Rspr, vgl RGZ 167, 85; BGHZ 33, 257; 38, 281.
263 Vgl auch Rn 7.
264 BGH NJW 1985, 492.
265 OLG Karlsruhe NJW 1988, 2676.
266 BGH NJW 2003, 3193.

2. Voraussetzungen des Regresses

105 **a) Versicherungsfall.** § 110 SGB VII setzt den Eintritt eines Versicherungsfalles voraus. Versicherungsfälle in der Gesetzlichen Unfallversicherung sind **Arbeitsunfälle** und Berufskrankheiten, § 7 SGB VII. Der Arbeitsunfall ist in § 8 Abs 1 Satz 1 SGB VII als Unfall von Versicherten infolge einer versicherten Tätigkeit definiert, wobei sich ein Unfall als zeitlich begrenztes, von außen auf den Körper einwirkendes Ereignis, das zu einem Gesundheitsschaden oder zum Tod führt, darstellt (§ 8 Abs 1 Satz 2 SGB VII). Zur versicherten Tätigkeit gehören nach § 8 Abs 2 SGB VII auch **Wegeunfälle**. Voraussetzung für den Eintritt beider Versicherungsfälle ist die Zugehörigkeit zum **versicherten Personenkreis** in der Unfallversicherung, §§ 2 ff SGB VII.

106 Das Vorliegen eines Versicherungsfalls stellt der Unfallversicherungsträger, ggf das Sozialgericht, mit **Bindungswirkung** fest (§§ 112, 108 SGB VII; näher hierzu Rn 91). Die Bindung setzt voraus, dass der Bescheid des Sozialversicherungsträgers auch für den Schädiger (zB Unternehmer, Arbeitskollege) bestandskräftig ist, woran es fehlt, wenn dieser nicht gem § 12 Abs 2 S 2 SGB X am Verwaltungsverfahren beteiligt wurde. Die Bindungswirkung tritt in diesem Fall dem Unternehmer gegenüber erst dann ein, wenn er auf Anfrage erklärt, an einer Wiederholung des Verwaltungsverfahrens kein Interesse zu haben, oder keine Erklärung abgibt.

107 **b) Haftungsbeschränkung beim Unfallverursacher.** Der Schädiger muss in seiner zivilrechtlichen Haftung dem Unfallopfer gegenüber nach den §§ 104 bis 107 SGB VII beschränkt sein (vgl dazu § 19 Rn 80 ff).

108 **c) Gesteigertes Verschulden.** Der Rückgriff setzt **Vorsatz** (hierzu § 10 Rn 49) oder **grobe Fahrlässigkeit**[267] (Rn 109 ff) des Schädigers voraus. Sie mussten sich bei Versicherungsfällen vor 1.1.1997 auf Eintritt und Umfang des Schadens beziehen,[268] nunmehr nach § 110 Abs 1 Satz 3 SGB VII nur noch auf das den Versicherungsfall verursachende Handeln oder Unterlassen. Die §§ 827 und 828 BGB sind hierbei analog anwendbar.[269]

109 Unter **grober Fahrlässigkeit** ist ein **objektiv besonders schwerer und subjektiv nicht entschuldbarer Verstoß** gegen die Anforderungen der verkehrserforderlichen Sorgfalt[270] zu verstehen. Er ist zu bejahen, wenn sich der Kraftfahrer im konkreten Fall über die Bedenken hinweggesetzt hat, die sich jedem anderen in gleicher Lage aufdrängen mussten.[271] Da es auch auf die subjektive Vorwerfbarkeit ankommt, können objektiv gleich schwere Pflichtverstöße verschiedener Personen zu unterschiedlichen Ergebnissen bei der Beurteilung als grobe Fahrlässigkeit führen.[272] Auch berufsspezifische Nachlässigkeiten („Schlendrian") können hierbei eine Rolle spielen.[273] Es darf nicht

---

267 Krit hierzu *Fuchs* FS Gitter S 256.
268 BGH VersR 1980, 164.
269 Vgl (zu § 61 VVG) BGH NJW 1985, 2648; 1989, 1612; VersR 2003, 1561 (§ 828 BGB); VersR 1967, 944 (§ 827 BGB).
270 BGHZ 10, 14; BGH VersR 1972, 944; 1973, 565; 1977, 465; 1985, 440.
271 BGH VersR 1964, 1024; 1978, 541.
272 BGH VersR 1978, 541; 1985, 440.
273 BGH NZV 1988, 19.

ohne weiteres aus einem objektiv groben Pflichtverstoß auf subjektive Unentschuldbarkeit geschlossen werden.[274]

110 Ein **Verstoß gegen Unfallverhütungsvorschriften** beruht nicht immer auf grober Fahrlässigkeit,[275] eine augenblickliche Fehlreaktion („Augenblicksversagen") in aller Regel nicht.[276] Allerdings kann der **Verstoß gegen elementare Sicherheitsvorschriften**, die vor tödlichen Gefahren schützen sollen, den Schluss auf ein auch subjektiv gesteigertes Verschulden nahe legen.[277] Dies gilt insbesondere bei Trunkenheitsfahrt,[278] und zwar uU trotz erheblich eingeschränkter Einsichts- und Hemmungsfähigkeit.[279] Auch wenn nur relative Fahruntauglichkeit (selbst unter 0,8‰) vorliegt, kann grobe Fahrlässigkeit bejaht werden, wenn der Kraftfahrer über die Trinkmenge hinaus weitere ernsthafte Anzeichen für eine Fahruntauglichkeit missachtet hat.[280]

111 Ein sog **Augenblicksversagen**, dh eine Fehlhandlung, wie sie infolge der menschlichen Unzulänglichkeit auch einem im Grunde vorsichtigen und sorgfältigen Verkehrsteilnehmer durch momentanes Versagen jederzeit unterlaufen kann, wird häufig ein Gesichtspunkt sein, der das subjektive Merkmal der groben Fahrlässigkeit (Unentschuldbarkeit des Verstoßes) ausschließt.[281] Fehlerhaft wäre es jedoch, in den Fällen eines solchen Augenblicksversagens grobe Fahrlässigkeit stets zu verneinen; es müssen vielmehr besondere entschuldigende Umstände hinzutreten und es darf sich nicht um ein besonders gefahrenträchtiges Verhalten handeln.[282] Von demjenigen, der eine besondere Gefahr schafft, muss nämlich auch eine gesteigerte Konzentration verlangt werden. So kann sich zB ein Kraftfahrer, der das Rotlicht einer Ampel überfahren hat, in aller Regel nicht auf ein Augenblicksversagen berufen, weil beim Heranfahren an eine Kreuzung ein Mindestmaß an Konzentration verlangt werden muss, welches die Wahrnehmung und Beachtung einer Signalanlage sicherstellt.[283] Es gibt aber keinen Grundsatz, nach welchem ein Rotlichtverstoß stets als grobe Fahrlässigkeit zu beurteilen wäre.[284]

112 **Einzelfälle zur groben Fahrlässigkeit.** Da es stets auf die besonderen Umstände des Einzelfalles ankommt,[285] sind Entscheidungen, in denen grobe Fahrlässigkeit bejaht oder verneint wurde, nur bedingt verallgemeinerungsfähig. Die nachstehende Übersicht ist daher nur als Hilfsmittel zum Auffinden einschlägiger Judikatur zu verstehen.[286] Für Versicherungsfälle nach dem 1.1.1997 ist zudem die Neufassung in § 110 Abs 1 Satz 3

---

274 BGH NJW 2003, 1118.
275 BGH VersR 1969, 39; 1981, 75; 1984, 776; 2001, 985; NZV 1988, 19; OLG Köln VersR 1962, 648; 1963, 621; OLG Frankfurt VersR 1970, 808; *Marschall v Bieberstein* VersR 1968, 509.
276 BGH NJW 1989, 1354; OLG Karlsruhe NJW-RR 1988, 29.
277 BGH VersR 1989, 109.
278 Zur Anwendbarkeit des Grenzwerts für absolute Fahruntauglichkeit s BGH NZV 1992, 27.
279 BGH NZV 1989, 228; OLG Hamm NZV 1992, 153.
280 OLG Hamm VersR 1981, 924; OLG Köln VersR 1983, 293; ZfS 1990, 61, 62; KG NZV 1996, 200 (zB Müdigkeit).
281 BGH VersR 1989, 582; 1989, 840; OLG Karlsruhe NJW-RR 1988, 29.
282 Eingehend hierzu *Römer* VersR 1992, 1187.
283 BGHZ 119, 147. Weitere Nachweise hierzu in nachstehender Rechtsprechungsübersicht.
284 BGH NJW 2003, 1118.
285 BGH NJW 2003, 1118, 1119.
286 S a *Riedmaier* VersR 1981, 10.

Siebter Teil. Schadensregress

SGB VII zu beachten, wonach sich das Verschulden nur auf das den Versicherungsfall verursachende Handeln oder Unterlassen zu beziehen braucht (s Rn 108). Die meisten der nachstehend angeführten Entscheidungen beziehen sich auf § 61 VVG, sind jedoch übertragbar, da der Begriff der groben Fahrlässigkeit einheitlich zu definieren ist.[287]

113 Abkommen von der Fahrbahn(seite)
Bejahend: OLG München VersR 1959, 74; 1965, 1089; OLG Köln VersR 1967, 273 u 371 m Anm *Ruhkopf*; OLG Saarbrücken DAR 1989, 348; OLG München NZV 1994, 401; LG Stuttgart VersR 1967, 59; LG Coburg VersR 1966, 1089; OLG Celle OLGR 1999, 53 (Fahren ungewohnten Fahrzeugs: Ferrari).

Verneinend: OLG Stuttgart VersR 1970, 765; 1972, 290; OLG Karlsruhe Justiz 1967, 143; OLG Celle NZV 1993, 187.

114 Ablenkung des Fahrers
Nach OLG Köln, VersR 1998, 1375, ist beim Lenken der Aufmerksamkeit des Fahrers auf verkehrsfremde Dinge die objektive Gefährlichkeit des Handelns sowie der subjektiv zu diesem Verhalten führende Anlass zu berücksichtigen. Bei Vorliegen eines plausiblen oder gar triftigen Grundes kann danach nicht automatisch von subjektiver Unentschuldbarkeit gesprochen werden.

Bejahend: OLG Frankfurt VersR 1996, 446 (Anzünden einer Zigarette; s a unter „verneinend");

OLG Frankfurt VersR 1973, 610; OLG Hamm VersR 1987, 353; NJW-RR 1990, 929; LG Hannover VersR 1984, 349 LS; LG Bayreuth VersR 1984, 528; LG Aachen VersR 1986, 282; LG Ansbach ZfS 1990, 422 (Bücken nach heruntergefallenem Gegenstand während der Fahrt);

OLG Frankfurt ZfS 1990, 352 (Körperstreckung, um nach Gegenstand zu greifen);

OLG Celle VersR 1994, 1221 (Griff nach Gegenständen am Beifahrersitz);

OLG Köln VersR 1983, 575; LG Coburg NZV 1994, 236 (Umdrehen zu Person auf Rücksitz);

OLG Saarbrücken VersR 1974, 183; LG Dortmund VersR 1982, 155 (Abwenden des Blicks wegen heruntergefallenen Gegenstands);

LAG Düsseldorf ZfS 1989, 418; OLG Karlsruhe NZV 1992, 367 (Herabfallen von Zigarette oder Asche);

OLG Nürnberg NJW-RR 1992, 360 (Kassettenwechsel);

LG Saarbrücken VersR 1989, 257 (Einstellen des Außenspiegels);

OLG Karlsruhe VersR 1991, 181 (Betätigen des Gurtschlosses);

OLG Köln MDR 1998, 1411 (Suchen brennender Zigarette);

OLG Naumburg NZV 1997, 442 (Taschentuchsuche auf Beifahrersitz nach unvermitteltem Niesen);

OLG Köln VersR 2001, 1531 (Entfernen von Gegenstand aus Fußraum);

OLG Köln DAR 2001, 364 (Benutzung Mobiltelefon);

OLG Saarbrücken VersR 2004, 1308 (Verstellen Fahrersitz);

LG Frankfurt NZV 2001, 480 (Suche nach Abweisungstaste für Mobilfunkanrufe);

AG Berlin-Mitte NJW 2005, 422 (einhändiges Lenken im Kurvenbereich wegen Telefonierens).

Verneinend: OLG Saarbrücken VersR 1984, 1185 (Anlegen des Sicherheitsgurtes während der Fahrt);

---

287 BGH NJW 2003, 1118.

§ 32 Regress der Sozialversicherungsträger

KG VersR 1983, 494; OLG Stuttgart VersR 1986, 1119 (Rauchen, Zigarette anzünden);

OLG Hamm VersR 1982, 796; NZV 1991, 234; OLG Bamberg DAR 1984, 22; LG Arnsberg NJW-RR 1989, 1304; österr OGH VersR 1983, 356 (Suchen, Greifen nach Gegenständen);

OLG München NJW-RR 1992, 538 (Kassettenwechsel);

LG Köln VersR 1983, 1069 (Umdrehen bei 120 km/h);

OLG Bamberg NZV 1991, 473 (Verscheuchen eines Insekts);

OLG Frankfurt OLGR 1997, 256 (Zurückschieben Unterlagen auf Beifahrersitz);

OLG Köln VersR 1998, 1375 (Umdrehen des Fahrers zu streitenden Kindern auf dem Rücksitz);

OLG Nürnberg NZV 2005, 478 (Bedienen des Autoradios).

Auffahren 115

Bejahend: OLG München NZV 1994, 113 (abgesicherte Unfallstelle); OLG Nürnberg DAR 1994, 454 (auf Autobahn stehender Lkw); LG Tübingen VersR 1966, 726; OLG Düsseldorf MDR 2000, 268 (Absperranhänger auf Autobahn); OLG Düsseldorf NZV 2003, 289 (bei Dunkelheit auf BAB).

Verneinend: OLG München OLGR 1998, 128.

Bahnübergang 116

Bejahend: OLG Oldenburg DAR 1964, 111; ZfS 1990, 135; OLG Hamm VersR 1990, 379 LS; OLGR 2001, 255; OLG Frankfurt VersR 1985, 94 LS; OLG Karlsruhe NJWE-VHR 1997, 103.

Verneinend: OLG Hamm NZV 1994, 437.

Einbahnstraße 117

Bejahend: OLG Hamm OLGR 1999, 338.

Fahruntauglichkeit (s a Rn 110) 118

Bejahend: BGH VersR 1972, 277; 1974, 853; 1985, 440; 1989, 470; NZV 1992, 27; OLG Oldenburg VersR 1982, 968; OLG Hamm VersR 1983, 527; 1990, 846; NZV 1990, 437; 1992, 153. OLG Karlsruhe VersR 1983, 627; OLG Frankfurt VersR 1984, 130; OLG Hamburg VersR 1984, 929 LS; OLG Celle VersR 1989, 179 LS (absolute Fahruntauglichkeit);

OLG Köln VersR 1983, 50; 1983, 293; 1989, 139; OLG Karlsruhe VersR 1983, 292; 1991, 181; 2002, 969; OLG Hamm VersR 1987, 89; NZV 1994, 112; OLG Nürnberg NZV 1988, 144; OLG Stuttgart ZfS 1990, 61; OLG Köln ZfS 1990, 61 u 62; KG NZV 1996, 200 (unter 0,8‰); LG Kiel VersR 1983, 123 (relative Fahruntauglichkeit).

Verneinend: BGH VersR 1972, 277 (Übernahme des Steuers, um noch stärker alkoholisierten Fahrer am Weiterfahren zu hindern);

OLG München VersR 1985, 71 (ca 1,1‰);

OLG Köln VM 1985 Nr 106 (0,8‰);

OLG Hamm VersR 1988, 126 (Einnahme von Medikamenten ohne Warnung auf Beipackzettel);

LAG RhPf NZA-RR 1996, 443 (2,15‰);

OLG Naumburg OLGR 2001, 28 (0,53‰).

Fahrzeugmängel 119

Bejahend: österr OGH VersR 1985, 74.

Siebter Teil. Schadensregress

120 Geschwindigkeitsüberschreitung

Bejahend: OLG München DAR 1983, 78; OLG Nürnberg VersR 2001, 365; 1989, 284 (Nebel); 1983, 603; OLG Karlsruhe NZV 1994, 443; OLG Koblenz DAR 1999, 481 (170-220 km/h auf Autobahn); OLGR 2000, 59.

Verneinend: BGH VRS 65, 349; OLG Karlsruhe VersR 1984, 836; OLG Hamm VersR 1985, 678; 1987, 1206; NZV 1993, 437; OLG Frankfurt VersR 2002, 703.

121 Liegenbleiben

Bejahend: OLG Hamm NZV 1994, 75 (Treibstoffmangel auf Autobahn).

122 Reparaturarbeiten

Bejahend: OLG Hamm VersR 1984, 726 (Schweißarbeiten in der Nähe der Benzinleitung eines Kfz).

123 Rotlichtverstoß (s a Rn 111)

Bejahend: BGHZ 119, 147; OLG Hamm VersR 1995, 92; NJW-RR 1988, 861; OLGR 1998, 299 (Sonneneinstrahlung an Ampel); 1999, 65 (plötzliches Einfahren in Kreuzung); 2001, 317 (Weiterfahrt nach Ampelstopp); OLG Karlsruhe VersR 1983, 76; 1994, 211; r+s 1994, 46; OLG Hamburg VersR 1984, 377; 1994, 211; OLG Köln VersR 1989, 952; 1990, 848; r+s 2001, 235; NZV 2003, 138; OLG Düsseldorf VersR 1993, 432; OLG Stuttgart NZV 1992, 322; OLGR 1999, 297; OLG Nürnberg ZfS 1994, 216; OLG Oldenburg r+s 1994, 47; OLG Dresden VersR 1996, 577 (Blendung); OLG Celle NZV 1995, 363; OLG München NZV 1999, 383; 2002, 562 (Benutzung des Tempomaten); OLG Frankfurt OLGR 2000, 43; OLG Rostock VersR 2003, 1528; BayObLG NZV 1999, 216 (Mitzieheffekt); BAG NZV 1990, 66; 1999, 164 (Telefonanruf); LAG Niedersachsen VersR 1982, 968; LG Frankfurt VersR 1982, 1162 (Einfahren bei Grün, aber zögerliches Räumen der Kreuzung; zu weitgehend).

Verneinend: BGH NJW 2003, 1118 (Fehldeutung eines optischen Signals nach Anhalten); OLG Hamm VersR 1983, 465; 1984, 727; 2002, 603; NZV 1990, 30; 1991, 394; 1993, 438; OLG Frankfurt VersR 1993, 432; 2001, 1276 (Weiterfahrt nach Ampelstopp); OLG Düsseldorf VersR 1992, 1086; OLG Karlsruhe ZfS 1990, 134; OLG Saarbrücken VersR 1983, 28; OLG Hamburg DAR 1986, 328; OLG München DAR 1984, 18, NZV 1996, 116 (versehentliches Anfahren wegen Verwechslung von Lichtzeichen); OLG Köln NZV 1999, 90 (Irritation durch grüne Leuchtreklame); OLG Jena VersR 1997, 691 (Wiederanfahren nach Rotlichtbeachtung); OLG Nürnberg NJW-RR 1996, 986 (ortsunkundiger, durch anderen Verkehrsteilnehmer behinderter Fahrer bei unklarer Ampelregelung); OLG Koblenz VersR 2004, 728 (Weiterfahrt aufgrund Hupsignal); LG Trier DAR 1999, 319 (Sonneneinstrahlung an Ampel).

124 Rückwärtsfahren

Bejahend: OLG Karlsruhe NZV 1988, 185 (mit Lkw ohne Einweiser trotz Uneinsehbarkeit und Fußgängerverkehr).

125 Überholen

Bejahend: BGH VersR 1982, 892; OLG Stuttgart VersR 1986, 1235 LS; OLG Köln VersR 1987, 1207; MDR 2001, 87 (Kurve); OLG Hamm VersR 1991, 294; 1996, 181; OLG Karlsruhe VersR 1992, 1507; 2004, 776; OLG Frankfurt NZV 1995, 363; OLG Nürnberg VersR 1995, 331; OLG Hamburg MDR 1998, 837; OLG Düsseldorf OLGR 1999, 461 (Glatteisgefahr); OLG Naumburg OLGR 1999, 67 („Übersehen" Verkehrszeichen).

Verneinend: OLG Hamm VersR 1982, 1138; VersR 1990, 43; LG Landau ZfS 1990, 276.

Übermüdung 126

Bejahend: OLG München VersR 1963, 1044; OLG Köln VersR 1966, 530; 1988, 1078; OLG Frankfurt NZV 1993, 32; LG Stuttgart NZV 1993, 442; OLG Oldenburg OLGR 1999, 54 (Einnicken); OLG Koblenz VersR 1998, 1276 (Einnicken bei Vorzeichen der Ermüdung); OLG Hamm VersR 1998, 1276 (Übermüdungsanzeichen); OLG Zweibrücken NZV 1998, 289 (Übermüdungsanzeichen); LG München I NZV 1997, 523 (Einschlafen am Steuer).

Verneinend: BGH VersR 1977, 619; OLG München DAR 1994, 201; OLG Oldenburg OLGR 1996, 52; OLG Naumburg OLGR 2001, 28 (erkennbare Müdigkeitsanzeichen nötig); OLG Düsseldorf NZV 2002, 372 („Sekundenschlaf").

Vollbremsung 127

Bejahend: OLG Hamm DAR 1991, 455 (wegen zu dichten Auffahrens mit 180 km/h); VersR 1994, 43 LS (wegen Kaninchen); OLG Nürnberg VersR 1993, 1425 (wegen Radargerät).

Verneinend: OLGR Oldenburg 1996, 3 (Schreckreaktion bei Auftauchen von Haarwild).

Vorfahrtverletzung 128

Bejahend: OLG Zweibrücken NZV 1992, 76; OLG Hamm NZV 1993, 480; OLGR 1999, 133 (Stopp-Schild); OLG Oldenburg r+s 1995, 42 (Stopp-Schild); OLG Nürnberg NJW-RR 1996, 988 (Stopp-Schild); OLG Köln NZV 2002, 374 (Stopp-Schild).

Verneinend: BGH VersR 1972, 944; OLG Hamm NZV 1993, 826 (Stopp-Schild); KG VersR 2002, 477 (Überfahren Stopp-Schild ohne weitere „Warnhinweise"); OLG Bremen VersR 2002, 1502 (ebenso).

Wenden 129

Bejahend: OLG Hamm NZV 1992, 321 (Autobahnzufahrt).

Wildunfall 130

Verneinend: OLG Saarbrücken NJWE-VHR 1998, 248; OLG Zweibrücken OLGR 2000, 203 (Ausweichen vor Fuchs); OLG Hamm NZV 2001, 516 (Ausweichen Motorradfahrer vor Kleintier).

Zulassen unbefugten Fahrens 131

Verneinend: OLG Hamm VersR 1982, 1069; OLG Karlsruhe NZV 1988, 67.

Sonstige Fälle 132

Ungesichertes Abstellen an Gefällestrecke: OLGR Köln 1994, 306 (bejahend);

Nichtbeachten der Durchfahrtshöhe einer Unterführung oä: OLG Köln VersR 1982, 1151, OLG Celle DAR 1984, 123, OLG Frankfurt DAR 1989, 27, OLG Düsseldorf NZV 1991, 394, OLG Hamm NJW-RR 1993, 95 (sämtlich verneinend); OLG Düsseldorf MDR 1995, 1122; OLG Karlsruhe VersR 2004, 1305 u DAR 2004, 394 (sämtlich bejahend); OLG Düsseldorf NZV 2002, 128 (verneinend bei vormaligem Befahren im Mittelbereich);

Gefährliche Personenbeförderung auf landwirtschaftlichem Anhänger: BGH NZV 1988, 19 (verneinend);

Ungesichertes Mitführen von Tieren im Pkw: OLG Nürnberg NZV 1990, 315; VersR 1994, 1291; NZV 1998, 286;

Unterlassen von Feststellung zum Alkoholkonsum des Ehegatten, der sich bereit erklärt hat, nach einer gemeinsam besuchten Feier die Heimfahrt zu übernehmen: OLG Hamm NZV 1989, 27 (verneinend);

Fahren auf rechter Fahrbahnseite in England: LG Mainz NJW-RR 2000, 31 (bejahend);

Verlust Transportgut durch Spediteur: BGH NZV 1998, 500 (bejahend);

„Dichtmachen" Kurve durch Hobby-Rennfahrer: OLG Hamm OLGR 1998, 11 (verneinend);

Personenbeförderung auf Traktorgespann: OLG Braunschweig NZV 1998, 204 (verneinend);

Verstoß gegen Unfallverhütungsvorschriften BGH MDR 2001, 569 (bejahend);

Einfahren in Garage mit zu hoher Dachlast bei Unerfahrenheit: OLG München NZV 1996, 369 (verneinend);

Fehlende Übung beim Führen gemieteten Lkw: OLG Hamm NJW-RR 1993, 536 (verneinend);

Riskante Fahrweise mit ungewohnten Fahrzeug bei Führerscheinneuling: OLGR Düsseldorf 1994, 148 (bejahend);

Verkehrsrowdyhaftes Verhalten: OLG Hamm OLGR 2000, 299 (bejahend).

133 d) Den **Beweis** grober Fahrlässigkeit muss der Versicherungsträger führen.[288] Ein Anscheinsbeweis ist wegen des subjektiven Elements nicht möglich.[289] Das Gericht kann aber, da ein strikter Nachweis innerer Vorgänge ohnehin nicht möglich ist, im Rahmen der freien Beweiswürdigung aus dem äußeren Geschehensablauf und dem Ausmaß des objektiven Pflichtverstoßes Schlüsse auf die gesteigerte Vorwerfbarkeit ziehen.[290] Wegen der Einzelheiten des Geschehensablaufs, die dem Versicherer nicht bekannt sein können, ist der Ersatzpflichtige nach den Regeln der sekundären Behauptungslast darlegungspflichtig.[291]

134 Es sind aber auch umgekehrte Schlüsse möglich. So hat BGH NJW 1972, 944 die Verneinung grober Fahrlässigkeit durch den Tatrichter bei einem Kraftfahrer gebilligt, der an einer erkennbar gefährlichen Kreuzung weder die gelb blinkende Warnlampe beachtete, noch das Halteschild, noch den sichtbaren vorfahrtsberechtigten Lastzug, denn gerade diese Häufung lasse bei dem beim Unfall getöteten Fahrer vermuten, dass sein Fehlverhalten auf einer außergewöhnlichen Ursache beruhte, zumal er sich früher nicht verkehrswidrig verhalten hatte.

3. Rechtsstellung gegenüber dem Ersatzpflichtigen

135 a) **Grundzüge der Regelung.** § 640 RVO bzw § 110 SGB VII gibt dem Sozialversicherer, der aufgrund eines Unfalls Leistungen zu erbringen hat, gegenüber dem nach §§ 636, 637 RVO bzw §§ 104 ff SGB VII von der Haftung gegenüber dem verletzten Beschäftigten bzw Arbeitskollegen befreiten Schädiger (vgl hierzu § 19 Rn 80 ff) einen Anspruch auf den **Ersatz der Aufwendungen**, die ihm infolge des Unfalls entstanden sind (wegen des Verhältnisses zum Rückgriff nach § 116 SGB X vgl Rn 100). Auf die Höhe des dem Verletzten tatsächlich entstandenen Schadens und ein Mitverschulden des Verletzten kam es nach § 640 RVO aF für die Berechnung des Anspruchs nicht an.[292] Für Versicherungsfälle ab 1.1.1997 ist der Regress aber durch den (fiktiven) zivilrechtlichen Schadensersatzanspruch begrenzt (§ 110 Abs 1 S 1 SGB VII). Der in Anspruch Genommene kann einwenden, dass der Sozialversicherer von einem bestimmten

---

288 BGH VersR 1989, 582.
289 BGH NJW 2003, 1118, 1119. Vgl § 38 Rn 53.
290 BGHZ 119, 147; BGH VersR 1984, 480; 1989, 109; 1989, 582; *Römer* VersR 1992, 1191.
291 BGH NJW 2003, 1118, 1119.
292 BGH VersR 1972, 171; *Weber* VersR 1995, 878 mwN; aA *Kühne* VersR 1973, 207. Verfassungsrechtliche Bedenken bei *Lepa* NZV 1997, 139.

Zeitpunkt an auch ohne den Unfall Leistungen hätte erbringen müssen, zB wegen Eintritts in die Regelaltersrente beim Regress des Rentenversicherungsträgers.[293]

b) Rechtsnatur. Beim Regressanspruch nach § 110 SGB VII handelt es sich um einen Erstattungsanspruch eigener Art mit präventiv-erzieherischer Zweckbestimmung.[294] Er beruht mithin nicht auf einem gesetzlichen Forderungsübergang wie § 116 SGB X, sondern entsteht in der Hand des Sozialversicherers neu. § 110 SGB VII gibt den Sozialversicherungsträgern also einen **originären Rückgriffsanspruch**.[295] Er gehört dem **bürgerlichen Recht** an[296] und gehört nicht vor das Sozialgericht[297] oder vor das Arbeitsgericht.[298] Da der Anspruch bürgerlich-rechtlicher Natur ist, kann er gegen den Erben des Unternehmers oder gegen den Erben des Arbeitnehmers geltend gemacht werden, der den Unfall eines Arbeitskollegen grob fahrlässig verursacht hat und beim Unfall oder danach gestorben ist.[299] Er kann auch gegen einen Beamten persönlich erhoben werden; Art 34 GG steht dem nicht entgegen.[300] Von der Kraftfahrthaftpflichtversicherung wird der Anspruch umfasst (vgl § 15 Rn 8).

136

c) Umfang. Der Unfallversicherungsträger kann seine infolge des Unfalls getätigten **Aufwendungen** ersetzt verlangen, bei Unfällen ab 1.1.1997 jedoch nur noch **bis zur Höhe des (fiktiven) Schadensersatzanspruchs** des Geschädigten gegen den Rückgriffsschuldner (§ 110 Abs 1 S 1 SGB VII). Ein **Mitverschulden** des Verletzten findet daher jetzt bei der Höhe des Anspruchs (anders als nach § 640 RVO aF; s 3. Aufl, Schlussanhang II, Rn 65) volle Berücksichtigung.[301] Die Höhe des Anspruchs muss nach allgemeinen Beweislastgrundsätzen der Sozialversicherungsträger beweisen,[302] die Begrenzung durch eine Mithaftung des Verletzten dagegen der Ersatzpflichtige.[303] Auch wenn der Gesetzeswortlaut nur auf die Höhe, nicht auf den Inhalt des fiktiven Schadensersatzanspruchs abstellt, erfordern Sinn und Zweck des Rückgriffs, dass zwischen den Leistungen des Unfallversicherungsträgers und den fiktiven Ansprüchen des Geschädigten **Kongruenz** besteht. Die gegenteilige Ansicht des BGH,[304] die Berufsgenossenschaft könne sich auf dem Weg des § 110 SGB VII sogar den Geldwert des dem Unfallopfer vorenthaltenen Schmerzensgeldanspruchs zuführen, ist mit dem Wesen und der Zweckbestimmung dieses Anspruchs nicht vereinbar. Den **Umfang der Sozialleistungen** legt der Unfallversicherungsträger, ggf das Sozialgericht, mit das Zivilgericht bindender Wirkung fest (§§ 112, 108 SGB VII).

137

---

293 BGHZ 57, 314.
294 BGHZ 75, 330; BGH VersR 1985, 238. S hierzu *Kötz/Wagner* Rn 599.
295 *Waltermann* (Lit vor Rn 1) 317.
296 BGH VersR 1968, 373; 1968, 455; 1968, 641.
297 BGH VersR 1968, 64; 1968, 668.
298 BGH VersR 1968, 455; 1968, 641.
299 BGH VersR 1969, 848.
300 BGH VersR 1985, 237.
301 *Hauck/Noftz/Nehls* (Lit vor Rn 98) § 110 SGB VII Rn 18; *Otto* NZV 1996, 478.
302 *Hauck/Noftz/Nehls* (Lit vor Rn 98) § 110 SGB VII Rn 19; *Stern-Krieger/Arnau* VersR 1997, 412; *Küppersbusch* NZV 2005, 397.
303 *Küppersbusch* NZV 2005, 397 f (mit Befürwortung einer sekundären Behauptungslast).
304 BGH NJW 2006, 3563 mwN; wie hier *Küppersbusch* NZV 2005, 395 ff; *Gamperl* NZV 2001, 401 ff; *Stern-Krieger/Arnau* VersR 1997, 408 ff.

138 d) Ein **Haftungsausschluss zugunsten Angehöriger** (wie in § 116 Abs 6 SGB X, § 67 Abs 2 VVG) ist gesetzlich nicht vorgesehen. Eine entsprechende Anwendung hat der BGH abgelehnt[305] (vgl aber Rn 139).

139 e) **Verzicht auf den Rückgriff.** Die Träger der Sozialversicherung können nach billigem Ermessen, insbesondere unter Berücksichtigung der wirtschaftlichen Verhältnisse des Schuldners, auf den Ersatzanspruch ganz oder teilweise verzichten (§ 640 Abs 2 RVO aF, § 110 Abs 2 SGB VII). Sie haben in jedem Fall den Präventionszweck des Rückgriffs und die wirtschaftlichen Belange der Versichertengemeinschaft gegen die wirtschaftlichen und sozialen Verhältnisse des Schädigers abzuwägen.[306] Ob die Billigkeit einen Regressverzicht gebietet, unterliegt der Prüfung durch die Zivilgerichte.[307] Das Bestehen einer Haftpflichtversicherung (vgl Rn 136) kann bei der Ermessensentscheidung berücksichtigt werden.[308] Solange aber nicht rechtskräftig feststeht, ob und ggf in welcher Höhe der Haftpflichtversicherer für den Schaden aufkommen muss, besteht zu einem Verzicht kein Anlass; dieser kann auch noch im Zwangsvollstreckungsverfahren nachgeholt werden.[309] Sind Schädiger und Verletzter Angehörige in häuslicher Gemeinschaft (s hierzu Rn 75), so hat der Sozialversicherungsträger auch die Wahrung des Familienfriedens zu berücksichtigen.[310]

140 f) **Verjährung.** Der Anspruch des Sozialversicherungsträgers nach § 640 RVO aF verjährte nach § 642 RVO aF in einem Jahr nach dem Tag, an dem die Leistungspflicht bindend festgestellt wurde, spätestens fünf Jahre nach dem Arbeitsunfall. Nach § 113 SGB VII gelten nunmehr die §§ 195, 199 Abs 1 und 2 sowie 203 BGB mit der in § 195 BGB angeordneten dreijährigen Verjährungsfrist. Im Übrigen vgl Rn 79 f u § 21 Rn 13 ff.

V. Übergang von Beitragsforderungen (§ 119 SGB X)

1. Rechtsnatur und Normzweck

141 Durch den am 1.7.1983 in Kraft getretenen § 119 SGB X sollte sichergestellt werden, dass der Verletzte später Sozialleistungen erhält, die auch die Zeit der Verletzung umfassen, dass also beispielsweise einem unfallbedingt arbeitsunfähig gewordenen Arbeitnehmer infolge des Ausfalls von Beiträgen zur Rentenversicherung keine Nachteile bei der Altersversorgung entstehen: Zwar konnte der Geschädigte, jedenfalls soweit er noch keine „unfallfeste Position" in der Rentenversicherung erlangt hatte, auch bisher schon die Beiträge für eine freiwillige Weiterversicherung beanspruchen; ob er diese Geldbeträge jedoch für den genannten Zweck verwendete, war ihm selbst überlassen.

---

305 BGHZ 69, 354. Ebenso OLG Celle ZfS 1991, 261.
306 BGH VersR 1971, 1167.
307 BGH VersR 1971, 1167; BSG VersR 1974, 801; *Benz* VersR 1970, 109; **aA** *Brox* Betrieb 1969, 490.
308 BGH VersR 1971, 1167; 1978, 35; OLG Frankfurt VersR 1972, 1123.
309 OLG Nürnberg VersR 1993, 1425.
310 BGHZ 69, 354.

§ 119 SGB X leitet den Beitragsanspruch nunmehr auf den Rentenversicherungsträger **142**
über, sodass dieser ihn unmittelbar gegenüber dem Schädiger geltend machen kann und
dem Geschädigten auf seinem Rentenkonto gutschreibt (§ 119 Abs 3 SGB X).[311] Anders
als bei § 116 SGB X erfolgt keine Legalzession wegen einer vom Sozialleistungsträger erbrachten Leistung an den Geschädigten, sondern es wird ein zivilrechtlicher
Schadensersatzanspruch übergeleitet, ohne dass der Sozialleistungsträger solche Leistungen erbringt. Dem Geschädigten mangelt es infolge der Legalzession an der Verfügungsbefugnis, sodass der Sozialleistungsträger den Schadensersatzanspruch durchzusetzen hat.[312] Da es sich um einen Forderungsübergang handelt, wird hierbei vorausgesetzt, dass zunächst in der Person des Geschädigten selbst ein Schadensersatzanspruch entstanden ist.[313]

Der BGH hat daher zunächst einen Beitragsregress nach § 119 SGB X dann versagt, **143**
wenn der Verletzte infolge einer „unfallfesten Position" keinen Rentennachteil zu gewärtigen hat.[314] Seit der Rentenreform 1992 bestimmt jedoch § 62 SGB VI, dass durch
die Berücksichtigung rentenrechtlicher Zeiten ein Schadensersatz wegen verminderter
Erwerbsfähigkeit nicht ausgeschlossen oder gemindert wird. Die vorgenannte Rechtsprechung wurde daher vom BGH aufgegeben: Der Übergang der Beitragsforderung
wird jetzt auch für den Fall bejaht, dass der Verletzte bereits eine „unfallfeste Position"
erlangt hat[315] oder neben der Erwerbsunfähigkeitsrente aus der gesetzlichen Rentenversicherung auch eine Verletztenrente aus der Gesetzlichen Unfallversicherung erhält.[316]
§ 119 SGB X hat dadurch eine neue Zweckrichtung erhalten: Er will jetzt auch sicherstellen, dass sozialversicherungsrechtliche Regelungen, die den Verletzten begünstigen
sollen, nicht zur Entlastung des Schädigers bzw seines Haftpflichtversicherers führen.
§ 62 SGB VI ändert also nichts an der Rechtsnatur des übergehenden Anspruchs als
Schadensersatzanspruch, er gestaltet lediglich den Schadensbegriff – im Sinne eines
versagten Vorteilsausgleichs – um.[317] Infolge dieser Zweckbestimmung geht auch ein
gegen den Entschädigungsfonds nach § 12 Abs 1 PflVG gerichteter Schadensersatzanspruch trotz der dort geregelten Subsidiarität auf den Sozialversicherungsträger über,
wenn eine spätere Rentenminderung nicht ausgeschlossen werden kann.[318]

2. Anwendungsbereich

a) § 119 SGB X gilt in erster Linie für Beiträge zur Gesetzlichen **Rentenversicherung**. **144**
Die Einschränkungen durch die Rechtsprechung des BGH zur „unfallfesten Position"
sind hinfällig, da infolge der Regelung des § 62 SGB VI ein Beitragsschaden fingiert

---

311 Zu Beteiligungsrechten des Geschädigten im Regressverfahren *Furtmayr* VersR 1997, 38.
312 *v Wulffen/Bieresborn* (Lit vor Rn 1) § 119 SGB X Rn 1.
313 BGHZ 97, 333; 101, 214.
314 BGHZ 101, 213 = VersR 1987, 1048 m Anm *Hartung* = JR 1989, 18 m Anm *v Einem*; BGH NZV 1989, 227.
315 BGHZ 116, 260.
316 BGH NZV 1995, 352.
317 *Nixdorf* NZV 1995, 337; *Ritze* VersR 1990, 948. S a *v Wulffen/Bieresborn* (Lit vor Rn 1) § 119 SGB X Rn 7.
318 BGH NZV 2000, 252.

wird³¹⁹ (s Rn 141 ff). Der Anwendungsbereich von § 119 SGB X ist in den Fällen, in denen der Geschädigte Krankengeld oder eine andere Lohnersatzleistung bezieht, seit 1. Januar 1992 dadurch erheblich eingeschränkt, dass die vom Lohnersatzleistungsträger zu erbringenden Beiträge von diesem nach § 116 Abs 1 Satz 2 SGB X regressiert werden können (vgl Rn 36). Für § 119 SGB X verbleibt in diesem Fall kein Raum.³²⁰ Der Regressanspruch nach § 116 SGB X ist gem § 119 Abs 1 Satz 2 SGB X vorrangig. Dies betrifft ua von den Lohnersatzleistungen zu erbringende Rentenversicherungsbeiträge gem § 166 Abs 1 Nr 2 SGB VI. Der Rentenversicherungsträger kann nur noch einen Beitragsanspruch aus der Differenz zwischen Lohnersatzleistung und entgangenem Bruttoeinkommen geltend machen.³²¹

145 Da auch die Pflegeversicherung gem § 1 Abs 1 SGB XI als Sozialversicherung im Sinne des § 119 SGB X zu qualifizieren ist, kann der Rentenversicherungsträger Beiträge bei Schädigung einer „nicht erwerbsmäßigen" Pflegeperson regressieren, welche gem § 3 S 1 Nr 1a SGB VI rentenversicherungspflichtig ist.³²²

146 b) Infolge der Neuregelung in § 224 Abs 2 SGB V zum 1. Januar 1992 kann § 119 SGB X seither auch für **Krankenversicherungsbeiträge** (während des Bezugs von Krankengeld) Bedeutung erlangen, da durch die Beitragsfreiheit ein Anspruch auf Schadensersatz nicht ausgeschlossen oder gemindert wird.³²³ Der Krankenkasse steht für die Dauer der Krankengeldzahlung insoweit ein Beitragsanspruch zu, als dem Geschädigten ein Erwerbsschaden entstanden ist.³²⁴

147 Beiträge zur **Krankenversicherung der Rentner** werden nach § 249a SGB V (seit 1.1.1992) zwar vom Rentner selbst aufgebracht, aber von der Rente zurückbehalten und unmittelbar an die Krankenkasse abgeführt (§ 255 SGB V), sodass § 119 SGB X nicht greift, da eine Leistungserbringung durch Dritte vorliegt (vgl Rn 149). Insoweit findet § 116 SGB X Anwendung.³²⁵

148 c) Keine Anwendung findet er im Bereich der **Unfall- und der Arbeitslosenversicherung**. Die Arbeitslosenversicherung ist keine Sozialversicherung im Sinne von § 119 SGB X, § 4 SGB I.³²⁶ Beiträge des Arbeitgebers an die Berufsgenossenschaft sind haftungsrechtlich nicht dem Erwerb des Arbeitnehmers zuzurechnen.³²⁷

3. Voraussetzungen des Übergangs

149 Der Schadensersatzanspruch des Verkehrsunfallverletzten gegen den Schädiger muss den Ersatz von Beiträgen zur Sozialversicherung umfassen. Daher muss zum Unfallzeitpunkt ein **Pflichtversicherungsverhältnis** bestehen.³²⁸ Es reicht aber aus, wenn der

---

319 v *Wulffen/Bieresborn* (Lit vor Rn 1) § 119 SGB X Rn 7.
320 v *Wulffen/Bieresborn* (Lit vor Rn 1) § 119 SGB X Rn 2.
321 v *Wulffen/Bieresborn* (Lit vor Rn 1) § 119 SGB X Rn 7.
322 v *Wulffen/Bieresborn* (Lit vor Rn 1) § 119 SGB X Rn 6a.
323 Vgl hierzu *Geigel/Plagemann* Kap 30 Rn 134; *Küppersbusch* NZV 1992, 62. Zu Pflegeversicherungsbeiträgen *Wiesner* VersR 1995, 143.
324 Vgl v *Wulffen/Bieresborn* (Lit vor Rn 1) § 119 SGB X Rn 5.
325 v *Wulffen/Bieresborn* (Lit vor Rn 1) § 119 SGB X Rn 6.
326 v *Wulffen/Bieresborn* (Lit vor Rn 1) § 119 SGB X Rn 3.
327 v *Wulffen/Bieresborn* (Lit vor Rn 1) § 119 SGB X Rn 3.
328 Näher *Geigel/Plagemann* Kap 30 Rn 138 ff.

Geschädigte später nachversichert wird.[329] Für einen Geschädigten, der zu keinem Zeitpunkt pflichtversichert war, gilt § 119 SGB X nicht. Eine freiwillige Versicherung reicht insoweit nicht aus.[330] Bei Zahlung von Pflichtversicherungsbeiträgen durch **Dritte** (zB andere Sozialversicherungsträger) ist § 116 SGB X einschlägig, da der Versicherungsträger, welchem Beiträge zufließen, diese nicht nochmals nach § 119 SGB X geltend machen kann.[331] Eine bereits erfolgte oder noch bevorstehende Leistungserbringung des Sozialversicherungsträgers an den Geschädigten ist jedoch nicht erforderlich, um den Geschädigten von der Geltendmachung gegenüber dem Schädiger zu entlasten und die Durchsetzung der Ansprüche gegen den Schädiger zugunsten der Versichertengemeinschaft zu gewährleisten.[332] Die Subsidiaritätsklausel des § 12 Abs 1 S 3 PflVG findet insoweit keine, auch keine analoge, Anwendung.[333] Zahlungen des Arbeitgebers schließen den Regress aus (§ 119 Abs 1 Satz 1 Halbs 2 SGB X), ebenso der Haftungsausschluss bei Arbeitsunfällen nach §§ 636, 637 RVO aF bzw §§ 104 ff SGB VII (vgl § 19 Rn 77 ff).

4. Rechtsfolgen

a) § 119 SGB X stellt einen Fall des **gesetzlichen Forderungsüberganges** dar. Die Ansprüche des Verletzten auf Ersatz von Beiträgen zur Sozialversicherung werden auf den Sozialversicherungsträger übergeleitet. **150**

b) Umfang des Übergangs. Die Höhe des übergegangenen Beitragsanspruchs bemisst sich nach dem Einkommen, das der Verletzte ohne den Unfall erzielt hätte. Dabei ist das vor dem schädigenden Ereignis erzielte Entgelt zu Grunde zu legen.[334] Zur Berücksichtigung von Einkommenssteigerungen und -minderungen wird eine an der regulären Einkommensentwicklung orientierte fiktive Dynamisierung vorgeschlagen.[335] Bei von Arbeitslosigkeit unterbrochenen Biographien ist ein Abschlag von 40% des letzten Arbeitseinkommens vorzunehmen.[336] Die Berechnung kann anhand der modifizierten Bruttomethode oder anhand der modifizierten Nettomethode erfolgen.[337] **151**

Erfolgt unfallbedingt keine Beitragszahlung an die Rentenversicherung, ist die dadurch verursachte Minderung der künftigen Rente ersatzpflichtig.[338] Werden nachträglich Beiträge durch Schadensersatzleistung entrichtet, durch welche sich der Rentenzahlungsbetrag erhöht, kann sich der Sozialversicherungsträger nicht auf die Verjährungsregel des § 44 Abs 4 SGB X berufen.[339] **152**

---

329 *Geigel/Plagemann* Kap 30 Rn 141; **aA** OLG Karlsruhe NZV 1992, 156; LG Mannheim VersR 1991, 899.
330 *v Wulffen/Bieresborn* (Lit vor Rn 1) § 119 SGB X Rn 2.
331 *v Wulffen/Bieresborn* (Lit vor Rn 1) § 119 SGB X Rn 2.
332 OLG Brandenburg OLGR 1999, 48.
333 OLG Brandenburg OLGR 1999, 48.
334 BT-Drs 9/95, S 29.
335 *v Wulffen/Bieresborn* (Lit vor Rn 1) § 119 SGB X Rn 9.
336 OLG Hamm VersR 2002, 732.
337 BGH VersR 2000, 65.
338 *v Wulffen/Bieresborn* (Lit vor Rn 1) § 119 SGB X Rn 7.
339 BSG NZS 2002, 601.

Siebter Teil. Schadensregress

153 Wegen des Verhältnisses zum Regress nach § 116 SGB X vgl Rn 144. Die frühere Streitfrage, ob § 116 Abs 3 SGB X in Mithaftungsfällen beim Beitragsregress entsprechende Anwendung findet, hat sich durch Einfügung des § 119 Abs 1 S 2 SGB X erledigt,[340] wonach § 116 Abs 3 S 1, 2 SGB X beim Regress von Rentenversicherungsbeiträgen unter bestimmten Voraussetzungen entsprechend angewendet werden kann. Der Schädiger wird also entsprechend seiner Haftungsquote belastet.[341] Bei einem Geschädigten, der in Folge des Unfalls Sozialleistungen bezieht und den am Unfall ein Mitverschulden trifft, wird deshalb in der Rentenversicherung auch der Beitragsanteil als Pflichtbeitrag behandelt, welcher auf den Differenzbetrag zwischen den beitragspflichtigen Einnahmen bei Sozialleistungsbezug und dem bei unbegrenzter Haftung ersatzpflichtigen Arbeitsentgelt entfällt. Dies führt für ihn zu einer höheren Rente.[342] Entsprechende Anwendung findet ebenfalls § 116 Abs 4 SGB X, sodass der Altgläubiger dem Neugläubiger bei Nichtdurchsetzbarkeit des Anspruchs vorgeht.[343]

154 c) **Zeitpunkt des Übergangs** ist – wie in den Fällen des § 116 SGB X – der des Schadensereignisses, auch wenn es (zB wegen Lohnfortzahlung durch den Arbeitgeber) nicht sogleich zu einem Beitragsregress kommt.[344]

155 d) Ein **Familienprivileg** (vgl § 116 Abs 6 SGB X; oben Rn 73 ff) gibt es beim Regress nach § 119 SGB X nicht.[345] Etwaige Haftungsbeschränkungen materiellrechtlicher Art (zB §§ 1359, 1664, 242 BGB) muss sich jedoch ggf auch der Zessionar entgegenhalten lassen.[346]

156 e) Eine **Abfindung** von Beitragsansprüchen zur Gesetzlichen Rentenversicherung ist bei Schadensereignissen ab dem 1.1.2001 und für bis zu diesem Zeitpunkt noch nicht abschließend entschiedene Fälle durch Kapitalisierung im Einzelfall möglich (§ 119 Abs 4 iVm § 120 Abs 1 S 2 SGB X, eingefügt durch Gesetz vom 21.12.2000, BGBl I 1983), nicht aber durch allgemeine Pauschalierung iSv § 116 Abs 9 SGB X.[347]

157 f) **Verfahren.** Wegen des gesetzlichen Forderungsübergangs kann der Geschädigte den Anspruch nicht aus eigenem Recht geltend machen. Eine gewillkürte Prozessstandschaft scheidet aus, da ein Abtretungsverbot nach § 399 BGB besteht.[348]

---

340 Zum früheren Streitstand vgl 3. Aufl, Schlussanhang II, Rn 108.
341 *v Wulffen/Bieresborn* (Lit vor Rn 1) § 119 SGB X Rn 11.
342 *v Wulffen/Bieresborn* (Lit vor Rn 1) § 119 SGB X Rn 11.
343 *v Wulffen/Bieresborn* (Lit vor Rn 1) § 119 SGB X Rn 12.
344 *Geigel/Plagemann* Kap 30 Rn 144.
345 BGH NZV 1989, 225 m Nachw zum Meinungsstand.
346 BGH NZV 1989, 227.
347 *v Wulffen/Bieresborn* (Lit vor Rn 1) § 119 Rn 15; *Hauck/Noftz/Nehls* (Lit vor Rn 1) § 119 SGB X Rn 23.
348 BGH VersR 2004, 492.

§ 33 Regress der Träger Sozialer Fürsorge

§ 33 SGB II

(1) Haben Empfänger von Leistungen zur Sicherung des Lebensunterhalts für die Zeit, für die Leistungen erbracht werden, einen Anspruch gegen einen anderen, der nicht Leistungsträger ist, geht der Anspruch bis zur Höhe der geleisteten Aufwendungen auf die Träger der Leistungen nach diesem Buch über, wenn bei rechtzeitiger Leistung des anderen Leistungen zur Sicherung des Lebensunterhalts nicht erbracht worden wären. Der Übergang wird nicht dadurch ausgeschlossen, dass der Anspruch nicht übertragen, verpfändet oder gepfändet werden kann. Unterhaltsansprüche nach bürgerlichem Recht gehen zusammen mit dem unterhaltsrechtlichen Auskunftsanspruch auf die Träger der Leistungen nach diesem Buch über.

(2) Ein Unterhaltsanspruch nach bürgerlichem Recht geht nicht über, wenn die unterhaltsberechtigte Person

1. mit dem Verpflichteten in einer Bedarfsgemeinschaft lebt,

2. mit dem Verpflichteten verwandt ist und den Unterhaltsanspruch nicht geltend macht; dies gilt nicht für Unterhaltsansprüche

   a) minderjähriger Hilfebedürftiger,

   b) von Hilfebedürftigen, die das 25. Lebensjahr noch nicht vollendet und die Erstausbildung noch nicht abgeschlossen haben, gegen ihre Eltern,

3. in einem Kindschaftsverhältnis zum Verpflichteten steht und

   a) schwanger ist oder

   b) ihr leibliches Kind bis zur Vollendung seines sechsten Lebensjahres betreut.

Der Übergang ist auch ausgeschlossen, soweit der Unterhaltsanspruch durch laufende Zahlung erfüllt wird. Der Anspruch geht nur über, soweit das Einkommen und Vermögen der unterhaltsverpflichteten Person das nach den §§ 11 und 12 zu berücksichtigende Einkommen und Vermögen übersteigt.

(3) Für die Vergangenheit können die Träger der Leistungen nach diesem Buch außer unter den Voraussetzungen des bürgerlichen Rechts nur von der Zeit an den Anspruch geltend machen, zu welcher sie dem Verpflichteten die Erbringung der Leistung schriftlich mitgeteilt haben. Wenn die Leistung voraussichtlich auf längere Zeit erbracht werden muss, können die Träger der Leistungen nach diesem Buch bis zur Höhe der bisherigen monatlichen Aufwendungen auch auf künftige Leistungen klagen.

(4) Die Träger der Leistungen nach diesem Buch können den auf sie übergegangenen Anspruch im Einvernehmen mit dem Empfänger der Leistungen auf diesen zur gerichtlichen Geltendmachung rückübertragen und sich den geltend gemachten Anspruch abtreten lassen. Kosten, mit denen der Leistungsempfänger dadurch selbst belastet wird, sind zu übernehmen. Über die Ansprüche nach Absatz 1 Satz 3 ist im Zivilrechtsweg zu entscheiden.

(5) Die §§ 115 und 116 des Zehnten Buches gehen der Regelung des Absatzes 1 vor.

Siebter Teil. Schadensregress

§ 93 SGB XII

(1) Hat eine leistungsberechtigte Person oder haben bei Gewährung von Hilfen nach dem Fünften bis Neunten Kapitel auch ihre Eltern, ihr nicht getrennt lebender Ehegatte oder ihr Lebenspartner für die Zeit, für die Leistungen erbracht werden, einen Anspruch gegen einen anderen, der kein Leistungsträger im Sinne des § 12 des Ersten Buches ist, kann der Träger der Sozialhilfe durch schriftliche Anzeige an den anderen bewirken, dass dieser Anspruch bis zur Höhe seiner Aufwendungen auf ihn übergeht. Er kann den Übergang dieses Anspruchs auch wegen seiner Aufwendungen für diejenigen Leistungen des Dritten und Vierten Kapitels bewirken, die er gleichzeitig mit den Leistungen für die in Satz 1 genannte leistungsberechtigte Person, deren nicht getrennt lebenden Ehegatten oder Lebenspartner und deren minderjährigen unverheirateten Kindern erbringt. Der Übergang des Anspruchs darf nur insoweit bewirkt werden, als bei rechtzeitiger Leistung des anderen entweder die Leistung nicht erbracht worden wäre oder in den Fällen des § 19 Abs. 5 und des § 92 Abs. 1 Aufwendungsersatz oder ein Kostenbeitrag zu leisten wäre. Der Übergang ist nicht dadurch ausgeschlossen, dass der Anspruch nicht übertragen, verpfändet oder gepfändet werden kann.

(2) Die schriftliche Anzeige bewirkt den Übergang des Anspruchs für die Zeit, für die der leistungsberechtigten Person die Leistung ohne Unterbrechung erbracht wird. Als Unterbrechung gilt ein Zeitraum von mehr als zwei Monaten.

(3) Widerspruch und Anfechtungsklage gegen den Verwaltungsakt, der den Übergang des Anspruchs bewirkt, haben keine aufschiebende Wirkung.

(4) Die §§ 115 und 116 des Zehnten Buches gehen der Regelung des Absatzes 1 vor.

§ 116 SGB X
Abdruck vor § 32 Rn 1

Literatur

Fichtner/Wenzel Kommentar zur Grundsicherung, SGB XII Sozialhilfe, AsylbLG, SGB II, BKGG (Auszüge) (2005) mit Name des Bearbeiters; *Giese* Sozialgesetzbuch Allgemeiner Teil und Verfahrensrecht (SGB I und SGB X) (2005) mit Name des Bearbeiters; *Grube/Wahrendorf* SGB XII, Sozialhilfe, Kommentar mit SGB II (Auszug) und Asylbewerberleistungsgesetz (2005) mit Name des Bearbeiters; *Hauck/Noftz* Gesamtkommentar zum SGB II, Grundsicherung für Arbeitsuchende (2006) mit Name des Bearbeiters; *Hauck/Noftz* Gesamtkommentar zum SGB X, Band 2: Zusammenarbeit der Leistungsträger und ihre Beziehungen zu Dritten (2006) mit Name des Bearbeiters; *Hauck/Noftz* Gesamtkommentar zum SGB XII, Sozialhilfe (2006) mit Name des Bearbeiters; *v Maydell/Schellhorn* Gemeinschaftskommentar zum Sozialgesetzbuch – GK-SGB X/3 (1984); *Münder* Lehr- und Praxiskommentar zum SGB II (2005) mit Name des Bearbeiters; *Oestreicher* Kommentar zum SGB XII/II, Sozialhilfe und Grundsicherung für Arbeitsuchende mit AsylbLG und Erstattungsrecht des SGB X (2005) mit Name des Bearbeiters.

Übersicht

	Rn
I. Überblick	1
1. Regelungsgegenstand	1
2. Rechtsgrundlagen für den Regress	5
3. Verhältnis der Regressvorschriften	12
II. Forderungsübergang nach § 116 SGB X	13
1. Voraussetzungen des Forderungsübergangs	13
2. Rechtsfolgen des Forderungsübergangs	19

III. Forderungsübergang nach § 33 SGB II und § 93 SGB XII. 30
 1. Allgemeines 30
 2. Voraussetzungen der Überleitung gem § 93 SGB XII und § 33 SGB II aF 32
 3. Rechtsfolgen der Überleitungsanzeige 44
 4. Forderungsübergang gem § 33 SGB II nF 49

I. Überblick

1. Regelungsgegenstand

Zu einem Übergang von Schadensersatzforderungen auf einen Erbringer sozialer Leistungen kann es auch dann kommen, wenn es sich nicht um Versicherungsleistungen, sondern um solche der Sozialen Fürsorge (vgl Vorbemerkung vor § 32), also der subsidiären **Basissicherung** oder Sozialhilfe im weiteren Sinn,[1] handelt. Diese Sozialleistungen sind gekennzeichnet durch den **Nachrang** gegenüber eigenem Einkommen und Vermögen. Ihre **Rechtsgrundlagen** haben sich in den letzten Jahren wiederholt geändert.

1

Seit 1.1.2005 werden sie im Wesentlichen in fünf Ausprägungen gewährt:

2

– Als allgemeine, existenzsichernde Hilfe nach §§ 27 bis 40, 47 ff **SGB XII** (Hilfe zum Lebensunterhalt und Hilfe in besonderen Lebenslagen, wenn keine Erwerbsfähigkeit vorliegt, vgl § 2 Abs 1, § 21 S 1 SGB XII),
– für erwachsene Erwerbsfähige unter 65 Jahren sowie deren Angehörige als Grundsicherung für Arbeitsuchende nach dem **SGB II** (Arbeitslosengeld II),
– für ältere sowie erwerbsunfähige Menschen als **Grundsicherung im Alter und bei Erwerbsminderung** nach den §§ 41 bis 46 SGB XII,
– für Asylsuchende nach dem **AsylbLG**
– und als **Kriegsopferfürsorge** nach §§ 25 bis 27j BVG iVm KFürsV.[2]

Bis zum 31.12.2004 wurden die Erwerbslosen durch die Arbeitslosenhilfe nach den §§ 190 ff SGB III und die Sozialhilfe nach dem Bundessozialhilfegesetz (BSHG) abgesichert; die Grundsicherung im Alter und bei Erwerbsminderung war im Grundsicherungsgesetz (GSiG) geregelt.

3

Zu einem **Beitragsregress** (s § 119 SGB X) kann es im Bereich der Sozialen Fürsorge nicht kommen, da Sozialhilfeleistungen steuer-, also gerade nicht beitragsfinanziert sind.

4

2. Rechtsgrundlagen für den Regress

Mit Wirkung vom 1.7.1983 (Art II § 22 SGB X) wurde der gesetzliche Forderungsübergang nach **§ 116 Abs 1 S 1 SGB X** auf die **Sozialhilfeträger** erstreckt (s dazu Rn 14). Davor galt **§ 90 BSHG aF**, der keinen gesetzlichen Forderungsübergang vorsah, sondern eine Überleitungsanzeige des Sozialhilfeträgers erforderte. Grund für die Änderung war, dass die Sozialhilfeträger oft leer ausgingen, weil sie infolge des gesetzlichen Übergangs der Schadensersatzansprüche auf die Sozialversicherungsträger mit einer Überleitung nach § 90 BSHG aF zu spät kamen.[3] Diese Erstreckung auf Sozialhilfe-

5

---
1 Vgl *Waibel* ZfF 2005, 49.
2 *Waibel* ZfF 2005, 49.
3 *Dahlinger/Schneider* NDV 1983, 175. Krit *Hauck/Noftz/Nehls* (Lit vor Rn 1) § 116 SGB X Rn 6.

Siebter Teil. Schadensregress

träger erwies sich bis zur Neuordnung der Sozialhilfeleistungen zum 1.1.2005 (vgl Rn 2) als passend. Durch die Überführung der Sozialhilfe in die Grundsicherung für Arbeitssuchende nach dem SGB II einerseits und die Sozialhilfe im engeren Sinne nach dem SGB XII andererseits (vgl zur Abgrenzung Rn 2) war § 116 SGB X seinem Wortlaut nach nur auf die SGB XII-Träger anwendbar, wobei wegen der systematischen Zuordnung der SGB II-Leistungen zur Sozialhilfe iwS eine entsprechende Anwendung zu befürworten war, wie auch der Verweis auf § 116 SGB X in § 33 Abs 4 SGB II aF nahelegte. Diese Regelungslücke hat der Gesetzgeber mit Wirkung vom 1.8.2006 durch das Gesetz zur Fortentwicklung der Grundsicherung für Arbeitssuchende vom 20.7.2006 (BGBl I 1718) beseitigt. In der Neufassung des § 116 Abs 10 SGB X wurden die Träger der Grundsicherung für Arbeitssuchende nach dem SGB II den Versicherungsträgern gleichgestellt, sodass § 116 SGB X für diese nun unmittelbar anwendbar ist. In der Begründung zum Gesetzesentwurf (BT-Drs 16/1410 S 87) ist insofern auch von einer „Klarstellung" die Rede.

6 Die Möglichkeit der **Überleitung** besteht jedoch in bestimmten Fällen auch weiterhin (wegen der Konkurrenz zu § 116 SGB X s Rn 12). Sie ergibt sich aus:

§ 33 SGB II für erbrachte Sozialleistungen im Bereich der Grundsicherung für Arbeitssuchende für den Zeitraum zwischen dem 1.1.2005 und 31.7.2006; mit Wirkung vom 1.8.2006 wurde die Überleitungsmöglichkeit durch das Gesetz zur Fortentwicklung der Grundsicherung für Arbeitssuchende vom 20.7.2006 (BGBl I 1711) ohne Übergangsregelung durch einen gesetzlichen Forderungsübergang ersetzt (vgl näher Rn 31, 49 ff); sofern Ersatzansprüche aufgrund einer Leistungserbringung nach dem SGB II (ab 1.1.2005) bis zum Inkrafttreten der Neuregelung am 1.8.2006 noch nicht übergeleitet worden waren, werden diese nunmehr ebenfalls vom gesetzlichen Forderungsübergang erfasst,[4]

§ 93 SGB XII für die allgemeine Sozialhilfe und die Grundsicherung im Alter sowie bei Erwerbsminderung mit Wirkung vom 1.1.2005.

7 Bis 31.12.2004 fanden für die Grundsicherung im Alter und bei Erwerbsminderung nach dem **GSiG**, welches gem § 68 Nr 18 SGB I als Besonderer Teil des SGB mit eigener Einweisungsvorschrift (§ 28a SGB I) behandelt wurde, die §§ 116 ff SGB X entsprechende Anwendung.

8 Sind Spätfolgen von Unfällen vor dem 1.7.1983 zu regulieren, richtet sich der Rückgriff weiterhin nach **§ 90 BSHG**.[5] So verbleibt es zB bei Unterhaltsersatzansprüchen nach § 10 Abs 2 StVG bzw § 844 Abs 2 BGB bei der Anwendung von § 90 BSHG, wenn die Verletzung des Unterhaltsverpflichteten vor dem 1.7.1983 erfolgt, sein Tod aber erst nach diesem Zeitpunkt eingetreten ist.[6]

9 Bei der bis 31.12.2004[7] gewährten **Arbeitslosenhilfe** gem §§ 196 bis 203 SGB III konnte ein Anspruchsübergang nach § 116 SGB X nicht erfolgen, da der haftungsrechtliche Ersatzanspruch gegen den Schädiger als Einkommen nach §§ 190 Abs 1 Nr 5, 193 SGB III zu berücksichtigen war.[8] Bei der Gleichwohlgewährung nach § 203 SGB III[9] erfolgte der Anspruchsüber-

---

4 *Klinkhammer* FamRZ 2006, 1171, 1173 unter Verweis auf BGH FamRZ 1995, 871, 872 (zum Übergang von Unterhaltsansprüchen nach § 33 SGB II).
5 *Oestreicher/Decker* (Lit vor Rn 1) § 93 SGB XII Rn 11; *Hauck/Noftz/Nehls* (Lit vor Rn 1) § 116 SGB X Rn 68. Zu den Einzelheiten s 3. Aufl Schlussanh II Rn 127.
6 BGHZ 132, 39 = JR 1996, 505 m abl Anm *Fuchs*.
7 BGBl I 2954.
8 *v Wulffen/Bieresborn* (Lit vor § 32 Rn 1) § 116 SGB X Rn 5.
9 Dabei erhält der Arbeitslose vom schadensersatzpflichtigen Dritten keine Leistung, obwohl er einen Anspruch darauf hat, sodass Arbeitslosenhilfe gewährt wird.

gang mittels Überleitungsanzeige ex nunc auf den Bund nach § 203 Abs 1 S 3 SGB III.[10] Wegen der Subsidiarität der Arbeitslosenhilfe änderte daran auch der ab 1.1.1998 eingefügte § 116 Abs 10 SGB X nichts. Auch bei der Vorgängervorschrift § 127 AFG (seit 24.3.1997 ersetzt durch das SGB III) fand kein Forderungsübergang statt; vielmehr musste ebenfalls eine Überleitungsanzeige bei der Gleichwohlgewährung gem § 140 Abs 1 AFG erfolgen.[11]

Durch die mit Wirkung zum 1.6.1997 durch das Erste Gesetz zur Änderung des AsylbLG eingeführte Vorschrift des **§ 7 Abs 3 AsylbLG** wird eine Überleitung von Ansprüchen des leistungsberechtigten Asylbewerbers gegen den Schädiger aus einem Verkehrsunfall nach § 90 BSHG aF bzw § 93 SGB XII ermöglicht.[12] § 7 Abs 3 AsylbLG soll dabei auch anwendbar sein, wenn der Haftungsfall zeitlich vor Inkrafttreten dieser Norm abgeschlossen war.[13] Für eine analoge Anwendung von § 116 SGB X ist daneben mangels Regelungslücke kein Raum.[14] **10**

Für die Kriegsopferfürsorge bestimmt **§ 27g BVG**, dass der Träger durch schriftliche Anzeige Schadensersatzansprüche gegen Dritte auf sich überleiten kann, wenn die Hilfe bei rechtzeitiger Leistung des anderen nicht gewährt worden wäre oder der Hilfeempfänger die Aufwendungen zu ersetzen oder zu tragen hat.[15] **11**

3. Verhältnis der Regressvorschriften

Gem § 33 Abs 5 SGB II (bis 31.7.2006: § 33 Abs 4 SGB II) und § 93 Abs 4 SGB XII sowie § 90 Abs 4 BSHG hat **§ 116 SGB X Vorrang** vor diesen Regelungen, sodass der Forderungsübergang in der Regel kraft Gesetzes, also ohne Überleitungsanzeige stattfindet.[16] Wenn jedoch § 116 SGB X nicht oder nicht voll eingreift, was insbesondere bei fehlender Kausalität[17] der Fürsorgeleistung wegen bereits vor der Schädigung im Straßenverkehr bestehender Bedürftigkeit bzw schon erfolgendem Leistungsbezug nach den Fürsorgegesetzen der Fall sein kann,[18] können § 33 SGB II und § 93 SGB XII Anwendung finden.[19] Der Vorrang einer Regelung ist nicht gleichbedeutend mit dem Ausschluss der anderen.[20] Zudem ist der primär auf die Verhältnisse der Sozialversicherungsträger abstellende § 116 SGB X auf die Besonderheiten im Bereich der Fürsorge, wo oft schon vor dem Unfall eine Leistungsbeziehung besteht, nicht ohne weiteres übertragbar.[21] Der Anspruchsübergang nach § 93 SGB XII kann auch von Bedeutung sein, wenn dem Sozialhilfeträger unterhaltssichernde Ansprüche des Hilfebedürftigen gegenüber Dritten zwar vor der Leistungsbewilligung bekannt gewesen sind, jedoch zur Deckung eines aktuellen Bedarfs notwendige Leistungen zu erbringen waren, da dem Betroffenen eine rechtzeitige Durchsetzung der Schadensersatzansprüche nicht möglich **12**

---

10 *v Wulffen/Bieresborn* (Lit vor § 32 Rn 1) § 116 SGB X Rn 5.
11 BGHZ 108, 296. S a *Waltermann* NJW 1996, 1645.
12 *Oestreicher/Decker* (Lit vor Rn 1) § 7 AsylbLG Rn 22.
13 LG Frankfurt/M VersR 2000, 340; *Bloth/v Pachelbel* VersR 2000, 341.
14 LG Münster VersR 1998, 739 m Anm *Jahnke*; *Grube/Wahrendorf/Wahrendorf* (Lit vor Rn 1) § 9 AsylbLG Rn 3; wohl auch *Hauck/Noftz/Nehls* (Lit vor Rn 1) § 116 SGB X Rn 68; **aA** LG Frankfurt/M VersR 2000, 340 m Anm *Bloth/v Pachelbel*.
15 Zu den Voraussetzungen und Rechtsfolgen vgl *Schieckel/Gurgel* (Lit vor § 34 Rn 1) § 27g.
16 *Hauck/Noftz/Kalhorn* (Lit vor Rn 1) § 33 SGB II Rn 11.
17 Zu dieser Voraussetzung der Kongruenz s Rn 15.
18 *Schroeder/Printzen/Schmalz* Kommentar zum SGB X³ (1996) § 116 SGB X 2.6.
19 *Fichtner/Wenzel/Wolf* (Lit vor Rn 1) § 93 SGB XII Rn 58; § 33 SGB II Rn 43.
20 *Fichtner/Wenzel/Wolf* (Lit vor Rn 1) § 93 SGB XII Rn 58; § 33 SGB II Rn 43.
21 *Knopp/Wienand* Kommentar zum BSHG⁷ (1992) § 90 BSHG Rn 63.

oder nicht zumutbar war.[22] Der Schmerzensgeldanspruch nach § 253 BGB verbleibt dagegen stets allein dem Geschädigten,[23] kann also nicht nach § 33 Abs 1 SGB II in der bis 31.7.2006 geltenden Fassung oder § 93 SGB XII übergeleitet werden bzw geht nicht kraft Gesetzes gem § 33 Abs 1 SGB II in seiner ab 1.8.2006 geltenden Fassung über. Er kann auch nicht als Einkommen berücksichtigt werden (§ 11 Abs 3 Nr 2 SGB II, § 83 Abs 2 SGB XII bzw § 77 II BSHG aF).

II. Forderungsübergang nach § 116 SGB X

1. Voraussetzungen des Forderungsübergangs

13 a) **Vorliegen eines Schadensersatzanspruchs.** Der Geschädigte muss einen Anspruch auf Schadensersatz gegen den Schädiger haben (vgl dazu § 32 Rn 6 ff).

14 b) **Leistungspflicht des Sozialhilfeträgers bzw SGB II-Trägers.** Zu den erfassten Leistungsarten s Rn 2. Träger der Leistungen nach SGB II sind gem § 19a Abs 2 SGB I, §§ 6, 6a SGB II die Bundesagentur für Arbeit und ggf die kreisfreien Städte und Kreise, Träger nach SGB XII gem § 28 Abs 2 SGB I; § 3 SGB XII (wie nach §§ 9, 96 BSHG aF) die Kreise und kreisfreien Städte sowie die überörtlichen Träger[24] der Sozialhilfe. Ob auf die Leistung ein Rechtsanspruch (§ 38 SGB I) besteht oder es sich um eine Ermessensleistung handelt (§ 39 SGB I), ist unerheblich,[25] ebenso ob die Leistung bereits erbracht ist (zum Zeitpunkt des Übergangs s Rn 19) und ob ein Antrag gestellt wurde. Der bereits zum Unfallzeitpunkt unter dem Vorbehalt der Bedürftigkeit bestehende allgemeine Anspruch auf Fürsorgeleistungen reicht nicht.[26]

15 c) **Kongruenz der Ansprüche.** Die Sozialleistung einerseits und der Schadensersatzanspruch andererseits müssen in sachlicher und zeitlicher Hinsicht deckungsgleich sein, also der Behebung eines **artgleichen Schadens** dienen und sich auf **denselben Zeitraum** beziehen.[27] Voraussetzung für den Forderungsübergang ist insbesondere die **Einheit des Leistungsgrundes**, dh die Leistungserbringung durch den Sozialhilfeträger/SGB II-Träger muss gerade aufgrund des Schadensereignisses erforderlich werden.[28] Beide Leistungen müssen also unmittelbar durch ein und dasselbe schadenstiftende Ereignis ausgelöst werden und übereinstimmend der Kompensation der vom Geschädigten erlittenen Schädigung dienen.[29] Es muss somit auch Kongruenz hinsichtlich der Ursächlichkeit des Schadens bestehen.[30] Ist bei der Gewährung von Sozialhilfe eine Trennung in schadensabhängige und schadensunabhängige Aufwendungen nicht möglich, so besteht im Zweifel bis zur Höhe der Ersatzpflicht des schädigenden Dritten

---

22 *Hauck/Noftz/Falterbaum* (Lit vor Rn 1) § 93 SGB XII Rn 1.
23 *v Maydell/Schellhorn* (Lit vor Rn 1) § 116 SGB X Rn 182.
24 In Bayern vgl Art 5 AGBSHG.
25 *Hauck/Noftz/Nehls* (Lit vor Rn 1) § 116 SGB X Rn 10.
26 *Hauck/Noftz/Nehls* (Lit vor Rn 1) § 116 SGB X Rn 23.
27 *Giese/v Koch/Kreikebohm* (Lit vor Rn 1) § 116 SGB X Rn 2.3.1, S 6; Rn 2.3.2, S 9.
28 *Hauck/Noftz/Nehls* (Lit vor Rn 1) § 116 SGB X Rn 5.
29 *Hauck/Noftz/Nehls* (Lit vor Rn 1) § 116 SGB X Rn 11.
30 *Giese/v Koch/Kreikebohm* (Lit vor Rn 1) § 116 SGB X Rn 2.3.1, S 6.

Kongruenz mit der gewährten Sozialhilfe, was regelmäßig anzunehmen ist, wenn der Verletzte nicht schon vor dem Unfall von der Sozialhilfe unterstützt wurde.[31]

16 Falls der Geschädigte schon vorher Leistungen der Grundsicherung für Arbeitssuchende erhält, greift § 116 SGB X und demzufolge § 33 Abs 5 SGB II bzw § 93 Abs 4 SGB XII nicht ein, sodass eine Überleitungsanzeige nach § 33 Abs 1 SGB II (bis 31.7.2006), § 93 Abs 1 SGB XII erforderlich bleibt (vgl Rn 12). Im Rahmen des ab 1.8.2006 geltenden § 33 Abs 1 SGB II geht der Anspruch in diesem Falle kraft Gesetzes auf den Träger des SGB II (Rn 14) über (näher Rn 49 ff).

17 Sachliche Kongruenz besteht zwischen dem Anspruch auf Ersatz des Erwerbsschadens und dem Arbeitslosengeld II (§§ 19 ff SGB II), falls durch das schädigende Ereignis Arbeitslosigkeit beim Geschädigten eingetreten ist und er gerade deshalb Leistungen der Grundsicherung für Arbeitssuchende erhält.[32] Nicht sachlich kongruent sind Leistungen des Sozialhilfeträgers wegen unfallbedingt vermehrter Bedürfnisse[33] und der Anspruch des Geschädigten auf Ersatz des Erwerbsschadens.[34] Keine Kongruenz besteht zwischen dem Anspruch wegen vermehrter Bedürfnisse (vgl auch § 29 Rn 32 ff) und dem Aufschlag zur Hilfe zum Lebensunterhalt und dem Pflegegeld gem § 64 Abs 2 SGB XII bzw § 69a Abs 2 BSHG (bis 31.12.2004).[35] Kongruent ist jedoch der Anspruch auf Hilfe zur Pflege nach § 61 SGB XII bzw § 68 BSHG (bis 31.12.2004) mit dem Erstattungsanspruch wegen vermehrter Bedürfnisse nach § 843 BGB;[36] ferner der aus der Beschäftigung des Verletzten in einer beschützenden Werkstatt erwachsende Ersatzanspruch mit der vom Träger der Sozialhilfe geleisteten Eingliederungshilfe.[37]

18 Im Rahmen der **zeitlichen** Kongruenz wird vorausgesetzt, dass der Sozialhilfeträger/SGB II-Träger Leistungen genau für den Zeitraum erbringt, für welchen der Schädiger ersatzpflichtig ist. Hat er aufgrund der Bestimmungen des SGB II oder SGB XII diese Leistungen länger zu erbringen, muss er den überschießenden Betrag selbst tragen.[38]

2. Rechtsfolgen des Forderungsübergangs

19 a) **Anspruchsübergang.** Wegen des kraft Gesetzes eintretenden Anspruchsübergangs s § 32 Rn 41 ff. Unterschiede gegenüber dem Übergang auf einen Sozialversicherungsträger bestehen jedoch hinsichtlich des **Zeitpunkts**. Diese ergeben sich daraus, dass zwischen Geschädigtem und Sozialhilfeträger/SGB II-Träger – anders als im Sozialversicherungsverhältnis – im Zeitpunkt des Unfalls in der Regel noch keine Rechtsbeziehung besteht, die es ermöglichen würde, einen Forderungsübergang stets bereits im Zeitpunkt der Schädigung eintreten zu lassen. Die Rechtsprechung, die bestrebt ist, einen möglichst frühzeitigen Forderungsübergang herbeizuführen, stellt daher auf den Zeitpunkt ab, zu dem infolge des schädigenden Ereignisses **auf Grund konkreter**

---

31 *v Maydell/Schellhorn* (Lit vor Rn 1) § 116 SGB X Rn 55.
32 *Hauck/Noftz/Nehls* (Lit vor Rn 1) § 116 SGB X Rn 17.
33 Aufschlag zur Hilfe zum Lebensunterhalt und Pflegegeld gem § 69a Abs 2 BSHG, seit 1.1.2005 § 64 Abs 2 SGB XII.
34 BGH NJW 1997, 256; 2002, 292.
35 BGH NZV 2002, 114.
36 BGH NJW 2006, 3565.
37 Vgl BGH VersR 1996, 350.
38 *Hauck/Noftz/Nehls* (Lit vor Rn 1) § 116 SGB X Rn 20.

Anhaltspunkte[39] mit einer Leistungspflicht des Sozialhilfeträgers/SGB II-Trägers gegenüber dem Geschädigten **ernsthaft zu rechnen** ist,[40] ggf also bereits im Zeitpunkt des zur Pflegebedürftigkeit führenden Unfalls eines Mittellosen.[41] Hieran sieht sich der BGH durch den Grundsatz des Nachrangs der Sozialhilfe (§ 2 SGB II, § 2 SGB XII bzw § 2 BSHG aF), der eigentlich für ein Hinausschieben des Forderungsübergangs streitet,[42] nicht gehindert; er entnimmt ihm jedoch, dass der Geschädigte **ermächtigt** bleibt, den Schädiger im eigenen Namen (wie bei der Einziehungsermächtigung im Falle einer Sicherungszession)[43] auf die Ersatzleistung in Anspruch zu nehmen (vgl auch Rn 29). Diese Einziehungsermächtigung hat auf den Lauf der Verjährungsfrist (Rn 27) keinen Einfluss.[44] Der Zeitpunkt des Übergangs ist damit einzelfallabhängig nach den konkreten Umständen zu ermitteln.[45]

20 b) **Rechtsstellung gegenüber dem Ersatzpflichtigen.** Zum **Bestand des Anspruchs** vgl § 32 Rn 49 ff. Insbesondere gelten über § 412 BGB die §§ 399 bis 404, 406 bis 410 BGB. Wenn die Leistung des Schuldners Erfüllungswirkung hat, besteht ein Erstattungsanspruch des ebenfalls leistenden Sozialhilfeträgers/SGB II-Trägers nach § 116 Abs 7 SGB X. Auf einen **Abfindungsvergleich**, den der Geschädigte nach dem Forderungsübergang unter Überschreitung seiner Einziehungsermächtigung (Rn 19) mit dem Ersatzpflichtigen abschließt, kann Letzterer sich nur unter den Voraussetzungen der §§ 407, 412 BGB berufen.[46] Dabei sind an die **Kenntnis vom Forderungsübergang** nach ständiger Rechtsprechung nur maßvolle Anforderungen zu stellen, um ein Unterlaufen des Schutzes des Sozialhilfeträgers zu verhindern.[47] Entscheidend ist die Kenntnis von Tatsachen, welche den frühen Forderungsübergang bewirken und solche Leistungen nahelegen, insbesondere die Kenntnis vom Ausmaß der Verletzungen.[48] Allerdings wird es regelmäßig keine Umstände geben, die bereits im Unfallzeitpunkt auf eine Sozialhilfebedürftigkeit des Geschädigten und damit auf einen Forderungsübergang auf den Sozialhilfeträger schließen lassen,[49] sodass Kenntnis erst dann vorliegt, wenn dem Unfallverursacher (bzw dessen Haftpflichtversicherer) die konkreten Fakten, aus denen sich die Sozialhilfebedürftigkeit ergeben kann (insbesondere über die Vermögensverhältnissse des Geschädigten), bekannt werden.[50]

21 Zur Anrechnung eines **Mitverschuldens** vgl § 32 Rn 52 ff, zu **Abfindungsvergleich** und **Teilungsabkommen** § 32 Rn 55 ff.

---

39 Auch für die Bedürftigkeit des Verletzten.
40 BGHZ 127, 120; 131, 274; 132, 39; 133, 129, 134; *Waltermann* NJW 1996, 1646. **AA** (Eintritt der Bedürftigkeit) *Küppersbusch* VersR 1983, 195 f; *Ruland* JuS 1984, 71; *Müller* NZS 1994, 13 ff; *Groß* DAR 1999, 341; (Schadensereignis) *Andre* NZS 1994, 307 ff; *Müller* VersR 1984, 1132.
41 So BGHZ 133, 129, 135; *Geigel/Plagemann* Kap 30 Rn 38.
42 *Groß* DAR 1999, 342.
43 BGHZ 131, 274.
44 BGHZ 133, 129, 139 f.
45 *Groß* DAR 1999, 342.
46 BGHZ 131 274, 285.
47 BGHZ 131, 274, 286; VersR 1984, 35, 37.
48 BGHZ 127, 120; 131, 274, 286.
49 *Hauck/Noftz/Nehls* (Lit vor Rn 1) § 116 SGB X Rn 51.
50 *v Wulffen/Bieresborn* (Lit vor § 32 Rn 1) § 116 SGB X Rn 40.

c) **Beschränkungen bei nicht ausreichender Ersatzleistung.** Die Grundsätze über das Quotenvorrecht, die Aufteilung der Haftungssumme und das Befriedigungsvorrecht (§ 116 Abs 2 bis 4 SGB X; vgl § 32 Rn 62 ff) gelten auch beim Regress des Sozialhilfeträgers/SGB II-Trägers. 22

Nach § 116 Abs 3 S 3 SGB X ist der Forderungsübergang auf den Sozialhilfe- bzw SGB II-Träger bei nur quotenmäßiger Haftung des Schädigers ausgeschlossen, wenn durch ihn beim Geschädigten Hilfebedürftigkeit entstehen würde.[51] Der Sozialhilfeträger oder SGB II-Träger wird dadurch auf Kosten der sonstigen nach Abs 1 regressberechtigten Sozialleistungsträger entlastet.[52] Dies setzt aber ein Kausalverhältnis zwischen Anspruchsübergang und Sozialhilfebedürftigkeit voraus.[53] Beim Übergang auf den Sozialhilfeträger/SGB II-Träger kommt ein solches regelmäßig nicht in Betracht, da sich die Bedürftigkeit bereits ohne die Zession abzeichnet; durch den Anspruchsübergang auf den Sozialhilfeträger/SGB II-Träger wird die Sozialhilfebedürftigkeit weder herbeigeführt noch verstärkt. Vielmehr verbleibt dem Geschädigten zum Zwecke der Realisierung des Anspruchs gerade die Einziehungsermächtigung (vgl Rn 29).[54] 23

d) **Ausschluss des Forderungsüberganges bei Schädigung durch Familienangehörige.** Das Angehörigenprivileg des § 116 Abs 6 SGB X gilt grundsätzlich auch beim Rückgriff des SGB II- und SGB XII-Trägers. Auch hier greift das Familienprivileg nur ein, wenn die Schädigung nicht vorsätzlich erfolgte.[55] Zu den Einzelheiten s § 32 Rn 73 ff. 24

Das Angehörigenprivileg steht nach der Rechtsprechung des BGH jedoch – anders als beim Regress des Sozialversicherungsträgers (vgl § 32 Rn 77) – nicht dem Übergang des **Direktanspruchs gegen einen Haftpflichtversicherer** des Schädigers aus § 3 Nr 1 PflVG entgegen, da es sonst zu einem „Normenkonflikt" zwischen dem Nachrangprinzip des § 2 SGB II, § 2 SGB XII bzw § 2 BSHG aF und der Übergangssperre nach § 116 Abs 6 SGB X käme.[56] Danach folgt aus dem Subsidiaritätsgrundsatz, dass dem Sozialhilfeträger/SGB II-Träger der Regress gegen den Haftpflichtversicherer offen steht, wenn er vor diesem auf eine kongruente Leistung in Anspruch genommen wurde. 25

e) **Mehrheit von Leistungsträgern.** § 117 SGB X (zum Inhalt s § 32 Rn 82 ff) ist auch dann anwendbar, wenn ein Leistungsträger nach SGB XII oder SGB II mit einem anderen zusammentrifft. 26

f) **Verjährung.** Im Bereich der Sozialhilfe besteht für den Geschädigten eine Einziehungsermächtigung (siehe Rn 19), um im Umfang des Anspruchs seine eigene Hilfsbedürftigkeit zu vermeiden. Keine Sozialhilfe erhält aufgrund des Subsidiaritätsprinzips nach § 2 SGB II, § 2 SGB XII, § 2 BSHG aF, wer sich selbst helfen kann. In diesem Falle ist es bzgl der Verjährung unschädlich, wenn der Sozialhilfeträger nicht innerhalb von 3 Jahren (wegen § 195 BGB) tätig wird.[57] Dem Ersatzpflichtigen kann aufgrund der 27

---

51 BGH VersR 1996, 1126.
52 *Hauck/Noftz/Nehls* (Lit vor Rn 1) § 116 SGB X Rn 37.
53 BGHZ 133, 129, 136.
54 BGHZ 133, 129, 137.
55 *Hauck/Noftz/Nehls* (Lit vor Rn 1) § 116 SGB X Rn 45.
56 BGHZ 133, 192; BGH VersR 2001, 215.
57 *Hauck/Noftz/Nehls* (Lit vor Rn 1) § 116 SGB X Rn 25.

in § 116 Abs 1 SGB X und § 2 SGB XII (vormals § 2 BSHG) niedergelegten Grundsätze und der in der Institution der Verjährung enthaltenen rechtlichen Wertung gegenüber dem Sozialhilfeträger keine günstigere Rechtsposition zukommen als gegenüber dem Geschädigten, welcher über die Schadensersatzansprüche ein rechtskräftiges Feststellungsurteil erwirkt hat.[58] Die Einziehungsermächtigung muss zur Vereinheitlichung der Verjährungsvoraussetzungen für Geschädigten und Sozialhilfeträger führen.[59] Erkennt der Ersatzpflichtige dem Geschädigten gegenüber den Anspruch an, tritt die Wirkung des § 212 BGB auch gegenüber dem Sozialhilfeträger ein, auf den der Anspruch gem § 116 SGB X übergegangen ist.[60]

28 g) **Prozessrechtliches.** Der Sozialhilfeträger muss den erworbenen Anspruch vor den ordentlichen Gerichten einklagen.[61] Er kann nicht auf Feststellung der Ersatzpflicht gegen den Kfz-Haftpflichtversicherer des Schädigers klagen, wenn nicht ernsthaft zu erwarten ist, dass er jemals Sozialhilfeleistungen an den Verletzten erbringen muss.[62]

29 Die vom BGH[63] aus dem Subsidiaritätsgrundsatz (§ 2 SGB II, § 2 SGB XII bzw § 2 BSHG aF) abgeleitete **Einziehungsermächtigung** (oben Rn 19) berechtigt den Geschädigten, im eigenen Namen auf Leistung an sich zu klagen,[64] um dadurch im Umfang des Ersatzanspruchs seine eigene Hilfsbedürftigkeit zu vermeiden. Es handelt sich dann um eine (verdeckte) gesetzliche[65] Prozessstandschaft.[66] Die Rechtskraft des Urteils erfasst den Fürsorgeträger grundsätzlich nicht.[67] Hat er jedoch der Prozessführung des Geschädigten vor oder während des Prozesses zugestimmt und der Geschädigte diese Zustimmung in den Prozess einführt, erstreckt sich die Rechtskraft auf ihn, führt er sie nicht ein, nur zu seinen Lasten.[68]

III. Forderungsübergang nach § 33 SGB II und § 93 SGB XII

1. Allgemeines

30 § 33 SGB II und § 93 SGB XII sollen den **Nachrang der Fürsorgeleistungen** verwirklichen. Sie dienen somit dem Schutz des Leistungsträgers.[69] Zum Anwendungsbereich neben § 116 SGB X vgl Rn 12.

31 Nach diesen Vorschriften kann der SGB II- bzw SGB XII-Träger (zur Abgrenzung s Rn 2) den Schadensersatzanspruch eines Hilfebedürftigen aus einem Haftungsfall

---

58 BGHZ 150, 94.
59 BGHZ 150, 94, 100.
60 OLG Köln VersR 1998, 1307.
61 *Hauck/Noftz/Nehls* (Lit vor Rn 1) § 116 SGB X Rn 27.
62 OLG Celle OLGR 1999, 137.
63 BGHZ 131, 274.
64 Vgl BGHZ 4, 153, 164 f; *Zöller/Vollkommer* vor § 50 Rn 51.
65 *Hofmann* VersR 2003, 289.
66 BGH VersR 2002, 869.
67 *Hofmann* VersR 2003, 289 ff.
68 *Hofmann* VersR 2003, 291.
69 *Hauck/Noftz/Kalhorn* (Lit vor Rn 1) § 33 SGB II Rn 4; *Hauck/Noftz/Falterbaum* (Lit vor Rn 1) § 93 SGB XII Rn 2.

durch schriftliche Anzeige auf sich **überleiten**. Dies gilt für den **SGB II-Träger** allerdings **nur bis 31.7.2006**; ab 1.8.2006 findet ein gesetzlicher Forderungsübergang statt (vgl dazu Rn 6, 49 ff). Die Überleitungsregelung lehnt sich im Wesentlichen an das bis zum 31.12.2004 geltende BSHG an, wobei in § 33 SGB II (in der bis 31.7.2006 geltenden Fassung) die frühere Differenzierung zwischen Übergang von Unterhaltsansprüchen (§ 91 BSHG) und Überleitung der übrigen Ansprüche (§ 90 BSHG) aufgegeben wurde. Insofern folgte die Neuregelung dem bis 31.12.2004 geltenden § 203 SGB III für die Arbeitslosenhilfe.[70] Durch das Gesetz zur Fortentwicklung der Grundsicherung für Arbeitsuchende vom 20.7.2006 (BGBl I 1711) wurde mit Wirkung vom 1.8.2006 in § 33 Abs 2 SGB II wieder eine Spezialregelung für Unterhaltsansprüche aufgenommen. Im SGB XII folgt § 93 SGB XII dem früheren § 90 BSHG, § 94 SGB XII dem § 91 BSHG nach.[71] Auf die frühere Überleitungsmöglichkeit nach § 90 BSHG, die für Altfälle noch Bedeutung haben kann (Rn 8), sind die nachstehenden Erläuterungen übertragbar.

2. Voraussetzungen der Überleitung gem § 93 SGB XII und § 33 SGB II aF

a) Vorliegen eines Schadensersatzanspruchs. Dem Unfallopfer muss ein zivilrechtlicher Ersatzanspruch gegen den Schädiger zustehen. Es können auch **künftige** Ansprüche übergeleitet werden, sofern diese hinreichend bestimmt oder bestimmbar sind;[72] allerdings ist eine konkrete Bezeichnung erforderlich.[73] Die Überleitung steht insofern unter der aufschiebenden Bedingung tatsächlicher Leistung.[74] Für die Rechtmäßigkeit der Überleitung ist es irrelevant, ob der übergeleitete Anspruch tatsächlich besteht oder in welchem Umfang er besteht.[75] Nur wenn der übergeleitete Anspruch nach materiellem Recht offensichtlich ausgeschlossen ist (sog Negativevidenz), kann eine trotzdem erlassene Überleitungsanzeige rechtswidrig sein.[76]

32

Strittig ist, ob auch ein **Schmerzensgeldanspruch** nach § 253 BGB übergeleitet werden kann.[77] Dagegen spricht, dass Schmerzensgeldrenten nach § 11 Abs 3 Nr 2 SGB II und § 83 Abs 2 SGB XII nicht als Einkommen berücksichtigt werden können und bei einmaliger Leistung die Berücksichtigung als Vermögen eine unzumutbare Härte nach § 90 Abs 3 SGB XII bedeuten würde. Dies zeigt, dass diese immateriellen Ausgleichsansprüche nicht zur Behebung der Bedürftigkeit und damit zur Entlastung der Sozialhilfeträger dienen sollen. Da die Schmerzensgeldforderung für die Hilfegewährung demnach ohne Einfluss ist, scheitert die Überleitungsfähigkeit an § 33 Abs 1 S 2 SGB II, § 93 Abs 1 S 3 SGB XII bzw § 90 I S 3 BSHG aF.[78]

33

---

70 *Münder/Conradis* (Lit vor Rn 1) Vor § 33 SGB II Rn 2.
71 *Münder/Conradis* (Lit vor Rn 1) Vor § 33 SGB II Rn 3.
72 *Hauck/Noftz/Kalhorn* (Lit vor Rn 1) § 33 SGB II Rn 16; *Hauck/Noftz/Falterbaum* (Lit vor Rn 1) § 93 SGB XII Rn 21.
73 *Münder/Münder* (Lit vor Rn 1) § 33 SGB II Rn 15.
74 *Münder/Münder* (Lit vor Rn 1) § 33 SGB II Rn 15; *Hauck/Noftz/Falterbaum* (Lit vor Rn 1) § 93 SGB XII Rn 23.
75 BVerwG FEVS 36, 309.
76 BVerwG NDV 1994, 37.
77 Dafür OLG Nürnberg ZfF 1981, 38; wie hier OVG Lüneburg FEVS 24, 276; *Hauck/Noftz/Falterbaum* (Lit vor Rn 1) § 93 SGB XII Rn 22.
78 *Oestreicher/Decker* (Lit vor Rn 1) § 93 SGB XII Rn 53; *Münder/Münder* (Lit vor Rn 1) § 33 SGB II Rn 21.

34 Ein Verzicht auf den Anspruch (§ 397 BGB) ist vor der Überleitung möglich, soweit er nicht in der Absicht erfolgt, dem Leistungsträger eine Leistungspflicht aufzubürden (dann § 138 BGB). Nach dem BGH[79] liegt Nichtigkeit vor, wenn beim Verzicht Bedürftigkeit vorlag oder als sicher bevorstehend erkannt wurde, der Schädiger leistungsfähig war und den Parteien dies auch bewusst war. Nach Anspruchsüberleitung ist der Verzicht regelmäßig wegen fehlender Verfügungsbefugnis oder aufgrund § 161 BGB unwirksam.[80]

35 **b) Leistungserbringung des Sozialhilfeträgers.** Zu den erfassten Leistungsarten s Rn 2. Träger der Leistungen nach SGB II sind die Bundesagentur für Arbeit bzw die Kommunen (§ 19a Abs 2 SGB I, §§ 6, 6a SGB II), nach SGB XII die Kreise und kreisfreien Städte sowie die überörtlichen Träger der Sozialhilfe (§ 28 Abs 2 SGB I, § 3 SGB XII). Träger des BSHG waren gem §§ 9, 96 BSHG die kreisfreien Städte und Landkreise sowie die überörtlichen Träger.

36 Der Träger der **Grundsicherung für Arbeitssuchende** muss Leistungen zur Sicherung des Lebensunterhaltes nach dem 2. Abschn (§§ 19 bis 29 SGB II) tatsächlich **erbracht** oder zumindest **bewilligt** haben.[81] Die Überleitungsanzeige kann damit schon, aber auch erst frühestens mit dem Bewilligungsbescheid ergehen[82] (zum Zeitpunkt des Forderungsübergangs s aber Rn 46). Erfasst werden nur Leistungen, welche ab 1.1.2005 nach Maßgabe des SGB II bewilligt wurden. Eine Überleitung aufgrund früherer Leistungen nach dem BSHG in der Zeit nach dem 31.12.2004 nach § 33 SGB II ist insofern also nicht möglich.[83]

37 Bei der **allgemeinen Hilfe zur Existenzsicherung** werden sämtliche Leistungen aus dem Leistungskatalog des SGB XII erfasst.[84] Nach § 93 Abs 1 S 2 SGB XII ist nicht nur eine Überleitung bezogen auf Leistungen an den Geschädigten selbst möglich, sondern auch soweit Aufwendungen für dessen nicht getrennt lebenden Ehepartner, Lebenspartner oder seine minderjährigen unverheirateten Kinder erbracht wurden. Diese Gesamtbetrachtung lehnt sich an die Grundsätze der Bedarfsgemeinschaft nach § 19 SGB XII an und erstreckt sich daher nur auf die Hilfe zum Lebensunterhalt, wobei eine Zugehörigkeit zur Haushaltsgemeinschaft nicht erforderlich ist.[85] Vorausgesetzt wird jedoch, dass der Leistungsempfänger, dessen zivilrechtliche Ansprüche übergeleitet werden sollen, gleichzeitig mit dem Angehörigen Leistungen erhalten hat.[86]

38 Es muss sich um eine **endgültige** Leistung handeln, woran es zB bei der Darlehensgewährung mangelt. Nur wenn der Empfänger des Darlehens dieses nicht zurückbezahlt, ist eine Überleitung möglich.[87]

---

79 BGH NJW 1987, 1546.
80 *Münder/Münder* (Lit vor Rn 1) § 33 SGB II Rn 19.
81 *Hauck/Noftz/Kalhorn* (Lit vor Rn 1) § 33 SGB II Rn 13.
82 *Münder/Münder* (Lit vor Rn 1) § 33 SGB II Rn 11.
83 *Münder/Conradis* (Lit vor Rn 1) Vor § 33 SGB II Rn 11.
84 *Hauck/Noftz/Falterbaum* (Lit vor Rn 1) § 93 SGB XII Rn 18.
85 *Hauck/Noftz/Falterbaum* (Lit vor Rn 1) § 93 SGB XII Rn 32.
86 BayObLG ZfF 1963, 183.
87 *Münder/Münder* (Lit vor Rn 1) § 33 SGB II Rn 13; *Hauck/Noftz/Falterbaum* (Lit vor Rn 1) § 93 SGB XII Rn 20.

Ob die Hilfegewährung **rechtmäßig** erbracht worden sein muss, ist streitig. Die Befürworter führen die Gesetzessystematik, den Sinn und Zweck der Norm und das Interesse des Dritten an und wollen bei rechtswidrig geleisteten Zahlungen eine Rückforderung nach §§ 44, 48, 50 SGB X vornehmen.[88] Die Gegenansicht argumentiert, das Bedürfnis zur Wiederherstellung des Nachranges bestehe auch, wenn die Leistungen zur Sicherung des Lebensunterhaltes rechtswidrig gewährt worden sind.[89] Nach dem BVerwG[90] ist eine Rechtmäßigkeitsprüfung nur geboten, wenn die Voraussetzungen für den Leistungsanspruch (Leistungen zur Sicherung des Lebensunterhaltes) und den überzuleitenden Anspruch wesentlich unterschiedlich seien. Bei wesentlich gleichen Voraussetzungen ist die Rechtmäßigkeit der Überleitung damit irrelevant. Eine Ausnahme ist aber gegeben, wenn anderenfalls die Belange des Drittverpflichteten unzulässig verkürzt würden.[91] Bei versehentlicher Leistung an Personen, für welche die Leistung nicht bestimmt war (zB an den Erben des verstorbenen Hilfempfängers) liegt keine Leistung iSd Regressvorschriften vor.[92]

39

c) **Gleichzeitigkeit.** Die Ansprüche gegen den Schädiger müssen **nicht gleichartig** mit den Leistungen des Sozialhilfeträgers sein.[93] Es reicht aus, dass die Leistungen des Sozialhilfeträgers bei rechtzeitiger Leistung durch den Schuldner ganz oder teilweise entfallen wären.[94] Dieses Erfordernis der Gleichzeitigkeit nach § 33 Abs 1 S 2 SGB II bzw § 93 Abs 1 S 3 SGB XII verweist auf einen **Kausalzusammenhang** zwischen der Leistung und der Nichterfüllung des Schadensersatzanspruchs durch den Schädiger. Unterstellt man eine rechtzeitige Leistung des Schädigers, so müsste die Hilfebedürftigkeit des Geschädigten entfallen sein, dh in diesem Fall hätte er keine Lebensunterhaltsleistungen erhalten.[95] Diese Gleichzeitigkeit ist weit auszulegen, sodass auch vor Aufnahme der Sozialhilfeleistung fällige, aber noch nicht erfüllte Ansprüche überleitungsfähig sind.[96]

40

d) **Überleitungsanzeige.** Gem § 33 Abs 1 S 1 SGB II in seiner bis 31.7.2006 geltenden Fassung bzw § 93 Abs 1 S 1 SGB XII ist der Übergang des Anspruchs von einer schriftlichen Anzeige der Überleitung abhängig. Diese ist vom **leistungserbringenden Träger** zu erstellen,[97] auch wenn er hinsichtlich der Leistung unzuständig war und lediglich in Vorleistung für einen anderen Träger getreten ist.[98] Erbringen im **SGB II** sowohl die Bundesagentur für Arbeit als auch der kommunale Träger (§ 6 SGB II) Leistungen zur

41

---

88 *Münder/Conradis* (Lit vor Rn 1) Vor § 33 SGB II Rn 4; *Münder/Münder* (Lit vor Rn 1) § 33 SGB II Rn 12.
89 *Hauck/Noftz/Kalhorn* (Lit vor Rn 1) § 33 SGB II Rn 14; *Hauck/Noftz/Falterbaum* (Lit vor Rn 1) § 93 SGB XII Rn 14.
90 BVerwGE 50, 65.
91 BVerwG NDV 1993, 25.
92 *Münder/Conradis* (Lit vor Rn 1) Vor § 33 SGB II Rn 8.
93 BVerwG NJW 2000, 601.
94 *Hauck/Noftz/Falterbaum* (Lit vor Rn 1) § 93 SGB XII Rn 10.
95 *Münder/Münder* (Lit vor Rn 1) § 33 SGB II Rn 22; *Hauck/Noftz/Falterbaum* (Lit vor Rn 1) § 93 SGB XII Rn 25.
96 *Grube/Wahrendorf/Wahrendorf* (Lit vor Rn 1) § 93 SGB XII Rn 15.
97 *Hauck/Noftz/Kalhorn* (Lit vor Rn 1) § 33 SGB II Rn 21; *Hauck/Noftz/Falterbaum* (Lit vor Rn 1) § 93 SGB XII Rn 36.
98 *Hauck/Noftz/Falterbaum* (Lit vor Rn 1) § 93 SGB XII Rn 36.

Sicherung des Lebensunterhaltes, so können beide überleiten, ebenso die für beide Leistungsträger handelnde Arbeitsgemeinschaft nach § 44b SGB II.[99] Im **SGB XII** wird unterschiedlich beurteilt, ob der örtliche oder der überörtliche Träger für die Überleitung zuständig ist, wenn die Aufgaben der überörtlichen Sozialhilfe nach § 99 SGB XII auf den örtlichen Sozialhilfeträger übertragen wurden.[100] Der überörtliche Träger kann den örtlichen bevollmächtigen, in seinem Namen den Anspruch überzuleiten.[101]

42 Die Überleitungsanzeige ist ein **privatrechtsgestaltender Verwaltungsakt**.[102] Sie ist **schriftlich** abzufassen, zu **begründen** und dem Schuldner und dem Leistungsempfänger gem § 37 SGB X **bekanntzugeben**.[103] Der Leistungsempfänger ist vorher gem § 24 SGB X **anzuhören**,[104] ebenso der Ersatzpflichtige, da er nach Ansicht des BVerwG[105] durch eine rechtswidrige Überleitungsanzeige in eigenen Rechten verletzt wird.[106]

43 Die Überleitungsentscheidung ist ins **Ermessen** der Behörde gestellt. Wegen des Nachrangprinzips und der sparsamen Bewirtschaftung öffentlicher Mittel ist in der Regel die Überleitung geboten. Im Ausnahmefall kann aber die besondere Lebenssituation des Schuldners einer Überleitung entgegenstehen.[107]

3. Rechtsfolgen der Überleitungsanzeige

44 **a) Anspruchsübergang.** Durch die Überleitung geht die Forderung des Geschädigten auf den SGB II- oder SGB XII-Träger über.[108] Die Überleitung bewirkt also einen Gläubigerwechsel.[109] Unter mehreren Leistungsträgern gilt das Prioritätsprinzip.[110] Eine zweite Anzeige kann keine Rechtswirkungen mehr entfalten.[111] Nimmt die Arbeitsgemeinschaft (§ 44b SGB II) die Aufgaben der SGB II-Träger wahr, so erfolgt die Überleitung auf die Arbeitsgemeinschaft; die Aufteilung zwischen Agentur für Arbeit und Kommunen ist dann eine interne Angelegenheit.[112] Im Falle des § 6 Abs 2 SGB II geht der übergeleitete Anspruch auf den kommunalen Leistungsträger über.[113]

---

99 *Münder/Münder* (Lit vor Rn 1) § 33 SGB II Rn 26.
100 Örtlicher Träger: VGH Hessen ZfSH/SGB 1992, 356; überörtlicher Träger: OVG Münster FEVS 38, 203.
101 *Hauck/Noftz/Falterbaum* (Lit vor Rn 1) § 93 SGB XII Rn 37.
102 *Hauck/Noftz/Kalhorn* (Lit vor Rn 1) § 33 SGB II Rn 22; *Münder/Münder* (Lit vor Rn 1) § 33 SGB II Rn 8.
103 *Hauck/Noftz/Kalhorn* (Lit vor Rn 1) § 33 SGB II Rn 22; *Hauck/Noftz/Falterbaum* (Lit vor Rn 1) § 93 SGB XII Rn 39, 41 f.
104 BVerwGE 34, 219.
105 BVerwGE 92, 281.
106 *Münder/Münder* (Lit vor Rn 1) § 33 SGB II Rn 31.
107 *Hauck/Noftz/Kalhorn* (Lit vor Rn 1) § 33 SGB II Rn 23; *Hauck/Noftz/Falterbaum* (Lit vor Rn 1) § 93 SGB XII Rn 34.
108 *Hauck/Noftz/Kalhorn* (Lit vor Rn 1) § 33 SGB II Rn 24; *Hauck/Noftz/Falterbaum* (Lit vor Rn 1) § 93 SGB XII Rn 44.
109 *Münder/Münder* (Lit vor Rn 1) § 33 SGB II Rn 46; *Hauck/Noftz/Falterbaum* (Lit vor Rn 1) § 93 SGB XII Rn 43.
110 *Münder/Münder* (Lit vor Rn 1) § 33 SGB II Rn 25.
111 *Hauck/Noftz/Kalhorn* (Lit vor Rn 1) § 33 SGB II Rn 21.
112 *Münder/Münder* (Lit vor Rn 1) § 33 SGB II Rn 46.
113 VGH Hessen FEVS 42, 419.

Infolge der Überleitung kann der Schuldner mit befreiender Wirkung nur noch an den **45**
Leistungsträger als neuen Gläubiger leisten (§ 407 Abs 1 BGB).[114] Einwendungen und
Einreden können ihm vom Schuldner nach §§ 412, 404 BGB entgegengehalten werden.
Der Leistungsempfänger ist nach der Überleitung nicht mehr befugt, übergegangene
Ansprüche für die Vergangenheit geltend zu machen.[115] Der Schuldner bleibt aber berechtigt, hinsichtlich *künftiger* Zeiträume seiner Schadensersatzpflicht gegenüber dem
Hilfebedürftigen selbst nachzukommen und somit die Gewährung von Leistungen zur
Sicherung des Lebensunterhaltes entbehrlich zu machen, da die Überleitung künftiger
Ansprüche unter der Bedingung der Leistungsgewährung steht.[116] Eine andere Behandlung würde dem Nachrang der SGB II-Leistungen widersprechen.[117] Ein anderweitiger
Hinweis in der Überleitungsanzeige ist unschädlich.[118]

b) Zeitpunkt des Übergangs. Die Überleitung entfaltet ihre Rechtswirkung bei schon **46**
bestehenden Ansprüchen ab dem Zeitpunkt des Beginns der Leistungsgewährung[119]
(unabhängig davon, dass sie bereits mit dem Bewilligungsbescheid angezeigt werden
kann; vgl Rn 41). Bei der Überleitung künftiger Ansprüche wirkt die Überleitungsanzeige in die Zukunft (vgl Rn 45). Der Übergang findet gem § 33 Abs 3 Halbs 1 SGB II
bzw § 93 Abs 2 SGB XII für den Zeitraum statt, in welchem dem Hilfebedürftigen
Leistungen zur Sicherung des Lebensunterhaltes ohne Unterbrechung erbracht werden,
wobei ein Zeitraum von mehr als zwei Monaten als Unterbrechung gilt. Für die Fristberechnung gelten § 26 SGB X, § 187 Abs 2, § 188 Abs 2, 3 BGB.[120] Kontrovers diskutiert wird, ob sich die Unterbrechung auf jede einzelne Leistung bezieht oder auf alle
Leistungen an eine Person in ihrer Gesamtheit.[121]

c) Umfang der Überleitung. Die Überleitung ist ihrem Umfang nach auf die **Höhe** der **47**
erbrachten Leistungen begrenzt, wobei die im Bewilligungszeitraum erbrachten
Leistungen zugrunde zu legen sind.[122] Darüber hinaus gehende Ansprüche verbleiben
dem Geschädigten. Für den Fall, dass die Arbeitsgemeinschaft (§ 44b SGB II) die
Leistungen für kommunale Träger und Arbeitsagentur erbringt, ergibt sich die Höhe aus
der Summe der Aufwendungen beider Leistungsträger.[123] Hat ein Sozialhilfeträger, der
über die Haftungsgrenze des § 12 StVG hinausgehende Leistungen erbracht hat, einen
Abfindungsvergleich geschlossen, mit dem er sich zur Zahlung eines geringeren Betrages verpflichtet hat, so kann er den erlassenen Teil der Schadensersatzforderung nicht
mehr auf sich überleiten.[124]

---

114 *Hauck/Noftz/Kalhorn* (Lit vor Rn 1) § 33 SGB II Rn 24; *Hauck/Noftz/Falterbaum* (Lit vor Rn 1) § 93 SGB XII Rn 44.
115 *Münder/Münder* (Lit vor Rn 1) § 33 SGB II Rn 47; *Hauck/Noftz/Falterbaum* (Lit vor Rn 1) § 93 SGB XII Rn 43.
116 BVerwGE 34, 219; *Hauck/Noftz/Kalhorn* (Lit vor Rn 1) § 33 SGB II Rn 25.
117 BGH NJW 1982, 232.
118 BVerwG NDV 1977, 38.
119 *Münder/Münder* (Lit vor Rn 1) § 33 SGB II Rn 49.
120 *Münder/Münder* (Lit vor Rn 1) § 33 SGB II Rn 49.
121 Zum Streitstand *Hauck/Noftz/Falterbaum* (Lit vor Rn 1) § 93 SGB XII Rn 45.
122 *Hauck/Noftz/Kalhorn* (Lit vor Rn 1) § 33 SGB II Rn 20; *Hauck/Noftz/Falterbaum* (Lit vor Rn 1) § 93 SGB XII Rn 32.
123 *Münder/Münder* (Lit vor Rn 1) § 33 SGB II Rn 48.
124 BGH NZV 1997, 36 (zu § 90 BSHG aF).

Siebter Teil. Schadensregress

48 **d) Prozessrechtliches.** Nur der SGB II- bzw SGB XII-Leistungsträger ist im Prozess **aktivlegitimiert.** Bei Rechtsübergang während des Prozesses gilt § 265 ZPO. **Zuständig** ist für die Geltendmachung des übergeleiteten Anspruchs das Zivilgericht,[125] für die Überprüfung der Rechtmäßigkeit der Überleitungsentscheidung das Sozialgericht (§ 51 Abs 1 Nr 4a SGG für die Überleitung nach § 33 SGB II bzw § 51 Abs 1 Nr 6a SGG für die Überleitung nach § 93 SGB XII).

4. Forderungsübergang gem § 33 SGB II nF

49 **a) Voraussetzungen des Forderungsübergangs.** In der ab 1.8.2006 geltenden Neufassung des § 33 Abs 1 S 1 SGB II (vgl Rn 6, 31) wird, wie schon in der bisherigen Altfassung, vorausgesetzt, dass der Empfänger von Leistungen zur Sicherung des Lebensunterhaltes einen zivilrechtlichen Schadensersatzanspruch gegen den Schädiger hat und beide Ansprüche gleichzeitig bestehen (vgl Rn 32, 35f, 40).

50 **b) Rechtsfolgen des Forderungsübergangs.** Der Anspruch geht nunmehr kraft Gesetzes auf den SGB II-Träger über. Eine Überleitungsanzeige – wie bis 31.7.2006 vorgesehen – ist nicht mehr erforderlich. Die Ausführungen bei § 32 Rn 41 gelten insoweit entsprechend. Hintergrund der Neuregelung eines gesetzlichen Forderungsübergangs ist nach der Begründung zum Gesetzesentwurf,[126] dass die Träger des SGB II bisher in der Praxis nur selten von der Möglichkeit einer Überleitungsanzeige Gebrauch gemacht haben. Durch die Kodifizierung eines gesetzlichen Forderungsübergangs soll erreicht werden, dass die Drittverpflichteten in dem gesetzlich möglichen Umfang auch tatsächlich in Regress genommen und dementsprechend die öffentlichen Kassen entlastet werden. Für die Vergangenheit ist die Geltendmachung von Regressansprüchen gegen den Schädiger jedoch gem § 33 Abs 3 S 1 SGB II von einer schriftlichen Mitteilung der Leistungserbringung abhängig. Bei voraussichtlich für längere Zeit zu erbringenden Leistungen kann gem § 33 Abs 2 S 2 SGB II auch auf künftige Leistungen geklagt werden. § 33 Abs 4 S 1 SGB II sieht die Möglichkeit vor, den Anspruch zur Geltendmachung treuhänderisch auf den Leistungsempfänger (den Geschädigten) zurück zu übertragen, welcher ihn geltend macht und wiederum an den Leistungsträger abtritt.

---

125 *Münder/Münder* (Lit vor Rn 1) § 33 SGB II Rn 8.
126 BT-Drs 16/1410 S 68.

§ 34 Regress der Versorgungsträger und öffentlich-rechtlichen Dienstherren

§ 81a BVG

(1) Soweit den Versorgungsberechtigten ein gesetzlicher Anspruch auf Ersatz des ihnen durch die Schädigung verursachten Schadens gegen Dritte zusteht, geht dieser Anspruch im Umfang der durch dieses Gesetz begründeten Pflicht zur Gewährung von Leistungen auf den Bund über. Das gilt nicht bei Ansprüchen, die aus Schwangerschaft und Niederkunft erwachsen sind. Der Übergang des Anspruchs kann nicht zum Nachteil des Berechtigten geltend gemacht werden.

(2) Absatz 1 gilt entsprechend, soweit es sich um Ansprüche nach diesem Gesetz handelt, die nicht auf einer Schädigung beruhen.

(3) Die Krankenkasse teilt der Verwaltungsbehörde Tatsachen mit, aus denen zu entnehmen ist, daß ein Dritter den Schaden verursacht hat. Auf Anfrage macht sie der Verwaltungsbehörde Angaben darüber, in welcher Höhe sie Heil- oder Krankenbehandlung erbracht hat; dies gilt nicht für nichtstationäre ärztliche Behandlung und Versorgung mit Arznei- und Verbandmitteln.

(4) § 116 Abs. 8 des Zehnten Buches Sozialgesetzbuch gilt entsprechend.

§ 80 SVG

Ein Soldat, der eine Wehrdienstbeschädigung erlitten hat, erhält nach Beendigung des Wehrdienstverhältnisses wegen der gesundheitlichen und wirtschaftlichen Folgen der Wehrdienstbeschädigung auf Antrag Versorgung in entsprechender Anwendung der Vorschriften des Bundesversorgungsgesetzes, soweit in diesem Gesetz nichts Abweichendes bestimmt ist. Entsprechend erhalten eine Zivilperson, die eine Wehrdienstbeschädigung erlitten hat, und die Hinterbliebenen eines Beschädigten auf Antrag Versorgung. § 64e des Bundesversorgungsgesetzes findet keine Anwendung. Partner einer eheähnlichen Gemeinschaft erhalten Leistungen in entsprechender Anwendung der §§ 40, 40a und 41 des Bundesversorgungsgesetzes, sofern ein Partner an den Schädigungsfolgen verstorben ist und der andere unter Verzicht auf eine Erwerbstätigkeit die Betreuung eines gemeinschaftlichen Kindes ausübt; dieser Anspruch ist auf die ersten drei Lebensjahre des Kindes beschränkt. Satz 4 gilt entsprechend, wenn ein Partner in der Zeit zwischen dem 1. November 1994 und dem 23. Juni 2006 an den Schädigungsfolgen verstorben ist.

§ 47 ZDG

(1) Ein Dienstpflichtiger, der eine Zivildienstbeschädigung erlitten hat, erhält nach Beendigung des Dienstverhältnisses wegen der gesundheitlichen und wirtschaftlichen Folgen der Schädigung auf Antrag Versorgung in entsprechender Anwendung der Vorschriften des Bundesversorgungsgesetzes, soweit in diesem Gesetz nichts Abweichendes bestimmt ist. In gleicher Weise erhalten die Hinterbliebenen eines Beschädigten auf Antrag Versorgung. § 64e des Bundesversorgungsgesetzes findet keine Anwendung. Partner einer eheähnlichen Gemeinschaft erhalten Leistungen in entsprechender Anwendung der §§ 40,

Siebter Teil. Schadensregress

40a und 41 des Bundesversorgungsgesetzes, sofern ein Partner an den Schädigungsfolgen verstorben ist und der andere unter Verzicht auf eine Erwerbstätigkeit die Betreuung eines gemeinschaftlichen Kindes ausübt; dieser Anspruch ist auf die ersten drei Lebensjahre des Kindes beschränkt. Satz 4 gilt entsprechend, wenn ein Partner in der Zeit zwischen dem 1. November 1994 und dem 23. Juni 2006 an den Schädigungsfolgen verstorben ist.

(2) ...

§ 87a BBG, §§ 1, 4 ErwG s vor Rn 23

Literatur

Giese Sozialgesetzbuch Allgemeiner Teil und Verfahrensrecht (SGB I und SGB X) (2005) mit Name des Bearbeiters; *Kunz/Zellner* Kommentar zum Opferentschädigungsgesetz (1999); *Schieckel/Gurgel/Grüner/Dalichau* Bundesversorgungsgesetz (1989).

Übersicht

	Rn
I. Überblick	1
1. Versorgungsrecht	2
2. Beamtenrecht	5
II. Regress der Versorgungsträger	6
1. Voraussetzungen des Forderungsübergangs	6
2. Rechtsfolgen des Forderungsübergangs	13
3. Begrenzung des Rückgriffs bei nicht ausreichender Ersatzleistung	18
4. Ausschluss des Rückgriffs bei Schädigung durch Familienangehörige	19
5. Zusammentreffen von Versorgungsträger und Sozialversicherungsträger	19a
6. Verjährung	20
7. Prozessrechtliches	21
III. Regress der öffentlich-rechtlichen Dienstherren	23
1. Rechtsgrundlagen	23
2. Voraussetzungen des Forderungsübergangs	24
3. Rechtsfolgen des Forderungsübergangs	33
4. Internationales Recht	43

I. Überblick

1 Auf öffentlich-rechtliche Körperschaften können Schadensersatzansprüche aus Verkehrsunfällen – abgesehen von den in §§ 32 und 33 behandelten Fällen – auch dann übergehen, wenn sie als Träger der Sozialen Versorgung (s Vorbem vor § 32) nach den speziellen Versorgungsgesetzen oder als Dienstherren aufgrund beamtenrechtlicher Vorschriften Leistungen an den Geschädigten erbracht haben.

1. Versorgungsrecht

2 Versorgungsgesetze haben bei der Verkehrsunfallhaftung nur geringe Bedeutung. Leistungen nach dem (die Versorgung von Kriegsopfern regelnden) **Bundesversorgungsgesetz** kommen in Betracht bei Verkehrsunfällen auf geschützten Wegen wie dem Weg nach und vom Gestellungsort oder Dienstreisen nach § 1 Abs 2 lit e iVm §§ 8a, 4 BVG. Das **Soldatenversorgungsgesetz** (§§ 80 ff SVG) regelt die Versorgung

§ 34 Regress der Versorgungsträger und öffentlich-rechtlichen Dienstherren

von im Dienst verletzten Soldaten und deren Hinterbliebenen.[1] Den gleichen Zweck verfolgt das **Zivildienstgesetz** (§ 47 ZDG) für Zivildienstleistende. Die Anwendung des **Opferentschädigungsgesetzes** ist gem § 1 Abs 11 OEG bei Schäden, die durch den Gebrauch eines Kfz oder eines Anhängers verursacht worden sind, ausgeschlossen. Für diese Schäden ist der auf § 12 PflVG beruhende Entschädigungsfonds für Schäden aus Kfz-Unfällen (§ 15 Rn 69 ff) leistungspflichtig, wie durch § 9 OEG sichergestellt wird.[2] Dieser Ausschluss gilt auch dann, wenn das Kfz oder der Anhänger durch Anschieben auf das spätere Opfer hinbewegt wurde.[3]

Zentrale Regressnorm im Versorgungsrecht ist § 81a BVG. Auf sie wird in den übrigen Versorgungsgesetzen verwiesen (vgl § 80 SVG, § 47 ZDG). Zu den Einzelheiten s Rn 6 ff. Zum Regress wegen Leistungen der **Kriegsopferfürsorge** nach § 27g BVG vgl § 33 Rn 2, 11.

3

Bei öffentlich-rechtlichen Versorgungsleistungen, für die ein **Regress gesetzlich nicht vorgesehen** ist (zB Blindengeld), kann der Leistungsträger, da die Vorschriften über den gesetzlichen Forderungsübergang eine abschließende Regelung darstellen, nicht unter Berufung auf allgemeine Regeln des Verwaltungsrechts oder im Wege bürgerlich-rechtlicher Abtretung weitergehende Erstattungsmöglichkeiten suchen. Eine gleichwohl erklärte Abtretung ist nach §§ 400, 134 BGB, § 850b Abs 1 Nr 1 ZPO nichtig.[4] Auch ist § 93 SGB XII nicht analog anwendbar.[5] §§ 116 ff SGB X gelten für Versorgungsleistungen nicht.

4

2. Beamtenrecht

Erhebliche Bedeutung hat der Regress bei der Verletzung von **Beamten und den Beziehern beamtenrechtlicher Versorgungsleistungen**. Er ist geregelt in § 87a BBG und den entsprechenden Vorschriften der Landesbeamtengesetze (§ 52 BRRG). Zu den Einzelheiten s Rn 23 ff.

5

II. Regress der Versorgungsträger

1. Voraussetzungen des Forderungsübergangs

a) Vorliegen eines Schadensersatzanspruches. Dem Versorgungsberechtigten muss nach § 81a Abs 1 BVG ein gesetzlicher Anspruch auf Ersatz des ihm durch die Unfallverletzung entstandenen Schadens gegen einen Dritten, dh eine mit dem Bund nicht personengleiche Person,[6] zustehen.

6

b) Bestehen eines Anspruchs auf Versorgungsleistungen. Nach § 1 Abs 1 BVG besteht der Versorgungsanspruch nur bzgl der gesundheitlichen und wirtschaftlichen Fol-

7

---

1 Zu den geschützten Wegen s § 81 Abs 2 Nr 2 lit a, Abs 3 Nr 2, Abs 4 S 1 Nr 2 SVG.
2 *Kunz/Zellner* (Lit vor Rn 1) § 1 OEG Rn 116.
3 *Kunz/Zellner* (Lit vor Rn 1) § 1 OEG Rn 116.4 BGH VersR 1988, 182.
5 BGH VersR 1988, 181, 182 (die Entscheidung erging zu § 90 BSHG aF, ist aber auf den inhaltsgleichen § 93 SGB XII übertragbar).
6 VV 2 zu § 81a BVG.

Siebter Teil. Schadensregress

gen einer durch militärische oder militärähnliche Dienstverrichtung bzw durch einen Unfall während der Ausübung dieses Dienstes oder durch die dem Dienst eigentümlichen Verhältnisse[7] verursachten gesundheitlichen **Schädigung**. Ursache der Schädigung muss daher die Dienstverrichtung etc sein. Ursachen sind dabei die Bedingungen, die wegen ihrer besonderen Beziehung zum Erfolg zu dessen Eintritt wesentlich mitgewirkt haben.[8] Zu den Versorgungsfällen nach SVG und ZDG s § 19 Rn 160.

8 Nach § 81a Abs 2 BVG genügen jedoch auch **schädigungsunabhängige** Ansprüche, wie sie einem Bezieher von Leistungen nach dem BVG oder speziellen Gesetzen (IfSG; HHG; StrRehaG; VwRehaG) unter bestimmten Voraussetzungen zustehen können, wenn er bei einem Verkehrsunfall verletzt wird (zB nach § 9 Nr 1, § 10 Abs 2, 7 BVG). Dasselbe gilt, wenn der Versorgungsberechtigte bei dem (schädigungsunabhängigen) Unfall getötet wird und den Hinterbliebenen Witwen- und Waisenbeihilfe nach § 48 BVG zusteht. Zum Regress wegen bedarfsabhängiger Leistungen der Kriegsopferfürsorge gem §§ 25–27j BVG iVm KFürsV vgl § 33 Rn 2, 11.

9 Entscheidend ist das **Bestehen** des Anspruchs; ein tatsächlicher Leistungsbezug ist nicht erforderlich.[9] Die Entstehung des Anspruchs ist auch hier nicht von einer Antragstellung abhängig;[10] diese ist aber materiell-rechtliche Voraussetzung für eine Leistungsgewährung an den Versorgungsberechtigten, vgl § 1 Abs 1, § 60 BVG.

10 c) **Kongruenz**. Zwischen dem zivilrechtlichen Ersatzanspruch und der Leistung nach dem BVG muss **sachliche und zeitliche Kongruenz**[11] bestehen. Beide müssen also der Behebung eines artgleichen Schadens dienen und denselben Zeitraum betreffen.

11 Die sachliche Kongruenz wurde vom BGH bzgl des Anspruchs wegen **vermehrter Bedürfnisse** (§ 29 Rn 32 ff) und der **Grundrente** nach § 30 BVG bejaht.[12] Obwohl der Beschädigtengrundrente auch eine immaterielle Ausgleichsfunktion zukommt,[13] ist sie dennoch nicht teilweise mit dem Schmerzensgeld nach § 253 BGB sachlich kongruent.[14] Ferner ist sie nicht mit einem Ersatzanspruch wegen der **Erwerbs- und Fortkommensnachteile** (vgl dazu § 29 Rn 56 ff) kongruent.[15] Sachliche Kongruenz besteht aber zwischen dem Erwerbsschaden und dem **Versorgungskrankengeld** nach § 16 BVG.[16] Die nach § 22 BVG für Zeiten des Bezugs von Versorgungskrankengeld zur Gesetzlichen Rentenversicherung zu entrichtenden Beiträge sind ebenfalls zum Ersatz des Erwerbsschadens sachlich kongruent.[17] Gleiches gilt für die an die Soziale Pflegeversicherung zu entrichtenden Beiträge.[18] Ferner bejaht der BGH die Kongru-

---

7 Gleichgestellte Verrichtungen finden sich in § 1 Abs 2 BVG.
8 VV 2 zu § 1 BVG.
9 *Schieckel/Gurgel/Grüner/Dalichau* (Lit vor Rn 1) § 81a BVG 2, S 568.
10 *Schieckel/Gurgel/Grüner/Dalichau* (Lit vor Rn 1) § 81a BVG 2, S 568.
11 BGH VersR 1995, 600, 601.
12 BGH SGb 1965, 304; VersR 1964, 1307; 1985, 990.
13 BGH SGb 1965, 304; NJW 1981, 1313.
14 Wie hier *Giese/v Koch/Kreikebohm* (Lit vor Rn 1) § 116 SGB X Rn 2.3.1, S 9; *Plagemann* SGb 1993, 197, 199 f; **aA** *Fehl* VersR 1983, 1008.
15 BGH VersR 1964, 1307; 1965, 563; 1985, 990.
16 OLG Hamm VersR 2003, 1595; *v Wulffen/Bieresborn* (Lit vor § 32 Rn 1) § 116 SGB X Rn 5.
17 BGHZ 87, 181, 182. Nach BGHZ 151, 210, 218 ist unerheblich, ob die Zahlungen an den Geschädigten (§ 22 Abs 2 BVG) oder an den Rentenversicherungsträger (§ 22 Abs 1 BVG) erfolgen.
18 BGHZ 151, 210, 220 f. Die Beitragspflicht ergibt sich aus § 59 Abs 3 SGB XI.

enz zwischen Schadensersatzpflicht auf Behebung der durch einen Wegeunfall mitverursachten **gesundheitlichen Schäden** nach § 249 BGB und der **Heilbehandlung** gem § 10 Abs 1, § 11 BVG, auch wenn diese nach § 18c Abs 1 Satz 3 BVG von den Krankenkassen für die Verwaltungsbehörde erbracht wurden. Anders als § 116 SGB X stellt § 81a BVG nämlich nicht darauf ab, wer die Leistungen zu erbringen hat, sondern bezieht alle im Anwendungsbereich des BVG zu erbringenden Leistungen ein.[19] Dem steht nach einem neuen Urteil des BGH[20] nicht entgegen, dass die Leistungen der Krankenkassen vom Versorgungsträger nicht einzeln erstattet, sondern gem § 20 BVG pauschal abgegolten werden, wie § 81a Abs 3 BVG zeigt. Schließlich sind die **Witwen- und Waisenbeihilfe** gem § 48 BVG[21] sowie die **Pflegezulage** gem § 35 BVG[22] kongruent zum **Unterhaltsschaden** nach § 844 Abs 2 BGB, § 10 Abs 2 StVG, § 5 Abs 2 HaftpflG;[23] vgl § 28 Rn 31 ff. Keine Kongruenz besteht zwischen dem Unterhaltsschaden und der den Hinterbliebenen eines getöteten Soldaten nach § 12 SVG gewährten **Übergangsbeihilfe**; denn diese dient nicht Unterhaltszwecken.[24]

Die Kongruenz setzt ferner voraus, dass der zivilrechtliche Ersatzanspruch und der Anspruch nach dem BVG **auf demselben schadenstiftenden Ereignis** beruhen,[25] sodass der im Straßenverkehr zugefügte Schaden gleichzeitig auch Folge einer Dienstverrichtung im BVG sein muss. Jedoch erweitert § 81a Abs 2 BVG den Regress auf Ansprüche, welche nicht auf einer Schädigung iS des Versorgungsrechts beruhen (s Rn 8). In diesem Bereich erhält der Rückgriff seine größte Bedeutung. **12**

2. Rechtsfolgen des Forderungsübergangs

a) Anspruchsübergang. Der zivilrechtliche Schadensersatzanspruch des Verletzten gegen den Schädiger geht auf den die Leistungen nach dem BVG erbringenden Bund über,[26] auch wenn dieser tatsächlich nicht oder nicht in der Höhe des bestehenden Anspruchs leistet, zB wegen fehlenden Antrags auf Versorgungsleistungen. Der Übergang vollzieht sich kraft Gesetzes (**cessio legis**).[27] Der Rechtsübergang umfasst nicht nur die Barleistungen (Renten ua), sondern auch die Aufwendungen für Sachleistungen, zB Heilbehandlung.[28] **13**

Wird die Heilbehandlung gem § 10 Abs 1, § 11 BVG nach § 18c Abs 1 Satz 3 BVG von den Krankenkassen für die Verwaltungsbehörde erbracht, geht der Schadensersatzanspruch auf den Kostenträger für die Leistungen über.[29] **14**

b) Zeitpunkt des Übergangs. Der Forderungsübergang nach § 81a Abs 1 und Abs 2 BVG findet grundsätzlich bereits mit dem Zeitpunkt des haftungsbegründenden Unfallereignisses, nicht erst mit der späteren Antragstellung oder dem Erlass des Bewilligungs- **15**

---

19 BGH VersR 1995, 600, 602.
20 BGH VersR 2005, 1004.
21 Zu § 844 Abs 2 BGB vgl BGH VersR 1984, 35.
22 BGH NZV 1993, 21.
23 Zu § 844 Abs 2 BGB vgl BGH VersR 1984, 35.
24 OLG Hamm NJW 1969, 1213.
25 *Schieckel/Gurgel/Grüner/Dalichau* (Lit vor Rn 1) § 81a BVG 2, S 568.
26 LSG Bremen ZfS 1961, 187; **aA** BGHZ 30, 162, 164; *Schmitz-Peiffer* ZfS 1960, 311.
27 *Schieckel/Gurgel/Grüner/Dalichau* (Lit vor Rn 1) § 81a BVG 2, S 568.
28 Krit gegenüber dieser Regelung *Schieckel/Gurgel/Grüner/Dalichau* (Lit vor Rn 1) § 81a BVG 2, S 567.
29 BGH VersR 1995, 600, 602.

bescheides statt.[30] Wird allerdings durch gesetzliche Neuregelung eine bis dahin nicht bestehende Leistungsberechtigung durch Neugestaltung des Systems erst geschaffen, findet der Übergang erst mit dem Inkrafttreten dieser Systemänderung statt.[31] Die zum 1.1.1976 in Kraft getretene Änderung des § 48 BVG (Witwen- und Waisenbeihilfe) stellte eine solche Systemänderung dar.[32]

16 **c) Ausmaß des Übergangs.** Der zivilrechtliche Schadensersatzanspruch des Verletzten gegen den Dritten geht bis zur **Höhe** dessen, was der Staat nach dem BVG zu leisten hat, auf den Bund über. Vom Übergang werden auch durch gesetzliche Änderungen nachträglich erhöhte Leistungen erfasst.[33] Den Schaden des Verletzten übersteigende Aufwendungen können nicht regressiert werden, zB Versicherungsbeiträge, denen kein Schadensersatzanspruch des Verletzten zugrunde liegt.[34]

17 **d) Rechtsstellung gegenüber dem Ersatzpflichtigen.** Für den Forderungsübergang nach § 81a BVG gelten gem **§ 412 BGB** die §§ 399 bis 404, 406 bis 410 BGB entsprechend, insbesondere **§ 407 BGB**, wonach der Drittschuldner mit befreiender Wirkung an den bisherigen Gläubiger leisten kann, solange er keine Kenntnis vom Forderungsübergang hat.[35] Dabei ist davon auszugehen, dass jeder, der weiß, dass der Verletzte zu den nach dem BVG zu versorgenden Personen gehört, die Kenntnis vom Rechtsübergang besitzt, sodass Leistungen an den Geschädigten oder Rechtsgeschäfte mit diesem dem Bund nicht entgegengehalten werden können.[36] Eine **Mitverantwortung** des Verletzten am Unfall oder an der Schadenshöhe (§ 9 StVG, § 254 BGB) kann der Schädiger nach §§ 412, 404 BGB dem Zessionar entgegenhalten (zum Quotenvorrecht in diesen Fällen s Rn 18).

3. Begrenzung des Rückgriffs bei nicht ausreichender Ersatzleistung

18 Nach § 81a Abs 1 S 3 BVG darf der Forderungsübergang nicht zum Nachteil des Berechtigten geltend gemacht werden. Hieraus wird ein **Quotenvorrecht** des Versorgungsberechtigten abgeleitet:[37] Wenn der Schadensersatzanspruch wegen einer gesetzlichen Haftungshöchstgrenze (§ 12 StVG, § 9 HaftpflG) oder Mitverantwortung des Geschädigten nicht ausreicht, um die Leistungen des Versorgungsträgers und den verbleibenden Schaden des Verletzten auszugleichen, erhält der Versicherungsträger nur die nach Befriedigung des Verletzten übrig bleibende Restforderung. Im Falle der Zwangsvollstreckung aufgrund von Schadensersatzansprüchen gegen einen Dritten wird grundsätzlich zuerst der Geschädigte und dann erst der Bund hinsichtlich des auf ihn übergegangenen Anspruchs befriedigt (**Befriedigungsvorrecht**). Dies gilt auch im Falle der freiwilligen Schadensregulierung.[38]

---

30 BGH VersR 1984, 35, 36.
31 BGH VersR 1984, 35, 36.
32 BGH VersR 1984, 35, 36.
33 VV 1 zu § 81a BVG.
34 BGHZ 151, 210.
35 *Schieckel/Gurgel/Grüner/Dalichau* (Lit vor Rn 1) § 81a BVG 2, S 568 (2).
36 VV 3 zu § 81a BVG.
37 BGH NZV 1989, 269; OLG Hamm VersR 2003, 1595; *Geigel/Plagemann* Kap 30 Rn 153.
38 VV 4 zu § 81a BVG.

4. Ausschluss des Rückgriffs bei Schädigung durch Familienangehörige

Ein **Angehörigenprivileg** (vgl § 116 Abs 6 SGB X, § 67 Abs 2 VVG) ist nicht gesetzlich geregelt, bei innerfamiliären Schädigungen jedoch auf § 81a BVG analog anwendbar.[39] **19**

5. Zum **Zusammentreffen von Versorgungsträger und Sozialversicherungsträger** vgl § 32 Rn 83. **19a**

6. Verjährung

Für die Verjährung gelten §§ 197 Abs 2, 195 BGB, da die in § 45 SGB I geregelte Verjährung nur Sozialleistungen betrifft, nicht dagegen Erstattungsansprüche.[40] **20**

7. Prozessrechtliches

a) Klage ist bei den für den haftungsrechtlichen Anspruch zuständigen Zivilgerichten zu erheben.[41] Trotz der Rückgriffsregelung in § 81a BVG bleibt der Anspruch zivilrechtlicher Natur.[42] Die für die Ausführung des BVG zuständigen Länder klagen in Prozessstandschaft für den Bund.[43] **21**

b) Bindung der Gerichte. Die unanfechtbare Entscheidung des Versorgungsträgers über die Gewährung von Leistungen ist in entsprechender Anwendung von § 118 SGB X für das Zivilgericht, das über einen übergangenen Schadensersatzanspruch zu entscheiden hat, auch dann verbindlich, wenn der Forderungsübergang auf § 81a BVG beruht.[44] Die in § 118 SGB X angeordnete Bindungswirkung tritt allerdings grundsätzlich dann nicht ein, wenn die gem § 12 Abs 2 S 2 SGB X erforderliche Beteiligung eines Dritten, für den der Ausgang des Verfahrens rechtsgestaltende Wirkung hat, unterblieben ist.[45] Eine Beteiligung des Schädigers am Verwaltungsverfahren des Versorgungsträgers ist jedoch nicht erforderlich, da dieser ohnehin für die Unfallschäden schadensersatzpflichtig ist und diese gegen ihn bestehenden Ansprüche durch das Verfahren inhaltlich nicht modifiziert werden.[46] **22**

---

39 *Groß* DAR 1999, 344.
40 *Schieckel/Gurgel/Grüner/Dalichau* (Lit vor Rn 1) § 81a BVG 2, S 568 (1).
41 *Schieckel/Gurgel/Grüner/Dalichau* (Lit vor Rn 1) § 81a BVG 2, S 568 (2).
42 *Schieckel/Gurgel/Grüner/Dalichau* (Lit vor Rn 1) § 81a BVG 2, S 568 (2).
43 Umgekehrt BGHZ 30, 162, 164 (s dazu Rn 13).
44 OLG Hamm OLGR 2000, 40 (für OEG).
45 BGH VersR 1995, 682.
46 OLG Hamm OLGR 2000, 40, 42 (für OEG).

Siebter Teil. Schadensregress

III. Regress der öffentlich-rechtlichen Dienstherren

§ 87a BBG
Wird ein Beamter oder Versorgungsberechtigter oder einer ihrer Angehörigen körperlich verletzt oder getötet, so geht ein gesetzlicher Schadenersatzanspruch, der diesen Personen infolge der Körperverletzung oder der Tötung gegen einen Dritten zusteht, insoweit auf den Dienstherrn über, als dieser während einer auf der Körperverletzung beruhenden Aufhebung der Dienstfähigkeit oder infolge der Körperverletzung oder der Tötung zur Gewährung von Leistungen verpflichtet ist. Der Übergang des Anspruchs kann nicht zum Nachteil des Verletzten oder der Hinterbliebenen geltend gemacht werden.

§ 1 ErwG
(1) Ist ein Dienstunfall bei der Teilnahme am allgemeinen Verkehr eingetreten, so können der Verletzte und seine Hinterbliebenen Schadensersatzansprüche gegen eine öffentliche Verwaltung oder ihre Dienstkräfte auch dann geltend machen, wenn die Ansprüche nach den Vorschriften des Versorgungsrechts bisher ausgeschlossen waren.
(2) ...

§ 4 ErwG
(1) Die öffentliche Verwaltung, die nach den Vorschriften des Versorgungsrechts Leistungen gewährt, hat keinen Anspruch auf Ersatz dieser Leistungen gegen die öffentliche Verwaltung, die zum Schadenersatz verpflichtet ist.
(2) ...

1. Rechtsgrundlagen

23 Im Bereich des Beamtenrechts existieren mit § **87a BBG** und den entsprechenden Vorschriften der Landesbeamtengesetze (§ **52 BRRG**) spezielle Regressvorschriften. § **116 SGB X** wird grundsätzlich von diesen Spezialnormen verdrängt. Soweit der Dienstherr seinerseits dem Rückgriff eines Sozialversicherungsträgers nach § 116 SGB X ausgesetzt ist, kommt es aufgrund der dortigen Anrechnung gem § 55 BeamtVG weder zu einer Doppelbelastung des Dienstherrn noch zu einer Doppelversorgung des Geschädigten.[47] Zu den beamtenrechtlichen Haftungsbeschränkungen s § 19 Rn 156 ff.

2. Voraussetzungen des Forderungsübergangs

24 Der Dienstherr muss dem Beamten oder Versorgungsberechtigten oder dem Hinterbliebenen eines solchen zur Gewährung von **Leistungen verpflichtet** sein (zB Fortzahlung von Dienstbezügen, Gewährung von Beihilfen, Unfallfürsorge[48]) und der Geschädigte muss einen **Schadensersatzanspruch** gegen den Unfallschädiger haben. Für die Voraussetzungen des Forderungsübergangs gilt weitgehend dasselbe wie beim Regress des Sozialversicherungsträgers nach § 116 SGB X (§ 32 Rn 6 ff).[49]

25 a) Insbesondere gilt auch hier das Erfordernis der zeitlichen und sachlichen **Kongruenz** zwischen Leistung und Ersatzanspruch (§ 32 Rn 23 ff).

---

47 BGHZ 136, 78, 86 f.
48 *Groß* DAR 1999, 344.
49 *Groß* DAR 1999, 344.

§ 34 Regress der Versorgungsträger und öffentlich-rechtlichen Dienstherren

Zwischen **Beerdigungskosten** (§ 844 Abs 1 BGB, § 10 Abs 1 StVG, § 5 Abs 1 HaftpflG) und dem Anspruch auf **Sterbegeld** nach § 18 BeamtVG[50] sowie dem Beitrag zu **Überführungs- und Bestattungskosten** gem § 33 Abs 4 S 2 BeamtVG besteht sachliche Kongruenz.[51] **26**

Die Zahlung von **Nachversicherungsbeiträgen** durch den Dienstherrn eines getöteten Beamten an den Rentenversicherungsträger nach § 8 SGB VI begründet demgegenüber keine sachliche Kongruenz zum **Unterhaltsschaden** (§ 844 Abs 2 BGB, § 10 Abs 2 StVG, § 5 Abs 2 HaftpflG), da der Dienstherr keine Leistungen an die Hinterbliebenen erbringt, sondern nur den bei ihm für den Getöteten gebildeten Pensionsdeckungsstock auf den statt seiner leistungspflichtig gewordenen Rentenversicherer überträgt. Auf diesen gehen daher nach § 116 Abs 1 SGB X die Unterhaltsersatzansprüche über.[52] **27**

Beamte erbringen den Schutz ihrer Angehörigen vor Krankheitskosten teilweise durch Verschaffung der Beihilfeberechtigung. Daher sieht der BGH[53] auch die **Beihilfeleistungen** des Dienstherrn an die Hinterbliebenen des Beamten als sachlich kongruent mit dem **Unterhaltsersatzanspruch** gegen den Schädiger an mit der Folge, dass der Schädiger dem Dienstherrn alle Beihilfeleistungen zu ersetzen hat, die er während der mutmaßlichen Lebensdauer des Getöteten an die Angehörigen erbringt; bei Tötung eines von zwei beihilfeberechtigten Elternteilen halbiert er den Erstattungsanspruch des Dienstherrn.[54] Da diese Leistungen eine erhebliche Höhe erreichen können, erwägt der BGH in VersR 1986, 464 eine Verpflichtung der Hinterbliebenen, auf ein Angebot zur Ablösung der Beihilfe durch einen entsprechenden, vom Schädiger zu bezahlenden Krankenversicherungsschutz einzugehen. Die Rechtsprechung überzeugt jedoch schon vom Ansatz her nicht. Der Anspruch der Angehörigen gegen den Verunglückten auf Vorsorge für den Krankheitsfall kann nicht gleichgesetzt werden mit der beamtenrechtlichen Beihilfeberechtigung. Diese verkörpert nicht den Vorsorgeanspruch, sondern macht ihn (in Höhe des Beihilfesatzes) obsolet. Als Bestandteil des Unterhaltsanspruchs kann daher nur ein (bei bestehender Beihilfeberechtigung des Beamten latenter) Anspruch auf Zahlung der zu einer Volldeckung erforderlichen Krankenversicherungsbeiträge angesehen werden. Bei Tötung des Beamten geht dann der Unterhaltsersatzanspruch lediglich in dieser Höhe auf den Dienstherrn über. **28**

Kongruenz besteht auch zwischen dem **Beihilfeanspruch** und dem Anspruch auf **Heilungskosten**. Der Dienstherr ist zwar gem § 5 Abs 4 S 1 Nr 4 BhV zur Zahlung einer Beihilfe zu den Heilungskosten nicht verpflichtet, wenn dem verletzten Beamten ein Schadensersatzanspruch gegen einen Dritten zusteht oder die Ansprüche auf einen anderen übergegangen sind. Diese Nachrangigkeit der Beihilfeleistung wird aber für den (regelmäßigen) Fall, dass der Schadensersatzanspruch gem § 87a BBG bzw den entsprechenden landesrechtlichen Vorschriften auf den Dienstherrn übergeht, durch § 5 Abs 5 BhV beseitigt.[55] **29**

Zwischen dem Anspruch auf Ersatz **vermehrter Bedürfnisse** (§ 843 BGB, § 10 Abs 1 StVG, § 5 Abs 1 HaftpflG) und dem **Hilflosigkeitszuschlag** (§ 34 Abs 2 BeamtVG) oder **Unfallausgleich** besteht Kongruenz (§ 35 BeamtVG).[56] **30**

Zwischen dem **Erwerbsschaden** (§§ 842, 843 BGB, § 11 StVG, § 6 HaftpflG) und dem Anspruch auf **Weiterzahlung der Bezüge** trotz Dienstunfähigkeit (s hierzu § 29 Rn 67 ff) sowie dem Anspruch auf Unfallruhegehalt, Übergangsgeld und Unterhaltsbeitrag besteht Kongruenz, **31**

---

50 OLG Celle OLGR 2001, 227.
51 BGH VersR 1977, 427; zur Beihilfe *Drees* (Lit vor § 28 Rn 1) 12.
52 BGHZ 74, 227.
53 VersR 1986, 464.
54 BGH NZV 1989, 227.
55 S a die Vollzugsbestimmung (VB-BhV) Nr 1 S 1 und 2 zu § 5 Abs 5 BhV idF v 1.1.2002, geändert durch Bek v 27.10.2005.
56 BGH VersR 1965, 563; 1970, 1034; NJW 1982, 758; KG NZV 1992, 236.

nicht aber mit der Unfallentschädigung gem § 43 BeamtVG.[57] Die Belastung des Dienstherrn mit dem Umstand, dass Zeiten der Dienstunfähigkeit ruhegehaltsfähig sind, findet keine Entsprechung in einem übergangsfähigen Ersatzanspruch des Beamten, sodass dem Dienstherrn insoweit ein Rückgriff verschlossen ist.[58]

32 b) Weitere Voraussetzung des Forderungsübergangs ist die **Ursächlichkeit** des Unfalles für die Leistungen des Dienstherrn. Für nicht unfallbedingte Beihilfeleistungen im Falle der Verletzung eines Beamten kann der Dienstherr deshalb keinen Ersatz vom Schädiger bzw dessen Haftpflichtversicherer aus übergegangenem Recht verlangen.[59] Bei Verletzung eines Angehörigen des Beamten kommt ein Forderungsübergang nach § 87a BBG schon deswegen nicht in Betracht, weil diese Vorschrift nur Schadensersatzansprüche des Beamten selbst erfasst.[60] Dem steht nicht entgegen, dass unfallunabhängige Beihilfeleistungen bei Tötung des Beamten an Hinterbliebene zu ersetzen sind,[61] da in diesem Falle Ersatzansprüche der Hinterbliebenen gegen den Unfallverursacher gem § 844 Abs 2 BGB bestehen[62] (vgl Rn 28).

3. Rechtsfolgen des Forderungsübergangs

33 a) **Anspruchsübergang.** Hat der Dienstherr Leistungen der vorgenannten Art zu erbringen, so geht der Schadensersatzanspruch gegen den Schädiger gem § 87a S 1 BBG bzw den entsprechenden Vorschriften der Landesbeamtengesetze (vgl § 52 BRRG) auf ihn über (**cessio legis**), und zwar im **Zeitpunkt des Unfalls**[63] (vgl § 32 Rn 43), bei späterem Eintritt in das Beamtenverhältnis erst mit diesem Zeitpunkt.[64]

34 b) **Umfang des Übergangs.** Er wird begrenzt durch die Höhe des Schadensersatzanspruchs und die zu erbringenden Leistungen. Bei der Weiterzahlung der Bezüge ist maßgeblich die Höhe der Bruttobezüge[65] einschließlich anteiligen Urlaubsgelds, Urlaubsentgelts[66] und Weihnachtsgelds[67] sowie vermögenswirksamer Leistungen.

35 c) **Einwendungen** gegen die Schadensersatzpflicht, zB Mitverschulden, kann der Schädiger auch dem Dienstherrn entgegenhalten (vgl oben Rn 33). Daher hat der Dienstherr eines unfallgeschädigten Beamten keinen Anspruch auf Ersatz fortgezahlter Dienst- und Ruhestandsbezüge, wenn der Beamte es vorwerfbar unterlassen hat, gegen die auf unzureichenden Feststellungen beruhende Bejahung seiner Dienstunfähigkeit Rechtsbehelfe zu ergreifen.[68] Ein Verstoß des Beamten gegen die Schadensminderungspflicht (unterlassener Zusatzerwerb neben Pension) wirkt sich wegen des aus § 87a S 2 BBG hergeleiteten Vorrechts zu Lasten des Dienstherrn aus.

---

57 *Drees* VersR 1987, 745.
58 BGH VersR 1982, 1193.
59 BGHZ 153, 223; OLG Nürnberg VersR 2002, 592 m Anm *Ebener/Schmalz*; anders zuvor OLG Frankfurt VersR 1997, 1287.
60 OLG München VersR 1972, 473; OLG Hamm VersR 1977, 151.
61 BGH VersR 1986, 463.
62 BGHZ 153, 223, 224.
63 *Groß* DAR 1999, 344.
64 BayObLGZ 1986 Nr 80.
65 BGHZ 42, 76.
66 BGHZ 59, 154.
67 BGH VersR 1972, 566.
68 OLG München NZV 1997, 518.

d) Begrenzung des Rückgriffs bei nicht ausreichender Ersatzleistung. Für den Forderungsübergang nach § 87a BBG hat die Rechtsprechung das **Quotenvorrecht** bei aus rechtlichen Gründen nicht ausreichendem Ersatzanspruch sowie das **Befriedigungsvorrecht** bei Nichtrealisierbarkeit des Anspruchs aus tatsächlichen Gründen abweichend von der Rechtslage bei Sozialversicherten (§ 116 Abs 3 SGB X, vgl § 32 Rn 62 ff) dem **Beamten** zuerkannt.[69] Dies ergibt sich zwar nur für den letztgenannten Fall aus § 87a S 2 BBG, wonach der Übergang nicht zum Nachteil des Beamten geltend gemacht werden kann, doch soll nach Sinn und Zweck des Gesetzes die Frage des Quotenvorrechts (bei der es nicht um die Geltendmachung des Übergangs, sondern bereits um den Übergang als solchen geht) in gleicher Weise geklärt werden. Im Ergebnis bedeutet dies, dass ein Mitverschulden des Beamten oder dessen Verstoß gegen die Pflicht zur Schadensminderung (§ 254 BGB) zu Lasten des Dienstherrn geht, weil nur der reduzierte Rest-Schadensersatz auf den Dienstherrn übergeht.[70] Hier wird dem Gesichtspunkt, dass der Beamte sich die Versorgung durch seine Dienstleistung gewissermaßen erdient hat, entscheidende Bedeutung beigemessen.[71] *Plagemann*[72] befürwortet jedoch eine Übertragung der quotierenden Lösung nach § 116 Abs 3 SGB X (relative Theorie, vgl § 32 Rn 66) auf den Schadensregress im Beamtenrecht.

36

Das Quotenvorrecht des Beamten besteht nach dem BGH[73] auch dann, wenn zugunsten des geschädigten Beamten eine **private Krankenversicherung** eintritt, die den durch den Dienstherrn nicht gedeckten, also dem Beamten verbleibenden, (Rest-)Schaden voll abdeckt, da der Abschluss einer privaten Versicherung im Belieben des Beamten steht und nicht der Entlastung des Dienstherrn dient. Auch gelten die dem Quotenvorrecht zugrunde liegenden Postulate der Alimentations- und Fürsorgepflicht des Dienstherrn generell-abstrakt, sodass es auf die Zufälligkeit einer privaten Absicherung nicht ankommt.[74] Insoweit findet jedoch ein Forderungsübergang gem § 67 Abs 1 VVG auf den Krankenversicherer statt.[75]

37

Auch wenn der Beamte einer **Nebentätigkeit** nachgeht, für die er keinen Anspruch auf Fortzahlung der Bezüge hat, steht ihm das Quotenvorrecht zu.[76]

38

e) Verjährung. Zum Lauf der Verjährungsfrist beim Forderungsübergang s § 21 Rn 13 ff. Lässt der verunfallte Beamte den ihm als Quotenbevorrechtigten zustehenden Teil seines Schadensersatzanspruchs verjähren, kann der Dienstherr diesen Teil auch nicht mehr aus eigenem Recht gegen den Schädiger weiterverfolgen.[77]

39

f) Familienprivileg. Der Ausschluss eines Forderungsübergangs bei innerfamiliären Schädigungen beim Regress des Sozialversicherers (§ 32 Rn 73 ff) gilt nach der Rechtsprechung trotz Fehlens einer gesetzlichen Regelung auch im Beamtenrecht.[78]

40

---

69 BGHZ 22, 136; BGH VRS 12, 163; VersR 1967, 902; so auch *Freyberger* DAR 2001, 388.
70 BGH VersR 1983, 489; **aA** *Drees* VersR 1987, 744.
71 Vgl BGH NZV 1989, 269.
72 NZV 1993, 179.
73 BGH VersR 1997, 1537 u VersR 1998, 639; anders zuvor OLG Schleswig NZV 1997, 79.
74 BGH VersR 1998, 639, 640.
75 *Groß* DAR 1999, 344.
76 *Freyberger* DAR 2001, 388.
77 KG Berlin NZV 1999, 208.
78 BGHZ 43, 72; *Groß* DAR 1999, 344 (analog § 67 Abs 2 VVG).

Siebter Teil. Schadensregress

41 g) Richtet sich der **Ersatzanspruch gegen eine andere öffentliche Verwaltung oder einen öffentlichen Bediensteten**, stehen die beamtenrechtlichen Haftungsbeschränkungen (§ 46 BeamtVG, § 91a SVG) dem Übergang nicht entgegen (vgl § 19 Rn 156 ff). Wenn der Dienstunfall sich aber bei Teilnahme am allgemeinen Verkehr ereignete (§ 1 ErwG), ist der Regress des Dienstherrn gegen eine andere öffentliche Verwaltung nach § 4 ErwG ausgeschlossen.[79]

42 h) Zum **Zusammentreffen mehrerer Zessionen** (Dienstherr und Sozialleistungsträger) vgl § 32 Rn 83.

4. Internationales Recht

43 Ist ein Beamter eines ausländischen Staates verletzt worden und auf die Schädigung deutsches Recht anzuwenden, so ergibt sich zwar auch der Umfang des Schadensersatzes aus dem Deliktsstatut. Ob der Ersatzanspruch auf den Dienstherrn übergeht, richtet sich dagegen nach dem Recht des Heimatstaates,[80] desgleichen die Ausgestaltung des Regresses, also zB auch das Bestehen eines Angehörigenprivilegs.[81] Sieht das ausländische Recht keinen Regress vor,[82] so stellt sich die Frage, ob die Leistung des Dienstherrn als auszugleichender Vorteil dem Schädiger gutzubringen ist. Für die Vorteilsausgleichung ist zwar das Deliktsstatut maßgeblich.[83] Nach den Grundsätzen des deutschen Schadensrechts kommt es aber für die Anrechnung von Leistungen Dritter darauf an, ob sie nach ihrer Zweckbestimmung eine Zusatzleistung für das Unfallopfer darstellen oder ob sie den Ersatzpflichtigen entlasten sollen. Diese Zweckbestimmung lässt sich bei Leistungen, die auf gesetzlichen Vorschriften beruhen, nur diesen selbst entnehmen. In diesen Fällen ist also letztlich das Drittleistungsstatut für die Frage der Anrechnung der regresslosen Drittleistung maßgeblich. In BGH NZV 1989, 106 hätte daher die Zweckbestimmung der Leistung des ausländischen Dienstherrn nicht dahingestellt bleiben dürfen.[84] Ergibt sich nach vorstehenden Grundsätzen, dass der Ersatzanspruch des Geschädigten trotz der Leistung des Dienstherrn bestehen bleibt, und hat der Geschädigte ihn an diesen abgetreten, so entscheidet das Drittleistungsstatut auch darüber, ob eine rechtsgeschäftliche Zession, die an die Stelle einer gesetzlich nicht vorgesehenen Legalzession treten würde, generell oder unter bestimmten Voraussetzungen, etwa gegenüber Angehörigen, unzulässig ist.[85]

---

79 Vgl BGH VersR 1973, 467; 1974, 784.
80 BGH NZV 1989, 106 = VersR 1989, 54 m Anm *Wandt* 266.
81 *Wandt* NZV 1993, 57.
82 So zB das englische Recht; vgl *Wandt* NZV 1993, 58.
83 BGH NZV 1989, 106 = VersR 1989, 54 m Anm *Wandt* 265; *Thümmel* VersR 1986, 415.
84 Ebenso *Wandt* VersR 1989, 267 u NZV 1993, 58 f.
85 *Wandt* NZV 1993, 56 f gegen OLG Hamburg NZV 1993, 71.

§ 35 Regress der Privatversicherer

§ 67 VVG

(1) Steht dem Versicherungsnehmer ein Anspruch auf Ersatz des Schadens gegen einen Dritten zu, so geht der Anspruch auf den Versicherer über, soweit dieser dem Versicherungsnehmer den Schaden ersetzt. Der Übergang kann nicht zum Nachteil des Versicherungsnehmers geltend gemacht werden. Gibt der Versicherungsnehmer seinen Anspruch gegen den Dritten oder ein zur Sicherung des Anspruchs dienendes Recht auf, so wird der Versicherer von seiner Ersatzpflicht insoweit frei, als er aus dem Anspruch oder dem Recht hätte Ersatz erlangen können.

(2) Richtet sich der Ersatzanspruch des Versicherungsnehmers gegen einen mit ihm in häuslicher Gemeinschaft lebenden Familienangehörigen, so ist der Übergang ausgeschlossen; der Anspruch geht jedoch über, wenn der Angehörige den Schaden vorsätzlich verursacht hat.

§ 5 KfzPflVV

(1) Als Obliegenheiten vor Eintritt des Versicherungsfalls können nur vereinbart werden die Verpflichtung,
1. das Fahrzeug zu keinem anderen als dem im Versicherungsvertrag angegebenen Zweck zu verwenden;
2. das Fahrzeug nicht zu behördlich nicht genehmigten Fahrveranstaltungen zu verwenden, bei denen es auf die Erzielung einer Höchstgeschwindigkeit ankommt;
3. das Fahrzeug nicht unberechtigt zu gebrauchen oder wissentlich gebrauchen zu lassen;
4. das Fahrzeug nicht auf öffentlichen Wegen und Plätzen zu benutzen oder benutzen zu lassen, wenn der Fahrer nicht die vorgeschriebene Fahrerlaubnis hat;
5. das Fahrzeug nicht zu führen oder führen zu lassen, wenn der Fahrer infolge des Genusses alkoholischer Getränke oder anderer berauschender Mittel dazu nicht sicher in der Lage ist.

(2) Gegenüber dem Versicherungsnehmer, dem Halter oder Eigentümer befreit eine Obliegenheitsverletzung nach Absatz 1 Nr. 3 bis 5 den Versicherer nur dann von der Leistungspflicht, wenn der Versicherungsnehmer, der Halter oder der Eigentümer die Obliegenheitsverletzung selbst begangen oder schuldhaft ermöglicht hat.

(3) Bei Verletzung einer nach Absatz 1 vereinbarten Obliegenheit oder wegen Gefahrerhöhung ist die Leistungsfreiheit des Versicherers gegenüber dem Versicherungsnehmer und den mitversicherten Personen auf den Betrag von höchstens je 5.000 Euro beschränkt. Satz 1 gilt nicht gegenüber einem Fahrer, der das Fahrzeug durch eine strafbare Handlung erlangt hat.

§ 6 KfzPflVV

(1) Wegen einer nach Eintritt des Versicherungsfalls vorsätzlich oder grob fahrlässig begangenen Obliegenheitsverletzung ist die Leistungsfreiheit des Versicherers dem Ver-

Siebter Teil. Schadensregress

sicherungsnehmer gegenüber vorbehaltlich der Absätze 2 und 3 auf einen Betrag von höchstens 2.500 Euro beschränkt.

(2) Soweit eine grob fahrlässig begangene Obliegenheitsverletzung weder Einfluß auf die Feststellung des Versicherungsfalles noch auf die Feststellung oder den Umfang der dem Versicherer obliegenden Leistung gehabt hat, bleibt der Versicherer zur Leistung verpflichtet.

(3) Bei besonders schwerwiegender vorsätzlich begangener Verletzung der Aufklärungs- oder Schadensminderungspflichten ist die Leistungsfreiheit des Versicherers auf höchstens 5.000 Euro beschränkt.

Übersicht

	Rn
I. Überblick	1
II. Sach- und Personenversicherung	2
1. Anwendungsbereich	2
2. Grundsätze	3
3. Besonderheiten bei der Fahrzeugversicherung	5
4. Besonderheiten bei der Krankenversicherung	15
III. Kraftfahrt-Haftpflichtversicherung	16
1. Regress gegen Dritte	16
2. Regress gegen den eigenen Versicherungsnehmer	17
3. Regress gegen Mitversicherte	19

I. Überblick

1 Verkehrsunfälle können auf verschiedene Weise Versicherungsleistungen auslösen, die nicht auf einer öffentlich-rechtlichen Verpflichtung beruhen (hierzu § 32), sondern aufgrund eines privatrechtlichen Versicherungsvertrags erbracht werden. Da die Versicherungsleistungen nicht dazu bestimmt sind, den haftpflichtigen Dritten zu entlasten oder dem Geschädigten eine Doppelentschädigung zu verschaffen, ordnet § 67 VVG einen Regress des Versicherers im Wege der Legalzession an. Aber auch gegen den eigenen Versicherungsnehmer oder eine mitversicherte Person kommt ein Regress in Betracht, insbesondere wenn bei der Haftpflichtversicherung Leistungen an Dritte erbracht werden mussten, weil oder obwohl der versicherte Schädiger seine Verpflichtungen aus dem Versicherungsvertrag nicht erfüllt hat. Die nachfolgende Darstellung konzentriert sich auf die bei der Verkehrsunfallhaftung wichtigsten Fragen des Regresses

– des Fahrzeug- und des Krankenversicherers gegen Dritte (Rn 2 ff) und
– des Kfz-Haftpflichtversicherers gegen Versicherungsnehmer und Versicherte (Rn 16 ff).

II. Sach- und Personenversicherung

1. Anwendungsbereich

2 Der zugunsten des leistenden Versicherers eintretende Forderungsübergang nach § 67 VVG gilt in allen Sparten der **Schadensversicherung**, im Bereich der Verkehrsunfallhaftung also vor allem für den Fahrzeugversicherer sowie für den privaten Kranken-

oder Unfallversicherer, soweit er konkrete Heilungskosten ersetzt.¹ Zur Haftpflichtversicherung s Rn 16 ff. Dagegen gilt er nach der Systematik des VVG nicht für die Summenversicherung, bei der der Versicherer unabhängig von der Schadenshöhe einen bestimmten Betrag zu leisten hat (zB Lebensversicherung). Auch die Krankenhaustagegeldversicherung ist Summenversicherung.²

2. Grundsätze

a) Mit dem Erbringen der Versicherungsleistung an den Geschädigten geht sein inhaltlich übereinstimmender (kongruenter) Schadensersatzanspruch nach § 67 Abs 1 VVG auf den Versicherer über, ggf also in Raten. Es kommt auf die **tatsächliche Leistung** an; ob eine Leistungspflicht bestand, ist ohne Belang.³ Anders als beim Übergang auf Sozialversicherungsträger und Dienstherrn (vgl § 32 Rn 43, § 34 Rn 33) fällt der Anspruch hier also zunächst dem Verletzten zu, der ihn auch klageweise geltend machen kann. Der Anspruch geht mit dem Inhalt über, den er zur Zeit des Übergangs hat. Bestehende **Einwendungen** bleiben dem Schuldner erhalten (§§ 412, 404 BGB). Ein vorher abgeschlossener Vergleich wirkt immer, ein nachher abgeschlossener nur unter den Voraussetzungen des § 407 BGB⁴ gegen den Versicherer. 3

b) Gegen **Angehörige**, die mit dem geschädigten Versicherungsnehmer oder Versicherten⁵ in häuslicher Gemeinschaft leben, ist der Regress nach § 67 Abs 2 VVG ausgeschlossen (s zur entsprechenden Regelung beim Sozialversicherungsregress § 32 Rn 73 ff). 4

3. Besonderheiten bei der Fahrzeugversicherung

a) Erfordernis der Kongruenz. Der Übergang erstreckt sich nur auf die Schadensersatzansprüche, die sich auf den in das versicherte Risiko fallenden Schaden beziehen; die Leistung des Versicherers und die Schadensersatzforderung müssen in gewissem Sinne gleichartig, kongruent sein. Dies ist bei der Kaskoversicherung nur hinsichtlich der unmittelbaren Sachschäden (§ 12 AKB), nicht hinsichtlich der Sachfolgeschäden der Fall.⁶ Für diese Abgrenzung kommt es nicht darauf an, ob der Versicherer nach dem Versicherungsvertrag oder den Versicherungsbedingungen zur Erstattung verpflichtet ist; maßgeblich ist vielmehr, ob der in Betracht kommende Schaden unmittelbar die Substanz des betroffenen Fahrzeugs berührt, dessen Wert mindert oder in der Notwendigkeit besteht, Geldmittel zur Beseitigung der Beschädigung aufzuwenden.⁷ 5

---

1 BGHZ 52, 350, 352.
2 BGH VersR 1984, 690, 691 mwN. Für analoge Anwendung von § 67 VVG aber *Prölss/Martin/Prölss* § 67 Rn 2 gegen BGH VersR 2001, 1100.
3 BGH VersR 1963, 1192; NJW 1964, 101; BAG VersR 1968, 266; OLG Nürnberg VersR 1966, 621.
4 Vgl OLG Düsseldorf VersR 1995, 528.
5 Ist dies eine GmbH, genügt entsprechendes Verhältnis zum Alleingesellschafter (BGH NJW 1994, 585) oder Geschäftsführer (OLG Düsseldorf NJW-RR 1993, 1122) nicht.
6 BGHZ 13, 28; 25, 340; 44, 382; 47, 196; 50, 271; BGH VersR 1963, 1185.
7 BGH VersR 1958, 161; NJW 1982, 828.

Siebter Teil. Schadensregress

6 Zum **unmittelbaren Sachschaden** in diesem Sinne zählen daher neben den Reparatur- bzw Wiederbeschaffungskosten der technische und der merkantile Minderwert,[8] die zur Feststellung der Schadenshöhe erwachsenen Sachverständigenkosten[9] sowie die Abschleppkosten.[10] **Sachfolgeschäden** sind dagegen Nutzungsausfall und Mietwagenkosten,[11] Verschrottungskosten,[12] Verdienstausfall, Auslagen, Schäden an der Ladung, Verlust von Treibstoff uä.

7 b) **Beschränkt** ist der Rückgriff gegen den berechtigten **Fahrer** und andere in der Haftpflichtversicherung **mitversicherte Personen** sowie gegen den **Mieter** und den **Entleiher** des versicherten Fahrzeugs; er findet hier nach § 15 Abs 2 AKB nur bei Vorsatz und grober Fahrlässigkeit statt.[13] Besteht zwischen dem Kaskoversicherer und dem Haftpflichtversicherer des Schädigers ein **Teilungsabkommen**, ist der Regress entsprechend begrenzt (näher § 15 Rn 50 ff).[14]

8 c) **Quotenvorrecht des Versicherungsnehmers.** Wird der Schaden des Versicherungsnehmers durch die Kaskoversicherung nur teilweise gedeckt (zB wegen Selbstbeteiligung) und bleibt auch die Schadensersatzforderung gegen den Schädiger (zB wegen Mitverantwortlichkeit des Verletzten) hinter dem Schaden zurück, so würde der Forderungsübergang nach § 67 Abs 1 VVG dazu führen, dass der Geschädigte einen Teil seines Schadens selbst tragen müsste. Dies wäre mit dem Zweck des Versicherungsvertrages nicht zu vereinbaren. Die herrschende Differenztheorie gewährt dem Versicherungsnehmer daher das Quotenvorrecht: Der Schadensersatzanspruch verbleibt dem Geschädigten insoweit, als er vom Versicherer nicht entschädigt worden ist, und nur der darüber hinausgehende Anspruch geht auf den Versicherer über.[15]

9 Beträgt zB der Schaden des Versicherungsnehmers € 5.000, die Versicherungsleistung wegen Selbstbeteiligung € 4.500 und der Anspruch gegen den Schädiger wegen hälftigen Mitverschuldens nur € 2.500, so verbleibt dieser Anspruch in Höhe von € 500 dem Verletzten und geht nur in Höhe von € 2.000 auf den Versicherer über.

10 Bezieht sich der Ersatzanspruch des Geschädigten auf **kongruente und inkongruente Schadenspositionen** (vgl hierzu Rn 5 f), so muss der dem Geschädigten verbleibende Betrag für beide gesondert ermittelt werden, weil sich das Quotenvorrecht ebenso wie der Forderungsübergang nach § 67 Abs 1 VVG nur auf die kongruenten Schäden erstrecken kann.[16] Der Geschädigte erhält von den inkongruenten Schäden (Sachfolgeschäden) den seiner Mitverantwortungsquote entsprechenden Teil und von den kongruenten Schäden (unmittelbaren Sachschäden) den Teil, der nach Abzug der Leistung der Kaskoversicherung zur vollständigen Deckung fehlt.

11 Beispiel: Gesamtschaden € 12.000, davon € 10.000 kongruent, € 2.000 inkongruent; Kaskoversicherung leistet wegen Selbstbeteiligung nur € 9.000; Ersatzanspruch gegen den Schädiger beläuft sich wegen hälftigen Mitverschuldens auf € 5.000; dem Geschädigten stehen dann

---

8 BGH VersR 1958, 161; NJW 1982, 828; 1982, 829.
9 BGH NJW 1982, 829; VersR 1985, 441.
10 BGH NJW 1982, 829; **aA** *Müller* VersR 1989, 320.
11 BGH NJW 1982, 827; *Groß* DAR 1999, 338; **aA** *Müller* VersR 1989, 320.
12 OLG Hamm NZV 2000, 373.
13 S dazu BGH NZV 2005, 457, 459 (keine grobe Fahrlässigkeit trotz vorsätzlicher Zuwiderhandlung).
14 Zu prozessualen Auswirkungen OLG Saarbrücken NZV 1990, 118.
15 BGHZ 13, 28; 25, 340; 47, 196; *Groß* DAR 1999, 338 f; krit *Ebert/Segger* VersR 2001, 143 ff.
16 BGHZ 25, 340; 47, 196; BGH NJW 1982, 830.

€ 1.000 (Hälfte des inkongruenten Schadens) + € 1.000 (kongruenter Schaden abzüglich Versicherungsleistung), mithin € 2.000 zu, und nur der Rest der Ersatzforderung von € 3.000 geht auf den Kaskoversicherer über.

Zur Berechnung des auf den Versicherer übergegangenen Schadensersatzanspruchs müssen also abgezogen werden: **12**
- der außerhalb des versicherten Risikos liegende Schaden;
- der vom Versicherer nicht gedeckte Kaskoschaden.

Hat der Kaskoversicherer mehr an den Geschädigten geleistet als dieser vom Schädiger verlangen kann, so greift ebenfalls ein Quotenvorrecht des Versicherungsnehmers ein. Der Geschädigte kann daher auch dann einen etwaigen Selbstbehalt voll vom Schädiger verlangen, und nur der überschießende Anspruch geht auf den Versicherer über.[17] **13**

Beträgt zB der nach den Versicherungsbedingungen errechnete Schaden € 10.000, der vom Schädiger zu ersetzende Schaden hingegen € 9.000, und hat der Versicherer unter Abzug der Selbstbeteiligung dem Geschädigten € 9.000 erstattet, so kann dieser vom Schädiger noch € 1.000 beanspruchen, während nur die restliche Schadensersatzforderung von € 8.000 auf den Versicherer übergeht. **14**

4. Besonderheiten bei der Krankenversicherung

Zur **Kongruenz** vgl § 32 Rn 25 ff. Dem Verletzten steht das **Quotenvorrecht** zu (zum Begriff s § 32 Rn 62 ff); das bedeutet, dass der Privatversicherer den Forderungsübergang nur in derjenigen Höhe gegenüber dem Schädiger geltend machen darf, die es dem Verletzten gestattet, durch Geltendmachung des nicht übergegangenen Teils der Forderung den Teil der Heilungskosten voll abzudecken, den ihm der Versicherer nicht erstattet hat und nicht erstatten muss. Versicherer und Versicherungsnehmer sind also nicht Gesamtgläubiger; dies kommt zur Auswirkung, wenn zu ihrer Befriedigung keine für beide ausreichende Summe zur Verfügung steht.[18] Die Leistungen des Privatversicherers wirken sich nicht schadensmindernd aus. **15**

III. Kraftfahrt-Haftpflichtversicherung

1. Regress gegen Dritte

Hat der Versicherungsnehmer, für dessen Haftpflicht der Versicherer eingetreten ist, aufgrund des Unfalls einen Schadensersatzanspruch gegen einen Dritten, geht dieser Anspruch nach § 67 Abs 1 VVG auf den Versicherer über, denn auch die Haftpflichtversicherung ist Schadensversicherung. Darunter fällt insbesondere der Ausgleichsanspruch nach § 426 BGB für einen gesamtschuldnerisch haftenden Mitverursacher des Unfalls (näher § 15 Rn 36). An dieser Konstellation fehlt es jedoch, wenn der Schaden durch einen Dieb des Kfz verursacht wurde und der Versicherer nur dem Geschädigten gegenüber gem § 3 Nr 4 PflVG leistungspflichtig ist.[18a] **16**

---

17 BGHZ 47, 308; *Groß* DAR 1999, 339.
18 BGHZ 13, 28; 25, 340; 44, 382; 47, 308.
18a Vgl BGH VersR 2007, 198, auch zum Nichtbestehen eines Gesamtschuldverhältnisses zwischen dem Versicherer und einem außerhalb des Versicherungsverhältnisses stehenden Gehilfen des Diebes.

Siebter Teil. Schadensregress

2. Regress gegen den eigenen Versicherungsnehmer

17 § 67 VVG gilt hier nicht, da der Versicherungsnehmer nicht „Dritter" ist. Eine Schadloshaltung des Haftpflichtversicherers beim eigenen Versicherungsnehmer wäre mit dem Zweck dieser Versicherung auch nicht zu vereinbaren. Dies gilt aber nur im intakten Versicherungsverhältnis. Muss der Haftpflichtversicherer gegenüber dem Geschädigten regulieren, obwohl er wegen einer Störung im Innenverhältnis dem Versicherungsnehmer gegenüber **leistungsfrei** ist (§ 3 Nr 4 PflVG; vgl § 15 Rn 38), kann er bei ihm Regress nehmen (§ 3 Nr 9 S 2 PflVG). Auf Leistungsfreiheit wegen einer Obliegenheitsverletzung kann er sich jedoch nur nach Maßgabe des § 6 VVG berufen, bei Verletzung einer Obliegenheit *vor* dem Versicherungsfall (zB Trunkenheitsfahrt) also nur im Falle fristgerechter Kündigung des Versicherungsvertrags (§ 6 Abs 1 S 2, 3 VVG).[19] Das Kündigungserfordernis entfällt aber, wenn der Vertrag wegen endgültigen Wegfalls des versicherten Interesses gegenstandslos geworden ist.[20] Bei Verletzung einer Obliegenheit *nach* dem Versicherungsfall (§ 6 Abs 3 VVG) ist eine Kündigung nicht erforderlich.

18 Der Rückgriff wird durch die KfzPflVV der Höhe nach **begrenzt**, um einen existenzbedrohenden Regress zu vermeiden. Hat der Versicherungsnehmer eine Obliegenheit *vor* Eintritt des Versicherungsfalls (§ 6 Abs 1 VVG; zB Fahren ohne Fahrerlaubnis oder trotz Fahruntauglichkeit) verletzt, richtet sich die Höchstgrenze nach § 2b Abs 2 AKB, § 5 Abs 3 KfzPflVV (zZ € 5.000); gegenüber einem Fahrer, der das Fahrzeug durch eine strafbare Handlung erlangt hat, gilt diese Begrenzung nicht (§ 5 Abs 3 S 2 KfzPflVV). Bei vorsätzlicher oder grob fahrlässiger, für die Regulierung relevanter Obliegenheitsverletzung *nach* dem Versicherungsfall (zB Verletzung der Aufklärungspflicht durch Unfallflucht) ist die Leistungsfreiheit (und damit der Regress) auf € 2.500, bei besonders schwerwiegender, vorsätzlicher Verletzung auf € 5.000 begrenzt (§ 7 V Abs 2 AKB, § 6 KfzPflVV). Verminderte Steuerungsfähigkeit schließt allenfalls die Annahme einer besonders schwerwiegenden, nicht die einer vorsätzlichen Verletzung aus.[21] Verursacht der Versicherungsnehmer bei einer Fahrt mehrere selbständige Schadensfälle mit anschließender Obliegenheitsverletzung, ist für jeden Fall der Regress bis zu den Höchstbeträgen des § 6 KfzPflVV möglich.[22] Hat er sowohl vor als auch nach dem Versicherungsfall Obliegenheiten verletzt, können die Höchstbeträge addiert werden.[23]

3. Regress gegen Mitversicherte

19 Für die in den Haftpflichtversicherungsschutz einbezogenen Personen, insbesondere den Fahrer des versicherten Kfz (§ 10 Abs 2 lit c AKB), gilt das Vorstehende im Grundsatz entsprechend.[24] Eine Kündigung des Versicherungsvertrags ist hier jedoch – jedenfalls solange der Fahrer nicht Repräsentant des Versicherungsnehmers ist – nicht erfor-

---

19 BGHZ 4, 369; BGH VersR 1997, 443: auch wenn erst nach dem Versicherungsfall Kenntnis von der Obliegenheitsverletzung erlangt wird.
20 BGHZ 19, 31, 35: zB bei Totalzerstörung; BGH VersR 1985, 775, 776: nicht bei Diebstahl.
21 BGH NJW 2006, 292.
22 BGH NJW 2006, 292.
23 BGH NZV 2006, 78.
24 BGHZ 55, 281, 287; BGH NZV 2006, 78, 79.

derlich.²⁵ Eine gegenüber dem Versicherungsnehmer bestehende Leistungsfreiheit kann der Versicherer dem Mitversicherten nur unter den Voraussetzungen des § 158i VVG entgegenhalten.²⁶ Diese Vorschrift erfasst allerdings nicht den Fall, dass das Versicherungsverhältnis vor Eintritt des Versicherungsfalls gekündigt worden ist; hier kann der Haftpflichtversicherer wegen seiner nach § 3 Nr 5 PflVG an den Geschädigten erbrachten Leistungen beim Versicherten auch dann voll Regress nehmen, wenn dieser keine Kenntnis von der Kündigung hatte.²⁷ Das Angehörigenprivileg nach § 67 Abs 2 VVG ist auf den Rückgriff gegen ein mitversichertes Familienmitglied nicht, auch nicht entsprechend, anwendbar.²⁸

---

25 BGH NZV 2006, 78, 79.
26 Näher *Bauer*, Die Kraftfahrtversicherung⁵ (2002) Rn 937 ff.
27 BGH NJW 2004, 1250.
28 BGH VersR 1988, 1062; OLG Hamm VersR 2006, 965.

§ 36 Regress zwischen mehreren Haftpflichtigen

§ 426 BGB

(1) Die Gesamtschuldner sind im Verhältnis zueinander zu gleichen Anteilen verpflichtet, soweit nicht ein anderes bestimmt ist. Kann von einem Gesamtschuldner der auf ihn entfallende Beitrag nicht erlangt werden, so ist der Ausfall von den übrigen zur Ausgleichung verpflichteten Schuldnern zu tragen.

(2) Soweit ein Gesamtschuldner den Gläubiger befriedigt und von den übrigen Schuldnern Ausgleichung verlangen kann, geht die Forderung des Gläubigers gegen die übrigen Schuldner auf ihn über. Der Übergang kann nicht zum Nachteil des Gläubigers geltend gemacht werden.

§ 840 BGB

(1) Sind für den aus einer unerlaubten Handlung entstehenden Schaden mehrere nebeneinander verantwortlich, so haften sie als Gesamtschuldner.

(2) Ist neben demjenigen, welcher nach den §§ 831, 832 zum Ersatz des von einem anderen verursachten Schadens verpflichtet ist, auch der andere für den Schaden verantwortlich, so ist in ihrem Verhältnis zueinander der andere allein, im Falle des § 829 der Aufsichtspflichtige allein verpflichtet.

(3) Ist neben demjenigen, welcher nach den §§ 833 bis 838 zum Ersatz des Schadens verpflichtet ist, ein Dritter für den Schaden verantwortlich, so ist in ihrem Verhältnis zueinander der Dritte allein verpflichtet.

§ 17 StVG, § 13 HaftpflG
s vor § 22

Übersicht	Rn
I. Überblick	1
1. Rechtsgrundlagen	1
2. Rechtsprinzipien	4
II. Ausgleichsanspruch	7
1. Rechtliche Einordnung	7
2. Einfluss einer Haftungsfreistellung oder -verschärfung	13
3. Bemessung des Ausgleichsanspruchs	21
4. Mehrheit von Mitschädigern	24
5. Bindung an Urteil im Haftungsprozess	30

I. Überblick

1. Rechtsgrundlagen

a) Deliktische Haftung. Wenn für einen Unfallschaden mehrere verantwortlich sind, haften sie dem Geschädigten als **Gesamtschuldner** (§ 840 Abs 1 BGB). Wurde einer der Gesamtschuldner in Anspruch genommen, kann er von den Mitschädigern nach § 426 BGB Ausgleich verlangen, wobei er sich seinen eigenen Haftungsanteil anrechnen lassen muss (dazu Rn 4 ff). Für das Zusammentreffen deliktischer Verschuldenshaftung mit der Haftung für Verrichtungsgehilfen, Aufsichtsbedürftige, Tiere oder Gebäude (§§ 831–838 BGB) trifft § 840 Abs 2 u 3 BGB besondere Regelungen.

b) Gefährdungshaftung. § 840 Abs 1 BGB gilt für die Gefährdungshaftung entsprechend.[1] Für den Innenausgleich zwischen mehreren gesamtschuldnerisch haftenden Kfz-Haltern, Bahnunternehmern oder Anlagenbetreibern enthalten § 17 Abs 1 StVG und § 13 Abs 1 HaftpflG eine dem § 254 BGB entsprechende Regelung. Zur Haftung zwischen Kfz- und Anhängerhalter s § 3 Rn 116 f.

c) Kfz- und Anhänger-Führer. Für das Verhältnis des Führers zu anderen Führern; zu Haltern anderer Kfz, zu Tierhaltern oder Eisenbahnunternehmern ist der Innenausgleich in § 18 Abs 3 iVm § 17 Abs 1 StVG geregelt. Im Verhältnis zwischen Halter und Führer desselben Kfz oder Anhängers regelt sich der Innenausgleich nach § 426 BGB, sofern zwischen ihnen keine vertraglichen Beziehungen bestehen (§ 4 Rn 32).

2. Rechtsprinzipien

An die Stelle der Haftungsverteilung nach Kopfteilen (§ 426 Abs 1 Satz 1 BGB) tritt im Haftungsrecht die Abwägung nach den Umständen **entsprechend § 254 BGB**.[2]

Beim Zusammentreffen einer Haftung nach § 7 StVG mit gleichgearteter, aber auch mit deliktischer Haftung (zB eines Verkehrssicherungspflichtigen, Radfahrers, Fußgängers), ist für den Innenausgleich nach § 426 Abs 1 iVm § 254 Abs 1 BGB bzw § 17 Abs 1 StVG, § 13 Abs 1 HaftpflG die **mitwirkende Betriebsgefahr** zu Lasten des Halters zu berücksichtigen (§ 22 Rn 3; Einzelheiten § 22 Rn 85 ff; zur Höhenbegrenzung § 20 Rn 5). Dies gilt auch im Verhältnis zwischen Kfz-Halter und Anhängerhalter, Tierhalter oder Bahnunternehmer (§ 17 Abs 4 StVG) sowie zwischen nach HaftpflG und anderen Vorschriften zum Schadensersatz Verpflichteten (§ 13 Abs 4 HaftpflG), bei Unfällen ab 1.8.2002 auch zu Lasten des Eigentümer des geschädigten Kfz, der nicht zugleich sein Halter ist (s § 22 Rn 4, 89). Der Insasse eines Kfz braucht sich die Betriebsgefahr des benützten Kfz nicht entgegenhalten zu lassen, sondern lediglich ein eigenes Verschulden nach § 254 BGB.[3] Zu Lasten des nach § 18 StVG haftenden Kfz- oder Anhängerführers ist die mitwirkende Betriebsgefahr (vgl § 4 Rn 6) dagegen auch im Innenverhältnis zu berücksichtigen.

---

1 MünchKomm/*Wagner* § 840 Rn 5.
2 RGZ 75, 251, 256; BGHZ 17, 214; BGH NJW 1972, 1803.
3 RGZ 160, 152; RG VR 1931, 486; RG VAE 1938, 299; BGH VersR 1953, 148.

Siebter Teil. Schadensregress

6 Der in **§ 840 Abs 3 BGB** zum Ausdruck kommende Rechtsgedanke, dass beim Zusammentreffen von verschuldensunabhängiger und verschuldensabhängiger Haftung beim Innenausgleich allein die letztere zum Tragen kommen soll, ist auf die Gefährdungshaftung nach § 7 StVG nicht entsprechend anzuwenden.[4] Der nach § 7 StVG Ersatzpflichtige ist aber auch nicht als Dritter im Sinne des § 840 Abs 3 BGB anzusehen, der gegenüber einem nach §§ 833 bis 838 BGB Verantwortlichen im Innenverhältnis allein zur Schadenstragung verpflichtet wäre.[5]

II. Ausgleichsanspruch

1. Rechtliche Einordnung

7 **a)** **§ 17 Abs 1 StVG und § 13 Abs 1 HaftpflG sind Sondervorschriften** gegenüber **§ 426 Abs 1 S 1 BGB**.[6] Sie setzen wie dieser voraus, dass der bei dem Unfall geschädigte Dritte einen gesamtschuldnerischen Schadensersatzanspruch (gleich ob nach StVG oder anderen Vorschriften) sowohl gegen denjenigen hat (bzw hatte), der Ausgleichung verlangt, als auch gegen denjenigen, von dem Ausgleichung verlangt wird[7] (zu Ausnahmen s Rn 13 ff). Der **Forderungsübergang** nach § 426 Abs 2 BGB findet auch hier statt, hat jedoch keine praktische Bedeutung, weil die Forderung des Gläubigers in der Regel nicht gesichert ist, sodass die Rechtsposition des Regressgläubigers nicht gestärkt wird.

8 **b) Mehrere Ausgleichspflichtige** stehen dem Regressnehmenden grundsätzlich nicht als Gesamtschuldner gegenüber, dh er kann im Regelfall von jedem nur den auf ihn treffenden Bruchteil verlangen (s Rn 24 ff). Anders verhält es sich lediglich, wenn mehrere Gesamtschuldner eine Haftungseinheit bilden (zB Halter und Fahrer desselben Kfz; vgl Rn 28 f).

9 **c) Abschließende Zuweisung der Haftungsquote.** Ein Mitschädiger kann nur insoweit Ausgleich von den anderen Gesamtschuldnern verlangen, als er über die auf ihn entfallende Haftungsquote hinaus in Anspruch genommen wurde; er kann auch nicht etwa über die Deliktsvorschriften Erstattung der ihm zugewiesenen Quote von einem Mitschädiger verlangen[8] oder aufgrund rechtsgeschäftlicher Abtretung des Ersatzanspruchs des Geschädigten in voller Höhe gegen einen anderen Gesamtschuldner vorgehen.[9]

10 **d) Verhältnis zu eigenem Schadensersatzanspruch.** Auch der selbst beim Unfall verletzte oder geschädigte Verkehrsteilnehmer ist denjenigen Unfallbeteiligten ausgleichspflichtig, die von dritten Unfallbeteiligten zum Schadensersatz herangezogen werden. Das gilt auch dann, wenn der Verletzte Halter oder Führer eines unfallbeteiligten Kfz war. Er hat allerdings die Möglichkeit, mit seinen Schadensersatzansprüchen aufzu-

---

[4] BGHZ 6, 28.
[5] OLG Hamm NJW 1958, 346; *Palandt/Sprau* § 840 Rn 12.
[6] RGZ 84, 429.
[7] BGH DAR 1954, 39.
[8] Vgl BGH VersR 1978, 465.
[9] BAG NJW 1990, 3230.

rechnen. Desgleichen hat ein Verletzter ein von seinem eigenen Schadensersatzanspruch unabhängiges Recht auf Ausgleich, wenn er Dritten ihren Schaden bezahlt hat oder ersetzen muss.

e) **Entstehung des Anspruchs.** Die Ausgleichspflicht ist eine selbständige Verpflichtung und entsteht in dem Augenblick, in dem die Gesamtschuld entsteht. Dies ist der Fall bei der Entstehung des Schadens, in der Regel also schon beim Unfall, nicht erst durch die Befriedigung des Gläubigers.[10] Der Anspruch kann mithin als Befreiungsanspruch geltend gemacht werden, ehe der Gläubiger befriedigt worden ist.[11]

f) **Unabhängigkeit von der Außenhaftung des Mitschädigers.** Da der Ausgleichsanspruch als selbständiger Anspruch im Zeitpunkt des Unfalls entsteht, ist sein Bestand nicht vom weiteren Schicksal des Ersatzanspruchs des Geschädigten gegen den ausgleichspflichtigen Mitschädiger abhängig (zur Frage der Auswirkungen eines rechtskräftigen Urteils s Rn 30). Dem Ausgleichsanspruch steht daher zB nicht entgegen, dass der zum Ausgleich Herangezogene dem Geschädigten gegenüber Verjährung einwenden könnte, wenn dieser unmittelbar an ihn heranträte.[12] Zu den Auswirkungen eines nachträglichen Erlasses der Schadensersatzforderung s Rn 14.

2. Einfluss einer Haftungsfreistellung oder -verschärfung

Ist ein Gesamtschuldner gegenüber dem Geschädigten durch Vertrag oder kraft Gesetzes von der Haftung befreit, so stellt sich die Frage, ob der auf Schadensersatz in Anspruch genommene Mitschädiger bei ihm Rückgriff nehmen kann (wodurch die Haftungsfreistellung obsolet wird). Alternativ käme in Betracht, dass der Mitschädiger den Schadensanteil des Freigestellten mitzuübernehmen oder dass der Geschädigte eine Kürzung seines Ersatzanspruchs um den betreffenden Anteil hinzunehmen hat. Diese umstrittene Frage ist für die verschiedenen Fälle der Haftungsfreistellung jeweils nach deren Sinn und Zweck zu entscheiden (s Rn 14 ff).[13] Zusätzliche Komplikationen ergeben sich, wenn zwischen den Schädigern vertragliche Regelungen über die Schadensverantwortlichkeit bestehen (s hierzu § 19 Rn 84).

a) **Nach dem Unfall vereinbarter Erlass.** Ein derartiger Vertrag (§ 397 BGB) wirkt zugunsten aller Gesamtschuldner, wenn dies von den Vertragschließenden gewollt ist, ansonsten nur gegenüber dem Vertragspartner (§ 423 BGB). In diesem Falle entscheidet ebenfalls die am Willen der Parteien orientierte Auslegung darüber, ob eine volle Inanspruchnahme der Mitschuldner möglich sein soll (dann auch interne Ausgleichspflicht des Begünstigten) oder ob der Anspruch gegen diese nur in Höhe ihres Schadensanteils bestehen bleiben soll. Wer aus dem Erlass eine Vergünstigung für sich herleiten will, hat den entsprechenden Willen zu beweisen.

b) **Haftungsverzicht vor dem Unfall.** Hat der Geschädigte mit dem Halter einen Haftungsverzicht vereinbart (§ 19 Rn 29 ff; zur Gefälligkeitsfahrt vgl § 19 Rn 51 ff), so ist er nach der Rechtsprechung des BGH nicht gehindert, einen mitverantwortlichen Halter

---

10 RGZ 160, 151.
11 BGH NJW 1958, 497.
12 RGZ 77, 322; 146, 101.
13 Krit *Luckey* VersR 2002, 1213 ff.

eines anderen Kfz auf Ersatz seines vollen Schadens in Anspruch zu nehmen. Der in Anspruch Genommene kann vom anderen sodann in Höhe dessen Schadensbeitrags Ausgleich verlangen.[14] Dies ist jedoch insofern unbefriedigend, als die Haftungsbefreiung im Ergebnis gegenstandslos wird, und zwar nur wegen des (mehr oder weniger zufälligen) Umstands, dass neben dem Freigestellten noch ein Mitschädiger haftet. Das billige Ergebnis, dass der auf den Freigestellten entfallende Schadensbetrag letztlich vom Geschädigten selbst zu tragen ist, ließe sich – bei entsprechendem Willen der Parteien – so erreichen, dass in dem Verzichtsvertrag zugleich ein Vertrag zugunsten Dritter gesehen wird mit dem Inhalt, dass ein Mitschädiger nur in Höhe dessen Haftungsquote in Anspruch genommen werden kann. Hierbei ergibt sich allerdings das Problem, dass der Zweitschädiger von dem Verzicht oftmals keine Kenntnis haben und daher voll zahlen oder verurteilt werden wird.[15] Daher bleibt letztlich nur die Lösung, dass dem Freigestellten aufgrund der Vereinbarung über den Verzicht ein Anspruch gegen den Verzichtenden auf Befreiung von der Ausgleichspflicht zuerkannt wird. Der freigestellte Halter könnte dann, wenn er von dem Mitschädiger auf Ausgleich in Anspruch genommen wird, beim Geschädigten Rückgriff nehmen (sog Regresskreisel).

16 **c) Unfallversicherungs- bzw Versorgungsrecht** (§§ 104 ff SGB VII und entsprechende beamtenrechtliche Vorschriften). Hier gilt allgemein, dass der Mitschädiger nicht beim Arbeitgeber bzw Kollegen des Geschädigten Rückgriff nehmen kann[16] und sich der Ersatzanspruch gegen den Mitschädiger um den Verantwortungsanteil des Arbeitgebers bzw Kollegen, Mitschülers usw mindert.[17] Dies gilt auch für den Schmerzensgeldanspruch.[18] Näher hierzu § 19 Rn 82 ff.

17 **d) Arbeitsrecht.** Um die Privilegierung des Arbeitnehmers (s hierzu § 19 Rn 64 ff) nicht durch den Rückgriff eines Mitschädigers illusorisch werden zu lassen, muss der Ersatzanspruch des Arbeitgebers um den Verantwortungsanteil des nicht haftenden Arbeitnehmers gemindert werden.[19]

18 **e) Angehörigenprivileg** (§ 67 Abs 2 VVG, § 116 Abs 6 SGB X). Kann ein Versicherer oder Sozialversicherungsträger bei einem mitverantwortlichen Familienangehörigen des Verletzten keinen Regress nehmen, so ist sein Rückgriffsanspruch gegen einen Zweitschädiger insoweit ausgeschlossen, als dieser Ausgleichsansprüche gegen den Erstschädiger haben würde, wenn das Gesetz diesen nicht von seiner Haftung verschont hätte;[20] s a § 32 Rn 78.

19 **f) Sonstige Haftungsprivilegierungen.** Die Frage, inwieweit Haftungsprivilegierungen für Angehörige (§§ 1359, 1664 BGB),[21] Gesellschafter (§ 708 BGB) oder bei der Amtshaftung (§ 839 Abs 1 Satz 2 BGB; vgl § 12 Rn 69 ff) die Haftung eines Mitschädigers bzw dessen Rückgriff beeinflussen, hat für den Bereich des Verkehrshaft-

---

14 BGHZ 12, 213; 58, 220.
15 *Schirmer* AnwBl 1987, 465.
16 RGZ 153, 38; BGHZ 19, 120.
17 BGHZ 61, 51; 110, 114; BGH VersR 1974, 889; 1982, 270.
18 BGH VersR 1981, 260; OLG München VRS 65, 326.
19 OLG Karlsruhe OLGZ 1969, 158.
20 BGH VersR 1980, 938.
21 Vgl hierzu BGHZ 103, 338 = JR 1989, 60 m Anm *Dunz* = JZ 1989, 45 m Anm *Lange* (mit Aufgabe der früheren Rspr in BGHZ 35, 317) sowie 16, 288.

pflichtrechts durch die neuere Rechtsprechung, derzufolge sie hier nicht anzuwenden sind (vgl § 10 Rn 54, § 12 Rn 70), an Bedeutung verloren.[22] Die aus § 1353 BGB entspringende Verpflichtung, bestimmte Schadensersatzansprüche gegen den Ehepartner nicht geltend zu machen (s § 19 Rn 62), berührt das Verhältnis zum Zweitschädiger ohnehin nicht. Dieser haftet dem Geschädigten voll als Gesamtschuldner und kann nach § 426 BGB bei dessen Ehepartner Regress nehmen; es bleibt dann der internen Regelung durch die Eheleute überlassen, ob und in welcher Weise sie sich entsprechend dem Sinn des § 1353 BGB untereinander ausgleichen.[23]

g) **Verschärfte Gefährdungshaftung.** Eine neue Rückgriffsproblematik hat sich durch die Einführung des gespaltenen Entlastungsbeweises nach § 7 Abs 2 StVG (Entlastung nur bei höherer Gewalt) und § 17 Abs 3 StVG (Entlastung gegenüber anderen Kfz-Haltern auch bei Unabwendbarkeit) ergeben (s a § 3 Rn 359). Wird zB ein Fußgänger bei einem Verkehrsunfall verletzt, an dem zwei Kfz beteiligt sind, und haben beide Fahrer die größtmögliche Sorgfalt beachtet, so kann der Fußgänger jeden der beiden Kfz-Halter nach seiner Wahl in Anspruch nehmen. Hat ein Halter Schadensersatz geleistet, weil er – wie in der Regel – den Nachweis höherer Gewalt nicht führen kann, kann er nach § 17 Abs 1, 3 StVG beim anderen Halter nicht Regress nehmen, weil dieser sich auf die Unabwendbarkeit berufen kann. Da die endgültige Schadenstragung aber nicht davon abhängen darf, welcher Halter vom Geschädigten in Anspruch genommen wurde oder diesen als erster befriedigt hat, darf der erleichterte Entlastungsbeweis nach § 17 Abs 3 StVG hier nicht zum Tragen kommen.[24]

20

3. Bemessung des Ausgleichsanspruchs

a) **Allgemeines.** Entscheidend für die interne Haftungsverteilung ist das Gewicht des jeweiligen Verursachungsbeitrags. In diesen fließt auch die Betriebsgefahr des beteiligten Kraft- oder Bahnfahrzeugs bzw die Tiergefahr ein. Sie kann durch besondere Umstände, vor allem durch Verschulden des Halters bzw Fahrers, erhöht sein. Hierbei muss es sich, wenn eine Erhöhung der Betriebsgefahr geltend gemacht werden soll, um erwiesenes Verschulden, nicht um lediglich nach § 18 StVG vermutetes handeln.[25] Bei der Abwägung kann sich auch ergeben, dass der Verursachungsbeitrag eines Schädigers ganz zurücktritt, dieser also keinen Ausgleich zu leisten braucht bzw (wenn er selbst in Anspruch genommen wurde) vollen Ausgleich erlangen kann. Im Verhältnis zwischen einem Primärschädiger (Unfallverursacher) und einem für eine Verschlimmerung der Unfallfolgen Verantwortlichen (zB fehlerhaft handelnder Arzt oder Sanitäter) sind die Beiträge zur Entstehung des Folgeschadens gegeneinander abzuwägen.[26] Näher zur Abwägung § 22 Rn 125 ff.

21

---

22 Vgl hierzu *Palandt/Grüneberg* § 426 Rn 18; *Muscheler* JR 1994, 441 ff; *Bern* NZV 1991, 453; *Fuchs* NZV 1998, 10 f.
23 BGH VersR 1983, 134 = JR 1983, 240 m zust Anm *Hohloch*.
24 *Ch Huber* § 4 Rn 83; *Ady* VersR 2003, 1105.
25 *Schirmer* AnwBl 1987, 459.
26 Vgl OLG Düsseldorf OLGR 1999, 119 (Freistellung des Arztes); OLG Köln NHZ 1997, 357 (überwiegende Haftung des Arztes selbst bei grob fahrlässiger Unfallverursachung).

22 **b) Abhängigkeit von der Ersatzpflicht gegenüber dem Geschädigten.** Außerhalb der Gesamtschuld liegende, dh einen Schädiger allein treffende Verpflichtungen werden nicht ausgeglichen.[27] Schuldete der Gesamtschuldner, der dem Verletzten das Schmerzensgeld bezahlt hat, dieses allein, so kann er von den anderen Unfallbeteiligten hierfür keinen Ausgleich verlangen. Schuldeten alle Schädiger zusammen dem Verletzten nur Ersatz eines bestimmten Teils seines Schadens, so berechnen sich die von den Ausgleichspflichtigen zu zahlenden Anteile als Teile dieser Schadensquote.[28]

23 **c) Einfluss der tatsächlichen Zahlung an den Geschädigten.** Zahlt einer der Schädiger dem Geschädigten nur einen Teil des Schadens, der unter dem Betrag liegt, der bei der Ausgleichung auf ihn entfiele, so kann er nicht etwa von den anderen Schädigern verlangen, dass sie quotenmäßig ihm den Teilbetrag teilweise vergüten; der Ausgleichsanspruch bezieht sich nur auf den Teil des Schadens, der die selbst zu tragende Quote übersteigt. Zahlt ein Schädiger mehr, als er (als Gesamtschuldner) schuldete, so erwirbt er insoweit keinen Ausgleichsanspruch nach § 17 Abs 1 Satz 1 StVG.[29] Auch ein Ausgleich unter dem Gesichtspunkt der Geschäftsführung ohne Auftrag oder der ungerechtfertigten Bereicherung kommt jedenfalls dann nicht in Betracht, wenn mit der Zahlung an den Geschädigten eine eigene Verbindlichkeit (zB aus Vergleich) erfüllt wurde.[30] Anders kann es sich insoweit allerdings verhalten, wenn ein Schädiger aus freien Stücken mehr als geschuldet (zB über die Grenze des § 12 StVG hinaus) gezahlt hat, auf Bereicherungsansprüche gegen den Zahlungsempfänger verzichtet und erklärt, dass die erbrachten Zahlungen, soweit sie über die eigene Schuld hinausgehen, als Zahlungen für den Mitverantwortlichen gelten sollen; in diesem Falle kommt ein Bereicherungsausgleich in Betracht.[31]

4. Mehrheit von Mitschädigern

24 **a) Grundsatz des Teilregresses.** Kann der in Anspruch genommene Schädiger von mehreren Mitschädigern Ausgleich fordern, so haften ihm diese grundsätzlich (Ausnahme: Rn 27) nicht als Gesamtschuldner, sondern jeweils nur in Höhe des auf sie entfallenden Schadensanteils.[32] Dieser ist aufgrund einer Gesamtabwägung zu ermitteln. Zu beachten ist hierbei, dass möglicherweise nicht mit jedem Mitschädiger eine Gesamtschuld in gleicher Höhe besteht. Zu den Problemen, die sich bei Nebentäterschaft und Mitverschulden des Geschädigten ergeben s § 22 Rn 137 ff.

25 Kann der in Anspruch genommene Schädiger vollen Ausgleich verlangen, weil sein Verursachungsbeitrag völlig zurücktritt, so sollen ihm nach der Rechtsprechung die Mitschädiger gesamtschuldnerisch zum Ausgleich verpflichtet sein.[33] Dies ist abzulehnen. Der Umstand, dass der betreffende Schädiger hundertprozentigen Ausgleich

---

27 OLG Neustadt NJW 1953, 1264.
28 BGHZ 12, 220.
29 BGH VersR 1966, 664.
30 BGH VersR 1964, 1147.
31 BGH VersR 1964, 1147.
32 BGHZ 6, 3, 25; *Lange/Schiemann* § 11 A IV 2 mwN; **aA** MünchKomm/*Bydlinski* § 426 Rn 30.
33 RGZ 136, 275, 285; BGHZ 17, 214, 222; dagegen zu Recht *Lange/Schiemann* § 11 A IV 2 mwN.

verlangen kann, ändert nichts daran, dass sein Anspruch ein Regress- und nicht ein Ersatzanspruch ist. Es besteht auch kein Anlass, dem Schädiger, der nach außen immerhin mithaften musste, im Innenverhältnis die Vergünstigungen einer gesamtschuldnerischen Regresshaftung zuzugestehen. Dass dies verfehlt ist, zeigt sich zB dann, wenn ein anderer Mitschädiger nur auf eine ganz geringe Quote haftet; der „privilegierte" Schädiger könnte dann ihn voll in Anspruch nehmen und damit die Last des Teilregresses ohne rechtfertigenden Grund ihm zuschieben.

b) Bei **Insolvenz eines Mitschädigers** ist der Ausfall von den übrigen zur Ausgleichung Verpflichteten, einschließlich des Regressnehmenden, anteilsmäßig zu tragen (§ 426 Abs 1 Satz 2 BGB). **26**

c) Bei **Beteiligung mehrerer Ausgleichspflichtiger an einer einheitlichen Schadensursache** bilden diese eine sog Haftungseinheit, dh sie haften dem Ausgleichsberechtigten gesamtschuldnerisch auf eine einheitliche Haftungsquote (vgl die Erl zur entsprechenden Situation bei der Mitverschuldensabwägung, § 22 Rn 141). Eine solche Haftungseinheit besteht zB zwischen Halter und Fahrer eines Kfz,[34] zwischen Geschäftsherr und Verrichtungsgehilfe,[35] aber auch zwischen sonstigen Schädigern, deren Verhalten sich in einem einheitlichen Ursachenbeitrag ausgewirkt hat.[36] Der Ausgleichsberechtigte kann den auf eine solche Haftungseinheit entfallenden Schadensanteil von jedem Mitglied der Haftungseinheit, aber nur einmal fordern. Der **Ausgleich innerhalb der Haftungseinheit** richtet sich sodann nach den entsprechenden Regelungen; vgl für das Verhältnis Halter – Fahrer § 4 Rn 32, für das Verhältnis Geschäftsherr – Verrichtungsgehilfe § 840 Abs 2 BGB. **27**

d) **Beteiligung eines oder mehrerer Schädiger und des Geschädigten an einer einheitlichen Schadensursache.** In diesen Fällen der sog Zurechnungseinheit (vgl § 22 Rn 142) findet nach der Rechtsprechung zwischen dem oder den Schädiger(n), die mit dem Geschädigten für denselben Ursachenbeitrag verantwortlich sind, und dem oder den „außenstehenden" Schädiger(n) kein Ausgleich statt, weil die jeweiligen Schadensanteile hier bereits bei der Haftung gegenüber dem Geschädigten voneinander geschieden sind.[37] Es kann dann allenfalls zu einem Bereicherungsausgleich (§ 812 BGB) kommen, wenn der Außenstehende im Vorprozess in Verkennung der Zurechnungseinheit mit einer zu hohen Quote belastet worden ist.[38] Diese Rechtsprechung ist jedoch abzulehnen; auch in diesen Fällen besteht ein ausgleichungspflichtiges Gesamtschuldverhältnis (vgl § 22 Rn 142). **28**

Eine solche Zurechnungseinheit bejaht der BGH zB für den Fahrer eines Kfz und dessen mitfahrenden Halter, sodass es zwischen dem Halter eines anderen am Unfall beteiligten Kfz und dem Fahrer nicht zu einer Ausgleichung bzgl der dem mitfahrenden Halter entstandenen Schäden kommen kann.[39] Weitere Beispiele § 22 Rn 143. **29**

---

34 BGH NJW 1966, 1262; VersR 1970, 64; OLG Celle NZV 1990, 391.
35 BGH NZV 1989, 351.
36 BGHZ 61, 218.
37 BGHZ 61, 219.
38 BGH VersR 1978, 735.
39 BGH NJW 1966, 1262 = 1810 m Anm *Dunz*.

5. Bindung an Urteil im Haftungsprozess

30 Liegt eine rechtskräftige Verurteilung desjenigen, der Ausgleichung begehrt, zur Zahlung von Schadensersatz an den Verletzten vor, so ist der Richter, der über den Ausgleich zu befinden hat, hieran nicht gebunden. Zu einer Bindungswirkung kann es allenfalls nach § 68 ZPO kommen, wenn sich der Mitschädiger an dem Rechtsstreit als Nebenintervenient beteiligt oder wenn der Beklagte des damaligen Prozesses dem jetzigen Beklagten rechtzeitig den Streit verkündet hatte. Ist dies nicht der Fall, so kann das Gericht zu dem Ergebnis kommen, dass es an einem Ausgleichsanspruch schon deshalb fehlt, weil der jetzige Kläger zu Unrecht zur Zahlung an den Verletzten verurteilt wurde. Ist die Klage des Verletzten gegen den einen der Gesamtschuldner abgewiesen worden, so kann dieser einem anderen Gesamtschuldner gleichwohl ausgleichspflichtig sein.[40]

---

40 RGZ 69, 426; BGH VersR 1969, 1039.

Achter Teil
Verkehrshaftpflichtprozess

§ 37 Verfahrensrecht

§ 32 ZPO
Für Klagen aus unerlaubter Handlung ist das Gericht zuständig, in dessen Bezirk die Handlung begangen ist.

§ 20 StVG
Für Klagen, die auf Grund dieses Gesetzes erhoben werden, ist auch das Gericht zuständig, in dessen Bezirk das schädigende Ereignis stattgefunden hat.

§ 14 HaftpflG
Für Klagen, die auf Grund dieses Gesetzes erhoben werden, ist auch das Gericht zuständig, in dessen Bezirk das schädigende Ereignis stattgefunden hat.

Im Folgenden werden wichtige Besonderheiten des Verkehrshaftpflichtprozesses im Allgemeinen erläutert. Weitere Verfahrensfragen sind im Kontext mit dem zugrunde liegenden Haftungsproblem behandelt. Zu Fragen der Sachverhaltsfeststellung, insbesondere des Beweises, s § 38.

	Übersicht	Rn
I.	Örtliche und internationale Zuständigkeit	1
	1. In Betracht kommende Gerichtsstände	1
	2. Bestimmung des Begehungs- bzw Ereignisorts	4
	3. Internationale Zuständigkeit	5
II.	Klage	6
	1. Klagenhäufung	6
	2. Widerklage	9
	3. Feststellungsklage	12
	4. Teilklage	17
	5. Unbezifferte Klageanträge	23
III.	Urteil	24
	1. Grundurteil	24
	2. Teilurteil	30
	3. Feststellungsurteil	32
IV.	Weitere Hinweise	34

Achter Teil. Verkehrshaftpflichtprozess

I. Örtliche und internationale Zuständigkeit

1. In Betracht kommende Gerichtsstände

1 Sofern die Klage auf unerlaubte Handlung (§§ 823 ff BGB) gestützt wird, kann sie nach Wahl des Klägers (§ 35 ZPO) am allgemeinen Gerichtsstand (§§ 12–19a ZPO), einem im Einzelfall begründeten besonderen Gerichtsstand (zB §§ 20, 23 ZPO) oder bei dem für den **Begehungsort** (§ 32 ZPO) zuständigen Gericht erhoben werden. Für Ansprüche aus Gefährdungshaftung tritt, da sie nicht an die Begehung einer Handlung anknüpfen, der Ort des **schädigenden Ereignisses** an die Stelle des Begehungsortes (§ 20 StVG, § 14 HaftpflG). Die besonderen Gerichtsstände des Unfallorts gelten auch für die **Direktklage** gegen den Haftpflichtversicherer des Ersatzpflichtigen.[1]

2 Sollen **mehrere Personen** mit unterschiedlichem allgemeinen Gerichtsstand als Streitgenossen verklagt werden, so kann dies am gemeinsamen besonderen Gerichtsstand (zB des § 20 StVG) geschehen. Mittäter iSv § 830 Abs 1 BGB müssen sich dabei Tatbeiträge des anderen zurechnen lassen.[2] Nur wenn ein solcher Gerichtsstand nicht besteht, kommt eine gerichtliche Zuständigkeitsbestimmung nach § 36 Nr 3 ZPO in Betracht.[3] Ein im Ausland gelegener Gerichtsstand des Unfallorts bleibt hierbei aber unberücksichtigt.[4]

3 Bei **Anspruchskonkurrenz** (zB daneben bestehenden vertraglichen Ansprüchen) kann im vorgenannten besonderen Gerichtsstand umfassend entschieden werden.[5]

2. Bestimmung des Begehungs- bzw Ereignisorts

4 **Begehungsort** iSd § 32 ZPO ist der Ort, an dem eine zum Schaden führende Ausführungshandlung begangen oder in das geschützte Rechtsgut eingegriffen wurde. Wo dagegen nur Schadensfolgen eingetreten sind, ist der Gerichtsstand aus § 32 ZPO nicht gegeben.[6] Für den **Ereignisort** iSv § 20 StVG, § 14 HaftpflG (Unfallort) gilt dasselbe.

3. Internationale Zuständigkeit

5 Grundsätzlich folgt aus der örtlichen auch die internationale Zuständigkeit. Für den Anwendungsbereich der EuGVVO trifft deren Art 5 Nr 3 eine ausdrückliche, auf den Ort des schädigenden Ereignisses abstellende Regelung. Auch hier ist sowohl der Handlungs- als auch der Erfolgsort (Ort des Primärschadens), nicht aber der Ort des Vermögensfolgeschadens maßgeblich.[7] Anders als bei der örtlichen Zuständigkeit erfasst diese Regelung aber konkurrierende Ansprüche aus anderen Rechtsgründen wegen der weiterreichenden Wirkungen der internationalen Zuständigkeit nicht.[8] Zum Direktanspruch gegen einen ausländischen Haftpflichtversicherer s § 15 Rn 67.

---

1 BGH VersR 1983, 586.
2 BGH NJW 1995, 1225, 1226.
3 BGH VersR 1983, 586.
4 BayObLG VersR 1985, 841; 1986, 299; NZV 1988, 27.
5 BGHZ 153, 173.
6 BGH NJW 1977, 1590; OLG Karlsruhe MDR 1960, 56.
7 EuGH NJW 2004, 2441, 2442.
8 BGHZ 132, 105, 112 f; 153, 173, 180; BGH MDR 2005, 587; s a EuGH NJW 1988, 3088, 3089.

II. Klage

1. Klagenhäufung

Bei Unfällen mit Kfz besteht in der Regel ein Direktanspruch gegen die Haftpflichtversicherung (§ 3 Nr 1 PflVG; s § 15 Rn 1 ff). Daneben auch den Halter und den Fahrer des Kfz als Gesamtschuldner mitzuverklagen, besteht – vom Fall der Erschöpfung der Deckungssumme abgesehen – an sich kein Anlass. Selbstverständlich ist es aber das gute Recht des Geschädigten, so zu verfahren. In der Praxis geschieht dies oft, um den Unfallgegner als Zeugen auszuschalten. Ist eine solche Absicht erkennbar (zB weil die Klage erst auf den Fahrer erweitert wurde, nachdem er als Zeuge benannt worden war, oder bei Erhebung einer offensichtlich unbegründeten Drittwiderklage), so kann ein derartiges Taktieren jedoch als Beweisvereitelung betrachtet und bei der Beweiswürdigung zu Lasten des Betreffenden verwertet werden (näher § 38 Rn 35). Zudem wird das Gericht häufig gehalten sein, einer auf solche Weise herbeigeführten Beweisnot durch Parteivernehmung nach § 448 ZPO oder Anhörung nach § 141 ZPO abzuhelfen (s § 38 Rn 3, 22).

6

Die Klagen gegen Halter, Fahrer und Haftpflichtversicherer können, da **keine notwendige Streitgenossenschaft** besteht, unterschiedliches Schicksal haben. Zur teilweisen Rechtskrafterstreckung nach § 3 Nr 8 PflVG s § 15 Rn 24 ff, zu Fragen der Prozessvollmacht des Haftpflichtversicherers und zur Lösung von Interessenkonflikten zwischen diesem und dem Haftpflichtigen § 15 Rn 29 ff.

7

Haben die Beklagten **unterschiedliche allgemeine Gerichtsstände**, so ist eine gemeinsame Klage nur am Gerichtsstand des Unfallortes (Rn 1 ff) möglich. Wurden gesonderte Klagen beim selben Gericht erhoben, kommt Verbindung nach § 147 ZPO in Betracht; wurden sie bei verschiedenen, je für sich zuständigen Gerichten rechtshängig, müssen sie gesondert durchgeführt werden, weil weder eine Verweisung nach § 281 ZPO noch eine Gerichtsstandsbestimmung nach § 36 Nr 3 ZPO möglich ist. Nur wenn der Unfallort im Ausland liegt, kann nach § 36 Nr 3 ZPO verfahren werden, denn in diesem Falle fehlt es an einem „gemeinschaftlichen besonderen Gerichtsstand".[9]

8

2. Widerklage

Aufgrund von Verkehrsunfällen werden oftmals gegenseitig Ansprüche gestellt. Es ist sachgerecht, wenn diese durch Erhebung einer Widerklage in **einem** Prozess abgehandelt werden. Wegen des Sachzusammenhangs ist die örtliche Zuständigkeit unproblematisch (§ 33 ZPO). Zu einer Verschiebung der sachlichen Zuständigkeit kann es jedoch nach § 506 ZPO kommen, wenn mit der Widerklage beim Amtsgericht ein vor das Landgericht gehörender Anspruch geltend gemacht wird (nicht aber, wenn die landgerichtliche Zuständigkeit nur bei Addition der Streitwerte erreicht würde; § 5 Halbs 2 ZPO).

9

Die Widerklage kann auf einen am Prozess bisher nicht Beteiligten erstreckt (nicht aber ausschließlich gegen einen solchen erhoben) werden (**Drittwiderklage**).[10] Dies kommt

10

---

9 BayObLG VersR 1985, 841; 1986, 299; 1988, 642. Ebenso bei Unfall in der DDR vor dem Beitritt; BayObLG NZV 1991, 116.
10 Näher *Zöller/Vollkommer* § 33 Rn 20 ff.

in Verkehrshaftungssachen häufig vor, weil der Beklagte für seine Schadensersatzansprüche auch (oder sogar in erster Linie) den gegnerischen Haftpflichtversicherer in Anspruch nehmen will (zu den Folgen einer nur zum Zweck der Beweisvereitelung erhobenen Drittwiderklage s Rn 6). Der Drittwiderbeklagte muss beim Prozessgericht seinen allgemeinen oder einen besonderen Gerichtsstand haben. Dies bereitet bei Klagen am Gericht des Unfallorts keine Schwierigkeiten; ansonsten bleibt ggf nur der Weg des § 36 Nr 3 ZPO.[11] Die Widerklage muss an den Dritten selbst zugestellt werden, sofern sich nicht ausnahmsweise der Prozessbevollmächtigte des Klägers auch bereits für ihn bestellt hat.

11 Zur Frage der **anwaltlichen Vertretung** bei Identität des Haftpflichtversicherers auf Seiten des Beklagten und des Widerbeklagten s § 15 Rn 30.

3. Feststellungsklage

12 Das für die Zulässigkeit erforderliche **Feststellungsinteresse** (§ 256 Abs 1 ZPO) fehlt in der Regel, wenn der Geschädigte in der Lage ist, auf Zahlung zu klagen.[12] Ob dies anders ist, wenn sich die Klage gegen ein Versicherungsunternehmen richtet, erscheint zweifelhaft.[13] Befindet sich der Schadensumfang aber noch in der Entwicklung, sodass eine (zu beziffernde) Leistungsklage nicht erhoben werden kann, folgt das besondere Interesse an einer vorgeschalteten Feststellungsklage aus deren verjährungshemmender Wirkung (vgl § 21 Rn 78). In solchen Fällen ist die Feststellungsklage insgesamt zulässig, auch wenn der Schadensersatzanspruch teilweise schon beziffert werden könnte.[14] Konkretisiert sich der Schaden während des Prozesses, braucht – jedenfalls in 2. Instanz – nicht auf eine Leistungsklage übergegangen zu werden.[15] Ein umfassender Verjährungsverzicht oder ein Anerkenntnis des Haftpflichtigen (vgl § 21 Rn 95 ff) kann das Feststellungsinteresse entfallen lassen,[16] nicht aber ein befristeter Verzicht[17] oder ein eingeschränktes Anerkenntnis.[18]

13 Häufig wird auch neben einer Zahlungsklage (bzgl des bereits eingetretenen Schadens) auf Feststellung der Ersatzpflicht für **künftige Schäden** geklagt.[19] Ein solcher Antrag bezieht sich im Zweifel auf alle ab Klageeinreichung, nicht erst ab Schluss der mündlichen Verhandlung entstehenden Schäden.[20] Ein Feststellungsinteresse liegt hier schon dann vor, wenn künftige Schadensfolgen nur möglich sind, ihr Eintritt aber ungewiss ist.[21] Es darf nur verneint werden, wenn aus der Sicht des Klägers bei verständiger Würdigung kein Grund besteht, mit dem Eintritt eines Schadens wenigstens zu

---

11 BGH NJW 1991, 2838; 1993, 2120.
12 Näher, auch zu den Ausnahmen, *Zöller/Greger* § 256 Rn 7a ff.
13 So aber *Hofmann* Der Schadensersatzprozess (1992) Rn 243; *Lepa* VersR 2001, 267; tendenziell BGH NJW 1999, 3774, 3775; abl OLG Düsseldorf VersR 1995, 1301.
14 BGHZ 70, 39; BGH NJW 1984, 1554; VersR 1991, 788; OLG Karlsruhe VersR 1992, 370.
15 BGH NJW 1978, 210; zu möglicher Ausnahme für 1. Instanz BGH LM § 256 ZPO Nr 5.
16 Vgl OLG Hamm NZV 2000, 374; OLG Karlsruhe DAR 2000, 267.
17 OLG Hamm OLGR 1998, 45.
18 OLG Karlsruhe MDR 2000, 1014; VersR 2002, 729.
19 Zur Antragsauslegung in solchen Fällen *Lepa* VersR 2001, 266 f. S a § 28 Rn 171 ff.
20 BGH NJW 2000, 3287.
21 BGH NJW 1991, 2707; 2001, 1431, 1432.

rechnen.²² Stellt sich während des Rechtsstreits heraus, dass mit künftigen Schäden nicht mehr zu rechnen ist, so erledigt sich die Hauptsache.²³

Neben dem Antrag auf Feststellung der Schadensersatzpflicht kann ein Antrag auf Feststellung von Inhalt und Umfang eines (vom ersten Antrag an sich mitumfassten) Einzelanspruchs zulässig sein, wenn insoweit ein besonderes Klarstellungsinteresse besteht.²⁴ **14**

Solange eine **Mithaftung** des Geschädigten im Streit ist, kann kein Feststellungsurteil erlassen werden, auch nicht unter Vorbehalt der späteren Bestimmung des Mithaftungsanteils.²⁵ Zur Rechtskraftwirkung in diesen Fällen Rn 32. **15**

Zur Frage, ob und in welcher Form die **Beschränkung der Haftung** auf den Höchstbetrag nach § 12 StVG, auf die Versicherungssumme bzw die Mindestversicherungssumme zum Ausdruck zu bringen ist, s § 20 Rn 30; § 15 Rn 17 f. **16**

4. Teilklage

Gelegentlich wird versucht, das Prozesskostenrisiko dadurch gering zu halten, dass (zunächst) nur ein Teil des Schadens eingeklagt wird. Geschieht dies ausdrücklich („**offene Teilklage**"), muss der Kläger klar zum Ausdruck bringen, welche Positionen seines Gesamtschadens Streitgegenstand sein sollen (also zB 50% der Reparaturkosten);²⁶ hinsichtlich unselbständiger Rechnungsposten (zB Einzelelemente der Reparaturkosten) braucht er sich aber nicht festzulegen.²⁷ Er kann auch mehrere Positionen hilfsweise zur Entscheidung stellen, muss dann aber die Reihenfolge genau bezeichnen.²⁸ Die Erhebung einer Teilklage birgt Risiken:²⁹ Sie führt hinsichtlich des nicht geltend gemachten Anspruchsteils weder zur Verjährungshemmung noch zur materiellen Rechtskraft; über eine neue Klage bzgl weiterer Teile kann abweichend entschieden werden. Zudem besteht die Gefahr, dass der Gegner bzgl des nicht eingeklagten Teils negative Feststellungswiderklage erhebt. **17**

Vielfach werden nur **Restansprüche** eingeklagt, weil der Haftpflichtversicherer einen Teil des Schadens reguliert hat. Auch hier muss dargelegt werden, worauf sich der Restanspruch bezieht, dh wie die Versicherungsleistung verrechnet wird. Die Art der Verrechnung ergibt sich aus §§ 366 f BGB. Hat der Versicherer sich die Tilgungsbestimmung vorbehalten, ist noch keine Erfüllungswirkung eingetreten,³⁰ sodass der Geschädigte seine Forderung in voller Höhe einklagen und nach erfolgter Verrechnungserklärung für erledigt erklären kann.³¹ **18**

---

22 BGH NZV 2001, 167; VersR 1997, 1508; *Lepa* VersR 2001, 268.
23 BGH VersR 1972, 459.
24 BGH NJW 1999, 3774.
25 BGH VersR 1997, 1294.
26 BGH NJW 1990, 2068.
27 BGH NJW 2000, 3718, 3719; zur Abgrenzung BGH NJW 1984, 2346, 2347; MDR 2003, 824.
28 BGH NJW-RR 1989, 86.
29 Nachdrücklich *Lepa* VersR 2001, 265 f.
30 BGH NJW 1991, 1607.
31 Hierzu eingehend *Blumberg* NZV 1992, 257 ff.

19 Genügt die Klage – auch nach gerichtlichem Hinweis – den vorstehenden Anforderungen nicht, ist sie als **unzulässig** abzuweisen.[32] Ist ein Urteil über die nicht individualisierte Teilklage ergangen, hat es keine materielle Rechtskraft.[33]

20 Hat der Kläger nicht deutlich gemacht, dass er nur einen Teil seines Schadens einklagt („**verdeckte Teilklage**"), ist er nicht gehindert, mit einer neuen Klage weiteren Schaden geltend zu machen; die Rechtskraft ergreift auch hier den geltend gemachten Anspruch (nur) in der eingeklagten Höhe.[34] Zur Nachforderung von Schmerzensgeld s § 30 Rn 52 f.

21 Die Teilklage hemmt die **Verjährung** nur hinsichtlich des Anspruchsteils, der Gegenstand des Rechtsstreits ist (s § 21 Rn 78).

22 Der Beklagte kann die Risikobeschränkung durch Teilklage dadurch hinfällig machen, dass er bzgl des Rests des vom Kläger behaupteten Anspruchs **negative Feststellungsklage** erhebt. Der Kläger kann dieser nicht dadurch das Feststellungsinteresse nehmen, dass er erklärt, er werde die Entscheidung über die Teilklage auch für den Rest als verbindlich anerkennen.[35] Erweitert er die Klage auf den restlichen Anspruch, ist die negative Feststellungsklage für erledigt zu erklären, sobald die Klage nicht mehr einseitig (s § 269 Abs 1 ZPO) zurückgenommen werden kann.[36]

5. Unbezifferte Klageanträge

23 Zu den damit zusammenhängenden, insbesondere bei Schmerzensgeldklagen auftretenden Fragen s § 30 Rn 46 ff.

III. Urteil

1. Grundurteil

24 Bei Schadensersatzklagen kann über den Grund des Anspruchs vorab durch ein Zwischenurteil entschieden werden (§ 304 ZPO). Dies ist nur dann sinnvoll, wenn zur Ermittlung des Schadensersatzbetrages noch ein umfängliches Verfahren erforderlich ist, dem durch eine abweichende Grundentscheidung in der höheren Instanz der Boden entzogen werden könnte. Da das Zwischenurteil über den Grund mit den normalen Rechtsmitteln angefochten werden kann, kann den Parteien eine uU nutzlose Beweisaufnahme zum Betrag erspart werden. In manchen Fällen fördert es auch die Vergleichsbereitschaft, wenn über den Grund bereits abschließend entschieden ist. Oftmals führt der Erlass eines Grundurteils wegen der damit verbundenen zweimaligen Eröffnung des Instanzenzuges aber auch zu erheblichen Prozessverzögerungen. Es sollte daher nur in wirklich geeigneten Ausnahmefällen von dieser Möglichkeit Gebrauch gemacht werden. Besondere Beachtung muss der **Bindungswirkung** des Grundurteils für das Betrags-

---

32 BGHZ 11, 192.
33 BGHZ 124, 164, 166.
34 BGHZ 135, 178.
35 BGH NJW-RR 1988, 749.
36 BGHZ 99, 340; BGH NJW 1973, 1500; *Zöller/Greger* § 256 Rn 7d.

verfahren geschenkt werden;[37] sie erfordert es, alle den Haftungsgrund betreffenden Einwendungen bereits im Grundverfahren vorzubringen, im Grundurteil zu bescheiden und ggf durch Anfechtung dieses Urteils weiterzuverfolgen.

Unzulässig ist der Erlass eines Grundurteils, wenn nur der Betrag[38] oder nur der Grund[39] oder nur die Zulässigkeit der Klage[40] streitig ist, desgleichen, wenn streitige Tatsachen sowohl für den Grund als auch für die Höhe des Anspruchs maßgeblich sind.[41] Ein Grundurteil darf auch nicht ergehen, solange nicht alle zum Grund gehörenden Anspruchsvoraussetzungen (Rn 26 f) festgestellt und die diesbezüglichen Einwendungen ausgeschlossen sind.   **25**

Zum Grund des Anspruchs gehören bei Schadensersatzklagen auch: die Sachbefugnis (Abtretung, Forderungsübergang[42]); die Entstehung eines Schadens (hierbei genügt, dass mit hoher Wahrscheinlichkeit ein Schaden in irgendeiner Höhe entstanden ist[43]), Erlöschen des gesamten Anspruchs durch Erfüllung, Erfüllungssurrogat oder Verzicht,[44] Verjährung des gesamten Anspruchs,[45] die Subsidiarität nach § 839 Abs 1 S 2 BGB. Zur Haftungsbegrenzung nach § 12 StVG s § 20 Rn 32. Bei der Direktklage gegen den Haftpflichtversicherer muss auch die etwaige Erschöpfung der Versicherungs- bzw Mindestversicherungssumme bereits im Grundverfahren berücksichtigt werden.   **26**

Auch über den **Mithaftungseinwand** (§ 254 BGB, §§ 9, 17 StVG) ist grundsätzlich bereits im Grundverfahren zu entscheiden, das Grundurteil legt also auch die Haftungsquote fest.[46] Dies geschieht bei materiellen Schadensersatzansprüchen zB durch den Ausspruch: „Die Klage ist dem Grunde nach zur Hälfte gerechtfertigt", beim Schmerzensgeld empfiehlt sich die Formulierung „unter Berücksichtigung eines Mitverschuldens des Klägers von 50%". Ausnahmsweise kann die Mithaftungsfrage jedoch dem Betragsverfahren vorbehalten werden, sofern ein völliger Haftungsausschluss nicht in Betracht kommt[47] und das Mitverschulden mit dem Haftungsgrund nicht deswegen untrennbar verknüpft ist, weil beides sich aus einem einheitlich zu würdigenden Schadensereignis ableitet.[48] Der Vorbehalt muss ausdrücklich ausgesprochen werden.[49] Enthält das Grundurteil weder die Festsetzung einer Mithaftungsquote noch den Vorbehalt einer solchen, kann der Beklagte im Betragsverfahren eine Mithaftung nicht mehr einwenden.   **27**

---

37 Näher hierzu *Zöller/Vollkommer* § 304 Rn 20 ff.
38 BGH NJW-RR 1989, 1149.
39 OLG Frankfurt NJW-RR 1986, 1353.
40 BGH NJW 1992, 2487.
41 BGH VersR 1992, 1465. So zB, wenn die Behauptung eines gestellten Unfalls auch auf Vorschädigungen des Fahrzeugs gestützt wird, OLG Hamm NZV 1995, 403.
42 Ggf zu berücksichtigen durch Ausspruch: „soweit nicht auf Sozialversicherungsträger übergegangen".
43 BGH NJW-RR 1991, 600; LM § 304 ZPO Nr 16.
44 BGHZ 99, 256, 262; BGH NJW-RR 1994, 380; näher *Zöller/Vollkommer* § 304 Rn 8, auch zur Behandlung der Aufrechnung (Grund- und Vorbehaltsurteil).
45 BGH NJW 1968, 2105.
46 BGHZ 76, 397; BGH VersR 1981, 57.
47 BGHZ 1, 36; 63, 119; 76, 397, 400; BGH VersR 1981, 57; 1997, 1294, 1295.
48 BGHZ 63, 119; BGH VersR 1981, 57.
49 BGHZ 110, 196, 202.

28 Bei **Anspruchskonkurrenz** müssen sämtliche Anspruchsgrundlagen geprüft werden, sofern ihnen eine Bedeutung für die Höhe des Schadensersatzes zukommen kann.[50] Ergibt sich zB, dass eine deliktische Haftung zu verneinen, eine solche nach § 7 StVG aber zu bejahen ist, wird der Anspruch „im Rahmen des StVG" dem Grunde nach für gerechtfertigt erklärt und die Klage im Übrigen abgewiesen.[51]

29 **Dem Betragsverfahren vorzubehalten** sind Fragen zur Schadensberechnung, auch zu Rentenbeginn und -dauer,[52] während die haftungsausfüllende Kausalität in der Regel schon für die im Grundurteil zu treffende Feststellung der Wahrscheinlichkeit einer Schadensentstehung bedeutsam ist.[53] Ein Mitverschulden hinsichtlich der Auswirkungen des Schadensereignisses (Verletzung der Schadensminderungspflicht) ist dagegen erst im Nachverfahren zu berücksichtigen. Da es sich hinsichtlich einzelner Unfallfolgen oder Schadensposten unterschiedlich ausgewirkt haben kann, ist es fehlerhaft, bereits im Grundurteil eine globale Mitverschuldungsquote festzusetzen.[54] Dies gilt zB auch, wenn der Ersatzpflichtige sich auf einen Verstoß des Verletzten gegen die Anschnallpflicht (§ 21a StVO) beruft.

2. Teilurteil

30 § 301 ZPO bietet die Möglichkeit, über einen Teil des Streitgegenstands vorab zu entscheiden, wenn insoweit **Entscheidungsreife** besteht. Entgegen dem Aufbau der Vorschrift, die das Teilurteil als Regelfall und das Absehen von einem solchen als Ausnahme statuiert, sollte hiervon aber zurückhaltend Gebrauch gemacht werden, da die Aufspaltung des Rechtsstreits in mehrere Einzelprozesse zumeist nicht der Prozessökonomie dient. Beim Erlass von Teilurteilen unterlaufen auch häufig Verfahrensfehler.

31 **Unzulässig** ist ein Teilurteil über bloße Elemente der Schadensberechnung[55] sowie insbesondere dann, wenn es zugleich die Entscheidung über den Rest des Streitgegenstandes präjudiziert. Der entschiedene und der offengelassene Teil des Rechtsstreits müssen voneinander unabhängig sein; es darf nicht die Gefahr widersprüchlicher Entscheidungen im Teil- und im Schlussurteil – auch durch das Rechtsmittelgericht – bestehen,[56] zB weil das Teilurteil über eine auch für den Rest bedeutsame Vorfrage[57] oder über unselbständige Rechnungsposten eines einheitlichen Schadensersatzanspruchs[58] oder bei gebotener Gesamtabwägung (§ 22 Rn 138) über die Haftung eines der Neben-

---

50 BGHZ 72, 36.
51 *Zöller/Vollkommer* § 304 Rn 18. Zu den Folgen einer Unterlassung dieses Ausspruchs s BGH VersR 1962, 964.
52 Nach BGHZ 11, 183 u BGH VersR 1967, 1002 soll insoweit ausdrücklicher Vorbehalt erforderlich sein.
53 BGH NJW-RR 1991, 600.
54 BGH VersR 1979, 960; 1981, 57.
55 BGH NJW-RR 1989, 1149 (Zeiten der Erwerbsunfähigkeit).
56 BGHZ 107, 242; 120, 380; BGH NJW 1992, 2081; 1994, 932; NJW-RR 1994, 380; VersR 1997, 601.
57 BGH NJW-RR 1992, 1053.
58 BGH NJW-RR 1991, 1469. Bedenklich BGH NJW 1996, 1478 = JZ 1996, 1188 m abl Anm *Müller*, wo die Zuerkennung eines Mindestschadens durch Teilurteil als zulässig angesehen wurde.

täter⁵⁹ entscheidet. Ggf ist zugleich mit dem Teilurteil ein Grundurteil über den Rest zu erlassen (§ 301 Abs 1 S 2 ZPO). Hierbei muss eindeutig bestimmt werden, über welchen Teil des Klageanspruchs bereits abschließend entschieden wird.⁶⁰ Wurde Widerklage erhoben, so gilt das Postulat der Widerspruchsvermeidung auch für ein Teilurteil, welches nur über die Klage oder nur über die Widerklage entscheidet.⁶¹ Bei wechselseitigen Ansprüchen aus demselben Verkehrsunfall wird eine Aufspaltung schon wegen der einheitlich vorzunehmenden Haftungsquotierung ausscheiden. Zur Teilklage auf Schmerzensgeld s § 30 Rn 52.

3. Feststellungsurteil

Ist die Schadensersatzverpflichtung rechtskräftig festgestellt worden, so kann in einem späteren Verfahren über die Höhe des Schadens ein **Mitverschulden** nicht mehr geltend gemacht werden.⁶² Dies gilt auch dann, wenn die Tatsachen, auf die der Mithaftungseinwand gestützt wird, im Vorprozess nicht vorgetragen worden waren, denn für die Rechtskraftpräklusion ist allein entscheidend, dass die Tatsachen zum Zeitpunkt der letzten mündlichen Verhandlung vorgelegen haben und damit hätten vorgetragen werden können⁶³ (vgl Rn 15). **32**

Einwendungen, die sich allein auf die **Haftungsausfüllung**, also die Höhe des Schadens und die Zurechnung einzelner Schadensfolgen, beziehen, werden durch die Rechtskraft des Urteils, welches die Schadensersatzpflicht dem Grunde nach feststellt, nicht präkludiert. Beim Einwand einer Verletzung der **Schadensminderungspflicht** ist zu unterscheiden: Bezieht er sich auf die Vermeidung eines Vermögensfolgeschadens, gilt das Vorstehende; bezieht er sich dagegen auf den haftungsbegründenden Schaden selbst, können Tatsachen, die schon zur Zeit der letzten Tatsachenverhandlung vorgelegen haben, nicht mehr geltend gemacht werden.⁶⁴

Die rechtskräftige **Abweisung** des Feststellungsantrags schließt eine spätere, auf denselben Lebenssachverhalt gestützte Klage aus; dies gilt aber nicht, soweit sich der Kläger auf Tatsachen beruft, die erst nach der letzten mündlichen Verhandlung des Vorprozesses entstanden sind.⁶⁵ Zu Besonderheiten bei der Schmerzensgeldklage s § 30 Rn 54. **33**

IV. Weitere Hinweise

Zur Prozessführung durch den Haftpflichtversicherer im Rahmen der **Direktklage** s § 15 Rn 29 ff; zum **Prozessvergleich** § 16 Rn 69 ff; zur **Abänderungsklage** § 31 Rn 25 ff. **34**

---

59 OLG Hamm VersR 2000, 1036.
60 BGHZ 108, 260; BGH NJW 1992, 1770.
61 BGH NJW 1991, 2699.
62 BGH VersR 1982, 877.
63 BGH VersR 1988, 1139.
64 Ohne diese Differenzierung im letzteren Sinn BGH VersR 1988, 1139.
65 BGH NZV 2006, 408, 409 mwN.

§ 38 Sachverhaltsfeststellung im Prozess

Literatur

Gottwald Schadenszurechnung und Schadensschätzung (1979); *Greger* Beweis und Wahrscheinlichkeit (1978); *Knoche* Vorgetäuschte und vorsätzlich herbeigeführte Versicherungsfälle (1991); *Lepa* Beweislast und Beweiswürdigung im Haftpflichtprozess (1988); *Maassen* Beweisprobleme im Schadensersatzprozess (1975); *Musielak* Die Grundlagen der Beweislast im Zivilprozess (1975); *Prütting* Gegenwartsprobleme der Beweislast (1983); *Walter* Freie Beweiswürdigung (1979).

Übersicht	Rn
I. Überblick	1
1. Grundlagen der prozessualen Sachverhaltsfeststellung	1
2. Beweisverfahren	7
II. Beweismittel	10
1. Augenschein	10
2. Zeugen	11
3. Sachverständige	15
4. Urkunden	18
5. Parteivernehmung	19
III. Beweisführung	27
1. Beweislast	27
2. Beweiswürdigung	32
III. Anforderungen an den Beweis	36
1. Überblick	36
2. Allgemeines Beweismaß	37
3. Beweiserleichterung nach § 287 ZPO	38
4. Rechtsprechung zu schwer beweisbaren Tatbestandsmerkmalen	40
5. Anscheinsbeweis	43

I. Überblick

1. Grundlagen der prozessualen Sachverhaltsfeststellung

1 **a) Rolle der Parteien.** In Verkehrsunfallprozessen ist typischerweise nicht nur die rechtliche Beurteilung, sondern in besonderem Maße deren tatsächliche Grundlage, also der Hergang des Unfalls und das Ausmaß seiner Folgen, streitig. Die Aufklärung des Sachverhalts steht deshalb weithin im Vordergrund. Sie liegt nach dem zivilprozessualen **Beibringungsgrundsatz** in den Händen der Parteien. Diese haben den Sachverhalt, aus dem sich die begehrten Rechtsfolgen ergeben, schlüssig darzulegen und sich

zu dem Vorbringen des Gegners zu erklären (§ 138 ZPO). Der Richter hat nur darauf hinzuwirken, dass die Parteien ihrer Darlegungs- und Erklärungslast genügen (§ 139 Abs 1 ZPO), er ist aber weder berechtigt noch verpflichtet, von sich aus den Sachverhalt zu erforschen. Die Erhebung von Beweisen zu streitigen, entscheidungserheblichen Behauptungen setzt grundsätzlich einen Beweisantritt seitens der Partei voraus. Beweisanträge, die sich auf ersichtlich „ins Blaue hinein" aufgestellte Behauptungen beziehen (sog **Ausforschungsbeweis**), sind unbeachtlich.[1]

b) **Rolle des Gerichts.** In gewissen Grenzen und stets nur im Rahmen des von den Parteien unterbreiteten Streitstoffs kann der Richter aber auch **von Amts wegen** zur Sachverhaltsermittlung beitragen. Im Einzelnen kommt hier in Betracht: **2**

aa) **Ladung der Parteien zur persönlichen Anhörung** (§ 141 ZPO). Von ihr sollte dann, wenn die Parteien eigene Kenntnisse von dem streitigen Lebenssachverhalt besitzen, also zB den Unfall selbst erlebt haben, in aller Regel Gebrauch gemacht werden. Der Richter kann auf diese Weise ein lebensnäheres Bild von dem tatsächlichen Geschehensablauf gewinnen als es schriftliche Darstellungen zu vermitteln vermögen, die nicht selten beschönigend sind oder Wesentliches verschweigen. Er kann Vorhaltungen machen, die Hintergründe von widersprüchlichen Darstellungen aufzuklären versuchen und aus dem Verhalten bei der Gegenüberstellung mit der Gegenpartei oder mit Zeugen Schlüsse für die Beweiswürdigung ziehen. Oft wird sich durch eine Parteianhörung in der Güteverhandlung (§ 278 Abs 2 ZPO) oder im frühen ersten Termin (§ 275 ZPO) sogar eine förmliche Beweisaufnahme vermeiden lassen, weil sich ergibt, dass es auf angetretene Zeugenbeweise gar nicht ankommt; das unmittelbare Gespräch mit den Parteien bietet zudem bessere Möglichkeiten für gütliche Streiterledigungen. Eine Parteianhörung kann auch die Grundlage für eine förmliche **Parteivernehmung** schaffen, indem sie die hierfür erforderliche Wahrscheinlichkeit der streitigen Tatsachenbehauptung vermittelt (s Rn 22). UU kann der Richter sogar zur Parteianhörung verpflichtet sein, nämlich dann, wenn nur die Gegenseite einen Zeugen für ihre Unfallversion aufbieten kann; der Grundsatz der prozessualen Waffengleichheit gebietet es in solchen Fällen, der in Beweisnot befindlichen Partei wenigstens auf diesem Wege nicht nur rechtliches, sondern auch „tatsächliches" Gehör durch persönliche Anhörung nach § 141 ZPO zu verschaffen.[2] **3**

bb) **Beiziehung von Urkunden, Akten, Einholung amtlicher Auskünfte** (§§ 142, 273 Abs 2 Nr 2, 5 ZPO) sind zulässig als terminsvorbereitende Maßnahmen, also nicht zu Beweiszwecken. Grundsätzlich setzen sie daher einen Beweisantritt der Partei voraus (§§ 420 ff, 432 Abs 1 ZPO); ein solcher liegt allerdings auch in dem Antrag auf Erlass einer Anordnung nach § 142 ZPO gegen einen Dritten (§ 428 Alt 2 ZPO). Ansonsten sind Vorlageanordnungen auch von Amts wegen als vorbereitende Maßnahmen insoweit zulässig, als sie der Ergänzung und Aufhellung des Parteivorbringens dienen sollen, sofern sich eine Partei wenigstens mittelbar darauf bezogen hat; sie werden dann Gegenstand der mündlichen Verhandlung und können nach § 286 ZPO verwertet werden. **4**

---

1 S dazu *Zöller/Greger* vor § 284 Rn 5 mwN.
2 BVerfG NJW 2001, 2531; BGH NJW-RR 2006, 61. Weitergehend für eine Pflicht zur Parteivernehmung nach § 448 ZPO zT das prozessrechtliche Schrifttum (Nachw bei *Zöller/Greger* § 448 Rn 2a).

Nach § 273 Abs 2 Nr 2 ZPO können zB, wenn in der Klageschrift auf die polizeiliche Aufnahme des Unfalls hingewiesen wird, die entsprechenden Ermittlungsakten beigezogen werden (zur Frage der Verwertbarkeit darin enthaltener Zeugenaussagen oder Gutachten s Rn 12, 16); wenn sich eine Partei auf eine bestimmte Straßenbeschilderung oder Ampelschaltung beruft, können diesbezügliche Unterlagen der Verwaltungsbehörde angefordert werden. Eine unzulässige, gegen die gerichtliche Neutralitätspflicht verstoßende Amtsermittlung wäre es jedoch, wenn das Gericht von sich aus nachforschen würde, ob gegen eine Partei ein Strafverfahren anhängig war, oder wenn es von sich aus den Inhalt von Akten eines anderen Zivilprozesses verwerten würde.[3]

5 **Urkunden**, die sich im **Besitz des Gegners oder eines Dritten** befinden, können durch eine im Ermessen des Gerichts stehende Anordnung beigezogen werden, wenn sich eine (beliebige) Partei darauf bezogen hat (§ 142 Abs 1, 2 ZPO). Der Antrag auf Vorlegeanordnung gegen einen Dritten ist Beweisantrag (§ 428 Alt 2 ZPO), dem (ohne Ermessensspielraum) stattgegeben werden muss, sofern kein Ablehnungsgrund besteht (s Rn 18). § 142 ZPO ermöglicht zB die Beiziehung vorprozessualer Korrespondenz (etwa mit dem Haftpflichtversicherer); auch kann bei Streit um die Angemessenheit der Reparaturkosten die Vorlage der Rechnung angeordnet werden.[4]

6 cc) **Augenschein oder Begutachtung** können auch ohne entsprechenden Beweisantrag vom Gericht angeordnet werden (§ 144 ZPO; näher Rn 10, 15).

2. Beweisverfahren

7 a) **Ziel** muss stets die Begründung der richterlichen **Überzeugung** von der Wahrheit oder Unwahrheit der streitigen Behauptung sein (§ 286 Abs 1 ZPO). Wird dieses Ergebnis nicht erzielt, ist nach der **Beweislast** zu entscheiden (Rn 27 ff). Gerade in Haftpflichtprozessen greifen jedoch vielfach von der Rechtsprechung entwickelte **Beweiserleichterungen** ein (Rn 36 ff). Für die Bezifferung einer Forderung sieht die ZPO selbst in § 287 eine Ermäßigung der Beweisanforderungen nach richterlichem Ermessen vor.

8 b) **Mittel** des Beweises sind nach § 284 S 1 ZPO ausschließlich die in den §§ 371 ff ZPO eingehend geregelten Erkenntnisquellen Augenschein, Zeuge, Sachverständiger, Urkunde und Parteivernehmung. Nach § 284 S 2 ZPO kann das Gericht aber mit Einverständnis der Parteien die Beweise in jeder sonstigen, ihm geeignet erscheinenden Weise erheben (in Betracht kommen hier insbesondere telefonische Auskünfte).[5]

9 c) **Berufungsverfahren.** Inwieweit in der zweiten Instanz neue Tatsachenfeststellungen zulässig sind, ist nach § 529 Abs 1, § 531 Abs 2 ZPO nF äußerst problematisch; hierzu muss auf die Kommentare zur ZPO verwiesen werden. Fest steht jedoch, dass das Berufungsgericht die Aussage von Zeugen, bei denen es auf die Beurteilung der Glaubwürdigkeit ankommt, nicht ohne eigene Beweisaufnahme abweichend von der ersten Instanz würdigen darf.[6]

---

3 BVerfG NJW 1994, 1210.
4 Vgl *Greger* NJW 2002, 1477 f.
5 Näher zu dieser mit Wirkung v 1.4.2004 in Kraft getretenen Regelung des sog Freibeweises *Greger*, NJW-Sonderheft BayObLG, 2005, S 39.
6 BGHZ 158, 269 Rn 13; BGH NJW 1997, 466; 1998, 2222, 2223.

II. Beweismittel

1. Augenschein

Er kommt insbesondere hinsichtlich der Unfallörtlichkeit oder bzgl einer Unfallbeschädigung oder -verletzung in Betracht. Das Gericht kann ihn nach seinem Ermessen von Amts wegen anordnen (§ 144 ZPO); einem Beweisantrag (§ 371 ZPO) muss es, wenn es sich um eine erhebliche und beweisbedürftige Tatsache handelt, entsprechen.[7] Werden von einer Partei Fotografien vorgelegt, die einen eindeutigen Gesamteindruck vermitteln, und behauptet die beweispflichtige Partei keine abweichenden Merkmale, so kann von einer Ortsbesichtigung abgesehen werden.[8] Zur Ermöglichung eines Augenscheins kann das Gericht von Amts wegen die in § 144 ZPO geregelten Maßnahmen treffen.

10

2. Zeugen

Sie dürfen in keinem Fall von Amts wegen, sondern nur auf **Beweisantritt** einer Partei vernommen werden (§ 373 ZPO). In diesem Falle besteht die Pflicht zur Vernehmung, sofern die unter Beweis gestellte Tatsache erheblich und beweisbedürftig ist. Sie kann nicht deswegen abgelehnt werden, weil das Gericht den Zeugen nicht für glaubwürdig hält (zB naher Angehöriger einer Partei, Geschädigter nach Abtretung seiner Ansprüche). Zur Beweiswürdigung in diesen Fällen Rn 34.

11

Auch ein Zeuge, der das Unfallgeschehen nicht selbst beobachtet, sondern nur die Erörterungen zwischen den Betroffenen nach dem Unfall mitgehört hat, darf nicht von vorneherein als untaugliches Beweismittel behandelt werden. Es ist durchaus möglich, dass mit seiner Hilfe ein mittelbarer Beweis geführt werden kann. Gerade die im unmittelbaren Anschluss an das Unfallgeschehen abgegebenen Äußerungen der Augenzeugen über die Unfallursache können für deren Feststellung von großer Bedeutung sein, weil sie in der Regel nicht von Überlegungen zur Haftungsfrage beeinflusst sind.[9]

12

Unter den Voraussetzungen des § 377 Abs 3 ZPO kann auch eine **schriftliche Beantwortung** der Beweisfrage angeordnet werden.

13

Die **Verwertung des Protokolls über die Vernehmung in einem anderen Verfahren** (zB Strafverfahren) ist Urkundenbeweis. Sie setzt voraus, dass die Akten des anderen Verfahrens zulässigerweise beigezogen (s Rn 4) und zum Gegenstand der mündlichen Verhandlung gemacht wurden. Zustimmung des Gegners ist nicht erforderlich.[10] Unzulässig ist die Verwertung aber, wenn der Zeuge nicht ordnungsgemäß belehrt worden war.[11] In der Verwertung des Protokolls liegt keine Verletzung des rechtlichen Gehörs.[12] Beantragt eine Partei jedoch die Vernehmung des Zeugen, so ist dem stattzugeben;[13] es handelt sich hierbei nicht um einen Antrag auf „wiederholte" Vernehmung.[14] Die Rich-

14

---

7 *Rosenberg/Schwab/Gottwald* § 117 Rn 20.
8 BGH VersR 1988, 79; OLG Köln NZV 1994, 279.
9 BGH NJW-RR 1990, 1276.
10 BGH VersR 1983, 667; *Zöller/Greger* § 373 Rn 9.
11 BGH NJW 1985, 1470.
12 BVerfG NZV 1993, 185.
13 BGH VersR 1970, 322; NZV 1992, 403 m Anm *Hällmayer* 481.
14 BGHZ 7, 122.

tigkeit der Zeugenaussage darf nicht aus Gründen bejaht oder angezweifelt werden, die sich nicht aus der Urkunde ergeben und für die sich auch sonst keine belegbaren Umstände finden lassen.[15] Eine Beurteilung der Glaubwürdigkeit lässt die Urkunde nicht zu;[16] dies gilt auch dann, wenn sich in der anderen Akte Vermerke über die Umstände der seinerzeitigen Vernehmung finden.[17]

3. Sachverständige

15 Erfordert die Feststellung der Wahrheit einer Behauptung eine besondere Sachkunde, muss der Richter sich diese durch ein mündliches oder schriftliches **Gutachten** verschaffen. Dessen Erstattung durch einen vom Gericht zu bestellenden Sachverständigen wird auf Antrag (§ 403 ZPO) oder von Amts wegen (§ 144 ZPO) angeordnet. Einen Beweisantrag kann es wegen eigener Sachkunde ablehnen, doch ist bei nicht ganz einfachen technischen oder medizinischen Sachverhalten regelmäßig die Einholung eines Gutachtens geboten.[18] Entscheidet das Gericht ohne Zuziehung eines Sachverständigen, so muss es seine eigene Sachkunde den Parteien mitteilen[19] und in den Urteilsgründen darlegen.[20] Dies gilt erst recht, wenn es von den Feststellungen eines eingeholten Gutachtens abweichen will; beruht dies darauf, dass das Gericht die das Gutachten tragenden Anknüpfungstatsachen für unrichtig hält, ist ein Ergänzungsgutachten oder eine mündliche Erörterung mit diesem oder einem anderen Sachverständigen geboten.[21] Bei widersprüchlichen Gutachten verletzt das Gericht seine Aufklärungspflicht, wenn es dem einen Gutachten folgt, ohne sich mit dem anderen auseinanderzusetzen.[22] Ein Obergutachter kann, muss aber nicht bestellt werden, wenn eines der Gutachten vollständig und überzeugend ist.[23]

16 **Gutachten aus einem anderen Verfahren** können, wenn sie zum Gegenstand der mündlichen Verhandlung gemacht wurden, im Wege des **Urkundenbeweises** verwertet werden,[24] auch von Amts wegen und ohne Zustimmung der Parteien.[25] Allerdings wird dadurch nur der Umstand bewiesen, dass in dem anderen Verfahren ein Gutachten dieses Inhalts erstattet wurde. Beantragt eine Partei ein neues Gutachten oder reicht das vorliegende Gutachten nicht aus, um die von einer Partei dazu gestellten Fragen zu beantworten, muss eine erneute (schriftliche oder mündliche) Begutachtung stattfinden.[26] In nach dem 1.9.2004 anhängig gewordenen Verfahren (§ 29 Nr 3 EGZPO) kann das Gericht auch anordnen, dass die Begutachtung durch das in einem anderen gericht-

---

15 BGH NJW 1982, 580; NZV 1992, 403 m Anm *Hällmayer* 481.
16 BGH NZV 1995, 441.
17 BGH VersR 2000, 610.
18 BGH VersR 1994, 984; NZV 1995, 230; 1999, 242; *Rosenberg/Schwab/Gottwald* § 120 Rn 20.
19 BVerfG JZ 1960, 124; BGH NJW 1970, 419.
20 BGH NJW 1989, 2948; VersR 1993, 749.
21 BGH NZV 1997, 228.
22 BGH VersR 1986, 467; NZV 1992, 359.
23 BGH MDR 1980, 662; zur Einholung eines weiteren Gutachtens s a § 412 ZPO.
24 BGH VersR 1987, 1092.
25 BGH NJW 1982, 2874.
26 BGH NZV 1992, 229, 231; 1995, 149; 2000, 504.

lichen (seit 1.1.2007 auch staatsanwaltschaftlichen) Verfahren erstattete Gutachten **ersetzt** wird (§ 411a ZPO). Es handelt sich dann um Sachverständigenbeweis. Die Ersetzung erfordert daher einen nach Anhörung der Parteien zu erlassenden Beschluss; das Recht der Parteien auf Ablehnung und Anhörung des Sachverständigen bleibt unberührt.[27]

Privatgutachten können als urkundlich belegtes Parteivorbringen verwertet werden. Hält das Gericht dieses für ausreichend, um die Beweisfrage zuverlässig zu beantworten, so kann es von der Beauftragung eines Gerichtsgutachters absehen.[28] Hierauf muss der Gegner hingewiesen werden, um ggf einen Beweisantrag stellen zu können.[29] Ein Privatgutachten kann auch dazu dienen, die Überzeugungskraft eines vorliegenden Gerichtsgutachtens zu erschüttern; das Gericht muss sich mit etwaigen Widersprüchen auseinandersetzen und ggf die Anhörung des Gerichtsgutachters oder die Erstattung eines neuen Gutachtens anordnen.[30]   **17**

4. Urkunden

Hat der Beweisführer Besitz an der Urkunde, legt er sie vor (§ 420 ZPO), andernfalls kann er beantragen, dass das Gericht eine Vorlageanordnung erlässt (§ 421 ZPO). Diese setzt einen materiellrechtlichen Herausgabeanspruch voraus, der mit dem Antrag nach §§ 421, 424 ZPO glaubhaft zu machen ist. Ist die Urkunde im Besitz eines Dritten, muss der Beweisführer entweder den befristeten Stillstand des Verfahrens beantragen und den Dritten auf Vorlegung verklagen (§ 428 Alt 1, § 429 S 1 Halbs 2 ZPO) oder einen Antrag auf eine Anordnung nach § 142 ZPO stellen; nach § 428 Alt 2 ZPO muss das Gericht dann die Vorlage unabhängig von einem Anspruch hierauf anordnen, wenn es davon überzeugt ist, dass sich die Urkunde im Besitz des Dritten befindet, die durch die Urkunde zu beweisende Tatsache entscheidungserheblich ist und der Inhalt der Urkunde zum Beweis dieser Tatsache geeignet erscheint.[31] Auf diesem Wege können zB Versicherungs- oder Reparaturunterlagen verwertet werden. Die Herausgabe von Arztunterlagen kann der Arzt nach § 142 Abs 2 S 1, § 383 Abs 1 Nr 6 ZPO verweigern, sofern ihn der Patient nicht entbindet.   **18**

5. Parteivernehmung

In vielen Fällen sind die Parteien selbst an dem verfahrensgegenständlichen Unfall beteiligt gewesen. Häufig stellt sich daher die Frage, ob auch ihr Wissen über den Unfallhergang in den Prozess eingeführt werden kann. Soweit nicht von der (nur dem Geschädigten offenstehenden) Möglichkeit Gebrauch gemacht wird, die Ansprüche aus dem Unfall an einen Dritten abzutreten, der sie dann einklagt und den Geschädigten als Zeugen benennt, kommt auch eine Parteivernehmung nach §§ 445 ff ZPO in Betracht. Hierfür gelten im Wesentlichen folgende Regeln: **19**

---

27 Näher *Zöller/Greger* § 411a Rn 1 ff; *Greger* NJW-Sonderheft BayObLG, 2005, S 39.
28 BGH VersR 1987, 1007.
29 OLG Karlsruhe NJW 1990, 192.
30 Vgl BGH NJW 2001, 2796; NJW-RR 2000, 44; *Lepa* VersR 2001, 270.
31 Näher dazu *Leipold* FS Gerhardt (2004), S 578 ff; *Greger* DStR 2005, 479, 483.

20 Auf Antrag der **beweispflichtigen** Partei, die den ihr obliegenden Beweis mit anderen Beweismitteln nicht vollständig geführt oder andere Beweismittel nicht vorgebracht hat, ist die Vernehmung des **Gegners** durchzuführen (§ 445 ZPO), während ihre **eigene** Vernehmung nur mit Einverständnis des Gegners (§ 447 ZPO) oder unter den Voraussetzungen des § 448 ZPO (s Rn 22) angeordnet werden kann. Die Vernehmung des Gegners setzt nicht voraus, dass der Beweisführer schon Anhaltspunkte für die Wahrheit der Behauptung erbracht hat, andere von ihm benannte Beweismittel sind aber vorrangig auszuschöpfen. Ersichtlich ins Blaue hinein aufgestellte Behauptungen (zum Zwecke der Ausforschung des Gegners) rechtfertigen eine Parteivernehmung nicht.[32] Ob vom Gegner gegenbeweislich benannte Beweismittel vorher ausgeschöpft werden, steht im Ermessen des Gerichts.[33] Unzulässig ist die Parteivernehmung des Gegners aber, wenn das Gericht bereits das Gegenteil der streitigen Behauptung als erwiesen ansieht (§ 445 Abs 2 ZPO).

21 Die **nicht beweisbelastete** Partei kann nur die Vernehmung des **Gegners** beantragen, die von dessen Einverständnis abhängig ist und im gerichtlichen Ermessen steht (§ 447 ZPO).

22 Das Gericht kann **von Amts wegen** jede Partei ohne Rücksicht auf die Beweislast vernehmen, allerdings nur subsidiär und ergänzend, nämlich „wenn das Ergebnis der Verhandlungen und einer etwaigen Beweisaufnahme nicht ausreicht, um seine Überzeugung von der Wahrheit oder Unwahrheit der zu erweisenden Tatsache zu begründen" (§ 448 ZPO). Es müssen also zuvor alle etwa angebotenen, zulässigen und erheblichen Beweise erhoben werden. Ergibt sich nach dem Gesamtergebnis der Verhandlung eine gewisse Wahrscheinlichkeit für die Richtigkeit der streitigen Behauptung, so kann das Gericht nach seinem Ermessen eine der Parteien (dics muss keineswegs die beweisbelastete sein) oder beide ohne Bindung an einen Antrag vernehmen. Gerade in Verkehrsunfallsachen ist letzteres, wenn beide Parteien unmittelbare Wahrnehmungen zur Beweisfrage bekunden können, oft nicht nur sachgerecht, sondern auch aus Gründen der Waffengleichheit geboten.

23 Wo nicht zur förmlichen Parteivernehmung geschritten werden soll oder kann, bleibt im Übrigen auch die Möglichkeit der Parteianhörung nach § 141 ZPO, die an keine besonderen Voraussetzungen geknüpft ist und ebenfalls verwertbare Erkenntnisse liefern kann (vgl Rn 3).

24 Zur **Schadenshöhe** darf das Gericht den Beweislastträger ohne weiteres vernehmen (§ 287 Abs 1 S 3 ZPO).

25 Nach Maßgabe des § 452 (bzw § 287 Abs 1 S 3) ZPO ist auch die **Beeidigung** der Partei zulässig, Allerdings nur **einer** Partei, wenn beide zur selben Tatsache vernommen worden sind.

26 Parteivernehmung und Beeidigung sind **nicht erzwingbar**, das Gericht darf ihre Verweigerung jedoch frei würdigen (§§ 446, 453 Abs 2, § 454 ZPO).

---

32 BGH NJW-RR 1991, 891.
33 *Stein/Jonas/Leipold* § 445 Rn 12.

III. Beweisführung

1. Beweislast

a) Bedeutung. Welche Partei den Beweis einer streitigen Behauptung zu führen hat und wie der Richter zu entscheiden hat, wenn er aufgrund seiner Beweiswürdigung weder das Vorliegen noch das Nichtvorliegen einer behaupteten Tatsache festzustellen vermag (sog „non liquet"), bestimmen die (dem materiellen Recht ungeschrieben zugrunde liegenden) Regeln über die Beweislast.[34]

b) Grundregel. Jede Partei trägt die Beweislast für die Voraussetzungen der ihr günstigen Normen.[35] Wer also aus unerlaubter Handlung einen Ersatzanspruch herleiten will, muss die schuldhafte unerlaubte Handlung, die Schädigung und den beide verbindenden Ursachenzusammenhang beweisen, des Weiteren die Höhe des Schadens, wofür allerdings Beweiserleichterungen nach § 287 ZPO bestehen (vgl Rn 38 f). Wer sich auf Schuldunfähigkeit, einen Rechtfertigungsgrund (zB Einwilligung in die Schädigung; vgl hierzu Rn 40), Mitverschulden oder einen anderen Haftungsausschluss berufen will, trägt hierfür die Beweislast. Abweichende Beweislastlehren, die das Risiko der Unaufklärbarkeit nach anderen Kriterien (zB nach Gefahrenbereichen oder nach Wahrscheinlichkeit der zu beweisenden Behauptung) verteilen wollen, sind abzulehnen.[36]

Bei **Verletzung eines Schutzgesetzes** (§ 823 Abs 2 BGB) trägt ebenfalls der Anspruchsteller umfassend, dh für Gesetzesverletzung, Schädigung, Schadenshöhe und Ursachenzusammenhang, die Beweislast.[37] In der (vornehmlich älteren) Rechtsprechung[38] wurde zwar verschiedentlich die Auffassung vertreten, dass sich für den Kausalitätsbeweis in diesen Fällen die Beweislast umkehre, dh auf den Beklagten übergehe, doch ist insoweit keine einheitliche Linie erkennbar. In zahlreichen anderen Fällen halfen RG und BGH dem in Beweisnot befindlichen Kläger mit Erleichterungen wie Anscheinsbeweis (s Rn 43 ff) und § 287 ZPO (s Rn 38 f), teilweise lehnten sie eine Beweislastumkehr für die hier zu behandelnden Fälle auch ausdrücklich ab.[39] Letzterem ist zuzustimmen. Bei richtigem Verständnis der Anforderungen an den Kausalitätsbeweis (s hierzu Rn 58) besteht für eine Beweislastumkehr contra legem kein Anlass.

Auch aus einer **Vereitelung der Beweisführung** (zB durch Vernichten von Unterlagen, Beseitigen von Unfallspuren, Unfallflucht) ergibt sich keine Umkehrung der Beweislast; sie ist lediglich bei der Beweiswürdigung zu berücksichtigen[40] (vgl Rn 35).

c) Einzelheiten zur Beweislastverteilung sowie Besonderheiten der **Darlegungslast** werden in der Kommentierung der betr Haftungstatbestände behandelt.

---

34 Näher *Rosenberg/Schwab/Gottwald* § 114 Rn 7 ff.
35 *Rosenberg/Schwab/Gottwald* § 114 Rn 10.
36 Vgl *Rosenberg/Schwab/Gottwald* § 114 Rn 116 ff; *Prütting* (Lit vor Rn 1) 212 ff.
37 BGH NJW 1985, 1774.
38 RGZ 1, 271; 10, 11; 10, 140; 95, 68; BGH VersR 1955, 105; 1956, 492; 1961, 160; 1964, 942.
39 Vgl RGZ 29, 139; BGH VersR 1957, 429.
40 Die Rechtsprechung ist hier uneinheitlich (vgl *Rosenberg/Schwab/Gottwald* § 114 Rn 21 mwN). *Prütting* KF 1989, 15 f leitet aus einer Analogie zu §§ 427 S 2, 444 ZPO eine eigenständige richterliche Sanktionsmöglichkeit ab.

2. Beweiswürdigung

32 **a) Grundsatz.** Ob der Richter eine streitige Behauptung als bewiesen erachtet, hat er nach **freier Überzeugung** zu entscheiden (§ 286 Abs 1 ZPO; Prinzip der freien Beweiswürdigung). An gesetzliche Beweisregeln ist er grundsätzlich nicht gebunden (§ 286 Abs 2 ZPO; eng begrenzte Ausnahmen gelten für die Beweiskraft von Urkunden). Gleichwohl ist seine Freiheit nicht grenzenlos. Der Richter muss die Gründe für seine Überzeugungsbildung im Urteil angeben (§ 286 Abs 1 S 2 ZPO) und darf sich hierbei nicht auf allgemeine Wendungen beschränken.[41] Verstöße gegen die Denk- oder Naturgesetze begründen einen revisiblen Verfahrensfehler. Bloße Erfahrungsregeln besitzen diese Verbindlichkeit nicht. Mit ihnen muss der Richter sich aber ggf im Rahmen der Beweiswürdigung auseinandersetzen. Besondere Bedeutung misst ihnen die Rechtsprechung beim Anscheinsbeweis bei (s Rn 43).

33 **b) Einzelfragen.** Die Beurteilung der **Glaubwürdigkeit** eines Zeugen setzt voraus, dass alle an der Entscheidung beteiligten Richter dessen Aussage miterlebt haben oder dass ihnen der persönliche Eindruck des vernehmenden Richters durch entsprechende Vermerke im Protokoll, zu denen sich auch die Parteien erklären konnten, vermittelt wurde.[42] Ob die Glaubwürdigkeit bejaht oder verneint werden soll, spielt dabei keine Rolle.[43] Zur Berufungsinstanz Rn 9.

34 Der Richter ist nicht gehindert, einem Zeugen, der im Fahrzeug der beweisführenden Partei zum Unfallzeitpunkt **Beifahrer** war, geringeren Beweiswert beizumessen als einem außenstehenden Unfallzeugen. Er kann diese Beweiswürdigung auf die Erfahrungstatsache stützen, dass es bei Zeugen im eigenen Fahrzeug, ganz besonders natürlich bei zusätzlich bestehender freundschaftlicher oder verwandtschaftlicher Bindung, zu einem (oftmals unbewussten) Solidarisierungseffekt kommt, und dass der Beifahrer das zum Unfall führende, meist überraschend einsetzende, sekundenschnell ablaufende und mit Schockwirkung verbundene Geschehen oft nur bruchstückhaft wahrnimmt, sodass sich tatsächlich Wahrgenommenes sehr leicht mit eigenen Rückschlüssen und Erklärungsversuchen vermengen kann. Es wäre aber unzulässig, den Beifahrerzeugen generell jeden Beweiswert abzusprechen oder ihnen einen Beweiswert nur für den Fall zuzusprechen, dass ihre Aussagen durch objektive Gesichtspunkte gestützt werden.[44] Die Frage der Glaubwürdigkeit ist vielmehr in jedem Einzelfall aufgrund der besonderen Umstände, auch des persönlichen Eindrucks, zu beantworten.[45] Im Übrigen ist zu beachten, dass es in Verkehrsunfallsachen auch bei außenstehenden Zeugen wegen der Plötzlichkeit und Schnelligkeit des Ablaufs sehr leicht zu Fehleinschätzungen kommen kann; auch dort sind (unbewusste) Solidarisierungstendenzen nicht selten.

35 Auch aus einer **Erschwerung der Beweisführung** durch eine Partei kann der Richter im Rahmen der Beweiswürdigung Schlüsse ziehen,[46] so zB wenn der Schädiger oder

---

[41] BGH NJW 1961, 2061; *Lepa* (Lit vor Rn 1) S 49.
[42] BGH NJW 1991, 1180; 1991, 3284.
[43] BGH NJW 1992, 1966.
[44] BGH NJW 1974, 2283; 1988, 566 m Anm *Walter*; OLG München NZV 2005, 582; *Rocke* 25. VGT (1987) 116 f; *Greger* NZV 1988, 13; *Reinecke* MDR 1989, 115; *Prütting* KF 1989, 5.
[45] Vgl OLG München VersR 1982, 678.
[46] Vgl *Zöller/Greger* § 286 Rn 14a; MünchKomm-ZPO/*Prütting* § 286 Rn 75 ff.

der Verletzte durch Beseitigung von Unfallspuren[47] oder durch Ausschlachten seines Kfz[48] die Aufklärung des Sachverhalts unmöglich gemacht hat, wenn er einen offensichtlich als Beweismittel wichtigen Gegenstand nicht aufbewahrt[49] oder fälschlich behauptet, ihn nicht mehr zu besitzen,[50] wenn er als Verkehrssicherungspflichtiger nach Einleitung eines Verfahrens zur Beweissicherung den Zustand der Unfallstelle verändert,[51] wenn er Unfallflucht begangen hat[52] oder wenn er seinen Arzt nicht von der Schweigepflicht entbindet.[53] Auch wenn ein unmittelbar am Unfall Beteiligter, insbesondere Kfz-Führer, unnötigerweise und offensichtlich nur zum Zweck der Ausschaltung als Zeuge mitverklagt bzw im Wege der Drittwiderklage zur Partei gemacht wird, kann dies im Rahmen der Beweiswürdigung Berücksichtigung finden.[54]

III. Anforderungen an den Beweis

1. Überblick

Welches Ergebnis die Beweiswürdigung erbracht haben muss, damit eine Behauptung als bewiesen angesehen werden kann, regelt die Lehre vom **Beweismaß**.[55] Nach § 286 Abs 1 ZPO ist der Beweis dann geführt, wenn der Richter die **Überzeugung** von der Wahrheit der streitigen Behauptung erlangt hat.[56] Eine gesetzliche **Beweiserleichterung** enthält lediglich § 287 ZPO, wonach über die Frage, ob ein Schaden entstanden sei und wie hoch er sich belaufe, nach freier Überzeugung befunden werden kann (näher Rn 38 ff). Diese Vorschrift, die notfalls sogar zu freier Schätzung ermächtigt, gilt nur für die Schadensbemessung und darf auf den Bereich der Haftungsbegründung nicht übertragen werden.[57] Dies gilt auch dann, wenn es sich um typischerweise schwer zu beweisende (zB subjektive, negative oder hypothetische) Tatbestandsmerkmale handelt. Die Rechtsprechung hat für solche Fälle jedoch ein (dogmatisch wenig abgesichertes und inkohärentes) Instrumentarium von Beweiserleichterungen geschaffen (s Rn 40 ff).

36

---

47 LG Düsseldorf DAR 1990, 62 m Anm *Dittmann* (Bremsspuren einer Straßenbahn).
48 RG JW 1933, 2393.
49 OLG München VersR 1992, 320.
50 ZB das Unfallfahrzeug, OLG Stuttgart NZV 1993, 73.
51 OLG Köln VersR 1992, 355.
52 BGH VersR 1966, 730; OLG Hamm OLGR 1994, 86.
53 Vgl BGH VersR 1964, 945.
54 *Lepa* (Lit vor Rn 1) S 13.
55 Vgl hierzu *Prütting* (Lit vor Rn 1) S 74 ff u KF 1989, 6 ff; *Greger* (Lit vor Rn 1) S 8 ff, 101 ff.
56 BGHZ 53, 255; BGH DRiZ 1967, 239; 1969, 53; Betrieb 1969, 918. Vgl weiterhin – jeweils auch zur Ablehnung abweichender Lehren – *Greger* (Lit vor Rn 1) S 113 ff; *Walter* (Lit vor Rn 1) S 88 ff, 148 ff. Näher hierzu Rn 37.
57 BVerfG NJW 1979, 413; BGHZ 4, 196; BGH VersR 1957, 529; 1958, 124; 1961, 183; 1963, 945; 1964, 408; 1969, 327; 1971, 442; *Greger* (Lit vor Rn 1) S 129 ff; **aA** *Gottwald* (Lit vor Rn 1) S 78 ff. Näher hierzu Rn 39.

Achter Teil. Verkehrshaftpflichtprozess

2. Allgemeines Beweismaß

37 § 286 Abs 1 ZPO verlangt für das Bewiesensein die Überzeugung des Richters von der Wahrheit der streitigen Behauptung. Das Bewusstsein von der begrenzten menschlichen Erkenntnisfähigkeit darf den Richter zwar nicht daran hindern, trotz theoretisch möglicher Zweifel den Beweis als erbracht anzusehen, andererseits aber nicht dazu führen, bloße Wahrscheinlichkeiten als ausreichend zu erachten.[58] Erforderlich ist, dass der Richter die subjektive Gewissheit erlangt hat; das Bewusstsein, irren zu können, steht dem nicht entgegen.

3. Beweiserleichterung nach § 287 ZPO

38 Nach dieser Vorschrift kann der Richter nach freier Überzeugung entscheiden, ob ein Schaden entstanden ist und wie hoch er sich beläuft. Er braucht also – anders als nach § 286 Abs 1 ZPO – nicht die Überzeugung von der Wahrheit der entsprechenden Behauptung zu gewinnen. In der Rechtsprechung ist anerkannt, dass § 287 ZPO dem Richter bzgl der Schadensfestsetzung ein **Schätzungsermessen** einräumt.[59] Die Schätzung muss freilich auf – von den Parteien beizubringenden – Grundlagen beruhen; sie darf nicht „in der Luft schweben".[60] Allerdings kann der Richter auch die Anforderungen an die Darlegung der Bemessungsgrundlagen herabsetzen;[61] den Beweislastgrundsatz, dass jede Partei die ihr günstigen Umstände darzutun und das Risiko ihrer Feststellbarkeit zu tragen hat, muss er beachten.[62] Wesentlicher Parteivortrag darf auch bei § 287 ZPO nicht übergangen werden.[63] Verweigert eine Partei die ihr zumutbare Mitwirkung bei den Tatsachenfeststellungen, so kann sie sich nicht auf die Beweiserleichterung nach § 287 ZPO berufen.[64] Sie kann das Gericht auch dann nicht auf eine pauschalierte Schätzung verweisen, wenn sie den tatsächlichen Betrag ohne weiteres belegen könnte.[65] Die tatsächlichen Grundlagen der Schätzung sind im Urteil darzulegen.[66] Die Revisionsinstanz kann jedoch nur nachprüfen, ob die Schätzung auf grundsätzlich falschen oder offenbar unsachlichen Erwägungen beruht und ob entscheidungserhebliche Tatsachen außer Acht gelassen worden sind.[67]

---

58 So die ganz hM (Nachweise bei *Greger* [Lit vor Rn 1] S 59 ff, 75 ff; *Walter* [Lit vor Rn 1] S 88 ff, 132 ff). AA *Maassen* (Lit vor Rn 1) S 153 ff; *Gottwald* (Lit vor Rn 1) S 208. Eingehend hierzu iS der hM *Prütting* (Lit vor Rn 1) S 77 ff.
59 RGZ 9, 416; 31, 88; 83, 65; BGHZ 29, 215; 54, 55; BGH NJW 1964, 589; VersR 1965, 280; 1965, 489; 1965, 491; 1966, 162; 1969, 160.
60 BGHZ 29, 400; 54, 55; BGH VersR 1961, 610; 1978, 283; OLG Düsseldorf VersR 1993, 1124 (Darlegung zu Vorschäden).
61 BGH MDR 1978, 735; VersR 1992, 619; *Klauser* JZ 1968, 168; *Arens* ZZP 88, 46; *Greger* (Lit vor Rn 1) S 133; **aA** RG JW 1931, 1188 m abl Anm *Matthiessen*.
62 BGH VersR 1961, 610; 1965, 489; *Klauser* JZ 1968, 169; *Greger* (Lit vor Rn 1) S 134. Zu den Darlegungs- und Beweisanforderungen bei HWS-Syndromen s OLG Hamm NZV 1994, 189; 1995, 151; DAR 1995, 74; OLG Hamm OLGR 1995, 211; *Wedig* DAR 1995, 60.
63 BGH VersR 1992, 1410.
64 BGH NJW 1981, 1454; OLG Frankfurt VersR 1991, 1070; OLG Hamm NJW-RR 1990, 42.
65 OLG Köln NZV 1991, 429 (Ab- und Anmeldekosten).
66 BGH VersR 1967, 1095.
67 BGHZ 3, 176; BGH VersR 1965, 1054; 1978, 283.

§ 287 ZPO bezieht sich nur auf die Ermittlung des **Schadens**, der durch ein nach § 286 **39**
ZPO festgestelltes Geschehen hervorgerufen wurde; auf die Feststellung des **Haftungsgrundes** darf er nicht erstreckt werden.[68] Daher sind auch der reale Verletzungserfolg (die Primärschädigung im Sinne der Rechts- oder Rechtsgutsverletzung) sowie die haftungsbegründende Kausalität nach § 286 Abs 1 ZPO zu beweisen;[69] erst bei der Feststellung des Schadensumfangs einschließlich der sog haftungsausfüllenden Kausalität setzt der Anwendungsbereich des § 287 ZPO ein. Infolge unrichtiger Abgrenzung zwischen Haftungsgrund und Haftungsausfüllung wird hiergegen in der Rechtsprechung immer wieder verstoßen.[70]

4. Rechtsprechung zu schwer beweisbaren Tatbestandsmerkmalen

a) Einwilligung des Geschädigten. Im Zusammenhang mit dem Aufkommen fingier- **40**
ter Verkehrsunfälle zum Zwecke des Versicherungsbetrugs hatte sich die Rechtsprechung in den vergangenen Jahren häufig mit dem Problem zu beschäftigen, wie der Haftpflichtversicherer die (zum Haftungsausschluss führende und damit von ihm zu beweisende) Einwilligung des Schädigers beweisen kann (vgl zu diesen Fällen § 3 Rn 32, § 10 Rn 44). Es wurden Kataloge von Anzeichen entwickelt, die zu einer entsprechenden Überzeugung führen sollen.[71] Dabei handelt es sich aber – entgegen verbreiteter Ansicht[72] – nicht um einen Anscheinsbeweis, sondern um einen Indizien- oder Anzeichenbeweis (vgl Rn 54 f). Die Bewertung der Indizien im Rahmen einer Gesamtbetrachtung ist Ausdruck der freien Beweiswürdigung;[73] zu Recht spricht *Weber*[74] vom Mut des Tatrichters, sich aus den typischen Anzeichen des „Unfalls" die Überzeugung vom wirklichen Geschehen zu verschaffen. Mit Wahrscheinlichkeitsberechnungen (etwa nach dem Bayes'schen Theorem) hat dies nichts zu tun.[75]

b) Schwer objektivierbare Gesundheitsschäden. Häufig werden nach Verkehrsun- **41**
fällen gesundheitliche Beeinträchtigungen geltend gemacht, die weder eindeutig nach-

---

68 BVerfG NJW 1979, 413; BGHZ 4, 196; 58, 53. Näher zur Abgrenzung des Anwendungsbereichs von § 287 ZPO *Greger* (Lit vor Rn 1) S 136 ff, 168 mwN sowie § 3 Rn 167 ff; zu Folgeschäden § 3 Rn 170; zu Mitverschulden § 22 Rn 148.
69 BGH NZV 2004, 27 zu Morbus Sudeck; BGH NZV 2003, 167 u KG NZV 2004, 252 zu HWS-Verletzung.
70 Vgl zB RGZ 10, 64; 97, 13; BGHZ 2, 140; 7, 203; BGH VersR 1957, 198; 1960, 57; NJW 1961, 868; 1964, 405; richtig dagegen BGHZ 4, 196; BGH VersR 1961, 160; 1969, 327; 1969, 378; 1982, 756; NJW 1968, 985; 1968, 2291; 1969, 1708.
71 Vgl die Zusammenstellungen von *Knoche* (Lit vor Rn 1) S 92 ff, *Kääb* NZV 1990, 7; *Geyer* VersR 1989, 885 f; *Goerke* VersR 1990, 708 ff; *Lemcke* r+s 1993, 123 ff. Aus der Rechtsprechung statt vieler OLG Karlsruhe VersR 1995, 953; OLG Hamm NZV 1988, 143; VersR 1991, 113; OLG Celle NZV 1988, 182; OLG Zweibrücken VersR 1988, 970; VRS 76, 13; OLG Hamburg VersR 1989, 179; OLG Köln VersR 1989, 163; OLG Saarbrücken DAR 1989, 64; KG NZV 1991, 73; OLG Koblenz VersR 1990, 396; OLG Stuttgart VersR 1990, 1221. Zum sog Berliner Modell (gestellter Unfall mit gestohlenem Fahrzeug) s OLG Hamm NZV 1995, 321 u 1997, 179; OLG Frankfurt OLGR 1996, 265.
72 *Knoche* (Lit vor Rn 1) S 193 ff; Rechtsprechungsnachweise in § 3 Rn 31.
73 OLG Köln VersR 1997, 129.
74 DAR 1979, 113.
75 BGH NZV 1989, 468 m Anm *Rommé*; *Rüßmann* ZZP 103, 65.

gewiesen noch ausgeschlossen werden können, wie zB Schleudertraumen der Halswirbelsäule, Kopfschmerzen oder psychische Störungen. In der instanzgerichtlichen Rechtsprechung ist versucht worden, Richtlinien für die Beweisanforderungen in solchen Fällen zu entwickeln, etwa wonach unterhalb einer bestimmten Aufprallgeschwindigkeit ein Körperschaden ausgeschlossen oder unter bestimmten Voraussetzungen ein Anscheinsbeweis angenommen werden kann. Diesen Versuchen ist der BGH zu Recht unter Hinweis auf den Grundsatz der freien Beweiswürdigung entgegengetreten, der eine umfassende Bewertung aller Umstände des Einzelfalls erfordert.[76] Die Frage, ob überhaupt eine Primärverletzung entstanden ist, muss nach § 286 ZPO bewiesen werden (s Rn 39); hierfür kommt den Feststellungen des erstbehandelnden Arztes erhebliche Bedeutung zu, während ein biomechanisches Gutachten zur kollisionsbedingten Geschwindigkeitsänderung wegen der zahlreichen anderen Faktoren in der Regel nicht geboten ist.[77] Ist die Primärverletzung bewiesen, gelten für den vom Geschädigten weiter zu führenden Beweis, dass diese zu den behaupteten gesundheitlichen Folgen geführt hat, die geringeren Anforderungen des § 287 ZPO, weil es sich insoweit um den haftungsausfüllenden Kausalzusammenhang (s Rn 38 f) handelt.[78]

42 c) **Unfallabläufe.** Insbesondere im Bereich der deliktischen Haftung, wo der Geschädigte nicht nur den Zusammenhang seiner Schädigung mit dem Betrieb des Kfz, sondern einen unfallsächlichen Sorgfaltsverstoß des Gegners beweisen muss, treten oft Probleme auf, weil Unfallabläufe und Kausalzusammenhänge schwer rekonstruierbar bzw feststellbar sind. Hier hilft die Praxis weithin mit dem Institut des Anscheinsbeweises (Rn 43 ff).

5. Anscheinsbeweis

43 a) **Wesen.** Der Anscheinsbeweis, auch prima-facie-Beweis oder Beweis des ersten Anscheins genannt, spielt in Haftungsprozessen, insbesondere in Verkehrsunfallsachen, eine bedeutende Rolle und wird gemeinhin mit der Verwendung von Erfahrungssätzen im Rahmen der Beweiswürdigung erklärt.[79] Er wird jedoch in der Regulierungs- und Spruchpraxis weitgehend viel zu schematisch angewendet[80] und führt dann sehr leicht zu einer rechtswidrigen Beweisantezipation. Fehlerhaft ist es zB, bei einer sog typischen Unfallsituation, etwa dem Ausfahren aus einem Grundstück, einen der Beteiligten unabhängig von der abstrakten Beweislastverteilung von vornherein in Rechtfertigungszwang zu setzen. Bevor ein Rückgriff auf Erfahrungssätze im Rahmen eines Anscheins-

---

76 BGH NZV 2003, 167 m Anm *Burmann* = VersR 2003, 474 m Anm *Jaeger* = DAR 2003, 218 m Anm *Steiger*. Zur Bedeutung der Unfallanalytik *Bachmeier* DAR 2004, 421 ff u *Haberkorn* NZV 2002, 387; zur Notwendigkeit medizinischer Begutachtung *Mazzotti/Castro* NZV 2002, 499 f. Gegen pauschale Beurteilungen auch *Kuhn* DAR 2001, 344 ff, die Notwendigkeit interdisziplinärer Betrachtung betonend *Dannert* NZV 1999, 453 ff.
77 BGH NZV 2003, 167 f.
78 BGH NZV 2003, 167, 168. Eingehend, auch zur Verknüpfung mit der materiellrechtlichen Zurechnungsproblematik *G Müller* VersR 2003, 144 ff.
79 Vgl *Rosenberg/Schwab/Gottwald* § 112 Rn 16 ff; *Prütting* (Lit vor Rn 1) S 94 ff u KF 1989, 12 f.
80 *Rocke* 25. VGT (1987) 117. Für größere Zurückhaltung und verstärkte Berücksichtigung von Erkenntnissen der Unfallanalyse auch die Empfehlung des 25. VGT (1987) 8.

beweises in Betracht gezogen werden kann, muss zunächst einmal festgestellt werden, dass im konkreten Fall tatsächlich ein „typischer Geschehensablauf" im Sinne der BGH-Rechtsprechung (s nachstehend) vorliegt. Dies muss, sofern nicht unstreitig, derjenige, der sich auf einen Anscheinsbeweis berufen will, voll nachweisen; alle zum Gegenbeweis angebotenen Beweismittel sind auszuschöpfen. Erst wenn die „konkrete Typizität" feststeht, kann der exakte Nachweis des Unfallhergangs durch die Anwendung von Erfahrungssätzen ersetzt werden. Fehlerhaft ist daher die in instanzgerichtlichen Entscheidungen häufig anzutreffende Begründung, gegen den Beklagten als Ausfahrer, Spurwechsler oä „spreche bereits der Beweis des ersten Anscheins".[81] Die Fehler und Unsicherheiten bei der Anwendung des Anscheinsbeweises sind auf das Fehlen einer fundierten dogmatischen Herleitung dieses im Lauf der Zeit durch Richterrecht entstandenen Rechtsinstituts zurückzuführen (s Rn 56).

Heute können in der Rechtsprechung des BGH folgende **Grundsätze über den Anscheinsbeweis** ausgemacht werden:[82]

– Seine Anwendung setzt einen **typischen Geschehensablauf** voraus, dh einen Sachverhalt, bei dem eine ohne weiteres naheliegende Erklärung nach der allgemeinen Lebenserfahrung zu finden ist und angesichts des typischen Charakters die konkreten Umstände des Einzelfalles für die tatsächliche Beurteilung ohne Belang sind.[83] Dieser Sachverhalt muss feststehen.[84]
– Die Typizität ist aufgrund einer **Gesamtschau des Geschehensablaufs** zu prüfen; es darf nicht an ein Einzelelement des Sachverhalts (etwa das Abkommen von der Fahrbahn) angeknüpft werden.[85]
– Die Erfahrungssätze müssen die **volle Überzeugung** des Richters von dem behaupteten Geschehensablauf begründen; es genügt nicht, dass die Darstellung der beweispflichtigen Partei nur wahrscheinlich gemacht wird.[86]
– Der Tatrichter ist zur Beachtung der Erfahrungssätze **verpflichtet**, wenn er einen Sachverhalt der geschilderten Art festgestellt hat. Sein Urteil unterliegt revisionsgerichtlicher Aufhebung, wenn er einen Erfahrungssatz nicht oder nicht richtig anwendet.[87]
– Der Anscheinsbeweis führt nicht zu einer Umkehr der Beweislast.[88] Seine Wirkung entfällt vielmehr schon dann, wenn der Gegner des Beweisführers Tatsachen beweist, die die **ernsthafte Möglichkeit eines anderen Geschehensablaufs** ergeben;

---

81 Treffend OLG München NZV 1989, 277; *Lepa* NZV 1992, 130 f (Anknüpfen an Gesamtschau, nicht bloßen Sachverhaltskern).
82 Aus der Literatur vgl *Rosenberg/Schwab/Gottwald* § 112 Rn 16 ff; *Prütting* (Lit vor Rn 1) S 94 ff; *Kollhosser* AcP 165 (1965) 46; *Diederichsen* ZZP 81 (1968) 45; *Walter* ZZP 90 (1977) 270; *Greger* VersR 1980, 1091; *Lepa* NZV 1992, 129 ff u FS Merz S 387 ff.
83 BGH NJW 1951, 360; VersR 1953, 69; 1956, 696; 1956, 793; 1957, 234; 1969, 834; 1986, 344; NZV 1990, 387.
84 BGH NJW-RR 1988, 790.
85 BGH VersR 1986, 344; NZV 1996, 277.
86 BGH NJW 1951, 360; 1962, 31; 1966, 1263; NJW-RR 1988, 789; VersR 1953, 69; 1958, 91.
87 BGHZ 8, 239; 11, 227; 17, 191; 18, 311; BGH VersR 1954, 288; 1954, 401; 1956, 577; 1956, 793; 1964, 263; 1971, 842; NJW-RR 1988, 789. S hierzu auch *Lepa* FS Merz S 395 f.
88 BGHZ 2, 1; 39, 103; BGH NJW 1951, 360; VersR 1955, 523.

diese Tatsachen bedürfen allerdings des vollen Beweises.[89] Ist auf diese Weise der Anscheinsbeweis ausgeräumt, so trifft die beweispflichtige Partei wieder die volle Beweislast für ihre Behauptung.[90]
- Ob der Anscheinsbeweis durch den Nachweis der Möglichkeit eines anderen Geschehensablaufs entkräftet ist, ist eine Frage der tatrichterlichen Würdigung; die **Revisionsinstanz** kann nur prüfen, ob der Tatrichter insoweit von richtigen rechtlichen Voraussetzungen ausgegangen ist, dh den Begriff der ernsthaften Möglichkeit nicht verkannt hat.[91]

45 b) **Anwendungsbereich.** Als Hauptanwendungsbereiche lassen sich in der Rechtsprechung der Beweis der Kausalität und der des Verschuldens feststellen; bzgl anderer Tatbestandsmerkmale wird der Anscheinsbeweis zwar gelegentlich herangezogen, zumeist aber für unanwendbar erklärt.

46 **Der Anscheinsbeweis der Kausalität** greift ein, wenn der Ursachenzusammenhang zwischen einem haftungsbegründenden Verhalten und einem Schadenserfolg wegen der Typizität des Geschehensablaufs nach der Lebenserfahrung anzunehmen ist. Sind in einem solchen Fall keine Tatsachen nachgewiesen, die für einen anderen Ablauf sprechen, so kann und muss der Richter den Ursachenzusammenhang als gegeben ansehen. Hauptanwendungsgebiet dieses Anscheinbeweises sind Fälle, in denen der Schädiger gegen solche Schutzgesetze, Unfallverhütungsvorschriften oder allgemeine Pflichten zur Schadensverhütung verstoßen hat, die gerade einem Schadensereignis der eingetretenen Art entgegenwirken sollen,[92] und nunmehr behauptet, der Schaden wäre auch ohne diesen Verstoß eingetreten, oder in denen es um die Beurteilung schwer oder überhaupt nicht erfassbarer Abläufe medizinischer, chemischer oder physikalischer Art geht (Einzelfälle Rn 62 ff). Für die Feststellung der haftungsausfüllenden Kausalität (zur Abgrenzung § 3 Rn 168 f) bedarf es keines Anscheinsbeweises, da hier § 287 ZPO eingreift (s o Rn 38 f).

47 **Der Anscheinsbeweis des Verschuldens** kommt dem Kläger zu Hilfe, der nicht nur den Kausalzusammenhang zwischen einem Schadenserfolg und einer haftungsbegründenden Handlung, sondern diese selbst, das „Verschulden" des Beklagten, zu beweisen hat (ebenso dem Beklagten zum Nachweis eines Mitverschuldens). Er bewirkt, dass ein Verschulden als bewiesen angesehen wird, wenn ein typischer Geschehensablauf vorliegt, bei dem die Erfahrung dafür spricht, dass der Schadenserfolg auf ein schuldhaftes Verhalten zurückzuführen ist und keine Tatsachen nachgewiesen sind, die für einen anderen Hergang sprechen (Einzelfälle Rn 79 ff).

48 Sind nach der Lebenserfahrung mehrere Geschehensabläufe typisch, so ist der Beweis des ersten Anscheins geführt, wenn alle typischen Abläufe auf ein Verschulden des Beklagten hinweisen. Weist nur eine der mehreren Möglichkeiten nach der Lebenserfahrung auf ein Verschulden hin, so ist der Beweis des ersten Anscheins erst geführt,

---

89 BGHZ 2, 1; 6, 169; 8, 239; BGH VersR 1953, 69; 1954, 401; 1955, 760; 1956, 793; 1957, 252; 1958, 91; 1964, 263.
90 BGHZ 2, 1; 6, 169.
91 BGH VersR 1969, 136; 1972, 767.
92 Vgl hierzu BGH VersR 1968, 1144; 1975, 1008; 1986, 917 (Schutzgesetz); BGH VersR 1960, 614; 1970, 344; 1983, 440; 1984, 776 (Unfallverhütungsvorschrift).

wenn der Verletzte bewiesen hat, dass die anderen möglichen Geschehensabläufe hier nicht in Betracht kommen. Darauf, ob nach den Erfahrungen des täglichen Lebens oder nach der besonderen Sachlage eine größere Wahrscheinlichkeit für die eine oder andere Möglichkeit besteht, kommt es nicht an.[93] Weisen alle nach der Lebenserfahrung typischen Geschehensabläufe auf ein Verschulden des Schädigers hin, so hat dieser den Beweis des ersten Anscheins erst entkräftet, wenn er bewiesen hat, dass keiner dieser Abläufe in Betracht kommt.[94]

Die **Fahruntüchtigkeit** bedarf unterhalb der Grenze der absoluten Fahruntauglichkeit individueller Feststellung; sie kann daher nicht durch Anscheinsbeweis festgestellt werden.[95] **49**

Die **Täterschaft** oder die **Unfallbeteiligung** iSv § 7 StVG kann nicht mittels Anscheinsbeweis festgestellt werden.[96] Unzulässig wäre es zB mittels Anscheinsbeweis den Schluss zu ziehen, dass der Halter eines Kfz auch dessen Führer zur Unfallzeit war.[97] Dasselbe gilt für die Feststellung der Rechtsgutsverletzung als solcher, zB den Verlust von Bargeld.[98] **50**

Ebenso wenig kann aus dem Eigentum an einem Fahrzeug mittels Anscheinsbeweis auf die **Haltereigenschaft** geschlossen werden (vgl § 3 Rn 275). **51**

Der Beweis der **Unabwendbarkeit des Unfalls** (§ 17 Abs 3 StVG, § 13 Abs 3 HaftpflG) kann nicht nach den Grundsätzen des Anscheinsbeweises geführt werden (vgl § 3 Rn 411). **52**

Das Vorliegen **grober Fahrlässigkeit** kann ebenfalls nicht mit Hilfe des Anscheinsbeweises festgestellt werden, da die insoweit anzustellende Wertung alle subjektiven Gegebenheiten des Einzelfalls zu berücksichtigen hat (vgl § 32 Rn 133) und sich damit nicht auf typische Geschehensabläufe stützen kann[99] (s aber Rn 55). **53**

Schließlich können auch **individuelle Willensbetätigungen** nicht mittels Anscheinsbeweises erwiesen werden.[100] Zu Unrecht wird daher dem Versicherer, der einen fingierten Unfall behauptet, vielfach ein Anscheinsbeweis zugestanden.[101] Es ist ein ganz normaler Vorgang im Rahmen der freien Beweiswürdigung, wenn das Gericht sich seine Überzeugung von der Unfallmanipulation aufgrund von verdächtigen Indiztat- **54**

---

93 BGH VersR 1954, 224; 1964, 1063; 1969, 751; 1978, 945.
94 BGH VRS 10, 128.
95 BGH NZV 1988, 17; *Hoffmann* NZV 1997, 59 f.
96 OLG Saarbrücken OLGR 1998, 55.
97 OLG Hamm MDR 1972, 626.
98 OLG Köln DAR 2005, 404.
99 BGH VersR 1967, 909; 1968, 668; 1969, 77; 1970, 568; 1972, 171; 1974, 593; 1978, 541; VRS 65, 350; OLG Hamburg VersR 1970, 148; OLG Nürnberg VersR 1995, 331; OLG Köln VersR 1990, 390; OLG Karlsruhe TranspR 1995, 439; *Sanden* VersR 1967, 1013; **aA** BAG VersR 1968, 296; *Hoffmann* NZV 1997, 60 f.
100 BGH NJW 1987, 1944: Freitod; krit *Lepa* FS Merz S 399.
101 BGH VersR 1979, 514; OLG Celle NZV 1988, 182; OLG Zweibrücken VersR 1988, 970; VRS 76, 13; OLG Frankfurt VersR 1989, 858; OLG München NZV 1990, 32; OLG Köln r+s 1995, 412; *Knoche* (Lit vor Rn 1) S 193 ff; *Geyer* VersR 1989, 885. Wie hier dagegen OLG Düsseldorf NZV 1996, 321.

sachen verschafft[102] (vgl zur Beweisproblematik bei Behauptung eines gestellten Unfalls Rn 40).

55 Die Unanwendbarkeit des Anscheinsbeweises schließt selbstverständlich nicht aus, dass der Richter im Wege des **Indizienbeweises** (auch Anzeichenbeweis genannt) im Rahmen der freien Beweiswürdigung aus bestimmten Feststellungen mittelbar die Überzeugung vom Vorliegen eines bestimmten Tatbestandsmerkmals gewinnt; insbesondere bei subjektiven Merkmalen wird dies oftmals gar nicht anders möglich sein. Auch hierbei wird Erfahrungswissen verwertet. Es fehlt aber die den Anscheinsbeweis kennzeichnende revisible Beweisvergünstigung.[103]

56 c) **Rechtsnatur.** Die Regeln des Anscheinsbeweises haben ihre Wurzel in den tatsächlichen Vermutungen des gemeinen Rechts, die vom ROHG in Haftpflichtprozessen aus Schiffskollisionen zu besonderen, schließlich gewohnheitsrechtlich anerkannten Beweislastregeln fortentwickelt wurden.[104] Etwa ab 1930 wurde der Anscheinsbeweis von der Rechtsprechung dann als Vorgang der richterlichen **Beweiswürdigung** angesehen.[105] Dem haben sich BGH und hL angeschlossen.[106] In der Literatur wird aber auch die Auffassung vertreten, dass beim Anscheinsbeweis eine Reduzierung des **Beweismaßes** auf einen gewissen Grad von Wahrscheinlichkeit stattfindet.[107] Der österr OGH rechnet den Anscheinsbeweis zur unanfechtbaren Beweiswürdigung.[108]

57 Verschiedentlich wird der Anscheinsbeweis auch in Bezug zum **materiellen Recht** gesetzt.[109] Dieser Ansatz überzeugt. Es entspricht der Funktion des Anscheinsbeweises, in bestimmten, durch besondere Beweisschwierigkeiten gekennzeichneten Fällen das – materiellrechtlich determinierte – Haftungsrisiko zu Lasten des wahrscheinlichen Schädigers zu verschieben. Derartige Risikozuweisungen vermag nur das materielle Recht (ggf in Verbindung mit den Beweislastregeln) zu bewirken. Ein beweisrechtliches Verständnis des Anscheinsbeweises gerät dagegen mit dem Grundsatz der freien Beweiswürdigung bzw dem gesetzlichen Beweismaß der richterlichen Wahrheitsüberzeugung in Konflikt.[110]

58 Hinter dem Anscheinsbeweis verbergen sich somit Modifizierungen des materiellen Haftungsrechts. Beim **Anscheinsbeweis der Kausalität** handelt es sich darum, dass an die Stelle des Merkmals „Kausalität" – wie ausdrücklich in § 119 Abs 1, § 2087 Abs 1 BGB – die „nach der Lebenserfahrung anzunehmende Kausalität" gesetzt wird, weil in

---

102 Ebenso *Lemcke* r+s 1993, 124 f.
103 Diesen Unterschied lässt *Hoffmann* NZV 1997, 61 bei der Zulassung eines Anscheinsbeweises grober Fahrlässigkeit unbeachtet.
104 Vgl *Greger* VersR 1980, 1097 f m Nachw.
105 Vgl RGZ 134, 237.
106 BGH NJW 1951, 360; VersR 1953, 69; 1953, 241; *Rosenberg/Schwab/Gottwald* § 112 Rn 32 ff; *Baumbach/Lauterbach/Hartmann* Anh § 286 Rn 15; *Stein/Jonas/Leipold* § 286 Rn 99.
107 *Musielak* (Lit vor Rn 1) S 120 ff; *Weitnauer* KF 1966, 13 ff u Verhandlungen des 46. DJT E 73.
108 VersR 1984, 1203.
109 *Diederichsen* VersR 1966, 217 u ZZP 81, 63; *Hauß* NJW 1967, 970 u ZVersWiss 1967, 157; *Walter* ZZP 90, 283; *Hoffmann* NZV 1997, 58.
110 Näher hierzu und zum Folgenden *Greger* VersR 1980, 1101 ff.

zahlreichen Fällen die Feststellung, wie das Geschehen sich bei Hinwegdenken des haftungsbegründenden Umstands entwickelt hätte, von niemanden mit Sicherheit getroffen werden kann. So gesehen ist der typische Geschehensablauf (im Sinne der Judikatur) nur ein Hilfsmittel zur Feststellung der Wahrscheinlichkeit – aber keineswegs das einzige. Auch ohne Typizität des Geschehens kann sich der Richter eine Überzeugung von der wahrscheinlichen Ursächlichkeit bilden.

Beim **Anscheinsbeweis des Verschuldens** geht es um mehr als eine beweisrechtlich orientierte Interpretation eines materiell-rechtlichen Tatbestandsmerkmals. Ein strikter Verschuldensbeweis ist keineswegs objektiv unmöglich. Das pflichtwidrige Verhalten ist eine sinnlicher Wahrnehmung zugängliche Realität, deren Beweis nicht am Fehlen von Erkenntnismitteln, sondern allenfalls am Fehlen (zulänglicher) Beweismittel scheitern kann. Soll deshalb, wie dies mit der Anscheinsbeweis-Judikatur geschieht, zum Zweck einer billigen Verteilung des Beweisrisikos für bestimmte Fälle eine Haftung für wahrscheinliches Verschulden begründet werden, so bedarf es hierzu der Statuierung eigener materiellrechtlicher Haftungsnormen. Derartige Normen haben die Gerichte durch ihre Rechtsprechung zum Anscheinsbeweis, also durch Richterrecht geschaffen und lediglich irrtümlich dem Beweisrecht zugeordnet. Die Rechtsprechung verlangt den Beweis eines Verschuldens und betrachtet diesen als erbracht, wenn von einem typischen Geschehensablauf auszugehen ist. Damit baut sie aber in den Beweisvorgang ein systemfremdes Element ein, welches man entweder als Beweismaßreduzierung oder als Beweiswürdigungsregel – und damit in jedem Fall als Verstoß gegen § 286 ZPO – qualifizieren muss. Eliminiert man dieses Element, so sinkt der typische Geschehensablauf gewissermaßen auf die materiellrechtliche Ebene herab: das typischerweise vorliegende Verschulden ersetzt das Merkmal des Verschuldens im gesetzlichen Haftungstatbestand. 59

Wer eine solche Umgestaltung materiellrechtlicher Tatbestände für unmöglich hält,[111] müsste konsequenterweise die Judikatur zum Anscheinsbeweis insgesamt ablehnen (wofür in der Tat vieles spräche). Geht man aber davon aus, dass hier wirksames Richterrecht entstanden ist, so muss man dieses im Sinne ungeschriebener Haftungsnormen interpretieren.

Für den Bereich des Anscheinsbeweises im Straßenverkehr könnte die Haftungsnorm etwa wie folgt formuliert werden:

„Wer am Straßenverkehr teilnimmt, ist zum Ersatz des einem anderen entstehenden Schadens verpflichtet, wenn dieser nach dem typischen Geschehensablauf auf ein fahrlässiges Verhalten des Schädigers zurückzuführen ist, es sei denn, dass sich aus bestimmten Tatsachen die Möglichkeit eines fehlenden Verschuldens ergibt".

Diese dem materiellen Recht angehörende Norm statuiert eine verschuldensunabhängige Quasi-Gefährdungshaftung, die durch den Nachweis der realen Möglichkeit schuldloser Schadensverursachung ausgeräumt werden kann. Sie erklärt zugleich den engen Zusammenhang der Anscheinsbeweisregeln mit der Beweislastverteilung. Denn auch bzgl dieser Haftungsnorm kann es zum non liquet kommen; die Beweislast trifft dann hinsichtlich des ersten Satzteils den Kläger und hinsichtlich des zweiten („es sei

---

111 ZB *Prütting* (Lit vor Rn 1) S 99 f.

denn, dass") den Beklagten. Kann also der Kläger den ihm obliegenden Beweis des gefahrtypischen Verhaltens und des typischen Geschehensablaufs nicht führen oder gelingt dem Beklagten der Beweis der Möglichkeit fehlenden Verschuldens, so bedeutet dies, dass die Anscheinshaftungsnorm nicht zur Anwendung kommen kann. Es braucht jedoch nicht zu bedeuten, dass die Haftung des Beklagten endgültig entfällt; vielmehr ist zu prüfen, ob er nach den allgemeinen Haftungsnormen und Beweislastgrundsätzen zu verurteilen ist. Dieses Nebeneinander von Anscheinshaftung und normaler Haftung erklärt zugleich, weshalb die Anscheinsbeweisregeln, obwohl sie eine Beweislastverteilung (nämlich für die Anscheinshaftung) beinhalten, kein non liquet bzgl des normalen Haftungstatbestandes voraussetzen.

60 Die materiellrechtliche Deutung des Anscheinsbeweises lässt sich mit der bisherigen Handhabung durch die Rechtsprechung ohne weiteres vereinbaren. Dies gilt im Ergebnis auch bzgl der Revisibilität. Was bisher zumeist als revisionsgerichtliche Kontrolle der Beweiswürdigung im Rahmen des Kausalitäts-Anscheinsbeweises angesehen wird, ist in Wirklichkeit nichts anderes als die materiellrechtliche Prüfung, ob der Tatrichter das Merkmal der Kausalität zutreffend, dh in dem oben wiedergegebenen Sinn, verstanden hat, und die Handhabung des Verschuldens-Anscheinsbeweises durch den BGH stellt nichts anderes dar als die Kontrolle der Anwendung der oben wiedergegebenen Anscheinshaftungsnorm. Es handelt sich also um ganz normale Fälle der Überprüfung der Anwendung materiellen Rechts.

61 Eine grundlegende, in der Praxis allerdings wenig bedeutsame Auswirkung auf den Anwendungsbereich dürfte die Zuordnung der Anscheinsbeweisregeln zum materiellen Recht lediglich bei Haftungsfällen im Ausland haben, auf welche das Tatortrecht anzuwenden ist. Die hM rechnet den Anscheinsbeweis zur lex fori, sodass er von den deutschen Gerichten auch in internationalen Streitigkeiten anzuwenden sei;[112] richtigerweise ist jedoch darauf abzustellen, ob auch das anzuwendende ausländische Recht einen modifizierten Kausalitätsbegriff bzw eine Anscheinshaftung kennt.

d) Einzelfälle zum Anscheinsbeweis der Kausalität

62 Alkoholeinfluss. Der Ursachenzusammenhang zwischen alkoholbedingter Fahruntauglichkeit und einem Unfall kann zwar grundsätzlich mittels Anscheinsbeweises festgestellt werden;[113] dies gilt jedoch nicht, wenn Umstände zu dem Unfall geführt haben, die auch ein Nüchterner nicht hätte meistern können,[114] zB Glatteis,[115] plötzliches Auftauchen eines Fußgängers.[116] Dagegen kann bei einer Blutalkoholkonzentration von 1,9‰ und drei abgefahrenen Reifen von der Ursächlichkeit dieser Umstände für das Schleudern eines Pkw auf regennasser Straße auch dann ausgegangen werden, wenn der Fahrer durch einen entgegenkommenden Bus behindert wird.[117] Bei einem

---

112 BGH VersR 1985, 133; *Linke* Internationales Zivilprozessrecht[4] (2006) Rn 302; *Schack* Internationales Zivilverfahrensrecht[3] (2002) Rn 667 ff; **aA** *Zöller/Geimer* § 363 Rn 160.
113 BGHZ 18, 311; BGH VersR 1972, 292; 1985, 779; 1986, 142; OLG Frankfurt VersR 1985, 759; *Hoffmann* NZV 1997, 60.
114 BGH VersR 1960, 479; 1961, 620; 1961, 693; 1963, 357; 1965, 81; 1966, 585.
115 OLG Frankfurt NJW-RR 1987, 91.
116 OLG Stuttgart VersR 1980, 243; OLG Zweibrücken VersR 1995, 429.
117 BGH VersR 1964, 1145.

Begegnungszusammenstoß kommt es auf den konkreten Unfallhergang an; ob auch der andere Unfallbeteiligte alkoholisiert war, ist dagegen ohne Bedeutung.[118] Die leichte Alkoholisierung eines Unfallbeteiligten kann nicht ohne weiteres mittels Anscheinsbeweises als unfallursächlich angesehen werden.[119]

Liegt ein betrunkener Fußgänger auf der Straße[120] oder wird er nachts radschiebend angefahren[121] oder verunglückt er sonst in einer Situation, die ein Nüchterner gemeistert hätte,[122] so ist davon auszugehen, dass seine Alkoholisierung hierfür (mit-)ursächlich war. **63**

Unklar an der Rechtsprechung des BGH zu dieser Fallgruppe ist, ob der Umstand, dass auch ein Nüchterner die Situation nicht hätte meistern können, Voraussetzung für die Anwendung des Anscheinsbeweises (und damit vom Kläger zu beweisen) ist, oder ob es sich hierbei um die dem Beklagten obliegende Entkräftung des Anscheinsbeweises handelt. Richtigerweise wird zu differenzieren sein. Bei absoluter Fahruntauglichkeit eines Kraftfahrers, dh ab 1,1‰,[123] kann deren Kausalität für einen Verkehrsunfall ohne weiteres als prima facie erwiesen angesehen werden, sofern nicht der Beklagte Tatsachen nachweist, aus denen sich die Möglichkeit eines unabhängig von der Fahruntauglichkeit ablaufenden Unfallgeschehens ergibt. Bei einer geringeren Alkoholisierung hingegen sowie bei Unfallbeteiligten ohne Kfz ist bereits zur Begründung eines typischen Geschehensablaufs erforderlich, dass die konkrete Unfallsituation für eine Ursächlichkeit der Trunkenheit spricht. Dies gilt auch für Radfahrer; dass der BGH[124] auch für sie einen allgemeinen Grenzwert der alkoholbedingten absoluten Fahruntauglichkeit festgesetzt hat, spielt für die hier zu beurteilende Frage keine Rolle. **64**

Fehlen der Fahrerlaubnis. Die Kausalität des Fehlens der vorgeschriebenen Fahrerlaubnis lässt sich nicht mittels Anscheinsbeweises feststellen.[125] **65**

Lenkzeitüberschreitung. Bei regelwidrigem Abkommen von der Fahrbahn spricht der Anscheinsbeweis dafür, dass der Unfall durch eine festgestellte Verletzung der Arbeitszeitbestimmungen verursacht worden ist.[126] **66**

Auffahren infolge mangelhafter Beleuchtung oder Absicherung. Die fehlende oder mangelhafte Beleuchtung eines Fahrzeugs ist nach dem ersten Anschein ursächlich, wenn ein anderes Fahrzeug auffährt,[127] der Anscheinsbeweis entfällt jedoch, wenn das **67**

---

118 **AA** OLG Schleswig NZV 1991, 233.
119 BGH VersR 1962, 132.
120 BGH VersR 1976, 729.
121 BGH VersR 1956, 195.
122 BGH VersR 1957, 509; 1964, 846.
123 BGHSt 37, 89; *Salger* NZV 1990, 1; das zugrunde liegende Gutachten des Bundesgesundheitsamts ist abgedruckt in NZV 1990, 104. Zum früheren Beweisgrenzwert von 1,3‰ s BGHSt 21, 157; 22, 352; BGH NJW 1982, 588. Zur Berechnung BGH NZV 1988, 220.
124 BGHSt 34, 133 unter Aufgabe von BGHSt 19, 82; BGH NJW 1987, 1826 (1,7‰; inzwischen herabgesetzt auf 1,6‰, vgl OLG Hamm NZV 1992, 198; offenlassend BayObLG NZV 1992, 290; weitergehend [1,5‰] LG Verden NZV 1992, 292).
125 BGH VersR 1959, 277; 1962, 374; OLG Köln VersR 1966, 596; einschränkend OLG Hamburg VersR 1982, 873.
126 OLG Köln VersR 1988, 1078.
127 BGH VersR 1955, 760; 1957, 429; 1958, 532; 1959, 613; 1961, 860; 1962, 633; 1964, 296; 1964, 621; 1968, 646.

Fahrzeug aufgrund anderweitiger Beleuchtung von weitem gut sichtbar war.[128] Die fehlende Beleuchtung einer auf der Straße getriebenen Viehherde[129] oder einer Baustelle[130] ist als kausal für den Sturz eines Kraftradfahrers anzusehen. Wird ein liegengebliebenes Fahrzeug nicht ausreichend abgesichert oder nicht ordnungsgemäß abgestellt, so ist diese Unterlassung prima facie kausal für das Auffahren eines anderen Fahrzeugs.[131] Der Anscheinsbeweis ist jedoch entkräftet, wenn dessen Fahrer durch Grüßen eines entgegenkommenden Fahrers erheblich abgelenkt war.[132]

68 **Geschwindigkeitsüberschreitung.** Steht fest, dass ein Kraftfahrer die auf dem betreffenden Straßenabschnitt zulässige Höchstgeschwindigkeit überschritten hat, so ist davon auszugehen, dass dies der Grund für sein Unvermögen war, vor einem Zusammenstoß rechtzeitig auszuweichen oder anzuhalten.[133] Fährt ein Kraftfahrer zu schnell und in fahruntauglichem Zustand an einer haltenden Straßenbahn vorbei, so ist dies nach dem Anscheinsbeweis kausal für das Überfahren eines auf die Fahrbahn eilenden Fußgängers.[134] Das Überschreiten der für Lastzüge bestehenden Geschwindigkeitsbegrenzung ist als kausal für solche Unfälle anzusehen, die durch die Begrenzung gerade vermieden werden sollen.[135]

69 **Begegnungsunfälle.** Hat bei einem Begegnungszusammenstoß einer der beiden Fahrer seine rechte Straßenseite nicht eingehalten, so spricht der erste Anschein dafür, dass diese Verkehrswidrigkeit die Unfallsursache war.[136] Das Gleiche gilt bei zu dichtem Vorüberfahren an einer begegnenden Kolonne[137] und vor allem dann, wenn der Kraftfahrer die durchlaufende weiße Sperrlinie überfahren hat.[138] Wird ein Kraftfahrer unmittelbar nach dem Überholen eines sichtbehindernden Fahrzeugs vom Gegenverkehr überrascht und stößt er deshalb auf der für ihn linken Fahrbahnseite mit einem entgegenkommenden Fahrzeug zusammen, so spricht der Anscheinsbeweis für einen Kausalzusammenhang zwischen dem Überholvorgang und dem Unfall.[139]

70 **Fahrzeugmängel.** War ein Wagen, dessen Reifen nicht alle die vorgeschriebene Profiltiefe hatten, bei nasser oder vereister Fahrbahn ins Schleudern geraten, so spricht der Anschein dafür, dass der schlechte Reifenzustand für den Unfall ursächlich war. Dies gilt aber nicht bei trockener, staubfreier Fahrbahn, denn auf ihr haften abgefahrene Reifen sogar besser als Reifen mit Profil.[140] Für das Unvermögen, ein aus anderem Grund ins Schleudern gekommenes Kfz wieder abzufangen, kann die Ursächlichkeit der abgefahrenen Reifen aber mittels Anscheinsbeweises festgestellt werden.[141]

---

128 BGH VersR 1961, 1015.
129 BGH VersR 1959, 805.
130 BGH VersR 1964, 1082.
131 BGH VersR 1956, 409; 1968, 646; vgl auch BGH VersR 1969, 636.
132 BGH VersR 1971, 318.
133 BGH VRS 4, 262.
134 BGH VersR 1957, 529.
135 BGH VersR 1969, 900.
136 BGH VersR 1964, 166; einschr BGH VersR 1963, 945; OLG Karlsruhe VersR 1987, 693.
137 BGH VersR 1967, 473.
138 BGH VersR 1968, 698.
139 BGH VersR 1982, 893.
140 BGH VersR 1968, 785.
141 BGH VersR 1958, 186.

Steht das Lastreglerventil am Anhänger auf halb statt auf leer, blockieren die Räder infolge des **71**
zu starken Bremsdrucks und bricht daher der Anhänger seitlich aus, so deutet das auf einen
Ursachenzusammenhang mit der falschen Ventileinstellung hin.[142] Kausalität besteht prima
facie auch zwischen einem Reifenplatzen bei hoher Geschwindigkeit auf der Autobahn,[143] einer
Delle in der Radfelge[144] oder einer fehlerhaften Bremsvorrichtung des Fahrzeugs und einem
Unfall.[145] Nach BGH VersR 1968, 1144 soll allerdings dann, wenn nicht dargetan ist, dass ein
mit defekter Bremse fahrender Radfahrer, hätte er mit guter Bremse beim Erkennbarwerden der
Gefahr gebremst, den Zusammenstoß hätte vermeiden können, der erste Anschein nicht dafür
sprechen, dass die Mangelhaftigkeit der Bremse Ursache des Unfalls war.[146]

Unfälle mit Fußgängern. Das Halten einer Straßenbahn auf einem Fußgängerüberweg **72**
ist nach dem ersten Anschein Unfallursache, wenn ein hinter der Straßenbahn auf die
Gleise tretendes Kind von einer entgegenkommenden überfahren wird.[147] Das unaufmerksame
Betreten der Fahrbahn durch einen Fußgänger ist prima facie die Ursache
dafür, dass der Fußgänger infolge Erschreckens über ein heranahendes Fahrzeug zu
Fall kommt.[148]

Zweitunfall. Fährt ein Kfz auf ein anderes und sodann ein weiteres auf, so spricht der **73**
erste Anschein dafür, dass der erstgenannte Fahrer auch das Auffahren des dritten Fahrzeugs
verursacht hat.[149] Ist ein mit 2,2‰ Blutalkohol auf der Fahrbahn gehender Fußgänger
von einem Motorradfahrer angefahren worden und läuft er 5 Minuten später
hinter einem haltenden Wagen hervor grob fahrlässig in einen Pkw, der ihn tödlich
überfährt, so spricht der erste Anschein nicht dafür, dass der erste Unfall Ursache des
zweiten war, weil der Fußgänger beim ersten einen Schock erlitten hat.[150]

Sturz. Stürzt ein vorbeifahrender Radfahrer in dem Augenblick, in dem der Autofahrer **74**
die Tür öffnet, so spricht der Anscheinsbeweis für Kausalität zwischen Öffnen und
Sturz.

Die **Nichterkennbarkeit eines Vorfahrtzeichens** ist prima facie kausal für einen Unfall **75**
in der Kreuzung.[151]

Verkehrssicherungspflicht. Stürzt ein Fußgänger in unmittelbarer Nähe einer Gefahrenstelle **76**
(zB Loch in der Pflasterung), spricht der Anscheinsbeweis für deren Ursächlichkeit.[152]
Die Ursächlichkeit eines Verstoßes gegen die Streupflicht ist nach der Rechtsprechung
mittels Anscheinsbeweises feststellbar, wenn der Verletzte innerhalb der
zeitlichen Grenzen der Streupflicht zu Fall gekommen ist,[153] nicht jedoch bei einem
Unfall nach dem Ende der Streupflicht.[154]

---

142 BGH VersR 1968, 395.
143 OLG Düsseldorf VersR 1999, 64.
144 BGH VersR 1969, 834.
145 BGH VersR 1971, 80.
146 BGH VersR 1968, 1144.
147 BGH VersR 1975, 1007.
148 BGH VersR 1974, 196.
149 OLG Hamburg VersR 1967, 478.
150 BGH VersR 1970, 61.
151 BGH VersR 1960, 317.
152 BGH NJW 2005, 2454.
153 OLG Köln VersR 1996, 246.
154 BGH VersR 1984, 41.

77 Todesursache. Wird der Insasse eines an einen Baum gefahrenen Kraftwagens unmittelbar nach dem Unfall sterbend aus dem Wagen geborgen, so spricht der erste Anschein für die Ursächlichkeit des Unfalls für den Tod, wenn die festgestellten Verletzungen geeignet waren, den Tod herbeizuführen.[155]

78 Verletzungsursache. Nach BGH VersR 1983, 986 spricht der Beweis des ersten Anscheins für die Kausalität zwischen einer Knieverletzung und einer Notbremsung. Zum Beweis der Ursächlichkeit des Nichtangurtens s § 22 Rn 78.

e) Einzelfälle zum Anscheinsbeweis des Verschuldens

79 Abkommen von der Fahrbahn. Für ein schuldhaft verkehrswidriges Verhalten des Fahrers spricht es, wenn das Kfz gegen einen Lichtmast, ein Verkehrszeichen, eine Leitplanke, einen Begrenzungspfahl, einen Begrenzungsstein, einen Baum oä fährt,[156] oder auf andere Weise von der Fahrbahn abkommt[157] (zum Abkommen auf die Gegenfahrbahn vgl Rn 88). Allein dieses „Kerngeschehen" reicht jedoch für die Annahme eines Anscheinsbeweises nicht aus; vielmehr muss das ganze feststehende Unfallgeschehen typisch dafür sein, dass der die Fahrbahn verlassende Verkehrsteilnehmer schuldhaft gehandelt hat.[158] Dies wird in der Regel beim schlichten Abkommen der Fall sein; ist jedoch ein anderer Verkehrsteilnehmer beteiligt, werden zumeist mehrere Geschehensabläufe plausibel sein. Bei Kurvenunfällen können nach den Erkenntnissen der Unfallanalyse Anscheinsregeln nur mit Vorsicht herangezogen werden.[159]

80 Der Anscheinsbeweis greift nicht ein, wenn sich ein Tier auf der Fahrbahn befand,[160] das abkommende Fahrzeug von einem anderen behindert[161] oder berührt wurde.[162] Er kann entkräftet sein, wenn die Fahrbahn nicht erkennbare Unebenheiten aufwies,[163] der Fahrer durch den Beifahrer massiv irritiert wurde,[164] für den Fahrer nicht bemerkbar die Servolenkung ausgefallen ist[165] oder ein Reifen Luft verloren hat[166] oder wenn sich der Unfall bei einer Probefahrt mit einem nicht verkehrssicheren Fahrzeug ereignete.[167] Steht fest, dass Glatteisbildung der Grund für das Abkommen von der Fahrbahn ge-

---

155 OLG München VersR 1967, 484.
156 RG JW 1932, 3704; BGHZ 8, 239 = NJW 1953, 584 m Anm *Bezold*; BGH VersR 1953, 69; 1959, 445; 1962, 252; 1962, 1010; 1984, 44; OLG Hamburg VersR 1970, 188.
157 BGH NJW 1951, 195; VersR 1956, 799; 1958, 566; 1966, 693; BAG NJW 1967, 269; OLG Karlsruhe VersR 1994, 698; OLG Nürnberg VersR 1964, 1184; OLG Stuttgart VersR 1966, 531; OLG Celle VersR 1985, 787; OLG Köln VersR 1990, 390; OLG München NZV 2000, 207; KG NZV 2003, 91.
158 BGH NZV 1996, 277.
159 *Schimmelpfennig* 25. VGT (1987) 76 ff; Entschließung des 25. VGT 8.
160 BGH VersR 1964, 1102; OLG Stuttgart VersR 1974, 503.
161 BGH NZV 1996, 277; VersR 1967, 557; 1967, 583; OLG Köln VersR 1982, 708; OLG Frankfurt VersR 1991, 1194.
162 BGH VersR 1961, 444.
163 BGH VersR 1953, 207; 1966, 344; OLG Nürnberg VersR 1964, 1183.
164 KG VersR 1985, 369.
165 OLG Düsseldorf VersR 1993, 1249.
166 OLG Köln VRS 76, 256; vgl jedoch auch OLG Hamm NZV 1993, 354, wo erwiesen wurde, dass der Druckabfall nicht unfallursächlich sein konnte.
167 BGH VersR 1957, 234.

wesen sein kann, so ist hierdurch der gegen den Fahrer sprechende Beweis des ersten Anscheins nicht entkräftet; er muss vielmehr dartun, dass das Auftreten von Glatteis an dieser Stelle unvorhersehbar war (vgl Rn 92). Auch die bloße *Möglichkeit*, dass der Fahrzeugführer von einem anderen Fahrzeug abgedrängt oder sonst behindert worden ist, reicht zur Entkräftung nicht aus.[168] Kleine, nicht ungewöhnliche Fahrbahnunebenheiten erschüttern den Anscheinsbeweis nicht,[169] auch nicht starker Nebel.[170]

Auffahren auf ein Hindernis. Ein Verschulden des Kraftfahrers ist prima facie erwiesen, wenn er auf ein Hindernis, zB einen querstehenden Anhänger, ein geparktes Fahrzeug oder einen auf der Fahrbahn liegenden Gegenstand, auffährt.[171]

81

Der Anscheinsbeweis wird nicht dadurch entkräftet, dass das Hindernis nicht beleuchtet war,[172] wohl aber durch den Beweis von Tatsachen, aus denen sich die Möglichkeit ergibt, dass es erst unmittelbar vor dem Fahrzeug auf die Fahrbahn kam. Will der Auffahrende geltend machen, ihn treffe an dem Unfall deswegen kein Verschulden, weil das Hindernis durch ein vorausfahrendes Fahrzeug, das erst im letzten Moment die Spur gewechselt habe, verdeckt gewesen sei, so genügt allein dieser Vortrag zur Erschütterung des Anscheinsbeweises nicht. Erforderlich ist vielmehr der Nachweis, dass ein zum Versperren der Sicht geeignetes Fahrzeug vorausgefahren ist, dass dieses erst unmittelbar vor dem Hindernis die Fahrspur gewechselt hat und dass dem Nachfahrenden ein Ausweichen zumindest erheblich erschwert war.[173]

82

Der Nachweis, dass der Fahrer während der letzten Sekunden vor dem Aufprall ohne Reaktion auf die drohende Gefahr gefahren ist, reicht nicht aus, den gegen ihn sprechenden Anscheinsbeweis zu entkräften, solange nicht dargetan ist, dass das Fehlen einer Reaktion auf einem Umstand beruhte, den der Fahrer nicht zu vertreten hat. Aus dem Fehlen einer Reaktion kann insbesondere, solange weitere Anhaltspunkte fehlen, nicht geschlossen werden, aus der Heizungsanlage müsse Kohlenmonoxid ausgetreten sein, denn der Fahrer kann ebenso gut aus anderem Grund eingeschlafen sein.[174] Wird nach dem Unfall festgestellt, dass der Bremshebel der Fußbremse gebrochen ist, so liegt nahe, dass dieser Bruch sich unmittelbar vor dem Unfall ereignet hat und Ursache dafür war, dass der Fahrer nicht gebremst hat, sodass in einem solchen Fall der gegen den Fahrer sprechende Beweis des ersten Anscheins ausgeräumt ist.[175]

83

Auffahren auf vorausfahrendes Fahrzeug. Der Beweis des ersten Anscheins spricht, wenn ein Kfz auf ein vor ihm in gleicher Richtung fahrendes anderes Kfz auffährt, dafür, dass der Fahrer entweder unaufmerksam war, oder dass er keinen ausreichenden

84

---

168 OLG Hamm VRS 76, 112.
169 OLG Celle VersR 1985, 787.
170 OLG München NZV 2000, 207.
171 BGH VersR 1954, 288; 1959, 1034; 1966, 567; OLG Koblenz VRS 68, 32.
172 BGH VersR 1959, 1034; 1960, 1118; 1963, 1026; 1966, 567; 1969, 1023; **aA** RG HansRZ 1926, 776.
173 BGH NZV 1989, 105.
174 BGH VersR 1967, 709.
175 BGH VRS 4, 91.
176 BGH VRS 10, 98; VersR 1964, 263; OLG Köln VersR 1970, 91.
177 BGH VersR 1969, 859.
178 BGH VersR 1969, 900.

Sicherheitsabstand gewahrt hatte. Diese wahlweise Feststellung reicht aus, ein Verschulden darzutun.[176] Dasselbe gilt, wenn er auf ein erkennbar verkehrsbedingt anhaltendes Fahrzeug auffährt, sofern dieses nicht ungewöhnlich stark abgebremst wurde.[177] Der Anscheinsbeweis gilt auch, wenn sich der Auffahrunfall auf der linken Fahrbahnhälfte ereignet und der Vorausfahrende verlangsamt hat, weil er aus dem Überholen heraus links abbiegen wollte.[178] Er ist grundsätzlich auch bei Auffahrunfällen von Straßenbahnen anwendbar.[179] Prima facie ist daher auch das Verschulden des Straßenbahnfahrers erwiesen, der auf einen weithin sichtbaren Bus aufgefahren ist.[180]

Das Auffahren als solches muss bewiesen sein. Kann der Unfall auch auf einem Zurücksetzen des anderen Kraftfahrers beruhen, greift der Anscheinsbeweis nicht ein.[181] Es gibt auch keinen Anscheinsbeweis für ein Auffahren. Die Neigung der Straße hat nur indizielle Bedeutung.[182]

85 Der Anscheinsbeweis ist *ausgeräumt*, wenn Tatsachen bewiesen sind, aus denen sich die ernsthafte Möglichkeit ergibt, dass das andere Fahrzeug erst kurz[183] vor dem Auffahrenden in dessen Fahrspur gelangt ist,[184] grundlos stark abgebremst wurde[185] oder nach einem Schleudervorgang liegen geblieben ist;[186] die bloße Möglichkeit eines solchen Ablaufs genügt nicht,[187] auch nicht die Möglichkeit einer Bewusstseinsstörung.[188] Der gegen den Fahrer eines Straßenbahnzugs sprechende Anscheinsbeweis, er sei schuldhaft auf das von ihm fahrende Kfz aufgefahren, ist ausgeräumt, wenn feststeht, dass das Kfz so nahe vor dem Straßenbahnzug nach links auf das Gleis gefahren war, dass die Notwendigkeit einer Schnellbremsung der Straßenbahn ernstlich in Erwägung gezogen werden musste.[189] Der gegen den Auffahrenden sprechende Anscheinsbeweis wird nicht durch den Nachweis ausgeräumt, dass sich hinter dem vorausfahrenden Fahrzeug eine Kondenswolke gebildet hatte.[190] Ausgeräumt wird der Anscheinsbeweis jedoch durch den Nachweis, dass das angefahrene Fahrzeug kurz vor dem Unfall das andere überholt und sich vor dieses gesetzt hatte.[191] Auch wenn bei einem Unfall im dichten Stadtverkehr feststeht, dass das Bremslicht des Vorausfahrenden defekt war, fehlt es an der erforderlichen Typizität.[192]

---

179 OLG Düsseldorf NZV 1994, 28 unter Aufgabe von VersR 1976, 499 u 1988, 90.
180 BGH VersR 1958, 626.
181 OLG Köln VersR 1986, 668 LS; LG Köln NZV 1991, 476.
182 **AA** LG Stuttgart NZV 1990, 236.
183 S dazu KG VersR 1998, 518.
184 BGH VersR 1975, 332; 1987, 908; OLG Düsseldorf VRS 63, 340; KG VRS 65, 189; VM 1992, Nr 31; OLG Karlsruhe VersR 1991, 1071; OLG Köln VersR 1991, 1195; OLGR 1996, 187; OLG Bremen VersR 1997, 253 (mit bedenklicher Annahme eines Anscheinsbeweises zu Lasten des anderen).
185 OLG Köln DAR 1995, 485; OLG Frankfurt NZV 2006, 372, 373.
186 OLG Hamm NZV 1998, 115.
187 OLG Saarbrücken MDR 2006, 329; zu weitgehend BGH VersR 1960, 1118.
188 OLG Oldenburg NZV 1991, 156.
189 OLG München VersR 1967, 167; OLG Düsseldorf NZV 1994, 28; OLG Hamm VersR 1988, 1250.
190 OLG München VersR 1967, 691.
191 OLG Köln VersR 1970, 91.
192 **AA** LG Berlin VM 2000, 87, 88.

Beim **Serienauffahrunfall** ist der für ein Verschulden des Auffahrenden sprechende **86** Anscheinsbeweis nur begrenzt anwendbar, da bei der Vielgestaltigkeit dieses Unfalltyps[193] in der Regel kein ausreichend typischer Geschehensablauf feststellbar ist.[194] Auch für den letzten Fahrer der Kette gilt er nicht, wenn möglicherweise der Vordermann seinerseits aufgefahren war und dadurch eine unvermutete Bremswegverkürzung für den Nachfolgenden hervorgerufen hat. In solchen Fällen entfällt bereits die Grundlage für eine Schuldunterstellung, sodass dem Letztauffahrenden nicht die Last des Gegenbeweises zugeschoben werden darf, auch nicht beschränkt auf den Heckschaden des Vordermanns.[195] Entsprechendes gilt für einen Fahrer in der Mitte der Kette: Da es in solchen Fällen häufig zu einem Aufschieben durch den Nachfolger kommt, fehlt die für einen Verschuldensvorwurf erforderliche Typizität.[196] Die Versicherungswirtschaft versucht, den Aufklärungsproblemen bei Massenunfällen (über 50 beteiligte Fahrzeuge) durch ein spezielles Regulierungsverfahren abzuhelfen.[197]

Ereignet sich ein Auffahrunfall in zeitlichem und räumlichem Zusammenhang[198] mit **87** dem **Einfahren in die Bundesautobahn**, so spricht ein Anscheinsbeweis weder für ein Verschulden des die Autobahn benutzenden Fahrers[199] noch für ein solches des Einfahrenden;[200] hier fehlt es an ausreichender Typizität des Geschehensablaufs.

Greift der Anscheinsbeweis zu Lasten des Auffahrenden ein, so ist damit noch nicht festgestellt, dass **den anderen** kein Verschulden trifft oder der Unfall für ihn gar unabwendbar war.[201]

Begegnungszusammenstöße. Der erste Anschein spricht grundsätzlich gegen den **88** Fahrer, der mit einem entgegenkommenden Fahrzeug in dem Zeitpunkt zusammenstieß, in dem er sich nicht auf seiner rechten Fahrbahnhälfte befunden hat.[202] Dies gilt auch beim Überfahren des Mittelstreifens auf der Autobahn,[203] beim Zusammenstoß auf dem mittleren von drei Fahrstreifen, wenn das andere Fahrzeug diesen zum Über-

---

193 Vgl *Heitmann* VersR 1994, 135 f.
194 *Lepa* NZV 1992, 132.
195 AA OLG Karlsruhe VersR 1982, 1150; OLG Düsseldorf NZV 1995, 486 m abl Anm *Greger*; *Himmelreich/Klimke/Bücken* 46 c; *Heitmann* VersR 1994, 137 f. KG DAR 1995, 482 betrifft den Fall, dass nach der Verkehrslage (dichtes Auffahren des Vordermannes) mit einem Auffahrunfall gerechnet werden muss, und steht damit nicht im Gegensatz zur hier vertretenen Meinung. OLG Düsseldorf NZV 1998, 203 verneint Typizität bei feststehendem Auffahren des Vordermanns; *Lepa* NZV 1992, 132 nimmt hier wohl Erschütterung des Anscheinsbeweises an.
196 OLG Nürnberg DAR 1982, 329; OLG Frankfurt VRS 75, 256; *Heitmann* VersR 1994, 137.
197 Näheres hierzu *Heitmann* VersR 1994, 139 f.
198 S hierzu KG VM 1996, Nr 8.
199 BGH VersR 1982, 672; KG VersR 2002, 628.
200 AA OLG Koblenz VersR 1994, 361; KG VersR 2002, 628.
201 OLG Naumburg NZV 1995, 73.
202 BGH VersR 1955, 189; 1957, 733; 1960, 1017; 1961, 846; 1964, 239; 1965, 188; 1966, 270; 1968, 668; 1969, 636; 1986, 344; OLG Frankfurt VRS 78, 262.
203 BGH VersR 1958, 91; 1967, 557; 1967, 583; 1967, 709.

Achter Teil. Verkehrshaftpflichtprozess

holen benutzt hatte[204] sowie bei einem jugendlichen Radfahrer, der auf die linke Fahrbahnhälfte gerät.[205] Der Kollisionsort auf der Gegenfahrbahn darf jedoch nicht isoliert betrachtet werden. Fehlt es bei einer Gesamtbetrachtung aller Umstände an der Typizität des Geschehensablaufs, so greift kein Anscheinsbeweis ein.[206] Dies ist zB der Fall, wenn das Abkommen auf einer abrupten Lenkbewegung beruht, die durch das Verkehrsgeschehen hervorgerufen sein kann.[207] Das Nichteinhalten der rechten Seite der eigenen Fahrbahnhälfte begründet, von ungewöhnlichen Verkehrslagen abgesehen, keinen Anscheinsbeweis,[208] daher auch nicht ein Zusammenstoß in der Fahrbahnmitte.[209] Es besteht auch kein Anscheinsbeweis dafür, dass das Abkommen eines Fahrzeugs nach rechts auf einem Überfahren der Mittellinie durch ein entgegenkommendes beruht.[210]

89 Der für ein Verschulden sprechende Anschein wird ausgeräumt, wenn ein potenzieller Anlass für ein Verlassen der rechten Straßenhälfte nachgewiesen ist (zB eine unrichtig gezogene weiße Leitlinie oder ein entlaufenes Rind), der es eventuell rechtfertigen konnte, die rechte Straßenhälfte zu verlassen.[211] Dagegen wird der Anscheinsbeweis nicht dadurch entkräftet, dass zur Unfallzeit starker Wind herrschte,[212] dass ein Versagen der Lenkeinrichtung behauptet wird[213] oder dass sich der Unfall an einer Haltestellenbucht ereignete, in der sich ein links blinkender, anfahrender Bus befand.[214] Der Luftdruckabfall in einem Reifen entkräftet den Anscheinsbeweis nicht, wenn er nach sachverständigem Urteil keinen Kausalbeitrag zu dem Unfall geleistet hat.[215] Bei Kurvenunfällen ist nach neuen Erkenntnissen der Unfallanalyse nur mit Vorsicht auf Anscheinsgrundsätze zurückzugreifen.[216]

90 Überholen. Der Anscheinsbeweis spricht gegen den Überholer, der links einen Fußgänger anfährt.[217] Beim Zusammenstoß zwischen einem überholenden und dem überholten Fahrzeug spricht der Anscheinsbeweis nur unter bestimmten Voraussetzungen (zB nahender Gegenverkehr, Fahrbahnverengung) für ein Verschulden des Überholers.[218] Bei der Kollision eines Linksabbiegers mit einem überholenden Fahrzeug spricht der Anschein für ein Verschulden des ersteren[219] (aber nicht unbedingt für sein alleiniges).

---

204 BGH VersR 1962, 642.
205 BGH VersR 1970, 467.
206 BGH VersR 1959, 466; 1959, 519; 1960, 1017; 1964, 1103; 1986, 344.
207 Vgl BGH VersR 1986, 344; OLG Hamm NZV 2003, 180 (entgegenkommender Überholer).
208 BGH VersR 1963, 945; 1967, 473.
209 OLG Saarbrücken DAR 1984, 149.
210 BGH VersR 1961, 137.
211 BGH VersR 1966, 239; 1976, 587.
212 BGH VersR 1966, 270.
213 BGH VersR 1954, 288.
214 OLG Düsseldorf VersR 1982, 777.
215 OLG Hamm NZV 1993, 354.
216 *Schimmelpfennig* 25. VGT (1987) 77 ff; Entschließung des 25. VGT 8.
217 BGH VersR 1964, 594.
218 BGH VersR 1975, 331; 1975, 765.
219 KG NZV 2005, 413. Anders bei Überholen mehrerer Kfz in einem Zug: OLG Hamm NZV 2007, 77.

Er greift nicht ein, wenn ein Radfahrer mit 2 m Abstand überholt wird, auch wenn **91**
Sturm herrscht,[220] wenn ein Kradfahrer einen anderen auf der Mittellinie der Straße
fahrend überholt[221] oder wenn der überfahrene Mopedfahrer während des Überholtwerdens wegen eines in die Fahrbahn laufenden Kindes stürzt.[222]

Schleudern. Der Anscheinsbeweis spricht für ein Verschulden des Fahrers bei Schleu- **92**
dern auf regennasser,[223] vereister,[224] oder schneeglatter Straße[225] sowie allgemein in
einer Verkehrslage, die bei ordnungsgemäßer Fahrweise ohne weiteres zu meistern
war.[226] Er greift jedoch nur ein, wenn die Glätte erkennbar war, nicht, wenn sie plötzlich
und ohne warnende Anzeichen auftrat.[227] Bei Ausbrechen des Anhängers in einer Kurve ist ein Verschulden des Fahrers prima facie erwiesen.[228] Rutschen auf Schneematsch
in leicht ansteigender und seitlich überhöhter Kurve begründet nach zweifelhafter Ansicht des BGH[229] keinen Anscheinsbeweis für ein Verschulden, da dies auch einem
vorsichtigen Fahrer passieren könne.

Kollisionen an Kreuzungen und Einmündungen. Beim Zusammenstoß an einer **93**
Kreuzung oder Einmündung spricht grundsätzlich der Anscheinsbeweis für ein Verschulden des Fahrers, der aus der untergeordneten Straße eingefahren[230] oder beim
Linksabbiegen mit einem entgegenkommenden Fahrzeug zusammengestoßen ist;[231] ob
der Vorfahrtberechtigte bei sorgsamer Fahrweise noch hätte anhalten oder ausweichen können, ist unerheblich.[232] Allerdings kann die für einen Anscheinsbeweis ausreichende Typizität nur bejaht werden, wenn die Sichtverhältnisse an der Unfallstelle so
sind, dass ein mit realistischerweise zu erwartender Geschwindigkeit fahrender Vorfahrtberechtigter rechtzeitig gesehen werden kann.[233] An einer Ampel mit Linksabbiegerpfeil greift bei ungeklärter Ampelstellung kein Anscheinsbeweis zu Lasten des Abbiegers ein.[234] Hat sich die Kollision eines Linksabbiegers mit dem Gegenverkehr
außerhalb von dessen Fahrspur ereignet und hat das abbiegende Fahrzeug im Augenblick der Kollision dort bereits gestanden, fehlt die für einen Anscheinsbeweis erforderliche Typizität.[235]

---

220 BGH RdK 1953, 29 m Anm *Pohle*.
221 BGH VersR 1988, 1302 LS.
222 OLG Celle VersR 1968, 153.
223 BGH VersR 1960, 523; 1961, 232; 1963, 955; 1970, 284; 1971, 439.
224 BGH VersR 1961, 63; 1963, 585; 1967, 475; 1967, 882; 1969, 895.
225 BGH VersR 1962, 786; 1966, 1077; 1971, 842.
226 BGH VersR 1964, 532; 1968, 670.
227 BGH VersR 1961, 63; 1963, 585; 1965, 690; 1967, 475; 1967, 882; 1969, 895; OLG Schleswig VersR 1999, 375.
228 BGH VersR 1962, 378.
229 VersR 1958, 647.
230 BGH VersR 1960, 597; 1963, 1075; 1964, 48; 1976, 365; OLG Frankfurt VRS 80, 111; KG NZV 2002, 79 (auch bei „rechts vor links").
231 BGH VersR 1964, 639.
232 BGH VRS 5, 182; VersR 1963, 1075.
233 OLG Nürnberg VRS 87, 22.
234 BGH VersR 1996, 513; OLG Hamm NZV 1990, 189.
235 OLG Saarbrücken OLGR 1999, 239.

94 Ein verkehrswidriges Verhalten des Vorfahrtberechtigten allein räumt den Anscheinsbeweis nicht aus.[236] Fuhr er ohne Licht, entfällt der Anscheinsbeweis; ob dann ihn ein unfallsächliches Verschulden trifft, lässt sich nicht prima facie, sondern nur anhand der konkreten Umstände beantworten.[237] Die Möglichkeit einer zu hohen Geschwindigkeit des Vorfahrtberechtigten genügt nicht zur Entkräftung des Anscheinsbeweises; diese würde vielmehr den Beweis von Umständen voraussetzen, aus denen sich die ernsthafte Möglichkeit einer so hohen Geschwindigkeit ergibt, dass das andere Fahrzeug beim Anfahren des Wartepflichtigen für diesen noch nicht sichtbar oder noch zu weit entfernt war, um von ihm als gefährdet angesehen werden zu müssen.[238] Hierbei sind die konkreten Sichtbedingungen (zB Nebel) zu berücksichtigen.[239]

95 Kein Anscheinsbeweis greift ein, wenn der Wartepflichtige nach rechts einbog und dabei gegen einen von rechts kommenden Verkehrsteilnehmer stieß, weil dieser beim Überholen auf die linke Straßenseite geraten war. Hier wäre ein Verschulden nur gegeben, wenn für den Wartepflichtigen Anzeichen für ein beabsichtigtes Überholen bestanden hätten; das Vorhandensein solcher Anzeichen lässt sich aber nicht mittels allgemeiner Erfahrung feststellen.[240] Liegt der Kollisionsort hinter dem Einmündungsbereich, fehlt es in der Regel an einem typischen Ablauf, weil es sich dann auch um einen vom Bevorrechtigten zu vertretenden Auffahrunfall handeln kann (vgl § 14 Rn 151).

96 Unfälle an Grundstücksein- oder -ausfahrten. Stößt mit dem Fahrzeug desjenigen, der nach links in ein Grundstück einfährt, ein entgegenkommendes Fahrzeug zusammen, so spricht der erste Anschein für ein Verschulden des Einfahrenden.[241] Entsprechendes gilt, wenn ein ausfahrendes Fahrzeug im Bereich der Ausfahrt mit dem fließenden Verkehr kollidiert,[242] während es bei einer Kollision ca 30 m hinter der Ausfahrt näherer Feststellungen zur Geschwindigkeitsdifferenz bedarf.[243] Wenn auf einen nach rechts oder links in ein Grundstück Einfahrenden ein hinter ihm sich in gleicher Richtung bewegendes Fahrzeug auffährt oder durch die Reaktion auf den Einbiegevorgang ins Schleudern gerät, spricht gegen diesen Fahrer und nicht gegen den Einbiegenden der erste Anschein.[244] Kommt es dagegen zum Zusammenstoß mit einem Überholer, spricht der erste Anschein für einen Sorgfaltsverstoß des nach links Einbiegenden.[245]

---

236 KG DAR 1984, 85.
237 **AA** KG VersR 1983, 839.
238 BGH VersR 1986, 579; OLG München VersR 1998, 733; OLG Stuttgart VersR 1982, 1175 lässt bereits Zweifel an der Erkennbarkeit genügen; OLG Oldenburg VersR 1995, 1457 stellt zu geringe Anforderungen.
239 OLG Köln VersR 1988, 859.
240 BGH VersR 1982, 903; OLG Köln VersR 1994, 191.
241 BGH VersR 1959, 613.
242 OLG Celle NJW-RR 2003, 1536; *Hentschel* § 10 StVO Rn 11 mwN. Fragwürdig aber KG VM 2006, 18 (Kfz stand mehrere Minuten in der Ausfahrt).
243 OLG München NZV 1989, 278.
244 OLG Celle NJW 1966, 2020; **aA** OLG Köln DAR 1956, 13.
245 KG NZV 2003, 89.

Anfahren vom Fahrbahnrand. Ereignet sich ein Zusammenstoß beim Anfahren vom Fahrbahnrand[246] oder beim Rückwärtsfahren von einem Parkstreifen auf die Fahrbahn,[247] so spricht der Anscheinsbeweis für das Verschulden des Anfahrenden. **97**

Wenden. Stößt ein wendendes Kfz mit einem Fahrzeug des fließenden Verkehrs zusammen, so deutet der typische Geschehensablauf auf ein unfallursächliches Fehlverhalten des Wendenden hin.[248] Bei erheblicher Geschwindigkeitsüberschreitung des anderen Verkehrsteilnehmers kann dieser Anscheinsbeweis jedoch ausgeräumt sein. Voraussetzung hierfür ist die ernsthafte Möglichkeit, dass der andere bei Beginn des Wendemanövers noch so weit entfernt war, dass seine Gefährdung für ausgeschlossen gehalten werden durfte.[249] **98**

Rückwärtsfahren. Bei einer Berührung zwischen einem rückwärtsfahrenden Kfz und einem anderen Verkehrsteilnehmer ist prima facie vom Verschulden des Rückwärtsfahrenden auszugehen.[250] **99**

Unfälle mit Fußgängern. Stößt ein Kfz auf seiner rechten Fahrbahnseite mit einem von rechts kommenden Fußgänger zusammen, so spricht ein Anscheinsbeweis für Unaufmerksamkeit des *Fußgängers*.[251] Dasselbe gilt, wenn der Fußgänger durch das Herannahen eines Kfz derart erschreckt wird, dass er zu Fall kommt.[252] Wird ein Fußgänger auf der Fahrbahn liegend überfahren und steht fest, dass er in hohem Maße alkoholbedingt verkehrsunsicher war, so spricht der Anscheinsbeweis dafür, dass er durch die Trunkenheit, also verschuldetermaßen, auf die Fahrbahn gelangt ist.[253] Allein aus dem Verunglücken auf der Fahrbahn kann jedoch nicht auf ein Verschulden des Fußgängers geschlossen werden.[254] Insbesondere greift ein solcher Anscheinsbeweis nicht ein, wenn der Zusammenstoß in[255] oder jenseits der Fahrbahnmitte[256] geschieht. **100**

Aus dem Anfahren eines die Fahrbahn überquerenden Fußgängers kann nur dann prima facie auf ein Verschulden des *Kraftfahrers* geschlossen werden, wenn der Fußgänger bei „Fahren auf Sicht" rechtzeitig erkennbar war, zB wenn er von links kam.[257] Trat der Fußgänger (aus der Sicht des Kraftfahrers) von rechts auf die Fahrbahn oder ist dies nicht auszuschließen, so lässt sich ein Verschulden des Kraftfahrers nicht mittels Anscheinsbeweises feststellen.[258] **101**

---

246 OLG Düsseldorf VersR 1977, 60; 1978, 852; OLG Saarbrücken MDR 2003, 506.
247 OLG Frankfurt VersR 1982, 1079.
248 BGH VersR 1985, 990; KG NZV 2002, 230.
249 BGH VersR 1985, 990.
250 KG VM 1988, Nr 30 LS.
251 BGH VersR 1953, 242; OLG Düsseldorf DAR 1977, 268; **aA** OLG München VersR 1968, 480.
252 BGH VersR 1974, 196.
253 BGH NJW 1976, 897.
254 BGH VersR 1956, 488.
255 BGH VersR 1958, 169; 1966, 873.
256 BGH VersR 1958, 550; 1961, 84.
257 BGH VersR 1983, 1037; OLG Celle VersR 1986, 450; OLG Köln ZfS 1993, 258.
258 BGH VersR 1968, 603; 1968, 804; 1983, 1039; OLG Celle VersR 1986, 450; OLG Düsseldorf DAR 1977, 268; OLG Karlsruhe VersR 1989, 302.

102 Der Rechtsprechung, wonach das Anfahren eines am rechten Straßenrand in gleicher Richtung gehenden Fußgängers prima facie auf einem Verschulden des Kraftfahrers beruht,[259] ist nicht zuzustimmen, da derartige Unfälle keinen hinreichend typischen Ablauf haben.[260]

103 Aus § 3 Abs 2a StVO kann nicht abgeleitet werden, dass beim Unfall mit einem *Kind* oder einer anderen *hilfsbedürftigen Person* in jedem Fall ein Anscheinsbeweis gegen den Kraftfahrer spricht.[261] Es muss vielmehr feststehen, dass er das Kind gesehen hat oder mit ihm rechnen musste.[262]

104 Fahrzeugmängel. Beruht ein Unfall auf einem technischen Mangel des Fahrzeugs, so kann hieraus dann auf ein Verschulden des Führers geschlossen werden, wenn die Mangelhaftigkeit schon vor dem Unfall ohne weiteres erkennbar war. Dies gilt vor allem für Fahren mit unvorschriftsmäßiger Beleuchtung oder ohne Beleuchtung[263] oder mit nicht funktionstüchtigen Bremsen. Aus dem bloßen Vorhandensein von Mängeln am Kfz kann jedoch auf Fahrlässigkeit des Führers nicht geschlossen werden, wenn nicht feststeht, dass die Schäden schon früher aufgetreten sind oder erkennbar waren. So hat der BGH den Beweis des ersten Anscheins für ein Verschulden abgelehnt, als bei einem Lkw aus ungeklärter Ursache das Bremspedal klemmte und auch die Handbremse wegen Verölung der Bremsbacken nur unzureichend bremste.[264] Das Versagen der Kardanwelle ist nur in den seltensten Fällen vorher erkennbar und lässt daher nicht auf ein Verschulden schließen.[265]

Mangels Typizität besteht kein Anscheinsbeweis dafür, dass das Ausschlagen eines Fahrradlenkers auf einem (vom Fahrradvermieter zu vertretenden) Lösen des Lenkergriffs beruht[266] oder dass das Lösen eines linken Hinterrades auf ein Verschulden der Werkstatt zurückgeht, die zuvor Karosseriearbeiten am rechten Heckteil ausgeführt hat.[267]

105 Unbefugte Benutzung des Kfz. Haben Zweitschlüssel in der Ablage oder im Handschuhfach eines abgestellten Wagens gelegen, soll der erste Anschein dafür sprechen, dass sie dort vom den Wagen überwiegend nutzenden Halter als Reserveschlüssel abgelegt worden sind.[268]

---

259 So BGH VersR 1967, 257; OLG Zweibrücken VersR 1977, 1135.
260 Ebenso OLG München VersR 1987, 317 bei Trunkenheit des Fußgängers. Bedenklich OLG Hamm OLGR 2001, 138.
261 OLG Karlsruhe VersR 1986, 771; *Hentschel* § 25 StVO Rn 55; **aA** AG Köln NJW 1982, 2008; VRS 63, 9; 72, 256; für Betrunkenen LG Köln VersR 1984, 796.
262 OLG Hamm NJW-RR 1987, 1250.
263 BGH VRS 9, 427; VersR 1962, 633.
264 BGH VersR 1956, 696.
265 BGH VersR 1956, 161.
266 BGH WM 1982, 1230.
267 OLG Stuttgart VersR 1981, 89.
268 BGH NJW 1981, 114; zw.

Verlust von Fahrzeugteilen oder Ladung. Lösen sich Teile vom Kfz, vor allem Fel- **106**
gen, Reifen,[269] ein Zwillingsrad,[270] ein Reservereifen[271] oder Gepäck vom Dachständer,
so spricht dies für eine schuldhafte Pflichtwidrigkeit des Fahrers.

Ausgeräumt ist der Anscheinsbeweis beim Abspringen eines Zwillingsrades, wenn aus- **107**
reichende Anhaltspunkte dafür dargetan sind, dass möglicherweise in der Reparaturwerkstatt die Radmuttern überzogen worden waren.[272]

Öffnen der Wagentüre. Stößt ein Vorbeifahrender mit der Wagentür eines stehenden **108**
Kfz zusammen, so spricht der erste Anschein dafür, dass die Tür unvorsichtig geöffnet
wurde.[273]

Sturz eines Kradfahrers begründet den Anschein, dass er zu schnell oder unvorsichtig **109**
fuhr.[274] Stürzt ein Kradfahrer nach einer Kurve, die er mit Grenzgeschwindigkeit durchfahren hat, so spricht der Anscheinsbeweis für sein Verschulden.[275] Dieser Anscheinsbeweis greift dagegen nicht ein, wenn ein Kradfahrer stürzt, nachdem kurz vor ihm
ein anderes Krad verunglückt und explodiert war; denn der Gestürzte kann auch er-
schrocken oder durch ein Fahrzeugteil getroffen worden sein.[276]

Sturz eines Radfahrers bei Fahrbahnglätte lässt keinen Schluss auf vorwerfbaren **110**
Fahrfehler zu.[277]

Sturz eines Fußgängers auf nassem Kopfsteinpflaster begründet keinen Anscheinsbe- **111**
weis für Verschulden.[278]

Das **Übersehen eines Verkehrszeichens** beruht prima facie auf Fahrlässigkeit.[279] **112**

Unzulängliche Verkehrsregelung. Ist eine Gefahrenstelle unzureichend oder irre- **113**
führend beschildert, so spricht nach BGH VersR 1969, 539 der erste Anschein für ein
Verschulden der Beamten der zuständigen Behörde (zweifelhaft).

Verkehrssicherungspflichtverletzung. Die Zulassung eines Anscheinsbeweises ist **114**
hier problematisch. Die Rechtfertigung für die mit dem Anscheinsbeweis des Verschuldens verbundene Quasi-Gefährdungshaftung (vgl Rn 59) liegt bei der Haftung zwischen Verkehrsteilnehmern darin, dass sich Unfallabläufe häufig nicht eindeutig rekon-
struieren lassen und dass in der Teilnahme am Verkehr regelmäßig die Bereitschaft zur
Übernahme eines gewissen, in der Regel durch Versicherung abgedeckten Haftungsrisikos gesehen werden kann. Zudem gibt es besonders typische Unfallsituationen, in
denen das Verschulden eines Beteiligten nach allgemeiner Erfahrung so nahe liegt, dass
ein abweichender Hergang zunächst außer Betracht gelassen werden kann. All dies ist
bei der Inanspruchnahme aus Verletzung der Verkehrssicherungspflicht nicht, zumin-

---

269 OLG Neustadt VRS 11, 15.
270 BGH VersR 1961, 424.
271 OLG Düsseldorf MDR 1962, 53.
272 BGH VersR 1961, 424.
273 AG Köln VRS 72, 265.
274 OLG Düsseldorf VersR 1981, 263.
275 BGH VersR 1962, 1208.
276 BGH VersR 1957, 445.
277 KGR 1999, 255.
278 OLG Köln VersR 2000, 638.
279 BGH VersR 1955, 183; 1960, 597.

dest nicht in gleichem Maße der Fall. Diese Haftung knüpft allein an die Herrschaft über eine potentielle Gefahrenquelle an. Typische Pflichtwidrigkeiten sind hier kaum ersichtlich. Vor allem aber wird es hier in aller Regel möglich sein, die objektive Pflichtverletzung (das Loch in der Straße, die überhängenden Äste, das Fehlen des Warnschildes usw) eindeutig festzustellen; die Frage der subjektiven Vorwerfbarkeit ist in der Regel kein Beweisproblem, sondern eine Angelegenheit richterlicher Wertung, nämlich der Definition der verkehrsüblichen Sorgfalt. Mit Recht lehnt die Rechtsprechung daher zB einen Anscheinsbeweis für ein Verschulden des Verkehrssicherungspflichtigen bei Stürzen eines Fußgängers,[280] auch bei Winterglätte,[281] ab. Zu weiteren Beweisfragen bei der Verletzung der Verkehrssicherungspflicht s § 13 Rn 10 ff.

---

280 BGH VersR 1955, 251: in Badeanstalt; BGH VersR 1965, 520: auf Treppe.
281 BGH VersR 1954, 224; OLG Hamm MDR 2000, 85.

Literaturverzeichnis

AnwK-BGB, *Dauner-Lieb/Heidel/Ring* (Hrsg), Anwaltkommentar BGB (2005), mit Name des Bearbeiters

Bamberger/Roth, Kommentar zum Bürgerlichen Gesetzbuch (2003), mit Name des Bearbeiters
Baumbach/Lauterbach, Zivilprozessordnung^{65} (2007), mit Name des Bearbeiters
Berz/Burmann, Handbuch des Straßenverkehrsrechts (Loseblatt-Werk), mit Name des Bearbeiters
Bruck/Möller, Kommentar zum VVG und zu den Allgemeinen Versicherungsbedingungen^8 (1983)

Ch Huber, s Huber, Christian

Deutsch, Allgemeines Haftungsrecht^2 (1996)

Erman, Handkommentar zum Bürgerlichen Gesetzbuch^{11} (2004), mit Name des Bearbeiters
Esser/Schmidt, Schuldrecht Allgemeiner Teil, Teilband 1^8 (1995) und Teilband 2^8 (2000)

Feyock/Jacobsen/Lemor, Kraftfahrtversicherung^2 (2001)
Fikentscher, Schuldrecht^9 (1997)
Filthaut, Haftpflichtgesetz^6 (2003)
Fuchs, Deliktsrecht^3 (2000)

Geigel, Der Haftpflichtprozess^{24} (2004)

Hentschel, Straßenverkehrsrecht^{38} (2005)
Hentschel/Born, Trunkenheit im Straßenverkehr^7 (1996)
Trunkenheit, Fahrerlaubnisentziehung, Fahrverbot^9 (2003)
Himmelreich/Klimke/Bücken, Kfz-Schadensregulierung^6 (Loseblatt-Werk)
Hofmann, Haftpflichtrecht für die Praxis (1989)
Huber, Christian, Das neue Schadensersatzrecht (2003)

Janiszewski/Jagow/Burmann, Straßenverkehrsrecht^{19} (2006), mit Name des Bearbeiters

Kötz/Wagner, Deliktsrecht^{10} (2006)
Krumme, Straßenverkehrsgesetz (1977)
Küppersbusch, Ersatzansprüche bei Personenschaden^9 (2006)

Literaturverzeichnis

Lange/Schiemann, Schadensersatz[3] (2003)
Larenz, Lehrbuch des Schuldrechts Band I Allgemeiner Teil[14] (1987) und Band II Besonderer Teil 1. Halbband[13] (1986)
Larenz/Canaris, Lehrbuch des Schuldrechts Band II Besonderer Teil 2. Halbband[13] (1994)
Ludovisy, Praxis des Straßenverkehrsrechts[3] (2005), mit Name des Bearbeiters

Mertens, Der Begriff des Vermögensschadens im bürgerlichen Recht (1967)
MünchKomm, Münchener Kommentar zum Bürgerlichen Gesetzbuch[4] Band 2a (2003), Band 5 (2004) und Band 10 (2006) mit Name des Bearbeiters
MünchKomm-ZPO, Münchener Kommentar zur Zivilprozessordnung[2] (2000), mit Name des Bearbeiters

Palandt, Bürgerliches Gesetzbuch[66] (2007), mit Name des Bearbeiters
Picker, Die Naturalrestitution durch den Geschädigten (2003)
Prölss/Martin, Versicherungsvertragsgesetz[27] (2004), mit Name des Bearbeiters
RGRKomm, Reichsgerichtsrätekommentar zum BGB[12] (1976 ff), mit Name des Bearbeiters

Rosenberg/Schwab/Gottwald, Zivilprozessrecht[16] (2004)
Rüth/Berr/Berz, Straßenverkehrsrecht[2] (1988)

Sanden/Völtz, Sachschadenrecht des Kraftverkehrs[8] (2006)
Schloën/Steinfeltz, Regulierung von Personenschäden (1978)
Soergel, Kommentar zum Bürgerlichen Gesetzbuch[13] (2005), mit Name des Bearbeiters
Staudinger, Kommentar zum Bürgerlichen Gesetzbuch, Band IPR (Bearbeitung 2001) und Band Schadensersatzrecht (Bearbeitung 2005), mit Name des Bearbeiters
Stein/Jonas, Zivilprozeßordnung[21] (1993 ff), mit Name des Bearbeiters
Stiefel/Hofmann, Kraftfahrtversicherung[17] (2000)

Walter, Die Haftung des Kraftfahrzeughalters (1962)
Wussow, Unfallhaftpflichtrecht[15] (2002), mit Name des Bearbeiters

Zöller, Zivilprozessordnung[26] (2007), mit Name des Bearbeiters

Sachverzeichnis

Abänderungsklage
- bei Prozessvergleich **16** 71
- bei Rentenzahlungspflicht **31** 28
- bei Schmerzensgeldrente **30** 56
- bei Unterhaltsersatzanspruch **28** 162

Abbauanlagen
- Gefährdungshaftung **5** 52 ff

Abbiegen s. Grundstück, Linksabbiegen, Rechtsabbiegen

Abbiegestreifen 14 145

Abdingbarkeit der Haftung 19 16, 29 ff

Abfindung s. Kapitalabfindung

Abfindungsvergleich 16 57 ff
- Fürsorgeregress **33** 21, 47
- Sozialversicherungsregress **32** 55 ff
- s.a. Vergleich

Abgeschlepptes Fahrzeug
- Betrieb **3** 106
- Direktanspruch **15** 10
- hoheitliches Handeln **12** 61

Abgestelltes Fahrzeug
- Betrieb **3** 1, 107 ff
- Haftungsverteilung **22** 220, 240

Abgrund
- Verkehrssicherungspflicht **13** 55

Abkommen von der Fahrbahn
- Anscheinsbeweis **38** 66, 79 f
- grobe Fahrlässigkeit **32** 113

Ablenkung des Fahrers
- grobe Fahrlässigkeit **32** 114

Abmeldungskosten 23 27

Abschleppen s. abgeschlepptes Fahrzeug

Abschleppfahrzeug 14 247
- Mitfahren **19** 41

Abschleppkosten 24 49

Absicherung s. liegengebliebenes Kfz

Absperrvorrichtung
- Verkehrssicherungspflicht **13** 134

Abstand
- Anscheinsbeweis **38** 84, 91
- beim Überholen **14** 88, 92 f
- Fahrbahnrand oder -mitte **14** 45, 112
- Haftungsquote **22** 158 ff

- Schutzzweck **11** 18
- Straßenbahn **5** 40
- unabwendbares Ereignis **3** 426, 483
- zu Fußgängern auf der Fahrbahn **14** 233
- zu Fußgängern auf Gehwegen **14** 235
- zu geparkten Fahrzeugen **14** 45
- zu radfahrenden Kindern **14** 244
- zum Vorausfahrenden **14** 78 ff
- s.a. Auffahrunfall

Abstrakte Nutzungsausfallentschädigung 25 50 ff

Abstraktes Schuldanerkenntnis 16 47 ff

Abtretung von Schadensersatzansprüchen **3** 255 ff

Abwägung s. Haftungsverteilung

Abzug „neu für alt" 23 6, 17 ff, **24** 15, 79 ff

Abzug des Restwerts s. Restwert

Adäquanz 3 66 ff, 70, 87, 172, 175, 196, **10** 24 ff

Adhäsionsverfahren 21 82

Adoption 28 166

Affektionswert 3 209, **23** 9

Akten s. Beiziehung von Akten

Alkohol
- Anscheinsbeweis **38** 62 ff, 100
- Aufsicht bei Verrichtungsgehilfen **7** 21
- Entlastungsbeweis **4** 27
- Erhöhung der Betriebsgefahr **22** 131
- Fußgänger **14** 281
- Mitverschulden **22** 42
- Radfahrer **14** 257
- Schuldunfähigkeit **10** 60 ff
- unabwendbares Ereignis **3** 427
- Verabreichung **14** 297 ff
- Verrichtungsgehilfe **7** 16
- s.a. Fahruntauglichkeit

Alleingesellschafter
- Erwerbsschaden **29** 143

Allgemeiner Verkehr 19 114 f, 141 ff, 149 f

Alternative Kausalität s. Kausalität

Altfälle 3 412

Sachverzeichnis

Ampel s. Lichtzeichen
Amtshaftung 12 1 ff, 13 2
– Anrechnung der Betriebsgefahr 22 22
– Beweislast 12 13
– Mithaftung 12 10
– Subsidiarität 12 69 ff
– Verjährung 12 11 f
– Verschulden 12 40 ff
– Zurechnungsfähigkeit 12 42
Amtspflicht
– gegenüber dem Geschädigten 12 19 ff
– gegenüber Trägern öffentlicher Gewalt 12 38 f
– Polizei 12 32 f
– Rentenversicherungsträger 12 37
– Straßenbaulast 12 36
– Teilnahme am Straßenverkehr 12 20
– TÜV 12 35
– Zulassungsstelle 12 34
Änderung der Lebensplanung
– Erwerbsschaden 29 58 f
Anderweitiger Ersatz s. Verweisungsprivileg
Aneignungsrecht 3 48
Anerkenntnis
– Neubeginn der Verjährung 21 31 ff
– s.a. Schuldanerkenntnis
Anfahren
– Anscheinsbeweis 38 97
– erforderliche Sorgfalt 14 74 ff
– gegenüber Fußgängern 14 221
– Haftungsquote 22 156
– in einer Kolonne 14 80
– Müllfahrzeuge 14 77
– Omnibus 14 76, 241
– Schutzzweck 11 25
– unabwendbares Ereignis 3 429
Anfechtung
– abstrakter Anerkenntnisvertrag 16 50
– deklaratorischer Anerkenntnisvertrag 16 52
– Vergleich 16 68
Angehörige
– Haftungsausschluss 19 62
– Pflegeaufwand 29 11
– Regressbeschränkung s. Familienprivileg
Anhalten
– erforderliche Sorgfalt 14 67
– unabwendbares Ereignis 3 431
– Vorausfahrender 14 36, 78
Anhänger 3 17, 21 ff
– Abkuppeln 3 119
– Betrieb 3 115

– Haftungshöchstbetrag 20 4
– Rangieren 3 118
– unabwendbares Ereignis 3 430
– Verbindung mit Kraftfahrzeug 3 23
– Versagen einer Vorrichtung 3 393 f
Anlagen s. schadensbegünstigende Konstitution, gefährliche Anlagen
Anleinzwang
– Schutzzweck 11 56
Anlieger
– Verkehrssicherungspflicht 13 27, 73 ff, 79 ff, 111
Anliegergrundstück
– Beschädigung 3 188
Anmeldung beim Haftpflichtversicherer
– Hemmung der Verjährung 21 40 ff
Anordnung der Urkundenvorlegung 38 4 f, 18
Anordnung des persönlichen Erscheinens 38 3
Anpflanzungen s. Baum
Anscheinsbeweis 1 12, 3 77, 38 43 ff
– bei Verkehrssicherungspflichten 38 76, 114
– der Kausalität 22 66, 38 46, 62 ff
– des Verschuldens 38 47 f, 59, 79 ff
– Entlastungsbeweis des Führers 4 24
– Fallgruppen 38 45 ff
– Rechtsnatur 38 56 ff
– und Indizienbeweis 38 40, 55
– und materielles Recht 38 57 ff
Anschnallpflicht s. Sicherheitsgurt
Anspruchsberechtigung 3 239
– Versicherungsleistung 3 245
Anstellung für den Betrieb des Kfz 3 319
Anteilszweifel 10 34
Anwaltsbestellung
– durch Haftpflichtversicherung 15 30
Anwaltskosten 28 9
Anzeichenbeweis s. Indizienbeweis
Anzeige an Schädiger 19 18 ff
Anzeigepflicht 16 24
Aquaplaning 14 18
Äquivalenztheorie 3 67, 10 20
Arbeitgeber
– Direktanspruch 15 10
– Freistellungspflicht 16 41
– Hinterbliebenenrente 28 79
– vertragliche Haftung 16 39
– s.a. Arbeitsunfall, Forderungsübergang, Haftungsausschluss, Lohnfortzahlung

Sachverzeichnis

Arbeitnehmer
- als Kfz-Führer **4** 33
- Aufwendungsersatzanspruch bei Verwendung des eigenen Fahrzeugs **16** 40
- Freistellungsanspruch **16** 41 ff
- grobe Fahrlässigkeit **16** 42
- Haftungsbeschränkung **19** 64 ff
- vertragliche Haftung **16** 37
- s.a. Arbeitsunfall, Erwerbsschaden, Haftungsausschluss, Lohnfortzahlung

Arbeitnehmerähnliche Tätigkeit 19 90, 93, 105

Arbeitseinkommen
- Erhaltungskosten **29** 34

Arbeitsentgelt 29 177

Arbeitsfahrzeuge
- Verkehrssicherungspflicht **13** 118

Arbeitsgeräte
- Verkehrssicherungspflicht **13** 106

Arbeitskollege s. Haftungsausschluss/Arbeitskollege

Arbeitskraft
- Einsatz zur Schadensminderung **22** 121, **28** 87 ff, 141 ff

Arbeitslohn s. Lohnfortzahlung

Arbeitslose
- Erwerbsschaden **29** 160

Arbeitslosengeld
- Forderungsübergang auf Sozialversicherung **32** 47

Arbeitslosenhilfe
- Forderungsübergang auf Fürsorgeträger **33** 9

Arbeitslosenversicherung
- Beiträge **32** 16
- s.a. Forderungsübergang auf Sozialversicherungsträger

Arbeitsmaschinen 3 12, 22, 61 ff, 109, 120 f

Arbeitsunfall
- Begriff **19** 109
- Bindungswirkung sozialrechtlicher Entscheidungen **19** 112
- Feststellung **19** 110 ff
- Krankenkassenleistungen **32** 104 f
- Mitnehmen von Kollegen **19** 143
- Vereinstätigkeit **19** 129
- s.a. Haftungsausschluss, Unfallversicherungsregress, Wegeunfall

Arbeitsvertrag
- Verjährung **16** 37

Arglisteinwand
- gegenüber Verjährungseinrede **21** 100 ff

Arzt
- Anspruch bei Hilfeleistung **17** 15

Ärztliche Anordnung 29 26

Ärztliche Behandlung s. Heilbehandlung, Heilungskosten

Äste 13 108, 110

Asylbewerberleistungsgesetz
- Regress **33** 10

Auch-fremdes-Geschäft 17 6

Auffahrunfall
- Anscheinsbeweis **38** 67, 81 ff, 84 ff
- durch Polizeibeamten **18** 4
- grobe Fahrlässigkeit **32** 115
- Haftungsquote **22** 158 ff, 228 ff
- mangelhafte Absicherung **38** 67
- Straßenbahn **5** 40
- unabwendbares Ereignis **3** 432
- Verkehrspflichtverletzung **14** 23
- wegen Treibstoffmangels **4** 30
- s.a. Zweitunfall

Aufgrabung
- Verkehrssicherungspflicht **13** 106

Aufklärung über Versicherungsschutz 15 12, **16** 19

Aufopferung 1 11
- Direktanspruch **15** 6
- zur Gefahrenabwehr **17** 6

Aufopferungsanspruch 17 4

Aufsichtspersonen
- unabwendbares Ereignis **3** 421

Aufsichtspflicht
- Amtspflicht **12** 22
- Ausmaß **8** 15
- Haftung **10** 73
- Haftungsquotelung **14** 317
- Kinder **8** 5 ff, **14** 316 ff
- Übertragung **8** 12
- Verletzung **8** 1 ff

Aufspaltung des Entlastungsbeweises 3 349

Auftrag
- vertragliche Haftung **16** 35

Aufwendungen
- für Krankenhausbesuche **17** 13
- nutzlos gewordene **3** 216 f, **29** 175, 189
- zur Schadensminderung **17** 13
- zur Schadensvorsorge **7** 218
- zur Unfallvermeidung **17** 6
- s.a. Schadensersatz

Augenblicksversagen 32 111

Augenschein 38 6, 10

1007

Sachverzeichnis

Ausbildungsbetrieb
– Haftungsausschluss s. Haftungsausschluss/pädagogischer Bereich
Ausbildungsverlauf 29 164 ff
Ausbildungszeitverlängerung wegen Unfall 29 34
Ausfahren aus einem Grundstück s. Grundstücksausfahrt
Ausforschungsbeweis 38 1, 20
Ausgleich unter mehreren Ersatzpflichtigen s. Regress
Ausgleichsanspruch
– gegen den Staat **18** 2
Ausgleichsprinzip 1 16 ff
Auslagen
– für Schadensabwicklung **26** 26 ff
Auslagenpauschale 26 28
Ausländer
– Staatshaftung **12** 62
– Verweisungsprivileg **12** 76
Ausländische Streitkräfte 12 78 ff
– außerdienstliche Handlungen **12** 79 ff
– s.a. NATO-Truppen, Sowjettruppen
Ausländischer Beamter 34 43
Ausländischer Sozialversicherungträger 32 94 ff
Auslandskrankenhaus 29 16
Auslandsunfall
– Direktanspruch **15** 66 ff
– Forderungsübergang auf Sozialversicherungsträger **32** 94 ff
– s.a. internationales Haftungsrecht
Ausreißer
– Produzentenhaftung **6** 16
Ausscheren
– beim Linksabbiegen **14** 105
– Straßenbahnwagen **5** 42
Ausschluss s. Haftungsausschluss, Entlastungsbeweis
Ausschluss der Gefährdung anderer Verkehrsteilnehmer 10 55, **14** 14
Ausschwenken
– beim Rechtsabbiegen **14** 108
Außenseitermethode 32 20
Außergewöhnliches Ereignis s. höhere Gewalt
Aussetzung des Zivilprozesses
– bei Arbeitsunfall **19** 110
– bei Unfällen von Beamten, Versorgungsberechtigten **19** 161
Aussteigen
– Betrieb des Kfz **3** 129 ff
– erforderliche Sorgfalt **14** 70, 72

– Haftungsquote **22** 222
– Schutzzweck **11** 27
– unabwendbares Ereignis **3** 434
Aussteigen aus Fahrzeug s.a. Öffnen der Fahrzeugtür
Auswahl
– des Kfz-Führers **7** 15 ff
Auswärtige Krankenbehandlung 29 16
Ausweichen
– als versicherte Hilfeleistung **19** 152
– unabwendbares Ereignis **3** 435
– vor Hindernissen **14** 113 f
– zur Unfallvermeidung **17** 2
Autobahn
– erforderliche Sorgfalt beim Einfahren **14** 75, 91, 149 f, **22** 212
– Geschwindigkeit **3** 444, **14** 19, 22
– Überholen **3** 498
– Verkehrssicherungspflicht **13** 17, 106
Autobahnmeisterei
– hoheitliches Handeln **12** 61
Automatische Regelungssysteme 3 395
Autorennen s. Rennen

Bagatellverletzung 30 8
Bagger
– Verkehrssicherungspflicht **13** 106
Bahn
– hoheitliches Handeln **12** 58
– s.a. Schienenbahn
Bahngleis s. Gleise
Bahnschranke 5 14
– hoheitliches Handeln **12** 61
Bahnübergang 5 14
– erforderliche Sorgfalt **14** 207 f
– grobe Fahrlässigkeit **32** 116
– Haftungsquote **22** 234
– Verkehrssicherungspflicht **13** 21, 119
Bankett 14 114
– Verkehrssicherungspflicht **13** 60
Bauangelegenheiten
– hoheitliches Handeln **12** 56
Baum
– Ersatz bei Beschädigung **24** 89
– Ersatz bei Zerstörung **23** 10
– Haftungsquote **13** 164
– Verkehrssicherungspflicht **13** 107 ff
Baumaterial
– Verkehrssicherungspflicht **13** 106
Bauordnung Schutzzweck **11** 55
Baustelle
– erforderliche Sorgfalt **14** 25

Baustelle (Forts.)
- Haftungsquote **13** 164
- Verkehrsregelung **13** 105
- Verkehrssicherungspflicht **13** 24, 76, 104 ff

Bauzaun
- Verkehrssicherungspflicht **13** 134

Beamte
- Amtshaftung **12** 14 ff
- Kollegenprivileg bei Arbeitsunfall **19** 134
- Sterbegeld **28** 17
- Verletzung von Angehörigen **29** 31
- verminderte Versorgungsbezüge der Hinterbliebenen **29** 172
- vorzeitiger Ruhestand **29** 169
- s.a. Beihilfe
- s.a. Forderungsübergang auf Dienstherrn
- s.a. Haftungsausschluss/Dienstrecht

Beamtenversorgung
- Forderungsübergang s. Forderungsübergang auf Versorgungsträger
- Haftungsausschluss s. Haftungsausschluss/Versorgungsrecht

Beaufsichtigung
- des Kfz-Führers **7** 20 ff
- s.a. Aufsichtspflicht

Bedienungsanleitung **6** 5

Bedingungstheorie s. Äquivalenztheorie

Beerdigungskosten **28** 14 ff
- Kongruenz Dienstherrenregress **34** 26
- Kongruenz Sozialversicherung **32** 34

Beförderung
- von Personen
- – Gefährdungshaftung **19** 35 ff
- von Sachen
- – Gefährdungshaftung **19** 15 f

Beförderungsvertrag **16** 7
- bei öffentlichen Verkehrsmitteln **16** 9

Befriedigungsvorrecht
- Arbeitgeber **29** 182
- Dienstherrenregress **34** 36
- Fürsorgeregress **33** 22
- Sozialversicherungsregress **32** 72
- Versorgungsregress **34** 18

Befundsicherungspflicht **6** 19

Begegnungsunfall **3** 123
- Anscheinsbeweis **38** 69, 88 f
- Haftungsverteilung **22** 178 ff
- s.a. Gegenverkehr

Begehrensneurose **3** 198

Begleitetes Fahren ab 17 **4** 13, 21, **8** 15, **14** 295, 315

Begutachtung **38** 6

Behandlungskosten s. Heilungskosten

Behelfsbrücke
- Verkehrssicherungspflicht **13** 106

Beibringungsgrundsatz **38** 1

Beifahrer **3** 320
- s.a. Insasse

Beihilfe
- bei Tötung eines Beamten **28** 17
- Kongruenz mit Heilungskosten **34** 32
- Kongruenz mit Unterhaltsersatzanspruch **34** 28
- und Finanzierungskosten **29** 14

Beiträge s. Forderungsübergang auf Sozialversicherungsträger

Beitragsregress
- Familienprivileg **32** 155
- Sozialversicherung **32** 141 ff
- Unfallversicherung **32** 148

Beitragsrückerstattung durch Krankenversicherung **29** 14

Beiziehung von Akten **38** 4

Beladen **3** 124

Beleuchtung
- Anscheinsbeweis **38** 67
- Funktionsfähigkeit **14** 60
- haltender Fahrzeuge **14** 69
- Schutzzweck **11** 30
- Verkehrssicherungspflicht **13** 48, 98 ff

Benutzung des Kfz **3** 309

Benutzung unsicherer Verkehrswege **22** 49

Benutzungsverbote **14** 47

Bereicherungsrecht
- Kondiktion des abstrakten Anerkenntnisses **16** 49
- Kondiktion des deklaratorischen Anerkenntnisses **16** 52

Bereicherungsverbot **1** 21, **3** 229

Bereifung **14** 61
- s.a. Reifen

Bergung **3** 157

Bergungskosten **17** 13, **23** 27

Bergwerk **5** 61

Berufliches Fortkommen **29** 162 f

Berufsbedingte Aufwendungen
- Vorteilsanrechnung **29** 93

Berufskraftfahrer
- als Insasse **14** 292

Berufsunfähige
- Erwerbsschaden **29** 160

1009

Sachverzeichnis

Berufswechsel
- Erwerbsschaden **29** 59

Berufung
- Wiederholung der Beweisaufnahme **38** 9

Berührung s. Begegnungsunfall

Beschädigung
- beförderter Sachen **19** 13 ff
- Erheblichkeit **24** 16
- vorbeschädigter Sachen **24** 81 ff

Beschaffenheit des Fahrzeugs
- Erhöhung der Betriebsgefahr **22** 131
- s.a. Fehler in der Beschaffenheit

Beschäftigte Person 3 417

Beschleunigungsstreifen 14 149 f

Beschränkt dingliche Rechte 10 16

Besetzung des Fahrzeugs 14 64

Besitzer
- als Verletzter **3** 47, 240, **10** 15, 18

Besitzverlust 3 45

Besprechungsgebühr 26 18 ff

Bestimmtheit s. Klageantrag

Besuchskosten s. Krankenbesuch

Beteiligung mehrerer Personen
s. Mitschädiger

Betragsverfahren 37 29

Betrieb
- bei dem Betrieb beschäftigter Dritter **3** 419
- Beweislast **3** 164
- eines Kraftfahrzeugs **3** 49 ff
- eines Luftfahrzeugs **5** 44
- im Sinne des HaftPflG **5** 10
- im Sinne des Unfallversicherungsrechts **19** 127 ff
- Tätigsein beim Betrieb **19** 10 f

Betriebliche Tätigkeit 19 124 ff

Betrieblicher Verkehr 19 116

Betriebserlaubnis 16 22
- Schutzzweck **11** 45

Betriebserschwerniskosten 27 13

Betriebsgefahr 3 1 ff
- abstrakte **3** 2
- Anrechnung **22** 85 ff
- bei Geschäftsführung ohne Auftrag **17** 9
- bei öffentlich-rechtlichen Ausgleichsansprüchen **18** 6
- beim Kraftfahrzeugführer **4** 6 f
- Bewertung **22** 129
- erhöhte **3** 3, **22** 131
- konkrete **3** 3 f, **22** 129
- mitwirkende **3** 350, **22** 91 ff, **36** 5
- spezifische **3** 68
- s.a. Haftungsverteilung

Betriebsgeräusch 3 136

Betriebsunternehmer 5 17

Betriebsweg 19 119

Betriebszugehörigkeit
- Unfallversicherung **19** 95 ff, 112, 127 ff

Betrunkene s. Alkohol

Beweis des ersten Anscheins s. Anscheinsbeweis

Beweisanforderungen 38 36 ff

Beweisaufnahme s. Berufung

Beweiserleichterung 38 36 ff

Beweisführung
- Erschwerung **38** 35
- Vereitelung **37** 6, **38** 30

Beweislast 38 27 ff
- Amtshaftung **12** 13
- Anerkenntnis am Unfallort **16** 55
- Anzeige an Schädiger **19** 28
- Direktanspruch **15** 14
- Einwilligung in Schädigung **38** 40
- erhöhte Betriebsgefahr **22** 147
- Forderungsübergang auf Sozialversicherung **32** 87
- Gefährdungshaftung nach § 7 StVG **3** 31 f
- Höchstbetrag **20** 22
- Mitverschulden **22** 12, 146, **38** 28
- Produzentenhaftung **6** 11, 18 f
- psychische Störungen **38** 41
- Schadensminderungspflicht **29** 106
- Schleudertrauma **38** 41
- Schutzgesetzverletzung **38** 29
- Unabwendbarkeit **3** 409 ff
- Unterhaltsersatzanspruch **28** 170
- Verkehrssicherungspflichtverletzung **13** 10 ff
- Verschulden bei Arbeitsunfall **32** 133 f
- Verschulden des Fahrzeugführers **4** 2
- vertragliche Haftung **16** 1
- Verursachungsbeitrag **22** 146

Beweismaß 38 36

Beweismittel 38 10 ff

Beweisvereitelung s. Beweisführung

Beweiswürdigung 38 32 ff
- bei Erklärung am Unfallort **16** 55

Bewusste Selbstgefährdung 3 89 f, **22** 44 ff

Bewusstlosigkeit 10 59 ff
- des Kfz-Führers **10** 71
- des Verrichtungsgehilfen **7** 5
- s.a. Schmerzensgeld/Tod

Bewusstseinsstörung
- unabwendbares Ereignis **3** 364

Sachverzeichnis

Billigkeitshaftung 10 70 ff
- Mitverschulden 22 26
- Schmerzensgeld 30 30

Blendung des Fahrers 14 21

Blindengeld
- Regressausschluss 34 4

Blinken s. Fahrtrichtungsanzeiger

Blinklicht
- Schutzzweck 11 37

Blockieren eines Verkehrsweges 10 12 f, 17

Bodenwelle
- Verkehrssicherungspflicht 13 69

Bordsteinkante
- Verkehrssicherungspflicht 13 61

Böschung
- Verkehrssicherungspflicht 13 120

Brand 3 112, 128, 141

Bremsen
- Anscheinsbeweis 38 71, 83
- grobe Fahrlässigkeit 32 127
- Verkehrswidrigkeit 14 81 ff

Bremsleuchte
- Antippen 14 84
- Versagen einer Vorrichtung 3 396

Bremsversagen
- Haftung bei Notstandsabwehr 17 2

Brücke
- Verkehrssicherungspflicht 13 97, 121

Bruttolohnmethode 29 72 ff

Bundesautobahn s. Autobahn

Bundesfernstraßen s. Autobahn, Bundesstraße

Bundesstraße
- Verkehrssicherungspflicht 13 17

Bundesversorgungsgesetz
- Regress 34 2

Bundeswehr
- hoheitliches Handeln 12 50 f
- Verweisungsprivileg 12 70

Bus s. Omnibus

Bußgeldverfahren
- Kosten 26 22

Cessio legis s. Forderungsübergang

City-Roller 14 320

Condicio sine qua non 3 67

Dachlawine 13 116, 164

Dachziegel
- Verkehrssicherungspflicht 13 116

Darlegungslast 38 1
- s.a. Beweislast

Dauerrot 14 185, 18 4

DDR-Unfälle 2 3
- Haftpflichtversicherung 15 2

Deklaratorisches Schuldanerkenntnis 16 51 ff

Deliktische Haftung s. unerlaubte Handlung

Deliktsstatut s. internationales Haftungsrecht, internationales Regressrecht

Dienstfahrt
- hoheitliches Handeln 12 45 f, 48 ff
- Verweisungsprivileg 12 70 ff

Dienstherr s. Forderungsübergang auf Dienstherrn

Dienstleistungen
- Ersatzanspruch für Wegfall 28 6, 56, 126 ff, 177 ff
- Vorteilsausgleich durch Wegfall 28 170

Dienstleistungspflicht
- familienrechtliche 28 179 ff, 29 157 f
- vertragliche 28 178

Dienstunfall 19 156 ff
- bei Teilnahme am allgemeinen Verkehr 19 158, 162 f

Dienstwagen 16 38
- s.a. Firmenwagen

Direktanspruch 15 1 ff
- Ausschluss 15 42
- Begrenzung 15 15
- bei Ausländerbeteiligung 15 64
- bei Erlass der Forderung 15 22
- bei fehlender Eintrittspflicht des Versicherers 15 38 ff
- bei Unfällen im Ausland 15 66 ff
- Beweislast 15 14, 49
- Entschädigungsfonds 15 69
- Geldersatz 15 20
- Gesamtschuld 15 19
- in der ehemaligen DDR 15 2
- internationaler Geltungsbereich 15 12
- Konfusion 15 23
- Kosten eines Vorprozesses 15 9
- Mindestversicherungssumme 15 18, 43
- nach Ende des Versicherungsverhältnisses 15 42
- Rechtskrafterstreckung 15 24 ff
- Risikoausschluss 15 41
- Subsidiarität 15 44
- Teilungsabkommen 15 50
- Verjährung 15 21, 21 40 ff
- zeitlicher Geltungsbereich 15 11
- s.a. Haftpflichtversicherung

1011

Sachverzeichnis

Dispositionsfreiheit **1** 20
Dritte s. mittelbare Schädigung
Drittschäden 3 171
Drittwiderklage 37 10
Dunkelheit
– erforderliche Sorgfalt **14** 22
– Verkehrssicherungspflicht **13** 98
DUO-Bus 3 18
Durchfahrtshöhe
– grobe Fahrlässigkeit **32** 132
Durchgangsarzt
– Kosten **29** 13

Ehegatte
– Dienste im Haushalt **28** 59, 86, 102, 126 ff, 182
– Fahrlässigkeitsmaßstab **10** 54
– Haltereigenschaft **3** 271, 299
– Stillhaltepflicht **19** 62, **36** 19
– Unterhaltsschaden **28** 31 ff, 96 ff
Eheschließung
– unfallbedingtes Scheitern **29** 193
Ehrenamtlich Tätige
– Erwerbsschaden **29** 159
Eigene Gefahr s. Handeln auf eigene Gefahr
Eigenersparnis
– bei Mietwagen **25** 46 f
– bei Nutzungsausfallentschädigung **25** 61
Eigenheimkauf 29 175
Eigenleistungen beim Hausbau 29 191
– Vereitelung **10** 5
– vermehrte Bedürfnisse **29** 52
Eigenreparatur 24 45 ff
Eigentümer
– Anrechnung der Betriebsgefahr **4** 35, **22** 89
– Ausschluss des Ersatzanspruchs **3** 252
Eigentumsverletzung 10 12 ff
Eignung des Fahrzeugführers
– Erhöhung der Betriebsgefahr **22** 131
Einbahnstraße
– grobe Fahrlässigkeit **32** 117
Einbiegen in Grundstück s. Grundstücksausfahrt
Einfahren in Autobahn
– Anscheinsbeweis **38** 87
– erforderliche Sorgfalt **14** 75, 91, 149 f
Eingliederung in den Unfallbetrieb 19 98 ff
Eingriff in Verkehrsvorgänge 14 296

Einheitsregelung
– zwischen Arbeitgeber u. Arbeitnehmer **19** 46
Einkaufswagen 13 122
Einkommensteuer
– bei Erwerbsschaden **29** 83 ff, 127
– Schmerzensgeld **30** 43
– s.a. Steuer
Einmündung
– Anscheinsbeweis **38** 93 ff
– beim Rückwärtsfahren **14** 50
– Haftungsquote **22** 209 f
– Heineintasten **14** 189
– Verkehrspflichten **14** 133 ff
– Verkehrssicherungspflicht **13** 21, 56, 97
– s.a. Linksabbiegen, Rechtsabbiegen
Einmündungsbereich
– Kollision außerhalb **14** 151 ff, **38** 95
Einordnen in fließenden Verkehr
– Einfahren in eine Autobahn **14** 75, 91, 149 f, 165
– erforderliche Sorgfalt **14** 74 ff, 133 ff
Einsatzfahrzeug
– erforderliche Sorgfalt **14** 197 ff
– Haftungsquote **22** 206 ff
– unabwendbares Ereignis **3** 484 f
Einsichtsfähigkeit 10 66, 68
Einsteigen
– Betrieb des Kfz **3** 129 ff
– erforderliche Sorgfalt **14** 71
– Schutzzweck **11** 27
Eintritt in das Berufsleben
– Erwerbsschaden **29** 164 ff
Eintritt in den Ruhestand
– Erwerbsschaden **29** 79
Einweiser 14 50
Einwendungsverzicht
– deklaratorischer Anerkenntnisvertrag **16** 52
Einwilligung
– als Rechtfertigungsgrund **10** 44 ff
– Beweislast **38** 40
– s.a. fingierter Unfall
Einwinken s. Winkzeichen
Einziehungsermächtigung
– des Geschädigten für den Sozialhilfeträger **33** 19, 29
Eisbildung 5 57
Eisenbahn s. Schienenbahn
Eisenbahninfrastrukturunternehmen 5 19
Eisenbahnverkehrsunternehmen 5 19
Eisglätte s. Glatteis

Eiszapfen
- Verkehrssicherungspflicht **13** 116, 123

Eltern
- Ersatzpflicht bei Rettung des Kindes **17** 12
- Fahrlässigkeitsmaßstab **10** 54
- Haftung gegenüber Kindern **14** 316 f
- s.a. Aufsichtspflicht, Haftungsausschluss/ pädagogischer Bereich

Empfindungsunfähigkeit
- Schmerzensgeld **30** 9

Engstelle
- Haftungsquote **22** 94 ff, 185
- Straßenbahn **5** 38
- unabwendbares Ereignis **3** 437
- Verhaltenspflichten des Kraftfahrzeugführers **14** 99, 115 ff
- Verkehrssicherungspflicht **13** 70, 134

Enteignender Eingriff 18 1
Enteignungsentschädigung 18 6
Enteignungsgleicher Eingriff 18 2
Entgangene Annehmlichkeiten 25 63, **29** 175
Entgangene Dienste s. Dienstleistungspflicht
Entgangene Nutzung s. Nutzungsausfall
Entgangene Vergünstigungen 27 9

Entgangener Gewinn
- Arbeitsunfähigkeit **25** 7
- bei deliktischer Haftung **29** 190
- bei Gefährdungshaftung **29** 56 ff
- bei Sachschaden **25** 2 ff, **27** 8
- Ersatzfahrzeug **25** 6
- s.a. Erwerbsschaden

Entgangener Unterhalt s. Unterhaltsersatzanspruch
Entgeltfortzahlung s. Lohnfortzahlung
Entgeltlichkeit der Beförderung 19 36 ff
Entladen 3 124 f

Entlastungsbeweis
- bei Aufsichtspflichtverletzung **8** 14 ff
- bei Leitungsanlagen **5** 59
- beim Bahnbetrieb **5** 21
- des Kraftfahrzeugführers **4** 1, 22 f
- des Kraftfahrzeughalters **3** 7, 348 ff
- des Tierhalters **9** 20 ff
- dezentralisierter **7** 17
- für Verrichtungsgehilfen **7** 14 ff
- höhere Gewalt **3** 354 ff

Entleiher
- Haltereigenschaft **3** 283
- vertragliche Haftung **16** 30

Entschädigungsfonds 15 69 ff
Entschädigungsstelle 15 67
Entsendung in den Unfallbetrieb
- Haftungsausschluss **19** 101

Entsorgungskosten 27 15
Entstehungsgeschichte des StVG 1 37 ff

Entwendung
- Schutzpflichten bei Reparatur **16** 12

Entwendung eines Kraftfahrzeuges
s. unbefugte Benutzung

Epithesen 29 7

Erbe
- Anspruchsberechtigung **28** 1 ff
- Rückgriff des Sozialversicherers **32** 75

Erdlawine 5 57
Erfinder 29 138
Erfolglose Heilungsversuche 29 20
Erfüllungsgehilfe 16 1

Erholungsaufenthalt 29 6
- im Ausland **29** 16

Erklärungen am Unfallort 16 55 f

Erlass
- bei Gesamtschuld **36** 14
- Einfluss auf Direktanspruch **15** 22

Ermittlungsaufwand 26 12
Ersatzarbeitsplatz 29 96, 100

Ersatzbeschaffung
- Absehen von **23** 13 f

Ersatzfahrzeug 3 218 f, **16** 30

Ersatzkraft
- für Haushaltführung **28** 131 ff, **29** 145 ff
- für Selbstständige **29** 116 ff

Ersatzverkehr 10 13
Ersetzungsbefugnis 3 227

Ersparte Aufwendungen
- bei Krankenhausaufenthalt **29** 24, **32** 27, 33
- bei Tötung **28** 85
- s.a. Eigenersparnis

Ersparter Erholungsurlaub 29 25
Erwerbsgeschäft in Gütergemeinschaft 29 138
Erwerbsobliegenheit 28 87, **29** 106
Erwerbsschaden 28 4, **29** 56 ff
- Arbeitslose **29** 160
- Aufgabe der Selbstständigkeit **29** 119
- bei Scheinselbstständigkeit **29** 109
- bei unselbstständiger Tätigkeit **29** 63 ff
- Berechnung **29** 60 f, 71 ff, 152 ff
- Berufliches Fortkommen **29** 162 f
- Beweis **29** 106 f
- des haushaltsführenden Ehegatten **29** 145 ff

1013

Erwerbsschaden (Forts.)
- des im Familienbetrieb mitarbeitenden Angehörigen **29** 157 f
- des Kindes bei Mitarbeit im elterlichen Geschäft **29** 158
- ehrenamtlich Tätige **29** 159
- Ersatzkraft **29** 116 f, 155
- geschäftliche Fehlleistungen **29** 120
- Gesellschafter **29** 139 ff
- Kongruenz Dienstherrenregress **34** 31
- Kongruenz Sozialversicherung **32** 31
- Kongruenz Versorgungsrecht **34** 11
- Lohnfortzahlung **29** 67 ff
- Lohnzusatzleistungen **29** 76
- Mitverschulden **22** 121
- Nebeneinkünfte **29** 65
- nicht erwerbstätig Verletzter **29** 159 f
- nichteheliche Lebensgemeinschaft **29** 151, 159
- Prognoseentscheidung **29** 77 ff
- Rentenzahlung **29** 156
- Rentner **29** 159
- Schadensminderungskosten **29** 34, 105
- Schadensminderungspflicht
- – Kündigungsschutzklage **29** 98
- – übermäßige Anstrengungen **29** 104
- – Umschulung **29** 103
- – Verwertung der Arbeitskraft **29** 99 ff
- Schüler **29** 159
- Selbstständiger **29** 108 ff
- Sozialhilfeempfänger **29** 159
- Studenten **29** 159
- Unternehmensverkauf **29** 118
- verbotene oder sittenwidrige Geschäfte **29** 66, 122 ff, 137
- Vorteilsausgleich **29** 82 ff
- s.a. Forderungsübergang

Exkursion Unfallversicherung s. Haftungsausschluss/pädagogischer Bereich
Explosion 5 61
Exzess des befugten Benutzers
- Haftung des Halters **3** 317 ff

Fabrikationsfehler 6 3, 16, **16** 17
Fahrbahnbenutzung 14 45 ff, 112 ff
- durch Fußgänger **14** 269 ff
Fahrbahnbeobachtung 10 9, **14** 38 f
- beim Rückwärtsfahren **14** 49
Fahrbahnoberfläche
- Beschädigung **24** 90
- Verkehrssicherungspflicht **13** 63 f, 69
- s.a. Fahrbahnverschmutzung
Fahrbahnschwellen 13 72

Fahrbahnüberquerung s. Fußgänger
Fahrbahnunebenheit
- Anscheinsbeweis **38** 80
Fahrbahnverengung s. Engstelle
Fahrbahnverschmutzung
- Haftungsquote **13** 166
- Reinigungskosten **27** 15
- Sachschaden **3** 45
- Schutzzweck **11** 35
- unabwendbares Ereignis **3** 504
- Verkehrssicherungspflicht **13** 73 ff
- s.a. Straßenreinigung
Fahrband
- Verkehrssicherungspflicht **13** 124
Fähre
- Verkehrssicherungspflicht **13** 125
Fahren „auf Sicht" 14 19 ff, 112 f, 226
Fahren ohne Fahrerlaubnis
- Anscheinsbeweis für Kausalität **38** 65
- Arbeitnehmer **16** 42
- Direktanspruch **15** 42 ff
- Eltern **8** 21
- Ermöglichen durch Führer **14** 10
- Ermöglichen durch Halter **14** 5
- Ermöglichen durch Verkäufer **14** 310
- Rückgriff des Haftpflichtversicherers **15** 38, **16** 42
- Schutzzweck des Verbots **11** 6
- zur Gefahrenabwehr **14** 292
Fahren ohne Versicherungsvertrag 11 52, **15** 42
Fahrer s. Kraftfahrzeugführer
Fahrerflucht s. unerlaubtes Entfernen vom Unfallort
Fahrgäste
- Gefährdung **5** 10
- Mithaftung **22** 59, 263
- Pflichten des Führers **14** 249
- s.a. Beförderung, Beförderungsvertrag, Insasse, Haltestelle
Fahrgemeinschaft 16 5, **19** 38, 53
- als betriebliche Tätigkeit **19** 125
- vertragliche Haftung **16** 43
Fahrlässigkeit 10 51 ff, **11** 58 ff
- Beweislast des Kfz-Führers **4** 22, 25
- s.a. grobe Fahrlässigkeit
Fahrlehrer 16 44, **29** 138
- Haftung **4** 18 f, **14** 313 f
- Unabwendbarkeitsbeweis **3** 367
- Verletzung **19** 11
Fahrleitung s. Schienenbahn

Fahrrad
- Nutzungsausfall **25** 51
- s.a. Radfahrer

Fahrradständer
- Verkehrssicherungspflicht **13** 134

Fahrschüler 16 45
- Haftung **4** 20
- Verletzung **19** 11

Fahrschulvertrag 16 44

Fahrstreifenwechsel 14 96 ff
- Haftungsquote **22** 172 f
- Schutzzweck **11** 21

Fahrtrichtungsanzeiger
- unabwendbares Ereignis **3** 438
- Versagen einer Vorrichtung **3** 397
- Vertrauen auf **14** 158 f

Fahruntauglichkeit 14 8 f
- grobe Fahrlässigkeit **32** 118
- Selbstkontrolle **10** 62, **14** 8
- s.a. Alkohol

Fahrzeugbeherrschung 14 17

Fahrzeugbrief Schutzzweck **11** 45

Fahrzeughöhe 14 46

Fahrzeugmängel 14 1 ff, 300 f
- Anscheinsbeweis **38** 70 f, 104
- grobe Fahrlässigkeit **32** 119
- Haftung des Führers **4** 30
- s.a. Versagen einer Vorrichtung

Fahrzeugschlüssel s. Schlüssel

Fahrzeugvermietung s. Mietfahrzeug

Familienprivileg
- Beitragsregress **32** 155
- Dienstherrenregress **34** 40
- Fürsorgeregress **33** 24 ff
- Sozialversicherungsregress **32** 73 ff
- Unfallversicherungsregress **32** 138
- Versorgungsregress **34** 19
- Zweitschädiger **32** 78, **36** 18

Familienrechtlich geschuldete Mitarbeit
s. Dienstleistungspflicht

Familienunterhalt
- Erwerbsschaden **29** 148 ff

Fehlen von Vorfahrtszeichen 14 179 f

Fehlende Fahrerlaubnis s. Fahren ohne Fahrerlaubnis

Fehler in der Beschaffenheit
- des Kfz **3** 385 ff
- von Bahnfahrzeugen oder -anlagen **5** 36
- s.a. Fahrzeugmängel

Fehlleistungen infolge Unfallverletzung 29 120

Feindliches Grün 18 1 ff

Feldweg
- Vorfahrt **14** 134, **22** 204

Festhalten im Verkehrsmittel 22 59, 263

Feststellbremse 14 73

Feststellungsklage 37 12 ff
- des Unterhaltsberechtigten **28** 171 ff
- Feststellungsinteresse **37** 22
- Höchstbetrag der Haftung **20** 31
- urteilsersetzendes Anerkenntnis **16** 54
- zukünftige Schäden **37** 13

Feststellungsurteil 37 32 f
- Haftungsbeschränkung **20** 30

Feuerbestattung 28 20

Feuerwehr 17 14
- Haftungsausschluss Unfallversicherung **19** 144
- hoheitliches Handeln **12** 54
- Verweisungsprivileg **12** 70

Fiktive Schadensberechnung 24 35 ff
- Beweislast **24** 40
- Eigenreparatur **24** 26
- Erwerbsschaden **3** 228 ff
- Finanzierungskosten **27** 2 f
- Heilungskosten **29** 22
- merkantiler Minderwert **24** 76
- Mietwagenkosten **25** 17
- Nebenkosten **23** 26
- Rechtsanwaltskosten **26** 14
- Reparaturkosten **24** 69
- Sachverständigenkosten **26** 5
- Umsatzsteuer **23** 21 ff, **24** 48
- vermehrte Bedürfnisse **29** 53
- Wirtschaftlichkeit **24** 39, 70

Finanzierungskosten 27 1 ff, **29** 14
- fiktive Kosten **27** 2
- Mittel Dritter **27** 5

Fingierter Unfall 3 30
- Beweis **38** 40
- Beweislast **3** 91 f
- Eintrittspflicht **10** 44
- Einwilligung des Eigentümers **10** 45
- Gefährdungshaftung **3** 29 f
- Nebenintervenient **15** 31
- Rechtskraftserstreckung **15** 27

Firmenwagen
- Halter **3** 290 ff

Fixe Kosten 28 116 ff

Fluglärm 5 44

Flugzeug s. Luftfahrzeug

Folgen des Unfalls
- Vermeidbarkeit schwerer **10** 29

Sachverzeichnis

Folgeschäden 27 6 ff
Folgeunfall s. Unfall, Zweitunfall
Forderungsübergang
- Abänderungsklage 31 32
- Arbeitsunfall 32 135 ff
- Arbeitsunfall s.a. Unfallversicherungsregress
- auf Arbeitgeber 29 176 ff
- auf Dienstherrn 29 31, 187, 34 5, 23 ff
- auf Fürsorgeträger 33 1 ff
- – Abfindungsvergleich 33 21, 47
- – Ausschluss 33 23 ff
- – Befriedigungsvorrecht 33 22
- – Einziehungsermächtigung 33 29
- – Familienprivileg 33 24 ff
- – Kongruenz 33 15 ff
- – Mehrheit von Leistungsträgern 33 26
- – Mitverschulden 33 21
- – Prozessrecht 33 28
- – Quotenvorrecht 33 22
- – Rechtstellung gegenüber Ersatzpflichtigen 33 20
- – Teilungsabkommen 33 21
- – Verjährung 33 27
- – Voraussetzungen 33 13 ff
- – Zeitpunkt Übergang 33 19
- auf private Versicherer 29 30, 186, 35 1 ff
- auf Sozialhilfeträger 33 5 ff
- auf Sozialversicherungsträger 32 1 ff
- – Abfindungsvergleich 32 55 ff
- – Beiträge 32 11 ff, 36 f
- – Beweislast 32 87 f
- – Bindungswirkung 32 91 f
- – Durchsetzungshindernisse 32 72
- – Einwendungen/Einreden Ersatzpflichtiger 32 51
- – Familienprivileg 3 2 73 ff
- – Kongruenz 32 23 ff
- – Mehrheit Leistungsträger 32 82 ff
- – Mitverschulden 32 52 ff
- – Pauschalierungsabkommen 32 50
- – Prozessrecht 32 86 ff
- – Quotenvorrecht 32 62 ff
- – Rechtskraftwirkung 32 93
- – Rechtsstellung gegenüber Ersatzpflichtigen 32 49 ff
- – relative Theorie 32 66, 71
- – Schadensersatzanspruch 32 6 ff
- – Teilungsabkommen 32 55 ff
- – Verjährung 32 79 f
- – Wegfall Übergang 32 81
- – Zeitpunkt Übergang 32 43 ff
- – – Zusammentreffen von Mitverschulden und Höhenbegrenzung 32 71
- auf Versorgungsträger
- – – Anspruch auf Versorgungsleistungen 34 7 ff
- – – Ausschluss 34 19
- – – Befriedigungsvorrecht 34 18
- – – Bindungswirkung 34 22
- – – Familienprivileg 34 19
- – – Kongruenz 34 10 ff
- – – Leistung an bisherigen Gläubiger 34 17
- – – Mitverschulden 34 17
- – – Prozessrecht 34 21 f
- – – Quotenvorrecht 34 18
- – – Rechtstellung gegenüber Ersatzpflichtigem 34 17
- – – Schadensersatzanspruch 34 6
- – – Schädigungsabhängige Leistungen 34 7, 12
- – – Schädigungsunabhängige Leistungen 34 8
- – – Umfang 34 16
- – – Verjährung 34 20
- – – zeitliche Kongruenz 34 10
- – – Zeitpunkt Übergang 34 15
- bei gesamtschuldnerischer Haftung 36 7
- bei Geschäftsführung ohne Auftrag 17 11
- Höhenbegrenzung 20 14 ff
- Pauschalierung 32 50
- Sterbegeld 28 15
- Unterhaltsersatzansprüche 28 65 f
- Verjährung 21 13 ff, 32 79 f, 33 27, 34 20
- vermehrte Bedürfnisse 29 55
- Wahlrecht bzgl. Rente/Kapitalbetrag 31 16
- s.a. Regress

Fortkommen 29 2
Frachtführer
- vertragliche Haftung 16 8

Frachtvertrag 16 8
Freileitung
- Verkehrssicherungspflicht 13 127

Freistellungsanspruch
- des Arbeitnehmers 16 41

Freizeitbeeinträchtigung s. Urlaubsbeeinträchtigung, Zeitverlust

Frustrierte Aufwendungen s. Aufwendungen/nutzlos gewordene

Führer s. Kraftfahrzeugführer
Fuhrunternehmen 16 9
Fuhrwerk s. Pferde

Sachverzeichnis

Fürsorgeregress s. Forderungsübergang auf Fürsorgeträger, Überleitung nach SGB II und SGB XII
Fußgänger
- Alkoholisierung **14** 281, **38** 63, 73
- Anscheinsbeweis **38** 72, **100** ff, 111
- erforderliche Sorgfalt
- – des Fußgängers **14** 268 ff
- – des Kfz-Führers **14** 215 ff
- – des Straßenbahnführers **5** 14
- – gegenüber Schutzbedürftigen **14** 27, 225
- Fahrbahnbenutzung **14** 269 ff
- Fahrbahnüberquerung **14** 273 ff, **22** 31
- Gehwegbenutzungspflicht **11** 34, **14** 268 ff
- Haftungsquote
- – gegenüber Kraftfahrzeugen **22** 241 ff
- – gegenüber Radfahrern **22** 257
- – gegenüber Schienenfahrzeugen **22** 252
- – Kinderunfälle **22** 247 ff
- Mitverschulden **22** 241 ff
- – bei Verkehrssicherungspflichtverletzung **13** 175
- Nebeneinandergehen **14** 271
- Schutz durch Haltverbot **11** 26, **14** 236
- unabwendbares Ereignis **3** 439 f, 496

Fußgängerampel s. Lichtzeichen
Fußgängerüberwege **14** 215 ff, **14** 277
Fußweg
- Pflichten beim Einfahren aus **14** 139 ff
- s.a. Gehweg

Garagentor
- Schaden durch Betätigen **3** 111
Garantie **16** 11, 17
Gastwirt
- Verabreichen von Alkohol **16** 14
- Verkehrssicherungspflicht **13** 20
- vertragliche Haftung **16** 34
Gebäude
- Nutzungsausfallentschädigung **25** 51
- Schadensersatz bei Beschädigung **24** 87 ff
Gebäudeteile
- Verkehrssicherungspflicht **13** 116
Gebrauch eines Kraftfahrzeugs
- Direktanspruch **15** 5
Gebrauchsanmaßung **3** 305
Gebrauchsanweisung
- Produkthaftung **6** 5

Gebrauchtwagen
- Ersatzbeschaffung **23** 17
- Verkauf **16** 18
- s.a. Reparatur
Gebrauchtwagenhändler
- Aufklärung bzgl. Versicherungsschutz **16** 19
- Gewährleistungsausschluss **16** 18
- Haftung für mangelhaftes Fahrzeug **14** 305
- Untersuchungspflicht **16** 18
Gefährdungsausschluss **10** 55, **14** 14, 110, 187
Gefährdungshaftung
- Eisenbahnen **5** 7 ff
- Entwicklung **1** 37 ff
- Gewässerverunreinigung **5** 48 ff
- Kraftfahrzeuge **3** 1 ff
- Leitungen **5** 52 ff
- Luftfahrzeuge **5** 43 ff
- Schmerzensgeld **30** 1 ff
- Verhältnis zu anderen Haftungsnormen **3** 10, **5** 1, **10** 1 ff
- s.a. Betriebsgefahr, Produkthaftung, Tier
Gefahrenabwehr **10** 9
- Schadensersatzpflicht **17** 2 ff
Gefahrerhöhung **3** 178
Gefahrgut
- vertragliche Haftung des Versenders **16** 9
Gefahrgutverordnung Straße und Eisenbahn
- Schutzzweck **11** 53
Gefährliche Anlagen **5** 52 ff
- Verkehrssicherungspflicht **13** 111 ff
Gefälle
- grobe Fahrlässigkeit **32** 132
- Verkehrssicherungspflicht **13** 58, 97
- s.a. Quergefälle
Gefälligkeitsfahrt
- Haftungsausschluss **19** 51 ff
Gefälligkeitstätigkeit
- Eingliederung in Betrieb **19** 98
Gefälligkeitsverhältnis **16** 2 ff
Gegenstandswert **26** 19
Gegenverkehr
- unabwendbares Ereignis **3** 442 f
- Verhaltenspflichten **14** 112 ff
- s.a. Begegnungsunfall
Gehaltsfortzahlung s. Lohnfortzahlung
Gehilfe s. Verrichtungsgehilfe
Gehölz s. Baum

1017

Sachverzeichnis

Gehweg
- Benutzung durch Fahrzeuge **11** 8, **14** 259
- Benutzungspflicht für Fußgänger **11** 34, **14** 269
- Benutzungspflicht für Inline-Skater **14** 284
- Heruntertreten **14** 272
- Parken auf **11** 26
- Streupflicht **13** 79, 89
- Überfahren **14** 220
- Verkehrssicherungspflicht **13** 19, 69, 106

Geistesstörung 10 59 f

Geldrente 31 18 ff

Gemeinde
- Räum- und Streupflicht **13** 78, 84

Gemeindestraße
- Verkehrssicherungspflicht **13** 19

Gemeine Gefahr
- Unfallversicherung **19** 105, 153

Gemeinsame Betriebsstätte 19 86, 100, 131 ff
- Arbeitsunfall **19** 86, 100
- Verletzung Arbeitskollege **19** 131 ff
- Verletzung durch Unternehmer **19** 134

Gemeinschaftsverpflegung von Soldaten
- Vorteilsausgleich **29** 24

Genehmigungsbedürftige Geschäfte
- Gewinnausfall **29** 125

Genugtuung 30 2

Gerätesicherheitsgesetz 6 20

Gerichtsstandsbestimmung 37 1 ff

Gerüst
- Verkehrssicherungspflicht **13** 106, 134

Gesamtgläubiger
- Vergleichsschluss **16** 63

Gesamtschau 22 137

Gesamtschuld 36 1 ff
- Ausgleichsanspruch **36** 7 ff
- Direktanspruch **15** 19
- Einfluss von Haftungsfreistellungen (gestörtes Gesamtschuldverhältnis) **36** 13 ff
- Forderungsübergang auf Sozialversicherung **32** 82 f
- Vergleich **16** 61
- zwischen Erst- und Zweitschädiger **3** 182
- zwischen Retter und Gerettetem **17** 5

Geschäftsbesorgung 16 36

Geschäftsführung ohne Auftrag
- Aufopferung zur Gefahrenabwehr **17** 6 ff

- Direktanspruch **15** 6
- Tätigwerden zur Schadensminderung **17** 13

Geschäftsherr
- Haftung für Verrichtungsgehilfe **7** 2 ff

Geschäftsinhaber 29 138

Geschäftsmäßigkeit der Beförderung 19 42

Geschleppter Pkw 3 15

Geschlossener Verband
- erforderliche Sorgfalt **14** 131, 202
- Haftungsquote **22** 208

Geschwindigkeit
- Anscheinsbeweis **38** 68
- auf schmaler Fahrbahn **22** 181
- erforderliche Sorgfalt **14** 17 ff
- grobe Fahrlässigkeit **32** 120
- Haftungsquote **22** 158
- Radfahrer **14** 257
- Schutzzweck **10** 29, **11** 11 ff
- unabwendbares Ereignis **3** 443 ff
- zu geringe **14** 37
- zu hohe **14** 17 ff
- s.a. Fahren „auf Sicht"

Gesellschaft als Halter **3** 294

Gesellschafter
- Erwerbsschaden **29** 139 ff
- Fahrlässigkeitsmaßstab **10** 54

Gesetzliche Unfallversicherung
s. Unfallversicherung, Unfallversicherungsregress

Gespann 3 117

Gespannfuhrwerk s. Pferde

Gestatten des Fahrens ohne Versicherungsvertrag 11 52

Gestellter Unfall s. fingierter Unfall

Gestörtes Gesamtschuldverhältnis
s. Gesamtschuld

Gesundheitsschaden 3 36 ff
- Kongruenz Versorgungsrecht **34** 11
- Schmerzensgeld **30** 1 ff

Gewässerverunreinigung 5 48 ff

Gewerbebetrieb 10 17

Gewerbesteuer 29 129

Gewinnausfall s. entgangener Gewinn, Erwerbsschaden

Glaswand
- Verkehrssicherungspflicht **13** 129

Glatteis
- Anscheinsbeweis **38** 80, 92, 110
- Belehrung von Omnibusfahrern **7** 23
- Mithaftung **13** 164, 175
- Sorgfaltspflicht **14** 18

1018

Glatteis (Forts.)
- Streupflicht **13** 77 ff
- unabwendbares Ereignis **3** 444 ff
- Warnung **13** 95

Glaubwürdigkeit eines Zeugen 38 33 ff

Gleise
- Verkehrssicherungspflicht **13** 130
- s.a. Schienenbahn

Gleisgebundenheit 3 16 ff

Gleitklausel 16 67

Graben
- Verkehrssicherungspflicht **13** 131

Grabstein 28 22

Gratifikationen
- Erwerbsschaden **29** 76

Grobe Fahrlässigkeit
- Anscheinsbeweis **38** 53
- Unfallversicherung **32** 109 ff

Großeltern
- Erwerbsschaden bei Betreuung der Enkel **29** 150

Grundsicherungsgesetz
- Regress **33** 7

Grundstück
- Beschädigung **24** 90
- Verkehrssicherungspflicht **13** 111, 164
- Verschmutzung **27** 15

Grundstücksausfahrt 14 186 ff, **22** 205
- Anscheinsbeweis **38** 96
- Begriff **14** 136
- Einbiegen **14** 110, 130, **22** 177
- Einweisen **14** 190
- Haftungsquote **22** 177, 205, 233
- Rückwärts **14** 194
- Überqueren eines Gehweges **14** 220
- Überqueren eines Radweges **14** 213
- unabwendbares Ereignis **3** 447
- und Linksabbieger **14** 138
- Verkehrssicherungspflicht **13** 57
- Zusammenstoß mit Straßenbahn **22** 233

Grundstückseinfahrt s. Grundstücksausfahrt

Grundstückszugang
- Verkehrssicherungspflicht **13** 97

Grundurteil 37 24 ff
- bei Rentenanspruch **31** 22
- Haftungsbeschränkung **20** 32
- Mitverschulden **37** 27, 29

Grüne Karte 15 12

Grüner Pfeil 14 126

Grünstreifen
- Beschädigung **3** 188

Gully
- Verkehrssicherungspflicht **13** 132
- s.a. Kanaldeckel, Schachtdeckel

Gurtpflicht s. Sicherheitsgurt, Kinderrückhalteeinrichtungen

Gutachten
- Abrechnung der Reparaturkosten **24** 36 ff
- Beweismittel **38** 15 ff
- Erforderlichkeit **26** 4
- Kosten **26** 3 ff
- Mangelhaftigkeit **26** 7
- s.a. Sachverständige

Guter Glaube bei Forderungsübergang 32 61

Gyrobus 3 14

Haager Übereinkommen 2 5
- s.a. internationales Haftungsrecht

Haftpflichtversicherung
- abstrakter Anerkenntnisvertrag **16** 47
- Amtspflicht der Zulassungsstelle bei Erlöschen **12** 34
- Behebung der Unfallfolgen **17** 16
- Billigkeitshaftung **10** 76
- bei Ersatzanspruch des Retters **17** 12
- Gestatten des Fahrens ohne Versicherungsvertrag **11** 52
- Irrtum über Schadensersatzpflicht **16** 68
- Leistungsfreiheit **15** 38
- Prozessführung für den Versicherungsnehmer **15** 29 ff
- Reparaturkostenübernahmeerklärung **16** 51
- Rückgriff **35** 16 ff
- Schmerzensgeldbemessung bei Versicherungsschutz **30** 23
- sozialrechtlicher Haftungsausschluss **19** 88
- Teilungsabkommen **15** 56
- Verweisungsprivileg **12** 74
- Zurückstufung **15** 59
- s.a. Direktanspruch

Haftungsausfüllende Kausalität
s. Kausalität

Haftungsausschluss
- Arbeitskollege **19** 121 ff
- Arbeitsunfall **19** 77 ff
- Arbeitsverhältnis **19** 64 ff, 80 ff
- Beweislast **19** 8, 12, 17, 28
- Dienstrecht **19** 156 ff
- Exzess bei befugter Benutzung **3** 317 ff
- Hilfsdienste **19** 144
- höhere Gewalt s. höhere Gewalt
- Kindergarten **19** 145 ff

1019

Sachverzeichnis

Haftungsausschluss (Forts.)
- langsam fahrende Kraftfahrzeuge **19** 4 ff
- pädagogischer Bereich **19** 145 ff
- Pannenhilfe **19** 153
- Produkthaftung **6** 10
- Rennen **16** 32
- Schienen- und Schwebebahnen **5** 21 ff
- Schule **19** 145 ff
- stillschweigender **19** 48 ff
- Tätigsein beim Betrieb **19** 9 ff
- unabwendbares Ereignis s. unabwendbares Ereignis
- Unfallhilfe **19** 152
- Unfallversicherung **19** 77 ff
- – Internationales Recht **19** 154
- – Neue Bundesländer **19** 155
- Verkehrssicherungspflicht **13** 9
- Versorgungsrecht **19** 155 ff
- vertraglicher s. Haftungsfreistellung
- zwischen Angehörigen **19** 62
- s.a. Haftungsfreistellung, Wegeunfall

Haftungsbegründende Kausalität
s. Kausalität

Haftungsbeschränkung 16 27
- aus Übermaßverbot **19** 63
- bei Beförderung **19** 35
- für Arbeitnehmer **19** 64 ff
- für Jugendliche **10** 69

Haftungseinheit 22 141, **36** 27

Haftungserlass 36 14

Haftungsfreistellung
- Anfechtung **19** 31
- bei Mietwagen **25** 44
- durch Hinweis im Fahrzeug **19** 45
- durch vertragliche Abrede **19** 29 ff
- Einfluss auf Gesamtschuld **19** 83, **36** 13 ff
- Sittenwidrigkeit **19** 32
- Verhältnis zum sozialrechtlichen Haftungsprivileg **19** 84 ff

Haftungshöchstbetrag s. Höchstbetrag

Haftungsprivilegierung s. Haftungsausschluss, Haftungsfreistellung

Haftungsquote
- Gesamtschuldner **36** 9
- s.a. Haftungsverteilung

Haftungsschaden 27 7

Haftungsumfang 4 4 ff

Haftungsverteilung 22 123 ff
- Anrechnung der Betriebsgefahr **22** 129 ff
- auf Parkplätzen **22** 214
- bei Beteiligung von Kfz **22** 156 ff
- bei Beteiligung von Schienenfahrzeugen **22** 226 ff
- bei Beteiligung von Tieren **22** 236 ff
- Fahren ohne Licht **22** 197
- Fußgänger **22** 241 ff
- Gesamtschau **22** 138
- im Begegnungsverkehr **22** 178 ff
- im gleichgerichteten Verkehr **22** 156 ff
- im kreuzenden Verkehr **22** 192 ff
- Inline-Skater **22** 246
- Kinder **22** 247 ff
- Mehrheit von Ersatzpflichtigen **22** 137 ff
- ohne Beteiligung von Kfz **22** 255 ff
- Radfahrer **22** 239 f
- rechts vor links **22** 201 ff

Haftungsverzicht 19 29 ff, **36** 15

Haltegebot
- Schutzzweck **11** 39

Halten s. abgestelltes Fahrzeug

Halter
- Begriff **3** 257 ff
- beim Leasing **3** 288
- Eigenschädigung **3** 246 ff
- Fehlen **3** 274
- Mehrheit **3** 270 ff
- Pflichten als Mitfahrer **7** 24
- Unternehmer im Sinne der Unfallversicherung **19** 89 ff
- Vertretung **3** 267 ff

Haltestelle
- erforderliche Sorgfalt bei Annäherung **14** 222
- unabwendbares Ereignis **3** 450
- Verkehrssicherungspflicht **13** 97, 133
- s.a. Omnibus

Haltverbot
- Schutzzweck **11** 26, 31

Handbremse s. Feststellbremse

Handeln auf eigene Gefahr 9 17, **19** 60 f

Handelsvertreter
- Erwerbsschaden **29** 136

Händler
- Produkthaftung **6** 17
- Überprüfungspflicht **6** 17
- s.a. Gebrauchtwagenhändler

Handlungsunfähigkeit
- des Verrichtungsgehilfen **7** 5

Hausbau s. Eigenleistungen

Hausfrau
- Verdienstausfall **29** 145 ff
- Vereitelung beabsichtigter Tätigkeit **29** 168

Haushaltsführung
- Anrechung auf Erwerbsschaden **29** 95
- bei nichtehelicher Lebensgemeinschaft **29** 151
- Erwerbsschaden **29** 145 ff
- Forderungsübergang auf Sozialversicherer **32** 31
- Schadensminderungspflicht **29** 102
- unentgeltliche Dienste **29** 54
- vermehrte Bedürfnisse **29** 35
- Wegfall infolge Tötung **28** 59, 86, 102, 126 ff

Haushaltshilfe
- bei Tötung des Haushaltsführenden **28** 130 ff
- bei Verletzung des Haushaltsführenden **29** 50, 148
- Verzicht auf Anstellung **28** 134 ff, **29** 54

Hauskind **28** 179 f, 187
Häusliche Ersparnis s. ersparte Aufwendungen
Häusliche Gemeinschaft **32** 75
- s.a. Familienprivileg

Hauspflege **29** 8
Haustier **9** 21 ff
Hausvorsprung
- Verkehrssicherungspflicht **13** 116

Heilbehandlung
- Pflicht zur Inanspruchnahme **22** 111 ff

Heilungskosten **3** 34, 170, **28** 4, **29** 2, 5 ff
- als Rente **31** 14
- erfolglose Aufwendungen **29** 20
- Erforderlichkeit **29** 15 ff
- fiktive Aufwendungen **29** 22
- Forderungsübergang **29** 29 ff
- Kongruenz Dienstherrenregress **34** 29
- Kongruenz Sozialversicherung **32** 27
- Schadensminderungspflicht **29** 26 ff
- Vorschusspflicht **29** 24 f

Heimarbeiter
- Arbeitsunfall **19** 96, 129

Helmpflicht s. Schutzhelm
Hemmung der Verjährung **21** 39 ff, 44 f, 78 ff
- Ende **21** 46 ff, 56 ff, 82 ff

Herabfallen von Kfz-Teilen oder Ladung **3** 134
Herausforderung schädigenden Verhaltens **3** 83 f, 179, 193

Herstellerhaftung s. Produkthaftung
Hilfeleistung
- Kostenersatz **17** 14 f
- Unfallversicherungsschutz **19** 97 ff
- Zurechenbarkeit **3** 189 ff

Hilfsdienste
- Haftungsausschluss Unfallversicherung **19** 144

Hilfsmittel **29** 48
Hilfspersonen
- unabwendbares Ereignis **3** 421
- s.a. Verrichtungsgehilfe

Hindernis
- Schutzzweck **11** 35
- unabwendbares Ereignis **3** 453
- Verkehrssicherungspflicht **13** 134
- s.a. Auffahrunfall, Ausweichen, Engstelle, verkehrsberuhigende Maßnahmen

Hineintasten in Vorfahrtstraße
- erforderliche Sorgfalt **14** 160
- Haftungsverteilung **22** 209
- Schutzzweck **11** 22
- unabwendbares Ereignis **3** 509

Hinterbliebene
- Ansprüche **28** 1 ff
- Verjährungsbeginn **21** 22
- s.a. Unterhaltsersatzanspruch

Hinweispflicht
- Produzentenhaftung **6** 16
- s.a. Warnung

Hochschleudern von Gegenständen
- Betrieb des Kfz **3** 138
- unabwendbares Ereignis **3** 486

Höchstbetrag der Haftung **20** 1 ff
- bei Ausgleichsansprüchen **20** 5
- bei Beförderung **20** 23
- nach dem HaftpflG **20** 27 ff
- nach dem StVG **20** 7 ff
- Quotenvorrecht **32** 62 ff

Hoheitliches Handeln **12** 44 ff
Höhenbegrenzung **11** 41
Höhere Gewalt
- bei Haftung nach dem StVG **3** 348 ff
- bei Haftung nach dem WHG **5** 49
- bei Schienen- und Schwebebahnen **5** 24 ff
- Hemmung der Verjährung **21** 87 f

Holzfällarbeiten
- Verkehrssicherungspflicht **13** 116

Hubschrauber s. Luftfahrzeuge
Hund s. Tier

1021

Sachverzeichnis

Idealfahrer 3 367
- s.a. unabwendbares Ereignis

Immaterieller Schaden 30 1ff
- s.a. Schmerzensgeld

Importeur
- Haftung für mangelhaftes Fahrzeug 14 302
- Produkthaftung 6 6, 17

Indizienbeweis 38 40

Industrieanlagen
- Gefährdungshaftung 5 52ff

Inkassokosten 26 25

Inline-Skater
- Haftungsquote 22 246
- Verkehrspflichten 14 283ff

Innenausgleich zwischen Halter und Führer 4 32

Innerbetrieblicher Schadensausgleich 16 37, 40f, 19 64ff, 86

Insasse
- Anrechnung der Betriebsgefahr 22 88
- Behinderung des Fahrers 14 64
- Glaubwürdigkeit 38 34
- Mitverschulden 22 50, 262
- unabwendbares Ereignis 3 420
- Verantwortlichkeit des Fahrers 14 62
- Verkehrspflichten 14 291 ff
- vertragliche Haftung 16 7ff
- s.a. Beförderung

Insolvenz eines Mitschädigers 36 26

Inspektionskosten 27 12

Instruktionsfehler 6 3, 16

Instruktionspflichten 16 11

Integritätsinteresse 24 21 ff

Interimsfahrzeug 25 15, 59

Internationale Zuständigkeit 37 5

Internationales Haftungsrecht 2 1 ff
- Deliktsstatut 2 10 ff
- Direktanspruch gegen den Versicherer 2 37 f
- s.a. Rechtswahl

Internationales Regressrecht 32 94 ff, 34 43

Inverkehrbringen
- mangelhaftes Fahrzeug 14 300 ff
- Produkthaftung 6 6

Investitionszuschlag 32 28

Irritation s. Schreckreaktion

Irrtum
- bei Vergleichsschluss 16 65, 68
- Hemmung der Verjährung 21 88
- Schuldausschluss 10 56 ff

Jagdberechtigte 17 13
- Anspruchsberechtigung 3 48
- Haftung 9 2

Jahresurlaub
- Erwerbsschaden 29 76

Jugendliche
- Mitverschulden 22 24ff
- Verschulden 10 63 ff
- s.a. Aufsichtspflicht, Kind

Juristische Personen
- als Halter 3 294

Just-in-time-Lieferung 10 15

Kanaldeckel 5 57, 13 67

Kapitalabfindung 31 1ff
- Berechnung 31 11
- vermehrte Bedürfnisse 29 39

Kapitalbetrag
- Verhältnis zu Rente bei Haftungsbegrenzung 20 13

Kapitalisierung s. Kapitalabfindung

Kapitalkontoverringerung 29 142

Kasernengelände 19 160

Kaskoversicherung
- des Arbeitgeberfahrzeugs 19 72f
- Pflicht zur Inanspruchnahme 22 107ff
- Verweisungsprivileg 12 74
- s.a. Forderungsübergang, Quotenvorrecht, Zurückstufung

Kaufvertrag
- Haftung 16 16 ff

Kausalität
- alternative 3 105, 10 33 ff, 22 144
- bei Haftung aus unerlaubter Handlung 10 19ff
- bei Haftung nach StVG 3 66ff
- Beweis 3 42, 164ff, 38 39, 38 42ff
- Entlastungsbeweis
- – des Geschäftsherrn 7 19, 26
- – des Halters 3 369, 391
- haftungsausfüllende 3 25, 168
- haftungsbegründende 3 25, 66, 168
- mittelbare 3 81
- Mitverursachung 22 11, 42, 66, 78ff, 130, 147
- Produkthaftung 6 5
- technischer Defekt 3 391
- überholende 3 78, 210
- und Zurechnung 3 172
- zwischen Betrieb und Schadensereignis 3 50
- zwischen Unfall und Erwerbsminderung 29 58f

Kenntnis
- für Verjährungsbeginn **21** 5 ff

Kette
- Verkehrssicherungspflicht **13** 134

Kfz s. Kraftfahrzeug

Kick-Board 14 320

Kind
- Anscheinsbeweis **38** 103
- Aufsichtspflicht **8** 5, 17 ff, **14** 316
- Betreten der Fahrbahn **14** 238
- Billigkeitshaftung **10** 70 ff
- Dienstleistungen **28** 179
- Ersatzanspruch bei Tötung des Unterhaltsverpflichteten **28** 137 ff
- Erwerbsschaden **29** 164 ff
- Haftungsquote **22** 247
- Pflichten gegenüber Kindern **14** 237 ff
- Radfahren **22** 250, **14** 244
- Schulbus **14** 240
- unabwendbares Ereignis **3** 455 ff
- Verkehrssicherungspflicht **13** 135
- Vorrangverzicht **14** 242
- Warnzeichen **11** 38

Kindergarten 14 238
- Haftungsausschluss s. Haftungsausschluss/pädagogischer Bereich

Kindergeld 28 83

Kinderrückhalteeinrichtung 14 63, **22** 25, 70, 83

Klageantrag
- Bestimmtheit bei Rente **31** 8
- Bestimmtheit bei Schmerzensgeld **30** 46 ff
- Bestimmtheit bei Unterhalt **28** 175

Klageerhebung
- Hemmung der Verjährung **21** 64 ff

Klagehäufung 37 6 ff
- unterschiedliche Gerichtsstände der Beklagten **37** 2, 8

Kollege s. Haftungsausschluss/Arbeitskollege

Kollisionsrecht s. internationales Haftungsrecht

Kolonne
- Anfahren **147** 80
- Haftungsquote bei Lückenunfall **22** 211
- Überholen **14** 29, 170
- Vorbeifahren **3** 507, **14** 31, 224

Kompensation 1 16, **3** 234, **24** 4 ff

Konditktion s. Bereicherungsrecht

Konfusion
- Direktanspruch **15** 23

Kongruenz
- Beerdigungskosten **28** 16 f, **32** 34, **34** 26
- Erwerbsschaden **32** 31 ff, **33** 17, **34** 11, 31
- Fahrzeugversicherung **35** 5 f
- Fürsorgerecht **33** 15 ff
- Heilungskosten **29** 29, **32** 27, **34** 11, 29
- öffentlich-rechtliche Dienstherren **34** 25 ff
- Sozialversicherung **32** 23 ff
- Unterhaltsersatzanspruch **32** 35, **34** 11, 27 f
- vermehrte Bedürfnisse **29** 55
- Versorgungsrecht **34** 10 ff
- zeitliche **32** 40

Konstitutives Schuldanerkenntnis 16 47 f

Konstruktionsfehler 6 3, 16

Kontrolleur 3 421

Konversionsneurose 3 199

Körperverletzung 3 36
- Ersatzansprüche **29** 1 ff, 189 ff
- vorzeitiger Eintritt in den Ruhestand **29** 169 ff
- s.a. Erwerbsschaden, Forderungsübergang, Heilungskosten, Rentennachteile, Schmerzensgeld, vermehrte Bedürfnisse, Vermögensnachteile

Kosmetische Operation 29 7

Kostenübernahmerklärung 16 47

Kostenvoranschlag
- Ersatz der Kosten **26** 11
- s.a. fiktive Schadensberechnung

Krad
- Anscheinsbeweis bei Sturz **38** 109
- Betriebsgefahr **22** 129
- Fahrzeugbeherrschung **14** 17

Kraftfahrzeug 3 11 ff
- abgeschlepptes **3** 106, 107
- geschobenes **3** 148
- liegengebliebenes **3** 142
- verunglücktes **3** 155
- Wartung **3** 161

Kraftfahrzeugführer 4 9 ff, **19** 10 ff
- Anrechnung der Betriebsgefahr **4** 6 f
- Ausschluss des Ersatzanspruchs **3** 251
- Direktanspruch **15** 10
- Haftung **4** 1 ff
- Sorgfaltsmaßstab **4** 25
- Verhaltenspflichten **14** 8 ff
- Verhältnis zum Kraftfahrzeughalter **4** 32

Kraftfahrzeughändler 16 17 f

1023

Sachverzeichnis

Kraftfahrzeugspezifische Gefahr 3 57
Kraftstoffzufuhr
– Versagen einer Vorrichtung **3** 399
Kran
– Verkehrssicherungspflicht **13** 136
Krankenbesuch 17 13, **29** 4, 9 ff
Krankenhaus
– höhere Pflegeklasse **29** 18
– Nebenausgaben **29** 24
– s.a. ersparte Aufwendungen, Heilungskosten
Krankenkasse s. Krankenversicherung
Krankentransport 29 6
– s.a. Heilungskosten
Krankentransportwagen
– Aufsicht bei Verrichtungsgehilfen **7** 23
– entgeltliche Beförderung **19** 39
Krankenversicherung
– Beiträge **32** 12
– Beitragsregress **32** 146 f
– Ersparnis von Beiträgen **29** 89
– Forderungsübergang s. Sozialversicherungsregress
– Inanspruchnahme **22** 120
– Sterbegeld **28** 16
– Verweisungsprivileg **12** 74
Krankes Versicherungsverhältnis
s. notleidendes Haftpflichtversicherungsverhältnis
Krankhafte Anlagen s. schadensbegünstigende Konstitution
Kreditaufnahme 22 30
– s.a. Finanzierungskosten
Kreisverkehr 14 109
Kreuzung
– Anscheinsbeweis **38** 93 ff
– Verkehrssicherungspflicht **13** 21, 97
– s.a. Vorfahrt
Kriegsopferfürsorge
– Regress **33** 11
Krücken 29 6
Kündigungsschutzklage 29 98
Künftige Schäden
– Feststellungsklage **37** 13 f
– Höchstbetrag **20** 17 f
Kur 29 6, 19, 25
Kurvenunfall
– Anscheinsbeweis **38** 79, 109
Kutscher 9 19
– Verkehrspflichten **14** 287

Lackschaden 24 43
Ladebordwand 14 68 , **22** 223

Ladung
– Anscheinsbeweis bei Herabfallen **38** 106 f
– Befestigung **16** 9
– gefährliche Güter **16** 9
– Haftungsquote **22** 224
– Sicherung und Kenntlichmachung **14** 65 f
– unabwendbares Ereignis **3** 460
Landfahrzeuge 3 13
Landstraße
– Verkehrssicherungspflicht **13** 18
Landwirt
– Erwerbsschaden **29** 135
Langsam fahrende Kraftfahrzeuge 19 6 f
Latenter Krankheitszustand 3 39
– s.a. schadensbegründende Konstitution
Lawine 5 57
Leasingfahrzeug
– Anrechnung der Betriebsgefahr **22** 30, 89
– Ausfallschaden **25** 54
– Haftungsschaden **27** 7
– Haltereigenschaft **3** 288
– Mitverschuldenszurechnung **22** 30
– Teilbeschädigung **24** 86
– Totalschaden **23** 28 f, **25** 10, 48
– wirtschaftlicher Totalschaden **24** 85
Lebenserwartung
– Kapitalabfindung **31** 11
– Schmerzensgeldbemessung **30** 25
Lebensgemeinschaft s. Lebenspartnerschaft, nichteheliche Lebensgemeinschaft
Lebenshaltungskosten bei stationärer Heilbehandlung s. ersparte Aufwendungen
Lebenspartnerschaft 28 165, **29** 147
Lebensversicherung 28 80
– Verweisungsprivileg **12** 74
Legalzession s. Forderungsübergang
Leibesfrucht
– Schädigung **3** 35, 37, 241
– Schmerzensgeld **30** 12
Leihe 3 322
– Haltereigenschaft **3** 283
– Verjährung **16** 31
– Versicherungsschutz **16** 30
Leihfahrzeug s. Mietfahrzeug
Leistungsfreiheit s. Direktanspruch, Haftpflichtversicherung, notleidendes Haftpflichtversicherungsverhältnis
Leitplanke
– Verkehrssicherungspflicht **13** 137

Sachverzeichnis

Lenkzeitüberschreitung
- Anscheinsbeweis **38** 66

Lichtzeichen
- Amtspflichten **12** 27 ff
- fehlerhafte Programmierung **12** 28
- Fehlfunktion **13** 117, **18** 1
- Fußgänger **14** 224, 277
- Haftungsquote **13** 173, **22** 192 ff, 231
- Linksabbieger **14** 125
- Schutzzweck **11** 36
- unabwendbares Ereignis **3** 461 ff
- Verhaltenspflichten **5** 39, **14** 182 ff
- Verkehrssicherungspflicht **13** 117
- Verwaltungsakt **12** 47, **18** 7
- Wartung **18** 7
- s.a. feindliches Grün, Rotlichtverstoß

Liegenbleiben
- grobe Fahrlässigkeit **32** 121

Liegengebliebenes Kfz
- Absicherung **14** 55, 292
- Anscheinsbeweis **38** 67
- Betrieb des Kfz **3** 142
- Schutzzweck **11** 29
- unabwendbares Ereignis **3** 464

Linienbus s. Omnibus

Linksabbiegen
- Anscheinsbeweis **38** 93 f
- Haftungsquote **22** 177, 187 ff, 228
- Radfahrer **14** 266
- unabwendbares Ereignis **3** 466 f
- Verhaltenspflichten **14** 101 ff, 122 ff, 171, 203, 219 f

Lohnfortzahlung 29 67 ff
- Forderungsübergang **29** 176 ff
- Verweisungsprivileg **12** 74

Lohnfuhrvertrag 16 9

Lokomotive s. Schienenbahn

Lückenunfall 14 123, 170, 192, **22** 190, 211
- s.a. Kolonne

Luftfahrzeug 3 13
- Haftung des Halters **5** 43 ff

Mäharbeiten
- Verkehrssicherungspflicht **13** 116

Mahnbescheid
- Hemmung der Verjährung **21** 70

Mangelfolgeschaden 16 11

Markierungen
- Verkehrssicherungspflicht **13** 106

Massenunfall
- Anscheinsbeweis **38** 86
- Haftungsquote **22** 163

Mast
- Umstürzen **5** 53, **13** 134
- Verkehrssicherungspflicht **13** 26, 134

Mauer
- Schadensersatz bei Beschädigung **24** 88
- Verkehrssicherungspflicht **13** 116, 34

Mautstraße
- Verkehrssicherungspflicht **13** 43

Medikamente 29 6
- Einnahme als grobe Fahrlässigkeit **32** 118
- Schuldunfähigkeit **10** 60
- s.a. Heilungskosten

Mehrbedarf s. vermehrte Bedürfnisse

Mehrheit von Ersatzpflichtigen
- Haftungsabwägung **22** 137 ff
- s.a. Gesamtschuld, Mitschädiger

Mehrheit von Geschädigten
- Direktanspruch **15** 16
- Höchstbetrag **20** 19 ff

Mehrheit von Schadensposten
- Höchstbetrag **20** 9, 11

Mehrspuriger Verkehr
- Abbiegen **14** 107 f, 164
- Haftungsquote **22** 172, 174
- Verhaltenspflichten **14** 95 ff, 164

Mehrwertsteuer s. Umsatzsteuer

Merkantiler Minderwert 24 24 ff, **27** 8

Miete
- Halterhaftung **3** 322

Mieter
- Ausschluss der Halterhaftung **3** 253
- Haltereigenschaft **3** 283 ff
- vertragliche Haftung **16** 25 ff

Mietfahrzeug
- Haftungsbefreiung **16** 27
- Haftungsschaden **27** 7
- Pflicht zur Inanspruchnahme **22** 108
- Verjährung **16** 28
- Versicherungsschutz **16** 27
- vertragliche Haftung **16** 23 ff
- weiterzuzahlende Raten **27** 7
- s.a. Mietwagenkosten

Mietwagenkosten 25 11 ff
- Aufklärungspflicht des Autovermieters **25** 37 ff
- Eigenersparnis **25** 46 f
- Haftungsfreistellung **25** 44
- Miete von Privat **25** 43
- Mietzeit **25** 24 ff
- Nutzfahrzeuge **25** 49
- Rechtsschutzversicherung **25** 45
- Tarif **25** 34 ff
- s.a. Mietfahrzeug

1025

Sachverzeichnis

Militärfahrzeug 12 50, 78 ff
Militärkolonne 3 496
Minderjährige
- Schuldunfähigkeit 10 59, 63 ff
- Verhinderung der Kraftfahrzeugbenutzung 8 21, 14 5
- s.a. Jugendliche, Kind

Minderwert
- merkantiler 24 72 ff
- technischer 24 74 ff

Mindestversicherungssumme 15 18, 43
Minen
- Verkehrssicherungspflicht 13 138

Mitarbeitende Angehörige 19 107
- s.a. Erwerbsschaden

Mitfahrer s. Fahrgemeinschaft
Mithaftung
- Grundurteil 37 27
- Höchstgrenze 20 6, 12
- Prinzip 1 22
- s.a. Haftungsverteilung

Mitnehmen
- aus Gefälligkeit 16 4
- von Kollegen 19 143

Mitschädiger
- Ausgleichsanspruch 15 8, 35, 36 1 ff
- Rückgriff der Haftpflichtversicherung 15 36 f
- Wirkung von Teilungsabkommen 15 60 ff
- s.a. Gesamtschuld, Mehrheit von Ersatzpflichtigen

Mittelbare Eigentumsverletzungen 10 15
Mittelbare Schädigung 3 81, 243
- Zurechnung von Mitverschulden 22 39

Mittelbare Verursachung s. Kausalität
Mittelinsel s. Engstelle
Mittelstreifen
- Auswirkung auf Vorfahrt 14 144

Mitverschulden
- Amtshaftung 12 10
- Aufsichtspersonen 22 38
- bei Entstehung des Schadens 22 1 ff, 16 ff
- bei Geschäftsführung ohne Auftrag 17 8
- bei Verletzung der Verkehrssicherungspflicht 13 162 ff
- Beweislast 4 5, 22 12
- der Fahrzeuginsassen 22 50
- des gesetzlichen Vertreters 22 35
- des Getöteten 28 2
- des Leasingnehmers 22 30
- des Miteigentümers 22 31
- Entgeltfortzahlung 29 184

- Forderungsübergang auf Sozialversicherungsträger 32 65 ff
- für Folgeschäden 22 5
- Fußgänger 22 241 ff
- Hilfspersonen 22 32 ff
- hinsichtlich Umfang des Schadens 22 6, 96 ff
- Produkthaftung 6 9
- Quotenvorrecht 32 65 ff
- Radfahrer 22 44, 239 f
- Rechtsfolgen 22 13 ff
- Regress des Dienstherrn 34 35
- Rückgriff bei Arbeitsunfall 32 137
- Schmerzensgeld 30 19
- Schuldfähigkeit 22 24 ff
- Verweisungsprivileg 12 69
- Zurechenbarkeit 22 23
- s.a. Mithaftung

Mitverursachung s. Mithaftung, Mitverschulden
Mitwirkende Betriebsgefahr s. Betriebsgefahr
Motorsportveranstaltung s. Rennen
Müllabfuhr 14 201
Mülltonne 13 134

Nachlass s. Vorteilsausgleich
Nachversicherung 34 27
NATO-Truppenstatut 12 78 ff
- Verfahrenskosten 26 24
- Verjährung 12 103

Naturalleistungen
- Rente 31 18

Naturalrestitution 3 225
- durch Ersatzbeschaffung 24 62 ff
- Unmöglichkeit 3 235 ff

Nebel
- Anscheinsbeweis 38 80
- unabwendbares Ereignis 3 469

Nebeneinanderfahren s. mehrspuriger Verkehr
Nebeneinkünfte
- Erwerbsschaden 29 65

Nebenintervention
- durch Haftpflichtversicherer 15 31, 34

Nebenklagekosten 26 22
Nebenkosten der Heilung 29 8
Nebentäterschaft
- Haftungsverteilung 22 137 ff
- und alternative Kausalität 3 105

Nebenweg 14 135
Nettolohnmethode zur Berechnung des Erwerbsschadens 29 72 ff

Neue Bundesländer
- Haftungsausschluss Unfallversicherung **19** 155
- Staatshaftung **12** 3 ff
- Verkehrssicherungspflicht **13** 41

Neupreisentschädigung 24 13 ff

Neurose 3 197
- Mitverschulden **22** 119
- s.a. psychische Einwirkung

Neuwagen 24 17

Neuwertiges Kfz 24 17

Nichteheliche Lebensgemeinschaft
- Erwerbsschaden **29** 151, 159
- Haushaltsführung **29** 151
- Tötung eines Partners **28** 167

Nichteheliches Kind
- Ersatzanspruch **28** 153 f

Niveauunterschied
- Verkehrssicherungspflicht **13** 106

No-fault-Prinzip 1 43 f

Nothahn s. Öffnen der Fahrzeugtür

Nothelfer 32 103

Notlandung 5 45

Notleidendes Haftpflichtversicherungsverhältnis
- Direktanspruch **15** 18, 43 ff
- Regress **32** 85, **35** 17 ff

Notstand
- Haftung bei Abwehr **17** 1 ff
- Rechtfertigungsgrund **10** 43

Nottüröffner s. Öffnen der Fahrzeugtür

Nutzfahrzeug
- Abrechnung auf Neupreisbasis **24** 18
- abstrakte Nutzungsausfallentschädigung **25** 52
- merkantiler Minderwert **24** 77
- Mietfahrzeug **25** 49

Nutzlose Aufwendungen s. Aufwendungen

Nutztier
- Entlastungsbeweis **9** 20

Nutzungsausfall
- abstrakte Entschädigung **25** 50 ff
- Aufwendungen zur Überbrückung **25** 11 ff
- entgangener Gewinn **25** 2 ff
- s.a. Mietwagenkosten

Nutzungsbeeinträchtigung 3 46

Oberflächenbelag
- Verkehrssicherungspflicht **13** 63

Oberflächenschäden
- Verkehrssicherungspflicht **13** 64

Obhutshaftung 16 8

Obhutspflicht 16 26

Obliegenheitsverletzung
- Direktanspruch **15** 42
- s.a. notleidendes Haftpflichtversicherungsverhältnis

Obus 3 16
- s.a. Omnibus

Offene Teilklage 37 17

Öffnen der Fahrzeugtür
- Anscheinsbeweis **38** 74, 108
- erforderliche Sorgfalt **14** 70 ff
- Haftung des Fahrgasts **14** 293
- Haftungsquote **22** 222
- unabwendbares Ereignis **3** 420

Öl s. Gewässerverunreinigung

Ölflecken 14 18

Ölspur
- Haftungsverteilung **22** 225
- unabwendbares Ereignis **3** 469
- Verkehrssicherungspflicht **13** 76
- Versagen einer Vorrichtung **3** 400
- s.a. Fahrbahnverschmutzung

Omnibus
- Abfahren von Haltestelle **14** 76
- Haftungsquote **22** 84, 245
- unabwendbares Ereignis **3** 450, 471
- Vorbeifahren **11** 32
- s.a. Haltestelle, Schulbus

Omnibusfahrer
- Aufsicht **7** 23
- Auswahl **7** 15
- besondere Pflichten **14** 249

Omnibusunternehmen
- Verkehrssicherungspflicht **13** 25

Operation
- kosmetische **29** 7
- Kosten **22** 117
- Pflicht zur Unterziehung **22** 114

Opferentschädigungsgesetz 34 2

Ordre public s. internationales Haftungsrecht

Organisationspflicht
- bei Delegation **7** 9
- Produkthaftung **6** 16
- Verkehrssicherung **13** 51

Orkan
- Verkehrssicherungspflicht **13** 116

Örtliche Zuständigkeit 37 1 ff

Pactum de non petendo 21 86
Panikreaktion von Tier 3 74, 136
Panne s. liegengebliebenes Kfz

1027

Sachverzeichnis

Pannenhilfe
- Haftungsausschluss **19** 153
- Unfallversicherung **19** 108

Parkbucht
- Verkehrssicherungspflicht **13** 139

Parken
- Haftungsquote **22** 214, 220
- Sicherung des Kfz **14** 73
- Zulässigkeit **14** 67
- s.a. Parkverbot

Parkhaus
- Verkehrssicherungspflicht **13** 97, 140
- vertragliche Haftung **16** 33

Parklücke s. Verlassen einer Parklücke

Parkplatz
- Ausfahrt **14** 137
- Gasthaus **16** 34
- Streupflicht **13** 87, 97
- unabwendbares Ereignis **3** 472
- vertragliche Haftung **14** 196, **16** 33
- Vorfahrt **14** 142

Parkverbot
- Schutzzweck **11** 26
- s.a. Parken

Parteianhörung 38 3, 23

Parteivernehmung 38 3, 19 ff

Passant
- Ansprechen durch Kfz-Führer **14** 247
- Einschreiten gegen Kfz-Führer **14** 312

Pauschalierung
- Forderungsübergang auf Sozialversicherung **32** 55

Pauschalierungsabkommen 32 50

Pedalbetrieb 3 146

Pensionierung s. Beamte

Personenbeförderung s. Beförderung

Personenschaden 3 33 ff
- Ersatzansprüche **28** 1 ff, **29** 1 ff
- Höchstbetrag **20** 7
- Rente **30** 1 ff

Pfändung
- Auswirkung auf Haltereigenschaft **3** 297

Pferde
- Durchgehen **9** 12
- Entlastungsbeweis **9** 27
- Gespannfuhrwerk **14** 287
- Haftungsverteilung **22** 238, 261
- Nutztiereigenschaft **9** 23
- Reiten und Führen **9** 13, **14** 289
- Scheuen als unabwendbares Ereignis **3** 473
- Sicherung von Ställen und Weiden **9** 30

Pflaster 13 69

Pflegedienste 29 54
Pflegeheim 29 41
Pflegeklasse 29 18
- s.a. Krankenhaus

Pflegekurse
- Kongruenz Sozialversicherung **32** 30

Pflegeleistungen
- durch Angehörige **29** 11
- vermehrte Bedürfnisse **29** 40

Pflegeversicherung
- Abfindungsvergleich **32** 58
- Beiträge **32** 15
- Forderungsübergang s.a. Sozialversicherungsregress
- Kongruenz **29** 55

Pfosten
- Verkehrssicherungspflicht **13** 134

Plötzliche Ereignisse 14 40 ff

Plötzlichkeit des Schadensereignisses 3 27

Polizei
- Abschleppen **12** 61
- Amtspflicht **12** 32 f
- Dienstfahrten **12** 53
- Gefahrenabwehr **12** 32 f
- unabwendbares Ereignis bei Befolgen von Weisungen **3** 474
- Verkehrssicherungspflicht **12** 32 f
- Verweisungsprivileg **12** 70

Poller
- automatisch bewegte **18** 3
- Verkehrssicherungspflicht **13** 134

Post
- Staatshaftung **12** 57

Prävention
- als Zweck des Haftungsrechts **1** 14

Prima-facie-Beweis s. Anscheinsbeweis

Private Hilfeleistungen 17 15

Privatgrund 3 54

Privatgutachten 38 17

Privathaftpflichtversicherung 15 4

Privathaushalt
- als Unternehmer im Sinn der Unfallversicherung **19** 89 f

Privatstraße
- Verkehrssicherungspflicht **13** 20, 97

Privatunterricht 29 44

Privatversicherer
- Anrechnung von Leistungen **29** 91
- s.a. Forderungsübergang, Quotenvorrecht

Probefahrt
- Haftungsausschluss **19** 55 ff
- Haltereigenschaft **3** 281

1028

Sachverzeichnis

Probefahrt (Forts.)
- Verjährung **16** 31
- vertragliche Ansprüche **16** 5

Produktbeobachtungspflicht **6** 4, 16
Produktfehler **6** 3 f, 16
Produkthaftung **6** 1 ff
Produktmangel **6** 3 f, 16, **4** 300 f
Prognoserisiko
- Reparaturkosten **24** 29 ff

Prostituierte
- Erwerbsschaden **29** 137

Protokoll
- Verwertung **38** 14

Prozessaufrechnung
- durch Haftpflichtversicherung **15** 29
- Hemmung der Verjährung **21** 72

Prozessführung
- durch den Versicherer **15** 29 ff

Prozesskosten **26** 2
Prozesskostenhilfeantrag
- Hemmung der Verjährung **21** 77

Prozessvergleich s. Vergleich
Psychische Einwirkung **3** 40 f
Psychische Folgeschäden **3** 197
Psychische Kausalität **3** 83
Psychische Schäden
- Schmerzensgeld **28** 11
- Schmerzensgeld **30** 7

Psychose s. psychische Einwirkung

Quellwasser
- Verkehrssicherungspflicht **13** 116

Quergefälle
- Verkehrssicherungspflicht **13** 65

Querrinne
- Verkehrssicherungspflicht **13** 66

Quotenvorrecht
- Arbeitgeberregress **29** 182
- Dienstherrenregress **34** 36 ff
- Fürsorgeregress **33** 22 f
- Kaskoversicherung **35** 8 ff
- Sozialhilfe **33** 22 f
- Sozialversicherungsregress **32** 62 ff
- Versorgungsregress **34** 18

Radfahrer
- Anscheinsbeweis **38** 74, 110
- Aufsichtspflicht gegenüber Kind **8** 20
- erforderliche Sorgfalt
  - – gegenüber anderem Radfahrer **22** 256
  - – gegenüber Fußgänger **22** 257
  - – gegenüber Radfahrern **14** 210 ff
  - – gegenüber Tier **22** 261

- Fahrzeugbeherrschung **14** 257
- Haftungsquote **22** 239 f, 250, 253, 256 ff
- Mitverschulden **22** 44
- Rechtsfahrgebot **14** 260
- unabwendbares Ereignis **3** 475
- Verkehrspflichten **14** 256 ff
- Vertrauensgrundsatz bei Kindern **3** 456
- s.a Radweg

Radweg
- Benutzungspflicht **14** 258, **22** 44
- linker **14** 258, **22** 240
- Pflichten beim Einfahren aus **14** 139 ff
- Schutzzweck **11** 10
- Streupflicht **13** 90
- s.a Radfahrer

Rammen eines Polizeifahrzeugs **10** 46
Rangieren s. Anhänger
Räumlicher Zusammenhang zwischen Betrieb und Unfall **3** 64, 76 f
Räumpflicht **13** 77 ff
Rauschmittel **10** 60 ff
- s.a Alkohol

Reaktion auf plötzliche Ereignisse **3** 377, **14** 40 ff
Reaktionsbereitschaft **3** 512
Recht am eingerichteten und ausgeübten Gewerbebetrieb **10** 17
Rechtlich gebotenes Handeln
- bei Geschäftsführung ohne Auftrag **17** 6

Rechtmäßiges Alternativverhalten **10** 28 ff
Rechtmäßiges Verhalten als unabwendbares Ereignis **3** 423
Rechts vor links
- erforderliche Sorgfalt **14** 175 ff
- Haftungsquote **22** 135
- Unabwendbares Ereignis **3** 514

Rechtsabbiegen
- Anscheinsbeweis **38** 95
- erforderliche Sorgfalt **14** 106 ff
- erforderliche Sorgfalt gegenüber Fußgängern **14** 219 f
- erforderliche Sorgfalt gegenüber Radfahrern **14** 159, 214
- Haftungsquote **22** 192 ff
- paralleles **14** 107
- unabwendbares Ereignis **3** 476

Rechtsanwaltskosten **26** 13 ff
Rechtsbindungswille **16** 4
Rechtsfahrgebot **14** 112 ff
- Anscheinsbeweis **38** 88 f
- beim Rückwärtsfahren **14** 48
- Haftungsquote **22** 178 f

1029

Sachverzeichnis

Rechtsfahrgebot (Forts.)
– im Kreisverkehr **14** 109
– Schutzzweck **11** 9
– unabwendbares Ereignis **3** 477, 513
Rechtsgutsverletzung 10 10 ff
Rechtsirrtum 10 58
Rechtskrafterstreckung
– Direktanspruch **15** 24 ff
Rechtsschutzversicherung
– beim Mietwagen **25** 45
Rechtsverfolgung
– Hemmung der Verjährung **21** 64 ff
Rechtsverfolgungskosten 26 26 ff
– Höchstbetrag **20** 10
Rechtswahl s. internationales Haftungsrecht
Rechtswidrigkeit s. Widerrechtlichkeit
Reflexhandlung 3 383
Regen
– unabwendbares Ereignis **3** 478
Regress
– Beamte s. Forderungsübergang auf Dienstherrn
– bei Arbeitsunfall **32** 98 ff
– bei Kaskoversicherung **35** 5 ff
– bei Kraftfahrt-Haftpflichtversicherung **35** 16 ff
– bei Krankenversicherung **35** 15
– bei Unabwendbarkeit **36** 20
– der Privatversicherer **35** 1 ff
– des Retters aus Geschäftsführung ohne Auftrag **17** 5
– Sozialhilfe s. Forderungsübergang auf Fürsorgeträger, Sozialhilfe
– Sozialversicherung s. Forderungsübergang auf Sozialversicherungsträger, Sozialversicherungsregress
– Versorgungsträger s. Forderungsübergang auf Versorgungsträger
– Verzicht **32** 81
– zwischen mehreren Ersatzpflichtigen **36** 1 ff
– s.a. Forderungsübergang, Unfallversicherungsregress
Regulierungsverhalten
– Schmerzensgeldbemessung **30** 29
Rehabilitation
– Beziehen von Leistungen **34** 8
– Verpflichtung **32** 53
Rehabilitationsleistungen
– Forderungsübergang **32** 31, 47
Reifen
– Anscheinsbeweis **38** 70 f, 80

– Prüfpflicht **16** 21
Reifenhändler
– Haftung für mangelhafte Reifen **14** 305
Reifenprofil
– Schutzzweck **11** 48
Reifenschaden
– unabwendbares Ereignis **3** 479
– Versagen einer Vorrichtung **3** 401 f
Reinigung s. Straßenreinigung
Reinigungskosten 27 15
Reise
– Stornierungskosten **29** 194
Reißverschlussprinzip 14 99
Reiter 14 289
– s.a. Pferde
Relative Theorie
– Sozialversicherungsregress **32** 66, 71
Rennen
– Ausschluss des Direktanspruchs **15** 13
– erforderliche Sorgfalt **4** 31
– Verkehrssicherungspflicht **13** 161
– vertragliche Haftung des Veranstalters **16** 32
– s.a. Sportveranstaltung
Rente
– als Schadensersatz **31** 1 ff
– Änderung **28** 162, **31** 25 ff
– Begrenzung durch Versicherungssumme **15** 15
– Bemessung **31** 18
– Billigkeitshaftung **10** 79
– Fälligkeit **31** 19
– Gefährdung des Rentenanspruchs **31** 21
– nach Kapitalabfindung **31** 29
– nach Klageabweisung **31** 30
– Schmerzensgeld **30** 26, 40 ff
– Sicherheitsleistung **31** 20
– Vorauszahlung **31** 19
Rentennachteile 29 174, **32** 143
Rentenneurose s. Begehrensneurose
Rentenvergleich 16 57
– Anpassung **16** 67
Rentenversicherung
– Beiträge **32** 13
– Forderungsübergang s. Sozialversicherungsregress
– Verweisungsprivileg **12** 74
– s.a. Rentennachteile
Rentenversicherungsträger
– Amtspflicht **12** 37
Rentner
– Beiträge zur Krankenversicherung **32** 12
– Erwerbsschaden **29** 159

Renvoi s. internationales Haftungsrecht
Reparatur
- als Restitutionsform **1** 16, **24** 7 ff
- durch Fachbetrieb **24** 42 ff
- fachgerechte **24** 55 ff
- Fehleinschätzung der entstehenden Kosten **24** 23 ff
- fiktive Kosten s. fiktive Schadensberechnung
- Haftung bei Mangelhaftigkeit s. Reparaturarbeiten, Reparaturvertrag
- im eigenen Betrieb **24** 46 f
- in Eigenregie **24** 45 ff
- Nachweis der Kosten **24** 51 ff
- nicht fachgerechte **24** 59 ff
- Schadensberechnung bei Durchführung **24** 55 ff
- Schadensberechnung bei Verzicht **24** 35 ff, 62 ff
- unvollständige **24** 59 ff
- Unwirtschaftlichkeit **24** 2, 43
- Unzumutbarkeit **24** 3, 13 ff
- vollständige **24** 55 ff
- Wertminderung **24** 72 ff
- Wertsteigerung **24** 79 ff
Reparaturarbeiten
- grobe Fahrlässigkeit **32** 122
- Haftung **14** 307, **16** 11 f
Reparaturkostenübernahmeerklärung 16 51
Reparaturvertrag
- Hinweis auf Mängel **16** 12
- Obhutspflicht **16** 12
- Schutzwirkung für Dritte **16** 14
- Verjährung **16** 11
- s.a. Reparaturarbeiten
Reparaturwerkstatt
- Gefahrabwendung **14** 311
- Halterstellung **3** 289
Reservefahrzeug 3 218 f
Reserveursache 3 210
Restitution 1 16, **24** 4 ff
Restitutionsformen 24 7 ff
Restwert
- bei Schadensberechnung **24** 63 ff
- bei Totalschaden **23** 15, 25
Rettung anderer Verkehrsteilnehmer
- Geschäftsführung ohne Auftrag **17** 6 ff
- Unfallversicherung **19** 152
Rettungsdienst
- hoheitliches Handeln **12** 45, 55
- Verweisungsprivileg **12** 70
Rettungshandlung 17 5

Rettungskosten 17 14
Rettungsversuch 17 6
Richtgeschwindigkeit 3 444
Richtungsfahrbahnen 14 147
Risikoausschluss
- Erstreckung auf den Direktanspruch **15** 13, 41
Risikoverlagerung durch Haftungsrecht 1 9 ff
Risikozuschlag 23 26
Rohrleitung 5 56
Roller 8 19, **14** 320, **22** 260
Rollstuhl 29 6
Rolltreppe 13 142
Rotlichtverstoß 14 125
- grobe Fahrlässigkeit **32** 123
- Schutzzweck **11** 36
Rückgriff s. Forderungsübergang, Mitschädiger, Regress
Rückrufpflicht
- Haftung des Händlers **14** 304
- Produzentenhaftung **6** 16
Rückschaupflicht
- erforderliche Sorgfalt **14** 101 ff
- Haftungsquote **22** 177
- Schutzzweck **11** 23
Rückwärtsfahren
- Anscheinsbeweis **38** 97, 99
- erforderliche Sorgfalt **14** 48, 172
- grobe Fahrlässigkeit **32** 124
- Haftungsquote **22** 217
- Schutzzweck **11** 24
Ruhender Verkehr
- erforderliche Sorgfalt **14** 67 ff
- Haftungsprivileg für Kinder **10** 67
- Haftungsquote **22** 220 ff
- s.a. abgestelltes Fahrzeug, Haltverbot, Parken, Parkverbot
Ruine
- Verkehrssicherungspflicht **13** 116
Sachschaden 3 44 ff, **10** 12 ff
- Höchstbetrag **20** 8
- Kongruenz Sozialversicherung **32** 26
- reparabler **24** 1 ff
- Totalschaden **23** 1 ff
- s.a. Reparatur
Sachverständige 38 15 ff
- Gutachten aus anderen Verfahren **38** 16
- Gutachterkosten **26** 3 ff
- mangelhaftes Gutachten **26** 7
- Privatgutachten **38** 17
- vertragliche Haftung **16** 22

Schachtdeckel Verkehrssicherungspflicht
 13 67
– s.a. Kanaldeckel
Schaden 1 17, **3** 9, 167, 205 ff, 230
– immaterieller **3** 205, **30** 1 ff
– mittelbare Verursachung **3** 81 ff
– mittelbare Verursachung bei Dritten
 3 183 ff
– normativer **1** 17, **3** 207
– Schätzung **3** 169, **38** 38 f
Schadenregulierungsbeauftragter 15 67
Schadensabwehrmaßnahme 3 220,
 22 84
Schadensanlagen 3 39, 212
Schadensbegünstigende Konstitution
 3 39, 201, 215
– Mitverschulden **22** 60
Schadensersatz
– Arten **3** 224 ff
– Bemessungsgrundlagen **3** 205 ff
– Umfang bei Personenschäden **28** 1 ff,
 29 1 ff
– Umfang bei Sachschäden **23** 1 ff, **24** 1 ff
– s.a. Schaden, Reparatur, Nutzungsausfall
Schadensfreiheitsrabatt s. Zurückstufung
Schadensminderungskosten 17 13,
 22 99 ff, **29** 105
Schadensminderungspflicht 22 6, 96 ff,
 105 ff
– bei Erwerbsschäden **29** 97 ff
– bei Forderungsübergang auf Sozial-
 versicherung **32** 52
– bei Heilbehandlung **29** 14, 26 ff
– bei Unterhaltsersatzanspruch **28** 87 ff
– Warnpflicht **22** 102
Schadensregulierung im Ausland 15 67
Schadensverdacht 3 43, **10** 14
Schadensvorsorge 3 218
Schafherde 9 30, **14** 290
Schätzgutachten s. Gutachten
Scheinselbstständigkeit 29 109
Scheitern einer Heirat 29 193
Schieben von Kraftfahrzeugen 3 149,
 4 11
Schienenbahn 5 7 ff
– Anscheinsbeweis **38** 72, 84 f
– Betrieb **5** 10 ff
– Betriebserschwerniskosten **27** 13
– Betriebsgefahr **22** 132 ff
– Entlastungsbeweis **5** 21 ff
– Haftungsquote **22** 226 ff, 252 ff
– höhere Gewalt **5** 24 ff
– Oberleitung **5** 10, 14

– Pflichten gegenüber Schienenfahrzeugen
 14 203 ff
– Schutzgesetz **11** 54
– unabwendbares Ereignis **5** 35 ff
– Verkehrssicherungspflicht **13** 25
Schienenfahrzeug 3 16 ff
Schleppen 3 150
Schleudern
– Anscheinsbeweis **38** 62, 92
– Haftungsquote **22** 182
– Versagen einer Vorrichtung **3** 403
Schlüssel 3 336 ff
Schlussleuchte
– Versagen einer Vorrichtung **3** 404
Schmerzensgeld 28 11, **29** 36, **30** 1 ff
– Ausschluss bei Arbeitsunfall **19** 82
– bei Geschäftsführung ohne Auftrag **17** 10
– bei öffentlich-rechtlichen Ausgleichs-
 ansprüchen **18** 6
– Bemessungsfaktoren **30** 13 ff
– Billigkeitshaftung **10** 79
– Form **30** 40 f
– Höhe **30** 34 ff
– Kongruenz Sozialversicherung **32** 39
– Kongruenz Versorgungsrecht **34** 11
– Tod **30** 6, 10
– Übertragbarkeit **30** 4
– Unbezifferter Klageantrag **30** 46 ff
– Vererbung **30** 4, 10
– Zinsen **30** 45
– zukünftige Entwicklungen **30** 54 f
Schnee
– unabwendbares Ereignis **3** 480
– s.a. Räumpflicht
Schneeketten 11 41
Schock 10 60
– Gesundheitsverletzung **3** 41
– mittelbare Verursachung **3** 176, 244
– Schmerzensgeld **30** 7
– Zurechnung **3** 186
– Zurechnung von Mitverschulden **22** 40
Schranke
– Verkehrssicherungspflicht **13** 134
Schreckreaktion 3 86
Schrecksekunde 3 377
Schulbus
– erforderliche Sorgfalt **14** 238, 240 f, 248 f
– hoheitliches Handeln **12** 60
– Schutzzweck **11** 32
– s.a. Omnibus
Schuldanerkenntnis 16 46 ff
– Wirkung gegen Versicherer **15** 25
Schuldausschluss 10 56 ff

1032

Schuldbeitritt **15** 3
Schuldbekenntnis **16** 56
Schuldunfähigkeit **10** 59 ff
Schüler
– Erwerbsschaden **29** 159
Schulunfall
– Haftungsausschluss s. Haftungsausschluss/pädagogischer Bereich
Schulweg **19** 148 ff
Schutzgesetz **11** 1 ff
– Produkthaftung **6** 20
Schutzhelm **22** 61 ff
Schutzzweck **3** 75, 173, **10** 27, **11** 4 ff
– von Verkehrspflichten **14** 15
Schwarzfahrt s. unbefugte Benutzung eines Kfz
Schwebebahn **5** 9
– s.a. Schienenbahn
Seelische Beeinträchtigungen s. psychische Schäden
Seitenabstand s. Abstand
Seitenstreifen
– Verkehrssicherungspflicht **13** 143
Selbstgefährdung Haftungsausschluss **19** 60 f
Selbstmord **3** 111, 180
Selbstschädigung **3** 246 ff, **4** 6
Selbstständiger s. Erwerbsschaden
Serienauffahrunfall
– Anscheinsbeweis **38** 86
– Haftungsverteilung **22** 163 ff
– Ursächlichkeit **3** 156
Sessellift **5** 9
Sicherheitsabstand s. Abstand, Auffahrunfall
Sicherheitsgurt
– Altfahrzeuge **22** 73
– Anlegen während der Fahrt **32** 114
– Auswechslung nach Unfall **24** 43
– bei Kindern **22** 70
– Beweis **22** 77
– Lohnfortzahlung bei Nichtanlegen **29** 68
– Mitverschulden **22** 67 ff
– Rücksitz **22** 74
– Schutz des Mitfahrers **14** 62
– Schutzzweck **11** 33
Sicherheitsleistung bei Rentenzahlungspflicht **31** 21
Sicherstellung
– Haltereigenschaft **3** 296
Sicherungsübereignung
– Haltereigenschaft **3** 282
Sichtbehinderung **3** 107, **14** 162

– bei Fahrstreifenwechsel **14** 98
– beim Linksabbiegen **14** 123
– durch anderes Kfz **3** 102 f
– durch Fahrzeug selbst **14** 161
– in Einmündungen **14** 160
– Verkehrssicherungspflicht **13** 116, 144
Sichtfahrgebot s. Fahren auf Sicht
Sittenwidrige Geschäfte s. Erwerbsschaden
Soldat **29** 24
– Forderungsübergang auf Dienstherrn **34** 2, 6 ff
– Haftungsausschluss s. Haftungsausschluss/Versorgungsrecht
Sonderabfallabgabe **27** 15
Sondernutzungsberechtigte Verkehrssicherungspflicht **13** 26
Sonderopfer **18** 5
Sonderrechtsfahrzeug s. Einsatzfahrzeug
Sonderweg
– Schutzzweck **11** 40
Sorgfalt **10** 51 ff, **14** 13 f
– bei Unabwendbarkeitsbeweis **3** 366 ff
– gesteigerte **10** 55
Sowjettruppen **12** 105 ff
Soziale Fürsorge s. Forderungsübergang auf Fürsorgeträger
Soziale Versorgung s. Forderungsübergang auf Versorgungsträger
Sozialhilfe
– Forderungsübergang **29** 188, **33** 5 ff, 13 ff
– und Unterhaltsersatzanspruch **28** 82
– s.a. Forderungsübergang auf Fürsorgeträger, Überleitung nach SGB II und SGB XII
Sozialhilfeempfänger
– Erwerbsschaden **29** 159
Sozialleistungen **32** 10, **32 ff** Vorbem
Sozialversicherung **32** 1, **32 ff** Vorbem
– Leistungspflicht **32** 17 ff
– Regress s. Sozialversicherungsregress
Sozialversicherungsbeiträge **29** 74, 87 ff, **32** 11 ff, 36, 141 ff
Sozialversicherungsregress **32** 1 ff
– Forderungserlass **32** 85
– Haftungshöchstgrenze **32** 62 ff
– Härtefall **32** 85
– Internationales Recht **32** 94 ff
– Mehrheit von Sozialversicherungsträgern **32** 82 ff
– Mitverschulden **32** 65 ff
– und Haftpflichtversicherung **32** 5
– Zusammentreffen mit Dienstherren-/Versorgungsträgerregress **32** 83

Sachverzeichnis

Sozialversicherungsregress (Forts.)
- s.a. Forderungsübergang auf Sozialversicherungsträger, Beitragsregress, Unfallversicherungsregress

Sozialversicherungsträger 32 9
- Beitragsregress 32 141 ff
- Forderungsübergang 32 41 ff
- Mehrheit 32 82
- Mitverschulden 32 65 ff
- Quotenvorrecht 32 62 ff
- Wechsel 32 84
- s.a. Sozialversicherungsregress

Spediteur
- vertragliche Haftung 16 8

Sperrfläche
- Schutzzweck 11 43

Spielen
- auf Fahrbahnen 14 320
- Aufsichtspflicht 8 19

Spielfahrzeug 3 12
Sport 14 320
Sportveranstaltung 3 147
Sprengarbeiten 5 61
- Verkehrssicherungspflicht 13 116

Spurwechsel s. Auffahrunfall, mehrspuriger Verkehr, Fahrstreifenwechsel
Staatshaftung 12 1 ff, 43 ff
- Ausländer 12 5, 62
- haftende Körperschaft 12 63 ff
- neue Bundesländer 12 3 ff

Stahlplatte
- Verkehrssicherungspflicht 13 106

Stall 9 31
Stärkungsmittel 29 47
Stationierungsstreitkräfte
- Haftung 12 78 ff
- Versicherung von Privatfahrzeugen 15 65

Stein
- Verkehrssicherungspflicht 13 134
- s.a. Hochschleudern von Gegenständen

Steinbruch 5 61
Steinkreuz
- Verkehrssicherungspflicht 13 145

Steinschlag
- unabwendbares Ereignis 3 488
- Verkehrssicherungspflicht 13 111, 116

Stellplatz 16 33
Sterbegeld 28 15 ff, 29
Sterbetafeln s. Lebenserwartung
Steuer
- Erwerbsschaden 29 72 ff, 83 ff, 127
- Kapitalabfindung 31 12

- Nachteile durch Todesfall 28 10
- Unterhaltsersatzrenten 28 93 ff
- Wertminderung 24 78
- s.a. Einkommensteuer, Gewerbesteuer, Umsatzsteuer

Stichproben
- bei Aufsicht über Verrichtungsgehilfen 7 20 f

Stilllegung eines Unternehmens 29 119
Stoffgleichheit
- Produzentenhaftung 6 15

Störung der Geschäftsgrundlage
- bei Vergleich 16 65

Stoßwellenschäden 5 46
Strafverfahren
- Kosten 26 22
- Verwertung von Aussagen 38 14

Straße
- Beschädigung 24 90
- Verschmutzung 27 15

Straßenbahn s. Schienenbahn
Straßenbahnführer
- erforderliche Sorgfalt 14 252 ff

Straßenbaulast
- Amtspflichten 12 36
- und Verkehrssicherungspflicht 13 13

Straßenbaulastträger 18 7
Straßenende
- Verkehrssicherungspflicht 13 62

Straßengabel 14 146
Straßengraben
- Verkehrssicherungspflicht 13 37, 55

Straßenkreuzung s. Kreuzung
Straßenreinigung 14 201
- hoheitliches Handeln 12 61
- s.a. Fahrbahnverschmutzung

Straßenschäden 3 188
Straßenverkehrsbehörde 18 7
Straßenwartung 14 201
Streckenverbot
- Schutzzweck 11 42

Streitgenossenschaft 37 7
- Haftpflichtversicherung 15 33

Streitkräfte s. ausländische Streitkräfte, Bundeswehr, Stationierungsstreitkräfte
Streitkräfteaufenthaltsgesetz 12 78
Streitverkündung
- Hemmung der Verjährung 21 73

Streitwert
- Schmerzensgeld 30 49

Streufahrzeug
- Gefährdungshaftung 3 121
- unabwendbares Ereignis 3 490

1034

Streupflicht 13 77 ff
Stromabnehmer 3 406
Stromausfall 3 244
Stromleitung 5 52 ff
Studenten
– Erwerbsschaden 29 159,164 ff
Stufe
– Verkehrssicherungspflicht 13 146
Stundung 21 85
Sturm
– unabwendbares Ereignis 3 491 f
– Verkehrssicherungspflicht 13 116
Sturz
– anderer Verkehrsteilnehmer 3 493
– Anscheinsbeweis 38 74,109 ff
– in Verkehrsmittel 3 131
Subsidiarität
– der Amtshaftung 12 69 ff
– des Direktanspruchs 15 44 ff
Summenversicherung 29 186
Systemänderung
– Sozialversicherungsregress 32 46,58
– Versorgungsregress 34 15

Tanken 3 154
Tankstelle 14 142
Tankwagen
– Betrieb 3 62
– Gebrauch 15 5
– Gewässerverunreinigung 5 48 ff
Tätigsein beim Betrieb 19 10 f
Taubstumme 10 59
Taxi
– Ausfallschaden 25 4 ff
– Lackierung 23 27
– Miettaxi 25 11, 49
– statt Mietwagen 25 20
Taxifahrer 14 250
Taxiunternehmer
– Erwerbsschaden 29 133
Technischer Mangel s. Fahrzeugmängel
Technischer Überwachungsverein
  s. TÜV
Technisches Versagen s. Versagen einer
  Vorrichtung des Kfz
Teilklage 37 17 ff
Teilnahme am allgemeinen Verkehr
  s. allgemeiner Verkehr
Teilregress 36 24 f
Teilschmerzensgeld 30 44
Teilungsabkommen 15 50 ff
– Fürsorgeregress 33 21
– Sozialversicherungsregress 32 55 ff

– Verhältnis zum sozialrechtlichen
  Haftungsausschluss 19 88
Teilurteil 37 30 f
Teilzahlung
– Neubeginn der Verjährung 21 37
Telekommunikation
– Schutzzweck des § 317 StGB 11 51
Testwagenfahrer
– Arbeitsunfall 19 142
Tier
– Anscheinsbeweis 38 80
– erforderliche Sorgfalt 14 246
– Führen und Treiben 14 287 ff
– Haftung für 9 1 ff
– Haftungsquote 22 236 ff
– mittelbare Unfallursache 3 98
– Obhutspflicht 14 319
– Schadensersatz 24 33 f
– Unabwendbarkeit des Unfalls 3 494
– s.a. Pferd
Tiergefahr
– Anrechnung 9 3 ff
Tierhalter 9 6 ff
Tierhüter 9 18 f
Tod s. Tötung, Schmerzensgeld
Todesursache Anscheinsbeweis 38 77
Totalreparation 1 18 f
Totalschaden 23 1 ff, 24 1
– Ersatzbeschaffung 23 4 ff
– fiktive Abrechnung 23 19 f
– Leasingfahrzeug 23 28
– Reparaturversuch 23 2
– Wiederbeschaffungskosten 23 17 ff
– wirtschaftlicher 24 2
Toter Winkel
– beim Fahrstreifenwechsel 14 98
– beim Linksabbiegen 14 102
– beim Rechtsabbiegen 14 214
Tötung 3 34
– Entgangener Unterhalt 28 31 f
– Ersatzansprüche 28 1 ff
Tragfähigkeit der Fahrbahn
– Haftungsquote 13 164
– Verkehrssicherungspflicht 13 68
– s.a. Bankett, Schachtdeckel
Transportrecht 16 8
Trauerkleidung 28 21, 27
Treibjagd 14 296
Treibstofftank 5 48
Treppe 13 97, 147
Trunkenheit s. Alkohol, Fahruntauglichkeit
Truppenangehörige s. ausländische
  Streitkräfte

1035

Sachverzeichnis

Tür
- Versagen einer Vorrichtung 3 405
- s.a. Öffnen der Fahrzeugtür

Turbulenzen durch Luftfahrzeuge 5 44

Türkei Direktanspruch 15 12

TÜV
- Amtspflichten 12 35
- Haftende Körperschaft 12 66
- hoheitliches Handeln 12 61

Überbrückung des Nutzungsausfalls 25 11 ff

Überdachung Verkehrssicherungspflicht 13 148

Überflutung 13 149

Überführung
- der Leiche 28 23
- eines beschädigten Schienenfahrzeugs 24 50

Überführungsfahrt
- Haltereigenschaft 3 280

Überhöhte Geschwindigkeit s. Geschwindigkeit

Überholen
- Anscheinsbeweis 38 69, 90 f
- grobe Fahrlässigkeit 32 125
- Haftungsquote 22 175 ff, 186, 211
- Radfahrer 14 263 f
- unabwendbares Ereignis 3 496 ff
- Verhaltenspflichten 14 85 ff, 118 ff
- s.a. Kolonne, Lückenunfall

Überholende Kausalität s. Kausalität

Überholverbot
- Schutzzweck 11 19

Überladen 3 501

Überlassung des Kfz
- Führereigenschaft 4 14
- Gefährdungshaftung 3 324 ff
- Verkehrspflicht 14 4 f

Überleitung nach SGB II und SGB XII 33 5 ff, 30 ff, 41 ff

Übermaßverbot 19 63 f

Übermüdung
- grobe Fahrlässigkeit 32 126

Überqueren der Fahrbahn s. Fußgänger

Übersehen eines Verkehrszeichens
- Anscheinsbeweis 38 112

Übersetzungskosten 26 27

Übertragung der Verkehrssicherungspflicht 13 14 f

Überwachung s. Aufsichtspflicht, Beaufsichtigung

Überwachungspflicht
- Verkehrssicherungspflichtige 13 50
- Verrichtungsgehilfe 7 20 ff
- s.a. Aufsichtspflicht

Übungseinsätze von Hilfsdiensten
- Arbeitsunfall 19 144

Umkippen eines Motorrads 3 112

Umleitungsstrecke
- Verkehrssicherungspflicht 13 22

Umsatzsteuer
- Reparaturkosten 24 45, 48, 53, 56
- – Leasingfahrzeug 24 86
- Totalschaden 23 8, 21 f
- Verdienstausfall 29 128
- Vorsteuerabzug 23 22 f

Umschulung
- Kosten 29 105
- Mehrverdienst 29 96
- Schadensminderungspflicht 29 103

Umzugskosten 29 12, 32, 29 43, 105

Unabwendbares Ereignis 3 348 ff, 359 ff, 412 ff
- Anscheinsbeweis 38 52, 3 411
- bei Fehler in der Beschaffenheit des Kfz 3 384
- bei Schienen- und Schwebebahnen 5 30 ff
- bei Versagen einer Vorrichtung des Kfz 3 386 ff
- Beweis 3 409 ff
- für den Fahrzeugführer 3 375 ff, 424 ff
- für den Halter 3 372 ff
- für eine beim Betrieb beschäftigte Person 3 417 ff
- Sorgfaltsmaßstab 3 366 ff
- Zurechnungszusammenhang zwischen Sorgfaltsverletzung und Ereignis 3 369 ff
- s.a. höhere Gewalt

Unbefugte Benutzung eines Kfz
- Anrechnung des Verschuldens des Entwenders 22 29
- Anscheinsbeweis 38 105
- ausländische Streitkräfte 12 81 f
- Beweislast 3 346 f
- Dienstfahrzeug 12 21, 51
- durch Verrichtungsgehilfen 7 13
- Entlastungsbeweis des Führers 4 29
- Ermöglichung
- – durch Führer 4 29, 14 10
- – durch Halter 3 328 ff, 14 6 f
- – durch Hilfsperson 3 330
- Gefährdungshaftung 3 304 ff
- grobe Fahrlässigkeit 32 131

1036

Sachverzeichnis

Unbefugte Benutzung eines Kfz (Forts.)
- Haftung des unbefugten Besitzers 3 313 ff
- Haltereigenschaft 3 285, 301
- Schädigung des Halters 3 248 ff
- Schutzgesetz 11 28, 50

Unbezifferter Klageantrag
- Schmerzensgeld 29 132, 30 46 ff
- Unterhaltsersatzanspruch 28 175

Unebenheiten
- Haftungsquote 13 164 f
- Verkehrssicherungspflicht 13 69, 106

Unentgeltliche Dienstleistungen 28 177 ff, 29 192

Unentgeltliche Mitnahme 16 4

Unerlaubte Handlung 10 1 ff

Unerlaubtes Entfernen vom Unfallort
- Ansprüche gegen Verkehrsopferhilfe 15 69 ff
- Schutzzweck 11 49

Unfall
- absichtlich herbeigeführter 3 29
- Folgeunfall 3 155, 170, 175, 502
- Haftungsgrund 3 24 ff, 167 ff
- mittelbare Verursachung 3 59
- Zurechnung 3 155 ff
- Zweitunfall 3 155, 170, 175, 22 5
- s.a. fingierter Unfall

Unfallausgleich nach BeamtVG 34 30

Unfallbetrieb
- Eingliederung 19 98 ff

Unfallersatztarif 25 35 ff

Unfallfeste Position in der Rentenversicherung 32 141 ff

Unfallfinanzierungshilfen 27 3

Unfallflucht s. unerlaubtes Entfernen vom Unfallort

Unfallfolgen
- Vermeidbarkeit 10 29
- Verschlimmerung 3 179 ff

Unfallgegner
- als Zeuge oder Beklagter 37 6

Unfallgeräusch 3 158

Unfallhäufung
- Verkehrssicherungspflicht 13 150

Unfallhilfe 3 93
- Haftungsausschluss 19 152
- Unfallversicherung 19 108

Unfallstelle
- erforderliche Sorgfalt 14 28
- s.a. Hindernis

Unfallverhütungsvorschriften
- grobe Fahrlässigkeit 32 110

Unfallversicherung
- Forderungsübergang s. Unfallversicherungsregress
- Haftungsausschluss s. Haftungsausschluss/Unfallversicherung
- Verweisungsprivileg 12 74
- Vorteilsausgleich 28 80

Unfallversicherungsregress 32 98 ff, 135 ff
- Bindungswirkung von Entscheidungen 32 106
- Familienprivileg 32 138
- grobe Fahrlässigkeit 32 109 ff
- Leistungen der Krankenkasse 32 104
- Nothilfe 17 11, 32 103
- Verjährung 32 140
- Verzicht 32 139

Ungeborenes s. Leibesfrucht

Ungeeigneter Fahrer
- Verhindern der Kfz-Benutzung 14 5, 297 f, 309 ff

Unklare Verkehrslage 14 85 f

Unklare Vorfahrtsituation 14 134 ff

Unkostenbeteiligung
- Abgrenzung zum Gefälligkeitsverhältnis 16 5

Unrechtshaftung 1 9

Unregelmäßige Tätigkeiten
- Erwerbsschaden 29 78

Unterbrechung s. Verjährung/Neubeginn

Unterhalt
- entgangener s. Unterhaltsersatzanspruch
- Rente 28 33, 31 1 ff

Unterhaltsersatzanspruch 28 31 ff
- Änderung 28 162 ff
- Anrechnung der Betriebsgefahr 28 2
- Beitrag zum Familienunterhalt 28 57 ff
- Beweislast 28 170
- des Ehegatten 28 57 ff, 96 ff
- des ehelichen Kindes 28 137 ff
- des nichtehelichen Kindes 28 153 f
- Dienstleistungen 28 56, 126 ff
- Feststellungsklage 28 60 ff, 171 ff
- fixe Kosten 28 116 ff
- Forderungsübergang 28 65
- Kongruenz Dienstherrenregress 34 27 ff
- Kongruenz Sozialversicherung 32 35
- Kongruenz Versorgungsrecht 34 11
- künftige Unterhaltsansprüche 28 60 ff
- Mehrheit von Unterhaltsberechtigten 28 64
- Mehrheit von Unterhaltsverpflichteten 28 49, 51 ff

1037

Unterhaltsersatzanspruch (Forts.)
- Schadensminderungspflicht **22** 122
- unbestimmter Antrag **28** 175
- Vorteilsausgleichung **28** 67 ff
Unterhaltsrückstände 28 32
Unterlassen 10 7
Unternehmen
- Aufgabe **29** 118 f
Unternehmer
- Haftungsausschluss durch Unfallversicherung **19** 77 ff
Unterspülung 13 151
Untersuchungspflicht
- des Kfz-Führers **14** 58
- des Kfz-Halters **14** 1 ff
- des Kfz-Verkäufers **16** 16 ff
Ununterbrochene Mittellinie
- Schutzzweck **11** 43
Unverhältnismäßige Aufwendungen 3 238
Unvernünftiges Verhalten bei Heilungsversuch 29 26
Unvorhersehbare Schadensfolgen bei Verjährung 21 19 f
Unzulässige Rechtsausübung
- bei Vergleich **16** 60, 66
- s.a. Arglisteinwand
Unzumutbarkeit der Reparatur 24 13 ff
Urheberzweifel 10 34
Urkunde
- Beiziehung **38** 4 f
- Beweismittel **38** 16 ff
Urlaubsbeeinträchtigung 25 33, **29** 189
Urlaubsentgelt 29 177
Urlaubsgeld 29 177
Ursachenzusammenhang s. Kausalität
Urteilsersetzendes Anerkenntnis 16 54

Veräußerungsanzeigepflicht
- Schutzzweck **11** 46
Verbotene Geschäfte s. Erwerbsschaden
Verbotsirrtum 10 56 ff, **11** 61
Verbotswidrige Beschäftigung
- Unfallversicherungsschutz **19** 96
Verdeckte Gewinnausschüttung
- Erwerbsschaden **29** 141
Verdeckte Teilklage 37 20
Verdienstausfall
- bei Krankenbesuch **29** 10
- Rente **30** 1 ff
- s.a. entgangener Gewinn, Erwerbsschaden

Vereinstätigkeit
- Arbeitsunfall **19** 129
Vereitelung
- der Beweisführung **38** 30
- der Eheschließung **29** 193
- der Geschäftseröffnung **29** 167
- von Veranstaltungsbesuch **29** 194
- s.a. Urlaubsbeeinträchtigung **29** 167
Verengung
- Verkehrssicherungspflicht **13** 70
Verfolgungsfahrt 3 485
- Mitverschulden **22** 48
- Zurechnungszusammenhang **3** 90 ff
Vergleich 16 57 ff
- Abänderung **16** 64 ff
- bei Rentenzahlungspflicht **31** 26
- im Prozess **16** 69 ff
- s.a. Abfindungsvergleich
Vergleichsverhandlungen
- Hemmung der Verjährung **21** 51
- Neubeginn der Verjährung **21** 33, 38
Verhalten eines Dritten
- Zurechnung **3** 96 f
Verhaltenspflichten im Straßenverkehr 14 1 ff
Verhandlungen
- Hemmung der Verjährung **21** 51 ff
Verjährung
- Altansprüche **21** 90 ff
- Amtshaftung **12** 11 f
- Anerkenntnis **16** 49, 54, **21** 32 ff
- Arglisteinwand **21** 100 ff
- Billigkeitshaftung **10** 81
- deliktischer Ansprüche **21** 1, 30
- Dienstherrenregress **34** 39
- Direktanspruch **15** 21
- Erschwerung **21** 95 f
- Feststellungsklage **37** 12
- Frist **21** 3 f
- Fürsorgeregress **33** 22
- Hemmung **21** 39 ff
- Neubeginn **21** 31 ff
- öffentlich-rechtlicher Ausgleichsansprüche **18** 8
- ProdHaftG **6** 13
- Sozialversicherungsregress **32** 79 f
- Teilklage **37** 21
- Verkürzung **21** 95 f
- Versorgungsregress **34** 20
- vertragliche Haftung **16** 1
- Verzicht **21** 97
Verkäufer
- Haftung **14** 310, **16** 16 ff

Sachverzeichnis

Verkaufsstand
– Verkehrssicherungspflicht **13** 151
Verkehrsampel s. Lichtzeichen
Verkehrsberuhigende Maßnahmen
  11 35, **13** 71 f
Verkehrsberuhigter Bereich 14 137
Verkehrseinrichtungen
– Verkehrssicherungspflicht **13** 153
Verkehrshindernis s. Hindernis
Verkehrsmittel 3 60
Verkehrsopferhilfe 15 69 ff
Verkehrspflicht 10 8 f, 20, 42
– Produkthaftung **6** 1
– Straßenverkehr **14** 1 ff
Verkehrsregelung
– Amtspflicht **12** 23 ff, **13** 2
– Anscheinsbeweis bei Unzulänglichkeit **38** 113
– durch Polizeibeamte **14** 166
– hoheitliches Handeln **12** 47
– und Verkehrssicherungspflicht **12** 31
– Versagen technischer Einrichtungen **18** 1 ff
Verkehrsrichtiges Verhalten 7 6, **10** 47
Verkehrssicherer Zustand des Fahrzeugs
– bei Inverkehrbringen **14** 300 ff
– Beurteilung durch Hilfsperson **14** 3
– Inspektion/Wartung **14** 59
– Pflicht des Kfz-Führers **14** 58 ff
– Pflicht des Kfz-Halters **7** 25, **14** 1 ff
Verkehrssicherungspflicht 10 8, **13** 1 ff
– Beweislast **13** 10 ff
– Dritteinwirkung **13** 23
– Erkennbarkeit der Gefahr **13** 35 f
– Fahrten zur Erfüllung **13** 4
– Grundstückeigentümer **13** 112
– Haftungsausschluss **13** 9
– hoheitliches Handeln **12** 47
– Mithaftung des Verletzen **13** 162 ff
– Träger **13** 13 ff
– Übertragung **13** 14 f
– Umfang **13** 30 ff
– und Verkehrsregelungspflicht **12** 31, 47, **13** 106
– Verweisungsprivileg **12** 71 f
– s.a. Nachweise zu einzelnen Arten von Verkehrswegen und -gefahren
Verkehrsstau 10 13
Verkehrsunfall
– Statistik **1** 1 ff
Verkehrsverbot
– Schutzzweck **11** 41
Verkehrsverhalten 14 11 ff

Verkehrszeichen
– Amtspflichten **12** 23 ff
– Übersehen **38** 112
– Verkehrssicherungspflicht **13** 134, 154
Verlassen einer Parklücke
– erforderliche Sorgfalt **14** 196
– Haftungsquote **22** 214
Verlassen eines Grundstücks s. Grundstücksausfahrt
Verleiher
– vertragliche Haftung **16** 29
Verletzter
– Definition **3** 239
– s.a. mittelbare Schädigung
Verletzungsursache
– Anscheinsbeweis **38** 78
Verletzungsverdacht 3 43
Verlieren von Fahrzeugteilen/Ladung
– Anscheinsbeweis **38** 106 f
– Betrieb des Kfz **3** 134
– Haftungsverteilung **22** 224 f
Vermehrte Bedürfnisse 29 2, 32 ff
– fiktive Aufwendungen **29** 53 f
– Kapitalabfindung **29** 39
– Kongruenz Dienstherrenregress **34** 30
– Kongruenz Sozialversicherung **32** 29
– Kongruenz Versorgungsrecht **34** 11
– Partnervermittlung **29** 51
– Rente **29** 38, **30** 1 ff
Vermeidbarkeit 10 21, **11** 12 f
– s.a. unabwendbares Ereignis
Vermessungsarbeiten
– Verkehrssicherungspflicht **13** 155
Vermieter
– Haftung **14** 306, **16** 24
– Haftungsbeschränkung **16** 27
– Haltereigenschaft **3** 283 ff
Vermittlungsvertrag 16 20
Vermögensschaden 3 28, **11** 1, **12** 1, **16** 1, **28** 7
Verrichtungsgehilfe
– Haftung für **7** 1 ff
Versagen
– des Kraftfahrzeugführers **3** 364, 415
– einer Vorrichtung des Kfz **3** 384 ff
Verschmutzung s. Fahrbahnverschmutzung
Verschulden 10 48 ff, **11** 57 ff
– Anscheinsbeweis **38** 47 f, **38** 59, 79 ff
– Ausschluss **10** 56 ff
– bei Amtshaftung **12** 40 ff
– Maßstab **3** 329
– Schmerzensgeldbemessung **30** 16
– s.a. Mitverschulden

1039

Sachverzeichnis

Versicherungsbetrug s. fingierter Unfall
Versicherungsleistung
– Vorteilsausgleich **3** 245
Versicherungsnehmer
– kein Direktanspruch **15** 10
– Verhältnis zum Haftpflichtversicherer **15** 19 ff
– Wirkung von Teilungsabkommen **15** 58
Versicherungsschutz
– Aufklärungspflicht bei Kauf **16** 19 f
– bei Auftrag **16** 35
– bei Haftungsmilderung zugunsten des Arbeitnehmers **19** 71 ff
– bei Leihfahrzeug **16** 30
– bei Leistungsfreiheit des Versicherers **15** 38 ff
– bei Mietfahrzeug **16** 27
– durch den Arbeitgeber **16** 39
– Einfluss auf Haftung **1** 33 f, **10** 76 f, 79
Versorgungsanspruch 34 7
Versorgungsrecht
– Haftungsausschluss s. Haftungsausschluss/Versorgungsrecht
Versorgungsregress
– Forderungsübergang s. Forderungsübergang auf Versorgungsträger
Versorgungsträger s. Forderungsübergang
Versorgungszweck
– des Haftungsrechts **1** 15
Verteidigungsnotstand 17 3
Vertrag mit Schutzwirkung für Dritte
– Leihvertrag **16** 29
– Reparaturvertrag **16** 14
Vertragliche Haftung 16 1 ff
– Schmerzensgeld **30** 1 ff
Vertrauensgrundsatz 3 381, **14** 12, 175, 210, 237, 278
Vertrauensschaden
– beim Vergleich **16** 68
Vertriebshändler
– Haftung für mangelhaftes Fahrzeug **14** 303
Verunglückte Kraftfahrzeuge 3 155 ff
Verunreinigung s. Fahrbahnverschmutzung
Verursachung s. Kausalität
Verwaltungsakt 18 3
Verweisungsprivileg
– Amtshaftung **12** 69 ff
– Beweislast **12** 77
– Unmöglichkeit **12** 75 f
Verwirkung 21 104

Verzicht
– auf Behandlungsmaßnahmen **28** 2
– auf gesetzliche Sozialleistungen **29** 28, **32** 81
– auf Sozialversicherungsregress **32** 81
– auf Verjährungseinrede **21** 97
– auf Vorfahrt **14** 159, 174
– – Haftungsquote **22** 211
– des Getöteten **28** 2
Verzögerung bei Reparatur bzw. Ersatzbeschaffung 22 110
Verzögerungsstreifen 14 150
Vieh
– Haftungsverteilung **22** 237
– Treiben **14** 290
– Verwahren **9** 30
Vollstreckungshandlungen
– Neubeginn der Verjährung **21** 31
Vorampel 14 83
Vorbeifahren
– an Baustellenbereich **14** 25
– an Fußgängern **14** 230 ff
– an Hindernis **14** 116, **22** 183 f
– an Kolonne **3** 506, **14** 29, 31, 170, 192, **22** 311
– an Müllfahrzeugen **14** 33
– an öffentlichen Verkehrsmitteln **11** 32, **14** 32, 222
– an stehendem Kfz **3** 505, **14** 45, 265
– an Unfallstelle **14** 28
– an wendendem Kfz **14** 54
– Schutzzweck **11** 20
– unabwendbares Ereignis **3** 505 f
– s.a. Überholen
Vorfahrt
– Änderung der Regelung **12** 27
– Anschein eines Verzichts **22** 211, 215
– erforderliche Sorgfalt **14** 155 ff
– grobe Fahrlässigkeit **32** 128
– Haftungsquote **22** 195 ff, 232
– Regelung **14** 134 ff
– Sichtbehinderung **14** 153
– unabwendbares Ereignis **3** 508
– Verzicht **14** 159, 174
– s.a. Rechts vor links
Vorfahrtzeichen
– auf Privatgelände **14** 181
– Fehlen **14** 179 f
– Haftungsquote **22** 195 ff
– Nichterkennbarkeit und Anscheinsbeweis **38** 75
Vorhaltekosten s. Aufwendungen/zur Schadensvorsorge

Vorrang der Schienenbahn 14 204
Vorsatz 10 49 f
– Ausschluss des Direktanspruchs 15 13
Vorsätzliche Schädigung mittels eines Kraftfahrzeugs 3 160
Vorschaden 24 81
Vorschuss von Heilungskosten 29 23
Vorsorgeaufwand
– bei Gewässerverunreinigung 5 51
– s.a. Aufwendungen/zur Schadensvorsorge
Vorsteuerabzug s. Umsatzsteuer
Vorteilsausgleich 3 221 ff
– bei Tötung 28 30, 67 ff, 184
– Erwerbsschaden 29 126 ff
– Sozialleistungsregress 32 8
Vorübergehende Tätigkeiten s. arbeitnehmerähnliche Tätigkeit
Vorzeitiges Altersruhegeld 29 173

Waage
– Verkehrssicherungspflicht 13 156
Waggon s. Schienenbahn
Wahlfeststellung
– Mitverschulden 22 149
– s.a. Kausalität/alternative
Wald
– Verkehrssicherungspflicht 13 115
Waldweg
– Einmündung 14 134, 22 204
– Verkehrssicherungspflicht 13 19
Warnblinkanlage 14 28
Warndreieck 14 56
– Versagen einer Vorrichtung 3 407
Warnleuchte 14 56
– Versagen einer Vorrichtung 3 407
Warnmittel 3 465
Warnpflichten
– ProdHaftG 6 3, 16
Warnschild 13 45 ff, 52, 13 95
Warnung
– beim Rückwärtsfahren 14 49
– vor hohem Schaden 22 102
– vor Unfall-/Gefahrenstelle 14 24 ff
Wartung 3 161
Wartungsarbeiten 14 308
Waschanlage 3 162
Wasserfahrzeug 3 13
Wasserhaushaltsgesetz s. Gewässerverunreinigung
Wasserleitung 5 56
Wasserrohrbruch 5 57
Wechsellichtzeichen 18 4

Wegeunfall 19 81, 109, 114 ff, 119, 141 ff, 32 105
Wegfall der Geschäftsgrundlage
s. Störung der Geschäftsgrundlage
Wehrdienstverrichtung 34 2, 7
Weidedraht
– Verkehrssicherungspflicht 13 134
Weidetier 9 30
– s.a. Tier
Weihnachtsgeld 29 177
Wenden
– Anscheinsbeweis 38 98
– grobe Fahrlässigkeit 32 129
– Haftungsquote 22 218
– Schutzzweck 11 24
– Zulässigkeit und erforderliche Sorgfalt 14 52 ff
Werbeanlage
– Verkehrssicherungspflicht 13 159
Werksausfahrt
– Verkehrssicherungspflicht 13 57
Werksausgang 14 224
Werkstatt
– beschützende 29 45
– Haftung aus Reparaturvertrag 16 11 f
Werkstattverschulden 24 44
Werksverkehr
– Geltung des Haftungsprivilegs 19 118
Wertminderung s. Minderwert
Widerklage 37 9 ff
– durch Haftpflichtversicherung 15 29
Widerrechtlichkeit 10 42 ff
Widerrufsvorbehalt 16 69
Wiederbeschaffungskosten 23 5, 17 ff, 24 22 ff, 63 f
Wiederherstellung s. Reparatur
Wiederkehrende Leistungen
– Verjährungsbeginn 21 21
Wiederverheiratung 28 163
Wildunfall 9 2, 17 13
– grobe Fahrlässigkeit 32 130
Wildwechsel 14 41
– unabwendbares Ereignis 3 517
– Verkehrssicherungspflicht 13 160
Willensmangel 16 50
– deklaratorisches Schuldanerkenntnis 16 52
Windschutzscheibe
– Versagen einer Vorrichtung 3 408
Winkzeichen 3 421, 14 296, 16 5, 19 11
Winterdienst 14 201
– s.a. Räumpflicht, Streupflicht
Wirkungshaftung 5 53

1041

Sachverzeichnis

Wirtschaftlicher Totalschaden 24 2
Wirtschaftlichkeit der Wiederherstellung 24 10 ff
Witterungsverhältnisse 3 379 f
Wohnungsausbau 29 42
Wohnungswechsel 29 43

Zebrastreifen s. Fußgängerüberweg
Zeitlicher Zusammenhang zwischen Betrieb und Unfall 3 53, 64, 76 f
Zeitverlust 26 23, 26, 27 14
Zeitwert 23 17
Zession s. Forderungsübergang
Zeugen
- Beweismittel 38 11 ff
- Beweiswürdigung 38 34
- Kosten der Suche 26 12
- Protokollverwertung 38 14

Zinsen 27 16
- Schmerzensgeld 30 45

Zinsverlust 27 4
Zivildienst
- Haftende Körperschaft 12 67
- hoheitliches Handeln 12 52

Zivildienstgesetz
- Regress 34 2

Zoo 9 11
Zubehör
- Schadensersatz bei Totalschaden 23 27

Zug s. Schienenbahn
Zugehörigkeit zu demselben Betrieb 19 128 ff
Zukunftsschäden 20 17 f, 31 2, 4 ff, 37 13
Zulassen des Fahrens ohne Fahrerlaubnis s. Fahren ohne Fahrerlaubnis
Zulassen des Fahrens ohne Haftpflichtversicherung s. Fahren ohne Versicherungsvertrag
Zulassung 3 20
Zulassungspflicht
- Schutzzweck 11 44

Zulassungsstelle
- Amtspflicht 12 34
- Verweisungsprivileg 12 72

Zurechnung
- bei Schadensumfang 22 98 ff
- des Verschuldens eines Dritten 22 27 ff
- Haftungsausfüllung 3 172 ff
- Haftungsbegründung 3 66 ff
- s.a. Folgeunfall, Zurechnungszusammenhang, Zweitunfall

Zurechnungseinheit 22 142, 36 28 f
Zurechnungsfähigkeit 10 59 ff
- bei Amtshaftung 12 42
- bei Minderjährigen 22 25
- bei Mitverschulden 22 24

Zurechnungszusammenhang 3 34, 66 ff, 10 19 ff
- bei Verletzung von Verkehrspflichten 14 15
- Mitverschulden 22 23
- s.a. Zurechnung

Zurückstufung
- in der Haftpflichtversicherung 27 11
- in der Kaskoversicherung 27 10
- keine bei Teilungsabkommen 15 59

Zustand des Fahrzeugs 14 1, 300
Zustandshaftung 5 58
Zuzahlung 32 21
Zweck der Fahrt 3 315
Zweithandzuschlag 23 26
Zweitschädiger s. Familienprivileg, Gesamtschuld, Mehrheit von Ersatzpflichtigen, Mitschädiger, Zweitunfall
Zweitunfall 3 195
- Anscheinsbeweis 38 73
- Mitverantwortung 22 16
- Zurechenbarkeit 3 178
- s.a. Folgeunfall, Unfall

Zwischenurteil über den Grund s. Grundurteil